9787313152916-2
U0935983

里程總部

總論部

《一統路程圖記》卷一《北京至十三省水陸路》 一 北京至南京驛路

北京會同館。七十里至固節驛。良鄉縣。六十里涿州涿鹿驛。六十里汾水驛。新城縣。六十里歸義驛。雄縣。七十里鄚城驛。任丘縣。八十里河間府瀛海驛。六十五里樂城驛。獻縣。八十里阜城驛。阜城縣。五十五里景州東光驛。六十里德州安德馬驛。渡衛河。七十里太平驛。屬德州。八十里高唐州魚丘驛。七十里茌山驛。屬茌平縣。西七十里至東昌府。南六十里銅城驛。六十里舊縣驛。並屬東阿縣。六十里東平州東源驛。六十里新橋驛。汶上縣。一百里兗州府滋陽縣昌平驛。六十里郱城驛。五十里界河驛。並屬鄒縣。四十五里滕陽驛。七十里臨城驛。並屬滕縣。七十里利國驛。屬徐州。一百里徐州黃河東岸驛。五十五里桃山驛。五十里夾溝驛。並屬徐州。六十里宿州睢陽驛。西去汴城。南四十五里大店驛。宿州。四十五里固鎮驛。靈璧縣。五十五里王莊驛。屬鳳陽縣。六十里鳳陽府鳳陽縣濠梁驛。六十里紅心驛。臨淮縣。六十里池河驛。定遠縣。四十五里大柳驛。滁州。六十里滁州滁陽驛。六十里東葛城驛。三十五里江淮驛。並屬江浦縣。渡大江，十五里江東驛。屬應天府。三十五里龍江驛。

二 北京至江西、廣東陸路

順城門。四十里盧溝河。三十里良鄉縣。六十里涿州。三十里三甲店。三十五里新城縣。三十里白溝河。三十里雄縣。四十里莫州。三十里任丘縣。七十里河間府。三十里商家林。三十里獻縣。三十里單家橋。三十里富莊驛。三十里阜城縣。三十里漫河店。三十里景州。三十里南流。三十里德州。渡。衛河凍，渡冰。四十里枯樹鋪。三十里恩縣。三十里平原驛。四十里高唐州。三十里南鎮店。三十里茌山驛。三十里二十里鋪。三十里銅城驛。四十里東阿縣。四晚，勿去。三十五里王古店。三十五里東平州。三十里開河驛。廿里汶上縣。四十里康莊驛。四十里濟寧州。三十里新店。三十里魯橋。廿里南陽。四十里沙河。廿里廟道口。三十里沛縣。三十里豆腐店。廿里村站。二十里茶城。三十里徐州。自濟寧至北閘，河岸行。五十里桃山驛。四十五里夾溝驛。四十五里符離橋。廿里宿州。五十里舊荒莊。廿里仁橋。四十里固鎮驛。靈璧縣。五十五里王莊驛。屬鳳陽縣。六十里渡淮河。鳳陽府鳳陽縣濠梁驛。六十里紅心驛。臨淮縣。六十里張橋驛。定遠縣。九十里護城驛。屬合肥。九十里廬州府合肥縣。金斗驛。六十里派河驛。屬合肥。六十里三溝驛。六十里梅心驛。並屬舒城縣。六十里呂亭驛。過山，六十里陶沖驛。並屬桐城縣。六十里青口驛。潛山縣。六十里小池驛。太湖縣。六十里楓香驛。宿松縣。六十里停前驛。黃梅縣。四十里渡大江。廣十里。九江府德化縣潯陽驛。百廿里德安縣。百廿里建昌縣。九十里石頭口。渡章江。廣十里。至

江西布政司南昌府南昌縣、新建縣南浦驛。水七十里市汊驛。屬南昌。一百里劍江驛。豐城縣。七十里樟樹鎮。聚南北藥。三十里臨江府清江縣簫灘驛。八十里金川驛。新淦縣。八十里玉峽驛。峽江縣。八十里白沙驛。吉水縣。八十里吉安府廬陵縣螺川驛。百廿里淘金驛。百六十里浩溪驛。並泰和縣。百廿里五雲驛。八十里皂口驛。並萬安縣。百里攸鎮驛。屬府。百廿里贛州府贛縣水西驛。八十里九牛驛。八十里南埜驛。並屬南康縣。百廿里至小溪驛。屬大庾縣。百廿里南安府大庾縣橫浦驛。過大庾嶺，即梅嶺。六十里中站。即紅梅關。六十里南雄府保昌縣凌江驛。

兩京至江西，其路有四，此其一也。由大江水入鄱陽湖而去，詳卷七之二。由浙江過玉山、廣信而去，詳卷七之四。由鎮江、浙江、徽州、饒州至江西，詳卷七之十七。江西至廣東，自南安府橫浦驛起，至橫石磯驛止，水馬並應。湖口縣至廣東城灘洪緩急，詳卷七之十。

三 北京至河南、湖廣陸路

順天府。四十里盧溝橋。三十里良鄉縣。六十里涿州。十五里樓桑村。三十里定興縣。十里白溝河。六十里安肅縣。十五里渡曹河。三十五里保定府。四十五里陘陽驛。四十五里慶都縣。六十里定州。五十里新樂縣。九十里真定府。六十里欒城縣。四十里趙州。五里洨河橋。六十里柏鄉縣。三十三里渡尹村河。廿八里內丘縣。金隄村。四十五里順德府。三十五里沙河縣。三十二里渡洺河。廿七里呂翁祠。廿里邯鄲縣。廿里趙王城。廿里臺城岡。三十里磁州。廿里講武城。四十里彰德府。五十里湯陰縣。六十里淇縣。五十里衛輝府。西去陝西、四川。西南由鄭州去雲、貴。南廿里沙門。五十里延津縣。廿五里齊益。四十里丁店。三十里至

河南布政司開封府祥符縣大梁驛。屬府。四十里朱仙鎮。五十里尉氏縣。

八十五里鄢陵縣。五十里許州。三十里林漁。六十里桃城。六十里磚橋。六十里上蔡縣。五十里汝寧府。六十五里郭家店。五十里張五店。六十里真陽縣。四十五里接官亭。三十里寨河。三十里渡淮河羅山縣。五十里潑皮河。四十里長潭。廿里界牌河。十里分水嶺。三十五里王福店。四十里麻城縣。五十里沙河鋪。五十里林山河。三十里團風鎮。七十里陽邏。二十里沙河口。五十里漢口。渡大江，廣七里。至

湖廣布政司武昌府江夏縣將臺驛。六十里東湖驛。六十里山陂驛。並屬江夏縣。六十里咸寧驛。咸寧縣。六十里官塘驛。六十里鳳山驛。並屬蒲圻縣。六十里長安驛。臨湘縣。六十里雲溪驛。六十里岳州府岳陽樓、巴陵縣岳陽驛。

四　北京至陝西、四川路

順天府。四十里盧溝河。三十里良鄉縣。六十里涿州。四十五里定興縣。七十里安肅縣。五十里保定府。四十五里陘陽驛。四十五里慶都縣。六十里定州。五十里新樂縣。九十里真定府。六十里欒城縣。四十里趙州。六十五里柏鄉縣。六十里内丘縣。四十五里順德府。三十五里沙河縣。八十里邯鄲縣。七十里磁州。廿里講武城。四十里彰德府。五十里湯陰縣。六十里淇縣。五十里衛輝府。五十里新鄉縣。五十里獲嘉縣。五十里修武縣。五十里武陟縣。三十里清化鎮。四十里懷慶府。五十里孟縣。三十里孟津縣。六十五里河南府。東百四十里，至登封縣治。東八里中嶽，嵩山廟在黄蓋峰下。西七十里新安縣。五十里義昌驛。四十里澠池縣。七十里硤石。六十里陝州。六十里靈寶縣。五十里閿鄉縣。六十里陝西、河南界潼關。東渡黄河，至蒲州六十里。西四十里華陰縣。西嶽華山。六十里華州。六十里渭南縣。七十里臨潼縣。五十里至

陝西布政司西安府長安縣、咸寧縣京兆驛。北京至此二千四有十五里。西五十里渭水驛。咸陽縣。五十里白渠驛。興平縣。四十里長寧驛。四十里邰城驛。武功縣。五十里鳳泉驛。扶風縣。六十里岐周驛。岐山縣。五十里鳳翔府鳳翔縣岐陽驛。八十里陳倉驛。寶鷄縣。八十里東河橋驛。屬寶鷄縣。六十里草涼樓驛。屬鳳縣。六十里鳳縣梁山驛。六十里三岔驛。七十里松林驛。並屬鳳縣。六十里安山驛。六十里馬道驛。五十二里鷄頭關。八里褒城縣開山驛。東五十里至漢中府。南五十里黄沙驛。至此路始平。四十里沔縣順政驛。六十里青陽驛。四十里五丁峽金牛驛。六十里柏林驛。十里寧羌州。五十里黄壩驛。並屬沔縣。六十里過七盤關界。神宣驛。七十里朝天驛。西北去劍州，即朝天嶺。屬保寧府廣元縣。六十里沙河驛。七十里龍潭驛。六十五里柏林驛。四十里施店驛。五十里槐樹驛。七十五里保寧府閬中縣錦屏驛。六十里隆山驛。六十里柳邊驛。南部縣。六十里富村驛。六十里雲溪驛。六十里秋林驛。六十里潼川州皇華驛。六十里建寧驛。五十里中江縣五城驛。六十里古店驛。六十里漢州廣漢驛。六十里新都縣新都驛。四十里至

四川布政司成都府成都縣、華陽縣錦官驛。西安府至此一千九百六十里。北京至此四千三百一十里。

朝天驛西北分劍閣路：

朝天驛。廿五里廣元縣。廿里昭化縣。廿里劍門關。八十里劍州。百廿里梓潼縣。百三十里綿州。九十里羅江縣。百里德陽縣。九十里漢州。六十里新都縣。四十里至成都府。

兩京至陝西，由河南而上者，潼關必由之道。四川至陝西，一由連雲棧，即韓信明修之道；一由陳倉，即信之渡者，道在鳳縣南一百里，桑平鋪而入，至沔縣百丈坡而出，路長二百餘里，今荒塞不通，非今之陳倉驛也。百丈坡至沔縣二十五里。【略】南京至四川，其路有四：一由大江水至成都；或至重慶府陸路而去；一由潼關、陝西連雲棧，四千三百二十里至成都；一由荊門州、貴州府，四千五百八十里至成都。雲、貴二省至成都，由烏撒衛、瀘州西路而去，並詳南北水陸。陝西棧道，自鳳縣四百二十里至褒城縣，喬木夾道，有虎豹，無盜，皆大山，緣坡嶺行，有缺處，以木續之，成道如橋，即棧道也，非若劍閣懸崖峭壁之險。一路有店舍，嵒穴亦可宿，亦有帶釜而炊者，種火以待來人。至褒城縣地始平。本縣四百四十里至蜀朝天驛，即朝天嶺，極高峻。西南由保寧府驛道達於成都，西北由劍州劍門關達於漢州，入成都。劍門關即大劍山，一名梁山，中斷兩崖，相對如門，因名劍門關。鑿石架梁，飛閣成道，此爲劍閣，與陝西棧道相去六百餘里。石牛道即金牛路，一云在大劍關口，亂石錯立，長僅六丈餘。【略】小劍門關在大劍關西北三十里。大劍關至劍州八十里，由綿、梓達於成都。

五　北京至貴州、雲南路

北京至衛輝府。詳三。本府西五十里新鄉縣。五十里渡黄河。滎澤縣。五十里鄭州。至汴城一百四十里。西南九十里新鄭縣。六十里石固店。九十里襄城

縣。六十里葉縣。六十里保安驛。六十里裕州。水由唐縣入漢江，至湖廣城。出馬鈴，七十里博望驛。六十里南陽府。六十里林水驛。七十里新野縣。七十里呂堰驛。四十里襄陽府。六十里潼口驛。六十里宜城縣。九十里麗陽驛。六十里石橋驛。並屬荆門州。六十里荆門州。六十里建陽驛。一百里荆州府。渡大江。六十里公安縣。六十里孫黄驛。兩京至雲、貴陸路至此合。七十里順林驛。六十里澧州。渡蘭江。七十里清化驛。七十里大龍驛。六十里常德府。八十里桃源縣。避秦故跡。六十里鄭家驛。六十里新店驛。防虎。並屬桃源縣。八十里界亭驛。六十里馬底驛。並沅陵縣。渡。六十里辰州府。七十五里船溪驛。盧溪縣。渡。七十五里山塘驛。辰溪縣。渡。七十里懷化驛。八十里沅州羅舊驛。八十里便水驛。浮橋。七十里晃州驛。六十里平溪衛。七十里清浪衛。浮橋。九十里鎮遠府。七十里偏橋衛。六十里興隆衛。六十里清平衛。渡。六十里平越衛。渡。七十里新添衛。六十里龍里衛。五十里至

貴州布政司。六十里威清衛。六十里平壩衛。六十里普定衛。換馬。西六十里安莊驛。過關索嶺，即關頂黄土巡司，共七十里。查城驛。三十里安南衛。過土陂。三十里尾灑驛。屬普安州。過江。老鴉關七十里新興驛。八十里普安州普安衛相滿驛。七十里亦資孔驛。屬貴州普安州。七十里平夷衛。屬雲南。四十里白水驛。十字路，東西二路至此合。西六十里南寧驛。四十里馬龍驛。七十里易龍驛。七十里楊林驛。百里至

雲南布政司雲南府滇陽驛。

北京至雲、貴二省，鎮遠府必由之路，爲雲、貴之東路，即此也。南京至雲、貴，或由大江水，至瀘州納溪、永寧，烏撒而去，爲二省之西路，詳卷二之十四。至於南寧衛十字路，東西二路合，往雲南。南京至鎮遠府水路，詳卷七之二。自鎮遠至貴州，陡峻難行。貴州以西，漸漸寬平，直抵雲南。

六　北京至山西路

順天府。四十里盧溝河。三十里良鄉縣。六十里涿州。四十五里定興縣。七十里安肅縣。五十里保定府。四十五里陘陽驛。四十五里慶都縣。六十里定州。五十里新樂縣。九十里真定府。五十里威州。九十里井陘縣。五十里故關。巡司。四十里柏井驛。七十里芹泉驛。盂縣。六十里平定州。六十里壽陽縣。九十里太安驛。五十里土橋。五十里鳴謙驛。屬榆次縣。五十里至

山西布政司太原府陽曲縣臨汾驛。

北嶽恒山：古北嶽乃在渾源州南二十里，山高三千九百丈七尺，上方三十里。【略】曲陽東至定州六十里，渾源州屬山西大同府，西至本府一百二十里。

七　北京至山東路

順城門。三十里盧溝橋。三十五里良鄉縣。六十里涿州。三十五里三甲店。三十五里新城縣。三十五里白溝河。三十五里雄縣。四十里茂州。三十里任丘縣。四十里新中驛。三十里河間府。三十里商家林。三十里獻縣。廿里單家橋。三十里富莊驛。三十里阜城縣。三十里漫河店。三十里景州。三十里南流。六十里德州。西去南京。東七十里平原縣。七十里禹城縣。七十里齊河縣。五十里至

山東布政司濟南府歷城縣譚城馬驛。

又卷二《南京至十三省水陸路》八　南京由東平州至北京路

應天府。六十里江寧鎮。六十里采石驛。渡大江。三十五里當利驛。三十五里和州。陰陵山，項羽失道烏江，即此。四十里香泉塘。温泉可浴。三十里後河。三十里全椒縣。五十里滁州。瑯琊山、醉翁亭屬本州。三十里庯橋。三十里大柳樹。四十里池河。五十里紅心驛。三十里南總鋪。三十里鳳陽府濠梁驛。渡。三十里北總鋪。三十里王莊。三十里固鎮驛。四十里仁橋。由大店驛而去，路遠。廿里舊荒莊。五十里宿州。南門田，北門土。廿里符離橋。四十里夾溝驛。四十里桃山驛。五十里徐州彭城驛。三十里茶城。三十里張村驛。五十里沛縣。三十里廟道口。三十里沙河。四十里南陽。廿里魯橋。三十里新店。三十里濟寧州。四十里康莊驛。四十里汶上縣。廿里沙河驛。三十里東平州。三十五里王古店。山路。晚，即止。三十五里東阿縣。四十里銅城驛。三十里二十里鋪。三十里茌平縣。本縣西至東昌府七十里。北三十里南鎮店。三十里高唐州。四十里平原縣。三十里恩縣。三十里枯樹鋪。四十里德州。渡。衛河凍，渡水。三十里南流。三十里景州。三十里漫河店。三十里阜城縣。三十里富莊驛。三十里單家橋。三十里獻縣。三十里商家林。三十里河間府。七十里任丘縣。三十里茂州。四十里雄縣。三十里白溝河。三十里新城縣。三十里三甲店。三十五里涿州。三十里劉李河。三十里良鄉縣。三十五里盧溝橋。四十里至

北京順城門。

南京至北京陸路有三，此其一也。

九　南京至河南、山西路

應天府。三十五里江東驛。屬應天。渡大江。十五里江淮驛。三十五里東葛城驛。並屬江浦縣。六十里滁州滁陽驛。六十里大柳樹驛。屬滁州。四十五里池河驛。定遠縣。六十里紅心驛。臨淮縣。六十里鳳陽府濠梁驛。六十里王莊驛。屬鳳陽縣。五十五里固鎮驛。靈璧縣。四十五里大店驛。四十五里宿州睢陽驛。七十里百善道驛。宿州。六十里太丘驛。永城縣。六十里會亭驛。夏邑縣。五十里石榴固驛。虞城縣。六十里歸德府商丘驛。六十里寧城驛。寧陵縣。六十里葵丘驛。睢州。七十里雍丘驛。杞縣。六十里莘城驛。陳留縣。五十里至

河南布政司開封府祥符縣大梁驛。七十里圃田驛。中牟縣。七十里管城驛。七十里廣武驛。滎澤縣。六十里覃懷驛。□十里武德驛。六十里萬善驛。並屬河内縣。六十里星軺驛。六十里太行驛。並屬澤州。六十里喬村驛。六十里長平驛。並屬高平縣。六十里漳澤驛。長子縣。七十里余吾驛。屯留縣。六十里褫亭驛。襄垣縣。六十里沁陽驛。沁州。七十里權店驛。武鄉縣。五十里南關驛。五里盤陀驛。祁縣。七十里同弋驛。徐溝縣。八十里至

山西布政司太原府陽曲縣臨汾驛。

一〇　南京至陝西、四川路

南京至汴城大梁驛。詳本卷之九。本驛。七十里圃田驛。中牟縣。七十里鄭州管城驛。七十里索亭驛。滎陽縣。四十里成皋驛。汜水縣。汜音似。六十里洛口驛。鞏縣。六十里首陽驛。偃師縣。七十里河南府洛陽縣周南驛。七十里函關驛。新安縣。五十里義昌驛。澠池縣。四十里蠡城驛。屬澠池。七十里硤石驛。屬陝州。七十里陝州甘棠驛。六十里桃林驛。靈寶縣。七十里鼎湖驛。閿鄉縣。七十里潼關驛。屬陝西華陰縣。四十里華陰縣潼津驛。七十里華州華山驛。五十里豐原驛。渭南縣。七十里新豐驛。臨潼縣。七十里至

陝西布政司西安府長安縣、咸寧縣京兆驛。

一一　南京由淮安、邳州至山東路

南京。百五十里儀真縣。七十里揚州府。十五里灣頭。四十五里邵伯驛。六十里高郵州。六十里界首驛。六十里寶應縣。六十里平河橋。四十里淮安府。十五里板閘。十五里清江浦。三十里清河縣。三十里三汊河。廿里張思仲。十里桃源縣。三十里崔鎮。十八里古城。十三里白洋河。四十里宿遷縣。由劉家澗近十五里。有賊。三十里岔路口。廿七里直河。冬由柳湖三十里至邳州，夏往小官路四十五里至邳州。若水大，由大官路，六十里至邳州。三十五里新安。三十五里雙溝集。三十五里房村。三十五里黄鐘集。廿里小店。廿里徐州。三十里茶城。三十里村站。五十里沛縣。七十里臨城驛。七十里滕陽驛。滕縣。四十五里界河驛。五十里邾城驛。鄒縣。五十里兖州府昌平縣。六十里清川村驛。寧陽縣。九十里安寧村驛。六十里五道嶺驛。並肥城縣。七十里東北置驛。長清縣。七十里至

山東布政司濟南府譚城驛。

南京至山東布政司，其路有二，此其一也。【略】進京大車止於徐州，有山阻，可北而不可南。

一三　南京由淮安、登、萊三府至遼東水、陸路

南京至淮安府。【略】本府。渡黄河。六十里金城驛。屬清河縣。六十里崇河驛。六十里潼陽驛。沭陽縣。七十里興國驛。海州。六十里上莊驛。七十里東海驛。六十五里王坊驛。並屬贛榆縣。七十五里傳疃驛。六十里白石山驛。並屬日照縣。六十里桃林驛。六十里諸城縣東關驛。北二百五十里至青州府。東一百廿里高密縣密水驛。七十五里丘西驛。七十里蘇村驛。並屬平度州。六十里萊州府掖縣城南驛。六十里朱橋驛。屬掖縣。六十里黄山驛。屬黄縣。六十里黄縣龍山驛。六十里登州府蓬萊縣蓬萊驛。渡海。五百里至遼東旅順口。六十里木場驛。六十里金州衛。北九十里李闌驛。九十里復州衛。九十里五十寨驛。六十里熊岳驛。九十里蓋州衛。六十里耀州驛。六十里海州衛。六十里鞍山驛。六十里至

遼東鎮。東去開原，西去山海，詳卷之四。

南京由登州府至遼東，有過海之難。由北京、山海關至遼東，途有虜騖，堡墩可防。海州東北去開原城固無憂，過鴨緑江往高麗，此道也。客路不必至諸城，自贛榆、日照由海岸而去，最近。膠萊河在萊州府之西，南膠州麻灣口，北萊州府海倉口，河長三百七十里，元人所開，以便海運不轉尖也。

一四　南京至湖廣、貴州、雲南水、陸路

南京出聚寶門，即南門。六十里江寧鎮驛。六十里采石驛。渡江。北三十五里當利驛。祁門驛。並屬和州。界首驛。含山縣。高井驛。屬巢縣。西山口

驛。坡岡驛。至廬州府四十里。派河驛。並屬合肥縣。三溝驛。梅心驛。並屬舒城縣。呂亭驛。陶沖驛。並屬桐城縣。青口驛。潛山縣。小池驛。太湖縣。楓香驛。宿松縣。亭前驛。黄梅縣至江西者，自此渡大江。至九江府，由建昌縣而去。雙城驛。廣濟縣。廣濟驛。西河驛。浠川驛。巴水驛。並屬蘄水縣。黄州府黄岡縣臨臯驛。李坪驛。陽邏驛。

湖廣布政司武昌府將臺驛。東湖驛。山陂驛。並屬江夏縣。咸寧驛。官塘驛。鳳山驛。並屬蒲圻縣。長安驛。屬臨湘縣。雲溪驛。岳州府岳陽驛。臨江驛。並屬巴陵縣。華容驛。華容縣。通化驛。屬石首縣。民安驛。孱陵驛。孫黄驛。並屬公安縣。兩京陸路至雲、貴二省，並至孫黄驛合，此爲東路。本驛東路至雲、貴二省，詳本卷之五。

右當利驛至孫黄驛，每程六十里，惟岳陽驛至臨江驛九十里。

南京至貴州、雲南西路：

南京由大江至瀘州。【略】本州。七十里納溪水驛。納溪縣。七十里渠霸驛。【略】五十里江安水驛。五十里永寧衛。陸路五十里普市驛。五十里摩泥驛。五十里赤水衛。四十里白崖驛。六十里層臺驛。七十里畢節衛。西去雲南。東五十里歸化驛。五十里閣鴉驛。五十里金鷄驛。五十里奢香驛。五十里水西驛。水銀、朱砂産於施溪、黄道二司。屬水西宣慰。五十里谷里驛。五十里陸廣驛。五十里龍場驛。五十里至

貴州布政司。

畢節衛分至雲南西路：

本衛。七十里周泥驛。七十里黑章驛。五十里瓦甸驛。七十里烏撒衛。六十里七星關倘塘驛。六十里霑益驛。六十里炎方驛。六十里松林驛。七十里曲靖府南寧驛。四十里馬龍驛。八十里易龍驛。七十里楊林驛。一百里至

雲南布政司雲南府滇陽驛。

南京東路至雲、貴，至於孫黄驛，與北京至雲、貴路合。南京西路至雲、貴，自大江至瀘州，由納溪而南，至於畢節，其路兩分，東去貴州，西去雲南，爲二省之西路。南京由洞庭湖入沅江、辰州府，至鎮遠府陸路而去，亦東路，詳卷七。

又卷三《兩京、各省至所屬府水陸路》 一八　北京至所屬府

順天府至順德府。【略】順德府龍岡驛。七十里臨洺驛。四十五里廣平府永年縣叢臺驛。四十里肥鄉縣。七十里大名府。元城縣。三十里小灘鋪。四十里冠縣。七十里清水鋪。二十里至臨清州。

一九　南京至所屬府

至寧國府、廣德州水陸：

南京龍江驛。六十里大勝驛。九十里采石驛。百八十里水陽驛。九十里寧國府宣城縣宛陵驛。一百八十里至廣德州。

至徽州府路：

南京出南門，六十里江寧鎮。六十里采石。廿里太平府。六十里蕪湖縣。九十里南陵縣。五十里涇縣。一百十里旌德縣。八十里雄路。五十里至徽州府。

二〇　山西布政司至所屬府

東北至蔚州路：

太原府。八十里成晉驛。屬陽曲。七十里九原驛。忻州。八十里原平驛。崞縣。一百里代州、振武衛、雁門關驛。關内東至五臺一百四十里。關外西至朔州一百四十里。北六十里廣武驛。馬邑縣。九十里安銀子驛。應州。八十里西安驛。懷仁縣。八十里大同府大同縣雲中驛。八十里甕城驛。大同縣。五十里上盤鋪驛。渾源州。貳百廿里蔚州。東南至紫荆關貳百五十里。

西北至鎮西衛、保德州路：

太原府。九十里淩井驛。屬陽曲。八十里康家會驛。八十五里鬧浧驛。並屬静樂縣。九十五里岢嵐州、鎮西衛、安定驛。一百里保德州。

西南至汾州、平陽府、蒲州路：

太原府。八十里同戈驛。徐溝縣。五十里賈令驛。祁縣。六十里洪善驛。平遥縣。西八十里，至汾州汾陽驛。南七十里義棠驛。介休縣。七十里瑞石驛。三十五里仁義驛。並屬靈石縣。六十里霍州霍山驛。八十里普潤驛。洪洞縣。六十里平陽府臨汾縣建雄驛。五十里蒙城驛。五十里侯馬驛。並屬曲沃縣。七十里涑川驛。聞喜縣。九十里泓芝驛。安邑縣。八十里樊橋驛。臨晉縣。八十里蒲州。西六十里渡黄河，至陝西潼關。

二一　江西布政司至所屬府

至撫州、建昌二府路：

南昌府。六十里武陽驛。六十里清遠驛。屬臨川縣。六十里孔家渡驛。屬臨川。六十里撫州府。一百廿里建昌府盱江驛。

二二　湖廣布政司至所屬府

北至襄陽等府水陸：

武昌府。六十里蒲潭驛。六十里三汊驛。並屬漢陽縣。一百八十里沙湖驛。百廿里侯埠驛。百廿里沔陽州漢津驛。百廿里刋河驛。百廿里深江驛。沙湖至此，並屬本州。一百廿里白洑驛。荆州府潛江縣。一百廿里舊口驛。屬承天府。一百廿里承天府石城驛。百廿里魚料驛。屬荆門州。一百廿里蘇家湖驛。宜城縣。水百廿里潼口驛。屬襄陽縣。水一百廿里至襄陽府漢江驛。陸路。六十里磚橋。六十里蔡店。三十里穀城縣。四十里石花街。七十里界山。五十里草店。四十里均州。一百廿里鄖陽府。

本司至德安府、隨州、襄陽府路：

武昌府渡江。廣七里。漢口二十里平湖塘。□十里龔家渡。一十里漢川縣。三十里劉家隔。六十里洛陽河。十里雲夢縣。廿里利塘。四十里德安府。四十里平理市。四十里光化鋪。三十里隨州。九十里唐城鎮。五十里紅瓦店。四十里棗陽縣。六十里蔡陽店。八十里襄陽府。對江樊城。

二三　雲南布政司至所屬府

本省由各府至金齒路：

雲南府。西八十里安寧州安寧驛。五十五里祿脿驛。屬安寧。八十里祿豐驛。祿豐縣。六十五里捨資驛。五十五里路甸驛。並屬廣通縣。六十里楚雄府峩崀驛。四十里呂合驛。屬楚雄縣。北一百五十里至姚安府。西六十五里沙橋驛。鎮南州。七十五里普淜驛。屬姚州。六十里雲南驛。雲南縣。七十五里定西嶺驛。屬趙州。南往景東府。西七十五里趙州德勝關驛。北三十里至大理府洱西驛。產屏石。西八十里樣備驛。屬蒙化府。六十里打牛坪驛。九十里永平驛。並屬永平縣。六十里沙木和驛。一百十里金齒衛。產寶石。至南京八千三百六十五里，至北京一萬一千八百三十五里。

定西嶺南至景東府路：

定西嶺驛屬趙州。一百里定邊驛。六十里新田驛。並屬楚雄府定邊縣。六十里板橋驛。屬景東。六十里景東府景東衛景東驛。

大理府北至麗江府路：

本府。六十里鄧川州驛。鄧川州。七十里觀音山驛。屬鶴慶府。百廿里鶴慶府在城驛。七十里麗江府通安州在城驛。

本司北至武定府路：

雲南府。七十里利浪驛。八十里武定府。和曲驛。

本省南至元江府路：

雲南府。八十里晉寧驛。晉寧州。七十里江川驛。澂江府江川縣。本驛九十里至澂江府。七十里通海驛。臨安府通海縣。五十里至曲江驛。屬建水州。八十里臨安府建水州新建驛。八十里寶秀驛。石屏州。貳百里元江府因遠驛。

本省東南至廣西府、廣南府路：

雲南府。七十里湯池驛。宜良縣。七十里和摩驛。屬澂江府路南州。八十里普陀驛。九十里廣西府在城驛。八十里英武驛。六十里福德驛。六十里發助驛。六十里高來驛。六十里花架驛。屬廣南府。一百里速爲驛。屬廣南。六十里廣南府在城驛。廣西安、隆長官司界。

二四　四川布政司至所屬府

重慶府西北至成都府路：

重慶府朝天驛。六十里白市驛。六十里來鳳驛。並巴縣。百廿里東皋驛。永川縣。一百里峰高驛。一百里隆橋驛。並榮昌縣。一百里安仁驛。內江縣。一百里珠江驛。一百里南津驛。資陽縣。百十里陽安驛。八十里龍泉驛。並簡州。五十里成都府。

重慶府北至潼川州路：保寧府蒼溪縣附

本府。一百廿里土陀驛。巴縣。一百廿里合州合陽驛。一百廿里太平驛。定遠縣。一百六十里平灘驛。岳池縣。百廿里順慶府嘉陵驛。一百廿里蓬州龍溪驛。百廿里盤龍驛。西六十里至保寧府，又四十里至蒼溪縣。產黄絲。南六十里隆山驛。六十里柳邊驛。南部縣。六十里富村驛。六十里雲溪驛。鹽亭縣。六十里秋林驛。六十里至潼川州。

成都府北至龍州路：

錦官驛。六十五里新都驛。新都縣。六十里廣漢驛。漢州。六十里古店驛。六十里五城驛。屬潼川州中江縣。六十里建寧驛。六十里潼川州皇華驛。一百八十里金山驛。綿州。一百八十里西平驛。江油縣。九十里武平驛。一百里青川千户所古城驛。一百廿里龍州小溪驛。涪江源發於此。北至陝西文縣界。

成都府西南至會川衛路：

錦官驛。百三十里唐安驛。崇慶州。百十里白鶴驛。邛州。一百廿里百丈驛。雅州名山縣。百廿里雅州雅安驛。百廿里新店驛。八十里箐口驛。並屬滎經縣。百廿里黎州沉黎驛。百四十里河南驛。百廿里鎮西驛。八十里利濟驛。並屬越巂衛。八十里邛部州龍泉驛。百廿里瀘沽驛。馬湖府之西八百里。南七十里溪龍驛。六十里建昌衛瀘川驛。六十里禄馬驛。百廿里阿用驛。七十里白水驛。七十里巴松驛。七十里大龍驛。並屬會川衛。五十里會川衛。

二五　陝西布政司至所屬府

西安府西由各府至河州衛路：

京兆驛。五十里渭水驛。咸陽縣。五十里白渠驛。興平縣。四十里長寧驛。四十里郃城驛。武功縣。五十里鳳泉驛。扶風縣。六十里岐周驛。岐山縣。五十里鳳翔府。南去漢中府。西七十里汧陽縣。九十里隴州。四十里寒衣關。石嘴關。共八十里。盤龍鋪九十里清水縣。九十里涉水屏。五十里秦州。伏羲畫卦臺在本州。三十里至三十里店。八十里伏羌縣。一百里寧遠縣。一百里鞏昌府通遠驛。九十里慶平驛。一百十里臨洮府洮陽驛。百廿里和政驛。六十里河州衛鳳林驛。茶馬司一。

本司東北由延安府至榆林鎮黄甫川路：

西安府。九十里建忠驛。三原縣。九十里順義驛。耀州。七十里漆水驛。同官縣。九十里雲陽驛。宜君縣。七十里翟道驛。中部縣。七十五里三川驛。屬鄜州。六十五里鄜城驛。鄜州。九十五里撫安驛。甘泉縣。九十五里延安府膚施縣金明驛。甘谷驛。延長縣。文安驛。屬延川縣。石嘴岔驛。清澗縣。米脂縣。四十里碎金鎮。共八十里。魚河堡。四十里歸德堡。三十里榆林鎮。東三十里長樂堡。四十里雙山堡。四十里建安堡。四十里高家堡。四十里柏林堡。十五里大柏油堡。三十里神木堡。四十里永興堡。四十里鎮羌堡。四十里孤山堡。四十里木瓜園堡。四十里清水營。十五里黄甫川。東九里至黄河，渡娘娘灘，去山西偏頭關。

延安府西北由慶陽府至寧夏鎮路：

金明驛。七十里張村驛。七十里隆益鎮驛。并屬鄜州。六十里邵莊驛。七十里宋莊驛。並屬合水縣。六十里合水縣。七十里慶陽府。

鞏昌府西南至洮州衛路：

通遠驛九十里三岔驛。七十里酒店子驛。八十里岷州衛岷山驛。四十五里西津驛。九十里洮州衛洮州驛。茶馬司一。

鞏昌府西北至蘭州路：

通遠驛。一百八十里延壽驛。安定縣。六十里秤鈎灣驛。六十里清水驛。七十里定遠驛。五十里蘭州蘭泉驛。

至平涼府、固原鎮、寧夏中衛路：

本司至邠州。詳卷七之一。邠州。六十里靈臺縣。九十里涇州。七十里崇信縣。八十里平涼府。一百里固原鎮。百廿里鎮戎千户所。九十里平虜千户所。四十里下馬關。四十里甜水堡。屬環縣守備。□□里寧夏中衛。

陝西茶馬司三，洮州衛、河州衛、西寧衛各一。

二六　廣東布政司至所屬府

五羊驛。百里烏石驛。六十里增江驛。並增城縣。一百里沙河驛。博羅縣。一百里惠州府欣樂驛。八十里平山驛。七十里平政驛。並屬歸善縣。八十里平安驛。海豐縣。七十里南豐驛。八十里東海滘驛。八十里惠來縣大陂驛。八十里北山驛。五十五里武寧驛。六十里靈山驛。潮陽縣。七十里桃山驛。揭陽縣。七十里潮州府海陽縣鳳城驛。

本司由各府至崖州路：

廣州府。八十里官窑驛。四十里西南驛。四十里肇慶府高要縣崧臺驛。産端硯。八十里腰古驛。五十里新昌驛。七十五里獨鶴驛。並屬高要。八十五里恩平驛。七十里蓮塘驛。六十里西平驛。六十里陽春縣樂安驛。六十里太平驛。陽江縣。六十里立石驛。電白縣。一百里那夏驛。茂名縣。七十里高州府茂名縣古潘驛。西去廉州府。南九十里陵水驛。化州。一百十里新和驛。石城縣。一百里桐油驛。遂溪縣。六十里城月驛。屬遂溪。九十里雷州府海康縣雷陽驛。六十里將軍驛。屬海康。七十里英利驛。一百里沓磊驛。並屬徐聞縣。渡海，廣六十里。白沙驛。屬瓊山。十里瓊州府瓊山縣瓊臺驛。東去萬州。西四十里西峰驛。澄邁縣。七十里朱崖驛。臨高縣。六十里歸善驛。儋州。四十里儋州古儋驛。四十里田頭驛。西十里大村驛。三十里大員驛。並屬儋州。四十里昌江驛。昌化縣。南四十里大南驛。七十里縣門驛。感恩縣。八十里甘泉驛。八十里義寧驛。東六十德化驛。並屬崖州。一百里崖州潮源驛。廣東城至此二千五百五十里，東去陵水縣陸路三百里。

瓊州府東去萬州路：

本府。東七十里賓宰驛。四十里文昌驛。四十里長岐驛。並屬文昌縣。五十五里永豐驛。會同縣。四十里温泉驛。四十五里多陳驛。屬萬州。四十里萬州萬全驛。西一百里陵水縣。

高州府至廉州府路：

本府。八十里息安驛。石城縣。九十里白石驛。石康縣。九十里廉州府合浦縣環珠驛。廣州府至此一千五百十五里。

廣東城至雷州府，渡海六十里，至白沙港登岸，十里至瓊州府。【略】本府東去萬州，西去儋州，折南至崖州，一府三州十縣，環五指山之外，惟崖州陵水縣在五指之極南也。南京至瓊州府六千六百五十五里。本省飄海而去，順風兩日至瓊州府。在城海南衛。

二七　廣西布政司至所屬府

本司由各府至思明府水：

桂林府。下水，八十里南亭驛。屬臨桂。三十里古祚驛。陽朔縣。八十里昭潭驛。九十里廣運驛。屬平樂縣。七十里昭平驛。七十里平樂府平樂縣龍門驛。八十里龍江驛。屬蒼梧。八十里梧州府蒼梧縣兩廣都御史駐札。入柳江，上水，西一百廿里藤江驛。藤縣。三十里黄丹驛。四十里烏江驛。平南縣。九十里牛屎灣堡。九十里潯州府桂平縣府門驛。入右江，一百二十里東津驛。八十里懷澤驛。一百三十里香江驛。並屬貴縣。六十里烏蠻驛。四十里横州州門驛。八十里火煙驛。八十里永淳驛。四十里黄範驛。宣化縣。七十里南寧府建武驛。七十里大灘驛。四十里羅陽縣隴茗驛。七十里左州馱朴驛。九十里太平府左江驛。八十里鐙勒驛。西六十里至龍州。南一百三十里思明府明江驛。

本司至柳州府、慶遠府路：

桂林府。六十里蘇橋驛。屬臨桂縣。四十五里三里驛。三十五里蘭麻驛。廿五里横塘驛。並屬永福縣。百廿里大分驛。一百廿里江口驛。並洛容縣。一百廿里雲騰驛。八十里雷塘驛。馬平縣。七十里柳州府馬平縣東江驛。六十里羅思驛。並屬柳城縣。五十里大曹驛。屬宜山。五十里慶遠府宜山縣宜陽驛。瑶賊惡甚，水陸往來皆難。

柳州府至田州府、泗城州路：

本府。一百三十里象州象臺驛。百廿里在城驛。來賓縣。八十里清水驛。屬賓州。八十里賓州在城驛。九十里黄範驛。屬宣化縣。八十里朱砂驛。七十里白石驛。並屬武緣縣。六十里禄祥驛。七十里慕化驛。七十里馱淮驛。七十里平馬驛。並屬田州府。七十里田州府横山驛。九十里戎莊驛。六十里歸樂驛。六十里往甸驛。並屬泗城州。七十里泗城州。至南京七千六百里，至北京一萬一千四十五里。

二八　浙江布政司至所屬府

至温、台、寧、紹四府水陸：

杭州府武林驛。廿五里浙江水驛。屬錢塘縣。渡浙江，廣十八里至西興驛。屬蕭山縣。五十里錢清驛。今革。五十里紹興府山陰縣會稽縣蓬萊驛。八十里東關驛。渡曹娥江。十里曹娥驛。今革。屬上虞縣。九十里姚江驛。餘姚縣。六十里車廄驛。屬寧波。六十里寧波府鄞縣四明驛。百廿里連山驛。陸路，六十里西店驛。並屬奉化縣。六十里白嶠驛。六十里桑洲驛。六十里朱家嶴驛。並屬寧海縣。六十里台州府臨海縣赤城驛。六十里丹崖驛。黄巖縣。六十里嶺店驛。五十五里窑嶴嶺驛。在芙蓉嶺下。六十里樂清縣西皋驛。水四十里館頭驛。並屬樂清縣。六十里温州府永嘉縣象浦驛。

蘭溪縣至處州府路：

蘭溪縣瀔水驛。五十里金華府金華縣雙溪驛。五十五里茭道驛。武義縣。五十五里華溪驛。永康縣。八十里丹峰驛。縉雲縣。九十里處州府麗水縣括蒼驛。

二九　福建布政司至所屬府

延平府至汀州府路：

本府南平縣劍浦驛。六十里王臺驛。屬南平。六十里雙峰驛。順昌縣。一百里三華驛。六十五里白蓮驛。並屬將樂縣。六十五里明溪驛。歸化縣。六十里玉華驛。四十里九龍驛。並屬清流縣。七十里石牛驛。屬寧化縣。六十里館前驛。屬長汀。七十里汀州府長汀縣臨汀驛。

三〇　貴州布政司至所屬府

至思州等府路：

本司至思州、思南、石阡、銅仁四府，俱在鎮遠府北三百里之内，惟黎平府在鎮遠之東南。由沅州羅舊驛、靖州、銅鼓衛而去，詳卷七。自鎮遠之西，皆軍衛。都匀府在平越衛南二百里，程番府在本司南一百里。

三一　山東布政司至所屬府

至青州府路：

濟南府歷城縣龍山鎮驛。五十里章丘縣。七十里鄒平縣。廿里長山縣。七十里金嶺鎮。三十五里滋和村。三十里青州府。七十里昌樂縣。五十里濰縣。一百八十里平度州。百里萊州府掖縣城南驛。六十里朱橋驛。並掖縣。六十里黄山驛。六十里龍山驛。並屬黄縣。六十里登州府蓬萊縣蓬萊驛。

又卷四《各邊路》 一　開原城由山海關至北京路

遼東邊路：

東起開原城，由遼陽鎮、廣寧城至山海關，自開原至遼陽鎮城固無憂，遼陽至山海常有零虜賊，登臺可防。

開原城。北至邊城，東至海。東路參將、馬市官駐札。西九十里三萬衛驛。九十里嚚州驛。九十里懿路驛。六十里瀋陽衛在城驛。一百廿里遼陽鎮。六十里鞍山驛。九十里海州衛在城驛。九十里牛家莊驛。八十里沙嶺驛。七十里廣寧城板橋驛。鎮、巡、三堂通判，經歷各一。七十里十三山驛。八十里小淩河驛。六十里杏山驛。六十里連山驛。六十里曹家莊驛。六十里東關驛。六十里沙河驛。六十里高嶺驛。六十里山海關。遷安驛。六十里榆關驛。六十里盧峰驛。撫寧縣。六十里永平府灤河驛。六十里七家嶺驛。七十里義豐驛。潤縣。六十里永濟驛。六十里陽樊驛。玉田縣。六十里漁陽驛。五十里三河縣三河驛。五十里通州潞河驛。四十里至北京城。

二　山海關由薊州至撞道口路

薊州邊路：

山海衛遷安驛。北水關。旱門關。角山關。三道關。寺兒谷關。一片石關。廟山口關。大安口關。西陽口關。黄土嶺關。坑兒谷堡。無名口關。大青山口關。小河口關。小毛山口關。内娃娃谷堡。大毛山口關。董家口關。城子谷關。内長谷駐操營。水門寺關。内牛頭崖口營。平頂谷關。長谷口關。榆關驛。板場谷關。義院口關。内平山營、石門寨營。拿子谷關。花場谷關。細谷口關。撫寧縣盧峰驛。葦子谷關。柳罐谷堡。孤石谷堡。温泉堡。甘泉堡。星星谷關。桑岔谷關。中庵堡。箭桿嶺關。界嶺口關。内界嶺駐操營。羅漢洞關。青山口關。東勝寨。乾澗兒口關。重谷口關。内燕河營。梧桐谷堡。桃林口關。桃林營。永平府灤河驛。正水谷關。孤窑兒寨。正佛兒寨。劉家營。新橋海口營。劉家口關。徐流口關。開平中屯衛。河流口關。徐流營。冷口關。建昌營。石門子關。白道子關。遷安縣。興州右屯衛。白羊谷關。七家嶺驛。五重安關。新開嶺關。内五重安營。洪谷口關。擦崖子關。城子嶺關。内太平寨營。大嶺寨。爛柴溝寨。榆木嶺關。内青山駐操營二。青山口關。横山寨。董家口關。游鄉口關。勝嶺寨。鐵門關。灤李家谷關。棖木谷關。石梯子寨。古城驛。大喜峰口關。小喜峰口關。陽營。團亭寨。潘家口關。東常谷關。西常谷關。漢兒莊營。三臺山關。龍井兒關。三屯營。灤陽驛。張家安寨。椽八谷寨。廖家谷寨。洪山口關。内松棚谷營。西安谷寨。白棗谷寨。三道嶺寨。興州前屯衛、豐潤縣。義豐驛。天勝寨。捨身臺寨。馬蹄谷寨。蔡家谷寨。秋科谷寨。于家谷關。羅文谷關。遵化縣，衛、驛。羅文谷營。猫兒谷寨。山寨谷關。沙坡谷關。沙坡谷營。山口寨。石崖嶺寨。冷嘴頭關。龍池谷寨。井兒谷寨。大安口關。大安口營。琵琶谷寨。沙嶺兒寨。鮎魚石關、營。興州左屯衛、玉田縣。平山頂寨。陽樊驛。馬蘭峪關、營。獨松谷寨。石門鎮驛。峰臺嶺寨。龍洞谷關。寬佃谷關。餓老婆頂寨。恥瞎谷寨。古强谷關。蠶椽谷寨。青山嶺寨。太平安寨。小平安寨。車道谷寨。黄崖口關。黄崖口營。薊州、薊州衛、鎮朔衛、營州右屯衛。並附郭。漁陽驛。

本州之西，邊牆三重。

外一重邊牆各關寨

薊州城。黑谷關。燒香谷寨。水谷寨。漢兒嶺關。大角谷寨。曹家寨營。倒班嶺寨。師姑谷寨。釓頭崖寨。梧桐安寨。齊頭崖寨。柏嶺安寨。將軍臺寨。盧家安寨。鴉鶻安寨。司馬臺寨。丫髻山寨。沙嶺兒寨。甎垜子關。

中二重邊牆各關寨

薊州城。峰臺谷寨。南谷寨。惡谷寨。遥喬谷寨。大蟲谷寨。大水窪寨。蘇家谷寨。姜毛谷寨。石塘谷寨。小臺兒寨。大黄崖關。小黄崖關。磨刀谷寨。牆子嶺營、關。司馬臺營。南谷寨。對外重丫髻山寨。

内三重邊牆各關寨

薊州城。彰作里關。將軍石關、營。黑水灣寨。黄松谷關。峨嵋山寨、營。魚子山寨。熊兒谷寨。營州中屯衛、平谷縣。南水谷關。熊兒谷營。北水谷關。興州後屯衛、三河縣、三河驛。灰谷口寨。黄門口關。猪圈頭營。營州前屯衛、香河縣。

右邊牆三重，至此又合爲一

桃兒衝寨。接外重甎朵子關。狗兒洞寨。龍王谷關。五里垛寨。峕子谷寨。師坡谷寨。古北口關、密雲後衛、古北口營。潮河川新營。令公廟。花樓子寨。潮河第一寨。內石匣營。第三寨。第五寨。潮河川營。石匣驛。第六寨。第七寨。潮河川關。吊馬谷寨。乍谷關。陡道谷寨。鵞房谷寨。陳家谷關。東駝骨關。西駝骨關。左二關。嚮水谷關。白馬關。內白馬營。划車嶺寨。白崖口關。馮家谷關。營城嶺關。黄崖口關。密雲中衛。密雲縣、密雲驛、振武營並附郭。石塘嶺關。石塘嶺營。東石城關。西石城關。東水谷關。大良谷寨。白道谷關。牛盆谷關。小水谷關。大水谷關。大水谷營。河防口關。神堂谷關。順義縣、營州左屯衛。開連口關。內懷柔縣。墓田谷關。賈兒嶺口。田仙谷口。內渤海所。擦石口。磨石口。驢鞍嶺口。大榛谷口。南冶口。大長谷口。小長谷口。黄花鎮。黄花鎮口。二里至居庸關撞道口。

右薊州邊各寨關口，路倚山補築，邊牆參差不齊，難以里計。

驛道自山海關遷安驛至順義縣，凡十六驛，每程六十里，各驛復列於左：

山海關遷安驛。榆關驛。蘆峰驛。灤河驛。七家嶺驛。古城驛。灤陽驛。義豐驛。遵化驛。陽樊驛。石門鎮驛。漁陽驛。三河驛。至北京九十里。石匣驛。密雲驛。順義縣。

三　內三關外重邊牆各口路居庸隸薊州。倒馬、紫荆隸保定。

內三關邊路：巡撫都御史一，鎮守總兵一，駐保定。巡按居庸等關監察御史一，駐京師。

居庸、紫荆、倒馬三關，在山西大同之東南，乃宣府之正南，北京之右輔也，爲內三關。雁門、寧武、偏頭爲外三關，屬山西大同，在內三關之西北，脈自雁門，亂山横迤，爲北京、山西之界，倚山勢湊築邊牆，大道爲關，小道爲口，有人馬並通者，有止通人者，緩急不同耳。內三關邊城，大勢兩重，要緊處就山坑補築，兩三重者有之，大邊亦然，惟山海至開原長城無山。北京至內三關，內有驛道。【略】不必由各口，城隨山築，委曲遠遠矣。

居庸關。二十五里青龍橋東口。四里八達嶺。南十七里上關堡。四里青龍橋西口。十三里黄土嶺口。三十五里石峽口。三十五里石縫口。十五里鹿角灣口。十五里清泉口。五里白羊口。三十五里馬刨泉口。廿二里長谷城。十二里牖干谷口。八里横嶺口。西三十里至鎮邊城。南十里北港口。十里東北街口。西北街口。熊兒谷口。牛膝谷口。白崖子口。北石羊口。二里南石羊口。西四十里河合口。九十里沿河口。屬紫荆門。三里石港口。五里東小龍門口。廿里天津關口。廿五里東龍門口。一里天橋口。三里乾澗口。十五里黎園嶺口。廿五里大門關口。一里洪水口。十五里西小龍門口。十五里段口。十五里馬頭崖口。十五里石嶔口。一里蘭芳口。十五里黄石崖口。三里鹿角口。五里寒澗口。五里北將軍石口。十里南將軍石口。大龍門口。十里石龍安口。十里馬水口。三十里定樂安口。三十里獨石口。七里大谷口。廿五里道水口。十里柏連澗口。廿五里齊仲口。廿里石塘口。五里金水谷口。蔡家谷口。三里龍堂口。十五里周二溝口。十五里盤石口。南十里紫荆關。北十五里盤石驛。廿五里塔崖驛。三十里虎張石口。烏龍溝口。三里砲架溝口。七里主腰石口。十里煤窑口。七里雙陀兒溝口。五里忙兒溝口。外一百五十里至山西蔚州。南十里長嶺兒口。八里長橋溝口。十里天橋溝口。十里浮圖谷口。三十里廣昌縣。三十里插箭嶺口。三十里虎伏溝口。三十里窑谷溝口。八里跌馬崖口。十里白道安口。西四十里狼牙口。

右居庸關起，外重邊牆各口路，山勢止於狼牙口。至於倒馬關內重邊牆，法巷溝口又合爲一。

內三關內二重邊牆各口子路

撞道口。東至薊州黄花鎮二里。西二里石湖谷口。二里西水谷口。三十里石城口。五里棗園寨。十里門家谷口。南三十里，由天壽山去昌平州。西三里灰嶺口。三里賢莊口。十里錐石口。五里雁門口。五里德勝口。廿五里虎谷口。十四里

居庸關東一百里至黄花鎮，西一百五十里至紫荆關，沿河口，南一百二十里至北京，北八十里至懷來城。西一里小嶺口。三里西水關。南十二里湯谷口。四里水谷口。五里長水谷口。四里潭谷口。三里小谷口。二里蘇林口。五里黑浙澗口。二里小枯將口。二里大枯將口。二里白羊堡。五里柏谷口。南至北京八十里。西三里水谷臺口。三里勝仙谷口。三里大水谷口。三里小水谷口。二里石澗口。一里跳稍口。五里水澗口。三里鰲魚口。二里溜石港。三里灰關口。四里

新開口。南十里高崖口。西十里乾石澗口。十里白瀑口。五里董家口。五里小陵谷口。五里方良口。三里常谷口。十里鎮邊城。五里長城口。三里北石羊口。二里南石羊口。北五十里至幽州。南三里旁路口。廿七里堅子谷口。西十五里沿河口。屬紫荊。廿里王平口。一百廿里烏龍潭口。內至涿州。西八十里黃山店口。內至房山縣三十里。西六十里大谷口。三十里乾河口。南四十里至淶水縣。四十里白馬灣口。五十里馬頭崖口。南三十里至易州。西四十里沙谷口。三十里峰門嶺口。四十里奇峰口。十五里東谷口。五里官莊嶺。五里官莊嶺口。廿里至紫荊關。十里盤石口。二里瓦窑口。三十里小龍門口。三十里黃沙口。廿五里水谷口。廿里鷹捕嶺口。廿里五虎嶺口。十里銀山口。十里墳瑩臺口。廿里門關口。八里轟門口。十里黃土嶺口。廿里煙動崖口。四十里葫核口。廿里白石口。西廿里至插箭嶺南六十里至玉河安口。內至唐縣一百五十里。西十里周家堡口。十五里營溝口。三十里柳角安口。北五十里至插箭嶺。南十五里至

倒馬關下城。南至龍泉關一百五十里。北五里至上城。南六十里軍城。十里夾馬石口。小關城口。岳嶺口。白道安口。內至曲陽縣。狼牙口。外城至此合爲一。至靈丘縣一百廿里西七里法巷溝口。三里梧桐樹口。舊古道口。三里新古道口。五里亂樹林口。六里柴□嶺口。內至定州。黃草安口。六嶺口。廿里東靈溝口、金龍洞口。黃草安口至此三十里。又十里牛糞口。內九十里至阜平縣。廿里落路口。倒馬關至此一百里。南天門口。即洛路口外門。龍王堂口。八里義安嶺口。蒸餅石口。十里漆林溝口、火石城口。五里灰安嶺口。十里銅綠崖口。廿里東鐵嶺口。鐵嶺口。十里門罕嶺口。廿里黍查口。三十里香爐石口。艾葉口。葛溝城口。十里揚洪口。五里下竿嶺口。十里上竿嶺口。青揚溝口。龍門嶺口。五里騾子潭口。五里鄆廊嶺口。廿里吴王口。三十里魚兒橦口。五里夾耳安口。龍窩溝口。十里羊馬樓口。五里高石堂口。十里閒驢臺口。十五里黑溝崖口。廿里八答安口。盤道嶺口。黃土坡口。五里印鈔口。舊路嶺口。十五里龍泉上關。外至五臺一百八十里。南貳十里下龍泉關。東至阜平縣五十里，北至倒馬關一百七十里。各瞭溝口。三十里青竿嶺口。三十里陽和門口。十五里三關子口。廿里白草溝口。車孤它口。十五里沙嶺口。鷂子嶺口。十五里鷂子崖口。十五里至道安口。孤榆樹口。道安口。廿里陡嶺口。徹箭嶺口。廿里桑園溝口。四十里神堂口。廿里石盆口。北黑山口。西至五臺一百五十里。南二十里白羊平口。五里白羊口。靈壽縣。二里確窩口。四十里宋家谷口。十里惡石口。十里馬圈口。十里寨門。十里米業溝口。瓦岔谷口。十里撥龍回口。廿里南黑山口。內至平山縣一百四十里。南十里十八盤口。三十里井子谷口。八里黃安嶺口。十里清風口。內至真定府。又廿里達滴涯口。十里牛道嶺口。四十里横河漕口。五十里驢橋嶺口。三十里娘子關。十五里乏驢嶺口。三十里甘洮溝口。廿里豬屎溝口。廿五里葦泊嶺口。十五里青草谷口。故關。三十五里井陘縣。青草谷口內至元氏縣六十里。南三十里至白城口。三十里黃沙嶺口。廿里段里口。內五十里至贊皇縣。南十里後溝口。至樂平縣一百十里，至龍泉關五百一十里，至倒馬關六百八十里。

四　北京由宣府、大同至偏頭關路

宣府、大同邊路：

北京出德勝門，五十里榆河驛。五十里居庸關。八里岔道口。北四十二里至延慶州。西六十里至榆林驛。三十里懷來城。五十五里土木驛。保安新城。共五十五里雞鳴驛。五十里宣府鎮。寧遠堡。張家口堡。共六十里。萬全左衛。右衛。柴溝堡。新開口堡。渡口堡。西陽和堡。陳家堡。共一百廿里至天城衛。白羊口堡。鷂鴣谷堡。共六十里陽和城。六十里聚樂堡。二十里鋪堡。迎恩堡。共四十里大同鎮。南至雁門關三百里，詳卷三之二十。石佛堡。高山堡。謬官人堡。共一百廿里大同左衛。六十里威遠衛。南至寧武關貳百里。西七十里平虜衛。防河堡。共七十里老營堡。小營兒堡。八柳樹堡。寺塢堡。馬站堡。共一百五十里偏頭關。禪林堡。樓子堡。羅圈堡。灰嶺堡。唐家會堡。五花堡。得馬堡。共百四十里至黃河娘娘灘。九里至陝西黃甫川。

五　黃甫川由各鎮、衛至西寧衛路

陝西邊路：

黃甫川東九里至黃河，自此復入中國。西十五里清水營。四十里木瓜園堡。四十里孤山堡。四十里鎮羌堡。四十里永興堡。四十里神木堡。東路參將駐劄。立神木縣，附堡。西三十里至大柏油堡。十五里柏林堡。四十里高家堡。四十里建安堡。四十里雙山堡。四十里長樂堡。三十里榆林鎮。本衛五所。鎮巡三堂副總兵、管粮僉事駐劄。南三十里歸德堡。西七十里響水堡。四十里波羅堡。四十里懷遠堡。五十里威武堡。四十里清平堡。四十里龍州城。四十里鎮靖堡。九十里靖邊營。西路管粮僉事駐劄。西五十里寧塞營。三十里把都河堡。四十里永濟堡。四十里新安邊營。西路參將駐劄。西六十里新興堡。五十里石澇池堡。五十

里三山堡。三十五里饒陽水堡。九十里至定邊營。六十里花馬池。寧夏設寧夏後衛，分守參將駐劄。西三十里安定堡。七十里興武營。三十五里毛卜剌堡。三十五里清水營。四十里紅山堡。自寧塞堡至紅山堡，俱在二邊牆之內。新安邊營牆外，有舊安邊營舊營。四十里横城堡。三里黄河。渡。鎮遠關。四十里賀蘭山。寧夏鎮慶陽王府、鎮巡三堂副總兵、游擊、管粮僉事駐劄。九十里南渡黄河。靈州四十里大沙井驛。四十里石溝驛。四十里鹽池驛。一百廿里鳴沙州。北渡黄河。五里廣武營。一百廿里寧夏中衛。北至邊牆廿里。南至黄河十五里。參將駐劄。甜水堡。屬環縣守備。西四十里下馬關。屬固原。四十里平虜千户所。九十里鎮戎千户所。南一百廿里至固原鎮。總制軍門、鎮守總兵、兵備、游擊、守備駐劄。西四十里黑水苑。九十里海剌都堡。四十里西安州四十里乾鹽池堡。五十里打剌赤堡。七十里靖虜衛。守備一。一百里平灘堡九十一里條城堡。一百里買子堡。靖虜至此，河凍，添兵。西六十里至蘭州。北渡黄河。登岸，至金城關。西四十里安寧堡。三十里沙井驛。六十里苦水驛。六十里紅城子驛。四十里大通山口驛。四十里莊浪衛在城驛。西北去甘肅。西百六十里大通河驛。從十里老鴉城驛。五十里碾伯驛。六十里迭列遜。六十里西寧衛。西抵西番界，南至黄河積石關。分守參將一，茶馬司一。

黄河自賀蘭山之東北流出外夷，凡二千五百餘里爲河套，東至黄甫川復入中國，南流凡千八百里至蒲州，由河南、徐州、淮安入於海。榆林鎮舊在綏德，今鎮北三百里河套內。成化九年，都御史余子俊建議徙鎮榆林堡，東起黄甫川，西至定邊營，築牆凡千二百里，横截河套之口，套內夷人住牧。

六　莊浪衛至鎮番衛路

莊浪衛。參將、參議各一。西北三十里武勝驛。四十里岔口驛。五十里鎮羌驛。守備一。四十里打班堡。三十里黑松驛。三十里古浪千户所古浪驛。三十里雙塔兒。四十里靖邊驛。四十里大河驛。三十里涼州衛。三十里三岔驛。四十里蔡旗堡。六十里黑山驛。六十里鎮番衛。守備一員。東北抵沙漠。

七　涼州衛由甘、肅二衛至嘉峪關路

涼州衛。四十里懷遠驛。四十里沙河驛。五十里真景驛。廿里永昌衛。游擊、將軍、守備各一員。廿里水磨川。四十里水泉兒驛。五十里石峽口驛。屬山丹。四十里新河驛。四十里山丹衛。守備一員。五十里東樂驛。三十里古城驛。四十里甘州鎮。五衛。鎮巡三堂、副總兵、陝西行都司、行太僕、管粮僉事駐劄北關，皆夷種。廿里西城驛。四十里沙河驛。四十里撫夷驛。四十里高臺千户所。五十里黑泉驛。五十里深溝驛。五十里鎮夷千户所、鹽池驛。五十里河清驛。四十里臨水驛。四十里肅州衛。分守參將、兵備副使各一員。寄住各種夷人。西七十里至嘉峪關。西至陽關七百里。

八　北京至會州、富峪、大寧三衛舊址路

順天府。四十里潞河驛。五十里夏店驛。五十里公樂驛。五十里漁陽驛。六十里石門鎮驛。六十里遵化驛。遵化縣。七十里灤陽驛。五十里富民驛。六十里寬河驛。六十里柏山驛。六十里會州衛。六十里季莊驛。六十里富峪衛。七十里大寧都司。

右三衛舊址，在北京之東北，永平府之西北，今屬朵顔夷人住牧。北京至此八百里，見後。

九　北京至興州中屯衛舊址路

順天府。六十里順義驛。七十里密雲驛。六十里石匣驛。六十里古北口。五十六里青松驛。西去開平衛。東北六十里興州中屯衛。

一〇　北京至開平衛舊址路

順天府至青松驛。見九。青松驛。五十里古城驛。六十里灰嶺驛。五十里灤河驛。五十里黄崖驛。六十里哈八驛。五十里沈河驛。四十里東涼亭驛。五十里開平衛。

北京至此七百五十里，地高，井深，星大。北去慶州，多古松，號曰千里松林。宣德五年，因運道艱遠，徙衛於獨石，棄地三百里，龍岡、灤河之險皆失據矣。

一一　北京至舊大寧都司路

北京至古北口。見九。古北口。山崖險峻，僅容車軌。德勝嶺。盤道數層，俗名思鄉嶺。共八十里至新館。過鵰窠嶺、偏槍嶺，四十里至卧如來館。渡烏灤河。東有灤州。又過黑斗嶺、度雲嶺、芹菜嶺，七十里至柳河館、松亭嶺。險。今松亭關。七十里至打造部落。東南行，五十里牛山館。八十里鹿兒峽館。過蝦蟆嶺，九十里至鐵漿館。過石子嶺，漸出山。七十里富峪館。八十里通天館。廿里至中京大定府。

大寧者，漢爲奚部。唐初，屬營州，貞觀中，奚酋可度内附，乃置饒樂郡。遼爲中京大定府。金因之。元爲北京路總管府。國朝爲大寧都司。城垣卑小，周四里許。自過古北口，居人草庵版屋，山中長松鬱然，深谷中時見畜牧牛馬駱駝，其路甚險。因成祖皇帝征伐，每簡其驍健爲前鋒，得其死力，於是徙大寧都司於保定。營州五衛，興州五衛，大寧前、中、會州三衛，盧龍、東勝二衛，並徙於腹内，見薊州邊路。寧府移封江西，以其地與之，自古北口至山海關爲朵顔，自山海關至廣寧白雲山爲泰寧，自白雲山至開原爲福餘，歲許衛百人入貢者二，錫賞殊厚。

邊道之録，東起開原城，西止嘉峪關七千餘里，國家夷夏之防，信爲重地。其山川之險阻，道里之阨塞，並記於斯，以俟往者采焉，不可以其遼絶而忽之也。

又卷六《江北陸路》 一　北京至陝西寧夏鎮路

正陽門。四十里盧溝橋。長六十丈，金明昌建。三十里良鄉縣。廿八里劉李河。三十里涿州。十五里樓桑村。三十里定興縣。十里白溝河。宋、遼界此。六十里安肅縣。十五里渡曹河。三十五里保定府。四十五里涇陽驛。四十五里慶都縣。堯母墓。六十里定州。東坡雪浪石在州學。五十里新樂縣。九十里真定府。銅觀音，高七十三尺，在龍興寺。閣五層，高一百三十尺。渡滹沱河，源出雁門，水大難渡。六十里欒城縣。四十里趙州。五里洨河橋。六十里柏鄉縣。三十三里渡尹村河。廿八里内丘縣。金隄村。四十五里順德府。三十五里沙河縣。三十二里渡洺河。廿七里呂翁祠。廿里邯鄲縣。廿里趙王城。趙簡子墓。二十里至臺城岡。車騎關。三十里磁州。南門曹操疑冢七十二處。凡二十里至講武城。亦操所築練兵之處。渡漳河。四十里渡安陽河，至彰德府。西去羑里城三十五里，紂囚文王處。南四十五里至湯陰縣。六十里淇縣。望見太行山。三里斮脛河。紂斬朝涉之脛處。三十七里比干墓。十里衛輝府。五十里新鄉縣。五十里獲嘉縣。妲己梳妝臺。五十里修武縣。五十里武陟縣。三十里清化鎮。廿五里渡丹河。五里渡沁河。源出山西沁州。五里懷慶府。漢孝子郭巨墓。五十里孟縣。古河陽縣。有潘安仁祠。十里紫金山。韓文公墓。二十里渡黄河。廣二里。至孟津縣。觀兵臺，武王伐紂，觀兵於此。三十里北邙山。東漢諸帝名臣葬此。二十里下山脚。十五里瀍橋。五里河南府。二程祠。南一百六十里至嵩縣伏牛山。西五里舊洛陽城。廿里孝水。王祥剖冰處。十五里磁澗。廿五里甘羅墓。三里釣臺。渡澗水。經舊函谷關，至新安縣。廿里王喬洞。洞上二木，化成石身木枝。八里青龍山。廿里義昌驛。四十里澠池縣。會盟臺，秦昭王、趙惠王會盟於此。五十里上金銀山，廿里下金銀山，至硤石驛。五里老子祠。五十里陝州。三里蝦蟆泉。六十里靈寶縣。渡弘農澗。五十里閿鄉縣。六十里潼關。東渡黄河。六十里至蒲州。七里至關羽養瘡城。三里楊震墓。十五里西嶽廟。唐柏五株。五里至華陰縣。西十里班超墓。三十五里鳳居山。廿五里華州。西門鄭恒公墓。六十里渭南縣。分三原路。七十里臨潼縣。驪山在目，悦褒姒處。南十里秦始皇陵。三十里消魂橋。廿里西安府。南門慈恩寺，高宗爲文德皇后建雁塔，高三十丈。褚河南書《三藏圣教序》，高宗述圣記碑在塔下。歷代碑刻在府學。本府五里未央宫故址。五里楊家城。漢長安城也。四十里咸陽縣。南去四川。周成王陵，文、武王陵，周公墓，康王陵，漢昭帝陵，俱在縣南十五里畢源。本縣十二里至漢元帝陵。十七里蕭相國祠。四十里醴泉縣。四十里乾州。十里梁山。唐高宗陵。七十里永壽縣。七十里邠州。七十三里政平驛。七十里寧州。二里狄梁公祠。七十里合水縣華池驛。五十里慶陽府。西門傅介子墓。六十里靈祐驛。廿里馬嶺城。四十里曲子城。四十五里木鉢遞運所。四十五里環縣。六十里清平驛。六十里山城驛。九十里萌城驛。寧夏界。三十里玉皇廟。五十里小鹽池。胡人出没不時。六十里石溝驛。七十里大沙井驛。四十里靈州。渡黄河。登岸百里，至寧夏城。賀蘭山在本鎮之北。

自木鉢遞運所之北，驛遞官皆千、百户總旗掌。環縣之北，無居民，亦無樹木，惟荒煙野草，至靈州始有樹木。南京至西安府二千四百三十里，北京至西安府二千六百五十里，西安府至寧夏鎮一千四百七十里。

二　揚州府至南頓路

揚州府。七十里儀真縣。八十里六合縣。一百廿里滁州。三十里朱龍橋。五十里藕塘鎮。一百廿里永康鎮。一百廿里壽州。六十里正陽鎮。六十里潁上縣。一百廿里潁州。廿里溜上。六十五里太和縣。七里舊縣集。七十里新站。三十里至南頓。

三　正陽至蕪湖縣路

正陽。三十里新壩。三十里安豐塘。三十里白洋河。四十里王長官。六十里三十里廟。三十里廬州府。三十里店埠。六十里柘皋。六十里巢縣。一百六十里西梁山。渡大江。五十里至蕪湖縣。

四　巢縣由汴城至臨清州路

本縣。三十里小柘埠。三十里大柘埠。三十里西山口驛。三十里店埠。三十里廬州府。三十里長官家。三十里周家店。三十里王長官。四十里白洋河。四十里小店。三十里新壩。三十里正陽。七十里潁上縣。六十里六十里鋪。六十里潁州。十五里白廟。五十里太和縣。七里舊縣集。七十里界溝。廿里紙店。三十里懷方店。四十里魚臺。五十里陳州。東北至歸德府。一百四十里至五里口。廿五里碎米口。廿五里長營兒。廿五里崔橋。三十里馬頭。三十里通許縣。廿里高廟。廿里關頭。廿里柏木子岡。廿里汴城。三十里翟家道口。十五里俞家店。四十五里延津縣。廿里塔兒鋪。十五里沙門關。廿五里衛輝府。廿里頓方鋪。三十里淇縣。廿五里高村鋪。三十里宜溝。廿五里湯陰縣。十五里柳河鋪。三十里彰德府。四十五里回龍廟。五十里雙井鋪。三十里大名府。三十里小灘鋪。三十里冠縣。四十里斜店。三十里清水鋪。廿里至臨清州。

自潁州至大名府，響馬賊甚惡，出没不時，難防。衛輝、彰德近有坑牆，稍可避。

又　臨清由開州至汴城路

臨清州。廿里清水鋪。三十里斜店。四十里冠縣。三十里小灘鋪。三十里賀村集。廿里南樂縣。五里清豐縣。五十里開州。廿里安樂鋪。廿里山木村。三十里老岸。三十五里丁蘭。十八里長垣縣。三十里流光。三十里陳橋。十里時何村。四十里至汴城。

五　淮安府至海州安東衛路

本府。渡黄河。九十里安東縣。三十里金城。四十里對江口。三十里白頭關。四十里張家店。三十里大伊山。六十里新壩。五十里海州。新壩。三十里塔兒灣。三十里南城。三十里大村。五十里至墟溝營。三十里渡海島山。

至海州，或自大依山六十里，至板浦渡海。五十里至海州。本州六十里至安東衛。屬山東。右路晚亦可行，鹽徒甚惡，夏有熱疫，宜慎。

【略】金城九十里至老鸛亭。

六　徐州至泰安州泰山頂路

本州。九十里沛縣。七十里臨城驛。七十里滕縣。四十五里界河。五十里鄒縣。六十里兖州府。六十里寧陽縣。七十里東巷店。五十里泰安州。五里紅門。四十里至泰山頂。即東嶽岱山。

七　瓜洲至武當山路

瓜洲。三十里新城。十里儀真縣。七十里六合縣。四十里姜家渡。去。十五里雷官集。三十里水口集。四十里滁州。三十里朱龍橋。廿里雅店。去。三十里藕塘。三十里東鋪。去。三十里定遠縣。三十里西鋪。三十里永康鎮。四十里白鷺橋。四十里姚杲。四十里中心渡。去。十里壽州。三十里鬬雞鋪。三十里正陽。十五里蔡潤鋪。廿里潁上鋪。三十里潁上縣。六十里中鋪。六十里潁州。五十里大蓬集。三十里姚家店。三十里長官店。廿里李鐵集。廿里瓦店。廿里姜寨。四十里楊埠。四十里蘇家店。廿里大柳樹。去。廿里汝寧府。三十里老君堂。三十里韓莊。四十里确山縣。廿里常家店。去。十里邢家店。去。十里瓦崗鋪。十五里溝竹。廿里節敬山。十五里鄧莊。三十里曹官驛。五十里泌陽縣。三十里顯靈店。廿里大河屯。廿里黄家店。三十里唐縣。廿里張家店。三十里余家店。十五里田九店。廿五里岡頭。廿里黄莊。去。廿里雞灘。四十里鄧州。廿里茶店。廿里半茶店。廿里九重院。廿里武家店。廿里李大人墳。三十里黨子口。四十里石鼓關。三十里嵩平。廿里方山。廿五里槐樹關。五里粉紅。渡。均州。廿里石版灘。廿里草店。　蓬萊門。　仙關。共三十里。太子坡。　紫霄宫。　南巖宫。　榔梅祠。　一天門。　二天門。三天門。共三十里。至玄帝殿。

有「去」字之處，不可宿。

八　淮安府至山東沂州路

本府。三十里清江浦。三十里清河。三十里三汊河。廿里張思仲。十里桃源。三十里崔鎮。十八里古城。十三里白洋河。四十里宿遷縣。三十里岔路口。三十里直河口。九十里壽賢。六十里馬頭集。一百十里沂州。

九　儀真縣至泗州路

本縣。六十里高家集。廿五里金家集。三十五里天長縣。三十里石梁河。

一〇　揚州府至山西平陽府路

本府。四十里甘泉山。廿五里大儀。廿里小店。四十里天長縣。三十里石梁河。三十里張公鋪。三十里連塘。廿里義井。廿里盱眙縣。五里泗州。三十里包家集。三十里雙溝。三十里鬬江口。三十里上塘。三十里冷飯墩。三十里虹縣。三十里長直溝。三十里靈璧縣。四十五里大店驛。　鐵佛寺。　柳市里。共四十五里。南宿州。七十里百善道驛。六十里永城縣。六十里夏邑縣。

五十里虞城縣。六十里寧陵縣。六十里葵丘驛。七十里杞縣。六十里陳留縣。五十里汴城。翟家口過河。十里俞家店。九十里黑羊山。八十里莫蘭店。七十里清化鎮。三十里王莊。上太行山。三十五里紅花口。十五里浪車。八十里周村。八十里劉村。五十里沁水縣。三十里黃寨。九十里翼城縣。下太行山。五十里黃帝廟。四十里趙墟。五十里至平陽府。

清化以西無盜，夜月可行。浪車西十五里至夫子廟，路去太原府。

【略】太行山東西四百里，南盡黃河，北盡沙漠。自宿州至汴城，嚮馬宜慎。

一一　四川成都府至南京路

成都府。五十里新都縣。五十里漢州。五十里古店。五十里中江縣。五十里建寧驛。六十里潼川州。四十里射洪縣。三十里廣寒公館。七十里蓬溪縣。九十里順慶府。五十里清溪公館。六十里岳池縣。北去保寧府。南六十里廣安州。八十里瑯琊公館。三十里渠縣。六十里大竹縣。八十里袁壩公館。五十里梁山縣。九十里分水驛。八十里萬縣。八十里巴陽驛。六十里雲陽縣。八十里南陀驛。六十里夔州府。六十里瞿門公館。六十里巫山縣。八十里小橋公館。屬蜀。八十里巴東縣。屬楚。八十里歸州。百三十里白沙驛。百廿里夷陵州。六十里龍泉驛。九十里當陽縣。一百廿里荆門州。六十里石橋驛。六十里麗陽驛。九十里宜城縣。六十里潼口驛。六十里襄陽府。七十里呂堰驛。七十里新野縣。百廿里唐縣。九十里泌陽縣。三十里馬湖田。三十里高店。六十里趙莊。四十里平山關。四十里出山店。三十里信陽州。百廿里羅山縣。一百四十里光州。四十里黃子岡。三十里清河鋪。四十里新店。三十里固始縣。四十里泉河鋪。五十里鄭塔鋪。五十里霍丘縣。六十里正陽。六十里壽州。九十里白鷺橋。九十里定遠縣。一百四十里滁州。五十里全椒縣。三十里後河。三十里香泉塘。有溫池。四十里和州。三十五里當利驛。三十五里渡大江。至采石驛。六十里江寧鎮。六十里至南京。

四川至南京路有四，此其一也，計程四千五百八十里。

自荆門州分路，由黃州、李陽河渡大江，至南京路於左：

荆門州。百二十里承天府。九十里郢東驛。百二十里京山縣。百里應城縣。四十里雲夢縣。四十里孝感縣。百里黃陂縣。百里陽邏驛。百二十里李坪驛。八十里黃州府。九十里巴水驛。六十里蘄水縣。七十里臨皋驛。九十里廣濟縣。六十里黃梅縣。四十五里雙城驛。九十里楓香驛。六十里小池驛。七十里太湖縣。六十里潛山縣。百二十里安慶府。八十里李陽河。渡大江。又六十里至池州府。八十里青陽縣。二十里絳壁橋。六十里司邊鋪。六十里南陵縣。九十里蕪湖縣。九十里采石驛。一百二十里至南京。

一二　真定府至五臺山路

本府。五十里行唐縣。　王快鎮。共二百里。阜平縣。　安兒嶺。共五十里。下龍泉關。　馬波泉。共十五里。舊路嶺。馬會首寺。紅石嘴。　金岡窟莊兒。共一百四十五里。白頭庵。二十里至南臺。二十里清涼石。四十里至西臺。十里八功德水。二十里至中臺。三十里至北臺。四十里至東臺。

一三　正陽至湖廣漢口路

正陽溜子口。渡。四十五里白水塘。十里霍丘縣。五里豐河。渡。十五里陳家鋪。三十里鄭塔鋪。三十里曹家店。廿里泉河鋪。四十里固始縣。西南分光州、羅山縣路。三十里草廟。四十里上石橋。十里南司。十里和風橋。廿里商城縣。十五里余家店。五十五里張家樓。十五里界嶺司。三十里胡僉司。五里張家店。三十里祖家橋。三十里麻城縣。三十里中館驛。四十里岐亭。西去黃陂縣路。四十里至三山鋪。南至陽邏三十里。西三十里至畢家鋪。十五里界鋪。渡。五里沙口。五十里漢口。渡大江。七里至湖廣城。

又由光州官路至漢口：道觀河至蘄水縣附。

正陽至固始縣。詳前。固始縣。廿里楊官店。五里曲河渡。五里新店。廿里胡族店。十里三家店。十里青河鋪。三十里黃子岡。十里地路河。三十里光州。四十里光山縣。十五里由樹店。廿里潑皮河。十里桃樹店。十里椿樹店。十五里三道河。十里長潭。三十里界河關司。十五里分水嶺。十五里陳馬岡。廿里王福店。廿里奇路江家。廿里麻城縣。至蘄水一百八十里。西廿里至白塘鋪。十里白果鋪。十里望花鎮。十里沙河鋪。十里道觀河。至蘄水詳後。十里至久長鋪。十里黃連鋪。十里丁家蕩。十里林山河。十里竹瓦鋪。十里瓦園鋪。十里團風鎮。七十里陽邏。十里堦埠。渡。十里沙河口。五十里至漢口。

道觀河至蘄水縣路：

道觀河。十五里道士山。十五里馬安山。三十里巴河。三十里朱店。三十里至蘄水縣。

一四　正陽至襄陽路

正陽。十五里蔡澗鋪。廿里潁上鋪。三十里潁上縣。六十里中鋪。六十里潁州。四十五里大明。七十里張官店。二十里李家集。十五里瓦店。廿五里江寨。廿五里木軒李家店。十五里揚埠司。南河船止此。二十里至馮家店。十五里蘇家店。廿里方家集。三十里汝寧府。五十里韓莊。五十里確山縣。八十里信陽州。東五十里至羅山縣。三十里至出山店。四十里平山關。四十里趙莊。六十里高店。三十里馬湖田。三十里泌陽縣。九十里唐縣。一百廿里新野縣。七十里呂堰驛。七十里至襄陽府。

又自光州迂路至信陽州合：

光州。廿五里李家店。十五里寨河渡。四十里生鐵鋪。廿五里金官鋪。渡。五里五里店。三十里李家店。三十里信陽州。

一五　湖廣城至襄陽路

武昌府。渡江。七里漢口。十里郭司渡。廿里平塘湖。渡。三十里蔡店。三十里龔家渡。三十里漢川縣。廿五里楊四港。五里劉家隔。渡。五里新河渡。十八里十八里店。六十里應城縣。六十里接官亭。四十里觀音崖。廿里京山縣。廿里合流鋪。四十里郢東驛。四十里梅子潤。廿里木馬鋪。三十里承天府。廿里池河渡。十里畢家港。廿里盛家店。四十里豐樂河。三十里龍王洲。渡。六十里宜城縣。三十里毛家港。渡。廿里潼口驛。三十里泰山廟。三十里至襄陽府。

又由德安府、隨州至襄陽路：

劉家隔。六十里洛陽河。十里雲夢縣。廿里利塘。四十里德安府。渡。廿里竹羅鋪。廿里平理市。廿里柴石鋪。廿里光化鋪。三十里隨州。四十里利山。三十里唐城鎮。三十里徐家店。廿里紅瓦店。四十里棗陽縣。六十里蔡陽店。八十里至襄陽府。

一六　徐州西至汴城路

徐州。三十五里亂石山。十里兩河口。三里蕭縣。廿里曲里鋪。三十里趙家圈。五十里韓家道口。三十五里師家道口。三十五里賈家集。廿五里馬牧。徐州至此，鬻馬多。四十里丁家道口。四十里歸德府。六十里寧陵縣。五十里睢州。三十里榆箱鋪。七十里杞縣。三十五里韓岡。四十里陳留縣。四十里揚州門。十里開封府。

一七　徐州至正陽路

徐州。四十五里桃山驛。五十里夾溝驛。四十里符離橋。廿里宿州。四十里南平集。三十里趙家集。廿里版橋集。三十里蒙城縣。廿里落陀鋪。廿里陳摶橋。廿里戴家集。三十里小張村集。三十里下蔡。三十里壽州。六十里至正陽。

一八　潁州至陳州路

潁州。三十五里王義官集。三十五里太和縣。廿五里界溝。八里舊縣。廿五里稅子鋪。廿里界首。南直隸界廿里。紙店。四十里懷方店。廿五里魯臺。廿五里馮唐。廿里穆家集。廿里陳州。

一九　汴城至劉家隔路

開封府。四十五里朱仙鎮。四十五里尉氏縣。百廿里許州。六十里臨潁縣。六十里郾城縣。六十里西平縣。六十里遂平縣。九十里確山縣。五十里斬官人集。三十五里明港巡司。四十里付陽店。四十里至信陽州。三十五里紅羅驛。廿五里談家窩。四十五里徐家店。十里限遮關。四十里應山縣。四十五里接官亭。四十五里德安府。廿里利塘。廿里雲夢縣。七十里至劉家隔。

二〇　劉家隔至荊州路

劉家隔。六十里至黄家灘。六十里皂角埠。六十里景陵縣。六十里漁泛洪澤口。四十里湖口。水面三十里。上岸。五十里至荊州府。

二一　襄陽至荊州路

本府。六十里至潼口驛。六十里宜城縣。九十里麗陽驛。四十里洛鄉司。廿里石橋驛。六十里荊門州。九十里建陽驛。九十里至荊州府。

二二　濟寧州至泰山頂路

本州。四十里至沿村店。廿里安橋。三十里寧陽縣。三十里紅邊屯。渡。廿里奶奶廟。廿里東巷店。三十五里灌口。廿五里泰安州。四十里至泰山頂。即東嶽岱山。

二三　歸德府至南陽府路

本府。三十里至水石鋪。廿里觀音堂。廿里寧陵縣。五十里睢州。三十里長岡集。五十里商柴集。十里后臺。三十里長營。五十里扶溝縣。四十里鄢陵縣。三十里五女店。三十里許州。五十里尹橋。廿里礬水鋪。十里襄城縣。九十里葉縣。六十里保安驛。六十里裕州。六十里博望驛。六十里至南陽府。

二四　徐州至臨清州路

徐州。三十里至茶城。三十里村站。五十里沛縣。三十里廟道口。廿里沙河。四十里南陽。廿里魯橋。三十里新店。三十里濟寧州。四十里康莊驛。四十里汶上縣。廿五里沙河站。四十里安山。廿五里戴家廟。廿五里張秋。廿里阿城。阿膠産於此。三十里官窑口。四十里東昌府。三十里梁家鄉。三十五里孔家集。三十里至臨清州。

二五　揚州府至陜西西安府路

揚州府四十里廿泉山。廿五里大儀。廿里小店。四十里天長縣。三十里石梁河。三十里張公鋪。三十里連塘。廿里義井。廿里盱眙縣。過河，至泗州。三十里包家集。三十里雙溝。三十里鬬江口。三十里上塘。三十里冷飯墩。二十里虹縣。三十里長直溝。三十里靈壁縣。四十五里大店驛。　鐵佛寺。柳市里。共四十五里。南宿州。七十里百善道驛。六十里永城縣。六十里夏邑縣。五十里虞城縣。六十里寧陵縣。六十里葵丘驛。七十里杞縣。六十里陳留縣。五十里汴梁城。七十里中牟縣。七十里鄭州。七十里滎陽縣。四十里汜水縣。六十里洛口驛。六十里首陽驛。七十里河南府。四十里磁澗。三十里新安縣。三十里青龍山。廿里義昌驛。四十里澠池縣。五十里上金銀山。廿里下金銀山。至硤石驛。六十里陜州。六十里靈寶縣。五十里閿鄉縣。六十里潼關。四十里華陰縣。六十里華州。六十里渭南縣。七十里臨潼縣。五十里至西安府。

又卷八《江南陸路》　一　丹陽縣至南京路

丹陽縣。五十里白土。四十里句容縣。四十五里高廟。四十五里高橋門。十里會同館。四十里至牛首山。

丹陽至南京，路平，轎、馬並備，惟淫雨泥爛，溝多難行。白土不可宿，有賊。句容出南門，二十里至淤鄉，又三十里至茅山。南京出南門，四十里至牛首山。

二　杭州府至休寧縣齊雲山路

本府。十五里觀音橋。上小船。四十五里餘杭縣。陸路。丁橋鋪。青山鋪。五柳鋪。西市。臨安縣之西。至東天目山四十里，又十里至西天目山。淩村。即斜陽鋪。化龍鋪。横塘鋪。藻溪鋪。戴石鋪。鎮角頭。於潛縣至西天目山三十五里。方員鋪。太陽鋪。蘆嶺鋪。昌化縣。白日橋。手穿司。朱柳鋪。義綱鋪。車盤嶺。小。冷水鋪。新橋鋪。老竹嶺。高二里。王干。巡司。中嶺鋪。杞梓里。蘇村。始有驢、騾。蛇坑。山後鋪。七賢鋪。大佛鋪。章祁鋪。稠木嶺。徽州府。至黄山一百里。冷水鋪。巖寺鎮。茆田鋪。長兖鋪。張山鋪。休寧縣。排山頭。緑溪鋪。尚田鋪。齊雲巖脚。上山十里至祖師殿。

自餘杭縣至山頂，每處十里。杭州轎在觀音橋僱，歙縣轎在餘杭僱，舊時有中途㓔逃之説。冬閂夜有盜。

三　儀真縣由寧國府至徽州府水、陸路

儀真縣。渡大江。十五里河口。七十里句容縣。五十里望湖岡。四十里溧水縣。十五里紅南埠。搭船。九十里唐溝。八十里水陽。九十里寧國府。九十里寧國縣。廿里竹下鋪。十里瓦窑。十里橋頭鋪。十里雲門。十里甲路。十里周易鋪。十里塵嶺。十里胡樂司。十里沙嶺。三十里叢山關。三十里績溪縣。六十里至徽州府。

四　徽州府至崇安縣路

本府。六十里潛阜渡。五十里五城。三十里黄茆。廿里三保橋。廿里大阪。廿里大容田。三十里下塢。廿里方村。三十里孝塘。廿里升口。廿里堨埠。廿里夜溪嶺。廿里毬里。出綿紙。廿里至三版橋。三十里玉山縣。五十里沙溪。三十里龍溪。廿里廣信府。八十里鉛山縣。四十里紫溪。廿里車盤驛。十里烏石。十里分水關。江西、福建界。三十里大安。四十里至崇安縣。

沙溪有盜，宜慎。徽州府至崇安，嶺多路小，每轎一乘，駕行李五六十斤，轎夫甚苦，兩人代一人勞，仁厚客商，險處恕饒一肩。

五　徽州府至湖廣城路

本府。六十里休寧縣。五十里漁亭。十里榔木嶺。十里横路頭。十五里九里沖。五里山窩嶺。十里柏樹街。十里黑橋。五里山岳嶺。十里楓樹街。十里排嶺。十里大風嶺。三十里嶺脚。十里黄嶺。十里蘆栗橋。十里猪頭石。十里田角樂。十里沙埁。十里釣魚臺。十里横埁渡。五里香口。路去殷家匯十里柏山渡。十里七里。十里沙坡。十里雞兒灘。渡。十里塔坑。十里十字街。十里東坑口。十里上京段。十里雞公澗。十里胡田鋪。十里石嘴頭。十里黄溢。東三十里殷家匯，又六十里池州府。北渡大江，三十里至安慶府。八十里石牌。五十里倉下。三十里太湖縣。産藥材。十里唐梨鋪。十里楓香驛。十里仙田鋪。十里豐家店。十里鳳凰鋪。十里密烟鋪。十里菜子鋪。十里亭前驛。十里山儲鋪。十里五祖山脚。十里桃花鋪。十里石山鋪。十里版橋鋪。十里雙城驛。十里石籠鋪。廿里矛況鋪。十里金竹鋪。十里青蒿鋪。廿里廣濟縣。廿里高山鋪。十里山鋪。十里三家店。十里西河驛。十里山陰鋪。廿里女兒鋪。十里六廟鋪。十里李殿鋪。十里分流鋪。十里石牛鋪。十里蘄水縣。十里朱店。廿里竹瓦店。十里巴水驛。六十里黄州府。六十里李坪驛。六十里陽邏驛。六十里至湖廣城。

六　黟縣至南京路

黟縣。十里北莊口。五里北莊嶺。五里謝村。五里蘆村。緣山行，五里官鋪。上羊棧嶺。十五里榧樹下。下羊棧嶺。十五里游燭坑。十里崟巖前。五里石壁下。上嶺，十五里桃坑口。十五里焦口鋪。十里上船渡。十里芝麻園。十里玲瓏嶺。十里柳家梁。渡。五里岳溪。五里麻姑橋。十里崇閣寺。十里陵陽鎮。西往池州青陽縣。東二里方冲鋪。十里分流鋪。十里胡村鋪。十里陰橋鋪。十里谷坑口。十五里倪店鋪。十里查河鋪。十里麒麟鋪。十里界山鋪。十里郎坑鋪。十里成山鋪。十里順安鎮。三十里舊縣。三十里蘆席夾。十里三山。三十里橹港。十里蕪湖縣。六十里太平府。廿里采石。六十里江寧鎮。六十里至南京南門。

七　吉安府至茶陵州路

本府。十五里高沙。十五里錯大渡。十五里茅黄。十五里和塘。廿里赤土。廿里鼓城。出河，十里枕頭石。十里周垣。十里平上。十里橋面上。十里茅平。十里容江。十五里三字街。十五里箭石。出河，十里李田。十里後田。十里路江。十里蒙竹。十里藤樹下。十里山田拗。十里古城。十里周卑。十里背江。十里腰卑。十里雷公拗。十里茶陵州。

八　休寧縣由幾村至揚州水、陸路

本縣。三十里石橋頭。十里陽闕寺。五里呈坎。五里沙堘。十里青山頭。十里鏡嶺。小。十五里茅舍。上箬嶺。十里大廟頭。十里道人庵。十里下箬嶺山脚。十里土河坑。五里白地。十五里上金廟。十五里東谷橋。七里幾家山。八里山溪。新嶺路至此合。十里窄溪。十里茹麻。巡司。十里白花。十五里山坦。十五里石山下。十里潘村。廿里幾村。下船，廿里至馬頭。五十里青油港。十里牌灣。三十里楊官渡。四十里石人渡。廿里楊青口。廿里蕪湖縣。出大江，九十里采石。六十里大勝關。六十里龍江驛。十五里觀音山。三十里瓜埠。六十里青山。三十里儀真縣。過壩。平水，七十里至揚州府。

自呈坎至幾村，不可起早，日調包，夜偷摸，打悶棍常有者。冬有强盗，謹慎。

九　杭州府由東陽縣至處州府路

杭州府。廿里江口。十里六和塔。上夜船，渡浙江。一百廿里長闕。陸路，十里直埠。十里中亭。十里燕頭。十里平闕。廿里排頭。十里宣何。二姓。十里義門。廿里蘇溪。西三十里至義烏縣。廿里至念山街。廿里東陽縣。廿五里關青下時。廿里葛府。廿里溪田朱。廿里方巖下。廿里余丘頭。十里麻車店。十里管頭。出大路，四十里縉雲縣。四十五里却金館。即馮公嶺。四十五里處州府。

杭州府至處州府，【略】欲速行者，此路直近，無風、盜之憂，惟久雨，泥爛難行，計程五百十五里。

一〇　徽州府至婺源縣路

本府。廿五里黄墩。廿五里屯溪。十里高堰。十里隔山鋪。十里溪口。十里五城。十里山斗。十里新嶺脚。十里黄茅。廿里中平。四十里汪口。三十里古坑。三十里至婺源城。

一一　衢州府由浦城縣至建寧府水、陸路

上杭埠。水九十里江山縣。十五里清湖。路十五里石門街。十五里江郎山。十里峽口。渡。十里觀音閣。十五里保安橋。十里仙霞嶺。巡司。十里楊姑嶺。十里龍溪口。十里下溪口。十里南樓。閩、浙界。十五里大竿嶺。十里五顯廟。五里梨園嶺。十里魚梁街。十里仙陽街。三十里浦城縣。下船。八十里水吉。巡司。七十里葉坊驛。五十里至建寧府。

一二　弋陽縣至休寧縣路

弋陽縣。四十里焦家墩。謝園。勑封鎮。佛母鋪。萬村。楊村。上宋。牌嶺。界田渡。引麦鋪。長塘。張克鋪。銅川。銅埠。河田。海口。銀港。江湖。梅林。尤溪。婺源縣。張木。霍溪。古劍。古坑。望口。胡山。中平。芙蓉嶺。來坦。官亭。搭溪。黄茅。新嶺。山斗。五城。黄柏鋪。下阜渡。楊村外里。廿里朱村鋪。馬鞍山。繖橋。「繖」今作「傘」。休寧縣。

自焦家墩至休寧縣，每處十里。

一三　蕪湖縣至徽州府路

本縣。朱塘鋪。高岡鋪。石跪鋪。渡。余家鋪。陶充鋪。陽斜鋪。平溝鋪。箭塘鋪。南陵縣。神庵塘。分界山。湖冲鋪。仙石鋪。下坊渡。涇縣。出綿紙。山口鋪。石山鋪。考坑。破脚嶺。小。太平鋪。强風鋪。窄南鋪。山溪鋪。箬嶺路至此合。藁口鋪。柳山鋪。旌德縣。南塢里。界首。豪寨。鎮頭。新嶺頂。九里坑。孔林鋪。雄路。龍溪。新館。牌頭。吴山鋪。徽州府。新安衛附郭

自蕪湖縣至徽州府，每處十里。早有悶棍，日有調包，夜有盜，宜慎。轎馬並有。

一四　江西由瑞州府至瀏陽縣路屬長沙府。

江西城。渡。五十里連城鋪。十里烏沙鋪。十里招山鋪。十里大杏鋪。十里古樓鋪。十里瓦窑鋪。十里赤橋鋪。十里瑞州府。陸路，八十里至臨江府。三十里至灰埠。廿里石頭街。廿里界埠。三十里上高縣。四十里麻塘橋。六十里路口。廿里斗門。廿里萬載縣。四十五里至朱婆嶺，又四十五里至袁州府。四十里至藍田。三十里朱樹潭。廿里慈化寺。四十里小卜腦。四十里祈神界橋。有賊。路口。三十里至瀏陽縣。

一五　岳州府由澧州至九溪衛路

本府。過湖。十里大江鋪。十里三家店。十里茅司鋪。十里馬家林。十里陳家林。十里高港鋪。十里兩山鋪。十里楚陰鋪。十里青山鋪。十里版橋鋪。十里射石嘴。十里渡白河。華容縣臨江驛。十里中立鋪。十五里蔡天鋪。十五里黄楊鋪。十里新店。十里項港鋪。四十里安鄉縣。廿里澧州。四十里合山鋪。三十里新安市鎮。廿里土地鋪。三十里石門縣。九十里慈利縣。一百八十里永定衛。九十里至九溪衛。

一六　南京由江南至安慶府路

出南門，六十里江寧鎮。六十里采石。廿里太平府。六十里蕪湖縣。四十里石跪。三十里井泉鋪。三十里南陵縣。六十里司邊鋪。六十里絳壁橋。廿里青陽縣。八十里池州府。六十里殷家匯。三十里黄溢。渡江，三十里安慶府。

一七　桂林府至横州路

本府東江驛。六十里蘇橋驛。過竹楓渡，四十里三里驛。三十五里蘭麻驛。三十五里横塘驛。五十里洛容縣洛容驛。三十五里東泉驛。六十五里柳城縣東江驛。由白沙灣過大江，四十里至大曹驛。四十五里宜山縣宜陽驛。渡懷遠江，四十里至河池千户所德勝驛。六十里至河池州。六十里渡東江、金城江，本處分各州之路。

至南丹州：

本處。八十里謝村站。六十里至南丹州。

至那地州：

本處。六十里君肖。六十里中坑錫場。六十里至那地州。

至東蘭州、思恩府、賓州、横州

本處。六十里水龍坑。山路，沿村過嶺，三日至東蘭州。渡清水江，由狗遁關，約六日至思恩府。約一日至賓州。二日至横州。南一百廿里至廣東靈山縣，又一百廿里至欽州天涯驛。

一八　桂林府至南寧府路

桂林府。六十里蘇橋驛。四十里三里驛。三十五里蘭麻驛。三十五里横塘驛。五十里洛容驛。洛容縣。三十五里東泉驛。柳城縣。七十里柳州府雷塘驛。三十五里穿山驛。屬馬平縣。三十五里來賓縣在城驛。清水驛。賓州在城驛。八十五里上林縣思龍驛。長山驛。屬宣化縣。施湴驛。南寧府宣化縣。

一九　梧州府至遂溪縣路屬雷州府。

本府。水一百廿里至藤縣。西南陸路至金雞驛。雙競驛。容縣自良驛。繡江驛。北流縣寶圭驛。四十五里鬱林州西甌驛。西南去博白縣、廉州府。東南陸路八十里至陸川縣。七十里永寧驛。由回龍、流埇、麻陂、墟洞、尾流、茶六河等河，七十里至廣東石城縣三合驛。由車頭朗、龍化江、平山墟等河，共七十里至石城縣新和驛。由三合堡河、江頭渡，共七十里至遂溪縣桐油驛。

二〇　潯州府至鬱林州路

本府。一百四十里至貴縣懷澤驛。　東南九十里至高橋驛。興業縣。八十里富陽驛。興業縣。八十里鬱林州西甌驛。

二一　南寧府至石康縣路屬廉州府。

本府。廿里渡八尺江。廿里那樓。巡司。四十里羊角山口。渡江，四十里江邊村。路陡峻。（宋）[渡]大江，水深。共四十里盧塘村。渡靈山河，深。四十里孫亮。過小溪，四十里五利村。五十里人安墟。五十里白石驛。屬石康縣。

二二　江西城由寧州至平江縣水、陸路

南昌府。水六十里樵舍。六十里老雚嘴。六十里建昌縣。六十里白茶。六十里三洪灘。六十里武寧縣。六十里里溪。六十里彭沽。四十里至寧州。水陸並七十里馬拗。陸路，十里畢村。巡司。十里毛家店。六十里龍門。宿。五十里長

壽。巡司。下船，七十里至平江縣。屬岳州府。

二三　饒州府由景德鎮至休寧縣水、陸路

饒州府。水九十里至獅子山。八十里至景德鎮。十八間橋宿。起陸路，十里黃泥頭。十五里至湘湖街。十里落田。十五里東流廟。五里鯉魚橋。十里苦嶺。婺源界。十里上排前。五里陳坑。十里巴塘岡。五里至冲田。五里茅山。十里夾路。十里嚴田。十里船槽嶺。五里長林。十里青化街。三里上河頭。十里花園。十里它口。十里山坑。十里插關。十里浙嶺脚。八里嶺頂。七里下嶺脚。浙源發於此。五里莊前。十里管頭。十里泥園。十里荷花橋。十里莫家坑。十里荷村。渡。溪口。五里石田。五里黃泥塘。十里三望源。十里渭橋。十里南渡。十里至休寧縣。

闕名《天下紀程》　畿輔

順天府，京師。東西距五百八十里，南北距四百九十三里。東至永平府遷安縣界三百五十里，西至保安州界一百三十里，南至河間府青縣界三百十三里，北至宣府鎮永寧衛界一百八十里。東南至渤海三百八十里，西南至保定府新城縣界一百七十里，東北至喜峰口關邊界四百二十里，西北至延慶州界一百三十里。

大興縣，附郭，治府東偏。東西距二十四里，南北距一百七里，東至通州界二十一里，至州治四十里；西至宛平縣治五里；南至東安縣界七十二里，至縣治□百二十里；北至昌平州界三十五里，至州治七十五里。東南至圉城通州界四十五里，西南至祈各莊固安縣界一百十里，東北至盧家垡彭城衛界六十里，西北至北頓垡宛平縣界六十里。

宛平縣，附郭，治府西偏。東西距二百三十二里，南北距一百十里。東至大興縣界二里，至縣治五里；西至良鄉縣界一百九十里，至保安州界二百三十里；南至固安縣界九十里，少西至縣治一百二十里；北至昌平州界二十一里，至州治七十五里。東南至東安縣治一百二十里，西南至良鄉縣治七十里，東北至順義縣治六十里，西北至延慶州。

良鄉縣，在府西南七十里。東西距三十二里，南北距六十里。東至宛平縣界狼垡村二十里；西至房山縣界開谷莊十二里，至縣治二十五里；舊《志》作三十里。南至涿州界鹿頭村四十五里；北至房山縣界公村十五里。東南至固安縣治七十里，舊《志》作八十里。西南至涿州治七十里，東北至宛平縣治七十里，至昌平州治一百二十里，西北至房山縣。

固安縣，在府西南一百二十里。東西距五十五里，南北距一百十里。東至永清縣界二十五里，少南至縣治四十里；西至涿州界三十里，至州治六十里；南至保定府雄縣界九十二里，少西至縣治一百二十里；北至宛平縣界十八里。東南至霸州界五十五里，至州治八十里；西南至保定府新城縣界七十里；東北至通州界㶚漷縣九十里，至州治一百四十里；西北至良鄉縣治七十里。

永清縣，在府南一百四十里。東西距五十里，南北距七十里。東至東安縣界三十里，至縣治四十里；西至固安縣界二十里，少北至縣治四十里；南至霸州界三十里；北至東安縣界四十里，至宛平縣治一百四十里。東南至大城縣□□□□里，至河間府天津衛一百五十里；西南至霸州治五十里，至保定府雄縣治一百里；東北至東安縣界舊州城二十七里，至通州界㶚漷縣一百二十里；西北至良鄉縣治一百十里。

東安縣，在府東南一百四十里。東西距二十里，南北距一百五十里。東至武清縣界東張家務八里，少北至縣治三十五里；西至永清縣界横上村十二里，至縣治四十里；南至河間府静海縣界獨流街六十里，少東至縣治一百四十里；北至大興縣界青閏店九十里。東南至河間府天津衛小直沽海口一百十里，西南至霸州治一百里，東北至通州界㶚漷縣一百里，西北至固安縣治八十里。

香河縣，在府東南一百二十里。東西距四十五里，南北距五十五里。東至寶坻縣界戴家閣三十里，至縣治六十里；西至通州界㶚漷縣王家鋪十五里；南至武清縣界河西務二十五里，至楊村驛九十里；北至三河縣界馮郎莊三十里，至縣治六十里。東南至崔黃口營七十里，西南至武清縣治五十里，東北至薊州治九十里，西北至通州治八十里。

通州，在府東四十里。東西距四十五里，南北距八十里。東至三河縣界二十五里，至縣治七十里；西至大興縣界二十里，至縣治四十里；南至武清縣界六十里，少東至縣治九十里；北至順義縣界二十里，至縣治五十里。東南至香河縣界五十里，至縣治八十里；西南至永清縣界四十五里，至縣治□□□里；東北至平谷縣界五十里，至縣治□□□里；西北至昌平州界三十五里。

附：漷縣，在府東南八十里。東西距六十五里，南北距四十五里。東至香河縣界謝家屯二十五里，至縣治四十里；西至通州界弘仁橋四十里，《州志》作至新河二十五里。至良鄉縣治一百四十里；南至武清縣界漷水鋪三十五里；北至通州界新莊十里，至州治四十里。東南至武清縣界沙河店三十五里；舊《志》：至楊村四十里，至縣治六十里，至寶坻縣治一百里。西南至東安縣界新莊三十五里，至縣治一百十里；舊《志》：至固安縣治一百二十里。東北至通州界沙古堆十里，至三河縣治九十里；西北至通州界麥莊四十里，至大興縣治八十里。本朝順治十六年併入通州。

三河縣，在州東七十里，府東一百十里。東西距七十里，南北距九十里。東至段家嶺薊州界二十里，少北至州治七十里；西至燕郊通州界五十里，至州治七十里；南至甸子里香河縣界三十五里，至縣治六十里；北至胡家營密雲縣界五十五里，至縣治一百里。東南至寶坻縣治九十里；西南至通州界廢漷縣七十里；東北至平谷縣界十五里，至縣治四十里；西北至順義縣治九十里。

武清縣，在州南少東九十里，府東南一百二十里。東西距八十里，南北距一百六十五里。東至寶坻縣界西戴村五十五里；西至東安縣界棗林莊二十五里，少北至良鄉縣治一百七十里；南至河間府靜海縣界楊柳青一百二十里，至縣治一百六十里；北至通州界三堡村三十五里。東南至河間府天津衛一百二十里，又東至寶坻縣界軍糧城一百八十里；西南至東安縣界馬圈村二十里，至縣治三十五里；舊《州志》：至東安五十五里。東北至香河縣界二百戶屯四十里，至縣治五十里，又東至寶坻縣治九十里；西北至漷水鋪通州界二十五里，至廢漷縣六十里，至通州治九十里。

寶坻縣，在州東南一百四十里，府東南一百八十里。東西距八十里，南北距一百七十五里。東至玉田縣界新河口五十里；西至香河縣界王家莊三十里，至縣治六十里；南至河間府天津衛一百六十里；北至薊州界十五里，少東至州治八十里。東南至渤海二百里；西南至武清縣界三十五里，至縣治九十里；東北至玉田縣治九十里；西北至三河縣界三十五里，至縣治七十里。

昌平州，在府北七十五里。東西距九十二里，南北距一百五十里。東至高麗營順義縣界四十五里，至縣治八十里；西至峰山村宛平縣界四十七里，至鎮邊城一百里；南至小馬房大興縣界五十里，至縣治七十五里；北至宣府鎮永寧衛界四海治九十里，少西至衛一百二十里；東南至沙子營大興縣界五十里，至通州治一百二十里；西南至秦州務宛平縣界四十五里，至房山縣治一百三十里；東北至密雲縣治一百里，至渤海所黄花路界一百二十里；舊《志》：至懷柔縣六十里。西北至桔槔村白洋城界四十三里，至延慶州一百四十里。

順義縣，在州東南八十里，府東北六十里。東西距八十里，南北距五十里。東至三河縣界四十里，至平谷縣九十里；西至昌平州界四十里，至鞏華城八十里；南至通州界二十五里，至州治五十里；北至懷柔縣界二十五里，至縣治四十里，至密雲縣界大水峪邊七十里。東南至三河縣治九十里；西南至大興縣治六十里；東北至密雲縣界古北口一百八十里；西北至昌平州治八十里，至居庸關一百二十里。

密雲縣，在州東北一百十里，府東北一百三十里。東西距一百十里，南北距一百三十五里。東至牆子嶺關邊界九十里；西至懷柔縣界二十里，少南至縣治四十里；南至三河縣界三十五里，至縣治一百二十里；北至白馬關邊界一百里。東南至平谷縣治九十里，西南至順義縣治□□□里，東北至密雲縣後衛一百里，西北至大水谷懷柔縣界三十里。

懷柔縣，在州東少北七十里，府東北一百里。東西距二十五里，南北距三十八里。東至密雲縣界二十里；西至昌平州界五里，少南至州治七十里；南至順義縣界十里，至縣治四十里；北至密雲縣界大水峪三十里。東南至平谷縣界別山九十里；西南至昌平州界五十里，至大興縣治一百里；東北至密雲縣治四十里；西北至昌平州界渤海關三十里。

涿州，在府西南一百四十里。東西距六十五里，南北距五十五里。東至固安縣界岡頭村三十里，至縣治六十里；西至保定府淶水縣界稻子溝三十五里，少南至縣治六十里；南至保定府新城縣界澤畔店三十里，至縣治六十里；北至良鄉縣界挾河店二十五里。東南至霸州治□□□里；西南至保定府定興縣治七十里；東北至良鄉縣治七十里；西北至房山縣界三十里，至縣治五十里，至山西大同府蔚州治三百五十里。

房山縣，在州北少西五十里，府西南九十五里。東西距二百五十二里，南北距八十二里。東至良鄉縣界子曹務十二里，少北至縣治二十五里；西至保定府淶水縣界一百四十里，又西至山西大同府蔚州界韓家峪二百里，至州治二百二十里；南至涿州界北務村三十里，北至宛平縣界鎮冈塔五十里，少西至保安州□□□里。東南至本州治五十里，至固安縣治九十里；西南至淶水縣治一百里；東北至宛平縣治九十五里；西北至大同府治四百里。

霸州，在府南一百八十里。東西距一百十八里，南北距四十里。東至河間府靜海縣界一百里，少南至縣治一百二十里。西至保定府新城縣界十八里，少北至縣治九十里；南至保定府界十五里，少西至縣治二十里；北至固安縣界二十五里，少西至縣治八十里。東南至文安縣治六十里，又東至大城縣治一百二十里；西南至保定府雄縣界二十五里，至縣治九十里；東北至永清縣界二十四里，至縣治五十里；西北至固安縣界四十里，至涿州治一百二十里。

文安縣，在州南少東六十里，府南二百四十里。東西距五十八里，南北距七十里。東至大城縣界四十里，至河間府靜海縣治九十里；西至保定縣界十八里；南至河間府任丘縣界三十里；北至本州界四十里，至州治六十里。東南至大城縣治五十里；西南至任丘縣治七十里；東北至本州□□里；西北至保定縣治四十里，又西至保定府雄縣治九十里。

大城縣，在州東南一百二十里，府東南二百九十里。東西距五十里，南北距一百六十五里。東至四呈口河間府青縣界二十五里；西至河間府任丘縣界會羅村二十五里，至縣治一百里；南至河間府河間縣界遠南頭四十五里；北至霸州界辛張口一百二十里。《縣志》：口之北柵城二十里爲霸州地，口之東北寨上爲東安縣地。至東安縣□□里。東南至青縣界趙二莊二十里，至縣治四十里；西南至河間縣界西龍句二十五里，至縣治一百二十里；東北至河間府靜海縣界東子牙村四十里，至縣治九十里；西北至文安縣界邢家林二十里，至縣治五十里。

保定縣，在州南少西二十里，府南二百里。東西距三十一里，南北距三十里。東至文安縣界二十一里；西至保定府雄縣界十里，少北至縣治四十五里；南至文安縣界二十五里；北至霸州界五里，少東至州治二十里。東南至文安縣治四十里，至大城縣治九十里；西南至河間府任丘縣治九十里，東北至永清縣治七十里，西北至保定府新城縣治九十里。

薊州，在府東一百八十里。東西距一百十里，南北距一百三十五里。東至石門驛遵化州界六十里，至州治一百二十里；西至三河縣界五十里，至縣治七十里；南至三分土口寶坻縣界六十五里，少西至縣治八十里；北至將軍石關邊界七十里。東南至枯樹村玉田縣界五十里，至縣治八十里；西南至香河縣治一百二十里；東北至皇陵遵化州界七十里；西北至平谷縣治七十里。

玉田縣，在州東南八十里，府東二百六十里。東西距八十里，南北距六十七里。東至豐潤縣界四十里，至縣治八十里；西至本州界四十里，少北至州治八十里；南至寶坻縣界三十七里，至梁城所□十里；北至遵化州界三十里。東南至豐潤縣界開平城一百三十里，西南至寶坻縣治□十里，東北至遵化州治九十里，西北至遵化州界馬蘭峪八十里。

平谷縣，在州西北七十里，府東北一百五十里。東西距四十五里，南北距五十里。東至田家峪薊州界三十里；西至高家石橋三河界十五里，至順義縣治九十里；南至橛山莊三河縣界二十五里；北至翟家莊密雲縣界二十五里。東南至本州界邦均店六十里，至州治七十里；西南至三河縣治九十里；東北至本州界將軍石營四十里；西北至密雲縣治九十里，又西至懷柔縣治一百里。

遵化州，在府東三百里。東西距一百二十里，南北距六十八里。東至永平府遷安縣界五十里，至縣治一百七十里；西至薊州界七十里，至州治一百二十里；南至豐潤縣界五十里；北至羅文峪關邊界十八里。東南至豐潤縣治九十里；西南至玉田縣治九十里；東北至喜峰口關邊界一百二十里；西北至馬蘭峪六十里，至皇陵七十里。

豐潤縣，在州東南九十里，府東少南三百六十里。東西距七十里，南北距一百八十里。東至永平府灤州界三十里，少南至州治一百四十里；西至玉田縣界四十里，至縣治八十里；南至越支場鹽課司一百里，至渤海一百二十里；北至本州界六十里，至三屯營一百二十里。東南至永平府樂亭縣治一百九十里；西南至寶坻縣治一百六十里；東北至永平府遷安縣治一百三十里；西北至本州治九十里，又西至薊州治一百六十里。

河間府，在京師南四百十里。東西距三百三十里，南北距三百四十五里。東至海二百七十里，西至保定府蠡縣界六十里，南至山東濟南府德州界二百二十五里，北至保定府雄縣界一百二十里。東南至山東濟南府武定州三百六十里，西南至真定府冀州二百三十里，東北至順天府霸州一百九十里，西北至保定府安州一百四十里。

河間縣，附郭。東西距七十三里，南北距六十里。東至獻縣界七十里，少南至滄州一百四十里；西至肅寧縣界三十里，《縣志》作二十里。至縣治四十里；南至獻縣界二十五里，至縣治六十里；北至任丘縣界三十五里，少西至縣治七十里。東南至獻縣界二十五里，至交河縣一百十里；西南至肅寧縣界十二里，至真定府饒陽縣九十里；東北至順天府大城縣界一百十里，至縣治□□里；西北至保定府高陽縣界二十里，至縣治一百里。

獻縣，在府南六十里。東西距一百四十里，南北距七十五里。東至青縣界一百里，至滄州一百四十里；西至真定府饒陽縣界四十里，少北至縣治七十里；南至[交]河(交)縣界四十里，至阜城縣八十里；北至河間縣界三十五里，至縣治六十里。東南至交河縣五十里；西南至真定府武強縣界二十五里，至縣治六十里；東北至青縣一百六十里；西北至肅寧縣八十里。

阜城縣，在府南一百四十里。東西距三十六里，南北距三十三里。東至東光縣界弓高城三十里，至縣治六十里；西至真定府武邑縣界青林村六里；南至景州界小寨子二十五里，少西至故城縣一百三十里；北至交河縣界劉麟橋八里，至獻縣八十里。東南至景州界三十里，至州治五十里；西南至武邑縣界十五里，至縣治五十里；東北至交河縣界三十五里，至縣治四十五里；西北至真定府武強縣六十里。

肅寧縣，在府西四十里。東西距五十七里，南北距四十里。東至河間縣界三十七里，《縣志》作二十里。至縣治四十里；西至保定府蠡縣界二十里，至縣治四十里；南至真定府饒陽縣界二十里，少西至縣治四十里；北至保定府高陽縣界二十里。東南至獻縣八十里，西南至真定府安平縣八十里，東北至任丘縣八十里，西北至高陽縣六十里。

任丘縣，在府北少西七十里。東西距九十里，南北距九十三里。東至順天府大城縣界七十五里，至縣治一百里；《縣志》作九十里。西至保定府高陽縣界十五里，少南至縣治六十里；南至河間縣界三十五里，少東至縣治七十里；北至保定府雄縣界五十八里，少西至縣治七十里。東南至河間縣界四十里，西南至肅寧縣八十里，東北至順天府文安縣七十里，西北至保定府安州七十里。

交河縣，在府東南一百十里。東西距九十里，南北距四十八里。東至南皮縣界五十里，至縣治七十里；西至真定府武強縣界四十里，《縣志》作三十里。至縣治七十里；南至東光縣界八里，《縣志》作至阜城縣界八里。至景州八十里；北至獻縣界四十里。東南至東光縣界六里，至縣治四十里；西南至阜城縣四十五里，又西至真定府武邑縣界五十里，至縣治□十里；東北至青縣界一百五里，至縣治一百七十五里；西北至獻縣界二十里，至縣治五十里。

青縣，在府東北一百五十里。東西距六十七里，南北距一百四十里。東至靜海縣界五十里，至渤海一百二十里；西至順天府大城縣界十七里，《縣志》：至大城縣界里幢四十里。南至磚河鎮滄州界九十里，至南皮縣一百□里；北至靜海縣界五十里。東南至興濟鎮滄州界三十里；西南至交河縣界七十里，至縣治一百七十五里；東北至靜海縣界新莊四十五里，至縣治九十里；西北至大城縣界四十里。舊《志》作至界四十里、至治六十五里，蓋誤。

靜海縣，在府東北二百四十里。東西距一百六十里，南北距九十里。東至海一百二十里；西至順天府大城縣界四十里，至文安縣一百里；南至青縣界四十里，少西至滄州治一百六十里；北至順天府武清縣界五十里，至縣治一百五十里。東南至滄州界七十五里；西南至大城縣界四十里，至縣治八十里，又南至青縣治九十里；東北至天津衞七十五里；西北至順天府霸州治一百二十里。

寧津縣，在府東南二百三十里。東西距八十里，南北距五十五里。東至山東濟南府樂陵縣界五十里，少北至縣治八十里；西至吳橋縣界三十里，《縣志》作四十里，誤。至縣治五十里；南至濟南府德平縣界十五里，至縣治六十里；北至南皮縣界四十里，少西至縣治七十里。東南至山東濟南府武定州一百三十里；西南至濟南府德州界三十五里，至州治□□里；東北至鹽山縣□□里；西北至東光縣界四十里，至縣治七十里。

景州，在府東南一百九十里。東西距八十八里，南北距六十五里。東至吳橋縣界十八里，至寧津縣□□里；西至真定府棗強縣界七十里；《州志》作八十里。南至山東濟南府德州界四十里，《州志》作三十五里。至州治六十里；北至阜城縣界二十五里，至交河縣(入)[八]十里。東南至吳橋縣四十里；西南至故城縣界八十里，《州志》作□□。至界八十里，至縣治九十里，又西至真定府棗强縣一百□里；東北至東光縣界四十里，至縣治六十里；西北至阜城縣五十里，至真定府武邑縣□十里。《州志》作至界六十里，至治一百里。

吴橋縣，在州東少南四十里，府東南二百四十里。東西距四十五里，南北距六十五里。東至寧津縣界二十五里；西至本州界二十里；南至山東濟南府德州界二十五里；北至東光縣界四十里，少西至縣治六十里。《縣志》作七十里。東南至濟南府陵縣界三十里，至縣治七十里；西南至德州界二十五里，至州治五十里；東北至寧津縣五十里；西北至本州四十里。

東光縣，在州東北六十里，府東南一百六十里。東西距六十五里，南北距五十五里。東至南皮縣界三十五里；西至阜城縣界三十里，至縣治六十里；南至吴橋縣界二十里，少東至縣治六十里；北至南皮縣界三十五里。東南至寧津縣七十里，西南至景州六十里，東北至南皮縣四十五里，《縣志》作四十里。西北至交河縣四十里。

故城縣，在州西南九十里，府南二百七十里。東西距七十五里，南北距五十五里。東至山東濟南府德州界新莊二十五里，至州治三十五里；西至真定府棗强縣界晉伯村五十里，至縣治七十里；《縣志》作七十五里。南至山東東昌府武城縣界二十五里；北至景州界琵琶屯三十里，至阜城縣一百三十里。東南至東昌府恩縣界四女祠十八里，至縣治六十八里；《縣志》作至平原縣七十五里。西南至武城縣界冷家坂二十五里，至縣治七十五里；東北至德州界小華村二十里，至本州九十里；西北至本州界姜江三十里，至真定府衡水縣一百二十里。

滄州，在府東少南一百四十里。東西距一百三十里一百步，南北距七十五里。東至渤海一百三十里；西至衛河青縣界一百步；南至南皮縣界三十五里；北至青縣界興濟鎮四十里，至静海縣一百六十里。《州志》：至葛［沽］天津衛界一（至）［百］八十里。東南至舊縣山東濟南府樂陵縣界一百二十里；西南至南皮縣七十里，又西至交河縣泊頭鎮七十里；東北至葛沽天津衛界一百八十里；西北至青縣七十里。

南皮縣，在州西南七十里，府東南一百四十里。東西距七十里，南北距八十五里。東《縣志》作至滄州界五十里。至鹽山縣九十里；西至交河縣界二十里，至縣治七十里；南至寧津縣界五十里，少東至縣治七十里；北至本州界三十五里，少東至州治七十里。東南至山東濟南府樂陵縣界七十里，至縣治一百三十里；西南至東光縣界五里，至縣治四十五里；東北至本州界五十里，至州治七十里；西北至河間縣一百四十里。

鹽山縣，在州東南九十里，府東南二百三十里。東西距八十里，南北距一百里。東至山東濟南府海豐縣界六十里，至渤海一百二十里；西至本州界二十里，少南至南皮縣九十里；南至濟南府樂陵縣界四十里，少東至縣治六十里；《縣志》作七十里。北至本州界六十里。東南至慶雲縣界三十五里，至縣治六十里，又南至海豐縣治一百里；西南至樂陵縣界四十里，至寧津縣□□里；東北至渤海一百二十里；西北至本州界二十里，至州治九十里。

慶雲縣，在州東南一百五十里，府東南二百九十里。東西距四十二里，南北距六十里。東至山東濟南府海豐縣界二十七里，《縣志》作三十里。少南至縣治四十里；西至鹽山縣界十五里；南至濟南府陽信縣界四十五里，《縣志》作三十里。至武定州九十里；北至鹽山縣界十五里。東南至陽信縣界三十五里，至縣治六十里；西南至濟南府樂陵縣界二十里，至縣治四十里；東北至海豐縣界二十里，至渤海一百四十里；西北至鹽山縣六十里。

天津衛，在静海縣東北七十五里，府東北三百十五里。東西距四里，南北距三百六十步。東至静海縣界三里，至渤海百餘里；西至静海縣界一里；南至静海縣界一百八十步；北至順天府武清縣界一百八十步。東南至渤海一百十八里，西南至静海縣七十五里，東北至順天府寶坻縣一百六十里，西北至武清縣一百二十里。

保定府，在京師西南三百五十里。東西距二百七十里，南北距四百九十里。東至河間府任丘縣界一百十里，西至真定府曲陽縣界一百六十里，南至真定府新河縣界三百里，北至順天府房山縣界一百九十里。東南至真定府冀州治三百四十里，西南至真定府晉州治二百二十五里，東北至順天府霸州治二百十里，西北至山西大同府蔚州治四百里。

清苑縣，附郭。東西距六十里，南北距八十里。東至安州界四十七里，至州治六十里；西至滿城縣界十三里，少南至（宛）［完］縣治七十里；南至博野縣界七十里，至縣治九十里；北至安肅縣十里，少東至縣治五十里。東南至高陽縣界三十五里，至縣治六十里，又南至蠡縣治九十里；西南至滿城縣界二十五里，至慶都縣治九十里；東北至安肅縣界三十里，至容城縣治九十里；西北至滿城縣界二十里，至縣治四十里，又北至易州治一百二十里。

滿城縣，在府西少北四十里。東西距五十里，南北距九十里。東至安肅縣界白亭三十里；西至完縣界峪山二十里；南至慶都縣界狼村六十里，少西至縣治八十里；北至安肅縣界孟村三十里，少東至易州治一百十里。東南至清苑縣治四十里；《縣志》作至祁州治一百四十里。西南至完縣治四十五里，又南至唐縣治八十里；東北至安肅縣治六十里，又北至定興縣治一百二十里；西北至易州界紫荆關一百二十里。

安肅縣，在府北少東五十里。東西距五十五里，南北距六十四里。東至容城縣界二十里，至縣治四十里；西至滿城縣界三十五里；南至清苑縣界四十里，少西至縣治五十里；北至定興縣界二十四里，少東至縣治七十里。東南至安州治四十里，西南至滿城縣治六十里，東北至新城縣治九十里，西北至易州治九十里。

定興縣，在府北少東一百二十里。東西距四十五里，南北距五十八里。東至新城縣界二十里，至縣治三十五里；西至易州界二十五里，少北至州治五十里；南至安肅縣界四十六里；北至(深)[淶]水縣界十二里。東南至容城縣界三十五里，至縣治五十里；西南至安肅縣界五十里，至縣治七十里，至滿城縣治一百二十里；東北至新城縣界十里，至順天府涿州治七十里；西北至淶水縣治三十里。

新城縣，在府東北一百五十里。東西距九十里，南北距六十里。東至汊河(縣)[順]天府霸州界八十里，少南至州治九十里；西至界河鋪定興縣界十里，至縣治三十五里；南至白溝河雄縣界三十里，少東至縣治七十里；北至三家店順天府涿州界三十里，至州治六十里；東南至三淇順天府□□三十里，至縣治九十里；西南至張村容城縣界三十里，至縣治五十里；東北至王村順天府固安縣界四十里，至縣治九十里；西北至中王村淶水縣界四十五里。至縣治六十里。

唐縣，在府西少南一百二十里。東西距五十八里，南北距一百十里。東至慶都縣界故顯村八里，少南至縣治三十里；西至真定府曲陽縣界下河村五十里，少北至真定府阜平縣治一百八十里；南至真定府定州界賀東村三十五里，少西至新樂縣治一百十里；北至完縣界神南村七十五里。東南至定州界清風店三十里，至州治六十里，又東至祁州治九十里；西南至曲陽縣界勺堤村四十里，至縣治五十里；東北至完縣界郭村十八里，至縣治三十五里；西北至山西大同府廣昌縣界走馬驛一百八十里，至縣治二百二十里。

博野縣，在府南九十里。東西距四十一里，南北距六十里。東至蠡縣界六里，少北至縣治十八里；西至慶都縣界三十五里，少北至縣治九十里；南至祁州界三十里，少東至真定府安平縣治五十五里；北至清苑縣界三十里，至縣治九十里。東南至真定府饒陽縣治七十里；西南至祁州治三十里，又西至真定(州)[府]定州治九十里；東北至高陽縣治八十里，西北至完縣治一百二十里。

容城縣，在府東北九十里。東西距四十里，南北距二十七里。東至雄縣界二十里，至縣治四十五里；西至安肅縣界二十里，至縣治四十里；南至新安縣界十里；北至定興縣界十七里。東南至新安縣界十里，至縣治三十里；西南至安州治四十里；東北至新城縣治五十里；西北至定興縣治五十里。

完縣，在府西七十里。東西距四十里，南北距六十里。東至滿城縣界二十里，《府志》作二十五里，《縣志》作三十里。至清苑縣治七十里；西至唐縣界二十里；《府志》作六十里，《縣志》至壇山社四十五里。南至慶都縣界十五里，至縣治三十里；北至蒲上社易州界四十五里。府、《縣志》俱作八十里。東南至仕家疃慶都縣界二十里，至博野縣治一百二十里；西南至郭村唐縣界十五里，至縣治三十五里；東北至滿[城]縣界二十五里，至縣治四十五里，又北至易州治一百四十里；西北至陽家臺易州界一百里，至紫荆關二百里。

慶都縣，在府西南九十里。東西距八十里，南北距四十五里。東至博野縣界五十五里，少南至縣治九十里；《縣志》作至清苑縣界二十里，至高陽縣治一百里。西至唐縣界二十里，少南至真定府曲陽縣治一百里；南至真定府定州界三十里，《縣志》作十五里。少東至深澤縣治一百里；北至完縣界十五里，至縣治三十里。東南至祁州界五十里，至州治九十里；西南至定州界三十里，至州治六十里；東北至滿城縣界十五里，至縣治八十里；西北至唐縣界二十里，至縣治三十里。

蠡縣，在府南少東九十里。東西距三十二里，南北距三十二里。東至河間府肅寧縣界二十里，至縣治四十里；西〔至〕博野縣界十二里，少南至縣治十八里；南至真定府安平縣界十二里；北至清苑縣界二十里，少西至縣治九十里。東南至真定府饒陽縣治七十里，西南至安〔平〕縣（平）治六十里，東北至高陽縣治六十里，西北至慶都縣治九十里。

雄縣，在府東南一百二十里。東西距六十五里，南北距四十二里。東至史哥莊順天府保定縣界四十里，少南至縣治四十五里；西至容城縣界二十五里，至縣治四十五里；南至河間府任丘縣界趙堡口十二里，少東至縣治七十里；北至新城縣界三十里。東南至留鎮順天府文安縣界八十里，至縣治一百十里；西南至新安縣治四十里；東北至順天府霸州治九十里，又北至固安縣治一百二十里；西北至新城縣治七十里，又西至定興縣治一百里。

祁州，在府南少西一百二十里。東西距四十七里，南北距七十五里。東至博野縣界十七里；西至真定府定州界三十里，至州治六十里；南至深澤縣治六十五里；《州志》作至（更）〔東〕鹿縣界七十里。北至清苑縣界四十里。東南至真定府安平縣治六十里；西南至深澤縣治六十里，又南至真定府晉州治一百里；東北至博野縣治三十里，西北至慶都縣治九十里。

深澤縣，在州南少西六十里，府南一百八十里。東西距三十五里，南北距三十里。東至馬壘村真定府安平縣界二十里，至縣治六十里；西至大鎮村真定府無極縣界十五里，至縣治四十里；南至河莊村束鹿縣界十里；北至故羅村祁定二州界二十里。東南至河疃村束鹿縣界三十里，至縣治八十里；西南至寺頭村真定府晉州界二十里，至州治四十五里；東北至張家莊祁州界十里，至州治六十里；西北至西内堡真定府定州界二十里，至州治九十里。

束鹿縣，在州南一百三十五里，府南二百五十五里。東西距四十里，南北距一百五里。東至李家莊真定府深州界五里，少南至衡水縣治四十五里；西至趙家莊真定府晉州界三十五里，至州治六十五里；南至清水河橋真定府新河縣界四十五里，少西至縣治七十五里；北至孟家莊真定府安平縣界六十里。東南至丁家莊真定府冀州界四十五里，至州治九十里；西南至朗口村真定府寧晉縣界三十里，至縣治□□里；東北至深州治六十五里，雙井村安平縣界六十里，至縣治九十里；西北至小章村深澤縣界七十里，至縣治八十里。

安州，在府東少北六十里。東西距二十五里，南北距六十里。東至新安縣界十二里，少北至縣治二十里；西至清苑縣界十三里，至縣治六十里；南至高陽縣界三十五里，至縣治四十里；北至容城縣界黑龍口二十五里，至縣治四十里。東南至馮村河間府任丘縣界三十里，至縣治七十里；西南至板橋蠡縣界五十里，至縣治九十里；東北至三臺村新城縣界二十五里，至縣治九十里；西北至安肅縣界二十里，至縣治四十里。

高陽縣，在州南四十里，府東南六十里。東西距八十里，南北距五十五里。東至河間府任丘縣界青塔村五十里；西至清苑縣界夾河村三十里；南至河間府肅寧縣界連城五十里，至真定府饒陽縣治一百二十里；北至本州界柳灘五里，至州治四十里。東南至肅寧縣治六十里，又東至小連口河間縣界四十里，至縣治九十里；西南至蠡縣界十五里，至縣治六十里；東北至新安縣治六十里，又東至任丘縣治六十里；《縣志》作至雄縣治八十里。西北至清苑縣治六十里，又北至安肅縣治一百里。《縣志》作八十里。

新安縣，在州東少北二十二里，府東北八十里。東西距三十五里，南北距三十五里。東至雄縣界二十里；西至安州界十里，少南至州治二十二里；《縣志》作至安肅縣界十五里，至縣治六十里。南至河間府任丘縣界十五里；北至容城縣界二十里。東南至任丘縣界二十里，至縣治七十里；西南至高陽縣治六十里；東北至雄縣治五十里，又北至新城縣治九十里；西北至容城縣治三十里，又北至定興縣治九十里。

易州，在府北少西一百二十里。東西距一百四十里，南北距一百四十五里。東至淶水縣界官橋鋪二十里，至順天府涿州界稻子溝六十里，至州治一百里；西至山西大同府廣昌縣界塔崖鋪一百二十里，至縣治一百八十里；南至安肅縣界大范村五十里；北至淶水縣東南城司八十里，至順天府房山縣界玉河里亦八十里。至直隸保安州治二百里。東南至定興縣界高里店三十五里，至縣治五十里，又南至安肅縣治九十里；西南至滿城縣界紫口村九十里，至縣治一百十里，又南至完縣界北臺榆村一百二十里；東北至淶水縣界樂平村二十里，至縣治四十里；又北至房山縣界韓村河一百二十里；西北至淶水縣界黄莊司一百三十里，至大同府蔚州治三百里。

淶水縣，在州東北四十里，府北一百四十里。東西距四十里，南北距六十八里。東至横祁橋順天府涿州界二十里，少北至州治六十里；西至官橋本州界二十里；南至高樂定興縣界十八里，少東至縣治三十里，又南至安肅縣治一百里；北至龍安山順天府房山縣界五十里。東南至栗村新城縣界二十里，至縣治六十里；西南至本州治四十里，又南至滿城縣治一百五十里；東北至祖哥莊房山縣界二十里，至縣治一百里；西北至黃莊司一百三十里，至馬水口山西大同府蔚州界三百里，至州治三百三□里。

真定府，在京師西南六百一十里。東西距四百六十五里，南北距三百五十二里。東至河間府景州界二百七十五里，西至山西太原府盂縣界一百九十里，南至順德府唐山縣界一百八十二里，北至保定府唐縣界一百七十里。東南至山東東昌府武城縣治三百四十里，西南至山西太原府樂平縣治二百五十里，東北至保定府祁州二百里，西北至太原府五臺縣四百五十里。

真定縣，附郭。東西距四十二里，南北距七十里。東至藁城縣界十二里，《縣志》作至無極縣界十八里，誤。至晉州九十里；西至平山縣界三十里，《縣志》作至二十五里。少北至縣治七十里；南至獲鹿縣界《縣志》作欒城界。二十五里，至欒城縣六十里；北至新樂縣界四十五里，《縣志》作至行唐縣界五十里。少東至縣治九十里。東南至藁城縣界十二里，至縣治六十里；西南至獲鹿縣界二十五里，至縣治五十里；東北至藁城縣界四十里，至無極縣七十里；西北至靈壽縣界三十里，至縣治五十里，又北至行唐縣界五十里，至縣治七十里。

獲鹿縣，在府西南六十里。東西距四十五里，南北距八十里。東至真定縣界三十五里；西至井陘縣界十里；南至元氏縣界五十里，少東至縣治九十里；北至平山縣界三十里，至靈壽縣五十里。東南至欒城縣治七十里，西南至井陘縣治七十里，東北至真定縣六十里，西北至平山縣□□里。

井陘縣，在府西南一百二十里。東西距九十五里，南北距一百三十里。東至獲鹿縣界六十里，少北至縣治七十里；西至山西太原府平定州界三十五里，至州治一百三十里；南至贊皇縣界六十里，少東至縣治一百□里；北至平山縣界七十里。東南至元氏縣界五十里，至縣治一百二十里；西南至太原府樂平縣二百二十里；東北至平山縣八十里；西北至太原府盂縣二百五十里。

藁城縣，在府東南六十里。東西距七十三里，南北距六十五里。東至耿村晉州界二十五里，少北至州治四十里；西至固營店真定縣界四十八里，少北至縣治六十里；南至美化趙州界三十五里，至寧晉縣九十里；北至兩河無極縣界三十里，《縣志》：北至金莊村七十里。少東至縣治四十里。東南至賈氏新河縣界四十里，至縣治一百二十里；西南至堤上村欒城縣界三十里，至縣治四十里，至趙州七十里；東北至無極縣界三十里，至縣治四十里，至保定府深澤縣九十里；西北至金莊村新樂縣界七十里，至縣治九十里，又西至吳村鋪行唐縣界七十里，至縣治一百二十里。

靈壽縣，在府西北五十里。東西距三十里，南北距八十里。東至行唐縣界十五里；西至平山縣界十五里，縣册作二十里。至縣治三十五里；南至獲鹿縣界十里；北至阜平縣界七十里，《縣志》作曲陽縣界，誤。少西至縣治一百三十里。東南至真定縣界十五里，至縣治五十里；西南至獲鹿縣界十五里，至縣治五十里；東北至行唐縣界十二里，至縣治四十五里；西北至山西太原府五臺縣界一百九十里，至縣治三百七十里。

元氏縣，在府西南九十里。東西距七十八里，南北距六十里。東至岡汪村趙州界十八里，少南至州治四十里；西至井陘縣界六十里；《縣志》：至髭嶺七十五里。南至高邑縣界二十里，《縣志》：至北巖村十五里。至臨城縣八十里；北至張椛村獲鹿縣界四十里。東南至高邑縣三十五里，西南至贊皇縣三十五里，東北至欒城縣四十里，一作三十五里。西北至獲鹿縣九十里，又西至井陘縣一百二十里。

欒城縣，在府南少東六十里。東西距三十五里，南北距四十二里。東至藁城縣界宜陽村十五里；西至元氏縣界施莊二十里；南至趙州界小店寨二十里，至州治四十里；北至獲鹿縣界羊市村二十二里，至真定縣六十里。東南至寧晉縣治六十里，西南至元氏縣四十里，東北至藁城縣四十里，西北至獲鹿縣界二十里，至縣治七十里。

無極縣，在府東少北七十里。東西距四十六里，南北距三十四里。東至保定府深澤縣界十六里，《縣志》作二十里。少北至縣治四十里；西至藁城縣界三十里；南至藁城縣界十里；《縣志》作至晉州界十四里。北至定州界二十四里，少西至州治九十里。東南至晉州界十四里，至州治三十五里，至保定府束鹿縣九十里；西南至藁城縣四十五里；東北至保定府祁州九十里；西北至新樂縣六十里。

平山縣，在府西少北七十里。東西距一百六十里，南北距三十里。東至真定縣界四十里，《縣志》作三十里。少南至縣治七十里；西至山西太原府盂縣界一百二十里，《縣志》作一百五十里。至縣治二百里；南至井陘縣界五里；北至靈壽縣界二十五里，至阜平縣一百十里。東南至獲鹿縣界二十里，至縣治□十里；西南至井陘縣界五里，至縣治八十里；東北至靈壽縣界八里，至縣治三十五里；西北至太原府五臺縣界一百八十里。

阜平縣，在府西北二百十里。東西距一百五十三里，南北距一百三十里。東至曲陽縣界六十里，少南至縣治一百二十里；西至山西太原府五臺縣界九十三里，至縣治二百四十里；南至靈壽縣界六十里，至縣治一百三十里；北至山西大同府靈丘縣界七十里，至縣治二百里。□[東]南至行唐縣界六十里，至縣治一百四十里；西南太原府盂縣界□□□，西(南)[北]至太原府繁峙縣界□□。按：此皆就故縣言之，今治王快鎮東南去曲陽縣七十里。

定州，在府東北一百四十里。東西距七十里，南北距六十五里。東至保定府祁州界四十里，至州治六十里；西至曲陽縣界三十里，少北至縣治六十里；南至新樂縣界三十五里，少東至無極縣九十里；北至保定府慶都縣界三十里。東南至保定府深澤縣九十里，西南至新樂縣五十里，東北至保定府慶都縣六十里，西北至保定府唐縣六十里。

新樂縣，在州西南五十里，府東北九十里。東(南)[西]距五十五里，南北距四十里。東至保定府深澤縣界三十里。《縣志》：至定州界十五里。至縣治一百二十里；西至行唐縣界二十五里，至縣治四十五里；南至藁城縣界二十五里，少東至縣治九十里；北至本州界十五里。《縣志》：至曲陽縣界二十五里。東南至無極縣六十里；西南至真定縣九十里，又西至靈壽縣亦九十里；東北至定州五十里，至保定府唐縣一百十里。《縣志》作九十里。西北至曲陽縣界二十五里，至縣治五十五里，至阜平縣一百五十里。

曲陽縣，在州西北六十里，府北一百二十里。《縣志》作一百九十里。東西距九十里，南北距八十里。東至本州界三十里，少南至州治六十里；西至阜(城)[平]縣界六十里；《縣志》：至行唐縣界三十五里。南至新樂縣界三十里，少東至縣治五十五里；《縣志》作六十里。北至保定府唐縣界五十里，《縣志》：至軍城驛九十里。至山西大同府廣昌縣二百十里。東南至無極縣一百二十里；西南至行唐縣界二十五里，至縣治五十里，又西至靈壽縣九十里；東北至唐縣六十里；《縣志》作五十里。西北至阜平縣一百二十里。

行唐縣，在州西南九十里，府北少西七十里。東西距五十里，南北距四十里。東至新樂縣界二十里；西至靈壽縣界三十里；南至真定縣界二十里，至縣治七十里；北至曲陽縣界二十里，少東至縣治五十里。東南至□□里，西南至靈壽縣四十五里，東北至州九十里，西北至阜平縣界八十里，至縣治一百二十里。

冀州，在府東南三百四十里。東西距六十里，南北距七十里。東至棗強縣界十五里，少北至縣治二十五里；《州志》作三十里。西至新河縣界四十五里；南至南宮縣界五十里，少西至縣治六十里；北至衡水縣界二十里，少東至縣治四十里。東南至廣平府清河縣一百四十里，西南至新河縣六十里，東北至衡水縣界□□□，西北至保定府束鹿縣七十五里。《州志》作一百二十五里。

南宮縣，在州南少西六十里，府東南一百二十里。東西距一百十五里，南北距三十五里。東至山東東昌府武城縣界三十里，《州志》：至棗強縣界二十五里。至縣治一百里；西至順德府鉅鹿縣界三十五里；南至廣平府威縣界二十里，至縣治九十里；北至本州界十五里，少東至州治六十里。東南至廣平府清河縣界八十五里，至縣治九十里；西南至鉅鹿縣界四十里，至縣治六十里，《州志》作七十里。又南至順德府廣宗縣七十里；東北至棗強縣界二十五里，至縣七十里；西北至新河縣界二十五里，至縣四十五里，至寧晉縣一百里。

新河縣，在州西少南六十里，府東南一百八十里。東西距三十五里，南北距六十里。東至本州界十五里，《縣志》作二十里。少北至州治六十里；西至寧晉縣界二十里，至縣治七十里；南至順德府鉅鹿縣界三十里，《縣志》：至南宮縣界二十里。至廣宗縣一百十里；北至保定府束鹿縣界三十里，《縣志》：至本州界八里。少東至縣治七十五里。《縣志》作一百二十里。東南至南宮縣界二十里，至縣治四十五里，又南至廣平府威縣界五十里，至縣一百三十里；西南至鉅鹿縣八十里，州《縣志》作九十里。東北至衡水縣一百里；西北至晉州一百二十里。

棗強縣，在州東少南二十五里，府東南三百六十里。東西距四十五里，南北距八十五里。東至河間府故城縣界三十里，至縣治七十里；西至本州界十五里，少南至州治二十五里；南至南宮縣界六十里，至廣平府清河縣治一百四十里；北至衡水縣界二十五里，少西至縣治五十里。東南至山東東昌府武城縣界三十里，至縣治八十里；西南至本州界三十里，至南宮縣七十里。東北至河間府景州界五十里，至州治□□里，又北至武邑縣七十里；西北至衡水縣界二十五里，至深州一百二十里。

武邑縣，在州東北九十里，府東二百五十里。東西距四十五里，南北距六十里。東至河間府景州界二十五里；《縣志》：至阜城縣界新營村三十里。西至衡水縣界謝張村二十里，少南至縣治三十五里；南至棗强縣界劉中集三十里，至山東東昌府武城縣一百五十里；北至武强縣界夾河村三十里，至縣治四十里，少西至饒陽縣一百里。東南至景州八十里；西南至棗强縣七十里；東北至河間府阜城縣界三十里，至縣治五十里；西北至深州六十里。

晉州，在府東九十里。東西距五十里，南北距六十里。東至保定府束鹿縣界魏伯店三十五里，至縣治六十里；《縣志》作七十里。西至藁城縣界西張村十五里；南至寧晉縣界四十里，《縣志》作至界司馬村七十里。至縣一百二十里；《縣志》作一百里。北至無極縣界二十里。《縣志》作至保定府祁州界三馬村七十里。東南至新河縣一百二十里；《縣志》作至深州九十里，誤。西南至藁城縣四十里，南至趙州八十里；東北至保定府深澤縣四十里，又北至祁州一百里；西北至無極縣三十五里。《縣志》作三十里。

安平縣，在州東北□□里，府東北一百七十里。東西距五十里，南北距三十五里。東至饒陽縣界十七里，少北至縣治四十里；西至保定府深澤縣界三十三里，至縣治六十里；南至深州界十里，少東至州治五十里；北至保定府博野縣界二十五里，至縣治五十五里。東南至武强縣九十里；西南至保定府束鹿縣□□里；東北至保定府蠡縣治七十里，至河間府肅寧縣九十里；西北至保定府祁州六十里。

饒陽縣，在州東北一百三十里，府東北二百十里。東西距五十里，南北距五十里。東至河間府獻縣界三十里，至縣治七十里；《縣志》作六十里。西至安平縣界二十里，至縣治四十里；南至深州界三十里；《縣志》作四十里。北至河間府肅寧縣界二十里，少東至縣治四十里。東南至武强縣六十里，西南至深州治六十里，東北至河間府河間縣九十里，西北至保定府蠡縣七十里。

武强縣，在州東一百五十里，府東二百三十里。東西距(西)[四]十二里，南北距四十八里。東至河間府交河縣界三十里，至縣治七十里；《縣志》作八十里。西至深州界十二里，至州治五十里；南至武邑縣界八里，至縣治四十里；北至饒陽縣界四十里，少西至縣治六十里。《縣志》作七十里。東南至武邑縣界十二里，至河間府阜城縣六十里；西南至衡水縣界十八里，至縣治七十里；東北至河間府獻縣界三十五里，至縣治六十里；西北至深州界十五里，至安平縣九十里。

趙州，在府南少東一百里。東西距三十七里，南北距五十里。東至寧晉縣界十五里，《州志》作五十里。至縣治四十里；西至元氏縣界二十五里，少北至縣治四十里；南至柏鄉縣界三十里，至縣治六十里；北至欒城縣界二十里，至縣治四十里。東南至寧晉縣界二十里，至隆平縣九十里，至順德府唐山縣界九十里；西南至高邑縣界二十五里，至縣治五十里，至順德府內丘縣界九十里；東北至藁城縣界三十五里，至縣治七十里，又東至晉州界四十五里；西北至(奕)[欒]城、元氏二縣界皆二十五里，至獲鹿縣。

柏鄉縣，在州南六十里，府南一百六十里。東西距二十八里，南北距五十二里。東至隆平縣界十五，至南宮縣一百二十里；西至高邑縣界十三里；南至順德府唐山縣界二十二里，至縣治三十五里；北至本州界三十里，至州治六十里。東南至隆平縣三十五里；西南至臨城縣界十六里，至縣治三十五里，至順德(內)府[內]丘縣六十里；東北至寧晉縣五十里；西北至高邑縣二十五里。

隆平縣，在州東南九十里，府東北一百九十里。東西距五十里，南北距五十五里。東至順德府鉅鹿縣界三十里；《縣志》：至南宮縣一百二十里。西至柏鄉縣界二十里；《縣志》：至臨城縣六十里。南至順德府任縣界十五里，至縣治六十里；《縣志》作五十里。北至寧晉縣界四十里，至縣治七十里。東南至鉅鹿縣六十里，西南至順德府唐山縣二十里，東北至新河縣九十里，西北至柏鄉縣三十五里，至本州七十里。

臨城縣，在州西南九十里，府西南一百七十五里。東西(鉅)[距]一百十里，南北距四十五里。東至隆平縣界二十里，至縣治六十里；西至山西太原府樂平縣界九十里；南至順德府內丘縣界十五里，至縣治三十里；北至高邑縣界三十里，至縣治四十五里，至元氏縣八十五里。東南至順德府唐山縣界十五里，至縣治□十里；西南至順德府邢臺縣界六十里；東北至柏鄉縣界二十五里，至縣治四十里；西北至贊皇縣四十五里，至欒平縣一百八十里。

高邑縣，在州西南五十里，府西南一百三十里。東西距三十二里，南北距三十里。東至柏鄉縣界十二里；西至贊皇縣界二十里，至縣治四十五里；南至臨[城]縣界十五里，至縣治四十五里；北至元氏縣界十五里。東南至柏鄉縣二十五里，西南至臨城縣界五十里，東北至本州五十里，西北至元氏縣治三十五里。

贊皇縣，在州西南九十里，府西南一百六十里。東西距一百五里，南北距五十里。東至高邑縣界二十五里，至縣治四十五里；西至山西太原府樂平縣界八十里，少北至縣治一百八十里；南至臨城縣界三十里；北至元氏縣界二十里。東南至臨城縣界三十五里，至縣治七十里；西南至樂平縣界一百里；東北至元氏縣界二十五里，至縣治三十五里；西北至井陘縣界五十里，至縣治。

寧晉縣，在州東少南四十里，府東南一百二十里。東西距六十里，南北距六十里。東至新河縣界四十里，少南至縣治七十里；西至本州界二十里，少北至州治四十里；南至隆平縣界三十五里，至順德府鉅鹿縣治一百里；北至晉州界二十五里，至藁城縣九十里。東南至新河隆平二縣界四十五里，至□□□；西南至柏鄉縣界三十里，至縣治五十里，至隆平縣治七十里；東北至晉州六十里，又東至保定府束鹿縣界亦六十里，至縣治一百二十里；西北至本州界二十里，至(奕)[欒]城縣治六十里。

深州，在府東少北一百八十里。東西距九十三里，南北距九十里。東至武强縣界三十八里，至縣治五十里；《州志》作六十里。西至保定府束鹿縣界五十五里；《州志》作二十里。南至衡水縣界五十里，少東至縣治七十里，至冀州一百里；北至安平縣界四十里，至縣治六十里。東南至武邑縣六十里；西南[至]保定府束鹿縣界六十里，至縣治六十五里，又南至新河縣一百二十里；東北至饒陽縣界三十五里，至縣治七十里；西北至保定府深澤縣界五十里，至縣治七十里。《縣志》作六十里。

衡水縣，在州南少東七十里，府東南二百二十里。東西距五十八里，南北距四十五里。東至留中堡武邑縣界十八里，少北至縣治三十五里，至河間府景州九十里；西至橋頭村本州界四十里，《縣志》作至束鹿縣七十里。至晉州一百二十里；南至南田村棗强縣界二十五里，少東至縣治伍十里；北至謝漳村本州界二十里，《縣志》作至武强縣界三十里。東南至半壁店棗强縣界二十五里，至山東濟南府德州一百二十里；西南至浪子橋冀州界三十五里，至州治四十里；東北至孫家莊武邑縣界十八里，武强縣界三十五里，至縣治七十里；西北至張官鋪深州界十八里，至州治七十里。

廣平府，在京師西南九百五十里。東西距一百六十五里，南北距一百三十三里。東至山東東昌府臨清州界一百里，西至河南彰德府武安縣界六十五里，南至彰德府臨漳縣界八十三里，北至順德府南和縣界五十里。東南至大名府一百二十里，西南至彰德府磁州一百二十里，東北至(德)順[德]府廣宗縣一百四十里，西北至順德府治九十里。

永年縣，附郭。東西距九十五里，南北距七十二里。東至閻胡寨曲周縣界二十五里，少北至縣治四十里；西至康徐嶺河南彰德府武安縣界七十里，少南至縣治一百五里；《縣志》作九十里。南至成安縣界二十二里，《縣志》：至吴良寨肥鄉縣界十五里。至縣治六十里；西南至井兒寨邯鄲縣界二十五里，至縣治五十里；東北至南雙塔雞澤縣界二十里，至縣治七十里；西北至杜村順德府邢臺縣界西十五里，至縣治九十里。

曲周縣，在府東少北四十里。東西距五十里，南北距五十里。東至山東東昌府丘縣界三十五里，至縣治四十里；《縣志》：至山東東昌府臨清縣界一百里，至州治一百四十里。西至永年縣界一十五里，少南至縣治四十里；南至肥鄉縣界二十五里，少東至廣平縣六十里；北至雞澤縣界二十五里，至順德府平鄉縣五十里。《府志》作至平鄉縣界四十五里，至治六十里。東南至東昌府館陶縣九十里；《府志》：至廣平縣七十里。西南至肥鄉縣五十里；《府志》作六十里。東北至威縣七十里，又東至東昌府臨清州一百四十里；西北至雞澤縣三十五里。《府志》作四十里。

肥鄉縣，在府東南三十五里。東西距四十里，南北距四十七里。東至廣平縣界二十里，《縣志》：至界周曲寨十五里。至山東東昌府館陶縣南館陶鎮一百里；西至邯鄲縣界二十里，《縣志》：至界梨林堡三十五里。少南至縣治六十里；南至成安縣界二十二里；《縣志》：至界霧靚寺十五里。北至長橋村永年縣界二十五里。東南至廣平縣三十里；西南至成安縣三十五里，至河南彰德府臨漳縣六十里；東北至曲周縣界老營村三十里，至縣治五十里；《縣志》：至界宫兒寨二十五里。西北至永年縣三十五里，至臨洺鎮九十里。

成安縣，在府南六十里。東西距四十里，南北距五十里。東至廣平縣界二十五里，少北至縣治四十里；西至河南彰德府磁州界十五里，少南至州治六十里；南至彰德府臨漳縣界二十二里；北至永年縣界二十八里，至縣治六十里。東南至大名府魏縣界二十五里，至縣治四十五里；西南至臨彰縣二十五里；東北至肥鄉縣三十里；西北至邯鄲縣五十里。《府志》作六十里。

廣平縣，在府東南六十里。《府志》作七十里。東西距四十里，南北距二十五里。東至大名府元城縣界二十五里，至元城縣小灘鎮七十里，至山東東昌府冠縣九十里；《府志》：至館陶縣界三十五里。西至成安縣界十五里，少南至縣治四十里，《府志》：至肥鄉縣界五里(五里)。至治三十里；南至大名府魏縣界十五里，至縣治二十五里；北至肥鄉縣界十里，少西至曲周縣六十里。《府志》作七十里。東南至元城縣界十五里，至縣治六十里；《府志》作七十里。西南至成安縣界三十里，《府志》：亦至肥鄉。至河南(漳)[彰]德府臨漳縣六十里；東北至東昌府館陶縣界四十五里，至縣治七十里。《府志》：至丘縣七十里。西北至肥鄉縣界十里，至縣治三十里。

邯鄲縣，在府西南五十里。東西距六十五里，南北距五十里。東至肥鄉縣界三十里，至縣治六十里；西至河南(漳)[彰]德府武安縣界三十五里，少北至縣治六十里；南至彰德府磁州界二十五里；北至永年縣界二十五里，至順德府沙河縣八十里。東南至成安縣界三十五里，至縣治五十里；西南至(滋)[磁]州界二十里，至州治七十里；東北至永年縣界三十里；西北至武安縣界三十五里。

威縣，在府東北一百十里。東西距七十里，南北距九十里。東至山東東昌府臨清州界五十里，《府志》作六十里。至州治九十里；西至順德府平鄉縣界二十里，《府志》：至廣宗縣界二里。至縣治六十里；南至東昌府丘縣界二十里，至縣六十里；北至真定府南宮縣界七十里，至縣治九十里。東南至東昌府館陶縣六十里，至冠縣七十里；西南至雞澤縣界二十五里，至縣治六十里；《府志》：至曲周縣九十里。東北至清河縣七十里；西北至順德府廣宗縣二十五里。

雞澤縣，在府東北六十里。東西距六十五里，南北距四十一里。東至威縣界三十五里，《府志》：至曲周縣界二十里。少北至縣治七十里；西至永年縣界三十里。《府志》：至順德府沙河縣界二十里。至順德府沙河縣治六十里；南至永年縣界三十五里；北至順德府平鄉縣界六里，少東至縣治十二里。東南至曲周縣界三十里，至縣治三十五里，《府志》作四十里。又至東昌府館陶縣九十里；西南至永年縣界三十里，至縣治六十里；東北至順德府廣宗縣界三十里，至縣治七十里；西北至順德府南和縣界八里，至縣治四十里。

清河縣，在府東北一百八十里。東西距五十里，南北距三十里。東至山東東昌府夏津縣界三十里，至縣治七十里；西至順德府廣宗縣界二十里，《府志》：至威縣界五十里。少南至縣治九十里；南至東昌府臨清州界二十五里，至館陶縣一百二十里；北至真定府南宮縣界五里，《府志》作十里。至棗强縣一百二十里。東南至臨清州界三十里，至州治五十里；西南至威縣七十里，《府志》：至東昌府丘縣九十里。《縣志》：至館陶縣界二十五里，誤。東北至東昌府武城縣界三十里，至縣治五十里；西北至南宮縣界十里，至縣治九十里。

順德府，在京師西南一千里。東西距二百八十里，南北距一百五十里。東至廣平縣威縣界一百二十里，西至山西遼州界一百六十里，南至廣平府永年縣界六十里，北至真定府臨城縣界九十里。東南至廣平府九十里，西南至河南彰德府武安縣一百二十里，東北至真定府新河縣二百里，西北至真定府贊皇縣一百五十里。

邢臺縣，附郭。東西距一百八十二里，南北距四十二里。東至南河縣界三十二里；《縣志》作任縣界。西至山西遼州界一百六十里，至縣治二百三十里；南至沙河縣界十七里，至縣治三十五里；北至內丘縣界二十五里，至縣治六十里。東南至南和縣界二十里，至縣治四十里；西南至山西遼州界一百八十里，至州治二百八(里)十[里]；東北至任縣界二十五里，至縣治四十里；西北至馬嶺口山西[和順]縣界一百六十里，至縣治二百四十里。

沙河縣，在府南三十五里。東西距一百七十五里，南北距四十三里。東至山下村南和縣界二十里，少北至縣治四十里；西至五指山山西遼州□界一百四十里，至縣二百八十里；南至廣平府永年縣界臨洺鎮二十五里，至邯鄲縣八十里；北至九家鋪邢臺縣界十八里，至縣治三十五里。東南至永年縣七十里；西南至河南彰德府武安縣界四十里，至縣治九十里；東北至善下村南和縣界二十里，又北至任縣七十里。

南和縣，在府東少南四十里。東西距五十五里，南北距四十三里。東至平鄉縣界柴村三十五里，少北至縣治四十里；西至邢臺縣界大賢鋪二十里，少北至縣治四十里；南至廣平府永年縣界朱家莊沙岡二十里，至縣治七十里；北至任縣界臺南村二十三里，至縣治二十五里。東南至廣平府雞澤縣界三十里，至縣治四十里；西南至(河)沙[河]縣界二十里，至縣治四十里；東北至鉅鹿縣九十里；西北至内丘縣九十里。

平鄉縣，在東八十(十)里。東西距五十里，南北距四十八里。東至廣平府威縣界四十里，至縣治六十里；西至南和縣界十里，少南至縣治四十里；南至廣平府雞澤縣界六里，少西至縣治十二里；北至鉅鹿縣界四十二里，少東至縣治六十里。東南至威縣界二十五里，至山東東昌府丘縣七十里；東北至廣宗縣界三十五里，至縣治四十里；西北至任縣界十五里，至縣治五十里。

鉅鹿縣，在府東北一百二十里。東西距五十里，南北距六十八里。東至廣宗縣界二十里；西至真定府隆平縣界三十里；《縣志》作任縣界。南至平鄉縣界十八里，少西至縣治六十里；北至真定府新河縣界五十里，《縣志》作至寧晉縣界。少東至縣治八十里。東南至廣宗縣界二十里，至縣治三十五里；西南至任縣界三十里，至縣治七十里，又南至南和縣九十里；東北至真定府南宮縣界三十里，至縣治六十里；西北至隆平縣六十里，又北至寧晉縣五十里，至縣治九十里。

廣宗縣，在府東少北一百二十里。東西距三十五里；南北距一百里。東至廣平府威縣界二十里；《縣志》作二十五里。西至鉅鹿縣界十五里；《縣志》作至平鄉縣界□五里。南至山東東昌府丘縣界五十里，至縣治九十里；北至真定府南宮縣界五十里，《縣志》作至鉅鹿縣界四十里。少東至縣治七十里。東南至威縣二十五里；西南至平鄉縣界五里；《縣志》作至廣平府曲周縣界二十五里。至縣治四十里；東北至廣平府清河界五十里，至縣治九十里；西北至鉅鹿縣三十五里。

唐山縣，在府北少東八十五里。東西距三十五里，南北距四十三里。東至真定府隆平縣界十里；西至内丘縣界二十五里；《縣志》作二十里。南至任縣界二十五里；北至真定府柏鄉縣界十八里，至縣治三十五里。東南至任縣五十里；《縣志》：至隆平縣界十二里。西南至内丘縣五十里；《縣志》作至界三十八里。東北至隆平縣界十四里，至縣治二十里；西北至真定府臨城縣界十八里，至縣治三十五里。

内丘縣，在府西北六十里。東西距二百五里，南北距六十五里。東至唐山縣界二十五里，少北至縣治五十里；西至山西□□縣界一百八十里，至縣治三百里；南至邢臺縣界三十五里，至縣治六十里；北至真定府臨城縣界三十里，至縣治四十五里。東南至任縣六十里，西南至邢臺縣界四十里，東北至真定府柏鄉縣六十里，西北至真定府贊皇縣□□里。

任縣，在府東北三十五里。東西距四十五里，南北距五十里。東至平鄉縣界三十五里；《縣志》作至鉅鹿縣界四十里。西至邢臺縣界十里，少南至縣治三十五里；南至南和縣界五里，至縣治二十五里；北至真定府隆平縣界四十五里，《縣志》作至唐山縣界二十五里。少東至縣治六十里。東南至平鄉縣五十里；西南至沙河縣六十里；東北至鉅鹿縣界四十里，至縣治七十里；西北至唐山縣界二十五里，至縣治五十里，至内丘縣六十里。

大名府，在京師西南一千一百六十里。東西距一百里，南北距三百四十里。東至山東東昌府冠縣界四十里，西至廣平府成安縣界六十里，南至河南開封府蘭陽縣界二百九十里，北至東昌府館陶縣界五十里。東南至東昌府濮州一百七十里，西南至河南衛輝府二百八十里，東北至東昌府臨清州一百五十里，西北至廣平府一百二十里。

元城縣，附郭。東西距五十五里，南北距五十五里。東至山東東昌府冠縣界四十里，至莘縣九十里；西至魏縣界十里，少北至縣治四十里；南至大名縣界五里，少東至縣治八里；北至東昌府館陶縣界五十里，至丘縣九十里。東南至東昌府朝城縣九十里；西南至内黄縣九十里。東南至東昌府朝城縣九十里；西南至内黄縣九十里；東北至冠縣六十里，《縣志》作七十里。又北至館陶縣一百里；西北至廣平府廣平縣六十里。

大名縣，在府南少東八里。東西距四十五里，南北距二十五里。東至元城縣界任村三十里；西至魏縣界魏城村十五里；南至南樂縣界重疃二十里，至縣治四十里；北至元城縣界五里，少西至縣治十里。東南至南樂縣界北張鋪十二里，山東東昌府朝城縣□□里；西南至内黄縣界蔡村六十里，至縣治九十里；東北至東昌府冠縣□十里；西北至魏縣界柏村二十里，至縣五十里。

南樂縣，在府東南五十里。東西距七十五里，南北距三十五里。東至山東東昌府朝城縣界四十里，至縣治七十五里；西至大名縣界三十五里；南至清風縣界十五里，至縣治四十里；北至大名縣界二十里，至縣治四十里。東北至東昌府觀城縣五十里，西南至内黄縣六十里，《縣志》作七十五里。東北至東昌府冠縣一百里，西北至元城縣五十里。

魏縣，在府西少北四十里。東西距五十里，南北距五十五里。東至馬兒莊元城縣界三十里，少南至縣治四十里；西至廣平府成安縣界二十里；《縣志》：至宗村四十里。南至泊口村内黄縣界四十里，至縣治九十里；北至寺莊村廣平府廣平縣界十五里，至縣治二十五里。東南至大名縣五十里；西南至河南彰德府臨漳縣界四十里，至縣治六十里；東北至山東東昌府丘縣九十里；西北至成安縣四十里。

清豐縣，在府東南九十里。東西距六十二里，南北距四十里。東至山東東昌府觀城縣界三十七里，至縣治四十里；西至内黄縣界二十五里，至縣治四十里；南至開州界十五里，至東明縣一百二十里；北至南樂縣界二十五里，至縣治四十里。東南至山東濮州六十里，西南至開州四十里。《縣志》作五十里。

内黄縣，在府西南九十里。東西距五十五里，南北距九十五里。東至清豐縣界蘇村十五里，至縣治四十里；西至河南彰德府安陽縣界伏思村四十里，至縣治一百十里；南至開州界聶固村三十五里；北至魏縣界泊口集五十里，至縣治九十里。東南至開州六十里；西南至濬縣九十里，又南至滑縣一百十里；東北至元城縣九十里；西北至彰德府臨漳縣界五十里，至縣治一百里。

濬縣，在府西南一百八十里。東西距七十里，南北距一百十里。東至滑縣界十里，少北至開州九十里；西至河南衛輝府淇縣界六十里，至縣治七十里；南至衛輝府胙城縣界七十里；北至河南彰德府湯陰縣界四十里。東南至滑縣界十五里，至縣治二十五里；西南至衛輝府汲縣界七十里，至縣治一百二十里；東北至内黄縣九十里；西北至湯陰縣界五十里，至縣治七十里。

滑縣，在府西南二百里。東西距七十八里，南北距一百四十五里。東至東明縣界七十里，少南至縣治一百二十里；西至濬縣界李家道口八里，至河南衛輝府淇縣九十里；《縣志》作六十里。南至河南開封府丘縣界八十里，至縣治一百二十里；【略】少東至内黄縣一百十里。東南至長垣縣九十里，《縣志》：至東明縣界一百二十里。西南至衛輝府胙城縣一百里，東北至開州九十里，西北至濬縣界十二里，至縣治二十五里。

東明縣，在府東南二百二十里。東西距六十里，南北距八十五里。東至山東兗州府曹州界呂陵集三十里，至州治六十里；西至長垣縣界三十里，少北至滑縣一百二十里；南至杜勝集河南開封府儀封縣界六十里，至縣治一百里；北至司馬集開州界二十五里，至清豐縣一百十里。東南至山東定陶縣一百里；西南至長垣縣七十里，又南至河南蘭陽縣一百二十里；東北至山東濮州一百五十里；西北至開州九十里。

開州在府南一百二十里。東西距一百二十五里，南北距一百里。東至山東東昌府濮州界五十五里，至州治六十里；西至滑縣界七十里；南至東明縣界六十五里，至長垣縣一百二十里；北至清豐縣界三十五里，至元城縣一百二十里。東南至東明縣九十里；西南至濬縣九十里，又南至滑縣九十里；東北至清豐縣四十五里，又東至東昌府觀城縣六十里；西北至内黄縣界十五里至縣治六十里。

長垣縣，在州南一百三十里，府南二百五十里。東西距一百里，南北距六十五里。東至東明縣界裴子巖集七十里，至山東兗州府曹縣二百里；西至滑縣界馬村集三十里，至河南衛輝府胙城縣九十里；南至河南開封府蘭陽縣界四十里，至縣治九十里；北至滑縣界丁奕集二十五里，至本州一百三十里。東南至河南開封府儀封縣一百里；西南至開封府封丘縣界劉光集三十里，至縣治六十里；東北至東明縣七十里；西北至滑縣九十里。

永平府，在京師東五百五十里。東西距三百四十里，南北距二百二十里。東至盛京錦州府寧遠州界一百八十里，西至順天府遵化州界一百六十里，南至海岸一百六十里，北至桃林口邊州界六十里。東南至海一百四十里，西南至海順天府豐潤縣界一百九十里，東北至廢營州六百九十里，西北至遵化州界二百二十里。

盧龍縣，附郭。東西距六十五里，南北距八十里。東至雙望堡撫寧縣界三十五里，至縣治七十里；西至安河堡遷安縣界三十里，至順天府豐潤縣一百六十里；南至劉谷莊昌黎縣界三十里，府、縣《志》作（淡）［灤］州界。少西至樂亭縣一百二十里；北至劉家營遷安縣界五十里，至桃林口邊界六十里。東南至黑石莊昌黎縣界二十里，至縣治七十里；西南至康家莊（淶）［灤］州界二十五里，至州治四十里；東北至燕河營撫寧縣界五十里；西北至分水嶺遷安縣界二十里，至縣治四十里，至健昌營城七十里。

遷安縣，在府西北四十里。東西距一百四十五里，南北距八十三里。東至孤州盧龍縣界二十里；西至鹿兒嶺順天府遵化州界一百五十里，至州治一百七十里；南至野雞坨（淶）［灤］州界三十五里，《府志》：至赤峰鋪盧龍縣界四十里。至州治七十里；北至白羊關邊界四十里，至建昌營四十里。東南至分水嶺盧龍縣界二十里，至縣治四十里；西南至乾河兒（淶）［灤］州界七十里，至順天府豐潤縣一百四十里；東北至劉家營盧龍縣界五十里；西北至喜峰口關遵化州邊界一百八十里。

撫寧縣，在府東七十五里。東西距一百四十三里，南北距九十五里。東至山海關界六十里，至關一百里，至盛京錦州府寧遠州界一百八里；西至雙望堡盧龍縣界三十五里，少北至縣治七十五里；南至昌黎縣界二十五里，少西至縣治四十里；北至界嶺口邊界七十里。東南至戴家河渤海四十里，至秦王島七十里；西南至兩家店昌黎縣界五十里，至樂亭縣一百二十里；東北至一片石邊界一百十五里，至黃土嶺關一百二十里；西北至燕河營盧龍縣界五十里，至遷安縣一百十五里。

昌黎縣，在府東南七十里。東西距九十五里，南北距九十里。東至裴家堡撫寧縣界二十五里，少南至渤海七十五里；西至（淶）［灤］河（淶）［灤］州界七十里，少北至州治八十里；南至渤海七十里；北至張谷莊撫寧縣界二十里。東南至渤海七十里；西南至會里莊樂亭縣界六十里，至縣治□十里；東北至武寧縣治四十里，又東至山海衛一百二十里；西北至黑石莊盧龍縣界十五里，至縣治七十里。

灤州，在府西南四十里。東西距一百二十里，南北距一百四十二里。東至昌黎縣界十里，少南至縣治八十里；西至板橋鋪順天府豐潤縣界一百十里；南至海一百三十里；北至盧龍縣界十二里，至遷安縣七十里。東南至浣流河樂亭縣界五十里，至縣治七十里；西南至海豐潤縣界一百五十里；東北至郭家莊盧龍縣界十里，至縣治四十里；西北至豐潤縣一百□十里。

樂亭縣，在州東南七十里，府南一百二十里。東西距五十五里，南北距七十五里。東至昌黎縣界三十里，至赤洋海口八十里；西至（淶）［灤］州界二十五里；南至渤海四十五里；北至胡盧河昌黎縣界三十里，至盧龍縣一百二十里。東南至海昌黎縣界四十五里；西南至主家河海口本州界五十五里；東北至昌黎縣界十三里，至縣治八十里，至山海關一百二十里；西北至（淶）［灤］州界二十一里至州治七十里。

山海衛，在府東一百七十里。東西距八十里，南北距二十九里。東至遼寧錦州界寧遠州界八里；西至撫寧縣一百里；南至海十里；北至角山十九里，至義院口關八十里。東南至海□□□，西北至石門寨四十里。

宣府

宣府，在京師西北三百四十里。東西距三百六十里；南北距二百七十五里。東至順天府昌平州北邊界二百十五里，西至山西大同府邊界一百四十五里，南至保定府涞水縣界二百十里，北至張家口邊界六十五里。東南至昌平州界二百五十里，西南至山西大同府天城衛界一百五十里，東北至廢開平衛治七百里，西北至邊界一百六十里。

宣府前衛，附郭。東西距九十五里，南北距九十里。東至龍門衛界五十五里；西至萬全左衛界四十里，至衛六十里；南至深井堡界五十五里，至堡六十里；北至龍門衛膳房堡界三十五里。東南至雞鳴驛六十里，至保安衛八十里；西南至懷安衛一百二十里；東北至龍門衛一百十里；西北至萬全右衛張家口堡界三十五里，至堡六十里。

萬全左衛，在鎮西六十里。東西距二十一里，南北距五十里。（界）［東］至宣府前衛界二十里，至衛治六十里；西至萬全右衛界一里；南至懷安衛界四十里；北至右衛界十里至衛四十里。東南至前衛界深井堡六十里，西南至懷安衛治六十里，東北至右衛界張家口堡□□里，西北至右衛界柴溝堡四十里。

萬全右衛，在鎮西北八十里。東西距三十里，南北距四十二里。東至張家口堡界十里，至堡二十里；西至新河口堡界二十里，至洗馬林堡六十里；南至萬全左衛界三十里，至衛四十里；北至膳房堡界十二里，《志》作至本邊十里。至堡二十里。東南至宣府前衛八十里；西南至柴溝堡□里；東北至□□西北至新河口堡四十里。

懷安衛，在鎮西南一百二十里。東西距五十里，南北距六十里。東至萬全左衛界二十里；西至枳兒嶺山西大同府天城衛界三十里，至衛治□□里；南至蔚州衛順圣東城界三十里；北至萬全右衛柴溝堡界二十里，至堡四十里。東南至順圣東城九十里；西南至順圣西城□□里；東北至左衛治六十里；西北至右衛界西陽河堡□里。

懷來衛，在鎮東南一百五十里。東西距四十五里，南北距七十里。東至延慶州界二十里，至州治五十里；西至土木堡界二十五里，至堡三十里；南至順天府昌平州鎮邊城界五十里，至城六十里；北至龍衛門長安嶺界二十里。東南至榆林堡界二十里，至堡二十五里；西南至保安州界礬山堡七十里；西北至長安嶺八十里。

永寧衛，在鎮東南二百三十里。東西距九里，南北距二十七里。東至周四溝堡界八里；西至延慶州界一里半至州治三十里；南至順天府昌平州界十二里，至州治一百二十里；北至靖安堡界十五里，至堡三十里。東南至居庸山昌平州界四十里，西南至柳溝城延慶州界二十里，東北至周四溝堡三十里，西北至開平衛界。滴水崖堡五十里。

龍門，衛在鎮東少北一百十里。東西距七十三里，南北距一百里。東至鵰鶚堡界三十八里，《志》作至開平衛赤城六十里。至堡四十五里；西至趙川堡界三十五里，至堡五十里；南至保安州界麻谷口七十里；北至邊界三十里。東南至長安嶺堡界七十里，至堡九十里；西南至宣府前衛界雞鳴驛七十里；東北至開平衛界鎮寧堡五十里。

開平衛，在鎮東北二百六十里。東西距二十五里，南北距二十五里。北至邊界十里；西至馬營堡界十五里；南至雲州堡界十五里，至堡六十里；北至獨石口邊界十里。東南至鎮安堡四十五里；西南至馬營堡三十里。

龍門所，在衛東南一百十里，鎮東少北二百里。東西距三十里，南北距六十里。東至邊界十五里；西至赤城堡界十五里，至堡三十里；南至滴水崖堡界三十里，至堡五十里；北至雲州堡界三十里，至鎮安堡五十里。東南至滴水崖堡界□□□，西北至雲州堡。

延慶州，在宣府鎮東南二百里。東西距五十里，南北距八十里。東至永寧衛界二十里，至衛治三十里；西至懷來衛界三十里，至衛治五十里；南至居庸關順天府昌平州界五十里；北至開平衛長安嶺界三十里。東南至永寧衛界柳溝城二十里，至昌平州治一百十里；西南至懷來衛界榆林堡三十里；東北至永寧衛界靖安堡六十里；西北至宣府鎮治二百里。自州治至京師一百八十里。

保安州，在宣府鎮南少東六十里。東西距九十里，南北距一百六十里。東至懷來衛土木堡界六十里，至堡八十里；西至宣府前衛深井堡界三十里，至堡□□里；南至保定府淶水縣界一百五十里，至縣治二百五十里；北至前衛界十里。東南至礬山堡六十里；西南至山西大同府蔚州界桃花堡九十里，至州治一百八十里；東北至前衛界雞鳴驛三十里，又東至龍門衛界長安嶺堡七十里；西北至前衛治六十里。自州治至京師三百里。

保安衛，在州東北四十里鎮東南八十里。東西距六里，南北距三十八里。東至懷來衛土木堡界三里，少南至堡四十里；西至宣府前衛界三里，至雞鳴驛二十里；南至礬山堡界三十里，至堡五十里；北至前衛界八里；東北至龍門衛長安嶺堡三十里。

盛京

盛京，在京師東一千七百里。東至東海四千三百餘里，西至京師永平府山海關界八百餘里，南至海七百三十餘里，北至邊界二百六十餘里。東南至希喀塔山朝鮮界二千餘里，西南至旅順口勃海八百餘里，東北至飛牙喀東海界四十餘里，西北至九官臺邊門蒙古界四百五十餘里。

奉天府，盛京治。東至興京邊烏喇界二百八十餘里，西至遼河錦州府廣寧縣界一百里，南至海七百三十餘里，北至邊界二百六十餘里。東南至鎮江城朝鮮界五百四十餘里，西南至旅順口勃海八百餘里，東北至開原威遠堡烏喇二百三十餘里，西北至九官臺邊門蒙古界四百五十餘里。

承德縣，附郭。明曰瀋陽衛。《全遼志》：東至撫順關一百里，西至静遠堡七十里，南至沙河四十里，北至蒲河四十里。東南至峨羅山六百八十里，至鴨緑江七百里；西南至章義站六十里，至遼陽一百十里；東北至建州五百里；西北至刀(蹕)[蹕]山一百五十里，至顯州同。《通(治)[志]》：東至甲榜山興京界一百里，西至遼河錦州府廣寧縣界一百里，南至十六里河遼陽州界六十里，北至懿路站鐵嶺縣界七十里。東南至大堡遼陽州界八十五里，西南至新臺子遼陽州界七十五里，東北至新河村興京界一百里，西北至十方寺鐵嶺縣界九十里。

遼陽州，在府西南。《全遼志》：東至清河邊界二百五十里，西至長安邊界五十里，南至旅順海口七百三十里，北至開原二百四十里。東南至鴨緑江五百三十里，至東海葛灘島岸七百里；西南至海州一百二十里，至廣寧三百六十里；東北至建州老黄七百九十里；西北至開原境外□仁縣四百五十里，至大寧八百六十里。《(道)[通]志》：在府西南一百二十里。東至官馬山鳳凰城界七十五里，西至煙狼寨海城縣牛莊城界五十里，南至黑峪海城縣界八十里，北至楊家灣承德縣界六十里。東南至浪子山站鳳凰城界六十里，西南至鞍山驛海城縣界六十里，東北至十里河承德縣界六十里，西北至船城承德縣界六十里。

海城縣，在府西南。明爲海州衛。《全遼志》：東至鳳凰城縣界一百五十里，至海際三百里；西至廣寧界一百二十里，至廣寧治二百四十里；南至蓋州界七十里，至州治一百二十里；北至遼陽界六十里。東南至臨江三百八十里；西南至梁房口九十里；東北至遼陽一百二十里，至甜水站遼陽界二百四十里；西北至遼河一堵牆一百二十里。《通志》：在府西南二百四十里。東至牛心山鳳凰城界九十里，西至三汊河錦州府廣寧縣界六十里，南至耀州驛蓋平縣界六十里，北至鞍山驛遼陽州界六十里。東南至白土嶺蓋平縣界六十里，西南至大孤山蓋平縣界八十里，東北至龍降洲遼陽州界八十里，西北至接官堡遼陽州界六十五里。

蓋平縣，在府西南。明曰蓋州衛。《全遼志》：東至岫巖二百五十里，至鴨緑江五百三十里；西至海十里；南至八家鋪一百七十里；北至孛羅鋪三十里，至海州衛一百二十里。東南至臨江城三百里；西南至韋子套一百三十里，至復州衛一百八十里；東北至排山寨九十里；西北至速雲島十五里，至梁房口九十里。又有復州衛，東至東海岸二百四十里，西至西海岸四十五里，南至古城鋪金州衛界八十五里，北至八家鋪蓋州衛界十二里。東南至胡十八寨八十里，西南至北青海口四十五里，至金州衛一百八十里；東北至軍里河二百十里；西北至老鴨島四十里。《通志》：在府西南三百六十里。東至秀巖河鳳皇城界三百里，西至連雲島勃海界十五里，南至奕古城金州城界二百四十里，北至淤泥河海城縣界五十五里。東南至雞冠山金州城界二百里，西南至鹽場堡金州城界二百五十里，東北至白土嶺海城縣界八十里，西北至小孤山海城縣界六十里。

鐵嶺縣，在府北。《全遼志》：(作)[東]至老虎口七十里，至虎頭山一百十里；西至雙城六十里。至刀(躍)[蹕]山一百十里；南至瀋陽衛界蒲河城八十里，至衛治一百二十里；北至開原界沙河四十里。東南至撫順所一百里；西南至遼濱縣一百里；東北至山羊山八十里，至開原九十里；西北至慶雲站五十里。《通志》：在府北一百二十里。東至老古洞開原縣界一百二十里，西至刀(躍)[蹕]山錦州府廣寧縣界七十里，南至懿路站承德縣界六十里，北至山頭鋪開原縣界二十里。東南至瓢酪屯承德縣界五十里，西南至小河口承德及廣寧縣界六十里，東北至□□紅草石開原縣界三十里。

開原縣，在府東北。明曰三萬衛。《全遼志》：東至分水嶺二百里，至坊州三百里；西至遼河八十里，至懿州三百七十里；南至沙河撫順驛五十里；北至歸仁縣一百十里。東南至哈城河四百五十里；西南至鐵衛嶺一百二十里，至遼陽三百四十里；東北至信州三百十里，至東建州六百五十里；西北至曲吕金山三百五十里。《通志》：在府東北二百里。東至耿家莊邊界七十里，西至遼河六十里，南至山頭鋪頭鐵嶺縣界五十里，北至新邊界三里。東南至馬家寨鐵嶺縣界六十五里，西南至遼河六十五里，東北至威遠堡新邊門三十里，西北至遼河邊界六十里。又城守所轄，西至彰武臺廣寧界二百二十里，南至范河奉天界一百里，東南至英額興京城界二百十里，西南至遼濱塔承德縣界一百九十里。

金州城，在府西南。《全遼志》：東至東海岸一百里，西至西海灘三里，南至旅順口一百二十里，北至孛蘭鋪復州衛界九十五里。東南至海青島四十五里，至金錄城一百二十里；西南至鐵山一百五十里；東北至肖家河島一百五十里，至復州衛治一百八十里；西北至大陳家島三十里，至魚湖島七十里。《通志》：在府西南七百二十里。東至城子山海界八十里，西至麻洋島渤海界四十里，南至紅土崖海界十二里，北至奕古城蓋平縣界一百二十里。東南至海青島海界五十里；西南至鐵山海界一百五十里，至山東登州府治五百五十里；東北至秀巖城鳳皇城界三百六十里；西北至鹽場堡蓋平縣界一百七十餘里。

興京，在京東南二百五十里。東至納土門寧古塔界三十五里，西至馬哈丹城奉天府界一百九十里，南至蘭河峪鳳皇城界一百八十里，北至撒克禪開原城界一百十里。東南至李家河鳳皇城界十五里，西南至清河城鳳皇城界一百六十餘里，東北至英額寧古塔界一百五十里，西北至窪湖水開原城界一百三十里。

鳳皇城，在京東南五百十里。東至靉江朝鮮界二百二十里，西至秀巖河蓋平城界二百里，南至海二百里，北至一堵牆興京界三百二十里。東南至鎮江城朝鮮界一百二十里，西南至歸服堡金州城界四百五里，東北至孤山興京界二百五里，西北至平州海城界三百里。

烏喇，在京東北八百三十餘里。東至俄莫賀索落站寧古塔界二百八十里，西至威遠堡邊奉天府界五百九十五里，南至長白山朝鮮界一千三百餘里，北至法忒哈邊蒙古界六百餘里。東南至（上）［土］門江朝鮮界七百二十里，西南至英額邊奉天府界六百九十五里，東北至河爾楚哈屯蒙古界九百二十餘里，西北至河兒蘇邊蒙古界四百三十餘里。

寧古塔，在京東一千三百五十餘里。東至東海三千餘里，西至俄莫賀索落站烏喇界二百五十里，南至土門江朝鮮界六百里，北至混同江蒙古界六百里。東南至希喀塔山海界一千五百七十里，西南至勒福陳河烏喇界五百里，東北至飛牙喀海三千餘里，西北至河爾楚哈屯蒙古界七百餘里。

錦州府，在京西四百九十里。東至哈蜊河奉天府遼陽州界二百四十里，西至高臺堡邊界二百里，南至渤海三十里，北至清河邊界一百四十里。東南至三叉河奉天府海城縣界三百五十里，西南至官牆永平府山海關界三百里，東北至奉天府開原縣界三百八十里，西北至筆架山邊界一百六十里。

錦縣，附郭。明曰廣寧中屯衛。《全遼志》：東至大淩河四十里，西至鐵場所六十里，南至渤海岸五十里，北至義州衛界鮮山五十里。東南至廣寧右屯衛界八十里；西南至杏山驛寧遠衛中左所界四十里，至寧遠衛一百二十里；東北至義州衛九十里至廣寧衛一百八十里，西北至舊建州一百五里。又有廣寧（又）［左］屯衛，《縣志》：東至頭臺子廣寧縣界一百五里，西至岡家屯邊界九十里，南至渤海三十里，北至齊家堡廢義州界四十五里。東南至白馬溝廣寧界八十里，西南至老和尚臺寧遠州界九十里，東北至大寧堡廣寧縣界九十里，西北至松門嶺邊界九十里。

寧遠州，明曰寧遠衛。《全遼志》：東至廣寧中屯衛杏山驛八十里，西至廣寧前屯衛界中後所八十里，南至渤海二十五里，北至松山堡四十里，至廢和州一百二十里。東南至海二十五里。至廣寧右屯衛一百八十里；西南至覺華島四十里至永平府山海關二百里；東北至錦州一百二十里，西北至大寧堡一百八十里。又有廣寧前屯衛，東至寧遠衛界六十五里，西至山海關七十里，南至渤海二十里，北至邊牆二十五里。《府志》《通志》：在府西南一百十里。東至邴家屯錦縣界十五里，西至胡同山永平府山海關界一百九十里，南至海防第五城渤海界十里，北至寨兒山錦縣界三十五里。東南至釣魚臺海界十五里，西南至官牆山海關界一百九十里，東北至雙樹鋪錦縣界十八里，西北至筆架山邊界五十里。

廣寧縣，明曰廣寧衛。《全遼志》：在遼陽城西三百三十里。東至平洋鋪海州衛界二百里，至衛治三百里；西至孛馬嶺義州衛界六十里，至衛治一百二十里；南至廣寧右屯□衛界一百二十里；北至中平山邊界九十里。東南至廣寧右屯衛界一百二十里；西南至大（淩）［陵］河右屯衛界一百二十里，至中屯衛小（淩）［陵］河一百六十里；東北至羊腸河一百十里，至廢懿州一百八十里；西北至廢川州一百三十里。

又有廣寧後屯衛，亦曰義州衛。在遼陽城西四百二十里。東至廣寧衛界醫巫閭山五十里，至衛治一百二十里；西至牛心山邊界六十里；南至廣寧中屯衛界哈喇河七十里；北至駱駝嶺廢川州界六十里。東南至廣寧右屯衛治一百二十里；西南至中屯衛治九十里；東北至廢川州界雙峰山九十里，至州治一百五十里，西北至廢西川州治九十里，至廢□中路治一百六十里。

又有廣寧右屯衛，在遼陽城西四百五十里。東至渤海三十里，西至大（淩）［凌］河二十五里，南至渤海二十里，北至十三山三十五里。東南至海三十五里，西南至中屯衛界杏山驛一百四十里，東北至廣寧衛治一百二十里至盤山驛一百四十里，西北至廣寧中屯衛治八十里，至義州衛治一百二十里。《府志》《通志》：在府東北一百六十里。東至哈喇河奉天府遼陽州界八十里，西至義州邊界一百五十里，南至杜家臺勃海界九十里，北至羅家臺邊界七十里。東南至三汊河奉天府海城縣界一百九十里，西南至閭陽驛錦縣界五十里，東北至楊檉木河奉天府開原城守界二百二十里，至府治三百三十里，西北至大寧堡邊界七十里。

江南省

江寧府布政司治：

上元縣，附郭。治府東北偏。東西距八十里，南北距一百二十里。東至周郎橋句容縣界七十里，至縣治九十里；西至古柳街江寧縣界□□□里；南至白米河江寧、溧水二縣界七十里；北至大江中流六合縣界四十九里。東南至句容縣界陳村七十里，至(栗)[溧]水縣九下里；[西]南至鳳西鄉江寧縣界四里；東□至句容縣界章橋六十里；西[北]至湖野大江中流六合縣界三十九里。

江寧縣，附郭。治西南偏。東西距三十里，南北距一百二十里。東至上元縣界□□□里；西至大江中流江浦縣界二十五里；南至武剎橋(栗)[溧]水縣界九十三里；册作至當塗縣界一百二十里。北至錦陵鄉上元縣界五里。東南至溧陽縣界六十里；西南至太平府當塗縣界八十六里，至縣治一百四十里；東北至上元縣界□□里；西北至鰻鯉川大江中流江浦縣界十五里，至縣治四十里。

句容縣，在府東九十里。東西距七十里，南北距一百三十里。東至鎮江府丹陽縣縣界山口五十里，少北至縣治一百里；西至上元縣周郎橋二十里，至縣治九十里；南至(栗)[溧]水縣界丁塘村六十里，少西至縣治八十里；北至大江中流(楊)[揚]州府儀真縣界七十里，至縣治一百三十里。東南至茅山鎮江府金壇縣界五十里，至縣治一百里，又南至溧陽縣界一百五十里；西南至江寧縣界五十里；東北至鎮江府丹徒縣界六十里，至縣治一百十里；西北至江浦縣治一百四十里。

溧陽縣，在府東南二百四十里。東西距九十八里，南北距一百五十八里。東至葑地村常州府宜興縣界十八里，至縣治九十里；西至溧水縣界三塔村八十里，至高淳縣一百三十里；南至石屋山廣德州界七十里，至州治一百四十里；北至鎮江府金壇縣界□□□里，至縣治九十里。東南至宜興縣界二十里，至浙江湖州府長興縣；西南至五牙山廣德州建平縣界六十里，至縣治一百里；東北至鎮江府金壇縣界五十里，至縣治九十里；西北至分界山溧水縣界八十里，至縣治一百三十里，又至句容縣界八十里，至縣治一百五十里。

溧水縣，在府東南八十四里。東西距一百[里]，南北距一百十里。東至浮山句容縣界四十里，少北至鎮江府金壇縣治一百里；西至白鹿鄉太平府當塗縣界五十里，少南至縣治百五十里；西南至高淳縣界七十里，至縣治一百里；東北至句容縣界四十五里，至縣八十里；西北至烏利橋江寧縣界四十五里，至縣治九十里。

江浦縣，在府西北四十里。東西距七十里，南北距五十里。東至大江中流新興洲尾江寧縣界二十里，少南至縣治四十里；册作至六合縣界九十里。西至後河中流費家渡滁州全椒縣界五十里，又曰西至橫路鋪四十里，至和州烏江鋪六十里，至縣□□□里；南至大江中流鱘魚洲、尾和州界二十里；北至三汊河六合縣界□□西葛城鋪四十五里，又十里至滁州黄連鋪□□□。《縣志》作至三汊河六合縣界三十里，册作至滁州全椒縣界四十五里。東南至江寧縣界三十里；册作至晉山六合縣界，誤。西南至烏江鎮和州界七十里，至州治□□□里；東北至六合縣界三十里，至縣一百里；册作至滁州來安縣界五十里。西北至西葛城鋪滁州界四十五里，至州治一百里。

六合縣，在府東北一百二十里。東西距八十五里，南北距一百二十里。東至褚家堡鋪揚州府儀真縣界三十里，至縣治七十里；西至滁州來安縣界號墩界牌五十五里，至滁州治□□□；南至上元縣界□□□；北至瓜斐鋪鳳陽天長縣界五十里，至縣治九十里。東南至瓜步口大江儀真縣界二十五里，至句容縣治□□里；西南至駱家鋪江浦縣界八十里，至治一百里；東北至儀真縣界烏山五十五里，至高郵州二百五十里；西北至來安縣界界橋六十里，至治九十里。

高淳縣，在府南少東二百四十里。東西距一百里，南北距六十里。東至東壩勝埠溧陽縣界七十里，至縣治一百三十里。《府志》：至溧水儀鳳鄉戲墩界。西至小華湖心《府志》作丹陽湖。太平府當塗縣界三十里，至蕪湖縣治一百二十里；南至垛上水陽寧國府宣城縣界三十里；《府志》：至建平界□□□里。北至巡真鋪界牌溧水縣界三十里。册作至石(春)[臼]湖二十里。東南建平縣界七十里，至治一百里；西南至宣城縣界三十里，(乃)[至]治一百二十里；東北(栗)[溧]水縣界三十里，至治一百里；西北至丹陽縣當塗縣二十五里，至縣一百二十里。

蘇州府，在布政司東南五百八十里。東西距二百八十里，南北距二百五十里。東至大海一百八十里，西至常州府宜興縣界一百里，南至浙江嘉興府嘉興縣一百里，《府志》作九十四里。北至大江揚州府通州界一百五十里。東南至松江府華亭縣界一百二十六里；西南至浙江湖州府長興縣界一百三十里；東北至大海三百里；西北至常州府江陰縣界一百七十里，至府治。至京師三千八百里。

吳縣，附郭。治府西南偏。東西距一百里，南北距二十里。東至長洲縣界至縣治一里；西至常州府宜興縣界一百里，至縣治一百九十里；南至太湖吳江縣界十八里；《府志》作十五里，《志》作四十里。北至長洲縣界二里。東南至吳江縣界十五里；西南至太湖中流浙江湖州府烏程縣界一百餘里，至縣治一百六十里；東北至長洲縣界一里；西北至長洲縣界十一里，至常州府無錫縣界九十九里。

長洲縣，附郭。治府東北偏。東西距四十一里，南北距六十三里。東至界牌崑山縣界四十里，少北至縣治七十里；西至吳縣界，至縣治一里；南至夾浦橋吳江縣界十八里，《元一統志》作四十里。少東至縣治四十五里；北至界牌常熟縣界四十五里，至縣治一百里。東南至松江府清浦縣界八十里，《府志》：至華亭縣界一百二十里。至縣治一百二十里，至府治一百三十五里；西南至吳縣界一里；東北至崑山縣界四十五里；西北至常州府無錫縣界六十里，至縣治一百里。

常熟縣，在府北九十里。東西距一百里，南北八十五里。東至太倉州界六十里，少南至州治□□□里；西至常州府江陰縣界四十里；南至界牌長洲縣界二十七里，少南至縣治六十里；南至澱(三)[山]湖松江府青浦縣界□□□十里，少東至縣治七十里；北至常熟縣界七浦塘三十六里。東南至松江府□□界四十五里，至縣治一百五十五里；西南至長洲縣界五十里；東北至太倉州界二十里，少南至縣治七十里；南至澱山湖松江府青浦縣界□□十里，少東至縣治七十里；北至常熟縣界七鋪塘三十六里。東南至松江府□□界四十五里，至縣治一百五里；西南至長洲縣界五十里；東北至太倉州界二十里，至州治三十六里；西北[至]常熟縣界四十里，至縣治八十里。

嘉定縣，在府東一百四十里。東西距七十六里，南北距五十五里。東至大海四十里；西至崑山縣界三十六里，少北至縣治七十里；南至吳淞江松江府上海縣界三十五里，少東至縣治七十里；北至太倉州界二十里。東南至大海上海縣界八十里；西南至松江府青浦縣界四十里，至縣治七十里；東北至劉家巷口海岸五十里，至崇明縣治一百四十里；西北至太倉州界十八里，至州治三十六里。

吳江縣，在府南少東四十五里。東西距九十五里，南北距六十一里。東至松江府青浦縣界金宅鎮八十里；《府志》：至華亭縣界□□□，至縣治□□□里。西至太湖口吳縣界十五里；南至浙江嘉興府嘉興縣界楊橋五十四里，至縣治□□□□；北至七里橋長洲縣界七里，少西至縣治四十五里。東南至汾湖嘉興府嘉善縣界六十里，至縣治□□□；西南至浙江湖州府烏程縣烏鎮九十里，至縣治□□□里；東北至長洲縣界姚城江三十里；西北至吳縣界臨巖鄉三十里。

太倉州，在府東北一百六十里。東西距八十里，南北距七十二里。東至大海七十里；西至崑山縣界清水巷十里，少南至縣治三十六里；南至嘉定縣界葛隆鋪十二里；北至常熟縣界白茅河六十里。東南至嘉定縣界婁塘十二里，至縣治三十六里；西南至崑山縣界蓬閬鎮二十里；東北至常熟縣界白茅港海口九十里，至崇明縣治一百三十里；西北至常熟縣界任陽村四十里，至縣治。

崇明縣，在府東北二百五十里。東西距一百二十七里，南北距五十二里。東至高頭沙大海一百二十里；西至施翹村口七里，次至吳王洑墩廿九里，又次至渡船港，又次至王家港水濱十五里；南至海七里，過海五十里至嘉定縣，(保)[寶]山一百(四)[里]；北至永寧沙大海揚州府通(江)[州]界四十五里，至高家嘴約□□三百里，出口入洋山門；西南至太倉州江面約四十里，至州治一百二十里；東北至□□□；西北至通州界狼山江面約一百七十里。《府志》作一百里。

松江府，在布政司東南七百六十里。東西距一百六十里，南北距一百五十二里。東至大海一百里；西至蘇州府吳江縣界六十里；南至金山衛大海七十二里，南接浙江寧波府界；北至蘇州府崑山縣界吳淞江八十里，至縣一百三十里。東南至青村所大海一百十里；西南至浙江嘉興府嘉善縣界五十里，舊《志》：至海(益)[鹽]縣界六十里。至府治一百二十里；東北至蘇州府嘉定縣界一百十里；西北至蘇州府長洲縣界一百里，至府治一百八十里。自府治至京師三千八百二十里。

華亭縣，附郭。治府東偏。東西距十八里，南北距七十七里。東至語兒涇上海縣介十八里；西至婁縣界□□□里；南至金山衛海七十二里；北至五里塘婁縣界五里。東南至青村所大海一百十里；西南至婁縣界□□□；（至）東北至七寶鎮上海縣界五十四里，至縣治九十里；西北至一里涇婁縣界口五里。

婁縣，附郭。治府西偏。東西距十八里，南北距八十七里。東至華亭縣界□□□里；西至泖湖青浦縣界十八里；南至金山衛七十二里；北至塘橋青浦縣界十五里。東南至華亭縣界□□□；西南至楓涇鎮浙江嘉興府嘉善縣界四十五里，至縣治六十五里；西北鍾家山青浦縣界二十七里，至縣治五十里。

上海縣，在府東北九十里。東西距八十六里，南北距九十里。東至川沙堡大海五十里；《縣志》作至川沙堡五十四里。（西）［東］至大海七十里。西至七寶鎮（清）［青］浦縣界三十六里，至縣治九十里；南至閔行鎮華亭縣界七十二里；北至柳橋蘇州府嘉定縣界十八里，少西至縣治七十二里。東南至南匯所華亭縣界八十里；西南至莘莊鎮華亭縣界三十六里，至縣治九十里；東北至吴淞鎮嘉定縣界十八里；《縣志》作至江灣鎮十八里。至寶山所五十四里；西北至龍蟠塘青浦縣界五十四里，《縣志》作至江橋浦三十六里。至嘉定縣治七十二里。

青浦縣，在府西北五十里。東西距九十九里，南北距五十五里。東至七寶鎮上海縣界五十四里，至縣治九十里；西至澱山湖蘇州府長洲縣界四十五里，少北至縣治一百二十里；南至鳳凰山婁縣界二十里；北至安亭港蘇州府嘉定縣界三十五里，少東至縣治七十里。東南至泗涇婁縣界四十里，至縣治五十里；西南至金澤鎮蘇州府吴江縣界《府志》作至嘉善縣界。四十五里，至縣治九十里，又南至嘉善縣治七十里；東北至楊林寺嘉定縣界五十四里，至縣治九十里；西北至千墩港《縣志》作石浦鎮。蘇州府崑山縣界三十六里，至縣治七十二里。

常州府，在布政司東南□□□里。東西距一百九十里，南北距二百八十五里。東至蘇州府常熟縣界一百四十里，至大海三百三十里；西至鎮江府丹陽縣界五十里；南至浙江湖州府長興縣界二百里；北至大江北岸揚州府泰興縣界八十五里。東南至蘇州府長洲縣界一百四十里，西南至廣德州界二百二十里，東北至揚州府如皋縣界一百七十里，西北至揚州府江都縣界一百二十里。

武進縣，附郭。東西距九十五里，南北距一百五十里。東至無錫縣界四十五里；西至鎮江府丹陽縣呂城鎮五十里，少北至縣治一百里；南至宜興縣界王土橋六十五里；北至大江北岸揚州府泰興縣界八十五里，至縣治一百八十里。東南至（烏）［五］牧鎮無錫縣界五十里，至縣治九十里；西南至鎮江府金壇縣治一百四十里；東北至江陰縣治九十里；西北至揚州府江陰縣界廟港巡司一百十里。

無錫縣，在府東南九十里。東西距一百二十里，南北距一百十里。東至蘇州府常熟縣界宛山七十里，西至太湖武進縣界五十里，南至蘇州府吴縣界烏山七十七里，北至江陰縣界馬鎮三十三里，至縣治九十里。東南至蘇州府長洲縣界五十里，至縣治一百里；西南至太湖宜興縣界五十里，至縣治一百四十里；東北至常熟縣一百十里；西北至武進縣界五牧四十里，至縣治九十里。

江陰縣，在府東北九十里。東西距一百四十里，南北距七十四里。東至蘇州府常熟縣界七十里，至武進縣七十里，至丹徒縣三百二十五里；南至馬鎮無錫縣界五十四里，至縣治九十里；北至大江中流靖江縣界二十里，少西至縣治三十里。東南至顧山常熟無錫二縣界八十里，至常熟縣一百二十里，至長洲縣一百八十里；西南至武進縣界七十里，至縣治九十里；東北至大江常熟縣界七十五里，至揚州府通州二百里；西北至大江武進縣界七十二里，至揚州府泰興縣一百十里。

宜興縣，在府南一百二十里。東西距一百六十二里，南北距一百四十里。東至太湖中流泝州蘇州府吴縣界九十里，至縣治九十里；西至江寧府（湮）［溧］陽縣界葑地村七十二里，至縣治九十里；南至湖州府長興縣界垂脚嶺八十里，少東至縣一百四十里；東北至武進縣界黄土橋六十里，至縣治百二十里。東南至太湖長興縣界七十里，至烏程縣治一百五十里；西南至廣德州界一百里，至州治一百八十里；東北至武進縣界七十里，至無［錫］縣一百四十里；西北至鎮江府金壇縣洮湖中流一百里，至縣治一百二十里。

靖江縣，在府東北一百十里。東西距一百里，南北距三十五里。東至海口揚州府如皋縣界六十里；《府志》作至江陰縣巫子門海口三十里。西至武進縣界橫塘六十五里；《縣志》作至橫塘六十五里，《府志》作至橫塘六十五里。南至大江江陰縣界十里，至縣治君山麓四十里；北至沙河埠揚州府（太）［泰］興、如皋二縣界二十五里。東南至江陰縣界蔡港五十里；西南至武進縣界漅港五十里；東北至如皋縣界石莊七十里，府志作三十里，至縣治□□；西北至泰興縣界新河五十里地，至縣治。

鎮江府，在布政司東北一百八十里。東西距一百九十里，南北距二百四十里。東至常州府武進縣界一百三十里，西至江寧府句容縣界六十里，南至江寧府溧陽縣界二百十里，北至揚州府江都縣界三十里。東南至常州府宜興縣界二百十里，西北至溧陽縣界二百三十里，東北至常州府靖江縣界一百二十里，西北至揚州府儀真縣界七十里。自府治至京師三千一百九十五里。

丹徒縣，附郭。東西距一百三十里，南北距七十八里。東至丹陽縣界七十里；西至江寧府句容縣界六十里；南至丹陽縣界五十里；北至大江中流揚州府江都縣界二十八里，至縣治七十里。東南至丹陽縣界□□里，至縣治七十里；西南至句容縣界□□里，至縣治九十里；東北至揚州府泰興縣界一百里，至縣治□□里；西北至揚州府儀真縣界七十里，至縣治。

丹陽縣，在府東南七十里。東西距八十八里，南北距六十五里。東至常州府武進縣界五十八里；西至丹徒縣界三十里；南至金壇縣界四十里，少西至縣治七十里；北至丹徒縣界二十五里。東南至武進縣界六十里，至縣治九十里；西南至江寧府句容縣界四十五里，至縣治九十里；東北至包港大江口武進縣界七十里；西北至丹徒縣界三十里，至縣治七十里。

金壇縣，在府南一百六十里。東西距九十五里，南北距八十里。東至常州府武進縣界下溪河三十五里，少北至縣治□□里；西至江寧府句容縣界茅山頂六十里，少南至溧水縣治一百里；南至宜□河江寧府溧陽縣界五十里，至縣治九十里；北至左墓港丹陽縣界三十里。東南至常州府宜興縣界五十里，至縣治一百□□里；西南至溧陽縣界七十里；東北至丹陽縣界三十里，至縣治七十里；西北至句容縣治百十里。

徽州府，在布政司西南。

歙縣，附郭。東西距九十五里，南北距二百二十里。東至浙江嚴州府淳安縣界六十里；西至休寧縣界長充鋪三十五里，至縣六十里；南至浙江嚴州府遂安縣界一百里，至(徽)[衢]州府開化縣治；北至湯嶺寧國府太平縣界一百二十里。東南至深渡淳化縣界五十五里，至縣治一百七十里，又南至遂安縣界一百里，至縣治一百里；西南至婺源縣界一百四十里；東北至界牌嶺績溪縣界三十五里，至縣治六十里，又北至寧國旌德縣界一百二十里，又東至浙江杭州府昌化縣界金竹嶺一百二十里，至縣治一百九十里；西北至太平縣一百八十里。

休寧縣，在府西六十里。東西距九十里，南北距一百八十里。東至歙縣界觀音堂二十三里，《縣志》作二十八里。至縣治六十里；西至祁門縣界榔木嶺六十五里，少北至縣治一百十五里，又西至鹿脾山婺源縣界一百五十里；南至得勝嶺婺源縣界八十里，少東至浙江衢州府開化縣界江嶺一百二十里；北至黟縣界韓嶺六十里。東南至白際嶺嚴州府遂安縣界一百□□□里，至縣治一百□□□里，又南至開化縣治一百九十里；西南至婺源縣界木瓜坑七十里，至縣治□□里；東北至歙縣界湖嶺三十里，至績溪縣治□□□里；西北至黟縣界鄧村四十里，至縣治九十里。

婺源縣，在府西南二百四十里。東西距二百里，南北距一百四十里。東至大鏞嶺凹頭浙江衢州府開化縣界一百十里；西至澆嶺江西饒州府浮梁縣界九十里；南至銀港饒州府德興縣界三十五(百)[里]至縣治一百五里；北至上汪休寧縣界一百五里，少西至和州□□□里，至縣治一百七十里。東南至黃爪尖嶺德興縣界三十里，又至開化縣治一百八十里；西南至周坑饒州府樂平縣界八十里，至縣治一百九十里；東北至德勝嶺休寧縣界一百二十二里，至縣治□□里；西北至巖嶺浮梁縣界九十五里，至縣治一百五十五里。

祁門縣，在府西少北一百八十里。東西距一百六十里，南北距一百四十里。東至榔木嶺休寧縣界六十里，少南至縣治一百十五里；西至江西饒州府浮梁縣界、池州府建德縣界俱一百里，少北至建德縣治二百四十里；南至休寧縣界五十里；北至大共山池州府石埭縣界五十里，少東至縣治□□□里。東南至休寧縣界七十里，至婺源縣治一百七十里；西南至浮梁縣界一百里，至縣治□□□里；東北至黟縣界三十里，至縣治六十里；西北至池州府貴池縣界八十里，至縣治二百四十里。

黟縣，在府西北一百四十里。東西距六十五里，南北距七十五里。東至休寧縣界藕坑口四十里，至績溪縣治□□□里；西至祁門縣界牛頭石二十五里；南至休寧縣界四十五里；北至寧國府太平縣界三十里。東南至休寧縣治八十里；西南至祁門縣治六十里；東北至太平縣□□□里；西北至池州府石埭縣一百五十里。

績溪縣，在府東北六十里。東西距一百里，南北距五十五里。東至浙江杭州府昌化縣界八十五里，至縣治一百六十里；西至歙縣界十五里，至黟縣治南至歙縣界□牌嶺二十五里；北至叢山關寧國府寧國縣界三十里。東南至浙江嚴州府淳安縣治一百八十里；西南至歙縣治六十里；東北至寧國縣治一百六十五里；西北至界首鋪寧國府旌德縣界四十里，至縣治七十里，又西至太平縣一百二十五里。

寧國府，在布政司西南□□□里。東西距二百里，南北距三百二十里。東至廣（寧）〔德〕州建平縣界六十里，至廣德州二百里；西至池州府銅陵縣界一百四十里，少南至池州府三百十里；南至徽州府績溪縣界二百十五里；北至太平府當塗縣界一百五里。東南至浙江杭州府於潛縣界二百二十里；西南至池州府石埭縣界三百里；東北至江寧府高淳縣界七十里；西北至太平府繁昌縣治一百三十里。

宣城縣，附郭。東西距一百二十里，南北距一百五十五里。東至廣德州建平縣界六十里，至縣治一百里；西至南陵縣界六十里，至縣治九十里；南至（金）〔涇〕縣界五十里；北至黄池鎮太平府當塗縣界一百五里，少西至縣治一百八十里。東南至寧國縣界六十里，至縣治九十里；西南至涇縣界五十里，至縣治一百里，至太平縣二百四十里；東北至江寧府高淳縣界七十里，至縣治一百二十里；北至太平府蕪湖縣界七十里，至縣治一百五十里。

南陵縣，在府西九十里。東西距七十五里，南北距九十里。東至清弋江宣城縣界三十里，至縣治九十里；西至界牌湖池州府銅陵縣界四十里，至縣治一百里；南至十八舍橋池州府青陽縣界□□里；北至小石橋太平府繁昌縣界五里。東南至分界山涇縣界二十里，至縣治六十里；西南至黄山青陽縣界七十里，至縣治一百三十里；東北至漳陵港太平府（湖）蕪〔湖〕縣界八十里，至縣治一百十里；西北至石嵓山繁昌縣界三十里，至縣治五十里。

涇縣，在府西南一百里。東西距一百五十五里，南北距一百二十里。東至寧國縣界八十里，至縣治一百五十里；西至池州府青陽縣界□□里；《縣志》作至太平縣界九十里。南至旌德縣界八十五里；册作至太平縣界九十五里。北至南陵縣界三十五里。東南至旌德縣界七十里，至縣治一百二十里；西南至太平縣界□□□里，至縣治□□□□；東北至宣城縣界三十五里，至縣治一百里；西北至南陵縣界四十里，至縣治六十里。

寧國縣，在府東南九十里。東西距一百五十里，南北距一百七十里。東至廣德州界同仁鄉四十五里；西至旌德縣界招賢村一百五里；南至□□□里；北至宣城縣界興賢鄉四十里。東南至唐舍關浙江湖州府孝豐縣界一百里，至縣治一百七十里，又南至豪干關杭州府於潛縣界一百二十里，至縣治一百八十里，又南至昌化縣治一百九十里；西南至徽州府績溪縣界叢山關一百三十里，至縣治一百六十里；東北至長洪鋪廣德州界三十里，至廣德州建平縣界廟前鄉六十里，至縣治一百□□□十里，又東至廣德州一百里；西北至文脊山宣城縣界三十里，至縣九十里，又西至涇縣界鐵店嶺九十里，至縣治□□里。

旌德縣，在府南二百里。東西距一百里，南北距五十五里。東至滑渡寧國縣界四十里；西至太平縣界黄滑嶺六十里，至縣治九十里；南至界首鋪徽州府績溪縣界十五里；北至宅溪涇縣界四十里。東南至績溪縣界三十里，至縣治六十里；西南至箬嶺徽州府歙縣界八十里，至縣治一百六十里；東北至寧國縣界四十里，至縣治□□□里；西北至太平縣界五十里，至涇縣一百二十里。

太平縣，在府西南二百四十里。東西距九十里，南北距一百十里。東至黄化嶺旌德縣界三十里，至縣治九十里；西至陵陽山池州府石埭縣界六十里，至縣治六十五里；南至黄山徽州府歙縣界五十里，至休寧縣□□□里；北至涇縣界六十里。東南至箬嶺歙縣界七十五里，至縣治一百八十里；西南至莊嶺徽州府黟縣界□□□里，至縣治□□□里；東北至涇縣界八十里，至縣治一百□□□里；西北至石埭縣界□□里。册作正南阻黄山，正北阻重嶺，不通徑。

池州府，在布政司西南五百里。

貴池縣，附郭。東西距一百七十里，南北距一百三十五里。東至伍溪橋青陽縣界五十五里，至縣治八十里；（四）〔西〕至東流縣界獅子橋一百十五里，少南至縣治一百七十五里；南至香口石埭縣界一百二十里；北至大江北安慶府桐城縣界十五里，至縣治一百九十里。東南至青陽縣界六十里，至石埭縣一百六十里；西南至建德縣界一百二十里，至縣治一百八十里，又南至興孝鄉徽州府祁門縣界二百里；東北至(桐)[銅]陵縣界八十里，至縣治一百二十里；西北至東流縣界一百里，至安慶府懷寧縣界一百二十里。

青陽縣，在府東八十里。東西距九十里，南北距一百四十里。東至金山鋪射橋寧國府南陵縣界六十五里，至涇縣□□里；西至峰山界牌貴池縣界二十五里，至縣八十里；南至博山琉璃嶺石埭縣界六十九里，少東至縣治八十里；北至界山鋪銅陵縣界四十五里，至縣治九十里。東至黄蘗嶺寧國府涇縣界六十里；南至貴池縣界祭頭山四十里；東北至南陵縣界華家壟五十里，至縣治一百三十里；西北至梅家嶺貴池縣界十五里。

銅陵縣，在府東北一百二十里。東西距一百里，南北距一百五十里。東至寧國府南陵縣界石牌十里，至縣治一百里；西至大江安慶府桐城縣界一里；南至青陽縣界趙嶺七十里；北至大江無爲州界二十里，至州治一百十里。東南至南陵縣界八十里，至涇縣一百六十里；西南至大通河貴池縣界四十里，至縣一百二十里；東北至荻港太平府繁昌縣界八十里，至縣治九十里；西北至無爲州界二十里，至桐城縣治一百六十里。

(古)[石]埭縣，在府東南一百十里。東西距一百三十五里，南北距四十五里。東至界牌寧國府太平縣界五里，至縣治六十里；西至香口貴池縣界一百三十里；南至售口鴨脚嶺太平縣界三十里；北至九鳳嶺(貴)[青]陽縣界十五里，少西至縣治八十里。東南至穰嶺太平縣界三十里，至徽州府黟縣一百五十里；西南至徽州府祁門縣界大洪嶺一百三十里，至縣治一百八十里，又西至榧子嶺貴池縣界一百六十里；東北至青陽縣界十五里；西北至貴池縣一百六十里。

建德縣，在府西南一百八十里。東西距八十里，南北距一百六十里。東至沈坑嶺貴池縣界六十里，少南至徽州府祁門縣二百四十里。東至東流縣界鹽塘二十里，至江西九江府彭澤縣八十里；南至江西饒州鄱陽縣界石門一百二十里，至縣治二百四十里；北至東流縣界古港四十里。東南至桃墅嶺饒州府浮梁縣界九十里，至縣治二百八十里；西南至彭澤縣界蘭嶺六十里；東北至東流縣界雙河口三十里，至貴池縣一百八十里；西北至東流四十里。

東流縣，在府西少南一百八十里。東西距一百十里，南北距一百六十里。東至貴池縣界佛王鋪七十里，少北至縣治一百八十里；西至安慶府望江縣界雷港四十里，少北至縣治八十里；南至青山江西九江府彭澤縣界八十里；北至大江安慶府懷寧縣界四十里。東南至建□□□□界二十里，至縣治四十里；西南至香口彭澤縣界四十里，至縣治一百里；東北至雁汊鎮懷寧縣界八十里，至縣治九十里；西北至安慶府潛山縣二百里。册作至望江縣半里。

太平府，在布政司西南□□里。東西距一百十里，南北距一百五十里。東至江寧府溧水縣界八十里，西至和州界三十里，南至寧國府南陵縣界一百里，北至江寧府江寧縣界五十里。東南至寧國府一百八十里；西南至池州銅陵縣界一百(里)六十里，至府治三百四十里；東北至江寧府治一百五十里；西北至和州六十里。

當塗縣，附郭。東西距一百五里，南北距八十里。東至明甲寺江寧府溧水縣界七十五里，少北至縣治一百五十里；西至大江中流和州界三十里；南至大圣鋪蕪湖縣界三十里，少西至縣治六十里，又至黄池鎮寧國府宣城縣界八十里，至縣治一百八十里；北至慈湖葛岡鋪江寧縣界五十里。東南至唐溝鎮江寧府高淳縣界一百里，至縣治一百二十里；西南至四褐山蕪湖縣界四十里；東北至江寧府江寧縣界五十里，至縣治一百五十里；西北至大江中流和州界三十里，至州治六十里。

蕪湖縣，在府南少西六十里。東西距四十七里，南北距七十里。東至當塗縣界池黄河四十里，至江寧府高淳縣一百里；西至大(流)江中[流]盧州府無爲州七里，至州治一百三十里；南至石硊河心寧國府南(寧)[陵]縣界四十里，少東至縣治一百十里；北至延福鄉當塗縣界三十里，至縣治六十里。東南至定疆鋪寧國府宣城縣界八十里，至縣治一百五十里；西南至蘆港河心繁昌縣界十五里，至治七十里；東北至壩塘圩當塗縣界三十里；西北至褐山當塗縣界二十五里。

繁昌縣，在府西南一百三十里。東西距九十里，南北距八十五里。東至石硊河蕪湖縣界四十里；西至荻港大江中流盧州府無爲州界五十里；南至麻橋寧國府南陵縣界二十五里；北至魯港河心蕪湖縣界六十里。東南至馬仁渡南陵縣界四十里，至縣治四十五里；西南至黄滸河心池州府銅陵縣界三十里，至縣治九十里；東北至下峨橋蕪湖縣界三十里，至縣治七十里；

西北至舊縣夾洲大江中流無爲州界五十里，至州治九十五里。

安慶府，在布政司西。

懷寧縣，附郭。東西距一百八十里，南北距六十五里。東至桐城縣界□陽鎮六十里；西至太湖縣界赭陂橋官路一百二十里，南越大江至池州府東流縣界雁汊鎮五里；北至桐城縣界練潭六十里。東南至長風沙池州府貴池縣界五十里，至縣治一百二十里；西南至東流縣治九十里，又西至望江縣界雷港驛九十里，至縣治一百二十里；東北至界河橋桐城縣界二十五里，至縣治一百二十里；西北至瓦窑鋪潛山縣界一百十里，至縣治一百二十里，又西至太湖縣。

桐城縣，在府東北一百二十里。東西距一百三十里，南北距一百五十里。東至周志瀆廬州府無爲州界七十里，少北至州治一百二十里；西至(乾)[潛]山縣界栗米街六十里，少南至縣治一百六十里；南至懷寧縣界老林山九十里；北至北峽(閉)[關]廬州舒城縣界六十里。東南至池州府貴池縣一百八十里，西南至懷寧縣一百二十里，東北至廬州府廬江縣九十里，西北舒城縣界廬嶺關三十里，至縣治一百二十里。

潛山縣，在府西北一百二十里。東西距一百七里，南北距一百里。東至銅城縣界栗米(衝)[街]七十里，至縣治一百二十里；西至太湖縣界分水嶺三十七里；南至懷寧縣界八字塅四十里，至望江縣一百三十里；北至寨石嶺廬州府六安州界六十里，至州一百二十里。東南至小市港懷寧縣界十五里，至縣治一百二十里；西[南]至太湖縣界三十里，至縣治八十里；東北至廬州府舒城縣治一百四十里；西北至廬州府霍山縣界公蓋山六十里，至縣治一百六十里。

太湖縣，在府西北二百里。東西距一百二十里，南北距九十里。東至黄泥港潛山縣界四十里；西至湖廣黄州府(祁)[蘄]州界桃花寨八十里；舊《志》作一百二十里，《州志》作至州治二百七十里，思常河宿松縣界三十里。北至廬州府霍山縣界六十里，至縣治一百七十里。東南至望江縣界鳳棲山五十里，至縣治一百十里；西南至宿松縣界三十里，至治八十里；東北至潛山縣界清風嶺六十里，至縣治八十里；西北至廬州府英山縣界口隘八十里，至縣治二百三十里。

宿松縣，在府西二百六十里。東西距一百五十五里，南北距一百七十里。東至望江縣界一百八十里，至縣治一百二十里；西至寨子鋪湖廣黄州府黄梅縣界二十里，至治六十里。東北至太湖縣無相寺七十里，西北至黄州府蘄州陳漢山小隘嶺八十里。

望江縣，在府西南一百二十里。東西距八十里，南北距七十五里。東至大江蓮花洲池州府東流縣界四十里，至縣治六十里；西至南池寺宿松縣界四十里，至縣治一百五十里；南至大江峨嵋洲江西九江府彭澤縣界十五里，至治九十五里；北至石橋鋪懷寧縣界六十里。東南至東流縣界香口鎮三十里；西南至楊灣口宿松縣界三十里；東北至清水河懷寧縣界六十里，至縣治一百二十里；西北至香茗山太湖縣界七十里，至治一百十里。

廬州府，在布政西三百六十里。

合淝縣，附郭。東西距二百五十里，南北距一百六十里。東至滁州全椒縣界一百二十里，少北至縣治二百四十里；西至官亭六安州界一百三十里，至州治一百八十里；南至廬江縣界一百里，少東至縣治一百四十里；北至鳳陽府壽州界六十里。東南至東山口巢縣界一百一十里，至縣一百八十里；西南至舒城縣界桃城鎮九十里，至縣治一百二十里；東北至茅埠橋鳳陽府定遠縣界一百二十里，至治一百八十里；西北至壽州界一百二十里，至治一百八十里。

廬江縣，在府南少東一百四十里。東西距一百五里，南北距一百三十五里。東至石塘無爲州界六十里，至州治□□□□；西至牌山舒城縣界四十五里；南至分流安慶桐城縣界六十里；北至合淝縣界三河七十里，少西至縣治一百里。東南至無爲州界七十里，又南至太平府繁昌縣界二百五十里；西南至桐城縣界四十五里，至縣治九十里；東北至茅公山巢縣界七十里，至縣治□□里；西北至舒城縣界六十里，至縣治九十里，至六安州二百二十里。

舒城縣，在府西南一百二十里。東西距一百五十里，南北距一百里。東至牌山廬江縣界六十里；西至界河霍山縣界九十里，少北至縣治一百四十里；南至小關安慶府桐城縣界六十里，少東至縣治一百二十里；北至合肥縣界三十五里，至縣治一百二十里。西至界河六安州界二十五里，至州治一百□里。

無爲州，在府東南二百七十里。東西距二百四十五里，南北距一百四十里。東至江心蟂磯口太平府蕪湖縣界一百二十五里，至縣治一百三十二里；西至皂河廬江縣界□□□里，至治一百三十里；南至池州府(桐)[銅]陵縣界□□□里，至治一百三十里；北至峽山鋪巢縣界芙蓉嶺五十里，至縣治九十里。東南至江心太平府繁昌縣界四十五里，至縣治九十五里；西南至桐城縣界一百二十里，至縣治一百七十里；東北至和州含山縣治一百二十里，又東至和州界一百二十里，至州治一百四十里；西北至廬江縣界六十里，至合肥縣治二百六十里。

巢縣，在府東少南一百八十里。東西距一百十五里，南北距一百十八里。東至界首鋪和州含山縣界二十五里，少北至縣治六十里；西至東山口合淝縣界九十里，至舒城縣治一百七十里；南至芙蓉嶺本州界三十八里；北至東黃山合肥縣界八十里，少西至鳳陽府定遠縣治一百七十里。東南至本州界三十五里；西南至廬江縣界九十里，至縣治一百五十里；東北至含山縣界三十里，至和州治一百二十里；北至滁州全椒縣治一百八十里；西北至合肥縣治九十五里。

六安州，在府西一百八十里。東西距二百五里，南北距一百三十里。册作三百十里。東至合肥縣界四十五里，至縣治一百八十里；西至洪家集河南汝寧府固始縣界一百六十里，少北至縣治一百八十里；南至清山霍山縣界七十里，少東至安慶府潛山縣治二百六十里；北至竹木場鳳陽府壽州界六十里，至州治二百里。東南至舒城縣界九十里，至縣治一百□十里；西南至霍山縣治九十里，又西至湖廣黃州府羅田縣界一百四十里；東北至合肥縣界六十里；西北至鳳陽府霍丘縣界七十里，至縣治一百三十里。

英山縣，在州西南五百四十里，府東南七百二十里。東西距一百三十五里，南北距一百六十里。東至英山安慶府太湖縣界五十里；西至落梨河湖廣黃州府羅田縣界十五里；南至雞兒河黃州府□□□[蘄水]界四十里，少西至蘄州一百八十里；北至分界嶺霍山縣界一百二十里，至河南汝寧府固始縣治二百二十里。東南至隘口太湖縣界四十里，至縣治一百三十里；西南至蘄水縣治一百二十里；東北至霍山縣治一百二十里，至縣治一百七十里；西北至羅田縣界四十里，至縣治。

霍山縣，在州西南九十里，府西南二百七十里。東西距一百七十里，南北距一百六十五里。東至青山本州界二十五里，少北至舒城縣治一百四十里；西至河南汝寧府商城縣界□□□里，又西至湖廣黃州府羅田縣治二百八十里；南至寨嶺安慶府太湖縣界一百五十里，少東至縣治一百六十里；北至本州界十五里，至鳳陽霍丘縣治□□□里。東南至安慶府全山縣界一百五十里；西南至黃山縣界□□□□里，至縣治一百七十里；東北至本州界二十里，至州治九十里；西北至汝寧府固始縣界二百七十里。

鳳陽府，在布政司西北二百七十里。東西距八百七十里，南北距四百五十里。東至淮安府清河縣界三百里，西至河南開[封]府沈丘縣五百七十里，南至廬州府合淝縣界一百五十里，北至徐州界三百里。東南至滁州二百二十里，西南至河南汝寧固始縣四百五十里，東北至淮安府治四百里，西北至河南歸德府治五百五十里。

鳳陽縣，附郭。東西距六十里，南北距一百十里。東至九虹橋臨淮縣界十五里，少北至縣治二十里；西至虎山村懷遠縣界四十五里；南至定遠縣界分界嶺五十里，少東至縣治九十里；北至王莊馹靈(壁)[璧]縣界六十里，少西至縣治一百八十里。東南至大通橋臨淮縣界十五里，又南至定遠縣界四十里；西南至壽州定遠縣交界楊亭湖七十里，至壽州一百八十里；東北至五河、(臨壁)[靈璧]二縣交界袁子集六十五里，至五河縣九十里；西北至懷遠、靈(壁)[璧]二縣交界葛子溝六十五里，至懷遠縣七十里。

臨淮縣，在府東少北二十里。東西距五十一里，南北距六十六里。東至盱眙縣界上店鋪五十里，至縣治一百八十里；西至廣運橋鳳陽縣界一里，少南至縣治二十里；南至定遠縣界六十五里；北至淮河中流五河縣界一里。東南至定遠縣界六十里，至滁州治二百十里；西南至定遠縣界湛澗鋪四十五里，至縣治九十里；東北至五河縣治七十里，又北至虹縣治一百五十里；西北至懷遠縣治九十里，又北至(臨)[靈]璧縣一百八十里。

懷遠縣，在府西北七十里。東西距二百二十里，南北距一百里。東至鳳陽縣界蚌埠三十里，少南至縣治七十里；西至蒙城縣界潑村九十里，少北至縣治一百五十里；南至壽州界黑河七十里；北至臨璧縣界三十里，至縣治一百五十里。東南至定遠縣一百六十里；西南至柴澗壽州界七十里，至州治一百四十里；東北至五河縣□□□里；西北至宿州界解河九十里，至州治二百里，至徐州三百六十里。

五河縣，在府東北九十里。東西距七十里，南北距一百十里。東至泗州界潼河口三十里，至州治一百五十里；西至靈(辟)[璧]縣界韋里鋪四十里；南至臨淮縣界馬頭渡七十里，少西至縣治七十一里；北至虹縣界溝集四十里。東南至臨淮縣界下石村十里，至盱眙縣治一百六十里；西南至懷遠縣治九十里；東北至泗州界歷站集二十里，至淮安府宿遷縣二百五十里；西北至虹縣界三洲二十里，至縣治八十里。

定遠縣，在府南九十里。東西距一百六十里，南北距一百五里。東至滁州界清河鄉七十里，至州治一百五十里；西至壽州界白鹿橋九十里，至州治一百八十里；南至廬州府合淝縣界高埸鄉六十里，至(户良)[巢]縣一百二十里；北至站澗鋪臨淮縣界四十五里，少東至縣治九十里，至滁州全椒縣界淺水塘七十里，至縣治一百八十里；西南至合淝縣界石塘九十里，至縣治一百八十里；東北至盱眙縣界土山七十里，至縣治二百二十里；西北至懷遠縣界五店九十里，至縣治一百七十里。

虹縣，在府北一百七十里。東西距八十里，南北距一百里。東至泗州界堠鋪四十里，至淮安府山陽縣界□□□里；西至靈璧縣界陰陵山四十里，至縣治五十五里；南至界溝集五河縣界六十里，至縣治八十里，至臨淮縣治一百五十里；東北至睢寧縣界七十里，至宿遷縣一百四十里；西北至睢寧縣界七十里，至宿州一百九十里。

壽州，在府西南一百八十里。東西距一百五十里，南北距二百四十里。東至定遠縣界北爐橋九十里，至縣治一百□十里；西至東正陽潁上縣界(南)六十里；南至木場鋪廬州府六安州界一百五十里，至州治二百十里；北至蒙城縣界溝鋪九十里，至縣治一百八十里。東南至廬州府合肥縣二百八十里；西南至霍丘縣一百三十里；東北至懷遠縣界洛河嶺七十里，至縣治一百四十里；西北至潁上縣治一百三十里，又北至亳州三百八十里。

霍丘縣，在州西南一百三十里，府西南三百十里。東西距一百四十里，南北距一百六十五里。東至東阿邊壽州安豐舊縣界六十里；西至河南汝寧府固始縣界沙岡八十里；南至廬州府六安州界□□□里，至霍山縣治車軸嶺一百二十里；北至潁上縣界淮河岸四十五里，至縣治七十里。東南至六安州治一百七十里；西南至固始縣界路家坂一百十里，至縣治一百四十里；東北至本州界五十里，至州治一百三十里；西北至潁州界九十里，至州治一百六十里。

蒙城縣，在州北一百八十里，府西北二百十里。東西距一百五十里，南北距一百四十里。東至雙廟鋪界溝集懷遠縣界六十[里]，少南至縣治一百五十里；西至亳州界雉河集九十里，少南至州治二百一十里；南至界溝鋪本州界九十里；北至宿州界趙家集五十里，少東至州治一百二十里。東南至棗木橋黑河本州界九十里，至州治一百八十里；西南至董家集潁上縣界七十里，至縣治一百五十里；東北至羅家集宿州界七十里；西北至青疃集河南歸德府永城縣界七十里，至縣治一百五十里。

泗州，在府東少北二百里。東西距一百五十里，南北距一百二十里。東至盱眙縣界龜山三十里；西至五河縣界潼河口一百二十里，至縣治一百五十里；南至淮河盱眙縣界二里；北至淮安府宿遷縣界梅家道口冊作至桃源縣界。一百五十里，少西至縣治一百二十里。東南至盱眙縣界五里，至天長縣界一百五十五里；西南盱眙縣界六十里，至滁州一百九十里；東北至淮安府桃源縣一百四十里，又東至清河縣一百五十里；西北至虹縣界一百六十里，至縣治一百八十里。

盱眙縣，在州南少東五里，府東二百里。東西距二百十里，南北距六十二里。東至揚州府寶應縣界鏇塘九十里，冊作至天長縣界六十里。至縣治一百八十里，又至淮安府山陽縣界塔樓鋪九十里；西至臨淮縣界上店鋪一百二十里，(至縣治一百二十里)至縣治一百八十里；南至滁州來安縣界王店集六十里，至州治一百九十里；《志》作至來安縣界高廟鋪六十里。北至淮安本州界二里，至州治五里。東南至平源鋪天長縣界六十里，至縣治一百二十里，又至江寧府六合縣界一百三十里；西南至定遠縣界一百三十里，至縣治二百二十里；東北至老子山淮安府清河縣界六十里，至縣治一百五十里，又東至山陽縣一百九十里；西北至淮河五河縣界一百二十里，至縣治一百五十五里。

天長縣，在州東南一百二十五里，府東南三百五十里。東西距一百三十里，南北距一百里。東至揚州府江都縣界大儀鎮六十里；西至盱眙縣界平源鋪七十里；南至江寧府六合縣界四號墩五十里，少西至縣治九十里；北至揚州府高郵州界五十里，《志》作至寶應縣界□□。至淮安府清河縣二百十里。東南至揚州府儀真縣界四十里，至縣治一百十里，又東至江都縣治一百三十里；西南至滁州來安縣界六十里，至縣治一百三十五里；東北至高郵州界五十里，至州治一百二十里；西北至盱眙縣界七十里，至縣治一百二十里。

宿州，在府西北二百三十三里。東西距一百六十里，南北距一百七十里。東至靈壁縣界徐園鋪六十里，至縣治一百二十里；西至河南歸德府永城縣界新安鋪一百里；南至蒙城縣界淝河八十里；北至徐州蕭(家)[縣]胡辛莊九十里，少西至縣治一百五十里。東南至懷遠縣界八十里，至縣治一百七十里；西南至蒙城縣一百二十里；東北至徐州治一百八十里，又東至淮安府邳州二百二十里；西北至永城縣治界一百四十里。

靈壁縣，在州東一百二十里，府西北一百八十里。東西距六十五里，南北距二百四十里。東至陰靈山虹縣界十五里，至縣治六十五里；西至本州界大店鋪五十里，至州治一百二十里；南至懷遠縣界一百二十里，至縣治一百五十里，少東至鳳陽縣界王莊驛一百四十里，至縣治一百八十里；北至徐州界雙溝一百二十里。東南至五河縣界六十里，至縣治一百二十里；西南至懷遠縣界一百五十里；東北至淮安府邳州睢寧縣界六十里，至縣治一百二十里；西北至徐州治一百八十里。

潁州，在府西四百里。東西距二百十里，南北距二百二十里。東至潁上縣界彝陵溝六十里，至縣治一百二十里；西至河南開封府沈丘縣界一百五十里，少北至縣治一百八十里；府、州《志》俱作至汝陽縣界(朝)[鯛]陽城(破)[鋪]二百十里，至縣治三百里。南至河南汝寧府固始縣界朱皋鎮一百二十里，至縣治一百八十里；北至亳州界白魚鋪一百里。東南至霍丘縣一百六十里；西南至艾亭汝寧府新蔡縣界一百七十里，至縣治二百十里；東北至蒙城縣一百九十里；西北至太和縣八十里，至亳州二百六十里。

潁上縣，在州東一百二十里，府西三百里。東西距一百三十里，南北距一百五里。東至壽州界東正陽七十里，少南至州治一百二十里；南至懷河霍丘縣界二十五里，至縣治七十里；北至蒙城縣界城父店八十里。東南至壽州界七十里，至廢安豐縣治一百二十里；西南至河南汝寧固始縣治一百八十里；東北至蒙城縣治一百五十里；西北至本州界七十里，至亳州治二百五十里。

太和縣，在州西北八十里，府西五百里。東西距一百里，南北距一百五里。東至柘店本州界三十里，少北至蒙城縣治二百□□里；西至界溝河南

開封府沈丘縣界七十里，至縣治九十里；南至本州界雙溝二十五里，至汝寧府光州治三百里；北至吴曹溝亳州界八十里，少西至州治一百四十里。東南至本州治八十里；西南至汝寧府新蔡縣治一百八十里；東北至肥河亳州界九十里；西北至河南歸德鹿邑縣治一百八十里。

亳州，在府西北四百二十里。東西距一百六十里，南北距一百三十里。東至蒙城縣界雉河集一百二十里，少南至縣治一百十里；西至河南歸德府鹿邑縣界洛河四十里，至縣治六十里；南至肥河太和縣界八十里，至縣治一百八十里；北至歸德府商丘縣界土牆村五十里，至縣治一百二十里。東南至潁州治二百六十里；西南至河南開封府沈丘縣治一百八十里；東北至歸德府永城縣治一百四十里；西北至歸德府寧陵縣治一百八十里。

淮安府，在布政司東北□□□里。東西距五百八十里，南北距五百二十里。東至海三百里，西至鳳陽府靈壁縣界三百八十里，南至揚州府寶應縣界六十里，北至山東青州府日照縣界四百六十里。東南至揚州府泰州四百九十里，西南至鳳陽府泗州一百八十里，東北至海四百里，西北至山東兖州府沂州五百四十里。

山陽縣，附郭。東西距二百三十里，南北距九十里。東至大海二百里；西至清河縣界七里墩三十里，少北至縣治五十里；南至揚州府寶應縣界六十里，至縣治八十里；北至安東縣界練湖屯三十里。東南至鹽城縣界九十里，至縣治□□□；西南至鳳陽府盱眙縣界一百四十里，至縣治一百九十里；東北至安東縣六十里，至海口三百十里；西北至清河縣界六十里，至(沐)[沭]陽縣一百八十里。

鹽城縣，在府東南二百三十里。東西距一百五十里，南北距二百里。東至大海三十里；南至射陽湖中流揚州府寶應縣界□□□里，至縣治一百里；南至揚州府興化縣界界首鋪八十里；北至山陽縣界廟灣場一百二十里，少西至安東縣治二百里。東南至大海一百里；西南至興化縣界一百里，至縣治一百四十里，至高郵州二百四十里；東北至大海三十里；西北至射陽湖山陽縣界□□□一百四十里。

清河縣，在府西少北五十里。東西距四十五里，南北距一百十八里。東至山陽縣界七里墩二十里，至縣治五十里；西至桃源縣界張家溝二十五里；南至山陽縣界三脚村九十里，至鳳陽府天長縣二百十里；北至崇湖驛

(沭)[沭]陽縣界九十里，至縣治一百六十里。東南至揚州府寶應縣治一百三十里；西南至沙港嘴桃源縣界四十里，至鳳陽府泗州一百五十里。按：至老子山盱眙縣界一百里。東北至安東縣練湖屯九十里，至縣治一百五十里；册作至永興集山陽縣界八十里。西北至三汊河桃源縣界三十里，至治六十里。

安東縣，在府東北六十里。東西距一百里，南北距一百十八里。東至山陽縣界廟灣場五十里，至海一百三十里；西至清河縣界桑園莊五十里，至桃源縣一百六十里；南至淮河山陽縣界一百二十步，至山陽縣治姜家莊九十里；北至海州界界首河一百十七里，至州治二百八十里。東南至淮河山陽縣界五十里，至鹽城縣二百里；西南至清河縣界六十里，至縣治一百里；東北至海一百二十里；西北至沭陽縣界六十里，至治一百六十里。

桃源縣，在府西北一百十里。册作一百六十里，誤。東西距一百十里，南北距一百五十里。東至清河縣界張家溝四十里，少南至縣治六十里；西至宿遷縣界衡家莊七十里，至遂寧縣□□里；南至鳳陽府泗州界許家道口七十里；北至沭陽縣界李家莊八十里。東南至清河縣界沙疆嘴六十里；西南至泗州界安和村八十里，至州治一百□十里；[東]北至(淑)[沭]陽縣界一百二十里；西北至宿遷縣界白洋河鎮八十里，至縣治一百二十里。

(沭)[沭]陽縣，在府北一百八十里。東西距一百二十五里，南北距九十里。東至安東縣界溝八十五里；西至宿遷縣界丈八寺四十里，至縣治一百□□里；南至桃源縣界赤鯉湖四十里；北至海州界寨河五十里，至贛榆縣二百二十里。東南安東縣界古寨村八十里，至縣治一百六十里；西南桃源縣一百二十里；東北至海州一百二十里；西北至山東兖州府郯城縣界紅花埠一百里，至縣治一百七十里。

海州，在府北三百二十里。東西距一百七十五里，南北距一百九十里。東至海十五里；西至山東兖州府郯城縣界馬陵山一百六十里，至縣治一百七十里；南至界首河安東縣界一百五十里，少東至縣治二百六十里；北至贛榆縣界臨洪鎮四十里。東南至海二百里；西南至沭陽縣一百八十里；東北至海一百里；西北至山東兖州府沂州二百四十里。

贛榆縣，在州北少西九十里，府北四百里。東西距七十五里，南北距一百四十里。東至海十五里；西至山東兖州府沂州界小佛村六十里，至州治一百八十里；南至本州界駝峰鎮七十里；北至分水嶺山東青州府日照縣界七十里，少東至縣治一百六十里。東南至本州治九十里，西北至兖州府郯城縣一百八十里，東北至青州府安東衛七十里，西北至青州府莒州一百八十里。

邳州，在府西北三百二十里。東(四)[西]距一百四十里，南北距一百五十一里。東至宿遷縣界皂河六十里，少南至縣治九十里；西至徐州界雙溝八十里，《州志》作五十里。少北至州治一百八十里；南至睢寧縣界木社集一里，少東至縣治六十里；北至山東兖州府沂州界魯防一百五十里，少東至州治二百八十里。東南宿遷縣□十里，又東至桃源縣二百四十里；西南至鳳陽府靈(壁)[璧]縣一百八十里；東北至兖州府郯城縣一百六十里，《府志》作一百八十里。西北至兖州府嶧縣二百十里。

宿遷縣，在州東少南□十里，府西北二百三十里。東西距一百九十里，南北距一百七十里。東至高沙社(沐)[沭]陽縣界一百二十里；西至睢寧縣界周家莊七十里，少南至縣治一百十里；南至草偃社鳳陽府泗州界五十里，少東至州治二百十里；北至劉馬莊山東兖州府郯城縣界一百二十里。東南至白洋河鎮桃源縣界四十里，至縣治一百二十里；西南至鳳陽府虹縣界七十里，至縣治一百四十里；東北至(沐)[沭]陽縣界七十里，至縣治一百□十里；西北至郯城縣治一百八十里。

睢寧縣，在州南少東五十里，府西三百里。東西距一百三十里，南北距八十里。東至宿遷縣界梅村橋四十里，至桃源縣□□□里；西至鳳陽府靈璧縣保林九十里，至宿州二百四十里；南至鳳陽府虹縣界益道路二十里，至縣治九十里；北至黄河本州界五十里。東南至鳳陽府泗州二百里；西南至靈璧縣六十里，至縣治一百二十里；東北至宿遷縣七十里，《志》作至治七十里。又北至郯城縣二百里；西北至本州界一百十五里，至徐州二百里志作一百八十里。

揚州府，在布政司東北二百四十里。東西距四百六十里，南北距二百八十里。東至大海三百六十里；西至江寧府六合縣界一百里；南至鎮江府丹徒縣界四十五里；北至山陽縣界二百四十里。東南至大海蘇州府崇明縣界五百里；西南至江寧府句容縣界八十里；東北至淮安府(益)[鹽]城縣界三百六十里；西北至鳳陽府盱眙縣界二百五十里。自府治至京師三千一百二十里。

江都縣，附郭。東西距一百里，南北距一百三十五里。東至斗門泰安州界九十里，至州一百二十里；《寰宇記》作九十五里。西至儀真縣界四十里；南至瓜州鎮大江鎮江府丹徒縣界四十五里，至府治七十里；北至露觔廟高郵州界九十里，少東至州治一百二十里。東南至大江泰興縣界八十里；西南至儀真縣界三十里，至治七十里；東北至高郵、泰州交界七十五里；西北至大儀鎮鳳陽府天長縣界六十里，至縣治一百二十里。

儀真縣，在府西少南七十里。東西距八十里，南北距七十里。東至涑青鋪江都縣四十里；西至褚家堡江寧府六合縣界四十里，至縣治七十里；《九域志》：至滁州二百里。南至江黃泥灘十里，逾江至江寧府句容縣界十八里；北至樊公店鳳陽府天長縣界六十里，至縣治一百十里。東南至花園港江都縣界三十五里，至瓜州鎮四十里，逾江至鎮江府六十里；西南至六合縣界瓜步六十里；《寰宇記》：至和州二百五十里。東北至句洋山江都縣界四十里，至縣治七十里；《寰宇記》：至高郵界一百八十里。西北至烏江六合縣界五十里。《寰宇記》：至泗州二百八十里。

泰興縣，在府東南一百四十里。東西距九十二里，南北距一百里。東至如皋縣界六十七里，至縣治□□□里；西至大江江都縣界二十五里；南至界河常州府靖江縣界四十里；北至泰州界五十里，少西至州治八十里。東南至靖江縣治□□十里；西南至靖江縣界四十里，至鎮江府丹徒縣界圖山九十里；東北至泰州界六十里；西北至江都縣界六十五里，至縣治一百四十里。

高郵州，在府北少東一百二十里。東西距一百十六里，南北距九十里。東至河口鎮興化縣界八十里，至治一百二十里；《寰宇記》作九十五里。西至鳳陽府天長縣界（淩）［凌］塘橋八十里，少南至縣治一百二十里；《寰宇記》作一百十里。南至露筋廟江都縣界三十里，少西至縣治一百二十里；北至界首鎮寶應縣界六十里，至治一百二十里。東南至泰州治一百五十里，西南至儀真縣治一百八十里，東北至淮安府鹽城縣治一百八十里，西北至鳳陽府盱眙縣治二百五十里。

興化縣，在州東少北一百二十里，府東北二百四十里。東西距一百五十五里，南北距八十里。東至泰州界丁溪場一百十里；西至本州界河口鎮四十五里，至治一百二十里；南至蚌洋河泰州界三十五里，至州治一百二十里；北至大縱（河）［湖］淮安鹽城縣界四十五里，少東至縣治三十里。東南至泰州界西溪鎮一百二十三里，西南至泰州界樊汊鎮八十里，東北至白駒場鹽城縣界一百二十里，西北至鹽城縣界沙溝鎮六十里。

寶應縣，在州北一百二十里，府北二百二十里。東西距一百八十里，南北距八十里。東至淮安府鹽城縣界杜陽湖中流六十里；［西］至鳳陽府盱眙縣界衡陽村一百二十里，至縣治一百八十里；南至界牌鋪本州界六十里，至州治一百二十里；北至黃浦鎮淮安府山陽縣界二十里，至縣治八十里。東南至本州界三十五里；西南至本州界九十里；東北至射陽湖鹽城縣界九十里，至縣治一百七十里；西北至山陽縣界一百里，至清河縣。

泰州，在府東少北一百二十里。東西距二百四十里，南北距一百二十里。東至栟茶場二百十里，至海二百二十里；西至江都縣界斗門三十里，至縣治一百二十里；南至廟灣泰興縣界三十里，少東至縣治九十里；北至興化縣界淩亭八十里，至縣治一百二十里。東南至海安如皋縣界一百里，至縣治一百四十里，通州治二百九十五里；西南至高韓莊江都縣界三十里；東北至大海一百里；西北至高郵州治一百□□里。

如皋縣，在州東南一百四十里，府東二百四十里。東西距一百十八里，南北距一百二十里。東至掘港巡司一百二十里，至大海一百六十里；西至泰興縣界六十里，少南至縣治一百二十里；南至石莊司大江六十里；北至西場巡司泰州界三十里。東南至白蒲鎮通州界七十里，至州治一百三十里；西南至常州府靖江縣界六十五里；東北至大海一百三十里；西北至泰州界三十里，至州治一百四十里。

通州，在府東南三百六十里。東西距一百二十里，南北距八十里。東至呂四場大海一百十里；西至灰港如皋縣界十里；《府志》：至揚子江十里。南至狼山大江十八里，逾江至蘇州府常（孰）［熟］縣治一百二十里；北至如皋縣界六十里。東南至廖角嘴大海蘇州府崇明縣界一百四十里，西南至天港如皋縣界七里，東北至大海九十里，《府志》作至海門縣呂（凹）［四］場一百十里。西北至如皋縣界惠家灣七十里，至縣治一百二十里，白蒲鎮六十里。

海門廢縣，在州東四十里。東西距九十里，南北距二十三里。東至蓼角嘴八十里，西至州界十里，南至大江三里，北至海二十里。康熙十一年併入通州。嘉靖壬寅《志》：縣在州東一百里，東至海濱蓼角嘴五十里，西至利河四十里，南至大江五里，北至通州運河五里。

徐州，在布政司西北□□□里。東西距一百十五里，南北距一百八十里。東至淮安府邳州界八十五里，少南至州治一百八十里；西至蕭縣界三十里；南至鳳陽府宿州界九十里，少西至州治一百八十里；北至山東兖州府滕縣界九十里，至縣治一百九十里。東南至鳳陽府靈璧縣界九十里，至縣治一百八十里；西南至歸德府夏邑縣界一百二十一里；東北至兖州府嶧縣界一百十里，至縣治一百四十五里；西北至沛縣界五十五里。

蕭縣，在州西五十里。東西距九十里，南北距一百五十里。東至齊村本州界二十里，至州治五十里；西至碭山縣界西鎮店七十里，少北至縣治一百二十里；南至鳳陽府宿州界南(一形)[土型]七十里，少東至州治一百五十里；北至沛縣界戚山八十里。東南至鳳陽府靈(壁)[璧]縣一百二十里，至縣治二百里；西南至河南歸德府永城縣界八十里，至縣治一百二十七里；東北至沛縣界四十里，至縣治一百十里；西北至豐縣界□□里，至縣治九十里。

沛縣，在州西北一百十里。東西距九十八里，南北距一百十里。東至山東兖州府(盱眙)[滕]縣五十五里。東南至本州治一百十里；西南至碭山縣一百二十八里；東北至(藤)[滕]縣界三十里，至縣治一百二十里；西北至盱眙縣界四十五里，至縣治九十里。

豐縣，在州西北一百五十里。東西距五十五里，南北距一百十里。東至沛縣界十五里，少北至縣治六十三里；西至山東兖州府單縣界四十里，少北至縣治九十里；南至蕭縣界六十里；北至山東兖州府魚臺縣界五十里，至縣治七十里。東南至蕭縣界十里；西南至碭山縣界□十里，至縣治七十里；東北至沛縣界□□里，至滕縣治一百四十里；西北至兖州府金鄉縣治一百里。

碭山縣，在州西北一百七十里。東西距九十里，南北距八十五里。東至蕭縣界五十里，少南至縣治一百二十里；西至河南歸德府虞城縣界四十里，少北至縣治九十里；南至歸德府永城縣界三十五里，少東至縣治一百十里；北至山東兖州府單縣界五十里。東南至蕭縣界一百二十里；西南至歸德府夏邑縣界四十里，至縣治七十里；東北至豐縣界五十里，至縣治七十里；西北至單縣治一百里。

滁州，在布政司西北一百二十里。東西距百四十里，南北距五十里。東至江寧府六合縣界舊義井鋪七十里，卌作三十里。《州志》：至來安縣界三十里。至縣治一百二十里；西至鳳陽府定遠縣界九里臺七十里，至縣治一百五十里；南至全椒縣界二十五里，《州志》作三十里。至縣治五十里，至和州治一百八十里；北至來安縣界二十五里，又北至鳳陽府盱眙縣界王家集一百三十里，至縣治一百九十里。東南至江寧府江浦縣界西葛城鋪五十里，至縣治一百里；西南至廬州府合肥縣界寅山三界口一百八十里，至縣治二百五十里；東北至三山鳳陽府天長、盱眙二縣界一百五十里，至天長縣治一百八十里；西北至大山嶺定遠縣界七十里，至臨淮縣治二百里。

全椒縣，在州南五十里。東西距一百里，南北距五十五里。東至江寧府江浦縣界□□□里，(州治)至州界二十里；西至廬州府合肥縣界八十里，少南至縣治二百里；南至和州界後河鋪三十里，《州志》作五十里。至州治一百里；北至本州界仁義鋪二十五里，《州志》作四十里。至州治五十里。東南至江浦縣界三汊河二十里，至縣治□□里；西南至和州含山縣界再安寺六十里，至縣治一百里；東北至本州界烏衣鎮三十里；西北至鳳陽府定遠縣界九十里，至縣治。

來安縣，在州東北四十里。東西距八十五里，南北距一百五十里。東至江寧府六合縣界界橋三十五里；西至嘉山鳳陽府盱眙縣界五十里；南至江寧府江浦縣界三汊河六十里，至縣治□□里；北至盱眙縣界長店橋九十里，至縣治一百五十里。東南至六合縣界三十五里，至縣治九十里；西南至本州界二十里，至州治四十里；東北至鳳陽府天長縣界四十五里，至縣治一百三十五里；《志》作至天長縣界一百二十里。西北至盱眙縣界四十里。

和州，在布政司西南一百二十里。東西距一百里，南北距一百六十里。東至江寧府江浦縣界穴子河六十里；西至含山縣界四十里，至治六十里；南至裕溪廬州府無爲州界九十里；北至滁州全椒縣界後河七十里，至縣治一百里，又北至滁州一百六十里。東南至大江中流太平府當塗縣界□□十里，至縣治六十里；西南至無爲州治一百五十里；東北至江浦縣治一百里；西北至廬州府合肥縣治二百八十里。

含山縣，在州西六十里。東西距六十里，南北距一百四十里。東[至]本州界祁門鋪二十里，至州治六十里；西至廬州府巢縣界首鋪四十里，少南至縣治六十里；南至廬州府(界)無爲州界新淍圩七十里；北至後河本州界及滁州全椒縣界七十里。東南至本州界八十里；西南至無爲州界七十里，至州治一百二十里；東北至本州及全椒縣界俱四十里，至全椒縣治一百里；西北至巢縣、合肥二縣界五十里。

廣德州，在布政司東南三百里。東西距七十里，南北距一百三十里。東至浙江湖州府長興縣界三十里，至縣治一百三十里；西至建平縣界四十里，《州志》作六十里。至寧國府□□里；南至湖州府孝豐縣界六十里，册作至寧國縣界一百里。北至江寧府溧陽縣界七十里，册作至宜興縣七十里。至縣治一百五十里。東南至孝豐縣界四十里，至縣治□□□里，至安吉州一百二十里；西南至土橋鋪寧國府寧國縣界九十里，至縣治一百三十里；册作至建平縣界八十里。東北至常州府宜興縣界七十里，至縣治一百□□□□；册作至長興縣界三十里。西北至建平縣治五十里，册作至縣界八十里。又至溧陽界七十里。

建平縣，在州西少北九十里。東西距九十五里，南北距一百三十五里。東至白茅山本州界四十五里；西至寧國府宣城縣界五十里，少南至縣治一百二十里；南至唐宜嶺寧國府寧國縣界九十里；北至蒿兒墩江寧府高淳縣界四十五里。東南至本州界四十里，至州治八十里；西南至寧國縣治一百五十里；東北至伍牙山江寧府溧陽縣界四十里，至縣治一百里；西北至高淳縣界四十里，至縣治一百十里。

山東

濟南府，布政司治。東西距三百五十里，南北距四百六十五里。東至青州府益都縣二百三十五里，至府治三百六十里；南至兗州府高唐州界一百十五里，至州治一百六十里；南至東昌府泗水縣界二百三十里，至府治三百三十里；北至直隸河間府寧津縣界二百三十五里，至滄州四百十里。東南至青州府蒙陰縣三百六十里，西南至兗州府濟寧州三百六十里，東北至海四百二十里，西北至直隸河間府景州三百五十里。自府治至京師八百里。

歷城縣，附郭。東西距一百十里，南北距一百五十里。東至章丘縣界新店九十里，至縣治一百十里；西至長清縣界臘山鋪二十里，至齊(治)[河]縣四十里；南至玉皇嶺泰安州界一百里，至州治一百六十里；北至濟陽縣界二十里鋪五十里。東南至章丘縣界一百里，至萊蕪縣二百二十里；西南至長清縣界二十五里，至縣治七十里；東北至濟陽縣七十里，《縣志》作至界六十里。至治九十里；西北至齊河縣界三十里，至禹城縣一百十里。

章丘縣，在府東一百十里。東西距四十里，南北距一百三十里；東北至炭張鋪鄒平縣界二十里，少北至縣治五十五里；西至新店歷城縣界二十里，至縣治一百十里；南至長城嶺萊蕪縣界九十里，少東至縣治一百八十里；北至齊東縣界蘇家莊四十里，至縣治九十里。東南至界石淄川縣界六十里，至縣治一百十里；西南至泰安州二百里；東北至長山縣八十里；西北至濟陽縣七十里。

鄒平縣，在府東一百六十五里。東西距四十五里，南北距七十里。東至長山縣界李參店十里，至縣治二十五里；西至章丘縣界炭張鋪三十五里，少南至縣治五十五里；南至界石章丘縣界三十里，至萊蕪縣二百里；北至青城縣界花溝鎮四十里，至縣治五十二里，《縣志》作七十里。東南至淄川縣治□□里，西南至泰安州治二百三十里，東北至青州府高苑縣七十里，西北至齊東縣七十里。

淄川縣，在府東少南二百二十里。東西距八十五里，南北距五十五里。東至界石青州府益都縣界三十五里，少北至縣治一百四十里；西至王村章丘縣界五十里，少北至縣治一百十里；南至趙莊益都縣界顏神鎮三十五里，至新泰縣□□里；北至瓦村鋪長山縣界二十里，至新城縣八十里。東南至青州府沂水縣二百五十里，西南至萊蕪縣一百六十里，東北至青州府臨淄縣一百里，西北至長山縣界師家埠三十五里，至縣治六十五里。

齊河縣，在府西四十里。東西距七十五里，南北距八十一里。東至石橋長清縣界半里，至歷城縣四十里；西至高唐州界楊官屯七十五里，少北至州治一百十里；南至大清河長清縣界一里，少西至縣治四十里，《縣志》作三十五里。北至曹莊鋪臨邑縣界八十里，少東至縣治一百二十里。東南至長清縣界半里，至泰安州一百八十里；西南至長清縣界三十里，至東昌府茌平縣一百二十里；東北至西孫井濟陽縣界五十里，至縣治一百十里，《縣志》作至界六十五里。至治一百二十五里；西北至安家莊鋪禹城縣界四十五里，至縣治七十里。

長山縣，在府東一百九十里。東西距五十五里，南北距八十里。東至新城縣界張店鋪四十里，至青州府臨淄縣治九十里；西至李參店鄒平縣界十五里，至縣治二十五里，《縣志》作三十里。南至師家埠淄□□界三十里，少東至縣治六十五里；北至陶唐口青州府高苑縣界五十里，《縣志》作至高苑縣界蘇家莊二十五里。少東至縣治五十里。東南至青州府益都縣一百四十里；西南至鄒平縣□□里，至章丘縣九十里；東北至新城縣界吴河二十五里，至縣治二十六里；西北至青城縣七十里，又西至齊東縣九十里。

禹城縣，在府西北一百十里。東西距七十里，南北距七十里。東至界石（梨）［濟］陽縣界四十里，至縣治一百里；西至梨棘寨平原縣界三十里；南至齊河縣界安家莊鋪二十五里，《縣志》作至高唐州界六十里。北至界石陵縣界四十五里，少西至縣治九十里。東南至齊河縣界四十里，至縣治七十里；西南至界石東昌府高唐州界六十里，《縣志》作三十里。至州治九十里；東北至臨邑縣界三十五里，至縣治七十里；西北至平原縣七十里。

齊東縣，在府東一百五十里。東西距六十里，南北距五十里。東至青城縣界周家鋪二十里，至縣治二十八里，《縣志》作四十里。西至濟陽縣界鄢家渡四十里，少南至縣治九十里；南至蘇家莊章丘縣界柳塘口五十里，至縣治九十里；北至大清河武定州界一里，少西至州治九十里。東南至崖鎮鄒平縣界三十里，至縣治七十里；西南至濟陽縣界□□里；東北至濱州一百二十里；西北至商河縣九十里。

濟陽縣，在府東北七十里。東西距一百二十里，南北距六十里。東至桑家渡齊東縣界六十里，至縣治九十里；西至界石禹城縣界六十里，至縣治一百里；南至歷城縣界二十里，少西至縣治七十里；北至商河縣界道口鎮四十里，少西至縣治八十里。東南至章丘縣七十里，又東至鄒平縣一百二十里；西南至齊河縣界西孫井九十里，至縣治一百十里；東北至武定州一百三十里；西北至臨邑縣九十里。

新城縣，在府東少北二百十六里。東西距四十六里，南北距二十六里。東至索鎮青州府臨淄縣界四十里，《縣志》作至六天王聚。少南至縣治七十五里；西至陳度村長山縣界六里；南至吴河長山縣界一里，至淄川縣治八十里；北至岔河龐家泊青州府高苑縣界二十五里，至縣治三十里。東南至張店鋪青州府益都縣界四十里；西南至尉家莊長山縣界三里，至縣治二十八里；東北至夏莊青州府博興縣界四十五里，至縣治五十里；西北至陶唐口長山縣界四十里，至青城縣。

青城縣，在府東北一百八十里。東西距二十八里，南北距三十里。東至青州府高苑縣界田鎮二十里，少南至縣治五十里；西至楊村齊東縣界八里，至縣治二十八里，《縣志》作四十里。南至花溝鎮鄒平縣界十二里，至縣治五十二里，《縣志》作七十里。北至武定州界清河鎮十八里，少（西）［北］至陽信縣一百十里。東南至長山縣九十里；西南至章丘縣一百里；東北至濱州又東至蒲臺縣皆九十里；西北至武定州九十里。

臨邑縣，在府北一百四十里。東西距七十里，南北距七十里。東至商河縣界劉家集三十里，少北至縣治六十里；西至平原縣界馬腰務四十里，少南至縣治八十里；南至齊河縣界曹章鋪四十里，少西至縣治一百二十里；北至德平縣界嚴家莊三十里，至縣治六十五里。東南至濟陽縣界四十里，至縣治八十里；西南至禹城縣界四十里，至縣治七十里；東北至商河縣界二十里；西北至陵縣界二十里，至縣治六十五里。

長清縣，在府西南七十里。東西距一百十里，南北距一百十里。東至歷城縣界渴馬崖四十里；西至社郎口東昌府茌平縣界七十里，至縣治一百里；南至肥城縣界五道嶺七十里，少東至縣治九十里；北至大清河齊河縣界四十里，（側）河［側］即縣治。東南至界首鋪泰安州界一百十里，至州治一百五十里；西南至孝豐鋪兖州府平陰縣界五十里，至縣治一百里；東北至臘山鋪歷城縣界四十里，至縣七十里；西北至呂鎮保禹城縣界六十里，至縣治。

肥城縣，在府南少西一百六十里。東西距七十里，南北距一百里。東至泰安州界魚池保二十五里，少南至州治九十里；西至界石兖州府平陰縣界太留村四十五里，少北至縣治七十里；南至兖州府寧陽縣界堌城壩八十里，《縣志》作泰安州界尚家莊六十里。少東至縣治一百二十里；北至五道嶺長清縣界二十里，至縣治九十里。東南至泰安州府曠洞村五十里，至兖州府泗城縣二百里；西南至兖州府東平州界丁家塢六十五里，至州治一百二十里；東北至長清縣界靈巖寺六十里；西北至東昌府茌平縣界潘家店北十里，至縣治二百里。

陵縣，在府西北二百里。東西距八十里，南北距六十七里。東至界石商河縣界七十五里，至縣治一百二十里；西至界石德州界五里；南至界石禹城縣界四十五里，少東至縣治九十里；北至德州界新安店二十二里，至直隸河間府吴橋縣七十里，《縣志》作九十里。東南至盤河店臨邑縣界四十里，至縣治六十里；西南至平原縣界行人店十八里，至縣治三十八里；東北至德平縣八十五里，又北至直隸河間府寧津縣一百里；西北至德州七十里。

泰安州，在府南少東一百六一里。東西距一百三十里，南北距一百二十里。東至板橋灣萊蕪縣界六十里，至縣治一百二十里；西至肥城縣界杏木嶺七十里，少北至縣治九十五里；南至汶河兖州府泗水縣界六十里，至縣治一百二十里；北至泰山北仙臺嶺歷城縣界玉皇嶺六十里，少西至縣治一百六十里。東南至界石新泰縣界七十里，至縣治一百五十里；西南至兖州府寧陽縣界罡城壩九十里，至縣治一百十里；東北至章丘縣治二百里；西北至長清縣界首鋪四十里，至縣治一百五十里，又西至魚池保肥城縣界七十里。

新泰縣，在州東南一百五十里，府東南三百里。東西距一百二十里，南北距一百里。東至青州府蒙陰縣界榛子崖鋪四十里；西至界石本州界八十里，少北至州治一百五十里；南至滂陂泉兖州府泗水縣界五十里；北至界石萊蕪縣界五十里。東南至蒙陰縣六十里，西南至泗水縣一百三十里，東北至蒙陰縣界□□里，西北至萊蕪縣九十里。

萊蕪縣，在州東一百二十里，府東南二百二十里。東西距一百二十里，南北距一百二十里。東至青州府蒙陰縣界黄莊村六十里；西至本州界板橋灣六十里，至州治一百二十里；南至夾谷峪新泰縣界三十里；北至長城嶺章丘縣界九十里，少西至縣治一百八十里。東南至界石新泰縣界三十里，至縣治(北)[百]十里，又東至青州府蒙陰縣一百七十里；西南至本州界兖州府泗水縣□□里；東北至淄川縣一百六十里；西北至歷城縣二百五十里。

德州，在府西北二百六十里。東西距九十里，南北距六十五里。東至新安店德平縣界八十里，至縣治一百二十里；西至王官店直隸真定府衡水縣界三十里，至縣治一百二十里；南至甜水鋪東昌府恩縣界四十里，至縣治七十里；北至界石直隸河間府吴橋縣界二十五里。東南至平原縣界曲陸店五十里，至縣治八十里，又東至界石陵縣界六十五里，至縣治七十里；西南至直隸河間府故城縣界十二里，至縣三十五里；東北至吴橋縣五十里；西北至劉智廟直隸河間府景州界二十五里，至州治六十里。

德平縣，在州東一百二十里，府北二百五里。東西距八十里，南北距七十里。東至武定州界歸化鎮四十里，至州治一百二十里；西至本州界新安店四十里，至州治一百二十里；南至孟家莊臨邑縣界三十五里，至縣治六十五里；北至官莊直隸寧津縣界三十五里，少西至縣治六十里。東南至商河縣五十里；西南至招頭鋪陵縣界四十里，至縣治八十五里；東北至樂陵縣九十里，又東至陽信縣界古佛鎮六十里，至縣治一百二十里；西北至樓子莊直隸吴橋縣界四十里，至州治九十里。

平原縣，在州東南八十里，府西北一百八十里。東西距五十五里，南北距七十里。東至馬腰務臨邑縣界四十里，少北至縣治八十里；西至東昌府恩縣界新橋口十五里，至縣治二十七里；南至界石東昌府高唐州界五十里，少西至州治九十里；北至行人店陵縣界二十里。東南至禹城縣界梨棘寨四十里，至縣治七十里；西南至東昌府夏津縣九十里；東北至陵縣三十八里；西北至曲陸店德州界三十里，至州治八十里。

武定州，在府東北二百三十里。東西距八十里，南北距九十二里。東至伍鋪濱州界五十里，至州治九十里，少南至蒲臺縣一百二十里；西至商河縣界棘城鎮三十里，至德平縣一百二十里；南至大清河齊東縣界八十里，至縣治八十一里；北至省屯莊陽信縣界十二里，少東至縣治四十里。東南至清河鎮青城縣界七十里，至縣治八十八里，又東至蒲臺縣一百二十里；西南至商河縣九十里；東北至霑化縣界迷馬徑五十五里，至縣治七十里；西北至樂陵縣九十里。

陽信縣，在州北少東四十里，府東北二百六十里。東西距九十里，南北距五十里。東至霑化縣界竇家莊三十里；西至古佛鎮德平縣界六十里，少南至縣治一百二十里；南至本州界省屯莊三十七里，少西至州治四十里；北至史家廟海豐縣界十五里，至縣治二十里。東南至濱州界四十里，至州治九十里；西南至商河縣界五十五里，至縣治一百二十里；東北至霑化縣四十里；西北至直隸河間府慶雲縣六十里，又西至桑家莊樂陵縣界四十里，至縣治八十里。

海豐縣，在州東北六十里，府東北二百八十里。東西距三十八里，南北距一百二十五里。東至五龍堂霑化縣界二十五里；西北至直隸慶雲縣界十一里，南至史家莊陽信縣界五里，至縣治二十里；北至大沽河海口一百五十里。東南至霑化縣治四十里，至濱州九十里；西南至樂陵縣治七十里；東北至久山鎮霑化縣界九十里；西北至棗園橋西慶雲縣界十二里，至縣四十里，又北至常豐莊直隸鹽山縣界六十里，至縣治一百里。

樂陵縣，在州西北九十里，府東北一百五十里。東西距七十五里，南北距八十五里。東至陽信縣界桑家莊三十五里，少南至縣治八十里；西至直隸河間府寧津縣界楊盤店四十里，至縣治八十里；南至鄭店商河縣界七十里，至縣治一百里；北至舊縣鎮直隸河間府鹽山縣界二十五里，至縣治六十五里。東南至本州界四十里，至州治九十里；西南至德平縣七十里；東北至孔家莊直隸河間府慶雲縣界二十五里，至縣治四十五里；西北至直隸南皮縣界狗獐寨六十里，至縣治一百三十里。

商河縣，在州西南八十五里，府東北一百五十里。東西距一百里，南北距一百五里。東至本州界五十里；西至界石陵縣界五十里，至縣治一百二十五里；南至道口鎮濟陽縣界四十里，少東至縣治八十里；北至樂陵縣界鄭店六十里，至縣治一百二十里。東南至濟東縣九十里；西南至胡家集臨邑縣界三十里，至縣治六十里，又西至禹城縣一百六十里；東北至棘城鎮本州界五十里，至州治八十五里；西北至德平縣五十里。

濱州，在府東北二百七十里。東西距七十五里，南北距五十八里。東至馬店利津縣界三十五里，至縣治六十里；西至武定州界蘇家鋪四十里，至州治九十里；南至大清河蒲臺縣界二十八里，少東至縣治三十里；北至沙河鎮［霑］化縣界流鍾口三十里，至海一百□十里。東南至青州府博興縣九十里；西南至青城縣九十里；東北至利津縣界□□里，又東北至海一百五十里；西北至陽信縣九十里。

蒲臺縣，在州南少東三十里，府東北二百七十里。東西距一百里，南北距三十七里。東至青州府樂安縣界九十里；西至吳家窪本州界十里；南至舊鎮青州府高苑縣界三十五里，至縣治六十五里；北至大清河本州界二里，少西至州治三十里。東南至博興縣界三十里，至縣六十里，又東至安樂縣一百二十里；西南至青城縣界五十里，至縣治九十里；東北至利津縣界道（坌）［岔］四十里，至縣治六十里；西北至本州界五里，至武定州一百二十里。

利津縣，在州東六十里，府東北三百二十里。東西距六十里，南北距一百二十里。東至青州府樂安縣界四十里；西至楮官集本州界二十里，至州治六十里；南至蒲臺縣界十里，少東至青州府博興縣一百里；北至海一百二十里；西北至霑化縣界丁家莊二十里，至縣治一百里。

霑化縣，在州西北六十里，府東北三百里。東西距九十一里，南北距四十五里。東至丁家莊利津縣界八十里；西至崔家莊陽信縣界十一里，至縣治四十里；南至皮店武定州界十五里；北至海豐縣界三十里。東南至流鍾口本州界三十里，至州治六十里，又東至利津縣一百里；西南至迷馬莊武定州界十五里，至州治七十里；東北至海一百四十里；西北至海(豐)［縣］府界五龍堂十五里，至縣五十里。

東昌府，在布政司西二百二十里。東西距二百十五里，南北距二百四十里。東至濟南府長清縣界九十里，西至直隸廣平府元城縣界一百二十五里，南至兗州府東平州陽穀縣界三十里，北至直隸河間府故城縣界二百十里。東南至東平州東(河)［阿］縣一百十里，西南至直隸大名府開州二百六十里，東北至濟南府德州平原縣二百里，西北至直隸真定府棗強縣二百五十里。自府治至京師九百四十里。

聊城縣，附郭。東西距五十五里，南北距七十五里。東至界石茌平縣界三十五里，少北至縣治七十里；西至堂邑縣界道口鋪二十里，《縣志》作至李家莊□□里。至縣治四十里；南至兗州府陽穀縣界李村二十五里，至縣治九十里；北至清平縣界成家莊五十里，至縣治七十里，《縣志》作九十里。東南至界石兗州府東河縣界五十里，至縣治一百□里；西南至莘縣界鄒家廟六十里，至縣治七十里，《縣志》作□□里。東北至博平縣界陳家鋪二十五里，至縣治四十里；西北至臨清州一百二十里。

堂邑縣，在府西四十里。東西距五十三里，南北距八十里。東至神仙道口鋪聊城縣界十八里，至縣治四十里；西至冠縣界賈鎮二十五里，至縣治七十里；南至莘縣界馬橋集三十里，至縣治七十里；北至侯垌集臨清州界吳官莊五十里，至州治九十里。東南至兗州府陽穀縣治一百十里；西南至冠縣界□□；東北至梁家淺鋪博平縣界五十里，至縣治九十里；西北至館陶縣界夫人村六十里，至縣治一百里。

博平縣，在府北四十里。東西距五十一里，南北距三十三里。東至茌平縣界南過店十二里；西至堂邑縣界梁家淺鋪四十里；南至陳家鋪聊城縣界十里，少西至縣治四十里；北至還家店清平縣界二十二里。東南至茌平縣界十里，至縣治二十五里；西南至堂邑縣界二十五里，至縣治九十里；東北至高唐州界四十里，至州治七十里；西北至清平縣四十里。

茌平縣，在府東少北六十里。東西距四十二里，南北距七十里。東至長清縣界蕭家莊三十里，至縣治一百里；西至南過店博平縣界十二里，少北至縣治二十五里；南至兖州府東(河)[阿]縣界教場鋪四十里，至縣治一百里；北至高唐州界南鎮鋪三十里，至州治六十里。東南至平陰縣界五十里，至縣治九十里；西南至聊城縣界三十里，至縣治六十里；東北至濟河縣界五十里，至縣治一百里，又北至禹城縣界七十里，至縣治一百里；西北至清平縣界四十里，至縣治六十里。

清平縣，在府北七十里。東西距七十里，南北距四十二里。東至邢家莊高唐州界十里；西至臨清州界同家莊六十里，少北至州治七十里；南至博平縣界還家店十二里，至聊城縣七十里；北至夏津縣界郭家鋪三十里。東南至博平縣四十里，又東至茌平縣六十里；西南至(唐)[堂]邑縣九十里；東北至高唐州治三十里；西北至夏津縣四十里。

莘縣，在府西南七十里。東西距五十七里，南北距六十里。東至王皇廟兖州府陽穀縣界三里；西至焦莊冠縣界四十五里，至直隸大名府元城縣九十里；南至王會集朝城縣界二十里，至縣治四十里；北至馬橋集堂邑縣界四十里，至縣治七十里。東南至陽穀縣三十五里；西南至觀城縣五十里；東北至鄒家廟聊城縣界十里，至縣治七十里；西北至冠縣界四十五里，至縣治七十里。

冠縣，在府西一百里。東西距五十里，南北距四十五里。東至高家莊堂邑縣界三十五里，至縣治七十里；西至唐寺村□□□里，《縣志》作至館陶縣界唐寺村十五里。至廣平府廣平縣九十里；南至元城縣界二十里，《縣志》作至朝城縣界井樓村二十里。至觀城縣一百三十里；北至館陶縣界萬善村二十五里，至縣治四十五里，《縣志》作四十里。東南至莘縣八十里，又南至朝城縣九十里；《縣志》作一百三十里，誤。西南至施莊鋪元城縣界二十里，至縣六十里；東北至臨清州一百十里；西北至丘縣九十里。

臨清州，在府西北一百二十里。東西距八十二里，南北距六十里。東至同家莊清平縣界十二里，少南至縣治七十里，《縣志》：至清平縣官家莊八十里。西至直隸廣平府曲周縣界節級寨七十里，至縣治□□里；南至吳官莊堂邑縣四十里，少東至縣治九十里；北至夏津縣界趙聰莊二十里。東南至聊城縣一百二十里；西南至界石館陶縣界五十五里，至縣治九十里；東北至夏津縣界二十里，至縣治□□里，又北至武城縣□□，西北至廣平府清河縣治六十里，至威縣九十里。

丘縣，在州西南一百里，府西北一百六十里。東西距三十里，南北距二十九里。東至館陶縣界二十五里，少南至縣治五十里；西至張村直隸廣平府曲周縣界五里，至縣治四十里；南至大府閣曲周縣界四里，至元城縣九十里；北至曲周縣界馬蘭頭村十六里，應至順德府威縣界四十里。《府志》作至界二十五里。至威縣六十里。東南至冠縣九十里，西南至廣平府廣平縣七十里，東北至臨清州一百里，西北至北營集順德府廣宗縣界四十里，至平鄉縣七十里。

館陶縣，在州西南九十里，府西北一百二十里。東西距六十五里，南北距四十五里。東至夫人村堂邑縣界四十里，少南至縣治八十里；西至丘縣界成兒寨二十五里，少北至縣治五十里；南至新莊村冠縣界二十里，少東至縣治四十五里；北至臨清州界尖塚集二十五里，至直隸廣平府威縣九十里。東南至冠縣界萬善集十八里，至(華)[莘]縣一百二十里；西南至元城縣界火兒寨六十五里，至縣治一百里，《縣志》作一百里。又至廣平縣界劉文固四十里；東北至臨清州界段家屯四十五里，至州治九十里，《縣志》作七十里。西北至臨清州界回回墓二十五里，至曲周縣九十里。

高唐州，在府東北一百十里。東西距六十五里，南北距七十里。東至界石濟南府禹城縣界三十里，至縣治九十里，少南至楊官屯濟南府齊河縣界三十五里，至縣治一百十里，《州志》作至縣治一百三十里，誤。西至清平縣界邢家莊三十五里，至臨清州一百里；南至南鎮鋪茌平縣界三十里，至縣治六十里；北至十字路恩縣界四十里，至縣治七十里。東南至張大屯濟南府長清縣界三十里，至縣治一百二十里；西南至蔣家鋪清平縣界十五里，至縣治三十里；東北至北鋪濟南府平原縣界三十里，至縣治九十里；西北至夏津縣界下官橋三十里，至縣治七十里，又北至陶家橋武城縣界二十里，至縣治九十里。

恩縣，在州北七十里，府東北一百八十里。東西距七十二里，南北距四十五里。東至新橋口濟南府平原縣界十二里，至縣治二十五里；西至武城縣界新莊六十里，至縣治七十里；南至津期店高唐州界二十里，至州治七十里；北至新興鋪濟南府德州界二十五里，至州治七十里。東南至平原縣界二十里，至禹城縣九十里；西南至雷家集夏津縣界三十五里，至縣治七十里；東北至馬家口平原縣界十五里，至陵縣九十里；西北至四女樹鎮直隸河間府故城縣界五十里，至縣七十里。

夏津縣，在州西北五十里，府北一百十里。東西距八十里，南北距三十五里。東至卞官橋高唐州界四十里；西至界石直隸廣平府清河縣界四十里，少北至縣治八十里；南至郭家鋪清平縣界十里，至縣治四十里；北至魏官屯武城縣界二十五里。東南至高唐州五十里，西南至臨清州治□□十里，東北至恩縣治七十里，西北至武城縣治五十里。

武城縣，在州西北九十里，府北一百六十里。東西距四十五里，南北距七十里。東至新莊恩縣界十里，至縣治七十里；西至李官莊直隸真定府南宮縣界三十五里，至縣治一百里；南至夏津縣界二十里；北至鄭家口直隸河間府故城縣界五十里。東南至夏津縣界二十五里，至縣治五十里，又東至高唐州九十里；西南至清河縣界二十五里，至縣治五十里，又南至臨清州陸程七十里、水程一百里；東北至故城縣治陸程七十里、水程一百十里；西北至真定府棗强縣界黄路村五十里，至縣治九十里。

濮州，在府西南二百里。東西距六十五里，南北距一百里。東至水保集兗州府鄆城縣界六十里，少南至縣治一百二十里；西至直隸大名府開州界高寺莊五里，至州治六十里；南至兗州府曹州界馬村集七十里，至州治一百二十里；北至觀城縣界三十里。東南至武安集鄆城縣界八十里；西南至大名府東明縣□□；東北至范縣界左家營四十里，至縣治九十五里；西北至馬陵堤觀城縣界三十里，至縣治五十里。

觀城縣，在州西北五十里，府西南一百六十里。東西距二十三里，南北距三十里。東至櫻桃園范縣界二十里，至縣治四十里；西至直隸大名府清豐縣界孟秋村三里，至縣治四十里；南至古城店濮州界二十里；北至大張村大名府南樂縣界十里，至冠縣一百三十里。東南至濮州界馬陵堤二十里，至州治五十里；西南至四角池清豐縣界二十五里；東北至朝城縣界孩莊店二十里，至縣治五十里；西北至岳魯村南樂縣界七里，至縣治五十里。

范縣，在州東北六十里，府西南一百三十里。東西距三十五里，南北距七十五里。東至兗州府壽張縣界二十里，少南至東平州八十里；西至觀城縣界峪嶂十五里，至縣治四十里；南至左家營濮州界五十五里，少西至曹州一百六十里；北至壽張縣界龍駒臺二十里。東南至鄆城縣界七十里，至縣治九十里；西南至濮州界三十里，至州治六十里；東北至壽張縣界子路堤二十里，至縣治四十里；西北至朝城縣界馬陵堤五里，至縣治三十里。《縣志》、舊《志》云，東至汶上縣界秦家鋪一百二十五里。洪武徙築後，東至鄆城縣界喉音集五十里。今又減矣。

朝城縣，在州北九十里，府西南一百十里。東西距四十五里，南北距五十里。東至界石兗州府壽張縣界二十里，少南至縣治五十里；西至直隸大名府南樂縣界洪福集二十五里，至縣治七十五里，《縣志》作六十里。南至濮州界三十里，至州治八十里；北至莘縣界王會集二十里，至縣治四十五里。《縣志》作四十里。東南至馬陵堤范縣界二十五里，至縣治三十里；西南至界石觀城縣界二十五里，至縣治五十里。《縣志》作四十里。東北至界石兗州府陽穀縣界十五里，《縣志》作二十里。至縣治四十五里；《縣志》作四十里。西北至冠縣九十里，又西至大名府元城縣界六十里，至縣治一百里。

兗州府，在布[政]司南三百二十里。東西距六百六十里，南北距三百三十里。東至青州府沂水縣界三百三十里；西至直隸大名府東明縣界三百三十里；南至江南徐州界二百五十里，至州治三百三十里；北至濟南府肥城縣界八十里。東南至江南淮安府海州界四百九十里，至州治五百九十里；西南至河南歸德府商丘縣界四百里，至府治四百六十里；東北至濟南府新泰縣界一百六十里；西北至東昌府聊城縣界二百八十里，至府治三百三十里。自府治至京師一千貳百三十里。

磁陽縣，附郭。東西距三十里，南北距五十里。東至曲阜縣界十里，至縣治三十里；西至濟寧州界二十里；南至鄒縣界施村鋪二十里；[北]至北漕河鋪寧陽縣界三十里，至縣治五十里。東南至鄒縣五十里，西南至濟寧州六十里，北至寧陽縣界四十里，西北至滕村店汶上縣界六十里，至縣治九十里。

曲阜縣，在府東三十里。東西距五十里，南北距五十五里。東至里仁村泗水縣界三十里，少北至縣治六十里；西至磁陽縣界二十里，《縣志》：至金口壩二十五里。至縣治三十里；南至鄒縣界博村二十五里，少西至縣治五十里；北至桃村寧陽縣界三十里。東南至嶧縣二百六十里；西南至濟寧州九十里；東北至濟南府泰安州界石橋五十里，至州治一百五十里，又東至新泰縣治一百八十里；西北至寧陽縣六十里。

寧陽縣，在府北五十里。東西距七十五里，南北距五十五里。東至泗水縣界魏莊四十里，少南至縣治九十里，《縣志》作一百里。西至黄茂村汶上縣界二十五里，至縣治六十里；南至磁陽縣界漕河鋪二十里，至縣治五十里；北至堽城壩濟南府肥城縣界三十五里，至縣治一百二十里。東南至曲阜縣界姚村三十里，至縣治六十里；西南至濟寧州九十里；東北至濟南府泰安州界三娘廟五十里，至州治一百三十里；西北至東平州一百二十里。

鄒縣，在府東南五十里。東西距一百里，南北距七十五里。東至泗水縣界圣水峪六十五里，《縣志》：至滕縣黄家莊七十五里。西至横河集濟寧州界三十五里，至州治七十里；南至界河驛滕縣界五十里；北至博村曲阜縣界二十五里，少東至縣治五十里。東南至滕縣界王村七十里，至縣治九十里；西南至魚臺縣界七十五里，至縣治一百五十里；東北至泗水縣界八十里，至縣治九十里，《縣志》：又至費縣界七十五里。西北至施村鋪磁陽縣界三十里，至縣治五十里。

泗水縣，在府東少北九十里。東西距一百里，南北距七十五里。東至費縣界興龍廟七十里，少南至縣治一百八十里；西至曲阜縣界里仁村三十里，少南至縣治六十里；南至圣水峪鄒縣界二十五里；北至界石濟南府泰安州界五十里，至州治一百二十里，《縣志》作一百四十里。東南至嶧縣二百四十里；西南至鄒縣九十里；東北至濟南府新泰縣界滂坡泉七十里，至縣治一百二十里；西北至魏莊寧陽縣界四十里，至縣治九十里。

滕縣，在府東南一百四十里。東西距一百八十里，南北距一百五十里。東至胡凌山費縣界一百二十里；西至魚臺縣界朱家樓六十里，至縣治一百三十里；南至微山湖江南徐州界一百十里，至州治一百九十里；北至鄒縣界四十里。東南至薛嶇鋪嶧縣界五十里，又南至縣治一百二十里，又南至南三社江南邳州界二百里；西南至戚城江南沛縣界七十里，至縣治一百里；東(至)北[至]費縣界一百里，至縣治二百里；西北至鄒縣界二河驛四十里，至縣治九十里。

嶧縣，在府東南二百六十里。東西距一百六十里，南北距一百二十里。東至郯城縣界一百十里，少南至縣治一百八十里；西北至托泥溝滕縣界五十里，少南至江南徐州沛縣一百二十里；南至范莊江南邳州界六十里；北至費縣界六十里，少東至縣治一百八十里，又南至邳州治一百八十里；西南至江南徐州界五十五里，至州治一百四十里；東北至沂州界甘露溝集二十里，至州治一百六十里，《縣志》作一百八十里。西北至滕縣界薛堌鋪七十里，至縣治一百二十里。

金鄉縣，在府西南一百六十里。東西距五十五里，南北距七十里。東至崔村魚臺縣界十五里，少南至縣治五十里；西至城武縣界白浮圖四十里，少北至縣治九十里；南至雞黍集江南徐州豐縣界三十里，至徐州碭山縣一百八十里；北至嘉祥縣界河城村四十里，至縣治九十里。東南至秀春堆豐縣界二十五里，至縣治一百二十里；西南至單[縣]石塔鋪三十里，至縣治七十里；東北至濟寧州一百里；西北至鉅野縣九十里。

魚臺縣，在府西南一百五十里。東西距一百三十五里，南北距六十里。東至朱家樓滕縣界一百里，至縣治一百三十里；西至金鄉縣界崔村三十五里，至縣治五十里；南至豐魚集江南徐州豐縣界二十里，至縣治七十里；北至王家樓濟寧州界四十里，至州治一百里。東南至徐州沛縣界六十里，至縣治九十里；西南至單縣一百二十里；東北至鄒縣一百五十里；西北至金鄉縣治五十里。

單縣，在府西南二百十里。東西距一百五里，南北距九十里。東至黄堆集江南徐州豐縣界六十里，少南至縣治九十里；西至曹縣界四十五里，少北至縣治一百十五里；南至河南歸德府虞城縣界滕家灣四十五里，至夏邑縣一百三十里；北至界石金鄉縣界四十五里，至鉅野縣一百四十里。東南至界石徐州碭山縣界五十五里，至縣治一百里；西南至虞城縣七十里，又西至商丘縣一百四十里；東北至金鄉縣七十里，又東至魚臺縣一百二十里；西北至城武縣五十里，又北至鉅野縣一百二十里。

城武縣，在府西南二百二十里。東西距六十里，南北距七十五里。東至南陽鋪金鄉縣界四十里，少南至縣治九十里；西至薰堌鋪定陶縣界二十里，《縣志》作至曹縣界十二里。少北至縣治六十里；南至曹縣界三十里；北至鉅野縣界泗水集四十五里，少東至縣治九十里。東南至單縣界二十里，至縣治五十里；西南至曹縣界二十五里，至縣治七十里；東北至鉅野縣界四十八里，至縣治一百里；西北至曹州界二十八里，至州治一百里。

曹州，在府西少南三百里。東西距九十里，南北距六十八里。東至清浪集鉅野縣界六十里，至縣治一百四十里，《州志》作一百二十里。西至呂陵集直隸東明州界三十里，至縣治六十里；南至馬家集曹縣界五十里，少東至縣治一百里；北至馬村集東昌府濮州界五十里，至州治一百二十里。東南至隆化集定陶縣界十八里，至縣治四十里；西南至桃源集直隸大名府長垣縣界七十里，至縣治一百三十里；東北至閻什口鄆城縣界六十里，至縣治一百二十里；西北至甘露集大名府開州界六十五里，至州治一百五十里。

曹縣，在州南一百里，府西南三百五十里。東西距一百里，南北距九十里。東至單縣界柏塚集七十里，少北至縣治一百十里，《縣志》作一百里。西至塔兒灣考城縣界三十里，至縣治五十里，《縣志》作六十里。至儀封縣治一百里；南至河南歸德府商丘縣界劉家口六十里，至縣治一百二十里；北至王家店定陶縣界三十里，少東至縣治五十里。東南至界石歸德府虞城縣界七十里，至縣治一百十里，《縣志》作一百里。西南至界石歸德府寧陵縣界六十五里，至縣治一百里；東北至界石城武縣界四十里，至縣治七十里；西北至直隸大名府東明縣。

定陶縣，在州東南四十里，府西南二百五十里。東西距六十里，南北距四十里。東至城武縣界葦嶋鋪四十里，《縣志》作至鉅野縣界。至縣治六十里；西至界石直隸東明縣界二十里，少北至縣治九十里；南至曹縣界王家店十八里；北至本州界二十里，少東至鄆城縣一百三十里。東南至單縣一百三十里；西南至曹縣六十里；東北鉅野縣界四十里，至縣治一百十里；西北至本州界隆化集二十二里，至州治四十里。

濟寧州，在府西南六十里。東西距八十里，南北距一百五里。東至鄒縣界橫河集四十里，至縣治七十里；西至嘉祥縣界四十里，至縣治五十里；南至魚臺縣界六十里，至縣治一百里；北至康莊驛汶上縣界四十五里，至縣治九十里。東南至鄒縣界四十里；西南至金鄉縣界六十里，至縣治一百里；東北至(磁)[滋]陽縣界二十里鋪四十里，至縣治六十里；西北至汶上縣界四十五里，至鄆城縣一百四十里。

嘉祥縣，在州西五十里，府西南一百十里。東西距三十五里，南北距七十五里。東至本州界十里，《縣志》作八里。至州治五十里；西至界石鉅野縣界二十五里，至縣治五十里；南至滿家硐金鄉縣界五十里，至縣治九十里；北至寺前鋪汶上縣界二十五里。東南至魚臺縣一百十里，西南至城武縣□□，東北至汶上縣九十里，西北至鄆城縣九十里。

鉅野縣，在府西北一百里，府西一百五十里。東西距一百十五里，南北距七十里。東至界石嘉祥縣界二十五里，少南至縣治五十里；西至曹州界清浪集九十里，至州治一百四十里；南至泗河集城武縣界五十里，至單縣一百四十里；北至沙土集鄆城縣界二十里，少東至東平州一百二十里。東南至金鄉縣一百里，西南至城武縣九十五里，東北至汶上縣一百五十里，西北至鄆城縣六十里，又西至東昌府濮州一百六十里。

鄆城縣，在府西北一百四十里，府西□□二百里。東西距一百十里，南北距八十里。東至界石汶上縣界五十里，至縣治一百二十里，《縣志》作九十里。西至東昌府濮州界水保集六十里，少北至州治一百里；南至鉅野縣界沙土集四十里，少東至縣治六十里；北至壽張縣界四十里，至安平鎮九十里。東南至嘉祥縣九十里；西南至濮州界武安集七十五里，至曹州一百二十里；東北至東平州一百二十里，《縣志》作九十里。西北至壽張縣界子房墓鋪四十里，至縣治一百里，又西至東昌府范縣。

東平州，在府西北一百五十里。東西距一百十里，南北距五十里。東至界石濟南府肥城縣界六十里，少北至縣治一百二十里；西至壽張縣界壽張集五十里，少北至縣治九十里；南至汶上縣界二十里；北至平陰縣界四十里。東南至沙河站汶上縣界三十里，至縣治五十五里；西南至鄆城縣一百二十里；東北至平陰縣界考直鋪五十里，至縣治一百里；西北至陽穀店東阿縣界四十里，至縣治七十里。

汶上縣，在州東南五十五里，府西北九十里。東西距一百五里，南北距六十五里。東至寧陽縣界黃茂村三十五里，至縣治六十里；西至界石鄆城縣界七十里，《縣志》作至界蕭皮口一百二十里。至縣治一百二十里；南至濟寧州界康莊驛四十五里，至州治九十里；北至本州界二十里，《縣志》作至界沙河站二十五里。東南至滋陽縣界滕村三十里，至縣治九十里；西南至嘉祥縣界寺前鋪六十五里，至縣治九十里；東北至本州界四十里；西北至本州界沙河站二十五里，至州治五十五里。

東阿縣，在州西北七十里，府西北二百二十里。東西距六十五里，南北距九十里。東至平陰縣界亭山十五里；西北至荆門陽穀縣界五十里，少南至縣治一百里；南至本州界陽穀店三十里，《縣志》作至新店鋪四十里。少東至州治七十里；北至曲呂店東昌府茌平縣界六十里，至縣治一百里。東南至本州治七十里，西南至壽張縣九十里，東北至平陰縣治五十里，西北至界石東昌府聊城縣界六十里，至縣治一百十里。

平陰縣，在州東北一百里。東西距五十五里，南北距一百里。東至濟南府□□□；《縣志》作至肥城縣界二十里。西至陳洪鋪東阿縣界三十五里，少南至縣治五十里；南至孝直鋪本州界五十里，少西至州治一百里；北至牛家集濟南府長清縣界五十里。東南至界石濟南府肥城縣界四十里，至縣治七十里；西南至東阿縣治五十里，又西至壽張縣一百四十里；東北至長清縣界孝里鋪四十里，至縣治九十里；西北至東昌府茌平縣九十里。《縣志》作八十里。

陽穀縣，在州西北一百二十里，府西北二百七十里。東西距七十里，南北距九十里。東至張秋鎮東阿縣界四十里，少北至縣治一百里；西至東昌府朝城縣界石大店三十里，少南至縣治四十五里；南至壽張縣界竹口三十里，至鄆城縣一百四十里；北至雙廟村東昌府聊城縣界六十里，至縣治九十里。東南至壽張縣界寧家莊十五里，至縣治三十里，至本州一百二十里；西南至東昌府范縣四十里；東北至七級閘聊城縣界七十里，至茌平縣一百五十里，《縣志》作一百八十里。西北至東昌府(新)[莘]縣界新安鋪二十里，至縣治三十五里。

壽張縣，在州西北九十里，府西北二百四十里。東西距七十里，南北距六十五里。東至[本]州(本)界四十里；西至龍駒臺東昌府范縣界三十里，《縣志》作至東關四十里。少北至朝城縣五十里；南至子房墓鋪鄆城縣界潘家渡六十里，至縣治九十里；北至新莊陽穀縣界五里，至聊城縣一百里。東南至本州界戴家廟五十里，至州治九十里，又南至汶上縣界魚池窪七十五里；西南至子路堤范縣界三十里，至縣治五十里，又至濮州界湖廣屯五十里，至州治一百里；東北至東阿縣治九十里，又東至平陰縣一百二十里；西北至四座棚陽穀縣界五里，至縣三十里，又西至朝城縣界三十里。

沂州，在府東南三百六十里。東西距一百七十里，南北距一百九十五里。東至界石江南淮安府贛榆縣界一百三十里，至縣治一百八十里；西至費縣界朱里村四十里；南至郯城縣界大埠店一百五里，少東至縣治一百十五里；北至青州界沂水縣界葛溝鋪九十里，少東至縣治二百里。東南至淮安府海州二(十)[百]四十里；西南至甘露溝集嶧縣界一百六十里，至縣治一百八十里，又南至界石江南邳州界一百五十里，至州治二百八十里；東北至青州府莒州界大圣堂鋪九十里，至州治二百里，《縣志》作一百八十里。西北至費縣界四十里，至縣治一百里，至青州府蒙陰縣二百二十里。

郯城縣，在州東南一百十五里，府東南四百七十里。東西距九十五里，南北距七十里。東至江南淮安府海州界山口石二十五里，至州治一百二十里；西至界石嶧縣界七十里；南至紅花(阜)[埠]驛淮安府宿遷縣界六十里，至縣治一百八十里；北至大埠店本州界十里，至州治一百十五里。東南至界石淮安府沭陽縣界五十里，至縣治一百六十里；西南至界石淮安府邳州界四十里，至州治一百六十里；東北至界石贛榆縣界九十里，至縣治□□里；西北至嶧縣治一百八十里。

費縣，在州西北一百里，府東二百七十里。東西距一百八十里，南北距一百二十里。東至本州界六十里；西至泗水縣界舜廟一百二十里；南至本州界六十里；北至紫荆關青州府蒙陰縣界六十里，至縣治一百里。東南至朱里村本州界六十里，至州治一百里；西南至界石嶧縣界一百二十里，至縣治一百八十里；東北至青州府沂水縣界垛莊驛九十里；西北至龍興廟泗水縣界一百二十里，至縣治一百八十里。

青州府，在布司東三百三十里。東西距二百里，南北距五百六十里。東至萊州府濰縣界九十五里，至萊州府三百五十里；西至濟南府新城縣界七十里，至濟南府三百二十里；南至兖州府沂州界三百七十里，至沂州四百五十里；北至濟南府利津縣界一百九十里。東南至海五百里；西[南]至(南)兖州府四百二十里；東北至海一百□十里；西北至濟南府武定州治二百三十里。自府治至京師。

益都縣，附郭。[東]西(東)距一百二十里，南北距七十里。東至堯溝鋪昌樂縣界五十里，至縣治七十里；西至金嶺鎮濟南府淄川縣界七十里，少北至長山縣治一百四十里；南至臨(陶)[朐]縣界赤澗鋪二十五里，少東至縣治四十五里；北至口埠壽光縣界四十五里，少西至樂安縣九十里。東南至鄭母店昌樂縣界四十里；西南至界石濟南府淄川縣界一百里，至縣治一百二十里，又南至青石關萊蕪縣界一百里，至縣一百九十里；東北至方臺壽光縣界四十里，至縣治七十里；西北至臨淄縣界淄河鋪三十五里，至縣治五十五里，又西至濟南府新城縣界張店鋪一百里。

臨淄縣，在府西北五十五里。東西距六十五里，南北距五十里。東至益都縣界朱良鋪三十里；西至濟南府新城縣界索鎮三十五里，少北至縣治七十五里，《縣志》：至濟南府長山縣界皇營村三十五里。至縣九十里；南至淄河店益都縣界二十五里；北至樂安縣界黄丘店二十五里，少東至縣治五十里。東南至益都縣界齊陵十五里，至縣治五十五里，又東至昌樂縣一百里；西南至濟南府新城縣界張店鋪五十里，《縣志》：至益都縣金嶺驛三十里。至淄川縣治九十里；東北至彭家莊壽光縣界三十五里，至縣治七十里；西北至博興縣界興福店三十五里，至縣治八十里。

博興縣，在府西北一百二十里。東西距五十里，南北距七十里。東至劉官莊樂安縣界四十里，至縣治六十里；西至高苑縣界妃家套鋪十里，至縣治三十里；南至興福店臨淄縣界四十里；北至濟南府蒲臺縣界通濱鎮三十里，至利津縣一百里。東南至臨淄縣八十里；西南至麻大泊濟南府新城縣界七里，至縣治五十里；東北至樂安縣界□□里；西北至楊家橋蒲臺縣界二十里，至縣治六十里。

高苑縣，在府西北一百五十里。東西距四十里，南北距三十五里。東至姚家套鋪博興縣界二十里，至縣治三十里；西至灣頭社濟南府青城縣界二十里，少北至縣治五十里；南至小清河濟南府新城縣界五里，至縣治三十里；北至舊鎮濟南府蒲臺縣界三十里，至縣治六十五里。東南至通濟橋臨淄縣界五里，至縣治九十里；西南至岔河濟南府長山縣界七里，至縣治五十里；東北至鄭家店濟南府利津縣界三十里，至縣治一百二十里；西北至田鎮社濟南府武定州界三十里，至州治一百四十里。

樂安縣，在府北少西九十里。東西距五十里，南北距一百二十三里。東至彭家道口壽光縣界三十里；西至博興縣界劉官莊二十里，《縣志》作至白家務十里。少北至縣治六十里；南至黄丘店臨淄縣界二十三里；北至梢頭村濟南府利津縣界一百里。東南至鄧家莊壽光縣界二十七里，至縣治八十里；西南至張郭店臨淄縣界二十五里，至縣治五十里；東北至海一百三十里；西北至界石利津縣界六十里，至縣治一百里。

壽光縣，在府東北七十里。東西距九十五里，南北距一百五十里。東至張林社萊州府濰縣界五十里，至昌邑縣一百二十里；西至益都縣界朱良店四十五里，少南至臨淄縣七十里；南至青丘店，《縣志》作英家廟。昌樂縣界三十里，至縣治四十里；北至海一百二十里。東南至濰縣八十里；西南至益都縣界口埠鋪三十五里，至縣治七十里；東北至海一百十里；西北至樂安縣界彭家道口五十里，至縣治八十里。

臨朐縣，在府南少東四十五里。東西距一百四十五里，南北距一百二十五里。東至黄家坡安丘縣界七十五里，少南至縣治一百三十五里；西至仰天山益都縣界七十里，至濟南府淄川縣一百五十里；南至穆陵關沂水縣界一百五里，少東至縣治二百十里；北至赤澗府益都縣界二十里。東南至諸城縣二百四十里；西南至黑山沂水縣界七十里，至蒙陰縣□□里；東北至昌樂縣八十里；西北至益都縣四十五里。

安丘縣，在府東南一百六十里。東西距一百十里，南北距七十里。東至濰水萊州府高密縣界劉家疃鋪五十里，至縣治一百里；西至雨羅山臨朐縣界黄塚坡六十里，少北至縣治一百三十五里；南至浯水諸城縣界六十里；北至歸疃萊州府(灘)〔濰〕縣界許英店十里，至縣治八十里。東南至諸城縣界景芝鎮五十里，至縣治一百二十里；西南至莒州二百十里；東北至峽山萊州府昌邑縣界四十里，至縣治一百三十里；西北至界石〔昌〕樂縣界三十里，至縣治一百十里。

諸城縣，在府東南二百八十里。東西距一百二十里，南北距一百九十里。東至塔橋集萊州府膠州界七十里；西至漢汪鋪莒州界五十里，少南至沂水縣一百八十里；南至兩城集日照縣界一百二十里，至縣治一百六十里；北至景芝鎮安丘縣界七十里，少西至縣治一百二十里。東南至海一百五十里；西南至莒州一百七十里；東北至萊州府高密縣界朱家鋪七十里，至縣治一百二十里，又東至膠州治一百四十里；西北至臨〔朐〕縣二百四十里。

蒙陰縣，在府西南三百里。東西距八十里，南北距一百八十里。東至黄草關沂水縣界四十里，至縣治一百四十里；西至榛子崖鋪濟南府新泰縣界豐長店四十里，少北至縣治八十里；南至紫荊關兗州府費縣界四十里，少東至縣治一百里；北至魯山益都縣界一百四十里，少西至濟南府淄川縣□□□。東南至甘棠集沂水縣界四十里，至沂州二百里；西南至長馬莊費縣界三十里；東北至鵰崖山沂水縣界一百三十里，至益都縣治三百里；西北至松仙嶺益都縣界一百六十里，至濟南府萊蕪縣治一百七十里。

昌樂縣，在府東七十里。東西距四十五里，南北距九十里。東至東朱鋪萊州府（灘）［濰］縣界二十五里，至縣治五十里；西至益都縣界堯溝鋪二十里，至縣治七十里；南至鄌郚鋪安丘縣界八十里；北至壽光縣界青丘店十里。東南至安丘縣一百十里，西南至臨朐縣八十里，東北至（灘）［濰］縣□□□，西北至壽光縣四十里。

莒州，在府東南三百二十里。東西距一百十里，南北距二百十里。東至平柳鋪日照縣界五十里，少南至縣治一百五十里；（東）［西］至沂水縣界六十里；南至兗州府沂州界大圣堂鋪九十里，至江南淮安府贛榆縣二百五十里；北至諸城縣界一百二十里，少東至安丘縣二百二十里。東南至界石贛榆縣界七十里，至海州二百八十里；西南至葛溝店沂州界一百二十里，至州治一百八十里；東北至漢汪鋪諸城縣界一百二十里，至縣治一百八十里；西北至蘇家峪鋪沂水縣界六十里，至縣七十里。

沂水縣，在州西北七十里，府南少東二百五十五里。東西距九十里，南北距二百三十里。東至本州界蘇家峪鋪十里；西至蒙陰縣界坦埠集鋪八十里，少南至縣治一百四十里；南至葛溝鋪兗州府沂州界一百二十五里；北至臨朐縣界穆陵關一百五里，少西至縣治二百十（十）里。東南至本州治七十里；西南至沂州二百四十五里；東北至諸城縣一百八十里；西北至雕崖山益都縣界一百七十里，至濟南府淄川縣。

日照縣，在州東少南一百五十里，府東南四百四十里。東西距一百二十里，南北距一百二十八里。東至石臼所海口二十里；西至本州界平柳河鋪一百里，少北至州治一百五十里；南至安東衛界關山八十八里，少西至衛治九十里；北至諸城縣界兩城集四十里，少西至縣治一百六十里。東南至夾倉鎮海口二十里；西南至江南贛榆縣界分水嶺九十里，至縣治一百六十里；東北至龍汪營海口五十里，至萊州府膠州二百二十里；西北至諸城縣界只溝社一百四十里。

安東衛，在日照縣南九十里。東至海十里，西至江南贛榆縣界分水嶺五里，南至海五里，北至關山日照縣界一里。東北接膠州靈山衛界，西南至贛榆縣治七十里。

萊州府，在布政司東少北六百八十里。東西距二百九十里，南北距四百十里。東至登州府招遠縣界六十里；西至青州府壽光縣界二百三十里，至縣治二百七十里；南至大海三百五十里；北至渤海六十里。東南至大海三百十里；西南至青州府諸城縣界二百六十里，至縣治三百三十里；東北至登州府招遠縣界八十里，至府治二百四十里；西北至海蒼海口七十里，至直隸河間府天津衛二百三十里。自府治至京師一千四百里。

掖縣，附郭。東西距一百三十里，南北距一百五里。東至登州府招遠縣界由城鋪六十里，至縣治一百二十里；西至昌邑縣界七十里；南至夏丘鋪平度州界四十五里，少西至州治一百里；北至海六十里。東南至登州府萊陽縣治一百八十里；西南至平度州界灰埠驛七十里，至昌邑縣治一百五十里；東北至金坑鋪招遠縣界八十里，至北至海倉海口昌邑縣界七十里。

平度州，在府南少西一百里。東西距一百五十五里，南北距一百三十一里。東至小沽河登州府萊陽縣界七十七里，至縣治一（里）［百］六十里；西至膠河昌邑縣界七十八里，至濰縣一百八十里；南至新河膠州界七十七里，少東至州治一百二十里；北至掖縣界夏丘鋪五十五里，少東至縣治一百里。東南至花園鋪即墨縣界七十五里，至縣治一百五十里；西南至亭口鋪高（家）［密］縣界七十五里，至縣治一百十五里；東北至登州府招遠縣二百里；西北至房家鋪昌邑縣界八十里，至縣治一百三十里。

濰縣，在州西百八十里，府西南二百三十里。東西距八十里，南北距一百五十里。東至界石昌邑縣界五十五里，至本州治一百八十里；西至青州府昌樂縣界東朱店二十五里，至縣治五十里；南至界石昌樂縣界五十里；北至海一百里，《縣志》作八十里。東南至許英店青州府安丘縣界七十里，至縣治八十里；西南至黃山昌樂縣界四十里；東北至昌邑縣八十里；西北至青州府壽光縣界槐埠鋪四十里，至縣治八十里。

昌邑縣，在州西少北一百二十里，府西南一百五十里。東西距一百里，南北距一百七十里。東至本州界三埠六十里，少南至州治一百二十里；西至濰縣界固堤四十里，至青州府壽光縣一百二十里；南至高密縣界武蘭莊一百二十里；北至海五十里。東南至高密縣一百七十里；西南至界石（灘）［濰］縣界二十五里，至縣治八十里；東北至掖縣界八十里，至縣治一百五十里；西北至青州府壽光縣一百二十里。

膠州，在府南二百二十里。東西距六十里，南北距一百八十里。東至界石即墨縣界三十五里，至縣治一百里；西至魯家莊高密縣界二十五里；南至海一百三十里；北至平度州界雙丘鋪五十里，至州治一百二十里。東南至麻灣海口三十里；西南至青州府諸城縣界塔橋集七十里，至縣治一百四十里；東北至登州府萊陽縣二百四十里；西北至高密縣五十五里。

高密縣，在州西北五十五里，府西南二百十里。東西距八十里，南北距一百里。東至本州界魯家莊鋪三十里；西至劉家疃青州府安丘縣界五十里，少北至縣治一百里；南至青州府諸城縣界塔橋集六十里；北至亭口鋪平度州界四十里。東南至本州五十五里；西南至朱寒鋪諸城縣界五十里，至縣治一百二十里；東北至平度州一百十里；西北至武關莊昌邑縣界五十里，至縣治一百七十里。

即墨縣，在州東一百里，府東南二百五十里。東西距一百里，南北距一百六十里。東至鰲山衛四十里；西至奕村本州界六十里，至州治一百五里；南至海九十里；北至沽河平度登州府萊陽縣界七十里。東南至海六十里；西南至海四十五里；東北至萊陽縣界辛莊鋪六十里，至縣治一百六十里；西北至平度州一百五十里。

靈山衛，在膠州東南九十里，東、西、南、北四門皆至膠州界。

鰲山衛，在即墨縣東四十里，東至海，西、南、北三門皆至膠州界。

登州府，在布政司東北九百二十里。東西距四百五十里，南北距三百五十里。東至成山大海四百里，西至渤海五十里，南至萊州府即墨縣界三百五十里，北至海五里。東南至大嵩衛大海三百九十里，西南至萊州府治二百四十里，東北越海至遼東金州界旅順口五百里，西北至海自府治至京師一千八百里。

蓬萊縣，附郭。東西距一百二十七里，南北距七十二里。東至福山縣界辛店鋪九十里，少南至縣治一百三十五里；西至界石黃縣界三十七里；南至郭家項棲霞縣界七十里；北至海二里。東南至棲霞縣一百五十里，西南至黃縣六十里，東北至海福山縣界七十里，西北至海。

黃縣，在府西南六十里。東西距八十里，南北距六十五里。東至諸由店蓬萊縣界二十里；西至黃山館招遠縣界六十里；南至黑山社招遠縣界四十里，少西至縣治八十里；北至海二十五里。東南至石良集棲霞縣界三十里，至縣治一百里；西南至界溝招遠縣界阜陰鋪三十里，至萊州府（液）［掖］縣一百八十里；東北至黃河寨蓬萊縣界二十里，至縣治六十里；西北至［㟂］屺（㟂）島海岸二十里。

福山縣，（南）［在］府東少南一百三十五里。東西距七十里，南北距五十里。東至黃務店寧海州界二十五里，至州治七十里；西至辛店鋪蓬萊縣界四十五里，少北至縣治一百三十五里；南至棲霞縣界杏山鋪三十五里，《縣志》：至萊陽縣界六十里。北至海十五里。東南至寧海州界□□□；西南至棲霞縣一百十里，又南至萊陽縣一百八十里；東北至奇山所三十里；西北至盧洋寨六十里。

棲霞縣，在府東南一百五十里。東西距一百六十里，南北距一百三十里。東至鐵口集鋪寧海州界一百十里；西至招遠縣界五十里，至縣治九十里；南至萊陽縣界榆科項鋪五十里；北至蓬萊縣界八十里。東南至萊陽縣界七十里；西南至萊陽縣界五十里，至縣治一百里；東北至店山鋪福山縣界六十里，至縣治一百十里；西北至黃縣界七十里，至蓬萊縣一百五十里。

招遠縣，在府西南一百四十里。東西距一百里，南北距一百里。東至棲霞縣界四十里，至縣治九十里；西至曲成鋪萊州府掖縣界六十里，至縣治一百二十里；南至萊陽縣界六十里；北至阜陰鋪黃縣界四十里，《縣志》：正北至㟂屺島陸路一百里，開船至桑島水路八十里，至廟島七十里。東南至萊陽縣界西莊鋪六十里，至縣治一百三十五里；西南至萊州府平度州二百里；東北至黃縣八十里；西北至（液）［掖］縣界金坑鋪五十里。

萊陽縣，在府南二百五十里。東西距二百四十里，南北距一百四十里。東至寧海州界一百五十里；西至王連鋪萊州府平度州界九十里，至州治一百六十里；南至海九十里；北至棲霞縣界五十里。東南至大嵩衛大海一百四十里；西南至萊州府即墨縣辛莊鋪一百里，至縣治一百六十里，又西至膠州二百四十里；東北至榆科項鋪棲霞縣界五十里，至縣治一百里，又東至棲霞縣界鐵口集鋪一百五十里，至寧海州二百四十里；西北至西莊鋪招遠縣界七十五里，至縣治一百三十五里，又西至萊州府（液）［掖］縣治一百八十里。

寧海州，在府東少南二百十里。東西距一百里，南北距一百六十里。東至窩落鋪文登縣界五十五里；西至福山縣界黄務店鋪四十五里，至縣治七十里；南至大海一百五十里；北至大海十里。東南至文登縣一百十五里；西南至棲霞縣界鐵口集鋪一百五十里，至縣治二百里，又南至萊陽縣治二百四十里；東北至雙島海口文登縣界九十五里；西北至大海福山縣界四十里。

文登縣，在州東南一百十五里，府東南三百二十里。東西距一百八十里，南北距一百九十里。東至尋山所大海界一百二十里；西至本州界六十里；南至鐵槎小靖海衛大海界一百里；北至威海衛大海界九十里。東南至大海一百二十里，西南至姚山頭海口五十里，東北至唐家瑩成山衛界一百十七里，西北至本州界窩落鋪十里，至州治一百十五里。

大嵩衛，在萊陽縣東南一百四十里。東、西、(距)[南]、北四門皆接萊陽縣界。

威海衛，在寧海州東北一百二十里，濱海。南至文登縣九十里。東、西、南、北四門皆去文登縣界十八步。

成山衛，在文登縣東北一百二十里。東至海三十五里，西至文登縣界唐家瑩三里，南至海八里，北至海十里。

靖海衛，在文登縣南少東一百二十里。東至文登縣界鐵槎山二十里，西至海半里，南至海一里，西北至海五里。

山西

太原府，布政司治。東西距八百里，南北距五百十里。東至直隸真定府井陘縣界三百五十里，西至黄河陝西延安府葭州界四百五十里，南至汾州府平遥縣界一百五十五里，北至大同府馬邑縣界三百五十五里。東南至遼州三百四十里，西南至汾州府二百二十里，東北至直隸真定府阜平縣界五百里，西北至黄河陝西延安府谷縣界五百里。自府治至京師一千二百里。

陽曲縣，附郭。東西距一百五十里，南北距一百二十里。東至壽陽縣界王胡莊六十里，至縣治一百七十里；西至交城縣界故交村九十里；南至太原縣界王村十里，少西至縣治四十里；《縣志》作至縣界馬村四十里，恐誤。北至忻州界關城子一百十里，冊説作至雙堠鋪一百五里。至州治一百四十里。東南至榆次縣六十里，西南至交城縣一百二十里，東北至盂縣二百四十里，西北至静樂縣二百二十里。

太原縣，在府西南四十里。東西距六十五里，南北距六十五里。東至榆次縣界東賈村二十五里，冊説作至鄭村鋪榆次縣界五十里。至縣治七十里；西至陽曲縣界御道川四十里；南至清源縣界故驛鎮三十里，至縣治四十里；北至陽曲縣界大王村三十五里。《縣志》作至北屯四十里。東南至徐溝縣四十里，西南至交城縣七十里，東北至陽曲縣四十里，西北至静樂縣二百四十里。

榆次縣，在府東南六十里。東西距八十五里，南北距一百十五里。東至壽陽縣界六十里；西至太原縣界二十五里，至縣治七十里；南至太谷縣界三十五里；北至陽曲縣界八十里。東南至遼州榆社縣治一百八十里，西南至徐溝縣治六十里，東北至壽陽縣治一百二十里，西北至陽曲縣治六十里。

太谷縣，在府東南一百二十里。東西距一百三十里，南北距五十五里。東至遼州和順縣界焦紅色村一百十五里，至縣治二百二十里；西至祁縣界白圭村一十五里；南至祁縣界口子頭村三十里；北至徐溝縣界楚王村二十五里。東南至遼州榆社縣一百三十里；西南至祁縣四十里，東北至榆次縣七十里，西北至徐溝縣三十里，又西至清源縣七十里。

祁縣，在府南少西一百四十里。東西距五十五里，南北距四十三里。東至太谷縣界三十里，少北至縣治四十里；西至文水縣界二十五里，至縣治七十里；南至汾州府平遥縣界十三里；北至清源縣界三十里，少西至縣治六十里。東南沁州武鄉縣界一百二十里，至縣治□里；西南至平遥縣界十里，至縣治□□里；東北至徐溝縣界四十里，至縣治五十里；西北至文水縣界十里。

清源縣，在府西南八十里。東西距四十里，南北距四十里。東至黑石營徐溝縣界十五里，至縣治三十里；西至義望鋪交城縣界二十五里，至縣治四十五里；南至北左村祁縣界三十里；北至太原縣界故驛鎮十里，至縣治四十里。東南至祁縣六十里，西南至文水縣。

徐溝縣，在府南八十里。東西距三十一里，南北距三十一里。東至榆次縣界田村十二里；西至清源縣界西谷村十八里，至縣治三十里；南至太谷縣界登豐鋪十八里；北至太原縣界南格村十二里。東南至太谷縣三十里，西南至祁縣五十里，東北至榆次縣六十里，西北至太原縣四十里。

交城縣，在府西南一百二十里。東西距一百八十里，南北距一百六十里。東至清源縣界二十里，至縣治四十五里；西至汾州府永寧州界一百六十里，至州治二百六十里；南至文水縣界石猴村十里；北至靜樂縣界天城川一百五十里，少西至縣治□□□。東南至文水縣界十五里；西南至文水縣界開栅鎮二十里，至縣治四十里；東北至陽曲縣界蘭伏村一百里，至縣治一百二十里；西北至汾州府臨汾縣界黑烟村二百二十里。

文水縣，在府西南一百六十里。東西距一百二十五里，南北距七十五里。東至祁縣界四十五里，至縣治七十里；西至汾州府永寧州界八十里，至州治二百二十里；南至汾州府平遥縣界五十里，至介休縣八十里；北至交城縣界二十五里，少西至縣治四十五里。東南至平遥縣治八十里；西南至汾州府汾陽縣界三十里，至縣治六十里；東北至清源縣界五十里，至縣□□□；西北至交城縣界二十里。

壽陽縣，在府東一百五十里。東西距一百三十里，南北距一百六十里。東至平定州界四十里，至州治一百里；西至陽曲縣界九十里，至縣治一百五十里；南至遼州和順縣界一百里；北至館頭村(孟)[盂]縣界六十里，少東至縣治九十里。東南至樂平縣界九十里，至縣治一百五十里；西南至榆次縣界八十里，至縣治一百二十里；東北至平定州界五十里；西北至(孟)[盂]縣界三十五里。

盂縣，在府東北二百四十里。東西距一百十五里，南北距一百八十里。東至直隸(直)[真]定府平山縣界七十里，至縣治二百里；西至陽曲縣界一百四十五里；南至壽陽縣界四十里，少西至縣治九十里；北至五臺縣界□□□，少西至縣治□□里。東南至平定州界四十里，至州治一百里，又東至真定府井陘縣二百五十里；西南至陽曲縣界一百四十里，至縣治二百四十里；東北至平山縣界六十里；西北至定襄縣界一百二十里，至縣治一百八十里。

靜樂縣，在府西北二百二十里。東西距一百二十里，南北距二百五十里。東至忻州界牛尾莊九十里，《縣志》作至陽曲縣界。至州治一百八十里；西至嵐縣界杜子溝村三十里；南至雁門村交城縣界一百三十里，少東至縣治□□□；北至寧武所界一百二十里。東南至陽曲縣治二百二十里，西南至嵐縣治六十里，東北至寧武縣治二百里，西北至岢嵐州治一百二十里。

河曲縣，在府西北四百八十里。東西距九十七里，南北距一百八十里。東至岢嵐州界九十里，《志》作至舊武州下莊村八十里。西至陝西延安府府谷縣界七里，少南至縣治六十里；南至保德州界朱家村六十里；北至偏頭所界關河一百二十里。東南至岢嵐州界一百里，至州治□□里；西南至天橋峽保德州界西莊村三十里，至州治六十里；東北至偏頭所一百二十里，至朔州界一百八十里；西北至黃河邊界八十里。

平定州，在府東少南二百五十里。東西距一百六十里，南北距八十五里。東至故關直隸真定府井陘縣界一百里，至縣治一百三十里；西至壽陽縣界江橋六十里，《縣志》作七十五里。至縣治一百里；南至樂平縣界二十五里，至縣治五十里；北至(孟)[盂]縣界六十里。東南至真定府贊皇縣□□里，西南至樂平縣界□□里，東北至真定府平山縣治一百九十里，西北到盂縣治一百里。

樂平縣，在州東南五十里。東西距二百三十里，南北距七十里。東至直隸真定府贊皇縣界一百二十里，少南至縣治一百八十里；西至壽陽縣界一百十里；南至遼州和順縣界四十五里，至縣治九十里；北至本州界二十五里，至州治五十里。東南至直隸順德府邢臺縣界一百里，至縣治二百四十里；西南至和順縣□□□；東北至真定府井陘縣界一百二十里；西北至壽陽縣治一百四十里。

忻州，在府北一百四十里。東西距一百二十里，南北距八十五里。東至定襄縣界三十里，少北至縣治五十里；西至靜樂縣界九十里，少南至縣治一百八十里；南至陽曲縣界三十五里，至縣治一百四十里；北至崞縣界五十里。東南至平定州治二百七十里，西南至交城縣治二百六十里，東北至崞縣治一百二十里，西北至崞縣界寧武關。

定襄縣，在州東少北五十里，府東北一百八十里。東西距九十里，南北距五十里。東至五臺縣界七十里；西至北霍村忻州界二十里，少南至州治五十里；南至陽曲縣界二十五里；北至崞縣界三十里。東南至(孟)[盂]縣治一百八十里，西南至陽曲縣治一百八十里，東北至五臺縣治一百里，西北至崞縣一百里。

代州，在府東北三百二十里。東西距九十五里，南北距□百五十里。東至繁峙縣界東流屬村四十五里，州□□□□□□□五十里。至縣治六十里；西至崞縣界炭峪村五十里；《州志》：至班聶村三十里。南至五臺縣界上莊村八十里；《州志》：至楊村嶺七十里。北至水峪口堡大同府山陰縣界六十里，至縣治一百里。《州志》：至北嶺大同府馬邑縣界四十五里。[東南至]車峨谷繁峙、五臺二縣界五十里，至五臺縣治一百四十里；西南至孫障村崞縣界三十里，至縣治八十里；東北至門家寨繁峙縣界五十里，至大同府應州治一百四十里；西北至廣武城大同府馬邑縣界六十里，至縣治一百里，又西至朔州一百四十里。

五臺縣，在州東南一百四十里，府東北二百七十里。東西距二百七里，南北距一百八十里。東至直隸真定府阜平縣界長城嶺一百四十七里，至縣治二百四十里；西至崞縣界榆車嶺六十里，少北至縣治一百四十里；南至(孟)[盂]縣界牛道嶺八十里，少東至縣治□□里；北至繁(時)[峙]縣界瓦厂梁一百里。東南至真定府平山縣界黑山關九十里，至縣治二百七十里；西南至定襄縣界芳蘭鎮六十五里，至縣治一百里；東北至繁(時)[峙]縣界東城嶺一百里；西北至本州界西峨嶺八十里，至州治一百四十里。

繁(時)[峙]縣，在州東六十里，府東北三百八十里。東西距一百五十里，南北距一百六十里。東至平刑營一百三十里，至大同府靈丘縣界石橋澗一百三十五里；西至代州界東流屬村十五里，至州治六十里；南至華巖嶺五臺縣界一百里；北至茹越堡大同府應州界十里，至州治百里。東南至直隸真定府阜平縣□□□，西南至崞縣治□□里，東北至大同府渾源州治二百二十里，西北至胡峪堡大同府山陰縣界六十里，至縣治九十里。

崞縣，在州西南八十里，府北二百六十里。東西距一百九十五里，南北距一百五里。東至五臺縣界小嶺八十里；西至寧武所界莊窩村一百十五里；南至忻州界土堡六十五里；北至代州界陽明堡四十里。《州志》：至界牌六十里。東南至五臺縣治一百四十里，西南至忻州治一百□□里，東北到代州治八十里，西北至寧武所一百十里。

岢嵐州，在府西北三百二十里。東西距一百二十里，南北距九十里。東至静樂縣寧化所界六十里，西至保德州界六十里，南至嵐縣界五十里，北至三岔堡河曲縣界一百三十里，至偏頭所二百十里。東南至嵐縣界四十里，至縣治一百十里，又東至静樂縣一百二十里；西南至興縣界五十里，至縣治一百二十里；東北至静樂縣界一百里；西北至水峪鋪保德州界九十里，至保德州一百七十里。

嵐縣，在州南少東一百十里，府西北二百六十里。東西距一百十里，南北距一百四十里。東至静樂縣界三十里；西至興(界)縣[界]八十里，至縣治一百四十里；南至赤堅嶺汾州府永寧州界八十里；北至乏馬嶺岢嵐州界六十里。東南至文水縣治二百七十里，西南至永寧州二百二十里，東北至静樂縣六十里，西北至岢嵐州治一百十里。

興縣，在州西南一百二十里，府西北四百里。東西距一百十里，南北距一百五十里。東至嵐縣界六十里；《縣志》：至上會村七十里。西至陝西延安府神木縣界五十里，少南至縣治□□里；南至汾州府臨縣界堆塢八十里，少西至縣治一百五十里；北至保德州界七十里，至州治一百二十里。東南至嵐縣一百四十里，西南至延安府葭州治一百八十里，東北至岢嵐州治一百二十里，西北至延安府府谷縣界。

保德州，在府西北四百六十里。東西距八十里，南北距一百四十里。東至高地陵河曲縣界四十里，至岢嵐州界三岔堡一百四十里；《縣志》：至王家寨六十里，至河南村一百十里，皆與河曲縣接界。西至韓家川渡陝西延安府府谷縣界四十里；南至合塔鋪興縣界九十里，至縣治一百二十里；北至黃河府谷縣界一里，至縣治三里。東南至大塔鋪岢嵐州界六十里，至州治一百七十里；西南至馮家川興縣界九十里，至延安府神木縣界鎮羌堡八十里，至永興堡一百二十里，至縣治一百六十里；東北至天橋鋪河曲縣界三十里，至縣治六十里；《州志》：東北自鐵匠鋪踰河，由府谷西至木瓜園堡四十里，至清水營七十里，至黃甫丘堡八十里。西北至紫家窊渡府谷縣界三十里。北自府谷至孤山堡四十里。

寧化所，在府西北二百八十里。東至忻州界後河堡七十里；西至岢嵐州界閻家村五十里；南至静樂縣界永安鎮四十里，至縣治八十五里；北至寧武所界馬頭營四十里。東南到忻州□□□，西南到嵐縣□□□，東北到寧武所□□□，西北到岢嵐州。

寧武所，在府北少西三百四十里。東至陽方口堡界蘇峪寨一十五里，西至寧化所界馬頭營八十里，南至崞縣界狼窩溝五里，北至神池堡界黄花嶺十五里，至堡三十里。東南至崞縣治一百十里，西南至寧化所□□□，東北到陽方堡二十五里，西北到五寨堡。

老營所，在府西北五百四十里。東至賈家堡界官河口一里，至堡二十里；西至馬站堡界方城坪十里，至堡四十里；南至八角堡界紅崖子六十里；北至邊牆一里。東南到利民堡□□□，西南到八角堡□□□，西北到五眼井堡三十里。

偏頭所，在府西北五百四十里。東至馬站堡界四十里，西至華林堡界二十里，南至樓溝堡界四十里，北至滑石澗堡界七十里。

雁門所，在府北三百六十里。東至水峪口代州界二十里，西至盤道梁堡三十里，南至代州界三十里，北至廣武城二十里。東南至代州。

平陽府，在布政司西南五百六十里。東西距四百五十五里，南北距六百六十里。東至澤州沁水縣界一百五十五里，西至黄河岸烏仁關陝西延安府宜川縣界三百里，南至黄河岸河南陝州界三百六十里，北至汾州府孝義縣界三百里。東南至河南懷慶府四百二十里，西南至陝西西安府華州六百里，東北至沁州三百里，西北至陝西延安府延川縣四百十里。自府治至京師一千八百里。

臨汾縣，附郭。東西距一百四十里，南北距五十三里。東至韓村浮山縣界五十五里，少南至縣治八十里；西至蒲縣界張村岔八十五里，《縣志》作五十里。少北至縣治一百五十里；南至襄陵縣界下靳村二十八里，册作至潦子村二十里。至曲沃縣一百二十里；北至洪洞縣界天井村二十五里，少東至縣治五十五里。《縣志》作六十里。東南至翼城縣一百二十里；西南至襄陵縣二十里，又西至鄉寧縣百八十里；東北至岳陽縣一百二十里；西北至汾西縣一百八十里。

襄陵縣，在府西南三十里。東西距七十里，南北距三十七里。東至浮山縣界燕村五十五里，至縣治□□里。《縣志》作至界高村六十里，至縣治□□里。西至鄉寧縣界水泉槽卜五里，至縣治一百五十里；南至太平縣界店兒三十五里，《縣志》作至故城里三十八里。至縣治六十里；北至臨汾縣界北陳村二里。東南至曲沃縣一百十里，《縣志》：至翼城縣一百里。西南至太平縣界侯村五十五里，至稷山縣一百二十里，東北至臨汾縣三十里，《縣志》：至岳陽縣一百二十里。西北至蒲縣一百四十里。《縣志》作一百七十里。

洪洞縣，在府北少東五十五里。東西距八十五里，南北距四十五里。東至岳陽縣界鐵口村，《縣志》作偏店村。三十五里；西至蒲縣界八水嶺五十里，至縣治一百三十里；南至臨汾縣界韓村鋪二十里，少西至縣治五十五里；北至趙城縣界王村，《縣志》作成公村。十五里，至縣治三十五里。東南至浮山縣八十里，[西]南至襄(陜)[陵]縣九十里，東北至岳陽縣五十五里，《縣志》作東至岳陽縣五十里。西北至趙城縣界馬牧村十五里，至汾西縣一百二十里。

浮山縣，在府東少南八十里。東西距一百里，南北距八十里。東至賀家嶺澤州沁水縣界七十五里，少南至縣治一百二十里；西至臨汾縣界官雀村二十五里，少北至縣治八十里；南至南墳鋪翼城縣界朱村四十里，至縣治七十里；北至岳陽縣界東池村四十里，至縣治一百里。東南至澤州陽城縣二百里，西南至太平縣一百三十里，東北至岳陽縣界舊縣村七十里，西北至洪洞縣八十里。

岳陽縣，在府東北一百二十里。東西距一百六十五里，南北距一百六十里。東至潞安府屯留縣界良馬村一百五十里，至縣治二百三十里，少南至長子縣界下王村一百七十里，至縣治二百五十里；西至趙城縣界馬家莊十五里，少北至縣治七十里；南至浮山縣界東池村六十里，《縣志》：至楊村河七十里。至縣治一百里；北至沁州沁源縣界楊子村一百里。東南至澤州沁水縣界紅莊溝一百十里，至縣治一百九十里；西南至洪洞縣界鐵口村二十里，至縣治五十五里；東北至沁源縣界勝佛嶺九十里，至縣治一百二十里；西北至尖陽山霍州界七十里，《縣志》作九十里。至州治一百里。

趙城縣，在府北九十里。東西距一百二十里，南北距四十里。東至岳陽縣界馬家莊六十里，少南至縣治七十里；西至蒲縣界上下本村六十里；南至洪洞縣界王村一十里，至縣治三十五里；北至霍州界亂石灘二十五里，至州治五十里。東南至浮山縣一百五里，西南至蒲縣一百三十里，東北至[沁州]沁源縣(沁州)一百二十里，《縣志》作二百十里。西北至汾西縣九十里，至(濕)[隰]州二百五十里。

太平縣，在府西南九十里。東西距六十里，南北距五十五里。東至豫讓橋曲沃縣界四十里，至翼城縣一百十里；西至鄉寧縣界穖堆村二十里；

南至絳州界義泉鋪三十里，至州治五十里；北至襄陵縣界店兒二十五里，至稷山縣治六十里。東南至曲沃縣七十里；西南至絳州蘇李村二十五里，至稷山縣九十里；東北至襄陵縣界安柴村三十里，至臨汾縣九十里；西北至鄉寧縣一百五十里。

曲沃縣，在府南一百二十里。東西距七十里，南北距五十五里。東至翼城縣界礬店村三十里；西至絳州界狄莊村四十里，至州治五十里；南至絳縣界三十里，冊作至薛王村十五里。北至襄陵縣界陶寺村四十里，至臨汾縣一百二十里。東南至絳縣五十里，又南至垣曲縣一百六十里；西南至聞喜縣九十五里；東北至翼城縣五十里，又北至浮山縣一百三十里；西北至蒙城太平縣界四十里，至縣治七十里。

翼城縣，在府東南一百二十里。東西距九十里，南北距五十里。東至關子門澤州沁(心)[水]縣界六十五里，至縣治一百里；西至曲沃縣界續村二十五里，少南至縣治五十里，至太平縣一百十里；南至絳縣界大交鎮二十里；北至浮山縣界南坂橋三十里，至縣治七十里。東南至(峘)[垣]曲縣一百五十里；西南至絳縣七十里，又西至(間)[聞]喜縣一百四十里；東北至浮山縣界盧村六十里，至岳陽縣一百四十里；西北至襄陵縣一百十里。

靈石縣，在府北二百四十里。東西距一百九十里，南北距一百五里。東至沁州沁源縣界牛鼻山九十里；《縣志》作至界一百六十里。西至隰州界回龍村一百里，少南至州治一百八十里；南至大會鋪霍州界白道村五十里，至州治一百里；北至桑平峪汾州府介休縣界侯堡村四十里，至縣治七十里。西北至汾州府孝義縣界六十五里，至縣治九十里。《縣志》作一百二十里。

蒲縣，在府西北一百四十里。東西距一百十五里，南北距一百四十里。東至洪洞縣界分水嶺七十里，少南至縣治一百二十里，《縣志》作一百五十里。西至大寧縣界鳳臺村四十五里，《縣志》作至張村鋪隰州界四十五里。西南至大寧縣九十里，至縣治九十里；南至吉州界放馬嶺六十五里，《縣志》作四十五里。少西至鄉寧縣一百六十里；北至汾西縣界安生村八十里。東南至黑龍關臨汾縣界六十里，至縣治一百四十里，至襄陵縣同；西南至吉州一百二十里；《縣志》作一百五十。東北至趙城縣一百三十里，又北至汾西縣一百三十里；西北至(濕)[隰]州一百二十里。

汾西縣，在府北一百八十里。東西距九十里，南北距一百十七里。東至霍州界朱家山二十里，少南至府治五十里；西至(濕)[隰]州界風吹嶺七十里，少北至州治一百六十里，《縣志》作二百二十里。南至蒲縣界乾河莊七十里；北至靈石縣界下莊村四十七里。東南至趙城縣界衛澗村七十里，至縣治九十里；西南至蒲縣界龍門村八十里，至縣治一百三十里；東北至靈石縣界上莊村四十里，至縣治九十里，至汾州府孝義縣一百八十里；西北至(濕)[隰]州界南天莊六十里。

蒲州，在府西南四百四十里。東西距五十里，南北距一百一十里。東至趙伊鋪臨晉縣界四十里，至席家鋪解州界九十里，至解州一百二十里；西至黃河岸大慶關陝西西安府朝邑縣界十里，《州志》作一里。至縣治三十里；南至黃河岸西安府華陰縣界六十里，至潼關衛七十里北至黃河西安府郃陽縣界韓家村四十里，至韓城縣一百四十里。東南至芮城縣一百二十里，《州志》作一百六十里。西南至華陰縣八十里；東北至臨晉縣界姚莊五十里，至縣七十里；西北至郃陽縣一百二十里。

臨晉縣，在州東北七十里，府西南三百六十里。東西距六十里，南北距一百二十里。東至猗氏縣界下任鎮二十里，至縣治四十里；西至黃河陝西西安府郃陽縣界四十里，《縣志》作三十里。至縣治八十里；南至中條山脊芮城縣界八十里，《縣志》作九十里。少東至縣治一百三十里；北至滎河縣界王顯村四十里，少東至河津縣一百三十里。東南至解州七十里，至安邑縣運城九十里；西南至蒲州界二十里，至州治七十里；東北至萬泉縣九十里；西北至滎河縣六十里。《縣志》作五十里。

滎河縣，在府北少東一百二十里，府西南三百二十里。東西距四十里七十步，南北距八十五里。東至萬泉縣界通安村《縣志》作谷山村。四十里，至縣治七十里；西至黃河陝西西安府韓城縣界七十步；南至蔡高村臨晉縣界潘西村三十五里；北至河津縣界衛村五十里，冊作至黃河岔門口韓城縣界三十里。東南至臨晉縣六十里，至解州一百三十里；西南至西安府郃陽縣治七十里；東北至河津縣九十里，《縣志》作七十里。至稷山縣一百四十里；西北至韓城縣三十里。

猗氏縣，在州東北一百十里，《縣志》作一百十五里。府西南三百三十里。東西距四十里，南北距六十里。東至張岳村安邑縣界二十里，至夏縣九十里；西至下任鎮臨晉縣界二十里，至縣治四十里；南至解州界曲磬村三十里，《縣志》作至小侯村三十五里。至州治六十里；北至閻景村萬泉縣界二十里，《縣志》作至小姚村三十五里。至縣治六十里。東南至安邑縣治五十五里，《縣志》作六十里。西南至臨晉縣界白坊村四十里；東北至萬泉縣界皇甫村五十里，至聞喜縣一百十里；西北至臨晉縣界馬村二十里，至滎河縣一百二十里。

萬泉縣，在州東北一百六十里，府西南二百四十里。東西距八十里，南北距五十里。東至文村稷山縣界五十里，《縣志》作至聞喜縣界四十里。至聞喜縣九十里；西至通愛村滎河縣界三十里，至縣治七十里；南至猗氏縣界閻景村三十里，《縣志》作四十里。至縣治六十里；北至薛李村河津縣界二十里。東南至安邑縣界三十里，至縣治九十里；西南至臨晉縣界三十里，至縣治九十里；東北至稷山縣界三十里，至縣治八十里，《縣志》作七十里。西北至河津縣界二十五里，至縣治六十里。

河津縣，在州東北二百里，府西南二百三十里。東西距五十里，南北距七十五里。東至稷山縣界薛村二十五里，至縣治六十里；西至黃河岸陝西西安府韓城縣界□十五里；南至萬泉縣界張村四十里，少東至縣治六十里；北至鄉寧縣界西磑口三十五里，至縣治一百二十里。東南至聞喜縣治一百二十里；西南至滎河縣界四十里，至縣治九十里，又西至韓城縣□□□；東北至太平縣治一百五十里；西北至吉州治一百八十里。

解州，在府西南三百五十里。東西距五十五里，南北距五十里。東至安邑縣界曲村三十里；西至席張村臨晉縣界二十五里，至蒲州一百二十里；南至横嶺芮城縣界二十里，至黃河九十里；北至猗氏縣界曲樊村三十里，至縣治六十里。東南至平陸縣治九十里；西南至芮城縣界董圣村十里，至縣治七十里；東北至安邑縣治五十五里；西北至臨晉縣界西坦頭村三十里，至縣治七十里。

安邑縣，在州東北五十五里，府西南三百里。東西距四十三里，南北距五十五里。東至夏縣界裴介鎮二十里；西至解州界八里鋪二十三里，少南至州治五十五里；南至平陸縣界青石槽三十一里；北至萬泉縣界周家莊四十三里，少西至縣治九十里。《縣志》作一百十里。東南至夏縣界王谷口五十里，至平陸縣治九十里；西南至解州界曲村五十五里，至芮城縣治一百三十里；東北至夏縣四十五里，至聞喜縣九十七里；西北至猗氏縣五十五里。

夏縣，在州東北一百里，府南二百六十里。東西距一百十里，南北距九十里。東至垣曲縣界揪木溝七十里，至縣治一百里；西至安邑縣界三家莊四十里，至猗氏縣九十里；西南至平陸縣界龍王堂五十里，少西至縣治一百二十里；北至泊頭鋪聞喜縣界四十里。東南至垣曲縣界□□里，西南至安邑縣治四十五里，東北至聞喜縣治五十五里，西北至安邑縣界楊里村五十里，至稷山縣一百二十里。

聞喜縣，在州東北一百二十里，府西南二百十里。東西距六十五里，南北距四十五里。東至絳縣界横水鎮四十五里，《縣志》至曲沃縣界五十里。少南至縣治七十里；西至小郭店夏縣界二十里，至萬泉縣九十里；南至夏縣界泊頭村十里，少西至縣治五十五里；北至絳州界蘭村鋪三十五里，至州治七十里。東南至絳縣界横嶺村七十里，至垣曲縣界九十里，至縣治一百七十里；西南至猗氏縣治一百十里；東北至曲沃縣界五十五里，至縣治九十里；西北至稷山縣界四十里，至縣治九十里。

平陸縣，在州東南九十里，府西南三百六十里。東西距一百三十里，南北距七十三里。東至垣曲縣界瓦石灘一百八十里，少北至縣治二百三十里；西至芮城縣界儀家溝五十里，至縣治一百里；南至黃河河南府陝州界三里，少東至州治五里；北至安邑縣界青石槽七十里少西至縣治九十里。東南至硤石驛七十里河南府澠池縣治一百四十里，西南至河南府靈寶縣六十里，東北至夏縣一百三十里，《縣志》作一百里。西北至解州九十里。《縣志》作八十里。

芮城縣，在州西南七十里，府西南四百四十里。東西距七十里，南北距五十里。東至平陸縣界儀家溝五十里，至縣治一百里；西至蒲州界陳家村二十里，至風陵渡八十里；南至黃河河南府閿鄉縣界二十里，至縣治三十里；北至中條山横嶺臨晉縣界三十里，少西至縣治一百三十里。東南至黃河［河］南府靈寶縣界三十五里，至縣治四十里；西南至陝西西安府華（縣）陰［縣］界潼關九十里；東北至解州八十里；西北至蒲州界西孫村三十五里，至州治一百二十里。

絳州，在府西南一百四十里。東西距四十里，南北距五十五里。東至曲沃縣界張王村十里，至縣治五十里；西至稷山縣界王村三十里，至縣治五十里；南至蘭村聞喜縣界三十里，至縣治七十里；北至義泉鋪太平縣界二十里，至縣治五十里。東南至曲沃縣界西辛村十五里，至絳縣八十里，《縣志》作九十里。至垣曲縣一百八十里；西南至稷山縣界楊成村四十里，至萬泉縣□□里；東北至太平縣界西吉村三十里，至曲沃縣界蒙城驛□□□；西北至稷山界三界莊五十里，至鄉寧縣。

稷山縣，在州西五十里，府西南一百八十里。東西距五十里，南北距八十五里。東至絳州界王村二十五里，至州治五十里；西至河津縣界薛村二十五里，至縣治五十里；南至夏縣界牛莊五十五里，少東至縣治一□□十里；北至鄉寧縣界峪里三十里。東南至聞喜縣八十里，西南至萬泉縣八十里，東北至太平縣九十里，西北至河津縣界龍門七十里，又北至鄉寧縣一百三十里。

絳縣，在州東南八十里，《縣志》作一百里。府南一百八十里。東西距八十五里，南北距七十里。東至垣曲縣界白楊村六十里，《縣志》作[至]翼(至)城縣松羅峪□□□□□。至澤州沁水縣一百四十里；西至橫水鎮聞喜縣界二十五里，至縣治七十里，《縣志》作八十五里。南至橫嶺關垣曲縣界五十里；北至曲沃縣界白水村二十里。東南至垣曲縣治一百三十里；西南至聞喜縣界喬寺村三十里，至夏縣一百二十五里；東北至翼城縣七十里；西北至曲沃縣五十里。

垣曲縣，在州東南二百十里，府東南三百里。東西距九十五里，南北距一百十五里。東至東胡村堆子河南懷慶府濟源縣界十五里，至縣治一百六十里；西至夏縣界揪木溝八十里，《縣志》：至聞喜縣界八十五里。至縣治一百五十里，《縣志》：西南至夏縣一百九十里，誤。南至黄河河南府澠池縣界五里，至縣治九十五里；北至翼城縣界舜王坪一百一十里，《縣志》：至沁水縣界一百五十里。少西至縣治二百里。東南至河南府洛陽縣一百八十里；西南至平陸縣界西瓦石溝五十里，至縣治二百三十里；東北至澤州陽城縣二百三十里，至沁水縣二百五十里；西北至橫嶺關絳縣界八十里，至縣治一百三十里，又西至聞喜縣一百七十里。

霍州，在府北一百四十里。東西距八十里，南北距七十七里。東至沁州沁源縣界白背四五十里，少北至縣治一百四十里；西至汾西縣界僧念村三十里；南至趙城縣界亂石灘二十五里，至縣治五十里；北至靈石縣界火會鋪五十里，至縣治一百里。東南至岳陽縣界北平村六十里，至縣治一百里，又南至浮山縣一百三十里；西南至汾西縣界團柏村二十里；東北至沁源縣界綿上鎮一百五十里；西北至汾西縣五十里。

吉州，在府西二百三十里。東西距一百二十里，南北距一百二十五里。東至放馬嶺蒲縣界六十里，至臨汾縣二百三十里；西至黄河岸烏仁關陝西延安府宜川縣界六十里，至縣治一巨七十里；南至寬井村鄉寧縣界五十里；北至大寧縣界川莊村七十五里，至縣治一百二十里。東南至鄉寧縣界平原鋪三十五里，至縣治六十里，至河津縣禹門渡一百二十里；西南至陝西西安府韓城縣一百七十里；東北至蒲縣一百二十里；西北至黄河平渡關九十里。

鄉寧縣，在州東南六十里，府西一百八十里。東西距二百三十五里，南北距一百二十五里。東至谿都谷襄陵縣界一百三十五里，《縣志》作一百十里。至縣治一百五十里；西至黄河龍尾磧陝西西安府韓城縣界一百里；南至河津縣界西磑口九十五里，少西至縣治一百二十里；北至吉州界放馬嶺三十里。東南至稷山縣界高渠村一百二十里，至縣治一百三十里，又東至太平縣一百五十里；西南至韓城縣一百七十里；東北至蒲縣一百里，西北至(太)[吉]州治六十里，又西至黄河陝西延安府宜川縣界一百里。

隰州，在府西北二百七十里。東西距一百四十里，南北距二百二十里。東至汾西縣界風吹嶺九十里，至縣治一百六十里，少北至靈石縣二百里；西至永和縣界許家原五十里，至縣治九十里；南至大寧縣界胡城村六十里；北至寧鄉縣界慶豐谷一百六十里，至寧鄉縣二百里，《州志》作二百四十里。東南至蒲縣一百二十里；西南至大寧縣九十里；東北至汾州府孝義縣界鳳尾鎮一百十里，至縣治二百七十里；西北至汾州府石樓縣界五十里，至縣治九十里。

大寧縣，在州西南九十里，府西北二百四十里。東西距一百里，南北距七十五里。東至胡城鋪隰州界三十里，少南至蒲縣九十里；西至馬鬬關黄河陝西延安府宜川縣界七十里；南至吉州界川莊村四十五里，少西至州治一百二十里；北至永和縣界捕狐山三十里。東南至蒲縣界白家莊三十五里，至太平縣二百里；西南至宜川縣二百三十五里；東北至(濕)[隰]州九十里；西北至永和縣界撒谷三十五里，至縣治一百里，至陝西延安府延川縣。

永和縣，在州西九十里，府西北二百一十里。東西距一百二十里，南北距一百十五里。東至許家原隰州界四十里，《縣志》作至羅鎮五十里。至州治九十里；西至黃河陝西延安府延川縣界七十里，至縣治一百四十里；南至高山大寧縣界六十五里，《縣志》作七十里。北至汾州府石樓縣界解家河五十里。東南至捕狐山大寧縣界劉家嶺七十里，至縣治一百里；西南至大寧縣界大谷村七十五里，至延安府宜川縣□□里；東北至石樓縣界宣巻嶺四十五里，至縣治九十里；西北至石樓縣界永寧關九十里。

汾州府，在布政司西南二百二十里。東西距四百三十里，南北距一百里。東至太原府祁縣界一百四十里，西至黃河陝西延安府吴堡縣界二百九十里，南至平陽府靈石縣界六十里，北至太原府文水縣界四十里。東南至沁州二百六十里，西南至平陽府隰州二百七十里，東北至祁縣一百二十里，西北至延安府葭州三百九十里。自府治至京師一千三百八十里。

汾陽縣，附郭。東西距九十里，南北距六十里。東至平遥縣界鄉樂鎮三十里，至縣八十里；西至黃蘆嶺永寧州界六十里，少南至寧鄉縣界穀雨村八十里，至縣治一百四十里；南至田同鎮孝義縣界二十里，少東至縣治三十里；北至太原府文水縣界上賢鋪四十里。東南至介休縣七十里，西南至孝義縣界五十里，東北至文水縣七十里，西北至永寧州治一百七十里。

孝義縣，在府南少東三十五里。東西距一百九十里，南北距四十里。東至萬戶堡平遥縣界三十里，少北至縣九十里；西至鳳尾村石樓縣界一百六十里，至縣治二百五十里；南至劉同村平陽府靈石縣界二十五里，少東至縣治九十里；北至汾陽縣界田同鎮十五里，少西至縣治三十里。東南至介休縣界霍家堡二十里，至縣治三十五里；西南至靈石縣界金莊村七十里，至隰州二百四十里；東北至汾陽縣界董家莊二十里，至太原府文水縣九十里；西北至寧鄉縣界上橋村一百里，至縣治二百十里。

平遥縣，在府東八十里。東西距一百里，南北距九十里。東至太原府祁縣界盤陀鎮六十里；西至香樂鎮汾陽縣界四十五里，至縣治八十里；南至沁州沁源縣界後溝村六十五里，至縣治二百二十里；北至下曲村太原府文水縣界二十五里。東南至武鄉縣界六十里，至縣治二百里；西南至介休縣界三十里，至縣治六十里；東北至祁縣界二十五里，至縣治五十里，至徐溝縣一百十里；西北至文水縣八十里。

介休縣，在府東南七十里。東西距八十里，南北距八十里。東至平遥縣界田堡五十五里；西至義棠鎮平陽府靈石縣界二十五里；南至綿山靈石縣界五十里；北至孝義縣界嶺北村三十里，至太原府文水縣界八十里。東南至沁州沁源縣界六十里，至縣治□□里；西南至靈石縣界二十五里，至縣治七十里；東北至平遥縣界三十五里，至縣治六十五里；西北至孝義縣治三十五里。

石樓縣，在府西少南二百五十里。東西距一百七十里，南北距八十里。東至平陽府隰州界水頭村八十里，少北至孝義縣界鳳尾鎮九十里，至縣治二(十)[百]五十里；西至黃河陝西延安府清澗縣界九十里，至縣治一百八十里；南至(濕)[隰]州界薛腳嶺三十里；北至寧鄉縣界索駝村五十里。東南至隰州九十里，西南至平陽府永和縣治九十里，東北至寧鄉縣治一百二十里，西北至黃河延安府綏德州界一百十里，至州治二百六十里。

臨縣，在府西北三百里。東西距一百五十里，南北距一百六十里。東至連枝山永寧州界七十里；西至黃河陝西延安府葭州界八十里，《縣志》作一百十八里，誤。至縣治八十五里；南至永寧州界馬頭山九十里；北至太原府興縣界侯堝七十里，少東至縣治一百五十里。東南至永寧州治一百二十里，西南至延安府吴堡縣□□□，東北至太原府嵐縣治二百里，西北至延安府神木縣。

永寧州，在府西少北一百七十里。東西距二百六十里，南北距一百六十里。東至太原府文水縣界土安都一百四十里，至縣治二百二十里；西至黃河陝西延安府吴堡縣界一百二十里，至縣治一百五十里；南至寧鄉縣界朱家店三十里，至縣治五十里；北至太原府嵐縣界東後村一百三十里，少東至縣治二百十里。東南至汾陽縣界黃蘆嶺一百里，至縣治一百七十里；南至寧鄉縣界六十里；東北至劉王嶠山太原府交城縣界一百十里，至縣治二百六十里；西北至馬頭山臨縣界四十里，至縣治一百二十里，又西至延安府葭州治二百里。

寧鄉縣，在州南五十里，府西一百四十里。東西距二百里，南北距九十五里。東至汾陽縣界穀雨村六十里，至縣治一百四十里；西至黃河陝西延安府吴堡縣界一百四十里；南至平陽府隰州界化圪垛村七十里，至州治二百里；北至永寧州界界口村二十五里，至州治五十里。東南至孝義縣界五十五里，至縣治一百七十里；西南至石樓縣界一百里，至縣治一百二十里；東北至永寧州界三十里；西北至永寧州界一百十里，至吴堡縣治一百七十里。

潞安府，在布政司東南四百五十里。東西距三百十里，南北距二百八十里。東至河南彰德府林縣界一百六十里，西至平陽府岳陽縣界一百五十里，南至澤州高平縣界八十里，北至遼州界二百里。東南至河南衛輝府輝縣三百三十里，西南至澤州沁水縣二百五十里，東北至彰德府涉縣一百七十里，西北至沁州二百十里。自府治至京師一千三百里。

長治縣，附郭。東西距四十里，南北距一百里。東至壺關縣界常井村二十里；西至長子縣界李木村二十里；南至澤州高平縣界換馬村八十里；北至潞城縣界李村二十里，少東至縣治四十里。東南至壺關縣三十里，西南至長子縣五十里，東北至平順縣七十里，西北至屯留縣六十里。

長子縣，在府西少南五十里。東西距一百三十里，南北距八十里。東至長治縣界高河鎮三十里；西至平陽府岳陽縣界杜村一百里，至縣治二百九十里；南至丹朱陵澤州高平縣界鴉兒溝四十里，至縣治七十里，《縣志》作九十里。北至屯留縣界田莊村四十里，至縣治五十里。東南至澤州陵川縣一百六十里，西南至澤州沁水縣二百里，東北至潞城縣九十里，西北至沁州沁源縣二百里。

襄垣縣，在府北少西九十里。東西距一百二十五里，南北距九十里。東至黎城縣界鶯溝村五十里，至縣治九十里；西至沁州界温泉村七十五里，少北至沁源縣一百六十里，《縣志》作二百十里。南至襄垣縣界石窟村二十五里；北至沁州武鄉縣高嶺村六十五里，少西至縣治九十里，至榆社縣一百五十里。東南至潞城縣六十里，西南至屯留縣六十里，東北至遼州一百六十里，西北至沁州一百二十里。

屯留縣，在府西北六十里。東西距一百二十五里，南北距四十八里。東至潞城縣界安場村三十五里，至縣治七十里；西至沁源縣界辛莊村九十里，少北至縣治一百六十里；南至長子縣界鮑店鎮十八里，至縣治六十里；北至襄垣縣界會原村三十里，少東至縣治六十里。東南至長治縣六十里，西南至平陽府岳陽縣二百六十里，東北至黎城縣□□□，西北至沁州一百三十里。

潞城縣，在府東北四十里。東西距七十里，南北距七十里，東至平順縣界李莊村三十五里；西至屯留縣界尚村三十五里，至縣治六十五里；南至長治縣界關村二十五里；北至黎城縣界北馬村四十五里。東南至平順縣治四十里，至河南彰德府林縣一百四十里；西南至長治縣四十里，澤州高平縣一百六一里；東北至黎坂縣六十五里，至彰德府涉縣一百二十里；西北至襄垣縣八十里，至沁州一百七十里。

壺關縣，在府東南三十里。東西距五十里，南北距九十五里。東至平順縣界常家池村四十里，至河南彰德府林縣一百六十里；西至長治縣界沙池村十里；南至澤州陵川縣界司家河村六十里，少東至縣治九十里；北至潞城縣界苗莊村二十五里，少西至縣治六十里。東南至陵川縣治九十里，至河南衛輝府輝縣三百里；西南至澤州高平縣一百二十里；東北至平順縣界苗莊村三十八里，至縣治五十里，册作七十八里。至黎城縣一百三十里；西北至長治縣治三十里，至襄垣縣一百五里。

平順縣，在府東北七十里。東西距一百三十里，南北距九十里。東至梯頭隘河南彰德府林縣界八十里，少南至縣治一百十里；西至長治縣界掌頭村四十里；南至新興里常家池村壺關縣界晉莊村四十里；北至王曲村黎城縣界五十里，少西至縣治九十里。東南至河南林縣一百四十里，至衛輝府輝縣二百五十里；西南至壺關縣治五十里，至澤州高平縣一百五十里；東北至河南彰德府涉縣一百三十里；西北至潞城縣治四十里，沁州一百八十里。

黎城縣，在府東北一百十里。東西距一百十里，南北距一百二十里。東至彰德府涉縣界黄花峧四十里；西至襄垣縣界四十里，少北至沁州一百四十里；南至漳河潞城縣界二十里，少東至縣治六十五里；北至遼州界下五村一百里，至州治一百八十里。東南至平順縣界王曲村三十里，至縣治九十里；西南至襄垣縣界西峪村五十里，至縣治九十里；東北至涉縣界槐樹坡三十五里，至縣治六十里；西北至武鄉縣界牙子巖七十里，至遼州界桐峪嶺百里，至武鄉縣一百八十里。

沁州，在布政司東南三百十里。東西距九十里，南北距一百十里。東至武鄉縣界姜村三十里，少南至潞安府黎城縣一百八十里；西至沁源縣界白狐窑六十里；南至潞安府襄垣縣界司馬村七十里，《州志》：至虒亭驛五十里。北至武鄉縣界涅河村四十里，《州志》：至權店驛七十里。東南至襄垣縣一百二十里；西南至沁源縣一百二十里；東北至武鄉縣六十里，至遼州榆社縣一百十里；西北至太原府平遥縣二百十里。自州治至京師一千七百里。

沁源縣，在州西少南一百二十里。東西距一百五十里，南北距二百里。東至潞安府屯(白)[留]縣界雕巢嶺五十里，至潞安府襄垣縣一百五十里；西至平陽府霍州界七里戰一百里，至州治一百六十里；(東)[南]至平陽府岳陽縣界義亭五十里；北至汾州府平遥縣界大石嶺一百五十里，少西至縣治二百八十里。東南至屯留縣一百四十里，西南至岳陽縣一百二十里，東北至本州一百二十里，西北至汾州府靈石縣一百八十里。

武鄉縣，在州東北六十里。東西距二百五十里，南北距五十里。東至遼州界柏樹坪一百十里，至河南彰德府涉縣一百七十里；西至汾州府平遥縣界上店則一百四十里，至縣治二百里；南至潞安府襄垣縣界龍王堂三十里，少東至縣治一百十里，《州志》作九十里。北至遼州榆社縣方山村二十里，至縣治六十里。東南至潞安府黎城縣界八十里至縣治一百六十里；西南至本州六十里東北至遼州一百四十里；西北至太原府祁縣二百十里。

澤州，在布政司東南六百二十里。東西距一百十里，南北距一百四十里。東至王莽嶺陵川縣界七十里；西至周村鎮陽城縣界四十里，《州志》作至史山六十里。至縣治九十里；南至河南懷慶府河内縣界碗子城九十里，《州志》作一百十里。至縣治一百二十里；北至界牌嶺高平縣界五十里，《州志》作至莒山嶺六十里。少東至縣治八十五里。東南至懷慶府修武縣一百八十里，西南至懷慶府濟源縣一百五十里，東北至陵川縣一百二十里，西北至沁水縣一百七十里。自州治至京師一千八百里。

高平縣，在州北少東八十五里。東西距九十里，南北距八十里。東至陵川縣界李義村四十五里；西至沁水縣界王齊村四十五里，至縣治一百七十里；南至本州界三家店三十五里，少西至州治八十五里，《縣志》作九十里。北至潞安府長子縣界張店村《州志》作丹朱嶺。四十五里，至縣治八十五里，《縣志》作九十里。東南至陵川縣界五十五里，至縣治九十里；西南至本州界四十五里；東北至潞安府長治縣界四十五里，至縣治□□；西北至沁水縣界五十五里，至平陽府岳陽縣。

陽城縣，在州西八十里，《州志》作九十里。東西距一百里，南北距一百二十里。東至本州界周村鎮四十里，至州治八十里；西至沁水縣界大峪溝六十里，至平陽府絳縣□□里；南至河南懷慶府濟源縣界韓王頭八十里，至縣治一百二十里；北至沁水縣界敦壁鎮四十里，少東至潞安府長子縣一百二十里。東南至懷慶府河内縣二百里，西南至平陽府垣曲縣治一百五十里，東北至高平縣一百二十里，西北至沁水縣界傅齊嶺七十里，至縣治九十里。

沁水縣，在州西北一百七十里。東西距一百八十五里，南北距一百十里。東至空倉嶺高平縣界一百四十里，《州志》作一百六十里。少北至縣治一百七十里；西至平陽府翼城縣界關子山四十五里，至縣治一百十里；南至陽城縣界黃家巖二十里；北至平陽府岳陽縣界沁河口九十里，少西至縣治一百九十里。東南至本州一百七十里；西南至垣曲縣界一百里，至縣治二百五十里；東北至潞安府長子縣一百里；西北至平陽府浮山縣界賀家嶺五十里，至縣治一百二十里。

陵川縣，在州東北一百二十里。東西距一百二十里，南北距一百十里。東至河南衛輝府輝縣界八十里；西至高平縣界韓村四十里，至縣九十里；南至河南懷慶府修武縣界望仙樓九十里，至縣治一百四十里；北至潞安府壺關縣界馬鞍山村二十里，至縣治九十里。東南至輝縣界王莽嶺一百二十里，至縣治□□□；西南至本州一百二十里；東北至河南彰德府林縣治一百七十里；西北至潞安府長子縣一百六十里。

遼州，在布政司東南三百四十里。東西距一百六十五里，南北距八十五里。東至河南彰德府武安縣界白草坪村一百二十里，少南至縣治二百二十里；西至榆社縣界四十五里，至縣治九十里；南至武鄉縣界墨鐙里四十里，少東至潞安府黎城縣一百八十里；北至和順縣界石鼓嶺四十五里，至縣治九十里。東南至黎城縣界一百里，至彰德府涉縣一百六十里；西南至武鄉縣一百五十里，至沁州二百二十里；東北至直隸順德府邢臺縣界一百十里，至縣治二百八十里；西北至和順縣界七十里，至太原府太谷縣□□□。自(府)[州]治至京師一千三百里。

和順縣，在州北九十里。東西距一百九十里，南北距九十里。東至黃榆嶺直隸順德府邢臺縣界七十里，至縣治二百三十里；西至八賦嶺太原府榆次縣界一百二十里，少北至縣治二百四十里；南至石鼓嶺本州界四十五里，至州(泊)[治]九十里；北至松子嶺太原府樂平縣界四十五里，至縣治九十里。東南至邢臺縣界一百里；西南至太原府太谷縣界一百二十里，至縣治二百二十里。

榆社縣，在州西九十里。東西距一百五里，南北距八十五里。東至武鄉嶺本州界四十里，至州治九十里；西至温風嶺太原府祁縣界六十五里；南至狗腰關沁州武鄉縣界五十里，少西至縣治六十里。東南至李道莊本州界五十里；西南至王寧村武鄉縣界四十里；東北至谷榛里和順縣界四十里，至縣治一百六十里；西北至馬嶺關太谷縣界八十里，至縣治一百四十里。

大同府，在布政司北六百二十里。東西距四百六十里，南北距二百四十三里。東至枳兒嶺直隸宣府鎮界二百十里，《府志》作至直隸保安州界深井二百六十里。西至黄上山墩邊界二百五十里，册作至了角山。至[太]原府寧武所界二百八十里；南至太原府繁峙縣界一百六十里；北至得勝堡界邊牆八十三里，至長城一百四十里。東南至直隸保定府唐縣界倒馬溝四百五十里，西南至太原府崞縣界寧武關三百七十里，東北至宣府鎮界二百六十里，西北至邊界二百十里自府治至京師九百里。

大同縣，附郭。東西距一百二十里，南北距一百六十八里。東至聚樂堡界陳家窑五十里，至堡陽高衛界六十里，至衛治一百二十里；西至高山堡界油房溝二十五里，至堡莊雲衛界六十里；南至應州界南柳會村八十五里，至州一百二十里；北至得勝堡八十里，至邊牆八十三里。東南至西浮頭鋪渾源州界七十里，至州一百三十里；西南至懷仁縣六十里；東北至鎮川堡邊界五十五里；西北至助馬堡邊界一百里。

懷仁縣，在府西南六十里，《縣志》作七十里。東西距六十里，南北距九十里。東至大同縣界西安堡三十里，册作至東信橋村四十五里。少南至渾源州一百二十里。西至大同左衛界王卞莊三十里；南至山陰縣界黄花嶺三十里，至縣治八十里；北至左衛高山堡界六十里，《縣志》作北至大同界鏞女村，又曰至雲中驛七十里。東南至應州六十里，《縣志》：至安銀子驛六十里。西南至馬邑縣一百五十里，《縣志》：至廣武驛一百四十里。東北至大同縣界六十里，至聚(落)[樂]堡一百三十里；西北至左衛八十里。

渾源州，在府東南一百二十里。東西距九十里，南北距一百四十里。東至廣靈縣界分水嶺四十里，至縣一百二十里；西至應州界羅家莊五十里，册作寇家寨四十五里。少南至州治九十里；南至王家莊驛太原府繁(時)[峙]縣界九十里；北至大同縣界西浮頭五十里，至聚落堡一百二十里。東南至蔡家峪(壽)[靈]丘縣界一百十里，至縣治一百五十里；西南至繁峙縣治一百九十里；東北至陽和衛一百五十里；西北至大同縣一百二十里。

應州，在府南一百二十里。東西距七十里，南北距十五里。東至渾源州界羅家莊四十里，少北至州治九十里，西至潘名莊山陰縣界安銀村三十里；南至太原府繁峙縣界茹越口四十里，《州志》：至書堂巖五十里。至縣治一百里；北至南柳會村大同縣界三十五里，《閲視録》：至安驛堡六十里。至縣治一百二十里。東南至繁峙縣界龐家套五十里；西南至山陰縣六十里，又南至太原府代州界胡峪嶺八十里，至州治一百四十里；東北至大同縣界蘆子溝四十里；西北至黄河嶺懷仁縣界三十里，至縣治六十里。

山陰縣，在州西南六十里，府西南一百四十里。東西距五十五里，南北距八十里。東至應州界長樂村二十五里；西至馬邑縣界新興鋪三十里，至縣治六十里；南至佛宿山沙家寺太原府代州界三十里，《閲視録》：至廣武治六十里。至州治一百里；北至黄花嶺懷仁縣界五十里，至縣治八十里。東南至太原府繁峙縣九十里；西南至馬邑縣界四十里，至太原府崞縣界□□□；東北至(太)[應]州界安銀鋪三十里；西北至懷仁縣界六十里。

朔州，在府西南二百五十里。東西距八十五里，南北距一百二十里。東至馬邑縣界東邵莊二十五里，至縣四十里，《州志》：至山陰縣界新興鋪八十里。西至太原府崞縣界利民堡六十里，《州志》作喬麥川。南至太原府崞縣界楊方口六十里，《州志》：至崞縣界段家鋪七十里。少東至縣治一百三十里；北至井坪所界下窑子三十里，至井坪所平鹵衛界六十里，《州志》：至馬家河一百三十里。東南至太原府代州界廣武站八十里，至州治一百四十里；西南至崞縣界神池口六十里，至寧武關九十里；東北至泥河馬邑縣界七十里；西北至鴨子坪一百三十里。

馬邑縣，在州東少北四十里，府西南二百十里。東西距四十里，南北距一百里。東至山陰縣界羅家嶂二十里，少北至縣六十里；西至朔州界八里墩二十里，册：東邵莊十五里。至州四十里；南至太原府代州界廣武下關城四十里；北至懷仁縣界大峪口六十里，至大同左衛一百八十里。東南至代州界廣武站六十里，至州一百二十里；西南至太原府崞縣界寧武關一百二十里；東北至懷仁縣一百四十里；西北至洪濤山朔州界十五里，至井坪城七十里。

蔚州，在府東南二百四十里。東西距七十里，南北距一百十里。東至西合營堡直隸(安)保[安]州界四十里；《州志》：至美峪關保安州界一百二十里。西至廣靈縣界西馬莊三十里，至縣六十里；南至黑石嶺廣昌縣界七十里；北至神仙嶺直隸宣府鎮東城界四十里，至城八十里。東南至廣昌縣一百三十里；西南至靈丘縣一百三十里；東北至桃花堡宣府鎮界九十里，至保安州一百八十里，至鎮二百四十里西北至宣府府界西城九十里，至天城衛陽和衛一百八十里。

廣靈縣，在州西五十里，府東南二百四十里。東西距八十七里，南北距八十里。東至蔚州界西馬莊二十七里，少南至州五十里；《縣志》：至暖泉州界二十五里。西至渾源州界分水嶺六十里，至州一百二十里；南至靈丘縣界義泉嶺四十里，至縣八十里；北至天城衛界夾石溝四十里，《縣志》作至西城界樺澗嶺四十里，至城一百里。《閱視録》：至火燒嶺五十里。至衛□□里。東南至廣昌縣一百六十里，西南至渾源州界六十里，東北至直隸宣府鎮界西城二百里，西北至陽和衛二百二十里。

靈丘縣，在州西南一百□里，府東南二百七十里。東西距八十里，南北距一百七十里。東至廣昌衛界馬嶺鋪四十里，至縣九十里；西至渾源州界蔡家峪四十里；南至直隸正定府阜平縣界□□□，府、《縣志》俱作至鐵嶺口一百三十里。至縣治二百里；北至義泉嶺廣靈縣界四十里，至縣八十里。東南至直隸保定府唐縣治三百里，西南至太原府繁峙縣二百十里，東北至蔚州一百□里，西北至渾源州一百五十里。

廣昌縣，在州東南一百三十里，府東南三百六十里。東西距一百十里，南北距一百二十里。東至草橋店直隸保定府易州界六十里，至(荆)紫[荆]關一百里，至易州治一百八十里；西至靈丘縣界白羊鋪五十里，至縣治九十里南至石春村保定府唐縣界六十里，至倒馬關九十里至唐縣二百二十里；北至(尉)[蔚]州界黑石嶺六十里，至桃花堡□□□。東南至唐縣二百二十里，西南至直隸真定府阜平縣□□里，東北至直隸保安州二百八十里，西北至本州一百三十里。

陽和衛，在府東北一百二十里。東至天城衛六十里，西至大同縣界聚落堡六十里，南至東井集大同縣界九十里，北至邊牆十四里。

天城衛，在府東北一百八十里。東至枳兒嶺宣府懷安衛界三十里；至衛六十里；西至陽和衛六十里；南至廣靈縣界夾石溝一百三十里，至縣一百七十里；北至邊牆二十里。

大同左衛，在府西一百二十里。東至破鹵堡六十里，西至平鹵衛界威遠城三十里，南至朔州界井坪所一百二十里，北至寧鹵堡二十里。

大同右衛，在府西北一百九十里。東至破虎堡界二十里，西至邊牆二十里，南至平鹵衛界威遠城六十里，北至殺虎堡界十里。東南至寧鹵堡五十里，西南至靈石堡□□□，東北至破虎堡三十里，西北至殺虎口堡二十里。

平鹵衛，在府西少南二百四十里。東至威遠城界沙家寺村四十里，西至阻虎堡二十里，南少東至井坪所六十里，北少西至雲石堡七十里，西南至乃河堡□□□，東北至威遠城。

井坪所，在府西南二百八十里。東至馬邑縣界羊圈樑十里，至懷仁縣□□□，西至乃河堡四十里，南至朔州六十里，北少西至平鹵衛六十里，東南至馬邑縣。

陝西省

陝西布政司，在京師西南二千六百五十里。東西距二千八百里，南北距二千一百里。東至河南府(閿香)[閿鄉]縣三百里，西至河州番界二千五百里，南至四川夔州府達州太平縣界九百里，北至榆林衛邊界一千二百里。東南至湖廣(隕)[鄖]陽府竹山縣一千三十里，西南至四川龍安府平武縣界一千四百里；東北至山西太原府河曲縣界一千六百六十里；西北至[嘉]峪關邊三千一百里。

西安府，在布政司治。東西距五百十里，南北距七百三十里。東至河南府(閿香)[閿鄉]縣界三百里，西至鳳翔府扶風縣界二百里，南至興安州洵陽縣界四百三十里，北至延安府宜君縣界三百里。東[南]至河南南陽府內(香)[鄉]縣七百八十里，西南至鳳翔府郿縣二百六十里；東北至山西平陽府蒲州界三百五十里；西北至平涼府涇州界五百三十里。自府治至京師二千六百五十里。

長安縣，附郭，在府西少東。東西距二十七里，南北距一百九十里。東至鼓樓十字街咸寧縣界二里；西至咸陽縣界二十五里；南至鎮安縣界一百六十里；北至渭河涇陽縣界三十里，少西至縣治七十里。東南至咸寧縣界□□□里；西南至(雩)[鄠]縣七十里，又南至五郎關興安州石泉縣界五百里，《志》作南至小蟻谷七十里，又西南至觀音山二百里，又西南至五郎關二百三十里，又南至盩厔縣界三河口一百四十里。東北至高陵縣七十里；西北至咸陽縣界三十里，至縣治五十里。

咸寧縣，附郭，治府東偏。東西距四十八里，南北距一百九十里。東至斜口臨潼縣界四十五里，至縣(至)[治]四十五里；西至鼓樓十字街長安縣界三里；南至界牌灣鎮安縣界一百五十里，少東至縣治二百八十里。冊作東南至大蟻谷九十里，又東南至舊縣關一百九十里。(人)[又]東南至鎮安縣九十里；北至渭河高陵縣界三十五里，至縣治七十里；西北至涇陽縣界七十里。

咸陽縣，在府西北五十里。東西距五十里，南北距五十八里。東至長安縣界二十五里；西至馬跑泉興平縣界二十五里，至縣治五十里；南至江頭堡鄠縣界二十里，《縣志》作十八里。少西至縣治七十里；北至涇陽縣界三十八里，少東至淳化縣□□□里。東南至新店長安縣界二十五里，至縣治五十里；西南至盩厔縣界三十里，至縣治一百二十里；東北至畦川堡涇陽縣界四十里，至縣治五十里，又東至高陵縣界五十里，至縣治九十里；[西]北至店張驛醴泉縣界四十里，至縣治七十里。

興平縣，在府西少北一百里。東西距七十里，南北距四十五里。東至馬跑泉咸陽縣界二十五里，至縣治五十里；西至長寧武功縣界四十五里，至縣治九十里；南至渭河盩厔縣界二十五里；北至陳定村醴泉縣界二十里，至縣治四十里。東南至鄠縣五十里；西南至盩厔縣七十里，又西至鳳翔府郿縣一百四十里；東北至涇陽縣九十里；西北至乾州界九十一里。

鄠縣，在府西南七十里。東西距四十里，南北距四十五里。東至長安縣界三十里；西至進侯村盩厔縣界十五里，至縣治八十里；南至終南山長安縣界二十里；北至江頭堡咸陽縣界三十五里，至縣治七十里。東南至長安縣界□□里；西南至長安縣界一百里；東北至趙王村長安縣界二十里，至縣治七十里；北至興平縣二十里，至縣治五十里。

藍田縣，在府東南九十里。東西距一百里，南北距一百十里。東至楊家灣渭南縣界五十里；西至咸寧縣界五十里；南至新店鎮安縣界七十里；北至故景鄉臨潼縣界五十里，至縣治七十五里。東南至商州界英户關一百十里，至州治二百二十里；西南至鎮安縣界二百里；東北至渭南縣一百里，又東至華州界一百八十里；西北至庫峪咸寧縣界四十里，至縣治九十里。

臨潼縣，在府東少北六十里。東西距五十五里，南北距一百五里。東至零口鎮渭南縣界四十旦，至縣治八十里；西至斜口咸寧縣界十五里，至縣治六十里；南至藍田縣界三十五里，至縣治七十五里；北至富平縣界□□□十里。東南至藍田縣界□□□□里，西南至長安縣界□□□里，東北至富平縣界□□□□里，西北至高陵縣治五十里。

高陵縣，在府東北七十里。東西距三十五里，南北距三十里。東至臨潼縣界十五里；西至李家村涇陽縣界二十里，少北至縣治五十里；南至渭河咸(字)[寧]縣界二十里；北至關家村三(元)[原]縣界十里。《縣志》：北至富平縣□□□□。東南至北天王臨潼縣界十五里，至縣治五十里，又東至渭南縣九十里；西南至咸寧縣七十里，又西至咸陽縣八十五里；東北至富平縣□十里，又東至蒲城縣一百二十里；西北至三原縣界口四十里。

涇陽縣，在府西北七十里。東西距六十二里，南北距五十五里。東至李家村高陵縣界三十里，《縣志》作二十五里。少南至縣治五十里；西至臨涇城醴泉縣界三十二里，《縣志》作五十五里。至縣治九十里；南至渭河長安縣界四十里；《縣志》：至咸陽縣界十五里。【略】少西至縣治一百里。東南至長安縣七十里，至臨潼縣治九十里；《縣志》作七十里。南至咸陽縣五十里；東北至三原縣界十五里，至縣治三十里；西北至淳化縣界七十里；西南至乾州治一百三十里。

三原縣，在府北少東九十里。東西距四十五里，南北距五十三里。東至高陵縣界三十里；《縣志》：至臨潼縣界四十里。西至涇陽縣界何家村十五里，《縣志》作八里。少南至醴泉縣一百一十里；南至涇陽縣界八里，至咸寧縣九十里；北至耀州界趙池河四十五里，至州治九十里。東南至高陵縣界關家莊三十里，至縣治四十里；西南至涇陽縣三十里；東北至富平縣六十里；西北至淳化縣九十里。

盩厔縣，在府西南一百六十里。東西距一百五里，南北距三百二十里。東至鄠縣界進侯村六十五里，至縣治八十里；西至鳳翔府郿縣界青華堡四十里，至縣治一百里；南至柴家關興安州界二百四十里；冊作南至黑水峪三十里，又至南秦地一百五十里，又南至柴家關六十里，又西南至蒲河五十里，又西南至三河口四十里，又西南至馬家河二十里，又西南至涇水河三十里，又西南至槐樹關三十里，又西南至杜村壩三十里，又西南至洋縣三十里。北至渭河興平縣界二十里，《縣志》作至渭五里武功界。至乾州□□□□。東南至鄠縣界□□□□；西南至洋縣界二百里，至縣治五百里；東北至紅花鋪興平縣界五十里，至縣治七十里；西北至武功縣界三十里，至縣治□□□里，又西至鳳翔府扶風縣九十里。

渭南縣，在府東一百四十里。東西距六十里，南北距二百十里。東至華州界赤水河二十里，至州治五十里；西至臨潼縣界零口鎮四十里，至縣治八十里；南至商州界清江坪一百四十里，少東至州治□□□□里；北至蒲城縣界金市坡七十里，少東至縣治一百□十里。東南至雒南縣界一百五十里，至縣治二百五十里；西南至藍田縣界五十五里，至縣治一百里；東北至同州界六十里，至州治一百里；西北至高陵縣界四十里，至縣治九十里，又北至富平縣界六十里，至縣治一百里。

富平縣，在府東北一百五十里。東西距七十里，南北距九十里。東至莊子鎮鋪蒲城縣界四十里，少北至縣治九十里；西至三原縣界三十里，《耀州志》：至州治五十里。少南至縣治六十里；南至臨潼縣界斷元二十里，《縣志》：南至渭南縣界□□□。《州志》：至高陵縣界。少西至縣治七十里；北至同(州)官縣上店鎮六十里，少西至縣治一百十里。《縣志》：北至宜君縣二百里。東南至渭南縣一百里；西南至苗家谷鋪高陵縣界三十里，至縣五十里；東北至莊子鎮鋪蒲城縣界四十里，至縣治九十里，又至白水縣一百四十里；北至洪水鋪耀州界四十里，《耀州志》作五十五里。至州治七十里。

醴泉縣，在府西北一百二十里。東西距六十三里，南北距七十[里]。東至涇陽縣界臨涇鎮五十八里，至縣治九十里；西至乾州界孝義村五里，至州治四十里；南至興平縣界陳定村二十里，至縣治四十里；北至淳化縣界南莊村五十里，少東至縣治一百十里。東南至咸陽縣七十里，西南至武功縣九十里，東北至三原縣一百十里，西北至永壽縣一百十里。

商州，在府東南三百里。東西距三百二十里，南北距一百里。東至吊橋嶺商南縣界一百九十里；西至界牌坊□□□□界一百三十里；南至下官坊山陽縣界九十里，少東至縣治一百二十里；北至雒南縣界藥子鋪七十里。東南至商南縣二百四十里，西南至鎮安縣二百五十里，東北至雒南縣九十里，西北至藍田縣二百二十里。

雒南縣，在府北少東九十里。東西距三百里，南北距三百七十里。東至箭杆鋪河南府盧氏縣界一百二十里，《縣志》：至靈寶縣界一百五十里。少北至縣治二百五十里；西至本州界二十里；册作至本州界藥子鋪二十里。北至華陰縣界一百里。册作至華陰縣界潼谷口一百四十里。東南到商南縣二百七十里；本《縣志》作三百里。西[南]至本州治九十里；東北至河南府閿(香)[鄉]縣治二百二十里，又東至靈寶縣治二百五十里；西北至華州治一百九十里，又西至渭南縣治二百八十里。

鎮安縣，在州西南二百五十里，府南少東二百八十里。東西距四百二十里，南北距二百七十里。東至山陽縣界界牌河一百里；西至興安州石泉縣界三百里，少南至縣治四百里；南至興安州洵陽縣界一百里，至縣治二百二十里；北至藍田界一百五十里；册作界牌灣一百九十里。至縣治三百五十里，一作至藍田縣界一百五十里。東南至湖廣(隕)[鄖]陽府廢上津縣界二百里，至縣治四百里；西南至興安州界下茅坪一百二十里，至州治二百五十里；册作至漢陰縣界五郎關三百七十里。西北至咸寧縣界三百里。《志》作西至西土谷咸寧縣界九里灣鋪八十里。

商南縣，在州東少南二百四十里，府東南五百四十里。東西距一百十里，南北距一百八十里。東至河南南陽府淅川縣界四十里，册作至构家林界四十里。西至本州界七十里，册作至四條嶺本州界五十里。南至湖廣(隕)[鄖]陽府(隕)[鄖]縣界一百五十里，册作至(隕)[鄖]西縣一百九十里。至縣治□□里；北至河南府盧氏縣界三十里，册作至盧氏縣界角子山五十里。少東至縣治□□□里。東南至淅川縣治三百里，又東至內鄉縣治三百里；西南至山陽縣治一百八十里；本《縣志》作三百十里。東北至河南府嵩縣治三百里；西北至雒南縣治三百七十里。

山陽縣，在州南少東一百二十里，府東南四百二十里。東西距二百四十里，南北距一百六十里。東至商南縣界一百二十里；册作至界牌嶺一百二十里。西至鎮安縣界界牌河一百里，至縣治二百里；南至湖廣(隕)[鄖]陽府廢上津縣界一百三十里，至縣治一百六十里；册作至(隕)[鄖]西縣界龍王廟一百二十里。北至下官坊本州界三十里，至雒南治一百二十里。東南至(隕)[鄖]陽府(隕)[鄖]西縣界□□□里，西南至興安州洵陽縣□□□里，東北至商南縣治一百八十里，西北至本州治一百二十里。

同州，在府東北二百六十里。東西距四十里，南北距六十里。東至朝邑縣界乾坑鋪十里，至縣治三十里；西至蒲城縣界舡舍鎮三十里；南至華州界渭河三十五里，少西至州七十里；北至澄城縣界鐵鐮山二十五里，至縣治一百里。東南至華陰縣七十八里，西南至渭南縣一百里，東北至郃陽縣一百十里，西北至蒲城縣七十里。

朝邑縣，在州東三十里，府東北三百十里。東西距四十八里，南北距九十里。東至山西平陽府蒲州界舊大慶關二十八里，至州治四十里；西至本州界乾坑鋪二十里，至州治三十里；南至華陰縣界望仙觀四十里，至縣治六十里；北至郃陽縣界王家圪塔子五十里，至縣治一百里。東南至華陰縣界潼關衛六十里；西南至華州界五十里，至州治□□□里；東北至山西平陽府滎河縣□□□□；西北至澄城縣界五十里，至縣治。

韓城縣，在州東北二百里，府東北四百八十里。東西距一百四十里，南北距一百五十七里。東至黄河山西平陽府滎河縣界十五里；西至延安府洛川縣界阿石崖一百三十里，少北至縣治一百七十里；《縣志》作二百二十里。南至郃陽縣界大棗村三十七里，至山西平陽府蒲州一百四十里；北至延安府宜川縣店頭集一百二十里。東南至滎河縣三十里；《縣志》：至大慶關一百八十里。西南至郃陽縣八十里，《縣志》作五十三里。又西至澄城縣一百里；《縣志》作一百三十里。東北至平陽府河津縣界禹門渡六十里；西北至麻綫嶺延安府宜川縣界店頭集一百二十里，至縣治二百三十里。

郃陽縣，在州東北一百十里，府東北三百四十里。東西距六十里，南北距九十里。東至黄河山西平陽府滎河縣界四十里，至縣治□十里；西至澄城縣界王村二十里，至縣治四十里；南至朝邑縣界王家圪塔子五十里，至縣治一百(城)[里]；北至韓城縣界四十里，至延安府□□□五十里。東南至平陽府蒲州一百里；西南至本州一百十里；東北至韓城縣界四十三里，至縣治七十里；西北至延安府洛川縣二百五十里。

澄城縣，在州北一百里，府東北三百二十里。東西距五十里，南北距一百五十五里。東至郃陽縣界王村二十里，至縣治四十里；西至白水縣界氣丘村三十里，至縣治七十里；南至本州界鐵鐮山七十五里，至州治一百里；北至延安府洛川縣界八十里，至宜川縣□□□□。東南至朝邑縣□□□西南至蒲城縣一百里，東北至韓城縣一百里，西北至洛川縣界黄龍山八十里，《縣志》：西北至宜君縣□□□。至縣治二百十里。

白水縣，在州西北一百二十里，府東北二百九十里。東西距九十里，南北距一百里。東至澄城縣界氣丘村四十里，至縣治七十里；西至同官縣界楊家山五十里，至縣治一百二十里；南至蒲城縣界川井村十里，至縣治五十里；北至延安府洛川縣沙家河九十里。《縣志》：北至延安府中部縣一百五十里。東南至同州一百二十里，西南至富平縣一百二十里，東北至洛川縣一百八十里，西北至延安府宜君縣界五十里，至縣治一百里。

華州，在府東一百九十里。東西距六十里，南北距一百三十里。東至華陰縣擡頭鎮四十里，至縣治七十里；西至渭南縣界赤水鎮三十里，至縣治五十里；南至雒南縣界秦嶺八十里，至縣一百九十里；北至蒲城縣界孝義鎮五十里，至縣治一百里。東南至雒南縣界□□□□，至河南盧氏縣三百五十里；西南至藍田縣一百八十里；東北至同州七十里；西北至富平縣一百三十里。

華陰縣，在州東七十里，府東二百六十里。東西距八十里，南北距六十里。東越潼關至河南府閺(香)[鄉]縣界四十里，至縣治一百里；西至擡頭鎮本州界四十里，至州治七十里；南至華山十里；北至渭河朝邑縣界望仙觀二十里，《縣志》作十五里。少東至縣治六十里。東南至潼谷口雒南縣界四十里，至縣治一百八十里；西南至秦嶺雒南縣界八十里，至縣治□□里；東北至跨渭河朝邑縣界三十里，至山西平陽府蒲州八十里；《元和志》：東北至潼關三十九里。西北至同州界牌口七十八里。

蒲城縣，在州北少西一百二十里，府東北二百二十里。東西距九十里，南北距一百一十里。東至同州界船舍鎮四十里；《縣志》作東至澄城縣界五十五里。西至富平縣界莊子鎮五十里，少南至縣治九十里；南至渭南縣界四十里，至縣治一百十里；北至白水縣界罕井村四十里，《縣志》作四十五里。至縣治五十里，同州治七十里。東南至華州界孝義鎮七十里。

耀州，在府北少東一百六十里。東西距六十里，南北距五十五里。東至富平縣界朱村五十里，至縣治九十里；《州志》作四十里。南至三(元)[原]縣界趙河四十五里，《州志》：至富平縣界三里。至縣治九十里；北至孝家鋪同官縣界十里，至縣治七十里。東南至富平縣界三里；西南至三原縣界二十里；東北至同官縣界十五里，至白水縣□□□□；西北至三水縣界八十里。

同官縣，在州北少東六十里，府東北二百十里。東西距一百九十里，南北距九十里。東至白水縣界楊家山五十里，至縣治一百二十里；《州志》：至本州界四十里。又至淳化縣一百八十里；西至□□縣界石門關一百二十里，至縣治一百六十里；南至本州界孝家莊五十里；北至金嶺關延安府宜君縣界三十里，《州志》作六十里。少西至縣治九十里。東南至蒲城縣一百十里；西南至州界五十里，至涇陽縣二百里、淳化縣□□□里；東北至延安府洛川縣二百五十里；西北至慶陽府寧州二百十里。

乾州，在府西北一百六十里。東西距九十五里，南北距九十里。東至醴泉縣界孝義村三十五里，至縣治四十里；西至鳳翔府扶風縣界六十里，少南至縣治九十里；南至武功縣界四十里，至盩厔縣□□；北至永壽縣界辛店五十里，至縣治九十里。東南至興平縣界六十里，至縣治□□□；西南至武功縣界五十里，至縣治六十里；西北至鳳翔府麟游縣界關頭五十里。

武功縣，在州西南六十里，府西少北一百九十里。東西距六十五里，南北距六十里。東至興平縣界長寧鎮四十五里，至縣治九十里；西至鳳翔府扶風縣界界牌鋪二十里，少北至縣治六十里；南至渭河盩厔縣界三十五里；北至本州界趙村二十五里，少東至州治六十里。東南至盩厔縣一百里，《縣志》：東南至鄠縣□□□里。西南至鳳翔府郿縣七十里，東北至醴泉縣九十里，西北至鳳翔府麟游縣一百二十里。

永壽縣，在州北九十里，府西北二百五十里。東西距一百十五里，南北距七十五里。東至醴泉縣界六十里；西至鳳翔府麟游縣亢家店子五十五里，《縣志》作三十里。少南至縣治一百里；南至本州界新店四十里；《縣志》作五十里。北至氐窖溝（賓）[邠]州界三十五里，《縣（至）[志]》作四十里。至三水縣一百二十里。東南至醴泉縣界九嵕山五十里，至縣治一百十里；西南至鳳翔府扶風縣界八十里，至縣治□□□；東北至淳化縣八十里；西北至邠州界五十里，至州治七十里。

邠州，在府西北三百五十里。東西距一百二十五里，南北距九十五里。東至淳化縣界文家溝八十五里，至縣治一百四十里；西至長武縣界停口鎮四十里，少北至縣治八十里，至平涼府靈臺縣一百二十里；南至永壽縣界氏窖溝三十五里；北至慶陽府真定縣界六十里，少東至縣治八十里。東南至永壽縣七十里；西南至鳳翔府麟游縣一百二十里；東北至慶陽府真寧縣八十里，又東至延安府宜君縣一百六十里；西北至寧州治一百四十里。

三水縣，在州東北六十里，府西北三百三十里。東西距八十里，南北距一百五十里。東至同官縣界石門關四十里，至縣治一百六十里；西至細腰橋邠州界四十里，至長武縣□□里；南至淳化縣界二十里原五十五里，至永壽縣□□里；北至慶陽府真寧縣界氏廟鎮五十里，至縣治六十里。東南至淳化縣一百□□里，至耀州一百五十里；西南至本州界□□四十里，至州治六十里；北至延安府宜君縣界九十里，至縣治一百六十里；西北至慶陽府寧州一百五十里。

淳化縣，在州東少南一百四十里，府北少西二百三十里。東西距九十五里，南北距八十五里。東至耀州界朱村四十里，至州治九十里；西至本州界文家溝五十五里，《縣志》：西至醴泉縣□□□里。至州治一百四十里；南至醴泉縣界南莊村四十里，《縣志》：南至涇陽縣□□□里。少西至縣治一百十里；北至三水縣界二十里原四十五里。東南至涇陽縣□□□，《縣志》：東南至三原縣。西南至永壽縣□□□，《縣志》：西南至咸陽縣。東北至同官縣□□□，舊《志》作東北至延安府中部縣一百三十里。西北至三水縣一百里。

長武縣，在州西北八十里，府西北四百三十里。東西距七十里，南北距六十里。東至停口鎮本州界四十里，至三水縣□□里；西至窑店鎮平涼府涇州界三十里；南至平涼府靈臺縣界三十里；北至慶陽府寧州界三十里。[東]南至本州八十里，西南至靈臺縣□□□，東北至慶陽府寧州九十里，西北至涇州一百里。

鳳翔府，在布政司西少北三百六十里。東西距四百二十里，南北距二百四十里。東至西安府武功縣界一百五十里，《志》作一百六十五里。西至鞏昌府清水縣界二百七十里，《志》作三百十里。南至漢中府鳳縣界一百七十里，《志》作二百里。北至平涼府靈臺縣界七十里。《志》作二百二十里。東南至漢中府洋縣界三百七十里；西南至鳳縣界一百八十里，至縣治二百九十里；東北至西安府永壽縣界一百六十五里；西北至平涼府華亭縣界二百十里。

鳳翔縣，附郭。東西距七十五里，南北距九十里。東至岐山縣界佛指溝四十里，至縣治五十里；西至汧陽縣界五里坡三十五里；南至寶雞縣界四十里；北至麟游縣界五十里，至平涼府靈臺（府）縣□□□。東南至郿縣治九十里；西南至寶雞縣界王家村四十五里，至縣治九十里；東北至麟游縣界申家溝六十里，至縣治一百二十里；(南)[西]北至汧陽縣治六十里。

岐山縣，在府東五十里。東西距四十五里，南北距二百里。東至扶(鳳)[風]縣界柳店鋪三十五里，《府志》作四十里。至縣治六十里；西至鳳翔縣界佛指溝十里，《府志》作七里。少東至縣治九十里；南至漢中府鳳縣界桃川五里城一百五十里；《府志》作一百九十里。北至麟游縣界伍將廟五十里，《府志》作七二里。少東至縣治九十里。東南至郿縣界四十里，至縣治五十里；西南至寶雞界十里，至縣治一百二十里；東北至扶風縣界六十里，至西安府邠州治一百二十里；西北至鳳翔縣界七十里。

扶風縣，在府東一百十里。東西距六十五里，南北距一百里。東至西安府武功縣界分界鋪四十里，至縣治五十五里；西至岐山縣界柳店鋪二十五里，至縣治六十里；南至渭河郿縣界三十里，少西至縣治三十五里；北至麟游縣界七十里，至平凉府靈臺縣治二百里。東南至武功縣治五十五里，又南盩厔縣治□□里；西南至寶雞縣一百八十里；東北至西安府乾州治九十里；西北至麟游縣治九十里，至平凉府華亭縣三百里。

郿縣，在府東南九十里。東西距九十里，南北距二百九十里。東至西安府盩厔縣界清花堡六十里，至縣治百里；西至岐山縣界石頭河三十里，至寶雞縣治一百三十里；(縣)[南]至太白山五十里【略】；北至渭河扶風縣界十里，至縣治三十五里。東南至西安府□□；西南至斜谷口三十里，至漢中府鳳縣治二百五十里；東北至西安府武功縣治九十里；西北至岐山縣治五十里。

寶雞縣，在府西南九十里。東西距一百七十里，南北距一百七十里。東至岐山縣界石頭河九十里；西至隴州界固川八十里，府、《縣志》俱作至鞏昌府秦州界九十里。至州治五百里；南至漢中府鳳縣界一百三十里；北至汧陽縣界箭括嶺四十里，少西至縣治七十五里。東南至郿縣界一百里，至縣治一百三十里；西南至鳳縣界九十里，至縣治二百里。東[南]至鳳翔縣界七十五里，至縣治九十里，至岐山縣治一百二十里；西北至隴州界四十五里，至州治一百五十里；西南至益門鎮二十里，又西南東河驛六十里，又西南黄牛鋪五十里，又西南至草凉驛四十里，又西至鳳縣七十里。

麟游縣，在府東北一百二十里。東西距一百三十里，南北距八十五里。東至西安府乾州界關頭七十里；西至鳳翔縣界六十里，又西至汧陽縣界一百里；南至扶風縣界四十里，少東至縣治九十里；北至西安府永壽縣界四十五里。東南至西安府乾州治一百二十里，又南至武功縣治一百三十里；西南[至]岐山縣界四十里，至縣治九十里，又至鳳翔縣界十八里嶺七十里，至縣治一百二十里；東北至永壽縣界亢家店子四十五里，至縣治一百里；西北至平凉府靈臺縣界八十里，至縣治一百三十里。

隴州在(州)[府]西少北一百五十里。東西距一百六十五里，南北距二百里。東至荆王鎮汧陽縣界戚家堡四十五里，少南至縣治九十里；西至長寧驛鞏昌府清水縣界一百二十里，册作至茶拴鋪。至縣治二百二十里；南至寶雞縣界一百四十里，至漢中府鳳縣治三百五十里；北至白崖嶺平凉府華亭縣界六十里，《州志》：至界一百二十里。至縣治一百二十里。東南至寶雞縣界一百二十里，至縣治一百五十里；西南至吴寨鎮清水縣界一百七十里，至□□□里；東北至平凉府崇信縣□□□□；西北至華亭縣界六十里，至莊浪縣治□□里。自州西北至咸宜關四十里，又至關山四十里，又至長寧驛四十里，又至清水縣九十里。

汧陽縣，在州東少北九十里，府西北六十里。東西距七十里，南北距九十里。東至鳳翔縣界五里坡二十五里，少南至縣治六十里；西至隴州界戚家堡四十五里，少北至州治九十里；南至箭括嶺寶雞縣界二十里；北至雪白鎮平凉府靈臺縣界七十里，至崇信縣治□□□里。東南至寶[雞]縣治七十里，西南至隴州界□□，東北至靈臺縣治一百五十里，西北至平凉府華亭縣。

漢中府，在布政司西南九百六十里。東西距六百十里，南北距六百三十里。東至興安州石泉縣界三百十里；西至四川(寶)[保]寧府廣(原)[元]縣界三百七十里；南至保寧府南江縣界一百四十里，至縣治六百四十里；北至鳳翔府寶雞縣界五百十里。自府治至京師三千五百三十里。

南鄭縣，附郭。東西距五十里，南北距一百六十里。東至城固縣界長流鋪二十里，至縣治七十里；西至沔縣界鈕項鋪三十里，至縣治九十里；南至四川保寧府南江縣界楊巷林一百四十里，至仙臺山一百九十里；北至雙橋鋪褒城縣界二十里。東南至梁州山一百八十里，西南至大巴山保寧府巴州界一百九十里，東北至城固縣界□□□里，西北至褒城縣界景家堂二十里，至縣治四十里。西至長林驛四十里，又西至黃沙驛二十里，又西至沔縣五十里。東南至青石關七十里，至貫谷關一百里。

襃城縣，在府西北四十里。東西距八十里，南北距二百七十里。東至南鄭縣界四十里；西至火燒營沔縣界四十里；南至簣子河四川保寧府巴州界一百三十里；《府志》：至南鄭縣界□□□。北至武關驛鳳縣界一百四十里，《通志》：至鳳縣界三十里。□□□□□至□□□里。東南至南鄭縣界雙橋鋪二十里，西南至縣治四十里；西南至柏鄉鋪沔縣界四十五里，至縣治一百里，又南至寧羌州西流河一百十里；東北至寧羌衛屯地五里；西北至廢雲霧縣八十里，至青陽鋪鳳縣界一百六十里，至縣治三百七十里，至縣北至青橋驛五十里，又北至馬道驛四十里，又北至武關驛五十里；西北至留壩驛四十里，又西北至松林驛五十里，又北至費丘關四十里，又北至三岔驛四十里，又北至鳳縣六十里。

城固縣，在府東七十里。東西距六十里，南北距四百里。東至漢王城洋縣界十里，少南至縣治五十里；西至長流鋪南鄭縣界五十里，至縣治七十里；南至四川保寧府通江縣界三百里；一作至西鄉縣界七十里，誤。北至鳳翔府郿縣界二百里。東南至楊家溝西鄉縣界七十里，至縣治一百五十里；西南至南鄭縣界四十里；東北至西安府盩厔縣治五百里；西北至褒城縣治一百十里，又北至鳳縣界白溪里一百五十里。

西鄉縣，在府東南二百二十里。東西距二百二十里，南北距五百三十里。東至興安州石泉縣界曾溪嶺一百二十里；西至城固縣界孫家坪一百里；南至四川保寧府通江縣□□□，夔州府太平縣界口廟子五百里，少東至縣治四百六十里；《通志》：至達州七百五十里。北至洋縣界三十里。東南至興安州紫陽縣界桃溪四十里，又至紅瓦五十里，至縣治一百里，又西至城固縣治一百五十里；東北至漢江茶溪渡鎮九十里，通石泉縣界；東南至漁渡壩營三十里，至鹽厂關四十里，接通(紅)[江]縣界；東北至子午鎮一百五十里，西接洋縣，東接石泉。

洋縣，在府東少南一百二十里。東西距一百四十里，南北距二百六十里。東至興安州石泉縣界一百里，至縣治一百五十里；西至城固縣界漢王城四十里，少北至縣治五十里；南至西鄉縣堰溝口六十里；北至西安府盩厔縣界二百里，至鳳翔府郿縣□□□□。東南至西鄉縣治一百里；西南至城固縣□□□□；東北至盩厔縣界蒲河二百里，至縣治五百里；西北至郿縣界。

鳳縣，在府西北三百八十里。東西距一百七十里，南北距三百里。東至鳳翔寶雞縣界一百十里；西至鞏昌兩當縣界草河鋪六十里，至縣治一百里；南至褒城縣界二百三十里，至沔縣治□□□□里；北至寶雞縣界七十里，至隴州治三百五十里。東南至武關驛褒城縣界二百三十里，至縣治二百七十里；西南至(界陟)[沔]縣界□□□里；東北至草涼驛七十里，至鳳翔府寶雞縣界黃牛鋪一百十里，至縣治二百四十里；西北至兩當縣界曾家莊七十里，至鞏昌府清水縣□□□里。

寧羌州，在府西南二百八十里。《府志》作三百三十里。東西距三百十里，南北距二百二十里。東至沔縣界黃土嶺一百二十里；《縣志》：至褒城縣界一百二十里。西至四川龍安府平武縣界金山寺一百九十里，至所治三百五十里；《縣志》：西至四川保寧府廣元縣界二百三十里。又曰昭化界，《府志》作廣元縣。舊《志》作成縣二百五十里，誤。南至四川保寧府廣元縣界，《府志》作巴州界，誤。梨樹埡七十里；北至略陽縣界鐵佛寺一百六十里，少東至縣治二百二十里；《縣志》作至沔縣界一百十里。東南至保寧府南江縣□□□，西南至廣元縣治二百里，東北至沔縣治一百九十里，西北至鞏昌府文縣治□□□。西至黃壩驛七十里，又西至老固關二十里，又西至七盤關二十里。

沔縣，在府東北一百九十里。《府志》作二百十里。府西九十里。東西距一百三十里，南北距□□里。東至南鄭縣界鈕頂鎮六十里，至縣治九十里；西至略陽縣界沮水河七十里；《府志》作西至寧羌州，北至略陽縣。南至四川保寧府巴州界□□里；北至名頂關鳳縣界一百里，至縣治□□□里。東南至南鄭縣界□□□；西南至寧羌州界黃土嶺七十里，至州治一百九十里；東北至褒城縣界□□；西北至略陽縣治一百九十里。

略陽縣，在州北二百二十里，府西北二百五十里。東西距三百四十里，南北距二百五十里。東至沔縣界燒香臺一百五十里；《府志》作至褒城縣界。西至鞏昌府階州界一百九十里，舊《志》：至成縣二百五十里。至州治三百五十里；南至本州界八十里，至州治二百二十里；北至鞏昌府徽州界大石碑七十里，至州治□□□里。東南至沔縣治一百九十里；西南至鞏昌府文縣界大南谷一百十里，至縣治□□□里；東北至兩當縣治二百□□里，至鳳縣界三百五十里；西北至甯昌府成縣治二百里。

興安州，在布政司南六百八十里，漢中府東南六百四十里。東西距一百七十五里，南北距二百十里。東至二郎鋪洵陽縣界七十五里，至縣治一百二十里；西至梅子鋪漢陰縣界一百里；南至黃洋鋪平利縣界三十里；北至下茅坪西安府鎮安縣界一百四十里。東南至平利縣界狗脊關四十里，至縣治九十里；西南至三十嶺鋪紫陽縣界九十里，至縣治一百八十里；東北至鎮安縣治二百四十里；西北至漢陰縣治一百六十里。

平利縣，在州南少東九十里。東西距一百六十里，南北距五百五十里。東至連綰寨洵陽縣界一百里，《府志》作至湖廣(隕)[鄖]陽府竹山縣界，又曰至獨松鋪一百六十里。《通志》：至白河縣界二百四十里，少北至白河縣治二百七十里。西至紫陽縣治□□里，南至鎮平司四川夔州府奉節縣廢大寧縣界約五百里，北至本州界五十里。東南至白土關湖廣(隕)[鄖]陽府竹谿縣界一百五十里，至縣治一百七十五里；西南夔州府太平縣界□□；東北至洵陽縣界丫角山一百里，至縣治一百九十里；西北至狗脊關本州界四十五里，至州治九十里。

石泉縣，在州西二百五十里。東西距一百里，南北距二百十里。東至漢陰縣界分水嶺五十里，至縣治九十里；西至饒峰嶺漢中府洋縣界五十里，至縣治二百三十里；南至西鄉縣界九十里；《通志》作五十里。北至西安府長安縣《府志》作盩厔縣。界約一百二十里。《通志》作二百二十里。東南至紫陽縣□□；西南至西鄉縣界府子坪九十里，至縣治二百十里；東北至西安府鎮安縣界約一百二十里，至縣治四百里；西北至洋縣治□□□里。

漢陰縣，在州西少北一百六十里。東西距九十里，南北距二百里。東至本州界五十里，至州治一百六十里；西至分水嶺石泉縣界四十里，至縣治九十里；南至紫陽縣界馬家營八十里；北至西安府鎮安縣界約一百二十里。東南至紫陽縣界五里坡一百里，至縣治一百六十里；西南至漢中府西鄉縣界一百二十里，至縣治□□□里；東北至箭杆山本州界八十里，□□□□□□；西北至石泉縣界九十里。

洵陽縣，在州東一百二十里。東西距二百三十里，南北距二百七十里。東至魚窩鋪白河縣界一百二十里；西至青山鋪本州界六十里，至州治一百二十里；南至七里關湖廣(隕)[鄖]陽府竹山縣界一百五十里；《通志》作至竹溪縣治三百里。北至茅坪鋪西安府鎮南縣界一百二十里。《府(至)[志]》作(志)[至]咸寧縣至縣治三百六十里。東南至白河縣界一百四十里，至縣治二百四十里，又南至竹山縣治□□□里；西南至平利縣治一百九十里；東北至鵲嶺湖廣(隕)[鄖]陽府(隕)[鄖]西縣廢上津縣界一百五十里；西至鎮安縣治二百二十里。

白河縣，在州東南二百七十里。《府志》作四百十里。東西距一百二十里，南北距一百八十里。東至板橋鋪湖廣(隕)[鄖]陽(隕)[鄖]西縣界四十里，至縣治二百二十里；冊作至木瓜溝鄖西縣界十里。西至洵陽縣界九十里；南至紅石河鄖陽府竹山縣界八十里，少東至縣治□□里；北至鄖西縣廢上津縣界朋土石一百里。東南至(隕)[鄖]陽府□□□里，西南至平利縣二百七十里，東北至鄖西縣治一百里，西北至洵陽縣界魚窩鋪一百里，至縣治二百里。

紫陽縣，在州西南一百八十里。東西距一百六十五里，南北距二百二十里。東至石門溝本州界四十五里，冊作至州界蒿坪河四十里。至平利州治□□□里；西至漢中府西鄉縣界一百二十里；《通志》：至西鄉縣二百五十里。南至四川夔州府太平縣界班鳩關一百五十里，至縣治六百五十里；北至鳳皇山漢陰縣界七十里。東南至太平縣界一百二十里，又東至光頭山太平界一百五十里；西南至大埡西鄉縣界一百二十里，又南進任河至二州埡太平縣界一百六十里；東北至本州治一百八十八里；冊說：陸路一百八十里，水路二百八十里。西北至馬家營漢陰縣界九十里，至縣治一百六十里。

延安府，在布政司北七百里。東西距四百四十里，南北距九百五十里。東至山西(邠)[汾]州府永寧州界二百六十里；西至慶陽府合水縣界一百八十里；南至西安府同官縣界四百五十里；北至榆林衛界一百九十里。東南至西安府韓城縣界三百七十里；西南至慶陽府真寧縣界四百二十里；東北至山西太原府保德州界九百里；東北至榆林鎮六百二十里；西北至榆林衛界靖邊營四百里，至京師二千二百里。

膚施縣，附郭。東西距八十里，南北距七十里。東至延長縣界窑店子四十里，《府志》作六十里。至縣治一百四十里；西至安塞縣界四十里；《府志》作六十里。南至亞支山甘泉縣界四十五里；北至安塞縣界李家灣二十五里。《通志》作至安定縣界一百里。東南至洛川縣治二百里；西南至甘泉縣界四十五里，至縣治九十里；東北至安定縣治一百五十里；西北至安塞縣治四十里。

安塞縣，在府西北四十里。東西距一百十里，南北距一百七十里。東至膚施縣界二十里，少北至清澗縣治二百二十里；西至保安縣界郭家灣九十里；南至膚施縣界二十里；北至《府志》：至塞門驛。榆林衛界一百五十里，至蘆嶺關一百七十里，至榆林衛龍州堡三百里。東南至膚施縣界李家灣二十里，至縣治四十里；西南至甘泉縣治一百二十里；東北至安定縣界拓家坬七十里，至縣治一百二十里；西北至保安縣界岔洛川六十里，至縣治一百六十里。

甘泉縣，在府西南九十里。東西距二百五十里，南北距九十里。東至延(良)[長]縣界一百五十里；西至慶陽府合水縣界一百里，又西至邵莊驛一百八十里；南至鄜州界道坐鋪四十五里，少東至州治七十五里；北至膚施縣界四十五里，至安塞縣治一百二十里。東南至臨真鎮宜川縣界一百七十里，至縣治二百五十里；西南至合水縣治三百里；東北至膚施縣界亞支山四十五里，至縣治九十里；西北至保安縣治。

保安縣，在府西北二百里。東西距二百十里，南北距二百四十里。東至安塞縣界郭家灣九十里；西至金鼎山慶陽府環縣界一百二十里，少南至縣治二百五十里；南至安塞縣界一百二十里；北至靖邊營界金家崖一百二十里，《府志》作至沙漠邊界七十里。至營一百九十里。東南至安塞縣界岔洛川四十里，至縣治一百六十里；西南至店子(塿)[嘍]嶮慶陽府安化縣界一百二十里，至縣治二百五十里；東北至榆林衛界□□□；西北至榆林衛界寧塞堡一百八十里。

安定縣，在府東北一百五十里。《府志》作一百里。東西距九十五里，南北距二百二十里。東至清澗縣界介守鋪七十里；《府志》作一百里。至縣治一百十里；西至安塞縣界二十五里；册作至(坧)[拓]家坬五十里。南至膚施縣界攀龍一百里，少西至縣治一百五十里；北至綏德州霍家砭一百二十里。《府志》：至米脂縣界一百五十里。東南至延川縣治一百八十里，西南至安塞縣治一百二十里，東北至綏德州一百五十里，西北至榆林衛龍州堡三百里。

宜川縣，在府東南二百八十里。東西距一百九十里，南北距二百十里。東至黃河山西平陽府吉州界八十里，至州治一百四十里；西至鄜州界九十里，至州治一百八十里；南至西安府韓城縣界九十里；《府志》作二百二十里。北至延川縣界一百二十里，至縣治一百里。東南至神道嶺營韓城縣界九十里，至縣治二百三十里；西南至洛川縣界一百里，至縣治一百七十里；東北至黃河平陽府大寧縣治二百三十里；西北至雲巖鎮延長縣界七十里，至縣治一百四十里，又西至甘泉縣治二百五十里。舊《志》：至烏仁關一百六十里。

延長縣，在府東一百四十里。東西距一百五十里，南北距九十里。東至宜川縣界十七里，至黃河一百三十五里；西至韓家鋪膚施縣界窑店子八十里，至縣治一百四十里；南至甘泉縣界臨真鎮四十里；北至延川縣界五十里，至文安驛七十里。東南至宜川縣界雲巖鎮七十里，至縣治一百四十里；西南甘泉縣治二百里；東北至神頭鎮延川縣界六十里，至縣治九十里；西北至安定縣治。

延川縣，在府東少北一百五十里。《府志》作二百里。東西距一百里，南北距九十五里。東至黃河山西平陽府永河縣界永和關七十里，至縣治一百三十里；西至文安驛延長縣界三十里；府、《縣志》：至界九十里。南至宜川縣界八十里，至宜川縣治二百里；北至清澗縣界賀家灣十五里，至縣治六十里。東南至清水關黃河平陽府大寧縣界八十里，至縣治一百九十里；西南至延長縣治九十里；《通志》：至延長縣平巖驛九十里。東北至山西汾州府石樓縣治一百七十里；西北至寨沙神寨一百二十里，至安定縣治一百四十里。

鄜州，在府南一百六十里。東西距二百里，南北距一百三十里。東至宜川縣界八十里，至縣治一百七十里；西至太白鎮慶陽府合水縣界一百七十里，至縣治二百五十里；南至中部縣界八十五里，至縣治一百四十里；北至甘泉縣界道坐鋪四十五里。東南至洛川縣治六十里，西南至慶陽府真寧縣治□□□里，東北至甘泉縣界九十里，西北至甘泉縣治九十里。舊《志》：至安塞縣界一百五十里，至縣治二百二十里，又北至保安縣界二百里，至縣治三百五十里。

洛川縣，在州東南六十里，府東南二百里。東西距一百五十里，南北距一百五十里。東至宜川縣界□□□里，西至本州界三十里，南至沙家河西安府白水縣界一百二十里，北至本州界三十里。東南至紫金關黃龍堡白水縣界一百二十里，至治一百八十里，又東至麻綫鋪韓(成)[城]縣界一百二十里，至縣治二百七十里；西南至中部縣界交口鋪七十里，至縣治一百里；東北至宜川縣界石家鋪九十里，至縣治一□七十里；西北至本州治六十里。

中部縣，在州南少西一百四十里，府南三百一十里。東西距一百三十里，南北距九十里。東至洛川縣界五十里；冊作至北谷鎮六十里。西至慶陽府寧州界一百五十里，至州治三百里；冊作至宜君縣界長牆一十里。南至宜君縣界五交河三十里，至縣治七十里；北至鄜州界會挑溝六十里，至州治一百四十里。東南西安府白水縣治一百四十里；西南至慶陽府真寧縣界艾蒿店一百八十里，至縣治□□□里；東北至洛川縣界交河口四十里，至縣治一百里；西北至翟道驛鄜州界五十里。

宜君縣，在州南一百十里，府南三百九十里。東西距一百三十里，南北距七十一里。東至西安府白水縣界九十里；西至慶陽府真寧縣界□□□里，至縣治一百里；南至西安府同官縣界三十一里，少東至縣治九十里；北至中部縣界東湖村四十里，至縣治七十里。東南至白水縣治一百六十里；西南至馬欄鎮西安府(山)[三]水縣界一百一十里，至縣治一百六十里；東北至洛川縣界六十里，至縣治□□里；西北至慶陽府寧州□□□里。

綏德州，在府東北三百六十里。東西距一百里，南北距四十五里。東至吳堡縣界八十里，至黃河山西汾州府寧(香)[鄉]縣界一百一十里；西至石家灣米脂縣界一十里；《府志》：至榆(休)[林]鎮響水堡一百三十里。南至紫柏鋪清澗縣界一十里，至縣治一百四十里；北至米脂縣界一十五里，至縣治八十里；南至山西汾州府石樓縣界一百五十里，至縣治一百六十里；西南至安定縣治一百五十里；東北至吳堡縣治一百三十里；西北至羅蒿寨三百三十里，至鎮靖鋪四百八十里。

清澗縣，在州南一百四十里，府東北二百四十里。東西距一百一十里，南北距一百四十里。東至黃河山西汾州府石樓縣界兩河口八十里，至縣治一百八十里；西至安定縣界守鋪四十里，至縣治一百十里；南至延川縣界賀家灣四十里，至縣治九十里；北至田鎮鋪綏德州界紫柏一百里，至州治一百一十里。東南至黃河郭家渡平陽府永和縣界一百里，西南至(鹽長)[延川]縣治□□□里，東北至馬灰坪關渡石樓縣界一百五十里，西北至綏德州界□□□里。

米脂縣，在州北八十里，府東北四百四十里。東西距一百三十里，南北距八十五里。東至陳家(坌)[岔]吳堡縣界五十里；西至安定縣界一百三十里；南至本州界四十里，至州治八十里；北至榆林鎮鎮川堡萬佛(峒)[洞]三十里。東南至吳堡縣界五十里；西南至三皇峁安定縣界八十里，至縣治一百里；東北至陳家(坌)[岔]葭州界五十里，至州治一百四十里；西北至銀川關一百里，至榆林鎮治一百七十里。

葭州，在府東北五百八十里。東西距四十一里，南北距一百七十里。東至黃河汾州府臨縣界一里，至縣治八十五里；西至米脂縣界臨水寺四十里；南至吳堡縣界五十里，至縣治一百里；北至北界守鋪神木縣界洄滄河一百一十里，少東至縣治一百六十里。東南至汾州府永寧州治二百里；西南至綏德治一百七十里，又東北至山西太原府興縣治一百八十里；西北至榆林鎮界雙山堡一百五十里，至鎮一百八十里開荒(州)[川]在州北一百里塔兒山在州西北一百五十里。

神木縣，在州北二百里，府東北七百四十里。東西距一百一十里，南北距一百六十里。東至黃河山西太原府保德州界一百里；西至榆林衛大柏油堡界塘馬窑十五里，至衛治一百三十里；南至本州界洄滄河六十里；《延綏志》：至黃河一百一十里。《通志》：至石山子一百一十里。北至大邊四十里。東南至太原府興縣界一百里；西南至榆林衛界八十里；東北至鎮□堡界八十里，至府谷縣治一百六十里，又東至太原府保德州治六百六十里；西北至榆林衛界三十里。《府志》：東至永興堡五十里，西南至柏林堡五十里，南至石山子一百二十里，北至楊家城五十里。

府谷縣，在州東北二百八十里，府東北九百里。東西距八十里三十步，南北距九十里一百步。東至黃河山西太原府保德州界三十步，西至神木縣界鎮羌堡八十里，南至黃河保德州界一百步，北至沙漠界九十里。東南至黃河保德州界一百步，西南至神木縣治一百六十里，東北至黃河太原府河曲縣樓子營界一百里，西北至邊牆。

吳堡縣，在州南八十里，府東北四百八十里。東西距五十里，南北距一百一十里。東至黃河郝家津山西汾州府永寧州界一十里，至州治一百五十里；西至米脂縣界十雄山三十里；南至綏德州界六十里；北至葭州界鵝(國)[峪]鋪五十里，至州治一百里。東南至汾州府寧羌縣界三十里，至縣治一百七十里；西南至綏德州界義合驛六十里，至州治一百三十里；東北至汾州府臨縣□□□里；西北至米脂縣□□□□里。

慶陽府，在布政司西北五百九十里。東西距三百四十里，南北距六百四十里。東至延安府甘泉縣界二百十里；西至平涼府鎮(元)[原]縣界一百三十里；南至西安府邠州界二百二十里，至州治二百九十里；北至寧夏衛界四百二十里。《府(土)[志]》作至延安府界二百二十里。東南至西安府三水縣界二百五十里，西南至平涼府涇州治二百七十里，東北至延安府保安縣治二百五十里，西北至寧夏衛花馬池所界三百八十里，至京師三千七百里。

安化縣，附郭。東西距一百六十里，南北距九十五里。東至合水縣界三十里，至延安府甘泉縣界二百里；西至平涼鎮原縣界高平(州)[川]一百三十里，少南至縣治一百八十里；南至合水縣界染家口二十里；【略】東南至合水縣治七十里；西南至驛馬關九十里，至平涼府涇州治二百七十里；東北至延安府保安縣界店子嶁嶮一百三十里，至縣治二百五十里；西北至阜城環縣界一百八十里，至開城二百五十里。

合水縣，在府東少南七十里。東西距一百七十里，南北距一百五十里。東至化谷鋪延安府鄜州界太白鎮一百二十里，至州治二百五十里；西至安化縣界染家溝五十里；南至寧州界古城堡五十里，少西至州治一百四十里；北至延安府保安縣界一百里，冊云至安化縣界六村原四十里。至縣三百五十里。東南至延安府中部縣治二百五十里；西南至寧州界里□□□里，至州治一百四十里；東北至延安府甘泉縣治二百五十里；西北至安化縣治七十里環縣治二百七十里。

寧州，在府南少東一百五十里。東西距二百十里，南北距一百三十里。東至子午嶺延安府中部縣界一百五十里，至縣治三百里；西至石家店平涼府涇州界六十里，至州治一百二十里；南至亞店河西安府汾州界七十里，《府志》作一百里。少東至州治一百四十里；北至鳳凰堡合水縣界六十里。東南至真寧縣治九十里；西南至西安府長武縣治□□□里；東北至合水縣治一百四十里，至延安府鄜州二百七十里；西北至平涼府鎮原縣治一百八十里。

真寧縣，在州東南九十里，府東南二百四十里。東西距一百三十里，南北距四十里。東至延安府宜君縣界一百十里，至縣治一百五十里；西至寧州界貢河鎮二十里；南至西安府邠州界二十里，少西至州治八十里，至三水縣石碑凹五里，《府志》：至淳化縣界二十里。至縣治一百八十里；北至平子鎮寧州界三十五里，至合水縣治一百七十里。東南至三水縣治五十五里，又至西安府同官縣治二百四十里；西南至西安府長武縣治八十里；東北至艾蒿鎮延安府中部縣界七十里，至縣治二百二十里；西北至寧州治九十里。

環縣，在府北少西一百八十里。東西距一百七十里，南北距三百五十里。東至安化縣界九十里；西至開城縣界八十里，至平涼府故原州界下馬關一百七十里；南至靈佑驛安化縣界一百五十里；北至甜水堡寧夏衛花馬池所界二百里，至所三百八十里。東南至安化縣治一百八十里；西南至平涼府鎮原縣治二百八十里；東北至延安府保安縣界金頂山二百三十里，至察罕腦兒五百里；西北至寧夏衛靈州所四百十里。

平涼府，在布政司西北六百四十里。東西距四百九十里，南北距五百八十里。東至西安府長武縣界二百十里，西至鞏昌府會寧縣界二百八十里，南至鳳翔府隴州界白崖山一百五十里，北至寧夏衛韋州界四百三十里。《通志》：至慶陽府環縣界二百九十里。《府志》：至彭陽靈武監一百二十里。東南至西安邠州界二百七十里，《府志》：至鳳翔府麟游縣界二百六十里。西南至鞏昌府通渭縣界三百里，《府志》：至秦安縣界二百九十里。東北至慶陽府環縣界二百四十里，西北至西安所邊界四百里。《府志》：至寧夏衛韋州界四百七十里。(至)[自]府治至京師三千四百里。

平涼縣，附郭。東西距一百六十里，南北距一百五里。東至涇州界土塔鋪一百里，至州治一百四十里。冊說：郿現所在縣東五十里。東至白水驛二十里，又東至涇州七十里；西至華亭縣界白楊林六十里；南至華亭縣馬鋪嶺四十五里，少西至縣治九十里；北至鎮原縣界六十里。東南至崇信縣界八十里，至縣治一百十里；西南至華亭縣界六十里，至莊浪縣治二百三十里；東北至鎮原縣界潘原澗六十里，至縣治一百二十里；西北至安國鎮所固原州界四十里，冊說：至安國志瓦亭驛九十里。至州治一百七十里。

華亭縣，在府南少西九十里。東西距一百三十五里，南北距一百五里。東至崇信縣界斷萬山四十五里；西至莊浪縣界五十里，冊云至通邊堡九十里。《府志》：至靜寧州界餓鬼店水洛川鬼門關一百里。少北至縣治一百二十里；南至鳳翔府隴州界白崖嶺六十里，至州治一百二十里；《元和志》：在隴州北一百里。北至平涼縣界馬鋪嶺四十五里，少東至縣治九十五里。東南至鳳翔府汧陽縣□□□里，西南至鞏昌府清水縣□□□里，東北至崇信縣治九十里，西北至越蕭關至固原州。

鎮原縣，在府東北一百二十里。東西距二百里，南北距一百八十里。

東至慶陽府寧州界一百四十里，少南至州治一百八十里；西至固原州彭陽州六十里；南至平涼縣界藩原澗六十里，至白水驛九十里；北至慶陽府環縣界牛家山一百二十里，少東至縣治二百八十里。東南至千河鋪涇州界四十里，至州治十里；西南至平涼縣治一百二十里；東北至慶陽府安化縣界景山一百一十里，至縣治一百八十里；西北至固原州界□□里，至州治一百八十里。

崇信縣，在府東南一百十里。東西距六十五里，南北距八十五里。東至涇州界九宮城二十里；西至華亭縣界斷萬山四十五里，少南至縣治九十里；南至鳳翔府汧陽縣界青泥嶺七十里，至縣治□□□里；北至拽兵原平涼縣界十五里、白水驛四十里。東南至靈臺縣界橫渠十里，至縣治一百里；西南至咸陽縣界六股槐七十里，至隴州治□□□里；東北至涇州界二十里，至州治七十里；西北至平涼縣界澗溝七十里，至縣治一百十里。

固原州，在府西北一百七十里。東西距二百三十里，南北距三百四十里。東至鎮原縣界紅楊川一百里，少南至縣治一百八十里；冊說：東山城在州東五十里，又東至清平監四十里，又東至鎮原縣九十里。西至石城兒□□□里；冊作至靖遠衛界乾鹽池二百七十里。南至隆德縣界高陵八十里，少西至縣治一百十里；冊說：瓦亭驛在縣南九十里。北至下馬關寧夏衛韋州所界二百六十里，少西至所三百十里。《州志》：北至韋州三百四十里。冊說：開城澗在州北七十里，北至鎮戎所五十里，又東北至平遠所七十里，又東北至下馬關七十里，又東北至韋州四十里。東南至華亭縣界馬所坡五十里，至縣治□□里；西南至張儀堡龍德縣界七十里，至縣治一百十里，又南靜寧州治一百八十里；東北至平虜所二百二十里；西北至西安所邊界二百三十里。冊說：黑水監在州西北八十里，西北至鄭旗營二十里，又西北至海剌都堡五十里，又西北至西安所七十里。

涇州，在府東少南一百四十里。東西距一百四十里，南北距七十里。東至西安府長武縣界七十里；西至土垢鋪平涼縣界五十里，至縣治一百四十里；南至盤口鋪靈臺縣界三十里，少西至縣治九十里，至鳳翔府鳳翔縣治二百十里；北至鎮原縣界淺河鋪四十里，《州志》：至慶陽府安化縣界百里。至縣一百四十里。東南至長武縣界七十里，至縣治百里，又南至鳳翔府岐山縣治二百四十里；西南至崇信縣界六十里，至縣治七十里；東北至慶陽府寧州界五十里，至州治一百二十里；西北至鎮原縣界橫河六十里，至縣治九十里，冊作一百二十里。

靈臺縣，在州南少東九十里，府東南二百十里。東西距一百四十里，南北距九十五里。東至邵寨西安府邠州界六十里，至州治一百二十里；西至崇信縣界八十里；南至鳳翔府麟游縣界閻王店三十五里，至鳳翔縣治□□□里；北至涇州界盤口鋪六十里，少西至州治九十里。東南至麟游縣界天台鎮四十里，至縣治一百三十里；西南至麟游縣界丈八寺五十里，至汧陽縣治一百五十里，又西至隴州治二百十里；東北至邠州界棗林四十里，至長武縣治□□里；西北至崇信縣治一百里。冊作至白石鎮一百二十里。

靜寧州，在府西少南二百三十里。東西距一百五十里，南北距二百六十里。東至隆德縣界神林堡五十里；冊作至亂柴鋪二十五里。西至鞏昌府會昌縣界首鋪五十五里，冊說：高家堡在州西四十五里。少南至縣治一百八十里；南至鞏昌府秦安縣界石門峽一百四十里，少西至縣治一百八十里。冊說：水洛城在州南七十里，東南至秦安縣治一百二十里，北至固原州界大六盤山一百二十里。東南至莊浪縣治九十里；西南至鞏昌府通渭縣界七十里，至縣治二百三十里；冊說：安定(盤)[監]在州西南二百里，西南至鞏昌府隴西縣一百二十里，北至會寧縣九十里。東北至隆德縣治九十里，又至固原州界張義堡一百十里，至州治一百八十里；西北至安會一百餘里，至靖虜衛四百二十里。

莊浪縣，在州東南九十里，府西南一百五十里。東西距一百里，南北距一百二十里。東至華亭縣界通遍堡七十里，少南至縣治一百二十里；西至靜寧州界廟隆溝三十里；南至陽三川鞏昌府秦安縣界七十里，至清水縣□□□里；北至隆德縣界曹務鋪五十里。《府志》：至朱莊溝至縣治九十里。東南至鳳翔府隴川□□里，西南至秦安縣治二百里，東北至平涼縣治一百五十里，西北至本州治九十里。

隆德縣，在州東北九十里，府西北一百四十里。東西距九十五里，南北距八十五里。東至六盤山華亭縣界二十里；《通志》：至平涼縣縣七十里。西至亂柴鋪靜寧州界六十里，冊說：神木所在縣西四十里。又西至靜寧州五十里；南至曹務鋪莊浪縣界四十里，至縣治九十里；北至固原州界張義堡四十里，少東至州治一百十里。東南至高山華亭縣界三十里，至縣治□□□里；西南至底店堡靜寧州界三十里，至州治九十里；東北至固原州界觀音殿二十里；西北至固原州羣牧所界單家集六十里。

鞏昌府，在布政司西一千一百八十里。東西距五百九十里，南北距一千九百二十里。東至鳳翔府隴州界五百二十里，西至臨洮府渭源縣界七十五里，南至四川龍安府平武縣界一千二百二十里，北至平涼府固原州界七百里。至京師三千六百二十里。

隴西縣，附郭。東西距一百二十里，南北距一百四十里。東至寧遠縣界天衢鎮四十五里，《府志》作六十里。至縣治九十里；西至臨洮府渭源縣界鍬家鋪七十五里，至縣治九十里；南至漳(家)[縣]界藥鋪山六十里，《通志》作四十里，《府志》：四十五里。至縣治七十里；北至安定縣界何家堡八十里，《通志》作六十里。《府志》：至會寧縣界一百二十里。少東至平涼府靜寧州界安定監一百二十里。東南至(津)[漳]縣界六十里，至禮縣治□□□里；西南至岷州衛界百里，冊說：至漳縣界三岔驛九十里。至衛二百四十里；東北至通渭縣界七十里，至縣治一百六十里；西北至安定縣界七十里，冊說：鍬布所在縣北六十里，西北至安定縣界通安驛三十里。至縣治一百六十里。

安定縣，在府北少西一百五十里。東西距一百四十里，南北距二百里。東至會寧縣界一百里，少北至縣治一百二十里；西至臨洮府狄道縣界胡蘇嶺八十里，《府志》作一百里。《通志》：至金縣界八十里。南至通安驛隴西縣界八十里，冊說：好地所在縣東南五十里。又南至通安驛三十里，至縣治一百六十里；北至關川城臨洮府金縣界一百二十里，冊說：秤鉤灣驛在縣北五十里。又東至金縣清水驛六十里。東南隴西縣界七十里，至通渭縣治一百六十里；西南至臨洮府渭源縣治二百里；東北至靜虜衛貳百八十里。又曰至會寧縣迭烈司六百里，西至金縣治一百二十里，至蘭州治二百四十里。

通渭縣，在府東北一百六十里。東西距一百四十里，南北距一百五十里。東至秦安縣界王家鋪七十里，西至隴西縣界杜家堡七十里；舊《志》：至本多鋪一百里。南至伏羌縣界土橋子一百里，少東至縣治一百二十里；北至悠江鋪會寧縣界五十里。東南至伏羌縣界一百里，至秦安縣治一百四十里；西南寧遠縣治一百四十里；東北至平涼府靜寧州界僮家鋪九十里，至州治二百三十里；西北至會寧縣治一百十里。《府志》作一百八十里。

漳縣，在府南七十里。東西距七十里，南北距三十里。東至寧遠縣界孫家峽二十五里，西至岷州衛界石關兒四十五里，《府志》作三十里。南至岷州衛界紮石溝十五里，《府志》作五十里。北至藥鋪山隴西縣界十五里，至縣治七十里。東南至禮縣界七十里，至縣治一百八十里；西南至岷州衛界五十里，至衛治一百八十里；冊說：三岔驛在縣西三十里，又西南至酒店驛六十里，又西南岷州衛九十里。東北至寧遠縣界五十里，至縣治一百二十里；西北至臨洮府渭(原)[源]縣界一百二十里，至縣治。

會寧縣，在府東北二百十里。東西距一百四十里，南北距二百八十里。東至界首鋪平涼府靜寧州界一百二十里；西至鎖兒嘴安定縣界二十里，少南至縣治一百二十里；南至渭灘鋪通(源)[渭]縣界六十里，《通志》作六十里。《志説》：至靜寧州安定監界腰拆硯六十里，至監九十里。北至郭城驛靖遠衛界一百八十里，《志》：小白草園二百二十里。至衛二百七十里。冊說：北至乾溝驛八十里，又北至郭城驛八十里，又北至靖遠衛九十里。東南至通渭縣治一百里，《府志》《縣志》作至平涼府隆德縣治八十里戶。西南至隴西縣界一百二十里，東北至青家驛靖寧州界九十里，冊說：翟家所在縣東北四十五里，又東北至青家驛四十五里。西北至臨洮府金縣界一百里，至縣治三百里。

伏羌縣，在府東一百九十里。東西距八十里，南北距九十里。東至槐樹鋪秦州界關子鎮三十里；西至雙堠鋪寧遠縣界五十里，至縣治一百里；南至禮縣界圣秋山七十里，《通志》作至西(合)[和]縣界七十里。北至通渭縣界土橋子二十里。東南至秦州治一百二十里。(東)[西]南禮縣界七十里，至縣治一百三十里；東北至秦安縣界三十里，至縣治九十里；西北至通渭縣治一百二十里。

寧遠縣，在府東九十里。東西距八十五里，南北距一百五十里。東至蓼川鋪伏羌縣界四十里，至縣治一百里；西至天衢鎮隴西縣界四十五里，一作至納泥鋪四十里，至縣治九十里；南至禮縣界分水嶺九十里，《通志》作七十里。東南至禮縣界六十里，至縣治一百五十里；《府志》：一百六十里。西南至漳縣界五十里，至縣治一百里；東北至通渭縣界八十里，至縣治□□□里；西北至隴西縣界六十里。

西和縣，在府東南三百十里。東西距一百八十里，南北距一百三十里。東至秦州界一百五十里；西至禮縣界三十里，《府志》：四十里。南至成縣界八十里，至縣治一百里；北至鹽官鎮秦州界九十里。東南至成縣界六十里，至徽州治一百八十里；西南至成縣界小川驛一百四十里，至州治四百三十里；東北至秦州治一百六十里；《府志》冊作至清水縣治一百里，誤。西北至禮縣治七十里。

成縣，在府東南四百九十里。東西距一百二十五里，南北距四十里。東至徽州界横川鋪四十里，至州治九十里；西至西和縣界曬金寺八十五里；《通志》：至西河縣治一百八十里，誤。《府志》：至西和縣界一百二十里。南至漢中府略陽界□□□里；北至黄渚關西和縣界七十里，至縣治一百里。册説：北至黄渚關一百十里。東南至略陽縣治二百里；西南至階州治二百八十里，册説：至小川驛四十里。又西南至階州治二百四十五里；東北至秦州界天水三百二十里，至州治二百八十里；西北至西和縣治一百里。

徽州，在府東南五百八十五里。東西距一百里，南北距一百八十里。東至永寧鋪兩當縣界四十里，册作至兩當縣界簸箕灣七十里，《□志》同。至縣治九十里；西至横川成縣界五十里，至縣治九十里；南至大石碑漢中府(界)［略］陽縣七十里，至縣治一百八十里；北至秦州界木驢川一百十里，至清水縣二百八十里。東南至略陽縣界五十里，《府志》作一百五十里，誤。西南至成縣界九十里，東北至清水縣界八十里，西北至秦州治二百八十里。《府志》作至禮縣界八十里。

兩當縣，在州東北九十里，府東南六百七十里。東西距六十里，南北距二百里。東至漢中府鳳縣界單河鋪四十里，《府志》：三十里。至縣治百里；西至簸箕山徽州界二十里，至州治九十里；南至漢中府略陽縣界鐵鑪山一百十里；北至秦州界黄交峪九十里。東南略陽縣界一百五十里，西南至縣治二百里，東北至鳳縣界□□，西北至徽州界一百里，又北至秦州治二百八十里。

階州，在府東南四百七十里。東西距二百九十里，南北距二百里。東至七防關漢中府略陽縣治四百五十里，又至栗亭鋪文縣界一百二十里；西至柳樹城西固所界九十里，至所一百六十里；南至番界二十里；《通志》：南至文縣二百五十里。北至望賊關岷州界一百八十里，《府志》：至禮縣界一百八十里。至漳縣治三百五十里。東南至栗亭鋪文縣界一百二十里，至縣治二百七十里；册作至番界二百里。西南至番界□□里；東北至成縣界二百四十里，至成縣治三百八十里，又北至西和縣治三百二十里；西北至岷州衛二百八十里。册説：殺賊驛在州西一百二十里，西至岷州衛西津驛一百四十里，又西至岷州衛四十里。

文縣，在州東南二百七十里，府東南二百四十里。東西距二百五十里，南北距三百里。東至漢中府寧羌州界一百五十里；西至扶州生番界二百里；南［至］四川龍安府平武縣界清塘嶺一百八十里，《通志》：至上丹堡生番旌七十里。少西至縣治三百十里；北至册説：(志)［至］臨江驛。階州一百七十里。東南至生番界七十里；按：至玉壘關四川保寧府昭化縣界一百二十里。西南至古扶州番界二百里，至平武縣□□里；東北至漢中府略陽縣界二百里，至縣治二百八十里；西北至階州界栗亭驛一百五十里，至州二百七十里。

秦州，在府東三百十里。東西距一百九十里，南北距一百八十里。東至坂坡峽鋪清水縣界一百里，至鳳翔府隴州□□里；西至伏羌縣界槐樹嶺九十里，《府志》作八十里。南至徽州界木驢山一百五十里；北至石佛鋪秦安縣界三十里，册作至八里灣六十里。至縣治八十里。《通志》：至平涼府静寧州一百六十里。東南至徽州界□□里，至州治二百八十里；《志》作至禮縣，誤。西南至窄峽鋪西和縣界七十里，《府志》作八十里。至縣治□□□□；東北至清水縣界□□□里，至縣治一百二十里；西北至(扶)［伏］羌縣治一百二十里。

清水縣，在州東一百二十里，府東四百四十里。東西距一百二十五里，南北距一百六十里。東至峽口鋪鳳翔府隴州界長寧驛一百里，《府［志］》作九十里。少北至州治一百二十里；西至秦州界坂坡峽二十五里，至州治一百二十里；南至秦州界六十里，《府志》作八十里。至徽州治二百八十里；册作至秦州界磨兒峽三十里。北至秦安縣界隴城關一百里；《府志》：至平涼府莊浪縣界一百里，至平涼府莊浪縣治□□。東南至漢中府兩當縣□□□，鳳縣界八十里，至縣治□□里；西南至兩當縣界六十里，至縣治二百八十里；東北至平涼府華亭縣界一百里，至縣治□□里；西北秦安縣。

秦安縣，在州北八十里，府東北三百里。東西距一百三十里，南北距□□十里。東至清水縣界一百二十里；册作至猫兒峽六十里。西至通渭縣界王家鋪七十里，少北至縣治一百四十里；南至劉家鋪秦州界八里灣三十里，至州治八十里；北至平涼府静寧州界一百八十里；《府志》：至州一百四十里。東南至清水縣界七十里，至縣治□□里；西南伏羌縣界六十里，至縣治九十里；《通志》：至禮縣二百里。東北至平涼府莊浪縣界陽三川□□里，至縣治二百里；西北至静寧州界八十里。

禮縣，在州西南二百里，府東南二百里。東西距三百里，南北距一百里。東至岐山西和縣界四十里，少北至羅家堡秦州界八十里；西至寧州衛界界牌口一百里，至衛治三百二十里；南至西和縣界張官坡四十里；《府志》：至階州三百里。北至寧遠縣界分水嶺六十里，《通(至)[志]》作一百里。《府志》：八十里。少西至縣治一百六十里。東南至西和縣治七十里；西南至階州治三百里；《府志》：至西固城□□里。東北至丞湫峽伏羌縣界六十里，至縣治一百三十里，又北至秦州治二百里；西北至漳縣界一百里，至縣治一百八十里。

岷州衛，在府西南二百三十里。東西距一百九十里，南北距二百五十里。東至鞏昌府禮縣界二百四十里，至縣治三百二十里；西至洮州衛界西灣濠五十里，《府志》作七十里。至衛治一百二十里；南至西固所界乾江頭一百七十里；北至臨洮府(秋)[狄]道縣界橋道鋪八十里，至縣治二百里。東南至階州界殺賊驛一百八十里，至州治二百八十里；西南至番界古疊州天生寨一百里；東北至石兒關漳縣界一百三十五里，《府志》作一百里。至縣治一百八十里；西北至臨洮府□□界一百里。

洮州衛，在府西南二百六十里。東西距一百五十里，南北距二百七十里。東至岷州衛界西灣濠五十里，至衛治一百五十里；西至邊牆生番界一百里；南至生番界□□里；《府(至)[志]》：狄州生番界一百三十里。北至臨洮府狄道縣界景古城一百四十里，至河州治三百十里。東南至番界五十里，西南至舊洮州番界一百五十里，東北至岷州衛界七十里，西北至和州界一百里。

靖遠衛，在府北五百二十里。東西距二百二十里，南北距三百里。東至石牆關平涼府固原州西安所界一百三十里，至所二百七十里；西至臨洮府(藍)[蘭]州界草兒溝峴九十里；《府志》：至虎豹口十里。南至鞏昌府會寧縣界郭城驛九十里，《府志》作一百里。至縣治二百七十里；北至邊牆番界二百二十里。東南至平涼府靜寧州界三百里，至州治□□□里，又東至斷峴子隆德縣界三百二十里，至縣治五百二十里；西南至平灘堡臨洮府金縣界九十里，至縣治二百八十里，又南至頭寨子安定縣界一百十里，至縣治二百八十里。東南至盧溝堡寧夏中衛界一百八十里，《府志》：二百三十里。至衛治二百四十里；西北至黃河五里邊牆番界二百四十里。

西固所，在府西南五百十里。東至階州界柳樹城七十里，《府志》作八十里。西至武都關番界二十五里，南至番界二十里，北至岷州衛界乾江頭一百里。《府志》作八十里。東南至階州治一百六十里，西南至番界五十里，東北至階州界五十里，西北至岷州衛界七十里，至衛治一百九十里。

臨洮府，在布政司西一千三百九十里。東西距一千二百二十五里，南北距九百三十里。《府志》：廣一千四百五十里。東至鞏昌府隴西縣界一百三十五里，至府治二百十里；西至闇門番賬草地界一千九十里；南至鞏昌府岷州衛界一百二十里；北至莊浪所界阿壩營六百八十里。《府志》：北至松山，萬曆戊戌始恢復內地也。至京師四千六十里。

狄道縣，附郭。東西距一百十里，南北距二百七十里。東至渭源縣界翠巖鋪七十里，少南至縣一百二十里；冊說：至窑店驛五十里，又東至渭源縣界石井遞運所五十里，又東至縣治二十里。西至河州界當川鋪四十里；南至鞏昌府岷州衛界橋道鋪一百二十里；北至摩雲鋪蘭州界一百五十里，冊說：北至沙泥驛九十里，又北至摩雲驛六十里。至州治二百十里。東南至岷州衛治二百里，西南至鞏昌府洮州衛□□□，東北至金縣界□□，西北至河州界七十里。冊說：西北至河州界定羌驛七十里，又西北至和政驛六十里，至州治一百九十里。

渭源縣，在府東少南一百二十里。東西距六十五里，南北距一百三十里。東至鍬家鋪鞏昌府隴西縣界十五里，至縣治九十里；西至翠巖鋪狄道縣界五十里，少北至縣治一百二十里；南至鞏昌府岷州衛界八十里；北至鞏昌府安定縣界連兒灣五十里，至金縣□□。東南至鞏昌府漳縣□□，西南至岷州衛□□，東北至安定縣治二百里，北至蘭州。

蘭州，在府北一百九十里。東西距一百五十里，南北距二百六十里。東至金縣界定遠鎮五十里；西至西寧衛界一百里；南至狄道縣界摩雲鋪六十里，至縣治二百十里；北至松山邊界二百里。冊作至安寧堡莊浪所界三十里。東南至金縣治九十里，又東南至鞏昌府安定縣治二百四十里；西南至積積堡河州界七十里，至州治二百二十里；東北至靖鹵衛三百二十里；《四鎮志》作二百八十里。西北至莊浪衛界沙井驛四十里，至衛治二百二十里；《四鎮志》：東北至靖虜衛二百八十里，西至莊浪衛二百二十里，南至臨洮二百二十里，北至永泰紅哈剌界四十里。

金縣，在州東少南九十里，府東北一百八十里。東西距一百里，南北一百里。東至鞏昌府安定縣界七十里，少南至會寧縣界□□里；西至蘭州界馬坡三十里；《府志》：西至定遠驛四十里。南至狄道縣界新營四十里，至渭源縣治□□里；北至黃河蘭州界六十里。東南至車道嶺安定縣界七十里，至縣治一百三十里；冊説作東至清水驛三十里，又東南至安定縣秤鉤灣驛六十里。西南至狄道縣治一百八十里；東北至靖遠衛界老廟堡一百六十里，至衛治二百八十里；西北至豬嘴山蘭州界四十五里，至州治九十里。

河州，在府西少北一百九十里。東西一千二百里，南北距二百九十里。東至狄道縣界弘濟橋一百二十里，《志》作至三渡水一百八十里。《志》作至歸德所生番界七百里。西至閻門番帳草地界九百里，冊説：西至老鴉關九十里，又西至起臺堡一百五十里，又西至保安堡二百八十里，又西至歸德所三百里，又西至閻門八十里。南至鞏昌府洮州衛界一百四十里，《志》作二百八十里。至衛治四百里；北至寧夏衛界馬營司一百五十里。《志》作一百七十里。東南至當川鋪狄道縣界一百五十里，至縣治一百九十里；《志》：至岷州六百三十里。西南至洮州衛番族二百二十里；東北至蘭州二百二十里；西北至寧夏衛界老鴉山二百二十里，至衛四百七十里。《四鎮志》：東至蘭州界洮河一百二十里，西至起臺堡一百五十里，南至景古城二百里，北至黨家堡二百里。

榆林衛，在布政司北一千一百二十里。東西距七百四十里，南北距一百四十里。東至高家堡延安府神木縣界一百五十里，至縣治二百四十里，至黃河山西和堡營界五百三十里；西至鹽場堡寧夏衛花馬池界五百九十里；南至米脂縣界一百三十里，至縣一百六十里；北至紅山市草地界邊牆十里。東南至葭州一百八十里，西南延安府四百五十里，東北至黃河山西太原府河曲縣界樓子營四百七十里，西北至邊牆。

寧夏衛，在布政司西北一千四百里。東西距四百三十里，南北距五百五十里。東至榆林衛鹽場堡界三百七十里，至衛一千里；西至賀蘭山邊界六十里；南至平涼府界下馬關三百五十里，少東至府六百五十里；北至鎮遠關邊界二百里。

寧夏左衛，附郭，東西距九十里，南北距二百十五里。東至黃河靈州所界三十里，西至賀蘭山邊界六十里，南至□□□里，北至平羅所界慶王墩七十五里，至所一百二十里。

寧夏中衛，在衛西南三百六十里。東西距三百三十五里，南北距三百二十里。東至左衛界分水嶺三百二十里；西至邊牆十五里；南至鞏昌府靖遠衛界蘆溝堡三十里，至衛四百九十里；北至邊牆十里。

靈州所，在衛東北九十里。東西距一百四十五里，南北距二百八十里。東至花馬池所界毛葛喇堡八十五里，少南至所二百五十里；西至黃河寧夏衛界□□□里；南至平涼府固原州下馬關界二百十里；北至邊牆七十里；西北至衛治九十里。

平羅所，在衛北少東一百二十里。東西距一百五里，南北距一百三十五里。東至黃河靈州所界十五里；西至賀蘭山邊界九十里；南至寧夏衛界慶王墩四十五里，至衛一百二十里；北至鎮遠關邊界九十里。

花馬池所，在衛東三百四十里。東西距一百九十五里，南北距二百八十一里。東至界牌榆林衛鹽場堡界三十里，至堡四十里；西至界牌靈州所界一百六十五里，少北至所二百五十里；南至慶陽府環縣界甜水堡一百八十里，至縣三百八十里。

陝西行都司，在布政司西北□□□□□□。東至□□□里，西至嘉峪關番界五百七十里，南至(和)[河]州界一千五百七十五里，北至番界亦集乃一千五百里。東南至河州衛一千九百七十五里，西南至安定所一千五百里，東北至魚海子九百里，西北至哈密衛二千五百里。自司治至京師五千四百里。

甘州衛，附郭。左衛治東偏，右衛治西偏。東西距一百八十里，南北距二百里。東至東樂驛山丹衛界八十里，東至仁壽驛四十里，又東至東樂驛四十里，至衛一百二十里；西至撫夷驛高臺所界一百里，西至沙津驛三十里，又西至沙河驛三十里，又西至撫夷驛四十里；南至雪山邊界一百六十里；北至人祖山邊界四十里。《都司(治)[志]》：至境外一百三十里。東南至大黃山二百五十里，西南至白城子二百里，東北至轉嘴墩一百里，東北至高臺所一百六十里。

山丹衛，在都司東一百二十里。東西距一百四十里，南北距一百七十五里。東至涼州永昌衛界定羌廟一百里，少南至衛一百九十里；西至甘州衛界東樂驛四十里，至衛一百二十里；南至雪山邊界一百五十里；北至紅寺山邊界二十五里。東南至和寧山口一百四十里，西南至寧番山口一百五十里，東北至玉泉墩二百二十里，西北至甘峻山邊界三十里。

高臺所，在都司西一百六十里。東西距一百里，南北距一百三十里。

東至甘州衛界撫夷驛四十里，《都司志》：六十里。西至黑泉驛肅州鎮夷所界六十里，南至榆木山邊界四十里都司治番族一百里，北至合栗山邊界九十里。《都司(治)[志]》：至外境七十里。東南至雪山一百里，西南至肅州千人壩一百五十里，東北至甘州衛界靖安墩八十里，西北至鎮夷所一百六十里。

西寧衛，在都司東南一千三百五十里。東西距三百二十里，南北距一百五十里。東至冰溝口莊浪所界二百六十里，至所四百里；西至石硤邊牆六十里；南至闇門邊牆八十里；北至闇門邊牆七十里。東至古鄯呂家官亭河州界□□里。

鎮番衛，在都司東北五百五十里。東西距五十五里，南北距一百五十里。東至邊牆二十五里；《衛志》作至寧夏衛界沙河六百里。西至邊牆三十里；《衛志》作至永昌衛界昌家堡一百里。南至涼州界三岔河一百三十里，至衛二百里；北至邊牆二十里。《衛志》作至亦不剌山二百八十里。東南至莊浪衛四百九十里，西南至永昌衛三百二十里，東北至魚海子三百八十里，西北至亦集乃一千二百五十五里。

肅州衛，在都司西五百十里。東西距二百十里，南北距一百八十里。東至鎮夷所界鹽池驛一百四十里，少北至所一百八十里；西至嘉(谷)[峪]關邊界七十里；南至雪山邊界一百五十里；北至邊牆三十里。《衛志》作北至黑山一百八十里。東南至白城子二百五十里，西南至雪山一百八十里，東北至天倉墩三百二十里，西北至大缽和寺三百里。

鎮夷所，在都司東南八百四十里。東西距一百里，南北距五十五里。東至甘州高臺所界臨河墩六十里，《縣志》作至合(梨)[黎]山二十五里。至所一百二十里；西至肅州衛界四十里；南至肅州衛界大泉墩五十里；《衛志》作南至臙脂堡六十里。北至山嘴墩邊界五里。《衛志》作至(猫)[毛]目頭墩一百九十里。東南至甘州衛三百里；西南至鹽池驛肅州衛界四十里，至衛一百八十里；東北至亦集乃湖一千二百里；西北至舊威虜城一百五十里。

莊浪所，在都司東南八百四十里。東西距二百六十里，南北距三百三十里。東至大松山鞏昌府蘭州界一百二十里；《都司(治)[志]》：寧夏中衛六百里。西至寧夏衛界水溝口一百四十里，《都司志》作一百六十里，《四鎮志》同。至衛四百里；南至蘭州界安寧堡一百九十里，《四鎮志》：至州二百四十里。北至烏稍嶺古浪所界一百三十五里，《志》作至黑川一百四十里，至州二百四十里；西南至臨洮府河州治□□□里，西北至古浪所二百十里。

古浪所，《四鎮志》：在都司東南六百三十里。東至魚家溝十五里，西至西川堡三十里，南至黑松三十里，北至鎮魚墩四十五里。東西距二百五里，南北距九十里。東至界牌莊浪所界一百六十五里；西至沙溝嶺涼州衛界四十里；南至莊浪所界烏稍嶺六十五里，少東至所二百二十里，至黃河四百七十里；北至小橋鋪梁州衛界十五里。《都司志》：至暖泉稍馬營五十里。東南至黑川二百里，西南至西寧衛壩州堡五百四十里，東北至馬連灘三百四十里，西北至涼州衛一百四十里，又北至鎮番衛三百四十里。

涼州所，在都司東少南五百里。東西距六百八十里，南北距一百六十里。東至寧夏中衛界板井墩五百九十里，至懷安驛五十里，又西至柔遠驛四十里；南至天梯山邊界八十里；《衛(至)[志]》作(志)[至]西寧衛界野馬川二百里，《四鎮志》：□□至山上古城六十里。北至鎮番衛界三岔月牙墩七里，至衛二百里。《四鎮志》：至安遠稍嶺莊浪界一百九十里。東南至古浪所界沙溝嶺九十里，至小橋鋪一百十五里，至所一百四十里；西南至藏南山一百三十里；東北至馬連灘二百里；西北至永昌衛一百六十里。

永昌衛，在都司東少南三百十里。東西距一百八十里，南北距二百六十里。東至涼州衛界柔遠驛七十里，少南至衛一百六十里；西至甘州山丹衛界石峽口驛一百十里；南至雪山邊界一百八十里；北至邊牆八十里。東南至土魯千山口一百八十里，西南至白石崖一百八十里，東北至鎮番衛三百二十里，西北至山丹衛一百九十里。

河南

開封府，布政司治。東西距三百八十里，南北距四百四十里。東至歸德府考城縣界一百三十里，西至河南府鞏縣界二百五十里，南至汝寧府西□[平]縣界三百五十里，北至直隸大名府滑縣界九十里。東南至江南鳳陽府(穎)[潁]州界四百七十里，至州治五百七十里；西南至南陽府葉縣治三百六十里；東北至山東兖州府曹縣治二百三十里；西北至懷慶府溫縣治二百七十里。

祥符縣，附郭。東西距七十里，南北距一百里。東至陳留縣界三十五里，少南至縣治五十里；西至中牟縣界三十五里，至縣治七十里；南至(蔚)

[尉]氏縣界六十五里，少西至縣治九十里；北至封丘縣界三十五里，《志》作四十里。至縣治六十里。東南至通許縣界三十五里，至縣治九十里；西南至尉氏縣界三十五里；東北至陳留縣界四十里，至直隸大名府長垣縣治一百里；西北至陽武縣界六十里，至縣治九十里。《志》作至延津縣界五十里。

陳留縣，(南)[在]府東少南五十里。東西距四十五里，南北距七十里。東至韓岡杞縣界二十五里，少南至縣治五十里；《志》作六十里。西至太平岡祥符縣界二十里，少北至縣治五十里；南至小城集通許縣界二十里，少西至縣治四十里；北至貫臺封丘縣界五十里，《志》作至祥符縣界。少東至直隸大名府長垣縣一百二十里。東南至白廟杞縣界二十里，至太康縣一百六十里；西南至萬龍(罔)[岡]祥符縣界二十里，至尉氏縣九十里；東北至尖塚蘭陽縣界四十里，至縣治七十里；西北至薄酒店祥符縣界十五里，至封丘縣一百十里。

杞縣，在府東南一百里。東西距六十里，南北距一百二十里。東至歸德府睢州界三十里，少南至州治六十五里；西至陳留縣界三十里；南至太康縣界七十里；北至蘭陽縣界五十里，至縣治六十五里；東(北)[南]至太康縣治一百三十里，西南至通許縣六十里，東北至(義)[儀]封縣七十(十)里，西北至陳留縣五十里。

通許縣，在府東南九十里。《志》作八十里。東西距五十里，南北距六十里。東至杞縣界沙窩村三十里，至歸德府睢州一百二十里；西至尉氏縣界豎岡二十里，至縣治五十里；南至扶溝縣界江村四十里，至縣九十里；北至陳留縣界小城集二十里，至縣治四十里。東南至穋子岡太康縣界五十里，至縣治一百二十里；西南至吳召岡鄢陵縣界三十里，至縣治九十里；東北至羊羔橋杞縣界三十里，至縣治六十里；西北至北劉村祥符縣界三十里，至縣治九十里。

太康縣，在府東南二百里。東西距一百十里，南北距九十五里。東至霸王岡歸德府柘城縣界五十里，少北至縣治八十里；西至瓦子店扶溝縣界六十里，少南至縣治九十里；南至鞍子嶺陳州界五十里，至州治九十里；北至杞縣界四十五里，《志》作至界園鎮七十里。少南至縣治一百三十里。東南至玄武集歸德府鹿邑縣界六十里，至縣治一百三十里；西南至夏邑集西華縣界六十里，至縣治一百十里；東北至朝莊歸德府睢州界六十里，至州治一百十里；西北至赫旺莊通許縣界八十里，至縣治一百二十里。

中牟縣，在府西七十里。東西距七十里，南北距一百十里。東至祥符縣界三十五里，至縣治七十里；西至鄭州界三十五里，少南至州治七十里；南至洧川縣界六十里，至縣治一百里；北至黄河陽武縣界五十里，至縣治八十里。東南至尉氏縣界六十里，至縣治一百里；西南至新鄭縣界五十五里，至縣治一百里；東北至祥符縣界三十五里，至封丘縣一百□里；西北至黄河原武縣界五十五里，至縣治□□里。

尉氏縣，在府南少西九十里。東西距八十里，南北距七十里。東至通許縣界三十里，册作二十五里。至縣治五十里；《志》作六十里。西至洧川縣界五十里，《志》作至新鄭縣界六十里。至新鄭縣九十里；南至鄢陵縣界四十里，至縣治七十里；北至祥符縣界三十里，少東至縣治九十里。東南至扶溝縣九十里；西南至洧川縣界三十里，至縣治六十里；東北至陳留縣九十里；西北至中牟縣界三十里，《志》作二十里。至縣治九十里。

鄢陵縣，在府南一百六十里。東西距五十五里，南北距九十五里。東至扶溝縣界二十里，至縣治四十里；西至許州界三十五里；《志》作二十里。南至臨[潁]縣(隸)界六十里，《志》作至小窑八十五里。至汝寧府上(察)[蔡]縣二百二十里，少西至縣治九十里；北至尉氏縣界三十五里，至縣治七十里。東南至西華縣一百十里，西南至許州七十里，東北至通許縣九十里，西北至洧川縣七十里。

洧川縣，在府西南一百五十里。東西距五十里，南北距八十里。東至尉氏縣界三十里；西至新鄭縣界二十里，少北至縣治五十里；南至許州界二十五里，至州治七十里；北至中牟縣界五十五里，至縣治一百里。東南至鄢陵縣界三十五里，至縣治七十里；西南至長葛縣界十二里，至縣治三十里；東北至尉氏縣六十里；西北至鄭州。

扶溝縣，在府南少東一百八十里。東西距六十里，南北距一百里。東至太康縣界三十五里，少北至縣治九十里；西至鄢陵縣界二十五里，至縣治四十里；南至西華縣界四十里，少東至縣治七十里；北至通許縣界六十里，至縣治九十里。東南至西華縣七十里，至陳州一百三十里；西南至臨(隸)[潁]縣一百十里；東北至杞縣一百五十里；西北至尉氏縣九十里。

陽武縣，在府西北九十里。東西距五十里，南北距六十里。東至封丘縣界二十里，《志》作五十里。至縣治六十五里；西至原武縣界一十里，至懷慶府武(涉)[陟]縣一百十里；南至中牟縣界二十里，少東至縣治八十里；北至衛輝府新鄉縣界二十里。東南至祥符縣界二十五里，至縣治九十里；西南至原武縣五十里；東北至延津縣界二十五里，至縣治四十里；西北至新鄉縣界二十里，至縣治六十里。

原武縣，在府西北一百二十里。東西距四十里，南北距六十五里。東至陽武縣界一十里；西至懷慶府武陟縣界一十里，少北至縣治□□里；南至鄭州界二十里，《志》作十五里。少西至州治六十里；北至衛輝府新鄉縣界二十五里，至縣治六十里。東南至中牟縣界一十五里，至縣治八十里；西南至(滎)[滎]澤縣界十八里，至縣治四十里；東北至陽武縣界一十五里，至縣治五十里；西北至衛輝府獲嘉縣界十五里，至縣治六十里。

封丘縣，在府北六十里。《志》作五十里。東西距八十里，南北距六十里。東至蘭陽縣界四十五里，少南至縣治九十里；西至陽武縣界(至)[《志》]作至延津界。二十五里，至縣治六十五里；南至祥符縣界三十里，至縣治六十里；北至直隸大名府滑縣界三十里，至縣治一百二十里。東南至《志》作蘭陽縣界五十里。陳留縣一百十里；西南至陽武縣界五十里；東北至大名府長垣縣界二十五里，至縣治六十里；西北至延津縣界三十五里，至縣治四十里。《志》作至衛輝府(昨)[胙]城縣界三十五里，至縣治八十里。

延津縣，在府西北九十里。東西距四十里，南北距三十五里。東至封丘縣界青塚村五里，少北至直隸大名府長垣縣□□里；西至榆林村衛輝府新鄉縣界二十五里，少北至縣治七十里；南至界石陽武縣界五里，少西至中牟縣一百里；北至衛輝府胙城縣界三十里，少東至縣治三十五里。東南至封丘縣四十里，西南至陽武縣四十里，東北至大名府滑縣乙百十里，西北至衛輝府汲縣七十里。

蘭陽縣，在府東少北九十里。東西距三十里，南北距六十五里。東至儀封縣界十里，少南至縣治二十五里；西至陳留縣界一十里，西南至祥符縣九十里；南至杞縣界十五里，至縣治六十里；北至直隸大名府長垣縣界五十里，至縣治九十里。東南至歸德府睢州九十里；西南至陳留縣六十里；東北至大名府東明縣一百二十里；西北至封丘縣九十里。

儀封縣，在府東少北一百十里。東西距五十里，南北距六十五里。東至歸德府考城縣界二十五里，《志》作四十里。至縣治六十里；《志》作九十里。西至蘭陽縣界十五里，少北至縣治二十五里；南至杞縣十五里，少西至縣治七十里；《志》作九十里。北至直隸大名府東明縣界五十里，少東至縣治一百二十里。東南至歸德府睢州界十五里，《志》作二十里。至州治七十里；西南至陳留縣八十里；東北至山東兗州府曹縣界五十里，至縣治一百二十里；西北至大名府長垣縣界三十五里。

新鄭縣，在府西南一百七十里。東西距七十里，南北距六十里。東至洧川縣界三十里，少南至縣治五十里；西至密縣界四十里，《志》作二十里。至縣治八十里；南至長葛縣界一十里，《志》作至禹州界三十里。北至鄭州界四十里，至州治九十里。東南至長葛縣界三十里，至縣治四十里；西南至禹州府界三十里，至州治九十里；東北至中牟縣界四十里，至縣治一百里；西北至(滎)[滎]陽縣一百十里。

鄭州，在府西少南一百四十里。東西距五十三里，南北距八十里。東至圃田中牟縣界三十五里，少北至縣治七十里；西至猴岡(滎)[滎]陽縣界十八里；南至新鄭縣界郭店驛五十里，至縣治九十里；北至原武縣界三十里，至縣治六十里。東南至尉氏縣治一百三十里；西南至(滎)[滎]陽縣治六十里，至密縣治一百十里；東北至原武縣治六十里；西北至西趙鋪(滎驛)[滎澤]縣界三十五里，至縣治四十里，至懷慶府一百六十里。

(滎)[滎]陽縣，在州西六十里。東西距□十里，南北距七十里。東至本州界□十里，至州治□十里；西至汜水縣界十里；南至密縣界四十五里，至縣治七十里；(北至河陰縣界一十五里，至縣治七十里)北至河陰縣界一十五里，少東至縣治三十里。東南至新鄭縣一百十里；《志》作一百六十里。西南至密縣界五十里，至河南府登封縣一百五十里；東北至河陰縣三十里，又東至(滎驛)[滎澤]縣五十里；《志》作六十里。西北至汜水縣治四十里；西北至懷慶府溫縣七十里。

汜水縣，在州西□□里，府西□□里。東西距四十五里，南北距六十五里。東至(滎)[滎]陽縣界三十里，少南至縣治四十里；西至河南府鞏縣界十五里，至縣治四十里；《志》作四十五里。南至密縣界五十里；北至懷慶府溫縣界十五里，少西至縣治三十五里。東南至方山密縣界四十五里，至縣治九十里；西南至河南府登封縣界五十里，至縣治一百四十里；東北至河陰縣界□□里，至縣治□□里，又北至懷慶府武陟縣界二十里，至縣治七十里；西北至溫縣治三十五里，又西至孟縣八十里。

(榮)[滎]澤縣，在州北少西四十里，府西一百四十里。東西距三十里，南北距三十里。東至原武縣界十五里；西至河陰縣界十五里；南至本州界五里，少東至州治四十里；北(北)越河衛輝府獲嘉縣界二十五里，至縣治六十里。東南至中牟縣一百十里；西南至河陰縣治二十五里，又南至(榮)[滎]陽縣五十里；東北至原武縣四十里；西北至懷慶府武陟縣六十里。

河陰縣，在州西北五十里。東西距二十八里，南北距二十里。東至(榮驛)[滎澤]縣界八里；西北至(杞)[汜]水縣界二十里；南至(榮)[滎]陽縣界五里，少西至縣治三十里；北至黃河懷慶府武陟縣界十五里。東南至本州界八里，至州治五十里；西南至汜水縣□十里；東北至(榮)[滎]澤縣治三十里；西北至武陟縣治四十里。

陳州，在府東南三百六十里。東西距一百里，南北距一百里。東至歸德府鹿邑縣界四十里；西至西華縣界六十里，至縣治八十里，《志》作七十里。至郾城縣一百五十里；南至項城縣界六十里，《志》作七十里。至縣治一百二十里；北至太康縣界四十里，少西至縣治七十里。東南至沈丘縣界六十里，西南至(滴)[商]水縣七十里，東北至鹿邑縣治一百二十里，西北至扶溝縣一百二十里。

商水縣，在州西南八十里，府南二百八十里。東西距一百里，南北距五十里。東至陳州界二十里，至沈丘縣□□里；西至郾城縣界八十里，少南至縣治一百二十里；南至汝寧府上蔡縣界三十里；北至西華縣界二十里。東南至項城縣一百里，西南至上蔡縣九十里，東北至本州治八十里，西北至西華縣五十里。

西華縣，在州西八十里。東西距一百二十里，南北距六十里。東至本州界二十里，少南至州治八十里；西至臨(穎)[潁]縣界六十里，至縣一百里；南至商水縣界三十里；北至扶溝縣界三十里，少西至縣治七十里。東南至商水縣治五十里，西南至郾城縣九十里，東北至太康縣治一百里，西北至鄢陵縣一百十里。

沈丘縣，在州東南一百二十里。東西距九十里，南北距七十八里。東至界首鋪江南鳳陽府太和縣界五十里，少北至縣治九十里；西至蓮池集項城縣界四十里；南至響張埠口(穎)[潁]州界十八里；北至愧坊店歸德府鹿邑縣界五十里，至縣治一百六十里。東南至(穎)[潁]州治一百五十里；西南至項城縣治六十里，又南至汝寧府新蔡縣一百里；東北至江南鳳陽府亳州治一百八十里；西北至項城縣界南頓鎮九十里。

項城縣，在州南一百二十里。東西距九十里，南北距一百四十里。東至沈丘縣界二十里；西至商水縣界七十里；南至汝寧府新蔡縣八十里；北至本州界六十里，至州治一百二十里。東南至新蔡縣治一百二十里，西南至汝寧府上蔡縣一百二十里，東北至沈丘縣治六十里，西北至商水縣九十里。

禹州，在府西南二百六十里。東西距一百里，南北距八十五里。東至許州界四十里，少南至州治八十里；西至河南府登封縣界六十里，少北至縣治一百二十里；南至襄城縣界四十里；北至新鄭縣界四十五里。東南至襄城縣治九十里；西南至汝州郟縣四十五里，至縣治七十里；東北至長葛縣□十里，又北至新鄭縣亦九十里；西北至密縣界六十里，至縣治一百二十里。

密縣，在州西北一百二十里。東西距八十里，南北距七十里。東至新鄭縣三女家四十里，《志》作五十里。至縣治八十里；西至河南府登封縣界景店四十里；南至本州界上廟鋪四十里；北至(榮)[滎]陽縣界圣僧店三十里，少東至縣治七十里。東南至新鄭縣界大岳兒口五十五里，至本州治一百二十里；西南至登封縣界小治村二十五里，至縣治七十里；東北至新鄭縣界五十里，至鄭州□□里；西北至汜水縣界銀礦峪三十里，至縣治九十里。

許州，在府西南一百二十里。東西距九十里，南北距六十五里。東至磚橋鄢陵縣界四十五里，西華縣一百□里；西至象琅城禹州界四十五里，少北至州治八十里；南至臨(穎)[潁]縣界三十里；北至梁莊鋪洧川縣界三十五里，少東至縣治七十里。東南至大石橋臨(穎)[潁]縣界三十里，至縣治六十里；西南至岡子鋪襄城縣界四十五里，至縣治九十里；東北至鄢陵縣七十里；西北至脹地店長(峪)[葛]縣界三十里，至縣治五十里，又北至新鄭縣界九十里。

襄城縣，在州西南八十里，府西南三百十里。東西距七十五里，南北距七十里。東至范胡保臨潁縣界五十里，至縣治九十里；西至魯度保汝州郟縣界二十五里，少北至縣治六十里；南至洛岡南陽府舞陽縣界三十里，至縣治一百二十里；北至閻寨禹州界四十里。東南至霍堰郾城縣界六十里，至縣治一百二十里；西南至湛河南陽府葉縣界三十里，至縣治六十里；舊《志》：至汝州(保)[寶]豐縣界十八里。東北至(穎)[潁]橋本州界四十里，至州治八十里；西北至禹州九十里。

臨(穎)[潁]縣，在州東南六十里，府西南二百八十里。東西距八十里，南北距六十里。東至西華縣界三十五里，少北至縣治一百里；西至襄城縣界四十里，至縣治九十里；南至郾城縣界二十五里；北至本州界三十五里。東南至郾城縣界三十五里，至縣治六十里；西南至南陽府舞陽縣界四十五里，至縣治□□里；東北至鄢陵縣界四十五里，至縣治九十里；西北至本州界三十五里，至州治六十里。

郾城縣，在州東南一百二十里，府南三百二十里。東西距九十五里，南北距七十里。東至黄坡岡商水縣界四十五里，至縣治一百二十里；西至裴城鎮襄城縣界五十里；南至石界橋汝寧府西平縣界三十五里，少東至縣治六十五里；北至臨(穎)[潁]縣界小商橋三十五里，少西至縣治六十里。東南至百尺鎮汝寧府上蔡縣界七十里，至縣治□□里；西南至吴城鎮南陽府舞陽縣界五十里，至縣治一百里；東北至小窑集西華縣界六十里，至縣治□□里；西北至宋(罔)[岡]臨(穎)[潁]縣界五十里，至襄城縣一百十里。

長葛縣，在州北少西五十里，府南(南)一百八十里。東西距六十里，南北距四十里。東至洧川縣界二十里；西至禹州界四十里；南至本州界二十里；北至新鄭縣界二十里。《志》作至中牟縣界四十里。東南至鄢陵縣界三十里，至縣治七十里；西南至禹州界四十里，至州治□□里；東北至洧川縣三十里；西北至新鄭縣界二十里，至縣治四十里。

河南府，在布政司西三百八十里。東西距六百二十里，南北距一百五十里。東至開封府汜水縣界一百四十里，西至陝西西安府華陰縣界四百八十里，南至汝陽伊陽縣界一百里，北至懷慶府孟縣界五十里。東南至開封府禹州界二百里，西南至南陽府内鄉縣界四百五十里，東北至懷慶府温縣界一百三十里，西北至山西平陽府蒲州治五百四十里。自南至治□□京師一千八百里。

洛陽縣，附郭。東西距七十五里，南北距一百十里。東至偃師縣界義井鋪三十五里，至縣治七十里；西至考水鋪新安縣界三十里，至縣治七十里；南至嵩縣界水泉鋪七十里，少西至縣治一百六十里；北至孟津縣界上古驛四十里，至懷慶府濟(原)[源]縣一百二十里。《志》作九十里。東南至登封縣界八十里，至汝州治一百八十里；《志》作一百六十里。西南至宜陽縣七十里；東北至孟津縣四十五里。

偃師縣，在府東七十里。東西距六十里，南北距八十里。東至鞏縣界黑石渡二十五里，《志》作三十五里。至縣治五十五里；《志》作六十里。西至洛陽縣界金牖城三十五里，至縣治七十里；南至登封縣界萼嶺五十五里；北至孟津縣界叩馬村二十五里，至懷慶府孟縣五十里。東南至登封縣九十里；西南至宜陽縣一百四十里；東北至鞏縣治五十五里，又北至懷慶府温縣八十里；西北至孟津縣四十五里。

宜陽縣，在府西南七十里。東西距一百十里，南北距七十五里。東至苑里洛陽縣界二十里，至登封縣一百四十里；西至留召、崛山俱永寧縣界九十里，至縣治一百二十里；《志》作一百十里。南至徐陽(蒿)[嵩]縣界四十五里，至縣治九十里，《志》作一百二十里。少西至縣治六十里。《志》作五十里。東南至宋店嵩縣界四十里，至汝州一百八十里；西南至穆册關嵩縣界約百里，山徑絶蹤；東北至延秋洛陽縣界二十五里，至縣治七十里；西北至耩池澠池縣界八十五里，至縣治一百二十里，至陝州二百四十里。

新安縣，在府西七十里。東西距七十五里，南北距九十里。東至洛陽縣界孝水鋪四十里，至縣治七十里；西至澠池縣界崤店二十五里，至縣治九十里；南至界牌凹宜陽縣界三十里；《志》作二十五里。北至狂口鎮懷慶府濟源縣界六十里，少東至縣治一百二十里。東南至宜陽縣治六十里，西南至永寧縣一百六十里，東北至孟津縣一百十里，西北至山西平陽府垣曲縣一百四十里。

鞏縣，在府東北一百二十里。東西距五十五里，南北距九十五里。東至開封府汜水縣界十里鋪二十五里；《志》作三十里。西至偃師縣界黑羊山三十里，至縣治五十五里；《志》作六十里。南至登封縣界五枝嶺七十里，《志》作八十里。至縣治一百十里；《志》作一百二十里。北至黄河懷慶府温縣界十五里，《志》作二十里。少東至縣治四十里。東南至開封府(榮)[滎]陽縣界景山六十里，至縣治八十里；西南至登封縣界萼嶺口八十里；東北至汜水縣四十里；西北至孟津縣界周家山四十里，至縣治九十里。《志》作八十里。

孟津縣，在府東北四十五里。東西距一百里，南北距八里。東至鞏縣界李家溝四十里，少南至縣治九十里；西至新安縣界楊四集六十里；南至洛陽縣界上古郵三里，少西至縣治四十三里；北至黄河懷慶府孟縣界五里。東南於偃師縣界十五里，至縣治四十五里；《志》作五十里。西南至新安縣治一百里；東北至孟縣界十里，至縣治二十五里；西北至懷慶府濟源縣七十里。

登封縣，(南)[在]府東南一百四十里。《志》作由府店至府一百四十里。東西距一百五里，南北距九十里。東至開封府密縣界牛兒店四十五里，少北至縣治七十里；西至洛陽府偃師縣界大口村六十里，至宜陽縣一百□十里；南至界牌寺汝州界五十里，《志》作六十里。至州治九十里；北至鞏縣界瓦屋川四十里，至縣治一百十里。《志》作一百二十里。東南至開封府禹州界白沙六十里，至州治一百二十里；西南至洛陽縣界范村一百十里，至嵩縣二百里；東北至密縣界柴家窑三十五里，至汜水縣一百四十里；西北至偃師縣界參駕店三十里，至縣治九十里。

永寧縣，在府西南一百八十里。東西距一百五十里，南北距一百四十里。東至宜陽縣界三十里，少北至縣治一百十里；西至盧氏縣界一百二十里；南至嵩縣界八十里；北至澠池縣界六十里，至縣一百二十里。東南至嵩縣一百二十里；西南至盧氏縣一百四十里，至陝西雒南縣四百二十里；東北至新安縣一百六十里；西北至陝州界六十里，至州治一百六十里。

澠池縣，在府[西]一百六十里。東西距八十五里，南北距一百二十里。東至新安縣界五十五里，至縣治九十里；西至陝州界三十里，至州治一百四十里；南至永寧縣界三十里，至縣治一百里；北至黄河山西平陽府垣曲縣界九十里，至縣治九十五里。東南至宜陽縣一百二十里；西南至崤陵永寧縣界四十里；東北至新安縣界一百里；西北至垣曲縣界一百里，至平陸縣一百四十里。

嵩縣，在府西南一百六十里。東西距一百五十里，南北距二百三十里。東至汝州伊陽縣界五十里，少南至汝州治一百五十里；西至盧氏縣界一百里，至縣治二百二十里；南至南陽府南召縣界一百八十里，少西至内鄉縣治三百五十里；北至宜陽縣界五十里，少東至縣治九十里。東南至伊陽縣界五十里，至縣治九十里；西南至南陽府内鄉縣界二百里，至縣治三百五十里；東北至洛陽縣界後寨村九十里，至縣治一百六十里；西北至永寧縣界百里，至縣治一百二十里。

盧氏縣，在府西南三百二十里。東西距二百里，南北距三百八十里。東至永寧縣界十八盤五十里；西至陝西西安府雒南縣界丁家園一百五十里，少南至縣治二百五十里；南至南陽府内鄉縣界□里；北至(寧)[靈]寶縣界故水鋪八十里，至陝州治一百八十里，又南至南陽府内鄉縣界賽嶺三百里，至縣治五百里；西南至西安府商南縣□□□□，東北至嵩縣二百六十里；東北至永寧縣治一百四十里；西北至靈寶縣治一百六十里，又西至閿鄉縣一百八十里。

陝州，在府西三百里。東西距一百五十里，南北距一百里。東至七里鎮澠池縣界一百十里，《志》作一百里。至縣治一百四十里；西至靈寶縣界四十里；南至宋家窑靈寶縣界四十里，至盧氏縣□□里；北至黄河山西平陽府平陸縣界一里，少東至縣治五里，至解州一百里。東南至永寧縣界九十六里，至縣治一百八十里；西南至曲沃鎮靈寶縣界四十里，至縣治六十里；西北至砥柱山平陸縣界四十里；西北至平陽府解州治一百里。

靈(福)[寶]縣，在(府)[州]西少南六十里。東西距五十五里，南北距一百里。東至陝州界曲沃鎮二十里，少北至州治六十里；西至桃花營閿鄉界三十五里，少南至縣治六十里；南至固水鋪盧氏縣界一百里；《志》作至虢略鎮四十里。北至黄河山西平陽縣芮城縣界三里。東南至官道口盧氏縣界一百十里，至縣治一百八十里；西南至朱陽鎮轆轤關陝西西安府雒南縣界一百八十里，至縣治二百五十里；東北至平陽府平陸縣七十里；西北至芮城縣四十里。

閿鄉縣，在州西南一百二十里。東西距八十五里，南北距五十八里。東至靈寶縣界二十五里，《志》作三十里。少北至縣治六十里；西至潼關陝西西安府華陰縣界六十里，至縣治一百里；南至西安府雒南縣界五十里；冊作二十五里。北至黄河山西平陽府芮城縣界八里，至縣治三十里。東南至盧氏縣一百八十里；西南至閿峪山雒南縣界五十里，至縣治二百二十里；東北至平陽府解州八十里；西北至平陽府蒲州一百二十里。

汝州，在布政司南一百五十里。東西距一百里，南北距八十里。東至長阜鋪郟縣界四十里，少南至縣治九十里；西至伊陽縣界六十里，少南至縣治九十里；南至寶豐縣界四十里；北至河南府登封縣界仙林寺四十里，至縣治九十里。東南至草店鋪寶豐縣界四十里，至縣治九十里；西南至溫泉鋪伊陽縣界四十里；東北至開封府禹州一百五十里；西北至河南府洛陽縣界九十里，至縣治一百八十里。

魯山縣，在州南少東一百二十里。東西距一百□里，南北距九十里。東至任店南陽府葉縣界六十里，少南至縣治一百里；西至伊陽縣界七十里；南至白沙嶺(曲)[南]陽府南召縣界五十里；北至青條嶺寶豐縣界四十里，少東至州治一百二十里。東南至南陽府葉縣界七十里；西南至南召縣治九十里；東北至寶豐縣界三十里，至縣治五十里；西北至歇馬嶺伊陽縣界五十里，至縣治一百四十里，又西北至嵩縣治二百四十里。

郟縣，在州東少南九十里。東西距九十里，南北距四十五里。東至長橋開封府襄城縣界四十里，少南於縣治六十里。東至本州界五十里，少北至州治九十里；南至汝河寶豐縣界十五里；北至房村開封府禹州界三十里。東南至南陽府葉縣九十里，西南至寶豐縣四十里，東北至禹州七十里，西北至河南府登封縣一百五十里。

寶豐縣，在州東南九十里。東西距一百里，南北距四十里。東至扈家口開封府襄城縣界五十里，少北至縣治九十里；西至魯山縣界五十里；《志》作至伊陽縣界六十里。南至魯山縣界二十里；《志》作十二里。北至郟縣界二十里。《志》作至汝州界四十五里。東南至秋河[店]南[陽]府葉縣七十里，至縣治九十里；西南至魯山縣二十里，至縣治五十里；東北至汝河郟縣界二十五里，至縣治四十里；西北至本州界四十五里，至州治九十里。

伊陽縣，在州西南七十里。東西距六十里，南北距一百里；南至汝州界溫泉鋪三十里，少北至州治七十里；西至分水嶺河南府嵩縣界三十里；南至魯山縣界四十里，至南陽府南召縣一百□里；北至河南府洛陽縣界六十里，至縣治一百七十里。東南至魯山縣界歇馬嶺九十里，至縣治一百四十里；西南至南陽府內鄉縣三百里；東北至汝州界五十里；西北至嵩縣九十里。

南陽府，在布[政]司西南二百七十里。東西距五百七十里，南北距三百十里。東至汝寧府確山縣界二百九十里，西至湖廣鄖陽府鄖縣界二百八十里，南至湖廣襄陽府襄陽縣界一百六十里，北至魯州汝山縣界一百五十里。東南至湖廣德安府隨州治四百里，西南至鄖陽府鄖縣治三百七十里，東北至開封府襄城縣界三百里，西北至陝西西安府商南縣治四百十里。自府治至京師二千一百四十五里。

南陽縣，附郭。東西距五十五里，南北距一百二十里。東至唐縣界二十五里，至泌陽縣二百里；西至鎮平縣界三十里，至縣治七十里；南至新野縣界七十里，至縣治一百十五里；北至南召縣界五十里，至縣治一百二十里，至汝州魯山縣界一百五十里。東南至唐縣界三十里，至縣治一百二十里；西南至鄧州界四十里，至州治一百二十里；東北至裕州界七十里，至州治一百二十里；西北至河南府嵩縣界二百里，至縣治三百五十里。

唐縣，在府東南一百二十里。東西距一百四十里，南北距一百六十里。東至泌陽縣界七十里；西至南陽縣界七唐縣，少南至鄧州一百□里；南至湖廣襄陽府棗陽縣界八十里，至縣治一百四十里；北至裕州界八十里，至州治一百四十里。東南至桐柏縣界四十里，至縣治一百□里；西南至新野縣界六十五里，至縣治一百二十里；東北至泌陽縣一百十里；西北至南陽縣一百二十里。有棉羊橋河，在縣西南五十里，疑即「明陽」之訛也。

泌陽縣，在府東二百里。《志》作二百二十里。東西距一百二十里，南北距一百五十里。東至汝寧府確山縣界竹溝鋪九十里，至縣治一百五十里；《志》作一百六十里。西至唐縣界潤嶺店三十里；南至桐柏縣界圍山店五十里，至縣治一百十里；《志》作百里。北至象河關《志》作鐵江河。舞陽縣界□□里，少東至縣治一百里。東南至堡子鋪桐柏縣界七十里，至汝寧府信陽州二百三十里；西南至程家店唐縣界三十里，至縣治一百十里；東北至沙河店北五里河汝寧府遂平縣界一百二十五里，至縣治一百八十里；西北至裕州界觀音堂一百里，至州治一百六十里。羊册店在西北七十里，即羊柵。

桐柏縣，在府東南二百二十里。東西距一百四十五里，南北距一百里。東至汝寧府信陽州界一百二十里；西至唐縣界八十里；南至犁耙口湖廣德安府隨州界四十里，至州治二百八十里；北至圍山店泌陽縣界六十里，至縣治一百十里。東南至信陽州治一百八十里，西南至湖廣襄陽府棗陽縣治□□□，東北至泌陽縣界汝寧府確山縣治□□□，西北至唐縣治一百十里。

鎮平縣，在府西七十里。東西距九十里，南北距一百里。東至南陽縣界四十里，至縣治七十里；西至內鄉縣界五十里；南至鄧州界五十里，少西至州治九十里；北至南陽縣界五十里舊南召縣界，□□至河南府嵩縣三百五十里。東南至新野縣治一百二十里，西南至鄧州界四十里，東北至南召縣一百二十里，西北至內鄉縣治九十里。

鄧州，在府西南一百二十里。東西距一百五十五里，南北距一百四十里。東至新野縣界五十五里，《志》作至唐縣界七十里。至唐縣一百八十里；西至內鄉縣界一百里，至淅川縣治一百八十里；南至湖廣襄陽府襄陽縣界九十里，少東至縣治一百八十里；北至鎮平縣界五十里，少東至縣治九十里。東南至新野縣界五十里，至縣治七十里；西南至襄陽府光化縣界六十里，至縣治一百二十里；東北至南陽縣界六十里，至縣治一百二十里；西北至內鄉縣界九十里，至縣治一百二十里。

淅川縣，在州西一百八十里。東西距一百三十里，南北距三百四十里。東至鄧州界九十里，少南至州治一百八十里；西至湖廣鄖陽(縣)[府]鄖陽(府)[縣]應均州界。四十里，至縣治一百九十里；南至湖廣襄陽府均州界六十里，至州治一百二十里；南至內鄉縣界七十里，至河南府盧氏縣界二百八十里，少西至縣治四百六十里。東南至襄陽府光化縣治□□里，西南至鄖縣一百九十里，東北至內鄉縣一百二十里，西北至陝西西安府商南縣治三百里，又北至河南府盧氏縣界二百八十里，至縣治四百六十里。

新野縣，在州東南七十里，府南一百十五里。東西距六十里，南北距九十五里。東至唐縣界四十里；《志》作五十里。西至本州界二十里，少北至州治七十里；南至黃渠河湖廣襄陽府襄陽縣界五十里，少西至縣治一百五十里；北至南陽縣界四十五里，至縣治一百十五里。東南至襄陽府棗陽縣界四十里，至縣治一百四十里；西南至襄陽府光化縣治一百九十里；東北至唐縣一百四十二里，又北至泌陽縣界五十里，至縣治二百四十里；西北至鎮平縣治一百三十里。

內鄉縣，在州北少西一百二十里，府西一百六十里。東西距八十里，南北距三百里。東至鎮平縣界四十里，少南至縣治九十里；西至淅川縣界四十里；南至本州界三十里，至湖廣襄陽府光化縣治二百四十里；北至河南府嵩縣界二百七十里，少東至縣治三百五十里。東南至本州界三十里，至州治一百二十里；西南至淅川縣一百二十里，至湖廣襄[陽]府光化縣治二百里；東北至南召縣治一百八十里；西北至陝西西安府商南縣治二百五十里，西北至河南府盧氏縣界三百里，至縣治四百里。

裕州，在府東北一百二十里。東西距一百二十里，南北距一百二十里。東至舞陽縣界王家店六十里，《志》作九十里，誤。少北至縣治一百三十里；西至南陽縣界王家店六十里，《元一統志》：至烏龜河五十里。南至唐縣界郝家寨六十里，少□至縣治一百四十里；《元一統志》：至泌陽縣沙河嶺七十里，至唐州一百六十里。北至呼沱嶺葉縣界六十里，至魯山縣莊家村七十里，至縣一百三十里。東南至觀音堂泌陽縣界六十里，至縣治一百六十里；西南至南陽縣界博望驛六十里，至縣治一百二十里；東北至葉縣界保安鋪六十里，至縣治一百二十里；西北至土門南召縣界六十里，至縣治八十里，又北至順店馬家村汝州魯山縣界八十里，至縣治一百五十里。

舞陽縣，在州東北一百□十里。東西距四十五里，南北距一百三十里。東至汝寧府西平縣界二十五里，《志》作二十里。至縣治一百里；西至葉縣界二十里，《志》作二十五里。至縣治一百里；南至王家店泌陽縣界七十里，少西至縣治一百八十里；北至開封府襄城縣界六十里，《志》作五十五里。少西至縣治一百二十里。東南至汝寧府遂平縣界三十五里，至縣治一百二十里；西南至葉縣界四十里；北至開封府郾城縣界□□里，至縣治一百三十五里；西北至葉縣七十里，至郟縣一百三十里。

葉縣，在州北少東一百二十里，府東北二百四十里。東西距七十里，南北距九十里。東至(武)[舞]陽縣界四十里；[西]至(西)汝州魯山縣界黃家莊三十里，少北至縣治一百里；南至裕州界硯瓦坡六十里；北至□□界，《元一統志》作至開封府襄城縣界南淇河三十五里。少西至縣治九十里。東南舞陽縣七十里；西南至裕州治一百二十里；東北至開封府襄城縣界三十里，至縣治六十里，至臨(穎)[潁]縣一百三十里；西北至汝州寶豐縣界十八里，至縣治七十里。《元一統志》作九十里。

附：南召縣，在府北一百二十里。東至裕州界二十五里；西至內鄉縣界□□里，少南至內鄉縣治一百五十里；南至南陽縣界七十里，至縣治一百二十里；北至汝州魯山縣界七十里。東南至裕州治八十里，西南至鎮平縣一百四十里，東北至魯山縣治九十里，西北至河南府嵩縣界二百五十里。

汝寧府，在布政司南少東五百五里。東西距三百五十里，南北距四百六十五里。東至江南鳳陽府穎州界一百九十里，西至南陽府泌陽縣界一百六十里，南至湖廣黄陂縣界三百五十里，北至開封府商水縣界一百十五里。東南至江南廬州府霍山縣界四百七十里，西南至湖廣德安府應山縣界三百六十里，東北至開封府項城縣治一百二十里，西北至開封府郾城縣治一百八十五里。自府至京師二千三百里。

汝陽縣，附郭。東西距一百四十里，南北距一百二十五里。東至新蔡縣界東厂店九十里，至縣治一百四十里；西至遂平縣界羅家店五十里；南至真陽縣界塘下鋪九十里，少東至縣治一百二十里；北至(止)[上]蔡縣半陂店三十五里，少西至縣治七十里。東南至息縣界張五店一百二十里，至縣治一百九十里；西南至确山縣界韓莊四十五里，至縣治九十里；東北至開封府項城縣界譚陂鋪九十里，至縣治一百二十里；西北至上蔡縣界黄埠六十里，至遂平縣治九十里。

上蔡縣，在府北少西七十里。東西距一百三十里，南北距八十里。東至開封府項城縣界一百里，少北至縣治一百二十里；西至西平縣界三十里；南至汝陽縣界三十五里，少東至縣治七十里；北至開封府商水縣界四十五里。《志》作至西華縣界五十五里。東南至新蔡縣一百八十里，西南至遂平縣□十里，東北至商水縣治九十里，西北至西平縣治六十里。

新蔡縣，在府東少南一百四十里。東西距一百十里，南北距七十里。東至江南鳳陽府(穎)[潁]州界艾亭五十里，少北至州治二百里；西至汝陽縣界萬金店六十里，至縣治一百四十里；南至息縣界岡里十五里，《志》作十六里。少西至縣治一百十里，至光州一百四十里；北至開封府項城縣界韓家集四十五里，少西至縣治一百二十里。東南至固始縣二百二十里；西南至真陽縣界汝南埠五十里，至縣治一百二十里，又南至羅山縣一百六十里；東北至瓦店開封府沈丘縣界五十里，至縣治一百□里；西北至上蔡縣一百八十里。

确山縣，在府西南九十里。東西距一百二十里，南北距一百五十里。東至汝陽縣界五十里；西至南陽府泌陽縣界七十里，至縣治一百五十里；南至明港鎮信陽州界九十里，至州治一百八十里；北至遂平縣界六十里。東南至真陽縣界五十五里，至縣治九十里；西南至信陽州界九十里；南至南陽府桐柏縣□里；東北至汝陽縣界四十五里，至縣治九十里；西北至遂平縣治九十里。

遂平縣，在府西少北九十里。東西距一百里，南北距六十里。東至汝陽縣界四十里；西至流水店南陽府泌陽縣界七十里；南至界牌店确山縣界三十里；北至蔡寨店西平縣界三十里，至縣治六十里。東南至确山縣治九十里；西南至泌陽縣一百八十里；東北至上蔡縣界蔡岡三十里，至縣治六十里；西北至南陽府舞陽縣一百二十里。

真陽縣，在府南一百二十里。東西距一百五里，南北距一百十里。東至息縣界七十里；西至白水港确山縣界三十五里；南至淮河羅山縣界八十里，至縣治一百十里；北至塘下溝汝陽縣界三十里，至縣治一百二十里。東南至息縣界四十五里，至縣治九十里；西南至信陽州界七十里，至州治一百四十里；東北至汝南埠汝陽縣界七十里，至新蔡縣一百二十里；西北至确山縣界三十五里，至縣治九十里。

西平縣，在府西北一百二十里。東西距一百十里，南北距七十里。東至上蔡縣界三十里；西至南陽府舞陽縣界八十里，至縣治一百里；南至遂平縣界四十里，至縣治六十里；北至開封府郾城縣界三十里。東南至上蔡縣治六十里；西南至南陽府泌陽縣界一百里，至縣治□□里；東北至開封府商水縣治一百十里；西北至郾城縣六十五里。

信陽州，(南)[在]府西南二百七十里。東西距一百六十里，南北距一百八十里。東至金關鋪羅山縣界六十里，至縣治一百二十里；西至趙莊鋪南陽府桐柏縣界一百里；南至平靖關湖廣德安府應山縣界九十里，至縣治一百八十里；北至明港鋪确山縣界九十里，少東至縣治一百八十里。東南至武勝關應山縣界九十里，至孝感縣二百三十里；西南至分水嶺德安府隨州界七十里，至州治二百十里；東北至新色寺鋪真陽縣界七十里，至縣治一百四十里；西北至趙莊鋪南陽府桐柏縣界一百里，至縣治。

羅山縣，在州東北一百二十里，府東(府)二百三十里。東西距九十里，南北距二百里。東至竹竿鋪光山縣界三十里，少南至縣治一百里；西至金關鋪本州界六十里，少南至州治一百二十里；南至湖廣黄州府黄陂縣界一百二十里，至縣治三百六十里；北至真陽縣界二十里。東南至黄州府黄安縣黄陂站一百八十里，至縣治二百七十里；西南至湖廣德安府孝感縣界一百二十里，至縣治四百里；東北至息縣界三十里，至縣治六十里；西北至淮河鋪真陽縣界二十里，至縣治一十里，至确山縣二百里。

光州，在(州)[府]東南一百七十里。東西距九十里，南北距一百二十里。東至固始縣界春河鋪七十里；西至寨河鋪光山縣界二十里；南至江家店商城縣界六十里，至湖廣黃州府麻城縣治一百五十里；北至息縣界華容埠六十里。東南至商城縣一百二十里，西南至光山縣四十里，東北至固始縣一百四十里，西北至息縣九十里。

光山縣，在州西南四十里。東西距八十里，南北距二百里。東至本州界二十里；西至羅山縣界七十里，少北至縣治一百里；南至黃土關湖廣黃州府麻城縣界一百二十里，少東至縣治一百二十里；北至息縣界八十里。東南至商城縣界七十里，至縣治一百三十里；西南至黃州府黃安縣界一百八十里，至縣治二百四十里；東北至本州治四十里；西北至息縣治九十里。

固始縣，在州東北一百四十里。東西距一百四十里，南北距一百二十里。東至丁管市江南鳳陽府霍山縣界喻大山五十里；西至息縣界九十里，至縣治二百里；南至瓦廟店商城縣界六十里，少西至縣治一百二十里；北至朱皋鎮鳳陽府(穎)[潁]州界六十里，至州治一百八十里。東南至南山麓江南廬州□陸安州界九十里，至州治二百里；西南至春河鋪光州界七十里，至州治一百四十里；東北至史河口霍丘縣界九十里，至縣治一百四十里；西北至期思集息縣界九十里，至新蔡縣治二百二十里。

商城縣，在州東南一百二十里。東西距一百四十里，南北距一百八十里。東至江南廬州府霍山縣界八十里，少南至縣治一百六十里；西至光山縣界六十里，少北至縣治一百三十里；南至湖廣黃州府麻城縣界一百二十里；北至固始縣界六十里。東南至黃州府羅田縣界一百二十里，至縣治□□里；西南至麻城縣界九十里，至縣治一百六十里；東北至固始縣一百二十里；西北至本州界六十里，至州治一百二十里。

息縣，在州西北九十里，府東南一百九十里。東西距一百五十里，南北距一百五里。東至固始縣界一百十里，《州志》：至固始縣界朱皋鎮二百里。少南至縣治二百里；西至真陽縣界四十里，少北至縣治九十里；南至淮河光山縣界十里，少東至縣治九十里；北至新蔡縣界官津店九十五里，少東至縣治一百二十里。東南至本州界六十里，至州治九十里；西南至羅山縣界十八里，至縣治六十里。東南至江南鳳陽府(穎)[潁]州界一百四十里，至州治三百里；西北至汝陽縣界七十里，至縣治一百九十里。

歸德府，在布政司東一百七十五里。東西距三百里，南北距一百六十里。東至江南徐州蕭縣界一百五十里，西至開封府杞縣界一百五十里，南至開封府沈丘縣界一百二十里，北至山東兗州府曹縣界四十里。東南至江南鳳陽府宿州治三百里，西南至開封府陳州治二百八十里，東北至兗州府單縣治一百二十里，西北至直隸大名府長垣縣治二百八十里。自府治至京師一千五百三十里。

商丘縣，附郭。東西距一百五里，南北距一百里。東至夏邑縣界六十里，少南至縣治一百里；西至寧陵縣界四十五里，至縣治六十里；南至鹿邑縣界六十里，至縣治一百二十里；北至山東兗州府曹縣界四十里，《志》作七十里。少西至縣治一百里。東南至江南鳳陽府亳州界九十里，至州治一百二十里；西南至柘城縣界六十里，至縣治九十里；東北至虞城縣界三十五里，至縣治七十里，又北至兗州府單縣一百二十里；西北至考城縣界六十里，至縣治一百二十里。

寧陵縣，在府西六十里。東西距四十里，南北距七十里。東至商丘縣界二十里，至縣治六十里；西至睢州界二十里，少南至州治五十里；南至柘城縣界四十里，少東至縣治七十里；北至考城縣界三十里，少西至縣治七十里。東南至鹿邑縣治一百三十里，西南至開封府太康縣治一百十里，東北至山東兗州府曹縣治一百里，西北至開封府儀封縣界一百十里。

鹿邑縣，在府南一百二十里。東西距九十里，南北距一百六十里。東至江南鳳陽府亳州界二十里，至州治五十五里，《志》作五十。西至開封府太康縣界七十里，至縣治一百三十里；南至開封府沈丘縣界一百里，至縣治一百四十里；北至商丘縣界六十里，《志》作八十。至縣治一百二十里。東南至白馬驛鳳陽府太和縣界八十里，至縣治一百八十里；西南至戴家集開封府陳州界九十里，至州治一百二十里；東北至夏邑縣界六十五里，至縣治一百四十里；西北至柘城縣傅橋界四十五里，至縣治六十里。

夏邑縣，在府東少南百里。東西距七十五里，南北距七十里。東至永城縣界四十里，至江南徐州蕭縣界一百五十里；西至商丘縣界三十五里，至縣治九十五里；南至永城縣界三十五里，少西至江南鳳陽府亳州治一百二十里；北至虞城縣界三十五里。東南至永城縣九十里，西南至鹿邑縣一百四十里，東北至徐州碭山縣七十里，西北至虞城縣七十里，至兗州府曹縣一百七十里。

虞城縣，在府東北七十里。東西距八十里，南北距五十里。東至江南徐州碭山縣界五十里，少南至縣治九十里；西至商丘縣界三十里，《志》作至考城縣界五十里。少北至考城縣一百三十里；南至夏邑縣界二十里；北至山東兗州府單縣界三十里，少東至城武縣一百二十里。東南至夏邑縣七十里，至永城縣一百六十里；西南至商丘縣七十里；東北至單縣七十里；西北至兗州府曹縣一百十里。

睢州，在府西一百十里。東西距六十里，南北距一百十里。東至寧陵縣界二十五里，少北至縣治五十里；西至開封府杞縣界三十五里，少北至縣治六十五里；南至開封府太康縣界五十里；北至開封府儀封縣界六十里，《志》作五十里。少西至縣治七十里。東南至柘城縣界四十五里，至縣治九十里；西南至太康縣界四十里，至縣治一百十里；東北至考城縣界四十五里，至縣治九十里；西北至開封府蘭陽縣治九十里。

柘城縣，在州東南九十里。東西距八十里，南北距四十五里。東至商丘縣界四十五里，西至開封府太康縣界三十五里，南至鹿邑縣界十里，北(寧)至[寧]陵縣界三十五里，至縣治七十五里。東南至鹿邑縣界三十五里，至縣治六十里，又東至江南鳳陽府亳州界五十里，至州治一百里；西南至太康縣治八十里，又南至陳州一百二十里；東北至商丘縣界四十里，至縣治九十里；西北至本州界四十五里，至本州治九十里。

考城縣，在州東北九十里，府西北一百二十里。東西距五十五里，南北距六十里。東至山東兗州府曹縣界三十五里，少北至縣治五十里；西至開封府儀封縣界二十(百)[里]，至縣治六十里；南至寧陵縣界三十五里，少東至縣治七十里；北至直隸大名府長垣縣界二十五里，至兗州府曹州一百□里，少西至大名府東明縣一百二十里。東南至商丘縣界五十五里，至縣治一百二十里；西南至本州界三十五里，至州治九十里；東北至曹縣界二十五里，至定陶縣九十里；西北至長垣縣界二十五里，至縣治一百六十里。

衛輝府，在布政司西北一百六十里。東西距一百七十里，南北距一百十五里。東至直隸滑縣界五十里；西至懷慶府修武縣界一百二十里，至府治二百五十里；南至開封府延津縣界四十里；北至彰德府湯陰縣界七十五里，至府治一百五十五里。東南至開封府一百六十里；西南至河南府二百六十里；東北至直隸開州二百三十里，至大名府三百二十里；西北至山西(驛)[澤]州四百十里。自府治至京師□□□里。

汲縣，附郭。東西距四十五里，南北距七十里。東至胙城縣界十五里，少南至縣治三十五里；西至輝縣界三十里，少北至縣治六十里；南至開封府延津縣界四十里；北至道光鋪淇縣界三十里，至縣治五十里。東南至延津縣七十里，西南至新鄉縣治五十里，東北至大名府濬縣一百二十里，西北至輝縣六十里。

胙城縣，在府東少南三十五里。東西距五十九里，南北距四十五里。東至直隸大名府滑縣界三十九里，至長垣縣九十里；西至汲縣界二十里，少北至縣治三十五里；南至開封府延津縣界十五里，《志》作八里。少西至縣治三十五里；北至大名府濬縣界三十里，《志》作至汲縣界五里。少東至縣治一百十里。東南至開封府封丘縣七十五里，西南至新鄉縣七十里，東北至滑縣九十里，西北至淇縣七十里，又西至輝縣九十里。

新鄉縣，在府西南五十里。東西距四十五里，南北距四十五里。東至臨清店汲縣界二十里，少北至縣治五十里；西至大家店獲嘉縣界二十里，至縣治四十里；南至李臺鋪開封府原武縣界三十里，至縣治六十里；北至輝縣界陳堡鋪二十里，少西至縣治四十里。東南至永城店開封府陽武縣界二十五里，至縣治六十里，又東至榆林店開封府延津縣界四十里，至縣治六十里；西南至敦留鋪原武縣界四十里，至(榮)[滎]澤縣一百二十里；東北至汲縣治五十里；西北至輝縣界三十里。

獲嘉縣，在府西少南九十里。東西距四十五里，南北距六十五里。東至新鄉縣界三十里，至縣治四十里；西至懷慶府修武縣界二十五里，至縣治五十里；南至開封府原武縣界四十里，少西至(榮)[滎]澤縣六十里；北至輝縣界二十五里。《志》作十五里。東南至原武縣六十里，至延津縣一百二十里；西南至懷慶府武陟縣七十里；東北至輝縣五十里；西北至山西澤州陵川縣一百二十里。

輝縣，在府西北六十里。東西距一百里，南北距一百十里。東至汲縣界二十五里，少南至縣治六十里；西至懷慶府修武縣界七十五里，圖作至山西澤州陵川縣界六十里。少南至縣(縣)治一百里；南至新鄉縣界二十里，少東至縣治四十里；北至彰德府林縣界九十里，少西至縣治一百八十里。東南至陳堡鋪新鄉縣界二十里，至開封府延津縣一百里；西南至獲嘉縣界三十里，至縣治六十里，又西至修武縣□□□，東北至淇縣界五十里，至縣治九十里；西北至山西澤州陵川縣界六十五里，至縣治一百三十五里。

淇縣，在府北五十里。東西距五十里，南北距四十五里。東至直隸大名府濬縣界十五里，至縣治七十里；西至輝縣界三十五里；南至汲縣界二十里，至縣治五十里；北至濬縣界二十五里，至彰德府湯陰縣八十里。東南至胙城縣七十里；西南至輝縣八十五里；東北至濬縣界三十里；西北至彰德府林縣治一百八十里。

懷慶府，在布政司西北三百里。

河内縣，附郭。東西距九十五里，南北距九十里。東至武陟縣界六十里，至縣治一百里；西至濟源縣界三十五里，少南至縣治七十里；南至孟縣界三十里，少西至縣治五十里；北至圪嶝坡山西澤州界六十里，少西至縣治一百二十里。東南至溫縣。

修武縣，在府東少北一百十里。《志》作一百二十里。東西距七十里，南北距九十里。東至衛輝府獲嘉縣界二十里，至縣治四十里；西至河内縣界五十里，《志》作六十里。少南至縣治一百十里；南至武陟縣界二十里，《志》作十五里。至縣治三十五里；北至瀆玉頂山西澤州陵川縣界七十里，至縣治一百四十里。東南至開封府陽武縣一百里；西南至溫縣九十里；東北至衛輝府輝縣九十里；西北至山西澤州二百里。

武陟縣，在府東一百里。東西距一百里，南北距四十五里。東至開封府原武縣界六十里，少南至縣治八十里；西至張計村河内縣界四十里，至縣治一百里；南至黃河開封府河陰縣界三十里，少東至縣治四十五里；北至龍睡村修武縣界十五里，至縣治三十五里。東南至詹家店開封府(榮)[滎]澤縣界五十里，至縣治六十里；西南至老達寨村溫縣界三十里，《志》作五十里。至縣治六十里；東北至邸郤鎮衛輝府獲嘉縣界四十里，至縣治六十里；西北至河内縣界三十五里。

溫縣，在府東南五十里。東西距六十里，南北距四十里。東至武陟縣界三十里；《志》作十七里。西至孟縣界三十里，至縣治五十里；《志》作六十里。南至河南府汜水縣界二十里；北至河内縣界二十里。《志》作十里。東南至汜水縣界三十里，至縣治三十五里；西南至河南府鞏縣界二十七里，至縣治三十五里；東北至武陟縣六十里；《志》作七十里。西北至河内縣界二十五里，至縣治五十里。

濟源縣，在府西七十里。東西距二百五里，南北距八十里。東至河内縣界三十五里，至縣治七十里；西至山西平陽府垣曲縣界一百七十里，至縣治二百二十里；南至河南府孟津縣界五十里，少東至縣治七十里，至洛陽縣治一百里；北至山西澤州陽城縣界三十里，至縣治一百十里。《志》作一百二十里。東南至孟縣六十里，至溫縣一百里；西南至河南府新安縣一百二十里；東北至山西澤州一百七十里。

孟縣，在府南少西五十五里。東西距六十五里，南北距四十里。東至沈河鎮溫縣界二十里，至縣治五十里；西至柳樹溝濟源縣界四十五里；南至黃河河南府孟津縣界十八里，至郾師縣六十里；北至羅莊堡河内縣界二十五里，少東至縣治五十五里。東南至黃河河南府鞏縣界十五里，至縣治六十里；西南至黃河濟源縣界四十里，至孟津縣四十里；東北至陳村溫縣界二十五里；西北至趙和村濟源縣界四十五里，至縣治六十里。

彰德府，在布政司少西北三百六十里。東西距二百三十里，南北距一百九十里。東至直隸大名府内黃縣界七十里，至大名府一百六十里；西至山西潞安府平順縣界一百六十里，至潞安府三百里；南至衛輝府淇縣界七十里，至衛輝府治一百五十五里；北至直隸邯鄲(界)縣[界]一百二十里，至廣平府一百八十里。

安陽縣，附郭。東西距一百四十里，南北距七十里。東至伏恩村直隸大名府内黃縣界七十里，至縣治一百十里；西至林縣界七十里，少南至縣治一百十里；南至湯陰縣界三十里，至縣治四十五里；北至豐樂鎮磁州界四十里，至州治七十里。東南至湯陰縣界小韓村二十五里，至(縣)輝[縣]一百五十里；西南至湯陰縣界鶴壁鎮六十里；東北至□□□；西北至磁州界治子村八十五里。

臨漳縣，在府東北八十里。東西距五十里，南北距五十五里。東至直隸大名府魏縣界二十五里，少北至縣治六十里；西至(滋)[磁]州界二十五里，少北至州治四十五里；南至安陽縣界五十里，至直隸濬縣一百四十里；

北至直隸廣平府成安縣界五里，少東至縣治一十五里；東北至大名府內黃縣治一百里，西南至安陽縣八十里，東北至廣平府廣平縣六十里，西北至廣平府邯鄲縣七十里。

湯陰縣，在府南四十五里。東西距一百三十里，南北距四十里。東至故城村直隸大名府內黃縣界六十里，少北至縣治一百里；西至林縣界七十里；南至大名府濬縣界二十五里，至衛輝府淇縣八十里；北至安陽縣界十五里，至縣治四十五里。東南至濬縣七十里，西南至衛輝府輝縣一百四十里，東北至安陽縣界七十里，西北至林縣一百四十里。

林縣，在府西少南一百十里。東西距九十里，南北距一百八十里。東至門樓潤安陽縣界四十里，少北至縣治一百十里；西至山西潞安府平順縣界《志》作壺關界。梯頭隘五十里，至縣治一百二十里；南至關嶺輝縣界□□里，至縣治一百□里；北至涉縣界合漳村八十里，少西至縣治一百五十里。東南至盤石頭湯陰縣界百里，至縣治一百四十里；西南至將軍廟山西澤州陵川縣界一百里，至縣治一百七十里；東北至丁冶集安陽縣界八十五里；西北至盧家拐平順縣界八十里。

磁州，在府北七十里。東西距一百五十五里，南北距八十里。東至二祖鎮直隸廣平府成安縣界五十五里，至縣治七十里；西至涉縣界一百里，至縣治一百六十里；南至安陽縣界豐樂鎮三十里，至縣治七十里；北至直隸廣平府邯鄲縣界張兒莊五十里。東南至臨漳縣四十里；西南至林縣一百八十里；東北至邯鄲縣七十里，至永年縣一百二十里；西北至武安縣九十里。

武安縣，在州西北九十里，府西北一百六十里。東西距一百五里，南北距一百里；北至廣平府邯鄲縣界牛訪村二十五里，至縣治六十里；西至涉縣界馬鋪八十里；南至本州界流泉鋪五十里；北至直隸順德府沙河縣界西家莊五十里，少東至縣治九十里。《州志》作七十里。東南至邯鄲縣界閻家河五十里；西南至涉縣界郭口村八十里，至縣治一百三十里；東北至廣平府永年縣界五十里；西北至山西遼州界十八盤一百二十里，至州治二百二十里。

涉縣，在州西少北一百六十里，府西北二百二十里。東西距一百四十里，南北距一百四十里。東至本州界兩岔口一百里，少南至州治一百六十里；西至山西潞安府黎城縣界長寧村四十里；南至林縣界古城七十里，少東至縣治一百五十里。《州志》作一百二十里。北至武安縣界陽邑鎮七十里。東南至安陽縣二百里；西南至黎城縣六十里；東北至武安縣界陽邑鎮七十里，至縣治一百三十里；西北至山西遼州一百六十里。

浙江省

杭州府，布政司治。東西距一百九十五里，南北距七十三里。東至赭山海口六十里，西至嚴州府桐廬縣界一百三十五里；南至紹興府蕭山縣界二十八里，北至湖州府德清縣界四十五里。東南至蕭山縣界二十八里，西南至金華府浦江縣界二百三十里，東北至嘉興府海鹽縣界一百八十五里，西北至江南寧國府寧國縣界一百八十里。自府治至京師三千三百里。

錢塘縣，附郭，治府西偏。東西距四十五里，南北距一百四十里。東至縣治七十里；南至□□□□□七十里；北至湖州府德清縣界導墩鋪七十里，至縣治九十里。東南至紹興府蕭山縣界西興三十里，至縣治三十八里；西南至富陽縣界分金嶺六十五里，至縣治九十里；東北至仁和縣界義和坊四里；西北至西溪餘杭縣界四十里。

仁和縣，附郭，在府東偏。東西距六十里，南北距八十二里。東至上舍涇海寧縣界六十里，少北至縣治一百七里；西至錢塘界四姑橋河流一里；南至浙江中流紹興府蕭山縣界二十八里；北至奉口溪湖州府德清縣治八十里。東南至蕭山縣界西興二十八里，至縣治九十里；（東北至仁和縣界三十八里）西南至（嘉興府石門縣）錢（唐）［塘］縣界洋街路口三里；東北至嘉興府石門縣界橫溪一百二里，至縣治一百二十九里；西北至德清縣界導墩鋪七十里。

海寧縣，在府東少北一百里。《府志》作一百三十里。南北距七十里。東至嘉興府石門縣界三十里，少西至縣治五十四里。東南至山陰縣界石棋山六十里，至縣治一百二十里；西南至赭山浙江中流紹興府蕭山縣界五十四里，至縣治九十四里；東北至橫湖海鹽縣治九十四里，至縣治一百十里；西北至大麻堰湖州府德清縣界四十八里，（治）［至］縣治一百二十五里。

富陽縣，在府西南九十里。東西距五十五里，南北距一百一十五里。東至錢塘縣界湖塘山石碑二十五里，至紹興府蕭山縣九十三里；西至新城縣界分派峴三十里，至縣治五十里；南至紹興府諸暨縣界領峰八十五里；北至餘杭縣界條嶺三十里，至縣治五十五里。東南至蕭山縣界古石碑四十五里，至諸暨縣一百六十六里；西南至嚴州府桐廬縣治八十里，又南至金華府浦江縣界金沙嶺九十里，至縣治一百四十里；東北至錢塘縣界分金嶺五十里，至縣治九十里；西北至臨安縣界芝羅嶺四十五里，至縣治六十里。

餘杭縣，在府西少北七十里。東西距四十三里，南北距八十里。東至錢塘縣界長橋二十六里；西至臨安縣界杜塢橋十七里，至縣治三十五里；南至富陽縣界篠嶺二十五里，至縣治五十五里；北至湖州府武康縣界馬頭山五十九里。東南至錢塘縣界西溪三十里，至縣治七十里；西南至臨安縣界進賢西村二十五里；東北至武康縣界盤石六十五里，至縣治□□里；西北至獨松關湖州府安吉州界七十五里，至州治一百二十里。

臨安縣，在府西一百里。東西距五十三里，南北距一百十里。東至杜塢橋餘杭縣界十八里，至縣治三十五里；西至橫塘於潛縣青樹嶺富陽縣界三十五里，至縣治六十五里；南至閼嶺新城縣界四十里；北至倪嶺湖州府孝豐縣界七十里，至安吉州治□□。東南至青樹嶺富陽縣界三十五里，至縣治五十五里；西南至笋嶺新城縣界二十五里，至縣治五十五里，又南至嚴州府分水縣治一百三十里；東北至進賢西村餘杭縣界二十五里；西至於潛縣界西天目山五十里，至孝豐縣治。

於潛縣，在府西一百六十五里。東西距六十里，南北距一百十五里。東至臨安縣界橫塘塍三十里，至縣治六十五里；西至蘆林昌化縣界三十里，少南至縣治四十五里；南至嚴州府分水縣界磚山埠六十里，至縣治七十里；北至湖州府孝豐縣界湖嶺。東南至浮雲嶺新城縣界四十里，至縣治九十七里；西南至金烏嶺昌化縣界三十里，至縣治五十里；東北至水凝嶺湖州府安吉州界九十里，至州治一百三十里；舊作至孝豐縣七十里。西北至江南寧國府寧國縣界羅紋嶺、昌化縣界五十五里，至寧國縣治。

新城縣，在府西南一百二十里。東西距九十五里，南北距九十里。東至衆圃石牌富陽縣界二十里，少北至縣治四十五里；西至於潛縣界寶福山七十五里；南至嚴州府桐廬縣界白峰山二十里；北至臨安縣釜嶺七十里。東南至高平嶺富陽縣界二十一里，至桐廬縣治六十里；西南至桐嶺嚴州府分水縣界二十五里，至縣治九十五里；東北至臨安縣界吴村二十五里，至縣治五十五里；西北至浮雲嶺於潛縣界七十七里，至縣治一百七里。

昌化縣，在府西二百十里。東西距九十里，南北距一百三十五里。東至界頭溪於潛縣界十五里；西至昱嶺關江南徽州府績溪縣界七十五里，至縣治一百十里，又南至歙縣治一百九十里；南至淳嶺嚴州府淳安縣界七十五里，少西至縣治一百十里；北至黄花關江南寧國府寧國縣界六十里，至縣治一百九十里。東南至洪嶺嚴州府分水縣界五十里，至縣治八十里；西南至貢嶺淳安縣界二十一里；東北至羅紋嶺於潛縣界三十里，至縣治六十五里；西北至蕨嶺徽州府績溪縣界八十里，至縣治一百六十五里。

嘉興府，在布政司東北一百八十里。東西距一百八十里，南北距九十里。東至江南松江府金山衛界九十里，西至含山湖州府歸安縣界九十里，南至杭州府海寧縣界六十里，北至江南蘇州府吴江縣界柿江鋪三十里。東南至大海紹興府山陰縣界□□□里，又東至寧波府慈溪縣界海中黄牛山一百三十里；西南至杭州府仁和縣界金鵝鄉一百里；東北至松江府婁縣界風涇市六十里，又北至蘇州府長洲縣界章練塘八十里；西北至湖州府烏程縣界烏鎮八十里。

嘉興縣，附郭，治府東南。東西距五十里，南北距八十二里。東至平湖縣界白馬堰五十里，至縣治五十四里；西至秀水縣界十步；南至杭州府海寧縣硤石鎮六十里；北至(加)[嘉]興縣界二十二里，至江南蘇州府吴江縣治一百里。東南至海鹽縣界五十四里，至縣治六十三里；西南至秀水縣界三十里，至桐鄉縣界三十六里；東北至嘉善縣界三十里，至縣治三十五里；西北至秀水縣界二十步。

秀水縣，附郭，治西北。東西距二十八里，南北距四十五里。東至嘉興縣界三里；西至桐鄉縣界三十五里，至縣治五十五里；南至嘉興縣界十五里；北至江南蘇州府吴江縣界三十里，至縣一百里。東南至嘉興縣界五里；西南至桐鄉縣界三十里；東北至嘉善縣界四十五里；西北至桐鄉縣界烏鎮四十五里。

嘉善縣，在府東北三十六里。東西距三十六里，南北距四十二里。東至風涇江南松江府婁縣界十八里，少北至縣治六十五里；西至冬瓜湖秀水縣界十八里；南至嘉興縣界十里；北至[蘆]墟(盧)江南蘇州府吴江縣界三十二里。東南至平湖縣界二十四里，至縣治三十六里；西南至上闞塘秀水縣界三里，至縣治三十六里；東北至章練塘蘇州府長洲縣界三十六里；西北至吴江縣界四十里，至縣治七十二里，又北至長洲縣。

海鹽縣，在府東南八十里。東西距六十四里，南北距八十四里。東至海半里；西至杭州府海寧縣界六十二里；南至海四十八里，對岸即紹興府山陰縣界；北至平湖縣界三十六里。東南至海四十里紹興府上虞、餘姚縣界，西南至海寧縣治一百十里，東北至平湖縣治四十里，西北至松洋涇嘉興縣界四十里，至縣治八十里。

平湖縣，在府東南五十四里。東西距三十九里，南北距五十六里。東至江南松江府金山衛界三十六里；西至嘉興縣界三里，至縣治五十四里；南海鹽縣界二十七里，紹興府上虞、餘姚縣界；北至松江府婁縣二十九里。東南至海四十里，寧波府慈溪縣界；西南至海鹽縣治四十里；東北至婁縣治八十里；西北至嘉善縣界十五里，至縣治三十六里。

桐鄉縣，在府西南五十五里。東西距四十三里，南北距六十一里。東至秀水縣界嘉會都十八里，至縣治五十五里；西至石門縣界玉溪鎮二十五里；南至杭州府海寧縣界昌亭鄉三十里，至縣治□□里；北至江南蘇州府吴江縣界陳亢鄉三十一里。東南至海鹽縣長水鄉四十五里，鄉在縣西十八里，至縣治□□□；西南至石門縣界崇德鄉二十七里，至縣治三十里；東北至秀水縣界思賢鄉三十八里，至吴江縣治□□□里；西北至湖州府歸安縣界三十七里，至縣治一百二十里。

石門縣，在府西南八十里。東西距四十五里，南北距三十里。東至桐鄉縣界慕化鄉二十里，少北至縣治三十里；西至湖州府德清縣界金鵝鄉二十五里；南至杭州府海寧縣界昌亭鄉十里；北至桐鄉縣界石門鎮二十里。東南至海寧縣界亢吉鄉十里，至縣治五十里；西南至德清縣界金鵝鄉二十五里，至縣治一百十里；東北至桐鄉縣界清風鄉三十里，鄉在桐鄉縣北二十里；西北至湖州府歸安縣界太乙鄉三十里，至縣治。

湖州府，在布政司西北一百八十里。東西距一百八十里，南北距一百四十八里。東至江南吴江縣界七十一里；西至四安鎮江南廣德州界一百十里，至州治一百六十里；南至杭州府仁和縣界一百二十里；北至太湖二十八里。東南至烏鎮嘉興府桐鄉縣界一百里，至府治一百八十里；西南至紫硯山江南寧國縣界二百四十里，至縣治三百九十里；東北至江南蘇州府吴江縣界六十里，至府治一百三十里；西北至江南常州府宜興縣界七十里，至縣治一百四十里。自府治至京師三千二百里。

烏程縣，附郭，治府城西北。東西距一百七里，南北距九十里。東至南（尋）［潯］鎮江南蘇州府吴江縣界潯溪七十一里；西至長興縣界水瀆三十五里；南至歸安縣界□□。西北至太湖二十八里，少西至江南常州府宜興縣界一百四十四里。東南至歸安縣界小平橋一里；西南至歸安縣界吕村五十里，至武康縣治一百十里；東北至吴江縣界染店浜六十里，至縣治一百六十里；西北至長興縣界弁山村二十里，至縣治六十里。

歸安縣，附郭。治府城。東西距八十三里，南北距六十一里。東至璉市鎮嘉興府桐鄉縣界八十一里，少南至縣治一百二十里；西至烏（城）［程］縣界儀鳳橋一里；南至德清縣界横溪六十里，少東至縣治九十里；北至奉勝門烏程縣界一里。東南至嘉興府石門縣界白馬村一百二十里，至縣治一百四十里；西南至安吉州界石門村□里；東北至烏程縣界上坂村四十里；西北至烏程縣界荻塘五里。

長興縣，在府西少北六十里。東西距一百三十五里，南北距一百二十里。東至白鶴嶺烏程縣界三十五里；西至龍目嶺江南廣德州界一百里，少南至州治一百三十里；南至野山塢安吉州界六十里，少西至州治一百十里；北至青磁嶺江南宜興縣界六十里，至縣治一百二十里。東南至宋瀆塢烏程縣界三十五里，至縣治六十里；西南至白水澗安吉州界一百五里；東北至太湖二十五里；西北至懸脚嶺宜興縣界七十里。

德清縣，在府南少東九十里。東西距九十三里，南北距六十里。東至□□嘉興府石門縣九十里，至縣治一百八十里；《石門縣志》作一百十里。（查）西至武康縣界三里，至縣治三十里；南至□□杭州府仁和縣界三十里，至縣治八十里；北至□□歸安縣界三十里，至縣治九十里。東南至古驛塍杭州府海寧縣界九十三里，至縣治一百二十五里；西南至鳳口斗門杭州府錢塘縣界二十里；東北至郜浦歸安縣界五十四里；西北至渚泉歸安縣界三十五里。

武康縣，在府南少西一百十里。東西距九十七里，南北距六十五里。東至金鵝山德清縣界二十七里，至縣治三十里；西至高塢嶺安吉州界七十里，少北至州治九十里；南至馬頭關杭州府餘杭縣界三十里；北至桃塢嶺歸安縣界三十五里，少東至縣治一百十里。東南至界頭村杭州府錢塘縣界三十七里，至縣治九十里；西南至盤溪餘杭縣界三十五里，至縣治東北至塘頭鋪歸安縣界四十里，至縣治一百十里；西北至銅峴山安吉州界四十九里。

安吉州，在府西南一百二十里。東西距七十五里，南北距六十五里。東至銅峴山武康縣界三十五里，少南至縣治八十四里；西至古峴山江南廣德州界四十里；南至沿干渡孝豐縣界二十里；北至小溪稿長興縣界四十五里，少東至縣治一百十里。東南至杭州府餘杭縣界獨松嶺四十五里，至縣治一百二十里；西南至錫干山孝豐縣界三十里，至縣治四十里，又西至下現山江南寧國縣界一百二十里；東北至大嶺長興縣界錢趙村歸安縣界俱四十三里，至歸安縣治一百二十里；西北至龍潭嶺□□里，至廣德州治九十里。

孝豐縣，在州西南四十里。東西距九十里，南北距七十五里。東至菱湖嶺安吉州界三十里，至武康縣治一百二十里；西至孔夫關江南寧國府寧國縣界六十里，至縣治一百二十里；南至烏山關杭州府臨安縣界五十里；北至沿干嶺本州界二十五里。東南至幽嶺杭州府餘杭縣界三十里，至縣治一百十里；西南至郎採關杭州府於潛縣界三十里，至縣治七十里；東北至穆王城本州界二十五里，至州治四十里；西北至金雞嶺江南廣德州界七十里，至州治七十里。

金華府，在布政司西南四百五十里。東西距三百四十里，南北距二百里。東至台州府天台縣界二百七十里，西至衢州府龍遊縣界七十里，南至處州府縉雲縣界一百里。東南至台州府仙居縣界三百五十里，西南至衢州府龍遊縣界七十五里，東北至紹興府嵊縣界二百五十里，西北至嚴州府壽昌縣界九十五里。自府治至京師三千七百四十八里。

金華縣，附郭。東西距九十三里，南北距七十五里。東至義烏縣界杭慈溪六十八里，少北至縣治一百十里；西至蘭溪縣界柵頭二十五里；南至武義縣界焦顏狀石四十里，少東至縣治七十里；北至盤泉蘭溪縣界三十五里。東南至開義縣界石龍頭四十里；西南至湯溪縣界白龍溪二十五里，至縣治五十五里；東北至浦江縣界太陽嶺五十五里，至縣治一百十里；西北至蘭溪縣界九龍二十五里，至縣治五十里。

蘭溪縣，在府西北五十里。東西距七十五里，南北距七十里。東至竹馬館金華縣界三十里；西至嚴州府壽昌縣界檀村四十五里，少北至縣治七十里；南至湯溪縣界赤井橋《志》作大有溪橋。二十五里，至縣治五十里；北至嚴州府建德縣界將里巖四十五里，至縣治九十里。東南至古城山金華縣界二十里，至縣治五十里；西南遊埠市衢州府龍遊縣界二十五里，至縣治九十里；東北至橫木市浦江縣界五十五里，至縣治一百五里；西北至望雲壇建德縣界四十里。《府志》：至白雁岐牌三十五里。

東陽縣，在府東少北一百五十里。東西距一百六十里，南北距一百二十里。東至台州府天台縣界梅枝嶺一百四十二里，至縣治二百五十里；西至義烏縣界下昆樓二十里，至縣治四十里；南至長塢坑永康縣界五斗六十里，少東至四路口五十里，至縣治一百十里；北至紹興府諸暨縣界顔家坂六十里，至縣治一百二十里。東南至烏顏塞天台縣界一百四十里；西南至義烏縣界下墅五十里；東北至白峰嶺紹興府嵊縣界一百[里]，至縣治一百九十里；西北至義烏縣界蒲塘十五里。

義烏縣，在府東少北一百十里。東西距六十里，南北距一百二十里。東至東陽縣界下崑昆溪二十里，至縣治四十里；西至金華縣界航慈溪四十里，少南至縣治一百十里；南至永康縣界察嶺《府志》作杳嶺。九十里，至縣治一百四十五里；北至石斛橋浦江縣界三十里。東南至東陽縣界橫塘五十里；西南至金華縣界何樓子五十里；東北至東陽縣界漫頭三十里，又至善坑鋪紹興府諸暨縣界五十里，至縣治一百十里；西北至浦江縣界蒲墟三十里，至縣治六十里。

永康縣，在府東南一百十里。東西距二百七十里，南北距一百里。東至馬宗嶺台州府仙居縣二百四十里，一作二百二十里。至縣治二百里；西至武義縣界楊公橋三十里，《府志》作至桐琴西堠二十五里。至縣治五十里；南至處州府（晉）[縉]雲縣界黃壁村堠四十五里，至縣治八十里；北至義烏縣界杳嶺五十五里，至縣治一百四十五里。東南至（晉）[縉]雲縣界南崗嶺四十里；西南至武義縣界桐琴二十里；東北至四路口東陽縣界六十里，《府志》作至塢長坑五十餘里。至縣治一百十里；西北至武義縣界駝塘三十里。

武義縣，在府南少東七十五里。東西距六十里，南北距六十里。東至楊公橋永康縣界二十五里，《府志》作三十五里。至縣治五十五里；西至金華縣界常山三十五里，至小窑嶺處州府宣平縣界四十里；【略】東北至金華縣界石龍頭三十五里，至義烏縣□□□□；西北至金華縣界焦溪三十里，至縣七十五里。

浦江縣，在府東北一百十里。《府志》作一百二十里。東西距九十里，南北距一百四十五里。東至界牌紹興府諸暨縣界五十里；《府志》作至楊家埠六十里。西至井坑嶺嚴州府建德縣界四十里；南至太陽嶺金華縣界五十五里，少西至縣治一百十里；北至金沙嶺杭州府富陽縣界九十里，至縣治一百八十里。東南至義烏縣界步墟嶺三十里，《府志》作至赤村橋四十里。至縣治六十里；西南至横木嶺蘭溪縣界松山坑口一百里，(誤)至縣治一百十里；西北至載柘嶺建德縣界四十里，《府志》作五十里。至縣治一百里，《府志》作九十里。又北至桐廬縣九十里。

湯溪縣，在府西南五十里。東西距四十里，南北距一百里。東至白龍溪金華縣界二十五里，至武義縣□□；西至衢州府龍遊縣界白渡橋十八里，《府志》作至湖鎮二十里。至縣治五十里；南至銀嶺處州府遂昌縣界七十里，至縣治一百二十里；北至蘭溪縣界樟林三十里，《府志》作四十里。至縣治五十里。《府志》作四十里。東南至遂昌縣界周(揭)[嶋]七十里，《縣(至)[志]》作箬陽四十里。西南至龍遊縣界方山二十里，《志》作四十里。東北至蘭溪縣界章坑三十里，西北至蘭溪縣油埠二十二里。

衢州府，在布政司西南五百六十里。東西距二百二十五里，南北距二百二十里。東至金華府湯溪縣界一百十里，西至江西廣信府玉山縣界一百十五里，南至處州府遂昌縣一百二十五里，北至嚴州府遂安縣界九十五里。東南至遂昌縣界一百四十里，西南至福建建寧府浦城縣界一百八十里，東北至嚴州府壽昌縣界九十里，西北至江南徽州府婺源縣界一百九十里，又西至江西饒州府德興縣界二百里。自府治至京師三千八百四十里。

西安縣，附郭。東西距七十五里，南北距二百二十里。東至龍遊縣界烏頭浦四十里，至縣治七十里；西至常山縣界漁湖鋪三十五里，至縣治八十里；南至大金竹林處州府遂昌縣界一百二十五里；北至嚴州府遂安縣界灰嶺九十五里，至縣治一百八十五里。東南至遂昌縣界馬嶺口一百三十里，至縣治一百七十里；西南至江山縣界後溪五十里，至縣治七十五里；東北至龍遊縣界大路口六十里，至嚴州府壽昌縣界□□□□；西北至常山縣界葉坂四十里。《志》作至縣六十里，誤。

龍遊縣，在府東少北七十里。東西距六十七里，南北距一百五十五里。東至楊坑鋪金華府湯溪縣界四十里，《志》作至蘭溪縣界青陽五十二里。至縣治五十里；西至西安縣界盈川二十七里，至縣治七十里；南至處州府遂昌縣界馬穴口九十里；北至嚴州府壽昌縣界梅嶺六十五里，至縣治一百五里。東南至遂昌縣界井下源六十里，至縣治一百里；西(安)[南]至西安縣界柴公降四十里；東北至金華府蘭溪縣界石峽四十里，至縣治九十里；西北至西安縣界大路口五十五里，至開化縣。

江山縣，在府西南七十五里。東西距一百五里，南北距一百六十里。東至西安縣界紓溪源青山三十五里；西至江西廣信府玉山縣界栗木七十里，少北至縣治八十里；南至小竿嶺福建建寧府浦城縣界一百三十五里，少東至縣治二百三十五里；北至常山縣界竹荆二十五里，少西至縣治五十里。東南至處州府遂昌縣界東積嶺一百里，至縣治二百里；《縣志》：東南至小竿嶺。西南至廣信府永豐縣界巖後九十里，至縣治一百二十里；東北至西安縣界後溪三十五里，至縣治七十五里；西北至常山縣界馬駒四十里。

常山縣，在府西八十里。東西距八十里，南北距六十里。東至西安縣界雙牌四十五里，至縣治八十里；西至江西廣信府玉山縣界草坪三十五里；南至江山縣界竹荆二十五里；北至界首開化縣界三十五里，少西至縣治八十里。東南至江山縣界左坑□□□里，至縣治五十五里；西南至玉山縣界黄塘三十五里，至縣治七十里；東北至西安縣界葉坂五十里；西北至開化縣界深山嶺五十里。

開化縣，在府西北一百六十里。東西距一百二十里，南北距一百六十里。東至深山嶺常山縣界四十里；西至江西饒州府德興縣界白沙八十里，至縣治一百五十里；南至界牌常山縣界四十里，少東至縣治八十里；北至江南徽州府休寧縣界江陵一百二十里，至縣治二百四十里。東南至蓼嶺常山縣界五十里；西南至菱塘嶺江西廣信府玉山縣界八十里，至縣治一百四十里；東北至閶嶺嚴州府遂安縣界七十里，至縣治一百二十里；西北至徽州府婺源縣界百際嶺八十里，至縣治一百八十里。

嚴州府，在布政司西南二百七十里。東西距三百七十里，南北距一百七十五里。東至杭州府富陽縣界梓口一百四十里，西至江南徽州府歙縣界深渡二百三十里，南至金華府蘭溪縣界四十里，北至杭州府於潛縣界印諸溪一百三十五里。東南至金華府治一百四十五里，西南至衢州府治二百里，東北至杭州府□□□里，西北至江南徽州府治三百十里。自府治至京師三千五百八十里。

建德縣，附郭。東西距一百四十五里，南北距一百里。東至桐廬縣界冷水坑五十五里；西至淳安縣界禽坑口八十里，至縣治一百二十里；南至三河戍金華府蘭溪縣界四十里，至縣治一百里；北至分水縣界胥嶺六十里，至縣治一百二十五里。東南至金華府浦江縣界井(徑)[硎]嶺七十五里，至縣治一百里；西南至白沙鋪壽昌縣界六十里，至縣治九十里；東北至桐廬縣界安仁牌六十里，至縣治九十里；西北至分水縣界峽嶺五十五里。

淳安縣，在府西一百六十五里。東西距一百五十里，南北距一百五十里。東至建德縣界銅官嶺八十里，至縣治一百六十里；西至遂安縣界楊嶺七十里；南至遂安縣界安硎嶺四十三里；北至杭州府昌化縣界審嶺一百五十九里，至縣治二百四十三里；《昌化志》作至縣一百十里。東南至遂嶺壽昌縣界七十五里，至縣治一百二十五里；西南至桐橋遂安縣界四十里，至縣治八十里；東北至分水縣界塔嶺八十六里，至縣治一百三十六里；西北至江南徽州府歙縣深渡九十七里，至縣治一百五十里。

桐廬縣，在府東北九十里。東西距七十五里，南北距一百二十里。東至杭州府富陽縣界東梓口三十五里，少北至縣治九十里；西至建德縣安仁牌四十里；南至金華府浦江縣界當父七十里，少東至縣治九十里；北至分水縣界石壁山五十里。東南至浦江縣界野狐嶺九十里；西南至建德縣界冷水坑三十五里，至縣治九十五里；東北至杭州府新城縣界白峰嶺四十里，至縣治；西北至分水縣界何村七十里，至縣治八十里。

遂安縣，在府西少南一百八十里。東西距一百三十三里，南北距一百二十四里。東至界橋淳安縣界四十里；西至江南徽州府(林)[休]寧縣界白際嶺九十里；南至黃連嶺衢州府開化縣界七十里，至縣治一百七十七里；北至楊嶺淳安縣界四十五里。東南至淳安縣界侯嶺三十七里；西南至界牌衢州府開化縣界七十里，至縣治一百三十里；東北至安硎嶺淳安縣界四十里，至縣治八十里；西北至淳安縣界佛子嶺四十一里，至休寧縣一百七十里。

壽昌縣，在府西南九十里。東西距八十五里，南北距五十里。東至菱塘建德縣界二十五里；西至遂安縣界黃連嶺七十五里；南至衢州府龍遊縣界梅嶺四十里，至縣治一百十五里；北至過洛山建德縣界二十里。東南至巖崗山金華府蘭溪縣界三十五里，至縣治六十五里；西南至鵝籠山衢州府西安縣界六十里，至縣治一百十里；東北至建德縣界新安江三十里，至縣治九十里；西北至淳安縣界遂嶺《縣志》作珧瑁嶺。五十里，至縣治一百二十五里。

分水縣，在府西北一百二十三里。東西距一百十里，南北距一百二十五里。東至廣陵溪杭州府新城縣界六十里，少北至縣治九十五里；西至淳安縣界塔嶺五十里；南至建德縣界胥嶺六十三里，至縣治一百十五里；北至杭州府於潛縣界六十一里，至縣治七十一里。東南至桐廬縣界畢嶺二十里，至縣治八十里；西(安治)[南至]淳安縣治一百三十六里；東北至杭州府臨安縣界栗硎口六十三里，至縣治一百三十里；西北至淳安縣界溪硎嶺七十八里，至杭州府昌化縣治界八十里。

紹興府，在布政司東南一百三十八里。東西距三百一十里，南北距三百七十里。東至寧波府慈溪縣界一百九十里，至縣治二百五十里；西至杭州府錢塘縣界一百三十里；南至金華府東陽縣界三百三十里；北至海四十里，嘉興府海鹽縣界。東南至台州府天台縣界三百四十里，西南至杭州府富陽縣一百九十一里。自府治至京師三千四百五十里。

山陰縣，附郭，治府西偏。東西距五十七里，南北距九十里。東至運河會稽縣界一里；西至錢塘江蕭山縣界五十五里，少北至縣治一百十里；南至古博嶺諸暨縣界五十里；北至海四十里，杭州府海寧縣界。東南至覆盆嶺諸暨縣界四十里；西南至金牛嶺諸暨縣界七十里，至縣治一百十里；東北至宋家漊會稽縣界；西北至航(烏)[塢]瓜瀝村(大)達[大]海。

會稽縣，附郭，治府東偏。東西距九十三里，南北距一百三十里。東至曹娥江上虞縣界九十二里，至縣治一百二十里；西至運河山陰縣界一里；南至南溪口嵊縣界一百十里；北至海二十里，杭州府海寧縣界。東南至三界村上虞、嵊二縣界一百四十里，至嵊縣治二百十里；西南至駐石嶺諸暨縣界八十里；東北至瀝海纂風鎮上虞縣界七十五里，越海至嘉興海鹽縣；西北至山陰縣界三里。

蕭山縣，在府西少北一百十里。東西距六十三里，南北距一百里。[東至]浦陽江山陰縣界五十里，少南至縣治一百十里；西至杭州府錢塘縣界十三里；南至壕嶺諸暨縣界六十五里，[北]至杭州府仁和縣界三十五里。東南至螺山山陰縣界五十里，至諸暨縣治一百三十里；西南至黃嶺杭州府富陽縣界四十八里，至縣治九十里；東北至合龍山山陰縣界四十九里；西北至錢塘縣界十五里，至縣治三十八里。

諸暨縣，在府西南一百十里。《府志》作一百四十里。東西距一百二十里，南北距一百五十里。東至古博嶺山陰縣界、駐石嶺會稽縣界，俱七十里；西至五泄山杭州府富陽縣、金華府浦江縣界，俱五十里，至浦江縣治一百里；南至善坑嶺白巖山金華府義烏縣界六十里，少西至縣治一百二十里；北至兔石頭山陰、蕭山二縣界九十里，少西至蕭山縣治一百三十里。東南至宜家山嵊縣界、白水嶺金華府東陽縣界，俱八十里，至嵊縣治一百里；西南至日入柱山浦江縣界七十里，少南至浦江縣一百十里；東北至白水山山陰縣界九十里，至縣治一百十里；西北至省門嶺富陽縣界七十里，至縣治一百十里。

餘姚縣，在府東北一百八十里。《府志》作一百四十七里。東西距五十里，南北距一百九十五里。東至桐下湖寧波府慈溪縣界二十里，至縣治九十里；西至小檜湖上虞縣界三十里；南至梨州山嵊縣界一百六十里；北至海三十五里，越海江南松江府華亭縣界金山衛；東南至慈溪縣界石門山三十五里，至鄞縣一百里；西南至上虞縣界笙竹嶺六十里，至縣治八十里，又南至嵊縣二百里；東北至上林漾塘慈溪縣界七十里；西北至烏盆斷塘上虞縣界七十里，越海至嘉興府海鹽縣界。

上虞縣，在府東一百二十里。東西距五十六里，南北距一百三十里。東至新橋餘姚縣界二十八里；《府志》作通明壩界二十里。西至曹娥江會稽縣界二十八里，至縣治一百二十里；南至郁嶺石林鋪嵊縣界七十里；《府志》：至界覆卮山一百三十里。北至海六十里，嘉興府海鹽縣界。東南至白道畝嶺餘姚縣界四十五里；西南至車騎山嵊縣界九十里，至縣治一百三十里；東北至新壩餘姚縣界二十里，至縣治八十里，越海至松江府華亭縣界□□□；西北至黃家堰會稽縣界牌八十里。

嵊縣，在府東南二百里。《府志》作一百八十里。東西距二百七十里，南北距七十五里。東至陸照嶺寧波府奉化縣界一百四十里，至縣治□□□里；西至勞積嶺諸暨縣界一百三十里；南至天姥鋪新昌縣界十五里，《府志》：至界胡膛一百里。少東至縣治一百三十里；北至三界村《府志》作池湖。會稽界。會稽、上虞二縣界五十五里。東南至太湖山新昌縣界七十里；西南至白峰嶺金華府東陽縣界九十里，至縣治一百□十里；東北至郁樹嶺上虞縣界六十里，至縣治一百三十里；西北至孫家嶺會稽縣界七十里，至諸暨縣一百十里。

新昌縣，在府東南二百二十里。東西距一百三十里，南北距一百里。東至第一尖山《府志》作黃柏尖。一百里，少西至台州府寧海縣界□□□，至縣治一百八十里；西至烏巖溪嵊縣界三十里；南至彩烟山金華府東陽縣界八十里；北至打石嶼嵊縣界府至王則後溪四十里。東南至關嶺台州府天台縣界□□□里，《府志》作一百二十里。至縣治□□里；西南至川巖山嵊縣界四十里，至金華府東陽縣□□□；東北至剡界寧波府奉化縣界八十里，《府志》：至界黃罕嶺一百里。至縣治一百六十里；西北至醴泉縣嵊縣界十里，《府志》：至界花鈿嶺十五里。至縣治三十五里。

寧波府，在布政司東南四百八十里。東西距二百四十二里，南北距二百十里。東至海岸一百四里，西至洞下浦紹興府界一百二十里，南至柵墟嶺海台州府界一百四十六里，北至海岸六十二里，越海至江南松江府界。東［南］至蹈門山洋可八百里，西南至冊木嶺台州府界一百二十六里，東北至極石馬洋山口六百里，西北至雙河紹興府界一百五里。自府治至京師四千五百五十里。

鄞縣，附郭。東西距六十五里，南北距七十里。東至育王山東河頭鋪鎮海縣界三十五里，至海岸一百四十里；西至潘嶴嶺慈溪縣界三十里；南至傅壩橋奉化縣界五十五里，少西至縣治八十里；北至甄橋鋪鎮海縣界十五里。東南至金鵝山奉化縣界九十里，又東至海岸象山縣界一百十二里；西南至梅山嶺紹興府餘姚縣界一百七十里，至嵊縣治一百五十里；東北至張泉堰鎮海縣界四十一里，至縣治六十里；西北至西渡慈溪縣界三十五里，至縣治五十里。

慈溪縣，在府西北五十里。東西距一百四十里，南北距九十里。東至梅林涇鸕鷀鋪鎮海縣界六十里，至縣治一百里；西至桐下湖（海）［餘姚］縣界；東南至西渡江心鄞縣界十五里，至縣治五十［里］；西南至楊溪村石門山餘姚縣界一百里；東北至雁門嶺鎮縣界六十里；西北至上林鄉餘姚縣界八十里越海至松江府金山衛。

奉化縣，在府南少西八十里。東西距一百七十里，南北距一百五里。東至藤嶺鄞縣界七十里；西至剡嶺紹興府嵊縣界，又至六詔嶺《府志》只作嵊縣。界新昌縣俱一百里，至新昌縣治二百四十里；南至柵墟嶺台州府寧海縣界六十里，至縣治一百六十里；北至北渡大(海)[江]鄞縣界四十五里，少東至縣治八十五里。東南至鄞港湖頭渡象山縣界一百里，至縣治一百九十里；西南至杉木嶺寧海縣界五十里；東北至金峨山鄞縣界六十里；西北至箬坑嶺紹興府嵊縣界一百二十里，至縣南(治)杉木嶺一百二十里，至縣治百七十里，至上虞縣二百里。

鎮海縣，在府東北六十里。東西距五十五里，南北距一百五十五里。東至海五里，至舟山口二百里；西至浦橋鄞縣界五十里，至慈溪縣治一百里；南至鄞縣界郁玉山三十五里；北至海僅一里許，海中界約一百二十里，盡平江海洋可二百二十里。東南至島碕山海洋一百十里；西南至張家堰鄞縣界三十五里，至縣治六十里；東北至海二里；西北至松溪橋慈溪縣界一百里。

象山縣，在府東南一百七十里。東西距一百八十里，南北距二百五里。東至海岸四十里；《府志》：至東殊山八十里。西至磕蒼山台州府寧海縣界一百里；南至海岸三十五里，又至秋蘆門海港寧海縣界一百九十里；北至嶼山鄞縣界十五里。東南至海岸六十里；西南至魚溪海港寧海縣界一百五十里，至縣治一百八十里；東北至涇港中流定海縣界四十里；西北至白石山奉化縣界六十里，至縣治一百九十里，又北至島嶼山鄞縣界八十里。

定海縣，在府東二百六十里海中舟山上。東西距八十三里，南北距一百三十里。東至海岸六十六里，至石馬山海洋約三百四十里；西至海岸十七里，少北至鎮海縣治二百里；南至海岸三十里；北至海岸約一百十里，江南蘇州府崇明縣界□□□里。東南至韭山象山縣界□□□里，西南至象山縣三百里，東北至海中馬浪崗大洋高麗界，西北至灘山江南松江府界□□□里。

處州府，在布政司南七百四十里。東西距五百二十里，南北距三百九十里。東至柴皮温州府永嘉縣界約二百里，西至福建建寧府浦城縣界牌頭山三百二十里，南至温州府(太)[泰]順縣界上地隘二百二十里，北至金華府武義縣界後陶一百七十里。東南至温州府瑞安縣界烏杉山二百五十里，西南至福建建寧府政和縣界上安溪四百里，東北至台州府仙居縣界南田一百六十里，西北至龍鼻頭衢州府西安縣界二百七十里。自府治至京師四千三百里。

麗水縣，附郭。東西距八十里，南北距一百六十里。東至青田縣界古竹鋪二十五里，少南至縣治一百五十里；西至柵頭松陽縣界五十五里，至縣治一百四十里；南至景寧縣界木寮一百十里，至縣治一百二十里；北至縉雲縣界滴水巖五十里。東南至青田縣界臘原寨六十里；西南至雲和縣界均溪七十里，至縣治一百十里；東北至縉雲縣新基五十里，至縣治八十里；西北至宣平縣界黄茅洋四十里，至縣治一百十里。

青田縣，在府東少南一百四十五里。東西距一百五十里，南北距二百里。東至温溪一作安溪温州府永嘉縣界三十里，少南至縣治一百二十里；西至古竹鋪(嚴)[麗]水縣界一百二十里，少北至縣治一百四十五里；南至温州府瑞安縣界烏杉山一百里；北至縉雲縣界石筧一百里。東南至瑞安縣界大會嶺□□□里，至縣治□□里；西南至景寧縣界學口一百里，至縣治□□里；東北至柴皮永嘉縣界四十六都一百二十里，至台州府仙居縣二百四十里；西北至縉雲縣界蔡坑一百三十里，至縣治一百六十里。

縉雲縣，在府東北九十里。東西距一百二十里，南北距一百里。東至台州府仙居縣界南田八十五里，至縣治一百□十里；西至桃花隘麗水縣界三十五里；南至石寬青田縣界六十里；《志》作至界一百里。北至茭嶺金華府永康縣館頭四十里，少西至縣治一百八十里。東南至青田縣治一百六十里；《志》作至仙居縣界越陳一百里，至温州府永嘉縣界一百五十里。西南至麗水縣界梘坑七十里，至宣平縣界一百里；東北至金華府東陽縣界大皿一百二十里，至縣治一百六十五里；西北至金華府武義縣界四十五里，至縣治□□里。

龍泉縣，在府西南二百三十里。東西距一百七十里，南北距一百五十里。東至武溪嶺麗水縣界八十里，至縣治一百二十里；西至牌頭山福建建寧府浦城縣界九十里，少南至縣治一百六十里；南至小梅村慶元縣界七十里，至縣治一百四十里；北至黄河嶺遂昌縣界八十里，册作至關塘村九十里。至縣治一百七十里。《志》作二百五十里。東南至景寧縣龍巖八十里，至縣治一百七十里；《志》作二百四十里。西南至慶遠縣界嶺根七十里；東北至松陽縣界東畲□□里，至縣治二百五十里；西北至遂昌縣界楊嶺一百六十里，至衢州府江山縣二百二十里。

松陽縣，在府西少北一百二十里。東西距一百五里，南北距一百五里。東至麗水縣界堰濬六十里，西至遂昌縣界□□里，南至雲河縣界七十五里，北至宣平縣界竹客嶺三十里。東南至雲和縣界石蒼源南坑口九十里，至縣治一百四十里；西南至龍泉縣界小吉東畲□□里，至縣治□□里；東北至宣平縣治六十里；西北至遂昌縣界資口四十里，至縣治七十里。

遂昌縣，在府西北一百八十里。東西距一百二十里，南北距一百五十里。東(於)[至]資口松陽縣界二十里，至宣平縣□□里；西至衢州府江山縣界胡台口一百里，少北至縣治□□里；南至龍泉縣界徐村九十里，至縣治一百七十里；北至新嶺隘衢州府龍遊縣界六十里，至縣治一百里。東南至葉家田松陽縣界二十里，至縣治六十里；西南至龍泉縣界關塘九十里；東北至金華府湯溪縣界門陣口八十里，至縣治一百二十里；西北至龍遊縣治一百里衢州府西安縣界九十里，至縣□□□里。

慶源縣，在府西南三百六十里。東西距一百二十里，南北距一百二十里。東至福建建寧府壽寧縣界魚塘嶺九十里；西至福建建寧府松溪縣界巖下三十里，少南至縣治八十里；南至福建建寧府政和縣界上安溪五十里，少東至縣治一百五十里；北至龍泉縣界小梅村七十里，至縣治一百四十里。東南至壽寧縣治九十里；西至福建建寧府松溪縣界九十里，又至政和縣治□□里；東北至黃灰隘景寧縣界一百里，至縣治二百□里；西北至福建建寧府浦城縣界一百十里，至縣治一百七十里。冊説作至龍泉縣界黃南八十里。

雲和縣，在府西南一百十里。東西距八十里，南北距七十里。東至麗水縣界均溪四十里，至青田縣二百里；西至龍泉縣界武溪嶺四十里，少南至縣治一百二十里；南至景寧縣界安溪嶺二十里，至福建建寧府壽寧縣□□□里；北至松陽縣界石蒼源五十里。東南到景寧縣五十里；冊作至沈莊五十里。西南至景寧縣界黃家畲五十五里，至慶遠縣□□□□；東北至松陽縣界南坑五十里，至麗水縣一百十里；西北至龍泉縣界梓坊四十里，至松陽縣二百四十里。

景寧縣，在府南一百三十里。東西距一百九十里，南北距一百二十里。東至青田縣界下洋六十里，至溫州府瑞安縣□□里；西至黃亥隘慶元縣界一百三十里，少南至縣治二百三十里；南至溫州府泰順縣界上地隘九十里，至縣治一百九十里；北至雲和縣界蘭頭亭六十里，至麗水縣一百二十里。東南至泰順縣界溫洋一百五里；西南至福建建寧府壽寧縣界溫洋一百五里，至縣治二百二十里；東北至麗水縣界木寮九十里，至青田縣二百里；西北至雲和縣界溫溪嶺二十里，至縣治五十里。

宣平縣，在府西北一百十里。東西距一百里，南北距一百四十里。東至(晉)[縉]雲縣界西溪六十里，至縣治一百四十里；西至松陽縣界陳寮四十里；南至麗水縣界黃茅洋八十里，至雲和縣一百七十里；北至金華縣界武義縣界後陶六十里，至縣治一百里。東南至麗水縣界太平八十里，至縣治一百十里；西南至白岸口松陽縣界五十里，冊説作至陳寮四十里。至縣治六十里；東北至武義縣界吴村八十里；西北至遂昌縣界塢六十里，至縣治□□□里。

溫州府，在布政司東南八百九十里。東西距一百六十里，南北距五百里。東至海岸七十里，西至安溪處州府青田縣界九十里，南至鎮下門福建福寧州界三百里，北至台州府仙居縣界二百里。東南至海一百里；西南至福建建寧府壽寧縣界三百八十里；東北至台州府三百里；西北至處州府三百六十里。自府治至京師四千三百十里。

永嘉縣，附郭。東西距一百八十里，南北距二百二十里。東至海岸七十里；西至處州府青田縣界安溪九十里，至縣治一百二十里；南至遂安縣界麗塘嶺二十里，少西至縣治八十里；北至台州府仙居縣柞溪箬頭二百里，至縣治三百五十里。東南至瑞安縣梅頭七十里，至大海一百里；西南至瑞安縣界桐嶺三十五里；東北至樂清縣界館頭五十五里，至縣治一百二十里；西北至青田縣界柴皮一百里，至縉雲縣界二十里。

樂清縣，在府東北一百二十里。東西距七十里，南北距一百九十五里。東至海渡十里，《府志》：越渡至台州府黃巖縣界溫嶺一百十里。至縣治一百三十里，少北至台州府太平縣治九十里；西至永嘉縣界桐嶺六十里；南至海五里越海至環鄉南舍海洋一百三十里；北至台州府仙居縣界溫嶺九十里，《府志》：至永嘉縣界接莆嶺六十里。至台州府仙居縣界一百九十里。東南至海十里；西南至永嘉縣館頭六十五里，至縣治八十里；東北至台州府黃巖縣界秀嶺一百二十里，至縣治一百二十里；西北至仙居縣界佛嶺二百里，至縣治二百八十里。

瑞安縣，在府南八十里。東西距二百十里，南北距六十七里。東至大海十里；西至泰順縣界龍關山二百里，至縣治二百七十里；南越飛雲江至平陽縣界倪洋十五里，少西至縣治五十里；北至永嘉縣界帆遊山五十二里，至縣治八十里。東南至大海二十里；西南至平陽縣界平陽坑五十里；東北至永嘉縣界梅頭嶺三十里；西北至大會嶺處州府青田縣界一百五十里，至縣治二百五十里。

平陽縣，在府西南一百三十里。東西距一百五十里，南北距二百五里。東至海二十五里；西至笠帽山泰順縣界一百二十五里，少北至縣治二百里；南至鎮下關福建福寧州界一百八十里，《志》作南至盧屯山二百二十里。北至瑞安縣界散嶼三十五里。東南嶼門海十八里；《府志》：至海五十里。西南至分水山福寧州界一百里，至州治二百七十里；東北至沙塘瑞安縣界二十里，至縣五十里；西北至瑞安縣界湖嶺二十里，至處州府青田縣。

泰順縣，在府西南三百七十里。《府志》作西北三百九十里。東西距二百二十里，南北距一百三里。東至瑞安縣界碧溪山一百十里，少北至縣治二百七十里，少南至平陽縣□□□里；西至黃楊隘福建建寧府壽寧縣界十里，《府志》作三里。少南至縣治一百十里；南至福建福寧州福安縣界黃家地三里，至縣治□□□里；北至上(也)[下]排隘處州府景寧縣界□□里。東南至分水山平陽縣界及福建福寧州界一百六十里，至福寧州治□□里；西南至福建建寧府壽寧縣界□□里；東北至處州府青田縣界下尾一百十里，至縣治□□里；西北至景寧縣界上標□□里。

台州府，在布政司東南五百七十七里。東西距三百七十里，南北距二百五十五里。東至海一百八十里，西至蒼嶺處州府縉雲縣界一百九十里，南至盤山溫州府樂清縣界一百十里，北至紹興府新昌縣界二百五十里。東南至海一百九十里，西南至王璵嶺溫州府永嘉縣界二百五十里，東北至柴溪嶺寧波府象山縣界二百八十里、磕蒼山寧波府界三百二十五里，西北至大盆山金華府東陽縣界二百七十里。自府治至京師三千七百七十八里。

臨海縣，附郭。東西距二百五十里，南北距一百十里。東至牛頭山海岸一百八十里；西至黃沙嶺仙居縣七十里；南至黃土嶺黃巖縣界四十五里，至縣治六十里；北至杜瀆嶺天台縣界六十五里。東南至海門山海岸黃巖縣界一百二十里；西南至括蒼山仙居縣界五十里，至縣治九十里；東北至桐巖嶺寧海縣界五十五里，一(志)作[至]寧和嶺六十里。至縣治一百八十里；西北至黃振嶺天台縣界六十五里，至縣治九十里。

(華)[黃]巖縣，在府東南六十里。東西距二百十里，南北距六十里。東至海門山海岸六十里；西至蒼山仙居縣界一百五十里；南至盤山溫州府樂清縣界五十里；北至黃土嶺臨海縣界十里，少西至縣治六十里。東南至新河太平縣界六十里，至縣治八十里；西南至樂清縣治一百七十里；東北至赤山村臨海縣界六十里；西北至義成鄉臨海縣界七十里，至仙居縣治一百五十里。

寧海縣，在府東北一百八十里，南北距一百八十五里。東至西溪嶺寧波府象山縣界一百十里；西至筋竹嶺天台縣界六十五里；《府志》：至白溪源八十里。少南至縣治一百十里；南至寧和嶺臨海縣界一百十五里；北至栅墟嶺寧波府(春)[奉]化縣界六十里，《府志》作七十里。至縣治一百二十里。東南至大海牛頭洋二百五十里；西南至桐巖嶺臨海縣界一百二十里，至縣治一百八十里；東北至紫溪嶺象山縣界一百里，至縣治一百八十里；西北至桐公嶺《府志》作杉木嶺。《府志》：至紹興府新昌縣界。九十里，至縣治一百八十里。

太平縣，在府東南一百四十里。東西距一百七十五里，南北距七十八里。東至海四十里，西至石橋溫州府樂清縣界三十五里，南至海三十三里，北至小塘嶺黃巖縣界四十五里，少西至縣治八十里。東南至松門衛界海五十里；西南至楚門所海界七十里，至樂清縣一百十里；東北至新橋黃巖縣界四十五里；西北至嶺店驛樂清縣界四十里。

天台縣，在府西北九十里。東西距二百二十里，南北距七十五里。東至寧海縣界筋竹嶺四十里，至縣治一百十里；西至大盆山金華府東陽縣界一百八十里，至縣治二百五十里；南至杜潭嶺寧海縣界二十五里；北至石壘嶺紹興府新昌縣界五十里。東南至黃振嶺寧海縣界四十里，至縣治九十里；西南至紫擇山仙居縣界一百里，至縣治一百三十里；東北至靈墟山寧海縣界六十里；西北至關嶺鋪新昌縣界五十里，至縣治□□□里。

仙居縣，在府西少南九十里。東西距一百四十里，南北距一百五十里。東至界嶺臨海縣界四十里，少北至縣治九十里；西至蒼嶺《府志》作楓門。處州府(晉)[縉]雲縣界一百里，至縣治一百□□十里；南至道者山溫州府永嘉縣界一百里，至縣治□□里；北至□□天台縣界五十里。東南至□□□

黃巖縣界一百五十里，至縣治一百五十里；西南至永嘉縣界一百六十里；東北至□□天台縣界八十里；西北至□□金華府永康縣界一百十五里，至縣治二百八十里。

江西

南昌府，布政司治。東西距三百八十里，南北距四百十里。東至饒州府餘干縣界一百四十里，西至瑞［州］府新昌縣界二百四十里，南至撫州府樂安縣二百三十里，北至南康府星子縣界一百八十里。東南至撫州府東鄉縣界一百□十里，西南至臨江府清江縣界一百六十里，東北至南康府都昌縣界二百五十里。

南昌縣，附郭，治府東南偏。東西距八十里，南北距一百一里。東至進賢縣界北山八十里，西至江新建縣界一里，南至豐城縣大港口一百里，少西至縣治一百二十里；北至新建縣界一里。東南至池港進賢縣界六十里，至縣治一百十里；西南至豐城縣界松湖二百里，至瑞州府高安縣；東北至南康府都昌縣界團山驛二百五十里。

新建縣，附郭，治府西北偏。東西距八十里，南北距一百八十里。東至南昌縣界一里；西至奉新縣石鼻哨八十里，至縣治一百二十里；南至南昌縣界忠賢坊一里；北至南康府星子縣界新河口一百八十里，至縣治二百里。東南至南昌縣界；其縣之西南至瑞州府高安縣界招山鋪一百二十里，至縣治二百里；東北至南康府都昌縣界團山驛二百五十里，至縣治；西北至南康府建昌縣界萬歲山一百二十里。

豐城縣，在府南少西一百二十里。東西距一百七十里，南北距一百五十里。東至撫州府臨川縣界楊塘一百里，少南至縣治一百五十里；西至瑞州府高安縣界馬鞍嶺七十里，少北至縣治九十五里；南至撫州府樂安縣界丁山嶺一百十里，少西至縣治一百四十五里；《志》作一百九十里。北至南昌縣界殷家渡四十里，少東至縣治一百二十里。東南至撫州府崇仁縣界黃蘗嶺一百里，至縣治一百三十里；西南至臨江府清江縣界龍池鋪四十里，至縣治九十里；東北至進賢縣界辜家渡七十里，至縣治一百六十里；西北至新建縣界虎口嶺五十里。

進賢縣，在府東少南一百十里。東西距一百三十里，南北距一百四十里。東至饒州府餘干縣界潤陂七十里，少北至縣治一百四十里；西至南昌縣界池港六十里；南至撫州府臨川縣界牌鋪四十里，至縣治九十里；北至餘干縣界鄱陽湖一百里，少西至南康府都昌縣二百四十里。東南至撫州府東鄉縣界野塘峽六十里，至縣治九十里，又東至饒州府安仁縣一百七十里；西南至豐城縣界平湖寺九十里，至縣治一百四十五里；東北至餘干縣界瑞洪鎮一百二十里，至鄱陽縣二百二十里；西北至新建縣界趙家圩一百四十里，至南昌縣一百十里。

奉新縣，在府西一百二十里。東西距一百六十里，南北距四十里。東至新建縣界石鼻哨四十里，至縣治一百二(二)十里；西至寧州界一百二十里；南至鑾岡鋪瑞州府高安縣界二十里，至縣治六十里；北至烏藍鋪靖安縣界長山二十里，至縣治四十里。東南至新建縣界四十里；西南至瑞州府新昌縣界八十里，至縣治一百四十里；東北至三溪鋪南康府安義縣界十里，至縣治六十里；《志》作四十里。西北至靖安縣毛竹山一百二十里，至寧州二百四十里。

靖安縣，在府西少北一百六十里。《志》：由奉新官大路一百六十里，由乾州歷牛路嶺一百二十里。東西距一百四十里，南北距一百十里。東至南康府安義縣界桐城鎮二十里，少北至縣治四十里；《志》作三十里。西至寧州界毛竹山一百二十里；南至奉新縣界馬藍鋪二十里，少西至縣治四十里；《志》作西南三十里。北至武寧縣界朱家山九十里，少西至縣治二百二十里。東南至奉新縣界洪山十里；西南至奉新縣界石嶺十里；東北至建昌縣界三十里，至縣治□□里；西北至武寧縣界一百里，至寧州一百九十里。《志》作一百二十里。

武寧縣，在府西北三百八十里。東西距一百六十里，南北距二百四十里。東至磨刀嶺南康府建昌縣界三洪灘七十里，至縣治一百六十里；西至寧州界石岐鋪九十里，至湖廣武昌府崇陽縣二百里；南至朱家山靖安縣界招賢里一百二十里，少東至縣治□□□里；北至黃土嶺武昌府興國州界一百二十里，至州治二百三十里。東南至建昌縣界九十里；西南至靖安縣界一百二十里，至寧州一百四十里；東北至九江府德安縣界雙溪七十里，至縣治一百七十里；西北至通山縣一百十里。

寧州，在府西北三百五十里。東西距二百里，南北距二百六十里。東至斂口港武寧縣界六十里；西至湖廣岳州府平江縣界草鞋岡一百五十里；南至八疊嶺瑞州府新昌縣界一百二十里，少東至縣治二百里；北至縣治

□□□里。東南至毛竹山靖安縣界一百二十里，至縣治二百四十里，又奉新縣界青桐垜一百二十里，至縣治二百四十里；西南至平江縣二百五十里，又至湖廣長沙府瀏陽縣界大圍山二百四十里，至縣治三百六十里；東北至長隴武寧縣界六十里，至縣治一百四十里，又北至武昌府興國州三百四十里；西北至武昌府崇陽縣界横港一百里，至縣治一百四十里，又西至通城縣界苦竹嶺一百八十里，至縣治二百四十里。

九江府，在布政司北三百四十里。東西距三百八十里，南北距九十里。東至江南池州府建德縣界一百六十里，西至湖廣武昌府興國州界一百二十里，南至南康府星子縣界七十里，北至湖廣黄州府黄梅縣界二十里。東南至星子縣治一百二十里，西南至南昌府武寧縣治二百三十里，東北至江南安慶府宿松縣界一百四十里，西北至黄州府蘄州治二百二十里。

德化縣，附郭。東西距一百十五里，南北距一百十里。東至彭蠡湖湖口縣界四十五里，至縣治六十里；西至瑞昌縣界七十里，至縣治九十里；南至南康府星子縣界七十里，至縣治一百四十里；北至湖廣黄州府黄梅縣界二十里，少西至縣治一百里。東南至南康府都昌縣二百里；（治）[西]南至德安縣界林青鋪九十里，至縣治一百二十里；東北至江南安慶府宿松縣□□□□；西北至黄州府廣濟縣。

德安縣，在府西南一百二十里。東西距一百五里；（西）[南]北距六十里。東至南康府星子縣界茅橋鋪十五里，至縣治六十五里；西至南昌府武寧縣界楊梅嶺九十里；南至南康府建昌縣界驛南鋪二十五里，至縣治五十五里；北至葛洪山瑞昌縣界四十里，至縣治八十里。東南至星子縣界□□；西南至武寧縣界一百五十里；《志》作一百八十里。東北至林青鋪德化縣界三十里，至縣治一百二十里；西北至湖廣興國州。

彭澤縣，在府東少北一百四十里。東西距一百二十里，南北距九十五里。東至江南池州府東流縣界香口鎮六十里，少南至建德縣九十里；西至湖口縣界茭石磯六十里，少南至縣治九十里；《志》作至縣八十五里。南至瀉油嶺南康府都昌縣界九十里；北至小孤山江南安慶府宿松縣界五里。《志》作至界十里。東南至浩山鄱陽縣界一百里，至縣治二百八十里；西南至武山南康府都昌縣界九十里，至縣治一百八十里；東北至浩港東流縣界七十里，至縣治一百里，又渡江至安慶府望江縣界急水溝五十里，至縣治一百里；西北至宿松縣界小孤山司十里，至縣治一百三十里。

瑞昌縣，在府西七十里。東西距七十里，南北距八十里。東至渠田坂德化縣二十里；西至湖廣武昌府興國州黄岡鋪五十里，至州治一百二十里；南至德安縣界葛洪山四十里，至縣治八十里；北至黄州府廣濟縣界武家穴鎮四十里，至縣一百十里。東南至南康府星子縣□□□□，西南至南昌府武寧縣一百八十里，東北至黄州府黄梅縣□□□，西北至黄州府蘄州一百五十里。

湖口縣，在府東六十里。東西距五十里，南北距六十五里。東至彭澤縣界太平鋪四十里；西至德化縣界南湖鎮十五里，至縣治六十里；南至土目河南康府都昌縣界六十里，少東至縣治一百三十五里；北至大江江南安慶府宿松縣界五里，至縣治一百二十五里。東南至饒州府鄱陽縣界石門鋪一百四十里，至縣治一百五十里；西南至德化縣界大孤山三十里，至南康府星子縣九十里；東北至彭澤縣界峰山司六十里，至縣治九十里，又跨江至宿松縣界禁江司九十里；西北至德化縣界桑落（州）[洲]四十里，至湖廣黄州府黄梅縣百七十里。

南康府，在布政司北二百二十里。《府志》作二百四十里。東西距二百十里，南北距一百十里。東至饒州府鄱陽縣界一百六十里；西至九江府德安縣界五十里；南至南昌府新建縣界六十里；北至九江府德化縣界五十里。東南至鄱陽縣治二百里，西南至南昌府靖安縣治二百四十里，東北至九江府彭澤縣治二百五十里，西北至德化縣治一百二十里。

星子縣，附郭。東西距七十里，南北距一百十里。東至都昌縣界二十里，至縣治八十里；西至九江府德化縣界五十里。東南至南昌府進賢縣治二百六十里，西南至建昌縣治一百二十里，東北至九江府湖口縣一百二十里，西北至九江府瑞昌縣。

都昌縣，在府東八十里。東西距一百四十里，南北距一百二十里。東至饒州府鄱陽縣界虬門八十里，少南至縣治二百四十里；西至星子縣界六十里，至縣治八十里；南至南昌府新建縣界三十里，少西至縣治二百二十里；北至九江府湖口縣界皂湖九十三里，少西至縣治一百三十五里。東南至南昌府進賢縣二百四十里；西南至松門山二十里，至新建縣界吴城驛一百里，至安義縣□□□；東北至九江府彭澤縣界九十里，至縣治一百八十里；西北至九江府德化縣界八十里，至縣治一百里。

建昌縣，在府南少西一百二十里。東西距一百二十里，南北距八十里。東至南昌府新建縣界四十里；西至三徙灘南昌府武寧縣界九十里，至縣治一百六十里；南至安義縣界烏溪鋪五十里；北至九江府德安縣界米嶺三十里。東南至新建縣界吳城山六十里，至縣治□□□□；西南至安義縣治八十里；東北至星子縣一百二十里；西北至德安縣六十里。

安義縣，在府西南一百里。東西距六十里，南北距六十里。東至南昌府新建縣界四十里；西至南昌府靖安縣界二十里，至縣治四十里；《志》作二十里。南至南昌府奉新縣界三十里；北至烏溪鋪建昌縣界三十里，至九江府瑞昌縣。東南至新建縣九十里，西南至奉新縣六十里，《志》作四十里。東北至建昌縣八十里，西北至南昌府武寧縣。

瑞州府，在布政司西南一百二十里。東(北)[西]距一百十五里，南北距九十五里。東至南昌府豐城縣界三十五里，西至袁州府萬載縣界一百八十里，南至臨江府清江縣界六十里，北至南昌府奉新縣界三十五里。東南至豐城縣治九十五里，西南至萬載縣治二百里，東北至南昌府新建縣界五十里，西北至南昌府寧州界二百里。

高安縣，附郭。東西距八十里，南北距九十五里。東至南昌府豐城縣界三十五里；西至新昌縣界尉山四十五里，至縣治一百二十里；南至臨江府清江縣界曲水橋六十里，至縣治九十里；北至南昌府奉新縣界童子嶺三十五里，至縣治八十里。東南至馬鞍山豐城縣界二十五里，至縣治九十五里；西南至上高縣一百里，又西至袁州府萬載縣二百里；東北至招山鋪南昌府新建縣界寒婆稜五十五里，至縣治一百八十里；西北至南昌府寧州。

新昌縣，在府西一百二十里。東西距一百三十五里，南北距一百十里。東至宜豐橋高安縣界七十五里，至縣治一百二十里；西至連鄉嶺袁州府萬載縣界六十里；南至陵江口上高縣界三十里；北至大姑嶺《志》作八疊山。南昌府寧州界八十里。東南至上高縣界六坑二十五里，至縣治四十里；西南至上高縣界壽村塘四十里，至萬載縣一百十里；東北至南昌府奉新縣界敷竹橋六十里，至縣治一百四十里；西北至八疊嶺寧州界八十里，又西至血樹坳一百里，至州治二百里。

上高縣，在府西南一百里。東西距一百五十五里，南北距四十五里。東至高安縣界傅橋六十五里；西至櫟頭山袁州府萬載縣界九十里，至縣治一百五里；南至横坑嶺臨江府新喻縣界三十里，少東至縣治一百十里；北至新昌縣界清水橋十五里。東南至臨江府清江縣治一百十里；西南至袁州府分宜縣治一百二十里；東北至高安縣治一百里；西北至新昌縣治四十里，又北至南昌府寧州界一百三十里。《縣志》：東北至南昌府奉新縣一百二十里。

臨江府，在布政司西南二百二十里。東(北)[西]距二百三十里，南北距二百九十里。東至南昌府豐城縣界八十里，南至袁州府分宜縣界一百五十里，(南)[西]至吉安府吉水縣界一百六十里，北至瑞州府高安縣界三十里。東南至撫州府樂安縣治一百九十里，西南至吉安府廬陵縣界一百九十里，東北至豐城縣治一百里，西北至瑞州府上高縣界七十里。

清江縣，附郭。東西距一百三十三里，南北距五十五里。東至南昌府豐城縣界上湖八十里，至新喻縣界新橋五十三里，至袁州府分宜縣□□一□；南至丁家渡新淦縣界二十五里，少東至縣治六十五里，又南至峽江縣一百三十里；北至曲水橋瑞州府高安縣界三十里，至縣治九十里。東南至新淦縣界下塘二十里，至撫州府樂安縣□□□□；西南至新喻縣界泗溪市三十五里，至縣治一百十五里；東北至豐城縣界槎熕市三十里，至縣治一百里；西北至瑞州府上高縣界勺塘七十里，至縣治一百三十里。

新淦縣，在府東南六十五里。東西距一百里，南北距七十里。東至麻嶺撫州府樂安縣界八十里，至崇仁縣西至百丈峰新喻縣界二十里，至縣治九十里；南至龍岡鋪峽江縣界三十里，至吉安府永豐縣一百四十里；北至丁家渡清江縣界四十里。東南至樂安縣治一百三十里；西南至峽江縣治八十里；東北至南昌府豐城縣界九十里，至縣治□□□□；西北至清江縣治六十五里。

新喻縣，在府西南一百二十里。東西距一百三十里，南北距一百五十里。東至百丈峰新淦縣界七十里，至縣治九十里；《志》作至界猿師坳九十里，至縣治一百十里。西至鍾山袁州府分宜縣界六十里，至縣治八十里；《志》作至界圣陂廟五十里，至縣治七十里。南至吉安府廬陵縣界河源嶺七十里，至縣治一百八十里；北至瑞州府上高縣界横坑嶺八十里。東南至峽江縣□□□□；西南至廬陵縣□□□；東北至泗溪市清江縣界八十里，至縣治一百十里；西北至上高縣治一百十里。

峽江縣，在府南一百三十里。東西距七十里，南北距一百二十里。東至吉安府永豐縣界四十里；西至新喻縣界二十里；南至吉安府吉水縣界四十里，至縣治一百二十里；北至新淦縣界至清江縣一百三十里。東南至永豐縣□□□，西南至吉安府廬陵縣□□□，東北至新淦縣八十里，西北至新喻縣。

袁州府，在布政司西南二百九十里。東西距二百九十里，南北距二百四十里。東至臨江府新喻縣界一百里，西至湖廣長沙府醴陵縣界一百九十里，南至吉安府安福縣界六十里，北至瑞州府新昌縣界一百八十里。東南至安福縣治一百二十里，西南至長沙府攸縣界一百五十里，東北至瑞州府上高縣治二百二十里，西北至長沙府瀏陽縣治三百里。

宜春縣，附郭。東西距九十里，南北距一百三十里。東至彬江鋪分宜縣界四十里，至縣治八十里；西至黃堂嶺萍鄉縣界五十里，至縣治一百四十里；南至潤富嶺吉安府安福縣界六十里；北至西嶺鋪萬載縣界七十里，至縣治九十里。東南至長塘嶺分宜界縣五十里，至安福縣一百二十里；西南至雙田安福縣界六十里；東北至東山萬載縣界八十里，至瑞州府上高縣一百五十里；西北至桐木嶺萍鄉縣界一百二十里。

分宜縣，在府東八十里。東西距六十里，南北距一百五十里。東至圣陂鋪臨江府新喻縣界二十里，至縣治七十里；西至彬江鋪宜春縣界四十里，至縣治八十里；南至石分嶺吉安府安福縣界五十里，至縣治一百里；北至(牆)[瑞]州府上高縣界梅山一百五里。東南至新屯嶺縣《志》作迎塘嶺。吉安府廬陵縣界五十里，至縣治二百里；西南至宜春縣界潤富嶺一百里，江北至上高縣界一百里，至縣治一百四十里；西北至梁觀村宜春縣界九十里，至萬載縣一百三十里。

萍鄉縣，在府西一百四十里。東西距一百五十里，南北距一百八十里。東至分界鋪宜春縣界九十里，至縣治一百四十里；西至插嶺關湖廣長沙府醴陵縣界六十里；南至馬迹嶺吉安府安福縣界八十里，□□□□；北至東洪長沙府瀏陽縣界一百里，至縣治一百五十里。東南至武功山安福縣界一百二十里，至縣治二百二十里；西南至醴陵縣治一百二十里，又南至雙塘長沙府攸縣界一百十里，至縣治二百七十里；東北至坑頭嶺宜春縣界九十里，至萬載縣一百里；西北至瀏陽縣界一百里，至縣治一百五十里。

萬載縣，在府北九十里。東西距一百四十五里，南北距一百五里。東至瑞州府上高縣界櫟頭山十五里，至縣治一百五里；西至猿樹嶺湖廣長沙府瀏陽縣界一百二十里，至縣治二百四十里；南至甘泉市宜春縣界十五里，至縣治九十里；北至龍門山瑞州府新昌縣界九十里。東南至石灰嶺分宜縣界十五里，至縣治一百二十里；西南至千秋嶺宜春縣界九十里，至萍鄉縣；東北至連香嶺新昌縣界五十里，至縣治一百里；西北至蜂子嶺瀏陽縣界一百二十里。

吉安府，在布政司西南五百二十里。東西距五百里，南北距三百九十里。東至撫州府樂安縣界二百里，西至湖廣長沙府攸縣界三百里，南至贛州府贛縣界二百八十里，北至臨江府新喻縣界一百十里。東南至贛州府寧都縣界三百里，西南至湖廣(彬)[郴]州桂東縣界三百七十里，東北至臨江府峽江縣界一百四十里，西北至袁州府萍鄉縣界二百七十里。自府治至京師五千三百七十里。

廬陵縣，附郭。東西距九十五里，南北距一百六十五里。東至鬮陂吉水縣界十五里，至永豐縣一百二十里；西至水源嶺安福縣界八十里，至縣治一百二十里；南至棗樹坑泰和縣界五十五里，少西至縣治八十里；北至河源嶺臨江府新喻縣界二百十里，至縣治一百八十里。東南至鐵溪泰和縣界四十里，又南至羅坑贛州府興國縣界一百五十里，至縣治二百三十里；西南至永家坑泰和縣界四十里，至永新縣二百二十里；東北至黃岡橋吉水縣界十里，至縣治四十五里；西北至平山安福縣界八十里，至袁州府分宜縣二百里。

泰和縣，在府南少西八十里。東西距一百七十里，南北距五十里。東至兩水口贛州府興國縣界一百二十里；西至花林渡永新縣界五十里，龍泉縣界一百二十里，至永寧縣□□□；南至官莊萬安縣界二十五里，少東至縣治一百里；北至棗樹坑廬陵縣界二十五里，少東至縣治八十里。東南至胡家坊尹里坑萬安縣界四十五里，至興國縣一百五十里；西南至萬安縣界白土市四十里，花林渡龍泉縣界一百二十里，至龍泉縣一百七十里；東北至鐵溪廬陵縣界四十里，至永豐縣□□□；西北至横水洲永新縣界一百二十里，至縣治二百里。

吉水縣，在府東北四十五里。東西距八十里，南北距二百里。東至長源坳永豐縣界五十里，西至蘭陂廬陵縣界三十里，南至方山廬陵縣界一百里，《志》作至界□□三十里，爲是。北至分界鋪臨江府峽江縣界一百里，至縣治一百十里。東南至永豐縣九十里，又南至南陂亭永豐南界一百六十里；西南至官草廬陵縣界三十里，至縣治四十五里；東北至黄源坳永豐縣界九十里，至臨江府新淦縣一百五十里；《志》作一百三十里。西北至石壁安福新喻二縣界一百十里，至新喻縣。

永豐縣，在府東一百三十里。東西距一百十里，南北距一百九十里。東至白竹坳撫州府樂安縣界七十里，西至吉水縣界長源鋪四十里，南至金牛寨贛州府興國縣界一百四十里，《志》作至寧都縣界一百四十里。北至白嶺臨江府峽江縣界五十里，少西至縣治一百四十里。東南至贛州府寧都縣治二百八十里，西南至興國縣二百二十里，東北至樂安縣一百二十里，西北至峽江縣治九十里。

安福縣，在府西少北一百二十里。東西距二百二十里，南北距一百四十里。東至棗木源廬陵縣界四十里，少南至縣治一百二十里；西至石橋清水湖廣長沙府攸縣界一百八十里，至縣治三百七十里；南至彭家山永新縣界九十里，至縣治一百五十里；北至石鎮袁州府分宜縣界五十里，至縣治一百里。東(西)[南]至泰和縣□□□，西南至永新縣一百五十里，東北至袁州府分宜縣□□□，西北至袁州府羅霄山萍鄉縣界一百五十里。

龍泉縣，在府西南二百五十里。東西距一百六十里，南北距一百五十里。東至萬安縣界分水坳四十里，至縣治七十里；西至湖廣(柳)[郴]州桂東縣界秋坪一百二十里；南至南安府南康縣界分水石四十里，至縣治二百二十里；北至永新縣界土嶺五十里，少西至縣治一百三十里。東(西)[南]至贛州府贛縣二百九十里；西南至南安府上猶縣一百七十里，至桂東縣治一百八十里；東北至泰和縣一百七十里；西北至永寧縣一百里，又西至湖廣長沙府茶陵州二百七十里。

萬安縣，在府南一百八十里。東西距一百十里，南北距一百七十里。東至西平山贛州府興國縣界八十里；《志》作至唐源嶺泰和縣界四十里，誤。西至分水坳龍泉縣界三十里，至縣治七十里；南至分水嶺贛州府贛縣界一百里，至縣治二百三十里；北至觀莊泰和縣界七十里，至縣治一百里。東南至均村市興國縣一百三十里，至縣治二百十里；《志》作一百八十里。西南至中子石南安府南康縣界一百二十里，至縣治二百八十里；東北至泰和縣界尹里杭口四十五里；《志》作至縣治八十里。西北至泰和縣界觀背八十里。

永新縣，在府西南二百二十里。東西距一百六十里，南北距一百四十里。東至回頭嶺廬陵縣界八十里；西至墨鼉湖廣長沙府茶陵(縣)[州]八十里，至(縣)[州]治二百二十里；南至官北諸山龍泉縣界八十里，少東至縣治一百三十里；北至彭家山安福縣界六十里。東南至泰和縣界横水洲八十里，至縣治二百里；西南至永寧縣界七溪嶺五十里，至縣治六十里；東北至周田橋安福縣界五十里，至縣治一百五十里；西北至荷塘湖廣長沙府攸縣界一百三十里，至縣治三百□十里。

永寧縣，在府西南二百八十里。東西距一百八十里，南北距四十里。東至鵝嶺永新縣界五十里，西至湖廣長沙府茶陵州界蕭江百三十里，南至龍泉縣界三十里，北至七溪嶺永新縣界十里。東南至龍泉縣一百里；西南至黄烟堡湖廣衡州府酃縣界三十五里，至縣治二百二十里；東北至永新縣七十里；西北至茶陵州二百里。

贛州府，在布政司西南一千二百里。東西距三百三十里，南北距五百六十里。東至福建汀州府長汀縣界三百里，西至南安府南康縣界三十里，南至廣東惠州府連平州界四百三十里，北至吉安府萬安縣界一百三十里。東南至廣東潮州府平遠縣界六百里，西南至廣東韶州府翁源縣界四百七十里，東北至建昌府廣昌縣界四百八十里，西北至吉安府龍泉縣治二百九十里。自府治至京師五千六百七十里。

贛縣，附郭。東西距一百十里，南北距二百六十五里。東至馬鞍石雩都縣界八十里，至縣治一百五十里；西至五總鋪南安府南康縣界三十里，少南至縣治八十里；南至苦竹坳信豐縣界一百三十里，少東至縣治一百七十里；北至分水嶺吉安府萬安縣界一百三十五里，至縣治二百三十里。東南至雩都縣界八十里；西南至太湖墟信豐縣界一百二十里；東北至亂石嶺興國縣界一百二十里，至縣治一百六十里；西北至黄土嶺吉安府龍泉縣界二百十里，至縣治二百九十里。

雩都縣，在府東一百五十里。東西距一百五十里，南北距一百七十里。東至路口徑瑞金縣界五十里，至縣治一百三十里；西至贛縣界石鼓山五十里，至縣治一百五十里；南至信豐縣界重石山七十二里，至安遠縣□□□；

北至龍山興國縣界四十里，贛縣界磜下三十五里。東南至會昌縣界乂千堡七十里，至縣治一百五十里；西南至信豐縣界籠官山一百十七里，至縣治二百三十里；東北至寧都縣界黄沙一百七十里，至縣治二百里；西北至贛縣界苧洲八十里，至興國縣。

信豐縣，在府南一百七十里。東西距二百七十五里，南北距一百六十五里。東至安遠縣界重石嶺一百二十五里，少北至會昌縣治二百七十五里；西至南安府大庾縣界楊梅嶺一百五十里，少北至南安府治二百里；南至東坑鋪龍南縣界一百二十里，至縣治一百五十里；北至贛縣界苦竹均四十五里，至縣治一百六十五里。東南至安遠縣界平坑一百里，至縣治二百里，又南至逕腦定南縣界一百里，至縣治二百六十里；西南至廣東南雄府保昌縣界桐水坳六十里，至縣治二百六十里；東北至贛縣界大湖墟五十里，至雩都縣一百□□里；西北至嶇嶺南安府南康縣界五十里，至縣治一百里。

興國縣，在府東北一百六十里。《志》作一百八十里。東西距二百四十里，南北距一百二十里。東至仁壽大嶺寧都縣界一百六十里，至縣治二百里；西至吉安府萬安縣界均村市八十里，少北至縣治二百十里；南至楓兜贛縣界四十里；北至羅坑吉安府廬陵縣界八十里，少西至縣治二百三十里。東南至雩都縣界三十里，至縣治西南至亂石嶺贛縣界四十里，至縣治一百六十里；東北至吉安府永豐縣界一百二十里，至縣治二百二十里；西北至兩水口吉安府泰和縣界六十里，至縣治一百六十里。

寧都縣，在府東北二百二十里。東西距一百十五里，南北距三百十里。東至浮嶺石城縣界六十里，至縣治一百里；西至黄干嶺興國縣界五十里，至縣治二百里，又曰至黄干一百十五里，雩都界。南至焦嶺瑞金縣界一百三十里，至會昌縣□□□北至大樹嶺撫州府樂安縣界一百四十里，至縣治二百六十里，少東至黄土嶺撫州府宜黄縣界一百八十里，至縣治二百八十里。東南至大柏地村口瑞金縣界八十里，至縣治一百七十里；西南至排雲隘雩都縣界三十里，至縣治二百里；東北至修嶺建昌府廣昌縣界六十里，至縣治一百二十里；西北至竹萬嶺吉安府永豐縣界一百九十里，至縣治三百八十里。

瑞金縣，在府東二百八十里。東西距一百里，南北距二百五里。東至大嶺隘福建汀州府長汀縣界二十里；《志》作至縣八十里，誤。西至郎當嶺雩都縣界八十里，至縣治一百三十里；《志》作至縣一百六十里。南至五里牌會昌縣界七十五里，少西至縣治八十里；北至焦嶺寧都縣界一百三十里。東南至桃陽隘長汀縣界十里，至縣治一百三十里；西南至塔徑隘會昌縣界八十里；東北至曾田坳石城縣界八十里；《志》作至縣鵝公嶕四十里。至縣治一百四十里；西北至大柏地村口寧都縣界九十里，至縣治一百七十里。

會昌縣，在府東少南三百里。東西距一百二十五里，南北距一百三十里。東至大木陶福建汀州府武平縣一百二十里，《志》作至南北嶺一百三十里。至長汀縣□□□；西至清溪信豐縣界一百里，《志》作至界重石一百六十里，誤。少南至縣治二百二十五里；南至芙蓉寨長寧縣界一百二十里，《志》作至安遠縣界盤古山一百六十里，誤。至縣治一百九十里；北至洛村鋪瑞金縣界十里。《志》作至界五里牌五里。東南至武平縣界田背寨一百二十里，《志》作一百四十里。至縣治一百八十里；西南至安遠縣界赤珠岡八十里，《志》作至界清溪一百二十里。至縣治一百四十里；東北至黄安嚴瑞金縣界七十里，至縣治一百十五里；西北至承口黄灘雩都縣界八十里，至縣治一百二十里。

定南縣，在府東南四百里。東西距一百三十里，南北距一百二十一里。東至湯邦山長寧縣界一百里，至縣治二百里；西至汶龍佛子坳龍南縣界三十里；南至河廣東惠州府和平縣界一里；北至内江員魚徑腦信豐縣界一百二十里，少西至縣治二百四十里。東南至大石保劉華隘惠州府名□寧龍川縣界一百二十里，至縣治四百八十里；西南至左跋空坳和平縣浰頭界三十里，至縣治一百十里；東北至湯邦山安遠縣界一百里，至縣治二百二十里；西北至程嶺龍南縣界四十里，至縣治九十里。

龍南縣，在府南三百二十里。東西距一百八十里，南北距一百三十五里。東至關西鋪程嶺定南縣界五十里，至長寧縣□□□；西至峽頭嶺廣東南雄府始興縣界一百三十里，至縣治二百三十里；南至白沙分水坳廣東惠州府和平縣界一百十里；北至青龍髻信豐縣界二十五里，至縣治一百五十里。東南至汶龍佛子坳定南縣六十里，至縣治九十里，至惠州府和平縣二百二十里；西南至冬桃嶺廣東韶州府翁源縣界一百五十里，至縣治三百里；東北至曹嶺信豐縣界三十里，至安遠縣□□□；西北至泗源犁鼻山信豐縣界三十里，按：應至保昌縣界。又至分水坳始興縣界一百里。

安遠縣，在府東南三百四十里。《志》作三百里。東西距一百十里，南北距二百四十里。東至大陽關長寧縣界鴨子墓五十里，西至里仁保信豐縣界竹嵩嶺六十里，南至龍川保定南縣界小石保九十里，北至五龍保會昌縣界亂石墟一百五十里。東南至長寧縣治八十里；《志》作至廣東潮州府程鄉縣界陳田二百十里。西南至定南縣治一百九十里，又南至廣東惠州府龍川縣界鐵龍三百三十里；東北至會昌縣界清溪八十里，至縣治一百四十里；西北至信豐縣界平坑一百十里，至縣治二百十里。

石城縣，在府東北四百二十里。《志》作四百六十里。東西距七十五里，南北距一百七十里。東至站嶺福建汀州府寧化縣界三十五里，至縣治八十里；西至浮嶺寧都縣界四十里，至縣治一百里；《志》作一百二十里。南至黃竹嶺汀州府長汀縣界一百十里，少東至縣治一百五十里；北至鐵樹坳建昌府廣昌縣界六十里，至縣治一百四十里。東南至羊牯稍嶺寧化縣界三十五里；《志》作六十里。西南至曾田坳瑞金縣界六十里，至縣治一百四十里；東北至塹頭嶺寧化縣界六十里，又曰至廣昌縣界白水寨一百里；西北至東龍嶺寧都縣界四十里。

長寧縣，在府東南四百二十里。《志》作四百二十里。東西距一百二十里，南北距二百六十里。東至馬戰嵊福建汀州府武平縣界六十里，至縣治一百二十里；西至猴子隘安遠縣界六十里，至吉祥鋪定南縣界八十里，至縣治二百十里；南至烏石廣東潮州府平遠縣界一百八十里，至縣治二百三十里；北至清溪會昌縣界八十里，至縣治一百九十里。東南至歐畲平遠縣界六十里，至程鄉縣二百里；西南至吉祥鋪羅浮司廣東惠州府興寧縣界二百四十里，至縣治三百里；東北至沙羅嵊會昌縣界七十里；西北至大陽關安遠縣界七十里，至縣治二百二十里。

南安府，在布政司西南二千三百里。東西距二百六十里，南北距三百里。東至贛州府信豐縣界一百里，西至廣東韶州府仁化縣界一百八十里，南至廣東南雄府保昌縣界二十五里，北至吉安府龍泉縣界二百七十里。東南至□□□□，西南至韶州府治三百八十里，東北至贛州府贛縣治二百十里，西北至湖廣(柳)[郴]州治桂東縣治二百六十里。自府治至京師六千六百六十五里。

大庾縣，附郭。東西距一百四十里，南北距九十五里。東至南康縣界□雲主山四十里，青泥鋪九十里；西至崇義縣界聶都山一百里，廣東韶州府仁化縣界黃襞嶺一百八十里；南至海嶺廣東南雄府保昌縣界二十五里，至縣治一百四十里；北至崇義縣界湯瓶嶺二十五里，□雲山七十里，少西至縣治一百二十里。東南至贛州府信豐縣介楊梅嶺七十里，至縣治二百里；西南至仁化縣治二百四十里；東北至崇義縣界義安里三十里，至上猶縣一百八十里；西北至崇義縣界聶都山一百二十里。

南康縣，在府東少北一百三十里。東西距九十里，南北距一百三十里。東至五家嶺贛州府贛縣界五十里，少北至縣治八十里；西至青泥鋪大庾縣界四十里，少南至縣治一百三十里；南至崛嶺贛州府信豐縣界五十里；北至吉安府萬安縣界上下造一百八十里，至縣治二百四十里。東南至穀山信豐縣界八十里，至縣治一百二十里；西南至大嵐里廣東南雄府保昌縣界一百二十里，至縣治二百七十里；東北至吉安府萬載縣界一百八十里；西北至古樓坳上猶縣界五十里，至縣治九十里，又西至崇義縣界紅桃嶺六十里，至縣治一百四十五里，又北至巾子石吉安府龍泉縣界二百里，至縣治二百里。

崇義縣，在府西北一百二十里。東西距一百四十里，南北距一百四十里。東至上猶縣界茶瓶坳四十里；西至湖廣(柳)[郴]州桂陽縣界青嶺一百里，至縣治一百五十里；南至大庾縣界七十里；《志》作至界蕩平嶺一百里。北至上猶縣界五爪嶺四十里。東南至南康縣界紅桃嶺六十里，至縣治一百二十里；西南至聶都山廣東韶州府仁化縣界《志》作至大庾縣界。百尺嶺一百二十里，至縣治。東北至上猶縣界琴龍山五十里，至縣治八十里；西北至(柳)[郴]州桂東縣界沙嶺坳七十里，至縣治一百四十里。

上猶縣，在府東北一百八十里。東西距九十里，南北距一百十里。東至南康縣界大回嶺四十里；西至琴江口崇義縣界五十里；南至崇義縣界盧狗嶺二十里；北至吉安府龍泉縣界白雲嶺九十里，至縣治一百七十里。東南至南康縣界古樓坳二十五里，至縣治八十里；西南至崇義縣界茶瓶坳四十里，至縣治八十里；東北至龍泉縣界安嶺九十里；西北至湖廣郴州桂東縣界沙嶺坳一百五十里，至縣治二百里。

饒州府，在布政司東□□□□。東西距五百三十里，南北距三百六十里。東至浙江衢州府開化縣界三百七十里，西至南康府都昌縣界一百六十里，南至撫州府臨川縣界二百里，北至江南池州府建德縣界一百六十里。東南至廣信府四百六十里，西南至南昌府三百八十里，東北至江南徽州府六百里，西北至九江府彭澤縣二百二十里。

鄱陽縣，附郭。東西距一百里，南北距二百二十里。東至□源鋪樂平縣界六十里，至縣治一百二十里；西至鄱湖南康府都昌縣界四十里，少北至縣治二百四十里；南至鄭源鋪餘干縣界六十里；北至江南池州府建德縣界木田岡鋪一百六十里，至縣治二百四十里。東南至萬年縣一百二十里；西南至南昌府進賢縣二百二十里；東北至界牌鋪浮梁縣界一百五十里，至縣治一百八十里；西北至九江府彭澤縣二百八十里。

餘干縣，在府南九十里。東西距九十五里，南北距一百二十五里。東至陳家源萬年縣界三十五里，少北至縣治六十里；西至潤陂南昌府進賢縣界六十里，少南至縣治一百四十里，至省城二百六十里；南至繆坊、泊竹嶺俱撫州府東鄉縣界八十里；北至楓櫟灣北湖、石頭口俱鄱陽縣界四十五里。《縣志》作七十里。東南至安仁縣界六十里，至縣治九十五里縣，《志》作一百二十五里。至臨川縣二百里；東北至萬春鋪萬年縣界六十里，至縣治七十里，樂平縣一百五十里；西北至康山團魚洲九十里。

樂平縣，在府東一百里。東西距一百二十里，南北距一百四十里。東至思惟鋪德興縣界七十里，至縣治一百里；西至界首鋪鄱陽縣界三十里，至縣治一百二十里；南至廣信府貴溪縣界塔橋八十里。《縣志》：至萬山萬年縣界三十里。至縣治一百六十里；北至南村嶺浮梁縣界六十里，《縣志》：至長林五十里。至縣治一百二十里。東南至孤石廣信府弋陽縣界九十里，至縣治二百十里；西南至萬山萬年縣界三十里，至縣治八十里，又南至烏原安仁縣界九十里，至縣治一百四十里；東北至河衝江南徽州府婺源縣界七十里，至縣治一百九十里；西北至江羅鄱陽縣界二十五里，至江南池州府建德縣□□□里。

德興縣，在府東一百八十里。東西距一百四十里，南北距一百二十里。東至夾坑嶺浙江衢州府開化縣界一百十里，至縣治一百六十里；西至界牌嶺樂平縣界三十里，至縣治一百里；南至佛母嶺廣信府弋陽縣界八十里，至縣治一百五十里，至興安縣一百四十里；北至烏石大河江南徽州府婺源縣界四十里縣。《志》作二十里。東南至廣信府上饒縣二百十里，西南至廣信府貴溪縣二百四十里，北至婺源縣一百十里，西北至浮梁縣一百八十里。

浮梁縣，在府東北一百五十里。東西距一百二十里，南北距一百八十里。東至□嶺江南徽州府婺源縣界六十里，少南至縣治一百五十里；西至鄱陽縣界首鋪六十里；南至南村嶺樂平縣界六十里，至縣治一百二十里；北至小惟鋪徽州府祁門縣界二百二十里。[東]南至德興縣一百八十里，西南至鄱陽縣一百八十里，東北至祁門縣二百四十里，西北至江南池州府建德縣二百八十里。

安仁縣，在府南少東二百里。《志》作一百六十里。東西距五十里，南北距四十里。東至廣信府貴溪縣界茱萸鋪二十里，至興安縣□□□；西至撫州府東鄉縣界三十里，少南至縣治七十里；南至東鄉縣界三十里；《志》作至金溪縣界八十里。北至團湖坪餘干縣界十里。東南至貴溪縣六十里；《志》作七十里。西南至撫州府金溪縣一百二十里；東北至萬年縣界三十里，至縣治八十里；《志》作六十里。西北至餘干縣界二十里，至縣治八十里。

萬年縣，在府東南一百二十里。東西距八十里，南北距五十五里。東至百丈嶺廣信府貴溪縣界五十里；西至餘干縣界古埠三十里，少南至縣治六十里；南至周它店安仁縣界十五里，少西至縣治八十里；北至石鎮街樂平縣界四十里。東南至牧羊安仁縣界三十里，至貴溪縣一百五十里；西南至盤田村餘干縣界十五里；東北至柳家源樂平縣界《志》作弋陽縣界久山。五十里，至縣治八十里，又東至德興縣一百六十里；西北至鄱陽縣界桂湖灘五十里，至縣治一百二十里。

廣信府，在布政司東南六百里。東西距三百五十里，南北距二百五十里。東至浙江衢州府常山縣界一百三十里，西至饒州府安仁縣界二百二十里，南至福建建寧府崇安縣界一百二十里，北至饒州府德興縣界一百三十里。[東]南至建寧府浦城縣界一百二十里，西南至撫州府金溪縣建昌府瀘溪縣界皆二百六十里，東北至衢州府同化縣界二百十里，西北至饒州府萬年縣界二百六十里。

上饒縣，附郭。東西距一百里，南北距一百五十里。東至黃茅岡玉山縣界五十五里，至縣治一百里；西至坑口鋪興安縣界四十五里，至弋陽縣一百二十里；南至岑陽關福建建寧府崇安縣界一百二十里縣志至石溪鉛山縣界四十五里，至縣治二百里；北至渾港嶺饒州府德興縣界一百三十里，《志》作樂平縣界一百三十里。至縣治一百六十里。東南至永豐縣四十五里；西南至石溪鉛山縣界四十五里，至縣治八十里；東北至玉山縣界□□□；西北至興安縣八十里，至德興縣二百十里。

玉山縣，在府東少北九十里。東西距八十五里，南北距一百四十五里。東至草坪鋪浙江衢州府常山縣界四十里，至縣治八十里；西至桂林鋪上饒縣界四十五里，至縣治一百里；南至姜村嶺《志》作大南嶺。永豐縣界二十五里；北至嶺頭山浙江衢州府開化縣界一百二十里，至江南徽州府婺源縣二百二十里。東南至下程衢州府江山縣界四十里，至縣治一百二十里；西南至永豐縣六十五里；東北至縣治二百八十里；西北至太平橋德興縣界一百二十里，至縣治三百二十里。

弋陽縣，在府西一百二十里。東西距五十里，南北距一百四十里。東至興安縣界二十里，至上饒縣一百二十里；西至牌嶺貴溪縣界三十里，少北至縣治六十里；南至鉛山縣界雙港六十里；北至饒州府德興縣界佛姥嶺八十里，至縣治一百六十里。東南至鉛山縣一百十里，西南至貴溪縣界□□□，東北至興安縣五十里，西北至饒州府樂平縣界一百里，至縣治二百十里。

貴溪縣，在府西一百八十里。東西距八十里，南北距二百里。東至界牌鋪弋陽縣界四十里，至縣治六十里；《志》作七十里。西至界山鋪饒州府安仁縣界四十里，少北至縣治六十里；南至蔡家嶺建昌府瀘溪縣界一百二十里，至縣治一百六十里；《志》作一百六十里。北至河源饒州府樂平縣界八十里，至縣治一百六十里，《志》作至饒州府萬年縣界武山八十里。至縣一百二十里。東南至火燒嶺福建邵武府光澤縣界一百里，至縣治一百七十里；西南至淳塘鋪撫州府金溪縣界八十里，至縣治一百四十里；東北至分水嶺饒州府德興縣界七十里，至縣治二百四十里；西北至饒州府萬年縣界八十里，至縣治一百二十里。《志》作至饒州府樂平縣界河源八十里，至縣一百五十里。

鉛山縣，在府西南八十里。東西距一百三十里，南北距一百十五里。東至上饒縣界黄桂社七十里；西至燕望渡弋陽縣界六十里，至撫州府金溪縣□□□；南至烏石嶺福建建寧府崇安縣界八十里；北至上饒縣界三十五里，少西至興安縣治八十里。東南至分水嶺崇安縣界八十里，至縣治一百三十里；西南至烏嶺福建邵武府光澤縣界一百八十里；東北至石溪上饒縣界三十里，至縣治八十里；西北至弋陽縣界湖頭嶺六十里，至縣一百十里。

永豐縣，在府東南四十五里。東西距七十五里，南北距一百十里。東至官溪浙江衢州府江山縣界六十里，至縣治一百里；西至茭塘上饒縣界十五里，少南至鉛山縣□□□；南至福建建寧府浦城縣界八十里；北至烏石嶺玉山縣界三十里。東南至浦城縣一百八十里；西南至上饒縣界八十里、建寧府崇安縣一百三十里；東北至古塘玉山縣界三十里，至縣治六十里；西北至上饒縣四十五里。

興安縣，在府西北八十五里。東南距七十里，南北距一百五十里。東至上饒縣界四十里；西至弋陽縣界三十里；南至赭亭山鉛山縣界三十五里，少東至縣治八十里；北至饒州府德興縣界一百十五里，至縣治一百四十里。[東]南至上饒縣界坑口鋪四十里，至縣治八十五里；西南至弋陽縣五十里。

撫州府，在布政司東南二百里。東西距三百七十里，南北距一百五十里。東至饒州府安仁縣界一百二十里，西至臨江府新淦縣界二百五十里，南至建昌府南城縣界九十里，北至南昌府進賢縣界六十里。

臨川縣，附郭。東西距八十五里，南北距一百五十里。東至東鄉縣界四十里，至縣治七十里；西至崇仁縣界四十五里，至縣治一百里；南至建昌府南城縣界九十里，少東至縣治一百二十里；北至南昌府進賢縣界六十里，至縣治九十里。東南至金溪縣界三十里，至縣治八十里；西南至宜黄縣界六十里，至縣治一百二十里；北至東鄉縣界一百二十里，至饒州府餘干縣二百里；西北至南昌府豐城縣界八十里，至縣治一百五十里，又北至南昌縣二百里。

崇仁縣，在府西南一百里。《志》作九十里。東西距一百十五里，南北距一百八十里。東至臨川縣柏葉塘六十五里，至縣治一百里；西至樂安縣界五十里，至臨江府新淦縣□□□；南至陳略山宜黄縣界一百四十里；《府志》：六十里。北至南昌府豐城縣界黄柏嶺三十五里。東南至宜黄縣界孤嶺六十里，至縣治八十里；西南至長山樂安縣界三十五里，至縣治一百五十里；東北至連珠源臨川縣界五十里；西北至石頭嶺豐城縣界四十五里，至縣治一百里。

金溪縣，在府東南八十里。東西距一百里，南北距九十里。東至廣信府貴溪縣界梧樹嶺五十五里，少北至縣治一百四十里；西至臨川縣界東漕港四十五里；南至建昌府瀘溪縣界楓樹鎮三十里，至縣治一百十里；西南至臨川縣界明山五十里，至宜黄縣一百十里；東北至饒州府安仁縣界莊坊四十里，至縣治一百四十里；西北至臨川縣界明珠峰四十里，至縣治八十里，又西至崇仁縣一百五十里。

樂安縣，在府西南二百二十里。東西距七十里，南北距二百里。東至崇仁縣界丁家原二十里；西至吉安府永豐縣界界山五十里；南至大樹頭贛州府寧都縣界一百二十里，少東至縣治二百六十里；北至南昌府豐城縣界界下原八十里，至縣治一百六十里。東南至宜黄縣界清潦溪八十里，至縣治一百里；西南至永豐縣界羅蔡四十里，至縣治一百二十里；東北至懷仁關崇仁縣界七十里，至縣治一百二十里；西北至臨江府新淦縣界李山坳七十里，至縣治一百五十里。

宜黄縣，在府西南一百二十里。東西距一百二十里，南北距一百七十里。東(山)[至]芙蓉山建昌府南城縣界六十里，至縣治一百里；西至霍嶺崇仁縣界四十里，《志》作至樂安縣界廖莊港。至樂安縣一百里；《志》作一百四十里。南至建昌府廣昌縣界杉樹坳一百二十里；坳在南豐西九十里。《縣志》作至寧都縣將軍臺。北至換港臨川縣界五十里，少東至縣治一百二十里。東南至箬嶺南豐縣界九十里至縣治一百四十里；西南至贛州府寧都縣界介山一百二十里，至縣治二百四十里；東北至臨川縣界禾嶺五十里，至金溪縣一百二十里；西北至孤嶺崇仁縣界二十里，至縣治八十里。

東鄉縣，在府東北八十里。東西距一百里，南北距一百里。東至白玗鋪饒州府安縣仁界四十五里，至縣治七十五里；《志》作七十里。西至臨川縣界新陂五十五里；南至金溪縣界白雲峰鋪四十里，至縣治八十里；《志》作五十里。北至饒州府餘干縣界潤陂六十里。東南至安仁縣界東亭觀二十里；西南至臨川縣界延矯鋪三十五里；東北至餘干縣界喬家鋪三十五里，至縣治九十五里；西北至南昌府進賢縣界倒陂鋪四十里，至縣治九十里，又北至南昌縣二百里。

建昌府，在布政司東南三百里。

南城縣，附郭。東西距一百三十里，南北距一百二十里。東至新城縣界九十里；西至撫州府宜黄縣界芙蓉山四十里，至縣治一百二十里；南至南豐縣界兜港橋八十里，少西至縣治一百二十里；北至界山撫州府臨川縣界四十里。東南至新城縣一百二十里；西南至宜黄縣箬嶺七十里；東北至撫州府金溪縣界四十里，至縣治一百里，又東至瀘溪縣界丁家橋鋪九十里，至縣治一百六十里；西北至臨川縣一百二十里。

新城縣，在府東南一百里。東西距一百三十里，南北距一百五里。東至福建邵武府光澤縣界杉關七十里，至縣治一百四十里；西至南豐縣界弋陽隘六十里，少南至縣治一百二十里；南至四望嶺邵武府建寧縣界六十里，至縣治一百四一里；北至九里岡南城縣界盧公橋四十五里。東南至邵武府邵武縣界鵓鴿嶺六十里，至縣治二百十里；西南至延寧縣界丘家嶺七十里；東北至南城縣界仁亭三十里，至瀘溪縣一百里；西北至南城縣界桐樹嶺四十里，至縣治一百二十里。

南豐縣，在府南少西一百里。東西距一百五十里，南北距一百二十里。東至坪上新城縣界照溪六十里；西至杉樹坳撫州府宜黄縣界九十里，《志》作峽嶺八十里。□□蓮橋廣昌縣界八十里；北至曾坊南城縣界四十五里，《志》作至兜港橋三十五里。少東至縣治一百二十里。東南至木瓜隘福建邵武府建寧縣界七十里，《志》作至百丈嶺八十里。至縣治一百五十里；《志》作一百六十里。西南至廣南亭廣昌縣官常八十里，至縣治一百二十里，又西至大羅嶺贛州府寧都縣界一百六十里，至縣治二百四十里；東北至兜港橋南城縣界三十五里，《志》作雅俗鄉六十里。東至弋陽隘新城縣界六十里，至縣治一百二十里；西北至竹陂嶺宜黄縣界四十里，《志》作至箬嶺五十里。至縣治一百四十里。

廣昌縣，在府西南二百四十里。東西距一百里，南北距一百四十里。東至南豐縣界雙蓮橋四十里，至福建邵武府建寧縣二百里；西至秀嶺贛州府寧都縣界六十里，少南至寧都縣治一百四十里；南至贛州府石城縣界鐵樹坳一百里，至縣治一百六十里；北至南豐縣界金嶂山磜頭四十里。東南至福建汀州府寧化縣一百九十里；西南至修嶺寧都縣界六十里，至縣治一百四十里；東北至南豐縣一百二十里；西北至撫州府樂安縣一百六十里。《府志》：西北至寧都縣治一百二十里，誤。

瀘溪縣，在府東少北一百六十里。東西距一百里，南北距六十里。東至廣信府貴溪縣界斗源二十里；西至南城縣界白玗肥株灣八十里；南至福建邵武府光澤縣界烏培三十里，又至上公嶺四十里；北至貴溪縣界饒橋四十里，至縣治一百六十里。東南至光澤縣界花山十五里，至縣治九十里；西南至新城縣界龍湖六十里，至縣治一百里；東北至貴溪縣界前坑三十里，至鉛山縣治一百四十里；西北至撫州府金溪縣界岳源八十里，至縣治一百十里。

湖廣

湖廣布政司，在京師西南二千八百八十里。東西距二千四百三十里，南北距二千二百四十里。東至江南安慶府宿松縣界五百五十里，西至四川夔州府巫山縣界一千八百八十里，南至廣東韶州府樂昌縣界一千九百八十里，北至河南汝寧府羅山縣界二百六十里。東南至江西九江府瑞昌縣界四百五十里，西南至廣西平樂府賀縣界二千一百二十里，東北至江南廬州府英山縣界三百九十里，西北至陝西西安府山陽縣界一千五百八十里。

武昌府，布政司治。東西距五百二十五里，南北距四百七十里。東至江西九江府瑞昌縣界五百二十里，西至漢陽府漢陽縣界五里，南至岳州府臨湘縣界四百里，北至黄州府黄岡縣界七十里。東南至江西南昌府武寧縣界四百九十里，西南至岳州府平江縣界四百二十里，東北至黄州府黄岡縣治一百八十里，西北至漢陽縣界。自府治至京師二千八百八十里。

江夏縣，附郭。東西距七十五里，南北距二百七里。東至武昌縣界七十里，少北至縣治一百八十里；西至大江漢陽府漢陽縣界五里，少北至縣治七里；南至咸寧縣界一百三十五里；北至黄州府黄陂縣黄岡縣界七十二里。東南至咸寧縣治一百八十里，西南至嘉魚縣治二百五十里，東北至黄岡縣治一百八十里，西北至漢陽縣界。

武昌縣，在府東一百八十里。東西距二百里，南北距二十里。東至白田洲(按應至)黄州府蘄水縣界八十里；西至江夏縣界岳婆丘一百二十里，少南至縣治一百八十里；南至大冶縣界大驛路十五里；北至大江黄州府黄岡縣界五里，少西至縣治十二里。東南至大冶縣治；《志》作九十里。西南跨大冶至咸寧縣界一百五十里，至縣治二百四十里。

嘉魚縣，在府西南一百五十里。《志》作二百十五里。南北距一百五十五里。東至咸寧縣界八十里；西至大江安陸府沔陽州界五里，至州治二百五十里；南至蒲圻縣界茗山五十五里，至縣治七十五里；北至漢陽府漢陽縣潦水甲一百里，至縣治二百四十里。《志》作二百四十里。東南至咸寧縣治一百四十里；西南至岳州府臨湘縣界新店一百三十五里，至縣治一百六十里；東北至花口塘江夏縣界七十五里；西北至沔陽州治二百五十里。

咸寧縣，在府南一百八十里。東西距九十里，南北距九十五里。東至大塘凹興國州界五十里，至州治二百里；西至汀泗橋蒲圻縣界四十里，少南至縣治一百十里；南至峻水嶺通山縣界五十里；北至賀勝橋江夏縣界四十五里，至紙坊一百八十里，小路。東湖驛二百四十里。大路。東[南]至至通山縣治九十里，西南至崇陽縣治一百二十里，東北至武昌縣治二百四十里，西北至嘉魚縣治一百四十里。

蒲圻縣，在府西南二百五十里。東西距一百十里，南北距八十里。東至咸寧縣界汀泗橋七十里，少北至縣治一百十里；西至岳州府臨湘縣界新店四十里，少南至縣治一百七十里；南至崇陽縣界壺頭四十里，至通城縣治北至嘉魚縣界障山四十里，少西至縣治七十里。東南至咸寧縣界一百里崇陽縣治七十里，西南至臨湘縣界一百五十里，東北至咸寧、嘉魚二縣界七十里，西北至嘉魚縣界陸口七十里。

崇陽縣，在府南二百九十里。東西距一百十里，南北距一百五十里。東至白羊山通山縣界四十五里，少北至縣治一百里；西至通城縣界小井六十五里；南至江西南昌府寧州界大原一百二十里；北至壺頭蒲圻縣界三十里。東南至寧州治一百五十里；西南至通城縣界柘碣里八十里，至縣治九十里；東北至咸寧縣界連河嶺七十里，至縣治一百三十里；西北至蒲圻縣界分水嶺五十里，至縣治七十里，至港口驛八十里。

通城縣，在府西南三百八十里。東西距九十里，南北距五十里。東至崇陽縣界雞鳴嶺五十里；西至楚門岳州府界《通志》作巴陵縣界。四十里，至縣治；南至岳州府平江縣界玄烏嶺四十里，少西至縣治一百六十里；北至方山蒲圻縣界四十里，至蒲圻縣治。東南至南樓嶺石門界四十里，至江南昌府寧州治二百里；西南至巴陵縣界相師山四十里；東北至崇陽縣界大岐嶺三十五里，至縣治九十里；西北至岳州府臨湘縣治一百四十里。

興國州，在府東南三百六十里。東西距二百二十五里，南北距二百里。東至巢山下小石堆江西九江府瑞昌縣界九十五里；西至大墓山咸寧縣界一百十里，至咸寧縣治二百里；南至江西南昌府武寧縣界上磔一百三十里；北至漳源河大冶縣界七十里。東南至瑞昌縣界永城鋪九十里，至縣治；西南至通山縣治一百六十里，又南至武寧縣界石洞一百八十里；東北至茅山蘄州界黄顙口大江六十里，至州治七十里；西北至大冶縣一百里，又至大墓山咸寧縣界一百十里。

大冶縣，在州西北一百里，府東南二百五十里。東西距一百八十里，南北距八十里。東至漳源口大江黄州府蘄州界九十里，册作至州界三十里，《通志》作十里。至州治一百二十里；西至武昌縣界金牛九十里，册作四十五里，《通志》作五十里。南至本州界永城五里；北至武昌縣界澤林嘴七十五里，至縣治九十里。東南至本州治一百里，至黄顙匚一百五十里；南至通山縣治一百五十里，至咸寧縣一百八十里；東北至黄州府蘄水縣治一百四十里；西北至武昌縣九十里。

通山縣，在州西少南一百六十里，府東南二百八十里。東西距七十五里，南北距一百十里。東至界首本州界三十里；《通志》作六十里。西至崇陽縣界四十五里，少南至縣治一百里；南至江西南昌府武寧縣界八十里；北至咸寧縣界三十里。東南至武寧縣治一百八十里，西南至南昌府寧州治一百六十里，東北至本州治二百一十里，西北至咸寧縣治九十里。

漢陽府，在布政司西北七里。東西距二百十七里，南北二百十里。東至武昌府江夏縣界七里，西至安陸府景陵縣界二百十里，南至安陸府沔陽州界一百九十里，北至黄州府黄陂縣界二十里。東南至武昌府界七里，西南至沔陽州治三百里，東北至黄州府治一百八十里，西北至德安府治三百二十里。自府至京師二千八百八十五里。

漢陽縣，附郭。東西距九十三里，南北距二百十里。東至大江中流武昌府江夏縣界三里；西至漢川縣界九十里，至縣治一百二十里；南至□□□□；北至黄州府黄陂縣界二十里。東南至江夏縣治七里；西南至太白湖沔陽州界一百二十里，至州治一百六十里；東北至黄陂縣界四十里，至縣治一百里。

漢川縣，在府西少北一百二十里。東西距一百二十里，南北距一百四十里。東至漢陽縣界三十里；西至安陸府景陵縣界九十里，至縣治一百六十里；南至安陸府沔陽州界一百里；北至德安府雲夢縣界四十里。東南至漢陽縣治一百二十里；西南至安陸府沔陽州治一百八十里；東北至德安府孝感縣界五十里，至縣治一百里；西北至雲(林)[夢]縣治九十里，又西至應城縣界六十里，至縣治一百二十里。

黄州府，在布政司東北一百八十里。東西距七百九十里，南北距四百七十里。東至江南安慶府宿松縣界五百十里，西至德安府孝感縣界二百八十里，南至武昌府武昌縣界十里，册作一里。北至河南汝寧府羅山縣界四百七十里。東南至江西九江府四百二十里；西南由陽邏渡江至武昌府一百八十里，由馬橋渡江止一百五十里；東北至江南鳳陽府壽州五百八十四里；西北至河南汝寗府信陽州五百六十里。自府治至京師二千九百里。

黄岡縣，附郭。東西距二百十里，南北距一百四十里。東至巴河蘄水縣界四十里；西至陽邏黄陂縣界一百二十里，少北至縣治一百八十里；南至大江武昌府武昌縣界十里，册作一里。少東至縣治十二里；北至麻城縣界沙河鋪一百三十里，至縣治一百八十里。東南至蘄水縣治一百十里，至蘄州治一百八十里，至廣濟縣治一百五十里、黄梅縣治三百五十里；西南至抱瓦洲武昌府江夏縣界一百二十里，至縣治一百八十里；東北至青山下口黄家廟羅田縣界□□□，至縣治一百六十里；西北至細石嶺黄安縣界□□□，至縣治二百四十里。

羅田縣，在府東北一百六十里。東西距八十里，南北距一百五十五里。東至江南廬州府英山縣界五十里，至縣治七十里；西至黄岡縣界三十里；南至蘄水縣界十五里，至縣治蘄州治二百里；北至河南汝寧府商城縣界一百五十里，至固始縣治二百九十里。東南至英山縣界五十里；西南至蘄水縣界二十里，至縣治一百八十里；東北至江南廬州府霍山縣界一百二十里，至縣治；西北至麻城縣界四十里，至縣治一百五十里，至商城縣治。

黄安縣，在府西北二百四十里。東西距八十里，南北距一百六十里。東至麻城縣界四十里，至縣治一百十里；西至黄陂縣界四十里；南至黄岡縣界八十里；北至河南汝寧府光山縣界八十里，至縣治二百六十里。東南至黄岡縣治二百四十里，西南至黄陂縣治一百二十里，東北至汝寧府商城縣光山縣治二百五十里，西北至河南汝寧府羅山縣界九十里，至縣治二百七十里。

蘄水縣，在府東少南一百十里。東西距一百六十里，南北距一百四十里。東至江南廬州府英山縣界瓦寺前九十里；西至黄岡縣界七十里，《通志》：至武昌府武昌縣界四十里。至縣治一百十里；南至蘄州界女兒街五十里；北至羅田縣界長嶺鋪九十里。《通志》：北至黄岡縣界七十里。東南至蘄州治一百里，西南至武昌府大冶縣□□□□，東北至英山縣治一百二十里，西北至黄岡縣□□□里。

麻城縣，在府北一百八十里。東西距一百六十里，南北距一百四十里。東至羅田縣界九十里；《通志》作一百八十里，蓋治也。西至黄安縣界七十里，至縣治一百十里；南至黄岡縣界五十里，至縣治一百八十里；北至河南汝寧府光山縣界九十里，至縣治二百里。東南至羅田縣治一百八十里，□□□；西南至黄陂縣治□□□；東北至河南汝寧府商城縣界七十里，至縣治一百九十里；西北至汝寧府光山縣界九十里，至縣治二百里。

黄陂縣，在府西一百八十里。東西距一百十里，南北距二百三十里。東至界牌黄岡縣界五十里；西至界河德安府孝感縣界六十里，至縣治一百二十里；南至井湖漢陽府漢陽縣界五十里，至陽邏驛武昌府江夏縣界一百二十里；西南至漢陽縣界六十里，至縣治九十里；東北至黄安縣界八十里，至麻城縣治一百六十里；西北至孝感縣界八十五里，至德安府治一百九十里。

蘄州，在府東少南一百八十里，册作三百十里。東西距一百里，南北距一百五十里。東至廣濟縣界四十里，至江南宿松縣界二百里；西至蘄水縣界六十里，册作至大江武昌府大冶縣界一里。南至大江武昌府興國州界黄顙口十里，册作一里。至州治一百里；《志》作七十里。北至羅田縣界雞兒河一百四十里，至縣治二百里。東南至江西九江府德化縣治一百八十里；西南至武昌府大冶縣治一百二十里；東北至廣濟縣治七十里，又至江南廬州府英山縣界一百二十里，至縣治一百八十里；西北至蘄水縣治一百二十里。

廣濟縣，在州東北七十里，府東南二百五十里。東西距八十五里，南北距九十里。東至黄梅縣界六十里，至縣治九十里；西至本州界二十五里，至州治七十里；南至大江江西九江府瑞昌縣界七十里，至縣治一百十里；北至蘄州界二十里。東南至瑞昌縣□□□里；西南至武昌府興國州界七十里，至州治□□□；東北至蘄州界五十里；西北至羅田縣治。

黄梅縣，在州東北一百六十里，府東南三百五十里。東西距五十五里，南北距一百七十里。東至雙墩江南安慶府宿松縣界二十五里，至縣治九十里；西至雙城驛廣濟縣界三十里，至縣治九十里；南至清江鎮大江江西九江府德化縣界一百里，《通志》作五十里。按：大江在南六十五里。至府治□□里；北至唐家山蘄州界七十里。東南至鷂鷹嘴宿松縣界六十里，西南至廣濟縣界龍坪鎮九十里，東北至迴旗嶺宿松縣界四十里，西北至中峰山廣濟縣界五十里。

德安府，在布政司西北三百二十里。東西距一百六十里，南北距二百八十里。東至黄州府黄陂縣界一百十里，西至安陸府京山縣界五十里，南至漢陽府漢川縣界一百二十里，北至河南汝寧府信陽縣界一百六十里。東南至漢陽府三百十里，西南至安陸府沔陽州三百四十里，東北至河南汝寧府光州四百二十里，西北至襄陽府四百九十里。自府治至京師五千六百十里。

安陸縣，附郭。東西距八十里。東至孝感縣界三十里，西至安陸府京山縣界五十里，南至應城縣界四十五里，至縣治九十里。東南至孝感縣一百里，西南至安陸府京山縣一百八十里，東北至應山縣界五十里，西北至隨州界。

應城縣，在府南少西八十三里。東西距八十九里，南北距一百三里。東至黄港雲夢縣界二十九里；西至湯池院安陸府京山縣界六十里，至縣一百二十里；南至五塔湖漢陽府漢川縣交界六十里；北至聚石岡安陸縣界四十三里。東南至漢川縣一百十里，西南至安陸府景陵縣□□□，東北至雲夢縣四十里。

雲夢縣，在府東南六十里。東西距五十里，南北距一百里。東至孝感縣界青石橋三十里，西至應城縣界土門二十里，南至漢陽府漢川縣界劉家隔六十里，北至安陸縣界董店四十里。東南至蘇家嘴漢川縣界四十里，至縣治九十里；西南至應城縣黄江口十里，至縣四十里；東北至孝感縣界雙河口二十里，至縣治四十里；西北至巡檢司安陸縣界四十里。

孝感縣，在府東南一百里。東西距七十里，南北距二百六十里。東至界河黄州府黄陂縣界六十里，至縣一百二十里；西至青石橋雲夢縣界□□里；南至汪泉漢陽府漢川縣三十里，少西至縣治一百二十里；北至九里關河南汝寧府羅山縣界二百三十里，至縣四百里。東南至蒼泉河漢陽府漢陽縣界五十里，至縣一百二十里；西南至雲夢縣治四十里；東北至羅山縣治三百八十里；西北至新添鋪安陸縣界七十里，至縣一百里，又北至小尖山應山縣界八十五里，至縣一百八十里。

隨州，在府西北一百五十里。東西距二百六十里，南北距二百九十里。東至應山縣界六十里，《州志》作三十里。至州一百二十里；西至安陸府鍾祥縣界二百里，至襄陽府宜城縣治；南至安陸府京山縣界九十里，少西至縣治二百十里；北至河南南陽府桐柏縣界二百里，至縣治二百五十里，至唐縣治三百五十里。東南至安陸縣一百三十里。西南至鍾祥縣治三百里。東北至河南汝寧府信陽州二百五十里。西北至襄陽府棗陽縣一百八十里。

應山縣，在州東一百二十里，府北九十里。東西距一百三十里，南北距一百十五里。東至分水嶺孝感縣界七十里，至黄陂縣二百五十里；西至馬坪鋪隨州界六十里，至州一百二十里；南至觀音坡安陸縣界四十五里，至縣九十里；北至行者坡河南汝寧府信陽州界七十里，至州治一百八十里。東南至孝感縣一百八十里，西南至應城縣一百八十里，東北至汝寧府羅山縣三百五十里，西北至襄陽府棗陽縣二百八十里。

安陸府，在布政司西北五百七十里。東西距四百八十里，南北距四百七十里。東至德安府應城縣界二百三十里，西至荆州府江(皮)[陵]縣界二百五十里，南至荆州府臨利縣界三百五十里，北至襄陽府宜城縣界一百二十里。東南至漢陽府五百六十里，西南至荆州府治二百八十里，東北至德安府隨州治三百里，西北至襄陽府治三百二十里。自府治至京師二千七百六十里。

鍾祥縣，附郭。東西距一百二十里，南北距一百九十里。東至京山縣界盤石嶺三十五里，至縣治一百二十里；西至荆門州界七十里，[至州治]八十五里；南至荆門州界七十里，册作至京山縣界九十里。北至襄陽府宜城縣界龍王洲一百二十里，少西至縣治一百八十里。東南至潛江縣界泗港一百四十里，至縣治一百八十里；西南至荆門州治九十里，至荆州府江陵縣治一百七十里；東北至德安府隨州治三百里；西北至襄陽府南漳縣治三百里。

京山縣，在府東一百二十里。東西距一百四十里，南北距一百八十五里。東至德安府應城縣界六十五里，《縣志》作至楊家河德安府界一百二十里。至縣治一百二十里；西至盤石嶺鍾祥縣界七十五里，至縣治一百二十里；南至横官路景陵縣界六十里，至潛江縣治二百里；北至漢東橋德安府州界一百二十五里，至州治二百里。東南至景陵縣治九十里，西南至荆門州治二百五十里，東北至德安府安陸縣治一百八十里，西北至襄陽府宜城縣□□□，至棗陽縣治三百三十里。

潛江縣，在府東南一百八十里。東西距一百五十里，南北距一百四十里。東至沔陽州界上西湖三十里；西至荆州府江陵縣界三湖一百二十里；南至荆州府監利縣界沙湖八十里，少東至縣治一百五十里；北至京山縣界四汉湖六十里。東南至沔陽州治一百四十里，西南至江陵縣治一百六十里，東北至京山縣治□□□□，西北至鍾祥縣治二百十里。

沔陽州，在府東南三百三十里。東西距二百七十里，南北距二百十里。東至武昌府嘉魚縣界十里；西至潛江縣界北池鋪一百里，少北至縣治□□里；南至白螺磯岳州府巴陵縣界二百十里；《通志》作二百里。北至景陵縣界銅柱鋪七十里。東南至岳州府臨湘縣治二百五十里；西南至荆州府監利縣界□□□；東北至漢陽府漢陽縣界麻漢河一百七十里，至縣治□□□西北至景陵縣治一百三十里。

景陵縣，在州西北一百三十里，府東南二百十里。東西距一百八十里，南北距一百六十里。東至漢陽府漢川縣界城隍臺九十里，至縣治一百八十里；西至京山縣界小河口九十里；南至南黄沔陽州界剅河驛九十里；北至京山縣界四十里。《志》作至綠水堰六十里。東南至沔陽州治一百三十里；西南至潛江縣治一百二十里；東北至楊須市德安府應城縣界八十里，至縣治一百二十里；西北至京山縣治九十里。

荆門州，在府西南九十里。東西距六十里，南北距二百六十里。東至鍾祥縣界一里，《通志》作八十里，《府志》作一里爲是。西至當陽縣界銅鎮堰六十里，至縣治一百二十里；南至荆州府江陵縣界起山一百六十里，至縣治一百八十里；北至襄陽府宜城縣界屏風山一百二十里，至縣治□□□。東南至沙洋潛江縣界一百二十里，至縣治□□□，至沔陽州治二百九十里；西南至當陽縣治一百二十里；東北至鍾祥縣治九十里；西北至襄陽府南漳縣治三百里。

當陽縣，在州西一百里，府西南二百十里。東西距一百四十里，南北距一百四十里。東至本州界三界塚七十里，至州治一百二十里；西至荆州府夷陵州界土溪七十里，少南至州治一百五十里；南至荆州府枝江縣界祐春坪六十里，少西至縣治一百八十里；北至荆州府遠安縣界深水橋八十里。東南至荆州府江陵縣治一百五十里，西南至荆州府宜都縣治一百八十里，東北至荆門州治一百二十里，西北至遠安縣治七十里，至襄陽府南漳縣界趙家河一百八十里。

襄陽府，在布政司西北六百八十里。東西距六百七十里，南北距二百七十里。東至德安府隨州界二百十里，西至鄖陽府鄖縣界四百六十里，南至安陸府荆門州界一百八十里，北至河南南陽府新野縣界九十里。東南至安陸府治三百二十里，西南至荆州府夷陵州治五百七十里，東北至南陽府治二百二十里，西北至□□□□□□。自府治至京師二千四百六十里。

襄陽縣，附郭。東西距一百三十里，南北距一百五十里。東至梅城鋪棗陽縣界七十里；西至泉水堰南漳縣界《通志》作穀城縣界。六十里；南至潼口驛宜城縣界六十里；北至黄渠河南南陽府新野縣界九十里，至縣治□□□里。東南至宜城縣治一百二十里，西南至南漳縣治一百二十里，東北至棗陽縣治一百四十里，西北至磚橋穀城縣界六十里，至縣治一百二十里。

光化縣，在府西北一百八十里。東西距一百十里，南北距九十里。東至襄陽縣界二汉堰六十里；西至均州界葫荻山五十里；南至陡兒溝穀城縣界二十五里，少東至縣治五十五里；北至三尖山河南南陽府淅川縣界六十里，少西至縣治□□里。東南至襄陽縣治一百八十里；西南至鄖陽府保康縣治二百里；東北至杏兒山南陽府鄧州界六十五里，至州治一百六十里；西北至均州治一百四十里。

宜城縣，在府東南一百二十里。東西距一百里，南北距一百五十里。東東至棗陽縣界七十里，至德安府隨州治□□□；西至南漳縣界石橋三十里，至縣治一百十里；南至安陸府鍾祥縣界豐樂河九十里，少東至縣治一百八十里；北至襄陽縣界山六十里。東南至安陸府京山縣治□□□，西南至安陸府荆門州。

南漳縣，在府西南一百二十里。東西距二百十里，南北距三百二十里。東至宜城縣界石橋八十里，至縣治一百十里；西至鄖陽府保康縣界司空山一百三十里；又按《縣志》：西至雞頭山一百八十里。西北至司空山一百三十里；《通志》作至房縣界八十里。南至荆州府遠安縣界紫山二百六十里；北至穀城縣界雙河六十里，至縣治一百七十里。東南至安陸府荆門州治二百里，西南至遠安縣治□□□，東北至襄陽縣治一百二十里，西北至保康縣治二百十里。

棗陽縣，在府東北一百四十里。東西距一百四十里，南北距一百四十里。東至德安府隨州界七十里；《通志》作五十五里。西至襄陽縣界宋家村七十里；南至宜城縣界界山八十里，少西至縣治□□□；北至河南南陽府唐縣界四莊六十里，至縣治一百四十里。東南至隨州治一百六十里，西南至襄陽縣治一百四十里，東北至南陽府桐柏縣治一百□□，西北至南陽府新野縣治一百四十里。

穀城縣，在府西少北一百二十里。東西距二百十里，南北距一百四十里。東至襄陽縣界永安港九十里，《通志》作七十里。至棗陽縣治□□□；西至均州界山一百二十里；南至南漳縣界雙河一百十里，至縣治一百七十里；北至光化縣界陡兒溝三十里，少西至縣治五十五里。東南至襄陽縣治一百二十里，西南至鄖陽府保康縣治三百里，東北至河南南陽府新野縣治二百里，西北至均州治二百三十里。

均州，在府西北三百六十里。東西距一百七十里，南北距二百四十里。東至光化縣界一百二十里，至鄧州□□□□；西至鄖陽府鄖縣界左角五十里；南至穀城縣界山一百二十里；北至河南南陽府淅川縣界黄水一百二十里。舊《志》：至淅川縣一百六十里。東南至光化縣治一百四十里，西南至鄖陽府房縣治一百七十里，東北至淅川縣治一百五十里，西北至鄖縣治一百十里。

鄖陽府，在布政司西北一千二百里。東西距二百九十里，南北距七百五十里。東至襄陽府均州界七十里，西至陝西漢中府白河縣界二百二十里，南至荆州府興山縣界五百八十里，北至陝西西安府商南縣界一百七十里。東南至襄陽府治四百九十里，西南至漢中府平利縣界五百六十里，東北至河南南陽府淅川縣界一百三十里，西北至商州界二百八十里。自府治至京師三千一百里。

鄖縣，附郭。東西距一百三十里，南北距二百八十里。東至襄陽府均州界六十里；西至鄖川縣界七十里，至陝西興安州白河縣治二百二十里；南至房縣界一百六十里；北至陝西西安府商南縣界一百二十里，至縣治□□□里。東南至遠河鋪均州界六十里，至州治一百二十里；西南至岳家鋪竹山房二縣界一百二十里；東北至梅家鋪河南南陽府淅川縣界一百三十里，至縣治一百九十里；西北至青桐鋪鄖西界七十里，至縣治一百四十里。

房縣，在府南少西二百六十里。《府志》作三百十里，舊《志》作二百十里。東西距一百八十里，南北距四百里。東至青峰鋪保康縣界九十里；西至陳家鋪竹山縣界九十里，冊作至秦口竹山縣界一百里。《府志》作一百五十里。南至毛蠟池荆州府興山縣界二百二十里，至縣治二百八十里；北至鄖縣界一百四十里。東南至保康縣治一百八十里；西南至景山二百里，興山縣界□□□；東北至鄖縣治二百六十里；西北至板橋山巡司一百八十里。又西北至桃林鋪陝西興安州白河縣界二百里。

保康縣，在府東南二百四十里。東西距一百七十里，南北距二百二十里。東至館驛溝襄陽府穀城縣界五十里，西至壽陽坪房縣界一百二十里，南至襄陽府南漳縣界北峰坪一百二十里，《府志》作九十里。北至襄陽府均州□□□。東南至永寧鋪南漳縣界七十里，至縣治二百十里；西南至荆州府興山縣界一百八十里，冊作至柳家埡興山縣界九十里，至縣治二百三十里。至縣治三百五十里；東北至穀城縣治二百里；西北至永盛鋪房縣界七十里，至縣治一百八十里。

竹山縣，在府西南二百五十里。東西距一百四十里，南北距一百四十里。東至界山房縣界五十里，《府志》作一百五十里。西至竹溪縣界九十里，至縣治一百八十里；南至房縣界四十里。冊至摩天嶺房縣界三百六十里。府、縣《志》俱作六十里。《通志》：至房縣界薄田峪六十里。北至鄖縣界一百里，應陝西興安州白河縣界百里。府、縣《志》作一百五十里，少西至縣治一百里。東南至秦口房縣界七十里，至縣治一百五十里；西南至竹溪縣界□□里；東北至鄖縣界一百里，至縣治三百六十里；西北至大峪鋪興安州洵陽縣界一百八十里。

鄖西縣，在府西北一百四十里，《縣志》作二百九十里。東西距一百五十里，南北距一百三十里。東至鄖縣界六十里；西至陝西興安州白河縣界九十里，《府志》作一百二十里。《通志》：至上津縣界七十里。至縣治一百五十里；南至鄖縣界五十里；北至陝西西安府山陽縣界八十里，《府志》作一百二十里，《通志》作六十里。東南至箭流鋪香口鋪廢上津縣界六十里，至山陽縣界二百四十里。

廢上津縣，在府西北二百五十里。東至鄖西縣界七十五里；西至陝西漢中府洵陽縣界一百五十里，至縣治二百六十里；南至漢中府白河縣界□□里；北至陝西西安府山陽縣界二十五里，至縣治一百五十里。東南至鄖西治一百十里。本朝順治十六年併入鄖西。

竹溪縣，在府西南五百四十里，《府志》作五百九十里，冊、《志》作三百六十里。東西距一百十里，南北距三百五十里。東至縣河鋪竹山縣界六十里，至縣治一百八十里；西至白土關陝西漢中府平利縣界五十里；南至莧菜坪四川夔州府奉節縣廢大寧縣界三百里；北至熊藏埡竹山縣界三十里，《府志》作四十五里。至陝西興安州洵陽縣治三百里。東南至新路埡竹山縣界三百里；西南至蕭家坡奉節縣界三百□□里；東北至竹山縣□□里；西北至龍王溝平利縣界一百十五里，至縣治一百八十里。《府志》：北至竹山縣界四十五里。

荆州府，在布政司西一千二百十里。東西距八百六十里，南北距二百十里。東至安陸府沔陽州界二百里，西至四川夔州府巫山縣界六百六十里，南至岳州府澧州界一百九十里，北至安陸府荆門州界二十里。東南至岳州府治四百七十里，西南至□□□□□□□，東北至安陸府治三百二十里，西北至鄖陽府治七百六十里。自府治至京師二千九百四十里。

江陵縣，附郭。東西距一百四十五里，南北距一百里。東至安陸府潛江縣界七十五里，少北至沔陽州治二百五十里；西至枝江縣界七十里；南至公安縣界六十里；北至圯山安陸府荆門州界四十里，少西至州治一百八十里。東南至石首縣治一百八十里，西南至松滋縣治九十里，東北至潛江縣治□□里，西北至安陸府當陽縣治。

公安縣，在府南一百二十里。東西距一百二十里，南北距一百七十五里。東至沙堤鋪石首縣界七十里；西至松滋縣界三十里；南至岳州府安鄉縣界一百里，少東至縣治二百里；北至舊縣江陵縣界五十五里。東南至安鄉縣治一百三十里，西南至岳州府澧州治一百四十里，東北至石首縣治一百二十里，西北至松滋縣治一百五十里。

石首縣，在府東南一百八十里。東西距一百十里，南北距一百十里。東至監利縣界六十里，至縣治一百二十里；《縣志》：至塔市監利縣界一百二十里，至縣治一百五十里。西至公安縣界四十里，少南至縣治一百二十里；南至岳州府華容縣界三十里；北至監利縣界八十里，至安陸府潛江縣治二百里。東南至華容縣治八十里；西南至岳州府安鄉縣界六十里，至縣治一百二十里；東北至監利縣治；西北至江陵縣界八十里，至縣治一百八十里。

監利縣，在府東少南一百四十里，册作三百二十里。東西距一百六十里，南北距一百五里。東至安陸府沔陽州界一百七十里，《通志》作一百十里。西至石首縣界九十里，至縣治一百里；南至岳州府華容縣界□□里，至巴陵縣□□□；北至安陸府潛江縣界八十里，少西至縣治一百五十里。東南至岳州府臨湘縣界一百二十里，至縣治一百六十里；西南至華容縣治□□□里；東北至沔陽州界一百三十里，至州治□□里；西北至江陵縣界九十里，至縣治一百四十里。

枝江縣，在府西一百七十里。東西距一百十五里，南北距一百十里。東至江陵縣界一百里，西至宜都縣界十五里，南[至]松滋縣界，《通志》作二十里。北至宜都縣界二十里，《通志》作七十里，册作至安陸府當陽縣界九十里。東南至松滋縣界三十里，至縣治六十里，至岳州府澧州治一百九十里；西南至長陽縣界漁洋關一百五十里；東北至安陸府當陽縣治一百八十里；西北至夷陵州治一百二十里。

松滋縣，在府西南九十里。東西距一百五十里，南北距一百六十里。東至界牌江陵縣界九十里；西至洋溪枝江縣界六十里，《通志》、府册俱作四十里。南至槎溪岳州府澧州界一百六十里，《府志》、册俱作澧州界一百九十里，《通志》作至澧州界一百二十里。北至大江枝江縣界一里，《通志》作十里。東南至石子灘公安縣界一百二十里，至縣治一百五十里；西南至起龍山宜都縣界八十里；東北至江陵縣治一百二十里；西北至枝江縣治六十里。

夷陵州，在府西少北二百四十里，册作三百里。東西距一百八十五里，南北距四百十里。東至界嶺安陸府當陽縣界七十里，《州志》作一百四十里。西至白沙驛歸州界一百十五里，至州治二百三十里；南至古市宜都縣界六十里，少西至篁山長陽縣界五十里，至縣治九十里；北至遠安縣界一百五十里，又北至南(渾)[漳]縣界三百里。東南至宜都縣治九十里；西南至長陽縣界九十里，至施州衛五百里；東北至當陽縣治一百四十里，至遠安縣界三百里；西北至黄柏興山縣界四百里。

遠安縣，在州東北一百里，府西北三百四十里。東西距一百二十里，南北距一百十五里。東至安陸府荆門州界歐家山七十里，《元一統[志]》：至襄陽府宜城縣界六十里。《府志》、册俱作至當陽縣界十里。至州治一百里；西至本州界五十里；南至安陸府當陽縣界六十里，《通志》作至宜都縣界一百里。北至襄陽府南漳縣界紫山礶子埡一百里。《元一統志》：四十五里。東南至當陽縣治七十里；西南至本州界峽口鋪五十里，至州治一百里；東北至南漳縣治一百八十里，《縣(戍)[志]》作四百二十里。西北至南漳縣界八十里。

宜都縣，在州東南九十里，府西一百八十里。東西距四十五里，南北距八十里。東至枝江縣界十五里；西至長陽縣界□□□里，《縣志》：至界五十里。至治八十里；南至奇峰山松滋縣界七十里，《縣志》：至枝江縣界石子口三十里。又迤南至鄧家莊岳州府澧州界班竹寺八十里；北至夷陵州界烏石鋪五十里。東南至枝江縣治三十里，至澧州二百三十里；西南至長陽縣界漁洋關分水嶺一百二十里；東北至白洋驛十里，《縣志》：有三十里岡，在縣東北五十里枝江縣界。至玉泉安陸府當陽縣界八十里，至縣治一百八十里；西北至州治九十里。

長陽縣，在州西南八十里，府西南三百二十里。東西距二百二十里，南北距一百八十里。東至白巖鋪宜都縣界二十里，至縣治六十里；西至巴東縣界連天坡三百里，《元一統志》：至建始縣界一百九十五里。至蘆黄山岳州府石門縣界一百五十里，至縣治三百十里；北至本州界石門坎三十里。東南至宜都縣界七十里；西南至澧州慈利縣一百九十里，至栗子坪施州衛容美土司界一百三十里，至長茅嶺三百四十里，至菩提隘三百五十里，皆土司界。東北至本州治八十里；西北至招徠關堡二百餘里，《元一統志》：至歸州一百五十里。至巴東縣治三百五十里。

歸州，在府西五百二十五里，應四百八十里。東西距一百八十里，南北距二百九十里。東至彝陵州界一百二十里，至州治二百三十里；西至巴東縣界六十里，至縣治九十里；南至長陽縣界二百里，《州志》作至施州衛界馬家坪里同。北至興山縣界五十里。東南至長陽縣。

巴東縣，在州西九十里，府西□□□里。東西距一百十里，南北距三百六十里。東至本州界三十里，至州治九十里；西至四川夔州府巫山縣界八十里，至縣治一百六十里；南至野山關施州衛容美土司界三百五十里，又至椒山磵磁長官司界五百里，至司治三百五十里；北至興山縣界一百二十里，又至鄖陽府房縣界一百八十里。東南至長陽縣界一百八十里，至縣治三百五十里；西南至連天關施州容美宣撫司界三百五十里，至司治三百七十里。

興山縣，在州東北一百里，府西北六百十里。東西距一百八十里，南北距一百五十里。東至彝陵州界一百二十里，少南至州治□□□；西至歸州界六十里，又至巴東縣界一百二十里；南至歸州界五十里；北至鄖陽府房縣界一百里，至縣治二百里。東南至本州界六十里；西南至本州界五十里；東北至鄖陽府保康縣界一百四十里，至縣治二百五十里；西北至房縣界一百五十里。

施州衞在府西南一千一百里。東至東鄉、容美二司界，西至黔江縣、忠路司界，南至散毛、永順二司界，北至建始、奉節二縣界。新册：東至四川夔州府建始縣界一百八十里，西至施南土司界，深山無路，南至施南土司界六十里，北至夔州府奉節縣界一百九十里。

岳州府，在布政司西南五百里。東西距九百五十五里，南北距一百五十里。東至武昌府通城縣界一百三十里，西至辰州府沅陵縣界八百二十五里，南至長沙府湘陰縣界一百二十里，北至荆州府監利縣界三十里，至安陸府沔陽州治三百五十里。東南至長沙府瀏陽縣界二百九十里，西南至常德府治四百里，東北至武昌府治五百里，西北至荆州府治四百七十里。自府治至京師三千四百二十里。

巴陵縣，附郭。東西距二百五十里，南北距一百五十里。東至武昌府通城縣界一百三十里，《縣志》作一百四十五里。至縣治□□□里；西至華容縣界一百二十里；南至磊石山長沙府湘陰縣界一百二十里；北至荆州府監利縣界三十里。東南至平江縣治二百四十里，西南至湘陰縣治二百四十里，東北至臨湘縣治七十里，西北至監利縣治。

臨湘縣，在府東北九十五里。東西距一百二十六里，南北距一百三十五里。東至武昌府蒲圻縣界港口驛一百二十里，《通志》《府志》作九十五里。至縣治一百七十里；西至大江荆州府監利縣界六里，《府志》作二十五里，《通志》作二十里。南至巴陵縣界咸家灣六十五里；北至監利縣界□□□里，《通志》作安陸府沔陽州界八十里。東南至武昌府通城縣界土門一百二十里，至縣治□□□里；西南至城陵磯巴陵縣界五十里，至縣治七十里；東北至高家墩武昌府嘉魚縣界七十里，至縣治一百六十里；西北至監利縣界白螺山十五里，至縣治一百六十里。

平江縣，在府東南二百四十里。東西距二百四十里，南北距一百三十里。東至江西南昌府寧州界一百二十里，至州治二百五十里；西至長沙府湘陰縣界一百二十里，至縣治二百里；南至長沙府瀏陽縣界六十里；北至巴陵縣界七十里，少東至武昌府通城縣治一百六十里。東南至江西袁州府萬載縣□□里，西南至瀏陽縣治一百九十里，東北至寧州治二百五十里，西北至巴陵縣治二百四十里。

華容縣，在府西北一百六十里。東西距一百五里，南北距一百三十里。東至巴陵縣界五十五里；西至牛橋安鄉縣界五十里，少南至縣治一百里；南至常德府沅江縣界九十里，少西至縣治二百四十里；北至荆州府石首縣界四十里，至縣治八十里。東南至巴陵縣治一百六十五里，又南至長沙府湘陰縣治三百里；西南至常德府龍陽縣界一百六十里，至縣治二百四十里；東北至荆州府監利縣治一百二十里；西北至荆州府公安縣治一百八十里。

澧州，在府西四百二十里，水程五百七十里，見《通志》、新册。而舊《志》作二百七十里，誤。東西距一百四十里，南北距二百里。東至安鄉縣界八十里；西至石門縣界六十里，至縣治一百十里；南至常德府武陵縣界一百二十里，至縣治一百八十里；北至荆州府松(溪)[滋]縣界□十里，至縣治□□□。東南至安鄉縣治一百二十五里；西南至常德府桃源縣治□□□；東北至荆州府公安縣界八十里，至縣治一百四十里；西北至荆州府宜都縣治。

石門縣，在州西一百十里，府西五百三十里。東西距六十五里，南北距二百三十里。東至本州界四十五里，至州治一百十里；西至慈利縣界二十里，少南至縣治八十里；南至常德府桃源縣界七十里，至縣治一百九十里；北至荆州府長陽縣界□□□，至縣治一百六十里。

慈利縣，在州西少南一百九十里，府西六百□十里。東西距三百里，南北距三百五十里。東至石門縣界六十里，少北至縣治八十里；西至永順宣慰司界二百四十里；南至常德府桃源縣界七十里；北至容美宣撫司界二百八十里。東南至桃源縣治二百十里，《志》作至武陵一百八十里，誤。西南至辰州府沅陵縣治(在)[一]百六十里，東北至□□□□□，西北至桑植土司四百十里。

安鄉縣，在州東南一百二十五里，府西二百七十里。東西距九十里，南北距一百五十里。東至華容縣界牛橋渡四十五里，少北至縣治一百里；西至本州界石龜鋪四十五里；南至常德府龍陽縣界九十里；北至荆州府公安縣界中峰塔六十里。東南至常德府沅江縣治□□里；西南至武陵縣界陽城村九十里，至縣治一百□□里；東北至荆州府石首縣治□□□□；西北至公安縣治二百里。

九谿衛，在府西少北七百七十里，慈利縣西北九十里。東至新關口石門縣界百餘里，至縣治二百里；西至安福所二百四十里；南至永定衛界九十里；北至麻寮所一百八十里。東南至慈利縣治九十里，西南至永定衛一百八十里，見舊《志》。而新册作南至永定衛九十里，誤。東北至添平所一百二十里，西北至桑植土司三百二十里。

添平所，在衛東北一百二十里，慈利縣北一百五十里，見舊《志》。而新册作三百里。東至石門縣界，西至慈利縣界，南至慈利縣界，北至荆州府長陽縣界。

麻寮所，在衛西北一百八十里，慈利縣西北二百七十里。東至添平所界百里，西至施州衛容美土司界六十里，南至桑植土司界四十里，北至石樑峒容美司界四十里。

安福所，在衛西一百四十里，慈利縣西北二百九十里。東至本衛界一百四十里，西至下峒土司界十里，《府志》：至永順司界四十里。南至茅岡土司界五里，《府志》：至永寧界三十里。北至桑植土司界二十里。

桑植安撫司，在衛西三百二十里，慈利縣西北四百十里。東至安福所界七十里，西至永順土司界，《府志》：至容美司界二百里，誤。南至下峒上司界，《府志》：至美坪峒三十里。北至施州衛□□□界。《府志》：至麻寮所界五十里。

永定衛，在府西七百五十里，慈利縣西少南一百八十里。東至慈利縣界□□□；西至辰州府永順宣撫司一百六十里；南至辰州府沅陵縣界八十里，至縣治二百二十里。西南至保靖土司三百五十里；東北至九谿衛一百六十里；西北至安福所一百二十里，至茅岡所一百六十里。

大庸所，在衛西南三十里。東至本衛界□□□，西至永順土司界三十里，南至辰州府沅陵縣界一百二十里，西北至茅岡土司界七十里。

茅岡土司，在衛西北慈利縣西一百九十里。東至本衛界四十里，西至上峒土司界二十里，南至大庸所界二十里，北至安福所界二十里。

上峝土司，在衛西北。東至茅岡土司界，西至辰州府永順土司界，南至永順土司界，北至下峝土司界。

下峝土司，在衛西北。東至安福所界，西至永順土司界，南至上峝土司界，北至桑植土司界。

永順宣慰司，在布政司西南。東至岳州府大庸所界一百里，慈利縣界三百九十里；西至保靖宣慰司界二百二十里；南至辰州府沅陵縣界三百十里；北至岳州府永定衛上峝土司界九十里。

保靖宣慰司，在布政司西南。東至鎮溪所界一百八十里，西至大田所界三百里，南至□□□司界一百八十里，北至永順宣慰司界四十里領。

長沙府，在布政司西南八百八十里。東西距五百八十里，南北距四百七十里。東至江西袁州府萬載縣界二百十里，西至(賢)[寶]慶府新化縣界三百七十里，南至衡州府衡山縣界二百三十里，北至岳州府巴陵縣界二百四十里。東南至袁州府萍鄉縣界二百十里，西南至寶慶府治四百五十里，東北至江西南昌府寧州界二百八十里，西北至常(陽)[德]府治三百八十里。自府治至京師三千七百八十二里。

長沙縣，附郭，治府西北偏。東西距一百三十里，南北距八十里。東至瀏陽縣界硖山七十里，册作六十里，一作八十五里。至縣治一百五十里；西至寧鄉縣界格塘六十里，至縣治一百里；南至善化縣界六里；北至青山湘陰縣界八十里，按：山在縣東北。少東至縣治一百二十里。東南至瀏陽縣界潦滸市八十里；西南至上關河口善化縣界□□里；東北至岳州府平江縣界水桐嶺一百五十里，至縣治□□□里；西北至橋口獐狐嶺一百里。

善化縣，附郭，治府東南偏。東西距一百三十里，南北距六十五里。東至瀏陽縣界峽山七十里；西至寧鄉縣界油草鋪六十里，至縣治一百里；南至湘潭縣界昭峽鋪六十里，少西至縣治一百里；北至長沙縣界和豐坊五里；南至醴陵縣界河塘鋪八十里，至縣治一百八十里；西南至寧鄉縣界陵頭市五十里，東北至長沙縣□□□□，西北至長沙縣界尖山十五里。

湘潭縣，在府西南一百里。東西距一百六十里，南北距一百七十五里。東至淥口鎮醴陵縣界九十里，册作醴陵、善化二縣交界七十五里。至瀏陽縣治一百八十里；西至湘鄉縣界馬托鋪七十里，至縣治一百里；南至衡州府衡山縣界濠頭鋪一百三十里，册作一百四十五里。少西至縣治一百八十里；北至石嘴鋪善化縣界四十五里。東南至醴陵縣治一百七十里，又南至攸縣治二百十里；西南至衡州府衡陽縣界一百八十里；《縣志》：至攸縣一百七十里，誤。

東北至善化縣治一百里；西北至寧鄉縣治。

湘陰縣，在府北一百二十里。東西距一百七十里，南北距一百六十里。東至岳州府平江縣界鵝龍江六十里，册作八十里。至縣治二百里；西至常德府沅江縣界下堤塘一百十里，册作九十里。《通志》：至益陽縣界六十里，至益陽縣治二百里。南至長沙縣青山四十里，《縣志》作八十里，誤。少西至縣治一百二十里；北至岳州府巴陵縣界磊石山一百二十里，《縣志》作至岐山一百四十里。至縣治二百四十里。東南至瀏陽縣治□□□，西南至寧鄉縣治二百里。

寧鄉縣，在(附)[府]西一百里。東西距一百九十里，南北距八十里。東至善化縣界四十里，至縣治一百里；西至安化縣界一百五十里，至縣治二百十里；南至湘鄉縣界六十里；北至益陽縣界二十里，至縣治一百里。東南至湘潭縣界六十里，至縣治一百六十里；西南至湘鄉縣界九十里。

瀏陽縣，在府東一百三十里。《志》作四十里。東西距二百五十里，南北距二百里。東至江西袁州府萍鄉縣界八十里，至縣治一百四十里；西至峽山長沙縣界七十里，至縣治一百三十里；南至醴陵縣界明蘭七十里，至縣治一百四十里；北至岳州府平江縣界黃泥一百三十里。東南至渠城袁州府宜春縣界七十里，至縣治二百五十里；册作至萍鄉縣界八十里。《縣志》作東至萍鄉縣界七十里，至縣治一百四十里。西南至湘潭縣治二百里；東北至平江縣治一百八十里，又東至江西南昌府寧州界一百五十里，至州治三百九十里；西北至湘陰縣治二百里。

安化縣，在府西三百四十里。東西距一百十里，南北距二百二十里。東至司徒嶺寧鄉縣界八十里，至縣治二百六十里；西至寶慶府新化縣界三十里；《通志》：至辰州府沅陵縣三百里。《縣志》：至白荆辰州府溆浦縣界三百里，至縣治四百四十里。南至寶慶[府]邵陽縣界扶河一百二十里，册作南至新化。少西至縣治二百七十里；北至益陽縣界敷溪一百里，至常德府武陵縣治二百四十里。東南至湘鄉縣界白石一百里，至縣治二百二十里；西南至新化縣界豐樂嶺三十里，至縣治一百二十里；東北至益陽縣界四里河七十五里，至縣治二百三十里；西北至常德府武陵縣界按：應桃源。燕子石一百二十里，至縣治二百五十里。

醴陵縣，在府東南一百八十里。東西距九十里，南北距一百三十里。東至插嶺鋪江西袁州府萍鄉縣界三十里；西至雙牌鋪湘潭縣界六十里，《府志》作西至淥口。至縣治一百五十里；南至㘭塘鋪攸縣界六十里，至縣治一百七十里；北至瀏陽縣界明蘭七十里，至縣治一百四十里。東南至美田橋萍鄉縣界五十里；西南至湘潭縣界九嶺塘一百里，至衡州府衡山縣治□□□；東北至百節橋萍鄉縣七十里，至縣治一百二十里；西北至湘潭縣界六十里。

益陽縣，在府西北一百九十里。東西距二百三十里，南北距一百二十里。東至湘陰縣界西陵港六十里，至湘陰縣治二百里；西至安化縣界四里河敷溪二百里；《通志》：至常德府桃源縣界二百二十里。南至寧鄉縣界七十里；北至常德府龍陽縣界五十里。東南至青華鋪寧鄉縣界七十里，至縣治一百里，至長沙縣治一百九十里；西南至蔣家沖、鐵山溪俱安化縣界□□□，至縣治一百八十里；東北至龍夾港沅江縣界□□□，至縣治一百十里；西北至軍山鋪龍陽縣界五十里，至縣治一百四十里，又西至武陵縣治二百里。

湘鄉縣，在府西南□□□。東西距二百里，南北距二百八十里。東至馬托鋪湘潭縣界三十里，至縣治一百里；西至寶慶府邵陽縣界一百七十里；南至衡州府衡陽縣界永伏《府志》作治平。一百四十里，《通志》作九十里。至縣治二百十五里；北至夏陰橋寧鄉縣界一百里。東南至衡州府衡山縣界松板橋一百里，至縣治一百九十里；西南至邵陽縣界太平一百六十里，至縣治二百九十里；東北至寧鄉縣治□□□；西北至安化縣界關王橋一百八十里。

攸縣，在府南少東三百六十里。東西距八十里，南北距一百四十里；東北茶陵州界四十里，《府志》作至石橋安福縣界。《通志》：至江西吉安府安福縣界一百二十里。少北至縣治三百七十里；舊《志》作一百八十里。西至衡州府衡山縣界白竹凹四十里，至縣治一百二十里；南至茶陵州界米溪三十里，少東至州治九十里；北至醴陵縣界頭嶺一百十里，至縣治一百七十里。東南至吉安府永新縣治二百十里，西南至衡州府安仁縣治八十里，東北至江西袁州府萍鄉縣治二百七十里，西北至湘潭縣治二百十里。

茶陵州，在府南少東四百五十里。東西距一百四十里，南北距一百十五里。東至棠市江西吉安府永新縣界八十五里，至縣治二百二十里；西至黃茅鋪衡州府安仁縣界五十五里；南至衡州府酃縣界六十里，少東至縣治七十里；北至攸縣界英田五十五里。東南至弄心嶺永寧縣界八十五里，至縣治二百里；西南至安仁縣治八十里；《縣志》：至文章橋酃縣界六十里。東北至吉安府安福縣□□□□；西北至朱溪攸縣界六十里，至縣治九十里。

衡州府，在布政司西南一千三百里。東西距四百二十里，南北距五百三十里。東至江西吉安府永寧縣界三百里，西至寶慶府邵陽縣界一百二十里，南至廣東廣州府連州界四百里，北至長沙府湘潭縣界一百三十里。東南至郴州治三百里，西南至永州府治三百五十里，東北至吉安府治八百七十里，西北至長沙府湘鄉縣界一百六十里，至常德府治□□□。自府治至京師四千二百二里。

衡陽縣，附郭。東西距二百二十里，南北距一百二十里。東至安仁縣界一百里；西至磨石鋪寶慶府邵陽縣界一百二十里；南至栗江常寧縣界七十里，少西至縣治一百二十里；北至九渡鋪衡山縣界五十里，少東至縣治九十里。東南至郭門鋪耒陽縣界九十里，至縣治一百五十里；西南至排山鋪永州府祁陽縣界九十里，至縣治一百九十里；東北至九江鋪安仁縣界一百里，至縣治一百五十里；西北至邵陽縣治二百四十里。

安仁縣，在府東一百五十里。東西距六十五里，南北距九十里。東至長沙府茶陵州界二十五里；西至衡陽縣界十里。東至長沙府茶陵州界二十五里；西至衡陽縣界四十里，至縣治一百五十里；南至郴州永興縣界□□里，至縣治□□□；北至衡山縣界四十里。東南至酃縣治□□□里；[西]南至耒陽縣治□□□里；東北至茶陵州治八十里；西北至衡山縣治一百四十里。

衡山縣，在府東北一百九十里。東西距一百七十里，南北距八十里。東至長沙府攸縣界八十里，至縣治一百二十里；西至長沙府湘鄉縣界九十里；南至衡陽縣界五十里；北至長沙府湘潭縣界三十五里，至縣治一百八十里。東南至安仁縣界一百二十里，至縣治一百四十里，又東至茶陵州界一百五十里；西南至衡陽縣界四十五里，至縣治九十里；《志》作一百。東北至長沙府醴陵縣治□□□□；西北至湘鄉縣治一百九十里。

耒陽縣，在府東南一百□里。東西距一百四十里，南北距一百十里。東至郴州永興縣界八十里；西至常寧縣界六十里，至縣治一百里；南至郴州永興縣界五十里；北至衡陽縣界六十里，少西至衡陽縣治一百五十里。東南至永興縣治九十里；西南至桂陽州一百八十里；東北至安仁縣酃縣治一百八十里，又北至長沙府茶陵州治一百八十里；西北至衡陽縣界六十里，至縣治一百五十里。

常寧縣，在府南一百二十里。東西距八十里，南北距八十里。東至耒陽縣界五十里，至縣治一百十里；西至永州府祁陽縣界三十里，至縣治一百四十里；南至彌勒鋪桂陽州界五十里；北至柏坊鋪衡陽縣界三十里，至縣治一百二十里。東南至桂陽州治一百五十里；西[南]至永州府新田縣治一百五十里。

酃縣，在府東二百七十里。東西距七十三里，南北距一百二十里。東至江西吉安府永寧縣界三十三里；《縣志》作四十里。西至茶陵州界三十里安仁縣界四十里，少北至縣治□□□；南至郴州桂東縣界一百里，少東至縣治二百里；北至長沙府茶陵州界十五里。東南至吉安府龍泉縣界一百十里，至縣治□□里；西南至郴州興寧、永興二縣界俱五十里，至縣治一百□□里；東北至永寧縣治一百九十里；西北至茶陵州治七十里。

桂陽州，在府東南二百七十里。東西距九十里，南北距一百四十里。東至郴州界招旅鋪三十里，至州治八十里；西至楊林鋪永州府新田縣界□□里，少北至縣治一百十里；南至臨武縣界月華鋪四十里，至縣治一百二十里；北至常寧縣界彌勒鋪一百里。東南至郴州宜章縣治一百二十里；西南至嘉禾縣界六十里，至縣治一百十里；東北至郴州永興縣治一百三十里，又北至耒陽縣治□□里；西北至新田縣界五十里，至常寧縣治一百五十里。

嘉禾縣，在州西南□□里，府西南三百五十里。東西距八十里，南北距五十五里。東至楓林鋪本州界五十里；西至永州府寧遠縣界三十里，至縣治□□里；南至藍山縣界二十五里；北至永州府新田縣界三十里。東南至清水鋪臨武縣界二十五里，至縣治□□里；西南至藍山縣治□□里；東北至本州治一百十里；西北至新田縣治八十里。

臨武縣，在州南一百二十里，府東南三百六十里。東西距六十里，南北距一百十五里。東至郴州宜章縣界三十里，至縣治八十里；西至藍山縣界三十里，至縣治八十里；南至廣東廣州府連州界星子三十五里，《通志》作六十里。至州治□□里；北至本州界八十里，《縣志》作六十里。至州治一百二十里。東南至廣東韶州府乳源縣界□□里，西南至藍山縣界□□里，東北至宜章縣界□□，西北至嘉禾縣。

藍山縣，在州西南一百五十里，府南二百七十里。東西距七十五里，南北距一百五里。東至臨武縣界五十里，至縣治八十里；西至永州府寧遠縣界二十五里；南至廣東廣州府連州界五十里；北至嘉禾縣界五十五里，少東至縣治□□□。東南至連州治二百里；西南至寧遠縣界□□□；東北至馬鬃鋪嘉禾縣界六十里，至州治一百五十里；西北至寧遠縣治九十里。

常德府，在布政司西南一千五十里。東西距四百八十里，南北距二百十里。東至洞庭湖岳州府華容縣界二百二十里，西至辰州府沅陵縣界二百六十里，南至長沙府安化縣界一百二十里，北至岳州府澧州界九十里。東南至長沙府三百八十里，西南(州)〔至〕辰州府三百八十里，東北至岳州府四百五里，西北至岳州府永定衛三百五十里。自府治至京師三千四百五十里。

武陵縣，附郭。東西距七十里，南北距二百十里。東至龍陽縣界宣布鋪四十五里；西至桃源縣界高吾鋪二十五里，至縣治八十里；南至燕子洞長沙府安化縣界一百二十里，至縣治三百六十里；《府志》作二百四十里。北至鰲山鋪岳州府澧縣界九十里，至州治一百八十里。東南至龍陽縣界四十五里，至縣治八十里；西南至桃源縣界九十里；東北至岳州府安鄉縣界一百二十五里，至縣治二百里；西北至岳州府石門縣治二百二十里。

桃源縣，在府西八十里。東西距二百三十五里，南北距二百二十里。東至武陵縣界高吾山五十五里，至縣治八十里；西至辰州府沅陵縣界官莊一百八十里；南至長沙府安化縣界仙池山一百里；冊作至猺地二百三十里。北至岳州府石門縣界洞溪一百二十里；《通志》作至慈利縣界一百五十里。至縣治一百九十里。東南至安化縣治二百五十里；西南至沅陵縣治三百里；東北至岳州府澧州治□□□；西北至岳州府慈利縣治二百里，又西至永定衛治。

龍陽縣，在府東少南八十里。東西距一百里，南北距一百九十里。東至沅江縣界七十里；西至武陵縣界三十里；南至長沙府益陽縣界牛鼻鋪九十里，少東至縣治一百三十里；北至武陵縣界陽城利分水一百十里。東南至沅江縣治一百二十里；西南至長沙府安化縣治二百三十里；東北至洞庭湖一百六十里，至岳州府華容縣界古樓二百十里，至縣治二百四十里；西北至宣布鋪武陵縣界二十五里，《縣志》作至河婆鋪四十里。至縣治八十里。

沅江縣，在府東南二百里。東西距一百里，南北距一百四十里。東至長沙府湘陰縣界畝口七十里，西至龍陽縣界三十里，南至長沙府益陽縣界羊角潭九十里，北至赤山嶺龍陽縣界五十里，《通志》：至岳州府華容縣界八十里。至岳州府華容縣治二百四十里。東南至湘陰縣治一百二十里；西南至益陽縣治一百十里；東北至洞庭湖岳州府華容縣界八十里，至岳州府巴陵縣治二百二十里；西北至龍陽縣界南疆鋪四十里，至縣治一百二十里。

辰州府，在布政司西南一千七百里。東西距五百三十里，南北距四百九十里。東至常德府桃源縣界一百四十里，西至四川酉陽司界三百八十里，南至猺地一百五十里，北至岳州府永定衛界二百四十里。東南至寶慶府武岡州界三百四十里；西南至貴州鎮遠府界四百七十里；東北至岳州府慈利縣治三百六十里；西北至永順土司一百六十里，又西至保靖土司二百里。俱見《府志》。自府治至京師三千八百七十里。水路至通(川)〔州〕七千九十五里。

沅陵縣，附郭。東西距一百九十里，南北距一百七十里。東至常德府桃源縣界鮑家鋪一百四十里，少北至縣治三百里；西至瀘溪縣界龍圖洞五十里；南至辰溪縣界八十里；北至永順土司界九十里，又北至岳州府永定衛界酸棗山二百四十里，至衛治三百二十里。東南至溆浦縣界白露隘八十里，至縣一百六十里，又東至長沙府安化縣界一百五十里，至縣治□□□；西南至辰溪縣治一百十里；東北至岳州府慈利縣界一百五十里，至縣治三百六十里；西北至永順土司一百六十里。

瀘溪縣，在府西少南六十里。東西距一百九十里，南北距一百十里。東至沅陵縣界龍溪十里，少北至縣治六十里；西至鎮溪所界一百二十里，至保靖土司界一百八十里；南至辰溪縣界七十里；北至沅陵縣界苗地四十里。府、縣《志》：至沅陵縣明溪司一百二十里，在沅陵西北一百二十里。按：至永順司界。東南至辰溪縣治八十里；西南至麻陽縣界八十里，至縣治一百八十里；東北至沅陵縣界□□□；西北至保靖宣慰司□□里。

溆浦縣，在府南少東一百六十里。舊《志》作二百七十里。東西距一百二十里，南北距一百九十里。東至寶慶府新化縣界六十里，冊作會刀猺地七十里。至縣治二百六十里；西至辰溪縣界三十里，《通志》作六十里。南至黔陽縣界一百二十里，冊作至龍旗隘猺界一百二十里。《通志》：至寶慶府武岡州界一百八十里。北至沅陵縣界□□里，《縣志》作七十里。至縣治一百六十里。東南至寶慶府武岡州界一百八十里，至州治二百六十里，至邵陽縣治二百九十里；西南至黔陽縣界八十里，至縣治二百十里；東北至長沙府安化縣界八十里，至縣治二百八十里；西北至辰溪縣治一百里。

辰溪縣，在府西南一百十里。東西距九十里；東北距八十里。東至溆浦縣界七十里，《通志》作三十里。西至瀘溪縣界二十里，《通志》：至麻陽縣界二十五里。少南至麻陽縣治一百五十里；南至黔陽縣界六十里，《通志》：至黔陽縣界一百二十里。少西至縣治二百二十里；北至瀘溪縣界二十里。東南至溆浦縣治一百里，西南至沅州治二百十里，東北至沅陵縣治一百十里，西北至瀘溪縣治八十里。

沅州，在府西南二百二十里。冊作三百三十里。東西距二百十里，南北距一百二十五里。東至黔陽縣界六十里；西至平溪衛貴州鎮遠府界一百五十里，至府二百六十里，舊《志》：至思州府一百九十里。（至）[南]至黔陽縣界四十五里；北至麻陽縣界八十里，少西至縣治一百三十里，至保靖衛三百五十里。東南至黔陽縣治八十里，又南至會同縣治一百六十里；西南至靖州天柱縣治一百八十里；東北至辰溪縣界一百二十里，至縣治二百十里。西（州）[北]至貴州思州府施溪長官司貴州思州界一百三十里，至府治一百八十里。

黔陽縣，在州東南八十里，府西南三百三十里。東西距一百八十里，南北距一百十里。東至溆浦縣界一百三十里；冊作至辰溪縣界鄭家村一百六十里。西至沅州界五十里；南至靖州會同縣界永樂鋪四十里，至縣治一百十里；北至本州界水寬鄉七十里，至懷化驛一百二十里，少東至辰溪縣治二百二十里。東南至羅翁山靖州、武岡二州界一百六十里，西南至靖州天柱縣治一百八十里，東北至溆浦縣治三百里，西北至本州治八十里。

麻陽縣，在州北少西一百三十里，府西南二百四十里。東[西]距一百八十里，南北距一百十里。東至九溪公館辰溪縣界一百三十里，少北至縣治一百五十里；西至貴州思州府施溪長官司五十里，至銅仁府九十里；南至本州界五十里，少東至州治一百三十里；北至保靖土司五寨長官司五十里，至司治八十里。東南至本州界羅田驛一百二十里；驛在州東四十里。西南至州界晃州驛一百三十里；驛在州西九十里。東北至瀘溪縣界横坡九十里，至縣治一百八十里；西北至瀘溪縣鎮溪所一百三十里，又西至銅仁府苗界一百三十里。

平溪衛，在府西南五百十里，應四百七十。沅州西一百五十里。東至沅州界三十里，至晃州驛七十里；西至清浪衛界三十五里，至衛治七十里；南至沅州界二十里，少東至靖州天柱縣治一百七十里；北至貴州思州府界二十里，至府治四十里。

清浪衛，在府西南五百六十里，沅州西二百二十里。東至太平堡三十五里，至平溪衛七十里；西至蕉溪河貴州鎮遠府界五十里，至府治九十里；南至西溪苗窟鎮遠府界五十里；北至貴州思州府界大堂渡三十里。冊作至界五里。

保靖宣慰司，在府西北二百三十里。東至永順土司界一百里，西至四川酉陽土司界二百二十里，南至麻陽縣界二百里，五寨土司界二百五十里，北至永順土司界四十里。

五寨土司，在府西南一百八十里。舊《志》作司南一百八十里。東至麻陽縣界三十里，西至都容營苗地二十里，南至貴州銅仁府界四十里，北至瀘溪縣界四十里。

永順宣慰司，在府西北二百里。《府志》作一百六十里。東至岳州府永定衛大庸所界一百里，至衛一百六十里；西至四川酉陽（王）[土]司界四百五十里，舊《志》：至保靖司二百二十里。南至苗地瀘溪縣界一百五十里，北至永定衛上峒土司界九十里，西南至保靖司一百二十里。

寶慶府，在布政司西南一千一百五十里。東西距四百五十里，南北距三百五十里。東至長沙府湘鄉縣界一百二十里，西至靖州綏寧縣界三百三十里，南至永州府祁陽縣界一百里，北至長沙府安化縣界二百五十里。東南至永州府治三百里，西南至廣西桂林府全州治四百二十里，東北至長沙府治四百五十里，西北至辰州府治六百里。自府治至京師四千二百九十二里。

邵陽縣，附郭。東西距二百四十里，南北距一百七十里。東至衡州府衡陽縣界一百二十里；西至武岡州界一百二十里，少南至州治二百七十里；南至永州府祁陽縣界一百里，少東至縣治二百里；北至新化縣界七十里長沙府安化縣治二百四十里。東南至石灣衡州府衡陽縣界一百二十里，至縣治二百四十里；西南至永州府東安縣界一百里，至縣治二百八十里；東北至長沙府湘鄉縣治二百九十里；西北至隆回辰州府溆浦縣界二百里。

新化縣，在府北一百七十里。東西距二百里，南北距一百八十里。東至長沙府湘鄉縣界一百里，《通志》、册作至安化縣界八十里。少南至縣治三百里；西至辰州府溆(鋪)[浦]縣界一百里，册作至欉楊坪傜地。至縣治二百六十里；南至邵陽縣界一百里，至縣治一百七十里；北至長沙府安化縣界八十里。東南至邵陽縣界一百里；西南至武岡州界二百里，至州治□□□；東北至安化縣治一百二十里；西北至溆浦縣治二百六十里。

城步縣，在府西南三百九十里。東西距一百十里，南北距二百六十里。東至花溪山新寧縣界五十里，《通志》：至武岡州界八十里。至縣治一百二十里；西至靖州綏寧縣界六十里，至通道縣治□□□；南至廣西桂林府義寧縣界□□□，《通志》：至全州界。至縣治三百里；北至武岡州界八十里。《通志》：至辰州府溆浦縣界二百里。東南至義寧縣界一百十里，《府志》作至古田縣界一百八十里。西南至綏寧縣界長安堡二百五十里，東北至武岡州治一百十里，《縣志》作至關峡堡一百里。楓門嶺在北九十餘里。西北至綏寧縣治一百二十里。

武岡州，在府西少南二百七十里。東西距一百八十里，南北距一百八十里。東至橫江渡邵陽縣界一百五十里，少北至縣治二百七十里；西至楓門嶺靖州綏寧縣界四十里，至縣治一百五十里；南至新寧縣界四十里，至廣西桂林府全州界一百六十里，至州治□□□；北至望鄉山辰州府溆浦縣界一百四十里，至縣治二百四十里。東南至新寧縣界四十里，至縣治一百里，至永州府東安縣治二百七十里；西南至城步縣界三十里，至縣治一百十里；東北至邵陽縣界一百五十里；西北至辰州府黔陽縣治四百七十里。

新寧縣，在州東南一百里，府西南二百二十里。東西距二百十五里，南北距二百二十五里。東至永州府東安縣界土嶺一百四十五里，少南至縣治□□□；西至城步縣界《通志》作武岡州界。花溪山七十里，至縣治一百二十里；南至尖山廣西桂林府全州界八十里，至興安縣治□□里，少東至州治二百里；《府志》作一百四十里。北至本州界壺口山四十五里。東南至全州治一百八十里；西南至石田相打凹三十里、盆溪樟木山全州西延界四十里；東北至邵陽縣界九十里，至縣治二百二十里；西北至本州治九十里。

永州府，在布政司西南一千八百二十里。東西距二百二十里，南北距五百三十里。東至衡州府常寧縣界一百三十里，《府志》作至府界二百里。西至廣西桂林府全州界九十里，南至廣西平樂府賀縣界三百三十里，北至衡州府衡陽縣界二百里。東南至衡州府桂陽州治三百五十里，西南至平樂府治□百三十里，東北至衡州府治三百五十里，西北至寶慶府治三百里。自府治至京師四千四百五十二里。

零陵縣，附郭。東西距一百九十里，南北距一百四十五里。東至寧遠縣界石流鋪一百里；《志》作一百三十里。西至廣西桂林府全州界黄沙河九十里；册作八十里。南至單江鋪道州界七十里，至州治一百五十里；北至祁陽縣界王公嶺六十五里。東南至寧遠縣治一百八十里；西南至全州治一百四十里；東北至大橋鋪祁陽縣界七十里，至縣治一百十里；西北至磨頭鋪東安縣界三十里，至縣治九十里。

祁陽縣，在府東北一百十里。東西距一百九十里，南北距一百二十五里。東至衡州府常寧縣界土陂石壕一百里，至縣治一百四十里；西至東安縣界李家橋九十里，少南至縣治一百五十里；南至零陵縣界三十五里；北至畫鼓嶺衡州府衡陽縣、寶慶府邵陽二縣界九十里。東南至樂山常寧縣界八十里；西南至零陵縣界黄楊堡六十里；東北至排山驛衡陽縣界一百里，至縣治一百九十里；西北至羅田鋪邵陽縣界一百里，至縣治二百里。

東安縣，在府西北九十里。東西距八十五里，南北距二百里。東至零陵縣界竹搭橋五十里，少南至縣治九十里；西至界牌寶慶府新寧縣界三十五里；南至廣西桂林府全州界浄界鋪二十里；北至寶慶府邵陽縣界金紫嶺一百八十里。東南至□□□□□□；西南至全州界梨子四十五里，至州治一百三十里；東北至祁陽縣治一百□□里，又北至邵陽縣界田心鋪一百八十里，至縣治二百八十里；西北至新寧縣界雷霹嶺五十里，至縣治一百八十里。舊《志》作一百六十。

道州，在府南一百五十里。東西距八十二里，南北距一百十五里。東至小社岡寧遠縣界四十二里；西至藤口永明縣界四十里；南至九子母岡江華縣界三十五里，至縣治七十里；北至麻灘驛零陵縣界八十里，至縣治一百五十里。東南至鑿溪源廣東廣州府連山縣界九十里，至縣治三百十五里；西南至永明縣界四十里；東北至寧遠縣界□□□、衡州府常寧縣界白水二百里；西北至廣西桂林府灌縣界下陂村五十里，至縣治一百三十里。

寧遠縣，在州東少北七十里，府東南一百八十里。東西距九十里，南北距一百九十里。東至稔塘鋪衡州府嘉禾縣界六十里，至縣治九十里，少北至桂陽州治一百八十里；西至本州界小社岡三十里；南至九疑山三峰石廣東廣州府連州界六十里，至州治□□□；北至石家洞八十里，至上流山龜洞零陵縣界一百三十里。冊作至零陵縣界八十里。東南至衡州府藍山縣界紫木橋三十五里，至縣治七十里；《縣志》作九十里。西南至本州界白泥岡三十里，至州治七十里；東北至官田鋪新田縣界三十里，至縣治九十里；西北至零陵縣治一百八十里。《縣志》：沿洪洞、茶坪，跨東嶺、深澗山、馬鞍、白水及響石嶺、辛樂洞、裂嶺、三間澤爲界。

江華縣，在州西南七十里，府南二百三十里。東西距一百里，南北距一百四十里。東至廣東廣州府連州界六十五里，少南至州治三百里；西至永明縣界枇杷所三十五里；南至廣西平樂府賀縣界遶嶺一百五里，至縣治二百五十五里；《縣志》：至富川縣界一百里。冊作至富川縣界一百三十里。北至本州岡九子母岡三十五里，至州治七十里。東南至錦田所廣州府連山縣界一百八十里，至縣治□□里；西南至平樂府富川縣界靈亭鄉七十里，至縣治一百二十里；東北至寧遠縣界□□□；西北至永明縣界龍外嶺三十里，至縣治六十里。

永明縣，在州西少南七十里，府西南二百二十里。東西距九十里，南北距七十里。東至木口鋪本州界三十里；西至鎮峽關廣西平樂府恭城縣界六十里；《州志》作八十里。南至小溪民村平樂府富川縣界鬱塘四十里，至縣治一百里；《州志》作一百八十里。《富川志》作一百四十里。北至三峰嶺廣西桂林府灌陽縣界三十里。東南至重疊嶺江華縣界二十五里，至縣治五十里；西南至恭城縣界平川原三十五里，至縣治一百三十里；東北至本州界田光洞四十里，至州治七十里；西北至灌陽縣界平源四十五里，至縣治六十里。

新田縣，在州東北一百七十里，府東少南一百八十里。東西距三十里，南北距七十里。東至鹿山衡州府桂陽州界福塘十五里，《府志》：至桃嶺脚嘉禾縣界四十里。至州一百十里；西至新馬場寧遠縣界浪石橋二十里；南至柵背衡州府嘉禾縣界托山五十里，《府志》：至梅堆寧遠縣界五十里。少東至縣治一百里；北至衡州府常寧縣界五十里。冊作至小源桂陽州界千秋營二十里。東南至鄧家村桂陽州界芹溪四十里；西南至夏榮寧遠縣界橋下洞四十里，至縣治一百里；東北至南塘桂陽州界灣溪二十里，《州志》作至白水常寧縣界一百五十里。至常寧縣治一百三十里；西北至矗石洞寧遠縣界山斗嶺五十里，至零陵縣治一百八十里。西北至零陵縣界新洛一百三十里，至縣治二百五十里。明崇禎十二年置。

靖州，在布政司西南一千八百五十里。東西距一百七十里，南北距一百十里。東至綏寧縣界七十里，至縣治一百二十里；西至貴州黎平府平茶所界一百里；《州志》：至黎平府界一百十里。南至通道縣界五十里，至縣治九十里；北至土溪鋪會同縣界六十里。東南至綏寧縣界一百里，至寶慶府城步巡司二百六十里；西南至黎平府界一百五十里，至府二百里，又南至洪州司二百里；東北至會同縣界綏寧縣青坡司一百八十里；西北至黎平府湖耳司一百里。自(府)[州]治至京師四千三百八十五里。

天柱縣，在州西北一百八十里。東西距一百四十里，南北距一百五十里。東至會同縣界蘇家團八十里，少南至縣治一百二十里；西至貴州黎平府滴洞司界平征六十里，至司治八十里；冊作至貴州黎平府界。南至黎平府銅鼓衛界茅坪八十里，至衛一百二十里；《志》作一百六十。北至辰州府沅州界《志》又作至分水(四)[坳]七十里，是。琉璃山一百里，冊作七十里。至州治一百八十里。東南至本州界銅羅段一百里，至州治一百八十里；西南至外界皮所一百里；東北至會同縣界蒲文九十里；西北至貴州鎮遠府界外革溪八十里。

會同縣，在州北九十里。東西距一百六十里，南北距一百十里。東至綏寧縣界一百里，至綏寧縣界青坡司一百五十里；《縣志》作至田坪辰州府黔陽縣界稠木塘八十里。西至和尚坡天柱縣界老黃田六十里，少北至縣治一百二十里；南至本州界土溪鋪三十里，至州治九十里；北至辰州府黔陽縣界七十里。冊作至黔陽縣界七十里。《縣志》：永樂鋪在北七十里，接黔陽。《志》作至黃絲寨沅州界楊秀八十里。東南至昇坳脚綏寧縣界姜抱脚八十里，《府志》作至品溪一百里。至縣治一百七十里；西南至天柱縣界□□□；東北至小馬鞍山辰州府黔陽縣界七十五里，至縣治一百十里；《州志》作至黔陽縣界一百里，至縣□□里。西北至辰州府沅州治一百六十里。

通道縣，在州南九十里。東西距九十里，南北距一百十里。東至綏寧縣臨口司苗地界四十里，《縣志》：至地宅靖州界巖脚瞭巖坳四十里，《通志》《府志》：至綏寧縣界五十里。至寶慶府城步縣□□□；西至播陽司黄垢貴州黎平府界平地湧五十里；《州志》：至黎平府潭溪長官司界一百二十里。南至綏寧縣流原堡苗地界七十里；《縣志》：至瓜平鋪綏寧縣界苗峒西靈壁界三十三里。《通志》《州志》：至廣西柳州府懷遠縣界八十里，至縣治二百七十里。北至巖門界牌坳本州界土地坳三十二里，至州治九十里。東南至綏寧縣界臨口司苗洞馬頭寨二十里；《州志》作九十里。西南至上埃寨懷遠縣界諫沖村九十里；《州志》：至洪州長官司一百二十里。東北至靖州界倒水坡二十里，至綏寧縣治一百八十里；西北至黎平府□□□□，至歐陽長官司二百二十里。

綏寧縣，在州東一百二十里。東西距一百七十里，南北距二百四十里。東至風門嶺寶慶府武岡州界一百二十里，至州治一百六十里；西至界牌嶺本州界五十里，至州治一百二十里；南至廣西桂林府義寧縣界一百八十里，少東至縣治三百七十里；北至會同縣界六十里。《通志》：至會同縣界六十里。東南至寶慶府城步縣治一百五十里；西南至通道縣治一百八十里，至廣西柳州府懷遠縣界沙泥二百六十里，至嬰哥山二百八十里；東北至武岡州界廖溪司二百里，至辰州府溆浦縣一百四十里；西北至會同縣品溪一百二十里。

銅鼓衛，在州西一百二十里。東至界牌坡本州界六十里，至州治一百二十里；西至湖耳土司界穩洞一帶苗寨三十里；南至五開衛一百二十里；北至天柱縣治一百二十里。

五開衛，在州西南二百十里。東至本州界一百二十里；西至古舟苗蠻長官司七十里；南至永從縣界七十里；北至銅鼓衛一百二十里。

郴州，在布政司南少西一千八百八十里。東西距八十里，南北距一百十里。東至興寧縣界四十里；西至衡州府桂陽州界四十里，至州治八十里；南至宜章縣界五十五里，至縣治九十里；北至永興縣界五十五里，少東至縣治八十里。東南至江西南安府治三百里，西南至廣東廣州府連州治三百五十里，東北至江西吉安府永寧縣界四百里，西北至衡州府治三百里。自州治至京師四千四百十二里。

永興縣，在州北少東八十里。東西距六十里，南北距九十五里。東至西路口興寧縣界二十五里；《州志》作三十里。西至上源鋪衡州府耒陽縣界三十五里；《州志》作四十。南至白茫鋪本州界二十五里，少西至州治八十里；北至平山鋪衡州府安仁縣界七十里，《州志》作五十。至縣治一百二十里。東南至興寧縣治九十里，西南至衡州府桂陽州□□□，東北至衡州府酃縣治□□□，西北至耒陽縣治九十里。

宜章縣，在州南九十里。東西距一百二十五里，南北距四十五里。東至桂陽縣界牌嶺七十五里，至縣治一百五十里；西至鎖石衡州府臨武縣界五十里，至縣治八十里；南至羅家觀廣東韶州府乳源縣界十里，至縣治□□□；北至摺嶺本州界三十五里，至州治六十里，至敦義鋪韶州府樂昌縣界三十五里，至縣治□□□□；西南至莽山廣東廣州府連州界一百里，至州治二百三十里；東北至漏天山九十里，至興寧縣治□□□□；西北至黄岑嶺本州界十里。

桂陽縣，在州東南一百六十五里。舊《志》作二百四十里爲是。東西距一百六十五里，南北距一百六十里。東至江西南昌府崇義縣界九十里，《縣志》有魚黄洞，在縣東一百里，與大庾接界。又有匹袍祠，在縣東少北一百里，與上猶縣接界。舊《志》：至上猶縣一百二十里。至縣治□□□；西至宜章縣界七十五里，至縣治一百五十里；南至廣東韶州府樂昌縣界一百里，至縣治□□□；北至興寧縣界六十里。東南至南安府大庾縣界一百二十里，至縣治□□□□，三江口韶州府仁化縣界七十里，又南至城溪洞八十里，至縣治二百五十里；西南至延壽洞樂昌縣界六十里，又南至姜陽洞八十里；東北至桂東縣界六十里，至縣治一百二十里，又東至崇義縣界九十里；西北至興寧縣治一百四十里。

興寧縣，在州東少北八十里。東西距九十里，南北距一百七十里。東至桂東縣界小烏溪五十里，至縣治一百四十里；西至本州界雷溪四十里，少南至州治八十里；南至桂陽縣界蔣溪八十里；北至衡州府酃縣界牛嶺九十里。東南至桂陽縣分水岐八十里，至縣治一百四十里；西南至宜章縣界平鄉六十里，至縣治□□□；東北至酃縣□□□□；西北至永興縣界關王廟四十里，至縣治九十里。

桂東縣，在州東二百里。東西距一百五十里，南北距一百八十里。東至寒口堡江西吉安府龍泉縣界六十里，至縣治一百八十里；西至□□興寧縣界九十里；南至開山桂陽縣界六十里；北至長沙府酃縣界一百二十里。

東南至新坑堡江西南安府上猶縣界四十里，至崇義縣界六十里；西南至桂陽縣治一百二十里；東北至瀘渡水吉安府永寧縣界一百里；西北至興寧縣界九十里，至酃縣治二百里。

施州衛，在布政司西南一千七百里。東至四川夔州府建始縣界一百八十里，《通志》：至荆州府巴東縣界五百里。西至四川酉陽宣撫司九百里；南至施南土司界六十里，《通志》：至安定峒界六百八十里。北至夔州府奉節縣界一百九十里。東南至辰州府□□□□□□，西南至四川(童)[重]慶府彭水縣治六百八十里，東北至荆州府巴東縣治五百里，西北至四川石柱宣撫司七百五十里。自衛治至京師四千一百五十里。

大田所，在衛西南二百二十里。東至木册土司界四十里，西至四川重慶府黔江縣界六十里，南至東流土司界四十里，北至廣崖土司界四十里。東南至散毛土司界五十里；西南至臘壁土司界四十里，至大旺土司界六十里；東北至龍潭土司界五十里，施南土司界八十里。

施南宣撫司，在衛南少西一百二十里。《通志》：在衛東一百里，誤。東至高羅界西至龍潭界，南至大田所界，按：應至木册界。北至本衛界。東南至高羅，西南至龍潭。册：今移在夾壁龍孔。

東鄉安撫司，在衛東南一百九十里。東至容美界，西至施南界，南至忠峒界，北至本衛界。東南至容美，西南至高羅。

容美宣撫司，在衛東南三百二十里。東至荆州府長陽縣界，西至東鄉、忠峒二司交界，南至岳州府九溪衛界，北至荆州府巴東縣界。東南至九溪衛，西南至忠峒司，東北至長陽縣，西北至東鄉司。

忠峒安撫司，在衛南二百里。東至容美界，西至忠建界，南至永順界，按：應至九溪衛桑植司界。北至東鄉界。西南至忠建，東北至容美，西北至高羅。

高羅安撫司，在衛南一百八十里。東至忠峒界，西至木册界，北至施南界。東南至忠峒，東北至東鄉，西北至施南。

忠建宣撫司，在衛南三百里。《通志》：在東二百五十里。東至忠峒界，西至散毛界，南至辰州府永順司界，北至木册界。東北至高羅，西北至木册。

木册長官司，在衛南少西三百里。東至高羅界，西至大田、散毛交界，南至忠建界，北至大田界。東南至忠建，西南至散毛，東北至高羅，西北至大田。

散毛宣撫司，在衛西南三百五十里。東至辰州府永順司界，按：應至木册司。西至東流界，南至舊漫水司界，北至大田、木册交界。東北至木册，西北至大田。

東流長官司，在衛西南三百二十里。東至散毛界，西至臘壁界，南至散毛界，北至大田界。

臘壁長官司，在衛西南三百□十里。東至東流界，西至大旺界，東至東流界，北至大田界。

大旺安撫司，在衛西南三百里。東至臘壁界，西至四川酉陽土司界，南至漫水卯洞界，北至大田界。

龍潭安撫司，在衛西南一百三十里。東至施南界，西至忠峒界，南至大田界，北至施南界，東北至施南。

金峒安撫司，在衛西少南一百四十里。東至本衛界，西至唐崖界，南至龍潭界，北至本衛界。

唐崖長官司，在衛西少南二百里。東至金峒界，西至四川重慶府黔陽縣界，南至大田界，北至忠路界。《通志》。

忠路安撫司，在衛西二百里。東至本衛界，西至四川石柱土司界，南至唐崖界，北至四川夔州府萬縣界。

福建

福州府，布政司治。東西距三百里，南北距六百里。東至大海一百里，西至延平府尤溪縣界二百里，南至興化府莆田縣界二百里，北至建寧府政和縣界四百里。東南至大海二百八十里，西南至泉州府德化縣治四百里，東北至福寧州治五百四十五里，西北至延平府治四百七十里。自府治至京師六千一百三十三里。

(閔)[閩]縣，附郭，治府東南偏。東西距一百里，南北距八十里。東至大海一百里；西至侯官縣界二里；南至福清縣界八十里，少東至縣治一百三十五里；北至侯官縣界一里。東南至長樂縣界七十五里，至縣治一百里；西南至侯官縣界十七里；東北至連江縣治九十五里；西北至侯官縣界。

侯官縣，附郭，治府西北偏。東西距八十里，南北距一百七十里。東至

(閔)[閩]縣界一里，西至永福縣界八十里，南至(閔)[閩]縣界崇嘉里一里，北至古田縣界一百七十里。東南至(閔)[閩]縣界一里；西南至界首永福縣界五十里，至縣治一百二十里；東北至連江縣治九十五里；西北至(閔)[閩]清縣界仁溪埕一百里，至縣治一百二十里，又北至古田縣治二百五十里。

古田縣，在府西北二百五十里。東西距二百七十里，南北距二百三十里。東至羅源縣界黄重下里一百二十里，少南至縣治二百四十里；西至延平府南平縣界一百五十里，少北至縣治二百二十里；南至(閔)[閩]清縣界八十里，至縣治一百五十里；北至建寧府政和縣界均竹坑一百五十里，至縣治二百五十里。東南至侯官縣界三倉石春一百里，至縣治二百五十里；西南至延平府尤溪縣界長安里一百十里，至縣治二百里；東北至福寧州寧德縣界石棠鬲二百里，至縣治二百二十里；西北至建寧府建安縣界南才里一百二十里，至縣治二百五十里。

(閔)[閩]清縣，在府西北一百二十里。東西距八十五里，南北距一百二十里。東至(候)[侯]官縣界仁德里十五里，至連江縣治□□□；西至延平府尤溪縣界松陽里七十里，至縣治一百七十里；南至永福縣界新豐里五十里，至縣治九十五里；北至古田縣界和平里七十里，至縣治一百五十里。東南至侯官縣界守仁里十五里，至縣治一百二十里；西南至永福縣界平蓋里一百里；東北至古田縣界□□六十里；西北至尤溪縣界松陽里七十里。

長樂縣，在府東少南一百里。東西距七十里，南北距五十五里。東至大海七十里；西至(閔)[閩]縣界一里，至永福縣治□□□；南至福清縣界五十里；北至海港(閔)[閩]縣界五里，至連江縣治一百里。東南至大海五十里，水路至東洛一百三十里；西南至石尤嶺福清縣界六十里，至縣治八十里；東北至大海五十里，至連江縣界當田澳一百二十里；西北至(閔)[閩]縣界苦竹溪五里，至縣治一百里。

連江縣，在府東北九十里。東西距六十里，南北距九十五里。東至大海二十里，至小埕寨一百里；西至(候)[侯]官縣界濠虎嶺四十里，至(閔)[閩]清縣治□□□；南至館頭渡(閔)[閩]縣界十五里，至長樂縣治一百里；北至羅源縣界應德鋪八十里，少東至縣治一百五里。東南至大海三十五里；西南至(閔)[閩]縣界二十五里，至縣治九十五里；東北至大海羅源縣界一百二十里；西北至侯官縣界九十里，至古田縣治。

福清縣，在府南少東一百二十里。東西距一百十里，南北距一百四十五里。《縣志》：至長樂縣界松下巡司五十五里。東至大海五十里；西至百丈嶺興化府莆田縣界六十里，少北至永福縣治□□□；南至大海一百二十里；應至興化府莆田縣界平海所一百里。《志》作至萬安所海濱一百二十里。北至長樂縣界石尤嶺二十五里。東南至萬安所一百二十餘里，至大海一百五十里；西南至蒜嶺莆田縣界六十里，至縣治一百二十里；東北至薛田嶺長樂縣界五十里，至縣治八十里；西北至(閔)[閩]縣界常思嶺四十五里，至縣治一百二十里。

永福縣，在府西南一百二十里。東西距一百五十五里，南北距一百十五里。東至侯官縣界六十里，少南至福清縣界八十五里，至縣治一百□□里；西至延平府尤溪縣界九十五里；南至興化府仙遊縣界七十里，至縣治一百五十里；北至(閔)[閩]清縣界一百里，至縣治□□□□。東北至侯官縣界七十里，至縣治一百二十里；西北至(閔)[閩]清縣界六十里，至尤溪縣治二百四十里。

羅源縣，在府東北一百六十里。東西距九十里，南北距八十里。東至大海四十五里，西至侯官縣界四十五里，南至連江縣界北山三十五里，北至福寧州寧德縣界白鶴嶺四十五里。東南至大海連江縣界四十五里；西南至應德鋪連江縣界三十五里，至縣治一百五里；東北至大海二十五里，至寧德縣治七十里；西北至古田縣界三十八都一百二十里，至縣治二百四十里。

興化府，在布政司南少西二百四十里。東西距二百十里，南北距八十五里。東至大海九十里，西至泉州府永春縣界一百二十里，南至大海四十里，北至福州府福清縣界四十五里。東南至蒲禧所大海八十里；西南至長嶺仙遊縣界楓亭驛六十里，至泉州府惠安縣一百十里；東北至江口橋福清縣界四十五里，至縣治一百三十里；西北至平坡鋪福州府永福縣界一百二十里，至縣治一百八十里。

仙遊縣，在府西七十里。東西距八十里，南北距一百五十五里。東至俞潭鋪莆田縣界四十里，至縣治七十里；西至白隔嶺泉州府永春縣界五十里，少南至縣治一百里；南至白水坑泉州府惠安縣界七十五里；北至小宰山福州府永福縣界八十里，至縣治一百五十里。東南至楓亭驛惠安縣界五十里，至縣治一百里；西南至白塔嶺泉州府南安縣界二十五里，至縣治一百七十里；東北至石門莆田縣界一百里；西北至磨石寨泉州府德化縣界一百里，至縣治一百三十里。

泉州府，在布政司西南四百十里。東西距二百五十里，南北距二百三十三里。東至大海岞頭一百□□里，至漳州府長泰縣界一百五十里；南至圍頭大海一百三里；北至興化府仙遊縣界一百三十里。東南至大海八十三里；西南至漳州府龍溪縣界一百四十里；東北至仙遊縣界九十里，至興化府治一百七十里；西北至延平府尤溪縣界二百里。自府治至京師七千二百五十五里。

晉江縣，附郭。東西距二十八里，南北距二百二十三里。東至洛陽橋惠安縣界二十里，少北至縣治五十里；西至南安縣界潘山市八里，少北至縣治十五里；南至圍頭鎮大海一百三里；北至興化府仙遊縣界一百二十里。東南至大海八十三里；西南至南安縣界赤湖村三十里，至同安縣治一百三十里；東北至仙遊縣界九十里，至縣治一百六十里；西北至南安縣界夾嶺十里，至永春縣治一百二十里。

南安縣，在府西少北十五里。東西距七十四里，南北距一百七十里。東至晉江縣界七里，少南至縣治十五里；西至安溪縣界大宇村六十七里，少北至縣治九十里；南至同安縣界小盈嶺八十里；北至永春縣界九十里。東南至晉江縣界石龜鋪二十五里；西南至同安縣界羅山院一百十里，至縣治一百二十里；東北至晉江縣界塔頭村二十里，至興化府仙遊縣治一百七十里；西北至永春縣界小姑鋪九十里，《府志》作一百里。至縣治一百五里。

惠安縣，在府東北五十里。東西距七十五里，南北距九十五里。東至小岞《府志》作寧崎。大海四十五里，西至晉江縣界洛陽橋北三十里，《縣志》：至螃蠏嶺晉江縣界白洋三十五里。南至北鎮大海晉江縣界後渚四十五里，北至白水鋪興化府仙遊縣界楓亭五十里。《府志》作六十里。東南至大岞大海五十里；西南至虎窟山晉江縣界河市三十里，至縣治五十里；東北至黄崎山仙遊縣界四十五里，至縣治一百里。

同安縣，在府西南一百三十里。東西距一百十五里，南北距一百三十五里。東至小盈嶺南安縣界四十里；西至漳州府龍溪縣界子父嶺七十五里，至縣治一百五十里；南至大海黄牛嶼八十里；北至安溪縣界龜洋嶺五十五里，至縣治□□□。東南至南安縣界歐嶺四十五里；西南至龍溪縣界沖濃頭七十五里；東北至南安縣界九溪舊隘四十里，至縣治一百二十里；西北至漳州府長泰縣界竹隱村五十里，至縣治八十里。

德化縣，在府西北一百八十五里。東西距二百里，南北距一百四十里。東至興化府仙遊縣界半林八十里，少南至縣治一百三十里；西至延平府大田縣界一百二十里，至漳州府漳平縣治□□□；南至蘇坑永春縣界二十里，少東至縣治六十里；北至延平府尤溪縣界五古村一百二十里，至縣治二百四十里。東南至大馬格永春縣界塔嶺二十里，《府志》作劇頭。西南至永春縣界應是安溪縣界。龜洋七十里，至安溪縣治一百二十里；東北至永福縣界洑口□□□，至縣治一百五十里；西北至官田嶺古田縣治。

永春縣，在府西北一百二十里。東西距一百九十里，南北距九十里。東至南安縣界水江村三十里，至興化府仙遊縣治一百里；西至漳州府漳平縣界平村，《縣志》作至漳平縣界一百六十里。少北至縣治□□□；南至南安縣界呆村四十五里；北至德化縣界石碣村四十五里。東南至南安縣界塔口鋪三十里，至縣治一百五里；西南至安溪縣界大演村三十里，至縣治九十里；東北至興化府仙遊縣界石獅嶺六十里，至縣治一百里；西北至德化縣界仙人跡四十里，至縣治六十里。

安溪縣，在府西一百五里。東西距八十五里，南北距八十里。東至高田南安縣界二十五里；西至同安縣界六十里；《縣志》作至銀場漳州府龍溪縣界。南至南安縣界翁村《縣志》作筆架山。二十五里，至同安縣治□□□；北至吉淼嶺永春縣界五十五里，少東至縣治九十里。東南至南安縣界大宇嶺四十里，(筭)至縣治九十里；西南至同安縣界東嶺六十里，《府志》作至大運山南安縣界二十五里。至漳州府長泰縣治一百二十里；東北至南安縣界眉田嶺二十五里；西北至大深漳州府漳平縣界大深，《縣志》作吳銅。一百七十里，至縣治二百四十里。

建寧府，在布政司西北四百八十里。東西距五百五十五里，南北距四百二十里。東至福寧州福安縣界四百里；西至延平府順昌縣界一百五十五里；南至延平府南平縣界八十里，至府治一百二十里；北至浙江衢州府江山縣界三百四十里，至府治五百里。東南至福州府古田縣界一百五十里，至縣治二百五十里；西南至延平府順昌縣界一百十五里，至縣治二百十里；東北至浙江處州府龍泉縣界三百五十里，至府治四百七十六里；西北至江西廣信府鉛山縣界三百五十里，至府治四百五十五里。自府治至京師五千七百五十五里。

建安縣，附郭，治府東偏。東西距一百里，南北距八十一里。東至政和縣界一百里，至縣治一百四十里；西至甌寧縣界一里；南至延平府南平縣界八十里，少西至縣治一百三十里；北至甌寧縣界一里。東南至福州府古田縣界一百五十里，至縣治二百五十里；西南至南平縣界七十五里；東北至松溪縣界一百十里，至縣治一百六十里；西北至甌寧縣界一里。

甌寧縣，附郭，治府西偏。東西距一百五十六里，南北距一百八十里。東至建安縣界一里；西至延平府順昌縣界一百里；南至建安縣界三里；北至浦城縣界一百八十里。東南至建安縣界一里；西南至延平府順昌縣界一百十五里，至縣治一百八十里；東北至松溪縣界一百里；西北至建陽縣界八十里，至縣治一百二十里。

崇安縣，在府西北二百四十里。東西距一百九十里，南北距一百五十里。東至浦城縣界七十里，至縣治一百里；西至江西廣信府鉛山縣界一百二十里；南至建陽縣界八十里；北至廣信府上饒縣界七十里，至縣治□□□。東南至建陽縣界八十五里，至縣治一百二十里；西南至建陽縣界八十里，至邵武府光澤縣治□□□□；東北至浦城縣界七十里，至廣信府永豐縣治一百三十里；西北至分水關鉛山縣界七十里，至縣治一百五十里。

浦城縣，在府北少東二百七十里。東西距一百七十里，南北距一百七十里。東至高泉關浙江處州府龍泉縣界九十里；西至崇安縣界楊源嶺八十里，至縣治一百里；南至甌寧縣界塔嶺九十里；北至楓嶺浙江衢州府江山縣界七十五里，至縣治二百三十里。東南至翁源隘松溪縣界九十里，至縣治一百三十里；西南至崇安縣界西坑嶺七十里，至建陽縣治一百七十里；東北至柘嶺龍泉縣界一百二十里，至縣治一百六十里，至遂昌縣治二百四十里；西北至二渡關江西廣信府永豐縣界一百十里，至縣治一百八十里。

松溪縣，在府東北一百六十里。東西距九十里，南北距一百五里。東至浙江處州府慶元縣界四十五里，至壽寧縣一百六十里；西至甌寧縣界四十五里；南至政和縣界二十五里，至縣治五十里；北至浦城縣界八十里，少東至處州府龍泉縣治一百六十里。東南至政和縣界四十五里；西南至建安縣界四十五里，至縣治一百六十里；東北至慶元縣界四十里，至縣治八十里；西北至浦城縣界翁源隘四十里，至縣治一百三十里。

政和縣，在府東北一百四十里。東西距一百十五里，南北距一百二十里。東至壽寧縣界南溪石門八十里，少北至縣治一百七十里；西至建安縣界三十五里，至縣治一百四十里；南至福州府古田縣界一百里，少東至縣治二百五十里；北至松溪縣界二十里，至縣治五十里。東南至福寧州寧德縣界一百五十里，至縣治三百里；西南至建安縣界三十五里；東北至浙江處州府慶元縣界六十里，至縣治一百十里；西北至松溪縣界五十里。

壽寧縣，在府東少北三百十里。東西距一百九十里，南北距一百八十里。東至福寧州福安縣界九十里；西至政和縣界一百里，少北至縣治一百七十里；南至福寧州寧德縣界一百里，少東至縣治□□□；北至浙江處州府景寧縣界八十里，少東至縣治二十里。東南至福安縣界八十里，至縣治一百二十里；西南至寧德縣界一百里，至縣治一百七十里；東北至浙江溫州府泰順縣界七十里，至縣治一百里；西北至政和縣界一百里，至處州府慶元縣治一百九十里。

建陽縣，在府西北一百二十里。東西距一百三十五里，南北距七十五里。(江)[東]至甌寧縣界三十五里；西至邵武府邵武縣界一百里；南至甌寧縣界三十五里；北至崇安縣界四十里，少西至縣治一百二十里。東南至甌寧縣界七十里，至縣治一百二十里；西南至延平府順昌縣界九十里，至縣治□□□；東北至三盤嶺浦城縣界一百里，至縣治□□□；西北至邵武縣界一百三十里。

延平府，在布政司西北四百七十里。東西距四百二十里，南北距三百八十里。東至福州府古田縣界一百里，西至汀州府清流縣界三百二十里，南至泉州府德化縣界二百八十里，北至建寧府甌寧縣界一百里。東南至古田縣界一百二十里，西南至漳州府漳平縣界四百五十里，東北至建寧府建安縣界五十里，西北至邵武府邵武縣界二百二十里。一作一百八十里。自府治至京師五千二百九十三里。

南平縣，附郭。東西距一百六十里，南北距一百六十里。東至福州府古田縣界一百里；西至順昌縣界六十里；南至尤溪縣界六十里，少西至縣治一百五十里；北至建寧府甌寧縣界一百里。東南至古田縣界一百二十里，至縣治二百二十里；西南至沙縣界六十里，至縣治一百二十里；東北至建寧府建安縣界五十里，至縣治一百三十里；西北至甌寧縣界一百里。

將樂縣，在府西二百二十里。東西距一百五十五里，南北距一百四十里。東至順昌縣界五十五里，少北至縣治一百里；西至邵武府泰寧縣界一百里，少北至縣治一百二十里；南至永安縣界四十里，至縣治一百六十里；北至邵武府邵武縣界一百里，至縣治一百六十里。東南至沙縣界五十里，至縣治一百二十里；西南至汀州府歸化縣界九十里，至縣治一百三十里；東北至邵武縣界一百二十里；西北至泰寧縣治一百二十里。

大田縣，在府西南三百五十里。東西距一百七十里，南北距一巨三十里；東北至高分坂尤溪縣界二十九都七十里；西至漳州府寧洋縣界一百里，至縣治□□□□；南至泉州府安溪漳州府漳平之界六十里；北至永安縣界七十里，少東至沙縣治二百三十里。東南至德化縣治二百里；西南至桃源店漳州府漳平縣界□□□，至縣治一百二十里；東北至廣平鋪沙縣界一百五十里，又東至尤溪縣治二百里；西北至永安縣界西洋一百二十里，至縣治一百七十里。

永安縣，在府西南二百八十里。東西距一百八十里，南北距一百五十里。東至大田縣界英果一百里；《府志》：至尤溪縣界八十里。圖至尤溪縣界四十四都一百四十里。按：至縣治約二百里。西至汀州府清流縣界九龍灘八十里，少北至縣治一百六十里；南至林田隘漳州府寧洋縣界六十里，少西至縣治一百二十里；北至沙縣界杉口在縣西八十里。九十里，至將樂縣界一百二十里，至縣治一百六十里。東南至大田縣界聚賢里一百里，至縣治一百七十里；西南至汀州府連城縣界秋家嵐一百二十里，至縣治二百里；東北至沙縣界八十里，至縣治一百□十里；西北至汀州府歸化縣界葉坊、吉口二處皆一百里，至縣治一百六十里。

沙縣，在府西南一百二十里。東西距一百五十里，南北距一百四十里。東至南平縣界七十里；西至永安縣界八十里，至汀州府歸化縣治□□□；南至尤溪縣界六十里，少西至大田縣治二百三十里；北至順昌縣界八十里，《縣志》：至將樂縣界。至縣治一百里。東南至尤溪縣界□十里，至縣治一百□十里；西南至永安縣界八十里，至縣治一百□十里；《通志》：西南通大田。東北至南平縣治一百二十里；西北至將樂縣界一百里，至縣治一百二十里。《縣志》：西北至歸化縣界。《通志》：西北至永安界一百二十里。

尤溪縣，在府南一百六十里。東西距二百三十里，南北距一百九十里。東至福州府(閔)[閩]清縣界一百里，《通志》：至(閔)[閩]清縣界百丈嶺一百里。至縣治一百七十里；西至大田縣界一百三十里，至永安縣□□□；南至泉州府德化縣界分枝嶺一百三十里，至縣治二百二十五里；北至南平縣界八十里，少東至縣治一百五十里。東南至福州府永福縣界一百八十里，至縣治二百□□里；西南至大田縣治二百里；東北至南平縣界大蓋嶺八十里，至福州府古田縣治二百里；西北至沙縣界羅巖嶺六十里，至沙縣治一百□十里。

順昌縣，在府西少北一百二十里。東西距一百里，南北距九十里。東至南平縣界五十里；西至將樂縣界五十里；南至沙縣界二十里，至縣治□□□；北至梅仙山建寧府甌寧縣界七十里。東南至沙縣界二十里；西南至將樂縣界五十里，至縣治一百里；東北至甌寧縣界七十里，至縣治一百八十里；西北至邵武府邵武縣界一百里，至縣治二百里。

邵武府，在布政司西北六百七十里。東西距二百六十里，南北距一百八十里。東至延平府順昌縣界一百二十里，至建寧府治二百八十里；西至江西建昌府新城縣界一百四十里；南至延平府將樂縣界一百十里；北至江西廣信府鉛山縣界一百四十里，至江西廣信府治四百十里。東南至延平府將樂縣界一百四十里，至府治三百八十里；西南至汀州府寧化縣界二百七十里，至府治五百五十里；東北至建寧府建陽縣界六十里；西北至杉嶺建昌府新城縣界一百六十里，至建昌府治三百六十里。自府治至京師。

邵武縣，附郭。東西距二百六十里，南北距一百四十里。東至延平府順昌縣界一百二十里，至建寧府甌寧縣治二百八十里；西至江西建昌府新城縣界一百四十里，少北至縣治二百十里；南至延平府將樂縣界七十里，至縣治一百六十里；北至光澤縣界七十里。東南至順昌縣治二百里；西南至泰寧縣界七十里，至縣治一百四十里；東北至建陽縣界六十里，至縣治一百六十里；西北至光澤縣界五十五里，至縣治七十五里。

光澤縣，在府西北七十五里。東西距一百四十里，南北距一百三十里。東至邵武縣界七十里，至建寧府建陽縣治□□□；西至江西建昌府新城縣界七十里，少北至縣治一百四十里；南至邵武縣界十里；北至盤肩嶺江西廣信府鉛山縣界一百二十里。東南至邵武縣界二十里，至縣治七十五里；西南至新城縣界一百里，至(奉)[泰]寧縣治一百六十里；東北至邵武縣界七十五里，又北至雲際嶺鉛山縣界一百四十里，至縣治二百八十里；西北至建昌府瀘溪縣治。

泰寧縣，在府西南一百□□□。東西距一百十里，南北距一百二十里。東至邵武縣界七十里；西至建寧縣界四十里，至縣治七十五里；南至汀州府歸化縣界四十里，至縣治一百里；北至邵武縣界八十里。東南至延平府將樂縣界四十里，至縣治一百二十里；西南至汀州府歸化縣界一百里；東北至邵武縣界七十里，至縣治一百四十里；西北至江西建昌府新城縣治一百四十里。

建寧縣，在府西南二百十五里。東西距一百十里，南北距一百十五里。東至袁莊泰寧縣界三十里，至縣治七十五里；西至客坊保江西建昌府廣昌縣界八十里，至縣治一百里；南至官橋都汀州府寧化縣界六十五里，至縣治一百八十里；北至建昌府新城縣界五十里，至縣治一百二十里。東南至赤土保汀州府歸化縣界六十里，至縣治□□□；西南至寧化縣界一百里；東北至建昌府新城縣界八十里，至縣治一百二十里；西北至建昌府南豐縣界六十里，至縣治一百五十里。

汀州府，在布政司西少南。《府志》作一千六十里。東西距三百里，南北距三百八十里。東至延平府永安縣界二百四十里，西至江西贛州府瑞金縣界六十里，南至廣東潮州府大埔縣界二百十里，北至江西建昌府廣昌縣界一百七十里。東南至漳州府南靖縣界四百里，西南至潮州府程鄉縣界三百四十里，東北至邵武府泰寧縣界三百五十里，西北至贛州府石城縣治二百里。自府治至京師五千二百二十六里。

長汀縣，附郭。東西距一百四十里，南北距二百十里。東至杉木堠寧化縣界八十里；西至新路嶺江西贛州府瑞金縣界六十里；南至雙溪嶺上杭縣界一百五十里，少東至縣治一百八十里；北至黄竹嶺瑞金縣界六十里，至石城縣治□□□。東南至野狐嶺連城縣界九十里，至縣治一百六十里；西南至黄公嶺武平縣界一百五里，至縣治一百六十里；東北至黄土嶺寧化縣界八十里，至縣治一百五十里；西北至石腦嶺瑞金縣界六十里，至縣治一百十里。

清流縣，在府東北二百里。東西距一百十里，南北距一百八十里。東至大嶺頭延平府永安縣界九十里；西至金錢隘寧化縣界二十里，至縣治五十五里；南至豐山連城縣界二百二十里，至縣治□□□；北至茶亭岡歸化縣界六十里。東南至九龍灘永安縣界九十里，至縣治一百九十里；西南至搶旗隔寧化縣界二十里；東北至五通凹歸化縣界七十里，至縣治九十里；西北至寧化縣界二十里。

寧化縣，在府東北一百六十里。東西距一百里，南北距二百里。東至百步嶺清流縣界二十五里，至縣治五十五里；西至張坑江西贛州府石城縣界七十五里，至縣治一百里；南至杉木堆□□縣界九十里；北至孟家坪邵武府建寧縣界一百十里，至縣治一百八十里。東南至大船嶺清流縣界六十里，至連城縣治□□□；西南至黄土嶺長汀縣界七十里，至縣治一百六十里；東北至歸化縣治一百□十里，又北至龍坑邵武府泰寧縣界一百二十里，至縣治二百九十里；西北至車橋嶺江西建昌府南豐縣界一百二十里，至縣治三百五十里。

上杭縣，在府南少西一百八十里。東西距一百二十五里，南北距二百三十里。東至漳州府龍巖縣界一百里，少南至縣治一百五十里；西至石田平武縣界二十五里，少北至縣治八十五里；南至廣東潮州府大埔縣界一百三十里，至縣治一百九十里；北至揚州坳長汀縣界三十里，至縣治一百八十里。東南至永寧縣界七十里，至縣治一百十五里；《府志》作至綠嶺龍巖縣界一百九十里。西南至潮州府程鄉縣界松源都一百四十里，至縣治□□□；東北至谷奢嶺長汀縣界八十里，至連城縣治二百四十里；西北至武平縣界檀溪八十里。

連城縣，在府東南一百六十里。東西距一百四十里，南北距一百六十里。東至秋家嵐隘漳州府寧洋縣界八十里；西至巖頭野狐嶺長汀縣界六十里；南至拴嶺上杭縣界一百里，至漳州府龍巖縣治□□□；北至清流縣界□□□□□，少西至寧化縣治□□□。東南至漳州府龍巖縣界一百四十里，至縣治一百里；西南至河源板嶺長汀縣界七十里，至上杭縣界一百四十里，至縣治□□□；東北至上琴坪清流縣界五十里，至縣治□□□；西北至四堡里長汀縣界六十里，至縣治一百六十里。

武平縣，在府西南一百六十里。東西距一百里，南北距二百里。東至竹鑿保黄埔上杭縣界五十里，少南至縣治八十五里；西至大中山江西贛州府長寧縣界□□□；南至廣東潮州府鎮平縣界五十里，至縣治九十里，又南至程鄉縣一百八十里；北至黄公嶺長汀縣界一百五十里。東南至程鄉縣界一百里；西南至潮州府平遠縣界□□□；東北至河口長汀縣界一百二十里，至縣治一百六十里；西北至貝寨司贛州府會昌縣界七十里，《縣志》：以南瀼口北嶺爲界。至羊角水九十里，至縣治一百八十里。

永(建)[定]縣，在府東南三百里。東西距一百七十里，南北距一百三十里。東至鹽頭漳州府南靖縣界一百里，至縣治三百里；西至三𡌴上杭縣界七十里，至廣東潮州府鎮平縣治；南至蕉葉坪廣東潮州府大埔縣界五十里，少西至縣治一百二十里；《府志》作至牛市亭饒平縣界一百里，至縣治二百里。北至曹田凹上杭縣界八十里。東南至漳州府平和縣界蘆溪一百二十里，至縣治二百里；西南至官田上杭縣界六十里，至潮州府程鄉縣治一百六十里；東北水槽隘漳州府龍巖縣界一百二十里，至縣治一百六十里；按：高泰至縣治一百四十里。西北至鹹水湖上杭縣界八十里，至縣治一百二十里。

歸化縣，在府東北二百九十里。東西距一百十里，南北距一百五十里。東至鐵嶺鋪延平府將樂縣界三十里，又東至安居沙縣界一百二十里，至縣治□□□；西至水口隘寧化縣界八十里；南至清流縣界□□□；北至坑口邵武府泰寧縣界六十里，至縣治一百里。東南至黄楊巖永安縣界八十里，至縣治一百六十里；西南至靈龜巖清流縣界四十里，至縣治九十里，又西至寧化縣治一百二十里；東北至常坪隘將樂縣界五十里，至縣治一百二十里；西北至下坊潤邵武府建寧縣界一百十里，至縣治。

漳州府，在布政司西南六百八十里。東西距二百七十里，南北距二百九十里。東至泉州府同安縣界七十里，西至汀州府永定縣界二百里，南至大海一百八十里，北至泉州府安溪縣界一百十里。東南至大海一百八十里；西南至廣東潮州府饒平縣界一百八十里，至府治五百里；東北至同安縣界一百二十里，至泉州府治二百八十里；西北至汀州府連城縣界四百二十里，至府治六百里。自府治至京師七千五百二十里。

龍溪縣，附郭。東西距一百里，南北距七十五里。東至泉州府同安縣界七十里，至縣治一百五十里；西至南靖縣界三十里，至縣治四十里；南至漳浦縣界五十里，至縣治一百里；北至長泰縣界二十五里。東南至海澄縣界三十五里，至縣治五十里；西南至平和縣治二百五里；東北至長泰縣治三十七里；西北至漳平縣治二百里。

漳浦縣，在府南一百里。東西距一百四十里，南北距一百十里。東至大海八十里；西至南靖縣界六十里；南至詔安縣界六十里；北至甘棠鋪龍溪縣界五十里，至縣治一百里。東南至大海八十里；西南至徑心鋪詔安縣界八十里，至縣治一百四十里；東北至海澄縣治□□□；西北至南靖縣治一百三十里。

龍巖縣，在府西北二百四十里。東西距一百十里，南北距二百四十里。東至漳平縣界六十里，少北至縣治一百四十里；西至九曲嶺汀州府上杭縣界五十里，少北至縣治□□□；南至南靖縣界隱溪鋪九十里；北至汀州府連城縣界一百里，至縣治一百里。東南至南靖縣治一百九十里；西南至汀州府永定縣界水槽隘四十里，至長汀縣治三百里。

南靖縣，在府西四十里。東西距一百六十里，南北距二百三十里。東至龍溪縣界十里，至縣治四十里；西至龍巖縣界一百二十里；南至漳浦縣界一百里；北至漳平縣一百三十里，至縣治二百四十里。東南至漳浦縣治一百三十里；西南至平和縣界五十里，至縣治一百七十里；東北至長泰縣治七十五里；西北至朝天嶺漳平、龍巖二縣界一百里，至龍巖縣治二百里。

詔安縣，在府西南二百四十里。東西距一百二十里，南北距一百三十里。東至洪淡司大海漳浦縣界八十里；西至廣東潮州府饒平縣界四十里，少北至縣治一百六十里；南至大海三十里；北至平和縣界四十里。東南至玄鍾所三十里，至大海五十里；西南至饒平縣界柘林寨大海三十里；東北至漳浦縣界雲霄鎮八十里，至縣治一百四十里；西北至平和縣治一百十里。

海澄縣，在府東南五十里。東西距八十里，南北距五十里。東至海門巡司泉州府同安縣界六十五里；西至祖山鋪龍溪縣界十五里；南至漳浦縣界馬口橋四十里，北越大江至青礁龍溪縣界十里，至長泰縣東南至漳浦縣大武山□□□；西南至漳浦縣治□□□；東北至同安縣界二十里，至縣治一百四十里；西北至龍溪縣界十五里，至縣治五十里。

長泰縣，在府東北三十七里。東西距九十五里，南北距八十五里。東至中嶺泉州府同安縣界六十里，至縣治一百二十里；西至北溪龍溪縣界三十五里；南至五里亭龍溪縣界五里，至海澄縣治□□□；北至惠昭村泉州府安溪縣界八十里。東南至官路同安縣界五十里；西南至龍溪縣界香州稅課十五里，至縣治三十七里；東北上寧嶺同安縣界八十里，至安溪縣治一百二十里；西北至高層水龍溪縣界五十里，至漳平縣治一百二十里。

漳平縣，在府西北二百二十里。東西距一百二十里，南北距一百三十里。東至泉州府永春縣界六十里，少南至縣治二百四十里；西至龍巖縣界六十里；南至永福公館南靖縣界七十里，少東至縣治二百里；北至延平府大田縣界陳田六十里，至永安縣治二百二十里。《志》作和睦里，在北一百二十里，誤。東南至龍溪縣界七十里，至縣治二百二十里，又東至泉州府安溪縣界六十里；西南至龍巖縣治一百四十里；東北至大田縣治一百三十里；西北至寧洋縣界三十里，至縣治一百二十里。

寧洋縣，在府西北三百四十里。東西距二百里，南北距一百二十里。東至延平府大田縣界館前八十里，至縣治一百七十里；南至漳平縣界九鵬社六十里；北至延平府永安縣界林田六十里，至縣治一百二十里。東南至漳平縣界和睦里四十里，至縣治一百二十里；西南至龍巖縣治一百五十里；東北至永安縣界邢莊八十里；西北至汀州府連城縣界廖天山一百里，至縣治二百三十里。

平和縣，在府西少南二百里。東西距一百七十里，南北距二百十里。東至黃井南靖縣界小田坑一百四十里，至漳浦縣治二百里；西至赤石巖廣東潮州府大埔縣界三十里；南至詔安縣界小篆三十里；北至汀州府永定縣界一百十里。東南至詔安縣治一百十里，又東至□□□□□□□□；西南至潮州府饒平縣界三十里，至縣治一百□□里；東北至南靖縣界一百五十里，至縣治一百七十里；西北至東湖山大埔縣界七十里，至縣治一百七十里，又北至朱公畲永定縣界一百十里，至縣治。

臺灣府，在布政司東南海中，水程十一里外五百四十里。東西距水程外五十里，南北距二千八百四十五里。東至咬狗溪大脚山五十里，西至彭湖大洋水程四里，南至沙馬磯頭五百三十里，北至雞籠城一千三百十五里。

臺灣縣，附郭。東西距五十里，南北距四十里。東至咬狗溪大脚山五十里；西至彭湖大洋水程四更；南至鳳山縣界安平鎮十里，至縣治一百二十五里；北至新港溪諸羅縣界四十里，至縣治一百八十里。

鳳山縣，在府南一百二十五里。東西距五十里，南北距四百九十五里。東至淡水溪二十五里，西至打狗仔港二十五里，南至沙馬磯頭三百七十里，北至臺灣縣界文賢里一百十五里。

諸羅縣，在府北一百八十里。東西距五十一里，南北距二千二百十五里。東至大居佛二十一里；西至大海三十里；南至臺灣縣界新港溪一百四十里，至縣治一百八十里；北至雞籠城一千一百七十五里。

福寧州，在布政司東北三百四十五里。東西距一百十里，南北距二百七十里。東至大海七十里；西至福安縣界四十里；南至大海五十里；北至溫州府泰順縣界一百七十里，《通志》作平陽縣二百里。少西至縣治□□□。東南至大海一百里；西南至寧德縣界四十里，至縣治一百十里。自州治至京師七千二百里。

福安縣，在州西北一百十里。東西距八十里，南北距一百三十里。東至本州界四十里，西至寧德縣界四十里，《通志》：至政和縣赤崖司二百四十里。南至寧德縣界七十里，北至建寧府壽寧縣界六十里，至浙江溫州府泰順縣治□□□。東南至本州界七十里，至州治一百十里，又南至州界一百里；西南至寧德界七十里，至縣治一百三十里；東北至本州界柘陽巡司一百里；西北至壽寧縣界七十里，至縣治一百二十里。

寧德縣，在州西南一百□十里。東西距一百五十五里，南北距二百十五里。東至鹽田江松門本州界三十五里；《通志》：至州界七十里。西至福州府古田縣界杉洋巡司一百二十里，至縣治二百六十里；南至飛鸞嶺福州府羅源縣界十五里；北至建寧府壽寧縣界一百□□里，至縣治□□□里。《通志》：至政和縣赤崖巡司二百六十五里。東南至大海二十里；西南至羅源縣界二十里，至縣治七十里，至福州府治二百三十里；東北至福寧縣界五十里，至縣治一百三十里；《通志》作至縣一百里。西北至建寧府政和縣界二百二十里，至縣治三百四十里。

廣東

廣州府，布政司治。東西距三百七十里，南北距五百五十里。東至惠州府博羅縣界一百七十里，西至肇慶府高要縣界二百里，南至大海三百里，北至韶州府英德縣界二百五十里。東南至大海惠州府歸善縣界四百里，西南至大海肇慶府陽江縣界四百六十里，東北至惠州府長寧縣界三百里，西北至湖廣永州府江華縣界七百五十里。

南海縣，附郭，治府西偏。東西距一百十一里，南北距一百里。東至番禺縣界一里；西至三水縣界一百十里；《縣志》作一百二十五里。南至順德縣界五十里；《縣志》作一百里，誤。北至花縣界四十九里，至縣治九十里。東南至番禺縣界一里；西南至順德縣治八十里，又西至新會縣界一百五十里；東北至番禺縣界三里；西北至花縣界五十八里，至三水縣治一百七十里。

番禺縣，附郭，治府東偏。東西距一百四里，南北距一百五十八里。東至增城縣界一百二里，少北至縣治一百六十里；西至南海縣界一里；南至香山縣界一百里，至縣治一百五十里；北至花縣界五十八里，至縣治九十里。東南至東莞縣界八十里，至縣治一百八十里；西南至南海縣界十二里；東北至從化縣界七十里，《縣志》作一百四十里，誤。至縣治一百四十里；西北至南海縣界一里。

順德縣，在府南少西八十里。東西距九十里，南北距九十五里。東至老鴉岡番禺縣沙灣十八里，西至仰船岡新會縣界橫江七十里，南至青步海香山縣界小欖四十里，北至龍津南海縣界五斗口五十五里。東南至大海香山縣界四十里，至縣治一百二十里；西南至白藤堡新會縣界八十里，至縣治一百十里；北至番禺縣界龍灣四十里；西北至龍江南海縣界沙頭八十里。

東莞縣，在府東南一百八十里。東西距一百五十里，南北距一百二十里。東至惠州府歸善縣界崖山一百里，至縣治二百里；西至麻涌村香山縣界五十里；南至新安縣界六十里，少西至縣治一百里；北至增城縣界增江口六十里，少西至縣治一百里。東南至新安縣治一百二十里；西南至(番)〔香〕山縣界一百里，至縣治二百里；東北至惠州府博羅縣治一百六十里；西北至番禺縣界一百里，至縣治一百八十里。

從化縣，在府北少東一百三十里。東西距一百二十里，南北距二百六十里。東至龍門縣界六十里，少北至縣治□□□；西至清遠縣界六十里；南至番禺花縣界六十里；北至韶州府英德縣界二百里，《縣志》作二百二十里。少西至縣治二百八十里。東南至增城縣界六十里，至縣治一百二十里；西南至花縣界六十里，至縣治□□□；〔東〕北至龍門縣界一百里；《縣志》作八十里。西北至清遠縣界八十里，至縣治一百五十里。

龍門縣，在府東北二百二十里。東西距九十里，南北距二百二十里。東至惠州府河源縣界九十里，至縣治二百二十里；西至從化縣界七十里，冊：作一百二十里，《縣志》：一百里。少北至縣治□□□；南至增城縣界一百里；北至韶州府翁源縣治□□□。東南至惠州府博羅縣界八十里，至縣治一百八十里；西南至增城縣界一百里，至縣治一百二十里；東北至長寧縣界八十里，《縣志》作二十里。至長寧縣治□□□；西北至從化縣界九十里。

增城縣，在府東少北一百五十里。東西距一百二十里，南北距一百六十里。東至惠州府博羅縣界三十里，少南至縣治一百六十里；西至番禺縣界六十里；南至東莞縣界波羅江一百里；《府志》：至東莞縣界，爲是。北至龍門縣界老虎灘六十里。東南至博羅縣界石灣村四十里，至東莞縣治八十里；西南至番禺縣界小徑墟一百里，至縣治一百六十里；東北至龍門縣治□□□；冊：至博羅縣界六十里。西北至從化縣界七十里，至縣治一百二十里。

新會縣，在府西南二百里。東西距八十里，南北距一百八十里。東至順德縣界白藤堡七十里；西至肇慶府開平縣界五十里，至縣治一百里；南至大海一百里；北至南海縣界河清堡八十里，少西至三水縣治一百里。東南至香山縣界梅角村一百十里，至縣治一百五十里；西南至新寧縣治一百二十里；東北至順德縣治一百十里；西北至肇慶府高明縣界八十里，至縣治一百二十里。

香山縣，在府南二百里。東西距一百九十里，南北距二百十里。東至新安縣界靖康歸德一百里，又新《志》：至零丁洋新安界一百六十里。至縣治□□□；西至鱒鱇瀝海新會縣界九十里，少北至縣治一百五十里；南至大海九十二里；北至番禺縣界一百二十里，至縣治二百里。東南至大海濠境澳一百二十里，至東莞縣界大奚山一百五十里；西南至新寧縣界潮居都大海一百八十里，至廣海衛二百里；東北至東洲門東莞縣界七十里，至縣治二百里；西北至大欖都順德縣界七十里，至縣治一百二十里。

三水縣，在府西北一百七十里。東西距九十四里，南北距一百六十六里。東至南海縣界官窰驛六十里；西至肇慶府高要縣界橫石都三十里，《縣志》作二十四里。至縣治一百二十里；南至南海縣界金甌堡七十六里，少東至新會縣治一百五十里；北至界牌清遠縣界九十里，少東至縣治一百八十里。東南至南海縣界五十里，至縣治一百七十里；西南至肇慶府高明縣界五十里，至縣治□□□；東北至花縣界九十里，至花縣治□□□；西北至肇慶府四會縣界五十里，至縣治一百里。

花縣，在府北九十里。東西距一百三十九里，南北距一百一里。東至從化縣界六十六里；西至三水縣界七十三里；南至番禺縣界三十二里，至縣治九十里；北至清遠縣界六十九里。東南至番禺縣界五十里，至增城縣治□□□；西南至南海、三水二縣界七十三里；東北至從化縣界七十里，至縣治□□□；西北至清遠縣界八十五里，至縣治□□□。

新寧縣，在府西南三百二十里。東西距八十里，南北距一百三十里。東至百峰石井山新會縣界四十里，西至肇慶府開平縣界象欄山分水凹五十里，冊：又至恩平縣界一百里。圖：至縣一百四十里。南至黄海衛大海八十里，北至肇慶府開平縣界四十里。《縣志》：至新會縣井江蝦蟆石黄地頭界四十里。東南至新會縣界厓門海七十里，又隔銅鼓山至香山縣界大海二百里；西南至陽江縣界紫羅徑一百五十里；冊至海朗所二百里，至縣治二百里。東北至新會縣界雷公嶺四十里，冊作八十里。至縣治一百二十里；西北至開平縣界護龍山五十里，至縣治八十里。

清遠縣，在府西北二百里。東西距一百七十里，南北距二百十里。東至從化縣界楊梅里一百里，少南至縣治一百五十里；西至肇慶府四會縣界上元鄉七十里；南至三水縣界胥江都大塘一百十里，少西至縣治一百八十里；北至陽山縣界梅花徑白水坑一百里，少西至縣治二百里。東南至花縣治一百十七里；舊《志》：至番禺縣界李石岐一百里。西南至四會縣界金雞徑一百二里，冊作至三水縣界。至縣治一百五十里；東北至韶州府英德縣界，冊作六十五里。至縣治□□□；〔西〕北至陽山縣界白芒徑一百五十里。

連州，在府西北六百里。東西距八十里，南北距一百四十五里。東至陽山縣界勝水鋪四十里，至韶州府翁源縣治二百三十里；西至連山縣界四十里；南至陽山縣界二十五里，至廣西梧州府賀縣□□□□□；北至涼傘水湖廣衡州府臨武縣一百二十里，至縣治□□□。東南至陽山縣治一百里；西南至廣西梧州府懷集縣界三拋嶺一百里，至縣治二百二十五里；東北至湖廣郴州宜章縣界一百十里，至縣治二百九十里；西北至衡州府藍山縣界一百五十里，至縣治二百四十里。

陽山縣，在州東南一百里，府西北四百里。東西距一百七十五里，南北距二百里。東至蕉岡石嶺韶州府英德縣界七十五里；西至連山縣界一百里，少北至縣治□□里；冊作西接連州至湖廣衡州府臨武縣界一百七十里，誤。南至九坡村清遠縣界一百二十里，少東至縣治二百里；北至槎潭韶州府乳源縣界八十里。東南至鄺家鋪英德縣界六十里，至縣治□□□；東南至白帶山鷹嶺清遠縣界一百二十里；西南至馬丁山廣西梧州府懷集縣界一百三十里，冊：至懷集縣界一百八十里。至縣治□□□；東北至乳源縣界一百三十里，至縣治□□□；西北至、平鋪本州界六十里，至州治一百里。冊作至連江縣界□□里。

連山縣，在州西少南一百十里，府西北七百里。東西距一百七十里，南北距一百四十里。東至冊作至界七十里。本州治一百十里；西至鵝鷹嘴廣西平樂府賀縣界一百里，冊作至界九十里。少南至縣治一百五十里；南至茅嶺廣西梧州府懷集縣界九十里，至肇慶府廣寧縣一百八十里；北至白石山湖廣永州府江華縣界五十里，至錦田所一百五十里，至寧遠縣治三百十里。東南至白芒山陽山縣界，冊作至界六十五里。至縣治□□□；西南至西鄉懷集縣界一百里，至縣治二百里；東北至本州界朱岡本州界一百四十里，《府志》：至藍山縣界一百五十里。西北至崑岡江華縣界一百里，至縣治□□□□。

新安縣，在府東南二百六十里。《縣志》：二百四十里。東西距一百里，南北距九十里。東至羊塘凹惠州府歸善縣界八十里，少北至縣治□□□；西至大海香山縣界二十里；南至大海三十里；北至蓮花峰東莞縣界六十里，少東至縣治一百里。東南至大鵬所惠州府歸善縣界一百二十里，至平海所一百五十里；西南至大海香山縣界二十里；東北至羊凹山東莞縣界九十里；西北至虎頭門大海東莞縣界六十里。

惠州府，在布政司東少南三百里。東西距五百四十里，南北距六百里。東至潮州府揭陽縣界四百四十里，西至廣州府東莞縣界一百里，南至墩頭海岸一百二十里，北至江西贛州府龍南縣界四百八十里，又至安遠縣界六百五十里。東南至甲子所海港惠來縣界四百四十里，西南至廣州府新安縣界一百七十里，東北至贛州府長寧縣界五百三十里，西北至韶州府翁源縣界三百八十里。

歸善縣，在府東南隔江二里。東西距二百七十里，南北距一百二十五里。東至平政黄竹涌海豐縣界一百七十里，少南至縣治二百八十里；西至白濁湖廣州府東莞縣界一百里，至縣治二百里；南至墩頭海港一百二十里，北至大江心博羅縣界五里。東南至平海所大洋海豐縣界二百里；西南至梧桐山廣州府新安縣界一百七十里，至縣治□□□；東北至永安縣界一百二十里，至縣治二百四十里；西北至博羅縣十里，至縣治四十里。

博羅縣，在府西北四十里。東西距一百六十里，南北距一百餘里。東至大江心歸善縣界六十里；西至石灣司廣州府增城縣界龍池江口一百二十里，少北至縣治一百六十里；南至大江心歸善縣界青塘一里半，至平陵莊廣州府龍門縣及長寧、河源三縣界一百里，少西至長寧縣治二百五十里。東南至白沙堆歸善縣界梅湖二十里，至縣治四十里；西南至九村廣州府東莞縣界鐵岡五十里，冊作至界一百里。至縣治一百六十里；東北至廖洲鋪河源縣界白石鋪一百十五里，至縣治一百五十里，又東至永安縣界二百二十里；西北至龍門縣界一百里，至縣治一百八十里。

長樂縣，在府東北三百八十里。東西距一百二十里。東至興寧縣界三堡六十里；西至龍川縣界通衢鋪六十里，至縣治一百十里；南至揭陽縣界徑心一百里，少西至縣治三百里；北至莆竹徑舊《志》：北至筠竹，東北至莆竹，又作苦竹。興寧縣界二十里。東南至隴西驛潮州府揭陽縣界九十里，又至五通鋪揭陽縣界徑心鋪一百里，至縣治□□□；西南至長埔鋪永安縣界六十里，至縣治一百六十里；東北至黄土嶺興寧縣界十五里，至縣治三十里；西北至龍川縣界霍山六十里。《府志》：至綠水徑接通衢驛到縣一百二十里。

永安縣，在府東少北二百二十里。東西距二百里，南北距一百三十里。東至長樂縣界米潭一百里；西至東江博羅縣界一百里；南至烏禽嶂歸善縣界一百里；北至康和河源縣界藍能都三十里，至龍川縣治一百里。東南至漏里山海豐縣界一百二十里，至縣治二百二十里；西南至歸善縣界秋鄉水口一百二十里，至縣治二百二十里，又西至博羅縣治亦二百二十里；東北至長樂縣界長埔九十里，至縣治一百六十里；西北至馬草渡河源縣界八十里，至縣治一百里。

海豐縣，在府東少南二百八十里。《縣志》作去府治二百五十三里。東西距二百九十里，南北距二百二十里。東至潮州府惠來縣界大坡驛一百六十里，至縣治二百四十里；西至歸善縣界平政驛一百三十里，少北至縣治二百八十里；南至捷勝所大海洋八十里，至永安縣界一百四十里。東南至石帆港甲子所惠來縣界一百五十里，西南至小漠港海口歸善縣界一百里，東北至潮州府揭陽縣界霖田山一百六十里，西北至冊作歸善縣界八十里。流沙永安縣界一百二十里，至縣治二百二十里。

龍川縣，在府東北二百八十里。東西距一百三十里，南北距一百二十里。東至通衢鋪長樂縣界五十里，至縣治一百里；《縣志》：至興寧縣筠竹黄沙界一百五十里。西至河源縣界柳城鋪三十里；南至長樂縣界五十里，至永安縣治一百里；北至和平縣界仁義都七十里。東南至長樂縣界金魚山三十里；西南至河源縣界藍口五十里，至縣治一百三十里；東北至吉祥鋪江西贛州府長寧縣界一百二十里，冊作至□□、長寧二縣界百四十里。至縣治二百五十里，又東至鐵龍鋪興寧縣界十三都司一百二十里；西北至草塘和平縣界三十里，至縣治一百六十里。

長寧縣，在府北少西三百里。東西距一百七十里，南北距一百六十里。東至連平州界五十里；西至沙田韶州府英德縣界白沙市一百二十里，少北至縣治二百五十里；南至河源縣界九十里；北至磜頭韶州府翁源縣界七十里。東南至錫場鋪河源縣界一百二十里，至縣治一百六十里；西南至廣州府龍門縣界五十里，至縣治一百二十里；東北至連平州界百口塘六十里，至州治一百里；西北至翁源縣界周陂八十里，至縣治一百八十里。

興寧縣，在府東北四百里。東西距七十五里，南北距一百八十里。[東]至徑心鋪分水凹潮州府程鄉縣界五十里，少北至縣治一百二十里；西至長樂縣界十五里，至龍川縣老龍渡一百二十里；冊作至界三十里。南至周塘公館長樂縣界六十里；北至十三都司江西贛州府長寧縣界一百二十里，至縣治□□□；東南至畬坑程鄉縣界七十里；西南至中道亭長樂縣界十五里，至縣治三十里；東北至潮州府平遠縣治一百八十里；西北至龍川縣界四十五里，又北至江西贛州府長寧縣界一百二十里。

連平州，在[府]北四百里。東西距一百四十里，南北距一百五十里。東至和平縣界一百里，《州志》：至龍川縣猴嶺界一百五十里。至縣治一百八十里；西至韶州府翁源縣界英村四十里，至縣治一百八十里；《府志》：一百二十里。【略】南至長寧縣界岑坑七十里；北至江西贛州府龍南縣界白沙凹八十里。東南至河源縣界廣通壩一百二十里，至縣治。西南至百口塘長寧縣界四十里，冊作至界一百里。至縣治一百里；東北至和平縣界磜頭七十里，又東至贛州府定南縣界下曆司一百四十里；西北至龍南縣界六十里。

河源縣，在州東南二百里，府北少東一百五十里。東西距二百六十里，南北距一百四十里。東至藍溪龍川縣界一百二十里；西至白鳩徑廣州府龍門縣界一百三十里，至縣治二百二十里；南至梧桐尖永安縣界十里；北至連平州界忠信司一百里。東南至永安縣界三十里，至縣治一百里；西南至白石鋪博羅縣界三十里，至縣治一百五十里；東北至柳城鋪龍川縣界一百里，至縣治一百三十里，又北至和平縣一百八十里；西北至長寧縣界長吉司一百里，至縣治一百八十里，又北至連平州治二百里。

和平縣，在州東一百八十里，府東北五百八十里。冊作四百二十里。東西距一百九十里，南北距一百十里。東至芒洲壩龍川縣界一百八十里，《府志》作至長塘餘里七十里。西至本州界九十里，《府志》作至九連山。南至河源縣界五十里，冊作至龍川縣界一百三十里，誤。北至江西贛州府定南縣界六十里。東南至黄竹鋪龍川縣界一百里，又作至犁頭嘴界一百五十里。至縣治一百六十里；西南至河源縣界丁溪水四十里，至縣治□□□；東北至定南縣界油潭水八十里，至縣治□□□；西北至贛州府龍南縣界南埠一百二十里，至縣治二百二十里。

南雄府，在布政司東北八百八十五里，水路一千六十里。東西距一百二十里，南北距二百二十里。東至江西贛州府信豐縣界一百四十里，《府志》：二百四十里。西至韶州府曲江縣界八十里，南至贛州府龍南縣界一百四十里，北至江西南安府大庾縣界八十里。東南至龍南縣界二百里，西南至韶州府翁源縣界二百里，東北至信豐縣界二百里，西北至韶州府仁化縣界一百里。自府治至京師六千七百四十五里。

保昌縣，附郭。東西距二百里，南北距一百三十里。東至江西贛州府信豐縣界一百四十里，至縣治□□□；西至始興縣界六十里，少北至韶州府仁化縣治一百五十里；南至始興縣界五十里；北至江西南安府大庾縣界八十里，至縣治一百二十里。東南至信豐縣界旱湖凹二百里，至龍南縣治三百里；西南至始興縣界古碌村四十里，至縣治一百里；東北至信豐縣界九里村二百里，至縣治二百六十里；西北至聞韶都韶州府仁安縣界一百里。按：應接仁化縣界，至縣治一百八十里。《府志》：至大庾縣吉村二百里。

始興縣，在府西南一百里。東西距二百三十里，南北距一百七十里。東至丹布村保昌縣界八十里；西至總鋪韶州府曲江縣界五十里，至縣治一百八十里；南至桂了山隘韶州府翁源縣界一百二十里；北至子臺曲江縣界八十里。《府志》：至上臺保昌縣界五十里。冊□□□□□。東南至江西贛州府龍南縣界均竹村一百四十里，《縣志》作二百里。至縣治□□□；西南至翁源縣界芙蓉村一百十里，《志》作二百里。至縣治二百三十里；東北至保昌縣界修仁都六十里，至縣治一百里；西北至韶州府曲江縣界冷田鋪六十里，至仁化縣治。

韶州府，在布政司北五百六十五里，水路七百四十里。東西距三百八十里，南北距五百八十里。東至南雄府始興縣界一百五十里，西至廣州府陽山縣界二百三十里，南至廣州府清遠縣界三百三十五里，北至湖廣郴州桂陽縣界二百二十里。東南至惠州府長寧縣界二百八十里；西南至清遠縣界三百三十五里；東北至南雄府始興縣界二百三十里，至江西南安府界二百四十里；西北至湖廣郴州宜章縣界三百七十里。自府治至京師七千三十五里。

曲江縣，附郭。東西距一百九十里，南北距一百九十五里。東至南雄府始興縣界一百三十里，至縣治一百八十里；西至乳源縣界六十里，至縣治九十里；南至英德縣界一百十里；北至仁化縣界八十五里，少東至縣治一百里。東南至翁源縣界七十里，至縣治一百六十里；西南至英德縣界一百二十里；東北至始興縣界一百六十里；西北至樂昌縣界四十里。

樂昌縣，在府西北八十里。《縣志》作一百二里。東西距一百六十里，南北距一百九十里。東至黄土嶺仁化縣界三十里，至縣治九十里；西至乳源縣界分投村一百三十里；《縣志》作乳源縣界梅花村一百里。南至曲江縣界四十里；北至湖廣郴州桂陽縣界蓋嶺頭一百三十里。《府志》：至宜章縣界一百四十里。東南至曲江縣界炎嶺三十里，《府志》：至温灘四十里。至縣治八十里；西南至榮村乳源縣界六十里，至縣治□□□；東北至仁化縣界土頭嶺七十里，《府志》：至桂陽縣界延壽山八十里。至縣治一百四十里；西北至郴州宜章縣界魚家塘一百五十里。《府志》：至宜章縣界水東一百十里，至縣治一百九十五里。

乳源縣，在府西八十里。東西距一百七十里，南北距一百五十里。東至響石嶺曲江縣界三十里，至縣治八十里；西至白花塘(府)[廣]州府陽山縣界一百四十里；南至平址村英德縣界一百二十五里；北至平山樂昌縣界二十五里。東南至分水凹英德縣界一百二十里，至縣治二百里；西南至陽山縣界鄺家鋪大橋村□□□□，至縣治一百九十里；東北至樂昌縣界棠村六十里，至縣治一百二十里；西北至胡家村湖廣郴州宜章縣界一百八十里，至縣治二百三十里。

仁化縣，在府東北一百里。東西距一百十里，南北距一百八十里。東至南雄府保昌縣界聞韶都五十里，少南至縣治一百八十里；西至樂昌縣界黃土嶺六十里，至縣治九十里；南至界牌蓮夾石嶺曲江縣界六十里；北至湖廣郴州桂陽縣界松子嶺一百二十里。《府志》：至高排嶺界一百里。東南至曲江縣界一百二十里，至南雄府始興縣治□□□；西南至界牌嶺曲江縣界十五里，至縣治一百里；東北至江西南安府大庾縣界內良一百二十里，至縣治二百里；西北至七里徑樂昌縣界七十里，至桂陽縣治一百四十里。

翁源縣，在府東南一百八十里。東西距一百五十三里，南北距一百八十里。東至分水凹惠州府連平州界銀梅一百五十里，至州治一百八十里；西至龍眼峒英德縣界橫岡山十五里；《志》又作三里。南至道姑巖英德縣界馬嶺三十里，至廣州府龍門縣治□□□；北至始興縣界□□□。《縣志》作八十里。按：應至曲江縣界八十里。東南至惠州府長寧縣界小長坪茶峒一百里，按：至周陂一百里。至縣治一百八十里；西南至鮮水塘英德縣界橫石渡五里，至縣治一百三十里；東北至雁了山韶州府始興縣界清化一百五十里，至縣治二百三十里，又東至南北嶺五里，至縣治一百三十里；東北至江西贛州府龍南縣界上堡一百八十里，至縣治三百五十里；西北至狗耳嶺曲江縣界烏泥坑七十里，至縣治一百八十里。

英德縣，在府南二百二十里。東西距三百二十里，南北距二百四十五里。東至翁源縣界羅家渡一百二十里，卌作一百三十五里。少南至惠州府長寧縣治二百五十里；西至廣州府陽山縣界通儒鄉一百五十里；南至廣州府清遠縣界殺雞坑一百十五里，舊《志》：至(滬)[湛]江鄉一百五十里。至花縣□□□；北至曲江縣界高橋一百三十五里，至鳳田都一百十里。舊《志》：至乳源縣利井都一百里。少東至縣治二百二十里。東南至惠州府長寧縣界遥田臘溪一百三十五里；舊《志》：至廣州府從化縣界流溪鄉(一)一百五十里。西南至清遠縣界官人嶺一百十五里，按：至橫山驛一百二十里。舊《志》：至池水鄉一百里。至縣治二百十里；東北至翁源縣界九龍洞一百二十里，至縣治一百三十五里；西北至乳源縣界大布一百八十里，舊《志》：至利井都一百里。至縣治□□□，又西至陽山縣界鄺家鋪一百二十里，至縣治。

潮州府，在布政司東八百七十八里。東西距四百九十里，南北距三百七十里。東至福建漳州府詔安縣界二百四十里，西至惠州府海豐縣界二百五十里，南至大海一百五十里，北至福建汀州府上杭縣界二百二十里。東南至大海一百里，西南至海豐縣界二百八十里，東北至汀州府永定縣界一百九十里，西北至江西贛州府長寧縣界四百二十里。自府治至京師九千七百四十八里。

海陽縣，附郭。東西距八十里，南北距二百里。東至饒平縣界五十里，少北至縣治一百里；西至揭陽縣界三十里；南至澄海縣界五十里；北至大埔縣界一百二十里。西北至程鄉縣界一百五十里。

潮陽縣，在府南一百二十里。東西距一百里，南北距四十里。東至大海五十里，西至大徑鋪普寧縣界七十里，卌作一百里。南至大海五十里，北至潯泗山澄海縣界十里。卌作八十五里，誤。東南至大海二十里；西南至惠來縣界五十里，至縣治一百二十里；東北至大海澄海縣界三十里，至澄海縣治□□□；西北至水頭鋪揭陽縣界一百里，至縣治一百十里。

揭陽縣，在府西少南八十里。東西距二百里，南北距九十里。東至海陽縣界登雲都五十里，西至霖田都分水凹惠州府長樂縣界濮溪都一百五十里，南至大尖山潮陽縣界直浦都三十里，北至冷水坑海陽縣界歸仁都六十里。東南至潮陽縣界三十里，至縣治一百十里；卌作至澄海縣界鮀江都七十里。西南至普寧縣界二十里，至縣治□□里；卌作至惠州府長樂、海豐二縣界一百二十里。東北至海陽治八十里；西北至長樂縣界九十里，至縣治□□□，又北至程鄉縣治□□□里。

程鄉縣，在府西北二百五十里。東西距二百二十五里，南北距一百五十五里。【略】少南至縣治一百六十里；西至惠州府興寧縣界四都徑八十里；南至小溪壩海陽縣界豐政都一百十五里；北至龜漿都石峰徑鎮平縣界四十里。東南至海陽、大埔二縣界八十里，至海陽縣治二百五十里；西南至興寧縣治一百二十里，至縣治一百五十里；東北至松源都，卌作至鎮平縣界五十五里。至縣治□□□，[東北至]福建汀州府上杭縣界一百三十里，至縣治二百里；西北至相公亭平遠縣界十二排五十五里，至縣治一百里。

饒平縣，在府東北一百里。東西距三百十里，南北距二百十里。東至福建漳州府平和縣界一百里；西至鳳皇山海陽縣界五十里，少南至縣治一百里；南至信寧都大海一百里；北至漳州府平和縣界七十里。東南至柘林柵漳州府詔安縣界一百四十里，至縣治一百六十里；西南至蓮花山海澄縣界九十里，至縣治一百二十里；東北至平和縣界六十里，至縣治一百里；西北至九峻山大埔縣界二十里，至縣治一百三十里。

平遠縣，在府西北三百九十里。東西距一百里，南北距一百二十里。東至鐵山嶂鎮平縣界五十里，至縣治七十里；西至藤嶺江西贛州府長寧縣界五十里；南至十二牌程鄉縣界九十里；北至頂山長寧縣界三十里。東南至程鄉縣界七十里，至縣治□□□；西南至程鄉縣界六十里，至惠州府興寧縣治一百八十里；東北至蕉頭壩福建汀州府武平縣界四十里，至縣治七十里；西北至滿坑長寧縣界三十里，至縣治六十里。

普寧縣，在府西南一百二十里。東西距六十里，南北距四十五里。東至揭陽縣界二十里；西至惠來縣界四十里；南至潮陽縣界十五里，至惠來縣治□□□；北至揭陽縣界三十里，至縣治六十里。東南至潮陽縣界二十里，至縣治九十里；南至惠來縣界三十里；東北至揭陽縣界二十里；西北至揭陽縣界十五里。

惠來縣，在府西南二百里。東西距一百七十里，南北距五十五里。東至潮陽縣界草湖鋪八十里；册：又至普寧縣界七十里。西至大陂驛惠州府海豐縣界赤岡營八十里，至縣治二百二十里；南至神泉司大海十五里；北至潮陽縣界四十里，至普寧縣治七十里。東南至靜海所大海潮陽縣界六十里；西南至海豐縣界八十里；東北至潮陽縣界峽山都四十里，至縣治一百二十里；西北至普寧縣界雲落司一百里，又北至揭陽縣界一百三十里。册：至海豐縣界八十里。《志》作至海豐縣界吉唐都一百五十里。

大埔縣，在府北少東一百六十里。東西距一百三十里，南北距一百七十里。東至箭竹凹隘福建漳州府平和縣界五十里；西至銅鼓嶂程鄉縣界八十里；册作至海陽縣界。南至饒平縣界九峻山一百十里，【略】少東至縣治一百三十里；北至磜頭福建汀州府上杭縣界六十里，至縣治一百十里。東南至福建漳州府平湖縣界象湖山一百里，至縣治一百七十里；西南至饒平縣界一百二十里，至烏槎山八十里，亦接饒平界。至海陽縣治□□□。東北至閻羅石汀州府永定、上杭二縣界三十里，至永定縣治一百二十里；西北至蓬辣灘程鄉縣界八十里，至縣治一百六十里。

鎮平縣，在府北少西三百四十里。東西距九十里，南北距八十里。東至胡椒徑程鄉縣界龍牙村六十里；西至鐵山嶂石門關平遠縣界三十里，至縣治八十里；南至石峰徑程鄉縣界五十里，少西至縣治九十里；北至鮮水塘福建汀州府武平縣界四十里，至縣治八十里。東南至高思鄉程鄉縣界四十里，至大埔縣治□□□；西南至洪福宫平遠縣界二十里，又南至甜竹凹程鄉縣界三十里；東北至漊畲汀州府上杭縣界七十五里，至縣治一百三十五里；西北至鐮子渡武平縣界五十里。

澄海縣，在府東南六十里。東西距六十里，南北距五十里。東至大海饒平縣南界二十里；西至海陽縣界四十里，少北至揭陽縣治一百二十里；南至大海潮陽縣東界十里；北至饒平縣界四十里。東南至大海二十五里；西南至揭陽縣界小坑鋪四十里，《縣志》作三十里。至潮陽縣治□□□；東北至九谿橋鋪饒平縣界四十里，至縣治一百二十里；西北至海陽縣治六十里。

肇慶府，在布政司西少北二百八十里。册作二百九十里。東西距四百三十里，南北距七百三十里。東至廣州府三水縣界九十里，西至廣西梧州府蒼梧縣界三百四十里，《府志》：至蒼梧界扶思村四百里。南至陽江縣界大海四百三十里，北至廣西梧州府懷集縣界三百里。《府志》：至清遠縣界燈籠山二百五十里。東南至廣州府新會縣界三百二十里，《府志》：至新會縣古勞山一百八十里。西南至高州府電白縣界蕉村五百二十里，東北至三水縣界胥江二百五十里，西北至廣西平樂府賀縣界四百六十里。《府志》：至賀縣威洞三百五十里。自府治至京師七千四百二里。

高安縣，附郭。東西距一百七十里，南北距一百七十五里。東至廣州府三水縣界大嶢山九十里，至縣治一百十五里；西至德慶州界臺坑村八十里，至州治二百十里；南至羅定州東安縣界思勞都六十里；北至四會縣界竈坑口一百十里。東南至高明縣界五十里，至縣治七十里；西南至東安縣界一百里，至縣治一百三十里；東北至四會縣界大沙九十里，至縣治一百里；西北至廣寧縣新招村一百四十里，至縣治一百九十里。

四會縣，在府東北一百里。東西距一百二十里，南北距一百三十三里。東至寺山都下浪坑廣州府三水縣界六十里，西至曲水村廣寧縣界六十里，南至貞山都羅坑徑高要縣界十三里，《府志》作蓮塘。北至大圃都羅源山廣州府清遠縣界一百二十里。册作至廣寧縣界。東南至三水縣界木棉頭七十里；胥江巡司六十里，至縣治一百十里。西南至高要縣治一百里，册作至清源縣羅源村九十里。至清遠縣治一百五十里；西北至廣寧縣界二十里，册作至界一百六十里。至縣治一百六十里。

新興縣，在府南少西一百三十里。東西距一百二十里，南北距一百四十里。東至開平縣界七十里，少南至縣治一百十里；西至牛牯梢東安縣界五十里；南至陽春縣界一百十里，至陽江縣治□□□；北至桐村鋪東安縣界三十里，至高要縣治一百三十里。東南至舊《志》：至慈雲鋪思平界六十里。開平縣界南山村七十里，至思平縣治一百七十里；西南至陽春縣界荔枝山一百二十里，至縣治二百二十里；東北至高明縣界高村五十里，至縣治八十里；西北至東安縣界鐵場五十里，至縣治一百里。

開平縣，在府東南一百四十里。東西距九十里，南北距九十里。東至潭江水廣州府新會縣界六十里，新《志》作至江灣村四十一里。至縣治一百里；西至那籮新興縣界三十里；新《志》：二十二里。南至大沖口廣州府新寧縣界四十五里；新《志》：二十六里。北至板村高明縣界四十五里，新《志》：二十一里。少西至縣治七十里。東南至新寧縣界斗峒五十五里，至縣治八十里；西南至恩平縣界大步水五十里，至縣治一百三十里；東北至新會縣界小官田八十里；西北至新興縣界四十里，至縣治一百十里。

陽江縣，在府南四百里。東西距二百五十里，南北距九十里。東至恩平縣界水東都九十里，西至分界鋪高州府電白縣界松塘村一百六十里，南至大海三十里，北至陽春縣界雙岡村六十里。東南至廣州府新寧縣界潭魚渡九十里；《府志》作至竹山村九十里。西南至雙魚所電白縣界蛋泊村《府志》作壽長村。一百四十里，至縣治二百二十里；東北至恩平縣界那吉崗九十里，至那柳鋪思平界亦九十里。至縣治一百三十里；西北至陽春縣界輪水屯六十里，至縣治一百四十里。

陽春縣，在府西南三百二十里。東西距九十五里，南北距一百六十里。東至恩平縣界四十里，《縣志》作陽江縣界珠山九十里。至縣治□□□；西至高州府茂名縣界一百五十里，少南至縣治二百五十里；《府志》作八十里。《縣志》作至電白縣界木欄山九十里。南至陽江縣界六十里；《府志》作至建儒都一百二十里。《縣志》作至歸善鄉五十里。北至羅定州東安縣界一百里，《府志》作一百四十里。至縣治□□里。東南至陽江縣界八十里，《縣志》作一百二十里。至縣治一百四十里；西南至高州府電白縣界木欄山九十里，至縣治□□□；東北至雲林鋪新興縣界九十里，新《志》作一百二十里。至縣治二百二十里；西北至羅定州東安縣界一百三十里。《縣志》作至羅定州界一百七十里。

恩平縣，在府南少東二百七十里。東西距一百五十里，南北距一百七十里。東至官來徑廣州府新寧縣界五十里；西至陽春縣界大峒村一百里，至縣治□□□；南至陽江縣喬馬都蓮塘驛六十里；北至獨鶴驛開平縣界一百里。東南至灣雷海新寧縣界八十里；西南至堦山鋪陽江縣界三十里，至三龍村陽江縣界七十里，至縣治一百三十里；東北至開平縣界一百里，至縣治一百三十里；西北至沉洞新興縣界八十里，至縣治一百八十里。

高明縣，在府東南一百里。東西距一百二十里，南北距六十里。東至廣州府南海縣册作三水。界鎮埇堡五十里，至縣治□□□；西至新興縣丫髻頭七十里，至開平縣界四十里，至縣治七十里；北至高要縣界倚嶺都百花山二十里。東南至新會縣界馬岡甲五十里，至縣治一百二十里；西南至新興縣界五十里，至縣治八十里；東北至高要縣界官棠甲五十里，至廣州府三水縣□□□□；西北至高要縣界白土都五十里，至縣治七十里。

廣寧縣，在府北少西二百三十里。東西距二百二十里，南北距二百五十里。東至廣州府清遠縣界羅源村一百二十里，《縣志》作一百六十里。至縣治□□□；西至羅逢村廣西梧州府懷集縣界一百里；《縣志》作一百五十里。至縣南至高要縣界一百二十里；《府志》、册俱作至四會縣界一百二十里。北至廣州府□□縣界一百三十里，至連山縣。東南至柑欖鋪四會縣界一百四十里，至縣治一百六十里；西南至高要縣界一百四十里，至德慶州治二百六十里；東北至羅山峒清遠縣界一百九十里；西北至懷集縣治一百五十里。

德慶州，在府西二百十里。東南距一百九十里，南北距一百三十里。東至奇槎鋪高要縣界祿步都一百三十里，至縣治二百十里；西至封川縣界都樂村六十里，少北至縣治一百里；南至大江羅定州西寧縣界一里，少南至羅定州治一百五十里；北至廣西梧州府懷集縣界荐源村一百三十里，《州志》：一百三十里。至縣治二百里。東南至大江羅定東安縣界十五里，至縣治□□□；西南至大江西寧縣界五十里，至縣治八十里；東北至廣寧縣界二百二十里，至縣治二百六十里；西北至封川縣界九十里，至開建縣治二百里。

封川縣，在州西少北一百里，府西三百十里。東西距九十里，南北距二百五十里。東至本州界六十里；《志》作至長蓉村□□里。西至廣西梧州府蒼梧縣界思念村三十里，至縣治六十里；南至羅定州西寧縣界十五都三十里，少東至縣治七十里；北至開建縣界范峒村二百二十里。《縣圖》：至狼嶺儉水石牌二百八里。東南至本州界金林鄉五十里，至縣治一百里；西岡至蒼梧縣界胡掃村五十里；東北至本州界蔞洞村一百五十里；《縣圖》又作至旱遥懷集縣界二百二十里。西北至開建縣界書峒村一百九十里。

開建縣，在州西北二百里，府西北四百十里。東西距九十四里，南北距六十五里。東至廣西梧州府懷集縣界太平鋪五十里；《縣志》：至節源村。西至廣西平樂府昭平縣□□□；《縣志》：至東安鄉九十里。南至封川縣界二十五里，《縣志》：至儉水嶺六十里。至縣治二百里；北至廣西平樂府賀縣界信都鄉四十里，至縣治一百六十里。東南至封川縣界梨婆村《縣志》作江尾村。六十里；《府志》：至狼嶺二十里通封川縣。西南至梧州府蒼梧縣葉峒村八十里，至縣治二百里；東北至懷集縣界梁村按：至縣治一百十里忠讜界。一百二十里，《縣志》作一百里。《府志》：萬曆十三年開新逕，自漂霜山至懷集十五里，自柯木逕三十里，自黄峒四十里。至縣治一百五十里；西北至賀縣界朝塘村五十里。《縣志》：至威背六十里。

高州府，在布政司西南一千十里。陸路七百五十里，水路二百九十里。東西距四百六十里，南北距二百八十五里。東至肇慶府陽江縣界一百九十里，西至廉州府合浦縣界二百七十里，南至大海一百十五里，北至廣西梧州府容縣界一百七十里。《府志》作岑溪縣界。東南至陽江縣界一百九十里，西南至雷州府遂溪縣界二百六十里，東北至羅定州西寧縣界一百八十里，西北至梧州府博白縣界二百二十里。自府治至京師八千六百四十七里。

茂名縣，附郭。東西距一百十五里，南北距一百八十五里。東至安樂墟電白縣界五十里；西至化州界六十五里；少北至高州府陽春縣界一百里。《府志》作至堡七十里。南至大海一百十五里，《府志》：至雙花村一百八十里。《縣志》：至吴川縣界一百里。少西至縣治一百二十五里；北至信宜縣界鎮隆墟七十里，至縣治八十里。東南至電白縣界一百二十里，至縣治一百六十里；西南至靈界墟化州界五十里，至州治九十里；東北至白藤嶺羅定州界一百二十里，至州治□□□□；西北至信宜縣九十五里，至廣西梧州府北流縣□□里。

電白縣，在府東南一百六十里。《府志》：一百五十里。東西距一百二十里，南北距一百十六里。東至五藍渡肇慶府陽江縣界三十里，少北至縣治一百九十里；西至茂名縣界九十里；南至大海六里；北至肇慶府陽春縣界一百十里，至陽春縣治一百八十里。西北至茂名縣界一百里，至縣治一百六十里。

信宜縣，在府北少東八十里。東西距七十里，南北距八十五里。東至茂名縣界二十里，新《志》作十五里。《府志》作至陽春縣界二百里。西至茂名縣界五十里，《縣志》作二十五里。南至茂名縣界五里，少西至縣治八十里。北至廣西梧州府容縣界一百二十里。《縣志》作至岑容二縣界八十里。東南至茂名縣界三里；西南至茂名縣界二里；東北至羅定州西寧縣界一百里，《縣志》作八十里。至縣治□□□；西北至梧州府北流縣界一百里。《縣志》作三十里。

化州，在府西南九十里。東西距九十里，南北距二百五十里。東至茂名縣界南盛墟三十里，册作二十五里。西至新安塘石城縣界六十里，册作七十里。少南至縣治一百里；南至吴川縣界南巢塘三十里，册作四十里。北至廣西梧州府北流縣界一百六十里，册志作二百二十里。東南至吴川縣界四十里，至縣治七十里；《志》作九十里。西南至吴川縣界塘埪墟六十里；東北至茂名縣界四十里，至縣治九十里；西北至梧州府陸川縣界一百六十里。《州志》：西北爲博白、石城分界。又曰：北至陸川縣清湖江界一百八十里。

吴川縣，在州東南七十里，府西南一百二十五里。東西距四十五里，南北距四十五里。東至大海五里；西至石城縣界□□□，至石城縣治一百里；南至限門大海二十里，册作二十五里。至硇(州)[洲]一百四十里；北至茂名縣界二十五里。《府志》：至化州界四十里。東南至大海岸七里；西南至石城縣界平樂鎮□十里，册作至雷州府遂溪縣界八十里。至縣治一百里；東北至茂名縣界雙花鋪二十里，至縣治一百二十五里；《縣志》作一百六十里。西北至化州界五十里，至州治七十里。

石城縣，在州西一百里，府西南一百九十里。東西距一百五十五里，南北距一百五十里。東至仙界鋪化州界三十里，少北至州治一百里；西至廣州府合浦縣界吴浦鋪一百二十五里；南至雷州府遂溪縣界大安鋪三十里，至縣治六十里；北至在史石墩臺廣西梧州府博白縣界一百二十里。東南至雞籠山吳川縣界五十里，《册》作六十里。至縣治一百十里；西南至桐油墩臺遂溪縣界七十里，又西至零祿海，又合浦縣永安所界一百二十里；東北至天堂嶺陸川縣界一百二十里，《志》作六十里。至縣治二百十里；西北至文鳳嶺博白縣界一百五十里，至縣治二百七十里。

廉州府，在布政司西南一千四百九十里。東西距五百里，南北距二百四十里。東至高州府四百里，《府志》：至上思州肥羊嶺三百三十里。南至魁頭嶺大海岸八十里，北至梧州府興業縣界一百六十里。東南至高州府石城縣一百八十里，西南至交趾界四百二十里，東北至博白界一百八十里，西北至廣西南寧府横州界二百二十里，又西至上思州界肥羊嶺三百八十里。《府志》：三百三十里。自府治至京師九千六百五十里。

合浦縣，附郭。東西距一百八十里，南北距二百四十里。東至高州府石城縣界一百三十里，西至烏家塘欽州界五十里，南至冠頭嶺海岸八十里，北至廣西梧州府博白縣界一百六十里。東南至吳浦鋪高州府石城縣界一百三十里，至縣治二百五十里；西南至大觀港欽州界九十里；東北至梧州府博白縣治八十里，又北至興業縣治□□；西北至靈山縣界一百十里，至縣治一百八十里。《府志》：至博白縣界一百餘里，至縣二日程。又曰：東至石城中隔博白界數十里。

欽州，在府西少北一百八十里。東西距三百三十里，南北距一百四十五里。東至平銀渡靈山縣界博峨鄉三十里，西至《册》作至□□□。分茅嶺交(距)[趾]界三百里，南至龍門大海六十五里，北至廣西南寧府上思州界□□□□。《府志》：至永淳縣界橋岐村二百里。東南至合浦縣界大觀港九十里；西南至交(距)[趾]二百四十里；東北至靈山縣界一百里，至縣治一百八十里；西北至上思州界□□□□□，又北至宣化縣界一百二十里。

靈山縣，在州東北一百八十里，府西北一百八十里。東西距二百十里，南北距二百五里。東至廣西梧州府興業縣界五十里，至縣治二百二十里；西至廣西南寧府上思州界八尺江一百六十里；南至合浦縣界一百六十里；北至南寧府横州界□□□□，至縣治□□□。東南至合浦縣界七十里，至縣治一百八十里；西南至本州界一百三十里，至州治一百八十里；東北至興業縣界七十里；西北至横州界四十里，又西至永淳縣界一百里，至縣治一百三十里，又北至宣化縣治。

雷州府，在布政司西南一千四百二十里。陸路一千一百三十里，水路二百九十里。東西距一百六十里，南北距三百九十里。東至海岸高州府吳川縣界二十里，西至潿洲海岸廉州府合浦縣界一百四十里，南至踏磊海岸瓊州府澄邁縣界一百八十里，北至高州府石城縣界二百十里。東(海)[南]至海岸瓊州府瓊山縣界二百四十里，西南至東場海岸瓊州府臨高縣界二百二十里，東北至吳川縣界二百里，西北至石城縣界二百四十里。自府治至京師九千里。

海康縣，附郭。東西距九十里，南北距一百五里。東至海岸高州府吳川縣界二十里；西至銅鼓村溪邊遂溪縣界七十里，又至西海洪排港一百四十里；南至徐聞縣界吳村驛八十里；北至瑞芝鋪遂溪縣界二十五里，至縣治一百八十里。東南至徐聞縣界錦囊所海岸一百八十里。【略】西南至海康所海岸一百六十里；東北至特侶塘遂溪縣界十五里；西北至南祿社遂溪縣界六十里。

遂溪縣，在府北一百八十里。《縣志》：一百六十里。東西距一百四十里，南北距一百九十里。東至海頭砲臺高州府吳川縣界茳芋七十里；《册》作至吳川縣界三十里。西至文體砲臺大海七十里；《册》作至石城縣界六十里。南至海康縣界一百六十里，至縣治一百八十里；北至大安鋪高州府石城縣界三十里，至縣治六十里。東南至大海一百四十里；西南至樂民所博里港大海廉州府合浦縣界二百六十里；《册》作二百里。《府志》：至潿洲海岸二百里。東北至石門河吳川縣界三十里，《府志》：至五路墟吳川縣界七十里。《册》說同。至縣治□□□□；西北至横山堡石城縣界六十里。

徐聞縣，在府南少東一百六十里。東西距一百六十里，南北距一百里。東至黃塘海岸九十里；西至流沙港海岸七十里；《府志》：至謝家老沙港八十里，抵大海，海康縣界。南至踏磊海岸二十里，渡海至瓊州府澄邁縣界；北至調延屯海康縣界八十里，至縣治一百六十里。東南至冠頭渡大海三十里，又東至博爨港海岸八十里，渡海至瓊州府瓊山縣□□里；西南至鵝豆港海岸六十里，府、《縣志》：至東場巡司七十里，渡海至瓊州府臨高縣界。東北至錦囊所大海一百里；西北至英利驛海康縣界八十里。

瓊州府，在布政司西南一千七百里。陸路一千三百十里，水路三百九十里。

東西距四百里，南北距九百里。《府志》：東西九百里，南北一千一百四十里。東至文昌縣二百里；西至臨高縣二百里，南至崖州八百九十里，北至海岸十里。《府志》作一千一百三十里。東南至陵水縣海岸五百四十里，西南至感恩縣海岸七百里，東北至文昌縣海岸一百六十里，西北至臨高縣海岸二百四十里。自府治至京師。

瓊山縣，附郭。東西距一百五十里，南北距九十里。東至文昌縣界一百里，西至澄邁縣界五十里，南至定安縣界八十里，北至大海十里。東南至文昌縣界一百里，西南至黎界一百六十里，東北至文昌縣界五十里，西北至海岸五十里。

澄邁縣，在府西六十里。東西距七十里，南北距一百十三里。東至瓊山縣界十里，西至臨高縣界六十里，南至瓊山縣界一百十里，北至大海三里。東南至瓊山縣界六十里，西南至生黎界一百八十里，册説作一百二十里。東北至大海十里，西北至大海五十里。

臨高縣，在府西少南一百八十里。《縣志》作二百三十里。東西距一百十里，南北距一百二十里。東至澄邁縣界六十里，西至儋州界五十里，南至生黎界九十里，北至大海三十里。東南至定安縣界八十里，西南至儋州界七十里，東北至澄邁縣界六十里，按：應一百二十里。西北至大海八十五里。

定安縣，在府南少西八十里。東西距八十七里，南北距二百三十八里。東至文昌縣界四十七里，西至生黎界四十里，南至生黎界二百三十八里，北至瓊山縣界三十六里。東南至會同縣界六十五里，西南至生黎界一百十里，東北至瓊山縣界十三里，西北至澄邁縣界六十五里。《府志》：自定安縣南過南閭入光螺洞，四日可達崖州。又從白石村過風門嶺，三日可達萬州。

文昌縣，在府東南一百六十里。東西距一百二十里。東至海岸六十里，《縣志》：東至青藍巡司海岸九十里。西至瓊山縣界六十里，《縣志》：至大沖公館瓊山縣界三十里。南至會同縣界六十里，北至海岸一百五十里。東南至海岸九十里，《縣志》：至陳郁樂會場三十里。西南至定安縣界一百二十里，《縣志》：至定安縣界居腰都五十里。東北至海岸一百二十里，西北至瓊山縣界五十里。

會同縣，在府東南二百里。東西距六十里，南北距九十五[里]。東至海岸三十里，西至定安縣界三十里，册作二十五里。南至樂會縣界三十五里，册作二十五里，《縣志》作四十。北至文昌縣界六十里。東南至海港三十里，西南至樂會縣界五十里，册作十五里。東北至海岸七十里，册作至文昌縣界七十里。西北至定安縣界五十里。册作五十五里。

樂會縣，在府東南三百三十里。《縣志》作至府三百五十里。東西距二百六十五里，南北距三十五里。東至海岸十五里，西至生黎界二百五十里，南至萬州界三十里，册作至界二十五里。北至會同縣界十五里。東南至海岸二十里，册説：至萬州界七十里。東北至會同縣界三(二)里，西北至定安縣界三十里。册作至界四十二里。

儋州，在府西南三百里。《州志》：去府二百七十里。東西距八十里，南北距七十里。東至黎村四十五里，册作至透暮山黎界二百里。又《府志》：自儋州東踰黎峒二日半可至萬州。西至海岸三十五里，南至保吉黎村三十里，册説：至筆架山黎界一百里。北至海岸四十里。舊説作至臨高縣界。《州志》作至峨邨黎村。東南至黎村四十里，册作至黎界五十里。西南至昌化縣界一百二十里，册説作一百十里。東北至臨高縣界七十里，西北至海岸三十里。册説：至大海五十里。按：西南至昌化應一百八十里，二百八十恐誤。

昌化縣，在州南少西一百八十里，府西南五百五十里。《縣志》作至府六百五十里。東西距一百十里，南北距一百四十里。東至黎峒一百里，西至海岸十里，南至感恩縣界四十五里，北至儋州界九十五里。東南至黎界六十里，西南至感恩縣界四十五里，東北至儋州界五十里，西北至海岸三十里。

萬州，在府東南四百五十里。東西距二百五里，南北距一百二十里。東至海岸二十五里，西至生黎界一百八十里，南至海岸二十五里，北至樂會縣界九十五里。東南至海岸三十里，西南至陵水縣界一百里，東北至海岸七十里，西北至樂會界縣一百六十里。

陵水縣，在州南少西一百二十里，府東南五百七十里。東西距九十里，南北距一百五十里。東至海岸三十里，西至黎峒六十里，南至崖州界六十里，北至萬州界九十里。東南至海岸三十里；西南至崖州界六十里，至州治三百里；東北至萬州界九十里，至州治一百二十里；西北至黎峒一百三十里。

崖州，在府南，中隔生黎不通路，由東路八百七十里，西路九百六十五里。東西距二百五十里，南北距一百七十里。東至海岸一百六十里，西至海岸九十里，南至海岸二十里，北至生黎界一百五十里。册作至黎峒一百里。

東南至海岸十二里；西南至海岸一百二十里；東北至陵水縣界一百四十里，至縣治三百里；西北至感恩縣界一百十里，至縣治三百二十里。《府志》：自定安縣過南閭入光螺洞，四日可達崖州。

感恩縣，在州西北三百二十里，府西南六百五十五里。東西距九十五里，南北距一百二十五里。東至本州界八十五里，《縣志》：東跨黎峒。西至海岸十里，南至海岸三十里，北至昌化縣界九十五里。東南至崖州界一百十里，至州治三百二十里；西南至海岸四十里；東北至昌化縣界九十里，至縣治一百三十五里；西北至海岸三十里。

羅定州，在布政司西南六百五十里。東西距八十五里；東北距九十一里。東至東安縣界三十五里，按：至雲浮山五十里。《州志》：至分佃河界八十里。少北至□□□□□□□；西至西寧縣界五十里；《州志》：至西寧路詁潭眉界八十里。南至肇慶府陽春縣□□□□□；《州志》：至西寧縣界林峝山定康都一百五十里。北至西寧縣界隔河一里，少東至肇慶府德慶州一百五十里。東南至東安縣界六十里；《志》作至陽春縣界雞骨嶺一百五十里。西南至西寧縣界林峝山定康都界一百五十里，又南至高州府信宜縣界六濠馬櫃山二百里；東北至東安縣界五十里，至縣治一百二十里；西北至西寧縣界隔河一里，至縣治一百二十里。

東安縣，在府東少北一百二十里。東西距一百四十五里，南北距一百六十里。東至肇慶府高要縣界羅鼓村六十里；西至西寧縣界八十五里，少北至縣治冊說：至州界八十五里。□□□；南至肇慶府新興縣界區村□□□；北至大江肇慶府德慶州界六十里。東南至新興縣界古猿逕六十里，冊作至界九十五里。至縣治一百里；西南至肇慶府陽春縣界青山村一百八十里，冊作至界一百十里。至縣治□□□；東北至高要縣界六十里，至縣治一百三十里；西北至德慶州界一百里，至州治一百二十里。

西寧縣，在州西北一百二十里。東西距一百二十里，南北距三百三十里。東至東安縣界南江北岸六十里，少南至縣治一百七十里；西至廣西梧州府岑溪縣界六十里，州、縣《志》：至蒼梧縣界一百二十里，至岑溪縣界二百里。少南至縣治□□□□；南至本州界一百六十里，少西至高州府信宜縣治，又西至岑溪縣治□□□□；北至肇慶府封川縣界三十里，州、縣《志》俱作至德慶州界三十里。少西至縣治八十里。東南至羅定州界□□□□，至州治一百二十里；西南至高州府信宜縣界一百九十里，至縣治□□□□；東北至肇慶府德慶州界五十里，至州治□□□□；西北至梧州府蒼梧縣界八十里。

廣西

桂林府，布政司治。東西距四百三十里。東至湖廣永州府道州界三百五十里，西至柳州府融縣界二百二十里，南至平樂府荔浦縣界一百七十里，北至湖廣寶慶府城化縣界二百六十里。東南至平樂府一百七十里，西南至柳州府三百八十里，東北至永州府四百八十里，西北至湖廣靖州四百里。自府治至京師七千四百六十二里。

臨桂縣，附郭。東西距一百五十里，南北距七十里。東至白馬源平樂府恭城縣界七十里；西至永寧州界都狼堡八十里，少南至州治一百四十里；南至南亭驛陽朔縣界六十里，至縣治一百三十里；北至蔡家渡臨川縣界十里，至縣治五十里。東南至恭城縣治一百二十五里；西南至石門堡永福縣界五十五里，至縣治一百里；東北至興安縣治一百二十里；西北至義寧縣界鵝橋堡六十三里，至縣治八十里。

興安縣，在府東北一百二十里。東西距八十里，南北距二百五十里。東至全州界五十里。東南至九牛田灌陽縣界八十里，至縣治一百四十里；西南至靈川縣治七十里；東北至全州治一百一十里；西北至少地湖廣寶慶府城步縣界一百三十五里，至縣治二百五十里。

靈川縣，在府北五十里。東西距一百三十里，南北距六十五里。東至接龍橋興安縣界六十里，《縣圖》：至桃木鋪臨桂縣界三十里。《縣志》：至界牌臨桂縣界五十里。至灌陽縣治一百四十里；西至千羅嶺義寧縣界七十里；南至臨桂縣界蔡家渡四十里，至縣治五十里；北至小融江興安縣界二十五里。東南至腳下村臨桂縣界五十里；西南至義寧縣界毛陂《志》作毛陂橋。八十里，至縣治九十里；北至興安縣治七十里，至海陽山一百里；西北至赤株林興安縣界八十里。

陽朔縣，在府南一百三十里。東西距六十里，南北距九十里。東至平樂府平樂縣界季魚堡三十里，西至永福縣界筆架堡三十里，北至縣治六十里，《縣志》作一百二十里。南至界牌堡平樂府荔浦縣界三十里，至縣治六十里；北至臨桂縣界南亭驛七十里，至縣治一百三十里。東南至平樂縣界四十里；西南至平樂府修仁縣治九十里；《縣志》作至荔浦縣月山驛四十里。東北至平樂府恭城縣界沙子鋪七十里，至縣治一百里；西北至臨桂縣界羊角堡七十里。

永寧州，在府西少南一百四十里。東西距一百四十里，南北距二百二十里。東至臨桂縣界六十里，少北至縣治一百四十里；西至柳州府融縣八十里，至縣治二百七十里；南至界牌堡柳州府洛容縣界一百里；北至□□□□□□□□□□。東南至永福縣界四十里，至縣治八十里；西南至洛容縣治一百七十里；《州志》作二百七十里。東北至山口村義寧縣界一百里，至縣一百一十里；西北至懷遠縣治。

永福縣，在州東南八十里，府西南一百二十里。東西距一百七十里，南北距八十里。東至陽朔縣界水馬隘六十里，少南至縣治一百二十里；冊作至筆架堡三十里，至縣六十里。西至柳州府洛容縣界牛擺一百四十里；《縣志》作至海灣堡本州界二十里。南至平樂府修仁縣界四頂山三十里，《縣志》作至修仁、荔浦二縣界黄腰隘一百里。至縣治九十里；北至本州界四十里，《縣志》作至臨桂縣崩山峽二十里。少東至義寧縣治一百一十里。東南至平樂府荔浦縣治八十里；《縣志》：至板塘四頂山修仁縣界三十里。西南至洛容縣界舊街堡一百二十里，至縣治一百七十里；東北至臨桂縣界石門堡四十五里，至縣治一百里；西北至總甫隘本州界十七里，至州治八十里。

義寧縣，在州東北一百十五里，府西北八十里。東西距六十里，南北距一百里。東至臨桂縣界十里；《縣志》：西界五十里。西至本州界山口村十五里；南至臨桂縣界兩江司三十里，少西至永福縣治一百里十里；北至小江湖(苗)廣寶慶府城步縣界一百七十里。東南至鵝橋堡臨桂縣界十七里，至縣治八十里；西南至本州治一百十五里；東北至毛陂靈川縣界十里，至縣治九十里；西北至湖廣靖州綏寧縣界□□里，至通道縣治三百里。

全州，在府東北二百五十里。東西距一百三十五里，南北距一百三十里。東至東木堡湖廣永州府零陵縣界五十五里；西至石梓鋪興安縣界八十里；南至中家鋪灌陽縣界五十里，少東至縣治九十里；北至飛山浄界鋪永州府東安縣界八十里，少東至縣一百三十里。東南至永州府道州治一百十里；西南至興安縣治一百十里；東北至安道鋪零陵縣界五十里，至縣治□□里；一作一百四十里。西北至登雲庵湖廣武岡州新寧縣界九十里，至縣治一百五十里。

灌陽縣，在州南少東九十里，《縣志》作東南一百二十里。府東北二百二十里。東西距九十里，南北距七十里。東至栗木堡湖[廣]永州府道州界三十里，少南至州治一百四十里；西至九牛田興安縣界六十里，至臨州縣治一百四十里；南至永州府永明縣界三十里；北至本州界中家鋪四十里，至州治九十里。東南至永明縣治六十里；西南至福順林平樂府恭城縣界八十里，至縣治一百五十里；東北至永州府零陵縣一百(西)[四]十里；西北至興安縣治一百四十里。

平樂府，在布政司南少東一百七十里。東西距四百八十里，南北距三百九十里。東至長廣村湖廣江華縣界二百九十里，西至柳州府洛容縣界高大堡一百九十里，南至梧州府藤縣界五屯所二百五十里，北至桂林府灌陽縣界苔塘嶺一百四十里。東南至廣東廣州府連山縣界上峒營三百八十里，又南至梧州府蒼梧縣界穴口三百五十里；西南至柳州府象州界大樂司一百七十五里；東北至湖廣永州府永明縣界泊數二百八十里；西北至季魚堡桂(陵)[林]府陽朔縣界十里。自府治至京師七千六百四十二里。

平樂縣，附郭。東西距一百三十里，南北距九十五里。東至富川縣界白霞司一百二十里；西至荔浦縣界十里，少南至縣治五十五里；南至黄井塘昭平縣界三十里；北至西水村恭城縣界六十五里。東南至足灘堡昭平縣界九十里，縣治一百二十里；西南至荔浦縣界龍窩鋪五里；東北至沙子鋪恭城縣界四十里，至縣治八十里；西北至季魚堡桂林府(朔)陽[朔]縣界十里，至縣治四十里。

恭城縣，在府東北八十里。東西距一百三十里，南北距一百四十里。東至富川縣界西鄉崗一百里；西至桂林府陽朔縣界黄鱔塘冊作下宋村。三十里，少南至縣治□□里；南至平樂縣界東砦七十里；《縣[志]》：至木頭坡二十里。北至桂林府灌陽縣界首塘嶺七十里，少東至縣治一百五十里。東南至富川縣界漕硝村八十里，《縣(至)[志]》：至平樂縣東砦七十里。至縣治一百十里；應一百四十里。西南至沙子鋪平樂界縣三十五里，至縣治八十里；東北至湖廣永州府永明縣界桃川關七十里，應九十里。至縣治一百三十里；西北至白馬源桂林府臨桂縣界二十里，《志》：至團山嶺一百二十五里。至縣治一百二十里。

富川縣，在府東少北二百里。東西距一百四十里，南北距一百五十里。

東至長廣村《府志》作巖口。湖廣永州府江華縣界六十里；北至廖源村永州府永明縣界六十里，至縣治一百四十里。東南至車下□□縣界二十八里，至縣治五十五里；西南至□□縣界燕塘一百五里，至縣治二百七十里；東北至了山村永明縣界七十里，至江華縣治一百二十里；西北至澧(雄)[确]村恭城縣界八十里。

荔浦縣，在府西少南五十五里。東西距七十里，南北距五十五里。東至龍窩鋪平樂界五十里；西至修仁縣界三窖村二十里；南至橋頭村永安州界十五里，至州治八十五里；北至横木鋪桂林府陽朔縣界四十里，少東至縣治六十里。東南至昭平縣治□里，西南至修仁縣治三十里，東北至平樂縣治五十五里，西北至桂林府永福縣界板石村四十里，至縣治八十里。

昭平縣，在府南少東一百三十里。東西距一百六十里，南北距一百六十里。東至田寮洞賀縣界九十里，至縣治一百五十里；西至牛矢村永安州界六十里，至州治一百五十里；南至梧州府蒼梧縣界一百二十里；册作(志)[至]陸黍村梧州府藤縣界六十里。北至甑灘堡平樂縣界四十里，少西至縣治一百三十里。東南至廣東肇慶府開建縣界□□里，至縣治二百四十里；西南至梧州府藤縣界一百二十里，至縣治二百里；東北至富川縣界珊瑚塞一百六十里，至縣治二百七十里；西北至仙迴峒永安州界七十里，至荔浦縣。

賀縣，在府東南一百八十里。東西距二百五十里，南北距一百七十里。東至大峰凹廣東廣州府連山縣界一百里，少北至縣治二百五十里；西至田寮洞昭平縣界一百五十里，至縣治一百五十里；南至牛闌山廣東肇慶府開建縣界一百里，至縣治一百五十里；北至富川縣界七十里，至縣治一百六十里。東南至白泥嶺梧州府懷集縣界五十里，《志》作八十里。至縣治一百五十里；《志》作二百里。[西]南至勒竹塘梧州府蒼梧縣界一百五十里，至縣治三百里；東北至寡母陂湖廣永州府江華縣界一百六十里，至縣治二百五十里；西北至平樂縣治一百八十里。

修仁縣，在府西少南八十五里。東西距一百二十里，南北距一百三十里。東至曹村荔浦縣界十里，西至柳州府(樂客)[雒容]縣界高天堡一百里；南至大峒諸傜界六十里，至潯州府平南縣數百里；北至桂林府永福縣界六十里，至縣治一百三十里。《縣志》：至荔浦縣界四里。東南至下峝城永安州界十五里，至州治九十里；西南至柳州府象州界大樂司九十里，至州治一百五十里；東北至三窖村荔浦縣界十里，至縣治三十里；西北至(洛)[雒]容縣界丙和嶺二十五里，至縣治一百三十里。

永安州，在府西南一百二十里。東西距一百四十里，南北距二百十里。東至仙迴洞昭平縣界五十里，少南至縣治一百二十里；西至修仁縣界九十里，至柳州府象州治一百八十里；南至梧州府藤縣界五屯千户所一百四十里；北至盤龍村荔浦縣界七十里，少東至縣治八十五里。東南至藤縣治二百四十里；西南至龍山甲潯州府平南縣界二百里，至縣治二百三十里；東北至平樂縣治一百二十里；西北至修仁縣治九十里。

梧州府，在布政司東南五百四十里。

蒼梧縣，附郭。東西距五十五里，南北距三百十里。東至分界樹廣東肇慶府封川縣界三十里，少南至縣治八十里；西至古銑村藤縣界二十五里，至縣八十里；南至岑溪縣界鵝腰嶺一百六十里，少西至縣治二百里；北至平樂府賀縣界勒竹塘一百五十里。東南至廣東肇慶府西寧縣治一百十里，西南至岑溪縣□里，東北至賀縣治三百里，西北至平樂府昭平縣治。

藤縣，在府西八十里。東西距一百四十里，南北距二百四十里。東至蒙郎鋪蒼梧縣界六十里，至縣治八十里；西至横塘鋪潯州府平南縣界八十里，至縣治一百四十里；南至界牌鋪容縣界一百四十里，册作至岡峒鋪界一百七十里。少西至縣治二百三十里；北至平樂府永安州界一百里。東南至石人鋪岑溪縣界一百二十里，至縣治二百二十里；西南至容縣□□里；東北至平樂府昭平縣治二百里；西北至永定州治二百四十里。

容縣，在府西南二百四十里。東西距九十里，南北距一百七十里。東至岑溪縣界五十里；西至北流縣界都隴里三十里，少南至縣治五十里；南至平地閘廣東高州府信宜縣一百里；北至藤縣界七十里。東南至岑溪縣界七十里，至縣治□里，又南至信宜縣治一百八十里；西南至廣東高州府化州治里；東北至江洞鋪藤縣界六十里，至縣治二百三十里；西北至潯州府平南縣界七十里，至縣治二百五十八里。

岑溪縣，在府南少西二百四十里。東西距一百六十里，南北距一百三十五里。東至黄陵山廣東肇慶府西寧縣界八十里；西至封村容縣界八十里；南至藤田村廣東高州府信宜縣界一百十里，至縣治一百五十里；北至藤縣界孔夾村二十五里，少東至蒼梧縣界鵝腰嶺九十五里，至縣治二百四十里。東南至信宜縣界一百里，西南至信宜縣治一百四十里，東北至西寧縣治一百五十里，西北至藤縣治一百八十里。

懷集縣，在府東北三百里。東西距一百三十里，南北距一百九十里。東至廣東肇慶府廣寧縣界半山村六十里；西至肇慶府開建縣界莫羅村七十里，少南至縣治一百五十里；南至肇慶府德慶州界平屯村七十里，至州治二百五十里；北至平樂府賀縣界□□里；北至廣東廣州府(建)[連]山縣界石田村一百二十里。東南至廣寧縣治一百五十里；西南至開建縣治一百十里，又南至肇慶府封川縣治二百五十里；《縣志》：至江口鋪封川縣界二百五十里，又五十里至蒼梧縣。東北至廣州府連山縣治□□里，又東至陽山縣治三百五十里；西北至平樂府賀縣治一百五十里。

鬱林州，在府西南三百三十里。東西距七十五里，南北距一百四十里。東至天門山北流縣界三十里，至縣治四十五里；西至陳村興業縣界四十五里，少北至縣治六十里；南至陵川縣界榕江南鋪二十里；册作燕表村。北至大容村潯州府桂平縣界一百二十里。東南至陸川縣治七十里，至廣東高州府化州治三百七十里；西南至博白縣界沙田鋪六十里，至縣治九十里；東北至潯州府平南縣治□□里；西北至桂平縣治。

博白縣，在州西南九十里，府西南四百里。東西距二百一十里，南北距二百三十里。東至陸川縣界沙湖堡□□里，至縣治□□里；西至石洞村廣東(連)[廉]州府合浦縣界九十里；南至大絣村廣東高州府石城縣界一百四十里；北至古坡堡興業縣界六十里，至縣治九十里。東南至石城縣治□□里；西南至合浦縣治二百里；東北至沙田鋪本州界三十里，至州治九十里；西北至連州府靈山縣。

北流縣，在州東四十五里，府西南二百九十里。東西距三十五里，南北距三百八十里。東至西山嶺容縣界二十里；西至天門山本州界十五里，至州治四十五里；南至梁家沙堡廣東高州府化州界□□里，至州治二百七十里；北至陸雷村潯州府平南縣界一百里。東南至容縣界□□，高州府信宜縣治一百七十五里；西南至排村陸川縣界四十五里，至縣治九十里；東北至都隴里容縣界二十里，至縣治五十里；西北至平南縣治二百五十里。

陸川縣，在州南少東七十里，府西南三百八十里。東西距九十五里，南北距一百七十里。東至排村北流縣界四十五里；《縣志》作至四賀七十里。西至沙河堡《縣志》作突塘。博白縣界五十里，至縣治□里；南至北當鋪廣東高州府石城縣界一百二十里；北至榕江鋪本州界五十里。東南至高州府華州(至)[治]二百三十里，西南至石城縣治二百一十里，東北至北流縣治九十里，西北至本州治七十里。

興業縣，在州少西北六十里，府西南三百六十里。東西距九十里，南北距八十五里。東至本州界鴨橋鋪三十里；西至廣東連州府靈山縣界六十里；南至古坡鋪博白縣界三十里，至縣治九十里；北至橋墟潯州府貴縣界五十五里。東南至本州治六十里；西南至廣東連州府靈山縣治二百二十里；東北至潯州府貴平縣治一百八十里；西北至貴縣界都陵鋪六十里，至縣治一百四十里，至南寧府橫州。

潯州府，在布政司西南九百五十里。東西距三百六十里，南北距二百二十里。東至梧州府藤縣界一百六十里，西至南寧府橫州界二百里，南至梧州府鬱林州界一百五十里，北至柳州府武宣縣界七十里。東南至梧州府容縣界二百里，西南至廣東連州府合浦縣界二百七十里，東北至平樂府(未)[永]安州治四百三十里，西北至柳州府賓州治三百六十里。自府治至京師八千五百四十里。

桂平縣，(在)附郭。東西距一百二十里，南北距二百二十里。東至平南縣界相思州六十里，至縣治一百里；西至貴縣界平竭墟六十里，册作八十里。(至)至縣治一百二十里；南至梧州府鬱林州界北底一百五十里；北至柳州府武宣縣界紅石磯七十里；南至鬱林州治□□里容縣大客山脚一百八十里，至縣治二百五十八里；西南至梧州府興業縣治□□，東北至平樂府永安州□□里，西北至武宣縣治二百五十里。

平南縣，在府東一百里。東西距一百里，南北距二百八十里。東至梧州府藤縣界橫塘鋪六十里，至縣治一百四十里；西至相思州桂平縣界四十里，至縣治一百里；南至梧州府北流縣界陸雷村□□里，少東至縣治二百五十里；北至平樂府永安州界龍山脚一百三十里。東南至梧州府容縣界一百里，至縣治二百五十八里；西南至桂平縣界二十里，至梧州府鬱林州治□□；東北至藤縣界五屯所六十里；西北至傜山柳州府象州界一百五十里，至州治□□里，至(宣)武[宣]縣治二百二十里。

貴縣，在府西南一百二十里。東西距一百四十里，南北距二百三十里。

東至厚祿里册作平竭里。桂平縣界六十里，至縣治一百二十里；西至雲表公館南寧府橫州界八十里，少南至州治一百四十里；南至新安墟册作塙墟。梧州府興業縣界八十里；北至柳州府賓州界一百五十里。東南至興業縣治一百二十五里；西南至□□界一百五十里，至縣治□□里；東北至柳州府武宣縣界大樟村一百五十里，至縣治二百四十里；西北至賓州界一百里，至州治二百四十里。

柳州府，在布政司西南四百里。東西距二百三十里，南北距七百四十里。東至洛容縣丙和嶺平樂府修仁縣界八十里；西至慶遠府宜山縣界大槽村一百五十里，至縣治三百三十里；南至界牌嶺潯州府貴縣界二百三十里；北至湖廣靖州通道縣界五百十里。東南至潯州府桂平縣治四百五十里，西南至思恩府(開)[武]緣縣治四百三十里，東北至桂林府永寧州治二百五十里，西北至貴州黎平府西山土司界三百四十里。自府治至京師七千七百三十二里。

馬平縣，附郭。東西距一百四十里，南北距一百二十里。東至洛容縣界二十里，至平樂府修仁縣□□；西至大槽村慶遠府宜山縣界一百五十里，少北至縣治二百里；南至烏石堡來賓縣界一百里，《縣志》作八十里。至縣治一百七十里；北至柳城縣界二十里。東南至山坡村象州界八十里，至州治一百三十里。西南至都村慶遠府忻城上縣界五十里，至縣治一百四十五里，又南至牛黎村遷江縣界一百里，至縣治二百五十里；東北至雒容(雄)縣界二十五里，至縣治九十里；西北至柳城縣界長塘墟二十里，至縣治六十里。

羅城縣，在府西北一百九十里。東西距一百二十五里，南北距二百里。東至木山村□□里，西至慶遠府天河縣界四把墟二十五里，《縣志》作四十里。南至羊角山柳城縣界五十里，北至通道鎮貴州黎平府西山土司界一百五十里。東南至柳城縣界五十里，至縣治一百三十里；西南至慶遠府永順副土司界橫沖村七十里，至司治九十里；《縣志》作(志)[至]宜山縣八十里。東北至融縣界七十里，至縣一百□里；西北至平西里天河縣界二十五里，至縣治五十里。

(洛)[雒]容縣，在府東北六十里。東西距六十五里，南北距一百二十里。東至獨厄塘桂林府永福縣界三十里；西至三門江馬平縣界三十五里，至柳城縣一百二十里；南至江口司象州界五十里，至州治一百里，至北界牌堡桂林府永寧州界七十里，少東至州治一百九十里。東南至平樂府修仁縣一百三十里，西南至馬平縣治六十里，北至永福縣治一百七十里，西北至路沖村柳城縣界六十里。

懷遠縣，在府北少西三百十里。東西距三百三十里，南北距二百五里。東至洛袍村桂林府永寧州界一百八十里，西至古州八萬箐貴州黎平府西山土司界一百五十里，南至板江村融縣界五里，北至雙塘村湖廣靖州通道縣界二百里，至縣治二百七十里。舊《志》作至貴州永從縣二百里。東南至永寧州□里，西南至容縣一百二十里，東北至靖州綏安縣治三百七十七里，西北至貴州黎平府永從縣二百里。

柳城縣，在府西北六十里。東西距一百里，南北距一百四十[里]。東至南村馬平縣界十八里，至洛容縣一百二十里；西至羅城縣界八十里，至慶遠府(宣)[宜]山縣治一百八十里；南至馬平縣界四十里；北至沙鞏村容縣界□里，少西至縣治二百里。東南至長塘墟馬平縣界四十里，至縣治六十里；西南至下壇村宜山縣界八十里；東北至(洛)雒[容]縣界路沖村六十里；西北至龍跑塘羅城縣界八十里，至縣治一百一十里。

來賓縣，在府南一百七十里。東西距一百三十二里，南北距一百三十里。東至趙村武宣縣界七十二里；西至遷江縣界榜山村六十里，至縣治六十五里；南至界牌鎮潯州府貴縣界六十里，至縣治二百里；北至馬平縣界烏石堡七十里，至縣治一百七十里。東南至武宣縣界都泥江口六十里，至縣治七十五里；西南至賓州治一百三十里；東北至象州治一百里；西北至(干)[遷]江縣界。

融縣，在府西北二百五十里。東西距二百七十里，南北距二百二十里。東至桂林府永寧州界都猺村一百九十里，少南至州治二百七十里；西至羅城縣界木山村□十里；南至沙鞏村柳城縣界一百里；北至河瀃村懷遠縣界一百二十里。東南至柳城縣一百九十里，西南至羅城縣一百八十里，東北至懷遠縣一百二十二里，西北至貴州黎平府西山土司界。

象州，在府東南八十里。東西距一百六十里，南北距九十里。東至大樂司鑱村平樂府修仁縣界一百十里，至永安州一百八十里；西至山坡村馬平縣界五十里；南至牛闌村武宣縣界三十里，至縣治一百二十里；北至

(洛)[雒]容縣界江口司六十里，至縣治一百里。東南至潯州府平南縣□里；西南至來賓縣一百十里，至賓州二百五十里；北至修仁縣□里；舊《志》作一百五十里。西北至馬平縣一百三十里。

武宣縣，在州南一百二十里，府東南二百五十里。東西距一百四十里，南北距一百八十里。東至潯州府桂平縣界花雷村九十里；西至西水村賓州界五十里，少南至州治一百三十里；南至潯州府桂平縣界九十里；舊《志》：至潯州府二百五十里。北至本州界牛闌村九十里，至州治一百二十里。東南至桂平縣治二百里；西南至貴縣界大獐村九十里，至縣治二百四十里；東北至平樂府修仁縣界南隘八十里，至縣治一百二十里；西北至耀村來賓縣界二十里，至縣治七十五里。

賓州，在府少南西三百三十里。東西距一百五十里，南北距一百二十里。東至□□武宣縣界□□里；西至上攬思村上林縣界巷賢鄉三十里，《州志》作巷賢鄉四十里。少北至縣治八十五里；《州志》作六十里。南至古辣墟南寧府橫州界五十里，《州(治)[志]》作至社流水宣化縣界五十里。至州治一百三十里，(有)[又]南至永淳縣一百五十七里；北至下攬思村(千)[遷]江縣界三十里，至縣治一百二十里。東南至貴縣治一百八十里，《州志》：至古辣墟永淳縣界四十里。至橫州一百八十里；西南至南寧府宣化縣界崑崙關九十里，至縣治一百九十里；《縣志》作至上林縣界思隴驛六十里。東北至來賓縣治一百三十里，(右)[又]東至西水村武宣縣界八十里，至縣治一百八十里；西北至鄒墟上林縣界四十里，至慶遠府二百二十里。

遷江縣，在州北一百二十里，府西南二百一十里。東西距六十里，南北距二百二十里。東至榜山村來賓縣界五里，至縣治六十五里；西至上林縣界五十五里；南至下攬思村本州界七十里，至州治一百里；北至馬平縣界一百里。東南至清水鎮□里，至縣治□□里；西南至中攬思村上林縣界五十五里，至縣治一百二十里；東北至馬平縣界牛李村一百五十里，至縣治二百十里；西北至慶遠府忻城縣治一百七十里。

上林縣，在州西少北八十里，《州志》作六十里。府西南三百三十里。東西距一百里，南北距一百九十里。東至本州界上攬思村七十里；《縣志》：東至本州(志)[界]七十里，以馬安山爲界。西至安養村思恩府古零土司界四十里，至府治一百五十里；《縣志》：大明山爲界，五十里。南至陸村思恩府武緣縣界五十里安英，南至崑崙關南寧府宣化縣界六十里，少西至縣治一百里；北至慶遠府忻城土縣界羅墨渡一百四十里。東南至賓州界□□；西南至思恩府武緣縣界羅村九十里；東北至遷江縣界中司攬村六十五里，《縣志》：以新城分界。至縣治一百二十里；西北至忻城土縣界羅墨渡一百四十里，至縣治一百七十里。

慶遠府，在布政司西南六百二十里。東西距五百九十里，南北距三百七十里。東至柳州府馬平縣界一百八十里，西至貴州豐寧下土司界四百十里，南至思恩府安定土司界夷江渡一百二十里，北至貴州古州八萬徭界二百五十里。東南至柳州府上林縣治三百十里，西南至泗城土府界五百六十里，東北至柳州府羅城縣治一百四十五里，西北至貴州獨山州五百二十里。自府治至京師七千九百里。

宜山縣，附郭。東西距二百三十里，南北距一百里。東至下團村柳州府柳城縣界七十里，少南至縣治一百八十里；西至河池州界大灣一百六十里，至州治二百十五里；南至高陽站忻城土縣界五十里，至縣治一百十里；北至歸順里天河縣界五十里。東南至永定土司界七十里，至柳州府馬平縣界一百八十里，至縣治二百三十里；西南至永泰里永順土司界一百五十里，至司治二百里；東北至天河縣治九十里；西北至思恩縣界喇煙村一百十里，至縣治一百五十里。

天河縣，在府東北九十里。東西距七十里，南北距八十里。東至四把墟柳州府羅城縣界三十里；西至宜山縣界順安里四十里，至思恩縣一百七十里；南至長沙鋪宜山縣界四十里；北至貴州黎平府四十里。東南至宜山縣界郡里四十里，至羅城縣治五十五里；西南至宜山縣界歸化里六十里；東北至羅城縣界上平西里四十里；西北至思恩縣界中州一百二十里。

忻城土縣，在府南少東一百十里。東西距一百四十五里，南北距一百十里。東至柳州府馬平縣界一都九十五里，至縣治二百四十五里；西至永定土司界頭盔堡五十里；南至柳州府上林縣界思言鎮冊作羅脈渡。五十里，少東至縣治一百七十里；北至宜山縣界思龍崗冊作高陽帖。六十里。東南至柳州府遷江縣界北三所一百二十里，至縣治□□；西南至永定土司界端簡村八十里，舊《志》作至那地州北里悟。至思恩府安定土司界夷江渡一百二十里；東北至柳州府柳城縣界炭村一百二十里，至縣治□□；西北至永定土司界板立五十里，至(思)[司]治九十里。

河池州，在府西二百二十五里。東西距八十里，南北距一百六十里。東至金城江大灣忻山縣界橋堡五十五里，至縣治二百十五里；西至大山村南丹土司界二十五里；南至三旺東蘭州界一百二十里，少西至州治二百十里，少東至安定土司亦二百里；北至古姓村思恩縣界四十里。冊作至塞喇村八十里。東南至平林里那懷村永順土司界七十里；西南至下里坡蓼村那地州界一百十里，至州治一百七十里；東北至惟建里索齋村思恩縣界六十里，縣治二百四十里；西北至如來里曹村南丹州界如癸村九十里，至州治一百五里。

思恩縣，在州東北一百四十里，府西北一百五十里。東西距一百三十里，南北距一百三十里。東至天河縣界五十里，至縣治□□里；西至荔浦縣界八十里；南至喇煙村宜山縣界五十里；北至荔浦縣界八十里。《縣志》作一百二十里。東南至宜山縣界四十里，至縣治一百五十里；西南至本州界四十里，至州治一百里。《縣志》：至塞喇本本州界六十里。至州治一百四十里；東北至天河縣界四十里，又東至柳州府羅城縣界八十里，至古州八萬傜界一百四十里；西北至荔浦縣界洞馬八十里，至縣治一百六十里。

荔(浦)[波]縣，在州西北一百八十里，府西北四百里。東西距一百十里，南北距二百四十里。東至里苗巢界五十里，至狎猝捧貴州豐寧土司界六十里，《縣圖》作七十里。至司治一百十里；南至董界堡南丹州界一百六十里；北至猝捧貴州爛土司界七十五里，《縣志》作八十里。至司治八十五里。東南至峝馬(司)[思]恩縣界八十里，至縣治一百六十里；西南至南丹州界一百六十里，(西南至南)至州治；東北至貴州都匀府獨山州界五十五里，至州治一百二十五里；西北至貴州貴陽府定番州界□□里。

東蘭州，在府西南四百二十里。東西距一百七十里，南北距二百十里。東至隘崗永順鎮土司界三十二里；西至岜牙村思恩府泗城土府界一百四十里，至府治□；南至思恩府土田州界岜馬村一百四十里，冊作舊城土司界作也村八十二里。至思治九十五里；北至河池州界雷山關八十里，少東至州治二百十里。東南至思恩府興隆土司界林材一百二十里；西南至土田州治至泗城土府界平樂村一百四十里；東北至永順土司治一百五十里又至□□；西北至那地土州界七十里，至州治一百里，又西至傜村一百十里。

那地土州，在府西南三百四十里。東西距二百六十里，南北距一百里。東至巴甲村河池州界六十里；西至馱懷村思恩府泗城土府界二百里，至府治□□；南(北)至北荷村東蘭土州界三十里；北至南丹土州界羅候關七十里。東南至東蘭州治一百里，西南至思恩府土田州界一百五十里，東北至河池州一百七十里，西北至南丹州一百四十里。

南丹土州，在府西三百二十里。《州志》作三百四十里。東西距一百七十里，南北距一百七十里。東至大山村河池界八十里，至州治一百五里；西至岜峨塞思恩府泗城州界一百二十里；南至羅城關那地土州界七十里，至州治一百四十里；北至荔波縣界董界堡一百里。東南至河池州界北鄉八十里；西南至那地土州界翁羅村六十里；東北至荔波縣界沖芒村八十里，至縣治□；西北至錢坑貴州都匀府獨山州風寧下司界九十里，至司治二百里，又西至貴州定番州界。

永定長官司，在府南四十五里。東西距一百十里，南北距一百里。[東]至柳州府馬平縣界都揆隘六十里，西至永順土司界龍門村冊作傜窩。五十里，南至忻城縣界疊石五十里，北至宜山縣界□□五十里。冊作東至石鱉堡七十里，皆誤。東南至忻城縣界黃泥五十里，西南至思恩府安定土司界夷江渡八十里，東北至馬平縣界洛三鄉七十里，西北至忻山縣界石五村三十里。

永順正長官司，在府西南一百六十里。東西距七十里，南北距一百五十里。東至不入板圖傜窩永定土司界三十里，至司治一百里；西至河池州界三旺村四十里；南至思恩府安定土司界澇頭村一百里；北至宜山縣界永泰里五十里。東南至傜窩四十里，至安定土司治一百五十里；西南至安定土司界喇沖村五十里，東至蘭州治一百二十里；東北至忻山縣界中里三十里；西北至忻山河池交界永泰光巖里三十里。

永順副長官司，在府東四十里。東西距十八里，南北距三十二里。東至柳州府柳城縣界思營里穀本村十里，至縣治八十里；西至宜山縣界郡里北面村八里；南至□□里；北至宜山縣界郡里羅村二十里。東南至柳城縣界張村十五里；西南至宜山縣界雒西里羅村十里，至縣治四十里；東北至宜山縣界郡里孟江村三十五里；西北至宜山縣雒西里范村十五里。

思恩府，附郭，無縣。東西距六十里，南北距三十五里。東至陸幹墟柳州府上林縣界五十里，少北至永景隘古零土司界三十里，至司治八十里；西至下旺土司界□□，少南至司治一百里；南至黄嶺隴武緣縣界十里，至縣治五十里；北至曹家隘興隆土司界二十五里，至司治六十里。東南至柳州府賓州界九十里；西南至丹良堡南寧府歸德土州界一百四十里，至州治一百七十里；東北至白小土司界高坑里六十里，至司治八十里；西北至定羅土司界關嵩五十里，至司治九十里。

思恩府，在布政[使]司西南一千二百里。東西距六百九十里，南北距一百八十里。東至柳州府賓州上林縣界五十里，西至雲南廣南府富州界六百四十里，南至南寧府宣化縣界一百里，北至慶遠府永順鎮土司界一百八十里。東南至南寧府治一百七十里，西南至交趾高平府界八百里，東北至慶遠府(宜)[忻]城縣界二百十里，西北至(桂)[貴]州普安州界一千六百里。

武緣縣，在府南五十里。東西距一百二十里，南北距九十里。東至渌良塘柳州府賓州上林縣界七十里；西至南寧府歸德土州界沙村一百五十里，至州治一百七十里；南至暗橋南寧府宣化縣界五十里；北至白泥村府界四十里，至府治五十里。《府志》作至興隆土司一百里。東南至高峰鋪宣化縣界六十里，至縣治一百二十里；西南至南寧府隆安縣界六十里，至縣治一百二十里；東北至柳州府上林縣界八十里，至縣治一百里。

古零土司，在府東少北八十里。東西距一百十里，南北距六十里。東至柳州府上林縣界安養村六十里，至縣治一百里；西至府界水景隘五十里，至府治八十里；南至羅峰隘武緣縣界二十里；西至白山土司界二十里，少西至司治七十里。東南上林縣界七十里；西南至武緣縣界二十里；東北至上林縣界周安、古蓬、思吉三鎮九十里；西北至興隆土司界蘆河城頭三十里。

白山土司，在府東北七十五里。東西距五十七里，南北距八十里。東至(土)[古]零土司界力律村四十七里；西至剥貫村興隆土司界十里；南至高坑里本府界二十里，少西至府治八十里；北至安定土司界渌昌村□里，至司治九十里。東南至古零土司七十里；西南至興隆司治二十五里，至思黎城頭定羅土司界八十里。

安定土司，在府北少東一百三十五里。東西距一百里，南北距八十里。東至夷江隘慶遠府宜城土縣界□里，少北至縣治□□里；西至感央村興隆土司界二十里，《司志》作至土田州界武隆村六十里，誤。南至興隆土司界二十里；北至□樹村慶遠府永順正土司界五十里。東南至白山土司界渌昌村三十里，至司治九十里；西南至刀河隘興隆土司界三十里，至司治八十里；東北至[慶]遠(慶)府永定土司界六十里；西北至永順土司治一百五十里。

興隆土司，在府北七十里。東西距一百十里，南北距一百十五里。東至白山土司界剥貫村三十里，至司治四十里；西至舊城土司界岜等墟八十里，少南至司治一百三十里；南至李墟本府界六十里，至府治七十里；北至安定土司界感央村八十里。東南至白山土司界三十里；西南至那馬土司界三十五里，至司治七十里；東北至清水安定土司界四十里，至司八十里；西北至土田州界一百四十里。

那馬土司，在府西少北九十五里。東西距五十里，南北距四十七里。東至興隆土司界隴兔村三十五里，西至岜鍊村都陽土司界十五里，南[至]武緣縣界四十里，《司志》作至西村定羅土司界二十七里。北至工村舊城土司界二十里，至司治七十里。東南至武緣縣界五十里；西南至武緣縣界三十五里；冊作至定羅土司界二十七里，至司治六十里。東北至興隆土司界三十五里，至司治七十里；西北至定羅土司界三十五里。

定羅土司，在府西九十里。東西距七十里，南北距六十七里。東至本府界關嵩四十里，《司志》作至白三司界三十里。西至舊白三司□□里，《司志》作至舊司城界三十里。冊說：至陀隴村土田州界三十里，少北至土田州治一百八十里。南至那嵩村武緣縣界二十里；北至那馬土司界蘇村三十三里。《司志》作至田州界三十里。東南至武緣縣界三十里；西南至南寧府歸德土州界□里；東北至那馬土司界三十里，至司治六十里；西北至舊城土司界三十里。

舊城土司，在府西北一百五十里。東西距七十里，南北距五十里。東至興隆土司界隴村五十里；西至歲谷村都陽土司界二十里，《司志》作至土田州界四十里。少北至司治四十里；南至羅土司界二十五里，少東至司治□里；《司志》作至都陽土司界二十里。北至作也村慶遠府東蘭土州界三十里，至州治九十五里。東南至那馬土司界上村五十里，至司治七十里；西南至坡華村下旺土司界三十五里；東北至興隆土司一百三十里；西北至都陽土司界五十里。

都陽土司，在府西北一百里。東西距三十五里，南北距四十七里。東至舊城土司界歲谷村二十里，少南至司治四十里；西至洄城土府界□里，少南至府治□里，南至南寧府歸德土州界二百里；北至那旺村東蘭土州界七十里。東南至那馬土司界岜鍊村九十里，至司治一百十里；西南至淥生村土田州界二十里，至州治一百五十里；東北至安定土司二百里；西北至慶遠府東蘭土州界林村七十里；西北至泗城土府。

下旺土司，在府西□里。東西距五十里，南北距一百三十五里。東至舊城土司界十里；西至岜磽村土田州界六十里，《司志》作至□界四十里。至州治一百六十里；南至□□里；北至都陽土司界六十里。册作至秀嶺九十五里，誤。東北至□□□界二十里，西北至□□五十里，東南至南寧府歸德土州界，西南至□□界四十里。舊治首城頭，東至古零司界十五里，西至白山司界二十五里，南至白山司界二里，北至白山司界二十里。東南至白山司界一里，至古零司界十五里；東北至白山司界二十里；西北至白山司界十里。

泗城土府，在府西北百五十里。東西距三百八十里，南北距五百六十里。東至平樂甲慶遠府[東]蘭土州界二百里，册作至都陽司界龍村十五里。至州治□；西至西林縣界一百八十里；南至阪樂甲土田州界一百六十里；北至石頭屯貴州永寧州界四百里。舊《志》作一百六十里。東南至土田州界皆權村一百四十里，至州治二百七十里；西南西林縣界一百二十里，至縣治二百五十里；東北至羅斛甲慶遠府南丹土州界二百五十里；西北至上江甲西隆州界三百五十里，至州治四百八十里。

鎮安土府，在府西五百七十里。東西距一百十八里，南北距一百七十里。東至雷枕嶺奉議土州界四十里，少北至州一百五十里；西至歸順土州界七十八里，册作至岜筆隘小鎮安界五十三里。至治一百五里；南至上映土州界八十里；北至土田州界九十里。東南至向武土州界呼村八十里，至州治一百十里，又南至上映土州治□里；西南至《府志》：至湖洞塞界七十里。歸順土州界鑒村七十八里，至州治一百四十八里；東北至奉議土州界八十五里，至土田州界馮村九十里，至州治二百里；西北至歸順界八十里。

土田州，在府西三百七十里。東西距一百八十二里，南北距一百三十一里。東至下旺土司界岜磽一百里，《府志》作至上林縣界一百二十里。至司治一百六十里；西至西林縣界魚寨八十一里，少北至縣治二百七十里；《府志》作至泗城府界一百四十里。南至怕律筒奉議土州界一里，少西至州治五十一里；北至皆權村泗城土府界一百三十里。《府志》作至東蘭州界一百八十里。東南至榕樹塘上林土縣界一百二十里，至縣治一百三十五里；《府志》作至向武土州界一百里。西南至鎮安土州界馮村一百五十里，至府治二百里；《府志》作至雲南富州界二百四十里。東北至都陽土司界淥生村一百二十里，至司治一百五十里；西北至涿州塘泗城土府界八十里，至府治二百七十里。

奉議土州，在府西四百里。東西距一百六十里，南北距一百四十里。東至右江土田州界一里；册說作至栗木村土田州界十里。西至雷枕嶺鎮安土府界一百十里，少南至府治一百四十五里；南至三齊山上林界九十里；册說：至象村(勾)[向]武州界八十里，至州治一百二十里。北至怕律山土田州界五十里，少東至州治五十一里。東南至里賴溝至上林縣，西南至緣略嶺向武土州界一百二十里，東北至蟠龍溝土田州界三十五里，西北至老坡山鎮安土府界一百十里。

向武土州，在府西四百十里。東西距四十里，南北距九十里。東至太平府鎮遠土州界武林村十里，按：應五十里。至州治十里；西至鎮安土府界四十里；南至都康土州界蒼村三十里，少西至州治三十七里；北至象村奉議土州界六十里，少東至州治一百二十里。東南至太平府結安土州界寧澗二十里，至州治三十五里；西南至上映土州界三十五里，至州治五十三里；東北至雷矮村上林土縣界九十里，至縣治一百二十里；西北至呼村鎮安土州界四十里，至府治一百十里。

都康土州，在府西南四百五十里。東西距十三里，南北距十二里。東至向武土州界也吾村六里；西至岜曲村上映土州界七里，至州治二十二里；南至黎塘村太平府龍英土州界五里；北至蒼村向武土州界七里，至州治三十七里。東南至龍英土州界五里，至州治三十八里；西南至上映土州界七里，至州治二十二里；東北至向武土州界六里；西北至向武土州界七里。

上映土州，在府西南四百七十里。東西距四十五里，南北距五十五里。東至伏引村太平府龍映土州界十五里；册作至都康土州界岜曲村十五里。西至歸順土州界三十里；南至下雷土州界弄響村四十里，至州治六十里；北至都康土州界十五里。東南至龍英土州界典村二十五里，至州治四十里；西南至下雷土州界把力村三十五里；東北至都康土州界恣幸十五里，至州治二十二里；西北至向武土州界十八里，至歸順土州界珠村三十里，至州治一百二十里，至鎮安土府一百五十里。

歸順土州，在府西少南七百五十里。東西距二百二十里，南北距一百三十里。東至鎮安土府界七十里；册作至上映土州界珠村九十里，少南至州治一百二十里。西至小鎮安峝界一百五十里；册作至茶嶺高平夷府界二百二十里。南至交趾高平府界舊二百二十里，今六十里；册作至南寧府湖潤寨界二百四十里，至寨治二百四十二里。北至鎮安土府界鑒村七十里。東南至南寧府湖潤寨八十五里；西南至交趾高平府界，舊二百三十里，今七十里；東北至鎮安土府界五十里，至府治一百四十里；西北至小鎮安峝界一百五十里。

西隆州，在府西北□里。東西距五百里，南北距三百七十里。東至泗城土府界一百三十里，少南至府治四百八十里；西至雲南廣西府師宗州界三百七十里；南至西林縣界那陽寨一百七十里；北至貴州安南衛界二百里。東南至西林縣界五十里，至縣治一百六十里；西南至雲南師宗州界三百七十里，至廣南府界五百五十里；東北至泗城土府界一百十里；西北至貴州安隆所界二百五十里，里至俱照新移治改正。又至普安州界三百七十里。

西林縣，在州東南一百六十里，府西北□里。東西距三百四十里，南北距三百六十里。東至泗城土府界二百四十里，西至龍崗雲南廣南府界一百里，南至馬瓦村雲南廣南府富州界二百里，北至長隘甲泗城土府界一百六十里。東南至土田州界魚寨二百五十里，至州治三百三十二里；西南至廣南府界二百三十五里；東北至泗城土府界二百三十里，至府治三百五十里；西北至西隆州界一百二十里，至州治一百六十里。

上林土縣，在府西南二百九十里。東西距六十五里，南北距九十五里。東至南寧府歸德土州界新村四十五里，至州治八十七里；西至向武土州界二十里；南至太平府鎮遠土州界江口村三十五里，少西至州治四十五里；北至下旺土司界白鴿村六十里，少東至司治一百里；西南至雷矮村向武土州界三十里，至州治七十五里；西北至寨村土田州界十里，至榕樹塘五十里，至州治一百三十五里。

小鎮安土州，在府西七百七十里。東西距七十七里，南北距二百六十里。東至歸順土州界三十七里，册作至鎮安土府界岜筆隘五十二里，誤。西至雲南富州界四十里，册作西至那夢村富州界一百五十里。南至交趾高平府界一百六十里，【略】東南至高平界二百四十里，册作至歸順州界榮村一百八十里。西南至雲南富州界五十里。

南寧府，在布政司西南八百五十二里。東西距四百四十里，南北距二百八十里。東至潯州府貴縣界二百七十里，西至太平府陀陵縣界一百七十里，南至廣東廉州府欽州界二百二十里，北至思恩府武緣縣界六十里。東南至廉州府治五百里，西南至交趾界三百里，東北至柳州府賓州治二百五十七里，西北至思恩府治一百二十里。自府治至京師九千二百七十里。

宣化縣，附郭。東西距九十里，南北距一百九十五里。東至永淳縣界三十里；西至獨山塘新寧州界六十里，少(男)[南]至州治一百五十里；南至界牌上思恩州界一百三十里，少西至州治二百里，至高峰鋪思恩府武緣縣界六十五里，少西至縣治一百二十五里。東南至永淳縣界一百三十里；西南至土(中)[忠]州界覃王村一百里，至州治一百五十里；東北至柳州府賓州界一百二十里，至州治一百五十七里；西北至龍安縣界鎮南塘一百四十里。

新寧州，在府西少南一百二十里。東西距八十里，南北距六十里；西至獨山塘宣化縣界六十里，《州志》：至高嶺界四十里。少北至縣治一百二十里；西至太平府陀陵縣界二十里；《州志》、册作至土江州界鄉昔水八十里。南至馱遼村土(中)[忠]州界四十里；《州志》作至更陽村印山四十里。北至岜山太平府羅陽土縣界二十里，少西至縣治五十里。東南至土(中)[忠]州界四十里，至縣治六十五里，又東至宣化縣界八十里；西南至陀遼村土(中)[忠]州界四十里，又西至瀨濾村土江州界七十里，見《州志》。册作至佛子堡太平府羅白土縣界二十里，至縣治五十里，又西至瀨濾村土江州界七十里。東北至那禁村宣化縣四十里；西北至獅巖崗太平府陀林土縣界二十里，至縣治五十里。

隆(母)[安]縣，在府西北一百八十里。東西距一百五十里，南北距一百三十五里。東至思恩府武緣縣界九十里；册作至宣化縣界鎮南塘一百里。西至果化土州界□□里，至州治九十里；南至太平府永康土州界橋村七十五里，少西至州治□里；北至羅墟武緣縣界六十里。《府志》作至歸德土州界四十里。東南至宣化縣一百八十里；《州志》：東南至永康州一百二十里，誤。西南至太平府萬承土州界七十五里，至州治一百四十里；《縣志》：至五都結土州七十里。東北至武緣縣一百四□里；《武緣志》作一百二十里。西北至歸德土州七十里。

横州，在府東少南二百十里。東西距一百十里，南北距一百十里。東至潯州府貴縣界雲表公館六十里；西至永淳縣界長江塘五十里；南至洪厓嶺廣東廉州府(零)[靈]山縣界三十里，至縣治一百四十里；北至柳州府賓州界古辣墟八十里，至州治一百三十里。東南至【略】廉州府三百里；西南至分界墟靈山縣界八十里，至縣治一百四十里；東北至貴縣治一百四十里；西北至宣化縣治一百十里。

永淳縣，在州西南一百三十里，府東南一百三十里。東西距五十里，南北距二百二十里。東至本州界二十里；西至宣化縣界三十里；南至廣東(廉)[靈]山縣界五十里，册作至林合村八十里。至欽州治□□里；北至柳州府賓州界一百七里。册作至古辣墟□□里。東南至靈山縣一百三十里；西南至上(司)[思]州界(乾)[甘]泉嵩六十里，至州治一百十里；東北至長洲塘本州界八十里，至州治一百三十里，又北至賓州治一百五十七里；西北至那旺村宣化縣界七十里，至縣治一百三十里。

上思州，在府南少西□百里。東西距一百里，南北距一百五十里。東至甘泉嵩永淳縣界五十里，《州志》作至宣化縣界八十里。少北至縣治一百十里；西至遷隆嵩界乾村五十里，《州志》作七十里。至嵩八十里，至思明府二百五十里；南至廣東廉州府欽州界八十里；北至宣化縣界牌嶺七十里。《州志》作至中州界三十里。東南至廣東廉州府欽州界七十里，至州治□□里；西南至偏村交趾界一百里；東北至宣化縣界七十里，《州志》作九十五里。至縣治□里；西北至土(中)[忠]州界佛村三十里，《州志》作四十五里。至州治五十里。

土忠州，在府西南一百五十里。東西距六十五里，南北距四十五里。東至覃王村宣化縣界五十里；《府志》作四十里。西至山墟太平府羅白土縣界十五里，至縣治三十五里；《府志》作至思明土府界。南至佛村土思州界二十里；北至金印峒新寧州界二十五里，《志》作二十里。至州治六十五里。東南至上(司)[思]州五十里，西南至太平府思明土府一百里，東北至宣化縣治一百五十里，西北至新寧州治六十五里，又太平府羅白縣界。

歸德土州，在府西北二百五十里。東西距六十二里，南北距四十四里。東至沙村思恩府武緣縣界二十里，至縣治一百七十里；西至新村思恩府上林土縣界四十二里，至縣治八十七里；南至龍安縣界□□里；《州志》作至扒隘村太平府結倫土州界十四里，至州治三十四里。北至丹涼堡思恩府下旺土司界三十里。東南至隆安縣七十里，西南至果化州□□里，東北至思恩府定羅土司九十里，至府治一百七十里。

果化土州，在府西北二百八十里。東西距八十里，南北距三十五里。東至舍笑村隆安縣界三十里，至縣治□里；西至隆吉村太平府結(論)[倫]土州界五十里；南至楞佛村太平府永康州界十五里；北至王新村□□土縣界二十里。東南至永康州治三十五里；西南至太平府都結土州界二十里，至州治五十里；東北至歸德土州一百里；西北至結(論)[倫]縣思恩府上林縣土田州三百里。

下雷土州，在府西□里。《府志》作四百五十里。東西距八十里，南北距六十里。東至太平府龍英土州界隴村四十里，西至穿巖隘交趾上琅州界四十里，南至叫巘隘交趾下琅州界四十里，北至思恩府上映土州界一十里。《府志》作至思恩府向武土州界五十里。東南至古州基太平府安平土州界二十里，至州治六十里；東北至龍(映)[英]州治六十里；西北至湖潤(塞)[寨]逐救村二十里，至(塞)[寨]治四十五里。

湖潤寨，在府西北二百三十里。《府志》作四百八十里。東西距七十里，南北距四十七里。東至下雷土州界凍村五十里，西至交趾高平府界關前二十里，《府志》作至思恩府歸順土州界三十里。南至下雷州界逐救村二十五里，北至鵝槽村思恩府歸順土州界二里，少西至州治□□四十二里。《府志》作至向武州界二十五里。東南至下雷土州治四十五里；東北至思恩府上映土州。

遷隆峒，在府西南二百五十里。東西距六十里，南北距一百四十里。東至甘村土思州界三十里，至州治八十里；西至華陽村太平府思明土府界三十里，至府治一百二十里；南至交趾夷界一百二十里；北至太平府羅白土縣界喃弄村二十里，至縣治四十里。《府志》作至中州界三十里。

太平府，在布政司西南一千二百八十二里。

崇善縣，附郭。東西距八十五里，南北距六十里。東至南寧府新寧州界瀨濾村八十里，至州治二百里；西至江口土龍州界五里，至州治一百五十里；南至佛子鋪土江州界五里，至州治三十里；北至左州界(勤櫛)[琴勒]村五十五里。東南至羅白土縣界沿井墟三十五里，至縣治五十里；西南至思明府□□里；東北至左州一百里；西北至太平土州界慶村九十里，至州治一百十里。

左州，在府東北一百里。東西距七十五里，南北距五十九里。東至陀陵土縣界懷里村四十里；《州志》作至崇善縣界馱羅村四十里。西至太平土州界至立村隘三十五里，至州治七十五里南崇善縣界琴㘓村四十四里；《州志》作五十里。北至陀陵土縣界龍村十五里；《州志》作十里。西南至崇善縣治一百里；東北至陀陵土縣治二十里。

養利州，在府北一百五十里，南北距四十里。東西距四十里。東至萬承土州界凍村十五里，至州治三十五里；西至恩城土州界排村二十五里，《志》作二十里。至州治四十五里；南至太平土州界檀村三十里，至州治五十里；北至茗盈土州界念村十里。《志》作二十里，爲是。東南至雞公嶺陀陵縣界四十里，至縣治□□里；東北至桑村隘萬城土州界二十里，至茗盈州三十里；西北至通村龍英土州界二十四里，至州治九十四里。

萬承土州，在府東北一百五十里。東西距四十里，南北距五十里。東至巖牌坑永康州界二十五里，至州治七十里；西至養利州界凍村二十里；南至陀陵土縣界江門村四十里，至縣治八十里；北至達村茗盈土州界十里。西南至養利州治三十五里，[東]北(東)至鮑隘六里，西北至茗盈土州治四十里。

永康州，在府東北二百里。東西距九十五里，南北距二十三里。東至登高村南寧府龍安縣界五十五里，《州志》：至羅陽縣界三里。至南寧府一百二十里；西至萬承土州界巖碑坑四十里，至州治七十里；南至汪密村羅陽土縣界三里；《州志》：至羅陽陀陵二縣界三十里。北至南寧府果化土州界楞佛村二十里。《州志》：至宣化縣界十里。東南至羅陽縣治十一里，西南至陀陵縣治六十里，東北至隆安縣治一百二十里，西北至果化州治□里。

茗盈土州，在府東北一百六十里。東西距三十一里，南北距四十八里。東至萬承土州界達村三十里；西至全茗土州界孟村一里；南至養利州界浛村二十里，至州治三十里；北至都結土州界甘峒村二十八里，至州治四十三里。東南至萬承土州治四十里，西南至養利州界□□□，東北至果化土州界□□□，西北至全茗土州治五十里。

全茗土州，在府北少東一百六十里。東西距二十一里，南北距二十三里。東至茗盈土州界孟村一里；西至龍英土州界斗村二十里，至州治二十八里；南至旺村茗盈土州界三里，至恩城州治□□里；北至龍英土州界忙村二十里，至吉安州治□□里。東南至茗盈土州治□□□里，舊《志》作五十里。西南至恩城土州界□□里，東北至都結州□□里，西北至龍英土州二十五里。舊《志》作五十五里。

都結土州，在府東北三百里。東西距四十五里，南北距十一里。東至南寧府果化土州界隴墟三十里；西至吉安土州界丘湯洞六十里；南至甘崗村茗盈土州界十五里，至州治四十三里；北至吉論土州界句繁洞六里。東南至萬城土州界鮑隘五里，至州治□□里；東北至果化土州治五十里；西北至吉安土州治六十五里。

結倫土州，在府東北二百三十里。東西距六十三里，南北距二十五里。東至南寧府果化土州界隴吉村六十里，至州治一百十里；西至鎮遠土州界那豐村十五里，至州治三十里；南至都結土州界句繁峒五里；北至南寧府歸德土州界多扒隘二十里，至州治□□里；東北至果化土州治五十里；西北至結安土州治六十五里。

結安土州，在府東北二百二十里。東西距二十二里，南北距二十里。東至結倫土州界堠村二里；西至龍英土州界峺荅村二十里；南至丘湯洞都結州界五里，全茗州治□□里；北至鎮遠土州界仰村十五里，至州治三十五里。東南至茗盈土州治六十五里，南至龍英土州治六十里，東北至結倫土州治五里，舊《志》作十五里。西北至思恩府向武土州界寧崗十五里，至州治三十五里。

鎮遠土州，在府東北二百六十里。東西距三十五里，南北距三十里。東至結倫土州界那豐村十五里；西至思恩府向武土州界武林村二十里，至州治□□里；南至結安土州界仰村二十里；《志》作二十五里。北至思恩府上林土縣界江口村十里。《州志》作至向武界二十里。東南至結倫土州治三十里，西南至吉安土州治三十五里，東北至上林土縣治四十五里。舊《志》作至果化州界一百三十里。

龍英土州，在府北二百里。東西距二十三里，南北距七十三里。東至斗村全茗土州界八里，《志》作至養利州界七十里。至州治二十八里；舊《志》作五十五里。西至思恩府上結土州界伏引村十五里，至州治四十里；南至恩城土州界郭村四十里，至州治七十里；北至思恩府都康土州界黎塘村三十三里，

《志》作至吉安土州界五十里。至州治二十八里。東南至養利州界通村□□里，至州治九十四里；《州志》：至界三十里，至治七十里。西南至南寧府下雷土州界隴村二十里，《州志》作五十里。至州治六十里；東北至結安土州界嘎荅村四十里，《州志》作至全茗土州界五十里。至州治六十里；西北至都康土州界二十五里。

恩城土州，在［府］西北一百二十里。東西距三十里，南北距四十五里。東至養利州界排村二十里，至州治四十五里；西至安平土州界古村十里；南至太平土州界馱望村十五里；北至龍英土州界郭村三十里，至全茗州治□□里。東南至太平州治三十里，西南至安平土州□□里，東北至全茗土州界□□里，西北至龍英土州治七十里。

太平土州，在府西北一百里。東西距六十一里，南北距四十里。東至左州界立村隘四十里，至州治七十五里；西至安平土州界上貴村三十里，至州治四十九里；南至慶村崇善縣界二十里；北至養利州界欖村二十里，至州治五十里。東南至崇善縣一百里，西南至龍州治九十里，東北至萬城土州界□□里，西北至恩城土司治三十里。

安平土州，在府西北一百里。東西距六十一里，南北距六十五里。東至古村恩城土州界一里，至州治十一里；舊《志》作五十里。西至儂村交趾高平彝府界六十里；南至都隘村土龍（土）［州］界二十五里，至州治一百十里；北至南寧府下雷土州界古州基四十里，至龍英州治□□里。東南至太平土州界上貴村十九里，至州治四十九里；西南至土龍州□□□；東北至恩城州治□□里；西北至下雷土州治六十里，至交趾界一百四十里。

土龍州，在府西一百五十里。東西距一百六十五里，南北距九十六里。東至崇善縣界一百四十五里，至縣治一百五十里；西至甑肖村上下凍土州界二十里，至州治八十里，又西至交趾高平彝府界九十里；南至下日西土州界舊州峒六里，至州治十四里；北至安平土州界都隘村九十里，少東至州治一百十五里。東南至思明土州界十里山□□里，至州治□□里，又至土江州界渠蓬村一百六十里，至州治二百五十里；西南至㘉龍崗上石西土州界二十五里；東北至太平土州界客村六十里，至州治九十里。

上下凍土州，在府西□□□里。東西距九十里，南北距二十一里。東至土龍州界甑肖村六十里，至州治□□□里；西至㘉扃山交趾界莫彝三十里；南至土龍州界羅回峒十五里；北至土龍土界武英峒六里。東南至土龍州治□□里。

思明土州，在府西南一百二十里。東西距二十八里，南北距十八里。東至遞河至思明土府界三里；西至下石西土州界小溪二十五里，至州治三十里；南至思明土府界四寨八里；北至土龍州界十里山十里。東南至思明土府治七里，西南至下石西州界□□里，東北至崇善縣治一百二十里，西北至土龍州治□□里。

下石西土州，在府西南一百六十里。東西距十里，南北距十五里。東至小溪思明土州界五里，至州治三十里；西至上石西土州界朱峒五里，至州治八里；南至上石西土州界獨村七里；北至土龍州土州界舊州峒八里，至州治十四里。《州志》：西南至上石西土州九十里。

上石西土州，在府西南一百八十里。東西距十二里，南北距二十五里。東至朱峒下石西土州界三里，至州治八里；（西）［南］至交趾文（開）［淵］州界二十里；（南）［西］至（慈）［憑］祥土州界中柳村五里，至州治八里；北至㘉龍崗上龍州界二十里。

（慈）［憑］祥土州，在府西南一百八十里。東西距十二里，南北距二十三里。東至（四）［思］陵州界七里，西至交趾琴瀙州界五里，南至交趾文（開）［淵］州界二十里，北至□柳村上石西土州界三里，至州治八里。

思陵土州，在府西南二百里。東西距一百里，南北距七十四里。東至思明土府界武德峒六十里，西至交趾高樓州界四十里，南至交趾彝黎祿州界三十里，北至思（寧）［明］土府界辦强峒四十四里。東北至思明府治八十里，西北至憑祥土州界。

土江州，在府南三十里。東西距一百里，南北距一百二十五里。東至羅白土縣界武彝峒十里，至縣治三十里；《州志》作至土忠州界一百二十里。西至土龍州界渠蓬村九十里，至州治□□□里；南至思明土府界隴至村一百里，至府治一百二十五里；北至崇善縣界佛子鋪二十五里，至縣治三十里。

思明土府，在府西南一百二十里。東西距一百十里，南北距八十四里。東至南寧州遷龍峒界華陽村九十里，至峒一百二十里；西至武德峒思陵土州界二十里；《州志》：至思明土州界十里。南至交趾界□□里；北過河至思明土州界四里。《府志》：北至土江州界三十五里。西南至思陵土州治八十里；東北至隴歪村土江州界三十五里，至州治一百三十五里；西北至思明土州治七里。

陀陵土縣，在府東北一百二十里。東西距四十五里，南北距七十里。東至羅陽土縣界六合村三十里，至縣治六十五里；西至儂里村左州界十五里；南至左州界□□□里；北至萬(城)[承]土州界姜門村四十里。[東]南至新寧州治五十里；西南至左州治二十里；東北至羅陽土縣治六十五里，永康州治六十里；西北至萬承土州治八十里。

羅陽土縣，在府東北二百里。東西距六十五里，南北距三十八里。東南至南寧府宣化縣界壖井三十里，至縣治一百五十里；西至陀陵土縣界六合村三十五里，至縣治六十五里；南至南寧府新寧州界壖諳石團三十里；北至永康州界汪密村八里。東南至新寧州治五十里，西南至陀陵土縣□□，東北至永康州界□□□，西北至永康州治十一里。

羅白土縣，在府東南五十里。東西距五十里，南北距三十五里。東至南寧府土忠州三十里，至州治三十五里；西至土江州界武黎峒二十里；南至南寧府遷隆峒界咘弄村二十里，至州治三十五里；西南至土江州治三十里；東北至南寧府新寧州界佛子堡三十里，至州治五十里；西北至崇善縣五十里。

四川

成都府，在布政司治。東西距三百四十里，南北距五百五十里。東至潼川州樂至縣界一百六十里，西至瓦寺土司番界一百八十里，南至嘉定州界二百三十里，北至龍安府石泉縣界三百二十里。東南至重慶府榮昌縣界四百八十里，西南至邛州界一百二十里，東北至保寧府梓潼縣界三百三十里，西北至松潘衛疊溪營界四百九十里。自府治至京師一萬七百十里。

成都縣，附郭。東西距五十里，南北距五十里。東至界牌鋪簡州界三十里；西至土橋鋪郫縣界二十里，至縣治四十五里；南至界牌新津縣界二十里，至廢雙流縣四十里；北至毘橋渡新都縣界三十五里，至縣治五十里。東南至簡州治一百二十里，西南至新津縣治九十里，東北至金堂縣治七十里，西北至新繁縣治五十六里。

温江縣，在府西少南五十里。東西距四十五里，南北距三十里。東至婆波橋成都縣界三十里；西至宣家街崇慶州界十五里；南至金馬堰新津縣界十五里，至縣治六十里；北至金泉巷郫縣界十五里，至縣治三十里。東南至新津縣界廢雙流縣三十里；西南至崇慶州治四十里；東北至成都縣治五十里；西北至灌縣界四十里，至縣治□□里。

新繁縣，在府西北五十六里。東西距三十里，南北距十里。東至新都縣界河屯場十五里，至縣治三十里；西至火燒堰郫縣界十五里，至灌縣治八十里；南至郫縣界韋泉橋十五里，至縣治三十里；北至什邡縣界六十五里。東南至成都縣治五十六里，西南至郫縣界十五里，東北至什邡縣治八十里，西北至灌(陽)縣界一百里。

廢彭縣，在府西北九十里。東至界牌漢州界七十里，至州治一百里；西至廢崇寧縣界□□□□里；南至新繁縣界十五里，至縣治三十里；北至什邡縣界□□□□里。西南至廢崇寧縣治四十里，東北至八角廟什邡縣界四十里(東北至八角廟什邡縣界四十里)，至縣治五十里。

金堂縣，在府東北七十里。東西距六十五里，南北距六十里。東至潼川州中江縣界五十里；西至新場新都縣界十五里，至縣治三十里；南至簡州界五十里；北至界牌漢州界十里，少西至州治三十五里。東南至簡州治一百二十里，又東至樂至縣治一百八十里；西南至成都縣治七十里；東北至中江縣治一百二十里；西北至什邡縣治七十五里。

新都縣，在府北五十里。東西距二十里，南北距四十五里，東至新場金堂縣界十五里，至縣治五十里；西至河屯場新繁縣界十五里，至縣治三十里；南至毘橋渡成都縣界十五里，至縣治五十里；北至漢州界籃家店三十里。東南至金堂縣界二十里，西南至郫縣治七十里，東北至漢州治五十里，西北至什邡縣治□□里。

仁壽縣，在府南少東一百五十里。舊《志》作二百里。東西距一百二十里，南北距一百八十里。東至龍泉井資陽縣界七十里，少北至縣治一百二十里，西至王家店眉州廢彭山縣界五十里，至縣治九十里，南至界牌井研縣界六十里，少西至縣治八十里；北至成都縣界一百二十里。東南至資縣治□□□□里，嘉定州榮縣治一百四十里；西南至眉州治一百里；東北至界牌簡州界七十里，至州治一百五十里，至新津縣治一百二十里。

安縣，在府北少東一百九十里。新《志》作二百七十里。東西距九十里，南北距一百十五里。東至界牌綿州界臺子山四十里，少南至州治八十里；西至綿州縣界龔家場五十里；南至德陽縣廢羅江縣界河村壩六十五里，至德陽縣；北至曲山關石泉縣界五十里。《縣志》作至大水灣四十里。東南至羅江縣界何村場五十里，至縣治九十里；西南至白溪口綿竹縣界五十里。《縣志》作石碑鎮至縣治九十里。東北至綿州廢彰明縣界大悲寺四十里，至縣治□□里；西北至石泉縣界五十里，至縣治一百里。《縣志》：至茂州界高州六十里。

內江縣，在府東南四百二十里。東西距八十五里，南北距一百三十里。東至石梯鋪重慶府榮昌縣界六十里，至縣治一百二十里；西至資縣界銀山鎮四十里；南至楊家鋪敘州府富順縣界五十里，《縣志》作六十里。至縣治一百二十里；北至華藏寺潼川州樂至廢安岳縣界八十里，《縣志》作六十里。至縣治一百八十里。東南至敘州府隆昌縣界雙粉鋪六十里，至縣治一百二十里；西南至嘉定州(犖)[榮]縣廢威遠縣界犀牛潭四十里，至縣治□□；東北至重慶府榮昌縣界朱家場六十里；西北至資縣治八十里。

井研縣，在府南少東二百二十里。舊《志》：二百五十里。東西距五十里，南北距三十里。東至竹園鋪嘉定州榮縣界三十里；《縣志》作四十里。西至眉州廢青神縣界新添鋪二十里，至縣治六十里；南至大柴山嘉定州界十五里，《縣志》作至嘉定州犍爲縣界二十里。至敘州府犍爲縣治一百五十里；北至界牌仁壽縣二十里，《縣志》作三十里。少東至縣治八十里。東南至榮縣治一百里；西南至嘉定州治六十里；東北至榮縣廢威遠縣界六十里；西北至眉州治八十里。

郫縣，在府西四十五里。東西距七十里，南北距三十里。東至土橋鋪成都縣界二十五里，至縣治四十五里；西至□□二十里，至灌縣界四十五里；南至溫江縣界金家巷十五里，至縣治三十里；北至新繁縣界韋家橋十五里，至縣治三十里。東南至溫江縣界十里；西南至崇慶州治六十里；東北至新都縣治七十里；西北至灌縣治八十里。

廢崇寧縣，在府西北七十五里。東至火燒堰新繁縣界十五里，少北至縣治三十里；西至環子山灌縣界十五里，至縣治五十里；南至安德鋪郫縣界十里；北[至]南福昌寺廢彭縣界十五里，少東至縣四十里。東南至郫縣治三十里。

灌縣，在府西少北乙百二十五里。東西距五十里，南北距一百五里。東至環子山郫縣界三十五里，《縣志》作至竹瓦鋪四十里。至新繁縣治八十里；西至梓坪鋪汶川縣界十五里；南至柳街子崇慶州界八十五里，《縣志》作五十里。少東至州治一百十里；舊《志》作九十里。北至新繁縣廢彭縣界孟家溝三十里。東南至郫縣治八十里，《縣志》作昆羅寺溫江縣界四十里。西南至邛州大邑縣治九十里，《縣志》：至大白石瓦寺安撫司界八十里。東北至新繁廢彭縣治六十里，《縣志》：至環子山廢崇寧界三十五里。西北至梓坪鋪(圾)[汶]川縣界十五里，至縣治一百六十里。《縣志》：至中沙坪廢彭縣界四十六里。

資縣，在府東南三百四十里。東西距一百三十里，南北距百三十里。東至銀山鎮內江縣界四十里；西至穿山峒仁壽縣界九十里；南至鐵山嘉定(土)[州]榮縣廢威遠縣界南巖洞五十里，《縣志》作東南至鐵山六十里。至縣治八十里；北至石銅鎮潼川州樂至廢安岳縣界八十里。東南至界牌內江縣界四十五里，至縣治八十里；西南至榮縣治一百四十里；東北至安岳縣治一百八十里；西北至金帶橋資陽縣界四十五里，又西至仁壽縣治。

資陽縣，在府東南二百十里。《縣志》作一百九十里。東西距九十里，南北距一百三十五里。東至潼川州樂至縣界五十里，西至仁壽縣界四十里，南至資縣界八十五里，北至樂至縣界石團鎮五十里。《縣志》作至三尖山七十五里。東南至資縣界金帶鋪九十里，至縣治一百三十里；西南至辜家溝仁壽縣界五十里，一作至雙河鋪八十五里，至縣治一百二十里；東北至樂(志)[至]縣治九十里；西北至簡州界石甕鋪四十五里，至州治九十里。

簡州，在府東少南一百二十里。東西距一百里，南北距一百四十五里。東至界牌潼川州樂至縣界四十里，《志》作五十里。至縣治一百二十里；西至成都縣界六十里；南至界牌資陽縣界臨江鋪四十五里；北至潼川州中江縣界一百里。册作金堂縣界金龍寺□里。東南至資陽縣治九十里；西南至界牌仁壽縣界八十里，至縣治一百十里；東北至潼川州中江縣界五十里，至縣□□；西北至金堂縣治一百二十里。

崇慶州，在府西南九十里。舊《志》作一百十里。東西距四十五里，南北距六十里。東至石魚河溫江縣界二十五里；西至乾溪鎮邛州大邑縣界二十里，至縣治三十里；南至舒家庵新津縣界張家場三十五里，少東至縣治七十里，北至一窩柳灌縣界柳街子二十五里，少西至縣治一百里。東南至燕洛壩新津、雙流二縣界三十里；西南至一把傘大邑縣界玉皇樓三十里，至邛州治□□里；東北至張家庵溫江縣界宣家街二十五里，至縣治四十五里；西北至大坪山瓦寺土司界一百里。

新津縣，在州南少東七十里，府西南九十里。東西距一百里，南北距四十里。東至仁壽縣界七十里，舊東北至界牌雙流縣界三十里。至縣治五十里；西至界牌邛州界三十里，至州治九十里；南至季家嘴眉州廢彭山縣界十五里，《縣志》作二十里。少東至縣治五十里；北至本州界二十里。東南至仁壽縣治一百二十里；西南至邛州蒲江縣治六十里；東北至成都縣界二十里，至縣治九十里；西北至張家場本州界二十五里，至州治七十里。

廢雙流縣，在府西南四十里。東至馬祖寺成都縣界二十里，至簡州治一百六十里；西至崇慶州界二十五里；西南至界牌新津縣界二十里，至縣治五十里；東北至界牌成都縣界二十里，至縣治四十里；西北至金馬堰溫江縣界十五里，至縣治三十里。

漢州，在府東北一百里。舊《志》作一百二十里。《州志》作九十里。東西距七十五里，南北距四十五里。東至潼川州中江縣界皂角鋪四十里；西至馬脚井什邡縣界三十五里；南至界牌金堂縣界二十五里，少東至縣治三十五里；北至小漢鎮德陽縣界二十里，少東至縣治四十里。東南至金堂縣界三十里，西南至藍家店新都縣界二十里，東北至中江縣治一百里，西北至什邡縣治四十里。《州志》：東至金堂縣界二十里，西至什邡縣界馬脚井三十五里，南至新都縣界寇家街三十五里，北至德陽縣界石界碑三十里，東南至新都縣界楊家場二十里，西南至彭縣界興古庵二十六里，東北至中江縣界皂角鋪五十里，西北至綿竹縣界石亭江四十里。

什邡縣，在州西北四十里，府北一百三十里。東西距二十里，南北距四十里。東至趙家嘴德陽縣界十里，至縣治五十里；西至八角廟新繁縣界十里；南至新都縣治六十里；北至新市鎮綿竹縣界三十里，至縣治六十里。東南至龍橋鋪本州界十里，至州治四十里；西南至新繁廢彭縣治五十里；東北至綿竹縣治六十里；西北至汶川縣二百五十里。

綿竹縣，在州西北一百里，府北一百九十里。東西距七十里，南北距七十里。東至德陽廢羅江縣界六女堰四十里，《縣志》作至石牌鎮安縣三十里。至州治六十里；西至山汶川縣界，至金花寺什邡縣界三十里；南至新市鋪什邡縣界三十里；北至白溪口安縣界四十里。《縣志》：至黃土坎安縣界三十里。東南至趙家嘴德陽縣界四十里，至縣治六十里；西南至新市鎮什邡縣界三十里，至縣治六十里；東北至安縣治九十里；西北至石泉縣界。

綿州，在府東北二百六十里。東西距一百十里，南北距九十里。東至魏城保寧府梓潼縣界石牛鋪七十里；西至界牌雙廟鎮安縣界四十里，至縣治八十里；南至風鈴鋪潼川州界南門鎮三十里，至中江縣治一百五十里；北至王家鋪龍安府江油縣界八十里，至縣治一百二十里。東南至潼川州治一百四十里；西南至雞鳴橋德陽廢羅江縣界四十里，至縣治六十里，至德陽縣治□□里；東北至梓潼縣治一百二十里；西北至安縣治八十里。

廢彰明縣，在府東北二百九十里。東北至靈集鋪界十里；西至香水寺安縣界二十五里；南至福田壩本州界十里，至州治六十里；北至王家鋪江油縣界二十里，至縣治六十里。東南至梓潼縣治六十里，西南至安縣治一百二十里。

德陽縣，在州西南一百二十里，府東北一百四十里。東西距六十里，南北距一百里。東至茶店(梓)[子]潼川州中江縣界四十里，少南至縣治九十里；西至趙家嘴綿竹縣二十里，至什邡縣治五十里；南至漢州界小漢鎮二十里，至州治四十里；《縣志》作六十里。北至安縣界六十里，至縣治一百五十里。東南至中江縣界五十里；西南至漢州界二十里；東北至雞鳴橋綿竹界八十里，至州治一百二十里；西北至綿竹縣治六十里。

(廣)[廢]羅江縣，在府東北二百里。東南斜灘河中江縣界三十里，至縣治九十里；西至六女堰綿竹縣界二十里，至縣治六十里；西南至廣濟橋德陽縣界三十里，至縣治六十里；東北至雞鳴橋綿州界二十里，至州治六十里。

威州，在(西)府[西]北三百二十五里。東西距六□里，南北距二□里。東至汶川縣界一里；西至峨眉山五里，至打喇土司二十里。《州志》：至白魚洛三十里汶川界。南至高山汶川縣界牛老寨一里，北過江生番龍山寨界一里。東南至高周山汶川縣界青土坪羅北等寨二十里；西南至汶川縣界范村一里，至縣治四十里；東北至汶川縣界三里，至茂州治九十里；西至新安堡保安縣界六十里，至縣治七十里。《州志》：西北過索橋，二十里至舊州東門外，與打喇土司界。三十里至木蘭與瓦寺土司界，四十里至通化與水田生番界。

保縣，在州西北七十里，府西北三百九十五里。東西距二十里，南北距二里。東至新安堡本州界十里；西至雜谷安撫司界十里，至司治五十里；

南枕荒山不通路；北至筆架小番界三里。東南至本州治七十里。

茂州，在府西北四百十里。東西距八十三里，南北距一百五十里。東至龍安府石泉縣界水蠶子八十里，西至岳希長官司里谷生番界三里。《州志》：西由河西至威州界七十里，其外即黑虎諸蠻。南至青坡汶川縣界七十里，北至石大關疊溪營界八十里，少西至營一百二十里。《州志》：外即巴豬等寨番地。東南至河西牟托巡司四十里，西南至威州治九十里，東北至石泉縣治一百三十里。西北至松溪竹木坎撫夷司番(介)[界]五十里。

汶川縣，在州西南一百二十里，府西北二百八十五里。東西距五里，南北距二百里。東至□□里；《州志》：東至山綿竹縣界，無路。又曰：至木瓜坪草坡土巡司界一里。西至馬念坪加渴瓦寺安撫司界五里；(西)《志》：西至山，保縣界，無路。南至龍泉山一百二十五里，册説：南山箐不通路。北至七盤山三十里。《州志》：至本州界雁門五十里。東南至猪腦壩灌縣界梓坪鋪一百四十五里，至縣治一百六十里；《州志》：至山，彭縣界，無路。西南至瓦寺土司草坡番界□□；東北至威州治四十里，至羅卜寨本州界青坡六十里；西北至加渴瓦寺安撫司治二十里。

疊溪營，在府西北五百三十里。東南至石大關茂州界四十里，至州治一百二十里；西北至永鎮堡平番營界定平堡五十里，至營一百二十里；西不通路。

松潘衛，在府西北七百七十里。東至雲屯堡小河營界八十七里，至營一百七里；《衛志》：至鎮遠堡一百二十七里，自堡南至小河營八十里。西至洗沙關十里，至毛兒革生番界一百九十里；《衛志》：鎮南至熱霧十三寨連屋獨生番界一百六十里。北至虹橋關漳臘營界三十里，至營四十里。《衛志》：正北至壓玉墩西夷界五十里。東南至華堂堡二百四十七里，龍安府平武縣界；至平定堡一百八十里，疊溪所界；至鎮江關平番營界七十六里，至營一百二十六里。《衛志》：西南至紅土坡黑水生番界一百里。東北至柏木橋草地界八十里，西北至黄勝關西夷界八十里。

平番營，東南至平定堡疊溪營界七十里，至營一百二十里；西北至鎮江關松潘衛界五十里，至衛一百二十六里。

小河營，東南至葉堂堡龍安府武平縣界馬營堡三十里，至府治一百八十里；西北至雲屯堡松潘衛界一百二十里，至衛二百七里。

漳臘營，南至虹橋關松潘衛界十里，至衛四十里；西北至黄勝關西番草地四十里。

夔州府，在布政司東一千六百里。東西距七百里，南北距七百里。東至湖廣荆州府巴東縣界一百八十里，西至重慶府墊江縣界五百二十里，南至湖廣施州衛界二百里，北至陝西興安州平利縣界五百里。東至湖廣容美土司界四百六十里，西南至重慶府忠州界四百里，東北至湖廣鄖陽府房縣界三百十里，西北至保寧府巴州界七百里。自府治至京師六千九百八十里。

奉節縣，附郭。東西距一百三十里，南北距七十里。東至峭樓巫山縣界五十里，至縣治一百二十里；西至雲陽縣界八十里，少南至縣治一百四十里；南至土牆湖廣施州衛界一百[里]。《府志》：至始建縣界一百十里。北至陝西興安州平利縣界五百里，《府志》：至大寧縣界一百里。東南至建始縣界一百十里，至縣二百六十里；西南至石龍關施州衛忠路司界五百四十里；東北至湖廣鄖陽府竹(三)[山]、房二縣界三百十里，至竹溪縣界四百里；西北至開縣治二百三十里。

廢大寧縣，在府北少東一百八十里。《府志》作東北二百。東至紅坪鄖陽府竹山、房二縣界一百三十里；西至尖山壩開縣界一百三十里，至縣治三百三十里；南至紅巖奉節縣界一百里，少西至縣治一百八十里。東南至茅壩鋪廢大昌縣界四十里，至縣治八十里；東北至肅家(堤)[鄖]陽府竹溪縣界二百三十里；西北至賀崗頭興安州平利縣界三百二十里。

巫山縣，在府東一百二十里，水程八十里。東西距一百七十里，南北距一百四十里。東至界嶺湖廣荆州府巴東縣界九十里，水程六十里，至縣治一百六十里；西至少樓奉節縣界七十里，《府志》作七十里，《縣志》同。至縣治一百二十里；南至建始縣界八十里，《府志》作一百二十里，《縣志》同。北至奉節縣界一百六十里，《府志》：至大寧縣界一百二十里。《縣志》：一百十里。東南至巴東縣界一百里；西南至大石嶺建始縣界八十里，至縣治二百里；東北至鄖陽府房縣界三百里，舊《志》：至竹山縣治三百五十里。至縣治□□里；西北至奉節縣界一百六十里。

廢大昌縣，在府東北一百三十里。《府志》作二百里。東南至拜佛坪荆州府巴東縣界一百里，《府志》：東至巴東縣界一百五十里。西至大寧縣界一百二十里；南至鳳凰山巫山縣界六十里，《府志》作一百里。至縣治一百一十里。《府志》：北至湖廣鄖陽府房縣界二百里。西南至羊耳山奉節縣界六十里，至縣治一百二十里；東北至縣條嶺鄖陽府房縣界一百八十里；西北至廢大寧縣界茅巒鋪四十里，至縣治八十里。

雲陽縣，在府西一百四十里。《府志》作一百七十。東西距一百一十里，南北距一百四十里。東至龍洞鋪奉節縣界六十里，《府志》作七十里。至縣治一百四十里；西至萬縣界九十里；冊說：至溪鋪萬縣六十里。南至七要山奉節、萬二縣交界一百八十里；《府志》：至湖廣施州衛界一百四十里。北至開縣界六十里，《府志》：至大寧界六十里。東[南]至湖廣施州衛治二百八十里，西南至萬縣治一百四十里，東北至奉節廢大寧縣界一百一十里，[西]北至開縣界白巖山六十里，至縣治一百二十里。

梁山縣，在府西四百五十里。《府志》作五百四十里。東西距一百六十里，(西)[南]北距二百里。東至分水驛萬縣界九十里，《府志》作一百里。少南至縣治一百七十里；西至重慶府墊江縣界七十里；《府志》作八十里。南至金雞鋪重慶府忠州界五十里，《府志》作九十里。少東至州治一百里；北至東鄉縣界一百五十里。《府志》：至順慶府大竹縣界一百里，誤。按：至縣治一百九十里。東南至萬縣一百七十里；西南至重慶府墊江縣治一百十里；東北至開縣界六十四里，至縣治□□□里；西北至順慶府大竹縣界六十里，至縣治一百一十里，又北至達州界一百二十里，至州治二百□里。

廢新寧縣，在府西北五百五十里。《府志》作五百里。東至鬭山關開州界四十里；《府志》：東至開縣界八十里。南至梁山縣界沙河驛七十里，至縣治一百里；北至東鄉縣界雄窩山五十里，《府志》作六十里。至縣治九十里；西北至涼風埡達州界二十里，至州治一百五十里。

萬縣，在府西少南二百九十里。《府志》作二百五十。東西距二百里，南北距二百十里。東至雲陽縣界站溪鋪八十里，《府志》作九十里。西至重慶府忠州界一百一十里，南至大坪堡湖廣施州衛支羅所界一百八十里，《府志》作三百里。北(志)[至]鐵鳳山開縣界三十里，《府志》：至新寧縣界二百里。至縣治九十里。東南至施州衛三百四十里；西南至忠州界郭村壩一百一十里，至州治一百七十里；東北至雲陽縣界一百五十里，北至梁山縣界八十里，(坪)[冊]說作七十六里。至縣治一百七十里。

開縣，在府西少北二百三十里。《府志》作二百七十里。東西距一百四十里，南北距一百三十里。東至奉節廢大寧縣界尖山壩一百里；《府志》作一百七十里。至縣治二百三十里；西至梁山縣界四十里，《府志》：至新寧縣界一百二十里。按：應(志)[至]治一百一十里。南至萬縣界鐵鳳山六十里，《府志》作一百六十里。至縣治九十里；北至東鄉縣界高橋關七十里，《府志》作一百五十里。少西至縣治一百七十里。東南至雲陽縣界六十里，至縣治一百三十里，西南至梁山縣治□□里，東北至奉節縣界二百里，西北至梁山廢新寧縣界開山關六十里，至縣治□□里，至達州治二百一十里。

建始縣，在府東南二百六十里。《府志》作南五百。東西距二百三十里，南北距三百里。東至桃符口湖廣荊州府巴東縣界二百里，西至紅巖龍溪磨[鹿]子渡湖廣施州衛界三十里，《府志》：至奉節界五百里，誤。南至施州衛界五十里，北至巫山縣界二百五十里。東南至分水嶺湖廣容美土司界二百八十里；西南至施州衛一百十里；東北至楊柳荒巴東縣三百里，至縣治□□里；西北至奉節縣治二百六十里。

達州，在府西北六百里。《府志》作八百。東西距一百八十里，南北距一百三十五里。東至東鄉縣界八十里，《府志》：至新寧縣界一百一十里。少南至開縣治二百十里；西至順慶府渠縣界八十里，至縣治一百五十里；《府志》作六十里，少南至縣治一百八十里。南至順慶府大竹縣界江漄鋪九十里，少東至梁山縣治□□里；北至東鄉縣界四十五里。舊《志》：至陝西漢中府洋縣治四百三十里。東南至梁山廢新寧縣界九十里，至縣治一百一十里；冊說：至涼風埡一百三十里。西南至大竹縣治一百四十里；東北至胡家坪東鄉縣界四十里，至縣治九十里；西北至保寧府巴州治三百五十里。

東鄉縣，在州東少北九十里，府西北五百三十里。東西距三百十里，南北距一百五十里。東至奉節縣界二百里；冊作湖廣鄖陽府竹山縣界一千二百里。西至本州界四十里；南至梁山廢新寧縣界雄窩山四十里，《府志》作三十里。至縣治九十里；北至太平縣界□□□，《府志》作六十里。至縣治一百八十里。東南至開縣界高橋關一百里，至縣治一百七十里；西南至本州界胡家坪五十里，至州治九十里；東北至太平縣界九十里，至縣治一百八十里；西北至保寧府巴州治三百二十里。

太平縣，在州東北□百七十里，府西北七百里。東西距三百十里，南北距三百四十里。東至黃墩山奉節廢大寧縣界三百里；《府志》：至湖廣鄖陽府竹山縣界二百五十里。西至九盤子保寧府巴州界十里，《府志》作五里。至州治四百五十里；南至鐵礦鋪東鄉縣界九十里，《府志》作一百九十里。少西至縣治一百八十里；册説作二百七十里，誤。北至二州隘陝西興安州紫陽縣界二百五十里。東南至奉節縣□□里；西南至奉州治□百七十里；東北至冉家壩界嶺紫陽縣界雙河關二百里，又東至高頭大界嶺興安州界二百三十里；西北至梨樹隘陝西漢中府西鄉縣界白廟子六十里。

石砫宣慰司，在府西南六百里。東至石柱山湖廣施州衛忠路司界一百二十里；西至重慶府酆都縣界一百里；南至亢夔頂重慶府(乾)[黔]江縣界六十里；北至焦村重慶府忠州界八十里，至州治一百四十里。東南至黔江縣治一百四十里，西南至重慶府彭水縣治三百里，東北至萬縣二百五十里，册作至茅灣施州衛界二百里。西北至江地酆都縣界三十里，至縣治九十里。

鎮雄土府，在布政司南一千二百一十里。東西距四百四十里，南北距二百四十五里。東至貴州威寧府畢節縣界二百里，西至烏蒙二府界白著四百里，《一統志》作二百四十里。南至阿赫關威寧府界二十五里，北至樂安山叙州府高縣界二百二十里。東南至二龍搶寶威寧府界三十里；西南至威寧府治二百四十里；東北至珙縣界落亥二百二十里，至縣治三百里；西北至烏蒙土府治三百里。

烏蒙土府，在布政司西南一千六百二十五里。東西距四百二十里，南北距五百三十里。東至白著鎮雄土府界一百二十里，少南至府治三百六十里；西至建昌衛界猓玀歸三百里；南至東川土府界索橋河一百三十里；北至馬(蝴)[湖]府界分定山四百里，至府治四百□里；西北至建昌衛界四百九十里。

東川土府，在布政司西南一(十)[千]九百五里。東西距四百二十里，南北距二百八十里。東至馬排河貴州威寧府界三百里，《一統志》：至烏撒府界一百二十里。西至小江口會川衛界三百里，至衛五百二十里；南至空山雲南曲靖府尋甸府界一百六十里；《一統志》作二百二十里。北至索橋河烏蒙土府界一百二十里。東南至牛欄江雲南曲靖府霑益州界一百五十里；西南至坦甸尋甸府界二百四十里；按《紀要》：至絳雲弄山武定禄勸州界二百里。東北至烏蒙府治二百五十里；西北至建昌衛。

建昌衛，在布政司西南一千三十里。東至木托小營涼山野夷界二十里，至涼山一百三十五里。東南至公母營會川衛界二百里，至衛四百五十里；西南至河西衛鹽井衛界四十里，至衛二百七十里；北至松林寧番衛冕山所界七十里，至越嶲衛二百六十里。

會川衛，在建昌衛東南四百五十里。東至東川土府界小江口二百二十里，至府治五百二十里；西北至鹽井衛界河西街四百里，至衛四百二十里；南至金沙江雲南武定府元謀縣界三百五十里；西北至建昌衛界公母營二百五十里，至衛四百五十里。

鹽井衛，在建昌衛西南二百七十里。東至河西街建昌衛界二百二十里，少北至衛二百七十里；西至雲南北勝州界二百八十里；南至金沙江雲南姚安府大姚縣界五百里；西北至左所寨海子四夷界二百九十里。

寧番衛，在建昌衛西北一百八十五里。東南至黃土撥建昌衛界六十里，至衛一百八十五里；西南至山渡水鹽井衛界一百八十里，至衛四百八十里；北至番界不通路；東至越舊衛界小相林一百九十里，至衛二百六十里。

越舊衛，在建昌衛北少東一百六十里。東、西俱不通路，南至小相嶺寧番衛冕山所界七十里，至建昌衛二百六十里；東北至雅州黎大所三百里；西北至□□里。

黎大所，在布政司西南四百七十里。東南至越嶲衛界大樹堡七十里；西南至衛三百里；東北至雅州滎經縣界黃泥鋪九十里，至縣治一百五十里；西北至化林營打箭爐蠻界一百五十里。

天全六番正招討司，治始陽，在布政司西三百九十里。

天全六番副招討司，治碉門，在布政司西少南四百十里。東至雅州盧山縣界飛仙關二十里，少南至雅州治七十里；西至亮壩河打箭爐番界三百二十五里；本《州志》作二百四十里。南至石家壩雅州滎經縣界三十里，本《司志》作過峽口抵高家莊界四十里。至縣治七十里；北至黑石溝邛州大邑縣界一百四十里；東北至大邑縣治一百八十里；西北過靈關至董卜韓胡界一百十里。《司志》：司治碉門，東過多功河至盧山縣飛仙關界三十里，西至馬鞍山打箭爐蠻河界二百四十里，南過峽口至滎經縣高家莊界四十里，北二十里過盧山至司屬下五鄉界，西北過靈關至司屬董卜韓吴六村界一百十里。

遵義府，在布政司東南一千三百四十里。東西距一百九十里，南北距四百十里。東至貴州平越府湄潭縣界一百十里，西至貴州大定府界八十里；南至貴州貴陽府新貴縣界九十里；北至重慶府綦江縣界二百一十里。東南至貴陽府開州界一百二十里；西南至大定府黔西州界一百六十里；東北至重慶府涪州界五百里；西北至瀘州界四百二十里。自府治至京師九千七百里。

遵義縣，附郭。東西距一百九十里，南北距一百八十里。東至三渡關貴州平越府湄潭縣界一百十里，西至貴州大定府界八十里，南至鎮南隘貴州貴陽府新貴縣界九十里，《志》作至養龍坑長官司界九十里。北至桐梓縣界婁山關九十里，至縣治一百二十里。東南至烏江貴州養龍司界一百二十里，西南至大定府黔西州界一百六十里，東北至綏陽縣治七十里，西北至大石盤仁懷縣界八十里，至縣治四百里。

桐梓縣，在府北一百二十里。東西距二百十里，南北距一百三十里。東至真安州界一百十里；西至仁懷縣界一百里；南至遵義縣界三十里，至縣治一百二十里；北至重慶府綦江縣界酒店埡一百里，《府志》作一百六十里。至縣治二百一十五里。東南至趙家里綏陽縣界六十里，至縣治一百□十里；西南[至]遵義縣界□□里；東北至真安州治二百里；西北至小溪里仁懷縣界一百五十里，至縣治四百□里。

綏陽縣，在府東北七十里。《府志》作東九十里。東西距一百十五里，南北距八十五里。東至貴州平越府湄(澤)[潭]縣界八十里，《志》作至湄(川)[潭]縣界二百里。西至遵義縣界三十五里，南至遵義縣界三十五里，北至桐梓縣界五十里。東南板角關湄潭縣界六十里，至縣治□□里；西南至郎山關遵義縣界三十里，至縣治七十里；東北至長磏真安州界八十里，《府志》作六十二里。至州治一百三十里；西北至桐梓縣界趙家里八十里，至縣治一百四十里。

真安州，在府東北三百里。《府志》作五百里。東西距一百二十五里，南北距四百四十里。東至老鷹關貴州思南府婺川縣界二十五里，至縣治一百六十里；西至桐梓縣界一百里，少南至縣治二百里；冊作至縣界婁化里四百里，至縣治五百里，誤。《府志》作至綏陽縣界。南至綏陽縣界一百四十里；《府志》作至婺川界五十里，誤。北至重慶府南川縣界一百里。冊作至元村三百里。東南至絲綿壩婺川縣界一百四十里，西南綏陽縣治二百里，東北至重慶府涪州廢武隆縣界一百里，西北至南川縣治二百里。

仁懷縣，在州西二百里，府西北四百里。東西距一百六十里，南北距二百七十里。東至重慶府綦江縣界一百里；西至瀘州界六十里，冊作至司界新溪十里。少北至瀘州納溪縣治一百四十里；南至桐梓縣界一百五十里；北至鮮魚壩瀘州合江縣界一十里，至縣治八十里。東南至桐梓縣界二百三十里；冊作至遵義縣界大石盤四百二十里。西南至貴州□寧府永寧衛界八十里；東北至重慶府江津縣界八十里，至縣治□□；西北至瀘州界三十里，至州治一百三十里。

馬湖府，在布政司南七百七十里。舊《志》作一千三百九十五里。舊《志》：京師陸路六千八百三十里，水路九千六百六十里。

屏(水)[山]縣，附郭。東西距四百六十里，南北距三百里。東至黑巖鋪敘州府宜賓縣界八十里，《志》作至界一百十里。少北至縣治一百二十里。舊《志》：一百六十里。西至新鎮安邊城二百六十里，又二十里至雷番山接越巂涼山夷界；《府志》作至建昌衛故邛部州司界一千二百里。舊《志》：至越巂衛界六百十里。南至分定山烏蒙土府界一百四十里，至府五百四十里；北至木溪嘉定州犍爲縣界一百六十里。《志》作至竹崖門宜賓縣界一百二十里。東南至敘州府高縣界一百五十里，舊《志》：至宜賓縣橫江司一百十五里。西南至雷番山涼山野夷界二百八十里，《志》作至分水嶺烏蒙府界八十里。又泥溪司西南至烏蒙府界新灘溪一百十五里；東北至犍爲縣界二百里；舊《志》：至宜賓縣界青統山一百里。西北至雅州黎大所界四百里。

泥溪司，東至平夷長官司書樓山麓一十五里，西至平夷長官司汶溪界八十里，南至烏蒙府蠻夷長官司界一百十里，北至宜賓縣竹厓門界一百二十里。東南至宜賓縣鍾(難)[灘]溪一百三十里，東北至宜賓縣青統山一百里，西南至烏蒙府新灘溪一百里，西北至平夷長官司武溪尾九十里。

平夷司，東至宜賓縣安邊鄉大灘界一百三十五里，西至蠻夷長官司大鹿溪界一十五里，南至烏蒙府蠻夷長官司鍾灘溪界九十里，北至沐川長官司芭蕉溪界八十里。東南[至]烏蒙蠻夷長官司鍾灘溪界七十里，東北至沐川長官司商州界一百三十里，西南至蠻夷長官司大鹿溪山尾一百里，西北至沐川長官司六十里。

蠻夷長官司，東至平夷長官司大鹿溪界二十里，西至本府親管雷坡鄉水海界二百五十里，南至烏蒙府大山界五十里，北至沐川長官司孟密淵界五里。東南至平夷長官司大鹿溪尾界七十五里，東北至沐川長官司芭蕉溪三十里，西南至烏蒙府毛灘溪界四百五十里，西北至本府親管雷坡鄉什葛溪腦界七十五里。

沐川司，東至夷蠻長官司芭蕉溪界八十里，西至建昌邛部州界九十里，南至蠻夷長官司界二十五里，北至犍爲縣清水溪界二百里。東南至平夷長官司治六十里，東至犍爲縣治二百三十里，西南至蠻夷長官司小悍山一百五十里，西北至建昌邛部州治一千二百里。

瀘州，在布政司東南七百五十里。東西距一百十里，南北距一百六十里。東至白馬灘合江縣界六十里；西至藍井鋪江安縣界五十里，少南至縣治一百十里；南至貴州威寧府永寧縣界□□；北至重慶府榮昌縣界一百三十里，至縣治一百六十里。東南至遵義府仁懷縣界一百里；西南至納谿縣界三十里，至縣治四十里；東北至合江縣治一百二十里；西北至乾峽口叙州府隆昌縣界一百五里，至縣治一百三十里。自州治至京師九千二百里。

江安縣，在州西南一百十里。東西距八十里，南北距□里。東至納谿縣界青溪四十里，至縣治六十里；西叙州府南溪縣界裴石鋪四十里，至縣治六十里；冊作六十五里，《志》作四十里。南至叙州府興文縣界一百里，至縣治一百二十里；北至叙州府富順縣界五十里。東南至九姓土司□□里；按：應一百三十餘里。西南至叙州府長寧縣界三十里，至縣治一百四十里；東北至本州治一百十里；北至富川縣治□□四里。

合江縣，在州東少北一百二十里。東西距八十里，南北距四十五里。東至葫蘆匯重慶府江津縣界二十里；西至白馬灘本州界六十里，少東至州治一百二十里；南至遵義府仁(陵)[懷]縣界三十里，至縣治八十里；北至白寨山重慶府永川縣界十五里，至縣治一百五十里。東南至重慶府綦江縣界□里，西南至永寧衛界一百二十里，東北至江津縣治一百八十里，西北至重慶府榮昌縣治一百七十里。

納谿縣，在州西南四十里。東西距二十五里，南北距四十里。東至胥溪本州界五里；西至青溪江安縣界二十里，至縣治六十里；南至貴州威寧府永寧衛界八十里，至衛二百八十里；北至大橋鋪本州界十里。東南至遵義府仁懷縣治一百十里，至縣治一百四十里；西南至叙州府興文縣治一百五十里，東北至本州治四十里，西北至叙州府富順縣治□□里。

瀘州衛，在州南二百里。東南至大寨口永寧衛界五里，至衛六十里；西至寸窑巖九姓司界五里，至司十里；南至温水溪永寧衛界二里，至大壩營五十里；北至沙溪橋納溪縣界二里，至縣治一百六十里。

九姓土司，在州西南二百里。東至寸腰巖瀘州衛界五里，至衛十里；西至治船埡興文縣界十里，至縣二十里；南至洞婦鄉興文縣界二十里，至大壩營六十里；西北至賈村江安縣界十里，至縣治九十里。

永寧城，在布司西南九百九十里。舊《志》：八百五十里。東至三元寨河邊遵義府仁懷縣界二百里，少南至府三百五十里；西至界牌叙州府建武城界九十里，至城一百二十里；南至魚梟關貴州赤水衛界五里，至衛一百里，又至觀音橋畢節衛界一百五十里；北至江門驛納溪縣八十里。東至縣治二百里。東南至猓子關貴州大定府界一百六十里，又至張白澤貴州黔西府界一百七十里。

龍安府，在布政司北六百五十里。東西距四百三十里，南北距六百二十里。東至陝西漢中府寧羌州界二百八十里，西至葉堂堡松潘衛小河營界一百五十里，南至成都府安縣界三百里，北至陝西鞏昌府文縣界二百二十里。東南至保寧府梓潼縣治三百八十里，西南至成都府茂州四百五十里，東北至寧羌州治四百五十里，西北至松潘衛治四百里。

平武縣，附郭。東西距四百三十里，南北距四百三十里。東至界牌陝西漢中府寧羌州界金山寺二百八十里；按：此乃青川所東界，今縣東北界也，至縣正東界應在達州昭化之間。西至驛堂堡松潘衛小河營界一百五十里，南至石泉縣界青渠子二百十里，北至竹埡子陝西鞏昌府文縣古屏口熟番界二百二十里。東南至保寧府達州(至)[界]一百九十里，又南至梓潼縣治三百八十里；西南至石泉縣治三百二十里；東北至青塘嶺文縣界一百二十里，至縣治□□里；西北至小河營一百八十里。

廢青川所，在府東北一百二十里。東至界牌寧羌州界金山寺一百六十里；西南至羊盤山平武縣界六十里，至縣治一百二十里；南至箐青山平武縣界三十里，至江油縣治二百三十里；北至土門埡文縣界九十里，又北至旋麻關五十里。

石泉縣，在府西南三百二十里。東西距□□里，南北距一百六十里。

東至江油縣界□□；西至水甕子成都府茂州界五十里，至州治一百三十里；南至成都府安縣界五十里；北至青渠子平武縣界一百十里，少東至縣治二百二十里。東南至曲山關安縣界五十里，至縣治一百里；西南至茂州界□□里；東北至水沙壩平武縣界三十里，至江油縣治一百九十里。

江油縣，在府東南二百六十里。東西距九十里，南北距六十里。東至靈集鋪平武縣界二十里；西至天倉山平武縣界七十里；南至成都府綿州廢彰明縣界王家鋪四十里，至彰明縣治六十里；北至白烏鋪平武縣界二十里，至廢青川所二百三十里。東南至保寧府梓潼縣治一百二十里，西南至石泉縣治一百九十里，東北至劍州治□□□，西北至平武縣治二百六十里。

重慶府，在布政司東南七百里。東西距一千二十里，南北距六百里。東至湖廣施州衛界六百二十里，西至成都府內江縣界四百里，南至遵義府桐梓縣界三百三十里，北至順慶府南充縣界二百七十里。東南至貴州思南府婺川縣界六百六十里，西南至瀘州合江縣界三百里，東北夔州府萬縣界五百五十里，西北至潼川州遂寧縣界三百九十里。府治至京師八千七百里。

巴縣，附郭。東西距二百里，南北距二百六十里。東至長壽縣界一百二十里；西至永川廢壁山縣界八十里，少南至縣治一百八十里；南至江津縣界一百二十里；北至涼風埡合州界二百四十里。東南至南川縣界火爐槽一百八十里，至縣治二百五十里；西南至界牌江津縣界八十里，至縣治一百三十里；東北至長壽縣治一百五十里；西北至合州界七十里。

江津縣，在府西南一百三十里。東西距一百六十里，南北距一百九十里。東至巴縣界六十里，西至永川縣界一百里，南至綦江縣界一百五十里，北至門牛石永川縣廢壁山縣界四十里，至縣治一百三十五里。東南至綦江縣界白渡口一百五十里，至縣治一百七十里；西南至瀘州合江縣治一百八十里；東北至界牌巴縣界五十里，至縣治一百三十里；西北至永川縣界二郎尖九十里，至縣治一百十里。

長壽縣，在府東少北一百五十里。東西距五十里，南北距一百六十里。東至黃草山涪州界二十里；西至沙溪塘巴縣界三十里，南[至]馬棕埡南川縣界九十里，至縣治二百里；北至順慶府鄰水縣界破石鋪七十里，至縣治一百四十里。東南至涪州治八十里，西南至巴縣界六十里，東北至墊江縣治一百九十里，至合州治二百里。

永川縣，在府西少南一百八十里。東西距九十里，南北距一百十里。東至江津縣界四十里；西至界牌榮昌縣界五十里，至縣治八十里；南至江津縣界八十里，至瀘州合江縣治一百五十里；北至萬壽寺合州廢銅梁縣界三十里，至縣治一百十里。東南至二郎尖江津縣界二十里，至縣治一百十里；西南至瀘州二百里；東北至界牌鋪(璧)[壁]山縣界四十里，至巴縣治一百八十里；西北至榮昌縣界廢大足縣一百三十里。

廢(璧)[壁]山縣，在府西北一百六十里。東南至界牌巴縣界七十五里；西南至界牌永川縣界一百里；南至江津縣界門牛石九十五里，至縣治一百三十五里；西北至湯北口銅梁縣界二十五里，至縣治七十五里。

榮昌縣，在府西少南二百六十里。東西距八十里，南北距二百里。東至界牌永順縣界三十里，至縣治八十里；西至成都府內江縣界五十里，至縣治一百二十里；南至藺胡溝瀘州界三十里，至州治一百六十里；北至潼川州遂寧縣界一百七十里，至縣治□□里。東南至瀘州合江縣治一百七十里；西南至蔣家寺敘州府隆昌縣界五十里，至縣治一百里；東北至合州廢銅梁縣治二百里；西北至潼川州樂至縣治三百里。

廢大足縣，在府西北三百十里。東至銅梁縣界錫山鋪六十里，至縣治九十里；西至孔雀鋪安岳縣界六十里，至縣治一百九十里；南至丹石鋪永川縣界九十里，至縣治一百三十里；北至李氏漕遂寧縣界五十里，至縣治二百里。

綦江縣，在府南少東二百里。東西距一百里，南北距二百五里。東至東鄉壩南川縣界八十里，至縣治一百五十里；西至江津縣界二十里；南至遵義府桐梓縣界酒店埡一百二十五里，至縣治三百二十五里；北至李牛鋪巴縣界八十里，至縣治二百里。東南至南川縣界八十里，西南至瀘州合江縣治二百四十里，南至遵義府仁懷縣界□□里，東北至長壽縣治三百里，西北至白渡口江津縣界二十里，至縣治一百七十里。

南川縣，在府東南二百五十里。東西距一百四十里，南北距二百十里。東至高墳涪州廢武隆縣界七十里；西至綦江縣界東鄉壩七十里，至縣治一百五十里；南至元村遵義府真安州界一百里；北至長壽縣界長棕埡一百十里，至縣治二百里。東南至真安州治三百里；西南至遵義府桐梓縣治三百二十里；東北至涪州廢武隆縣治一百七十里，又北至涪州治二百五十里；西北至巴縣治二百五十里。

黔江縣，在府東南五百五十里。東西距一百九十八里，南北距一百七十里。東至石牙關湖廣施州衛大旺蠟壁二土司界七十里；西至彭水縣界亭子關一百八十里；南至酉陽司界酉陽山一百十里；北至白崖關施州衛忠路土(思)[司]界六十里。東南至一碗水施州衛大田所界四十里；西南至彭水縣界一百二十里，至縣治一百八十里。東至樓子坪施州衛大唐崖土司界，又至界山嶺小唐崖土司界五十里；西北至夔州府石砫司一百四十里。

合州，在府北少西一百三十里。東西距二百里，南北距二百里。東至巴縣界四十里；西至潼川州廢安岳縣界二百六十里；南至涼風埡巴縣界六十里，至縣治一百三十里；北至順慶府南充縣界一百四十里。東至長壽縣治二百里；西南至永川縣界廢壁山縣治一百十里；東北至丹溪順慶府廣安州廢岳池縣界一百十里，至縣治二百二十里；西北至潼川州遂寧縣治二百□□里。

廢安居縣，在府西北三百四十里。東至陽壽鋪本州界十里，至州治一百□里；西至龍龕山遂寧縣界一百三十里，至安岳界一百三十里；南至千佛鋪銅梁縣界二十里，至縣治六十里；北至董市鋪遂寧縣界十里；西北至遂寧縣治一百三十里。

廢銅梁縣，在州西南九十里，府西北二百三十里。東至永川縣廢[壁]山縣界湯峽口五十里；西至錫山鋪榮昌縣廢大足縣界三十里；南至永川縣界萬壽寺八十里，至縣治一百十里；北至廢安居縣界千佛鋪四十里，至縣治六十里。東南至廢(璧)[壁]山縣治七十五里；西南至廢大足縣治九十里。

廢定遠縣，在府北二百五拾九里。東至順慶府岳池縣界黃溪鋪七十里，至縣治一百三十里；北至安福壩洞川州彭溪縣界九十里，至蓬溪縣治二百四十里；南至風門鋪本州界三十里，至州治九十里；北至乍石灘順慶府南充縣界五十里，至縣治一百五十里；西北至彭溪縣治二百四十里。

忠州，在府東少西五百里。東南距一百二十里，南北距一百十里。東至郭村壩夔州府萬縣界五十里；西至酆都縣界十字路七十里，至縣治一百十里；南至焦村夔州府(十)[石](柱)[砫]司界六十里；北至金雞鋪夔州府梁山縣界五十里，至縣治一百里。東南至石砫土司一百二十里，西南至彭水縣治三百八十里，東北至萬縣治一百七十里，西北至墊江縣□□□里。

酆都縣，在州西南九十里，府東四百三十里。東西距七十里，南北距一百二十里。東至十字路本州界四十里；西至登瓏山涪州界七十里；南至牛皮箐彭水縣界六十里，至縣治三百五十里；北至墊江縣界青岡埡六十里。東至夔州府石砫司九十里；西南三華壩涪州界三十里，至州治九十里；東北至本州界治九十里；西北至(蟄)[墊]江縣治一百十里。

墊江縣，在府西少北一百三十里，府東北三百六十里。東西距八十里，南北距六十里。東至界牌夔州府梁山縣界四十里，至縣治一百十里；西至順慶府鄰水縣界四十里，至縣治七十里；南至涪州界□□里；北至大竹縣界十里，少西至縣治□□里。東南至青岡埡酆都縣界五十里，至縣治一百十里；西南至登溪鋪長壽縣界四十里，至縣治一百□□□里；東北至梁山縣治一百十里；西北至鄰水縣治七十里。

涪州，在府東少北三百十里。東西距一百二十里，南北距三百十里。東至酆都縣界六十里；西至草山長壽縣界六十里，至縣治八十里；南至南川縣界九遞山二百五十里；北至墊江縣界六十里。東南至彭水縣治二百八十里；西南至南川縣界冷水關一百三十里，至縣治二百三十里；東北至酆都縣治九十里；西北至順慶府鄰水縣。

廢武隆縣，在府東南四百二十里。東南至木棕彭水縣界八十里，至縣治一百四十里；南至南川縣界高坎一百里；西南至南川縣界九遞山一百十里，至縣治一百七十里；北至分水嶺本州界六十里，至州治一百四十里。

彭水縣，在州東南二百八十里，府東南五百六十里。東西距二百(至)[里]，南北距二百九十二里。東至亭子關黔江縣界一百里，少北至縣治一百八十里；西至南川縣界一百里；南至金竹山貴州思南府婺川縣界一百里，至縣治□□北至酆都縣界牛皮箐一百九十里，至縣治三百五十里。東南至酉陽司二百三十里；西南至婺川縣界一百里；東北至夔州府石砫土司治三百里；西北至森棕本州廢武隆縣界六十里，至縣治一百四十里。

酉陽宣慰司，在布政司東南一千四十里。東西距一百里，南北距三百三十里。東至魯碧潭洞湖廣辰州府保靖司界八面山四十里；西至辰壩貴州思南府沿河司界一百里；南至矮坳□□八十里，至銅仁府銅仁縣界三百十里；北至酉陽山黔江縣界一百五十里。西南至思南府安化縣治至縣治二百六十里；東南至長州府瀘溪縣治鎮溪所界一百里，冊作張家壩保靖司界一百五十里。西南至思南府安化縣治三百六十里；東北至麻王碑湖廣施州衛大田所界二百里，西北至彭水縣治二百三十里。

石耶洞長官司，在司東南一百二十里。舊《志》：在司東南七十里。東至石凱子界，西至平茶司界，南至邑梅司界沙子凹，北至酉陽司界石閒國興鎮，苗密邇。

邑梅洞長官司，在司南一百十里，府東南一千三百五十里。（來）[東]至地葉湖廣辰州府瀘溪縣鎮溪所界七十里，西至苗隘貴州銅仁府銅仁縣烏羅長官司界二十里，南至琴兆坡銅仁縣平頭著可長官司界一百里，北至矮坳酉陽司界一百三十里，至司二百十里。

平茶洞長官司，在司西南二百五十里，府東南一千二百九十里。又東南至平陽邑梅司界三十里，至司九十里；西南至革眼貴州銅仁府銅仁縣界一百里；南至苗隘銅仁縣烏羅長官司界二十里；東北至太平營酉陽司界五十里，至司二百五十里。

順慶府，在布政司東北六百二十里。東西距四百四十里，南北距二百里。東至夔州府梁山縣界三百五十里，西至潼川州蓬溪縣界九十里，南至重慶府合州界一百里，北至保寧府南都縣界一百里。東南至重[慶]府墊江縣界三百三十里；西南至蓬溪縣治一百里，東北至保寧府巴州界二百七十里，西北至潼川州鹽亭縣界一百二十里。

南充縣，附郭。東西距一百里，南北距一百七十里。東至廣安州廢岳池界五十里；西至潼川州蓬溪縣界九十里；南至重慶合州廢定遠縣界乍石灘一百里，至縣治一百五十里；北至保寧府南部縣界七十里。東南至清溪鋪廣安州廢岳池縣界五十里，至縣治一百十里；西南至蓬溪縣治一百十里；東北至羅村鋪蓬州界七十里，至州治一百里；西北至金山鋪西充縣界五十里，至縣治八十里。

西充縣，在府西北八十里。東西距七十里，南北距八十里。東至南充縣界三十里；西至潼川州鹽亭縣界四十里，至縣治一百二十里；南至南充縣界三十里；北至保寧府南部縣界五十里。東南至金山鋪南充縣界三十里，至縣治八十里；西南至仙靈鋪蓬(浦)[溪]縣界四十里，至縣治九十里；東北至銼子山保寧府南部縣治一百十里；西北至象崖寺鹽亭縣界四十里。

蓬州，在府東北一百里。東西距九十里，南北距□□□里。東至營山縣界封寶鋪三十里，西至南充縣界六十里，南至南充縣界□□里，北至岐山寺儀隴縣界五十里，至縣治一百三十里。東南至廣安州界來蘇寺九十里，至州治一百七十里；西南至羅村鋪南充縣界六十里，至縣治一百里；東北至營山縣治六十里；西北至保寧府南部縣界三十里，至縣治一百三十里。

營山縣，在州東少北六十里；[府]東北一百八十里。東西距九十里，南北距一百十五里。東至界牌渠縣界六十里；西至封寶鋪本州界三十里，少北至保寧府南部縣一百六十里；南至廣安州界九十里；北至磺嶺寺儀(隆)[隴]縣界七十里。東南至渠縣治一百二十里；西南至東觀溝本州界四十里，至州治六十里；東北至夔州府(韃)[達]州界一百三十里，至縣治二百五十里；西北至儀隴縣治一百四十里。

儀隴縣，在州北少東一百三十里，府東北二百三十里。東西距一百三十里，南北距一百二十里。東至保寧府巴州界一百里；西至老鴉山保寧府南部縣界三十里；南至本州界岐山寺八十里，至州治一百三十里；北至巴州界四十里。東南[至]營山縣界橫嶺子七十里，至縣治一百四十里；西南至南部縣治一百十里；東北至永家鋪巴州界四十里，至州治一百十里；西北至保寧府閬中縣治一百十里。

廣安州，在府東南一百七十里。東西距一百九十里，南北距一百四十里。東至大竹縣界七十里；西至南充縣界一百二十里；南至重慶府合州界七十里；北至渠縣界七十里。東南至淩雲鋪鄰水縣界七十里，至縣治一百里；西南至合州界廢定遠縣治一百三十里；東北至望溪鋪渠縣界七十里，至縣治一百十里；西北至來蘇寺營山縣界八十里，至縣治一百七十里。

廢岳池縣，在府東南一百十里。東至岳門鋪本州界四十里，少南至州治六十里；西至清溪鋪南充縣界六十里；西南至黃溪鋪重慶府合州廢定遠縣界六十里，至縣一百三十里；東北高寺本州界四十里，至渠縣治一百四十里；西北至南充縣治一百十里。

大竹縣，在州東北一百五十里，府東三百里。東西距一百六十里，南北距二百里。東至夔州府梁山縣界八十里，《志》作至冷壩鋪五十里，一作至七牌山一百里。少南至縣治一百二十里；西至本州界八十里；南至重慶府墊江縣界一百里；北至夔州府達州界一百里。冊作至江崖鋪五十里。東(江)[南]至墊江縣治一百二十里；西南至(靈)[鄰]水縣界滎池鋪五十里，至縣(池)[治]八十五里；東北至達州治一百八十里；西北至龍泉鋪渠縣界四十里，至縣治九十里。

渠縣，在州東北一百一十里，府東一百一十里。東西距一百十里，南北距一百四十里。東至大竹縣界五十里；西至營山縣界六十里，至本州界四十里；北至夔州府達州界一百里，一作保寧府巴州界一百里。至州治一百(里)五十[里]。東南至大竹縣界龍泉鋪五十里，至縣治九十里；西南至望溪鋪本州界四十里，至州治一百十里；東北至界牌達州界一百二十里，至州治一百八十里；西北至界牌營山縣界六十里，至縣治一百二十里。

鄰水縣，在州東南一百里，府東南二百七十里。東西距一百里，南北距一百五十里。東至崇慶府墊江縣鳳山鋪六十里，至縣治十里；西至本州界四十里；南至重慶府長壽縣界破石鋪七十里，至縣治一百四十里；北至大竹縣界八十里。東南至重慶府涪州治一百六十里；西南至長壽縣界七十里；東北至榮池鋪大竹縣界三十五里，至縣治八十五里；西北至淩雲鋪本州界三十里，至州治一百里。

保寧府，在布政司東北六百二十里。東西距八百四十里，南北距五百四十里。東至夔州府太平縣界五百六十里，西至成都府綿州界二百八十里，南至順慶府西充縣界一百四十里，北至陝西漢中府寧羌州界四百里。東南至順慶府蓬州界一百七十里，西南至潼川州鹽亭縣界一百六十里；東北至漢中府南鄭縣界五百里，西北至龍安府平武縣界三百五十里。自府治至京師一萬二百里。

閬中縣，附郭。東西距八十里，南北距六十里。東至姚家庵順慶府儀隴縣界大泥山六十里，至廣教寺巴州界雲寺六十里；西至左畢鄉南部縣界思義鋪二十里；南至彭城壩南部縣界銀井鋪三十里，又至梁家坡接南部縣界南登觀五十里，少東至縣治七十里；北至土地鋪蒼溪縣界三十里。東南至彭馬坎南部縣界老鴉寨四十里；西南至小猴埡南部縣界大硯壩六十里，至金子院南部縣界金寶場五十里，至潼川州鹽亭縣治二百里；東北至(廢奉目縣)蒼溪縣界狐狸山六十里；西北至倒水鋪蒼溪縣界舉臺寺二十里，至縣治四十里。

蒼溪縣，在府西北四十里。東西距一百九十里，南北距九十里。東至巴(遠)[州]界大茅坪一百十里，至州治二百四十里；西至劍州界八十里；南至土地鋪閬中縣界十里；北至施店驛廣元縣界八十里，至縣治二百四十里。東南至閬中縣治四十里；西南至南部縣界四十里，至潼川州鹽亭縣治一百八十里；東北至巴州□□里；西北至羊鳴壩劍州界八十里，至州治一百里。

南部縣，在府南少東七十里。東西距二百五十里，南北距一百十里。東至順慶府營山縣界營巖寺九十里，少南至縣治二百里；西至潼川州鹽亭縣界刮沙坎一百二十里；南至順慶府西充縣界銓子山七十里，少南至縣治一百二十里；北至閬中縣界銀井鋪二十里，少西至縣治七十里。東南至順慶府蓬(界)州[界]一百里，至州治一百三十里；西南至鹽亭縣界一百六十里；東北至儀隴縣界六十里，至縣治一百里；西北至蒼溪縣界一百里，劍州界一百六十里。

廣元縣，在府北少西二百四十里。一作三百里。東西距二百六十里，南北距二百四十里。東至水磨堡南江縣界七眼洞二百里，至縣治二百五十里；一作三百里。西至三堆壩昭化縣界周家溪六十里；南至永寧鋪蒼溪縣界施店驛一百二十里，少東至縣治二百里；北至九井對溪子陝西漢中府寧羌州界一百二十里，至陽平關二百五十里。東南至木門老相堡巴州界雞鳴埡一百五十里，至州治五百里；西南至皂角鋪昭化縣界二十里，至縣治四十里；東北至七盤關寧羌州界關家坡一百七十里，至州治二百四十里；西北至東山堡梧桐院龍安府平武縣界筒池溝九十里，至縣治二百五十里。

昭化縣，在府西北二百八十里。一作三百里。東西距八十里，南北距一百四十里。東至廣元縣界二十里；西至劍州界六十里，少北至龍安府平武縣□□□；南至蒼溪縣界一百里；《縣志》：至虎跳驛一百二十里。一作至羊鳴壩一百六十里，皆水道也。北至廣元縣界三堆壩二十五里。東南至梅林關廣元縣界四十里，至蒼溪縣治□□里；西南至紫石驛劍州界六十里。一作至高廟鋪至州治一百四十里。東北至皂角鋪廣元縣界二十里，至縣治四十里；西北至白家壩陝西漢中府寧羌州界金山寺一百二十里，至陝西鞏昌府文縣四百四十里。

巴州，在府東少北二百里。東西距四百三十里，南北距二百十里。東至三寶溪夔州府太平縣嵩坪三百五十里，至縣治四百五十里；西至硐子原蒼溪縣界大茅坪八十五里，至縣治二百四十里，少南至雲蓋寺閬中縣界廣教寺八十里，至縣治二百五十里；南至佛樓寺順慶府渠縣界皂角埡一百五十里，至縣治二百五十里；北至龍伏鋪南江縣界兩河鋪六十里，至縣治一百四十里。東南至馬渡關夔州府東鄉縣界浪洋寺二百二十里，又至金華臺里同，至縣治四百二十里，又南至蒙溪河達州界大井壩一百五十里，至州治三百五十里；西南至順慶府儀隴縣一百十里，至鳳嶺關順慶府營山縣界唐家嘴一百五十里，至縣治二百五十里，又西至深渡橋儀隴縣界永家鋪七十里，至縣治一百十里；東北至鳳凰鋪通江縣界楊日鋪六十里，至縣治一百里，又東至望星關陝西漢中府西鄉縣鹽場壩四百里，至縣治五百五十里；西北至油樹埡廣元縣界通坪老相鋪七十里，至縣治四百四十里。

通江縣，在州東少北一百十里，舊《志》作一百五十里。府東北四(四)[百]里。冊作五百五十里，誤。東西距四百里，南北距四百里。東至本州界三百五十里，西至本州界四十八里，南至本州界五十里，北至陝西漢中府南鄭縣界三百五十里。冊作至羊圈關南鄭縣界羊圈嶺四百里。東南至重慶府達州一百六十里，(南)西[南]至本州界鳳凰鋪五十里，至州治一百□□十里；東北至竹浴關漢中府西鄉縣界九元子四百里；西北至沙壩南江縣界八十里，至縣治二百里，又北至茅裕灣南鄭縣界瓦菲科三百五十里，至縣治四百五十里。

南江縣，在州北一百六十里，[府]東北三百四十里。東西距一百里，南北距二百五十里。東至通江縣界七十里；西至廣元縣界三十里，至縣治二百五十里；南至兩河豫本州界八十里，至州治一百六十里；北至七眼洞陝西漢中府南鄭縣界廟壩一百七十里，至縣治□□□里。東南至沙壩通江縣界一百二十里，至縣治二百里；西南至蒼溪縣界一百九十里，至縣治□□□里；東北至官倉坪南鄭縣界小壩一百九十里；西北至城牆涯漢中府寧羌州界一百八十里。

劍州，在府西北二百二十里。東西距二百里，南北距三百五十里。東至蒼溪縣界一百二十里；西至梓潼縣界八十里；《縣志》作一百二十里。南至潼川州鹽亭縣界三廟二百里，至縣治二百五十里；北至黃沙江龍安府平武縣界一百五十里。東南至蒼溪縣界羊鳴壩一百二十里，至縣治二百里，又南至南部縣界□□□里；西南至梓潼縣治一百六十里；東北至高廟鋪朝化縣界八十里，至縣治一百四十里；西北至平武縣治二百九十里。

梓潼縣，在州西南一百六十里，府西二百五十里。東西距五十五里，南北距一百五十里。東至本州界二十五里；西至成都府綿州界三十里；南至潼川州界三十里，至潼川州治□□里；北至馬閣山龍安府平武縣界一百二十里。東南至潼川州鹽亭縣治□□里；西南至魏城綿州界五十里，至州治一百二十里；東北至界牌本州界八十里，至州治一百六十里；西北至龍安府江油縣治一百二十里。

敘州府，在布政司南六百五十里。東西距一百七十五里，南北距三百六十里。東至瀘州江安縣界一百三十五里；西至馬湖府屏山縣界四十里；南至鎮雄土府界二百六十里，至府治四百八十里；北至嘉定州榮縣界一百里。東南至貴州威寧府永寧縣界三百一里，西南至烏蒙土府界二百四十里，東北至重慶府榮昌縣界二百十里，西北至嘉定州犍爲縣界一百里。自府治至京師九千一百五十里。

宜賓縣，附郭。東西距八十里，南北距一百五十里。東至黃葛府南溪縣界四十里，至縣治一百十里；西至黑巖鋪馬湖府屏山縣界十里，至縣治一百二十里；南至慶符縣界五里，至縣治一百二十里；北至嘉定州榮縣界一百里，至縣治二百五十里。東南至慶符縣治二百十里；西南至高縣治二百五十里；東北至雙石牌富順縣界四十里，至縣治一百八十里；西北至嘉定州犍爲縣界一百六十里，至縣治二百里。

南溪縣，在府東一百十里。東西距九十五里，南北距一百二十里。東至裴石鋪瀘州江安縣界二十里，至縣治六十里；西至宜賓縣界黃葛鋪七十里，至縣治一百二十里。東南至石牌頭長寧縣界五十里，至縣治一百四十里；北至富順縣界牟亭鋪七十里，至縣治一百二十里。東南至興文縣治一百八十里，西南至慶符縣治二百里，東北至瀘州治一百五十里，東北至嘉定州犍爲縣治三百里。

富順縣，在府東北百八十里。《縣志》作一百六十里。東西距一百二十里，南北距一百二十里。東至李子鋪隆昌縣界四十里；《縣志》作至瀘州界七十里。西至嘉定州榮縣界八十里；南至牟亭鋪南溪縣界五十里，《志》作三十里。至縣治一百二十里；北至成都府内江縣界七十里，至縣治一百二十里。東南至瀘州江安縣界六十里，至縣治□□里，又東至朱明鋪瀘州界八十里，至州治一百三十里；西南至宜賓縣界四十五里，至縣治一百六十里；東北至隆昌縣界四十里，至縣治八十里；西北至榮縣廢威遠縣界三十里，至榮縣界雙龍鋪一百二十里，至縣治一百六十里。

長寧縣，在府東南二百十里。冊作一百二十里，誤。東西距七十里，南北距八十里。東至興文縣界西關五十里，至縣治六十里；西至沙河驛慶符縣界六十里；冊作至鑾拱縣界二十里。南至佛頭溪沙子坎珙縣界二十里；北至南溪縣界九十里，《縣志》：六十里至安寧廢縣。又五十里至下長牌接江安縣界，至南溪縣治一百四十里。東南至建武城九十里；西南至大水蕩珙縣界三十里，至縣治六十里；東北至下長牌瀘州江安縣界一百十里，至縣治一百四十里；西北至慶符縣治一百里。

隆昌縣，在府東北二百六十里。東西距七十里，南北距九十里。東至瀘州界三十里，西至富順縣界四十里，《志》作至內江縣界六十里。南瀘州界四十里，北至重慶府榮昌縣界五十里。東南至乾洨口瀘州界二十五里，至州治一百三十里；西南至李子鋪富順縣界四十里，至縣治八十里；東北至蔣家寺榮昌縣界五十里，至縣治一百里；西北至石悌鋪成都府內江縣界七十里，至縣治一百二十里。

慶符縣，在府南一百二十里。東西距一百三十里，南北距一百三十里。東至沙河驛長寧縣界七十里，少南至縣治一百三十里；西至宜賓縣界清油峒六十里；南至石門山高縣界十五里；北至宜賓縣界馬湖江一百十五里，《縣志》作至小宋六十里。至縣治一百二十里。東南至許鎮溝珙縣界五十里，至縣治八十五里；西南至界牌高縣界十五里，至縣治二十五里；東北至南溪縣界水窩九十里，至縣治二百里；西北至馬湖府一百五十里。

筠連縣，在府西南二百二十五里。東西距十七里，南北距三十五里。東至殷家灣珙縣界十里，《縣志》作至高縣界十里。至縣治一百五十里；西至烏蒙土府界七里；南至鎮雄土府界二十五里；《縣志》作至高縣界十里，誤。北至戴召壩高縣界十里。《縣志》作五里。東南至頭道水鎮雄府界二十五里，《縣志》作三十里。至府三百里；西南至官地烏蒙府界二十五里，至府三百二十里；東北至高縣界十五里，至縣治九十里。

高縣，在府南少西一百五十里。東西距六十四里，南北距一百二十里。東至珙縣界二十四里；西北筠連縣界四十里；南至鎮雄土府界樂安山一百十里，《縣志》作四十五里。至府治三百里；北至慶符縣界十里。《志》作一里。東南至珙縣界大宋四十里，至縣治六十里；西南至筠連縣界戴召壩八十里，至縣治九十里；東北至界牌慶符縣界十里，至縣治二十五里；西北至馬湖府屏山縣治一百五十里。

珙縣，在府東南二百里。東西距一百六十四里，南北距一百三十里。東至建武城界曹家營六十里；西至高縣界芭蕉口一百里，至筠連縣治一百五十里；《縣志》作二百里。南至鎮雄土府界兩河口一百里；北至長寧縣界大水蕩三十里。東南至建武城八十里；《志》：至長寧縣界芭蕉隘五十一里。《志》又作至鎮雄界羅場一百里。西南至洛亥鎮雄土府界八十里，至府治三百里；東北至長寧縣界芭蕉塭五十里，至縣治六十里；西北至高縣界大宋二十里，至縣治六十里。

興文縣，在府東南二百九十里。冊作一百八十里，誤。東西距二十里，南北距四十里。東至拖舡埡九姓司界十里，至司二十里；西至西關長寧縣界十里，至縣治六十里；南至小埡子建武城界十里，至城八十里；北至梅嶺堡瀘州江安縣界三十里，至縣治一百二十里。《縣志》：至水瀘壩西關口長寧縣界十里。東南至貴州威寧府永寧縣一百五十里，西南至建武城九十里，東北至瀘州納谿縣治一百五十里，西北至南溪縣治一百八十里。

建武城，在府東南二百八十里。東至界牌永寧衞界三十里；本城《志》作至大壩界三十四里，至衞一百二十里。西至曹家營珙縣界十里，少北至縣治八十里；南至獅允堡鎮雄土府界十五里，本城《志》作至筠連界八十里，誤。至府二百里；北至興文縣界小隘子七十里。本城《志》作至長寧、興文二縣交界三十里。

永寧城，在布政司東南九百九十里。東西距二百九十里，南北距八十五里。東至三元寨遵義府□□□界二百里，至遵義縣治三百五十里；西至叙州府建武城界九十里，至城一百二十里；南至漁鳧關貴州赤水衞界□□□里，又至觀音橋貴州畢節衞界一百五十里；北至瀘州納谿縣界江門驛八十里，至縣治二百里。東南至貴州黔西府界張白澤一百七十里，又至貴州大定府界猓子關一百六十里。

潼川州，在布政司東北三百二十里。東西距一百四十里，南北距一百九十里。東至金鵝山鹽亭縣界六十里；西至中江縣界朝宗鋪八十里，至縣治一百二十里；南至蓬溪縣界一百里；北至成都府綿州界九十里，至保寧府梓潼縣一百里。東南至射洪縣界板橋鋪四十里，至縣治六十里；西南至樂至縣治二百三十里；東北至鹽亭縣界埠溪鋪七十五里，至縣治一百里；西北至綿州治一百二十里。

射洪縣，在州東南六十里。東西距一百五十里，南北距九十里。東至順慶府西充縣界九十里，至縣治一百七十里；西至菩提寺本州界二十五里，至中江縣治一百七十里；南至青堤渡蓬溪縣界七十里，少東至遂寧縣治一百七十里；北至板橋鋪本州界二十里。東南至蓬溪縣界會仙橋六十里，至縣治九十里；西南至樂(志)[至]縣□□□里。舊《志》：至成都府金堂縣治二百八十里。東北至鹽亭縣治十里；西北至本州治六十里。

鹽亭縣，在州東少北一百里。東西距九十五里，南北距八十里。東至保寧府南部縣界走馬嶺七十里；西至猴溪鋪本州界二十五里；南至泥佛寶寺射洪縣界三十里，少西至縣治一百里；北至保寧府建州界五十里，至州治一百里。東南至順慶府西充縣界八十里，至縣治一百二十里；西南至射洪縣治一百里；東北至刮沙坎南部縣界三十里，至縣治一百七十里；西北至保寧府梓潼縣治。

中江縣，在州西一百二十里。東西距一百里，南北距二百三十里。東至朝宗鋪本州界四十里，至(興)[州]治一百里；西至成都府漢州界皂角鋪六十里；南至樂至縣界大石□□□里；北至成都府德陽縣廢羅江縣界斜灘河六十里，至綿州一百里。東南至樂至縣治一百七十里，西南至漢州治一百里，東北至本州界□□里，西北至德陽縣廢羅江縣治九十里。

遂寧縣，在州東南一百八十里。東西距八十里，南北距一百七十里。東至赤崖溝蓬溪縣界三十里；西至樂至縣界苦井溝九十里；南至龍龕山重慶府合州廢安居縣界二百四十里，舊《志》：至重慶府大足縣界龍化觀三百里。至縣三百二十里；北至蓬溪縣界明水鋪五十里，至射洪縣一百三十里。東南至蟠龍鋪合州廢安居縣界一百十里，至縣治一百三十里；西南至板橋鋪樂至廢安岳縣界五十里，至縣治一百十里；東北至柏樹隘蓬溪縣界二十五里，至縣治六十里；西北至射洪縣治□□里。

蓬溪縣，在州東南一百五十里。東西距二百四十里，南北距二百里。東至李壩鋪順慶府南充縣界二十里，少北至縣治一百五十里；西至中江縣界二百二十里；北至射洪縣界四十里；南至重慶府合州廢安居縣界一百七十里；北至鹽亭縣界三十里。東南至合州界二百里，至州治三百里；西南至遂寧縣界三十五里，至縣治六十里；又西至樂至縣界二百七十里；東北至西充縣界二十里，至縣治九十里；西北至射洪縣界四十里，至縣治九十里，至鹽亭縣九十里。

樂至縣，在州南少西二百三十里。東西距二百十里，南北距九十里。東至重慶府榮昌縣廢大足縣界孔雀鋪一百三十里；西至成都府簡州界界牌鋪八十里，至州治一百二十里；南至石團鎮成都府資陽縣界四十里；北至大石鋪中江縣界五十里，至縣治一百七十里。東南至榮昌廢大足縣一百九十里，西南至資陽縣治九十里，東北至蓬溪縣□□□□□，西北至成都府金堂縣。

廢安岳縣，在州南少東二百八十里。東至重慶府榮昌廢大足縣界孔雀鋪一百三十里，少南至縣治九十里；西至黄葛鋪樂至縣界四十里，至縣治一百里；南至成都府内江縣界華莊寺一百里，至縣治一百八十里；北至樂至縣界五十里。東北至遂寧縣界板橋鋪六十里，至縣治一百十里。

嘉定州，在布政司南三百九十里。《州志》作三百里。東西距一百三十里，南北距五十三里。東至界牌榮縣界八十里，《州志》作至犍爲縣界五十里，外有犍爲十里、井研十里錯其間。至縣治一百五十里；西至界牌峨眉縣界五十里，至縣治六十里；南至烏木莊犍爲縣界八十里；《州志》作至犍爲縣界僅三里。北至眉州廢青神縣界五十里。東南至犍爲縣治一百二十里，《州志》作至界十五里，至縣一百里。西南至峨眉縣界□□□里；東北至眉州廢青神縣界三十里；西北至門檻鋪夾江縣界四十里，於縣治八十里。自州治至京師九千八百四十五里。

峨眉縣，在州西六十里。舊《志》：在州西南九十里。東西距三十里，南北距一百二十里。東至界牌本州界十里，《志》作二十里。至州治六十里；西至洪雅縣界三十里；舊《志》：西至邛部司界黑龍溪九十里。新《志》：西至峨眉山麓，山西五里爲洪雅縣界。册作西係山箐不通路。南至馬湖府沐川司界一百里；《縣志》：南二十里至青龍場，又山行六十里抵歸化鄉，其外皆夷界。北至夾江縣界二十里。東南至犍爲縣界五十里，舊《志》：至馬湖府五百里。西南至太平墩梁山夷界一百五十里，舊《志》：至越巂衛八百里。東北至夾江縣治四十里，西北至洪雅縣治八十里。

洪雅縣，在州西北一百三十里。東西距七十五里，南北距八十里。東至烏尤鋪眉州丹稜縣界十五里；西至竹箐關雅州界六十里，至州治一百里；南至峨眉縣界三十里，少東至峨眉縣治八十里；北至□□□界四十五里。《縣志》作至丹稜縣界五十里。東南至夾江縣界二十五里，至縣治五十里；西南至邛州榮經縣界一百二十里；東北至丹稜縣治三十里；西北至土地隘牙州名山縣界四十五里，至縣治一百里。

夾江縣，在州西北八十里。東西距四十里，南北距六十里。東至峨州廢青神縣界二十里，至縣治五十里；西至峨眉縣界二十里；南至門檻鋪本州界四十里；北至眉州丹稜縣界二十里，至縣治六十里。東南至本州治八十里；冊作水程五十里。西南至峨眉縣治四十里；東北至眉州界三十里，至州治□□□里；西北至洪雅縣界三十里，至縣治五十里。

犍爲縣，在州東南一百二十里。舊《志》作一百十里。東西距一百里，南北距一百五十里。東至榮縣界六十里；《縣志》作一百里。西至峰門山馬湖府平山縣界五十里，《縣志》作七十里。南至龍溪敘州府宜賓縣界六十里，北至烏本莊本州界一百五十里，《縣志》作九十里，爲是。至成都府井研縣治一百五十里。東南至觀音山宜賓縣界四十里，至縣治二百里；西南至屏山縣界七十里；東北至竹園鋪榮縣界六十里，至縣治一百二十里；西北至州治一百二十里。

榮縣，在州東一百五十里。東西距一百二十里，南北距一百十里。東至木瓜寺成都府內江縣界五十里，《縣志》：至威遠縣界三十里。至縣治一百五十里；西至界牌本州界七十里，《縣志》：至犍爲縣界九十里。至州治一百五十里；南至敘州府宜賓縣界一百四十里，至縣治二百五十里；北至浄土庵成都府仁壽縣界五十里，《縣志》作三十里。少西至縣治一百四十里。東南至敘州府富順縣界九十里，至縣治□□里；西南至竹園鋪犍爲縣界六十里，至縣治一百二十里；《縣志》：至宜賓縣界一百五十里。東北至成都府資縣界九十里，至縣治□□里；西北至成都府井研縣治一百里。《縣志》作至界九十里。

廢威遠縣，在州東二百里。東至珙井敘州府富順縣界三十里，西至界牌榮縣界三十里。東南至富順縣治九十里，西南至犍爲縣治一百七里，西北至老君山榮縣界二十里。

眉州，在布政司南少西一百九十里。東西距八十里，南北距一百三十里。東至成都府仁壽縣界寶竹寺三十里。舊《志》作八十五里。西至界牌丹稜縣界四十五里，至縣治六十里；南至嘉定州(夫)[夾]江縣界上門鋪八十里；北至界牌廢彭山縣界三十里，至成都府新津縣界五十里，按：冊(應)[作]八十五里。至縣治九十里。冊作西北至新津縣治一百里。東南至廢青神縣界西河口三十里，至縣治六十里，至成都府井研縣界慈竹溝六十五里；西南嘉定州夾江、洪雅二縣界關由壩七十里，至夾江縣治一百二十里；東北至廢彭山縣界赤脚塘四十里，至王家店八十里，至成都府仁壽縣治一百三十里，《州志》作七十里，誤。西北至邛州蒲江縣界涼風頂十里，至縣治八十里，(至)[自]州治至京師□□□里。

廢彭山縣，在州北四十里。東至王家店仁壽縣界四十里。舊《志》作三十里。至縣治九十里；西至蒲江縣界横山子三十里，舊《志》作至界六十里。至縣治五十里，至本州界十里，至州治四十里；北至季家嘴成都府新津縣界四十五里，至縣治六十里。

廢青神縣，在州東南六十里。東至新添鋪成都府井研縣界十里，舊《志》作三十里。至縣治六十里；西至土門鋪本州界三十里；舊《志》：至夾江縣界五十里。南至嘉定州關門子二十里，至州治七十里；北至上巖仁壽縣界五里；舊《志》：至本州界二十里。西南至嘉定州界三十里。東北至仁壽縣治一百七十里，西北至本州治六十里。

丹稜縣，在州西六十里。東西距五十五里，南北距五十里。東至本州界十五里，至州治六十里；西至雅州名山縣界四十里；舊《志》：至界一百里。南至嘉定州夾江縣界三十里；北至邛州蒲江縣界二十里，少西至縣治五十里。東南至夾江縣治八十里；西南至烏尤鋪(夾)[嘉]定州洪雅縣界十五里，《志》作四十里。東北至眉州廢彭山縣治七十里，西北至牛路口名山縣界二十五里，至縣治七十里。

邛州，在布政司西南一百八十里。東西距一百二十里，南北距三十五里。東至界牌成都府新津縣界六十里，至縣治九十里；西至雅州盧山縣界八十里，《州志》作至盧山縣界一百六十里。少南至縣治□□□里；南至板橋鋪蒲江縣界十五里，少東至縣治六十里；北至界牌大邑縣界二十里，少東至縣治四十里。東南至眉州廢彭山縣界五十里；按：廢依(改)[政]縣在東西七十里。西南至雅州名山縣治一百里；東北至成都府崇慶州界七十里，至州治□□□里；西北至天全土司八十里。至京師一萬五百七十里。

大邑縣，在州北少東四十里。東西距九十里，南北距一百二十里。東至乾溪鎮成都府崇慶州界□□□里，《志》作十五里。至州治十里；西至鳳凰山天全土司界八十里；南至本州界二十里；北至成都府灌縣界□□里。東南至成都府新津縣界黄瓦寺七十五里，至縣治九十里；西南至本州治四十里，至天全六番招討司一百八十里；東北至成都府灌縣治九十里；西北至黑石溝天全土司界四十里。

蒲江縣，在州東南六十里。東西距九十里，南北距五十里。東至界牌眉州界四十里，少南至州治八十里；西至雅州名山縣界五十里；南至眉州丹稜縣界二十里；北至本州界三十里。東南至界牌丹稜縣界三十里，至縣治五十里；西南至黑竹關名山縣界五十里，至縣治一百十里；東北至成都府新津縣治六十里；西北至本州界板橋鋪四十五里，至州治六十里。

雅州，在布政司西南三百二十里。東西距九十里，南北距八十里。東至竹箐關嘉定州洪雅縣界四十里，至縣治一百里；西至天全六番招討司界五十里，至司七十里；南至榮經縣界六十里；《州志》：南至峨眉縣界一百八十里。北至盧山縣界二十里。《州志》：至蒲江縣界一百十里。東南至嘉定州峨眉縣界八十里；西南至高橋榮經縣界六十里，至縣治九十里；東北至金雞關名山縣界二十五里，至縣治四十里；西北至飛仙關盧山縣界五十里，至縣治一百里，至京師□□□里四里。

名山縣，在州東北四十里。東西距八十里，南北距七十里。東至黑竹關邛州蒲江縣界六十里，少北至縣治一百十里。東南至牛路口眉州丹稜縣界四十五里，至縣治七十里；西至金雞關本州界十五里；南至本州界二十里；北至邛州界六十里。東南至嘉定州洪雅縣界土地埡五十五里，至縣治一百里；西南至本州治四十里；東北至邛州治一百里；西北至盧山縣治七十里。

榮經縣，在州西南九十里。東西距一百十里，南北距一百九十里。東至雅州界三十里，西至李大所界大關山八十里，南至瓦屋山黎大所界一百二十里，北至天全招討司界□□里。東南至山箐不通路；西南至黃泥鋪黎大所界六十里，至所一百五十里；東北至高橋本州界三十里，至州治九十里；西北至石家壩天全土司界四十里，至司治七十里。

盧山縣，在州西北一百里。東西距十二里，南北距七十里。東至羅全山名山縣界十里；西至隔粮坡天全副招討司界二里，又崞缽山在縣西十里；南至飛仙關本州界五十里，少東至州治一百里；北至魚喜河天全土司界二十里，又百步山在縣北四十里。東南至名山縣治七十里，西南至天全招討司五十里，東北至邛州治一百二十里，西北至靈關番界六十里。

雲南省

雲南府，布政司治。東西距三百七十五里，南北距三百二十里。東至曲靖府馬龍州界一百三十里，西至楚雄府廣通縣界二百四十五里，南至澂江府河陽縣界一百十里，北至曲靖府尋甸州界二百十里。東南至廣西府界四百二十里，西南至澂江府新興州界一百七十里，東北至曲靖府馬龍州界二百三十里，西北（北）至武定府界二百二十里。自府治至京師八千二百里。

昆明縣，附郭。東西距一百里，南北距八十里。東至嵩明州界六十里，西至安寧州界四十里，南至呈貢縣界三十里，北至嵩明州界五十里。

宜良縣，在府東少南一百五十里。東西距六十里，南北距六十里。東至澂江府路南州界二十里，西至呈貢縣界四十里，南至澂江府河陽縣界三十里，北至舊楊林所界三十里。

呈貢縣，在府東南四十里。東西距五十三里，南北距六十里。東至宜良縣界五十里，西至昆明池三里，又水路至昆明縣界四十里，南至晉寧州界五十里，北至昆明縣界十里。

晉寧州，在府南少東九十里。東西距十三里，南北距六十里。東至河陽縣界五里，水路至昆明縣界八十里，西至昆明池八里，南至河陽縣界十里，北至呈貢縣界五十里，少東至縣治六十里。

昆陽州，在府西南一百二十里。東西距一百二十里，南北距七十五里，水路至昆明縣界一百二十里。東至晉寧州界二十里，西至易門縣界九十里，南至府新興州界三十五里，北至昆明縣界四十里，西北至祿豐縣二百三十里。

易門縣，在府西南二百五十里。東西距一百三十五里，南北距九十里。東至昆陽州界三十五里，至州治一百五十里；西至□□府南安州界一百里；南至臨安府嶍峨縣界六十里；北祿豐縣界三十里。

安寧州，在府西六十里。東西距九十里，南北距七十五里。東至昆明縣界；西至祿豐縣界六十里，稍北至縣治一百八十里；南至昆陽州界十五里；北至富民縣界六十里。

羅次縣，在府西北一百四十里。東西距六十里，南北距九十里。東至富民縣界三十里，西至祿豐縣界三十里，南至安寧州界六十里，北至武定府和曲州界三十里。東南至安寧州治九十里。

祿豐縣，在府西少北二百十里。東西距六十五里，南北距一百六十里。東至羅次縣界三十里，西至楚雄府廣通縣界三十五里，南至易門縣界一百二十里，北至武定府和曲州界四十里。

富民縣，在府西北九十里。東西距六十里，南北距七十里。東至嵩明州界三十里，西至羅次縣界三十里，南至昆明縣界三十里，北至武定府河曲州界四十里。

嵩明州，在府東北一百三十里。東西距一百二十里，南北距四十五里。東至曲靖府尋甸州界五十里；西至富民縣界七十里；南至昆明縣界六十里，舊楊林所界三十里；北至尋甸州界十五里。

曲靖府，在布政司東少北三百里。東西距三百九十里，南北距五百三十里。東至貴州安順府普(庵)[安]州界一百七十里，西至雲南府嵩明州界二百二十里，南至廣西府路南州界一百七十里，北至貴州威寧府界三百六十里。東南至廣西府師宗州界三百六十里，西南至澂江府界二百里，東北至威寧府界二百七十里，西北至四川東川府界一百八十里。

南寧縣，附郭。東西距九十五里，南北距一百二十五。東至平彝縣界七十五里，西至馬龍州界二十里，南至陸涼州界一百里，北至霑益州界二十五里。

羅平州，在府東南二百七十里。東西距一百四十里。【略】交水廢縣即今州治。東至貴州安順府普安州界九十里，西至□府師宗州界五十里，南至廣南府界一百一十里，北至南寧縣界九十里。亦(倣)[佐]廢縣，在府東二百五十里。

陸涼州，在府南一百二十里。東西距一百三十里，南北距一百二十里。東至羅平州界八十里，西至馬龍州界五十里，南至澂江府路南州界七十里，北至南寧縣界五十里。

尋甸州，在府西北一百三十里。東西距二百四十里，南北距一百三十里。東至霑益州界九十里，西至武定府嵩明州界二百五十里，南至雲南府嵩明界六十里，北至四川東川土府界七十里。《明一統志》：南至馬龍州界六十里，北至東川一百十里。《通志》：東至馬龍州界五十里，西至嵩明州界九十里。

馬龍州，在府西稍南五十里。東西距九十五里，南北距九十里。東至南寧縣界二十五里，西至尋甸州界七十里，南至陸涼州界六十里，北至霑益州界三十里。

霑益州，在府北三十里。東西距二百六十里，南北距二百六十五里。東至平彝縣界八十里，西至四川東川府界一百八十里，南至南寧縣界五里，北至貴州威寧府界三百三十里。

平彝縣，在府東少北九十里。東西距□□□里，南北距□□里。東至貴州安順府普安州界四十里，西至南寧界十五里，南至羅平州界四十里，北至霑益州界十五里。

澂江府，在布政司東南一百二十里。東西距三百七十里，南北距一百九十里。東至廣西府彌勒州界二百里，西至雲南府昆陽州界一百七十里，南至臨安府寧州界一百二十里，北至雲南府宜良縣界七十里。東南至寧州界二百里，西南至臨安府河西縣界一百八十里，東北至曲靖府陸涼州界二百四十里，西北至雲南府廢歸化縣界四十里。

河陽縣，附郭。東西距一百里，南北距一百九十里。東至路南州界九十里，西至雲南府晉寧州界十里，南至臨安府寧州界一百二十里，北至雲南府宜良縣界七十里。

路南州，在府西(東)[北]一百三十里。東西距一百二十里，南北距一百十五里。東至廣西府界八十里，西至雲南府宜良縣界四十里，南至臨安府寧州界九十里，北至宜良縣界二十五里。

江川縣，在府南少西九十里。東西距九十里，南北距九十五里。水路至寧州界五十里。東至撫仙湖五里，西至新興州界四十里，南至臨安府寧州界七十里，《通志》作二十里。北至河陽縣界二十五里。

新興州，在府西一百二十里。東西距七十里，南北距一百里。東至江川縣界二十里，西至雲南府昆陽州界五十里，南至臨安府嶍峨縣界五十里，北至昆陽州界五十里。

臨安府，在布政司南少東四百三十里。東西距五百五十里，南北距五百三十里。東至開化府界三百二十里，西至元江府界二百五十里，南至交趾界二百五十里，北至澂江府界二百八十里。東南至交趾水尾界八百五十里，西南至祿谷長官司界三百八十里，東北至廣西府界三百里，西北至楚雄府界五百八十里。

建水州，附郭。東西距七十里，南北距一百九十里。東至阿迷州界三十里，西至石屏州界四十里，南至蒙自縣界三十里，北至通海縣界一百六十里。

阿迷州，在府東一百二十里。東西距二百九十里，南北距二十五里。東至開化府界二百里，西至建水州界九十里，南至蒙(司)[自]縣界五里，北至彌勒州界二十里。

蒙自縣，在府東南一百五十里。東西距一百十里，南北距六十里。東至開化府界三十里，西至建水州界八十里，南至舊新安所界二十里，北至阿迷州界四十里。

石屏州，在府西八十里。《明一統志》：五十里。東西距一百九十里，南北距三百里。東至建水州界四十里，西至元江府界一百五十里，南至納樓司界一百五十里，北至通海縣界一百五十里。

虧容甸長官司，在府西南一百四十里。東西距四十五里，南北距二十里。東至石屏州界［一］作阿迷，誤。二十里，西至元江府界二十五里，南至溪處司界十里，北至石屏州界十里。

納樓茶甸長官司，在府西南一百八十里。東西距二百里，南北距二百四十五里。東至納更土巡檢司界七十里，西至元江府界一百三十里，南至（鎮）元［江］府界一百五十里，北至建水州界九十五里。

落恐甸長官司，在府西南二百里。東西距六十五里，南北距六十五里。東至溪處司界五十里，西至左（龍）［能］司界十五里，南至流河汪界五十里，北至思陀司界十五里。

左（龍）［能］寨長官司，在府西南二百三十里。東西距四十五里，南北距三十五里。東至落恐司界二十里，西至思陀司界十五里，南至溪處司界十五里，北至思陀司界二十里。

思陀甸長官司，在府西南二百五十里。東西距一百里，南北距五十五里。東至落恐司界三十里，西至元江府界七十里，南至左能司界十五里，北至元江府界四十里。

嶍峨縣，在府西北二百六十里。東西距一百一里，南北距一百六十里。東至河西縣界一里，西至新平縣界一百里，南至石屏州界六十里，北至易門縣界一百里。

通海縣，在府北少東一百五十里。東西距三十里，南北距七十里。東至寧州界十里，西至河西縣界二十里，南至建水州界二十里，北至寧州界五十里。

寧州，在府東北二百五十里。《明一統志》作府東五十里。東西距一百五十里，南北距一百四十五里。東至廣西府彌勒州界九十里，西至通海縣三十里，南至建水州界九十五里，北至澂江府江川縣界五十里。

河西縣，在府西北一百八十里。東西距七十里，南北距四十五里。東至寧州界三十五里，西至西河縣界四十里，南至通海縣界五十里，北至澂江府新興州界三十里。

新平縣，在府西北四百二十里。東西距四百六十里，南北距六百里。東至嶍峨縣九十里，西至者樂甸界三百七十里，南至元江府界三百里，北至□□府南安州界三百里。

武定府，在布政司西北二百四十里。東西距三百六十里，南北距三百三十九里。東至曲靖府尋甸州界一百二十里，《明一統志》作富民縣一百五十里。西至姚安府大姚縣界二百四十里，《明志》作楚雄府定遠界三百里。南至雲南府羅次縣界三十九里，北至四川會川衛界三百里。東南至雲南府富民縣界□□□，西南至楚雄府界，東北至四川東川府界，西北至會川衛界。

和曲州，附郭。東西距一百九十里，南北距五十四里。東至禄勸州界十五里，西至元謀縣界一百八十里，南至雲南府羅次縣界三十九里，北至禄勸州界五十里。

禄勸州，在府東北二十里。東西距一百十里，南北距三百三十里。東至曲靖府尋甸州界一百里，西至和曲州界十里，南至雲南府富民縣界三十里，北至四川會川衛界三百里。

元謀縣，在府西北一百八十里。東西距六十里，南北距一百五里。東至和曲州界二十里，西至姚安府大姚縣界四十里，南至和曲州界十五里，北至和曲州界九十里。

廣西府，在布政司東南四百里。東西距四百九十里，南北距三百里。東至廣南、開化二府界三百六十里，西至臨安府寧州界一百三十里，南至臨安府阿迷州界二百里，北至曲靖府陸涼州界一百里。東南至臨安府界六百四十里，西南至臨安府建水州界三百里，東北至曲靖府羅平州界一百里，西北北至澂江府路南州界一百九十里。

彌勒州，在府西少南九十里。東西距一百五里，南北距一百九十里。東至本府界二十五里，西至寧州界八十里，南至臨安府阿迷州界一百四十里，北至澂江府路南州界五十里。

師宗州，在府北少東八十里。東西距九十里，南北距一百里。東至曲靖府羅平州界四十里，西至曲靖府陸涼州界五十里，南至本府界五十里，北至陸涼州界五十里。

元江府，在布政司西南七百九十里。東西距四百里，南北距五百六十里。東至臨安府石屏州界一百里，西至思倫發者癸寨三百里，新《志》作車里界一千六百里。南至臨安府思陀司界二百十里，北至臨安府新平縣界三百五十里。《明一統志》作馬郎他甸寺界二百。東[南]至(南)臨安府魁榮司界三百三十里，西南至鎮元府祿谷長官司界五百里，東北至臨安府嶍峨縣界三百里，西北至鎮(元)[沅]府界四百里。

廣南府，在布政司東南八百五十里。東西距七百二十里，南北距四百三十里。東至廣西土田州界四百二十里，西至廣西開化二府界三百里，南至廣西鎮安縣界二百九十里，北至廣西西林縣界一百四十里。東南至廣西土田州界八百里，西南至臨安府阿迷州界四百里，東北至廣西泗城府界五十里，西北至廣西府(施)[師]宗州界一百四十里。

開化府，在布政司東南七百十里。東西距六百四十里，南北距四百四十里。東至交趾廣東界四百里，西至臨安府蒙自縣界二百四十里，南至交趾賭呪河界二百四十里，北至廣南府界一百八十里。東南至交趾界，西南至交趾界，東北至廣南府界，西北至阿迷州界。

大理府，在布政司西北八百九十里。東西距三百四十三里，南北距二百二十里。東至姚安府界二百八十里，西至點蒼山後蒙化府界六十三里，南至蒙化府界七十里，北至鶴慶府界一百五十里。東南至姚安府界一百七十里，西南至順寧府三百四里，東北至永寧府界三百九十里，西北至永昌上江寨界五百七十里。

太和縣，附郭。東西距八十三里，南北距一百里。東至賓川州界二十里，西至蒙化府界六十三里，南至趙州界三十里，北至鄧川州界七十里。

賓川州，在府東一百里。東西距一百六十里，南北距一百七十里。東至雲南縣界四十里，西至太和縣界一百二十里，南至雲南縣界五十里，北至(此)[北]勝州界一百二十里。

雲南縣，在府東南一百四十里。東西距二百二十五里，南北距一百四十里。東至姚安府界六十里，白鹽井界二百里；西至趙州界二十五里；南至楚雄府鎮南州界一百里；北至賓川州界四十里。

十二關長官司，在府東三百里。東西距二百七十里，南北距二百里。册説：東至雲南縣界白沙坡十里。西至雲南縣界觀音箐十里，南至雲南縣界你店二里，北至賓川州界赤石崖六十里。東至姚安府白(益)[鹽]井提舉司界一百二十里，西至雲南縣界一百五十里，南至姚安府界三十里，北至賓川州界一百七十里。

趙州，在府東南六十里。東西距六十里，南北距二百五十里。東至賓川州界三十里，西至蒙化府界三十里，南至楚雄府定邊縣二百三十里，北至太和縣界二十里。

雲龍州，在府西北五百里。東西距二百七十里，南北距一百九十里。東至浪穹縣界九十里，西至永昌府保山縣界一百八十里，南至永昌府永平縣界八十里，北至麗江府界一百十里。

鄧川州，在府北少西九十里。東西距一百九十里，南北距五十里。東至北勝州界一百四十里，西至浪穹縣界五十里，南至太和縣界二十里，北至浪穹縣界三十里。

浪穹縣，在府西北一百十里。東西距四十里，南北距一百八里。東至鶴慶府劍川州界二十里，南至鄧川州界八里，北至劍川州界一百里。

北勝州，在大理府北少東三百里。東西距三百七十三里，南北距四百二十一里。東至四川鹽井衞界三百四十八里，西至鶴慶府界二十五里，南至大理府賓川州界一百一十三里，北至永寧府界三百八里。

永昌府，在布政司西一千二百里。東西距四百四十里，南北距一千一百二十里。東至順寧府界一百四十里，西至野人地界三百里，南至孟定府界八百七十里，北至大理府雲龍州界二百五十里。東南至順寧府界四百八十里，西南至南甸宣撫司界五百八十里，東北至蒙化府界三百二十里，西北至野人界五百三十里。

保山縣，附郭。東西距四百四十里，南北距四百十里。東至順寧府界一百四十里，西至野人地界三百里，南至本府屬各土司界一百六十里，北至大理府雲龍州界二百五十里。

騰越州，在府西三百六十里。東西距三百里，南北距二百里。東至保山縣界一百二十里，西至野人地界一百八十里，南至本府土司界二十里，北至保山縣界一百八十里。

永平縣，在府東北一百七十里。東西(縣)[距]二百三十五里，南北距一百五里。東至蒙化府界一百八十里，西至保山縣界五十五里，南至順寧府界二十五里，北至大理府雲龍州界八十里。

楚雄府，在布政司西四百二十里。東西距三百十五里，南北距四百九十五里。東至雲南府禄豐縣界一百五十五里，西至姚安府界一百六十里，南至元江府界二百八十里，北至姚安府大姚縣界二百十五里。東南至臨安府嶍峨縣界三百五十里，西南至景東府界三百里，東北至武定府元謀縣界三百二十里，西北至大理府雲南縣界二百四十里。

楚雄縣，附郭。東西距九十五里，南北距九十里。東至廣通縣界四十五里，西至鎮南州界五十里，南至南安州界四十五里，北至定遠縣界四十五里。

廣通縣，在府東七十里。東西距一百十里，南北距一百七十五里。東至雲南府禄豐縣界八十里，西至楚雄縣界三十里，南至南安州界九十里，北至定遠縣界八十里。

定邊縣，在府西三百二十里。東西距九十里，南北距二百二十里。東至大理府雲南縣界二十里，西至蒙化府界七十里，南至景東府界一百二十里，北至大理府趙州界一百里。

南安州，在府東南五十里。東西距一百五十里，南北距二百五十五里。東至雲南府易門縣界一百四十里，西至楚雄縣界十里，南至元江府界二百五十里，北至楚雄縣界五里。

鎮南州，在府西北七十里。東西距九十五里，南北距二百里。東至楚雄縣二十里，西至姚安府姚州界七十五里，南至景東府界一百八十里，北至定遠縣界二十里。

定遠縣，在府北少西一百二十里。東西距七十里，南北距一百八十里。東至廣通縣界四十五里，西至鎮南州界二十五里，南至楚雄縣界五十里，北至姚安府大姚縣界一百三十里。

姚安府，在布政司西北六百里。《志》作七百里。東西距二百十里，南北距三百里。東至楚雄府定遠縣界七十里，西至大理府雲南縣界一百四十里，南至楚雄府鎮南州界七十里，北至大理府北勝州界二百七十里。東南至定遠縣界一百二十里，西南至鎮南州界八十里，東北至武定府和曲州界四百十里，西北至雲南縣界二百里。

姚州，附郭。東西距二百十里，南北距九十五里。東至楚雄府定遠縣界七十里，西至大理府雲南縣界一百四十里，南至楚雄府鎮南州界七十里，北至大姚縣界二十五里。

大姚縣，在府北少東六十里。東西距一百七十里，南北距二百五十五里。東至武定府元謀縣界一百四十里，西至姚州界三十里，南至姚州界四十五里，北至四川鹽井衛界二百一十里。

鶴慶府，在布政司西北一千一百六十里。(輿)[輿]程一千九十里。東西距三百九十里。東至北勝州界二百四十里，西至麗江府界一百五十里，南至大理府□□□里，北至麗江府界五十里。[東]南至北勝州界一百六十里，西南至浪穹縣界一百八十里，東北至麗江府界四百八十里，西北至麗江府界二百一十里。

劍川州，在府西九十里。東西距一百十里，南北距二百四十里。東至本府界四十里，西至麗江府界七十里，南至浪穹縣界一百九十里，北至麗江府界五十里。

順寧府，在布政司[西]少南一千一百五十里。東西距三百五十里，南北距六百十里。東至蒙化府界二百三十里，西至灣(店)[甸]土州界一百二十里，南至景東府界三百四十里，北至永昌府永平縣界二百七十里。東南至景東府界，西南至猛養地界，東北至蒙化府界，西北至永(平)[昌]府界。

雲州，在布政司西，順寧府東少南三十里。東西距一百三十里，南北距三百七十里。東至景東府界一百二十里，西至順寧府界十里，南至景東府界二百五十里，北至蒙化府界一百二十里。

蒙化府，在布政司西八百二十里。東西距二百里，南北距二百九十五里。東至大理府趙州界五十里，西至順寧府界一百五十里，南至雲州界一百九十五里，北至大理府太和縣界一百里。東南至楚雄府定邊縣界一百里，西南至(大侯)[雲]州四百里，東北至大理府雲南縣界一百三十里，西北至永昌府永平縣界三百八十里。

永寧府，在布政司西北一千四百五十里。東西距一百四十里，南北距三百里。東至四川鹽井衛界六十里，西至麗江府界八十里，南至北勝州界一百四十里，北至劉卜蒙古喇嘛界一百六十里。東南至鹽井衛界三百三十里，西南至麗江府界三百七十里，東北至西番界，西北至西番界二百八十里。

景東府，在布政司西南九百八十里。《志》作一千八百里，誤。東西距三百四十里，南北距四百二十里。東至楚雄府南安州界一百二十里，西至雲州界二百二十里，南至鎮沅府界二百九十里，北至楚雄府鎮南州界一百三十里。東南至者樂甸界一百五十里，西南至順寧府界三百里，東北至楚雄府鎮南州界二百六十里，西北至蒙化府界三百里。

(嚴)[麗]江府，在布政司西北一千二百四十里。東西距六百七十里，南北距七百八十九里。東至永寧府界四百里，西至怒彝界二百七十里，南至鶴慶府界三十九里，北至蒙番界七百五十里。東南至鶴慶府界二百里，西南至鶴慶府劍川州界一百二十里，東北至永寧府界三百七十里，西北至西番界一百五十里。

鎮沅府，在布政司西南一千二百里。東西距一百四十里，南北距一百四十里。東至元江府界一百里，西至威遠土州界四十里，南至元江府界八十里，北至者樂甸界六十里。東南至元江府界四百里，西南至車里宣慰司界五百里，東北至舊新化州界五百里，西北至楚雄府定邊縣界四百里。

孟定土府，在布政司西南。東至雲州德化里猛回界，西至本邦界河口界，南至野人界，北至無量山頂界。

貴州省

貴陽府新貴縣，布政司治。東西距一百三十里，南北距□□□里。東至牛路口羊場司界四十里，至平越府新(田)[添]衛界八十里；西至安順府威清衛界三十里；南至貴定縣界□□里；北至宣慰司龍場驛界五十里，至四川遵義府遵義縣界一百五十里。東南至都勻府凱口界□□里，西南至廣西泗城州，東北至龍里衛界□□□□，西北至(康)[安]順州康佐司界□□□。

其貴前二衛共倚省城。東至龍里衛界五十里，西至平壩衛界一百五十里，南至廣西泗城州界二百里，北至四川遵義府界六十里。東□至都勻府凱口界一百二十里，西南至廣西泗城州界二百五十里，東北至龍里(會)[衛]界九十里，西北至安順州康佐司界二百里。

自南門官道，十里至龍洞鋪，二十里至雞場鋪，三十里至麥架鋪，三十五里至白鴿箐道，盜賊於此出劫，五十里抵龍場驛。一路自□門，由頭橋哨十里至阿江鋪，二十里至小箐鋪，二十五里至黑石頭，盜賊潛此出劫，三十里至倒樹鋪威(青)[清]衛界。一路自次南門四方河哨，四十里至青巖，六十里至定番州。

黎平府，在布政司[東]少南一千□□里。東西距四百里，南北距三百五十里。東至湖廣靖州界二百十里，西至古(舟寺)[州司]界一百十里，南至廣西界一百里，北至湖廣銅鼓衛界二百五十里。東南至靖州通道縣界二百二十里，西南至曹滴司界一百二十三里，東北至隆里司界一百里，西北至第西界三十里。

□東至(茶)平[茶]所九十里，至靖州一百二十里，內寧溪冲界牌□及苗坡路道險要，設有寧溪、鐵爐、鎮靖三堡。南抵永從縣廣西江邊三百里，內設水井、燕窩二堡。東南抵通道縣二百二十里，內中潮又中中一帶地方寬廣，兼有苗寨都莫地，青苗名，俱納糧百姓。西南抵曹滴司一百二十里，有(梨)[黎]坪守禦千户所。西抵古(舟)[州]司一百九十里，俱係苗蠻，古(舟)[州]司管轄。西北抵地西寨三十里，係(壇)[潭]溪司管轄。東(西)[北]抵龍所里七十里，北抵銅鼓衛一百五十里，內新屯、新化二所，歐陽、新化、亮寨三司相連。

永從縣，在府南六十里。東西距四十里，南北距九十里。東至洪(州)[舟]司孔洞寨二十里，西至八(州)[舟]司山峒寨二十里，南至無管生苗界八十里，北至洪(州)[舟]司上皇寨界十里。

縣四圍皆山，四山皆苗，惟東北一綫小路可通腹裹。五(面)[里]至牌樓坡，五里至兩塘嶺，兩面削山，常有賊截路，多係上黄、空洞諸苗。□里至長春堡，十里至落葉寨，二十五里至水井堡，一帶絶無人煙，常有劫賊。三十里至(路)黎平府。南有一路皆苗出入，漢人罕進。十里至頓洞寨，十里至擒鬼坡，依路怪石，小路最多。十里至上下皮林，二十里至龍圖，十里至貫洞，二十里外係無管生苗。

新添衛，在平越府西少南六十里。東小路至樂平司三十里，又至都勻文德鋪一百里。西大路十里進鐵廠大山，賊巢，又至(隆)[龍]里衛六十里。南小路至都勻府界九十里，進都勻衛五十里。北大路至谷忙關哨，又至平越衛，生苗不時出劫。萬曆二十九年，設青州二哨兵，各苗稍戢。一路自鎮遠衛五里至尹坡，二十里至鼓樓坡，三十里至施團八秉，山箐多(資)[盜]宜防。一路至鎮遠衛南門小路，五里至袁家冲，五里至乾倒及地坪，四路多崎，可通縣後山而下。萬曆二十四年設大塘、塘頭二哨兵，可爲外藩。一路自府西關，十里至白羊鋪，十五里至相見河中和鋪偏橋衛界。一路自府西關北去，五里至小田溪，十五里至半屯，二十里至溜沙關，五十里至路灘站，與石阡府分界。

施秉縣，在鎮遠府西南六十里。東至邛(州)[水司]界(司)九十里，西至容山司生苗界十五里，南至臻洞司生苗界十五里，北至鎮遠縣界六十里。東南至黃坡生苗界十里，西南至臻容二司生苗界十里，東北至鎮遠衛界三十里，西北至(天)[臻]容二司界十六里。

偏橋衛，在鎮遠府(東)[西]。東西距八十五里，南北距一百三十里。東至施秉縣界四十五里，西至平越府黃平州界四十里，南至凱里司、平越府興隆衛界四十里，北至石(泉)[阡]府界九十里。東南至容山司四十五里，西南至興隆衛界五十里，東北至鎮遠衛界三十五里，西北至遵義府界一百二十里。

一路自西南官道，三十里抵興隆東坡界，僻路。六十里抵凱里，重安管下上下二郎等苗寨。先年，苗出阻官道。近團草塘，黃母二哨兵委把總督防，沿路宋安、陽寶、西角、倉頭等哨有苗兵防守。西北由白塘、楓香、紫江等屯抵白泥司。一路東北由皂角屯、乾溪、琵琶，三十里至[鎮]遠。一路北至石阡府路灘站九十里。

興隆衛，在平越府東一百二十里。東西距一百六十里，南北距八十里。東至鎮遠府偏橋衛界二十五里，西至黃平州界二十里，南至都勻府清平衛界三十五里，北至黃平州界二十里，至餘(廢)[慶]縣界一百里。

一路自東門官道，三里至偏寨堡，七里至寨瓖鋪，十里至東坡站，五里至楊柳哨偏橋衛界。一路自南門官道，五里至冷水哨，三里至燈草哨，二里至黃猴鋪，五里至石城哨，五里至椰木哨，三里至崇安站，二里至對江鋪清平衛界。一路至白門小道，十五里至朗城堡，五里至白果堡，十五里野洞苗寨，十五里至月黑苗寨。路由三，中通楊義司轄翁理等寨叛苗，左通董丙等寨叛苗，當防，右路自月黑至黃平州二十里。一路自北門官道，六里至長沖哨，四里至長沖鋪，五里至馬鞍哨，五里至太翁鋪黃平州界。

黃平州，在平越府東北一百里。東西距一百里，南北距八十里。東至鎮遠府鎮遠縣界五十里，又東至興隆衛三十里；西至甕安縣界七十里；南至平越府興隆衛四十里；北至餘慶縣界四十里。

一路自南門，十里至七里沖，左右叉路：由白泥、羅朗至龍洞屯三十里，又黃眼、尖山、白楊至偏橋內青莊屯；一路進東坡著平堡入招頭、招蠟、[山石]門等苗(塞)[寨]，苗由此路出爛橋劫(攎)[擄]，當防七里沖。十里至太翁鋪，興隆衛界。(至)[自]西門，由翁洞、木姜、董丙至芒城、新牌、楊皮等苗(塞)[寨]出平越路，五十里皆苗彝猍佬地，當防。自北門過江至天官里平越衍府，左三十里至高車寨，山高(言)[菁]密多盜，當防。平路十五里至新寨，十五里，至上塘(塞)[寨]，十里至水洞岡亮(塞)[寨]，多盜當防。三十里至牛厂堡，五十里至(翁)[甕]安縣。又由土地堂、冷飯溝、一碗水至餘慶縣界三十里。

清平縣，在都勻[府]東北一百十里。東西距四十五里，南北距九十里。東至凱里司界三十里；西至平越府平越縣界二十里，楊義司管轄長塘十五里；南至富江口壅城等寨六十里；北至平越(治)[府]興隆衛楊義司界三十里。東南至□□□里，西南至平越府七十里，東北至興隆衛六十里。

自南門官道，三里至蘆草哨，五里至渾水哨，五里至滴水哨，三里至落邦鋪，二里至大塘哨。右有羊驛、新牌等(塞)[寨]，又有羊古、六洞等苗寨，盜多當防。八里至岔梅鋪，十里至界牌哨平越衛界。自北門官道，五里至永靖哨，五里至落登鋪，四里至永安哨，五里至平鑾哨，五里至伴場哨，五里至廬仲鋪興隆衛界。由東門小路羅濊溝場、洞頭等寨，五十里至馬場，過河抵凱里安福司。南小路，五十里護城堡，十里翁爪，十里至雙洞，二十里水箐山，二十里羅都堡，三十里平定司。東南小路，七里木叚，四十里爐山守禦千户所。西南小路，三十里狗窩、養古等苗寨，多盜宜防。

平越府平越縣，在布政司東一百七十里。東西距一百四十里，南北距一百八十里。東至清平衛七十里，西至新添衛七十里，南至都勻府麻哈州界六十里，北至(壅)[甕]安縣一百二十里。東南至都[勻]府界一百十里，西南至平伐司界□□□□，東北至黃平州九十里，北至遵義府界一百五十里。

自東門官道，五里至平安哨，五里至三朗鋪，五里至陟箐營，有團哨兵防護。五里至沙子哨，五里至羊場鋪，十里至楊老站，設楊平營。五里至荆竹哨，五里至界牌哨清平縣界。自南門官道，三里至武勝營，七里至谷子鋪，三里至永清哨，四里至大橋哨，三里至西陽鋪，四里至西山哨，六里至黃(系)[絲]站，十里至冷溪鋪，五里至安邦哨，五里至谷忙關新添衛界，左右係樂平、新添、楊義三司，寨民多盜。一路自西門小路，由楊義司抵洪邊宣慰司，界清水江、高坪、主嚮等(塞)[寨]多盜宜防。自北門有二路。一路正北，十里至毛口堡，十里至龍場堡，五里至木瓏哨，五里至雞場堡，七里至張家灣哨，五里至嚮隆哨，十里至牛場堡，十里至乾溪堡，十里至梭羅堡，十里至川巖堡甕安縣界。一路自東北由七星關，地松、水洞，阿亮寨，打鐵關，翁埋寨，上塘坡，洞屯，共九十餘里至天官里平越衛府，過江至黃(坪)[平]州，自黃平六十里至慢坡哨，二里至麻哈州。

麻哈州，在都勻府東北五十里。東西距一百里，南北距六十里。東至宣慰營五十里，近黑苗九股界；西至平越府新添樂平司衛界六十里；南至都勻縣界三十里；北至平越府平越縣界三十里。東南至都勻縣界六十里，西南至都勻縣界四十里，東北至清平縣界六十里，西北至平越衛五十里。

一路自南門，十里至高視鋪，內八鵠崖，渾水塘近苗。二十里至蛇場鋪，三十里至文德鋪都勻府界，賊從岐路出劫，(說)[設]虎場哨楊柳營防守。北門十里至碧坡鋪，二十里至虎場鋪，土橋左右通甕河、浙港等處。二十里至板橋鋪，四十里至楊老站，大路多盜。一路自北門轉東小路，三十里至平定司羊溪坡，五十里至宣慰營，內小羊場，乾塘哨，羊腸河，土地營多苗。東門小路，自火攘三十五里至甕惹巖姑寨。西門小路，三十里至羊腸牌，五十里至樂平司，宋拱乾地方多苗。自青口分路，五十里至平越衛，內有高(塞)[寨]擺種惡苗。

貴定縣，在貴陽府東南一百里。東西距一百四十里，南北距一百二十五里。東至平越府新添衛界四十里，西至定番州界一百里，南至都勻府都勻縣界一百里，北至新添衛界二十五里。

龍(理)[里]縣，在貴陽府東五十里。東西距五十六里，南北距八十里。東至平越府新添衛界三十里，西至貴州衛界二十六里，南至貴定縣自納長官[司]六十里，北至貴州宣慰司界二十里。

一路自東門東關哨，十里至龍從哨，十里至龍頭哨，十里至新安新添衛界。一路自西門官道，十里至高寨石屋洞哨，五里至大沖哨，十里至谷甲鋪，五里至界牌哨貴州界。一路自南門小道，八十里至大平伐長官司。

定番州，在貴陽府南少西一百里。東西距二百七十里，南北距一百三十五里。東至貴定縣界七十里，西至安順府鎮寧州界二百里火紅坑左司界，南至猻平納路界一百五十里，北至金筑司界十五里。東南至廣西□□□□里，西南至猻平納路界二百五十里，東北至自納司界三十里，西北至壩陽營界二百里。

自東門官道，十里至姚家哨，十里至赤土哨，二十五里至洞口哨，近金筑司蒙昌等(塞)[寨]賊巢。三十里至上橋哨，四十里至新哨，抵貴州衛青巖堡界。一路自南門，十里至雞窩哨，二十里至打華哨，險僻多盜。三十里至擺京，豬蛇二場，二百五十里抵泗城州與丹平司界。一路由西門，五十里至盧山司，谷精、翁忙，者共賊巢串結雞窩、烏羅、蛇𠂆等哨截劫商旅，各哨名雖屬州，但土田俱入金筑，有事輒倚異屬難緝。八十里至木瓜、麻[嚮、大]華、四司里(二)。北至紅丹司潘老寨界二十里，西北至瀘溪司四寨界六十里。

獨山州，在都勻府東南一百二十里。東西距四百里，南北距二百里。東至九股苗地方一百里，西至都勻縣界三十里，南至廣西荔波縣界一百五十里，北至平浪司都勻縣界五十里。東南至爛土司界一百里，西南至豐寧下司界一百里，東北至都勻縣界一百三十里，西北至平州司界七十里。

東[北]至都勻府一百三十里，有靖夷哨，係由北門大路。一路由小東門小路達土司，一路自南門至豐寧上下二司界一百里，由雞公哨、壜子罐、乾塘哨，一路由西門小路窄徑喇天至平州界。

都勻府都勻縣，在布政司東南三百里。東西距三百五十里，南北距二百五十五里。東至大漂大壩九十九苗寨界二百里；西至新添平(代)[伐]司界一百五十里；南至豐寧二百里，至廣西南丹州界三百五十里；北至麻哈州五十五里，至平越府平越縣界一百里。東南至爛土[司]界一百五十里，西南至平州司界一百二十里，東北至宣威營界六十里，西北至龍里(會)[衛]界九十里。

自東門一路，二十里至落乍堡，逼近東苗，建鎮夷哨防守。該哨十五里至苔干寨，三里至廣化營，過江上坡，三十里至大漂，二里至歸化哨，二里至琵琶，二里至冷水哨，三里至楊安堡，七里至倒塘哨，三十里至甲些苗寨，抵爛土司。自大西門一路，近城立有南哨西營，一里至渡船堡，六里至都勻司，十里至大河哨，該哨過河，三里至石貓哨，四十里至雄黃𠂆界，二十里至平浪司，十五里至蟲蟻哨，十五里至凱口，有防禦官石貓哨，十里至補林堡，七里至麥沖堡，七十里至平州司。又麥沖南六十里至獨山州，東七十里至爛土司，抵廣西界。南六十里至豐寧上司，四十里至豐寧舊下司，三十里抵廣西界。自府出西門一路，七里至土地哨，七里至觀音哨。自府大西門一路，九里至擺鋪，一里至邦水大堡，四里至邦水司，一里至楊家鋪，六里至一碗水哨，鋪同址。該哨七里至小猫鋪，十里至擺忙鋪，八里至擺龍鋪，六里至翁壽洞，七里至葛里鋪，六里至顏家鋪，十里至蛇場鋪，七里至狗(腸)[場]鋪，七里至沿山鋪，六里至龍里衛大道龍縱鋪。自府北門一路，由北哨過河館驛堡，二里半至馬路哨。該哨右小路三十里至馬場寨，三十里至宣威營。該哨二里至五里鋪，二里至龍井哨，二里至秦莫堡，三里至龍場舊哨，二里至平定哨、橋頭鋪，三里至滴水哨，二里至老軍營，四里至文德鋪，至靖盜哨，皆係山苗。該哨五十里至樂平司。又文德鋪大路，三里至楊柳新哨，四里至長坡哨，四里至蛇場鋪，五里至虎場哨，五里至高視鋪，九(里)百里抵火烘康佐司界。西北一路，十五里至金筑司，鼠場谷精賊潛由乾塘堰，程番關去劫，五十里至金筑司。

廣順州在(晉)[貴]陽府西南一百十里。東西距三十里，南北距四十五里。東至貴定縣界十里，西至安順府普定縣界二十里，南至定番州界四十里，北至安順府平壩衛界五里。

威清衛，在安順府東一百二十里，省城西四十五里。東西距四十五里，南北距一百四十五里。東至貴州宣慰司界二十里；西至平壩衛界二十五里；南至廣順州界二十里，金筑司界八十五里；北至龍場驛界六十里。東南至定番州界一百十里，西南至平壩衛界四十里，東北至貴州宣慰司界一百二十里，西北至貴州宣慰司界一百里。

一路自東門，一里至平橋鋪，五里至六(塞)[寨]鋪，七里至黑泥哨，九里至馬場哨，十一里至關家哨，十五里至倒樹鋪省城界。一路自南門乾塘哨，五里至的澄哨，九里至碗口哨，十里至長凹哨，十五里至狗(腸)[場]哨，十八里至俞家哨，二十里至蘆荻哨，有鎮夷鋪，平壩衛界。一路自關南，十里至平夷哨，二十里至黑山哨，三十里至板石哨，貴州衛地方。一路自北門過河，六里至王官堡，十六里至龍井堡，六十里至龍場驛。一路自西門，六里至的澄小河，十五里至抄紙堡，二十里至雞場水西地方。

平壩衛，在安順府東六十里，省城西九十里。東西距六十五里，南北距四十五里。東至威清衛界□□□里，金筑司界五十(十)里；西至普定縣界三十里，鎮寧州十二營司界十五里；南至廣順州十二營司界十五里，南至廣順州界四十里，普定衛界二十五里；北至威武所界四十里，威清衛界二十里。東南至壩陽界九十里，西南至水西庚鄧界二十里，東北至水西宅溪五里，西北至鎮寧州十二營界五里。

一路自南門官道，十里至沙作鋪，十二里至寒坡哨，十五里至蛙山哨，二十里至鈑籠鋪，二十三里至横水塘，二十五里至水橋屯普定衛界。一路自北門官道，三里至望城哨，五里至高坡哨，十里至界首鋪，十二里至乾塘哨，十三里至哱囉哨，十五里至龍灣哨，二十里至蘆荻哨，有鎮夷鋪，威清衛界。自西門，十五里至谷拿寨，二十五里至水西庚鄧河，此水一流三名，右司蠟河，左舊哨河，河西屬水西，河東屬鎮寧。一路自東門，五(路)[里]至高堡，小路甚多，係水西舍筑安順州張土同知地方。

安順府普定縣，在布政司西少北一百五十里。東西距六十五里，南北距二十里。東至平壩衛界三十五里；西至安莊衛界三十里；南至寧谷司界十里，廣西泗州界一百里；北至鎮寧州十二營司界十里，至平遠州界五十里。東南至金筑安撫司界六十里，西南至寧谷司界七里，東北至十二營司界十五里，西北至西堡司界六十里。

一路自東門，十里至羅德鋪，十五[里]至石關口哨，二十里至阿若鋪，二十五里至楊家關哨，三十里至隴窩鋪，三十五里至水橋屯平壩界。一路自西門普定站，五里至集翠巖哨，十里至楊家橋鋪，二十里至馬場鋪，左一小路通馬蝗箐，三十里至龍井鋪安莊界。一路自南門，三里至馬場，四十里至小京哨，七十五里至壩陽守備營。一路自北門，三里至歡喜嶺，二十里至十二營司。一路自北門歡喜嶺(坌)[岔]路，八里至青岡林，十里至剪營寨，二十里至五(坌)[岔]口，(坌)[岔]路多，故盜賊多從此出，係水西地方。

鎮寧州，在安順[府]西五十里。東西距一百十里，南北距九十里。東至廣順州火麥地界七十里，西至普安縣界□□□□□□水西化處宅溪界四十里，南至安南衛界五十里，北至普定衛界四十里。東南至永寧州項營司打罕地方界九十里，西南至安南衛界五十里，東北至安順州寧谷司界七十里，西北至水西界五十里。

自南門官道，一路由白馬哨起，十里至阿橋鋪，十五里至石關哨，路通水西化處、宅溪並杜永寧管下阿綿、阿果等寨，又通寧谷司與把事阿弟、花箋，猴場等處，四圍夷寨。二十里至白水鋪，二十五里至滑石哨，路通永寧州六甚馬頭，平等營司所管夷寨。又三十里至雞背哨，五里至大凹哨，四十里至馬跑哨，五十里至關嶺所。

［永寧州］附郭有安平、固廓二哨，又七里至霞山哨，小路(又)［右］通頂營司，左通慕役司。又八里至北口鋪，二十里至安龍鋪，二十四里至象鼻哨，三十里至查城。一路自北門下道，十里至龍井鋪，十五里至大山哨，十八里至雙山哨偏石坂，東連龍潭七(塞)［寨］，西連水西麻烟、底窄等(塞)［寨］。二十里至馬場鋪普定衛界。一路由南門小道至京山，百里至落架河火烘哨。一路由朗樹坡，九十里至康佐司。一路由馬場鋪，二十里至十二營司。

分論部

《新唐書・地理志七下》［從邊州入四夷道路］唐置羈縻諸州，皆傍塞外，或寓名於夷落。而四夷之與中國通者甚衆，若將臣之所征討，敕使之所慰賜，宜有以記其所從出。天寶中，玄宗問諸蕃國遠近，鴻臚卿王忠嗣以《西域圖》對，纔十數國。其後貞元宰相賈耽考方域道里之數最詳，從邊州入四夷，通譯於鴻臚者，莫不畢紀。其入四夷之路與關戍走集最要者七：一曰營州入安東道，二曰登州海行入高麗渤海道，三曰夏州塞外通大同雲中道，四曰中受降城入回鶻道，五曰安西入西域道，六曰安南通天竺道，七曰廣州通海夷道。其山川聚落，封略遠近，皆概舉其目。州縣有名而前所不録者，或夷狄所自名云。

營州西北百里曰松陘嶺，其西奚，其東契丹。距營州北四百里至湟水。

營州東百八十里至燕郡城。又經汝羅守捉，渡遼水至安東都護府五百里。府，故漢襄平城也。東南至平壤城八百里；西南至都里海口六百里；西至建安城三百里，故中郭縣也；南至鴨渌江北泊汋城七百里，故安平縣也。自都護府東北經古蓋牟、新城，又經渤海長嶺府，千五百里至渤海王城，城臨忽汗海，其西南三十里有古肅慎城，其北經德理鎮，至南黑水靺鞨千里。

登州東北海行，過大謝島、龜歆島、末島、烏湖島三百里。北渡烏湖海，至馬石山東之都里鎮二百里。東傍海壖，過青泥浦、桃花浦、杏花浦、石人汪、橐駝灣、烏骨江八百里。乃南傍海壖，過烏牧島、貝江口、椒島，得新羅西北之長口鎮。又過秦王石橋、麻田島、古寺島、得物島，千里至鴨渌江唐恩浦口。乃東南陸行，七百里至新羅王城。自鴨渌江口舟行百餘里，乃小舫泝流東北三十里至泊汋口，得渤海之境。又泝流五百里，至丸都縣城，故高麗王都。又東北泝流二百里，至神州。又陸行四百里，至顯州，天寶中王所都。又正北如東六百里，至渤海王城。

夏州北渡烏水，經賀麟澤、拔利干澤，過沙，次内横剗、沃野泊、長澤、白城，百二十里至可朱渾水源。又經故陽城澤、横剗北門、突紇利泊、石子嶺，百餘里至阿頹泉。又經大非苦鹽池，六十六里至賀蘭驛。又經庫也干泊、彌鵝泊、榆禄渾泊，百餘里至地頹澤。又經步拙泉故城，八十八里渡烏那水，經胡洛鹽池、紇伏干泉，四十八里度庫結沙，一曰普納沙，二十八里過横水，五十九里至十賁故城，又十里至寧遠鎮。又涉屯根水，五十里至安樂戍，戍在河西壖，其東壖有古大同城。今大同城故永濟栅也。北經大泊，十七里至金河。又經故後魏沃野鎮城，傍金河，過古長城，九十二里至吐俱麟川。傍水行，經破落汗山、賀悦泉，百三十一里至步越多山。又東北二十里至纈特泉。又東六十里至賀人山，山西磧口有詰特犍泊。吐俱麟川水西有城，城東南經拔厥那山，二百三十里至帝割達城。又東北至諾真水汊。又東南百八十七里，經古可汗城至鹹澤。又東南經烏咄谷，二百七里至古雲中城。又西五十五里有綏遠城。皆靈、夏以北蕃落所居。

中受降城正北如東八十里，有呼延谷，谷南口有呼延栅，谷北口有歸唐栅，車道也，入回鶻使所經。又五百里至鸊鵜泉，又十里入磧，經麚鹿山、鹿耳山、錯甲山，八百里至山鷰子井。又西北經密粟山、達旦泊、野馬泊、可汗泉、横嶺、綿泉、鏡泊，七百里至回鶻衙帳。

又別道自鸊鵜泉北經公主城、眉間城、怛羅思山、赤崖、鹽泊、渾義河、爐門山、木燭嶺，千五百里亦至回鶻衙帳。東有平野，西據烏德鞬山，南依嗢昆水，北六七百里至仙娥河，河北岸有富貴城。又正北如東過雪山松樺林及諸泉泊，千五百里至骨利幹，又西十三日行至都播部落，又北六七日至堅昆部落，有牢山、劍水。

又自衙帳東北渡仙娥河，二千里至室韋。骨利幹之東，室韋之西有鞠部落，亦曰祴部落。其東十五日行有俞折國，亦室韋部落。又正北十日行有大漢國，又北有骨師國。骨利幹、都播二部落北有小海，冰堅時馬行八日可度。海北多大山，其民狀貌甚偉，風俗類骨利幹，晝長而夕短。

回鶻有延姪伽水，一曰延特勒泊，曰延特勒那海。烏德鞬山左右嗢昆河、獨邏河皆屈曲東北流，至衙帳東北五百里合流。泊東北千餘里有俱倫泊，泊之四面皆室韋。

安西西出柘厥關，渡白馬河，百八十里西入俱毗羅磧。經苦井，百二十里至俱毗羅城。又六十里至阿悉言城。又六十里至撥換城，一曰威戎城，曰姑墨州，南臨思渾河。乃西北渡撥換河、中河，距思渾河百二十里，至小石城。又二十里至于闐境之胡蘆河。又六十里至大石城，一曰于祝，曰溫肅州。又西北三十里至粟樓烽。又四十里度拔達嶺。又五十里至頓多城，烏孫所治赤山城也。又三十里渡真珠河，又西北度乏驛嶺，五十里渡雪海，又三十里至碎卜戍，傍碎卜水五十里至熱海。又四十里至凍城，又百一十里至賀獵城，又三十里至葉支城，出谷至碎葉川口，八十里至裴羅將軍城。又西二十里至碎葉城，城北有碎葉水，水北四十里有羯丹山，十姓可汗每立君長於此。自碎葉西十里至米國城，又三十里至新城，又六十里至頓建城，又五十里至阿史不來城，又七十里至俱蘭城，又十里至稅建城，又五十里至怛羅斯城。

自撥換、碎葉西南渡渾河，百八十里有濟濁館，故和平鋪也。又經故達幹城，百二十里至謁者館。又六十里至據史德城，龜茲境也，一曰鬱頭州，在赤河北岸孤石山。渡赤河，經岐山，三百四十里至葭蘆館。又經達漫城，百四十里至疏勒鎮，南北西三面皆有山，城在水中。城東又有漢城，亦在灘上。赤河來自疏勒西葛羅嶺，至城西分流，合於城東北，入據史德界。自撥換南而東，經昆崗，渡赤河，又西南經神山、睢陽、鹹泊，又南經疎樹，九百三十里至于闐鎮城。

于闐西五十里有葦關，又西經勃野，西北渡繫館河，六百二十里至郅支滿城，一曰磧南州。又西北經苦井、黃渠，三百二十里至雙渠，故羯飯館也。又西北經半城，百六十里至演渡州，又北八十里至疏勒鎮。自疏勒西南入劍末谷、青山嶺、青嶺、不忍嶺，六百里至葱嶺守捉，故羯盤陀國，開元中置守捉，安西極邊之戍。有寧彌故城，一曰達德力城，曰汗彌國，曰拘彌城。于闐東三百九十里，有建德力河，東七百里有精絕國。于闐西南三百八十里，有皮山城，北與姑墨接。凍淩山在于闐國西南七百里。又于闐東三百里有坎城鎮，東六百里有蘭城鎮，南六百里有胡弩鎮，西二百里有固城鎮，西三百九十里有吉良鎮。于闐東距且末鎮千六百里。自焉耆西五十里過鐵門關，又二十里至於術守捉城，又二百里至榆林守捉，又五十里至龍泉守捉，又六十里至東夷僻守捉，又七十里至西夷僻守捉，又六十里至赤岸守捉，又百二十里至安西都護府。

又一路自沙州壽昌縣西十里至陽關故城，又西至蒲昌海南岸千里。自蒲昌海南岸，西經七屯城，漢伊脩城也。又西八十里至石城鎮，漢樓蘭國也，亦名鄯善，在蒲昌海南三百里，康艷典爲鎮使以通西域者。又西二百里至新城，亦謂之弩支城，艷典所築。又西經特勒井，渡且末河，五百里至播仙鎮，故且末城也，高宗上元中更名。又西經悉利支井、祆井、勿遮水，五百里至于闐東蘭城守捉。又西經移杜堡、彭懷堡、坎城守捉，三百里至于闐。

安南經交趾太平，百餘里至峰州。又經南田，百三十里至恩樓縣，乃水行四十里至忠城州。又二百里至多利州，又三百里至朱貴州，又四百里至丹棠州，皆生獠也。又四百五十里至古湧步，水路距安南凡千五百五十里。又百八十里經浮動山、天井山，山上夾道皆天井，間不容跬者三十里。二日行，至湯泉州。又五十里至祿索州，又十五里至龍武州，皆爨蠻安南境也。又八十三里至儻遲頓，又經八平城，八十里至洞澡水，又經南亭，百六十里至曲江，劍南地也。又經通海鎮，百六十里渡海河、利水至絳縣。又八十里至晉寧驛，戎州地也。又八十里至柘東城，又八十里至安寧故城，又四百八十里至雲南城，又八十里至白崖城，又七十里至蒙舍城，又八十里至龍尾城，又十里至大和城，又二十五里至羊苴咩城。

自羊苴咩城西至永昌故郡三百里。又西渡怒江，至諸葛亮城二百里。又南至樂城二百里。又入驃國境，經萬公等八部落，至悉利城七百里。又經突旻城至驃國千里。又自驃國西度黑山，至東天竺迦摩波國千六百里。又西北渡迦羅都河至奔那伐檀那國六百里。又西南至中天竺國東境恒河南岸羯朱嗢羅國四百里。又西至摩羯陀國六百里。

一路自諸葛亮城西去騰充城二百里。又西至彌城百里。又西過山，二百里至麗水城。乃西渡麗水、龍泉水，二百里至安西城。乃西渡彌諾江水，千里至大秦婆羅門國。又西渡大嶺，三百里至東天竺北界箇沒盧國。又西南千二百里，至中天竺國東北境之奔那伐檀那國，與驃國往婆羅門路合。

一路自驩州東二日行，至唐林州安遠縣，南行經古羅江，二日行至環王國之檀洞江。又四日至朱崖，又經單補鎮，二日至環王國城，故漢日南郡地也。

自驩州西南三日行，度霧溫嶺，又二日行至棠州日落縣，又經羅倫江及古朗洞之石蜜山，三日行至棠州文陽縣，又經𧎞𧎞澗，四日行至文單國之算臺縣，又三日行至文單外城，又一日行至內城，一曰陸真臘，其南水真臘。又南至小海，其南羅越國，又南至大海。

廣州東南海行，二百里至屯門山，乃帆風西行，二日至九州石。又南二日至象石。又西南三日行，至占不勞山，山在環王國東二百里海中。又南二日行至陵山。又一日行，至門毒國。又一日行，至古笪國。又半日行，至奔陀浪洲。又兩日行，到軍突弄山。又五日行至海硤，蕃人謂之「質」，南北百里，北岸則羅越國，南岸則佛逝國。佛逝國東水行四五日，至訶陵國，南中洲之最大者。又西出硤，三日至葛葛僧祇國，在佛逝西北隅之別島，國人多鈔暴，乘舶者畏憚之。其北岸則箇羅國。箇羅西則哥谷羅國。又從葛葛僧祇四五日行，至勝鄧洲。又西五日行，至婆露國。又六日行，至婆國伽藍洲。又北四日行，至師子國，其北海岸距南天竺大岸百里。又西四日行，經沒來國，南天竺之最南境。又西北經十餘小國，至婆羅門西境。又西北二日行，至拔䫻國。又十日行，經天竺西境小國五，至提䫻國，其國有彌蘭太河，一曰新頭河，自北渤崑國來，西流至提䫻國北，入於海。又自提䫻國西二十日行，經小國二十餘，至提羅盧和國，一曰羅和異國，國人於海中立華表，夜則置炬其上，使舶人夜行不迷。又西一日行，至烏剌國，乃大食國之弗利剌河，南入於海。小舟泝流，二日至末羅國，大食重鎮也。又西北陸行千里，至茂門王所都縛達城。

自婆羅門南境，從沒來國至烏剌國，皆緣海東岸行；其西岸之西，皆大食國，其西最南謂之三蘭國。自三蘭國正北二十日行，經小國十餘，至設國。又十日行，經小國六七，至薩伊瞿和竭國，當海西岸。又西六七日行，經小國六七，至沒巽國。又西北十日行，經小國十餘，至拔離謌磨難國。又一日行，至烏剌國，與東岸路合。

西域有陀拔思單國，在疏勒西南二萬五千里，東距勃達國，西至涅滿國，皆一月行，南至羅剎支國半月行，北至海兩月行。

羅剎支國東至都槃國半月行，西至沙蘭國，南至大食國皆二十日行。

都槃國東至大食國半月行，南至大食國二十五日行，北至勃達國一月行。

勃達國東至大食國兩月行，西北至岐蘭國二十日行，北至大食國一月行。

河沒國東南至陀拔國半月行，西北至岐蘭國二十日行，南至沙蘭國一月行，北至海兩月行。

岐蘭國西至大食國兩月行，南至涅滿國二十日行，北至海五日行。

涅滿國西至大食國兩月行，南至大食國一月行，北至岐蘭國二十日行。

沙蘭國南至大食國二十五日行，北至涅滿國二十五日行。

石國東至拔汗那國百里，西南至東米國五百里。

罽賓國在疏勒西南四千里，東至俱蘭城國七百里，西至大食國千里，南至婆羅門國五百里，北至吐火羅國二百里。

東米國在安國西北二千里，東至碎葉國五千里，西南至石國千五百里，南至拔汗那國千五百里。

史國在疏勒西二千里，東至俱蜜國千里，西至大食國二千里，南至吐火羅國二百里，西北至康國七百里。

（日本）策彥周良《圖相南北兩京路程》 浙江杭州府直北京順天府，於路市鎮關津驛遞江湖洪閘壩道程途總數。

杭州府地面

吳山驛，猪圈壩。至德勝壩五里。

德勝驛，下遞運所。至東新橋五里。

東新橋，至沈塘灣五里。

沈塘灣，至臨平四十五里。

臨平鎮，【略】至長安三十五里。

長安壩，長安驛。海寧所軍把關。【略】至崇德十八里。

崇德縣，【略】至石門十八里。

嘉興府地面

石門灣，【略】至皂林十八里。

皂林，【略】至斗門十八里。
斗門，【略】如洑院收綫在此港。去至三塔灣三十里。
三塔灣，【略】至十二里。
嘉興府，【略】城西水驛嘉禾。【略】至杉青五里。
杉青閘，閘口巡檢司。至王江涇二十里。
王江涇，【略】與吴江縣分界。【略】至平望三十里。
直隸蘇州府地面
平望驛，【略】至八天二十里。
八天，【略】宜薰慎湖左石橋五十問。【略】至吴江二十里。
吴江縣，【略】有寶蓋橋五十三間。至尹山二十里。
尹山橋，【略】至盤門二十里。
盤門，姑蘇驛。【略】至蘇州一十里。
蘇州府，【略】至楓橋十里。
楓橋關，【略】至許墅二十里。
許墅，【略】至望亭二十里。
望亭，【略】至新安二十五里。
新安，【略】至無錫二十五里。
常州府地面
無錫縣，【略】錫山驛。下水穿城迂。【略】至高橋十五里。
高橋，【略】迂此橋至洛社十五里。
洛社，【略】至横林二十里。
横林，至常州三十五里。
常州府，【略】毘陵驛。好歇船。【略】有水穿城。至洞子河十五里。
洞子河，【略】要去南京此處塔車去。至奔牛十五里。
鎮江府地面
奔牛，【略】有壩。出孟津河從此港去，至吕城二十。
吕城，【略】有壩二座。至丹陽三十里。
丹陽縣，雲陽驛。好歇船。【略】至新豐三十里。
新豐，【略】至丹徒三十里。
丹徒，【略】有壩。【略】至鎮江二十里。

鎮江府，【略】至壩十里。
鎮江府，京口驛。通津。【略】又有甘露壩。【略】至瓜州二十里。
揚州府地面
瓜州，【略】有壩七座。【略】至楊子橋二十五里。
楊子橋，【略】至楊州二十里。
揚州府，【略】南門廣陵驛。東門永寧橋。【略】至楊子灣十五里。
楊子灣，【略】若泛江白塔可去此處。【略】至邵伯三十五里。
邵伯，【略】邵伯驛。平水閘。【略】至馬家渡十里。
馬家渡，【略】至高郵六十里。
高郵州地面
高郵州，【略】北門孟城驛。【略】至張家溝三十五里。
張家溝，【略】至界首二十里。
界首，界首驛。【略】至淮家樓五十里。
寶應縣地面
淮家樓，【略】至寶應二十里。
寶應縣，【略】安平驛。内有白馬寶應等湖。【略】至涇河三十里。
淮安地面
涇河關，【略】至平(家)[河]橋三十里。
平河橋，【略】至淮安三十里。
淮安府，【略】淮陰驛。【略】先到西湖放閘。【略】至湖口閘十里。
湖口閘，【略】至移風十里。
移風閘，至清江閘十五里。
清江閘，此青江浦。【略】至福興十五里。
福興閘，至新莊十里。
新莊閘，出淮河。【略】至清河五里。
清河縣，【略】清河驛。好歇船。至三汊口十三五里。
三汊口，【略】至張思仲二十里。
張思仲，至桃源二十里。
桃源縣，【略】至蒲家灣二十里。
蒲家灣，【略】至崔鎮二十里。

崔鎮，【略】至古城二十里。

古城驛，【略】至白羊河十五里。

白羊河，【略】至陸家村十五里。

陸家村，【略】至小河口一十里。

小河口，【略】至宿遷。

宿遷縣，鍾吾驛。【略】至皂河三十里。

皂河，【略】至直河十里。

直河，【略】至鋤頭五十里。内有沙防鎮。

淮安府地面

鋤頭灣，【略】至邳州二十里。

邳州，【略】下邳驛。【略】至乾溝二十里。

乾溝，【略】至楊清一十里。

清楊鎮，【略】至新安二十里。

新安店，【略】至馬家淺二十里。

馬家淺，新安驛。好歇船。至雙溝二十里。

徐州地面

雙溝，【略】至房村一十里。

房村，【略】至吕梁洪一十里。

吕梁洪，【略】房村驛。洪上金龍廟。【略】至上洪五里。即娘娘洪。

娘娘洪，【略】过洪至黄鍾集二十里。

黄鍾集，【略】至徐州洪五十里。

徐州洪，號百步。【略】至徐州五里。

徐州，【略】至秦梁洪二十里。

秦梁洪，至磨石二十里。

磨石，至茶城一十里。

茶城，【略】至境山一十里。

境山，【略】至新溝一十里。

新溝，至夾溝一十里。

夾溝閘，夾溝驛。好歇船。至皮溝二十里。

皮溝閘，【略】至留城二十里。

留城，【略】至謝溝一十里。

謝溝閘，有壩基。【略】至下沽頭二十里。

下沽頭閘，【略】壩基有王家等淺。此處於成化十九年冬新添一閘，未曾取名。至上沽頭一十里。

上沽頭閘，【略】壩基多。至金溝一十里。

金溝，【略】内有□陽湖。【略】此湖放至沛縣一十里。

沛縣，四亭驛。【略】至廟道直口三十里。

廟道口，【略】至胡陵城一十五里。

胡陵城，有閘。【略】至沙河十五里。

山東闊州府地面

沙河，沙河驛。【略】至孟陽泊五里。

孟陽泊，有閘。至八里灣二十里。

八里灣，有閘。至壩子頭一十里。

壩子頭，至谷亭一十里。

谷亭，至玉皇廟一十里。

玉皇廟，内有九搭灣等場。至硯瓦溝一十里。

南陽溝，至棗林閘十里。屬魚臺縣管轄。

兖州府濟寧州地面

棗林閘，至魯橋五里。

魯橋閘，【略】至師家莊五里。

師家莊，有閘。至仲家淺八里。

仲家淺，有閘。至新閘十里。

新閘，至新店八里。

新店閘，至石佛十八里。

石佛閘，至趙村五里。

趙村閘，至濟寧州十里。

濟寧州，【略】南城驛遞運所。有閘。在城天井分水等閘。【略】至耐牢坡十五里。

耐牢坡，有閘。至曹井一十里。

曹井橋，至長溝二十五里。

長溝，【略】順水直至直沽。【略】至南旺三十里。

南旺閘，至開河四十里。新設一閘，未取名。

開河閘，開河驛。十里至湖口。梁家坡三汊湖口分。順水至直沽。【略】至靳家口三十里。

靳家口，【略】至安山三十五里。

東平州地面

安山驛，【略】至山所三十里。

安山所，即金鎖遭運所。原有金線閘，損了。成化二十年重砌一座。至沙灣十里。

沙灣，【略】至張秋十里。弘治甲寅號安平鎮。

安平鎮，【略】至荊門一十里。

荊門閘，上下二閘。至阿城十五里東阿縣地面。

阿城閘，上下二閘。至七級十五里。

東昌府地面

七級閘，上下二閘。至周家店十五里。

周家店，有閘。【略】至李海務十三里。

李海務，有閘。【略】至東昌府二十里。

東昌府，【略】崇武驛。遞運所通濟閘水緊。【略】至梁家鄉四十里。

梁家鄉，有閘。【略】至魏家灣二十里。

魏家灣，清楊驛。【略】至臨清六十里。内有潘家橋閘。

臨清，有閘二座。清源驛，【略】至裴家園二十里。

裴家園，夏津。【略】至渡口三十五里。

渡口驛，至武城三十五里。

武城縣，【略】至甲馬營五十里。

高塘州地面

甲馬營，【略】甲馬驛。【略】至鄭家口六十里。

鄭家口，【略】至防前三十里。

防前，【略】至城三十里。

濟南府德州地面

故城縣，梁家莊驛。【略】至四女樹二十里。

四女樹，【略】至德州三十里。

德州，【略】安德驛。【略】至桑園七十里。

桑園，良店驛。【略】至安陵三十里。

北京河間府景州地面

安陵，【略】至連兒窩四十里。

連兒窩，連兒窩驛。【略】至東光三十里。追城縣地界。

東光縣，【略】至下店口十五里。

下店口，至牛房兒二十里。

牛房兒，【略】至薄頭二十里。

薄頭，新橋驛。【略】至齊家堰二十里。

齊家堰，至薛家窩二十里。

薛家窩，至石兒窩二十里。

石窩兒，【略】至磚河十五里。

河間府滄州地面

磚河驛，【略】至東岸二十里。

東岸，【略】至長蘆二十里。

長蘆，【略】至興濟四十里。

興濟縣，【略】分港通雄縣。至流河四十里。

流河驛，【略】内有臨津登嘉等屯。至雙塘六十里。

雙塘兒，至静海縣二十里。

静海縣，奉新驛。【略】至瀆流二十里。

瀆流，【略】至新口二十里。

新口，至楊青二十里。

北京順天府通州武清縣地方

楊柳青，楊青驛。【略】至直沽四十里。

直沽，【略】至丁字沽一十里。

丁字沽，【略】此處分港。通蘆溝橋并保定等府。至尹家灣十里。

尹家灣，【略】至桃花口一十里。

桃花口，【略】至蒲溝一十里。

蒲溝，至老米莊十五里。

老米莊，【略】至楊村一十里。

楊村，【略】楊村驛。【略】至蒙村一三十里。

蒙村，【略】至王家務二十里。

王家務，【略】至蒙村一十里。

蒙村，【略】至白廟兒一十里。

白廟兒，至河西務二十里。

通州地面

河西務，河西驛。【略】至紅廟兒三十里。

紅廟兒，至靳家莊一十里。

靳家莊，至雄繒口十里。

界首河，【略】至香河二十里。

香河縣，【略】至魯家塢一十里。

魯家塢，【略】至肖家林一十里。

肖家林，【略】至和合驛一十里。

和合驛，【略】至(郭)[漷]縣二十里。

漷縣，【略】至里二寺三十里。

里二寺，至張家灣一十里。

張家灣，【略】一應船隻盡在此犀車入城至京。□十里土橋前關。至通州十五里。

通州，【略】通津驛。【略】一應官貨從此起車。至北京三十五里。

北京。

杭州府平水至淮安一千九十八里，內閘四座。淮安逆水至濟寧長溝一千八十五里，內閘十四座數內三閘損不迂淮安閘。又加順水閘四座。長溝順水至直沽一千三百七十五里，內閘下二座。直沽逆水至通州三百二十里。平逆順水通計三千八百七十八里。經迂府分一十二處，州十五處，巡檢司二十六處，洪三處，軍關十七處，壩六處，閘三十六座，開關閘二十五座，平水閘十一座，鹽運司二處，提舉司三處。

（越南）李文馥《使程括要編》［廣西南關至京師］南關。謹按：關之南仰德臺，起於明嘉靖間，向用茅蓋，黎景興四十五年諒山督鎮笠山阮侯始改用鐵木瓦蓋，具存碑記焉。廿里至幕府塘。屬太平府憑祥土州。按：前此過關，直抵受降城乃住。清乾隆十九年增設此營，住宿以舒脚力。

三十里憑祥土州。三十里受降城。屬太平府寧明州。【略】四十里馗纛營。

三十里寧明州城。使程至此留寄輞子，捨陸登舟。【略】使船自此順流。卅里珠山塘。卅五里瓜村塘。卅里江口塘。十里冰巷塘。卅里農山塘。卅里鄧勒塘。十五里白雪塘。十里中口塘。十五里楊額塘。十五里馱棉塘。卅里馱角塘。十里沖燈塘。三十里盤馬塘。卅里歌坡塘。廿五里河口塘。

按：內地每十里或十五里或二十里置一塘或汛，設民兵六七人更守之，所以盤詰奸匪也。亦有稱爲店爲堡者。又或間三五里置一卡房者，皆塘汛之屬也。

又按：自南關至京，塘汛猶多，編內但就其里數可計者記之耳。

十五里太平府城。附廓崇善縣。【略】卅里隴黄塘。十五里黄篥塘。廿里冰坎塘。十五里沖登塘。十里埇口塘。十四里新村塘。有鐵厂。十五里馱珠塘。廿里瀨湍塘。廿五里瀨濾塘。響水泉。十五里叫程塘。十里舊渠塘。十里八索塘。十里馱朴塘。十五里馱思塘。十五里逐鹿塘。廿五里馱盧塘。有巡司。十五里灣望塘。十五里梨花塘。卅五里安定塘。十五里巴桑塘。十里馱丁塘。十里弄埇塘。

三十里新寧州城。南寧府屬。【略】十里輝步塘。十里鳳村塘。十里龍頭塘。十里新渡塘。十里鷄抱塘。十里米場塘。十里□村塘。十里那歡塘。十五里那禁塘。十里魚躍塘。十里下灣塘。十里金竹塘。十里羊尾塘。十里上白沙塘。十里黄江塘。十里大灘塘。十里三江塘。十里下白沙塘。十里魚鯉塘。十里老口塘。十里才子塘。十里駝洲塘。十里石阜塘。十里西鄉塘。十里榆關塘。

十五里南寧府城。附廓宣化縣。【略】十里卡路塘。十里報子塘。十里思賢塘。十里冷水塘。十里瓦窑塘。十里剪刀塘。十里半灘塘。十里八尺塘。十五里簑衣塘。十里釣魚塘。十里站本塘。十里大沖塘。十里冬瓜塘。十里長塘。十里高塘。十里門頭塘。十里伶俐塘。十里道莊塘。到社。十里石洲塘。十里陸景塘。十里白沙塘。

廿里永淳縣城。南寧府屬。【略】十里高村塘。十里馬覽塘。十里池香塘。城頭塘。十里火烟塘。十里動弄塘。十里尖角塘。十里飛龍塘。十里丁村塘。十里平江塘。十里克寇塘。十里南鄉塘。十五里米阜塘。十里二洲塘。十里兩津塘。

十里橫州城。南寧府屬，出陸鳳茶。【略】十里曹村塘。十五里青江塘。十五里茶亭塘。十五里洲池塘。通天岩。十五里灣頂塘。十里大灘司。灘最險。十里龍門塘。五險灘伏波祠。十里田萊塘。十里橫石塘。十五里大嶺塘。十五里香江塘。十五里沙灣塘。十五里瓦塘。廿里大涌塘。十五里上宋塘。十五里宋村塘。十五里陸村塘。

廿五里貴縣城。潯洲府屬。【略】十里蘇灣塘。十里東坡塘。十里成里塘。十里東津塘。十里畫眉塘。十里大灣塘。十里伕子塘。五里石門塘。十里白沙塘。十里秀江塘。十里牛灣塘。十五里觀江塘。廿里福山塘。十里全村塘。

廿里潯洲府城。附廓桂平縣。【略】十五里黎埇塘。十五里石嘴塘。十五里都那塘。十里葉埠塘。十里大嶺塘。十五里大江塘。十里盤石塘。十里相思洲塘。十五里古雍塘。

十五里平南縣。潯州府屬。【略】十五里燕子汛。十里渡口塘。十里樟樹塘。十里張村塘。十里丹竹塘。十里岐嶺塘。十里烏林塘。十里五領塘。十五里白馬塘。梁狀元廟，名嵩，南漢時人。十里十二磯。十里黃婆洲。十里火燒磯。十里濛江汛。十里思恩州。十里草州塘。十里思禮塘。十里登州汛。十里下嶺汛。

十里藤縣城。梧州府屬。【略】十里克生塘。十里平安汛。十里泥阜汛。下領塘。十里榕潭汛。廿里石良塘。十里羅灘塘。榕虛塘。十里勒埇塘。十里長州塘。

五里梧州府城。附廓蒼梧縣。屬禹貢荆之域，天文牛女分野。【略】自此泝流。十五里大里塘。十里甘村塘。十里下牛塘。龍母塘。十里平浪塘。十里夕坡塘。五里魚梁塘。大刀塘。十里到水塘。十里古邊塘。十里龍江塘。十里橫灘塘。十里烏龍塘。十里觀音塘。十里下古賢塘。十里上古賢塘。十里勒竹塘。十里覽水塘。楊令公廟。十里沙冲塘。十里馬江司。有巡司。十里龍門塘。十里簡較塘。十里白沙塘。令公廟。十里涼風塘。十里古店塘。十里五將塘。十里聲沖塘。十里下符塘。十里五符塘。十里唐調塘。文廣砲臺。

十里昭平縣。平樂府屬。【略】十里高龍塘。十里平頭塘。十里威震塘。十里三灘塘。十里大墟塘。十里龍門塘。十里魏家渡。劉仙洞，宋劉仲達修煉處。十里河伯□。即至桂林省城。

廣西省莅，即桂林省城。附廓臨桂縣。【略】彫灘塘。十里白石潭。十里雙潭渡。十里富坵塘。十里倒風塘。

十五里靈川縣城。桂林府屬。按：一路奇峰峭嶺，至靈川而盡。十里干秋峡塘。十里大龍頭塘。十里湖口潭塘。大家塘。十五里大榕江。陡河口，此八渠之處。十五里坦己塘。十九里杜公壩。十五里米車塘。十里畫眉塘。十里馬頭塘。廿里三十陡。大阜塘。三里興安縣。桂林府屬。三十里界首塘。卅里唐家塘。十里七里塘。【略】五里分水塘。何家陡乃三十六陡盡處，內有何姓大族，科名甚盛。分水嶺有龍王廟，自此八湘江船順水行。十五里白沙塘。

按：自大榕江而上，古無河道。秦戍五嶺，今史禄鑿靈渠，分湘水八渠通於漓江。自馬頭山至分水處凡三十六石陡，七十二灣灣望見馬頭山，蓋言其縈迴也。

十五里唐家司。陡河口。廿里界首塘。具全分界。十里炭蓬塘。十五里建安司。又名連安驛。廿里白沙塘。又名小江口。十五里平山渡水上下。對岸腰間有仙跡。十五里茅埠塘。

十五里全州城。桂林府屬。【略】廿里襄衣鋪。左通京都大路。廿里西□塘。廿里陶家埠。青枚塘。十五里黃沙河。對河有巡司。廿里廟頭唐。廿里上下厂。廣西全州湖南東安界。廿里六步塘。又名蒲驛，西十里東安縣山腰有古靈跡留來沉香一株。又有兵書匣，傳是孔明書。十五里白灘塘。十五里大江口卡。十里石磯站。小河有大石橋三竇，嘉靖二十年造。十里臺盤石塘。東安分界。任村埠。洋湘合流三岐處。

廿里永州府城。附廓零陵縣。【略】十五里良江口。十五里木瓜埠。十五里冷水灘塘。十五里黑鳩灘塘。即下青龍磯，又名七里磯。十五里高潭司。十五里報羅塘。十五里天花塘。十五里黃楊司。小河有大石橋。十五里北月周塘。又名鵪鴣塘。十五里老鼠灣塘。

十五里祁陽縣城。永州府屬。【略】十五里姑州塘。自此民間日用石炭多而柴炭少。十里觀音灘塘。十里橫塘。又名馬公灘。白水塘。十里牛尿塘。十里河埠塘。十里河灣灘卡。十里見新塘。十里黃坭塘。十里歸陽塘。有巡司多縫口而賦。十里上山塘。十五里大浦塘。十里五家園。又名羊樹塘。十五里河洲驛。十里粮埠塘。十里管山塘。十里么塘。衡州永州交界，下五里常離沙口。十里鯉魚塘。十里柏芳驛。十五里大魚灣塘。十五里桂陽河口。十五里月州塘。下有香爐山，山上有庵。十五里新塘驛。陸路往江西從此。十里靈池塘。十五里東江塘。十五里茅葉灘塘。十五里東陽渡。十里黄潮塘。

十五里衡州府城。附郭衡陽清泉兩縣。【略】五里内河口。廿里樟木市。廿里七里灘驛。十五里大埠站。十五里大江堡。十五里州川站。十五里河流站。十里老人灘。十五里雷家司。

十五里衡陽縣城。衡山府屬。【略】廿里樊田站。廿里馬公站。衡州湘潭交界處。十五里黄十萬塘。十五里著日汛。十五里灣州塘。十五里朱庭站。十五里龍灣塘。十里拈林汛。十五里官田塘。十五里照林灘塘。十五里三門灘。十里沙洲汛。廿里淥口司。十里象石驛。十五里米州站。十里挽洲汛。十五里下灣塘。十五里馬家河。又名州桑。十里向家塘。十里下攝司。十里湘湖口。十里湘潭縣城。長沙府屬。【略】五里文昌閣。卅里昭山。山上有昭王廟，征南不返處。十里包爺廟。十里張公汛。十里觀音港。又名東洋港。十里姑樹港。十里見家河。

十里湖南省莅，即長沙府城。附郭長沙、善化二縣。【略】十里新關河。十里落灘河。十里鵞羊山。十里鎮家汛。十里下應港。十五里丁家灣。又名金子灣。十五里青港灣灘。十里瀏陽汛。十里青江汛。十里彫關。十里湖口汛。廿里下運汛。十里金子灣汛。【略】十里城陵磯。荆山河水流合。十五里白螺磯。荆河汛。十五里臨湘縣江分。【略】卅里暢攔。四十五里新堤。十五里茅埠。十里沽花汛。六十里石頭灘。東有孔明祭風臺，又江處即赤壁。十里清江口汛。廿里蘆溪口。有江王廟，即三國丁奉將軍。又下十餘里，有周瑜屯兵故處。十里龍口。

三十里嘉魚縣城。武昌府屬。【略】十里小州頭。十五里姚家汛。廿里蒿州。即上簰州。卅里簰州。十五里黑頗汛。十五里鯿魚汛。六十里東江腦。十里下田汛。四十里金口驛。對岸有達摩祖師渡江跡。卅里串口。十里牛角汛。十五里通情汛。廿里南木廟。十五里槨家汛。十五里東家汛。

十里湖北省莅，即武昌魚府城。附郭江夏縣。

漢陽縣舘起陸。口武昌對岸七十里。使臣大轎，行人中橋，隨人竹几轎，漢陽府城分同上。

卅里光河。又名牛湖渡，有渡。十里聶口。黄陂縣屬，有渡。四十里雙廟。廿里新店。十里達義鋪。十里賈家店。十里舊街鋪。十里楊店。孝感縣屬。十五里觀音堂。十里劉家店。過河應山縣屬。卅里小河司。卅里鄧家店。山路崎嶇。十里郭家店。卅里廣水店。卅里東王店。北有至武勝關，有虎不宜早行。十里武勝關。湖北河南界。十五里鷄公店。十五里李家寨。十里新店。十里柳店。十里彭家灣。

自武勝關至雄山，即古準蔡山，路最險，唐藩旅拒，所以難於猝定也。

卅里河南省轄之信陽州城。汝寧府屬。自此沿途多有門坊旌達諸賢達名節者。【略】卅里雙牛店。四十里長臺關。四十里明港驛。四十里董官店。又名新安店。十五里吴寨店。十里黄山鋪。

廿里雄山縣城。汝寧府屬。使程至此，隨人及箱裝皆用車。【略】廿里古城店。劉張關聚會，有三義廟，即斬蔡陽處。廿里駐馬店。關公曾住處，即五關之一。卅里界牌店。

卅里遂平縣城。汝寧府屬。【略】卅里蔡寨店。十里二十里鋪。十里蕉家店。十里西平縣城。汝寧府屬。此孔明思歸處，有碑。【略】廿里李莊鋪。廿里郭家店。

廿里郾城縣。【略】廿五里黄家店。廿里小商橋。廿五里臨潁縣城。舊屬開封。【略】十五里固厢店。考叔故里。廿里大姑橋。臨潁縣界。卅里許州城。舊開封府屬，今陳州府屬。【略】十五里文地店。徐庶故里。廿里和尚橋。卅里藜園店。溱洧渡。

十五里新鄭縣城。開封府屬。【略】廿里徑峰聳翠坊。十里十里鋪。十里郭店驛。有吕文獻公墓碑。

廿里鄭州城。開封府屬。【略】十里廿里鋪。昔高克住師處。十里卅里鋪。十里榮澤驛口。即榮澤縣，離城二里許，黄河在此對岸。卅里街路口。五里祝家凹。五里新城。六里墩鋪。七里亢村驛。獲嘉縣屬。十里楊大堤。十五里柳林鋪。廿里駱駝灣。新鄉縣屬。十里臨清店。十里蝦蟆溶。十里新莊鋪。

十五里衛輝府城。附郭汲縣。【略】十里黄土岡。有殷太師比干墓。十里吉家營。十里滄口河。有殷朝六七聖賢君碑。

廿里淇縣城。衛輝府屬。【略】五里五里鋪。三里八里鋪。二里十里鋪。

三里十三里鋪。二里十五里鋪。三里十八里鋪。二里廿里鋪。又名安楊橋。三里廿三里鋪。二里廿五里鋪。三里廿八里鋪。二里廿里鋪。三里廿三里鋪。二里卅五里鋪。三里廿八里鋪。二里豐樂鎮。五里漳河口。漳河岸數五里有銅雀臺遺址里。形狀彰涿坊。五里爐峰凝靄坊。五里滏水還清房。自此連磁州，一路堆阜甚多，蓋曹操七十二疑塚遺跡。

五里磁州城。直隸廣平府屬。【略】五里北五里鋪。五里北十里鋪。藺相如故里城。五里北十五里鋪。【略】十里白塔鋪。五里荊材鋪。五里沙窩鋪。十里馮唐故里碑。十里廿里鋪。圓津庵景甚佳。十里十里鋪。

十里内邱縣城。順德府屬。【略】五里田氏紫荊里。五里泜水流清坊。即韓信背水處。五里魯亭講壇。五里麒麟鋪。五里南望燕陵。五里九省咽喉。五里燕趙康莊。五里茶塘。廿里柏鄉縣城。趙州屬。【略】五里鳳凰高崗。五里槐水波流。五里光武遺跡。有光武斬石人處碑。五里聞鷄起舞坊。五里馮唐故里。五里古晉郭地。五里九省通衢。

廿五里趙州城。正定府屬。【略】七里北平棘。十七里宋子遺跡。五里李牧故里。五里洨沙河。五里孤竹遺跡。

五里欒城縣城。正定府屬。【略】五里晉鄉采邑。五里祥拱北極坊。五里卧龍崗。五里治河鋪。五里南廿里鋪。十里南。廿五里鋪。五里南卅里鋪。五里南。廿里鋪。獲鹿縣界。【略】五里麥飯芳跡。滹沱河正定縣屬。五里南十里鋪。五里起尺河。

五里正定城府。附廓正定縣。【略】五里三關鎖鑰。五里襟山帶河坊。五里天京上遊坊。五里權城石地。五里南河沿。五里沙河北岸。五里伏城驛。五里韓村鋪。五里吴村鋪。五里馬頭鋪。五里金泉東勇坊。五里春風亭。五里孔子落筆處。五里伏羲畫卦臺。內有羲皇圣里碑。

五里新樂縣城。正定府屬。【略】五里宋太后故里碑。五里鮮卑舊都。五里劉禹錫陋室銘。故居。五里韓魏公春園遺跡。五里明月店。五里漢光武鷄鳴臺故址。五里古鮮臺。五里漢昭烈安喜城。喜一作熙。

十里定州城。直隸州。【略】五里陶唐舊都。五里古博陵地。五里蘇長公雪浪臺。五里漢高帝紀信城。十里清風店。

廿里望都縣城。保定府屬。【略】五里南吴鋪。五里太平莊。五里伊氏故里。十里方順橋。滿城縣鋪。按，縣屬保定，向無供給使程廩銀，嘉慶丁丑課始增。十五里陘陽驛。廿五里大激塘。

廿里直隸省莅，即保定府城。附廓清苑縣。使程至此皆改轎乘車，轎貴故也。【略】十里過曹河。八百徐古道坊。有宋□□□大堤於此。五里碧水仙池坊。五里荊塘鋪。有荊軻故里。五里劉祥鋪。十里荷鋤遺址坊。

五里安肅縣城。保定府屬。【略】十里白塔河。五里麒麟店。三里田村。有丑光故里。十二里固城店。屬定興縣。十里楊村銷。十里白河驛。

十里定興縣城。保定府屬。【略】十五里三丈鋪。五里馬頭河。五里高碑店。五里新城營汛。屬新城縣。【略】五里馬村鋪。五里柴棚店。五里澤畔鋪。五里督郵遺址。五里松林店。有華陽臺燕太子與樊將軍飲酒處。張桓侯祠。

十里涿州城。順天府屬。【略】廿五里挾河村。十五里琉璃店。有石橋長七十餘丈，屬房山縣。石梁庯。【略】十五里竇店。廿里七里店。

良(御)〔鄉〕縣。順天府屬。【略】十二里蕭家店。八里籬笆坊。趙店汛。營新店。五里蘆溝橋。石橋長五十餘丈，規製工巧。【略】橋設有巡司，過者例有譏征，惟裝由禮部預給免勘單，至則略點箱數而已。卅里彰儀門。亦號廣安門。拱極城。

燕京

外京城開七門：永定、左安、右安、東便、西便、廣集、廣安，即彰儀門。

内京城開九門：正陽、崇文、宣武、德勝、東直、安定、朝陽、西直、阜城。

外皇城開四門：大清、東安、西安、地安。

内皇城開四門：午門、東華、西華、神武。

(琉球)魏學源《福建進京水陸路程》〔福建福州至京師〕福州閩縣三山駟七十里至竹崎所。【略】五里鳳凰亭，十里鳳山橋，球人自萬壽橋上船，五里至南台大橋，十五里至此。五里洪塘，十里芋原駟，候官縣有芋(頭)〔原〕、白沙兩駟。十里懷安，十里白石頭，十里甘簾州，十里竹崎所，有關，報税。竹崎所一百二十里至水口駟。十里茶洋，即小麥溪。十里白沙駟，十里元峰閣，十里大麥溪，十里湯院，左邊是觀音閣，有亭。十里梅埔，十里閩清口，山上有塔。有小河入閩清縣，無人家。五里瓜園塘，五里小箬，五里大箬，五里安仁溪，十里謝灣，五里牛頭塘，五里大盈瀨，五里小盈瀨，五里水口駟，古田縣有水口、黄田兩駟。球人到此起旱，有公館，給飯食。

水口驛起旱一百里至清風嶺。十里溪口渡，有朝天橋。十里秀嶺塘，十里栽洋塘，十里谷口，十里黄田驛，有公館，給飯食。十五里雲頂，五里二都口，五里嶮峽驛，南平縣嶮峽、劍浦（縣）茶洋、大横四驛。十里武步，十五里清風嶺，球人自水口起旱，到此住宿。有公館，給飯食。

清風嶺九十里至延平府。府内有南平縣。十里龍源塘，十里白沙塘，三里岳溪橋，莊後路險。七里茶洋驛，俗呼茶陽。十里金沙塘，有公館，給飯食。十里吉溪，大路，有橋。十里安濟塘，俗（乎）［呼］茶陽。三里七里亭，七里倪坑，十里十里庵，十里延平府南平縣劍浦驛。球人到此住宿，有公館，給飯食。

延平府九十里至太平驛。屬建寧府。十里鰲頭橋，俗呼邱登橋。十里上京塘，俗呼上京鋪。十里高桐，十里大横驛，有公館，給飯食。十里房村口，有延平、建寧界牌。十里莒口，十里八仙橋，三里南雅口，村在隔河。七里建安縣太平驛。球人在此住宿，有公館，給飯食。

太平驛八十里至葉坊驛。十里謝坑，人家大。十里報恩塘，人家小。十里劉坑塘，十里建寧府城西驛，有公館，給飯食。府内有建安、甌寧二縣。【略】十里北坪塘，十里北津塘，十里交溪塘，十里葉坊驛。球人到此住宿，有公館，給飯食。甌寧縣有城西、葉坊兩驛。

葉坊驛八十里至建陽縣。十里南嶺，出茶葉。十里樂豐塘，十里巾横塘，十里黄口塘，五里宸前，有公館，給飯食。五里長湍，十里吴墩塘，十里白槎塘，十里建陽縣建溪驛。球人到此住宿，有公館，給飯食。建陽縣有建溪、營頭兩驛。

建陽縣七十五里至營頭驛。十里七里橋，十里白塔，十五里油源塘，有公館，給飯食。十里麻源，十里安口塘，十里仁山塘，十里營頭驛。球人到此住宿，有公館，給飯食。

營頭驛一百里至石陂塘。十里均墩塘，十里回龍，十里滸州，十里陳鋪，五里馬嵐，有公館，給飯食。五里坪州，十里蔣溪口，内五里荷嶺，嶺上製茶。十里塔嶺，十里葛墩，浦城縣屬。十里象口，十里石陂。球人到此住宿，有公館，給飯食。

石陂塘八十里至浦城縣。十里蔡家塘，自此出行布墩橋。十五里大湖嶺，高嶺。十里石嶺塘，十里臨江塘，有公館，給飯食。七里西洋嶺，最高嶺。又上有關帝廟。八里余迴，十里十里山，三里九湫塘，七里浦城縣西溪塘。浦城縣有仁和、柘浦兩驛，又有小關驛。球人到此住宿，每日早晚給飯食。四十八年進京，球人行李一概不論秤，四十九年京回清湖亦然。

浦城縣西關四十五里至漁梁。五里五里亭，五里七里塘，三里十二里橋，七里十八里塘，十里仙陽塘，莊口有模仙橋。五里畫墻頭，五里漁梁。人家大。球人到此住宿，有公館，給飯食。

漁梁六十五里至念八都。五里漁梁嶺亭，里長，半路有亭。嶺南崎，嶺北平。十里三坊塘，五里吴墩，人家大。先一里横橋，賣點心。五里九牧，有公館，給飯食。五里五顯嶺，嶺有五顯大帝廟。五里廟灣，五里柳家墩，北有柳營關。五里楓嶺，有把總防守，與大半嶺相連。五里大竿嶺，有廟，有亭，有閩浙界牌。五里溪口，十里念八都。有亭。球人到此，有公館住宿。有公館，給飯食。

浙江念八都六十里至峽口。十里小竿嶺，嶺南甚崎。有亭，有廟。先一里，上念八都有遊擊、把總防守。又一里，嶺頭庵。五里龍溪，有小店。五里羊枯嶺，俗呼湯枯嶺。三里茶嶺亭。五里仙霞嶺。南一里有龍井，有關，有把總防守。北下一里，有關帝廟，極靈。周亮工先生聯云：拜此人便要學此人莫混帳磕了頭去，過這山須思出這山當仔細摸著心來。五里（先）［仙］霞嶺北頭關塘，五里保安口，有公館，給飯食。五里窑頭，七里三鄉口，三里埂頭塘，内一里叫做烟筒庵。十里峽口。内有長雲亭、鷺鷥亭，又有觀門閣。球人到此住宿，有公館，給飯食。

峽口五十里至清湖。五里蘇嶺，有關帝廟。五里楓樹嶺，有關帝廟。五里江郎街，有飯店。五里長三里，先一里，有敕封靈石三王廟，後有三片石高插雲外，見清明即爲吉兆。詩云：江郎三片石，云河不接天，一朝雲霧起，天與石相連。五里界牌，有小店。南一里、北一里有亭。五里石門街，里長。五里照明橋，先一里素粉嶺，有廟。五里花園岡，有關帝廟。五里觀音堂，五里清湖鎮。有把總防守。先一里小清湖嶺。又一里小清湖，北有觀音堂，景緻最佳。球人到此住宿，每日早晚給飯食，更有送下程。自福州至此，水陸路程共計一千一百一十五里。在此寫船至杭州江口，俱是下水。如遇水淺，則僱小船駁至衢州換船。北來至衢州水淺，僱小船駁至清湖。

清湖一百一十五里至衢州府。十里獅石山，内有大瀨大灘，車碓小灘。車碓上有岳廟。十里江山縣廣濟驛，縣前有灘。旱路有公館，給飯食。五里烏墨灘，有塘，可泊舟。五里雙塔山，五里西湖山，五里大溪灘，有塘，可泊舟。五里渡船頭，五里塔溪人家，五里雞頭山，十里塘村，即王石霸。五里三聖廟，五里百靈街，可泊舟。旱路有公館，給飯食。十里湖頭塘，五里相公墳，十里杭西隅，七里雲尖，有店。凡大舟，無水可皆泊駁至清湖。四里雙溪口，有一水上常山縣。四里衢州府西安縣上杭埠馹。西安縣有送下程。

衢州府八十里至龍游縣。五里蘇木灘，五里池洋灘，五里鷄鳴山，山上有塔。四里樟樹潭，有樟樹助戰，明太祖敕封。有關帝廟。五里平湖灘，溪左有九層塔。五里章台港，有塘。五里陽莊，五里安仁鋪，有大帽灘、小帽灘。五里汪家村，可泊舟。五里北方人家，有上、中、下北方人家，相去一里。十里羅漢松，人家大。清幽多松，左邊羅漢松，右邊馬葉。人家亦大。內五里盈川有塘。十五里史家埠，十里金扁挑，水傍有石刻「逝者如斯夫」山岩，水秀。下陂數仞有石洞。五里龍游縣停步馹。一里半山邊山下人家大。馹西，縣在水東，人家在水西，縣至馹有四里。知縣送下程。

龍游縣八十五里至蘭谿縣。十里張家埠，五里七都，有塘。十里湖鎮，有塔，有巡司。此處有小人。十里猫子潭，五里裘家堰，十里羅埠，伍里伍家宇，五里上横內，五里鷺鷥灘，十里馬鞍池，有下横山，有廟，有寺。五里蘭溪馹瀔水馹。城內出棗乾。上一水七十里金華府。詩云：停步湖頭問水津，蘭溪人物是宜人，馹夫知我來南客，移棹相迎瀔水濱。俗呼小蘇州。知縣送下程。

蘭溪縣九十里至嚴州府。十里許埠，五里李埠，人家大。有巡司，在西岸。十里香頭，人家大，在南岸。有塔。先五里，有礁石灘。五里金家梁，五里白岸插，對河洞子山，山下有塘。十里三河鋪，東西各有塘。東屬蘭溪，西屬建德。十五里麻車埠，有廟，人家大，可泊舟。先十里，石塘洪底下有石，水乾時，遇晚不可行。五里大洋，人家大。五里小洋，十里洞溪，十里嚴州府建德縣富春馹。舟泊東館，在嚴州府離城五里。對門山名南高峰，塔名北高峰。方臘將臺故址。城前一水過浮安縣三百六十里至嚴州府。知縣送下程。

嚴州府一百里至桐廬縣。十里烏石灘，在七里瀧上，兩水夾水，水聚不流。諺云：有風七里，無風七十里。漁舡多小人，須防之。十里胥口，伍子胥奔吳過此。有人家、小店。十里長旗，對門山名乳香崖。十里扁百，十里冷水鋪，十里釣台，有嚴子陵祠。其祠有扁額三面，一面書「清風自古」，一面書「風逸百世」，一面書「嚴光」。又詩云：公爲名利隱，我爲名利來，羞見先生面，黄昏到釣台。十里鸕鷀原，十里清紫港，十里黄程鋪，鋪在河內。泊舟處名鶩灣，上二三里路港灘。十里桐廬縣桐江馹。有巡司。上水船以搜鹽爲名，宜防。縣無城。下一水七十里至分水縣。球人至此泊舟，知縣送下程。

桐廬縣一百里至富陽縣。十五里紫埠，人家大，可泊舟。十里新城縣港口，可泊舟。十里横山，十里包家集，五里新店，十里陳墳，十里長山壠，五里湯家埠，有人家。二十里洛山鋪，人家大，不在(小)[水]邊。五里富陽縣會江馹。知縣送下程。

富陽縣一百里至杭州江口馬頭。十里大嶺頭，十五里梭山，五里平安橋，十里渡扛鋪，十里虎爪山，十五里爛泥叉，對河汪家渡。五里閆家堰，五里灘頭，十里清風亭，對河連理嘴。十里進龍鋪，有六合塔。五里杭州錢塘縣江口。府內有錢塘、仁和兩縣。錢塘有浙江、吳江兩馹，仁和有武林馹。球人到此，擡上公館，每日早晚給飯食。

江口三十里至北新關。十里鳳山門，即正陽門。未至六里，有宋太祖廟。十里武林門，(風)[鳳]山門入城，此門出城。十里北新關，凡貨物皆報税。天下各關，惟此關最嚴。税例、船例俱詳見路程。球人到關，送關土産。

北新關五十里至塘西鎮。十里謝莊，三里大墳頭，三里横里，二十五里塘西鎮。此處須防小人。出絲。

塘西鎮九十里至西門鎮。十里七星橋，十里落瓜橋，即五杭汛。十里五王橋，十里北陸橋，又名雙橋，可泊舟。十里戴帽橋，十里松老橋，平望又不見山，北來至此方望見杭州山。十(石)[里]石門縣皂林馹，先一里遠店橋，九里至馹。知縣送下程。十里高陽橋，十里石門鎮。莊大，出絲。吳越争雄，故此置石門爲限。

石門鎮一百三十七里至平望馹。二十里皂林，有巡司。明常遇春、張士誠戰處。十五里永新鋪，十里趙墻鋪，十里斗門鋪，十里分香鋪，里長。先一里萬壽山牌坊。十里嘉興府西水馹，府內有嘉興、秀水兩縣。有知縣送下程。【略】五里杉青閘，十里金橋鋪，十五里長虹橋，十里吉渡汛，十二里積慶橋，十里平望馹。屬吳江縣。此處蘇杭交界，爲非者多。北一水西行去湖州府。

平望驛八十二里至蘇州府胥門馬頭。十里敵標汛，俗呼上墩鋪汛。十二里八尺湖，石橋，漁家，多宜防之。十里包龍橋，十里吳江縣，縣在河西，舡由城外倉前過。知縣送下程。十里脚步橋，十里尹山橋，五里大湖(寔)[寶]帶橋，長五十三門，內五里大湖，外通茅湖、松江。五里覓渡橋，十里蘇州府姑蘇馹。地名胥門，伍子胥割眼掛處。馹在城外。知縣送下程。【略】自杭州江口至此共計三百八十九里。

江南省蘇州府一百里至無錫縣錫山馹。十里楓橋，有巡司。有寒山寺，普福寺，虎丘寺有塔，甚高。或楓橋難行，則由虎丘山下去滸墅關，更近十里。虎丘二十里滸墅關。十里財瀆鋪，十里滸墅關，球人到此送關土産。五里張家鋪，十里太平德勝橋，十里望亭，人家大。有巡司。屬無錫縣。十里新安鎮汛，十五里十里亭汛，十里闕王廟汛，十里無錫縣錫山驛。屬常州府。縣北門外有惠泉山。知縣送下程。

無錫縣九十五里至常州府。十五里藩封鋪，十五里洛杜鋪，須防小人。十里五牧鋪，十里蘇林鋪，十里横林鋪，十里涂氏堰，十里丁家堰，十里白家橋，五里常州府武進縣毗陵驛。驛在南門外河邊。知縣送下程。

常州府一百里至丹陽縣。十里埠汛，十里新閘，五里連江橋，水通港達瓜州。十里（里）三里庵，五里奔牛鎮，屬武進縣。有巡司。有閘，有壩，有水從閘，無水從壩。十里錫口，五里大王廟，十里陵口，屬丹陽縣。十里青陽鋪，十里尹公橋，十里丹陽縣雲陽驛。有七里橋。有孫權墓。城内外俱可行舟，南水門外有一水往金壇縣。又旱路往江南。知縣送下程。

丹陽縣一百里至鎮江府。十里七里廟，十里張官渡，先五里斜橋。十里黃泥壩，十里大新豐，十里獨山，一作月河。十里小新豐，十里丹徒舊縣，冬天水淺換小舡，去鎮江不可由外河。十里松樹灣，十里南門閘，十里鎮江府丹徒縣京口驛。舡多難至驛口。冬天打壩不能至瓜州，起旱挑至江邊過渡，或僱小舟。搬行李時，須防小人，遇晚切不可搬。且江中晚風難行，清晨方可過渡。知縣送下程。

鎮江府京口驛二十里至瓜州。十里揚子江，須要小舡幫牽方可過江，午後不可渡。十里過江瓜州城。有巡司，有管河同知、京口總兵。未過水邊有北固山，江中有金山寺，上有中泠泉，水味天下第一。瓜州城在江邊。如上岸從城内行，舟則入閘二次，江口入回閘，五里至頭閘。内一水通瓜州。自杭州至此，水路七站，水皆平，（右）〔古〕稱平江。從大江上水往江南省。

瓜州四十一里至揚州府鈔關。府内有江都、甘泉兩縣。城外有平山塘，景比西湖。十里八里鋪，先五里竹西亭。十五里江防汛，有三叉河，屬江都縣。有高旻寺，寺前有御花園，極麗，衆商建之。儀真河在此出。十六里揚州府江都縣廣陵驛。有知縣送下程。【略】自蘇州府至此共計四百五十六里。

揚州府鈔關五十五里至邵伯驛。十里台山汛，五里黃金壩，十里灣頭，十里高廟，十里鳳凰橋，十里邵伯驛。有巡司。有湖，大三十里，離揚州東關四十里，晉謝安於此築埭，民思其德，故名。

邵伯驛一百二十里至界首驛。十里三溝閘，十里腰鋪，十里邵伯湖口，湖於此止。五里露筋烈女廟，有女子夜至此，蚊盛，有耕夫田舍在，其嫂止宿，女不入以蚊死，其筋露焉。宋米芾有碑記，在河西。五里南車路，十里北車路，十里高郵州孟城驛。有管河同知。湖西四十里從城外西行轉北，穿城行直口。知縣送下程。二十里清水潭，黃河水至此澄清，故名焉。十里張家溝，有巡司，有廟。十里六安溝閘，二十里界首驛。

界首驛一百里至平河橋。十里江橋，十里氾水，即氾公湖口。十里瓦鋪口，十里魏闕樓，十里龍王廟，十里寶應縣安平驛，縣北十五里白馬湖。知縣送下程。二十里黃浦口，二十里平河橋。有巡司。

平河橋七十五里至王家營。十里二十里鋪，十里十里鋪，十里淮安府山陽縣淮陰驛，驛在府西門外。出甘羅、韓信、王祥。自瓜州一水至此有二閘，風大難行。知縣送下程。【略】十里西湖嘴，十里版閘，王寡婦製膏藥在此，店前有井者佳。又名移風上閘。十里移風下閘，十里清江浦，有閘，馬頭甚大。淮安府至此旱路三十里。鈔關紹來在此。上岸過河北來，在此僱船至鈔關。五里過河王家營。屬淮安府清河縣，與清江浦隔河。球人到此，清河縣清口驛旱，有公館，給飯食。自鈔關至此共計叁百五十里。

王家營七十里至重興集。十五里郎市，十五里魚溝，有公館，給飯食。二十里來安集，八里陳大埠，先四里來安集。十二里重興集。有大店。球人到此住宿，有公館，給飯食。

重興集一百里至宿遷縣。二十五里崔鎮，大路，在河堤上行，春、夏、秋不可行。二十五里仰化集，有公館，給飯食。五十里宿遷縣鍾吾驛。伍子胥、項羽故里。西一路去濟寧六百里。自仰化集至此，路傍無居，只有草舍賣點心。自王家營至此，河水多變，大路難行，惟仰化集一路乃古路，免兩次過河。

宿遷縣一百二十里至紅花埠驛。二十五里小店，十五里章山鋪，五里小湖，十五里峒峿站，有公館，給飯食。十二里殷家林，八里龍泉溝，十里湯店，十里馬兒莊，八里劉家莊，村大。十二里紅花埠。山東、江南交界。球人到此住宿，有公館，給飯食。

紅花埠一百二十里至山東省李家莊驛。二十里重興集，十五里曹村店，十五里郯城縣，有驛。球人到十里鋪，有公館，給飯食。有孔子問官祠。十里十里鋪，有傾蓋亭。十五里大埠，八里馬站，二里碩橋，十五里沙埠，在村外行。十三里朱果店，七里李家莊驛蘭山縣。球人到此住宿，有公館，給飯食。

李家莊九十里至伴城。二十里車輞店，二十里沂州府沂水驛，有公館，給飯食。府内有蘭山縣。【略】十里南曲坊，八里北曲坊，十二里鵞莊，八里棗溝，十二里伴城。南來自北起山路至潘莊，離河。縣三十里山路繩盡。球人到此，住宿有公館，給飯食。

伴城九十里至垛莊驛。二十里大谷山，五里徐公店驛蘭山縣，二十五里大陀寺，有公館，給飯食。十五里上店，五里雙堠莊，二十五里沂水縣垛莊驛。先十里浦口，球人到此住宿，有公館，給飯食。

垛莊驛一百里至敖陽。十五里界牌，莊大。十二里蔣溝橋，八里桃墟集，七里青沙鋪，十里保德店，八里蒙陰縣，有驛。古顓臾地。青州府屬，出蒙山茶。有公館，給飯食。十四里東住佛，六里西住佛，八里常路，十二里敖陽。有敖山。球人到此住宿，有公館，給飯食。

敖陽八十里至羊流店驛。二十里新泰縣新泰驛，二十五里翟家莊，有公館，給飯食。十五里邱溪，二十里羊流店驛。球人到此住宿，有公館，給飯食。

羊流店九十五里至泰安縣。十五里關橋，五里官莊，十五里花馬灣，十里時官莊，五里半邊店，五里崔家莊，對面有狙狹山。有公館，給飯食。十里逮家村，十里李家莊，二十里泰安府泰安縣。驛有明堂故址，後即東嶽泰山。球人到此住宿，有公館，給飯食。

泰安府一百里至張夏。二十里大爐店，十里新莊，十里界首，十里墊台，莊大。十里長城驛，屬長清縣。孟姜女杞梁故里。有公館，給飯食。十里萬德店，村大。十里靳莊，十里十家鋪，十里張夏，長清縣屬。球人到此住宿，有公館，給飯食。出氈。

張夏一百零三里至晏城驛。十五里崓山驛，長清縣屬。有山，石階而上，有玉皇閣。十五里炒米店，五里潘村，北來自此上山至伴城。十里杜家廟，有公館，給飯食。二十五里濟河縣，十八里孟家鋪，十里晏城驛。屬濟河縣。球人到此住宿，有公館，給飯食。

晏城驛一百里至平源縣。十五里黄家鋪，東一路去濟南府。十里二十里鋪，二十里禹城縣劉普驛，有公館，給飯食。十里十里房，五里劉北站，莊小。十五里黎吉寨，二十里二十里鋪，球人到此住宿，有公館，給飯食。十里十里鋪，十里平源縣平源驛。屬德州。

平源縣一百零五里至南普智。三十里曲路，有公館，給飯食。十里窑高鋪，十里黄河涯，有店。十里潭家鋪，二十里德州安德驛，燕齊分界。南來未至州二里，各省分路之處，大路從城外面行。【略】十里霸與墩，十五里南留智，莊大。球人到此住宿，有公館，給飯食。

南留智八十五里至直隸阜城縣。十五里北留智，先五里有小莊。二十里景州東光驛，屬直隸省河間府。漢董仲舒故里。有公館，給飯食。十里細柳營，十里三呑河屯，十里漫河，二十里阜城縣阜城驛。從城外東行，去河間府。球人到此住宿，有公館，給飯食。

阜城縣一百一十里至商家林。十里劉林店，店小。十里新店，二十里富莊驛，屬交河縣。有公館，給飯食。十五里馬家鋪，十五里單家橋，有巡司。人家大。十二里獻縣樂城驛，球人到此住宿，有公館，給飯食。十里臧家橋，里長。八里馬家莊，十里商家林。獻縣屬。人家大。

商家林一百里至任丘縣。五里邵洪鋪，五里龍花店，五里進頭店，十五里河間府河間縣瀛海驛。有橋，大路從城外西邭行。有公館，給飯食。【略】十里十里鋪，十里二十里鋪，十里三十里鋪，有漢儒毛公祠。十里新中鋪，莊大。十里石門，子路宿處，有石牌在莊内。七里劉關張村，桃園結義處，有碑，有廟。十里任丘縣。球人到此住宿，有公館，給飯食。

任丘縣一百一十里至白溝河。十五里韓家鋪，五里香城鋪，有店。五里帶河，十五里鄚州，人家大。南頭王嬙故里，北頭扁散故里。十里棗林莊，七里趙北口，人家大。三里十里鋪，十里雄縣歸義驛，南門外有瓦關橋，乃楊六郎把守處。球人到此住宿，有公館，給飯食。十里王家橋，十里趙村口，十里新蓋房，十里白溝河。村大。楊家大戰地。

白溝河一百二十里至玻璃河。十里高橋，無橋，小店。十里十里鋪，先七里通津石橋。十里新城縣分水驛，穿城直街。右有公館，給飯食。十里衣錦店，十里方口，十里三家店，十五里南皋店，先五里樓桑店，漢照烈故里。十五里涿州涿鹿驛，北門有聯云：日邊衝要無雙地，天下繁難第一州。穿城直行，北關有好店，往河南、湖廣在此分路。球人到此住宿，有公館，給飯食。五里胡良，十里先鋒坡，有店。五里挾河村，十里玻璃河。有石橋，上有李存孝鐵窩。

玻璃河一百二十里至京城横街四譯館。十五里豆腐店，店大。十里大三十里，十五里良鄉縣同節驛。球人到此住宿，有公館，給飯食。十五里長揚店，十五里長新店，有大店，球人回南或住宿於此，給飯食。五里蘆溝橋，石橋長二百餘步，甚麗。此處有關查驗，球人到此有禮部免單方許過橋。十里大井，十里小井，十里彰義門，即廣寧門。外分有護國三藐庵，向例四譯館大使於此迎接貢使。十里橫街四譯館。

自王家營至京一千九百二十八里。

自福州三山驛至京，水陸共計四千九百一十二里。按照路程，自福州三山驛起，至良鄉縣同節驛共計七十二站。

京都回南由德州分路往濟寧州至清江浦合路

德州分別七十里至恩縣太平驛。四十里苦水鋪，村大。十里王家鋪，二十里恩縣，球人到此宿，有公館，給飯食。

恩縣七十里至高唐州魚邱驛。二十里金鷄店，十里腰站，有店，可作午。十五里梁村，二十五里高唐州。球人到此住宿，有公館，給飯食。

高唐州六十里至茌平縣茌平驛。十五里新店，十五里南留鎮，有公館。三十里茌平縣。球人到此住宿，有公館，給飯食。

茌平縣一百一十二里至舊縣。二十里安豐鋪，十里三十里鋪，十二里教場鋪，十八里東河縣銅城驛。有公館，給飯食。二十里南京店，有住店。二十里東阿縣銅白驛，出阿膠。十二里舊縣。球人到此住宿，有公館，給飯食。

舊縣一百一十八里至汶上縣新橋驛。十八里陽谷口，二十里二十里鋪，二十里東平州東原驛，城内有梁灝、梁固父子故里門。有公館，給飯食。三十里沙河站，三十里汶上縣。球人到此住宿，有公館，給飯食。

汶上縣九十里至濟寧州南城驛。四十五里康莊，有公館，給飯食。四十五里濟寧州，球人到此住宿，每日給飯食。下舡後，又送下程。此下水路未至宿縣，水驛四站。出胭脂膏。五里趙莊閘，八里十佛閘，十里新店閘，八里新閘，八里仲家淺，淺上有子路書院。十里師家莊閘，五里魯橋閘，莊大。有子思廟。五里棗林閘，十五里南陽公署閘，此處雞、魚賤。魚台縣有送下程。十八里劉建閘，即黃家口。十二里橋頭集，八里石家口，四里孟家口，四里馬家口，四里范家口，四里徐家口，四里新莊橋，八里宋家閘，二十里大王廟，十里薛河垻，四里楊莊閘，十里夏鎮，嶧縣屬。送下程。二十里赤山，二十里韓莊驛，有一小溝與大湖相連。十二里新閘，有河，水淺。十二里居梁橋閘，六里萬年橋閘，十二里丁家廟驛遞閘，八里賴家莊閘，十里猴山閘，十八里臺兒莊，沛縣送下程。大什貨俱有賣。十五里梁王城閘，十五里夾溝驛，二十里池塘口，二十里二郎廟，十里猫兒窩，邳州送下程。三十里牛頭直，二十里牛頭灣，二十里九龍廟，十里馬湖，三十里落馬湖，十里宿遷縣，河邊有關報稅。知縣送下程。三十里小河口，十里陸家村，人家散處，什魚俱賤。十五里白洋河，二十里右城，二十里崔鎮，三十里蒲灣，十里桃源縣桃源驛，知縣送下程。十里黃家嘴，十里新河口，十里三叉河口，十里羅家營，五里西湖城，十五里新莊閘，出口即清河也，風起不可渡。十里興福閘，十里至清江浦合路。

乾隆《西藏志》卷三　自四川成都抵藏程途

成都府四十里至雙流縣，五十里過黃水河、新津河。至新津河，三十里至斜江河，六十里至邛州，四十里至大塘鋪，四十里至北站，五十里至名山縣，四十里至雅州府，四十里至觀音鋪，二十五里過飛龍閣。至石家橋，二十五里過滎經河。至滎經縣，四十里至黃泥鋪，五十里過越相嶺大山。至清溪縣，七十里至泥頭，路平山小。三十里至林口，路崎。四十里過飛越嶺。至化林，二十里至冷磧，四十里至瀘定橋，三十五里至大烹垻，三十里過大崗山、金釵塴、大小胡梯，甚險。至頭道水，六十里至打箭爐，相傳漢諸葛亮鑄軍器於此，故名。路崎嶇。四十里出爐過貢諸橋。至折多山根，有番民三、四户，店二座。有柴草。七十里至納哇出卡，路不甚險崎，有煙瘴。有人户、柴草。四十里至瓦磧，路平。有土百户一名。柴多草少。三十里至東惡洛，路平。有土百户一名。九十里上八義，六十里至泰寧，即係噶達。六十里過高日寺、大雪山。至卧龍石，山高，有瘴氣，柴草廣。三十里至八角樓，有人户、柴草。三十里過雅龍江，皮木船渡。至德慶營，四十里至麻蓋中，有人户、柴草。九十里過剪子灣，撥浪工大雪山。至西惡洛，山大，有煙瘴，夾垻出没其中。有土百户。四十里過小山。至咱瑪納洞，有柴草，無人户。五十里過小山。至大竹卡，人户、柴草俱有。七十里過漫山。至裏塘，有正副營官二員。人户多，有大寺院。地寒，不産五穀，微有柴草。六十里上漫山。至納哇奔松，無人户、柴草，有瘴氣。一百里過山嶺，至海子塘，過喇嘛丫大山。至拉二塘，有人户、柴草。山路崎嶇。有煙瘴，夾垻出没之所。五十里過大山。業龍塞，有人户、柴草。五十里過二山。至立登三垻，無人户，柴草微。七十里過大雪山。至大所，無人户，有柴草。山路陡嶇。有煙瘴，乃夾垻出没之所。一百二十里過大雪山。至小垻沖，有人户、柴草，天煖。山路險峻崎嶇，有煙瘴，亦夾垻出没處。三十里至巴塘，有人户，寺院，正副營官二員。天煖，有柴草。駐官兵、糧臺。路崎嶇險窄。四十里過山，沿金沙江行。至牛古渡，有人户、柴草。四十里過金沙江，皮木船渡。至竹芭籠，有人户、柴草。路崎嶇險窄。自巴塘坐船一日可到。四十里至工拉，有人户、柴草。八十里過空子頂大雪山。至莽里，有人户、柴草。路寬，乃夾壩出没之處。六十里過漫山。至南登，有寺院，人户、柴草。寺名漢人寺，昔雲南官兵所建。其山名爲寧静山，上有分界碑，乃雲南、西藏巴塘分界之處。三十里過漫山。至谷黍，有人户、柴草、煙瘴。十里過漫山。至普拉，有人户、柴草。五十里至江卡兒，有人户、柴草，有夾壩。一百里過大山。至黎樹，有人户、柴草，有煙瘴、夾壩。五十里過漫山。至阿窄拉塘，有人户、柴草，路稍平。四十里過二小山。至石板溝，有人户、柴草。五十里過大漫山。至阿足，有人户、柴草、煙瘴。五十里過二小山。至谷家宗，有人户，柴草微。九十里至乍丫，多人户，有大寺院，駐粮臺、防兵。少柴有草。路崎嶇多石。其番人性野好盜。三十里至兩撒塘，路稍崎嶇。有人户、柴草。此塘係西藏安設。九十里過大雪山。至昂地，有人户、柴草，有煙瘴。山高陡險，崎嶇積雪。九十里過大山。至王卡兒，有人户、柴草。有熱水二道。五十里至巴貢，有人户、柴草。一百里過二大山。至奔地，有草無柴，少人户，多煙瘴。八十里過大山，五十[里]至蒙布塘，有人户、柴草，路崎嶇，有瘴。五十里過大山。至昌都，有人户、柴草、大寺院，駐官兵、粮臺。又名康名，乃川滇藏交界處。又通玉樹，納克書等處，山高陡峻，有煙瘴。【略】五十里至惡洛藏，有人户、柴草，路稍平。五十里至過脚塘，有人户、柴草。六十里過脚脚大雪山。至拉貢，有人户、柴草。山高積雪，煙瘴。六十里至思達，有人户、柴草，路險窄。一百四十里過九合大雪山。至九合塘，有人户、柴草。此山相連者四，雪山瘴最狠，歷來斃人頗多。四十里過大山。至麻里，有人户、柴草。四十里過大山。至三巴橋，又名假夷橋。有人户、柴草。山雖陡，不險。八十里過地貢大山。至路隆宗，有人户、柴草、寺院，並正副營官。山高陡，路險窄。六十里過漫大山。至紫妥，有人户、柴草、大寺。路平，有煙瘴。五十里至設板多，有人户、柴草，並大寺院，正副營官，駐防官兵。此地通青海、玉樹等處。六十里過大漫山。至中譯，有人户、柴草。四十里過大漫山。至八里郎，有人户、柴草。一百二十里過賽及合山。至拉子，有人户、柴草。山高陡險，積雪，有煙瘴。五十里過小山。至水垻，有人户、柴草、正副營官。路積崎。六十里至丹達，有人户、柴草，路平而崎嶇。一百一十里過沙工拉大雪山。至郎吉宗，有人户、柴草。山高陡險，積雪，煙瘴大。六十里至大窩，有人户、柴草。有兩道，由小路六十里，路窄險。順溝走五十里，路平，夏水泛漲則難行。四十里至阿蘭多，柴廣草少，人户少。路平窄崎嶇。八十里至甲貢，柴廣，無人户，草少。地産醉馬草，若騾馬悮食之立斃。路險窄崎嶇。六十里至多洞，有柴，草微，無人户。路崎嶇，有水。一百里過魯工拉大雪山。至插竹卡，無人户、柴草。山不高而長積雪，煙瘴難行。七十里過小山。至拉里，無柴，微草，有人户、大寺院、駐防官兵。路平。大寒，不産五穀。五十里過拉里大雪山。至阿咱，無人户、柴草，不産五穀。山高陡險，積雪，有煙瘴。八十里沿海子行。至山灣，無人户、柴草。天氣寒，路崎。五十里過瓦子山。至常多，無人户，柴多草少。山高陡崎嶇，積雪，有煙瘴。又石濯拉山。六十里至寧多，有人户、柴草、大寺院。七十里至江達，此處乃工布西藏咽喉重地，駐劄官兵防守。有人户、柴草。五十里至順達，有人户、柴草。八十里至禄馬嶺，有人户、柴草。八十里過禄馬嶺大雪山。至磊達，無人户、柴草。山大積雪，煙瘴難行。又名蒲各倉。六十里至馬素江，有人户、柴草。自此至藏，路平坦。四十里至臨欽里，有人户、柴草、大寺院。六十里至墨竹工卡，有人户、柴草、大寺院，路平。六十里至拉末，八十里至德慶，四十里至砌塘，人名菜里。皆有人户、柴草，並大寺院。三十里過機楮河。至拉撒召。機楮河即藏江，惟此河水向西流，渡以皮木船。

自成都至打箭爐，計八百六十五里。由爐至藏，計四千七百八一里。共程五千六百四十五里，計一百站。

自打箭爐由霍耳迭草草地至察木多路程

打箭爐四十里至折多山根，四十里過折多山。至别始，分路。四十里至瓦七砦，四十里至即砦堡，四十里至八桑砦，五十里至上八義，五十里至汎馬塘，三十里至雀雅，五十里過山。至喇池塘，六十里至孜隆，七十里至甲撒楮卡，五十里至吉如楮卡，三十里過小山。至章谷，五十里下山。至江濱塘，五十里至竹窩，三十五里過山。至茹恭松多，二十里過普王隆。至甘孜，三十里過河。至白利，五十里至隆垻橤，四十里至阿甲拉洛，六十里至益隆，四十里至迭格界，又名七登。六十里至羅登，六十里至吉馬塘，五十里至格葱，六十里至楮泥拉沱，五十里至春科西河，四十里上山。至班的楮卡，三十里下山。至巴戎，六十里至甲界，七十里至姜黨，六十里至草拉，三十里至草里工，三十里過漫山。至峽隆塔，五十里至哈甲，三十里至哈甲峽口，三十里至沖撒得，六十里過山。至熱了，四十里過山。至察木多。

自打箭爐至察木多計三十九站，共程一千七百七十五里。路遥平坦，草廣柴微。此一帶番民多住黑帳房，以牧畜爲主，微生煙瘴。

自察木多由類烏齊草地進藏路程

自察木多五十里至惡洛藏分路，六十里至杓多，四十里至康平多，五十里至類烏齊，五十里至達塘，八十里至加木喇族，一百里至江清松多，八十里至三岡松多，八十里過四小山。至塞耳松多，六十里至拉咱，五十里至吉樂塘，七十里至察隆松多，即春奔色擦。七十里至江黨橋，七十里至拉貢洞，六十里至汪族，八十里至結樹邊卡，有人戶、大寺院。五十里至三大通關，八十里至噶咱塘，七十里至葛現多，七十里至拉里堡，從右手進山溝。六十里至拉里界，七十里過山。至吉克卡，七十里至沙加勒，七十里至積華郎，七十里至哈噶錯作，六十里至胖樹，六十里至仲納三巴，六十里至約定同古，七十里至墨竹工卡。合進藏路。

自察木多至墨竹工卡，合大路處，計二十九站，共一千九百一十里。

自西藏由木魯烏蘇一帶至西寧路程

拉撒四十里至郎拉，三十里至們都，七十里至甘定琴科爾，六十里至沙拉，有水田，產柱草子，可壓油。四十五里至達隆，四十里過鐵索橋。至來藏堪，六十里至羊拉，六十里至達木東邊，七十里至克屯西里克，六十里至什保諾爾，六十里至噶欠，六十里至哈拉烏蘇西邊，五十里至郭隆，五十至楚木拉，自們都而至楚木拉地方，俱有水草，無柴，燒馬糞。煙瘴。七十里至綽諾果爾西邊，六十里至蒙古西里克，四十里至蒙咱西里克東邊，四十里至沙克因果爾，六十里至泡河老，五十里至巴木漢，六十里至索柯東邊，五十里至依克諾木漢烏巴什，六十里至吉利布喇克，四十里至因達木，四十里至阿木達河，四十里哈拉河洛，五十里至布哈賽勒自綽諾果爾至此，俱有水草，無柴，燒糞，有煙瘴。五十里至多羅巴克爾，六十里至呼浪河，五十里至賽柯蚌，八十里至清河插漢哈達，四十里至插漢哈達，八十里至插漢額爾吉，以上數處，俱有水草，無柴，燒糞，微瘴。五十里至庫庫可達，五十里至柯柯腦爾，四十里至柯柯溝，五十里至木魯烏素西河，七十里至哈拉河洛，六十里至巴漢拜彥，三十里至烏河那腦，六十里至烏河那峽，四十里至巴彥哈拉，以上數處，俱有水草，無柴，燒馬糞，無煙瘴。五十里至喇嘛托爾海川口，八十里至黨塞勒河，六十里至哈拉河，四十里至哈麻爾厄勒泰，四十里至且克腦爾，即星宿海。九十里至索羅木，即黄河。七十里至黑悅爾打板，七十里至畢留圖河口，四十里至畢留圖，五十里至坯里布拉克，五十里至得侖腦爾，六十里至哈侖烏素，五十里至哈侖烏素，五十里至登努爾泰，四十里至衣麻圖川，三十里至衣麻圖，七十里至沙拉圖，七十里至木呼爾，八十里至哈套口，三十里至插漢鄂博圖，七十里至庫庫托洛海，五十里至堪布灘，五十里至河什漢水，四十里至納拉撒拉圖，即日月山。四十里至駱駝頸項，即土爾根。自巴彥哈拉至此，俱有水草，無柴，燒糞，微有煙瘴。六十里至東科爾，即丹噶爾。九十里西寧城。

自藏至西寧一帶，俱有番子蒙古住牧，其生計種地、牧畜、打牲各不等。共計六十八站，共程三千七百餘里。

自藏出防騰格那爾路程塘口

西藏三十里至夾普，四十里至浪子，四十里至奔里，四十里至德慶，五十里至楊八景，四十里至卡子，四十里至乾海子，四十里至桑駝各海，五十里至楮登立馬爾，即騰格那爾。四十里至那根初多。每年出防，先鋒下營處。

自藏至那根初多，即騰格那爾口。計十站，共程四百一十里。

自藏出防玉樹卡倫路程藏之東北。

西藏三十里至噶拉堪，三十里至彭多，三十里至墨隆堡，三十里至節仲，三十里至松竹宗，三十里至勒敢多，三十里至朋多，三十里至俊門，七十里至納的，八十里至八不弄，三十里至桑多，八十里至江足卡，九十里至哈拉烏素，三十里至色爾龍，六十里至噶色里處卡，六十里至江古郎，四十里至溫江松多，八十里至奪塞爾，五十里至格焉爾卡，五十里至湯清，八十里至江清八納卡，四十里至曾項灘，五十里至納喜塘，九十里至春科塘，四十里至甲里剛多，四十里至先布松多，六十里至東布松多，六十里至興東，一百里至必洛聰，六十里至擦桑納，六十里至曲尺松多，七十里至曬多坡，一百二十里至噶順，五十里至噶爾，八十里至魁清，一百里至納馬鑾地，一百一十里至江溝八納巴，一百里至玉樹。

自藏至玉樹，計三十八站，共程二千二百七十里，分小卡四處：庫一塞、白兔山、齊岔河、瀘石腦，此四處逐日分兵探哨。

自藏出防納克産卡倫路程

西藏三十里至夾普，四十里至浪子，六十里至拉咱爾，五十里至粗布，以上人戶、柴草有。七十里過大雪山。至阿里，有柴草，無人戶。八十里至甲仲，七十里至泥木根舉，六十里至族貢，七十里至八角，以上有人戶，柴草微。五十里至大雪山根，九十里至臨卡宗，五十里至蘭卡，以上無人戶、柴草。八十里至熱黨，有人戶、柴草。六十里至甲蜡，人戶有，柴草微。六十里至墊登，四十里至魚骨柏，一處人戶有，柴草微。一百二十里至噶拉，五十里至賀洛，七十里至插蕩粗固，七十里至日鐙，九十里至木慶，八十里至柏木垻，以上人户、柴草、水俱無。八十里至按列，五十里至納克。二處人户有，柴草微。

自西藏至納克産計二十四站，共程一千五百七十里。沿途俱有瘴氣。又自納克産分小卡四處。特布托洛海離納克産十四日，約程五百餘里。其地甚冷，瘴氣甚。

拉克擦離特布托洛海七日，約程三百餘里。其地草微，無柴，有瘴。

庫克擦離納克産十三日，約程五百餘里。有柴草、水俱微，有瘴。此三處俱派兵防哨。

扎克欽離庫克擦八日，約程四百餘里。其地柴草、水俱無。每月派兵探查一次。

自藏出防奔卡立馬爾路程

西藏三十里至克噶拉俱，五十里至蒙至，四十里至又立場末，四十里至傑虫，六十里至拉末，八十里至烹多，三十里至熱正，五十里至擦木桑，四十里至八達，七十里至撲娘庫，三十里至三垻，七十里至奪洛得巴，七十里至哈拉烏素，六十里至胖米麻，八十里至阿木多，六十里至投順納哇，五十里至夏木吶熱麻，五十里至圖爾君，七十里至熱麻拉撒，八十里至巴思拉木期，八十里至白果東馬，六十里至布呼江，七十里至遮隆，八十里至楚隆，六十里至彭卡，五十里至奔卡立馬爾。

自藏至奔卡立馬爾，計二十六站，共程一千五百一十里。自奔卡立馬爾，分設小卡五處：噶爾藏骨岔、托克托賴、立拉撒、必隆奔卡、立馬口子。

自藏出防生根物角路程

西藏十站共程四百一十里至騰格那爾，七十里過大雪山。至哈隆，三十里至雀雅，六十里過大山。至錯隆角，二十里至欺馬多隆，此處供換烏拉。五十里過二山。至大海子，四十里至白納辛，六十里過山。至白噶哈力水，七十里至吉都烈路，六十里至拉卡爾工多，五十里過山。至八拉，四十里過山。至查木哈，六十里過二山。至郎卡，九十里過大河。[至]大鹽池，三十里過山。至卡兩哈，四十里至西干工布，五十里過二山。至哈干布，五十里過山。至達干衮所，四十里至恩達哈，六十里過山。至星於哈岡，八十里過三山。至色爾松多，五十里過山。至生根物角。

自藏至生根物角計三十一站，共程一千五百一十里。沿途處處有煙瘴，無柴，燒糞，水草俱微。

自藏由楊八景至噶爾藏骨岔路程

西藏五站共程二百里至楊八景，分路。四十里至峽布，七十里至桑駝洛海，五十里至楮定馬奔，四十里至桑吉馬丁，五十里至喇定初多，五十里至騰格那爾界，大海子邊。五十里至郎錯，又名族隆角。六十里過大山，山頂有海。至過中，八十里過二山。至章錯，有海。四十五旦[至]海子頭，六十里至捉得爾，五十里至邦塘，五十里至巴業了，七十里至凍錯，七十里至噶爾[藏]骨岔。

自藏至噶爾藏骨岔計程二十站，共程一千三十五里。

自藏由工孜一路至後藏札什隆布路程

西藏七十里至業黨，四十里至降里，五十里至曲水，五十里至巴子，一百里過大山。至白地，七十里至郎噶子，五十里至咱納，六十至勒隆，從左手分路即通布魯克巴。六十里至郭喜，七十里至江孜，五十里至壯子，五十里至邊郎，六十里至郎地及布，四十里(扎)[札]什隆布。

自前藏至後藏，計十四站，共程八百二十里。

自(扎)[札]什隆布由咱黨至前藏路程

(扎)[札]什隆布四十里至落窺，一百里至色木多，一百二十里至年木胡打，九十里至能木宗，八十里至沙楮卡，七十里至咱黨，七十里至白地，一百一十里至巴子，五十里至曲水，四十里至能工巴，四十里至獨隆崗，三十里至拉撒召。

自後藏由咱黨小路至前藏，計十二站，共程八百四十里。

自藏至布魯克巴路程

西藏七十里至業黨，六十里至札什彩，八十里至巴子，以上三處有人户、田禾，樹柳，柴草少。一百里至白地，有人户、土官，有微草，無柴。七十里至郎噶子，有人户、土官，無柴有草。一百十里至勒隆，少人户，無柴有草。七十里至列隆，有人户、田地、土官，微草無柴。五十里至殺馬達，有人户、田畝，有柴草。六十里至噶拉，有人户、田畝，有草無柴。五十里至遐拉，有人户、田畝、柴草。六十里至怕爾，微有人户、田畝，無柴有草。係布魯克巴、噶畢、西藏三處交界，駐大牒巴及管領兵馬代奔。四十里過山。至香郎，有人户，係土墻板棚碉房。有柴草。水田出稻穀。其天時與中華同。自怕爾過山即産各種竹木。七十里至仁進步，三十里至東噶拉，二處俱回香郎。四十里至喇嘛隆，有人、寺院，餘俱不及香郎。五十里至西木多，有人戶、柴草。大寺院内住大喇嘛吉賽吉書，即諾彦林親之兄弟。三十里至札什曲宗。有人户、柴草。大寺院乃諾彦林親避暑處。

自藏至札什曲宗，計十七站，共程一千四十里。再行二日，地名坪湯，即諾彦林親住處。惟西木多、札什曲宗夏日稍涼，故至此處避暑。其方産稻、穀、麥、豆、黍、稷，各種瓜菓蔬菜，鵝、鴨、雞、豬等，類彷於中國。

自松潘出黄勝關至藏路程

出黄勝關，六十里至兩河口，分路。八十里至出皂，七十里至甲望麻望，五十里至殺鹿堂，六十里至八嗎，六十里至江地克里麻，八十里至龍溪頭，以上皆有水草，無柴。七十里龍溪頭由插漢拜勝分路，向正南至途神兔過黄河。至吾浪莽，八十里至宗卡爾，七十里至插漢托灰，七十里至殺那吾舊，六十里至七氣哈賴，七十里過大雪山。至安定達堪，七十里至途龍兔老，五十里至塔奔托洛海，六十里至丹仲誉，六十里至牒倫頓，八十里至中牒倫頓，八十里過大雪山。至上牒倫頓，七十里至吾浪牒倫，二百四十里自吾浪牒倫分作四站，每站六十里。至古爾分索羅木。合西寧進藏之大路。自黄勝關至合西寧進藏之庫庫賽，計二十四站，共程一千五百九十里。

自兩河口分路至西寧舊洮河洲。青海路程

兩河口七十里至雜牛洞，八十里過狼架嶺雪山。至柏香林，五十里至大草場，四十里至答建寺，五十里至下包坐，六十里至潘洲，以上水、草、燒柴俱有。八十里至龍溪頭，六十里至獨磊出庫，以上二處有水草，無柴。六十里向北至熱黨，六十里至獨倫，八十里過大小二山。至丹倫，八十里至納布鍋，以上有水、草、柴。八十里至攙隋，有水，無柴草。八十里至舊洮州。

自兩河口至舊洮州，計十四站，共程九百三十里。兩河口四百九十里分作八站。至獨磊出庫，六十里至物藏，四十里至瑣胡盧，分路。七十里過黄河。至插溪拜勝，六十里至布勒哈數，六十里至厦納圖，六十里至巴溪海流圖，四十里至安這谷圖，六十里至吾浪，六十里至納木漢，七十里至巴納布哈，八十里過山。至莽嶺，七十里過山。至郎岸，以上俱有水草無柴。八十里至歸德，六十里過黄河進溝。至郭密，八十里過大山。至康城溝，五十里進闇門至申，六十里至西寧府城。

自兩河口至西寧，計二十五站，共程一千五百五十里。兩河口五百五十里分作九站。至熱黨，六十里至江托，六十里至洮河腦，八十里至多提，五十里至黑錐，八十里至合納，八十里至殺馬關，七十里至河州。

自兩河口至河州，計十六站，共程一千三十里。兩河口八百四十里分作十四站。至巴漢海流圖，六十里至吾浪勒革，七十里至巴漢土爾根，六十里至依克生爾根界，六十里至依克生爾根，七十里至插漢諾木漢，六十里過黄河。至插漢托洛海，一百三十里至青海。

自兩河口至青海托二十二站，共程一千三百五十里。

范鑄《三省入藏程站紀》 東北如高麗，西北如天山一路，西南如越南等國，秦漢以來，或内或外無常地，惟正北外蒙古，正西衛藏之二處者，除元而外，伊古以來皆徼外，至國朝始盡隸版圖，中外一家，偉乎盛哉！然盛極而衰，天之道也，有識者當思用懼。語云：地有所必争。又云：舉足左右，則分輕重。今兩藏南走泥婆羅，北通波米羅，尤非漠北可比，所謂地有所必争也。以故南北强國，咸思攘取，苟遂所欲，則强者益强矣，所謂舉足左右，則分輕重也。言至此，雖無識者，得不懼乎！夫彼之窺藏也，有入藏之道，此之守藏也亦然，然而此之道，較彼爲尤要，於是乎紀。唐於土蕃用力勤矣，故其往來道路，較他代爲詳，故今之紀附紀唐時故道於西寧下。光緒三十年二月望鎮海范壽金自叙。

西寧入藏程站

第一站棟科爾。由丹噶爾南渡湟水至此，其東即西寧府治，唐時鄯城縣也。

第二站尼雅木溪。隸棟科爾胡土克圖。

第三站日雅拉山。一作日月山。按：此疑即唐時赤嶺吐蕃與唐分界處也，有界碑。

第四站霍爾楮。

第五站霍約爾托羅該。一作和岳爾托羅海。

以上三站係根敦公游牧。

第六站察海鄂博。

第七站哈陶拉。

第八站彦達圖。一作因德爾圖。

以上三站係成壘貝勒游牧。
第九站珠爾朗章噶。隸濟克默特貝勒。
第十站沙拉圖。在衮額爾吉河濱，隸察罕諾們汗。
第十一站康昂拉。
第十二站德爾敦。
第十三站索哥拉哥。一作蘇拉喇。
第十四站阿哩湯泉。
第十五站都壘淖爾。
第十六站瑪尼津拉尼。
第十七站特門庫珠。
以下出青海界，有蒙古卡防。以上七站係青海札薩克游牧。
第十八站格巴噶中。
第十九站沙巴爾圖。
第二十站哩布。走都克湯平甸，地多醉馬草，行人於此站乘夜兜馬口而行。
第二十一站瑪爾褚札木。一作瑪爾楚喀瑪。
第二十二站札克達昌。一作雅克達評。
第二十三站拉尼巴爾。
第二十四站錯尼巴爾。一作秕尼巴爾。
第二十五站喇嘛綽克綽。
以上八站，原屬班禪，了無居人。
第二十六站噶爾瑪湯。一作喀爾瑪狀。
第二十七站噶達蘇赤老。一作噶達素齊老。黄河源見此一帶。
第二十八站喇嘛托隆哈。一作朗馬托羅海，亦作拉木托羅海。此處過雅龍江源。
第二十九站噶嘎。
以上四站，係西寧屬之番目游牧。
第三十站巴彦哈喇。
第三十一站喇嘛隆。一作朗瑪隆。
第三十二站格巴温布。
第三十三站斯烏蘇木多。一作色烏蘇木多。
第三十四站列布拉岡。
第三十五站褚瑪爾。此處過金沙江。
第三十六站褚那千。
第三十七站直揆多。
第三十八站科科薩里。
以上九站，係西寧屬之番目游牧。
第三十九站察倉蘇木多。
第四十站那木溪。
第四十一站棟闊。
第四十二站三音庫木。
第四十三站彌多。一作謨爾多。
第四十四站多倫巴爾圖。
以上六站，係西寧屬之番目游牧。
第四十五站伊噶安達木。一作伊哈阿克達木。
第四十六站巴噶安達木。一作巴哈阿克達木。
第四十七站鼎谷瑪理。一作阿克達木楚帕里，又作阿克多麻賁。
第四十八站畢巴魯魚。一作巴巴珠隆都。
以上四站，係西寧屬之番目游牧。
第四十九站當拉。嶺名。
第五十站索克褚卡。索克褚即索克河也。
第五十一站尼谷拉。一作努克拉，嶺名也。
第五十二站琫褚卡。一作布穆楚喀。
第五十三站札噶爾木。一作巴延噶爾穆。
以上五站，隸西藏轄境。
第五十四站香迪。
第五十五站蘇木多。
第五十六站褚那千。一作珠納千。
以上三站，隸西藏轄境。
第五十七站察倉。

第五十八站錯瑪喇。一作蘇木拉。此下渡怒江。

第五十九站巴嚕。

第六十站哈喇烏蘇。有營官。按：哈喇烏蘇即怒江上源。

第六十一站鄂多布拉克。

第六十二站札木褚克。

第六十三站固瓦褚察。

以上七站，隸哈喇烏蘇。

第六十四站仲喇庫。

第六十五站那隆噶爾瑪。

第六十六站錯羅鼐。

第六十七站拉康洞。

以上四站，隸哷徵胡土克圖。

第六十八站彭多。即蓬多城。

第六十九站沙連多。

第七十站倫珠宗。

第七十一站嘉衝。

第七十二站嘉里察木。

第七十三站薩木多嶺。

以上六站隸前藏。此下即至拉薩。綜計自丹噶爾至拉薩中間七十三站，約五千餘里。

成都入藏程站

成都縣九十里至新津縣。驛程平坦，沃野袤延。出南門，五里過萬里橋，即武侯送敬侯使吳處。十五里過簇橋，即今之蠶市，雙流縣境。十里過金花橋，十里至雙流里，漢廣都縣地。出南門五里過南林鋪，十里過黄水河，亦曰黄水鋪河，自温江縣南流四十里，過縣東至彭山縣合岷江。十里過串頭鋪，新津縣境。十五里過花橋子，十里至新津縣。漢武陽地。凡言至者，尖宿之處也，後仿此。

九十里至邛州。路亦平坦，過此則漸崎嶇矣。出南門，五里過太平場，五里過鐵溪橋，下爲鐵溪河，昔武侯烹鐵於此。二十里至陽家場，渡斜江河，源出大邑縣鶴鳴山東，委曲斜流，因名。邛州境也。二十五里過高橋鋪，十里過聖花堡，十五里過天官橋，十里至邛州。漢臨邛地，即司馬長卿遇卓文君處。州城南街有文君井。

九十里至白站。出南門過南河大渡，即邛水。由大道街上小坡，十里過十里橋，十里過卧龍場，十里過乾溪鋪，蒲江境也。十里至大塘鋪，十里過萬工坡，明藍玉取雲南，鑿石開道，費工萬餘，故名。五里過名山界牌，十五里過吊枋鋪，五里過墨竹關，八里過何家坪，名山縣境。七里至白站。即百丈驛，訛名白站，有唐百丈縣故址。

九十里至雅安縣。十五里過洗馬池，十里過白土坎，石頭漫坡路。十五里過和尚腦，十里至名山縣，十五里過金雞關，小岡上建關帝廟。十五里過桐子林，渡平羌江，武侯故事。十里至雅州府治雅安縣。

九十里至滎經縣。出南門，五里嚴道山麓，原名鹿角山，唐玄宗改。上山五里過對崖，十里過風木椏，十里過八步石，十五里至觀音鋪，在山溪間。十里過飛龍關，頂有古刹，名龍興寺。下山十五里過麻柳灣，滎經縣境。十里由廟過七縱河，源發瓦屋山，武侯初擒孟獲處。十五里至滎經縣。

一百一十里至清溪縣。自過清溪縣，鳥道羊腸，日益加險，而蠻煙瘴雨，亦漸有邊徼風景矣。出南門，十里過磨刀溪，十里過箐口站。順溝而進，十里過安樂壩，清溪縣境。十里過黄泥鋪。上山，十里至小關山。由溪溝直上，路逼仄難行。十五里過大關山。下岡，五里過板房。沿溝而上，十五里過長老坪，即相嶺，武侯曾屯兵於此。十五里過二十四盤，即邛崍山，路甚險。下山，五里過羊圈門，五里至清溪縣。其地多大風。此地有兩路，其由南門出者，即寧遠府路。

八十里至泥頭驛。出西門，下坡過溝，復折上山，十里過冷飯溝，十五里過四埡口，五里至富莊，俗名蠻莊。十里過一碗水，十里過班鳩巖，十里過山溪口，一名陡留子。二十里至泥頭驛。清溪尉駐此。

七十五里至化林坪。走山溝，由老君劍，水急如劍，故名。其地有倮儸，乃昔羌人也。十五里過高橋，上三角坪，二十里至林口。復下溝，紆折登坡，十五里過伏龍寺，十里上飛越嶺顛，山勢陡峻，怪石巉巖，逼人面起，終年積雪，嫩雲下垂山足，行旅如在層霄，此内地第一險阻也。嶺有小海，有隘。過隘即下山，陡坡無駐足處。唐置飛越縣於山麓，旋廢。十五里至化林坪。即泰寧營，沈邊土司屬。

七十五里至瀘定橋。化林坪峻嶺臨江，鳥道斜下，二十里過龍壩鋪，有伊公溝，水繞此流入水瀘河。左走沈村，沈邊土官游牧處。右過小河，十里至冷磧，冷邊土官住牧處。十里過興隆鋪，十里過五角塘，一作瓦角。十里過安樂村，一作大壩。十五里至瀘定橋，設巡司。橋建於康熙四十年，以巨鐵索盈拱九條，長三十一丈一尺，兩岸用大鐵柱釘索。索上用木板匀鋪。鐵索之寬九尺，左右又各用大鐵索兩條爲橋欄。人行其上，僅可迭相先後。若人多勢重，則鐵索摇曳如晾帛狀。橋下怒濤噴薄，若萬馬騰沸。一爲俯視，必心慌足軟，進退無主。須放開眼界，摇矚對岸，則夷矣。地稍温暖。河即瀘水。

七十里至頭道水。十五里過大岡塘房，五里過咱哩，五里由黄草坪過小烹壩，十里至大烹壩。復上小坡，十里過冷竹關。下溝曲折，十五里過瓦斯溝，十里至頭道水。高岸夾峙，一水中流，居民皆住山麓，水聲砰訇如雷霆，巖後有瀑布夭矯，亦一大觀。

六十里至打箭爐。自成都至打箭爐計程九百二十里。五里過日地塘，二十里過大藏橋，五里至柳楊塘房。一路深溝，柳陰密箐。十五里過沈坑，十五里至打箭爐。相傳武侯南征，遣將郭達造箭安爐之地，因名。

五十里至折多。出南門，五里過喇嘛廟，五里過工竹卡，凡差使至此，始照口外例支應。平坡逶迤，四十里至折多。山麓有塘鋪，有旅舍，崇岡在望，屼嵲逼人。

八十五里至阿孃壩。由折多過山，山雖長不甚峻，産大黄，藥氣薰蒸，過者爲氣喘，秋冬積雪瀰漫。三十里過破碉，行漫坡亂石中。二十里至提茹，有塘鋪。二十里過納哇，路不甚阻。下山南行，十五里至阿孃壩，土産饒多，儼有富庶之象。

五十五里至東俄洛。道路平坦，三十里至瓦切，過俄松多橋，經小營官寨子。復歸大路，十五里過打納石，有土人，有柴草。十里至東俄洛，有塘鋪。

七十五里至卧龍石。南行過大雪山二，深林密箐，矗如玉立，人跡罕逢。三十里至高日寺，循海子而南。自高日寺下坡至卧龍石，一路深林邃壑，四圍壁立萬仞，古木槎枒。剌柏垂松，奇崛萬狀，即隨地松柏，高不盈尺，而虬枝蟠屈，並數百年物也。四十五里至卧龍石，有塘鋪，有旅店。

一百二十里至中渡。西行一路平衍，荒凉特甚，六十里至八角樓，有塘鋪，間有旅店，然廢置無常。再行六十里至中渡，即河口。所謂雅龍江也。設外委一員，兼司渡船。夏秋以舟渡，冬春則列船爲浮橋濟行旅。蠻人以牛皮船渡，牛皮船用堅樹枝作骨，蒙以牛皮，狀如小兒所睡之籃，一人打槳，中容二三人坐，逐浪上下，望之如水中鳧。白樂天詩：「汛皮船兮渡繩橋」，即此也。過河爲裡塘界。凡官差過此，在河東宿者，明正土司供役；河西宿者，裡塘土官供役。

一百三十里至西俄洛。過雅龍江，上山行三十五里，過麻蓋中，一作麻蓋宗。有碉房，有柴草，此站路險遠難行，且多夾壩，行人或宿麻蓋中，以均程途，且戒備焉。然必人少始可，否則不能容矣。四十里上大雪山，至剪子灣，有塘鋪。山頗陡險，亦有瘴氣。下山復盤折登山，四十里過波浪工，一作博浪工。汛設有駐防塘鋪，以防夾壩。强盜也。十里及山頂，下山十里至西俄洛，有塘鋪及土百户供給差役。有柴草，換烏拉，背夫也。馱畜亦曰烏拉。有漢人客舍。

一百一十里至火竹卡。路經小山，進溝過大雪山，下坡四十里至咱馬拉洞，林深谷邃，夾壩最多。有塘鋪。三十里過蠻卡，復越小山下灣，名亂石窖。行二十里翻過大山，二十里至火竹卡，有人户、柴草，有駐防塘鋪。咱馬拉洞及火竹卡産魚，皆佳美。

五十里至裡塘。自打箭爐至裡塘六百八十里。過小橋，沿河紆折登小山，二十五里至火燒坡，下坡即平原。二十五里至裡塘，有土城，有糧務衙門，有駐防塘鋪，換烏拉，有市廛，番漢雜處二百餘家。

五十里至頭塘。西南行，三十里過大橋，上阿喇柏桑山，峻嶺層巖，日色與雪光交燦。二十里至頭塘，即公撒塘，番名額凹奔松。柴草、人户俱無，僅有塘鋪。官則裡塘烏拉馱載以給，客則自携帳房裹糧從事焉。

一百五里至喇嘛丫。頭塘之地極寒，從此愈行愈寒，上山過黄土崗，四十里至乾海子。又過爛泥壩及虎皮溝，上山下嶺，盤旋五次，大石森立，横梗道途，樹木交遮，流泉千匝，均係夾壩出没之處。四十里過拉爾塘，有塘鋪。上喇嘛山，二十五里[至]喇嘛丫，有柴草、人户。

一百一十里至立登三壩。此地爲裡、巴二塘交界處。由溝上山，越雪嶺四層，石山礌碨，不生樹木，過嶺則深森密箐，水草遍地。五十五里至二郎灣，有塘鋪，無人户。由山足進溝而下，路稍平。過著東塔，五十五里至立登三壩，三壩，譯言橋也。有塘鋪，少柴草。

一百里至大所塘。由三壩行，亂石縱横，青松蔽日。過巴山，有海子。下山枯樹參横，絶不聞鳥雀聲。五十里至松林口，下溝路平。五十里過巴隆達河，一作巴郎河。至大所塘，一作大朔。地居溝口，有塘鋪、碉房、柴草。

一百二十里至小巴衝。進溝上大雪山，三十里到頂，高險非常，越山而下，有林繞路。六十里至崩察木，有塘鋪，無人户，道路險阻。下山四十里至小巴衝，有碉房、柴草，頭人給役。

五十里至巴塘。自裡塘至巴塘五百四十五里。順溝而進，上小坡，雜木叢生，陟降五十里，出溝口至巴塘。其地沃野千里，水泉環繞，日麗風和，豁人心目。此地昔爲西藏拉藏汗所屬。歸順後，改設糧務一員。

九十里至竹巴籠。西南行，過一小山，自巴塘至西藏，途次有醉馬草，馬食之如醉，輒疲乏不能行。經茶樹頂，復上大山，鳥道臨江，勢最險要。四十里至牛古。有河可通舟楫，直抵宿處。復沿山行，景物暄麗，道路逶迤。五十里至竹巴籠，天氣温暖，有駐防塘鋪，碉房、柴草。

一百三十里至莽里。西南行十里渡金沙江，按竹巴籠對岸向有大橋，因漲水沖塌，故渡船移於下流過渡。三十里至公拉，有柴草，頭人給役。自小巴衝至公拉，景物暄和，不異川中。公拉以西，則又冰雪漫山矣。由山凹中行，五十里過空子頂，有塘鋪。山峻，亦夾壩出没之處。上下四十里至莽里，即莽嶺。有人户、柴草，有熱傲供役，凡熱傲、碟巴，皆番中頭人之稱。換烏拉。

一百二十里至古樹。過龍新山，春冬多積雪。三十里過邦木，有碉房、柴草，有塘鋪。其地爲寧静山頂，勒有西藏分界石。南行經大山，五十里至南墩，有漢人寺。每年七月，巴、察兩地客民皆雲集貿易，如内地廟會。過山，四十里至古樹，有人户、柴草，塘鋪。

一百里至江卡。此下山僻荒凉，至於王卡，稱爲惡八站。過漫山，雲務四垂，間有瘴癘，路亦崎嶇。四十里至普拉，有人户、平房、柴草，有喇嘛供役。此地多黑帳房，番民多爲夾壩，行旅戒心。又行漫坡，六十里至江卡，有碉房、柴草，駐防塘鋪。

一百二十里至黎樹。四十里過淥河，十里至山根，一作大壩。上大雪山，終年積雪，即盛夏亦凉飆刺骨。復越小山，上下七十里至黎樹，有人户、柴草，駐防塘鋪，換烏拉。

一百一十里至石板溝。過漫坡，樹木環映，五十里至阿拉塘，屬阿布拉。有人户、柴草，換烏拉，番人頗刁頑不馴。又過小雪山二，高下紆折，六十里至石板溝，有人户、柴草，駐防塘鋪，有頭人給役。

八十里至阿足塘。西北行，過大雪山二，上下無可駐足處。

八十里至阿足塘，屬乍丫，即札雅。蠻人狡猾，有駐防塘鋪，有頭人給役。

一百里至洛加宗。過漫山二，阿足河一，水勢洶涌。五十里至歇一塘，經平川，二十里上山，三十里至洛加宗，一作洛家宗。有塘鋪，頭人供給烏拉。

八十里至乍丫。沿溝而上，旁山行路，紆曲稍平，第逼仄多偏橋。四十里過木橋，至俄倫多，有柴草、人户。復西北行，四十里至乍丫，有寺院，即《會典》之札雅廟也，甚壯麗。凡地方公事，均聽該寺管。有碉房、柴草，駐防塘鋪，換烏拉。此地番民桀驁不馴。

九十五里至昂地。順溝行，石徑蠶叢，道多梗塞。三十五里至雨撒，有人户、塘鋪、柴草。復西行，過大雪山，路甚險，積雪如銀，煙嵐之氣中人輒作病。上下六十里至昂地，有駐防塘鋪，有喇嘛供給烏拉。

九十里至王卡。順溝行三十里至噶噶，上大雪山，亂石崎嶇，積雪層疊，上下行人肌寒作栗，手指皴裂。六十里至王卡，有人户、柴草，頭人換給烏拉，有塘鋪。

五十里至巴貢。經熱水塘二十里至三道橋，路平。又二十五里紆折上山，路轉峯回。五里至巴貢，有塘鋪、柴草，有頭人給役。

一百里至包墩。上大山多，上下六十里至窟窿山根，多石穴，大者如堂皇，小者如鐘盎，亦名石洞山。上山行，拗折而下，四十里至包墩，有頭人供給烏拉。

一百五十里至察木多。自巴塘至察木多一千四百一十五里。沿河行十里，過大山一，小山二，俱偏橋，列如雲棧，崎嶇難行。上下六十里至猛卜，一名猛鋪。有碉房、柴草，在山凹之中，沿山臨河，復沿河登山行，二十里過大山，地名小恩達，皆木石搭偏橋，路險窄不可騎行。六十里過四川橋至察木多，即昌都。有土城。此爲西藏門户，設有糧務等官。又有江巴林寺，殿宇壯麗，胡圖克圖暨倉儲巴居之。

七十五里至浪蕩溝。由南河而進，逼窄多偏橋，水復山重，路通各部番境，四十里至俄洛橋，橋下即鄂穆楚河，所謂南河也。其北河爲雜楚河，合流爲瀾滄江。有人户，路稍平。十里過夾嶺塘，二十五里至浪蕩溝，有碉房、柴草。

一百六十里至恩達寨。二十里過裡角塘，進溝，上裡角山，由偏橋行，險如前，雪後甚滑，且有瘴氣。八十里至拉貢，有碉房、柴草，有頭人給役。二十里過松羅橋，屬昌都。上山四十里至恩達寨。恩達屬類伍齊，類伍齊夫馬於此始，昌都夫馬至此止。

一百五十里至瓦合寨。此下合滇路。二十里至恩達塘，有塘鋪。二十里過喇貢山，二十里至牛糞溝，上瓦合山。一作瓦和。二十里過山頂，山高峻百折，上下百里無炊煙，山上海子，煙霧迷離。有望竿，合周天之數，矗立於土臺之上。如大雪封山時，必藉爲標記。過此戒弗出聲，否則冰雹立至。山中四時俱冷，鳥獸不至。二十里過脃腭楪，下山。三十里過瓦合塘，有塘鋪。二十里至瓦合寨，有頭人供役。

八十里至嘉裕橋。西南行，四十里至麻利，一作馬利。有碉房、柴草。自瓦合寨以後，蠻人皆淳樸。上麻利山，十里過山頂，下坡繞河行，偏橋疊見。三十里至嘉裕橋東岸。一作嘉峪，亦作佳裕。又名落龍，番名三壩。又曰曉葉霜橋，以大木爲之，長四十餘丈。道光三年，達賴喇嘛重修。橋下即怒江，水深黑色，所謂哈喇烏蘇也。此地兩山環抱，一水中流，天氣暄和，地土饒美，有塘鋪，有碉房、柴草。

八十里至洛龍宗。過橋西南行，上得貢喇山，一作碧貝山，土人名的莽山。山勢陡峻，十五里始及巔。下坡更險，十五里始至鼻奔山根，五十里至洛龍宗，有碉房、柴草，換烏拉，有塘鋪。此地産陶器出售。

一百六十里至碩般多。西南行，經漫坡，七十里過鐵凹塘，一作鐵塘。大山壁立，有塘鋪，順溝而行，路稍平。三十里過紫駝，二十里至曲齒，有大喇嘛寺可寄宿。近新開一路，繞東南，避春夏水漲也。四十里至碩板多，一作說板多，一作蘇班多，一作舒班多。居人稠密，物産亦饒，有碉房、柴草，有駐防，換烏拉。

一百里至巴里郎。沿溝而上，路平，五十里過巴喇山，不甚峻。至中義溝，山路平坦，境頗荒寂。五十里至巴里郎，有碉房、柴草，有塘鋪，頭人供給烏拉。

一百里至拉子。進溝，三十里上賽瓦合山，《通志》作朔馬喇山。邊風獵獵，亂山皆童。二十五里至索馬郎。又沿山繞河而行，四十五里至拉子，其地有塘鋪，頭人給役。柴草價昂，蓋山童地荒故也。

一百一十里至丹達。西南上必達喇山，山路平坦，上下十里，下山路逼仄，河流縱横，水清淺可褰裳涉。四十里至邊壩，又名達隆宗。有塘鋪，二山横路，四水環襟，爲西藏邊陲之區。六十里至丹達，有塘鋪，營官、碟巴供役，換烏拉。

一百里至郎吉宗。丹達山麓有廟，相傳雲南某參軍解餉過此，歿於王事，屢著靈異，土人祀焉，過山者必禱之。十五里魯貢喇山麓，峭壁摩空，中一小溝，僅焉上下，夏則泥滑，冬則成冰雪槽，行人拄杖魚貫行，不能併進。此越藏一險阻也。上山三十里及頂，下山五里至察羅松多，五十里至郎吉宗，又名郎金溝。有碉房、柴草，有塘鋪、碟巴供給差役。

九十五里至阿蘭多。曠野平坦，有兩路、一由山徑路險窄，一由溝路稍平，惟夏日多水。四十里至大窩塘，有碟巴供給差役。再前行，路稍平，而側進若谷，順河而下，五十五里至阿蘭多，有塘鋪、碉房、柴草。

七十里至甲貢。西南行側身循溝而進，南北俱有偏橋，上山路險窄，行人懍然如墜。三十里至破寨子，又名阿蘭卡。有横石，森如人立，俗名鸚鵡嘴，鑿以爲道。四十里至甲貢，屬拉里。有柴無草，有塘鋪，碟巴供給差役。

八十里至多洞。旁山而上下，過小坡，漫衍荒涼。四十里至大板橋，又四十里至多洞，人煙寥落，無傳舍，有塘鋪，凡往來者，即其汛棲息，地無水草。

一百四十里至拉里。自察木多至拉里一千五百里。多洞塘，附近水邊，幸水湉而上。二十里過魯公拉山，山峯峭立，雪凌險滑，視丹達無異。六十里至擦竹卡，《通志》作擦渚卡。有熱水塘。過山凹，中有一湖，約寬七八里，長十餘里，冬春凍如平地，行人履之無所怖。六十里至拉里，地冷，柴草鮮少，有駐防塘鋪，堪布供役，而烏拉則類伍齊之所供也。

一百六十里至山灣。由溝行十里拉里大山麓，上山危峯聳峙，冰雪四時不消，巉巖海岸，風起雪湧，險滑難行。四十里至阿咱，有塘鋪，碟巴供役。再行三十里，有海子，名阿咱泊。長四十餘里。有獨角獸爲怪。八十里至山灣，即卓喇山脚。有塘鋪，少柴草。

一百二十里至寧多。五里卓喇山麓，一名瓦里山。上山，較拉里山爲坦易，冰凌亦少，五十五里至常多，氣候極和暖，惟五穀尚不能種也。有塘鋪，居人以樹皮爲屋，僅數間，炊煙寥落，屬江達。有碟巴供給烏拉。六十里路稍平。至寧多，有塘鋪。此地氣候水土與江達相埒。

八十里至江達。順溝而下，四十里過橋到過拉松多。今圖作公拉爾魯。四十里至江達，此地水土與内地無異，兼産薪炭，有駐防塘鋪，有工布碟巴供役。

一百六十里至鹿馬嶺。江達在拉里西南，憑依山谷，形勢險要。沿河而下，六十里至順達，有塘鋪。沿溝而進，河道分流，松木陰翳。四十里過柳林，六十里至鹿馬嶺，山高無險阻。約四十里視前歷之冰雪峻嶒怵心劌目者，居然平易矣。有塘鋪。

一百八十里至烏蘇江。進溝而上下約四十里，山路坦夷，微有瘴癘。寒風凛冽，夏無盛暑。八十里至堆達，又名氌氇倉。有塘鋪，煙火寥寥，柴草亦稀。順河而下過竹貢。六十里至烏蘇江，路俱坦。有塘鋪，小碟巴支應柴草牛羊。此地去衛藏漸近，別開奇境矣。

一百三十里至墨竹工卡。烏蘇江水勢平緩，順河西行，雖僻處一隅，而程途夷坦，迥異前險。六十里至仁進里，今圖作臨欽里。有塘鋪，行人如僕馬告瘁，至此可憩息焉。由西北上，七十里至墨竹工卡，有塘鋪，碟巴給役。此地出窑器，水土極佳，其水西流，即藏河也。水驛有皮船。

一百二十里至德慶。四十里至拉木，一作南摩。有房舍。柴草稀少，有喇嘛廟，甚壯麗。繞河而下，五十里過占達塘，復西行三十里至德慶，有塘鋪。

五十三里至拉薩。自拉里至拉薩一千三里。繞道而下，三十里至蔡里，一作采里。十里過高莊，有碟巴供給柴草，與前藏隔一水。又三里及藏河邊，用方皮船以渡。又十里至拉薩，即布達拉。其地四山環峙。儼若城垣，水秀山奇，宛然福地，是爲前藏，或曰中藏。自成都至拉薩，中間六十站，共六千里。

雲南入藏程站

昆明縣六十五里至安寧州。由德勝橋舟行三十里過碧雞關，陸行三十五里至安寧州。

七十里至老鴉關。

七十里至禄豐縣。由老鴉關西北行過鍊象關，七十里至禄豐縣。

九十里至捨貲驛。西行過九渡河，七十里至捨貲驛。

五十五里至廣通縣。

七十里至楚雄府。由廣通縣西南行，過龍川江，七十里至楚雄府。

七十里至吕合驛。西北行，過大石河，七十里至吕合驛。

七十里至沙橋驛。西北行三十五里過鎮南州，又三十五里至沙橋驛。

七十里至普淜驛。

七十里至雲南堡。一名小雲南。

七十里至白崖驛。由普淜、雲南堡折西北行，過河底江源，七十里至白崖驛。

七十里至趙州。北行過定西嶺，七十里至趙州。

七十里至大理府。西北行，過洱海之南，七十里至大理府。

九十里至沙坪。由大理北行，沿點蒼山脚，望十九峯頭積雪，山川之勝，爲迤西最。沿浪穹河窄岸，約八里許，險甚。九十里至沙坪。

七十里至三營。由沙坪北行，道旁兩岸皆水。十五里過鄧川州，又五十五里至三營。

一百里至劍川州。三十里觀音山巡檢，又七十里至劍川州。

六十里至九河關。

五十里至阿喜汛。由九河關，五十里至阿喜渡口，阿喜即金沙江上源，名木魯烏蘇，入永北廳界，經姚州、武定、叙州，會岷江。麗江府所屬。過阿喜即猓猔地矣。

七十里至黄草壩。渡金沙江浮橋，過木撒灣，七十里過黄草壩。

六十五里至橋頭。五十里至咱喇姑，又十五里至橋頭。

六十里至土官村。三十里過螺螄灣、十二欄杆。此地爲中甸要道，路衹尺許，連折十二層而上，兩騎相遇，則於山腰先避，俟過方行。高插天，俯視山溝深萬丈。麗江雪山，巍然對峙，古木蒼崖，目不勝賞。又三十里至土官村。

六十里至一家人。地名。

五十里至拕木郎。渡金沙江以來，絶無人煙，由土官村一百一十里至拕木郎。萬山中忽見平原曠野，猓猔數家。其屋用全木横壘，四面爲牆，高可數丈，中開一穴爲門。下畜牛馬，上居人，獨木鑿齒爲梯，以便上下。最上供佛，或亦居人。此地有温泉。

五十里至小中甸。又五十里至小中甸，居民較拕木郎更多。其地用銀不用錢，無准平法馬，以石之輕重與銀相較，用鐵杆戥視中圓加倍，若以煙、茶、布帛、鹹錢等物貿易，勝銀十倍。

五十餘里至大中甸。又五十餘里至大中甸，番名結黨，出塞第一部落，有營官，番名碟巴。碟巴之下，有木瓜、神翁、頭人等名色。有喇嘛寺，念經則宰牛羊，佛像莊嚴，與中國略相似。最重歡喜佛，裸體交媾，禮拜者皆進哈答。哈答者，手帕也。以下見上用此禮，如中國之用手本名帖也。居民皆板屋。

七十里至湯碓。二十里過箐口，又五十里至湯碓。

九十里至橋頭。五十里過泥西。一作泥錫。四十里至金沙江邊橋頭，有溫泉。此地在江濱山麓，風景如畫。

六十里至崩子欄。過橋上大嶺，蒼翠插天，路窄而陡。六十里至崩子欄。一作朋節拉，即卜自立。此地産禾麥，山水極佳，風土亦善，惟苦熱。

六十里至杵臼。

一百里至龍樹塘。從杵臼上小雪山。疑即底巴拉嶺。此山通亘二百里，不甚高，有木無草，亦無人煙。水不可飲，飲則喘急，甚至傷生，有白蟒爲怪，過者皆銜枚疾走，否則必遭其害，約行百里至龍樹塘。

五十里至阿敦子。一作阿洞子。

五十里至多木。山頂有溫泉，浴之愈疾。

五十里至橋頭西岸。自龍樹塘歷阿敦子、多木，沿江行五十里至橋頭。橋闊六尺餘，長五十餘丈，以牛皮縫渾脱數十，竹索數十條貫之，浮水面施板於上。行則水勢蕩激，掀播不寧，蓋江在大雪山之陰，雨則水漲，晴則雪消，故江流奔注無歇時，舟筏不能存，橋成即斷。土人繫竹索於兩岸，以木爲溜，穿皮條縛腰間，一溜而過。所謂懸度也，俗名溜筒江。人馬行李，皆從竹索過。度橋至瀾滄江西岸，爲黑喇嘛所屬，地更寒苦，所有惟牛羊、糌粑而已。

六十里至梅李樹。六十里至梅李樹，險仄較十二欄杆更甚，寬不及尺，平不及丈，左絶壁，右深淵，出口以來，爲最窄最險之處。

五十里至雪山腰。由梅李樹迤邐上大雪山，巉巖怪石，無一步可循階級者，馬四蹄不能並立。用爬山虎攀藤附葛而上，無草無人煙，水聲如雷，樹木參天，皆太古。五十里至雪山腰。

又四十里至雪山頂。

八十里至雪山麓。由雪山頂再上二十里登最高頂，萬山皆在足下。土人云：自木魯烏蘇而南，綿亘數千里，至緬甸插入南海，高莫可比，乃天地間之脊也。自此而西，山勢層疊而下，直至拉薩。元人有岡脊黑水辨，以此爲脊，東瀾滄，西怒江，皆匯諸小水，南流至安南、緬甸等處入海。山顛晴時蓋少，遥峯積雪，冬夏無異，四月至八月僅消大路之雪，九月即封山矣。下山六十里至坡脚河邊。

六十里至甲浪。六十里至甲浪，路之仄與梅李樹同，始有人煙，其地産核桃、梨、杏。甲浪之水皆西流，歸怒江，名曰爲池敞。敞者，譯言江湖也。按：甲浪疑即今圖之札隆，此地有子楚河，或即甲浪之水西流者。

六十里至喇嘛臺。由甲浪行，山尖窄路，六十里忽覩平地，則至喇嘛臺矣。

六十里至必兔。又六十里至必兔，此地臨怒江，俯視萬丈，江流如綫，江水晝夜潺潺，不聞言語聲。

六十里至多臺。

七十里至煞臺。由多臺行，路較海李樹少寬，而視中國則其窄尚未有也。七十里至煞臺。

七十里過小雪山。行八里及小雪山麓，盤旋五十餘里及山頂，下坡數里至山麓。此地多葡萄。

九十里至江木滚。六十里過臨米，又三十里至江木滚。

六十里至札乙滚。六十里至札乙滚，有數十家，有糌粑可以貿易。大橋南有喇嘛寺，路通臨卡、三阿，曲宗諸部落。

六十里至熱水塘。自札乙滚沿江行，江南北兩峯對峙，壁立水中，疑無路矣。忽復峯回路轉，别開生面，六十里至熱水塘。

六十里至三巴拉。

五十里至浪打。譯言起馬也。

六十里至賓達。由熱水塘歷三巴拉、浪打，再行二十里過木科，又四十里至賓達。

五十里至烈達。

六十里至擦瓦岡。由烈達六十里至擦瓦岡，此地有番營，制度壯麗。

九十里至塔石。六十里過天通，此地有醉馬草。又三十里至塔石。

八十里至崩達。八十里至崩達。地苦寒，近雪壩，歲止一收。

六十里至雪壩，野宿。自崩達以西北三百餘里無人煙，此下一帶西北行，隱測其地，蓋皆怒江東岸之境。六十里至雪壩，其寒盛夏如冬，不毛之地，山凹間有黑帳房，以牛羊爲生，所謂夾壩也。

又五十里野宿。

又五十里野宿。

又五十里野宿。

又五十里野宿。

又五十里至魯體南，野宿。自崩達三百餘里至魯體南，其間絶無人煙。

又二十里至瓦和。與川省路合。自魯體南，二十里至瓦和。按：瓦和即瓦合塘。四川之路，逾瓦合大山，東來與此會。

自昆明至瓦合塘，中間五十九站，共三千八百里。

此外尚有二道，其一西寧路自褚那干分歧，二十餘站至香迪，與正路合。其二滇省路自阿敦子分歧，不過瀾滄江，直北走南墩與川省路合。

祁韻士《西陲要略》卷四《霍罕路程記》 西陲荒服，自左右哈薩克、東西布魯特而外，若安集延，若瑪爾噶朗，若那木塔什，若塔什罕，若博洛爾，若巴達克山，若愛烏罕，若痕都斯坦，若布哈爾諸部，【略】諸部中，以霍罕爲最大，今記其路程里數於左。

喀什噶爾至木什卡倫九十里，有柴、水、草，居住明伯克一名、喀什噶爾回子一百名。

木什卡倫至汗玉罕六十里，有柴、水、草。

汗玉罕至特爾勒克六十里，此處出鉛，有柴、水，無草。

特爾勒克至庫舒烏珠黑六十里，有柴、水、草。

庫舒烏珠黑至鄂克蘇嚕爾三十里，小達巴罕一座，有柴、水、草。

鄂克蘇嚕爾至䇲斯克奇克七十里，有柴、水、草。

䇲斯克奇克至色爾哩克野塞三十里，有柴、水、草。

色爾哩克野塞至納哈爾察勒迪四十里，有柴、水、草。

納哈爾察勒迪至伊根二十里，有柴、水、草。

伊根至托海巴什五十里，有柴、水，無草。

托海巴什至依克依雜克達巴罕十里，依克依雜克達巴罕至依克依雜克布拉克三十里，兩處有水、草，無柴。

依克依雜克布拉克至庫庫蘇四十里，有水、草，無柴。

庫庫蘇至鐵葉爾哩葉克達巴罕下三十里，有水、草，無柴。

鐵葉爾哩葉克達巴罕下至達巴罕十里，過嶺至色哩庫楚克七十里，有柴、水、草。

色哩庫楚克宿一日至塔爾噶拉克六十里，有柴、水、草。中間沙爾騰恩格斯亦通喀什噶爾。

塔爾噶拉克至圖巴爾拉克塔木三十里，有水、草，無柴，有坍塌土城，墻圈周圍一里之地。此處是䇲德格訥所管，阿塔布托游牧，修橋路之十餘户布魯特。

圖巴拉克塔木至古勒沙四十里，有柴、水、草。

古勒沙至圖古爾克托海七十里，有柴、水、草，中間有噶布蘭、蘇提布拉克二處達巴罕。

圖古爾克托海至鄂什九十里，此處有土城一座，霍罕所管，三百餘户回民住所。此城有辦事一人，名曰阿克呢雜爾。又有管兵一人，名曰伊爾哩扈哩。又有一河名曰阿克卜古拉爾。有水、草，無柴。

鄂什至阿拉班五十里，有小土城一座，只有西門一座。此城有所住五十餘户回民，無柴，無水、草。

阿拉班至明圖伯四十里，有坍塌土城，墻圈周圍三里之地。此處是霍罕十餘户，回子住所，有水、草，無柴。阿拉班至明圖伯舊扈什齊游牧人等耕田之地。

明圖伯至扈巴六十里，有小土城一座，霍罕五十餘户，回子住所，有水、草，無柴。

扈巴至瑪爾噶浪六十里，有回民三千餘户，再沙拉斯瑪胡斯人等所住之處。瑪爾噶浪有納爾巴圖之子邁瑪迪敏統轄伊等都管，伯克呢雜爾鄂布勒克色木等幫辦。有水、草，無柴。

瑪爾噶浪至阿克圖伯四十里，阿克圖伯至布拉克巴什八十里，中間布帕拉散、阿拉普圖伯等鄉莊，此等莊子五六十户起至二三百户不等，回子住所。

布拉克巴什至霍罕六十里，塔爾噶拉克起，自沙爾騰阿格依斯路行，止托海巴什四十里，有柴、水、草。

托海巴什至沙爾騰達巴罕之根三十里，有柴、水、草。

沙爾騰達巴罕至愛哩雅瑪九十里，有水、草，無柴。

愛哩雅瑪至托海巴什八十里。兩中間有嶺二處。有柴、水、草。

康熙《懷柔縣新志》卷二《御路》 起峰山口昌平州交界，五里至南富樂，五里至王化莊，五里至房家莊，五里至駙馬莊，五里至梨園莊，密雲縣交界。共二十五里，今奉部核定二十三里。先是每年圣駕往熱河避暑，出東直門，由孫侯河、山峽店、牛欄山，經懷柔之羅山店入密雲界。康熙四十六年奉旨，以東直門一帶道路，夏月雨水泥濘難行，另擇高燥之地。自西直門外暢春苑起，經藺溝，南石槽，至峰山口入懷柔縣界。其時峰山口僅有小徑通步，乃鑿石丈許，填墊平坦，以通車騎，遂爲輦路要衝。

西大橋，在縣西一里，十空，水大則空遞增。南富樂橋，在縣東一里，二空，石築，橋面架木。疊道小橋，在王化莊下，有泉源匯爲深潭，土不能墊，故架橋焉。橋西地屬沮洳，因疊土爲道凡二里許，稱疊道云。王化莊橋，在王化莊東，六空，水大則遞增。東大橋，在房家莊西北，橋空二十，水大遞增。以上五橋皆在御路。

乾隆《涿州志》卷二《道塗》 北大道，自州治至良鄉縣界二十五里：十里湖梁河，五里仙風坡，五里常店，五里挾河。南大道，自州治至新城縣界三十里：十五里南皋店，五里樓桑鋪，十里三家店。西大道，自州治至新城縣界三十里：十里忠義店，十里松林店，十里澤畔。

《雄縣鄉土志・道路》 自縣治起，出南城東行至城隅，有路分二支。一支東北行，十里至小步村。又二里爲王克橋淤河。又三里爲蘆僧廢河，舊有石橋，今圮。又三里至孤莊頭村，出村半里入新城縣界。又七里至昝各莊。又分二支，一支北行達固安縣至北京，一支東北行達霸州至天津。一支東行十里至袁家園，又十里至胡各莊橋，渡蘆僧河。又十二里經洪城村。又五里至茅兒灣，一東行至保定縣界，一東南行渡大清河，經史各莊以達文安縣。

自縣治起，出東城缺口，東行三里至亞谷城西，橫過赴孤莊頭村道，又七里過崔村。又五里過大步村，東北行七里入新城縣境，過里合莊橋至雙堂鎮，與由孤莊頭村東北行之道合。光緒庚子、辛丑間，德國駐軍縣城，屢派村民修築，以爲由津赴省之路。

自縣治起，過七省通衢坊，出城南行，過瓦濟橋，出雄關，由萬柳堤至十里鋪南一里，過燕南趙北坊，至易易橋南入任丘境。萬柳隄今名疊道，蓋關南地多沮洳，舊有土隄以便行旅。明正德十二年，大水隄潰，途者數爲舟子所苦。嘉靖時，知縣易鴻重修，徧植柳樹，以固隄岸，故名。厥後屢有修築。光緒二十年，邑紳王鴻賓由鹽桑局領桑秧數萬株，分植兩側，然以無人護惜，存者僅什二三耳。

自縣治起，出南城過瓦濟橋，由粮市口折而西，過大雄山，迤西分二支。一支西行八里過西槐廢河。又一里至李郎村。又五里至留通村，西入安州界，以達省垣。此爲由本境入省之大道。一支西北行，八里過西槐廢河。又四里至小王村。又十八里至東西里西，三里至容城縣胡村，西北達容城縣。

自縣治起，北行出西城易易門，北行二里過候留村。又八里過王黑營橋，西北行五里過道口村。又五里過大鋪，出本境。又十里過白溝鎮，由新城、涿州以達北京。此爲由本境入京之西大道。

自縣治起，北行出東城永定門，過東關，折而東北，二里至候留村東。又十三里經望駕台橋，過蘆僧廢河。又北行五里過許家莊。又三里過東照村，出本境，經孔家、馬頭、曲溝等村至固安縣，渡渾河而達北京。此爲由本境入京之東大道。

《束鹿鄉土志・道路》 束鹿雖辟壤，非通衢，然南北延長百二十餘里。道路所通，外接深澤、安平、深州、冀州、新河、甯晉、晉州。內地集鎮，農家、商賈貿易往來。道路較著者，亦縱横羅織。今自邑城四門分經路四，自城南智邱，城北舊城，城西北辛集三鎮分緯路，以本邑集鎮相距鄰境，殷盛城市通於本治或聯絡相及者，又附以小汛獲鹿道一。其間道里之遼闊，盜賊之出沒，巡防之設置，沙薄泥濘，亦舉大概。而支蔓非通衢者，則姑置焉。故先就道路叙里數，復綴以表式。

北路：由縣城北門北行少東往舊城鎮，二里路過村。十三里和睦井鎮，鎮有集市，此段路少遼遠，半途一古廟，宜設巡卒。八里前鴨河營，二里後鴨河營，五里東西劉家莊。十里至舊城鎮，鎮南五里皆沙路難行，鎮爲束治巨鎮第二，土産貿易殊盛。由鎮分路往安平，自鎮東北行，十里徐古莊，此段多沙路。十里呂彩村，由村出境四十里至安平城村，界安平王宋村，盜賊出沒其間。由本路舊城分路往雙井鎮，出舊城往安平之呂彩村，由村東北行五里北龐營。五里至雙井鎮，鎮集市區也，距城稱極遠，難治。由本路舊城分路往清官店，出舊城，從本路少西三里耿家莊，村西此段路多沙。三里東朗月村，十里謝村，村東六里北郭。三里至清官店，爲古鎮，有集市，民情刁悍。由本路舊城分路往位伯鎮，出舊城西行十里北呂村，五里趙念村，十二里南四塚，八里至位伯，巨鎮也。由本路舊城分路往小章汛，出舊城往位伯路，出位伯北行少西一里智家莊，二里小白店，二里仁慈村，一里大馮村，十里至小章汛，西鄰深澤，縣丞駐焉。由本路舊城分路往辛集，出舊城西南行，八里王鳳村，十一里雙柳樹，四里小士莊，八里後劉雙營，一里至辛集鎮，爲東邑第一名區，俗所稱直隸一集者也，街衢宏敞，貨物盛多，人烟稠密，有若通都。

西路：由西門西北行往辛集鎮，六里白龍邱，六里貓營，路微凹，秋夏多泥濘。六里至辛集鎮。由該鎮分路往晉州，七里陳馬莊，五里趙家莊，三里范家莊。由該村出境，六十里至晉州城。由本路西門外分路往甯晉，從西門外西南行，六里一間房，九里孟觀村，九里東西小王村，二里辛興路村，四里西曹家莊。由村出境，九十里至甯晉縣城。村北界晉州魯家莊，西南界甯晉浩固，久爲盜藪，宜設巡防。由本路辛集分路往位伯鎮，出辛集北少東，一里胡合營，二里溫家方碑，三里安故城，四里新壘頭，五里馬蘭，一里南位伯。六里至北位伯鎮，亦係東北巨鎮，花市特盛，貿易者多攜巨貲，時被盜劫。由本路辛集分路往深澤，出辛集往北位伯路，十八里北位伯，一里大白店，三里小白店，二里仁慈村，一里大馮村。十里小章，此段少遠，亦時有盜賊出境。十五里至深澤城。由本路辛集分路往清官店，出辛集往北位伯之路，十八里北位伯，自北位伯東北行三里柳科，三里禮際，八里楊家莊，五里杜合莊，四里北里厢，三里清官店。由本路辛集分路往小章，出辛集往深澤路，自辛集至小章三十五里。

南路：由南門正南行往南智邱，五里中石干村，三里趙古營，少西南八里北營村，一里辛村，六里北智邱。二里至南智邱鎮，鎮東南集市區也。由該鎮分路往新河縣，出南智邱正南行，十五里經百尺口村，亦集市區也。此段甚遼闊，左界甯晉，時有盜賊出沒，宜置巡警。五里小河口村。由此村出境，二十五里至新河城。由本路南智邱分路，往孟家莊鎮，東行八里郭西，四里四七營，八里至孟家莊。由南智邱分路，往木邱鎮西北行，八里耿家莊，六里西陳家莊，三里小王村，十一里至木邱鎮。由邑南門外分路，往冀州趨東南行，十三里西謝村，三里南李家莊，三里盧朱莊，七里大理寺村。十里孟家莊，莊分屬束、冀，集市甚盛。出境二十餘里至冀州城。

東路：由東門往衡水縣，自東門外出境，東行七十里至衡水縣城。往深州，自東門外東北行六十五里至深州城。

武強小汛鎮橫貫本邑往正定獲鹿大路，起小汛，一百零六里入本邑張村，四里舊城鎮，出本鎮往位伯之路，三十里北位伯，此間車馬往來甚夥，路成傾側，惟店家尚盛。五里鎮頭村，出境，一百七十里至獲鹿縣城。

《昌黎縣鄉土志·道路》 由本境至永平府：自西門外過急流河，行五里至五里營，蛤泊堡界。又十三里至葛家莊，又十一里至蛤泊街。皆西行偏北。由蛤泊過沙河，行八里至官莊，又七里至黿神廟。再過沙河，入盧龍縣界。又十里至黑石溝，出溝至鹽糟莊，共八里。又七里至府城。皆西北行。

由本境至遷安縣。自永平府西北行四十里。

由本境至撫甯縣。自東門外偏北行八里至兩山，又北偏東行十二里至張各莊，昌黎界邊。又十里至馬家峪，又十里至撫甯城。皆山路。

由本境至臨榆縣：自南關鐵路越三站至山海關。即臨榆縣城，凡東行百二十里。

由本境至灤州：自南關鐵路越二站至偏涼汀。即灤州北關外，再南行五里即州城，凡七十五里。

由本境至樂亭縣：自南門西南行三里過飲馬河，又五里至兩河莊，又三里過梭頭灣河，又十里至安峻莊，又十里至店上，又十三里至新集，又八里至套裏街，又八里過灤河至會裏，又六里至宇羅坨。入樂亭界。再過西支灤河，行十里至樂亭城。又一路自南門南行，五里過飲馬河，又三里過虹橋河，又南偏西行十二里至新建鋪，又十里至莫各莊，又十里至施各莊，又西南行八里至黃土廟，又五里至王各莊過灤河，又十里至松各莊，又三里至宇羅坨，與西道合。

《獲鹿縣鄉土志·道路》 自本境治地起，出城之正東方，行五里逾海山嶺，再之東北行十五里至大安舍村，再東行十里，共三十里至趙陵鋪村，東出境入正定界。

又自本境治地起，出城之東南方，行八里至申后村，再行十里至張營村，再行十二里至鎮頭村，又十五里至塔談村區，又五里至南栗村，與本境所屬之南都馬村至城七十里。支路會。其支路自南都馬村來，行至十里過方村，又十里來會本路。自南栗村之正南方行十里至南留營村，共六十里。村南入欒城界。

又自本境治地起，出城之正南方，行八里至李家莊區，再行十二里至大車行村，再行十里至銅冶村區，再行十五里至山下尹村，共四十五里。村南三里許入元氏界。

又自本境治地起，出城之正西方，行五里至土門區，再行五里至郄家莊，再行五里即至井陘所屬之頭泉村。

又自本境治地起，出城之正北方，行十里至曲寨村，再行八里至北故城村，與北來支路會。其支路自靈壽縣來，渡滹沱河，至東毘經李村來會本路。自北故城村北行七里，至屯頭村出境，入平山界。

又自本境治地起，出城之西北方，行五里至石井村，再行十里至黄岩村，北出境入井陘界。俱係山路騎驅不通車軌。

一由正定赴欒城大道，自正定界入本境，南行經東王村、京北鋪、東羊市，出境入欒城界，計長十二里。

《平山縣新編鄉土志·道路》 自州城南向渡桑乾河，轉向西南行九十里係桃花堡，再向西南行九十里係蔚州。自州城北向行二十里渡洋河，轉向西北行四十里係宣化府。從府向西北行六十里係張家口，轉向西南行九十里係懷安縣，即赴山西大道。自州城東向行十五里渡洋河，再向東行二十五里係新保安，與京張大道相會。新保安之東即赴京大道。本境之道路如此。

《贊皇縣鄉土志·道路》 贊邑道路平坦直伸者無過十分之一，餘皆羊腸盤曲，鳥道奇嶇，行人往來苦於履穿足繭。較彼鐵路，其難易何止天壤。憒憒鄉人猶謂火車之不善，何其悖也。

出下東門，是爲東關，東關以外，大路有三。正中一路，東行三里至石家莊，折東偏北行有二里，是爲見守。近沿槐河南岸而走，行不二里，五馬山根，過此東去六里花林。再東孫莊、西高寨里，行至東高，統計四里。東高再東，二里有餘，路接元氏燕莊村西。偏右一路，東南五里，經石臼山至北溝里，逾鐵脚嶺至西王俄，凡行九里，南近濟河，城南左路來會於此，王俄村西，兩路合一。從此東行，又一村落，計五里焉，爲南邢郭。折東偏南又三里餘，路接高邑武城村西。偏左一路，東北半里，上東門路來會於此。北行里許，槐水之涯，渡過槐水，路分兩支。一支向東，計有七里，經兩龍門，至於榆底。榆底再東，約二里餘，路接元氏車輞溝西。一支向北，過尹家莊，至於白壁，凡七里强。再北六里，渡過泜水，經蒲宏東，至䮑山北。䮑山再北，計里有三，路接元氏城交村南。

出縣城下東門關外大路三。

正中一路，東三里爲石家莊，折東偏北二里爲見守。由見守村北沿槐河南岸不二里，經五馬山北脚，東六里爲花林，又東過孫莊、西高寨里，凡四里至東高。再東二里，與元氏燕莊西路接。

偏右一路，東南出石臼山北約五里，至北溝里，又九里過鐵脚嶺，至西王俄村西，南近濟水，與城南偏左一路會。遂由此東行五里，至南邢郭，折東偏南四里，與高邑武城西北路接。

偏左一路，東北約半里與出上東門一路會，遂北行里許，過槐河，河北岸路分兩支。一支向東經東西兩龍門，凡七里至榆底，過榆底二里許與元氏車輞溝西路接；一支向北經東江洞村，西過尹家莊，凡七里爲白壁，又六里過泜河，經蒲宏，東至䮑山北，再三里與元氏成交村南路接。

上東門路，半里東行，下東左路與之會同。餘詳偏左下東門路，無煩於此再爲贅述。

出城上東門一路，東行僅半里與下東門偏左一路會，餘詳下東門偏左路內。

出上西門，北渡槐水，至西江洞，無過三里，折北偏西，凡八里强，經南徐樂，至延莊岡。由岡行至南章八里，北即張楞，隔一泜水。張楞之北，約二里焉，路接元氏無極山南。

出城上西門，北渡槐水三里爲西江洞，折北偏西經南徐樂，約八里餘至延莊岡。由岡行至南章八里，渡泜水即張楞。再二里北行，與元氏無極山南路接。

出下西門，十里正西，過王小峪，槐水之涯。由槐亂流行有四里，路分兩支。一支西北，西北三里爲南蟠口，山徑自兹車不能走。岡逾九里，水渡白城，凡十二里，至於許亭。三里三陣，八里尖山，又復八里白城口焉。自此攀登王家嶺頂，路接山西平定州境。一支西去，經過堵户，至紅土丸，凡八里路。自此直沿黄沙嶺水，亂石横途，無復車軌。經巡檢司，過丁家莊，行至石板十八里强。自此攀登黄沙嶺頂，路接平定樂平鄉境。

出城下西門一路，正西行十里過上下王小峪，爲槐水羣流會趨之所，路由亂流中行四里，分作兩支。一支向西北行三里，爲南蟠口，自此山徑車不能行。過九里岡，渡白城口水，凡十二里爲許亭。又三里爲三陣，又八里爲尖山，又八里爲白城口。自此攀登王家嶺，與山西平定州東界路接。一支西去過堵户，至紅土丸凡八里，遂一直西沿黄沙嶺水，途皆亂石，不便車行。經巡檢司，過丁家莊，凡十八里至石板。自此攀登黄沙嶺，與平定州樂平鄉東界路接。

出城南門，大路有三，正中一路直出南關，至白石岡，計有六里，路分一支，東南去矣。東南支路，四里濟河，渡過濟水，即南清河。由南清河二里正南行至郭莊，又向東南。東南再行，計有六里，從此路入銀絲溝里。溝行二里，至九盧關，又復五里，爲水窪焉。過水窪村，再行五里，路接臨城牟村西北。正路南去三里回車，路行從此漸往西斜。三里位昌，五里陽宅，過陽宅村向西南折，行有四里，至南平旺，沿濟河西一直南上。及至河莊又向西南，統至院頭，凡八里焉。院頭西南，濟水斜渡，至齊家莊，約八里路。由齊家莊南行四里，路接臨城郝莊村北。偏左一路，東南八里，至北清河，隨渡濟水。渡濟東去，爲滿井山，傍山北脚又渡濟焉。過郭萬井，岸沿濟北，至西王俄，總計九里，城東右路來與之會，餘詳城東右路之内。在右一路，由南關裏行至曲江，正西三里，計有十里。再往西行，橋過八里，嶺至太平。由嶺三里，行向西南，折南二里，爲千根焉。千根西南渡過槐水，六里西行，岸沿槐北，再渡槐水，岸沿槐南，復西六里，過野草灣。渡槐南去，約有里餘，崎嶇山徑，要路兩支。一支西至小吕三里，再至桃坡，西南五里。經上棗林，六里下段，八里正西，是爲上段。自此攀登，上至段嶺，路接平定樂平鄉境。一支西南，沿槐上流，計有六里，至石嘴頭。行有五里，爲黄北坪，又十二里，爲王家坪。過虎寨口及野狐泉，凡十八里，至黑龍潭。由潭再行，過軟棗會，凡二十里，至石人寨。自丈石巖上猴巖嶺，路接平定樂平鄉境。

出城南門大路三。

正中一路直出南關，過三里橋，至北羊角村東南白石岡，路分一支，向東南行四里，過濟河，爲南清河，折而南二里爲郭莊，又折而東南行六里入銀絲溝。在溝行二里許至九盧關，由關行五里至水窪，再五里與臨城牟村西北路接。正路仍復由岡南去，行三里爲回車路，至此漸向西斜，又三里位昌，再五里陽宅。自陽宅向西南行四里爲南平旺，遂南沿濟水西岸過河莊，又折而西南凡八里，至院頭。由院頭村西南過濟河，八里爲齊家莊，折而南四里與臨城郝莊村北路接。

偏左一路，東南八里爲北清河村。由村東南過濟水行，向正東經馮家村北、武家村南，至滿井山北再渡濟水，過郭萬井，至西王俄村西，凡九里，與城東偏右一路會。餘詳城東偏右路内。

在右一路，由南關正西行三里爲曲江，又十里過八里橋，至大平嶺。由嶺向西南行三里，又折南二里爲千根。又由千根村西南過槐水，沿河西上行六里，自北岸達南岸，復西行四里爲野草灣。過野草灣二里，渡槐南去里餘，崎嶇山徑，要路分作兩支。一支向西行三里至小吕，折西偏南，行五里至桃坡。由桃坡經上棗林，凡六里至下段，折而西八里至上段。由上段過段嶺，與平定州樂平鄉東界路接。一支沿河而上，向西南行六里爲石嘴頭，又五里爲黄北坪，又十二里爲王家坪。由王家坪過虎寨口及野狐泉，凡十八里，爲黑龍潭。由潭再行過軟棗會凡二十里，東爲石人寨，西爲丈石巖。自丈石巖西上猴巖嶺，與樂平東南界路接。

《直隸永年縣鄉土志・道路》 東正路：出城五里至東橋，過滏河，行十餘里至河莊，又行十里至于家寨出縣境，入曲周縣界。

東路支路：由滏陽河東橋正路偏南行七里至袁寨，過漳河，又行十餘里至東大由出縣境，入曲周縣界。又由滏陽河東橋南行十里至長橋，與肥鄉縣界接。

南正路：出城五里至南橋，過滏陽河，偏東行五里過漳河，至趙寨出縣境，入肥鄉縣界。

南路支路：一由南橋正路西南行七里至東家堡，逾漳河，又西南行十二里至清涼寺，入肥鄉縣界。一由南橋正路偏西行五里至南閻村，又西南行十二里至井寨，入邯鄲界。

西正路：出城西行三里至張吕堤，過牛尾河橋，行七八里至大張村，又行十里至八汪，又行十餘里至西蘇，又西北行十里至臨洺關，入由直隸赴河南驛路。由驛路北行逾洺河，五里至河北鋪，行數里出縣境，至沙河縣之敲樓鋪。由驛路南行五里至界河店出縣境，行數里至邯鄲縣之青龍岡。

西路支路：由出城西正路張村偏南行，十餘里至周村。自周村南行五里入邯鄲縣界。自周村西北行十里至李固，又西行十里至七里店，北與臨洺關南驛路接。

臨洺關西北支路：由臨洺城西北行五里至石碑口，又行十里至鄧上，又行十里至上莊出縣境，入沙河縣界。

臨洺關西南支路：由臨洺城西南行五里至張家窑，又行十餘里至李三窑，入黄腰嶺山之西，即河南武安縣界。

北正路二：一出城五里過牛尾河至大營頭，北行十里至太辛莊，過洺河橋，又北行稍西十里至東西七方，又北行十餘里至姚章村，過沙河，又北行十餘里至北朱莊，出縣境至南和縣之前郭平。一出城行八里過牛尾河橋，至陳村鋪，又行七八里至東楊莊，過洺河，又行十五里至曲陌，又數里至鄭里過沙河，入雞澤縣境。

北路支路：一由太辛莊橋北正路偏西行十餘里至北汪，又西行十里至北劉固出縣境，過沙河，入沙河縣界。一由陳村鋪北正路偏東行十餘里至辛莊堡，出縣境入雞澤縣界。

《**宣化縣鄉土志・道路**》 宣化至各州縣每多山路。城東六十里曰趙川堡，是爲龍門縣界。西北五十里爲宣化之高家屯，則入萬全縣界。正西三十里越膠泥灣而入懷安縣界。西南一百二十里由化稍營入西甯縣界，折而稍南則入蔚州界。東南爲通京大道。自本城起，十三里曰泥河村，七里曰半坡街，十里踰鷂兒嶺曰響水鋪，越蛇腰灣，十里曰上花園，再十里曰下花園，此二十里緊沿洋河，時虞險阻。若從此西渡進青龍山口，至宣化之棘針屯，計程十里。再西南則出境入保安州界矣。惟自下花園繞雞鳴山十里至雞鳴驛，再十二里爲保安州之西八里堡，過堡直東漸至懷來縣界，此大道之可計者。其餘四通八達村堡，比鄰山徑崎嶇，勢難指掌。

《**延慶州鄉土志要略・道路**》 出州城之東門，逾普濟橋，十里至八里店之東。又東行三里許，有舊縣之支路來會。舊縣支路自東北方赤城縣界來，一由黄峪梁南行十里至黄峪口村，又南行十里至舊縣。一由靖安堡西北起渡白河，行十里至黑峪山之北麓下，南行逾黑峪口梁十里至黑峪村，經黑峪口村西南行經閻家莊，十里至舊縣。由舊縣西南行，逾大柏老河，經大柏老村，十里至大柏老之西。又西南行十里與本路會。又東行七里至吕莊，又東行逾龍灣河，十里至龍灣村。又東行逾屠家營河，十里至永甯鎮。出永甯之東門，十里至劉斌堡之東，又東北行十里至小管頭村東，又東行十里至周四溝村東，又東行十里至東鋪之東，又東行十里至南灣村，又東行十里至四海冶村，有海子口支路來會。海子口支路自南方昌平界來，逾南山北行十里至海子口村，又北行十里至四海冶村，與本路會。由四海冶東行，十里至永安堡之西。再東南行經永安堡，十里至郭家灣村之東。再東行十里爲懷柔縣界。

出州城之西門，向西行三里經三里屯，又西行十里至大豐家營，又西行經王化營西南，行十里至陳家堡。又西行十里至黑龍廟，又西行六里至平房，有佛峪口支路自北來會。佛峪口在平房之北，經平房南通康莊。由平房西行四里許至陳家崗，又西行經于家堡，四里入懷來縣境。

出州城之北門，逾惠濟橋，分二支。一支向西北行經張莊，十里至辛莊。又西北行經小橋村，十里至張山營之東。又東北行經張山營，十里至佛峪口，有平房支路自南來會。平房支路自康莊來，西北行至大王莊，又西北行至大紙房屯，又西北行逾嬀水，經平房，十里至西五里營之南，又北行經西五里營，十里至佛峪口，與本路會。由佛峪口西北行，十里至湯泉觀之西山溝。又西北行十里至大莊科，又西北行十里許至龍門縣境之閻家平。一支向東北行十里至雙營，又東北行十里至郝莊，又東北行十里至古城，又東北行逾松樹窪，十里許入赤城縣境。

出州城之南門，逾廣濟橋，嬀水東來經橋孔西流。分二大支。一支西南行五里至谷家營，有劉浩營支路自西來會。劉浩營支路由懷來縣境東行，經火燒營，十里至劉浩營之西，東行經劉浩營，十里許與本路會。由谷家營西南行，五里至蔣家堡，又西南行十里至刁千户營，又西南行經康莊，五里許至懷來縣之榆林驛。榆林驛由懷來東南行，經岔道，赴京通衢。一支南行經李家場、百眼泉，十里至簸箕營之北。又南行經大濘沱，十里許至岔道，有懷來縣之榆林驛大路自西來會。自榆林驛東行十里至炮兒，又東行十里許至岔道，與本路會。由岔道西南行，逾八達嶺，十里至青龍橋之南，有小張家口徑路自東北來會。山路崎嶇，行人甚稀。南行經彈琴峽，十里至上關之北。又南行經上關，十里至居庸關。又南行十五里至南口鎮，分二支，一支東南行五里許至昌平州境之龍虎台，即赴京通衢。一支西南行三里許至京張鐵路車站。

《**保安州鄉土志・道路**》 自州城南向渡桑乾河，轉向西南行九十里係桃花堡，再向西南行九十里係蔚州。自州城北向行二十里渡洋河，轉向西北行四十里係宣化府。從府向西北行六十里係張家口，轉向西南行九十里係懷安，即赴山西大道。自州城東向行十五里渡洋河，再向東行二十五里係新保安，與京張大道相會。新保安之東即赴京大道。本境之道路如此。

《南宫縣鄉土志·道路》 東南赴臨清幹路：自南關東南行八里爲半壁店，又行八里爲王道寨，於此分支路，西南行六里入威縣界。再東南行十二里爲開河堡，又行八里爲交馬寨，再東南行八里爲薛家吴村，又行十里爲郝家屯，再南行二里即入臨清界，行十八里踰沙河爲安上村，再東南行六里過清涼江入臨清界。

東南赴清河幹路：自南關東南行八里爲孝昌村，再東南行八里爲國家旺村，又行十里爲大高村，再東南行八里爲孫村，又行十二里踰沙河爲垂楊村，再東南行六里爲前後雙陸，又行八里爲姚村，再東南行八里爲董家廟，其南入清河界。

東赴武城幹路：自東關東行十里爲趙明橋，再東南行十里爲張馬村，又行八里爲大潘莊，於此分支路，東北行五里入冀州界。再東南行十里爲蘆花鎮，再東南行踰沙河十二里爲喬村，於此分支路，東北行五里入棗强界。再南行八里爲前紫塚村，又行六里爲白塔村，再東南行八里爲傅家莊，又行八里爲北贊固，其東過清涼江入武城界。

東赴棗强幹路：自東關東行四里爲八里莊，又東行十里爲大午及村，其東北入冀州界。

北赴保定府幹路：自北關北行五里爲五里鋪，又北行八里爲演家莊，再北行入冀州界。

東北赴冀州幹路：自北關北行十里爲井家莊，其東北入冀州界。

西北赴新河幹路：自北關西北行十里爲孟家莊，又西北行十里爲李家莊，其西北入新河界。

西北赴高邑幹路：自西關西北行十里爲乙家莊，又行十里爲靳家寨，又行八里爲白家莊堡，又行八里過沙河爲花盆村，又行八里爲尋寨，再西行爲新河界。

西赴隆平幹路：自西關西行十里爲酆家莊，又行八里爲蘇村，再西行十里爲南馮家，又行八里爲北孟村，再西行十二里爲孫家莊，其西入隆平界。

西南赴廣宗幹路：自南關西南行八里爲師家莊，再西南行八里爲西唐蘇，其西南入廣宗界。

南赴威縣幹路：自南關南行八里爲同仁莊，又行五里爲葛柏莊，其南入威縣界。

《趙州鄉土志·道路》 正東路：自州城東門外起路兩條，北邊一條三里至劉家莊，八里至南解疃，十八里至安柏舍，二十五里至北李家疃，三十五里至楊户寨，四十里至任莊。自安柏舍起，有支路一條直達賢門樓、范莊寨。南邊正路一條至白尚村五里，南李疃二十五里。與甯晉縣接壤。

正南路：自州城南門外起驛路一條，三十里直達野雞鋪。西南路一條，至潘村十三里，至高村二十里，至白溝驛三十里。與高邑接壤。

正西路：自州城西門外起正路一條，至楊卜莊三里，至大小李莊十里，至西田村二十里，至溝安三十五里。北邊有路一條，至辛店十里，至賈店二十里。此驛路也。與欒城接壤。

正北路：自州城北門外起，有正路一條，至北解家疃六里，至大吕村十八里，至杜家莊三十里，至四德村三十五里。東邊正路一條，至常洋村四里，至泥溝十二里，至北辛莊二十里，至各子村三十里，至賈市莊四十餘里。與藁城縣接壤。

嘉靖《全遼志》卷一 《海道》 今並編列金州旅順口達金州水關岸水程，海島於左方，使後得料遠近，考廢興，備成法焉。

右金州旅順關口，南達登州新河水關岸，經五百五十里水程：適中海島名曰羊堝，有石碣，上鐫「南岸達北岸共五百五十里，兩日内風力順可到」。先一日辰時，自登州新河發航，至晚抵旅順泊岸。次日辰時，自旅順發航，至晚北抵三汊河泊岸。蓋自旅順口起，抵海中羊堝，黄城二島約三百里，自黄城南抵欽島，鼉磯島約三十里，欽、鼉島抵井島約七十里，井島抵沙門等島一百三十里，沙門島抵新河水關僅二十里。總括其數，亦五百五十里。各島相接如驛遞，而島之住户俱屬納水利銀兩於金州。

宣統《奉天郡邑志》卷一 奉天府【略】承德縣【略】官商路七：一由縣東十里橋至舊站，赴撫順。一由縣南渾河至十里河，赴遼陽。一由縣西下旬至老邊，赴新民。一由縣東北二臺至懿路，赴鐵嶺。一由縣東南班子塞至唐大山，赴興京。一由縣西南攬軍屯至寧官屯，赴遼中。一由縣西北三臺至孟家臺，赴法庫。

遼陽州【略】官商路十：一由州東石家墳至金家堡，赴本溪。一由南喇嘛園至分水嶺，赴□□。一由石家墳達丁莊子，至甜水峪，赴鳳凰。一由州北哨堡東北達東京，至果木園子，赴本溪。一由哨堡北至十里河，赴承德。

一由州西北白塔至鴨子泡，赴遼中。一由州西火車站西北至黄泥窪，赴遼中。一由火車站西至望寶溝，赴海城。一由州西南西八里莊至馬議屯，赴海城。一由州南四里莊至五間房，赴岫巖。

復州【略】官商路五：一由州東達子營至水門子，再北至四平街，赴莊河。一由州南瓦房屯至賈家店。一由州東南頭臺子至三官廟，赴金州。一由州西南望城岡至李官村。一由四平街至孫家店，赴蓋平。

撫順縣【略】官商路六：一由縣南千金寨至新屯，赴興京。一由縣東大柳河至營盤，赴興京。一由縣東北二道房至瓦子伙洛，赴鐵嶺。一由縣南塔灣西南至大瓢屯，赴承德。一由大瓢屯西南至楊木林，赴本溪。一由縣西噶布街至川心甸，赴承德。

開原縣【略】官商路五：一自縣南小孫家臺至中固鎮，赴鐵嶺。一自縣西尚陽堡至英額門，赴海龍。一自縣北馬家堡至威遠堡門，赴吉林伊通。一自縣北八里莊至馬千總臺門，赴昌圖。一自縣西二臺至亮子河，赴法庫。

鐵嶺縣【略】官商路六：東南自八里莊分三支路，中路至府，右路至法庫界，左路至撫順，再東南行至興京。南自官房身屯，左路至興京，右路至撫順，中路南行至承德。西南自蓮花泡，右路至法庫，左路至新民。西北自馬蓬溝至娘娘廟，至法庫。北自柴河渡至三頭堡，至開原。

海城縣【略】官商路八：一由縣北二臺子至鞍山站，赴遼陽。一由縣西南將家屯至大石橋，赴蓋平。一由縣東南經析木城，至小孤山，赴岫巖。一由縣西北騰鰲堡西南赴牛莊、營口。一由縣西牛莊至大高力房，赴遼中。一由縣西南田莊臺赴盤山。一由縣西牛莊經三岔河赴田莊臺。一由縣東長風屯至媽媽街，赴鳳凰城。

蓋平縣【略】官商路四：一由縣南關至李官村，赴復州。一由縣北關至大石橋，赴海城。一由縣東關至關姑嶺，赴岫巖。一由縣西關赴營口。

遼中縣【略】其郵驛道路，官商路五：一由縣東渡蒲河至七臺子，赴遼陽。一由縣東北吴屯至張驛站，赴承德。一由縣北邢窩棚至老達房，經曹窩棚，赴新民。一由縣南馬四家至紅旗子，赴牛莊。一由縣西南小龍灣至轉灣臺，赴營口。

本溪縣【略】官商路六：一由縣東崔家溝至城厂邊門，赴懷仁。一由縣南唐家堡至賽馬集，赴鳳凰。一由縣西蔡家屯至鄭家屯，赴遼陽。一由縣北大連寨至張起寨，赴撫順。一由縣南陳家堡至翟家堡，赴鳳凰。一由縣東北卧龍村至柳河，赴興京。

法庫門廳【略】官商路七：一由廳東蛇山溝至郭家店，渡遼河赴開原。一由廳東南調兵山至獅子峪，赴鐵嶺。一由廳南長山溝至下馬頭，赴鐵嶺。一由廳西四臺子至登仕堡，赴新民。一由廳西北赴城堡至索家窩堡，赴康平、達彰武。一由廳北桃兒山至馬奇溝，赴康平、達吉林。一由廳東齊家店至公主屯，赴昌圖，達吉林長春。

又卷二　錦州府【略】錦縣【略】官商路有五：一由縣東五里營至閭陽驛，赴廣寧。一由縣北亮馬山至齊家堡，赴義州。一由縣西南七里臺至高橋，赴寧遠。一由縣西馬家窪至卧佛寺，赴錦西廳。

盤山廳【略】官商路四：一由廳東至侯家窪，赴遼中。一由廳南至凸子鍋，赴海城。一由廳西至楊家屯，赴錦縣。一由廳北至羅家窩棚，赴廣寧。

義州【略】官商路六：一由州南關至齊家營，赴錦縣、達京奉鐵路。一由州北關至清河門，赴熱河阜新。一由州北關(斜)[斜]趨東北至京家屯，赴廣寧。一由州東關至達子嶺，赴錦縣。一由州西關至松嶺門，赴熱河朝陽。一由州西關斜趨西北至九官臺門，赴朝陽。

寧遠州【略】官商路六：一由州東北渡東河至老和尚臺，赴錦西。一由州西南渡西河至六股河，赴綏中。一由州西七里坡至梨樹溝門，赴熱河建昌。一由州西北柏家墳至新臺門，赴建昌。一由州北白塔峪至榆樹溝，赴錦西。一由州東波東河至釣魚臺海口。

廣寧縣【略】官商路七：一由縣南馬什太堡至溝幫子。一由縣西南三義廟至閭陽驛，赴錦縣。一由縣西閔家店至老爺廟，赴義州。一由縣西北龍家屯至魏家嶺，赴義州。一由縣東屈家屯至羊腸河，赴鎮安。一由縣南中安堡至趙家屯，赴盤山。

新民府【略】官商路六：一由府東南大民屯至望海堡，赴承德。一由府東北接高臺子，經公主屯，至小塔子，赴法庫。一由府西王三户屯至單家邊，赴彰武。一由王三户屯至達連坨子，赴鎮安。一由府西白旗堡至新立屯，赴鎮安。一由府西南杏樹坨赴遼中。

鎮安縣【略】官商路八：一由縣南么臺子至傅家子，赴遼中。一由縣西南至單家窩棚，赴廣寧。一由縣東十里岡子半拉門，赴新民。一由縣西羊腸河赴廣寧。一由縣北左家溝至大新立屯，赴熱河綏東。一由縣東北五里岡子至朝北營子，赴熱河。一由縣西北金家溝至白土厂門，赴熱河。

彰武府【略】官商路五：一由縣治赴府。一由縣西北至哈爾套街，又西北赴熱河綏東。一由縣西至新立屯，赴熱河阜新。一由哈爾套街至新立屯。一由縣北赴綏東。

又卷三　興京府【略】官商路四：一由治所東北頭道溝至金厂，赴通化。一由治所西南二道河至葦子峪，赴本溪。一由治西永陵西堡至五龍溝，赴撫順。一由二道河南至撈當溝嶺，赴懷仁。

通化縣【略】官商路五：一自縣西快當帽子渡富爾江，赴興京。一至快當帽子至南岡山嶺，赴懷仁。一由縣東渡渾江至八道江，逾紅土崖山，赴臨江。一由縣南渡通加江至夾皮溝，逾葦沙河嶺，赴輯安。一由縣北官道嶺逾馬鹿溝嶺，赴柳河。

懷仁縣【略】官商路七：一由縣東頭道嶺至四道嶺子，赴輯安。一由縣西官渡口至撈當溝嶺，赴興京。一由縣南扁石哈達至坎椽嶺，赴寬甸。一由縣南扁石哈達經紅石砬子至鏵厂邊門，赴本溪。一由縣北通天嶺官渡至石廟子，赴興京。一由縣西北巨流河經富爾江渡口至岡山嶺，赴通化。一由崗山嶺至大小橫道河子，赴興京旺清邊門。

輯安縣【略】官商路四：一由縣東東岡至錯草溝，赴臨江。一由縣北山城子至大川，達螞蟻河口，至板廟嶺，赴通化。一由縣西南至楊木林子運河口、富有街，赴寬甸。一由縣西板岔溝至富有街，逾掛牌嶺，赴懷仁。

臨江縣【略】官商路五：一由縣東二道溝至八道溝，赴長白。一由縣西北頭道溝至四平街，赴吉林。一由頭道溝西北經椴抱松嶺，至紅土崖，赴通化。一由縣西南栗子溝至上套，赴輯安。一由二道溝東北至鬧枝子溝大，赴吉林湯河。

鳳凰直隸廳【略】官商路八：一由廳東南蔡家崗至鳳凰門，赴安東。一由廳西南赴莊河大孤山。一由廳東大隈經佘屯口，赴安東。一由廳東大堡經唐伴城、二道溝，赴寬甸。一由廳北山臺子至賽馬集，赴本溪。一由廳西北雪裏站至草河口，赴本溪。一由廳西南大梨樹至葉家溝，赴莊河。一由廳西二臺至馬家堡，赴岫巖。

岫巖州【略】官商路九：一由州東大土嶺赴廳。一由州東南巴家堡赴莊河之孤山。一由州西南排房至二道河子，赴莊河。一由州赴蓋平。一由州西南湯池溝至巒古嶺，赴蓋平。一由州北老古嶺至松坨子，赴海城。一由州東北興隆溝至槽子峪，赴廳。一由州西南仙人咀子至二道河子，赴莊河。一由州東南娘娘城至土城子，赴莊河。一由州西湯池至藍古嶺，赴海城。

安東縣【略】官商路四：一由縣東南七道溝至太平溝。一由縣北元寶山中江臺赴朝鮮義州。一由縣西北岔路至大連泡，達鳳凰門，赴廳。一由縣東北石頭城至八家子，赴寬甸。

寬甸縣【略】官商路八：一由縣東土門嶺至古河臺，赴輯安。一由縣西十八道岡至靉陽邊門，赴廳。一由縣南牛皮閘至古樓，赴安東。一由縣西老豆排至坎椽溝嶺，赴懷仁。一由縣東南掛牌嶺至川溝，達佟佳江。一由縣西北車轂輪泡至老邦嶺，赴本溪。一由縣東十八道窪渡大蒲石河，至小長甸，赴廳境。一由縣南楊木岡至長甸河口，渡鴨绿江，道朝鮮。

莊河廳【略】其郵驛道路有官商路一，由廳東北施家店赴岫巖，西赴復州，東赴鳳凰廳。

又卷四　海龍府【略】商路八：一由城東奶子山至托佛，入吉林。一由城東南雙頂子入柳河。一由城南李家船口至小押鹿岡，入柳河。一由城西小灣龍溝至土口子，入開原。一由城西南張家船口至小白銀河，入開原。一由城東北馬家船口至康大營，入吉林伊通。一由城東北牛心頂子至郭家大橋，入吉林磐石。

東平縣【略】官路五：一由縣南渡沙河、秀水河、梅河赴府。一由縣西渡鷂鷹河赴西豐。一由縣北渡萬龍河赴西安。一由縣東柳樹河、小柳樹河赴府。一由縣東北渡柳樹河，過黃泥河、那丹伯等區，赴伊通。

西豐縣【略】官商路七：一由縣南六馬架至老波溝，赴開原。一由縣西南平嶺赴鐵嶺。一由東南赴府及山城子。一由縣東渡扣河至古年嶺，赴東平。一由東北石人溝至楊木咀子，赴西安。一由東北赴吉林。一由縣北公合屯至邊堡，赴伊通。

西安縣【略】有官商路十一：一由縣東龍首山至東岡，赴東平。一由縣東高麗墓子至萬良河。一由縣東楊木咀子至安昌鎮，赴吉林。一由縣東南渡遼河至銅人嶺，赴東平。一由縣東南渡西渭津至柳葉，皆赴東平。一由縣西渡半歲河、遼河至新開嶺，赴西豐。一由縣南梨樹社至望兒樓，赴西豐。

豐。一由縣西會龍山嶺至武藝社，赴西豐。一由縣西北孟河社至安吉鎮，赴吉林赫爾蘇。一由縣北雙馬架至大臺房，赴吉林伊通。一由縣北仙人洞溝嶺至北廟子，赴吉林。

柳河縣【略】官商路八：一由縣東孟家店至柞木岡，過府境至蘇家店，歸縣境東行至吉林濛江。一由縣亨通山子赴通化。一由蘇家店達龍岡赴通化。一由縣南柳樹河赴通化。一由縣西北碗口嶺赴興京。一由縣西頭道溝赴通化。一由縣西北碗口溝赴開原。一由縣北渡伊通河赴府。

又卷五　昌圖府【略】商路八：一自馬千總臺門經府街至四平街，赴奉化。一由府東南永安堡至二道溝，赴吉林。一由府東南天齊廟至二道溝，由吉林赴西豐。一由天齊廟至沙河子，赴吉林。一由府東北長春堡至二十里堡合同江口，支路至鴜鷺樹，分二路。一自二道河至條子河，赴奉化。一自二道河至喇嘛甸子，赴奉化。一由府北亮中河至大窪，合法庫商路至喇嘛甸子，赴奉化。一由府西北張家店至羅家船口，赴康平。一由府西南跑馬城子至同江口，赴康平。

遼源州【略】官路五：一由州西南張家窩鋪赴康平。一由州北五道岡、閻家崴子至新甸，赴吉林長春。一由州東北閻陵窩鋪至哈拉巴山，赴懷德。一由州南肖爾沁白廟子出大民屯船口，赴府及奉化。一由州西北五道岡子、下土臺、白寺赴達爾漢親王旂，達洮南。一由州西蒙古套力街赴恃多勒噶臺親王府。

奉化縣【略】官商路五：一由南條子河至四平街，赴昌圖。一由北崔家鋪至新河口，赴懷德。一由縣北白山嘴至二道口，赴懷德。一由縣西辛家店至五家窩堡，赴昌圖八面城。一由縣東五里堡至崔家店，達赫爾蘇門，赴吉林伊通。

懷德縣【略】官商路七：一由縣東過南橋至大嶺，赴吉林長春。一由縣東南拉拉屯至鳳凰坡，赴吉林伊通。一由縣南五家堡至五臺子，赴伊通。一由縣南黑林鎮至新開河橋，赴長春。一由縣西南至楊小店，赴奉化。一由縣西北小邊經八屋鎮至邊壕，赴遼源。一由縣西北六十五里至楊大城站。

康平縣【略】官商路五：一由縣南戕叭屯至張家店，赴法庫，達省城。一由縣東里鴉屯至小塔子，逾遼河赴昌圖。一由縣西南五棵樹逾馬連河至大屯，赴彰武，達新民。一由縣北小傅家窩堡至遼陽窩堡，赴遼源。一由縣西馬蓮屯至後新秋，西赴彰武。一由縣東南至小艇子，逾遼河，北同江。一由縣西哈拉沁屯赴賓圖王府，迤西至青溝，達熱河綏東，即庫喇嘛牧地。一由縣北六家子赴達爾漢王府。

洮南府【略】官商路九：一由府北東忙頭至本旗郡王府。一由府北德勒順昭至高平鎮，赴靖安。一由府西抱林招至海廟，西赴熱河綏東。一由府西五家子至生把營子，赴圖什業圖親王旗。一由府西五棵樹至乾安鎮。一由府南愛其撓赴開通。一由府東乂干他拉至王家店，赴開通。一由府東六家子至右翼後鎮國公旗。一由府東李家店至豹馬吐岡，赴安廣。

靖安縣【略】官商路(三)[五]：一由縣西南草得保套保至五家子，赴府。一由縣東北赴黑龍江。一由縣東南後特特很昭至撮倫坡，達鎮國公旂，赴吉林。一由縣西北赴圖什業圖親王旂。一由縣西北雙金昭至雅圖站。

開通縣【略】其郵驛道路，有官商路四：一由縣南之巴彥昭北行六十里至縣治，又北行百里至叉桿他拉，入府境，設有文報站四。此爲官路。一爲巴彥昭偏東北行六十里至哈拉勿蘇屯，又北行百餘里，亦合叉桿他拉大路，此爲商路。一由縣東南巷鷹溝出境，經郭爾羅斯前旗，直達吉林農安之新集厂。一由縣南巴彥昭南經達爾漢王旗境至遼源州。

安廣縣【略】官商路七：一由縣東六家子屯赴黑龍江大賚廳。一由縣東南大榆樹赴吉林農安縣。一由縣西南胡四哈嘎赴開通縣金城子。一由縣西包馬圖赴府。一由縣西北六家子鎮赴河北鎮國公本旗。一由縣東北托托寺赴黑龍江本城。

宣統《承德縣志書・交通志》　五、道路橋梁

縣境城關從前皆屬土道，每逢積雨泥濘難行，今已建修馬路，由商埠界起點達於城内各大街。其未建設者，爲南、東、北三關而已。

城外四通道路

南至遼陽州一百二十里，北至鐵嶺一百三十里，東至撫順城八十里，西至新民府一百二十里。

六、水運

縣境所屬之河可以通航路者，惟渾河一處。然積水之量，僅容吃水一、二尺者之牛船。鐵路未設以先，夏際水深時，由營口下流可以上運雜貨，下運糧石，由大東溝上流可以漂木筏。近今罕見運者。除此以外，縣境尚無

通航之河。

《**遼陽鄉土志・道路**》 遼陽北接盛京，南通營口、旅順，東連鳳凰，西達新廣，爲奉天之要衝。舊設南北驛站，鋪兵八名：北三十里爛泥鋪，又三十里十里河鋪，原名虎皮驛，西南三十里沙河鋪，又三十里鞍山驛，專司遞送文報。自鐵路、郵政通而驛遞廢矣。其陸路出城東北行，渡太子河至韭菜園子，經章臺子、三界堪大路、煙臺山、藥堡至十里河，逾河，北至承德縣界。出城西南由八里莊經首山嶺、沙河鋪，涉河而南經嵝山屯、長甸鋪至鞍山站，入海城縣界。東出由峩嵋莊分二支，南支由高麗村、望寶臺、大小石門嶺至湯河沿，逾河經頭關站、金寶灣，逾馬蹄嶺，循河而東南至浪子山，再東經河欄溝、樣子嶺、塔灣至甜水站，又東越摩天嶺，計行百二十里，入本溪縣界，連三關。北支由峩嵋莊經小屯子至安平，距城六十里。再東越寒坡嶺，抵孤家子，又東五里逾老鸛嶺，計行九十里入本溪縣界。西出由胡倉房、大沙嶺、黃金屯及黃泥窪，再西至小北河兩河船渡處，計行六十里，入遼中縣界。其航路惟太子河達營口之一途。大概西北陸路或患泥淖，而東南山路又多崎嶇也。

宣統《**撫順縣志略・交通表**》 撫順之驛站久已裁撤，所有文件均歸文報局投遞。鐵道爲日人所創辦，即南滿鐵路是也。車站設在千金寨境內，約計二十二里之數，陸運由此。以豆爲出口之大宗。茲姑不載航路，因渾河水淺，冬則凝凍船少，不甚通行。

《**復縣鄉土志・道路**》 出治城東行八里爲達子營，又東南十里爲後二十里堡，又東十五里爲四川溝，又東五里爲串心店，與古義鄉支路會。古義鄉支路由東南來，經陶家屯抱河口行十二里來會。本路又向東行十里爲曲家大屯，又東十里爲瓦房店，過鐵路，又東北八里砟子窑，又東南二里爲孫家屯，渡大沙河，又東五里爲前袁臺子，又東十五里爲王家屯，又東十五里爲太和屯，又東南五里爲梯子嶺，又東十里爲水門嶺前之茂盛店，新設水門子巡檢駐此。右分金界貔子窩支路內南行十里爲潘家店，又東南十里爲岡子店，又南八里爲魏家溝，與金州租界接。左分四平街支路向北行過水門嶺，五里爲偏坡店，又西北十五里爲沙包子，又西北十五里爲四平街，會岫巖州至復州東西路。又西北行十里爲沙家樓子，又西北十里爲頭道土門子，又西北十里爲萬家嶺，又西北十里爲孫家店，與蓋平縣南路接。自茂盛店東行五里爲王岡嶺，又東十里爲大房身，又東南十里爲蒲家屯，又東南十五里爲顧家嶺，又東十八里爲娘娘廟，又東南十五里爲東磴，又東二里許止本境畢里河。

出治城西南行十里瓦房屯，又南里許渡復州河，又南十里爲夾河心，又南里許渡嵐崮河，又南十五里爲傅家店，又西南五里爲趙家店。左分往松木島支路，向東南行五里爲三堂，又東南二里爲馬厂，又東南十五里爲公王壩橋，又東南十五里至松木島。至趙家店，南行十五里爲張家店，又南十五里爲楊樹房，又南五里白家口子，又南五里爲賈家店，又南十里止本境煤窑。

出治城東南行五里爲頭臺子，又東南五里渡復州河，又東南十里爲二十里堡，又東南十里後三十里堡，東南行十里爲小尖山，又東南五里爲白水井，又南五里爲蠟樹房，又東南十里爲嵐崮城，又東南十里爲谷家溝，又東南十里止三官廟，接租界。

出治城西南行五里爲望城岡，又西南十里爲杏樹園，又西南十里爲潮頭，又西南十里爲三臺子，又西南十里爲石佛寺，又西五里止娘娘宮。

出治城東北行五里爲臺子山，又東北十里爲馬厂，又東北十里爲楊家店，又東北十五里爲石紋咀，又東北十里爲焦家店，又北十里爲孫家屯，又東北十里爲岳家店，又東北十里爲西洋臺，又北八里止李官樹。

出治城東北八里曰八里莊，又東四里曰遲家大房身，又東北十三里曰馬家嶺，又東南十二里曰陳家屯，又東南十五里曰蔡家大房身，折而東北十五里曰得利寺，又東十二里曰砲手營，又東十三里曰四平街，又東五里曰小任家屯，又東北十五里曰西韮菜園子，又東八里曰東韮菜園子，東南四里曰安孛羅湯，又東十里沙家屯，又東十里上八家子，折而東北五里鍾家嶺，又東北六里曰前房身，又東北十八里曰老糖房，渡畢里河至莊河廳界。

《**鐵嶺鄉土志・道路**》 本境東區達開原柴河溝之道路

出治城東門，東行三里至龍首山之東，由在明橋渡柴河，東行九里至熊官屯，距城十二里，東二區。復東行十三里至黑油房，距城二十五里，東二區。循柴河東岸東行三里至宿老屯，距城二十八里，東四區。復東五里至黃石砬子屯，分二支路。右支路東南行，可抵興京。詳敘於後。左支路由黃石砬子東北行數里至土臺子，距城三十五里，東四區。再北五里踰嶺，東北行十餘里至平石門，距城五十四里，東六區。復東北行五里至開原之柴河堡。右爲柴河溝道路。

本境東南區達興京之道路

出治城南門，南行十二里至八里莊，距城十二里，南一區。路分爲三支。中路達省城，右支路可達法庫之三面船河口。各詳叙於後。其左支路由八里莊東行，南三里至帽峰山，距城十五里，南一區。又東南行十五里至官房身，距城十八里，南一區。復分爲二支。右支路東南行可達撫順，詳叙於後。左支路東行七里踰觀音閣嶺，舊《志》云觀音閣嶺一名劈山通道嶺，距城三十里，産近汎河。今考之，在張家樓子附近地。過汎河，再東三里至催陣堡，城東三十里，東三區。又東行渡汎河，北八里至小屯，在撫安堡西，距城四十里。又五里至撫安堡，距城四十五里。復渡汎河，東行十餘里至大甸子，距城六十里，東五區。而黄石砬子之右支路自西北來會。黄石砬子者，在東四區，距城三十三里。其左支路達開原柴河堡，具見於前，而右支路渡柴河而南行，五里至雞鳴屯，距城三十六里，東四區。約七里過上冰窪山，距城四十三里，東四區。東南五里渡汎河，再東行十二里至大甸子，而會撫安堡道。二道既會，東行十七里過雞冠山，距城八十五里，東六區。南五里過葉兒星山，距城九十里。又南十五里渡河至白旗寨，距城一百里，東十區內。東南行至亂木橋子，距城一百一十五里，南十二區內。過嶺又東南行六里至大沙灘，又五里至沔洋，距城一百二十二里，東十二區。又東行五里至門檻哨，距城一百二十七里，東十二區。出界入興京境。

本境南區達撫順之道路

城南八里莊之右支路，東至官房身屯，距城十八里，南一區。又分爲二支。左支路可抵興京，具見於前。而右支路東南行十里至張家樓子，距城三十里，東三區。過汎河，又東行七里至望寶山，距城三十五里。又東南行七里至李千户屯，距城三十七里。南行五里至瓢略屯，距城五十餘里，東七區。東南行四里至上臺上，距城五十六里，南七區。又東南行約四里至三岔子，距城六十里。又東南行八里踰青石嶺，距城六十八里。又東南行二里至五沖，距城七十里。入撫順境。右達撫順道。

本境南區達承德之道路

城南十二里八里莊之中支路，西南行約八里至遼海屯，距城二十里，南一區。又五里至上阮家窪子，距城二十五里，南四區內。又南行七里至汎河站渡口過河，南七區。又南行八里至范家屯，距城四十里，南五區。又南行七里至石山子，距城四十七里，南五區。又南十三里至懿路，距城六十里，南十一區內。過懿路河入承德境。右達省城道。

本境西南區達法庫三面船河口及新民府之道路

出治城西門，過鐵道西南行十里至大蓮花泡，南三區。又西南行十里至德勝臺，南四區。又西南五里至小汎河，南四區。過汎河又(西)[東]南行五里至揚威樓，距城三十里，南六區。分爲二支。右支路西行十里至陳家窩棚渡遼河，距城五十二里，西七區。又西十里至阿吉牛録堡，西十三區，距城六十里。又西十里至烏巴海，西十五區內，距城七十里。再西則入法庫境。其左支路由揚威樓西南行十里至小康家屯，距城四十五里，南八區。又西南行十五里至大鮑家崗子，距城六十里，南九區。有朱民屯道自東來會。朱民屯者，即城南八里莊之右支路也。説見前。由八里莊西南行六里至牛録崗子，距城十八里，南四區。又西南行七里至阮家窪子，距城二十五里，南四區。又西南行五里至大汎河渡口，距城三十里，南七區。南行十三里至腰堡，又西南十里至康家屯，距城四十里，南五區。過鐵道之石橋，西南行八里至大八里，距城五十七里，南十二區。又西行至朱民屯，距城六十五里，南十三區內。又西行五里至大鮑家崗子，距城六十里，南九區內，懿路北。與小康家屯道會。二路既合，復西行十里過懿路河，至中長溝沿，距城七十五里，南十三區。踰長溝又西十里，至達連屯，距城八十二里，南十三區。又西八里至拉遏湖，距城九十里，南十三區內。又西八里至石佛寺，距城九十四里，南十四區。又西南五里至馬門子，距城九十九里，南十四區。出本(雜)[境]之西南界，西北達法庫界之三面船河口，西南則達承德之西北境及新民府道。右達法庫道。

本境西北達法庫廳之道路

出治城西門，西行二里過鐵路，又三里至馬蓬溝渡口過遼河，西一區。北行五里至河夾心，距城十里，西二區內。又西五里至木厂，距城十五里，西四區。又西五里至賈家瓦房，距城二十里，西五區。又南十里至戴三家子，距城二十七里，西五區。又西北八里至大青堆子，距城三十五里，西六區。又西北十里至夏家樓，距城四十五里，西八區。有三臺子道自東來會。臺子道者，由水厂北二里三臺子，距城十五里，西四區。西行五里至鎮西鋪，距城二十里，西四區。再西五里至永安堡，距城二十五里，西四區。又西八里至孤家子，距城三十三里，西六區內。再西十里至腰堡，在大青堆子北，距城三十七里。再八里至夏家樓，距城四十五里，西八區。會大青堆子路。二路既合，西行十里至小明安碑，距城五十五里，西十區。又西行十里至娘娘廟，距城六十五里，西十區。再十里則出本境之西北界，抵法庫之調兵山，再西北二十里即法庫廳治。右達法庫廳治道。

本境北達開原之道路

出治城北門，三里至柴河渡口，過河北行九里至高麗站，距城十二里，北一區。又北八里至山頭堡，距城二十里，北二區。北則出本境之北界，抵開原之中固。右達開原道。

《**海城縣鄉土志・道路**》 由縣赴遼瀋：北行過五里河，十五里土河堡，再十五里甘泉鋪，再十五里湯崗子，再十五里鞍山驛，與西南由牛赴省大路，自是出境，北通遼、瀋，由縣赴遼計里一百二，赴瀋二百四。

由縣赴營口：西南行十里蔣家八里河，再十里蓋家屯，再十五里感王寨，再十里葛家窩棚，再十里白家堡，再五里黄家甸，再十五里下土臺，再十里石橋子，道皆泥淖，不利於行。由石橋子南行二十五里即抵營口，綜計一百十里。

由縣赴岫巖：南行十里鍾家臺，由鍾家臺折東十里炒鐵河，再十里楊家甸，再十里過缸窑嶺，渡河至析木城，由析木城南行，十里姑嫂石，再十里小孤山出境，再行一百二十里抵岫巖。由縣起算，綜計一百八十里。

由縣赴鳳凰城：出城循赴岫之路，東南四十里至析木城，由是分支東行，十里珠現屯，再十里接文寨，再十里石頭寨，再十里雲峰嶺，由兹出境，再行二百餘里即抵鳳城。雖山徑崎嶔，却與交通無礙。

由縣赴遼陽南境：東行十里代千户屯，再十里東長嶺，再十里大坎子，再十里鶯窩，再十里大泡子，再十里臺溝，出境東南分路，一支東北，一支東南，通吉洞峪，東北通昌州。

由縣赴蓋平：南行十里蔣家八里河，再十里商家店，再十里塔山堡，再十里甜水井，再十里分水，再十里大石橋，出境再行六十里抵蓋平縣，綜計一百二十里。

由縣赴田莊臺：西南行十里蔣家八里河，再十里蓋家屯，再十五里感王寨，再十里葛家窩棚，再十里高坎，再十里十間房，再十里月牙子，再十里馬家坨，再十里趙家堡，渡遼河，即抵臺街，綜計一百十里。

由台赴廣寧：西北行三十里沙崗子，三十里田家坎，三十里雙臺子，渡河即廣寧。

由縣赴牛莊：西行十里二臺子，十里四臺子，十里西二臺子，再十里抵牛莊，綜計四十里。按：牛莊係南北通衢，非直航路便利，車運亦絡繹相屬，北通瀋、遼。經耿家莊、騰鰲堡，約行六十餘里與由海北上官道會。南行經高坎、石橋子等處，九十餘里即營口。

光緒《**海城縣志・實業**》 本境南北通行之官道有二，里程如左。

由遼赴營口經由牛莊之官道：自遼陽起，西南行經沙河至騰鰲堡入本境，西南行三十里至耿莊子，再三十里至牛莊城，逾城西南行三十里至藍旗口，再二十里至大高坎，二十五里至石橋子，十五里至營口。計經本境一百五十里。

由遼赴蓋州經由縣城之官道：自遼陽起，南行經沙河至鞍山入本境，南行三十里甘泉鋪，再三十里至縣城，出南門折西南行二十里商家臺，由商家臺南行二十里分水堡，再二十里大石橋出境，南行六十里抵蓋平。計經本境一百二十里。

本境交通各處之通衢有五，里程如左。

由海赴岫巖通衢：出南門，南行過沙河，十里至鍾家臺，折而東南行二十里至楊家店，再十里過缸窑嶺，渡河至析木城，復南行二十里至小孤山出境，行一百二十里至岫巖城。由海起程計一百八十一里。

由海赴鳳凰城通衢：自南關起程，四十里至析木城，折而東行二十里至接文寨，再二十里經潘家屯至峰雲嶺出境，二百餘里抵鳳凰城。由海至鳳凰計二百八十里。

由海赴遼中縣通衢：出北門，北行十里教軍場，折向西北五里渡小王屯河，再十里至耿家莊，仍西北行，十里渡板橋子河，再二十里至老墻頭渡裏遼河，北行十里至高家砣，折向西行渡蛤蜊河，約二十餘里出境，入遼中界。

由海赴營口通衢：自南關起，十里至大河八里河，再二十里至感王寨，再二十里至白家堡，再二十五里至石橋子，再南行二十五里抵營口，計一百十里。

光緒《**遼中縣志**》卷二《**道路**》 商民大路，由新民府南至縣曹家窩棚入境，經過老達房、滿都户、八角臺，至轉灣臺出境，南通營口。又由縣出東門，經過賈家窩棚、三家子、劉家窩棚、王家二道溝、金家二道溝、平安堡、土堡子等處，至小新民屯東行五里出境，承德縣界張驛站，西北行赴省大路。又由縣出南門，經過六間房、長崗子、關家塹至大灣渡遼河西岸止，赴分縣之道路。

《遼中縣鄉土志・道路》 自縣城東門出逾蒲河，行五里經賀家窩堡，又十里至西荒地，又十里至小黄旗堡，又二十里至二道溝，又十里至平安堡，又十里至小新民屯，又五里出境至承德縣之彰驛站，由省赴遼中之路於此來會。

自縣城東門出，逾蒲河，東南行十里張家窩堡，又十里至蕭寨門，又八里至七臺子，過渾河，又東南行二十五里至渾河嘴子出境，又十里至沙嶺，由遼陽赴遼中之路於此交會。

自縣城西門出，北行十里經大邦牛録，又十里至腰屯，西北行十五里至對頭灣，渡遼河，西行五里至老達房，又十二里至小榆樹子，北行八里出界，至杏樹坨子與新民府赴遼中南來之大路相會。

自縣城西門出，西行十里卡力馬，渡遼河，五里至瓜茄崗子，十里至鴨牛街，又十五里至滿都户，西出遼中界，又二十里至姜家屯，又二里栗家窩堡，火車通焉。

自縣城南門出，西南行十五里至雙山子，又五里傅家屯，渡遼河，又五里至通江子，又十五里至西佛牛録，又十二里逾柳河支流張家溝子，又十里至八角臺，又西南行二十里至轉灣臺出境，由田莊臺赴省、赴新民府之路，均於此處來會。

又由遼河西沿之通江子支路，西行十八里經雙廟子，又十里至前阿拉河，逾石橋，又十五里至唐家窩堡，又十里至黄花甸子，出遼中界，赴鎮安、赴廣寧、赴西邊外新立屯之大路，皆由此會焉。

自縣城南門出，正南行十二里經六間房，又五里長岡子，又十五里至大灣，又十里至田家坨子，又十五里至前插拉，又十五里至船底卧，又五里至大黄沙坨，又二十里至紅旗養子，出遼中界，與牛莊北來之大路相會，亦即赴營口之直捷徑也。

《蓋平縣鄉土志・道路》卷下 境内驛道分爲四部： 北部由縣治北行，十里至青石嶺，過嶺，又十里至朱家甸，又十里過孛羅山至孛羅鋪，又十里至永安平，又十里過碭石山至橋臺鋪，又十里過淤泥河至大石橋，與海城縣接。 南部由縣治南行渡清河，十里至二臺子，又十里至榆林鋪，又十里逾嗚珂嶺至沙崗臺，又十里至柳樹底下，又十里至正藍旗，又十里至熊岳，過熊岳河，又十里至頭臺子，又十里至二臺子，又十里至三臺子，又十里逾浮渡河，與復州接。 東部由縣治東行十里過八嶺至關店，又十里至團甸，又十里至牽馬嶺，過嶺渡清河，又十里至高家屯，又十里至榜式堡，又十里至石門嶺，過嶺，又十里至老木厂，又十里至七盤嶺，過嶺，又十里至二道勾，又十里過嵐崗嶺，與岫巖接。 西部由縣治西北行，十里至海山寨，又十里至姚家店，又十里至藍旂厂，又十里至塘窪，又十里至二道勾，又十里至大水塘，又十里至營口止。

《法庫廳鄉土志・道路》 茫茫禹跡，畫爲九州。 道路之分，有由來矣。法庫爲邊陲之要鎮，四達之通衢，按里紀程，瞭如指掌。 謹各就其方位而叙之。

東行十二里至蛇山溝，渡小溪，十里泡子沿，十里顧家房身，八里大明安碑，七里雙泡子，五里郭家店，渡遼河入開原界。 由蛇山溝南支路，行十三里至調兵山，十里兀术街，八里索奈溝，七里高麗溝，十五里前獅子峪，接鐵嶺界。

南行十二里至長山堡，十里十間房，十里趙家店，過小河，十里禮貝堡，十里大孤家子，左行十里至大嶺，十里崔家溝，十里依素牛録堡，十里華家店，渡遼河至鐵嶺之石佛寺，右行過小河，五里至三眼井，十里馬家溝，十五里三面船，五里下馬頭，渡遼河，仍與鐵嶺接路。

西行十二里至四臺子，過小山，八里五臺子，七里小房身，十里雙臺子，十五里姜家窩堡，十五里史三家子，渡秀水河，十里秀水河村，十二里楊家窩堡，五里葉茂臺，十里母家坨子，至新民界。 由小房身左支路行，十里至大蛇山，十里丁家房身，十里灣柳街，八里登仕堡，接新民界。

邊門外路作三叉形，西行五里至新城堡，十里小劉家窩堡，十里五家子，五里王義官屯，與康平接界，達彰武臺邊門。 北行八里至桃兒山，五里趙家窩堡，八里孤樹子，五里老邊，十里七家子，八里驛馬奇溝，與康平接界，達吉林之伯都(調)[訥]廳。 東北行八里至畢家窩堡，渡沙河，五里至東大房身，八里鳳岐堡，五里劉家臺，過歡喜嶺，八里至兩家子，八里黄花山，十里關家屯，五里公主屯，五里神樹子，與昌圖府接界，達吉林之長春府。

驛道南至老邊一站八十里，北至孫家屯卡路一站二十里，東至開原一站百二十里，西至嚴千户一站六十里。

《錦州府鄉土志・道路》 東方： 出城十里百股河屯，即二道河衆水會流，俗云百股河。逾紫荆山，又十里雙陽店，又十里逾百雲山，又十里大淩河甸，逾大淩河，又十里黑土坑，又十里禿老婆甸，又十里石山站，經十三嶺，又十里望山堡，經十二山，又十里四臺子，又十里二臺子，又十里閭陽驛，接廣寧界。

西方：出城十里十里臺，又十里西羊圈子，經紅草山、磨盤山，南有女兒河，又五里至湯河子，接錦西廳界。

南方：出城三里渡小淩河、女兒河，逾吕洪山、桃園屯，又十里回子溝，逾中心山、石灰窑山，又十里張臺子，逾馬鞍山，又十里杏山屯，又十里經三角山、空心臺、三道墕，又十里至海南界止。

北方：出城十里逾亮馬山，曰亮馬山屯，逾二道河，又十里葛王碑屯，又十里雉雞臺屯，逾翠巖山、臺子山，又十里沙河營，又十里經雞冠山，十五里屯。

本境驛路一條，自城西錦西廳境高橋入境，至城東吕陽驛出境，過境一百六十里。舊有站夫早已裁去，現有文遞均歸文報局。

商民大路八條：正東至石山站距城七十里，正西至湯河子距城二十五里，正南至松山距城十八里，正北至富有莊距城十五里，東南至石屯備距城七十五里，東北至余積屯距城七十五里，西南至七里河子距城五十里，西北至戴網户屯距城五十里。

《**盤山廳鄉土志・道路第四**》 吾國道路失修，久爲外人所笑。廳境窪下，雨晴雪霽，行旅倍益艱難。而道旁地主輒於兩邊横掘深溝，以阻車馬，亦足見無公道矣。若取兩旁之土築爲甬道，栽樹以護之，或地主自栽爲私産，或村人共栽爲公産，由官督之，數年之後獲利十倍，愚民難與慮始，正此類也。

由廳治南行七里至圈河，六里至鐵路，西北行八里至胡家窩堡車站，五里至二夾溝，十五里至牧養河，十三里至大板橋河，八里至甜水河，入廣寧縣境。八里至溝幫子車站，西南行一里復入境，十里至小板橋河，十三里至小羊圈車站，八里入錦縣界。

由胡家窩堡東南行，七里至新河，二十五里至一統河，六里至北河，一里至雙臺子車站，二里至分遼水，十六里至良玉河，十二里至興隆河，三里至螃蟹河，七里至高屯溝，十四里至清水河，八里至大窪車站，五里入海城縣界。

由廳治北行十里至窩堡，東北行十里至蓮花泡，十里至張窩堡，六里至元臺子出邊，九里至郝窩堡，四里至盧家店，四里至小河套，三里至平安堡，五里至夏萵子恭字區巡所。

由廳治東行，八里至熱鬧街寬字區巡所。

由窩堡西北行，十四里至東安堡，十里至千家寨信字區巡所。

由廳治西行，十五里至後唐房，八里至梁家屯，四里至孫家莊，二里至牧養河，過河，五里至趙荒地，五里至北馬厂敏字區巡所。

由廳治南行，十六里至鐵路，西南行五里至胡家窩堡官字區巡所。

由胡家窩堡西行，六里至二夾溝，三里至白家屯，五里至朱家屯，十二里至牧養河，五里至大板橋河，十里至甜水河，十五里至大臺子惠字區巡所。

由廳治南行，十六里至鐵路，東南行二里過新河，至杜家臺，八里至太平河，五里至李家屯過鐵路，東行十二里至一統河，二里至白家橋，南行八里至楊家屯過小北河，西南行七里過鐵路，至雙臺子鎮自字區巡所。

由楊家屯過小北河東北行，八里至光正臺，八里至大板，九里至羅窩堡，十里至丁窩堡過繞陽河，五里至小麥科自字區分卡。

由雙臺子過分遼水南行，六里至趙窩堡，六里至橋頭堡過良玉河，五里至興隆臺，西南行八里至八里堡，九里至上房溝民字區巡所。

由興隆臺南行，十里至西荒地過螃蟹河，四里至田家鎮，十里至小窪，五里過鐵路至三道溝忠字區巡所。

由雙臺子河南過鐵路，東行三里至大道沿，六里過良玉河，三里至郭家屯，二里過大溝河至佟家堡，四里至姜家堡，三里至大青園，六里至裴家店，南行四里至後湖嘴圖字區巡所。

由後湖嘴南行，十里至螃蟹河，過河，三里至甕圈，九里至葛家店，九里至青堆子公字區巡所。

由熱鬧街東北行，十二里至鹹水崗，十里至一統河，過河，三里至三道梁，十里至後胡里崗，三里至曹窩堡，九里至高平鎮强字區巡所。

由裴家店過大溝河東行，三里至東孤家，三里至安家街，三里至徐家堡，六里至東大崗，四里至大溝邦，七里至闞家店，八里至雙井子，十里至西坨子，八里至沙嶺鎮東南路分局。

由東大崗東北三里至姜溝，三里至烟李窩堡，八里大圈河平字區巡所。

由西坨子東北行，五里至富莊口，二里出邊墻，三里至九臺子，四里至八臺子，六里至段窩堡正字區巡所。

由沙嶺鎮過遼河東北行，三里至後濠，八里至南喬蛇，五里至平安堡通字區巡所。

由關家店東南行，十里至軒家堡，八里至二十里堡，六里至拉拉屯，三里至鄭家店達字區巡所。

《義州鄉土志・道路》 道如砥矢，覘周家之方盛；道茀難行，知陳國之將亡。道路之美惡，將於此觀政治焉。所以《周禮》命合方氏掌達天下之道路，《月令》命有司修國中道路。伊古以來，固未嘗不於此加之意也。義州道多坦平，無巖叢崎嶇之處，苟稍加修理，即不難抵於蕩蕩平平之美云。

義州全境分爲四區、七鎮，除散居四方不計外，特將沿路村屯詳著名稱、里數於左。

南區：杜家屯，距城十二里。大嶺，距城二十里。大三家，距城三十里。孫凌堡，距城三十五里。七里河，距城四十里。齊家堡，距城四十五里，至錦縣界。逾大嶺，渡七里河，不用舟楫，無名山大川。

東區：四方臺，距城十二里。由東關渡大淩河。孫柏屯，距城十五里。星星屯，距城二十三里。邊門子，距城二十四里。白旗堡，距城三十里。大籽粒屯，距城五十里。由白旗堡渡大淩河。甎城子，距城五十五里。老爺嶺，距城六十五里，至廣寧縣界。祇逾老爺嶺、渡大淩河外，無名(大界)[山大川]。

西區：五里屯，距城五里。八里堡，距城八里。四方臺，距城十二里。馬家嶺，距城三十五里。牤牛嶺，距城二十七里。王家溝，距城十六里。九官臺門，距城三十里，至直隸朝陽府界。祇逾牤牛、馬家二小嶺，渡王家溝小河，無大山巨川。

北區：吴家窪，距城五里，由北關渡大淩河。廟兒溝，距城十八里。觀音堂，距城二十里。石家堡，距城三十里。高臺子，距城三十五里。雹神廟，距城四十二里。清河門，距城五十里，直隸阜新縣界。除渡大淩河外，無特别山川。

光緒**《寧遠州志・道路》** 正東自州城出，渡東河，行五里至首山，又行十里至邴家屯，又行八里至東腰站海濱。

正西自州城出，行二里渡西河，又行十三里至芹菜溝，又行三里至大嶺，逾嶺，行五里至三道邊，渡河，行七里至紅崖子，又行十里至虎頭山，又行二十里至鶯舞砬，又行五里至西盤嶺，逾嶺，行十五里至五頂山，由此入直隸建昌縣界。

正南自州城出，行三里渡西河，又行七里至朱家屯海濱。

正北自州城出，行二里渡北河，又行十里至八里鋪，又行八里至藥王廟，又行七里至灰山，過此入錦西廳界。

東南自州城出，渡東河，行十二里至釣魚臺海口。

西北自州城出，行三里渡西河，又行七里至柏家墳，又行五里至老邊，又行十里至清水縣渡長茂河，行十里至張公嶺，又行五里至舊門，又行十里至松樹卯，逾山行十里至啞吧溝，又行二十里至新臺門，過此東入直隸朝陽縣界，西入直隸建昌縣界。

東北自州城出，渡東河，行五里逾首山口，行四里至東八里鋪，又行六里至乾柴嶺，逾嶺，行五里至老和尚臺，過此入錦縣界。

西南自州城出，渡西河，行六里至頭臺子，又行六里至曹莊，又行六里至七里坡，又行八里至亂石山，又行四里至沙河所，又行十里至烟臺河，又行五里至望海甸，又行八里至四方臺，又行四里至三里橋，又行三里至東關站，又行二里至二臺子，又行八里至報官嶺，逾嶺，行五里至六股河，入綏中縣界。

《廣寧縣鄉土志・道路》 城南十五里路經馬什太堡，又十里路經廖家屯，又十五里路經徐家屯，又十里至溝邦鎮，該鎮爲鐵路通衢，西至山海關，南至營口，東至新民府、瀋陽，乃兩京大道也。

城西南十五里路經三義廟，又十五里路經常興店，又二十里路經閭陽驛，西通錦界。

城西二十里路經閔家店，又二十里路經老爺嶺，西通義界。

城西北八里路經龍家屯，又七里路經地藏寺，西至閭山之麓。

城北十五里路經分水關，又十五里路經馬市堡，又十二里路經魏家嶺，西北通義界。

城東北十八里路經四方臺，又十二里路經正安堡，通鎮安縣界。

城東十八里路經屈家屯，又十八里路經高麗板，又十四里路經羊腸河，東接鎮安縣界。

城東南三十里路經中安堡，又二十里路經趙家屯，南接盤山廳界。

《綏中縣鄉土志・道路》 由寧遠州通衢西南行七十八里渡六州河，入綏境，官道二里至城，出城西行三里爲頭臺子，又十里爲三臺子，又二里爲周家村，又五里至沙河站河，又十里過葉家墳河，行過西嶺，五里爲高河城子屯，西過高見河，又到涼水河，距城四十二里。南有支路，二里爲網户屯，有鐵軌水門道一條，軌上有道一條。又四里爲於家窑，又六里爲張監生屯，南至海灘，距城五十四里。由涼水河西四里爲滿井，又四里至前屯衛鎮，西過石子河，八里爲王崗臺，又五里爲陡坡臺，過河七里爲高麗站，西過大嶺，穿過鐵道，歷大小松嶺勾至中前所，距綏八十五里。由中前所北有支路，十五里爲狼洞子，又十五里爲牛羊勾，出本界臨榆界。由中前所迤東而南爲韓家屯，又五里爲賈家屯，又五里爲南老爺廟屯，過石河，沿東行十里爲王户山屯，二里蕭家屯，又十里爲王花馬，過高見河，大石屯，又六里爲正福屯，又八里爲牛心屯，又東行四里馬厂屯，又三里大王二莊子，又三里至安臺子，又四里塔山屯，又四里石官屯，又七里至海泉寨，又東過六州河，寧遠界。此謂下大道也。以上各河源委詳見《水類》，兹不贅述。由中前所西行五里官道至大石橋，又八里至西涼水河，又過急流河，即九江口河，至老軍屯，又五里至邱家窪，又八里至紅牆子，過邊牆入臨榆界，又八里入山海關，此爲上大道也。各處河源亦詳《水類》。由綏中城北行五里爲涼水泉，又十里爲五道嶺，略西行五里爲水口，又十里爲憑家屯，又十二里爲田高甸，又十二里至葉黄旗，又六里至孤山子，又十里至山咀子，又五里紅廟，又六里張飛嶺，又九里至明水塘門，過門爲建昌界。

宣統《新民府志·道里》

	陸路里數
距京師	一二四〇里
距奉天省城	一二〇
距營口海岸	三四〇
	驛程
鎮安縣二道井入境	至白旗堡七〇里
白旗堡	至巨流河四〇
巨流河	至舊邊驛六〇
備考：舊邊原設驛丞，置驛丁，光緒三十年裁撤。	

《新民府鄉土志·道路》 本境東通奉天，北通法庫、鐵嶺，東南通遼中，西通錦州，西北通彰武，而由治起程往來道路，計分五支。

東十里至三顆樹，又十里至巨流河，又五里渡遼河，又十三里至孤家子，又十五里至興隆甸，又十里至八間房，又五里至老邊站，出境與奉天西北路接。

東北十五里至腰高臺，又十五里至東舊門，又十里至前後温臺，又十五里至公主屯，分一支，正支仍向東北行，十里至前温家店，又十里至小塔子，又八里至彰窩堡，出境與法庫西南路接。分支右轉向東行，十里至狼洞子，又十里至東蛇山子，又十里至黄花山，又十五里至藍旗堡，出境與鐵嶺西境路接。

東南八里至瓦房，又十二里至馬厂，渡遼河，又三里至一半拉臺，又十五里至大民屯，又十五里至後大河泡，渡西支蒲河，又八里至後沙河，渡中支蒲河至興隆堡，出境與遼中縣北境路接。

西十二里至黄旗堡，又八里至柳河溝，又十里至潘家崗，又十二里至穿心溝，又七里至白旗堡，渡繞陽河支津，又十二里至小白旗堡，又八里至金家平房，又八里至一半拉門，出境與鎮安東境路接。

西北十里至魏家屯，又十五里至四家子，又十里至王三户屯，又二十里至東坡臺，又八里至後林子，又十里至額林所，出柳邊與彰武南境路接。

(續表)

東行	通承德里數
府治	一〇里
三顆樹	一〇
巨流河城	五
渡口渡遼河	八
孤家子	一五
興隆甸	一〇
八間房	一〇
老邊	
入承德界	達承德計一二〇

西行	通鎮安里數
府治	一〇里
黄旗堡	一〇
柳河溝	七
潘家岡	一五
川心溝	一〇
白旗堡	一二
小白旗堡	一五
一半拉門	
入鎮安界	通鎮安計一五

西北	通彰武里數
府治	一〇里
後營子	一〇
哈拉岡子	一五
計岡子	五
小房申	一〇
巴家屯	一〇
彰武臺門	
入彰武界	達治城計一二

東南	通遼陽里數
府治	八里
瓦房	一三
馬厂渡遼河	三
一半拉台	一五
大民屯	八
崔三家子	一五
王家河套	一〇
七公臺	
入承德界	達遼陽計一八〇

西南	通遼中里數
府治	一〇里
大范屯	五
東青岡	一〇
大趙屯	八
五岡子	五
張家溝	七
鯽魚泡	一五
後閭窩棚	一〇
入遼中界	達遼中計一三〇

東北	通法庫里數
府治	一〇里
前營子	五
腰高臺	一五
東舊門	一〇
泡子沿	一〇
公主屯	一二
温家甸	一五
小塔子	
入法庫界	達法庫計一六〇

東北	通鐵嶺里數
府治	五里
公主屯	八
前五家子	五
狼洞子	五
西蛇山子	五
東蛇山子	一二
梁家荒地	一〇
藍旗堡	五
入鐵嶺界	達鐵嶺計二四〇

（續表）

備考：本境道路四通八達，東三省至京師皆出其途，内蒙古四盟旗之哲里木盟，如科爾沁左右翼六旗，在大興安嶺以東，齊齊哈爾以南，嫩江以西。右翼中旗圖什業圖親王、左翼中旗達爾漢親王、左翼前旗賓圖郡王、左翼後旗扎薩克多羅郡王游牧地之東南逼近邊牆，已設昌圖、遼源、法庫、康平、奉化、懷德等治。右翼前旗扎薩克圖郡王、右翼後旗扎薩克鎮國公游牧地已設洮南、靖安、安廣、開通等治。杜爾伯特一旗、今江省之安達即其游牧地。扎賚特一旗，今大賚廳即其游牧地。郭爾羅斯二旗，在松花江以北，呼蘭以西，嫩江以東。其東半部已闢爲吉林、長春、慶安、長嶺等治。其貢道亦皆由新民入山海關。是以入冬以來，車運絡繹，幾有肩摩轂擊之觀。彰武、康平、後新秋、遼源、開原、昌圖、八面城、奉化、懷德、長春、吉林一帶地方之農産物運輸於新民者，高粱爲大宗，小米、大豆次之，蕎麥又次之，或由新民入遼中，趨田莊臺以至營口。南來物産與夫外洋百貨，由新民以灌輸於奉天北境及蒙古地方者，爲數亦復不少，販運繁盛，佔商業上重要之地位，爲外人之所注意屬目。

四境道路天寒地凍乃可暢行，蓋道塗較田畝爲低，一雨之後，水無所歸，積爲溝渠。車�往來，穿越田畝，農人病之，掘土爲坎以禦，車行道旁土坎排列若畫圖者作虛綫。然不知通力合作，濬溝爲宣洩之謀也。府北地勢較高，南境尤窪下，遼河、柳河交匯之區，夏秋盛漲，平地水深數尺，沮洳没髁，車輐往往不通。居人言府街數年之前，泥濘覆轍，無日無之。車行阻滯，竟日轉輾未出府街者，事所恒有。就府街一隅言，道路之修治固已有平坦之觀，爲曩昔所無矣。居人士足跡老於牖下，以今觀昔，侈然自足，固無可怪。特是入其境者，將於道里之平治與否，驗厥政治之良窳。交通往來，爲人民生計所關，守斯士者，願與地方人士共勉之。

又《航路》

	距離里數	距府陸路	距營口水程	水量			津渡船數
				最深	平時	最淺	
黑魚溝	一〇里	九〇里	九九〇里	二〇尺	一〇尺	四尺	三隻
董窩堡	一〇	八五	九八〇	二〇	一〇	五	一
羊草溝	一〇	八〇	九七〇	一五	一〇	三	三
郎家灘	六	七五	九六〇	二〇	八	四	二
吴爾漢堡	四	七四	九五四	一五	六	二	三
鵓鴿卧	二〇	七〇	九五〇	二〇	七	一	
韓家窩堡	九	六〇	九三〇	二〇	一〇	四	一
團山子	八	六〇	九二二	二〇	五	二	二
胡家窩堡	二	六〇	九一三	三〇	六	三	二
方家岡子	一〇	四六	九一一	二五	一三	七	二

	距離里數	距府陸路	距營口水程	水量			津渡船數
				最深	平時	最淺	
遼濱塔	八	三九	九〇〇	三〇	一〇	六	二
鞠家窩堡	五	三二	八九二	一八	八	二	
婁家岡子	七	二七	八八七	一七	一〇	一	
巨流河	一〇	二五	八八〇	二〇	一五	五	一
西高力屯	一四	三〇	八七〇	二五	一八	七	一
馬厂	八	二五	八四六	二五	一〇	三	五
小平安堡	八	三二	八三八	一六	七	三	一
章士臺	八	四〇	八三〇	一三	六	四	一
茨林子	一五	五〇	八二二	一八	八	二	二
網戶屯		六〇	八〇七	一六	七	三	二

備考：遼河由營口海岸上達同江口，弧曲弦斜，遷徙靡定。舉其大數，殆千二百餘里。當鐵路未通之時，舍冬季陸運而外，舳艫銜接，帆影相望。今東清鐵路已由俄羅斯而入於日本掌握，所可與爭運輸之利者，惟此遼河流域耳。顧河身淺而河流紆折，至速之程期，二十日始能達，遲或倍之。以視鐵路之日夜千里，何可同日語。雖然，亦人謀未臧耳，果使疏導濬治以通輪船，其利賴將無窮也。

《鎮安縣鄉土志·道路》 正南行十六里爲么臺子，又行十五里逾鐵路，渡羊腸河下流，至關營子與東來支路會。此支路東行自桑林子鎮，曲折西來，經東西顧家窩棚、莽漲湖、馬圈子、木家溝子等村，共行五十里，方與官營子本路會。又由官營子南行十里過孟家窩棚，又十里至施家屯，從右分一支路。此支路向西行十里過席家窩棚，渡羊腸河下流，又行十里至姜家窩棚出界。又由施家屯本路西南行，二十里至胡家店，出西南路分局界，與盤山廳境東北路接。未南本路止此。東南行十里，爲後大虎山，又行十里逾鐵道，渡沙河，經李家窩棚，行十里過灰坨子，行十里至楊家窩棚，與南來支路會。此支路斜衡南向，自馬蓮泡直向北來，經柴家窩棚、四泡子、徐蔣坨子，共行二十里與楊家窩棚本路會。又由楊家窩棚本路東南行，十五里經顧家窩棚，逾馬厂，至桑林子鎮，從左分一支路。此支路斜向東北行，十里過賈家窩棚，十里過甄家窩棚，十里過甕青崗子，十里過楊家窩棚，又行二十里過吳家店長崗子，至姜家屯鎮與新民府路會。又由桑林子鎮本路東南行，渡繞陽河，行十里過胡家窩棚、曾家窩棚，十里過遵化屯，又行二十里越榆樹坨子，十里至傅家莊，出西南路第五區界，與遼中縣境西北路接，東南本路止此。

西南行十里爲朝陽寺，又行二十里過段家窩棚，渡羊腸河，至白家窩棚，與西北支路會。此支路斜衡，西北自羊腸河東南行，過哈家山，經邵家屯，渡羊腸河曲流，共行二十里與白家窩棚本路會。又由白家窩棚本路向西南行，十五里過於家窩棚，渡羊腸河直流，至東單家窩棚出西南路分局界，與廣寧縣境東路接。西南本路止此。

正東行十里爲十里崗子，又行十里過頭道境子至胡家窩棚，與北來支路會。此支路斜向北行，自無樑殿鎮迤邐南來，經小崔屯，過稆子山、王家窩棚、謝家窩棚等村，共行四十里與胡家窩棚本路會。又由胡家窩棚本路東行，渡繞陽河，行十里經孤家子，過茶棚庵，十里過八家子，十里渡繞陽河至二道境子，從右分一支路。此支路向東南行，十里過郝家窩棚，十里過王家窩棚，十里過鐵道逾叢家窩棚，十里至江家屯鎮，出東南路分局界，支路止矣。又由二道境子東行，二十里經賀家窩棚、五棵樹、侯家窩棚等村，自半拉門鎮出東北路第三區界，與新民府境西南路相接，正東本路止此。

正西行十二里至羊腸河，即鎮安西界，與廣寧縣境東路接。左右又各有支路，來轅去軌，與西南、西北兩本路相通，正西本路止此。

正北行十里爲左家溝，又行十里逾尖山過何屯，十里過秦屯，十里過楊屯，十里渡老河身屯河至荒山子鎮，與東北支路會。此支路斜向東北，自白廟子西南來，經小羊乃坨、大毛屯、東孟屯等村，共行三十里與荒山子鎮本路會。又由荒山子鎮本路北行，至牛蹄窪由左出一支路。此支路向西行十里至四臺子，出西北路第九區界。又由牛蹄窪本路東北行，十里過大火石嶺子，十里渡沙河至大新立屯鎮，出東北路第六區界，與熱河阜新縣境東北路接。正北本路止此。

東北行十里爲五里崗子，又行十里過三道橋子，十里渡老河身屯河，逾圓山，十里至黑山子與西北支路會。此支路左向西北，至荒山子鎮東南來，過六間房、瓦盆窑，逾山西頭西嶺，共行三十里，與荒山子鎮本路會。又出荒山子鎮東北行，十里過段家窩棚，十里至無樑殿鎮，從左分一支路。此支路向來東行，十里渡沙河，過孫家崗子，二十里過劉家油房，十里過小南荒，渡繞陽河支流，至半拉門鎮支路出界。又由無樑殿鎮北行，十里至卡拉木，十里渡沙河下流，過孟家屯，十里經十字灰至小三家子分防廳治，從左分一支路。此支路自大新立屯鎮直向東來，逾雙山大嶺，過五家子，逾營城子大嶺，共行三十里，與小三家子，北行十里逾歪脖山，至朝北營子鎮出分防界，與熱河阜新縣境東南路接。東北路止此。

西北行十里爲金家溝，又行十里逾白臺子土嶺，渡江家臺河，十里至藥王廟三家子，與北向章城子支路會。此支路橫衝北向，自荒山子鎮曲折南來，經廟崗子，渡老河身屯河，過小新立屯，渡大夏窩棚河，過大曹屯、章城子等村，共行三十里，與藥王廟三家子本路會。又由藥王廟三家子本路西行，十里過郭家荒地，又十里經檀家屯，渡馬家窩棚河，至康家屯，從左分一支路。此支路斜向西南行，五里渡羊腸河上流，出本境界。又由康家屯西北行，十里至白土厂門，出西北第七區界，與熱河阜新縣境東南路接。西北本路止此。

《**彰武縣鄉土志・道路**》　縣城西北行五里爲北鄉第一區之邵家窑，十五里滿頭巡警分局，又十五里二股岔窩棚，十里六合堂窩棚，十五里大廟子，五里爲北鄉第二區界之木頭營子，十里六家子，十五里大阪，渡新開河，五里爲西北第三區界之韓家店，八里韓家帳子，十二里十家子即西北鄉第三區巡警分防，十里二道溝子，十里泉眼溝，十里江家店，十里吴家店，渡扣河，十里爲西北鄉第五區界柳樹營子，十里博爾土改，二十里至庫倫界。

縣城西南行五里渡新開河，十里爲西鄉第二區界之高山臺，十一里至孔家窑，八里爲西鄉第三區界之河薄土，七里爲西鄉第三區界之雁河申，三里渡饒陽河，至直隸阜新縣界。

縣城東北行五里渡地河，十里爲東鄉第一區界之布墩花，二十五里浩力保，三里鳳凰城窩棚，十里爲東鄉第二區蘇家窩棚，七里至平頂山，五里至康平縣界。

陸路里數	
距京師	四五〇
距奉天省城	二四〇
距新民府治	一二〇
距營口海岸	四六〇

東行	通康平里數
縣治	三〇里
賞屯	一三
三道溝	三
葦子溝	七
葉拉嘛土 入庫平界	達康平計一八〇

西行	通直隸阜新里數
縣治	一五里
高山臺	一五
白家燒鍋	一三
扉克申	五
申金花 入直隸阜新界達阜新計一四〇	

西北	通綏東里數
縣治	九〇里
哈爾套街	四三
王家店	一三
上扣河子	二四
老虎洞 入直隸綏東界達綏東計一〇八	

東南	通法庫里數
縣治	四〇里
東六家子	五
孤店	四
雙山子	八
崇窩堡 入法庫界達法庫計一五〇	

南行	通新民府里數
縣治	一五里
西六家子	一〇
八家子	一〇
新屯子	五
邊墻	
入新民界	達新民府計一二〇

東北	通康平里數
縣治	一二里
老虎坨子	一六
布敦花	二〇
關家窩堡	一四
雙傍窩堡	
入康平界	達康平計一八〇

備考：本境先屬蒙荒，舊有東西大道。自京奉鐵路告成後，凡貨物皆由火車輸運，即本地粮石亦皆赴新銷售。以故由彰往新，入冬即車輛絡繹，往返無已時。本境道路不修，風沙時起，行人苦之。惟天寒地凍始能暢行，春夏之際往往爲雨所阻，必須繞道以行。此種苦況，東三省在在皆是，不僅一彰武已也。

《興京鄉土志》卷二《道路》　按：興京爲東邊之要衝，山川會合而形勝具，林樹密茂而險阨成。茲乃詳其經緯，分其支幹，判其廣狹，别其遠近，繪圖訂册，倘異日輶軒入境，將無事攬轡問津已。

由治所往省城西行幹路：新賓堡西行十里大店子，大店子西行八里撥補溝，撥補溝西行六里石厂，石厂西行三里那家堡子、四里老城河北，老城河北西行十里陵街，陵街西行五里下園，下園西行十里羊祭臺，羊祭臺過嶺西十里和睦，和睦西行十里過嶺木奇，木奇西北行五里水手堡子，水手堡子西北行十里馬爾墩，馬爾墩過嶺即黄土岡子，黄土岡西北行十五里經五龍溝至上夾河，上夾河西行五里腰站，腰站西行十里下夾河，下夾河過天橋嶺西北行十里古樓，古樓西北行十五里提馬河，提馬河西行十五里鐵貝山，鐵貝山西行五里城子後，城子後西行十五里營盤，營盤西行十里窪渾木，窪渾木西行五里沙窩店，沙窩店西行十里得古，得古西行十五里上章黨，章黨西行十五里大夾邦，大夾邦西行十里二道房身，二道房身西行十里至撫順出界。

西道支路：木奇進北溝，踰摩天嶺即馬爾墩嶺支派，至馬爾墩路甚險要，河水漲發時行，此上夾河入北溝，過聶爾庫嶺，十二里往西入金木匠溝、新屯，由營盤歸幹路。由聶爾庫東北行十五里爲東木匠溝，由此北行入倉什，再行即開原界，東行達口前、窄羊等處營盤，入北溝十餘里，經石門寨，又十餘里繞得古，由上章黨入幹路。

南分往省幹路：古樓西南行，過蘇子河，水漲時有泊渡並小槽渡車，上岸過古樓嶺，經湯圖、伙洛、豎碑至薩爾滸，由此渡渾河，水漲時泊渡過河，即窪渾木歸北幹路。

南分幹道支路：薩爾滸西南行十里江南河，江南河西行十里得力俄哈，由此北行十里入得古幹路，南通南章黨、救兵臺，再行出界入承德，東通廣莊勾、龍鳳勾等處。

治所東往通化幹路：新賓堡東行五里五付甲，五付甲東行十里白旗堡，白旗堡東北行五里紅石砬子，紅石砬子東行十里東昌臺，東昌臺東行十里分水嶺，分水嶺過嶺五里舊門，舊門東行五里旺清門，門以外通化界，東入通化路，南入懷仁路。

東鄉支路：東昌臺南行五里南蜂蜜溝，又十里四平街，由此東通頭道溝，西通陡嶺等處。四平街南行二十里紅廟子，由此東元羊砬子、西長嶺子等處屯村均通行，遥對羅圈溝邊柵，柵外懷仁界。

舊門沿旺清門左通章子圈、偏嶺、夾河北，右通房身地、楊樹排、頭道勾等處，再往東北行，通古城子、窑坑、沙布、湯火石嘴子入金厂嶺，路中其道林木叢雜，甚不易行。南通江南、江東、二道溝各處。

治所南往鳳凰城幹路：新賓堡西行三十里，興京城城南行十里榆樹底，榆樹底南行五里紅旗，紅旗西南行十里托伙洛，托伙洛西南行五里庫昌溝，庫昌溝南行五里何家堡，何家堡西南行十里長春嶺，長春嶺南行十五里大呼倫，大呼倫西南行十八里三道關，三道關南行十二里西厢大堡，西厢大堡南行五里牌坊，牌坊南行十五里葦子峪，葦子峪西南行五里路家溝門，路家溝門南行十八里冷口子，冷口子西南行五里上夾河，上夾河南行十里長嶺子，長嶺子南行十里窪子嶺，窪子嶺南行十里城厂街，城厂南行五里南營房，南營房經過頭、二道荒嶺，十二里藍河峪，藍河峪以外爲鳳凰界。城厂西行十二里小峪，小峪西行三里堤塔堡子，堤塔堡子以外爲遼界。城厂東行六里東臺溝，東臺溝東行六里平嶺子，平嶺子東行八里挂瓢子，挂瓢子東行十二里閙枝子溝。

南往幹道東行支路：葦子峪東行十五里偏利河，偏利河東行五里小那爾吽，小哪爾吽東行五里大哪爾吽，大哪爾吽東南行十里白帽子溝，白帽子溝東行十二里平頂山，平頂山東行十餘里橙厂，由此南接岔路子道，東北接都都伙洛道，城正南各屯村皆有路通行。

葦子峪西去支路：葦子峪西行五里千合嶺，千合嶺北行十五里金斗峪，金斗峪西北行八里灣柳河，灣柳河西行十里小甸子，小甸子西行五里清河城，清河城西南行五里望城岡，望城岡西北行十五里雙嶺子，此外爲遼界。再由葦子峪西行二十五里下夾河，北往水洞，再北往富家樓子，與英守堡子、馬圈子一帶屯村相接。西南往馬家城子，與城厂一帶屯村相接。

治所東北往柳河幹路：新賓堡北行五里吴家堡，吴家堡東北行五里前倉，前倉東北行十里石碑溝，石碑溝北行十五里四平街，四平街東北行十里廟嶺，廟嶺東北行十里黄梁子，黄梁子東行五里沙寶湯，沙寶湯北行十里火石嘴子，火石嘴子北行五里四道央岔，四道央岔東北行五里金厂嶺，金厂嶺東北行十里五鳳樓，五鳳樓西北二十里大轉子溝，此外柳河界。

東北幹道支路：前倉東北行七里一面山，一面山東行過嶺十五里旺清，旺清東行五里太平莊，太平莊北行十五里東南岔，東南岔東北行五里灣甸子，灣甸子東北行十五里石廟子，石廟子北行五里小沙河，小沙河北行十里哈嗎塘，此外爲柳河界。

東北往正北支路：前倉東北行，經冷家溝，二十五里土門子，土門子西北行二十里官橙厂，官橙厂西行五里大東河，大東河西行十五里小東河，小東河西北行經沙河子，二十五里十三道河，十三道河西行十里趙家溝，趙家溝北行五里阿爾當。至此東北通馬前寨子，以外爲開原界；西通白草甸子，與北路各屯村皆可通行。

治所北往開原幹路：新賓堡西行四十里陵街，陵街東堡北行三里草倉後勾，草倉後勾北行二十七里新開嶺，新開嶺北行五里五株楊樹，五株楊樹北行五里大萊河，大萊河北行十五里橋頭，橋頭北行十五里古城溝，古城溝北行五里白草甸，白草甸西行五里窄羊，窄羊西行八里高麗屯，高麗屯西行三里雙龍山，雙龍山西北行三里南口前，此外爲開原界。

西北轉往正西支路：南口前西南行五里油胡盧，油胡盧西往八里南倉什，南倉什西行二十五里聶爾庫，聶爾庫南行十二里上夾河正西幹路。

正西轉往西南支路：羊祭臺西和睦南行二十里賣馬集，賣馬集東北迴轉入石人溝通葦子峪，賣馬集西行十五里照芽子溝，照芽子溝西行二十里黃莊溝，北通薩爾滸歸西路幹道。黃莊溝西南行二十五里鄭家堡子，鄭家堡子西南行十里五路口，五路口西北過乾河子，入南章黨西南傲什牛録堡、五百牛録堡、板長峪、山龍峪等處，皆道通行斜往，東南通葦子峪、城厂、平頂山，此支路之通行者。以外山路通塞無常，不得枚舉。

鋪司八處：一在治所。一在治所東三十五里舊門，通遞四縣。一在治所西三十里老城。一在老城西四十五里木奇。一在木奇西七十里薩爾滸。一在薩爾滸西五十里琉璃河子，入承德界。一在老城南六十里大呼倫。一在大呼倫南八十里窪子嶺，由此遞入鳳界。

《**通化縣鄉土志·道路**》 自本城赴興京，與赴省同路。城裏設有馬撥一處。西行三里渡大石棚河，迤南行一里渡大荒溝河，又一里逾堤臺岡，渡堤臺溝河入清教保界。又一里逾南堤臺岡，西南行六里渡邊家店河，又五里逾老把頭墳嶺，折西一里渡老把頭河，又西行三里渡張瞎子溝河，又三里渡船營北溝河，又西三里渡小荒溝河，又西行四里爲蛤螞河子，設馬撥一處。又西行三里渡蛤螞河，又西行二里渡小兀拉草溝河，入承教保界。又行五里爲快當帽子，設有馬撥一處。渡剥落芽河，北行五里爲三合堡，迤西行五里渡蝲蛄河，入蒙教保界。北行三里又渡蝲蛄河，迤西行二里渡灣溝河，西行四里渡金斗河，爲金斗火洛，西行六里渡蝲蛄河，又半里渡蝲蛄河入率教保界。西行十里爲碰縫，西行七里渡蝲蛄河，迤北行八里爲高麗墳子，古址尚存。又行十里爲英額布，設有馬撥一處。西行五里渡英額布河，迤北行十里逾康删嶺，俗名岡山嶺，入從教保界。西行二十二里渡小蜂蜜溝河，又行四里逾歡喜嶺，設有馬撥一處。又行四里渡衣蜜蘇河，西行五里爲三棵榆樹大街，西行二里渡河入明教保界，又行十里爲半截砬子，設有馬撥一處。又行十里渡加渾河，俗呼富爾江，出本境入興京屬之中江道，再行十五里至興京，再行三百里至省。

其赴懷仁縣由快當帽子左分一支路，渡蝲蛄河，西南行十里渡大新嶺河，又西南行十里逾虎馬嶺，入安聚保界，爲高麗墓子，設有馬撥一處。西南行八里逾二道溝嶺，入慶聚保界。西行轉南八里渡荒溝河，又南行轉西七里爲大泉眼街，西行渡二道溝河，五里逾車道嶺入樂聚保界。西行五里爲頭道溝，設有馬撥一處。又西行十里逾南崗嶺，出本境，入懷仁縣界，再行七十里至懷仁縣。

自本城赴臨江縣，東行二里渡渾江爲頭道江大生保界，又行十里渡抽水河，又行五里逾二道江嶺，又行二里渡江爲二道江，東行五里渡江爲三道江，行五里逾仙人洞嶺，又行五里爲熱水河子，又行二里渡熱水河，又行五里渡小羅圈溝河，又行三里逾鴨子圈嶺，又東行十里渡羅圈溝河，入道生保界。又行五里渡四道江，向東行三里渡乾溝子河，又行十里渡五道江嶺，入德生保界，又行十里渡橫道河，即六道江，又行十里逾野雞背嶺，即七道江，又行十里即八道江，又行十里逾紅土崖、石人溝河，出本境，入臨江縣界。再行一百五十里即帽兒山。

自本城赴輯安縣，南行一里渡通加江，爲大廟溝口，恒聚保界。南行十二里渡大廟溝河，又行十里爲二畝地，又南行六里逾夾皮溝，東南行十二里逾葦沙河嶺，出本境，入輯安縣界。

自本城赴柳河縣，北行五里渡小石棚子河，又北行五里逾官道嶺，入遵養保界。西北行六里渡空楊樹河，又行五里渡額頭民河，俗呼二蠻河，西行轉北五里渡横道河，又行五道渡横道河，北行十里又渡横道河，西北行十里又渡横道河，西行轉北十里逾馬鹿溝嶺，出本境，入柳河縣境。

宣統《懷仁縣志》卷三《道路》 東路：自城東門行，十里頭道嶺，爲雍和保由里川溝門，又十里三層砬子，又五里二道嶺、甘草窨子，轉而南行，十里西旁岔、雞心溝至四道嶺子，北通輯安新開河支路，由此過東刀尖嶺，西北行二十里駝道嶺、老營場，又西北十里過河爲杉松背，又十里下四平街，又十里圖書峽、横道河，轉而西行，二十餘里至横道川，此是集鎮，又十里至鋪石亭，又十里會本路。由四道嶺子南行，十餘里繞雞冠砬子至二棚甸子，有旅店，又行十里，西旁岔松樹錯盤嶺，東旁岔古馬嶺，南行十里石頭錯盤嶺，入時和保界，西旁爲煦和保馬圈子，此處商業頗盛。又十餘里頭二道秧岔，又二十餘里四道秧岔，十餘里五道秧岔，渡漏河至乾溝門，有大石洞深不可測。由此南十五里爲沙尖子，東十五里爲葡萄架嶺、五里甸子，又十五里爲霧苔川，南十里爲大小鏡溝。轉而東行十里爲腰營，過河即圖書峽。北十里爲三家窩棚溝口，過河北行樺皮甸子，又東北十五里挂牌嶺，本境以此爲界。嶺外外岔溝爲赴輯安(人)[大]道。

西路：自城西門五里官渡口，西行六道河子，又十餘里響水河子，西北行十里，東繞荒溝、虎溝，至五道河過橋，行十餘里，南繞後牛毛至三道河過橋，北繞大陽，行十里至二道河過橋，又西十里頭道河，與西南支路會。其支路，從長康保四平街北行，十餘里至建康保之冬瓜嶺，又東北十里至鴨頭嶺，其西爲孔家嶺，係往平頂山大道。又東北行十里釣魚臺，又東十里，南繞仙人洞老禿頂子，至木盂子，又二十里，繞石灰窑子至度花蹊，又東北二十里大小恩堡至柳林子，又十里過橋，會本路。又西行五里土門子嶺，嶺西十里二戶來，此處是一集鎮。西北行十餘里，過碑磴至紅塘石，又西十里化尖子，亦是集鎮。又西北行十餘里，西繞川里至高臺子，又東繞青海伙洛，北行十里黑石頭，又十里撈當溝嶺，西爲赴奉天省城及陵街通區。

南路：自城南門，三里過官渡及南扁石哈達，又十餘里大雅河口，與東南支路會。其支路由永和保上下長嶺北行，二十里繞老營上、梛皮蚊子諸溝，至王霸坡子，又西北十里渡佟佳江至爬寶山，又北二十里過大荒溝至觀音哨，又北十里繞圍米倉溝來會本路。又西行十里灣灣川過河，西南十里城頭甸子，過河拐磨十，西行十里一面城，又十里過河前牛毛，又西北十里庫倉溝，又西十里梨樹溝，往慶樂保大路。西行十里東繞大青溝至紅石砬子南砍椽溝，又南十里砍椽嶺，往寬甸縣大道。從紅石砬子西行十里老漫子，又十里過河爲馬蹄溝門，又十里夾道子，又經三道河子，西北行至韭菜園子，又西十里八里甸子過河，十里柞木臺子，西南十里馬鹿泡過橋，又西十里板櫈溝，過河即老嶺。由此西行，十餘里爲羊胡子溝，西南十餘里爲大陽，爲紅土甸子，西行十里即城廠邊門，此爲入邊赴本溪縣路。

北路：自城北行，三里過通天嶺、官渡，爲泡子沿，其東旁一支路。二十里爲大東溝、抱鹿溝，又北十里石洞溝，又十里闢門砬，復東分小支路。二十里爲鶯營溝，又西北十餘里石廟子，通往興京支路。從此東南行抵周親保巨流河，又二十里蚊子溝、頭道秧岔，又東十里羅圈溝，又東南十里哈轟川，又二十里繞横道子會本路。又東北行十里雙嶺子，其西北有小支路可達野猪溝。又十餘里小荒溝，又十餘里窪泥甸子，又東爲富爾江渡口，過江十里拐磨子，又東五里熱鬧街，此是集鎮。轉而北行十餘里，東繞新開嶺，至义路子。又東北十里岡山嶺，東接通化縣大路。西北行十餘里過磬嶺，即由麻菜溝。又西北十里爲腰嶺子，嶺北五里響水河子，又西北十餘里經轉水湖至大小横道河子，爲入旺清邊門幹路。

《輯安縣鄉土志·道路》 城之東方，行五里至東岡，與羊魚頭支徑會。其支路東方自黄柏店子來，向西行十五里爲礦洞子，渡羊魚頭河，至下羊魚頭逾嶺，二十里來會。本路又向北行五里，逾吉子嶺，與夾皮溝支徑會。其支徑東北方自羅家營來，過小南嶺爲夾皮溝，向西南過偏道子嶺十里來會。本路又向北行，十里爲小荒溝北，與小青溝支徑接。又向東行八里爲羅家營，向東北渡通溝河，五里爲大荒溝門，與大荒溝支徑會。其支徑自闕馬牆來，向東南行二十里爲龍爪溝，又十里爲天橋溝，又二十里爲大荒溝嶺，南行四十里至溝門來會。本路又向東北行，十二里爲錯草堤臺，又八里爲大青溝，與打牛溝支路會。其支路由秋皮溝門逾南嶺爲良寶店子，又西行十里逾直溝嶺爲下套，又西五里爲望江樓，又十里爲小水堤臺，又十里爲黄柏店子，又西北逾打牛溝嶺，五里至打牛溝來會。本路又向東行，十五里至雙□頭與東岔支徑會。其支徑自東北方與臨江分界之錯草溝來，向南五里逾横路嶺，又二十五里爲大横路，又十二里爲三道溝，又西南逾嶺十里爲頭道溝，又十五里爲大水堤臺，又西行十里爲化皮甸子，又十里爲秋皮溝，又西北三十五里逾致和嶺，又五里至東岔來會。本路又向東北行十五里，逾通溝嶺與□□縣羅圈十道溝路接。

城之北方，行十里爲山城子，向東迤北十五里爲小青溝，向西北行二十五里逾小青溝嶺爲大蚊子溝，又二十五里逾嶺爲小蚊子溝，又北行八里至關馬牆子，與花甸子支徑會。此支徑自東北方通化縣界聱松川來，逾歡喜嶺，向西行十五里爲楊木橋子，又十里至花甸子來會。本路又向西北行十里爲東橫路，又向西迤南十里至大川，與螞蟻河路接。

城之西方，渡通溝河行，十里至瑪峴溝門，與斜高嶺支徑會。其支徑由西南方二龍闘來，五里逾斜高嶺，迤東行十五里至瑪峴溝門來會。本路又向北行，五里至板石岔溝門，爲三岔路口。向北分一支路行，三十里逾同和嶺，爲八寶溝，又迤岡北行十里逾北□合嶺，又十里爲高麗嶺，又十五里爲梨□溝，又北行二十里至螞蟻河口，向西北渡河，五里爲三道崴子，與夾皮溝支徑會。此支徑由西方夾皮溝來，過馱道嶺，八里至鹿圈子溝門來會。本路又向北，渡河五里爲二道崴子，與高麗河支徑會。此支徑由東北方通化縣界哈塘溝過嶺，爲高麗河，向西行二十里至河口來會。本路又向西渡河十里爲頭道崴子，又北渡河五里爲小葦沙河，又向北行十五里爲板廟嶺，與通化縣廟溝路接。

板石岔溝門向西分一支徑，行二十里逾嶺爲小梨樹溝，向西北迤南十五里至雙岔河，與老嶺路接。

板石岔溝門向西南爲正路，逾車道嶺，五里爲太平溝，二十五里至二龍闘，又向南迤西十五里逾五道嶺爲樣子溝，向西十里至富有街，向北分一支路，行四十里逾老嶺，又十五里爲雙岔河，向西行二十五里爲大青溝，向西北逾王劲嶺迤西渡河，十五里爲黄崴子，向西北五里逾慶嶺，與大荒溝支徑會。此支徑由同和嶺逾嶺爲大荒溝，向西行三十里至溝門來會。本路又向西行十里爲臺上，向西南渡河八里爲花甸子，與橫路支徑會。此支徑由北方青溝子來，逾橫路嶺，向南行十五里渡河，至花甸子來會。本路又向西行，五里至荒岔溝，與南橫路支徑會。此支徑由懷仁縣界南橫路來，向東北逾嶺爲荒岔溝，向北行二十五里至溝門來會。本路又向西渡河十里爲韮菜園子，與報馬川支路會。此支路由北方小葦沙河來，渡葦沙河向南，逾大荒溝嶺，十五里爲夾皮溝，又南逾報馬川嶺，二十里至韮菜園子來會。本路又向西行五里至龍王廟，與菩提溝支徑會。此支徑由南方杉松背來，逾嶺爲菩提溝，向北行十五里至龍王廟來會。本路又向北行，渡新開河，五里爲霸王朝，向西分一支路，渡江與通化縣紅石砬子路接。本路向北行十里渡江，與通化縣二道溝路接，爲赴興京廳大路。富有街向西南行十里，逾榆林嶺爲涼水泉子，又十五里逾通天嶺爲外岔溝，西與楊木林子支徑會。此支徑由寬甸界老古砬子向東，渡江爲渾江口，十五里至岔溝門子來會。本路又向北行，二十里爲大陽岔，與古馬嶺支徑會。此支徑西方自寬甸界下漏河渡江，爲古馬嶺西，東逾古馬嶺，十五里爲七个頂子，又五里至大陽岔來會。本路又向北十五里爲皮條溝，與八寶山支徑會。此支徑一自東方榆林街來，向北行二十五里爲葫蘆頭，西逾蒿子溝嶺，二十里爲八寶山。一自西北方懷仁界杉松背來，向東南逾刀尖嶺，三十五里爲八寶山，皆至皮條溝來會。本路又向西行，十五里逾挂牌嶺，與懷仁界裏岔溝路接。

附：步撥十處，每處撥夫三名，抄書一名。

西界距懷仁縣二百四十里，設步撥四處：里數均以小路計之。

一、頭站設五道嶺，距城五十里。

一、二站設皮條溝，距頭站五十里。由富有街赴蒿子溝小路行。

一、三站設懷界上漏河，距二站五十里。

一、四站設懷界二棚甸子，距三站五十里，距懷城四十里。

北界距通化縣：

一、頭站設城關，距二站六十里。

一、二站設同和嶺，前距三站五十里。

一、三站設梨樹溝，距四站五十里。

一、四站設葦沙河，距五站五十里。

一、五站設二道崴子，距六站五十里。

一、六站設通界恒聚保夾皮溝，距通城四十里。

《鳳凰廳鄉土志·道路》 由鳳城至省四百八十里，在本境者一百五十里。出城正西，十里二臺子，十里四臺子，由此分四支路，正北赴省，西北過黄花甸子通營口、海城，西南經豹子山通岫巖，正南過八岔溝赴安東。山水迴環，地勢扼要。五里蘑菇嶺，十五里雪裏站，八里有鎮可以駐兵長嶺子，四里過單家河，三里陡嶺子，八里劉家河，五里金家河，三里土門子嶺，四里林家臺，五里樊家臺，二十里通遠堡，十五里險要和尚莊，二十里草河口，十五里扼要過分水嶺，入遼陽界。

由鳳至興京四百八十里，鱗場一百四十里，在本境者一百三十三里。出城正北，五里法家嶺，三里草河，十三里長嶺子，二十里大甸子，東北有岔道赴石頭城。五里龍灣，五里顧家屯，十里半礶嶺子，東北過黃瓜嶺可抵靉陽、寬甸等處。五里松樹嘴子，四十五里三家子，十五里黃家滴臺，地勢頗險，十五里岔路子，八里岔溝，七里賽馬集，古稱巨鎮，形勢扼要，地當衝道。十三里溫洞，十里分水嶺，三十里藍河峪，險峻異常，入興京界。

由鳳至寬甸一百八十里，在本境者七十里。出城東北，八里草河，三十三里大堡，八里黃嶺子，七里石頭城，邊徼重地，有險可守。十五里邊柵，入寬甸界。石頭城正北有路經太平嶺，六十里可抵靉陽。

由鳳至湯汋城七十五里。出城正東，八里草河沿，十七里秋千嶺，十里石橋子，十五里盧家嶺，二十五里湯汋城。

由鳳至安東一百二十里，有二路，在本境三十里。一出城正南，八里二龍山，七里老邊門，五里長嶺子，七里老爺廟，三里鳳邊門，入安東境。一出城東南，八里藍旗嶺，七里大歲，十里松樹嶺，入安東界。

由邊門分道赴龍王廟一百一十里。正南五里乾菜嶺，凡由西南來者，必經之地，有東、西楊木溝之險。十五里那家店，十二里土門子，十八里紅旗街，二十五里老古洞，十五里蒙古營，十里龍王廟。

由鳳至莊河廳大孤山一百八十里，分道至岫巖一百八十里，在本境均九十里。出城西南，八里二龍山，十里大梨樹，十里卡巴嶺，阨要之地。八里岔路子，正西有赴岫分路。九里石柱子，二十五里賜窩，二十里沙裏寨，五里洋河，入岫巖界。

由岔路子分道，正西行，三里紅旗，十里拉古溝，三十五里火石嶺子，十里窟窿山，入岫界。

宣統《奉天鳳凰直隸廳寬甸縣分志·道路》 自本境治地起至鳳凰廳：出城西南行，十里至大蒲石河，渡河踰雙嶺子，又十里至大野猪，又十里至青椅山，又十里至葡萄架嶺，逾嶺又十里至三道溝，會左支路葉巴嶺赴安東縣道，詳後。歷二道溝，又十里至東陽嶺，逾嶺又十里至望寶石，歷小長甸，又十里至轉山子，歷蜂蜜砬，又十里至棉花套，又十里至臺溝嶺，進邊入鳳凰廳界，計行本境一百里。

自本境治地起至安東縣：由赴鳳幹路之三道溝左行，逾葉巴嶺，渡毛甸子河，行十里至望寶甸，又十里至土城子，又十里至懸羊砬子，又十里至紅銅溝嶺，逾嶺又十里至香爐溝嶺，逾嶺又十里至金場，渡大安平河，又十里至土門嶺，渡夾河，又十里至太平川，歷大樺樹，又十里至黃波羅樹，入安東縣界，計行本境一百四十里。

自本境治地起至省：赴遼陽同道。出城西行十里至十八道崗，歷車子溝，又十里至老豆排，渡二道蒲石河，會東北支路大小砬溝赴懷仁縣道。詳後。歷螞蟻沙寶和長，共十里至長嶺子，逾嶺，會北支路岔門溝通興京道，詳後。歷龍爪溝，又十里至二道河渡河，又十里至八角樓，渡牛毛生河，歷車轂輪泡，會北支路二臺赴城廠道。又十里至土門嶺，逾嶺，又十里至靉陽邊門，進邊入鳳凰廳界，計行本境七十里。

自本境治地起至興京：由赴省幹路之長嶺子向北行，十里至岔門溝，歷小青溝，行二十里至五道河，渡靉河，又十里至高粮地，行三十里至高麗盤道嶺，入興京界，計行本境一百里。

再由車轂輪泡向北行，十里至二臺，渡靉河，行十里至八里甸，行十里至大邊溝，又十里至黃木道，又十里至老邦嶺，又十里出境赴城廠道，計行本境一百二十里。

自本境治地起至懷仁縣：由赴省幹路之老豆排渡蒲石河，向東北行至大小砬溝，十里至大川頭，又十里至松嶺，逾嶺，又十里至二道溝，又十里至三道溝，又十里至錯草嶺，逾嶺，渡北古河，歷錯草溝口，復渡北古河，又十里至五道嶺，渡北古河，又十里至牛口塢，又十里至土門子，渡小雅河，又十里至大虎村，又十里至坎椽溝嶺，又十里入懷仁縣界，計行本境一百三十里。

自本境治地起至輯安縣：出城東行十里至土門嶺，又十里至上下岔溝，又十里至羅圈甸，渡南古河，又十里至五道嶺，又十里至鹿亭子，又十里至泡子沿渡三道杉松小河岔，又十里至南吊垙子，會西南支路連刀灣通輯安小蒲石河，詳後。復渡南古河，行十里至石榴溝，渡半拉江，又十里至太平哨，逾掛牌嶺，會東南支路小城廠道江口道。行十里至二龍渡，又十里至古河臺，渡小雅河下流，計程一百里。再東皆山，車馬不能行者三十里，出本境矣。

再由南吊恍子西南行，十里至連刀灣，又十里至大柞樹嶺，逾嶺，又十里至官道嶺，又十里至殷家堡，又十里至小蒲石河口。此由小蒲石河口通輯安之道。

再由掛牌嶺東南行，二十里至小城厂，又十里至關門砬子，逾嶺，又十里至三羊岔、二羊岔、頭羊岔，共二十里至不大遠，又二十里至二百錢嶺，逾嶺，至下漏河十里，又十里至栗子溝，又十里至香子溝，又二十里至川溝，又十里至混江口。此通混江口之道。

自本境治地起至本境長甸河口：出城南行至樓房十里，逾磬兒嶺，又十里至團甸，渡永甸河掌，又十里至狗魚汀，又十里至大陽溝，又十里至永甸，又十里至長甸嶺，會東向支路南荒溝通小蒲石河口道，詳後。逾嶺，行十里至長甸城，又十里至陽虎嶺，渡二道長甸河，又十里至河口。

再由長甸嶺東行，十里至南荒溝，又十里至半拉嶺，又十里渡永甸河至三岔子，行二十里至盤道嶺，逾嶺，十里韮菜溝，又十里至大韮菜溝，歷楊木崗，十里至小蒲石河口。此由治地通小蒲石河口之道。

《奉天省岫巖縣鄉土志・道路》 從州治起，向何方行若干里爲何地，逾山渡水，何地有何支路，行經若干里與何路會。

東達鳳凰，西去蓋平，南赴莊河，北至海城，官道惟四條，又四隅常行道七條。餘則林隙山溝，沿坡附麓，跡其行徑，辨不甚明。謹以可辨者悉綴入支路，一一條分於下。

官道

治東五里渡羊河，又東五里至大土嶺，逾嶺東行十五里越二道土嶺跛，南涉水行十里至三道土嶺，跨嶺東北曲折行十二里至四道土嶺，逾嶺北有支道，曲折二十五里經頭、二、三道乾溝達牌坊溝，與通城之常行道會。又北十五里至陳家堡子，與鳳、岫常行道會。南面毛道通松樹秧，通西藍旗，藍旗以東八里渡河至小黄旗溝。曲折行十里，北有毛道，十五里達老古砬子。又偏東北行十三里至哨子河街，渡河鳳界。

治西道出大通門外，西行二十五里至南湯池溝，南北分兩支道。南支道過湯池溝，十里達門樓溝。北支道五里至北湯池溝，又東北十五里至蚂蜡廟，涉水曲折行十五里至夾皮溝。又分兩支道。溝東北二十里達桑皮峪，緣溝西北行十五里至魏家屯，又二十五里至魏家嶺，嶺外入蓋界。又西行十五里至石灰窑，又五里渡三道河，又西二十里至坎子，又十五里至楊木溝屯，又十里至巒古嶺，逾嶺入蓋界。

治南道係西南曲折行，出南門，向西南三里逾琶古嶺，又七里過仙人嘴，西行十里至老爺廟，道西山行十里至門樓溝，與南湯池溝支道會。東南十里至瓦房店，西山支道二十里至窪子塘。又東南十里至密蜂嶺，逾嶺五里有西分支道，五里至石佛崖西南，分兩支。其南支路西南行一旦渡新甸河，經教厂溝，又十二里至馬道口入莊界。其西支路過石佛崖，十里渡新甸河，達東南三里至龍潭溝，又分西北與西兩小支。其西五里渡河，又十五里達梨酒溝。其西北支路三里渡河，又二十五里至鹿圈子，又十五里至三盤嶺，逾嶺入蓋界。至官道達南十里渡河，又五里經小腰嶺界，又渡河俱係新甸河。七里而至新甸街，又八里渡河入莊界。

治北道出大通門，北行五里渡洋河，又三里至老古嶺山麓，又北行八里涉五重河，俗呼五道河。又十里涉四道河，又七里涉三道河，又五里涉二道河，又七里涉頭道河，河東得跕道無定蹤。又七里至東瓜林，北分支道北行十里渡河，又北行三里至楊胖溝，又北跛行三十五里逾嶺至羊砬峪，上溝達西北八里至腰屯，又西十里至大堡子，又西三十五里至西羊砬峪，與治北官道會。達西北行十里經大偏嶺，又西北十八里至瓦房店，北行五里涉水，又三里至小偏嶺，逾嶺折西行十里經三間房，西北二里涉水，又五里經分水嶺，又十里至松柁子，又八里至茶棚，七里至小孤山，轉東北五里經蟒溝，又五里至西羊砬峪，又十里至龍鳳峪，道東有溝向東行，八里至對子峪，八里經大房身，又東八里至奪獐峪，又東北十里至黑峪，又東十里至花紅峪，又東十里至大桃溝，又五里至瓜地溝，逾山小道與鳳、海官道會。又北行五里至達道峪，又五里經姑嫂石，五里而渡河至魏家堡，又五里入海界。

常行道

治東從大土嶺之陽渡羊河之東支河，東南行經河夾信，十五里至孤家子，又東南三里至前三家子，又二里至後三家子，又三里達磊子溝，又五里至曹家堡子、洪家溝兩界之間，又東四十五里道南係一面山。至前陡溝子界，又五里經後陡溝子，而折東南行，十五里至荒地，轉向西南，八里達三尖泡子界，其間毛道行七里經三尖泡子，又東南十里至西上坡子，再東臨哨子河。又西南二十三里至小甸子，與治南之常行道會。

治南八里渡鴨兒河，又二里至洪家堡子，岔西南小支路二十五里至南岔溝，又西十二里至白旗溝，折西北十里渡鴨兒河，又二里經燕兒窩，又九里至蜜蜂嶺，與治南官道會。南行十里道東通桂花嶺徑，東行十里。又南行十里至土門嶺，逾嶺折曲而南至松樹秧，達東行十五里渡鈎連河，稍東南行十里涉小羊河，支分兩路。東南支路行十里跨山巒入莊界之孤山道。山北有小道，西北八里涉小羊河子，向西偏南行三十八里至琵琶溝，又七里至大高嶺，轉西北行十里至羅圈溝，又西北十里與治南官道會。向東支路二十五里渡羊河，又東南十里至東土城子，又東南十里至團山子，東與小甸子常行道會。向東南涉水跨山曲折行，二十里逾嶺至三道林子，又五里瀕鳳、岫界河。

治東北八里涉羊河經興隆溝，十五里至荒嶺子分兩支路。一係跨嶺東南復有毛道，十五里涉蟒牛河至糖坊溝。東行二十三里至紅旗營子，渡蟒牛河，東南行十里至牌坊溝，與四道土嶺北支小支路會。一係向東北行，十五里過大黄旗溝，又東北曲折行五里渡蟒牛河至蘇子溝，又分兩支路。一向東曲折行，十五里至古龍山之白家堡子，達東南七里至陳家堡子，又向南斜東行十二里渡杓子河，入鳳界之尖山窑。一向北曲折行十里至昔鵲大嶺，逾嶺東北行二十五里至關門山，西北有兩支小路。其西一支，二十五里至東大房身，又西北二十五里至喬家溝，又西南七里至得站之後崗。其北一支，二十二里至槽子峪，偏西北十八里至香爐溝，又十二里至大蘑菇峪，與鳳、海道會。又東北七里至沙坎，又曲折行十二里渡杓子河，入鳳界。治之東北界邊有鳳、海貫通之道，海城赴鳳，由北大嶺之東入境，東南行三十里，經南馬峪，達東十里經小蘑菇峪，又東南八里過大蘑菇峪，又東十八里抵龍頭寨，又東二里渡杓子河，入鳳界。

光緒《安東縣志摘要・道路》 出縣治之正東二里鴨綠江，沿渡江爲朝鮮界。

出縣治之東北渡大沙河子，十里珍珠泡，逾老龍頭嶺，十里九連城，又十里榆樹溝，又十里渡靉河，爲三道灣，又十里逾老邊墻嶺，界與寬甸縣相接。

出縣治之正北，逾大盤道嶺，十里爲劈柴溝，渡大沙河子，十里爲岔路子。有朝鮮貢道，自東南中江臺渡靉河，經九連城、大樓房、蝦蟆塘，行二十五里至岔路子，向西北十里爲五龍背，又十里湯池子，渡沙河，十里長嶺子，逾嶺，十里湯山城，渡湯河，十里高力橋子。有小東溝支路，自大盤道嶺，經金山萬、烏景飛、龍泉溝，行六十里來會。高力橋子行十里東溝口，又十里邊門口，與鳳凰廳接界。

出縣治之西南十里爲六道溝，又分支路向西北十里爲五盤碾子，又十里三股流，又十里佛爺嶺，逾嶺，西南十里大河崖，渡河，十里沙港子，又十里二道溝，與鳳凰廳接界。其向西直路，六道溝五里爲帽盔山，又十里四道溝，又十里銅礦嶺，逾嶺十里白家堡子，經河深溝，十里大影壁山，逾壁山，十里前陽山，逾陽山，十里麻子溝，逾石佛山，十里土房身，又十里大東溝街，至海。

宣統《長白徵存録》卷一《道路》 環郡皆山也。四圍如扃，形如甕，人跡罕通。祇有鴨綠江沿岸一小徑，上懸危壁，下臨絶澗，至石碯危險處，尚須乘木槽渡江左，假道於韓。夏秋之交，驚濤駭浪，淹斃之案時有所聞。東道不通，職爲心疚。設治之初，以臨江縣西林子頭山道百餘里爲長郡第一梗塞，首先開鑿，改名蕩平嶺。旋由臨江東北岡開修至長白梨溝鎮四百餘里，名曰龍華岡，以避江道之險。將來一律開通，車馬無阻，與林子頭所修之道接軌而西，由通化而興京，而奉天，是爲長郡通省之官道。惟東北擬設之安圖縣治，距長郡五百餘里；西北擬設之撫松縣治，距長郡四百餘里，岡陵隔絶，鳥道崎嶇，疊次派員履勘，勘定路綫可修可通。《周禮》司險掌九州之圖，以周知山林川澤之阻，而達其道路。道路之有關於行政也，自古爲然，況邊陲之險耶。茲將由長抵臨之江道，並新修之龍岡道，以及擬修安、撫兩縣之路綫遠近、里數列左。

龍華岡赴省道里記

自郡署迤西三里許梨樹溝口入岡行，三十五里至梨溝鎮，即梨樹溝掌。四十里至平遠亭，即十六道溝掌，地勢平广，故名。三十里至望章台，即十五道溝西坡口，與章茂草頂相望，故名。三十里至響水泉，此處泉流有聲，可濯可飲，故名。四十里至抱螺峰，即七道溝南岔，岡脈回環，故名。三十五里至嘉魚河。此處河流清潔，魚細而肥味甚腴，故名。以下入臨江縣界，行四十里至史家蹚子，前有史姓在此打獵，故名。今仍其舊。三十五里至樂利園，此處土性極肥，故名。三十里至閻家營，舊有閻姓在此種葠，故名。今仍其舊。四十五里至新化街，舊名高麗溝，茲改今名。二十里至臨江縣。計自長署至此約四百里，爲龍華岡新道。由臨江西行二十五里至三道陽岔，三十里至徐家窩鋪，十餘里至蕩平嶺頂，舊名老爺嶺，去年勘修後始易今名。又西八里至嶺下八里坡，二十餘里至大石棚，十五里至馮家窩鋪，即林子頭，長白路工止此。又西經石人溝、紅土崖，約四十餘里至八道江。宣統元年劃歸臨江。以下入通化縣界，西行十餘里至七道江，二十里至六道江，十里至五道江，二十五里至熱水河子，十五里至四道江，二十五里至通化縣城，四十五里至快當帽子，五十五里至英額布，四十里至三棵榆樹，六十里至蜂蜜溝，三十里至興京，俗名新賓堡。四十里至陵街，四十五里至木奇，七十里至營盤，六十里至撫順，四十里至舊站，四十里至省城。計自臨江至省八百餘里，由長至省約一千二百餘里。

由長至臨沿江道里記

自長郡西行，四十五里至半截溝，現名金華鎮。五十里至冷溝子，現名景和鄉。由此渡江經韓界桉羅城、新牌城，中渡黑河，行八十里復過江右行，十餘里至十二道溝，現名丁春社。再過江行七十里至華界蛤螞川，又過江右西行三十餘里入臨江縣界，又二十餘里至七道溝，七十里至樺皮甸，六十五里至四道溝，四十里至臨江縣。計共五百里之譜。

由長至安圖之路綫記

自府署北行二十餘里至二十一道溝口，若由此處渡江，經韓界行百餘里，復過華界，繞七星湖，漸折而北行，是爲現行捷經。今所勘路綫，擬由二十一道溝口入岡，地勢較平，行十餘里經日本營林厂前修之舊道，藉此修築頗爲省便，西行二十餘里至岡頂，左爲二十二道溝，右爲十九道溝，林木陰翳，寂無居人。由岡頂北行七十餘里，經章茂草頂、紅頭山之間，盤繞岡坡，向東北五十里至湯泉，三十里至暖江源，二十五里經小白山後，二十里至沙河，復經塗山後，行二十餘里至新民屯，又經孝子山後，行四十餘里至黄松甸子，四十里至訥殷部，六十里至乳頭山下，二十五里至腰窩鋪，四十餘里至漏河沿，二十餘里至清茶館，三十五里至小沙河，再十五里至擬設之安圖縣署。計共五百餘里。

由長至撫松之路綫記

由長至撫約四百餘里，亦由梨樹溝啓程，行一百餘里至十五道溝，往西北行三十餘里至嶺頂，六十餘里至竹木里，三十五里至漫江營，五十里至小谷山，四十里至石頭河，三十五里至海青嶺，十餘里至大營，八里至湯河口，三十五里至大甸子，即擬設縣署處。名曰撫松。

《海龍府鄉土志・道路》 奉海開海築路，議困於經濟，迄未解決實行，故境內交通諸多不便。謹就四境通達之路約略言之。

一、由城東向經行各村之道里：出城五里至奶子山，又東十里至東沙河，十二里至西横虎，現改西鳳陽。三里至朝陽鎮，又三里至東横虎，計三十三里入輝南界。

一、由城西向經行各村之道里：出城五里至灣龍溝，又西十三里至大灣龍溝，十里至西沙河，十里至掛金咀子，十里至閆家堡子，五里至梅河口，十里至吴家街，五里至大黑咀子，五里至小黑咀子，十五里至東山城子，二十里至山城鎮，又西五里至五里堡子，又十五里至二龍山，十里至樺樹河子，二十五里至草市，五里至分水嶺，五里至向陽樓，五里至門臉，五里至土口子，計一里六十三里出境，入開原界。

一、由城南向之道路：出城五里至李家船口，又南七里至大鴨緑河，又八里鴨緑岡，十里至太平川，三里至一統河，二十五里至海循社南出境，入柳河界。

一、由城東北向之道路：出城十五里至東沙河馬家船口北折，又東八里至牛心頂子，又十五里至高楊樹，十里至一座營，十八里至海億社太平河，十三里至北黑嘴子，二十里至康大營北出境，入伊通縣界。

《東平縣鄉土志・道路》 自縣治出城，向東行四里逾羅圈背山，又行十五里渡柳樹河水，過柳樹河屯，又東行十里逾太平溝，渡小柳河水，又東行十五里過灣龍溝區出境，至海龍界。

自縣治出城，向南行五里渡沙河水，又南行十里過小城子區，又西南行二十里過秀水河區靠山屯，南行二十里過增福溝區渡梅河水，又行十里過影壁山區六披葉屯，又南行十五里過雙龍山老爺嶺，渡梅河出境，海龍界。

自縣治出城，向西行二里渡鷂鷹河，又行十里過太平屯，又西行十里過靠山屯，又西行十五里過拉拉河區黑牛圈屯，又西行十里過韮菜溝屯，又西行十里過二龍山屯，又西南行十五里過楊木林區，逾分水嶺出境，西豐縣界。

自縣治出城，向北行五里過萬龍河，又西行十五里經鷂鷹河區，過二十里鋪屯，又北行十里過三十里鋪屯，又北行十里逾馬庇山嶺出境，西安縣界。

自縣治出城，向東北行五里逾羅圈背山，又行十里渡柳樹河水，過龍頭山屯，又東北行十五里過二龍山屯，又東北行十里逾樺樹河山，又北行十五里過樺心甸子，逾樺心甸子山，又北行二十里過黄泥河區，又北行十五里過大沙河區，又北行十里渡大沙河，過瞎巴溝屯，又十里過朝陽山屯，又北行十里過那丹伯區三座老爺廟屯，又西北行十五里過東興屯，又西北行十里過葦子溝區東葦子溝，又西北行十里過中葦子溝屯，又北行十里過西葦子溝屯出境，吉林省伊通州界。

《**奉天西豐縣鄉土志·道路**》 自縣城出東門，東南行一里渡扣河，由河南東行十五里至大營，即山彦哈達圍界未開荒時之臺兵營房也。又東行三十五里至高麗墓子，在札克丹哈達圍。界，乃縣城之東鎮也。又東行二十里至封道樹川，又十里至古年嶺，即所謂東西流之分水處，亦即東豐、西豐之分界處也。過嶺，則即東豐縣之楊木林子。由城至嶺凡八十里，此正東出境之大路也。

自縣城出北門，正西行十五里至船房子渡口，南渡扣河，又西行十五里至慶陽堡，又五里至鴿子窩，又十里至部家店，又十里至神樹。由城西行至神樹五十五里。又西行十八里至邊壕，出邊即前城子屬衣通州管界，凡七十三里。此由縣城正西出境之大路也。

自縣城出南門，渡扣河，南行十里至五蹬背，又行十里過平嶺子，又行四里至拉呼達圍，南行七里過大城場溝，又五里至小城場溝，又四里南渡碾盤河，又六里至老龍頭之北麓，又東行八里入城子溝，又折而南行十里渡城子溝嶺至老婆勾，又南行十里出境，屬開原縣界之新邊，凡七十四里。此由縣城正南出境之道路也。

自縣城東門出，東北行五里至石人溝，折而正北行十五里至太平嶺，過嶺，五里至旺水泉子，又十五里至快當圍，又十里至朱朱呼圍，火石嘴子，又五里至平崗，行三里渡朱朱呼河，爲山音哈達圍界，行十里至楊木嘴子，行二里渡遼河，即西安縣界老營場，至(北)[此]路分兩支，東達伊通州，西達赫爾蘇。由縣城至出境凡七十里，此正北出境之大路也。

自縣城東門出，渡扣河，東行十五里至大營，又行二十里至小扣河，又東南行十里過偏道嶺，又行十五里至野雞背圍、熱鬧街，又十八里過馬道嶺，又二十里至嵌石嶺、圍城場溝、老營場，又二十里出邊至商家臺，即開原界，凡一百一十八里。此東南出境之道路也。

自縣城南門出，西南渡扣河，行十里至小妞河，平嶺，越嶺，行二十里爲大妞河溝口，又五里張莊子，又十里至狗魚泡，又折而南行拾里至寨子溝，又五里至邊壕，出境即耿王莊，開原縣界凡六十五里。此西南出境之道路也。

自縣城東門出，正東行十五里至雙橋子、楊家店，又五里至烏魯里圍、大雞窖，又折而東北行二十八里至烏魯嶺，過嶺爲西安縣界大梨樹河子，凡四十八里。此東(此)[北]出境之道路也。

自縣城北門出，西行五里至公合屯，又七里至六家子，又北行二十五里至艾辛溝、釣魚臺，又北行五里至螞蟻窩棚，過河西行四里至楊木嘴子，又五里過嶺，又行十五里即抵伊通州界跑達子溝至葉赫站，凡六十六里。此西北行出境之道路也。

《**西安縣鄉土志·道路**》 城東一里龍首山，五里第一區太平社之安平鎮巡警分防局，八里高麗墓子，渡遼河，十里小太平嶺，十六里大壽山，二十里第二區之福寧社楊木嘴，四十里安福鎮巡警分防局，五十五里東西木厂河溝口，六十五里遼河源東崗，過崗東平縣界。又城東八里高麗墓子，渡遼河向右分一支路，十里太平河，三十里太平嶺，過嶺第二區萬良河。又城東二十里楊木嘴子向左分一支路，渡遼河，二十五里第四區永昌社之香樹園子，三十六里登杆河，四十里大夾擒子安昌鎮巡警分防局，四十五里斗砬子，六十里官營房，八十里寒葱頂子山。又安昌鎮向北行一支路，五十五里大彎溝，六十里平嶺，過嶺，六十五里孤山社之三道溝，八十里第五區安化鎮巡警分防局官營房，九十五里吉林封壕。

城東南一里半渡遼河，三里第二區渭津社小壽山安壽鎮巡警分防局，十三里渡西渭津河，十五里東二龍山，二十五里涼水泉子，三十五里葫蘆套溝口，五十里老虎峪，六十五里鋼叉嶺，過嶺東平縣界。又城東南十三里傍西渭津河向右分一支路，三十里過王家大窩堡，渡西渭津河，四十五里柳樹背，過嶺東平縣界。又城東南十三里向左分一支路，渡東西渭津河合流處，十五里夾信子，三十里老道嶺，過嶺，第三區安福鎮。

城南一里渡遼河，五里第十區梨樹社陳家燒鍋，十里王家窩堡，十五里過腰嶺子，渡大梨樹河，三十里安恕鎮巡警分防局。向右分一支路，渡大梨樹河，四十五里烏龍嶺，過嶺西豐縣界。由安恕鎮向左分一支路，四十五里黃羊溝，五十里大甲營，五十九里關家街，六十二里歡喜嶺，七十五里東望兒樓山，過嶺西豐縣界。又城南十里王家窩堡，向左分一支路，渡大梨樹河，十五里小城子溝，二十五里杏山，過山即第二區西渭津界。

城西半里渡半截河，七里渡遼河，十里第一區楸樹社蓮花泡，十八里十八道崴子，二十五里第九區浴池社砲手堆子安慈鎮巡警分防局，三十五里白水泉子溝，四十五里麻家溝，七十里新開嶺，過嶺西豐縣界。又城西半里渡半截河。向左分一支路，二里渡遼河，四里横山子，十七里楸樹社駱駝脖子，三十五里烏龍山之四方背，過嶺西豐縣界。又城西半里渡半截河，向右分一支路，五里過會龍山嶺，二十里第八區孟河社藕梨嘴子。右分一支路，六十里第七區武藝社，又西西豐縣界。

城西北一里渡半截河，三里城後，十八里第八區孟河社孟河亮，三十里金州崗安和鎮巡警分防局，三十五里半砬城子，五十里大水缸，六十五里李家店，七十里第七區老虎嘴子安吉鎮巡警分防局，八十五里吉林赫爾縣界。

城北一里半渡半截河，八里雙馬架，十五里仙人洞嶺，二十五里仙人社黃柏羅木峪，三十三里稍坡嶺，四十五里第六區二道河子安仁鎮巡警分防局，五十五里雙頂子嶺，六十里亞巴嶺，六十五里榆樹社大孤榆樹，七十五里大臺房，北接吉林伊通州界。又城北十五里仙人洞溝嶺，向右分一支路，二十里城墻砬子，三十五里二道河子，四十五里臭水溝，五十五里過平嶺爲樺樹川，六十里第五區楊胡溝安化鎮巡警分防局，七十里白廟，八十里吉林封壕。又臭水溝子向東行一支路，五十五里過嶺即半截背，六十五里孤山社二道溝，八十里巡警分防官營房，九十五里吉林封壕。

《柳河縣鄉土志・道路》 縣東五里孟家店，過柳樹河至柞木崗十五里，均爲海龍界。下崗五里蘇家店，爲縣界。五里樺皮川，過嶺，七里大黃崴子，三里黑崴子，五里亨通山，十五里五大家，十里當石河子，十里紅土崖，十五里陸家崴子，五里入海龍界。

蘇家店爲一支路，又自亨通山十里臭溝子，十里淤泥河子，五里勝水河子，十五里半截河，十五里樣子哨，二十五里邵家店，二十五里接官廳，爲一支路。又自樣子哨東南五里三道溝，十五里砬門子，通龍崗。

縣東南二十五里蘇家店，十五里紅旗杆溝，十里禿老婆溝，十里鹿尾林，五里釣魚臺，十里三塊石，十五里涼水河子，十五里大南岔，爲一支路。又自鹿尾林北行十五里通溝集，十里蛤螺河，十五里小椅子山，五里大椅子山，二十里至樣子哨，爲一支路。又自鹿尾林十五里孤山子，十里冒烟堡，十里拐磨子，十里六道溝，二十里大荒溝，接龍崗。

縣南十五里柳樹河子，十五里駝腰嶺，五里李家店，十里公雞嶺，十里五道溝，十五里夾山子，十五里烟甬砬子，十五里大牛溝，十里葦塘溝，十五里柞木臺，接龍崗。

縣西十五里頭道，十里青溝子，十五里碗口溝，五里碗口嶺，十里賈家店，十五里小城子，十五里歪頭砬子，二十里小堡，南接龍崗。

小堡西十里小通溝，十五里紅石砬子，十里藍山川，十里大花斜，十里鄒家街，十里賈家店。

縣西南四十里碗口溝，十里樺皮甸子，十里野猪溝，十里魚亮子，十五里向陽鎮，十五里亂木橋，十五里五鳳樓，接龍崗。

縣西北四十里碗口溝，十五里大沙灘，十五里磐兒嶺，十里黑石頭，二十里南山城子，十五里板石廟，十里頭道河，入開原界。

《昌圖府鄉土志・道路》 自府城正南行：十里臺十里，過附城小河一，有木橋，至五里堡子過一小溝。黑咀子十里，過小嶺一、小河一，名黑咀子，無橋，接入開原境。

自府城東南行：永安堡十里，過小河一，無橋。大牛圈十里，過馬宗河，無橋。十八家子十里，接入吉林境。

自府城正東行，其路有三。南路：五家溝十里，過太平莊、小河，無橋；五檯子、小河，有橋。二道溝十里，過馬宗河、鐵路，由此入吉林界。正東行中路：四臺子十里。二道溝十里，過馬宗河、鐵路，由此入吉林界。正東行北路：興隆溝十里，路經小河一，有橋。滿井十里，過鐵路。沙河子十里，接入吉林界。

自府城東北行：長青堡十里。二十里堡十里，路經亮中河並土嶺一，由此路分二支。由二十里堡西南行，盧家溝十里，過土嶺。沙坑十里。三家子十里。靠山屯十里。興隆臺十里，過土嶺。四方臺十里。富有莊十里。通江口十里，由此過遼河入康平境。由二十里堡東北行：興隆泉十里，過小河，無橋。柳條溝十里，過小河，有橋。鴬鷥樹十里，由此路分二支。由鴬鷥樹東北行，二道河子十里，過小河，無橋。蓮花池十五里，過河，無橋。雙樹子十里，過小嶺。四平街十五里。由鴬鷥樹西北行，二道河子十里，過河，無橋。董家屯十里，太平嶺十里，龍頭窩堡十里，八面城十里。

自府城正北行：亮中河十里，過河並土嶺一。四方臺十里，李家窑十里，四面城十里，由此路分二支。由四面城正北行，護山屯十里，横溝子十里，過小河。寶坻縣十里，村名。二道窪十里，過小河。太平嶺十里，八面城十里。由四方城西北行，望城堡十里，張達子窩堡十里，過小河。蘿蔔溝十里，大窪十里，由此路分二支。由大窪東北行，十里堡十五里，八面城十五里，過小河，有橋。武曾窩堡十里，過小河，有橋。條子河十里，由此入奉化縣境。由大窪西南行，孤店十里，金山堡十里，小城子十里，雙山子十里，寶力屯十里，過河，無橋。八寶屯十里，過土橋一。二小屯十里，金家屯十里，過街中，木橋一。三眼井十里，三家子十里，小塔字十里，由此過遼河，入康平界。

自府城西北行：張家店十里，過亮中河並土嶺一。太平山十里，二道溝十里，過小溝。五道溝十里，過小溝。寶力屯十里，過河。新陽村十里，後托羅十里，崗崗廟十里，羅家船口十里，由此過河，路分二支，一赴遼源州，一赴康平縣。

自府城正西行：范家窩堡十里，過亮(河)[中]河。高家油坊十里，過嶺。大興屯十里，過小河。興隆溝十里，過小溝。土城子十里，金家屯十里，過街中，木橋一。招蘇太河十里，過河。遼河十里，由此入康平境。

自府城西南行：跑馬城子十里，過附城小河。八棵樹十里，亮中橋五里，過亮中河，由此路分二支。由亮中橋正西行，三棵樹十里，丁家窩堡十里，過小溝。金家屯五里。由亮中橋西南行，靠山屯五里，長山堡十里，過嶺。四方臺十里，富有莊十里，通江口十里，由此入康平境。

宣統《昌圖府志・交通志》 地方繁盛，在運輸便利。府治當蒙荒初移之先，固守閉關主義，至嘉慶十一年招民開墾，食粮有餘，商賈漸集。然陸運僅恃大車，春冬最盛，至夏秋則道路泥濘，禾稼茂密，車馬顛躓，盜匪時起，行旅每望而(裏)[裹]足。水運惟同江口爲最大船埠，又限於氣候，合早開遲。四月以前猶苦水淺，惟五月至九月暢行無滯。船惟牛槽兩種可通。近年南滿鐵道告成，運輸較便，而舟車益日少，利權操自外人。議者於是有疏濬遼河之説，又因工費浩大，未易抵制，迄無成議。新法鐵道之交涉亦成畫餅，以故雖有郵電，而此一二十年内交通機處尚難發達云。

驛遞

新舊名稱	設立處所	投遞地點	距府里數	員役數目	設裁年月
鋪司	本城	南路送開原	四〇〇	抄書二 步兵一	光緒四年設、三十一年裁
	鴬鷥樹	北路送鴬鷥樹 接遞四平街	五〇〇 五〇〇	抄書二 步兵一	
	四平街	西路送小塔子	七〇〇	抄書二 步兵一	
文報局	本城	南路送二道溝站	二〇〇	委員一	光緒三十二年設
		北路送四平街	一〇〇	司事一 步兵二	
		西路送同江口	七〇〇		
		東路送公主嶺	二四〇		
		西路送八面城	二二〇		

案：府治無驛站，來往公文舊由鋪司投遞，原設三處：本城，一鴬鷥樹，一四平街。其鋪司經費由斗稅項下開支，每年支撥銀八十四兩，不足則由官捐廉補助。然以兵額不敷分佈，又係步遞，往往稽延。自光緒三十一年文報局成立，鋪司名目遂裁。右二表蓋新舊之狀況(加)[如]此。

宣統《遼源州志書・道路》 州街向無官道，係經各商於自買地基界内隨時劃留。南北大道有三，一由州街西南赴法庫門，一由州街正南赴昌圖府，正北赴達爾罕王旗。一由州街東南赴奉化縣，西北赴達爾罕王旗。東西大路一條，由州街正南赴懷德縣，正西赴博王旗。

光緒《奉化縣志》卷四《官道》 縣治南大道東新官道一條，地兩段。一南北長二百九弓，寬八弓。一南北長六十弓，寬十七弓。合計地一晌三畝九分，同治九年民人賀殿寬捐置。

縣治西觀音閣前至西大橋官道地勢低窪，每積潦陷車馬。光緒十年，附近民人白如玉、王順堂、李棟、李永增、王振興、王振起、王振寬、王振元、王立同、孟廷用、邊喜義等，在舊道西南里許施地一段作官道，長二里，寬三丈六尺，係武生張佩文約賀殿寬勸善集事。

《奉化縣鄉土志・道路》 出城南門大路，二十五里至條子河□，西南十五里至四平街入昌圖界。出城北門，八里至崔家料鋪，渡招蘇太河，再東北十二里至太平山，再五里至鄧家店，再東北十五里東太平山，再東北十里至萬發街，再東北二十里至豐太店，再東北十里郭家店，再東北十里新河口，入懷德界。

出城北門，北行十里至白山嘴，渡河再北十里至裴家油房，再北十里至董家堡，再北十里至榆樹臺鎮，東北十里至大房身，再東北十二里至泉眼嶺，再東北十五里至大城子，再東北十五里至中陽堡，再東北十五里至土龍村，再東八里至二道河子橋，入懷德界。

出城西門，大路，西五里至辛家店，再西十里至娘娘廟，再西十里至大房身，再西五里至條子河，再西五里至五家窩堡，入八面城界。

出城東門，大路，東五里五里堡子，再東十里至大泉眼，渡三岔河，再東十里至姜家店，再東五里四大家，再東五里前驛馬泉，再東五里南郭家店，再東五里過鐵路至八家子，再東十里橫道子，再東五里翟家店，再東十里赫爾蘇門，入伊通州界。

由八面城來大路，至南三區拉瑪甸入境，由土龍村出境，俗謂之江東道。西南、東北長一百二十里拉瑪甸，東北十里至三棵樹，再東北十五里至七家子，再東北十五里至關家屯，再東北十里至榆樹臺，與縣治南來大路合而爲一，至東北七十里土龍村出境，入懷德界。

《康平縣鄉土志・道路》 一、由縣至省城。向正南行十里戗叭屯，又十五里孫家店，又十里張家店，有石橋一座，復南行法庫界。

二、由縣至昌圖府。向東行五里黑鴉屯，又十里孔家窩堡，又十里楊家窩堡，又十里顧家屯，又十里瓦房，又五里小塔子，逾遼河昌圖府界。

三、由縣至新民府。向西南行十里五棵樹，又十里陶代屯，又十里艾畝地，又十里方家屯，又十里關家屯，又十里于家店，又十里過馬連河至大屯，復西南行彰武縣界，奔新民府。

四、由縣至遼源州。向正北行十里小傅家窩堡，又十里朝陽堡，又十里前鐵家窩堡，又十里新發街，又十里柳罐窨子，又十里三家子，又十里遼陽窩堡，復北行遼源州界。

五、由縣至後新秋。向正西行十里馬蓮屯，又十里岳家窩堡，又十里岔海撓，又十里芥菜屯，又十里莫力克，又十里前新屯，又十里哈拉沁屯，又十里噶得窩堡，又十里西家哈氣，又十里白音稿，又十里後新秋，又西行三十里彰武縣界。

《洮南府鄉土志・道路》 自本境治地起，出城之何方，行若干里爲何地，每十里必記一地名。又行至若干里逾何山嶺，渡何水，至何地，與何支路會。其支路何方自何地來，經何地，過何山水，行若干里來會。本路又向何方行若干里，逾山、渡水、過何地，同前。至何地，或左，或右，分一支路。其支路向何方行，計里、逾山、逾水、過地，同前。至何地或會何路，或出界，或止本境路，又向何方行若干里，同前。至何地出何界，與何境何路接。

按：本境窮荒曠野，村落相距頗遠，並無十里可名之處。查府城北向有三途。一往本旗扎薩克圖王府，自東忙頭四里渡交流河到茂好，計六十里，由茂好至瓦房四十里，由瓦房至王府計八十里。一自府城北三十里至得勒順昭，又三十里至高平鎮，又三十里至靖安縣城。一往趙家屯，渡距城二里之交流河，八里至索古臺，白顏套海，即往茂好之路。此北向三途是也。西向亦有三途。一西行三十里之抱林召，又六十里至海廟，迤西而南爲向小庫嚕之程。一西行四十里之五家子，又三十里至主把營子，又四十里即圖什業圖之□本站。一西行九十里至五棵樹，十里至青陽鎮，十里至野馬圖山，七十里至乾安鎮。此西向三途是也。南向有兩途。一西南向愛其撓，一東南向喇嘛店，爲入開通縣界之大道，此南向兩途是也。東向亦有三途。一東行四十里之又干他拉，又轉南三十五里至興隆店，又四十里至王家店，又三十五里至開通縣城。一東行六十里之六家子，又八十里至鎮國公界北拉昭。一東行十五里之李家店，又四十五里至敖限套堡，又五十七里至豹馬吐，西有土崗，又五十里至安廣縣城。此東向三途是也。總之，程途雖各有向，而四通八達之荒野，遍地分支，又即會支要，惟定明方向，無歧路是虞。

《**靖安縣鄉土志・道路**》　自本境治地起，出城之何方，行若干里爲何地，每十里必記一地名。又行若干里逾何山嶺，渡何水至何地，與何支路會。其支路何方自何地來，經何地，過何山水，行若干里來會。本路又向何方行若干里，逾山、渡水、過何地同前。至何地或左，或右，分一支路。其支路向何方行，計里、逾山、渡水、過地，同前。至何地或會何路，或出界，或止本境路，又向何方行若干里，同前。至何地出何界，與何境何路接。

按：本境蒙荒初闢，村落零星，並無十里可名之處。查縣城東南向有一途，自縣城起，東南行二十里至高平鎮，又十里至六家子，又十五里至撮倫波，渡洮河，與洮南府交界，通扎薩克鎮國公旗界，與赴新城大道相接。此東南向一途也。南向有一途，自縣城起，南行八里至丁家窩鋪，又十里至五家子，又十五里至來金套保，又十二里至好陶西北，渡洮河，與洮南府交界，南通開通縣進省大道，此南向一途也。西南向有二途。自縣城起，西南行十二里至三家子，又十五里至牟家窩鋪，又十五里至後十家子，又八里至五家子，又三里至八仙套保，又二里渡洮河與洮南府交界，通洮南府城。又自縣城起，西南行三十五里至北五家子，又八里至白音套海，又一里渡洮河與洮南府交界，不通大道。此西南二途也。又西向有一途，自縣城起，西行四十里至雙金東昭，又十里至雙金茅頭，又五里渡洮河與洮南府交界，不通大道，此西向一途也。又西北向有一途，自縣城西北行，三十里至太本站，又三十里至木頭營子，十五里至石頭井子出，又五十里至王府，其近王府三十餘里均係蒙王留界，此西北向一途也。又北向一途也。又北向有一途，自縣城起，北行四十里至葛蓮泡，又五里至蒙王留界，不通大道，此向北一途也。又東北向有一途，自縣城起東北行，二十五里至鞠家店，又十里至報好屯，與扎薩克鎮國公旗交界，通赴江省大道，此東北向一途也。總之，卑縣地方新荒甫闢，人烟稀少，道路四通八達，行人隨便，會而分，分而會，比比皆然，大要止能定明方向、里數耳。

《**開通縣鄉土志・道路**》　查轄縣内無關河阻礙，陸路交通面積計九千一百平方里。按直里計算，自南界與達爾罕王旗接壤之巴彦昭起，北行六十里至縣區，由縣區再北行百里至洮南府之南界，地名又杆他拉，譯漢語即白沙崗也。由縣署西行二十餘里出境，入圖什業圖王旗。由縣署東行七十餘里入郭爾羅斯公旗。縣治甫設，地廣人稀，居民不成村落，甚至有行至數十里無人家者，不能按原指每十里記一地名。

《**安廣縣鄉土志・道路**》　城東三里三里堡，又十五里王家店，又十里小西美，又十五里何家窩棚，又七里六家子，抵大賚廳界城。東南十里馮家窩棚，又五里小劉家窩棚，又十五里薛家窩棚，又五里班家窩棚，又五里大榆樹，抵大賚廳界。

城南十二里四棵樹，又十八里高家窩棚，又三里劉家窩棚，又三里王家爐，又三里陳家窩棚，又二里哈拉海坨子，抵郭爾羅斯公蒙旗界。

城西南三十里七十三套保，又五里胡四哈嘎，又十五里抵郭爾羅斯公蒙旗界。城西三里太平川，又十七里杜家爐，又十五里抵洮南府開通縣分界。

城西北三十五里查干撓，又十五里公府鄂博，又五里包尖倉，又五里洮爾河，抵洮南府界。

城北二里許家窩棚，又十九里五家子，又五里吉莫掩窩棚，又五里太平窩棚，又八里包根臺四家子，又五里卜拉根毛頭，又五里朝根撓，又二十里韓屯，又五里田家窩棚，又五里洮爾河，抵鎮東縣界。城東北二十五里西太平嶺，又十五里嘎沁屯，又十五里内黑屯，又十五里沙坨子，又五里洮爾河，抵江省大賚廳暨鎮東縣界。

《**農邑鄉土志・道路**》　城南門外十二里至兩儀門屯，入長春府界，即爲往府之省之大路。

城東南四里至伊通河大橋，入長春府界，爲之省直行之路。

城東門外二里至伊通河大橋，入長春府界之郭家屯鎮之路。

西南五里至趙家店，十五里至狼洞子，二十五里至白家崗，三十里至萬成店，四十里至徐家店，至長春府界，爲之奉天之大路。

西十里至小橋子，二十里至長春堡，三十五里至太平嶺，四十五里至雙山子，六十里至前巴家壘，七十里至盛水泉，八十里至朱家爐，九十里至桑家糖房，一百里至五道泉子，百五里至尹家小鋪，百二十里至太平山鎮，百二十五里至鳳凰嶺，百三十五里至興隆山，百四十五里至慶發公，百五十五里至蘇家粉房，百六十五里至利發盛，百七十五里至宋克山，百八十五里至藍家坨子，百九十二里至糜子广，二百六十里至新安鎮，北二里即蒙界。

城西至朝陽坡十里，二十里至丁家屯，三十里至孫家店，四十里至沙崗子，五十里至土龍，七十里至老窑，八十至房身溝，九十至海源匯，百里至伏龍泉鎮，百一十里至三青山，百二十里至同興永，百三十里至喬家店，百四十五里至大力街，百六十里至方有屯，百八十里至雙龍川，二百五里至四方坨子，二百一十五里至六合居，二百三十里至對龍山，二百四十里至新安鎮，西十餘里爲蒙古達爾漢王界之鄭家屯之大路。

伏龍泉北爲長春、農安之洮南府之總路，十二里至六家子，三十里至金家店，蒙界。

伏龍泉西南至懷德路，十里至二道溝，二十里至桑家粉房，三十里至杜家粉房，四十里至于家店，五十三里至拉拉屯，長春界。

城東北至兩家子橋十里，二十里至方家店，三十里至好來保營子橋東車家店，四十里至拉拉屯，五十里至太平橋，六十里至萬金塔，七十里至小葦子溝，八十里至邵家店，九十里至蘇家店，百里至七家子，百十里至拉拉屯東大橋，百二十里至靠山屯鎮，鎮西南十里鋪，三十里至橋頭李河沿，過河長春府。

鎮東北十里磨牛石，二十里至二道溝，三十里至紅石硼，江沿東岸伯都訥界。

萬金塔往八里營子支路，十里至小葦子溝，二十里至大葦子溝，三十里至黃花崗，六十里至三盛永，七十里至八里營子，江沿東岸爲伯都訥界。

城東北十里至兩家子，二十里至張鵬店，三十里至蔡家店橋一，四十里至于家店，五十里至甸子北沿，六十里至高家店鎮，七十二里至於行屯，八十里至德合永，九十里至哈鵬店，蒙界。此爲之黑龍江及新城府之大路。

高家店鎮東十里至老爺廟，二十里至大房身，三十里至黃花崗，會往八里營子之路。

高家店西往伏龍泉之路，八里至孫家碗鋪，又五里至姜家坨子，又八里至哈拉海城子。

城正北十里至趙家溝橋，二十里至興隆鎮，三十里至火石嶺子，四十里至小房身，五十里至程家坨子，六十里至哈拉海城子鎮，七十里至三道溝，八十五里至腰張家店，至蒙界。北亦往新城府、郭爾羅斯公府之大路。

鎮西十里至聚盛號，二十里至白鴿坨子，三十里至五道岡，四十里至潘家屯，六十里至三盛玉，七十里至海青窩鋪，八十里至勃勃屯，九十里至趙家店，百十里至伏龍泉。三盛玉橋一。

城西北十里至西趙家溝橋，二十里至麒麟山，三十里至放牛溝橋，四十里至元寶窪，五十里至江東窩鋪，六十里至架各蘇臺橋一，七十五里至老虎溝子，九十里至海青窩堡，百里至蘇吉梁，百十五里至八青山，百三十里至恒坨子，蒙界。此爲之洮南府之路。

海青窩鋪北五里至馬家城子，十五里至大孤店，三十里至大新店，蒙界。此亦之江省之路。

伏龍泉鎮往長春之大路，南十里至房身溝，二十里至朱家爐，三十里至於樹崗東頭，四十五里至黃家窩鋪，長春府界。

新安鎮之懷德縣之路，東南八里至排山子，三十里至六合居，二十七里至頭段，四十八里至團山子，懷德縣。

由鄭家屯往新城府，過縣西之草路，自團山子入咯社，二十里至土門子，三十里至天德店，四十里至東利發盛，五十里至賈家店，五十八里至劉家平房，六十五里馬家店，蒙界。

西南碼勃城子西面界懷德三十五里，南面三十里至世隆合、石人處，均界懷德，再東則界長春府。

光緒《三姓志》卷四《山川村落里數》 東界自窩坑河口即倭和江口，順松花江南岸向東北至音達穆河口，計程二百零一里，沿江旗民村落里數列左。

哈勒斐，西南至城十二里，東北至靖邊後路營十八里。

靖邊營，北至阿吉瑪瑪十里。

阿吉瑪瑪，東北至舒勒河八里。

舒勒河，東北至大瓦丹十五里。

大瓦丹，東北至宏格力臺二十里。

宏格力臺，東北至山音窩坑二十五里。

山音窩坑，東北至達勒崗六里。

達勒崗，東北至木舒圖五里。

木舒圖，東北至城子十里。

城子，東北至發勒圖五里。

發勒圖，東北至達佈庫五里。
達佈庫，東北至敖奇十五里。
敖奇，東北至葛吉勒十二里。
葛吉勒，東北至泡子沿八里。
泡子沿，東北至黑通十里。
黑通，東北至草帽頂子三十里，東北至忙牛哈五里。
忙牛哈，東北至株板十二里。
株板，東北至賈木司五里。
賈木司，東北至音達穆河口七里。

又自窩坑河即倭和江東、馬鞍山東至老鷂窩，計程一百二里，其内旗民村落里數列左。

馬鞍山，西北至城十八里，東南至土龍山一百二十里，東至羊角溝八里。
土龍山，東南至横頭山二十里，西北至蘇木河二十里。
羊角溝，東至山彦倭和七里。
山彦倭和，東至阿穆達二十里。
阿穆達，東至水曲柳溝三十里。
水曲柳溝，東北至大磯子十五里，大磯子東北至山咀子十二里，東至西湖景二十里。
西湖景，東至陡溝子十二里。
陡溝子，東至老鷂窩五里。

又順窩坑阿即倭和江左岸，東南至三道崗，計程一百四十二里，其内旗民村落里數列左。

喇嘛吽，西北至城十二里，東南至東崗子八里。
東崗子，東北至多奇十三里，東南至稗子溝十里。
稗子溝，東南至孤家子五里。
孤家子，東至四个頂子二十五里。
四个頂子，東南至瑪呢蘭十二里。
瑪呢蘭，東南至火燒溝二十里。
火燒溝，東南至富勒霍烏珠四十里。
富勒霍烏珠，東南至三道崗十里。

又自胡爾哈河東岸並窩坑河西岸，由兩中間，自三家子向南至黑背，計程一百八十五里，其内旗民村落里數列左。

三家子，北至城二十里，東南至山咀子五里。
山咀子，東南至胡家屯十二里。
胡家屯，東南至黑樹林二十里。
黑樹林，東南至田家屯十七里。
田家屯，東南至長嶺子二十里。
長嶺子，東至烏爾倫十六里。
烏爾倫，東南至新卡倫二十里。
新卡倫，南至廣富山十五里。
廣富山，東南至黑瞎子溝十里。
黑瞎子溝，南至黑背三十里。

南界順胡爾哈即牡丹江左岸，向南至鍋葵山根與搭接界處止，計程三百三里，其内旗民村落里數列左。

神樹寺，北至城四里，東南至四間房四里。
四間房，南至臊達屯四里。
臊達屯，東南至揚武吉六里。
揚武吉，南至博勒河六里。
博勒河，南至舒胡圖五里。
舒胡圖，南至胡什哈十里。
胡什哈，南至太平莊七里。
太平莊，靖邊營新添首站，南至開伏喀八里。
開伏喀，南至菱角口子六里。
菱角口子，南至宅斐八里。
宅斐，南至土城子六里。
土城子，南至新甸十里。
新甸，南至烏斯渾河口四十里。
烏斯渾河口，靖邊營新添二站，南至羝羊磯五十里。
羝羊磯，東南麗盤道，南至老西溝六里。

老西溝，靖邊營新添三站，南至三道滙四里。
三道滙，南至胡什哈達十七里。
胡什哈達，南至柳樹河子十五里。
柳樹河子，南至蓮花泡二十四里。
蓮花泡，靖邊營新添四站，南至狗王滙五里。
狗王滙，南至門坎子梢八里。
門坎子梢，南至鍋葵山五十里。
西界自胡爾哈河即牡丹江口，西順松花江南岸，向西南至瑪延河口與喀接界處止，計程二百一十八里，其内旗民村落里數列左。
肖奇嘴子，東至城三里，西至大崴子屯十二里。
大崴子屯，西至西甸子屯二十里。
西甸子屯，西至達林河十里。
達林河，西至朱奇河十七里。
朱奇河，西至郭佈奇希河十五里。
郭佈奇希河口，西至瓦洪河十里。
瓦洪河，西至黑匣子溝八里。
黑匣子溝，西至永起五里。
永起，西至小羅拉密八里。
小羅拉密，西至大羅拉密八里。
大羅拉密山，西至花公集九里，係採拉貢樺皮處。
花公集，西至草皮溝六里。
草皮溝，西至大溝五里。
大溝屯，西至楚山泡十里。
楚山泡，西至德穆利山十里。
德穆利山，西至爾吉利山七里。
爾吉利山，西至北黄泥河十里。
北黄泥河，西至恒頭泡八里。
恒頭泡，西至彈弓泡六里。
彈弓泡，西至匍匐泡十二里。
匍匐泡，西至艀[illegible]泡十里。
艀艈泡，西至瑪延河口十二里。
西南界自胡爾哈河即牡丹江右岸，向南至三道河口與塔接界處止，計程二百八十七里，其内村落里數列左。
拉哈阜，北至城十六里，南至靠山屯二十里。
靠山屯，西至代恒二十里。
代恒，南至額穆叶十二里。
額穆叶，南至西芬溝八里。
西芬溝，南至察爾霸九里。
察爾霸，南至克斯科十五里。
克斯科，南至呢什哈十里。
呢什哈，南至烏斯渾屯十里。
烏斯渾，西南至黑牛圈五里。
黑牛圈，南至五道河子十一里。
五道河子，南至五个咀子十四里。
五个嘴子，南至城墻礮子十里。
城墻礮子，南至四道河子八里。
四道河子，南至白音蘇蘇三十里。
白音蘇蘇，西南至望背礮子二十里。
望背礮子，南至馬架子五里。
馬架子，西南至小迎門石三十里。
小迎門石，南至大迎門石二十里。
大迎門石，南至三道河子三十里。
又自胡爾哈東岸並博勒河右岸，由兩中間，自蓮花泡向南至廟爾嶺，計程一百六里，其内村落里數列左。
蓮花泡，北至城三十五里，東南至王家大屯二十里。
王家大屯，東南至二道林子十里。
二道林子，東至小河沿五里。
小河沿，西南至碾子溝十二里。
碾子溝，東南至大頂子山十四里。
大頂子山，東南至廟爾嶺十里。

西北界松花江北岸，自荒臺向西南至大咕嘟屯止，計程二十七里，其內村落里數列左。

荒臺，東逾過妙噶山站至城十三里，西至七里坑九里。

七里坑，西北至小咕嘟屯二十里，西至小咕嘟河口十里。

小咕嘟河口，西南至大咕嘟河口十八里。

大咕嘟河口，北至大咕嘟屯二十里。

北界松花江北岸，自紅石磖子向北，至察胡蘭山與江省接界處止，計程七十里。

紅石磖子，南至城三十里，西北至烟筒山二十里。

烟筒山，北至察胡蘭山二十里。

北界由松花江北岸巴蘭河東徐家屯向北，至半拉窩吉山與江省接界處止，計程一百二十三里，其內村落里數列左。

徐家屯，南至城十二里，東北至吴家屯十八里。

吴家屯，東南至前崗子八里，東北至後崗子七里。

後崗子，東北至林家屯十五里。

林家屯，東北至永聚屯八里。

永聚屯，北至四塊石山根二十里。

四塊石山根，北與江省接界，東至克勒奇十五里。

克勒奇，東至半拉窩吉山四十里。

半拉窩吉山，東至三家子十里，東北至古木訥城十五里，北與江省接界。

東北界順松花江北岸，自廟爾街向東北，至呑昂阿河即湯汪河口北黑通止，計程一百二十四里，其內村落里數列左。

廟爾街，南至城五里，東北至巴蘭河口十一里。

巴蘭河口，東至楚勒木八里，水入松花江。

楚勒木，東北至烏鳳浪十里。

烏鳳浪，東北至舒勒河二十五里。

舒勒河，東北至姜君溝二十一里，水入松花江。

姜君溝，東北至朱連十二里。

朱連，東北至湯汪河口十五里。

湯汪河口，北至僧木坑八里，水入松花江。

僧木坑，西北至黑通十二里。

界外東北自音達穆河口，東南至對面城，計程三百二十五里，與富克錦接界。

音達穆河口，東南至嶆踏溝河九十里。

嶆踏溝河，東至匾石河三十五里。

匾石河，東至大眼溝河十五里。

大眼溝河，東至柳樹河二十里。

柳樹河，東至哈達密河三十里。

哈達密河，東至昂邦河三十五里。

昂邦河，東至對面城一百里，東南至濫泥溝河四十里。

濫泥溝河，東南至凉水泉五十里。

界外自東南横頭山東窩坑河源與富克錦接界處，向南至撓力河即諾洛河源，計程四百四十八里。

横頭山，東北至榆樹泡二十里。

榆樹泡，東至半截河四十里。

半截河，東南至巴湖力河十五里。

巴湖力河，東南至樺皮溝五十里，東南至七湖力河十里。

七湖力河，南至勾新吉十八里。

勾新吉，東南至小巴爾蘭六十里。

小巴爾蘭，東南至大巴爾蘭十五里。

大巴爾蘭，東南至阿爾佈善山二十里。

阿爾佈善山，東南至忘背磖子五十里。

忘背磖子，東至馬鞍山三十里。

馬鞍山，東至瓦金别拉河三十里。

瓦金别拉河，東至樹椿樓山二十里。

樹椿樓山，東北至石頭梢二十里。

石頭梢，東北至西北岔十五里。

西北岔，東至東北岔二十里。

東北岔，東至窩坑河源十五里。

窩坑河源，東至撓力河源七十里。

界外正南自三道崗向東南，至穆稜河即莫力河，蜂密山子與塔接界處止，計程五百三十八里。由蜂密山子旱路可通姓城，是東南與俄接界之門户，最爲緊要。

三道崗，東南至哈蟆塘十二里。

哈蟆塘，東南至魚眼泡十里。

魚眼泡，東南至頭道河子八里。

頭道河子，東南至二道河子十里。

二道河子，東南至半截河十二里。

半截河，西南至草帽頂子山十五里，東南至大駝腰子河十五里。

大駝腰子河，東南至雞心河二十七里。

雞心河，東南至羝羊河十五里。

羝羊河，東南至赫蘭珠崗河十八里。

赫蘭珠崗河，東南至杏樹溝河二十里。

杏樹溝河，東南至碾子河二十一里。

小碾子河，東至大碾子河十五里。

大碾子溝河，東至陡溝子河十六里。

陡溝子河，東至偏臉子河二十四里。

偏臉子河，東至小駝腰子河十里。

小駝腰子河，東至楊樹河十五里。

楊樹河，東至奇塔河三十里。

奇塔河，東至茄子河三十五里。

茄子河，東至西津別拉河二十里。

西津別拉河，東南至老嶺四十五里。

老嶺，東南至奶子山河六十里。

奶子山河，東南至崩松頂子山四十里。

崩松頂子山，東至莫力河卡倫六十里。

蜂密山子，旱路至姓城六百里。

界外東南自黑背向南，至哈達河水入穆稜河即莫力河與塔接界處止，計程二百四十里。

黑背，北至城一百八十五里，南至鹿牙盤三十五里。

鹿牙盤，南至西北楞河十里。

西北楞河，東南至湖水別拉河二十里，水入烏斯渾河。

湖(入)[水]別拉河，東南至額和勒河十八里，水入烏斯渾河。

額和勒河，南至龍瓜溝河十七里，水入烏斯渾河。

龍瓜溝河，南至烏斯渾河源二十五里。

烏斯渾河源，東南至樺皮川三十里。

樺皮川，東南至哈達嶺四十八里。

哈達嶺，東南至哈達河三十七里。

宣統《呼蘭府志》卷四《交通略》 鐵路

呼蘭至黑龍江省城鐵路五百九十一里除由呼蘭至哈爾濱一段非鐵道外，鐵路綫實長五百四十一里又百分里之六十八。巴彦、蘭西、木□均由哈爾濱車站，蘭西由對青山、甜草岡兩車站亦可，故不重列。

四十八里哈爾濱，七十七里七分對青山，呼蘭屬境，此處亦可升車。五十七里六分八滿溝，五十九里九分甜草崗，又名宋站。五十九里九分安達站，五十九里七分八薩勒圖站，六十里二鼇喇嘛甸子，四十里二分二小河子，五十九里八鼇烟筒屯，四十九里二分二昂昂溪，自哈爾濱至昂昂溪俱爲東清鐵道。四十里省城。此段爲齊昂輕便鐵路。

呼蘭至北京間道

黑龍江至京師舊有三道。由吉林、奉天入山海關者曰大站，爲進本道。由蒙古各旗入喜峰口者名曰蒙古站，亦曰草地，爲拜摺道。又由蒙古境入法庫邊門者稱八虎道。今山海關内外鐵路相銜接，行李多由之。然奉天以北路權操自他人，其阻我之交通至易。今爲疏數道於下，亦研究地理、兵事者之一助也。

第一道：四十八里哈爾濱，八十二里長春嶺，六十里新城府，以上吉林境。六十里察占滿哈，四十里齊里莽哈，一作齊里滿哈。三十里烏爾圖布呼圖，以上屬郭爾羅斯前旗。四十里巴達朗圭，三十里阿魯布克蘇，三十里哈爾拉圖莽喀，四十里烏爾庫爾齊，三十里都拉圖，三十里古爾巴察，二十里霍托莽格，二十里和碩本克，四十里碩羅莽喀，以上屬科爾沁。五十里哈拉額爾奇，六十里安畢爾搭拉，四十里烏達圖搭拉，四十里伊克揮商，四十里鄂羅穆，二十里庫庫格爾，四十里哈喇拜商，四十里察罕郭爾村，四十里貝努克，五十里努楚果勒霍托，在朝陽府西。四十里哈爾哈，五十里阿巴塔爾巴罕，五十里建昌縣，百里平泉州，西行由承德府進古北口爲大道。寬城七十里喜峰口，以上承德府境。百一十里遵化州，一百二十里薊州，七十里三河縣，百里北京。

第二道：四十里對青山，五里五站，六十里布拉克臺，俗稱四站。站東有郭爾羅斯後旗扎薩克府。四十五里鄂多爾都吉，俗稱三站。七十里肇州廳，七十里博爾濟站，俗稱頭站。四十五里茂興站，西渡嫩江。八十里大賚廳，百六十里洮南府，百二十里諾木齊，百四十里博羅額爾濟，百四十里奎蘇布拉克，以上屬科爾沁旗。一百六十里希訥郭勒，九十里三音哈克，以上亦屬蒙旗。百八十里庫庫車勒，一作庫呼轍爾，在西喇木倫河之南。百里沙喇諾爾，百十六里黄郭圖，一作洪郭圖。百五十里伯爾克，在建平縣東南。百四十里犇牛營子，百四十里堪斯呼，一作克依斯呼。百二十里平泉州，百二十里承德府，四十里灤平縣，百六十里古北口，以上屬承德府。百里密雲縣，一百四十里北京。

第三道：四十八里哈爾濱，八十二里長春嶺，六十里新城府，二百四十里長嶺縣，三十里新安鎮，四十里小老胡同，三十里卧虎屯，五十里遼源州，即鄭家屯。二百里法庫門，四十里公主屯，六十里新民府，百七十里鎮安縣，七十里廣寧縣，百四十里錦州府，百里寧遠州，百里綏中縣，百二十里山海關，百里撫寧縣，七十里永平府，百六十里豐潤縣，八十里玉田縣，八十里薊州，七十里三河縣，七十里通州，四十里北京。

呼蘭府西北至黑龍江省城六百九十里西北赴蘭西縣路附見此條。

十里白旗屯，二十里團山子，八里逯家店，渡濠河。二十里劉家窩堡，二十里呼蘭河沿，至此渡河而西。十二里蘭西縣，六百里黑龍江省城。詳蘭西赴省路。

呼蘭北至綏化府一百八十里

十八里長嶺子，七里二十八家井，十里裴家窩堡，十里楊美窩堡，十八里康家井，十八里石人城子，十五里朝陽堡，十里大荒溝，入巴彦境。十里施家窩堡，十八里聚寶山，十二里烏魯霸橋，綏化境。若由聚寶山向西道則過姜興橋。五里將桿店，二十五里綏化府城。

呼蘭東至巴彦州一百四十里

十里興隆屯，十五里雙井子，十五里西沈家窩堡，十二里沈家窩堡，十三里黄花井，八里王德柱井，十五里元寶崗，渡漂河入巴彦州境。十五里西集厂，三十五里巴彦州。

又二五里雙井子，見前。十五里季家窩堡，二十里宫家溝，十里大荒臺，十六里新安臺，即頭屯。十五里修家井，八里小楊木林子，十里劉家船口，渡漂河入巴彦州境。二十里巴彦州。

呼蘭東北至興隆鎮即趙胡窩堡。一百四十里

八十里石人城子，見上赴綏化府路。二十里小雙山堡，十里望山堡，十里白奎窩堡，二十里興隆鎮。

呼蘭西北至青崗縣二百三十里

二十里大八家子，十二里黄土崗子，十八里依蘭西哈渡濠河入蘭西界。十五里青山子，三十五里田家粉房，四十里大成玉，九十里青崗縣。

巴彦州西北至黑龍江省城八百三十里鐵路則由哈爾濱升車，計七百三十里。

一百四十里呼蘭府，九十里蘭西縣，六百里省城。詳見呼蘭、蘭西赴省路。

巴彦州東至木蘭縣城一百二十里

十五里五家營，十五里偏臉子，入木蘭境。九十里木蘭縣城。自黄泥河以東詳木蘭至巴彦條下。

巴彦州東北至東興鎮一百四十里

二十里西拉拉屯，五里龍泉河，五里天增泉，二十里七馬架，十里二道岡，二十里少陵河橋，三十里老爺嶺，十五里木蘭鎮，十八里東興鎮。

巴彦州北至餘慶縣一百七十里

三十里天增泉，見上東興鎮路。二十里西包寶山，三十里泉眼河，二十里石厂屯，三十里小集厂，入餘慶界。四十里餘慶縣。

巴彦州西北至綏化府一百五十里

八十里泉眼河，見上餘慶路。三十五里李良窩堡，十二里太平山，八里太平橋，入綏化界。二十五里綏化府。

巴彦州西北至興隆鎮即趙胡窩堡。一百一十里此路亦赴綏化大路。

十五里古廟子，三十五里張家店，三十里龍王廟，十五里四間房，十五里興隆鎮。又由太平莊、四家子、三合堡、姜興橋約五十里至綏化府。

蘭西縣西南至北京鐵路二千八百八十里

八十里甜草岡，此段由東清鐵路東南行。一百九十四里哈爾濱，以下見呼蘭赴京路。一千六百零八里北京。

蘭西西北至黑龍江省六百里鐵路由甜草岡登車，計程四百七十七里，詳呼蘭赴省路。

十二里張平房店，十八里郭家店，十五里侯家店，三十里小城子，道東爲青岡縣界，西爲安達廳界。十五里博粟紅，三十五里大林家店，二十五里劉智店，二十里大仙堂，三十里何二老虎店，十五里馬家店，五里二面井，四十里臭水甸子，三十里張興店，三十里三益店，三十里大陳家店，四十里崔木匠店，四十五里大齊家店，北行爲愛琿大道。二十里王家營子，四十五里九道溝子，宣統二年新建橋梁一坐，車馬往來無阻。二十里雙岡子，三十里東官地，二十里小林子，二十五里沙嶺子，五里省城。

蘭西縣東北至綏化府一百五十里

十里河沿，即呼蘭河沿。二十里庫倉溝，十里三合屯，十里韓家油房，十里喂馬岡子，十里京旗營子正紅頭屯，入綏化府境。十里正黃頭屯，十里鑲黃頭屯，十里正白頭屯，二十五里劉海樓，十里卡拉城子，十里林家園子，五里綏化府。

蘭西縣西至安達廳九十五里

十里彦家溝，二十里蘑菇岡子，十五里郝家窩堡，入安達廳界。五十里安達廳。

蘭西縣南至吉林雙城廳二百里

五里藍家溝子，十里喬家窩堡，十五里小榆樹，五里杏山堡，入呼蘭府界。二十五里薄荷臺，三十里五站，即札喀霍碩臺。五十里報馬江沿，過松花江入雙城界。六十里雙城廳。

木蘭縣西北至黑龍江省城草地九百五十里，鐵路八百五十里。

草地由呼蘭、巴彦、蘭西，詳上。鐵路由哈爾濱。詳上。

木蘭縣東至興東道八百里

八里詹家油房，四里孫家店，六里佛斯亨站，即五站。十二里二道河，是爲木蘭、大通界綫。六十里富拉琿站，六十里大通縣，十五里崇古爾站，七十里鄂爾郭木索站，六十五里沙嘎山站，江南爲依蘭府。百八十里湯原縣，一百六十里鶴立崗，二百里興東道。

木蘭縣西至巴彦州一百二十八里

二十里王家店，十五里孫家店，五里木蘭達河沿，十里東棒子屯，三里西棒子屯，二里湧珠泉，三里魏家窩堡，二里李家店，十里王家店，五里廟嶺，十里小石頭河，三里毛家屯，五里黄泥河子，與巴彦連界。三十里巴彦州。

水路行程表

呼蘭至黑龍江省城一千四百里

七十里呼蘭河口，再行順呼蘭河，至此入松花江，以後西行，溯松花江而上。三十里溯松花江至哈爾濱，東清鐵路大站，爲吉黑交通總匯處。八十里報馬，四十里滂洲，八十里報馬，二十里拉林河口，四十里長春嶺，在江南岸，粮船聚泊處。二百里三岔河，松嫩兩江交匯處。以後西行溯嫩江而上。四十里茂興站，站在江北。百里大賚廳，廳在江西，此後北行。百里月亮泡，泡在江西，其東爲古魯站。九十里他爾哈站，十里多耐站，八十里拉哈屯，八十里温托渾站，百里三家子，以上俱在江東。百一十里富爾拉溪，東清鐵路車站。六十里黑龍江省城。城在江東約十里，有小溪可通。

呼蘭至吉林省城一千二百里

五百里三岔河，見上至黑龍江省城路。自此南行溯松花江而上。七十里新城府，百八十里五家子站，即遜札鋪站。八十里老搜溝，當即陶賚昭站。東清鐵路過江之處。八十里五顆樹，一百二十里錫拉口子，八十里烏拉街，八十里吉林省城。

呼蘭至愛琿城三千里巴彦至愛琿二千八百六十里，蘭西三千一百一十里，木蘭二千四百五十里。

七十里呼蘭河口，此段順呼蘭河南行入松花江。百里滴達嘴子，巴彦輪船啓泊之所。自呼蘭河口即向東行，順松花江而下。百六十里切糕房，南岸與新甸相近。北赴木蘭，南赴賓州大路，亦輪船啓泊之所。五十里索羅漳口，在木蘭縣南三十里。百八十里七通縣，七十里德墨里，南赴方正縣口岸。一百五十里三姓城，二百里湯原縣，三百五十里康阜鎮，百一十里富克錦，百三十五里臨江州，即拉哈□蘇。十五里黑河口，爲松黑兩江交會處。自此折而西北行，溯黑龍江而上。二百里沙吉卜俄屯，凡俄屯俱在東岸，西岸無可註者則註俄屯。六十里沙馬拉俄屯，西岸有斐爾法泊。六十里興東二卡，三十里興東頭卡，五十里興東道署，以下據徐觀察《鼐霖遜河調查記》。九十里太平溝，溝口房屋數十間，多係客棧，溝内有金厂八處。一百二十里觀音山，中過嘉蔭河，疑即察勒巴奇河。觀音山爲擬設佛山府治處，有商鋪三家，山東人。觀音山金厂，糧臺在此。山之北有腴荒，從橫六七十里。山之對岸爲阿拉吉俄屯，又作阿拉底，華人稱爲拉賓站。又南二十里爲烏連站。百里至福河，在觀音山北。自福河北遜河三百八十里，皆鄂倫春人所居。福河附近又有叉口山，有商鋪，同德公、吴世公兩家皆山東人。東岸爲巴斯洛哇俄屯，又作帕斯洛克。二十里至節拉河，疑即佳勒河。有韓民捕魚厂，金姓三人，沈姓一人。此處鄂倫春人最多。東岸爲薩吉卜俄屯，又作薩克布斯克。十里至烏雲河，河之上游皆平原，南北五十里，東西三十里。二十里至莫格里河，無居民，河北有平原一段，地甚膏腴。九里至福灣，疑即蘇都里河江灣，甚寬，地肥腴，無居民。七十里下倒甘，即略達罕。無居民。以北多可墾地。北岸有尼果羅斯克俄屯。六十里科爾芬河，一作克爾芬河，擬設之車陸廳在河右岸。北岸有固畢里牙諾夫俄屯。百里遜河，爲愛琿、興東兩道分界處。鄂倫春畢拉爾協領衙在河北岸，東北距江沿百餘里。鄂倫春部落在遜河北者不過數家。三百里愛琿城。

呼蘭至綏化府二百四十里蘭西至綏化一百四十里。

一百里蘭西縣，中過傅家、周家、高家、孟家各船口，又過團山子至此，西距縣治十里。百里隆盛河口大成玉，中過車船口那某臺。一百六十里綏化府。至府北四十里地方，中過劉海船口、温家船口。自呼至此可通小火輪，又東至餘慶百餘里可通帆船。自成大玉北溯通肯河，盛漲時可至黑嘴子。

巴彦至黑龍江、吉林省城一千四百六十、一千二百六十里

二十里滴達嘴子，此段陸路，以下水程。百里呼蘭河口，以下與呼蘭赴黑吉兩省城水程同。二十里哈爾濱，四百里三岔河，九、七百里黑龍江、吉林省城。

蘭西至黑龍江、吉林省城一千五百一十、一千三百一十里

十里呼蘭河沿，此段陸路，以下水程。百里呼蘭府，中過團山子及孟家、高家、周家、傅家各船口。百里哈爾濱，四百里三岔河，九、七百里黑龍江、吉林省城。

木蘭至黑龍江、吉林省城一千七百、一千五百里

十里索羅漳口，此段陸路，以下水程。五十里切糕房，南岸與新甸相近，亦江輪啓泊處。百六十里滴達嘴子，自此以下與巴彦至黑龍[江]省城及(江)吉林省水程同。百三十里哈爾濱，四百里三岔河，九、七百里黑龍江、吉林省城。

《景定建康志》卷一六《道路》　秦皇馳道，考證：秦始皇三十六年東遊，自江乘渡江馳馬於此。

吴帝馳道，考證：《吴都賦》云：朱闕雙立，馳道如砥。

宋帝馳道，考證：《宋書》大明五年，孝武初立馳道，自閶闔門至於朱雀門爲南馳道，又自承明門至元武湖爲北馳道。八年，罷南北二馳道。景和元年復立。

《無錫志》卷一《州境》　境内道路：出州南門，迤邐望東南行，過新安鎮、主望亭、烏角、溪口、通吴橋，與平江路長洲縣界驛道接，從此徑平江城爲州之向南驛道。出州北門，過高橋，轉石塘灣，迤邐望西北，由洛社市至五牧橋，與晉陵縣界驛道接，從此徑本路城，爲州之向北驛道。出州北門，望北行，經五步塘，過張塘橋，歷長堤，至陳溝、上馬鎮小橋，與江陰州界路接，爲徑江陰之驛道。出州西門，從五里街西行，經惠山前，循山而北至胡山下，稍望西南，過閶江橋，至孤村，與晉陵縣界路接，抵百瀆，爲入義興之路。出州東門，東行越隆亭，過張公橋，從鴻山至甘露，與常熟州界接，爲入常熟之路。

《淳熙新安志》卷一《道路》　趨京之軌道，出東門指績溪，由寧國縣入其府，濟黄池，入太平州，渡采石江，歷和州及其縣全椒、滁州及其縣來安、泗州及其縣臨淮，自虹、靈璧以入於宿，取亳之永城、南京之穀熟入南京，過寧陵、拱州以達於雍丘、陳留，至京門，爲一千六十五里。捷則北出踰箬嶺，望道泰麻村，凡百九十里得寧國府之太平縣。歷黄柏嶺、曹店，凡一百里得池州之大通鎮。過江，歷蔡家店、石鼻村，百三十五里得無爲軍之廬江縣。又百四十五里，自航步入廬州。又歷下塘廟、史源村，凡一百五十里至壽州。又自蘇村、闞潭村、王家市、賢祥村、金鈎鎮、雙樓市，凡四百二十里以入爲亳之鹿邑縣。又七十里則太康縣矣。經咸平縣，凡百九十里以入於京門，爲千六百里，此其道往往不過都歷邑者，商旅之所以爲徑易也。舟行自西門汎谿勝二百石沿新安江而下，百二十里以出於境。由淳安至嚴州，歷桐廬、富陽，過浙江入臨安府，又經崇德至秀州，經吴江至平江府，經無錫至常州，經丹陽至鎮江，過楊子江至揚州高郵軍，經寶應至楚州，歷淮陰、虹、靈璧二縣至宿州，歷永城、穀熟至於南京，經寧陵至拱州，以達於雍丘、陳留入京門，爲三千九十一里。今兹趨行在所者，舟行六百三十里。陸行則南出，歷昌化、於潛、臨安、餘杭，爲三百六十里。其四出八達之道，東出百里至於境，又二百二十五里至寧國府。西出二百七十里至於境，又三百三十里至饒州。南出百里至於境，又二百六十里至臨安府。北出七十五里至於境，又二百八十五里至池州。東南出百里至於境，又二百四十里至廣德軍。西

南百五里至於境，又二百五十五里至嚴州。東北百里至於境，又四百六十五里至池州。西北二百七十里至於境，又七百五十里至□州。

嘉慶《休寧縣志》卷一《道路》 赴郡之道，出東門，遵萬安街、漲山鋪，由石嶺至長充鋪，凡二十里入歙境。歷茆田鋪及巖鎮，泠水鋪，至於府，爲六十里。西出由緑溪鋪通黟、祁，指藍渡，循巖脚，至界首入黟境漁亭，及其縣爲八十里。取黟之漁亭，至榔木嶺入祁境，及其縣爲百一十五里。出南門，望道朱村鋪，凡五十里至五城鋪，踰五嶺，入婺境，及其縣爲二百五里。西南迴嶺、浙嶺俱通婺源。南出八十里至於境璜源，踰馬金嶺至浙之開化縣，爲二百里。東南出百五十里至於境汰夏，踰歙之連嶺，至浙之遂安縣，爲二百九十里。達安慶五百二十里。由歙之箬嶺取池州府之青陽縣，及其府，濟黄盆以入於省。又由祁之大風嶺濟黄盆入於省，爲三百九十三里。達江寧七百二十里。由郡城踰績之新嶺，寧國之旌德、涇、南陵，太平之繁昌、蕪湖，及其府，以達於省。

光緒《鳳陽縣志》卷三《道路》 間道。由縣城南至岳家林十五里，又南過履深橋至梁家岡十里，又南至殷家澗十五里，又南至沙澗入定遠界二十里，又南三十里至定遠城。由總鋪西南至湛澗鋪二十里，又西南過大紅山至沙澗十里，亦南至定遠之路。由縣城北過舊縣，至十里程十里，又北過淮至馬城鋪五里，又北至三鋪十五里，合驛路。由縣城北至高橋十五里，又北至長淮衛十五里，過淮水，又西北至釣魚臺十五里，又西北至王莊十五里，合驛路。由臨淮城東北十里至歐家坪，二十里至柳溝灣，三十里至徐塘灣，四十里至銀杏樹，五十里至二郎廟，六十里至小溪，七十里至井頭固堆，八十里至朱家莊，又十里至盱眙交界。皆沿淮徑路，水發則紆迴曲折，難以里數。

嘉慶《懷遠縣志》卷五《驛傳》 南官路赴府及壽、潁孔道，明嘉靖十年知縣王揆修。西官路通蒙、亳大道，自朝京門至西城門可二里，明萬曆十年知縣設處磚石修築，後邑人梅永安捐貲重修。舊《縣志》。

自郡城西行，官大路通壽、潁、六安者，自劉府十里至西泉山，又西入懷遠界，十里至考城，又西二十里至上窑，山路崎嶇。明初，路本由外窑，而大橋之跨河者亦在外窑。自明季高堰加修，淮水泛漲，行旅不便，乃改由東二里之上窑，大橋亦移建於此。

光緒《五河縣志》卷三《道里》 縣前道，向東由崇文街出賓陽門，往大興集過澮河，東渡至十里墩，二十里黄盆窑，三十里浮山潼河口，交泗州盱眙界。向西由振武街出秋城門，三里過西壩渡口，十里至七里廟，三十里鍾陽集，四十里上店集，六十里喬家集，交靈璧界。

向南由嚮明街出迎薫門，三里至陸家壩，七里三科樹凹，十五里頭鋪。縣治往臨淮關由灣大路，二十里官橋，古有磚橋三空，今廢。二十五里李八集，三十五里張家溝渡，四十里至三岔，古大路。三岔鋪，今廢。五十里磨刀澗，古大路。磨刀澗鋪，今廢。五十里三衢溝大橋，六十里前郭府、蘭家溝、黄坂，七十里交臨淮鄉界。若黄水泛漲，由頭鋪分岔走西南岡路，二十五里許家林，四十里郭家樓，四十五里孫家橋，四十八里姚官集，五十四里躲水集，六十里郎家廟，六十五里費府寺，七十五里段家莊，又五里至臨淮關。

向北由縣署西轉至城隍廟後，即拱辰門，門塞不開。廟前向東轉，由賓陽門外過豸繡街元帝廟北，五里至故軍店渡，二十里雙忠廟集，三十五里武家橋，四十里界溝集，交虹鄉界，七十里泗州城。

乾隆《靈璧縣志》卷一《道路》 乾隆七年，淮北大水，大學士陳公世倌奉命查勘地方情形，奏准挑濬溝渠，以疏積潦，修整橋路，以資利涉。宿、靈、鳳驛路皆於八年動帑修築，路引各開丈有五尺之溝，多建石橋於路，以通溝水。在靈璧境內者，北自宿州渫澗鋪橋東起，南十里至固鎮霸城鋪，東南十五里至馬溝鋪，又十五里至連城鋪，又十里至禹廟鋪，又十里至濠岡鋪入鳳陽縣界，通長六十里，有塘汛。縣城至固鎮大路九十里，歷年水衝，人馬難行，亦於是年動帑脩築，無塘汛，亦無鋪舍。汴河隄路之在境內者，西自宿靈庵交界起，東五里至徐園鋪，又十里至永定鋪，又十里至樓莊鋪，又十五里至界溝鋪，又十五里至縣城總鋪，又十里至霸離鋪，又五里至吳公橋入虹縣界，通長七十里，無塘汛。此三路，境內冠蓋往來之通衢也。外此惟九灣大路，每當徵粮，必集夫脩治，尚可通行。他如濠城、楊疃、禪堂等大路，年年水衝，缺陷處多，幾不可行矣。嘗考元以前驛路，在三村、陵子、孟山等處，今已久沈水底。此又今古滄桑之變，不可以常理論者也。

光緒《黎城縣續志》卷一《道里》 東四十里至涉縣響當鋪。南二十里至趙店鎮，越漳河至潞城縣潞河鋪。西經上桂花五里，北馬村、西社村胥十里，上遥鎮五里，又十里至襄垣縣營溝口，此孔道，而吾兒峪乃天險也。東經任莊二里，陳村五里，巖井村十五里，又八里至涉縣界黄花。東南由趙店經路堡五里，王曲村十里，又五十里至舊平順縣。西由北馬村經郎莊十里，渠村二十里，石板村十里，又十里至武鄉縣三角村。西北經古縣十里，洪井村、曹莊、原泉村胥十五里，石背底十里，清泉村二十里，又十五里至遼州雲頭底。北由曹莊經桑魯村二十里，西井鎮五里，南陌鎮二十里，又十里至遼州防相村，此山徑也。

光緒《汾陽縣志》卷二《官署》 自城而北三里至北郭村，又七里至陳家莊，又五里至羅城茶房，又十五里至永安鎮，又五里至文星鋪，文水縣界。自城而東五里至望城村，又十五里至康家堡，又五里至白石村，又十五里鄉樂村，平遥縣界。自城而東南五里至鱅場村，又五里至中家堡，又五里至北莊兒，又五里至干河上，又十里至西河堡，又十里至孔家堡介休縣界，又二十里至羅顧府平遥縣界，自孔家堡迤南至張蘭鎮。自城而南五里至趙家莊，又五里至陽城，又五里至田屯，又十里至腰鋪，接孝義縣界。自城而西南十里至牧莊，又五里至義武村，又十五里至石村，又二十里至石家莊，又十五里至會溝，甯鄉、孝義二縣界。自城而西十五里至新莊，又五里至張家堡，又五里至南莊，又二里至石峽村，又三里至郝家莊，又三十里至黃櫨嶺，接永甯州界。舊路：自城而西三里至南馮家莊，又四里至田村，又三里至劉家莊，又十里至坡頭，又十里至向陽峽，又二十五里至嶺底，又五里至黃櫨嶺。自城而西北三里至北馮家莊，又十二里至白草坡，又十五里至金莊，又十五里至馬跑泉，又五里至交口村，又十里至馬家莊，又十里至高家莊，又二十里至李家嶂文水縣界，又七十里至劉王嶂，交城縣、永甯州界。

乾隆《孝義縣志》卷一《疆域》 縣地偏府西南，而縣城偏縣境之東。城南北鋪司二，鋪兵六名，北曰田屯，南曰王桐。由縣城北行少西十五里至田屯，出縣北境，又五里接汾陽縣之陽城鋪。由縣城南行少東十五里至王桐，又五里至嶺北溝出縣南境，又五里接介休之劉同鋪。城西鋪司七，鋪兵七名，曰布落、南陽、義棠、盤重原、車户原、弓家灣、鳳尾。由縣城西北行五十里至布落，由布落又東北八里許至北榆苑，過義河，出縣北境，又二里許接汾陽之馬莊鋪。由布落西南行二十里至南陽，又二十五里至義棠，又十五里至盤重原，又西行十五里至車户原，又十里至弓家灣，又十里至寧鄉縣南境。經寧鄉境内十五里至寧鄉關，再西二十里接寧鄉之河底鋪。由寧鄉關入縣境，南行十五里至鳳尾鋪，又西十五里至黃雲山，出縣西境，又十五里接石樓縣之蒼兒煙鋪。由城東往平遥，東北八十里至平遥之洪上驛。由城南往靈石，仍自王桐鋪經介休境，過義棠橋而南。城東地勢平坦，處處通道。城西岡巒重疊，必踰山越嶺始通他邑。其適中之盤重原，山盡水落，爲四達最要。道原南三十里至劉家沿，通隰州之西曲鎮，則南來商賈之大道也。

《陽城縣鄉土志·道路》 城東四里峻嶺之上曰東坡頭，嶺東三里甆器所出曰後則腰，又東五里曰八甲口，在蘆河之西。再東八里曰河頭堡，在沁河之東。又十里至紅廟嶺，乃吴將軍殉難之鄉。再十里入周村鎮，爲鳳臺縣接界之地。東路四十里。

自蘆河之西，由八甲口分途，渡沁河而東，至潤城鎮十里，五里至海會寺，十里爲史山根，左鳳臺，右陽城，史山嶺兩泉爲界，上七里，下八里，葦町鎮大路可通。東北路距葦町五十里。過南河之間，登南峰之上，五里曰梁橋，在上、下岳莊之側。十里曰張莊，在上、下白桑之中。又五里爲台頭村，神泉山峙於其北。二十五里爲東冶鎮，桑林河流於其南。二十里曰江河，十五里曰窑頭，又十五里爲孤山口，再十五里至白雲隘，爲晉豫往來之口，乃出入險要之區。南路共百一十里。

出南關，過西河，三里曰坪頭。溯南河向西行，四里曰留昌，八里曰潤坡根，十里曰侯服里，二十里爲董封鎮，又十里爲磨石腰，五里曰回龍殿，十里曰榛泉嶺，又五里爲紅花嶂，又十里爲五虎口，十五里曰黃龍廟，再十里至西哄汛。西南路共百里。

出西門，五里曰水磨頭。過西河，十里曰李莊溝。又十里曰澤城，爲濩澤之故縣。再五里曰固隆，在嶕嶢之西南。二十五里曰賈寨，猶係陽城。一十五里曰木亭，已入沁水。西路在木亭共七十里。

由水磨頭分途，至王曲堡五里，又五里曰郭河，再五里曰西溝，又十里曰棘針樹腰，再十里曰劉村。北鎮轉北路而爲西，五里曰芹池。溯蘆河而直上，十里曰呂河。又五里爲辛家河，又四里至大峪溝。西北路共六十四里。

上自劉村分路，下順蘆河東行，五里曰馬寨，五里曰黃崖，又五里曰町店，再五里曰義城。自義城由東而南，五里爲蒿峪。由蒿峪自上而下，五里爲美泉。再下至八甲口五里，亦下自八甲口分途。北後路自劉村至八甲口共三十五里。

雍正《朔州志》卷三《道路》 陸大路五條，小路二條，水路無。東大路，自州東門外起，至馬邑縣四十里，至山陰縣一百里，至懷仁縣一百八十里，至大同府二百四十里，至京城一千里。東南大路，自州東門外起，至廣武八十里，至代州一百四十里，至省城四百六十里。南大路，自州南門外起，至陽方口六十里，至寧武府八十里。西南大路，自州南門外起，至大穴口六十里，至神池縣七十五里，至保德州三百二十里，逾黄河通陝西。北大路，自州北門外起，至井坪六十里，至平魯縣一百二十里，至府城二百三十里，通口外。西小路，自州西門外起，至魚渠嶺四十里，至利民堡六十里。西北小路，自州西門外起，至范家嶺四十里，至老營堡一百四十里。

《章邱縣鄉土志·道路》 東路：自縣城東渡繡江河，至山頭店八里，由此抵炭張店十二里，接鄒平界。

東南路：自縣城至相公莊十五里，又八里至博平鎮，八里至普集鎮，由此復折而南十里至青野，八里至石門村，又二十里至三臺莊，則接淄川界。

南路：自縣城二十里至孫官店，八里至大跕莊，又八里至鵞莊，十里至埠村鎮，十二里至文祖莊，再由此十里至大寨，十五里至錦陽關，接萊蕪界。

西南路：自縣城南十五里至史家莊，又十里過劉家莊，再十五里至孫村，由此十二里至小龍堂，又十八里至邢村，與歷城接界。

西路：由縣城八里至温家莊，又十二里至二十里鋪，再五里至辛店，接歷城界。

西北路：由縣城十里至大溝崖，又二十里至塘頭莊，再由此二十里至十八户，十五里至紅廟，又五里至胡家岸，與濟陽、歷城犬牙交錯接界。

北路：由縣城十五里至舊軍鎮，十里至淯口，再十二里至五龍堂，接齊東界。

東北路：由縣城十五里至刁家莊，又八里至柳塘口，再十里辛家寨，接鄒平、齊東兩縣界。

水路：或由山發源，或平地出泉，俱詳本志「水」門。舟楫不通者，皆由沿途附近居民利設水磨，節節蓄水。惟新清河在城西北三十八里，原因漯水舊跡濬而深之，自趙百户寨上接歷城來源，入境至張家林以北入小清河，計十里，以東直達壽光縣之羊角溝，往來帆檣不斷。又黄河上游自胡家岸起，下至張虎店一帶，計五十餘里，非舟筏無以利涉焉。

山路：東、南兩面極多，固有大路平坦者，亦有軌轍不通者。如東路由山頭店赴鄒平，長山等處，沿途雖多山，而皆有寬平大道可行。惟東南自黄巢頂起，迤邐天倉嶺、野狐嶺、四暨山、劈林尖諸山，此數十里内車馬難行。西南山路，由西龍洞轉接長城嶺，復折而西，天羅頂諸山層巒疊嶂，林壑崎嶇，計由邢村南至歷城千佛山以東，乃有四五十里，往來行人多有歎馬瘏僕痡者。故縣境東西孔道，現在以鐵路爲最。

《齊東縣鄉土志·道路》 東路，自縣城十里至孫家鎮，入鄒平界。西路，自縣城六十里至田家莊，入濟陽界。南路，自縣城七里至長槐家，入鄒平界。北路，自縣城三十五里至大清河，入惠民界。東北路，自縣城二十里至劉家鎮，入青(清)城界。西北路，自縣城四十五里至大清河，入濟陽界。東南路，自縣城至陳玉平家，入鄒平界。西南路，自縣城十五里至吴莊，入章邱界。

《禹城縣鄉土志·道路》 由縣治至平原城七十里。出西門西北行，三里禹城橋，五里白家莊，五里官道張莊，五里劉普站，七里北邱街，十里黎吉寨，共三十五里平原界。由縣治至齊河城七十里。出南門東南行，十二里戚家橋，五里孟家莊，五里趙家莊，共二十二里齊河界。由縣治至茌平城一百二十里。出南門西南行，十五里十里屯，十五里安仁街，十里王家坊，十五里辛寨，十二里苗家林，共七十里茌平界。由縣治至濟陽城九十里。出東門正東行，五里五里塲莊，八里邱振屯，七里李家坊，共二十里濟陽界。由縣治至陵縣城九十里。出北門正北行，八里李家溝，十五里來鳳店，十五里北辛店，二十里王家寨，共五十八里陵縣界。由縣治至高唐州城九十里。出西門正西行，三里禹城橋，十二里崔莊，十八里房家寺，八里大士李莊，共四十一里高唐界。由縣治至臨邑城七十里。出北門東北行，五里菜園，二里陳鐵匠莊，八里張漢橋，共四十五里臨邑界。

《陵縣鄉土志·道路》 正東赴武定府商河縣大路。出城東門，五十里至柏林店，又二十五里入商河界，共行七十五里出本境。

東南赴臨邑縣大路。出城東門，八里至八里屯，又十里至鳳凰店，又八里至蔡家莊，又十里至暖河鎮入臨邑界，共行三十六里出本境。又東南赴禹城縣大路。出城東門，八里至宋家莊，又十二里至張机家莊，又東南五里至馬家塢街，入平原境。共行二十五里出本境。赴省大路同。

正南赴平原縣大路。出城南門，八里至王二馬莊，又十里至南鹽店街，入平原界。共行十八里出本境。

正西赴德州大路。出城西門，一里至通衢橋，又四里至菜園莊，入德州界，共行五里出本境。

東北赴德平縣大路。出城東門，三里至劉家三里河莊，又二十二里至神頭鎮，又八里至皂户楊莊，又十里至任家莊，入德平界，共行四十三里出本境。

正北赴直隸河間府吴橋縣大路。出城北門，三里至邵家莊，又十九里入吴橋界，共行二十二里出本境。

《德州鄉土志・道路》 州境道路可分爲四大幹、七大支，其餘小路紛歧至繁，難以備列。

第一幹路：自州治出南門，東南行十里至烟墩堤口，又五里至譚家鋪，又十五里至黄河涯，又十里至岳高鋪，又十里至李家廟，接平原縣界。是爲通東南各省之山路驛道。

第二幹路：自州治出南門，南行至七里鋪，計七里。又十三里爲二十里鋪，又十里爲三十里鋪，又十里爲甜水鋪，接東昌府恩縣界。是爲通東南各省之湖路驛道。

第三幹路：自州治出西門，西行過運河浮橋，西南行至八里莊，計八里。又十二里至辛莊，接直隸故城縣界。是爲通河南、陝甘西路驛道。

第四幹路：自州治出西門，西行過運河浮橋，西北行至宋家道口，計八里。又西北行十二里至留智廟，接直隸景州界。是爲山路、湖路、西路晉京會總驛道。

第一支路：自州治出東門，正東偏北行八里曰八里莊，又十里至傅莊，又十五里至避雪店，出境入直隸吴橋縣地，東行二十里復入州境之固城，又正東偏北行十五里至徽王莊，又十二里至尹莊，又十里至時家莊，接德平縣界。

第二支路：自州治出南門，正東偏南行十二里曰十二里莊，又十里曰錢也，又十五里曰土橋，又十里曰雨淋店，又十里至范莊，接陵縣界。

第三支路：自州治出西門，過運河浮橋，正西偏北行五里曰五里莊，又十二里曰大屯，又八里至王官店，接直隸衡水縣界。

第四支路：自州治出西門，西北行五里至北厂，又正北偏東行十五里至紀莊，又三十里至柘鎮，又北行十里至第四屯出境，是爲直隸吴橋、東光分界處。

第五支路：自州治出東門，西北行十里曰曹村，又十里至果莊，出境通直隸吴橋縣治。

第六支路：自留智廟與第四幹路分道起，正北偏東行入直隸景州地，八里復入州境，東北行二十二里至柘鎮，與第四支路會合。

第七支路：自柘鎮與第四支路分道起，東行五里至王莊出境，通直隸吴橋縣治。

宣統《滕縣續志稿》卷一《道里》 虚空爲道未詳。正東由城東門行，八里至東沙河，又二十二里至桑村，又二十里至山亭，又二十里至徐莊，入費縣界。正西由城西門行，二十五里至級索，又十五里至劉莊，入魚臺縣界。正南由南門行，十五里至南沙河，由南沙河折而西南行，十五里至八里橋，又十五里至夏鎮，即古廣戚城，入江蘇徐州府沛縣界。正北由城東門入大道行，十八里至北沙河，又二十二里經龍山西至界河，入鄒縣界。東南由城東門入大道行，十五里至南沙河，又二十五里至官橋，又三十里至臨城驛，又二十里至沙溝鎮，又九里至九里窑，入嶧縣界。東北由城東門東北行，三十里經谷山，南至東鄣，又六十里山行至城前，又二十里至龐莊，又五里入費縣界。西南由城南門行，十八里至清凉寺，又二十二里至驊城，又二十五里至界牌口，過運河入江蘇徐州府沛縣界。西北由城西門行，十五里至姜念屯，又十五里至和福，又十五里至池頭集，爲滕鄒魚臺三縣界。

《嶧縣鄉土志・交通》 棗莊西距臨城十九英里，有津浦路支綫貫通其間。自棗莊津浦路支綫終點南至台莊約二十八英里，有中興煤礦私有鐵道一，津浦支路車站三。境内郵局五。運河通航路，往來民船載量由五十噸至一百二十噸。縣城至東、西、南、北各界，均係驛程大道。

《堂邑縣鄉土志・道路》 縣境四望平坦，行載者多以大車，莊田之間，縱横聯絡，歧又有歧，既無岡嶺，又無溝渠，在在可通，無從定其爲自何路來，自何路往也。亦無從定其爲何路爲此路之支，何路爲支路之支也。距城八里，由西南至東北一帶，古堤横亘，然其缺處甚多，車徒無阻。馬頰故濆遇有淫雨，水潦四漫，然曾無病涉之虞。兹列表如左，迂途捷徑，概從略焉。

出城方向	十里至何莊	二十里至何莊	三十里至何莊	四十里至河莊	五十里至何莊	六十里至何莊	七十里至何莊	自何處出境	接何州縣界
正東	道口鋪							道口鋪東二里	聊城
東北	無莊	吴家莊	梁家淺					梁家淺東五里□□王家	博平
正北	安泰集	秦家鋪	唐家鋪	堠堌集				堠堌集北十里	臨清
西北	員家莊	辛集	劉八寨	無莊	無莊			太平莊由城至此五十五里	館陶
正西	無莊	無莊						高□鋪由城至此二十五里	冠縣
西南	無莊	無莊						馬橋集由城至此二十五里	冠莘縣聊城
東南	張□莊	無莊						古□以西由城至此二十五里	聊城

《**莘縣鄉土志・道路**》 正東至東阿大路：出東門，九里至朱家莊出境，又東入陽穀界，九里至龍王廟，又東九十三里至東阿縣城。東南至陽穀大路：出南門，東南至玉皇廟十二里出境，又十八里至陽穀縣城。正南至朝城大路：出南門，至南觀鋪十八里，又七里至中心閣出境，又二十里至朝城縣城。西南至南樂縣大路：出西門，西南二十七里至俎家店，西南段出境入朝城縣界，又二十五里至書館集，又四十里至南樂縣城。正西至大名府大路：出西門，二十五里至張魯集出境，又西八十里至大名府城。西北至冠縣大路：出西門，西北至魏莊三十五里出境，又三十五里至冠縣城。正北至堂邑

大路：出北門，至河店集二十里，又十五里至馬橋集出境，又二十五里至堂邑城。東北至聊城大路：出東門，東北至鄒家大廟十二里出境，又二十二里至沙鎮，又四十五里至聊城。

《**館陶縣鄉土志・道路**》 出東門，折而東北行，八里爲汪家莊，又八里爲張寨，又八里爲汪家堤，又八里爲孫兒寨，共三十五里抵臨清界，此由館赴臨之大道也。出東門赴貢昌府，東行五里爲林家莊，又東即出縣界，折而北二十里爲潘莊，又十里爲艾寨，又十五里爲里官莊，共五十里出縣界。

出北門，北行八里爲灘上村，渡衛河，行五里爲蕭家村，又北五里爲富家渡，又北五里爲申家街，又北里許抵尖塚鎮，出縣界。其赴西北支路，由馬頭渡衛河，西北行十五里爲高莊村，又六里爲時玉，又五里至自新寨，共二十六里抵邱縣界。

出西門，西行二里渡衛河，爲馬頭村，又十里爲路橋村，又八里爲潘家莊，又五里爲張宣寨，共二十五里出縣界。其赴西南支路，行五里至窩頭，渡衛河，又十里爲徐村，又十五里爲廣才，又二十里爲南陽寺，又十里爲房兒寨，又十里爲西河寨，共七十里抵直隸元城縣境。

出南門赴冠縣，東南行十里爲召村鋪，又八里爲萬善，共十八里抵冠縣界。出南門南行，五里至溝塞，又十里爲楊召，又十里爲辛莊，又十里爲李菜，又十里爲尹固，又五里爲張沙，共五十里出縣界。

《**恩縣鄉土志・道路**》 出東門，十二里爲馬頰河，河中爲平原縣界。至平原縣界凡十有三里。

出東南隅，八里爲靳官屯，又十二里爲許家橋，又東南爲平原縣界，由此直達禹城。至禹城縣界凡六十里。

出南門，十里爲興化鋪，又十里爲津期店，枕河，即馬頰河。河外爲平原縣界，由此直達高唐州。至高唐州凡七十里。

出西南隅，十里爲雷家莊，有墩台。又五里爲陳倉屯，有鋪。(大)[又]十五里爲雷家集，有留憩亭、墩台。又七里許爲夏津縣界。至夏津縣界凡四十里。

出西門，十五里爲兩生莊，又十三里爲候王莊，又十三里爲舊城，即國初縣治，古恩州治，今城址猶在。又十里許爲武城縣界。至武城縣界凡六十里。

出西北隅，十二里爲楊在莊，又十三里爲郝王莊，又十五里爲朱官寺，

又十里爲四女樹，濱漕河，舊名安樂鎮。又二十里爲直隸河間府故城縣界。至故城縣界凡七十里，運河西岸。

出北門，十里爲榆林鋪，又十里爲王杲鋪，又十里爲苦水鋪，又北爲德州界。至德州界凡三十里。

出東北隅，十五里爲馬家口，馬頰河過渡處。由此直達陵縣。至陵縣界凡五十八里。

宣統《恩縣志》卷二《道路》　縣治出東門，十二里爲馬頰河，河中爲平原縣界。至平原縣界凡十有□里。

出東南隅，八里爲靳官屯，又十二里爲許家橋，又東南爲平原縣界，由此直達禹城。至禹城縣界凡六十里。

出南門，十里爲興化鋪，又十里爲津期店，店枕河，即馬頰河。河外爲平原界，由此直達高唐州。至高唐州凡七十里。

出西南隅，十里爲雷家莊，有墩台。又五里爲陳倉屯，有鋪。又十五里爲雷家集，有留憩亭，墩台。又七里許爲夏津縣界。至夏津縣界凡四十里。

出西門，十五里爲兩生莊，又十二里爲侯王莊，又十三里爲舊城，即明初縣治，古恩州治，今城址猶存。又十里許爲武城縣界。至武城縣界凡六十里。

出西北隅，十二里爲楊石莊，又十三里爲郝王莊，又十五里爲張官寺，又十里爲四女樹，濱漕河，舊名安樂鎮。又十二里爲直隸河間府故城縣界。至故城縣界凡七十里，運河西岸。

出北門，十里爲榆林鋪，又十里爲王杲鋪，又十里爲苦水鋪，又北爲德州界。至德州界凡三十里。

出東北隅，十五里爲馬家口，馬頰河過渡處。由此直達陵縣。至陵縣界凡五十八里。

《高唐州鄉土志·道路》　一、東幹路赴齊河：出城行十二里，村名邁官屯。又東行□里楊官屯，過橋逕小楊官屯，交齊河界。自齊河西行九十里來會此路。由邁官屯東南分支路，經謝王莊至巨鎮五十里。自長清城西北行五十里來會此路。東北支路，出城行十八里尹家集，行三十里房家寺，禹城界。自禹城西南行四十里來會此路。

一、西幹路赴臨清：出城正西行十里村名西十里鋪，西行二十里村名三十里鋪，過圓橋，五里辛集街，清平界。自臨清治東行七十五里來會此路。由西十里鋪分支路西南行，二十里清平治。

一、南幹路赴茌平：自城正南行十里地名南十里鋪，行八里辛店鎮，十五里南鎮橋，過鳴犢河，茌平界。自茌平治北行三十五里來會此路。自辛店分支路，西南過趙孟莊，抵紙房頭莊十八里，西南行五里司家營，博平界。自博平治東北行三十五里來會此路。

道光《榮成縣志》卷一《海道》　凡船自西南田横島望文登縣槎山而來，約四百餘里至延真島。此島東西長五十里，東北岸下有三孤石，又旁多暗礁，宜避。用針盤東向卯乙行約三十里，至鎮鄉島西李家圈。又東三里至鹿島。又東北向艮寅行約五十餘里，再轉西北向乾亥行約四十餘里，至養魚池。又東北向艮寅行約二十餘里至黄埠嘴。又東南向巽巳行約十里避成山頭，又東八里避殿東頭，此二處極險。過此轉西向庚酉行約三十餘里至駱駝圈，又西三里至李叢嘴，又西十五里至柳夼口，避西北、東北風。又西一百里至劉公島。按：海道分爲十程，自延真至劉公島此第五程也。

凡船自劉公島來，東南向巽巳行約二十里，東稍南向乙辰行約八十里，又東向卯乙行約五十里，過青礁島及對面沙岸名朝陽口，又東五十里至成山頭，怪石嵯峨，怒濤洶湧，潮上南流，潮落北流，水勢湍急。有岸口名駱駝圈，遇颶風可泊對面。正北有海驢島，其北有淺沙，宜避。成山頭外里許有大卧虎石、小卧虎石，且水中多暗礁，時起白浪險惡，宜避。海驢島近成山頭貼山而行，東南向巽巳行，歷南向丙午轉丁未，再西南向坤申，轉西北向乾亥，至北向子癸，依山麓約四十餘里至龍口崖。自龍口崖西南向坤申行，三十里過養魚池。南向丙午行，約八十里過倭島。南稍西向丁未行，約六十里轉西北向戌乾行，至馬頭嘴。

《肥城縣鄉土志》卷七《道路》　邑境東北多山，無通衢，故獨不録。

由縣治而正東，渡康河，十里至白浮圖，又十里潮泉鋪，又五里入泰安境。正東無支路。

由縣治而正北，五里至五里堠，渡康河，又十里至大石鋪，又五里過長城嶺入長清境。正北無支路。

由縣治而正西，七里至北儀仙，又八里至穆莊，又五里至朱家莊，又十五里陶陽村，又十里至興隆莊，又五里至湖屯，又五里至高餘，又三里至石橫，又五里至砦山頭，入平陰境。

正西支路，由北儀仙十里至王瓜店，又十里至潘家臺，過肥河，又八里至紙房，又十里至紅廟，又五里至衡魚，又五里陳家屯，入平陰界。此路稍偏於南。

由縣治而正南，八里過肥河，又五里至劉家莊，又十里至儀陽，又八里至王晉，又十里至安臨站，又五里至丹鳳山，又八里至界首，又二里入泰安境。

正南支路，由安臨站而西南，十里至六房，又十五至程莊，入泰安界。此路偏於西。

由縣而東南，五里至北尺莊，又五里至沙溝，渡肥河，又十里至石屋莊，又十里過橫嶺，又五里至周王墓，又五里至柱子村，入泰安境。東南無支路。

由縣治而西南，八里至儀仙，又八里至辛家廟，又七里過肥河至辛鎮，又十里過鳳凰山至曬書城，又六里至西里村，又十里至崇果寺，又五里至王莊，又五里至五里屯，入東平州境。

西南支路，由辛鎮四里至冉子故里，又十二里過迷山至屯頭集，又十里至伏莊，又十二里至演馬莊，又八里至展家窪，入東平州境。

由縣治而西北，十里至馬莊，又十里至大封，又十三里至張家店，又五里至山陽鋪，又五里至四科樹入平陰境，又十里逕平陰之毛家鋪，至興隆鎮復入肥境，又五里過虎豹川，又八里至廣里，又五里至東張，又三里至孝里鋪，又四里至下把，入長清。西北支路，由廣里十五里至龐家道口，渡黃河至傅家岸，又西五里入平陰境。

西北三十五里至崔家河莊，入茌平境。一由興隆鎮而西，十里至欒灣，又六里至望口山，渡黃河，又八里至傅家寨，入平陰境。又五里至有家莊，復入肥城境，又六里至牛角店，復入平陰境。

《平陰縣鄉土志・道路》 東十里至安城，十五里小官莊，二十里冷飯店，二十五里東官莊，三十里鳳凰莊，三十五里四科樹，入肥境。西十里至西寨，十五里龍橋，二十五里滑口，入東阿境。南十里至十里鋪，十五里官莊，二十里分水嶺，二十五里南官莊，三十五里孔村，四十五里東天宮，五十里孝直，五十五里莊科，六十里元家集，入東平境。北十里至翟莊，過河，十五里南新莊，二十二里國家莊，二十五里牛角店，四十里旦鎮，四十五里婁家集，五十里北婁莊，入長清境。東南十里至喬口，十五里鑾子莊，二十里入肥城境。東北十里至平地洛，十二里通濟橋，入肥境。西南十里至堡子，十五里陶家莊，二十里王蒿店，三十里大站，三十八里桃園莊，入東阿境。西北五里至岔王莊，過河，十五里八里莊，三十里黃家圈，五十里朱家海子，五十五里廟楊莊，入茌平境。

《菏澤縣鄉土志・道路》 菏邑四望平原，既無高山之險，亦鮮大川之阻，惟西北一隅近河，第見阡陌雲連，村落烟聚。則凡南、北、東、西，大則康莊，小則微行，歧出紛繁，更仆難數。謹將四正四隅之通衢以著於編。

自東門出泰山廟側隄口爲東方正道。距城八里爲因果寺，寺旁有河名雙河口，河中有橋。踰此而東，再八里爲石家堂，再十里爲新集，再十里爲王家橋，再八里爲皇墩集，再八里爲蘆墩集，再八里爲東沙土集。出沙土集東門，則遥接鉅野之龍堌。

出東南隅三教堂隄口，距城八里曰侯家店，再五里抵晁八寨，再十里抵佃户屯，由此東南行直達定陶縣北門。

自南門出觀音堂後隄口爲南方正道。距城十二里爲南沙土集，再十三里爲金隄集，再十五里爲張家灣，出張家灣則曹縣界矣。

出西南隅黃家隄口，距城十里曰楊家營，再八里抵解元集，再八里抵白楊張莊，再十五里抵通堌集，此處陸路徑達直隸之東明縣。

出西門閱武臺後隄口爲西方正道。距城十里爲東陽寺，寺側有河名曰瀰河，踰河再八里爲騾車王莊，再八里爲葭密寨，再八里爲陳家集，出陳家集西門外五里則直隸東明縣界矣。

出西北隅傅家隄口，距城十里曰鹿家坊，再十里抵吴家店，再八里抵天爺廟，再八里抵白虎集，再十里抵藺口，此處則西阻黃河，遥接直隸之開州。

自北門出接官廳後隄口爲北方正道。距城十二里爲龍興寺，再十里爲小流集，再十五里爲馬村集，出馬村集北門則濮州界矣。

出東北隅桑家隄口，距城十里曰李家集，再九里抵紅家灣，再十四里抵侯家集，再十四里抵都司集，再十五里抵閆什口，比鄰濮州之東南界。

《范縣鄉土志・道路》 正北赴省城大路，出北門，偏西三里入朝城界。

西南赴府城大路，出城南門，十里至胡樓，又五里至顏村鋪，又十里至北陽鋪，又五里至柳杭頭，入濮州境，共三十里。西南赴濮州大路，與赴府同。正西赴觀城縣大路，出城西門，五里至五里堠，又五里至呂家隄，又五里至踏疃集，入觀城境，共十五里。東南赴鄆城縣大路，出城東門，十里至范老莊，又十五里至舊城，又七里至羅家墳，渡河，又一里至羅家樓，又五里至王家樓，入鄆境，共四十八里。東北赴壽張縣大路，出城東門，東北三里闞虎店，入壽張境。東北赴陽穀大路，出城北門，三里曹家營，入朝城境。正北赴朝城縣大路，出城北門，三里入朝城境。

《朝城縣鄉土志》卷一《道路》 由山東省至河南省大道：自莘縣城南中心閣接入本境王家鋪，十里至八里鋪，又十里至城。由城出西南十里邱家樓，又十里韓張店，七里王莊集，入觀城界。由本境至曹州府路：出城南十里十里坑，又十里柿子園，又十里郭灘集，入觀城界。由本境至范縣路：出城東南十里三義廟，又十里馬老莊，又四里岔樓入范縣境。由本境至壽張路：出城東南十里張樓，又十里狼集，入壽張界。由本境至陽穀路：出城東十里東孫莊，又十里喻家樓，入陽穀界。由本境至東昌府路：出城北十里八里鋪，又十里王鋪，又五里中心閣，入莘縣界。由本境至臨清路：出城北十里胡集，又十里賈廟，又十二里田集，入莘縣界。由本境至冠縣路：出城西北十里妹塚，又十里山堂，又十里程大營，又十里張魯集，又十里大王寨，又十里觀上，又十里大場集，至冠縣界。由本境至大名府路：出城西北十里董莊，又十里長史，又十里任屯，至元城界。由本境至南樂縣路：出城西十里張寨集，又十里雙廟，又五里大青集，入南樂界。

乾隆《登封縣志》卷九《道里記》 采訪事實。縣城在境之偏東，而當北山之趾，東盡六十餘里，西盡一百二十餘里，南盡五十餘里，北依山踰一二十餘里。其四鄉村鎮通於鄰境者十五道。正東赴省通密縣道，自城東八里中嶽廟，二里新店，五里韓家村，十里盧店鋪，七里吳家岡，八里景店，過景店五里抵密縣界。距城積四十五里。正南踰大熊山峽通汝州道，自城南六里玉皇廟，二里碑子村，七里石橋，五里背陰坡，二里庫莊，三里古衕，七里□門，十二里西白栗坪，十五里交崖砦，三里毛家嶺，抵汝州界。距城積六十二里許。正西抵少室山趾。距城十里許。正北抵太室山趾。距城五里許東北通鞏縣道，在中嶽廟分路，十七里楊莊，十二里馮家溝，過馮家溝抵鞏縣界。距城積三十七里許東北通密縣道，在中嶽廟分路，十七里唐莊鎮，八里玉臺，抵密縣界。距城積三十三里許東南通密縣道，在盧店分路，十五里施村，十里大冶鎮，五里七家灣，七里楊子臺，抵密縣界。距城積六十二里許東南通禹州道，自城三里高家莊，七里十里鋪，八里茶亭，四里竹園，三里告城鎮，係舊路。又新路自新店分路，五里黃家樓，四里紙坊，三里五渡，八里郜城鎮，十里水峪，五里廟莊，十里費莊，係舊路。又新路自告城分路，四里曲河，八里蔣莊，五里石羊關，五里費莊，過費莊五里許抵禹州界。距城積五十七里許東南通禹州道，在□□□分路，十里孫家橋，十里王家屯，三里舜帝廟，七里屈家溝，十里馬峪口，過馬峪口七里許抵禹州界。距城積七十里許西南踰崚嶝坡通汝州道，自城八里耿家莊，四里陳家樓，七里顧家河，六里大金店鋪，八里段家村，九里崚嶝坡，三里劉樓，係舊道。又新道自大金店八里蔡家溝口，十七里交劉家樓，五里送表，過送表三里許抵汝州界。距城積五十里許西南通洛陽道，自城二十五里冠子嶺，十里後河，五里尹新莊，五里澤餘溝，五里錢新莊，十里關莊，十里潁陽鎮，七里五里頭村，八里江左河鎮，五里苑莊，十里葉家砦，過葉家砦五里許抵洛陽界。距城積一百里許西南通洛陽道，自潁陽鎮分路，十里段家村，十五里武家砦，十里呂店鎮，十五里袁家莊，過袁家莊三里許抵洛陽界。距城積一百二十里西北通偃師道，自武家砦分路，十五里水泉口，抵洛陽界，亦偃師界。距城積一百一十里許西北通偃師道，自潁陽鎮分路，十五里鳳門，抵偃師界。距城八十五里西北赴府通偃師界，十里邢家鋪，八里郭店，十二里轘轅關，出關抵偃師界。距城積三十里零星村落，崎嶇道路，俱不備載。

嘉慶《漢南續脩郡志》卷三《幅幀道路》 留壩廳

廣二百一十里，袤二百七十里。東二百四十里至平頂關，關以東南交洋縣黑峽子界關，以北交盩厔縣毛胡蘆關界。西一百里至光化山交鳳縣鐵爐川界，南五十里至武關河交褒城縣鐵佛殿界，北一百里至南星交鳳縣界。

正東九十里至江口，又三十里至桑園壩，又三十里至栗子壩，又九十里至平定關，交洋縣，盩厔縣界。俱係山徑。

東南二十里至青羊鋪，又二十里至南河口，過紫金河，冬春架橋，夏秋船渡。又二十五里至東溝，又三十五里至桅杆石梁，交城固縣高岐界。此路自東溝進，險窄，止可人行。

東北六十里至王皇廟，又三十里至江口，過紫金河西河，無船。又三十里至拓栗園，又三十里至苦竹街，又三十里至王家棱，又四十里至寇家關，交鳳縣進口關界。俱係山徑，止可人行。又由江口東北四十里至太白河，九十里至青草山，交盩厔縣磨房溝界。路極險峻，老林幽險，止可人行。

正南二十里至青羊鋪，又二十五里至武關驛，又五里至武關河，交褒城縣鐵佛殿界。此路爲川陝棧道驛路。

正西四十里至棗木欄，又三十里至鐵厂溝，又三十里至光化山，交鳳縣鐵爐川界。小路，極爲險峻。鐵爐川在老林中。

西南三十里至孟家山，又三十里至火燒店，又四十里至菜子嶺，交褒、沔、略陽界。山僻險路，難行。

正北三十里至桃園鋪，又十里至棗木欄，又五里至廟臺子，又八里至柴關嶺，又十七里至松林驛，又十里至榆林鋪，又二十里至南星，交鳳縣界。此路爲川陝棧道驛路。

西北九十五里至陳倉溝口，又三十里至分水嶺，交鳳縣界。

定遠廳

廣二百一十五里，袤四百七十里。東三百六十里至紫陽縣，西六百里至川省通江縣，南二百四十里至川省太平廳，北二百七十里至西鄉縣，東一百四十里至白楊坪交紫陽縣界，西二百四十里至兩河口交通江縣界，南一百四十里至滚龍坡交太平廳界，北七十五里至巖寨子交西鄉縣界。

正東十五里至樓子壩，又四十五里至五塊石，又六十里至五里壩，又二十里至白楊坪，交紫陽縣界。山徑小路，止可人行。

東南六十里至星子山，又六十里至下楮河，又三十里交太平、紫陽界。路極險窄，難行。

東北五十里至截草壩，又三十里至貫溝，交西鄉縣界。山僻小路，止可人行。

正南三十里至毛埡塘，又三十里至高角洞，又三十里至漁渡壩，又三十里至元灘子，又二十里至滚龍坡，交川省太平廳界。此路亦險，爲川陝衝要。

正西三十里至九陣壩，又三十里至分水嶺，又十五里至金硐子，又十五里至三元壩，又三十里至馮家户，又三十里至油盤埡，又三十里至簡池壩，又三十里至兩河口，交通江縣界。此路險窄，止可人行，川陝要隘。

西南九十里至過街樓，又三十里至洋漁塘，又二十里至九元關，交通江縣界。路極險峻。

西北三十里至麻池堡，又四十里至涼橋，又三十里至馬家壩，交西鄉縣界。老林山路，止可人行。

正北三十里至陝家灘，又三十里至拴馬嶺，又一五里至巖寨子，交西鄉縣界。此路爲川陝衝要，夏秋難行。

南鄭縣，附郭。

廣五十五里，袤二百五十里。東七十里至城固縣，西一百一十里至沔縣，南五百九十里至川省通江縣，北四十五里至褒城縣。

正東離城三里至七里店，又三里至吴家鋪，又三里至慶豐寺，又五里至十八里鋪，又十二里至新鋪，交城固縣界。平原大道。

東南離城三里至焦家河壩，又十里至麻柳渡，過漢江，有船。又二十里至娘娘山，交城固縣界。爲鄉村小路。

東北離城十五里至乾溝坎，又十里至朱家灣，又二十里至吕家村，又十五里至高家灣，又十五里至文家灣，交城固文川界。小路，半屬平夷。

正南離城平原，三里至下水渡，過漢江。又七里至枝子堰，又十里至祖師殿，從此山路。又十里至高家嶺，又二十里至牟家壩，又五里至馬桑壩，過冷水河，冬春有橋，夏秋船渡。又十五里至青石關，又十五里至老龍池，又十五里至回軍壩，又二十里至毛狗洞，交通江縣界。此路山深嶺險，爲川陝要隘。

正西離城五里至沙堰子，又五里至十里店，又五里至鐵佛殿，又五里至龍江鋪，交褒城縣界。爲赴川大道，坦途。

西南五里至上水渡，過漢江。又五里至暮山坡，此處路分兩岐。西三十里至高臺寺，又二十里至新集，交褒城縣界。此路可通寧羌州、四川廣元、南江等處。俱係山徑，止可人行。南過剪子河，三十里至周家坪，又十里至青樹子，又二十里至紅廟堂，又十五里至白陽塘，又四十里至岩方坪，又三十里至高阡埡，又三十里至廟壩，又四十里至桃園寺，交南江縣界。山僻小徑，險窄難行，亦川陝要隘。又由紅廟堂南三十里至梅子壩，又二十里至烏山埡，又二十里至白陽關，又二十里至小壩，交南江縣界。路極險峻，止可人行。

正北離城十五里至玉井觀，又二十里至彌勒院，又山路三十五里至天台山，東北交城固界，西交褒城界。山僻小路。

褒城縣

廣一百里，袤四百二十里。東九十里至城固縣，西九十里至沔縣，南二百三十里至南江縣界，北一百八十里至留壩廳。

正東過黑龍江，冬春架橋，夏秋船渡，五里至周寨，又二十五里至韓家莊，交南鄭縣界。平原坦途。

東南過黑龍江，十五里至范寨，又十里至二十里鋪，交南鄭縣界。平原坦途，爲赴郡城大道。

正南二十里至長林鎮，渡漢江。又山路十里至土地嶺，又二十五里至高臺寺，又三十五里至黄官嶺，又二十里至塘口子，又三十里至白巖河，又三十里至高阡埡，又六十里至土地嶺，又三十里至兩河口，交川省南江縣界。此路山險林大，川陝隘要。

正西十五里至老道寺，又二十五里至射鴻臺，交沔縣界。平原大道，川陝驛路。

西南平原三十里至侯寨，渡漢江。又十五里至雍東寨，又二十里至慕雅寨，又十里至柿子溝，交沔縣界。鄉僻小路。

西北三十里至牛頭壩，又三十里至土地嶺，又三十里至雲霧寺，又四十里至竹埡子，交沔縣界。路極險峻，止可人行。

正北棧道十里至雞頭關，又十五里至麻坪寺，又二十五里至青橋驛，又十里至青橋鋪，又十里至二十里鋪，又二十里至馬道驛，又十五里至武曲鋪，又十里至飛仙溝，又十里至鐵佛殿，又五里至武關河，交留壩廳界。川陝棧道驛路。

城固縣

廣五十五里，袤三百里。東五十里至洋縣，西七十里至南鄭縣，南一百二十五里至五郎坪交西鄉縣界，北一百七十里至北溪里交留壩廳界。

正東平原十里至漢王城，交洋縣界。此路往洋縣、石泉、興安府大道。

東南平原三里至孫家渡口，渡漢江。又七里至響灘溝口，由此山路。又四十五里至五堵門，交西鄉縣界。漫坡山徑。

東北平原，十里至壻水河，冬春架橋，夏秋船渡。又十里至常家溝，又四十里至關王廟河，交洋縣界。山僻小路。

正南渡漢江，十五里至堰溝口，由此入山。六十里至楊關兒溝，交西鄉縣界。山徑小路，止可人行。

正西五里至磨石橋，又十五里至沙河營，又十五里至柳林鋪，又五里至新鋪，交南鄭縣界。平原坦途，爲赴郡城大道。

西南十里至苟家渡，過漢江。又二十里至五郎口，由此山路。又四十里至二郎壩，又五十里至盤壩，又二十里至賈峪關，交南鄭縣界。此路止可人行。

西北十五里至文川河，又三十五里至彌勒院，交南鄭縣界。鄉僻小路，半屬平坦，可達褒城縣。

正北平原，三十里由壻水河長柳渡，冬春有橋，夏秋船渡。歷慶山，至昇仙口入山，十里至土地嶺，又十里至雞冠巖，又三十里至石堰坪，又三十里至雙溪，又三十里至小河口，又四十里至北溪里，交留壩廳界。此路由小河口西北九十里至桅杆石梁，可通留壩廳及郿縣、盩厔等處，爲出西安省城捷徑。路極險窄，止可人行。

洋縣

廣三百里，袤六百二十里。東二百六十里至石泉縣，西五十里至城固縣，南一百二十里至西鄉縣，北六百四十里至盩厔縣。

正東平原十里至貫溪鋪，又二十里於龍亭鋪，由此山徑。二十里至槐樹關，又二十里至西水河，冬春架橋，夏秋船渡。又三十里至金水河，冬春架橋，夏秋船渡。又二十五里至土門埡，又十五里至湘子山，又二十里至扇子坡，又二十里至兩河，東北交寧陝廳界，東交石泉界，南交西鄉界。路亦險窄，爲赴寧陝大道，夏秋難行。

東南平原三十里至龍亭鋪，又三十里至黄金鋪，渡漢江。又二十里至真符鎮，又十五里至沙河鋪，又十五里至環珠廟，又三十里至界牌，交西鄉縣界。路半平夷，爲赴石泉、興安大道。

東北平原十五里至翟家橋，由此山徑。十五里至老鸛河，又三十五里至雙古墓，又二十五里至羊莊河，又三十里至水碓溝，又二十里至秧田壩，又二十里至西岔河，又三十里至東嶽殿，又三十里至兩河口，又三十里至沙窩子，又四十里至秦嶺，交盩厔縣界。山僻小徑，極爲峻險。又由西岔河東六十里至陳家壩，交寧陝四畝地界。止可人行。

正南平原十里至望江鋪，渡漢江。山徑，又十里至白土嶺，又十里至仙浴鋪，又十里至雙河鋪，又十里至紅瓦鋪，又二十里至界牌，交西鄉縣界。爲赴西鄉大道，半屬平坦。

正西五里至甘露庵，又二十里至謝村橋，又十五里至胥水鋪，過胥水河，冬春架橋，夏秋船渡。又五里至漢王城，交城固縣界。平原坦途，爲赴城固郡城大道。

西南平原二里至新坊渡，過漢江。又八里至江壩。又山路六十里至梅子埡，交西鄉縣界。鄉僻小路，止可人行。西北二十里至田家嶺，又山路二十里至漢王山，又二十里至螺螄灘，又二十里至黑峽子，又二十里至銀杏壩，又二十里至大牛嶺，又三十里至華陽，又四十里至石板埡，又老林三十里至火地，交盩厔縣二郎壩界。路極幽險，可通盩厔縣。

正北五里至牛首山，又山路三十五里至八里關，又二十里至老土地，又三十里至茅坪，又三十里至寒風洞河，又三十里至女兒壩，又四十里至寬潭溝，又二十里至高橋，又十五里至太古坪，又三十里至三官廟，又十五里至火地，又三十里至亮埡子，又二十里至財神廟，交盩厔縣界。老林幽險，止可人行。

西鄉縣

廣二百里，袤四百八十里。東一百八十里至石泉縣，西一百六十里至城固縣，南二百七十里至定遠廳，北一百二十里至洋縣。

正東平原，三里過木馬河，冬春架橋，夏秋船渡。又十二里至板橋灣，又五里過洋河，渡無船。山路，十里至板橙埡，又十里至三郎鋪，又三十里至白沔峽，又三十里至茶鎮，又二十里至新漁壩，交石泉縣界。山僻小路，爲赴石泉捷徑。

東南過木馬河，三十里至堰口，由此山路。又六十里至司上，又三十里至面子山，又二十里至楊家河，又二十里至拴馬嶺，又十里至巖寨子，交定遠廳界。此路溝深嶺險，爲川陝衝要。

東北平原三十里至別家壩，又漫坡路二十里至岔河子，又三十里至官溝，又二十里至渭門，又五里至白沙渡，過漢江。又三十五里至袁陽鋪，又

一十里至子午鎮，又三十里至牛羊河，交石泉饒風界。此路爲赴興安府大道，半屬平坦。又從子午鎮北三十里至白火石溝，又三十里至兩河，東北交寧陝界，西交洋縣界，東南交石泉界。爲赴寧陝大道，山路難行。

正南過木馬河，漫坡三十里至法寶，又五十里險路至箭杆山，又三十里至沙田壩，交定遠屬皮貨鋪界。山險路窄，止可人行。

正西平原十里至十里鋪，又二十里至棗園子，又十里至筒車壩，又十五里至馬棕灘，又二十五里至沙河坎，又二十里至嚴家壩，交城固縣孫家坪界。爲赴郡城捷徑，尚屬平坦。

西南過木馬河，十里至長嶺岡，又二十里至白楊溝，又十里至柳樹店，又二十里至峽口，又十里至罐子山，又十里至射潭坎，又十五里至鍾家溝，又十五里至大巴關，又險坡三十里至大爺廟，又十里至百雄關，又三十里至龍池場，在巴山老林中。又十五里至喀口石，又十五里至黃草坪，又十里至天池寺，又二十里至奎星樓，又二十里至兩河口，交通江縣界。此路林深險峻，爲川陝要隘，止可人行。又由龍池場西七十里至菩提河，交通江縣樓坊坪界。均從老林中行走，亦爲要隘。

西北二十里至古溪鋪，又二十里至桑園鋪，又十里至界牌，交洋縣界。漫坡山徑，半屬平坦，爲赴洋縣大道。

正北二里至彌陀寺，又山路三十里至桃溪河，交洋縣界。山僻小路，止可人行。

鳳縣

廣二百二十里，袤三百四十里。東二百一十里至寶雞縣，西一百二十里至甘肅兩當縣，南一百八十里至留壩廳，北四百里至秦州。按：今至兩當止九十里。

正東十五里至柳樹灘，又十五里至王家臺，又十五里至白家店，又十五里至五星臺，又十五里至草涼驛，又十五里至紅花鋪，又十五里至長橋，又十里至北星，又十里至黃牛鋪，交寶雞縣界。爲川陝棧道驛路。

東南進安河，十五里高平堡，又十五里至馬鞍山，又十五里至下張口，又十五里至鹽山關，又十里至上張口，又三十里至罐兒溝，又二十里至車道河，又三十里至白蟒寺，又十里至進口關，又三十里至白雲，交寶雞縣界。山路險窄，止可人行。

東北十里至臧家嶺，又五里至十八盤，又十里至楊家莊，又二十里至到回溝，又三十里至隘口，又三十里至胡天里，交甘肅秦州界。路極幽險，止可人行。

正南十五里烟洞溝，又五里至鳳嶺，又十五里至心紅鋪，又十五里至三岔驛，又十里至廢邱關，又三十里至界牌，交留壩南星界。鳳嶺上下險程五十里，爲川陝棧道驛路。

正西五十里至何家溝，又十里至酒店梁，又二十里至東岔溝，又二十里至瓦房壩，又三十里至麻峪河，又三十里至密蜂溝，交兩當縣界。山僻小路，止可人行。

西南九十里至南星，又二十五里至陳倉溝，又十五里至分水嶺，又三十里至三道河，又二十里至大石岩，又二十里至箭河埡，又三十里至鐵爐川，又四十里至火燒關，又三十里至二溝場，交沔縣界鐵爐川。在老林中，爲陝甘黑河要隘。

西北三十里至方石鋪，又十里至草店子，又五里至馬嶺關，又十五里至單河鋪，交兩當縣界。路頗平夷，爲赴兩當大道。

正北七里至北山，又三十里至龐家河，又四十里至唐藏，又五里至曹家莊，又十里至大渠，又八十五里至二郎壩，交甘肅兩當縣界。山徑崎嶇難行。

寧羌州

廣三百三十里，袤五百二十里。東一百二十里至老龍池交沔縣界，西三百五十里至青木川交四川平武界，南一百五十里至流沙坡交四川廣元界，北二百一十里至流溪溝交甘肅階州界。

正東四十里至高廟子，又二十里至鐵鎖關，又三十里至三陽壩，又三十里至老龍池，交沔縣界。山僻險路，爲赴郡城捷徑。

東南十里風響溝，又四十里至二郎壩，又三十里至水田坪，又四十里至卦子山，又二十里至常家巙，又七十里至茅埡子，交廣元縣界。山僻小路，中有老林極爲險峻，川陝要隘。

東北平原十五里至柏林驛，又十五里至滴水鋪，山徑，又十里至五丁關，又十里至寬川鋪，又十五里至烈金壩，又五里至大安驛，又十五里至金堆鋪，交沔縣界五丁關。極爲險窄，係川陝驛路，即五丁開山處。

正南三十里至荒耳山，又二十里至大竹壩，又四十里至八廟河，又十里至三道河，又六十里至流沙坡，交廣元縣界。老林山徑，爲川陝要隘。

正西七十五里至烈金壩，進山，四十五里至老戴壩，又四十里至陽平關，渡嘉陵江。又二十五里至青岡坪，又四十里至安樂河，又二十里至廣平河，又七十里至葉子壩，又七十里至石甕子，又八十里至青木川，交川省平武縣界。路極幽險，川陝要隘。

西南平原三十里至迴水河。山路，又十里牢固關，又十里黄壩驛，又十五里接官廳，又五里至七盤關，交廣元縣界。川陝棧道驛路。

西北一百六十里至陽平關，過嘉陵江。又三十里至青河牌，又六十里上清河，又四十里至毛埡子，交甘省文縣界。山僻小路，止可人行。

正北七十五里至烈金壩，進山，又三十里至南沙河，又十里至響水溝，又七十里至徐家壩，又二十里至流溪溝，交文縣界。山僻小路，甚爲險峻。又離城北八十里至大安驛進山，四十里至鐵佛殿，交略陽縣界。爲赴略陽捷徑，止可人行。

沔縣

廣一百四十里，袤三百六十里。東一百一十里至南鄭縣，西一百八十里至寧羌州，南一百里至鋼厂交褒城縣界，北二百六十里交鳳縣兩當略陽界。

正東平原四里至武侯祠，又一里至馬超墓，又五里至何家營，又五里至火安營，又五里至舊州鋪，又十里至蘇曹營，又十里至黄沙驛，又五里至上人橋，交褒城縣射鴻臺界。川陝驛棧大道，又爲赴郡城大路。

東南渡漢江，平原十里至武侯坪，又十里至元山鎮，又山路四十里至天池子山，交褒城縣界。鄉僻小路。

東北平原二十里至舊州鋪，又十里至龍王溝口入山，又二十里至龍王溝，又十里至長嶺，又十里至到回溝，又十五里至火神廟，又四十里至余家河，又三十里至板橙埡，交褒城縣界。山僻小路險峻，止可人行。

正南渡漢江，平原十里至武侯墓，又二十里山路至羅家營，又三十里至阜川集，又四十里至鋼厂，交褒城縣界。鄉僻小路，通四川廣元、南江等縣。

正西十五里至土關鋪，又十五里至沮水鋪，過沮水，冬春架橋，夏秋船渡。又十五里至銅錢壩，又十里至蔡壩，又十五里至青羊驛，又五里至板廟子，交寧羌金堆鋪界。爲川陝棧道驛路。

西南渡漢江，二十里至茨角壩，又二十里至香子壩，又三十里至黄土嶺，交寧羌州界。山僻小路，止可人行。

西北平原五里至方家壩，又二十五里山路至七里溝，又三十里至上沮水，即今茶店子，交略陽縣界。漫坡山徑，爲赴略陽、甘肅階州、秦州、鞏昌大道。

正北二十里至隘埡口，（至）二十里至王家河，又十里至小堨河，又二十里至雙水磨，又十里至長壩子，又三十里至上觀音寺，又四十里至冷峪河，又二十里至金花寺，又十五里至張家河，又三十里至茅壩，又五十五里至火燒關，北交鳳縣界，西北交兩當、略陽界。爲黑河山徑，林深谷暗，止可人行。陝甘要隘。

略陽縣

廣一百三十里，袤五百二十里。東一百八十里至沔縣，西三百六十里至甘肅階州，南四十二里至白雀寺交寧羌界，北二百一十里至甘肅徽縣。

正東二十里至閣老嶺，又二十里至接官廳，又二十里至何家岩，又二十里至煎茶坪，又二十里至峽口驛，又二十里至上沮水，過河，冬春架橋，夏秋船渡。交沔縣界。漫坡山徑，爲赴沔縣、郡城大道。

東南五十里至臭草溝，又十里至分水嶺，又十里至銅礦營，又二十里至廟壩，交寧羌鐵佛殿界。此路爲赴寧羌捷徑，止可人行。

東北進八渡河，十五里至吴家營，又四十五里至費家埡，又六十里至仙臺壩，又三十里至娘娘壩，又三十里至觀音寺，交沔縣黑河界。路極幽險，止可人行。

正南七里至靈巖寺，又三十五里至白雀寺，交寧羌州界。山僻小路難行。

正西渡嘉陵江，二十里至横現河，又二十里至置口，又十里至窄峽子，又十里至鄧子園，又二十里至七里堨，又十里至木瓜園，又十里至窑坪里，又二十里至大南峪，交甘肅階州白馬關界。爲赴甘肅大道，半屬平坦。

西南渡嘉陵江，進山六十里至茅壩，又十里至青白石，又二十里至土地廟，又十里至琵琶寺，又二十里至金竹壩，交甘肅文縣界。山僻小路，險峻難行。

西北渡嘉陵江，四十里至置口，又二十里至報恩寺，又三十里至禪覺寺，又三十里至青泥河，可通白水江。又五十里至格樓壩，交甘肅成縣界。此路險窄難行，爲古之棧閣路也。

正北進八渡河，十里至五馬巖，又五十里至黑樓房，又二十里至大黄渠，又十里至麻堰子，又十里至白水江，漢江。又十五里交甘肅徽縣打火店界。爲赴徽縣、兩當大道，路極險峻。白水江，陝甘要隘。又北二十里至白石溝，又四十里至安林溝，又二十里至兩河口，又三十里至金池院，又二十里至小溝，又二十里至碓窩子，又三十里至棧壩老林，交兩當縣界。此路幽險，止可人行。

康熙《山陽縣初志》卷一《道路》 正東路，由城至高八店四十里，又東至中村三十里，又東至銀花十里，又東至竹林關三十里，又東南至界牌嶺十里，爲往商南下淅川入楚之道。又自竹林關下舡，經淅川，穀城至小江口入潢，爲下襄陽之□路。

正南路，亦至高八店四十里，乃折而南入溝，逾鶻嶺，由十回難至卷筒子六十里，又南至豐陽關三十里，又南至任嶺十里，爲往鄖西、鄖陽、均州之道。又自黎家灣下舡，由□河順流至甲河關入漢，逆漢而西上，爲往興安、上漢中之水路。順漢而東下，爲赴均州、鄖陽、襄樊之水路。

正西路至桐峪店二十里，北入峪至李家樓房七十里，爲往商州之路。自桐峪店西至色河鋪十里，又西入花黎溝至安善嶺十里，又至牛兒川口十里，又西過金井河爲九里坪，計三十里。又十里至□□，又十里至沙狐嶺，爲往鎮安、興安州之陸路。

正北路至苦竹原二十里，又北至下關坊十里，爲往商州之大道。此道至州之南石底將百里，嶺高徧狹，前令胡公范及典史李再白鑿石刊木，砌磴寬豁，便於行旅。劉嶺之上有碑記，人呼曰胡公路。

《岷州鄉土志·道路》 東路自東城起，五里至龍王臺，又一十里至茶埠峪，又二十五里至納納堡，過鶉鴿龍冷落山下。又二十里至班哈山，又二十里至申都里，右分一支四十里閭井。又二十里至紅崖，又一十里至大寨，又五里至小寨，又二十五里至新寺鎮，甯遠縣界。

西路自城西起，五里至曹家莊，右分一支過洮河，通西路清水溝。又五里至十里鋪，左分一支通鹿兒壩、細巷兒等處番界。又五里至大溝寨，左分一支通馬莱倉等處番界。又五里過五臺山下，通西南生番。至廟兒溝，又一十里至三十里鋪，又五里至中寨，又五里至野狐橋，又一十里至西寨，又五里至陽穀寨，又五里至西灣濠，洮州界。

南路自南城起，二十里至祿撒鋪，右分一支西南通多納、栗中、栗林等族，歸安里地。又二十里至分水嶺，右分一支西南通麻子川達喇等族，歸安里地。又二十里至哈搭鋪，左分一支通荔川，右分一支西南通著藏等族，歸安里地。又二十里至脚力鋪，右隘口一，通生番鷂兒等族。又二十里過摩雲嶺下。至何家鋪，右隘口一，通生番雀中等族。又二十里至宕昌，右隘口二，通馬土司所轄馬鞍山、喬家、即隆等族。又二十里至新城子，右隘口二，通馬土司所轄馬鞍山族，又西南通生番野古溝、六忍等族。又二十里至臨江鋪，右隘口二，通山後生番坪哈等族。又二十里至乾江頭，西固廳界。

北路自東城起，三十里至梅川，左分一支中寨，右分一支過四現山至蒲麻里。又一十里至攢都溝，又二十里至八月寨，又三十里至窟路里，又一十五里至牛營，又四十里至新堡，又二十五里至喬道鋪，又一十里至狄道州鐵佛寺界，又一十五里至渭源縣焦峪里界。

東南路自東城起，南三十里至老鴉山，又一十五里至龐家莊，左分一支過隆家寺至巴里莊。又二十里至荔川，右分二支，一至脚力鋪，一至哈達鋪。又二十里至巴里莊，又二十里至鐵厂里，禮縣界。又十里至八郎寨，禮縣界。又十里至閭井里，右分二支，一至莫遮攔，一至良恭，宕昌。又三十里至延川索落口，左分一支窩遠灘歌川。又三十里至撒金溝，又三十里至馬塢鎮，禮縣界。

西南路自城南起，二十里至祿撒鋪，又四十里至歸安里，栗林族番地。進石門口，又八十里至白石山，又六十里至疊州，又五里至天生寨生番界。

乾隆《循化廳志稿》卷一《疆域》　廳治四十里白莊，二十五里起臺堡，十五里打兒架山，三十里老鴉關，三十里韓家集，十里雙城堡，四十里河州城。

河州由洪集橋小路至蘭州二百里，由定羌驛大路至蘭州三百三十里。

廳治六十里積石關，七十里銀川鋪，五十里河州城。

按：此爲宋元以來舊路，明於積石關設長寧驛，銀川鋪設銀川驛，且有察院及布按二司行署。國初亦然。其後驛廢而此路遂荒。今之入積石關者，皆赴河北之鴻化、靈藏二族。若赴河州，則皆由老鴉關。少由此路者，以關外六十里山陡難行也。

廳治四十里邊都，四十里紅土坡，四十里保安堡，六十里木龍河，六十里巴撒川，七十里藍角，七十里貴德廳城。

按：此由保安赴貴德之路，凡三百八十里。廳治四十里查汗大寺工，四十里下龍布，六十里思囊剌，三十里五送錠寺，四十里占咱，三十里捏家莊，三十里上攢脚，四十里貴德廳城。

宣統《丹噶爾廳志》卷六《道路》　東路：出城向東行，入西石硤，十里至石崖莊，藍占巴支路自北來會。北向十餘里直達拉沙爾硤。幹路東行十五里，經響河爾塘，黑溝支路自北來會。北向十餘里亦達拉沙爾硤，盤道支路自河南來會。過河南行三里許，上盤道山路，十里許至速磨石，接西寧縣界幹路。又東行二十里至駱駝脖項，二十五里至黄草灣嘴分界牌坊，接西寧縣界，由石板溝至闇門出硤。

南路：出東門南行，過大河橋，即湟水西條。下納隆支路自西南來會。其路進納隆口西行十里至上脖項，二十里至西叉口，三十里至加牙麻。分二路，進西十餘里至拉拉狼灣接拉拉路，四十里至棉柳溝卡汛；一路進東南十餘里循隔板山峴至東科寺，接日月山出口之路。幹路南行過蒙古道橋，即湟水南條。河東曹家溝支路自東南來會。其路進溝南行十里至曲布炭，二十里至董家腦分水嶺，接西寧縣大西叉山路。幹路復由蒙古道進口，南行十里至冶人莊，過河西十五里經察汗素卡，二十里至小高陵口，白水河支路自河南來會。過河進口五里至白水河莊，經馬厂草坡，再東南，又二十餘里至朔屏山，毘連西寧縣青石坡營汛界。幹路復自小高陵口西南行，進藥水硤，三十里出硤至藥水山峴，三十五里經藥水塘，四十里王克素爾，五十里至東科寺，東科寺支路自西來會。其路循西山峴直至日月山卡。幹路過河進東南行，五十八里至窩哟卡，七十里至哈拉庫圖，轉而西行八十五里至日月山卡與青海分界處，又西行百二十里至察漢托洛亥故城，再西十里至將軍臺，又西十里至會亭子，過倒流河，向西行約五六十里至青海水濱。

西路：出西門向西行里許，河拉路自北來會。其路向西北行十里許至大山峴，再西北循山路行五里許與中路接。幹路西行五里至李大莊，拉拉支路自河南來會。其路向西南行十餘里至拉卓奈，二十里至三條溝，三十里至黃毛爾灘，約五六十里至達坂山根，過山屬青海界。幹路自李大莊西行十里至星泉莊，申中路自北來會。其路向北行十里至申中腦卡汛，由後溝北行二十餘里至水硤，係西甯縣界前溝路，東行過山即拉沙爾硤，北行至牙壑盤道，至大寺溝柴山，與西甯縣分界處。幹路復西行十五里至申中卡汛，二十里至大路莊，阿家兔支路自河南來會。向西南行十餘里至塔爾灣，與上納隆路接。幹路再西數里，上納隆支路復自河南來會。進口西南行五里至托思胡，十餘里至巴燕吉蓋少東而南，至塔爾灣，再西至福海莊三稜灘，即新闢墾荒而被蒙番阻撓未成者也。幹路又西行二十五里至轉嘴子卡，胡丹度支路自北來會。其路北向五里至上胡丹度。幹路少西過河至莫爾吉，支路自西南來會。其路西南行二十餘里至喇嘛托亥。幹路西北行三十里至巴燕福海寺，支路自北來會。循福海寺再北二三里至三角城。幹路向西行四十里至巴燕硤附近黃山剌口，有西界碑，過此爲青海界。再西數十里至楊家塔爾，又西數十里至亂泉子，皆塞外地。

北路：出東門向北行，十里至大牙壑，申中山路自西來會。入拉沙爾硤，東行三十里至石牆子卡接拉沙爾莊，係西甯縣界。

《浙江全省輿圖並水陸道里記》

杭州府錢塘縣

水路道里記

錢塘江

經流

算帳嶺脚，錢塘江自富陽縣流至此入境，江中有長沙，半屬富陽。又東北至周家浦四里二分。

漁山埠，自周家浦東流至此四里八分。水深五丈五尺，面闊三里九分。

袁家浦，自漁山埠東流至此五里三分。

新沙，自袁家浦東北流折而北少西，至此十一里二分。自袁家浦迤東，北與蕭山分水。以下皆同。

流芳嶺脚，自新沙西北流至此七里一分。水深四丈八尺，面闊四里五分。

閘口，自流芳嶺脚東北流至此十一里。水深五丈四尺，面闊三里九分。城內中河之水至閘而止。

龍口閘東，自閘口東北流至此七里四分。與仁和、蕭山兩縣分界。城內中河支流至龍口閘止。

苕溪在餘杭爲南苕溪。

經流

化灣陡門，苕溪自餘杭縣流至此入境，又北流至瓶窑鎮四里二分。化灣陡門以下至瓶窑鎮仍與餘杭縣分水。東有化灣塘、羊山塘，所以防三苕之衝激，最爲險要。詳見餘杭記。

角竇陡門，自瓶窑鎮北流迤東，過通濟橋、回龍渡，至此七里七分。有中和山水自西北東注之。

安溪鎮，廣濟橋。自角竇陡門東北流至此四里五分。有良渚鎮水自東南來會之。見後。

唐家渡，自廣濟橋東北流，至此五里五分。唐家渡迤東北與武康分水。以下皆同。

奉口陡門，自唐家渡東北流，至此五里九分，合下塘河，與仁和、武康兩縣分界。

南渠河又名餘杭塘河。

經流

長橋，南渠河自餘杭縣流至此入境，又東流至覓渡橋東，六里八分。有西溪水自南來會之。見後。

三元橋，自覓渡橋東首東南流，至此三里七分。水深一丈，面闊二十丈。

保安橋，自三元橋東南流，至此四里八分。

慶隆橋，自保安橋東南流，至此三里三分。水深八尺，面闊十八丈。

觀音橋，自慶隆橋東流，至此三里二分。有西湖下三閘水及西溪水合流於八字橋，經上、下甯橋，自南來會之。

歸錦橋，即買魚橋。自觀音橋東流，至此一里一分，與下塘河會。

枝流西溪。

金竺嶺，西溪自此發源，西北流至陸公橋二里四分。

化龍橋，自陸公橋東北流，過留下鎮，至此三里一分。橋南分一支東流，迤北十六里至八字橋，與西湖三閘水合。

觀音橋，自化龍橋北流至此二里。橋北分一支東流十六里至左家橋，入下塘河。又北流七里八分，過南高橋，至覓渡橋東入南渠河。

西湖

在城西郭外，瀦西南諸山之水，周二十一里，南北袤五里，東西廣三里五分。內二隄，横者曰白隄，縱者曰蘇隄。湖之北有三閘：曰圣塘，曰澗水，曰石函；東有湧金閘，所以導湖水入城。其潛流入湧金門者，曰環帶溝；潛流入清波門者，爲流福溝。

下塘河北新橋以下，一名宦塘河。

經流

圣塘閘，下塘河自此首受西湖之水，由閘北流至永泰橋東二里。西南分一支會石函澗水、二閘水，西北流出八字橋，與西溪分支水合，北流入南渠河。

左家橋，自永泰橋東首東流，至武林門外折而西北流，過新河壩，至此四里二分。左家橋迤北與仁和分水。以下皆同。

江漲橋，自左家橋北流，至此一里七分。西與南渠河會。

北新橋，自江漲橋西北流，至此二里四分。以下爲宦塘河，分一支東北流入仁和縣境，爲新開運河。

板橋，自北新橋西北流，至此六里七分。有水經三墩市，自西來注之。

通濟橋，自板橋西北流，至此七里九分。分一支西北流，爲良渚鎮水，見後。

鎖苕橋，自通濟橋北流，至此九里一分。

上奉埠鎮，自鎖苕橋北流，至此六里九分。又北流二里一分至奉口陡門，西與苕溪會。分一支東流入仁和縣境，爲漳溪。

枝流良渚鎮水。

良渚鎮，折桂橋。良渚鎮水自通濟橋分宦塘河之水西流，折而西北，至此八里五分。

王家埭，小橋。自折桂橋西少北流，至此四里六分。又西北流七里過安溪陡門，至安溪鎮入苕溪。

陸路道里記

清泰門在省城正東，接仁和境。

望江門在省城東少南，接仁和境。

候潮門在省城南少東，接仁和境。

鳳山門在省城正南，又名正陽門。

幹路

南新橋，自鳳山門外南行過仁和縣界，至此一里五分。

甯江王廟，自南新橋西南行，至此三里三分。

閘口，自甯江王廟西南行，至此三里三分。

徐村，自閘口西行過金龍橋折而西南，至此八里二分。

感應橋，自徐村西南行，至此四里一分。

大諸橋，自感應橋西南行，過流芳嶺，嶺高四丈八尺。至此二里。

大橋，自大諸橋西南行，至此二里。

林家橋，自大橋西行，折而南，至此四里八分。

公館，自林家橋南行，至此二里五分。

大陽橋，自公館西南行，至此四里九分。

算帳嶺，自大陽橋西南行，至此五里七分。嶺高四丈二尺。與富陽縣分界。

枝路

重明橋，自大諸橋北行，至此三里强。

新涼亭，自重明橋西北行，至此五里强。又西北行十二里一分，至留下鎮大橋，入錢塘門幹路。

枝路

梁户埠，自大橋南行，至此六里五分。

周家浦鎮，自梁户埠西南行，至此九里一分，抵錢塘江濱。

枝路

白橋，自大橋西南行，至此五里六分。

路碑，自白橋西行，過金家嶺，嶺高十二丈。至此十三里一分。

交界嶺，自路碑南行，至此二里，嶺高十四丈。與富陽縣分界。

福興橋，自路碑西北行，至此九里四分。

峽塢嶺，自福興橋西行，至此九里，與富陽縣分界。

清波門在省城西少南。

幹路

長橋，自清波門外西南行，至此一里八分强。南行過慈雲嶺，至鳳山門幹路之甯江王廟，計五里五分。

映波橋，自長橋西行，至此二里一分。

飲馬橋，自映波橋曲曲西行，至此四里一分。

茅家埠，自飲馬橋東北行，至此二里二分。

靈隱寺，自茅家埠西行，至此四里。

楓樹嶺，自靈隱寺西南行，至此四里。又西北行八里，至留下鎮大橋入錢塘門幹路。

湧金門在省城正西，西瀕西湖，南至清波門一里九分，北至錢塘門三里四分。

錢塘門在省城西少北，門内屬仁和。

幹路

圣塘橋，自錢塘門外西行，至此三里四分。

八字橋，自圣塘橋西北行，至此二里九分。

惠連橋，自八字橋西行，至此三里六分。

長壽橋，自惠連橋西南行，至此五里五分。

留下鎮大橋，自長壽橋西行，至此七里五分。北有路通南高橋。

從慶橋，自留下鎮大橋西行，過荆山嶺，至此六里五分。與餘杭縣分界。

枝路

岳王廟，自圣塘橋西行，沿西湖濱，至此三里七分。又西南行七里五分，至靈隱寺入清波門幹路。

枝路

下窜橋，自八字橋西北行，至此二里五分。

太平橋，自下窜橋西行，至此八里。

陡門橋，自太平橋西南行，過蔣村市，至此六里七分。

南高橋，自陡門橋西北行，至此三里七分。南有路通留下鎮大橋，計七里六分。又東北行四里過貝家橋，至覓渡橋與武林門幹路内自歸錦橋起之枝路合。

武林門在省城西北，又名北關門。

幹路

吴山驛，自武林門外，西北行至此二里。

湖墅鎮，歸錦橋。自吴山驛西北行，至此二里九分。

北新橋，自歸錦橋西北行，至此二里六分。

和睦橋，自北新橋西北行，至此二里五分。

板橋，自和睦橋西北行，至此四里二分。

萬年橋，自板橋西北行，至此七里三分。

通濟橋，自萬年橋西北行，至此八分。

五方興隆橋，自通濟橋西北行，至此二里五分。

太平橋，自五方興隆橋西北行，至此七里一分。

上牽埠鎮，自太平橋北行，至此六里六分。

奉口陡門，自上牽埠鎮北行，至此二里六分。與武康、仁和兩縣分界。

枝路

觀音橋，自歸錦橋西行，至此一里二分。

慶隆橋，自觀音橋西北行，至此三里一分。

保安橋，自慶隆橋西北行，至此二里七分。

三元橋，自保安橋西北行，至此四里一分。

覓渡橋，自三元橋西北行，至此三里。

長橋，自覓渡橋曲曲西行，至此五里八分。與餘杭縣分界。

枝路

三墩鎮，自板橋西南行，至此五里一分。

南新橋，自三墩鎮西南行，至此三里。

朱公橋，自南新橋北行，折而西，至此六里。又西南行三里三分至長橋，與餘杭縣分界。

會興橋，自三墩鎮西北行，至此四里一分。

張連橋，自會興橋西北行，至此五里。

折桂橋西，自張連橋北行，至此八里六分。

良渚鎮，自折桂橋西首東行過橋，至此八分。

安溪鎮，自良渚鎮西行，折而西北過廣濟橋，至此十里五分。

金剛塘，自安溪鎮西行，至此一里八分。

九洞嶺，自金剛塘西北行，至此八里。嶺高二十丈。與武康縣分界。

章家橋，自折桂橋西首西南行，至此九里。

劉伶橋，自章家橋西南行，至此四里三分。

白鶴橋，自劉伶橋西行過七賢橋，至此六里八分。

連壩橋東，自白鶴橋西南行，至此二里五分。

化灣陡門，自連壩橋東首西北行，至此七里五分。

東坑涼亭，自化灣陡門北行，過回龍渡，面闊二十四丈。又過瓶窑鎮通濟橋，西行折而北，至此九里六分。

梯子嶺，自東坑涼亭北行，越餘杭界，至此四里。嶺高三十二丈。與武康、餘杭兩縣分界。

金筆橋，自良渚鎮北行，至此八里四分。又東北行五里至上奉埠鎮，入幹路。

烏麻陡門，自安溪鎮東南行，至此二里六分。又東北行八里過唐家陡門，至上奉埠鎮入幹路。

用頭橋，自金剛塘西行，至此三里。

廟後橋，自用頭橋西南行，至此六里一分。

瓶窑鎮，自廟後橋西南行，至此一里四分。與餘杭縣分界。

杭州府仁和縣

水路道里記

錢塘江

經流

龍口閘東，錢塘江自錢塘、蕭山二縣界流至此入境，東流沿沙地，折而東北流，至第七堡二十五里。水深十六丈，面闊九里五分。

十二堡，自第七堡東北流，過西防同知署前，至此十一里六分。

翁家埠，自十二堡東北流，過中防同知署前，至此十一里。與海寧州、蕭山縣分界。

苕溪

經流

奉口陡門，苕溪自錢塘、武康二縣界流至此入境，水深一丈二尺，面闊二十二丈。北流過楊墳渡，至巽陡門六里一分。入境後與武康分水。以下皆同。

勞家陡門，自巽陡門北流，至此六里五分。與德清、武康二縣分界。

上塘河

經流

艮山水門，上塘河自此承城河之水北流，城河源出錢塘之西湖。至頭橋二里。分一支東流爲備塘河。見後。

東新關橋，自頭橋西北流，至此二里三分。水深八丈五尺，面闊十二丈。

皋亭港口，自東新關橋北流，至此六里五分。分一支東流，通筧橋鎮。

衣錦橋，自皋亭港口東北流，至此六里四分。水深九尺，面闊十八丈。

赤岸橋，自衣錦橋東北流，過牌樓港口，至此六里。分一支東南流，通喬司鎮。

太平渡，自赤岸橋東北流，至此十一里一分。分一支南流，通喬司鎮。

桂芳橋，自太平渡東北流，過臨平鎮，鎮東南有臨平湖。至此七里一分。分一支東南流，通翁家埠。

施家堰，自桂芳橋東北流，至此四里三分。南有鹽官第一橋。與海寧州分界。

枝流備塘河。

打鐵橋，備塘河自頭橋分上塘河之水東流，折而北，至此一里八分。水深六尺，面闊八丈。

筧橋，自打鐵橋東北流，過姚店橋，至此十三里五分。有牌樓港水自西北來注之。

喬司鎮，自筧橋東北流，曲曲過清寧橋，至此十三里一分。有赤岸橋港水自西北來注之。

沈家橋，自喬司鎮東流，至此七里二分。有大閘河，分上塘河水自北來注之。

萬成橋，即翁家埠。自沈家橋東北流，至此三里七分。與海寧州分界。

新開運河亦名下塘河。

經流

北新橋，新開運河自此首受下塘河之水，下塘河亦名官塘河，自左家橋北流入本境，歷江漲橋、北新橋、板橋、通濟橋、鎮苕橋、上奉埠鎮至奉口陡門，俱與錢塘分水。其詳見錢塘記。北流至圖子橋七里二分。水深一丈六尺，面闊三十二丈。

橫涇橋，自圖子橋北流，至此十一里七分。水深一丈八尺，面闊二十八丈。

分一支東南流，爲橫涇港。見後。

武林渡，五福橋。自橫涇橋北少東流，至此十里八分。有漳溪，由奉口陡門分宦塘河之水，自西來注之。

塘棲鎮，自武林渡東流，至此六里四分。此段與湖州府德清縣分水。

里仁橋，自塘棲鎮東少北流，至此一里九分。分一支北流入三分漾。

跨塘橋，自里仁橋東少北流，至此三里四分。

落瓜橋，自跨塘橋東流，至此五里二分。分一支北流，過大善橋入德清縣。

壩橋，自落瓜橋東少北流，至此三里二分。

萬年高橋，自壩橋東少北流，至此四里八分。

豐年高橋，自萬年高橋東少北流，至此六里。

五里牌，自豐年高橋東流，至此三里八分。與湖州府德清縣分界。

枝流橫涇港。

前村橋，橫涇港自橫涇橋分新開運河之水東南流，至此十里二分。分一支北流，歷鴨涇橋至塘棲鎮十七里，仍入運河。

蝦蟆練橋，自前村橋東北曲曲流，至此十里五分。水深一丈，面闊十六丈分。一支西北流入丁山湖。

方邑第一橋，自蝦蟆練橋東流，至此二十里七分。

楊家木橋，自方邑第一橋北流，至此六里。又西北流，匯爲蕩裏漾，入新開運河。方邑第一橋迤北與海甯分水。

陸路道里記

慶春門在省城東少北。

幹路

放懷亭，自慶春門外東北行，至此二里一分强。又東南行二里一分，至第一堡海塘入鳳山門幹路。

枝路

彭家埠，自放懷亭東北行，至此七里八分。

白石市，自彭家埠東北行，至此二里七分。又西北行，至筧橋鎮四里五分，入艮山門向東少北幹路。

樟家廟橋北，自白石市東北行，至此八里五分。西通筧橋鎮。

槎渡橋，自樟家廟橋北首北行，至此四里五分。又曲曲北行八里三分，至五雲星橋入艮山門向東北幹路。

清泰門在省城正東。自門外入本境。東行二里九分至海塘入鳳山門幹路。

望江門在省城東少南。自門外入本境。東南行一里八分至海塘入鳳山門幹路。

候潮門在省城南少東。自門外入本境。南少東行一里三分入鳳山門幹路。

鳳山門在省城正南，屬錢塘。

幹路

蕭公橋，自鳳山門外入境南行，折而東，至此一里五分。

二涼亭，自蕭公橋東南行，至此九分强。二涼亭以下皆海塘路，計共十七堡。

望江門外，關帝廟。自二涼亭東北行，至此二里三分。

清泰門外，觀音堂。自望江門外關帝廟東北行，至此三里五分。

第一堡，烏龍廟。自觀音堂北行，至此二里。

第二堡，自烏龍廟東北行，至此二里二分。

第三堡，自第二堡東北行，至此二里三分。

第五堡，自第三堡東北行，過四堡，至此四里一分。

第七堡，自第五堡東北行，過六堡，至此四里七分。

第十堡，自第七堡北少東行，過八堡、九堡，至此七里六分。

十二堡，西防署。自第十堡東北行，過十一堡，至此三里六分。

十三堡，鐵牛灣。自西防署東少北行，至此二里四分。

十四堡，范家埠。自鐵牛灣東行，至此二里六分。

十五堡，自范家埠東行，折而北少東，至此二里八分。

十七堡，翁家埠。自十五堡東北曲曲行，過十六堡，至此八里九分。與海甯州分界。

枝路

青龍閘，自第一堡烏龍廟北首東北行，至此五里四分。自烏龍廟迤東北皆土塘。以下皆同。

潮安閘，自青龍閘東北行，至此六里二分。

萬善閘，自潮安閘北少東行，過萬家閘，至此四里七分。

雙潭閘，自萬善閘東北行，過小橋閘，至此四里五分。又東少北曲曲行，十四里三分至翁家埠，與海甯州分界。

錢塘門在省城西少北，接錢塘境。

武林門在省城西北。

幹路路向西北。

寶善橋，自武林門外五方興隆橋入本境，西北行，至此九里。自武林門外歷歸錦橋、江漲橋、北新橋、和睦橋、板橋、萬年橋、通濟橋至五方興隆橋，皆錢塘境，詳見錢塘記。

大會長橋，自寶善橋西北行，至此四里四分。

奉口陡門，自大會長橋西北行，折而東北入錢塘境，至此二里九分。

勞家陡門，自奉口陡門北行入本境，過柴婆嶺，嶺高二十二丈。至此十二里八分。與德清、武康兩縣分界。

枝路

瓜山橋，自江漲橋東北行，入本境，折而西北，至此十里九分。

禮佛橋，自瓜山橋北行，至此二里七分。

治平橋，自禮佛橋北行，至此四里七分强。

千家橋村，自治平橋東北行，折而西北，至此四里三分。

市前橋，自千家橋村北行，至此二里九分。

鴨涇橋，自市前橋曲曲東北行，至此十二里九分。又北行五里八分，至塘棲鎮入向東北幹路。

前村市，自千家橋村東行，至此七里强。又西北行十一里强，至鴨涇橋仍與枝路合。

枝路

拱宸橋，自和睦橋北行入本境，至此一里三分。又東北行五里二分至瓜山橋，與自江漲橋起之枝路合。

枝路

成村橋，自通濟橋東北行入本境，至此六里七分。

擔萬橋，自成村橋北行，至此十里四分。又北行五里三分，至東塘橋，與自奉口陡門起之枝路合。

枝路

福星橋，自奉口陡門東行，至此六里六分。

東塘橋，自福星橋東北行，至此一里八分。

武林橋，自東塘橋東北行，至此六里五分。與德清縣分界。

幹路路向東北。

北新橋東，自武林門外歷錢塘境，至左家橋入境，西北行過江漲橋，至此三里八分。

徐娘橋，自北新橋東首北行過登雲橋、拱宸橋，至此十里三分强。

橫涇橋，自徐娘橋北行，至此八里七分弱。

營房橋，自橫涇橋東北行，至此六里二分弱。

塘棲鎮，通濟長橋。自營房橋東北行，過人和橋，折而東，至此十里二分。

里仁橋，自塘棲鎮東少北行，至此一里九分。

壩橋，自里仁橋東北行，過跨塘橋，又過落瓜橋，曲曲東行，至此十一里八分。

萬年高橋，自壩橋東少北行，至此五里。

豐年高橋，自萬年高橋東少北行，至此六里二分。

大麻塘，五里牌。自豐年高橋東行，至此三里八分。與德清縣分界。

艮山門在省城正北。

幹路路向東北。

東新關，自艮山門外西北行，至此四里二分。西通武林門幹路之江漲橋，計四里二分。

沈塘灣，自東新關北行，至此二里五分。西南通武林門幹路之江漲橋，計四里八分。

衣錦橋，自沈塘灣東北行，至此十里二分。

廣濟橋，自衣錦橋東北行，至此四里三分。

陳家角橋，自廣濟橋東北行，至此六里七分。

五雲星橋鎮，自陳家角橋東北行，至此三里八分。

永康橋，自五雲星橋鎮東北行，至此八里七分。

臨平鎮，桂芳橋。自永康橋東行，至此五分。東南通幹路之翁家埠，計十四里七分。

費家堰，自臨平鎮桂芳橋東行，至此三里四分。

施家堰，自費家堰東行，至此一里五分。與海甯州分界。

枝路

崇善寺叉路，自衣錦橋西北行，至此一里七分。

大嶺脚，自崇善寺叉路東北行，至此六里七分。

留墳村叉路，自大嶺脚北行，至此一里四分。

新秧廟村，自留墳村叉路東北行，至此二里。

南鮑橋，自新秧廟村西北行，折而東北，至此四里三分。南過石姥嶺，通幹路之陳家角橋，計九里。又曲曲西北行，十里六分繞丁山脚至鴨涇橋，與武林門向西北幹路内自江漲橋起之枝路合。

枝路

蝦蟆練橋，自五雲星橋西北曲曲行，至此六里八分。

張婆橋，自蝦蟆練橋西北曲曲行，至此四里五分。

白栗山橋，自張婆橋北少西行，至此二里。又西北行六里四分，至塘棲鎮入武林門向東北幹路。

枝路

馬公橋，自永康橋西北行，至此五里七分。

小林橋，自馬公橋東北行，至此三里九分。

樟塢橋，自小林橋曲曲西行，至此八里四分。

竹節闗橋，自樟塢橋北少西行，至此四里九分。又西北曲曲行六里七分至塘棲鎮，入武林門向東北幹路。

枝路

報恩新橋，自費家堰西北行，至此六里一分。

鷺鷥橋，自報恩新橋曲曲北行，至此九里三分。又北行二里二分，至豐年高橋入武林門向東北幹路。

幹路路向東少北。

矮菩薩寺，自艮山門外弔橋東行，折而東北，至此三里九分。

狗橘橋，自矮菩薩寺東北行，過石陡門橋，至此三里二分。

筧橋鎮，自狗橘橋東北行，至此六里四分。西北通幹路之衣錦橋，計九里七分。

喬司鎮，自筧橋鎮東北行，至此十一里二分。東南通鳳山門幹路之西防廳署。又東少北行，十里二分至翁家埠，與海甯州分界。

枝路

姚店橋，自矮菩薩寺西北行，至此二里七分。又北行十里五分至衣錦橋，入向東北幹路。

杭州府海甯州

水路道里記

錢塘江

經流

翁家埠，錢塘江自仁和縣流至此入境，又東流至邵家埭，七里五分。翁家埠迤東與蕭山縣分水。以下皆同。

戴汛署，自邵家埭東流過老鹽倉，至此六里二分。

馬牧港鎮，自戴汛署東流過行宫，至此六里。

大荆場，自馬牧港鎮東流，至此八里五分。

鎮海塔，自大荆場東流，過州城南，至此四里强。

姚家場，自鎮海塔東流，至此十九里五分。江中有北大亹、中大亹、南大亹。

大尖山，自姚家場東南流，至此十三里。又東流出蹔子亹爲大海。

上塘河

經流

鹽官第一橋，上塘河自仁和縣流至此入境，又東流過林家、丁公兩堰至許村鎮天順橋，五里九分。

太平橋前，自天順橋東流，至此三里二分。分一支北流入橋。有備塘河分支水自南來注之。

太平港口，自太平橋前東少北流，至此三里九分。

青雲橋，自太平港口東北流，至此三里九分。

長安鎮，長安壩。自青雲橋東北流，至此六里。長安壩長三丈，高七尺零分。一支東南流爲二十五里塘河。見後。以下又名運塘河。

仁壽橋，自長安壩下壩北流，至此五里。水深八尺，面闊九丈七尺。分一支東流爲許公塘河，又分一支西流爲下塘河。皆見後。

八里亭，自仁壽橋北流至此五里一分，與嘉興府石門縣分界。

枝流二十五里塘河。

青蓮橋南，二十五里塘河自長安鎮分上塘河之水東南流，至此四里四分。分一支東北流入橋。

錦榮橋，自青蓮橋南口東南流，迤而東，至此四里五分。

雙淵橋，自錦棠橋東流，至此二里三分。

春富壩前，自雙淵橋東少南流，至此一里六分。

板橋南，自春富壩前東南流，至此二里二分。分一支南流入城。又西流繞城至安戍門弔橋入備塘河。

枝流許公塘河。

萬興橋，許公塘河自仁壽橋前分運塘河之水即上塘河下流。東流，至此一里。水深九尺，面闊十一丈八尺。分一支東南流，爲周王廟塘河。見後。

包家橋，自萬興橋東流，至此一里五分。

大有橋，自包家橋東流，至此八里五分。水深九尺，面闊九丈二尺。

永甯橋南，自大有橋東流，越崇德境，至此四里五分。

壩魚橋前，自永甯橋南口復入本境東流，四里。此段仍與崇德縣分水。

斜橋鎮，第一橋。自壩魚橋前東流，過萬緣橋，至此一里九分。水深八尺，面闊八丈。萬緣橋西有斜橋塘河自南來注之。以下又名洛塘河。

堂寶橋前，自第一橋東少北流，至此三里四分。

同仁橋，自堂寶橋前東北流，至此五里。有南沙渚塘自北來會之。見後。

牛石港口，自同仁橋東北流，至此九里三分。有牛石港自南來注之。

西南湖，自牛石港口東北流，過三環洞橋，至此四里五分。分一支北流爲長水塘。見後。

竦秀橋，自西南湖東流，至此三里。與嘉興府海鹽縣分界。

枝流周王廟塘河。

三星橋，周王廟塘河自萬興橋分許公塘河之水東南流，至此三里七分。

周王廟鎮，拱辰橋。自三星橋東南流，至此六里五分。

郭店鎮，西興橋東。自周王廟鎮東南流，至此八里三分。水深八尺，面闊九丈。分一支南流爲郭店塘河。見後。又分一支北流爲斜橋塘河，計八里一分至斜橋鎮。以下又名洋江塘河。

義仰橋，自西興橋東口東南流，至此五里。

郭家橋，自義仰橋東南流，至此七里八分。又東南流，折而南，七里六分至混水石橋，與袁花塘河會。即郭店塘河下流。

枝流郭店塘河。

宓家橋南，郭店塘河自郭店鎮分周王廟塘河之水南流，至此八里。分一支南流入城。以下又名袁花塘河。

會龍橋，自宓家橋南首東南流，折而東北，至此七里三分。

諸橋鎮，諸家橋。自會龍橋東北流，迤而東，至此三里五分。

丁家鎮，丁家橋。自諸家橋東流，至此六里五分。

混水石橋前，自丁家橋東流，至此一里。有周王廟塘河下流之水自北來會之。見前。

長壽橋，自混水石橋前東流，至此九里三分。

中塘橋，自長壽橋東南流，至此五里三分。

花溪第一橋，自中塘橋東南流，至此六里。水深七尺，面闊九丈二尺。橋迤東有備塘河自南來會之。見後。

袁花鎮，黄道橋。自花溪第一橋東流，折而北，至此三里五分。分一支東流爲會龍橋水。見後。

談家橋，自黄道橋西北流，折而北流，至此九里。

南廟橋，自談家橋北流，越南廟漾，水深九尺，面闊十三丈。至此七里。

楊渭橋，自南廟橋北流，越西北河漾，至此五里。

黄道湖，自楊渭橋北流，至此三里。與嘉興府海鹽縣分界。

枝流備塘河。

萬成橋，備塘河自仁和縣流至此入境，又東流至孫家壩南，八里四分弱。分一支北流過孫家壩，通上塘河。

廟橋，自孫家壩南首東流，過邵家埭北，至此三里六分。

褚家木橋，自廟橋東流過老鹽倉及戴汛署北，至此四里。

雲洞橋，自褚家木橋東流，過行宫北，至此四里二分。分一支北流，又分一支西北流，皆通上塘河。

長壽橋，自雲洞橋東流，過馬牧港鎮北，至此二里九分。

永順橋，自長壽橋東流，至此一里五分。

樂安橋，自永順橋東流，至此五里二分。

安戍門弔橋，自樂安橋東流，過大荆湯北，至此三里八分。有二十五里塘河自北來會之。見前。

文濤閘，自安戍門弔橋東流，繞城南，至此三里强。

七里橋，自文濤閘東流，至此五里九分。水深四尺，面闊四丈六尺。

華岳廟，自七里橋東流，過賣魚橋，至此六里。

念汛防所，自華岳廟東流，至此三里三分。

戚姬港口，自念汛防所東流，至此四里五分。

新倉鎮，徐家橋。自戚姬港口東少南流，至此五里五分。

太平橋，自徐家橋東南流，至此四里九分。

東官橋北，自太平橋東南流，至此五里二分。

東閘口橋，自東官橋北首東流，迤北過新橋、萬壽橋，至此三里三分。

曹家橋，自東閘口橋曲曲北流，至此六里七分。又東流折而北，一里五分至花溪第一橋，與袁花塘河會。

枝流會龍橋水。

包家橋，會龍橋水自袁花鎮分袁花塘河之水即郭店塘河下流。入會龍橋東流，至此四里七分。

中分山前，自包家橋南流折而東，至此三里三分，與海鹽縣分界。入海鹽後爲招寶塘河。

枝流南沙渚塘。

永福橋，南沙渚塘自桐鄉縣流至此入境，又東南流至駟馬橋，四里二分。南沙渚塘先自賣魚橋入境，與嘉興石門縣分水，見石門記。又自長春橋以下入嘉興桐鄉縣界，見桐鄉記。

烏鶴高橋，自駟馬橋東北流，折而東南，至此一里五分。又南流三里三分至同仁橋，入洛塘河。即許公塘河下流。

枝流長水塘。

復興橋，長水塘自西南湖分洛塘河之水北流，過硤石鎮，至此五里。與嘉興府桐鄉、海鹽兩縣分界。

枝流下塘河。

泰山橋，下塘河自仁壽橋分運塘河之水即上塘河下流。西流，至此三里二分。

廣興橋，自泰山橋西流，至此四里五分。

永福橋，自廣興橋西流，至此三里五分。與嘉興府崇德縣分界。

陸路道里記

東門又名春熙門。

幹路

七里松村，自東門外東行，至此六里六分。

孫家埭，自七里松村東行，至此四里一分。北通小東門幹路之諸橋鎮，計一里二分。又南行二里至海塘七堡入南門幹路。

南門又名鎮海門。

幹路路向東。

五堡，自南門外海塘頭堡東行，歷二堡、三堡、四堡，至此七里八分。

八堡，自五堡東行，歷六堡、七堡，至此七里七分。

十一堡，自八堡東行，歷九堡、十堡，至此八里。

十五堡，自十一堡東行，歷十二堡、十三堡、十四堡，至此十里四分。

十八堡，自十五堡東南行，歷十六堡、十七堡，至此四里五分。

海防公所，自十八堡東行，越智和嶺，嶺高八丈零。至此八里八分。

砲台山，自海防公所越石塘山，高四丈。古錐山，高五丈。至此六里四分。

螳螂山脚，自砲台山東北行，至此五里四分。

談仙嶺，自螳螂山脚東北行，至此四里四分。嶺高十四丈。與嘉興府海鹽縣分界。

幹路路向西。

三十堡，自南門外海塘三十三堡西行，歷三十二堡、三十一堡，至此七里九分。

二十六堡，自三十堡西行，歷二十九堡、二十八堡、二十七堡，至此六里九分。

二十四堡，自二十六堡西行，歷二十五堡，至此三里九分。

二十二堡，自二十四堡西行，歷二十三堡，至此四里三分。

十七堡，自二十二堡西行，歷二十堡、十九堡、十八堡，至此十二里四分。與仁和縣分界。

西門又名安戍門。

幹路

秧田廟，自西門外西行，至此六里一分，抵三十堡海塘，入南門外向西幹路。

北門又名拱辰門。

幹路路向東北。

郭店鎮，自北門外北行，至此八里。

斜橋鎮，自郭店鎮北少東行，至此八里一分。

前步橋，自斜橋鎮東行，至此四里二分。

同仁橋，自前步橋東北行，至此五里。

西水塘橋，自同仁橋東北行，至此七里三分。

硤石鎮，自西水塘橋東北行，至此五里四分。

復興橋，自硤石鎮北行，至此二里六分。與嘉興府桐鄉縣分界。

枝路

里仁橋，自郭店鎮東行，至此五里。

扇面橋，自里仁橋東行，過天潤橋堍，至此六里五分。

盧灣鎮，自扇面橋東行，至此十一里四分。

富家小橋，自盧灣鎮東行，至此五里二分。

東方橋，自富家小橋東南行，至此四里八分。又東南行九里至袁花鎮，入小東門幹路。

汪家埭，自盧灣鎮東行，折而西北，又折而東北，至此八里五分。

倪公橋北，自汪家埭北行，至此七里八分。又北行三里五分，越嘉興府海鹽縣界，至硤石鎮入幹路。

馬橋鎮，自富家小橋北行，至此六里二分。

朱家村，自馬橋鎮東行，至此三里三分。

白石橋，自朱家村北行，至此七里六分。

贊山橋，自白石橋西北行，至此三里。

楊渭廟，自贊山橋東行，至此七里九分。

跨湖橋，自楊渭廟東行，至此五里五分。與嘉興府海鹽縣分界。

枝路

周王廟鎮，自郭店鎮西北行，至此七里四分。

三星橋，自周王廟鎮西北行，至此五里。

林家木橋，自三星橋西北行，至此八里七分。與嘉興府石門縣分界。

枝路

騎塘橋，自郭店鎮北行，至此八里。與嘉興府石門縣分界。

枝路

卧龍橋，自斜橋鎮東北行，至此五里六分。

路仲里，自卧龍橋東北行，至此六里七分。又北行，折而東十四里八分曲曲至硤石鎮入幹路。

幹路路向西北。

義惠橋，自北門外西北行，至此四里一分。

太平大橋，自義惠橋西行，至此八里三分。

長安鎮，自太平大橋西北行，至此七里七分。

青雲橋，自長安鎮西南行，至此四里四分。

許村鎮，自青雲橋西南行，迤而西，至此十里六分。

施家堰，自許村鎮西行，至此五里八分。與仁和縣分界。

枝路

周王廟鎮，自義惠橋西北行，至此八里一分。

徐家石橋，自周王廟鎮北行，至此五里六分。與嘉興府石門縣分界。

枝路

阿郎渡橋，自長安鎮西北行，至此十里。與嘉興府石門縣分界。

枝路

資深寺，自長安鎮西北行，至此七里六分。

廣興橋，自資深寺西北行，折而東北，至此九里八分。與嘉興府石門縣分界。

枝路

萬年塢，自長安鎮南行，至此八里。

馬牧港鎮，自萬年塢南行，至此四里五分。抵二十六堡海塘，入南門外向西幹路。

枝路

仁壽橋，自長安鎮北行，至此五里五分。

八里亭，自仁壽橋北行，至此四里三分。與嘉興府石門縣分界。

枝路

康樂橋，自許村鎮南行，至此五里八分。

翁家埠，自康樂橋南行，至此八里二分。抵十七堡海塘，與仁和縣分界。

小東門又名宣德門。

幹路

白鶴亭，自小東門外東北行，至此三里五分。

諸橋鎮，自白鶴亭東北行，至此七里五分。

丁橋鎮，自諸橋鎮東行，至此六里一分。

長壽橋，自丁橋鎮東行，至此十一里五分。

中塘橋，自長壽橋東南行，至此六里一分。

袁花鎮，自中塘橋東行，至此六里九分。

包家橋，自袁花鎮東行，至此七里。

中分橋，自包家橋東行，至此三里二分。與嘉興府海鹽縣分界。

枝路

天潤橋，自諸橋鎮西北行，至此三里三分。

郎家橋，自天潤橋北行，至此五里九分。又北行五里九分至前步橋，入北門向東北幹路。

枝路

塔橋，自丁橋鎮曲曲東北行，至此七里九分。

張亭子廟，自塔橋東行，折而北，至此三里八分。又北行五里四分至西水塘橋，入北門向東北幹路。

枝路

新倉鎮，自長壽橋南行，至此七里六分。

舊倉鎮，自新倉鎮東南行，至此四里六分。

東閘口橋，自舊倉鎮東行，至此六里。

黄灣鎮，自東閘口橋東行，至此七里七分。

潘家埭，自黄灣鎮東行，越葛仙嶺，嶺高十六丈。至此四里。又東行一里九分至談仙嶺，與嘉興府海鹽縣分界。嶺高十四丈五尺。

枝路

大虹橋，自袁花鎮西北行，至此三里一分。

顧家埭，自大虹橋東北行，至此九里五分。

大康橋，自顧家埭東北行，至此三里二分。與嘉興府海鹽縣分界。

杭州府富陽縣

水路道里記

富春江

經流

打石山南，富春江自嚴州府桐廬縣流，至此入境。又東流至東梓關，三里三分。水深三丈二尺，面闊一里七分。

壺源江口，自東梓關東北流，至此十一里。有壺源江自南來會之。見後。中有洋漲沙，闊二里九分。

剡浦水口，自壺源江口東北流，至此九里二分。有剡浦自東南來會之。見後。

湯家埠，自剡浦水口東北流，至此三里。水深二丈三尺，面闊一里二分。

恩波橋，自湯家埠東北流，至此十四里。水深二丈一尺，面闊三里七分。中有中沙，闊一里八分。有莧浦自北來會之。見後。

觀山渡，自恩波橋東少南流，至此一里五分。

安吴川口，自觀山渡東少南流，至此八里五分。水深二丈三尺，面闊六里三分。中有長沙，闊三里九分。有安吴川自南來會之。見後。

里山渡，自安吴川口東少北流，至此六里五分。水深二丈五尺，面闊八里五分。中有天興老沙及學校沙，闊五里五分。北岸爲算帳嶺，與錢塘縣分水。以下皆同。

漁山埠，自里山渡東北流，至此五里九分。水深三丈。

長嶺浦口，自漁山埠東北流，至此七里爲錢塘江，與錢塘縣及紹興府蕭山縣分界。

枝流湖洑水。

金沙渡，湖洑水自金華府浦江縣流至此入境，又東北流至百莊渡三里六分。水深六尺，面闊二十四丈。

雙壩渡，自百莊渡西北流，至此三里五分。水深七尺，面闊三十丈。

金剛渡，自雙壩渡西北流，至此六里五分。水深一丈八尺，面闊三十丈。

美石村，自金剛渡西北流，至此八里五分。

横槎渡，自美石村西北流，至此三里一分。水深五尺，面闊十丈。

蚌潭渡，自横槎渡西北流，至此三里九分。水深七尺，面闊三十八丈。

湖山壩，自蚌潭渡西北流，至此一里九分。

青山渡，自湖山壩曲曲西北流，至此九里一分。水深八尺五寸，面闊五十四丈。

場口鎮，自青山渡西北流，至此三里三分。水深一丈四尺，面闊二十八丈。以下名壺源江，始通舟楫。又曲曲西北流三里一分至壺源江口，入富春江。

枝流剡浦水。

石板嶺，剡浦水自此發源，西少北流，至盛村四里四分。

四堡，自盛村西北流，至此七里六分。

萬慶橋，自四堡西北流，至此四里一分。

清宮橋，自萬慶橋西北流，至此七里五分。

柏樹鎮，自清宮橋西北流，至此四里九分。始通舟楫。又西北流三里七分至剡浦口，入富春江。水深一丈，面闊四丈。

枝流莧浦。

望天嶺，莧浦上游名私水溪，至上新橋以下爲莧浦。自此發源，東流至大根里一里。

謝圣嶺脚，石橋。自大根里東北流，折而東南曲曲，至此五里五分。

合溪橋，自石橋東南流，至此三里六分。有桃源嶺水自西來注之。

泗洲村東，自合溪橋東南流，至此九里三分。有圣山水自西來注之。

私水口，自泗洲村東首東南流，至此一里四分。有白洋溪自北來會之。見後。

下新橋西，自私水口東南流，過上新橋，至此四里一分。水深七尺，面闊二丈五尺。有横銀溪自東來會之，見後。始通舟楫。

步橋水口，自下新橋西口東南流，至此五里。水深一丈，面闊四丈。有步橋水自西南來會之。見後。又東南流一里四分至恩波橋，入富春江。

枝流白洋溪。

筱嶺，白洋溪自此發源，東南流過福禄橋，至新埠橋三里一分。

唐家塢，自新埠橋南流，至此一里八分。

石畝，自唐家塢東南流，至此三里七分。

下部，自石畝東南流，折而西南，至此五里一分。又西南流一里一分至私水口，入莧浦。

枝流横銀溪。

交界嶺，横銀溪自此發源，西少南流，至陸家橋五里三分。

高橋，自陸家橋西南流，折而南，至此八里七分。

横塘橋西，自高橋南流至此一里一分。又西流一里五分至下新橋入莧浦。

枝流步橋水。

青樹嶺，步橋水自此發源，東南流，折而西南，至鐵礁橋六里七分。

上高村，自鐵礁橋東南流，至此七里一分。

青雲鎮，青雲橋。自上高村東南流，至此九里。水深七尺，面闊五丈，始通舟楫。

步橋，自青雲橋東北流，至此三里六分。

斷橋東，自步橋東北流，至此二里。

金家橋，自斷橋東口東南流，至此三里。有陽陂湖水適閘自東北來會之。湖周八里五分。

太平橋，自金家橋東南流，至此三里一分。水深九尺，面闊五丈。又東北曲曲流二里九分至步橋水口，入莧浦。水深八尺，面闊四丈。

枝流安吴川。

大王嶺，安吴川上游名大源水，至新橋以下爲安吴川。自此發源，西北流，至回龍橋二里六分。

菖蒲橋，自回龍橋西北流，至此二里七分。

覓口，自菖蒲橋曲曲西北流，至此八里三分。有雙溪嶺水自南來注之。

思家橋，自覓口曲曲西北流，至此四里三分。

稠溪水口，自思家橋西北流，至此一里四分。有稠溪自西來注之。

永慶橋，自稠溪水口北流，至此八里三分。水深五尺，面闊五丈，始通舟楫。

董家橋，自永慶橋東北流，至此四里。水深六尺，面闊七丈。

新橋，自董家橋東北流，至此一里八分。水深八尺，面闊十五丈。

小源水口，自新橋曲曲東北流，至此四里一分。有小源水自東南來會之。見後。又北流五分至安吴川口，入富春江。

枝流小源水。

嚮鐵嶺，小源水自此發源，曲曲西流，至倪家灘六里。有菖蒲坑水自南來注之。

外汪村，自倪家灘西北流，至此七里九分。

上靈橋，自外汪村西北流，至此五里八分。又西北流一里六分至小源水口，入安吳川。

蔡家溪

經流

石衙嶺，蔡家溪自此發源，東北流，至馬塢橋二里三分。水深二尺，面闊五丈。

前溪橋，自馬塢橋西北流，至此四里三分。水深二尺，面闊八丈。有外黃彈水自西來注之。

錢家橋，自前溪橋東北流，至此二里一分。水深五尺，面闊二十丈。

青龍頭南，自錢家橋東北流，至此八分。水深六尺，面闊二十四丈。與紹興府蕭山縣分界。

陸路道里記

東門又名昇平門。

幹路路向東北。

新安亭，自東門外東北行，至此二里四分。

白鶴鋪，自新安亭東行，至此八里六分强。

算賬嶺，自白鶴鋪東北行，至此五里八分。嶺高一丈二尺。與錢塘縣分界。

幹路路向東南。

大船渡，自東門外南行，過觀山渡，越中沙，至此二里九分。渡闊一里四分。

大源鎮，自大船渡東南行，至此十里六分。

宫前，自大源鎮東南行，至此六里九分弱。

新關村，自宫前東南行，至此三里九分弱。

覎口，自新關村東南行，至此三里四分。

横尺，自覎口東南行，至此九里八分。

雙坑口橋，自横尺東南行，至此八分。

宣村，自雙坑口橋曲曲南行，至此七里二分。

錢家橋，自宣村東南行，至此四里三分。

大章村，自錢家橋西南行，至此一里九分。

塘頭村，自大章村東南行，過馬塢橋，東北通佳山嶺，入蕭山界。至此六里八分。

萊塢，自塘頭村西南行，過石衙嶺，又東南行，至此五里四分弱。

新橋，自萊塢東南行，過石柱，越諸暨縣境，至此五里五分强。

長春橋，自新橋復入本境西南行，過長春嶺，又南行，至此六里四分。

向天嶺，自長春橋西南行，至此六里七分。嶺高六丈七尺。與紹興府諸暨縣分界。

枝路

新橋，自大船渡東北行，折而東南，至此十里强。

里山，自新橋東北曲曲行，過林橋鎮，至此九里九分。

同善橋，自里山東北行，至此六里三分弱。

長嶺，普安橋。自同善橋東北行，至此七里。與紹興府蕭山縣分界。

萬壽橋，自同善橋東南行，至此八里五分。

雞心嶺，自萬壽橋南行，至此八里六分。嶺高二十六丈。與紹興府蕭山縣分界。

中嶺，自萬壽橋東南行，至此三里二分。嶺高十七丈。與紹興府蕭山縣分界。

枝路

洋波口，自大船渡西南行，過俞家埠，至此四里九分强。

小塢渡，自洋波口西南行，至此七里三分。

柏樹鎮，自小塢渡西南行，越大剡嶺，又南行折而東南，至此六里五分。

環山村，自柏樹鎮東南行，折而南，至此五里四分。

場口鎮，自環山村曲曲西行，過桑林村，又西南行，至此八里六分。

上村，自場口鎮西南行，過百丈塢，至此九里四分。

趙家村，自上村西南行，過東梓關，至此四里八分。與嚴州府桐廬縣分界。

龍門，自環山村東南行，至此八里七分弱。

盛村，自龍門東行，至此十一里四分。

石板嶺，自盛村東南行，至此七里四分。

長命橋，自石板嶺東南行，至此五里。又東行四里一分至大章村入幹路。

橫山嶺，自場口鎮東南行，折而西南，至此四里四分。嶺高六丈八尺。

滄頭，自橫山嶺南少東行，至此六里六分。

橫槎渡，自滄頭東南行，至此六里。渡闊二十丈。

金剛渡，自橫槎渡東南行，至此十二里八分。渡闊三十丈。

雙壩渡，自金剛渡南行，至此六里九分。渡闊三十丈。

百莊渡，自雙壩渡東南行，至此二里四分。渡闊二十四丈。

金沙渡，自百莊渡東南行，至此三里七分。渡闊二十五丈。與金華府浦江縣分界。

獅山南麓，自橫山嶺西南行，至此十二里九分。與嚴州府桐廬縣分界。

青草嶺，自滄頭西南行，至此七里四分。嶺高二十六丈。與嚴州府桐廬縣分界。

雙坑口，自金剛渡西南行，至此七里三分。

流芳嶺南，自雙坑口西行，至此七里七分弱。

黃場塢，自流芳嶺南麓西南行，至此十一里四分弱。與嚴州府桐廬縣分界。

下南嶺，自雙坑口西南行，至此七里五分。嶺高二十丈。與金華府浦江縣分界。

姚家嶺，自流芳嶺南麓北行，至此五里五分。嶺高二十三丈。與嚴州府桐廬縣分界。

枝路

外汪村，自大源鎮東北行，折而東南，至此八里强。

倪家灘，自外汪村南行，過裏汪村，又東行過丁家坑，又折而東南行，至此七里七分强。

蔡家塢，自倪家灘東北行，過張家磓，又東南行，至此五里二分弱。

嚮鐵嶺，自蔡家塢東北行，至此四里一分。嶺高三十丈。與紹興府蕭山縣分界。

枝路

山猪嶺，自橫尺東北行，至此三里二分。

小王嶺，自山猪嶺東北行，至此七里三分强。嶺高十一丈。與紹興府蕭山縣分界。

枝路

大王嶺，自雙坑口橋東南行，至此三里六分。嶺高八丈六尺。與紹興府蕭山縣分界。

枝路

青龍頭，自錢家橋東北行，至此八分。與紹興府蕭山縣分界。

枝路

雀門嶺，自塘頭村東南行，至此三里一分。嶺高十四丈。與紹興府諸暨縣分界。

南門又名萃和門。門外治大江。

西門又名康阜門。

幹路

鹿山東麓，自西門外西南行，至此五里四分强。

湯家埠，自鹿山東麓西南行，至此十里七分。

程墳鋪，自湯家埠西南行，至此九里三分。

新店鋪，自程墳鋪西南行，至此七里。

後山邊村，自新店鋪西南行，至此十一里三分。與嚴州府桐廬縣分界。

枝路

蔣家村，自鹿山東麓西南行，至此八里五分。

大樹村，自蔣家村西行，至此十里。

柏子嶺，自大樹村西行，至此八里。與新城縣分界。

幹路

太平橋，自西門外西行，至此二里九分强。

青雲鎮，自太平橋西行，至此九里四分弱。

執中亭，自青雲鎮曲曲西行，至此七里七分。

界牌頭，自執中亭西行，至此五里九分。與新城縣分界。

枝路

下高，自青雲鎮西北行，至此七里一分强。

浪帆廟，自下高西北行，至此六里四分强。

楊家廟，自浪帆廟西北行，至此五里强。

青樹嶺，自楊家廟北行，至此四里七分。與臨安縣分界。

北門又名達順門。

幹路

涼棚下，自北門外西北行，至此三里四分。

下新橋，自涼棚下西北行，至此四里五分。

上新橋，自下新橋西北行，至此七分。

下部，自上新橋北行，至此五里六分弱。

福禄橋，自下部西北行，至此十二里强。

筱嶺，自福禄橋北行，至此三里六分。嶺高十五丈。與餘杭縣分界。

枝路

高橋鎮，自下新橋東北行，至此三里八分。

交界嶺，自高橋鎮東北行，至此十一里二分。與錢塘縣分界。

枝路

泗洲村，自上新橋西北行，至此六里六分。

合溪橋，自泗洲村西北行，至此七里五分。

銅嶺，自合溪橋西北行，至此十二里二分。嶺高二十丈六尺。與餘杭縣分界。

桃源嶺，自合溪橋西行，至此十里五分。嶺高四十五丈。與臨安縣分界。

杭州府餘杭縣

水路道里記

南苕溪

經流

杜壚橋，南苕溪自臨安縣流至此入境，又東少南流，至汪家埠八里一分。水深一丈八尺，面闊二十四丈。杜壚橋以東至汪家埠仍與臨安縣分水。

石門渡，自汪家埠東北流，過七里陡門，至此八里五分。其南爲南湖。

烏龍灘北，自石門渡東北流過南門外大橋，至此七里一分。

古牛墩，自烏龍灘北首北少東流，傍西函陡門，至此十五里一分。有烏龍港自西南來注之。

湯灣渡，自古牛墩北流，至此一里九分。有中苕溪自西來會之。見後。

龍舌嘴，自湯灣渡北流折而東北三里七分，即與錢塘分水。以下皆同。又北流至此一里。有北苕溪自西北來會之。見後。自湯灣渡至龍舌嘴，西連北湖，其地水退成陸，水長成湖。

瓶窑鎮，官溝橋。自龍舌嘴北流，至此三里二分。與錢塘縣分界。

枝流中苕溪。

黄公堰，中苕溪自臨安縣流至此入境，又東流至冷水堰四里五分。水深一丈二尺，面闊二十丈。

青芝堰南，自冷水堰東南流，折而東北過青龍堰，至此五里九分。有斜港自北過堰來注之。

長樂橋南，自青芝堰南首東南流，至此一里六分。有汗嶺水自西南過汪公堰來注之。

邵墓橋，自長樂橋南首東北流，過麻車頭，折而東南，至此七里七分。

烏龍港口，自邵墓橋東流，至此四里。自此東南迤東北流爲烏龍港，過龍公橋，至古牛墩入南苕溪，計八里八分。又東北流七里九分過新橋，至湯灣渡入南苕溪。

枝流北苕溪。

獨松關，分水嶺。北苕溪自此發源，西南流，折而南過三里鋪，又東南流至百丈塢口九里四分。有銅蔞關水自東北來注之。

浮溪橋東，自百丈塢口曲曲東南流，過四溪、三溪、二溪、頭溪各堰，至此十四里。有臨安芝塢嶺水自西來注之。

大橋，自浮溪橋東首東南流，過獨山橋及黄湖鎮東，至此十三里。有箬嶺、石扶梯嶺二水自北出銅口橋來注之。

竹山橋口，自大橋南流，至此七里。有臨安下長溪自西出竹山橋來注之。

陶村橋，自竹山橋口東南流過雙溪鎮，又過夾堰及潘板橋，至此十三里八分。水深一丈二尺，面闊二十丈。又東少南曲曲流十三里一分過張堰渡，至龍舌嘴入南苕溪。

南湖

在縣城西南二里，西南納蒼步嶺、石盂嶺等處來水，西北出口過石門橋與苕溪水會。湖内有土山八，水盛漲則泛濫滿湖，水涸則歸溝。湖形北廣南狹，西廣東狹。四圍有隄約周十里，中有十字隄，東西廣三里强，南北袤二里强。

南渠河又名餘杭塘河。

經流

登雲橋，南渠河自湯公濊首受南湖之水南流，折而東北過施橋，又東流折而北，至此七里五分。分一支西流爲木竹河，計七里五分。又分一支北流至西函陡門入苕溪，計九里。

小螺螄港口，自登雲橋東少北流，至此二里。有小螺螄港自東南來注之。

大螺螄港口，自小螺螄港口東北流，至此一里五分。有大螺螄港自南來注之。

城西橋，自大螺螄港口東少北流，過青龍橋，至此四里。水深一丈五尺，面闊十二丈。

靈源橋，自城西橋東少北流，過蒼前鎮，至此一里七分。有閒林港自南來會之。見後。

長橋，自靈源橋東少北流，過青石灘及狀元橋，至此五里二分。與錢塘縣分界。

枝流閒林港。

蔣家橋，閒林港自滚壩首受南湖之水東南流，至此三里五分。有谿拳嶺、筱嶺二水自西南來注之。

閒林鎮小橋，自蔣家橋東北流，折而東南過張家橋，至此九里。分一支北流，爲大螺螄港。

永新橋口，自閒林鎮小橋東流，至此三里五分。分一支東流入永新橋，至從慶橋入錢塘界，計三里五分。又北流十一里二分過何母橋、齊八弓橋，至靈源橋入南渠河。

陸路道里記

東門又名賓暘門。

幹路

師姑塘，自東門外東北行，至此三里。

姚家渡，自師姑塘東行，折而北，至此九里六分。

湯灣渡，自姚家渡北少東行，至此五里七分。

柴場渡，自湯灣渡北少東行，入錢塘境，至此六里四分。

瓶窑鎮，自柴場渡過渡入本境北行，至此一里五分。

東坑涼亭，自瓶窑鎮北少西行，入錢塘境，至此六里一分。

梯子嶺，自東坑涼亭北少東行，入本境，至此三里七分。與錢塘、武康兩縣分界。

枝路

西塘橋西，自師姑塘曲曲北行，至此八里五分。

張堰渡，自西塘橋西首北行，至此十二里四分。

丁字路，自張堰渡過渡曲曲西北行，至此六里三分。

烏臺嶺，自丁字路西北曲曲行，過大嶺，至此十七里九分。與武康縣分界。

枝路

東坑塢，自東坑涼亭西北行，過東坑嶺，嶺高二十丈。至此五里强。

十字路口，自東坑塢西北行，至此三里三分。

界嶺橋，自十字路口西北行，至此六里四分。與武康縣分界。

馬頭關，自東坑塢東北行，至此六里八分。與武康縣分界。

卸車嶺，自十字路口東北行，折而北少西，至此五里六分。與武康縣分界。

南門又名對薰門。

幹路路向南。

三賢祠，自南門外南行，過葫蘆橋，至此一里二分。

嶽廟橋，自三賢祠南行，至此四里强。

蔣家橋，自嶽廟橋東南行，至此三里四分。

邵塢，自蔣家橋南行，至此五里五分。

孟塢，自邵塢西南行，至此二里强。

横長嶺，自孟塢南少西行，至此一里四分。與錢塘縣分界。

枝路

石門橋，自三賢祠西行，至此四里七分。

行洞橋，自石門橋西南行，至此六里五分。

界橋，自行洞橋西行，至此一里五分，與臨安縣分界。

楊樹頭，自石門橋西南行，至此八里一分强。
留三亭，自楊樹頭西南行，至此二里一分强。
上新橋，自留三亭西南行，至此一里六分。
毛家橋，自上新橋西南行，至此三里四分。
孫家店，自毛家橋西南行，至此一里八分。
蒼步嶺，自孫家店西南行，至此三里七分。與臨安縣分界。
小橋，自上新橋西北行，過九曲嶺，至此三里八分。與臨安縣分界。
胡嶺，自毛家橋西南行，至此一里七分。與臨安縣分界。

枝路

富臨橋，自嶽廟橋西南行，至此二里六分。
八角亭，自富臨橋西南行，至此三里八分。
馬嶺村，自八角亭西南行，至此四里七分。
巴橋，自馬嶺村西南行，至此三里七分。
銅嶺橋，自巴橋西南行，至此二里八分。
銅嶺，自銅嶺橋南行，至此二里三分。與富陽縣分界。
許家橋，自富臨橋西南行，至此七里四分。
筱嶺，自許家橋西南行，至此三里五分。與富陽縣分界。
南澗村，自八角亭西南行，至此四里六分。
徐家莊，自南澗村西南行，過石壁嶺，嶺高十八丈。至此二里九分。
峽嶺，自徐家莊南行，至此六分。與富陽縣分界。
繇拳嶺，自銅嶺橋西南行，至此三里五分。與臨安縣分界。
駱嶺，自許家橋南行，過箬嶺，又西南行，至此四里三分。與富陽縣分界。

幹路路向東南。

舊縣橋，自南門外葫蘆橋北首東行，至此二分。
張家橋，自舊縣橋東南行，至此七里九分。
杜嶺茶亭，自張家橋南行，至此五里一分。
馬車橋，自杜嶺茶亭南行，至此一里五分。
玄壇嶺，自馬車橋西南行，至此一里二分。與錢塘縣分界。

枝路

閒林鎮新橋，自張家橋東南行，至此六里强。西北通向東幹路之文昌閣，計十一里六分。
裏山橋，自閒林鎮新橋南行，曲曲至此五里五分。
嚴家橋，自裏山橋西南行，至此一里五分。與錢塘縣分界。

幹路路向東。

文昌閣，自南門外葫蘆橋北首東南行，至此三里一分。
倉前鎮，自文昌閣東北行，至此八里一分。
上元橋，自倉前鎮東少北行，至此五里六分。
長橋，自上元橋東行，至此一分。與錢塘縣分界。

枝路

永新橋，自倉前鎮南行，至此十二里四分。
從慶橋，自永新橋東行，至此三里四分。與錢塘縣分界。

枝路

蔡埠橋，自上元橋南行，至此五里六分。又曲曲南行八里二分至從慶橋，與錢塘縣分界。

枝路

後陡門橋，即一浪橋。自上元橋北行，至此七里。與錢塘縣分界。

西門又名秩成門。

幹路

石門渡，自西門外西行，至此三里五分。
丁公橋，自石門渡西行，至此五里六分。
杜墟橋，自丁公橋西行，至此九里弱。與臨安縣分界。

枝路

西塢塘，自西門外叉路曲曲西北行，至此十五里。又曲曲東南行八里强至丁公橋，入幹路。

北門又名拱極門。

幹路

三里鋪，自北門外北少西行，至此二里二分。
石涼亭，自三里鋪北少西行，至此三里五分。
苧山橋，自石涼亭西北行，至此二里一分。
邵墓橋，自苧山橋西北行，過新嶺，嶺高十二丈。至此五里七分。

麻車頭，自邵墓橋西北行，至此一里七分。

曹橋，自麻車頭西北行，至此五里四分。

感塘村，自曹橋西北行，至此四里七分。

夾堰，自感塘村西北行，至此五里七分。

雙溪鎮橋，自夾堰西北行，至此一里一分。

竹山橋，自雙溪鎮橋西北行，至此一里五分。

下弓橋，自竹山橋西北行，至此五里五分。

黄湖鎮，自下弓橋西北行，至此三里弱。

獨山橋，自黄湖鎮西北行，至此二里五分。

浮溪橋，自獨山橋西北行，至此五里。

古城村碑，自浮溪橋西北行，至此三里六分。

百丈塢口，自古城村碑西北行，至此十一里强。

坑口橋，自百丈塢口西北行，至此二里九分。

分水嶺，自坑口橋西北行，至此六里九分。與湖州府安吉縣分界。

枝路

養林橋，自石涼亭西少北行，至此六里三分。又西北行過干嶺，嶺高十六丈。八里五分至太平橋，與自麻車頭起之枝路合。

枝路

長樂橋，自麻車頭西行，至此六里三分。

太平橋，自長樂橋西南行，至此二里一分。

亭子橋，自太平橋西行，至此五里二分。

冷水橋，自亭子橋北行，至此一里。

界橋，自冷水橋西南行，至此五里二分。與臨安縣分界。

汗嶺，自亭子橋西南行，至此六里。與臨安縣分界。

斜坑梅嶺，自冷水橋西北行，折而西南，至此十三里。與臨安縣分界。

枝路

潘板橋，自感塘村東行，至此二里三分。

渣河橋，自潘板橋東行，至此五里五分。又曲曲東行九里過西安嶺，至瓶窑鎮與錢塘縣分界。

陳家橋，自潘板橋北行，至此八里五分。東南與渣河橋通，計十一里强。

和合橋，自陳家橋北行，至此七里一分。

黄岡嶺，自和合橋東北行，至此四里五分。與武康縣分界。

枝路

船橋，自雙溪鎮西行，至此五里六分。

廣豐亭，自船橋西南行，至此五里八分。

御碑亭，自廣豐亭西行，至此三里三分。西通風笑嶺，入臨安縣界。

横嶺，自御碑亭西北行，折而西，至此七里八分。與臨安縣分界。

枝路

仕村橋，自竹山橋西北行，至此九里四分。西北過牛塢嶺，通幹路之浮溪橋，計十一里。

關帝廟，自仕村橋西南行，折而西北，至此十六里五分。與臨安縣分界。

枝路

方家橋，自黄湖鎮過橋，曲曲東北行，至此七里。

箬嶺，自方家橋曲曲東北行，至此八里一分。與湖州府武康縣分界。

石扶梯嶺，自方家橋西北行，至此七里七分。與湖州府武康縣分界。

枝路

施家邊溪橋，自浮溪橋西行，過東山嶺，嶺高二十二丈。至此九里四分。

吉麻塢涼亭，自施家邊溪橋西行，至此二里九分。

硤石衕，自吉麻塢涼亭西南行，至此三里九分。與臨安縣分界。

新嶺，即銀山嶺。自施家邊溪橋西北行，至此十四里。與湖州府孝豐縣分界。

合上高村，自吉麻塢涼亭西行，至此九里七分。與臨安縣分界。

枝路

下郎村，自古城村碑北少東行，至此十里九分。與湖州府武康縣分界。

枝路

石板嶺，自百丈塢口東北行，至此三里五分。

羊凹關，即銅菱關。自石板嶺北行過嶺，至此五里三分。與湖州府安吉縣分界。

枝路

幽嶺，自坑口橋西行，至此五里七分。與湖州府孝豐縣分界。

杭州府臨安縣

水路道里記

南苕溪

經流

東天目山，雞籠尖。南苕溪自此發源，南流至望仙橋二里九分。水深三尺，面闊六丈。

四賢橋，自望仙橋南少東流，至此五里四分。

龍溪村，自四賢橋南流，至此二里六分。

碧淙街，自龍溪村東南流，至此九里九分。有楓樹嶺水自西來注之。

上觀蓮橋，自碧淙街東北流，至此三里。水深六尺，面闊六丈五尺。

下觀蓮橋南，自上觀蓮橋東北流，至此一里三分。有董溪水自西北來會之。見後。

青嶺鎮南，自下觀蓮橋南首東南流，至此四里六分。有平溪水自西北來注之。

水口山麓，自青嶺鎮南首東流，至此一里七分。有郜溪自北來注之。

神仙壩東，自水口山麓東少南流，至此三里九分。壩長二十九丈，上水高五尺。有馬跑泉水自北來會之。見後。

弼堰渡，自神仙壩東首東流，至此五分。水深四丈，面闊三十九丈。

新溪橋，自弼堰渡東南流，至此八里。水深六尺，面闊三十六丈。

五跨堰，自新溪橋東少南流，至此四里四分。堰長三十二丈，上水高四尺。有潘溪水自西來會之。見後。

竹林橋，自五跨堰東流，迤而東北，至此五里四分。水深六尺五寸，面闊三十一丈五尺。

長橋，自竹林橋東少北流，過縣城北，至此四里六分。水深八尺，面闊三十一丈。有馬溪水自西北來注之。

獨山脚，自長橋東流，至此四里六分。有錦溪水自西南來會之。見後。

黑龍壩，自獨山脚東流，至此九分。壩長二十八丈，上水高三尺。

雙林溪口，自黑龍壩東流，折而東南，至此三里一分。有雙林溪自西北來注之。

大堰，自雙林溪口東少北流，折而東南，至此二里五分。堰長三十二丈，上水高四尺。

公山脚，自大堰南流，折而東，至此一里九分。水深五尺，面闊二十九丈。有横溪自西來會之，靈溪自西南來會之。俱見後。

楊家渡，自公山脚東北流，至此五里一分。水深五尺，面闊四十八丈。

杜壚橋南，自楊家渡東北流，至此二里九分。杜壚橋迤東與餘杭分水。以下皆同。

汪家埠，自杜壚橋南首東少南流，過滸溪埠，至此八里强。水深一丈八尺，面闊二十四丈。與餘杭縣分界。

枝流董溪。

東天目山，龍潭。董溪自此發源，西南流過玉澗飛橋，折而東南，至錦源橋十里七分。

順泰橋，自錦源橋南少東流，折而西南，復折而東南，至此五里九分。

苕源橋，自順泰橋東南流，至此三里一分。又東南，折而東流八里八分，至下觀蓮橋南入南苕溪。

枝流馬跑泉水。

市嶺，馬跑泉水自此發源，兼受龍鬚山、白沙山之水，南少西曲曲流，至太子廟八里五分。水深三尺，面闊八丈。

溪口橋，自太子廟東南曲曲流，至此七里九分。

雙溪橋前，自溪口橋東流，至此四里二分。有東坑水自北來注之。

濟人橋，自雙溪橋前南少東流，至此八里一分。水深四尺，面闊十九丈。

波羅橋，自濟人橋南少東流，至此五里一分。又西南折而東南，再折而南流，九里七分過濟川橋，水深四尺，面闊二十五丈。至神仙壩東入南苕溪。

枝流潘溪。

周福山，潘溪自此發源，東北流至横界橋一里七分。

化龍鎮，自横界橋東南流，折而東北，至此三里二分。

硤石村，自化龍鎮東北流，至此五里六分。

錢王鋪，自硤石村東流，至此四里七分。水深四尺，面闊七丈。

福興橋，自錢王鋪東流，至此六里八分。又東少北流二里三分，至五跨堰，入南苕溪。

枝流錦溪。

甘嶺，錦溪自此發源，兼受五星山、臨安山之水，東北流，至永安橋六里三分。

下興橋，自永安橋東少北流，折而東南，至此三里七分。水深五尺，面闊十二丈。

金畈村，自下興橋東流，折而東北，至此七里二分。有沈嶺水自南來注之。

慶安橋，自金畈村東北流，至此一里五分。

蘭嶺堰，自慶安橋東北流，至此五里四分。堰長十一丈，上水高四尺。

畔湖橋，自蘭嶺堰東流，折而東北，至此一里八分。水深五尺，面闊十二丈。

羅村橋，自畔湖橋東北流，過石錦山脚，至此三里四分。水深五尺，面闊十三丈。又東北流五里一分，至獨山脚入南苕溪。

枝流横溪。

大黄嶺，横溪自此發源，東北流，至深湖橋五里三分。

長春橋，自深湖橋東北流，折而西北，至此三里八分。

讓畔村，自長春橋西北流，折而東北，至此五里三分。

古迹橋，自讓畔村北流，至此二里二分。水深五尺，面闊十三丈。

余村橋，自古迹橋東北流，至此八里九分。

石橋村，自余村橋北少東流，過琴山脚，折而東，至此三里九分。水深六尺，面闊十一丈。又東流三里强入南苕溪。

枝流靈溪。

青樹嶺，靈溪自此發源，西北流，至牌頭橋三里四分。水深三尺，面闊十三丈。

板橋，自牌頭橋北少東流，折而西北，至此五里八分。

横溪村，自板橋北少西流，至此六里一分。有由拳嶺水自東來注之。

官堰，自横溪村西北流，折而東北，至此三里八分。堰長二十三丈，上水高六尺五寸。

牧家橋，自官堰北流，至此四里六分。水深六尺五寸，面闊十七丈二尺。又東北流四里四分，至公山脚入南苕溪。

中苕溪又名仇溪。

經流

穆公山，中苕溪自此發源，南少東流，至汪家橋四里三分。

十畝堰，自汪家橋東少南流，至此三里五分。堰長十丈，上水高四尺。

横口橋，自十畝堰東少南流，至此六里。

洽溪橋，自横口橋東北流，折而東少南，至此五里六分。水深五尺，面闊十二丈。

楊山堰，自洽溪橋東少北流，至此二里三分。堰長十七丈，上水高四尺。有猷溪水自西北來會之。見後。

烏潭壩，自楊山堰東流迤北，至此二里一分。

黄畈鎮東，龍堰。自烏潭壩東北流，抵龍山脚折而北，至此五里。堰長二十丈，上水高四尺强。

句山堰東，自龍堰東北流，折而東少南，至此六里六分。堰長二十三丈，上水高四尺五寸。有白水溪自西北來會之。見後。

黄公堰，自句山堰東首東流，至此二里六分。堰長三十一丈，上水高四尺。與餘杭縣分界。

枝流猷溪。

大山，猷溪自此發源，西南流，折而東南，至龍藏塢十三里六分。

横路灣村，自龍藏塢東南流，至此八里七分。水深五尺，面闊十三丈。

水濤漲村，自横路灣村東南流，至此七里六分。

洪橋，自水濤漲村東南流，至此四里强。水深六尺，面闊十九丈。又東南流一里八分，至楊山堰入中苕溪。

枝流白水溪。

横嶺，白水溪自此發源，西南流，過横路村，折而東南，至郎家溪橋八里。

忠保橋，自郎家溪橋東南曲曲流，至此六里八分。水深四尺，面闊八丈。

上郜村，自忠保橋東流，至此三里四分。又東南流三里二分，至句山堰東入中苕溪。

陸路道里記

東門又名迎恩門。

幹路

觀音山脚，自東門外北行，至此一里。

十錦亭，自觀音山脚東北行，過長橋，至此二里一分。西至西門西北幹路之西墅街，計六里八分。

五柳村，自十錦亭東北行，至此二里九分。東南過後洪渡至小南門幹路之鶴山鎮，計七里三分。

百江嶺，自五柳村東北行，至此四里二分。嶺高五尺。

青山鎮，自百江嶺東少南行，至此七里。

杜墟橋，自青山鎮東北行，至此二里八分。與餘杭縣分界。

枝路

集賢村東，自五柳村北行，至此五里二分。

大塢亭，自集賢村東首東北行，折而西北，至此四里九分。

烏潭村，自大塢亭北行，至此五里八分。又北少東行，四里五分至黄畈鎮，與西門幹路内自洪橋村起之枝路合。

小南門

幹路

余村，自小南門外東南行，過馮家嶺，嶺高六尺。至此六里五分。

金裝嶺，自余村東行，至此二里。嶺高一丈二尺。

上亭子村，自金裝嶺東南行，過牧家橋，折而南，至此五里一分。

横溪橋北，自上亭子村南少東行，至此三里八分。

上板橋村，自横溪橋北首西南行，折而東南，復折而南少西，至此五里七分。

觀音嶺，自上板橋村西南行，過竇里村，至此六里强。嶺高四丈二尺。

三口鎮，自觀音嶺西南行，至此八里二分。

火燒亭，自三口鎮西行折而南，至此三里五分。與新城縣分界。

枝路

鶴山鎮，自金裝嶺東北行，折而東南，至此二里七分。

太平村，自鶴山鎮東行，折而東南，復折而北迤東，至此七里四分。北過楊家渡至東門幹路之青山鎮，計二里七分。

樂善亭，自太平村曲曲東行，至此七里四分。

汪家埠，界橋。自樂善亭曲曲東行，至此四里七分。與餘杭縣分界。

枝路

仙畈，自横溪橋北首東南行，至此三里二分。

花戲臺村，自仙畈東北行，至此三里四分。

由拳嶺，自花戲臺村東少南行，過花牌樓村，至此七里二分。嶺高二丈七尺。與餘杭縣分界。

枝路

永福廟，自上板橋村東南行，過外桃源村，折而東，至此七里八分。

桃源嶺，自永福廟東南行，至此五里七分。嶺高四十一丈。與富陽縣分界。

小東門出城門丈許即與小南門幹路合。

南門又名望錦門。自門外東行半里至小南門，今其路毁壞不通。

靈鳳門

幹路

市塢，自靈鳳門外東南行，至此四里六分。又西南行四里一分至横溪亭，入小西門幹路。自市塢東北行，至小南門幹路之余村，計三里七分。

小西門

幹路

横溪亭，自小西門外南行，過畔湖橋，至此六里九分。

璋村，自横溪亭南少西行，至此四里六分。

深湖橋，自璋村西南行，折而東南過長春橋，又西南行，至此七里三分。

上錢村，自深湖橋東南曲曲行，過大黄嶺，嶺高十五丈八尺。至此十二里三分。東至小南門幹路之三口鎮，計五里二分。

八角亭，自上錢村西南行，至此四里六分。與新城縣分界。

西門又名惠政門。

幹路路向西北。

西墅街，自西門外西北行，至此三里三分。

錢王墓，自西墅街北少西行，至此三里。

馬嶺，自錢王墓北行，過吴馬、大馬二村，至此九里八分。嶺高二丈七尺。

高陸村，自馬嶺東北行，至此四里七分。

洪橋村，自高陸村東北行，至此一里一分。

橫路灣村，自洪橋村西北行，至此十二里三分。

龍藏塢，自橫路灣村西北行，至此八里九分。

大山腳村，自龍藏塢西北行，過百步嶺，嶺高七丈六尺。至此九里四分。

俞嶺，自大山腳村西北行，至此六里二分。嶺高二十三丈。與湖州府孝豐縣分界。

枝路

新溪村，新溪橋。自西墅街西行，過東嶽廟，至此七里三分。東南至西南幹路之橫潭鎮，計八里一分。

馬帶村，自新溪橋西北行，過欄杆嶺，嶺高六尺。至此五里。

橋東村，自馬帶村西北行，過護龍嶺，嶺高五丈六尺。至此四里八分。

青嶺鎮，自橋東村西行，過郜溪橋，又西北行過青嶺，嶺高一丈。至此七里強。

青嶺村，自青嶺鎮西行，至此一里強。

碧淙街，自青嶺村西少北行，過下觀蓮橋，又西南行，至此七里二分。

油口村，自碧淙街西少南行，至此二里五分。

楓樹嶺，自油口村西南行，過社干村，又西少北行，至此七里七分。嶺高一丈三尺。與於潛縣分界。

錢王鋪，自新溪橋西南行，至此六里四分。

金頭村，自錢王鋪西行，至此一里三分。

硤石村，自金頭村西行，至此三里七分。

化龍鎮，自硤石村西南行，至此五里七分。

永樂關，自化龍鎮西少南行，至此五里五分。與於潛縣分界。

倉前村，自橋東村西北行，過三路嶺，嶺高四丈一尺。至此六里一分。

衆社嶺，自倉前村西北行，至此三里五分。嶺高一丈六尺。

浪嶺腳村，自衆社嶺西北行，至此十里九分。

皇圖村，自浪嶺腳村東北行，過浪嶺，嶺高三十丈一尺。折而西北，至此七里五分。

太子廟，自皇圖村西北行，折而東北，至此四里七分。

自沙村，自太子廟東北曲行，至此七里二分。

市嶺，自自沙村東北行，折而北，至此三里二分。嶺高二十四丈六尺。與湖州府孝豐縣分界。

潘墓岡，自青嶺鎮西北行，過張公橋，至此七里強。岡高四尺。

里村，錦源橋。自潘墓岡西北行，至此九里七分。

東天目山南，多寶亭前。自錦源橋西少北行，至此四里一分。

望仙橋，自多寶亭前西少南行，至此一里七分。

柘子嶺，自望仙橋西北行，至此二里二分。與於潛縣分界。

荷花塘村，自青嶺村西北行，至此八里二分。

臥頭村，自荷花塘村西北行，至此二里四分。

門嶺，自臥頭村西北行，過南莊，至此八里四分。嶺高五丈一尺。與於潛縣分界。

枝路

泥馬村，自高陸村西少北行，至此五里一分強。

長春村，自泥馬村西少北行，至此三里五分。

大溪村，自長春村西少北行，至此三里一分。北越穆公嶺，至幹路之龍藏塢，計十五里二分。

楊家橋村，自大溪村西南行，越楓嶺，嶺高十九丈。至此七里三分。又南少東行三里二分，至倉前村與自西墅街起之枝路合。

枝路

黃畈鎮，自洪橋村東北行，越小黃嶺，嶺高二丈四尺。折而東，至此六里六分。

太平村，自黃畈鎮東少南行，至此五里一分。

界橋廟，自太平村東南行，至此四里。與餘杭縣分界。

枝路

冷塢頂村，自龍藏塢東北行，至此三里一分。

前村，自(令)[冷]塢頂村北少東行，過冷塢嶺，嶺高三十五丈。折而東北，至此九里七分。

大里村，自前村東北行，越千嶺，嶺高八丈。至此五里一分。

木橋，自大里村西北行，過蛇皮嶺，嶺高二十八丈。越餘杭縣境，至此七里二分。

烏山關，自木橋復入本境，北行過芝塢嶺，嶺高三丈二尺。又西北行，至此七里七分。與湖州府孝豐縣分界。

幹路路向西南。

橫潭鎮，自西門外西少南行，至此三里八分。

更樓村，自橫潭鎮南少西行，至此四里弱。

下輿橋，自更樓村西南曲曲行，至此九里七分。

永安橋，自下輿橋西南行，折而西，至此四里一分。

甘嶺，自永安橋西少南行，至此八里三分。嶺高九丈。

萬福橋，自甘嶺西南行，至此二里四分。與新城縣分界。

枝路

下山頭村，自更樓村曲曲南行，至此七里九分。

姚家橋村，自下山頭村曲曲西南行，至此八里二分。

沈嶺，自姚家橋村東南行，折而西南，至此五里六分。嶺高三十二丈。與新城縣分界。

枝路

徐村，自下輿橋曲曲西南行，過小嶺，嶺高二丈四尺。至此八里六分。

新嶺脚，界橋。自徐村南行，折而西南，過新嶺，嶺高十五丈二尺。至此四里八分。與新城縣分界。

北門又名拱辰門。東行七分與東門幹路合。

杭州府於潛縣

水路道里記

虞溪下流爲零口溪，又下流爲浮溪。

經流

福壽嶺，虞溪自此發源，西南流，至千秋橋三里。

橫路橋，自千秋橋東南流，至此九里一分。水深一尺，面闊五丈。

徐石橋，自橫路橋東南流，至此十里。

金塢橋，自徐石橋東南流，至此十里。

零口橋西，自金塢橋東南流，至此十一里五分。有豐淩溪自東北來會之。見後。以下爲零口溪。

雙溪口，自零口橋西首南流，至此五里。有東關溪自東北來會之。見後。以下爲浮溪。

浮溪橋，自雙溪口南流，至此三里。水深三尺，面闊三十丈。

寮車橋，自浮溪橋南少東流，至此五里五分。有藻溪自東來會之。見後。

長安橋南，自寮車橋西流，至此二里。水深三丈，面闊二十八丈。有柳源溪自西北來會之。見後。

灌河渡，自長安橋南首南流，至此十一里。水深五尺，面闊三十三丈。

牧亭渡，自灌河渡東北流，折而西南，至此五里。水深五尺，面闊三十丈。

麻車埠，自牧亭渡西南流，至此五里六分。有龍翔嶺水自西北來注之。

紫溪渡，自麻車埠東南流，至此七里。水深五尺，面闊三十二丈。有紫溪自西來會之。見後。

九排嶺涼亭，自紫溪渡東南流，至此十二里七分。水深七尺，面闊三十八丈。涼亭迤東南與嚴州府分水縣分水。以下皆同。

印渚渡東，自九排嶺涼亭東南曲曲流，至此十四里。水深七尺，面闊三十四丈。有大源溪自東北來會之。見後。

石壁山西麓，自印渚渡東首東流，折而東南，至此四里。與嚴州府分水縣分界。

枝流豐淩溪。

四季灣，豐淩溪自安徽甯國縣茅壇山發源，流至此入境，又東南流，至馬千橋十二里。

千佛橋，自馬千橋東南流，至此六里。水深一尺，面闊七丈。

豐淩村，自千佛橋東南流，至此十里五分。水深二尺，面闊八丈。又西南流，至零口橋西入零口溪。

枝流東關溪。

東天目山，東關溪自此發源，西南流，至東關八里。

長生橋東，自東關曲曲南流，至此七里。水深一尺，面闊五丈。有西關水自西來注之。

目源橋，自長生橋東口南流，至此六里。

白鶴橋，自目源橋南少東流，過徐村，又西南流，至此十里二分。有雙清溪自西北來注之。

青壇橋，自白鶴橋西南流，折而西北，又折而西，至此十三里二分。水深二尺，面闊十丈。

百花橋，自青壇橋西南流，至此三里五分。

後渚鎮，太平橋。自百花橋西南流，至此八里五分。又西南流一里五分至雙溪口，入浮溪。

枝流 藻溪。

青牛嶺西北，藻溪自此發源，曲曲西北流，折而西少南，至亭口橋九里六分。水深一尺，面闊三丈。

藻溪鎮，自亭口橋西流，至此五里。

對石鋪，自藻溪鎮西南曲曲流，至此十里。

九里橋，自對石鋪西南流，至此五里五分。水深一尺，面闊五丈。又西南流九里三分至賽車橋入浮溪。即虞溪下流。

枝流 柳源溪。

銅嶺關，柳源溪自此發源，南少東流，至謝家橋西十里。水深二尺，面闊五丈。

萬春橋，自謝家橋西口西南流，至此四里。

女兒橋，自萬春橋東南流，至此四里五分。

盛村橋，自女兒橋南流，至此十一里。

母社溪橋，自盛村橋南流，至此三里。

儀鳳橋，自母社溪橋東南流，至此六里五分。

扶善橋，自儀鳳橋東南流，折而東，至此六里。有龍蟠山水自南來注之。

昔口橋南，自扶善橋東流，至此九里。又東南流五里五分至長安橋入浮溪。水深二尺，面闊七丈。

枝流 紫溪。

柯老相公殿，紫溪自昌化縣在昌化爲柳溪。流至此入境，又東少南流，至此三里。

馬坑橋北，自長灘村北首東流，折而南，又折而東南，至此八里。又東流六里至紫溪渡入浮溪。水深一尺，面闊三十五丈。

枝流 大源溪。

馬嶺，大源溪自此發源，西南流，至兒口橋南七里。

華光橋南，自兒口橋南首西南曲曲流，至此十里二分。有小源溪自東來會之。見後。

玉閭橋，自華光橋南流，折而西北，至此四里。又西南流六里至印渚渡東入浮溪。水深二尺，面闊五丈。

枝流 小源溪。

住龍嶺，小源溪自此發源，西南流，至泗洲橋二里。

金塢村，自泗洲橋東南流，折而西南曲曲，至此八里五分。又西少南流二里五分，至華光橋南入大源溪。

陸路道里記

東門

幹路

分路碑，自東門外東行，至此二里八分。

九里橋，自分路碑東行，至此三里一分。

對石鋪，自九里橋東少北行，至此四里。

桂芳橋，自對石鋪東少北行，至此三里九分。

藻溪鎮，自桂芳橋東北行，至此四里八分。

横塘浦，自藻溪鎮東行，至此八里九分。

横塘嶺，自横塘浦東行，至此二里二分。與臨安縣分界。

枝路

百丈嶺，自藻溪鎮東南行，至此九里七分。與新城縣分界。

枝路

杲村，自横塘浦曲曲北行，至此五里一分。

義橋，自杲村東少南行，至此二里六分。與臨安縣分界。

南門

幹路

塘湖莊，自南門外南行，過鳳山莊，至此四里四分弱。

地風山涼亭，自塘湖莊南行，至此五里九分强。

翼村，自地風山涼亭南行，至此四里九分弱。

灌河渡，自翼村南行，至此二里六分。

牧亭渡，自灌河渡南行，至此三里七分。

麻車埠，自牧亭渡西南行，至此四里七分弱。

紫溪渡，自麻車埠南行，至此四里强。

九排嶺，自紫溪渡南少東行，至此十二里七分。

白山渡，自九排嶺入分水縣界，東南行，至此三里七分。

印渚鎮，自白山渡復入本境，東南行，至此三里二分。與嚴州府分水縣分界。

枝路

竹嶺，自塘湖莊東南行，至此八里强。

沙埂頭村，自竹嶺東南行，至此六里二分。

浮雲嶺，自沙埂頭村東南行，折而東北，至此七里一分。與新城縣分界。

枝路

青山殿，自紫溪渡南首西南行，至此四里二分。

啞嶺，自青山殿西北行，至此五里六分。

老相公殿，自啞嶺西北行，至此七里七分。與昌化縣分界。

枝路

排後橋，自印渚鎮東北行，至此六里一分。

兑口橋，自排後橋東北行，至此十二里九分。

柏樹塢村，自兑口橋東南行，折而東北，至此四里四分。

馬嶺，自柏樹塢村東南行，折而東北，至此五里二分。與新城縣分界。

金塢村，自排後橋東南行，折而東少北，至此四里。

泗洲橋，自金塢村東北曲曲行，至此七里七分。

巨龍嶺，自泗洲橋東北行，至此四里一分。與嚴州府分水縣分界。

慈烏橋，自兑口橋西北行，至此一里八分。

三嶺亭，自慈烏橋西北行，折而北，至此七里六分。與新城縣分界。

西門

幹路

浮溪橋，自西門外西南行，至此二里四分。

方圓鋪，自浮溪橋西行，折而西北，至此七里一分。

更樓村，自方圓鋪西行，至此四里四分。

太陽鎮，自更樓村西北行，過楓樹嶺，至此六里三分。

儀鳳橋，自太陽鎮西行，至此二里三分。

界頭村，自儀鳳橋曲曲西行，至此四里四分。與昌化縣分界。

枝路

雙廟村，自更樓村西南行，至此十一里五分。

龍翔嶺，自雙廟村東南行，至此七里八分。

雙坑橋，自龍翔嶺東南行，至此四里六分。又東南行九里三分，至麻車埠入南門外幹路。

景坑橋，自雙廟村西南行，至此八里强。與昌化縣分界。

北門

幹路

後渚橋，自北門外北行，至此二里五分。

零口橋，自後渚橋西北行，至此三里五分。

牛長頭村，自零口橋西北行，至此七里八分。

英公潭村，自牛長頭村西北行，至此四里七分。

朱家村，自英公潭村西北行，至此七里强。

横路頭村，自朱家村西北行，至此十二里九分。

千秋村，自横路頭村西北行，至此六里九分强。

千秋關，自千秋村西北行，至此三里二分。與安徽甯國縣分界。

枝路

紹魯村，自後渚橋東北行，至此九里八分。

叫口村茶亭，自紹魯村東南行，折而北，至此八里三分。

横路亭，自叫口村茶亭東北行，至此二里五分。

徐村，自横路亭東北行，至此四里七分。

目源橋，自徐村北行，過汪干村，又西北行，至此六里二分弱。

鍾家村，自目源橋西北行，至此六里五分。

東關，自鍾家村北行，至此七里。

告嶺，自東關東北行，過新嶺，至此九里二分。與湖州府孝豐縣分界。

冷水塢，自叫口村茶亭東少北行，至此五里五分。與臨安縣分界。

門嶺，自目源橋東北行，至此一里四分。與臨安縣分界。

西關，自鍾家村西北行，至此四里八分。

長灣，自西關西北行，至此七里九分。與湖州府孝豐縣及安徽甯國縣分界。

雨花亭，自鍾家村西北行，折而西南，至此五里五分。

椎樹橋下，自雨花亭東南行，至此六里六分。又東南行七里七分，至橫路亭與本條枝路合。

枝路

豐淩溪村，自零口橋東北行，至此六里四分。

泗洲殿，自豐淩溪村西北行，至此四里九分。

阮家村，自泗洲殿西北行，至此十里一分。

龍王殿，自阮家村西北行，至此十一里三分。與安徽甯國縣分界。

枝路

鶴嶺，自橫路頭村西南行，至此七里五分。

謝家橋，自鶴嶺西南行，至此二里二分。

太平橋北，自謝家橋西北行，至此七里一分。

桐嶺關，自太平橋北首北行，至此二里七分。與安徽甯國縣分界。

桃樹嶺，自謝家橋南行，折而西，又折而東南行，至此七里六分。

母社溪村，自桃樹嶺南行，至此十三里七分。又東南行四里九分，至儀鳳橋入西門幹路。

自沙關，自太平橋北首西北行，至此一里四分。與昌化縣分界。

杭州府新城縣

水路道里記

松溪

經流

鳳凰山西，火燒亭。松溪自臨安縣黃嶺發源流，至此入境，又南少東流，至乾橋四里九分。有白峰溪自東北來注之。

萬福橋，自乾橋曲曲南流，至此五里八分。水深八尺，面闊七丈。有洛塢溪自東北來會之。見後。

新堰，自萬福橋西南流，折而東南，至此八里六分。水深九尺，面闊十二丈。

松溪堰，自新堰東南流，至此一里五分。水深七尺，面闊十六丈。有龍潭水自東來注之。

歲寒橋，自松溪堰南少東流，至此一里三分。

方家橋，自歲寒橋東南流，折而西南，又折而南，至此八里一分。又南流一里五分至雙江口，與葛溪會爲竈江。

枝流洛塢溪。

花園山西，洛塢溪自此發源，西南流，至蔡家橋三里二分。

寺山庵，自蔡家橋西南流，折而西，至此三里八分。

徐家橋，自寺山庵西南曲曲流，至此六里九分。又西南曲曲流二里一分，至萬福橋入松溪。

葛溪

經流

百丈嶺，葛溪自此發源，曲曲南流，折而東，至新殿八里。

高義橋，自新殿東北流，折而東，至此七里五分。水深七尺，面闊五丈。有青牛嶺水自北來注之。

衆緣橋，自高義橋南流，折而西南，至此五里。

津陵橋，自衆緣橋東南流，至此六里一分。水深七尺，面闊九丈。有武源溪自東北來會之。見後。

洞橋鎮，洞橋。自津陵橋東南曲曲流，至此八里八分。水深七尺，面闊十三丈。有里仁溪自東北來會之。見後。

大源橋，自洞橋南少東流，至此二里五分。

三溪口，自大源橋東南流，至此六里五分。水深九尺，面闊十八丈。有嚴州府分水縣廣陵溪自西南來注之，又有菖溪自東北來會之。見後。

嚴石堰，自三溪口南流，折而東曲曲，至此七里三分。

白家堰，自嚴石堰東南曲曲流，至此三里七分。

下畈村，自白家堰東南流，折而西，至此二里八分。水深九尺，面闊十八丈。有隴塢溪自西北來會之。見後。

劉公堰，自下畈村東南流，折而東北，又折而東南，至此八里六分。

張公橋南，自劉公堰東北流，至此二里。水深八尺，面闊十九丈。有湘溪自北來會之。見後。

南津橋，自張公橋南口東南流，至此六里。水深七尺，面闊二十丈。又東南流二里九分，至雙江口與松溪會爲鼉江。

枝流武源溪。

滴水巖，武源溪自此發源，曲曲南流，至童家橋六里。有新嶺水自東北來注之。

安吴橋，自童家橋西南流，至此五里五分。又西流五分，至津陵橋入葛溪。

枝流里仁溪。

沈嶺，里仁溪自此發源，西南流，至東平廟十三里二分。又西行一里八分，至洞橋入葛溪。

枝流菖溪。

天雷峰，菖溪自此發源，東流過菖蒲橋，又西少南流，至佛橋四里一分。

天賜橋，自佛橋西南流，至此八里七分。又西南流三里四分，至三溪口入葛溪。

枝流隴塢溪。

燕子嶺，隴塢溪自此發源，曲曲東流，至外塢石山南三里。又東少北流，折而東南，六里六分至下畈村入葛溪。

枝流湘溪。

箬葉嶺，湘溪自此發源，曲曲東流，至大源塢橋南八里三分。有臨安縣水自北來注之。

王家橋，自大源塢橋南口東南流，至此五里。

乾坑橋，自王家橋南流，至此七里。

爐頭橋，自乾坑橋南少東流，至此四里。又南流，三里至張公橋南入葛溪。

鼉江

經流

雙江口，鼉江自此承松、葛二溪之水南流，至百丈墩五里五分。

淥川埠，自百丈墩南少西流，至此四里四分。水深一丈三尺，面闊二十四丈。

董灣，自淥川埠南流，至此四里七分。

深浦埠，自董灣東南曲曲流，至此六里。水深一丈二尺，面闊十四丈。

上港口，自深浦埠南少東流，至此四里六分。入桐廬江。面闊一百六十四丈。縣界止於江北岸，江屬桐廬。與嚴州府桐廬縣分界。

陸路道里記

東門又名元始門。

幹路

楓樹嶺，自東門外東少南曲曲行，至此四里四分。

銅坑，自楓樹嶺東少南行，至此二里五分。

雙清亭，自銅坑東北曲曲行，至比四里。

狩山殿，自雙清亭東北行，至此二里五分。

柏子嶺，自狩山殿東北行，至此四里七分。與富陽縣分界。

南門又名嘉惠門。

幹路

青雲橋，自南門外南行，折而東南，至此一里七分。

風月亭，自青雲橋東南行，折而南，至此六里九分。

淥川埠，自風月亭西南行，至此三里。

峴口鎮，自淥川埠南少東行，至此六里四分。

留餘亭，自峴口鎮東北行，折而東南曲曲，至此九里五分。抵桐廬江濱。

枝路

董家莊，自淥川埠過渡東行，折而南，至此二里七分。

深浦埠，自董家莊東行，折而南，又折而東南，至此七里五分。

上港口，自深浦埠東南行，過前母嶺，又西南行，至此七里七分。與嚴州府桐廬縣分界。

金數橋，自深浦埠東北行，至此七里七分。

深嶺西，自金數橋西北行，至此六里五分。又東北行四里七分至銅坑，入東門幹路。

枝路

洪家橋，自峴口鎮西南行，至此三里八分。

石門檻，自洪家橋西行，至此四里。與嚴州府桐廬縣分界。

西門又名利遂門。

幹路路向西南。

南津橋，自西門外西南行，至此一里二分。

五里橋，自南津橋西南行，至此二里七分。

最樂亭，自五里橋西南行，至此六里五分。

黄金灣，自最樂亭西南行，至此五里九分。

楓樹嶺，自黄金灣西南行，至此三里九分。 與嚴州府桐廬縣分界。

枝路

深林亭，自南津橋曲曲西行，至此七里九分。

橋嶺莊，自深林亭南行，至此二里八分。

大桃花嶺，自橋嶺莊南行，至此八里。 與嚴州府桐廬縣分界。

下半嶺，自橋嶺莊西南行，至此六里八分。

烏船嶺，自下半嶺南行，至此四里。 與嚴州府桐廬縣分界。

幹路 路向西北。

搖車嶺，自西門外西北行，至此一里六分。

張公橋，自搖車嶺西北行，至此四里四分。

新店邊，自張公橋西行，至此四里二分。

惠風亭，自新店邊西南行，至此六里三分。

靈苑莊南，馬鞍橋。 自惠風亭曲曲西行，至此四里六分。

曹公嶺，自馬鞍橋西少南曲曲行，至此五里二分。

桐嶺，自曹公嶺西行，至此三里四分。 與嚴州府桐廬縣分界。

枝路

爐頭橋，自搖車嶺西北行，至此七里六分。

乾坑橋，自爐頭橋西北行，折而東北，又折而西北，至此五里一分。

王家橋，自乾坑橋西北行，折而東北，又折而北，至此六里二分。

石橋頭，自王家橋北少西行，至此二里一分。

八角亭，自石橋頭北少西行，過三岔埠，至此六里六分。 與臨安縣分界。

枝路

查村莊，自新店邊西行，折而北，至此四里六分。

巖石亭，自查村莊北行，過舒珠嶺，又西行迤北，至此七里六分。

練頭莊，自巖石亭西少南行，至此二里四分。

三溪鎮，朱澤橋。 自練頭莊西少北行，至此五里强。

石羊庵，自朱澤橋西北曲曲行，至此六里二分。

洞橋鎮，自石羊庵西北行，至此三里一分。

四鄉殿，自洞橋鎮西北行，至此五里六分。

萬氏鎮，自四鄉殿西行，至此一里一分。

高亭村，自萬氏鎮西北行，過塔山嶺渡，又西行，至此八里八分。

羅宅鎮，自高亭村西北行，至此三里。

龍門橋，自羅宅鎮西行，折而西北，至此四里四分。

横山莊，自龍門橋西南行，至此一里七分。

浮雲嶺，自横山莊曲曲西行，至此七里六分。 與於潛縣分界。

東畈巖，自洞橋鎮東北行，至此十里八分。

沈嶺，自東畈巖東北曲行，至此八里八分。 與臨安縣分界。

安吴橋，自四鄉殿西北行，至此一里二分。

衆緣橋，自安吴橋西北行，至此六里。

高義橋，自衆緣橋北少東行，至此五里。

新殿，自高義橋西行，折而西南，至此七里五分。

百丈嶺，自新殿西北行，折而北，至此七里六分。 與於潛縣分界。

槎嶺，自萬氏鎮曲曲西行，至此六里五分。

馬嶺，自槎嶺西北行，折而西南，至此五里五分。 與於潛縣分界。

下吴施嶺，自高亭村西少北行，至此八里三分。

三嶺亭，自下吴施嶺西南行，至此五里七分。 與於潛縣分界。

湯羅宅橋，自龍門橋西行，折而北，至此八里七分。

大嶺，自湯羅宅橋北少西行，至此五里。 與於潛縣分界。

福源橋，自高義橋西北曲曲行，過渚預嶺，至此四里五分。

青牛嶺，自福源橋西北行，至此七里七分。 與臨安、於潛二縣分界。

北門又名貞成門。

幹路

慧源庵，自北門外北少東行，至此二里一分。

西關亭，自慧源庵東北行，至此二里一分。

永昌鎮，黄泥橋。 自西關亭北少西行，至此八里三分。

萬福橋，自黄泥橋北少西行，折而東少北，至此三里。

周孝子祠，自萬福橋曲曲北行，至此五里六分。

火燒亭，自周孝子祠北少西行，至此四里九分。與臨安縣分界。

枝路

松溪鎮，自西關亭東北行，至此一里。

界牌頭，自松溪鎮東北行，過草鞋嶺，至此十三里七分。與富陽縣分界。

枝路

依嶺，自萬福橋東北行，至此七里。

塌石嶺，自依嶺東北行，至此八里。與富陽縣分界。

枝路

閉嶺，自周孝子祠東北行，至此六里。與臨安縣分界。

杭州府昌化縣

水路道里記

頰口溪下流名無他溪，又名西晚溪，又名雙溪，又名三溪，又名柳溪。

經流

績嶺南，頰口溪自安徽績溪縣流至此入境。又東北流，折而東南，至樂春橋五里五分。水深三尺，面闊二十丈。

永年橋，自樂春橋東流，折而東南，至此十里。水深四尺，面闊二十丈。

馬篠坑口橋，自永年橋東流，至此九里。水深四尺，面闊二十二丈。

路口鎮，路口橋。自馬篠坑口橋東北流，至此四里。

頰口橋，自路口橋東少南流，至此九里五分。水深五尺，面闊三十四丈。有雲溪自東北來會之。見後。

鳳凰嶺脚，自頰口橋東北流，至此二里。水深四尺，面闊二十四丈。以下一名無他溪。

株柳鎮，前塢橋。自鳳凰嶺脚東南流，折而東北，至此八里。

無他橋，自前塢橋東北流，折而西北，至此四里。水深七尺，面闊二十六丈。

新溪莊，自無他橋東北流，至此三里八分。有高溪自西來注之。

林川橋，自新溪莊東南流，至此四里二分。

湯家灣橋，自林川橋東少南流，折而東少北，至此五里。水深五尺，面闊二十六丈。

太平橋，自湯家灣橋東北流，至此一里五分。水深一丈二尺，面闊四十六丈。有桃花溪自西北來會之。見後。以下一名西晚溪。

白牛鎮，自太平橋東北流，至此六里五分。水深一丈，面闊三十八丈。有歷溪自西北來注之。

七里橋，自白牛鎮東流，至此二里。水深八尺，面闊四十丈。有奧溪自北來注之。

平葛橋，自七里橋東流，折而東南，至此五里。水深一丈五尺，面闊四十八丈。以下一名雙溪。

縣前橋，自平葛橋東南流，過縣治前，至此二里六分。水深九尺，面闊二十七丈。有石塘青嶺水自西來注之。

市溪橋，自縣前橋東流，至此一里二分。有虞溪自北來注之。

烏龍堰，自市溪橋南少東流，至此五里四分。水深六尺，面闊二十三丈。以下一名三溪。

河橋鎮，楊家埠橋東。自烏龍堰東少南流，折而西南，至此八里。水深一丈三尺，面闊四十一丈。有塘溪自西南來會之。見後。以下一名柳溪。

小漏灘，自楊家埠橋東口東南流，至此九里三分。水深一丈八尺，面闊三十八丈五尺。

柯老相公殿，自小漏灘東南流，過大漏灘，至此八里六分。水深一丈四尺，面闊四十一丈。與於潛縣分界。

枝流雲溪。

昱嶺，雲溪自此發源，東北流，至永樂橋十里。水深四尺，面闊二十一丈。分一支東北曲曲流爲履溪，凡二十六里五分至洲水鎮東，仍合而爲一。

車盤嶺，小橋。自永樂橋南流，折而東北曲曲，至此八里五分。

鋪橋，自小橋東北流，至此三里五分。水深四尺，面闊十八丈。

横溪橋，自鋪橋東北流，至此三里。水深五尺，面闊十八丈。分一支東南流爲横溪。見後。

洲水鎮東，自横溪橋東北流，至此八里五分。有履溪自西來注之。

五星橋，自洲水鎮東口東北流，至此二里五分。又東流，折而北，三里弱至頰口橋入頰口溪。

枝流橫溪。

大溪橋，橫溪自橫溪橋分雲溪之水東南流，至此四里。

河田塢橋，自大溪橋南流，折而東，至此三里八分。

學川莊，自河田塢橋東流，折而東北，至此五里五分。

龍鬚橋，自學川莊東流，折而東北曲曲，至此八里五分。以下一名蒲溪。

白果樹橋，自龍鬚橋曲曲東流，至此五里六分。

竹木嶺南，自白果樹橋東流，至此六里八分。

楊村橋，自竹木嶺南首東流，至此十一里。以下一名伽溪。又東南流，四里九分强至河橋鎮入下院溪。即塘溪下流。

枝流桃花溪。

三黄嶺西，桃花溪自安徽甯國縣流，至此入境。又東南流，至東平殿六里二分。

餛飩坑，自東平殿西南流，至此九里二分。水深六尺，面闊二十一丈。

川渡亭，自餛飩坑東南流，至此十三里。水深五尺五寸，面闊十九丈八尺。以下一名巨溪。

外楊村，自川渡亭東南流，至此十里五分。又東南流，四里五分至太平橋入無他溪。即頰口溪下流。

枝流塘溪。

貢嶺，塘溪自此發源，北少東曲曲流，至裏銅坑六里。

望古橋，自裏銅坑東北曲曲流，至此七里二分。水深四尺，面闊十六丈。

岔口村，自望古橋東流，至此六里二分。

石板橋，自岔口村東流，至此六里三分。

鎮固橋，自石板橋東北流，至此四里三分。水深三尺五寸，面闊十八丈。

湍口鎮，楊村橋。自鎮固橋東流，折而東少南，至此四里一分。水深四尺，面闊二十丈。有青坑溪自西南來會之。見後。以下一名覽溪。

下餘橋，自楊村橋東北流，至此七里。水深四尺五寸，面闊二十四丈。

赤石鎮，自下餘橋東北流，至此三里。水深七尺，面闊二十二丈。以下一名上博溪。

石灰橋，自赤石鎮東北曲曲流，至此八里六分。以下一名下院溪。又東北流一里八分，至河橋鎮有橫溪自西北來會之。見前。楊家埠橋東入柳溪。即頰口溪下流。

枝流青坑溪。

青坑口，青坑溪自分水縣流，至此入境。又東少北流，至方村三里八分。

童村，自方村西北曲曲流，至此七里五分。

范王廟，自童村北少西曲曲流，至此九里二分。

五圣橋前，自范王廟西少北曲曲流，折而北，至此十二里一分。有湍源自西南來注之。

烏獅橋，自五圣橋前北流，至此五分。有客嶺水自西來注之。又東北流一里五分至湍口鎮入塘溪。

陸路道里記

東門又名趨京門，後改景華門。

幹路

東關，自東門外東北行，至此一里二分。

紫微嶺東，自東關東北行，至此一里四分。

杭橋，自紫微嶺東麓東南行，至此一里三分。

蘆嶺關，自杭橋東北行，至此四里五分。

界牌橋，自蘆嶺關東行，至此一里二分。與於潛縣分界。

枝路

董家橋，自紫微嶺東麓西北行，折而東北，至此二里八分。

石嶺亭，自董家橋北行，過元武亭，又東北行，至此八里四分。

永豐橋，自石嶺亭東北行，折而北少西，至此五里一分。

轎嶺，自永豐橋曲曲北行，至此十里。與於潛縣分界。

南門又名登龍門，城門未建。

幹路路向東南。

市溪橋，自縣前橋北首東行，至此二里二分。

童婆橋，自市溪橋東南行，至此一里七分。

南障亭，自童婆橋東南行，至此五里五分。南通向南幹路之河橋鎮，計九里九分。

楊嶺，自南障亭曲曲東行，至此四里八分。嶺高三十三丈。與於潛縣分界。

幹路路向南。

南塔嶺，自縣前橋南首東南行，至此一里一分。嶺高二丈。

河橋鎮，楊家埠橋。自南塔嶺東南行，過水南村，又西南行，至此十四里。

柯老相公殿，自楊家埠橋東南行，至此十七里九分。與於潛縣分界。

枝路

赤石鎮，自楊家埠橋西南行，至此十里四分。

下餘橋，自赤石鎮西南行，至此三里八分。

洪嶺南，自下餘橋東南行，至此九里七分。嶺高三十六丈。

范村橋，自洪嶺南麓曲曲南行，過七洪莊，至此六里一分。

童村橋，自范村橋曲曲南行，至此四里八分。

青坑口，自童村橋東南行，過大石橋，又西南行，至此十里五分。與嚴州府分水縣分界。

董嶺，自下餘橋西南行，至此七里一分。嶺高三丈八尺。

湍口橋，自董嶺西南行，至此二里一分。

寺塢口，自湍口橋南行，至此四里七分。

沈嶺，自寺塢口西南行，至此十二里九分。嶺高二十二丈五尺。與嚴州府淳安縣分界。

石尖嶺，自童村橋東行，至此十一里二分。嶺高十八丈。與嚴州府分水縣分界。

西門又名三瑞門。

幹路

七里橋，自西門外西北行，至此八里二分。

白牛鎮西，千頃寺。自七里橋西行，至此二里。

假山村，自千頃寺西南行，至此四里五分。

太平橋，自假山村南行，折而西，至此一里二分。

湯家灣市，自太平橋西南行，至此一里四分。

手宰司鎮，自湯家灣市西行，至此二里四分。

畫眉三跳嶺，自手宰司鎮西行，折而西北，過華光嶺，嶺高二丈五尺。至此六里一分。嶺高十九丈。

株柳鎮，自畫眉三跳嶺西南行，至此四里七分。

頰口橋，自株柳鎮西南行，折而西北，過鳳凰嶺，嶺高二丈九尺。又西南行，至此八里六分。

五星橋，自頰口橋西南行，過頰口西鎮，至此二里一分。

白果莊，自五星橋西南行，至此九里。

永樂橋，自白果莊西南行，過車盤嶺，嶺高三十九丈七尺。又西行，過清風嶺，嶺高十六丈。至此十三里一分。

昱嶺關，自永樂橋西南行，至此十里。嶺高四十丈。

星橋鋪，自昱嶺關西行，至此二里四分。與安徽歙縣分界。

枝路

小洞橋，自西門外西南行，過佛子嶺，嶺高二十丈六尺。又南行，折而西，至此十五里六分。又西北行十二里過石塘青嶺，嶺高三十七丈。至湯家灣市入幹路。

白果樹橋，自小洞橋西南行，過朱白嶺，嶺高二十三丈六尺。至此十六里五分。又東南行十七里四分過蒲嶺，嶺高二十七丈七尺。至赤石鎮與南門幹路內自楊家埠橋起之枝路合。

金川橋，自白果樹橋曲曲西行，過龍鬚嶺，嶺高七丈。至此八里五分。又北行九里八分過小嶺，嶺高十三丈七尺。至株柳鎮入幹路。

河田村橋，自金川橋西行，至此十五里二分。又西北行八里三分，至白果莊入幹路。

枝路

秀水橋，自七里橋東北行，至此十一里八分。又東北行十里五分，至黃柏嶺脚入北門幹路。

枝路

腰浦，自白牛鎮西北行，至此十六里七分。

上千頃寺，自腰浦東北行，過大塔嶺，嶺高四十九丈八尺。至此十四里。與安徽甯國縣分界。

枝路

川渡亭，自太平橋西北行，至此十七里。

餛飩坑，自川渡亭西北行，至此十三里九分。

華光臺，自餛飩坑西北行，過分界嶺，嶺高三十二丈二尺。至此十一里九分。

華光嶺，自華光臺北行，折而東北，至此二里八分。

汪洋嶺，自華光嶺東北行，至此二里八分。嶺高二十七丈。

前山嶺，自汪洋嶺東行迤南，至此三里六分。

大九嶺，自前山嶺東南行，折而東，至此三里七分。嶺高二十丈。

小九嶺，溪橋。自大九嶺東北行，至此二里五分。嶺高十四丈五尺。

三黄嶺北，自溪橋西北行，至此五里九分。嶺高五十二丈七尺。與安徽甯國縣分界。

枝路

三渡橋，自湯家灣市西北行，至此十里。又西北曲曲行，十八里七分至餛飩坑，與太平橋起之枝路合。

枝路

石嶺，自手寀司鎮西北曲曲行，至此四里七分。

百丈莊，自石嶺西北行，至此五里五分。

高庵，自百丈莊西北行，至此十一里八分。

綘嶺橋，自高庵西北曲曲行，至此八里六分。

綘嶺庵，自綘嶺橋西北行，至此四里五分。

星橋，自綘嶺庵西北行，至此七里五分。

帥村橋，自星橋東北行，至此一里。

横廟前，自帥村橋北行，過柳嶺，嶺高四十九丈。至此六里。東南通大白嶺麓，計六里四分。

東平廟，自横廟前西行，至此二里四分。

里仁橋，自東平廟西少北行，過南陽亭，至此七里五分。

轎嶺關，自里仁橋西南行，至此三里五分。與安徽績溪縣分界。

執魚橋，自帥村橋東北行，至此八里五分。

大白嶺麓，自執魚橋西北行，至此二里八分。

牛坑口，自大白嶺麓東北行，至此三里七分。

馬頭嶺，自牛坑口北少東行，至此十里四分。嶺高七十二丈五尺。與安徽甯國縣分界。

路亭橋，自横廟前北行，至此三里三分。

瓦瑶嶺麓，自路亭橋北行，至此六里七分。嶺高六十二丈。

觀音庵，自瓦瑶嶺麓北行，至此二里八分。與安徽甯國縣分界。

枝路

路口鎮，自頬口橋西少北曲曲行，至此十里三分。

馬篠坑口橋，自路口鎮西行，至此五里二分。

積慶亭，自馬篠坑口橋西少南行，至此六里一分。

棧嶺，自積慶亭西行，折而西北，至此八里九分。嶺高十六丈八尺。

銀龍塢，自棧嶺西行，至此四里五分。

績嶺，即蕨嶺。自銀龍塢西行，至此四里五分。與安徽績溪縣分界。

枝路

洲水鎮，自五星橋西少南行，至此四里九分。

陳村，自洲水鎮西少北行，折而西南，至此六里五分。

大嶺村，自陳村西南曲曲行，至此十里五分。又南行五里一分至永樂橋入幹路。

北門又名負唐門，城門未建。

幹路

壽仁橋，自文廟西首東北曲曲行，過堯橋，至此十二里六分。

黄柏橋，自壽仁橋曲曲北行，過白佛橋，至此十三里八分。

黄柏嶺，自黄柏橋西北行，至此五里五分。嶺高四十四丈七尺。

黄花關，自黄柏嶺北行，至此五里。與安徽甯國縣分界。

嘉興府嘉興縣

水路道里記

海鹽塘

經流

黄道閘堰，海鹽塘自海鹽縣流至此入境，又西北流至高木橋東，二里。水深一丈一尺，面闊十二丈。此段仍與海鹽縣分水。

茜涇大橋，自高木橋東口西北流，至此一里九分。

鐘響橋前，自茜涇大橋西北流，至此二里一分。

余賢埭鎮，自鐘響橋前西北流，至此二里三分。水深一丈，面闊十九丈。分一支東流，入鎮龍橋。

興龍橋港口，自余賢埭鎮西北流，至此十一里二分。水深八尺，面闊十一丈。興龍橋港口迤北與秀水縣分水。

南堰市西，自興龍橋港口西北流，至此九里七分，入南湖。湖面積十三頃，水深一丈六尺。

長水塘

經流

雙板橋，長水塘自桐鄉、海鹽兩縣界流至此入境，又東北流至聚寶橋五里四分。

慶豐橋，王店鎮西。自聚寶橋東北流，至此三里二分。水深八尺，面闊十三丈。

寶勝橋前，自慶豐橋東北流，至此一里九分。

新塘橋，自寶勝橋前東北流，至此六里一分。

螞蝗塘橋市，自新塘橋東北流，至此五里七分。水深一丈四尺，面闊十八丈。

小石橋東，自螞蝗塘橋市北流，至此五里。與秀水縣分界。

六里塘

經流

宣公橋南，六里塘自此受南湖之水東流，至東馬橋一里四分。

大溪家橋，自東馬橋東流，過小溪家橋，至此一里五分。

雙溪橋，自大溪家橋東流，至此一里五分。

會龍橋，東柵口市。自雙溪橋東流，至此一里二分。水深二丈，面闊二十丈。以下分爲二支，曰漢塘，曰魏塘。

漢塘

經流

漢塘橋，漢塘自會龍橋承六里塘之水東南流，至此九分。

復興橋口，自漢塘橋東南流，至此三里一分。有海鹽塘分支水自西來注之。

麒麟壩前，自復興橋口東南流，至此二里五分。有王廟塘自南來注之。

張家橋前，自麒麟壩前東南流，至此一里二分。有楊樹港自北來注之。

十八里橋市，自張家橋前東南流，至此三里一分。水深二丈，面闊三十丈。分一支東流，爲龍口港。見後。

二壩橋前，自十八里橋市東南流，至此一里三分。有空廟塘自南來注之。

四壩橋前，自二壩橋前東南流，至此三里四分。

焦山門橋，自四壩橋前東南流，至此一里七分。水深一丈八尺，面闊二十丈。

衆歡塘口，自焦山門橋東南流，至此三里五分。有衆歡塘自西南來注之。

西塘橋，自衆歡塘口東南流，至此二里八分。

新豐鎮，中塘橋。自西塘橋東南流，至此一里五分。水深一丈二尺，面闊十六丈。

木橋北，自中塘橋東流，至此一里一分。有青龍港自南來會之。見後。

大船橋南，自木橋北口東流，至此三里六分。

油車橋南，自大船橋南口東流，至此三里六分。水深一丈五尺，面闊二十丈。分一支北流爲油車橋港。見後。

姚家堰北，自油車橋南口東流，至此三里二分。有石獅子港自南來注之。姚家堰北口迤東與平湖縣分水。

萬程橋，自姚家堰北口東流，至此七分。

界涇橋南，自萬程橋東流，至此一里三分。與平湖縣分界。

枝流龍口港。

大王廟橋，龍口港自十八里橋市分漢塘之水東流，至此一里六分。分一支東北流至伍子塘橋仍合而爲一。

西塘橋，自大王廟橋東流，至此二里五分。

中塘橋，自西塘橋東流，至此二里。

東塘橋，自中塘橋東流，至此九分。

徐婆市，徐婆橋。自東塘橋東流，至此一里五分。水深八尺，面闊十丈。分一支東流，通油車橋港。以下亦名六里塘。

咸甯橋，自徐婆橋北少東流，至此四里二分。

伍子塘橋，自咸甯橋北流，至此二里五分。水深八尺，面闊十一丈。有大王廟橋分支水自西南來注之。以下又名伍子塘。

楊家橋東，自伍子塘橋北流，至此二里八分。

師姑浜口，自楊家橋東口北流，至此三里，與嘉善縣分界。

枝流青龍港。

新篁鎮，南星橋。青龍港自平湖縣流至此入境。以上爲屈家港。自海鹽縣始分平湖塘之水西北流十三里入平湖縣境，又東北流七里至此。又東北流過青龍橋，至停水橋南，二里九分。有羅漢塘自西來注之。分一支東流爲雙石橋港。

市新橋，自停水橋南口東北流，折而西北，至此三里四分。分一支東流，通石獅子港。

吴家廟橋，自市新橋北流，至此一里五分。

三王子橋，自吴家廟橋北流，至此四里二分。水深六尺，面闊十丈。

壽山橋，自三王子橋北流，折而東，至此三里三分。

費家橋，自壽山橋東流，折而北，至此一里九分。

鳳翔橋，自費家橋北流，至此三里一分。又北流二里至木橋北，入漢塘。

枝流油車橋港。

王家木橋，油車橋港自油車橋南分漢塘之水北流，至此九分。

伍橋，自王家木橋北少東流，至此一里五分。

邱家橋，自伍橋北流，至此三里二分。

段墅塘橋，自邱家橋北少東流，至此一里九分。水深七尺，面闊九丈。

七星橋，自段墅塘橋東北流，至此三里。分一支東流，入西楊安橋。

太平橋，自七星橋東北流，過鍾埭鎮西，至此五里。

朱家浜，自太平橋東北流，至此一里二分，與嘉善縣分界。

魏塘

經流

七里店橋，魏塘自會龍橋承六里塘之水，東少南流，折而東少北，至此四里六分。水深八尺，面闊十七丈。

西白露涇橋前，自七里店橋東北流，至此一里三分。分一支西北流，入橋通相家蕩。

高豐廟橋前，自西白露涇橋前東北流，至此三里九分。水深八尺，面闊十六丈。分一支西北流，通相家蕩。

夏匯橋前，自高豐廟橋前東北流，至此五里三分。

興秀橋前，自夏匯橋前東北流，至此三里三分。水深九尺，面闊十五丈。興秀橋前迤東北與秀水縣分水。

九里灣，自興秀橋前東北流，至此二里一分。與秀水縣分界。

陸路道里記

東門又名春波門。

幹路路向東。

東馬橋，自東門外東行，至此一里四分。

大溪家橋，自東馬橋東行，至此一里五分。

俞涇橋，自大溪家橋東行，至此一里三分。

會龍橋，自俞涇橋東行，過東柵口市，至此一里三分。

漢塘橋，自會龍橋東南行，至此九分。

復興橋，自漢塘橋東南行，至此三里一分。

麒麟壩橋，自復興橋東南行，至此二里五分。

張家橋，自麒麟壩橋東南行，至此一里二分。

十八里橋市，自張家橋東南行，至此三里一分。

二壩橋，自十八里橋市東南行，至此一里三分。

四壩橋，自二壩橋東南行，至此三里四分。

焦山門橋，自四壩橋東南行，至此一里七分。

塘耀橋，自焦山門橋東南行，至此四里一分。

西塘橋，自塘耀橋東南行，至此二里二分。

中塘橋，自西塘橋東南行，過和平橋，至此一里四分。

新豐鎮汛，自中塘橋東南行，至此一里六分。

大船橋，自新豐鎮汛東南行，至此三里。

油車橋，自大船橋東南行，至此三里六分。

西楊涇橋，自油車橋東行，至此一里五分。

界涇橋，自西楊涇橋東行，至此三里七分。與平湖縣分界。

枝路

七里店橋，自會龍橋東少南行，折而東少北，至此四里六分。

西白露涇橋，自七里店橋東北行，至此一里三分。

高豐廟橋，自西白露涇橋東少北行，至此三里九分。

夏匯橋，自高豐廟橋東北行，至此五里三分。

陳家埝橋，自夏匯橋東北行，至此一里七分。

興秀橋，自陳家埝橋東北行，至此一里六分。與秀水縣分界。

幹路路向南。

鹽倉橋，自東門外東南行，至此一里九分。

南堰橋，自鹽倉橋東南行，至此一里七分。

豐年橋，自南堰橋南行，至比二里八分。

東馬塘涇橋，自豐年橋南少西行，至此三里三分。

小五環洞橋，自東馬塘涇橋南行，至此一里七分。

大五環洞橋，自小五環洞橋南行，至此一里七分。

石堰橋，自大五環洞橋南行，至此一里九分。

廿里橋，自石堰橋南行，至此三里八分。

余賢埭鎮，鎮龍橋。自廿里橋南行，至此二里九分。

小石橋，自鎮龍橋南少東行，至此二里二分。

茜涇大橋，自小石橋南少東行，至此二里一分。

馬涇橋，自茜涇大橋南行，至此一里八分。

黄道閘堰，自馬涇橋南行，至此二里一分。與海鹽縣分界。

嘉興府秀水縣

水路道里記

運河

經流

正家橋前，運河自桐鄉縣流至此入境，又東北流至甘棠橋前二里二分。有楊家筧港自南來注之。

陡亹渡，自甘棠橋前東北流，至此三里四分。水深九尺，面闊十五丈。有石涇塘自南來會之。分一支北流爲新塍南塘。俱見後。

戴家筧橋前，自陡亹渡東北流，至此四里五分。

俞涇港口，自戴家筧橋東北流，至此九分。有俞涇港自東南來注之。

新廟筧橋前，自俞涇港口東北流，至此一里一分。水深九尺，面闊十五丈。分一支北流，通新塍塘。

三塔灣，自新廟筧橋前東北流，至此八里四分。

西麗橋，自三塔灣東南流，折而東北，至此三里二分。水深七尺，面闊十五丈。分一支繞城南入南湖。

萬壽橋，自西麗橋北少東流，至此二里。水深六尺，面闊九丈。有新塍塘自西北來會之。見後。

北麗橋，自萬壽橋東北流，至此一里二分。有長水、海鹽二塘會於南湖，自東南來會之。分一支東北流爲冬瓜湖塘。俱見後。

百步橋，自北麗橋東北流，過端平橋，又北流，至此三里。

蘆蕩灣，自百步橋北流，至此五里四分。水深一丈，面闊十六丈。分一支東北流，爲姚涇港，過馬庫匯市入南官蕩。

金橋東，自蘆蕩灣北流，至此四里。有和尚蕩分出之水自西來注之。

十里亭，自金橋東口北流，至此二里八分。分一支東流爲楊舍港，入南官蕩。

九里橋，自十里亭北流，至此一里四分。分一支東流爲上馬港，入北官蕩。

大三里橋，自九里橋北流，過小三里橋，至此二里五分。

長虹橋，自大三里橋北流，至此三里九分。水深一丈，面闊十七丈。分一支東流爲鐵店港，入連四蕩。

王江涇鎮北，自長虹橋北流，至此一里。王江涇鎮迤北與江蘇吴江縣分水。以下皆同。

斜路港口，自王江涇鎮北首北流，過吴家橋港、大有橋港、象灣港各口，至此六里六分。分一支東流爲斜路港，通梅家蕩。

大壩港口，自斜路港口北少西流，過雉涇港、上路港、下路港，各港皆東入梅家蕩。史家路港各口，至此七里。史家路港、大壩港皆入陸家蕩。

三里橋，自大壩港口西北流，至此二里五分。與江蘇吴江縣分界。

枝流石涇塘。

濮院鎮，大有橋。石涇塘即石人涇，一作十景塘。自桐鄉縣流至此入境，又東流少北，至大全橋一里三分。

靈官橋，自大全橋北流，至此一里。又北流五里二分過迎春橋，至陡亹渡入運河。水深七尺，面闊六丈。

枝流新塍南塘。

金家環橋，新塍南塘自陡亹渡分運河之水北流，過觀音橋，至此一里五分。

永興橋，自金家環橋北流，至此二里三分。

道盛橋，自永興橋北流，至此二里。

泰通橋，自道盛橋北流，至此一里五分。

新河橋，自泰通橋北流，至此二里五分。

大板橋，自新河橋北流，折而西北，至此二里四分。

福康橋，自大板橋西流，折而北，至此四里四分。又北流九分至新塍鎮，與新塍塘會。水深七尺，面闊七丈。

枝流新塍塘。

三家匯，新塍塘自江蘇震澤縣流至此，越瀾溪塘入境，又東南流至和豐橋東八里六分。以上一名嚴墓塘。有烏鎮塘水出和豐橋，自東來注之。

新塍鎮，自和豐橋東首東流，至此二里七分。有新塍南塘自南來會之，見前。又有新塍北塘自北來會之，見後。

徐王橋，自新塍鎮東流，折而東南，至此七里六分。

九里匯，自徐王橋東南流，至此七里二分。水深六尺五寸，面闊十一丈。有運河二分支水合流，自東南來注之。

三里橋前，自九里匯東流過里仁橋、大德橋，至此五里九分。分一支北流，入和尚蕩。又東流四里二分，至萬壽橋入運河。水深七尺，面闊七丈。

枝流新塍北塘。

石匯，新塍北塘自江蘇震澤縣流至此，越瀾溪塘入境，又東南流至斜橋六里。

二里橋，自斜橋東流迤南，至此三里三分。

月波橋，自二里橋南流，至此二里二分。又南流五分至新塍鎮，與新塍塘會。

枝流長水塘。

小石橋東，長水塘自嘉興縣流至此入境，北流過秀水橋，至長水橋六里二分。又北流四里匯於南湖。湖面積十三頃，水深一丈六尺。又東北流，繞城，至北麗橋入運河。

枝流海鹽塘。

興龍橋港，海鹽塘自嘉興縣流至此入境。北流至南堰橋西九里三分。又北流四分匯於南湖。又東北流，繞城，至北麗橋入運河。興龍橋港口迤北與嘉興縣分水。

枝流冬瓜湖塘。

塘匯鎮，冬瓜湖塘自北麗橋東，分運河之水東北流，過塘橋，至此五里。水深一丈，面闊十五丈。

相家蕩西，自塘匯鎮東北流，至此六里五分。分一支東流，由相家蕩通魏塘。

運涇港口，自相家蕩西首東北流，至此五里。水深九尺，面闊十四丈。分一支東北流，爲運涇港。見後。運涇港口迤東北與嘉善縣分水。以下皆同。

三店，廣豐橋。自運涇港口東北流，至此五里。水深一丈，面闊十二丈。

顧家浜，自廣豐橋東流，至此五里六分。與嘉善縣分界。

枝流運涇港。

蝴蝶港東，運涇港自運涇港口分冬瓜湖塘之水西北流，至此二里五分。與嘉善縣分界。此段與嘉善縣分水。

瀾溪塘

經流

九里橋東北，瀾溪塘自桐鄉縣及江蘇震澤縣界流，至此入境。又東北流，至三家匯四里三分。入境後仍與江蘇震澤縣分水。以下皆同。

萬壽庵，自三家匯東北流，至此四里八分。

斜港口，自萬壽庵東北流，過石匯，至此四里六分。與江蘇震澤、吴江兩縣分界。

魏塘

經流

興秀橋東，魏塘自嘉興縣流至此入境。又東北流，至九里灣二里。水深九尺，面闊十五丈。此段仍與嘉興縣分水。

六里橋前，自九里灣東北流，至此三里。六里橋前迤東北與嘉善縣分水。以下皆同。

三里橋前，自六里橋前東北流，至此二里一分。與嘉善縣分界。

陸路道里記

東門又名春波門。門外接嘉興縣境。

南門又名澄海門。無幹路。

大西門又名通越門。

幹路

西麗橋，自大西門外西行，至此三分強。

茶禪寺，自西麗橋西行，至此一里三分。

學繡塔，自茶禪寺西行，至此四里八分。

三觀橋，自學繡塔西南行，至此一里九分。

新廟筧橋，自三觀橋西南行，至此一里四分。

何家筧橋，自新廟筧橋西南行，至此一里六分。

戴家筧橋，自何家筧橋西南行，至此一里四分。

嶽廟筧橋，自戴家筧橋西南行，至此一里三分。

陡亹，自嶽廟筧橋西南行，過萬壽橋，至此三里一分。

南新河橋，自陡亹西南行，至此一里一分。

三家筧橋，自南新河橋西南行，至此一里三分。

正家橋西，自三家筧橋西南行，過正家橋，至此一里一分。與桐鄉縣分界。

枝路

泰通橋東，自陡亹北行，至此八里。

新河橋東，自泰通橋東首北行，至此一里三分。

新塍鎮，自新河橋東首北行，至此九里五分。

周家橋，自新塍鎮東行，至此一里。

杉條橋，自周家橋北行迤東，至此四里五分。

汪家橋，自杉條橋北行，至此一里五分。

褚家橋，自汪家橋北行，至此四里八分。

仲店木橋北，自褚家橋東行，至此一里三分。

秀吳橋，自仲店木橋北首北行，折而西，至此六里三分。與江蘇吳江縣分界。

戚家村橋北，自泰通橋東首過泰通橋曲曲西行，至此十一里。

馬家橋，自戚家村橋北首北行，折而西，至此二里四分。與桐鄉縣分界。

和豐橋，自新塍鎮西行，至此三里六分。

秀桐橋，自和豐橋曲曲西行，至此七里。與桐鄉縣分界。

枝路

靈官橋，自陡亹東南行，迤而西南，至此七里五分。

濮院鎮西，自靈官橋南行，折而西，至此一里三分。與桐鄉縣分界。

北門又名望吳門。

幹路

端平橋，自北門外北行，至此一里。

百步橋，自端平橋北行，至此一里八分。

金橋，自百步橋北行，至此九里五分。

十里亭，自金橋北行，至此三里。

延年分水橋，自十里亭北行，至此四里三分。

長虹橋，自延年分水橋北行，至此三里一分。

王江涇鎮北，自長虹橋北行，至此一里一分。與江蘇吳江縣分界。

枝路

太平橋，自端平橋東北行，至此一里三分。

馬厙匯市，自太平橋北行曲曲，至此十里一分。

永興橋，自馬厙匯市西北行，至此八里五分。

萬安橋，自永興橋西北曲曲行，至此七里。又西少南行七分至王江涇鎮入幹路。

小西門幹路無。

嘉興府嘉善縣

水路道里記

魏塘

經流

六里橋前，魏塘自嘉興縣流至此入境，又東北流，至三里橋前一里。水深八尺，面闊十二丈。此段仍與秀水縣分水。

跨塘橋東，自三里橋前東北流，至此一里五分。有冬瓜湖塘自西來會之。見後。又東流五分入城濠。

枝流冬瓜湖塘。

運涇港口，冬瓜湖塘自嘉興縣流至此入境。分一支東北流，爲運涇港。見後。運涇港口迤東北仍與秀水縣分水。以下至顧家浜皆同。又東北流，至三店廣豐橋五里。水深一丈，面闊十二丈。分一支北流爲蘆魁塘。見後。

顧家浜，自三店廣豐橋東流，至此五里六分。又東流二里至跨塘橋東入魏塘。

枝流運涇港。

蝴蝶港東，運涇港自運涇港口分冬瓜湖塘之水西北流，至此二里五分。水深四尺，面闊七丈。分一支西流，通六百畝蕩。此段與秀水縣分水。

楊廟鎮，西木橋。自蝴蝶港東口北流，至此二里。

鮑港北，自西木橋西北流，過紅橋，又北流，至此五里五分。水深三尺，面闊六丈。鮑港迤北復與秀水縣分水。以下至利壳蕩口皆同。

天甯莊鎮西，自鮑港北口北流，至此四里。水深四尺，面闊八丈。分一支東流，爲西莊港。

利壳蕩西，自天甯莊鎮西口北流，過萬年橋，至此一里六分。水深五尺，面闊十丈。

夏墓蕩口，自利壳蕩西口北流，過蔣家漾，漾周四里四分强。至此六里五分。

陶莊鎮，自夏墓蕩口北流，過南夏墓蕩、北夏墓蕩，蕩周十五里强。至此九里。水深一丈二尺，面闊十七丈。分一支東北流，爲袁家埭，港通蘆魁塘。以下又名明涇港。

南許蕩口，自陶莊鎮西北流，至此二里。分一支西南流，折而西北過南許蕩、北許蕩、西虎蕩，入汾湖，計十二里。

華家港口，自南許蕩口西北流，至此三里二分。分一支東北流，通蘆魁塘。

汾湖，自華家港口西北流，過黃金橋，至此三里八分。又北流二里與江蘇吳江縣分界。

枝流蘆魁塘。

打鐵橋港口，蘆魁塘自廣豐橋東分冬瓜湖塘之水北少東流，至此四里五分。分一支東南流，至長福星橋入冬瓜湖塘。

吳家埭後港口，自打鐵橋港口東北流，折而西北，至此一里五分。分一支東北流，爲長生塘。

麪杖港口，自吳家埭後港口西北流，至此五里六分。

許家港口，自麪杖港口北流，至此一里五分。分一支西流，通黃家灘鎮。

關風港口，自許家港口北流，至此四里六分。水深一丈四尺，面闊十三丈。

下甸廟，自關風港口北流，過上甸廟，至此五里五分。水深一丈四尺，面闊十三丈。

北王涇港口，自下甸廟北流，至此二里。

錢莊港口，自北王涇港口北流迤西，至此二里九分。

蕩港口，自錢莊港口西北流，至此三里。

陳河港口，自蕩港口西北流，至此三里五分。與江蘇吳江縣分界。

華亭塘。

經流

小寺橋前，華亭塘自縣東城濠分出，東流過大寺橋，至此六分。分一支北流爲小寺橋港。見後。

康濟橋西，自小寺橋前東流，至此一里。有油車港自南來會之。見後。

孫家橋前，自康濟橋西口東流，過康濟橋，至此一里八分。分一支北流爲上十二港。見後。

趙家橋港口，自孫家橋前東流，至此三里。有小水自嘉興縣境來注之。

張孟育橋前，自趙家橋港口東流，至此一里三分。分一支東北流入橋。

普濟橋東，自張孟育橋前東流，至此一里七分。水深一丈三尺，面闊十丈。以下又名楓涇塘。

楓涇鎮，自普濟橋東口東北流，至此十二里五分。與江蘇婁縣分界。

枝流小寺橋港。

太平港口，小寺橋港自小寺橋前分華亭塘之水北流，至此八里。

師姑橋東，自太平港口東少南流，過師姑橋，至此一里。以下又名楊家涇港。

茜涇塘口，自師姑橋東口北流，至此六里五分。水深七尺，面闊八丈。東西二水與茜涇塘亂流。以下又名和尚塘河。

東南村港口，自茜涇塘口北流，至此十里。有東南村港分祥符蕩之水，自西來注之。分一支東流，爲橫楓涇塘，入江蘇青浦縣界。以下又名北六里塘。

丁家栅鎮，自東南村港口北流，至此六里五分强。水深一丈，面闊十一丈。東通沈香蕩，西通藏兵蕩。

上白蕩東，自丁家栅鎮北少東流，至此五里五分。西南通白魚蕩、和尚蕩。

與江蘇青浦縣分界。

枝流油車港。

朱家浜，油車港自嘉興縣流至此入境，又北流折而西，至曹家橋二里八分。

東白水塘橋，自曹家橋曲曲北流，至此七里二分。

福德橋前，自東白水塘橋西流，至此三里四分。

長生橋，自福德橋前西流，至此二里八分。有楝樹港自西南來注之。

堰橋前，自長生橋西流，至此一里五分。分一支北流爲趙家橋港，入華亭塘。

塘橋西，自堰橋前西流，至此四里五分。有嘉興縣之水自南來注之。又北流五里過觀音橋，至康濟橋西入華亭塘。

枝流上十二港。

南星橋，上十二港自孫家橋分華亭塘之水北流，至此六里。

吴涇港口，自南星橋北流，至此六里。分一支東流，折而北，通茜涇塘。

姚莊橋市，自吴涇港口北少東流，越茜涇塘，至此四里八分。水深九尺，面闊十丈。以下又名姚莊橋港。

涑柵港南，自姚莊橋市北流，折而東，至此三里八分。以下又名涑柵港。

柳莊港東，自涑柵港口北流，至此三里。以下又名柳莊港。

塘港南，自柳莊港東口東流，至此一里四分。以下又名塘港。

横楓涇塘口，自塘港南口北流，至此二里五分。東西二水與横楓涇塘亂流。

俞匯，自横楓涇塘口北流，越東錢蕩，至此四里。水深一丈，面闊十丈。分一支西南流，通葉蕩。

唐港口，自俞匯東流，至此三里九分。與江蘇青浦縣分界。

伍子塘

經流

師古浜，伍子塘自嘉興縣流至此入境，又北流至楊樹港口一里。

河橋港口，自楊樹港口北流，至此二里六分。

南水門，自河橋港口北流，至此三里五分。

火塔橋，自南水門北流入城，出北水門，至此二里。

大壩南，自火塔橋曲折北流，至此二里一分。分一支西流，爲六斜塘。見後。

夏同港口，自大壩南首北流，至此五里。

永甯橋港口，自夏同港口北流，至此四里一分。

茜涇塘口，自永甯橋港口北流，至此三里六分。分一支東流，爲茜涇塘。見後。

陸家河口，自茜涇塘口北流，至此二里五分。有陸家河自西北來注之。以下爲北港。

華英港北，自陸家河口北流曲曲至此七里，入祥符蕩。水深一丈二尺，面積三十七頃九十畝八分，周二十二里六分。

枝流六斜塘。

日昇橋東，六斜塘自大壩南口分伍子塘之水西流，至此一里。分一支西流，爲褚家港。

朱松林橋，自日昇橋東口北少西流，至此三里。

永濟橋東，自朱松林橋西北流，至此三里六分。有長生塘自西南來注之。

干窑鎮，白圭橋。自永濟橋東口北流，至此一里。

北環橋，自白圭橋北流，過急水橋港口，至此二里三分。水深八尺，面闊八丈。分一支東流，爲永甯橋港。以下又名烏涇塘。

積水橋東，自北環橋北流，至此四里。有謝家港自西來注之。

南塘橋，自積水橋東口北流，至此四里。分一支東流，爲陸家河。

西塘鎮，卧龍橋。自南塘橋北流，至此一里三分。水深一丈五尺，面闊二十丈。分一支東流，爲里仁橋港，通南祥符蕩。以下又名三里塘。

兜風港口，自卧龍橋北流，過雪龍港口，至此二里六分。水深一丈六尺，面闊二十丈。分一支東流，通南祥符蕩。以下又名楊匯塘河。

斜港口，自兜風港口東北流，至此三里五分。水深一丈一尺，面闊十一丈。分一支東北流，通北祥符蕩。以下又名甓灶塘河。

卧柵塘口，自斜港口東北流，至此六里强。分一支西北流，通木斜湖。與江蘇青浦縣分界。

小湖蕩西，自卧柵塘口東北流，過烏盆潭，潭周五里，南通尼魚蕩。至此三里。南通沈家蕩。

上白蕩西，自小湖蕩西口東北流，過小湖蕩，至此一里六分。西通吴家漾，東通白魚蕩。又北流一里三分，與江蘇青浦縣分界。

枝流茜涇塘。

和尚塘口，茜涇塘自茜涇塘口分伍子塘之水東流，至此二里九分。

姚莊橋港口，自和尚塘口東流，至此一里。

中光涇口，自姚莊橋港口東流，至此一里二分。

玉環涇港口，自中光涇口東南流，折而南，至此六里。水深一丈二尺，面闊十五丈。以下又名三里塘。又東流三里二分，至楓涇鎮入華亭塘。即楓涇塘。

陸路道里記

東門又名大勝門。

幹路

小寺橋，自東門外東行，至此六分。

康濟橋，自小寺橋東行，至此一里六分。

孫家橋，自康濟橋東行，至此一里。

張孟育橋，自孫家橋東行，至此四里三分。

張涇匯，普濟橋。自張孟育橋東行，至此一里四分。

三里橋，自普濟橋東北行，至此二里。

楓涇鎮，自三里橋東北行，至此十里五分。與江蘇婁縣分界。

南門又名慶豐門。幹路無。

西門又名太平門。

幹路

跨塘橋，自西門外西行，至此一里。

三里橋，自跨塘橋西南行，至此二里三分。與秀水縣分界。

北門又名燕窩門。

幹路

日昇橋，自北門外曲曲西北行，至此二里八分。

朱松林橋，自日昇橋北少西行，至此三里。

打鐵橋，自朱松林橋西北行，至此一里三分。

觀音橋，自打鐵橋西北行，至此一里五分。

干窑鎮，白圭橋。自觀音橋西北行，過永濟橋，又北行，至此二里。

急水橋，自白圭橋北行，至此二里。

積水橋，自急水橋北行，過北環橋、横涇橋，至此四里。

西塘鎮，北塘橋。自積水橋北行，過南塘橋，至此四里五分。以下爲水道。

嘉興府海鹽縣

水路道里記

招寶塘

經流

中分山前，招寶塘自海寧州流至此入境，又東北流過太平橋，至茶院市廣濟橋二里二分。

秦王廟橋，自廣濟橋北流，折而東北，至此一里七分。

西周橋，自秦王廟橋東北流，至此二里八分。分一支東南流，折而北，經蒲漾至通元鎮東，仍合而爲一。

永慶橋前，自西周橋北流，至此二里。水深五尺，面闊十丈。分一支東北流，過李翁橋、道塘橋，仍合而爲一。

通元鎮，岳廟橋。自永慶橋前東流，至此一里五分。

慶豐橋，自岳廟橋東流，至此一里五分。水深五尺，面闊十五丈。分一支東流，爲烏邱塘。見後。有西周橋分出之水，自南少西來注之。

賈家橋，自慶豐橋北流，折而東少北，至此四里七分。

滕金橋港口，自賈家橋西北流，過郭家堰橋，至此二里八分。有永慶橋分出之水，自西南來注之。

八洞橋，自滕金橋港口北流，至此一里九分。

雙桂橋西，自八洞橋北流，過句神橋，至此三里六分。

歟城鎮，自雙桂橋西口北流，至此四里。以下分流爲嘉興塘。水深一丈，面闊十二丈。有呂塚塘承清松塘之水自西來會之。並見後。

枝流烏邱塘。

報恩橋，烏邱塘自慶豐橋分招寶塘之水東流，過梅元橋，至此二里二分。有秦溪自東來注之。

何家橋，自報恩橋北流，折而東，至此三里。

許油車橋，自何家橋東北流，至此一里七分。水深五尺，面闊十丈。

東亭子橋，自許油車橋東北流，至此一里。

安靜橋，自東亭子橋東北流，至此二里一分。

圣帝木橋，自安靜橋東北流，至此一里九分。

善動橋，自圣帝木橋東北流，至此一里二分。

涇塘橋，自善動橋東北流，過蔣典橋，至此一里五分。分一支西北流，通嘉興塘。

長生橋，自涇塘橋東北流，至此四里二分。又東北流二里八分過朝圣橋，至大柵橋口入嘉興塘。

枝流清松塘。

涑秀橋，清松塘在海甯州爲洛塘河。自海甯州流至此入境，又東南流至長湖西四里。長湖迤東南與海甯州分水。

黄道湖，自長湖西口東南流，過長生橋，至此三里弱。以下爲吕埭塘。

小墅漾口，自黄道湖東南流，折而東，至此二里九分强。

馬腰湖，自小墅漾口東流，至此一里一分弱。分一支東北流，過方田漾、六部漾、直湖，入嘉興塘。

楊家橋，自馬腰湖東流，過仁壽橋，至此二里八分。

端興橋，自楊家橋曲折東流，至此三里九分。

吕埭環橋，自端興橋東流，至此二里。水深七尺，面闊二十丈。

鴛鴦橋，自吕埭環橋東流，至此四里。

莊柴湖，自鴛鴦橋東流，至此一里一分。又東流三里至皁城鎮，入嘉興塘。

嘉興塘舊名横塘，乃自縣至府之官塘，故有今名。

經流

孟家堰橋前，嘉興塘自皁城鎮承招寶塘、吕埭塘水西北流，至此六里。分一支東流入橋。

沈蕩鎮，永慶塘橋。自孟家堰橋前西北流，至此四里五分。水深一丈，面闊二十丈。

望暉堰橋前，自永慶塘橋西北流，至此四里八分。

黄道閘堰，自望暉堰橋前西北流，至此五里五分。水深一丈，面闊二十二丈。黄道閘堰以下與嘉興縣分水。

高木橋東，自黄道閘堰西北流，至此二里。與嘉興縣分界。

三環洞橋前，嘉興塘又自皁城鎮東少南流，至此四里八分。

大柵橋，自三環洞橋前東少南流，至此八里六分。水深四尺，面闊九丈。有烏邱塘自西南來會之。見前。

葉家橋，自大柵橋東少南流，至此九分，入城濠。

枝流平湖塘。

慶豐橋，平湖塘自城濠分出北流，至此一里七分。

白苧橋，自慶豐橋北流，至此七里五分。水深六尺，面闊十四丈。

鳳凰堰橋，自白苧橋北流，過文星橋，至此二里九分。文星橋西分一支西北流，爲屈家港，入平湖縣界。

北王橋，自鳳凰堰橋東北流，至此二里二分。

西塘橋，自北王橋東北流，至此五里六分。水深六尺，面闊十丈。

東塘橋，自西塘橋東北流，至此一里四分。

永昌橋前，自東塘橋東北流，至此二里一分。

斜橋，自永昌橋前東北流，至此一里九分。

四顧橋，自斜橋東北流，至此一里六分。與平湖縣分界。

長水塘

經流

復興橋西，長水塘自海甯州流至此入境。又北少東流，至楊家橋港口四里。分一支東流，入楊家橋。復興橋迤東北與桐鄉縣分水。以下皆同。

仲家匯，自楊家橋港口北少東流，至此二里三分。分一支東流，入周家橋。

雙板橋，自仲家匯北少東流，至此二里一分。與嘉興縣分界。

陸路道里記

東門又名靖海門。

幹路

敕海廟前，自東門外東行，至此八分。以下海塘。

定海廟前，自敕海廟前東北行，至此一里一分。

五團廟前，自定海廟前東北行，折而西北，又折而東北，至此四里二分。

九里亭，自五團廟前東北行，至此三里二分。

六團寨基，自九里亭東北行，至此二里一分。以上石塘。

西施王廟前，自六團寨基東北行，至此二里一分。

白沃廟前，自西施王廟前東少北行，至此二里四分。

土地廟前，自白沃廟前東少北行，至此五里三分。

行素庵，自土地廟前東行，至此二里三分。以上土塘。與平湖縣分界。

枝路

寨基西，自敕海廟前西南行，至此二里一分。此段石塘。又西南行八分至新福橋南，入南門幹路。此段土塘。

南門又名來薰門。

幹路

新福橋南，自南門外東南行，至此一里七分。以下海塘。

木橋東，自新福橋南首南少西行，至此五里三分。

湯家鋪橋東，自木橋東首南行，至此一里一分。

渡船橋東，自湯家鋪橋東首南行迤東，至此二里八分。

新舍橋東，自渡船橋東首南行，至此三里六分。

司城橋，自新舍橋東首南少西行，至此七分。以上土塘。又南至對塘山北麓土塘三分强。

石鼓橋，自司城橋西南行，至此二里一分。

長川壩，自石鼓橋西南行，至此一里八分。以下俗名東海塘。

杈叉塘西，自長川壩西南行，至此一里五分。東有杈叉土塘至半潮山麓，計二里九分。

新倉橋東，自杈叉塘西首西南行，至此一里五分。

楊家團橋東，自新倉橋東首西南行，至此二里八分。

顧家團橋東，自楊家團橋東首西南行，至此二里五分。

青山北麓，自顧家團橋東首南行，折而東，至此三里。以上土塘。

青山南麓，自青山北麓東南曲曲行，沿海，至此二里。

東拱嘴山北麓，自青山南麓南少東行，至此一里四分。此段石塘俗名小海塘。

長牆山西麓，自東拱嘴山北麓東南曲曲行，沿海，繞山麓，至此八里三分。與西門幹路內自鰍城鎮起之枝路合。

西門又名望吳門。

幹路

小柵橋，自西門外西少北行，至此九分。

三環洞橋，自小柵橋西少北行，至此八里六分。

鰍城鎮，自三環洞橋西少北行，至此四里八分。

孟家堰橋，自鰍城鎮西北行，至此六里。

永慶塘橋，自孟家堰橋西北行，至此四里五分。

望暉堰橋，自永慶塘橋西北行，至此四里八分。

黄道閘堰，自望暉堰橋西北行，至此五里五分。與嘉興縣分界。

枝路

楓洞涇橋，自鰍城鎮南少西行，至此一里四分。

道塘橋，自楓洞涇橋曲曲南行，至此九里八分。

通元鎮，自道塘橋曲曲南行，至此七里六分。

文星橋，自通元鎮東行，至此一里五分。

姚墩橋，自文星橋東南曲曲行，至此二里二分。

金家橋，自姚墩橋南行，至此二里一分。

澉浦城北門，自金家橋曲曲東南行，至此九里九分。城周八里三分弱。

天后宫，自澉浦城北門東南行，穿城，至此四里一分。以下海塘。又東南曲曲行一里六分，至長牆山西麓入南門幹路。

王家橋，自澉浦城西門外西少南行，至此三里。

談仙嶺，自王家橋西南行，過河堤，至此八里一分。與杭州府海甯州分界。

三官堂橋，自澉浦城西門外北行，過日暉橋，又西行，至此一里六分。

甪里堰市，自三官堂橋西行迤北，至此四里六分。

西咸橋，自甪里堰市西行，至此五里一分。

大橋，自西咸橋西行，至此一里三分。與杭州府海甯州分界。

葛母山北麓，自天后宫西行，至此二里七分。此段土塘俗名西土塘。

篠山北麓，自葛母山北麓西南曲曲行，沿海，繞山麓，至此四里六分。以下土塘。

南湖南岸，自篠山北麓西少北行曲曲，至此三里一分。

雲岫山東麓，自南湖南岸西少南行，至此一里七分。以上土塘。

老寨山西麓，自雲岫山東麓西南曲折行，沿海，繞山麓，至此十里四分。與杭州府海甯州分界。

枝路

黄泥堰橋，自鰍城鎮曲曲西行，至此十里九分。

得勝橋，自黃泥堰橋曲曲西行，至此七里。

小墅橋，自得勝橋曲曲西行，至此二里七分。

大施帶橋，自小墅橋曲曲西行，至此六里七分。

丁公堰橋，自大施帶橋西行，至此一里六分。

洓秀橋，自丁公堰橋西南行，至此一里一分。與杭州府海寧州分界。

枝路

沈蕩鎮，鎮安橋。自永慶塘橋西行，至此二里三分。

增界堰橋，自鎮安橋西南行，至此四里九分。又曲曲西南行六里至得勝橋，與自皈城鎮西行起之枝路合。

北門又名鎮朔門。

幹路

慶豐橋，自北門外北行，至此一里七分。

白苧橋，自慶豐橋北行，至此七里五分。

鳳凰堰橋，自白苧橋北行，至此二里九分。

西塘橋，自鳳凰堰橋曲曲東北行，至此八里六分。

四顧橋，自西塘橋曲曲東北行，至此九里五分。與平湖縣分界。

嘉興府石門縣

水路道里記

運河

經流

安樂橋前，運河自湖州府德清縣流至此入境。分一支北流，爲南界涇。見後。又東流至莫家壩七分。水深一丈六尺，面闊二十一丈。此段仍與德清縣分水。

下塘河口，自莫家壩東北流，至此三里三分。有下塘河自南來會之。見後。

松老高橋，自下塘河口東北流，至此二里七分。水深一丈四尺，面闊十八丈。

彭河橋，自松老高橋東流，至此二里六分。水深一丈二尺，面闊十三丈。

大通橋，自彭河橋東流，至此五里三分。水深一丈六尺，面闊十二丈。

包角堰橋，自大通橋東少北流，至此一里二分强。水深八尺，面闊十丈。橋東分一支東流，爲南沙渚塘。河南有長安塘，自南來會之。皆見後。

小南門弔橋，自包角堰橋北流，過大南門外，折而東，至此一里强。水深八尺，面闊十丈。分一支東流，爲中沙渚塘。見後。

迎恩橋，自小南門弔橋北流，繞城，過青陽橋，至此二里二分强。水深一丈，面闊七丈。分一支東流，爲北沙渚塘。有斗門涇自西來會之。皆見後。

拱辰橋，自迎恩橋北流，至此二里九分弱。水深一丈，面闊十丈。分一支東流，爲石人涇。見後。

六里橋東，自拱辰橋北流，至此一里三分。分一支東流，爲瓜塔涇。有上莫涇自西來會之。皆見後。

羔羊橋東，自六里橋東口北流，至此四里八分。水深一丈一尺，面闊十二丈。分一支東流，爲沙木涇。有羔羊涇自西來會之。皆見後。

徐家涇口，自羔羊橋東口北流，至此二里七分。

石門鎮，自徐家涇口北流，過南皋橋，至此五里。水深九尺一寸，面闊十一丈。有長濠涇自西來會之。見後。石門鎮迤東北與桐鄉縣分水。以下皆同。

東高橋，自石門鎮東北流，至此一里。

新興橋北，自東高橋東北流，至此七里。有錢林涇自南來注之。

萬年高橋，自新興橋北口東北流，至此二里三分。水深一丈一尺，面闊十二丈。

繡溪橋，自萬年高橋東北流，至此三里九分。與桐鄉縣分界。

枝路南界涇。

關王堂橋，南界涇自安樂橋分運河之水北流，至此五里八分弱。水深一丈，面闊十八丈。分一支東流，爲斗門涇。見後。自安樂橋迤北與德清縣分水。以下至張浦漾皆同。

張浦漾，自關王堂橋西流，至此三里。

萬年橋，自張浦漾北流，過張浦漾，至此六里三分。水深一丈，面闊十八丈。分一支東流，爲上莫涇。見後。

迎秀橋北，自萬年橋北流，至此五里。自此東北流爲羔羊涇。見後。分一支西北流，入歸安縣界。以下又名含山塘。

中塘橋南，自迎秀橋北口東流，折而北，至此五里五分。水深一丈六尺，面闊二十二丈。橋北分一支東流，爲長濠涇。見後。與湖州府歸安縣分界。

枝流斗門涇。

大虹橋，斗門涇自關王堂橋分南界涇之水東流，至此二里九分。

八石橋，自大虹橋東流，至此四里六分。

北平橋，自八石橋東流，至此二里五分。分一支北流入蓮圣橋。

常樂寺橋，自北平橋東流，至此三里。又東流三里至迎恩橋，入運河。水深六尺，面闊五丈。

枝流上莫涇。

洲前鎮，上莫涇自萬年橋分南界涇之水東北流，至此五里三分。水深四尺，面闊四丈。

大通年橋，自洲前鎮東南流，至此三里三分。

西月暉橋，自大通年橋東南流，至此四里九分。

徐家橋，自西日暉橋東南流，折而東過合嘉橋，至此三里一分。

壽安橋，自徐家橋東流，過先勝橋，至此二里七分。又東流一里七分至六里橋前入運河。水深六尺，面闊五丈。

枝流羔羊涇。

大吴橋，羔羊涇自迎秀橋分南界涇之水東北流，至此六里三分。水深五尺，面闊七丈。

葉家橋，自大吴橋南流折而東，至此二里一分。水深五尺，面闊七丈五尺。

六家橋，自葉家橋東流，至此三里八分。

羔羊廟橋，自六家橋東流，至此六里。又東流三里六分至羔羊橋，東入運河。水深四尺，面闊六丈。

枝流長濠涇。

和睦橋，長濠涇自中塘橋南分南界涇即含山塘。之水東流，至此七里五分。

張褚匯，張褚大橋。自和睦橋北流，折而東，過匯泉大橋，至此三里一分。

八公橋，自張褚大橋北流，折而東，至此二里三分。水深四尺五寸，面闊七丈。

長濠橋，自八公橋東流，至此五里九分。

西溪新橋，自長濠橋東流，至此二里。又東少北流二里，至石門鎮入運河。

枝流下塘河。

永福橋南，下塘河自杭州府海甯州流至此入境，北流過永福橋，至勞家高橋三里六分。又北流一里强，至下塘河口入運河。

枝流長安塘。

八里亭，長安塘自杭州府海甯州流至此入境，北流折而西，至新木橋北三里五分。又北流三分，至包角堰橋西入運河。

枝流南沙渚塘。

王過此橋，南沙渚塘自包角堰橋東，分運河之水東南流，過笏板橋，至此四里五分。

御駕橋，自王過此橋東流，過下馬輦橋、永慶橋，至此四里五分。水深六尺，面闊七丈。分一支北流，通中沙渚塘。

萬有橋，自御駕橋東流，過虞家店橋、肇昌橋，至此四里。分一支北流，通中沙渚塘。

星石橋，自萬有橋東流，過龍吟橋，至此二里三分。

知義板橋，自星石橋東流，過周家橋，至此二里五分。

賣魚橋，自知義板橋東流，過祚嘉橋、北陽橋，至此四里。賣魚橋迤東與海甯州分水。以下至長春橋東皆同。

長春橋東，自賣魚橋東流，至此三里。與桐鄉縣及杭州府海甯州分界。

枝流中沙渚塘。

迎春橋，中沙渚塘自小南門吊橋分運河之水東流，至此二里八分。分一支北流，入鑾兒橋，通北沙渚塘。

九里塘橋，自迎春橋東流，至此五里二分。水深五尺，面闊六丈。

扶駕橋，自九里塘橋東流，至此四里。

沙渚環橋，自扶駕橋東流，至此三里七分。

沙渚高橋，自沙渚環橋東流，至此三里二分。水深五尺，面闊六丈。

萬興橋東，自沙渚高橋東流，至此二里九分。與桐鄉縣分界。

枝流北沙渚塘。

永隆環橋，北沙渚塘自迎恩橋分運河之水東流，至此四里六分。

文橋南，自永隆環橋東流，至此三里五分。分一支北流，通石人涇。

秀才橋，自文橋南口東流，至此四里。水深五尺，面闊五丈。

遺嘉謨橋，自秀才橋東流，至此一里。遺嘉謨橋迤東與桐鄉縣分水。以下皆同。

清河橋，自遺嘉謨橋東流，至此一里八分。水深四尺六寸，面闊五丈三尺。

匠染橋，自清河橋南流，至此一里。與桐鄉縣分界。

枝流石人涇。

馬家店橋，石人涇自拱辰橋分運河之水東流，至此四里四分。

遥呼童橋，自馬家店橋東流，至此四里六分。水深五尺，面闊五丈一尺。

興隆橋，自遥呼童橋東流，至此四里九分。與桐鄉縣分界。

枝流瓜塔涇。

順濟橋，瓜塔涇自六里橋東分運河之水東流，至此五里三分。

畫公橋，自順濟橋東流，至此四里一分。水深五尺，面闊五丈二尺。畫公橋迤東與桐鄉縣分水。以下皆同。

蕩心橋，自畫公橋東流，至此四里。與桐鄉縣分界。

枝流沙木涇。

龍舌渚，沙木涇自羔羊橋前分運河之水東流，至此七里三分。水深六尺，面闊七丈。分一支北流十二里三分爲錢林涇，入運河。

馮家木橋，自龍舌渚東流，至此七里一分。與桐鄉縣分界。

陸路道里記

東門又名青陽門。

幹路

莊福板橋，自東門外東北行，至此一里弱。西至北門幹路之迎恩橋，計一里一分强。

東陽橋，自莊福板橋東行，至此一里七分。

永隆環橋，自東陽橋東行，至此一里六分。

行駕橋，自永隆環橋東行，至此五里六分强。

元寶橋，自行駕橋東行，至此二里七分。

遺嘉謨橋東，自元寶橋東行，至此九分。與桐鄉縣分界。

大南門又名薰仁門。

幹路

皂林驛，在弔橋南。自大南門外南行，至此三分强。

包角堰橋，自皂林驛南行，至此八分。

大通橋，自包角堰橋西南行，至此一里强。

彭河橋，自大通橋西行，至此五里三分强。

松老高橋，自彭河橋西行，至此二里六分强。

安樂橋，自松老高橋西南行，過莫家壩，至此六里六分。與湖州府德清縣分界。

西門舊名素商門，今名兑澤門。

幹路

何城廟，自西門外西行，至此二里二分强。又西行迤南過壩子橋，至彭河橋四里六分，入大南門幹路。

北門舊名朔義門，今名拱辰門。

幹路

迎恩橋，自北門外北行，至此三分弱。

拱辰橋，自迎恩橋北行，至此二里九分弱。

六里橋，自拱辰橋北行，至此一里四分。

羔羊橋，自六里橋北行，至此四里八分。

觀音橋，自羔羊橋北行，至此六里二分。

南皋橋，自觀音橋北行，至此一里三分。

石門鎮，接待寺街。自南皋橋北行，至此五分弱。與桐鄉縣分界。

小南門又名麗正門。

幹路

郭南橋，自小南門外南行，過司馬高橋，至此八分强。

登雲橋，自郭南橋西南行，過包角堰橋堍，至此七分强。

八里亭，自登雲橋南行，至此三里二分。與杭州府海甯州分界。

枝路

迎春橋，自小南門外東行，至此二里八分。

九里塘橋，自迎春橋東行，至此五里二分。

扶駕橋，自九里塘橋東行，至此四里。

沙渚環橋，自扶駕橋東行，至此三里七分。

沙渚高橋，自沙渚環橋東行，至此三里二分。

萬興橋東，自沙渚高橋東行，至此三里九分。與桐鄉縣分界。

枝路

笏板橋，自郭南橋東行，至此一里二分。

王過此橋，自笏板橋東行，至此三里八分。

御駕橋，自王過此橋東行，至此四里五分。

萬有橋，自御駕橋東行，至此四里。

星石橋，自萬有橋東行，至此二里三分。

知義板橋，自星石橋東行，至此二里五分。

賣魚橋，自知義板橋東行，至此四里。與杭州府海甯州分界。

嘉興府平湖縣

水路道里記

漢塘

經流

姚家堰北，漢塘自嘉興縣流至此入境，又東流過萬程橋，至界涇橋南二里。水深九尺，面闊十八丈。此段仍與嘉興縣分水。

西水門，自界涇橋南口東流，至此一里三分。分一支北流，繞城。又分一支南流，繞城，皆會於東湖。

東水門，自西水門東流入城，至此二里五分，入東湖。東湖水深一丈二尺，面積八頃。在城東門外，爲西南二方之水所匯。

海鹽塘

經流

四顧橋，海鹽塘自海鹽縣流至此入境，又東北流過黑魚漾口，至轉塘橋二里七分。分一支東流，爲何陳塘。

淡水橋，自轉塘橋東北流，至此三里。

大興橋，自淡水橋北少東流，至此二里。

廣行橋，自大興橋北流，至此二里八分。又北流迤西三里五分入東湖。

枝流黃泥港。

振興橋，黃泥港自海鹽境內斜橋分海鹽塘之水北流入境，過百壽橋，至此三里六分。

中界橋東，自振興橋北流，至此一里五分。中界橋迤北與海鹽縣分水，以下至北莊橋口皆同。

太平橋西，自中界橋東口北流，至此一里。分一支東流入橋。

北莊橋口，自太平橋西口北流，至此一里四分。有海鹽縣之水自西來注之。

廣福橋，自北莊橋口東流，至此一里三分。

新橋，自廣福橋東流，折而北，又折而東少北，至此五里七分。又東流，折而北，一里入東湖。自新橋西首分一支西北流，折而北入南水門，至城內與魏塘會。

乍浦塘

經流

前黃山，乍浦塘自此發源，匯諸山之水西流，至陸家橋四里三分。此下分流爲乍浦城濠。

長豐橋，自陸家橋西北流，過乍浦城，至此三里五分。

三里橋，自長豐橋北流，過海鹽港口，至此二里三分。

六里橋，自三里橋北流，至此三里七分。

太平橋前，自六里橋西北流，至此一里七分。分一支東流，通林家埭鎮。

虹霓堰鎮，惠濟橋。自太平橋前西北流，至此一里三分。

圣堂關橋，自惠濟橋西北流，至此六里。

樂安橋堰，自圣堂關橋西北流，至此三里。又北流四里入東湖。

魚圻塘

經流

環堰漾，魚圻塘自東湖分出東北流，至此四里五分。有松風港自西來會之。見後。

扶行橋址，自環堰漾北流，至此一里六分。分一支東北流，爲徐家小港，又爲官莊塘。

楊白地渡，自扶行橋址東北流，至此八里。

朱仙匯，自楊白地渡東北流，至此一里七分。水深一丈三尺，面闊十八丈。

官莊塘口，自朱仙匯東流，至此四里三分。有扶行橋址分出之水，自南來注之。

溪漾港口，自官莊塘口北少東流，至此四里五分。

青陽匯，自溪漾港口東流，過魚池堰，至此四里。水深一丈八尺，面闊十八丈。

大悲庵渡，自青陽匯東流折而北，至此四里三分。

趙莊涇口，自大悲庵渡東北流，至此二里五分。與江蘇金山縣分界。

枝流松風港。

福臻寺，松風港自城濠分出北流，至此三里五分。又東流二里四分至環堰漾，入魚圻塘。水深六尺，面闊七丈。

廣陳塘

經流

磨盤灘，廣陳塘自東湖分出東北流，至此六里九分。

窑漾，自磨盤灘東少北流，過廣福橋，至此三里五分。水深一丈，面闊十五丈。

三里庵堰前，自窑漾東北流，至此四里八分。

廣陳口，自三里庵堰前東少北流，過錢家漾，至此三里六分。水深一丈三尺，面闊七丈。分一支東流，爲鹽船河。見後。

新村浜，自廣陳口北流，過翦刀匯，又東流，至此七里九分弱。與江蘇金山縣分界。

枝流鹽船河。

泗龍橋鎮，鹽船河自廣陳口分廣陳塘之水東流，迤南過廣陳市，至此三里九分。

新倉鎮，秀龍橋。自泗龍橋鎮東南流，至此五里九分。水深三尺，面闊四丈。

迎龍橋，自秀龍橋東南流，至此一里九分。

趙家橋，自迎龍橋東南流，至此三里五分。

衙前鎮，衆安橋。自趙家橋東流，至此四里五分。水深二尺，面闊二丈。

宋功橋，自衆安橋東流，至此三里五分。

興隆橋東，自宋功橋東少北流，至此一里五分。分一支南流，通黄姑塘。

中唐口，自興隆橋東口東少北流，至此一里。與江蘇金山縣分界。

六里塘河

經流

普濟橋東，六里塘河自東湖分出，東南流，至此五里。分一支東北流，迤而東南，至全公亭鎮復合而爲一。

徐家埭鎮，自普濟橋東口東流，至此三里六分。

獨山塘口，自徐家埭鎮曲曲東流，至此三里三分。以下又名黄姑塘。

大通橋，自獨山塘口東南流，至此六里一分。

南廟橋鎮，自大通橋東南流，至此三里三分。水深五尺，面闊五丈。

虎嘯橋鎮，自南廟橋鎮東南流，過世德橋，折而東北，至此四里一分强。水深三尺，面闊四丈。

秀平橋鎮，自虎嘯橋鎮東流迤北，至此三里四分。

全公亭鎮，自秀平橋鎮東流，至此六里九分。水深三尺，面闊四丈。有普濟橋東分出之水，自北來注之。

界河木橋，自全公亭鎮東北流，至此八里七分强。與江蘇金山縣分界。

陸路道里記

東門又名啓元門。

幹路路向東。

毛家橋，自東門外東北行，至此八里四分。

圣堂浜渡，自毛家橋堍東北行，過曹家堰橋堍，至此八里三分。

廣陳市，自圣堂浜渡過渡，東北行，至此八里一分。

泗龍橋鎮，自廣陳市東行，至此三里八分强。

新倉鎮，自泗龍橋鎮東少南行，至此六里一分。

用水牛橋，自新倉鎮東少南行，至此五里九分。

衙前鎮，自用水牛橋東少北行，至此四里。自此東南行，通南門幹路之金絲娘橋鎮，計六里二分。自此北行迤西，通枝路之新廟市，計十里六分。

中唐口，自衙前鎮東少南行，迤而東少北，至此七里弱。與江蘇金山縣分界。

枝路

趙家橋鎮，自新倉鎮西南行，至此七里二分弱。又南行七里九分，至虎嘯橋鎮入南門幹路。

枝路

新廟市，横溪橋。自新倉鎮北少東行，至此七里三分。

界河橋，自新廟市東行，至此五里六分。與江蘇金山縣分界。

放港，自横溪橋北行，至此四里五分。與江蘇金山縣分界。

枝路

萬緣橋，自新倉鎮東南行，至此五里。

慧隆橋，自萬緣橋東南行，至此三里。又東南行三里至全公亭鎮西，入南門幹路。

幹路 路向東北。

福臻寺，自東門外東北行，迤而北少西，至此四里六分。

花園港橋，自福臻寺東北行，折而北，至此七里二分。

楊白地渡，自花園港橋東北行，至此七里一分。

三里塘渡，自楊白地渡過渡，東北行，至此三里七分。

牛皮堰，自三里塘渡過渡，北行，至此五里八分。

新埭鎮，自牛皮堰北行，至此五里七分。

三官塘橋，自新埭鎮東北行，至此三里三分。

泖橋，自三官塘橋東北行，至此七里九分。與江蘇金山縣分界。

枝路

石洞橋，自新埭鎮西行，過鴻義橋，至此一里五分。

丁丁橋，自石洞橋西行，至此三里三分。

大通橋市，自丁丁橋西行，過南橋，又北行，至此七里。與江蘇婁縣分界。

大南門 又名豫泰門。

幹路

東湖東橋，自大南門外東行，至此二里。

普濟橋，自東湖東橋東行，至此四里三分。

徐家埭鎮，自普濟橋東行，至此五里三分。

東長橋，自徐家埭鎮東行，過會龍橋、西長橋，至此三里。

韓家廟鎮，自東長橋曲曲東行，至此八里九分。

南廟橋鎮，自韓家廟鎮南行迤東，至此六里五分。

虎嘯橋鎮，自南廟橋鎮東行，至此四里二分。南通枝路之興興鎮，計五里六分。

秀平橋鎮，自虎嘯橋鎮東行，至此三里七分。

全公亭鎮，自秀平橋鎮東行，至此七里三分。

金絲娘橋鎮，自全公亭鎮東少北行，至此七里九分。

界河木橋，自金絲娘橋鎮東行，至此九分。與江蘇金山縣分界。

枝路

大興橋，自大南門外南行迤東，至此七里二分。又南行，折而西，三里五分至圖澤橋，入小南門幹路。

枝路

樂安橋堰，自東湖東橋東南行，至此三里。

甯善橋，自樂安橋堰東南行，至此二里四分。

虹霓堰鎮，自甯善橋東南行，至此七里二分。

乍浦城北門，自虹霓堰鎮南行，至此八里五分。

天后宫西北，自乍浦城北門南行，過乍浦城，出南門，至此三里五分。

觀山西麓，自天后宫西北首東南曲曲行，至此三里三分。此段石塘。以下皆山。

叉路橋市，自乍浦城東門東少北行，至此七里二分。

長安橋，自叉路橋市東少北行，至此二里。

興興鎮，自長安橋東少北行，至此四里。鎮南海塘有西司城，東傍獨山。

小營頭，自興興鎮東少北行，至此七里。又西北行三里五分至秀平橋，入幹路。

包家埭，自乍浦城北門南行入乍浦城，出西門，又西南曲曲行，至此六里九分。

行素庵，自包家埭西行，至此一里三分。此段土塘。與海鹽縣分界。

大營基，自小營頭東北行，至此四里四分。此段土塘。以下至界碑皆同。

白沙灣，自大營基東北行，至此三里。

東司城北，自白沙灣東北行，至此二里三分。

新塘口，自東司城北首東北行，至此一里六分。南有新塘至海濱。

界碑，自新塘口東少北行，至此一里二分。與江蘇金山縣分界。

茅竹寨，自小營頭西南行，至此二里九分。此段土塘。

獨山東麓，自茅竹寨西南行，至此三里。此段石塘。

西司城東，自獨山東麓西北行，繞山，至此一里七分。

益山北麓，自西司城東首西南曲曲行，至此四里六分。此段土塘。以下皆山。

西海口汛，自包家埭東少北行，至此四里三分。此段土塘。又東行一里五分，至天后宫西北，此段石塘。與東湖東橋起之枝路合。

小南門

幹路

百步橋，自小南門外南行，至此一里一分。

廣福橋，自百步橋曲曲南行，至此六里。

圖澤橋，自廣福橋東南行，過孟金河橋，又東行，折而南，至此四里。

四顧橋市，自圖澤橋南行，至此五里五分。與海鹽縣分界。

西門又名毓秀門。

幹路

界涇橋，自西門外西行，至此一里五分。與嘉興縣分界。

北門又名豐亨門。

幹路

庭芝橋，自北門外曲曲北行，至此七里。與嘉興縣分界。

嘉興府桐鄉縣

水路道里記

運河

經流

石門鎮，運河自崇德縣流至此入境，又東北流至東高橋一里。石門鎮迤東北，與石門縣分水。以下至繡溪橋皆同。

洪濟橋，自東高橋東北流，至此二里。分一支北流，爲白馬塘。見後。

曹家筧橋，自洪濟橋東北流，至此二里。分一支北流，通白馬塘。

萬年高橋，自曹家筧橋東北流，至此五里三分。

繡溪橋，自萬年高橋東北流，至此三里九分。水深一丈一尺，面闊十四丈。分一支北流，爲金牛塘。見後。有車口涇自南來注之。

登雲橋東，自繡溪橋東北流，過登雲橋，至此二里。有康涇港自東南來注之。分一支北流，入衆建橋。

毛家渡，自登雲橋東口東北流，過皂林橋，至此三里六分。分一支北流，入毛家渡橋。

永新港口，自毛家渡東北流，至此五里。有永新港分石人涇之水，自南來注之。分一支北流入永福橋。

文星橋北，自永新港口東北流，至此一里三分。有石人涇分支水自南來注之。

正家橋，自文星橋北口東北流，至此四里强。與秀水縣分界。水深九尺，面闊十四丈。分一支西北流，入橋，通白旂漾及五往涇。

枝流白馬塘。

邱洪橋北，白馬塘自洪濟橋分運河之水北流，過李莊橋、邱洪橋，至此四里五分。有運河分支水出曹家筧橋，自東南來注之。

對風橋，自邱洪橋北口北少東流，至此二里。

南雙橋，自對風橋北少東流，至此一里五分。

彭家十字漾，自南雙橋北少東流，過北雙橋，至此一里六分。水深六尺，面闊九丈。有湖州歸安縣水自西來注之。

野廟橋，自彭家十字漾北少東流，至此一里。

陳家橋，自野廟橋北少東流，至此一里。

香水八字橋，自陳家橋北少東流，至此二里五分。水深七尺，面闊九丈。香水八字橋迤東北與湖州歸安縣分水。以下至秋家橋東口皆同。

西張橋，自香水八字橋東北流，至此二里七分。

秋家橋東口，自西張橋東北流，至此一里。秋家橋東口迤東北與湖州烏程縣分水。以下至分水墩皆同。

龍舌頭，自秋家橋東口東北流，至此二里四分。有金牛塘自東南來會之。見後。

濟遠橋，自龍舌頭東北流，至此二里三分。分一支東流，通青鎮及小烏鎮等處。

烏鎮，自濟遠橋東北流，至此二里二分。

分水墩，自烏鎮東北流，至此二里三分。水深一丈，面闊十六丈。分水墩迤東北又名瀾溪塘，與江蘇震澤縣分水。以下皆同。

六里橋，自分水墩東北流，至此三里四分。

九里橋，自六里橋東北流，至此二里一分。又東北流三里，與秀水及江蘇震澤縣分界。水深一丈，面闊十七丈。

枝流金牛塘。

郭璞橋，金牛塘自繡溪橋分運河之水西北流，至此二里五分。

爐頭鎮，文星橋。自郭璞橋西北流，至此一里五分。水深六尺，面闊十丈。

涇塘橋，自文星橋西北流，至此一里六分。

九里萬安橋，自涇塘橋西北流，至此一里七分。

南張橋，自九里萬安橋西北流，至此三里三分。

陳莊鎮，匯源橋。自南張橋西北流，至此一里四分。

北張橋，自匯源橋西北流，至此一里六分。又西北流五分至龍舌頭，入白馬塘。

石人涇

經流

興隆橋，石人涇自崇德縣流至此入境，又東流至平嘉橋西九分。有瓜塔涇自西北來會之。見後。

油車橋西，自平嘉橋西口東流，至此二里四分。有北沙渚塘自東南來會之。見後。

御駕環橋，自油車橋西口東流，至此二里五分強。水深三尺，面闊四丈。

徐家橋，自御駕環橋東流，至此二里七分。

謝家橋，自徐家橋東流，至此二里六分。有東宣橋水自南來注之。分一支北流，通長生橋。

穆盛橋，自謝家橋東流，至此六里七分。分一支南流，折而東，通范蠡湖。

屠甸鎮，拱樞橋。自穆盛橋東北流，至此二里九分。水深五尺，面闊六丈。有沙木涇自西來會之。見後。

萬年橋，自拱樞橋西流，至此一里五分。

阜解橋北，自萬年橋北流，至此二里九分。分一支東流，與嘉興分水。阜解橋迤北與嘉興分水。以下至莊家橋皆同。

天才橋，自阜解橋北口北流，至此二里五分。

讚圣橋，自天才橋北流，折而西北，又折而北，至此一里七分。

莊家橋，自讚圣橋北少西流，過毛桃十字橋，至此三里八分。

王西店橋，自莊家橋西北流，至此一里八分。水深四尺，面闊六丈。

邱婆橋北，自王西店橋西北流，過王旺橋、吳橋，至此四里七分。有城濠分出之水，自西南來注之。自此西北流，爲永新港，通運河。

博文橋，自邱婆橋北口東流迤北，至此二里三分。

萬壽橋，自博文橋北流，折而東，至此一里七分。分一支西北流，通運河。

王母橋，自萬壽橋東北流，至此二里六分。

濮院鎮，大有橋。自王母橋北流，折而東少北，至此三里。與秀水縣分界。

枝流瓜塔涇。

晝公橋，瓜塔涇自石門縣流至此入境，又東流至蕩心橋四里。水深五尺二寸，面闊五丈。此段仍與石門縣分水。

樂家橋，自蕩心橋東流，折而南，至此一里六分。又南流四分至平嘉橋西入石人涇。

枝流北沙渚塘。

遺嘉謨橋，北沙渚塘自石門縣流至此入境，又東流至清河橋一里八分。水深四尺六寸，面闊五丈三尺。遺嘉謨橋迤東仍與石門縣分水。以下至匠染橋皆同。

匠染橋，自清河橋南流，折而東，至此一里強。

守分橋前，自匠染橋東流，折而北，至此二里五分。

龐家橋，自守分橋前西北流，至此二里四分。又東北流五分至油車橋西入石人涇。

枝流沙木涇。

馮家木橋，沙木涇自石門縣流至此入境，又東流至長生橋二里八分。

史家橋，自長生橋東流，至此三里。分一支北流，入馬駕橋。

八士橋，自史家橋東流，至此二里強。

起龍橋，自八士橋東流，至此二里五分。分一支北流，入跨鳳橋。又東流五里五分至屠甸鎮萬年橋，入石人涇。

南沙渚塘

經流

長春橋東北，南沙渚塘自石門縣流至此入境，又北流至永豐橋三里一分。有中沙渚塘自西來會之。見後。

萬安橋，自永豐橋東北流，至此二里三分。

塘墊橋，自萬安橋東少北流，至此二里一分。

衆富橋，自塘墊橋東流，至此一里一分。

永富橋，自衆富橋東流，過吳家木橋，至此一里一分。與杭州府海甯州分界。

枝流中沙渚塘。

萬興橋，中沙渚塘自石門縣流至此入境，又東流至沙渚塘橋一里，又東流至永豐橋西入南沙渚塘。

陸路道里記

東門又名青陽門。

幹路路向東南。

東市頭，自東門外東行，至此四分强。

東山橋，自東市頭南行，折而東，又折而南迤東，過唐家橋，至此三里四分。

油車橋，自東山橋東南行，至此五里四分。

屠甸鎮，萬年橋。自油車橋曲曲東南行，至此九里二分强。

莫太史橋，自萬年橋東行，至此二里五分。

扶橋，自莫太史橋南行，折而東，至此三里八分。

朱氏明橋，自扶橋東行，迤而東南曲曲行，過泰安橋、塘涇橋、北斜橋，至此六里五分。

復興橋，自朱氏明橋東南行，迤而東，至此七里四分强。與杭州府海甯州分界。

幹路路向東北。

亭子橋，自東市頭北行，過會龍橋，又東北行，至此二里五分。

捧日橋，自亭子橋東北行，至此七里三分。

萬壽橋，自捧日橋東北行，過報恩橋，至此三里四分。

濮院鎮東，自萬壽橋東北行，過王母橋，至此六里三分。與秀水縣分界。

枝路

善慶橋，自濮院鎮西市西南行，過齊榮橋、越茂橋，至此五里六分。

廟篺橋，自善慶橋西南行，至此五里八分。

王西店橋，自廟篺橋南行，折而西，又折而南，過大牛橋，至此四里一分强。又曲曲南行十二里四分至屠甸鎮，入向東南幹路。

南門又名時薰門。

幹路

普甯橋南，三叉路口。自南門外南行，至此七分强。

思嘉橋，自三叉路口西南行，至此四里四分。與石門縣分界。

枝路

魏婆橋，自三叉路口曲曲西行，至此三里六分。與石門縣分界。

西門又名兑悦門。

幹路

雙板石橋，自西門外西行，至此三里。與石門縣分界。

北門又名來遠門。

幹路路向東北。

來遠橋，自北門外北行，至此五分。北有枝路通皂林橋，計七里二分强。

登雲橋，自來遠橋西北行，至此六里二分。

皂林橋，自登雲橋東北行，過衆建橋，至此九分。

毛家渡橋，自皂林橋東北行，至此二里九分。

永新橋，自毛家渡橋東北行，至此四里八分。

正家橋西，自永新橋東北行，至此五里六分。與秀水縣分界。

幹路路向西南。

繡溪橋，自登雲橋西南行，至此一里七分。

萬年高橋，自繡溪橋西南行，至此三里九分。

曹家筧橋，自萬年高橋西南行，至此五里三分。

洪濟橋，自曹家筧橋西南行，至此二里。

石門鎮，西橋。自洪濟橋西南行，過南巡營基及東高橋北堍，至此三里。與石門縣分界。

枝路

灣里橋，自登雲橋西北行，至此二里六分。

爐頭鎮，自灣里橋西北行，至此一里六分。

九里萬安橋，自爐頭鎮西北行，過涇塘橋，至此三里三分。

南張橋，自九里萬安橋西北行，至此三里三分。

陳莊鎮，自南張橋西北行，至此一里四分。

北張橋，自陳莊鎮西北行，至此一里六分。

常豐橋，自北張橋西北行，折而東北，至此三里五分。

青鎮，西市。自常豐橋東行，至此一里四分。

小烏鎮，西市。自青鎮西市東行，至此四里七分。

菜涇橋，自小烏鎮西市東行，折而東北曲曲，至此四里一分。

馬家橋，自菜涇橋東北行，至此三里三分。與秀水縣分界。

湖州府烏程縣

水路道里記

東苕溪自月河以下一名霅溪。

經流

錢山漾，東苕溪自歸安縣流至此入境，有西塘河自西來會之。見後。又西北流至碧浪湖，八里。湖周在本境三里九分，水深七尺。有山塘溪自南來會之。見後。分一支東北流爲毘山溪。

百民橋，自碧浪湖西北流，至此一里五分。有妙喜港自西來會之。見後。

驛西橋，自百民橋北流，至此一里。有呂山塘河自西北來會之。見後。

南水門，自驛西橋北流，至此一分。分一支東流，爲菜花涇。自南水門入城，歷月河、江子匯、駱駝橋抵臨湖，水門皆歸安境，詳見歸安記。

見龍橋，自臨湖水門入本境，東北流過通濟橋，至此一里七分。分一支西北流入大通橋。

毘山渡，自見龍橋東南流，至此三里一分。水深九尺，面闊三十二丈。分一支西南流，通余家漾。

詹家村，自毘山渡東流，至此一里四分。分一支東流，爲北塘河。見後。

横塘路，自詹家村東北流，至此三里四分。分一支西北流，入譚家橋。

庵前村，自横塘路東北流，至此一里三分。分一支東南流，通西南灣。

楊家灘，自庵前村北流，至此二里三分。分一支西北流，通盤家蕩。

鄔家兜，自楊家灘北少東流，至此一里。

費家兜，自鄔家兜東南流，至此六里。

打鐵兜，自費家兜東北流，至此一里七分。分一支東南流，通北塘。

下官渡，自打鐵兜東北流，至此二里九分。水深七尺，面闊二十八丈。西通大錢鎮。

大錢口，自下官渡北流越横港，至此一里五分，入太湖。水深七尺，面闊二十六丈。

枝流西塘河。

分莊廟，西塘河自歸安縣流，至此入境。分莊廟迤北與歸安縣分水。以下皆同。又北少西流，至圣堂漾四里五分。

小溪田東，自圣堂漾西北流，至此一里七分。

三百畝橋，自小溪田東首西北曲曲流，至此三里七分。

許墓漾口，自三百畝橋北少西流，至此三里五分。

後莊漾，自許墓漾口東北流，至此二里。

津濟橋，自後莊漾西北流，至此五里。

横山漾，自津濟橋東流折而北，至此六里。

錢山漾，自横山漾北流，至此二里五分，入東苕溪。水深七尺，面闊十九丈。

枝流山塘溪。

下莊橋，山塘溪自歸安縣流，至此入境，又北流至日暉橋，九分。有毛鳴水自西北來注之。

圣堂漾口，自日暉橋東北流，至分莊廟東會西塘河，又西北流，至此五里六分。

市山南麓，自圣堂漾口西北流，至此三里五分。有菁山港自西來注之。

石頭村，自市山南麓西北流，至此三里。分一支東流入三百畝橋。

謝家灣，自石頭村北流，至此一里四分。有莊嶺溪自西來會之。見後。

下泉村，自謝家灣北流，至此二里九分。分一支東南流，通許墓漾。

菰城，自下泉村北流，至此三里六分。有何山嶺水自西北來注之。

姑山麓，自菰城北流，至此四里五分。分一支東流，通南塍。

金蓋山麓，自姑山麓北流，至此四里。分一支東流，通横山漾，俗稱横山門。

塘灣橋，自金蓋山麓北流，至此一里四分。分一支東流，通錢山漾。又有何山嶺水自西來注之。

南道場橋，自塘灣橋北流，至此一里九分。有道場山南水自西來注之。

北道場橋，自南道場橋北少西流，至此一里八分。有道場山東水自西來注之。又東北流一里四分至碧浪湖口，入東苕溪。水深一丈一尺，面闊一十二丈。

枝流莊嶺溪。

五石山，莊嶺溪自此發源，東流折而北至嶺東橋，三里五分。

金安山麓，自嶺東橋東少南流，至此四里五分。

吴瞟山麓，自金安山麓東北流，折而東南，至此二里。

裹山麓，自吴瞟山麓東北流，至此十里。有謝家灣水自北來注之，始通舟筏。

宋家橋，自裹山麓東南流，至此三里。

長春橋南，自宋家橋東流，至此七分。有永安橋水自南來注之，施家橋水自北來注之。又東南流三里一分過萬安橋，至謝家灣入山塘溪。水深四尺，面闊十一丈。

枝流妙喜港。

霞霧山，妙喜港自此發源，東流至童家橋，五里九分。有湯村水自西南來注之。

鈕家村，自童家橋東少北流，至此四里。

王家橋，自鈕家村東北流，至此四里四分。以上一名黄檗澗。以下始通舟筏。

妙喜市，黄浦橋。自王家橋東北流，至此一里。

書堂橋，自黄浦橋北流迤東，至此三里八分。分一支西北流，入明德橋，通黄墅港。

度善橋，自書堂橋東北流，至此一里二分。

金田漾，自度善橋東北流，至此二里九分。漾周三里五分，水深七尺。有唐球山水自南來注之，白鹿山水自東來注之。

夾山漾口，自金田漾東北流，至此六里。漾周六里一分，水深九尺。有黄墅港自西來注之。

句竇漾，自夾山漾口東流，至此三里三分。漾周二里，水深七尺。又東流，二里三分至百民橋，入東苕溪。水深六尺，面闊十五丈一尺。分一支西流，通昌濟橋。

枝流吕山塘河。

種福橋，吕山塘河自長興縣流，至此入境。又東南流至八字橋，三里二分。有白鶴山水自北來注之。

烏菱山北，自八字橋東南流，至此五里五分。有千山水自東北來注之。

澗村，自烏菱山北首東南流，至此三里二分。有石魚澗水自北來注之。

楊家莊，自澗村東南流，過雪水橋，又東南流越西苕溪，又東流，至此五里一分。有西風漾及康山壩水自西南來注之。

龍灣渡，自楊家莊東南流，至此三里一分。水深一丈一尺，面闊二十二丈。東北通西苕溪。

横渚塘橋，自龍灣渡東南流，至此一里二分。又東南流，三里八分至驛西橋入東苕溪。水深八尺五寸，面闊十八丈。

枝流北塘河。

王母來橋，北塘河自詹家村分東苕溪之水東流，至此一里五分。

常田圩，自王母來橋東流，至此一里四分。有會龍橋水自南來注之。

射墓西村，自常田圩東流，至此三里八分。分一支南流爲裹塘河，見後。又分一支東流，爲戴山港。

文羅漾，自射墓西村北少東流，至此二里五分。漾周二里二分，水深九尺。西通西南灣。

文泉漾，自文羅漾東北流，至此三里二分。漾周二里九分，水深九尺。南通永隆橋。

崔家橋港，自文泉漾東北流，至此二里。分一支西北流，通東苕溪。

大石橋，自崔家橋港東流，至此二里八分。分一支北流，通下官渡。

塘河木橋，自大石橋東流，至此一里一分。有烏橋港自南來注之。

紅亭子，自塘河木橋東流，至此一里六分。分一支北流，通横港。

四横涇，自紅亭子東流，至此二里九分。有方家港自南來注之。

五横涇，自四横涇東北流，至此一里八分。分一支北流，入石灰橋。

石匠兜，自五横涇東北流，過北村，南通松鼠漾。至此二里五分。分一支北流，通新涇漊。

元通橋汛，自石匠兜東北流，迤而東，至此三里二分。

婚對橋，自元通橋汛東流，至此七里七分。

沙家漾，自婚對橋東北流，至此一里。分一支北流，通義皋漊。

勝堂橋，自沙家漾東流，至此四里四分。有驥村港自南來注之。

沈家灣，自勝堂橋東流，至此三里五分。有裹塘河分支水自南來注之。又分一支北流，通伍浦漊。

萬壽橋，自沈家灣東流，至此七里九分。分一支北流，通新浦漊。

永豐橋，自萬壽橋東流，至此四里。有緑葭漾水自南來注之。

有新橋，自永豐橋東流，至此二里。有韋家漾水自南來注之。

界橋港口，自有新橋東流，至此二里三分。有界橋水自南來注之。

天到橋西，自界橋港口東少北流，至此一里五分。有穀池漾水自西南來注之。分一支北流，通胡漊入太湖。與江蘇震澤縣分界。

枝流裏塘河。

西餘漾，裏塘河自射墓西村，分北塘河之水南流，過釣田漾，至此三里。漾周九里八分，水深一丈。西通王家漾。

福興橋，自西餘漾東流過南塘漾，漾周四里二分，水深八尺。至此二里七分。

諸墓漾，自福興橋東流，至此一里七分。漾周三里一分，水深八尺。分一支北流，通戴山港。又分一支南通蠶花橋。

滸稍橋，自諸墓漾東流，至此五里五分。有慣釣漾水自西南來注之。

大河漾東口，自滸稍橋東流過側塘漾，越烏橋港，至此四里。漾周三里五分，水深八尺。

希古橋，自大河漾東口東北流，越方家港，至此六里一分。有陳家漾水自南來注之。

旺家橋，自希古橋東北流，至此三里四分。

織里市，妙音橋。自旺家橋東北流，至此一里。

虹橋南，自妙音橋東北流，過木橋，至此一里。分一支北流，通沈家漾。

後降，自虹橋南首東南流，亂晟溪，至此三里。

孟鄉橋，自後降東少北流，至此六里五分。有雙林塘河自南來會之。見後。

師古橋，自孟鄉橋東流，至此二里五分。

圣堂橋，自師古橋東流，越驥村港，至此二里二分。

回鸞橋，自圣堂橋東流，至此六里九分。

迎陽橋，自回鸞橋東流，至此二里六分。有義高橋水自南來注之。分一支東北流，通緑葭漾。

交界新橋，自迎陽橋東少南流，至此三里三分。分一支北流，通緑葭漾。

横古塘橋，自交界新橋東流，越魯墟港，至此二里二分。有白米塘河自西南來會之。見後。此段屬江蘇震澤縣界。以下一名横古塘，迤東與江蘇震澤縣分水，以下皆同。

半路橋，自横古塘橋東流，至此一里五分。有九里橋水自南來注之。

界河橋，自半路橋東流，至此一里八分。有六里橋水自南來注之。

木橋，自界河橋東流，至此二里一分。有三里橋水自南來注之。

鼓樓港，自木橋東流，折而東北，至此四里五分。與江蘇震澤縣分界。水深八尺，面闊十八丈。

枝流漊港廿五條。

胡漊，自北塘河北流，至太湖三里一分。水深二尺一寸，面闊二丈。與江蘇震澤縣交界。

喬漊，自北塘河北流，至太湖二里八分。水深三尺，面闊五丈。

宋漊，自北塘河北流，至太湖二里二分。水深三尺，面闊二丈。

晟漊，自北塘河北流，至太湖二里一分。水深二尺八寸，面闊二丈。

湯漊，自北塘河北流，至太湖一里九分。水深二尺八寸，面闊一丈四尺。

石橋浦，自北塘河北流，至太湖二里一分。水深三尺八寸，面闊五丈一尺。

新浦漊，自北塘河北流，至太湖二里五分。水深二尺九寸，面闊五丈一尺。

錢漊，自北塘河北流，至太湖二里二分。水深五尺，面闊五丈一尺。

蔣漊，自北塘河北流，至太湖二里一分。水深三尺，面闊三丈八尺。

伍浦漊，自北塘河北流，至太湖二里六分。水深五尺，面闊五丈。

濮漊，自北塘河北少西流，至太湖二里八分。水深三尺，面闊一丈八尺。

陳漊，自北塘河西北流，至太湖四里三分。水深三尺四寸，面闊二丈。

義皋漊，自北塘河北流，至太湖二里七分。水深三尺，面闊八丈。

謝漊，自北塘河北流，至太湖三里三分。水深二尺，面闊一丈。

楊漊，自北塘河北流，至太湖三里四分。水深三尺，面闊十丈。

許漊，自北塘河北流，至太湖三里六分。水深二尺三寸，面闊一丈。

東金漊，自北塘河北流，至太湖三里三分。水深三尺，面闊一丈一尺。

西金漊，自北塘河北流，至太湖三里六分。水深二尺，面闊一丈。

幻漊，自北塘河北流，至太湖三里四分。水深二尺，面闊五丈。

潘漊，自北塘河北流，至太湖三里四分。水深二尺，面闊四丈。

新涇漊，自北塘河北流，至太湖二里。水深一尺，面闊四丈。

大漊，自北塘河北流，過横港，至太湖二里三分。水深二尺，面闊四丈。

羅漊，自北塘河流過横港，至太湖二里七分。水深一尺八寸，面闊二丈三尺。

安漊，自北塘河北流過横港，至太湖二里七分。水深一尺一寸，面闊三丈。

沈漊，自北塘河北流過橫港，至太湖三里四分。水深三尺，面闊四丈一尺。

西苕溪

經流

目山渡，西苕溪自長興縣流，至此入境，又東南流至潘店橋，四里四分。有瓜山港水自南來注之。

圓通橋，自潘店橋東南流，至此二里三分。

西抖門橋，自圓通橋東南流，至此一里三分。有凡常湖水自南來注之。

塘口橋，自西抖門橋東流，至此二里七分。有四安塘河自西北來會之。見後。

霅水橋，自塘口橋東北流，至此三里六分。

萬安橋，自霅水橋東流越呂山塘河，至此一里三分。分一支北流，入磚橋。

三里亭，自萬安橋東南流，至此五里四分。分一支西南流，通呂山塘河。

龍溪渡，自三里亭東流，至此一里七分。水深一丈一尺，面闊二十四丈。分一支東北流，爲小梅港。見後。

西水門，自龍溪渡東流，至此一里七分。又東南流一里九分至江子匯，與東苕溪會。水深一丈，面闊十七丈。

枝流四安塘河。

鈕店橋，四安塘河自長興縣流至此入境，又東南流至塞塘橋，五里七分。分一支南流通潘店港。又東南流八里三分至塘口橋入西苕溪。水深六尺，面闊十七丈。

枝流小梅港。

永濟橋，小梅港自龍溪渡分西苕溪之水東北流，至此三里六分。有接山港水自西北來注之。

奉勝渡，自永濟橋東北流，至此一里六分。東通東苕溪及奉勝門之水。

白雀塘橋，自奉勝渡北流至此，三里一分。有白雀塘河水自西來注之。

茶亭橋，自白雀塘橋北流，至此二里九分。

北皋橋，自茶亭橋北流越皋橋港，至此三里。

馬市橋，自北皋橋北流，至此二里七分。有馬市潭水自西來注之。

小梅山東麓，自馬市橋北流，至此一里六分。分一支東南流爲橫港。見後。

石塘口，自小梅山東麓北流，至此一里三分。有圖影橋水自西北來注之。又北少東流，三分至小梅港口入太湖。

枝流橫港。

西舍，橫港自小梅山麓分小梅港之水東南流，至此一里七分。分一支北流通西舍港，入太湖。

張婆港口，自西舍東南流，至此六里。分一支北流通石橋，入太湖。

慶善橋，自張婆港口東南流，至此二里八分。有皋橋港水自西來注之。東北通楊瀆橋港，入太湖。

積善橋北，自慶善橋東南流，至此一里。有大包漾水自南來注之。

普安橋，自積善橋北首東南流，至此六里一分。東北通寺橋港，入太湖。

長安港，自普安橋東南流，過下官渡，越東苕溪，至此五里八分。有大石橋水自東南來注之。

花家漾口，自長安港東少北流，至此一里五分。漾周三里，水深一丈，北通諸漊，入太湖。

石灰橋，自花家漾口東流，至此七里一分。南通北塘河。又北流至大漊口一里五分，入太湖。水深五尺，面闊十四丈。

枝流漊港十三條。

諸漊，自橫港北流，至太湖一里八分。水深三尺，面闊四丈。

大錢港，自橫港北流，至太湖一里水深五尺，面闊二十八丈。

寺橋港，自橫港北少東流，至太湖一里一分。水深一尺，面闊一丈七尺。

北門港，自橫港北少東流，至太湖一里七分。水深二尺，面闊一丈四尺。

泥橋港，自橫港北少東流，至太湖一里。水深二尺，面闊三丈。

楊瀆橋港，自橫港北少東流，至太湖一里六分。水深一尺五寸，面闊四丈。

宿瀆港，自橫港北少東流，至太湖一里六分。水深二尺三寸，面闊四丈二尺。

宣家港，自橫港北流，至太湖一里六分。水深二尺，面闊二丈。

張婆港，自橫港北流，至太湖一里六分。水深二尺，面闊二丈五尺。

管瀆港，自橫港北流，至太湖一里。水深二尺四寸，面闊一丈九尺。

顧家港，自橫港北流，至太湖一里。水深二尺五寸，面闊一丈八尺。

西舍港，自橫港北流，至太湖一里二分。水深二尺，面闊一丈。

小梅港口，自橫港東流，至太湖三分。水深六尺，面闊十八丈。

運河俗稱東塘。

經流

鎖苕橋東，運河自歸安縣菜花涇流，至此入境。分一支東北流，通余家漾。又東南流，至三里橋二里四分。自鎖苕橋迤東與歸安縣分水。以下至十五里牌，皆同。有碧浪湖水自西南來注之。分一支北流爲昆山溪。

會龍橋，自三里橋東南流，至此四里八分。分一支北流過南蕩漾，通北塘河。

八里店，利涉橋。自會龍橋東南流，至此一里五分。有歸安縣紫金塘水自西南來注之。

永安橋，自利涉橋東南流，至此一里二分。分一支北流，通西餘漾。

護浪橋，自永安橋東南流，至此一里三分。有護浪蕩水自南來注之。

十五里牌，自護浪橋東南流，至此二里六分。以上與歸安縣分水。分一支東南流，爲中塘河，見歸安縣記。

昇樂橋，自十五里牌東流，至此三里六分。分一支東北流，通長板漾。又分一支東南流，通浦前漾。

昇山市，昇山橋。自昇樂橋東流，至此五里。分一支南流，通山後漾，入歸安縣界。

麗川橋，自昇山橋東流，至此一里九分。分一支北流，爲烏橋港。又分一支東南流，通義家漾，入歸安縣界。

界橋，自麗川橋入歸安界東流，至此一里一分。分一支北流，過上湖漾，爲方家港。

廿五里橋，自界橋復入本境東流，至此二里一分。分一支東南流，通再橋漾，入歸安縣界。

衛浪橋，自廿五里橋東流，至此二里二分。

晟舍塘橋，自衛浪橋東北流，至此四里。分一支北流爲晟溪。

黄閔橋，自晟舍塘橋東北流，至此一里八分。

潘家莊，自黄閔橋東北流，至此一里二分。有新橋港水自東南來注之。

舊館市，觀音塘橋。自潘家莊北流，迤而東，至此四里二分。

謝尖渚，自觀音塘橋東北流，越雙林塘河，至此三里四分。分一支東南流，通碧浪蕩。

鳳林塘橋，自謝尖渚東北流，至此三里六分。分一支東流爲雙漾港，又分一支北流爲驥村港。

三濟橋，自鳳林塘橋東北流，至此一里五分。

范村橋，自三濟橋東北流，至此二里二分。分一支北流，爲軋村港。

良獎橋，自范村橋東北流，至此二里七分。

祜村，自良獎橋東流，至此三里五分。分一支北流，入裘帶橋。

東慶橋，自祜村東流，至此一里三分。分一支北流入橋，通裏塘河。

集馬塘橋，自東慶橋東流，至此一里五分。分一支北流入橋。

東遷，興福橋。自集馬塘橋東流，越魯墟港，至此一里八分。

莊家灣，自興福橋東流，越白米塘河，至此二里。

十里橋，自莊家灣東北流，至此二里九分。

九里橋，自十里橋東流，至此一里三分。有疊子漾水自南來注之。分一支北流爲裏塘河。

六里橋，自九里橋東北流，至此一里四分。分一支北流入橋。

三里橋，自六里橋東北流，至此一里六分。分一支北流入橋。

南潯鎮，清風橋。自三里橋東流，至此三里四分。有潯溪水自南來注之。見後。

極樂寺，自清風橋東流，至此一里七分。東南爲撞塘壩。與江蘇震澤縣分界。

枝流潯溪。

吴家浜，潯溪自茅家橋村西分白米塘河之水東北流，至此四里五分。

和豐橋，自吴家浜北流，至此二里。有安豐塘橋水自西來注之。

池亭漾，自和豐橋北流，越馬要港，至此六里七分。

開濟橋，自池亭漾北流，至此二里一分。此段舊稱淤溪。南有輯里村，本名淤溪鎮，見縣志。

福丁橋，自開濟橋東北流，至此一里四分。有薛塘河水自東南來會之。見後。

康王寺橋，自福丁橋東北流，至此一里六分。

豐橋，自康王寺橋東少北流，過豐村，又北流至此一里六分。有道興橋水自西來注之。

蘇露橋，自豐橋北流，至此一里六分。分一支東流入力持橋。

通利橋，自蘇露橋北流，至此一里四分。又北流一里五分過明月橋，入運河。又北流過清風橋，至北回橋入江蘇震澤縣爲鼓樓港。

瀾溪塘河

經流

秋家橋東，瀾溪塘河自歸安、桐鄉兩縣界以上名白馬塘河，以下與桐鄉縣分水。流，至此入境。又東北流至道院橋西，二里九分。有桐鄉縣金牛塘水自東南來會之。

南新橋，自道院橋西首東北流，至此一里二分。分一支西流，爲白米塘河。見後。

興德橋，自南新橋東北流，至此一里三分。分一支西北流，爲薛塘河。見後。

烏鎮北市，雙溪橋。自興德橋東北流，至此二里四分。東屬桐鄉縣，一名青鎮。

分水墩，自雙溪橋東北流，至此一里二分。分一支北流，爲横涇塘河。又北通紫英塘。與嘉興府桐鄉及江蘇震澤兩縣分界。水深八尺五寸，面闊十七丈。

枝流白米塘河。

古山村，白米塘河自南新橋南首分瀾溪塘河之水西流，至此一里七分。分一支北流爲長三港。

東施奥橋，自古山村西南流，過泥壩村，至此四里。分一支西流入廟橋。

安固塘橋，自東施奥橋北流，折而西北，至此八里。

茅家橋村，自安固塘橋西北流，至此二里四分。分一支東北流，爲潯溪。見前。

安豐塘橋東，自茅家橋村西北流，至此五里。有中塘河自西南來會之。見後。

後路高橋，自安豐塘橋西北流，至此一里三分。

五界里高橋，自後路高橋西北流，過郭家村，至此三里二分。有神墩水自東南來注之。分一支西北流，入雙漾港。

永豐橋，自五界里高橋西北流，至此三里。分一支東流爲馬要港，又分一支西南流入福興橋。

四擺渡，自永豐橋北流，至此三里五分。水深五尺，面闊十七丈。分一支西流爲魯墟港。

女家橋，自四擺渡北少西流，過興福橋，又東流越運河，過西壽星橋，至此四里六分。

清五圩，自女家橋東北流，至此二里一分。又東北流二里六分至横古塘橋，與裏塘河會。水深七尺，面闊十七丈。

枝流中塘河。

界牌橋，中塘河自歸安縣流至此入境，又東南流至百富橋西一里。此段與歸安縣分水。

馮家板橋，自百富橋西首南流，折而東越歸安縣境，至此三里。以下至和悦橋，與歸安縣分水。

太安橋，自馮家板橋東流，至此二里七分。有歸安縣含山塘水自南來注之。

和悦橋，自太安橋東流，至此三里七分。水深八尺，面闊二十一丈四尺。

榮家橋，自和悦橋東北曲曲流，至此一里五分。有西莊水自西來注之。又東北流，五里四分至安豐塘橋東入白米塘河。

枝流雙林塘河。

六安橋西，雙林塘河自歸安縣雙林鎮分中塘河之水北流入境，又北流，至此一里二分。分一支東流入界牌橋。

東村，自六安橋西首北少西流，至此三里。有大石橋水自西南來注之。

香木橋西，自東村北少西流，至此一里四(里)[分]。

才廣橋，自香木橋西首北少西流，至此三里。有永隆橋水自西來注之，分一支東北流入戴方橋。

新橋東，自才廣橋西北流，至此二里一分。有錢家兜水自西南來注之。

燕興橋，自新橋東首西北流，至此一里四分。

青石橋，自燕興橋西北流，至此四里一分。又北少東流九里八分，越運河，過陳家環橋，至孟鄉橋西入裏塘河。水深五尺六寸，面闊十五丈。

枝流薛塘河。

白菓樹橋，薛塘河一名息塘。自興德橋分瀾溪塘河之水西北流，至此二里六分。

通河橋，自白菓樹橋西北流，越長三港，至此一里九分。

廟橋，自通河橋北流，至此三里七分。分一支東北流，入文橋。

道五村，自廟橋北少西流，至此一里六分。有馬要港自北來注之。

畢家村，自道五村北少西流，至此二里五分。分一支東流，入涍添橋。

長五村，自畢家村北少西流，至此三里九分。分一支西流，入永興橋。

北興橋，自長五村北少西流，至此三里七分。分一支西流，入藏穀橋。又分一支東南流，通媒人港，入江蘇震澤界。又西北流二里四分，至福丁橋與潯溪會。水深七尺五寸，面闊二十丈。

陸路道里記

東門又名迎春門。

鎖苕橋，自東門外入歸安縣境東行，過永甯橋，至此一里二分。東北通余家橋。

二里橋，自鎖苕橋入本境，東南行，至此一里一分。

三里橋，自二里橋東南行，至此一里三分。

會龍橋，自三里橋東南行，至此四里七分。

護浪橋，自會龍橋東南行，至此三里七分。

錢村橋，自護浪橋東南行，至此三里。

昇樂橋，自錢村橋東行，至此三里。

西卸甲橋，自昇樂橋東行，至此三里六分。

昇山市，昇山橋。自西卸甲橋東少南行，至此一里五分。南通戴家橋，入歸安縣界。

麗川橋，自昇山橋東行，迤而東少南，至此一里八分。

界橋，自麗川橋入歸安縣境東行，至此一里一分。

衛浪橋，自界橋復入本境東行，至此四里二分。

晟舍塘橋，自衛浪橋東北行，至此四里。北通晟舍市。

黄悶橋，自晟舍塘橋東北行，至此一里七分。

月影橋，自黄悶橋東北行，至此三里。

舊館市，觀音塘橋。自月影橋東北行，迤而東行，至此二里三分。南通青石橋。

鳳林塘橋，自觀音塘橋東北行，至此六里五分。

三濟橋，自鳳林塘橋東北行，至此一里七分。

范村橋，自三濟橋東北行，至此二里二分。

良獎橋，自范村橋東北行，至此二里七分。

西慶橋，自良獎橋東行，至此二里八分。

東慶橋，自西慶橋東行，至此二里。

魯墟橋，自東慶橋東行，至此二里三分。北通義高橋。

東遷，西壽星橋。自魯墟橋東行，至此二里一分。南通興福橋。

十里橋，自西壽星橋東行，至此四里五分。

南潯鎮，清風橋。自十里橋東北行，至此七里一分。

極樂寺，自清風橋東行，至此一里七分。與江蘇震澤縣分界。

枝路

余家橋，自鎖苕橋東北行，至此一里三分。

毘山渡，自余家橋東北行，至此二里。渡闊三十二丈。

楊濠，自毘山渡過渡北行，至此二里六分。又西南行一里五分，至黑板橋入東北門幹路。

枝路

福慶橋，自衛浪橋東北行，至此一里。東北通晟舍市。

馬闌橋，自福慶橋西北行，至此二里三分。

青塘橋，自馬闌橋西北行，至此二里一分。北通百公橋。

吴家兜橋，自青塘橋西南行，至此三里。

堂子兜，自吴家兜橋西北行，至此二里七分。

滸稍橋，自堂子兜東北行，至此二里三分。

葉家田，自滸稍橋西北行，折而西，至此二里五分。

戴步橋，自葉家田西北行，至此二里五分。

戴山市，青龍橋。自戴步橋東行，至此一里二分。東南通厚興橋。

塘河木橋，自青龍橋北行，過戴山麓，又北少西行，折而東北，至此三里。

拔草里，自塘河木橋西北行，過太石橋，至此四里三分。又西北行二里五分，至下官渡入東北門幹路。

百公橋，自青塘橋北行，過儀鳳橋，至此一里一分。

希古橋，自百公橋北少東行，迤而東北過念五灣，至此六里九分。

旺家橋，自希古橋東北行，至此三里一分。

織里市，妙音橋。自旺家橋東北行，過寶鏡橋，至此一里三分。西北通東雲橋。

虹橋，自妙音橋東北行，過木橋，至此一里二分。

永豐橋，自虹橋曲折北行，過永隆橋，至此二里三分。

太平橋，自永豐橋西北行，至此一里一分。

湯家橋，自太平橋北少東行，至此一里六分。

楊瀆橋，自湯家橋東北行，至此一里五分。

謝瀆橋，自楊瀆橋東南行，折而東北，至此一里五分。又東北行一里四分至義皋市尚義橋，與自鳳林塘橋起之枝路合。

環橋，自戴山市青龍橋東行，過厚興橋。又東南行，折而東北，至此三里四分。

後林市，市橋。自環橋南行，折而東，至此一里。

白龍橋，自市橋東南行，至此一里七分。

東雲橋，自白龍橋東北行，過談港，至此九里。又東南行一里五分至織里市妙音橋，仍與青塘橋起之枝路合。

枝路

青石橋，自舊館市觀音塘橋東行，至此一里。

新橋，自青石橋東南行，至此五里三分。

才廣橋，自新橋東南行，至此一里六分。

錢家兜，自才廣橋西少南行，至此一里。

永隆橋，自錢家兜南行，至此一里八分。

聚福塘橋，自永隆橋南行，過新橋，又西少南行，至此一里九分。與歸安縣分界。

枝路

驥村市，北橋。自鳳林塘橋西北行，折而北，至此一里七分。

軋村市，寺橋。自北橋東北行，過羅長圩，至此六里。東南通魯墟橋。

百廿畝橋，自寺橋北行，至此三里五分。

伍浦汛，自百廿畝橋北少東行，至此一里二分。

中橋，自伍浦汛西少南行，過安樂橋，又西北行，至此一里六分。

陳瀆市，太平橋。自中橋西少北行，至此三里九分。

王家圩，自太平橋西行，折而北，至此一里六分。

義皋市，尚義橋。自王家圩西北行，至此一里四分。與青塘橋起之枝路合。

枝路

義高橋，自魯墟橋北少東行，折而西北，至此三里八分。

過御橋，自義高橋西北行，至此一里八分。

回鸞橋，自過御橋西行，過虹橋，至此一里八分。

方橋，自回鸞橋西少北行，過新橋，至此四里七分。又西少南行二里至軋村市寺橋，與自鳳林塘橋起之枝路合。

枝路

四攔渡，自東遷西壽星橋西南行，過興福橋，又東南行，至此三里八分。渡闊十七丈。

永慶橋，自四攔渡過渡，東南行，至此四里五分。

馬要市，觀音橋。自永慶橋東南行，至此一里。

雲雲廟橋，自觀音橋東南行，至此三里。

楝樹橋，自雲雲廟橋東南行，至此一里四分。

登雲橋，自楝樹橋東南行，至此三里九分。

西堡村，自登雲橋東南行，至此五里二分。

豐端庵，自西堡村東南行，至此三里二分。西北通南潯鎮。

通河橋，自豐端庵東南行，至此一里三分。

烏鎮西市，咸寧橋。自通河橋東南行，至此一里四分。

安利橋，自咸寧橋東南行，至此一里九分。

蓮花普濟橋，自安利橋東北行，過衆睦橋，至此一里二分。

烏鎮北市，雙溪橋。自蓮花普濟橋東北行，至此一里。

太師橋，自雙溪橋東北行，過延壽橋，至此一里一分。與江蘇震澤縣分界。

枝路

南潯南市，通利橋。自通津橋西南行，過明月橋，又南少東行，至此一里二分。

蘇露橋，自通利橋南少東行，過南新橋，又南行，至此一里四分。

豐橋，自蘇露橋南行，至此一里五分。

康王寺橋，自豐橋南行過豐村，至此一里二分。

輯里，開濟橋。自康王寺橋西北行，折而西南，至此三里五分。

藏穀橋，自開濟橋東南行，過分龍橋，至此一里八分。

永興橋，自藏穀橋南少東行，至此一里五分。

諒家橋，自永興橋南少東行，至此四里七分。又東南行四里八分至豐端庵，與自東遷起之枝路合。

南門又名定安門。

幹路

百民橋，自南門外南行過驛西橋、萬隆橋，至此一里四分。

放生橋，自百民橋南少西行，至此一里。南通北道場橋。

下徐山麓，自放生橋西南行，至此三里二分。

道場山麓，自下徐山麓西南行，至此二里六分。

道場浜，自道場山麓西南行，至此一里八分。東通塘灣橋。

何山嶺北麓，自道場浜西南行，至此四里八分。嶺高三十六丈。

何山嶺南麓，自何山嶺北麓南行，至此四里二分。

謝家灣，自何山嶺南麓南少西行，至此四里二分。

上墅，自謝家灣東南行，至此五里五分。

丁埠，自上墅東南行，過東山麓，至此三里八分。

裏山鋪，自丁埠西南行，至此二里八分。

望鄉嶺北麓，自裏山鋪西南行，至此一里一分。嶺高十二丈，西通前塢。

菁山市，仙遊橋。自望鄉嶺北麓南行，迤而東南，過回仙橋，又西行，至此七里六分。

總管嶺北麓，自仙遊橋東行，過新橋，折而東南行，至此四里三分。嶺高二十丈。

總管嶺南麓，自總管嶺北麓南行，至此一里二分。

下新村，自總管嶺南麓東南行，至此一里三分。西通官澤。

日暉橋，自下新村南行，至此二里六分。

下莊橋，自日暉橋南行，至此九分。西通埭溪鎮。與歸安縣分界。

枝路

北道場橋，自放生橋南少西行，至此三里三分。

南道場橋，自北道場橋南少東行，至此一里六分。

塘灣橋，自南道場橋南行，過前軻橋，至此一里八分。又西少北曲曲行，五里至道場浜，仍與幹路合。

枝路

前隖，自望鄉嶺北麓西少北行，至此六里。

莫嶺，自前隖西南行，至此四里九分。嶺高二十丈，西北通莊嶺。

黎市隖，自莫嶺西南行，至此四里四分。

西茅嶺，自黎市隖南少東行，至此二里四分。嶺高二十九丈。與歸安縣分界。

枝路

官澤，自下新村西南行，至此一里七分。

東巖山麓，自官澤西北行，至此一里四分。東南通埭溪鎮。

石盤山麓，自東巖山麓西少北行，至此六里四分。

毛隖，自石盤山麓西北行，至此三里一分。

白茅嶺，自毛隖西南行，至此一里六分。嶺高八十丈。與歸安縣分界。

西門又名清源門。

幹路

積善橋，自西門外西行，至此一里八分。西通龍灣渡。

三里亭，自積善橋西行，至此二里一分。

萬安橋，自三里亭北行，折而西，至此五里。

霅水橋，自萬安橋西行，至此一里四分。

福臻橋，自霅水橋西北行，至此十里七分。

白鶴嶺，自福臻橋西北行，至此四里六分。嶺高三十六丈。與長興縣分界。

枝路

龍灣渡，自積善橋西南行，至此二里二分。渡闊二十二丈，西南通西安橋。

東昇橋，自龍灣渡過渡西北行，至此一里八分。

抖門橋，自東昇橋西北行，至此一里六分。

圓通橋，自抖門橋西南行，折而西少北，過西抖門橋，至此七里七分。

潘店橋，自圓通橋西少北行，至此二里三分。

義橋，目山渡口。自潘店橋西少北行，至此四里一分。北通鈕店橋。與長興縣分界。

西安橋，自龍灣渡西南行，至此二里。

霅泉橋，自西安橋南行，折而西，至此二里三分。

他山麓，自雪泉橋西南行，至此三里二分。
朱隖，自他山麓西南行，至此四里。
小剎山麓，自朱隖西南行，折而東南，至此五里。東南通長期橋。
剎山關嶺，自小剎山麓西南行，至此三里七分。嶺高二十八丈。
南潘，自剎山關嶺過嶺西北行，至此四里。
絲毛關，自南潘西北行，至此三里二分。與長興縣分界。
長期橋，自小剎山麓東南行，過永興橋、㪷山橋，至此三里三分。
黄浦橋，自長期橋東南行，過明德橋、三里橋，折而南行，至此四里四分。
妙喜市，王家橋。自黄浦橋西南行，至此一里。
邱村，自王家橋西南行，至此五里五分。
童家橋北，自邱村西南行，至此一里八分。西南通湯村。
路下亭，自童家橋西行，至此一里。
稍坑，自路下亭西少南行，折而西北，至此五里八分。
關牆頭，自稍坑西北行，至此五里。入長興縣界。
湯村，自童家橋西南行，至此四里二分。
莊嶺，自湯村西南行，至此二里八分。嶺高三十八丈。
嶺東橋，自莊嶺過嶺東南行，至此二里四分。
曹家山麓，自嶺東橋東南行，至此二里。
金安山麓，自曹家山麓東少南行，至此二里六分。
吳疁山麓，自金安山麓東行，至此二里九分。又東南行一里五分至莫嶺，與南門幹路内自望鄉嶺起之枝路合。
西北門一名迎禧門，俗名青塘，又名青銅。
幹路
永濟橋，自西北門外北行，至此一里三分。東通奉勝渡。
接山橋，自永濟橋西行，迤而西北，至此四里三分。東北通鳳凰山麓。
磚橋，自接山橋西南行，至此二里九分。西南通磚橋村。又西南行九分至萬安橋，東入西門幹路。
枝路
鳳凰山麓，自接山橋東北行，至此二里二分。

潛山東麓，自鳳凰山麓西北行，至此一里五分。
姚灣，自潛山東麓西北行，至此二里。
白雀寺，自姚灣西北行，至此二里五分。北通雞鳴嶺，嶺高三十六丈。與長興縣分界。
陽奎山麓，自白雀寺北少東行，至此一里五分。
北石山麓，自陽奎山麓東北行，至此二里四分。
雙井嶺，自北石山麓東北行，折而西北，至此二里五分。嶺高二十八丈。東北通陳灣嶺，嶺高二十九丈。與長興縣分界。
枝路
牛衖，自磚橋西南行，過磚橋村，又西北行，至此二里七分。
干山麓，自牛衖西北行，至此四里五分。
青草隖，自干山麓西北行，至此二里三分。與長興縣分界。
北門俗名霸王門。
幹路
奉勝渡，自北門外北行，過石橋，至此一里。渡闊二十四丈，東通大通橋，西通永濟橋。
白雀塘橋，自奉勝渡過渡北行，至此三里一分。
再橋，自白雀塘橋北行，至此二里。
金家兜橋，自再橋北行，至此二里二分。
皋橋市，汪牙橋。自金家兜橋西行，過聚龍橋，又東北行，至此二里。
德泰橋，自汪牙橋北行，至此一里三分。
馬市橋，自德泰橋北行，過蔣家圩橋，至此一里七分。
小梅汛，自馬市橋北少西行，至此三里一分。
圖影橋，自小梅汛西北行，至此一里七分。與長興縣分界。
東北門一名臨湖門。
幹路
見龍橋，自東北門外東北行，至此一里九分。東北通大通橋。
黑板橋，自見龍橋東南行，過潘公橋，又東行，折而北，至此一里七分。東北通楊瀆。
知稼橋，自黑板橋北少東行，至此一里五分。

市陌橋，自知稼橋北少東行，過永興橋，至此二里。

許家橋，自市陌橋北行，過忠心橋，至此一里五分。

大富橋，自許家橋北少西行，至此二里四分。

横塘東橋，自大富橋北行，折而東北，至此三里。

慶善橋，自横塘東橋東少南行，至此四里四分。

沈家滸，自慶善橋東南行，過積善橋，至此三里八分。

大錢鎮，自沈家滸東南行，折而東北，至此六里一分。

下官渡，自大錢鎮東南行，折而東北，至此二里二分。渡闊二十八丈，東南通拔草里。至太湖大錢口。

湖州府歸安縣

水路道里記

苕溪俗稱南塘，自月河以下一名霅溪。

經流

錢家潭市，苕溪自德清縣流至此入境，又西北流，至洋北村三里六分。有馬林漾自西來注之。

仙隱潭，自洋北村北流，至此二里。分一支東北流，入錢家橋。

南商林市，自仙隱潭北流，至此一里六分。有商林漾水自西南注之。

新村，自南商林市北流，至此四里二分。分一支北流，入積善橋。

桃花莊，自新村西北流，至此五里五分。

菱湖鎮，自桃花莊北流，至此一里。有射村港自西來注之。分一支東流，爲吴興塘河。見後。

天花漾，自菱湖鎮西北流，至此四里二分。漾周三里一分，水深九尺。有竹墩港水自西來注之。

荻港鎮，自天花漾西北流，至此五里二分。有西塘河分支水自西來注之。

湖蚨漾口，自荻港鎮西北流，至此二里三分。漾周八里四分，水深一丈。有保隆橋水自西來注之。分一支東流，爲思溪。見後。

袁家匯市，自湖蚨漾口西北流，至此四里二分。

天保橋西北，自袁家匯市西北流，至此六里。分一支東流爲潞村港。見後。

錢山漾，自天保橋西北首西北流，至此一里六分。漾在本境周三十二里，水深八尺。分一支東流爲長超港，有西塘河自南來會之。俱見後。錢山漾迤北與烏程縣分水。以下皆同。

碧浪湖，自錢山漾西北流，至此八里。湖在本境周一里一分，水深一丈一尺。分一支東流，通三里橋。

南水門，自碧浪湖北流，至此二里五分。有烏程縣呂山塘河自西來注之。分一支東流入菜花涇，爲運河。見後。

月河，自南水門東北流，至此二里四分。以下一名霅溪。

江子匯，自月河北流，至此四分。

駱駝橋，自江子匯東北流，至此五分。

臨湖水門，自駱駝橋東北流，至此一里。與烏程縣分界。水深七尺，面闊二十六丈。

枝流吴興塘河。

將軍壩橋，吴興塘河自菱湖鎮新橋分苕溪之水東流，至此五里七分。

鯉魚漾，自將軍壩橋東流，至此六里二分。漾周四里三分，水深一丈。

八田漾，自鯉魚漾東流，至此五里二分。漾周三里，水深七尺。分一支北流，通雙開漾。

萬里塘，自八田漾東流，至此三里一分。有千金市水自南來注之。

方家漾，自萬里塘東流，至此二里六分。有思溪水自北來會之。見後。

吴興塘橋，自方家漾東流，至此二里五分。

安稔橋，自吴興塘橋越善連港東流，至此三里一分。

永思橋，自安稔橋東流，過永思橋漾，至此二里五分。分一支北流，通馬涇漾。

貼境塘橋，自永思橋東流，至此二里三分。有九里塘河自西南來會之。分一支北流，爲花溪。俱見後。

晏境塘橋，自貼境塘橋東北流，至此三里一分。

竹絲兜北，自晏境塘橋東北流，越含山塘河，至此六里八分。

前洪塘橋，自竹絲兜北首東少南流，至此三里三分。分一支北流，通倫子河。

楗市塘，自前洪塘橋東南流，至此一里五分。以下一名練溪，俗稱楗市塘。有六里塘河自南來會之。見後。

西成橋，自楗市塘東北流，至此二里五分。

棲市鎮，自西成橋東流，至此一里。有周墅塘水自南來注之。

連雲橋，自棲市鎮東流，過中吉橋，至此一里四分。

板橋，自連雲橋東流，過安瀾橋，至此五分。分一支北流，爲沙村塘河。見後。

東昇橋，自板橋東南流，至此六分。

廣濟橋，自東昇橋東南流，至此一里七分。

獅子廟橋，自廣濟橋東流，至比二里一分。與嘉興府桐鄉縣分界。水深八尺，面闊二十一丈。

枝流九里塘河。

南寺橋，九里塘河自德清縣羅家蕩北口，分洋溪之水入境北流，至此一里一分。東通東新開河。

天恩橋東，自南寺橋北流，至此二里。分一支東流，通白塘漾。

金溪橋，自天恩橋東口北流，至此六里五分。

千金市，新福橋。自金溪橋北流，至此一里。分一支北流，通萬里塘。

八角靈橋，自新福橋東流，過萬年橋，至此一里。以下俗稱横塘。

永甯橋，自八角靈橋東流，過上宅橋，至此三里二分。有三里塘自南來注之。

平樂高橋，自永甯橋東流，至此二里八分。有方塔漾自東南來注之。

永福橋，自平樂高橋東流，至此一里。

長興橋，自永福橋東流，越善連港，至此一里五分。

北興橋，自長興橋東流，至此二里八分。

遥里橋村，自北興橋東流，至此一里五分。有東山塘橋水自南來注之。又北流三里四分至貼境塘橋，東入吴興塘河。水深六尺，面闊十六丈。

枝流沙村塘河。

文星橋，沙村塘河自板橋分吴興塘河之水北流，至此五分。

鳳皇橋，自文星橋北流，至此一里。

沙村塘，自鳳皇橋北流，至此一里。分一支東流爲楊堡塘河。見後。

徐巷塘橋，自沙村塘北流，過沙村塘橋，至此三里五分。

火龍回漾，自徐巷塘橋北流，至此二里五分。與烏程縣分界。水深五尺，面闊十一丈。

枝流楊堡塘河。

楊堡塘橋，楊堡塘河自沙村塘分沙村塘河之水東流，至此一里八分。

斜橋，自楊堡塘橋東流，過兆林漾，至此一里八分。

朱涇橋，自斜橋東流，至此一里九分。

南姚橋，自朱涇橋東北流，至此二里。

梅家橋，自南姚橋東流，至此八分。

秋家橋，自梅家橋東流，至此一里四分。又東南流八分入白馬塘。水深四尺，面闊十一丈五尺。秋家橋迤東南與烏程縣分水。自馬塘自秀水縣八字橋東北流過西張橋，至秋家橋東口，俱與嘉興府桐鄉縣分水。詳見桐鄉縣記。

枝流思溪。

五里塘，思溪自湖蚨漾口分苕溪之水東北流，至此二里。分一支東南流，爲思溪横港。見後。

山前漾，自五里塘東流，至此七里四分。漾周六里九分，水深七尺五寸。

思溪市，德善橋。自山前漾東南流，越横港，至此五里五分。

孫家漾，自德善橋東南流，至此三里五分。分一支東流，通雙福漾。

雙開市，雲龍橋。自孫家漾東南流，至此二里五分。

姚家橋北，自雲龍橋東南流，過鳳皇橋，至此八里。有雙開漾自東南來注之。

施吴高橋，自姚家橋北口東流，至此三里。

石塚市，自施吴高橋東流，至此二里九分。有長超港自東北來會之。見後。

永和橋，自石塚市東南流，至此五分。又南流三里至方家漾，與吴興塘河會。水深六尺五寸，面闊十九丈。

枝流思溪横港。

蕩子路南，思溪横港自五里塘分思溪之水東南流，至此六里。有莫家莊水自南來注之。

移步橋，自蕩子路南首東少南流，越思溪，至此六里。

堰解橋北，自移步橋東流，至此五里八分。

雙福橋，自堰解橋北口東南流，至此二里。

雙福漾，自雙福橋東流，至此二里五分。漾周六里五分，水深八尺二寸。又東流七里至南圣塘橋，與長超港會。水深七尺，面闊十六丈。

枝流長超港。

萬福橋，長超港自錢山漾分苕溪之水東流，至此二里。分一支東北流，爲紫金塘河。見後。

延福橋，自萬福橋東流，至此二里。分一支北流，通蘐浪塘。

南雙福橋，自延福橋東南流，越潞村港，至此一里五分。

龍興橋，自南雙福橋東流，至此二里五分。有湖蚨漾分支水自西來注之。

王家橋，自龍興橋東流，至此一里四分。分一支北流，通蘆田漾。

葉家漾，自王家橋東流，至此一里七分。

濟福橋，自葉家漾東南流，至此一里六分。

長超市，悦皆橋。自濟福橋東南流，過水東漾，至此一里五分。

良長橋，自悦皆橋東南流，至此一里九分。

廟前橋南，自良長橋東南流，至此八分。有潞村港自北來會之。見後。

東沿漾，自廟前橋南首東南流，至此三里。

東沿市，秦王橋。自東沿漾東流，至此一里。分一支北流，通汪牙漾。

龍門橋，自秦王橋東流，至此五分。

木蘭橋北，自龍門橋東南流，至此四里五分。分一支南流，通雙福漾。

木橋，自木蘭橋北口東南流，至此一里五分。

安樂橋，自木橋東南流，至此三里七分。

北高塘橋，自安樂橋東南流，至此一里三分。分一支北流，由萬辛塘橋通中塘河。

南圣塘橋，自北高塘橋東南流，至此八分。有思溪横港自西來會之。見後。

高橋，自南圣塘橋南流，至此一里六分。

通濟橋，自高橋南流，至此一里五分。又西南流三里二分至石塚市西，與思溪會。水深六尺，(西)[面]闊十四丈。

枝流紫金塘河。

紫金橋，紫金塘河自萬福橋分長超港之水東北流，至此二里。

利涉橋，自紫金橋東北流，至此四里二分，入運河。水深五尺，面闊十丈。

枝流潞村港。

潞村市，化龍橋。潞村港自天保橋西北首分苕溪之水東南流，至此一里五分。

騰蛟橋，自化龍橋東流，過起鳳橋，至此七分。

北雙福橋，自騰蛟橋東北流，越長超港，至此四里。

蘆田漾，自北雙福橋東北流，至此四里五分。

葉家漾口，自蘆田漾東南流，至此一里六分。

塘灣里，自葉家漾口東南流，至此二里五分。分一支南流，通水東漾。

鈔田橋，自塘灣里東南流，過木橋，至此三里。分一支東北流，通寺前漾。又南流一里九分過鈔田漾，至廟前橋與長超港會。水深五尺，面闊十丈五尺。

枝流西塘河。

石臼河北，西塘河自武康縣在武康爲沙溪。流至此入境，有東山漾水自西南來注之。又北流至埭溪口一里八分。有埭溪自西來會之。見後。

侯射塘橋，自埭溪口北流，至此二里二分。

分莊廟，自侯射塘橋北流，至此一里五分。分一支東流，通東林港。分莊廟迤北歷圣堂漾、太平橋、三百畝橋、許墓漾口、後莊漾、津濟橋、横山漾，至錢山漾入苕溪，皆與烏程分水。詳見烏程縣記。

枝流埭溪。

横嶺，埭溪自此發源，南流至福水村四里。

楊家山北，自福水村東南流，至此五里八分。

楊樹塢，自楊家山北首東南流，至此六里。

溪北村，自楊樹塢東南流，至此六里五分。分一支東北流，通南壁村。

廟下橋，自溪北村南流，至此六里。

東山大橋，自廟下橋東流，至此六里五分。有東塢山水自西北來注之。

山村橋，自東山大橋東北流，至此四里。

溪橋，自山村橋北流，至此二里。

望月村西，自溪橋北流，至此一里。有金山溪自西北來會之。見後。

小溪橋，自望月村西首北流，至此二里五分。

長林橋，自小溪橋東北流，至此四里五分。

轎頂山麓，自長林橋東流，至此三里五分。有夾溪橋水自北來注之。

吴山麓，自轎頂山麓東流，至此九里五分。

圩門橋，自吴山麓東流，至此二里七分。分一支南流，入雙橋。

埭溪鎮，自圩門橋東流，至此二里。

壽昌橋，自埭溪鎮東南流，至此一里二分。

慶福橋，自壽昌橋東流，至此一里二分。有雞鳴嶺水自西南來注之。

下莊橋，自慶福橋東流，至此一里二分。分一支北流，通日暉橋。

永安橋，自下莊橋東流，至此五分。又東流一里五分入西塘河。

枝流金山溪。

金山寺前，金山溪自此發源，東南流，至莊上村七里。

宣村，自莊上村東南流，至此八里五分。有李家坑水自西北來注之。

南壁村，自宣村東南流，至此四里五分。有溪北村水自西南來注之。

張村大橋，自南壁村東南流，至此五里一分。又東南流，三里二分至望月村，西入埭溪。水深四尺，面闊九丈。

枝流東林港。

洛舍漾北口，東林港自德清縣流至此入境，又東北曲曲流，至横漾北口三里八分弱。有大順橋水自西南來注之。分一支東流，通馬林漾。

樂施橋，自横漾北口北流，至此二里二分。

東林市，自樂施橋北流，折而西，至此一里二分。

圣堂漾，自東林市西北流，至此四里五分，入西塘河。水深六尺，面闊九丈。

運河

經流

鎖苕橋東，運河自南水門外受苕溪之水，東少北流，至此三里八分。此段一名菜花涇。自鎖苕橋迤東南歷三里橋、會龍橋、利涉橋、永安橋、護浪橋，至十五里牌，皆與烏程縣分水。詳見烏程縣記。

枝流中塘河。

胡家橋，中塘河自十五里牌分運河之水東少南流，至此三里一分。十五里牌迤東南與烏程縣分水。以下至義家漾皆同。

浦前漾，自胡家橋東流，至此二里二分。

戴家橋，自浦前漾東流，過山後漾，漾周二里五分，水深九尺。至此二里五分。

史家漾，自戴家橋東南流，至此二里五分。

義家漾，自史家漾東流，至此一里五分。漾周四里九分，水深一丈一尺。分一支東流，爲新興港。見後。

亭子橋，自義家漾東南流，至此一里三分。

野鴨灣，自亭子橋東南流，至此二里三分。分一支東流，入信三橋。

車家橋港，自野鴨灣東南流，至此六里。南通長超港。

北跨塘河，自車家橋港東南流，至此二里。

永濟橋，自北跨塘河東南流，至此二里四分。有東高塘橋水自西南來注之。

永津橋，自永濟橋東南流，至此八分。分一支東北流，入楊家橋。

温田圩，自永津橋東南流，至此二里七分。有善連港自南來會之。見後。

長生橋，自温田圩東流，至此一里四分。

辛橋，自長生橋東北流，至此二里六分。有吕莊漾水自南來注之。

風光漾。自辛橋東北流，至此一里八分。漾周二里四分，水深九尺。有花溪自東南來會之。見後。

雙林鎮，萬魁橋。自風光漾東流，至此一里三分。分一支北流，爲雙林塘河，入烏程縣界。

萬元橋，自萬魁橋東流，過化成橋，至此七分。有虹橋水自南來注之。

界牌橋，自萬元橋東流，至此二里。界牌橋迤東南歷莫家橋、馮家板橋、太安橋，至和悦橋，皆與烏程縣分水，詳見烏程縣記。

枝流新興港。

卞家橋，新興港自義家漾分中塘河之水，東流過馮家橋，至此一里八分。

新興港市，沈思橋。自卞家橋東流，至此四分。

萬安橋，自沈思橋東流，過夏家橋，至此一里三分。

徐家橋，自萬安橋東流，至此六分。

三家橋，自徐家橋東流，至此一里一分。

豐樂橋，自三家橋東流，至此一里四分。

慎家漾，自豐樂橋東南流，至此二里五分。漾周六里九分，水深一丈。

店橋，自慎家漾南流，至此一里。

同善橋，自店橋東流，至此二里八分。

西高橋，自同善橋東流，至此二里一分。分一支北流，入提塘橋。

崇高橋，自西高橋東流，至此一里四分。

清泉漾口，自崇高橋東流，至此一里六分。漾周三里六分，水深七尺。

萬順橋，自清泉漾口東流，至此一里二分。與烏程縣分界。水深五尺，面闊五丈。

枝流善連港。

永甯橋北，善連港自德清縣東塘河流，至此入境。分一支東北流，通含山塘。又北流，至塔影橋西，五里一分。

方塔漾，自塔影橋西口東流，折而北，至此五里。漾周三里三分，水深七尺。分一支東流，入忠潭漾。

善連鎮，南橋。自方塔漾西北流，至此三里二分。

戴星橋，自南橋西北流，越九里塘，至此二里五分。

七星橋，自戴星橋北流，過永福橋，又西北流，至此二里四分。

拱辰橋，自七星橋西北流，越吴興塘，至此二里四分。

永新橋，自拱辰橋北流，至此三里五分。又北流五里八分過永安橋，至温田圩入中塘河。水深六尺五寸，面闊十一丈二尺。

枝流花溪。

永福塘橋，花溪自貼境塘橋分吴興塘河之水，北流過鵜泊漾。漾周一里三分，水深八尺。至此二里八分。

花溪橋，自永福塘橋北少東流，至此一里七分。

再興橋，自花溪橋東北流，至此二里三分。

楊道橋，自再興橋東北流，至此三里八分。有永思橋漾自南來注之。

大三塘漾北口，自楊道橋北流，至此一里九分。漾周二里九分，水深五尺。

望虹橋，自大三塘漾北口北流，至此八分。又西北流五分至風光漾，入中塘河。

枝流含山塘河。

中塘橋，含山塘河自嘉興府石門縣流，至此入境，又北流至五龍橋，七分。

師呼豬漾，自五龍橋北流，至此二里五分。有德清東塘河水自西南來注之。分一支東流，入石歸橋。

二龍橋，自師呼豬漾北流，至此八分。

含山市，自二龍橋北流，至此四里。分一支東流，入總管橋。

山塘橋，自含山市北流，至此五分。有龍興橋水自西來注之。分一支東流，入寺橋。

山西村，自山塘橋北流，至此一里五分。分一支東流，通槤市塘。

六里塘西，自山西村東北流，至此一里二分。分一支北少東流，爲六里塘河。見後。

游城塘橋，自六里塘西口東北流，至此一里五分。

章家環橋，自游城塘橋北流，至此五里五分。

大虹橋，自章家環橋北少東流，越吴興塘，至此三里三分。

墩頭漾，自大虹橋北流，過七星橋口，又東北流，至此五里五分。又東流一里至太安橋東，與中塘河會。水深七尺，面闊二十二丈。

枝流六里塘河。

塔影漾，六里塘河自六里塘西口，分含山塘河之水東北流，至此七里五分。又東北流四里至槤市塘，與吴興塘河會。水深四尺五寸，面闊十一丈五尺。

陸路道里記

東門又名迎春門。

幹路

鎖苕橋，自東門外東行，過永甯橋，至此一里二分。

利涉橋，自鎖苕橋入烏程縣境東南行，至此八里五分。

紫金橋，自利涉橋入本境西南行，至此四里一分。

延福橋，自紫金橋東南行，至此二里一分。

北雙福橋，自延福橋東少南行，至此一里二分。

南雙福橋，自北雙福橋南行，至此一分。西南有枝路通匠木橋。又分爲二，西北通潞村市，西南通袁家匯市。

永福橋，自南雙福橋東少南行，至此一里。

龍興橋，自永福橋東少南行，至此一里。

王家橋，自龍興橋東北行，至此一里二分。

小石橋，自王家橋東行，至此一里八分。

濟福橋，自小石橋東南行，至此一里八分。

張家橋，自濟福橋南行，至此九分。

長超市，自張家橋東行，至此五分。
悦皆橋，自長超市東行，至此八分。東南通東泊市。
木橋，自悦皆橋東行，至此一里九分。
鈔田橋，自木橋東行，至此一里三分。
洗馬橋，自鈔田橋北行，至此二里八分。
永濟橋，自洗馬橋北行，至此七分。北通戴家橋。
楊家木橋，自永濟橋東南行，至此一里六分。
馮家橋，自楊家木橋東行，過亭子橋，至此二里七分。
卞家橋，自馮家橋東行，至此四分。
新興港市，沈思橋。自卞家橋東行，至此四分。
夏家橋，自沈思橋東行，至此五分。
萬安橋，自夏家橋東行，過竈花橋，至此六分。
徐家橋，自萬安橋東少南行，至此五分。
三家橋，自徐家橋東行，至此一里二分。
信三橋，自三家橋東少南行，至此一里一分。
車家橋，自信三橋東南行，至此二里八分。
店橋，自車家橋東北行，至此一里。
同善橋，自店橋東行，至此二里五分。
西高橋，自同善橋東行，至此二里五分。
崇高橋，自西高橋東行，至此一里七分。
聚福塘橋，自崇高橋東行，至此二里二分。與烏程縣分界。

枝路

北跨塘橋，自車家橋東南行，至此二里三分。
萬辛塘橋，自北跨塘橋西南行，折而東南，至此五里五分。
永津橋，自萬辛塘橋東北行，至此九分。
楊家橋，自永津橋東行，至此九分。
長生橋，自楊家橋東南行，至此三里一分。
廣興橋，自長生橋東北行，過辛橋，至此二里九分。
望虹橋，自廣興橋東行，至此一里八分。
雙林鎮，自望虹橋東行，至此三分。

楊道橋，自雙林鎮南行，至此三里三分。
圣堂橋，自楊道橋南少東行，至此二里九分。
再興橋，自圣堂橋東行，至此二里一分。
七星橋，自再興橋東北行，折而東少南，至此四里二分。
大虹橋，自七星橋南行，至此一里九分。
倉橋，自大虹橋東少南行，至此一里六分。
四橋村，自倉橋南少東行，至此二里六分。
觀音橋，自四橋村東少南行，至此二里六分。
前洪塘橋，自觀音橋東南行，至此一里六分。
萬壽橋，自前洪塘橋東行，至此二里二分。
槤市鎮，自萬壽橋東行，過西成橋，至此一里八分。以下爲水道。
東高塘橋，自萬辛塘橋西南行，至此一里一分。
安樂橋，自東高塘橋西行，至此九分。
北高塘橋，自安樂橋東南行，至此一里三分。
南圣塘橋，自北高塘橋東南行，至此五分。
通濟橋，自南圣堂橋南行，至此三里。
永安橋，自通濟橋南行，折而西南，至此二里九分。
石塚市，永和橋。自永安橋南行，至此五分。
馬鳴橋，自永和橋東南行，至此二里。
崇福橋，自馬鳴橋東南行，至此六分。
吴興塘橋，自崇福橋東南行，至此二里。
積善橋村，自吴興塘橋東南行，過七星橋，至此四里六分。
長興橋，自積善橋村西南行，至此一里五分。
保甯橋，自長興橋東南行，至此一里一分。
善連鎮，自保甯橋東南行，至此一里四分。
東山塘橋，自善連鎮東北行，折而東南，至此三里六分。
可中橋，自東山塘橋東行，至此三分。
宜興橋，自可中橋東行，折而南少西，至此二里三分。
含山市，山塘橋。自宜興橋南行，過龍興橋，又東行，至此四里二分。以下爲水道。

戴星橋，自長興橋西行，至此四分。

姚華橋，自戴星橋西行，至此一里五分。

平樂高橋，自姚華橋西南行，至此一里一分。

永甯橋，自平樂高橋西行，至此三里。

周逕橋，自永甯橋西行，至此一里。

黄公橋，自周逕橋西行，過上宅橋堍，至此九分。

八角靈橋，自黄公橋西行，至此一里四分。

萬年橋，自八角靈橋西行，至此四分。

千金市，自萬年橋西行，至此五分。以下爲水道。

南門又名定安門。

幹路

埭溪鎮，自南門外幹路之下莊橋入境南行，折而西少北，至此四里。自南門外歷萬隆橋，下徐山麓、道場山麓、何山嶺麓、望鄉嶺、菁山市、總管嶺、日暉橋等處，至韋家橋，皆烏程縣境。詳見烏程縣記内南門幹路。

廟橋，自埭溪鎮西行，過雙橋，至此五里。

籐嶺，自廟橋西南行，至此一里七分。嶺高十二丈。

普佗橋，自籐嶺西南行，至此二里。西通雞鳴嶺。

沙嶺北麓，自普佗橋南少東行，至此一里八分。嶺高十一丈。南與武康縣分界。

跳板山麓，自沙嶺北麓西南行，至此一里五分。南通青山關。

耀武關，自跳板山麓西南行，過下白沙村，至此五里八分。與武康縣分界。

枝路

玉皇殿，自埭溪鎮西少北行，至此三里九分。

東嶽廟，自玉皇殿西行，折而南，至此九里。南通雞鳴嶺。

馬頭嶺，自東嶽廟西北行，至此二里。嶺高五十二丈。

陶家隴，自馬頭嶺西行，至此三里。

長林橋，自陶家隴北行，至此二里五分。

小溪橋，自長林橋西南行，至此四里五分。

望月村，自小溪橋南行，至此二里二分。東南通笨嶺，至武康縣界。

溪橋，自望月村西南行，至此一里四分。

山村橋，自溪橋西南行，至此一里三分。東南通石角嶺，至武康縣界。

東山大橋，自山村橋西南行，折而西，至此三里五分。東南通界嶺，至武康縣界。

廟下橋，自東山大橋西北行，至此五里四分。西南通莫干嶺，至武康縣界。

莫家磡，自廟下橋北少東行，渡溪，至此六里四分。

唐坑村，自莫家磡西北行，至此八里五分。

金堂山麓，自唐坑村西行，至此五里九分。東南通分水嶺，至安吉縣界。

木橋，自金堂山麓西北行，至此一里二分。北通横嶺。

福水嶺，自木橋西北行，折而南，又折而西，至此二里八分。嶺高七十丈。與安吉縣分界。

張村大橋，自溪橋西北行，至此三里五分。

南壁村，自張村大橋西北行，至此三里七分。

南壁嶺麓，自南壁村西北行，至此七分。

貫村，自南壁嶺麓西行，折而北，至此二里八分。

管莊塢，自貫村西北行，至此三里七分。

錦雞山麓，自管莊塢西北行，至此八里一分。西南通軫嶺。

闕嶺，自錦雞山麓北少西行，至此二里一分。嶺高九十五丈，東北通大嶺。與長興縣分界。

西茅嶺，自南壁嶺東行，至此八里九分。嶺高八十丈。北至烏程縣界。

夾溪橋，自西茅嶺東南行，至此三里八分。

白茅嶺，自夾溪橋東少北行，至此四里二分。嶺高七十丈。與烏程縣分界。

軫嶺村，自貫村西北行，至此九里五分。東北通軫嶺。

銅盤嶺，自軫嶺村渡溪西行，至此二里八分。嶺高三十五丈。

金山寺，自銅盤嶺過嶺西行，折而北，至此四里八分。以下無路。

枝路

壽昌橋，自埭溪鎮南行，至此八分。

馬安嶺，自壽昌橋曲曲南行，至此五里。與武康縣分界。

湖州府長興縣

水路道里記

苕溪一名西苕水。

經流

小溪口，苕溪自安吉縣流至此入境，又東流至小溪橋二里一分。分一支西北流，爲畎橋港。見後。此段仍與安吉縣分水。

新橋，自小溪橋東北流，至此六里一分。分一支西北流，爲蠡塘港。見後。

陳村，自新橋東流，至此一里四分。分一支北流，爲孫瀆港。見後。

下源渡，自陳村東北流，至此一里九分。渡闊十二丈。

和平渡，自下源渡東流，至此二里弱。渡闊十三丈。有和平港自南來會之。見後。

胥倉橋，自和平渡東北流，至此二里五分。分一支西北流，爲胥倉塘。見後。

葛逕村，自胥倉橋東南流，至此四里强。

下殷橋，自葛逕村東南流，至此九里弱。分一支南流，通下殷港。

目山渡，自下殷橋東北流，至此五里强。有斜港自北來注之。水深一丈，面闊十七丈。與烏程縣分界。

枝流畎橋港。

大倫橋，畎橋港自小溪橋分苕溪之水西北流，至此二里七分。大倫橋迤北與安吉縣分水。以下至長安橋皆同。

殿元橋，自大倫橋北流，至此九分。

南橋，自殿元橋西流，至此四分强。

同界橋，自南橋西北流，至此三分强。

長安橋，自同界橋西北流，至此七分。

畎橋，自長安橋西北流，至此二里。

大石橋，自畎橋西北流，至此一里七分。

永甯橋，自大石橋西北流，至此一里三分。又西北流一里三分至嚴村橋，入四安溪。水深九尺，面闊十三丈。

枝流蠡塘港。

年豐橋，蠡塘港自新橋分苕溪之水西北流，至此一里六分。

正豐橋，自年豐橋北流，至此一里八分。

豐家橋，自正豐橋東北流，至此一里弱。

蠡塘橋，自豐家橋東北流，至此一里一分。

中塘橋，自蠡塘橋東北流，至此一里一分。

周安橋，自中塘橋東北流，至此一里六分。又東北流二里一分弱至安妥橋北，與孫瀆港會。

枝流孫瀆港。

孫瀆橋，孫瀆港自陳村分苕溪之水北流，至此八分。

三官橋，自孫瀆橋北流，至此一里三分。

太平橋，自三官橋北流，至此一里一分。

觀音橋，自太平橋北流，至此一里七分。

安妥橋，自觀音橋北流，至此二里二分。有蠡塘港自西南來會之。見前。又東北流一里至虹星橋西入四安溪。水深七尺，面闊十四丈。

枝流和平港。

培富嶺，和平港自此發源，西北流，至信溪橋七里九分。

鳳凰山，自信溪橋西北流，至此七里八分。

鳳凰山橋，自鳳凰山東北流，至此二里。

毛家宅橋，自鳳凰山橋東北流，至此七里。有石城山水自東南來注之。

和平鎮，自毛家宅橋東北流，至此一里二分强。分一支東流，爲下殷港，見後。始通舟楫。

上埠村，自和平鎮西北流，至此三里九分。又北流四里五分至和平渡東入苕溪。水深八尺，面闊十三丈。

枝流下殷港。

陸家橋，下殷港自和平鎮分和平港之水東流，至此五里一分。有長橋水自西來注之。

許家橋，自陸家橋東流，至此四里三分。

石墩橋，自許家橋東流，至此三里五分。

金墩橋，自石墩橋東流，至此一里八分。

下殷橋，自金墩橋東流，至此二里。北通苕溪。以下俗稱樊墅港。

上殷橋，自下殷橋東南流，至此三里。與烏程縣分界。有樊墅山水自西南來注之。

枝流胥倉塘。

中興橋，胥倉塘自胥倉橋分苕溪之水西北流，至此二里八分。

萬安橋，自中興橋東北流，至此四里八分。又北流四里越四安溪，至呂山市與呂山塘河會。水深一丈一尺，面闊九丈。

四安溪

經流

朱灣嶺，四安溪自此發源西流，至界橋七分。

大界牌嶺，自界橋南流，至此六里二分。

小環橋，自大界牌嶺東北流，至此六里三分。有九里岡水自南來注之。

大環橋，自小環橋東流曲曲，至此一里九分。有梅花澗水自北來注之。

塔水橋，自大環橋東流，至此二里五分。始通舟楫。

四安鎮，自塔水橋東北流，至此七分强。有四安鎮水自東來注之。

鴨兜塘橋，自四安鎮東北流，至此一里五分。有長潮山水自北來注之。

興順橋，自鴨兜塘橋東南流，至此一里五分。

南光村，自興順橋東南流，至此二里九分。有小川岕水自北來注之。又有澗橋水自南來注之。

許家場，自南光村東南流，至此三里五分。有和尚橋水自北來注之。

嚴村橋，自許家場東流，至此三里二分。有畎橋港自東南來會之。見前。

天平橋，自嚴村橋東流，至此五分。

林城橋，自天平橋東北流，至此三里四分。

港口橋，自林城橋東南流，至此三里七分。有罨畫溪自西北來會之。見後。

午山橋，自港口橋東南流，至此二里五分。

虹星橋，自午山橋東流，至此五里三分。有蠡塘港、孫瀆港自西南合流來會之。見前。又有九里塘河自北來會之。見後。

東心橋，自虹星橋東少南流，至此二里。

大德橋，自東心橋東流，至此一里八分。

胥倉塘口，自大德橋東流，至此二里二分。

永隆橋，自胥倉塘口東南流，至此三里。

鈕店橋，自永隆橋東南流，至此十三里二分。與烏程縣分界。水深一丈，面闊十八丈。

箬溪一作若溪。下流爲合溪，又下爲上箬溪、中箬溪、下箬溪。

經流

茗嶺山，箬溪自此發源南流，折而東，至蔣家澗二十一里。始通舟楫。

石橋，自蔣家澗南流，至此十二里六分。

窑頭山，自石橋南流，至此四里五分。

洞山南高村，自窑頭山南流，至此五里弱。有槐花磡水自西南來會之。見後。

合溪鎮，自洞山南高村東流，至此四里五分强。以下俗稱合溪。

西山麓，自合溪鎮東南流，至此二里五分。有硃砂山水及高墩橋水自北來注之。

筱浦，自西山麓東南流，至此二里七分。有馬家橋水自西來注之。

長安渡，自筱浦東南流，至此二里七分。渡闊九丈八尺。以下俗稱上箬溪。

吴店渡，自長安渡東南流，至此二里强。渡闊六丈九尺。

畫溪橋，自吴店渡東南流，至此三里一分。分一支南流爲罨畫溪。見後。

紫金橋，自畫溪橋東北流，至此五里八分。以下俗稱中箬溪。

東水門，自紫金橋東流，過縣治前，至此一里五分。以下俗稱下箬溪。有無胥港自北來會之。見後。

倉橋，自東水門南流，至此一里三分。分一支南流爲呂山塘河。見後。

光明橋。自倉橋東流，至此一里一分。

陸匯漾，自光明橋東流。至此一里。分一支東流爲打鳥港。見後。

下莘橋，自陸匯漾東流，至此二里二分。

上莘橋，自下莘橋東流，至此一里二分。

太平橋，自上莘橋東流，至此四里。

闊板橋，自太平橋東流，至此三里五分。有打鳥港自南來會之。見後。

至界橋，自闊板橋東流，至此三里。

橫石橋，自至界橋東流，至此二里，與北橫塘會入太湖。水深一丈二尺，面闊十五丈。

枝流槐花磡水。

青峴山，槐花磡水自此發源，東北流，至溪橋四里。

市橋，自溪橋東流，至此五分。有庵橋水自南來注之。始通舟楫。

報清村，自市橋東流，至此四里。又東南六里七分至洞山南高村入箬溪。水深一丈一尺，面闊十一丈五尺。

枝流罨畫溪。

雁翎橋，罨畫溪自畫溪橋分箬溪之水西南流，至此一里五分。

姚家橋，自雁翎橋西南流，至此一里三分。有郎山水自西來注之。

隔塘橋，自姚家橋西南流，至此一里一分。

東前橋，自隔塘橋南流，至此二里。

萬福橋，自東前橋南流，折而東南，至此三里九分。又東南流一里七分至港口橋，入四安溪。水深九尺，面闊十丈二尺。

枝流無胥港。

橫玉山，無胥港自此發源南流，至鼎家橋一里五分。以下俗稱鼎家港，始通舟楫。

德順橋，自鼎家橋南流，至此四里一分。有西顧山水及張家橋水自西北來注之。

無胥渡，自德順橋南流，至此三里七分。渡闊十三丈。東通夾浦。分一支西南流，爲隔山港。見後。

包洋湖，自無胥渡南流，至此六里五分。湖周四里五分，水深八尺八寸。

曲塘橋，自包洋湖西南流，越顧渚溪，至此四里五分。以下俗稱曲塘港。有隔山港自西北來會之。見後。

塘西橋，自曲塘橋西南流，至此五里。有北溪自西北來會之。見後。

金蓮橋，自塘西橋西南流，至此五里。西通濠河。又南流二里六分至東水門入箬溪。水深一丈，面闊十四丈。

枝流隔山港。

水東橋，隔山港自無胥渡分無胥港之水西南流，至此二里二分。

隔山橋，自水東橋東南流，過永隆橋，越顧渚溪，至此五里六分。

車渚港東，自隔山橋東南流，至此二里。有車渚港自西北來會之。見後。又東南流一里七分至曲塘橋，入無胥港。水深八尺，面闊九丈五尺。

枝流車渚港。

碣石山，車渚港自此發源，東南流，至九龍山七里。

車渚山，自九龍山南流，至此五里五分。

石環橋，自車渚山東南流，至此三里五分。始通舟楫。

康福橋，自石環橋東南流，至此九里。又東流一里入隔山港。水深八尺，面闊十丈。

枝流北溪。

北皋山，北溪自此發源，南流曲曲，至北嶰六里。

北溪橋，自北嶰南流，至此十里五分。有箬峴山水自西北來注之。始通舟楫。

符家橋，自北溪橋東南流，至此十一里强。

楊家橋，自符家橋東南流，至此二里。

徐家兜橋，自楊家橋東南流，至此四里二分。又東南流三里五分至塘西橋，入無胥港。水深八尺，面闊九丈。

枝流吕山塘河。

汪墩橋，吕山塘河自倉橋東口分箬溪之水南流，過高甯橋，至此一里。

五里橋，自汪墩橋東流，至此一里五分。

盛家橋，自五里橋東南流，至此一里二分。以下俗稱跨塘港。分一支東南流，爲中横塘。見後。

豐樂橋，自盛家橋南少東流，至此九分。

跨塘橋，自豐樂橋南少東流，至此一里。

硃砂橋，自跨塘橋東南流，至此一里九分。

小箬橋，自硃砂橋東南流，至此一里六分。有小箬溪自東來會之。見後。

唐橋，自小箬橋東南流，至此一里。分一支西流，爲九里塘。見後。

德新橋，自唐橋東南流，至此九分。

吕山市，自德新橋東南流，至此四分。有胥倉塘自南來會之。見後。

尹村橋，自吕山市東南流，至此十里五分。

種福橋，自尹村橋東南流，至此四里一分。有白鶴嶺水自東北來注之。水深八尺，面闊九丈。與烏程縣分界。

枝流中横塘。

狹石橋，中横塘自盛家橋分吕山塘河之水東南流，折而東，至此四里。

咫尺橋，自狹石橋東流，至此二里七分。

沈家橋，自咫尺橋東流，至此一里五分。

御臨橋，自沈家橋東南流，過許家橋，又東流，至此二里一分。

應家橋，自御臨橋東北流，至此二里六分。分一支北流，通打鳥港。

天居橋，自應家橋東南流，至此一里二分。

順德橋，自天居橋東南流，至此二里七分。有丁家蕩自南來注之。

兩向橋，自順德橋東流，至此二里五分。分一支南流，通鴻橋鎮。

大德橋，自兩向橋東流，至此一里五分。

排田漾，自大德橋東流，至此一分强。漾周二里七分，水深一丈。有鴻橋港自西南來會之。見後。

社塔橋，自排田漾東南流，至此二里强。

雙橋，自社塔橋東流，至此一里九分。

丁字橋，自雙橋東流，越南横塘，至此一里一分。

范灣橋，自丁字橋東流，至此二里一分。

小范灣橋，自范灣橋東流，至此五分。

利涉橋，自小范灣橋東流，至此九分。

横山橋，自利涉橋東南流，至此一里七分。

鴨藍漾，自横山橋東流，至此二里三分。漾周五里四分，水深一丈二尺。

小王家橋，自鴨藍漾東流，至此一里。分一支北流，爲北横塘。見後。又東流一里一分至圖影橋，與烏程縣分界。

枝流北横塘。

鎖界橋，北横塘自小王家橋分中横塘之水北流，至此四里三分。

震澤橋，自鎖界橋西流，至此一里。分一支東北流，通小沈瀆港。

扶闌橋，自震澤橋西流，至此一里二分。分一支北流，通竇瀆港。

盧圻廟南，自扶闌橋西流，至此三里一分。分一支北流，通盧圻港。

七兜漾，自盧圻廟南首西流，至此三里一分。有南横塘自南來會之。見後。分一支北流，通新開港。

木橋，自七兜漾西流，至此二里。分一支北流，通釜浦港。

永慶橋，自木橋西流，至此一里八分。分一支北流，通殷南港。

横石橋北，自永慶橋西北流，至此四里三分。有箬溪自西來會之。見前。分一支東流，爲莫家港。

横塘橋，自横石橋北口西北流，至此一里八分。有三漾港自西北來會之。見後。

大關橋，自横塘橋西北流，至此五里五分。分一支東流，通大沈瀆港。

荷花浜，自大關橋西北流，至此一里五分。

謝莊港西，自荷花浜北流，至此七里。有顧渚溪自西南來會之。見後。

烏橋，自謝莊港西口東北流，至此二里四分。由夾浦港入太湖。水深九尺，面闊十一丈。有永甯橋水自西南來注之。

枝流溪港三十四條。

蔡浦港，自北横塘北流，至太湖七分。

小沈瀆港，自北横塘北流，至太湖二分。

竇瀆港，自北横塘北流，至太湖九分。

徑山港，自北横塘北流，至太湖九分。

白茆港，自北横塘北流，至太湖一里一分。

坍墢港，自北横塘北流，至太湖一里。

盧圻港，自北横塘北流，至太湖一里一分。

祝家港，自北横塘北流，至太湖一里一分。

花橋港，自北横塘北流，至太湖一里二分。

新開港，自北横塘北少東流，至太湖一里二分。

石瀆港，自北横塘北流，至太湖一里。

福緣港，自北横塘北流，至太湖一里二分。

釜浦港，自北横塘北少東流，至太湖一里一分。

殷南港，自北横塘東北流，至太湖一里八分。

竹篠港，自北横塘東北流，至太湖一里八分。

百步港，自北横塘東北流，至太湖一里七分。

徐家港，自北横塘東北流，至太湖一里二分。

新塘港，自北横塘東少北流，至太湖七分。

莫家港，自北横塘東流，至太湖一里四分。

金雞港，自北横塘東少北流，至太湖一里六分。

盧瀆港，自北横塘東少北流，至太湖一里七分。

石屑港，自北横塘東流，至太湖一里。

杭瀆港，自北横塘東少北流，至太湖一里。

大沈瀆港，自北橫塘東少北流，至太湖六分。

雞籠港，自北橫塘東流，至太湖二里四分。

丁家港，自北橫塘東流，至太湖一里九分。

謝莊港，自北橫塘東少南流，至太湖一里四分。

夾浦港，自北橫塘東流，至太湖六分。

長大港，自橫溪東南流，折而東，青磁嶺發源之水爲常豐澗，其下流爲橫溪。至太湖三里五分。

上庖港，自橫溪東流，至太湖二里二分。

蔣家港，自橫溪東流，至太湖一里七分。

金村港，自橫溪東流，至太湖一里七分。

雙橋港，自香山嶺東北流，至太湖四里。

斯圻港，自浮渚嶺東北流，至太湖一里四分。

枝流顧渚溪。

懸臼嶺，顧渚溪自此發源，南流至山村橋十一里二分。有斫射嶰水自西來注之。

寺橋，自山村橋南流，至此三里。有啄木嶺水自東來注之。

顧渚橋，自寺橋東南流，至此七里一分。有水口鎮水自東北來注之。始通舟楫。

永隆橋，自顧渚橋東南流，過隔山港，至此十里五分。

新橋渡，自水隆橋東流，過包洋湖，越無胥港，至此五里二分。渡闊十八丈。分一支東南流，爲三漾港。見後。

環沈漾，自新橋渡東北流，至此五里。漾周四里九分，水深一丈一尺。

青仙橋，自環沈漾東北流，至此一里七分。

迎龍橋，自青仙橋東北流，至此一里二分。又東北流二里七分至謝莊港西口入北橫塘。水深一丈二尺，面闊十九丈。

枝流三漾港。

盛家兜漾，三漾港自新橋渡分顧渚溪之水東南流，至此一里六分。漾周四里三分，水深一丈二尺。

西莊漾，自盛家兜漾東流，過南雲橋，至此三里二分。漾周三里五分，水深九尺。

東莊漾，自西莊漾東南流，至此一里五分。漾周四里七分，水深七尺。

興隆橋，自東莊漾東南流，至此二里二分。又東南流一里五分至橫塘橋，入北橫塘。水深七尺五寸，面闊九丈。

枝流南橫塘。

慶五橋，南橫塘自硃砂橋分吕山塘河之水東流，至此二里四分。

廣福橋，自慶五橋東流，至此一里四分。

都嘉橋，自廣福橋東流，至此一里九分。

沈家兜，自都嘉橋東南流，至此四里三分。分一支北流，爲鴻橋港。見後。

福興橋，自沈家兜東流，至此二里四分。

趙家橋，自福興橋東流，至此一里一分。

上孫橋，自趙家橋東流，至此二里六分。

下孫橋，自上孫橋東流，至此一里六分。

陳橋，自下孫橋東流，至此三里五分。

高橋，自陳橋東北流，過丁字橋，越中橫塘，至此一里一分。以下俗稱潼溪。

潼溪橋，自高橋北流，至此一里四分。又北流一里五分至七兜漾，與北橫塘會入太湖。水深七尺，面闊八丈。

枝流鴻橋港。

楊彭橋，鴻橋港自沈家兜分南橫塘之水北流，過南莊橋，至此二里。

丁家蕩，自楊彭橋東北流，至此二里四分。分一支北流，通中橫塘。

鴻橋鎮，自丁家蕩東流，至此二里五分。

邵家木橋，自鴻橋鎮東北流，至此九分。又東北流二里一分過兩向橋，至排田漾與中橫塘會。水深九尺，面闊八丈。

枝流九里塘。

新塘橋，九里塘自唐橋分吕山塘河之水西流，過萬福橋，至此二里九分。

欽匯橋，自新塘橋西流，至此一里六分。

舊石橋，自欽匯橋西流，至此一里九分。又南流二里五分過木橋，至虹星橋西入四安溪。水深九尺，面闊十三丈。

枝流小箬溪。

弁山，小箬溪自此發源西流，至夏駕山北麓五里一分。

田村，自夏駕山北麓西南流，至此二里。有青山嶺水自東南來注之。

李家港市，自田村西北流，至此一里。始通舟楫。

新橋，自李家港市西少北流，至此六里二分。

荷瓣橋，自新橋西少北流，至此六里七分。

石山橋，自荷瓣橋西流，至此一里九分。

圓通橋，自石山橋西流，至此一里四分。又西流一里七分至小箬橋，入呂山塘河。水深九尺，面闊十丈。

枝流打鳥港。

小八字橋，打鳥港自陸匯漾分箬溪之水東流，至此六里五分。

八字橋，自小八字橋東流，至此二分。又東北流六里五分過應家橋北，至闊板橋仍入箬溪。水深九尺，面闊十丈。

陸路道里記

東門又名神武門。

幹路向東北。

楊灣橋，自東門外東少北行，至此二里五分。

銀童橋，自楊灣橋東行，至此二里。

金童橋，自銀童橋東少北行，至此一里。

上莘橋，自金童橋東行，至此六分。

遇春橋，自上莘橋東行，至此四分。

烏橋，自遇春橋東行，至此二里。

太平橋，自烏橋東行，至此一里四分。

董家橋，自太平橋東行，至此一里四分。

闊板橋，自董家橋東行，至此一里九分。

至界橋，自闊板橋東行，至此三里一分。

横石橋，自至界橋東行，至此二里。

新塘橋，自横石橋東少南行，至此六分，至太湖濱。

枝路

八字橋，自上莘橋南行，折而東過小八字橋，至此五里一分。

沈家橋，自八字橋南少東行，至此一里九分。

許家橋，自沈家橋東南行，至此一里二分。

御臨橋，自許家橋東南行，至此一里。

天居橋，自御臨橋東北行，至此三里三分。

順德橋，自天居橋東行，至此三里二分。

鴻橋鎮，自順德橋東南行，至此一里九分。

邵家木橋，自鴻橋鎮北行，折而東，至此一里二分。

兩向橋，自邵家木橋東行，折而北，至此一里一分。

大德橋，自兩向橋東行，至此一里三分。

永昌橋村，自大德橋東北行，至此三里一分。

釜浦港，自永昌橋村東北行，過木橋，至此二里九分，至太湖濱。

社塔橋，自永昌橋村東首南少西行，至此四里二分。

陳橋，自社塔橋南少東行，至此四里二分。

范灣橋，自陳橋東北行，至此三里二分。

利涉橋，自范灣橋北行，折而東過小范灣橋，至此二里。

横山北麓，自利涉橋南行，折而東少南，至此二里一分。

澗灣里，自横山北麓東南行，至此四里五分。東通雙井嶺。

雞塞嶺，自澗灣里南少東行，至此三里一分。嶺高六十三丈。與烏程縣分界。

雙井嶺，自澗灣里東南行，至此一里九分。嶺高三十八丈。與烏程縣分界。

陳灣嶺，自雙井嶺北麓東北行，折而東南，至此三里三分。嶺高二十四丈。與烏程縣分界。

王家橋，自陳灣嶺北麓西北行，折而東北，至此三里四分。

蔡浦港橋，自王家橋東北行，至此九分。

鎖界橋，自蔡浦港橋西北行，至此四里九分。

震澤橋，自鎖界橋西北行，過震龍橋，至此一里二分。

徑山港橋，自震澤橋西行，過寶瀆港橋，至此二里。

坍塍港橋，自徑山港橋西行，過白茆港橋，至此一里九分。

祝家港橋，自坍塍港橋西行，過蘆圻港橋，至此一里九分。

新開港橋，自祝家港橋西少北行，過花橋港橋，至此二里九分。

福緣港橋，自新開港橋西行，過石瀆港橋，至此三里。

釜浦港橋，自福緣港橋西北行，至此一里五分。

殷南港橋，自釜浦港橋西少北行，至此一里一分。

竹篠港橋，自殷南港橋西北行，至此六分。

百步港橋，自竹篠港橋西少北行，至此一里一分。

新塘港橋，自百步港橋西少北行，過徐家港橋，至此二里五分，至太湖濱。

枝路

雞田兜村，自上莘橋北少東行，至此二里八分。

吕橋村，自雞田兜村西行，折而北，至此二里五分。又西北行一里五分至任家村，入小東門幹路。

幹路 路向東南。

倉橋，自東門外弔橋南行，至此八分。

汪墩橋，自倉橋南行，至此一里二分。

五里橋，自汪墩橋東行，過四里橋，至此一里七分。

盛家橋，自五里橋東南行，至此一里二分。

豐樂橋，自盛家橋東南行，至此一里。

跨塘橋，自豐樂橋南行，至此九分。

硃砂橋，自跨塘橋南少東行，至此一里八分。

圓通橋，自硃砂橋東南行，折而西南，至此三里八分。

石山橋，自圓通橋東行，至此一里五分。

荷瓣橋，自石山橋北行，折而東，至此二里四分。

茶磨山麓，自荷瓣橋東南行，折而西南，至此五里五分。

新橋，自茶磨山麓東行，至此二里九分。

李家巷橋，自新橋東少南行，至此六里一分。東通青山嶺。

白鶴嶺，自李家巷橋南少西行，至此三里三分。嶺高三十丈。與烏程縣分界。

枝路

光明橋，自倉橋東行，過高甯橋，至此一里二分。

甫里橋，自光明橋東行，至此五分。

咫尺橋，自甫里橋東南行，至此七里九分。又東行一里四分至沈家橋，與向東北幹路内自上莘橋起之枝路合。

枝路

小箬橋，自硃砂橋東南行，至此一里五分。

吕山市，自小箬橋東南行，由唐橋過德新橋堍，至此一里八分。

吕山塘，自吕山市東南行，至此四里五分。

尹村，自吕山塘東南行，至此七里五分。又東南行四里七分至太平橋，與烏程縣分界。

萬福橋，自吕山市西北行，過德新橋，至此一里四分。

安樂橋，自萬福橋西行，過新塘橋，又南行折而東，至此六里。

萬安橋，自安樂橋曲曲東南行，過大德橋、克安橋，至此二里五分。

永隆橋，自萬安橋東少南行，至此一里九分。

吴家村，自永隆橋東南行，至此七里二分。

顧家村，自吴家村東行，至此四里九分。

鈕店橋，自顧家村東行，過界橋，至此三里三分。與烏程縣分界。

枝路

田村，自李家巷橋東行，至此一里八分。

青山嶺，自田村東南行，至此六里二分。嶺高十六丈。與烏程縣分界。

小東門 又名宜春門。

幹路

金蓮橋，自小東門外北行，至此六分。

塘西橋，自金蓮橋東行，折而北，至此五里四分。西北通北門幹路之徐家兜橋。

任家村，自塘西橋東北行，至此三里六分。

曲塘橋，自任家橋東北行，至此一里一分。西北通北門幹路之康福橋。

青古廟橋，自曲塘橋東北行，至此一里一分。

新橋渡，自青古廟橋東北行，至此五里二分。渡闊十八丈。

陸家橋，自新橋渡東北行，至此二里三分。

大朴廟橋，自陸家橋東北行，過小橋，至此五里八分。

夾浦鎮，興隆橋。自大朴廟橋東北行，至此五里八分。

長大港橋，自興隆橋東北行，至此一里七分。

上周港橋，自長大港橋西北行，至此一里六分。

蔣家港橋，自上周港橋北行，至此一里四分。
香山嶺，自蔣家港橋西北行，過萬福橋，至此二里二分。嶺高十二丈。
雙橋港橋，自香山嶺東北行，至此四里六分。
斯圻港橋，自雙橋港橋西北行，至此二里八分。
浮渚嶺，自斯圻港橋西行，至此一里。嶺高十四丈。與江蘇荆溪縣分界。

南門又名嘉會門。

幹路

盟門村，自南門外南行，至此三里九分。
舊石橋，自盟門村南行，至此六里八分。
虹星橋，自舊石橋南行，折而東過木橋，至此二里四分。
斜橋，自虹星橋西南行，至此一分。
甘泉兜，自斜橋西南行，折而東南，至此三里四分。
北蔣村，自甘泉兜南少西行，折而東南，至此四里。
和平渡，自北蔣村南行，至此二里二分。渡闊十三丈。
上埠村，自和平渡過渡西行，折而南過便民橋堍，至此四里七分。
和平鎮，鎮橋。自上埠村南行，過長橋，又東少南行，至此三里八分。
毛家宅橋，自鎮橋南行，至此一里七分。
三里亭，自毛家宅橋東南行，至此二里一分。
施村木橋，自三里亭東南行，至此一里七分。
山下村，自施村木橋東南行，至此七里一分。西通杜嶺。
灘龍橋，自山下村東行，折而西，又折而南少東，至此四里九分。東通關牆頭。
大嶺，自灘龍橋西南行，至此五里三分。嶺高五十四丈。與歸安縣分界。

枝路

東心橋，自虹星橋東行，至此二里。又東行一里九分至安樂橋，與東門向東南幹路內自呂山市起之枝路合。

枝路

午山橋，自斜橋西行，至此五里四分。
港口橋，自午山橋西北行，過萬福橋，又南少東行，至此五里。
林城橋，自港口橋西少北行，至此三里九分。又西少北行，折而西南六里四分至和尚橋，入小西門幹路。

枝路

胥倉橋，自和平渡東少北行，至此二里一分。
葛逕村，自胥倉橋東北行，折而東南，至此五里七分。
葉家村，自葛逕村曲曲東行，過金頭村，至此七里三分。
目山渡，自葉家村東行，至此六里九分。渡闊十三丈。
義橋，自目山渡過渡南行，至此二分。
上殷橋，自義橋南行，至此四里。
環橋，自上殷橋南少東行，過興和橋堍，至此二里三分。
樊墅橋，自環橋南少西行，至此三里五分。
絲毛關，自樊墅橋西南行，折而東南，至此三里一分。與烏程縣分界。

枝路

孫瀆橋，自和平渡西少北行，過下源橋，至此三里九分。
甘棠橋，自孫瀆橋西南行，過新橋，至此四里四分。
小溪橋，自甘棠橋西南行，過太平橋，至此三里二分。與安吉縣分界。

枝路

濮村澗橋，自和平鎮西南行，至此二里。
圍車嶺，自濮村澗橋西北行，至此九里九分。嶺高十二丈。
安長渡，自圍車嶺西北行，至此五里五分。渡闊十二丈。與安吉縣分界。

枝路

鳳凰山橋，自三里亭西南行，至此五里六分。
信溪橋，自鳳凰山橋西南行，折而東南，至此八里三分。
白虎山麓，自信溪橋南行，折而東南，至此六里二分。東南通關嶺。
培富嶺，自白虎山麓西行，折而南，至此一里二分。嶺高二十九丈。與安吉縣分界。

枝路

杜嶺，自山下村南少西行，至此七里。嶺高十一丈。
關嶺，自杜嶺西南行，過白虎山麓，又東南行，至此四里一分。嶺高三十一丈。與歸安縣分界。

枝路

關牆頭，自灘龍橋南少東行，至此二里八分。與烏程縣分界。

西門又名長安門。

幹路

南頭村，自西門外北行，折而西，至此四里三分。

硃沙嶺，自南頭村西北行，至此三里七分。嶺高十七丈。

徐家橋，自硃沙嶺西北行，至此三里。

高墩橋，自徐家橋曲曲西行，至此三里四分。

合溪鎮，鎮橋。自高墩橋西行，至此三里二分。

天成庵，自鎮橋南行折而西，至此四里一分。

抛犢岡村，自天成庵西南行，至此四里。

槐花磡，市橋。自抛犢岡村西行，折而北，復折而西，至此十里。東南通先峰嶺。

溪橋，自市橋西行，至此四分。北通仰峰嶺。

南山塘，自溪橋塊西南行，折而南，至此三里二分。

南青峴嶺，自南山塘西南行，至此二里九分。嶺高十丈。與安徽廣德州分界。

枝路

長安村，自徐家橋南行，至此四里五分。

長安渡，自長安村西南行，至此一里七分。渡闊九丈八尺。

馬家橋，自長安渡過渡西南行，過溪橋，又西北行，至此十二里三分。

先峰嶺，自馬家橋西行，至此五里五分。嶺高三十一丈。

庵橋，自先峰嶺西北行，至此二里五分。又西北行四里五分，至槐花磡入幹路。

長嶺，自先峰嶺東麓西南行，折而西北，至此一里三分。嶺高四十五丈。

長潮山麓，自長嶺西南行，至此三里二分。

畢家村，自長潮山麓渡溪南少西行，至此三里一分。

鴨兒塘橋，自畢家村東南行，折而南，至此四里三分。又東行，折而東南，一里九分至四安鎮，入小西門幹路。

青冬嶺，自長潮山麓西行，折而北少東，至此七里五分。嶺高三十五丈。

北青峴嶺，自青冬嶺西北行，過南山塘，又西北行，折而西，至此四里三分。嶺高十丈。與安徽廣德州分界。

梅花澗，自畢家村西北行，至此三里一分。

義峰嶺，自梅花澗西北行，至此三里四分。與安徽廣德州分界。

枝路

窑頭山麓，自合溪鎮西北行，至此八里三分。

石橋，自窑頭山麓北行，至此四里一分。

烏山嶰，自石橋塊西北行，至此八里八分。

吴鋪橋，自烏山嶰西北行，折而東北，至此七里三分。

程公磡橋，自吴鋪橋北少西行，至此二里一分。西通徐嶺。

邱塢山，自程公磡橋北少東行，至此二里九分。西通西川嶰。

東川嶰，自邱塢山北行，折而東少北，至此三里九分。

懸脚嶺，自東川嶰東南行，折而北，至此七里六分。嶺高三十九丈。與江蘇荆溪縣分界。

義家岡，自石橋西行，至此四里五分。

金鐘嶺，自義家岡西北行，至此七里七分。嶺高五十六丈。與安徽廣德州分界。

秦家村，自石橋北少西行，至此六里一分。

金玉嶺，自秦家村西北行，至此三里四分。嶺高十四丈。

鳳凰亭，自金玉嶺西北行，至此一里二分。

荒園里，自鳳凰亭西行，折而北，至此三里五分。東南通柴家嶺。

東園地，自荒園里北行，至此四里八分。西通吴嶰口。

西澗上，自東園地北行，至此一里八分。西通羅嶰。

纏嶺，自西澗上渡溪北行，至此五里九分。嶺高四十一丈。與江蘇荆溪縣分界。

西川嶰，自邱塢山渡溪西北行，至此三里四分。

西川嶺，自西川嶰北行，至此四里三分。嶺高五十二丈。與江蘇荆溪縣分界。

楊店，自秦家村東北行，至此二里二分。

蔣家橋，自楊店北少西行，至此三里三分。

柴家嶺東麓，自蔣家橋西北行，至此三里。嶺高四十九丈。

徐嶺，自柴家嶺東麓東北行，至此四里九分。嶺高五十一丈。又東行二里一分至程公磡橋，與自合溪鎮起之枝路合。

白峴嶺，自金玉嶺西南行，折而西北，至此六里二分。嶺高四十八丈。與安徽廣德州分界。

吴嶰口，自東園地西行，至此一里七分。

天井山西麓，自吴嶰口西北行，折而北，至此二里六分。

襄王嶺，自天井山西麓西北行，至此三里五分。嶺高九十丈。與江蘇荆溪縣分界。

羅嶰，自西澗上西北行，至此三里三分。

道齊嶺，自羅嶰西北行，至此五里一分。嶺高八十五丈。與江蘇荆溪縣分界。

茗嶺，自羅嶰西北行，至此四里八分。嶺高一百八丈。與江蘇荆溪縣分界。

小西門又名承恩門。

幹路

紫金橋，自小西門外北少西行，至此四分。

梅家村，自紫金橋西南行，至此四里三分。

畫溪橋，自梅家村西南行，折而西北，至此二里九分。

雁翎橋，自畫溪橋西南行，至此一里四分。

姚家橋，自雁翎橋西少南行，至此一里一分。

隔塘橋，自姚家橋南少西行，至此一里二分。

東前橋，自隔塘橋南行，過永安橋堍，至此二里。

大雄寺，自東前橋西行，折而南，至此三里五分。

東岡頭，自大雄寺西北行，折而西南，至此三里七分。

和尚橋，自東岡頭西南行，至此四里六分。

柏樹廟橋，自和尚橋西行，過昆山岡，至此三里二分。

興順橋，自柏樹廟橋西少南行，至此三里五分。

四安鎮，自興順橋西行，過城隍橋，至此二里。

大環橋，自四安鎮西南行，折而西少北，至此四里二分。西北通朱灣嶺。

小環橋，自大環橋西南行，折而西北，至此八分。

大界牌嶺，自小環橋西南行，折而西，至此九里五分。嶺高十二丈。與安徽廣德州分界。

枝路

七里亭，自梅家村東南行，至此二里八分。又南行五里六分至舊石橋，入南門幹路。

枝路

吴店渡，自雁翎橋西北行，至此三里一分。渡闊七丈。又北少西行二里九分至長安村，與西門幹路内自徐家橋起之枝路合。

枝路

六房村，自興順橋南行，折而東，復折而南，至此五里二分。

澗橋，自六房村東南行，至此二里四分。

趙沖，自澗橋南行，至此二里一分。

分水嶺，自趙沖南少東行，至此二里。嶺高十三丈。與安吉縣分界。

枝路

朱灣嶺，自大環橋西北行，至此四里二分。嶺高十四丈。

界牌，自朱灣嶺西行，至此二里五分。與安徽廣德州分界。

北門又名吉祥門。

幹路

雉山嶺，自北門外北行，折而東，至此四里四分。嶺高十六丈。

徐家兜橋，自雉山嶺東行，折而東北，至此三里一分。

康福橋，自徐家兜橋東北行，至此四里二分。

隔山東麓，自康福橋北行，至此一里八分。

顧渚橋，自隔山東麓西北行，至此十里一分。

董家村，自顧渚橋北行，至此六里五分。

外岡上西麓，自董家村東北行，至此三里五分。

西顧山西麓，自外岡上西麓北行，至此五里五分。

葛林塢，自西顧山西麓北行，至此一里八分。

啄木嶺，自葛林塢北行，至此八里五分。嶺高四十六丈。與江蘇荆溪縣分界。

枝路

隔山橋，自隔山東麓東行，至此一里二分。

水東橋，自隔山橋東行，折而北過永隆橋，又東北行，至此六里二分。

無胥渡，自水東橋迤東北行，至此二里二分。渡闊十三丈。

上村橋，自無胥渡過渡，東少北行，至此一里五分。

興隆橋，自上村橋東北行，至此一里六分。

永甯橋，自興隆橋迤東南行，折而東北，至此三里三分。又東北行三里一分過夾浦鎮，至太湖濱。

德順橋，自興隆橋西北行，至此三里五分。

淡瀆橋，自德順橋西北行，至此二里五分。

張家橋，自淡瀆橋西北行，折而東北，至此一里七分。

鼎家橋，自張家橋東北行，至此三里。

北溪橋，自鼎家橋東少北行，折而北，至此七里五分。

烏嶺，自北溪橋東北行，至此五里九分。嶺高三十二丈。與江蘇荆溪縣分界。

五福廟，自北溪橋西北行，至此七分。

嶺下村，自五福廟西北行，至此三里六分。

短峰嶺，自嶺下村北行，至此二里三分。嶺高三十二丈。與江蘇荆溪縣分界。

青磁嶺，自嶺下村西少北行，折而北，至此五里一分。嶺高二十七丈。與江蘇荆溪縣分界。

枝路

水口鎮，自顧渚橋東行，至此二分。

古鎮橋，自水口鎮東行，至此五分。

市東村，自古鎮橋東少南行，至此一里三分。

高田里，自市東村東行，至此五里一分。又東南行二里九分至水東橋，與自隔山東麓起之枝路合。

枝路

寺橋，自董家村西少北行，至此八分。

山村橋，自寺橋西北行，至此三里二分。

黄家村，自山村橋曲曲北行，至此五里六分。

懸臼嶺，自黄家村曲曲北行，至此七里九分。嶺高四十四丈。與江蘇荆溪縣分界。

湖州府德清縣

水路道里記

苕溪即餘不溪。

經流

勞家陡門，苕溪自武康縣及杭州府仁和縣界流至此入境。分一支東流，爲勞家陡門水。見後。又北流至塘涇陡門一里一分。勞家陡門迤北與武康縣分水。以下至莫家兜東皆同。

五閘陡門，自塘涇陡門北少東流，至此六里八分。

莫家兜東，自五閘陡門北少東流，至此五里三分。

新橋，自莫家兜東首北流，至此一里。有西塘河自西南來會之。見後。

南水門，自新橋東北流，至此二里五分弱。

東水門，自南水門東北流，過縣治前，至此一里三分。城内分一支西北流，爲北流水。見後。

虹橋，自東水門東北流，至此五分。分一支東流，爲東塘河。見後。

蠡山口，自虹橋東北流，至此五里三分。分一支西北流，爲蠡山口水。見後。

龍潭漾，自蠡山口東北流，至此一里一分。漾周四里六分，水深四丈五尺。分一支東南流，爲漵村市河。見後。

北塘橋，自龍潭漾西北流，至此一里六分。

俞塘橋，自北塘橋西北流，至此二里七分强。有俞塘水自西來注之。

漵山溪，自俞塘橋東流，至此六里五分。有東苕溪水自南來會之。見後。

灰山塔，自漵山溪東流，至此六分。分一支東流，爲洋溪。又分一支東南流，爲灰山塔水。俱見後。

曲溪灣東，自灰山塔北流，至此九分。有曲溪灣水自西來注之。

錢家潭，自曲溪灣東首東北流，至此八分。與歸安縣分界。

枝流勞家陡門水。

油車橋，勞家陡門水自勞家陡門分苕溪之水東流，至此五分。此段與杭州府仁和縣分水。

大船橋，自油車橋東北流，至此一里五分。分一支東流，入北塘河。

花燈橋，自大船橋北流，至此三里五分。

張家厂，自花燈橋北流，至此一里七分。分一支東流，通羅塔橋。

大馬漾，自張家厂北流，過雁潭漾，至此五里。漾周三里六分，水深八尺。

吉祥寺，自大馬漾北流，至此四里三分。西北通龜回壩。

晉豐橋，自吉祥寺東北流，至此一里二分。又東北流三里過亂石橋，至安定橋東口與高橋水會。水深八尺，面闊八丈。

枝流西塘河。

永安橋南，西塘河在武康爲後溪塘河。自武康縣流至此入境，分一支北流，入橋爲西溪。見後。又東少北流，至觀音橋南一里四分。有界河分支水自南來注之。又東北流，一里四分至新橋，入苕溪。

枝流西溪。

楊家豐南，西溪自永安橋分西塘河之水北流，折而西，至此一里七分。楊家豐南首迤北與武康分水。以下至枇杷漾皆同。

久橋漾，自楊家豐南首西流，折而北，至此一里九分。有武康烏山港自西南來注之。

枇杷漾，自久橋漾北流，至此五里五分。分一支東北流，通南漾。

武德橋，自枇杷漾北流，越武康界，至此二里七分。

小山漾北，自武德橋北流，至此一里八分。有武康北溪水自西來注之。此段又與武康分水。

界潭，自小山漾北口東流，至此二里二分。與武康縣分界。

枝流北流水。

南漾，北流水自城内分苕溪之水出西水門，西北流，至此八里四分强。漾周二里六分，水深九尺五寸。有枇杷漾水自西南來注之。

洛舍鎮，自南漾東北流，越武康縣界，至此五里三分。

洛舍漾西北，自洛舍鎮東北流，至此一里五分。漾周十二里强，水深三丈五尺。與歸安、武康兩縣分界。

枝流東塘河。

丁家橋，東塘河自虹橋分苕溪之水東流，至此二里五分。有高橋水自東南來會之。見後。

拱元橋，自丁家橋東流，至此一里二分。

平政橋，自拱元橋東流，過半段漾，至此四里二分。

永安橋，自平政橋北流，亂東苕溪，又東流過西莊橋，至此三里五分。

洋水匯，自永安橋東流，過文明橋，至此二里强。分一支東流爲横塘河見後。

大興橋，自洋水匯東北流，至此六里九分。有溆村市河自西少北來會之。見後。

子思橋，自大興橋東北流，至此一里。

市環橋，自子思橋東流，至此二里一分。有韶村漾、盤桓漾水自南來注之。分一支北流，通嘉育漾。

東環橋，自市環橋東流，至此八分强。

南高橋，自東環橋東北流，至此五里。有油車漾水自南來會之。見後。

會仙橋，自南高橋東北流，過三里匯，至此五里。有東牌頭水自南來會之。見後。

新市鎮，自會仙橋東北流，過望仙橋，至此一里四分。

永甯橋，自新市鎮東北流，至此一里九分。有洋溪自西來會之。見後。又東北流五分與歸安縣分界。水深九尺七寸，面闊十丈二尺。

枝流高橋水。

廣生橋，高橋水自廣生橋東南分東苕溪之水西北流，至雪橋北二里二分。有三白潭分支水自西來注之。此段與杭州府仁和縣分水。

花板橋，自雪橋北少西流，至此三里一分。分一支東流，通黄婆漾。

上高橋，自花板橋北少西流，至此二里九分。分一支東北流，通妙宫圩。

積兒橋，自上高橋北少西流，至此一里七分。有仲家漾水自西南來注之。

下高橋，自積兒橋北少西流，至此一里六分。有蕩心漾水自西來注之。

下楊灣，自下高橋北少西流，至此六里三分。

閘前村，自下楊灣北少西流，至此四里二分。有白雲橋水自東南來會之。又有三白潭水自西南來會之。俱見後。

安定橋東，自閘前村西北流，至此二里。有勞家陡門水自西南來會之。見前。又西北流九分至丁家橋，入東塘河。

枝流三白潭水。

三白潭，三白潭水自杭州府仁和縣流至此入境。又西北流，至洪春橋三里。

仲家漾，自洪春橋西北流，至此二里五分。漾周六里六分，水深一丈。分一支東北流，通積兒橋。

蕩心漾，自仲家漾西北流，至此四里二分。漾周四里二分，水深九尺二寸。分一支東流，通黄家橋。

羅塔村，自蕩心漾東北流，過羅塔漾。漾周六里七分，水深五尺五寸。至此四里二分。有張家厂水自西來注之。

塘前村，自羅塔村北少西流，至此五里六分。又北少東曲曲流四里四分至閘前村，入高橋水。

枝流横塘河。

六里漾，横塘河自洋水匯分東塘河之水東流，至此四里。漾周九里八分，水深一丈五尺。

陸家漾，自六里漾東流，至此二里一分。漾周五里九分，水深九尺。有百子橋水自西南來注之。分一支北流，通東塘河。

韶村漾，自陸家漾東流，至此二里二分。漾周十四里六分，水深三丈二尺。有新塘漾、荷葉浦、陶奇漾諸水自南來注之。分一支北流，通東塘河。

虎嘯橋，自韶村漾東流，至此三里九分。

長生橋口，自虎嘯橋東流，至此一里。有城頭漾水自南來會之。見後。

上澤橋，自長生橋口東流，至此一里五分。

大順橋，自上澤橋東流，越油車漾水，過青石橋，至此三里五分。有金仙橋水自南來注之。

上頂村，自大順橋東流，越東牌頭水，至此一里二分。

横塘橋，自上頂村東流，至此二里二分。

丁家橋口，自横塘橋東流，至此二里六分。

石灰橋東，自丁家橋口東南流，過秋安橋，至此一里五分。與嘉興府石門縣分界。水深九尺，面闊十丈五尺。

枝流城頭漾水。

灣塘兜，城頭漾水一名大善港。自杭州府仁和縣落瓜橋分運河之水，過大善橋，北流一里二分入境。又北少東流，至此二里三分。分一支東流，爲油車漾水。見後。

西豐橋，自灣塘兜北流，至此三里五分。

河墩村，自西豐橋北流，至此三里。分一支東流，入河墩橋。

城頭漾，自河墩村北流，至此四里五分。漾周六里，水深一丈三尺。分一支西北流，入城頭橋。

蘆花橋，自城頭漾北流，過灌澤橋、罵橋，至此二里。分一支西北流，通陶奇漾。

永安橋，自蘆花橋北流，過西石橋，至此一里九分。又北流二分至長生橋，南入横塘河。水深九尺，面闊十丈。

枝流油車漾水。

油車漾，油車漾水自灣塘兜分城頭漾水之水曲曲東流，至此三里。漾周三里四分，水深九尺。有杭州府仁和縣小水自南來注之。

張家橋，自油車漾東北流，至此二里九分。

苧菱漾西，自張家橋北流，至此三里五分。漾周十一里八分，水深一丈三尺。分一支東流，通東牌頭。

長生橋，自苧菱漾西首北少西流，至此二里八分。

楊樹橋，自長生橋北流，至此二里八分。西通城頭漾。

狀元橋，自楊樹橋北流，至此七分。分一支東流，入墓東橋。

大雙橋，自狀元橋曲曲北流，越横塘河，至此五里七分。

敬富橋，自大雙橋北少西流，至此三里三分。又北流八分至南高橋南，入東塘河。

枝流東牌頭水。

四通橋，東牌頭水自杭州府仁和縣萬年高橋分運河之水，北流一里入境。又北流，至此二里五分。有大八字橋水自東南來注之。

東牌頭，自四通橋東北流，過水木墩，至此四里七分。有苧菱漾水自西來注之。

白馬橋，自東牌頭北流，至此二里四分。

蘇林村，自白馬橋北流，至此五里三分。

景明橋，自蘇林村北流，越横塘河，過上頂村，至此三里七分。

步雲橋，自景明橋北流，至此二里三分。分一支東流，通長壽橋。又西北流二分至會仙橋西，入東塘河。

枝流蠡山口水。

東衡橋，蠡山口水自蠡山口分苕溪之水西北流，至此二里二分。

保宸橋，自東衡橋西北流，過楊家橋，至此三里四分。又西北流二里三分，與北流水會。分一支東北流，入上漾通俞塘。

枝流瀲村市河。

蔡家漾，瀲村市河自龍潭漾分苕溪之水東南流，過安功橋，至此七里二分。

瀲村市大橋，自蔡家漾東流，至此一里八分。

永康橋，自大橋東流，至此一里九分。

苧溪漾，自永康橋東流，遇萬利橋，至此三里。漾周九里，水深一丈五尺。分一支北流，入福禄橋。又東南流四里六分過蕭家橋、小興橋，至大興橋西與東塘河會。水深一丈一尺，面闊十丈三尺。

枝流洋溪。

五福橋，洋溪自灰山塔分苕溪之水東流，至此七分。

樂安橋南，自五福橋東流，至此五分。分一支東北流，入樂安橋。

雙橋，自樂安橋南首東流，過三溪橋，至此五里。有璜子橋水自西南來注之。分一支北流，通火燒漾。

千秋橋，自雙橋東少南流，至此一里一分。

萬年橋，自千秋橋東少南流，至此三里五分。萬年橋迤東與歸安分水。以下至順風橋皆同。

羅家蕩，自萬年橋東流，至此一里四分。有嘉育漾水自南來注之。分一支北流入歸安縣，爲九里塘河。

順風橋，自羅家蕩東少南流，至此五里七分。分一支北流，通斜風橋。

港東圩，自順風橋東流，至此三里五分。有灰山塔水自西南來會之。見後。

透溪橋，自港東圩東流，至此一里五分。分一支西北流，入發祥橋。

大順橋，自透溪橋東流，至此五分。又東北流一里至永甯橋西，與東塘河會。水深一丈，面闊十七丈一尺。

枝流灰山塔水。

龍山橋，灰山塔水自灰山塔分苕溪之水東南流，至此二里八分。

後窑長橋，自龍山橋東南流，至此六里二分。

喜育漾，自後窑長橋東流，過大洪橋，至此四里。漾周四里二分，水深一丈五尺。

三登橋，自喜育漾東南流，過火燒橋，至此三里一分。

龍帶橋，自三登橋東流，過圣堂橋，至此五里一分。又東北流一里七分至港東圩，與洋溪會。水深八尺五寸，面闊九丈。

運河

經流

武林渡，運河自杭州府仁和縣流至此入境。分一支東北流，爲東苕溪。見後。又東北流，至塘棲鎮五里一分。此段與仁和縣分水。塘棲鎮迤東歷里仁橋、跨塘橋、落瓜橋、壩橋、萬年高橋、豐年高橋，至五里牌，皆杭州府仁和縣境。詳見仁和縣記。

福德橋口，自五里牌入境東流，至此五分。

平橋，自福德橋口東流，至此二里三分。有大麻瀆自南來注之。

望仙橋，自平橋東流，至此六分。

安樂橋口，自望仙橋東流，至此一里二分。有大麻市水自南來注之。分一支北流，爲南界溼。與崇德交界。

獅虎橋北，自安樂橋口東流，至此六分。與崇德縣分界。

枝流東苕溪。

黄婆漾，東苕溪自武林渡分運河之水西北流，至此六里。

白雲橋，自黄婆漾東北流，至此一里七分。分一支西北流，爲白雲橋水。又分一支東北流，爲下舍市河。俱見後。

雷甸市，自白雲橋北流，過富民橋，至此二里九分。

明春橋，自雷甸市北流，至此四里九分。

大海漾南口，自明春橋北少西流，至此四里八分。西通何家橋。

大海漾北口，自大海漾南口西北流，至此三里五分。漾周九里四分，水深九尺。有下舍市河自東來會之。見後。

夏家壩，自大海漾北口西北流，過平政橋，亂東塘河，至此二里二分。有范蠡湖水自西來注之。

茅山橋，自夏家壩北流，至此九分。

蔡家漾，自茅山橋北流，至此一里三分。

蔡家橋，自蔡家漾北流，至此九分。又北少東流五里五分至瀲山溪，入苕溪。

枝流白雲橋水。

富公橋，白雲橋水自白雲橋分東苕溪之水西北流，至此三里一分。

妙宫圩，自富公橋西北流，至此二里。有上高橋分支水自西南來注之。

環橋，自妙宫圩西北流，至此二里。西通吴家村。

何家坆，自環橋西北流，至此五里二分。分一支東流，由何家橋通大海漾。又西北流二里七分至閘前村，與高橋水會。水深八尺，面闊十丈。

枝流下舍市河。

蔣家漾，下舍市河自白雲橋分東苕溪之水東北流，至此二里八分。漾周四里九分，水深七尺。

章墓橋，自蔣家漾東北流，至此一里。有大麥漾水自東南來注之。

河滿橋，自章墓橋北流，至此二里。

大安橋，自河滿橋北流，過洛陽橋，至此二里五分。

馮家橋，自大安橋西北流，至此五里七分。分一支東流，通草頭漾。

下舍市，大橋。自馮家橋西北流，至此一里一分。

永豐橋，自大橋西北流，過俞家橋，至此二里八分。又西流一里一分至大海漾，仍入東苕溪。

陸路道里記

東門又名行春門。

幹路

虹橋，自東門外東北行，至此二分。

丁家橋，自虹橋東行，至此二里五分。南通何家橋。

三仙橋，自丁家橋東北行，至此七分。

永甯橋，自三仙橋東少北行，至此二里九分。

夏家灞，自永甯橋東行，至此一里九分。

平政橋，自夏家灞南行，至此一里一分。

西莊橋，自平政橋東行，至此二里四分。

文明橋，自西莊橋東行，過永安橋，至此二里五分。

洪興橋，自文明橋東少北行，至此八分。

小興橋，自洪興橋北行折而東，至此六里九分。

寺林，自小興橋東行，至此八分。

韶村，自寺林東少北行，至此二里六分。

圣濟橋，自韶村東北行，至此一里三分。

東環橋，自圣濟橋南行，至此一里。

梅林，自東環橋東少北行，至此四里二分。

南高橋，自梅林東行，至此一里一分。

會仙橋，自南高橋東少北行，至此五里二分。

新市鎮，龍安橋。自會仙橋東北行，至此二里一分。以下爲水道。

枝路

何家橋，自丁家橋東南行，過戴坊頭、何家坆，至此五里九分。

環橋，自何家橋南少東行，至此四里九分。

富公橋，自環橋東南行，至此四里八分。

白雲橋，自富公橋南少東行，至此二里八分。

延壽橋，自白雲橋南少東行，至此三里。

永甯橋，自延壽橋東南行，至此一里二分。

順德橋，自永甯橋東南行，至此三里一分。西南至仁和縣界之武林橋，計四里六分。

塘棲鎮，自順德橋東北行，過長橋，至此一里三分。塘棲鎮迤東行，歷里仁橋、壩橋、萬年高橋、豐年高橋，至五里牌，皆杭州府仁和縣境。詳見仁和縣記内武林門向東北幹路。

望仙橋，自五里牌入本境，東行過福德橋，至此三里四分。

安樂橋，自望仙橋東行，至此一里三分。與嘉興府石門縣分界。

枝路

茅山橋，自夏家壩北行，至此八分。

澉村市大橋，自茅山橋北行，折而東，至此二里六分。以下爲水道。

枝路

永豐橋，自西莊橋南行，至此一里。

下舍市，自永豐橋東南行，過俞家橋，至此三里二分。以下爲水道。

枝路

施家莊，自寺林西北行，至此二里九分。

白彪市，自施家莊東少北行，至此二里七分。以下爲水道。

南門又名峻明門。

幹路

峻明橋，自南門外南少西行，至此八分。

新橋，自峻明橋南少西行，至此一里五分。

觀音橋，自新橋西南行，至此一里九分。

永安橋，自觀音橋西南行，至此一里五分。與武康縣分界。

小南門又名見山門。

幹路

丁山西麓，自小南門外南行，過鼉回灞，至此一里六分。

五閘陡門東，自丁山西麓南行，至此七里三分。

勞家陡門，自五閘陡門東首南行，至此八里四分。與武康縣及杭州府仁和縣分界。

西門又名賓塵門。

幹路

大莊嶺南麓，自西門外北行，迤而東北，至此二里五分。嶺高十丈。

大莊嶺北麓，自大莊嶺南麓西北行，至此一里。

司馬嶺北麓，自大莊嶺北麓北少東行，折而西北，至此二里。嶺高十二丈四尺。

保宸橋，自司馬嶺北麓北少東行，至此二里二分。

萬成橋，自保宸橋北少東行，至此一里二分。

洛舍鎮，大通橋。自萬成橋北少西行，至此二里三分。

永閏橋，自大通橋西行，折而北，至此一里一分。與武康縣分界。

北門又名禮辰門。

幹路

玉塵山南麓，自北門外北行，至此一里三分。又北行迤西二里三分至大莊嶺北麓，與西門幹路合。

湖州府武康縣

水路道里記

苕溪一名東苕溪，又名龍溪。自塘涇陡門以下又名清溪餘不溪。

經流

唐家渡，苕溪自杭州府錢塘縣流至此入境，唐家渡迤東與錢塘分水。以下至奉口陡門皆同。東流至上牽埠三里一分。

南窑渡，自上牽埠北流迤西，至此一里四分。水深一丈六尺，面闊三十二丈。

奉口陡門，自南窑渡北流迤東，至此一里四分。有宦塘河自東來注之。奉口陡門迤北與仁和縣分水。以下至勞家陡門皆同。

楊墳渡，自奉口陡門北流迤西，至此三里七分。水深一丈三尺，面闊三十五丈。有禺溪水自西來會之。見後。

巽陡門，自楊墳渡北流，至此二里四分。水深一丈三尺，面闊三十七丈。分一支西流入陡門，爲封溪。見後。

徐公亭，自巽陡門東北流，經險塘，一名張公隄。至此三里三分。水深九尺，面闊四十一丈。

勞家陡門，自徐公亭北流迤東，至此三里三分。水深一丈五尺，面闊三十六丈。分一支東流入陡門。勞家陡門迤北與德清分水。以下皆同。

塘涇陡門，自勞家陡門北流，至此一里一分。水深一丈五尺，面闊三十六丈。分一支西流，爲塘涇河。

曹灣，自塘涇陡門北流迤東，至此四里。

五閘陡門，自曹灣東北流，折而北少東，至此二里八分。水深一丈七尺，面闊四十丈。

莫家兜東，自五閘陡門北流迤東，至此五里三分。水深一丈六尺，面闊三十八丈。與德清縣分界。

枝流禺溪。

高池山南，禺溪自此發源，東流至計家橋四里一分。

環橋，自計家橋曲曲東流少北，至此四里八分。又東少北流二里，至楊墳渡南入苕溪。

枝流封溪。

洪家碉南，封溪自巽陡門分苕溪之水西流迤北，至此九分。水深二尺，面闊十四丈。分一支北流，爲洪家碉水。見後。又分一支西南流，爲烏龍漾，漾周二里三分。

崇善橋南，自洪家碉南口西流迤北，至此二里。分一支北流，爲崇善河。見後。

八字橋，自崇善橋南口西北流，至此一里一分。水深七尺，面闊九丈。分一支北流，爲八字橋水。見後。

石硐南口，自八字橋西北流，至此一里。

新甯橋，自石硐南口西北流，至此一里二分。

老虎橋，自新甯橋西流迤北，至此五分。水深九尺，面闊十二丈。

五龍漾北口，自老虎橋西流迤北，至此二里八分。漾周三里六分。

隱塘西橋，自五龍漾北口西流，越湘溪迤北，至此二里八分。水深一丈三尺，面闊八丈。

上渡橋，自隱塘西喬北流，越北湘溪迤西，至此二里八分。

新宅陡門，自上渡橋西流，至此二里二分。以上通舟，以下僅存故道。又北流迤西三里至桂枝橋，入餘英溪。

枝流洪家硐水。

楊家角，洪家硐水自巽陡門西北，分封溪之水北流迤西，至此三里九分。水深一丈二尺，面闊十二丈。

周家橋，自楊家角西流，越崇善河，至此一里九分。

周家漾西，自周家橋西流，至此一里六分。

新橋，自周家漾西口西流迤北，至此一里七分。又北流迤西二里六分出石蓮頭，至雙橋入湘溪。

枝流崇善河。

和睦橋，崇善河自崇善橋分封溪之水東北流，至楊家角越洪家硐水，又北流，至此四里。

徐家蕩村，自和睦橋北流迤東，至此九分。水深一丈四尺，面闊十八丈。

塘涇河口，自徐家蕩村北流迤東，至此一里八分。

風渚湖東，自塘涇河口北流，至此二里三分。

湖山村東，自風渚湖東口北流迤東，至此八分。水深一丈，面闊九尺。

五閘陡門西口，自湖山村東首北流，至此三里三分。水深一丈，面闊八尺。

界河西口，自五閘陡門西口北流，至此二里九分。又北流二里四分至永安橋南口，與後溪塘河會。與德清縣分界。自湖山村至此，一名楊林港。

枝流八字橋水。

趙家橋，八字橋水自八字橋分封溪之水北流迤東，至周家橋越洪家硐水，又東北流，至此四里。

四都市東，自趙家橋北流，至此七分。

東十字港口，自四都市東口北流，至此一里四分。

風渚湖北口，自東十字港口越塘涇河北流，至風渚湖南口一里。又北迤西，至此一里八分。又北流迤西一里五分，至朱家港北入湘溪。湖周七里七分。

餘英溪上爲盤溪，下爲餘英溪，又爲前溪，又爲黄山溪，又爲長安溪，又爲沙溪。

經流

下郎村，界橋。餘英溪自杭州府餘杭縣流至此入境。又東北流，過河埠橋三里七分。有安吉縣安武橋水自西北來注之。

下溪橋，自河埠橋東北流，折而東南，至此一里四分。

東沈村南，自下溪橋東南流，折而東北，至此一里三分。

竹橋，自東沈村南首東流迤北，至此二里八分。

盤山堰，自竹橋東少北流曲曲，至此四里三分。堰長五丈。

簰頭鎮，秋家橋。自盤山堰曲曲東流，至此三里六分。有合溪水自北來會之。見後。以上爲盤溪。

大堰橋，自秋家橋東流迤南，至此一里二分。一作大溪橋。以下爲餘英溪。

息筏灘，自大堰橋東南流，至此四里三分。有莫干山水自西北來會之。見後。

毛魚潭，自息筏灘東流迤南，至此二里七分。潭深四尺。有巖山水自西南來會之。見後。

上長灘，自毛魚潭東北流，至此二里一分。

釣魚潭，自上長灘東北流，至此一里七分。潭深七尺。

岑嶺灣，自釣魚潭東流迤南，至此二里三分。有永安山水自北來注之。

姚潭，自岑嶺灣東流，過碧玉潭，一名龍潭，潭深五丈。又東北流，至此三里五分。潭深一丈。

萬寶堰，自姚潭東流迤南，至此一里三分。堰長十一丈。

新塘灘，自萬寶堰東流迤南，至此二里八分。分一支北流，爲後溪塘河。又分一支南流，爲白沙灘。並見後。以下爲前溪。

千秋橋，自新塘灘東流迤南，過縣治南，至此二里四分。以上筏路。

桂枝橋，自千秋橋東流，至此一里。有封溪故道自南來會之。見前。

鼓兒橋北，自桂枝橋東流迤南，至此一里九分。分一支南流，爲官溪。

繆家漾，自鼓兒橋北口東北流，至此二里一分。漾周二里三分。分一支東南流，爲南沙港。見後。以上夏秋盛漲，可通舟。以下舟路。

板橋，自繆家漾東北流，越後溪，至此九分。水深八尺，面闊六丈。以下爲黄山溪。

獅山漾，自板橋東北流，至此二里二分。漾周二里八分。有阜溪自西來會之。見後。

黄山鋪，自獅山漾東流，至此一里四分。

長安市，自黄山鋪東流迤北，至此七里三分。水深七尺，面闊十丈。有湛星港水逾箬帽漾，自南來會之。見後。以下爲長安溪。

邱家橋東，自長安市北流迤東，至此二里四分。水深一丈，面闊十五丈。

夏家村，自邱家橋東口東流迤北，越五官瀆水，又東北流，至此二里四分。水深一丈，面闊十四丈。

黄隴山東，自夏家村東流，折而北，至此二里九分。有枇杷漾水自南來會之。見後。又分一支西北流，由武德橋通北溪。

德武橋北，自黄隴山東首曲曲東北流，逾德清縣境，復入本境，至此三里三分。水深一丈四尺，面闊十三丈。有北溪自西來會之。見後。分一支東流，爲太保塘河。與德清分界。

營前村，自德武橋北口北流迤東，至此三里。水深一丈三尺，面闊十五丈。東北通洛舍漾。以下爲沙溪。

關廟渡，自營前村東北流，至此一里一分。水深一丈三尺，面闊十五丈。

放渚湖東，自關廟渡北流，至此六分。水深一丈八尺，面闊三十三丈。西通東山漾。

石臼河北口，自放渚湖東口北流，至此一里八分。東通洛舍漾，西通東山漾。與歸安縣分界。至歸安界爲西塘河。

枝流合溪。

冷水壩，合溪自安吉縣流至此入境，又東流迤南，至和睦橋一里。

范隖北口，自和睦橋東流迤南，至此二里五分。有范隖山水自南來注之。

李家橋南，自范隖北口東流迤北，至此一里七分。有雲盪山水自北來注之。

姜灣橋，自李家橋南首曲曲東北流，過楊灣村，至此五里三分。有銀子山水自東北來注之。

俞家橋，自姜灣橋南流迤東，至此一里三分。

合溪橋西口，自俞家橋東流迤南，至此一里一分。有雙溪水自東北來會之。見後。

烟隖橋，自合溪橋西口東南流，至此一里三分。又南流迤東一里四分，至箬頭鎮之秋家橋，入餘英溪。以上筏路。

枝流雙溪。

銅峴山，雙溪自此發源南流，過大造隖村，至陳家橋四里三分。有天泉山西派水，自東北來注之。

中姚村廟橋，自陳家橋南流迤東，至此三里五分。有雲盪山水自西南來注之。

陸家橋南，自中姚村廟橋東流迤南，至此四里一分。有天泉山東派水，自東北來注之。

金雞灣，自陸家橋南口曲曲東流，繞五峰山南，又南流迤東，至此四里九分。有塔山水自北來注之。

小溪橋，自金雞灣東流迤南，至此二里四分。有石頤山水自東北來注之。又南流迤西四里二分至合溪橋西口，入合溪。以上筏路。

枝流莫干山水。

三周隖，莫干山水自此發源，東南流至石頤村一里九分。

飛仙橋，自石頤村南流，至此二里。

鴨蛋隖，自飛仙橋東南流，折而西南，至此二里六分。

野山隖，自鴨蛋隖南流迤西，至此二里。

上下莊，自野山隖南流，至此一里五分。

廟橋，自上下莊南流，至此一里七分。

小觀橋，自廟橋西南流，折而東南，至此三里二分。又東南流一里二分至息筏灘，入餘英溪。以上筏路。

枝流巖山水。

陰山隖，巖山水自此發源，東流迤南，折而東北，至芳桃隖南三里三分。

蛇盤隖南，自芳桃隖南首東北流，至此二里二分。

主堰橋，自蛇盤隖南首東流，至此二里四分。有箬嶺水自西南來注之。

楊東橋，自主堰橋東北流，至此四里。又東北流八分至毛魚潭，入餘英溪。以上筏路。

枝流後溪塘河。

堂子橋，後溪塘河自新塘灘分餘英溪之水東流曲曲，至此八分。

龍尾橋，自堂子橋東流迤北，至此二里五分。以上筏路，以下舟路。

高津橋，自龍尾橋東流，至此二里一分。水深七尺，面闊七丈。

回龍橋，自高津橋東流，至此一里三分。水深五尺，面闊四丈。

青魚潭西，自回龍橋東流，越前溪、繆家漾，至此一里八分。分一支北流，通孟家橋。

新豐橋，自青魚潭西口東流，越南沙港口，至此一里一分。水深一丈八尺，面闊八尺。

十字港口，自新豐橋東流迤北，至此二里一分。水深一丈八尺，面闊八丈。

上跨塘橋，自十字港口東流迤北，至此一里七分。水深一丈四尺，面闊十丈。

安定橋南，自上跨塘橋東流，至此八分。有橫港水自南來注之。

中跨塘橋，自安定橋南口東流迤北，至此一里五分。水深一丈二尺，面闊八丈。

久橋南口，自中跨塘橋東流迤北，至此四分强。

下跨塘橋，自久橋南口越烏山港東流迤北，至此二里四分。水深一丈四尺，面闊九丈。有湘溪水自南來會之。見後。

永安橋，自下跨塘橋東流，至此五分。有崇善河自南來會之。見前。與德清縣分界。

枝流白沙灘水。

涼亭橋，白沙灘水自新塘灘分餘英溪水東南流，至此四里七分。

古壩橋，自涼亭橋南流迤東，至此一里四分。以上淤淺，以下通舟。

太平橋，自古壩橋南流迤東，至此一里九分。又南流迤東二里八分出和平橋，至庵前橋東，會北湘溪。

枝流南沙港。

上林橋北，南沙港自繆家漾分餘英溪之水東流，至此三里一分。又東流二里六分，與湛星港會。

新豐橋西，自上林橋北口北流，至此一里。水深五尺，面闊七丈。

大通橋，自新豐橋西口北流，至此五分。水深四尺，面闊三丈。又北流二里至黄山鋪東南，水深四尺，面闊四丈。仍入餘英溪。

枝流阜溪。

分水嶺，阜溪自此發源，東北流，至寨山橋八里八分。

龍行橋，自寨山橋東流迤南，至此一里。

銅官橋，自龍行橋東南流，至此二里五分。

延壽橋，自銅官橋東南流，至此四里二分。

上市橋，自延壽橋東北流，至此一里六分。有高峰西水，自西北來注之。見後。

三橋埠，太平橋。自上市橋北流，折而東，至此一里一分。

時津橋，自三橋埠太平橋東流，至此一里七分。有高峰東水自北來注之。見後。以上筏路，以下舟路。

郭林橋，自時津橋東南流，至此一里强。水深六尺，面闊七丈。以下名郭林溪。又東流，折而南四里六分至獅山漾東口，入餘英溪。

枝流高峰西水。

高峰山西麓，高峰西水自此發源，南流迤東，至餘慶橋一里五分。

五里橋，自餘慶橋南流，至此四里。

石南橋，自五里橋東南流，至此一里八分。有天池山水自西北來會之。見後。又東南流四里九分至上市橋南口，以上筏路。入阜溪。

枝流天池山水。

天池山，天池山水自此發源，東南流，至烏程橋七里。

莊家橋，自烏程橋東流迤南，至此一里三分。又東流迤南二里九分至石南橋南口，以上筏路。入高峰西水。

枝流高峰東水。

長嶺岡，高峰東水自此發源東流，折而南，至鮑家莊四里三分。

廣利橋，自鮑家莊南流迤東，至此一里四分。有耀武關水自東北來注之。

亭子橋，自廣利橋南流，至此四里二分。

西首漾，自亭子橋東南流，折而南，至此一里四分。漾周二里四分。有青山諸小水，自東來注之。又南流一里八分至時津橋西，入阜溪。

枝流五官瀆水。

鏡臺山，赤塢。五官瀆水自此發源，東流迤北，至河圖村一里九分。

嚴家橋，自河圖村東少北流，至此一里五分。水深三尺，面闊三丈。分一支北流，通沈豐橋，爲内河。又東流一里四分至邱家橋，入餘英溪。

枝流北溪。

鏡臺山，赤山塢。北溪自此發源，東流迤北，至夏沈橋三里四分。水深四尺，面闊二丈。以上筏路，以下舟路。

小山漾，自夏沈橋東流迤北，至此四里五分。漾周五里七分，東南與餘英溪會。又東流二里逾德清縣境，至界潭東口入餘英溪。

湘溪下流爲罨畫溪，又爲上渚河，又爲嘗里河。

經流

界嶺，湘溪自此發源，東流迤北，至前埠橋六里。

永保橋，自前埠橋東北流，至此一里六分。

谷橋，自永保橋東流迤北，至此四里一分。

上柏鎮，望仙橋。自谷橋東流，至此一里三分。以上筏路，以下舟路。

北斗方南，自望仙橋北流，至此一里一分。水深四尺，面闊六丈。分一支東北流，爲北湘溪。

龍鳳橋北，自北斗方南口東南流，至此二里。有馬頭關水自南來會之。又有岑山水，自北來會之。俱見後。

永勝橋北，自龍鳳橋北口東流迤南，至此一里一分。有梯子嶺水自西南來會之。見後。

高德橋，自永勝橋北口東流，至此一里一分。水深七尺，面闊九丈。有百家漾水自北來注之。

下柏鎮，崇仁橋。自高德橋東流迤北，至此三里四分。水深八尺，面闊九丈。以下爲罨畫溪。

五龍漾，自崇仁橋東流迤北，至此二里五分。漾周三里六分。有九圖嶺水自南來會之。見後。以下爲上渚河。

雙橋，自五龍漾北流，越封溪，過五龍橋，又北流迤東，至此二里五分。有洪家㶁水，自東來會之。見前。又有北湘溪水，自西來會之。見後。又有官溪水，出北雙橋來注之。

壽昌橋，自雙橋東北流，至此二里七分。水深九尺，面闊八丈。

二都市，自壽昌橋東北流，至此一里四分。

駱家漾，自二都市東北流，至此一里三分。漾周四里五分。其東會苕溪、封溪之水爲風渚湖。以下爲嘗里河。

朱家港，自駱家漾東北流，至此二里五分。有風渚湖水自南來會之。見前。

通濟橋東，自朱家港東北流，至此一里。東受風渚湖水。分一支西北流，爲湛星港。見後。又北流六里五分至下跨塘橋東，與後溪塘河會。

枝流北湘溪。

清泉橋東，北湘溪自北斗方分湘溪之水北流迤東，至此二里五分。

庵前橋，自清泉橋東口東流，越岑山水，至此一里五分。水深七尺，面闊八丈。有白沙灘水，自北來會之。見前。

南津橋，自庵前橋東流迤北，至此四里一分。水深六尺，面闊五丈。又東流迤南，越封溪，三里四分至南雙橋，仍入湘溪。

枝流馬頭關水。

關橋，馬頭關水自餘杭縣界發源，流至此入境，又北流迤東，至太平橋九分。橋南四分，有馬頭山陰水自西北來注之。

魚山橋，自太平橋北流迤東，至此一里七分。

殿子橋，自魚山橋北流迤東，至此一里九分。有金車山水自西來注之。

雙板橋北，自殿子橋東流，至此七分。南與梯子嶺水會。

對脚橋，自雙板橋北口北流，至此四里八分。以上筏路，以下舟路。又東流，折而北，三里七分至龍鳳橋，入湘溪。

枝流岑山水。

横岡嶺，岑山水自此發源，東北流，至嶺西村一里九分。

顧家橋，自嶺西村東北流，至此三里四分。

清水橋，自顧家橋東流迤北，至此一里九分。有錢公隝水自西來注之。

陰山橋，自清水橋東流迤北，至此一里九分。有淡嶺響隝水自西北來注之。

王康橋，自陰山橋曲曲東流，至此一里九分。

廟前橋，自王康橋東流少南，至此一里一分。

鴻漸橋，自廟前橋東流，至此二里八分。

清泉橋，自鴻漸橋東南流，越北湘溪，至此一里八分。以上筏路，以下舟路。

石羊橋，自清泉橋南流，至此一里四分。水深七尺，面闊五丈。又南流九分至龍鳳橋，入湘溪。

枝流梯子嶺水。

梯子嶺東北麓，梯子嶺水自此發源，北流少東，至陸家橋六里一分。

政和橋，自陸家橋北流迆西，至此二里一分。北與馬頭關水會。

茅草橋，自政和橋北流，折而東，至此二里四分。

雅溪橋，自茅草橋東流迆北，至此一里六分。又東北流三里一分至永勝橋北口，入湘溪。以上皆筏路。

枝流九圖嶺水。

九圖嶺北麓，九圖嶺水自此發源，東北流，至前文橋一里六分。

闞富橋，自前文橋東北流，至此二里二分。

橫硐橋，自闞富橋東北流，至此三里。

公平橋，自橫硐橋東北流，至此二里二分。又北流迆東一里四分至五龍漾，入湘溪。以上皆筏路。

枝流湛星港。

烏卜山東南，湛星港自通濟橋分湘溪之水西北流，至此二里一分。分一支北流，爲烏山港。見後。

橫港南，自烏卜山東南口西流迆北，至此一里三分。水深一丈二尺，面闊九丈。分一支北流，爲橫港。

南沙港口，自橫港南首西流迆北，至此二里五分。西與南沙港水會。

橫塘橋，自南沙港口北流迆西，至此二里。水深八尺，面闊九丈。又北流迆東七里五分越後溪塘河及箬帽漾，漾周一里八分。至長安市北入餘英溪。

枝流烏山港。

落水橋，烏山港自烏卜山東南，分湛星港之水北流，至此四里九分。水深一丈，面闊十一丈。

草堂村西口，自落水橋北流，越後溪塘河，過久橋，至此一里二分。分一支東流，入德清縣界。

久橋漾，自草堂村西口北流迆東，至此一里七分。久橋漾迆北與德清分。以下至枇杷漾北皆同。

烏鴨灘，自久橋漾北流迆東，一名圣堂港。至此三里一分。水深一丈，面闊九丈。有秋山溪自西來注之。

枇杷漾，自烏鴨灘北流，過東勝橋，至此二里四分。又北流一里九分逾德清縣境，復入本境，至黄隴山東入餘英溪。

陸路道里記

東鄉縣無城，自縣前鋪起。餘倣此。

幹路

千秋橋，自縣前鋪南行，至此三分。

豎溪村，自千秋橋南口東行迆南，至此五分。

主亭橋，自豎溪村東行迆南，至此九分。

鼓兒橋，自主亭橋東行迆南，至此一里八分。

涼亭橋，自鼓兒橋東行，至此三里九分。

寶園嶺，自涼亭橋東南行，至此一里三分。嶺高十七丈。

畺界嶺，自寶園嶺東南行，至此二里六分。嶺高三十六丈。

通濟橋，自畺界嶺東行，至此五里四分。

下跨塘橋，自通濟橋北行，至此六里三分。

永安橋，自下跨塘橋東行迆北，至此四分。與德清縣分界。

枝路

河圖村，自鼓兒橋南行迆東，至此四里九分。

石涼亭，自河圖村東南行，至此三里。

南雙橋，自石涼亭東南行，至此一里五分。

五龍橋渡，自南雙橋南行，至此一里二分。

老虎橋，自五龍橋渡東行迆南，至此三里一分。

新甯橋，自老虎橋東南行，至此六分。

八字橋，自新甯橋東南行，至此一里九分。又東行迆南四里一分至巽陡門，與東南鄉幹路内自楊墳市起之枝路合。

枝路

上林橋，自涼亭橋東行迆北，至此八分。

新豐橋，自上林橋北行，至此一里四分。自此北行，折而西，至孟家橋計一里九分。

橫塘橋，自新豐橋東行，至此二里一分。西南通上林橋。

上跨塘橋，一名白雲橋。自橫塘橋東行，至此二里。

中跨塘橋，自白雲橋東行，至此二里四分。又東行二里八分至下跨塘橋入幹路。

枝路

丁家村，自亹界嶺南行，至此二里九分。

嶺西村，自丁家村東南行，至此四分。

二都市，封山南麓。自嶺西村東行，至此一里六分。

觀音嶺，自二都市東北行，至此二里九分。又東北繞楊家山麓，一里五分至通濟橋，入幹路。

壽昌橋，自嶺西村東行，折而西，至此一里六分。

嶼山村，自壽昌橋南行，至此一里八分。

新橋，自嶼山村南行，至此一里五分。又南行少東一里三分至老虎橋，與自鼓兒橋起之枝路合。

龍興橋，自嶼山村東行，至此四里四分。

和睦橋，自龍興橋東行，折而南，至此三里。又東行二里三分至壩橋村，與東南鄉幹路内自楊墳市起之枝路合。

東南鄉

幹路

竺爾橋，自縣前鋪南行，至千秋橋折而東行，過豎溪村，又南行，至此二里一分。

新宅陡門，自竺爾橋南行迤東，至此二里六分。

上渡橋，自新宅陡門南行迤東，至此二里二分。

下渡橋，自上渡橋東南行，至此一里六分。

南津橋，自下渡橋東行迤南，至此一里六分。

下柏鎮，自南津橋南行，至此三里。

公平橋，自下柏鎮東行迤南，至此一里五分。

新甯村，自公平橋東行，至此三里四分。

大賽村，自新甯村南行迤東，至此二里二分。

大嶺，自大賽村東南行，至此二里七分。

石牌頭，自大嶺東南行，至此一里二分。

楊墳市，禺山南麓。自石牌頭東南行，至此八分。

成功嶺，自楊墳市東行折而南，至此三里六分。

南窑渡，自成功嶺南行折而東，至此一里九分。與杭州府錢塘縣分界。

枝路

觀音堂，自下柏鎮南行迤東，至此二里七分。

高池山北麓，自觀音堂東南行，至此二里六分。

高池山上，自高池山北麓東南行，至此一里九分。

高池山南麓，自高池山上東南行，至此二里。

計家橋，自高池山南麓東行，至此二里三分。

茅山嶺北麓，自計家橋南行迤東，至此二里九分。

茅山嶺南麓，自茅山嶺北麓南行迤東，過茅山嶺，至此一里六分。嶺高三十五丈。

界山村，自茅山嶺南麓南行迤東，至此一里一分。

唐家渡，自界山村南行，至此八分。與杭州府錢塘縣分界。

枝路

楊墳渡，自楊墳市東行，至此二里。

巽陡門，自楊墳渡北行，至此二里四分。

徐公亭，自巽陡門北行迤東，至此三里一分。

壩橋村，自徐公亭北行，至此一里四分。

塘涇陡門，自壩橋村北行，至此二里八分。西爲塘涇市。

曹灣，自塘涇陡門北行迤東，至此四里三分。

五閘陡門，自曹灣北行迤西，至此三里一分。

莫家兜，自五閘陡門北行迤東，至此六里一分。與德清縣分界。

南鄉

幹路

坊上村，自縣前鋪南行，過千秋橋，折而西行，至此一里六分。

老涼亭南口，自坊上村南行，至此四里三分。東北通涼亭橋。

城山廟前橋，自老涼亭南口南行迤西，至此二里七分。

焦墳嶺，自城山廟前橋西南行，至此一里四分。嶺高八丈。

西山廟前橋，自焦墳嶺西南行，至此一里二分。

温村，自西山廟前橋南行，折而東，至此二里三分。

谷橋南口，自温村南行，至此一里二分。

上柏鎮，自谷橋南口東行，至此一里四分。
道通橋，自上柏鎮南行，至此四分。
黄光亭，自道通橋南行，至此二里。
殿子橋，自黄光亭南行，至此二里五分。
魚山橋，自殿子橋南行，折而西，至此一里九分。
太平橋，自魚山橋南行迤西，至此一里五分。
馬頭關橋，自太平橋西南行，至此八分。與杭州府餘杭縣分界。

戎路

王康橋，自西山廟前橋北岸西行，過上橋，由南岸西行，至此一里一分。
陰山橋，自王康橋北岸西行，至此一里七分。
顧家橋，自陰山橋南岸西行，過清水橋，由北岸西行，至此四里。
嶺西村，自顧家橋南岸西南行，至此三里七分。
横岡嶺，自嶺西村西南行，至此三里一分。嶺高三十四丈。與杭州府餘杭縣分界。

枝路

水橋，自谷橋南口西行，至此八分。
何家橋，自水橋西行，至此二里一分。
永保橋，自何家橋西行迤南，至此一里二分。
前埠橋，自永保橋西行，至此一里四分。
更鋪頭，自前埠橋西行迤南，至此八分。
理文橋，自更鋪頭曲曲西南行，至此三里。
卸車嶺北麓，自理文橋過橋南行，至此二里四分。
卸車嶺上，自卸車嶺北麓南行迤東，至此九分。嶺高十四丈。與杭州府餘杭縣分界。
蟠山嶺，自水橋西行迤南，繞金車山西北麓，至此七里四分。一名海龍堂，嶺高四十六丈。又東南行，繞覆舟山南麓，七里六分至馬頭關橋，入幹路。

枝路

龍鳳橋，自上柏鎮東行，至此一里九分。
永勝橋，自龍鳳橋東行迤南，至此一里五分。又東行迤北四里五分至下柏鎮，入東南鄉幹路。

枝路

茅草橋，自道通橋東南行，迤而西南，至此三里一分。
政和橋，自茅草橋南行，至此二里五分。
波斯村，自政和橋南行，至此一里四分。
梯子嶺北麓，自波斯村南行，至此三里六分。
梯子嶺，自梯子嶺北麓南行，至此一里一分。嶺高五十八丈。與杭州府錢塘、餘杭兩縣分界。
陸家橋，自政和橋南行迤東，至此一里九分。
九圖嶺北麓，自陸家橋東行迤南，至此四里二分。
九圖嶺上，自九圖嶺北麓南行迤東，至此一里二分。與杭州府錢塘縣分界。

西南鄉

幹路

小嶺村，自縣前鋪南行，過千秋橋，折而西行，過切上村，至此三里八分。
花石村，自小嶺村西行，至此二里六分。
岑嶺灣南岸，自花石村西行，至此二里。
長鄭嶺，自岑嶺灣南行，至此三里五分。嶺高二十三丈。
吴家村，自長鄭嶺南行迤西，至此一里九分。
淡嶺西麓，自吴家村西北行，過淡嶺，至此二里七分。嶺高二十丈。
石牌前，自淡嶺西麓西行迤南，至此一里一分。
九都市，自石牌前西北行，至此二里一分。一名楊家庫村，西北通小觀橋。
主堰橋，自九都市西南行，至此三里一分。
德高隖口，自主堰橋西行，至此三里三分。
箬嶺，自德高隖口西南行，至此二里七分。與杭州府餘杭縣分界。

枝路

高家村，自石牌前西南行，至此三里。
李家村，自高家村西南行，至此三里。
沈家村，自李家村西南行，至此一里五分。
石門坑，自沈家村曲曲南行，至此二里三分。與杭州府餘杭縣分界。

西鄉

幹路

堂子橋，自縣前鋪西行迤北，至此一里八分。

萬家村，自堂子橋西行迤北，至此二里四分。

香水橋，自萬家村西行迤南，至此四里七分。

張村，自香水橋西行，至此一里二分。

對隖村，自張村西行迤南，至此三里五分。

小觀橋，自對隖村西行，至此四里一分。東南通九都市。

幫磡村，自小觀橋西北行，至此一里六分。

大堰橋，自幫磡村西行迤北，至此一里九分。

秋家橋，自大堰橋西行，至此五分。

盤山堰，自秋家橋西行迤南，至此三里。

竹橋，自盤山堰西行，至此三里六分。

東沈村，自竹橋西行迤南，至此一里七分。

河埠橋，自東沈村曲曲西行迤南，至此二里三分。

下郎村，自河埠橋西南行，至此三里七分。與杭州府餘杭縣分界。

枝路

廟橋，自幫磡村北行迤東，至此三里。

分水嶺，自廟橋北行迤東，至此二里三分。嶺高十七丈。

胡村，自分水嶺東北行，至此三里四分。又東北行四里七分至康城村，與北鄉幹路内自莊家橋起之枝路合。

枝路

外姚村，自大堰橋西南行，至此三里一分。

裏姚村，自外姚村西南行，至此三里四分。

宣家村，自裏姚村西南行，至此二里一分。

石胡梯嶺，自宣家村西南行，至此二里七分。與杭州府餘杭縣分界。

枝路

合溪橋，自秋家橋曲曲西北行，至此三里一分。

姜灣村，自合溪橋西行迤北，至此三里五分。

李家橋，自姜灣村西北曲曲行，至此五里八分。

和睦橋，自李家橋西行迤北，至此三里四分。

冷水壩，自和睦橋西行迤北，至此一里。與安吉縣分界。

小溪橋，自合溪橋東北行，至此五里。

金雞灣南口，自小溪橋西北行，至此二里七分。

陸家橋，自金雞灣南口西行迤北，至此五里二分。

馮家橋，自陸家橋西北行，至此一里五分。

中姚村，自馮家橋北行迤西，至此三里二分。

裏姚村，自中姚村西北行，至此一里二分。

銅嶺，自裏姚村西北行，至此二里九分。嶺高三十四丈。與安吉縣分界。

陳家橋，自中姚村北行，至此三里。東爲大造隖村。

木竹隖，自陳家橋北行，至此四里八分。

楊濠嶺，自木竹隖北行，至此一里九分。嶺高八十四丈。與安吉縣分界。

北鄉

幹路

龍尾橋，自縣前鋪東行，折而北，至此九分。

北津橋，自龍尾橋北行迤東，至此一里八分。

延壽橋，自北津橋西行迤北，至此二里二分。

莊家橋，自延壽橋西北行，至此六里八分。

佛泉橋，自莊家橋北行迤西，至此二里九分。

界嶺，自佛泉橋北行迤東，至此四里三分。與歸安縣分界。

枝路

河上圩，自北津橋東行，折而北過郭林橋，至此四里。

法雲橋，自河上圩北行，至此二里六分。

廟前橋，自法雲橋東行，至此一里二分。

沈家村，自廟前橋北行，至此二里八分。西北通青霄嶺。

青山關，自沈家村西北行，至此三里九分。與歸安縣分界。

枝路

上市橋，自延壽橋北行，至此一里六分。西北通石南橋。

三橋埠，自上市橋北行，至此一里。

亭子橋，自三橋埠過太平橋曲曲北行，至此四里三分。

廣利橋，自亭子橋北行，至此三里八分。西北通筌嶺。

耀武關，自廣利橋北行迤西，至此一里五分。與歸安縣分界。

石南橋，自上市橋西北行，至此四里三分。

後行村，自石南橋北行迤西，至此四里九分。

石角嶺，自後行村北行迤西，至此三里。嶺高四十二丈。與歸安縣分界。

枝路

康城村，自莊家橋曲曲西行，至此二里五分。

勞嶺，自康城村西行迤北，至此五里九分。嶺高三十八丈。

紫嶺村，自勞嶺西行迤南，至此三里四分。

外嶺，自紫嶺村西北行，至此二里九分。嶺高二十四丈。

銀杏村，自外嶺西行迤南，至此一里八分。

後隖村，望雲橋。自銀杏村北行迤西，至此三里九分。東北通莫干嶺。

下莊嶺，自後隖村北行迤西，至此三里八分。嶺高五十八丈。

大造隖村，自下莊嶺北行迤西，至此二里八分。

康嶺，自大造隖村西行，過陳家橋，折而北，至此二里三分。嶺高二二四丈。與安吉縣分界。

東北鄉

幹路

千秋橋，自縣前鋪南行，至此二分。以下皆驛路。

桂枝橋，自千秋橋東行迤南，至此一里。

楊樹灣，自桂枝橋東行，至此三里六分。

回龍橋，自楊樹灣北行迤東，至此一里。

板橋，自回龍橋北行迤東，至此九分。

孟家橋，自板橋東行，至此一里。

黃山橋，即廣乘橋。自孟家橋北行，折而東北，至此二里七分。

暗嶺南，自黃山橋北行迤東，至此五里二分。

長安市，自暗嶺南首北行迤東，至此二里。

嚴家橋，自長安市東北行，至此二里。

大施鋪，自嚴家橋北行迤東，至此二里一分。

夏沈橋，自大施鋪北行，至此二里二分。

東山村，自夏沈橋東行迤北，至此二里一分。

界潭，自東山村東行，入德清縣境，過龍匡橋，至此三里七分。

分水鋪，即營前村。自界潭北行迤東，復入本境，至此二里二分。

塘頭村，自分水鋪北行迤東，至此一里六分。

亞圣村，自塘頭村北行迤西，至此一里二分。在東山漾南。與歸安縣分界。

湖州府安吉縣

水路道里記

苕溪

經流

獅子渡西，苕溪自孝豐縣流至此入境，又東北流至獅子渡一里。水深六尺五寸，面闊二十六丈。

富圩村，自獅子渡西北流，至此二里七分。分一支東流入木橋。

東圩村，自富圩村西北流，至此二里。

紫溪渡，自東圩村東北流，至此一里六分。水深六尺，面闊二十七丈。

鄒家上，自紫溪渡北少東流，至此一里八分。有錫圩水自西來注之。

上吉村，自鄒家上北流，至此一里六分。

李家村，自上吉村東北流，至此一里五分。分一支南流，入昇慈橋。

東嶽廟，自李家村北少東流，至此二里。

德新渡，自東嶽廟東北流，過丁家岸，至此二里六分。水深七尺，面闊三十八丈。

靈芝塔，自德新渡東北流，至此一里二分。有東溪自南來會之。見後。

馬家渡，自靈芝塔東北流，至此一里。水深五尺，面闊三十五丈。有丁埠港自東南來會之。見後。

點燈山西，自馬家渡北流，至此二里五分。分一支西流，入蔣家橋。分一支西北流，通細畝湖。

温家灘渡，自點燈山北流，至此二里。水深六尺，面闊三十九丈。有魯家溪自東南來會之。見後。

邵灣村，自温家灘渡東流，折而北，至此二里五分。

橫塘，自邵灣村東北流，折而西北，至此二里六分。

徐村灣，自橫塘東北流，至此一里五分。分一支東北流，入小橋。

曹埠村，自徐村灣東北流，至此一里。有裏溪自西南來會之。見後。

陽山麓，自曹埠村東北流，至此二里。分一支西北流，通烏山港。

浮塘橋東，自陽山麓北流，至此二里五分。有西溪橋水自西南來注之。

烏山圩村，自浮塘橋東北流，至此四里四分。分一支東北流，爲豬婆港。見後。

梅溪鎮，自烏山圩村東北流，至此一里六分。有渾泥港自西南來會之。見後。

梅溪渡，自梅溪鎮東北流，至此一里五分。水深五尺，面闊二十八丈。

公杜村，自梅溪渡北少西流，至此一里四分。有四公溪自南來會之。見後。

楊家橋東，自公杜村西北流，至此五里六分。有莊溪自西來會之。見後。

荊灣市，自楊家橋北少西流，至此二里。

大塘山麓，自荊灣市東北流，至此一里四分。

一石橋東，自大塘山麓西北流，至此一里三分。有徐溪自西來會之。見後。

雙忠祠，自一石橋北少西流，至此一里二分。

顔村渡，自雙忠祠北少東流，至此二里。水深六尺，面闊二十六丈。

石坎村，自顔村渡西北流，至此一里九分。

小渡口，自石坎村東北流，至此二里九分。分一支東北流，入趙家橋。

小溪口市，小溪橋。自小渡口東少北流，至此四里四分。水深六尺，面闊二十四丈。與長興縣分界。

枝流東溪。

獨松嶺，東溪自此發源，西北流，過獨松關，至雙溪橋三里一分。有饅頭山水自東來注之。

總管橋，自雙溪橋西北流，至此四里八分。分一支西流，入鎮龍橋。

中橋，自總管橋北流，至此七分。有祥溪自東來會之。見後。

中靜寺，自中橋北少東流，至此一里七分。有梅園溪自東北來會之。又有豐食溪自西南來會之。皆見後。

夕照橋，自中靜寺北流，至此一里七分。

歷山西麓，自夕照橋西北流，至此九分。有吳渚溪自西南來會之。見後。

橫路頭，自歷山西麓北少西流，折而東北，過司馬橋，至此四里。有梅園溪分支水自東南來注之。

還月橋，自橫路頭東北流，至此一里四分。有五龍湖水自西來注之。

青峴橋，自還月橋東北流，折而西北，至此一里六分。

青峴村，自青峴橋西北流，至此七分。有高平橋水自西南來注之。

四龍湖，自青峴村北流，至此一里八分。又西北流一里至靈芝塔，入苕溪。水深一尺，面闊九丈。

枝流祥溪。

抱塢山，祥溪自此發源，西北流，至港口橋三里六分。有道塢山水自南來注之。

祥溪橋，自港口橋西北流，至此七分。

節村橋，自祥溪橋西北流，折而西南，至此一里七分。

小石橋南，自節村橋西北流，至此一里六分。有胡家山水自東北來注之。又西南流四里五分至中橋南，入東溪。水深一尺，面闊七丈。

枝流梅園溪。

林雲山，梅園溪自此發源，西南流，至分樹橋三里六分。有木竹山水自東來注之。

高家橋東，自分樹橋西少南流，過小橋，又西流，至此三里五分。分一支西北流，通橫路頭。

梅園溪橋，自高家橋東口西南流，至此二里五分。又西南流三里弱至中靜寺，入東溪。

枝流豐食溪。

吳家山東麓，豐食溪在孝豐縣爲大溪。自孝豐縣之山頭村東北流，至此入境。又曲曲西北流，至遞鋪汛四里九分。

廣濟橋，自遞鋪汛北少東流，至此二里。又東北流一里七分至中靜寺西，入東溪。

枝流吳渚溪。

上插虹橋，吳渚溪在孝豐縣爲東浜溪。自孝豐縣流至此入境。又東北流，至下插虹橋一里五分。

黄土橋，自下插虹橋東北流，至此二里。

楊支橋，自黃土橋東北流，至此二里一分。

合墅壩，自楊支橋東北流，至此二里八分。壩高四尺。又東北流一里六分至歷山西麓，入東溪。

枝流丁埠港。

銅鳳山，丁埠港自此發源，西南流，至三家橋四里。有桃樹嶺水自南來注之。

芝村橋，自三家橋西北流，至此一里五分。

八畝村，自芝村橋西北流，至此一里七分。分一支東北流，通四公溪。

清硯橋，自八畝村西北流，至此五里八分。

上占橋，自清硯橋西流，至此四里。

下占橋，自上占橋西流，至此一里三分。又西北流二里八分至馬家渡，入苕溪。

枝流裏溪。

環洞橋，裏溪在孝豐縣爲西畝溪。自孝豐縣流至此入境，又東北流，至南山村五里五分。

殷家橋，自南山村東少北流，至此四里七分。

包家橋，自殷家橋東流，至此二里二分。

邵墓山東麓，自包家橋北少東流，至此五分。有獲湖及姚湖之水自東南來注之。

白雲橋，自邵墓山東麓東北流，至此一里五分。分一支東流，通城濠。

泥橋，自白雲橋東北流，至此二里九分。

牛角塢，自泥橋北少東流，至此二里五分。有梅家山溪自西來會之。見後。

湖南山東麓，自牛角塢東北流，至此三里。

楊家橋村，自湖南山東麓北少東流，至此二里九分。分一支北流，入西溪橋。

曹埠橋，自楊家橋村東北流，至此二里。又東流一里三分至曹埠村，入苕溪。水深一尺三寸，面闊十一丈。

枝流梅家山溪。

生北橋東南，梅家山溪自孝豐縣流至此入境，又東流至北村三里五分。分一支東流，入湯灣橋。

龍灣橋，自北村東南流，至此四里六分。

張家橋，自龍灣橋東北流，至此二里一分。有柴溪自西北來會之。見後。

永安廟，自張家橋北流，至此三里。分一支東流，入黃答橋。

一石橋，自永安廟西北流，過木橋，至此三里三分。

中橋，自一石橋東北流，折而東南，至此二里五分。有前陽溪自東北來會之。見後。

南湖山南麓，自中橋東南流，折而東，至此三里五分。分一支東北流，爲渾泥港。見後。

淩蕩橋，自南湖山南麓東南流，至此一里三分。又東少南流四里至牛角塢，入裏溪。水深二尺，面闊九丈。

枝流柴溪。

萬家橋，柴溪自柴山發源南流，至此四里。

北陽村，自萬家橋東南流，至此一里四分。分一支東流，爲後陽溪。見後。

宋家橋，自北陽村東南流，至此一里九分。

徐橋，自宋家橋東南流，過新橋，至此四里七分。

鈕家橋，自徐橋東南流，過石橋，至此二里七分。

到馬橋，自鈕家橋南少東流，至此一里六分。有湯灣橋水自西來注之。又東南流一里四分至張家橋，入梅家山溪。水深一尺八寸，面闊六丈。

枝流後陽溪。

俞石店，後陽溪自北陽村分柴溪之水東流，至此一里。分一支東南流，爲前陽溪。見後。

後陽橋，自俞石店東流，至此五里二分。

朱板橋，自後陽橋北少西流，折而東北，至此八里五分。

曉義橋，自朱板橋東流，至此二里一分。

允安橋，自曉義橋東南流，至此一里八分。

埸水橋，自允安橋東南流，至此二里六分。又東流七分至黃埭橋南，與渾泥港會。水深一尺六寸，面闊六丈。

枝流前陽溪。

廟橋，前陽溪自俞石店分後陽溪之水東少南流，至此一里六分。

前陽橋，自廟橋東北流，至此六里四分。

觀音橋，自前陽橋東北流，至此四里八分。

楊家橋，自觀音橋東北流，折而東南，至此三里五分。

烏泥塘，自楊家橋東南流，折而南，至此一里六分。又西南流二里至中橋南，入梅家山溪。水深一尺，面闊五丈。

枝流渾泥港。

南湖口，渾泥港自南湖山南麓分梅家山溪之水東北流，至此二里八分。

黄埭橋，自南湖口東北流，至此二里。有後陽溪自西北來會之。見前。

通雲橋，自黄埭橋東北流，至此五里六分。

甯杜庵，自通雲橋東北流，至此三里七分。有杜家溪自西來會之。見後。

萬逮橋，自甯杜庵東北流，至此四里七分。又東北流一里六分至梅溪鎮，入苕溪。水深二尺，面闊十二丈。

枝流杜家溪。

嚴興橋，杜家溪自安徽廣德縣流至此入境，又東南流至大人山西麓一里二分。分一支東流，爲横溪。見後。

杜家橋，自大人山西麓南流，至此二里四分。

下陳橋，自杜家橋東南流，至此二里二分。

小石橋，自下陳橋東南流，至此二里。

永興橋，自小石橋東南流，過北村，至此六里一分。

李橋，自永興橋東北流，至此二里四分。

月山村，自李橋東少北流，至此三里三分。分一支東北流，爲芝溪。見後。有獅子山、石山諸水自西北來注之。

圩門橋，自月山村東南流，至此三里。又東北流三里三分至甯杜庵，入渾泥港。水深一尺三寸，面闊十丈。

枝流横溪。

南橋，横溪自大人山西麓分杜家溪之水東北流，至此三里八分。

石山北麓，自南橋東北流過楊家橋，又東南流，至此五里。

徐家山麓，自石山北麓東北流，折而東南，至此五里三分。又東北流四里五分至石橋南，與芝溪會。水深一尺，面闊六丈。以上皆不通舟。

枝流芝溪。

芝塘橋，芝溪自月山村分杜家溪之水東北流，至此一里五分。有桃山水自西北來注之。

道士橋，自芝塘橋東北流，至此三里一分。

石橋，自道士橋東北流，至此五里五分。有横溪自西南來會之。見前。又北少西流四里二分至陸家橋，與茈溪會。水深一尺一寸，面闊五丈。

枝流豬婆港。

遺步渡，豬婆港自烏山圩村分苕溪之水東北流，至此一里四分。渡闊十一丈，水深二尺。有烏山港水自南來注之。

白雲橋北，自遺步渡東北流，越四公溪，至此二里五分。

東村，自白雲橋北口東流，過石橋，又東北流，至此三里五分。有如意山水自北來注之。

永豐橋，自東村西流，至此一里七分。

齊步橋，自永豐橋西北流，過散濟橋，至此二里七分。

華光橋，自齊步橋西北流，至此二里三分。

板橋，自華光橋西北流，至此一里六分。

大唐山東麓，自板橋北少東流，至此三里五分。

安長橋西，自大唐山東麓西北流，過南橋，又北流，至此六里五分。水深一尺七寸，面闊十丈。有圍車嶺水自東南來注之。又北流二里三分至小溪口市西，此段與長興縣分水。入苕溪。

枝流四公溪。

石門塢，四公溪自此發源，西北流，至堪水關五里六分。

四面山南麓，自堪水關西南流，至此一里。

吴橋南，自四面山南麓西流，至此二里一分。有分水嶺水自北來注之。

錢坑市，錢坑橋。自吴橋南流，至此一里六分。

諸家邊，自錢坑橋西南流，至此四里。西南通丁埠港。

石家橋，自諸家邊北流，至此二里四分。

上范村，自石家橋北流，至此三里五分。

彭家邊，自上范村西流，至此三里。分一支西南流，爲魯家溪。見後。

深居庵，自彭家邊西北流，過石橋，又西北流，折而東北，至此九里。南通魯家溪。

青山東麓，自深居庵東北流，至此七里。有銀山溪自東北來會之。見後。

普濟橋，自青山東麓北少西流，至此一里五分。西南通苕溪。

大山麓，自普濟橋東北流，至此一里八分。

細溪橋，自大山麓西北流，至此二里八分。有欒平橋水自東北來注之。

母康橋，自細溪村北少西流，至此一里四分。

小市鎮，段勘橋。自母康橋北少東流，至此一里三分。

白雲橋北，自段勘橋北流，至此二里七分。又越豬婆港西北流，三里四分至公杜村，入苕溪。水深一尺九寸，面闊十一丈。

枝流魯家溪。

溪橋北，魯家溪自彭家邊分四公溪之水西南流，至此三里。有馬頭山水自東南來注之。

渠塘橋，自溪橋西南流，至此六分。

鞍山塢，自渠塘橋西南流，至此二里五分。

寶勝橋，自鞍山塢北少東流，至此二里七分。

横溪橋，自寶勝橋西流，至此二里三分。北通四公溪。

桃花山北麓，自横溪橋西南流，至此一里七分。有崑山水自東南來注之。又西北流三里五分至温家灘渡，入苕溪。水深一尺二寸，面闊八丈。

枝流銀山溪。

三山，銀山溪自此發源西流，至黄泥墩四里四分。

管城，自黄泥墩西北流，至此一里三分。

梁村，自管城西少北流，至此三里。

漏家山東麓，自梁村西北流，至此二里一分。分一支北流，入乾溪橋。

張家塢，自漏家山東麓西南流，至此二里四分。又西南流六里至青山東麓，入四公溪。水深一尺，面闊六丈。

枝流莊溪。

莊家山，莊溪自此發源東流，至莊橋一里七分。

愛泥橋，自莊橋東少南流，過南橋，又東北流，至此三里五分。

陸家橋，自愛泥橋東北流，折而東南，至此三里一分。有芝溪自南來會之。見前。又東流五里三分至楊家橋東，入苕溪。水深一尺，面闊八丈。

枝流徐溪。

月横山，徐溪自此發源南少東流，至徐橋二里四分。

高橋，自徐橋東少北流，至此三里。有徐山水自西北來注之。

臧橋，自高橋東北流，至此四里五分。有龍潭嶺、雞籠山兩水自西北合流來注之。

松樹山麓，自臧橋東少北流，至此一里九分。有分水嶺水自北來注之。

木橋，自松樹山麓東南流，至此一里四分。

李家橋，自木橋東南流，至此二里一分。

廟橋，自李家橋東流，至此一里五分。有六墩山水自北來注之。

小木橋，自廟橋東南流，至此三里三分。又東少北流，一里三分至一石橋東，入苕溪。水深一尺二寸，面闊七丈。

陸路道里記

東門又名迎春門。

幹路

馬家渡，自東門外東少南行，過迎春橋，至此一里。渡闊三十五丈。

馬家瀆，自馬家渡過渡東南行，至此八分。

上占橋，自馬家瀆東南行，至此四里一分。

貓兒橋，自上占橋東行，至此二里六分。

青硯橋，自貓兒橋東行，至此一里六分。

新橋，自青硯橋東南行，至此一里五分。東通八畝村。

長思嶺北麓，自新橋北少東行，至此二里七分。又名長綏嶺，高九十六丈。

溪橋，自長思嶺北麓北少西行，至此二里三分。

彭家邊，自溪橋北少東行，至此二里九分。

石家橋，自彭家邊東北行，折而東南，至此五里二分。

廟施嶺西麓，自石家橋東北行，至此二里一分。又名妙思嶺，高三十六丈。

錢坑市，錢坑橋。自廟施嶺西麓東行，至此一里四分。北通分水嶺，入歸安縣界。

大山嶺，自錢坑橋東南行，至此二里五分。嶺高七十六丈。又北行，折而東，通楊濠嶺。與武康縣分界。

枝路

芝村橋，自新橋東南行，過八畝村，至此五里。東通銅嶺，入武康縣界。

赤山嶺，自芝村橋東北行，至此三里。嶺高四十九丈。

釣青嶺，自赤山嶺東北行，過銅鳳山麓，至此二里四分。嶺高十四丈。又北少東行二里至錢坑橋入幹路。

南門又名朝陽門。

幹路

雙井街，自南門外南行，過旱橋，至此六分。西通彌橋。

德新渡北岸，自雙井街南行，至此七分。渡闊二十八丈，南通陳家上。

丁家岸，自德新渡北岸西南行，至此一里一分。

李家村，自丁家岸西南行，過東嶽廟，至此四里。

鄒家上，自李家村西南行，過上吉村，至此三里。

東圩村，自鄒家上過溪西南行，至此二里七分。

富圩村，自東圩村東南行，至此二里。

獅子渡，自富圩村東南行，至此二里五分。渡闊二十六丈。

界石邊，自獅子渡西南行，至此一里二分。與孝豐縣分界。

枝路

包家橋，自雙井街西少北行，過彌橋，至此二里五分。

殷家橋，自包家橋西少南行，至此二里二分。

梅林村，自殷家橋西少北行，過南山村，至此四里三分。

環洞橋，自梅林村西南行，至此二里五分。與孝豐縣分界。

枝路

小橋，自德新渡南少西行，過陳家上，至此五里六分。

楊樹村，自小橋南少東行，至此一里三分。

廣濟橋，自楊樹村東南行，過合墅灞，至此四里四分。

土地橋，自廣濟橋東南行，至此七分。

遞鋪鎮，自土地橋南行，至此一里。南通鎮龍橋。

總管橋，自遞鋪鎮東南行，至此三分。

雙溪橋，自總管橋東南行，至此四里四分。

界橋，自雙溪橋東行，折而西，又折而東南，過獨松關，至此五里。與杭州府餘杭縣分界。

西門又名寶成門。

幹路

汪婆橋，自西門外西行，至此二分。

雙板橋，自汪婆橋北行，至此三分。

白雲橋，自雙板橋西行，至此一里。

韋馱墩，自白雲橋北少西行，至此四里六分。

黃家墩，自韋馱墩西行，至此一里四分。北通黃答橋。

黃丹鋪，自黃家墩西行，折而南，至此二里九分。

張家橋，自黃丹鋪西南行，至此二里五分。

涼蓬頭，自張家橋西北行，至此二里一分。

石橋，自涼蓬頭北少西行，至此一里七分。東北通木橋。

土山嶺，自石橋西南行，至此二里。嶺高三十二丈。

生北橋，自土山嶺西行，過北村，至此三里五分。與孝豐縣分界。

枝路

凌蕩橋，自黃家墩北少西行，過黃答橋，至此二里五分。

黃埭橋，自凌蕩橋北少西行，折而東北，至此六里二分。

塔水橋，自黃埭橋西行，至此九分。

允安橋，自塔水橋西北行，至此二里七分。

曉義橋，自允安橋西北行，至此二里。南通楊家橋。

永興橋，自曉義橋西北行，至此一里八分。西南通朱板橋。

小石橋，自永興橋西北行，折而北，至此六里二分。

下陳橋，自小石橋西北行，至此二里一分。

杜家橋，自下陳橋西北行，至此二里三分。

嚴興橋，自杜家橋北行，折而西，至此三里六分。與安徽廣德州分界。

枝路

木橋，自石橋東北行，至此二里七分。

中橋，自木橋北少東行，至此一里七分。

下城村，自中橋西北行，至此二里五分。

楊家橋，自下城村東北行，至此三里。北通曉義橋。

觀音橋，自楊家橋東北行，折而東南，至此三里七分。

朱板橋，自觀音橋北少東行，至此一里三分。又東北行一里三分至永興橋，與自黃家墩起之枝路合。

北門又名拱辰門。

幹路

蔣家橋，自北門外北少東行，過北川橋，至此一里一分。

湯家橋，自蔣家橋北少東行，至此一里二分。東北通温家灘渡。

前灣，自湯家橋北少東行，過七里亭，至此六里。

曹埠橋，自前灣北行，至此二里七分。

陽山村，自曹埠橋東北行，至此二里五分。

浮塘橋，自陽山村西北行，至此三里五分。

萬逮橋，自浮塘橋北行，至此五里。

梅溪鎮，自萬逮橋東北行，至此一里六分。

梅溪渡，自梅溪鎮北少東行，至此一里一分。渡闊二十八丈，南通小市鎮。

楊家橋，自梅溪渡西北行，過甲山東麓，至此七里。

荆灣市，自楊家橋北行，至此二里五分。

雙忠祠，自荆灣市北少西行，過一石橋，至此三里。

顔村渡，自雙忠祠北行，至此二里。渡闊二十六丈。東通南橋。

石坎村，自顔村渡西北行，至此一里七分。

小渡，自石坎村東北行，至此三里。渡闊十九丈，西北通新橋。

小溪口市，小溪橋。自小渡過渡東少北行，至此三里五分。與長興縣分界。

枝路

温家灘渡，自湯家橋東北行，至此九分。渡闊三十九丈。

邵灣村，自温家灘渡過渡東行，折而北，至此二里八分。

陳渡村，自邵灣村東北行，至此四里。

青山廟，自陳渡村東北行，至此五里。

普濟橋，自青山廟東北行，至此四里。

樂平橋東，自普濟橋東北行，折而西北，至此四里五分。西北通小市鎮。

張家塢，自樂平橋東首東南行，至此三里四分。

乾溪橋，自張家塢東北行，至此二里五分。

梁村，自乾溪橋東南行，至此三里四分。

管城，自梁村東行，至此三里。

黃泥墩，自管城東南行，折而東，至此一里五分。

培富嶺，自黃泥墩東北行，至此二里五分。嶺高三十六丈。與長興縣分界。

湖州府孝豐縣

水路道里記

苕溪俗名龍溪。

經流

廣苕山，苕溪自此發源東北流，至涌川匚匹里六分。有涌川水自東來注之。

陰山村，自涌川口東北流，折而西，至此三里三分。有亭子嶺水自西南來注之。

河圩市，自陰山村西北流，折而北，過高坎橋、天目橋，至此三里四分。有五桂嶺水自東來注之。

章村市，自河圩市西北流，至此三里二分。有石門溪自西南來會之。見後。

百步石，自章村市西北流，至此八分。有浮塘溪自西來會之。見後。

白馬橋，自百步石北少東流，至此一里二分。水深一尺三寸，面闊十二丈。始通筏。

章立村，自白馬橋東少北流，折而北少東，至此二里八分。

回龍橋西，自章立村東北流，過湯口橋、青山橋，至此九里三分。有仙圩水自東來注之。

老溪村西，自回龍橋西口東北流，經老溪橋，至此三里二分。有青山、獻花山諸水自西來注之。

大龍王橋，自老溪村西口東少北流，至此一里四分。有深溪自南來會之。見後。

小龍王橋北，自大龍王橋東北流，至此一里七分。有深溪分枝水自南來注之。

統溪橋北，自小龍王橋北口東北流，經對墓坎橋，至此五里三分。有小苕溪水自南來注之。

古柏橋西，自統溪橋北口東少北流，至此一里七分。分一支東流，過古柏橋，至前村橋西仍合而爲一。

登龍橋，自古柏橋西口北流，折而東，至此九分。有箬嶺沖水自西來注之。

前村橋，自登龍橋西口東流，至此四里三分。

石語山西麓，自前村橋東北流，至此二里七分。分一支東流，經費家灘橋、東木橋，至山公潭仍合而爲一。

城東南，自石語山西麓北少西流，經師古橋，折而東北流，至此一里四分。分一支北流，過弔橋，會北城濠水，入山公潭仍合。

山公潭，自城東南隅東北流，折而北，經嗣濟橋，至此一里七分。水深三丈二尺，面闊二十五丈。始通舟。

五峰山西麓，自山公潭東北流，至此一里七分。有五山溪自東南來注之。

妙山潭，自五峰山西麓北流，經五山橋，折而西北流，至此二里九分。水深一丈八尺，面闊十七丈。有桐圩水自西來注之。

下昇館，自妙山潭東北流，過生生橋，至此六里五分。有横溪自西北來會之。見後。

康山渡，自下昇館東北流，折而東南，至此四里七分。水深二尺五寸，面闊二十三丈。

烏象壩西，自康山渡東北流，至此一里二分。有小回車嶺水自西北來注之。

獅子渡西，自烏象壩西首東北流，至此六里八分。與安吉縣分界。

枝流石門溪。

石門，石門溪俗名郎陳溪。自安徽甯國縣流至此入境，又東北流至陳村四里四分。

鳳儀橋，自陳村北少東流，過郎村，折而東北，至此一里九分。

龍王橋，自鳳儀橋東北流，至此三里一分。又東北流五分至章村市入苕溪。

枝流浮塘溪。

龍王廟前，浮塘溪自安徽甯國縣流，至此入境。又東北流，折而東，至土橋四里九分。又東北流二里四分至百步石，入苕溪。

枝流深溪。

泥嶺，深溪自此發源東北流，至金竹坪三里。

石衖村東，自金竹坪北少西流，至此七里七分。有匾担嶺水自西來注之。

安村，自石衖村東口東北流，過冰坑村，至此五里五分。有成龍山水自西來注之。

洪圩村，自安村北流，折而東北，又折而北少西，至此三里三分。

和塔村北，自洪圩村北流，至此四里五分。有景溪水自東南來會之。見後。

大龍王橋南，自和塔村北口北流，至此六分。分一支東流，過小龍王橋，入苕溪。又北少西流九分至大龍王橋北，入苕溪。

枝流景溪。

告嶺，景溪自此發源西北流，折而東北，至觀音石山西麓七里五分。

潘村，自觀音石山西麓東北流，折而西北，至此三里六分。

上湯村，自潘村西北流，至此五里六分。又西北流三里五分至和塔村，入深溪。

枝流横溪。

分龍關，横溪自此發源，東少北流，過顧村橋，至高村橋六里四分。有菖蒲嶺水自西北來注之。

北車橋南，自高村橋東流，至此四里三分。有北車塢水自西北來注之，南車塢水自東南來注之。

横山村，自北車橋南口東北流，至此三里。

青山嶺西麓，自横山村東北流，折而東，過仙人橋，至此七里七分。有黄段塢水自南來注之。

永順橋東南，自青山嶺西麓東北流，折而西北，至此一里八分。有鐵嶺關、佛嶺、分水嶺諸水合流，自西來注之。

松坑橋西，自永順橋東南口南流，過磻溪市，至此一里八分。有松坑水自東北來注之。

見量橋西北，自松坑橋西口東南流，折而東北，至此二里八分。有唐舍關水自南來注之。

野樂村，自見量橋西北口東北流，經通濟橋，至此六里二分。

高家疊西北麓，自野樂村東北流，折而西北，又折而東南，又折而北，至此四里九分。有鶩陀山水自西北來注之。

大坑塢口，自高家疊西北麓東流，至此四里九分。有七官村水及高嶺水合流，自西北注之。

杭坑橋南，自大坑塢口東北流，折而東南，至此二里四分。有虎嶺水自北來注之。

普濟橋南，自杭坑橋東南流，過普濟橋，至此三里五分。有雙橋水及杭嶺沖水合流，自西南來注之。

漁溪村，自普濟橋南口北流，折而東，又折而北少東，至此七里八分。有分界嶺水自西北來注之。

潛魚村，自漁溪村東少北流，迤而東少南，至此四里一分。

赤里橋，自潛魚村曲曲東流，至此二里八分。

溪北村南，自赤里橋東流少北，折而東南，復折而東少北，至此五里。有烏石山、八角山諸水自西北來注之。

皈山灣，自溪北村南口東北流，過茹渡橋，至此五里七分。有受榮嶺、平岡、瓜嶺諸水合流，自西北來注之。又東南流二里至二、昇館，入苕溪。

東浜溪

經流

大海嶺麓，東浜溪自此東北流，至吉慶橋十一里。有南嶼山、東皇山諸水，自東來注之。

馬鞍橋東，自吉慶橋北口東北流，過埸水橋，以下通筏。至此四里。有馬鞍嶺水自西來注之。

永濟橋西，自馬鞍橋東北流，經長潭橋、草鞣塢橋，至此七里八分。水深一尺八寸，面闊十二丈。有田圩村水自東南來注之。

凌家村，自永濟橋西口東北流，過永濟橋，經大竹園，迤而西北流，至此二里七分。

墳村橋，自凌家村東北流，折而西北，至此六里一分。水深二尺，面闊十三丈。

東浜橋北，自墳村橋東北流，至此五里八分。水深二尺五寸，面闊十一丈。分一支東流，經趙圩村至水碓村。

上插虹橋，自東浜橋北口東北流，至此八里三分。與安吉縣分界。

大溪

經流

市嶺東北，大溪自此發源東北流，至發源橋五里七分。有古浮山、浮玉山諸水，自西北來注之。

大溪橋東，自發源橋東北流，折而北，至此二里五分。有南嶼山、古浮山諸水，自西來注之。

三官橋，自大溪橋東口北流，折而東北，過半月橋，至此二里四分。

三户市，自三官橋東北流，至此四里七分。有皇路村水自西來注之。

幼山西麓，自三户市東北流，至此三里一分。有牙山、干山、銀山諸水，自南來注之。

小天目山西麓，自幼山西麓北流，至此四里二分。有埡田莊水自東南來注之。

觀音橋，自小天目山西麓北流，至此九里九分。

青山潭，自觀音橋東北流，過白水橋，至此六里七分。水深四尺，潭闊十丈。有烏山關水自南來注之。以下通筏。

水口橋，自青山潭北流，過梔康橋，至此二里四分。水深二尺，面闊十三丈。

山頭村北，自水口橋北流，折而西北，復折而東北，過豐食橋，至此四里一分。與安吉縣分界。與安吉分界後爲豐食溪。

梅家山溪龍口橋以下名龍安溪。

經流

梅家山，梅家山溪自此發源，北少東流，至青山橋五里三分。

龍口橋，自青山橋東北流，折而東，至此八里八分。水深一尺五寸，面闊七丈。以下通筏。

生北橋東南，自龍口橋東北流，折而東，至此二里五分。有大五嶺水自西來注之。與安吉縣分界。

西畝溪

經流

界山，西畝溪自此發源南流，折而東南，至土橋二里八分。

西畝市，自土橋東南流，至此四里一分。有平岡山水自南來注之。

環洞橋西北，自西畝市東北流，至此二里六分。與安吉縣分界。

陸路道里記

東門又名威鳳門。

幹路

弔橋，自東門外北行，折而東，至此二分。

嗣濟橋，自弔橋東行，折而東北，至此三分。

東木橋，自嗣濟橋東少南行，至此三分。

金家街，自東木橋東少北行，至此五分。

五里亭，自金家街東少北行，至此三里七分。

墳村橋，自五里亭東少北行，至此三里二分。

山灣橋南塊，自墳村橋東少北行，至此五里。

五山西麓，自山灣橋東南行，折而東北，至此二里五分。

觀音橋，自五山西麓東南行，至此一里五分。

白水橋，自觀音橋東北行，至此五里。

郵亭橋，自白水橋東南行，至此二里五分。

吉慶亭，自郵亭橋東南行，至此二里八分。

幽嶺，自吉慶亭東南行，至此二里九分。嶺高三十五丈七尺。與杭州府餘杭縣分界。

枝路

鳳凰橋，自金家衖東少南行，至此三分。

草鞣塢橋，自鳳凰橋東行，折而東南，至此七里七分。

横店橋，自草鞣塢橋東南行，至此九分。

武曲嶺，自横店橋東南行，至此四里。嶺高三十九丈五尺。

大橋，自武曲嶺東南行，至石門村折而西南行，過三户市，至此三里九分。

三官橋，自大橋南行，折而西南，至此四里九分。

半月橋，自三官橋東南行，折而西南，至此一里四分。

大溪橋，自半月橋北行，折而西南，又折而南，至此二里二分。

俞嶺，自大溪橋南行，折而東南，至此九里一分。嶺高十四丈。與杭州府臨安縣分界。

枝路

抱姑村，自五山西麓東北行，折而東，至此五里六分。

豐食橋，自抱姑村東北行，至此五里四分。

官棣橋，自豐食橋東南行，折而東北，至此一里六分。與安吉縣分界。

枝路

梅康橋，自白水橋東北行，折而東，又折而東北，至此三里二分。

五巷口，自梅康橋東行，折而東北，至此三里九分。與安吉縣分界。

枝路

獅子橋，自吉慶亭南行，過康山橋，至此一里九分。

港口橋，自獅子橋西行，折而南，至此六分。

銀坊村北，自港口橋南行，過港口市，至此二里一分。

石菖橋，自銀坊村北首南少西行，折而東南行，至此二里。

永樂橋，自石菖橋南行，至此三里九分。

烏山關，自永樂橋西行，折而南，至此三里二分。與杭州府臨安縣分界。

大嶺，自銀坊村北首東少南行，至此二里三分。嶺高十四丈。與杭州府餘杭縣分界。

銀山嶺，自永樂橋東南行，至此一里七分。嶺高二十八丈三尺。與杭州府餘杭縣分界。

南門又名靈龍門。

幹路

南市，自南門外西南行，至此一分。

南外莊，自南市西南行，至此六分。

三里亭，自南外莊西南行，至此二里六分。

登龍橋，自三里亭西少南行，折而西，至此三里一分。

古柏橋，自登龍橋南行，至此五分强。

統溪橋，自古柏橋南行，折而西南，至此二里九分。

報福市，自統溪橋西南行，至此七里一分强。

洪圩村，自報福市西南行，折而西北，又折而南，至此五里三分弱。

安村，自洪圩村西南行，折而南，至此三里三分。

冰坑村，自安村南少西行，至此三里六分。

童村，自冰坑村西南行，折而南曲曲，至此四里八分。

金竹坪，自童村東南行，折而南，至此二里五分。

泥嶺，自金竹坪西南行，至此四里二分。嶺高一百五丈。與杭州府於潛縣分界。

枝路

師古橋，自南市東南行，至此二分。

費家灘橋，自師古橋東南行，至此一里三分。

馬鞍嶺，自費家灘橋東南行，折而西南，復折而東南，至此七里八分。嶺高五丈三尺。

吉慶橋，自馬鞍嶺南少東行，過馬鞍橋，至此四里九分。

阮村，自吉慶橋東南行，折而西南，至此二里。

郭家村，自阮村西南行，過龍王村，折而東南行，至此三里。

回峰嶺，南連市嶺。自郭家村南行，至此五里八分。

市嶺，自回峰嶺南行，至此四里一分。嶺高二十八丈七尺。與杭州府臨安縣分界。

枝路

回龍橋，自登龍橋西北行，至此七分。

朱家橋，自回龍橋西南行，折而西北，至此二里七分。

環洞橋，自朱家橋北行，折而西，至此二里四分。

石井橋，自環洞橋西南行，至此一里六分。

亭子嶺，自石井橋西少北行，至此三里一分。嶺高一丈五尺。

日回山西麓，自亭子嶺西北行，至此三里一分。

新橋，自日回山西麓西少南行，至此二里三分。

杭嶺，自新橋西行，至此五里九分。嶺高六丈四尺。

杭圬市，自杭嶺西北行，折而西南，至此三里二分。

通濟橋，自杭圬市西行，至此一里七分。

松坑橋，自通濟橋西行，至此三里七分。

磻溪市西，自松坑橋西北行，至此一里七分。

永順橋，自磻溪市西行，至此一里一分。

雙橋，自永順橋西行曲曲，至此三里二分。

新坑橋，自雙橋西行，折而南過雙橋，又西行，至此二里九分。

樂塢橋，自新坑橋西行，至此七里七分。

鐵嶺關，自樂塢橋北行，折而西少南，至此三里六分。嶺高八丈。與安徽甯國縣分界。

見量橋，自杭圬市西南行，至此一里。

牛欄橋，自見量橋西南行，至此二里二分。

同杭橋，自牛欄橋西南行，至此四里三分。

唐舍關，自同杭橋西南行，至此六里一分。嶺高二十丈。與安徽甯國縣分界。

青山嶺，自松坑橋東首西少南行，至此一里二分。嶺高十三丈。

仙人橋，自青山嶺西南行，折而西北，至此二里五分。

閬宅，自仙人橋西北行，折而西南，至此四里一分。

北車橋，自閬宅西南行，至此五里二分。

高村橋，自北車橋西行，至此四里六分。

顧村橋，自高村橋南少西行，折而西北，至此二里一分。

分龍關，自顧村橋北行，折而西南，至此五里六分。嶺高三十一丈。與安徽甯國縣分界。

高寬橋，自磻溪市西首北行，過桃下坑口橋，至此四里五分。

雙廟橋，自高寬橋西行，折而北，至此三里一分。

平安橋，自雙廟橋東行，折而北，至此二里二分。

分水嶺，自平安橋西行，折而北，至此五里一分。嶺高一丈二尺。與安徽廣德州分界。

菖蒲橋，自雙橋西首西北行，至此二里。

保安橋，自菖蒲橋西行，至此四里八分。

佛嶺，自保安橋西行，折而北，至此四里一分。嶺高十二丈。與安徽廣德州分界。

枝路

小龍王橋，自統溪橋西南行，至此五里三分。

大龍王橋，自小龍王橋西行，至此一里四分。

回龍橋，自大龍王橋西少南行，至此三里九分。

青山橋，自回龍橋南行，折而西南，至此一里五分。

湯口橋，自青山橋西北行，折而西，至此二里九分。

章立村，自湯口橋西南行，折而西，至此六里三分。

白馬橋，自章立村南少西行，至此二里七分。

章村市北，自白馬橋東南行，折而西南，至此一里七分。

土橋，自章村市西南行，折而西北，至此二里六分。

龍王廟，自土橋北行，折而西南，至此四里九分。與安徽甯國縣分界。

龍王橋西，自章村市北首南行，過章村市，至此九分。

鳳儀橋，自龍王橋西南行，至此三里一分。

石門小嶺，自鳳儀橋西南行，至此六里三分。嶺高三丈八尺。與安徽甯國縣分界。

天目橋，自龍王橋西首東南行，過河圩市，折而西南行，至此四里八分。

亭子橋，自天目橋東南行，過高坎橋，折而西南行，至此二里八分。

廣苕山北麓，自亭子橋東南行，至此六里六分。

長灣嶺，自廣苕山北麓西南行，折而東南，至此四里强。俗名大窑灣。與杭州府於潛縣分界。

枝路

大坦村，自報福市東南行，至此二里。

潘村，自大坦村東南行，至此四里一分。

郭梯石街西，自潘村東南行，折而西南，至此六里二分。東通大海嶺。

恒新嶺北麓，自郭梯石街西首東南行，至此四里四分。東通恒新嶺。

告嶺，自恒新嶺北麓西南行，至此三里七分强。嶺高一百二十丈。與杭州府於潛縣分界。

大海嶺，自郭梯石街西首東南行，至此七里九分。與杭州府臨安縣分界。

恒新嶺，自恒新嶺北麓東南行，至此二里一分。與杭州府臨安縣分界。

西門又名通德門。自門外北行迤東一里三分至迎安橋，入北門幹路。

北門又名迎安門。

幹路

北村，自北門外北行，過迎安橋北少東行，至此二里一分。

白慈橋東，自北村北少西行，至此一里。

李家衕木橋，自白慈橋東首北行，至此一里三分。

塔山嶺，自李家衕木橋北少東行，至此二里五分。嶺高一丈三尺。

茹渡橋，自塔山嶺東北行，折而北少西，至此四里一分。

皈山橋，自茹渡橋北行，折而西北過皈山市，至此二里一分。

平橋，自皈山橋北少西行，至此四里五分。

平岡，自平橋東少北行，至此二里四分。

上良村，自平岡東北行，至此五里。

西畝市，自上良村北少東行，至此四里三分。

士橋，自西畝市西北行，至此三里七分。

龍口橋，自士橋西行，折而西北，至此五里四分。

香田圩，自龍口橋北行，折而西，至此六分。

障吴市北，自香田圩西行，至此一里三分。

大五嶺，自障吴市北首北少東行，折而西北，至此四里一分。嶺高二丈。與安徽廣德州分界。

枝路

五山橋，自北村東北行，至此一里七分。

唐福鎮，自五山橋東行，折而東北，至此十里二分。

石莊村，自唐福鎮東北行，折而東南，至此一里二分。北通烏象壩。

上插虹橋，自石莊村東南行，折而北，又折而東，至此七里九分。與安吉縣分界。

烏象壩，自石莊村北少東行，折而西北，至此九分。

老壩，自烏象壩東北行，至此二分。

沿圩鎮，自老壩東行，折而東北，至此四里。

分界碑，自沿圩鎮東北行，至此二里三分。與安吉縣分界。

枝路

大魚蕩嶺，自白慈橋東首西行，折而西北，至此三里一分。嶺高一丈一尺。

赤橋，自大魚蕩嶺西北行，至此四里二分。

魚溪村，自赤里橋西行，過赤里市，又北行，折而西少南，至此六里五分。

普濟橋，自魚溪村西南行，至此七里五分。

日回山西麓，自普濟橋西南行，過西圩市，渡溪南行，至此三里四分。與南門幹路内自登龍橋起之枝路合。

竹根橋，自大魚蕩嶺北首東北行，至此一里五分。

新村橋，自竹根橋西北行，至此三里九分。

竹支橋，自新村橋北行，折而西少北，至此四里二分。

金雞嶺，自竹支橋西行，折而西北，至此六里六分。嶺高二丈六尺。

小嶺，自金雞嶺西北行，至此三里四分。與安徽廣德州分界。

徐畝圩橋，自魚溪村西北行，至此五里二分。

分界嶺，自徐畝圩橋東北行，折而西北，至此三里三分。與安徽廣德州分界。

杭坑橋，自普濟橋東首北少西行，至此三里六分。

大杭坑口，自杭坑橋西北行，至此一里八分。

虎嶺，自大杭坑口北少西行，至此六里六分。與安徽廣德州分界。

繅舍村，自大杭坑口西行，折而西北，至此三里四分。

高嶺，自繅舍村西北行，至此五里九分。與安徽廣德州分界。

枝路

交代村，自西畝市東首南行，折而東北，至此一里四分。

環洞橋，自交代村東北行，至此一里六分。與安吉縣分界。

枝路

分界碑，自西畝市西首東北行，至此一里六分。與安吉縣分界。

枝路

生北橋，自香田圩東首東北行，至此二里八分。與安吉縣分界。

枝路

朱括橋，自香田圩西首東北行，至此一里六分。

棧嶺，自朱括橋西行，折而東北，至此二里三分。與安吉縣分界。

枝路

景塢市，自障吴市北首西南行，過障吴市，至此三里八分。

青山橋，自景塢市南少西行，至此三里七分。

小嶺，自青山橋北行，折而西南，至此八里八分。嶺高一丈八尺。與安徽廣德州分界。

寧波府鄞縣

水路道里記

甬江

經流

九里浦，甬江自慈谿縣在慈谿爲前江。流至此入境。又東北流，折而東南，至大西壩渡六里五分。水深二丈一尺，江闊五十八丈。九里浦迤東仍與慈谿縣分水。以下至灣頭地皆同。

石子衙頭，自大西壩渡東南流，過邵家渡，又東北流，至此八里一分。水深二丈二尺，江闊四十三丈。

青林渡，自石子衙頭東北流，折而東南，過新渡，又東北流，至此九里二分。水深二丈七尺，江闊四十九丈。

李碶渡，自青林渡東南流，折而東北，至此四里二分。水深二丈八尺，面闊六十二丈。

灣頭地，自李碶渡東北流，折而東南，至此四里六分。

倪家堰前，自灣頭地南流，至此一里强。此段與鎮海縣分水。

北郭碶，自倪家堰前南流，過四明公所，又西流，折而南，至此七里。水深二丈三尺，面闊五十六丈。有南塘河下流之北斗河，自西南來會之。見後。

新江橋東，自北郭碶東南流，繞城東北，至此六里。水深三丈八尺，面闊七十六丈。有鄞江自南來會之。見後。

白沙市，自新江橋東口東北流，至此五里强。水深三丈八尺，面闊七十五丈。白沙市迤東北與鎮海縣分水。以下皆同。

楊木碶，自白沙市東少北流，至此四里四分。水深三丈五尺，面闊七十五丈。

樓家碶北，自楊木碶東少北流，至此四里七分。水深三丈五尺，面闊七十五丈。

張家堰，自樓家碶北口東南流，折而東北，至此六里六分。此段一名盎猛江。與鎮海縣分界。

枝流南塘河。

四明山，南塘河自此發源，東北流曲曲，至松梗橋十六里。

大皎村，自松梗橋東北流曲折，至此九里八分。

蜜巖街，自大皎村東少南流，過龍山麓，又東北流，至此七里。有小皎橋水自西北來注之。

章村街，自蜜巖街東南曲曲流，至此五里三分。

月山橋，自章村街東南流，至此四里五分。

仙人橋，自月山橋東南流，折而東，至此四里。

許家橋，自仙人橋南少西流，折而東少南曲曲，至此十二里强。

惠明橋前，自許家橋東少北流，至此六里。分一支北流，爲裏弄港。見後。

洞橋，自惠明橋前南流，至此一里八分弱。

德濟橋，自洄橋東少北流，至此五里四分。

下水碶前，自德濟橋東北流，至此五里六分。

歡喜橋，自下水碶前東北曲折流，至此五里五分。

櫟社市，保佑橋。自歡喜橋東北流，折而北，至此五里二分。

石碶市，通津橋。自保佑橋東北流，過雅渡橋，至此七里。

段塘市，自通津橋東北流，至此六里一分。

南門外，自段塘市東北流，至此五里二分。分一支流入城中，注日湖月湖。

西門外，自南門外西北流，至此三里五分。有西塘河，自西來會之。見後。又曲北少東流，四里至北郭碶，入甬江。以下又名北斗河。

枝流 裏弄港。

桃浦橋，裏弄港自惠明橋前分南塘河之水西北流，過芝山前，又東少北流，至此七里六分。以下又名西洋港。

西洋港橋，自桃浦橋北流，至此八里五分。

控湖橋前，自西洋港橋東北流，折而東南，至此二里五分。水深七尺，面闊六丈。分一支東流爲新塘河。見後。以下又名橫港。

鎮南橋，自控湖橋前北流，至此五里一分。又越中塘河東北流，八里强至高橋鎮，入西塘河。

枝流 新塘河。

下叅橋，新塘河自控湖橋前分裏弄港之水東少南流，過桂林橋，至此五里三分。

七江口，自下叅橋東流，折而北，過布金市東，又北少東流，至此七里五分。

後橋，自七江口東少北流，過新莊市，至此五里。又曲折北流，五里二分至望春橋市，與西塘河會。

枝流 西塘河。

破石嶺，西塘河自此發源，東少南流，至大雷山西麓四里五分。

烏巖山麓，自大雷山西麓曲折東北流，至此十二里二分。

將軍山前，自烏巖山麓東少南流，至此十里。分一支東流爲西中塘河。見後。

十三洞橋，自將軍山前東北流，曲折過花莊橋，庵橋，至此十里。

石塘市，三眼橋。自十三洞橋東北流，過湖白橋，考湖橋，至此八里弱。分一支北流，爲九里浦，入甬江。

高橋鎮，自三眼橋東南流，過解元橋，又東流，至此四里五分。有裏弄港自西南來會之。見前。

永濟橋市，自高橋鎮東少南流，至此五里弱。

望春橋市，自永濟橋市東少南流，至此五里六分。有新塘河自南來會之。見前。有西中塘河自西南來會之。見後。又東流五里一分至西門外，入南塘河。

枝流 西中塘河。

橫街市，西中塘河自將軍山前分西塘河之水東流，至此五里。

鎮南橋，自橫街市東北流，折而東少南，至此九里二分。

長安橋，自鎮南橋越橫港東流，過祝眼橋，至此三里八分。

買麪橋市，自長安橋東少北流，過永安橋，至此五里。又東北流六里二分强，過龍虎橋，至望春橋市仍入西塘河。

鄞江

經流

金碧山東南，鄞江自奉化縣在奉化縣爲奉化江，一名剡溪。流，至此入境。又東北曲折流，至徐家渡橋七里七分。金碧山迤東北仍與奉化縣分水。以下至北渡碶皆同。

三江口，自徐家渡橋北流，折而東，至此六里。水深三丈，面闊四十二丈。有奉化縣金溪水自東南來注之。

北渡碶，自三江口東北流，至此二里。

翻石渡，自北渡碶東北曲折流，至此五里五分。水深二丈一尺，面闊三十九丈。

李家堰前，自翻石渡東北流，折而東南，又折而東北，三折而西，至此八里五分。

銅盆浦口，自李家堰前東少北流，至此七里五分。水深三丈八尺，面闊六十八丈。有銅盆浦自東南來會之。見後。

小張堰前，自銅盆浦口西北流，折而東北，又折而西北，至此九里九分。

廟堰頭，自小張堰前東北流，至此四里八分。水深二丈二尺，面闊五十二丈。

紅古碶東，自廟堰頭西北流，折而北少東，至此六里二分。

大石碶前，自紅古碶東首東少北流，折而北少東，至此六里三分。有前塘河自東來會之。見後。又北流二里三分，過老江橋，至新江橋東與甬江會。

枝流前塘河。

道陳嶺，前塘河自此發源，北少西流，至施君廟西六里五分。

鎮溪大橋，自施君廟西首北流，折而西北，又折而北少東，至此七里。

孟樑橋，自鎮溪大橋東北流，至此十里五分。

巨鎮橋，自孟樑橋北少東流曲曲，至此五里五分。

太平橋，自巨鎮橋北少西流，過上張橋，至此七里一分弱。

雲龍碶市，自太平橋西北流，至此四里八分。分一支西流，爲銅盆浦。見後。

姜村橋市，自雲龍碶市西北流，至此四里四分。

萬齡橋，自姜村橋市西北流，至此五里七分。

横石橋，自萬齡橋北流，至此六里六分。有東中塘河自東來會之。見後。

和安橋前，自横石橋北少西流，至此四里二分。有後塘河自北來會之。見後。又西流一里三分至大石碶，入鄞江。

枝流銅盆浦。

定橋市，銅盆浦自雲龍碶市分前塘河之水西南流，折而西，至此六里七分。

陳婆渡市，自定橋市西北曲曲流，至此九里。

更樓壩北，自陳婆渡市北少西流，折而西南，至此七里五分。有鄞奉橋水自南來會之。見後。又西少北流，一里至銅盆浦口，入鄞江。

枝流鄞奉橋水。

鄞奉橋，鄞奉橋水自奉化縣流至此入境。又北流，至蔡郎橋市六里。

學官橋，自蔡郎橋市北少西流，折而西，又折而北，至此四里强。

鄞鄉橋，自學官橋東北曲曲流，至此六里。

茶亭橋，自鄞鄉橋北少西流，至此七里六分。又曲曲北少西流，四里三分至更樓壩北，入銅盆浦。

枝流後塘河。

太白山，後塘河自此發源，東南流過天童寺前，至秧種橋四里一分。

西成橋，自秧種橋西少南流，過彩虹橋，至此七里七分。有三溪浦自東南來注之。

東吴街，自西成橋曲曲西北流，至此五里五分。

大涵山橋，自東吴街西北流，至此六里。

寶幢市，自大涵山橋東北流，至此二里强。有育王嶺水自東來注之。

五鄉碶市，自寶幢市西少北流，至此五里五分。分一支出五鄉碶西北流，折而東北入鎮海縣境，爲小浹江。

匯絳橋，自五鄉碶市西流，至此一里三分。

盛墊橋，自匯絳橋西流，過新橋，至此八里。

福明橋，自盛墊橋西流，至此五里。

張斌橋前，自福明橋西少北流，過鎮東橋，至此七里七分。又南流一里五分至和安橋前，入前塘河。

東錢湖

經流

韓嶺鎮，東錢湖東受諸山之水，西北分洩於諸堰，而南溢於此。東南流，折而西南，又折而南，至大橋十四里。湖周六十三里，面積九十方里。其水由莫枝堰分一支西北流，爲東中塘河。見後。

太平橋，自大橋東南流，折而東北，至此二里五分。

新溪橋，自太平橋東流，至此六里九分。

育王碶，自新溪橋東南流，折而東北，至此六里。

嶺雲碶，自育王碶東北曲折流，至此七里。

大嵩所城南，自嶺雲碶東北流，折而東南曲曲，至此九里。以下名大嵩所南江。又曲折東南流二十一里入海。

枝流東中塘河。

莫枝堰，東中塘河自此分東錢湖之水西北流，至黄蘇橋三里三分。

楊樹橋，自黄蘇橋西流，過五港橋，至此三里五分。

泗港橋，自楊樹橋西北流，過報恩橋，至此三里八分。又西少北流五里七分至横石橋，與前塘河會。

陸路道里記

東門一名東渡門。

幹路

新江橋，自東門外北行，至此六分强。

磚橋，自新江橋北少東行，至此二里五分。

鄞定橋，自磚橋北行，至此四里一分强。與鎮海縣分界。

枝路

白沙市，自新江橋東北行，至此六里弱，與鎮海縣分界。

靈橋門

幹路

老江橋東堍，自靈橋門外東行，至此三分。

和安橋，自老江橋東堍東行，至此一里六分。

張斌橋，自和安橋北行，至此一里一分。

福明橋，自張斌橋東行，至此七里六分。

盛墊橋，自福明橋東行，至此四里八分。

匯綘橋，自盛墊橋東少北行，過同橋，又東行過柴葉港橋，至此七里九分。

寶幢市，自匯綘橋東少南行，過五鄉碶市，至此七里一分。

育王嶺，自寶幢市東少北行，至此三里六分强。嶺高十五丈。與鎮海縣分界。

枝路

周宿渡，自老江橋東堍南少西行，至此三里二分。

廟堰頭，自周宿渡西行，折而南少西，過長路頭至此六里五分强。東通枝路之萬齡橋。

銅盆浦渡，自廟堰頭南少西曲曲行至此七里强。渡闊六十八丈。

駱公橋，自銅盆浦渡南少東行，至此八里三分。

會濟橋，自駱公橋南少東行，過鄞鄉橋，至此七里。

蔡郎橋市，自會濟橋南行，過凝祥橋，至此三里一分。

鄞奉橋，自蔡郎橋市南行，過龍樹橋，至此四里四分强。與奉化縣分界。

慈雲橋，自銅盆浦渡曲曲西南行，過下、中、上三戊子廟，至此六里九分。

富貴橋，自慈雲橋西行，折而南少東，至此六里。

喜鵲橋，自富貴橋東南行，過匯水橋，又西行，至此七里七分。

陡亹橋，自喜鵲橋西少南行，過豫章橋，至此九里四分。與奉化縣分界。

楓橋，自駱公橋東北行，過開文橋，至此八里。

定橋市，自楓橋東少南行，至此三里一分。又北行四里九分至姜村橋市，與自和安橋起之枝路合。

羅池廟，自蔡郎橋市東行，過上俞橋，至此五里四分。又東北行十里七分强，至横溪鎮與自和安橋起之枝路合。

枝路

横石橋，自和安橋南少東行，過四眼碶橋，至此四里九分。

萬齡橋，自横石橋南行，過武陵橋，至此六里六分。

姜村橋市，自萬齡橋東南行，過常豐橋，至此五里七分。

雲龍碶市，虹橋。自姜村橋市東南行，至此四里八分。

太平橋，自虹橋南少東行，過古顔橋，至此四里三分。

巨鎮橋，自太平橋南少東行，至此六里。

横溪鎮東，自巨鎮橋南少西行，至此二里二分。

梅溪橋，自横溪鎮東首南少西行，至此七里五分。

鎮溪大橋，自梅溪橋西南行，至此五里一分。

袁橋，自鎮溪大橋西南行，過蘆花橋，又南行，至此四里三分。

道陳嶺，自袁橋南少東行，至此七里强。嶺高十九丈。與奉化縣分界。

四港市，自横石橋東少南行，至此五里六分。

黄蘇橋，自四港市東行，過報恩橋，又東少南行，過五港橋，至此七里。

莫枝堰市，自黄蘇橋東南行，至此二里三分。

陶公山脚，自莫枝堰市東南曲曲行，過平水堰，至此十里七分。

高湫堰，自陶公山脚西少南行，過大堰頭，又南行，至此七里七分。

象坎村，自高湫堰東行，過郭家嶼，又西南行，折而東，至此七里三分。

韓嶺鎮，自象坎村東行，至此二里二分。

支水亭，自韓嶺鎮東南行，折而西南，至此六里一分。

大橋廟，自支水亭南行，至此八里五分。又東南行四里至上陳村北，與自匯綘橋起之枝路合。

枝路

大涵山橋，自匯綘橋東南行，至此六里七分。

東吳街，自大涵山橋東南行，至此六里一分。

三溪浦，自東吳街東南行，過相板橋、西成橋，至此五里一分。

玉泉嶺，自三溪浦南行，折而南少東曲曲，至此九里二分。嶺高四十五丈。

方橋，自玉泉嶺東南行，過上溪橋、下溪橋、太平橋，至此八里二分。

大嵩城北，自方橋西南曲曲行，至此四里五分。大嵩所城周三里二分，共四門。

鹽場衛橋，自大嵩城北首曲曲西南行，至此五里六分。

瞻嶴嶺，自鹽場衛橋西南行，至此四里三分强。嶺高三丈八尺。

金雞橋，自瞻嶴嶺西少南行，過崎頭嶺，嶺高三丈四尺。至此四里三分。

上陳村北，自金雞橋西北行，過管村，又西少南行，至此九里四分。

白巖頭村，自上陳村北首南少東行，過張家嶺，嶺高十三丈二尺。至此九里五分。

王家嶺，自白巖頭村西南曲曲行，過下竹山嶺，至此十里八分弱。與奉化縣分界。

小白街，自大涵山橋東南行，至此四里七分。

小白嶺，自小白街東南行，至此五里二分。嶺高二十六丈。

天童街，自小白嶺東南行，至此五里六分。

蟠山南，自天童街東北行，過秧種橋，又東南行，至此八里八分。嶺高二十丈。與鎮海縣分界。

瞻崎嶺，自天童街東南行，至此十一里六分。嶺高六十丈。

穿鼻山前，自瞻崎嶺東南曲折行，過新連橋，至此十六里。與鎮海縣分界。

南門一名長春門。

幹路

段塘市，自南門外西南行，過紅舌碶，至此五里五分。

石碶市，自段塘市西南行，過獎嘉橋，至此六里一分。

櫟社市，自石碶市西南行，過永甯橋，至此六里六分。

眺江橋，自櫟社市西南行，過上市橋，至此六里一分。

濟衆庵，自眺江橋西南行，至此六里四分。

洞橋，自濟衆庵西行，折而西北，至此七里七分。

許家橋，自洞橋北行，過惠明橋，又西行，至此七里五分。

仙人橋堍，自許家橋西少北行，折而北，至此十一里五分。

章村街，自仙人橋堍西北行，至此七里四分。

蜜巖街，自章村街西北行，至此五里二分。

大皎村，自蜜巖街西南行，折而西北，至此八里一分。

玄壇嶺，自大皎村西南曲曲行，至此三里八分强。嶺高五丈八尺。

分水嶺，自玄壇嶺西南行，過松梗橋，至此十三里五分。嶺高一百十丈。與紹興府餘姚縣分界。

枝路

寶峰橋，自濟衆庵南行，至此四里四分。

金碧山前，界井。自寶峰橋南行，折而西南，再折而西，三折而南，至此六里一分。與奉化縣分界。

枝路

平水潭，自許家橋南行，折而西，過它山堰，至此四里三分。

紫雲橋，自平水潭西行，過荷花橋，至此七里六分。

長壽橋，自紫雲橋西少南行，過黄官嶺，至此十里。

疊石巖西，自長壽橋西南行，過受禄橋，至此四里七分强。與奉化縣分界。

枝路

杜嶴，自玄壇嶺南少西行，至此六里九分。

周公宅山，自杜嶴南少西曲曲行，至此六里二分。

仗錫嶺，即四明山。自周公宅山西行，過溪橋。又西南曲曲行，至此十一里九分。嶺高一百十六丈。

溪橋，自仗錫嶺西南曲曲行，至此十里一分。與奉化縣分界。

西門一名望京門。

幹路

望春橋，自西門外西行，過七里堰橋，至此四里九分。

新橋市，自望春橋西少北行，過長樂橋，至此三里。

高橋鎮，自新橋市西少北行，過永濟橋，至此五里九分。

石塘市，自高橋鎮西行，折而西北，過回龍橋，至此四里六分。

馬路小橋，自石塘市西北行，至此四里二分强。與慈谿縣分界。

枝路

買麫橋市，自望春橋西南行，至此七里六分。

集士橋，自買麫橋市西南行，過自在橋，至此七里四分。

横街市，自集士橋西少北行，過清陽橋，又西南行，至此六里一分。

楓橋，自横街市西行，至此三里七分。

遮山嶺，自楓橋西行，過將軍廟前，又西南行，折而西北，至此九里八分。嶺高十六丈。

四分嶺，自遮山嶺西北行，至此六里强。與慈谿縣分界。

枝路

新莊市，自望春橋南行，過藕纜橋，又西南行，至此六里三分。

布金市，自新莊市西行，過廣濟橋，又西南行，至此八里九分。

黄公林市，自布金市西南行，過下傘橋、大義橋，至此八里二分。

青陽橋，自黄公林市西南行，折而北，至此四里五分。

大橋市，自青陽橋西北行，折而西南曲曲過蜃蛟衕市，至此九里七分强。又南少西行七里四分，過竹節嶺，至許家橋入南門幹路。

枝路

大西壩渡，自高橋鎮北少西行，至此四里九分。水深二丈二尺，面闊五十八丈。渡江與慈谿縣分界。

北門一名永豐門。

幹路

北郭碶，自北門外北行，至此一里一分。

李碶渡，自北郭碶東北行，折而西，又折而北，至此四里三分。與慈谿縣分界。

寧波府慈谿縣

水路道里記

丈亭江在餘姚縣爲姚江，丈亭鎮以下爲前江，九里浦以下與鄞縣分水爲甬江。

經流

界橋南，丈亭江自餘姚縣流至此入境，又東南流，折而西至郁家灣五里。界橋迤東南仍與餘姚分水。以下至蠏箝山西皆同。

姜家渡，自郁家灣南流，折而東，至此三里六分。水深二丈一尺，面闊四十丈。

和山浦口，自姜家渡東南曲折流，至此三里五分。

蠏箝山西，自和山浦口東流，折而南，至此四里八分。

虞翁渡，自蠏箝山西首東流，至此五里三分。

郭姥渡，自虞翁渡東流，至此三里。水深二丈三尺，面闊三十四丈。有漁溪由朱家浦自北來會之。見後。

丈亭鎮，自郭姥渡東南流，折而東北，復折而東南，至此五里四分。水深二丈三尺，面闊四十九丈。有後江水自東來會之。見後。以下爲前江。

東風橋北，自丈亭鎮南少東流，至此五里一分。

車厩市，車厩渡。自東風橋北口東少南流，至此五里六分。水深四丈三尺，面闊六十一丈。有車厩溪自南來會之。見後。

黄墓市，黄墓渡。自車厩渡東流，過楝木渡，又南流折而東南，至此六里九分。水深二丈八尺，面闊三十九丈。

額角嶺東，自黄墓渡東流，過城山渡，又東南流，至此七里七分。水深三丈五尺，面闊五十一丈。有大隱溪自西南來會之。見後。

赭山渡，自額角嶺東首東南流，過洪陳渡，至此四里三分。水深二丈七尺，面闊五十三丈。

九里浦口，自赭山渡東南流，過灌浦市，至此五里一分。水深二丈六尺，面闊八十七丈。有張家浦分後江水自北來注之。九里浦迤東與鄞縣分水爲甬江。以下皆同。

小西壩，自九里浦口東少北流，至此三里七分。有管山浦自北來會之。見後。

大西壩渡，自小西壩東南流，至此二里八分。水深二丈三尺，面闊五十八丈。

邵家渡，自大西壩渡東南流，至此三里四分。水深一丈九尺，面闊四十二丈。

潺浦壩，自邵家渡東北流，過泥堰前，又東南流，至此八里二分。水深二丈三尺，面闊五十五丈。有潺浦分後江水自北來注之。

青林渡，自潺浦壩東南流，過新渡，又東北流，至此五里七分。水深二丈七尺，面闊四十九丈。

李碶渡，自青林渡東南流，折而東北，至此四里二分。水深二丈八尺，面闊六十二丈。有樟橋港自北來會之。見後。

梅林壩，自李碶渡東北流，至此二里六分。又東南流二里與鄞縣、鎮海兩縣分界。對江即鄞縣灣頭地。

枝流漁溪。

茅山，漁溪自此發源，南流至陳村五里五分。

王村，自陳村西少南流，至此九里。

趙家閘，自王村西南曲曲流，至此四里五分。以下爲朱家浦。又南流四里七分至郭姥渡口，入丈亭江。

枝流車厩溪。

姥嶺山，車厩溪自此發源，東北流，至施村八里。又東北流，折而西北，六里至車厩渡，入前江。即丈亭江下流。

枝流大隱溪。

石人山，大隱溪即慈溪。自此發源，東北曲曲流，至千將軍廟九里。

大隱市，自千將軍廟北流，至此三里五分。

竺隱庵前，自大隱市東北流，至此四里五分。有烏巖溪自西來注之。又東北流一里四分至額角嶺東，入前江。

後江初爲横溪下流，爲香山港，又下爲東大河，自化子閘以下爲後江。

經流

小桃花嶺，後江自此發源，東南流，至十字路九里。

長橋，自十字路東流，折而南，至此三里。以上爲横溪。

馬家橋，自長橋南流，折而東，至此三里二分。

裕通橋，自馬家橋東流，折而南曲曲，至此五里。

黄沙閘，自裕通橋東流，折而南，越鎮海縣境，至此五里八分。

芳江橋，自黄沙閘西南流，折而南，至此三里。有鎮海縣中大河水，由駱駝橋自東來會之。以上爲香山港。

長石橋市，自芳江橋西少北流，至此五里三分。分一支南流爲樟橋港。見後。

黄楊橋東，自長石橋市西流，至此一里七分。有汶溪自西北來會之。見後。

化子閘，自黄楊橋東首南流，折而西，至此一里三分。以上爲東大河。

留車橋市，自化子閘西流，至此四里七分。水深九尺，面闊六丈三尺。

吴社橋，自留車橋市南流，折而西，至此四里六分。分一支南流爲潺浦，過潺浦壩，入甬江。

夾田橋，自吴社橋西少北流，過官莊橋，至此七里七分。分一支南流爲管山浦。見後。又分一支北流入城。

太平橋，自夾田橋西少北流，過吉慶橋，至此四里三分。分一支南流爲張家浦，過張家浦閘入前江。

皇橋浦口，自太平橋西北流，過彭山浦口，至此五里四分。有長溪自北來會之。見後。

方家渡，自皇橋浦口西流，至此二里五分。水深一丈三尺，面闊二十一丈。

羅江渡，自方家渡西流，折而西北，至此三里九分。

吴澤浦口，自羅江渡西流，曲折過張家渡，至此五里。水深一丈三尺，面闊三十八丈。有白龍溪自北來會之。見後。

祝家渡，自吴澤浦口西流，至此三里六分。水深一丈七尺，面闊三十九丈。又西少北流七里過顧家渡，至丈亭鎮與丈亭江會。

枝流樟橋港。

黄梅堰橋，樟橋港自長石橋分東大河之水即後江上流。西南流，折而東南，至此七里五分。

樟橋鎮，樟橋。自黄梅堰橋南流，至此四里三分。又南流四里至李碶渡，入甬江。即丈亭江下流。

枝流汶溪。

余家嶺，汶溪自此發源，東南流，至黄沙閘七里六分。

汶溪市，自黄沙閘東流，至此二里。

蝌蟶橋，自汶溪市東少南流，至此四里五分。又東南流二里四分，至黄楊橋東入東大河。即後江上流。

枝流管山浦。

洞橋，管山浦自夾田橋分後江之水曲曲南流，至此七里七分。又曲曲南少西流，六里至小西壩，入甬江。即丈亭江下流。

枝流長溪。

長溪嶺，長溪自此發源，東南流，至南將壇三里八分。

浮上橋，自南將壇西南流，至此一里八分。以下爲皇橋浦。又西少南流，九里至皇橋浦口，入後江。

枝流自龍溪。

五磊山，自龍溪自此發源南流，至李村五里。

清源橋，自李村西少南流，至此三里八分。

石步廟，自清源橋西南流，至此六里八分。

三七市，自石步廟南流，過滌匯橋，至此四里六分。

東莊橋，自三七市南流，折而東，至此四里七分。以下爲吳澤浦。又南少西流，五里至吳澤浦口，入後江。

洋浦

經流

湖閘，洋浦自此受自洋湖之水東北流，至雙河閘一里。有餘姚縣東橫河水，由雙河橋自西北來會之。

虹橋，自雙河閘北流，至此三里一分。此段屬餘姚縣境。

洋浦閘，自虹橋北少東流，至此一里三分。

振新橋，自洋浦閘北少西流，至此三里。

洋浦下閘，自振新橋北流，至此十里七分。

晏海塘閘，自洋浦下閘東北流，至此四里。

洋浦海口，自晏海塘閘東流，折而東北，至此十三里三分入海。

淹浦

經流

張郎閘，淹浦自此受杜湖之水，東北流，折而東南，又折而東北，過護龍橋，至荔塘橋七里九分。

淹浦閘，自荔塘橋東少北流，過施家橋，至此一里七分。

淹浦下閘，自淹浦閘東北流，至此六里五分。

淹浦海口，自淹浦下閘曲曲東北流，至此十三里入海。

松浦港

經流

東門閘，松浦港自此受杜湖之水東南流，過迎禧橋，至東埠頭市洞橋七里八分。

三眼橋，自洞橋東南流，折而東北，越鎮海縣境，至此十一里。有鎮海縣山北大河自東來會之。

松浦閘，自三眼橋北流，至此一里六分。

海閘橋，自松浦閘東北曲曲流，至此五里。

松浦海口，自海閘橋東北曲曲流，至此十四里一分入海。

藍溪

經流

大蛟山，藍溪自此發源西北曲曲流，至俞村九里五分。

夾波橋，自俞村北少西曲曲流，至此十一里二分。

界石橋前，自夾波橋北流，至此三里八分。與餘姚縣分界。入餘姚縣境，爲官船浦。

陸路道里記

東門又名瞻嶽門。

幹路

聚賢亭，自東門外南行，過夾田橋，至此三里四分。

橫山，自聚賢亭南行，過飲鳳橋，至此三里九分。自此西南行，至南門幹路之灌浦渡，計八里四分。

大西壩渡，自橫山南行，過回龍橋，至此六里一分。渡闊五十八丈。與鄞縣分界。

枝路

姜湖嶺，自聚賢亭東南行，至此四里四分。嶺高三丈七尺。

橫河斗村，自姜湖嶺東南行，過謝家橋，至此四里八分。

楊徐市，自橫河斗村東行，折而南少西，過德興橋，又東南行，至此七里七分。

新渡，自楊徐市南少西行，過南宇橋，又南行，至此五里。與鄞縣分界。

枝路

球墊鎮，自橫山東南行，過宣德橋，至此三里八分。

邵家渡，自球墊鎮東南行，過雙橋，又曲折南行，至此七里四分。渡闊四十二丈。與鄞縣分界。

南門又名拱壽門。

幹路

吉慶橋，自南門外西南行，至此一里五分。東南通東門幹路之橫山，計六里六分。

灌浦市，灌浦渡。自吉慶橋西南曲折行，過聚源橋，至此九里八分。渡闊八十七丈。

青水山東北，自灌浦渡渡江西南行，至此三里一分。此處與鄞縣分界。

三果橋西叉路，自青木山東北首西北行，至此三里三分。

馬車橋，自三果橋西叉路西北行，至此三里二分。

竺隱庵，自馬車橋西北行曲曲，過溪橋，至此四里一分。

黃墓渡，自竺隱庵西北行，折而西，至此五里九分。

東澄橋東叉路，自黃墓渡西北行，過黃墓嶺，嶺高五丈三尺。至此三里二分。

車厩渡，自東澄橋東叉路西北行，至此二里三分。

杜姥橋，自車厩渡西少北行，過東風橋，至此八里强。

六埠鎮，界石橋。自杜姥橋西行，過保國亭，至此七里四分。與紹興府餘姚縣分界。

枝路

赭山渡，自灌浦渡西北行，過晚橋，至此四里八分。渡闊五十三丈。又西北行五里九分，過洪陳渡，至城山渡與西門幹路内自太平橋西南行之枝路合。

枝路

陳毛村，自黃墓渡西南行，過芝林嶺，嶺高十六丈七尺。至此十里六分。

羅家嶺，自陳毛村西南行，至此八里七分。嶺高二十三丈。

孔隩村，自羅家嶺西少南行，過謝家嶺，嶺高二十九丈。至此六里七分。

硤石嶺，自孔隩村南行，折而東南，至此四里九分。嶺高二十七丈。與鄞縣分界。

枝路

施村，自車厩渡南少西行，至此四里九分。

朱村，自施村西南行，折而西少北，至此六里一分。

姥嶺庵，自朱村西南行，至此五里七分。

硤石廟，自姥嶺庵西行，至此四里七分。

永安橋，自硤石廟西南行，過馬家嶺，嶺高二丈三尺。至此七里七分。

全家嶺，自永安橋西南行，至此八里四分。嶺高三十七丈。與紹興府餘姚縣分界。

枝路

夾波橋，自六埠鎮南少西行，過波浪橋，至此四里一分。

上三女廟，自夾波橋西南行，至此四里三分。

楊梅村，自上三女廟西少南行，折而西，過陳村，至此八里二分。與紹興府餘姚縣分界。

西門又名萃寶門。

幹路

太平橋，自西門外西南行，過横碧橋，至此二里三分。

謳思橋市，自太平橋西少南行，過謝墅橋，又西少北行，至此六里二分。

羅江市，自謳思橋市西少北行，過月鏡橋，至此六里八分。

西羅橋，自羅江市西北行，至此一里六分。自此南少西行，六里八分至黃墓渡，過江入南門外幹路。

方村，自西羅橋西行，過永豐橋，至此十里四分。

丈亭渡，自方村西北行，至此五里五分。渡闊四十九丈。

郭姥橋，自丈亭渡過江，西少南行，至此六里一分。

金鳌廟，自郭姥橋西行曲曲，至此四里三分。又南少西行，四里七分至六埠鎮入南門幹路。

枝路

城山渡，自太平橋西南行，過界牌橋，至此七里八分。渡闊五十一丈。

洪村，自城山渡過江，西南行，越額角嶺，嶺高八丈五尺。至此六里二分。

永年橋，自洪村西南曲曲行，至此六里。

石陳嶺，自永年橋西南行，折而南過保安橋，至此十一里一分。嶺高十九丈五尺。與鄞縣分界。

枝路

赭山市，自太平橋南行，過虹橋，折而西，至此七里九分。又西南行，折而南，五里二分過赭山渡，至三果橋西叉路入南門幹路。

枝路

楝木渡，自西羅橋西南行，過餘慶橋，至此七里二分。渡闊四十二丈。又渡江南行二里，至東澄橋東叉路入南門幹路。

小西門

幹路路向西。

上皇橋，自小西門外西少南行，折而西北，過廟山橋，至此七里三分。

雞鳴嶺東麓，自上皇橋西北行，過六家橋，至此六里二分。

三七市，自雞鳴嶺東麓西北行，過嶺，嶺高十一丈。至此八里一分。

方村，自三七市西少南行，過三板橋，至此四里二分。

漁溪市，自方村西北行，折而西，至此六里一分。

沙橋，自漁溪市西北行，過樓家橋，至此四里八分。

金山市，自沙橋西行，過太平橋，至此八里八分。

桐下湖，界橋。自金山市西行，過徐盼橋，至此四里四分。與紹興府餘姚縣分界。

枝路

魏家橋，自上皇橋曲曲西行，過西雲山橋，至此六里九分。

下新橋，自魏家橋西行，至此五里二分。

富鑑橋，自下新橋西行，過聚源橋，又西少北行，至此六里二分。

丈亭鎮，自富鑑橋西行，過新燈橋，至此五里四分。

廣福橋，自丈亭鎮北少西行，過油車橋，又西少北行，至此五里五分。

馬家橋，自廣福橋西少北行曲曲，過陳公嶺，至此七里五分。又西北行七里四分過王村，至桐下湖界橋入幹路。

枝路

塔嶺，自雞鳴嶺東麓東北行，至此十二里五分。又東北行三里至關頭王村，入向北幹路。嶺高十七丈四尺。

枝路

羅江渡，自雞鳴嶺東麓南少西行，至此五里三分。渡闊三十六丈。

白盧嶺，自羅江渡南行過江，至此四里。又東南行三里八分至城山渡，與西門幹路内自太平橋西南行之枝路合。

枝路

石步村，自三七市北少東行，過白石廟，又西北行，至此五里。

杜湖嶺，自石步村東北行，至此四里四分。

六畧廟，自杜湖嶺東北行，至此七里五分。又東北行六里五分至迎禧橋，入向北幹路。

枝路

祝家渡市，自三七市南行，過堰子頭橋，又西南行，折而南，至此七里七分。又南行四里至車廐渡，過江入南門幹路。

枝路

儀鳳橋，自漁溪市南行，過范家嶺，至此二里。又南行二里二分至丈亭鎮，與自上皇橋起之枝路合。

枝路

陳村，自漁溪市北行，折而東北，至此四里七分。

方家岡，自陳村北行，折而西北，至此五里五分。與紹興府餘姚縣分界。

枝路

澄溪嶺，自沙橋北行，至此四里四分。嶺高九丈八尺。與紹興府餘姚縣分界。

枝路

郭姥渡，自沙橋南行，過匯龍橋，至此五里二分。渡闊三十四丈。

李村，自郭姥渡過江南少西行，至此二里三分。又西南行六里五分至六埠鎮，入南門幹路。

幹路路向北。

西懸嶺，自小西門外北行，折而西北，至此二里一分。嶺高二十一丈。

崇福寺西，自西懸嶺北行，過孔家嶺，嶺高五丈三尺。至此六里三分。

長溪嶺，自崇福寺西首西北行，折而東北，過南將壇，又西北行，折而北少東，至此七里五分。嶺高三十五丈。

關頭王村，自長溪嶺北少東行，至此三里九分。

東埠頭市，自關頭王村東北行，至此四里六分。

竹山嶺，自東埠頭市曲曲西北行，至此五里三分。嶺高三丈。

迎禧橋，自竹山嶺東北行，折而西北，至此二里一分。
鳴鶴場市，自迎禧橋曲曲西北行，至此四里三分。
古馮橋，自鳴鶴場市西北行，折而北少東，至此五里四分。
洋浦閘，自古馮橋北行，折而西，至此二里二分。與紹興府餘姚縣分界。

枝路

慶安橋，自東埠頭市東北行，過黄家浦橋，又東行，至此七里五分。東北通松浦閘，計一里。與鎮海縣分界。
掌起橋市，自慶安橋西北行，過松浦司城西首，至此二里九分。
施家橋，自掌起橋市西北行曲曲，至此八里一分。
沈師橋市，自施家橋北行，至此四里三分。
觀海衛城東門，自沈師橋市北行，過渭南橋，又西行，至此六里五分。城周五里二分，共四門。
振新橋，自觀海衛城東門西行穿城，又西行，折而西南曲曲，至此九里。與紹興府餘姚縣分界。

枝路

葉村，自鳴鶴場市東北曲折行，至此三里二分。
雙全橋，自葉村東北行，至此五里一分。
觀海衛城南門，自雙全橋東北曲曲行，至此二里三分。
海晏廟，自觀海衛城南門北行穿城，又西北行，折而北少東，至此九里二分。以下海塘。
洋浦下閘，自海晏廟西少北行，至此六里二分。與紹興府餘姚縣分界。

小北門

幹路

五婆湖南，自小北門外北少西行，過石剌嶺，嶺高三十五丈。至此七里三分。又西行二里七分至崇福寺西，入小西門向北幹路。

北門又名拱辰門。

幹路

東懸嶺，自北門外東北行，至此四里弱。嶺高九丈五尺。

黄沙閘，自東懸嶺東南行，至此四里七分。
汶溪市，自黄沙閘東行，至此一里八分。
蟹蜞橋，自汶溪市東南行，至此四里。
黄楊橋，自蟹蜞橋東南行，至此二里二分。
長石橋市，自黄楊橋東少南行，至此二里。
駱駝橋鎮，自長石橋市東少南行，過福慶橋，至此六里七分。
借邑港橋，自駱駝橋鎮東少南行，至此三里四分。與鎮海縣分界。

枝路

吴社橋，自黄沙閘南行，過蒸湖嶺，嶺高六丈三尺。至此六里三分。又東南曲曲行，四里三分至洪塘市，入小東門幹路。

枝路

杜郭村，自蟹蜞橋北行，過子貢橋，至此四里三分。
十字路村，自杜郭村東北行，折而西北，至此八里一分。
小桃花嶺，自十字路村西北行，至此九里三分。嶺高三十七丈。與鎮海縣分界。
瑯家坪村，自杜郭村西北行，至此四里三分。
夾嶨嶺，自瑯家坪村西北行，過墓嶺，至此八里六分。與鎮海縣分界。

枝路

西經堂，自長石橋市東北行，過西四閘橋，至此三里七分。
馬家橋，自西經堂北行，折而東北，至此四里三分。
河頭市，自馬家橋北行，至此三里七分。
雁門嶺，自河頭市東北行，至此三里二分。與鎮海縣分界。

枝路

更樓橋，自長石橋市南少西行，過跨塘橋，又東南行，至此四里六分。又南行七里五分至樟橋鎮，入小東門幹路。

小東門

幹路

白龍王堂，自小東門外南行，過姜官嶺，嶺高五丈二尺。又東少南行，至此四里二分。
官莊橋，自白龍王堂東南曲折行，至此三里。自此南少西行，至東門枝路之球墅鎮，計七里七分。

洪塘市，自官莊橋東南行，至此六里一分。

上邵村，自洪塘市東行，折而東南，至此三里八分。

樟橋鎮，自上邵村東南行，過永春橋，至此五里三分。

慈鎮橋，自樟橋鎮曲曲東南行，過妙應橋，至此五里六分强。與鎮海縣分界。

枝路

留車橋市，自白龍王堂東行曲曲，過菰湖橋，至此七里一分。又曲曲東行，折而北至黄楊橋，入北門幹路。

枝路

費家市，自洪塘市東少北行曲曲，過永豐橋，至此八里。

利見橋東，自費家市東行，過更樓橋，至此七里三分。與鎮海縣分界。

枝路

李碶渡，自樟橋鎮南行，過李家橋，至此三里八分。與鄞縣分界。

寧波府奉化縣

水路道里記

奉化江一名剡溪。

經流

六詔嶺，奉化江自此發源，東北曲曲流，至藥師嶴十里五分。

柏坑市，自藥師嶴東流，折而西北，又折而北少東，至此八里五分。

趙村，自柏坑市東北曲曲流，至此四里五分。

大公山南麓，自趙村東北曲曲流，至此十里五分。有北溪自西北來會之。見後。

樊村渡，自大公山南麓東少北流，折而北，至此六里。水深三尺，面闊十三丈。

溪口鎮，自樊村渡東少北流，至此四里五分。

普濟渡，自溪口鎮東北流，至此四里。

同山西北麓，自普濟渡東北流，折而東，至此十一里。水深二尺，面闊十二丈。有棠溪自西南來會之。見後。

大埠鎮，自同山西北麓東北流，至此四里五分。

江口市北，自大埠鎮東流，至此十里。江口市北迤東北與鄞縣分水，爲鄞江。以下皆同。

徐家渡橋，自江口市北口東北曲折流，至此七里七分。

三江口，自徐家渡橋北流，折而東，至此六里。有金溪自東南來會之。見後。

北渡，自三江口東北流，至此一里。水深一丈八尺，面闊三十五丈。與鄞縣分界。

枝流北溪。

北溪橋，北溪自鄞縣四明山發源，西注餘姚縣境成溪，南流至此入境，又南流，折而東少北，至盧村十一里。

西山南麓，自盧村東少南曲曲流，至此七里。

山尖嶺北麓，自西山南麓曲曲南流，折而西，至此六里。

南盤嶺脚，自山尖嶺北麓西北流，折而西南，至此十五里。

西嶴坑村，自南盤嶺脚東少南曲曲流，至此七里。

西晦嶺脚，自西嶴坑村南少西曲曲流，至此八里。

胡村，自西晦嶺脚南少東曲曲流，至此六里。有晦溪自西來注之。

大晦嶺脚，自胡村東北曲曲流，至此五里五分。

亭下鎮，自大晦嶺脚東流，至此八里。又曲曲東流四里至大公山南麓，入奉化江。

枝流棠溪。

許家嶺，棠溪自此發源，東少南流，至蔘筆橋八里。

棠村，自蔘筆橋曲折北流，至此六里。又東北流十一里至同山西北麓，入奉化江。

枝流金溪。

仇家山，金溪自此發源，東北流，折而西北，至鄒溪橋前十一里。

獅子山北，自鄒溪橋前西北流，至此一里。分一支西南流，爲黄蘖溪。見後。

金溪橋，自獅子山北首西北流，折而北，至此五里五分。

白杜鎮北，洞橋。自金溪橋北少東流，至此七里。分一支北流爲鄞奉橋水。見後。

化成橋前，自洞橋西流，至此六里。

居敬橋，自化成橋前西流，至此四里。有排溪分出之水自西南來注之。

山隍橋市，自居敬橋西北流，至此七里五分。山隍橋市東南首迤北與鄞縣分水，以下至外河村南皆同。

陡亹橋市，自山隍橋市北流，至此五里。

外河村南，自陡亹橋市北流，至此三里四分。

方橋市，自外河村南首西北流，至此三里六分。有縣溪自南來會之。見後。又西北流一里五分至三江口入鄞江。即奉化江下流。

枝流黄蘖溪。

廬陵橋，黄蘖溪自獅子山北，分金溪之水西南曲曲流，至此五里五分。

蕁湖鎮，自廬陵橋南少西曲曲流，至此八里。

吴家埠市，自蕁湖鎮南少西流，至此三里一分。

降渚碶，自吴家埠市南流，至此二里九分入海。

枝流鄞奉橋水。

鄞奉橋前，鄞奉橋水自洞橋口分金溪之水北少東流，至此六里。與鄞縣分界。

枝流縣溪。

横溪嶺，縣溪自此發源，北流曲曲至溪頭橋五里五分。

廣福橋，自溪頭橋東北曲曲流，至此七里。

拜祭嶺脚，自廣福橋東北曲曲流，過花樹嶺麓，至此九里。

田墩王村，自拜祭嶺脚北流，至此六里四分。

上畈王村，自田墩王村東北流，折而南，至此六里。

大堰街市，自上畈王村東少南流，至此五里。

汪村，自大堰街市東北流，至此七里五分。

埠頭董村，自汪村東北曲曲流，至此九里二分。

朱家堰，自埠頭董村東少北流，至此五里八分。

大堰溪橋，自朱家堰東北曲折流，至此十一里。

廣平堰，自大堰溪橋東北流，至此七里。

新橋，自廣平堰北少東流，至此八里。

大橋鎮，自新橋東北流，至此一里四分。

岳林寺北，自大橋鎮北流，至此四里五分。分一支西北流，至江口市入奉化江。

金鐘墩橋，自岳林寺北首東北曲曲流，至此四里。有排溪自東南來會之。見後。

南渡鎮，自金鐘墩橋北少東曲折流，至此八里。

聚潮橋，自南渡鎮北少東流，至此三里。又東北流，折而北十一里五分至方橋市，入金溪。

枝流排溪。

杉樹嶺，排溪自此發源，東北流，至童公嶺脚七里五分。

水井頭村，自童公嶺脚北流，至此八里。

陳村，自水井頭村東北流，至此八里。

董村，自陳村北少東流，過雙溪橋，又東流，至此九里。以下又名雙溪。

報國寺橋，自董村東北流，至此六里。

井亭前，自報國寺橋北流，至此六里。分一支東流，由西隖鎮至居敬橋入金溪。

寶善橋，自井亭前西北流，過湖橋，又北流，折而東，至此九里。

沈家橋，自寶善橋東流，過陳家堰，又東流，折而東北，至此六里。又西北流五里過倪家碶，至金鐘墩橋入縣溪。

陸路道里記

東門又名迎恩門。

幹路

大橋鎮，自東門外東北行，過新橋，至此一里四分。

昌裕亭，自大橋鎮東北行，至此八里三分。

毓秀橋，自昌裕亭東少北行，至此五里三分。

西塢鎮，居敬橋。自毓秀橋東北行，折而東南，又折而東北，至此二里八分。

化成橋，自居敬橋東行，至此四里。

洞橋，自化成橋東行，至此六里。

鄞奉橋，自洞橋北少東行，至此五里二分。與鄞縣分界。

枝路

上田畈市，自東門外新橋南少西行，過龍潭山麓，至此七里。

馬甫橋，自上田畈市南少東行，至此四里八分。

方門市，自馬甫橋南少東行，至此五里六分。

山隍嶺麓，自方門市西行，折而南，至此六里三分。嶺高五丈六尺。

棚墟嶺，自山隍嶺麓曲曲南少西行，至此十一里五分。嶺高二十五丈。與台州府甯海縣分界。

報國寺橋，自馬甫橋東北行，折而北，至此八里一分。又北行五里二分至郭郎橋，與自大橋鎮東南行之枝路合。

雲蓋嶺，自方門市東南行，折而東北過沈村，至此九里三分。嶺高二十丈。

金峩橋，自雲蓋嶺東南行，至此二里三分。又東南行七里强至吴家埠市，與自大橋鎮東南行之枝路合。

枝路

郭郎橋，自大橋鎮東南行，至此五里五分。

太平橋，自郭郎橋東南行，至此五里九分。自此北少東行，至幹路之毓秀橋，計十里三分。

王家塾，自太平橋東南行，折而東北，過新嶺，嶺高七十九丈。又東南行，至此十二里一分。

金溪橋東，自王家塾北少東行，至此六里五分。

湖口涼亭，自金溪橋東首南少東行，過琅溪橋，又東南行，至此十一里。

戴橋，自湖口涼亭東南行，過鎮東廟，又東行，至此六里九分。

裘村鎮，自戴橋東行，過溪橋，又東北行，至此四里九分。

徐村，自裘村鎮東北行，折而西北，至此六里二分。

道陳嶺，自徐村東北行，折而西北，至此三里一分。嶺高十七丈八尺。與鄞縣分界。

蕁湖鎮，自王家塾南少西行，過關公橋，至此九里八分。

吴家埠市，自蕁湖鎮南少西行，至此三里三分。

大溪沿，自吴家埠市西南行，至此十里一分。

陳村，自大溪沿西行，過鮚埼市，至此五里四分。

分界石，自陳村西行，折而南少西，至此十里五分。與台州府甯海縣分界。

白杜鎮，自金溪橋東首北少東行，至此五里一分。又北少東行，一里七分至洞橋入幹路。

十里牌，自裘村鎮東南曲曲行，過象嶺，嶺高五丈。至此七里一分。

松嶴市，自十里牌東北行，至此七里五分。

望臺山北，自松嶴市東行，至此九里八分。

塔山司城，自望臺山北麓東行，折而東南，至此五里。

湖頭卓村，自塔山司城東行，折而南，至此一里三分，至海濱。

枝路

馬司空橋，自大橋鎮西北行，折而北，至此四里五分。

沈村，自馬司空橋東北曲折行，至此六里八分。

南渡鎮，自沈村北少東行，至此二里七分。

三叉路涼亭，自南渡鎮北少東行，過進林碶，又東北行，至此五里。

馬石灰橋，自三叉路涼亭北行，至此六里。

北渡，自馬石灰橋北行，至此三里。與鄞縣分界。

横路橋，自馬司空橋北行，至此七里七分。

江口市，自横路橋北少西行，至此四里八分。

光德橋北，界井。自江口市北行，至此一里四分。與鄞縣分界。

枝路

魯婆橋，自居敬橋北少西行，至此三里五分。

山隍橋市，自魯婆橋西北行，至此五里。

陡亹橋市，自山隍橋市北行，至此五里五分。又西北行六里二分至馬石灰橋，與自大橋鎮西北行之枝路合。

南門又名貞明門。

幹路

龍溪橋西，自南門外南行，至此五里三分。

下田畈李村，自龍溪橋西首東南行，過上田畈市，又西南行，折而南少東，至此六里一分。

葛嶴姜村，自下田畈李村南行，折而西南，至此十里六分。

童公嶺，自葛嶴姜村南行，至此十五里一分。嶺高二十四丈。與台州府甯海縣分界。

枝路

大堰溪橋，自龍溪橋西首西南行，至此八里八分强。西北通西門幹路之甘嶺，計十一里八分。

朱家堰，自大堰溪橋西南由曲行，至此五里三分。

虎嘯山麓，自朱家堰西少南行，至此四里八分。

南溪口汪村，自虎嘯山麓西少南曲折行，過會風嶺，嶺高二十三丈。至此九里七分。

大堰街市，自南溪口汪村南少西行，至此七里九分。

荷花池，自大堰街市西少北行，過後堰嶺，嶺高六丈五尺。至此五里一分。

王村，自荷花池西少北曲曲行，過硃坑嶺，嶺高十七丈。至此五里二分。

田墩王村，自王村西南行，過攤山嶺，嶺高十丈。又東行，至此四里三分。

拜祭嶺脚，自田墩王村南行，至此八里二分。

廣福橋，自拜祭嶺脚西南曲曲行，過花樹嶺，嶺高十三丈。至此十一里三分。

横溪嶺，自廣福橋曲曲南行，至此十三里四分。嶺高六十丈。與台州府甯海縣分界。

西門又名順成門。

幹路

城西嶴，自西門外西南行，至此七里四分。

甘嶺，自城西嶴西行，過西嶴嶺，又西南行，至此六里二分。嶺高五十丈。

聯芳橋，自甘嶺西少北行，至此四里。

下汪村，自聯芳橋北行，至此五里四分。

新建唐村，自下汪村西北行，至此五里九分。

公棠村，自新建唐村西南行，至此七里六分。

西隅亭，自公棠村西南行，至此六里五分。

趙村，自西隅亭西南行，至此四里。

柏坑市，自趙村西南行，至此四里。

仙靈橋，自柏坑市西南行，折而東南，又折而西，至此三里八分。

官村，自仙靈橋西行，折而西南，至此八里八分。

六詔嶺，自官村西少南行，折而西北，至此八里一分。嶺高八十丈。

三界大山北，自六詔嶺西行，至此五里一分。與紹興府嵊縣分界。

枝路

西嶴畈，自仙靈橋南行，過接引橋，又西南行，至此六里四分。

磨心嶺，自西嶴畈東南行，至此八里九分。與紹興府新昌縣分界。

北門又名起鳳門。

幹路

荷花池頭，自北門外東北行，折而西北，至此六里五分。

青雲橋，自荷花池頭西北行，過長短二嶺，至此七里四分。

大埠鎮，自青雲橋北行，至此二里四分。

鍾村，自大埠鎮西南行，至此六里三分。

普濟渡，自鍾村西少南行，至此六里三分。渡闊十丈。

溪口鎮，自普濟渡西南行，至此二里八分。

入山亭，自溪口鎮西北行，過徐村，又西少南行，至此八里六分。

寺後嶺，自入山亭西行，過雪竇大嶺，嶺高七十八丈。又西北行，至此六里四分。嶺高四十三丈。

趦趄嶺，自寺後嶺西北曲折行，至此十里强。嶺高一百丈。

盧家山前，自趦趄嶺西北行，至此十里七分。

盧村，自盧家山前西北行，至此三里。

北溪橋，自盧村西南行，折而北，至此十里四分。與紹興府餘姚縣分界。

枝路

日嶺，自北門外西少北行，至此八里九分。又西少北行，折而西南八里四分至下汪村，入西門幹路。

枝路

林村，自荷花池頭西行，過西圃嶺，嶺高二十丈。至此七里二分。

孫村，自林村南行，折而西北，至此八里五分。又西北行二里至普濟渡入幹路。

枝路

周家橋，自大埠鎮東少北行，至此六里六分。又東少北行三里二分至江口市，與東門幹路内自大橋鎮西北行之枝路合。

枝路

後董村，自溪口鎮西少南行，過樊村渡，又南行，至此八里五分。

亭下鎮，自後董村西行，至此五里五分。

胡村，自亭下鎮西行，過大晦嶺，嶺高二十七丈三尺。又西南行，至此十里九分。

金竹村，自胡村西行，過涼亭，又西北行，至此十二里四分。

葛竹村，自金竹村西北行，折而西南，至此二里八分。與紹興府嵊縣分界。

枝路

南盤嶺，自盧家山前南少西行，折而東南，至此十二里三分。嶺高二十五丈。

西嶴坑村，自南盤嶺東南行，折而東少北，至此六里一分。

西晦嶺頂，自西嶴坑村西南行，折而南少東曲曲，至此八里一分。嶺高二十二丈。又南少東曲曲行五里四分至胡村，與自溪口鎮起之枝路合。

寧波府鎮海縣

水路道里記

大浹江在鄞縣爲甬江。

經流

白沙市，大浹江自鄞縣流至此入境，又東少北流，至孔浦市三里七分。水深二丈九尺，面闊八十一丈。白沙市迤東仍與鄞縣分水。以下至張家堰皆同。

三官堂汛，自孔浦市東少北流，至此五里。水深三丈二尺，面闊九十丈。

李家堰，自三官堂汛東南流，折而東北，至此三里五分。水深五丈，面闊一百二十五丈。此段一名盎猛江。

張家堰，自李家堰東北流，至此三里五分。

王家堰，自張家堰東北流，至此六里一分。水深三丈六尺，面闊一百二十六丈。

朱家河頭，自王家堰東北流，至此三里二分。水深四丈三尺，面闊一百四十一丈。

大關渡口，自朱家河頭東少北流，至此三里七分。水深三丈九尺，面闊一百十七丈。

招寶山脚，自大關渡口東北流，至此二里九分入海。水深六丈三尺，面闊二百二丈。

小浹江

經流

通津橋，小浹江自鄞縣五鄉碶市分後塘河之水西北流，至此入境，又東北流，至四水橋三里。此段仍與鄞縣分水。

東港碶市，自四水橋東北流，折而東，又折而東北，至此九里九分。水深九尺，面闊十丈。

長山橋市，自東港碶市東北曲曲流，至此九里九分。

湖水沈港口，自長山橋市曲曲北流，至此三里八分。有湖水沈港自西來注之。

義成橋市，自湖水沈港口西北流，折而東北曲曲，至此六里四分。

長跳嘴山北，自義成橋市西北流，折而東北，過義成碶，至此四里五分。水深三丈，面闊八十丈。入海。

中大河

經流

巾子山，中大河自此發源，西南流，繞城折而西北，至葱園三港口四里五分。分一支西南流，爲前大河。見後。

新添廟橋，自葱園三港口西流，過雙橋，至此三里八分。

迎師橋，自新添廟橋西流，過廣濟橋，又西南流，五里五分。

大市堰，自迎師橋西流，折而西北，至此六里。水深五尺，面闊六丈三尺。

貴駟橋，自大市堰西北流，過妙勝寺市，至此五里。

餘壽橋，自貴駟橋西北流，至此二里五分。餘壽橋迤西與慈谿縣分水。以下皆同。

駱駝橋鎮，自餘壽橋西流，至此三里四分。分一支南流爲西大河。見後。

永安橋，自駱駝橋鎮西流，過貴勝堰，至此一里。與慈谿縣分界。入慈谿後與東大河會。

枝流 前大河。

五里牌，前大河自葱園三港口分中大河之水西南流，至此四里五分。

清水鋪市，自五里牌西南流，至此五里一分。水深六尺，面闊三丈。

甬東橋，自清水鋪市曲曲西流，至此五里一分。

横河堰，自甬東橋西北曲曲流，至此四里六分。水深五尺，面闊一丈八尺。

進賢橋東，自横河堰西流，折而南過莊市鎮，至此一里一分。此段一名横河。

回龍橋，自進賢橋東口西流，折而南，又折而西，至此四里五分。以下又爲徐家岸港。又西少北流四里七分至西衛橋北，水深五尺，面闊一丈六尺。與西大河會。

枝流 西大河。

團橋市，西大河自駱駝橋鎮分中大河之水南流，至此四里四分。

西衛橋北，自團橋市南流，至此四里五分。有前大河水自東南來會之。見前。

四方橋，自西衛橋北首南少西流，至此一里一分。

鄞定橋，自四方橋南少西流，至此三里九分。以下與鄞縣分水。

倪家堰西，自鄞定橋西流，至此一里一分。入甬江。與鄞縣分界。

上河

經流

育王嶺，上河自此發源，東北流，至九龍橋五里六分。

薛家橋，自九龍橋西少北流，折而東少南，至此八里。分一支東南流，爲中河。見後。

新碶市，自薛家橋東北曲曲流，過大碶市，至此十四里，入海。

枝流 中河。

清水橋市，中河自薛家橋分上河之水東南流，至此八里一分。

泥堰，自清水橋市北流，折而東，至此六里五分。以下爲下河。

楊木堰橋，自泥堰東南流，至此五里九分。

柴橋鎮，自楊木堰橋南迤東流，折而東少北，至此五里四分。有洪溪、瑞巖溪、梅家坪溪，自西南來注之。

穿山碶，自柴橋鎮東北流，至此四里四分。水深五尺，面闊十五丈。入海。

山北大河

經流

中湖閘，山北大河自此受鳳浦湖湖周十一里弱，水深四尺，(於)[淤]淺。之水東北流，至龍山所城一里一分。

奉公堰，自龍山所城西北曲曲流，至此八里。水深四尺，面闊一丈七尺。

時安橋，自奉公堰西北流，至此四里五分。有沈窖湖之水自南來注之。湖周十里，水深三尺五寸，淤淺。

三眼橋，自時安橋西少北曲曲流，至此九里四分。與慈谿縣分界。入慈谿後爲松浦港。

陸路道里記

東門 一名鎮遠門。

幹路

招寶山，自東門外北少東行，至此一里三分，抵海濱。

南門 一名南薰門。

幹路

江南市，自南門外南行渡大浹江，渡闊一百十七丈。至此一里三分。

盧家塘，自江南市南少東行，至此一里六分。

長山橋市，自盧家塘東南行，至此三里五分。

佈陣嶺南麓，自長山橋市東南行，至此五里一分。嶺高二十丈八尺。

大碶市，自佈陣嶺南麓東南曲曲行，至此八里六分。

施罟橋，自大碶市東南行，至此四里一分。

清水橋市，自施罟橋東南行，至此四里一分。

泥堰，自清水橋市東北行，過倪家山麓，又東行，至此六里五分。

楊木堰橋。自泥堰東少南行，至此六里。

柴橋鎮，自楊木堰橋東南曲曲行，至此三里。

洋沙溪，自柴橋鎮東行，過黄土嶺，嶺高五丈九尺。又東少南行，至此六里三分。

小蕢村，自洋沙溪東行，過中嶺，嶺高二十六丈。又東少北行，至此五里五分。

大度嶺，自小亹村東南行，過風水嶺、嶺高二十一丈三尺。石旗嶺，嶺高二十丈。至此八里五分。嶺高二十三丈。

霩衢所城北門，自大度嶺東少南行，過鳳凰山麓，又東北行，至此四里五分。城周二里八分，共四門。

泥砂嶺，自霩衢所城北門東南行，穿城南行，折而東過大陡門，至此三里六分。

雙隩村，自泥砂嶺東少北行，至此二里。

盛隩村，自雙隩村東少南行，過大隩碶，至此四里三分。

司城隩，自盛隩村東北行，至此四里七分。

泥城嘴，自司城隩東北行，至此四里八分，抵海濱。

枝路

義成橋市，自江南市東行，過大嶺，嶺高十五丈。又東北行，至此四里七分。

青嶼汛，自義成橋市東行，折而東北，過青嶼嶺，嶺高六丈二尺。至此三里二分。

算山嶺，自青嶼汛東南行，至此十一里八分。嶺高五丈。

備碶，自算山嶺南少東行，過算山碶、三眼碶，至此六里七分。

西碶，自備碶東南行，過新碶市，又東行，至此一里四分。

三山浦口，自西碶東北行，過太和東碶，至此二里七分。

林大山，自三山浦口東南曲曲行，至此五里三分。

東關山西北麓，自林大山東南曲曲行，過雙礁碶，至此八里四分。

穿山碶，自東關山西北麓東南行，折而東北過舞嶺，嶺高四丈。至此四里三分。

穿山所城北門，自穿山碶東行，過穿山司署，又東行，折而南過龍睡宫山脚，至此二里六分。城周二里一分，共四門。

東門碶，自穿山所城北門東行穿城，又東北行，至此一里四分。

白楓村，自東門碶東少南曲曲行，至此七里二分。

華崎碶，自白楓村東少南行，過竹山碶、大隩嶺，嶺高十三丈。又東少北行，至此七里二分。

上澤碶，自華崎碶東少北行，過後墩碶，至此五里五分。

大滕村，自上澤碶東北行，過王前碶，又東北行，折而東，至此七里四分。又東南行三里三分至泥城嘴，入幹路。

枝路

衙前市，自江南市西南行，過烏嶺，嶺高六丈。至此四里。

沈村，自衙前市西南行，至此二里九分。

張家堰，自沈村西南行，至此五里六分。與鄞縣分界。

枝路

下倪橋，自盧家塘西南行，至此四里。

鄞定橋，自下倪橋西南行，至此六里四分。與鄞縣分界。

枝路

孔墅嶺，自長山橋市東北行，至此五里四分。嶺高二十九丈。

永豐橋，自孔墅嶺南少東行，至此五里四分。

烏金碶，自永豐橋東北行，至此四里六分。又東少北行三里四分至算山嶺，與自江南市東行之枝路合。

枝路

嶺下方村，自佈陣嶺南麓西南行，至此五里一分。

育王嶺，自嶺下方村南少西行，至此六里三分。嶺高二十丈。與鄞縣分界。

枝路

石湫市，自大碶市西南行，折而南少東，至此三里二分。

華巖山西，自石湫市南少東行，至此六里六分。

蟠山東南，自華巖山西麓南少東行，至此十里。與鄞縣分界。

枝路

貝家碶，自大碶市東少北行，至此六里二分。又東北行二里九分至西碶，與自江南市東行之枝路合。

枝路

啓霞嶺，自清水橋市南少東行，至此九里九分。嶺高三十六丈。

裘隩前村，自啓霞嶺西南行，至此三里五分。與鄞縣分界。

枝路

謝家橋，自柴橋鎮南行，至此二里八分。

河頭村，自謝家橋南行，折而西北，又折而西南，至此六里五分。

獅子嶺，自河頭村西南行，至此四里三分。嶺高三十八丈。

太平橋，自獅子嶺南行，至此六里。

上宅俞村，自太平橋南少東行，至此四里。

樟樹嶺西，自上宅俞村西北行，折而西，至此二里九分。與鄞縣分界。

枝路

太平橋，自小亹村南少東行，過楓棚嶺，嶺高十七丈。至此四里六分。

庲頭市，自太平橋西南行，至此一里九分。又南行二里九分至五眼碶，與自霩衢所城起之枝路合。

枝路

官山嶺，自霩衢所城西南行，至此四里。嶺高十二丈。

上梅山市，自官山嶺西行，過方門碶，至此二里三分。

五眼碶，自上梅山市西少南行，過朱家碶、馬嘴碶，至此五里三分。

大眼岡嶺，自五眼碶西南行，至此六里二分。嶺高一六丈。

崑亭村前，自大眼岡嶺西少南行，至此五里二分。

沙塘，自崑亭村前西南行，至此七里八分。

慈嶴村，自沙塘西少北行，至此二里八分。與鄞縣分界。

小南門一名晴川門。

幹路

廣濟月橋，自小南門外南行，折而西，至此二里四分。

五里牌，自廣濟月橋西南行，至此四里。

清水鋪市，自五里牌西南行，至此四里二分。

毓秀橋，自清水鋪市西南行，至此二里五分。

張家堰，自毓秀橋西少南行，至此三里六分。

孔浦市，自張家堰西少南行，過三官堂汛，至此六里三分。

白沙市，自孔浦市西少南行，至此三里七分。與鄞縣分界。

西門一名武甯門。

幹路路向西。

葱園前，自西門外西少北行，至此一里。

新添廟橋，自葱園前西行，至此三里八分。

迎師橋，自新添廟橋西南曲曲行，至此五里。

慈濟橋，自迎師橋西北行，至此五里二分。

大市堰，自慈濟橋西北行，至此一里一分。

妙勝寺市，自大市堰西北行，至此二里五分。

貴駟橋，自妙勝寺市西北行，至此二里六分。

借邑港橋，自貴駟橋西北行，至此二里五分。

駱駝橋鎮，自借邑港橋入慈谿境，西少北行，至此三里四分。

團橋市，自駱駝橋鎮復入本境南行，至此四里三分。

永清橋，自團橋市南行，至此一里七分。

四方橋，自永清橋南少西行，至此四里。

壓賽橋市，自四方橋南少西行，至此三里二分。

鄞定橋，自壓賽橋市南行，至此一里九分。與鄞縣分界。

枝路

振勝橋，自慈濟橋南少西行，至此三里。

莊市鎮，自振勝橋西南行，至此二里五分。

吉慶橋，自莊市鎮西少南行，至此三里四分。

梅堰廟市，自吉慶橋西南行，至此一里二分。又西南行三里二分至孔浦市，入小南門幹路。

枝路

聚雲橋，自妙勝寺市西行，至此二里。

萬民橋，自聚雲橋西行，折而西北，至此二里。又西行三里至團橋市入幹路。

幹路路向西北。

北城角砲臺，自西門外北行，至此七分。

沙頭庵，自北城角砲臺西少北行，至此四里八分。此段海塘。

萬壽庵，自沙頭庵西行，至此四里六分。

水管口庵，自萬壽庵西北行，至此四里六分。

憩橋市，自水管口庵西北行，至此三里九分。

界牌樓，自憩橋市西北行，至此一里。

福田閘，自界牌樓入慈谿境西北曲曲行，至此一里五分。
沙河頭市，自福田閘復入本境，北少西行，至此一里四分。
牌門頭市，自沙河頭市北行，至此二里六分。
澥浦鎮，自牌門頭市北少東行，折而北少西，至此五里。
萬安橋，自澥浦鎮北行，過鳳凰嶺，嶺高三丈。又西北行，過大隰嶺，嶺高十一丈。至此五里。
邱洋市，自萬安橋西北行，至此三里四分。
龍山所城南門，自邱洋市西北行，至此三里六分。城周二里七分，共四門。
龍頭場鎮，自龍山所城南門西北曲曲行，至此四里二分。
奉公堰，自龍頭場鎮曲曲西行，至此三里二分。
施公山嶺，自奉公堰西北行，至此五里一分。嶺高二丈。
松浦閘，自施公山嶺西北行，至此六里八分。與慈谿縣分界。

枝路

龜山橋，自澥浦鎮西少北行，折而西南，至此三里六分。
覺度寺，忠信橋。自龜山橋東南行，折而西，至此三里。
李竇橋，自忠信橋南行，至此四里三分。
堰頭王村，自李竇橋南行，至此三里。又南行六分入慈谿縣境，至駱駝橋鎮入向西幹路。

寧波府象山縣

水路道里記

東大河

經流

象鼻山東北麓，東大河自此發源，東南流，至登明橋一里五分。
塔山橋，自登明橋南少東流，折而東，至此三里二分。
龔家河村，自塔山橋東南流，至此二里四分。
烏籠山南，自龔家河村西南流，過太平橋，又東南流，至此六里一分。
茶堂庵西，自烏籠山南首東南流，至此二里。
賢昌碶，自茶堂庵西首南少東流，至此四里六分，入海。

西大河

經流

象鼻山南麓，西大河自此發源，南少東流，穿城至南門外二里四分。
平橋西，自南門外東南流，至此二里五分。
王家塔東，自平橋西首西南流，至此二里五分。
董家村，自王家塔東首南少東流，至此三里一分。分一支東少北流，過洋心市，通東大河。
慶豐碶，自董家村東南流，折而東，至此七里一分。
碶橋，自慶豐碶東流，折而南，至此三里。
小碶門，自碶橋南流，折而東，至此四里二分，入海。

龍溪

經流

小石坑山，龍溪自此發源，東流至龍溪橋一里五分。
本心橋，自龍溪橋南少東曲折流，至此四里八分。
它山橋，自本心橋南少東流，至此一里九分。
永鎮橋，自它山橋東南流，至此三里二分入海。

綠溪

經流

蒙頂山，綠溪自此發源，東北流，至綠溪橋五分。
戢穀橋，自綠溪橋東少南流，至此一里二分。
歐陽橋，自戢穀橋東北曲折流，至此六里八分。
茅山廟，自歐陽橋西流，折而北，至此六里三分。
潘埠，碶橋。自茅山廟北流，至此五里八分，入海。

東嶺水

經流

東嶺，東嶺水自此發源，西北曲曲流，至平潭十里。
田嶴，自平潭西北流，至此二里一分。
賴嶴，自田嶴西北曲折流，至此四里三分。
巖潭村，自賴嶴北流，折而西，又折而東北，至此二里一分。
下沈村，自巖潭村西北流，至此一里七分。
碶口，自下沈村北流，折而東少北，至此一里九分，入海。

浮礁港

經流

逸狗山，浮礁港自此發源，東北流，至大蝦港口三里六分。

西漕港口，自大蝦港口東北流，至此一里二分。

蒲白港口，自西漕港口東北流，折而西北，至此六里二分。

上鶯山麓，自蒲白港口西流，至此二里强，有大泥塘水自南來注之。入海。

陸路道里記

東門一名賓暘門。

幹路

東亭廟，自東門外東行，至此六分。

塔山橋西，自東亭廟東行，至此一里一分。

太平橋，自塔山橋西首東南行，至此二里一分。

趙嶴嶺，自太平橋東南行，折而東，至此五里二分。嶺高十七丈。

灰窑山嶺，自趙嶴嶺東行，過半路亭，又東少北行，折而東南，至此六里六分。

爵溪所城，東門。自灰窑山嶺東南行，至此一里七分。城周三里七分，共四門。

前嶴嶺南麓，自東門西行，穿城出西門，又南少西行，至此六里一分。

赤坎村，自前嶴嶺南麓東南行，至此二里五分。又東南行二里抵海濱。

枝路

登明橋北，自東亭廟北行，至此二里一分。

旋倒山西麓，自登明橋北首北行，過虎嘯橋，至此三里。

湯家店亭，自旋倒山西麓東北行，至此二里九分。

干嶺西麓，自湯家店亭東北行，過平橋，又東北行，折而東南，至此九里三分。

夕照亭，自干嶺西麓東少北行，過嶺，至此三里六分。

塗茨鎮，自夕照亭東北行，過大嶺，嶺高三十九丈。至此二里六分。

廣生廟，自塗茨鎮東北行，過謝圣橋，至此七里四分。

眠犬山東麓，自廣生廟東北行，至此二里九分。

錢倉所城，西門。自眠犬山東麓東北行，至此二里一分。城周五里二分，共四門。入城。

積善橋，自旋倒山西麓西北行，至此一里九分。

海口橋，自積善橋西北曲折行，至此四里一分。

三官堂，自海口橋北行，至此三里六分。

童翁嶺，自三官堂西北行，至此三里八分。嶺高三十五丈。

黄避嶴，自童翁嶺西北行，至此七里一分。

西山下街，自黄避嶴東北行，過西山下嶺，至此三里八分。

聚英橋，自西山下街東北行，至此三里五分。

西澤渡亭，自聚英橋北行，過萬安橋，又西北行，至此三里七分。抵海濱。

蓬嶺，自塗茨鎮西北行，過金雞嶺，至此六里。嶺高五十三丈。

朱溪市，自蓬嶺西北行，至此三里九分。

甬東橋，自朱溪市西北行，至此七分。

竹浦嶺，自甬東橋曲折西行，至此七里。嶺高三十五丈。又西少北行六里五分至聚英橋，與本條枝路合。

湯嶴嶺，自眠犬山東麓西北行，至此三里九分。嶺高二十五丈。

甯静碶橋，自湯嶴嶺西北行，至此五里五分。

鳴鳳橋，自甯静碶橋西南曲折行，至此六里九分。

永椿橋，自鳴鳳橋西南行，至此一里六分。又西南行三里六分至甬東橋，與本條枝路合。

樟樹嶺，自三官堂東北行，至此一里三分。

路下章村，自樟樹嶺東北行，折而西北，至此五里四分。又西北行四里八分至西山下街，與本條枝路合。

枝路

黄橋北，自塔山橋西首東北行，過王字山脚，又東南行，至此四里一分。

繪棚嶺，自黄橋北首東北行，至此五里。嶺高四十六丈。

缸嶴東，自繪棚嶺東北行，折而西北，至此二里八分。又東北行五里九分至干嶺西麓，與自東亭廟起之枝路合。

南門一名來薰門。

幹路

聚福亭，自南門外東南行，至此二里一分。

洋心市，自聚福亭南少東行，至此三里五分。

慶豐碶，自洋心市東南行，至此四里。

岳頭，自慶豐碶南少東行，至此三里九分。

南盤，自岳頭西南曲曲行，至此十一里二分。

南堡鎮，自南盤西北行，至此二里五分。

山頭王村，自南堡鎮西南行，折而南少西，過東溪嶺，至此八里。

烏江，自山頭王村西南行，至此六里五分。

新橋鎮，自烏江東南行，至此五里五分。

高塘山東麓，自新橋鎮東南行，至此一里八分。

高灣村，自高塘山東麓東南行，至此六里三分。

昌石汛，自高灣村東南行，過三條嶺，嶺高十七丈。至此三里八分。

鳳嶴嶺，自昌石汛東南行，折而南，至此四里七分。嶺高三十一丈。

昌國衛城，西門。自鳳嶴嶺南少東行，至此三里五分。城周四里八分，共三門。

鹽倉前鎮，自西門東南行，穿城出南門，又南行，至此五里九分。

石浦城，東門。自鹽倉前鎮南少西行，至此三里三分。城周三里三分，共三門。

番頭渡口，自東門西南行，至此六里四分。

上灣廟，自番頭渡口西少北行，折而西南，至此六里八分。

司前嶺，自上灣廟西行，折而西北，至此十一里三分。嶺高八丈。

永渡橋碶，自司前嶺西北行，至此四里五分。

北渡，自永渡橋碶西北行，至此五里五分，抵海濱。過渡往海中之狗山及上下鶯山等處。

枝路

朝宗碶，自聚福亭曲曲東南行，至此四里。

茶亭庵，自朝宗碶東少北行，折而東南，至此四里九分。

前嶴廟，自茶亭庵東南行，至此一里七分。又東北行一里五分至前嶴嶺南麓，入東門幹路。

枝路

田灣嶺，自南盤東少南行，至此四里四分。

許家嶺，自田灣嶺南行，至此五里一分。

王家濫村，自許家嶺南行，至此四里。

前山嶺，自王家濫村東南行，折而西南，至此六里。嶺高十二丈。又西南行三里一分，至高灣村入幹路。

枝路

羅家嶴西，自高塘山東麓西少南行，至此六里一分。

上盤嶺，自羅家嶴西首東南行，至此二里三分。嶺高三十五丈。

田洋湖鎮，自上盤嶺東南行，至此二里二分。

上誉村，自田洋湖鎮東南行，過洋嶴嶺，嶺高十丈。至此七里五分。

下誉村，自上誉村西少南行，至此三里五分。

三教堂，自下誉村西南行，至此三里八分。

洞門嶺，自三教堂東南行，至此五里一分。嶺高三十四丈。

黄埠村，自洞門嶺東少南行，至此二里五分。

黄埠嶺，自黄埠村東少北行，至此七里。又東南行二里九分進石浦城北門，出東門，入幹路。

靈嶴嶺，自羅家嶴西首西南行，至此七里三分。嶺高十九丈。

甘頭渡，自靈嶴嶺西南行，折而東南，至此五里六分。抵海濱。

西門一名迎恩門。

幹路路向西。

烏溪橋，自西門外西行，過彭姆嶺，嶺高十九丈。又西北行，至此八里一分。

塔嶺村，自烏溪橋西北行，折而西南，至此二里。

大雷寺，自塔嶺村西少南行，至此四里四分。

牆頭鎮，自大雷寺西行，至此一里二分。

艤舟亭，自牆頭鎮西北行，至此二里。

歐陽橋，自艤舟亭西行，過西沙嶺，嶺高三十八丈。至此三里八分。

戲穀橋脚，自歐陽橋西南曲折行，至此四里五分。

車嶺，自戲穀橋脚西北曲折行，至此四里三分。

永安橋，自車嶺西北行，至此二里五分。

土橋村，自永安橋西北行，至此二里。

鎮安橋脚，自土橋村西北行，至此四里二分。

下沈村，自鎮安橋脚西行，過牛卧嶺，嶺高三十一丈。至此四里七分。

排頭廟村，自下沈村西南行，折而西少北，至此六里五分。

界嶺，自排頭廟村西行，至此三里二分。嶺高三十四丈。與台州府甯海縣分界。

枝路

方前市，自艤舟亭西北行，至此一里二分。

蓮池廟，自方前市北行，至此四里八分。

長白沙村，自蓮池廟西北行，至此五里九分。

淡港渡，自長白沙村西南行，至此三里五分。

閘嶴嶺，自淡港渡西行，至此五里二分。嶺高十一丈。

鄭思嶴村，自閘嶴嶺西少南行，至此三里一分。

西周市，新橋脚。自鄭思嶴村西南行，過塔嶺，嶺高十八丈。至此三里八分。

西周渡頭，自新橋脚西北行，至此二里二分。抵海濱。

枝路

黄泥橋，自戬穀橋西南行，至此一里五分。

於家溪村，自黄泥橋西南行，至此三里八分。

東嶺，自於家溪村西南行，至此一里四分。

平潭，自東嶺西北行，至此七里六分。

賴嶴，自平潭西北行，至此五里二分。

公塘，自賴嶴北行，至此一里九分。

如意亭，自公塘西南行，至此二里。

坐巖亭，自如意亭西南行，至此三里三分。

石門嶺，自坐巖亭南行，至此二里八分。與台州府甯海縣分界。

幹路路向西南。

路下林村，自西門外南行，至此四里一分。

黄土嶺，自路下林村南少東行，至此三里五分。嶺高二十一丈。

三叉路村，自黄土嶺西南行，至此三里九分。

行者嶺，自三叉路村西南行，至此四里。嶺高二十八丈。

安溪橋東，自行者嶺西南行，至此三里一分。

墳山嶺，自安溪橋東首西行，過大碶橋，至此六里七分。嶺高三十三丈。

永鎮橋，自墳山嶺西南行，折而西北，過蟹鉗嶺，嶺高十七丈。至此五里六分。

后王，自永鎮橋西北行，至此三里六分。

小箭嶺，自后王西少北行，折而西少南，至此六里五分。與台州府甯海縣分界。

枝路

姆嶺，自三叉路村東南行，至此二里一分。

壺尚嶺，自姆嶺西南行，至此五里二分。又東南行二里至南堡鎮，入南門幹路。

枝路

溪口村，自安溪橋東首西北行，至此三里三分。

陳家莊，自溪口村西北行，至此二里七分。

石鼓嶺，自陳家莊西北行，過鳳甯橋，至此六里七分。嶺高三十九丈。

東嶽廟，自石鼓嶺西北行，至此三里七分。又北少東行一里九分至大雷寺，入向西幹路。

枝路

靈巖嶺，自永鎮橋南行，至此七里二分。嶺高十七丈。

住前嶺，自靈巖嶺南少東行，至此四里七分。嶺高二十八丈。

眠牛嶺，自住前嶺南行，折而西，至此二里四分。嶺高九丈。

馬嶴嶺，自眠牛嶺西行，至此五里一分。嶺高二十四丈。與台州府甯海縣分界。

枝路

太平橋，自后王西北行，至此二里五分。

金家嶴，自太平橋北行，至此一里九分。

大何婆嶺，自金家嶴西北行，至此三里七分。嶺高三十九丈。又西北行一里二分至黄泥橋，與向西幹路内自戬穀橋起之枝路合。

北門一名拱極門。

幹路

當境廟，自北門外北行，至此三里三分。

化爐山南麓，自當境廟東北行，至此一里二分。又南少東行一里九分至登明橋北，與東門幹路内自東亭廟起之枝路合。

寧波府定海廳

水路道里記

環城河

經流

疊石山，環城河自此發源南流，至扶歸橋五里二分。

廣裕橋，自扶歸橋南少東流，至此三里八分。

城東南隅，自廣裕橋西少南流，至此一里一分。有鎮山北麓之水，繞城過北門外、東門外，自北來注之。有鎮山南麓之水，繞城過西門外、南門外，自西來注之。

平水碶，自城東南隅南少西流，至此一里五分，入海。

九曲河

經流

龍堂嶺，九曲河自此發源，西南流，至福明橋一里九分。

大横橋，自福明橋西南流，折而西北，至此一里八分。

高廟北，自大横橋西北流，至此七里三分。

王家橋，自高廟北首北少西流，至此一里三分。有十字鎮水自西來注之。

小支嶴北，自王家橋東北曲折流，至此三里一分。分一支東北流，過三眼碶入海。

白泉碶，自小支嶴北首北少東流，至此一里六分，入海。

南嶴溪

經流

鄭家山，南嶴溪自此發源，西南流，至南嶴山北四里。

三官堂，自南嶴山北首西少南流，至此六里三分。

鶴嶼碶，自三官堂西南流，至此四里五分。

福壽橋，自鶴嶼碶西南流，折而南，至此四里七分，入海。

天童浦

經流

螞蝗山，天童浦自此發源，西少南流，折而南，至龍集橋四里四分。

木碶橋，自龍集橋西南曲折流，至此五里一分。

天童碶，自木碶橋西南流，至此三里一分。

大灣村南，自天童碶西南流，至此三里八分，入海。

附記東門外海程

朱家尖，大洞嶴。自沈家門鎮航海東少南行，至此二十一里。

普陀，短姑衜頭。自沈家門鎮航海東行，折而東北，過蓮花洋，至此二十里。

長塗港南，自沈家門鎮航海東行，折而東北，過普陀山前蓮花洋，又北行過黄大洋，又西北行，至此八十一里。

衢山，大衜頭。自長塗港南口東北行，穿港出北口，又北少西行，至此四十二里。

附記南門外海程

金塘，小嶴。自久安門外大衜頭航海西少南行，過外洋螺山南首，又西北行，過半洋礁北首，至此三十九里。

大榭，海尾跳。自久安門外大衜頭航海南少西行，過摘箬山北首，又西南行，至此三十二里。

六横，青山嘴。自久安門外大衜頭南少東行，至此五十六里。

桃花，桃花嘴。自久安門外大衜頭南少東行，至此四十六里。

附記北門外海程

蘭秀，南浦嶴。自三江衜頭航海東北行，至此八里。

岱山，南浦。自三江衜頭航海北行，至此三十里。

陸路道里記

東門

幹路

無樣山南麓，自東門外東南行，至此二里二分。

玉蘭橋，自無樣山南麓東行，過蠣浦清廟，又東北行，折而東南，至此四里五分。

青龍橋，自玉蘭橋東南行，折而東北，至此三里七分。

沈公嶺，自青龍橋東北行，至此四里。
神仙廟，自沈公嶺東少北行，至此四里。
洩嶺脚，自神仙廟曲曲東行，至此四里一分。
茶亭，自洩嶺脚南行，過嶺，至此八里六分。
郎家橋，自茶亭東行，至此三里三分。
裏洞隩，自郎家橋東行，至此三里四分。
江姚嶺，自裏洞隩南少西行，至此二里。
荷花池，自江姚嶺南行，至此一里七分。
泥橋，自荷花池東行，至此二里九分。
鸛嶼碶，自泥橋東南行，至此五里。
花樹隩，自鸛嶼碶東南行，至此四里九分。
沈家門鎮，自花樹隩南行，過大嶺，又東南行，至此七里二分，抵海濱。

枝路

甬東橋，自無樣山南麓東南行，過西碶嶺，至此五里三分。
渡津橋，自甬東橋東南曲折行，過石家嶺，又東行，至此六里七分。
老碶，自渡津橋東少南行，至此四里一分。又東行五里八分過金福山脚，至荷花池入幹路。

枝路

高橋，自洩嶺脚東北行，過龍堂嶺，又東北行，折而西，至此九里九分。
石礁西，自高橋西北行，至此一里八分。
三眼碶，自石礁西首西北曲折行，至此四里一分。
浪洗嶺，自三眼碶西北行，過白泉碶，又東北行，至此五里一分。
金鉢西碶，自浪洗嶺西北行，至此九里八分。又西北行三里一分過營房山，至黄昏山脚入北門外向東北幹路。

枝路

沙洞嶺，自裏洞隩曲曲東北行，至此六里五分。
紅橋，自沙洞嶺曲折東行，過總管廟，又北少西行，至此六里六分。
大展新碶，自紅橋北行，至此五里一分，抵海濱。

南門

幹路

久安門，大衜頭。自南門外南行，至此一里一分，抵海濱。

西門

幹路

鎖山脚，自西門外西行，至此一里六分。
壩橋，自鎖山脚西北行，過茅嶺，至此五里三分。
建安橋，自壩橋西北行，過西皋嶺，又西南行，折而西北，至此六里四分。
鮑家山北，自建安橋西北行，過竹山䆧，又西行，至此五里六分。
岑港鎮，自鮑家山北首西北曲折行，過小嶺及司前碶，至此七里九分。
五條䆧，自岑港鎮曲折北行，至此五里二分。
亦磡塘，自五條䆧北少東行，折而西北，至此八里。
烏邱嶺，自赤磡塘北行，折而東，至此三里四分。
歧隩碶，自烏邱嶺曲曲東行，至此六里六分。又東南行二里六分至大沙碶，與北門外向西北幹路合。

枝路

曉峰嶺城，自鎖山脚西行，至此一里九分。
獭山脚，自曉峰嶺城西行，過曉峰橋，又西南行，至此三里七分。
平巖碶，自獭山脚西南行，至此二里一分，抵海濱。

北門

幹路路向西北。

青嶺，自北門外西北行，至此二里五分。
赤土嶺，自青嶺西行，折而北過虹橋，又西行，至此五里。
鳳仙橋，自赤土嶺北行，過王家嶺，又西少北行，至此五里五分。
龍集橋，自鳳仙橋西北行，至此四里九分。
鄭思嶺，自龍集橋西北行，至此四里一分。
南隩，自鄭思嶺西北行，過潘家橋，又北行，至此六里四分。
大沙鎮，自南隩北行，至此一里八分。
大沙碶，自大沙鎮北行，過南離橋，又東北行，至此五里一分。

小沙碶，貓嶼渡口。自大沙碶東少北行，過青陝碶，至此五里二分，抵海濱。

幹路路向北。

頭河嶺，自北門外北行，至此七里八分。

止善亭，自頭河嶺北行，至此四里八分。

平石嶺，自止善亭北少東行，過馬陝橋，又北行，至此五里一分。

三江衕頭，自平石嶺北少西行，折而東北，至此九里二分，抵海濱。

枝路

大寺嶺，自止善亭西北行，至此四里五分。

小沙鎮，市橋。自大寺嶺西北行，至此五里六分。又北行六里二分至小沙碶，入向西北幹路。

枝路

耿家橋，自平石嶺西北行，至此四里九分。又西北行，折而西南七里五分至小沙碶，入向西北幹路。

幹路路向東北。

疊石嶺，自北門外北少東行，至此七里七分。

十字鎮，自疊石嶺東北行，至此六里。

乾溪橋，自十字鎮西北行，至此五里五分。

煙墩嶺，自乾溪橋北行，至此五里一分。

黄昏山脚，自煙墩嶺北行，至此三里，抵海濱。

枝路

王家橋，自十字鎮東行，至此三里二分。

太平嶺，自王家橋東行，至此五里二分。又東少北行二里九分至石礁西，與東門幹路内自洩嶺脚起之枝路合。

附記普陀陸路在城東五十里海中。

玉堂街，自短姑衕頭北少東行，至此二里九分。

法雨寺，自玉堂街北少東行，至此三里二分。

慧濟寺，自法雨寺北少西行，至此六里七分。

附記桃花陸路在城東南五十五里海中。

廟後坑嶺，自仰天塢山脚西少北行，過烏石子陝，至此七里二分。

西嶺，自廟後坑嶺東北行，折而西北，至此五里六分。

箬嶺，自西嶺西南行折而西北，至此三里六分。

危峰山脚，自箬嶺西北行折而東南，至此六里一分。

附記六横陸路在城南少東五十八里海中。

釘船灣，自小葛藤山脚西南行，折而西北，至此五里五分。

杜莊陝，自釘船灣西少南行，至此四里六分。

清江陝，自杜莊陝北行，過杜莊嶺，又西北行，至此四里五分。

文武殿南，自清江陝北少東行，過清江嶺，又西北行，至此三里一分。

積歧碶，自文武殿南首西南行，折而西北，過裏山頭，又西南行，至此六里一分。

大嶺，自天隍山脚東少南行，至此五里三分。

金家交，自大嶺東少南行，折而西南，至此五里八分。

裏陝嶺，自金家交西行，過教場嶺，又西少南行，至此七里四分。

黄巖頭山脚，自裏陝嶺西南行，至此五里一分。

附記大榭陸路在城西南三十里海中。

小橋，自華封碶東南行，過清心村，又南少西行，至此五里六分。

黄沙關，自小橋西行，至此六里。

北渡口，自黄沙關西少南行，至此四里四分。

南渡口，自北渡口南少東行，過梅嶺，至此五里九分。

大西陝，自黄沙關南少東行，過宋家嶺，至此七里七分。

東陝嶺，自大西陝東少北行，至此四里八分。

海尾跳山脚，自東陝嶺東南行，至此四里。

附記金塘陸路在城西四十里海中。

廣豐橋，自安瀾亭北行，過永興亭，又東少北行，至此六里五分。

柳巷鎮，自廣豐橋東南行，折而北少東，至此五里八分。

陳家橋，自柳巷鎮西北行，過西佛嶺，至此六里一分。

大嶺，自陳家橋東北行，折而西北，至此五里。

瀝港鎮，自大嶺西北曲曲行，至此四里二分。

小李嶺，自柳巷鎮東北行，至此三里一分。

小陝，自小李嶺東北行，至此二里八分。

附記蘭秀陸路在城北少東三十里海中。

高家橋，自霖雨碶東北曲折行，至此三里五分。

迎鳳橋，自高家橋北少東行，折而西，至此五里一分。

十字岡，自迎鳳橋南少東行，至此三里。

南浦嶴，自十字岡西南行，至此六里六分。

大蘭山，自南浦嶴南行，折而西北，至此三里一分。

附記岱山陸路在城北少東六十里海中。

小嶺，自東沙角東南行，過鏤板沙村，至此四里三分。

石橋鎮，自小嶺東行，至此二里八分。

岑港司署，自石橋鎮東行，過虎山北首，又東南行，至此七里七分。

王家橋，自岑港司署南少西行，至此五里八分。

蓬山書院，自王家橋東南行，折而東北，至此十里二分。

五虎礁脚，自蓬山書院東北行，至此三里五分。

小嶴嶺，自五虎礁脚東少南行，折而南，至此五里一分。

馬家橋，自小嶴嶺南少東行，折而西，至此一里。

磨心嶺，自馬家橋西少南行，過鳳凰山脚，又南少東行，至此八里弱。

大高亭嶴，自磨心嶺東南曲折行，至此四里五分。

宫前鎮，永豐碶。自大高亭嶴南少西行，至此五里一分。

外茶前山脚，自石橋鎮南少西行，至此六里九分。

新衜頭渡，自石橋鎮北少東行，至此四里八分。

附記長塗陸路在城東北五十五里海中。

大嶴，自大嶴嶺東首東北行，過嶺，又東南行，至此五里八分。

松山東，自大嶴東少北行，至此六里一分。

東鶴山脚，自松山東麓東北行，渡長塗港，港闊一里五分。至此一里五分强。

西劍嶴，自東鶴山脚東北行，折而東南，至此六里九分。

七家岡，自西劍嶴東北行，至此二里一分。

太平廟前，自七家岡東北行，折而東南，又折而南，至此五里二分。

附記衢山陸路在城東北九十二里海中。

鶴冠嶴，自大衜頭東少南行，過高嶺，至此四里九分。

三眼碶，自鶴冠嶴南行，過太平山前，又西南行，至此七里五分。

魚耕碗山脚，自三眼碶東北行，過高塗山脚，又東南行，至此九里四分。

魚耕碗村，自魚耕碗山脚東北行，折而東，至此五里三分。

雙眼碶，自魚耕碗村東少南行，過龍王宫北首，又東南行，至此九里八分。

紹興府山陰縣

水路道里記

浦陽江

經流

金霪浦前，浦陽江自諸暨縣流至此入境，又西北流，至石浦橋西二里三分。水深八尺，面闊三十丈。金霪浦迤西北與蕭山縣分水。以下皆同。

小滿村，自石浦橋西首北流，折而西，又折而東，至此二里九分。水深一丈，面闊三十五丈。

匯頭鍾村，自小滿村西流，至此四里。水深八尺，面闊三十丈。

浮橋，自匯頭鍾村北流，折而西，至此八里五分。水深一丈二尺，面闊三十三丈。

沈家渡村，自浮橋曲曲北流，至此五里八分。水深一丈四尺，面闊三十五丈。

新閘口，自沈家渡村北流，折而西，又折而東，至此八里四分。水深一丈五尺，面闊三十七丈。有天樂溪過猫山閘，出新閘，自東來注之。

臨浦鎮，自新閘口北流，折而西，至此一里九分。水深一丈二尺，面闊四十丈。與蕭山縣分界。

運河

經流

錢清鎮，錢清橋西首。運河自蕭山縣流至此入境，又南少東流，越西小江，至南錢清村五里。水深五尺，面闊二丈八尺。有鑑湖支水自南來注之。

行義橋，自南錢清村東南流，至此二里。水深五尺七寸，面闊三丈三尺。

太平橋，自行義橋東南流，至此四里九分。水深九尺，面闊十三丈。北通大畈蕩。

柯橋鎮，自太平橋東南流，至此四里九分。水深一丈一尺，面闊八丈。

梅墅大橋，自柯橋鎮東南流，至此五里五分。水深五尺，面闊三丈五尺。北有瓜渚湖，面積八里，周十里。

高橋，自梅墅大橋東南流，至此六里。水深四尺一寸，面闊四丈一尺。有魚瀆大港水，自西南來注之。

霞川橋，自高橋東南流，至此三里七分。水深一丈二尺，面闊三丈。有青電湖水自南來注之。

西郭門，自霞川橋東南流，至此四里七分。

北海橋，自西郭門入城東南流，至此一里二分。

大江橋，自北海橋東南流，至此二里二分。有鑑湖自南來會之。見後。又東流一里一分至探花橋，與會稽運河合流，入銅盤湖港。水深九尺，面闊五丈。大江橋迤東至探花橋與會稽縣分水。

銅盤湖港

經流

探花橋，銅盤湖港自此承運河之水東北流，出昌安門，至昌望橋五里。探花橋至昌安門與會稽分水。

桶盤湖，自昌望橋北流，至此三里五分。

黃莊漊橋，自桶盤湖北流，至此三里七分。西南有上灘港，縱三里，橫四分，深九尺。

傅林大橋，自黃莊漊橋北流，至此二里八分。水深八尺，面闊十丈。

斗門市東，老閘頭。自傅林大橋北流，至此六里二分。水深七尺，面闊三丈二尺。有狹猺湖自西南來會之。湖周十五里，面積二十五里。又北流八分至港口，與西小江會。

西小江一名錢清江。

經流

古萬安橋西南，西小江自蕭山縣流至此入境，又東北流，折而北，至所橋四里一分。水深一丈四尺，面闊十四丈三尺。古萬安橋迤東北與蕭山縣分水。以下至宏濟橋皆同。

鳳仙橋，自所橋西北流，折而東北，至此五里二分强。水深一丈九尺，面闊十八丈五尺。

漁臨橋，自鳳仙橋曲曲東北流，至此六里二分。水深一丈一尺，面闊二十八丈四尺。

江橋，自漁臨橋東北曲曲流，至此十三里七分强。水深一丈三尺，面闊四十八丈。

永濟橋，自江橋東北流，至此三里。水深七丈三尺，面闊四十七丈八尺。

羅山橋，自永濟橋北流，折而東，至此三里八分强。水深一丈四尺，面闊四十六丈。

臨江大橋，自羅山橋北流，折而東，至此八里八分弱。水深一丈三尺，面闊四十六丈。

會源橋，自臨江大橋東流，折而南，至此二里八分弱。水深一丈四尺，面闊四十八丈。

宏濟橋前，自會源橋東南流，至此七里八分弱。水深一丈四尺，面闊四十六丈五尺。有西溪自南少西來會之。

錢清鎮，錢清橋西。自宏濟橋前東南越蕭山境，混運河之水，至此一里七分。此段全入蕭山縣界。錢清橋西首迤東仍入本境，與蕭山縣分水。以下至永安橋皆同。

袁家橋前，自錢清橋西首東少南流，至此二里七分。

隆興橋，自袁家橋前南流，折而東，至此四里七分。水深五尺五寸，面闊五丈九尺。

西莊村西，自隆興橋東流，折而北，至此六里四分弱。水深四尺二寸，面闊二丈三尺。

永安橋，自西莊村西首北流，迤東過通明橋，至此四里三分。

安昌鎮，金家橋。自永安橋東少南流，至此五里。水深五尺，面闊二丈五尺。

馬回橋北，自金家橋東少南曲曲流，至此六里二分。水深八尺，面闊五丈。

潁川橋，自馬回橋北首東流，過下方橋市，至此五里五分。水深一丈，面闊五丈。

裕港村，自潁川橋北流，至此三里。

連山橋，自裕港村曲曲東少南流，至此六里五分。

夾蓬閘，自連山橋東南流，至此二里八分。水深七尺，面闊二丈。

港口，自夾蓬閘東南流，至此五里。有銅盤湖港自南來會之。見前。

三江閘，自港口東流，至此三里五分强。入海。

枝流西溪。

雞頭山，西溪自此發源，西北流，至毛婆溪村五里五分。

大樹下村，自毛婆溪村東北流，至此六里弱。水深一尺，面闊六尺。

銅溪村，自大樹下村東北流，折而西北，至此三里五分弱。水深四尺，面闊九尺。

巧溪口，自銅溪村西北曲曲流，至此六里弱。有巧溪自西南來注之。

白栗山麓，自巧溪口北流少西，至此六里弱。水深四尺五寸，面闊一丈一尺。

夏履橋市，自白栗山麓西少北流，至此五里五分弱。水深五尺，面闊一丈。

興福橋，自夏履橋市西流，折而北，又折而東北，至此七里弱。水深八尺，面闊三丈。有江塘河分西小江之水，自西北來注之。

廣陵橋，自興福橋東北曲曲流，至此五里弱。分一支東南流，爲鑑湖。見後。

聚龍橋，自廣陵橋北流曲曲，至此七里弱。又北流少東四里弱至宏濟橋前，入西小江。

枝流鑑湖。

大王廟前，鑑湖自廣陵橋分西溪之水東南曲曲流，至此五里弱。水深九尺，面闊七丈。有樞里溪自南來注之。

西跨湖橋，自大王廟前東南流，至此三里强。水深九尺，面闊十丈。有古城溪自南來注之。

桃花塢村北，自西跨湖橋東南流，至此二里五分。水深一丈二尺，面闊二十五丈。

三家村西，自桃花塢村北首東南流，至此二里八分。水深一丈一尺，面闊二十二丈。有乾溪自南來注之。

柯山下村，自三家村西首東流，迤而東南，至此六里七分。水深一丈，面闊十八丈。

仁讓堰橋，自柯山下村東少南流，至此四里四分。水深一丈一尺，面闊九丈。

壺觴村，自仁讓堰橋東南流，至此五里八分。水深一丈，面闊十三丈。有直埠溪自西來注之。

伏龍橋，自壺觴村東南流，至此五里四分强。水深九尺，面闊二十二丈。有漓渚河自南來會之。見後。

跨湖橋，自伏龍橋東南流，折而東，至此三里九分。水深八尺，面闊七丈。有婁公河自南來會之。見後。

飛來山北，自跨湖橋東少南流，由水偏門入城，至此三里八分。有棲鳧河自南入城來注之。又北流二里强，至大江橋入運河。飛來山北首迤北與會稽縣分水。

枝流漓渚河。

雞頭山東麓，漓渚河自此發源，南少東流，至曹家村五里。

漓渚市，永安橋。自曹家村東北流，至此四里二分。水深五尺，面闊二丈。以下通舟。

福仙橋，自永安橋東北流，至此八里八分。水深一丈，面闊五丈。

徐山橋，自福仙橋東北流，至此五里二分。水深一丈，面闊十五丈。又東北流四里强，至伏龍橋入鑑湖。

枝流婁公河。

大慶嶺西麓，婁公河自此發源，西北流，至謝家橋市七里。

分水橋，自謝家橋市曲曲北流，至此十四里五分强。分一支西流，爲阮港。

婁公埠，自分水橋東北流，至此二里。以下始通舟。

外木柵橋，自婁公埠東北流，至此六里六分。水深八尺，面闊六丈。有木柵河自東南來注之。

何山橋，自外木柵橋東北流，至此六里。又東北流三里三分至跨湖橋，入鑑湖。水深八尺，面闊八丈。

陸路道里記

植利門即南門。

幹路

支橋，自植利門外伏虎橋南行，至此一里六分。

新橋，自支橋南行，至此四里四分强。

南池市，自新橋南行，折而東南，至此五里六分。

施家橋，自南池市南行，至此二里二分弱。

胡家塔村，自施家橋東南行，至此二里五分。

覆釜嶺，自胡家塔村東南行，至此七里弱。與會稽縣分界。嶺高二丈三尺。

常禧門即旱偏門。

幹路

跨湖橋，自常禧門外西行，至此二里弱。

中堰橋，自跨湖橋西行，至此二里五分强。
伏龍橋，自中堰橋西北行，至此一里四分强。
壺觴村，自伏龍橋西北行，至此四里四分。
清斌閣，自壺觴村西北行，至此二里四分。
澄灣村，自清斌閣西北行，至此一里九分。
仁讓堰橋，自澄灣村西北行，至此二里五分。
西澤村橋，自仁讓堰橋西行，至此二里二分。
柯山下村，自西澤村橋西行，至此三里二分。
蔡堰村橋，自柯山下村西北行，至此一里九分。
葉家堰橋，自蔡堰村橋西行，至此一里八分。
會元橋，自葉家堰橋西行，折而北，至此二里七分。南通型塘市諸市。
湖塘堰橋，自會元橋西北行，至此一里七分强。
安橋，自湖塘堰橋西行，過西跨湖橋，又南行，至此三里五分。
古城村，自安橋西行，折而南，至此二里。
古城嶺頂，自古城村南少西行，至此三里二分。嶺高二十丈。
蒲棚街，自古城嶺頂西行，折而北，至此二里五分强。
王家莊，自蒲棚街西南曲曲行，至此五里二分强。
五部廟，自王家莊南行，至此一里四分。
門臺裏村，自五部廟南少西行，至此二里三分。
雙橋頭村，自門臺裏村南少西行曲曲，至此九里二分。
巧溪嶺，自雙橋頭村南行，至此二里六分。
曹塢村，自巧溪嶺西北行，至此二里七分。
廟後黄村，自曹塢村西北行，至此四里五分。
山頭埠，自廟後黄村北行，折而西，至此三里一分。
溪橋，自山頭埠西北行，至此六里四分。
猫山閘，自溪橋西北行，至此六里五分。
臨浦鎮，自猫山閘西行，過新閘，又北行，至此一里四分。抵浦陽江濱。

枝路

絹山頭村，自跨湖橋西南行，至此六里一分。
外木柵橋，自絹山頭村西南行，至此三里四分弱。
分水橋，自外木柵橋西南行，至此九里五分强。
七眼橋，自分水橋南行，至此一里三分强。
虹橋，自七眼橋南行，至此八里弱。
古博嶺，自虹橋南行，至此十里一分强。嶺高十八丈四尺。與諸暨縣分界。

枝路

新橋，自跨湖橋西南行，至此四里七分强。
峽山村橋，自新橋西南行，至此六里强。
漓渚市，自峽山村橋西南行，至此八里九分强。
曹家村，自漓渚市西南行，至此三里五分强。
闞口，自曹家村西南行，越茅陽嶺，至此八里四分强。闞高二丈九尺。與諸暨縣分界。

枝路

傅家塢村，自會元橋東南行，至此一里九分。
型塘市，自傅家塢村南行，至此三里弱。南通型塘嶺，高二十丈。
壽勝埠頭市，自型塘市東北行，至此二里六分强。
師姑嶺，自壽勝埠頭市東南行，至此四里七分强。嶺高一丈。
東橋，自師姑嶺東南行，折而西南，至此十里弱。
贔石嶺，自東橋西南行，至此七里三分强。嶺高十五丈。
小埠，會源橋。自贔石嶺東南行，至此二里九分弱。又西南行，折而東南四里九分强至漓渚市，與自跨湖橋起之枝路合。

枝路

大王廟前，自安橋曲曲西北行，至此四里四分强。
廣陵橋，自大王廟前西北行，至此四里四分。
里仁橋，自廣陵橋西南行，過鄭家閘，又西北行，至此七里一分。
萬安橋，自里仁橋西北行，至此八里二分。
盛家灣村，自萬安橋西南行，過趙塢嶺，嶺高三丈。至此八里三分。
張家村，自盛家灣村西行，至此三里六分强。
金雞橋，自張家村西行，至此二里六分强。

所前市，所橋。自金雞橋西南行，至此三里二分。

娘娘廟前，自所橋西南行，至此七里五分。又西南行三里五分，至新橋與蕭山縣分界。

迎恩門即西郭門。

幹路

回龍堰橋，自迎恩門外西行，至此一里四分。

霞川橋，自回龍堰橋西少北行，至此三里三分。

高橋，自霞川橋西少北行，至此三里七分强。

梅墅大橋，自高橋西少北行，至此六里。

柯橋，自梅墅大橋西少北行，至此五里五分强。

行義橋，自柯橋西少北行，過太平橋，至此九里八分强。

錢清鎮，自行義橋西北行，折而北過禹會橋，又東北行，至此七里四分，與蕭山縣分界。

枝路

東浦大川橋，自霞川橋北少西行，至此七里一分弱。

後瀧橋，自東浦大川橋曲曲北行，至此六里五分。

陽川橋，自後瀧橋東北行，折而西北，至此四里六分强。

茶亭橋，自陽川橋北少西行，至此六里三分强。

安昌市，金家橋。自茶亭橋西北行，至此六里五分强。

鎮龍橋，自金家橋西少北行，至此三里八分。以下爲水道。

昌安門即北門。

幹路

陸山橋，自昌安門外北行，至此十一里八分强。

斗門市，自陸山橋北行，至此八里二分强。

三江閘，自斗門市曲曲東行，折而北，至此七里一分强。閘高二丈一尺，廣三十八丈。二十八洞以下爲海塘。

湯灣新閘，自三江閘東北行，至此一里七分。閘高一丈八尺，廣五十丈。

丁家堰村，自湯灣新閘東北行，折而西北，至此五里四分强。

姚家埠，自丁家堰村西北行，至此一里一分。

直河頭，自姚家埠西行，至此三里七分弱。

夾灶，自直河頭西行，至此三里六分弱。

潭前村，自夾灶西行，至此五里九分弱。

黨山鎮，自潭前村西行，至此一里六分。

黄茅坂村，自黨山鎮西北行，至此四里五分弱。

後盛陵村，自黄茅坂村西北行，至此三里九分弱。

三祇庵，自後盛陵村西北行，至此三里八分强。與蕭山縣分界。

枝路

宋家漊，自三江閘東南行，至比七里三分。與會稽縣分界。

紹興府會稽縣

水路道里記

曹娥江一名舜江。

經流

五婆嶺麓，曹娥江自上虞縣流至此入境，又東北流至小江口二里二分。水深九尺八寸，面闊六十一丈二尺。有小舜江自西來會之。見後。五婆嶺麓迤東北與上虞縣分水，以下至龜山東首皆同。

龜山東，自小江口西北流，至此二里六分。龜山東即上虞縣獅子山東南。自此迤東北歷蒿壩至梁湖壩，皆上虞縣境，詳見上虞記。

曹娥鎮，拖舟壩。自上虞縣流至此，復入本境，其西爲運河。又東北，折而西北曲曲流，至塘角十六里五分。水深一丈四尺，面闊六十二丈。拖舟壩對江即上虞縣之梁湖壩。自此迤西北，仍與上虞縣分水。以下至黄公浦皆同。

黄草閘港口，自塘角西北流，折而北，至此三里三分。水深一丈四尺，面闊七十二丈。有黄草閘水自西南來注之。

楝樹下村，自黄草閘港口西北流，折而西南，至此二十一里。水深二丈，面闊一百八丈。有楝樹閘水自南來注之。

黄公浦，自楝樹下村西北流，至此四里二分。

宋家漊，自黄公浦西北流，至此九里六分。又東北流會宣港入海。宋家漊迤東北入海，皆與山陰縣分水。

枝流小舜江。

王城市，界橋。小舜江自嵊縣在嵊縣爲雙港溪。流至此入境，又北流，折而東南，至烏嘴山南麓二里一分。烏嘴山南麓迤東北，復入嵊縣境。

烏嘴山北，自烏嘴山南麓東北流，折而西北，至此五里七分強。烏嘴山北麓遶北仍入本境。

下園村，自烏嘴山北麓曲曲北流，至此六里二分。水深一尺四寸，面闊六丈。有饅頭石溪自西來會之。見後。

界址嶺南，自下園村東南流，至此一里七分。界址嶺南麓遶東北復入嵊縣境。

普濟橋，自界址嶺南麓東北曲曲流，至此十里強。水深一尺七寸，面闊六丈。普濟橋遶東北復入本境。

橫嶺東南，自普濟橋東北流，至此一里九分。水深二尺八寸，面闊五丈四尺。

新市村，自橫嶺東南麓東北曲曲流，至此八里五分。水深三尺，面闊五丈七尺。

官陽村，自新市村東北流，至此二里一分。水深三尺一寸，面闊八丈。

湯浦鎮，望洋橋。自官陽村東北流，至此四里三分。水深三尺一寸，面闊十一丈。有寨溪橫溪自西來注之。

石浦渡，自望洋橋東北曲曲流，至此六里六分。水深五尺九寸，面闊十丈六尺。又東北流，折而東南七里五分至小江口，入曹娥江。水深七尺三寸，面闊十二丈。

枝流饅頭石溪。

桃嶺，饅頭石溪自此發源，兼納駐日、黃來等嶺之水，東北曲折流，至饅頭石村九里強。

車前市，自饅頭石村東北流，至此六里。水深一尺，面闊二丈四尺。有小水自北來注之。

青壇村，自車前市曲曲東流，至此八里。有王驥嶺、陶晏嶺之水自北來注之。

天寶橋東，自青壇村東流，折而南，又折而東過黃壇市天寶橋，至此六里。有寨嶺溪水自南來會之。見後。又東流二里至下園村，入小舜江。

枝流寨嶺溪。

童家嶺，寨嶺溪自此發源，東少北流，至仰嶺北麓十里。又東北流五里至天寶橋東，入饅頭石溪。水深一尺三寸，面闊九尺。

運河

經流

白米堰橋，運河自曹娥鎮之拖舟壩起，西少北流，至此七里七分。水深七尺六寸，面闊三丈八尺。有清水閘水自南來注之。運河南則次第受諸溪河之水，北則次第分水流赴西湖、黃草、楝樹等閘出海。

東關市，西真橋。自白米堰橋西流，至此四里七分。水深七尺三寸，面闊四丈二尺。

太平橋，自西真橋西少北流，至此四里。有石屑溪自西來會之。見後。

白塔橋，自太平橋西流，至此六里。水深九尺，面闊五丈。

陶堰市，西堰橋。自白塔橋西少北流，至此六里。南通白塔洋，縱七分，橫六里，深三丈。北通賀家池，縱二里，橫四里，深一丈。

正平橋，自西堰橋西少南流，至此三里七分。水深一丈二尺，面闊十一丈。有洋牌湖水自東南來注之。

皋埠市，登雲橋。自正平橋西流，至此五里一分。水深一丈八尺，面闊二十三丈。

會龍橋，自登雲橋西流，至此一里四分。水深九尺三寸，面闊十二丈。

通陵橋，自會龍橋西少南流，至此四里一分。水深七尺五寸，面闊三丈九尺。有攢宮河水自東南來會之。見後。

梅龍橋，自通陵橋西少北流，折而西南，至此六里強。

五雲門釣橋，自梅龍橋西流，至此一里五分。有若耶溪下流之划船港水自南來會之。見後。

探花橋，自五雲門釣橋北流，折而西入都泗門，過縣署西南隅，又北少西流，至此四里，與山陰縣運河會。二河會後合流入銅盤湖港。其港在城內者與山陰縣分水，詳見山陰水道記。

枝流若耶溪。

西化山，若耶溪自此發源北流，至五雲山麓五里八分。有駐日嶺、後嶺、大慶嶺諸山之水自西來注之。

平水埠，自五雲山麓東北流，過平水市，至此十四里一分。水深二尺，面闊四丈九尺。有西湖水自西南來注之，始通舟楫。

昌源橋，自平水埠北流，至此二里八分。水深三尺，面闊五丈。

蛤山頭，自昌源橋北流，至此七里四分。有上灶溪自東南來會之。見後。以下又名雙溪港。

浪堰橋前，自蛤山頭西北流，至此一里五分。分一支北流爲浪堰港。以下又名平水港、划船港。

東郭門外，自浪煖橋前西北流，至此五里九分。有大禹河自南來注之。又西北流一里八分至五雲門吊橋，入運河。

枝流上灶溪。

日鑄嶺，上灶溪自此發源，西北曲曲流，至人和橋九里。水深三尺，面闊一丈八尺。

永禎橋，自人和橋西北流，至此二里七分。水深四尺，面闊二丈六尺。又北流三里五分至蛤山頭，入若耶溪。水深四尺二寸，面闊七丈四尺。

枝流攢宮河。

五峰嶺麓，攢宮河一名宋六陵御河。自此發源，北少西流，過宋六陵西，至攢宮埠五里六分。

永興橋，自攢宮埠北流，至此二里五分。水深四尺，面闊二丈二尺。

任家灣村，自永興橋西北流，至此二里五分。水深三尺八寸，面闊二丈四尺。

拱陵橋，自任家灣村西北流，至此六里四分强。

通濟橋，自拱陵橋西北流，過翠山灣村，至此三里。水深六尺，面闊三丈六尺。又西北流一里强至通陵橋，入運河。

枝流石屑溪。

石屑嶺，石屑溪自此發源，北少西流，至富盛山南麓八里。

沈鳳村，自富盛山南麓東流，迤而東北，至此五里。

鎖橋北，自沈鳳村東北流，至此四里八分。水深四尺，面闊四丈一尺。有康家湖水自東南來注之。又東北流四里六分至太平橋，入運河。

陸路道里記

五雲門即東門。

幹路

泗水橋，自五雲門外東少北行，至此三里强。

通陵橋，自泗水橋東少南行，至此四里四分强。

皋埠市，自通陵橋東少北行，至此四里八分弱。

樊江市，自皋埠市東行，至此五里四分弱。

陶堰市，自樊江市東少北行，至此七里七分强。

白塔汛，自陶堰市東行迤而東南，至此六里五分。

東關市，自白塔汛東少南行，至此九里五分。

長來橋，自東關市東行，至此二里四分。

白米堰橋，自長來橋東南行，至此二里八分。

中市村，自白米堰橋東行，至此一里六分。

曹娥下沙，自中市村東南行，至此四里三分。

曹娥上沙，自下沙南行，至此一里八分。與上虞縣分界。

枝路

翠山灣，自通陵橋東南行，至此四里。

任家灣，自翠山灣東南行，過阮家灣，至此七里六分。

攢宮埠，自任家灣東南行，至此五里。

五峰嶺，自攢宮埠南少東過宋六陵西，至此八里九分。嶺高三十七丈。

董家塔村，自五峰嶺東南行，至此七里六分。

太平橋，自董家塔村東南行，至此六里一分。

望洋橋，自太平橋東南行，至此六里五分。

漁渡口，自望洋橋東北行，折而東，至此四里二分。水深四尺，渡闊一二丈。

花碪嶺，自漁渡口過渡，南少東行，至此五里四分。嶺高二十二丈。與上虞縣分界。

腰軟嶺，自太平橋北少西行，至此七里。嶺高八尺。

上王村，自腰軟嶺北行，過方家塢村，至此八里一分。東南通石屑嶺。

紡泉橋，自上王村西少北行，過富盛嶺，至此三里一分。

仰山嶺，自紡泉橋東北行，至此二里五分。嶺高五丈五尺。

傖塘市，自仰山嶺東少南行，過沈鳳村、下凰村，至此十四里七分。

南湖村，自傖塘市西南行，過松門，至此八里。北通石屑嶺。

長山頭涼亭，自南湖村曲曲南少東行，至此六里五分。又西南行，折而南少東四里二分至湯浦市望洋橋，與本條枝路合。

枝路

星沙村，自曹娥上沙北行，折而西北曲曲行，至此八里六分强。

西湖閘，自星沙村曲曲北行，過塘角，又西少南行，至此八里一分。閘長七丈，高一丈七尺，計三洞。

黄草閘，自西湖閘西北行，至此八里五分。閘長六丈八尺，高一丈七尺，計三洞。

偁山東，自黄草閘西北行，至此二里四分。依山爲塘。

偁山西，自偁山東麓西北行，至此三里一分。

堰頭村，自偁山西麓西北行，至此六里三分。

楝樹閘，自堰頭村西北行，至此二里七分。

新埠頭，自楝樹閘西北行，過砲臺，至此二里。

防倭砲臺，自新埠頭西北行，過黄公浦，至此五里八分。

宋家漊，自防倭砲臺西北行，至此五里二分。與山陰縣分界。

東郭門在城東少北。

幹路

五仙橋，自東郭門外東南行，至此六里弱。

望仙橋，自五仙橋東南行，至此三里九分。

會源橋，自望仙橋南行，至此二里六分。

毓秀橋，自會源橋南行，至此一里七分。

平水埠，自毓秀橋南行，至此一里九分。

平水市，自平水埠南行，至此八里一分。

永鎮橋，自平水市西南行，至此五里七分。

高畈頭村，自永鎮橋西南行，至此六里一分。

新楊樹下村，自高畈頭村西南行，至此八分。

横溪市，自新楊樹下村西南行，至此二里。

叉路口村，自横溪市西南行，至此三里八分。

駐日嶺，自叉路口村西南行，至此十二里一分。嶺高十四丈六尺。與諸暨縣分界。

枝路

永禎橋，自五仙橋東行，過浪煖橋，又東南行，過蛤山頭，至此六里。

上灶市，自永禎橋南行，過人和橋，至此六里五分。

日鑄嶺，自上灶市東南行，至此十里七分强。嶺高五十二丈九尺。

宋家店，自日鑄嶺東南行，至此十里三分。

太平村，自宋家店東南行，至此十里三分。

太平嶺，自太平村西南行，至此一里八分。嶺高十二丈八尺。與嵊縣分界。

嶼嶺，自太平村東北行，過青店村，至此五里二分。嶺高三十五丈九尺。

五琶嶺麓，自嶼嶺東南行，過嶺下村，至此五里五分。

湯浦市南，自五琶嶺麓東北行，至此五里三分。又北行一里五分至望洋橋，與五雲門自通陵橋起之枝路合。

普濟橋，自五琶嶺麓西行，過五琶嶺。又西南行，至此七里弱。與嵊縣分界。

筆山嶺，自五琶嶺麓南行，折而西北，又折而西南，至此四里。

駐蹕嶺，自筆山嶺西南行，折而東南，至此六里三分强。嶺高四十八丈八尺。

蔣岸橋北，自駐蹕嶺東南行，至此四里七分。南通蔣岸橋，入嵊縣界。

范家橋，自蔣岸橋北首東行，折而東北，過八鄭村，至此九里。

界橋，自范家橋東少北行，過范洋村，至此三里弱。與上虞縣分界。

蒲萄嶺，自湯浦市南首西南行，過柴埠渡，渡闊九丈，水深二尺七寸。東南行，至此五里六分。嶺高四十丈。又南行，折而東南四里二分至范家橋西，入本條枝路。

長橋塊，自范家橋南行，至此六里。

新橋，自長橋塊入嵊縣界南行，至此一里五分。

馬石嶺，自新橋復入本境東少南行，至此四里七分。

方邱橋南，自馬石嶺東行，至此一里九分。與上虞縣分界。

枝路

黄枋嶺，自平水埠西少北行，至此五里五分。嶺高三丈二尺。與山陰縣分界。

枝路

陶晏嶺，自平水市南少東行，過金魚嶼，至此八里四分。嶺高八十八丈。

謝家村，自陶晏嶺南少東行，至此五里。

青壇村，自謝家村南行，過高江村，至此七里九分。

天寶橋，自青壇村東行，折而南，又折而東少北，至此五里。

界址嶺，自天寶橋東行，迤而東少南，至此四里六分。嶺高四丈二尺。與嵊縣分界。

王城市界橋，自大寶橋南少西行，過仰嶺，至此十里六分。與嵊縣分界。

枝路

覆釜嶺，自平水市西北行，至此三里四分。嶺高二丈三尺。與山陰縣分界。

枝路

分水嶺，自永鎮橋西南行，折而南過化山路口村，至此九里五分。嶺高二尺。

車頭市，自分水嶺南少東行，至此五里一分。

塚斜村東，自車頭市東少南行，過東山嶺，又東南行，至此二里二分。又曲曲東少北行七里至青壇村，與自平水市起之枝路合。

饅頭石村，自車頭市西南行，至此七里。

桃嶺，自饅頭石村西南行，過冠佩村，至此十四里八分。嶺高七十九丈。與諸暨縣分界。

童家嶺，自塚斜村東首西南行，迤而南少西，過小西嶺、大西嶺及寨嶺口，又西南行，至此十一里二分。嶺高二十四丈。

鷂石嶺，自童家嶺西南行，至此二里七分。與嵊縣分界。

枝路

老楊樹下村，自新楊樹下村西北行，至此一里一分。

童坑，自老楊樹下村北少西行，至此四里八分。

大慶嶺，自童坑西少南行，至此三里八分。嶺高三十二丈。與山陰縣分界。

枝路

苦嶺頭，自叉路口村曲曲南少東行，至此三里五分。又東南行七里一分至饅頭石村，與自永鎮橋起之枝路合。

枝路

黄來嶺，自駐日嶺麓東南行，過韓婆嶺。又東南行，折而西南，再折而西北，至此十里八分。嶺高三十五丈。與諸暨縣分界。

稽山門即西南門。

幹路

大禹陵，自稽山門外東南行，至此四里七分。

南鎮，自大禹陵東南行，至此二里弱。以下皆山。

紹興府蕭山縣

水路道里記

錢塘江

經流

長嶺浦，錢塘江自富陽縣流至此入境，又東北流，至漁浦街八里五分。有浦陽江自東南來會之。見後。

歷山脚，自漁浦街西北流，至比五里八分。面闊五里。

聞堰市，自歷山脚西北流，至此六里。

半爿山脚，自聞堰市西北流，至此四里三分强。面闊二里五分。

西興驛，渡江埠頭。自半爿山脚西北流，折而東，至此二十三里九分强。面闊二里四分。

福清埠口，自渡江埠頭東流，折而東北，至此三十二里八分强。面闊七里五分。

潮安埠口，自福清埠口東北流，至此十四里六分强。

小水埠口，自潮安埠口東流，至此九里强。面闊八里七分。

三叉埭口，自小水埠口東流，至此十一里五分强。面闊五里七分。

大灣口，自三叉埭口東南流，至此十里。

中小亹，自大灣口東流，至此三里。與山陰縣及杭州府海寧州分界。

浦陽江

經流

金霪浦前，浦陽江自諸暨縣流至此入境，又西北曲折流，至木橋港口八里九分。金霪浦迤北與山陰縣分水，以下至臨浦鎮皆同。

浮橋，自木橋港口北流，折而西，至此八里八分。水深一丈二尺，面闊三十三丈。有井頭市水自東南來注之。又有鳳桐港自西南來會之。見後。

聞家塘，自浮塘北流，至此七里八分。水深一丈四尺，面闊三十五丈。

臨浦鎮，自聞家塘北流，過待詔橋東，折而東北，又折而西北流，至此八里三分强。水深一丈六尺，面闊四十丈。

義橋鎮渡，自臨浦鎮西北流，至此十一里八分。水深二丈二尺，面闊五十一丈。有州口溪自南來會之。見後。又西北流四里四分，至漁浦街與錢塘江會。

水深二丈五尺，面闊九十六丈。

枝流鳳桐港。

市塢尖西麓，鳳桐港自諸暨縣流至此入境，西北流，至木魚山西麓二里，又東北曲折流，至浮橋五里，入浦陽江。

枝流州口溪。

田村西，州口溪自杭州府富陽縣在富陽爲蔡家溪。流至此入境。又東北流，至徐家店九里。

州口溪橋，自徐家店東北流，至此四里。

佳山溪口，自州口溪橋東北流，至此二里。水深五丈五尺，面闊二十三丈。有佳山溪水自西南來注之。

樟樹下村，自佳山溪口東北流，至此二里二分。水深四尺一寸，面闊二十二丈。

河上店市，震東橋。自樟樹下村東北流，至此五里五分。水深五尺八寸，面闊二十二丈。

木橋，自震東橋東北流，至此十里七分。水深六尺六寸，面闊二十三丈五尺。

永興橋，自木橋北少西流，至此八里三分。水深六尺八寸，面闊二十三丈八尺。有小王嶺中嶺之水自西南來注之。

石門溪口，自永興橋北流，至此九里二分强。水深四尺六寸，面闊二十四丈。有裏遂嶺及石門山之水自西南來注之。又東北流一里至義橋鎮渡，入浦陽江。水深五尺，面闊二十八丈。

西小江

經流

臨浦鎮，市山。西小江又名錢清江。自此發源，東北流，折而北少西，過浴美橋，至洞橋港口五里九分。

通江橋，自洞橋港口東流，過龍門橋，又西北流，折而東北，至此六里一分。水深八尺二寸，面闊十丈。

古萬安橋西南，自通江橋東流，至此一里五分。水深六尺五寸，面闊十一丈。古萬安橋迤東歷所橋、鳳仙橋、漁臨橋、江橋、永濟橋、羅山橋、臨江大橋、會源橋，至宏濟橋前，皆與山陰縣分水。詳見山陰縣記。

錢清鎮，錢清橋西。自宏濟橋前全入本境，東南流，越運河，至此一里七分。錢清橋迤東歷袁家橋、前隆興橋、西莊村，西至永安橋，皆與山陰縣分水。詳見山陰縣記。以下全入山陰縣界。

運河

經流

西興驛，運河自此起東南流，過永清橋，至普濟橋五里二分。水深五尺七寸，面闊四丈二尺。有大小白馬湖水自西南來注之。小白馬湖縱一里五分，横二里四分，水深八尺。大白馬湖縱一里四分，横一里八分，水深一丈。

望湖橋前，自普濟橋東南流，過金雞橋，至此四里弱。水深四尺八寸，面闊二丈八尺。西通湘湖，湖四周共六十三里，中有跨湖橋。水深五尺二寸。橋西南爲上湘湖，湖中有定山，縱十一里三分弱，横九里强。橋東北爲下湘湖，縱七里五分强，横一里七分弱。

縣署西，自望湖橋前東南流入城，至此七分。有南大港自南來會之。見後。

東陽橋，自縣署西首東南流出城，至此二里二分。

回瀾橋，自東陽橋東流，至此五分。水深六尺六寸，面闊四丈五尺。

接渡橋，自回瀾橋東少北流，至此四里一分。

瑞蓮橋，自接渡橋東少北流，至此四里。

北海橋，自瑞蓮橋東南流，至此二里九分。

楊公橋前，自北海橋東南流，至此五里五分。水深五尺六寸，面闊四丈九尺。有西小江分枝水自南來注之。

衙前市，自楊公橋前東流曲曲，至此七里一分。

絲瓜涇橋，自衙前市南流，至此五里二分。水深七尺，面闊十五丈。

義坊橋，自絲瓜涇橋南流，至此三里一分。

柳城橋南，自義坊橋西南流，混西小江之水，至此一里四分。水深五尺三寸，面闊四丈二尺。與山陰縣分界。

枝流南大港。

白露塘，南大港自此起東北流，至韓台橋港口八里弱。水深五尺八寸，面闊三十七丈八尺。有木尖山、十五尖山諸水自西來注之。

後吴村港口，自韓台橋港口北流，至此四里二分。水深五尺九寸，面闊三十七丈。有石巖山水自西來注之。又有西小江分支水自東來注之。

新橋，自後吴村港口北流，至此二里七分。水深六尺一寸，面闊三十一丈。有大湖山水自西來注之。又有西小江分支水自東來注之。

道源橋西，自新橋北流，至此二里三分。水深四尺九寸，面闊二十六丈。

分一支東流，爲大通橋水，入西小江。又北流一里七分入城，至縣署西首入運河。

陸路道里記

東門又名達台門。

幹路

回瀾橋，自東門外東行，至此二里一分弱。

瑞蓮橋，自回瀾橋東少北行，至此八里二分。

北海橋，自瑞蓮橋東南行，至此二里九分。

楊公橋，自北海橋東南行，至此五里五分。

鳳儀橋，自楊公橋東北行，折而東南，至此四里五分。

衙前市，自鳳儀橋東行，至此二里六分。

東港橋，自衙前市南行，至此五里二分。

義坊橋，自東港橋南行，至此三里一分。

錢清鎮，自義坊橋南行，至此七分。與山陰縣分界。

枝路

龕山大埠，自衙前市北行，至此三里六分。

金水閘，自龕山大埠東行，至此一里一分。

方千漊，自金水閘北行，折而東，繞龕山及航塢山麓。又折而南，至此八里五分。

瓜瀝市北，自方千漊東南行，至此三里三分。

三衹庵，自瓜瀝市北首東行，至此一里一分。與山陰縣分界。

東蓍草庵，自龕山大埠北行，過龕山鎮，至此四里六分。

界址橋，自東蓍草庵北行，至此三里六分。

赭山東北，自界址橋北行，至此六里九分。西通塢裏鎮。

倉前鎮，自赭山東北首北行，折而東，至此七里三分。

潮安埠，自倉前鎮北行，至此十二里五分。抵錢塘江濱。

大南門又名拱秀門。

幹路

高橋，自大南門外東行，至此八分。

道源橋，自高橋南行，至此一里八分。

羅卜橋，自道源橋南行，至此二里三分。

張亮橋，自羅卜橋東南曲曲行，至此三里三分。

産魚板橋，自張亮橋西南行，至此三里四分。

前橋，自産魚板橋南行，至此二里九分。

所前市，所橋。自前橋南行，折而西南，又折而東南，至此六里三分。與山陰縣分界。

小南門又名文明門。

幹路路向南。

安橋，自小南門外西南行，過安甯橋，至此二里九分。

岳大橋，自安橋南行，至此三里八分强。

韓大橋，自岳大橋南行，至此三里二分。

溪橋，自韓大橋南行，至此五里三分。

通江橋，自溪橋西南行，至此三里。

龍門橋，自通江橋西南行，至此二里四分。

浴美橋，自龍門橋西南行，折而南，至此二里六分。

臨浦市，自浴美橋西南行，至此三里七分。

陳家村，自臨浦市西南行，渡浦陽江，至此二里六分。

河由村，自陳家村西行，至此二里四分。

永興橋，自河由村西少南行，至此三里七分。

戴村市，自永興橋西南行，至此二里一分。

長溪橋，自戴村市西行，至此三里五分。

關王橋，自長溪橋西行，至此三里九分。

上保村，自關王橋西北行，至此二里六分。

中嶺，自上保村西行，至此四里九分。與杭州府富陽縣分界。

枝路

待詔橋，自臨浦市渡浦陽江西南行，至此二里二分。

上石橋，自待詔橋西南行，至此六里四分。

下蔣橋，自上石橋西南行，至此八里五分。

壕嶺，自下蔣橋東南行，至此五里五分。嶺高五丈六尺。與諸暨縣分界。

枝路

方家塘村，自關王橋西南行，至此五里九分强。

小王嶺，自方家塘村西南行，至此十一里四分。嶺高十一丈。與杭州府富陽縣分界。

幹路 路向西南。

張家里，自小南門外南行，過安甯橋，又西北行，至此一里六分。

徐家村，自張家里西南行，至此三里。

西橋村，自徐家村西南行，至此四里六分。

仁安壩，自西橋村西行，至此一里七分。

施家池壩，自仁安壩南行，至此二里三分。

糠金山麓，自施家池壩西行，至此二里九分。

鳳林堰，自糠金山麓西南行，至此四里一分。

狹山頭，自鳳林堰南行，至此一里四分。

引龍橋，自狹山頭西南行，至此二里三分。

義橋鎮，自引龍橋西南行，至此二里七分。

丁家村，自義橋鎮渡浦陽江西南行，至此二里九分。西南通狼嶺。

永興橋，自丁家村南少東行，至此八里七分。

戴村市，永慶橋。自永興橋西南行，至此一里五分。西通中嶺。

薔薇洞村，自永慶橋南行，至此四里。

麻園大橋，自薔薇洞村南行，至此四里六分。

白塔堰橋，自麻園大橋西南行，折而南，至此五里六分。

河上店市，自白塔堰橋西南行，至此二里九分。南行與諸暨縣分界。

樟樹下村，自河上店市西南行，至此五里二分。

州口溪橋，自樟樹下村西南行，至此四里二分。

上溪橋，自州口溪橋至此一里一分。西通大王嶺。

田村西，自上溪橋西南行，至此十一里二分。與杭州府富陽縣分界。

枝路

丁家橋，自義橋鎮渡浦陽江西行，至此三里四分。西南通裏箬嶺。

高山頭村，自丁家橋北行至此一里六分。

普安橋，自高山頭村西北行，折而西南，至此十一里三分。與杭州府富陽縣分界。

枝路

石橋，自樟樹下村西南行，過母嶺，至此四里八分。

佳山嶺，自石嶺西南行，至此十三里八分。與諸暨縣及杭州府富陽縣分界。

西門又名連山門。

幹路

望湖橋，自西門外西行，至此三分。

蒙山大橋，自望湖橋西北行，至此三里一分。

永清橋，自蒙山大橋西北行，至此三里六分。

西興驛，自永清橋西北行，至此二里五分。

江船渡口，自西興驛西北行，至此四里，抵錢塘江濱。

枝路

湫口壩，自望湖橋西行，至此一里一分。以下皆沿湘湖。

跨湖橋，自湫口壩西南行，至此七里九分。

三眼橋，自跨湖橋西行，至此二里三分。

青山張村，自三眼橋西南行，至此五里二分。

東汪壩，自青山張村西南行，至此三里二分。

聞家堰市，自東汪壩西北行，折而南，至此一里八分，抵錢塘江濱。

北門又名静海門。無幹路。

紹興府諸暨縣

水路道里記

浦陽江一名浣江。

經流

界牌宣村，浦陽江自浦江縣在浦江縣爲豐江。流至此入境，又東少北流，至邵家埠九里三分。有酥溪自義烏經浦江流入境，西南來注之，計十二里。

六義渡，自邵家埠東北流，至此六里八分。

長潭埠渡，自六義渡東北流，至此五里二分。

何村埠，自長潭埠渡東北流，折而北，至此五里五分。

黄家井市，自何村埠東少北流，至此七里五分。

會義橋，自黄家井市北流，折而東北，至此六里七分。

五里亭西南，自會義橋東北流，至此五里六分。有横山港水自東南來會之。見後。

縣城東，太平橋。自五里亭西南隅北流，至此四里八分。

茅渚埠渡，自太平橋東北流，至此二里八分。以下分爲下東江、下西江。

霜江橋西，下東江自茅渚埠渡東南流，折而東北，至此三里九分。

白魚潭村北，自霜江橋西首曲曲東北流，至此十里二分。

汪家埠村，自白魚潭村北首曲曲北流，過五浦橋，至此十二里强。

陳家埠村，自汪家埠村曲曲東北流，至此七里九分。有水經江藻市，自東來注之。

顧家村，自陳家埠村西流，折而東北，又折而西北，至此十一里一分。有楓橋港水自東南來會之。見後。

陡門新閘，自顧家村北流，至此一里四分。有白塔湖水自東來注之。又西北流四里二分至三江口村，與下西江合。

祝橋石村東北，下西江自茅渚埠渡西北流，折而北少東，至此七里二分。有五洩溪自西南來會之。見後。

新亭埠閘，自祝橋石村東北口東北流，折而西北曲曲，至此七里强。

勱浦村，自新亭埠閘東北流，至此八里一分。

姚公埠市，自勱浦村曲曲東北流，至此十五里二分。

三江口村，自姚公埠市東北流，折而西北，又折而東，至此十里三分，與下東江合。

金浦橋前，自三江口村西北流，折而東北，再折而西，三折而北，至此十三里。

金霪浦，自金浦橋前西北流，至此二里二分。與山陰、蕭山兩縣分界。

枝流横山港。

楓山市南，横山港自金華府東陽縣流至此入境，又北流，折而西北，至烏巖市五里。

永濟橋前，自烏巖市北流，過石壁脚街，至此九里二分。

獨山街，自永濟橋前西北流，過湖田塛下市，又曲曲北流，至此十里九分。

横山市北，自獨山街東北流，折而西北，至此六里一分。

五灶街，自横山市北首北少西流，至此九里八分。

蜘蛛山北麓，自五灶街西北流，至此十一里六分。

鴨塘村西北，自蜘蛛山北麓西北流，至此一里九分。有裏浦港自東南來會之。見後。

楊楂畈村，自鴨塘村西北口北少西流，至此十二里六分。又西流九分至五里亭西南，入浦陽江。港闊十丈至二十丈不等，通筏。

枝流裏浦港。

大嶺北麓，裏浦港初名官山港，至南山港村以下名裏浦港。自此發源，西北流，至下官山橋八里一分。

南山港村東，自下官山橋東北流，折而北少西，至此十一里强。

水湖張村西，自南山港村東首西北流，至此七里五分。

官員嶺南，自水湖張村西首西少南流曲曲，至此九里三分。

裏浦市，自官員嶺南麓北少西流，至此六里九分。

烏錐村，自裏浦市西北流，至此十一里七分。又西少北流四里九分至鴨塘村西北，入横山港。港闊十丈至二十丈不等，通筏。

枝流楓橋港。

袁家嶺，楓橋港自此發源，西流，折而西北，至太平橋八里一分。

王村，自太平橋西北流，折而東北，至此四里八分。

萬安橋，自王村西北流，至此八里八分。

大竹村南，自萬安橋西流，至此三里九分。

楓橋鎮，自大竹村南北少西流，至此五里三分。以下港闊二十餘丈，通舟筏。

津龍橋前，自楓橋鎮北少西流，至此三里强。

杜王橋前，自津龍橋前西流，折而北，至此四里强。

駱村，自杜王橋前北流，過上木橋，又西北流，至此十一里三分。

邵家橋前，自駱村西南流，折而西北，至此七里一分。又曲曲西北流七里弱，至顧家村入浦陽江。

枝流五洩溪。

伏虎山麓，五洩溪自杭州府富陽縣長春嶺發源，流至此入境，南流至五洩寺五里。

夾巖寺前，自五洩寺南流，至此三里五分。

横頭店街北，自夾巖寺前東流，折而東南，至此六里一分。

石蟹廟，自横頭店街北首東流，折而北，又折而東南，至此八里强。

合溪橋，自石蟹廟東南流，折而東北，又折而東南，至此九里一分。

中婁橋，自合溪橋東流，折而北，又折而東少北，至此七里二分。有冠山溪水自西來注之。

金村，自中婁橋東北流，至此五里强。

大祝橋，自金村東北流，過大小跨湖橋，又東流，至此七里九分。又東北流一里八分，至祝橋村東北口入浦陽江。溪闊十丈至二十丈不等，通筏。

鳳桐港

經流

柴家山南麓，鳳桐港自杭州府富陽縣流至此入境，又曲曲東南流，至駱家橋八里强。

雙橋前，自駱家橋東北流，至此五里九分。

楊村北，自雙橋前曲曲東北流，至此十三里一分。

朱村西，自楊村北首曲曲東北流，至此十一里二分。

思丁橋前，自朱村西首北少西流，至此五里四分。

星橋，自思丁橋前曲曲東北流，過山環市，至此八里五分。

陶村，自星橋北少東流，至此五里六分。與蕭山縣分界。港闊十丈至二十丈不等，通筏。

陸路道里記

東門

幹路路向北。

茅渚埠渡口，自東門外東北行，至此三里强。渡闊五百四十六丈。

石斷頭，自茅渚埠渡口渡江，北少西行，至此一里弱。

酈村西，自石斷頭曲曲北行，至此六里二分。

趙家埠市，自酈村西首北行，至此五里八分强。

青塔村，自趙家埠市東北行，過高埂村、俞村，至此十里一分。

汪王村，自青塔村東北行，至此五里七分弱。

姚公埠市，自汪王村北少東行，至此五里八分强。

陡門亭渡口，自姚公埠市東北行，至此四里三分强。渡闊三十四丈。

梯雲橋，自陡門亭渡口渡江，東北行，至此五里一分弱。

清福橋脚，自梯雲橋東北行，至此十里九分弱。

黄闊亭，自清福橋脚東北行，至此四里八分弱。

關口亭，自黄闊亭東北行，至此二里一分强。與山陰縣分界。

枝路

五浦橋，自石斷頭東北行，至此十里八分。

麻車閣市，自五浦橋曲曲東北行，過竹月嶺，至此七里三分。

溪下橋，自麻車閣市東北行，過木陳市，又西北行，至此三里四分弱。

江藻市，自溪下橋東北行，至此七里弱。

邵家橋，自江藻市東北行，過白孤嶺，至此六里九分强。

上山頭村，自邵家橋東行，折而南少東，又折而北少東，至此六里强。

阮家埠市，自上山頭村東北行，至此五里一分强。

金村，自阮家埠市東北行，至此二里五分强。

包村，自金村東少北行，至此六里一分强。

臘嶺，自包村北少東行，折而東少南，至此四里二分弱。與山陰縣分界。

枝路

竹雞嶺，自梯雲橋西北行，至此二里七分弱。

横橋脚，自竹雞嶺西北行，過下閘、中閘，至此五里八分弱。

店口市，自横橋脚東少北行，過金湖橋，又東行，折而北少東，至此五里四分强。

萬羅山麓，自店口市東南曲曲行，過鍾村，折而東少北，至此九里。與山陰縣分界。

五仙橋，自店口市東北行，至此三里六分弱。

陳村，自五仙橋東北行，至此四里五分。

甘嶺頂，自陳村曲曲東北行，至此二里五分弱。與山陰縣分界。

幹路路向東。

落馬橋，自東門外東行，過太平橋，又東北行，至此六里一分强。

普山北，自落馬橋東少北行，至此九里四分强。

新店灣嶺，自普山北首東北行，至此八里四分弱。

櫟樹橋，自新店灣嶺東北行，至此六里二分弱。

楓橋鎮，自櫟樹橋東南行，折而東北，至此六里五分弱。

三里店亭，自楓橋鎮東北行，至此二里四分弱。

大乾溪橋，自三里店亭東北行，至此八里。

古博嶺，自大乾溪橋東北行，至此十里二分。與山陰縣分界。

枝路

湯家店市，自普山北首曲曲西北行，至此六里二分。

李村，自湯家店市西北行，折而北少東，至此五里一分弱。又北少西行六里三分，至麻車閣市與向北幹路内自石斷頭起之枝路合。

枝路

杜王橋，自楓橋鎮北少西行，至此七里一分。

駱村，自杜王橋北行，折而西北，至此十里一分。又西少南行二里七分至上山頭村，與向北幹路内自石斷頭起之枝路合。

枝路

屠家嶺，自楓橋鎮東南行，過柴婆嶺，至此五里六分弱。

茅蓬廟，自屠家嶺東少北行，過後進嶺，至此五里六分强。

駐日嶺，自茅蓬廟東北行，至此十三里四分。與會稽縣分界。

前畈村，自屠家嶺東南行，至此六里强。

王村，自前畈村東南行，至此四里三分。

太平橋，自王村南少西行，折而南少東，至此四里五分。

平坑橋脚，自太平橋南少東行，過歇息嶺，至此四里五分。

袁家嶺，自平坑橋脚東少北行，過西坑村，又東南行，至此七里一分。與嵊縣分界。

幹路路向東南。

楊樹畈村，自東門外東行，過太平橋，又南行，至此五里强。

石佛潭村，自楊樹畈村東南行，至此四里弱。

街亭市，自石佛潭村東南行，至此七里强。

鴨塘村，自街亭市南少東行，至此一里七分强。

元武廟，自鴨塘村東少南行，至此四里一分强。

裏浦市，自元武廟東南行，至此十里八分。

官員嶺，自裏浦市南少東行，至此六里二分。

陳蔡市，自官員嶺東行，過下蔡村，又東南行，折而東北，至此六里一分弱。

義渡橋，自陳蔡市東北行，至此三里弱。

洞坑村，自義渡橋南少東行，至此五里七分弱。

前村埠村，自洞坑村東少南行，至此三里八分。東南通大嶺，入東陽縣界。

斯宅街，自前村埠村東北行，至此三里二分强。

高坑村，自斯宅街東行，折而東南，至此五里八分弱。

戴溪嶺，自高坑村東南行，折而東北，至此八里九分弱。與嵊縣分界。

枝路

石碰頭村，自街亭市南少西行，至此五里五分强。

板橋村東南，自石碰頭村南少西行，又折而南少東，至此八里二分弱。

許村，自板橋村東南首西南行，至此六里二分弱。

坑西村，自許村曲曲西少南行，至此六里六分强。

羊店橋，自坑西村西南行，至此二里九分强。與義烏縣分界。

枝路

金殿亭，自街亭市東少北行，至此五里。

錢家橋，自金殿亭東北行，至此五里二分。

洞橋，自錢家橋東北行，至此七里一分。

梓園嶺，自洞橋東南行，折而東北，至此五里一分强。

石橋，自梓園嶺東北行，折而東，至此四里八分。

金鵞橋，自石橋東北行，至此六里五分。

留塢橋，自金鵞橋東北行，至此五里强。又北少西行九里四分，至楓橋鎮入向東幹路。

枝路

張家村，自鴨塘村南少東行，至此三里八分弱。

五灶街，自張家村曲曲東南行，至此六里二分弱。
橫山市，自五灶街東南行，至此八里三分强。
獨山街，自橫山市南行，至此四里八分强。
胡田塆下市，自獨山街南行，至此五里三分弱。
東蔡街，自胡田塆下市東北行，折而東南，至此三里五分。
石壁脚街，自東蔡街東南行，至此五里二分弱。
烏巖市，自石壁脚街南少西行，至此八里六分强。
月半嶺，自烏巖市南行，至此三里七分。與金華府東陽縣分界。
溪北村，自橫山市西少南行，至此四里三分弱。
下山塢村，自溪北村南行，至此七里二分强。
蛟潭廟，自下山塢村南少西行，至此二里七分强。
趙村西首，自蛟潭廟南少西行，至此九里五分弱。
古馬嶺，自趙村西首南少西行，至此七里一分强。與金華府東陽縣分界。

枝路

思成橋，自裏浦市東北行，至此八里三分强。
李村，自思成橋東北行，過虎秀嶺，至此九里七分弱。
獅子橋，自李村東北行，折而東南，過杜坑嶺，至此九里五分强。
九曲嶺北麓，自獅子橋東行，至此五里一分弱。
趙角嶺，自九曲嶺北麓東北行，折而東少南，至此七里二分强。與嵊縣分界。

南門

幹路

三踏步村，自南門外南少西行，至此一里九分强。
丁家橋西，自三踏步村南行，至此六里六分弱。
外陳市，自丁家橋西首西南行，至此六里。
牌頭鎮，自外陳市西南行，至此十二里三分强。
牌軒村，自牌頭鎮西南行，至此七里强。
新橋，自牌軒村南少西行，過布穀嶺，至此六里三分强。
界牌宣村，自新橋西南行，至此五里强。與金華府浦江縣分界。

枝路

平闊市，自丁家橋西首西少南行，至此七里五分。
草塔市，自平闊市西北行，至此七里强。
楊家樓街，自草塔市西行，至此四里四分。
清潭橋，自楊家樓街西南行，至此四里九分。
磡頭村，自清潭橋西南行，至此五里三分。
金龍橋，自磡頭村南行，至此四里九分。
沈塢村，自金龍橋南少東行，至此九里。
王沙溪村，自沈塢村南行，至此三里。又西南行四里，至界牌宣村入幹路。

枝路

黄家井市，自外陳市東南行，過張家店村，渡江至此六里七分强。
下文橋，自黄家井市南少西行，折而南少東，至此七里。又東南行九里二分，過城塢嶺，至板橋村東南，與東門向東南幹路内自街亭市起之枝路合。

枝路

湖頭村，自牌頭鎮南少西行，渡江，至此五里八分强。
華安市，自湖頭村南少西行，至此五里一分强。
楓樹山麓，自華安市東南行，至此七里一分。與金華府義烏縣分界。

西門

幹路

南竺庵，自西門外西南行，至此三里一分。
中婁橋，自南竺庵西少北行，至此六里五分。
合溪橋，自中婁橋曲曲西南行，至此七里弱。
石蟹廟，自合溪橋西南行，折而西少北，至此八里六分强。
西牆街市，自石蟹廟西北行，折而西南，至此三里三分弱。
橫頭店市，自西牆街市西行，至此三里。
青口街，自橫頭店市西北行，至此二里二分强。
中坑廟，自青口街西行，至此五里弱。
塘西廟北，自中坑廟西少北行，至此三里二分。與金華府浦江縣分界。

北門

幹路

新涼亭，自北門外北行，至此一里五分弱。

大跨湖橋，自新涼亭西北行，至此三里八分。

三都市，自大跨湖橋西北行，至此九里一分强。

十二都街，自三都市西北行，至此十里二分强。

霤霞莊，自十二都街北少東行，至此六里七分弱。

應店市，自霤霞莊西北行，過洪家嶺，至此五里四分。

雀門嶺，自應店市北少西行，至此五里七分强。與杭州府富陽縣分界。

枝路

大祝橋北，土地廟。自新涼亭北行，至此六里一分。

新亭埠閘，自土地廟曲曲北行，至此五里二分。

直埠市，自新亭埠閘北少東行，至此十一里四分。

鍾村，自直埠市曲曲東北行，至此十一里六分强。

長瀾市，自鍾村東、北行，折而北少西，至此二里六分强。

永鎮橋脚，自長瀾市北少西行，至此五里三分弱。

一明亭，自永鎮橋脚北行，至此五里一分弱。與蕭山縣分界。

麻糍嶺，自土地廟西北行，至此二里二分弱。

白門市，自麻糍嶺西北行，至此八里二分强。

西來庵，自白門市曲曲東北行，至此十一里一分弱。

新嶺頂，自西來庵北少西行，至此四里八分弱。

朱村，自新嶺頂北少西行，折而東北，至此五里八分强。

大橋市，自朱村西北行，至此一里七分。

思丁橋脚，自大橋市西北行，至此五里四分强。

山環市，自思丁橋脚東北行，至此五里一分弱。

壕嶺，自山環市西北行，至此五里六分弱。與蕭山縣分界。

湄池亭，自長瀾市東北行，至此九里强。

兔石頭，自湄池亭北少東行，折而西北，至此五里四分。與蕭山縣分界。

枝路

要緊亭，自霤霞莊東北行，至此八里强。

石馬塢嶺，自要緊亭東北行，折而西北，至此六里八分。

蔣家塢村，自石馬塢嶺東北行，折而西北，至此七里一分。

倪陳山麓，自蔣家塢村西北行，折而東北，過盤龍村，至此六里五分。與蕭山縣分界。

枝路

烏石頭村，自應店市南少西行，至此六里五分。

分水嶺北麓，自烏石頭村南行，至此四里六分。

石孔嶺，自分水嶺北麓西少北行，折而西南，至此四里二分。與杭州府富陽縣分界。

紹興府餘姚縣

水路道里記

姚江

經流

永思橋，姚江自上虞縣流至此入境，又北流，至江口村東二里。

下壩，自江口村東首東北流，折而西北，至此一里二分。有上虞縣十八里河，自西南來注之。

賀墅橋，自下壩東北曲曲流，至此七里一分。水深一丈三尺，面闊二十丈。

曹墅橋，自賀墅橋東北曲曲流，過夏巷渡，至此七里五分。水深一丈三尺，面闊二十二丈。有馬渚橫河自西北來會之。見後。

菁江渡，自曹墅橋東流，至此一里强。

七里浦渡，自菁江渡東少南流，過羅家渡，至此四里九分。

蘭墅橋，自七里浦渡東少南流，至此三里。有蘭墅港枝流自南來注之。

仁壽橋，自蘭墅橋東流迤北，至此二里二分。分一支北流爲合山港。此處又名蕙江。

通濟橋，自仁壽橋東流，至此一里七分。橋在南北兩縣城之間。水深一丈四尺，面闊十六丈。此處又名舜江。

黃山港口，自通濟橋東流過汪姥橋，分一支北流爲劍港。至此二里九分。

水深一丈七尺，面闊二十六丈。分一支北流爲東横河。見後。

竹山港口，自黄山港口東流，至此九分弱。有蘭墅港自西來會之。見後。

鴨山前，自竹山港口東流，至此一里七分。水深一丈七尺，面闊三十一丈。

界橋，自鴨山前東南流，折而東，至此三里九分。面闊七十丈。界橋迤東與慈谿縣分水。以下皆同。

郁家灣，自界橋東南流，折而西，至此五里。以下又名丈亭江。

姜家渡，自郁家灣南流，復折而東流，至此三里五分。水深二丈一尺，面闊四十丈。

大橋，自姜家渡東南曲曲流，至此三里一分。有官船浦自南來會之。見後。

蜀山渡東，自大橋東流，折而南，至此六里二分。與寧波府慈谿縣分界。

枝流馬渚横河。

長壩，馬渚横河即曹墅港。自上虞縣流至此入境，又東北流，至跨湖橋二里五分。水深一丈二尺，面闊十四丈五尺。其南爲牟山湖，周二十里，面積二十二里。

獅山橋，自跨湖橋東北流，至此五里弱。水深一丈二尺，面闊十五丈。有鶯山湖水，出青山港，自北來注之。湖周二十里，面積二十一里。

横河壩，自獅山橋東流，至此一里九分。

馬渚鎮，自横河壩東流，至此二里一分。水深九尺二寸，面闊七丈五尺。有長泠港自東北來會之。見後。

鎖瀾橋，自馬渚鎮東南流，至此一里三分。水深七尺，面闊六丈。

陡門壩，自鎖瀾橋東南曲曲流，至此五里一分。以下爲潮水。又東南流二里二分至曹墅橋入姚江。

枝流長泠港。

周家路，長泠港自此起，逐次會東西衆小水南流，至埋溝橋九里七分。水深五尺，面闊二丈。分一支東流爲大塘港。見後。

趙公橋，自埋溝橋南流，至此二里二分。

吳家班橋，自趙公橋西南流，至此五里二分。水深五尺五寸，面闊二丈五尺。

董家義閘，自吳家班橋南流，至此一里五分。

陸家橋，自董家義閘西南流，至此一里弱。水深八尺，面闊五丈。

萬石橋，自陸家橋西南流，至此三里八分。

方橋，自萬石橋西南流，至此二里二分。水深六尺，面闊四丈。

劉古木橋，自方橋西南流，至此二里强。分一支東流，爲合山港。

胡盧橋，自劉古木橋西南流，至此三里六分。水深七尺，面闊六丈。

添嗣橋，自胡盧橋西南流，至此一里二分。又西南流過後堰一里四分，至馬渚鎮入馬渚横河。水深六尺五寸，面闊六丈。

枝流大塘港。

化龍堰，大塘港自埋溝橋分長泠港之水東流，至此四里一分。

益鎮橋，自化龍堰東流，至此八里九分。

鳴山堰，自益鎮橋東少北流，至此五里。

滸山所城北，自鳴山堰東流，折而東南，又折而東少北，至此六里。

萬全閘，自滸山所城北首東流，至此七里。

元均閘，自萬全閘東流，至此二里。

蔡山閘，自元均閘東流，至此九里。

道路市，自蔡山閘北少東流，至此三里二分。

張丁路演洞，自道路市北少東流，至此十四里八分。

新圩塘演洞，自張丁路演洞北少東流，過晏海塘，永清塘，至此九里，入海。

枝流東横河。

後横潭港，東横河即石堰横河。自黄山港口分姚江之水曲曲北流，至此三里。水深一丈三尺，面闊十三丈。有劍港自西來注之。

冶山麓，自後横潭港曲曲東北流，至此四里八分。

客星橋，自冶山麓北流，至此三里。

石堰市，自客星橋東北流，至此六里九分。水深一丈，面闊九丈五尺。

秦堰橋，自石堰市東北流，至此四里二分。水深一丈，面闊九丈。有燭溪湖水自南來注之，湖周十九里，面積二十里。

横河壩，自秦堰橋東北流，至此四里三分。水深九尺，面闊八丈五尺。

宏惠橋，自横河壩東北流，過横河市，七星橋，至此二里七分。

埋馬市，自宏惠橋東北流，至此二里七分。水深九尺，面闊八丈五尺。有虞波港自西北來注之。

彭橋市，自埋馬市東北流，至此三里三分。水深一丈，面闊九丈。

游涇橋，自彭橋市東流，過匡堰市，至此六里一分。有游涇港自南來注之。

石人橋，自游涇橋東流，至此一里五分。

古新橋，自石人橋東北流，至此二里六分。水深八尺，面闊八丈五尺。

上林湖口，自古新橋東流，至此三里二分。有上林湖水自南來注之，湖周十里，面積七里。

新橋，自上林湖口東流，至此三里四分。

白石堰，自新橋東流，至此一里八分。水深一丈，面闊八丈。

雙河橋，自白石堰東南流，至此二里五分强。與寧波府慈谿縣分界。

枝流蘭墅港。

破嶺，蘭墅港自此發源，北少東流，至沈家閘八里。

河西閘，自沈家閘東流，至此五里五分。有横溪自南來會之。見後。

横涇橋，自河西閘東流，至此一里七分。水深一丈二尺，面闊十一丈。以下爲竹山港。又東流，折而北，三里五分過竹山橋，至竹山港口入姚江。水深一丈，面闊十二丈四尺。

枝流横溪。

分水岡，横溪自此發源北流，至茭湖村一里二分。水深四尺，面闊一丈五尺。

冠佩村，自茭湖村北流，至此一里三分。水深四尺，面闊二丈。

金嶼橋，自冠佩村北流，至此六里二分。

大橋頭，自金嶼橋曲曲東北流，至此五里七分。水深八尺，面闊六丈。

魯家衖村，自大橋頭北流，至此一里二分。

萬安橋，自魯家衖村東北流，至此三里弱。

横溪大橋，自萬安橋北流，折而西，至此一里二分。水深九尺，面闊十丈。

西周阪山，自横溪大橋西流，折而北，至此六里强。

西河閘，自西周阪山北流，至此二里四分。又北流二里九分過魯家村，至河西閘入蘭墅港。

枝流官船浦。

界石橋，官船浦自寧波府慈谿縣流至此入境。又西北流，至陸家大橋一里六分。水深一丈，面闊八丈。

廣霖亭北，自陸家大橋西北曲曲流，至此二里六分。

周家埠北，自廣霖亭北首西北流，至此六里八分。有分水岡水自南來會之。見後。又北流六分至大橋入姚江。水深一丈二尺，面闊十二丈。

枝流分水岡水。

分水岡，分水岡水自此發源東流，至金竹尖西北麓五里。

將軍山麓，自金竹尖麓西北流，折而北少東，至此八里。

下塢村，自將軍山麓北少東流，至此五里。

大竹山麓，自下塢村北流，折而東，至此五里五分。

姜家灣，自大竹山麓東北流至此二里。

白鶴橋，自姜家灣北流，至此三里三分。又北流五里至周家埠北，入官船浦。

陸路道里記

治城東門又名澄清門。縣有二城，在姚江北者爲治城，在姚江南者爲南城。

幹路

黄山橋，自東門外東少南行，至此二里三分强。北通北門幹路之安山橋，計八里强。

射龜橋，自黄山橋東少南行，至此一里八分强。

界橋，自射龜橋東少南行，至此四里六分强。與寧波府慈谿縣分界。

治城大南門又名齊政門。此門南向臨江，由城門外過通濟橋，即入南城。其幹路詳新南門下。

治城老西門又名迎恩門。

幹路

周賢橋，自老西門外西少南行，至此八分。

普福庵，自周賢橋西少北行，至此四里三分。

湯家閘村，自普福庵西北行，至此五里一分强。

馬渚市，自湯家閘西少北行，至此九里强。

長壩，自馬渚市西少南行，至此十一里六分。與上虞縣分界。

治城大北門又名武勝門。

幹路

雙嶺，自大北門外西北行，至此二里强。嶺高一丈五尺。

玉井亭，自雙嶺西北行，至此二里四分。

蕨菜嶺，自玉井亭西北行，至此六里二分。嶺高九尺。

方橋，自蕨菜嶺西北行，至此四里六分。
南張村，自方橋西北行，至此二里六分。
大將橋，自南張村西北行，至此三里二分。
康莊橋，自大將橋西北行，至此四里五分强。
湖地市，自康莊橋西北行，至此五里九分强。
臨山衛東門，自湖地市西行少南，至此二里二分弱。
臨山衛西門，自臨山衛東門西行，至此一里四分弱。
歡喜嶺，自臨山衛西門西南行，至此一里八分弱。嶺高八尺。
高橋，自歡喜嶺西南行，至此五里六分强。
草庵橋，自高橋西南行，至此二里七分。
五馬堰西，自草庵橋西南行，至此六里八分。與上虞縣分界。

枝路

謝安橋，自南張村北行曲曲，至此八里七分强。
符郎橋，自謝安橋北行，至此一里九分。
廓厦市，自符郎橋北行，至此一里五分强。
東干村，自廓厦市北行，至此一里，入大古塘路。

枝路

濟美橋，自康莊橋東北行，至此一里六分。
蘆山橋，自濟美橋東北行，折而北，至此二里二分强。
萬安橋，自蘆山橋北行，折而西，至此二里五分强。
萬福橋，自萬安橋北行，至此一里二分，入大古塘路。

枝路

虹霓嶺，自臨山衛東門東北行，至此四分强。嶺高一丈二尺。
凌雲橋，自虹霓嶺東北行，至此一里四分。
永興橋，自凌雲橋北行，至此二里一分，入大古塘路。

枝路

上塘市，自草庵橋西北行，折而北，至此二里三分。
下江橋，自上塘市北行，折而西曲曲行，至此五里二分。與上虞縣分界。

治城北門又名侯青門。

幹路

分路牌，自北門外東北行，至此三里四分强。
安山橋，即客星橋。自分路牌東北行，至此五里。
石堰市，自安山橋東北行，過楓林閘，至此七里六分。
秦堰橋，自石堰市東北行，至此五里强。
七星橋，自秦堰橋東北行，至此四里九分弱。
埋馬市，埋馬橋。自七星橋東北行，至此四里七分弱。
彭橋市，自埋馬橋東北行，至此三里二分。
匡堰橋，自彭橋市東少北行，至此五里三分。
石人橋，自匡堰橋東行，過游涇橋，至此二里三分。
古新橋，自石人橋東北行，至此二里六分强。
新橋，自古新橋東行，曲曲過王家埭市，至此六里五分强。
雙河橋，自新橋東南行，至此四里四分弱。與寧波府慈谿縣分界。

枝路

雙河橋，自分路牌北行，至此二里二分强。
干家閘，自雙河橋北少西行，至此二里七分弱。
勝堰，自干家閘北行，至此二里八分。
鄭巷市，自勝堰北行曲曲至此二里八分强。
馮家閘，自鄭巷市北少西行，至此三里三分弱。
新堰，自馮家閘北行，過楊家閘，至此四里八分强。
化龍堰，自新堰北行，過低塘市，至此三里七分弱。以下名大古塘路。
歷山市，自化龍堰東少南行，至此七里七分。
小嶺麓，自歷山市東行，至此五里二分弱。嶺高三丈。
三碰橋，自小嶺麓東行，過小嶺，又東北行，至此四里一分。
滸山北門，自三碰橋東少北行，至此一里。
孫家塘頭，自滸山北門東行，至此三里。
白沙路市，自孫家塘頭東行，至此三里二分。
覺爽市，自白沙路市東行，至此三里。
楊家路村，自覺爽市東行，至此一里一分强。
界堰市，自楊家路村東行，過元均閘，至此一里五分强。

梅林市，自界堰市東行，至此二里五分。

東剎涼亭，自梅林市東行，至此二里二分弱。

蔡山閘，自東剎涼亭東行，至此二里七分。

封山橋，自蔡山閘東行曲曲，至此三里二分强。

陳家村，自封山橋東行，至此五里八分强。

洋浦閘，自陳家村東少北行，至此三里强。與寧波府慈谿縣分界。

埋溝橋，自化龍堰西少北行，至此四里三分弱。以下又名大古塘路。

白雲庵，自埋溝橋西行，過古井亭，至此七里六分。

萬福，自白雲庵西行，至此四里七分。

五里墩，自萬福西行，至此五里八分弱。

來勝庵，自五里墩西少南行，至此七里一分。

黃家埠，自來勝庵西行，至此四里五分。

斷塘廟，自黃家埠西南行，至此四里二分。與上虞縣分界。

枝路

沈附嶺，自彭橋市曲曲東南行，至此二里五分。嶺高四丈五尺。

大古嶺，自沈附嶺西南行，折而東南，至此四里八分。嶺高九丈四尺。

翠屏山，自大古嶺南少東行，至此七里四分强。與寧波府慈谿縣分界。

南城東門又名東泰門。

幹路路向南。

沙浦橋，自東泰門外南行，至此三里弱。

隱鶴亭，自沙浦橋南少東行，至此四里三分强。

雙板橋，自隱鶴亭南少東行，至此一里五分。

姚家店，自雙板橋東行少南，至此二里四分强。

陸家大橋，自姚家店東少南行，至此八里九分强。

界石橋，自陸家大橋東南行，至此一里八分。與寧波府慈谿縣分界。

幹路路向東南。

竹山橋，自東泰門外東少南行，至此二里二分。

郁家灣村，自竹山橋東南行，至此四里四分弱。

姜家渡市，自郁家灣村東行，至此三里三分。

灣頭村，自姜家渡市東行，折而南少東，至此三里四分强。

洋溪沿村，自灣頭村東南曲曲行，至此五里八分弱。又南少東行三里八分弱，至陸家大橋入向南幹路。

南城新南門

幹路

善良橋，自新南門外南行，至此一里弱。

磨刀橋，自善良橋南行，至此二里三分。

縻家橋，自磨刀橋南行，至此三里二分强。

南廟市，自縻家橋南行，至此二里三分。

橫溪橋，自南廟市南行，至此三里一分。

萬安橋，自橫溪橋南行，至此一里一分强。

魯家衖，自萬安橋南少西行，至此二里六分弱。

後溪村，自魯家衖南少西行，至此二里四分强。

金嶼橋，自後溪村南行，至此三里三分。

橫山嶺，自金嶼橋南少東曲曲行，至此三里六分强。嶺高十六丈三尺。

茭湖嶺，自橫山嶺南行，至此六里强。嶺高七十三丈一尺。

虎坑嶺，自茭湖嶺西南曲曲行，至此三里三分。嶺高三十三丈四尺。

中窑村，自虎坑嶺西南曲曲行，至此二里。

大方橋，自中窑村東南曲曲行，至此四里五分。

巖頭村，自大方橋西南行，至此三里八分。

石榻嶺，自巖頭村西南行，至此六里六分强。

丁家畈村，自石榻嶺西南行，至此五里一分强。

西嶺脚，自丁家畈村東南曲曲行，至此三里。

青亭岡，自西嶺脚南行少東至此四里九分强。

韓采嶺，自青亭岡南少東行，至此五里。嶺高七十七丈四尺。

北溪橋，自韓采嶺南行，至此七里。與寧波府奉化縣分界。

枝路

大溪村，自大方橋東南曲曲行，至此五里六分强。

上箐村，自大溪村東行，至此五里三分。

祝家溪，自上箐村東行，折而南，至此二里一分。

白雲橋，自祝家溪東南曲曲行，折而東少南，至此六里五分。與寧波府慈谿縣分界。

南城西門又名西成門。

幹路

談家嶺，自西門外西行，折而南，至此四里六分强。嶺高三丈五尺。

亂灘，自談家嶺南少西行，至此六里九分。

靈源山，自亂灘西南行，至此七里。

趙宦嶺，自靈源山西南行，至此四里二分强。嶺高四十丈。

下塢村，自趙宦嶺西南行，折而南，至此四里五分。

石洞廟，自下塢村南行，至此五里七分。

祖南廟，自石洞廟南少東行，至此二里七分强。

粱衕市，自祖南廟南少西行，至此二里六分强。

後陳村，自粱衕市西行，至此四里八分。與上虞縣分界。

枝路

千田阪，自粱衕市南行，至此三里三分弱。

横堪頭，自千田阪南行，至此二里六分强。

宫前廟，自横堪頭南少東行，至此一里九分。

萬春庵，自宫前廟南少東行，至此四里九分。

夏家嶴村，自萬春庵南行，至此四里七分强。又曲曲東南行三里，至丁家畈村，入南城新南門幹路。

南城北固門是門北向臨江，過通濟橋即入治城。

紹興府上虞縣

水路道里記

曹娥江一名舜江。

經流

姥山村西南，曹娥江自嵊縣流至此入境，又東北曲折流，至十里灣頭村十里强。

章家埠鎮，自十里灣頭村東北流，至此六里五分。

念魚山，自章家埠鎮北流，至此二里八分。有黑龍潭溪，自龍潭溪自東來會之。見後。

青山渡，自念魚山西北流，至此九里二分。

五婆嶺麓，自青山渡北流，至此二里一分。水深九尺五寸，面闊六十一丈。五婆嶺麓迤東北與會稽縣分水。以下至獅子山東南皆同。

小江口，自五婆嶺麓東北流，至此二里二分。水深九尺八寸，面闊六十一丈二尺。有會稽縣小舜江水自西來注之。

獅子山東南，自小江口西北流，至此二里六分。

蒿壩渡，自獅子山東南首東北流，至此十一里七分。水深一丈二尺，面闊六十三丈。

粱湖壩，自蒿壩渡東流，折而北少西，過曹娥渡，至此九里三分。水深一丈四尺，面闊六十二丈。其東爲四十里河。見後。粱湖壩對江爲會稽縣曹娥鎮之拖舟壩，自此迤西北，仍與會稽縣分水。以下皆同。

百官鎮，自粱湖壩東北流，至此四里。其東爲馬渚横河。見後。

丁家壩，自百官鎮西北流，至此三里八分。水深一丈四尺，面闊七十三丈。

吕家埠村，自丁家壩西北流，至此十四里。

賀家壩，自吕家埠村西北流，至此六里。

前朱村，自賀家壩西北流，過華宫壩，至此五里。水深二丈一尺，面闊一百九丈。

楝樹壩渡，自前朱村西南流，至此八里。水深二丈三尺，面闊一百三丈。

備塘西南，自楝樹壩渡西流，至此四里二分。與會稽縣分界。對江爲會稽縣之黄公浦。

枝流黑龍潭溪。

將軍帽山，黑龍潭溪自此發源，北少西流，折而東，至黑龍潭村五里。

虹橋，自黑龍潭村東北流，折而北少西，再折而西，至此九里。

石壁嶺麓，自虹橋西北流，至此九里三分。

下管市，自石壁嶺麓西北流，至此六里。

雙溪橋，自下管下西北流，至此九里七分。

丁石街市，自雙溪橋西北流，折而西南，至此四里五分。

横塘橋，自丁石街市西南流，至此六里。

新墅村，自横塘橋曲折西流，至此九里。又西南流六里八分至念魚山麓，會自龍潭溪入曹娥江。水深六尺，面闊三十丈。

枝流白龍潭溪。

海鳥山西麓，白龍潭溪自嵊縣秀尖山發源，流至此入境。又北流，迤而西北，至白龍潭村六里二分。

阮莊村，自白龍潭村北流，折而東北，至此七里。

萬安橋，自阮莊村西北流，折而西南，至此八里四分。

丁夾嶴村，自萬安橋曲曲西流，至此十一里。

寺橋，自丁夾嶴村西北流，至此十里五分。水深五尺五寸，面闊五丈。又西北流十一里五分至念魚山麓，會黑龍潭溪入曹娥江。

四十里河

經流

裏梁湖鎮，四十里河自曹娥江之梁湖壩起，次第納洪山湖、面積二里，周五里。皂李湖、面積十二里，周十六里。西溪湖面積三里五分，周八里。及諸山溪之水，東南流，至此五里五分。

西黃浦橋，自裏梁湖鎮東南流，至此十三里二分。水深八尺，面闊四丈。分一支東南流，穿城，至老通明閘止。

落馬橋，自西黃浦橋東流，至此四里二分。分一支東南流，會城河至老通明閘。

新堰壩，自落馬橋東北流，至此五里六分。以下又名十八里河。

界橋，自新堰壩東北流，過下木橋，至此十二里一分。與餘姚縣分界。水深九尺，面闊三丈六尺。

通明江又名姚江。

經流

老通明閘，通明江自此承四十里河之一支水起，東北流，至謝家橋市四里。水深七尺，面闊五丈。

安家渡橋，自謝家橋市東北流，至此七里一分。

永思橋，自安家渡橋東北流，至此三里一分。與餘姚縣分界。

馬渚橫河

經流

石堰北，馬渚橫河自曹娥江之百官壩起，納衆小溪水，東北流，至此十一里六分。北連小越湖及牛山泊，南爲白馬湖，周十一里，面積五里。

萬甯橋，自石堰北首東流，過驛亭鎮，至此三里。南爲西泊湖。

馬慢橋，自萬甯橋東流，至此四里。南爲東泊湖。

長壩，自馬慢橋東流，至此六里五分。與餘姚縣分界。

陸路道里記

東門一名啓文門。

幹路

探春橋，自東門外東行，至此二分。

東黃浦橋，自探春橋東北行，至此一里五分。

謝家橋市，自東黃浦橋東北行，至此五里五分。

甘家壩，自謝家橋市東北行，至此九里五分。與餘姚縣分界。

枝路

黃竹嶺，自探春橋東南行，至此十一里八分。嶺高三丈二尺。

羅庵，自黃竹嶺東南行，至此三里四分。北通枝路之永和市，計九里。

後陳村東首，自羅庵東南行，至此一里。與餘姚縣分界。

枝路

姚郎鎮，新堰壩。自東黃浦橋東北行，至此四里九分。

廣濟橋，自新堰壩東北行，至此三里九分。

湖閘，自廣濟橋東北行，過夾塘市，至此六里五分。與餘姚縣分界。

界橋，自廣濟橋東北行，至此六里三分。與餘姚縣分界。

枝路

永和市，自謝家橋市東南行，折而東北，至此六里八分。

烏紗壩，自永和市東行，至此一里九分。

龍舌嘴，自烏紗壩東北行，至此七里六分。與餘姚縣分界。

南門一名百雲門。

幹路

上沙嶺，自南門外南行，至此八里六分。嶺高十二丈九尺。

甘露亭，自上沙嶺南行，至此三里二分。

涼亭，自甘露亭西行，至此七分。

橫塘橋，自涼亭西南行，至此七里六分。

姨婆橋，自橫塘橋西行，至此十一里三分。

謝嶴村東，自姨婆橋西南行，至此四里六分。

貢嶴渡，自謝嶴村東首西北行，過章家埠鎮，又西南行，過旁山西北，至此十一里四分。渡闊六十五丈。

界牌，自貢嶴渡西南行，折而南，至此二里九分。與嵊縣分界。

枝路

雙溪橋，自甘露亭東南行，至此六里。

下管市，自雙溪橋東南行，至此八里四分。

通澤廟溪橋，自下管市東南行，過塔嶺，又東行過石壁嶺，至此九里。

生畈村，自通澤廟溪橋東南行，至此九里。

虹橋村，自生畈村南少東行，至此四里四分。

黃家莊，自虹橋村東南行，至此十三里四分。與餘姚縣分界。

夏家嶺，自通澤廟溪橋東北行，至此十一里六分。與餘姚縣分界。

枝路

丁石街市，自涼亭西南行，至此二里四分。

官山嶺，自丁石街市西南行，至此六里九分。

張村，自官山嶺西南行，至此六里八分。又西南曲折行八里四分，至姨婆橋入幹路。

枝路

紫塘山麓，溪橋。自謝嶴村東首東南行，至此十里八分。

萬安橋，自溪橋東南行，過陰潭村，又曲曲東行，至此十六里一分。

阮莊村，自萬安橋東北行，折而東南，至此八里七分。

前岡廟，自阮莊村東北行，至此十里六分。

巖頂山西首，自前岡廟東南行，至此六里五分。與寧波府奉化縣分界。

枝路

方秋橋，自牛山東麓西北行，折而北，至此四里二分。

貼水橋，自方秋橋東北行，至此六里七分。

大山麓，小橋。自貼水橋東北行，折而西北曲曲，至此七里一分。

五婆嶺，自小橋北行曲折，至此五里八分。嶺高三丈。與會稽縣分界。

西南門一名通澤門。

幹路

小石橋，自西南門外西北行，至此七里四分。

王孟嶺，自小石橋西南行，至此六里一分。嶺高八丈四尺。

蒿壩鎮，自王孟嶺西北行，過蒿壩渡，至此十一里五分。水深一丈二尺，渡闊六十三丈。

鳳凰山麓，自蒿壩鎮東行，折而北，至此七里三分。與會稽縣分界。

枝路

上浦市，自蒿壩鎮西南行，至此十里九分。

獅子山東南，自上浦市西南行，至此二里二分。與會稽縣分界。

西門一名鎮武門。

幹路

西黃浦橋，自西門外西北行，至此二里八分。

華渡橋，自西黃浦橋西行，至此四里三分。

梁湖鎮，鎮安橋。自華渡橋西北行，至此八里九分。

梁湖壩，自鎮安橋西行，過無量橋，又西少北行，至此五里五分，抵曹娥江濱。

枝路

百官鎮，自鎮安橋西北行，至此六里九分。

丁家壩，自百官鎮西北行，至此三里五分。以下爲曹娥江塘路。

施家堰村，自丁家壩西行，折而東北，復折而西北，至此八里九分。

呂家埠，自施家堰村西北行，過章家市，又西南行，過西華市，至此八里八分。

前朱村，自呂家埠西北行，至此十二里二分。

後朱村西，自前朱村西行，折而西北，至此二里六分。與會稽縣分界。

自分界後，入會稽縣境，西北行，折而東至纂風鎮北，復入本境，計十六里。

湯家瀝村，自纂風鎮北復入本境，又東行，至此九里五分。以下爲北海塘路。

夏蓋山鎮，自湯家瀝村東南行，過老茶亭，又東北行，至此七里八分。

豎塘廟，自夏蓋山鎮東北行，過夏蓋山西北麓，至此八里八分。與餘姚縣分界。

崧夏鎮，自施家堰村西首北少西行，至此八里二分。

安甯橋，自崧夏鎮西北行，至此十三里五分。

瀝海所城，東門。自安甯橋西行，越會稽縣境，至此四里三分。瀝海所城周三里五分，東門、南門屬本境，西門、北門屬會稽縣。

所城南門，自所城東門西少北行，折而南，至此一里一分。又越會稽縣境南行四里，至前朱村與本條枝路合。

北門一名靖海門。

幹路

五婆嶺，自北門外西北行，至此五里三分。嶺高七丈。

永安橋西，涼亭。自五婆嶺北行，過孝毘嶺，嶺高四丈八尺。至此七里四分。

橫塘廟市，自涼亭北行，至此三里二分。

馬慢橋，自橫塘廟市東北行，過谷嶺，至此六里九分。

惠忠橋，自馬慢橋西北行，過沙袋嶺，又東北行，至此五里一分。

東羅村，自惠忠橋西北行，至此一里一分。

五車堰鎮，大通橋。自東羅村北行，至此四里六分。

橫山閘，自大通橋西北行，至此一旦八分。北行至西門枝路之暨塘廟，計七里八分。

謝家塘市，自橫山閘西北行，至此七里四分。又西南行四里二分強，至夏蓋山鎮與西門幹路內自鎮安橋起之枝路合。

枝路

黃冉嶺，自永安橋西涼亭東行，過徐家村，又東北行，至此十一里六分。與餘姚縣分界。

枝路

五夫鎮，自馬慢橋東行，至此四里五分。

西湖塘沿，自五夫鎮東行，過長壩，至此二里。與餘姚縣分界。

驛亭鎮，自馬慢橋西行，至此六里。又西南行十二里六分至百官鎮，與西門幹路內自鎮安橋起之枝路合。

枝路

馬家堰鎮，自東羅村東北行，至此三里九分。

新堰壩，自馬家堰鎮東南行，越餘姚縣界，至此五里。又南少東行三里五分至五夫鎮，與自馬慢橋起之枝路合。

紹興府嵊縣

水路道里記

剡溪

經流

分水岡，剡溪自此發源，會大白、小白等山之水東北流，至道胡尖北八里。有籐巴嶺水自西來注之。

橘田村，自道胡尖北首東南流，至此七里五分。

剡任村東，自橘田村東南流，至此十里五分。有珠溪自南來會之。見後。

前王村南，自剡任村東首東北流，至此六里五分。有羅松溪自西北來會之。見後。

白楊村南，自前王村南首東北流，至此三里九分。有富潤溪自西北來注之。

后愛村，自白楊村南首東流，至此六里二分。

申村，自后愛村北流，至此二里六分。

江田村東，自申村東流，折而東北，至此七里二分。有江田溪自西北來注之。

八角亭，自江田村東首曲曲東北流，至此六里二分。

城南門外，自八角亭東北流，至此八里九分。以上通筏，以下通舟。

城東南隅，自城南門外東流，至此一里強。有潭遏溪自西南來會之。見後。

下東渡，自城東南隅東北流，至此一里三分。

中渡，自下東渡東北流，折而北少西，至此三里二分。

蔣家埠，自中渡北流折而東，至此五里八分。

王澤溪口，自蔣家埠北流，至此三里八分。有王澤溪自東南來會之。見後。

屠家埠，自王澤溪口曲折西北流，至此六里五分。有新潤溪自東南來注之。

了溪口，自屠家埠西北流，至此一里二分。有了溪自西南來注之。

强口溪橋東，自了溪口北少西流，至此二里五分。有强口溪自西來注之。

嵊溪村，自强口溪橋東首東北流，至此七里八分。有嵊溪自東來注之。

馬隩村，自嵊溪村北少東流，折而西北，至此八里七分。有回溪自西來注之。

釣魚潭，自馬隩村東北流，至此二里強。

三界鎮東北，自釣魚潭北流，過三界鎮，與上虞縣分水。至此六里。與上虞縣分界。

枝流珠溪。

王婆嶺西麓，珠溪自此發源東北流，折而西北，至上湖村前六里八分强。水深二尺五寸，面闊四丈三尺。

鳳凰山麓，自上湖村東流，折而西北，又折而東北，至此九里一分。

太平市東，自鳳凰山麓東流，折而北，又折而東，至此八里四分。有西溪自南來會之。見後。

西金村東，自太平市東首東北流，至此九里三分。又東北流五里二分，至剡任村東入剡溪。

枝流西溪。

關陽嶺西麓，西溪自金華府東陽縣長龍山發源，流至此入境，又北流迤而西北，至牢嶽山脚四里四分。有倉溪自西南來注之。

宅前村，自牢嶽山脚西少東流，至此三里二分。

前田磚橋，自宅前村北流，至此六里五分。又北少東流七里八分，至太平市東入珠溪。溪闊十餘丈，通筏。

枝流羅松溪。

宣家岡，羅松溪自此發源，東少南流，至崇安橋北十二里三分。

九曲灣，自崇安橋北口南少東流曲曲，至此五里三分。

樓家村，自九曲灣東南流，至此七里三分。

石墳市，自樓家村東南流，至此六里一分。又東南流七里至前王村南入剡溪。

枝流潭遏溪。

黄泥橋村西，潭遏村自新昌縣在新昌爲東港溪。流至此入境，又西北曲折流，至潭遏村七里一分。

五里浦村，自潭遏村西北流，折而東北，至此二里八分。

搗臼爿村，自五里浦村西流，折而北，至此三里六分。有寶溪自西南來會之。見後。又東北流四里二分，至城東南隅入剡溪。溪闊二十丈至三十丈不等，通筏。

枝流寶溪。

白東橋，寶溪自新昌縣在新昌爲西港溪。流至此入境，又西北流至上嶺北麓六里。有石道地溪自西南來會之。見後。

新市橋，自上嶺北麓西北流，過烏巖橋，又東北曲曲流，至此十三里三分。又曲曲東北流七里四分，至搗臼爿村入潭遏溪。溪闊二十丈至三十丈不等，通筏。

枝流石道地溪。

油菜塢山西，界橋。石道地溪自與金華府東陽縣接界之高車嶺西南麓發源，流至此入境，又北流曲曲，至坪頭村七里八分。

相家嶺北，自坪頭村西北流，折而北曲曲，至此十二里八分。

嶺根村，自相家嶺北東北流曲曲，至此七里。

丁公尖西，自嶺根村東北流曲曲，至此十一里五分。

箬帽山北，自丁公尖西首東北流曲曲，至此九里二分。又東北流七里，至上嶺北麓入寶溪。

枝流王澤溪。

沙地村，王澤溪自新昌縣在新昌爲後港溪。流至此入境，又西北流至王澤鎮大橋三里七分。沙地村迤東有北莊溪，自東來會之。見後。此段與新昌縣分水，迤西爲王澤鎮，全屬新昌縣界，計一里。

承緒橋，自王澤鎮西首西北流，折而西，至此六里。

桃花渡橋，自承緒橋曲曲西北流，至此十里。又西北流九里五分，至王澤溪口入剡溪。溪闊十丈至二十丈，通筏。

枝流北莊溪。

錦屏山麓，北莊溪自此發源西南流，至北莊市十二里四分。

坎頭村西，自北莊市西南流，至此七里三分。

歡潭村，自坎頭村西首西流，至此四里六分。歡潭村迤西與新昌縣分水，以下皆同。

蘇車閣南，自歡潭村西流，至此八里六分。又西北流五里二分，至沙地村入王澤溪。水深三尺五寸，面闊四丈八尺。

雙港溪上流爲吉竹溪、西溪、打石溪。

經流

趙角嶺，雙港溪自此發源，以下爲吉竹溪。東北流，至畫廟五里八分。先有陽坑村水自西來注之，繼又有上谷嶺水自北來注之。

馬家田村，自畫廟東少南流，至此十里八分。

轂來村，自馬家田村東流，折而東北，至此十二里五分。以下爲西溪。

舉坑橋口，自轂來村西北流，折而東，又折而北少西，至此八里三分。有雙溪自西來注之。以下爲打石溪。

馬溪村，自舉坑橋口東北流，至此十里八分。有馬溪自南來注之。以下爲雙港溪。

王城市，界橋。自馬溪村東北流，至此四里五分。

寺山嶺北，自界橋東北流，折而西北入會稽境，又東流入本境，至此七里。

雙港溪村，自寺山嶺北首西北流，入會稽境，又東流入本境，至此九里八分。

大奇山麓，自雙港溪村北流，至此三里三分。

普濟橋，自大奇山麓東北流，至此六里五分。與會稽縣分界。溪闊十丈至二十丈不等，通筏。

陸路道里記

東門又名拱明門。

幹路

廣濟橋，自東門外東北行，至此六分强。

潮神廟，自廣濟橋東少南行，過下東渡，至此二里九分。

承緒橋，自潮神廟東行，至此九里八分。

王澤鎮，自承緒橋東少南行，至此六里四分。

白佛庵，自王澤鎮東少南行，至此十二里八分。

晉溪村，自白佛庵東行，至此四里五分强。

華堂市，自晉溪村東行，折而東南，至此十里八分。北行至枝路之北莊市九里九分。

陳公嶺，自華堂市東南行，過楊梅坪北，又東北行，至此十四里四分。與新昌縣分界。

枝路

艇湖坂，自廣濟橋北行，至此一里七分。

塘頭溪村，自艇湖坂東北行，至此八里六分。

上翁村，自塘頭溪村東行，至此十里一分。

趙山街西麓，自上翁村東南行，至此十五里二分。

新涼亭，自趙山街西麓東少南行，至此五里。

北莊市，自新涼亭東少北行，至此六里六分。

小柏村西，自北莊市東北行，至此二里九分强。

唐塢嶺，自小柏村西首東行，至此十一里七分强。

獨巒石，自唐塢嶺東少北行，至此七里四分强。與寧波府奉化縣分界。

西嶺，自小柏村西首北行，至此十三里五分。

湖潭村，自西嶺東北行，至此十三里。

石門橋，自湖潭村南行，折而東，至此九里八分。

葛竹村，自石門橋東南行，至此六里二分。與寧波府奉化縣分界。

唐田村，自石門橋北行，過敏坑嶺，又東北行，越奉化境，至此十里三分。又東北行三里，至洞橋與寧波府奉化縣分界。

枝路

梓樹下村，自潮神廟東南行，至此十五里四分。與新昌縣分界。

枝路

塘頭溪村，自承緒橋西行，折而北，至此九里八分。

浦口市，自塘頭溪村西北行，至此三里六分。

黄金嶺，自浦口市北行，至此十一里七分。

仁村，自黄金嶺北行，至此五里六分。

西嶺頂，自仁村西北行，至此一里八分。又西北行十里三分，渡剡溪至三界鎮入北門幹路。

上唐村，自仁村東行，至此十六里四分。

箭箬嶺，自上唐村東南行，過施家爿村，又東南，折而東北，至此十七里八分弱。

唐溪村，自箭箬嶺曲曲東南行，折而東北，至此十二里五分。

扇眼山麓，自唐溪村西北行，至此三里五分。與上虞縣分界。

疊石頭村，自上唐村西北行，過九曲嶺，至此七里七分。

姥山大橋，自疊石頭村西北行，至此八里二分。與上虞縣分界。

枝路

許村，自承緒橋東少南行，越新昌境，至此十里一分。

菩提巖，自許村東行，至此六里。又東行四里一分至趙山衖西麓，與自廣濟橋起之枝路合。

枝路

箭篙嶺，自華堂市南行，折而西南，至此九里六分。與新昌縣分界。

南門又名應台門。

幹路

馬衖堂村，自南門外南行，至此一里五分。

黃泥橋村，自馬衖堂村南行，至此十一里六分。與新昌縣分界。

枝路

新市村，自馬衖堂村南行，過遏潭村，又西行，至此十一里強。

烏巖村，自新市村南少西行，至此十里一分。

石道地村，自烏巖村曲曲西南行，至此十三里。

黃雙嶺，自石道地村西南行，至此十一里強。

丁家店村，自黃雙嶺南行，至此二里八分。

坪頭村，自丁家店村西南行，至此七里七分。

油菜塢西，自坪頭村南行，至此九里三分。與金華府東陽縣分界。

楓樹嶺，自烏巖村東南行，至此六里六分。

棗園村，自楓樹嶺東南行，至此一里九分。與新昌縣分界。

朱田嶺，自石道地村東行，至此七里二分。與新昌縣分界。

蒲浪嶺，自丁家店村東南行，至此八里五分。與新昌縣分界。

化龍門

幹路

李家村，自化龍門外西南行，至此七里八分。

梅溪橋村，自李家村西南行，至此十二里六分弱。自此東行遶南，至南門枝路之烏巖村，計九里。

兩頭門鎮，自梅溪橋村西南行，至此二里三分。

大王廟市，自兩頭門鎮西南行，至此八里三分。

石砩橋村，自大王廟西少南行，至此九里九分。

開元市，自石砩橋村西行，至此三里二分。

崑溪村，自開元市西少南行，過太平市，至此十二里一分強。

石刺嶺，自崑溪村西行，折而南，至此二里二分。

釣漁潭，自石刺嶺南少西行，至此六里強。

三口田村，自釣漁潭西行，至此四里九分強。

白峰嶺頂，自三口田村西行，至此三里。與金華府東陽縣分界。

枝路

後朱村，自兩頭門鎮北少西行，至此六里六分。又北行二里四分至馬塘村北，與西門幹路內自梅里亭起之枝路合。

枝路

石璜市，自兩頭門鎮西少北行，至此十三里強。

九里岡，自石璜市西行，至此六里二分。

江夏村，自九里岡西北行，至此十二里一分。

董家坑村，自江夏村西行，至此四里。

姆嶺，自董家坑村西少北行，至此五里九分。與諸暨縣分界。

枝路

黃毛嶺南麓，自大王廟市南行，至此十一里三分強。東行至南門枝路之石道地村，計十一里三分。

小嶺頭，自黃毛嶺南麓西南行，至此四里五分。東南行至南門枝路之丁家店村，計八里六分。

相家嶺腳，自小嶺頭曲曲南行，至此九里二分。

山腰嶺，自相家嶺腳南少西行，至此十里九分弱。

西坑嶺，自山腰嶺西南行，至此二里七分。與金華府東陽縣分界。

枝路

長樂市，自石砩橋村西南行，至此七里八分。

塞嶺，自長樂市南行，至此六里九分弱。

關陽嶺，自塞嶺曲曲南行，至此十六里一分。與金華府東陽縣分界。

勉絲嶺，自長樂市西南行，至此十二里七分。

玉婆嶺，自勉絲嶺西北行，折而西南，至此六里四分。與金華府東陽縣分界。

橫山嶺，自塞嶺南少西行，至此九里一分。

望圣嶺，自橫山嶺西南行，至此四里二分。

查溪界橋，自望圣嶺曲折南行，至此七里五分弱。與金華府東陽縣分界。

枝路

剡任村，自開元市東北行，至此七里五分。

石璜市，自剡任村北行，至此六里七分。又西北行六里六分至樓家村，與西門幹路内自梅里亭起之枝路合。

枝路

大崑嶺頂，自崑溪村西北行，至此十一里二分。

鶯嘴巖嶺，自大崑嶺頂西北行，至此七里五分。與諸暨縣分界。

西門又名來自門。

幹路

梅里亭，自西門外西北行，至此八分强。

路殿嶺東麓，自梅里亭西北行，至此一里三分。

新官橋村，自路殿嶺東麓西少北行，至此九里九分。

崇仁鎮，自新官橋村西少北行，至此九里九分。

上王市村，自崇仁鎮西少北行，至此五里二分。

十畝嶺西，自上王市村西北行，至此六里八分。

白楊塢村，自十畝嶺西首北少西行，至此四里。

馬家田村，自白楊塢村曲曲西行，至此八里一分弱。

畫嶺，自馬家田村西少北行，至此十里一分。

苦竹溪村東，自畫廟西南行，至此四里一分。

趙角嶺，自苦竹溪村東首西南行，折而西北，至此三里九分。與諸暨縣分界。

枝路

插坑嶺，自梅里亭西少南行，至此十二里弱。

馬塘村北首，自插坑嶺西少南行，至此九里七分弱。（北行至幹路之崇仁鎮，計九里七分。）

范村，自馬塘村北首西行，至此五里强。

樓家村，自范村西行，至此九里二分。

崇安橋，自樓家村西北曲曲行，至此十三里弱。

雙虹橋，自崇安橋西北行，折而西少南行，至此九里一分强。

戴溪嶺，自雙虹橋西少南行，折而西少北，至此十里七分。與諸暨縣分界。

富潤市，自范村西北行，至此三里八分强。

錢村，自富潤市北行，至此六里二分。又北行十二里二分，至十畝嶺西入幹路。

宣家岡，自崇安橋西少北行，至此十四里四分。與諸暨縣分界。

枝路

大暘嶺，自路殿嶺東麓西北行，至此七里四分强。

木馬峧，自大暘嶺西北行，至此三里九分。

飛絲嶺，自木馬峧西北行，至此七里八分。

石門嶺，自飛絲嶺東北行，至此八里三分弱。

永福橋，自石門嶺東北行，至此八里六分弱。又北少東行五里八分至結緣橋，與北門幹路内自嶀浦橋起之枝路合。

枝路

木馬峧，自新官橋村北少東行，至此四里八分。

後朝岡，自木馬峧東北行，至此三里五分。又東北行九里二分，至强口溪橋入北門幹路。

枝路

茶亭岡村，自崇仁鎮北少東行曲曲，至此九里六分。

茅廟嶺，自茶亭岡村北行，至此十一里二分。

五峰庵，自茅廟嶺西北行，至此三里六分。

太平橋，自五峰庵北行，至此九里强。

喻宅村，自太平橋西北行，至此四里五分。

王城市，自喻宅村西南行，至此三里三分。

馬溪村，自王城市西南行，至此三里八分弱。

舉坑橋，自馬溪村西南行，至此十里七分。

鞍巖嶺，自舉坑橋南少東行，折而西，至此四里弱。

插木嶺，自鞍巖嶺西行，至此四里。

雙溪村，自插木嶺西南行，至此二里一分。

東周嶺，自雙溪村西北行，折而西南，至此三里八分。

上洋嶺，自東周嶺西北行，至此七里六分。與諸暨縣分界。

寺嶺，自喻宅村東北行，至此三里六分。又東北行六里六分，渡溪至雙江溪村，與北門幹路內自嶀浦橋起之枝路合。

呂陳村，自雙溪村西少南行，至此四里九分。

袁家嶺，自呂陳村西少北行，至此八里五分。與諸暨縣分界。

枝路

爨院村，自十畝嶺西首西行，至此八里五分。

崇安橋，自爨院村南少西行，至此十里七分，與自梅嶺亭起之枝路合。

枝路

穀來村，自白楊塢村北行，至此六里八分。

莫陳村西，自穀來村東北行，至此七里二分。又北少東行六里七分至馬溪村，與自崇仁鎮起之枝路合。

北門又名望越門。

幹路

明心嶺，自北門外北行，至此三里六分強。

泥秋亭，自明心嶺東北行，至此四里八分弱。

八里楊嶺，自泥秋亭北行，至此二里。

強口溪橋，自八里楊嶺北行，至此六里六分強。

嶀浦橋，自強口溪橋北少東行，折而西北，至此十四里三分。

上官嶺，自嶀浦橋北少東行，至此三里五分。

三界鎮北，界牌。自上官嶺北少東行，至此五里七分。與會稽、上虞兩縣分界。

枝路

結緣橋，自嶀浦橋南首西行，至此七里二分。

方山嶺，自結緣橋西北行，至此六里三分。

袁陶村，自方山嶺西行，至此十里強。

五峰庵，自袁陶村南行，過嶺頭村，又西北行，至此六里一分，與西門幹路內自崇仁鎮起之枝路合。

枝路

寺嶺，自嶀浦橋北首西北行，至此二里強。

溪頭村，自寺嶺西北行，至此五里九分。

祥衕堂村，自溪頭村西北行，過芠配嶺、謝家嶺，至此五里七分。

蔣岸橋市，自祥衕堂村西北行，至此一里七分弱。

王延嶺，自蔣岸橋市西南行，至此四里九分弱。

紋車嶺，自王延嶺西北行，折而西少南，至此六里。

雙江溪村，自紋車嶺西北行，渡溪，至此四里二分。

丁岸村，自雙江溪村東北行，至此十三里六分。與會稽縣分界。

枝路

夏明嶺，自三界鎮西北行，至此一里二分強。

康惠橋，自夏明嶺西北行，至此四里六分。又西少北行七里一分至祥衕堂村，與自嶀浦橋起之枝路合。

紹興府新昌縣

水路道里記

西港溪

經流

黃坑嶺麓，下來溪橋。西港溪自金華府東陽縣流至此入境，又東北流，至土城七里六分。

潭角村，自土城東北流，至此三里五分。有三洲潭溪自東南來會之。見後。

渡頭橋，自潭角村北流，折而西，至此八里弱。

竹潭橋，自渡頭橋西流，折而北，又折而東，至此三里一分。

大桀村，自竹潭橋東流，折而北，又折而西，至此三里五分。

黃婆橋，自大桀村西北流，折而東，至此四里二分。

雙溪口，自黃婆橋北少西流，至此七里六分。有關嶺水自東來會之。見後。有高車嶺水自西來注之。

棠村，自雙溪口北流，至此四里六分。

澄潭市，自棠村北流，至此八里五分。

鷓鴣橋，自澄潭市西北流，折而東北，至此六里。

白東橋，自鵪鴣橋曲曲西北流，至此十一里五分。與嵊縣分界。入嵊縣境爲寶溪。

枝流三洲潭溪。

三洲潭，三洲潭溪自東陽縣流至此入境，東北流，至立石山麓十里。此段與天台縣分水。

橋頭村，自立石山麓西流，折而北，至此九里二分。

楊家橋，自橋頭村西北流，至此七里六分。又西北流二里三分，至潭角村入西港溪。

枝流關嶺溪。

關嶺，關嶺溪自此發源，西北流，過烏頭山村，折而西南，至山橋十四里二分。

寒峰橋，自山橋西北流，折而東北，至此十五里六分。

煙高山麓，自寒峰橋東北流，折而西北，至此九里八分。又西北流九里一分，至雙溪口入西港溪。

東港溪

經流

東灣山東麓，東港溪自台州府天台縣流至此入境，又北流過時新村，折而東少南，至茅洋橋八里。東灣山東麓迤東南與天台縣分水，詳見天台縣記。

黃檀橋，自茅洋橋東南流，過埠頭村，又西北流，至此九里四分。

細茅洋村，自黃檀橋西北流，過嶺根村，至此十里。

下桑園村東北，自細茅洋村西北流，至此一里八分。

溪西橋，自下桑園村東北口西少南流，折而西北，至此六里五分。

前岸村，自溪西橋北流，折而西少北，至此六里三分。

大覺山西，自前岸村西北流，至此五里强。有洩上山溪自南來會之。見後。

望江山北，自大覺山西麓西北流，折而北，復折而西北，至此七里九分。

甘棠村西，自望江山北麓西少北流，至此五里五分。

城東南，自甘棠村西口西北流，折而北，至此三里四分。分一支西北流，至塔山前仍合而爲一。

濟川橋，自城東南隅北少西流，至此二里弱。

醴泉橋，自濟川橋西北流，至此二里三分。

塔山前，自醴泉橋西北流，至此七里五分。有自城東南分支之水，自東南來注之。

西山村東北，自塔山前西少北流，至此五里。有濳溪自南來會之。見後。

鐵佛寺，自西山村東北口西少北流，折而西南，至此六里。

黃泥橋村西，自鐵佛寺西北流，至此六里四分。與嵊縣分界。入嵊縣境爲潭遏溪。

枝流洩上山溪。

洩上山南麓，洩上山溪自此發源，東南流，至横板橋三里强。

班竹市鎮，自横板橋曲曲北少東流，至此十二里三分。

燕窠橋，自班竹市鎮北少西流，至此五里一分。

大覺山西麓，自燕窠橋西北流，折而東北，至此六里九分，入東港溪。

枝流濳溪。

馬鞍山西麓，濳溪自此發源，東南流，折而東北，又折而北少西，至琅玕橋七里五分。

陳巖橋，自琅玕橋北少東流，至此五里。

三山南首，自陳巖橋北少西流，過天燭嶺脚，又北少東流，至此十一里二分。

濳溪新橋，自三山南首曲曲西北流，至此七里二分。又北流，折而西北，六里九分至西山村東北，入東港溪。

後港溪又名北港溪。

經流

分水邱，後港溪自此發源，西北流，折而西南，至董村九里九分。

真詔村，自董村西南流，過開口巖村，折而西少北，至此七里八分。

沙溪口村，自真詔村西流，至此八里二分。

龍王塘村南，自沙溪口村西少南流，折而北少西，至此十四里二分。

巖頭嶺南，自龍王塘村南口西南流，至此四里一分。有蘇木嶺溪自東南來會之。見後。

曹洲橋前，自巖頭嶺南麓西北流，至此六里八分。

千丈橋，自曹洲橋前西北流曲曲，至此十二里强。

大明寺北，自千丈橋西北流，至此十里五分。

沙地村西，自大明寺北首西北流，至此八里九分。與嵊縣分界。入嵊縣境爲王澤溪。

枝流蘇木嶺溪。

蘇木嶺，蘇木嶺溪自此發源，西北曲曲流至溪口橋十五里强。

舉溪橋前，自溪口橋西北流，至此五里。

新庵橋村，自舉溪橋前北少西流，至此十一里。

丹坑村北首，自新庵橋村西少北流，至此十里强。又西北流九里六分過黄觀音山前，至巖頭嶺南麓入後港溪。

陸路道里記

新東門

幹路

青山南路亭，自新東門外東行，過青陽橋，又東南行，至此四里七分。

白茅村，自青山南路亭東南行，至此八里。

東塢橋，自白茅村東北行，過桐坑嶺，至此七里六分。

胡卜橋，自東塢橋東北曲曲行，過曹洲村，至此五里八分。

嶺下橋，自胡卜橋東南行，過胡卜市，又東少北行，越胡卜嶺，至此三里七分弱。

梅屏山，山下橋。自嶺下橋曲曲東北行，至此七里五分。

陳公嶺，自山下橋東行，越嵊縣界，復入本境，至此八里一分。

孫家橋，自陳公嶺東少北行，至此九里九分。

火龍灣村，自孫家橋東南行，折而東，至此四里五分。

剡界嶺，自火龍灣村東行，折而東北，至此六里弱。與寧波府奉化縣分界。

枝路

僉判嶺，自白茅村曲曲東南行，至此四里九分。

坑西橋，自僉判嶺東行，至此二里。

銀硃嶺，自坑西橋東北行，至此三里五分。

龍王塘村，自銀硃嶺東北行，過巖頭嶺，至此七里八分。

棠州村，自龍王塘村南行，折而東，至此九里七分。

眞詔村，自棠州村東北行，過沙口溪村，又東行，至此十三里八分。

董村，自眞詔村東少南行，過開口巖村，又東北行，至此八里四分。

分水邱，自董村東少北行，至此九里九分。與寧波府奉化縣分界。

石板橋村，自坑西橋東南行，至此六里二分。

大坑村，自石板橋村東南行，過大聚市，至此八里一分。

武廟，自大坑村東南行，過朱母嶺，至此七里四分。

善政鄉主廟，自武廟東南行，過疊石村，至此八里六分。

西嶺頂，自善政鄉主廟東行，至此三里七分。

舉溪村，自西嶺頂東北行，折而東南，至此四里。

雪溪橋，自舉溪村東南行，至此三里六分。

三逕村，自雪溪橋東少北行，折而東南，至此九里六分。

蘇木嶺，自三逕村東南行，至此六里四分。與台州府寧海縣分界。

舊東門

幹路

平川橋，自舊東門外南行，折而東，過寺亭，又東南行，至此四里四分。

黄婆亭村，自平川橋東南行，至此六里。

平水廟，自黄婆亭村東南行，至此六里九分。

燕窠橋，自平水廟西南行，折而東南，至此五里。

班竹市鎮，自燕窠橋南少東行，至此五里二分。

會墅嶺頂，自班竹市鎮南行，折而西南，至此六里三分。

望梅亭，自會墅嶺頂南行，至此四里一分。

黄波橋，自望梅亭南少東行，過冷水嶺，又南少西行，至此八里八分。

關嶺，自黄波橋南少東行，至此四里。與台州府天台縣分界。

枝路

前岸村，自平水廟東北行，過英莫村，又南行，至此五里八分。

下東嶺，自前岸村東行，至此四里二分。

溪西村，自下東嶺西南行，過溪東村，至此五里七分。

嶺根村，自溪西村東少北行，過桑園村，又東南行，至此九里九分。

百橘橋，自嶺根村東南行，至此八里八分。

芹塘村，自百橘橋東南行，至此八里二分。

架龍巖嶺，自芹塘村南行，至此二里一分。與台州府天台縣分界。

茅洋村，自百橘橋南行，折而西北，至此五里八分。

上海橋，自茅洋橋西北行，至此五里二分。
時新村南，自上海橋西行，折而南，至此一里八分。與台州府天台縣分界。

南門

幹路

古望師亭，自南門外東南行，折而南少西，至此六里七分。
瑶宫橋，自古望師亭南少西行，至此六里八分。
陳巖橋，自瑶宫橋西南行，至此四里八分。
琅珂村，自陳巖橋南少西行，過丁家塢村，又南少東行，至此五里四分。
牛塢嶺，自琅珂村南少東行，至此七里八分。
坑橋東，自牛塢嶺南少東行，至此二里三分。
石蟹嶺，自坑橋東首南行，至此三里七分。
理諫嶺，自石蟹嶺東南行，至此六里五分。
王會嶺，自理諫嶺東南行曲曲，至此十一里七分。與台州府天台縣分界。

枝路

新路亭，自坑橋東首西南行，至此六里七分。
白王廟市，自新路亭南行，至此六里五分。
回山村，自白王廟市西南行，至此五里五分。
橋頭村，自回山村西南行，至此四里五分。
潭背村，自橋頭村西南行，至此二里二分。
鞍頂前村，自潭背村南行，折而東，再折而西南，至此十里五分。
三洲潭東，自鞍頂前村西南行，至此五里三分。與台州府天台縣分界。

西門

幹路

路亭，自西門外西少北行，至此二里。
林家村，自路亭西南行，過蛇盤山麓，至此四里三分。
玄壇廟，自林家村曲曲西少南行，至此八里五分。
梅渚村市，自玄壇廟西少南行，至此六里。
石橋北，自梅渚村市西南行，過鷓鴣橋，又西行，至此三里五分。

澄潭市，自石橋北首南行，至此五里一分。
下樵橋，自澄潭市南行，至此六里七分。
雙溪前橋，自下樵橋南行，至此四里九分。
黄婆灘市，自雙溪前橋南行，至此八里三分。
竹潭橋，自黄婆灘市南行，至此三里五分。
鹿石村，自竹潭橋西行，折而南，又折而東南，至此四里四分。
潭角村，自鹿石村南行，至此四里八分。
嶺下村，自潭角村西南行，至此七里七分。
黄坑嶺，自嶺下村西南行，至此四里七分。與金華府東陽縣分界。

枝路

醴泉橋，自西門外北行，折而東北，至此一里八分。
醴泉嶺，自醴泉橋西北行，至此四里九分。
梓樹下村，自醴泉嶺西北行曲曲，至此九里九分。與嵊縣分界。

枝路

下三溪村，自路亭西北行，至此九里五分。
石柱灣村，自下三溪村西少北行，至此四里五分。
黄泥橋村，自石柱灣村西北行，至此七里四分。與嵊縣分界。

枝路

芝田村，自石橋北首西北行，至此三里二分。
棗園村，自芝田村北行，至此四里四分。與嵊縣分界。

枝路

風火嶺村，自澄潭村西南行，至此四里二分。
楓樹下村，自風火嶺村西少南行，至此五里八分。
蒲浪嶺，自楓樹下村西少南行，至此四里二分。與嵊縣分界。

枝路

念四嶺，自潭角村南少東行，至此六里八分。又東少南行三里八分至回山村，與南門幹路内自坑橋東首起之枝路合。

北門

幹路

下路江村，自北門外東行，折而北，至此四里。

渡王廟，自下路江村北行，折而西北，至此五里九分。

藍田村，自渡王廟曲曲西北行，至此五里八分。

王澤鎮，自藍田村西北行，至此四里八分。與嵊縣分界。

枝路

俞家村，自下路江村曲曲東少北行，至此七里六分。

千丈橋，自俞家村東北行，至此三里九分。

箭箬嶺，自千丈橋東少北行，至此四里一分。與嵊縣分界。

台州府臨海縣

水路道里記

始豐溪

經流

杜潭嶺北麓，始豐溪自天台縣流至此入境，又東南流，折而南少西，至百步村六里。

河頭渡，自百步村南少東流，折而西南，復折而東，三折而南，至此九里。水深五尺，面闊五十一丈。有大石溪自東來注之。

嶺西村，自河頭渡西南流，折而西少北，至此六里。

沿岸村，自嶺西村西南流，折而東南，至此六里五分。

溪口渡，自沿岸村西少北流，折而東南，復折而西南，至此七里五分。有歸溪自西北來注之。

石佛渡，自溪口渡西南流，折而東南，復折而西南，三折而東南，至此四里。

蓼岸村東，自石佛渡東南流，至此六里五分。

官莊嶺麓，自蓼岸村東首西北流，折而東南，復折而南少西，三折而東南，至此十一里。

三江村，自官莊嶺麓東少南流，折而西，復折而南，三折而東，至此十二里。水深一丈三尺，面闊八十三丈。與永安溪合流爲靈江。

永安溪

經流

象坎渡，永安溪自仙居縣流至此入境，又東北流，折而東南，復折而東少北，至張司嶴嶺麓八里五分。有黄沙溪自北來會之。見後。

箬溪渡，自張司嶴嶺麓東少北流，折而東少南，至此三里五分。水深五尺，面闊六十三丈。

張家渡市北，自箬溪渡東流，折而南，過馬嶺麓，又東南，至此九里。有芳溪自南來會之。見後。

磨頭村，自張家渡市北首北流，折而東少南，至此七里六分。

新渡，自磨頭村東南流，折而東北，至此九里九分。又東北流四里五分，至三江村與始豐溪合流爲靈江。

靈江

經流

松山村，靈江自二江村上承始豐、永安二溪，東少南流，至此七里。水深一丈三尺，面闊九十七丈。

上津浮橋，自松山村東南曲折流，至此五里。

中津橋，自上津浮橋南流，折而東，繞府城西南，至此三里。水深一丈五尺，面闊九十八丈。

靖江山南麓，自中津橋東少南流，過江下渚，折而東北，至此六里五分。有義城溪自南來會之。見後。

雙江口，自靖江山南麓東北流，折而東南，至此六里。水深二丈，面闊一百二十九丈。有大田港自北來會之。見後。

曬鰲巖埠，自雙江口南少西流，折而東南，至此十一里五分。水深二丈二尺，面闊一百二十八丈。有汛橋港自西南來注之。

釣魚亭埠，自曬鰲巖埠東北流，至此五里五分。

石村，自釣魚亭埠東南流，折而東，至此七里五分。

馬頭山埠，自石村南少東流，折而西南，過管嶴渚，復折而東南，至此八里五分。

湧泉埠，自馬頭山埠東少南流，過長田埠，折而東少北，至此十二里。水深二丈六尺，面闊二里三分。

新亭埠，自湧泉埠東南流，至此五里。

三江口，自新亭埠南少東流，過江口渚，至此十里。以下一名椒江。有永甯江自黄巖縣東北流入境來會之。

墩頭埠，自三江口東少南流，至此十三里三分。有章安浦自北來會之。

見後。

東邏埠，自墩頭埠東流，至此三里。有東邏浦自北來會之。見後。

海門城北，自東邏埠東流，至此五里二分。水深三丈五尺，面闊一里七分。

老鼠嶼，自海門城北首東少南流，至此五里，入海。

枝流黄沙溪。

界嶺，黄沙溪自此發源，西南流，折而南，至雙港市九里。

雙樓市，自雙港市南流，折而西少南，復折而南，至此八里八分。

下杜村，自雙樓市曲曲南流，至此九里强。又南流一里七分，至張司嶴嶺麓入永安溪。

枝流芳溪。

大南山西麓，芳溪自此發源，東北曲曲流，至跳巖北麓六里五分。

汊口溪村，自跳巖北麓北少東流，至此五里二分。

芳溪山東麓，自汊口溪村東北流，折而北少西曲曲，至此六里。水深三尺，面闊十一丈。

黄泥墩村，自芳溪山東麓北少西曲曲流，至此六里五分。又北少東流四里，至張家渡市北入永安溪。

枝流義城溪。

義城嶺，義城溪自此發源，東北曲曲流，至濫田村五里。

油溪市，自濫田村東北流，折而北，復折而東北，至此六里。水深二尺，面闊六丈。

小溪村東，自油溪市北少東曲曲流，至此十一里。

三洞橋，自小溪村東首東北曲曲流，至此八里六分。又北少東曲曲流八里四分，至靖江山南麓水深三尺，面闊十一丈。入靈江。

枝流大田港。

洞巖嶺，大田港自此發源，西南流，至大道地街三里五分。

兩頭門街，自大道地街南少西曲曲流，至此七里。水深三尺，面闊八丈。有西溪自西北來注之。

雙溪橋南，自兩頭門街南少東曲曲流至此七里二分。以上一名黄肚溪。有東溪自東北來注之。

大田橋，自雙溪橋南首南流，折而西南，復折而西，至此七里。以上一名中沙溪。

雙港口，自大田橋西南流，過下洋巖村，折而東南，至此十一里。有邵家渡港自東來會之。見後。

新橋，自雙港口西北流，折而西南，復折而東南，至此四里六分。

五夫村，自新橋東南流，折而西少南，復折而東，至此七里。又南流三里至雙江口，水深四尺，面闊二十二丈。入靈江。

枝流邵家渡港。

大羅山，邵家渡港自此發源，曲曲西流，至小芝市五里。

烏巖村，自小芝市西北曲曲流，至此十里三分。以上一名芝溪。

汊口街，自烏村西少北流，折而西迤南，至此五里。

天燈洋東，自汊口街西北流，至此二里二分。以上一名汊口溪。有雲溪自北來注之。

大廣營村，自天燈洋東首西迤南曲曲流，過坂嶺麓，折而南，復折而西少北，至此八里八分。以上一名寨溪。

雙輂市，自大廣營村西南流，過山根馬村，折而北，復折而西迤南，至此十里。水深三尺，面闊十一丈。

第四渡村，自雙輂市西少南流，折而南，至此六里五分。

潮漈村南，自第四渡村曲曲西流，過壇頭村，折而西北，至此九里五分。以上一名潮漈溪。

大路村，自潮漈村南首西少北曲曲流，至此五里。有狼溪自北來會之。見後。

邵家渡市，自大路村曲折西流，至此二里五分。水深四尺，面闊十四丈。

前江村南，自邵家渡市西南流，折而西北，復折而東北，三折而西少北，至此七里五分。又西流，折而西南三里五分，至雙港口入大田港。

枝流狼溪。

狼坑嶺，狼溪自此發源，西少南流，至東塍鎮九里。

山根橋，自東塍鎮西南曲曲流，至此六里五分。

下冠橋，自山根橋南少西流，折而西，復折而南，至此七里八分。又南流，折而西南五里一分，至大路村入邵家渡港。

枝流章安浦。

二嶺，章安浦自此發源，西南曲曲流，至小溪村七里。

溪口街，自小溪村南流曲曲至此九里。有金溪自東北來注之。

回龍閘，自溪口街南少西曲曲流，至此八里。分一支東南流爲東邏浦。見後。

章安鎮，自回龍閘西南曲曲流，過湖嵾村，折而東南曲曲至此十里。以上一名回浦水。深二丈二尺，面闊九丈三尺。又西南曲曲流五里，至墩頭埠東入靈江。

枝流東邏浦。

古橋村，東邏浦自回龍閘分章安浦水東南流，至此五里。分一支東流爲橫河。見後。

蔡橋村，自古橋村南流，折而西，復折而南，至此三里五分。以上亦名回浦水，深二丈三尺，面闊九丈四尺。又南流曲曲四里五分，至東邏埠入靈江。

枝流橫河。

賴嶼閘，橫河自古橋村分東邏浦水東北流，至此九里。

大汾市，自賴嶼閘東北流，折而南少東，至此五里八分。

東倉村南，自大汾市東南流，至此四里。水深二丈四尺，面闊四丈二尺。分一支西南流，折而東南，過陶江閘入海，爲陶江浦，計八里。

閘頭堂，自東倉村南首東北流，至此三里。水深二丈四尺，面闊四丈一尺。分一支東南流，過松浦閘入海，爲松浦，計八里五分。

六柱閘，自閘頭堂東北流，至此四里八分。分一支南少東流，過塗下閘入海，爲塗下浦，計九里六分。

三石汛，自六柱閘東北流，至此五里二分。水深一丈六尺，面闊三丈二尺。分一支南少東流，過瀨頭、三石二閘，入海，爲三石浦，計十一里三分。

市場市，自三石汛西北流，折而東少南，至此六里三分。

長沙村南，自市場市南少東流，折而東少北，至此四里七分。分一支南少東流，過推船閘入海，爲推船溝浦，計七里。

連盤市，自長沙村南首東流，折而北少西，至此八里一分。又北流三里五分，至盈市村入雉溪。

桃渚港

經流

大羅山東南麓，桃渚港自此發源，東少南流，至桃渚城六里。

三眼橋，自桃渚城東南流，至此七里。

新閘，自三眼橋東南流，至此五里。水深四尺，面闊十二丈。有雉溪自西南來會之。見後。

搖渡頭，自新閘東北流，折而東南，至此八里。

舊城山北，自搖渡頭東少北流，至此三里四分。水深一丈九尺，面闊二里五分。

七礁南，自舊城山北首東少北流，至此八里六分，入海。

枝流雉溪。

芙蓉峰東南麓，雉溪自此發源，東南流，至下洋陳八里。

鷹山塘村，自下洋陳東少北流，折而東南，至此七里二分。

盈市村，自鷹山塘村東北流，至此四里八分。有橫河自南來會之。見前。又東北流五里，至新閘入桃渚港。

洞港

經流

長大山東麓，洞港自此發源，東南流，至埠頭村四里。

官塘橋，自埠頭村東南流，至此七里。水深三尺，面闊七丈。

北塘村北，自官塘橋東流，折而南少西，復折而東曲曲，至此十三里五分。水深二丈二尺，面闊四十丈。

朱門，自北塘村北首東流，折而東北，至此十二里，水深三丈二尺，面闊三里。入海。

花橋港

經流

長大山北麓，花橋港自此發源，北少西流，至花橋鎮七里。水深四尺，面闊八丈。

關頭塘閘，自花橋鎮東少北流，至此四里五分。

坡壩渡，自關頭塘閘東少北流，折而東南，至此十三里。以下一名坡壩江。水深四丈二尺，面闊二里三分。

海山南，自坡壩渡東少南流，至此十里二分。

白岱門，自海山南首東南流，至此六里五分，入海。

陸路道里記

東門一名崇和門。

幹路路向東北。

東湖東，自東門外東行，至此四分。

迎春亭，自東湖東首北行，至此五分。

改路廊，自迎春亭東北行，至此二里七分。

閘頭村，自改路廊東北行，至此三里五分。

福壽堂，自閘頭村北少東行，折而東北，至此四里八分。

朝北殿，自福壽堂東北行，至此一里八分。

西山路廊，自朝北殿東北行，至此三里二分。

大田鎮，自西山路廊東行，至此四里四分。

雙溪橋，自大田鎮東北行，過青田村，至此六里一分。

東塍鎮，自雙溪橋東少北行，過絢珠市，至此六里二分。

大路頭村，自東塍鎮東迤北行，至此六里五分。

麻皮坑村東，自大路頭村東行曲曲，至此十二里三分。

嶺根王村，自麻皮坑村東首東迤北行，至此六里。

十八肩嶺，自嶺根王村東北行，過上洋村，折而東，至此七里三分。與甯海縣分界。

枝路

方家街西，自西山路廊北行，折而東北，至此三里六分。

上吕鋪，自方家街西首東北行，至此四里四分。

兩頭門街南，自上吕鋪東北行，至此二里二分。

牌前市，自兩頭門街南首北行，過橋亭村，折而東北，至此六里。

桐巖嶺，自牌前市東北行，過大道地街，至此九里。與甯海縣分界。

西高村，自兩頭門街南首東南行，至此五里七分。

東溪村，自西高村東北行，至此四里二分。

東溪嶺，自東溪村北行，過東山陳村，折而東北，至此十一里三分。與甯海縣分界。

枝路

洞橋村，自大路頭村東北行，至此二里。

甯和嶺，自洞橋村曲曲北行，折而東北，至此六里四分。與甯海縣分界。

枝路

康谷市，自麻皮坑村東首東迤南行，至此六里五分。南通正東幹路之汊口溪砑步，北通幹路之嶺根王村。

狄於嶺，自康谷市東行，折而東南，復折而東，至此六里。

泗洲嶺，自狄於嶺東行曲曲，至此六里三分。又東行三里五分至花橋鎮，入正東幹路。

幹路路向正東。

瞭倭山西麓，自東門外東湖東首東行，至此四里三分。

洋頭閘，自瞭倭山西麓東北行，至此三里。

十字堂，自洋頭閘東少北行，過新橋，折而東迤南，至此十一里七分。

壇頭村，自十字堂東行，折而南迤東，至此十里八分。

逆山村，自壇頭村南行，折而東曲曲，至此八里。

沙岡頭村，自逆山村東少北行，至此二里七分。

山根馬村，自沙岡頭村東北行，過雙犨市、下營村，折而東南，至此七里。

汊口溪砑步，自山根馬村東北行，過大廣營村，折而北迤東曲曲，至此十一里八分。

汊口街，自汊口溪砑步東南行，至此二里三分。

小溪村，自汊口街東迤北曲曲行，至此六里。

小溪嶺，自小溪村東迤北行，折而東迤南，至此七里五分。

花橋鎮，自小溪嶺東北行，過甘東嶴，至此五里五分。南迤西通枝路之烏石村。

八嶺店，自花橋鎮東北行，至此四里。

關頭塘閘，自八嶺店東行，至此二里二分。

白蓮村東北，自關頭塘閘東北行，至此六里二分。

仙巖村，自白蓮村東北首東行，至此四里五分。

黄荆壇村，自仙巖村東行，至此四里八分。

西浬村東，自黄荆壇村東南行，折而東，至此七里四分。

浬浦街，自西浬村東首東行，至此一里六分。西南通懸山渡，抵江濱。

赤墈汛，自浬浦街東南行，至此六里二分。西南通大域汛。

石橋村，自赤墈汛東南行，至此三里二分。西南通海山渡，抵江濱。

大鄭村，自石橋村東迤南行，至此四里八分。北迤東通崇嶴，抵海濱。

牛頭門宮，自大鄭村東南行，過沿江汛，至此七里五分。抵海濱。

枝路

林浹橋，自洋頭閘東北行，至此三里三分。

開石街，自林浹橋曲曲東行，至此九里三分。北通東北幹路之大田鎮。

邵家渡市，自開石街東行，折而南，至此三里三分。南通幹路之十字堂。

下管橋，自邵家渡市東少北行，過灘頭村，折而北，至此五里五分。

山根橋，自下管橋東北行，至此七里。又東北行四里五分，至東塍鎮入東北幹路。

枝路

嶺脚堂，自沙岡頭村東南行，至此五里二分。

新屋村，自嶺脚堂東南行，至此八里。

溪口街，自新屋村東南曲曲行，至此九里八分。南通東南幹路之章安鎮。

馬嶴嶺，自溪口街東南行，過東嶴，折而東，至此六里。

瞭倭橋，自馬嶴嶺東南行，至此六里五分。

三角堂，自瞭倭橋東北行，至此二里。

塗下橋鎮，自三角堂東行，至此四里五分。

墾埠村，自塗下橋鎮東北行，折而東，至此七里。

武坑閘村，自墾埠村東南行，過白蛇岡麓，折而東北曲曲至此十二里三分。

盈市村，自武坑閘村東少南行，至此三里。又曲曲南行四里，至連盤市入東南幹路。

枝路

張嶴村，自汊口街東迤南曲曲行，至此五里五分。

二嶺，自張嶴村東南曲曲行，至此九里二分。西南通枝路之溪口街。

黃介山村，自二嶺南迤東曲曲行，至此七里五分。

白石村，自黃介山村南行，折而東南，越白石嶺，至此七里二分。又東南行五里至塗下橋鎮，與自沙岡頭村起之枝路合。

烏石村，自張嶴村東迤南行，至此三里九分。

横峙村，自烏石村東南曲曲行，過小芝市，至此八里二分。

上張村，自横峙村東迤南行，越小芝嶺，折而東曲曲，至此八里。

桃渚城，自上張村東迤南行，至此六里。南通枝路之墾埠村。

東洋村南，自桃渚城東迤南曲曲行，至此五里五分。南通枝路之武坑閘村。

雙淮村北，自東洋村南首東行曲曲，至此四里七分。

石倉村，自雙淮村北首東南曲曲行，至此七里二分。南通東南幹路之舊城汛西北。

下江山村，自石倉村東北行，過峧巉村，折而西北，復折而北迤東，至此五里三分。

田嶴，自下江山村東行，折而東南，過龍頭村，又東曲曲，至此九里。抵海濱。

枝路

上潘嶺，自花橋鎮東南曲曲行，至此六里五分。

山場村東，自上潘嶺東南曲曲行，至此七里。

官塘橋，自山場村東首東南曲曲行，至此九里八分。西南通枝路之桃渚城。

堠臺南，自官塘橋東少北行，至此二里。南通枝路之東洋村南。

小雄市，自堠臺南首北行曲曲，至此六里八分。西通山場村東首，北通朱巖頭渡，抵江濱。

泗林汛，自小雄市南迤東行，過五支嶴，折而東曲曲，至此七里五分。南迤西通枝路之雙淮村北。

長春塘閘，自泗林汛東南曲曲行，至此六里七分。抵海濱。

枝路

芝嶴村，自關頭塘閘南行，折而東，至此五里三分。

吳都街，自芝嶴村東南行，越李南嶺，折而南少西曲曲，至此七里二分。

蜍下村，自吳都街東迤南行，折而東北，越吳都嶺，至此五里五分。

坡壖村，自蜍下村東行，至此五里三分。北通坡壖渡，抵江濱。

毛洋嶺，自坡壖村東南行，至此三里二分。又西南行二里二分，至小雄市與自花橋鎮起之枝路合。

枝路

漁西嶺，自浬浦街東行，折而東北曲曲，至此三里。

漁西村，自漁西嶺東北行，至此四里二分。

武曲嶺，自漁西村東北曲曲行，至此七里五分。與甯海縣分界。

幹路路向東南。

前灣山東麓，自東門外正東幹路之十字堂南行，至此一里四分。西南通釣魚亭村，抵江濱。

石村，自前灣山東麓東南行，過嶺上村，折而西南，復折而東南，至此十二里二分。

戎旗村，自石村南迤東曲曲行，至此十里六分。

湧泉鎮，自戎旗村東迤南曲曲行，過梅峴山麓，折而東迤北曲曲，至此十四里二分。北通正東幹路之逆山村，南通湧泉埠，抵江濱。

新亭汛，自湧泉鎮南迤東曲曲行，越三條嶺，至此六里一分。

黃礁市，自新亭汛東迤南行，過後涇市，折而南，至此七里九分。南通黃礁埠，抵江濱。

章安鎮，自黃礁市東行，過墩頭村，至此九里五分。南通章安埠，抵江濱。

方家閘村，自章安鎮東迤北曲曲行，至此四里二分。

東邏村，自方家閘村南行，至此三里四分。

前所城西，自東邏村東迤南行，至此三里九分。

道感堂街，自前所城西首東北行，至此七里二分。

閘頭堂，自道感堂街東北行，至此五里七分。

六柱閘西，自閘頭堂東北行，至此四里。

三石汛東，自六柱閘西首東北行，至此六里三分。

連盤市，自三石汛東首東行，折而東北，至此九里。

舊城汛西北，自連盤市東迤北曲曲行，至此十里五分。

楓林村，自舊城汛西北首東南行，折而東北，過舊城故址，至此四里三分。

石牛村，自楓林村東迤北曲曲行，至此六里五分。

青塘嘴，自石牛村東南曲曲行，至此三里。抵海濱。

枝路

水晶堂，自方家閘村東迤北行，至此四里八分。

大汾市，自水晶堂東迤北行，至此四里五分。南通幹路之道感堂街。

上葛村，自大汾市東北行，至此二里五分。東南通幹路之閘頭堂。又東北行四里三分至塗下橋鎮，與自正東幹路內沙岡頭村起之枝路合。

枝路

朝西屋村，自前所城西首東南行，折而東曲曲過前所城，至此七里八分。西北通幹路之道感堂街，東南通陶江閘，抵海濱。

草壇堂，自朝西屋村東北行，至此六里。西北通幹路之閘頭堂，南通松浦閘，抵海濱。

下項村，自草壇堂東北行，至此三里三分。西北通幹路之六柱閘，南通塗下閘，抵海濱。

匯頭村，自下項村東北行，至此四里二分。南通三石閘，抵海濱。

灣裏村，自匯頭村東迤北曲曲行，至此四里六分。西北通幹路之三石汛東。

水路張村，自灣裏村東南行，至此一里五分。南通推船閘，抵海濱。

上盤市，自水路張村東南曲曲行，至此四里。北通幹路之連盤市。

金櫻墩村，自上盤市東南行，至此四里八分。抵海濱。

下門一名靖越門。

幹路

謝公閘，自下門外東行，至此三分。西通興善門外幹路之中津橋。

路口村，自謝公閘東行，至此三里五分。又東北行二里五分至瞭倭山西麓，入東門外正東幹路。

興善門

幹路

中津橋，自興善門外東行，折而南，至此八分。

黃巖橋，自中津橋東南行，至此一里五分。

東門峧鋪，自黃巖橋東南行，至此四里六分。

汛橋市，自東門峧鋪東南行，越長舌嶺頂，嶺高三十五丈。至此八里七分。東通曬鰲巖埠，抵江濱。

戍家橋南，自汛橋市南行，至此二里一分。

拗嶺鋪，自戍家橋南首東南行，過寺前村，至此六里九分。

水家洋鋪，自扚嶺鋪東南行，折而南越釣魚嶺頂，至此十里一分。

大路橋，自水家洋鋪東行，至此二里三分。北通馬頭山埠，抵江濱。

長田嶺東，自大路橋東行，至此三里九分。東北通長田埠，抵江濱。

西岑市，自長田嶺東首東行，過下灣村，折而東南，至此七里四分。東通西岑埠，抵江濱。

杜岐村，自西岑市南迤東行，過石新婦村，折而西，至此九里一分。

亭山渡，自杜岐村東南曲曲行，至此五里六分。

三山南麓，自亭山渡過永甯江東行，至此六里。

柵浦鎮，自三山南麓東行，至此五里六分。

家子鎮，自柵浦鎮東行，至此二里六分。北通家子埠，抵江濱。

海門城，北門。自家子鎮東行，至此六里七分。

總鎮署前，自北門南行入城，至此六分。

倪家，自總鎮署前南行出城，至此二里五分。

管家橋，自倪家南行，折而東南，至此三里三分。東通巖頭閘，抵海濱。

沙蟖殿，自管家橋南行，至此二里五分。與黄巖縣分界。

枝路

花茶亭，自黄巖橋南少東行，過羅家坑村，折而西南，至此八里。

小溪橋，自花茶亭南行，至此三里四分。西北通幹路之中津橋。

油溪市，自小溪橋南迤西行，至此十里二分。

嶺下金村，自油溪市西南行，至此十一里。

義城嶺，自嶺下金村南迤西行，至此四里五分。嶺高五十丈。與黄巖縣分界。

陳家店北，自油溪市南行，至此四分。

大左嶺，自陳家店北首西迤南行，折而南迤東，復折而西南，至此八里三分。嶺高三十一丈八尺。

新嶺，自大左嶺東南行，至此三里四分。嶺高五十六丈七尺。與黄巖縣分界。

枝路

蓋竹嶺，自成家橋南首南迤西行，至此七里。嶺高二十五丈七尺。

山周村，自蓋竹嶺南行，至此六里。西通枝路之油溪市。

界牌嶺，自山周村東南行，至此三里六分。嶺高一百二丈。與黄巖縣分界。

枝路

倒牌坊村，自水家洋鋪東南行，至此四里。

戍鋪嶺，自倒牌坊村東南行，折而南迤西，越黄土嶺，又東南，至此五里一分。與黄巖縣分界。

枝路

洋嶴嶺，自長田嶺東首東行，折而南迤西，至此三里七分。

外王村，自洋嶴嶺南行，越小嶺，折而西，至此三里。又西迤南行三里五分至戍鋪嶺，與自水家洋鋪起之枝路合。

南門一名鎮甯門。自南門外東行五分併入興善門外幹路，北行一里併入西門外幹路。

西門一名朝天門。

幹路路向正西。

上津浮橋，自西門外西行，至此二分。

護郭嶺，自上津浮橋西北行，至此二里五分。

梅浦村北，自護郭嶺西北曲曲行，至此五里八分。

新渡，自梅浦村北首西行，折而西南，至此四里四分。

毛梁店村，自新渡過永安溪渡闊六十丈。西行，至此一里七分。

獺兒頭村，自毛梁店村西行，至此十里一分。

葉家灘，自獺兒頭村西行，過長潭村，折而北，至此七里。

箬溪渡，自葉家灘北行，折而西，至此三里五分。

太尉殿東，自箬溪渡西行，至此一里二分。

巖頭王村，自太尉殿東首西行曲曲，至此四里二分。

白水洋鎮，自巖頭王村北行，折而西迤北，至此四里九分。

界嶺，自白水洋鎮西迤南行，至此一里七分。與仙居縣分界。

枝路

羊肚村，自新渡西迤南行，至此六里八分。

張家渡市，自羊肚村西北曲曲行，過錢家，折而西南，至此七里五分。

象鼻山南麓，自張家渡市西南行，至此三里。

馬嶺東麓，自象鼻山南麓西北曲曲行，至此六里。又北行，折而西北四里至箬溪渡，渡永安溪，入幹路。

芳溪吴村，自張家渡市東南行，至此七里一分。

裏陳，自芳溪吴村東南行，折而西南，復折而南迤東，至此三里五分。

汊口溪村，自裏陳南迤東行，折而西南曲曲，至此五里一分。

跳巖，自汊口溪村南迤西行，至此六里一分。

王家遼村，自跳巖曲曲西南行，折而西，至此十一里七分。

王家坑山，自王家遼村西北行，折而西南，復折而西迤北，至此六里九分。

懸特山東峧，自王家坑山西行，折而西北，復折而西南曲曲，至此七里六分，與黄巖縣分界。

山岡頭，自王家坑山西北行，至此四里三分。與仙居縣分界。

枝路

店溪村，自白水洋鎮北行曲曲，至此六里八分。

後嶺村西，自店溪村北迤東曲曲行，至此五里一分。

楊樹孔村，自後嶺村西首西北行，越西山嶺，至此七里三分。

馬嶺，自楊樹孔村西北行，折而西，至此七里。與天台縣分界。

前嶺，自店溪村西北行，至此十一里五分。與天台縣分界。

幹路 路向西北。

新路廊，自西門外北行，折而西北，至此二里八分。東通東門外東北幹路之迎春亭。

分路牌，自新路廊西北曲曲行，過松山鋪，至此五里六分。

留賢村，自分路牌西北行，至此四里八分。

石佛村，自留賢村北行，折而西，越八疊嶺，又西北，至此九里九分。

溪口渡，自石佛村北少東行，至此三里三分。

赤繆橋，自溪口渡東北行，至此四里五分。

中渡鎮，自赤繆橋北迤東行，折而西北，復折而東北，渡始豐溪，至此七里七分。

仙人村北，自中渡鎮北行，折而西北，復折而北，至此六里。

百步渡口，自仙人村北首北行，過百步鋪，折而東北，至此四里。東北渡溪通枝路之師姑嶺。

杜潭嶺，自百步渡口西北行，至此四里六分。與天台縣分界。

枝路

三江渡，自分路牌西行，折而西迤北，至此四里八分。

更樓市，自三江渡渡始豐溪渡闊八十丈。西行，折而西迤南，至此五里七分。

小嶺鋪，自更樓市西行，越小嶺，嶺高十五丈。至此七里五分。

大嶺章村，自小嶺鋪西迤北行，越大嶺，嶺高一十丈。至比七里。

常峰鋪，自大嶺章村西南行，至此四里六分。又西行一里五分至太尉殿，入正西幹路。

白猫渡，自更樓市北行，過官莊嶺，折而東北，至此五里七分。東渡溪，折而北，通幹路之石佛村。

胡嶴村，自白猫渡西北行，過橋頭村，又北，至此七里五分。

下趙村，自胡嶴村北行，過嶺後村，折而東北，過大安寺，又折而北，至此十里。南迤東通幹路之溪口渡。

橋下市，自下趙村西北行，至此一里八分。

清水坑橋，自橋下市西北曲曲行，至此三里七分。

上宅市，自清水坑橋北行曲曲，越清水坑嶺，嶺高十二丈。至此五里七分。

黄壇嶺，自上宅市西北曲曲行，越南山嶺，至此八里五分。與天台縣分界。

坳頭村，自橋下市東北行，至此三里五分。

塘岸村，自坳頭村東行曲曲，越天門嶺，嶺高四十六丈。至此四里九分。又東行二里五分至中渡鎮入幹路。

巖坑村，自坳頭村東北行，越巖坑嶺，嶺高六十四丈。折而東，至此六里三分。又東行一里六分，至仙人村北首入幹路。

下洋嶴，自大嶺章村北迤西行，至此七里。

黄沙溪村，自下洋嶴西北行，至此五里六分。

店前市，自黄沙溪村北行，至此二里二分。

大嶴村，自店前市北迤西行，至此五里七分。

鞍頭嶺，自大嶴村北迤西行，至此八里六分。與天台縣分界。

雙樓市，自黄沙溪村南迤西行，至此四里五分。

埠頭朱村，自雙樓市西南行，至此六里八分。又西南行二里五分至白水洋鎮，入正西幹路。

雙港市，自店前市東行，至此四里。

界嶺村，自雙港市東北行，至此十里五分。又東迤北行四里五分至清水坑橋，與自分路牌起之枝路合。

枝路

河頭渡東，自中渡鎮東行，渡始豐溪，至此二里三分。

河頭市，自河頭渡東首東行，至此一里一分。

後田村，自河頭市東行，過姜村市，折而東北，至此六里。

水口堂路廊，自後田村東北行，至此三里。

黄振嶺，自水口堂路廊東北行，過嶺下金村，折而北迤西，至此六里。嶺高四十三丈。

坑橋，自黄振嶺北行，折而西，復折而北迤東，至此五里五分。與天台縣分界。

嶺頭孟村，自河頭渡東首東南曲曲行，越青雁嶺，至此八里五分。

交加嶺，自嶺頭孟村東迤南曲曲行，至此七里三分。

田洋村，自交加嶺東南曲曲行，至此七里。又東南行四里至方家衖西，與東門外東北幹路内自西山路廊起之枝路合。

宜山村，自河頭市東北行，過上灣村，折而北，至此八里七分。

師姑嶺，自宜山村西北曲曲行，至此十一里五分。與天台縣分界。

箬里山村，自後田村東行，折而東南曲曲，至此十二里三分。

西溪村，自箬里山村東南行，至此六里七分。又東南行五里九分至兩頭門街南，與東門外東北幹路内自西山路廊起之枝路合。

斗方村，自水口堂路廊東行曲曲，至此七里七分。

楓樹嶺，自斗方村東行過王芝羅村，折而北，至此六里五分。嶺高十三丈。與天台縣分界。

台州府黄巖縣

水路道里記

永甯江初爲大横溪、甯溪、烏巖溪，至烏巖鎮以下爲永甯江。

經流

大寺基岡，永甯江自此發源，東迤北曲折流，至大横村五里。水深二尺，面闊五丈。

大溪村，自大横村東北流，折而東，至此九里。

圣堂村，自大溪村東南流，至此十里一分。以上一名大横溪。有黄巖溪水自西南來會之。見後。

山根村，自圣堂村曲折東流，至此五里九分。

隔水村，自山根村東迤南流，折而東北，至此六里。

横嶺外村，自隔水村南流，折而東迤北，復折而南，三折而東，至此七里二分。

甯溪鎮東，自横嶺外村東南流，至此六里一分。以上一名甯溪。水深三尺，面闊十八丈。有半山嶺水自西南來會之。見後。

白巖村，自甯溪鎮東首東北流，過鹿鳴潭，折而東迤南，至此六里九分。

烏巖鎮，自白巖村東迤南流，過避水嶺麓，折而東北，至此九里二分。以上一名烏巖溪。水深四尺，面闊二十五丈。有柔極溪自西北來會之。見後。

小坑溪口，自烏巖鎮東南流，至此三里。有小坑溪水自西南來會之。見後。

潮漈街，自小坑溪口東迤北流，至此七里五分。

亢山村，自潮漈街東南流，折而西迤南，復折而東，至此八里三分。水深六尺，面闊二十九丈。有茅畲溪水自南來會之。見後。

頭陀橋街，自亢山村東北流，折而西南，又折而東南，三折而東北，至此十三里五分。水深八尺，面闊四十一丈。有上嶴水自北來會之。見後。

浮橋，自頭陀橋街東南曲曲流，至此四里七分。

櫻桃村，自浮橋東迤北曲曲流，過仙浦喻村，折而北迤西，至此十四里八分。水深一丈一尺，面闊五十八丈。

七里村，自櫻桃村東流，過西范村，折而南，至此五里三分。

羅洄村東，自七里村南流，折而東北，過下羅家匯，復折而北，至此十一里五分。水深一丈三尺，面闊六十六丈。

兩里半村，自羅洄村東首東南流，至此五里。水深一丈六尺，面闊七十五丈。有西江水自南來會之。見後。

馬鞍山村，自兩里半村東南流，過縣城北，折而北迤西，復折而東，至此八里五分。水深二〔尺〕〔丈〕一尺,面闊九十丈。

黄林渡,自馬鞍山村東南流,折而北迤西,復折而東,三折而東南,至此十里强。渡闊九十丈。

三江口,自黄林渡東南流,過黄林楊村,折而東北曲曲,至此八里九分。與臨海縣分界。入臨海縣境,與靈江會。

枝流黄巖溪。

黄巖山西麓,黄巖溪自此發源,東少北流,至三家村五里五分。水深二尺,面闊六丈。又東北流四里三分,至圣堂村入永甯江。

枝流半山嶺水。

半山嶺,半山嶺水自此發源,東少南流,至順福橋三里二分。

嶺根村,自順福橋東北流,至此六里五分。

金嶴街,自嶺根村東北流,至此四里八分。水深三尺,面闊八丈。又東北流八里三分,至甯溪鎮東入永甯江。

枝流柔極溪。

鷹嘴巖南麓,柔極溪自此發源,南少東流,至裏長灘村四里二分。

沙灘街,自裏長灘村南流,折而東南,至此九里四分。水深三尺,面闊九丈。

下溪村,自沙灘街東流,折而南,過上陳村,復折而東迤南,至此七里五分。水深四尺,面闊十二丈。又東南流四里至烏巖鎮入永甯江。

枝流小坑溪。

温州坑嶺,小坑溪自此發源東流,折而北迤西,至後馬村六里五分。

小坑鎮,自後馬村北流,折而東北曲曲,至此十里五分。水深三尺,面闊十二丈。

日溪口,自小坑鎮東北流,至此五里。有日溪水自西來注之。

長潭橋,自日溪口東北曲曲流,至此八里五分。又北流五分至小坑溪口入永甯江。

枝流茅畬溪。

平田嶺,茅畬溪自此發源東北流,至茅畬街七里三分。有山客嶺水自南來注之。

觀瀾橋,自茅畬街東北流,至此二里八分。水深二尺,面闊七丈。

小澧橋街,自觀瀾橋東北流,折而西北,至此九里三分。水深四尺,面闊十二丈。又北流二里至亢山村入永甯江。

枝流上嶴水。

雞冠巖,上嶴水自此發源南流,至上嶴村三里五分。

店頭村,自上嶴村南迤西流,折而南少東,至此五里。水深二尺,面闊五丈。又東南流五里二分,至頭陀橋街入永甯江。

枝流西江。

沙阜嶺,西江自此發源東少北流,至沙埠村六里三分。水深二尺,面闊八丈。

灘頭村,自沙埠村東南流,過大橋頭,折而東迤北,至此九里。

新河閘南,自灘頭村東北流,過清河閘,至此五里五分。以上一名沙埠溪。分一支東流,至十里鋪入南官河,計三里一分。

委羽山西,自新河閘南首北流,至此四里七分。水深九尺,面闊二十八丈。

西橋,自委羽山西首北流,過縣城西,至此四里七分。水深一丈一尺,面闊四十一丈。又北流一里八分,至兩里半村入永甯江。

南官河

經流

印山麓,南官河自東城濠起東南流,至此一里二分。

十里鋪街,自印山麓西南流,折而南過馬家村,至此五里九分。水深八尺,面闊六丈。有西江支水自西來注之。

同嶼街,自十里鋪街東南流,至此十里五分。水深一丈,面闊九丈。

福星橋,自同嶼街東南流,至此六里八分。

路橋鎮,自福星橋東南流,至此二里。有東官河水自東北來會之。見後。西南有鑑洋湖,周十六里,深一丈八尺。

麻車橋,自路橋鎮東南流,過石曲鎮,折而南迤西,至此五里五分。水深一丈,面闊八丈。

黄巖橋前,自麻車橋西南流,至此十里。與太平縣分界。

枝流東官河。

柔橋,東官河自南城濠起,東少南流,至此六分。

閘門頭,自柔橋東流,至此一里八分。

交龍閘,自閘門頭東少北流,至此八里四分。水深一丈,面闊八丈。自交龍閘迆東至解粮山北麓，與臨海縣分水。

解粮山北麓，自交龍閘東少南流，至此四里五分。

東山頭街，自解粮山北麓東少南流，過東山西首，折而南迆東，至此九里四分。

高橋，自東山頭街東南曲曲流，至此五里。

松堂村，自高橋南流，過十字涇，折而西，至此七里二分。又南流，折而西二里五分，至路橋鎮入南官河。

陸路道里記

東門 一名鎮海門。

幹路

閘門頭，自東門外東少南行，折而東北，至此三里七分。

山下郎街，自閘門頭東迆北行，至此四里二分。

新路廊，自山下郎街東行，至此一里九分。北通三江口汛，抵江濱。

交龍閘，自新路廊東北行，過雙龍閘，至此三里五分。與臨海縣分界。

枝路

唐家嶴，自山下郎街南行，至此三里七分。

茅山頭村，自唐家嶴南迆東曲曲行，越白石嶺，嶺高九丈。至此七里九分。

前洋郟，自茅山頭村東南行，至此五里七分。又南行一里六分至馬鋪橋，入小南門外幹路。

枝路

西山嶺，自交龍閘東南行，至此六里三分。嶺高三丈六尺。

石塘岡市，自西山嶺東行，至此三里二分。

東山頭街，自石塘岡市東行，折而東南，至此四里四分。

金仙橋，自東山頭街南行，至此二里六分。

洪家場街，自金仙橋東南行，至此六里四分。

九龍橋，自洪家場街東行，過橫河陳市，至此九里。

楊府廟街，自九龍橋南迆東行，至此十二里一分。

南新市，自楊府廟街南迆東行，至此三里。

上塘角市，自南新市南迆東行，至此八里。

下塘角市，自上塘角市東行，至此五里。與太平縣分界。

靈香殿街，自洪家場街南行，至此五里。

長浦街，自靈香殿街南行，至此三里八分。又南行五里五分至泉井街，入小南門外幹路。

小南門 一名應秀門。

幹路

石湫橋街，自小南門外南行，至此五里六分。

十里鋪，自石湫橋街南行，折而東南，至此一里七分。

同嶼街，自十里鋪東南行，過橫山頭街，至此十里五分。

馬鋪橋，自同嶼街東南行，至此二里五分。

路橋鎮，自馬鋪橋東南行，至此六里二分。

石曲鎮，豐泰橋。自路橋鎮東南行，至此四里三分。

泉井街，自豐泰橋南行曲曲，折而東南，至此五里五分。

華龍橋，自泉井街東南行，至此八里五分。與太平縣分界。

枝路

店頭街，自十里鋪南迆西行，至此七里一分。

院橋鎮，自店頭街西南行，至此四里四分。

柏嶴鋪，自院橋鎮西南行，至此二里一分。

繡嶺，自柏嶴鋪西南行，至此七里六分。嶺高二十三丈五尺。

巖前鋪，自繡嶺西南行，折而南，至此三里七分。

盤山嶺，自巖前鋪西南行，至此六里六分。嶺高四十七丈。與溫州府樂清縣分界。

良山村東，自巖前鋪東南曲曲行，至此八里三分。

大溪鎮，自良山村東首南行，至此一里七分。

倒流橋，自大溪鎮西行，越太平縣境，至此二里二分。

三界橋，自倒流橋南迆西行，至此八里四分。與溫州府樂清縣分界。

隘門嶺，自倒流橋西行，至此七里五分。與溫州府樂清縣分界。

枝路

章嶴村西，自路橋鎮西迆南行，至此七里四分。

山坑嶺麓，自章嶴村西首西迆南行，過螺洋街，折而南迆東，過大嶴村，復折而南迤西，曲曲至此九里七分。

蒼嶼閘，自山坑嶺麓南少東行，至此四里二分。與太平縣分界。

山北尤村，自章嶴村西首西行，至此九里三分。

沙門店街，自山北尤村西行，至此四里。又西行三里二分至院橋鎮，與自十里鋪起之枝路合。

枝路

白峰橋街，自石曲鎮南行，過麻車橋，折而西南，至此五里五分。

黃巖橋，自白峰橋街西南行，至此五里六分。與太平縣分界。

枝路

橫街，自泉井街東南行，至此五里一分。

下梁市，自橫街東行，折而南曲曲，至此八里三分。

捲洞橋市，自下梁市南行，折而東，至此四里一分。東通東門外枝路之上塘角市。

打鐵橋，自捲洞橋市西南行，折而南，至此四里三分。與太平縣分界。

大南門一名迎薰門。

幹路

羽山閘南，自大南門外南行，至此五里五分。東通小南門外幹路之石湫橋街。

新河閘，自羽山閘南首西行，至此一里一分。西通西門外幹路之焦坑街。

裏白洋村，自新河閘西南曲曲行，至此十二里八分。西通西門外枝路之茅畬街。

新店街，自裏白洋村南行，至此一里六分。

天打巖，自新店街西南行，至此十三里七分。與温州府樂清縣分界。

西門一名液金門。

幹路

西橋，自西門外西行，至此六里。

仙浦街，自西橋西少南行，至此八里三分。

焦坑街，自仙浦街西行，至此四里三分。

山頭洲村，自焦坑街西少北行，折而西少南，至此二里七分。

三官堂村，自山頭洲村西南曲曲行，至此七里六分。

小澧橋街西，自三官堂村西行，曲曲至此三里八分。

長潭村，自小澧橋街西首西行，曲曲越楓家嶺，嶺高二丈七尺。至此七里九分。

長潭橋西，自長潭村西行，至此一里二分。

烏巖鎮，自長潭橋西首西北行，至此三里一分。

紅砂村，自烏巖鎮西北行，至此一里一分。

浮山莊，自紅砂村西南行，過裏洋村，折而西，復折而西南，曲曲至比十三里三分。

甯溪鎮，自浮山莊西南行，至此一里五分。

抱潤村，自甯溪鎮南行，折而西南過金嶴街，至此九里二分。

順福橋，自抱潤村西南行，至此八里九分。

半山路廊，自順福橋西行，至此一里六分。

牛頭岡，自半山路廊西南行，至此十二里五分。與温州府永嘉縣分界。

枝路

茅畬橋，自三官堂村南少西行，折而南少東，越楊嶴嶺，折而西南，曲曲至此九里。西北通幹路之小澧橋街西。

茅畬街，自茅畬橋南行，至此九分。

小嶺，自茅畬街南行，越山客嶺頭，折而西南，至此十一里五分。與温州府樂清縣分界。

安福堂，自茅畬街西南行，至此九里七分。西南通枝路之下園村。

石豬坑嶺，自安福堂南行，曲曲至此六里五分。與温州府樂清縣分界。

枝路

小坑鎮，自長潭橋西首西南行，至此十二里九分。

朱家橋，自小坑鎮南行，至此一里一分。

鴻福寺，自朱家橋西南行，至此三里五分。

饅頭山村，自鴻福寺西南行，至此五里六分。

平水王廟，自饅頭山村西南曲曲行，越温州坑嶺，嶺高六十二丈。至此九里四分。與温州府樂清縣分界。

下園村，自朱家橋南少東行，至此六里六分。

車嶺，自下園村東南行，至此七里八分。與温州府樂清縣分界。

山前村，自下園村西行，至此三里六分。

御營嶺，自山前村南迤西行，過前四嶴村，至此十一里二分。與温州府樂清縣分界。

枝路

沙灘街，自紅砂村西北曲曲行，至此十里八分。

上沈洋，自沙灘街西北行，至此四里二分。

山頭裏村，自上沈洋西少北曲曲行，至此六里一分。

界牌嶺，自山頭裏村西北曲曲行，至此十四里五分。與仙居縣分界。

田寮村，自上沈洋北行，至此六里。

長紅嶺頭，自田寮村西北曲曲行，至此十一里八分。

李嶴村西，自長紅嶺頭西北曲曲行，至此七里九分。

懸特山南，自李嶴村西首西行，至此一里七分。與仙居縣分界。

枝路

五部村，自浮山莊西北行，至此四里六分。

緑葱花村，自五部村西北行，至此八里五分。

大邵莊，自緑葱花村西北行，至此九里九分。與仙居縣分界。

枝路

山田嶺，自甯溪鎮西北行，至此五里六分。

蔣家洋村，自山田嶺西行曲曲，至此十一里四分。

黄坦村，自蔣家洋村西少北曲曲行，至此六里九分。

嶺頭村，自黄坦村西行，至此七里一分。

石雪嶺，自嶺頭村西北行，至此七里四分。與仙居縣分界。

龍纏巖，自嶺頭村西南曲曲行，至此十二里五分。與仙居縣分界。

北門一名拱辰門。

幹路

浮橋，自北門外北行，至此四分。

五里牌街，自浮橋西北行，至此三里五分。

嶼下街，自五里牌街西少北行，至此六里。

頭陀橋街，自嶼下街西南曲曲行，至此十五里五分。

虹嶼村東，自頭陀橋街西行，至此一里五分。

梓浦村，自虹嶼村東首西行，過白湖塘汛，又西迤北，至此九里一分。

小山頭村西，自梓浦村西北曲曲行，越湖村嶺，嶺高二十丈。至此七里六分。

義城嶺，自小山頭村西首北行，至此三里八分。與臨海縣分界。

枝路

邵家浦，自浮橋北少西行，至此二里八分。

竹嶺，自邵家浦東北曲曲行，至此四里三分。

杜岐村，自竹嶺東少北行，至此五里二分。與臨海縣分界。

枝路

車口村，自嶼下街西北行，至此七里。

界牌嶺，自車口村西北行，至此五里五分。與臨海縣分界。

枝路

店頭橋，自頭陀橋街西北行，至此四里五分。

照山村，自店頭橋北少東行，過上嶴村，折而北少西，至此七里八分。

新嶺，自照山村西北行，至此二里八分。與臨海縣分界。

東嶺村，自店頭橋西北行，至此六里。

瑞巖村，自東嶺村西行，至此四里。又西少南行四里三分，至小山頭村西入幹路。

台州府天台縣

水路道里記

始豐溪

經流

捲洞橋，始豐溪自金華府東陽縣流至此入境，又東北流，至茶潭村西三里三分。

上杜村，自茶潭村西首東北曲曲流，至此六里。

方前街，自上杜村東少北流，折而北，至此五里七分。以上一名方前溪。有疊石嶺水自西南來注之。

田星村，自方前街東流，折而東北，至此四里。有寺嶴坑水自西北來注之。

後求村南，自田星村東北曲曲流，至此四里五分。有茶坑水自西北來注之。

花牆村，自後求村南首東流，至此三里。水深二尺，面闊十二丈。有周坑水自南來會之。見後。

嶺下村，自花牆村東流曲曲，折而東北，至此十里。以上不通舟筏。有潢水坑水自東南來注之。

大洋村，自嶺下村東北流，折而東南，至此二里二分。

張家衕村，自大洋村東南流，折而東北曲曲，至此九里。有明巖坑水自東南來注之。

毛胡橋東，自張家衕村東北流，折而西北，至此四里。有雷馬坑水自西來注之。

上茅洋街南，自毛胡橋東首東北流，至此四里。水深三尺，面闊十八丈。有峇溪自西北來會之。見後。

張思村，自上茅洋街南首東北流，至此四里二分。有長溪自西北來注之。

平頭潭鎮，自張思村東北流，至此五里五分。水深三尺，面闊二十六丈。有烏巖溪自西北來注之。

平頭潭汎，自平頭潭鎮東流，至此九分。有石壁坑水自東北來會之。見後。

青山岜東麓，自平頭潭汎東流，折而東南，至此五里。有毛狗洞溪自南來會之。見後。茶磬坑水自東北來注之。

山頭裘村，自青山岜東麓東南流，折而東曲曲，至此六里七分。水深三尺，面闊六十丈。

清溪鎮，自山頭裘村東流曲曲，過始豐山南，折而東北，至此十二里。有清溪自西北來會之。見後。

大西門外，自清溪鎮東南流，至此一里五分。有赭溪自東北來注之。

廣濟橋，自大西門外東南流，過縣城西南隅，至此一里。有翠屏坑水自西南來會之。見後。

坡塘橋西南，自廣濟橋東南流，過義渡橋，折而東，至此五里。水深五尺，面闊三十五丈。有螺溪自東北來會之。見後。

大覺寺前，自坡塘橋西南首東南流，至此十一里。水深六尺，面闊三十八丈。有倒溪自東北來會之。見後。

苦竹街，自大覺寺前西南流，至此六里。有大淡溪自西北來會之。見後。

小淡溪口，自苦竹街西南流，至此二里。有小淡溪自西來注之。

杜潭嶺麓，自小淡溪口西南流，折而東，至此三里五分。水深六尺，面闊四十四丈。與臨海縣分界。

枝流周坑水。

開口巖前，周坑水自仙居縣流至此入境，又東迤北曲曲流，至桐子坦村五里五分。

井坑村，自桐子坦村東迤北流，折而西北，至此二里五分。

施家坑，自井坑村西北流，折而東迤北曲曲，至此六里三分。

新屋王村，自施家坑東迤北曲曲流，折而北少西，至此五里二分。

茶園村，自新屋王村西北曲曲流，至此四里八分。

小溪王村，自茶園村北流曲曲，至此四里六分。水深二尺，面闊八丈。又北流八分至花牆村入始豐溪。

枝流峇溪。

石門橋，峇溪自金華府東陽縣流至此入境，又東少北流，至槐樹村南一里七分。

埠頭村，自槐樹村南首東流，折而東北，復折而東南，至此五里五分。

峇溪口村，自埠頭村東南流，至此四里六分。

茅洋橋，自峇溪口村東南流，至此三里四分。水深三尺，面闊七丈。又東南流七分，至上茅洋街南首入始豐溪。

枝流石壁坑水。

石壁嶺，石壁坑水自此發源，南少東流，至嶺下庵村四里。

火石尖山西麓，自嶺下庵村西迤南流，至此四里五分。

王裏嶴坑口，自火石尖山西麓東南曲曲流，至此五里三分。

後嶺東麓，自王裏嶴坑口東南流，折而西南，復折而東南曲曲，至此八里八分。水深二尺，面闊七丈。又西流三里五分至平頭潭汎入始豐溪。

枝流毛狗洞溪。

箬孔山北麓，毛狗洞溪自此發源，東北流，至橋棚村五里五分。

上堂橋，自橋棚村東北流，過大路丁村，折而北，至此五里。

崔橋，自上堂橋西北流，折而北少東曲曲，至此七里七分。

下家册，自崔橋北迤東曲曲流，至此八里一分。

釣魚巖西麓，自下家册北流，折而東少南，復折而北，至此三里六分。水深二尺，面闊八丈。又西流，折而北，二里五分至青山岜東麓入始豐溪。

枝流清溪。

關嶺，清溪自此發源，曲曲南迤東流，至烏漏鋪街五里二分。

左溪口，自烏漏鋪街西南流，至此六里。有左溪自西北來注之。

秀溪口，自左溪口東南流，至此一里八分。有秀溪自東北來注之。

山茅鎮，自秀溪口東南曲曲流，至此四里七分。

何方村，自山茅鎮東南流，至此七里九分。水深二尺，面闊二十八丈。

橋下村，自何方村南少東流，至此五里三分。水深三尺，面闊三十丈。又東南流五里至清溪鎮，入始豐溪。

枝流翠屏坑水。

翠屏巖，翠屏坑水自此發源北流，折而東，至裏王村五里三分。

午家嶴村，自裏王村曲曲東北流，折而東，至此五里。

巖下村，自午家嶴村東北曲曲流，至此八里二分。水深二尺，面闊十丈。

又東北流，折而東，四里五分至廣濟橋入始豐溪。

枝流螺溪。

釣魚艇山，螺溪自此發源，南少西流，至幽溪口三里五分。

巖下橋，自幽溪口西南流，過第四溪村，折而南，至此七里二分。

橫頭墈橋，自巖下橋南少西流，至此五里。水深三尺，面闊六丈。又西南流三里至坡塘橋西南入始豐溪。

枝流倒溪。

寶花山，倒溪自此發源西流，至帶橫市六里。

巖畈村，自帶橫市西流，折而西北，至此四里二分。

溪南村，自巖畈村西少北流，至此五里。

歡溪口，自溪南村西少南流，至此三里。有歡溪自北來注之。

靈溪口，自歡溪口西流，折而西南，至此二里五分。水深二尺，面闊八丈。有靈溪自東南來注之。又西南流三里至大覺寺前入始豐溪。

枝流大淡溪。

奇石巖，大淡溪自此發源，東南流，折而東北，至前洋村三里。

下杜村，自前洋村東北流，折而東，復折而南，至此三里八分。

石塘金村，自下杜村東北流，折而東，復折而南少東，至此七里五分。

大淡嶴村，自石塘金村東南曲曲流，至此五里五分。水深二尺，面闊九丈。

又東南流一里五分至苦竹街入始豐溪。

福溪

經流

天台山西麓，福溪自此發源西北流，至石梁橋五里。

圣蹟山西麓，自石梁橋西北曲曲流，至此十一里五分。

烏溪口，自圣蹟山西麓北少西流，折而東北，至此五里五分。有烏溪自東南來注之。

大磐山東，自烏溪口北流，至此一里七分。大磐山東首迤北與紹興府新昌縣分水。以下皆同。

東灣山東，自大磐山東首西北流，至此五里二分。與紹興府新昌縣分界。入新昌縣境爲東港溪。

混水溪

經流

天台山東南麓，混水溪自此發源，東南曲曲流，至天封寺二里五分。

毛竹篷村，自天封寺東南曲曲流，至此二里五分。

溪下村，自毛竹篷村東南流，折而東北，至此五里五分。

東嶺東南麓，自溪下村東迤北流，至此四里。東嶺東南麓迤南，與紹興府新昌縣分水。以下皆同。

坐視巖，自東嶺東南麓南迤東流，折而南迤西，至此五里六分。水深一尺八寸，面闊十二丈。與甯海縣分界。入甯海縣境爲白溪。

泳溪

經流

蒼山東北麓，泳溪自此發源東流，至楊嶴坑二里。

仰天湖，自楊嶴坑東迤南曲曲流，至此六里七分。

泳溪街，自仰天湖南少西流，至此一里五分。

巖下方村，自泳溪街東南流，折而南曲曲，至此七里二分。有大頭溪自西來注之。

天甯堂，自巖下方村曲曲東流，折而北，復折而東曲曲，至此九里八分。水深一尺五寸，面闊七丈。與甯海縣分界。入甯海縣境爲清溪。

陸路道里記

大東門一名應台門。

幹路

路口村東，自大東門外東行，至此二里二分。東北通大北門外幹路之楓樹路廊。

雞籠石，自路口村東首東行，折而東南，至此四里三分。

東横嶺，自雞籠石東南行，至此二里三分。

坦頭市，自東横嶺村東南行，過下宅街，至此十里。

五柏橋，自坦頭市東少南行，至此三里三分。

下坊街東首，自五柏橋東南行，至此九里六分。

洪疇戴村，自下坊街東首東南行，至此六里五分。

毛上路廊，自洪疇戴村東南行，過大塛頭市，至此四里。與甯海縣分界。

枝路

黄坭嶺麓，自東横嶺村東行，至此三里六分。

榧樹市，自黄泥嶺麓東迤南行，至此十里五分。西南通幹路之五柏橋。

周家嶺，自榧樹市東北曲曲行，至此七里七分。嶺高九十六丈。

泳溪街，自周家嶺東北行，折而東，至此九里。

天甯堂，自泳溪街東迤南曲曲行，至此八里三分。與甯海縣分界。

下徐村，自黄坭嶺麓北迤東曲折行，至此七里四分。

大房村，自下徐村東北行，過大葉村，折而北少東曲曲，至此六里九分。

魏嶺峙，自大房村北行曲曲，折而西，至此六里一分。

大白村，自魏嶺峙東北行，折而西北，至此二里五分。

天封寺，自大白村北少西行，至此三里八分。又西北曲曲行五里七分，至華頂寺入大北門外幹路。

八寮嶺，自天封寺東南行，至此六里。

十八岡，自八寮嶺東南行，至此七里三分。

直石嶺，自十八岡東少南曲曲行，至此七里一分。

高强路廊，自直石嶺東行，折而東南曲曲，至此五里六分。與甯海縣分界。

帶横市，自榧樹市東南行，至此六里五分。

下項村，自帶横市東少南行，至此四里。

高蓋村南，自下項村東行，至此六里三分。

東庵陰嶺，自高蓋村南首東行曲曲，至此四里二分。與甯海縣分界。

小東門一名德陞門。

幹路

八都村，自小東門外東南行，過坡塘橋，至此四里五分。

下宅橋，自八都村東南行，至此九里。東北通大東門外幹路之坦頭市。

亭頭街，自下宅橋東南行，至此一里六分。

下皎市，自亭頭街東南行，至此七里四分。

坑橋，自下皎市南行，過靈溪街，折而南迤西，至此五里一分。與臨海縣分界。

大南門一名環碧門。

幹路

義渡橋，自大南門外南行，至此二里。

嶺脚鋪，自義渡橋東南行，至此七里六分。

花桃街，自嶺脚鋪南行，越黄山嶺曲曲，至此五里三分。

灘嶺村，自花桃街南迤西行，至此三里。

杜潭嶺，自灘嶺村西南行，過下杜潭街，折而東，至此六里五分。與臨海縣分界。

枝路

茅園嶺，自義渡橋南行曲曲，至此五里五分。

玉筍峰東南，自茅園嶺西南曲曲行，至此四里五分。東南通幹路之灘嶺村。

前洋村，自玉筍峰東南首西南行，至此八里。

黄檀嶺，自前洋村南行曲曲，至此五里。與臨海縣分界。

小南門一名廣濟門。

幹路

巖下村，自小南門外西南行，過廣濟橋，至此五里九分。

小嶺北麓，自巖下村西南行，至此六里三分。南通大南門外枝路之前洋村。

裏王村，自小嶺北麓西迤南曲曲行，至此五里九分。

樂園村，自裏王村西行，折而南，至此五里六分。

上堂村，自樂園村西行，越西嶺，折而西南曲曲行，至此七里五分。

橋棚村，自上堂村南行，過大路丁村，又南少西，至此四里九分。

鞍頭嶺，自橋棚村南少西行，至此三里九分。與臨海縣分界。

枝路

沿江嶺，自上堂村北少西行，至此四里一分。

下桃村，自沿江嶺曲曲北行，至此四里五分。

下家畈，自下桃村北迤東行，至此六里五分。

石柱洋村，自下家畈東北行，至此一里六分。

釣船巖西北，自石柱洋村北少西行，至此二里三分。又東北行，渡始豐溪，過裏葛村，折而北少西，二里五分至前山葛市，入大西門外幹路。

大西門一名永清門。

幹路

清溪鎮，自大西門外西行，至此一里七分。

七里殿，自清溪鎮西行，過王湖市，至此四里。西南通小南門外枝路之釣船巖西北，計十四里。

前山葛市，自七里殿西行，至此十三里。

平頭潭鎮，自前山葛市西行，至此五里七分。

上茅洋街，自平頭潭鎮西南行，過張思村，至此十里。

下莫殿，自上茅洋街西南行，至此七里。

街頭市西南，自下莫殿西南行，至此二里。

賴家村南，自街頭市西南首西南行，至此七里六分。

花牆村，自賴家村南首西南行，至此八里。

方前街，自花牆村西南曲曲行，至此十一里。

官田村，自方前街西迤南曲曲行，至此十一里四分。

柴嶺頭，自官田村西南行，至此五里五分。與金華府東陽縣分界。

枝路

落馬橋村，自大西門外西北行，至此五里二分。

嶺下王村，自落馬橋村北行，至此六里一分。

尖嶴村，自嶺下王村東北行，越桐柏嶺，嶺高一百二十丈。至此四里五分。

陳田洋村前，自尖嶴村東行，越過街嶺，折而北，至此六里七分。又東行五分至千福廟，入大北門外幹路。

枝路

泉亭鋪，自清溪鎮西北行，至此五里三分。

新豐鋪，自泉亭鋪西北行，過何方店街，至此六里五分。

山茅鎮，自新豐鋪西北行，過大路下街，至此五里五分。

白鶴殿街，自山茅鎮西北行，過小田鋪，至此四里三分。

烏漏鋪街，自白鶴殿街北行，過山口街，至此七里。

關嶺，自烏漏鋪街北行，至此七里三分。與紹興府新昌縣分界。

枝路

西葉毛村，自清溪鎮西北行，至此一里三分。

官塘余村，自西葉毛村西北行，至此八里八分。

下餘橋，自官塘余村西北行，至此九里五分。東北通枝路之白鶴殿街。

東樹頭村，自下餘橋西少北行，至此五里。又西少南行，折而西北，三里八分至王桐沸橋，與自平頭潭鎮起之枝路合。

橋亭村，自下餘橋南行曲曲，至此四里五分。

大金山東麓，自橋亭村南行，過章前村，又南迤東，至此五里五分。又曲曲南行三里，至前山葛市入幹路。

枝路

西山嶺頭村，自平頭潭鎮東北行，折而北少西，至此七里三分。

桐橋市，自西山嶺頭村北少西行，至此七里三分。

王桐沸橋，自桐橋市西北行，至此二里一分。

石壁嶺，自王桐沸橋西北行，至此七里五分。嶺高一百二十丈。

坊橋，自石壁嶺西北行，至此七里四分。與紹興府新昌縣分界。

金雞山村，自王桐沸橋東北行，至此六里八分。

西山嶺西麓，自金雞山村東北行，至此二里九分。東北通枝路之烏漏鋪街。

左溪村，自西山嶺西麓北少東行，至此四里二分。

王會嶺，自左溪村西北行，至此五里五分。與紹興府新昌縣分界。

枝路

岩山雙廟，自上茅洋街北少西行，至此二里九分。

風連村，自岔山雙廟東北曲曲行，過道者庵村，折而北，至此七里七分。

烏巖村，自風連村北行，至此三里四分。

烏巖嶺路廊，自烏巖村西迤北曲曲行，至此六里九分。

梅枝嶺，自烏巖嶺路廊西迤北曲曲行，至此六里七分。與金華府東陽縣分界。

埠頭村，自岔山雙廟西行，過岔溪口村，折而西北，至此六里八分。

石門橋，自埠頭村西行曲曲，至此七里四分。與金華府東陽縣分界。

枝路

孟湖嶺，自下莫殿東南曲曲行，至此六里二分。

茶坑口村，自孟湖嶺東南曲曲行，至此七里五分。

牆裏村，自茶坑口村東南曲曲行，至此十里五分。

馬嶺，自牆裏村西南行，折而南，至此六里八分。與臨海縣分界。

明堂村，自茶坑口村南行曲曲，至此七里一分。

長灣村，自明堂村西南行，至此五里四分。

前嶺，自長灣村南迤東行，至此十一里五分。與臨海縣分界。

枝路

湖嶠村，自街頭市西南首西南行，至此三里九分。

嶺下村，自湖嶠村南迤東曲曲行，至此六里二分。

大莊村，自嶺下村南迤西行，至此八里八分。

藍田湖岡，自大莊村南行曲曲，至此五里七分。

月嶺，自藍田湖岡南行，至此三里八分。與仙居縣分界。

枝路

茶園村，自花牆村南行曲曲，至此六里五分。

新屋王村，自茶園村東南行，至此五里五分。

施家坑，自新屋王村南行，折而西南，至此四里五分。

桐子坦村，自施家坑西南曲曲行，過井坑村，至此九里二分。

開口巖，自桐子坦村西少南行，至此五里二分。與仙居縣分界。

枝路

新厂村，自方前街西南行，至此六里。

田厂村，自新厂村南少西行，至此四里八分。

上盧嶺，自田厂村西南曲曲行，至此九里二分。與金華府永康縣分界。

小西門一名利濟門。自小西門外東北行七里四分，至雙澗橋併入大北門外幹路。

小北門一名躍龍門。自小北門外東北行一里，至萬松徑西亦併入大北門外幹路。

大北門一名文明門。

幹路

萬松徑西，自大北門外東北行，至此一里四分。

楓樹路廊，自萬松徑西首東北行，至此一里。東通大東門外幹路之路口村東首。

雙澗橋，自楓樹路廊北少東行，至此三里八分。

金地嶺，自雙澗橋北行，折而東北，至此四里三分。嶺高八十二丈。

千福廟，自金地嶺北行，過大慈村。又北迤西曲曲，至此七里九分。

龍王堂村，自千福廟北行，至此四里。

揭桶檔岡北，自龍王堂村東北行，至此七里七分。

華頂寺，即天台山。自揭桶檔岡北首東迤南行，至此二里五分。

柏樹巖坑村，自華頂寺東行，過太白堂，折而北，至此六里四分。

石梘村，自柏樹巖坑村東北行，至此三里。

牆下村，自石梘村東北行，至此四里一分。

上章村，自牆下村東行，過分鄉廟，折而北迤東曲曲，至此九里四分。

摘星嶺，自上章村東北曲曲行，至此七里二分。

深坑崎，自摘星嶺東行，過仁濟橋，折而北，復折而東，至此七里一分。與甯海縣分界。

枝路

大興坑嶺，自龍王堂村北迤西行，折而東北，至此三里一分。嶺高二十丈。

石梁橋，自大興坑嶺東北行，至此五里七分。東南通幹路之揭桶檔岡北首。

直溪村，自石梁橋東北行，至此八里一分。

洩上村，自直溪村北行曲曲，至此三里九分。

架龍巖嶺，自洩上村北行，至此三里七分。與紹興府新昌縣分界。

大嶺崎，自石梁橋西少北行，至此四里五分。

萬年寺，自大嶺崎西北行，折而西南，至此七里一分。

地藏寺，自萬年寺西北行，越觀音嶺，嶺高六十三丈。至此八里七分。

泗洲堂，自地藏寺西北行，越藤公嶺，至此五里一分。與紹興府新昌縣分界。

烏溪村，自洩上村西北行，至此四里五分。

大竹園村，自烏溪村西北行，至此五里五分。

東灣山麓，涼亭。自大竹園村西北行，至此七里九分。與紹興府新昌縣分界。

台州府仙居縣

水路道里記

永安溪

經流

界烏嶺，永安溪自此發源北流，至西翻莊十三里八分。

金竹莊，自西翻莊北流，至此八里五分。

曹店莊，自金竹莊曲曲北流，至此十三里七分。水深二尺，面闊十九丈。有金坑水自西北來會之。見後。

官禮莊，自曹店莊北流曲曲，至此七里。

溪頭胡，自官禮莊東北曲曲流，過上胡嶺麓，至此十一里。

洋山潭渡，自溪頭胡東北流，至此十一里。水深三尺，渡闊二十七丈。有峇裏溪自西北來會之。見後。

九郎渡，自洋山潭渡東流曲曲，過橫溪鎮，折而東北，至此九里九分。水深三尺，渡闊三十四丈。

白泉莊東，自九郎渡北流，至此二里五分。有黄榆嶺水自西北來注之。

皤灘鎮西，自白泉莊東首東流，至此二里。水深三尺，面闊四十三丈。有大陳坑水自北來會之。見後。珠母溪自南來注之。

泰昌莊南，自皤灘鎮西首東流，折而東迤北，至此七里六分。有韋羌溪自東北來會之。見後。

厚仁渡，自泰昌莊南首東北流，至此七里。渡闊四十五丈。

下力渡，自厚仁渡東北曲曲流，至此八里八分。水深五尺，渡闊四十七丈。有西溪自南來會之。見後。

官路橋市，自下力渡東北流，至此六里。有萍溪自西北來會之。見後。

木口莊南，自官路橋市東南曲曲流，至此八里五分。水深四尺，面闊四十八丈。有南溪自南來會之。見後。

清口橋，自木口莊南首東北流，折而東南，至此五里六分。

浮石渡，自清口橋東迤北曲折流，至此十里四分。渡闊五十四丈。

管山北麓，自浮石渡北流，折而東少北，至此六里二分。水深六尺，面闊五十一丈。有白水溪自西北來會之。見後。

後林渡，自管山北麓東北曲折流，至此十二里。渡闊六十三丈。有彭溪自西北來會之。見後。

十二嶺南麓，自後林渡東北流，至此九里八分。

塔山西，自十二嶺南麓東迤南曲折流，至此十一里七分。水深四丈，面闊五十四丈。有朱溪自西南來會之。見後。

象坎渡，自塔山西首東南流，至此二里五分。渡闊八十一丈。與臨海縣分界。

枝流金坑水。

金坑村，金坑水自處州府縉雲縣分水仰發源，在縉雲縣爲龍溪。流至此入境。又東流至高販山北麓五里一分。

溪口莊，自高販山北麓東流，折而南，至此八里七分。又東流一里至曹店莊，入永安溪。

枝流峇裏溪。

蒼領，峇裏溪自此發源，東迤南曲曲流，至戴村鋪六里五分。

柏溪鋪，自戴村鋪東南流，至此六里二分。水深三尺，面闊十二丈。

鎮口莊，自柏溪鋪東南流，至此二里九分。又東迤南曲折流七里二分，至洋山潭渡入永安溪。

枝流大陳坑水。

八寶山，大陳坑水自此發源，南迤西流，至大陳莊五里五分。

外寮莊，自大陳莊東南曲曲流，過林坑口莊，折而南，至此九里六分。

裏林莊，自外寮莊東南流，至此五里五分。水深三尺，面闊八丈。

何溪莊，自裏林莊南流，至此五里一分。又南流七里二分至皤灘鎮西入永安溪。

枝流韋羌溪。

鄧山西麓，韋羌溪自此發源，北流曲曲，至鮑公田村十六里三分。

岸泥莊，自鮑公田村東迤北流，折而北，至此六里三分。

下葉村，自岸泥莊西迤北流，折而北，至此十二里。水深三尺，面闊十三丈。

汌口莊，自下葉村北迤東流，過韋羌山麓，至此六里七分。又北迤西流七里，至泰昌莊南首入永安溪。

枝流西溪。

道赭山，西溪自此發源，北迤西流，至裏坎頭五里六分。

西溪莊，自裏坎頭曲曲北流，至此九里五分。水深二尺，面闊七丈。

下田垟，自西溪莊西北流，至此七里三分。

溪頭莊，自下田垟西北流，折而東北，至此六里四分。又北流三里九分，至下力渡入永安溪。

枝流萍溪。

溪沈莊北，萍溪自金華府永康縣在永康縣爲傑溪。流至此入境，又南流至上坪莊四里八分。

干八節西麓，自上坪莊東南流，至此六里六分。水深三尺，面闊十九丈。又東南流六里八分，至官路橋市入永安溪。

枝流南溪。

長蛇岡，南溪自此發源，東北曲曲流，至方山莊五里三分。

上張市，自方山莊北少西流，至此四里九分。水深二尺，面闊十二丈。

上林頭莊，自上張市曲曲北流，至此九里二分。

雙溪橋，自上林頭莊西北流，折而北迤東，至此九里。

王宅莊，自雙溪橋北流曲曲，至此六里八分。

馬王橋，自王宅莊西北流，至此六里三分。又西北流二里五分，至木口莊南入永安溪。

枝流白水溪。

紫籜山，白水溪自此發源南流，折而東南，至虎坦莊五里五分。

中央坑，自虎坦莊東迤南流，至此五里一分。

盤坑莊，自中央坑南迤西曲曲流，至此七里二分。水深二尺，面闊十一丈。

周巖莊，自盤坑莊南迤東流，至此八里四分。

縣城東隅，自周巖莊東南流，至此五里。又東南流三里七分，至管山北麓入永安溪。

枝流彭溪。

紫巖山，彭溪自此發源，東南流，折而南，至朱下山東六里一分。

慶雲鋪，自朱下山東首南流，至此二里。水深三尺，面闊十四丈。又東南流六里，至後林渡入永安溪。

枝流朱溪。

蝴蝶山，朱溪自此發源西南流，折而西北，又折而北曲曲，至朱溪鎮西十二里。水深二尺，面闊十一丈。

下溪坑，自朱溪鎮西首北流曲曲，至此八里二分。

下應莊，自下溪坑西北曲曲流，至此六里五分。

新路莊，自下應莊東北流，過烈女湖，折而北迤西，至此六里三分。

瓜洲莊，自新路莊北迤西流，至此四里八分。

黃梁陳鎮，自瓜洲莊北迤東流，至此九里八分。水深三尺，面闊二十一丈。

蒲潭山北，自黃梁陳鎮東北流，至此六里六分。又東北流二里，至塔山西入永安溪。

陸路道里記

東門一名迎暉門。

幹路

正昌堂，自東門外東行，越東嶺，嶺高一丈三尺。至此三里一分。

慶雲鋪，自正昌堂北行曲曲，至此五里一分。

楊府鎮，自慶雲鋪東行，至此四里二分。

大路徐市，自楊府鎮東少北行，至此六里八分。

界嶺，自大路徐市東北行，過墳庵莊，折而東南，至此十里七分。嶺高二丈七尺。與臨海縣分界。

枝路

石牛渡，自正昌堂東南曲曲行，過龍頭山麓，至此五里。渡闊五十四丈。

張店莊，自石牛渡東北行，至此三里七分。

黄梁陳鎮，自張店莊東北曲曲行，過後馮莊，至此八里一分。

夏閣鎮，自黄梁陳鎮東少南行，至此五里七分。

下王沈莊，自夏閣鎮東迤北曲曲行，至此五里四分。

象坎村，自下王沈莊東行，至此二里。與臨海縣分界。

裏金嶴，自夏閣鎮西南行，至此四里。

西六莊，自裏金嶴西南行，至此四里一分。又西南行五里五分至新路莊，入南門外幹路。

下高莊，自下王沈莊南行，折而西，至此二里二分。

洋柵莊，自下高莊南行，至此七里一分。

嶺頭堂，自洋柵莊南行曲曲，至此七里二分。

上王莊，自嶺頭堂西南行，至此四里五分。又西南行二里八分至絞翦墳，入南門外幹路。

楓樹灣，自上王莊東南曲曲行，折而東少北，至此七里五分。

山岡頭，自楓樹灣東南行，至此三里六分。與臨海縣分界。

南門一名來薰門。

幹路

南峰山西，自南門外南行，至此八分。

管山莊，自南峰山西首東南行，過河頭渡，至此三里三分。

峽嶺坑莊，自管山莊東少南行，越小峽、大峽二嶺，至此五里五分。

亭村莊北，自峽嶺坑莊東南曲曲行，至此六里二分。

新路莊，自亭村莊北首東南曲曲行，至此五里三分。

雙廟市，自新路莊東南行，至此三里六分。

絞翦墳，自雙廟市南少東曲曲行，至此六里八分。

官屋莊，自絞翦墳西南行，越方山嶺，至此六里四分。

朱溪鎮，自官屋莊南行，至此四里三分。

南塘莊，自朱溪鎮西迤南行，至此二里五分。

溪上莊，自南塘莊南行，過沙頭莊，折而東曲曲，至此十三里八分。

大邵莊，自溪上莊南行曲曲，折而東，復折而南，至此十一里六分。與黄巖縣分界。

枝路

虎坦莊，自亭村莊北首南行，至此二里六分。

大戰柵，自虎坦莊西行曲曲，至此五里五分。

和尚巖，自大戰柵西行，過下山頭，折而南迤東，復折而南迤西，至此八里二分。西北通小南門外幹路之上餘嶺。

高巖，自和尚巖東南曲曲行，至此六里七分。

冒頭莊，自高巖南行，至此四里五分。

大洪莊，自冒頭莊南行曲曲，至此五里一分。

金宅莊，自大洪莊西南行，至此四里三分。

東垟崗，自金宅莊南行曲曲，至此八里二分。

石雪嶺，自東垟崗南行，折而西，復折而南，至此七里三分。嶺高九十三丈。與黄巖縣分界。

小南門一名省耕門。

幹路

新屋莊，自小南門外西南行，至此四里八分。

上餘嶺，自新屋莊西南行，過嶺背莊，折而南，至此七里四分。

馬王橋，自上餘嶺西南行，至此一里七分。西南通西門外幹路之田頭鎮。

王宅莊，自馬王橋南迤東行，至此五里四分。

雙溪莊，自王宅莊南迤東行，至此六里三分。

上林頭莊，自雙溪莊西南行，折而東南，過崩頭莊，復折而東，至此十里九分。

湯口莊，自上林頭莊南行曲曲，至此八里八分。

上張市，自湯口莊西南行，至此一里九分。

方山莊，自上張市南迤東行，至此四里八分。

下山頭，自方山莊西南行，至此九里八分。

道赭嶺，自下山頭南行，至此四里六分。與温州府永嘉縣分界。

枝路

耳後嶺，自上張市西北行，至此三里八分。

柯施嶴，自耳後嶺西南曲折行，至此八里五分。

街下莊東，自柯施嶴西北曲曲行，至此八里七分。西北通西門外幹路之田頭鎮。

東村莊，自街下莊東首西北曲折行，至此四里九分。

寺前市，自東村莊西北行，至此三里二分。又西北行，折而西，七里八分至吴山頭，與自西門外幹路内金店莊路廊起之枝路合。

枝路

聚叢岡，自方山莊東少南行，至此三里四分。

平頭山西麓，自聚叢岡南少西行，至此三里八分。

大寺基岡，自平頭山西麓南行，過龍纏巖，折而東南，至此九里八分。與黄巖縣分界。

西門 一名慶豐門。

幹路

西郭垟莊，自西門外西行，至此一里七分。

管山鋪，自西郭垟莊西南行，至此五里八分。

官路橋市，自管山鋪西南行，至此六里九分。

坑口莊南，自官路橋市西南行，至此二里六分。

下力渡，自坑口莊南首西南行，至此二里四分。渡闊四十七丈。

田頭鎮，自下力渡西南曲曲行，至此六里五分。

金店莊路廊，自田頭鎮西南行，至此四里四分。

前陳莊北，自金店莊路廊西南行，過白塔市，至此九里六分。

皤灘鎮，自前陳莊北首西南行，折而西，至此五里五分。

鯽魚山北，自皤灘鎮西南行，至此一里二分。

横溪鎮，自鯽魚山北首西行，過九郎渡曲曲，至此十一里。

遂甯鋪，自横溪鎮西行，至此一里三分。

鎮口莊，自遂甯鋪西行曲曲，過山沿莊，至此八里二分。

太平橋，自鎮口莊西北行，至此八里五分。

將臺山麓，自太平橋西北曲曲行，至此九里九分。與處州府縉雲縣分界。

枝路

嶺脚莊，自西郭垟莊西北行，至此五里七分。

蝴蝶巖莊，自嶺脚莊西北曲曲行，至此七里九分。

風門嶺，自蝴蝶巖莊西北曲曲行，至此六里三分。與金華府永康縣分界。

枝路

西周莊，自西郭垟莊西迤北行，至此三里四分。

北礜嶺，自西周莊西行曲曲，至此五里六分。

長岡嶺，自北礜嶺西行，折而北，復折而西，至此八里二分。

郭淡寺，自長崗嶺西行曲曲，過上坪莊，至此九里七分。

摘草嶺，自郭淡寺西少北曲曲行，至此三里七分。與金華府永康縣分界。

枝路

吴山頭，自金店莊路廊西南行，至此八里二分。

下沈莊，自吴山頭西南行，至此六里七分。西通幹路之皤灘鎮。

上陳莊，自下沈莊南行曲曲，至此八里三分。

岸泥莊，自上陳莊南迤東行，至此五里六分。

下盧莊，自岸泥莊東南行，過下鄭莊，至此六里六分。

碏下莊，自下盧莊東南行，折而南，至此八里二分。

百丈嶺頂，自碏下莊南迤東曲曲行，至此十里四分。與温州府永嘉縣分界。

鮑公田村，自岸泥莊南行，折而西迤南，至此七里四分。

淡竹坑，自鮑公田村南行，折而西南曲曲，至此九里九分。

王坦莊，自淡竹坑南少東曲曲行，至此三里九分。

李家路，自王坦莊南行曲曲，至此八里四分。與温州府永嘉縣分界。

枝路

後山莊南，自皤灘鎮北行，至此一里一分。

三棗莊，自後山莊南首北行，至此五里七分。

裏林莊，自三棗莊北行，至此六里七分。

外寮莊，自裏林莊北迤西行，至此五里九分。

林坑口莊，自外寮莊北少東行，過半溪莊，折而北少西曲曲，至此十里一分。

犂頭巖，自林坑口莊西北行，折而北少東曲曲，至此九里四分。與金華府永康縣分界。

節婦亭，自後山莊南首西行，至此二里。

上陳莊，自節婦亭西北曲曲行，至此八里九分。

余三橋，自上陳莊西北行，至此八里五分。

横寮莊，自余三橋北迤西曲曲行，越黄榆嶺，嶺高一百二十五丈。折而東北，至此六里八分。

三級嶺，自横寮莊西北行，至此二里五分。與温州府縉雲縣分界。

河塘莊，自節婦亭西首西迤北行，至此八里三分。

坑口莊，自河塘莊西北行，至此五里一分。

山嶴莊，自坑口莊西北曲曲行，至此七里七分。

普通嶺，自山嶴莊西北曲曲行，至此七里一分。與温州府縉雲縣分界。

枝路

寅頭莊，自横溪鎮南迤西行，過坎頭渡，至此四里一分。

石壁莊，自寅頭莊南迤東行，過砲坎莊，至此九里四分。

溪口莊，自石壁莊西南行，折而南迤東，至此六里三分。

獨湖莊，自溪口莊南行曲曲，至此十二里一分。

楊嶺，自獨湖莊東南曲曲行，至此六里六分。

龍潭莊，自楊嶺東迤南曲曲行，過上呑莊，至此十里五分。

上景莊，自龍潭莊東行，至此三里九分。又北迤東曲曲行，越楓呑嶺，七里五分至王坦莊，與自金店莊路廊起之枝路合。

枝路

洋山潭渡，自遂甯鋪西少南行，至此一里四分。

溪頭胡，自洋山潭渡西南行，至此八里九分。

朱村，自溪頭胡西北行，至此四里。

楊岸莊，自朱村西迤南行，折而西北，至此六里六分。

洋田嶺，自楊岸莊西北曲曲行，至此六里九分。

新嶺頭，自洋田嶺西迤北曲曲行，至此七里一分。與温州府縉雲縣分界。

樟樹橋莊，自洋山潭渡西南行，至此五里六分。

上胡嶺，自樟樹橋莊西南曲曲行，至此十里八分。

曹店莊，自上湖嶺西南曲曲行，過官禮莊，至此十一里四分。

上餘莊，自曹店莊南行，至此六里。

西翻莊，自上餘莊南行，至此十四里七分。

永甯橋，自西翻莊南行，至此八里七分。

界鳥嶺，自永甯橋南行，至此五里一分。與温州府永嘉縣分界。

鄭坑莊，自曹店莊西迤南行，至此八里二分。

一都嶺，自鄭坑莊西迤南行，至此七里六分。

表門莊，自一都嶺西南曲曲行，至此五里九分。

下匯莊，自表門莊西迤南行，至此七里二分。

嶺後莊，自下匯莊西迤北曲曲行，至此五里三分。與温州府縉雲縣分界。

北門一名拱辰門。

幹路

大廟莊，自北門外西北行，至此五里六分。

盤坑莊，自大廟莊西北曲曲行，至此六里九分。

祖廟，自盤坑莊東北曲曲行，至此七里二分。

桂潭莊，自祖廟西迤北行，至此八里三分。

祝家寮嶺，自桂潭莊北迤東行，至此三里四分。

開口巖，自祝家寮嶺東北行，至此四里二分。與天台縣分界。

枝路

白水橋，自北門外北行，至此一里二分。

德星橋，自白水橋北行，至此四里五分。

倒掛嶺，自德星橋北行曲曲，過西垟莊，至此十一里五分。

三畝田莊，自倒掛嶺東北曲曲行，至此八里九分。

半山莊，自三畝田莊東北行，越兩阿又山曲曲，至此十一里二分。與天台縣分界。

張呑，自三畝田莊東行曲曲，至此五里四分。

月嶺，自張呑東北曲曲行，至此十里七分。與天台縣分界。

台州府甯海縣

水路道里記

白溪

經流

坐視巖北麓，白溪自天台縣在天台縣爲混水溪。流至此入境，又東流至尚裏坑村一里五分。坐視巖迤東與紹興府新昌縣分水。以下至百官山東皆同。

百官山東，自尚裏坑村東迤北流，折而東南曲曲，至此十里。有七里坑水自東北來注之。亦與紹興府新昌分水。

高强村，自百官山東首東南流，至此六里八分。水深四尺，面闊十八丈。

白溪村，自高强村東南流，折而東，至此四里七分。

大劉村，自白溪村東流，至此五里五分。

渡頭村，自大劉村南流，折而東，至此三里三分。

廣濟橋，自渡頭村東迤北流，至此二里五分。

前童村，自廣濟橋東北流，至此八里八分。水深六尺，面闊三十丈。

柘湖橋，自前童村東北流，至此三里二分。

石舌莊北，自柘湖橋東流，至此九里。

雙港口，自石舌莊北首東北流，至此四里二分。有大溪自北來會之。見後。

上明橋，自雙港口東南流，至此四里三分。以下一名白嶠港。

象睡山麓，自上明橋東北流，至此五里六分。水深九尺，面闊六十一丈。

亭頭渡，自象睡山麓東流，至此六里七分。

雞籠山麓，自亭頭渡東流，至此九里五分。水深一丈九尺，面闊二里五分。入海。

枝流大溪。

花崑崙山，大溪自此發源東南流，至馬嵺嶺麓五里。

龍宮莊，自馬嵺嶺麓東流，至此三里五分。

西峧坑山東麓，自龍宮莊東流，折而南迤東，至此六里七分。

西溪莊，自西峧坑山東麓東南曲曲流，折而西南，至此七里五分。有年萬嶺水自西北來注之。

沙堤村，自西溪莊南流，折而東，至此四里。水深四尺，面闊二十一丈。

鳳山西麓，自沙堤村東流曲曲，至此八里。

黃檀街北，自鳳山西麓東南流，至此三里八分。以下一名黃檀溪。

清泉山西麓，自黃檀街北首東南流，過德星橋，至此七里。有千溪自西北來注之。

縣城南門，自清泉山西麓東少北流，折而東南，至此四里八分。水深四尺，面闊三十一丈。

中溪橋，自縣城南門東南流，折而西南，至此五里。又西南流，折而東南三里六分，至雙港口入白溪。

黃墩港

經流

白嶠嶺，黃墩港自此發源，西北流，至太平橋六里。以上一名白渚溪。分一支西南流入城，爲玉帶河，計三里。

振甯橋，自太平橋東北流，折而西北，復折而東北，至此七里。水深六尺，面闊十四丈。

桐山橋，自振甯橋東北流，過三板橋，至此五里六分。

黃墩市，自桐山橋東北流，過尤家橋，至此八里。以上一名北河。水深九尺，面闊二十八丈。

薛嵺村，自黃墩市東北流，至此八里五分。

小圓山麓，自薛嵺村東北流，至此七里三分。水深四丈，面闊四里五分。

盒山東麓，自小圓山麓東北流，至此四里入海。

鐵江

經流

第一尖山，鐵江自此發源，東少北流，至孔家村五里。

大裏村，自孔家村東北流，過裏嵺莊，折而東少南，至此六里六分。有鐵嶺水自西南來注之。

深甽市，自大裏村南流，折而東北，復折而東少南曲曲，至此八里。水深五尺，面闊十九丈。有良坑水自北來注之。

郭茭嶺麓，自深甽市東南流，至此七里六分。

石門潭，自郭茭嶺麓南流，折而東，過鳳潭村，復折而東北，至此八里六分。

浮溪橋，自石門潭東北曲曲流，至此四里。以上一名浮溪。水深五尺，面闊四十丈。

海口汛，自浮溪橋東北流，折而北，至此十一里。水深三丈，面闊六里。有五市水自西北來會之。見後。

東嵺山麓，自海口汛北少東流，至此八里入海。

枝流五市水。

白巖山，五市水自此發源，東北流，至嶺口橋二里六分。

五市，自領口橋東北流，至此六里。

朱行橋，自五市東南流，至此八里三分。又東南流，至海口汛五里。入鐵江。

清溪

經流

天甯堂，清溪自天台縣在天台縣爲泳溪。流至此入境，又東南曲曲流，至上葉王村四里五分。

清溪橋，自上葉王村東少南曲曲流，至此五里二分。水深八尺，面闊十六丈。有麻嵒嶺水自西南來注之。

桑洲市，自清溪橋東北流，至此三里三分。

沙地村，自桑洲市東少北流，至此六里二分。

王家橋，自沙地村東南流，至此五里七分。

沙妻市，自王家橋東南流，至此五里。水深九尺，面闊三十三丈。

長潭渡，自沙妻市東少南流，至此四里二分。渡闊八十丈。以下一名沙妻港，有東嵒水自東北來注之。

旗門渡，自長潭渡東少北流，折而東南，至此七里。水深一丈，渡闊一里六分。

下人巖麓，自旗門渡南迤東流，至此四里入海。

海游港

經流

界溪村，海游港自天台縣龍鳴山發源，流至此入境。又東南流，折而東迤北，至吴嵒街四里五分。

竹木橋，自吴嵒街東迤北流，折而東南，至此五里五分。水深四尺，面闊十九丈。

金刀山東麓，自竹木橋東北流，至此一里九分。有楓樹嶺水自西南來會之。見後。

樟樹下村，自金刀山東麓東南流，折而東北，至此四里四分。

下謝村，自樟樹下村東北流，至此四里七分。

馬湖村，自下謝村東北流，至此三里四分。有巖坑水自西北來注之。

廣濟橋，自馬湖村東北曲曲流，至此七里五分。水深四尺，面闊三十丈。

海游汛北，自廣濟橋東北流，至此六里。

海游鎮東，自海游汛北首東南流，至此三里五分。

亭旁溪口，自海游鎮東首東南流，至此四里五分。水深七尺，面闊三十一丈。有亭旁溪自西南來會之。見後。

善嵒渡，自亭旁溪口東北流，至此三里。渡闊一百五丈。

連蛇渡，自善嵒渡東流繞大嶼山麓，至此六里。渡闊八十丈。

大安山麓，自連蛇渡東流，至此六里二分入海。

枝流楓樹嶺水。

楓樹嶺麓，楓樹嶺水自臨海縣流至此入境，又東迤南流，折而東北，曲曲過胡公嶺麓，又東流，至小桐橋六里五分。

後畈村，自小桐橋東流，過李家，又東迤北，至此五里。

雙妻山東麓，自後畈村東北曲曲流，至此二里六分。又東北流二里，至金刀山東麓入海游港。

枝流亭旁溪。

分水嶺西麓，亭旁溪自此發源北流，折而東北，復折而西北，至陸家嶺麓五里。

壩頭村，自陸家嶺麓西北流，折而東，至此七里九分。

亭旁鎮，自壩頭村東北曲曲流，過臻福橋，至此八里。水深三尺，面闊十六丈。

興福橋，自亭旁鎮東北流，至此五里。有南溪自南來注之。

小坑市，自興福橋東北曲曲流，至此六里。水深五尺，面闊二十丈。

石巖村南，自小坑市東流，至此二里。又東流，折而東北，三里七分至亭旁溪口入海游港。

健跳江

經流

湫水山，健跳江自此發源，東南流，至長林四里。

坳下經鋪，自長林東少南流，至此五里。水深三尺，面闊十五丈。

小白溪口，自坳下經鋪東南流，折而南，至此五里三分。有小白溪自西來注之。

大横渡市，自小白溪口東南流，折而東北，至此七里。以上一名横渡溪。

海口渡，自大横渡市東少北流，至此三里八分。水深六尺，渡闊二十五丈。

橫山北麓，自海口渡東北流，至此五里五分。

馬鞍山東南麓，自橫山北麓北流，至此七里。水深二丈，面闊三里二分。

速目渡，自馬鞍山東南麓東流，過金雞、海嶴二塘，折而南，至此七里五分。水深二丈。渡闊一里六分。

健跳所城南，自速目渡東流，至此六里九分。水深二丈二尺，面闊二里。

高灣山北麓，自健跳所城南首東流，折而東北，至此五里入海。

陸路道里記

東門一名靖海門。

幹路

白嶠嶺，自東門外東行，至此四里四分。嶺高十九丈。

白嶠莊，自白嶠嶺東南行，至此三里一分。

亭頭汛，自白嶠莊東行曲曲，至此八里三分。

石牆頭村，自亭頭汛東行曲曲，越石牆頭嶺，嶺高三丈七尺。至此八里七分。

妙嶺村，自石牆頭村北行，越妙嶺，嶺高二丈五尺。至此六里。

瀝陽街，自妙嶺村東少北曲曲行，至此十一里五分。

海頭嶼東北，自瀝陽街東少北行，至此二里八分。

同來嶺，自海頭嶼東北首東少南行，至此三里四分。嶺高三丈八尺。

東倉橋東，自同來嶺東北行，折而東，至此七里二分。

胡陳市，自東倉橋東首東行，折而東北，至此三里三分。

西溪嶺，自胡陳市東北行，至此九里一分。與甯波府象山縣分界。

枝路

許家嶺，自白嶠莊北少東行，過杜鵑山麓，折而東北，至此八里一分。嶺高五十丈。

許家山村，自許家嶺東迤北行，至此六里。

杜嶴東北，自許家山村東北行，至此三里九分。

茶院鎮，自杜嶴東北首東南行，至此四里二分。又南行三里五分至妙嶺村入幹路。

枝路

下洋山東麓，自白嶠莊東南行，至此二里一分。

巖陡渡，自下洋山東麓南行，至此九分。渡闊四十五丈。西南通大南門外枝路之巖下渡。

長洋嶺，自巖陡渡渡白嶠港東南行，至此六里一分。

梅枝莊，自長洋嶺東南行，至此三里四分。北通幹路之亭頭汛。

七市村，自梅枝莊西南行，至此四里三分。

石峡嶺西南麓，自七市村西南行，至此四里二分。又西行二里至一市，與大南門外幹路内雙港橋起之枝路合。

枝路

新渡西岸，自石牆頭村東少北行，至此三里五分。

新渡東岸，自新渡西岸東南行，渡海至此三里四分。

同門村，自新渡東岸東南行，折而東北，至此八里九分。西北通幹路之瀝陽街。

娘娘宮，自同門村東行，過洌頭渡，渡闊二里。又東少南，至此五里七分。

石橋頭村，自娘娘宮東迤南行，至此四里五分。西南通青珠塘村，抵海濱。

山前渡，自石橋頭村東行，至此五里三分。渡闊九十四丈。

岳井市，自山前渡渡海東行曲曲，至此五里。

中渡，自岳井市東南行，至此二里。抵海濱。

枝路

馬眠山東麓，自海頭嶼東北首北迤東行，至此四里六分。

嶺峧村，自馬眠山東麓北行曲曲，至此七里三分。

上下宅村，自嶺峧村北行，折而東，過大尖山麓，復折而南迤東，至此八里八分。又東南行三里至車路橋，與自東倉橋東首起之枝路合。

枝路

下張村，自東倉橋東首北行，至此二里九分。

車路橋，自下張村北少西行，過車路村，折而東北，至此四里七分。

賴家東，自車路橋東北行，至此三里二分。

小箭嶺，自賴家東首東北行，至此七里三分。與甯波府象山縣分界。

大箭嶺，自賴家東首北行，過嶴裏村，又北迤西，至此七里八分。與甯波府象山縣分界。

枝路

西璧山西北麓，自胡陳市南迤東行，至此三里。

長莊村，自西璧山西北麓東迤南行，至此三里二分。

馬嶴嶺，自長莊村東迤北曲曲行，至此四里三分。與甯波府象山縣分界。

老鼠嶺，自西璧山西北麓東南行，折而西南，至此四里八分。

山洋嶺，自老鼠嶺東南行，至此四里一分。

九江村，自山洋嶺南行，折而西南，至此五里四分。

長街市，自九江村西南行，至此三里七分。又南行二里至石橋頭村，與自石牆頭村起之枝路合。

大南門 一名迎薰門。

幹路

黄土嶺，自大南門外南迤東行，至此二里七分。嶺高一丈。

雙港橋，自黄土嶺南行，過中溪橋，折而西南，復折而南迤東，至此三里五分。

石涼亭，自雙港橋南行，至此五分。西南通小南門外幹路之竹林莊。

莊頭鋪，自石涼亭東迤南行，至此二里七分。

新嶺鋪，自莊頭鋪南行，折而西南曲折，至此八里六分。

東嶴街東北，自新嶺鋪南迤東行，過馬殿，折而南迤西，至此八里。

眠牛山北麓，自東嶴街東北首西南行，至此一里六分。

沙婁市，自眠牛山北麓西南行，越黄綠嶺，嶺高十三丈。至此七里九分。

横山頭，自沙婁市西行，至此七分。

寺後村，自横山頭西南行，越海游嶺，嶺高十九丈。又南至此五里三分。

海游鎮東，自寺後村西南曲曲行，至此一里五分。西北通枝路之桑洲市。

石巖村，自海游鎮東首南迤東曲曲行，至此六里九分。

小坑市，自石巖村西迤南行，至此二里三分。

福星橋，自小坑市西南行，至此三里七分。

亭旁鎮，自福星橋西南行，過興福橋，又南少西，至此七里一分。

獅口嶺北麓，自亭旁鎮西南行，至此九分。

塘頭村，自獅口嶺北麓西南行，至此八里二分。

芹溪橋，自塘頭村東南行，至此二里四分。

甯和嶺，自芹溪橋南行曲曲，至此七里五分。與臨海縣分界。

枝路

巖下渡，自雙港橋東行，折而南，至此二里八分。渡闊三十二丈。

楓槎嶺，自巖下渡東南曲曲行，至此五里五分。東南通東門外枝路之七市村。

一市，自楓槎嶺南迤東曲曲行，至此八里五分。

跳頭渡，自一市南迤東曲曲行，至此八里二分。抵海濱。

小鼇嶺，自一市西迤南曲曲行，至此五里七分。又西迤南行三里四分，至東嶴街東北入幹路。

枝路

武嶴，自東嶴街東北首南行，折而東，至此六里二分。

旗門渡，自武嶴東南曲曲行，折而西，至此五里。渡闊五十丈。

蔓嶴，自旗門渡西南曲曲行，至此四里三分。西通枝路之蔓岙嶺西。

水嶴門渡，自蔓嶴東南曲曲行，過晏站村，至此七里五分。又東南行一里五分至寶嶴嶺，與自眠牛山北麓起之枝路合。

枝路

自茅山北麓，自眠牛山北麓西北行，至此四里五分。

後洋村，自自茅山北麓西行，折而北，至此四里三分。

丹架嶺，自後洋村西北行，至此四里八分。

柘湖橋，自丹架嶺西行，折而北，至此五里五分。又北行二里六分至竹林莊，入小南門外幹路。

枝路

長潭渡，自眠牛山北麓南迤西行，過塘岸頭，折而南迤東，渡沙婁港，至此七里八分。渡闊十一丈五尺。

蔓嶴嶺西，自長潭渡南行，至此八分。西通幹路之沙婁市。

獅山北麓，自蔓嶴嶺西首南行，至此四里六分。

連蛇渡，自獅山北麓東南行，至此三里二分。渡闊八十丈。

寶嶴嶺，自連蛇渡東南行，至此四里八分。嶺高五丈五尺。

寶磐汛，自寶磐嶺南迤東行，至此二里。

園裏陳村，自寶磐汛東行，至此二里六分。

柞彎嶺，自園裏陳村東行曲曲，至此九里六分。嶺高五丈九尺。

昌盛涼亭，自柞彎嶺東行，至此一里五分。

花嶼南，自昌盛涼亭北行，折而東曲曲，至此五里三分。

尖坑塘村，自花嶼南首東南曲曲行，至此六里七分。

下洋潭村，自尖坑塘村東少南行，至此三里五分。

蛟頭村，自下洋潭村南少東行，折而南少西，至此七里九分。

健跳所城前，健跳渡。自蛟頭村東行，折而南少東，至此四里五分。渡闊一百六十丈。

浮門嶺，自健跳渡南迤西行，至此四里二分。嶺高十一丈。

張家，自浮門嶺西南曲曲行，至此五里八分。

石橋莊，自張家西行，至此二里。

西浬嶺，自石橋莊南行，至此二里七分。與臨海縣分界。

善磐渡，自獅山北麓西迤南曲曲行，至此五里五分。西北通幹路之海游鎮。

楊家嶺西南麓，自善磐渡渡海，游港南行，至此四里一分。東北通枝路之連蛇渡。又西行四里三分至小坑市入幹路。

桂雲庵，自寶磐汛西南行，至此三里九分。

白蛲嶺，自桂雲庵東南行，至此四里二分。

東坪村，自白蛲嶺東南行，至此七里七分。

墈下經鋪，自東坪村西南行，至此二里。

橋頭村，自墈下經鋪東南行，折而南，至此四里一分。

巖下羅，自橋頭村南迤東行，至此四里。

八嶺，自巖下羅西南行，折而東南曲曲，至此六里四分。與臨海縣分界。

蔣家坑，自橋頭村西南曲曲行，至此九里三分。

十八肩嶺，自蔣家坑西南行，至此三里五分。與臨海縣分界。

桂橋嶺，自園裏陳村東南行，至此十二里三分。

大横渡市，自桂橋嶺東南行，至此六里四分。

海口渡，自大横渡市東迤北行，折而東迤南，至此二里五分。渡闊二十五丈。

永慶堂，自海口渡渡健跳江西南行，至此四里。

小横渡莊，自永慶堂南迤西行，至此二里九分。

仙巖嶺，自小横渡莊東南行，至此三里三分。與臨海縣分界。

西洞莊，自昌盛涼亭南迤東行，至此二里。

羅磐，自西洞莊南迤西行，越西洞嶺，折而東南，至此九里四分。

鐵場嶺，自羅磐東南行，折而西南曲曲，至此六里八分。又南行四里三分至海口渡，與本條枝路合。

速目渡，自蛟頭村西南行，至此五里八分。渡闊一里六分。

洋溪村西，自速目渡西南曲曲行，至此六里三分。

下店，自洋溪村西首東行，折而南，至此四里八分。

界牌，自下店東南曲曲行，至此三里九分。與臨海縣分界。

枝路

大家園，自横山頭西北行，至此五里六分。西北通小南門外幹路之官地村。

沙地村，自大家園西北行，至此四里三分。

桑洲市，自沙地村西迤南行，至此六里六分。

清溪橋，自桑洲市西南行，至此三里七分。

麻磐嶺，自清溪橋西南行，過西山村，折而南，至此六里八分。

慕湖山北麓，自麻磐嶺西南行，至此四里二分。

東庵隱嶺，自慕湖山北麓西行曲曲，至此八里三分。與天台縣分界。

上屋基村，自桑洲市西迤北行，至此六里五分。

分路牌，自上屋基村西迤北曲曲行，至此八里五分。

筋竹嶺，自分路牌西南行，至此八分。與天台縣分界。

上葉王村，自清溪橋西迤北曲曲行，至此五里九分。

天甯堂，自上葉王村西迤北曲曲行，至此四里。與天台縣分界。

婁坑莊，自麻磐嶺東南行，折而西南，越洞林山，又南迤東，至此七里二分。

朱磐市，自婁坑莊西南行，至此四里七分。又西南行三里九分至竹家山南麓，與自海游鎮起之枝路合。

枝路

廣濟橋，自海游鎮東首西南行，至此五里一分。

馬湖村，自廣濟橋西南曲曲行，至此七里八分。

橫山，自馬湖村西南曲曲行，至此七里五分。東南通幹路之獅口嶺北麓。

竹家山南麓，自橫山西迤南行，折而西迤北，至此五里五分。

吴嶴街，自竹家山南麓西行曲曲，至此七里二分。

界溪村，自吴嶴街西迤南行，至此三里八分。與天台縣分界。

後畈村南，自竹家山南麓西南曲曲行，至此五里七分。東南通幹路之壩頭村。

小桐橋，自後畈村南首西行，至此四里。

楓樹嶺，自小桐橋西南行，折而西，至此五里二分。與臨海縣分界。

枝路

岱阜嶺，自小坑市南行，至此四里。

隔水村，自岱阜嶺南行，折而南迤東，至此五里二分。

山隍嶺，自隔水村東南行，至此六里九分。西北通幹路之亭旁鎮。

長林，自山隍嶺東迤南行，折而東迤北，至此七里八分。又東迤南行五里五分至墈下經鋪，與自眠牛山北麓起之枝路合。

枝路

獅口村，自亭旁鎮南行，至此三里。

虎隴頭，自獅口村南少西行，折而西南，至此五里三分。

陸家嶺，自虎隴頭南行，至此三里九分。西北通幹路之芹溪橋。

上梅村，自陸家嶺東南行，至此三里五分。

分水嶺，自上梅村東南行，至此四里。與臨海縣分界。

蔣公坦嶺，自上梅村南行曲曲，至此八里三分。與臨海縣分界。

小南門一名登瀛門。

幹路

溪南莊，自小南門外西南行，至此四里一分。

下庵嶺，自溪南莊西南行，至此三里二分。

竹林莊，自下庵嶺西南行，至此六里九分。

官地村，自竹林莊西迤南行，至此二里五分。

車路街，自官地村西南曲曲行，至此九里八分。

渡頭村北，自車路街南迤西行，至此四里。

白溪村，自渡頭村北首西南行，過上京莊，折而西迤北，過大劉村，又西曲曲至此八里三分。

高强村東，自白溪村西行，折而西北，至此五里二分。

高强路廊，自高强村東首西北行，折而西南，復折而北，至此四里二分。與天台縣分界。

西門一名登台門。

幹路

清泉山南麓，自西門外西行，至此一里六分。南通小南門外幹路之溪南莊。

案巖橋，自清泉山南麓西行，至此二里五分。

德星橋，自案巖橋西行，至此三里八分。

黄檀街東，自德星橋西行，至此八分。

畈竹園，自黄檀街東首西北行，折而西，至此七里四分。

大苗瓶村，自畈竹園西行，過沙堤村，折而西北，至此六里五分。

西溪莊，自大苗瓶村北行，至此一里九分。

西溪山北麓，自西溪莊北迤東行，至此三里一分。東北通小北門外枝路之深圳市。

龍宫莊，自西溪山北麓西北曲曲行，至此十一里八分。

馬嶴莊，自龍宫莊西行，至此六里一分。

蘇木嶺，自馬嶴莊西行，至此三里三分。與紹興府新昌縣分界。

枝路

乾溪山西麓，自案巖橋西北行，至此四里一分。南迤西通幹路之德星橋。

馬欄嶺西麓，自乾溪山西麓東北曲曲行，至此四里五分。

嶴胡仇莊，自馬欄嶺西麓北迤東行，至此七里三分。又東北行四里五分至堤樹嶺北麓，入小北門外幹路。

枝路

石林山北麓，自黄檀街東首西行，折而西南，至此四里二分。南通小南門外幹路之竹林莊。

梁王街，自石林山北麓西南行，至此七里七分。

西堂鋪，自梁王街西南行，至此五里八分。又南迤西行二里五分至車路街，入小南門外幹路。

枝路

留五扇莊，自大苗瓶村西行曲曲，至此三里二分。

橫坑村，自留五扇莊西南曲曲行，至此二里九分。

坑橋，自橫坑村西南曲曲行，折而西，至此八里三分。與紹興府新昌縣分界。

裏塘村，自坑橋西北行，折而西少南，至此四里三分。

疊石岡南，自裏塘村西行，至此四里一分。與紹興府新昌縣分界。

枝路

後坑塘村東，自西溪莊北行，折而西北，至此三里五分。西北通幹路之馬礐莊。

仙交嶺，自後坑塘村東首西迤北行曲曲，至此五里六分。嶺高四十三丈。

盈坑村，自仙交嶺西南行，折而西北，越裏畈嶺，嶺高四十丈。至此七里二分。

望海岡南，自盈坑村北迤東行，越年萬嶺，折而西北，復折而西，至此六里九分。與天台縣分界。

小北門一名拱辰門。

幹路

射豹橋，自小北門外北行，至此五里。

堤樹嶺北麓，自射豹橋北行，至此九里九分。

楊梅嶺北麓，自堤樹嶺北麓北少東曲曲行，至此六里八分。

集義堡，自楊梅嶺北麓北行，過浮溪橋曲曲，至此七里。西北通枝路之五市。

西墊市，自集義堡北行過朱行橋，折而東北，至此十一里。

柵墟嶺，自西墊市東北行，折而西北，至此六里三分。與甯波府奉化縣分界。

枝路

郭茭嶺，自堤樹嶺北麓西北行，過鳳潭村，折而北，至此十里八分。

深甽市，自郭茭嶺西北行，至此六里。

茶葉山村，自深甽市西行，折而北，復折而西迤北，至此四里八分。西南通西門外幹路之龍宫莊。

大裏村，自茶葉山村西北行，折而西，至此二里五分。

王家嶺，自大裏村西北行，至此九里六分。與甯波府奉化縣分界。

長洋莊，自深甽市東北行，至此六里。

狀元橋，自長洋莊北少西行，折而西，至此八里九分。

領樹嶺，自狀元橋西北行，至此四里。與甯波府奉化縣分界。

孔家村北，自大裏村西行，折而西南，至此五里三分。

橫溪嶺，自孔家村北首西行，至此八里四分。與甯波府奉化縣分界。

枝路

五市，自西墊市西北行，越鐵場嶺曲曲，至此七里。西南通枝路之長洋莊。

嶺口橋，自五市西行，折而西南，至此五里。

杉樹嶺，自嶺口橋西北行，至此一里五分。與甯波府奉化縣分界。

枝路

白嶠嶺，自西墊市東北行，至此二里六分。

月浦山北，自白嶠嶺北少西行，至此三里三分。與甯波府奉化縣分界。

大北門一名望闕門。

幹路

太平橋東北，自大北門外東北行，至此三里八分。

桐山橋，自太平橋東北首西北行，折而東北，過振甯橋，至此九里。西北通小北門外幹路之楊梅嶺北麓。

黄墩市，自桐山橋東北行，至此七里。

烏石嶺，自黄墩市東北行，至此七里一分。

溪下莊鋪，自烏石嶺東北行，至此四里三分。

柴溪嶺，自溪下莊鋪東北行，過賴家，折而東迤南，復折而東北，至此九里二分。

柴溪村，自柴溪嶺東北行，折而西北，至此三里一分。

界嶺，自柴溪村東少北行，至此四里四分。與甯波府象山縣分界。

枝路

花山頭村，自太平橋東北首東北行，過東庵村，至此十一里二分。

桐嶺，自花山頭村東少北行，折而東南曲曲，至此十一里九分。又東南行一里四分至杜嶴東北，與東門外幹路内白嶠莊起之枝路合。

枝路

苧巖村，自黄墩市西北行，折而北少東，至此七里九分。

下蒲村，自苧巖村東北行，折而北少西，至此五里三分。西南通小北門外幹路之楊梅嶺北麓。

盒山麓，自下蒲村東南行，過白沙塘，折而東北，至此七里二分。抵海濱。

枝路

張坑村北，自溪下莊鋪東行，折而東南，至此四里。

潘家，自張坑村北首東迤北行，過石門鋪，至此七里九分。

石門嶺，自潘家東北行，至此五里一分。與甯波府象山縣分界。

茶山嶺，自張坑村北首東南曲曲行，至此八里。

瀝陽孔村，自茶山嶺東南行，折而西南，復折而南少東，至此七里九分。

石筍山麓，自瀝陽孔村南少東行，至此四里一分。又南少西行三里八分至瀝陽街，入東門外幹路。

台州府太平縣

水路道里記

金清港

經流

黄巖橋，金清港自黄巖縣在黄巖名南官河。流至此入境，又南迤西流，至扁嶼閘三里五分。有江洋涇自西來注之。

大溪口，自扁嶼閘西南流，過新瀆閘，至此五里五分。以上一名澤國河。水深二丈一尺，面闊十四丈。有大溪自西南來會之。見後。

鷲嶼北麓，自大溪口東南流，至此一里八分。有月河自西南來會之。見後。

沈橋西，自鷲嶼北麓東流，至此三里二分。

石粘市北，自沈橋西首東南曲曲流，至此五里五分。有月河分支水自南來注之。亦名金清港。

琅嶴莊前，自石粘市北首東迤北曲曲流，至此三里八分。

牛橋，自琅嶴莊前東流曲曲，至此六里。水深二丈二尺，面闊十五丈。

小嶼閘北，自牛橋東流，折而北，復折而東，至此二里。分一支南流爲運粮河。見後。

金清閘，自小嶼閘北首東流曲曲，過寺前鎮，至此四里八分。水深二丈二尺，面闊十七丈。分一支南流爲木城河。

椿頭渡，自金清閘東迤北曲曲流，至此三里六分。

炳大渡，自椿頭渡東北流，折而東，至此三里八分。

河清閘，自炳大渡東北曲折流，至此八里五分。

下塘角市，自河清閘東流，折而東南，復折而東北，至此四里五分。水深二丈六尺，面闊二十丈。又東流二里入海。

枝流大溪

小溪嶴，大溪自此發源，自小溪嶴迤西與黄巖縣分水。以下至下村閘皆同。北流至大溪鎮三里六分。

下村閘南，自大溪鎮東迤南流，至此四里。

新建山南麓，自下村閘南首東南流，折而東北，至此四里一分。

潘郎鎮，自新建山南麓東流，至此四里五分。水深三尺，面闊七丈。

江洋涇口，自潘郎鎮東流，至此二里一分。分一支北流，爲江洋涇。

白蒲橋，自江洋涇口東流，折而東北，至此四里。水深五尺，面闊十三丈。又北流一里三分至大溪口入金清港。

枝流月河。

梅嶺，月河自此發源，東北流，繞縣城，南至縣河頭五里。以上不通舟筏。

横湖橋西，自縣河頭東北流，過三陞橋，至此五里四分。有消溪自東來注之。分一支北流，入金清港。

八家橋，自横湖橋西首北迤西流，至此三里五分。水深四尺，面闊十一丈。

横豐橋街，自八家橋西北流，過下洋林，至此八里九分。水深一丈，面闊十五丈。有温嶺河自西南來會之。見後。

鷲嶼市，自横豐橋街北流，折而東北，至此六里九分。又東北流一里三分，至鷲嶼北麓入金清港。

枝流温嶺河。

温嶺，温嶺河自此發源，北流過温嶺鎮，折而東北，至后土橋四里五分。

樓旗橋，自后土橋東北流，至此五里二分。水深八尺，面闊十一丈。又東北流四里一分至橫豐橋街入月河。

枝流運粮河。

後洋鄭，運粮河自小嶼閘分金清港水南流，折而東，至此二里九分。

下冒橋，自後洋鄭東流，折而南，復折而東，至此二里七分。水深七尺，面闊八丈。

李婁橋市，自下冒橋東南流，至此十一里九分。分一支西南流，爲石橋河，過石橋市入海。

箬王鎮，自李婁橋市東南流，至此四里。分一支東流入海，爲石柱浦。有水城河自北來注之。

趙家橋，自箬王鎮東南流，至此八里五分。

河頭閘，自趙家橋東南流，至此九里三分。

新塘閘，自河頭閘東流，折而北，至此一里九分。入海。

陸路道里記

東門一名迎輝門。

幹路路向東北。

三陞橋，自東門外東迤北行，至此三里。

橫湖橋，自三陞橋東北行，至此二里一分。

皇山市，自橫湖橋東北行，至此五里六分。

鐵場門鋪，自皇山市東北行，至此八里八分。

金佛市，自鐵場門鋪東北行，至此三里一分。

金清橋，自金佛市東少北行，至此七里四分。

新河所城，自金清橋西行，過寺前鎮，折而北，至此二里四分。

下前店村東，自新河所城東行，至此四里。又東北行二里四分至新橋，與黃巖縣分界。

枝路

石粘市，自皇山市北迤西行，至此七里五分。

夾嶼市，自石粘市東北曲曲行，折而北，過麻車橋，至此七里九分。

九都東，自夾嶼市東行，至此九里九分。

南鹽鎮，自九都東首東北行，至此一里九分。

華龍橋，自南鹽鎮北行，折而東北過北閘，復折而西北，至此四里三分。與黃巖縣分界。

枝路

排門閘東，自下前店村東首東南曲曲行，過椿頭渡，至此三里五分。

二塘街，自排門閘東首東行，至此六里三分。

應家村，自二塘街東行，至此四里五分。

七塘，自應家村東行，過鎮安閘，至此五里二分。抵海濱。

幹路路向東南。

長嶼市，自東門外東北幹路内鐵場門鋪東北行，折而東，至此五里。

唐下市，自長嶼市東行，過下冒橋，又東南行，至此七里八分。

箬王鎮，自唐下市南迤東行，至此九里八分。

趙家墩，自箬王鎮南迤東行，至此十一里一分。

淋頭鎮，自趙家墩東南行，至此二里四分。西南通三甲閘，抵海濱。

茶山東麓，自淋頭鎮東南行，至此六里六分。北通新塘閘，抵海濱。

松門衛城内，自茶山東麓東少南行，至此一里三分。北迤東通松門寨，抵海濱。南迤西由沙路至海濱松門山。

招寶山麓，自松門衛城内東行，出東門，至此二里五分。抵海濱。

枝路

李婁橋市，自箬王鎮西北曲曲行，至此四里二分。

蕭家橋，自李婁橋市西南曲曲行，過橋下街，至此九里九分。

石橋市，自蕭家橋西南行，至此二里八分。又南少東行三里一分至巖頭埠。抵海濱。

枝路

車路市，自趙家墩西迤北行，至此五里九分。

街衕頭市，自車路市西行，至此四里六分。

余蕭莊，自街衕頭市西行，至此三里六分。又西行六分至蕭家橋，與自箬王鎮起之枝路合。

大南門一名觀海門。

幹路

小泉村，自大南門外東南行，至此一里三分。

亭嶺北麓，自小泉村東南曲曲行，至此二里八分。嶺高十三丈。

亭嶺南麓，自亭嶺北麓南迤東行，至此二里。東通東門外枝路之石橋市。

大閭市，自亭嶺南麓南少東行，越姥嶺，嶺高九丈。至此四里九分。

山後洋南，自大閭市東南行，折而南曲曲，至此二里四分。東北通東門外枝路之石橋市。

隘頑所城，自山後洋南首西南行，過冷水堂，至此六里九分。

平環橋，自隘頑所城西南行，至此六里六分。與温州府玉環廳分界。

枝路

黄泥嶺南，自小泉村南行，至此四里一分。東迤北通幹路之亭嶺。

谷嶴門嶺西，自黄泥嶺南首西行，至此二里五分。

上洞嶺，自谷嶴門嶺西首南迤東行，至此三里五分。

池頭，自上洞嶺南迤東曲曲行，至此七里九分。又東行二里三分，至隘頑所城入幹路。

枝路

大塘，自隘頑所城南行，至此一里三分。

平水廟，自大塘南行，至此四里五分。與温州府玉環廳分界。

小南門一名鶴渚門。

幹路

石牛嶺，自小南門外西南行，折而南，至此四里八分。嶺高六十六丈。

胡頭東，自石牛嶺南行，折而西南，過横山莊，至此十四里二分。

九眼陡門，自胡頭東首東南行，至此六里。與温州府玉環廳分界。

枝路

三眼陡門，自九眼陡門西行，過小石陡門，折而北，至此七里三分。

新方村，自三眼陡門西南行，至此二里六分。

白璧，自新方村西行，折而北過下嶴，至此五里。

坑邊嶺，自白璧北行，折而東北過大灣，至此六里七分。

介坑，自坑邊嶺東北行，至此二里六分。又東北行三里二分至烏根嶺北首，入大西門外幹路。

大西門一名延照門。

幹路

梅嶺，自大西門外西行，至此四里八分。嶺高七十八丈。

梅溪村，自梅嶺西迤南行，至此五里三分。

烏根嶺北，自梅溪村西迤北行，過杏樹下，至此四里六分。

江厦前，自烏根嶺北首東北行，折而西，至此三里五分。

姆坑嶺，自江厦前西迤北行，過仙盃橋，折而西迤南，至此五里八分。嶺高三丈五尺。

小球嶺，自姆坑嶺西北曲曲行，越青嶼嶺，嶺高二丈。至此八里六分。嶺高三丈八尺。

湖霧鎮，自小球嶺西北行，至此六里四分，南通平頭海埠，抵海濱。與温州府樂清縣分界。

枝路

温嶺鎮，自江厦前東北行，越温嶺，至此五里二分。

趙橋，自温嶺鎮北行曲曲，至此二里六分。

部瀆嶺，自趙橋西北曲曲行，至此五里八分。

余橋，自部瀆嶺北迤東曲曲行，至此五里七分。東北通北門外枝路之前瓦嶼。

桃夏，自余橋西迤南行，至此三里二分。

桃夏嶺西麓，自桃夏西行，至此六里三分。與黄巖縣分界。

小西門一名掖鳳門。門外東北行，繞城一里八分並入北門外幹路。

北門一名仰山門。

幹路

北山南麓，自北門外北行，至此一里。

河頭橋，自北山南麓北迤西行，越菀田嶺，嶺高七丈。至此二里三分。西通大西門外枝路之温嶺鎮。

神童市，自河頭橋北迤西行，至此六里五分。

樓旗橋，自神童市西北行，至此五里三分。

下馬灣，自樓旗橋東北行，至此二里二分。

横豐橋，自下馬灣東北曲曲行，至此二里八分。

鷺嶼市，自横豐橋北行曲曲，至此八里二分。

澤國鎮，自鷺嶼市北迤東行，至此十一里六分。

黃巖橋，自澤國鎮東北行，至此一里一分。與黃巖縣分界。

枝路

八家橋，自北山南麓東北行，越芝礐嶺，至此七里。

後洋鄭，自八家橋北行，至此八里。

東洋橋，自後洋鄭西行，至此一里五分。東通東門外枝路之石粘市。又西行二里九分，至橫豐橋入幹路。

枝路

石剌街，自下馬灣北迤西行，至此四里一分。

潘郎鎮，自石剌街西北行，至此五里七分。

四顧嶺，自潘郎鎮西行，折而西北，至此五里三分。嶺高二丈四尺。

新橋，自四顧嶺西北行，折而西南，至此五里五分。與黃巖縣分界。

前瓦嶼，自潘郎鎮西行曲曲，至此三里三分。

大溪鎮，自前瓦嶼西北曲曲行，過西麻車橋，至此七里一分。

小溪礐，自大溪鎮西南行，至此三里四分。與黃巖縣分界。

古城莊，自新橋北迤西行，折而北少東，至此四里九分。

大唐嶺，自古城莊北行，至此四里一分。與黃巖縣分界。

枝路

扁嶼莊，自澤國鎮西行，至此三里六分。

路廊，自扁嶼莊西行曲曲，至此五里三分。

山市堂市，自路廊西迤北行，至此三里九分。

石棋盤巖北，自山市堂市西北曲曲行，至此四里九分。又西行，折而南，五里二分至古城莊，與自下馬灣起之枝路合。

金華府金華縣

水路道里記

東港一名東陽江，又名義烏港。

經流

低田市，東港自義烏縣流至此入境，又西南流，折而西至蝦蟆灘二里。水深三尺二寸，面闊八十丈。有航慈溪自北來注之。

嚴家灘，自蝦蟆灘西少南流，至此五里。水深三尺，面闊八十五丈。有中疇溪、白溪自東南來注之。

琴山脚，自嚴家灘西南流，至此一里五分。

覆船山脚，自琴山脚西流，至此二里五分。

孝順灘，自覆船山脚西南流，至此二里。水深三尺一寸，面闊八十四丈。有孝順溪自北來會之。見後。

東溪口，自孝順灘西南流，至此六里二分。水深二尺八寸，面闊八十七丈。有東溪自東南來注之。

周李村，自東溪口西南流，至此四里八分。水深二尺八寸，面闊六十九丈。有西溪自東南來注之。

葉家灘，自周李村西南流，至此三里。有長庚溪自南來注之。

溪口村，自葉家灘西少南流，至此五里。水深四尺二寸，面闊八十三丈。有薌溪自北來會之。見後。

鮎鮐山，自溪口村西少南流，至此二里八分。

雅芳埠，自鮎鮐山西少北流，至此七里五分。水深三尺八寸，面闊七十八丈。有赤松溪自北來會之。見後。

龍鱗山，自雅芳埠西南流，迤而西，至此七里。水深五尺三寸，面闊七十二丈。

蔣婆灘，自龍鱗山西流，至此一里五分。有通元溪自北來注之。

宏濟浮橋，自蔣婆灘西南流，至此一里。水深三尺二寸，面闊三十七丈。

雙港口，自宏濟浮橋西流，至此一里六分。水深四尺五寸，面闊二百二十五丈。與南港合流爲婺港。

枝流孝順溪。

八曲山，孝順溪自此發源，南少東流，至丁陽嶺脚七里。

邵村東南，自丁陽嶺脚西南流，至此二里。有白水巖水自北來注之。

洞殿口，自邵村東南首西南流，至此五里。有紫溪自北來注之。

下溪村，自洞殿口南流，迤而東南，至此六里。以上一名小雙溪。

大湖畈村，自下溪村東南流，至此九里。

孝順鎮，義濟橋。自大湖畈村東南流，至此六里。以上一名根溪。又東南流，折而南六里至孝順灘入東港。

枝流薌溪。

太陽嶺，薌溪自此發源南流，折而西南，至洞井曹村五里。

官田村，自洞井曹村曲曲南流，至此十五里。以上一名東溪。

歇下村，自官田村西南流，至此八里。有西坦溪自北來注之。

雙溪口，自歇下村南少西流，至此三里五分。有王壺溪自西北來注之。

合香市，自雙溪口南少東流，至此八里。又南流一里五分至溪口村入東港。

枝流赤松溪。

白鸝山南，赤松溪自此發源，南少東流，至大水坑七里。

赤松宫，增壽橋。自大水坑南少東流，至此六里。

二仙橋市，自增壽橋東南流，至此九里五分。

郭村，自二仙橋市東南流，至此二里。有王泉溪自北來注之。

追思橋，自郭村東南流，至此四里。有西派溪自東北來注之。又南少東流三里，至雅芳埠入東港。

南港

經流

范村，南港自武義縣在武義縣爲武義港。流至此入境，又北流，折而西，至焦巖村五里五分。水深三尺八寸，面闊四十二丈。

售溪村，自焦巖村西少北流，至此七里三分。水深三尺五寸，面闊五十五丈。有售溪自南來注之。

八素橋西，自售溪村東北流，折而西北，至此十三里一分。水深二尺，面闊三十二丈。有松溪自東來會之。見後。

古溪口，自八素橋西口西流，至此十一里五分。水深二尺二寸，面闊八十一丈。有梅溪自南來會之。見後。

王衙灘，自古溪口北流，至此七里二分。水深三尺六寸，面闊四十一丈。

金錢寺灘，自王衙灘西少北流，至此二里二分。水深一尺四寸，面闊三十八丈。又北流一里三分至雙港口，與東港合流爲婺港。

枝流松溪。

牛頭山北，松溪一名八素溪。自義烏縣流至此入境，又西流，折而南，至石壁峰西七里。

石龍頭山東，自石壁峰西首西南流，折而西北，越武義縣境，至此十一里五分。

新亭橋，自石龍頭山東首西北流，至此六里五分。

積道山脚，自新亭橋西北流，至此十一里。又南流九里至八素橋西入南港。

枝流梅溪。

米篩灘，梅溪自武義縣流至此入境，又北流至五爪山西北三里。分一支東北流，過三斷村，至定知山仍合而爲一。

箬陽村，自五爪山西北麓西北流，至此三里八分。有南坑嶺水自西南來注之。

梁宅村，自箬陽村西北流，折而東北曲曲，至此十五里八分。

姚環埠，自梁宅村東北曲曲流，至此五里九分。

定知山北，自姚環埠北流，折而東，至此八里。

安地市，自定知山北麓東北曲曲流，至此七里五分。有上乾溪自西南來會之。見後。

下傅村，自安地市北少東流，至此六里。有下乾溪自西南來會之。見後。又西北流，折而東北十五里至古溪口入南港。

枝流上乾溪。

何大嶺，上乾溪自此發源，東北流，至茶山西麓十一里七分。

項村，自茶山西麓東北流，至此九里九分。

上千口，自項村東北流，至此六里。又曲曲東北流三里八分，至安地市入梅溪。

枝流下乾溪。

馬鞍山東，下乾溪自武義縣流至此入境，又東北流，至下千村五里。

郭村，自下千村東北流，至此三里五分。又東北流三里五分，至下傅村入梅溪。

婺港

經流

通濟橋，婺港自雙港口承東、南二港之水西流，至此二里一分。水深五尺五寸，面闊六十七丈。

五百灘，自通濟橋西流，迤而西南，至此五里五分。水深一尺八寸，面闊八十三丈。有王泉溪自南來注之。

金麻豆灘，自五百灘西流，至此一里六分。水深三尺六寸，面闊七十六丈。有漪溪自西南來注之。

潘家村，自金麻豆灘西少北流，至此三里。水深三尺六寸，面闊七十六丈。有桐溪自西南來注之。

落索灘，自潘家村西北流，至此七里。水深三尺二寸，面闊七十一丈。有乾溪自東北來注之。

白沙溪口，自落索灘西少北流，至此一里五分。水深三尺，面闊八十一丈。有白沙溪自西南來會之。見後。

中洋灘，自白沙溪口西北流，至此四里。

黄烟溪口，自中洋灘北流，至此二里一分。水深七尺，面闊八十三丈。有盤溪與鄭公溪自北來注之。與蘭谿縣分界。

枝流白沙溪。

新昌橋，白沙溪自湯溪縣流至此入境，又北少東流，至白龍橋四里。新昌橋迤北至竹園村仍與湯溪縣分水。

竹園村，自白龍橋北少東流，至此三里。又東北流四里，至白沙溪口入婺港。

陸路道里記

東門又名赤松門。

幹路路向東。

前王村，自東門外東行，至此四里五分。

牛皮塘村，自前王村東行，至此四里三分。

野猫山脚，自牛皮塘村東行，至此四里二分。

下溪灘村，自野猫山脚東少北行，至此三里二分。

三華橋，自下溪灘村東少北行，至此八里。

周李村，自三華橋東少北行，至此三里。

淥塘村，自周李村東少北行，至此二里一分。

小雅畈村，自淥塘村東北行，至此三里七分。

朱礠頭村，自小雅畈村東少北行，至此三里七分。

葉店村，自朱礠頭村東少北行，至此一里二分。

栗塘范村，自葉店村東少北行，至此四里三分。

唐何村，自栗塘范村東少北行，至此二里二分。

白溪村，自唐何村東少北行，至此三里四分。

上河市，自白溪村東少北行，至此六里三分。與義烏縣分界。

枝路

澧浦市，自三華橋東南行，至此二里五分。

毛裏村，自澧浦市東南行，迤而東，至此三里三分。

鐵店村，自毛裏村東少南行，至此三里一分。

上邵村，自鐵店村東南行，至此三里三分。

口溪坑村，自上邵村東少南行，至此一里九分。

擇山村，自口溪坑村東行，至此三里六分。

分水坑，自擇山村東行，至此六里二分。

搗臼坑，自分水坑東行，折而北，越義烏縣境，至此五里三分。

官俞嶺，自搗臼坑北行，折而北少西，至此三里二分。又曲曲東北行九里六分，至上河市入幹路。

幹路路向東南。

七里畈村，自東門外東少南行，至此三里七分。

響鼓井村，自七里畈村東南行，至此二里五分。

雙溪驛，自響鼓井村東南行，至行二里五分。

十八里鋪村，自雙溪驛東南行，至此三里九分。

松溪橋，自十八里鋪村曲曲東少南行，至此五里五分。

嶺下朱村，自松溪橋東少南行，至此二里。

摩訶村，自嶺下朱村東少南行，至此五里八分。

石塘村，自摩訶村曲曲東少南行，至此五里五分。

包村，自石塘村南行，至此三里。

石龍頭山，自包村東南行，至此二里六分。與武義縣分界。

枝路

横店市，自十八里鋪村東南曲曲行，至此四里六分。

王西方村，自横店市南少東行，至此一里七分。

下嶺村，自王西方村曲曲南行，至此七里七分。

焦巖村，自下嶺村東南行，至此四里三分。

范村，自焦巖村曲曲西南行，至此二里九分。與武義縣分界。

南門一曰八詠門，在城南少東。一曰清波門，在城正南。一曰長仙門，在城南少西。俱濱婺港。一曰通遠門，在城西南。

幹路路向東南。

金錢寺村，自南門外南行，過通濟橋，又東南行，至此二里四分。

後杜村，自金錢寺村南少東行，至此四里二分。

西埠頭村，自後杜村南行，至此二里四分。

雅畈莊，自西埠頭村南行，折而東南，至此四里七分。

𨙸竈村，自雅畈莊東南行，至此二里九分。

楊村，自𨙸竈村東南行，至此二里七分。

王店村，自楊村東南行，至此二里九分。

羅芳橋，自王店村東南行，至此二里七分。

横波橋，自羅芳橋東南行，至此二里四分。與武義縣分界。

枝路

沂山村，自雅畈莊南少西行，至此二里四分。

汪家村，自沂山村西南行，至此一里九分。

車塢村，自汪家村南行，至此五里八分。

郭村，自車塢村南行，折而西南，至此二里五分。

寺口村，自郭村南少東行，至此二里一分。

下干村，自寺口村東南行，至此一里八分。

喻史村，自下干村東南行，至此五里二分。與武義縣分界。

幹路路向南。

後姜村，自南門外通濟橋西南行，折而南，至此一里五分。

錢村，自後姜村南少西行，至此五里七分。

青岡山背，自錢村曲曲南少西行，至此二里二分。

蘇孟村，自青岡山背曲曲南行，至此四里。

三瑞堂村，自蘇孟村南少西行，至此一里六分。

湯店村，自三瑞堂村曲曲南行，至此四里四分。

盧家村，自湯店村南少東行，至此三里七分。

安地市，自盧家村南行，至此三里四分。

上干口村，自安地市西南行，折而西，至此二里八分。

後畈村，自上干口村西南行，折而南，至此三里二分。

毛塢嶺脚，自後畈村西南行，至此四里一分。

外畈村，自毛塢嶺脚南少西行，至此一里八分。

成塘口村，自外畈村南行，至此三里二分。

派塘口村，自成塘口村西南行，至此二里四分。

梁宅村，自派塘口村西南行，至此四里七分。

茶山下村，自梁宅村南少西行，至此一里六分。

茶山頭村，自茶山下村南行，折而東南，至此五里五分。

箬陽村，自茶山頭村南行，折而西南，至此七里八分。

南坑村，自箬陽村南少西行，至此三里六分。

南坑嶺，自南坑村西南行，至此三里。嶺高二百三十六丈二尺。與處州府宣平縣分界。

枝路

西關村，自通濟橋西南首西少南行，至此四里五分。

王牆頭村，自西關村西少南行，至此二里七分。

高橋村，自王牆頭村西行，至此二里三分。

楊水橋村，自高橋村西行，至此二里八分。

益塘村，自楊水橋村西行，至此二里一分。

葉店村，自益塘村西少南行，至此二里九分。

白龍橋，自葉店村西少南行，至此一里七分。

豐樂橋，自白龍橋北行，越湯溪縣境，至此四里五分。

臨江市，自豐樂橋復入本境，北少東行，至此三里三分。

劉家村，自臨江市西少南行，至此三里二分。

鄭岡山村，自劉家村西少南行，至此三里八分。

松嶺，自鄭岡山村西北行，至此四里一分。嶺高五丈五尺。與蘭谿縣分界。

幹路路向西。

何埠橋村，自南門外通濟橋北首西少南行，至此四里五分。

陶宅村，自何埠橋村西行，至此二里八分。

石道院村，自陶宅村西少北行，至此一里八分。

張渡村，自石道院村西少北行，至此三里七分。

石柱頭村，自張渡村西北行，至此四里一分。

黄烟溪口，自石柱頭村西北行，折而北，至此六里二分。與蘭谿縣分界。

西門又名迎恩門。

幹路路向西少北。

十里鋪村，自西門外西北行，至此六里二分。

樟柏嶺，自十里鋪村西北行，折而西，至此六里一分。嶺高四丈七尺七寸。

竹馬館，自樟柏嶺西北行，折而西，至此二里一分。

古塘嶺，界牌亭。自竹馬館北行，折而西少北，至此五里。與蘭谿縣分界。

幹路路向北少西。

孫家嶺，自西門外弔橋北行，折而西北，至此三里三分。嶺高五丈九尺。

江關村，自孫家嶺西北行，折而北，至此六里四分。

後園村，自江關村西北行，至此一里一分。

羅店市，自後園村西北行，至此二里八分。

西路村，自羅店市北少西行，至此三里五分。

西王村，自西路村北行，至此一里五分。

洞前村，自西王村北少東行，至此五里二分。

九龍村，自洞前村西少北行，至此一里六分。

百步梯，自九龍村西北行，至此二里七分。

後山岡，自百步梯西北行，至此二里。與蘭谿縣分界。

北門一曰天皇門，於乾隆三十二年閉。一曰天一門。無幹路。

東北門又名旌孝門。

幹路

東關市，自東北門外東北行，至此二里一分。

樓店村，自東關市東少北行，至此六里三分。

阪陳村，自樓店村東北行，折而東南，至此二里六分。

含香市，自阪陳村東行，至此八里二分。

金古堂村，自含香市東北行，至此六里四分。

前蔣村，自金古堂村東北行，至此二里七分。

大路方村，自前蔣村東少北行，至此三里三分。

留憩亭，自大路方村東北行，至此六里六分。

孝順鎮，自留憩亭東北行，至此二里七分。

大路沈村，自孝順鎮東北行，至此七里三分。

金義橋，自大路沈村東北行，至此四里九分。與義烏縣分界。

枝路

王牌村，自東關市西北行，折而北少東，至此三里八分。

王宅村，自王牌村曲曲北行，至此五里七分。

山口馮村，自王宅村北行，至此一里三分。

赤松宫，自山口馮村西北行，至此二里八分。

大竈頭村，自赤松宫北少西曲曲行，至此七里一分。

滴水巖，自大竈頭村東行，折而西北，至此二里二分。

盤泉村，自滴水巖西北行，至此三里。

西玉壺山，自盤泉村東北行，至此八里。與浦江、蘭谿兩縣分界。

枝路

下於村，自東關市北行，至此一里五分。

下楊村，自下於村東北行，至此三里五分。

二仙橋市，自下楊村東北行，至此二里二分。

中牌塘村，自二仙橋市東北行，至此二里六分。

潘村，自中牌塘村東行，折而東北，至此一里四分。

上目宋村，自潘村東北行，至此五里。

小黄村，自上目宋村東北行，至此一里一分。

大黄村，自小黄村東北行，至此四里一分。

曹宅市，自大黄村東北行，至此三里。

杜店村，自曹宅市東北行，至此五里一分。

金山廟，自杜店村北行，至此五里九分。

楊岑村，自金山廟曲曲北行，至此六里四分。

太陽嶺，自楊岑村北行，至此三里二分。嶺高六十二丈。與浦江縣分界。

枝路

大湖畈村，自孝順鎮西北行，至此四里九分。

鞋塘村，自大湖畈村西北行，至此六里。

黄龍背村，自鞋塘村西北行，至此五里四分。

後徐山，自黄龍背村北少西行，至此五里。

山下施村，自後徐山東北行，至此五里七分。

大路莊，自山下施村東少南行，至此四里七分。

艮溪橋，自大路莊東北行，折而東，至此五里三分。與義烏縣分界。

枝路

後田村，自孝順鎮東行，迤而東南，至此三里九分。

元頭村，自後田村東行，至此二里九分。

低田市，自元頭村東行，折而東北，至此三里五分。與義烏縣分界。

金華府蘭谿縣

水路道里記

衢港一名瀔水。

經流

五家圩，衢港自金華縣流至此入境，又東北流，至金家插口三里。水深一丈六尺，面闊一百丈。有永昌溪水自北來會之。見後。

十紅灘，自金家插口東流，至此五里五分。水深一丈五尺，面闊一百丈。

湖瀝溪口，自十紅灘東北流，折而北過曾公堤，至此六里五分。水深一丈二尺，面闊一百丈。有湖瀝溪水自西來注之。

横山橋前，自湖瀝溪口北少東流，至此二里。水深一丈五尺，面闊一百四十丈。東有楊子港水通婺港。又東北流二里，至磨船灘與婺港會，爲蘭港。

枝流游埠溪。

長樂橋，游埠溪自嚴州府壽昌縣之小麥嶺發源，東南流，至此入境。又東流至諸葛市五里。

新橋，自諸葛市東南流，至此七里五分。

厚倫橋，自新橋南流，至此四里五分。

上石橋，自厚倫橋南流，至此五里五分。

白沙山東，自上石橋南流，至此十里。有焦溪水自西來注之。

游埠鎮，自白沙山東首南流，至此五里九分。

楊村渡口，有游埠鎮東流，至此三里。與湯溪縣分界。至湯溪界内入衢港。

枝流永昌溪。

毛棲嶺，永昌溪自此發源南流，折而東南，至白下葉村十一里。

八石橋，自白下葉村南流，至此七里。

淩源橋，自八石橋南少西流，至此四里五分。

永昌鎮，自淩源橋南少東流，至此十二里五分。又東流，折而東南十七里，至金家插口入衢港。

婺港

經流

黄烟溪口，婺港自金華縣流至此入境，又西少北流，至太子橋前一里。有八石溪水自東北來會之。見後。

秋風潭，自太子橋前西北流，至此六里三分。水深九尺，面闊一百十丈。有萬潭溪水自西南來注之。

曹家埠北，自秋風潭北少東流，至此二里五分。水深一丈一尺，面闊一百四十丈。有洞源溪水自北來會之。見後。

六清灘，自曹家埠北首西北流，至此四里六分。西有楊子港水通衢港。

費𥫗口，自六清灘西北流，至此二里六分。水深八尺，面闊一百五十丈。有楊溪水自東北來注之。又西北流三里八分，過驛前渡，至磨盤灘與衢港會爲蘭港。

枝流八石溪。

扁担岡，八石溪自此發源南流，至阮坑下七里五分。

懷清橋，自阮坑下西南流，至此十四里五分。又西南流三里五分，至太子橋前入婺港。

枝流洞源溪。

洞巖山，洞源溪自此發源，西南流至洞源橋八里。又南少西流九里，至曹家埠北入婺港。

蘭港

經流

磨船灘，蘭港自此會衢港、婺港之水北流，至溪西渡口二里。水深九尺，面闊一百四十丈。

水埠頭灘，自溪西渡口北少西流，至此二里五分。水深一丈八尺，面闊一百四十丈。

桃源灘，自水埠頭灘北少西流，至此二里。水深一丈三尺，面闊一百四十五丈。有虎溪水自西來注之。

壁峰灘，自桃源灘北流，折而東，至此三里五分。水深一丈二尺，面闊一百三十丈。

烏石灘，自壁峰灘東北流，至此六里五分。水深一丈三尺，面闊一百四十丈。有乾溪水自西北來會之。見後。

張莫灘，自烏石灘東北流，至此一里。水深一丈三尺，面闊一百四十丈。有香溪水自東來注之。

泉湖渡口，自張莫灘東北流，至此五里九分。水深一丈五尺，面闊一百五十五丈。

洲上埠，自泉湖渡口東北流，至此二里。水深一丈五尺，面闊一百五十五丈。

施家灘，自洲上埠西北流，至此一里五分。水深一丈五尺，面闊一百五十五丈。有大梅溪水自東來會之。見後。

金家灘，自施家灘西北流，至此三里。水深一丈，面闊二百十丈。有慕塢源、烏石源合流，自西來注之。

楊公埠北，自金家灘東北流，至此七里。水深六尺，面闊一百四十丈。有七都源水自東來注之。

將軍巖西，自楊公埠北首北少東流，至此四里。水深一丈一尺，面闊一百二十丈。與嚴州府建德縣分界。

枝流乾溪。

塔踏嶺，乾溪自此發源南流，至上百步九里。

永安橋，自上百步南少西流，至此八里五分。有瀘溪水自西北來注之。

乾溪村，自永安橋南流，至此三里。有芝溪水自西北來會之。見後。

峴山溪口，自乾溪村東南流，至此十里。

八公山脚，自峴山溪口東南流，至此二里。分一支東流爲泉湖，亦入蘭港。

慕親橋，自八公山脚東少南流，迤而東，至此三里五分。又東流一里五分至烏石灘入蘭港。

枝流芝溪。

回龍橋，芝溪自嚴州府建德縣流至此入境。又東南流，至芝溪橋七里五分。又東南流五里五分，至乾溪村入乾溪。

枝流大梅溪。

橫木市，大梅溪一名龍門溪。自浦江縣流至此入境，又西流，至百聚社市六里。有小梅溪水自東北來會之。見後。

馬澗山北，自百聚社市西流，折而西南，至此十一里。有騾溪水自東南來注之。

石塘山西北，自馬澗山北口西南流，折而西，至此六里五分。有石渠溪水自南來注之。又西流八里五分，至施家灘入蘭港。

枝流小梅溪。

茶嶺，小梅溪自此發源南流，至金龍橋六里五分。

屠宅村西，自金龍橋西南流，至此六里。有陳後嶺水自北來注之。

世澤橋，自屠宅村西首西南流，至此五里。有大巖嶺水自北來注之，亦名小梅溪。又南流五分至百聚社市入大梅溪。

陸路道里記

東門一名安政門。

幹路

楊士橋，自東門外東南行，至此五里一分。

石關村，自楊士橋東南行，至此二里六分。

龔塘村，自石關村東南行，至此四里。

猫兒橋，自龔塘村東南行，至此二里四分。

板橋村，自猫兒橋東南行，折而東，至此四里六分。

界牌村，自板橋村東少南行，至此三里八分。與金華縣分界。

枝路

楊青橋，自楊士橋東行，至此三里六分。

洞源橋，自楊青橋東少北行，至此三里五分。

白坑村，自洞源橋東少北行，至此四里七分。

玲瓏巖，自白坑村東北行，折而東少南，至此七里四分。與金華縣分界。

枝路

上郭村，自猫兒橋南行，至此二里七分。

黄烟溪口村，自上郭村南行，折而東少南，至此三里八分。

栅川市，自黄烟溪口村東行，折而東南，至此三里。

馬淤村，自栅川市東南行，至此一里弱。與金華縣分界。

南門一名明德門。

幹路

馬公嘴村，自南門外西南行，渡婺港，至此九分。

彭村，自馬公嘴村南少東行，至此一里八分。

何塘村，自彭村東南行，至此三里。

上華村，自何塘村南少東行，至此三里四分。

萬檀市，自上華村南少東行，至此三里。

瓦岡村，自萬檀市南行，至此三里。

缸窑村，自瓦岡村南少西行，至此二里八分。

松嶺背，自缸窑村南少東行，至此三里二分。與金華、湯溪兩縣分界。

枝路

横山村，自馬公嘴村西南行，至此三里二分。

曾公堤，自横山村南少西行，至此二里八分。

瓦竈頭村，自曾公堤南少西行，至此二里五分。

張坑村，自瓦竈頭村西南行，至此二里三分。

兩頭門，自張坑村西南曲曲行，至此六里三分。與湯溪縣分界。

福緣亭，自瓦竈頭村南少西行，至此一里七分。

王家磡村，自福緣亭南少西行，至此二里六分。

聚鳳巖，自王家磡村西南行，折而南，至此二里七分。與湯溪縣分界。

小西門一名隆禮門，與西門毘連，路詳西門。

西門一名清波門。

幹路路向西。

五里亭，自西門外西行，渡蘭港，過溪西市，至此二里七分。

七里村，自五里亭西行，至此二里五分。

十里亭，自七里村西行，至此二里五分。

張澤岡村，自十里亭西少北行，至此四里。

横塘村，自張澤岡村西少北行，至此二里五分。

横邊村，自横塘村西行，至此四里五分。

永昌鎮，自横邊村西行，至此二里四分。

畢家村，自永昌鎮西行，至此二里三分。

殿下朱村，自畢家村西行，至此五里。

徐王廟亭，自殿下朱村西行，至此二里六分。

范西村，自徐王廟亭西少北行，至此三里五分。

雙牌村，自范西村西少北行，至此三里一分。

界趾嶺，自雙牌村西行，至此五里七分。嶺高四丈四尺八寸。與衢州府龍游縣分界。

枝路

延爽亭，自永昌鎮西北行，至此二里七分。

西湖村，自延爽亭西北曲曲行，至此四里三分。

壬勝殿下村，自西湖村西行，至此二里七分。

諸葛市，自壬勝殿下村西行，折而西北，至此五里九分。

長樂橋，自諸葛市西少北行，至此四里三分。與嚴州府壽昌縣分界。

枝路

塔塘橋，自畢家村西南行，至此三里九分。

上石橋，自塔塘橋西南行，至此五里。

萬年橋，自上石橋西少南行，至此三里二分。

水亭市，自萬年橋西少南行，至此四里六分。

横塘姜村，自水亭市西南曲曲行，至此六里五分。與衢州府龍游縣分界。

幹路路向西南。

何家村，自西門外西行，過溪西市，又西南行，至此三里四分。

塘下村，自何家村西南行，折而西少南，至此五里二分。

赤溪橋，自塘下村西少南行，至此四里四分。

挽轎村，自赤溪橋西南行，至此一里六分。

雙溪橋，自挽轎村西南行，至此四里六分。

土橋頭村，自雙溪橋西南行，越湯溪縣境，至此八里三分。

游埠鎮，自土橋頭村復入本境南行，至此四里九分。

柴埠村，自游埠鎮西北行，至此三里。

西山灣村，自柴埠村西少南行，至此四里二分。

兑門江村，自西山灣村西行，至此五里一分。與衢州府龍游縣分界。

幹路 自西門西北。

新店前，自西門外西北行，渡蘭港，至此三里一分。

童家埠村，自新店前西北行，折而北，至此三里五分。

畢村，自童家埠村北少東行，至此一里七分。

女埠鎮，自畢村北少東行，折而東少北，至此一里四分。

祝塘徐村，自女埠鎮西北行，至此五里二分。

界牌村，自祝塘徐村西少北行，至此四里一分。

黄店村，自界牌村西少北行，至此四里八分。

乾溪村，自黄店村西少北行，至此三里。

永安橋，自乾溪村北行，至此一里六分。

劉家村，自永安橋北少東行，至此一里六分。

太平橋，自劉家村東北行，至此一里八分。

朱家倉橋，自太平橋北行，至此四里九分。

塢口村，自朱家倉橋北少西行，至此四里。

塔路嶺，一作坦遂嶺。自塢口村北行，至此三里五分。嶺高三十二丈三尺二寸。與嚴州府建德縣分界。

枝路

莘齋塘角，自新店前西少北行，至此三里三分。

黄大亭，自莘齋塘角西北行，至此三里六分。

上葉村，自黄大亭西北行，至此一里七分。

下江村，自上葉村西北行，至此一里八分。

厚仁市，自下江村西北行，至此三里二分。

塔下張村，自厚仁市西北行，至此二里七分。

叙源村，自塔下張村西少北行，至此二里一分。

楊山頭村，自叙源村西北行，至此五里八分。

八石橋，自楊山頭村西行，折而西少北，至此一里五分。

白下葉村，自八石橋北行，至此七里一分。

葉店嶺村，自白下葉村北少西行，至此六里五分。

儒源二莊，自葉店嶺村北少西行，至此二里四分。

毛樓嶺，自儒源二莊西北行，至此二里九分。嶺高五十丈三尺六寸。與嚴州府壽昌縣分界。

漢壽亭，自莘齋塘角西行，至此三里九分。

胡店村，自漢壽亭西北行，至此二里八分。

萬口村，自胡店村西北行，至此三里。

蓮塘岡村，自萬口村西北行，至此三里七分。

高瑞亭，自蓮塘岡村西北行，至此三里六分。

凌源橋，自高瑞亭西北行，至此三里四分。

新橋，自凌源橋西北行，至此四里二分。

檀村，自新橋西北行，至此五里六分。與嚴州府壽昌縣分界。

枝路

慕親橋，自女埠鎮東北行，至此三里五分。

樓塘村，自慕親橋北少東行，至此七里六分。

花塘村，自樓塘村北少東行，至此四里一分。

界口塘，自花塘村北行，至此七里八分。與嚴州府建德縣分界。

枝路

下陳村，自乾溪村西北行，至此一里九分。

瑞峰院，自下陳村西北行，至此五里六分。

回龍橋，自瑞峰院西行，至此二里六分。與嚴州府建德縣分界。

北門一名拱宸門。

幹路

分路碑，自北門外北少東行，至此二里九分。

前陳村，自分路碑北少東行，至此一里四分。

店前村，自前陳村東北行，至此三里五分。

猫兒橋村，自店前村東北行，至此三里五分。

董宅村，自猫兒橋村東少北行，至此五里一分。

錦塘村，自董宅村東少北行，至此三里三分。

石渠市，自錦塘村東北行，至此七里二分。

虹橋，自石渠市東北行，至此二里四分。

馬澗市，自虹橋東少南行，至此五里一分。

永安橋，自馬澗市東行，至此一里二分。

横大路村，自永安橋東行，折而東少北，至此四里一分。

大塘莊村，自横大路村東北行，至此一里五分。

盤山市，自大塘莊村東少南行，折而東北，至此四里五分。

通濟橋，自盤山市東北行，至此三里五分。

横木市，自通濟橋東行，至此三里五分。與浦江縣分界。

枝路

後陳鮑村，自分路碑北行，至此二里三分。

十里亭，自後陳鮑村北少東行，至此二里三分。

下陳店村，自十里亭東北行，至此五里五分。

後方埠村，自下陳店村東北行，至此六里三分。

洲上埠，自後方埠村東北行，至此三里四分。

密山渡口，自洲上埠北行，至此三里七分。

官塘村，自密山渡口北行，至此二里三分。

中宅基村，自官塘村北少西行，折而北，至此九里九分。

將軍巖，自中宅基村北行，至此二里七分。與嚴州府建德縣分界。

枝路

竹葉塘，自馬澗市東北行，至此六里五分。

百聚社市，自竹葉塘東北行，至此四里六分。

下盛村，自百聚社市東北行，至此三里。

屠宅村，自下盛村東北行，至此三里二分。

大水碓村，自屠宅村東北行，至此二里八分。

金龍橋，自大水碓村東北行，至此二里四分。

何前塢村，自金龍橋東少南行，至此一里六分。

桐木岡村，自何前塢村東少南行，至此一里六分。

水閣塘，自桐木岡村東行，至此一里七分。與浦江縣分界。

枝路

下葉村，自馬澗市北少西行，至此四里五分。

下余村，自下葉村北行，至此四里一分。

清田嶺，亦作清潭嶺。自下余村西北行，折而東北，至此六里八分。與嚴州府建德縣分界。

小北門一名水關門，幹路無。

金華府東陽縣

水路道里記

大白溪東陽江北源。

經流

東白山，大白溪自此發源，西南曲曲流，至西北溪口十五里。有西白溪水自西來注之。

二溪橋，自西白溪口南少東流，至此七里。有白峰溪水自東北來注之。

下程馬村，自二溪橋南少西流，至此八里六分。

上蔡宅村，自下程馬村南少西流，至此六里七分。

鴻玉亭西，自上蔡宅村南少西曲曲流，至此七里七分。有渼沙溪水自東來注之。

白坦鎮，自鴻玉亭西口西少南曲曲流，至此九里。又西南流八里至雙溪口，與定安溪會爲東陽江。

定安溪即歌溪，東陽江南源。

經流

南坑山，定安溪自此發源，西少南曲曲流，至屠坦坑村十里。

雙田橋，自屠坦坑村西北曲曲流，至此十里。

李川橋，自雙田橋曲曲西流，至此四里。

横錦橋，自李川橋西北曲曲流，折而西少南，至此四里。有十指巖水自南來注之。

歌山橋，自横錦橋北少西曲曲流，至此六里。

下蔣村，自歌山橋曲曲西流，至此十五里七分。又西少南流二里三分，至雙溪口與大白溪會爲東陽江。

東陽江

經流

雙溪口，東陽江自此會大白溪、定安溪之水，西流至龍化溪口五里五分。有龍化溪水自南來注之。

筧竹溪口，自龍化溪口西少北流，至此三里。水深二尺五寸，面闊九十丈。有筧竹溪水自西來會之。見後。

泗渡溪口，自筧竹溪口西流，過三硤溪口，至此四里八分。水深三尺二寸，面闊八十丈。

樟村，自泗渡溪口西南流，折而西，至此八里。有雅溪水自南來注之。

麻車埠渡，自樟村北少西流，至此一里。

河頭埠渡，自麻車埠渡西北流，過東溪口，至此三里。

水頭埠渡，自河頭埠渡西北流，至此三里五分。水深二尺八寸，面闊一百丈。有郎坑溪水自北來注之。

麻車渡，自水頭埠渡西少南流，折而西北，過巧溪口、漁溪口，至此八里六分。

何宅村西，自麻車渡西北流，過盤溪口、下崑溪口，至此三里。與義烏縣分界。

枝流筧竹溪。

北高尖，筧竹溪自此發源，西南曲曲流，至清賞橋十一里。

來儀橋，自清賞橋西南流，至此二里四分。

雙溪橋，自來儀橋西少南流，至此三里二分。

梅塢口村，自雙溪橋南少西流，至此二里五分。

筧竹橋，自梅塢口村曲曲南流，至此六里。

海龍橋，自筧竹橋東南流，至此四里五分。

横店橋，自海龍橋東南曲曲流，至此四里五分。

銅坑溪口，自横店橋東南流，至此六里。有銅坑、石馬坑兩溪水合流，自北來注之。

綠竹口市，泥園橋。自銅坑溪口南少東流，至此一里二分。又東南流二里三分，至筧竹溪口入東陽江。

畫溪一名南馬江。

經流

大盆山西南，畫溪自此發源，西南流，至龍潭口橋二里。

渡湖橋，自龍潭口橋曲曲西流，越永康縣界，復入本境，至此十六里六分。

雙溪橋，自渡湖橋北少西曲曲流，至此四里。

安文鎮，北鎮橋。自雙溪橋北少東曲曲流，至此五里五分。

趙塢坑口，自北鎮橋北少西流，至此六里。有趙塢坑溪自西來注之。

泗澤村，自趙塢坑口北少東流，至此六里六分。有十指巖水自北來注之。

世對橋，自泗澤村西北曲曲流，至此九里。

三星山北，自世對橋北少東流，折而西北，至此六里。

湖城頭橋，自三星山北首西南流，至此三里二分。

湖溪市，自湖城頭橋西北曲曲流，至此六里。水深一尺四寸，面闊五十六丈。

馬上湖村，自湖溪市曲曲西流，至此九里。

荆浦橋，自馬上湖村西南流，至此六里五分。水深二尺八寸，面闊六十五丈。有木衢溪水自東南來注之。

樫溪口，自荆浦橋西少南流，至此十七里二分。有樫溪水自南來會之。見後。

南馬市，南溪橋。自樫溪口西流，過避水溪口，至此四里。水深三尺六寸，面闊六十四丈。始通舟楫。

長塢坑口，自南溪橋西少南流，折而北，至此五里。水深三尺一寸，面闊五十八丈。有長塢坑溪自西來注之。

下橋北，自長塢坑口西北流，至此三里八分。水深三尺二寸，面闊六十丈。有磁窑溪水自東來注之。

永濟橋，自下橋北口西北曲曲流，至此四里三分。水深三尺六寸，面闊六十丈。

小梅溪口，自永濟橋西北流，至此四里。有小梅溪水自西來注之。

瑞濟橋，自小梅溪口北少東流，至此二里一分。

小八華山東，自瑞濟橋北少東流，至此四里。有南溪水自東南來注之。

彩虹亭，自小八華山東口北流，折而西北，至此六里。與義烏縣分界。

枝流 榁溪。

五行山，東巖嶺。榁溪自此發源，北少西流，至雙溪橋五里五分。

七星橋，自雙溪橋西北流，過小溪口，至此二里八分。

千祥市，自七星橋北流，折而西，至此八里五分。

繞溪口，自千祥市西流，至此二里。有繞溪水自北來注之。

防軍市，自繞溪口西少北流，至此十二里。

沙城頭村，自防軍市西北流，至此五里。又北流三里，至榁溪口入畫溪。

始豐溪

經流

大盆山南麓，始豐溪自此發源，東北流，至下田村三里五分。

仙角亭，自下田村東少南流，至此七里五分。

昌箕寨，自仙角亭東少北流，至此九里二分。

捲洞橋，自昌箕寨東少北流，至此二里五分。與台州府天台縣分界。

上夾溪

經流

尖山市，上夾溪自此發源，東少南流，至夾溪汛六里。

高山麓，自夾溪汛東流，至此八里。

三洲潭，自高山麓東少北流，至此四里。與紹興府新昌縣分界。

下夾溪

經流

天竺山北麓，下夾溪自此發源，東少南流，至石欄橋七里八分。

橋棚村，自石欄橋東少南流，至此七里六分。

嶺下村，自橋棚村東南流，至此四里五分。

卷橋，自嶺下村東南流，折而東少北，至此四里三分。

横路村，自卷橋東少北流，至此九里七分。

横坑嶺，下夾溪橋。自横路村東少北曲曲流，至此七里三分。與紹興府新昌縣分界。

陸路道里記

東門 一名迎暉門。

幹路

還珠亭，自東門外東行，至此二里六分。

許村，自還珠亭東行，至此四里三分。

三硤橋，自許村東行，至此四里五分。

沈湖橋，自三硤橋東少北行，至此四里五分。

李宅市，自沈湖橋東少南行，至此二里一分。

新屋村，自李宅市東南行，折而東，至此五里九分。

樓西宅，自新屋村東行，至此五里三分。

林頭市，自樓西宅東少北行，過歌山橋，又東南行，至此七里九分。

横錦橋，自林頭市東南行，至此三里五分。

李川村，自横錦橋東北行，折而東南曲曲，至此四里九分。

八達村，自李川村東行，折而西南，至此三里五分。

三水潭橋，自八達村東南行，至此六里一分。

黄彈嶺村，自三水潭橋東南行，折而東，至此七里三分。

南坑橋，自黄彈嶺村東行，至此三里八分。

茅揚嶺村，自南坑橋東南曲曲行，至此六里六分。

上湖市，自茅揚嶺村東少南行，至此三里四分。

寺前村，自上湖市東少北行，至此五里九分。

趙街村，自寺前村東少北行，折而東南，至此五里二分。

西路寺，自趙街村東南行，折而東少北，至此五里一分。

尖山寺，自西路寺東少北行，至此三里八分。

萬清亭，自尖山寺東少南行，至此四里五分。

梅枝嶺，自萬清亭東少北行，至此十五里八分。與台州府天台縣分界。

枝路

下蔣村，自沈湖橋曲曲東行，至此四里三分。

正堂塢村，自下蔣村東行，至此五里二分。

甽干村，自正堂塢村東少北行，至此五里八分。

茶場村，自甽干村東少北行，至此七里二分。

獨山村，自茶場村東行，至此三里四分。
分路碑，自獨山村東少北曲曲行，至此四里五分。
善鎮嶺，自分路碑東北行，至此四里九分。
桑梓村，自善鎮嶺東北行，至此三里四分。
相見亭，自桑梓村東北行，至此五里四分。
玉婆嶺，自相見亭北行，至此九里。與紹興府嵊縣分界。

枝路

三宅口，自上湖市東行，至此二里八分。
嶺東嶺村，自三宅口東南行，至此七里九分。
瑞香庵，自嶺東嶺村東南曲曲行，至此六里九分。
廣濟橋，自瑞香庵東行，至此七里四分。
笠坑村，自廣濟橋東少北行，折而東，至此六里一分。
石門橋，自笠坑村東行，至此五里五分。與台州府天台縣分界。

枝路

卷橋，自尖山市西北行，至此六里九分。
橋棚村，自卷橋西北行，至此九里一分。
石欄橋，自橋棚村西北行，至此七里六分。
二頭門村，自石欄橋西少北行，至此六里五分。又西少北行十里一分，至分路碑與自沈湖橋起之枝路合。

東南門一名東峴門，幹路無。

南門一名雙峴門。

幹路

萬年亭，自南門外南行，至此四里一分。
萬元亭，自萬年亭南少東行，至此五里五分。
官清嶺村，自萬元亭東少南行，至此五里六分。
下齊村，自官清嶺村南少西行，至此六里三分。
上倉岡村，自下齊村西南行，至此四里四分。
石鼓亭，自上倉岡村西南行，至此五里七分。東南通南馬市。
安田馬村，自石鼓亭西南行，至此二里六分。
鮑宗橋，自安田馬村西南行，至此五里二分。
長塢坑村，自鮑宗橋西南行，至此六里。與永康縣分界。

枝路

裏塘塢村，自萬年亭南少西行，至此七里三分。
上朱橋，自裏塘塢村西行，至此三里一分。
王磡頭鎮，自上朱橋西南行，至此七里三分。
石橋頭，自王磡頭鎮西南行，折而南少東，至此三里二分。
黄田畈市，自石橋頭西南行，至此四里七分。
許宅村，自黄田畈市西少南行，至此四里七分。
王坑村，自許宅村西少南行，至此二里三分。
下墅村，自王坑村西行，至此三里。與義烏縣分界。

枝路

廿里牌村，自萬元亭東南行，至此五里。
姜山頭村，自廿里牌村東南行，至此五里二分。
横店市，荆浦橋。自姜山頭村南少東行，至此六里四分。
陳大塘村，自荆浦橋東南行，至此四里六分。
金良村，自陳大塘村南行，至此四里二分。
木衢橋村，自金良村東行，折而東南，至此八里七分。
硃石嶺，自木衢橋村東南行，折而東曲曲，至此十一里五分。
安文鎮，自硃石嶺曲曲東行，折而東南，至此七里。
金盤村，自安文鎮西南行，至此四里一分。
渡湖橋，自金盤村東南行，至此四里九分。
龍潭口橋，自渡湖橋曲曲東南行，越永康縣界，至此十七里三分。
大盆橋，自龍潭口橋復入本境，東南行，折而東北，過大盆嶺，至此五里九分。
下田村，自大盆橋東北行，至此二里九分。
仙角亭，自下田村東南行，至此七里五分。
昌箕寨，自仙角亭東少北行，至此九里二分。
捲洞橋，自昌箕寨東少北行，至此二里五分。與台州府天台縣分界。
馬上湖村，自姜山頭村東南行，折而東，至此七里五分。
新莊村，自馬上湖村東行，折而東南，至此五里八分。

湖溪市，自新莊村東少南行，至此三里一分。

湖城頭村，自湖溪市東南曲曲行，至此四里六分。

避水嶺脚村，自湖城頭村東南曲曲行，至此六里一分。

泗澤村，自避水嶺脚村東南曲曲行，至此六里。

牆裏村，自泗澤村東北曲曲行，至此四里三分。

佛堂村，自牆裏村東北行，至此三里二分。

下燦村，自佛堂村東北行，至此四里三分。

泗洲堂，自下燦村東行，折而北，至此六里七分。

長坑村，自泗洲堂北少東行，折而東，又折而東南，至此八里八分。

里西橋，自長坑村曲曲南行，折而東，至此七里七分。

黄巖前村，自里西橋東南行，至此七里六分。

板沸村，自黄巖前村東南行，至此三里七分。

小坑門村，自板沸村曲曲東行，至此四里二分。

泗洲堂村，自小坑門村南少東行，折而東，至此七里五分。

蘆峰北，自泗洲堂村東少南行，至此四里三分。與台州府天台縣分界。

忠塘村，自横店市西南行，至此六里九分。

白塔村，自忠塘村西南行，至此七里四分。

防軍市，自白塔村南少西行，折而南少東，至此五里。

上市村，自防軍市西南行，至此三里四分。與永康縣分界。

石涼亭，自金良村南少東行，至此七里七分。

光明寺前村，自石涼亭東南行，折而南少西，至此五里三分。

胡公橋，自光明寺前村曲曲南行，至此四里六分。

孔宅村，自胡公橋曲曲南行，至此六里四分。

雙牌村，自孔宅村南少東曲曲行，至此十里三分。與永康縣分界。

千祥市，自胡公橋西北行，折而西，至此五里九分。

金村，自千祥市西行，至此五里七分。

巖洞嶺，自金村西南行，至此四里五分。與永康縣分界。

枝路

大田頭市，自下齊村南行，至此三里三分。

南山村，自大田頭市南少西行，至此五里一分。

葛府村，自南山村南行，至此五里二分。

界牌村，自葛府村南行，至此七里五分。與永康縣分界。

西南門一名西峴門，幹路無。

西門一名瞻婺門。

幹路

城道門村，自西門外西少北行，至此三里。

前椿廟，自城道門村西北行，至此二里四分。

茶亭，自前椿廟西北行，折而西，至此三里。

墈井村，自茶亭西北行，至此二里六分。

吴孫嶺麓，自墈井村西少北行，至此五里九分。與義烏縣分界。

枝路

王麻車村，自前椿廟北少西行，至此三里六分。

何宅村，自王麻車村北少西行，至此二里九分。與義烏縣分界。

小西門

幹路

和溪橋，自小西門外西北行，至此一里。

水埠頭渡，自和溪橋北少西行，至此五里三分。

屏石頭村，自水埠頭渡東北曲曲行，至此七里七分。與義烏縣分界。

北門一名通江門。

幹路

亭塘村，自北門外北少東行，至此六里六分。

五支亭，自亭塘村北少東行，至此三里。

金家莊村，自五支亭東北行，至此五里一分。

楊樹蓬村，自金家莊村北行，至此四里七分。

梅塢口村，自楊樹蓬村東北行，至此五里二分。

嶺北周村，自梅塢口村北少東行，折而東北，至此五里八分。

羊角村，自嶺北周村東北行，至此五里。

水打應村，自羊角村東北行，至此五里二分。

月半嶺，自水打應村東北行，至此三里九分。與紹興府諸暨縣分界。

小東門一名新安門。

幹路

麻車埠渡，自小東門外東行，折而東北，至此五里二分。

蟠溪村，自麻車埠渡東行，折而東北，至此七里五分。

緑石口市，自蟠溪村東行，至此五里七分。

倉裏村，自緑石口市東行，至此四里七分。

吴良市，自倉裏村東少北行，至此六里。

白坦鎮，自吴良市東少北行，至此二里八分。

鴻玉亭，自白坦鎮東北曲曲行，至此五里五分。東南通巍山鎮。

上蔡宅村，自鴻玉亭東北行，至此五里。

下程馬村，自上蔡宅村東北行，至此五里七分。

裏莊村，自下程馬村東北行，至此六里二分。

溪口村，自裏莊村北少東行，至此四里九分。

白峰嶺，自溪口村東北行，至此六里三分。嶺高一百六十三丈八尺。與紹興府嵊縣分界。

枝路

上盧市，自麻車埠渡東北行，至此七里五分。

下社姆村，自上盧市東北行，至此五里四分。

樓裏村，自下社姆村北少西曲曲行，至此四里五分。又曲曲北行七里五分，至梅塢口村入北門幹路。

金華府義烏縣

水路道里記

東陽江一名烏傷江，一名義烏江。

經流

何宅村西，東陽江自東陽縣流至此入境，又西北流，至沙盤村一里七分。有廿三里溪水自東北來注之。

渡江橋，自沙盤村西北流，過洞溪口，至此二里三分。水深二尺二寸，面闊六十三丈。

瑞雲溪口，自渡江橋西北流，過下葛溪口，至此三里。水深二尺三寸，面闊七十九丈。有瑞雲溪水自北來會之。見後。

麟溪橋南口，自瑞雲溪口西少南流，至此二里三分。有麟溪水自北來會之。見後。

王排村，自麟溪橋南口西少南流，至此五里九分。水深一尺，面闊五十八丈。

東江橋，自王排村西南流，過鮎溪口，至此五里。水深二尺，面闊五十九丈。

月巖西北，自東江橋西南流，至此四里三分。有繡湖水自北來會之。見後。

西江橋，自月巖西北首西南流，至此一里。水深一尺四寸，面闊五十九丈。

江灣市，自西江橋西南流，過會善溪口，至此六里六分。

叢山村東，自江灣市南少西流，至此三里。水深一尺，面闊五十一丈。有畫溪水自東南來會之。見後。

萬善橋，自叢山村東首西南流，折而南，至此五里五分。水深二尺四寸，面闊五十四丈。有吴溪水自東南來會之。見後。

吴店村，自萬善橋西少南流，至此七里二分。水深一尺，面闊五十丈。

祝村，自吴店村西南曲曲流，至此九里七分。水深一尺一寸，面闊六十丈。

低田市，自祝村西南流，至此三里。水深四尺五寸，面闊七十五丈。與金華縣分界。

枝流瑞雲溪。

白馬山，瑞雲溪自此發源，西南曲曲流，至瑞雲橋七里三分。

白岸村，自瑞雲橋曲曲南流，至此八里五分。又南流五分至瑞雲溪口入東陽江。

枝流麟溪。

棗頭山，麟溪自此發源東南流，折而南，至徐家嶺村東五里八分。

下西陶村，自徐家嶺村東首南流，至此四里九分。又南流折而東南十一里五分，至麟溪橋南口入東陽江。

枝流繡湖。

外公山，繡湖自此發源，南少西曲曲流，至柳村市東四里八分。

石橋頭村，自柳村市東首東南流，折而南，至此四里七分。

杜宅村，自石橋頭村南流，至此三里七分，瀦而爲湖。又東南曲曲流，折而西南四里五分，至月巖西北入東陽江。

枝流畫溪。

彩虹亭，畫溪自東陽縣流至此入境，又西北流，至八嶺北麓六里五分。

江南村，自八嶺北麓西北流，至此六里七分。又西北流三里八分，至叢山村東入東陽江。

枝流吴溪。

金山麓，吴溪自此發源，東北流，至蜀塘五里。

東溪口，自蜀塘東北曲曲流，至此七里。有東溪水自西來注之。

田心莊東北，自東溪口東南流，折而東少北，至此三里三分。有丹溪水自東南來會之。見後。

李宅村，自田心莊東北首曲曲北流，至此三里五分。又西北流一里，至萬善橋入東陽江。

枝流丹溪。

跐嶺，一名掛紙嶺。丹溪自此發源，東少南流，折而西北曲曲，至白塢坑橋七里。

上吴村，自白塢坑橋北少西曲曲流，至此七里九分。

陶宅村，自上吴村北流，至此七里六分。

赤岸市，自陶宅村北少東流，至此四里。有青溪水自西南來會之。見後。又曲曲北流六里三分，至田心莊東北入吴溪。

枝流青溪。

楓坑嶺，青溪自此發源，東北曲曲流，至半坑橋四里八分。

李家村，自半坑橋東北流，至此四里七分。

白虎巖西，自李家村東北流，至此三里九分。

青溪橋，自白虎巖西麓東北曲曲流，至此五里。有石安山水自西北來注之。

塢源山東麓，自青溪橋東少南流，折而北少東，至此三里八分。又北流七里九分，至赤岸市入丹溪。

八素溪

經流

八曲山，八素溪自此發源，西南流，至大寒山麓四里五分。

牛頭山北麓，自大寒山麓西流，至此三里三分。與金華縣分界。入金華後爲松溪。

酥溪

經流

天圣潭，酥溪自此發源，南少西流，至龍旂山西麓十里九分。

酥溪橋，自龍旂山西麓西南流，折而西，至此十五里七分。

青龍頭山，自酥溪橋西北曲曲流，至此五里八分。

葛溪口，自青龍頭山西北曲曲流，至此八里五分。有葛溪水自東來注之。

外塢，自葛溪口東北流，至此十一里。與浦江縣分界。

陸路道里記

東鄉縣無城，從圈門起。餘倣此。

幹路

鮎溪橋，自東圈門一名朝陽門。外東行，至此三里九分。

上王園村，自鮎溪橋東少北行，至此二里四分。

青口村，自上王園村東行，至此三里八分。

胡公廟村，自青口村東南行，至此二里三分。

下崑溪北，自胡公廟村東南行，至此三里六分。與東陽縣分界。

南鄉

幹路

西江橋，自南圈門一名文明門。外西南行，至此三里九分。

洋灘村，自西江橋西南行，折而南曲曲，至此九里。

南馬江渡，自洋灘村西南行，至此一里八分。

佛堂鎮，自南馬江渡西南行，至此六里五分。

野墅市，自佛堂鎮西少南行，至此五里。

培磊市，自野墅市西南行，至此七里二分。

下平望村，自培磊市南少西行，過上平望村，至此五里四分。

吴店村，自下平望村南行，至此五里。

官俞村東，涼亭。自吴店村西南行，至此六里五分。

烏巖山北，自涼亭西南行，至此九里五分。與武義縣分界。

枝路

上王村，自西江橋西南行，至此三里九分。

江灣市，自上王村西南行，至此五里六分。

上河溪村，自江灣市西南行，至此五里七分。

萬善橋，佛堂鎮。自上河溪村南行，至此五里二分。

缸窑村，自佛堂鎮西少南行，至此九里九分。

低田市，自缸窑村西少南行，至此六里七分。與金華縣分界。

枝路

獺仙亭，自南馬江渡東南行，至此九里九分。

彩虹亭，自獺仙亭東南行，至此四里八分。與東陽縣分界。

枝路

白安殿，自佛堂鎮東南行，至此九里八分。

界碑，自白安殿曲曲南少東行，至此五里六分。與東陽縣分界。

枝路

上吴村，自佛堂鎮東南行，折而南少西，過玩鵝亭，又折而西南，至此六里六分。

榮善亭，自上吴村西南行，折而南，至此六里。

三角毛店，自榮善亭南行，折而西南，復折而南，至此十一里六分。

半坑橋，自三角毛店西南行，折而東南，至此十一里九分。

楓坑嶺，自半坑橋東南行，折而西南，至此五里。嶺高一百十八丈。與永康縣分界。

獅子山西，自三角毛店東北行，折而東南，至此十里五分。

跐嶺，自獅子山西首東南行，折而南，至此十里二分。嶺高一百六十九丈。與永康縣分界。

西鄉

幹路

稠關村，自西圈門一名迎恩門。外西行，至此二里三分。

楊村，自稠關村西少南行，至此三里六分。

八靈橋村，自楊村西少南行，至此四里三分。

所憩亭，自八靈橋村西南行，至此六里五分。

義亭市，自所憩亭西南行，至此七里一分。

王堰頭村，自義亭市西南行，至此七里八分。

金義橋，自王堰頭村西南行，至此一里四分。與金華縣分界。

西北鄉

幹路

玩湖亭，自西北圈門即小西門，一名湖清門。外西北行，至此三里。

楊家村，自玩湖亭西北行，至此六里八分。

普濟橋，自楊家村西北行，至此十里六分。

界牌，自普濟橋西北行，至此五里二分。與浦江縣分界。

北鄉

幹路

涵春亭，自北圈門一名拱辰門。外東北行，至此四里一分。

十里牌，自涵春亭北行，至此五里一分。

息息亭，自十里牌北少東行，至此三里。

植槐亭，自息息亭北少東行，至此八里七分。

酥溪鎮，自植槐亭北少東行，至此六里。

北里村，自酥溪鎮北行，至此七里四分。

楂林市，自北里村北行，折而東北曲曲，至此十里。

善坑嶺，自楂林市北少東行，折而北少西，至此十二里五分。嶺高一百十四丈五尺。與紹興府諸暨縣分界。

枝路

月牌塘村，自酥溪鎮東南行，至此三里七分。

塘頭應村，自月牌塘村南少東行，至此四里。

瑞雲塘村，自塘頭應村南少東行，至此二里九分。

東陳村，自瑞雲塘村南少東行，至此五里九分。

沙盤村，自東陳村南行，過廿三里鎮曲曲，至此六里四分。

何宅村，自沙盤村南行，至此二里三分。與東陽縣分界。

小北門一名通惠門。幹路無。

東北鄉

幹路

上趙宅村，自東北圈門即小東門，一名慶雲門。外東北曲曲行，至此四里六分。

白岸村，自上趙宅村曲曲東行，至此十里四分。

廿三里鎮，自白岸村東南行，至此四里七分。

華溪橋，自廿二里鎮東行曲曲，至此七里八分。

後畈村，自華溪橋東南曲曲行，至此三里八分。與東陽縣分界。

金華府永康縣

水路道里記

華溪

經流

密浦山，華溪自此發源南流，至下朱橋六里九分。水深一尺，面闊十四丈。

古山市，自下朱橋西南流，至此七里六分。水深一尺，面闊十五丈。

寺後村，自古山市西南流，至此六里。水深一尺五寸，面闊十八丈。

鶴鳴橋，自寺後村西南流，至此七里。水深一尺，面闊二十丈。

後曹橋西，自鶴鳴橋西南流，折而西北，至此十五里六分。水深一尺八寸，面闊五十五丈。有酥溪自東北來會之。見後。

仁政橋，自後曹橋西口西流，至此二里八分。水深二尺，面闊六十丈。有北溪自北來注之。又西南流八分至雙溪口，與南溪會爲永康港。

枝流酥溪。

崍源坑山，酥溪自此發源，南少東流，至象珠市十一里。

清渭街市，自象珠市南少東流，至此五里。

石湖溪口，自清渭街市東南流，至此二里。有石湖溪自東北來注之。

朱明溪口，自石湖溪口曲曲南流，折而西少南，至此十二里五分。有朱明溪自北來會之。見後。又西南流六里八分，至後曹橋西入華溪。

枝流朱明溪。

木渠坑山，朱明溪自此發源，南少西流，至下呂橋六里五分。

朱明橋，自下呂橋南少東流，至此十四里四分。又曲曲南流五里三分，至朱明溪口入酥溪。

南溪

經流

界牌市西，南溪自處州府縉雲縣在縉雲縣爲建洋溪。流至此入境，又北少東流，過盧溪口，又西北流，至館頭嶺脚十一里二分。

橫坑溪口，自館頭嶺脚北少西流，至此五里五分。有橫坑溪自西來注之。

永豐橋，自橫坑溪口西北流，至此二里八分。

李溪市西南，自永豐橋北流，折而東北，至此八里四分。有李溪自東來會之。見後。

趙宅村，自李溪市西南口北流，折而西，至此七里。又北流，折而西北八里八分，至雙溪口與華溪會爲永康港。

枝流李溪。

銅山嶺，李溪自此發源，西南曲曲流，至吉竹橋二十三里。

可投應村，自吉竹橋北少西流，至此七里七分。

通靈橋，自可投應村西北流，折而西，至此四里三分。

洞心橋，自通靈橋西少南流，至此六里五分。

庭白溪口，自洞心橋西南流，至此八里二分。有庭白溪自東南來注之。又西流三里三分，至李溪市西南入南溪。

永康港

經流

雙溪口，永康港自此會華溪、南溪之水西少北流，至西門溪口八分。水深三尺，面闊六十五丈。有西門溪自北來注之。

鳳凰塔前，自西門溪口西南流，至此四里四分。水深三尺二寸，面闊六十丈。

青龍埠東，自鳳凰塔前西南流，至此二里八分。水深三尺，面闊六十五丈。有高坑溪自南來會之。見後。

桐琴渡，自青龍埠東口曲曲西流，至此七里四分。水深四尺，面闊六十丈。

桐琴市，自桐琴渡西少北流，折而西南，至此二里六分。水深三尺，面闊六十丈。與武義縣分界。

枝流高坑溪。

交嶺，高坑溪自此發源，曲曲西北流，至仙溪口十四里七分。有仙溪自西來注之。

七星橋，自仙溪口北少東流，至此三里。

西字橋，自七星橋東北流，至此四里。又北流，折而西十里，至青龍埠東入永康港。

雙牌溪

經流

八盆嶺，雙牌溪自此發源，東少北流，折而東少南，至雙牌村三里。

新屋市北，自雙牌村東南流，至此五里。

雙溪橋，自新屋市北首南少西流，至此十二里六分。與處州府縉雲縣分界。入縉雲縣境爲靈溪。

櫸溪

經流

大嶺，櫸溪自此發源，曲曲東流，至櫸溪村八里五分。

下沙溪村，自櫸溪村東流，折而東北，又折而東，至此七里七分。有盆溪自北來注之。

后角村，自下沙溪村東流，至此六里九分。

丁埠頭村，自后角村曲曲東南流，至此五里六分。

上山東南，自丁埠頭村曲曲南流，至此七里七分。與台州府仙居縣分界。入仙居縣境爲萍溪。

陸路道里記

東鄉

幹路路向東。

王石裏亭，自東圈門又名望春門。外東少北行，至此六里三分。

金山村，自王石裏亭東北行，至此四里。

鶴鳴橋，自金山村東北行，至此四里八分。

寺後村，自鶴鳴橋東北行，至此八里六分。

古山市，自寺後村東北行，至此七里六分。

大江畈村，自古山市東北行，至此三里九分。

黄巖口村，自大江畈村東北行，至此六里五分。

青山口村，自黄巖口村東南行，至此七里一分。

閘口村，自青山口村東少南行，折而東北，至此六里三分。

唐溪村，自閘口村東南行，至此六里。南通四府嶺，入縉雲縣界。

上木村，自唐溪村東行，折而東北，至此三里一分。

八盆嶺，自上木村東少南行，折而東，至此七里二分。嶺高十八丈四尺。

雙牌村，自八盆嶺東行，至此五里二分。

新屋市，自雙牌村東行，折而南少東，至此七里。西南通雙溪橋，東南通黄連嶺，皆入縉雲縣界。

上盧村，自新屋市東北行，至此五里八分。

張坑塘村，自上盧村東北行，至此四里四分。

源潭村，自張坑塘村東南行，至此九里二分。

馬祥村，自源潭村東少北行，至此三里四分。

蟠坑嶺，自馬祥村曲曲東行，折而東南，至此十里四分。嶺高四十八丈三尺。

都司署，自蟠坑嶺曲曲東南行，至此七里九分。西通大嶺，入縉雲縣界。

下沙溪村，自都司署東少北行，折而東，至此七里七分。北通小盆嶺，入東陽縣界。

后角村，自下沙溪村東行，至此六里九分。

丁埠頭村，自后角村曲曲東南行，至此五里六分。

黄泥口，自丁埠頭村南少東曲曲行，至此四里七分。

風門嶺，自黄泥口東少南行，至此八里。與台州府仙居縣分界。

枝路

芝英市，自鶴鳴橋東少北行，至此七里七分。

三閣殿，自芝英市東少北行，至此五里六分。又東行四里九分，至派溪市與自黄巖口村起之枝路合。

枝路

橋後岡村，自古山市東北行，至此四里五分。

下朱橋，自橋後岡村東北曲曲行，至此八里九分。

後街朱村，自下朱橋東北行，至此三里六分。

四路口市，自後街朱村東北行，至此四里四分。

龍頭，自四路口市東少北行，至此二里二分。與東陽縣分界。

枝路

金城坑市，自黄巖口村西南行，至此五里四分。

樓店村，自金城坑市南少西行，至此三里六分。

派溪市，自樓店村南少西行，至此五里八分。

獨松村，自派溪市東少南行，至此五里四分。

銅山嶺，自獨松村東少南行，至此六里。嶺高二十丈四尺。

上九嶺，自銅山嶺東南行，至此十三里。嶺高一百十丈三尺。與處州府縉雲縣分界。

枝路

木橋，自張坑塘村北少西行，至此五里。

屋樓口村，自木樓北少西行，折而北少東，至此二里七分。

三巖石，自屋樓口村東北行，至此七里。與東陽縣分界。

道士墺村，自木橋西行，折而西少北，至此三里三分。

筍嶺，自道士墺村西北行，至此五里八分。嶺高六丈九尺。與東陽縣分界。

枝路

上盧嶺，自丁埠頭村東北行，至此十里七分。嶺高五十一丈三尺。與台州府天台縣分界。

幹路路向東南。

高鎮東，自東圈門外東少南行，至此四里。

牛塘頭村，自高鎮東首南少東行，至此四里三分。

李溪市，自牛塘頭村東南行，至此四里三分。

石柱街市，自李溪市南少東行，折而南少西，至此三里三分。

前倉市，自石柱街市曲曲南行，至此九里七分。

界碑市，自前倉市南少東曲折行，至此十七里二分。與處州府縉雲縣分界。

枝路

下馬村，自高鎮東首東南行，折而東北，至此六里四分。

船塢村，自下馬村東少南行，至此五里。

俞邱頭村，自船塢村東南行，折而東少南，至此九里。

通靈橋，自俞邱頭村東北行，至此五里二分。

可投應村，自通靈橋東行，折而東南，至此四里三分。

苦竹村，自可投應村東南行，折而東，又折而南，至此五里一分。

木坦村，自苦竹村南少東行，至此五里。

洪茂嶺，一名楊溪嶺。自木坦村東南行，至此十里二分。嶺高六十九丈九尺。與處州府縉雲縣分界。

井頭村，自通靈橋東北行，至此五里二分。

方巖脚市，自井頭村北少東行，至此四里四分。又東少北行四里六分至派溪市，與向東幹路内自黄巖口村起之枝路合。

枝路

麻車店市，自石柱街市東南行，至此六里九分。

下金塘村，自麻車店市東行，折而南，至此四里四分。

舟山市，自下金塘村東南行，至此九里。

上居嶺，自舟山市曲曲南行，至此九里八分。嶺高六十四丈六尺。與處州府縉雲縣分界。

南鄉

幹路

西津橋，自南圈門又名文明門。外西南行，至此八分。

麻車頭村，自西津橋南少西行，至此六里七分。

三都坑村，自麻車頭村南少西曲曲行，至此七里九分。

高坑口村，自三都坑村西南行，至此五里。

交嶺，自高坑口村南少西行，折而東南，又折而西南，至此十四里七分。嶺高二十八丈。與處州府縉雲縣分界。

枝路

馬鬃嶺村，自西津橋南行，折而東，至此五里。

溪深村，自馬鬃嶺村東行，折而南，至此三里二分。

山後盧村，自溪深村西南行，至此五里一分。

皮嶺脚，自山後盧村東南行，至此三里四分。

前塘村，自皮嶺脚東南行，至此六里。

大陳村，自前塘村東行，折而南少西，至此五里八分。

紫鳳嶺，自大陳村南少東曲曲行，至此十二里九分。嶺高六十丈三尺。與處州府縉雲縣分界。

枝路

界碑，自三都坑村西少北行，至此八里。與武義縣分界。

西南鄉

幹路

楊家廟，自西南圈門即西小門，又名由義門。外西少南行，至此四里四分。

五錦橋，自楊家廟西少南行，至此四里四分。

桐琴渡口，自五錦橋西少南行，至此六里二分。

桐琴市，自桐琴渡口西南行，至此二里五分。與武義縣分界。

西鄉

幹路

烈橋市，自西圈門又名麗金門。外西北行，至此六里一分。

花街市，自烈橋市西少北行，至此六里二分。

永安亭，自花街市西北行，至此三里五分。

楊公橋市，自永安亭西行，至此七里。與武義縣分界。

枝路

森塘村，自楊公橋市東首曲曲南行，至此四里。與武義縣分界。

北鄉

幹路

雙龍庵亭，自北圈門即北門。外北行，至此五里二分。

仙洞門，自雙龍庵亭北少西行，至此七里。

大堰村，自仙洞門西北行，至此四里五分。

楓坑市，自大堰村曲曲北行，折而西，至此八里九分。

楓坑嶺，自楓坑市西北行，至此五里。嶺高八十一丈三尺。與義烏縣分界。

枝路

大元村，自楓坑市西行，至此五里。

橫溪馬村，自大元村西行，至此四里八分。

董村，自橫溪馬村西行，至此七里七分。與武義縣分界。

柳溪坑村，自橫溪馬村北少東行，至此二里九分。

王蟠嶺，自柳溪坑村曲曲北行，至此八里。嶺高五十二丈。與義烏縣分界。

東北鄉

幹路

十里亭，自東北圈門即小東門。外東北行，至此七里八分。

朱明村，自十里亭東北行，至此四里六分。

清渭街市，自朱明村東北行，至此五里七分。

三塔村，自清渭街市東北行，至此三里。

上考村，自三塔村北少東行，至此七里。

巖前村，自上考村東北行，至此六里八分。

長塢坑村，自巖前村東北行，至此八里一分。與東陽縣分界。

枝路

象珠市，自三塔村西北行，至此四里二分。

九里口村，自象珠市西少北行，至此四里五分。

下呂橋，自九里口村西行，至此四里。又西少北行七里，至楓坑市入北鄉幹路。

枝路

石湖坑村，自上考村曲曲西北行，至此八里。

趾嶺，自石湖坑村西北行，至此五里。嶺高四十六丈七尺。與義烏縣分界。

金華府武義縣

水路道里記

武義港一名永康港。

經流

桐琴市，武義港自永康縣流至此入境，又西少北流，至倪橋北口四里。水深三尺一寸，面闊三十九丈三尺。有白革溪水自南來注之。

東皋市西北，自倪橋北口西流，至此二里六分。水深二尺八寸，面闊三十七丈。有清溪水自南來會之。見後。

郭洞溪口，自東皋市西北口西流，折而西北，至此十一里四分。水深二尺九寸，面闊四十丈四尺。有郭洞溪水自西南來注之。

熟溪口，自郭洞溪口西北流，至此七里二分。水深三尺七寸，面闊四十二丈。有熟溪水自西南來會之。見後。

白溪渡，自熟溪口北流，至此一里五分。水深三尺二寸，面闊三十七丈九尺。

白陽渡，自白溪渡曲曲西北流，至此四里三分。水深三尺一寸，面闊三十丈三尺。

桃溪口，自白陽渡西北流，至此九里四分。水深三尺二寸，面闊三十八丈三尺。有桃溪水自西南來會之。見後。

朱吳溪口，自桃溪口北少西流，至此三里。水深二尺九寸，面闊四十二丈五尺。有朱吳溪水自東北來注之。

葉長渡，自朱吳溪口西北流，折而西，至此二里五分。水深三尺四寸，面闊四十三丈。

范村西，自葉長渡北流，折而西北，至此五里。水深三尺六寸，面闊三十九丈二尺。與金華縣分界。

枝流清溪。

大黄嶺，清溪自此發源曲曲北流，至蘇田村九里。

清溪口村，自蘇田村北流，至此四里。又北少東流十二里，至東皋市西北入武義港。

枝流熟溪。

石界，熟溪自宣平縣流至此入境，又東北流，至內蘇陽鎮九里。

白姆鎮，自內蘇楊鎮東北流，折而東，至此十一里。

小坑溪口，自白姆鎮東少南流，至此二里。有小坑溪水自西北來注之。

里蘭橋，自小坑溪口東流，至此十二里五分。

弧溪口，自里蘭橋東流，至此一里。有弧溪水自西南來注之。

苦竹溪口，自弧溪口東少北流，至此六里。有苦竹溪水自南來注之。

雙坑溪口，自苦竹溪口東北流，至此九里。有雙坑溪水自南來注之。

熟溪渡，自雙坑溪口北流，折而東，至此四里。水深二尺五寸，面闊三十二丈。

熟溪橋，自熟溪渡東少北流，至此二里五分。又東北流四里，至熟溪口入武義港。

枝流桃溪。

茶山，桃溪自此發源，東少南流，至馬府市五里。

羅橋，自馬府市東北流，至此五里。

桃溪橋，自羅橋東北流，至此九里六分。

郭橋，自桃溪橋北流，折而東北，至此十四里四分。又東北流六分，至桃溪口入武義港。

下乾溪

經流

大家山，下乾溪自此發源北流，至桑葉塢三里五分。

官山西，自桑葉塢東北曲曲流，至此七里五分。

喻史村，自官山西麓北流，折而西北曲曲，至此五里五分。與金華縣分界。

梅溪

經流

龍潭山西，梅溪自處州府宣平縣流至此入境，又東北流，至三斷潭二里五分。

米篩灘，自三斷潭東北流，至此三里五分。與金華縣分界。

日溪

經流

橫山嘴，日溪自麗水縣流至此入境，又西北流，至洩溪口二里。有洩溪水自西北來會之。見後。

溪下村西，自洩溪口西流，至此一里六分。與處州府宣平縣分界。入宣平縣境爲歐潤。

枝流洩溪。

青蓬嶺，洩溪自此發源西北流，至李村五里。

大妃橋，自李村曲曲西流，至此九里五分。

骨牌嶺北，自大妃橋南少西曲曲流，至此六里。

烏門村，自骨牌嶺北麓曲曲南流，至此六里。

葛衣嶺西，自烏門村東南曲曲流，至此四里一分。又東南曲曲流四里九分，至洩溪口入日溪。

陸路道里記

東門一名鎮東門。

幹路

八素門，自東門外東少北行，至此一里。

白鶴廟，自八素門東北行，至此一里九分。

白溪市，自白鶴廟東少北行，至此三里八分。

後里村，自白溪市東行，至此五里五分。

下金橋，自後里村東少北行，至此三里四分。
新涼亭，自下金橋東少南曲曲行，至此三里三分。
森塘村，自新涼亭東行，至此三里二分。與永康縣分界。
枝路
白陽渡口，自白鶴廟北行，至此三里九分。
下邵村，自白陽渡口北行，至此一里六分。
紫雲亭，自下邵村北行，至此四里五分。
王大路村，自紫雲亭北少東行，至此三里八分。
湯村，自王大路村北少東行，至此四里六分。
大和嶺，自湯村北少東行，至此二里一分。嶺高七丈五尺。
下茭道鎮，自大和嶺北少東行，至此三里八分。
石龍頭，自下茭道鎮西少北行，至此四里四分。與金華縣分界。
內八仙村，自下茭道鎮東行，折而東北，至此二里八分。
金仙寺，自內八仙村東北行，至此一里九分。
沈家村，自金仙寺東北行，至此三里八分。
長岡嶺，自沈家村東北行，折而東少南，至此一里六分。嶺高四十六丈。
南溪村，自長岡嶺東行，折而東北，至此六里三分。
王慈溪橋東，自南溪村東少北行，至此二里八分。與義烏縣分界。
上茭道鎮，自下茭道鎮東少南行，至此三里二分。
蔣村，自上茭道鎮東行，折而南少東，至此五里九分。
內白鎮，自蔣村南少東行，至此四里九分。
楊公橋，自內白鎮東南行，至此六里一分。與永康縣分界。
枝路
却金亭，自白溪市東北行，至此二里七分。
沈宅亭，自却金亭東北行，至此四里六分。
內白山南，自沈宅亭東北行，折而東，至此五里三分。
朱黃村，自內白山南麓東少北行，過內白鎮，至此三里。
蘇立畈村，自朱黃村北少東行，至此三里二分。
石壁廟，自蘇立畈村東北行，至此二里二分。
太祖廟，自石壁廟東北行，至此四里强。與永康縣分界。

南門一名來遠門。
幹路
雙路亭，自南門外東南行，至此二里九分。
端村，自雙路亭東南行，折而東，至此四里。
泉溪村，自端村東少南行，折而東，至此六里六分。
張宅村，自泉溪村東行，至此三里。
丁姑橋，自張宅村東行，至此二里六分。
東皋市，自丁姑橋東行，至此八分。
倪橋，自東皋市東行，至此二里。
桐琴市，自倪橋東少南行，折而東少北，至此三里六分。與永康縣分界。
枝路
劉宅村，自張宅村南行，至此四里五分。
楊宅村，自劉宅村南行，至此一里六分。
清溪口村，自楊宅村南行，至此三里。
朱門村，自清溪口村南行，至此二里八分。
蘇田村，自朱門村南行，至此二里二分。
沈嶺下村，自蘇田村東南行，至此五里九分。
夏家畈村，自沈嶺下村東少南行，至此四里八分。與處州府縉雲縣分界。
枝路
敕令橋，自丁姑橋東南行，至此四里六分。
管湖村，自敕令橋東南曲曲行，至此三里一分。
烏石頭村，自管湖村東南曲曲行，至此三里二分。
經堂山南，自烏石頭村東行，至此一里五分。與永康縣分界。
小南門一名文興門。
幹路
問津亭，自小南門外南少西行，過熟溪渡，至此二里二分。
上南湖村，自問津亭南行，至此三里九分。
仙景橋，自上南湖村南行，至此四里。

溪裏村，自仙景橋南少東行，至此三里。

背後村，自溪裏村南少西行，至此四里四分。

水碓後村，自背後村南行，至此三里八分。

破竹園村，自水碓後村南行，至此四里。

龍門坑村，自破竹園村南行，至此四里八分。

龍門嶺，自龍門坑村東南行，至此一里一分。嶺高三十八丈五尺。

李村，自龍門嶺東南行，至此三里九分。

山坑頭村，自李村東少南行，至此二里九分。

青蓮嶺，自山坑頭村東南行，至此三里。嶺高十三丈八尺一寸。

稽勾嶺，自青蓮嶺東南行，至此一里三分强。嶺高六十六丈。與處州府麗水縣分界。

枝路

王山頭村，自上南湖村西南行，至此四里四分。

楓樹亭，自王山頭村西南行，至此二里三分。

苦竹市，自楓樹亭西南行，至此二里九分。

萬年橋，自苦竹市南行，至此一里三分。

倉村，自萬年橋南少東行，至此二里六分。

王村，自倉村南少東行，至此三里三分。

徐村，自王村南行，至此一里。

雙源亭，自徐村南少西行，至此三里一分。

嶺下湯市，自雙源亭西南行，折而南，至此五里。

新巖脚，自嶺下湯市西南行，至此一里一分。與處州府宣平縣分界。

大妃橋，自嶺下湯市東南行，至此五里四分。

蔴鋪村，自大妃橋南行，折而西南，至此四里四分。

塘頭村，自蔴鋪村南行，至此一里九分。

骨牌嶺，自塘頭村南行，至此四里五分。嶺高五丈一尺八寸。

烏門村，自骨牌嶺南行，至此二里八分。

葛衣嶺，自烏門村東南行，至此四里四分。嶺高十八丈。

溪下村東，自葛衣嶺東南行，至此四里八分。

橫山嘴，自溪下村東首東南行，至此二里。與處州府麗水縣分界。

黃滕坑村，自烏門村西行，至此三里九分。

下高村，自黃滕坑村西少北行，至此二里六分。

沙灘嶺脚，自下高村西南行，至此九分。與處州府宣平縣分界。

小西門一名永豐門。

幹路

裏棨亭，自小西門外西行，至此二里六分。

五里塘村，自裏棨亭西行，至此三里七分。

四八店市，自五里塘村西南行，至此七里五分。

羅橋村，自四八店市西南行，至此四里三分。

馬府市，自羅橋村西南行，至此四里五分。

橋亭村，自馬府市西少南行，至此四里九分。

白姆鎮，自橋亭村西行，至此五里六分。

淹考村，自白姆鎮西少北行，至此二里八分。

外蔴楊村，自淹考村西少南行，至此六里二分。

內蔴楊鎮，自外蔴楊村西少南行，至此二里五分。

塢雲畈村，自內蔴楊鎮西南行，至此五里八分。

大何嶺脚，自塢雲畈村南少西行，至此五里一分。與處州府宣平縣分界。

枝路

方處村，自裏棨亭南少西行，至此四里六分。

吳少亭，自方處村西少南行，至此六里六分。

馬昂村，自吳少亭西南行，至此四里四分。

里蘭橋，自馬昂村西少南行，至此四里九分。

礁頭村，自里蘭橋南少西行，至此四里一分。

下楊市，自礁頭村西少南行，至此三里八分。

宋村，自下楊市西少南行，至此六里四分。

石塔，自宋村西行，折而西南，至此三里五分。與處州府宣平縣分界。

俞源村，自宋村南行，至此二里八分。與處州府宣平縣分界。

西門一名接龍門。

幹路

風水廟，自西門外西行，至此三里二分。

水月庵，自風水廟西行，至此四里。
桃溪村，自水月庵西少北行，至此二里八分。
後腊村，自桃溪村西少北行，至此四里一分。
雲義亭，自後腊村西北行，至此一里三分。
清塘村，自雲義亭北少西行，至此三里七分。
嶺後劉村，自清塘村北少東行，至此三里四分。
橫波橋，自嶺後劉村北少東行，折而西北，至此六里四分。與金華縣分界。

枝路

五姑廟，自水月庵西行，至此四里三分。
高龍寺，自五姑廟西少北行，至此三里二分。
車裏村，自高龍寺西少南行，至此三里四分。
後樹嶺，自車裏村西行，至此五里七分。
桑葉塢，自後樹嶺西行，至此二里七分。
水角村，自桑葉塢西少北行，至此二里四分。
石牌嶺，自水角村西少北行，至此四里二分。與金華縣分界。

枝路

胡村，自清塘村西行，至此二里。
石嶺頭，自胡村西北行，至此三里四分。嶺高三十丈。
喻史村，自石嶺頭西北行，至此三里五分。與金華縣分界。
北門一名迎恩門。

幹路

北嶺，自北門外北行，至此一里四分。嶺高十丈四尺六寸。
紡車嶺，自北嶺北行，至此三里八分。
迎薰亭，自紡車嶺北少西行，至此二里七分。
履坦鎮，自迎薰亭北行，至此二里七分。
雙塘岡，自履坦鎮西北行，至此四里。
葉長埠，自雙塘岡西北行，至此三里二分。
胡公廟，自葉長埠北行，至此三里二分弱。
范村北，自胡公廟西北行，至此二里。與金華縣分界。

金華府浦江縣

水路道里記

浦陽江一名大溪。

經流

井硎嶺，一名井坑嶺。浦陽江自此發源，東南曲曲流，至長坂村七里。
千古橋前，自長坂村東少南流，至此六里三分。有桐塢溪水自北來注之。
馬橋村西，自千古橋前東流，至此八里八分。有深裊溪水自西北來會之。見後。
鎮溪村，自馬橋村西口東流，至此七里五分。有鎮溪水自北來注之。
西溪口，自鎮溪村東流，至此六里四分。有西溪水自北來會之。見後。
東溪口，自西溪口東流，過縣城南，至此一里九分。有東溪水自北來會之。見後。
下方村，自東溪口東流，至此七里六分。有中埂溪水自北來注之。
犂頭尖西，自下方村東流，至此八里七分。有澄溪水自南來會之。見後。
左溪山西，自犂頭尖西口東流，至此一里。有左溪水自北來會之。見後。
大樣山南，自左溪山西口東流，過大溪北口，至此四里五分。有深溪水自西北來會之。見後。
獨山東，自大樣山南口東北流，至此七里五分。有松溪水自北來會之。見後。
傅宅市，自獨山東口東北流，至此六里。
楊家牌，自傅宅市東北流，至此九里八分。與紹興府諸暨縣分界。始通舟楫。

枝流深裊溪。

深裊山，深裊溪自此發源，東南流十六里，至馬橋村西口入浦陽江。

枝流西溪。

富潤尖南麓，西溪自此發源，南流八里過西門外，至西溪口入浦陽江。

枝流東溪。

金坑嶺南麓，東溪自此發源曲曲南流，至板橋七里八分。
東橋，自板橋南少東流，至此八里六分。又南流一里六分，至東溪口入浦陽江。

枝流澄溪。

喜歡巖西，澄溪自義烏縣西山尖發源，流至此入境，又北流，至戚家橋村四里二分。

通義亭，自戚家橋村北少西流，至此五里三分。又北少西流五里一分，至犂頭尖西入浦陽江。

枝流左溪。

八面山，柯坑。左溪自此發源，西南曲曲流，至箬帽塢西六里三分。

洪公橋，自箬帽塢西口東南曲曲流，至此八里三分。又南少東曲曲流十里五分，至左溪山西入浦陽江。

枝流深溪。

松山南麓，深溪自此發源曲曲南流，至潘家阪村六里。

東坂村，自潘家阪村曲曲南流，至此四里五分。

横溪村，自東坂村曲曲南流，至此四里五分。

前店村，自横溪村南少東流，至此四里八分。又東南曲曲流九里五分，至大様山南入浦陽江。

枝流松溪。

三圣巖，松溪自此發源南流，至孝門橋十六里二分。又南少東流三里八分，至獨山東入浦陽江。

梅溪

經流

西雷山，梅溪自此發源，西北流，折而西南，至龍城村十里。

洪溪橋，自龍城村西少南流，至此四里二分。

横溪鎮西，自洪溪橋西流，至此三里。

祝村，自横溪鎮西口西少南流，至此八里。有轉輪溪水自南來注之。

墩頭鎮，鎮濟橋。自祝村西流，至此三里四分。

黄沙溪口，自鎮濟橋西南流，至此四里五分。

通洲橋，自黄沙溪口西少南曲曲流，至此八里。

横木市，自通洲橋西南流，至此十二里。與蘭谿縣分界。

湖溪

經流

石楂嶺，一名截柘嶺。湖溪自此發源東北流，至殿口村七里。

惠政橋，自殿口村東北流，至此九里。

大王潭，自惠政橋東北流，至此六里五分。

茜溪口，自大王潭北流，至此五里五分。

下塢村西，自茜溪口東北曲曲流，至此十里五分。有雙孤溪水自西北來注之。

朱坑橋前，自下塢村西口東北曲曲流，至此八里五分。有雙溪水自西北來注之。

城頭村北，自朱坑橋前東北曲曲流，至此六里。有檀溪水自東南來會之。見後。

蕩江嶺麓，自城頭村北口北少西流，至此六里。

華公山東，自蕩江嶺麓曲曲北流，越嚴州府桐盧縣境，至此七里。

劍溪口村，自華公山東麓復入本境，東北曲曲流，至此十五里。有劍溪水自東南來會之。見後。

金沙渡，自劍溪口村北流，至此一里。與杭州府富陽縣分界。入富陽後爲湖洑水。

枝流檀溪。

喬竹嶺，檀溪自此發源西南流，至中俞村七里。有西溪水自東來注之。

冷塢村，自中俞村西南曲曲流，至此五里三分。又西北曲曲流十二里七分，至城頭村北入湖溪。

枝流劍溪。

南塘塢山，劍溪自此發源北流，折而西北，至馬劍鎮六里八分。又西北曲曲流七里二分，至劍溪口村入湖溪。

陸路道里記

幹路

東門一名迎春門。

三里亭，自東門外東少北行，至此二里三分。

五里隴村，自三里亭東少北行，至此一里六分。

七里亭，自五里隴村東少北行，至此二里三分。

十里亭，自七里亭東少北行，至此三里四分。
牛挨下村，自十里亭東少北行，至此二里三分。
洪公橋，自牛挨下村東少北行，至此三里。
屯店村，自洪公橋東行，至此二里二分。
前店村，自屯店村東行，至此二里四分。
香蓮村，自前店村東行，至此一里六分。
鄭義門村，自香蓮村東少北行，至此一里一分。
後溪村，自鄭義門村東少北行，至此二里三分。
馬鞍村，自後溪村東少北行，至此一里一分。
鄭家村，自馬鞍村東少北行，折而東少南，至此三里二分。
劉店村，自鄭家村東北行，至此一里一分。
傅宅市，自劉店村東少北行，至此二里八分。
龍門橋，自傅宅市東北行，至此四里四分。
上宣村，自龍門橋北少東行，至此三里九分。
楊家牌，自上宣村北少東行，至此一里六分。與紹興府諸暨縣分界。

枝路

橫溪村，自屯店村北行，至此三里三分。
東阪村，自橫溪村北少西行，至此三里一分。
潘家阪村，自東阪村北行，至此四里二分。
蒙山村，自潘家阪村北行，至此一里六分。
壽樂橋，自蒙山村北行，至此三里三分。
冷塢村，自壽樂橋北少東行，至此七里三分。
佛堂店村，自冷塢村東北行，折而東，至此二里二分。
中俞村，自佛堂店村北行，至此三里八分。
周宅村，自中俞村北少東行，至此二里。
方家村，自周宅村北少東行，至此二里。
喬竹嶺，自方家村北少東行，至此五里四分。
時塢村，自喬竹嶺北行，至此四里。
香帶村，自時塢村北少西行，至此三里八分。
大塘塢村，自香帶村北行，至此一里九分。
方口村，自大塘塢村北少東行，至此四里一分。
馬劍鎮，自方口村北少西行，至此三里一分。
栗樹坪村，自馬劍鎮西北行，至此二里八分。
劍溪口村，自栗樹坪村西北行，至此四里二分。
金沙嶺，自劍溪口村北行，至此一里八分。嶺高一十三丈八尺。與杭州府富陽縣分界。
戴村，自時塢村東少北行，至此三里。
余家村，自戴村北少東行，至此四里二分。
皮衙衕村，自余家村北少東行，至此二里七分。
楊塘阪村，自皮衙衕村東行，至此一里七分。與紹興府諸暨縣分界。
相公殿，自劍溪口村西南行，至此三里八分。
上水村，自相公殿西南行，至此三里九分。
華公山麓，自上水村西南曲曲行，至此五里五分。與嚴州府桐廬縣分界。

小南門一名宣和門。

幹路

大溪樓村，自小南門外南少東行，至此二里二分。
平安張村，自大溪樓村東南行，至此四里四分。
下方村，自平安張村東行，至此一里六分。
槁溪村，自下方村東少南行，至此一里三分。
潘宅市，自槁溪村東南行，至此三里八分。
楊里村，自潘宅市東南行，至此三里一分。
通義亭，自楊里村東南行，至此三里四分。
懷德亭，自通義亭東南行，至此一里三分。
戚家橋村，自懷德亭東南行，至此三里五分。
步虛嶺，自戚家橋村東南行，至此三里六分。嶺高九丈三尺。與義烏縣分界。

南門一名文明門。

幹路

橫大路村，自南門外南少西行，過南橋，至此一里七分。

少嶺亭，自横大路村南少西行，至此三里四分。

五路嶺，自少嶺亭西南行，至此四里九分。嶺高四十七丈二尺。

陳派宅村，自五路嶺南少西行，至此九里七分。

横溪鎮，自陳派宅村南少西行，至此四里六分。

石壁脚，自横溪鎮西行，至此二里二分。

紀善亭，自石壁脚西南行，至此三里四分。

前倪村，自紀善亭西南行，至此九里五分。

萬安亭，自前倪村西南行，至此二里二分。

黄沙溪村，自萬安亭南少西行，至此三里二分。

嶺脚村，自黄沙溪村南少東行，至此三里五分。

太陽嶺，自嶺脚村南少東行，至此三里八分。嶺高五十二丈一尺。與金華縣分界。

枝路

木度村，自南門外南橋南行，至此一里五分。

王村，自木度村南行，至此二里五分。

陳村，自王村西南行，至此六里九分。

俞港村，自陳村西南行，至此二里六分。

龍城村，自俞港村西南行，折而南少東，至此六里四分。

陳家村，自龍城村東南行，至此八里九分。

金頂山，自陳家村南少東行，至此八里四分。與義烏縣分界。

枝路

宋宅村，自石壁脚西行，至此三里一分。

祝村，自宋宅村西行，至此四里。

鎮濟橋南，自祝村西行，至此三里六分。

永濟橋，自鎮濟橋南首西南行，至此二里五分。

石埠頭村，自永濟橋西行，至此五里四分。

通洲橋，自石埠頭村西行，至此四里。

横木市東，自通洲橋西行，至此二里一分。與蘭谿縣分界。

墩頭鎮，自鎮濟橋南首西北行，至此一里三分。

宅口村，自墩頭鎮西北行，至此一里二分。

鍾宅村，自宅口村西少北曲曲行，至此五里六分。

洪塘水閣，自鍾宅村西少南行，迤而西，至此三里二分。與蘭谿縣分界。

大士閣，自通洲橋南行，至此三里九分。

劉源村，自大士閣東南行，至此二里五分。

半源村，自劉源村南少西行，至此五里八分。

西玉壺山，一名壺盤山。自半源村南少西行，至此十里八分。山高二百四十丈二尺。與金華縣分界。

西門一名咸甯門。

幹路

五義方村，自西門外西行，至此四里。

鎮溪村，自五義方村西行，至此二里七分。

叉路口，自鎮溪村西行，至此四里九分。

馬橋村，自叉路口西南行，至此二里四分。

外黄宅村，自馬橋村西少南行，至此四里二分。

花橋村，自外黄宅村西行，至此二里二分。

沈村，自花橋村西少北行，至此二里九分。

長阪村，自沈村西少北行，至此五里八分。

林塢口村，自長阪村西少北行，至此二里七分。

井硎嶺，自林塢口村西少北行，至此六里四分。嶺高五十四丈六尺。與嚴州府建德縣分界。

枝路

古塘村，自叉路口西北行，至此二里八分。

毛家村，自古塘村西北行，至此一里一分。

下新屋村，自毛家村西北行，至此三里四分。

徐塢村，自下新屋村西北行，至此六里七分。又西北行三里二分，至石橋北入小西門幹路。

小西門一名凝爽門。

幹路

下朱阪村，自小西門外西少北行，至此二里八分。

陳村，自下朱阪村北少西行，至此四里五分。

桃嶺脚村，自陳村北少西行，至此二里九分。

溪頭村，自桃嶺脚村西北行，至此四里八分。

石宅村，自溪頭村西行，至此二里八分。

石明堂村，自石宅村西行，至此四里五分。

石橋北，自石明堂村西行，至此六里。

石楂嶺，自石橋北首西行，折而西北，至此六里五分。與嚴州府建德縣分界。

北門一名望華門。

幹路

胡市村，自北門外北少東行，至此四里五分。

田阪中央村，自胡市村北少西行，至此四里。

金坑嶺脚村，自田阪中央村北少西行，至此四里九分。

大王潭村，自金坑嶺脚村北少西行，至此四里。

分路碑，自大王潭村北少西行，至此五里九分。

荷花塘村，自分路碑東行，至此一里三分。

虞宅村，自荷花塘村東少北行，至此三里二分。

毛坪頭村，自虞宅村北少東行，三次渡溪，至此八里六分。

郭家阪村，自毛坪頭村北少東行，至此三里二分。

青巖山村，自郭家阪村北少東行，至此三里七分。

唐家會村，自青巖山村東行，至此三里一分。

油車村，自唐家會村東行，渡溪，至此一里七分。

城頭村，自油車村東北行，至此二里一分。

潘周宅村，自城頭村東北行，至此七里五分。

蕩江嶺，自潘周宅村北少西行，至此二里七分。嶺高三丈九尺。與嚴州府桐廬縣分界。

枝路

毛宅村，自分路碑西行，至此一里七分。

朱宅村，自毛宅村西行，至此五里。

程家阪村，自朱宅村西行，至此三里四分。

橋頭村，自程家阪村西行，至此二里五分。

馬嶺，自橋頭村西少北行，至此五里三分。與嚴州府建德縣分界。

枝路

低畈村，自虞宅村西北行，至此五里三分。

鄭家村，自低畈村西北行，至此十里三分。

倒山嶺，自鄭家村西北行，至此十一里九分。與嚴州府桐廬縣分界。

小北門一名輔辰門。幹路無。

小東門一名擁青門。幹路無。

金華府湯溪縣

水路道里記

衢港一名瀔江。

經流

石壁頭，衢港自龍游縣流至此入境，又東北流，至楊村渡口一里一分。水深一丈三尺，面闊一百八丈。有蘭谿游埠溪水自北來會之。見蘭谿記。

小龍溪口，自楊村渡口東北流，至此三里六分。水深一丈二尺，面闊一百丈八尺。有小龍溪自南來會之。見後。又有蘭谿游埠溪分支水自西來注之。

三港口，自小龍溪口東北流，至此三里。水深一丈二尺，面闊一百十五丈。有雙溪水自北來注之。

雨傘灘，自三港口東少北流，至此二里三分。水深六尺五寸，面闊一百十四丈。

葉灣埠，自雨傘灘東北流，至此四里一分。水深一丈二尺五寸，面闊一百丈。有羅埠溪自南來會之。見後。

伍家圩，自葉灣埠東北流，至此三里四分。水深一丈四尺，面闊一百十丈。與蘭谿縣分界。

枝流莘坂溪。

清涼山，莘坂溪下流曰小龍溪。自此發源北流，至吴村橋九里。

狹嶺橋，自吴村橋曲曲北流，至此十三里五分。

莘坂橋，自狹嶺橋西北流，至此六里六分。

曹戴橋，自莘坂橋西北流，折而東北，又折而北，至此九里八分。

七星橋，自曹戴橋北流，至此一里。

小龍橋，自七星橋北流，至此十四里六分。以下又名小龍溪。

下徐橋，自小龍橋西北流，至此六里。

唐家橋，自下徐橋東少北流，至此一里七分。又北流三里至小龍溪口入衢港。

枝流厚大溪。

銀嶺，厚大溪下流曰羅埠溪。自此發源，東北流，至石壇橋三里五分。

子孫橋，自石壇橋東北流，至此四里七分。

壇伴橋，自子孫橋東北流，至此四里五分。

通源橋，自壇伴橋曲曲北流，至此八里七分。

白善橋，自通源橋北流，至此三里一分。

上壇橋，自白善橋北流，折而西，又折而北，至此六里三分。

石埠頭村，自上壇橋北流，至此七里。

亭安莊，自石埠頭村北流，至此四里二分。以下又名石溪。

王村橋，自亭安莊北流，至此十一里六分。以下又名越溪。

湯塘莊，自王村橋北少西流，至此六里五分。

祝下橋，自湯塘莊西北流，至此五里。

西便橋，自祝下橋北流，至此一里四分。以下又名派溪。

通濟橋，自西便橋北流，至此八里。

羅埠橋，自通濟橋東少北流，至此六里五分。以下又名羅埠溪。又北流三里至葉灣埠入衢港。

白沙溪

經流

小陽坑村，白沙溪自處州府遂昌縣繩岡嶺發源，流至此入境。又北流至施孤溪口一里六分。有施孤溪自西來注之。

黄礓井村，自施孤溪口北流，至此五里五分。有銀坑溪自西來注之。

竹槰溪口，自黄礓井村北少東流，至此二里。有竹槰溪自西來注之。

田浦村，自竹槰溪口北少東流，至此七里八分。

溪口村，自田浦村曲曲北流，至此三里九分。

大栗園橋，自溪口村西少北流，至此三里八分。

周村，自大栗園橋西北流，折而東北，至此九里一分。

青草村，自周村北流，至此七里。

青龍溪口，自青草村北流，至此二里。有青龍溪自西來注之。

花亭橋，自青龍溪口北流，至此三里。

皂里坂橋，自花亭橋曲曲北流，至此三里。

蘭峰橋，自皂里坂橋北流，至此四里。橋西有妙康溪自南來注之。

朱村，自蘭峰橋西少北流，折而北，至此四里。

湖山溪口，自朱村西少北流，至此一里。有湖山溪自西來注之。

泉口溪口，自湖山溪口北流，折而東，至此十一里。有泉口溪自東來注之。

廣濟橋，自泉口溪口東北流，至此九里。

新昌橋，自廣濟橋東少北流，至此五里。新昌橋迤北與金華縣分水。

豐樂橋，自新昌橋北少東流，至此九里。與金華縣分界。

陸路道里記

東門又名迎旭門。

幹路

白沙莊，自東門外東行，至此四里六分。

吴塘莊，自白沙莊東行，至此四里五分。

黄大嶺，自吴塘莊東行，至此一里。嶺高五丈四尺。

開化莊，自黄大嶺東行，至此三里三分。

涼亭，自開化莊東行，至此二里一分。

八角莊，自涼亭東行，至此一里八分。

雙牌村，自八角莊東行，至此六里三分。

白龍橋，自雙牌村東行，至此三里五分。與金華縣分界。

枝路

周村，自涼亭東少南行，至此一里八分。

酤坊莊，自周村東少南行，至此五里四分。

後金村，自酤坊莊南少西行，過廣濟橋，至此五里三分。

泉口莊，自後金村南少西行，至此三里三分。

水碓村，自泉口莊東少北行，至此二里。

石道畈村，自水碓村東行，越金華縣境三里七分，復入本境南行，至此三里六分。

東屏莊北，自石道畈村北行，至此四里。與金華縣分界。

枝路

西陽村，自八角莊北少西行，至此四里七分。

松嶺山背，自西陽村北少東行，至此四里。與蘭谿縣分界。

南門又名履華門。

幹路

叉路口，自南門外東少南行，至此一里三分。

厚大莊，自叉路口南少西行，至此六里七分。

亭安莊，自厚大莊南行，至此七里一分。

石埠頭村，自亭安莊南行，至此五里六分。

苦竹村，自石埠頭村南行，至此三里六分。

白善村，自苦竹村南少東行，至此七里九分。

文頭村，自白善村南行，至此三里四分。

壇頭村，自文頭村南行，至此二里六分。

東顛村，自壇頭村南少西行，至此三里二分。

塔石莊，自東顛村西南行，至此四里一分。

壁下村，自塔石莊西南行，至此四里六分。

石壇村，自壁下村西南行，至此二里三分。

銀嶺村，自石壇村西南行，至此九里六分。

張村，自銀嶺村西南行，至此二里三分。與處州府遂昌縣分界。

枝路

東盛莊，自叉路口南少東行，至此十里四分。

大巖莊，自東盛莊東南行，至此六里二分。

朱村，自大巖莊南行，至此五里七分。

蘭峰莊，自朱村曲曲東南行，至此四里五分。

皂里村，自蘭峰莊南行，至此四里三分。

寮頭村，自皂里村南行，至此四里一分。

青草村，自寮頭村南行，至此三里九分。

周村，自青草村南少東行，折而南少西，至此七里八分。

下東村，自周村南少西行，至此四里。

嶺脚村，自下東村南少西行，至此二里二分。

大栗園村，自嶺脚村南行，至此四里三分。

溪口村，自大栗園村東南行，至此三里七分。

田浦村，自溪口村曲曲西南行，至此三里九分。

池吐坑村，自田浦村南行，至此七里六分。

黄礓井村，自池吐坑村南少西行，至此一里九分。

小陽坑村南，自黄礓井村南行，至此七里。與處州府遂昌縣分界。

西門又名通衢門。

幹路

湯塘村，自西門外西少北行，至此二里四分。

東祝村，自湯塘村北少西行，至此二里。

祝下莊，自東祝村西行，至此二里二分。

大路祝村，自祝下莊西少北行，至此三里二分。

小龍橋，自大路祝村西行，至此二里。

白杜，自小龍橋西行，至此三里七分。與衢州府龍游縣分界。

枝路

湯塘莊，自西門外分路口西行，至此二里九分。

京溪西莊，自湯塘莊西行，至此一里八分。

涼亭，自京溪西莊西少南行，至此三里五分。

寺平莊，自涼亭西南行，至此三里。

上瀛村，自寺平莊南行，至此五里六分。

曹界村，自上瀛村南行，至此二里二分。

祝村，自曹界村南行，至此三里三分。

莘坂村，自祝村西南行，折而南少東，至此七里一分。

下蘇村，自莘坂村南少東行，至此三里三分。

狹嶺村，自下蘇村南少東行，至此三里五分。

井下村，自狹嶺村南行，至此七里三分。

吴村，自井下村西南行，至此五里。

井上村，自吴村南行，至此八里七分。

上洋村北，自井上村西少北行，至此六里四分。與衢州府龍游縣分界。

裏溪嶺，自莘坂村南行，至此七里二分。嶺高五十八丈六尺。與衢州府龍游縣分界。

枝路

下伊莊，自東祝村東首西少北行，至此三里。

派溪李村，自下伊莊西北行，至此二里二分。

箬帽殿，自派溪李村西北行，至此二里五分。

談村，自箬帽殿西北行，至此二里三分。

下徐橋，自談村西北行，至此一里五分。

洋埠鎮西，自下徐橋西北行，折而西，至此二里二分。與衢州府龍游縣分界。

北門門於成化年間閉塞。

幹路

塔嶺背路亭，自西門外北少東行，至此二里五分。

劉家莊，自塔嶺背路亭北行，至此四里一分。

下楊村，自劉家莊北行，至此一里九分。

呂村莊，自下楊村北行，至此三里六分。

羅埠鎮，自呂村莊北行，至此二里一分。

花園莊，自羅埠鎮北行，折而東，至此三里三分。

兩頭門，自花園莊東少北行，至此五里。與蘭谿縣分界。

枝路

灣田村，自塔嶺背路亭北少東行，至此八里七分。

徐皇殿，自灣田村北少東行，至此三里二分。

絣塘莊，自徐皇殿北少東行，至此三里八分。

聚鳳巖村，自絣塘莊北少東行，至此二里三分。與蘭谿縣分界。

枝路

谷口豐村，自羅埠鎮北之羅埠橋西少南行，至此三里五分。

章村，自谷口豐村西行，至此三里八分。

唐家橋，自章村西行，至此三里四分。又西行三里至洋埠鎮，與西門幹路內自東祝村東首起之枝路合。

枝路

葉灣埠，自羅埠鎮北之羅埠橋北行，至此三里一分。

伍家圩，自葉灣埠北少東行，過鄭村渡，至此三里五分。

塘塞村，自伍家圩西北行，至此二里八分。

雙溪橋，自塘塞村西北行，至此二里七分。北通朱坑橋，入蘭谿縣界。

章上莊，自雙溪橋西行，至此三里四分。

牙塘殿，自章上莊北少西行，至此五里七分。

東包村，自牙塘殿北少西行，至此四里八分。與蘭谿縣分界。

坑橋，自雙溪橋西少南行，至此五里九分。

土橋頭村，自坑橋西少南行，至此一里六分。與蘭谿縣分界。

衢州府西安縣

水路道里記

常山港一名馬金溪，一名信安江。

經流

北淤村，常山港自常山縣流至此入境，又東北流，過北淤渡，折而東，至墩頭渡五里。水深七尺五寸，面闊七十八丈。

航埠渡，自墩頭渡東少南流，折而東南，至此七里。水深五尺九寸，面闊七十八丈。

萬川陳渡，自航埠渡東南流，至此六里六分。

鴨橋，自萬川陳渡東北流，至此六里四分。水深五尺，面闊六十四丈四尺。

又東少南流五里至雙港口，與江山港會爲衢港。

江山港一名文溪。

經流

溪頭山渡，江山港自江山縣流至此入境，又東北流，至巖頭村六里五分。

前河渡，自巖頭村東南流，折而東北，又折而東，至此五里五分。水深五尺，面闊五十四丈。

五塘頭村，自前河渡東北流，至此五里一分。有東溪分支水自東南來注之。

石塔背村，自五塘頭村東北流，至此七里七分。水深五尺二寸，面闊五十四丈。

鑑溪村，自石塔背村東北流，至此四里。又東北流八里至雙港口，與常山港會爲衢港。

衢港一名縠溪。

經流

雙港口，衢港自此承常山、江山二港之水東北流，繞府城西，至義渡口五里。水深七尺五寸，面闊六十八丈七尺。有柘溪自西北來注之。

浮石渡西，自義渡口東北流，至此四里。水深六尺九寸，面闊九十二丈。有西湖山水自北來注之。

雞鳴渡，自浮石渡西首東南流，過地黃灘，折而東北，又折而東，至此九里。水深六尺四寸，面闊八十二丈。

樟樹潭鎮，自雞鳴渡東少南流，至此三里。水深八尺二寸，面闊一百五丈九尺。有東溪自南來會之。見後。

章戴渡南，自樟樹潭鎮東少北流，至此八里一分。有銀坑溪自北來會之。見後。

楊村灘東，自章戴渡南口東南流，至此七里。有羅張溪自南來會之。見後。

勝塘源口，自楊村灘東口東少南流，至此二里八分。有勝塘源水自南來注之。

安仁埠，自勝塘源口東北流，至此一里九分。水深七尺九寸，面闊六十九丈八尺。

上屏風灘北，自安仁埠東北流，折而北，至此八里二分。有芝溪自北來會之。見後。

盈川埠，自上屏風灘北口北少東流，至此二里。水深八尺五寸，面闊一百四十丈。盈川埠迤東與龍游縣分水。以下皆同。

馬葉渡口，自盈川埠東流，至此三里。與龍游縣分界。

枝流東溪。

龍鼻頭，東溪一名烏溪港，一名柘土溪。自遂昌縣流至此入境，又西北流，至楊溪口五里九分。有楊溪自南來注之。

洋口村渡，自楊溪口西北流，折而東北，至此二里一分。水深三尺八寸，面闊五十九丈五尺。

坑源口村，自洋口村渡北流，折而西少北，至此六里五分。

航埠，自坑源口村西流，折而北，至此五里四分。有椐木源自南來注之。

三仙閘村，自航埠西北曲曲流，至此五里三分。

湖南渡，自三仙閘村西南流，折而東北，至此七里五分。

燕岸坪村，自湖南渡北流，至此八里二分。

溪口渡，自燕岸坪村北流，至此四里七分。分一支西北流入江山港。

湘思渡，自溪口渡東北流，折而東，至此七里。水深三尺四寸五分，面闊七十五丈六尺。

坑口埠，自湘思渡北流，折而東，至此五里。

黃壇口村，自坑口埠東北曲曲流，至此九里八分。有黃壇源自東南來注之。

石室堰，自黃壇口村北少西流，折而北少東，至此六里二分。

羅底渡，自石室堰北少東流，至此三里。水深三尺四寸，面闊一百七十一丈。

沙川渡，自羅底渡北少東流，至此七里。水深三尺一寸，面闊五十七丈六尺。

東蹟渡，自沙川渡北少東流，至此十里。水深三尺五寸，面闊六十五丈一尺。又北少東流三里，至樟樹潭鎮入衢港。

枝流銀坑溪。

銀銅北峰，銀坑溪自此發源東南流，至銀坑村六里一分。

上曹村，自銀坑村東南流，折而東北，復折而東南曲曲，至此六里三分。

下曹村，自上曹村東北流，折而東南曲曲，至此五里九分。

沙潭村，自下曹村西南流，折而東南，至此五里四分。

雙橋源，自沙潭村東南曲曲流，至此五里六分。

姜家村，自雙橋源東南流，至此五里一分。

銅山村，自姜家村東少北流，至此四里三分。有芝溪分支水自西北來注之。

杜澤汛，自銅山村東流，折而西南，復折而東南，至此三里九分。

灰山村，自杜澤汛東南流，至此六里。

下方村，自灰山村南流，至此十里九分。

胡家村，自下方村西南流，至此四里五分。又南少東流六里至章戴渡南入衢港。

枝流羅張溪。

毛竹嶺，羅張溪自此發源曲曲北流，至漁蒼村七里二分。

外板固村，自漁蒼村曲曲北流，至此七里五分。

殿後村，自外板固村北流，折而西北，至此三里五分。

田邊村，自殿後村西北流，折而北少東，至此九里。

汪村橋，自田邊村西北曲曲流，至此七里八分。

清溪橋，自汪村橋北少西流，至此三里五分。

杜家村，自清溪橋北少東流，至此十三里六分。

上山溪橋，自杜家村東北流，折而北，至此六里九分。又東北流一里七分，至楊村灘東入衢港。

枝流芝溪。

大木源山，芝溪自此發源東流，折而東北，至仙洞源村十里六分。有仙洞源水自西北來注之。

灰坑源口，自仙洞源村東北曲曲流，至此七里三分。有灰坑源水自西北來注之。

橋頭村，自灰坑源口東南流，至此八里三分。

玳堰頭，自橋頭村東南流，折而西南，至此九里七分。分一支南流入銀坑溪。

徐村，自玳堰頭東南流，折而南，至此七里九分。

新路村，自徐村東南流，至此五里三分。

李村，自新路村南少東曲曲流，至此五里五分。

後山村，自李村南少東流，至此七里。

童村，自後山村南少東流，至此三里七分。

五擔村，自童村南少東流，折而西南，至此十一里三分。

黄墩村，自五擔村東南流，至此十二里。又東流一里二分，至上屏風灘北入衢港。

陸路道里記

東門一名迎和門。

幹路路向東。

大教場，自東門外東行，至此三里九分。

東蹟渡，自大教場東少北行，至此三里七分。渡闊六十五丈。

茶園村，自東蹟渡東行，至此三里一分。

排門村，自茶園村東行，至此七里二分。

安仁鋪，自排門村東行，至此五里。

安仁街，自安仁鋪東行，折而北，至此五里二分。

上航村，自安仁街東少北行，折而東，至此五里五分。與龍游縣分界。

枝路

長勝村，自東蹟渡東少南曲曲行，至此六里八分。

横路村，自長勝村東南曲曲行，至此八里二分。

栗里橋，自横路村東南行，至此六里四分。

全旺鎮，自栗里橋東少南行，至此六里。

涼亭岡，自全旺鎮東北曲曲行，至此七里七分。與龍游縣分界。

長路岡，自全旺鎮東南行，至此七里二分。

草鞋嶺，自長路岡東行，至此三里八分。與龍游縣分界。

幹路路向東北。

雞鳴埠渡，自東門外東北行，至此八里。

章戴上埠，自雞鳴埠渡東少南行，折而東北曲曲，至此十一里。

金家村，自章戴上埠東南行，至此五里五分。

高家村，自金家村東行，至此六里三分。

盈川渡，自高家村東北行，至此七里五分。與龍游縣分界。

小南門一名通仙門。

幹路

官莊村，自小南門外東南行，至此四里二分。

五坪村，自官莊村東南行，至此五里。

爛柯山西麓，羅底渡。自五坪村南行，至此八里八分。

石室街，自羅底渡南行至此二里八分。

學室埠，自石室街西南行，至此四里一分。

黄壇口村，自學室埠南少東行，至此三里三分。

坑口埠，自黄壇口村西南曲曲行，至此十里四分。

湘思渡，自坑口埠西南行，至此五里五分。

溪口市，自湘思渡西行，折而南少西，至此六里五分。

燕圻坪村，自溪口市南行，至此五里二分。

湖南渡，自燕圻坪村南行，折而西南，至此六里五分。西北通南門枝路之下洋村。

三仙闌村，自湖南渡西南行，折而東南，復折而東北，至此八里六分。

航埠口村，自三仙闌村東南曲曲行，至此六里三分。

嶺頭村，自航埠口村南行，至此四里四分。

椐口村，自嶺頭村東少南行，至此五里五分。

洋口市，自椐口村南行，至此五里二分。

胡邱村，自洋口市南行，至此三里一分。東南通龍鼻頭，與處州遂昌縣分界。

椐木村，自胡邱村南少西行，至此十里六分。

形頭村，自椐木村曲曲南行，折而西南，至此十里七分。

八月腰山，自形頭村曲曲南行，至此五里四分。與處州府遂昌縣分界。

枝路

沙川村，自五坪村東南行，至此五里四分。

大洲鎮，自沙川村東南曲曲行，至此十四里五分。東北通東門枝路之全旺鎮。

欄橋村，自大洲鎮曲曲東行，折而東南，至此十二里一分。

湖嶺頭村，自欄橋村東南曲曲行，至此十五里五分。與龍游縣分界。

青壇村，自大洲鎮南行，折而東南，至此七里三分。

田邊村，自青壇村東南曲曲行，至此六里七分。

邊壇村，自田邊村西少南行，至此四里二分。

外板固村，自邊壇村東南曲曲行，至此九里三分。

漁蒼村，自外板固村南行，至此五里九分。

和尚嶺，自漁蒼村曲曲南行，至此十一里八分。與處州府遂昌縣分界。

枝路

汪家村，自黄壇口村東行，折而東南曲曲，至此八里一分。

長住村，自汪家村東南行，至此七里。

黄坑廟，自長住村東南行，至此八里四分。

洋坑村，自黄坑廟南少東曲曲行，至此十三里八分。

魚莊嶺，自洋坑村東南曲曲行，至此五里二分。與處州府遂昌縣分界。

枝路

抱珠龍村，自嶺頭村南少西行，至此四里八分。

余家村，自抱珠龍村西南行，至此五里二分。

廿里塢，自余家村西南行，至此四里。與江山縣分界。

南門一名光遠門。

幹路

落馬橋南，自南門外南少西行，至此六里。

門堂渡，自落馬橋南首西南行，至此七里四分。

五塘頭村，自門堂渡西南行，至此六里四分。

百靈衎，自五塘頭村西南行，至比七里。北通西門西南幹路之航埠東鎮。

後溪街，自百靈街西少南行，過新橋街，至此八里。

清明山脚，自後溪街西少南行，至此一里七分。與江山縣分界。

枝路

十五里村，自落馬橋南首南行，過上塘村，折而西南，至此五里五分。

廿里街，自十五里村南少西曲曲行，至此七里四分。

任家龍，自廿里街南少西行，至此八里三分。

石母嶺，自任家龍西南行，折而東南，至此八里二分。

牛路口村，自石母嶺曲曲南行，至此五里三分。又南行，折而東南四里五分，至溪口市入小南門幹路。

枝路

大珠村，自百靈街南行，至此九里九分。

雷公嶺，自大珠村南行，至此五里。

外高壠村，自雷公嶺南少東行，折而西南，至此五里四分。

下洋村，自外高壠村西南曲曲行，折而南少東，至此五里九分。

石背嶺，自下洋村西南行，折而西，至此一里八分。與江山縣分界。

小西門一名通廣門。自門外沿城東北行里許，併入西門幹路。

西門一名朝京門。

幹路路向西南。

鴨橋，自西門外西南曲曲行，至此八里三分。

汪家涼亭，自鴨橋西南行，至此四里二分。

航埠東鎮，自汪家涼亭西南行，折而西北，至此五里七分。

將軍葉，界碑。自航埠東鎮西行，渡常山港，至此九里。與常山縣分界。

枝路

翁家村，自航埠東鎮西北行，至此四里九分。

界碑，自翁家村南行，折而西，至此六里五分。與常山縣分界。

幹路路向西北。

龔家埠，自西門外東北行，折而西北，至此二里一分。

柘溪村，自龔家埠西北曲曲行，至此六里二分。

石梁，自柘溪村西北曲曲行，至此十里五分。

夏村，自石梁西北行，折而北，至此五里八分。

寺橋，自夏村北少西行，至此十里一分。

下七里村，自寺橋北少東曲曲行，至此八里七分。

大頭村，自下七里村西北曲曲行，過黄土嶺，折而北少東，至此十里六分。

源頭嶺，自大頭村西北行，至此四里三分。與常山縣分界。

枝路

下方村南，叉路口。自龔家埠東北行，至此二里三分。

徐村，自叉路口東北行，折而北，至此五里。

下彭川，自徐村北行，至此八里一分。

善心涼亭，自下彭川北行，過上彭川，折而西北，至此六里九分。

川坑村，自善心涼亭東北行，至此六里。

大嶺，自川坑村北行，至此四里七分。又北少東行四里九分至雙橋源，與北門幹路内自長龍村起之枝路合。

順碓邊村，自下方村南叉路口北少西行，至此六里四分。

布穀村，自順碓邊村北少西行，至此八里七分。

清潭村，自布穀村北行，至此五里一分。東北通枝路之善心涼亭，西南通西北幹路之石梁。

谷口村，自清潭村北行，至此五里六分。

地藏殿，自谷口村北少西行，至此十里二分。

嶺根村，自地藏殿西北曲曲行，至此六里一分。

少紳村，自嶺根村西行，至此四里四分。又西行，折而南，復折而西少南七里四分，至大頭村入幹路。

枝路

白嶺村，自石梁西南行，至此三里四分。

大埂村，自白嶺村西少南行，至此五里。

五十都村東，自大埂村西少南行，至此八里五分。

南塘山南，自五十都村東首西行，至此二里九分。與常山縣分界。

北門一名拱辰門。

幹路

黄頭街，自北門外東北行，渡衢港，至此四里三分。

十三里村，自黄頭街東北行，至此六里五分。

雲溪村，自十三里村東北行，至此七里六分。

荷花蕩村，自雲溪村北少東曲曲行，至此九里四分。

灰山村，自荷花蕩村北少東行，至此六里五分。

杜澤鎮，自灰山村北行，折而西北，至此六里一分。

長龍村，自杜澤鎮西北行，折而東北，復折而西，至此三里三分。

明果寺村，自長龍村西北行，至此九里九分。

姜孟村，自明果寺村北少東行，至此四里。

姜孟坑村，自姜孟村北少東行，至此五里九分。

玳堰頭村，自姜孟坑村北少東行，至此六里。

上方鎮，自玳堰頭村西北行，折而東北，復折而西北，至此十一里。

下龍寺村，自上方鎮西北行，至此四里三分。

灰嶺，自下龍寺村西北行，至此十三里四分。嶺高一百八十九丈八尺八寸。與嚴州府遂安縣分界。

枝路

東頭渡，自雲溪村東北曲曲行，至此四里。

耿山，自東頭渡東北行，至此四里。

蓮花村，自耿山東北曲曲行，至此五里二分。東南通東門外東北幹路之盈川渡，西北通幹路之杜澤鎮。

東湖涼亭，自蓮花村東北行，至此七里四分。

和尚蓬嶺，自東湖涼亭東北曲曲行，至此十一里三分。與龍游縣分界。

枝路

峽口鎮，自杜澤鎮東北曲曲行，至此九里六分。

下錦村，自峽口鎮東少南行，至此一里七分。東南通枝路之東湖涼亭。

大路口村，自下錦村東南曲曲行，折而東，至此十三里九分。

觀音塘山，自大路口村東北行，至此三里二分。與龍游縣分界。

李村，自峽口鎮北少西行，至此八里三分。

新路村，自李村北行，折而西北曲曲，至此六里八分。

嚴村，自新路村西北行，至此四里九分。又北行折而西北六里二分，至玳堰頭村入幹路。

枝路

坑下村，自長龍村西行，至此七里一分。

雙橋源，自坑下村西行，折而西北，至此六里七分。

沙潭村，自雙橋源西北曲曲行，至此五里六分。

上曹村，自沙潭村西北曲曲行，至此十三里四分。

龍坑村，自上曹村西南行，折而西北，至此九里七分。

木嶺，自龍坑村西少北行，至此五里五分。嶺高三十一丈八尺一寸。與常山縣分界。

枝路

大坪地村，自上方鎮西少北行，至此四里五分。

外山村，自大坪地村西南行，至此七里九分。

灰坪，自外山村西南行，至此六里八分。

二百步嶺，自灰坪西少南曲曲行，折而西北，至此六里。

上坂田村，自二百步嶺北少西曲曲行，至此五里二分。

黃連嶺，自上坂田村北行，折而東北，至此五里四分。與嚴州府遂安縣分界。

枝路

界碑，自上方鎮東北行，至此六里八分。與壽昌縣分界。

枝路

余里村，自下龍寺村西少南行，至此七里。

黃泥坑村，自余里村曲曲西行，折而西北，至此七里五分。又西北行四里七分至黃連嶺，與自上方鎮西少北行之枝路合。

衢州府龍游縣

水路道里記

衢港一名龍游港，一名穀溪。

經流

盈川埠，衢港自衢縣流至此入境，又東流至馬葉渡三里。此段仍與衢縣分水。

團石汪村，自馬葉渡東流，至此二里六分。

龍興渡，自團石汪村東少南流，至此六里。水深五尺，面闊九十一丈二尺。

陳家灘，自龍興渡東少北流，至此五里九分。水深四尺，面闊一百二十二丈五尺。

下溪灘，自陳家灘東少北流，至此六里三分。有靈山港自南來會之。有金村源自西北來會之。均見後。分一支東流爲白革河，入築溪。

斗潭渡，自下溪灘東北流，至此八里七分。水深六尺五寸，面闊一百二十丈。有斗潭溪自北來會之。見後。

召龍灘，自斗潭渡東少北流，至此五里二分。

石高灘東，自召龍灘東流，至此三里五分。

高家村西，自石高灘東首東流，越金華府蘭谿縣境，至此七分。

大塘渡，自高家村西首仍入本境東流，至此二里二分。水深七尺，面闊一百十九丈九尺。

茅頭村，自大塘渡東流，至此一里七分。有築溪自西南來會之。見後。

石壁頭，自茅頭村東北流，至此三里。水深六尺五寸，面闊一百二十丈。與金華府湯溪縣分界。

枝流靈山港。

馬戌口村，靈山港處州府自遂昌縣在遂昌縣名官溪。流至此入境，又北流至上山東麓二里。此段仍與遂昌縣分水。

朱坑口村，自上山東麓北流，至此二里二分。

上塘村，自朱坑口村東北曲曲流，過赤津渡頭村，折而西北，至此八里一分。水深一尺五寸，面闊二十五丈。

大虹橋，自上塘村西南流，折而北，至此六里二分。分一支東流爲桐溪源，入築溪。

溪口渡，自大虹橋西北流，至此二里六分。水深二尺，面闊二十九丈五尺八寸。有小蓮鎮水自西南來注之。

靈山鎮，自溪口渡北少東流，折而北少西，至此六里七分。

寺下村，自靈山鎮北流，折而西北，至此五里八分。

石埠渡，自寺下村西少北流，折而東北，至此七里六分。水深二尺，渡闊三十丈。

官潭頭村，自石埠渡東北流，折而西北，至此十里四分。

官村渡，自官潭頭村東少北流，至此八里二分。水深二尺八寸，面闊二十三丈四尺。

楊家村，自官村渡北少東流，至此四里三分。

欄石村，自楊家村北少西流，至此七里二分。

五社壩，自欄石村北流，至此三里。又北流五里過縣城，東至下溪灘入衢港。

枝流金村源。

天錫巖，金村源自此發源，東少南流，至葉村五里四分。

錢王村，自葉村東南流，過何家村，折而南，至此九里。水深一尺五寸，面闊八丈。

華區方村，自錢王村南流，折而東南，復折而南，至此八里九分。

高橋村，自華區方村東南曲折流，至此七里二分。水深二尺，面闊十丈。

青苗堰，自高橋村東南曲折流，至此八里一分。水深二尺，面闊十二丈。又東南流三里七分至下溪灘入衢港。

枝流斗潭溪。

志唐村，斗潭溪自嚴州府壽昌縣獅子山發源，流至此入境，又西南流至塔下葉村六里五分。

錢家村，自塔下葉村南少西流，至此三里二分。

白鶴橋村，自錢家村西南流，至此五里五分。

會澤李村，自白鶴橋村東南流，至此四里五分。

五都橋村，自會澤李村南流，至此八里二分。

金家村，自五都橋村南流，至此七里二分。

康家村，自金家村南少東流，至此六里一分。水深二尺，面闊十八丈。又東南流五里九分至斗潭渡入衢港。

枝流築溪。

周和山，築溪自此發源北流，至源頭村北四里六分。

滿堂塢西，自源頭村北首北少西流，越金華府湯溪縣境，至此一里六分。

沙坂村，自滿堂塢西首復入本境，北少西流，折而北少東，至此三里四分。有桐溪源自西來注之。

大公殿村，自沙坂村北流，折而西少南，復折而北少東，至此五里五分。

茶園村，自大公殿村北少西流，至此六里九分。

金雞洞村，自茶園村西北流，至此六里三分。

樓下村，自金雞洞村西北流，折而北，至此九里四分。

溪底杜村，自樓下村北少西流，至此八里五分。

築溪橋，自溪底杜村北少東流，至此六里三分。水深二尺，面闊十四丈。

白底圩東，自築溪橋北少西流，至此三里一分。有白革河自西來注之。

王家村，自白底圩東首東流，至此二里一分。

湖鎮西，自王家村東流，越金華府蘭谿縣境，至此八分。

浮筏圩，自湖鎮西首復入本境，東少北流，至此三里一分。水深三尺，面闊二十二丈。又北流三里至茅頭村入衢港。

陸路道里記

東門一名永安門。

幹路

東岳廟，自東門外東行，渡靈山港，至此一里四分。

十里鋪東，自東岳廟東北行，折而東，至此七里九分。

可憩亭，自十里鋪東首東行，至此二里五分。

築溪橋，自可憩亭東少北行，至此六里一分。

湖鎮，自築溪橋東北行，至此四里七分。

茅頭村，自湖鎮東北行，至此六里二分。

石壁頭南，自茅頭村東北行，至此三里一分。與金華府湯溪縣分界。

枝路

橫路祝村，自東岳廟東南行，至此七里五分。

克羅村，自橫路祝村東南行，至此四里八分。

樓下村，自克羅村東南行，至此六里三分。

社楊岡村，自樓下村東南行，至此五里七分。

金雞洞村，自社楊岡村東南行，至此五里二分。

茶園村，自金雞洞村東南行，至此六里七分。

大公殿村，自茶園村南少東行，至此八里五分。

沙坂村，自大公殿村南少西行，折而東，復折而南，至此六里二分。與金華府湯溪縣分界。

枝路

楊家渡，自十里鋪東首北少西行，折而東北，至此四里五分。

斗潭渡，自楊家渡北少東行，至此四里八分。

藍塘村，自斗潭渡西北行，至此九里二分。

鑾王殿村，自藍塘村北少西行，至此六里。

橫山村，自鑾王殿村北行，至此八里二分。

三姑殿村，自橫山村西北行，至此六里九分。西南通北門幹路之後徐村。

石塘村，自三姑殿村北少西行，至此五里九分。

紗帽邱，自石塘村西少北行，至此二里三分。與嚴州府壽昌縣分界。

錢家村，自三姑殿村東北行，越嚴州府壽昌縣境張家村，至此四里七分。

塔下葉村，自錢家村北少東行，至此二里八分。東南通界址嶺，與金華府蘭谿縣分界；西北通吴磡頭村，與嚴州府壽昌縣分界。

志棠村，自塔下葉村東北行，至此七里一分。與金華府蘭谿縣分界。

枝路

大塘渡，自湖鎮北少東行，至此四里二分。

梅坪村，自大塘渡渡衢港北少東行，至此八里一分。與金華府蘭谿縣分界。

小南門幹路無。

南門一名歸仁門。

幹路

欄石村，自南門外南行，至此三里一分。

寺後村，自欄石村南少東行，至此五里三分。

官村，自寺後村南少東行，至此五里三分。

舉嶺脚村，自官村東南行，至此六里四分。東北通東門外枝路之克羅村。

七磡頭村，自舉嶺脚村西南行，至此六里五分。

福生亭，自七磡頭村西南行，至此六里七分。

靈山鎮，自福生亭南行，至此三里六分。

北虹橋村，自靈山鎮東南行，折而西南，至此八里。

大虹橋，自北虹橋村東南行，至此二里九分。

上塘村，自大虹橋東南行，越上塘嶺，嶺高四十三丈四尺。至此七里五分。

朱坑口村，自上塘村東南行，折而南少西，至此七里四分。

馬戍口村，自朱坑口村南行，折而東，復折而南，至此四里七分。與處州府遂昌縣分界。

枝路

石塝村，自福生亭西北行，至此八里七分。

草鞋嶺，自石塝村西少南行，至此六里五分。與西安縣分界。

枝路

廟下村，自北虹橋村西南行，至此五里。

木橋，自廟下村西南行，至此八里四分。

張村南，自木橋西南行，至此二里七分。

錢王村，自張村南首西南行，至此六里二分。

大蓮嶺，自錢王村西南行，折而南少東，至此八里。嶺高一百五丈八尺。與處州府遂昌縣分界。

嚴村，自張村南首北行，折而西少南，至此六里九分。

胡嶺，自嚴村西少北行，至此七里六分。嶺高九十九丈。與西安縣分界。

枝路

賀田村，自大虹橋曲曲東行，至此十里二分。

杜家村，自賀田村東少北行，至此五里一分。

嶺脚村，自杜家村東少北行，至此三里四分。

蘇坪嶺，自嶺脚村東北曲曲行，至此五里五分。

唐祠村，自蘇坪嶺東北行，至此五里四分。又東北行二里六分至沙坂村，與金華府湯溪縣分界。

小西門幹路無。

西門一名太平門。

幹路

方門街，自西門外西南行，至此三里三分。

十里亭西，自方門街西南行，至此四里二分。

貴塘山村西，自十里亭西首西少南行，至此三里五分。

高敬鋪，自貴塘山村西首西行，至此七里七分。

界牌，自高敬鋪西行，至此三里九分。與西安縣分界。

枝路

龍興埠，自十里亭西首西北行，至此六里一分。

丁家村，自龍興埠渡衢港北少東行，折而北少西，至此六里九分。

東鄒村，自丁家村北少西曲曲行，至此十里七分。

葉村，自東鄒村北少西行，至此九里七分。

青塢嶺，自葉村西少南行，至此二里二分。與西安縣分界。

枝路

芝溪村，自貴塘山村西首西南行，折而南，至此五里一分。

涼亭岡，自芝溪村南少西行，折而西，至此八里四分。與西安縣分界。

小北門幹路無。

北門一名嚮義門。

幹路

驛前，自北門外北少東曲曲行，至此三里三分。

茶圩埠，自驛前北行，至此一里一分。

下章村，自茶圩埠北少西行，折而北，至此七里。

湖墈村，自下章村曲曲北行，至此八里九分。

蓊然龔村，自湖墈村北少東行，至此七里八分。

後徐村，自蓊然龔村北少西行，至此五里八分。

太平坂村，自後徐村北行，至此五里三分。

梅嶺，自太平坂村北行，至此六里三分。嶺高二丈三尺。與嚴州府壽昌縣分界。

枝路

夏蕩村，自茶圩埠西北行，至此五里五分。

華區方村，自夏蕩村西北行，至此七里三分。

許村，自華區方村北少西行，至此九里八分。

石峰村，自許村北少西行，至此五里三分。西北通幹路之後徐村。

上溪村，自石峰村北少西行，至此五里九分。

青潭嶺北，自上溪村東北行，折而北，至此十二里八分。嶺高九十六丈三尺。與嚴州府壽昌縣分界。

小東門幹路無。

衢州府江山縣

水路道里記

大溪一名江山港，一名文溪，一名鹿溪。

經流

小竿嶺，大溪自此發源，兼受仙霞山之水北流，折而西北，至覷星山南麓五里九分。

朱塢村，自覷星山南麓西北流，至此四里六分。

雙溪口，自朱塢村北少西流，折而東北，至此九里五分。水深一尺八寸，面闊十丈。有石鼓源自東南來會之。見後。

廣渡村，自雙溪口西北流，至此四里。

溪上村，自廣渡村北少東流，至此五里九分。水深二尺五寸，面闊十一丈五尺。

雙港口，自溪上村東北流，過下澤村，折而北，至此十里九分。水深三尺五寸，面闊二十六丈七尺。有東角源自東來會之。見後。

上朱村，自雙港口北流，折而西北，至此四里五分。

黄坑村，自上朱村西北流，至此四里。以上不通舟筏。

鳳林鎮南，自黄坑村北少東流，過横山橋，折而西，至此三里五分。水深三尺九寸，面闊二十八丈。

茅坂渡，自鳳林鎮南首西流，折而北少東曲曲，至此八里五分。水深四尺，渡闊三十六丈。

曹家村，自茅坂渡北流，折而東北，至此六里八分。

禮賢鎮，自曹家村北流，至此四里一分。水深四尺，面闊三十六丈。

安清渡，自禮賢鎮北少西流，折而北，至此三里五分。水深四尺，渡闊三十七丈。

賀村渡，自安清渡東北流，至此十里八分。水深五尺，渡闊四十一丈。

劉家墥，自賀村渡貝流，至此七里三分。

箬坑源口，自劉家墥東少北流，至此二里六分。有箬坑源自南來會之。見後。

清湖鎮，自箬坑源口東少北流，至此二里九分。水深五尺一寸，面闊四十九丈。

白石源口，自清湖鎮東北流，過小嬾灘，折而北，至此十里四分。水深四尺，面闊五十五丈。有白石源自東來會之。見後。

縣城南，鹿溪浮橋。自白石源口北少東流，至此二里五分。水深五尺五寸，面闊六十二丈。

青龍渡，自鹿溪浮橋東北流，至此一里六分。水深五尺八寸，渡闊五十三丈。

雙塔底村，自青龍渡東北流，過烏木灘，至此九里六分。水深四尺二寸，面闊五十八丈。

大溪灘村，自雙塔底村東流，折而東北，至此七里九分。水深四尺二寸，面闊七十四丈。

逸溪渡，自大溪灘村東北流，至此五里一分。水深四尺，渡闊七十八丈七尺。

溪頭山渡，自逸溪渡東北流，至此七里。水深五尺，渡闊八十三丈。與西安縣分界。

枝流石鼓源。

石鼓山，石鼓源自此發源，西南流，至坪坑村三里。

雞公村，自坪坑村西南流，至此六里九分。

保安街，自雞公村西少北流，至此五里。

季壠村，自保安街西流，折而西北，至此五里二分。水深一尺，面闊九丈。又西北流一里八分至雙溪口入大溪。

枝流東角源。

蘇州嶺，東角源自此發源北流，至高灘村四里九分。

高灘外村，自高灘村北少東流，至此四里七分。

陳家村，自高灘外村北少東流，至此五里五分。

溪口橋，自陳家村曲曲北流，至此八里七分。水深一尺，面闊七丈。

白沙村，自溪口橋北流，折而西，復折而西北，至此九里六分。

定村，自白沙村西流，至此四里七分。水深二尺，面闊十五丈。

李家橋，自定村西北流，折而北，過白水坑村，至此七里。

毛家村，自李家橋西北流，至此七里三分。

張家村，自毛家村西少北流，至此七里五分。水深二尺五寸，面闊十七丈。

峽口橋，自張家村西少南流，至此七里。又西少北流，折而西四里一分，至雙港口入大溪。

枝流箬坑源。

石平嶺，箬坑源自此發源西北流，折而北，至方家橋六里三分。

竹尖山北，自方家橋北流，折而西少北，至此七里四分。

昭明橋，自竹尖山北首西少北流，折而西少南，至此十二里三分。

讀溪口村，自昭明橋西北流，至此六里一分。

觀音堂村北，自讀溪口村北少東曲曲流，至此六里三分。

清湖亭西，自觀音堂村北首東北曲曲流，至此五里二分。水深一尺五寸，面闊八丈。又北流二里三分至箬坑源口入大溪。

枝流白石源。

飛石嶺，白石源自此發源西北流，至白石村三里七分。

源口橋，自白石村西流，折而西少南，至此五里八分。

黃村，自源口橋西少北流，至此五里五分。

柴家嶺村，自黃村西少南流，至此四里一分。

毛村，自柴家嶺村西北流，至此七里七分。

碗窑村，自毛村北少西曲曲流，至此九里七分。

下塘村，自碗窑村北流，折而西北，至此五里三分。水深一尺，面闊七丈。又西北流五里二分，至白石源口入大溪。

陸路道里記

東門一名通甯門。

幹路

青龍渡口，自東門外東南行，至此七分。

翁家村，自青龍渡口渡大溪東行，至此二里四分。

趙家村，自翁家村東北行，至此三里一分。

趙籍村，自趙家村東行，至此三里二分。

路頭村，自趙籍村東行，至此二里二分。

姚家村，自路頭村東少南行，折而東少北，至此三里。

鄭家村，自姚家村東少北行，至此三里六分。

方家村，自鄭家村東少北行，至此二里一分。

苦桑嶺亭，自方家村東南行，至此四里三分。

迏珠村，自苦桑嶺亭東南行，至此二里九分。

石塔背，自迏珠村東南行，至此六里八分。與西安縣分界。

通禄門自門外東行七分，至青龍渡口與東門幹路合。

通昌門

幹路

紅石橋，自通昌門外南少東行，至此五里五分。

下塘村，自紅石橋東行，折而東南，至此三里六分。

上江壩村，自下塘村東行，折而東南，至此二里五分。

碗窑村，自上江壩村南少東行，至此二里五分。

柴坑口村，自碗窑村東南行，至此二里五分。

溪頭村，自柴坑口村南少東曲曲行，至此六里六分。

毛村，自溪頭村東南行，至此三里。

大溪篷村，自毛村東南行，至此五里九分。

柴家嶺村，自大溪篷村東南行，至此三里一分。

黄村，自柴家嶺村東南行，折而東北，至此三里八分。

塘源口村，自黄村東南行，至此三里七分。

源口橋，自塘源口村東行，至此三里一分。

白石村，自源口橋東行，至此五里一分。

飛石嶺，自白石村東行，至此四里四分。與西安縣分界。

枝路

平嶺，自源口橋東南行，至此五里五分。

太陽山東峰，自平嶺東南行，至此九里五分。

洪公村，自太陽山東峰東南行，至此四里五分。

洪公嶺，自洪公村南少東行，至此三里四分。與處州府遂昌縣分界。

鮑洋村，自太陽山東峰西南行，至此四里九分。

望江亭，自鮑洋村西南行，至此二里五分。與處州府遂昌縣分界。

通和門自門外西南行二里五分，至方門橋與南門幹路合。

南門一名通福門。

幹路

方門橋，自南門外西南行，至此二里五分。

花路亭，自方門橋西南行，至此一里九分。

甘露亭，自花路亭南行，至此五里。

清湖鎮，自甘露亭南少西行，至此四里。

觀音亭，自清湖鎮西南行，至此九里六分。

花園港村，自觀音亭南少西行，至此四里一分。

石門村，自花園港村南少東行，折而南少西，至此八里一分。

繼牌村，自石門村西南行，至此五里九分。

江郎街，自繼牌村南少西行，至此八里八分。

蘇家嶺，自江郎街南少西曲曲行，至此九里一分。

峽口街，自蘇家嶺西南行，折而東南，至此五里五分。

三卿口村，自峽口街南行，至此八里五分。

保安街，自三卿口村西南行，至此九里。

龍井村，自保安街南少西行，至此七里四分。

上街，自龍井村南少西行，越小竿嶺，至此十一里二分。

廿八都，自上街南少西行，至此四里一分。

大竿嶺，自廿八都西南曲曲行，至此十里八分。與福建浦城縣分界。

枝路

上三橋村，自花路亭西南行，至此四里六分。

路口村，自上三橋村西少南行，至此四里四分。

塘北塀村，自路口村西少南行，至此八里四分。

史公嶺，自塘北坪村西南行，至此七里一分。

打獵山村，自史公嶺西南行，至此三里。

新塘邊村，自打獵山村西南行，至此七里九分。

分界塘村，自新塘邊村南行，折而西過道堂村，復折而西南，至此九里四分。與江西玉山縣分界。

枝路

萬安橋，自觀音亭西南行，至此三里九分。

後亭，自萬安橋西少南行，過大山底村，折而西北，至此八里五分。

淤頭村，自後亭西行，至此三里八分。

仕塢村，自淤頭村西南行，至此八里四分。

椿樹底村，自仕塢村西南曲曲行，至此五里五分。

官壩橋村，自椿樹底村西南行，折而東南，復折而西南，至此七里六分。

南塢村，自官壩橋村西南行，折而西，至此七里二分。

大桑園村，自南塢村西南行，至此六里五分。

官溪外村，自大桑園村西少北行，折而西南，至此五里七分。

界首亭，自官溪外村西少南行，至此五里九分。與江西廣豐縣分界。

禮賢鎮，自後亭西南行，至此四里二分。

萬青山村，自禮賢鎮南行，至此四里三分。

大淤亭，自萬青山村西南行，至此六里八分。

鳳林鎮，自大淤亭南行，折而西，至此八里二分。

下澤尾村，自鳳林鎮東南行，折而南少西，至此十一里四分。

王衆橋頭村，自下澤尾村西南行，折而南少東，至此八里五分。

廣渡村，自王衆橋頭村南行，至此七里四分。

大洋嶺，自廣渡村西少北行，至此二里四分。與江西廣豐縣分界。

三十二都，自大淤亭西南行，過茅坂村，至此十里七分。

小石橋，自三十二都西行，至此三里四分。與江西廣豐縣分界。

枝路

上臺村，自石門村東少北行，至此八里二分。

白嚴村，自上臺村東少南行，至此六里四分。

張村，自白嚴村南少東行，至此六里八分。

箬坑口村，自張村南少東行曲曲，至此十里三分。

牛頭嶺，自箬坑口村南行，至此八里三分。

小梅村，自牛頭嶺南行，至此五里七分。

九節嶺，自小梅村南行，至此七里三分。

白沙村，自九節嶺南行，至此四里四分。西北通幹路之峽口街。

溪口村，自白沙村南行，折而東，復折而南，至此九里六分。

陳家村，自溪口村曲曲南行，至此八里六分。

高灘外村，自陳家村南少西行，至此六里一分。

龍津坑村，自高灘外村南少西曲曲行，至此八里九分。

蘇州嶺，自龍津坑村南行，至此五里二分。與福建浦城縣分界。

牛背嶺，自箬坑口村東少南行，至此六里一分。

獨坑嶺，自牛背嶺東少南行，至此七里。與處州府遂昌縣分界。

東蹟村，自白沙村東北行，至此六里六分。

牛皮嶺，自東蹟村東北行，折而東南，至此十二里。與處州府遂昌縣分界。

西門一名通賢門。

幹路

大橋頭村，自西門外西南行，折而西北，至此四里八分。

道塘村，自大橋頭村西南行，至此五里三分。

永濟橋村，自道塘村西行，至此七里。

潭石頭村，自永濟橋村西行，至此六里八分。

洋橋村，自潭石頭村南行，過潭源村，折而西南，至此四里九分。

詩坊村，自洋橋村西南行，至此四里七分。

吴村，自詩坊村西南行，至此三里七分。

東庫村，自吴村西南曲曲行，折而南少東，復折而西南，至此九里八分。與江西玉山縣分界。

通興門

幹路

五里亭，自通興門外西北行，至此五里五分。

店壩頭村，自五里亭西行，至此三里三分。

吳圳村，自店壩頭村西北曲曲行，至此十一里三分。

坳頭村，自吳圳村西南行，折而西北，至此五里一分。

斜馱嶺亭，自坳頭村西南行，至此三里七分。

柳嶺橋，自斜馱嶺亭西行，至此四里九分。

福塘村，自柳嶺橋西行，至此二里六分。

大橋墟，自福塘村西少南曲曲行，至此七里七分。

分界塘，自大橋墟西少南行，至此二里九分。與江西玉山縣分界。

枝路

上王村，自坳頭村北少東行，至此四里一分。

東清湖村，自上王村北行，至此四里七分。

涼亭，自東清湖村北行，至此六里九分。與常山縣分界。

枝路

進塘，自柳嶺橋北少東行，至此二里四分。與常山縣分界。

枝路

大洋橋村，自大橋墟北少西行，折而北少東，至此八里一分。

湖塘橋，自大洋橋村北少東行，至此二里。

八畝塘，自湖塘橋東北行，至此三里五分。與常山縣分界。

枝路

仕陽村，自大橋墟南少東行，至此五里一分。

蘇源村，自仕陽村南少東行，至此六里四分。

廟底坳亭，自蘇源村西南曲曲行，至此三里五分。與江西玉山縣分界。

北門一名通化門。

幹路

三橋，自北門外北少東行，至此二里六分。

長塘塆村，自三橋西北行，至此二里二分。

涼棚店村，自長塘塆村北行，至此五里。

大陳村，自涼棚店村北少西行，越大陳嶺，至此九里九分。

水銀山西，界牌。自大陳村北少西行，至此五里九分。與常山縣分界。

枝路

王陳村，自三橋東北行，至此三里八分。

蓮塘村，自王陳村西北行，至此八里七分。

新塘塢嶺，自蓮塘村曲曲北行，過新塘塢村，至此五里九分。

天井頭村，自新塘塢嶺西北行，至此五里一分。與常山縣分界。

上余村，自王陳村東北行，折而東，至此八里九分。又東少南行四里，至平壇村入通安門幹路。

枝路

大嶺亭，自長塘塆村西北行，至此十里二分。

裏坂橋，自大嶺亭西北行，至此三里七分。

上槽村，自裏坂橋西北行，至此三里一分。

石巖，自上槽村西北曲曲行，至此七里八分。與常山縣分界。

通安門

幹路

雙塔底村，自通安門外東北行，至此九里。

吳村頭，自雙塔底村東北行，至此四里。

平壇村，自吳村頭東北行，至此三里二分。

逸溪渡，自平壇村東北行，至此五里。

界橋，自逸溪渡渡大溪東北行，至此六里七分。與西安縣分界。

枝路

五都村，自逸溪渡西行，至此一里二分。

四都村，自五都村北少西行，至此五里八分。

傅築街，自四都村東北行，至此五里四分。

茅塢嶺，自傅築街東少北行，至此二里二分。與西安縣分界。

衢州府常山縣

水路道里記

馬金溪一名常山港，一名金川源。

經流

上界首村，馬金溪自開化縣流至此入境，又東南流，至文圖村北四里八分。有馬尪溪自北來會之。見後。

長峰村，自文圖村北首南少西流，折而南少東，至此六里五分。水深五尺五寸，面闊四十丈。

璞石村，自長峰村南少東流，至此五里六分。

繡溪渡，自璞石村東北流，至此八里三分。

洪家淤渡，自繡溪渡東南流，至此三里一分。水深五尺二寸，渡闊四十五丈。

樊家村，自洪家淤渡東南流，折而東，至此六里三分。

儻溪橋前，自樊家村東流，折而南，至此四里八分。有儻溪自西南來會之。見後。

縣城北，浮橋。自儻溪橋前東南流，至此四里五分。水深五尺七寸，面闊四十丈。

東深渡，自浮橋東南流，至此二里。有石崆溪自西南來注之。

朱家渡，自東深渡東南流，折而東少北，至此六里。水深四尺，渡闊七十三丈三尺。

徐家村，自朱家渡東少北流，至此二里六分。

塘埠渡，自徐家村東少南流，至此四里七分。有天井峰水自南來注之。

塘邊渡，自塘埠渡東北流，折而東少南，至此八里九分。有虹橋溪自西北來會之。見後。

松家渡，自塘邊渡東南流，折而東北，至此七里八分。有芳溪自北來會之。見後。

招賢鎮，自松家渡東少北流，至此二里四分。

北淤村，自招賢鎮東少北曲折流，至此十一里五分。與西安縣分界。

枝流馬尪溪。

聯珠橋，馬尪溪自開化縣流至此入境，又南少西流，至大路邊村四里八分。

嚴家村，自大路邊村南流，至此三里三分。

塢口村，自嚴家村西南流，至此五里八分。

楊村，自塢口村西南流，折而東南，至此二里九分。水深二尺五寸，面闊二十丈。又南少西流二里八分，至文圖村北入馬金溪。

枝流儻溪。

葉溪嶺，儻溪自此發源南流，至外東坑村五里八分。

三溪村，自外東坑村南少東流，至此八里九分。

九都村，自三溪村東南流，至此九里三分。水深二尺三寸，面闊十五丈。

清河橋，自九都村東南流，折而東北，至此七里二分。

彤弓山村，自清河橋東北流，至此二里五分。

官莊橋，自彤弓山村東北流，至此六里七分。

福江村，自官莊橋東北曲曲流，至此七里八分。又東北曲折流七里八分，至儻溪橋前入馬金溪。

枝流虹橋溪。

石姥嶺，虹橋溪自此發源東流，至宋坂村七里七分。

雙溪村，自宋坂村東北流，至此三里八分。

石巖村，自雙溪村南少東曲曲流，至此五里三分。

湧蓮橋，自石巖村南流，折而東南，至此五里六分。

空家壠村，自湧蓮橋東南曲曲流，至此四里六分。

大洋灘，自空家壠村東北流，折而東南，至此八里一分。

虹橋村，自大洋灘東北流，折而東南，過永濟橋，至此八里。水深二尺，面闊十六丈。又東南流三里三分，至塘邊渡入馬金溪。

枝流芳溪。

木嶺，芳溪自此發源，西少南流，至樂豐橋四里一分。

西山村，自樂豐橋西少南流，折而南，至此五里九分。

龍頭背村，自西山村南流，折而西，復折而南，至此七里六分。

會水橋，自龍頭背村西少北流，折而西南，至此六里二分。有松樹嶺水自西北來注之。

大回龍橋，自會水橋南少東流，至此四里八分。

猷閣村，自大回龍橋東南流，折而西南曲曲，至此十一里五分。

石壁底村，自猷閣村西南流，至此七里三分。

潔湖村，自石壁底村南少西流，折而南少東，至此三里六分。

漆山村，自潔湖村南流，至此七里一分。水深二尺，面闊十五丈。

馬家村，自漆山村南少東流，折而東，至此七里二分。

茗源橋，自馬家村西南流，至此三里三分。水深三尺五寸，面闊三十丈。

新村，自茗源橋南少東流，折而東，至此四里二分。又東流，折而南少東，六里一分至松家渡入馬金溪。

陸路道里記

東門一名迎恩門。

幹路

山麥村，自東門外東北行，至此七里。

特嶺村，自山麥村北少東行，至此三里。

松香墓村，自特嶺村東北行，折而北，至此六里。

雙溪村，自松香墓村曲曲北行，至此四里五分。

黄塢嶺村，自雙溪村東北行，至此五里九分。

西湖嶺，自黄塢嶺村東北行，至此六里六分。嶺高三丈五尺。

東星山南，自西湖嶺東北行，至此三里六分。

芳村，自東星山南首東北行，至此二里二分。

油麻坪村，自芳村東北行，至此九里。

回龍橋，自油麻坪村北行，折而東，復折而北少西，至此七里一分。

會水橋，自回龍橋西北行，至此三里。

龍頭背村東，自會水橋東北曲曲行，至此六里五分。

燈盞坑村，自龍頭背村東首北少東曲曲行，至此十里四分。

賽背閣，自燈盞坑村北少東行，至此五里二分。與嚴州府遂安縣分界。

枝路

姜家保村，自山麥村東北曲曲行，至此七里三分。

鼓塘村，自姜家保村東南行，折而東北，至此六里七分。

浮河村，自鼓塘村東北曲曲行，至此七里一分。

東案村，自浮河村東少北行，至此六里七分。

觀塘塢村，自東案村東少北行，至此三里八分。

五十都，自觀塘塢村東少南行，至此三里二分。與西安縣分界。

魯士村，自浮河村東南行，至此八里六分。

泉墨山村，自魯士村東南行，過關帝廟，折而東，至此十里一分。

界石，自泉墨山村東少北行，至此二里五分。與西安縣分界。

馬家村，自浮河村東北行，至此三里。

石塘村，自馬家村北少東曲曲行，至此七里二分。

東塢村，自石塘村北少西行，至此四里九分。

上源村，自東塢村東北行，至此五里二分。

朱家蓬村，自上源村北少東曲曲行，至此七里一分。又西北行四里，至油麻坪村入幹路。

枝路

新創村，自芳村西北行，至此五里二分。

葛塘村，自新創村曲曲西行，至此五里八分。

饒嶺，自葛塘村西北行，至此九里三分。與開化縣分界。

巖前村，自葛塘村北行，過猷路村，折而東北，至此七里八分。

塢尖村，自巖前村北行，折而東北曲曲，至此六里三分。

彤坑村，自塢尖村西北行，至此三里五分。

深山嶺，自彤坑村北少西行，至此四里九分。與開化縣分界。

枝路

山頭村，自會水橋西北行，至此五里二分。

半源村，自山頭村曲折北行，至此八里三分。

西塢嶺，自半源村東北行，至此八里二分。與嚴州府遂安縣分界。

松樹嶺，自半源村西北行，至此五里六分。與開化縣分界。

枝路

虹橋村，自龍頭背村東首東北曲折行，至此七里一分。

樂豐橋，自虹橋村東少北行，至此四里八分。

木嶺，自樂豐橋東少北行，至此六里八分。與西安縣分界。

小東門自門外東行五分，與望衢門幹路合。

望衢門

幹路

東深渡，自望衢門外東少南行，至此二里二分。

朱家渡，自東深渡渡馬金溪，東少南行，至此五里七分。

溪口村，自朱家渡渡馬金溪，東少北行，至此六里六分。

澄潭嶺，自溪口村東少北行，至此八里五分。嶺高七丈二尺。

招賢鎮，自澄潭嶺東北行，至此七里八分。

高家村，自招賢鎮東行，至此五里七分。

官莊村東，自高家村東行，至此五里五分。與西安縣分界。

枝路

楊家棚村，自東深渡東南行，至此四里三分。

木綿嶺，自楊家棚村東少南行，至此四里一分。嶺高三十二丈二尺。

李家村，自木綿嶺東少南行，至此四里。東北通幹路之溪口村。

硯山村，自李家村南少東行，至此四里二分。

天井頭，自硯山村東少南行，至此五里四分。與江山縣分界。

南門一名拱南門。

幹路

周塘村，自南門外西南行，至此四里五分。

桐山村西，自周塘村曲曲南行，至此五里三分。

雙溪橋，自桐山村西首南少西行，至此一里二分。

界山西麓，自雙溪橋南行，至此四里三分。與江山縣分界。

枝路

鯉魚灘，自桐山村西首東少南曲曲行，至此四里。

佔脚村，自鯉魚灘東南行，至此六里一分。與江山縣分界。

枝路

中峰村，自雙溪橋西南行，至此七里二分。

關帝廟，自中峰村南少西行，至此六里九分。

進塘，自關帝廟南行，至此八里三分。與江山縣分界。

小南門一名金川門。

幹路

巖嶺，自小南門外西南行，至此六里七分。

石壩村，自巖嶺西南行，至此九里一分。

江家壩村，自石壩村西南行，至此六里。

八畝塘，自江家壩村西南行，至此四里九分。與江山縣分界。

西門一名來遠門。

幹路

五里亭，自西門外西少南行，至此三里七分。

七里坳村，自五里亭西南行，至此二里六分。

十五里村，自七里坳村西南行，至此六里二分。

十八里村，自十五里村西南行，至此四里八分。

曹會關，自十八里村西南行，至此四里。

白石街，自曹會關西南行，至此四里。

新亭村，自白石街西南行，至此三里八分。

草萍鎮，自新亭村西南行，至此四里八分。與江西玉山縣分界。

枝路

茆亭，自五里亭西行，至此三里七分。

樟樹村，自茆亭西南行，至此五里六分。

葉姑嶺，自樟樹村西行，至此一里四分。嶺高四丈二尺。

新田村，自葉姑嶺西南行，至此四里。

龍繞村，自新田村西南行，至此四里。

上安村，自龍繞村西少南行，至此六里二分。

金蘭橋，自上安村西行，至此三里六分。

球川鎮，自金蘭橋西少南行，折而西北，至此六里三分。

千家牌村，自球川鎮西北行，至此五里四分。

徐村，自千家牌村西北行，至此七里一分。

烏麥村，自徐村西北行，至此四里二分。

烏麥嶺，自烏麥村西北行，至此五里二分。嶺高三丈六尺。與開化縣分界。

九都村，自龍繞村西南行，至此三里八分。

後龍村，自九都村西南行，至此七里四分。

七龍口村，自後龍村西少南行，至此三里四分。與江西玉山縣分界。

曹城關，自球川鎮西南曲曲行，至此五里四分。與江西玉山縣分界。

篋嶺，自球川鎮東北行，至此四里三分。

樂善橋，自篋嶺北少東行，至此二里四分。東北通北門幹路之璞石村。

外東坑村，自樂善橋北行，至此四里三分。

葉溪嶺，自外東坑村北行，折而西北，至此八里九分。與開化縣分界。

北門一名觀瀾門。

幹路

五里亭，自北門外西少北行，過黛溪橋，折而北，至此六里四分。

團村，自五里亭西北行，至此二里七分。

璞石村，自團村西北行，折而西少南，至此十里二分。

長峰村，自璞石村西北行，至此六里八分。

文圖村，自長峰村西北行，折而東北，至此五里七分。

上界首村南，自文圖村西北行，至此六里一分。與開化縣分界。

枝路

樊家村，自五里亭西北行，至此一里五分。

下灰埠村，自樊家村西北行，渡馬金溪，至此五里三分。東北通東門幹路之特嶺村。

坂頭村，自下灰埠村西行，折而東北，至此六里九分。

菱湖村，自坂頭村北少西行，至此四里九分。

菱湖嶺，自菱湖村北少西行，至此五里五分。嶺高三十五丈三尺。

馬尪村，自菱湖嶺西行，折而西北，至此五里一分。

聯珠橋，自馬尪村北行，至此三里一分。與開化縣分界。

衢州府開化縣

水路道里記

馬金溪

經流

汪公嶺，馬金溪自安徽休寧縣流至此入境，有松木嶺水自西來注之。又東流，折而南，至馬凹店村五里九分。水深三尺，面闊二十五丈。

山頭涼亭，自馬凹店村東南流，至此三里三分。

楊嶺村，自山頭涼亭東少北流，折而東南，至此五里五分。水深四尺，面闊三十二丈。

石田村，自楊嶺村南少東流，過高嶺村，至此十里六分。

下田村，自石田村曲曲南流，折而東南，至此六里二分。

金溪村，自下田村南少西流，至此四里九分。有棗鳳嶺水自東北來注之。

馬金鎮，辛田渡。自金溪村南流，至此五里。水深五尺六寸，渡闊四十二丈八尺。有際嶺水自西來會之。見後。

永濟渡，自辛田渡東南流，至此五里五分。水深五尺，渡闊五十七丈。有石崖界坑水自東來注之。

利濟渡，自永濟渡南流，至此四里。水深六尺，渡闊六十二丈一尺。有金竹嶺水自東南來會之。見後。

楊家村，自利濟渡西南曲曲流，至此八里一分。

打石頭村，自楊家村西流，過禮范村，折而南，至此九里。

城東浮橋，自打石頭村南流，折而南少東，至此九里二分。水深七尺，面闊六十八丈。分一支東南流入馬尪溪。

南水門，自城東浮橋東南流，至此一里三分。有鍾山水自北穿城來注之。

五里淤村，自南水門西南流，至此七里一分。

皂角村，自五里淤村南少東流，折而西南，至此三里四分。

華埠鎮，池淮橋東。自皂角村南少西流，至此八里三分。水深八尺，面闊六十二丈。有池淮溪自西北來會之。見後。

龍山渡，自池淮橋東口南流，折而西，至此二里三分。水深五尺八寸，渡闊五十六丈四尺。有龍山溪自西來會之。見後。

上界首村，自龍山渡東南流，至此八里五分。與常山縣分界。

枝流際嶺水。

際嶺，際嶺水自此發源，東少北流，至方家村七里三分。

田坂村，自方家村曲曲東流，至此五里九分。

上莊橋，自田坂村東南流，至此五里三分。有楓嶺水自北來注之。

何家村，自上莊橋東南曲曲流，至此七里一分。

黃田村，自何家村東少南曲曲流，至此九里七分。

秧坂村，自黃田村東少南流，至此四里二分。

徐塘口村，自秧坂村南流，折而東，至此五里六分。水深二尺，面闊十二丈。又東南流三里五分至辛田渡入馬金溪。

枝流金竹嶺水。

金竹嶺，金竹嶺水自此發源，西少南流，至墩上村五里五分。分一支南流入馬尪溪。有闇嶺水自北來注之。

長慶村，自墩上村曲曲西流，至此六里六分。

下山村，自長慶村西南曲曲流，至此八里三分。

村頭村，自下山村西北流，折而北，復折而西南，至此六里一分。

雲巖山西南麓，自村頭村西南曲折流，至此八里四分。水深二尺，面闊十二丈。又西北流四里九分至利濟渡入馬金溪。

枝流池淮溪。

大鏞嶺，池淮溪自此發源曲曲東流，至上汪塢村六里五分。

方莊村，自上汪塢村東少南流，至此六里六分。水深二尺五寸，面闊二十二丈。

木杓塢村，自方莊村曲曲南流，至此八里四分。

招根口村，自木杓塢村南流，至此六里五分。

長坂頭村，自招根口村南少東曲曲流，至此七里二分。水深三尺，面闊三十五丈。

關山口村，自長坂頭村東南曲折流，至此八里一分。

大頭嶺村，自關山口村東南曲折流，至此十一里八分。有中山水自東北來注之。

航頭渡，自大頭嶺村南少西流，至此二里五分。水深五尺四寸，渡闊六十一丈。有白沙溪自西來會之。見後。

星口渡，自航頭渡東南流，至此六里五分。水深六尺五寸，渡闊六十二丈。

莊埠村，自星口渡東南流，至此七里九分。

孔埠村，自莊埠村東南流，折而南，復折而東，至此七里一分。又東流一里七分至池淮橋東入馬金溪。

枝流白沙溪。

白沙關，白沙溪自江西德興縣流，至此入境，又曲曲東流，至梨壁塢村三里一分。

下莊橋，自梨壁塢村曲曲東流，至此五里三分。

萬緣橋，自下莊橋東少北流，過張灣村，至此十二里八分。

曹村，自萬緣橋東少北曲曲流，至此九里五分。

黄岡村，自曹村東少北流，至此三里八分。有大濠溪自南來會之。見後。

路口村，自黄岡村曲曲東流，折而南，至此八里七分。水深三尺，面闊十四丈。又東南流五里九分至航頭渡入池淮溪。

枝流大濠溪。

大濠山，大濠溪自此發源東北流，至十八跳村六里。

文溪村，自十八跳村東少南流，至此八里三分。

水碓村，自文溪村東流，至此六里一分。

蛟坑村，自水碓村北少東流，至此五里。

鄧源山西麓，自蛟坑村東北曲曲流，至此九里二分。水深二尺，面闊十丈。又北流二里至黄岡村入白沙溪。

枝流龍山溪。

花山村，龍山溪自江西玉山縣流至此入境，又東北流，至嚴村五里三分。水深四尺六寸，面闊五十六丈。

塔沙村，自嚴村東北流，至此五里二分。有石崖水自北來注之。

墳山頭村，自塔沙村東少北流，至此五里一分。水深五尺，面闊五十四丈。有麥嶺水自南來注之。

溪西壠口，自墳山頭村東北流，至此三里六分。

淵裏村，自溪西壠口東少北流，至此八里二分。水深五尺五寸，面闊五十六丈。又東流四里九分至龍山渡入馬金溪。

馬尪溪

經流

白石尖嶺，馬尪溪自此發源西南流，至大山村六里五分。

曇花寺，自大山村西南曲曲流，至此六里二分。有金竹嶺分支水自西北來注之。

紅廟橋，自曇花寺南流，折而西南，至此三里四分。

寬頭村，自紅廟橋曲曲西流，至此九里六分。

小舉村，自寬頭村西南曲曲流，至此十二里三分。水深四尺八寸，面闊四十一丈。有亦堂嶺水自東南來注之。

霞江村，自小舉村西少北流，折而南，至此五里九分。

店口壠村，自霞江村曲曲西流，至此八里三分。有馬金溪分支水自西北來注之。

小坑口村，自店口壠村南少西流，至此八里五分。

螳螂村，自小坑口村東南流，至此三里一分。

聯珠橋，自螳螂村南少西流，至此三里一分。與常山縣分界。

陸路道里記

起鳳門

幹路

三里亭，自起鳳門外東南行，折而東北，復折而東少南，至此四里一分。

店口壠村，自三里亭東南行，至此八里六分。

霞江村，自店口壠村曲折東行，至此七里五分。

小舉村南，自霞江村北少東行，折而東南，至此八里四分。

外徐村，自小舉村南首東北行，至此五里九分。

寬頭村，自外徐村東北行，至此七里四分。

西山村，自寬頭村東行，至此六里二分。

紅廟橋，自西山村東行，至此四里三分。

松樹嶺，自紅廟橋東行，至此四里八分。與常山縣分界。

枝路

溪上村，自店口壠村南少西行，至此七里二分。

鄭家村，自溪上村西南行，折而南，至此三里四分。

紫軍塢山東麓，自鄭家村東南行，折而西南，至此三里五分。與常山縣分界。

枝路

黃連坑村，自小舉村南首東南行，至此二里三分。

繞嶺，自黃連坑村南少東行，至此七里三分。與常山縣分界。

外大源村，自黃連坑村東南行，折而東少北，至此五里五分。

亦堂嶺，自外大源村東少北行，至此四里五分。與常山縣分界。

枝路

曇花寺，自紅廟橋北行，至此四里。

大山村，自曇花寺東北行，至此五里九分。

白石尖嶺，自大山村東北行，至此十里五分。與嚴州府遂安縣分界。

田坂村，自曇花寺西行，至此二里八分。

瑯谷村，自田坂村北行，折而西，復折而東北，至此七里八分。

上灣村，自瑯谷村東北行，折而北，至此七里六分。

杜家村，自上灣村北少西行，至此四里二分。又北少西行六里五分，與自北門外向北幹路内利濟渡起之枝路合。

南門一名迎恩門。

幹路

梘塢廟，自南門外西南行，至此一里。

五里淤村，自梘塢廟西南行，至此五里七分。

青山底村，自五里淤村東南行，至此四里五分。

皂角村，自青山底村南行，折而西南，至此九里。

華埠鎮，池淮橋。自皂角村南少西行，至此十里四分。

龍山渡，自池淮橋南行，折而西，至此二里七分。

窑上村，自龍山渡渡龍山溪，東南行，至此五里七分。

上界首村，自窑上村東南行，至此二里八分。與常山縣分界。

枝路

石井村，自梘塢廟西行，至此三里八分。

十里鋪村，自石井村西南行，至此六里五分。

牌樓底村，自十里鋪村西南曲曲行，至此六里三分。

星口村渡，自牌樓底村西少南行，至此六里九分。東南通幹路之池淮橋，西北通北門外向西幹路之航頭渡。

姜塢村，自星口村渡渡池淮溪南行，折而西南，至此九里七分。

下裴口村，自姜塢村西南行，折而南，至此十一里五分。

桐村，自下裴口村東南行，至此七里二分。

門村，自桐村西南行，折而西少北，至此七里二分。

王坂村，自門村西少南行，至此八里八分。

石崖，自王坂村曲曲西行，至此十一里。與江西玉山縣分界。

枝路

淵裏村，自龍山渡西行，至此四里三分。

溪西壠口，自淵裏村西少南行，至此七里三分。西北通枝路之桐村。

墳山頭村，自溪西壠口西南行，至此三里四分。

陳家村，自墳山頭村西南行，至此六里五分。

麥嶺，自陳家村南行，過龍潭村，折而西南，至此八里三分。與常山縣分界。

嚴村，自墳山頭村西少南行，至此九里九分。

花山村，自嚴村西少南行，至此五里五分。與江西玉山縣分界。

枝路

天井頭村，自窑上村西少北行，折而西南，至此七里九分。

汪家村，自天井頭村南行，折而西南，至此五里。

葉溪嶺南麓，自汪家村南少東行，折而南，至此六里四分。與常山縣分界。

北門一名望極門。

幹路路向西。

横坑村，自北門外西行，折而西北，至此八里三分。

内叉村，自横坑村西行，折而西南，至此十里九分。

大頭嶺村，自内叉村西行，過銀嶺村，折而西南，至此十里九分。

航頭渡，自大頭嶺村西南行，至此三里。

路口村，自航頭渡西北行，至此六里三分。

朱家塢橋，自路口村西行，至此十一里一分。

油溪口村，自朱家塢橋西行，至此九分。

殿前村，自油溪口村西少南行，至此七里三分。

張灣村，自殿前村曲曲西行，至此六里二分。

三里亭，自張灣村西行，至此七里三分。

下莊橋，自三里亭西少南行，至此四里五分。

石田村，自下莊橋西行，至此二里二分。

白沙關，自石田村西少北行，至此六里四分。與江西德興縣分界。

枝路

篁岸村，自大頭嶺村北少西行，至此五里一分。

河塘村，自篁岸村西北行，至此六里。

虹橋村，自河塘村西北行，折而東少北，至此五里六分。

爐裏村，自虹橋村西北行，至此六里九分。

招根口村，自爐裏村北行，至此五里三分。

祥爐村，自招根口村北少西行，至此十一里二分。

霞塢村，自祥爐村北行，過方莊村，折而西北，至此五里五分。

大鏞嶺，自霞塢村西少北行，至此十里四分。與安徽婺源縣分界。

大店村，自篁岸村東北行，至此六里五分。

捷魁村，自大店村東北行，折而北，至此七里二分。

張村，自捷魁村東北行，至此六里七分。

中村，自張村東北行，至此三里八分。西南通招根口村。

雙溪口村，自中村東少南行，至此一里八分。東南通向北幹路之打石頭村。

界首村，自雙溪口村東北曲曲行，至此八里二分。又東北行七里至高韓村，與自向北幹路内甘露亭起之枝路合。

枝路

蛟坑村，自朱家塢橋南少西行，至此十里九分。

鄧口坂村，自蛟坑村南少西行，至此五里七分。

文溪村，自鄧口坂村西行，至此六里五分。

彭川村，自文溪村西少北行，至此五里九分。

十八跳村，自彭川村西行，至此三里三分。

壕嶺關，自十八跳村西南行，至此八里四分。與安徽婺源縣分界。

枝路

破田村，自油溪口村北少西行，至此四里一分。

大坂灣村，自破田村西北行，至此十二里七分。

南壇村，自大坂灣村西北曲曲行，至此十里七分。

廣福橋，自南壇村西北行，至此二里。

五成橋，自廣福橋西行，至此一里六分。

茗川口村，自五成橋西南曲曲行，至此九里五分。

洪家嶺，茶亭。自茗川口村西北行，至此五里九分。

樟樹廟，自洪家嶺茶亭西南行，至此三里二分。與江西德興縣分界。

嶺裏村，自廣福橋北行，至此三里四分。

塘頭村，自嶺裏村東北行，至此六里四分。

内平坑村，自塘頭村西北行，折而北少東，至此十里三分。

洪源村，自内平坑村北少西行，至此五里六分。

大頭嶺，自洪源村北少東行，至此四里三分。與安徽婺源縣分界。

丁沿嶺，自五成橋西北行，過倪凹村，至此十一里二分。與江西德興縣分界。

幹路路向北。

密賽村，自北門外北行，越小山嶺，至此六里一分。

打石頭村，自密賽村北少東行，至此三里六分。

上音坑村，自打石頭村北行，至此三里一分。

下明廉村，自上音坑村北少東行，折而東少北，至此五里三分。

利濟渡，自下明廉村東北行，至此七里四分。

永濟渡，自利濟渡北行，至此四里。

甘露亭，自永濟渡西北行，至此四里五分。

馬金鎮北，金溪村。自甘露亭北行，過辛田渡，至此四里五分。

下田村，自金溪村北少東行，至此四里八分。

高嶺村，自下田村西北行，至此十里二分。

楊嶺村，自高嶺村北少西行，至此七里九分。

馬凹店村，自楊嶺村西北行，至此八里九分。

汪公嶺，自馬凹店村北行，折而西，至此七里。

上村橋，自汪公嶺西南行，至此四里五分。

寅衷坑村，自上村橋西行，至此六里八分。

天紫文村，自寅衷坑村西北行，折而西南，至此七里八分。

裏秧田村，自天紫文村西行，折而北，至此五里七分。

松木嶺，自裏秧田村北少西行，至此五里六分。與安徽休甯縣分界。

枝路

龍盤塢，自利濟渡渡馬金溪東南行，折而東少北，至此八里七分。

村頭村，自龍盤塢東北行，至此五里五分。

禮田村，自村頭村東北行，折而南少東，復折而東，過芳村，至此十二里四分。

觀音橋村，自禮田村東少北行，至此六里二分。

墩上村，自觀音橋村東少北行，至此五里七分。

疊佛山，自墩上村東北行，至此六里九分。與嚴州府遂安縣分界。

枝路

古竹村，自永濟渡渡馬金溪東行，至此四里四分。

士谷莊，自古竹村東北曲曲行，至此八里三分。

田坑村，自士谷莊北行，至此七里八分。

鴻田寺，自田坑村北少東行，至此四里三分。

石崖界坑，自鴻田寺東北行，至此十里九分。與嚴州府遂安縣分界。

枝路

高韓村，自甘露亭西北行，折而西，至此六里九分。

黄田村，自高韓村北行，過秧坂村，折而西北，至此五里七分。

陳村，自黄田村西北行，至此七里八分。

燕溪村，自陳村西北行，至此五里二分。

上莊橋，自燕溪村西北行，至此七里。

路底村，自上莊橋西行，折而西北，至此五里。

方家村，自路底村西少北曲折行，至此六里三分。

際嶺，自方家村西少南行，至此十里一分。與安徽婺源縣分界。

枝路

黄荊林村，自金溪村東北行，至此六里七分。

高橋村，自黄荊林村東北行，至此六里七分。

界首村北，界碑。自高橋村東北行，至此二里四分。與嚴州府遂安縣分界。

鍾秀門幹路無。

金錢門幹路無。

通濟門幹路無。

嚴州府建德縣

水路道里記

新安江一名徽江。

經流

芹坑村，新安江自淳安縣流至此入境，又東流，折而南，至銅關村五里。水深二尺，面闊六十四丈。

朱家村，自銅關村南少東流，至此三里七分。

滄灘村，自朱家村東少南流，至此七里。有壽昌縣之艾溪自南來注之。

江村埠，自滄灘村東少南流，至此四里。水深二丈七尺，面闊六十丈。

洋溪鎮，自江村埠東北流，折而北，復折而東北，至此七里四分。水深二丈，面闊一百三十丈。有洋溪自北來會之。見後。

朱池村，自洋溪鎮東少南流，至此三里八分。

下涯埠，自朱池村東少北流，至此九里。有下涯溪自北來會之。見後。

黄饒村，自下涯埠西南流，至此五里。水深二丈，面闊一百十丈。

下施家埠，自黄饒村東北流，至此九里三分。水深五丈六尺，面闊六十丈。

十里埠，自下施家埠東少北流，至此七里。有西溪自北來會之。見後。

府城南，自十里埠東流，至此八里四分。水深八尺，面闊一百二十丈。

七淇頭，自府城南首東少南流，至此二里八分。有蘭谿港自南來會之。見後。

小里埠，自七淇頭東北流，至此六里。水深一丈二尺，面闊一百二十丈。

苔溪口，自小里埠東北流，至此一里五分。有苔溪自東南來會之。見後。

下社村，自苔溪口東北流，至此六里。以下一名七里瀧。

胥口埠，自下社村東北流，至此七里。水深三丈，面闊九十八丈。有胥溪自西來會之。見後。

長淇村，自胥口埠東北流，至此七里六分。

坌柏村，自長淇村東北流，至此三里八分。有坌柏溪自東南來注之。

冷水坑，自坌柏村東北流，至此四里五分。與桐廬縣分界。水深十丈五尺，面闊一百二十六丈。

枝流洋溪。

洋溪嶺，洋溪自此發源東少北流，至宋岸村五里七分。

郭村，自宋岸村南少東流，至此三里九分。水深二尺，面闊六丈。

黄磡尖脚，自郭村西南流，至此七里。有小源溪自西北來注之。

幽徑村，自黄磡尖脚東流，折而南少西，至此四里三分。水深三尺，面闊十丈。又南流二里至洋溪鎮入新安江。

枝流下涯溪。

獅峰嶺，下涯溪自此發源西南流，至太洲村十一里二分。水深三尺，面闊五丈。

洪村，自太洲村南少東流，至此四里。

金村，自洪村南少東流，至此七里九分。水深三尺，面闊八丈。

大堰頭村，自金村曲曲南流，至此十二里。又南少東流五里七分，至下涯埠水深五尺，面闊二十丈。入新安江。

枝流西溪。

龍頭山，西溪自此發源西南流，至徐坎村三里八分。

前山南，自徐坎村南少西流，至此二里二分。

金雞窠村，自前山南首東南流，至此四里五分。水深三尺，面闊七丈。

徐洪村，自金雞窠村東南曲曲流，至此三里五分。

楊村，自徐洪村東南曲曲流，至此十一里。又西南曲曲流六里五分，至十里埠入新安江。

枝流苔溪。

井硎嶺，苔溪自此發源西北流，至馬塢三里四分。

板橋，自馬塢西北曲曲流，至此五里六分。

青雲橋，自板橋西流，至此一里九分。水深五尺，面闊十丈。

正峰村，自青雲橋西少北曲曲流，至此五里。

和村，自正峰村西少南流，折而西少北，至此六里一分。水深六尺，面闊十丈。

梓里村，自和村西少北流，折而西南，至此五里。有苔溪前源自西南來會之。見後。

三多鎮，自梓里村西流，至此一里五分。又西少北曲曲流四里五分，至苔溪口入新安江。

枝流苔溪前源。

謝高嶺，苔溪前源自此發源西南流，至裏錢村五里六分。水深四尺，面闊五丈。

安瀾橋，自裏錢村西北流，折而西，至此五里五分。

横塢村，自安瀾橋西北流，至此五里四分。水深三尺，面闊七丈。

龍潭橋，自横塢村西南流，折而西北，至此五里。

馬宅村，自龍潭橋西北流，至此六里四分。水深三尺，面闊十一丈。

莊園村，自馬宅村北流曲曲，至此五里一分。又東北流二里，至梓里村水深四尺，面闊十二丈。入苔溪。

枝流胥溪。

胥嶺，胥溪自此發源南流，至大坑橋二里。有大尊源自西來會之。見後。

邵家村，自大坑橋東南流，折而南，復折而東南，至此三里二分。

錢家村，自邵家村東南曲曲流，至此五里六分。水深二尺，面闊七丈五尺。

丁坂村，自錢家村南少東流，至此六里七分。水深二尺，面闊九丈五尺。

仇村，自丁坂村南流，折而東南，至此三里三分。

長元橋，自仇村東南流，至此五里七分。

新橋，自長元橋西南流，折而東南，至此六里五分。水深五尺，面闊十五丈。

乾潭鎮，自新橋東少北流，至此二里。又東少南流六里二分，至胥口埠入新安江。

枝流天尊源。

大横塢北，天尊源自分水縣天尊嶺發源，流至此入境，又東南流至粗灣尖麓五里。

羅村，自粗灣尖麓東少南流，至此二里五分。

田包村，自羅村東流曲曲，至此五里。又曲曲東流三里至大坑橋入胥溪。

蘭谿江

經流

邵善坪東，蘭谿江自金華府蘭谿縣流至此入境，又北少東流，至三河汛六里八分。水深二丈，面闊一百十三丈。有三河溪自西來注之。此段仍與蘭谿縣分水。

麻車埠，自三河汛北少西流，折而東北，至此十里六分。水深一丈二尺，面闊九十丈。

大洋鎮，自麻車埠西北流，至此五里六分。水深二丈一尺，面闊一百二十丈。有大洋溪自西來注之。

小洋村，自大洋鎮東北流，至此三里六分。

洋尾埠，自小洋村東北流，至此五里。水深一丈四尺，面闊一百十三丈。

高背山麓，自洋尾埠西北流，至此八里。又北流二里二分至七淇頭與新安江會。

清渚港

經流

界牌頭，清渚港自桐廬縣流至此入境，又西南流，折而東，至金廟橋七里一分。

上務村，自金廟橋南少西流，折而東，至此九里三分。

金村，自上務村東南流，過安仁鎮，又東北流，至此九里四分。與桐廬縣分界。

陸路道里記

東門一名興仁門。

幹路

東關，自東門外東少南行，至此三里七分。

小里埠，自東關東北行，渡新安江，渡闊一百二十丈。至此三里四分。

三多鎮，自小里埠東少南行，至此四里三分。

和村，自三多鎮東北行，折而東南，至此六里五分。

梓里村，自和村東少南行，至此四里。

青雲橋，自梓里村東少南曲曲行，至此七里九分。

裏周村，自青雲橋東南行，至此八分。

下姜村，自裏周村南少東行，至此八里六分。

井硎嶺，自下姜村東南行，至此三里三分。與金華府浦江縣分界。

枝路

馬宅村，自三多鎮南行曲曲，至此七里三分。

龍潭橋，自馬宅村東南行，至此六里四分。

横塢村，自龍潭橋東南行，折而東北，至此五里。

安瀾橋，自横塢村東南行，至此五里四分。

裏錢村，自安瀾橋東行，折而東南，至此五里五分。

謝高嶺，自裏錢村東少北行，至此七里九分。與金華府浦江縣分界。

設嶺，自馬宅村西南行，至此四里。

方家山麓，自設嶺西南行，至此五里三分。

洋尾埠，自方家山麓西北行，至此三里七分。又西北渡蘭谿江，渡闊一百十三丈。至石壁峰入南門外幹路。

枝路

雙壽橋，自青雲橋曲曲東北行，至此七里七分。

雅村，自雙壽橋曲曲北少東行，至此四里。

潘嶺，自雅村北行，折而東曲曲，至此六里四分。

上梓州橋，自潘嶺東行，至此三里。

馬嶺，自上梓州橋東行，至此三里五分。與金華府浦江縣分界。

鄭家塢，自雙壽橋東少南行，至此五里五分。

石楂嶺，自鄭家塢東少南行，至此四里。與金華府浦江縣分界。

梓州村，自上梓州橋北行，至此一里五分。

毛州村，自梓州村曲曲北行，至此八里五分。

三贇橋，自毛州村北少西行，至此二里三分。與桐廬縣分界。

南門一名澄清門。

幹路路向東南。

七淇頭，自南門外南行，渡新安江，渡闊一百二十丈。折而東，至此三里。

石壁峰，自七淇頭南少東行，至此八里八分。

小洋村，自石壁峰南少西行，至此五里一分。

大洋鎮，自小洋村西南行，至此五里。

烏淇亭，自大洋鎮東南行，至此七里。

三河汛，自馬淇亭南少西行，至此九里七分。

界口塘，自三河汛西南曲曲行，折而南少東，至此八里四分。與金華府蘭谿縣分界。

枝路

七旂山，自大洋鎮西南行，至此九里。

外俞村，自七旂山西南行，至此三里五分。

後山岡麓，自外俞村南少東行，至此六里五分。

南山南麓，自後山岡麓東行曲曲，至此八里。又東行一里至三河汛入幹路。

枝路

唐家村，自烏淇亭渡蘭谿江渡闊九十六丈。南行，至此一里八分。

扇排山，自唐家村西南行，至此四里。

將軍巖，自扇排山西南行，折而南少東，至此七里。與金華府蘭谿縣分界。

楊橋頭村，自唐家村東南曲曲行，至此八里六分。

前山村，自楊橋頭村東南行，至此三里五分。

青田嶺，自前山村東南行，至此六里二分。與金華府蘭谿縣分界。

幹路路向南。

望城嶺，自南門外南行，渡新安江，又南少西行，至此五里八分。

余村，自望城嶺西南行，至此六里八分。

裏黄村，自余村南行，至此八里三分。東通東南幹路之大洋鎮。

楊村，自裏黄村西少南行，至此五里一分。

巖根村，自楊村曲曲西行，至此三里五分。

塔踏嶺，自巖根村西南行，至此六里八分。與金華府蘭谿縣分界。

小南門一名福運門。

幹路

五馬山麓，自小南門外西南行，渡新安江，渡闊一百十七丈。至此三里。

寺塘村，自五馬山麓西南行，至此六里五分。

何義門村，自寺塘村西行，折而西北，至此六里。

下施家埠，自何義門村西北行，至此四里八分。

馬目埠，自下施家埠西南行，至此三里九分。

舊嶺，自馬目埠南少西行，至此十里八分。

橋亭村，自舊嶺南少西行，至此六里。

鄧宅村，自橋亭村東南行，至此三里一分。

裏王村，自鄧宅村曲折南行，至此六里七分。

芝堰村，自裏王村西南行，至此七里三分。

回龍橋東，自芝堰村南少東行，至此三里六分。與金華府蘭谿縣分界。

西門一名和義門。

幹路

西山嶺，自西門外西行，至此二里。

十里埠，自西山嶺西行，至此六里七分。

鍾潭嶺，自十里埠西少南行，至此七里六分。

新橋，自鍾潭嶺西北行，折而西，至此五里五分。

胡宅村，自新橋南行，折而西少南，至此七里。

洋溪鎮，自胡宅村西少南行，折而西北，至此七里二分。

焦山岡村，自洋溪鎮西南行，至此三里一分。

弓灣山西麓，自焦山岡村西南行，至此四里。

滄灘村，自弓灣山西麓西行，至此三里。

埠口村，自滄灘村西少北行，折而北，至此十里四分。

芹坑村，自埠口村北行，折而西，至此四里四分。與淳安縣分界。

枝路

楊村，自十里埠曲曲北行，至此六里。

西坂村西，自楊村東北行，至此二里。東通新行塢，入小西門外幹路。

徐洪村，自西坂村西首北少西曲曲行，至此十一里。

徐坎村，自徐洪村西北行，折而東北，至此十里二分。

上於村，自徐坎村東北行，至此十里八分。

早何村，自上於村東少南行，至此三里四分。

孫蔡村，自早何村東南行，至此九里。

樂善橋，自孫蔡村東南行，至此三里。又南行五里七分至陳頭村，入小西門外幹路。

枝路

大堰頭村，自新橋北少西行，至此三里。

潘村，自大堰頭村曲曲北行，至此十一里。

洪村，自潘村北行，至此九里。

太洲村，自洪村北少西行，至此四里。

朱池嶺，自太洲村西北行，至此十里。與淳安縣分界。

枝路

大石橋，自洋溪鎮曲曲北行，至此六里五分。

蛇嶺，自大石橋西北行，至此八里六分。與淳安縣分界。

洪嶺南麓，自大石橋東北行，折而北，至此八里八分。

宋岸村，自洪嶺南麓北少西行，至此三里。

回龍庵，自宋岸村西少南行，至此三里九分。

邵家村，自回龍庵西少南行，折而西少北，至此七里六分。與淳安縣分界。

張村，自洪嶺南麓東行，折而南，至此一里三分。

江朱村，自張村東北行，至此五里。東通枝路之潘村。

右嶺，自江朱村北少東行，至此十一里。又東北行一里五分至洪村，與自新橋起之枝路合。

姚村，自回龍庵西北行，至此三里二分。

澤嶺，自姚村北少西行，至此七里五分。與淳安縣分界。

枝路

白沙村，自弓灣山西麓南行，渡新安江，渡闊六十丈。至此三里。

分水坑，自白沙村南少西行，至此五里五分。與壽昌縣分界。

枝路

朱家村，自滄灘村渡新安江，渡闊六十一丈。西少北行，至此七里三分。

鄭村，自朱家村西南行，至此四里三分。

淡竹嶺，自鄭村西南曲曲行，至此八里八分。與壽昌縣分界。

小西門一名武定門。

幹路

庵口汛，自小西門外西北行，至此一里七分。

烏龍嶺，自庵口汛北行，至此六里七分。

新行塢，自烏龍嶺北行，至此二里。

陳頭村，自新行塢東北行，至此三里五分。

大坂村，自陳頭村東少北行，至此八里五分。

珊網山東麓，自大坂村東北行，至此三里八分。

林上村，自珊網山東麓東北行，至此三里五分。

大篷村，自林上村東北行，至此六里。

安仁鎮，自大篷村東北行，至此七里四分。

界牌，自安仁鎮北行，折而東，至此三里。與桐廬縣分界。

枝路

鮑村，自大坂村西北行，至此三里。

長元橋，自鮑村西北行，折而東北，至此三里。

仇村，自長元橋西北行，至此六里五分。

錢家村，自仇村北少西行，至此十里一分。

大坑橋，自錢家村北少西行，至此九里五分。

胥嶺，自大坑橋北行，至此二里。與分水縣分界。

羅村，自大坑橋曲曲西行，至此十里。

大横塢，自羅村西北行，至此七里六分。與分水縣分界。

枝路

乾潭鎮，自大坂村東行，至此二里一分。

胥口埠，自乾潭鎮東少南行，至此六里。

乳香巖南麓，自胥口埠東北行，至此八里八分。

金釵股，自乳香巖南麓東北行，至此七里。與桐廬縣分界。

枝路

大村，自珊網山東麓西北行，折而北，至此五里八分。

通儒嶺，自大村西行，折而北，至此四里九分。

章州村，自通儒嶺東北曲曲行，折而西北，至此十一里六分。又北行，折而東北五里六分至謝田村，與自安仁鎮起之枝路合。

枝路

上梓村，自林上村東少北曲曲行，至此七里五分。

石灰嶺，自上梓村南行，折而東少北，至此四里。

石橋，自石灰嶺東北行，折而東，至此四里。與桐廬縣分界。

枝路

上務村，自安仁鎮西行，折而北，至此五里五分。

大溪邊村，自上務村北行，折而西，至此四里。

金廟橋，自大溪邊村北少東行，至此四里五分。

謝田村，自金廟橋西少南行，至此四里。

界牌頭，自謝田村東北行，折而北，至此二里五分。與桐廬縣分界。

北門一名拱宸門。

幹路

鳳凰山西麓，自北門外東北行，至此一里五分。

烏龍山麓，烏龍廟。自鳳凰山西麓東北行，至此一里二分。以下皆山。

嚴州府淳安縣

水路道里記

新安江一名徽江。

經流

塘塢山北麓，界牌。新安江自安徽歙縣流至此入境，又東少北流，至鳩

坑村一里强。有鳩坑源自南來注之。

蛟池村，自鳩坑村東少北流，折而東南，至此四里八分。

威坪鎮，自蛟池村東南流，至此四里七分。水深二丈，面闊一百丈。有蜀口溪自北來會之。見後。

富志村，自威坪鎮東南流，折而東少北，復折而東南，至此八里。有富志源自西來注之。

王家山西南麓，自富志村東南流，至此五里。有雲源溪自東北來會之。見後。

毛坑村，自王家山西南麓東南流，折而東，至此五里八分。

渡口村，自毛坑村東南流，至此四里二分。水深一丈四尺，面闊一百四十丈。有梓桐源自西南來會之。見後。

普慈村，自渡口村東流，折而東北，至此六里四分。

牛石村，自普慈村東北流，至此四里二分。

程村，自牛石村南少東流，至此五里八分。有景溪自東北來注之。

西洲村，自程村南流，至此六里二分。

風潭洲，自西洲村東南流，過縣治，至此四里。

南山東麓，自風潭洲南流，至此一里。水深二丈一尺，面闊一百四十丈。有東溪自東北來會之。見後。

鄭家山西麓，自南山東麓南少西流，至此十一里。有雲濛源自西北來注之。

港口鎮，自鄭家山西麓東南流，至此四里。水深二丈二尺，面闊七十丈。有遂安港自西南來會之。見後。

船山南麓，自港口鎮東北流，至此八里。

塔港埠，自船山南麓東流，至此七里。

藻河埠，自塔港埠東少南流，折而東南，至此八里二分。

社坎村，自藻河埠東南流，至此一里。水深一丈四尺，面闊一百丈。有商家源自西南來會之。見後。

合洋溪口，自社坎村東流，折而東南，又折而東北，至此九里。有合洋溪自北來注之。

茶園鎮，自合洋溪口東少南流，至此六里八分。水深二丈一尺，面闊一百二十丈。

官山北麓，自茶園鎮南少東流，折而東北，至此八里。有錦溪自北來會之。

見後。

芹坑村，自官山北麓東流，至此五里。水深二丈六尺，面闊一百五十丈。與建德縣分界。

枝流蜀口溪。

汪嶺，蜀口溪自此發源，曲曲東南流，至黄石潭村十二里。

大木村，自黄石潭村東南曲曲流，至此七里八分。

嶺下村，自大木村曲曲南流，至此六里二分。

唐村，自嶺下村南少西曲曲流，至此八里。

邵村，自唐村西南流，至此六里六分。

俞家村，自邵村西南流，折而南，至此五里七分。

堨村，自俞家村西南曲曲流，至此五里九分。水深三尺，面闊六丈。

洪橋村，自堨村西少南流，至此六里。以上一名七都源，有六都源自西北來會之。見後。又曲曲南少西流五里三分，至威坪鎮入新安江。水深五尺，面闊七丈。

枝流六都源。

大嶺，六都源自此發源南流，折而西南曲曲，至葉村十五里。

洪溪村，自葉村南少西流，折而西，至此六里八分。

方村，自洪溪村西南流，至此四里五分。

雙林山西，自方村西南曲曲流，至此十二里五分。有小五都源自北來會之。見後。又東南曲曲流四里，至洪橋村入蜀口溪。

枝流小五都源。

亳嶺，小五都源自此發源，南少東流，至横塘村五里五分。

黄花橋，自横塘村南流，至此三里。

楊邵村，自黄花橋南少西曲曲流，至此六里二分。又東南流二里五分，至雙林山西首入六都源。

枝流雲源溪。

畢家源口，雲源溪自安徽歙縣流至此入境。又東南流，至元元橋一里二分。

大社村，自元元橋東南曲曲流，至此七里七分。

引元橋，自大社村東南流，折而東曲曲，至此五里七分。

後塢莊，自引元橋南少東流，至此三里二分。

王村埠，自後塢莊南流，至此六里。

坑口村，自王村埠曲曲南流，至此八里五分。

管家村，自坑口村曲曲南流，至此九里。

劉店村，自管家村東南曲折流，至此八里五分。

雙溪村，自劉店村曲曲南流，至此十里八分。

下山村，自雙溪村西少南曲曲流，至此七里六分。

童村，自下山村西南流，至此七里四分。

史村，自童村西南曲曲流，至此八里五分。又西南曲曲流六里二分，至王家山西南麓入新安江。

枝流梓桐源。

扶扳嶺，梓桐源自此發源，東北曲曲流，至陳村十一里五分。

方村，自陳村東流，至此五里六分。

胡村，自方村曲曲東流至此七里八分。

杜村，自胡村東少南流，至此八里二分。有横源溪自西南來注之。

坑下村，自杜村東少北曲曲流，至此八里五分。

八都村，自坑下村東流，折而南又折而東，曲曲至此七里九分。

龍門山南，自八都村東北曲曲流，至此五里四分。又東南流，折而東北七里三分，至渡口村南入新安江。

枝流東溪。

排排山，東溪自此發源，南少東流，至金竹村四里八分。

官田村，自金竹村南少西流，至此七里二分。

丁畈村，自官田村東南流，折而南，至此六里三分。

坎上村，自丁畈村東南流，至此七里四分。

秋口村，自坎上村東南流，至此四里三分。

後塘村，自秋口村東少南曲曲流，至此八里。

臨歧村，自後塘村東南曲曲流，至此十二里四分。以上一名臨溪。有雲溪自東北來會之。見後。

棉郎村，自臨歧村東南流，折而南曲曲，至此八里。

富山橋，自棉郎村東流，折而南曲曲，至此八里二分。

奎星橋，自富山橋東南曲曲流，至此七里七分。

高下村，自奎星橋東南流，至此四里九分。
航頭村，自高下村西南流，折而東南，至此八里。有橫山溪自東南來注之。
橋西村，自航頭村西南曲曲流，至此十一里。有永芳溪自西北來注之。
進賢鎮，自橋西村西南流，折而南，又折而西少南，至此十里。以上一名進賢溪。
鄭村，自進賢鎮西少南流，折而西南，至此七里八分。
任村，自鄭村西南流，至此五里二分。水深八尺，面闊三十六丈。又西北流，折而西南八里，至南山東麓入新安江。
枝流雲溪。
西坪山，雲溪自此發源，東南曲曲流，至高巖村七里四分。
雲溪橋，自高巖村東南曲曲流，至此八里八分。
琅口村，自雲溪橋東南流，折而南少西曲曲，至此十里五分。有琅坑溪自西北來注之。
張村，自琅口村東南流，至此四里八分。
魯村，自張村東少南曲曲流，至此九里二分。
景溪口，自魯村南流，至此二里。有景溪自東北來注之。又西南曲曲流七里一分，至臨歧村入東溪。
枝流遂安港。
徐家埠西，遂安港自遂安縣流至此入境，東北流，折而東南，至阮家源口八里。有阮家源自南來注之。
遼源口，自阮家源口東北曲折流，至此十二里。有遼源自東南來會之。見後。又東北流一里，至港口鎮入新安江。
枝流遼源。
遼嶺，遼源自此發源，北少西流，至叉口村十二里。以上一名水竹源。
考坎村，自叉口村東北流，折而西北，至此九里。
坪水嶺麓，自考坎村北少東曲曲流，至此八里。又西北流九里八分，至遼源口入遂安港。
枝流商家源。
玳瑁嶺北，商家源自此發源，北少西曲曲流，至余村七里二分。
毛嶺村，自余村曲曲北流，至此八里八分。
嚴村，自毛嶺村東北曲曲流，至此十里五分。又東北流一里五分，至社坎村入新安江。
枝流錦溪。
大茅嶺，錦溪自此發源，西少南流，折而南，至重坑村五里六分。
查林村，自重坑村西南曲曲流，至此六里四分。
模川村，自查林村西北曲曲流，至此十四里九分。水深三尺，面闊七丈。
高見村，自模川村曲曲南流，至此八里九分。
尋風村，自高見村西北流，折而東南，又折而西南曲曲，至此十二里五分。
徐村，自尋風村南流，折而西，又折而南，至此十里四分。又西南流，折而南少東八里五分，至官山北麓入新安江。

陸路道里記

東鄉縣無城，從圈門起，餘倣此。
幹路路向東南。
東廟，自東圈門外東行，至此七分。
東溪村，自東廟東行，渡東溪，渡闊三十六丈。至此一里三分。
楊村，自東溪村東少南行，至此十四里八分。
合洋村，自楊村東行，至此六里。
茶園鎮，自合洋村東南行，至此十里八分。
路亭，自茶園鎮東行，至此二里。
小溪村，自路亭東少南行，至此六里二分。
芹坑村，自小溪村東行，至此五里。與建德縣分界。
枝路
牌嶺，自東溪村東少北行，至此十里。
東莊村，自牌嶺東少南行，折而東北，至此四里七分。
雲村，自東莊村東南行，折而東少北，至此七里。
石村橋，自雲村東行，至此四里五分。
峽嶺，自石村橋東行，至此九里六分。
尋風村，自峽嶺東行，折而東南，至此六里。
高見村，自尋風村東北曲行，至此七里。
模川村，自高見村西北行，折而東北，至此十一里。

查林村，自模川村東南行，至此十二里八分。

茅嶺村，自查林村東北行，至此十二里五分。

裏錢村，自茅嶺村東北行，折而西北，至此十三里。

錢村，自裏錢村北行，至此一里五分。與分水縣分界。

枝路

湖下村，自路亭東北行，至此十里八分。北通枝路之尋風村。

淡竹村，自湖下村東行，至此八里。

蛇嶺，自淡竹村南行，折而東，至此六里八分。與建德縣分界。

幹路路向東北。

五龍橋，自東圈門外之東廟東北行，至此五里。

任村，自五龍橋東南行，至此三里。

童塢村，自任村東北行，至此九里。

進賢鎮，自童塢村東少北行，至此五里五分。

橋西村，自進賢鎮東行，折而北，復折而東，至此十二里六分。

洪頭村，自橋西村東北行，折而東，至此八里。

翁溪村，自洪頭村東北行，折而東南，至此八里。

十五都村，自翁溪村曲曲東行，至此十里。

塔嶺，自十五都村北少西行，折而北少東，至此十五里八分。與分水縣分界。

枝路

顯後村，自橋西村西北曲曲行，至此十二里八分。

風乾村，自顯後村西北行，至此七里。

方橋村，自風乾村西北行，越師姑嶺，至此十一里四分。

下碓村，自方橋村東行，至此六里四分。

方村，自下碓村西北行，至此十里强。

屏門村，自方村北行，折而東，至此十五里二分。

大陵嶺麓，自屏門村西北行，至此十七里八分。

金竹村，自大陵嶺麓西北行，折而東北，至此十六里三分。

下塢嶺西，路亭。自金竹村西北行，至此八里七分。

擔鹽嶺，自路亭曲曲北行，至此七里五分。與杭州府昌化縣分界。

枝路

奎星橋，自洪頭村西北行，至此十里。

富山橋，自奎星橋北少西行，至此六里八分。

臨歧村，自富山橋北少西曲曲行，至此十九里七分。西北通枝路之屏門村。

無求橋，自臨歧村東北行，至此七里八分。

景溪村，自無求橋北行，折而西北，至此十四里。

河際橋，自景溪村北行，至此五里。

審嶺，自河際橋西北行，折而東北，至此十五里五分。與杭州府昌化縣分界。

漁村，自富山橋北少東行，至此六里五分。

黄村，自漁村東行，至此四里五分。

羅伍廟，自黄村北行，折而東，至此十八里。與分水縣分界。

上韓村，自無求橋西北行，至此八里六分。

張村，自上韓村西行，至此五里。

雲溪橋，自張村西行，折而北，至此十五里。

嶺下村，自雲溪橋東行，折而東北，又折而西北，至此七里八分。

客嶺，自嶺下村北少東行，至此七里。與杭州府昌化縣分界。

高巖村，自雲溪橋西北行，至此六里。

石橋，自高巖村西北行，至此十里四分。

千畝庵，自石橋西北行，至此七里。

塘灣山麓，自千畝庵北行，至此三里。與杭州府昌化縣分界。

南鄉

幹路

上水南村，自縣治前南行，渡新安江，渡闊一百四十丈。至此二里。

東明橋，自上水南村南少西行，至此九里。

蒼峰村，自東明橋南少東行，至此五里。

港口鎮，自蒼峰村南少東行，至此一里二分。

邵村，自港口鎮渡遂安港，渡闊四十丈。東少北行，至此十二里八分。

藻河埠，自邵村東行，折而南少東，至此十一里。

外齊村，自藻河埠曲折東行，至此十里四分。

江村，自外齊村東少北行，折而南，至此七里。

渡瀆村，自江村南少東行，至此四里五分。
銅關嶺，自渡瀆村東行，折而東南，至此九里。與建德縣分界。

枝路

桐橋村，自上水南村西南行，至此九里一分。
田坂村，自桐橋村西行，至此四里。
界首村，自田坂村西少南行，至此六里一分。與遂安縣分界。

枝路

程村，自港口鎮西行，折而西南，至此八里。
阮村，自程村西南行，至此七里。
雲塘山麓，自阮村西行，至此五里。
浪水村，自雲塘山麓南少西行，至此七里八分。與遂安縣分界。

枝路

許村，自港口鎮渡遂安港南行，至此三里。
坪水嶺，自許村東南行，至此七里。
考坎村，自坪水嶺南少西曲曲行，至此八里。
叉口村，自考坎村曲曲南行，至此九里。
大合村，自叉口村西南行，至此四里。
洞坑村，自大合村西南行，至此五里。
路亭，自洞坑村西南行，至此十二里五分。與壽昌縣分界。

枝路

毛嶺村，自藻河埠西南行，至此十二里。
余村，自毛嶺村曲曲南行，至此九里一分。
金剛嶺，自余村南少東曲曲行，至此九里五分。
玳瑁嶺，自金剛嶺西南行，至此七里。與壽昌縣分界。

枝路

朱家尖西，自外齊村南行，至此六里三分。
富德村，自朱家尖西首西南行，至此八里八分。
雙溪口村，自富德村西南曲曲行，至此八里。
青嶺，自雙溪口村西南行，至此四里。又西南行六里至金剛嶺，與自藻河埠起之枝路合。

枝路

洪村，自渡瀆村西南行，至此五里五分。
邵坎山，自洪村西南行，至此二里五分。
哨嶺，自邵坎山南行，至此七里一分。與壽昌縣分界。

西鄉

幹路

小金山麓，程村。自西圈門外西北行，渡新安江，渡闊八十六丈。至此七里。
張家坂村，自程村西北行，至此五里三分。
牛石橋，自張家坂村北行，渡新安江，渡闊一百十丈。至此五分。
渡口村，自牛石橋西少南行，至此八里六分。
雲源溪口，自渡口村西少北行，至此十二里。
茶山西南麓，自雲源溪口西北行，至此三里一分。
威坪鎮，自茶山西南麓西北行，折而西南，復折而西北，至此十二里。
黄光潭村，自威坪鎮西北行，至此九里。
界牌，自黄光潭村西南行，至此一里七分。與安徽歙縣分界。

枝路

羅漢村，自西圈門外渡新安江，渡闊一百四十丈。西少南行，至此五里。
楊村坂，自羅漢村西南行，至此十二里八分。
堪下村，自楊村坂西北行，至此六里。
琪石嶺麓，自堪下村西行，至此三里。與遂安縣分界。

枝路

童家村，自張家坂村西少南行，至此十一里二分。
八都村，自童家村西少南行，至此十里。
坑下村，自八都村西行，折而北，復折而西，至此八里。
葉村，自坑下村西少南行，至此六里四分。
杜村，自葉村西南行，至此二里。
胡村，自杜村西少北行，至此八里九分。
方村，自胡村曲曲西行，至此六里九分。
扶扳嶺，自方村西少南行至此十五里與遂安縣分界。

枝路

陰山村，自雲源溪口東北曲曲行，至此十三里四分。

雙溪村，自陰山村東北行，至此十四里五分。

劉店村，自雙溪村曲曲北行，至此十二里二分。

管家村，自劉店村北少西行，至此七里。

坑口村，自管家村曲曲北行，至此九里三分。

王村埠，自坑口村北行，至此八里。

毛家莊，自王村埠西北行，至此十一里五分。

元元橋，自毛家莊西北行，至此十一里。東北通東鄉枝路之下塢嶺西路亭。

銀燭尖東北，自元元橋曲折西行，至此八里。與安徽歙縣分界。

枝路

富志村，自茶山西南麓渡新安江西行，至此二里。

余村，自富志村西行，至此十一里。

上坑塢山麓，自余村西行折而南，至此八里。又西南行四里至胡村，與自張家坂村起之枝路合。

枝路

洪橋村，自威坪鎮北行，至此三里。

埸村，自洪橋村東北行，至此七里七分。

後坪村，自埸村東北行，至此十里五分。

嶺下村，自後坪村東北行，至此十四里六分。

黄石村，自嶺下村北行，至此七里。

黄石潭村，自黄石村西北行，至此七里九分。

汪嶺，自黄石潭村西北行，至此十二里五分。與安徽歙縣分界。

張坂村，自洪橋村西北行，至此七里五分。

黄花橋，自張坂村北行，至此五里。

毫嶺，自黄花橋北少西行，至此十里。與安徽歙縣分界。

叉路口，自洪橋村北行，至此六里六分。

洪溪村，自叉路口東北行，至此十里二分。

葉村，自洪溪村北行，至此五里。

門嶺，自葉村西北行，至此九里六分。與安徽歙縣分界。

枝路

劉下村，自黄光潭村渡新安江渡闊十八丈。南行，至此四里五分。

羅村，自劉下村曲折西南行，至此九里八分。

於村，自羅村西少南行，至此三里一分。

萬歲嶺，自於村西行，至此九里。與安徽歙縣分界。

北鄉皆山無路。

嚴州府桐廬縣

水路道里記

七里瀧即新安江，下流爲桐江。

經流

冷水坑，七里瀧自建德縣流至此入境，又北流至富春山釣臺前五里八分。水深七丈，面闊一百十四丈。

下汪莊，自富春山釣臺前東北流，至此三里四分。水深四丈，面闊一百五十丈。有蘆茨溪自東來會之。見後。

麻車山麓，自下汪莊北少西流，至此七里八分。水深一丈七尺，面闊四百十四[丈]。有唐家洲、留江灘。有清渚港溪來會之。見後。以下一名桐江。

濟渡莊，自麻車山麓北少東流，至此五里五分。

馬家渡，自濟渡莊東北流，至此八里。

東門渡，自馬家渡東北流，過縣治前，至此二里五分。水深一丈，面闊二百五十丈。有分水港自西來會之。見後。

楊家村，自東門渡東北流，至此六里。

柴埠鎮，自楊家村東北流，至此四里五分。水深二丈，面闊四百三十二丈。江中有九里洲。

窄溪鎮，自柴埠鎮東北流，至此六里五分。水深一丈三尺，面闊九十五丈。有窄溪自南來會之。見後。

東梓溪口，自窄溪鎮東北流，至此六里三分。有東梓溪自東南來注之。與杭州府富陽縣分界。江中有桐洲，亦與富陽縣分界。

枝流蘆茨溪。

三贊橋，蘆茨溪自建德縣馬嶺發源，流至此入境，又曲曲北流，至石舍莊五里五分。水深四尺，面闊五丈。

百步嶺村，自石舍莊西北曲曲流至此七里六分。水深五尺，面闊五丈四尺。

五雲嶺麓，自百步嶺村北迤西曲曲流，至此三里四分。

瑞平橋，自五雲嶺麓西北曲曲流，至此五里五分。又西流一里五分，至下汪莊入七里瀧。

枝流清渚港。

金家山西，界牌。清渚港自分水縣在分水縣爲歌舞溪。流至此入境，又東南流，折而東北，至徐山橋九里。

界牌頭，自徐山橋東南曲折流，至此六里五分。水深四尺，面闊七丈。界牌頭迤東南歷金廟橋、上務村至金村，皆建德縣境，詳見建德縣記。

芝厦鎮，自金村東北流，至此一里五分。

孝門莊，自芝厦鎮東北曲曲流，至此八里五分。又東北曲曲流三里，至麻車山麓入七里瀧。

枝流分水港。

騎龍山麓，分水港自分水縣在分水縣爲天目溪。流至此入境。又東南流至焦山南八里。

元村埠，自焦山南首東少南流，至此五里八分。水深二丈，面闊五十丈。

浪石埠，自元村埠西南流，折而東，至此六里八分。水深一丈五尺，面闊五十四丈。

馬浦莊，自浪石埠南少東流，至此七里五分。

尖山麓，自馬浦莊東南流，至此五里。

舊縣鎮，自尖山麓南少東流，折而西南，至此五里。

西武莊，自舊縣鎮東南流，至此二里。

鳳凰山麓，自西武莊東迤北流，至此六里七分。又東南流一里五分，至東門渡入七里瀧。

枝流窄溪，一名甘溪。

倒山嶺，窄溪自此發源，北少西曲曲流，至外家塘村五里。水深三尺，面闊八丈。

蔣家橋，自外家塘村東北曲曲流，至此十五里。水深六尺，面闊十丈。

唐方莊，自蔣家橋西北曲曲流，至此八里。

翽岡鎮，自唐方莊西北曲曲流，至此十里。水深七尺，面闊一百八十丈。

汪家山南，自翽岡鎮北流，折而西北，至此七里。

蓮塘莊，自汪家山南麓北流，至此四里。又北少西流五里，至窄溪鎮入七里瀧。

湖源溪

經流

瓦沿山麓，湖源溪自浦江縣流至此入境，又曲曲北流，至盛村四里。

清俱山麓，自盛村西北流，折而東南，至此三里。

坑口莊，自清俱山麓西北流，折而東，復折而北，至此八里。水深七尺，面闊二十八丈。與金華府浦江縣分界。

陸路道里記

東鄉縣無城，從縣治起。

幹路

東門渡，自縣治前東行，至此一里五分。渡闊二百五十丈。

大埠亭，自東門渡渡桐江，過下航埠東北行，至此五里七分。

柴埠鎮，自大埠亭北行，折而東北，至此五里五分。

窄溪鎮，自柴埠鎮東北行，至此六里七分。

馬浦橋，自窄溪鎮東少北行，折而東南，至此五里五分。

黄山埠，界橋。自馬浦橋東少北行，至此三里九分。與杭州府富陽縣分界。

枝路

九頭松山，自東門渡渡分水港渡闊四十丈。東北行，至此三里五分。

濮家村，自九頭松山東北行，至此五里。

板橋，自濮家村東北行，至此九里五分。與杭州府新城縣分界。

枝路

巖橋莊，自大埠亭東南行，至此三里一分。

翽岡鎮，自巖橋莊曲曲東行，至此七里五分。西北通幹路之柴埠鎮。

鄭村山麓，自翽岡鎮東南曲曲行，至此十里。

高家莊，自鄭村山麓南行，至此二里二分。

黄場塢，自高家莊東南行，至此四里。

楊家嶺，自黄場塢東南行，越杭州府富陽縣界，至此五里七分。

外潘莊，自楊家嶺東少南行，至此五里五分。
鍾家祠，自外潘莊南少東行，至此七里四分。
狐野嶺，自鍾家祠東南行，折而南，至此三里。
蕩江嶺，自狐野嶺曲曲南行，至此三里三分。與金華府浦江縣分界。
梧村，自翩岡鎮東北行，至此八里九分。西北通幹路之窄溪鎮。
青雲橋東，自梧村東北曲曲行，至此六里五分。與杭州府富陽縣分界。
西毛村，自高家莊南少西行，至此七里。
兀山橋，自西毛村西南行，至此九里。
倒山嶺，自兀山橋南行，折而東南，復折而南，至此七里。與金華府浦江縣分界。
太平尖西，自西毛村南行，至此六里五分。
雪水嶺，自太平尖西首東南行，折而東北，至此四里五分。又東北行，折而東南十三里，至鍾家祠與本條枝路合。

南鄉

幹路

馬家渡，自縣治前西南行，至此二里。
濟渡莊，自馬家渡西南行，至此八里。
蔣家埠，自濟渡莊南少西行，至此七里四分。
象山橋，自蔣家埠西南行，至此二里三分。
芝廈鎮，自象山橋西南行，折而南，至此四里一分。
安仁牌，自芝廈鎮西南行，至此一里九分。與建德縣分界。

枝路

外汪莊，自馬家渡渡桐江，渡闊一百八十丈。過上航埠西南行，至此五里。
方家莊，自外汪莊南少西行，至此六里五分。
下汪莊，自方家莊曲曲南行，至此十里一分。
冷水坑，自下汪莊西南行，折而南少東，至此十里。與建德縣分界。
五雲嶺，自下汪莊東南曲曲行，至此五里五分。
百步嶺村，自五雲嶺南少東行，至此三里五分。
茆坪莊，自百步嶺村東南行，至此四里六分。
三贊橋，自茆坪莊南少東行，至此八里五分。與建德縣分界。

長洲村，自茆坪莊南少東行，折而東北，至此八里二分。
甘嶺，自長洲村東北行，至此八里。又東北行六里至兀山橋，與東鄉幹路内自大埠亭起之枝路合。

枝路

鎮江亭，自蔣家埠南少東行，至此七里八分。
富春山麓，釣臺。自鎮江亭西南行，至此三里。
長坑口莊，自釣臺南行，至此三里。
金釵古，自長坑口莊南少東行，至此三里一分。與建德縣分界。

西鄉

幹路

西武莊，自縣治前西南行，折而北少西，復折而西南，至此八里五分。
舊縣鎮，自西武莊西少北行，至此三里八分。
原閘埠，自舊縣鎮北少東行，折而西北曲曲，至此八里。
馬浦莊，自原閘埠北少西行，至此二里。
浪石渡，自馬浦莊北少西行，至此七里八分。渡闊六十丈。
元村埠，自浪石渡分水港西北行，折而東北，至此五里七分。
侯浦村，自元村埠西北行，至此三里。
焦山莊，自侯浦村西北行，至此四里。
界牌，自焦山莊西北行，至此七里四分。與分水縣分界。

枝路

黄栗樹村，自舊縣鎮西南曲曲行，至此六里五分。
大嶺，自黄栗樹村西行，至此七里。
店邊村，自大嶺西南行，折而西，至此六里六分。
范家嶺麓，自店邊村西行，至此二里三分。
樂善橋，自范家嶺麓西南行，至此三里五分。
金家山麓，自樂善橋西南行，折而西北，至此六里。與分水縣分界。
娘嶺，自黄栗樹村西南曲曲行，至此七里。嶺高九十四丈。
中塢山東，自娘嶺東南曲曲行，折而西南，至此六里四分。又南迤東曲曲行四里，至象山橋入南鄉幹路。
慶安橋，自范家嶺麓北行，折而西，至此五里四分。

金竹嶺南，自慶安橋北少西曲曲行，至此十一里三分。與分水縣分界。

枝路

尖山麓，自舊縣鎮東行，渡分水港，港闊八十五丈。過金家村，折而北少西，至此七里一分。

楓橋，自尖山麓西北行，至此八里四分。又西北行五里二分，至浪石渡入幹路。

落馬橋，自楓橋東行，折而東北，至此七里五分。

青石橋，自落馬橋西北行，折而北，至此五里五分。

張村，自青石橋北行，折而東北，至此三里二分。

烏船嶺，自張村東北行，至此七里五分。與杭州府新城縣分界。

枝路

邵家莊，自原閘埠西南行，至此六里。

杉樹嶺，自邵家莊西南行，至此三里。

時常嶺，自杉樹嶺西南行，至此八里。又西南行，折而東南二里五分，至店邊村與自舊縣鎮起之枝路合。

枝路

陳村，自原閘埠西行，折而西北，至此十二里。

谷嶺，自陳村西行，至此三里。

曹源莊，自谷嶺西行，折而北，至此五里。又西南行四里，至金竹嶺北與分水縣分界。

枝路

赤洲嶺，自浪石渡西行，折而西北，至此五里。

姚村，自赤洲嶺西北行，至此五里八分。

瑶林山西，自姚村西南行，至此三里。又西南行九里八分，至曹源莊與自原閘埠西行之枝路合。

枝路

猴嶺莊，自浪石渡東北曲曲行，至此九里五分。

陳相嶺，自猴嶺莊北迤西行，至此四里五分。與分水縣分界。

枝路

黄柏嶺，自猴浦村東北行，折而北少西，至此七里五分。

箬尖嶺，自黄柏嶺北少東行，至此四里二分。與分水縣分界。

北鄉

幹路

繼善亭，自縣治前西行，至此二里五分。

白橋莊，自繼善亭渡分水港，渡闊五十丈。曲曲北行，至此七里二分。

長龍山，自白橋莊東北行，至此四里。

白峰嶺，自長龍山東北行，至此四里。

羅橋莊，自白峰嶺東北行，至此四里二分。

普濟橋，自羅橋莊西少北行，至此二里。

桃花嶺，自普濟橋西北行，折而北曲曲，至此七里一分。與杭州府新城縣分界。

枝路

獅嶺，自白橋莊西北行，至此二里。又西南行五里二分，至尖山麓與西鄉幹路内自舊縣鎮東行之枝路合。

嚴州府遂安縣

水路道里記

武强溪一名遂安港。

經流

坆厦村，武强溪自安徽歙縣流至此入境，又東南曲曲流，至同仁橋十三里三分。水深五尺，面闊十二丈。以上一名回溪。有雙溪自西來會之。見後。

下山橋，自同仁橋東南流，至此八里二分。

威山橋，自下山橋東南曲曲流，至此九里。水深五尺，面闊十二丈。

龍山街村，自威山橋東北流，折而東，至此九里二分。有仙溪自北來注之。

横沿鎮，自龍山街村東少南流，至此六里。水深五尺，面闊二十九丈。

華溪口，自横沿鎮東南流，至此二里。有華溪自西南來會之。見後。

夏洲村，自華溪口東南流，折而東北，至此六里。有大連嶺溪自西北來會之。見後。

楊村東，自夏洲村東少南流，至此十一里。有前溪自西來會之。見後。

斗角橋，自楊村東首東南流，至此三里。水深七尺，面闊二十丈。

縣治南，自斗角橋東北曲流，至此十五里。有連溪自西來會之。見後。

龍渡橋前，自縣治南首東北流，至此三里五分。有龍溪自西北來會之。見後。

寺前村，自龍渡橋前東少南流，折而東北，至此十一里三分。有鳳林港自南來會之。見後。

巖村北，自寺前村東流，至此三里。有東亭溪自北來會之。見後。

下山村，自巖村北首東流，折而東北，至此九里五分。水深一丈，面闊四十五丈。與淳安縣分界。

枝流雙溪。

茅山西南麓，雙溪自安徽休寧縣流至此入境，又東流，至璋川村二里。

田坑村，自璋川村東南曲曲流，至此七里。又東南流，折而東北五里四分，至同仁橋入武强溪。

枝流華溪。

朱山塢，華溪自此發源西流，折而北，至洪山村五里。

石壁村，自洪山村北少西流，折而北少東，至此九里。

龍元村，自石壁村東北流，至此四里。又東北曲曲流八里五分，至華溪口入武强溪。

枝流大連嶺溪。

大連嶺南麓，大連嶺溪自此發源，東少南流，至萬年橋五里。

列三橋，自萬年橋東南流，折而東少北，至此七里五分。

馬石橋，自列三橋東南流，至此十里三分。水深四尺，面闊六丈。

詹塢口村，自馬石橋南少東流，折而南少西，至此十一里。

三山村，自詹塢口村東南曲曲流，至此十三里五分。水深六尺，面闊十丈。又東南流八分至夏洲村入武强溪。

枝流前溪。

西山，前溪自此發源西北流，折而北少東，至分家源村七里三分。

銅興橋，自分家源村東北流，至此七里。水深三尺，面闊五丈。

秦家村，自銅興橋東少北流，至此九里五分。

後溪口，自秦家村北少東流，至此六里五分。有後溪自西來注之。又北流，折而東二里五分，至楊村東首入武强溪。

枝流連溪。

王元嶺，連溪自此發源南流，折而西南，至雙溪口村七里五分。

沈坂村，自雙溪口村東南流，折而南少西，至此十里。水深三尺，面闊八丈。

郭村鎮，自沈坂村南流，折而東南，至此十里。水深七尺，面闊十五丈。

芝山西麓，自郭村鎮南少東曲曲流，至此九里五分。

霞社村，自芝山西麓曲曲南流，至此五里七分。水深七尺，面闊十五丈。

李家村，自霞社村南流，折而東，復折而西南，至此八里。

靈巖溪口，自李家村曲曲東流，至此十里五分。有靈巖溪自北來注之。

盧家村，自靈巖溪口東南流，折而東北，至此七里六分。又東南流，折而東北五里過沈家橋，至縣治南首水深七尺，面闊二十丈。入武强溪。

枝流龍溪。

新橋，龍溪自淳安縣官山尖發源流至此入境，又南少東流，至孫家村三里。

惠濟橋，自孫家村南少西流，至此四里五分。

龍源村，自惠濟橋東南曲曲流，至此十一里。水深四尺，面闊十丈。又東南流四里，至龍渡橋前入武强溪。

枝流鳳林港。

芙蓉嶺，鳳林港自此發源，東北流，至白馬村十二里。

衍昌村，自白馬村北流，折而東北，至此十一里。水深四尺，面闊十三丈。

柱石橋，自衍昌村東北流，折而西北，至此十三里五分。水深四尺，面闊十丈。有西鳳林港自西來注之。

永義橋，自柱石橋北少東流，至此七里六分。水深五尺，面闊十丈。

公山東麓，自永義橋東北流，折而東南，至此八里。

三合村，自公山東麓北流，折而東曲曲，至此十三里九分强。水深五尺，面闊十四丈。有東鳳林港自南來會之。見後。

南水村，自三合村東少北流，至此十二里。水深七尺，面闊二十丈。有罟網溪自東來會之。見後。

眠牛堰，自南水村東北流，折而西，至此十里。又西流折而北八里五分，至寺前村水深七尺，面闊二十丈。入武强溪。

枝流東鳳林港。

黃連嶺，東鳳林港自此發源，西北流，至上方村六里。

嶺乾村，自上方村北流曲曲，至此十二里五分。水深五尺，面闊六丈。

倪家村，自嶺乾村西北流，至此四里二分。又西北流，折而東北七里，至三合村入鳳林港。

枝流罟網溪。

百羅坪，罟網溪自此發源西北流，至陳家門村八里四分。水深三尺，面闊六丈。

山下村，自陳家門村北少西流，至此九里。

安陽鎮，自山下村西流，至此四里。有下萊溪自南來注之。又西流一里六分，至南水村入鳳林港。

枝流東亭溪。

合公嶺，東亭溪自此發源，東少南流，至便行橋十三里五分。水深四尺，面闊六丈。

項家村，自便行橋東南流，至此八里。

東亭鎮，自項家村南少東流，至此三里二分。又東南流五里，至巖村北入武强溪。

陸路道里記

東門 一名興文門。

幹路

龍渡橋，自東門外東北行，至此一里二分。

石塔山麓，自龍渡橋東少北曲折行，至此七里一分。

東亭鎮，自石塔山麓東北行，至此六里九分。

五里坂村，自東亭鎮東北行，至此七里五分。

界首村，自五里坂村東北行，折而東，至此五里。與淳安縣分界。

枝路

墅坂村，自東亭鎮北行，至此二里二分。

歷陽橋，自墅坂村北行，至此三里。

松元村，自歷陽橋北行，至此四里五分。

洋田村，自松元村西北行，至此六里九分。

陽嶺，自洋田村西北行，至此四里四分。與淳安縣分界。

竹元村，自墅坂村西北行，至此三里五分。

便行橋，自竹元村西北行，至此五里二分。

龍門山村，自便行橋西北行，至此四里。

合公嶺，自龍門山村西迤北行，至此十二里。與淳安縣分界。

南門 一名獻壽門。

幹路

三都村，自南門外東南行，至此三分。

麥頭村，自三都村東北行，折而東，至此五里七分。

和義橋，自麥頭村東南行，至此十四里二分。

南水村，自和義橋南行，至此一里一分。

上店村，自南水村東行，折而南少西，至此五里二分。

毛坪村，自上店村南少東行，至此九里九分。

金雞永固亭，自毛坪村南少東行，至此十里三分。

灰嶺，自金雞永固亭東少北行，至此二里八分。與衢州府西安縣分界。

枝路

織嶺村，自三都村南行，至此五里六分。

向公嶺，自織嶺村東南行，至此六里。

三合村，自向公嶺西南行，折而南少東，至此五里三分。

倪家村，自三合村南少東行，至此六里一分。

嶺乾村，自倪家村東南行，至此四里五分。

上方村，自嶺乾村南少西行，至此十一里七分。

黃連嶺，自上方村東南行，至此十一里。嶺高二百十五丈。與衢州府西安縣分界。

枝路

田南村東，自麥頭村東少北行，至此五里五分。南通幹路之和義橋。

巖村，自田南村東首東行，至此四里七分。北通東門外幹路之東亭鎮。

湖村，自巖村東行，至此五里。

下山村，自湖村東行，折而東北，至此六里八分。與淳安縣分界。

枝路

安陽鎮，自和義橋東行，至此二里。

永周亭，自安陽鎮東少南行，至此二里八分。

陳家門村，自永周亭南少東行，至此九里二分。

鐵帽尖西麓，自陳家門村南少西行，至此六里。又曲曲南行七里八分，至金雞永固亭入幹路。

西門一名靖武門。

幹路

盧家村，自西門外西南行，至此三里三分。

毛頭山南麓，自盧家村西南行，至此二里五分。又西北行五里，至大路口村入北門外幹路。

小西門一名康阜門。

幹路

九角嶺麓，自小西門外南行，至此四里。

西山底村，自九角嶺麓南少西行，至此四里五分。

斗角橋，自西山底村西南行，至此六里三分。

永義橋，自斗角橋南少西曲曲行，至此八里一分。東北通南門外枝路之三合村。

追石村，自永義橋南少西行，至此六里五分。

梅樹灘村，自追石村南少東行，至此一里五分。

衍昌村，自梅樹灘村東南行，至此十二里。

白馬村，自衍昌村西南行，至此十二里一分。

周家橋村，自白馬村西南行，至此六里三分。

西塢嶺，自周家橋村南少西行，至此七里五分。與衢州府常山縣分界。

枝路

桂家村，自斗角橋西少南行，至此五里七分。

田坂村，自桂家橋西少南行，至此六里一分。

銅興橋，自田坂村南少西行，至此七里五分。東北通幹路之永義橋。

分家源村，自銅興橋西南行，至此九里四分。

聯梯村，自分家源村南少西行，至此六里四分。與衢州府開化縣分界。

陳家塢，自田坂村西北行，至此四里一分。

百畝坂，自陳家塢西北行，至此五里。又西少北行六里，至横沿鎮入北門外幹路。

潘洪嶺，自銅興橋南少東行，至此四里。

銅山村，自潘洪嶺南行，至此四里八分。

魯家田村，自銅山村東南行，至此七里四分。

苦竹坪，自魯家田村南行，折而西南，至此五里。

白石尖，自苦竹坪南少西行，至此六里四分。與衢州府開化縣分界。

北門一名拱極門。

幹路路向西南。

東田山麓，自北門外西北行，折而西南，至此四里。

大路口村，自東田山麓西行，至此四里。

石灰嶺，自大路口村西南行，至此八里四分。

風沂橋，自石灰嶺西少南行，至此七里。

横沿鎮，自風沂橋南行，折而西，至此五里九分。

集義橋，自横沿鎮西少北行，至此六里六分。

昏口村，自集義橋西少南行，至此六里五分。

章村，自昏口村西少南行，至此五里。

下山橋，自章村西少北行，至此五里六分。

同仁橋，自下山橋西北行，至此七里七分。

小回村，自同仁橋西北行，至此八里八分。

坆厦村，自小回村西北行，至此五里八分。與安徽歙縣分界。

枝路

十字坪，自大路口村西少北行，至此四里五分。

霞社村，自十字坪西北行，至此七里七分。西北通枝路之月山底村。

廟嶺村，自霞社村北行，至此五里。

方宅村，自廟嶺村北少東行，折而西北，至此五里。

郭村鎮，自方宅村西北行，至此五里。

廣濟橋，自郭村鎮西北行，至此二里八分。

沈坂村，自廣濟橋西北行，折而北，至此八里。

葉祀村，自沈坂村西北行，至此四里五分。

歙嶺，自葉祀村西北行，至此十里二分。嶺高二百二十九丈。與安徽歙縣分界。

儒塘村，自廣濟橋西行，至此三里五分。

毛灣脚村，自儒塘村西北行，至此七里五分。

小連嶺，自毛灣脚村西北行，至此十二里六分。

大連嶺，自小連嶺西少南行，至此八里五分。與安徽歙縣分界。

梘坂村，自沈坂村北少東行，至此二里二分。

合流橋，自梘坂村東北行，折而西北，至此八里。

金家山村，自合流橋東北行，至此四里二分。

王元嶺，自金家山村北少東行，至此五里六分。與安徽歙縣分界。

枝路

七保村北，自風沂橋西北行，至此七里一分。東通幹路之大路口村。

詹塢口村，自七保村北首西北行，至此三里二分。

月山底村，自詹塢口村北少西行，至此九里。

洪家村，自月山底村西北行，至此九里五分。

鮑村，自洪家村西北行，折而西南，復折而西北，至此十里二分。又西北行，折而北十五里五分，曲曲至大連嶺，與安徽歙縣分界。

枝路

兩全亭，自横沿鎮南少西行，至此八里二分。

石壁村，自兩全亭南少西行，至此二里六分。

洪山村，自石壁村南行，至此八里。

墓義亭，自洪山村南行，至此四里七分。與衢州府開化縣分界。

枝路

盧村，自集義橋北少西行，至此五里五分。

梘頭村，自盧村西北行，至此七里四分。

姚家村，自梘頭村西北行，至此三里。

松嶺，自姚家村西北行，至此四里五分。又西北行四里五分至鮑村，與自風沂橋起之枝路合。

枝路

威山橋，自昏口村南少西行，至此一里五分。

龍門村，自威山橋西南行，至此五里五分。

鮑家村，自龍門村西南行，至此七里一分。

界牌，自鮑家村西南行，至此三里。與衢州府開化縣分界。

幹路路向北。

龍源村，自北門外北行，至此四里一分。

陳家村，自龍源村西北行，至此五里七分。

雙溪口村，自陳家村西北行，至此六里二分。

孫家村，自雙溪口村北少東行，至此四里八分。

新橋，自孫家村北少西行，至此三里。與淳安縣分界。

枝路

堰嶺，自孫家村東少北行，至此五里八分。

烏山坪北，自堰嶺東少南行，至此三里五分。又東少北行四里至便行橋，與東門外幹路内自東亭鎮起之枝路合。

嚴州府壽昌縣

水路道里記

壽昌溪

經流

百籮坪，壽昌溪自此發源東流，至程村四里五分。

三足橋，自程村東南曲曲流，至此十二里七分。

管村，自三足橋東北流，折而東南，至此六里。

下馬橋，自管村西南流，折而東南，至此八里五分。有大源溪自南來注之。

松坑橋，自下馬橋東少北流，至此七里五分。水深四尺，面闊十二丈。有松坑溪自東南來注之。

小溪橋，自松坑橋東北流，至此三里五分。

下湖橋，自小溪橋東北流，至此六里五分。水深四尺，面闊十二丈。

大同鎮，自下湖橋東北流，至此一里。以下一名大同溪。有交溪自西北來會之。見後。

葉婆坑渡，自大同鎮東南流，折而東北，復折而東南，至此七里五分。

瓶窑里，自葉婆坑渡東北曲曲流，至此九里五分。有西溪自南來會之。見後。

顔公橋，自瓶窑里東流，至此一里五分。水深四尺，面闊九丈。有曹溪自西北來會之。見後。

宋公橋，自顔公橋東北流，至此七里。以下一名艾溪。有周溪自西北來會之。見後。

南堨渡，自宋公橋東流，至此一里。有交溪自東南來會之。見後。

水口村，自南堨渡過縣治前，東北曲曲流，折而東，至此十三里。有翠溪自東南來注之。

淤堨橋，自水口村北少西流，至此四里二分。水深五尺，面闊十八丈。

新市橋，自淤堨橋東北流，至此六里。水深六尺，面闊十六丈。有竹溪自南來注之。有協儒溪自北來注之。

陸家橋，自新市橋東北流，至此三里七分。

羅桐埠，自陸家橋北少東流，至此十一里一分。水深七尺，面闊三十丈。與建德縣分界。入建德縣爲新安江。

枝流交溪。

魏馱山，交溪自此發源，東南流，過石門莊，至上洞橋五里五分。

交溪橋，自上洞橋東北流，至此三里二分。

李家橋，自交溪橋東北流，折而東，至此三里三分。

高橋，自李家橋東流，折而東南，至此七里。

黄家木橋，自高橋東流，至此三里九分。又東流三里三分至大同鎮入壽昌溪。

枝流西溪。

梅嶺，西溪自此發源西北曲曲流，至曲斗橋六里五分。

八鼓橋，自曲斗橋東北流，折而北，至此三里。

小關嶺村，自八鼓橋東北流，至此六里五分。

姜塢村，自小關嶺村北流，折而東北，至此四里。又北流，折而西北四里，至瓶窑里入壽昌溪。

枝流曹溪。

玳瑁嶺，曹溪自此發源，東少南流，至曹公橋五里五分。

寺磡橋，自曹公橋東少北流，至此八里。

蔣公橋，自寺磡橋東南曲曲流，至此五里五分。

方家橋，自蔣公橋東南流，至此七里。水深三尺，面闊九丈。

獅子山東，自方家橋東流，折而東南，至此五里。又東南流二里六分，至顔公橋入壽昌溪。

枝流周溪。

旗形山東北麓，周溪自此發源，東少南流，至嶺脚橋三里七分。

童家橋，自嶺脚橋東少北曲曲流，至此七里。

夏郎壩，自童家橋東流，折而南少東，至此四里五分。

周溪橋，自夏郎壩東南曲曲流，至此四里。

蜜山橋，自周溪橋東流，折而西南，至此四里。又南流，折而東南七里三分，至宋公橋入壽昌溪。

枝流爽溪。

大慈嶺，爽溪自此發源，西少北流，至爽溪橋五里二分。水深三尺，面闊九丈。

霽月橋，自爽溪橋西流，折而北，至此四里五分。

三里亭，自霽月橋北流，至此七里。又西北流三里五分，至南堨渡入壽昌溪。

陸路道里記

東鄉縣無城，從圜門起，餘倣此。

幹路

七里亭，自東圜門外東行，折而北，至此七里。

烏龍廟，自七里亭北少東曲曲行，至此四里二分。

新市橋，自烏龍廟東北行，至此六里五分。

新市村，自新市橋東北行，至此一里九分。

撒網山麓，自新市村東北曲曲行，至此六里。

羅桐埠，自撒網山麓北少西行，折而東北，至此八里。與建德縣分界。

枝路

更樓鎮，自新市村東少南行，渡艾溪，至此四里二分。

過塘源村，自更樓鎮東少南行，折而東北，又折而東南，至此十一里三分。

上石嶺，自過塘源村東南曲曲行，至此五里六分。

鎮龍廟，自上石嶺東南行，折而西南，至此五里。

泗洲廟，自鎮龍廟西南行，至此二里三分。

岳村，自泗洲廟南行，折而西曲曲，至此七里。

小嶺，自岳村南行曲曲，至此八里。

麻車村，自小嶺東南行，折而西南，至此六里二分。

湖塘村南，自麻車村西南行，至此五里。與金華府蘭谿縣分界。

枝路

五里源口，自新市村西北行，至此一里八分。

石馬頭，自五里源口西南曲曲行，至此八里。

大嶺尖北，自石馬頭西南曲曲行，至此四里。

後塘塢，自大嶺尖北首曲曲西行，折而北，至此七里三分。又南行，折而西北四里二分，至烏龍岡東入北鄉幹路。

南鄉

幹路

白艾橋，自南圈門外東行，至此六分。

南埸渡，自白艾橋西南行，至此二里。

三里亭，自南埸渡東少南行，至此三里。

霽月橋，自三里亭曲曲南行，至此六里五分。

爽溪橋，自霽月橋南少西行，折而東，至此五里一分。

大塘村，自爽溪橋東南曲曲行，至此四里七分。

大麥嶺，自大塘村西行，折而南，至此四里一分。

石灰橋，自大麥嶺東行，折而東南曲曲，至此七里四分。

陳店村，自石灰橋西行，折而北，又折而西南，至此四里六分。

志唐村，自陳店村西南行，折而西北，又折而南，至此六里七分。與衢州府龍游縣分界。

枝路

三面嶺，自白艾橋東北行，至此三里四分。西南通幹路之三里亭。

翠坑橋，自三面嶺東北行，至此二里二分。

樂村，自翠坑橋東北曲曲行，至此五里九分。東南通東門外枝路之過塘源村。又曲曲北行四里七分至更樓鎮，與東鄉幹路内自新市村起之枝路合。

枝路

小范嶺，自霽月橋南少東行，至此三里。

新橋，自小范嶺東南行，折而東，至此一里七分。

排塘，自新橋東南行，至此四里。

檀村，自排塘東南曲折行，至此六里一分。與金華府蘭谿縣分界。

西鄉

幹路路向西南。

宋公橋，自西圈門外西行，至此五分。

航川橋，自宋公橋西南行，至此六里六分。

兩頭埠，自航川橋西行，至此三里六分。

峴嶺，自兩頭埠西北行，折而西南，至此四里。

玖山橋，自峴嶺西北行，折而西少南，至此五里五分。

大同鎮，自玖山橋西行，至此一里二分。

老虎潭，自大同鎮西南行，折而西北，至此一里五分。

勞村，自老虎潭曲曲西行，至此四里三分。

同心亭，自勞村西行，至此三里五分强。

葛嶺村，自同心亭西南行，至此四里七分强。

水口橋，自葛嶺村西南行，至此五里一分。

護衛橋，自水口橋西北行，至此一里七分。

三足橋，自護衛橋西南行，至此一里三分。

程村，自三足橋西北曲曲行，至此十里强。

百籮坪，路亭。自程村西北曲曲行，至此九里七分。與淳安縣分界。

枝路

小關嶺村，自航川橋西南曲曲行，至此七里。

八鼓橋，自小關嶺村西南行，至此五里八分。

曲斗橋，自八鼓橋南行，至此二里七分。

好看溪橋，自曲斗橋東南行，至此二里。

上梅峰村，自好看溪橋南行，折而西南，至此五里。

紗帽坵，自上梅峰村東南行，至此三里。與衢州府龍游縣分界。

石門嶺西麓，自好看溪橋東南曲曲行，至此六里九分。

吴坳頭村，自石門嶺西麓西南行，折而東南，至此四里四分强。與衢州府龍游縣分界。

枝路

上湖村，自大同鎮南行，至此一里。

情義亭，自上湖村西南行，至此三里一分。

松坑橋，自情義亭西南行，至此六里三分。

下馬橋，自松坑橋西少南行，至此七里三分。

障東橋，自下馬橋西少北行，至此五里五分。又東北行，折而西北四里八分，至水口橋入幹路。

蔣村，自松坑橋東南曲曲行，至此八里四分。東通枝路之曲斗橋。

石門莊，自蔣村南少西行，至此四里一分。

青潭嶺，自石門莊東南行，至此三里四分。與衢州府龍游縣分界。

半源橋，自下馬橋南少東行，至此五里。

茶坪山東南，自半源橋曲曲南行，至此七里八分。與衢州府西安縣分界。

三坑村，自障東橋曲曲南行，至此三里。

牛頭塢，界牌。自三坑村曲曲南行，至此四里。與衢州府西安縣分界。

幹路路向西北。

水口亭，自西圈門外宋公橋西北行，折而西南，至此三里八分。

羅塢口，自水口亭西南曲曲行，折而西少北，至此八里五分。

方家橋，自羅塢口西南行，至此一里二分。

蔣公橋，自方家橋西北曲曲行，至此七里七分。

石坪莊，自蔣公橋北少西行，至此三里五分。

寺磡橋，自石坪莊西行，至此二里三分。

關帝廟，自寺磡橋西少南行，至此七里。

新橋，自關帝廟西南行，至此六里。東南通西南幹路之勞村。

交溪橋，自新橋西南行，至此四里四分。

石門橋，自交溪橋西南行，折而西北，至此五里。

北坑源口，自石門橋西少北行，至此二里七分。

北坑嶺，自北坑源口西北曲曲行，至此十二里二分。與淳安縣分界。

枝路

高橋畈，自方家橋西南行，至此六里八分。

永平橋，自高橋畈南少東行，折而西，至此三里五分。又西行一里五分至大同鎮，入西南幹路。

枝路

下祥莊，自蔣公橋南少西行，至此五里五分。

黄龍山，自下祥莊南行，至此三里三分。

黄家木橋，自黄龍山南少西行，至此四里。又南行三分至老虎潭入西南幹路。

枝路

曹公橋，自關帝廟西北行，至此一里。

盤塢，自曹公橋西北行，至此三里七分。

玳瑁嶺，自盤塢曲曲北行，至此五里。與淳安縣分界。

枝路

小橋，自新橋西北行，至此三里。

遼嶺，自小橋西北曲曲行，至此七里四分。與淳安縣分界。

北鄉

幹路

蜜山橋，自北圈門外西北行，至此六里五分。

周溪橋，自蜜山橋北行，折而西，至此二里五分。西南通西鄉西北幹路之羅塢口。

夏郎壩，自周溪橋北少西曲曲行，至此三里五分。

烏龍岡東，自夏郎壩西北行，至此四里四分。

澄源莊，自烏龍岡東首北行，至此二里三分。

淡竹嶺，自澄源莊東北行，至此七里四分。與建德縣分界。

枝路

鎮龍橋，自烏龍岡東首西行，折而北，至此二里五分。

裏洪村，自鎮龍橋西北行，至此三里三分。

哨嶺，自裏洪村北少西行，至此六里八分。與淳安縣分界。

嚴州府分水縣

水路道里記

天目溪

經流

九排嶺，天目溪自杭州府於潛縣流至此入境，又東南流，折而西南，至白山渡五里二分。九排嶺迤東南與杭州府於潛縣分水。以下至石壁山西麓皆同。

印渚溪口，自白山渡西南流，至此二里八分。水深一丈，面闊六十一丈。有印渚溪自西來會之。見後。

印渚渡，自印渚溪口東南流，折而東少北，至此六里。水深一丈，渡闊五十四丈。

石壁山西，自印渚渡東南流，至此四里。

中臺村，自石壁山西麓南少東流，至此三里三分。水深一丈三尺，面闊一百二十九丈。

河頭渡，自中臺村東南流，至此三里。

龍潭山北，自河頭渡東流，至此二里。有前溪自西南來會之。見後。

望江嶺麓，自龍潭山北麓東北流，至此二里。

穇口渡，自望江嶺麓東少南流，至此三里五分。

洛口村，自穇口渡東南流，折而東北，至此四里五分。有夏塘溪自南來會之。見後。

畢浦鎮，自洛口村東流，至此二里。

界牌，自畢浦鎮東南流，至此一里五分。水深二丈，面闊五十四丈。與桐廬縣分界。

枝流印渚溪。

褚家塢，印渚溪自此發源東流，至褚村五里。

麻源村，自褚村東北流，至此六里。

琅玕橋，自麻源村東北流，折而東曲曲，至此十里八分。水深七尺，面闊十三丈。

陳村，自琅玕橋東流，至此八里。

朱莊村，自陳村東流，至此五里。水深四尺，面闊八丈。

花橋，自朱莊村東流，至此二里。

富穀，自花橋東流，折而北少東，至此四里。又東流二里，至印渚溪口入天目溪。

枝流前溪。

塔嶺麓，前溪自淳安縣雉山發源，流至此入境，又東北流，至金村七里。

坑口村南，自金村北流，至此二里。水深六尺，面闊九丈。有羅伍溪自西北來會之。見後。

東輝尖麓，自坑口村南首東流，折而北，至此四里。

張眼塢，自東輝尖麓東流，至此五里五分。

軍山北，自張眼塢東南流，至此六里五分。

白水村，自軍山北首東北流，至此七里二分。水深六尺，面闊五十六丈。有羅溪自南來會之。見後。

邵舍渡，自白水村北少東流，至此七里。水深八尺，面闊二十七丈。

冷樹村，自邵舍渡北少東流，至此二里。以上一名雞溪。

趙村，自冷樹村東北流，至此六里。

牛角灣，自趙村東南流，折而東少北，至此五里五分。

前溪渡，自牛角灣東北流，至此二里五分。水深四尺，面闊一百四十九丈。

縣治南，自前溪渡東北流，至此四里。

龍潭渡，自縣治南首東北流，至此五里。又北流二里至龍潭山北麓入天目溪。

枝流羅伍溪。

羅伍廟，羅伍溪自淳安縣白坑嶺發源，流至此入境，又東南曲曲流，至翰坂四里五分。

蒿源，自翰坂東南曲曲流，至此三里五分。

楊塢尖北，自蒿源東南曲曲流，至此七里五分。又東南流三里至坑口村南入前溪。

枝流羅溪。

錢村，羅溪自淳安縣長風凸發源流，至此入境，又東北流，至泥塢口六里。

茂山村，自泥塢口北少東流，至此四里。以上一名雙溪。

錢山村，自茂山村北少東流，至此三里。

金子山麓，自錢山村北流，至此二里五分。

百江鎮，自金子山麓東流，折而東少北，至此八里五分。又西北流一里五分，至白水村入前溪。

枝流夏塘溪。

歌舞嶺，夏塘溪自此發源，東北流，折而北，至查村八里。

金竹莊，自查村東北曲曲流，至此六里四分。

沈橋，自金竹莊北少西流，折而北少東，至此五里六分。

劉坂，自沈橋東北流，至此八里。

坂堰，自劉坂北流，至此二里。

高坎，自坂堰西北流，至此四里五分。又東北流，折而西北二里五分，至洛口村入天目溪。

青坑溪

經流

湯安嶺，青坑溪自此發源西流，至永興橋四里。

小紅嶺麓，自永興橋西北流，折而西，至此七里。

青坑溪口，自小紅嶺麓北流，折而西，至此五里。

青坑口，自青坑溪口東北流，至此三里。水深五尺，面闊八丈。與杭州府昌化縣分界。

廣陵溪

經流

大山，廣陵溪自此發源北流，折而東少北，至雙溪橋七里。有巨龍溪自西北來注之。

大堰，自雙溪橋東流，至此一里四分。

三溪橋，自大堰東少北流，折而北，復折而東，至此五里。水深六尺，面闊十五丈。與杭州府新城縣分界。

歌舞溪

經流

歌舞嶺，歌舞溪自此發源，東少南流，至太源橋五里。

章家塢，自太源橋東流，至此五里。

裏飛山南，自章家塢東少南曲曲流，至此七里。

界牌，自裏飛山南麓東南流，至此四里。水深七尺，面闊十四丈。與桐廬縣分界。入桐廬縣境爲清渚港。

陸路道里記

東鄉縣無城，從圈門起。餘倣此。

幹路

順安橋，自東圈門一名迎恩門。外東少北行，至此一里三分。

河頭渡，自順安橋東少北行，至此一里。渡闊一百二十九丈。

郎家橋，自河頭渡渡天目溪北行，折而東，至此四里五分。

邏浦橋，自郎家橋東南行，折而北少東，至此二里。

王村，自邏浦橋南少東行，至此三里。

畢浦鎮，自王村曲曲東行，至此六里。

同仁橋，自畢浦鎮東行，至此一里九分。

界牌，自同仁橋東少南行，至此八分。與桐廬縣分界。

枝路

龍潭渡，自順安橋東行，至此三里。渡闊八十四丈。

糝口渡，自龍潭渡渡前溪，東少北行，折而東少南，至此五里五分。渡闊一百十三丈。

獨山南，自糝口渡渡天目溪東行，至此四里。又北行，折而東一里一分，至畢浦鎮入幹路。

高坎，自獨山南首渡天目溪，渡闊一百六十五丈。又南少西行，至此三里。

劉坂，自高坎東南行，過方家村，又南行，至此七里五分。

楊家塢南，自劉坂西少南行，至此七里。又西行三里八分至潘村，與西鄉幹路內自雙桂橋西首起之枝路合。

枝路

百圣村，自郎家橋東北行，至此六里。

石家村，自百圣村東行，至此二里五分。西南東幹路之羅浦橋計六里。

新橋，自石家村東少北行，至此三里。

畫橋，自新橋東少北行，越糝嶺，至此五里。

畢嶺，自畫橋曲曲北行，折而西少北，至此六里。
山坑橋北，自畢嶺東行，至此三里七分。
文嶺，自山坑橋北首北行，折而西少北，至此六里五分。
湖山橋，自文嶺東北行，至此六里七分。
巨龍村，自湖山橋西少北行，至此五里五分。
巨龍嶺，自巨龍村西少南行，折而西北，至此七里八分。與杭州府於潛縣分界。
高橋，自新橋北行，至此三里。
何家灣，自高橋北少東行，折而西，至此六里四分。與杭州府於潛縣分界。

枝路

茅嶺，自同仁橋東北行，至此四里三分。
仲下村南，自茅嶺東北行，至此二里。
大山村西，自仲下村南首東北行，至此四里。
余村，自大山村西首北少西行，折而東北，至此九里六分。
大堰，自余村東少北行，至此二里。
三溪橋，自大堰東行，折而北少東，至此五里一分。與杭州府新城縣分界。
藍青橋，自三溪橋北行，至此一里二分。又西北行二里至湖山橋，與自郎家橋起之枝路合。

南鄉

幹路

白沙渡口，自南圈門一名來薰門。外東行，至此三里。渡闊七十七丈。
白沙嶺南麓，自白沙渡口渡前溪，東少南行，至此五里。
穇口村，自白沙嶺南麓東北行，至此三里。又北行三里至穇口渡，與東鄉幹路内自順安橋起之枝路合。

枝路

大渡村北，自白沙嶺南麓西行，折而東南，至此三里。
方山脚，自大渡村北首東少北行，至此二里五分。又東北行三里五分至高坎，與東鄉幹路内自順安橋起之枝路合。

西鄉

幹路

雙桂橋西，自西圈門一名納祥門。外南行，折而西，至此二里。
虹橋村，自雙桂橋西首西南曲曲行，至此六里。
鳳市，自虹橋村西南行，過儒橋，又西少北行，至此三里。
大雞口村，自鳳市西行，過九松嶺，又西少南行，至此四里五分。
邵舍村，自大雞口村東南行，折而南少西，至此五里。
伊山西，自邵舍村南行，渡雞溪，渡闊九十六丈。至此二里五分。
百江鎮，自伊山西首南少西曲曲行，至此六里五分。
紅塘山北，自百江鎮南少西行，至此七里。
錢山村，自紅塘山北首西行，折而南，至此六里。
茂山村，自錢山村曲曲南行，至此四里五分。
錢村，自茂山村西南曲曲行，至此九里五分。與淳安縣分界。

枝路

塘口村，自雙桂橋西首南少西行，渡前溪，渡闊一百四十九丈。至此二里五分。
聾子橋，自塘口村南少西行，至此二里三分。
文筆峰南麓，自聾子橋東行，折而東少北，至此四里五分。
潘村，自文筆峰南麓東南行，至此六里五分。
沈橋，自潘村東南曲曲行，過昱嶺關，至此三里五分。
金竹莊，自沈橋南少西行，折而南少東，至此五里五分。
金竹嶺，自金竹莊東少南曲曲行，至此四里五分。與桐廬縣分界。
宋嶺，自金竹莊西南行，至此二里。
查村，自宋嶺西南行，至此五里四分。
歌舞村，自查村南行，折而西南，至此十里六分。
蒲村，自歌舞村東少南行，至此二里五分。
田逢山北，自蒲村東行，至此五里五分。
潘坂，自田逢山北首東少南行，至此六里九分。
界牌，自潘坂東南行，至此二里。與桐廬縣分界。
天尊嶺，自歌舞村西南行，至此二里五分。

羅村，自天尊嶺西南行，至此六里二分。

大黄塢北，自羅村東南行，至此一里二分。與建德縣分界。

枝路

廣王廟，自百江鎮西南行，至此一里五分。

金子山北，自廣王廟西南行，至此五里五分。

張眼塢，自金子山北首西少北行，至此六里五分。

趙林村，自張眼塢西行，至此七里八分。

坑口村，自趙林村西北行，至此二里二分。

金村，自坑口村西行，折而南，至此二里。

塔嶺，自金村西南行，至此五里八分。與淳安縣分界。

蒿源，自坑口村西北曲曲行，至此九里三分。

翰坂，自蒿源西北曲曲行，至此五里。

羅伍廟，自翰坂西北行，折而西，至此六里。與淳安縣分界。

北鄉

幹路

料塢東，自北圈門一名拱辰門。外東北行，至此一里五分。

南保，自料塢東首北少西行，至此八里。

印渚渡，自南保西北行，至此二里五分。渡闊五十四丈。與杭州府於潛縣分界。

枝路

磚山埠，自印渚渡西行，至此二里。

孫村，自磚山埠西行，至此八里。

朱莊村，自孫村西行，至此三里。

陳村，自朱莊村西行，至此五里。

合村，自陳村西行，折而西少南，至此六里七分。

麻源村，自合村西行，折而西少南曲曲，至此九里六分。

湯安嶺，自麻源村西少北曲曲行，至此四里。

永興橋，自湯安嶺西北行，折而西少南，至此五里。

小紅嶺，自永興橋西北行，至此九里。

青坑溪口，自小紅嶺西北行，至此三里五分。

遥源口，自青坑溪口西北行，至此三里。

裏陳村，自遥源口西行，折而西少南，至此四里五分。

村嶺，自裏陳村西北行，至此六里。與淳安縣分界。

運頭山麓，自孫村東南行，折而東少北，至此四里。

上山下莊，自運頭山麓東行，折而北，至此一里五分。

賀洲，自上山下莊東少北行，至此二里。

九排嶺，自賀洲西北行，至此二里二分。與杭州府於潛縣分界。

琅玕橋，自合村西北行，至此一里。

大計山南，自琅玕橋西北行，至此十二里。

石尖嶺，自大計山南首西南行，折而西少北，至此七里三分。與杭州府昌化縣分界。

褚村，自麻源村西南行，至此六里二分。

石塢，自褚村西南曲曲行，至此五里八分。

楓樹尖南麓，自石塢南行，折而西曲曲，至此十四里四分。

葉家塢，自楓樹尖南麓曲曲西行，至此六里。與淳安縣分界。

温州府永嘉縣

水路道里記

甌江

經流

永山頭，甌江自青田縣流至此入境，又東北流，至渡船頭村四里。

車巖嶺，自渡船頭村東迤北流，至此四里三分。水深二丈九尺，面闊五分。

上馮，自車巖嶺東流，過雙溪汛，折而東南，至此四里六分。

驛頭村，自上馮東南流，至此五里。水深二丈，面闊一里一分。

朱塗浦口，自驛頭村東流，至此五里。有朱塗浦自北來注之。

白上下村，自朱塗浦口東流，至此六里。

韓埠港口，自白上下村東流，至此四里。有韓埠港自北曲曲來會之。見後。

上戍港口，自韓埠港口南流，至此六里。有上戍港自西南曲曲來會之。見後。

漁渡南口，自上戍港口東流，至此三里一分。水深五丈，面闊一里。

練墩村，自漁渡南口東流，過漁渡下村，折而南，至此四里。

巖門山麓，自練墩村南迤東流，過浦石村，折而南迤西，至此七里。

牛護東山麓，自巖門山麓南迤東流，至此四里五分。水深二丈九尺，面闊一里九分。

太史碼頭，自牛護東山麓東流，至此五里五分。有仙門河自南來會之。見後。

陡門橋北，自太史碼頭東流，過府城北，至此五里六分。水深六丈一尺，面闊二里。有塘河自南來會之。見後。

[illegible]溪港口，自陡門橋北首東流，至此一里。有枏溪港自東北來會之。見後。

浦口，自枏溪港口東少南流，至此二里。有永鎮河自西南來注之。

上陡門橋北，自浦口東南流，至此二里五分。有雙井河自西南來注之。

上蒲街，自上陡門橋北首東南流，至此五里。水深五丈九尺，面闊六里。

下蒲街，自上蒲街東南流，至此三里。

狀元橋鎮，自下蒲街東南流，至此七里。水深六丈五尺，面闊八里二分。

毛竹橋鎮，自狀元橋鎮東南流，至此二里八分。江北有永樂界河，與樂清縣分水，自東北來會之。江南有茶山河，自西南來會之。均見後。

龍灣陡門，自毛竹橋鎮東少南流，至此四里五分。

小陡門浦口，自龍灣陡門東南流，至此十里入海。

枝流韓埠港。

鄭山，韓埠港自此發源，兼受獨山、院山等水，東流曲曲，至避水橋五里八分。

吴莊，自避水橋東流，折而東南曲曲，至此七里。

上吴村，自吴莊曲曲東南流，折而東，至此六里。

下溪村，自上吴村東南流，至此七里。水深三尺，面闊八丈。

東村，自下溪村南迤東流，至此六里。

西園村，自東村南迤西流，過橋下街，折而西，至此三里。以上不通舟筏。

韓埠汛，自西園村南流，過上田村，折而東，復折而南，過八里村，三折而東迤北，至此四里五分。又曲曲南流四里，至韓埠港口入甌江。

枝流上戍港。

白格山，上戍港自此發源東北流，折而東南，至大塘基三里四分。

澤雅村，自大塘基東迤南流，至此二里。

吾之坑，自澤雅村東流曲曲，至此六里五分。水深二尺，面闊十八丈。

鐵場村，自吾之坑東南流，折而東北，過來風雁村，復折而東南，至此七里六分。水深四尺，面闊二十丈。

外埠頭，自鐵場村北流，至此六里。

石埠村，自外埠頭北流，折而南，復折而東迤北，至此三里八分。

太陰宫，自石埠村北少西流，折而東過籐橋渡，復折而北迤東，至此三里五分。

下瞿，自太陰宫曲折東北流，至此十二里。水深八尺五寸，面闊二十二丈。

老徐山南麓，自下瞿東南流，折而東北，復折而南，至此三里。

周徐村，自老徐山南麓東少北流，折而北，復折而東南，至此四里。

龍泉頭村，自周徐村南流，折而東北，至此三里。

外垟村，自龍泉頭村西北流，折而東少南，復折而西北，至此五里五分。又北流五分至上戍港口入甌江。

枝流仙門河。

天長嶺，仙門河自此發源東南流，至康甯橋五里五分。

清風亭，自康甯橋東南流，至此六里。水深一丈，面闊十五丈。

山後村西，自清風亭南流，至此二里三分。有十八灣河自西來注之。

下徐村東，自山後村西首東流曲曲，至此四里三分。有德勝源水自西南來注之。

新橋街，自下徐村東首東迤北曲曲流，至此六里。水深一丈五尺，面闊二十五丈。有鶴溪自西南來注之。

集雲廟，自新橋街曲曲東北流，折而北迤西，至此五里三分。又北流三里過浦橋，至太史碼頭入甌江。

枝流塘河。

永瑞橋，塘河自瑞安縣流至此入境，又北流至山根橋三里。分一支東北流爲茶山河。見後。

塘下鎮，自山根橋北迤西流，至此五里。

白象村，自塘下鎮北迤東流，至此一里五分。水深一丈七尺，面闊十一丈。

塘東村，自白象村北迤西流，至此十里三分。水深一丈四尺，面闊二十丈。

盧浦橋，自塘東村北迤西流，至此二里五分。分一支爲雙井河，入甌江。

通津橋，自盧浦橋北迤西流，至此三里。

弔橋，自通津橋北迤西流，至此一里。又東北流，繞府城東南隅，折而北迤西三里，至陡門橋北入甌江。

枝流枏溪港。

界烏嶺，枏溪港自此發源南流，至永安橋三里。有南溪自西北來注之。

坑口村，自永安橋東南流，至此六里五分。

高峰嶺脚村，自坑口村東南流，過飯盤尖村，折而南迤西，至此七里。

上埠村，自高峰嶺脚村南迤東流，至此二里五分。

小溪村，自上埠村東南曲曲流，至此八里。

麻鋪孫宅，自小溪村南流，至此四里五分。有黄溪自西來注之。

山坑村，自麻鋪孫宅東南流，過沙埠，折而東北，至此五里五分。水深三尺，面闊十三丈。

子云坑東，自山坑村東南流，至此四里。

對埠村，自子云坑東首東流，折而南曲曲，至此四里五分。

碧蓮市，自對埠村南流，折而東，復折而南迤東，至此四里二分。水深四尺，面闊十六丈。

石湖村，自碧蓮市北流，過渡口，折而東南，至此四里。

黄奥村，自石湖村東南曲曲流，至此六里。

白泉村，自黄奥村北流，折而東南，至此五里。

桐州渡口，自白泉村東流曲曲，過里麻，折而東南，至此九里。

嶼山南麓，自桐州渡口南迤西流，折而東迤南，復折而東北，至此七里。

霞渡潭村，自嶼山南麓東南曲曲流，至此七里五分。水深六尺，面闊二十八丈。有南溪港自東北來會之。見後。

福利村東，自霞渡潭村西南流，折而東南曲曲，至此八里。

下浮村，自福利村東首東北流，折而東南，至此八里五分。

下埠，自下浮村西南流，過下廟村，折而東迤南，至此八里。水深六尺，面闊二十二丈。

楊嶴村，自下埠南流，折而西少北，至此五里。

響山嶺西，自楊嶴村南流，過向巖貝村，折而東南，至此五里五分。水深九尺，面闊三十七丈。

上莊東，自響山嶺西首南迤東流，折而西迤南，至此五里。

上塘嶺東，自上莊東首南流，折而西迤北，至此六里五分。

埭頭，自上塘嶺東首南迤西流，至此五里。

東渡口，自埭頭東南流，至此六里。

青龍頭，自東渡口西南流，過真君廟，折而東南，復折而南迤西，至此六里五分。

東埭村，自青龍頭南迤西流，折而南迤東，至此七里。

東岸村，自東埭村東南流，折而南迤西，過雅林村，復折而西迤北，至此五里。又南迤西流三里五分過港頭村，至枏溪港口入甌江。水深一丈八尺，面闊六十五丈。

枝流南溪港。

聚古山，南溪港一名樟溪。自此發源東南流，至山碲村六里五分。

葉平村，自山碲村東南曲曲流，至此七里。

坐大潭村，自葉平村南迤東流，至此三里五分。

老王山南，自坐大潭村南流，折而東，過石坑山麓，復折而東南，至此八里五分。

下莊垟村，自老王山南首東流，折而東北，至此六里六分。

潘家嶴村，自下莊垟村東迤南流，過潘坑村，折而南迤東，復折而東，至此七里。水深二尺，面闊十三丈。

白巖村，自潘家嶴村南流，過張家園村，折而東，至此四里五分。

李頭村，自白巖村南迤東流，折而東北，過沙巖村，復折而南，至此五里。水深四尺，面闊十七丈。

浦口渡村，自李頭村南流，折而東北，復折而南迤東，至此四里五分。

大頭村，自浦口渡村東迤南流，過下平村，折而北，復折而東，至此七里。

關帝廟，自大頭村曲折東流，至此四里五分。

溪口渡，自關帝廟東迤北曲曲流，至此五里五分。有嶺北溪自北來會之。見後。

嶺牌村，自溪口渡南迤東流，過大園底，折而東迤北曲曲，至此八里。

雙廟鎮，自嶺牌村東南流，折而東迤北，至此五里。水深五尺，面闊二十三丈。有張溪自東北來會之。見後。

下步嶺麓，自雙廟鎮南流，過李溪嶺麓，折而東南，至此五里。

港頭村東，自下步嶺麓南流曲曲，至此八里。有蓬溪自東迤北來會之。見後。

芙蓉村東，自港頭村東首西南流，至此七里。有馬家溪自西北來會之。見後。

西岸村，自芙蓉村東首東南流，折而南迤西，過關帝廟，復折而南迤東，至比十里五分。有塘溪自東迤北來會之。見後。

石柱中村，自西岸村東南流，折而西南，過烘頭下村，復折而東南，至此七里五分。水深六尺，面闊二十九丈。有正溪自東來會之。見後。

嶺下村，自石柱中村西南流，至此三里五分。又南迤西流三里，至霞渡潭村入枏溪港。

枝流嶺北溪。

百步嶺，嶺北溪自此發源西南曲曲流，至黃坑口六里。

黃橘村，自黃坑口曲曲南流，折而東北，復折而東南，至此七里五分。

相岸茶亭，自黃橘村東南流，過雙合岸村，折而南迤西，至此七里。

大幄嶺麓，自相岸茶亭南流，折而東南過大幄村，復折而西南，至此五里五分。

雁門村，自大幄嶺麓東南曲曲流，至此六里。

杜北村，自雁門村東南流，至此四里。

奧口村，自杜北村南流曲曲過小州垟，折而西迤南，至此五里八分。水深二尺，面闊十二丈。又南流六分至溪口渡入南溪港。

枝流張溪。

培山嶺，張溪自此發源西南曲曲流，至寺後村四里五分。

富府村，自寺後村西南流，至此二里八分。

張溪村，自富府村西南流，折而西，至此五里。

江潭村，自張溪村西流曲曲，折而南，復折而西，至此四里。

杏嶴村，自江潭村南迤東流，過關爺亭，折而南迤西，復折而東南曲曲，至此六里。水深三尺五寸，面闊二十丈。又西南流三里五分至雙廟鎮入南溪港。

枝流蓬溪。

界牌嶺，蓬溪自此發源，西迤南流，至溺溺村四里。

爐山西南麓涼亭，自溺溺村西北流，至此六里五分。

黃坑村，自爐山西南麓涼亭西少北流，至此三里。

巖上村，自黃坑村西流過莊濟廟，折而南迤西，至此三里。

下陳奧村西，自巖上村西北流，過北岸村，至此七里。有明鏡溪自北來會之。見後。

蓬溪村，自下陳奧村西首西北流，折而南迤西，至此四里。

張園村，自蓬溪村西北流，過東皋村，折而西南，過白水庵，又折而西少南，至此七里五分。水深三尺，面闊十一丈。又西南流五里至港頭村東入南溪港。

枝流明鏡溪。

黃坦山，明鏡溪自此發源，東南曲曲流，至外郭村四里五分。

西山村，自外郭村東南流，至此六里。

上垟庵，自西山村東南流，折而西南，復折而西迤北，至此五里。

巖下村，自上垟庵西迤北流，折而西南，至此七里。

南岸村，自巖下村西北流，折而西迤南，復折而南迤西，至此四里五分。

塘下尖西麓，自南岸村南迤西流，折而西迤北，復折而南曲曲，至此七里。

宮前，自塘下尖西麓南流，折而西過鶴垟村，復折而東南，至此四里五分。水深二尺，面闊九丈。又西南流一里二分，至下陳奧村西入蓬溪。

枝流馬家溪。

中爐山，馬家溪自此發源，東迤北流，至石匣村四里五分。

張公平，自石匣村東迤南流，折而東迤北，至此七里八分。

水西村，自張公平東流過嶺外村，折而東南曲曲，至此七里。

灣裏村，自水西村東南曲曲流，至此八里五分。水深二尺，面闊八丈。又東迤南流三里五分，至芙蓉村東入南溪港。

枝流塘溪。

仙門山，塘溪自此發源，西迤南流，至外塘村二里七分。

石垟村，自外塘村西南流，至此五里。

滿塘山南麓，自石垟村西流，至此三里五分。

溪寬村，自滿塘山南麓西北曲曲流，至此五里五分。

高才村，自溪寬村西迤南流，至此四里五分。

田東，自高才村西南曲曲流，至此四里。水深二尺五寸，面闊十二丈。又西南流四里二分，至西岸村入南溪港。

枝流正溪。

正家尖，正溪自此發源西南流，至枯竹村三里八分。

溪坑頭村，自枯竹村西迤南曲曲流，至此六里。

鄺下街，自溪坑頭村南流曲曲，過石坦村，折而西，至此六里。

朱垟村，自鄺下街西流，至此七里。

色奧村南，自朱垟村西流，折而西北，復折而西，至此五里五分。水深二尺七寸，面闊十一丈。又西迤南流二里五分，至石柱中村入南溪港。

枝流永樂界河。

庵寺山，永樂界河自此發源，東迤南流，折而南迤西，至要山西麓三里五分。

西山村，自要山西麓南流，過西嶴村，折而東南，至此四里五分。西山村迤東南與樂清縣分水。以下皆同。

黄杜橋，自西山村東流，折而南迤西，復折而南迤東，至此五里三分。

金坑村，自黄杜橋曲曲南流，至此四里五分。此段全入本境。

新橋，自金坑村西迤南曲曲流，至此八里七分。

滕公橋，自新橋南迤西流，折而西南，至此四里五分。水深二尺，面闊八丈。又西迤南流五分，至毛竹橋鎮江北入甌江。

枝流茶山河。

上寨橋，茶山河自山根橋分塘河之水，北迤東流，折而東迤南，至此三里。

新橋前，自上寨橋東南流，折而北，至此二里五分。

安汝橋，自新橋前東北流，折而西北，至此六里七分。水深九尺，面闊十四丈。以上一名蔡溪。

廣濟橋，自安汝橋東北流，至此五里。

三郎橋，自廣濟橋東流，折而北，復折而東，至此三里一分。水深八尺，面闊十丈。

狀元橋，自三郎橋東北曲曲流，至此七里。水深九尺，面闊十五丈。又東迤南流三里三分，至毛竹橋鎮入甌江。

陸路道里記

東門一名鎮海門。

幹路

瞿嶼村，自東門外東迤南行，至此六里六分。

鮑洲，自瞿嶼村東迤南曲曲行，至此三里五分。

下蒲街，自鮑洲東南行，至此四里七分。

杜田南，自下蒲街東南行，至此三里三分。

狀元橋鎮，自杜田南首東迤南行，至此四里。

牌樓下，自狀元橋鎮東迤南行，過毛竹橋鎮，至此四里五分。

金嶴橋，自牌樓下東南行，至此二里五分。

寺前街，自金嶴橋東南行，過待駕橋，折而南迤西，至此八里五分。東通甯村所城。

倉河街，自寺前街南迤西行，至此五分。

新城南門，自倉河街南迤西行，至此四里一分。

老城南門，自新城南門東迤南行，至此二里二分。

後津橋，自老城南門西南行，至此七里五分。

司南村，自後津橋西南行，過一甲，折而南，至此三里五分。

大駟寺，自司南村南行，至此五里八分。

梅頭城，西門。自大駟寺南行，過永清橋，折而西，至此五里。與瑞安縣分界。

枝路

石壇村，自狀元橋鎮南迤西行，過前梅村，折而西迤南，至此四里三分。

廣濟橋，自石壇村西南曲曲行，至此五里五分。

丁嶴村，自廣濟橋西南行，越章嶴嶺，折而東迤南，至此六里。

玉泉寺，自丁嶴村南迤西行，至此三里六分。

茶山街，自玉泉寺西行，折而南，復折而東迤南，至此一里一分。

永和橋，自茶山街曲曲西行，至此三里五分。又南行一里五分，至山根橋入南門外幹路。

枝路

蘇家浹，自牌樓下南迤西行，至此五里。

黄嶴村，自蘇家浹西南行，過河口村，折而東迤南，至此四里。

瑶溪村，自黄嶴村東南行，折而南迤西，至此三里三分。

青來亭，自瑶溪村東北行，折而東迤南，至此六里。又東迤南行二里六分，至倉河街入幹路。

南門一名瑞安門。

幹路

錦春坊，自南門外南迤東行，至此二里二分。

盧浦橋，自錦春坊南迤西行，折而東過吴山第一廟，復折而南迤東，至此三里。

慶雲橋，自盧浦橋南迤東行，至此四里六分。

白象村，自慶雲橋南迤東行，過上蔡村，折而南迤西，至此七里七分。

山根橋，自白象村南迤西行，過塘下鎮東，折而南迤東，至此六里五分。

永瑞橋，自山根橋南迤東行，折而南迤西，至此三里。與瑞安縣分界。

枝路

蒲鞋市，自錦春坊東南行，至此一里。

小霸節橋，自蒲鞋市東行，至此二里五分。

安鎮橋，自小霸節橋東南行，至此四里。

上江橋，自安鎮橋東南行，至此四里九分。又東南行二里，至杜田南首入東門外幹路。

小南門一名永甯門。

幹路

五單村，自小南門外南行曲曲，至此五里。

牛橋村，自五單村南迤西行，至此二里八分。

南堡村，自牛橋村西南行，折而東南，至此三里五分。

聽笙亭，自南堡村南行，過慈湖北村，折而南迤西，至此四里五分。

灣底村，自聽笙亭南迤東行，至此二里五分。

永福寺，自灣底村南迤東行，至此六里。與瑞安縣分界。

小西門一名來福門。

幹路

灰爐街，自小西門外西南行，至此三里七分。

新橋街西，自灰爐街西南行，至此三里一分。

樓橋，自新橋街西首東行，折而南，復折而西南，至此六里七分。

陳莊，自樓橋西南曲曲行，至此六里六分。

溪村，自陳莊西南行，至此五里二分。

桐嶺下村，自溪村西南行，至此三里。

分水城，自桐嶺下村南行，至此六里五分。與瑞安縣分界。

枝路

渚浦村，自新橋街西首西迤北曲曲行，至此五里三分。

前莊，自渚浦村西行，至此一里七分。

塘下村西，自前莊西行，至此三里六分。

舟泰橋，自塘下村西首西迤南行，至此二里九分。

康甯橋，自舟泰橋西北行，至此二里四分。

天長嶺涼亭，自康甯橋西北行，越天長嶺，嶺高五十四丈。至此八里五分。

來風雁村，自天長嶺涼亭西北曲曲行，至此六里五分。

西垟村，自來風雁村西迤南曲曲行，至此八里五分。

三港廟，自西垟村西迤北曲曲行，至此七里三分。

布袋垟村，自三港廟西南行，至此一里二分。

界牌嶺頂，自布袋垟村西北行，至此八分。與處州府青田縣分界。

仙門大橋，自前莊南迤西曲曲行，至此二里七分。

河西村，自仙門大橋西南行，至此三里二分。

上行村，自河西村南迤西行，至此四里二分。

河頭村，自上行村南迤西曲曲行，至此五里五分。又西行，折而南二里，至桐嶺下村入幹路。

任橋，自塘下村西首南行曲曲，至此三里五分。

雄溪鎮，自任橋西南行，至此五里。

仙人屋，自雄溪鎮西南行，至此六里。

九峰山東，自仙人屋南迤西行，至此三里四分。與瑞安縣分界。

瞿溪街，自康甯橋南行，過譜安院，折而西迤南，至此三里五分。

林橋村，自瞿溪街西行，至此三里六分。

亭嶺，自林橋村西少南行，至此三里二分。

大嶴村，自亭嶺西行，至此一里八分。

沙坑山東，自大嶴村西迤南行，折而南迤東，至此九里七分。與瑞安縣分界。

枝路

門前山西南麓，自陳莊東南行，至此二里。

芙蓉嶺，自門前山西南麓東南行，至此五里。嶺高六十一丈。

嶺頂石牌，自芙蓉嶺東南行，至此三里三分。與瑞安縣分界。

枝路

廣福寺，自溪村東南行，至此四里二分。

小嶺村，自廣福寺東南行，折而南迤西，至此五里。與瑞安縣分界。

西門一名迎恩門。

幹路

太平嶺，自西門外西行，至此三里一分。

牛護嶺，自太平嶺西迤南行，過白樓村，折而西北，至此五里九分。

嶼頭村，自牛護嶺北迤西行，至此二里七分。

林頭村，自嶼頭村北行，過煙墩基，至此七里一分。

外垟村，自林頭村西北行，越管嶺，渡上戍港，至此七里四分。

張嶴村，自外垟村北迤西行，過陳大垟，折而西迤南，至此十四里二分。

仁地村西，自張嶴村西行，至此五里八分。

東嶴村，自仁地村西首西迤北行，至此五里七分。

車巖嶺，自東嶴村曲曲西北行，過雙溪汛，折而西迤南，至此六里五分。

永山頭，自車巖嶺西行，過衣巖嶺，折而西南，至此八里八分。與處州府青田縣分界。

枝路

山竹嶺，自仁地村西首南迤東行，至此三里五分。

魚口村，自山竹嶺東南行，至此五里。

後垟，自魚口村南行曲曲，至此四里五分。

上蒲村，自後垟西行，渡上戍港，折而南，至此四里。

大塘村，自上蒲村南行，至此三里。又南行三里二分至天長嶺涼亭，與小西門外新橋街西首起之枝路合。

小北門一名永清門。

幹路路向西北。

陡門頭村，自小北門外渡甌江，渡闊二里五分。北迤西行，至此四里。

張堡村，自陡門頭村西行曲曲，過浦西村，折而西北，至此六里。

垟河頭村，自張堡村北迤西行，至此三里二分。

六嶴村，自垟河頭村北迤西行，至此六里五分。

上梅嶴，自六嶴村西北行，至此五里六分。

小荆橋，自上梅嶴西行，過下梅嶴，折而北，至此六里三分。

韓埠渡口，自小荆橋北行，至此一里六分。

白上下村，自韓埠渡口渡韓埠港西行，至此五里三分。

任田村，自白上下村西行，過凰上村，折而西北，至此九里五分。

興慶寺，自任田村西迤南行，折而西北，至此九里。

溫溪街，自興慶寺西北行，折而西南，至此九里三分。

尹山東，自溫溪街西南行，至此一里八分。

洲頭村，自尹山東首西南行，至此二里。與處州府青田縣分界。

枝路

方嶴村，自韓埠渡口東北行，至此二里。

東村，自方嶴村西北行，越夏家嶺頂，又北迤東過橋下街，折而西北，至此七里。

溪下，自東村西北行，渡韓埠港，至此二里五分。

龍頭村，自溪下西北行，過下溪村，又西迤北，至此八里。

上吳村，自龍頭村西迤北行，至此三里。

三官廟，自上吳村西行，過陳嶴村，折而西北曲曲，至此五里五分。

坑口，自三官廟西北曲曲行，至此五里。

池嶺涼亭，自坑口西北行，至此十里五分。

下陳葉村西北，自池嶺涼亭西北行，至此四里。

坑裏村，自下陳葉村西北首西北曲曲行，至此六里。

黃岐坑，自坑裏村北迤西行，過坎下村，折而東北曲曲，至此五里五分。

郭坑村，自黃岐坑北迤西行，至此六里。

靈山廟，自郭坑村北行曲曲，至此五里。

永安橋，自靈山廟西北行，至此一里五分。

界烏嶺，自永安橋北行，至此八里六分。與台州府仙居縣分界。

半坑垟，自東村北行，過油殿，折而東北，至此五里五分。

嶺根坑村，自半坑垟東北行，至此五里六分。

崑陽村，自嶺根坑村西北曲曲行，至此七里二分。

巖山村，自崑陽村西北行，至此六里。

楊府廟，自巖山村西迤北行，至此三里七分。

碧蓮市，自楊府廟東北行，渡桐溪港，折而東迤南，至此九里。

鄭莊，自碧蓮市北迤西曲曲行，至此七里。

淺坑村東，自鄭莊曲曲北迤西行，至此八里七分。

應山頭村，自淺坑村東首曲曲北迤西行，折而北迤東，至此十里五分。

太陰宮，自應山頭村北迤東行，至此四里七分。

坐大潭村，自太陰宮西北曲曲行，至此九里。

溪下村，自坐大潭村西北曲曲行，至此六里五分。

麻山村，自溪下村西北曲曲行，至此八里。

界嶺，自麻山村北行曲曲，至此五里。與台州府仙居縣分界。

子雲坑，自碧蓮市西北曲折行，折而西，復折而北，至此八里五分。

山坑村，自子雲坑西北行，至此三里八分。

麻鋪孫宅，自山坑村西南行，折而西北，至此五里四分。

嶺上村，自麻鋪孫宅西行，過東岸村，又北迤西，至此三里。

小溪村，自嶺上村東行，過巽澤，折而北，至此五里五分。

砲田村，自小溪村曲曲西北行，至此十里。

飯盤尖村，自砲田村北行，至此三里。

金竹坑，自飯盤尖村西北行，至此五里。又西北行四里至靈山廟，與自韓埠渡口起之枝路合。

枝路

菰溪木橋，自任田村北迤西行，至此二里七分。

連嶴，自菰溪木橋北迤西行，至此五里五分。

梨村，自連嶴西北行，至此二里五分。

外嶴村，自梨村西北行，至此三里四分。

潘山村，自外嶴村曲曲北迤西行，至此六里。

太母宮，自潘山村西行，折而北，至此七里三分。東迤南通枝路之坑口。

石坑嶺村，自太母宮西北曲折行，至此六里五分。

坳外村西，自石坑嶺村西北行，至此五里。與處州府青田縣分界。

枝路

貴嶴，自尹山東首西北曲曲行，至此六里五分。

馬堯寮村，自貴嶴西北行，至此三里五分。

分水鳥嶺，自馬堯寮村西北行，至此九里。與處州府青田縣分界。

幹路 路向東北。

千石山麓，涼亭。自陡門頭村東迤北曲曲行，至此五里五分。

東尖嶴，自涼亭東北行，至此五里。

石嶴底村東，自東尖嶴曲曲北行，至此六里三分。

下塘橋，自石嶴底村東首東北行，折而西，至此八里三分。

上塘村，自下塘橋北行曲曲，至此四里。西通西北幹路之小荆橋。

陳嶴村，自上塘村東北行，過武圣廟，折而東迤南，至此七里七分。

楊嶴村，自陳嶴村東行，折而北曲折，至此九里。

沙頭渡口，自楊嶴村東迤北曲曲行，至此五里四分。

漁田村，自沙頭渡口渡桐溪港西行，折而北，至此三里八分。

九丈渡口，自漁田村渡桐溪港，曲曲西北行，至此八里八分。

石柱中村，自九丈渡口渡南溪港，東迤北行，至此四里。

龍河渡口，自石柱中村西北行，折而東北，至此六里六分。

外垟村，自龍河渡口渡南溪港東行，折而北迤東，至此三里。

楓林鎮，自外垟村北行，至此四里。

垟頭村，自楓林鎮北迤西行，至此四里五分。

峰洞嶺西麓，自垟頭村東北行，至此三里五分。

深固村，自峰洞嶺西麓北行曲折，至此八里五分。

雙廟鎮，自深固村東行，折而北，至此四里三分。

杏嶴村，自雙廟鎮西北行，折而東北，至此四里五分。

關爺亭，自杏嶴村西北曲曲行，至此三里。

張溪村，自關爺亭曲曲北行，過江潭村，折而東北，至此七里。

十字奥，自張溪村北迤西曲曲行，至此十里五分。

張寮村，自十字奥西北行，過鄭山村，又北迤西，至此七里。

雙溪口村，自張寮村北迤西曲曲行，至此七里八分。

老樹坑村，自雙溪口村西北行，至此四里。

道赭嶺，自老樹坑村東迤北行，折而北，至此五里。嶺高六十八丈。與台州府仙居縣分界。

枝路

垟嶴村，自千石山麓涼亭南行，折而東渡枏溪港，又東迤南，至此五里三分。

中村，自垟嶴村東迤南曲曲行，至此六里四分。

掛彩嶺，自中村東迤南行，至此四里八分。

滕公橋，自掛彩嶺東迤南曲曲行，至此五里。與樂清縣分界。

枝路

巖上村，自上塘村北行，折而西北，至此三里四分。

東山下村，自巖上村西北行，至此五里五分。

大坑村，自東山下村西迤北行，至此五里。

應坑村，自大坑村西北曲曲行，至此六里五分。

半嶺山東麓，自應坑村西行，折而北迤東，至此五里。

邵山村，自半嶺山東麓西北曲曲行，至此六里五分。又西北行三里至崑陽村，與自西北幹路内韓埠渡口起之枝路合。

枝路

門口道村，自沙頭渡口渡枏溪港，東南曲曲行，折而南，至此三里五分。

響山村，自門口道村西南行，至此四里八分。

橋頭村，自響山村東南行，至此五里。

中章嶴村，自橋頭村西南曲曲行，至此六里七分。

渭石村，自中章嶴村西迤北行，折而西南，至此四里五分。

東岸村，自渭石村西南行，折而東南曲曲，過吕灣村，復折而南迤西，至此九里。

爐田村，自東岸村西南曲曲行，至此六里。

羅溪村，自爐田村南行，曲曲過顔圣廟，折而東南，至此七里。

半嶺村，自羅溪村東南曲曲行，至此六里三分。

押衙村，自半嶺村東南行，至此五里五分。

新橋，自押衙村東南行，至此三里八分。與樂清縣分界。

高山嶺頂，自橋頭村東行曲曲，至此七里。

桐嶺，自高山嶺頂東南行，折而東曲曲，復折而東南，至此九里。與樂清縣分界。

東岸塘，自東岸村東迤南行，至此三里。

東章村，自東岸塘東迤南行，折而東迤北曲曲，至此八里。

雲光寺，自東章村東南行，折而南曲曲，復折而東迤南，至此七里五分。與樂清縣分界。

枝路

中堡村，自漁田村東北行，過水碓村，折而東，至此六里。

朱山坦頭村，自中堡村東南行，至此七里。

鐏嶺，自朱山坦頭村東南行，至此五里五分。

水滿塘，自鐏嶺南行折而東迤北，至此七里。

東坑村東，自水滿塘南行，折而東，至此四里二分。與樂清縣分界。

枝路

石馬嶺，自九丈渡口西北曲曲行，至此五里五分。

小箬口村，自石馬嶺西北曲曲行，折而西南，至此六里。

桐州渡口，自小箬口村西南行，至此三里。

里麻，自桐州渡口西北行，至此四里七分。

石奥村，自里麻西迤南行，過白泉村，折而西迤北，復折而南，至此八里。南通枝路之崑陽村。

石湖村南，自石奥村西北曲曲行，至此六里五分。又西北行，折而南三里四分至碧蓮市，與自西北幹路内韓埠渡口起之枝路合。

枝路

河頭村東關帝廟，自石柱中村渡南溪港，東北行，過溪口村，折而東，復折而東南，至此六里五分。

羅村，自河頭村東關帝廟渡正溪東行，過東川村，折而南迤東曲曲，至此七里。

古廟街，自羅村東南行，折而東迤北，至此三里五分。

烏龍村，自古廟街東迤北行，至此五里。

嶺寬村東，自烏龍村東迤北曲曲行，至此七里三分。與樂清縣分界。

廊下街，自河頭村東關帝廟東行，至此七里五分。

溪坑頭村，自廊下街東行，過石坦村，折而北，至此五里。

田山尖東麓，自溪坑頭村東北曲曲行，至此八里。

外塘村，自田山尖東麓西北曲曲行，折而北，至此六里五分。西通幹路之楓林鎮。

溺溺村，自外塘村東北行，至此十一里五分。

界牌嶺頭村，自溺溺村東北行，至此四里七分。與樂清縣分界。

枝路

南村，自楓林鎮西行，過河西村，折而西北，渡南溪港，至此三里三分。西迤南通枝路之里麻。

灣里村，自南村西北曲曲行，至此七里。

水東村，自灣里村西迤北曲曲行，至此八里。

嶺外村，自水東村西北行，至此三里五分。

表山，自嶺外村西北曲曲行，至此三里四分。

浦口渡村，自表山曲折西北行，至此六里五分。

沙巖村，自浦口渡村西北曲曲行，至此五里。

潘家墨村，自沙巖村西南行，折而西北曲曲，至此六里。

下莊垟村，自潘家墨村西行，折而西北，過陳莊，復折而西，至此六里二分。

金澤垟山西，自下莊垟村西南行，至此三里五分。又西迤北行四里五分過洞橋至太陰宮，與自西北幹路內韓埠渡口起之枝路合。

枝路

上箬溪村，自垟頭村北迤西行，過沙埠渡，折而東北，至此五里。

陳奧村，自上箬溪村北迤東曲曲行，至此四里六分。

嶺牌村，自陳奧村西北曲曲行，至此五里。

大園底，自嶺牌村西行曲曲，渡南溪港，至此五里八分。

奧口村南，自大園底北迤西行，至此三里。西南通枝路之水東村。

岸坦村北，自奧口村南首北迤東曲曲行，至此六里。

上垟村，自岸坦村北首西北曲曲行，至此八里。

相岸茶亭，自上垟村西北曲折行，至此六里五分。

黄橘村，自相岸茶亭北迤東曲曲行，過太陰宮，折而西北，至此五里八分。

黄坑口，自黄橘村西北行，折而西南，復折而北，至此六里五分。東北通幹路之老樹坑村。

橫田巖，自黄坑口西北行，至此四里。與台州府仙居縣分界。

小嶺村，自上垟村西迤北行，至此七里。

西烏龍頭村，自小嶺村西迤北行，至此五里。

西公坑村，自西烏龍頭村曲曲北迤東行，折而西過箬坑村，又西北，至此七里五分。

李家路，自西公坑村西北曲曲行，至此五里。與台州府仙居縣分界。

枝路

田垟村，自峰洞嶺西麓東北行，至此六里三分。

蓬溪村，自田垟村東北行，過東皋村，折而東南，至此三里七分。

宮前西涼亭，自(篷)[蓬]溪村東北行，至此二里八分。東南通枝路之溺溺村。

湖頭村，自宮前西涼亭東迤北行，折而西北過鶴垟村，復折而北迤東，至此七里。

西源西，自湖頭村北迤西行，至此二里三分。

垟經，自西源西首東北曲曲行，至此六里。

新山南，自垟經東迤南行，至此六里四分。東南通枝路之界牌嶺頭村。

嶺頭村，自新山南首東北行，至此三里。

中堡村，自嶺頭村東北行，折而東，至此三里。

公奧村，自中堡村東迤北行，折而北迤東，至此八里。

鳳冠尖，自公奧村北迤西行，折而東迤北，至此四里七分。與樂清縣分界。

西山村，自嶺頭村西北行，至此一里二分。

楊樹光山西麓，自西山村西北行，至此七里七分。

石扶梯前，自楊樹光山西麓北行，過娘娘宫，折而東北曲曲，至此七里。與台州府黃巖縣分界。

擦奥村，自西山村北行，越長龍嶺，折而東北，至此七里二分。

半嶺坑，自擦奥村東北行，至此六里八分。與台州府黃巖縣分界。

枝路

外奥村，自張溪村東行，至此三里。

小木嶺頂，自外奥村東北行，至此七里五分。

大老紅，自小木嶺頂東北行，至此三里五分。與台州府黃巖縣分界。

茅竹村，自外奥村北迤東曲曲行，至此六里五分。

沿巖，自茅竹村曲曲東北行，至此五里三分。與台州府黃巖縣分界。

枝路

黃坑村，自十字奥北迤西行，至此三里二分。

根染村，自黃坑村北迤西曲曲行，至此七里。

大寺基岡前，自根染村東北行，至此四里五分。與台州府仙居縣分界。

北門一名望江門，濱江，無路。

温州府瑞安縣

水路道里記

飛雲江上流爲大溪。

經流

焦溪洋山西麓，飛雲江自泰順縣流至此入境，又東北流，折而東南，至下竹村七里。

三溪渡，自下竹村東南流，至此三里五分。水深五尺二寸，面闊九十三丈。

方前渡，自三溪渡東流，折而北，復折而東北，至此七里九分。水深四尺八寸，面闊七十三丈。

潘山嶺麓，自方前渡東北流，至此五里九分。水深五尺六寸，面闊一百二十六丈。

溪口渡，自潘山嶺麓東北流，至此六里五分。水深四尺八寸，面闊五十一丈。有桂溪自東南來會之。見後。

嶴口村，自溪口渡東北流，至此七里三分。水深四尺八寸，面闊四十九丈。有泗溪自西北來會之。見後。

九溪渡，自嶴口村東流，至此三里二分。水深五尺二寸，面闊四十二丈。有九溪自東南來注之。

陽嶴渡，自九溪渡北流，過魚躍村，折而東迤北，至此七里一分。水深九尺，面闊五十一丈。

大陽口村，自陽嶴渡東流，至此三里七分。水深七尺九寸，面闊六十二丈。有方坑溪自南來會之。見後。

小嶴口村東，自大陽口村東流，過營前村，折而東北，至此七里二分。水深一丈五尺，面闊七十二丈。有滎門溪自西北來會之。見後。

冠巖渡，自小嶴口村東首東北流，折而東迤南，至此三里。

湖石村，自冠巖渡東南流，至此七里三分。水深四尺八寸，面闊一百三十八丈。

青潭渡，自湖石村東南流，折而東迤北，至此五里五分。水深五尺九寸，面闊一百十二丈。有半溪自北來會之。見後。

灘脚渡，自青潭渡東北流，折而東，至此五里七分。水深五尺二寸，面闊九十六丈。潮水至此止。以上一名大溪。

平陽坑市，自灘脚渡東流，折而東南，至此七里。水深四尺八寸，面闊一百十丈。

塔石渡，自平陽坑市東北流，至此五里六分。水深七尺四寸，面闊七十二丈。

净水村，自塔石渡東北流，過焦浦村，折而東南，至此七里二分。水深一丈三尺，面闊九十四丈。

巖頭渡，自净水村北少東流，過泛浦村，折而東，至此七里七分。水深八尺九寸，面闊一百二十八丈。

七甲村，自巖頭渡東流，折而北，過馬嶼塗村，復折而南，至此六里九分。水深一丈八尺，面闊一百十三丈。

河山頭村，自七甲村東少南流，至此三里四分。

街頭村，自河山頭村東北流，至此八里。水深一丈七尺，面闊一百六十四丈。

下圍村東，自街頭村西北流，至此五里二分。水深一丈二尺，面闊一百八十三丈。有小港自西北來會之。見後。

龜巖渡，自下圑村東首東流，折而東南，至此五里一分。水深一丈七尺，面闊二百十二丈。

大樹埭村，自龜巖渡東南流，至此八里。

桐乾村，自大樹埭村東流，折而北，至此七里二分。水深二丈九尺，面闊二百十二丈。

澄頭村，自桐乾村東流，至此四里六分。水深二丈四尺，面闊二百二十三丈。

下灣村，自澄頭村東流，過半浦村，折而南迤西，至此七里六分。

白塔東，自下灣村東南流，至此四里八分。水深四丈七尺，面闊二百五十三丈。有南岸塘河自西南來會之。見後。

飛雲渡，自白塔東首東南流，至此七里二分。水深五丈八尺，面闊三百四十七丈。

瓜埠陡門東，自飛雲渡東南流，至此三里。

沙園汛城東，自瓜埠陡門東首東南流，至此八里。水深六丈二尺，面闊四里二分。又東南流七里入海。

枝流桂溪。

摇嶺，桂溪自此發源西北流，至垟山村三里二分。

成山村，自垟山村西北流，至此四里五分。

陳公垟村，自成山村西北流，至此六里。又西北流，折而東北三里四分，至溪口渡入飛雲江。

枝流泗溪。

百丈濟山北麓，泗溪自處州府青田縣在青田爲南田坑水。流至此入境，又東南曲曲流，至徐村九里九分。有龍溪自西南來注之。

沙陽村，自徐村東南流，至此三里一分。以上不通舟筏。

泗洲亭，自沙陽村東南流，至此二里七分。水深七尺，面闊二十丈。

蔣嶺村，自泗洲亭東南流，至此四里六分。

寥溪村，自蔣嶺村東南曲曲流，至此七里三分。水深二丈二尺，面闊三十三丈。又東南曲曲流三里三分，至嵒口村入飛雲江。

枝流方坑溪。

寺前山，方坑溪自此發源，西北流，至季家源村三里三分。

仰卧坑村，自季家源村北流，折而西北，至此三里八分。

方坑村，自仰卧坑村西北流，至此三里一分。

梅垟下村，自方坑村北流曲曲，至此三里。又北流二里二分至大陽口村水深五尺，面闊八丈。入飛雲江。

枝流漈門溪。

老鷹巖，漈門溪自此發源，南少東流，至朱寮村三里。

下寮山東麓，自朱寮村南流，折而東南，復折而南，至此五里。

大南陽村，自下寮山東麓南少東曲曲流，至此五里八分。

静意亭，自大南陽村南少東流，至此三里六分。

山背村西，自静意亭西南曲曲流，折而南，至此七里六分。有桃溪自西北來會之。見後。以上不通舟筏。

元天廟東，自山背村西首東南流，折而西迤北，復折而南，至此三里六分。

大渡水村，自元天廟東首南流，折而東迤南，至此四里。

上店村，自大渡水村東南曲曲流，至此七里四分。

東坑村，自上店村西南流，折而東南曲曲，至此七里二分。

金垟村，自東坑村西南曲曲流，折而東，至此四里二分。水深一丈五尺，面闊三十五丈。又東南曲曲流，折而東七里，至小嵒口村東入飛雲江。

枝流桃溪。

桃坑山，桃溪自此發源，東南曲曲流，至垟尾山東麓六里二分。

嶺坑埠村，自垟尾山東麓南流，折而東南曲曲，至此五里。

垟頭村，自嶺坑埠村東南曲曲流，至此九里一分。水深八尺，面闊十丈。有茶坑溪自西來注之。又東流三里一分，至山背村西入漈門溪。

枝流半溪。

大藏山，半溪自此發源，東南流，至嶴口村四里。

毛園村，自嶴口村東流，折而西南，復折而東南曲曲，至此八里四分。

南山村，自毛園村南少東曲曲流，至此四里。

下朝垟村，自南山村東南曲曲流，至此五里二分。

山干村，自下朝垟村西南流，折而東南，至此五里六分。

上曹村，自山干村南流，折而西南，至此三里。水深三尺，面闊九丈。又西流，折而南四里五分，至青潭渡入飛雲江。

枝流小港。

花甲嶺，小港自此發源南流，折而東迤南，至六科村六里一分。

新渡村北，自六科村東南曲曲流，至此九里五分。有齊乾溪自西來注之。

深垟村，自新渡村北首東南流，折而北，復折而東南，至此七里六分。水深二尺，面闊九丈。有山坑溪自北來注之。

下社村，自深垟村東南流，至此五里。

下典村，自下社村東南流，至此四里四分。

潮至村，自下典村南流，折而東迤南，又折而東迤北，至此四里八分。水深二丈七尺，面闊六十八丈。有陶溪自北來會之。見後。以上一名南溪。

巖頭橋，自潮至村東南流，至此二里一分。

垟坳村，自巖頭橋東南曲曲流，至此六里六分。

陶山麓，自垟坳村東南流，折而東北，復折而東南，至此四里七分。水深一丈五尺，面闊六十三丈。

下林村西，自陶山麓西南流，折而東，至此三里。又曲折東南流四里六分，至下圍村東入飛雲江。

枝流陶溪。

松雲山，陶溪自此發源西南流，至林源村八里一分。

干岸村，自林源村西南曲曲流，至此六里二分。

溪坦村，自干岸村西南流，至此四里二分。以上不通舟筏。

陶溪村，自溪坦村南流，折而東南，復折而西南，至此五里八分。水深六尺，面闊一百三十丈。又南流二里五分至潮至村入小港。

枝流南岸塘河。

杜山頭村，南岸塘河自平陽縣流至此入境。又東北流，至蔡浹橋三里二分。水深一丈二尺，面闊五丈。

待渡亭，自蔡浹橋東北流，至此二里。分一支東南流，由瓜埠陡門入飛雲江。

山下村，自待渡亭西北流，至此五里九分。又北流一里五分至白塔東入飛雲江。

塘河

經流

集雲山，塘河自此發源西南流，至北水門五里五分。水深六尺，面闊六丈。以上一名北湖溪。

拱瑞山，自北水門南流入城，繞縣署前，折而東迤南，出東水門，至此五里二分。

伍公橋前，自拱瑞山東少南流，至此四里一分。分一支西南流，爲上馬浦。又分一支東南流，爲九里浦。俱見後。

前潘橋前，自伍公橋前東北流，至此一里四分。分一支東南流爲莘塍浦，入海。

岑岐橋，自前潘橋前東北流，至此六里三分。水深一丈三尺，面闊十二丈。

鎮海橋前，自岑岐橋北少西流，至此二里。分一支東南流爲南河浹，入海。

萬壽橋前，自鎮海橋前北少西流，至此一里九分。

殿前橋前，自萬壽橋前北少西流，至此四里五分。水深一丈三尺，面闊三十一丈。分一支東流爲長橋浦，入海。

穗豐村，自殿前橋前北少西流，至此一里九分。

齊嶴村西，自穗豐村北少西流，至此七里六分。水深八尺，面闊十一丈。

永瑞橋，自齊嶴村西首北流，至此九里八分。與永嘉縣分界。

枝流上馬浦。

薛里村南，上馬浦自伍公橋前分塘河之水西南流，折而東，復折而南，至此二里九分。分一支東南流爲薛里浦，入海。

大利橋，自薛里村南首西南流，折而東南，至此六里七分。

永寶橋，自大利橋東南流，至此二里。水深五尺，面闊三丈。又東南流一里九分入海。

枝流九里浦。

九里埭，九里浦自伍公橋前分塘河之水東南流，至此一里五分。又東南流十三里水深四尺，面闊二丈。入海。

陸路道里記

東門一名賓暘門。

幹路

白巖橋，自東門外東行，至此一里三分。

伍公橋，自白巖橋東少南行，過拱瑞山，至此六里。

岑岐橋，自伍公橋東北行，過直落村，至此七里七分。

萬壽橋，自岑岐橋北少西行，至此三里九分。

穗豐村，自萬壽橋北少西行，過前莊村，至此六里四分。

齊嶴村，自穗豐村北少西行，至此七里六分。

永瑞橋，自齊嶴村北行，至此九里三分。與永嘉縣分界。

枝路

仙浹村，自白巖橋東少北曲曲行，至此六里四分。

上山根村，自仙浹村北行，折而東，至此三里一分。

岱石村，自上山根村東北曲曲行，越岱石山，至此一里六分。又東南行，折而東北二里七分，至岑岐橋入幹路。

枝路

陳頭村，自岑岐橋西北行，至此三里。

大南山村，自陳頭村西少北行，折而北，至此三里七分。

里北垟村，自大南山村北行，至此二里。又北少西行二里九分，至澍村入北門外幹路。

枝路

新方村，自萬壽橋東行，至此三里五分。

下林村，自新方村北行，折而東北曲曲，至此四里二分。

上葉村，自下林村東南行，至此二里五分。又東南行三里五分，至埭頭村入小東門外幹路。

小東門 一名武靖門。

幹路

巖頭村，自小東門外東南行，至此三里八分。

巡檢司城，自巖頭村東南行，至此三里。

前步村，自巡檢司城東北行，至此六里。

後里村，自前步村東北行，至此五里。

南河村，自後里村東北行，至此四里。

海安所城，自南河村東北行，至此四里四分。

埭頭村，自海安所城東北行，過長橋，至此二里五分。

梅頭城，西門。自埭頭村東行，折而北少東，至此七里七分。與永嘉縣分界。

南門 一名鎮海門。

幹路

南岸寨城，自南門外南行，渡飛雲江，渡闊一里九分。至此九分。

彭橋，自南岸寨城西南行，至此四里一分。

綠垟橋，自彭橋西南行，至此一里五分。與平陽縣分界。

枝路

瓜埠陡門，自南岸寨城南少東行，至此二里五分。

李宅埭，自瓜埠陡門東南行，至此五里五分。

沙園汛城，北門。自李宅埭南行，至此二里五分。

瑞平橋，自北門穿城出東門，南少東行，至此七里七分。與平陽縣分界。

枝路

金浦村，自南岸寨城西北行，過塘下村，至此六里八分。

仙降市，自金浦村西北行，過周村，折而西南，至此八里七分。

望仙橋，自仙降市西行，至此五里二分。又西南行二里二分至垟頭村，與自彭橋起之枝路合。

埭頭村，自仙降市北少東行，過塘頭村，至此六里。又東北行，折而西北三里三分，渡飛雲江，至澄頭村入西門外幹路。

街頭村，自望仙橋北行，至此三里五分。又北少西曲曲行三里五分，渡飛雲江，渡闊一百五十丈。至龜巖村入西門外幹路。

枝路

馬路橋，自彭橋東南行，至此三里三分。

楊思橋村，自馬路橋南少東行，過鐵雷橋，至此七里。

林垟市，自楊思橋村曲曲南行，至此三里。

雅垟橋，自林垟市南行，至此三里六分。與平陽縣分界。

枝路

池頭村，自彭橋西北行，至此五里八分。

項嶴村，自池頭村西少北行，過西山村，折而西南，復折而西，至此六里三分。

垟頭村，自項嶴村曲曲西行，至此七里三分。

新渡橋，自垟頭村南少西行，至此一里六分。

姜家匯村北，自新渡橋西北行，折而西，至此三里。

馬嶼市，自姜家匯村北首西北行，至此八里八分。

石牌村，自馬嶼市西南行，至此三里九分。

净水村，自石牌村西少南行，越水坑嶺，嶺高十四丈。折而西北，至此五里五分。

一甲村，自净水村西行，過河頭村，至此六里六分。

平陽坑市，自一甲村南少西行，過東嶴村，折而西，至此七里一分。

灘脚渡口，自平陽坑市西北行，過牛橋村，折而西，至此七里三分。

青潭渡口，自灘脚渡口曲曲西行，折而西北，至此七里二分。

石龍村，自青潭渡口西南行，至此四里八分。

湖石村，自石龍村西北行，至此四里。

黄山嶺，自湖石村西北行，至此七里二分。又西行二里至狩夏垟村，入西門外幹路。

卓嶴村，自池頭村曲曲南行，至此二里七分。

小湖嶺，自卓嶴村西南曲曲行，至此二里九分。嶺高五丈。與平陽縣分界。

坊額底村，自新渡橋南行，至此五分。

大湖嶺，自坊額底村東南行，過垟心村，至此五里五分。嶺高三十丈。與平陽縣分界。

江頭村，自坊額底村南行，至此三里。

朱山下村，自江頭村西行，折而西迤北，復折而西迤南，至此二里六分。

宋嶴村，自朱山下村西南行，過魏嶴村，折而南，至此六里四分。

丁嶴村，自宋嶴村西南行，折而南，至此一里六分。

石塘嶺，自丁嶴村東南行，至此三里二分。嶺高四十一丈。與平陽縣分界。

廣橋灣村，自石牌村南少東行，至此三里。

雪山橋西，自廣橋灣村西南行，折而南迤東，至此三里三分。

曹村，自雪山橋西首南少東行，至此六里五分。

南寶村，自曹村南少西行，至此六里。

平安亭，自南寶村西南行，至此三里三分。與平陽縣分界。

寨山東麓，自石龍村南行，折而東南，至此三里四分。

牙齒嶺，自寨山東麓東南行，至此五里三分。與平陽縣分界。

西門一名永勝門。

幹路

五里牌，自西門外西北行，至此四里。

白塔村，自五里牌西北行，折而西過焦石山麓，復折而西北，至此四里二分。

蘆浦陡門，自白塔村西北行，過下灣村，折而東北曲曲，至此六里八分。

半浦村，自蘆浦陡門北行，至此一里七分。

後垟村，自半浦村西北行，至此一里六分。

小嶴村，自後垟村西北行，折而西南，至此一里四分。

澄頭村，自小嶴村西南行，至此一里六分。

桐乾村，自澄頭村曲曲西行，折而東南，至此五里八分。

三甲村，自桐乾村西南行，至此二里五分。

龜巖村，自三甲村曲曲西南行，至此三里一分。

唱步村，自龜巖村北行，折而西少北，過西垟村，復折而西南曲曲，至此八里七分。

南口村南，自唱步村西南行，渡小港，渡闊三十三丈。折而西北，至此三里一分。

橋頭村，自南口村南首西南行，越梅凹嶺，嶺高一丈八尺。折而西北，至此六里四分。

馮渡村，自橋頭村西行，折而東南，至此二里三分。

泛浦村，自馮渡村東南行，折而西南，過黄嶴村，又折而西，至此七里九分。

新渡口，自泛浦村曲曲西行，至此五里三分。

塔石渡，自新渡口西行，過焦浦村，折而西南，至此三里八分。

戈溪村，自塔石渡西南行，過塘嶴村，折而西北，至此九里五分。

溪口村，自戈溪村曲曲西行，過霧前村，至此九里三分。

高樓村，自溪口村西行，至此一里八分。

冠巖渡，自高樓村西行，折而西北，過地簸村，至此八里八分。

狩夏垟村，自冠巖渡渡飛雲江，渡闊六十丈。西南行，至此二里一分。

大陽口村，自狩夏垟村西南曲曲行，過營前村迤而西，至此七里四分。

楊嶴渡，自大陽口村西行，至此三里七分。

漁濯渡，自楊嶴渡西南行，過大陽背村，至此三里七分。

九溪渡，自漁濯渡西行，折而南，至此三里四分。

嵒口村，自九溪渡渡飛雲江，渡闊六十丈。西少南行，至此三里二分。

溪口渡，自嵒口村西南曲曲行，至此七里三分。

塗瀆村，自溪口渡西南行，至此二里四分。

潘山嶺，自塗瀆村南行，折而西，至此三里。

方前渡，自潘山嶺西南曲曲行，至此七里九分。

三溪渡，自方前渡西南行，過坦岐村，折而西，至此七里九分。

百步巖村西，自三溪渡曲曲西北行，過連山南麓，折而西南，至此十里五分。與泰順縣分界。

枝路

大赤嶺，自蘆浦陡門東少北行，折而東迤南，至此五里。嶺高一百十八丈。

沙瀆村，自大赤嶺東少北曲曲行，至此七里六分。又東行一里四分至沙湖村，入北門外幹路。

枝路

大山嶺，自半浦村東南行，折而東迤北，至此三里五分。嶺高七十七丈。

梅林村，自大山嶺東北曲曲行，至此七里三分。

山根村，自梅林村東南行，至此三里三分。又東南行二里五分至沙瀆村，與自蘆浦陡門起之枝路合。

枝路

吴嶴村，自後垟村東北行，至此六里八分。

嶺根村，自吴嶴村東北行，至此三里。

上坦村，自嶺根村東北行，越十二盤嶺，嶺高六十二丈。至此四里五分。又東北行二里二分至後村，入北門外幹路。

枝路

潘岱山南，自小嶴村東北行，折而北迤西，至此四里。

外桐村，自潘岱山南首西北行，折而北，復折而東北，至此五里八分。

紫嶴嶺，自外桐村東少北行，至此六里。嶺高六十九丈。又東少南行三里二分，至上坦村與自後垟村起之枝路合。

西垟村，自外桐村西北行，過董巷村，折而東北，復折而西迤北，至此六里一分。

永豐嶺，自西垟村北行，至此三里五分。嶺高一百二十七丈。

小嶺村，自永豐嶺北少東行，折而北迤西，至此四里五分。與永嘉縣分界。

枝路

丁嶴山西麓，自澄頭村北少西行，過員嶼村，至此八里二分。

桐溪村，自丁嶴山西麓西北行，至此九分。

分水城，自桐溪村西北行，折而北曲曲，過大桐嶺，嶺高十二丈。至此十一里四分。與永嘉縣分界。

桃嶴村，自丁嶴山西麓東北行，至此四里五分。

小桐嶺，自桃嶴村北行，至此二里五分。

關帝廟，自小桐嶺北迤西行，折而東北，至此六里五分。與永嘉縣分界。

枝路

河纜橋，自桐乾村西北行，至此二里。

金師橋，自河纜橋西少南行，過寨下村，折而西北，至此五里。東北通枝路之橋溪村。

陶山村，自金師橋西北行，過下北山村，折而西迤南，至此四里三分。南通幹路之唱步村。

巖頭村，自陶山村西北行，過雷橋村，至此十里二分。

潮至村，自巖頭村西北行，至此三里一分。

溪坦村，自潮至村北行，渡陶溪，渡闊四十二丈。折而西北，過賈嶴村，復折而北，至此七里三分。

潘宅村，自溪坦村東北曲曲行，至此七里九分。

木瓜嶺北麓，自潘宅村東北行，至此五里。嶺高二十八丈。

燕窠山東，自木瓜嶺北麓東少北行，折而北，至此五里。

九峰山東，自燕窠山東首東北行，至此六里六分。與永嘉縣分界。

前垟村，自潮至村北行，過陶溪村，折而西北，越大嶺，嶺高十八丈。至此九里二分。

河上橋村，自前垟村西行，至此一里七分。

山坑村，自河上橋村東北行，折而西北，至此五里。

林嶴村，自山坑村西北行，至此五里八分。

白沙嶺，自林嶴村北少東行，折而西北，至此十一里。與處州府青田縣分界。

重坦村，自河上橋村西行，至此六分。

上埠坦村，自重坦村曲曲西行，折而南，過何巖村，復折而西，至此六里六分。

金路村，自上埠坦村西少南曲曲行，越樟樹嶺，嶺高十三丈。至此八里二分。

上垟坪村，自金路村西北行，越千坑嶺，嶺高十四丈。至此十一里。

河上垟村，自上垟坪村北少西行，越黄泥坳嶺，嶺高一百十二丈。至此五里五分。

石壁嶺西北，自河上垟村西北行，至此四里二分。嶺高五十二丈。與處州府青田縣分界。

六科村，自上埠坦村西北行，至此九里二分。

黄林村，自六科村西北行，越陳山嶺，嶺高三十三丈。至此八里八分。

兆山北，自黄林村西北行，至此三里。又西南行四里九分至河上垟村，與本條枝路合。

枝路

砲上村，自南口村南首東北行，折而西北，至此三里四分。

横河頭村，自砲上村西北行，至此三里二分。

巖頭橋，自横河頭村西北行，至此六里。

宋灣村，自巖頭橋西少北行，過下林灣村，折而西南，至此四里二分。

下社村，自宋灣村西少北行，過光圓村，折而北，過金山頭村，復折而西北，至此六里三分。

下甲村，自下社村西北行，折而東北，復折而西北，至此四里八分。又北行六分至河上橋村，與自桐乾村起之枝路合。

枝路

大洪山村，自馮渡村西北行，過梅底村，折而東北，至此七里二分。東北通枝路之横河頭村。

梅樹嶺村，自大洪山村西北行，至此四里四分。

前坑村，自梅樹嶺村西北行，折而東北，至此三里七分。又東北行二里六分至宋灣村，與自南口村南首起之枝路合。

枝路

下陽村，自溪口村北行，過上曹村，至此五里。

墩頭村，自下陽村北行，過上陽村，折而北少西，至此十里。

毛園村，自墩頭村北少西曲曲行，至此七里。

嶴口村，自毛園村西北曲曲行，越楓樹嶺，嶺高十四丈。折而東北，至此七里七分。

大藏嶺，自嶴口村西北行，至此五里一分。嶺高六丈五尺。

西龍村，自大藏嶺北行，折而東北，至此二里五分。又東北行二里至上垟坪村，與自桐乾村起之枝路合。

枝路

小嶴口村，自冠巖渡西少北行，折而西南，至此五里。

石馬垟村，自小嶴口村西北行，過巖頭村，折而西，至此五里。

林坑口村，自石馬垟村西北曲曲行，至此五里四分。

玉壺莊，自林坑口村北行，過上店村，折而西北曲曲，越葉草嶺，嶺高六十九丈。至此十四里六分。

靜意亭，自玉壺莊東北行，折而北，至此九里二分。

下寮村，自靜意亭曲曲北行，過大南陽村，至此八里八分。

三元亭，自下寮村西北曲曲行，越朱寮嶺，嶺高一百三丈。至此十一里四分。與處州府青田縣分界。

垟頭村，自玉壺莊西北行，至此二里六分。

嶺坑埠村，自垟頭村西北行，至此十里六分。

蔡坑山北，自嶺坑埠村西北行，折而北，過垟尾山麓，復折而西北，至此十里。

路亭，自蔡坑山北麓西少南曲曲行，過蔡坑村，至此五里。與處州府青田縣分界。

枝路

仰卧坑村，自大陽口村南少東行，過方坑村，至此八里三分。

風過格嶺，自仰卧坑村東南行，過嶺平村，至此七里一分。與平陽縣分界。

枝路

桂山亭，自楊嶴渡渡飛雲江，渡闊三十八丈。西北行，至此六里四分。

南坑村，自桂山亭曲曲西北行，至此八里二分。

大上村，自南坑村西北行，至此二里三分。

胡嶴村，自大上村北少西行，至此三里七分。東北通枝路之玉壺莊。

大坑村，自胡嶴村西北行，至此二里五分。

雲峰山東麓，自大坑村西南行，折而西北，至此十一里六分。

壇垟村，自雲峰山東麓西北行，至此五里。

上龍村西，路亭。自壇垟村西少南行，至此三里。與處州府青田縣分界。

枝路

滴水亭，自嵒口村北少西曲曲行，過夏布垟村，折而西少北，至此九里五分。東通幹路之漁濯渡。

泉潭村，自滴水亭西行，至此三里一分。

大嵒街，自泉潭村西少北行，至此四里五分。

石門垟村，自大嵒街西北行，至此一里五分。

徐村，自石門垟村西北行，至此三里九分。

余山西，自徐村西北行，至此二里五分。

新亭村西，自余山西首西少北行，至此八里五分。與處州府青田縣分界。

山門村，自泉潭村北行，過山坑村，折而西少北，至此六里八分。

平福堂，自山門村北少東曲曲行，至此五里五分。又曲曲東北行五里六分，越雲峰嶺，嶺高一百四十二丈。至大上村與自楊嶴渡起之枝路合。

花角嶺，自石門垟村曲曲北行，至此五里。嶺高一百九十二丈。

鯉川村，自花角嶺北少東曲曲行，至此六里。

民山東，自鯉川村北少西行，至此五里七分。又北少西行四里至雲峰山東麓，與自楊嶴渡起之枝路合。

龍川村，自石門垟村西少南行，過梅嶴村，折而西，至此六里。

中保村，自龍川村曲曲西行，折而南，至此五里。

滌坳亭，自中保村西南行，過嶺坑村，折而西北，復折而西迤南，至此七里五分。與處州府青田縣分界。

枝路

成山村，自溪口渡渡飛雲江，渡闊十五丈。東南行，過陳公垟村，至此九里四分。

摇嶺，自成山村東南行過垟山村，至此八里二分。與平陽縣分界。

水井頭村，自成山村東少北行，至此四里八分。

公垟中村，自水井頭村曲曲東行，至此五里。東北通枝路之仰卧坑村。

白巖坑村，自公垟中村北少西曲曲行，至此五里五分。

九溪村，自白巖坑村西北行，至此五里三分。又南少西行一里，至九溪渡入幹路。

枝路

李山嶺，自塗濆村北行，至此五里六分。嶺高八十三丈。

山茶村，自李山嶺西北行，過垟井村，至此七里。又北少東行一里七分至大嵒街，與自嵒口村起之枝路合。

枝路

赤沙村，自方前渡西北行，至此九里八分。

新垟村，自赤沙村北少西行，至此三里。東北通枝路之山茶村。

金山南，自新垟村西行，至此五里一分。與泰順縣分界。

枝路

稠泛村，自方前渡渡飛雲江，渡闊十九丈。東南行，至此八分。

逸我亭，自稠泛村東行，至此五里三分。

莒嶺，自逸我亭東北行，折而東南，至此二里。與平陽縣分界。

枝路

垟頭村西，自三溪渡渡飛雲江，渡闊九十一丈。南行，至此九分。

新垟村南，自垟頭村西首南行，至此六分。

君山嶺西南，自新垟村南首西南行，至此三里五分。

君山村南，自君山嶺西南首西南行，至此四里。與泰順縣分界。

井頭村東，自垟頭村西首東北行，至此五里六分。

田青嶺，自井頭村東首東少南行，過吴嶴村，至此六里九分。與平陽縣分界。

北門一名瞻闕門。

幹路

仙居村，自北門外東北行，過愚溪書院，至此十里七分。

沙湖村，自仙居村北行，至此二里九分。

澍村，自沙湖村東北行，至此一里。

市莊村，自澍村北少東行，至此二里五分。

後村，自市莊村北少西行，過沈嶴村，至此八里二分。

霞剩村，自後村曲曲北行，至此二里二分。

永福寺，自霞剩村曲曲北行，過白門村，折而東北，復折而北，至此十四里一分。與永嘉縣分界。

枝路

芙蓉嶺，自霞剩村西北行，至此五里五分。

蜀山北，自芙蓉嶺北行，至此五里五分。與永嘉縣分界。

温州府樂清縣

水路道里記

官塘河

經流

風門嶺南麓，官塘河自此發源，東南流，至此北水門三里。

南水門，自北水門東南流，穿城，至此三里。分一支東北流，爲小塘河。見後。

馬車河口，自南水門西流，折而南迤東，至此四里。分一支東流爲馬車河，入海，計四里五分。

天仙橋，自馬車河口南迤東流，過萬嶴村，折而西南曲曲，至此五里。水深七尺，面闊八丈。

寺嶺村，自天仙橋西南流，至此二里。分一支東南流，爲南河。見後。

峽門橋西，自寺嶺村西南流，至此四里。分一支北流，折而西南，爲上河。見後。

柳市鎮，自峽門橋西首西南流，過石橋，折而南，至此七里。水深一丈，面闊十五丈，分一支東南流，爲象山河。見後。

陳巖橋西，自柳市鎮南迤西流，至此五里。有横帶河分上河水，自西北來注之。

樓下橋，自陳巖橋西首南流，過祥瑞橋，折而東南，至此三里五分。

山前村，自樓下橋東迤南流，至此四里。水深一丈二尺，面闊十六丈。

黄華陡門，自山前村南流，至此二里五分。入海。

枝路小塘河。

白馬橋，小塘河自南水門分官塘河水東北流，折而東南，至此三里六分。水深三尺，面闊二丈。

小橋，自白馬橋東北流，過陡門橋，折而南，復折而東，至此二里三分。

兩間陡門，自小橋東北流，至此五里四分，水深七尺，面闊六丈。入海。

枝流南河。

潘大橋，南河自寺嶺村分官塘河水東南流，折而東迤北，至此三里。

田垟橋，自潘大橋東迤南流，過西垟橋，折而西南，復折而南，至此五里。水深四尺，面闊五丈。

下嶴橋，自田垟橋南流，折而東，復折而南迤西，至此三里。

金雞橋，自下嶴橋西流，至此三里。

水龍橋，自金雞橋西南流，折而東南，至此四里。水深一丈，面闊八丈。

沙岐陡門，自水龍橋西南曲曲流，過前橋，至此三里。入海。

枝流上河。

西嶴橋，上河自峽門橋西分官塘河水北流，折而西迤南，至此三里。

横鏡橋，自西嶴橋西南流，至此三里。

湖頭橋前，自横鏡橋西流，至此五里三分。有白石河自北來會之。見後。

管嶼西南，自湖頭橋前西南流，至此三里。分一支西南流，爲旺林河，至戴家橋入館頭河。

下浹村東北，自管嶼西南首南流，至此二里二分。分一支東南流，爲横帶河，入官塘河。

白象街，自下浹村東北首西南流，至此三里。水深一丈一尺，面闊十四丈。

陳嶴，自白象街西南流，至此三里。有館頭河自西來注之。

橫河橋，自陳嶴南流，至此六里。

磐石陡門，自橫河橋西流，折而南，過磐石衛城東曲曲，至此四里二分。水深一丈二尺，面闊十七丈。入海。

枝流白石河。

玉甑峰東南麓，白石河自此發源，東南流，折而西南，復折而東南，至白石街五里。水深七尺，面闊八丈。

沙嶴橋，自白石街南流曲曲，折而東南，至此四里五分。

前窑村，自沙嶴橋南流，至此一里二分。又南流一里七分，至湖頭橋前入上河。

枝流象山河。

三條橋前，象山河自柳市鎮分官塘河水東南流，至此三里二分。分一支東南流，至岐頭陡門入海。

丁橋，自三條橋前東流，至此四里。水深一丈，面闊十丈。

翁垟陡門，自丁橋東迤南曲曲流，至此六里。入海。

萬橋港

經流

宋家尖西北麓，萬橋港自此發源，東迤北曲曲流，至馬嶴村南四里。

湖邊街，自馬嶴村南首東迤北曲曲流，至此三里。

雙橋村，自湖邊街東迤南流，至此三里八分。

尖橋，自雙橋村南流，過凹門橋，折而西南，至此二里三分。

進聚橋，自尖橋西南流，至此一里七分。

祥雲橋，自進聚橋南流，折而西南，過青嶼橋，至此六里。水深八尺，面闊九丈。

賈嶴橋，自祥雲橋東南流，至此三里。

西角橋，自賈嶴橋東南流，至此三里。

竹嶼陡門，自西角橋東流，折而南，復折而東南，至此三里。以上一名石埭河。

鬟山東南麓，自竹嶼陡門東少南流，至此一里三分。水深二丈二尺，面闊三十二丈。有白龍河自東北來會之。見後。

萬橋渡頭，自鬟山東南麓東南曲曲流，至此三里二分。又南迤西流一里，入海。

枝流白龍河。

蕭茅嶺，白龍河自此發源東流，至潭頭村三里五分。

吴嶴村，自潭頭村東流曲曲，至此九里。

南坦村，自吴嶴村東流，至此五里。

高橋村，自南坦村東南流，至此六里。水深三尺，面闊四一丈。可通舟筏。以上一名溪港溪。

新橋，自高橋村東流，過孝義橋，折而東南，至此三里五分。分一支南流爲虹橋河，至鬟山東南麓入萬橋港。

虹橋鎮，自新橋東南流，至此五分。水深一丈一尺，面闊十一丈。有烏石河自東北來注之。

下新橋，自虹橋鎮東南流，至此二里五分。

感祝橋，自下新橋東南流，至此七里。分一支東南流，折而東北，爲杏灣河，至杏灣陡門入海。

通濟橋前，自感祝橋西流，至此二里。有瞿渡河自西北來注之。

萬橋陡門，自通濟橋前曲曲西南流，至此五里。水深一丈六尺，面闊十五丈。以下即萬橋港分派。有馬良河自西北來注之。又西南流一里五分至鬟山東南麓入萬橋港。

清江

經流

長蛇嶺，清江自此發源，東南流，至白巖村五里。

長叫山頭村，自白巖村東南流，至此二里。

海口村，自長叫山頭村東南流，過芙蓉街，至此八里。水深六尺，面闊十五丈。以上一名芙蓉溪。

花缸嶼，自海口村東迤南流，至此六里。水深五丈三尺，面闊四里六分。

清江渡，自花缸嶼東迤南流，至此四里五分。水深三丈八尺，面闊一里五分。又東迤南流三里入海。

白溪

經流

北雁蕩山東麓，白溪自此發源，西南流，折而東南，至響嶺頭村二里。

白溪街，自響嶺頭村東南流，至此七里。

江邊村東南，自白溪街東南流，至此四里五分。入海。

蒲溪

經流

車嶺東南麓，蒲溪自此發源，東南流，至暘谷嶴汛東四里。

周家山村，自暘谷嶴汛東首南流曲曲，至此四里。

平園村東，自周家山村西流，折而南，過湖口村，又南迤東，至此九里。有雙峰溪自西北來會之，龍溪自東北來會之。均見後。

龍避嶴，自平園村東首南迤西流，過雙峰村，折而東南，至此五里。有雙溪自西來會之。見後。

蒲溪橋，自龍避嶴東南流，至此五里。水深一丈，面闊二十八丈。有荊溪自東北來注之。

水漲村東，自蒲溪橋南流，折而東，至此五里五分。水深六丈三尺，面闊一里五分。入海。

枝流雙峰溪。

木魚嶺，雙峰溪自此發源，東南曲曲流，至大巖頭村四里。

溪心村，自大巖頭村東流，折而東南，至此七里。水深二尺，面闊十五丈。以上不通舟筏。

大台門村南，自溪心村東北流，至此一里九分。又東南流，折而東三里一分，至平園村東入蒲溪。

枝流龍溪。

盤山嶺，龍溪自此發源，西南流，至石坦村四里。

庵前村，自石坦村南流，折而西南，至此六里。水深二尺，面闊十四丈。以上不通舟筏。

新基村，自庵前村西南流，至此二里五分。又西南流二里五分，至平園村東入蒲溪。

枝流雙溪。

雙坑山，雙溪自此發源，東北曲曲流，至甸嶺下村八里。

蔡家嶺村，自甸嶺下村東流曲曲，至此八里。水深二尺，面闊六丈。

高塘村，自蔡家嶺村東南流，折而東，至此六里。

花坦村，自高塘村東南流，至此六里。水深三尺，面闊十丈。以上不通舟筏。

又東迤南流，折而東迤北十里，至龍避嶴入蒲溪。

陸路道里記

東門一名鳴陽門。

幹路

後所城，北門。自東門外東南行，折而東，至此二里二分。

白沙河頭村，自北門東行，至此二里。

白沙嶺脚村，自白沙河頭村東北行，過嶺根村，折而東，復折而北曲曲，越白沙嶺，嶺高四丈五尺。至此四里。

竹嶼城，東門。自白沙嶺脚村北迤東行，折而東過牛鼻洞村，復折而北，至此七里七分。

虹橋鎮，自東門北行，過西洙橋，折而東，復折而北迤東曲曲，至此十一里三分。

福甯橋，自虹橋鎮東北行，至此二里五分。

烏石嶺，自福甯橋東北行，過矮欖橋，折而東迤北，至此九里四分。嶺高九丈。

清江南渡頭，自烏石嶺東迤北行，過清江汛，至此六里六分。

清江北渡頭，自清江南渡頭渡清江，至此一里五分。

朴頭嶺，自清江北渡頭東北曲曲行，過石臻村，越石秦嶺，嶺高一丈。至此十里六分。

白溪街，自朴頭嶺北迤西行，折而北迤東曲曲，至此八里一分。

五色橋，自白溪街北迤東行，過白箬嶺，嶺高二十三丈。至此六里六分。

大荊城，南門。自五色橋東北行，過蒲溪橋，至此三里六分。

溪壇街，自南門北迤東曲曲行，過永貞橋，至此八里二分。

石壇村，自溪壇街北迤西行，越鄭公嶺，嶺高十丈。又北迤東，至此六里六分。

盤山嶺，路亭。自石壇村東北行，至此五里五分。嶺高五十八丈。與台州府黃巖縣分界。

枝路

壩頭村，自白沙河頭村東行，至此一里八分。

三間陡門，自壩頭村東北行，至此四里三分。

蒲岐所城，自三間陡門東北行，渡萬橋港，折而東，復折而東北，至此九里。南通海濱下堡埠頭，計四里七分。

鏵鍬汛，自蒲岐所城東行，穿城過弔橋，折而東北，至此四里三分。

麗奧嶺，自鏵鍬汛曲折東北行，至此六里八分。

後塘村，自麗奧嶺東北行，越小鶚嶺，至此五里四分。

鶚頭埠，自後塘村東南行，至此一里七分。抵海濱。

枝路

嶴頭陡門，自竹嶼城東門東行，至此二里。東迤南通枝路之蒲岐所城。

琴山村，自嶴頭陡門東北行，至此七里。

南垟嶺，自琴山村東北行，至此七里。嶺高二十七丈。

三江嶺麓，自南垟嶺東行曲曲，至此五里七分。

南浦埠頭，自三江嶺麓北行，折而東北，越三江嶺，嶺高一十二丈。過南浦街，復折而東，至此七里。抵海濱。

下新橋，自琴山村西北行，至此三里。又西北行二里，過文星橋，至虹橋鎮入幹路。

枝路

界嶼橋，自虹橋鎮東北行，過鎮安橋，又北迤東，至此五里。

藍嶼村，自界嶼橋北迤東曲曲行，過大橋，越窑嶴嶺，嶺高五十八丈。至此八里一分。

芙蓉街，自藍嶼村北行，折而西，復折而北，至此四里三分。

西殿街，自芙蓉街東北行，越芙蓉嶺，嶺高五丈。至此三里八分。

馬鞍嶺，即北雁蕩山。自西殿街東北行，越四十九盤嶺，嶺高一十四丈六尺。折而西北，復折而東北曲曲，至此十一里五分。嶺高十五丈。

響嶺頭村，自馬鞍嶺東北行，至此八里八分。東迤南通幹路之白溪街。

白箬嶴，自響嶺頭村東北行，越謝公嶺，嶺高六丈。折而東，至此五里。又東行三里五分，至五色橋入幹路。

福安堡城，自界嶼橋西北行曲曲，至此三里五分。

蔡家橋，自福安堡城南迤西行，過懷恩橋，至此五里四分。又西行二分至孝義橋，入小東門外幹路。

上嶴垟，自芙蓉街西北行，過山坑村，至此九里二分。

諸侯廟，自上嶴垟西北行，越長蛇嶺，嶺高一十七丈。至此十一里二分。與永嘉縣分界。

白嶺堂，自西殿街東行，至此六里一分。

環山村，自白嶺堂東行，折而北，復折而東北，越筋竹嶺、嶺高三十三丈。白富嶺，嶺高九丈。至此八里四分。又東北曲曲行六里五分，至白溪街入幹路。

枝路

龍澤嶺，自福甯橋東行，過單板橋，又東迤北曲曲，至此七里。嶺高五丈。

大南村南，自龍澤嶺東行，折而東北，越水洞嶺，嶺高十丈。復折而東南，至此八里五分。

東山埠，自大南村南首東迤北行，至此四里五分。抵海濱。

枝路

泗洲堂村，自五色橋西首西北行，越石板嶺，嶺高五丈四尺。折而北，至此四里。

卓嶼村，自泗洲堂村西北行，折而西，越避水嶺，嶺高九丈。至此六里五分。

仙人灘村，自卓嶼村西迤南行，過竹園村，至此十一里。

莊屋村，自仙人灘村西南行，至此九里五分。

界牌嶺，自莊屋村西南行，至此八里五分。與永嘉縣分界。

枝路

龍避嶴，自大荆城南門外西北行，穿城曲曲，越十嶺，嶺高五丈。至此五里七分。

平園村，自龍避嶴西北行，至此四里八分。東北通幹路之石壇村。

長垟村，自平園村北行，折而西北，過湖口村，復折而北，至此六里三分。

下嶴西北，自長垟村北行，折而東過周家山村，復折而北，至此五里三分。

佛嶺，自下嶴西北首東北行，過小嶺根村，至此十里。嶺高八十丈。與台州府黄巖縣分界。

花坦村，自龍避嶴西迤南行，過路亭，又西北行，至此八里六分。

高塘村，自花坦村西北行，過北合村汛，至此六里九分。

甸嶺下村，自高塘村西行，折而西北，復折而西，越蔡家嶺，嶺高四丈。至此十一里四分。

雙坑嶺，自甸嶺下村西行，折而南，復折而西南曲曲，過雙坑村，又西行，至此十里四分。嶺高五十丈。與永嘉縣分界。

福溪村，自高塘村西北曲曲行，至此八里九分。

過灣村，自福溪村西北曲曲行，至此四里三分。

平水王廟，自過灣村西行，折而南，過西莊村，復折而西北，至此九里三分。

嶺裏村南，自平水王廟西行，折而西南，至此二里六分。與永嘉縣分界。

大巖頭村，自平園村西北行，過溪心村，至此十二里二分。

木魚嶺頭村，自大巖頭村西北曲曲行，至此三里。

女形村，自木魚嶺頭村西南行，過膏腴村，折而西北，至此五里一分弱。又北行二分至路亭。與台州府黄巖縣分界。

暘谷嶴汛，自下嶴西北首北迤西行，至此一里一分。

小嶺頭，自暘谷嶴汛北迤東行，折而西北，過小嶺脚村，又北迤東，至此十一里。與台州府黄巖縣分界。

施家嶴南，自暘谷嶴汛西北行，至此三里七分。

車嶺，自施家嶴南首西北行，至此五里五分。嶺高五十四丈。與台州府黄巖縣分界。

黄樂堂，自施家嶴南首西北行，折而北迤東，至此四里七分。與台州府黄巖縣分界。

枝路

大横浦村，自大荆城南門外東行，過聚寶橋，越八角嶺，嶺高八丈三尺五寸。折而南，過州山頭村，復折而東迤北，至此七里五分。

捲硐村，自大横浦村東北行，越分水嶺，嶺高一丈。至此四里三分。與台州府太平縣分界。

三界橋，自捲硐村東北行曲曲，過萬福橋前，折而北迤東，越湖霧嶺，嶺高三十丈。至此八里七分。與台州府黄巖縣分界。

枝路

殿横村，自溪壇街東迤南行，至此二里。

隘門嶺，自殿横村東北行，至此六里七分。與台州府黄巖縣分界。

南門一名鎮海門。

幹路

文昌橋，自南門外南行，至此三分。

文虹橋，自文昌橋西行，至此五分。

萬嶴村，自文虹橋南迤東行，至此六里。

峽門橋，自萬嶴村西南行，至此六里五分。

龍首橋，自峽門橋西南行，過石橋前，折而南，至此七里三分。

柳市鎮，自龍首橋西南行，至此一里。

横帶橋，自柳市鎮西南行，至此五里五分。

白象街，自横帶橋西北行，折而西曲曲，至此五里四分。西迤南通西門外幹路之戴家橋。

雙廟橋，自白象街西南行，過車頭村，至此四里二分。

重石村，自雙廟橋南迤西行，至此三里五分。

磐石衛城内，自重石村南迤西行，至此二里五分。西通西門外幹路之館頭街。

磐石埠頭，自磐石衛城内南行，出南門，至此一里六分。抵海濱。

枝路

藍盤陡門，自文昌橋南迤東行，過仙人橋，又南折而東，至此五里五分。

南草垟村，自藍盤陡門東行，折而東北，至此二里五分。又東北行五里二分至壩頭村，與自東門幹路内白沙河頭村起之枝路合。

枝路

支嶴村，自萬嶴村南行曲曲，越頭條嶺，嶺高三丈三尺。至此二里六分。

盛嶴村，自支嶴村南行，越二條嶺，嶺高四丈四尺。至此四里一分。南迤東通枝路之翁垟街。

大墓村，自盛嶴村西南行，越大茅嶺，嶺高五丈二尺。過湯嶴，折而南，至此七里。西迤北通幹路之龍首橋。

前金村，自大墓村南迤西行，過寺前橋，又西南越嶺門嶺，嶺高一丈二尺。至此六里。

黄華陡門，自前金村南行，折而東，過山前村，復折而南，至此五里三分。抵海濱。

湖埭村，自支嶴村東南行，過老橋，折而南，至此五里。

翁垟街，自湖埭村東南行，過沙頭村汛，折而西南，至此七里六分。

泗洲橋，自翁垟街曲折南行，過卧龍橋，又南迤西，至此八里七分。

黄華村，自泗洲橋西行，過范家橋，至此五里一分。又西行五分至黄華陡門，與本條枝路合。

枝路

湖頭後村，自柳市鎮西北行，過慶旺橋，至此七里一分。

前窑村，自湖頭後村東行，過湖頭橋，折而北，至此三里。又北行八分，至沙嶴橋東入西門外幹路。

枝路

陳巖橋，自柳市鎮南迤西行，過七間橋，至此五里。

曹田汎西，自陳巖橋南行，折而東南曲曲，過打鐵橋，至此七里四分。

里隆村，自曹田汎西首西行，過七里村，至此四里。

倉下埠，自里隆村西行，至此五里五分。北通幹路之白象街，計九里四分。又西行四里五分，至磐石衛城内入幹路。

西門一名迎恩門。

幹路

下蒲母村，自西門外西南行，過山前村，至此八里五分。

密溪嶴嶺麓，自下蒲母村西南行，至此二里五分。

沙嶴橋東，自密溪嶴嶺麓西南行，過沙嶴嶺，嶺高二十三丈。至此五里三分。

下印村北，自沙嶴橋東首曲曲西行，至此三里三分。

廿里橋，自下印村北首西迤南曲曲行，過趙家硐村，至此七里五分。

版塘嶺東麓，自廿里橋西南行，至此三里二分。

高嶴橋，自版塘嶺東麓西南行，至此三里三分。

戴家橋，自高嶴橋西南行，折而東南，至此三里。

館頭街，自戴家橋西南行，至此二里二分。

滕公橋，自館頭街西北行，至此一里五分。與永嘉縣分界。

枝路

池頭村，自密溪嶴嶺麓曲曲西北行，過硐橋，又西行，至此八里四分。

平田村，自池頭村西北行，折而東北，復折而西北，三折而北，至此六里五分。

半嶺山村，自平田村北迤東曲曲行，至此四里。又西行，折而北迤東五里三分，至桐嶺村入小西門外幹路。

枝路

合和橋，自下印村北首北迤東行，至此二里。

白石街，自合和橋北行曲曲，至此二里五分。

東嶴嶺，自白石街西北曲曲行，折而西，至此七里。

雲光寺南，自東嶴嶺西行曲曲，至此五里。與永嘉縣分界。

小西門一名肅清門。

幹路

縣後嶺涼亭，自小西門外西迤北行，至此五里。嶺高一百二十三丈。

秦垟嶺，自縣後嶺涼亭西行，至此四里三分。

龍潭頭村，自秦垟嶺西迤北行，過秦垟南嶴，折而復折而西北，至此七里六分。

雙峰垟村北，自龍潭頭村西行，至此四里。東北通北門外幹路之瑪瑙嶺。

桐嶺村，自雙峰垟村北首西迤南行，至此二里五分。

桐嶺頂，自桐嶺村西北行，至此二里。嶺高一百十丈。與永嘉縣分界。

北門一名拱辰門。

幹路

仰根村，自北門外西北行，過嶺脚村，至此八里。

張山村，自仰根村西迤北行，至此五里。

瑪瑙嶺，自張山村西北行，至此五里五分。嶺高一百七十丈。

岡嶴村，自瑪瑙嶺北行，過瑪瑙村，折而西北，復折而東北，至此十里。

東坑嶺，自岡嶴村西少南行，至此二里。與永嘉縣分界。

小東門一名忠節門。

幹路

童宅村，自小東門外東北行曲曲，越石公嶺，嶺高七十五丈。至此四里。

梅灣村，自童宅村東北行，折而東南，復折而西北，至此五里。

官橋，自梅灣村東北行，越缸窑嶺，嶺高十六丈。過西角橋，折而北，至此六里五分。

進聚橋，自官橋北迤西行，至此四里五分。

雙橋村，自進聚橋東北行，過尖橋凹門橋，至此五里六分。

孝義橋，自雙橋村北迤西行，至此一里七分。

石龍頭村，自孝義橋西北行，至此五里七分。

硐垟村，自石龍頭村西北行，過南壇村，折而西，至此九里一分。

巖山廠村，自硐垟村西行，折而西北，過潭頭村，又西行，至此十二里强。與永嘉縣分界。

枝路

萬東坑村，自梅灣村西北行，過石公橋，至此七里一分。

後垟村，自萬東坑村北迤西曲曲行，越黄壇嶺，嶺高四十丈。左源嶺，嶺高三十六丈。至此九里八分。東通幹路之雙橋村。

朱潭嶺，自後垟村西北行，折而西，至此七里八分。又西行三里七分，至岡嶴村入北門外幹路。

温州府平陽縣

水路道里記

鼇江一名横陽江，又名錢陽江。

經流

南雁蕩山，鼇江自此發源，東迤南流，至白馬岡南麓九里。

曉陽村，自白馬岡南麓東南流，至此四里。

山門街，自曉陽村東南流，至此七里七分。

後倉村，自山門街東南流，至此四里三分。水深五尺，面闊二十一丈。

一品橋，自後倉村東少南曲曲流，至此四里。有順溪自西南來會之。見後。以上一名曉陽坑。

白雁山北麓，自一品橋東南流，至此三里三分。有南垟山水自南來注之。

馬湖渡，自白雁山北麓東北曲曲流，至此五里一分。

塔園村北，自馬湖渡曲曲東流，至此三里七分。有金溪自西北來會之。見後。始通舟筏。以上一名横浦。

詹家埠，自塔園村北首東北流，至此三里四分。

青江浦口，自詹家埠東南曲曲流，至此六里一分。有青江浦自北來會之。見後。

漁塘街，自青江浦口東南流，至此六里五分。

新垟村，自漁塘街東流曲曲，至此七里。

雷瀆村，自新垟村曲曲東流，至此六里。

洛溪口，自雷瀆村東南流，至此三里。水深八尺，面闊二十八丈。有洛溪自東來會之。見後。

蕭家渡西，自洛溪口東少北流，折而北，又折而東南，至此七里六分。有靈溪自西南來會之。有南港自南來會之。均見後。以上一名北港。

梅浦橋南，自蕭家渡西口東流，至此二里三分。水深一丈七尺，面闊四十一丈。有梅溪自西北來會之。見後。

錢倉城，自梅浦橋南口東南流，折而北，至此八里九分。水深一丈九尺，面闊五十九丈。

江口鎮，自錢倉城東流，至此七里六分。

五福陡門，自江口鎮東南流，至此二里。水深三丈五尺，面闊一百八十六丈。有東塘河自北來會之。見後。

下垟埠，自五福陡門東南流，至此二里五分。

墨城南，自下垟埠東少北流，至此七里五分。水深五丈，面闊三里。入海。

枝流順溪。

馬鞍山，順溪自此發源東南流，至順溪市三里四分。

苔湖村，自順溪市東北流，至此六里。

墊巖村，自苔湖村東南流，至此四里一分。水深二尺，面闊八丈。有珠山水自南來注之。

河頭村，自墊巖村東北流，至此五里四分。又東北流四里至一品橋入鼇江。

枝流金溪。

馬磜嶺，金溪自此發源南流，至黃林村二里。

鳳卧村，自黃林村東南流，至此五里四分。

下堡村，自鳳卧村東南流，至此四里。

北港水頭街，自下堡村東迤南曲曲流，至此五里。又東南曲曲流三里，至塔園村北水深五尺，面闊八丈。入鼇江。

枝流青江浦。

薛嶴山，青江浦自此發源，東南流，過騰蛟堡市，至泗馬村二里二分。

薛嶴村，自泗馬村東南流，至此二里。

高橋，自薛嶴村東南曲曲流，至此十里。有鶴溪自東來注之。

顯頭村西，自高橋南少西曲曲流，至此八里。又西南流六分，至青江浦口水深四尺，面闊八丈。入鼇江。

枝流洛溪。

洛溪嶺，洛溪自此發源東南流，至西山村三里七分。

對墓山南，自西山村東少南流，至此五里。

户山陡門，自對墓山南首東北曲曲流，至此九里六分。潮水至此止。以上不通舟筏。又東北曲曲流十里，至洛溪口水深五尺，面闊二十丈。入鼇江。

枝流靈溪。

章嶴山，靈溪自此發源，東南曲曲流，至埭下村六里六分。水深二尺，面闊八丈。

黃瀆浦，自埭下村東北流，至此七里七分。

長安橋，自黃瀆浦東北流，至此五里。

蕭家渡街，自長安橋東北流，至此八里。又東北流一里七分，至蕭家渡西水深二尺，面闊十五丈。會南港入鼇江。

枝流南港。

半山嶺，南港自此發源，東南曲曲流，至龍潭山麓七里。

莒溪市，自龍潭山麓東南流，至此八里七分。

田垟村，自莒溪市東南流，至此四里。

矴埠汛，自田垟村南迤東流，至此三里九分。

碗窑村，自矴埠汛東北流，至此八里五分。

橋墩門市，自碗窑村東迤南流，折而東，復折而東南，至此十二里八分。有平水溪自南來注之。以上一名莒溪。

裏楊村，自橋墩門市東南流，折而東迤北，至此五里五分。

觀美街，自裏楊村曲曲東流，至此七里六分。

南港水頭街，自觀美街東北流，折而西北，至此四里五分。以上不通舟筏。

靈溪市南，自南港水頭街曲曲東北流，至此七里。

渡龍街，自靈溪市南首東迤北曲曲流，至此七里一分。

葉家垟，自渡龍衍曲曲東流，至此九里五分。

流石渡，自葉家垟南流，折而東迤北，至此八里四分。有燥溪自南來會之。見後。

鯨頭山西麓，自流石渡東北曲曲流，至此七里二分。

黃浦山東麓，自鯨頭山西麓曲曲北流，至此十里。又西北流，折而東，復折而西北八里六分，至蕭家渡西會靈溪入鼇江。

枝流燥溪。

冠文山，燥溪自此發源曲曲北流，折而東迤北，至赤龍坑六里。

吴家園村，自赤龍坑西北流，折而北，至此五里。

燥溪市，自吴家園村東北流，折而西北，至此七里。水深三尺，面闊八丈。

馬路橋，自燥溪市西北曲曲流，折而北，至此六里。又東北曲曲流九里八分，至流石渡水深四尺，面闊十四丈。不通舟筏。入南港。

枝流梅溪。

鶴皐山，梅溪自此發源東流，折而東南，至梅溪村四里八分。

匯源橋，自梅溪村東南流，至此五里五分。

島橋頭村，自匯源橋東南流，至此三里五分。

白水村南，自島頭村東南流，至此五里。

浦口山東麓，自白水村南首東少南流，至此二里五分。又東南流三里，至梅浦橋南入鼇江。

枝流東塘河。

九凰山，東塘河自此發源南流，折而西南，至飛龍橋二里七分。有西塘河自西南來會之。見後。

安豐橋，自飛龍橋東南流，過飛鳳橋，折而南，至此五里二分。

下廠村西北，自安豐橋曲曲南流，至此五里一分。又西南流二里，至五福陡門水深八尺，面闊二十丈。入鼇江。

枝流西塘河。

青華山，西塘河自此發源，東南流，折而東北，至埭頭橋五里一分。

福思橋，自埭頭橋東北流，至此五里五分。

鶴巢橋，自福思橋東北流，至此五里八分。又東北流二里五分，至飛龍橋水深八尺，面闊二十丈。入東塘河。

城北運河

經流

北水門，城北運河自此分城濠之水西北流，至鯧魚橋七里五分。

勾連橋，自鯧魚橋北少東流，至此六里五分。

柴樓橋，自勾連橋東北流，至此三里五分。

綠垟橋，自柴樓橋東北流，至此七里九分。水深九尺，面闊二十四丈。與瑞安縣分界。

南運河

經流

金獅山，南運河自此發源北流，至金鄉衛城南門外三里三分。

北門外，自南門外西北流，折而東北繞城，至此二里七分。

靈峰橋，自北門外北少東流，折而西北，至此六里三分。

馬鞍橋，自靈峰橋西北流，折而東北，至此二里七分。

永康橋前，自馬鞍橋西北流，至此二里九分。水深九尺，面闊六丈。有直浹河自西北來注之，有南塘河自北來注之。

新陡門，自永康橋前東少北曲曲流，至此九里一分。又東北流一里五分爲東魁港，入海。

赤溪

經流

礬山，赤溪自此發源，東少南曲曲流，至赤垟村三里。

鳳垟村，自赤垟村東北流，至此五里五分。

金斗垟村，自鳳垟村東少北流，至此六里。

泗洲亭，自金斗垟村東流，至此二里五分。

赤溪市，自泗洲亭南少東流，至此七里。

大門山脚，自赤溪市東南流，至此九里入海。

沿浦港一名沿溪。

經流

坑門山，沿浦港自此發源，東南曲曲流，至馬站市四里八分。

新嶼橋，自馬站市東南流，折而南迤西，至此八里。

沿浦市，自新嶼橋西南曲曲流，至此四里。又南流四里入海。

陸路道里記

東門一名挹仙門。

幹路

水閣村，自東門外東少北行，至此三里九分。

山下鄭村，自水閣村東少北行，至此三里。

榆垟市，自山下鄭村東行，折而東北，復折而東，至此七里四分。

沙塘陡門，自榆垟市東行，折而北，又折而東南，至此六里三分。

瑞平橋，自沙塘陡門北少東行，至此二里三分。與瑞安縣分界。

枝路

銀黄垟村，自水閣村北少東曲曲行，至此二里。

葉垟村，自銀黄垟村東北行，至此四里。

上下橋，自葉垟村東北行，至此三里二分。與瑞安縣分界。

南門一名通濟門。

幹路路向南。

天后宫，自南門外東南行，至此七分。

夾嶼橋，自天后宫南少東行，至此二里九分。

安豐橋，自夾嶼橋南行，至此五里。

江口鎮，自安豐橋西南曲曲行，至此五里九分。

鼇江渡口，自江口鎮東南曲曲行，至此三里。渡闊二百二十丈。

涵碧橋，自鼇江渡口渡江南行，折而東南，至此八里一分。

蘆浦街，自涵碧橋南少東曲曲行，至此八里三分。

馬鞍橋，自蘆浦街西南行，過永康橋，折而東南，至此八里一分。

靈峰橋，自馬鞍橋東南行，至此一里五分。

金鄉衛城，北門。自靈峰橋南少東行，至此五里二分。

獅山西麓，自北門南行入城，至此一里一分。

西門外，自獅山西麓西行出城，至此二里二分。

梅嶺，自西門外南行，折而西南，至此五里三分。

老城外，自梅嶺西南曲曲行，至此五里。

石塘村，自老城外西少北行，至此三里四分。

跪膝巖，自石塘村南行，折而西，復折而南，至此七里五分。

赤溪市，自跪膝巖西南曲曲行，至此十二里六分。

三步擂嶺，自赤溪市西南行，折而南曲曲，至此六里五分。嶺高四十丈。

車嶺脚村，自三步擂嶺西南曲曲行，越車嶺，嶺高六十五丈。至此八里八分。

馬跕市，自車嶺脚村曲曲西南行，至此四里五分。

蒲門所城，自馬跕市南少西行，越積谷嶺，嶺高四十三丈。至此七里八分。

墨林嶴，自蒲門所城曲曲南行，折而西南，至此十一里二分。

沙埕嶺，自墨林嶴南少西行，至此三里九分。與福建福鼎縣分界。

枝路

五馬嶺，自天后宫東北行，折而東曲曲，至此五里。嶺高十八丈。

塔頭村，自五馬嶺曲曲東行，折而東迤北，至此六里五分。北通東門幹路之榆垟市。

仙口村，自塔頭村東迤南曲曲行，至此六里六分。

宋埠汛，自仙口村西行曲曲行，至此四里五分。又北少東行五里三分，至沙塘陡門入東門外幹路。

枝路

墨城，自安豐橋東南曲曲行，至此八里六分。

直龍園村，自黑城東南行，至此四里五分。

黄牛村，自直龍園村東北曲曲行，至此六里。

太陰宫，自黄牛村東北曲曲行，至此九里三分。

破田村，自太陰宫西北行，至此四里。又西北行二里，至仙口村與自天后宫起之枝路合。

枝路

儀山街，自涵碧橋西南行，至此九里五分。東南由錢庫街通幹路之馬鞍橋，計十四里。

將軍橋，自儀山街西北行，至此四里六分。

廣濟廟，自將軍橋北少西曲曲行，折而西，至此八里七分。

北陽橋，自廣濟廟南行，折而西南，至此三里。

會源橋，自北陽橋東南行，折而南，至此三里八分。又西南行四里七分至新橋，與自西南幹路内靈溪市起之枝路合。

枝路

南嶺，自獅山西麓東行，出金鄉衛城東門，折而東北，至此七里三分。嶺高十三丈。

炎亭埠，自南嶺東行，至此四里五分。抵海濱。

枝路

大漁嶺，自獅山西麓南行，出金鄉衛城南門，折而南迤西，至此七里四分。

大漁埠，自大漁嶺南行，折而西，至此三里。

大獲村，自大漁埠西少北行，至此六里。又西北行二里五分，至老城外入幹路。

枝路

泗洲亭，自赤溪市西北曲曲行，至此七里七分。

鳳垟村，自泗洲亭曲曲西行，至此八里八分。又西少南行六里一分至赤垟村，與自西南幹路内相公亭起之枝路合。

枝路

流岐村，自赤溪市東南曲曲行，至此八里七分。

棕籬頭村，自流岐村東行，折而南，復折而東，至此二里五分。

海尾宫，自棕籬頭村西南行，至此四里七分。

觀頭宫，自海尾宫東行，折而西南曲曲，至此九里八分。

霧城，自觀頭宫西行，至此二里八分。西通幹路之車嶺脚村。

後槎嶴，自霧城南行，越王孫嶺曲曲，至此八里七分。

西灣村，自後槎嶴南少西曲曲行，越五花石嶺，至此十一里五分。

長沙嶴，自西灣村西行，至此三里六分。又西南行八里五分至鎮下關。抵海濱。

枝路

新嶼橋，自馬站市東南行，折而西南，至此六里七分。

沿浦市，自新嶼橋南行，至此二里一分。

埕溪嶴，自沿浦市東南曲曲行，至此五里八分。

鎮下關，自埕溪嶴南少東行，折而西，復折而南，至此九里一分。抵海濱。

枝路

道南亭，自蒲門所城西南行，至此二里。

流江嶺，自道南亭西行，過甘霧亭，折而西迤南，至此八里。與福建福鼎縣分界。

幹路路向西南。

塘邊村，自南門外夾嶼橋西南行，至此五里六分。

垂楊橋，自塘邊村西南行，至此五里。

錢倉城，自垂楊橋西南行，至此五里。

書院橋，自錢倉城西少北行，至此二里。

三元亭，自書院橋西南行，至此三里一分。

蕭家渡街，自三元亭南行，渡鼇江，折而西南，至此三里二分。

長安橋，自蕭家渡街西南行，至此七里七分。

黃濆浦，自長安橋西南行，至此五里。

靈溪市，自黃濆浦西南行，至此八里二分。

南港水頭街，自靈溪市西南曲曲行，至此七里。

相公亭，自南港水頭街西南行，至此一里七分。

橋墩門市，自相公亭曲曲西南行，過裏楊村，至此十里八分。

平水村，自橋墩門市西少南行，至此二里。

分水關，自平水村西南行，至此十一里。與福建福鼎縣分界。

枝路

環溪村，自垂陽橋西北行，折而東北，至此八里五分。

大嶴底村，自環溪村西北曲曲行，至此六里。又西北曲曲行二里，至沙岡嶺入西門外幹路。

枝路

白水村，自書院橋西北曲曲行，至此四里五分。

島橋頭村，自白水村西北曲曲行，至此五里四分。又西北行二里，至匯源橋入西門外幹路。

枝路

雷瀆村，自三元亭西少北行，至此八里九分。

下放橋，自雷瀆村西少北行，至此九里四分。

顯橋村，自下放橋西少北行，折而北過陶家村曲曲，至此六里三分。

鶴溪嶺，自顯橋村北少東曲曲行，至此六里六分。嶺高十二丈。又北少西行一里至鶴溪街，入西門外幹路。

枝路

户山陡門，自長安橋西北行，至此五里。

石頭嶺，自户山陡門西北曲曲行，至此七里。

漁塘街，自石頭嶺西北曲曲行，至此五里。

油車坑村，自漁塘街西少北行，折而西少南，至此五里九分。

湯家嶺，自油車坑村西行，折而西北，復折而東北，至此九里五分。嶺高十六丈。又北少西行，渡北港金溪，四里八分至北港水頭街，入西門外幹路。

枝路

渡龍街，自靈溪市南行，折而東，復折而東迤北，至此六里九分。

西陳村，自渡龍街南少東行，至此五里九分。

燥溪市，自西陳村東南曲曲行，至此七里。

新橋，自燥溪市曲曲北行，折而東迤北，至此十六里八分。

迪芳橋，自新橋東南行，至此九里三分。

紅花橋，自迪芳橋南行，過功德橋，折而西迤南，復折而東，至此六里二分。

張家樓村，自紅花橋東南行，至此十里一分。

吴家園村，自張家樓村東南行，至此四里一分。又東少南行五里，至金鄉衛城西門外入向南幹路。

下溪嶴村，自燥溪市南少東行，折而南迤西，至此七里九分。

泗洲橋，自下溪嶴村曲曲南行，至此八里五分。

冠文嶺，自泗洲橋西南行，折而西北，復折而西迤南曲曲，至此七里四分。又曲曲西北行三里至北山街，與自相公亭起之枝路合。

枝路

西山村，自靈溪市西北曲曲行，過棣下村、章浦村，至此八里。

洛溪嶺，自西山村西北曲曲行，至此六里。嶺高三十六丈。

獅山西麓，自洛溪嶺西北曲曲行，過十八畝村，至此四里。

馬崎隴，自獅山西麓西北曲曲行，過東垟村、北山村，至此八里八分。

馬湖渡，自馬崎隴北少東行，至此六里。又東北行一里，至北港水頭街入西門外幹路。

枝路

觀美街，自相公亭東南行，至此一里四分。

粉坪村，自觀美街南少西行，越桐臺嶺，嶺高三十四丈。至此九里七分。

樓下村，自粉坪村南行，折而東南，至此五里三分。

北山街，自樓下村東少北行，折而東南曲曲，過松陽汛，至此七里五分。

埔坪街，自北山街西南曲曲行，至此七里一分。

礬山街，自埔坪街東南曲曲行，至此九里九分。

赤垟村，自礬山街東少南行，至此三里七分。

坑門嶺，自赤垟村南少東曲曲行，越磨石嶺，嶺高七十七丈。至此六里四分。嶺高四十七丈。

十八礦村，自坑門嶺曲曲南行，折而東南，至此七里六分。

安溪橋，自十八礦村東南行，至此三里五分。又東南曲曲行一里六分，至馬站市入向南幹路。

枝路

大玉沙村，自橋墩門市北少西行，折而西，至此三里九分。

焦灘村，自大玉沙村西北行，折而北，復折而西，至此六里。

碗窑村，自焦灘村西南行，折而西北，至此三里五分。

矴埠汛，自碗窑村西南行，過下垟村，至此八里一分。

棋盤嶺，自矴埠汛西行，至此四里九分。嶺高二十八丈。與泰順縣分界。

西門一名登瀛門。

幹路

沙岡嶺，自西門外西行，過祥潭村，至此七里八分。嶺高二十七丈。

葛罌嶺，自沙岡嶺西少南行，折而西迤北，至此五里五分。嶺高三十丈。

楓樹坦村，自葛罌嶺西南曲曲行，至此一里七分。

匯源橋，自楓樹坦村西南曲曲行，越龍山嶺，至此九里四分。

梅溪村，自匯源橋西北行，至此六里三分。

鶴溪街，自梅溪村西北行，越鶴皋嶺，嶺高六十丈。折而西迤南，至此十二里一分。

詹家埠，自鶴溪街西南曲曲行，至此九里五分。

北港水頭街，自詹家埠西少南曲曲行，至此六里三分。

橫溪村，自北港水頭街西少南行，越蒲嶺，嶺高四十丈。至此十里九分。

墊巖村，自橫溪村西南行，至此八里四分。

苔湖村，自墊巖村西北行，至此四里一分。

順溪市，自苔湖村西南行，越堂基嶺，嶺高九丈。至此七里七分。

石板園村，自順溪市西少北行，至此十里九分。

光場村，自石板園村西南曲曲行，至此八里五分。

天井垟坳，自光場村西少南曲曲行，至此八里五分。與泰順縣分界。

枝路

齋塘橋，自西門外西北行，至此一里。

集橋，自齋塘橋西北行，至此六里五分。西南通幹路之葛罌嶺。

河邊山西麓，自集橋西北行，至此三里。

石塘嶺，自河邊山西麓西北行，至此七里。與瑞安縣分界。

枝路

洪口村南，自鶴溪街西少北曲曲行，過秀溪街，至此七里二分。

洞橋街，自洪口村南首曲曲北行，至此三里八分。

平陽坑嶺，自洞橋街曲曲北少東行，至此十里。嶺高八十丈。與瑞安縣分界。

騰蛟堡市，自洪口村南首西行，折而西北，至此五里九分。

牙齒嶺，自騰蛟堡市西北行，折而北曲曲，至此九里九分。與瑞安縣分界。

枝路

鳳臥灣村，自北港水頭街西北行，至此七里四分。

黄林村，自鳳臥灣村西北行，至此七里五分。

馬磜嶺，自黄林村北少西行，至此三里六分。嶺高五十七丈。

風過格嶺，自馬磜嶺北少西曲曲行，至此八里。與瑞安縣分界。

枝路

雲嶺，自北港水頭街曲曲西行，至此四里七分。

五臺橋村，自雲嶺西北行，至此二里三分。

山門街，自五臺橋村曲曲西行，越梅嶺，嶺高三十七丈。至此九里三分。

曉坑村，自山門街西北行，至此八里四分。

鐵腸坑村南，自曉坑村西北行，至此十里。

苎嶺，自鐵腸坑村南首北行，折而西北，至此七里九分。與瑞安縣分界。

張施坳村，自曉坑村西南行，至此五里五分。

楊施村，自張施坳村西少南行，折而西北，至此七里五分。

外虹橋，自楊施村西少南曲曲行，至此六里。與泰順縣分界。

黄山頭村，自曉坑村北少西曲曲行，至此五里。

摇嶺，自黄山頭村北行，至此三里九分。嶺高一百五十丈。與瑞安縣分界。

枝路

青街，自埶巖村南行，至此六里一分。西通幹路之順溪市。

陽平嶺，自青街曲曲南行，至此五里。

莒溪市，自陽平嶺西南曲曲行，至此十里强。

水垟格嶺，自莒溪市西南行，至此六里八分。與泰順縣分界。

觀音巖，自莒溪市西北行，越黄土嶺，嶺高四十二丈。至此十一里二分。東北通幹路之順溪市。

坳下村，自觀音巖西北行，至此三里九分。

半山嶺，自坳下村西少北行，折而西南，至此五里八分。嶺高六十丈。與泰順縣分界。

水垟格嶺，自莒溪市西南曲曲行，過柯嶺，至此六里七分。與泰順縣分界。

枝路

過鹿巖村，自苔湖村西北行，越苔湖嶺，嶺高五十四丈。至此六里五分。

壩路亭，自過鹿巖村西北曲曲行，至此五里三分。

石柱村，自壩路亭西行，折而北，復折而南迤西，至此六里五分。

林樹坳，自石柱村西南曲曲行，折而西，至此八里。與泰順縣分界。

北門一名迎恩門。

幹路

杏橋，自北門外西北行，過前宕村，折而北迤東，至此七里二分。

勾連橋，自杏橋東北行，至此五里。

柴樓橋，自勾連橋東北行，過萬全鋪，至此二里。

緑垟橋，自柴樓橋東北行，至此七里六分。與瑞安縣分界。

枝路

前葉村，自北門外東北曲曲行，至此八里二分。

倪垟村，自前葉村東北行，至此三里四分。

鄭樓街，自倪垟村東北曲曲行，至此四里一分。

卓落橋，自鄭樓街東少南行，至此一里六分。與瑞安縣分界。

枝路

福善廟，自柴樓橋西北行，至此四里三分。

大湖嶺，自福善廟西北行，至此四里二分。嶺高三十三丈。與瑞安縣分界。

小湖嶺，自福善廟東北行，過東灣村，至此七里五分。嶺高十五丈。與瑞安縣分界。

温州府泰順縣

水路道里記

仙居溪

經流

北坑山，仙居溪自此發源，西南流，折而南少東，至嶺北烏石村四里七分。

路坪村，自嶺北烏石村東流，過永興橋，折而東北曲曲，至此七里九分。

澈灘村，自路坪村東少南流，至此十里八分。水深二尺，面闊十八丈。

仙居橋，自澈灘村東南曲曲流，至此五里七分。

嵐光山北麓，自仙居橋曲曲東流，至此七里五分。

嶺脚村，自嵐光山北麓曲曲東流，折而北，至此八里五分。

洪口街，自嶺脚村東北曲曲流，至此四里三分。水深四尺，面闊二十九丈。以下一名洪口溪。

十六貫潭，自洪口街北少東曲曲流，至此七里八分。

百丈口市，自十六貫潭東北流，折而西迤北，至此六里八分。水深四尺，面闊三十丈。有三插溪自西北來會之。見後。以下一名百丈口溪。

江口渡，自百丈口市東北流，折而東南，至此五里八分。有莒岡溪自南來會之。見後。

溪口村，自江口渡東北曲曲流，至此九里四分。有下窄口溪自北來會之。見後。

南向村，自溪口村東流，至此七里四分。

黄壇坑口，自南向村東北流，折而東迤南，至此六里。

東灣坑街，自黄壇坑口南流，過金鐘村，折而東迤南，至此五里二分。

焦溪洋村北，自東灣坑街東南流，折而東北曲曲，至此五里。與瑞安縣分界。入瑞安縣境爲大溪。

枝流三插溪。

長坑嶺，三插溪自此發源，東南流，至石木門村三里八分。

石皆嶺麓，自石木門村東流，折而西南，至此五里二分。

洞橋村，自石皆嶺麓南少東曲曲流，至此九里四分。

大住渡，自洞橋村南流，至此五里六分。

白鶴渡村，自大住渡東南流，折而西南曲曲，至此七里八分。有裏莊溪自西南來注之。

白巖庵村，自白鶴渡村東南曲曲流，至此八里三分。又東流，折而南迤東五里，至百丈口市入仙居溪。

枝流莒岡溪。

蘆坑山，莒岡溪自此發源北流，至篠村四里。

巖頭村，自篠村西北流，過文興橋，折而東北，至此六里一分。

五顯廟西，自巖頭村西北流，折而東北，至此十里五分。

岑石村，自五顯廟西首西北流，至此六里。又曲曲西北流五里六分，至江口渡入仙居溪。

枝流下窄口溪。

峩嵋山麓，下窄口溪自處州府青田縣在青田縣爲浯溪。流至此入境，又西南曲曲流，至下窄口渡二里四分。水深三尺，面闊十四丈。

庫頭村，自下窄口渡東流，折而南，至此四里四分。又南少西流三里二分，至溪口村入仙居溪。

雙港溪

經流

赤坑水口，雙港溪自福建壽甯縣流至此入境，又曲曲南流，至五步坑村十里。水深三尺，面闊二十三丈。赤坑水口迤南仍與福建壽甯縣分水。以下至深潭渡皆同。

葛家渡，自五步坑村南流，折而西南，至此七里三分。

石竹舟渡，自葛家渡西南流，折而東南，至此七里。水深三尺，面闊二十五丈。

石嶺施家村，自石竹舟渡南少東曲曲流，折而東，至此六里五分。

深潭渡，自石嶺施家村東南流，至此五里五分。水深三尺，面闊二十六丈。深潭渡迤東南與福建福安縣分水。以下皆同。

溪兜村，自深潭渡東少北流，折而西南，復折而東南，至此十一里。

鄭家莊渡，自溪兜村南少東流，至此三里。水深四尺，面闊二十七丈。

白巖下村，自鄭家莊渡東南曲折流，至此五里五分。

交溪村，自白巖下村西流，折而南迤西，至此五里。有交溪自東來會之。見後。與福建霞浦、福安二縣分界。

枝流交溪。

人頭山，交溪自此發源曲曲南流，至霞光橋四里四分。

勘下村東，自霞光橋西南流，至此七里。

平橋汎，自勘下村東首南少西曲曲流，至此九里。有裏宅溪南溪自東南來注之。

半溪口，自平橋汎西南流，至此一里三分。有半溪自西北來注之。

洪坳嶺西，涼亭。自半溪口西少南曲曲流，折而東南，至此七里一分。

東溪橋，自涼亭南少西曲曲流，至此九里三分。水深三尺，面闊二十一丈。

萬安亭，自東溪橋西少北流，過龍井坑村，折而西南，至此七里七分。有錦溪自西北來注之。

南坑村，自萬安亭南迤西流，折而南迤東，至此八里四分。

石龍潭，自南坑村東南流，折而西，至此五里。水深四尺，面闊二十五丈。

靜安渡，自石龍潭西南曲曲流，至此九里五分。

尖嶺下溪口，自靜安渡南流，折而西南，至此四里三分。有尖嶺下溪自東來注之。以上一名四溪。尖嶺下溪口迤西與福建霞浦縣分水。以下皆同。

北嶺渡，自尖嶺下溪口西流，折而南迤西曲曲，至此九里八分。水深四尺，面闊二十八丈。

磨石坑村，自北嶺渡西北曲曲流，至此五里九分。又西少南流五里，至交溪渡入雙港溪。

太平溪

經流

高洋廠山，太平溪自此發源，東南流，折而西南穿縣城，至興文橋前三里五分。有白溪自西北來注之。

可坑石橋，自興文橋前曲曲南流，至此四里六分。與福建壽甯縣分界。

陸路道里記

東門一名陽春門。

幹路路向東北。

山陽坪村，自東門外東行，折而東北，過三陽村，至此三里七分。

仙居橋，自山陽坪村東北行，折而東，過赤坑鋪，至此四里八分。西北通北門外幹路之澂灘村，南通東南幹路之交垟村。

下稔村，自仙居橋東北曲曲行，過嶺頭鋪，至此八里三分。

陳代嶺，自下稔村東南行，過塘底隴村，折而東，至此四里二分。嶺高七十七丈。

洪口街，自陳代嶺東少北行，越燥坑嶺，嶺高二十五丈。至此六里七分。

周坑村，自洪口街東北行，至此五里三分。

莒岡嶺，自周坑村東少北行，過步基村，至此五里一分。嶺高八十七丈。

莒岡上村，自莒岡嶺東北曲曲行，至此四里一分。

橫溪村，自莒岡上村北行，過莒岡下村，折而北迤東，至此六里九分。

包洋村，自橫溪村東行，折而東迤北，至此五里一分。

東灣坑街，自包洋村東少北曲曲行，至此十一里八分。

項埠村，自東灣坑街東少南行，渡百丈溪口，至此四里。

焦溪洋村北，自項埠村東北行，至此二里弱。與瑞安縣分界。

枝路

坳頭村，自洪口街東少南行，過小洪陽村，至此五里九分。

篠村尾，自坳頭村東南行，過黃家山村，至此五里七分。

坑邊村，自篠村尾東南行，至此一里四分。

篠村，自坑邊村東南行，至此二里一分。

忠訓王廟，自篠村東行，至此四分。

朝天馬嶺，自忠訓王廟東南行，過東嶴村，折而東迤南，至此八里一分。嶺高五十六丈。

榜陽村，自朝天馬嶺東北行，至此六里五分。

翁山外垟村，自榜陽村東北行，至此七分強。

橋里村，自翁山外垟村東少南行，至此一里。

華洞村，自橋里村東少南行，至此三里九分。

橫坑頭上村，自華洞村東少南行，越華嶴嶺，嶺高六十四丈。至此七里六分。

都鋪村，自橫坑頭上村東北行，至此六里四分。

三陽下村，自都鋪村東北行，過三陽上村，至此五里五分。

分水牌村，自三陽下村東北行，折而北，至此三里七分。

外虹橋，自分水牌村東北行，折而東迤南，過水甲尾村，至此五里九分。與平陽縣分界。

大里洋村，自筱村尾東北行，過巖頭村，折而西北曲曲，至此六里九分。

五顯廟，自大里洋村東北行，折而北，至此六里。

庫村，自五顯廟東少北行，至此四里六分。

新畬村，自庫村東北曲曲行，至此八里六分。

千秋坑村，自新畬村東南行，過橋頭洋村，折而東，至此四里九分。

雅坪村，自千秋坑村東北行，至此二里八分。

朱坑村東，自雅坪村東北行，折而東南，復折而東北，至此五里四分。與瑞安縣分界。

山後村，自忠訓王廟東北行，折而北，復折而西北，至此五里五分。

下員村，自山後村北行，至此五里。

福慶橋，自下員村北少西行，折而東北，至此五里二分。又東北行一里五分，至庫村與本條枝路合。

茶園村，自翁山外洋村北行，折而西北，越庫嶺，嶺高一百七十五丈。至此六里三分。

木灣村，自茶園村西北曲曲行，至此六里二分。又西北曲曲行四里七分，至福慶橋與本條枝路合。

三峽村，自橋里村東北曲曲行，至此五里八分。

平溪嶴嶺，自三峽村東北曲曲行，過馬仙宫，至此八里。

君山嶺頭，自平溪嶴嶺曲曲北行，至此六里。與瑞安縣分界。

外排村，自平溪嶴嶺西少北行，至此八里。

溺洋村，自外排村西北行，至此三里九分。又西北行，折而北迤東四里五分，至千秋坑村與本條枝路合。

幹路 路向東南。

交垟村，自東門外東少南曲曲行，至此四里九分。

下察溪村，自交垟村東南行，至此七里五分。

下彩坑村，自下察溪村東南行，越楊家嶺，嶺高九十八丈。至此六里四分。

上洪村，自下彩坑村東南行，越青草嶴嶺，嶺高七十四丈。折而東，至此九里一分。

溪口村，自上洪村東北行，至此四里八分。

陶觀村，自溪口村東行，至此一里二分。

夏家山村西，自陶觀村東少南曲曲行，至此五里六分。

麻蛇嶺，自夏家山村西首東少北行，折而東迤南，至此八里强。嶺高六十八丈。

下村洋，自麻蛇嶺曲曲東行，至此三里六分。

北溪村，自下村洋東南曲曲行，至此十二里三分。

莘洋村，自北溪村東南曲曲行，至此二里六分。

南溪街，自莘洋村南行，折而東迤南，至此二里一分。

上莊，自南溪街東南行，至此一里六分。

東安村，自上莊南行，過秀洋村，折而東南曲曲，越東安嶺，嶺高九十六丈。至此十一里七分。

玉塔村，自東安村東南曲曲行，至此八里六分。

五里牌村，自玉塔村東南行，折而東少北，越粗糠嶺，嶺高五十一丈。至此五里六分。

彭坑村東，自五里牌村東北行，至此五里三分。

富垟外村，自彭坑村東首東少南曲曲行，過車頭下村，至此八里五分。

石湖垟村，自富垟外村曲曲東行，至此九里六分。

西關，自石湖垟村東南曲曲行，至此五里三分。與福建福鼎縣分界。

枝路

山嶴村，自交垟村東少南行，至此十里一分。

洪溪尾村，自山嶴村東南曲行，至此八里四分。

下莊村北，自洪溪尾村東北行，至此七里二分。東通東南幹路之溪口村。

朱蒲村，自下莊村北首東北行，折而東南，至此六里七分。又東北曲曲行四里一分至坑邊村，與自東北幹路內洪口街起之枝路合。

枝路

洪嶺頭，自上洪村東南行，至此四里八分。嶺高八十四丈。

奇伯嶺，自洪嶺頭東南行，至此三里八分。嶺高八十六丈。

黄泥洞村，自奇伯嶺東南行，至此五里四分。

錦溪村，自黄泥洞村東南行，至此五里八分。

洋岡店街，自錦溪村東南行，至此一里五分。

三魁司亭，自洋岡店街南行，至此一里九分。

東溪橋，自三魁司亭東南行，折而東北，復折而東南，至此九里六分。

秀溪村南，自東溪橋東南行，至此三里四分。

墩頭汛，自秀溪村南首東南行，過長陽村，至此七里二分。

里垟坪村，自墩頭汛東南行，過浦上陽村，至此六里五分。

排嶺，自里垟坪村東南行，過吴家墩汛，至此八里四分。與福建福鼎縣分界。

上嵐村，自奇伯嶺東少南曲曲行，至此九里七分。

文昌閣，自上嵐村東少南行，至此八里五分。

洪坳嶺，自文昌閣東行，至此六里三分。嶺高三十四丈。

卓宅村，自洪坳嶺東南行，至此三里五分。

國嶺橋，自卓宅村東行，至此三里六分。

打庭基，自國嶺橋東南行，至此五里。

福訓村，自打庭基東南曲曲行，至此四里九分。

蓮頭村，自福訓村東少南行，至此三里。

梅樹隘門，自蓮頭村東南曲曲行，至此六里九分。與福建福鼎縣分界。

枝路

半嶺亭南，自陶觀村東北行，至此六里八分。

東陽村，自半嶺亭南首北行，折而東北，至此五里五分。又北行三里二分至篠村，與自東北幹路内洪口街起之枝路合。

枝路

三門洋村，自下村洋東南曲曲行，折而東北，至此六里三分。

春臼坑村，自三門洋村東南行，折而東北，至此八里六分。

望賢橋，自春臼坑村東北曲折行，至此十里三分。又東北行一里一分至横坑頭上村，與自東北幹路内洪口街起之枝路合。

枝路

南洋橋，自莘洋村東北行，至此四里一分。

西地村，自南洋橋東北行，折而北遶西，復折而東北，至此八里五分。

沙嶺頭村，自西地村西北行，折而東北，至此六里五分。

横坑村，自沙嶺頭村東北行，至此六里二分。

天井洋坳，自横坑村東南曲曲行，折而東北，至此五里。與平陽縣分界。

枝路

茅屋村，自上莊東北曲曲行，過上坪村，至此四里三分。

石門村，自茅屋村東北曲曲行，至此六里二分。

前坪仔村，自石門村東北曲曲行，至此九里七分。

九峰村南，自前坪仔村東行，折而北，至此四里。

半山嶺，自九峰村南首北行，折而東北，至此一里八分弱。與平陽縣分界。

枝路

葉鋪坑，自東安村西北行曲曲，折而北遶東，至此八里五分。

篠潤下村，自葉鋪坑東北行，折而東，至此一里七分。

方歐村，自篠潤下村東北行，折而東少南，至此六里八分。

鳳門村，自方歐村東北曲曲行，至此六里三分。

水垟格嶺，自鳳門村曲曲東行，折而東南，至此七里五分。與平陽縣分界。

枝路

富垟村，自富垟外村北行，折而東北，至此三里。

矴埠頭村，自富垟村東北曲曲行，至此七里五分。與平陽縣分界。

南門一名迎薰門。

幹路

登雲橋，自南門外南少東行，至此九分。

川山垟村，自登雲橋東南行，至此五里六分。

繆洋村，自川山垟村東南行，越豈腐嶺，嶺高九十七丈。至此七里。

橋上村，自繆洋村東南行，至此七里二分。

毛洋村，自橋上村南少西行，越安南嶺，嶺高八十七丈。折而東南，至此八里。

王家洋村，自毛洋村東南行，越毛洋嶺，折而西南，至此三里二分。

富家洋村，自王家洋村東南行，過横溪村，折而西南，又折而南遶東，至此十里七分。

大洋村，自富家洋村東南行，至此八分。

水樓村西，自大洋村南行，折而西南，又折而南遶東，至此三里二分。

温洋村，自水樓村西首東南曲曲行，折而西南，至此九里二分。

洋坪村，自温洋村曲曲南行，至此七里九分。

龜伏街，自洋坪村南行，至此一里六分。

交溪渡，自龜伏街西少南曲曲行，至此八里八分。與福建霞浦縣分界。

枝路

麻竹下村，自南門外西南行，至此三里三分。與福建壽甯縣分界。

枝路

可坑石橋，自登雲橋南少西行，至此三里八分。

赤坑村，自可坑石橋東南行，越福建壽甯縣境，至此二里八分。

麒麟坑村，自赤坑村曲曲南行，至此四里四分。

柳溪村西，自麒麟坑村東南行，過可洋村，折而西南，復折而南，至此七里九分。

五步坑渡，自柳溪村西首西少北行，至此三里五分。與福建壽甯縣分界。

竹坪村，自柳溪村西首曲曲南行，越南婆坑嶺，嶺高七十四丈。折而西，至此四里一分。

洋頭村，自竹坪村東南行，至此七里八分。

嶺頭村，自洋頭村西少北曲曲行，至此六里八分。

萬安橋，自嶺頭村西北行，至此三里。與福建壽甯縣分界。

枝路

山殺坳村，自橋上村南少東行，折而東，至此十一里五分。

黄家山洋村，自山殺坳村東南行，至此三里七分。

葉瑞洋村南，自黄家山洋村東南曲曲行，折而西南，至此八里。

嚴山村，自葉瑞洋村南首東南曲曲行，至此七里四分。

松樹梢村，自嚴山村東南曲曲行，至此七里七分。

仕洋村，自松樹梢村東行，折而南迤東，至此二里五分。

分水亭東，自仕洋村東南行，至此七里七分。與福建福鼎縣分界。

洋邊村，自葉瑞洋村南首曲曲西行，過彭坑洋村，折而西南，至此九里九分。

占洋村，自洋邊村南少東曲曲行，至此四里六分。

陽望村，自占洋村東南曲曲行，至此十里三分。

大嶺頭村，自陽望村西南行，至此五里。

成水村，自大嶺頭村西少南曲曲行，過降福亭村，折而南，至此八里。

又西南行四里至龜伏街入幹路。

枝路

洲濱村南，自王家垟村南行，過下舟洋村，折而西迤北，至此八里八分。

石嶺，自洲濱村南首南行，折而西，至此六里四分。

石竹舟渡，自石嶺西少北行，至此二里五分。與福建壽甯縣分界。

枝路

二洋村，自冨家洋村西南行，折而西迤北，至此二里三分。

半路村，自上洋村西行，至此三里二分。

巖坑村，自半路村西南行，折而南，至此三里五分。

深潭渡，自巖坑村西南行，至此四里四分。與福建壽甯縣分界。

枝路

龜伏下村，自龜伏街東少南行，至此一里七分。

北嶺渡，自龜伏下村曲曲南行，至此四里五分。與福建霞浦縣分界。

承水村，自龜伏下村東北曲曲行，至此八里九分。

洋頭仔，自承水村東少南曲曲行，過静安渡，至此七里五分。

樟坑村，自洋頭仔東行，至此二里五分。

上排村，自樟坑村東少北曲曲行，至此七里五分。又東北行二里四分至分水亭，與自橋上村起之枝路合。

西門一名受成門。

幹路

登壽橋，自西門外西少北曲曲行，至此二里三分。

黄洋隘，自登壽橋西少北行，過白溪村，至此五里四分。與福建壽甯縣分界。

枝路

縣嶺，自登壽橋西北行，至此七里。嶺高一百五十三丈。

永興橋，自縣嶺西少北行，至此三里四分。

嶺北烏石村，自永興橋西少北行，至此二里八分。

龍巖嶺，自嶺北烏石村西北行，至此七里五分。嶺高一百二十九丈。與福建壽甯縣分界。

風門嶴，自嶺北烏石村西南行，折而西，至此五里一分。與福建壽甯縣分界。

上標村，自龍巖嶺北少西行，至此十里一分。與處州府景甯縣分界。

北門一名拱辰門。

幹路

澉灘村，自北門外東北曲曲行，越百步嶺，嶺高一百十七丈。至此十里四分。

垟坑頭亭，自澉灘村東北行，過大降嶺村，至此九里五分。

司前村，自洋坑頭亭北行，過巖下村，折而北少東，至此九里三分。

潭邊街，自司前村西少北行，折而北迤西，過高塔村，至此五里三分。

上地排村，自潭邊街西北曲曲行，過紡車嶺，嶺高一百十九丈。至此五里五分。

蜂桶隘，自上地排村北少東曲曲行，折而西北，至此七里九分。與處州府景甯縣分界。

枝路

雙嶺亭，自垟坑頭亭東北曲曲行，越鐘坑嶺，嶺高八十二丈。至此六里五分。

東賒亭，自雙嶺亭東北行，越魏陽嶺，嶺高八十二丈。至此七里。

百丈口市，自東賒亭東行，至此四里二分。

東岸村，自百丈口市東北行，渡三插溪，至此一里二分。

江口渡，自東岸村東北行，渡百丈口溪，折而東南，至此五里九分。

金山村，自江口渡東北曲曲行，至此四里七分。

溪口村，自金山村東北曲曲行，至此六里五分。

蟾宮埠街，自溪口村渡下窄口溪，東少南行，至此二里五分。

南向村，自蟾宮埠街東行，至此五里五分。

黃檀坑口，自南向村東北行，折而東少南，至此五里二分。

志坑村，自黃檀坑口南少西行，折而東，至此四里九分。又東南行五里六分，至項埠村入東門外東北幹路。

排前村，自溪口村東北行，過庫頭村，折而北，至此三里九分。

下窄口渡，自排前村北行，折而西，至此四里一分。

葉山嶺脚村，自下窄口村西北曲曲行，至此六里一分。

葉山村西北，自葉山嶺脚村北行，折而西北，至此四里六分。

勝坑村，自葉山村西北首西北曲曲行，至此九里。

胡岸嶺，自勝坑村東行，至此四里一分。與處州府青田縣分界。

大家村，自葉山嶺脚村西北行，折而西，至此四里。

千秋門村，自大家村西北行，至此五里四分。

橋頭岡村，自千秋門村西行曲曲行，至此八里四分。

石木門村，自橋頭岡村西行，渡三插渡，至此五里七分。

盧西隘，自石木門村西少南行，折而西北，至此七里三分。與處州府景甯縣分界。

稽洋村，自志坑村北少西行，折而東北，至此八里二分。

莊底村，自稽洋村東北曲曲行，至此七里五分。

新洋嶺，自莊底村東少南行，至此二里八分。與瑞安縣分界。

枝路

白鶴渡村，自司前村東北行，至此四里三分。

大住村，自白鶴渡村東北曲曲行，至此四里八分。

洞橋村，自大住村渡三插溪曲曲北行，至此五里二分。

石皆嶺，自洞橋村北迤西曲曲行，至此六里四分。又北少東行二里至橋頭岡村，與自垟坑頭亭起之枝路合。

枝路

楊寮村，自上地排村曲曲西行，至此七里二分。

石佛嶺隘，自楊寮村西行，至此七里。與處州府景甯縣分界。

温州府玉環廳

水路道里記

玉環河

經流

饅頭山，玉環河自此發源東流，折而東南，繞城西南隅，至南水門二里六分。水深五尺，面闊六丈。

東嶽廟前，自南水門南迤西流，折而東南，至此二里六分。

上陡門，自東嶽廟前東南曲曲流，至此一里六分。以下一名大開河。

下陡門，自上陡門東流曲曲，至此二里，水深五尺，面闊五丈。入海。

官河

經流

木岡山西麓，官河自此發源西流，至永福橋二里。

楚門城東北隅，自永福橋西流，折而東北，至此一里五分。有東隩溪自東北來會之。見後。

西青山北麓，自楚門城東北隈西北流，至此一里四分。分一支西南流，過陡門頭村入海。

新陡門，自西青山北麓西北流，至此三里七分，水深七尺，面闊十一丈。入海。

枝路東隩溪。

太陽山，東隩溪自此發源西南流，至鷺鷥山西三里八分。又西南流一里六分，至楚門城東北隅入官河。不通舟筏。

清港

經流

太藍田山西北麓，清港自此發源，西南曲曲流，至芳渡陡門三里五分。有芳杜溪自東北來會之。見後。以上一名錢溪。

徐都村，自芳渡陡門西北流，折而西南，至此三里。

玉陞橋，自徐都村西南流，至此五里四分。水深一丈三尺，面闊三十二丈。

司台陡門前，自玉陞橋西北流，三里二分入海。

枝流芳杜溪。

大雷山，芳杜溪自此發源，西迤南流，至前路村三里。

西林村南，自前路村西南流，至此二里。又西南流，折而東南三里，至芳杜陡門入清港。

陸路道里記

東門一名靖海門。

幹路

東山西麓，自東門外東迤南行，至此六分。

東嶽廟，自東山西麓西南行，折而東南，至此二里。

後校門，自東嶽廟東行，越桃花嶺，嶺高六丈一尺。又東迤北曲曲過後校村，至此四里六分。抵海濱。

枝路

下陡門，自東嶽廟東南行曲曲，過上陡門，折而東迤北，復折而東迤南，至此二里五分。

礁頭山，自下陡門東行，至此二里五分。又曲曲西北行一里五分，至後校門入幹路。

小水埠村，自下陡門東南行，至此三里八分。抵海濱。

南門一名鎮遠門。

幹路路向東南。

塘里村，自南門外南少東行，至此五里五分。東北通東門外枝路之下陡門北。

東山村，自塘里村東南行，過塘垟村曲曲，至此三里九分。

鯉魚山西北，自東山村東南行，至此一里五分。

西潭村，自鯉魚山西北首曲曲，東迤南，至此三里。

校場頭村，自西潭村南行，越烏沙嶺，嶺高三丈九尺。至此二里二分。

坎門砲臺，自校場頭村東南行，折而南，至此二里七分。抵海濱。

枝路

車首臺山麓，自鯉魚山西北首東北行，折而東南曲曲，至此六里四分。抵海濱。

枝路

桐巖坑，自校場頭村西南行，折而西北，過校場隩，至此二里六分。又西北曲曲行二里九分至小里隩嶺，與自西南幹路內仰天窩嶺起之枝路合。

幹路路向西南。

金雞隩村，自南門外西南過永豐橋，至此二里二分。

仰天窩嶺，自金雞隩村南迤西行，過三合潭口，折而西南，至此五里八分。嶺高三十七丈。

大陳隩嶺，自仰天窩嶺西北行，折而西南，至此四里二分。

內雙峰村，自大陳隩嶺西南曲曲行，至此六里一分。

龜龍口，自內雙峰村東行，折而西南曲曲，至此四里二分。抵海濱。

枝路

上朝陽村，自仰天窩嶺西南行，越老城嶺，嶺高六十五丈。折而南曲曲，至此七里二分。

小疊村，自上朝陽村西南行，越小疊嶺，嶺高三十二丈。至此九里三分。抵海濱。

大里隩村東，自上朝陽村東行曲曲，至此五里。

小里隩嶺，自大里隩村東首東北曲曲行，至此五里一分弱。又東行過涼亭，折而東北三里四分，至鯉魚山西北入東南幹路。

鷺鷥塘，自小疊村東南行，折而東北，過鷺鷥礁村，復折而西北，至此八里九分。

黄門，自鷺鷥塘東北曲曲行，折而北，過白沙隩，復折而東迤南曲曲，至此九里一分。又曲曲西北行四里七分，至大里隩村東與本條枝路合。

大巖頭山西麓，自小疊村西行，至此二里一分。

黄沙頭村，自大巖頭山西麓東北行，折而西迤南，至此六里。

長沙嘴村，自黄沙頭村東北行，折而西北，至此四里四分。

小古順村，自長沙嘴村東北曲曲行，至此二里二分强。又西北行四里四分强，至龜龍口入幹路。

西門 一名永清門。

幹路

西青嶺，自西門外西北曲曲行，至此二里一分。嶺高十四丈。

西青塘，自西青嶺西北曲曲行，至此五里一分。

西青渡，自西青塘北迤西行，至此一里。抵海濱。

枝路

大巖頭村，自西門外西迤南行，至此四里二分。

茅草嶺，自大巖頭村西南曲曲行，至此五里七分。嶺高五十七丈。西北通枝路之大普竹。

小脈嶼村，自茅草嶺西首西南曲曲行，越百步嶺、龍頭嶺，嶺高四十一丈八尺。折而南，至此七里八分。又南行三里四分至龜龍口，東入南門外西南幹路。

枝路

横盤嶺，自西青嶺西行曲曲，至此四里五分。嶺高十四丈。

大普竹，自横盤嶺西南曲曲行，至此六里五分。

陡門嶺麓，自大普竹西行，至此一里。

連嶼村，自陡門嶺麓西迤南行，折而北，復折而西南，至此六里四分。

青塘山北麓，自連嶼村西南行，折而南迤東，至此三里九分。又西南行，越白磴嶺，嶺高七十九丈。折而東迤南三里四分至小脈嶼村，與自西門外起之枝路合。

枝路

鱔魚頭村，自西青塘東行，過西青塘村，折而東北曲曲，至此二里二分。

烏巖嘴，自鱔魚頭村西北行，折而東北，復折而西南，三折而西北，至此五里。

分水山西麓，自烏巖嘴東北行，折而北迤西，過玉成塘，至此六里一分。

東西塘陡門，自分水山西麓東北曲曲行，過大沙頭，折而東迤南，復折而東迤北，至此九里三分。

蛇嶼，自東西塘陡門東南曲曲行，至此五里六分。又東南行一里至琛浦渡，入北門外幹路。

採桑嶺，自鱔魚頭村東北曲曲行，至此三里。

西山嶺，自採桑嶺東北曲曲行，至此四里。

蘆隩，自西山嶺東北行，折而東南，至此二里二分。又東南行三里五分至蛇嶼，與本條枝路合。

枝路

西灘村，自西青渡西行，折而南，至此四里。

小灘村，自西灘村西南行，至此二里九分。

小普竹村，自小灘村西南行，折而南，至此三里。又西迤北行，折而西南曲曲五里二分至陡門嶺麓，與自西青嶺起之枝路合。

北門 一名甯濤門。

幹路

瑶隩嶺，自北門外北迤西行，折而東北曲曲，至此一里九分。南通東門外幹路之東山西麓。

冷水潭村，自瑶隩嶺東北行，折而西北曲曲，至此一里三分。

後灣村，自冷水潭村東北曲曲行，越沙隩嶺，嶺高十二丈九尺。至此五里二分。

琛浦渡，自後灣村東北曲曲行，越琛浦嶺，嶺高二十一丈四尺。至此六里三分。

楚門渡，自琛浦渡東北行，渡楚門港，至此一里五分。

龍王塘，自楚門渡北迤西行，至此三里二分。

楚門城，自龍王塘東北曲曲行，過陡門頭村，至此三里七分。

三格眼村，自楚門城東少北曲曲行，至此二里二分。

田隩村，自三格眼村東北行，折而東過天馬村，又東迤南，折而東迤北，至此七里五分。

墩頭村，自田隩村東迤北行，越田隩嶺，嶺高十二丈八尺。曲曲，至此十里。

平環橋，自墩頭村北行曲曲，至此二里六分。與台州府太平縣分界。

枝路

東新塘，自琛浦渡東南行，折而西南，過鷹窩村，復折而東南，至此八里二分。

犂頭嘴嶺，自東新塘東南行，折而西，復折而南，至此五里五分。嶺高八丈一尺。

黄泥墈塘，自犂頭嘴嶺西南曲曲行，至此二里六分强。又東南曲曲行六里二分强，至後校門入東門外幹路。

枝路

花巖浦，自楚門渡東南行，折而東曲曲，過小山外村，又東南，折而東北，至此六里。

塘廠山麓，自花巖浦東南曲曲行，至此一里三分。

鹽盤嶺麓，自塘廠山麓南迤東行，折而東越梅隩嶺，嶺高三十七丈四尺。又東南行，至此七里二分。嶺高三十七丈。

校場頭村，自鹽盤嶺麓東迤北行，折而東南，至此五里二分。

礁門山東南，自校場頭村東南行，越寨頭嶺，嶺高四十四丈。又南迤西，至此五里八分。抵海濱。

龍過門嶺西麓，自花巖浦北迤西行，過剩隩村，折而東北，至此二里九分。西迤南通幹路之楚門渡。

永福橋，自龍過門嶺西麓北行，折而西北曲曲，至此三里二分。又西北行一里四分，至楚門城内入幹路。

邱家村，自塘廠山麓東北行，折而東南，復折而東北，至此九里二分。

水洞隩，自邱家村東北行，至此五里五分。

沙門，自水洞隩東北行，至此三里四分。又東北行二里五分，至墩頭村入幹路。

殿山頭村，自校場頭村東北曲曲行，至此三里。

大隩山麓，自殿山頭村東北行，折而北過大隩村，至此五里七分。抵海濱。

枝路

陡門頭村，自龍王塘北行，折而東北，復折而東南，至此二里三分。

新陡門，自陡門頭村西北行，折而西，復折而西北，過南塘，又東迤北，至此四里七分。

清港口，自新陡門西行，折而北迤西曲曲，過北塘，至此五里七分。又東南曲曲行四里一分至金雞山西麓，與自三格眼村起之枝路合。

枝路

金雞山西麓，自三格眼村西北曲曲行，過蒲口村，至此四里四分。

玉陞橋，自金雞山西麓東北行，至此二分。

清港村，自玉陞橋西北行，至此二分。

礁頭山村，自清港村東北曲曲行，過廟灣村，至此七里四分。

芳杜村，自礁頭山村西北行，折而東北曲曲，過西林村，至此六里。

風門，自芳杜村東北行，過猪姆棟嶺，嶺高五十二丈六尺。至此六里。

牛闌基，自風門東北曲曲行，至此二里六分。與台州府太平縣分界。

芳杜陡門，自玉陞橋東北曲曲行，過徐都村，至此九里二分。

九支田嶺，自芳杜陡門東北曲曲行，至此六里五分。又東北曲曲行五里三分，至風門與本條枝路合。

司台陡門，自清港村西北曲曲行，至此三里五分。

玉太界碑，自司台陡門東北曲曲行，過彭隩墩，至此八里五分。與台州府太平縣分界。

九眼陡門，自司台陡門西行，折而西北，復折而東北曲曲，至此七里二分。與台州府太平縣分界。

枝路

四眼陡門，自墩頭村東北曲曲行，過雙嶼村，折而東南，至此三里二分。

姚坑，自四眼陡門東行，折而東北曲曲，至此一里四分。

箬隩山東麓，自姚坑東行曲曲，過箬隩村，折而北，至此四里弱。與台州府太平縣分界。

圓嶼，自四眼陡門東南行，折而西南曲曲，至此四里一分。抵海濱。

平水廟，自姚坑西北行，折而北，過田雞坑，至此一里六分。與台州府太平縣分界。

處州府麗水縣

水路道里記

大溪

經流

朱家灘，大溪自雲和縣流至此入境。又東北曲曲流，至大港頭市七里五分。水深一丈二尺，面闊一百四十九丈。

松陰溪口，自大港頭市東少北流，至此四里五分。有松陰溪自西來會之。見後。以上一名筠溪。

吴村，自松陰溪口東少北流，折而東北，至此五里六分。

碧湖鎮南，自吴村東北流，至此四里一分。水深一丈三尺，面闊一百五十二丈。

資福村，自碧湖鎮南首東少北流，至此六里二分。

張圩村，自資福村東北流，至此五里五分。水深一丈二尺，面闊一百五十五丈。

石牛村，自張圩村北流，至此七里五分。水深一丈四尺，面闊一百五十八丈。

蘇步村，自石牛村北流，至此六里。有畎溪自西北來會之。見後。

安溪口，自蘇步村北少東流，至此三里五分。水深一丈三尺，面闊一百六十丈。有安溪自北來會之。見後。以上一名郭溪。

桃山南麓，自安溪口東少南流，至此七里九分。

濟川橋，自桃山南麓東南流，至此三里六分。

下河村東，自濟川橋東少南流，過府城南，折而東，至此七里二分。水深一丈四尺，面闊一百六十一丈。有好溪自東北來會之。見後。以上一名回溪。

龕潭村，自下河村東首東南流，折而南，至此五里八分。

險灘山西麓，自龕潭村南流，至此七里九分。水深一丈二尺，面闊一百五十丈。以上一名洞溪。與青田縣分界。

枝流松陰溪。

火燄山麓，松陰溪自松陽縣流至此入境，又東流至義步村南三里七分，又東流二里八分至松陰溪口入大溪。

枝流畎溪。

畎岸村，畎溪自宣平縣在宣平名午溪。流至此入境，又東少南流，至黄嶺上村四里五分。

清灣村，自黄嶺上村東南流，至此四里二分。有西岸溪自北來注之。

嶼峿村，自清灣村東南流，至此二里。

分五泡山北麓，自嶼峿村東北流，至此三里。水深四尺，面闊十八丈。又東南流二里七分，至蘇步村入大溪。

枝流安溪。

離陽屏山，安溪自此發源，東南流，至庫川橋四里五分。

西堂山東麓，自庫川橋南少東曲曲流，至此七里一分。

下嶺村，自西堂山東麓西南流，至此六里五分。

洪渡村，自下嶺村西南流，過寺後山西麓，至此十一里五分。水深三尺，面闊十一丈。

小安村，自洪渡村南少西曲曲流，至此八里五分。以上一名稽句溪。

太平汛，自小安村南流，過張瀨村，折而西南，至此四里一分。

平洋岡西麓，自太平汛南流，至此五里二分。

官橋，自平洋岡西麓南少東流，至此三里五分。水深四尺，面闊十四丈。

武村，自官橋西少南流，至此二里五分。又西南流一里七分，至安溪口入大溪。

枝流好溪。

銀坑尖北麓，好溪自縉雲縣流至此入境，又西流，至竹園頭村五里四分。

三瑞口，自竹園頭村西少南流，過戈劄村，至此十里二分。水深四尺，面闊三十二丈。

項渡村，自三瑞口西南流，折而南少東，至此五里二分。有嚴溪自東來會之。見後。

圳頭壩，自項渡村西南流，過平沙村，至此七里一分。

水東村，自圳頭壩西南流，至此六里一分。水深五尺，面闊三十八丈。又西流，折而西南三里五分，至下河村東入大溪。

枝流嚴溪。

皂坑後山岡麓，嚴溪自縉雲縣流至此入境，又西流，至天壽寺二里六分。

奚山北麓，自天壽寺西少北曲曲流，至此五里二分。

黃村，自奚山北麓西少南流，至此十里一分。

彭頭村，自黃村西少南曲曲流，至此十里三分。又西北流一里九分，至項渡村入好溪。

日溪

經流

離陽屏山，日溪自此發源西少南流，至壠坑裏山南麓二里六分。

寨尖西南麓，自壠坑裏山南麓西流，折而北，至此六里五分。與金華府武義縣分界。

陸路道里記

[東南門]一名行春門，一名厦河門，一名下河門。

幹路

下河村，自東門外東少南行，至此二里五分。

括蒼山東南，黃府前村。自下河村渡大溪南行，至此三里五分。

金村，自黃府前村南少東行，至此二里八分。

大嶴村，自金村東行，折而南，至此四里八分。

界牌，自大嶴村南少東行，至此三里二分。與青田縣分界。

枝路

前山村，自下河村東行，渡好溪，至此二里一分。

水東村，自前山村東行，折而東北，至此一里七分。

田村，自水東村東北行，至此七里六分。

天堂嶺，自田村曲曲東行，折而東南，至此十一里五分。

池嶺，自天堂嶺東少南行，至此六里七分。

曳坑村，自池嶺曲曲東北，至此八里二分。

毛莊村，自曳坑村曲曲東北行，至此五里九分。

上鄭村，自毛莊村曲曲東行，至此五里一分。

蔡坑村，自上鄭村東行，至此二里九分。與青田縣分界。

楊梅岡村，自水東村東南行，越隆空巖，至此四里五分。

瀑泉村，自楊梅岡村南少東行，至此四里二分。

楊梅岡東麓，自瀑泉村南行，至此四里五分。與青田縣分界。

祝村，自楊梅岡村東北行，至此二里一分。

下壇村，自祝村東南曲曲行，至此十里五分。與青田縣分界。

嶺根村，自池嶺北少東行，至此四里三分。

潘莊村，自嶺根村東北行，至此七里。

大嶺坑村，自潘莊村東少北曲曲行，至此五里一分。

天壽寺，自大嶺坑村東行，過金鳥村，折而北，至此七里三分。

皂坑後山南麓，自天壽寺渡嚴溪東行，至此二里三分。與縉雲縣分界。

南門一名南明門，一名大水門。

幹路

下步村，自南門外南行，渡大溪，至此六分。

管衖村，自下步村西南曲曲行，至此五里一分。

吴衖口村，自管衖村南少東行，至此二里一分。

橋亭村，自吴衖口村西行，至此四里六分。

劉坳村，自橋亭村南行，至此四里三分。

周庵村，自劉坳村南少東行，折而西南，至此二里九分。

張坑村，自周庵村西南行，至此二里七分。

周畬坳，自張坑村東南行，過陳滐村，至此七里一分。與青田縣分界。

枝路

朱衖村，自管衖村西行，至此四里七分。

齊按村，自朱衖村西南曲曲行，折而西，至此五里五分。

水閣村，自齊按村西北行，至此二里。又西少南行三里二分，渡大溪，至石牛村入西門幹路。

西門一名括蒼門，一名小水門。

幹路

超然亭，自西門外西南行，過濟川橋，折而西，至此三里。

楊店村，自超然亭西行，至此五里五分。

沙溪亭，自楊店村南少西行，至此一里三分。

石牛村，自沙溪亭南行，折而西少南，渡大溪，至此七里五分。

九龍村，自石牛村南少西行，至此七里一分。

資福村，自九龍村南少西行，至此五里五分。

下堡，自資福村西少南行，折而西北，至此四里三分。

碧湖鎮，自下堡西南行，至此二里二分。

上堡，自碧湖鎮西南行，至此七分。

周港村，自上堡西南行，至此三里九分。

寶定村，自周港村西南行，至此四里五分。西通鷹鳥山南，計七里，與松陽縣分界。

大港頭村，自寶定村西南行，渡松陰溪、大溪，至此四里三分。

玉溪村，自大港頭市西南行，至此二里一分。

筠溪村，自玉溪村西少南行，至此四里八分。

眠牛山脚，自筠溪村南少西行，至此二里。與雲和縣分界。

枝路

瓷窑村，自超然亭西北行，至此三里六分。

後商村，自瓷窑村西行，折而西南，至此八里一分。

白峰村，自後商村南行，至此三里七分。

三港口村，自白峰村西行，渡大溪，折而北，至此四里九分。

險灘村，自三港口村北行，渡畎溪，過蘇步村，折而西北，復折而西南，至此四里五分。

黄嶺上村，自險灘村西少北行，至此七里八分。

畎岸村，自黄嶺上村西行，至此三里八分。與宣平縣分界。

枝路

白橋村，自石牛村西北行，至此二里三分。

郎其村，自白橋村西北行，至此二里四分。

槁坑村，自郎其村西少南行，至此四里八分。

吴源村，自槁坑村西北行，至此三里五分。

西坑村，自吴源村北少西行，至此四里。又東北行三里七分至黄嶺上村，與自超然亭起之枝路合。

枝路

採桑村，自碧湖鎮南行，折而西南，至此二里五分。

吴村，自採桑村西南行，至此三里一分。

石猴村，自吴村南少西行，渡大溪，至此四里一分。

李山頭，自石猴村東南行，折而南，至此五里六分。

陳山村，自李山頭東南行，至此二里五分。

西黄村，自陳山村西南行，至此四里五分。

大杉嶺，自西黄村東南行，折而南，至此八里六分。

前山村，自大杉嶺南行，折而東，過石鋪尖麓，復折而南少東，至此八里五分。

賽坑村，自前山村南行，折而東南，至此四里五分。

前山東麓，自賽坑村東行，過嶺根村，折而東南，至此七里九分。與景甯縣分界。

下園村，自大杉嶺南行，過牛岱環山，至此八里九分。

木寮村，自下園村南行，至此三里五分。

木寮牌山北，自木寮村南行，折而西，至此二里七分。與雲和縣分界。

枝路

松坑口村，自碧湖鎮東少南行，渡大溪，折而東少北，至此三里九分。

張坳村東，自松坑口村南少東行，至此十一里三分。

蛇皮山北麓，自張坳村東首東南行，至此五里四分。與青田縣分界。

枝路

蘭山頭村，自碧湖鎮西行，過魏村，折而西北，至此五里八分。

高畲村，自蘭山頭村北行，至此十里八分。

鄭山村，自高畲村曲曲北行，至此五里三分。

詹山東北麓，自鄭山村西北行，至此二里。與松陽縣分界。

西北門一名通惠門，一名左渠門。

幹路

桃山，自西北門外西北行，折而西南，至此四里五分。

蘆灣村，自桃山西少北行，至此三里四分。

官橋，自蘆灣村西北曲曲行，至此四里五分。

顯佛壇，自官橋西少北曲曲行，過張村市，至此四里三分。

槁嶺，自顯佛壇西行，折而西南，復折而西，至此六里九分。與宣平縣分界。

枝路

後龔村，自顯佛壇北少西行，至此七里三分。與宣平縣分界。

北門一名望京門，一名麗陽門。

幹路

花街村，自北門外北少西行，過石涼亭，折而西北，至此八里一分。

平洋岡，自花街村西北行，過周處村，至此四里七分。

風門嶺，自平洋岡東北行，至此三里三分。

太平汛，自風門嶺西北行，折而北，至此五里。

張瀨村，自太平汛東北行，至此三里二分。

小安村，自張瀨村北行，至此一里二分。

桑溪村，自小安村北少東行，越大鶴嶺，至此六里。

洪渡村，自桑溪村北行，至此三里五分。

西溪村，自洪渡村西北行，折而東北，過潘村，至此八里。

板染村，自西溪村北行，折而西北，復折而北少東，至此七里。

庫川橋，自板染村北少東行，至此九里二分。

潘雙源村，自庫川橋西北行，至此四里三分。

祠堂凸村，自潘雙源村北少東行，至此五里九分。

稽勾嶺，自祠堂凸村北少西行，至此七里五分。與金華府武義縣分界。

枝路

小溪村，自小安村西北行，至此三里三分。

朱嶺亭，自小溪村西北行，過朱衖村，越朱嶺，嶺高二十六丈。至此六里八分。與宣平縣分界。

枝路

金村，自桑溪村東少北行，至此六里六分。

葛渡村，自金村東北行，過富村，折而東，至此五里四分。

大路邊村，自葛渡村曲曲東行，至此九里五分。

南源村，自大路邊村東少南行，至此五里七分。

黃衖村，自南源村北少東行，至此三里五分。

青塘嶺麓，自黃衖村東南行，折而東，至此五里。與縉雲縣分界。

枝路

溪頭村，自洪渡村東北行，至此九里四分。

下嶺村，自溪頭村東北行，至此二里六分。

竹後村，自下嶺村東少北行，過嶺東村，至此六里四分。

牛岱嶺南麓，自竹後村南少東行，過鮑店村，折而東少北，至此九里五分。與縉雲縣分界。

東北門一名巖泉門，一名火燒門。

幹路

五里亭，自東北門外東北曲曲行，至此四里五分。

九里村，自五里亭東北行，至此三里二分。

大嶺背，自九里村東北行，過巖泉村市，折而東，至此七里八分。

銀場村，自大嶺背北行，迤而西北，至此六里一分。

俞嶺，自銀場村北少東行，至此五里。

却金館汛，自俞嶺東北行，至此三里一分。

茭青塘村，自却金館汛東行，至此六里八分。

三望嶺，自茭青塘村東行，至此五里九分。

界牌山北，自三望嶺東行，至此二里三分。與縉雲縣分界。

枝路

湫塘村，自大嶺背東行，至此三里六分。

彭頭村南，自湫塘村東少北行，過項渡村，渡好溪，折而東南，至此七里。

黃村，自彭頭村南首東少北曲曲行，至此十里六分。

潘弄尖北，自黃村東行，至此五里。

吴處村，自潘弄尖北首東少北行，至此十一里一分。

皂坑村，自吴處村北少東行，至此二里四分。

皂坑嶺，自皂坑村北少東行，至此三里。與縉雲縣分界。

處州府青田縣

水路道里記

大溪

經流

險灘山西，大溪自麗水縣流至此入境，又東南流，至苦竹村一里二分。水深九尺，面闊九十丈。有黄壇坑水自東北來注之。

石帆市，自苦竹村南流，至此三里。

馬嶴口村，自石帆市東南流，至此五里。

臘口村，自馬嶴口村東少北流，過鼓山麓，折而東南，至此四里。

三堂匯村，自臘口村東少南流，至此四里五分。

灘頭村，自三堂匯村東北流，至此四里。

禎埠市，自灘頭村東南流，過五里亭村，至此十一里。有金寮坑水自西來會之。見後。

高沙嶺脚，自禎埠市東北流，至此五里七分。

海口市，自高沙嶺脚東南流，折而東北，至此七里四分。水深二丈五尺，面闊一百丈。有海溪自北來注之。

麻埠村，自海口市東南流，至此五里九分。

石門洞，自麻埠村南少東流，至此六里五分。

高市埠頭，自石門洞東南流，至此二里五分。

芝溪市，自高市埠頭東少北流，至此八里。有芝溪自北來注之。

船寮市，自芝溪市東南流，折而東少北，至此九里。有周坑水自北來會之。見後。

雷石村，自船寮市曲曲東南流，過大垟村、仁潭村，至此十里。

石溪村，自雷石村南少東流，過上白蔀村、下白蔀村，折而南，復折而東，至此十里一分。有小溪水自西南來會之，見後。又有石溪水自東北來注之。

湖口村，自石溪村東流，過沙灣村，折而東南，至此九里。

縣城南門外，自湖口村東南流，至此四里五分。

錢倉村，自縣城南門外東南流，折而東北，至此六里。

高岡村，自錢倉村東北流，折而東少南，過魁市村，至此九里。有顧溪水自南來會之。見後。

界牌，自高岡村北少西流，過沙埠村，至此五里五分。與温州府永嘉縣分界。

枝流金寮坑水。

金寮山，金寮坑水自此發源，東北曲曲流，過坑根村，至艮墺村十三里八分。

白麻寮村，自艮墺村曲曲東北流，至此五里二分。

孫村，自白麻寮村東北流，折而東南，復折而東北，至此三里二分。

金村，自孫村東北曲曲流，至此三里四分。

馬嶺北麓，自金村東北流，折而東南，過趙莊村，至此七里。

王村，自馬嶺北麓東少北流，至此六里。有禎巷坑水自西南來注之。始通竹筏。

理村渡，自王村東北流，折而東，至此七里五分。水深三尺，面闊二十丈。

又東少北流三里五分，至禎埠市入大溪。

枝流周坑水。

周坑山，周坑水自此發源東南曲曲流，過利涉橋，折而南，至仁美橋八里。

黄放口村，自仁美橋東南曲曲流，至此八里八分。水深四尺，面闊十丈。

艮川村，自黄放口村東南曲曲流，折而西南，復折而南，至此十一里五分。

巖下村，自艮川村南流，至此二里七分。

雙港村，自巖下村南流，至此四里八分。

大雲寺村南，自雙港村西南流，至此六里。有石籐溪自東北來注之。

慈航渡，自大雲寺村南首西南流，至此三里四分。水深四尺，面闊二十丈。

又南流五里五分至船寮市入大溪。

枝流小溪。

嶺根村，小溪自景甯縣在景甯縣爲山溪。流至此入境，又東少北流，至雙峰尖北麓十里八分。

鰲頭村，自雙峰尖北麓東少北流，折而北少西，至此四里五分。

貴甫村，自鰲頭村東流，折而東北，至此七里四分。

萬阜口村北，自貴甫村東北流，至此六里三分。

北山村西，自萬阜口村北首北少東流，至此七里。

郎回村，自北山村西首北流，過玉巖村，至此六里。

范村，自郎回村東北流，至此七里七分。

烏雲渡，自范村東流，折而東南，至此六里。水深四尺，面闊五十丈。

釣灘下村，自烏雲渡東北流，折而東，至此八里五分。

大驛村北，自釣灘下村東南流，折而東北，過彭湖村，至此九里三分。有大驛坑水自南來注之。

新方村，自大驛村北首東北流，過密溪村，至此十里。

南岸渡，自新方村東少南流，至此四里五分。水深五尺，面闊三十丈。又東北流四里至石溪村入大溪。

枝流顧溪。

巾子山，顧溪自此發源，西北曲曲流，至黃吳口村八里。

仁莊村，自黃吳口村東北曲曲流，過三溪口村，至此十一里六分。水深三尺，面闊十丈。始通竹筏。

馮垟村，自仁莊村東南流，折而東北，復折而西北，至此五里五分。

雅陳村，自馮垟村東南流，折而東北，至此四里五分。

山口村，自雅陳村東流，折而東北，復折而東南，至此十一里二分。有靈溪坑水自南來注之。

雅林村，自山口村西北流，折而東，復折而北，過油竹村，至此八里四分。又東北流七里五分過彭栝村，至高岡村入大溪。

浯溪

經流

蒲斜嶺，浯溪自此發源西南流，折而南，至浯溪村八里六分。

葉岸村，自浯溪村東南流，折而西南，至此六里九分。

南坑山東麓，自葉岸村南少東曲曲流，至此六里四分。

巖頭尖西麓，自南坑山東麓南少東流，至此八里一分。

巖門村，自巖頭尖西麓西流，折而西南，至此六里六分。

嚴陣村，自巖門村南少東流，至此五里四分。

峨嵋山麓，自嚴陣村西南流，至此六里七分。與温州府泰順縣分界。入泰順縣境爲下窄口溪。

南田坑水

經流

天馬山，南田坑水自此發源東流，折而東南，至典林村六里八分。

革水橋，自典林村東南流，至此五里六分。

普濟橋，自革水橋西南流，折而東南，至此十四里三分。

半山尖南，自普濟橋東南曲曲流，至此六里强。與温州府瑞安縣分界。入瑞安縣境爲泗溪。

陸路道里記

東門又名龍津門。

幹路

平堰村，自東門外南少東行，至此三里一分。

武圣廟，自平堰村渡大溪，渡闊一百五十丈。南少東行，至此三里三分。

油竹村，自武圣廟南少東行，至此四里二分。

小口橋，自油竹村南行，至此一里二分。

山口村，自小口橋曲曲南行，至此五里九分。

嶼前村，自山口村南少西行，折而南少東，至此十里七分。

阮垟村，自嶼前村南少東曲曲行，至此五里。

古山城，自阮垟村東南行，折而西南，至此八里。

白沙嶺，自古山城南行，折而東南，至此六里二分。嶺高一百丈。與温州府瑞安縣分界。

枝路

擶仁村，自平堰村東北行，折而東少南，至此五里四分。

界牌，自擶仁村東少南行，折而北少西，復折而東，至此九里九分。與温州府永嘉縣分界。

彭栝村，自擶仁村渡大溪，渡闊一百六十丈。東南行，至此六里四分。

高岡村，自彭栝村東北行，至此三里二分。

大峙村東北，自高岡村曲曲北行，至此五里九分。與温州府永嘉縣分界。

枝路

大安村，自武圣廟南行，折而西南，至此七里四分。

雅陳村，自大安村西南曲曲行，至此六里六分。

馮垟村，自雅陳村西南行，折而西北，至此四里五分。

仁莊村，自馮垟村南行，折而西少南，至此五里。

三溪口村，自仁莊村西行，至此七里。

黄吴口村，自三溪口村曲曲南行，至此五里一分。

八源村，自黄吴口村西南行，至此六里九分。

清風亭，自八源村西南行，折而南，至此七里七分。

石壁嶺，自清風亭東南行，折而南，至此六里二分。與温州府瑞安縣分界。

小令村，自仁莊村北行，折而西北曲曲過半坑村，至此九里三分。又西北行六里八分越半嶺，嶺高八十丈。至黄費潭村入西南門幹路。

東南門又名行春門。門外濱大溪。

南門又名清溪門。門外濱大溪。

西南門又名通津門。

幹路

外旦村，自西南門外渡大溪渡闊九十丈。西行，折而西北，復折而西南，至此六里。

章旦村，自外旦村南行，折而西，至此三里二分。

羅福堂，自章旦村西南行，過興福堂，至此九里三分。

山拗，自羅福堂西少南曲曲行，至此四里二分。

王費潭村，自山拗西南行，至此六里五分。

棲雲亭，自王費潭村西南行，至此八里七分。

季山村，自棲雲亭西南行，至此七里九分。

破亭，自季山村曲曲南行，至此六里二分。

西坑村西，自破亭南少西行，至此八里。

三元亭，自西坑村西首曲曲南行，至此五里五分。與温州府瑞安縣分界。

西門又名錦屏門。

幹路路向西北。

石臼嶺脚，自西門外西北行，至此二里八分。

石溪村，自石臼嶺脚北行，折而西北，過北岸村，至此九里三分。

五步村，自石溪村西行，折而北少西，至此七里三分。

大垟村，自五步村西北曲曲行，過仁潭村，至此八里二分。

船寮市，自大垟村西北行，至此三里九分。

芝溪市，自船寮市西北行，折而西南，過洪府前村，復折而西北，至此十里。

高市渡，自芝溪市西少南行，至此七里五分。

練墺村，自高市渡西北行，至此三里七分。

海口市，自練墺村西北行，過麻埠村，至此九里五分。

高沙嶺，自海口市西南行，折而西少北，至[此]七里六分。嶺高十六丈二尺。

小涺村，自高沙嶺西南行，至此四里二分。

陽山嶺脚，自小涺村西北行，折而西，至此十里二分。

臘口村，自陽山嶺脚西南行，折而西少北，至此八里五分。

石帆市，自臘口村西北曲折行，過石浦村，至此十里九分。

苦竹村，自石帆市西北行，渡大溪，渡闊一百二十丈。至此二里七分。

界牌，自苦竹村西北行，至此一里一分。與麗水縣分界。

枝路

陳山村，自石臼嶺脚北少東曲曲行，至此六里五分。

黄降村，自陳山村曲曲北行，至此三里六分。

横路村，自黄降村西北曲曲行，至此六里七分。

分水鳥嶺亭，自横路村東北行，折而東南，至此五里八分。與温州府永嘉縣分界。

枝路

國垟村，自石溪村東北曲曲行，過礌頭村，至此八里一分。

東山村，自國垟村北行，至此六里五分。

興遠堂，自東山村東北曲曲行，至此八里二分。與自大垟村起之枝路合。

枝路

大路村，自大坪村東少南行，折而東少北，至此四里六分。

坪處村，自大路村東北行，至此四里一分。

小金村，自坪處村曲曲東行，至此四里。又曲曲東行五里七分至興遠堂，與自石溪村起之枝路合。

枝路

慈航渡，自船寮市北行，至此五里四分。

雙港村，自慈航渡北少東行，至此九里三分。

艮川嶺脚，自雙港村曲曲北行，至此五里七分。

龍珠口村，自艮川嶺脚北行，折而東北，復折而西北，至此八里三分。

黄放口村，自龍珠口村西北曲曲行，至此六里。

十里欄村，自黄放口村西北行，過三房村，至此十一里。

梅樹岡西北，自十里欄村北少西行，折而東北，過茅章村，復折而西北，至此十三里三分。與縉雲縣分界。

小源村，自慈航渡東北曲曲行，至此十里四分。

平橋口村，自小源村東北行，至此八里五分。

石洞鳥嶺，自平橋口村東南曲曲行，過平山村，至此十五里六分。與温州府永嘉縣分界。

平溪村，自平橋口村東北行，過外金村，至此十三里三分。

日頭坳，自平溪村北行，折而東少北，復折而北少西，至此七里八分。與縉雲縣分界。

東寮村，自黄放口村東北行，折而東，復折而東北，至此九里五分。

下八尺村東北，自東寮村東少北曲曲行，過大鳥坳，折而北，至此八里五分。與縉雲縣分界。

枝路

上畈村，自芝溪市北少東行，至此四里九分。

朱墺村，自上畈村西北行，至此五里七分。

下陳村，自朱墺村西行，至此六里八分。

坑口村，自下陳村西北行，折而北少東，至此八里四分。又西北行十一里一分，越金絲嶺，嶺高三十四丈。至平成廟與自海口市北行之枝路合。

枝路

雄溪村，自練墺村渡大溪，渡闊十九丈。西北行，至此三里六分。

王樹下村，自雄溪村西南行，折而西北，復折而西南，至此六里八分。

瓦窑坪村，自王樹下村西南行，至此九里八分。

溪歡碹村，自瓦窑坪村南行，至此八里九分。又曲折西行十三里六分至雲章村，與自海口市西南行之枝路合。

枝路

陝篆村，自海口市西南行，渡大溪，渡闊一百丈。折而西少北，至此九里六分。

巖後村，自陝篆村西南曲曲行，至此十里七分。

坑根村，自巖後村西南曲曲行，至此九里。

雲章村，自坑根村西南曲曲行，至此六里七分。

白鶴峰前，自雲章村西少北行，至此十里二分。

禎港村南，自白鶴峰前西北行，至此三里三分。東北通枝路之馬嶺脚村。

洪畬村，自禎港村南首西南行，至此八里三分。

東巖村，自洪畬村曲曲西行，至此八里六分。又西少北行九里，過谷口村，至卧虹橋與自小珺村起之枝路合。

谷鋪村，自白鶴峰前南少西行，至此九里三分。

三石嶺，自谷鋪村南少西行，至此八里九分。嶺高二百丈。

黄寮亭，自三石嶺南少東行，折而西南，至此十一里三分。又西南行五里七分至三砲嶺，與自西南幹路内張阜村起之枝路合。

枝路

五莊村，自海口市北行，至此七里九分。

平成廟，自五莊村北少東行，至此八里七分。

平橋口村，自平成廟西北行，至此六里。

乾坤橋，自平橋口村西北行，至此七里九分。

蔡坑村，自乾坤橋東北曲折行，至此十里八分。

西坑坳，自蔡坑村東北行，折而東少南，至此四里八分。與縉雲縣分界。

横斷橋，自平橋口村西少北行，越西武嶺嶺高六丈五尺。曲曲，至此十一里一分。

池嶺，自横斷橋西南行，折而西北，復折而北少東，至此七里三分。與麗水縣分界。

枝路

理村，自小涒村西行，渡大溪，渡闊八十丈。過禎埠市，至此七里五分。

馬嶺脚村，自理村西南，至此八里七分。

金村，自馬嶺脚村西少北行，折而西南，至此八里四分。

章村，自金村西南行，至此五里四分。

白麻寮村，自章村曲曲西行，至此一里八分。

馬車頭村，自白麻寮村西南曲曲行，至此七里六分。

卧虹橋，自馬車頭村西南行，至此七里四分。

金寮村，自卧虹橋西南行，至此六里六分。

老虎尖南，自金寮村曲折西行，至此八里九分。與麗水縣分界。

新涼亭，自白麻寮村西北行，至此七里三分。

蛇皮山北，自新涼亭西北行，折而西南，復折而西北，至此九里七分。與麗水縣分界。

枝路

馬墺口村南，自石帆市西行，渡大溪，渡闊九十丈。折而東南，至此七里九分。

小馬嶺，自馬墺口村南首西南行，至此八里二分。又西南曲曲行六里三分至章村，與自小涒村起之枝路合。

息肩亭，自馬墺口村南首曲曲西行，至此十一里八分。

大梁西山南，自息肩亭西行，至此六里二分。與麗水縣分界。

枝路

瑶津村，自苦竹村渡大溪，渡闊九十丈。東北行，至此五里九分。

礱下村，自瑶津村東少南行，過章畈村，折而東北，復折而西，至此十五里一分。與麗水縣分界。

幹路路向西南。

湖邊村，自西門外石臼嶺脚渡大溪，渡闊一百二十丈。西北行，折而西南，至此八里四分。

清真亭，自湖邊村西南行，渡小溪，過南岸村，折而西北，復折而西南，至此十一里。

大驛村，自清真亭西南行，至此八里二分。

彭湖村，自大驛村西南行，至此五里九分。

城門村渡口，自彭湖村西北行，折而西南，至此十里三分。

范村，自城門村渡口曲曲西行，至此八里一分。

郎回村，自范村西南行，至此七里一分。

玉巖村，自郎回村南行，至此五里六分。

張阜村東，自玉巖村南少西行，至此三里七分。

萬阜口村，自張阜村東首曲曲南行，至此五里。

貴甫村，自萬阜口村西行，折而西南，至此六里六分。

鰲頭村，自貴甫村西南行，至此七里八分。

嶺根村，自鰲頭村南行，折而西少南，至此四里七分。

武陽亭，自嶺根村東南行，折而南少西，至此十一里三分。

南田市，自武陽亭南少東曲曲行，至此八里二分。

蒲斜嶺，自南田市南少西曲曲行，至此六里九分。

浯溪村，自蒲斜嶺西南曲曲行，至此八里四分。

西坑村，自浯溪村南少西行，至此四里一分。

銀九村，自西坑村東南行，至此十一里五分。

船山脚，自銀九村南少東行，折而南少西，至此九里三分。

下梅市，自船山脚西南行，至此一里九分。

守石亭，自下梅市西少南行，至此六里四分。

石樓梯嶺脚，自守石亭西少北行，折而西南，至此五里六分。

牙門亭，自石樓梯嶺脚東南行，折而西南，至此九里二分。與温州府泰順縣分界。

枝路

泗洲亭，自城門村渡口渡小溪，渡闊五十丈。北少東曲曲行，折而西北，至此七里三分。

沖坑村，自泗洲亭西北行，折而北曲曲，至此六里。

上浦村，自沖坑村西北行，至此六里四分。

西源村，自上浦村東北行，至此四里九分。又東北行五里三分至高市渡，入向西北幹路。

枝路

烏底坑村，自郎回村渡小溪，渡闊三十丈。西北行，至此六里九分。

國山圩村，自烏底坑村西北行，折而北曲曲，至此十一里六分。又西北曲曲行九里二分强至雲章村，與自西北幹路内海口市西南行之枝路合。

枝路

張山村，自張阜村東首曲曲西行，至此十里七分。

葉寮村，自張山村西少南曲曲行，折而西北，至此十一里五分。

三炮嶺，自葉寮村西少北行，至此八里五分。

界頭村西，自三炮嶺西行，至此四里八分。與景甯縣分界。

枝路

芝根村，自萬阜口村曲曲南行，至此六里一分。

石梯嶺，自芝根村南少西行，折而南少東，至此七里三分。嶺高三百四十丈。

新莊村，自石梯嶺南少東曲曲行，至此十二里五分。

破塘村東南，自新莊村南少東行，至此六里九分。與温州府瑞安縣分界。

枝路

鶴口亭，自鰲頭村渡小溪，渡闊五十五丈。西南行，折而東南，復折而西，至此三里九分。

上岳山南，自鶴口亭西少南行，至此九里。與景甯縣分界。

枝路

七方坑村，自嶺根村西南行，至此七里。

巖泉亭，自七方坑村西南行，至此十三里六分。

小金村，自巖泉亭西南曲曲行，至此十里二分。又西南行，折而南五里五分至清蓮堂，與自西坑村起之枝路合。

枝路

革水橋，自南田市東行，折而東南，至此八里二分。

篁莊村，自革水橋南少東行，至此九里。

蓮花亭，自篁莊村南行，至此五里五分。

十字路村，自蓮花亭曲曲南行，至此七里八分。

潫坳亭，自十字路村南行，折而西南，至此四里六分。與温州府瑞安縣分界。

枝路

石門村，自西坑村西北曲曲行，至此六里四分。

上垟村，自石門村曲曲西行，至此六里一分。

清蓮堂，自上垟村西北行，至此六里。

下垟村，自清蓮堂西北行，至此六里六分。

籙桐隘，自下垟村西南曲曲行，至此九里一分。與景甯縣分界。

楊山村，自上垟村南少西行，至此八里六分。

胡岸嶺，自楊山村南少西曲曲行，至此七里四分。與温州府泰順縣分界。

路亭，自楊山村東南行過嶺後村，至此八里七分。

塔會村西，自路亭西南行，至此三里。與泰順縣分界。

枝路

黄垟村，自下梅市西南行，至此八里八分。

銀坑山西，界牌。自黄垟村西南行，至此七里三分。與温州府泰順縣分界。

西北門又名趙山門。幹路無。

北門又名丹山門。

幹路

仁塘灣村，自北門外東北曲曲行，至此四里四分。

下司礱村，自仁塘灣村東北行，折而東南，至此二里九分。

雙石柱坳，自下司礱村西南行，至此一里八分。又東南行，折而南少西五里六分至攜仁村，與自東門幹路内平堰村起之枝路合。

處州府縉雲縣

水路道里記

好溪初爲九曲溪，次爲壺溪，又爲練溪，至下徐橋以下爲好溪。

經流

高雲尖，好溪自此發源西南流，折而東南，復折而西南，至大皿村七里五分。水深二尺三寸，面闊二十五丈。

富春橋，自大皿村西流，至此一里九分。

麻車村西，自富春橋西南流，折而南，至此五里三分。

横塘村，自麻車村西首西南流，折而西北，至此四里一分。

溪下村，自横塘村西北流，折而南，至此七里九分。

魯圣橋，自溪下村西南流，折而西北，至此七里。水深三尺，面闊三十二丈。

重義橋，自魯圣橋西南流，至此五里。

黄檀溪口，自重義橋南少東流，至此三里二分。有黄檀溪自東來注之。

溪心村西，自黄檀溪口南流，折而西，至此三里六分。

和義橋，自溪心村西首東南流，折而西南，至此七里。

潤川口，自和義橋北流，至此四里一分。有潤川自北來注之。

聯衿橋，自潤川口西南流，至此三里三分。有虬里溪自東南來注之。

冷水村，自聯衿橋西南流，折而西北，至此十一里二分。有靈溪自北來會之。見後。

白竹水口，自冷水村西少南流，折而南，至此九里五分。有白竹水自北來注之。

潛源村，自白竹水口南少西曲折流，至此九里四分。水深四尺，面闊三十四丈。

棠溪口，自潛源村南流，折而東南，復折而西南，至此五里四分。有棠溪自東南來注之。

壺鎮，自棠溪口西少南流，折而南，至此九里一分。以上一名九曲溪。

管溪口，自壺鎮南流，折而東少南，至此五里一分。有管溪自東來注之。

千金橋，自管溪口南流，折而西少北，至此八里。

訪溪口，自千金橋西南流，折而南，至此六里九分。有訪溪自東南來會之。見後。

永濟堰，自訪溪口西南流，至此二里。

東平堰，自永濟堰西南流，至此五里。

沐白村，自東平堰西南流，折而東南，復折而南，至此七里一分。

獨峰西，自沐白村西南曲曲流，折而東南，至此八里一分。以上一名壺溪。

仙人橋，自獨峰西麓西少北流，至此五里九分。水深四尺，面闊三十六丈。

雙潭堰，自仙人橋西南流，至此三里六分。

下徐橋，自雙潭堰東南流，折而西南，至此八里八分。以上一名練溪。

縣治南，官堰。自下徐橋西流，折而西北，復折而西南，至此八里六分。

競爽橋，自官堰西流，折而南，復折而西，三折而東少南，至此八里五分。

荆坑口，自競爽橋東流，折而南曲曲，至此六里。有荆坑水自南來注之。

貞溪口，自荆坑口南少東流，至此二里五分。有貞溪自東北來會之。見後。

東溪村，自貞溪口西少南流，至此八里五分。

大廷廟南，自東溪村南流，折而西少南，至此六里三分。與麗水縣分界。

枝流靈溪。

雙溪橋，靈溪自金華府永康縣在永康名雙牌溪。流至此入境，又南流，至冷水村四里一分入好溪。

枝流訪溪。

分水仰，訪溪自此發源，有龍溪亦自此發源，東南流入仙居縣境，爲金坑水。西少南流，至訪溪橋二里二分。

盛園村西，自訪溪橋西流，折而北少西，至此三里四分。

岱石村，自盛園村西首北少西流，折而西，至此四里三分。水深二尺，面闊十二丈。又北流，折而西北三里五分，至訪溪口入好溪。

枝流貞溪。

靈龜山，貞溪自此發源西北流，至里雅村三里二分。

雙溪橋，自里雅村西北流，至此五里三分。

東坑村，自雙溪橋西南流，至此十一里九分。有盤溪自東南來會之。見後。

堰頭村，自東坑村西流，至此六里七分。

鳳山下村，自堰頭村西南流，至此五里七分。水深三尺，面闊十一丈。又西流一里二分至貞溪口入好溪。

枝流盤溪。

大洋山，盤溪自此發源西北流，至廟下橋九里三分。

石橋，自廟下橋西流，折而北，至此六里五分。
章村，自石橋北少西流，過胡村，折而西少北，至此七里一分。
盤溪橋，自章村西少南流，折而北，復折而西南，三折而北，至此八里六分。
溪步村，自盤溪橋北流，至此三里。
昌谷寺南，自溪步村西流，至此二里八分。以上不通舟筏。又西流，折而西北五里一分，至東坑村入貞溪。

建洋溪

經流

蔣山，建洋溪自此發源，曲曲東流，折而東南，至坑口村五里一分。
潘徐村，自坑口村東北流，折而東南，至此六里一分。
交雅橋，自潘徐村東北流，折而東南，至此八里五分。
東岸橋，自交雅橋東南流，至此四里三分。
峨高堰，自東岸橋東南流，至此五里。水深二尺，面闊八丈。有洪溪自西南來注之。
黄檀堰，自峨高堰東流，至此三里一分。有梅溪自南來注之。
深沈堰，自黄檀堰東少北流，至此三里二分。有浣花溪自南來會之。見後。
小溪市，自深沈堰東少北流，折而北，復折而東北，至此九里三分。
朱村東，自小溪市東北流，至此二里二分。與金華府永康縣分界。

枝路浣花溪。

大姥山，浣花溪自此發源，東北流，至圣塘山西麓六里九分。
溪東橋，自圣塘山西麓北流，折而東少北，至此三里一分。
三官橋，自溪東橋北流，折而東北，至此八里七分。
川石村，自三官橋北少西流，至此五里。水深二丈，面闊七丈。又北少東流四里七分，至深沈堰入建洋溪。

嚴溪

經流

石迎山，嚴溪自此發源，西南流，折而西北，至後坑村南七里一分。
横路橋，自後坑村南首西南曲曲流，至此九里三分。
蘭桂橋，自横路橋西少南流，至此五里一分。
皂坑後山南麓，自蘭桂橋西北流，至此二里七分。與麗水縣分界。

陸路道里記

東鄉縣無城，從圈門起。餘倣此。

幹路

經堂山麓，自東圈門一名迎暉門。外東少北行，至此二里七分。
先農廟，自經堂山麓東北行，至此二里九分。
修金橋，自先農廟東北行，至此七里五分。
仙巖鋪，自修金橋北少東行，折而北少西，至此四里三分。
蘆塘市，自仙巖鋪東北曲曲行，至此十一里。
望仙橋，自蘆塘市東少北行，至此一里五分。
咸亨橋，自望仙橋東少北行，至此五里一分。
千金橋，自咸亨橋東北行，至此五里。
壺鎮，自千金橋東北行，至此三里三分。
管溪橋，自壺鎮東行，折而南，至此四里八分。
馬面鋪，自管溪橋東少北曲曲行，至此六里。
槐花樹村，自馬面鋪曲曲東行，至此十一里。
冷水鋪，自槐花樹村東北行，至此四里五分。
南田村南，自冷水鋪東行，越蒼嶺，折而南，至此六里一分。與台州府仙居縣分界。

枝路

岡路村，自東圈門外東南行，越下湖山，至此四里一分。
堰頭村，自岡路村西南曲曲行，折而東南，至此五里一分。
萬年橋，自堰頭村西南行，至此七里四分。
皂坑嶺，自萬年橋東南行，折而南，至此七里三分。嶺高九十一丈。與麗水縣分界。

枝路

下徐橋，自經堂山麓東南行，至此二里。
青塘嶺北麓，自下徐橋東少北行，折而東南，過永濟橋，至此六里七分。嶺高四十八丈。
舒洪村北，自青塘嶺北麓東南行，至此三里二分。
仁岸村，自舒洪村北首南行，過貞溪橋，折而東南，至此三里七分。

溪步村，自仁岸村南少東行，折而東，至此六里一分。

插花墩，自溪步村南行，折而東，至此七里。

胡村，自插花墩東行，折而東北，復折而東南，至此七里三分。

古方嶺東，自胡村東南行，至此十二里五分。嶺高八十丈。

前村，自古方嶺東首東行，折而東南，至此九里四分。

南溪村，自前村東行，至此七里三分。

黄寮村北，自南溪村東南行，至此七里五分。

寨下岡東，自黄寮村北首南少東行，至此八里八分。與温州府永嘉縣分界。

鄭弄橋，自青塘嶺北麓西南行，折而南少東，至此五里三分。

石板路村，自鄭弄橋曲曲南行，至此六里二分。

八疊嶺，自石板路村曲曲南行，至此七里三分。嶺高七十四丈。

横路橋，自八疊嶺東南行，折而西南，復折而東南，過芳溪村，至此十一里三分。

蘭桂橋，自横路橋西行，至此五里三分。

皂坑後山南，自蘭桂橋西北行，至此二里一分。與麗水縣分界。

後坑村，自横路橋東北行，至此十里四分。

田村北，自後坑村東少南行，至此七里六分。

江坑村，自田村北首東北行，至此四里五分。

陳家下村，自江坑村東行，至此五里一分。又北行一里至古方嶺東首，與本條枝路合。

鳥嶺，自黄寮村北首南行，至此四里。嶺高三十八丈。

毛栗塢村，自鳥嶺南行，至此六里七分。

外畬村，自毛栗塢村南少西行，至此四里。

黄塘村，自外畬村曲曲西行，至此六里五分。南通日頭坳，與青田縣分界。

石鼓尖西麓，自黄塘村北行，折而西曲曲，至此五里五分。與青田縣分界。

枝路

古麗尖西麓，自先農廟曲曲北行，至此九里九分。

虞川橋，自古麗尖西麓曲曲北行，至此六里。又北少西行五里四分，至黄碧街入北鄉幹路。

枝路

螺螄巖村，自修金橋東南行，至此七里八分。

雙溪橋，自螺螄巖村東南行，過嶺口村，折而東少北，至此七里一分。東北通枝路之蔡宅村，計二十一里。

金村，自雙溪橋東少南行，至此八里五分。

寮車頭村南，自金村東行，折而東少南，至此四里七分。

嶺後莊，自寮車頭村南首南行，折而東南，至此三里五分。與台州府仙居縣分界。

夏弄村，自寮車頭村南首東少北行，至此八里三分。

上周村，自夏弄村東少北行，過前溪山，折而北，至此九里一分。

俞村，自上周村西北行，至此六里三分。又西北行，折而東北一里五分至集善村南，與自咸亨橋起之枝路合。

枝路

岱石橋，自咸亨橋南少東行，至此四里一分。西北通幹路之望仙橋。

訪溪橋，自岱石橋東行，折而東南，至此七里。

蔡宅村東，自訪溪橋東北行，折而東南，至此六里。

集善村南，自蔡宅村東首東北行，過後吴村，至此八里九分。

湍嶺，自集善村南首東北行，至此三里五分。西北通幹路之管溪橋。

新嶺頭，自湍嶺東北曲曲行，至此七里七分。嶺高六丈。與台州府仙居縣分界。

枝路

左庫村，自壺鎮東北行，折而東，至此九里七分。

玉環嶺，自左庫村東南行，折而東北，至此十里二分。嶺高七十八丈。

易店村，自玉環嶺東北曲曲行，過半嶺村、下坑村，至此十五里五分。

和義橋，自易店村東南行，折而北，至此二里三分。

重義橋，自和義橋北少東行，至此十里三分。

魯圣橋，自重義橋東北行，至此四里四分。

流岸村，自魯圣橋東北行，至此七里。

富春橋，自流岸村東北行，越方山嶺，嶺高二丈三尺。至此九里四分。

大嶺頂，自富春橋東行，折而東北，至此六里七分。嶺高五丈九尺。與金華府永康縣分界。

潛源村，自左庫村北行，至此四里五分。

楊村，自潛源村北少東行，折而西北，過梯雲橋，至此九里二分。

西施村，自楊村北行，過喻義橋，折而西北，至此七里二分。

上九嶺，自西施村西北行，至此二里八分。嶺高四十一丈。與金華府永康縣分界。

莊頭橋，自楊村東南行，過朱村，折而北，復折而東少北，至此八里四分。

雙溪橋，自莊頭橋東北行，折而北，至此六里三分。與金華府永康縣分界。

普通嶺，自和義橋東南曲曲行，越馬嶺，嶺高十四丈。至此十四里八分。與台州府仙居縣分界。

半坑村北，自魯圣橋東南行，至此七里八分。

三級嶺，自半坑村北首東南曲曲行，至此十里一分。嶺高一百七丈。與台州府仙居縣分界。

南鄉

幹路

競爽橋，自南圈門一名文祥門。外南行，越蔣姑嶺，至此三里七分。

東渡市，自競爽橋南行，至此二里四分。

連珠橋，自東渡市西南行，折而東南，至此三里。

大巖村，自連珠橋西行，至此三里九分。

荊坑鋪，自大巖村西少南行，至此五里。

公娥突，自荊坑鋪西少南曲曲行，至此三里七分。

桃花嶺，自公娥突南行，折而西，至此五里二分。嶺高一百十二丈。

小括蒼山南，自桃花嶺西南行，至此二里一分。與麗水縣分界。

枝路

合璧橋，自東渡市東南行，至此二里九分。

蘭口村，自合璧橋東南行，折而西南，至此二里九分。

長坑村，自蘭口村西行，至此五里六分。

賈坑村，自長坑村西少南行，至此三里六分。又西北行四里八分，至公娥突入幹路。

西鄉

幹路

蜂窩嶺，自北鄉幹路內之三嶺頭市西少南曲曲行，至此五里。嶺高二十九丈。

衆安橋，自蜂窩嶺西南行，至此三里四分。

杜村，自衆安橋西南行，至比十里一分。

青塘嶺，自杜村西南行，至此四里一分。與麗水縣分界。

枝路

圣壽寺，自衆安橋南行，至此一里五分。

吳嶺尖，自圣壽寺南行，折而西南曲曲，至此十二里三分。

吳嶺村，自吳嶺尖西南行，至此三里。

插花嶺，自吳嶺村南行，至此三里二分。與麗水縣分界。

北鄉

幹路

三嶺頭市，自北圈門一名向宸門。外北行，至此一里六分。

三官橋，自三嶺頭市北行，至此二里一分。

黃龍鋪，自三官橋東北行，至此四里八分。

桂溪鋪，自黃龍鋪北少東曲曲行，至此七里。

黃碧街，自桂溪鋪東北行，至此六里一分。

界牌市，自黃碧街東北行，至此二里八分。與金華府永康縣分界。

枝路

刑弄村，自三官橋西南行，折而西少北，至此七里一分。

雙港橋，自刑弄村曲曲西行，過小古村，折而北，至此十三里七分。

牛岱嶺南麓，自雙港橋西南行，至此十四里七分。嶺高四十丈四尺。與麗水縣分界。

枝路

洪溪橋，自三官橋西北行，過馬村橋，至此十一里一分。

張公橋，自洪溪橋西行，過陶墅村，至此十里四分。

魚倉村，自張公橋西北行，過丹趾村，至此十里五分。

盛嶺頭村，自魚倉村北少西行，過黃坑村，至此六里九分。與金華府武義縣分界。

枝路

新建市，自桂溪鋪西少南行，過馬渡村，至此十里二分。

東岸橋，自新建市西行，折而西北，至此五里三分。東南通枝路之洪溪橋。

白馬廟橋，自東岸橋西北曲曲行，至此七里四分。

交嶺北麓，自白馬廟橋北行，折而東北，復折而北，至此五里四分。與金華府永康縣分界。

小溪市，自桂溪鋪東北行，至此六里。

朱村東南，自小溪市東北行，至此二里五分。與金華府永康縣分界。

處州府松陽縣

水路道里記

松陰溪

經流

界首橋北，松陰溪自遂昌縣在遂昌名呂川。流至此入境，又南少東流，至界首村一里四分。

馬埠，自界首村東南流，至此九里二分。

舊治鎮，自馬埠東南流，至此四里四分。

黃埠頭村，自舊治鎮東南流，至此十里七分。

黃公渡橋，自黃埠頭村西南流，折而東南，至此六里五分。水深四尺，面闊三十丈。

青龍堰，自黃公渡橋東少南流，至此三里三分。有大竹溪自南來會之。見後。

中大橋，自青龍堰東南流，至此一里九分。有竹坑水自北來會之。見後。

雙濟橋，自中大橋東南流，至此二里五分。水深六尺，面闊三十六丈。

茶寮村，自雙濟橋東南流，至此十里四分。

港口渡，自茶寮村東南流，折而西南，至此七里一分。有蛤湖水自南來會之。見後。

黃田鋪，自港口渡東南流，至此二里五分。

南舟村，自黃田鋪東少南流，至此九里八分。

循居口市，自南舟村南少東流，折而東北，復折而東南，至此七里六分。有循居溪自北來會之。見後。

小槎村，自循居口市東南流，至此五里一分。

裕溪市，自小槎村東流，至此三里五分。

黃田淤村，自裕溪市東南流，折而南，至此五里五分。

道濟亭，自黃田淤村東南流，至此三里五分。水深七尺，面闊四十丈。

火燄山麓，自道濟亭東少南曲曲流，至此六里。與麗水縣分界。

枝流大竹溪。

官嶺後尖，大竹溪自此發源，南少東流，折而東，至黃淤橋八里五分。

儉容山北麓，自黃淤橋東少南流，折而東北，至此九里。

籠瑞山東南麓，自儉容山北麓東南流，折而北少東，至此八里八分。

上村南，自籠瑞山東南麓東南流，折而東北，復折而東，至此七里三分。

膳礱山西麓，自上村南首東少南曲曲流，折而南少西，至此五里二分。

米斗山北麓，自膳礱山西麓東南流，至此五里。

久安橋，自米斗山北麓東北曲折流，至此十一里三分。水深二尺，面闊十丈。

大竹溪村，自久安橋東北流，至此五里五分。又北流六里五分，至青龍堰入松陰溪。

枝流竹坑水。

金鳳山，竹坑水自此發源，南少西流，至平坳村六里。

下八村，自平坳村西少南流，至此九里五分。

龍殿橋，自下八村西流，至此二里。有竹客溪自東北來會之。見後。

竹坑口村，自龍殿橋西南流，至此八里。

鳳山橋，自竹坑口村西南曲曲流，至此六里。水深四尺，面闊十三丈。又南少東流六里，至中大橋入松陰溪。

枝流竹客溪。

界牌，竹客溪自宣平縣流至此入境，又曲曲南少西流，至爹頭亭東四里一分。又西南流三里四分，至龍殿橋入竹坑水。

枝流蛤湖水。

大口坳，蛤湖水自此發源西北流，至曹竹村八里。

大潘坑村，自曹竹村北流，折而東，至此三里二分。

中橋村，自大潘坑村北流，折而東北，至此八里九分。

合湖村，自中橋村東北流，折而東少南，至此十里五分。水深二尺，面闊五丈。

大陰村，自合湖村東少北曲曲流，至此七里五分。

五合淤村，自大陰村東北流，至此七里五分。

西山橋，自五合淤村東少北流，折而西北，至此五里。水深二尺，面闊六丈。

千報村，自西山橋北少西流，折而北少東，至此三里五分。又北流三里，至港口渡入松陰溪。

枝流循居溪。

九芝山，循居溪自此發源南流，折而西南，至共濟橋七里三分。

魯空村，自共濟橋西南流，至此五里二分。

寶覺寺前，自魯空村西南流，至此二里三分。

黄殿村，自寶覺寺前西南流，折而西北，復折而南少東，至此九里。水深二尺，面闊六丈。

東三尖西麓，自黄殿村南少東流，至此五里。水深三尺，面闊十一丈。又南流三里五分，至循居口市入松陰溪。

陸路道里記

東鄉縣無城，自圈門起。餘倣此。

幹路

青蒙村，自東圈門一名光華門。外東南行，至此五里五分。

茶寮村，自青蒙村東行，折而南少東，至此六里。

黄田鋪，自茶寮村東南行，折而西南，復折而南少東，至此七里五分。

石馬鋪，自黄田鋪東少南行，至此八里八分。

循居口市，自石馬鋪東南行，折而東北，復折而東少南，至此九里五分。

小槎村渡，自循居口市東南行，至此六里四分。

裕溪市，自小槎村渡東行，至此三里七分。

道濟亭，自裕溪市東南行，折而南少東，至此九里七分。

界牌，自道濟亭東行，折而東南，復折而東，至此四里九分。與麗水縣分界。

枝路

黄殿村，自循居口市北行，渡溪，至此六里四分。又西北行，渡溪，折而東北四里八分，至净居包村入東北鄉幹路。

枝路

兆武山，自小槎村渡渡松陰溪南行，至此四里五分。

石亭坳，自兆武山東南行，折而西南，至此五里三分。與雲和縣分界。

南鄉

幹路

横山村，自南圈門一名濟川橋。外南行，折而東南，至此八里二分。

港口村，自横山村南行，過釣魚亭，折而南少東，至此五里九分。

西山橋，自港口村南少西行，折而東南，至此六里五分。

五合淤村，自西山橋東南行，過百步村，折而西少南，至此四里七分。

夫人廟村，自五合淤村南行，折而東南，至此八里五分。

蔡宅村，自夫人廟村南少西行，至此二里。

石子嶺坳，自蔡宅村東南行，至此九里。與雲和縣分界。

枝路

大陰村，自五合淤村西少南行，至此七里六分。

苦枝樹下村，自大陰村西行，折而南少西，至此五里二分。

花樹塢坳，自苦枝樹下村南少東行，至此五里六分。與雲和縣分界。

西鄉

幹路路向西南。

中大橋，自西圈門一名金屏門。外西南行，至此三里五分。

源口村，自中大橋西行，過連橋，折而西南，至此九里。

南岱村，自源口村西南曲曲行，過東湖村，至此十里六分。

籠瑞山東南麓，自南岱村西少南曲曲行，折而西北，至此八里九分。

嶺脚村，自籠瑞山東南麓西南行，至此八里五分。

黄淤橋，自嶺脚村西南行，至此七里五分。

黄步村，自黄淤橋西行，折而南，至此八里五分。

楓坪村，自黄步村西南行，至此三里二分。

斗潭村，自楓坪村西行，折而北，至此四里六分。

小吉村，自斗潭村西南曲曲行，至此五里三分。

雙夾田，自小吉村西行，至此二里九分。與龍泉縣分界。

枝路

大竹溪村，自中大橋西南曲曲行，至此七里。

久安橋，自大竹溪村西南行，至此三里五分。

大嶺頭村，自久安橋南行，至此八里五分。

横樟村，自大嶺頭村南少西曲曲行，至此五里七分。

洋坑埠村，自横樟村南少東行，折而西南，過合湖村，至此七里八分。

山源坳，自洋坑埠村南少西曲曲行，折而東南，過洋坑源村，至此十一里二分。與龍泉縣分界。

中橋村，自洋坑埠村西少北行，折而西少南，至此九里七分。

小蘇坑村，自中橋村西南曲曲行，至此五里。

曹竹村，自小蘇坑村西南曲曲行，折而西北，至此十里四分。

烏衕村，自曹竹村南少東行，折而南少西，至此六里五分。

源山坳，自烏衕村東少南行，至此五里四分。與龍泉縣分界。

枝路

神礌村，自楓坪村南行，折而東少南，過支木村，復折而西南，至此七里四分。

黄莊村，自神礌村東南行，至此十一里。

木山坳，自黄莊村南少西行，過李坑村，至此四里五分。與龍泉縣分界。

岡頭村，自神礌村西南行，至此四里九分。

漈上村，自岡頭村西南行，折而東南，至此七里九分。

樹林坳，自漈上村東南行，過王山頭村，至此七里八分。與龍泉縣分界。

幹路路向西北。

黄公渡橋，自西圈門外西行，折而西北，至此六里六分。

立槅村，自黄公渡橋西北行，過齋堂村，至此八里四分。

上源口村，自立槅村西少北行，過下源口村，折而西北，至此十一里二分。

内孟村，自上源口村西少南曲曲行，至此六里二分。

大嶺根村，自内孟村西南行，折而西北，復折而西南，至此九里五分。

大路口村，自大嶺根村西南行，折而西，復折而南少西，至此十一里。

白沙岡村，自大路口村西南行，至此五里五分。

洋坑村，自白沙岡村西南行，至此六里六分。

苦竹村，自洋坑村南少西行，至此九里六分。

龍虎坳，自苦竹村西行，折而西南，至此八里三分。與龍泉縣分界。

枝路

白塔衕村，自上源口村西北行，至此四里六分。

南坑村，自白塔衕村北行，折而西北，至此三里六分。與遂昌縣分界。

枝路

葉塢凹，自大嶺根村北少西行，至此八里。與遂昌縣分界。

西北鄉

幹路

王村，自西北圈門一名鳳臻門。外西北行，越鄭家山，至此五里六分。

飛來亭，自王村西北行，至此九里四分。

舊治鎮，自飛來亭西北行，至此七里七分。

界首村，自舊治鎮西北行，過赤岸村，至此九里六分。

界牌，自界首村北少西行，至此一里四分。與遂昌縣分界。

枝路

鍾門村南，自舊治鎮東少南行，折而東北，至此六里二分。

擔水高村，自鍾門村南首東北曲曲行，至此九里八分。

洞天亭，自擔水高村西北行，折而北，至此五里二分。

分水亭，自洞天亭西北行，折而東北，至此二里一分。與宣平縣分界。

樟樹坳，自洞天亭西北曲曲行，折而北，至此七里九分。與宣平縣分界。

北鄉

幹路

竹坑口村，自北圈門一名朝天門。外東北行，至此五里三分。

龍殿橋，自竹坑口村東北行，至此六里八分。

雞茂山西，界牌。自龍殿橋東北曲曲行，過豸頭亭，至此九里四分。與宣平縣分界。

枝路

柱山南麓，自龍殿橋東北行，折而東南，至此五里四分。

平坳村，自柱山南麓東北行，至此五里三分。

呈回村東，自平坳村北少東行，至此四里。

西坑村，自呈回村東首北行，至此八里六分。

界山，自西坑村北行，過周山村，折而東北，至此三里二分。與宣平縣分界。

東北鄉

幹路

烏仁山村，自東北圈門一名瑞陽門。外東南行，至此四里九分。

林村東，自烏仁山村東南行，至此五里六分。

利蘭亭，自林村東首東南行，至此八里。

楊頭村，自利蘭亭東南曲曲行，折而東北，至此十里九分。

净居包村，自楊頭村東南行，至此三里五分。

魯空村，自净居包村東南行，折而東北，至此五里七分。

共濟橋，自魯空村東北行，至此六里。

板橋村，自共濟橋東南行，折而東北，復折而東南曲曲，至此八里一分。

桐鄉村，自板橋村東北行，至此二里五分。

外洋村，自桐鄉村北行，至此五里九分。與宣平縣分界。

枝路

大路口村，自東北圈門外東北行，至此七里五分。

思步村，自大路口村東少南行，折而東北，復折而東南，至此八里五分。

龍虎寺，自思步村東行，過紫草村，折而東南，至此九里三分。

奇上山西麓，自龍虎寺南少東曲曲行，至此八里。又南行，折而東少南三里八分，至魯空村入幹路。

處州府遂昌縣

水路道里記

呂川初爲十四都源，至東關橋以下爲呂川。

經流

貴義嶺，呂川自此發源，東北流，過黄礓村，折而北迤東，至永慶橋七里二分。

根竹口村，自永慶橋北迤東流，至此三里一分。

定盤潭，自根竹口村北迤東曲曲流，至此八里八分。

新川橋，自定盤潭北迤東流，至此四里七分。

駱村橋，自新川橋東北流，至此八里七分。

大坑橋，自駱村橋東北流，至此七里五分。

吴樂橋，自大坑橋北流，折而東，至此四里九分。

縣治南，鴉鵲橋。自吴樂橋東迤北流，至此二里八分。

東關橋，自鴉鵲橋北少東流，至此一里五分。有後溪分梭溪之水自西來注之。以上一名十四都源。

航川潭，自東關橋東迤北曲曲流，至此五里四分。

金岸鎮，自航川潭東南流，至此一里五分。

濂溪口，自金岸鎮東南流，至此二里二分。有濂溪自東來注之。

資口村東，界碑。自濂溪口東南流，至此四里一分。水深四尺，面闊三十一丈。與松陽縣分界。入松陽縣境爲松陰溪。

蔡溪初爲住溪，次爲鍾溪，自蔡口村以下爲蔡溪。

經流

攀竹嶺麓，蔡溪自龍泉縣流至此入境，又北少東流，至埠頭洋村二里五分。

外譽口村，自埠頭洋村東北流，至此五里一分。水深三尺，面闊九丈。有碧瀧源自西南來注之。

獨口村，自外譽口村東北流，至此六里八分。

玉村口鎮，自獨口村東北流，至此五里二分。有關川自東南來注之。以上一名住溪。

鍾溪村，自王村口鎮北流，至此一里七分。

下塘村，自鍾溪村曲曲北流，至此六里八分。

蔡口村，自下塘村西北流，折而東北，至此十里七分。水深五尺，面闊十六丈。以上一名鍾溪。

尖樓村，自蔡口村北流，折而西北，過椒灘村，至此八里九分。水深五尺，面闊十九丈。

程渭村，自尖樓村北迤西曲曲流，至此七里五分。

桐梗村，自程渭村北迤東流，折而西北，至此七里七分。

周公口村，自桐梗村北少西曲曲流，至此十里二分。水深四尺，面闊十八丈。有東川自西南來會之。見後。

龍鼻頭村，自周公口村北少西曲曲流，至此十里。有梭溪自東來會之。見後。

龍鼻頭，自龍鼻頭村西北流，折而西南，復折而西北，至此二里二分。與衢州府西安縣分界。入西安縣境爲烏溪港。

枝流東川。

潦下市，東川自福建浦城縣流，至此入境，又東北曲曲流，至游家墩村四里二分。

尹宅村，自游家墩村東北曲曲流，至此三里七分。以上一名周公源。

祝師嶺東麓，自尹宅村北少東曲曲流，至此六里一分。

柘岱口市，自祝師嶺東麓東北曲曲流，過毛洋村，至此十一里六分。水深二尺，面闊四丈。

大熟村，自柘岱口市東北流，折而北，至此七里四分。

仙人壩村，自大熟村東北曲曲流，至此八里。

上町橋，自仙人壩村東北曲曲流，至此五里三分。

石馬岱村，自上町橋東北流，過洋茂口村，折而北，復折而東北曲曲，至此十二里。水深二尺，面闊五丈。

福羅圩村，自石馬岱村東北曲曲流，過王正塘村，至此十一里七分。

注埠洋村，自福羅圩村東北曲曲流，至此八里三分。又北少東流四里七分，至周公口村入蔡溪。

枝流梭溪。

唐山南麓，梭溪自此發源南流，折而東，至東峰嶺麓十一里五分。分一支東流爲後溪，入呂川。

三墩橋，自東峰嶺麓南少東曲曲流，至此四里二分。

好川村，自三墩橋西少南曲曲流，過小忠村，至此十里三分。

善濟橋，自好川村西南曲曲流，過攀桂橋，至此四里一分。

大柘市，自善濟橋西少南曲曲流，至此十一里五分。

大田橋，自大柘市西北流，至此八里四分。以上一名柘溪。

大石橋，自大田橋東北流，折而西，至此五里四分。

西屏村，自大石橋西北曲曲流，至此五里二分。

梭溪橋，自西屏村西北曲曲流，至此四里一分。

湖山鎮，自梭溪橋西北曲曲流，至此十二里一分。水深三尺，面闊八丈。

葉山村，自湖山鎮北流，折而西北，至此七里五分。

汙頭村，自葉山村西北流，折而西南曲曲，至此九里一分。水深三尺，面闊十二丈。又西少南流二里，至龍鼻頭村入蔡溪。

宣溪

經流

侵雲嶺，宣溪自此發源北流，至大馬埠村五里五分。

馬成源口，自大馬埠村北少西流，至此三里六分。有馬成源自東北來注之。

小馬埠鎮，自馬成源口北流，至此一里五分。

新路按市，自小馬埠鎮西北曲折流，至此五里六分。水深二尺，面闊四丈。

宣溪村，自新路按市北少東流，至此六里八分。

北界鎮，自宣溪村北少西流，至此十一里八分。有白水源自西來注之。

馬成口村，自北界鎮北流，至此九里。

上山東麓，自馬成口村西北流，至此二里。此段與衢州府龍游縣分水。與衢州府龍游縣分界。入龍游縣境爲靈山港。

陸路道里記

東鄉縣無城，從圜門起。餘倣此。

幹路

一都街村，自東圜門一名迎恩門，又名來紫門。外東行，過東關橋，折而東少北曲曲，至此四里五分。

金岸鎮，自二都街村東南行，至此三里一分。

界牌，自金岸鎮東南行，過高路村，至此六里八分。與松陽縣分界。

枝路

長濂村，自金岸鎮東南曲曲行，折而東北，至此九里一分。

排塢村，自長濂村東北行，至此二里七分。

朱坑村，自排塢村南少東行，至此九里四分。與松陽縣分界。

社後村，自排塢村東南行，越斗米嶺，嶺高十五丈。折而北，至此六里八分。

上寺村，自社後村曲曲北行，至此六里三分。

天塘村，自上寺村東少北行，折而東少南，至此七里五分。

九盤嶺，自天塘村曲曲東行，至此六里五分。嶺高四十六丈。與宣平縣分界。

枝路

大橋村，自金岸鎮東北行，至此四里七分。

連頭大橋，自大橋村東北行，越林頭嶺，嶺高九丈。至此八里八分。

祥川村，自連頭大橋東北行，過寺後村、大務村，至此十里八分。

半坑村，自祥川村北少東行，至此七里六分。

傳濟村，自半坑村東北曲曲行，越繩岡嶺，嶺高九十九丈。至此十里二分。

小陽坑村，自傳濟村東少北曲曲行，過掛欄村、門陣村，至此七里九分。與金華府湯溪縣分界。

南鄉

幹路

集福亭，自南圈門一名南明門，又名麗正門。外南行，過鴉鵲橋，至此一里八分。

孟嶺，自集福亭南行，至此二里二分。嶺高五十八丈。

比力礓嶺，自孟嶺東南曲曲行，至此八里五分。嶺高三十丈。與松陽縣分界。

枝路

半瓶坳村，自集福亭東南行，過路頭村，折而東曲曲，至此五里八分。

小橋頭，自半瓶坳村曲曲東行，過蔭樟源村，至此七里二分。

南坑村，自小橋頭南行，至此四里六分。與松陽縣分界。

西鄉

幹路

吴樂橋，自西圈門一名鎮西門，又名阜成門。外西行，至此一里。

石板橋村，自吴樂橋曲曲西行，越樟樹嶺，嶺高九丈。至此七里七分。

小忠村，自石板橋村西少南行，至此五里。

沙口村，自小忠村西南曲曲行，過高橋村、好川村，至此七里。

西嶺，自沙口村西南行，折而西北，至此八里三分。嶺高四十一丈。

大柘市，自西嶺曲曲西行，至此五里二分。

幽嶺，自大柘市西南行，至此五里。嶺高十一丈。

横圃村，自幽嶺西行，折而西北曲曲，至此四里五分。

石練市，自横圃村北行，折而西南，至此一里七分。

朱坳嶺，自石練市西南行，折而西，至此十一里五分。嶺高四十丈。

曹碓嶺村，自朱坳嶺西南行，渡蔡溪，折而西北，至此六里五分。

蔡源村，自曹碓嶺村西南曲曲行，至此七里。

大洞源村，自蔡源村南行，折而西越大風嶺，嶺高八十六丈。復折而西北，至此十一里。

石馬岱村，自大洞源村西北行，折而西，至此六里七分。

洋茂口村，自石馬岱村西南曲曲行，折而南，至此十里五分。

上町村，自洋茂口村西南行，至此一里三分。

大熟村，自上町村西南行，過仙人壩村，至此十二里五分。

柘袋口市，自大熟村南行，折而西南，至此七里四分。

毛洋村，自柘袋口市西南曲曲行，至此六里二分。

尹宅村，自毛洋村西南行，越祝師嶺，至此十四里。

漈下市，自尹宅村西南曲曲行，至此八里。與福建浦城縣分界。

枝路

大坑橋，自吴樂橋西南行，至此五里。

坑口村，自大坑橋西南行，過溪圩村。至此十一里。西通幹路之大柘市。

大山村，自坑口村西南行，至此九里一分。

溫口村南，自大山村南行，折而西，至此八里三分。西北通枝路之溪上村。

根竹口村，自溫口村南首南少西行，至此三里五分。

三河口村，自根竹口村西南行，過永慶橋，至此五里。西通枝路之西岱村。

黄礱村，自三河口村南少西行，至此二里九分。

古樓村，自黄礱村西南行，越貴義嶺，嶺高六十一丈。至此七里一分。

東壽橋，自古樓村南行，至此八里。與處州府龍泉縣分界。

枝路

溪上村，自幽嶺東南行，至此三里七分。

塘根村，自溪上村南少西行，至此五里二分。

西岱村，自塘根村南少東曲曲行，至此十七里一分。

石柱下村，自西岱村西南行，至此十三里五分。

關塘村，自石柱下村西南行，過金坳村，至此七里。

龍泉亭，自關塘村南少東行，至此六里四分。與龍泉縣分界。

枝路

大田橋，自横圍村北少西行，過安下村，至此六里一分。

華洋村，自大田橋東北行，折而西北，至此九里八分。

東師嶺，自華洋村東北行，至此五里九分。嶺高九丈。

三歸嶺村，自東師嶺西北曲曲行，至此五里五分。

湖山鎮，自三歸嶺村西北行，至此八里。

王川村，自湖山鎮東北曲曲行，至此七里五分。

竹塢村，自王川村北行，至此五里八分。

上古樓村，自竹塢村東北行，至此九里。

長樹源村，自上古樓村北行，至此六里九分。

毛竹嶺，自長樹源村北行，至此三里九分。嶺高六十二丈。與衢州府西安縣分界。

葉山村，自湖山鎮北行，折而西北，至此七里三分。

逆嶺，自葉山村西北行，至此三里。又西南曲曲行八里一分至龍鼻頭村，與自曹碓嶺村起之枝路合。

枝路

汙頭村，自石練市南行，過大路街村，至此六里三分。

石坑口橋，自汙頭村南少西行，至此八里三分。

上岡村，自石坑口橋南少西行，至此六里二分。

對正村，自上岡村西少南行，至此十一里三分。

雨師橋村，自對正村西行，至此四里九分。

王村口鎮，自雨師橋村西北曲曲行，至此四里。北通幹路之曹碓嶺村。

獨口村，自王村口鎮西南行，至此五里二分。

溫岱村，自獨口村西南行，至此五里九分。

外譽口村，自溫岱村西南行，至此一里四分。

埠頭洋村，自外譽口村西南行，至此五里三分。

攀竹嶺，自埠頭洋村西南行，至此二里七分。嶺高五十三丈。與龍泉縣分界。

枝路

尖樓村，自曹碓嶺村西少北行，至此三里四分。

程渭村，自尖樓村北少西曲曲行，至此七里五分。

桐梗村，自程渭村東北行，折而西北，至此十里一分。

周公口村，自桐梗村北少西行，至此九里四分。

龍鼻頭村，自周公口村西北曲曲行，過孟坑口村，折而北，至此十里五分。

龍鼻頭，自龍鼻頭村西北行，折而西南，至此二里二分。與衢州府西安縣分界。

枝路

王正塘村，自石馬岱村東北行，至此八里二分。

龍門嶺，自王正塘村東北行，至此六里八分。

注埠洋村，自龍門嶺東北行，折而北少西，至此四里六分。又北少東行五里，至周公口村與自曹碓嶺村起之枝路合。

枝路

洋茂源村，自洋茂口村東南行，至此八里八分。

黄師坑村，自洋茂源村東南行，至此五里。

山秦坪村，自黄師坑村東南行，至此四里三分。又東南曲曲行十里四分至王村口鎮，與自石練市起之枝路合。

枝路

天師嶺，自上町村北少東行，至此七里六分。西通枝路之周公嶺。

風洞源嶺，自天師嶺東北行，折而西北，至此五里四分。

舉汙口村，自風洞源鎮北少東行，至此九里六分。

八月腰山西，自舉汙口村北行，至此二里一分。與衢州府西安縣分界。

枝路

坑西村，自大熟村西北行，至此二里五分。

周公嶺，自坑西村東北行，折而北，至此十三里五分。嶺高一百三十四丈。

劉家村，自周公嶺西北行，至此五里。

西坑嶺，自劉家村北行，至此八里四分。與衢州府江山縣分界。

北鄉

幹路

東峰橋，自北圈門一名朝天門，又名拱極門。外東北行，過濟川橋，至此八分。

東梅橋，自東峰橋東北行，至此五分。

雞樹窟村，自東梅橋東北行，至此六里九分。

大馬埠村，自雞樹窟村北行，過侵雲嶺，嶺高五十八丈。至此十一里。

小馬埠鎮，自大馬埠村北少西行，至此五里五分。

新路垵市，自小馬埠鎮西北曲曲行，過車馬巒村，至此六里一分。

官溪村，自新路垵市北行，至此六里六分。

大谷嶺，自官溪村西北行，越小谷嶺，至此六里二分。嶺高三丈。

北界鎮，自大谷嶺西北曲曲行，至此五里六分。

馬戍口村，自北界鎮北行，至此九分。與衢州府龍游縣分界。

枝路

東峰村，自東峰橋西行，至此七里四分。

半嶺，自東峰村西少南行，至此八里七分。

高塘嶺南，自半嶺西南行，過公侯寺村，折而西北曲曲，至此十里二分。西南通西鄉幹路之大柘市。

青明坵村，自高塘嶺南首東北行，折而西北，至此十一里。

廟公嶺，自青明坵村北少西曲曲行，至此十里三分。嶺高三十六丈。

上浦嶺，自廟公嶺北少東行，折而西北，至此八里三分。嶺高六十八丈。

高坪村，自上浦嶺北少西行，至此九里八分。

茶樹坪村，自高坪村北行，至此一里五分。

大連嶺，自茶樹坪村東北行，至此六里九分。與衢州府龍游縣分界。

上旦源村，自半嶺西北行，折而東北，至此七里五分。又東北行十一里三分至遠路口村，與自東梅橋起之枝路合。

枝路

東梅村，自東梅橋西北行，至此五里。

插花嶺，自東梅村西北行，至此七里五分。嶺高八十九丈。

遠路口村，自插花嶺西北行，至此六里三分。

天師礓村，自遠路口村西北行，至此八里四分。

應村，自天師礓村北少西行，至此七里二分。

上坪村，自應村東北行，過南塘村，至此十里一分。

蘆頭村，自上坪村西北行，過小官塘村，折而北，至此八里七分。與衢州府龍游縣分界。

周村，自應村曲曲西行，過小金竹村，折而西北，至此十里九分。

桐樹嶺，自周村西南行，至此六里八分。又西北行五里至高坪村，與自東峰橋起之枝路合。

枝路

桐坑塢村，自小馬埠鎮東北行，過上侯村，至此六里五分。

壇頭背村，自桐坑塢村東北行，至此十里二分。

張村，自壇頭背村東北曲折行，至此八里九分。與金華府湯溪縣分界。

枝路

蕉川市，自小馬埠鎮東少南行，至此二里五分。

馬頭村，自蕉川市東少南行，至此五里三分。

駕渡村，自馬頭村南少東行，至此六里。又曲折南行三里八分至連頭大橋，與自東鄉幹路内金岸鎮起之枝路合。

枝路

丙莊村，自新路垵市西南行，至此八里。

茶汙村，自丙莊村西南行，至此六里五分。又西行二里至遠路口村，與自東梅橋起之枝路合。

處州府龍泉縣

水路道里記

大溪

經流

水上魚山北麓，大溪自慶元縣流至此入境，又東南流，至孫坑村一里六分。

黄南村西，自孫坑村東北流，過半邊月村，至此六里三分。水深二尺，面闊二十五丈。有小梅溪自西南來會之。見後。

査田灘，自黄南村西首東北流，過査田市，至此六里四分。

船灘，自査田灘東北流，過竹洲村，至此八里五分。

淤頭灘，自船灘東北曲曲流，至此七里八分。水深三尺，面闊二十七丈。

砝湖村，自淤頭灘西北流，折而東北，過青坑灘，至此九里七分。

溪口村，自砝湖村東北流，折而西北，過獨田灘，復折而東北，至此二里六分。水深五尺，面闊二十七丈。有櫟溪自西來會之。見後。

豫章溪口，自溪口村東北曲曲流，至此八里五分。有豫章溪自東南來會之。見後。

南甸灘，自豫章溪口東北曲曲流，至此十一里九分。水深七尺，面闊三十五丈。

秦溪漠村，自南甸灘東北流，至此三里六分。有錦川自西北來會之。見後。以上一名秦溪。

馬埠灘，自秦溪漠村東少南流，過縣治南，至此五里一分。水深一丈，面闊五十九丈。

臨江灘，自馬埠灘北少東流，至此六里四分。

梧桐口村，自臨江灘南流，折而東北，至此六里五分。水深一丈，面闊五十七丈。有大貴溪自北來會之。見後。

鐵杓口灘，自梧桐口村東南流，至此五里九分。水深一丈，面闊六十一丈。有鐵杓溪自南來會之。見後。

楊梅灘，自鐵杓口灘北流，折而東，至此四里八分。

大白岸村，自楊梅灘東北曲曲流，至此十里六分。有白雁溪自西北來會之。見後。

道太鎮，自大白岸村東南流，折而北少東，至此八里二分。有道太溪自北來會之。見後。

安福口村，自道太鎮東北流，折而南，復折而東迤南，至此十里四分。有安福溪自南來注之。

安仁口村，自安福口村東流，至此四里九分。水深一丈一尺，面闊七十五丈。有安仁溪自東南來會之。見後。

大石溪口，自安仁口村東流，折而北，至此五里五分。有大石溪自北來注之。

大石鋪村，自大石溪口東南流，至此二里四分。

洪灘，自大石鋪村東南流，越雲和縣境，至此六里二分。

武溪灘，自洪灘復入本境，東北流，至此三里六分。有武溪自北來注之。武溪灘迤東歷九里潭村、烏甚源村、沙埠頭村、七赤鎮西村、梓坊村至瑞灘村，凡二十三里七分，皆雲和縣境，詳見雲和記。

杜郊溪口，自瑞灘村東北流，至此四里五分。有杜郊溪自北來注之。

湯浩門灘，自杜郊溪口東流，至此三里。與雲和縣分界。

枝流小梅溪。

大坳嶺，小梅溪自此發源，西南流，至幹上村八里五分。水深一尺，面闊三丈。

韮溪口，自幹上村西南流，折而西北，至此九里。

雙江橋，自韮溪口西北流，折而西，至此十三里五分。有山溪自南來注之。

黄泥嶺南麓，自雙江橋西南流，折而西北，至此十里。水深二尺，面闊八丈。

下會川，自黄泥嶺南麓西南流，至此四里五分。

壽川橋，自下會川西南流，折而西北，越慶元縣境，至此十二里五分。

宫橋西，自壽川橋復入本境，北流曲曲，至此五里八分。水深三尺，面闊二十八丈。又北迤西流，折而北迤東五里，至黄南村西入大溪。

枝流櫟溪。

大風篷山，櫟溪自此發源，西南流，至塘上村九里三分。

木岱口鎮，自塘上村東南流，過木岱村曲曲，至此十里一分。水深二尺，面闊八丈。

大坦村，自木岱口鎮東北曲曲流，至此七里七分。

八都鎮，自大坦村東少北流，折而東迤南，至此六里五分。水深二尺，面闊九丈。

夫人灘，自八都鎮東北流，過高浦村，至此九里四分。有桑溪自東北來注之。

寺口灘，自夫人灘南迤東流，折而東，至此七里。又東流三里六分至溪口村入大溪。

枝流豫章溪。

裘家嶺，豫章溪自此發源，西北流，至關鋪垟村七里六分。

桐山村，自關鋪垟村西北曲折流，至此十五里一分。

五梅垟村，自桐山村西北流，至此五里六分。又西北流五里至豫章溪口入大溪。

枝流錦川。

堂後寮山，錦川自此發源東南流，至外垟村二里九分。

奉賢橋，自外垟村東南流，至此五里四分。

錦旦中村，自奉賢橋東南曲曲流，過半溪村，至此十一里六分。水深二尺，面闊七丈。

錦川橋，自錦旦中村東流曲曲，過吴林村，至此十里七分。

獨源溪口，自錦川橋東流，過柳下本村，折而東南，至此六里九分。有獨源溪自西北來會之。見後。又東南流一里五分，至秦溪漠村入大溪。

枝流獨源溪。

姥嶺西麓，獨源溪自此發源，西南流，折而東南，至蕭莊村南四里九分。

朱嶺南麓，自蕭莊村南首東南流，至此七里二分。

周村橋，自朱嶺南麓東南曲曲流，至此六里七分。

石門村，自周村橋東南曲曲流，至此七里三分。水深二尺，面闊六丈。又東南流一里六分至獨源溪口入錦川。

枝流大貴溪。

白雲坳，大貴溪自此發源東流曲曲，至濟恩橋五里三分。

皂口村東，自濟恩橋東北流，至此七里三分。

黄莊橋村，自皂口村東首東迤南流，至此六里一分。

白墓村，自黄莊橋村東南流，折而南，至此八里七分。

西鳳橋，自白墓村南迤西流，折而南迤東，至此六里五分。水深二尺，面闊八丈。又東南流七里至梧桐口村入大溪。

枝流鐵杓溪。

大龍山東南麓，鐵杓溪自此發源，東北流，至瞿源村五里九分。

黄蜂橋，自瞿源村東流，過護蔭橋，折而北少東，至此七里一分。

舊橋，自黄蜂橋曲曲北流，至此四里八分。水深三尺，面闊七丈。

筆架山東麓，自舊橋北流，折而東北曲曲，至此五里一分。又北少東流二里，至鐵杓口灘入大溪。

枝流白雁溪。

東霈橋，白雁溪自遂昌縣貴義嶺發源，流至此入境。又西南流至東霈村二里三分。

觀音橋，自東霈村西南流，折而東南曲曲，至此七里七分。

庫武口村，自觀音橋南少東曲曲流，過溪下村，至此十里五分。

萬安橋，自庫武口村東南流，折而南，至此三里五分。

俞山北麓，自萬安橋東南曲曲流，至此七里二分。

道堂下村，自俞山北麓東南曲曲流，過俞山頭村，至此九里。水深二尺，面闊七丈。

管村，自道堂下村東南流，至此二里五分。又東南流四里五分，至大白岸村入大溪。

枝流道太溪。

高坑山，道太溪自此發源，東南流，至陳村三里九分。

垟頭村，自陳村南流，折而西南，復折而東南，至此七里八分。水深一尺，面闊六丈。又南流四里一分至道太鎮入大溪。

枝流安仁溪。

上官嶺，安仁溪自此發源，東少南流，至曲岱村四里五分。

下田村，自曲岱村東南流，折而東北，復折而東南，至此七里一分。

青山村，自下田村北迤東流，過東坑村，至此八里五分。

埠下村，自青山村曲曲北流，折而東北，至此七里七分。水深二尺，面闊五丈。

安仁鎮，自埠下村東北曲曲流，過山堂村，折而北，至此十二里八分。

掙頭坑村，自安仁鎮北少西流，至此六里五分。又西北流六里七分，至安仁口村入大溪。

住溪

經流

魚跳井村，住溪自福建浦城縣流至此入境，又東南流，過雞冠巖村，至黄礓嶺南麓四里七分。

住溪鎮，自黄礓嶺南麓東迤北曲曲流，至此七里一分。水深三尺，面闊二十丈。

石壁下村，自住溪鎮北迤東流，至此五里二分。

黄沙畈村，自石壁下村北少東流，過山進坑村，至此六里五分。

紗帽山東麓，自黄沙畈村北迤東流，過九條坑村，至此六里一分。

攀竹嶺西麓，自紗帽山東麓東北流，至此六里。與遂昌縣分界。

一溪

經流

九漈山東麓，一溪自此發源東南流，折而東北，復折而東，至一溪村六里五分。

郁家山南麓，自一溪村東迤南流，至此十一里二分。水深一尺五寸，面闊五丈。

風洞塢南，自郁家山南麓東流，至此五里三分。

觀音山西麓，自風洞塢南首東南流，至此六里。

龔嶺根橋，自觀音山西麓東南流，至此三里二分。與景甯縣分界。入景甯縣境爲英川。

陸路道里記

東鄉縣無城，從圈門起。餘倣此。

幹路

臨江村，自東圈門一名觀光門。外東行，折而東北，過黄灌村，至此五里九分。

鳳鳴橋，自臨江村北行，折而東，復折而南，三折而東北，過梧桐口村，至此六里九分。西北通北鄉幹路之西鳳橋。

楊梅嶺脚村，自鳳鳴橋東南行，過小白岸村，折而東北，越楊梅嶺，嶺高十八丈。至此七里八分。

大白岸村，自楊梅嶺脚村東行，過楊梅鋪村，折而東北，至此十二里。

道太鎮，自大白岸村東行，折而東南，復折而北少東，至此八里四分。

鴿湖村，自道太鎮東北行，折而南少西，復折而東少南，至此六里五分。

虎頭山西北麓，自鴿湖村東南行，至此二里一分。

大石橋，自虎頭山西北麓東北行，越源口嶺，嶺高十七丈。至此七里九分。

大石鋪村，自大石橋東南行，越百步嶺，嶺高六丈。至此三里四分。

北垟山南麓，自大石鋪村東南行，折而東北，越雲和縣境，至此七里。

武溪鎮，廣濟橋。自北垟山南麓仍入本境，東北行，過山夾兒村，至此二里六分。與雲和縣分界。

枝路

道堂下村，自大白岸村西北行，過管村，至此七里三分。

俞山北麓，自道堂下村西北曲曲行，過俞山頭村，至此十一里。又西北行六里一分，至萬安橋入北鄉幹路。

枝路

新嶺，自道太鎮北少東行，過垟頭村，折而西北，至此八里六分。嶺高五十八丈。

陳村，自新嶺北少西曲曲行，至此四里一分。

樹林坳，自陳村東北行，折而北，至此六里一分。與松陽縣分界。

枝路

安仁口村，自虎頭山西北麓東南行，折而東，過大垟村，又折而南渡大溪，渡闊五十八丈。至此六里二分。

掙頭坑村，自安仁口村東南行，過烏壇村，至此七里四分。

安仁鎮，自掙頭坑村東南行，至此六里三分。

嚴山村，自安仁鎮東北曲曲行，至此十一里九分。

嚴山嶺，自嚴山村東少南行，折而東少北，至此二里六分。與雲和縣分界。

山堂村，自安仁鎮南迤西行，至此五里一分。

埠下村，自山堂村西南行，至此七里二分。

猿猴山北麓，自埠下村西南行，折而南，至此四里。

東坑村，自猿猴山北麓西迤南曲曲行，至此七里四分。

黄坑淤村，自東坑村南迤西行，折而南迤東，至此九里八分。

大峴山西麓，自黄坑淤村東南行，至此二里二分。

龍井村，自大峴山西麓西南行，至此四里一分。

庫綱滐村，自龍井村東南由由行，至此七里五分。與景甯縣分界。

枝路

吴莊村，自大石橋北行，過吴莊橋，至此四里五分。

西坑橋，自吴莊村東北行，過西坑下村，至此五里六分。

大石坑村，自西坑橋東北行，過下庵村，折而北，至此八里八分。

大石坳，自大石坑村東北行，至此四里一分。與松陽縣分界。

木山坳，自西坑橋西北曲曲行，過横坑村，折而北，至此十一里二分。與松陽縣分界。

枝路

永盛橋，自武溪鎮廣濟橋東北曲曲行，越雲和縣境，至此二里。

沈村，自永盛橋仍入本境，東北曲曲行，至此四里四分。

劉地村，自沈村西北行，折而東北，至此十六里七分。

山源坳，自劉地村北行，至此三里一分。與松陽縣分界。

南鄉

幹路路向南。

濟川橋，自南圈門外南行，至此五分。

大沙村，自濟川橋東少南行，至此五里一分。

磋石村，自大沙村東南行，越磋石嶺，嶺高三十一丈。至此六里七分。

瞿源村，自磋石村曲曲南行，過筍邊村，越黄蜂嶺，嶺高四十七丈。至此十二里二分。

關鋪垟村，自瞿源村西南行，越張嶺，嶺高四十三丈。折而南少東，至此十三里八分。

西坳，自關鋪垟村東南行，越裘家嶺，嶺高八十七丈。至此十一里九分。

一溪橋，自西坳東南行，折而南過四達亭，復折而西南，至此九里五分。

梅七村，自一溪橋西南行，至此七里二分。

烏皮亭，自梅七村西南行，至此六里七分。

大坳嶺，自烏皮亭西南行，越慶元縣境，至此五里九分。

南溪村，自大坳嶺仍入本境，西南行，至此四里一分。

梅坳，自南溪村西南行，至此八里二分。與慶元縣分界。

枝路

秋畈村，自磋石村東南行，過塢坳村，折而東北曲曲，至此五里七分。

觀音堂東，自秋畈村南少東行，至此二里一分。南通枝路之大舍村。

寨下坑村，自觀音堂東首東北曲曲行，折而東南，至此九里四分。

棗槐嶺村，自寨下坑村東北行，至此五里五分。

安福村，自棗槐嶺村東北曲曲行，過寮礌村，至此十里九分。

闐門嶺，自安福村東南行，至此六里一分。嶺高五十四丈。又東南行六里二分至安仁鎮，與自東鄉幹路内虎頭山西北麓起之枝路合。

枝路

岱根嶺，自瞿源村東南行，過李山頭村，至此十二里四分。嶺高三十九丈。

上興村，自岱根嶺南少東曲曲行，過穹坑村，至此九里二分。

大舍村，自上興村東少北行，過葉村，折而東南，至此七里五分。

墓坳嶺，自大舍村南行曲曲，至此五里四分。嶺高二十七丈。

龔嶺根橋，自墓坳嶺東南行，越龔嶺，嶺高四十丈。至此十六里。與景甯縣分界。

幹路路向西南。

下灣村，自南圈門外濟川橋西行，過秦溪漠村，折而西南，至此六里六分。

定安橋，自下灣村南少西行，過宏山村，越蜜蜂嶺，嶺高十二丈。至此十里八分。

麻皮嶺，自定安橋西南曲曲行，至此九里二分。嶺高八丈。

巨田村，自麻皮嶺西南行，過青坑村，折而南少東，至此九里三分。

竹洲村，自巨田村西南行，過鎮安橋，折而西北曲曲，至此十里一分。

查田市，自竹洲村西南行，越下保嶺，嶺高十七丈。折而南，又折而西，至此九里五分。

黃南村，自查田市西少南行，過包家莊，至此五里五分。

小梅鎮，壽川橋。自黃南村曲折南行，至此十里九分。與慶元縣分界。

枝路

桐山村，自定安橋東南曲曲行，過五梅垟村，至此九里四分。

大賽村，自桐山村南行，至此五里五分。又東南行九里一分至關鋪垟村，入向南幹路。

枝路

隆豐村，自巨田村東南行，折而南，至此七里九分。

石門村，自隆豐村南少西行，至此五里八分。

庫粗坑村，自石門村西南行，折而東南曲曲，越木代嶺，至此七里三分。

坪田村，自庫粗坑村南迤東曲曲行，越坪田嶺，嶺高八十丈。至此六里。

硋鋪村，自坪田村南迤東行，越硋鋪嶺，嶺高八十七丈。至此六里三分。

幹上村，自硋鋪村東南曲曲行，至此十一里。又東南行二里四分，至梅坳入向南幹路。

枝路

半邊月村，自黃南村西行，過濟安橋，至此四里五分。

坪嶺頭，自半邊月村西南行，過雙溪橋，至此九里九分。與慶元縣分界。

枝路

金村，自小梅鎮東少南曲曲行，越金村嶺，嶺高二十七丈。至此八里六分。

雙江橋，自金村東行，越黃泥嶺，嶺高二十二丈。折而南，復折而東南曲曲，越沙懸嶺，嶺高三十二丈。至此十二里九分。

垟順亭，自雙江橋南行，折而東南，至此九里二分。

水竹垟村，自垟順亭東南行，折而南，至此八里。

井下坳，自水竹垟村東南曲曲行，至此三里六分。與慶元縣分界。

西鄉

幹路

觀音橋，自西圈門一名奉直門。外西北行，至此八里七分。

新嶺，自觀音橋西南行，過永源村，至此五里。嶺高三十四丈。

松渠市，自新嶺西南行，過源坑村，至此十里四分。

沙溪村，自松渠市西南曲曲行，至此七里二分。

八都鎮，長安橋。自沙溪村西南曲曲行，至此九里。

銅山村，自長安橋西少北行，至此六里五分。

木岱口鎮，自銅山村西迤南曲曲行，過大坦村，至此十里三分。

落崖嶺，自木岱口鎮曲曲南行，過五都劉村，折而西，至此十二里七分。與慶元縣分界。

枝路

蘭花亭村，自西圈門外西北行，過石門村曲曲，至此十一里六分。

朱嶺，自蘭花亭村西北曲曲行，至此七里九分。嶺高四十三丈。

蕭莊村，自朱嶺西北曲曲行，越麻地嶺，嶺高四十七丈。至此八里。

鄭莊村，自蕭莊村西北行，越裏岱嶺，嶺高三十九丈。折而東北過坳頭村，復折而北曲曲，至此十四里八分。

獨源村，自鄭莊村北行曲曲，越大楓嶺，嶺高五十四丈。至此八里九分。

涼亭，自獨源村北行曲曲過坑口村，至此八里五分。與遂昌縣分界。

枝路

錦旦中村，自觀音橋曲曲西行，過吳林村，至此十里八分。

奉賢橋，自錦旦中村西北行，過半溪村，至此十一里九分。

上田坪，自奉賢橋西北行，過外垟村，至此九里二分。

住溪鎮，自上田坪西北行，至此七里二分。

鼓樓橋，自住溪鎮東北行，至此一里一分。

潘牀村，自鼓樓橋西北行，越卯嶺，嶺高三十二丈。至此八里三分。

雷公場村，自潘牀村西北行，越三峰篷嶺，嶺高四十三丈。至此十一里七分。

界牌，自雷公場村西南行，至此一里九分。與福建浦城縣分界。

山進坑村，自鼓樓橋北少東行，至此六里七分。

黃沙畈村，自山進坑村北少東行，至此五里四分。

大塘門村，自黃沙畈村北少東行，過九條坑村，至此十里六分。

攀竹嶺，自大塘門村東北行，至此三里一分。與遂昌縣分界。

上山村，自雷公場村西北曲曲行，折而東北過宋曹坑村，至此十里二分。

危婆嶺，自上山村東北行，至此十三里九分，與遂昌縣分界。

枝路

蓋竹村，自八都鎮西北行，至此五里五分。

洋賽坑，自蓋竹村西北曲曲行，過山溪靠村，至此十三里二分。

坳頭村，自洋賽坑北少西行，越半嶺，至此十一里一分。

新篷村，自坳頭村東北行，過王簾坑村，折而北少西，至此八里三分。又北少西行三里至住溪鎮，與自觀音橋起之枝路合。

枝路

塘上村，自木岱口鎮西北曲曲行，越木岱嶺，嶺高五十四丈。過木岱村，至此十二里。

石坑村，自塘上村西北曲曲行，過溪頭村，至此六里一分。與福建浦城縣分界。

北鄉

幹路

百步嶺，自北圈門一名小北門。外北迤東曲曲行，至此五里八分。

西鳳橋，自百步嶺東北曲曲行，越竹坑嶺，嶺高六十六丈。至此八里。

白墓村，自西鳳橋曲折北行，至此八里七分。

黃莊橋，自白墓村西北行，至此九里二分。

萬安橋，自黃莊橋東北行，越吳岱嶺，嶺高一百三十六丈。至此十里二分。

雙江橋，自萬安橋曲曲北行，至此三里六分。

觀音橋，自雙江橋北迤西曲曲行，過大坵田，至此十二里三分。

東需橋，自觀音橋曲曲西北行，折而東北，過東需村，至此十一里三分。與遂昌縣分界。

枝路

皂口村，自黃莊橋西少北行，過垟塢村，至此七里一分。

雙溪村，自皂口村曲曲北行，至此八里二分。

龍泉嶺，自雙溪村北迤西行，至此七里五分。與遂昌縣分界。

枝路

大舍村，自雙江橋東北行，至此八里六分。

雙夾田，自大舍村東北行，至此七里七分。與松陽縣分界。

枝路

陂川村，自觀音橋曲曲東行，至此三里二分。

龍虎坳，自陂川村東北行，至此十一里八分。與松陽縣分界。

處州府慶元縣

水路道里記

槎溪

經流

光石山，槎溪自此發源南流，至漈面嶺西麓二里六分。

官局村，自漈面嶺西麓西南流，折而西北，至此五里九分。

榅坳亭西，自官局村西少北流，折而北，至此四里九分。

半灣村，自榅坳亭西首西北流，至此四里。

五大保村，自半灣村西北曲曲流，至此七里五分。

濛淤村，自五大保村西少北曲曲流，至此三里九分。水深三尺，面闊十二丈。

蘭溪橋，自濛淤村西流，折而北少西，至此七里六分。

應嶺西麓，自蘭溪橋北流，折而西南曲曲，至此六里六分。

石壁隘，自應嶺西麓西少北流，至此二里七分。水深三尺，面闊十五丈。

古樓廟，自石壁隘西少北流，折而西南，至此三里八分。

縣城北，自古樓廟西流，至此六里六分。水深五尺，面闊十六丈。有竹坑溪自西南來注之。

焦坑水口，自縣城北首西北流，折而西南，至此六里九分。有焦坑水自北來注之。

五都田，自焦坑水口西迤南流，至此三里六分。

八都鎮西南，自五都田西少北流，折而西少南，至此六里四分。有芸洲溪自南來會之。見後。

棘蘭隘，自八都鎮西南首西流，過同濟橋，折而西北，復折而西，至此六里四分。以下一名棘蘭溪，水深四尺，面闊十六丈。

蜈蚣嶺南麓，自棘蘭隘西北曲曲流，過桂發亭，至此九里一分。與福建松溪縣分界。

枝流芸洲溪。

下安溪村南，芸洲溪自福建政和縣流至此入境，又北流至安溪隘二里八分。以上一名安溪。

蒲潭村，自安溪隘北迤東曲曲流，至此八里七分。水深三尺，面闊十五丈。

芸洲村，自蒲潭村北少西流，折而東，復折而北，至此七里五分。

水尾獅子山東麓，自芸洲村西北流，至此七里九分。水深四尺，面闊二十丈。又北流二里六分，至八都鎮西南入槎溪。

南洋溪

經流

鈴高山，南洋溪自此發源，西南流，至嵐頭山北六里五分。

田頭村，自嵐頭山北首東流曲曲，過坳頭橋，折而北迤東，至此八里五分。

南洋村，自田頭村東南流，折而東少北，至此三里九分。

高溪村，自南洋村東少北流，折而東南曲曲，過周洋村，復折而東北，至此七里九分。水深二尺，面闊五丈。

鶩公山北麓，自高溪村東北流，至此八里。

大廣山南麓，自鶩公山北麓東流，至此五里二分。水深三尺，面闊十二丈。

黄垓峰東南，自大廣山南麓東迤北流，至此六里七分。與景甯縣分界。

魚頭溪

經流

雞冠山，魚頭溪自此發源北流，至八爐村二里一分。

横嶺村，自八爐村東少南流，至此五里三分。

雙溪村，自横嶺村東南曲曲流，至此七里四分。水深二尺，面闊六丈。

九錠岡尖南，自雙溪村東北流，至此七里。

礱頭山南麓，自九錠岡尖南首東流，至此五里八分。水深三尺，面闊八丈。

魚頭漈村東，自礱頭山南麓東流，折而南，至此二里四分。與福建壽甯縣分界。

秦溪即大溪。

經流

鑾頭山，秦溪自此發源東少北流，至外橋三里五分。水深二尺，面闊三丈。

金釵山南麓，自外橋東北流，折而東南，至此四里五分。

水上魚山北麓，自金釵山南麓東流，至此六里一分。與龍泉縣分界。

竹口溪

經流

雷風山，竹口溪自此發源，西南曲曲流，至楓樹橋四里。

伯渡村，自楓樹橋南流曲曲，至此四里二分。

大澤村，自伯渡村南少東曲曲流，至此六里五分。水深三尺，面闊七丈。

竹口鎮，自大澤村南迤西流，至此七里一分。以下一名梓亭溪。

驛鋪亭，自竹口鎮西南流，至此六里七分。

新窑市，自驛鋪亭南少東流，至此五里七分。水深三尺，面闊十丈。

土城山西，自新窑市西南流，至此二里五分。與福建松溪縣分界。

陸路道里記

東門一名豐山門。

幹路

上洋橋，自東門外東行，過後田市曲曲，至此五里六分。

外橋，自上洋橋東少南行，過古樓廟，折而東北，復折而東南曲曲，至此六里一分。

濛淤村，自外橋東南行，越應嶺，嶺高三十三丈。過松風亭曲曲，至此八里一分。

巖背村，自濛淤村東北行，折而東南曲曲，過五大保村，至此七里。

榅坳亭，自巖背村東南行，渡槎溪，至此八里一分。

嶺頭村，自榅坳亭東南行，過松翠灣村、官局村，至此七里二分。

横嶺村，自嶺頭村東迤北行，越漈面嶺，嶺高二十六丈。至此九里七分。

梅坳村東，自横嶺村東迤南行，過石磨下村，越梅坳嶺，嶺高七十六丈。至此十里六分。

九錠岡坳，自梅坳村東首東南曲曲行，至此七里七分。

魚頭漈村，自九錠岡坳東南行，折而東，至此九里。與福建壽甯縣分界。

枝路

喜鵲隘，自上洋橋曲曲東北行，越喜鵲嶺，嶺高三十二丈。至此六里九分。

西洋村，自喜鵲隘東北行，折而西北，復折而北少東，至此八里三分。

梅坳嶺，自西洋村北少東曲曲行，至此十里三分。

梅坳，自梅坳嶺東北行，越十八折嶺，嶺高一十四丈。過梅坳村，折而北少西，至此七里七分。與龍泉縣分界。

枝路

護龍亭，自外橋曲曲東北行，過蘭溪橋，越梧桐嶺，嶺高一百一十五丈。至此十二里五分。

青草嶺頭，自護龍亭東北行，過甘露堂寺，至此十二里九分。

上烏坳亭，自青草嶺頭東少北曲曲行，過庫坑村，至此十里八分。

黄土洋村，自上烏坳亭東北曲曲行，至此五里九分。

聚秀亭，自黄土洋村北少東行，越黄水嶺，嶺高六十八丈。至此十三里八分。

蛤湖村，自聚秀亭東行，過久住洋村，折而東少南，至此八里九分。

蛤湖隘，自蛤湖村東北行，至此二里三分。與景甯縣分界。

漈前村，自青草嶺頭東行，折而東南曲曲，至此七里。

田頭村，自漈前村曲曲東行，過庫山村、坳頭橋，折而東北，至此十里。

周洋村西，自田頭村東行，過南洋村，折而東南曲曲，至此十二里。

圳頭嶺，自周洋村西首東南行，過大楓坳嶺頂，嶺高七十一丈。折而東曲曲，至此十里九分。

官塘村，自圳頭嶺東南行，折而東少北，至此十七里五分。

白柘洋村，自官塘村東南曲曲行，至此十里五分。

雙路亭，自白柘洋村南少東行，過白柘坑村曲曲，至此八里九分。

巖前橋，自雙路亭東南行，至此四里七分。

沙洋村，自巖前橋東少南行，過琴山南麓，折而東北，至此九里八分。

杜山村，自沙洋村東少北曲曲行，過大墅村，至此六里八分。

白箬坳北，自杜山村東少北曲曲行，過三甕村，至此十里七分。與景甯縣分界。

東坑村，自黄土洋村東北行，至此六里九分。

新村，自東坑村東行，越東坑嶺，嶺高五十八丈。折而東北，復折而東，至此八里三分。

湖邊村，自新村東少南行，至此五里九分。

界亭，自湖邊村東行，折而東北，至此四里九分。與景甯縣分界。

山碓村，自聚秀亭西南曲曲行，折而西北，至此七里一分。

齋郎村，自山碓村西南行，折而西北，至此八里五分。

楓樹坪村，自齋郎村西北行，至此六里九分。東北通枝路之蛤湖村。

花籃亭，自楓樹坪村西北曲曲行，至此三里二分。與龍泉縣分界。

枝路

楊溪亭，自濛淤村東南行，過郎當灣曲曲，至此十四里。

黄楠村，自楊溪亭南迤西行，至此五里六分。

舉溪市，自黄楠村南行，至此六里五分。

魚川村，自舉溪市東南行，過醮田村，至此十三里六分。

田溪村，自魚川村曲曲東南行，過蓬家山村，折而東北，至此七里二分。

八爐村，自田溪村東北行，過後洋坑村曲曲，至此十二里九分。

魚滌鮮村，自八爐村東迤南行，過横嶺村曲曲，至此八里二分。

上渺洋村，自魚滌鮮村東南行，過雙溪村，折而東北，至此九里五分。又北行，折而南，復折而東北五里二分，至九錠岡坳入幹路。

枝路

黄沙村，自榅坳亭北迤東曲曲行，至此六里九分。

桃坑村，自黄沙村東北曲曲行，至此八里一分。

楊橋坑村，自桃坑村東南行，折而東北，復折而東南，至此七里四分。

九曲山南麓，自楊橋坑村東少南行，至此六里九分。

岱根村，自九曲山南麓東少南曲曲行，至此十一里七分。

左溪村，自岱根村東北行，至此六里七分。

轄竹村，自左溪村東南曲曲行，至此十五里七分。

石塘村，自轄竹村東南曲曲行，至此六里四分。

岡根村，自石塘村曲曲南行，至此九里八分。西北通幹路之梅坳村。

通壽亭，自岡根村東北曲曲行，至此六里六分。

青田隘，自通壽亭南少東行，過青田村，至此五里八分。與福建壽甯縣分界。

南門一名濟川門。

幹路

大濟村，自南門外東南曲曲行，至此三里八分。

派石坑嶺，自大濟村東南行，至此五里七分。

上山坳，自派石坑嶺南行，過白鶴隘，至此四里七分。

餘地村，自上山坳南行，至此四里三分。

陳村，自餘地村南少西行，至此六里。

梅仔亭，自陳村南行，至此四里五分。與福建政和縣分界。

枝路

路亭，自派石坑嶺北行，折而東南曲曲，過瓜豆山南麓，至此九里五分。

東山後村，自路亭北行，折而東南曲曲，至此五里。

楊家樓村，自東山後村南行，折而西少南曲曲，至此八里三分。

門樓後村，自楊家樓村曲曲南行，折而東，至此九里一分。

洋頭村，自門樓後村南行，過富樓源村，至此八里。

洛嶺村，自洋頭村東行，折而南曲曲，至此六里六分。

鹽碁村，自洛嶺村西南曲曲行，至此六里四分。與福建政和縣分界。

西門一名薰阜門。

幹路

下莊橋，自西門外西少南行，折而南迤東，至此五里一分。

下塢村，自下莊橋南迤西行，至此四里三分。

山頭洋村，自下塢村西南曲曲行，至此十一里一分。

黄山頭村，自山頭洋村西南曲曲行，至此七里七分。

小安村西，自黄山頭村西南行，過員山村，至此五里五分。

下安溪村，自小安村西首西行，至此九分。

界牌，自下安溪村南行，至此六分。與福建政和縣分界。

枝路

衕頭村，自小安村西首東少南行，折而東北曲曲，至此六里五分。

根竹村，自衕頭村東南曲曲行，至此五里八分。

上安溪村，自根竹村東南行，越根竹嶺，嶺高一十五丈。折而南曲曲，至此六里三分。與福建政和縣分界。

枝路

中村，自下安溪村西行，至此二里二分。

隆宫村，自中村西南行，至此四里五分。

半嶺三間亭，自隆宫村西迤南行，至此五里九分。

黄坑隘，自半嶺三間亭西北曲曲行，至此八里三分。

鐵嶺村，自黄坑隘西南行，至此一里七分。與福建松溪縣分界。

西北門一名太平門。

幹路

程公橋，自西北門外北少東行，折而西越角門嶺，至此四里九分。

五都田村，自程公橋西迤南曲曲行，至此五里八分。

八都鎮，自五都田村西行曲曲，至此七里八分。

同濟橋，自八都鎮西南行，至此一里。

桂發亭，自同濟橋西北曲曲行，過棘闌隘，至此七里六分。

寨後村，自桂發亭西北行，折而東北，至此四里三分。

新窑市，自寨後村西北行，越新窑嶺，嶺高五十五丈。至此六里七分。

驛鋪亭，自新窑市北少西行，至此六里八分。

竹口鎮，自驛鋪亭東北曲曲行，至此五里。

大澤村東，自竹口鎮北少東行，至此九里六分。

伯渡村，自大澤村東首西北行，至此六里五分。

楓樹橋，自伯渡村西北行，折而北迤東，至此四里八分。

關門坳，自楓樹橋東北行，至此四里七分。

壽川橋，自關門坳東北行，至此五里二分。與龍泉縣分界。

枝路

洋里村，自五都田村南行，至此五里二分。

芸洲村，自洋里村西南行，至此五里一分。

龜田隘，自芸洲村南行，折而西，復折而南，至此三里六分。

插花嶺，自龜田隘南少東行，折而西南，至此七里六分。又東南行，折而南少西八里，至下安溪村入西門外幹路。

枝路

興福亭，自同濟橋南少東行，折而西南，至此六里六分。

倉岱村，自興福亭西南行，至此四里二分。

平坑嶺，自倉岱村南行，折而西曲曲，至此三里。

龍鳳庵北，自平坑嶺曲曲西行，折而北，至此四里一分。與福建松溪縣分界。

枝路

上岱亭，自竹口鎮西行，至此三里六分。

黄沙隘亭，自上岱亭西北曲曲行，至此十里。與福建松溪縣分界。

枝路

下漈村，自竹口鎮北少西行，至此七里二分。

本源村，自下漈村東少北行，折而北少西，過中濟村，至此七里七分。

湖頭村，自本源村西北行，折而東北，復折而西北曲曲，過上漈村，至此七里一分。西通仙莊村，計六里。與福建松溪縣分界。

漈下村，自湖頭村西北曲曲行，至此五里三分。

湯源村，自漈下村北少西曲曲行，越湯源嶺，折而東北，至此七里。

上源村，自湯源村北少東行，至此五里八分。

茭坪村，自上源村北少東行，至此五里。

丁源嶺脚，自茭坪村北行，越丁源嶺，嶺高五十三丈。至此七里四分。

落崖嶺頭，自丁源嶺脚北少東行，折而北迤西，至此九里。與龍泉縣分界。

五步亭村，自丁源嶺脚西迤南行，至此四里九分。

福隆橋，自五步亭村西少北曲曲行，至此三里二分。與福建浦城縣分界。

枝路

樂善橋，自壽川橋東南曲曲行，過石塘坑村，至此八里四分。

爐坑村，自樂善橋南少西行，過爐坑亭，折而東少南，至此九里四分。

源頭坳村，自爐坑村東迤南曲曲行，至此七里九分。

坑頭坳嶺，自源頭坳村南少東行，至此二里七分。與龍泉縣分界。

北門一名雲龍門。

幹路

教場，自北門外東行，過學後橋，折而北，至此一里一分。

雞母亭，自教場北少西行，越雞母嶺，嶺高四十九丈。至此五里九分。

上莊村，自雞母亭北少西曲曲行，過烏住村，至此四里六分。西通西北門外幹路之程公橋。

焦坑亭，自上莊村北行，至此四里二分。

山溪村，自焦坑亭北少西行，折而東北曲曲，至此五里七分。

高漈村南，自山溪村東北行，折而北少西，至此七里四分。

太平亭，自高漈村南首西北行，越太平嶺，嶺高七十九丈。至此五里九分。與龍泉縣分界。

枝路

烏大龍山北，自高漈村南首東少南行，至此三里三分。

井下坳，自烏大龍山北首東行，折而北，至此三里二分。與龍泉縣分界。

處州府雲和縣

水路道里記

大溪

經流

大石浦村，大溪自龍泉縣流至此入境，又東南流，至白箬潭村三里三分。

洪灘，自白箬潭村東少北流，至此二里九分。

武溪灘，自洪灘東北流，越龍泉縣境，至此三里六分。

九里潭村，自武溪灘復入本境，東南流，至此三里六分。

烏葚源村，自九里潭村東流，至此二里五分。有烏葚源自北來注之。

沙埠頭村，自烏葚源村東南流，至此四里一分。有麻洋水自西南來注之。

七赤鎮，自沙埠頭村東流，至此一里四分。水深八尺，面闊九十丈。有梅洋水自東南來注之。

西村，自七赤鎮東北曲折流，至此四里一分。

梓坊村，自西村東北流，至此一里九分。

瑞灘村，自梓坊村東北流，至此六里一分。

湯浩門灘，自瑞灘村東北流，越龍泉縣境，至此七里五分。

朱坑口，自湯浩門灘復入本境，東北流，折而東南，至此一里二分。有朱坑水自東北來注之。

烏龍坑口，自朱坑口東流，過緊水灘村，折而南，復折而東，至此六里八分。有烏龍坑水自東北來注之。

山潭村，自烏龍坑口南流過石富渡，折而東南，至此七里七分。水深八尺，面闊八十七丈。有浮雲溪自南來會之。見後。

長汀村，自山潭村東北流，至此五里四分。水深九尺，面闊九十三丈。

戈溪山南麓，自長汀村東流，過灘頭村，折而東少北，至此六里一分。以下一名戈溪。

劉坑口，自戈溪山南麓東北流，至此三里四分。有劉坑水自東南來注之。以下一名桑溪。

北溪口，自劉坑口東北流，至此二里八分。有北溪自西北來注之。

石門坑口，自北溪口東北流，至此二里二分。有石門坑水自北來注之。

東坑口，自石門坑口東流，至此一里八分。有東坑水自東南來注之。

石塘坑口，自東坑口東北流，至此二里五分。有石塘坑水自東來注之。

朱村，自石塘坑口東北流，至此三里一分。有泉溪自西北來注之。以下一名規溪。

朱家灘，自朱村東北曲曲流，至此六里三分。水深一丈二尺，面闊一百十丈。與麗水縣分界。

枝流浮雲溪。

黄棧坑山，浮雲溪自此發源，東少北流，至集義橋七里三分。有龍浦水自南來注之。

漈頭街，自集義橋北流，至此三里一分。水深四尺，面闊九丈。有朱源水自西北來注之。以上一名梅源溪。

集慶橋，自漈頭街東北流，過棧雲橋，至此八里八分。水深三尺，面闊二十丈。以上一名漈溪。

仁者橋，自集慶橋東迤北流，至此三里六分。以上一名柘溪。

利涉橋南，自仁者橋東迤北流，至此四里四分。有梅鼇水自北來注之。以上一名貴溪。

浮鼇山北麓，自利涉橋南首東流，至此五分。水深五尺，面闊十六丈。有霧溪自南來會之。見後。以上一名新溪。

迎薰橋，自浮鼇山北麓東流，至此三里五分。

龜山南麓，自迎薰橋東迤北流，至此二里八分。有黄溪自西來會之。見後。

雙溪口，自龜山南麓東流，至此二里三分。有漈口溪自西南來注之，又有安溪自東南來注之。

獨山麓，自雙溪口北迤東流，過通濟橋，至此六里二分。水深三尺，面闊二十三丈。有雲礓溪自東來會之。見後。

大陰山西麓，自獨山麓北迤西流，至此三里五分。以上一名雲溪。

同仁橋，自大陰山西麓西北流，至此二里。以上一名谷溪。又西北流五分，至山潭村入大溪。

枝流霧溪。

坳頭嶺，霧溪自此發源曲曲北流，至霧飛嶺東麓九里八分。

大倉村，自霧飛嶺東麓北少東流，至此七里二分。

黄橋頭，自大倉村北流，至此七里一分。水深二尺，面闊十四丈。有沙溪自西來注之。又北少東流一里五分，至浮鼇山北麓入浮雲溪。

枝流黄溪。

婁狗山，黄溪自此發源，東南流，至河坑村四里六分。

杉坑嶺麓，自河坑村南少東流，至此五里五分。

白塔山南，自杉坑嶺麓西南流，折而東少南，過縣治北，至此五里八分。水深二尺，面闊六丈。又東少南流二里，至龜山南麓入浮雲溪。

枝流雲礓溪。

嵐頭嶺，雲礓溪自此發源，北少東流，至沈莊八里八分。水深一尺，面闊四丈。

東村橋，自沈莊曲曲北流，至此九里三分。

雲礓街，自東村橋北流，至此五里二分。有梅鷩溪自東來注之。以上一名沈莊溪。

獨山村，自雲礓街西流曲曲，至此八里一分。水深二尺，面闊六丈。又北流，折而西二里一分，至獨山麓入浮雲溪。

豐源水

經流

豐源山，豐源水自此發源，東南流，至黄家畬村二里五分。

盤條口，自黄家畬村西南流，折而西，至此七里八分。

印佛山北麓，自盤條口南迤東曲曲流，至此八里九分。

林岱南麓，自印佛山北麓東迤南曲曲流，至此九里五分。

雲蔭橋，自林岱南麓東南曲曲流，至此八里一分。

金坑後山西南麓，自雲蔭橋東南流，至此二里二分。與景甯縣分界。

陸路道里記

東鄉縣無城，從圈門起。餘倣此。

幹路

開甲門，自東圈門一名青陽門。外東行，至此一里四分。

象山南麓，自開甲門東少北行，至此二里五分。

通濟橋，自象山南麓東北行，過大徐村，至此三里七分。

雲礓街，自通濟橋東行，過獨山村，至此八里五分。

觀音殿，自雲礓街東北行，至此六里三分。

石塘嶺南麓，自觀音殿北行，過小順堡，至此八里三分。嶺高十九丈。

蒲潭村東，自石塘嶺南麓北行，至此二里六分。

石塘街，自蒲潭村東首北行，折而東，至此三里二分。

雙港村南，自石塘街東北行，過石川橋，至此八里。

眠牛山西麓，自雙港村南首東北行，過路亭，折而北，至此三里九分。與麗水縣分界。

枝路

莊前村，自東圈門北少東行，越五花嶺，嶺高八丈九尺。折而北少西，至此八里五分。

溪口村，自莊前村西北行，過楓樹橋，折而東北，越溪口嶺，嶺高十二丈二尺。至此三里六分。

局村街，自溪口村東南行，至此一里二分。南通幹路之通濟橋。

趙岸村北，自局村街東北曲曲行，至此六里七分。

留蕙橋，自趙岸村北首東行，折而東北過小順村，至此九里九分。又東北行一里三分，至石塘嶺南麓入幹路。

渡船頭村，自溪口村西北行，至此四里四分。

三望潭村，自渡船頭村北行，折而西，至此四里五分。

大牛村，自三望潭村西行，折而北，過緊水灘村，復折而西少北，至此六里五分。

洽川口，自大牛村西南行，至此三里三分。

洋後村，自洽川口渡溪北迤東行，至此三里二分。

徐湖村，自洋後村西北行，折而東北，至此八里四分。

石倉嶺，自徐湖村北行，至此六里三分。與松陽縣分界。

寨下村，自趙岸村北首渡大溪，東北行，越長汀嶺，嶺高十七丈。折而西北，至此九里二分。

毛山村，自寨下村西北行，折而北少東，至此四里三分。

楊村，自毛山村北行，過雷坑村，至此六里七分。

石子嶺坳，自楊村西行，至此八里一分。嶺高三十四丈。與松陽縣分界。

枝路

沈村，自雲礓街南行，至此五里二分。

夫人殿，自沈村南少東行，至此八里六分。

嵐頭嶺頂，自夫人殿南少西行，至此九里五分。嶺高四十四丈八尺。與景甯縣分界。

佛布亭，自沈村東行，至此九里。

金山尖西，自佛布亭南少東行，越十八折嶺，嶺高二十四丈三尺。至此九里一分。與景甯縣分界。

枝路

靛青山村，自觀音殿東南曲曲行，過梅灣村，至此八里六分。

水尖灣山南麓，自靛青山村東南行，過泉岱村，至此十里六分。西通枝路之佛布亭。

上垟村，自水尖灣山南麓東少北行，至此二里七分。

幅水巖東南麓，自上垟村東少北曲曲行，至此七里。與麗水縣分界。

蔡坑村，自上垟村南少東行，至此七里一分。

界亭，自蔡坑村南少西行，過横山後村，折而西，至此九里三分。與景甯縣分界。

枝路

瑞星橋，自蒲潭村東首西行，渡大溪，折而西北，至此三里八分。

石門坑村，自瑞星橋北少西行，越九節嶺，嶺高二十三丈五尺。折而東北，至此五里三分。

新濟橋，自石門坑村東行，折而北，過朱村，至此六里一分。

石亭坳，自新濟橋西少北行，過泉溪村，折而東，復折而北，至此十一里。與松陽縣分界。

枝路

劉坑村，自石塘街東南行，至此九里四分。

新碭村，自劉坑村東南行，越張山，折而東少北，過孫畲村，復折而南少東，至此十里。

鄭地村，自新碭村東少北行，至此四里四分。

井坳村，自鄭地村東北行，過尤源村，折而西北，至此十里四分。

大杉坳，自井坳村東北行，至此二里四分。與麗水縣分界。

枝路

上坪後村，自雙港村南首東南行，越將門嶺，嶺高十七丈五尺。至此六里一分。

張莊，自上坪後村東南行，過涼亭岡麓，折而西南，至此十里一分。

周坑村，自張莊東南行，越夏吴嶺，嶺高十九丈。折而東，至此九里五分。又東北行二里九分至井坳村，與自石塘街起之枝路合。

南鄉

幹路

迎薰橋，自南圈門一名迎薰門。外南行，至此三分。

黄水碓村，自迎薰橋南少東行，至此二里一分。

潈口村，自黄水碓村南行，至此五里二分。

安溪村，自潈口村南行，越黄泥嶺，嶺高二十丈七尺。折而東南，至此七里九分。

泗洲嶺頂，自安溪村南少東行，至此四里九分。嶺高三十三丈三尺。與景甯縣分界。

枝路

仁里橋，自迎薰橋東行，過小徐村，至此三里三分。

小葛村，自仁里橋東少南行，過葉村，至此五里二分。

武漾村，自小葛村東南行，至此五里六分。又東南行三里五分至夫人殿，與自東鄉幹路内雲礓街起之枝路合。

西鄉

幹路

白水村，自西圈門一名阜安門。外西行，至此一里四分。

貴溪村，自白水村西行，至此一里五分。

仁者橋北，自貴溪村西少南行，至此四里。

埠頭村，自仁者橋北首西少南行，至此三里五分。

臨海垟村，自埠頭村西北行，越臨海嶺，嶺高四丈三尺。至此五里四分。

七赤鎮，自臨海垟村北行，折而西北，越百廿步嶺，嶺高二丈二尺。過古路橋，至此十里八分。

武溪嶺麓，自七赤鎮北行，渡大溪，折而西迤北，過烏葚源村，至此十三里五分。

洋水岱東南，自武溪嶺麓西少南行，越龍泉縣境，至此二里六分。

大石鋪村，自洋水岱東南首復入本境西南行，折而西北，至此七里。與龍泉縣分界。

枝路

長田村，自白水村南少西行，至此五里五分。

衛生亭，自長田村南少西行，過大倉村，越霧飛嶺，嶺高十二丈二尺。至此十里六分。

水口村，自衛生亭西南行，過曹家峴山麓，折而東南，至此八里八分。

坳頭嶺頂，自水口村南少西行，過壟頭村，至此七里七分。嶺高二十七丈。與景甯縣分界。

水竹洋村，自水口村東少北行，至此四里五分。

界尖北，自水竹洋村東南曲曲行，過東岱外村，至此九里六分。與景甯縣分界。

枝路

村頭街，自仁者橋北首西少南行，至此三里八分。

漈頭街，自村頭街西南行，過棧雲橋，至此八里九分。

栗坳坑村，自漈頭街西北行，越大金坑嶺，嶺高九丈二尺。至此五里四分。東北通幹路之臨海垟村。

葉洋村，自栗坳坑村西南行，至此八里一分。

黄家畲村，自葉洋村西南行，過周村，至此七里六分。

金善湖坳，自黄家畲村西南行，折而西北，至此十一里四分。

中和橋，自金善湖坳西北行，越龍泉縣境，折而西南，至此二里六分。

大垞嶺村，自中和橋復入本境南行，至此六里二分。嶺高十二丈二尺。

後洋坳，自大垞嶺村南少東行，至此九里一分。

螃蠏坳，自後洋坳南少西行，折而南少東，至此三里六分。與景甯縣分界。

龍浦村，自漈頭街南行，過梅源村、巖坑村，折而西南，至此十里一分。

隴雲嶺，自龍浦村南少西行，至此七里二分。嶺高二十四丈五尺。

林山村，自隴雲嶺南少東行，至此七里五分。

雲蔭橋，自林山村南行，至此八里三分。

金坑後山南，自雲蔭橋東南行，至此二里二分。與景甯縣分界。

龜蛇峴麓，自黄家畲村北行，過白礓村，至此六里一分。與龍泉縣分界。

黄衖坳，自後洋坳東行，過杉板坑村，折而東南，至此九里四分。與景甯縣分界。

枝路

胡岱村，自仁者橋北首北行，折而東北，至此七里八分。

西龍村，自胡岱村東北行，至此三里九分。又東北行二里，至河坑村入北鄉幹路。

枝路

樂止亭，自七赤鎮西南行，至此四里八分。

巖山嶺，自樂止亭西南行，過麻洋村，至此六里五分。與龍泉縣分界。

北鄉

幹路

杉坑嶺，自北圈門一名拱辰門。外北行，至此三里一分。嶺高四丈四尺。

河坑村，自杉坑嶺北少西行，至此五里四分。

花石嶺，自河坑村北迤西行，至此四里二分。

百步嶺界亭，自花石嶺北迤西行，至此六里一分。與龍泉縣分界。

枝路

外垟村，自百步嶺界亭東迤南行，至此二里九分。又東南行四里至渡船頭村，與自東鄉幹路内東圈門起之枝路合。

處州府宣平縣

水路道里記

東溪初爲上坦溪，至樊川口以下爲東溪。

經流

青風嶺西麓，東溪自此發源西流，至三官橋北三里八分。有小妃溪自南來會之。見後。

南園村，自三官橋北首西流，折而西南，至此五里三分。

興林橋，自南園村西流，折而南，復折而東迤南，至此六里七分。

鳴鳥山南麓，自興林橋南流，折而西北，至此七里。

樊川口，自鳴鳥山南麓西南流，折而西少北，至此五里。有樊川自北來注之。以上一名上坦溪。

嘗義橋，自樊川口西南流，至此五里七分。水深一尺，面闊七丈。又西南流，折而東南三里三分至縣治東南隅，與西溪合流爲午溪。

枝流小妃溪。

滴水巖，小妃溪自此發源西南流，至小妃市六里。

柘坑村，自小妃市西少南流，至此八里。

大萊村，自柘坑村西流，折而北少東，至此六里六分。

上周村，自大萊村西少南曲曲流，至此七里五分。

鼇魚山西麓，自上周村西少北流，至此六里二分。水深一尺，面闊六丈。又東北流三里，至三官橋北首入東溪。

西溪初爲茭溪，至新錦溪口以下爲西溪。

經流

寨峰，西溪自此發源北流，過東坑村，折而東北，至東坑山西麓一里九分。

新錦山南麓，自東坑山西麓東北流，至此十里一分。

新錦溪口，自新錦山南麓東南流，折而東北，復折而南，至此七里。有新錦溪自北來注之。以上一名茭溪。

金山村，自新錦溪口南少東流，折而南少西過馬口村，至此九里二分。

西溪橋，自金山村南少東流，至此五里三分。又東南流，折而東北一里七分至縣治東南隅，與東溪合流爲午溪。

午溪

經流

縣治東南隅，午溪自此承東、西二溪之水，南少東流，至普濟橋前六里。分一支西南流，爲竹客溪。見後。

前雁山北麓，自普濟橋前東南流，折而東，至此四里四分。

鄭岸村西，自前雁山北麓東南流，至此四里六分。有歐潤自東北來會之。見後。

三港村，自鄭岸村西首西南流，至此三里。

洩坑亭，自三港村西南流，折而東，至此六里五分。有洩坑水自東南來注之。

赤圩村，自洩坑亭東南流，折而西南，復折而東南曲曲，至此十里三分。水深二尺，面闊十二丈。

蜻蜓尖東麓，自赤圩村東南流，折而南，至此六里七分。

五尺口村，自蜻蜓尖東麓南少東流，折而東，至此七里八分。

白岸溪口，自五尺口村東南流，過五尺坑村，至此十一里。有白岸溪自西南來注之。

范村，自白岸溪口東南流，過小溪橋，至此六里六分。水深二尺，面闊十五丈。

烏尖山西麓，自范村西南流，折而東南，至此三里五分。與麗水縣分界。入麗水縣境爲畎溪。

枝流竹客溪。

龍門洞村，竹客溪自普濟橋前分午溪之水西南流，過山坑口橋，至此六里五分。有分水潤自西北來注之。

雙濟橋，自龍門洞村西南流，過葉坑村，至此九里五分。

雙溪橋，自雙濟橋東南曲曲流，過水口橋，至此二里五分。

火燒橋，自雙溪橋東南流，折而南，至此七里六分。水深一尺五寸，面闊六丈。

界牌，自火燒橋南少東流，至此二里。與松陽縣分界。

枝流歐潤。

溪下村，歐潤自武義縣流至此入境，又西北流，至謝山南麓三里三分。

金巖村，自謝山南麓西北流，折而西，至此七里八分。

上方村，自金巖村西南流，至此二里九分。

東瞿村，自上方村西南曲曲流，過百步嶺麓，至此五里二分。

後湯村，自東瞿村北流，折而西北，至此四里八分。

下山鮑村，自後湯村西南流，至此五里二分。

嶺脚村，自下山鮑村西南流，折而西北，至此五里五分。

龍潭村，自嶺脚村西北曲曲流，至此六里二分。

大溪口村，自龍潭村西少南流，至此六里五分。

曾公村，自大溪口村西南流，至此三里九分。水深一尺，面闊四丈。又西南流三里一分，至鄭岸村西首入午溪。

梅溪

經流

黄塘山東麓，梅溪自此發源東流，至大黄山北麓四里二分。

嶺脚村，自大黄山北麓東北流，至此一里三分。分一支東北流，爲熟溪。見後。

三坑村，自嶺脚村曲折北流，至此八里六分。

大樹巖南麓，自三坑村東北流，至此三里五分。與金華府武義縣分界。

枝流熟溪。

雙耕山北，熟溪自嶺脚村分梅溪之水東流，至此二里。

五里岡北，自雙耕山北首東北流，至此三里九分。

石界，自五里岡北首東北流，至此一里一分。與金華府武義縣分界。

陸路道里記

東鄉縣無城，從圈門起。餘倣此。

幹路

烏溪源村，自東圈門外東少南行，至此六里九分。

大嶺村，自烏溪源村東少南行，過大嶺。嶺高十丈二尺。至此八里。

龍潭村，自大嶺村東行，過楊家村，折而南，至此九里九分。

嶺脚村，自龍潭村渡歐潤東南行，折而東，至此五里一分。

下山鮑村，自嶺脚村東南行，折而東北，至此五里五分。

後湯村，自下山鮑村東北行，至此五里九分。

東瞿村，自後湯村東南行，至此六里九分。

金巖村，自東瞿村東北行，越百步嶺，嶺高八丈四尺。至此十二里四分。

溪下村，自金巖村東少北行，折而東少南，至此十里六分。與金華府武義縣分界。

枝路

火燒村，自金巖村南行，過板坑村，折而西南，至此十三里五分。

河潤村，自火燒村南行，折而西少南，至此六里八分。

蒲鞋嶺東麓，自河潤村東南行，折而東少北，至此十二里四分。

寺下村，自蒲鞋嶺東麓南行，至此十里二分。

朱嶺，自寺下村東南曲折行，至此四里四分。與麗水縣分界。

南鄉

幹路

普濟橋，自南圈門外南少東行，至此六里五分。

雙源橋，自普濟橋東南行，越石門嶺，嶺高七十一丈。至此七里八分。

洩坑亭，自雙源橋東南行，折而東，至此五里八分。

洩坑橋，自洩坑亭東南行，至此五里七分。

老鼠窩村，自洩坑橋東南行，越百步嶺，嶺高三十五丈。至此六里九分。

洩嶺脚市，自老鼠窩村東南行，越洩嶺，嶺高三十五丈。至此八里五分。

珊溪橋，自洩嶺脚市東南行，至此七里三分。

周坦市，自珊溪橋東南行，至此六里六分。

木杓壇山北麓，自周坦市東南曲曲行，至此十一里六分。與麗水縣分界。

枝路

石門洲村，自普濟橋西南行，至此十一里一分。

葉坑村，自石門洲村南少西行，至此四里二分。

水口橋，自葉坑村南行，至此四里五分。

火燒橋，自水口橋東南行，折而南，至此八里一分。

界牌，自火燒橋東南行，至此二里。與松陽縣分界。

枝路

赤圩村，自洩坑亭西南行，折而東南，至此八里八分。

插花岡西，自赤圩村東南行，至此四里。

五尺口村，自插花岡西首南少東行，折而東，至此十一里二分。

白岸口村，自五尺口村南少東行，至此十里六分。

外洋村，自白岸口村東南行，折而西南，至此四里六分。與松陽縣分界。

枝路

石榴橋，自洩嶺脚市東行，至此四里三分。

梁村市，自石榴橋東少南行，至此九里六分。

徐莊橋前，自梁村市東少南行，至此四里一分。

後壠村，自徐莊橋前南行，越新嶺，至此七里六分。與麗水縣分界。

枝路

後田村，自珊溪橋南少西行，至此六里八分。

范村，自後田村南少東行，至此四里八分。

烏尖山西，自范村西南行，折而東南，至此三里六分。與麗水縣分界。

西鄉

幹路路向西北。

馬口村，自西圈門外西北行，過金山村，折而北少東，至此八里七分。

新錦溪渡口，自馬口村北少東行，越馬口嶺，嶺高十九丈。折而西，至此六里五分。

何樣村，自新錦溪渡口北行，至此一里四分。

溪口村，自何樣村西北行，越青嶺，嶺高二十四丈。折而東北，至此七里七分。

嶺脚村，自溪口村東北行，至此五里二分。

三坑村，自嶺脚村曲曲北行，至此十里五分。

南坑嶺，自三坑村北少東行，至此五里一分。與金華府金華縣分界。

枝路

小溪口村，自新錦溪渡口西行，至此一里四分。

東坑村，自小溪口村西南行，至此十五里三分。

舊處村，自東坑村南少東行，折而西南，至此四里六分。

九盤嶺，自舊處村西南行，折而西北，至此四里。與遂昌縣分界。

半坵村，自小溪口村曲曲西南行，越飯甑嶺，嶺高六十四丈。至此九里一分。

李基鋪村，自半坵村西行，折而南，至此五里八分。

新塘村，自李基鋪村南行，折而西南，越新塘嶺，嶺高三十一丈。至此十里八分。

樟樹坳，自新塘村西南行，越疊石嶺，嶺高六十五丈。至此七里九分。與松陽縣分界。

黄蘭嶺西，自新塘村西行，至此九里。與遂昌縣分界。

幹路路向西南。

白馬山北麓，自西圈門外西南行，過西溪橋，至此二里六分。

烏漱嶺脚村，自白馬山北麓西南曲曲行，至此七里七分。

李村，自烏漱嶺脚村南行，至此六里一分。

分水嶺，自李村南行，折而西南，至此八里二分。與松陽縣分界。

北鄉

幹路

嘗義橋，自北圈門外東北行，至此三里二分。

周處村，自嘗義橋東北行，折而東少南，至此六里九分。

興林橋，自周處村東行，越坳塘嶺，折而北，至此十里四分。

南園村，自興林橋西北行，折而東北，至此七里。

三官橋，自南園村東北行，折而東，至此四里九分。

大行嶺村，自三官橋東少北行，越青風嶺，至此六里七分。

俞源市，自大行嶺村東北行，至此七里二分。

小石橋，自俞源市北行，至此九分。與金華府武義縣分界。

枝路

岡山橋，自嘗義橋東北行，越白田嶺，嶺高十六丈。至此九里七分。

下山蔣村，自岡山橋東北行，過章岸村，折而西北，至此六里五分。

陶村市，自下山蔣村東北行，至此三里五分。

吴宅村，自陶村市西北行，折而東北，過峙川橋，復折而東，至此十一里三分。

大後陶村，自吴宅村東北行，至此六里三分。

石塔，自大後陶村東北行，至此四里七分。與武義縣分界。

枝路

金村，自興林橋東南行，至此五里八分。

橙子源村，自金村東南行，至此六里八分。

雙水村，自橙子源村東南行，至此六里二分。又東南行六里三分，至後湯村入東鄉幹路。

枝路

趙村，自南園村東南行，至此四里。

大萊村，自趙村東少北行，過上周村，至此十一里二分。

柘坑村，自大萊村南少西行，折而東，至此四里三分。

陶基村，自柘坑村東行，至此四里五分。

小妃市，自陶基村東少北行，越虎嶺，嶺高十六丈。至此四里七分。

滴水巖北，自小妃市東北行，至此五里一分。與金華府武義縣分界。

鐵鋪坑村，自柘坑村東南行，至此七里八分。

下高村，自鐵鋪坑村東南行，至此六里五分。與金華府武義縣分界。

處州府景甯縣

水路道里記

山溪

經流

黄垓峰東南，山溪自慶元縣在慶元名南洋溪。流至此入境，又東少南流，至玉章村四里六分。

半山後尖北麓，自玉章村東南流，至此七里八分。

七慶村，自半山後尖北麓東南流，折而北少西，復折而東北曲曲，至此十五里四分。

梁埠頭村，自七慶村北流，至此三里三分。以上不通舟筏。

道化村，自梁埠頭村東北流，至此八里七分。水深三尺，面闊十八丈。

英川口，自道化村北流，折而東，至此六里。有英川自北來會之。見後。

七里村，自英川口東迤北流，折而東少南，至此五里六分。水深三尺，面闊三十一丈。

漂溪村，自七里村東少南曲曲流，至此七里五分。水深三尺，面闊二十五丈。有漂溪自東南來會之。見後。

梧桐村，自漂溪村北迤東流，折而北迤西，至此六里六分。

新亭村，自梧桐村東迤南流，折而北迤東，至此十里八分。有豐源水自西來會之。見後。

大均村市，自新亭村東北流，折而北迤西，至此八里五分。水深四尺，面闊三十丈。有大北坑水自西來注之。

大赤坑橋北，自大均村市東南流，至此六里四分。有小溪自南來注之。

埽口村，自大赤坑橋北首北迤東流，至此六里九分。

鶴溪口，自埽口村東北流至此五里。有鶴溪自南來會之。見後。

外卸村市，自鶴溪口東少北流，過縣治北，至此二里。

大常村，自外卸村市東北流，至此八里四分。水深七尺，面闊三十五丈。

金鐘村，自大常村東流，至此四里一分。

田埠，自金鐘村東北流，折而東南，至此九里。水深八尺，面闊三十八丈。

渤海村，自田埠東南流，至此七里三分。

大瀦村，自渤海村東北流，折而東南，至此九里四分。水深九尺，面闊三十九丈。

王村，自大瀦村東北流，過温州寮村，折而東南，至此十二里五分。有淥桐澗自西南來注之。

大順村，自王村東北流，折而東，至此四里三分。有大順坑水自北來會之。見後。

小順村，自大順村東少北流，至此六里一分。水深一丈，面闊四十一丈。有小順坑水自北來會之。見後。

堂寶村，自小順村南迤東流，至此五里四分。

嶺根村，自堂寶村東少南流，過鶴口村，至此七里三分。與青田縣分界。入青田縣境爲小溪。

枝流英川。

龔嶺根橋，英川自龍泉縣在龍泉名一溪。流至此入境，又東南流，至半嶺村八里九分。水深一尺，面闊四丈。

香爐山西麓，自半嶺村南流由由，至此七里四分。

英村，自香爐山西麓南迤東流，過張坑後峴，折而東曲曲，至此十二里五分。

下洋尖南麓，自英村東南曲曲流，至此二里九分。

嶺脚茶堂，自下洋尖南麓東北曲曲流，至此十二里七分。

鷺鷀村南，自嶺脚茶堂東迤南流，至此三里四分。水深三尺，面闊二十丈。

下峰尖西麓，自鷺鷀村南首東北流，折而東南，復折而南，至此九里六分。又南流二里七分，至英川口入山溪。

枝流漂溪。

求雨尖，漂溪自此發源，曲曲西流，至正光橋四里三分。

獅前橋，自正光橋西流，至此五里七分。

梅石澗口，自獅前橋西迤南流，折而西北，復折而西少南，至此十里。水深二尺，面闊八丈。有梅石澗自南來注之。

飛雲峰東麓，自梅石澗口西流，折而西北，至此七里五分。

楓林村，自飛雲峰東麓東少北流，至此五里七分。水深三尺，面闊八丈。又西北流五里五分，至漂溪村入山溪。

枝流豐源水。

長田村北，豐源水自雲和縣流至此入境，又東南流，至對坑處村六里一分。

溪沿村，自對坑處村東南流，折而東北，至此八里四分。

前畲村，自溪沿村東少南流，折而東少北，至此八里二分。

水碓基村，自前畲村東流，至此一里三分。水深一尺，面闊五丈。又東南流七里七分，至新亭村入山溪。

枝流鶴溪。

仙姑巖，鶴溪自此發源西北流，至上張村六里三分。

縣治，自上張村西北流，至此五里三分。

豸山東麓，自縣治西北流，至此一里四分。又北流五里六分至鶴溪口入山溪。

枝流大順坑水。

木寮牌山，大順坑水自此發源南流，折而東，至高漈村南九里三分。

下坑村，自高漈村南首南迤東流，折而南迤西，至此五里二分。

下源山東麓，自下坑村東南流，折而西南，至此十一里五分。

高園村南，自下源山東麓南流，折而東，至此九里。

林里村，自高園村南首東南流，至此十六里。水深一尺，面闊四丈。又東南流八里二分，至大順村入山溪。

枝流小順坑水。

紫山尖，小順坑水自此發源，南少東流，至黄寮村西六里一分。

金田村，自黄寮村西首東南流，至此九里。水深二尺，面闊五丈。又南流六里二分，至小順村入山溪。

陸路道里記

東鄉縣無城，從圈門起。餘倣此。

幹路

三枝樹村，自東圈門一名行春門。外東南行，過上張村，至此八里。

四脚亭南，自三枝樹村東南行，至此八分。

梨樹坳亭，自四脚亭南首東南行，折而西南，過嶺脚村，復折而南，至此七里九分。

石亭，自梨樹坳亭南行，至此十三里五分。

青坳村，自石亭南少東行，至此五里八分。

盧棲隘，自青坳村東南曲曲行，折而東，至此十六里二分。與温州府泰順縣分界。

枝路

夏木坑村東，自四脚亭南首東迤南曲曲行，至此五里六分。

梅岐村，自夏木坑村東首東南曲曲行，至此十二里九分。西通幹路之梨樹坳亭。

籙桐隘界牌，自梅岐村東南行曲曲，至此六里二分。與青田縣分界。

古樓尖，自夏木坑村東首東行，至此四里六分。

魂亭後尖北麓，自古樓尖北行，折而東北曲曲，至此八里。

三疊尖西麓，自魂亭後尖北麓東北曲曲行，至此十三里九分。又北行，折而西迤北，渡山溪，至大豬亭入北鄉幹路。

枝路

嚴村尖東麓，自四脚亭南首北迤東曲曲行，至此七里五分。

蓮花巖，自嚴村尖東麓東行，折而北，至此六里五分。又西北行十三里，渡山溪，至金鐘村北入北鄉幹路。

南鄉

幹路

墓嶺亭，自南圈門一名統政門。外西南行，至此七里三分。

路廊，自墓嶺亭西南曲曲行，過葉源村，至此十一里一分。西通西鄉幹路之蘭頭淤村。

坦頭嶺村，自路廊南行，至此六分。東通東鄉幹路之石亭。

行者寮村，自坦頭嶺村曲曲南行，至此十里五分。

仙橋，自行者寮村東南曲曲行，折而南少西，至此十一里三分。

老婆坵，自仙橋西南曲曲行，至此四里七分。

忠溪坳，自老婆坵東南曲曲行，至此七里三分。

上標坳，自忠溪坳南行，折而西南，至此十里六分。

青草隘，自上標坳西南行，至此十二里弱。與福建壽甯縣分界。

枝路

獅前橋，自仙橋西少南曲曲行，至此六里四分。

漂溪坳，自獅前橋西少北曲曲行，至此六里五分。

楓林村，自漂溪坳西行，折而西北，至此八里。又西北行六里一分，至漂溪村入西鄉幹路。

枝路

程田尖西麓，自老婆坵西南曲曲行，折而南迤東，至此十里五分。

大坵田村，自程田尖西麓西南行，折而北迤西曲曲，至此十一里。

大昌亭，自大坵田村南行，至此四里三分。
平坑村，自大昌亭西南行，至此十二里三分。
橫坑村，自平坑村西行，至此一里。與慶元縣分界。
張坑村，自大昌亭西北行，至此十二里。
大地村，自張坑村西行，過小地村，折而西南，至此七里一分。
七慶村，自大地村西少北行，折而西南，復折而西北，至此九里三分。又北行一里八分至篤基淤村，與西鄉幹路内沙灣市起之枝路合。

枝路

春新亭，自上標坳南迆東行，至此五里三分。
洞嶺尖亭，自春新亭東行，至此七里二分。
石佛嶺隘，自洞嶺尖亭東南行，至此一里三分。與温州府泰順縣分界。
蜂桶隘，自洞嶺尖亭東少北行，至此十四里三分。與温州府泰順縣分界。

西鄉

幹路

包山亭，自西圈門一名毓秀門。外西行，折而北，復折而西，三折而西南，至此七里五分。
大均村市，自包山亭西南行，折而西北，至此九里八分。
新亭村南，自大均村市渡山溪東南行，折而西南，至此八里五分。
蘭頭淤村，自新亭村南首南行，至此五里八分。
漂溪村西，自蘭頭淤村西南行，渡山溪，過梧桐村，折而南迆東，復折而南迆西，至此十一里九分。
沙灣市，自漂溪村西首西行曲曲，至此六里五分弱。
鷺鷀村，自沙灣市西北曲曲行，至此十三里二分。
嶺脚茶堂，自鷺鷀村西南行，至此四里四分。
印章坳村，自嶺脚茶堂曲曲西行，過徐崇村，折而西北，至此九里。
大坳村，自印章坳村西北曲曲行，過小印章村，至此十里一分。
嶺脚村，自大坳村西北曲曲行，至此十里。
鸕鷀村，自嶺脚村西北行，至此一里四分。
庫網漈村，自鸕鷀村西行，折而北，至此八里四分。與龍泉縣分界。

枝路

大北坑村，自大均村市西北行，至此五里三分。
畲客村，自大北坑村西行，折而北過黄寮下村，至此十里六分。
下大均村，自畲客村西行，折而西北，至此十二里五分。
坳頭嶺，自下大均村西南行，折而北迆東，至此十一里七分。與雲和縣分界。
嶺頭村，自畲客村西北行，折而北曲曲，至此九里二分。
泗洲嶺，自嶺頭村北少西行，至此七里三分。與雲和縣分界。

枝路

前畲村，自新亭村南首西少北行，至此十里一分。
溪沿村，自前畲村西少北行，至此七里二分。
長田村北，自溪沿村西少北行，過對坑處村，至此十三里一分。與雲和縣分界。

枝路

道化村，自沙灣市西南曲曲行，折而南，至此十一里六分。
篤箕淤村，自道化村西南行，至此九里七分。
李處村，自篤箕淤村西少北行，至此十里八分。
黄處村，自李處村西少南行，至此三里五分。
庫頭村，自黄處村西北曲曲行，至此九里四分。
界亭，自庫頭村西北曲曲行，至此四里八分。與慶元縣分界。

枝路

英村，自嶺脚茶堂西南曲曲行，折而西北，至此十七里。
葉坪頭村，自英村西少北行，折而北，至此七里五分。
呈源村，自葉坪頭村西北行，至此八里。
龔嶺根橋，自呈源村北行，過半嶺村，折而西北，至此十一里五分。與龍泉縣分界。
蛤湖隘，自呈源村西南行，過湖坪頭村，折而西曲曲，至此十二里三分。與慶元縣分界。

北鄉

幹路

外卸村市，自北圈門一名拱辰門。外北行，至此六里五分。

嶺脚村，自外卸村市北行，折而西，至此三里一分。

金坪洋村，自嶺脚村西行，折而西北，至此十里七分。

粗斜突，自金坪洋村北迤西曲曲行，至此七里一分。

嵐頭嶺，自粗斜突北迤西曲曲行，至此六里二分。與雲和縣分界。

枝路

大常村，自外卸村市北少東行，至此八里四分。

金鐘村北，自大常村渡山溪東行，至此四里一分。

田埠，自金鐘村北首東北行，折而東南，至此九里。

渤海村，自田埠東南行，至此七里三分。

大瀦亭，自渤海村東北行，折而東南，至此九里四分。

大順村，自大瀦亭東北行，過温州寮村，折而東南，復折而東北，至此十六里八分。

小順村南，自大順村東少北行，至此七里一分。

嶺根村北，自小順村南首南行，折而東過鶴口村，至此十五里一分。與青田縣分界。

徐山村，自田埠東北行，過大粗村，折而西北曲曲，至此十二里六分。

古傳村，自徐山村西南行，至此六里二分。

龍舌尖西麓，自古傳村北迤東行，至此八里五分。

界亭，自龍舌尖西麓北少西行，折而東北，至此十一里二分。與雲和縣分界。

朱背村，自大順村北行，至此二里一分。

林里村，自朱背村西北行，至此四里五分。

高園村，自林里村西北行，至此十三里六分。

高園尖西麓，自高園村西行，折而北，至此八里二分。

下坑村，自高園尖西麓曲曲北行，折而東北，復折而西北，至此九里八分。

高漈村，自下坑村曲曲北行，至此五里一分。

木寮山西麓，自高漈村西迤南行，折而北，至此七里。與麗水縣分界。

金田村，自小順村北少東行，折而北迤西，至此四里。

黄寮村，自金田村西北行，至此七里九分。

武星山西麓，自黄寮村西北行，折而東北，至此十五里四分。

小畈村，自武星山西麓東北行，至此七里三分。

庫平村，自小畈村曲曲北行，折而西北，至此七里九分。

沙坑村西北，自庫平村曲曲西迤北行，至此九里五分。與麗水縣分界。

雍正《江西通志》卷五《疆域》

南昌府

南昌縣

一、南陸大路，自縣南浦驛八十里至殷家渡，本府豐城縣交界。一、東南陸大路，自南關口分路，六十里至土坊鋪，本府進賢縣交界。一、東陸大路，自省出東關菩提寺，五十七里至梓溪圩，本府進賢縣交界。

一、小陸路，自省往東北桃花塘，五十七里至趙家圍烏龜寨，本府新建縣水路交界。

一、水路，自省城滕王閣章江渡，九十里往上至大港口，本府豐城縣交界。一、自章江渡往下，一百四十五里至梁家渡，撫州府臨川縣交界。

新建縣

一、北陸大路，自滕王閣過章江渡，八十五里至豐安村，南康府建昌縣交界。一、西南陸大路，自沙井分路，五十七里至烏山鋪，瑞州府高安縣交界。

一、西南小陸路，自胡家橋分路口往西，五十七里至分水廟，南康府安義縣交界。一、自青山往西南，三十五里至界牌鋪，本府奉新縣交界。

一、南水大路，自章江渡一百里至羅家渡，瑞州府高安縣交界。一、北水大路，自章江渡一百六十五里至焦尾洲，南康府星子縣交界。

一、小水路，自樵舍分河往東，四十八里至鄱湖，饒州府餘干縣交界。一、自吴城分河往西，五里至蘆潭渡口，南康府建昌縣交界。

豐城縣

一、北陸大路，自縣四十里至殷家渡，本府南昌縣交界。一、西南陸大路，自縣四十里至泊海村，臨江府清江縣交界。

一、東小陸路，自縣由荷塘村，一百里至北澤村，撫州府臨川縣交界。一、東南小陸路，自縣由津頭橋，一百里至黄檗界，撫州府崇仁縣交界。一、西小陸路，自縣大岸渡過河，七十里至馬鞍嶺，瑞州府高安縣交界。一、南小陸路，自縣一百十里至丁家嶺，撫州府樂安縣交界。　一、東北小陸路，自縣四十五里至三江口海福寺，本府進賢縣交界。

一、南水大路，自縣劍江驛四十五里至牛灣塘，臨江府清江縣交界。

一、北水大路，自縣劍江驛四十五里至漳湖渡，本府南昌縣交界。

進賢縣

一、西北陸大路，自縣由雲橋鋪，六十五里至池港街，本府南昌縣交界。

一、東陸大路，自縣由牌坊下，四十八里至野塘，撫州府東鄉縣交界。　一、東南陸大路，自縣四十五里至禮坊村，撫州府臨川縣交界。

一、小陸路，自縣至棗樹鋪分路往東北，四十里至潤陂鎮，饒州府餘干縣交界。　一、自縣往西四十七里至三江口，本府豐城縣交界。

一、小水路，自縣新橋往上五十五里至花園發源止。　一、自新橋下，由青龍橋一百五十八里至梅溪汛，饒州府餘干縣交界。

奉新縣

一、東陸大路，自縣二十里至筲箕鋪，南康府安義縣交界。　一、東南陸大路，自縣城三十五里至界牌鋪，本府新建縣交界。　一、西陸大路，自縣一百十里至茅岡鋪，本府寧州交界。

一、南陸小路，自縣二十里至鑾岡嶺，瑞州府高安縣交界。　一、北陸小路，自縣二十里至烏嵐鋪，本府靖安縣交界。

一、小水路，自本縣奉化鄉發源起，由寒溪寺一百四十五里至石鼻市，本府新建縣交界。　一、自本縣往東北，十里至故埠河，南康府安義縣交界。

靖安縣

一、東陸大路，自縣三十里至齊頭山，南康府安義縣交界。　一、南陸大路，自縣二十里至烏嵐鋪，本府奉新縣交界。　一、西陸大路，自縣由沙河橋鋪，八十里至朱家山，本府武寧縣交界。

一、西陸小路，自縣至沙河橋鋪，一百十里至茅竹山頭鋪，本府寧州交界。

一、水路，自縣治一百十里至苦竹小溪，本府寧州交界。　一、自縣北津橋三十五里至姚灘，南康府安義縣交界。

武寧縣

一、東陸大路，自縣一百里至磨刀嶺，南康府建昌縣交界。　一、南陸大路，自縣八十五里至斜石鋪，本府寧州石岐水路交界。　一、南陸大路，自縣渡河由溥濟寺，一百三十八里至宋家山，本府靖安縣交界。

一、北陸小路，自縣一百一十里至黃土嶺，湖廣武昌府興國州交界。

一、東北陸小路，自縣九十里至董崖洞，湖廣武昌府通山縣交界。

一、水路，自縣往下一百五里至河滸，南康府建昌縣交界。　一、自縣往上，一百二十里至石岐，本府寧州交界。

寧州

一、東南陸大路，自州八十三里至茅竹山頭鋪，本府奉新縣交界。

一、小陸路，自州往南一百六里至找橋鋪，瑞州府新昌縣交界。　一、自州往西二百四十里至大圍山，湖廣長沙府瀏陽縣交界。　一、自州往西一百里至湖廣長沙府平江縣龍門廠交界。

一、水路，自本州杳津發源，一百三十里至斜石鋪，本府武寧縣交界。

瑞州府

高安縣

一、北城通省陸大路，自石橋出東門外豫章橋，六十里至南昌府新建縣烏山鋪交界。　一、自石橋起，出北拱辰門，三十八里至鸞岡嶺，南昌府奉新縣交界。　一、自石橋起，至府治出西鍾秀門，五十一里至宜豐橋，本府新昌縣交界。

一、南城自石橋仁濟門起，出南高明門，東路自黃家小橋六十里至曲水湖，臨江府清江縣交界；西路李家橋五十二里至黃泥村，本府上高縣交界。　一、自石橋仁濟門起，出朝陽門，一十七里至青潭嶺，南昌府豐城縣交界。

一、水路，自縣前石橋上水，一百里至界埠，本府上高縣水路交界。　一、由縣前石橋下水，四十里至羅家渡，南昌府新建縣交界。

上高縣

一、東大路，自縣南門出，由浮橋河南墟市三十七里至黃泥村，本府高安縣交界。　一、西大路，自縣南門一百三十一里至禾山尾墮落江，袁州府萬載縣交界。

一、小陸路，自縣西門三十里至凌江口，本府新昌縣交界。

一、水路，自縣浮橋往上，一百里至袁州府萬載縣交界。一、自縣前浮橋往下，六十八里至龍口渡，本府高安縣交界。

新昌縣

一、東陸大路，出迎恩門，六十里至宜豐橋，本府高安縣交界。

一、小陸路，自縣東南二十里至青水鋪，本府上高縣交界。一、自縣北八十里至找橋鋪，南昌府寧州交界。

一、西水路，自平政橋上，五十里至黄花莊水源止。一、自平政橋下，計水路五十里，接本府上高縣界。一、西有黄岡口小溪，筏木排水路四十五里至楊木江口，入袁州府萬載縣河界。

袁州府

宜春縣

一、東陸大路，自縣東門落流橋，三十里至郴江市合山，本府分宜縣交界。一、西陸大路，自縣西門五十里至分界鋪，本府萍鄉縣交界。一、南陸大路，自縣南門五十里至潤富嶺，吉安府安福縣交界。一、北陸大路，自縣北門六十五里至西嶺鋪亂石嶺，本府萬載縣交界。

一、東南陸小路，自張家山五十五里至嚴塘嶺，本府分宜縣交界。一、東北陸小路，自縣北門，由石里山八十里至黄圃市慈化寺，湖廣長沙府瀏陽縣交界。一、西北陸小路，自縣北門，由化城崖一百二十里至楚王廟，本府萍鄉縣交界。

一、水路，自縣北門往上八十里至宣峰市，本府萍鄉縣交界。一、自縣北門往下，八十里至江斜塘，本府分宜縣交界。

分宜縣

一、東陸大路，自縣東門二十五里至袁家渡，臨江府新喻縣交界。一、西陸大路，自縣西門四十里至郴江市合山，本府宜春縣交界。一、南陸大路，自縣東門萬年橋，五十四里至車谷，吉安府安福縣交界。一、東北陸大路，自縣東門五十五里至土橋，臨江府新喻縣交界。

一、西北陸小路，自縣北門六十五里至嚴塘嶺，本府宜春縣交界。

一、西水路，自縣出西門渡口，往上三十里至江斜，本府宜春縣交界。一、自縣出東門，往下二十五里至袁家渡，臨江府新喻縣交界。

萍鄉縣

一、東陸大路，自縣東門管埠橋，九十里至分界鋪，本府宜春縣交界。一、西陸大路，自縣西門六十里至新插嶺關，湖廣長沙府醴陵縣交界。

一、小陸路，自縣西門，由銀橋一百里至嚴壺嶺，湖廣長沙府攸縣交界。一、自縣南門萍實橋，九十里至高布嶺，吉安府安福縣交界。一、自縣北門一百二十里至桐木市，湖廣長沙府瀏陽縣交界。一、自縣出北門，由通濟橋七十二里至桐木嶺，本府宜春縣交界。

一、水路，自縣出北門，由通濟橋七十里至楚王廟發源止。一、自縣往東，一百九十里至宣峰市，俱係高灘水急，本府宜春縣交界。

萬載縣

一、東陸大路，自縣東門十五里至墮落江，瑞州府上高縣交界。一、西陸大路，自縣西門一百二十里至龍圖廟，湖廣長沙府瀏陽縣交界。一、南陸大路，自縣南門十五里至甘泉市，本府宜春縣交界。

一、小陸路，自縣出北，過龍河渡，一百三十里至猿柱嶺，湖廣長沙府瀏陽縣交界。

一、水路，自縣治龍河渡往上，一百四十里至棗木橋，本府宜春縣渺蕪嶺發源交界止。一、自龍河渡往下，三十里至埠頭，瑞州府上高縣交界。

臨江府

清江縣

一、東陸大路，自縣出東門，由瀟灘驛五十五里至泊濂村，南昌府豐城縣交界。一、南陸大路，自縣出南門社稷壇，三十三里至丁家渡過河，本府新淦縣交界。一、自張王廟五十五里至萬安鋪，本府新喻縣交界。一、北陸大路，自縣北門三十五里至曲水湖，瑞州府高安縣交界。

一、大河水路，自泊濂村接豐城縣界，東岸往上五十里至永市墟，本府新淦縣交界。

一、小水路，自荷湖館分河東岸往上，四十九里至泗溪，本府新喻縣交界。

新喻縣

一、東陸大路，自縣出東門，六十里至萬安鋪，本府清江縣交界。一、西陸大路，自縣出西門，由崇慶寺五十里至土橋，袁州府分宜縣交界。

一、東陸小路，自縣出東門，由羅坊六十里至圓山垇，本府新淦縣交界。

一、南陸小路，自縣出南門過渡，由覽秀亭三十里至牛頸村，本府峽江縣交界。一、北陸小路，自縣出北門，七十一里至黎墟，本府清江縣交界。

一、水路，自縣東門往下，一百七里至泗溪渡，本府清江縣交界。

一、水陸二路，俱自縣西門往上，四十里至袁家渡，俱係袁州府分宜縣交界。

新淦縣

一、西陸大路，自縣西門過渡界埠，二十八里至長排墟，本府峽江縣交界。一、自西禪寺四十里至丁家渡，本府清江縣交界。

一、東小陸路，自縣東門六十五里至李山坳，撫州府樂安縣交界。一、北陸小路，自縣出北門，三十七里至永市墟，本府清江縣交界。

一、水路，自縣西門外東岸往上，二十二里至獅子山，本府峽江縣交界。一、自西門外東岸往下，四十里至永市墟，本府清江縣交界。一、自西岸西禪寺往上二十里至長排洲，本府峽江縣交界。一、(己)自西岸西禪寺往下四十八里至鄧家洲中港，本府清江縣交界。

峽江縣

一、南陸大路，自玉峽驛由南門十里至塔下，吉安府吉水縣交界。一、北陸大路，自北門由大安橋四十五里至長排墟，本府新淦縣交界。

一、東陸小路，自縣出東門，七十六里至南源坳，吉安府永豐縣交界。一、北陸小路，自縣出北門，由新田橋七十里至頸嶺，本府新喻縣交界。

一、水路，自縣南門外往上，二十里至塔下，吉安府吉水縣交界。一、自東門往下，四十五里至獅子山，本府新淦縣交界。

廬陵縣

一、東陸大路，自縣總鋪六十里至龔溪廟，本府泰和縣交界。一、西陸大路，自縣西門城下鋪四十里至新徑鋪，本府安福縣交界。

一、小陸路，自縣往西六十里至洋口，本府安福縣交界。一、自縣往南四十里至鐵溪庵，本府泰和縣交界。一、自縣往北七十五里至潦江前村，本府安福縣交界。

一、水路，自縣螺川驛往上五十里至鐵溪塘，本府泰和縣交界。往下二十里至石屋塘，本府吉水縣交界。一、自縣神岡山一百七十五里至斜埠塘，本府永新縣交界。一、自雙江分河五十里至洋口，本府安福縣交界。

吉水縣

一、南陸大路，自縣南門三十里至黄岡橋，本府廬陵縣交界。一、北陸大路，自縣北門由龍華寺六十五里至塔下，臨江府峽江縣交界。一、東陸大路，自縣東門四十二里至長源鋪，本府永豐縣交界。

一、水路，自縣北門往上三十里至石屋塘，本府廬陵縣交界。往下由文江埠渡，八十三里至住岐塘渡塔下，臨江府峽江縣交界。

一、小水路，自縣往北，由蓮花石渡五十一里至百郊渡，本府永豐縣交界。

永豐縣

一、東陸大路，自縣東門花橋六十里至白竹村，撫州府樂安縣交界。一、南陸大路，自縣南門二百十里至竹篙嶺，贛州府寧都縣交界。一、西陸大路，自縣西門四十里至長源鋪，本府吉水縣交界。

一、小陸路，自縣往東由文孝廟四十五里至廟口南源坳，臨江府峽江縣交界。

一、水路，自縣北門外四十里至百郊渡，本府吉水縣交界。

泰和縣

一、南陸大路，自縣南門五十五里至官橋頭，本府萬安縣交界。一、北陸大路，自縣北門一百八里至孔家鋪，本府廬陵縣交界。

一、小陸路，自縣往南，由桃陽村三十五里至通津橋羅村，贛州府興國縣交界。一、自縣往北，八十二里至鐵溪庵，本府廬陵縣交界。

一、水路，自縣往南城上渡，七十八里至繳嘴上，本府萬安縣交界。一、自縣東門橋白下驛，一百七十里至鐵溪塘，本府廬陵縣交界。

安福縣

一、東陸大路，自縣東門由萍下一百十五里至新徑鋪，本府廬陵縣交界。一、南陸大路，自縣南門，由五里岡八十五里至虹橋，本府永新縣交界。一、北陸大路，自縣北門四十里至石鎮鋪，袁州府分宜縣交界。

一、小陸路，自縣往東三十里至洋口渡，本府廬陵縣交界。一、自縣往西一百七十里至清水，湖廣長沙府攸縣交界。一、自縣往北三十里至澗富嶺，袁州府宜春縣交界。 一、自縣出西門南陂二十里至高布嶺，袁州府萍鄉縣交界。

一、水路，自縣洋溪一百八十里至洋口，本府廬陵縣交界。

萬安縣

一、西陸大路，自縣西門過蝦蟆渡，二十里至鄧林鋪，本府龍泉縣交界。 一、北陸大路，自縣北門七十六里至官橋頭，本府泰和縣交界。 一、南陸大路，自縣南門八十里至土扶鋪，贛州府贛縣交界。

一、水路，自縣西門外五雲驛往下，八十里至繳嘴上，本府泰和縣交界。 一、自縣蝦蟆渡往上，一百二十七里至良口市，贛州府贛縣交界。 一、人自蝦蟆渡往下，五十二里至白泥，本府龍泉縣交界。

龍泉縣

一、東陸大路，自縣東門五十里至鄧林鋪，本府萬安縣交界。

一、小陸路，自縣西門三十里至五斗江，本府永寧縣交界。 一、自縣南門六十里至山坑，南安府崇義縣交界。 一、自縣出北門，一百五十五里至小通，本府永新縣交界。

一、小溪水路，自縣南門外左上，一百十里至火嶺嶺背，湖廣郴州桂東縣交界。 一、自縣西門外右上，一百六十里至蘇州山，湖廣衡州府酃縣交界。

一、水路，自縣往下，由資福寺四十五里至白泥，本府萬安縣交界。

永新縣

一、東陸大路，自縣出東門過渡，由龍灣橋三十里至秋陂鋪，本府永寧縣交界。 一、西陸大路，自縣出西門玉皇閣，一百里至界頭嶺，湖廣茶陵州交界。 一、北陸大路，自縣出北門養濟院，五十里至虹橋鋪，本府安福縣交界。

一、水路，自縣東門觀音閣往下，七十五里至斜埠塘，本府廬陵縣交界。 一、自南門往上，一百一十里至界頭嶺水源，湖廣茶陵州交界。

永寧縣

一、北陸大路，自縣出北門，二十里至秋陂鋪，本府永新縣交界。

一、小陸路，自縣出東門五十里至關，本府永新縣交界。 一、自縣出南門，六十五里至五斗江，本府龍泉縣交界。 一、自縣出西門，由關聖殿九十七里至湖廣衡州府酃縣交界。

撫州府

臨川縣

一、東陸大路，自縣由文昌門，三十里至勇橋村新路鋪，本府東鄉縣交界。 一、自文昌橋往東南，二十里至戴湖鋪，本府金谿縣交界。 一、西陸大路，自縣武安門，三十里至大嶺鋪，本府崇仁縣交界。 一、南陸大路，自縣出順化門，六十五里至揭巷鋪，本府宜黄縣交界。 一、自順化門往東南，九十五里至界山嶺，建昌府南城縣交界。 一、北陸大路，自縣出進賢門，過北津渡，五十里至嶺下村，南昌府進賢縣交界。

一、小陸路，自武安門往西，由三仙橋四十五里至北澤，南昌府豐城縣交界。 一、自武安門，由和尚橋三十五里至柏葉塘，本府崇仁縣交界。 一、自進賢門過北津渡，八十里至齊家店，南昌府南昌縣交界。 一、自北津渡過河往東北，七十四里至東莊，南昌府進賢縣交界。

一、水路，自縣東門文昌橋往上，九十里至濮牛，建昌府南城縣交界。 一、自文昌橋往下，由北津渡一百里至梁家渡，南昌府南昌縣交界。 一、自羊坡石渡分河往南，六十里至龍窟渡，本府宜黄縣交界。

金谿縣

一、東陸大路，自縣東門六十里至淳塘鋪金貴亭，廣信府貴溪縣交界。 一、西陸大路，自縣出西門，四十里至後車鋪，建昌府南城縣交界。 一、北陸大路，自縣出北門，八十里至戴湖鋪，本府臨川縣交界。 一、自秦樹村分小路，六十里至岐山，本府東鄉縣交界。

一、南陸小路，自縣出南門，三十五里至貓兒嶺，建昌府瀘溪縣交界。

一、水路，接建昌府南城縣濮牛大河，七十里至許灣鎮，兩岸俱係臨川縣地界。

崇仁縣

一、東陸大路，自縣出南門，六十五里至車源村柏葉塘，本府臨川縣交界。 一、東北陸大路，自迎恩橋六十里至大嶺鋪，本府臨川縣交界。 一、西南陸大路，自縣南門五十里至丁家源，本府樂安縣交界。 一、自縣西門譚陂橋，四十里至懷仁鋪，本府樂安縣交界。 一、北陸大路，自縣東門迎恩橋，四十里至黄䕘，南昌府豐城縣交界。

一、小陸路，自縣往東南，五十五里至孤嶺，本府宜黄縣交界。

一、水路，自大盤華、蓋諸山發源，本縣南門外黄洲橋往下，六十里至白虎窑村，本府臨川縣交界。

宜黄縣

一、東陸大路，自縣出東門，由豐樂橋五十里至搗港鋪，本府臨川縣交界。

一、西陸小路，自縣出西門，二十三里至孤嶺，本府崇仁縣交界。一、南陸小路，自縣南門九十五里至清潦溪，本府樂安縣交界。一、自編山杉分路往南，四十五里至上嶺，贛州府寧都縣交界。一、東北小路，自縣貫虹橋八十里至交陽，建昌府南城縣交界。

一、小水路，自本縣東陂一百三十五里至龍窟渡，本府臨川縣交界。

樂安縣

一、東北陸大路，自縣北門六十里至古城村懷仁鋪，本府崇仁縣交界。一、西陸大路，自縣西門四十里至羅蔡，吉安府永豐縣交界。一、北陸大路，自縣北門八十里至丁家嶺，南昌府豐城縣交界。

一、小陸路，自縣東門二十里至丁家源，本府崇仁縣交界。一、自縣南門，由金鰲橋一百二十里至大樹嶺，贛州府寧都縣交界。一、自縣出東南，八十里至清潦溪，本府宜黄縣交界。一、自縣往西南，五十里至界山，吉安府永豐縣交界。一、自縣往西北，七十里至李山坳，臨江府新淦縣交界。

東鄉縣

一、東陸大路，自縣東門五十里至大橋鋪，饒州府安仁縣交界。一、南陸大路，自縣南門五十里至上河鋪，本府金谿縣交界。一、西陸大路，自縣西門四十里至新路鋪，本府臨川縣交界。一、北陸大路，自縣出北門，三十五里至徐橋鋪野塘，南昌府進賢縣交界。

一、小陸路，自南門五十里至小坪塘，本府金谿縣交界。一、自縣往東北，由三港口五十二里至潤陂，饒州府餘干縣交界。

建昌府

南城縣

一、東陸大路，自縣出東門，由太平橋七十五里至本府新城縣交界。一、由太平橋，自硝石分陸路往南，四十里至察坑村，本府瀘溪縣交界。一、南陸大路，自縣南關，由迎仙橋九十里至雙南橋，本府南豐縣交界。一、自縣北關，由萬壽宫五十五里至界山嶺，撫州府臨川縣交界。

一、小陸路，自縣往東北，七十里至寒婆砦，撫州府金谿縣交界。一、自縣西關，由黄堂廟五十里至交陽嶺，撫州府宜黄縣上黄交界。

一、水路，自縣出東關，由太平橋往上，八十五里至雙南橋港，本府南豐縣交界。一、自太平橋往下，五十八里至潭港，撫州府臨川縣交界。一、自縣往東由太平橋六十三里至硝石街，本府新城縣交界。

南豐縣

一、東陸大路，自縣往東，三十里至兜溪鋪，本府南城縣交界。一、南陸大路，自縣由南津渡八十里至雙連隘，本府廣昌縣交界。一、自縣東四十五里至弋陽鋪隘，本府新城縣交界。

一、小陸路，自縣治西，由石佛寺九十里至九子嶺，贛州府寧都縣交界。

一、水路，自縣治東關外往上，由惠政橋八十里至雙連港，本府廣昌縣交界。自東關外三十里至兜溪港，本府南城縣交界。

新城縣

一、東陸大路，自縣出東關，六十五里至杉關，福建邵武府光澤縣交界。一、西陸大路，自縣往西，由安濟橋六十里至弋陽鋪隘，本府南豐縣交界。一、北陸大路，自縣經白源鋪，五十里至本府南城縣交界。

一、小陸路，自縣南關六十里至黄土關，福建邵武府邵武縣交界。一、自縣往西，由安濟橋七十里至邱家隘，福建邵武府建寧縣交界。

一、水路，自縣出北關外，四十八里至硝石街，本府南城縣交界。

廣昌縣

一、東陸大路，自縣出東門，五十里至雙連隘，本府南豐縣交界。一、西陸大路，自縣出西門，六十里至秀嶺隘，贛州府寧都縣交界。一、南陸大路，自縣出南門，七十五里至車橋嶺隘，福建汀州府寧化縣交界。

一、東陸小路，自縣出東門，由順化渡四十五里至船尖隘，福建邵武府建寧縣交界。一、南陸小路，自白水市分路，上葛藤排，五十里至分水隘，贛州府石城縣鐵樹坝交界。

一、小水路，自縣出南門往下，四十二里至雙連港，本府南豐縣交界。

一、自南門往上，四十里至白水市係發源之所登陸，往福建汀州府寧化縣交界。

瀘溪縣

一、北陸大路，自縣往北，七十里至白玗，本府南城縣交界。

一、北陸小路，三十里至大源，廣信府貴溪縣交界。一、東陸小路，自縣往東，十五里至花山，福建邵武府光澤縣交界。一、西陸小路，由接龍橋九十里至貓兒山嶺，撫州府金谿縣交界。一、南陸小路，自縣往南九十里至察坑，本府南城縣交界。

又卷六《疆域》

廣信府

上饒縣

一、東陸大路，自縣東門七十里至黃茅岡，本府玉山縣交界。一、西陸大路，自縣西門五十里至宋村鋪，本府興安縣交界。一、南陸大路，自縣南門鍾靈橋四十五里至茭塘鋪，本府廣豐縣交界。

一、小陸路，自縣往南，由灘頭渡口一百五十里至福建建寧府浦城縣岑陽關交界。一、自縣往西南，由白鶴渡四十五里至石溪，本府鉛山縣交界。

一、自縣往北，六十五里至鄭家坊，饒州府德興縣交界。

一、水路，自縣往東南，由廣安橋六十里至湖昏塘汛，本府玉山縣交界。

一、自縣往西，由鍾靈橋白鶴渡六十五里至葉村，本府鉛山縣交界。

玉山縣

一、東陸大路，自縣東門四十里至草坪村，浙江衢州府常山縣交界。

一、西陸大路，自縣西門經連城橋，五十三里至黃茅岡，本府上饒縣交界。

一、小陸路，自縣東門東津橋，一百里至浙江衢州府開化縣交界。一、自縣往西北，一百里至江南徽州府婺源縣交界。一、自縣往南，二十五里至張坂塘，本府廣豐縣交界。

一、水路，自縣西門渡口，三十里至湖昏塘汛，本府上饒縣交界。一、自縣東津橋，一百一十里至浙江衢州府常山縣草坪交界。

弋陽縣

一、東陸大路，自縣東門十五里至晚港鋪，本府興安縣交界。一、西陸大路，自縣西港三十里至水門鋪，本府貴溪縣交界。

一、小陸路，自縣往南，由圭峰九十里至福建邵武府光澤縣觀音關交界。一、自縣往北，六十里至石下村，饒州府萬年縣交界。一、自縣西溪橋六十里至秧坂，饒州府樂平縣交界。

一、水路，自縣東關外渡口八十里至黃沙港，本府鉛山縣交界。一、自渡口往西，七十里至洪家埠，本府貴溪縣交界。一、自黃沙港，三十五里至福建邵武府光澤縣水路交界。

貴溪縣

一、東陸大路，自縣東門三十里至水門鋪，本府弋陽縣交界。一、西陸大路，自縣過後河渡，四十里至界山，饒州府安仁縣交界。

一、小陸路，自縣往北七十里至夾羅村，饒州府萬年縣交界。一、自縣南由浮橋渡，一百六十五里至福建邵武府光澤縣茶山關交界。一、自浮橋渡，九十里至金貴亭，撫州府金谿縣交界。一、自縣往南，一百二十里至大源，建昌府瀘溪縣交界。

一、水路，自縣東門渡口，二十里至洪家埠，本府弋陽縣交界。一、自縣往西浮河渡，八十里至東溪渡，饒州府安仁縣交界。

鉛山縣

一、東陸大路，自縣東門，四十五里至福建建寧府浦城縣岑陽關交界。

一、南陸大路，自縣南門，七十里至福建建寧府崇安縣分水關交界。

一、小陸路，自縣往西，一百里至福建建寧府崇安縣火燒關交界。一、自縣往北，由水北橋四十五里至石溪，本府上饒縣交界。

一、水路，自縣往北，由河口鎮三十里至葉村，本府上饒縣交界。一、自河口鎮往西，五十里至黃沙港，本府弋陽縣交界。

一、小水路，自縣水北橋八十里至福建建寧府崇安縣溫陵關交界。

廣豐縣

一、東陸大路，自縣東門，六十五里至浙江衢州府江山縣松峰山交界。

一、西陸大路，自縣西門，二十三里至茭塘鋪，本府上饒縣交界。一、東南陸大路，自縣塘墀渡，七十五里至福建建寧府浦城縣二渡關交界。

一、小陸路，自縣南門三十五里至茭塘鋪，本府上饒縣交界。一、自縣往北，八十里至浙江衢州府江山縣鳳林交界。一、自縣往西北，五十里至烏狗街，本府玉山縣交界。

一、水路，自縣往南，四十里至洋州本府上饒縣交界。一、自縣往東南，九十里至浙江衢州府江山縣湖裏交界。

興安縣

一、東陸大路，自縣東門窑口塘，三十里至宋村鋪，本府上饒縣交界。一、西陸大路，自縣下窑十五里至石塘鋪，本府弋陽縣交界。

一、小陸路，自縣往西南，三十五里至楊坊，本府弋陽縣交界。一、自縣往北，一百二十里至臨江湖，本府上饒縣水路交界。

饒州府

鄱陽縣

一、東陸大路，自縣出東門，由薦福寺七十里至大橋，本府樂平縣交界。一、北陸大路，自縣出北門，一百十五里至界牌鋪，本府浮梁縣交界。一、自消坂鋪分路往北，一百六里至石門，江南池州府建德縣交界。一、自石門分小路，九十里至洗馬橋，本府浮梁縣交界。

一、小陸路，自縣往東，七十里至山塘鋪，本府樂平縣交界。

一、東河水路，自縣往東，一百六十五里至金魚灘，本府浮梁縣交界。一、南河水路，自縣一百里至本府樂平縣水路交界。一、西河水路，自縣六十五里至鄱湖口棠陰寨，南康府都昌縣交界。一、自堯山一百三十里至石門，江南池州府建德縣交界。

餘干縣

一、東陸大路，自縣四十里至古樓鋪，本府萬年縣交界。一、西陸大路，自縣六十九里至潤陂鋪，南昌府進賢縣、撫州府東鄉二縣交界。一、南陸大路，自縣七十里至本府安仁縣交界。

一、水路，自龍津驛往上，六十里至本府安仁縣交界。一、自龍津驛四十里至瑞洪汛，南昌府進賢縣交界。一、自同口灘往府，五十七里至石潭寺，本府鄱陽縣交界。

樂平縣

一、東陸大路，自縣東門一百里至水口廟，本府德興縣交界。一、西陸大路，自縣西門四十里至山塘鋪，本府鄱陽縣交界。一、南陸大路，自縣南門三十里至庫前村，本府萬年縣交界。

一、小陸路，自縣東門七十五里至戴家寨，本府德興縣交界。一、自縣往東，五十里至秧坂，廣信府弋陽縣交界。一、自縣往西，三十五里至大橋，本府鄱陽縣交界。一、自縣往南，二十五里至新興鋪，本府萬年縣交界。一、自縣往北，二十五里至南村嶺，本府浮梁縣交界。

一、水路，自縣官路口五十五里至石鎮街，本府鄱陽縣交界。一、自官路口，由垻口渡九十四里至戴村，本府德興縣交界。

浮梁縣

一、東陸大路，自縣東門一百五十里至黄竹嶺，江南徽州府婺源縣交界。一、南陸大路，自縣南門六十五里至澆嶺，江南徽州府婺源縣交界。一、西陸大路，自縣西門五十五里至界牌鋪，本府鄱陽縣交界。一、北陸大路，自縣北門一百一十里至苦竹坑，江南徽州府祁門縣交界。

一、小陸路，自縣南門渡四十里至柳家莊，本府德興縣交界。一、自縣往北，一百十五里至桃樹鎮嶺，江南池州府建德縣交界。一、自西門四十五里至洗馬橋，本府鄱陽縣交界。

一、水路，自縣東門往上，由青峰渡六十五里至到湖，江南徽州府祁門縣交界。一、自縣南門渡往下，四十八里至官莊金魚灘，本府鄱陽縣交界。

安仁縣

一、陸大路，自縣東榮禄堡二十里至廣信府，貴溪縣交界。一、自縣孟津門過渡，二十里至大橋鋪，撫州府東鄉交界。

一、陸小路，自縣西門一十里至古鎮橋，本府餘干縣交界。一、自縣北門三十里至牧羊鋪，本府萬年縣交界。

一、水路，自縣孟津渡往上，二十里至東溪渡，廣信府貴溪縣交界。一、自孟津渡往下，十里至炭埠，本府餘干縣交界。

德興縣

一、東陸大路，自縣東門八十五里至白沙鋪，浙江衢州府開化縣交界。一、南陸大路，自縣南門八十五里至漆江鎮，廣信府弋陽縣交界。一、西陸大路，自縣西門三十里至水口廟，本府樂平縣交界。

一、東陸小路，自縣東門，由北嶺三十里至李村，江南徽州府婺源縣交界。一、東南陸小路，自縣南門七十里至鄭家坊，廣信府上饒縣交界。一、西南陸小路，自縣出南門，十八里至戴家寨，本府樂平縣交界。一、西北陸小路，自縣出北門，二十五里至柳家莊，本府浮梁縣交界。

一、水路，自縣出北門，五十一里至海口村，江南徽州府婺源縣交界。一、自大河往下，二十里至戴村，本府樂平縣交界。

萬年縣

一、東陸大路，自縣經普德橋，八十里至百丈嶺，廣信府貴溪縣交界。

一、小陸路，自縣往東南，四十四里至嶋源，廣信府貴溪縣交界。一、自縣往東北，五十里至河橋，廣信府貴溪縣交界。一、自桐鶴村分路，二十三里至石下村，廣信府弋陽縣交界。一、自縣往西，三十七里至古樓埠，本府餘干縣交界。一、自縣往北，由南石鋪四十三里至庫前村，本府樂平縣交界。一、自曹坊村四十五里至新興鋪，本府樂平縣交界。一、自縣往南，六十六里至牧羊鋪，本府安仁縣交界。

南康府

星子縣

一、西陸大路，自縣西門五十六里至界牌嶺，九江府德安縣交界。

一、陸小路，自隘口分路往北，五十里至康陽坂，九江府德化縣交界。一、自敬思港過渡，往西南至七里堠，本府建昌縣交界。一、自縣出北門，二十五里至德星鋪吳障山，九江府德化縣交界。

一、水路，自縣南門過鄱陽湖水面，二十里至龍王廟，本府都昌縣左蠡鋪交界。一、自縣東門外，四十里至狗頭石，九江府德化縣交界。一、自縣南門外，四十里至南昌府新建縣焦尾洲交界。

都昌縣

一、東陸大路，自縣東門八十一里至章田鋪，饒州府鄱陽縣交界。一、西陸大路，自縣西門，由長嶺鋪五十里至本府星子縣交界。

一、陸小路，自井田鋪分路往北，五十里至西陽橋，九江府湖口縣交界。

一、水路，自縣南門外團山往東，九十里至棠陰寨，饒州府鄱陽縣交界。一、自縣南門二十里至松門山西鄱湖，南昌府新建縣交界。一、自縣南門外三十里至左蠡汛往東，又三十里至屏峰山，九江府湖口縣交界。

建昌縣

一、東陸大路，自縣東門四十里至豐安村鋪，南昌府新建縣交界。一、南陸大路，自縣南門張家埠，五十五里至鄔溪鋪，本府安義縣交界。一、北陸大路，自縣北門四十里至米嶺鋪，九江府德安縣交界。

一、小陸路，自縣西門一百七里至磨刀嶺，南昌府武寧縣交界。一、自縣北門五十里至七里堠，本府星子縣交界。

一、水路，自縣東門一百里至蘆潭汛渡口，南昌府新建縣吳城鎮交界。一、自縣南門外逆流，一百一十里至河撫，南昌府武寧縣交界。一、自縣小南門往上，一百七十里至閔埠，本府安義縣交界。

安義縣

一、西南陸大路，由龍津渡十五里至筲箕鋪，南昌府奉新縣交界。一、北陸大路，自縣北門三十里至鄔溪鋪，本府建昌縣交界。

一、小陸路，自縣西門五里至齊頭山，南昌府靖安縣交界。一、自縣東門五十里至石鼻鋪，南昌府新建縣交界。

一、水路，自縣南門外龍津埠，三十里至閔埠，本府建昌縣交界。一、自龍津埠往上至故埠河，南昌府奉新縣交界。一、自龍津埠往西北，五里至桐城埠，二里至姚灘，南昌府靖安縣交界。

九江府

德化縣

一、東陸大路，自縣東門六十里至南湖嘴，對江本府湖口縣交界。一、西陸大路，自縣西門龍開河過渡，四十里至洗心橋，本府瑞昌縣交界。一、西南陸大路，自縣西門潯陽驛，八十七里至潘溪河，本府德安縣交界。一、自通遠驛分小路往東，二十三里至康陽坂，南康府星子縣交界。一、北陸大路，自縣北門渡洋子江北岸清江鎮，四十里至孔壠驛，湖廣黄州府黄梅縣交界。

一、西陸小路，自縣西門龍開河過渡，七十五里至潘溪河，本府德安縣交界。一、南陸小路，自縣小南門三十里至吳障山，南康府星子縣交界。一、東陸小路，自縣往東，四十里至大姑塘，對江本府湖口縣交界。

一、水路，自縣西門洋子江往上，七十里至城子鎮，本府瑞昌縣交界。一、自洋子江往下，五十里至南湖嘴，本府湖口縣交界。一、自南湖嘴分河往上，四十里至狗頭石，南康府星子縣交界。

德安縣

一、東陸大路，自縣東門過渡，十五里至界牌嶺，南康府星子縣交界。一、西陵大路，自縣西門六十五里至布袋嶺，本府瑞昌縣交界。一、南陸大路，自縣南門二十里至米嶺鋪，南康府建昌縣交界。一、北陸大路，自縣北門二十五里至潘溪河，本府德化縣交界。

一、水路，自縣南門傍小河一條往上，十里至烏石門水發源。又自南門往下，十五里至敬思港，南康府星子縣交界。

瑞昌縣

一、東陸大路，自縣東門望仙橋，三十里至洗心橋，本府德化縣交界。一、西陸大路，自縣西門黄甲橋，三十里至界首鋪，湖廣武昌府興國州交界。一、自黄甲橋分小路往西，八十里至肇城，湖廣武昌府興國州交界。一、南陸大路，自縣南門五十里至布袋嶺，本府德安縣交界。一、北陸大路，自縣北門四十五里至馬頭抵大江，湖廣黄州府廣濟縣武穴鎮交界。

一、西南陸小路，自縣西門黄甲橋，七十五里至雙溪，南昌府武寧縣交界。

一、水路，自縣出北門往北，四十里至下巢湖，湖廣黄州府廣濟縣武穴鎮對江岸交界。一、自馬頭汛分水路往下，二十里至城子鎮，本府德化縣交界。

湖口縣

一、東陸大路，自縣東門，由小嶺五十三里至西洋橋，南康府都昌縣交界。一、自縣東門二十三里至石澗鋪，本府彭澤縣交界。一、西陸大路，自縣西門，由虹橋往西上鐘山，對江南湖嘴岸，本府德化縣交界。

一、東陸小路，自東門，由大嶺三十里至塘山，本府彭澤縣交界。

一、水路，大江自縣西門往上，對江十里至南湖嘴，本府德化縣交界。一、自縣西門忠臣廟往上，進鄱陽湖口，二十里至𨋲山，本府德化縣交界。又往東四十五里至屏峰山，南康府都昌縣交界。一、自縣出西門忠臣廟往下，三十五里至時家渡，本府彭澤縣交界。

彭澤縣

一、南陸大路，自縣南門六十里至石澗鋪，本府湖口縣交界。一、北陸大路，自縣北門往東北，四十里至響水磯，江南池州府東流縣交界。

一、東陸小路，自縣東門六十里至下隅坂，江南池州府建德縣交界。一、西陸小路，自縣西門鏡子山過渡，三十里至塘山，本府湖口縣交界。一、南陸小路，自縣南門八十里至肖家嶺，饒州府鄱陽縣交界。一、北陸小路，自縣北門三十里至馬當鎮，江南池州府東流縣交界。

一、水路，大江自縣出西門往上，三十五里至時家渡，本府湖口縣交界。一、水路分東，自縣北門三十一里至周家湖，江南池州府東流縣交界。

南安府

大庾縣

一、東陸大路，自縣東門雙牌鋪，八十里至青泥鋪，本府南康縣交界。一、南陸大路，自横浦橋四十里至梅嶺，廣東南雄府保昌縣交界。

一、小陸路，自縣往西，由浮江隘一百三十五里至廣東韶州府仁化縣長江交界。一、自縣往北，由湯坪嶺二十五里至義安鋪，本府崇義縣交界。

一、小水路，自崇義縣聶都發源起，一百三十里至本府南康縣水路交界。

南康縣

一、東陸大路，自縣東關外渡口，六十里至五總鋪，贛州府贛縣交界。一、西陸大路，自縣西門通粵橋，四十里至青泥鋪，本府大庾縣交界。

一、小陸路，自縣南門外過渡，三十里至回堡，贛州府信豐縣交界。一、自縣往西，五十里至下角嶺，本府崇義縣交界。一、自縣往北，一百里至大回嶺，本府上猶縣交界。

一、水路，自縣南關往西上，由小溪驛九十里至寫坑塘，本府大庾縣交界。一、自小溪驛往東下，五里至兜口塘汛，九十里至歐潭，贛州府贛縣交界。

上猶縣

一、東陸大路，自縣東門猶口橋，四十里至大回嶺，本府南康縣交界。一、西陸大路，自縣往西，由梅田瑕一百五十里至湖廣桂東縣沙嶺坳交界。

一、小陸路，自縣往南，四十里至茶瓶坳，本府崇義縣交界。一、自縣往北田，九十里至白雲嶺，吉安府龍泉縣交界。

一、小水路，自縣治石人背渡，四十里至南北村渡大回水，本府南康縣交界。

崇義縣

一、南陸大路，自縣南門，一百里至湯坪嶺，本府大庾縣交界。

一、小陸路，自縣往西南，一百十五里至百擔坵，湖廣郴州府桂陽縣交界。 一、自縣往西，七十里至茶瓶坳，本府上猶縣交界。 一、自過步分路，一百三十里至截龍，湖廣郴州府桂陽縣交界。 一、自縣往西北，一百五十里至山坑，吉安府龍泉縣交界。 一、自縣往東，一百三十里至角嶺，本府南康縣交界。

一、小水路，自縣治東南發源，一百二十二里至下角嶺，本府南康縣陸路交界。

贛州府

贛縣

一、東陸大路，自縣東門過渡，一百七里至峽口鋪，本府雩都縣交界。 一、自江口鋪分路往西，一百五里至窖塘，本府興國縣交界。 一、西陸大路，自縣西門過渡，一百四十五里至土扶鋪，吉安府萬安縣交界。 一、南陸大路，自縣南門五里亭，九十五里至坳頭鋪，本府信豐縣苦竹坝交界。 一、自縣南門過河南橋，二十里至五總鋪，南安府南康縣交界。

一、水路，自東門東河贛關往上，六十八里至峽口，本府雩都縣交界。 一、自信豐江口往右，九十里至烏漾灘，本府信豐縣交界。 一、自興國縣江口往左，七十里至石窖灘，本府興國縣交界。 一、自西門西河贛關往上，四十里至歐潭，南安府南康縣交界。 一、自西門，由龜角尾一百十里至良口市，吉安府萬安縣交界。

雩都縣

一、東陸大路，自縣東門慧明山，五十五里至路口逕，本府瑞金縣交界。 一、南陸大路，自縣南門過渡，七十里至乂干鋪，本府會昌縣交界。 一、西陸大路，自縣西門生佛寺，六十里至峽口鋪，本府贛縣交界。 一、北陸大路，自縣北門接龍庵，一百二十里至黃沙鋪，本府寧都縣交界。 一、自葛坳鋪分小路往左，三十里至蓮花山，本府寧都縣交界。 一、自三觀鋪分小路往左，六十里至公布小羅，本府興國縣交界。

一、水路，自南門下河，七十五里至峽口，本府贛縣、興國二江口交界。 一、自南門下河往上，三十里至齊毛塘，本府會昌縣交界。 一、自白口塘往左，一百三十里至曲陽江，本府寧都縣交界。

信豐縣

一、東陸大路，自縣東門嘉定橋，一百二十五里至重石堡，本府會昌縣交界。 一、南陸大路，自縣南門一百七里至東坑，本府龍南縣交界。 一、自楊馬鋪三十里至內江，本府定南縣交界。 一、北陸大路，自縣北門迎恩橋，四十里至苦竹坝，本府贛縣交界。

一、小陸路，自縣東門六十里至大湖墟，本府贛縣交界。 一、自縣東門一百里至平坑，本府安遠縣交界。 一、自縣西門八十里至桐木坝，廣東南雄府保昌縣交界。 一、自縣西門五十里至嶇嶺，南安府南康縣交界。

一、水路，自東門往下，四十里至烏漾灘，本府贛縣交界。 一、自東門往上，二百里至張公廟，本府龍南縣交界。 一、自縣北門往上，一百三十里至分水坝，廣東南雄府保昌縣烏逕市交界。

興國縣

一、東陸大路，自縣東門一百五十里至梅窖，本府寧都縣交界。 一、自縣南門雙橋，五十里至石院鋪，本府贛縣石窖塘交界。 一、自縣西門七十里至均村，吉安府萬安縣交界。

一、陸小路，自縣北門七十五里至白羊坳，吉安府泰和縣交界。

一、水路，自南門三十五里至石窖灘，本府贛縣交界。

寧都縣

一、東陸大路，自縣東門七十里至白麻塘浮嶺，本府石城縣交界。 一、南陸大路，自縣南門八十五里至大柏，本府瑞金縣交界。 一、西南陸大路，自縣往西南，四十里至黃沙鋪，本府雩都縣交界。 一、北陸大路，自縣北門八十五里至竹篙嶺，吉安府永豐縣交界。 一、自黃溪村分路往左，二十五里至梅窖，本府興國縣交界。

一、小陸路，自縣東門一百里至東龍，本府石城縣交界。 一、自縣南門五十里至銅鉢山寺，本府瑞金縣交界。 一、自縣西門三十里至蓮花山黃干嶺，本府雩都縣交界。 一、自縣北門一百六十五里至土嶺，撫州府宜黃縣交界。一、自懷安鋪往東北，三十里至建昌府廣昌縣秀嶺交界。一、自洛口村分路，四十里至大樹嶺，撫州府樂安縣交界。一、自張天塘村分路往西北，四十五里至九子嶺，建昌府南豐縣交界。

一、水路，自縣東門外，一百六十里至曲陽，本府雩都縣交界。一、自江口分河往上，八十里至龍下渡，本府石城縣交界。

會昌縣

一、東陸大路，自縣東門過渡十里至本府瑞金縣交界。一、西陸大路，自縣西門往北，六十里至重石堡，本府信豐縣交界。一、自縣西門八十里至油槽坳，本府安遠縣交界。一、南陸大路，自縣南門九十里至盤古隘，本府長寧縣交界。一、北陸大路，自縣北門過渡，八十五里至水頭堡乂干鋪，本府雩都縣交界。

一、陸小路，自縣南門一百里至盤古隘，分路往左，二十五里至上曾，福建汀州府武平縣交界。一、自縣東門往左，七十六里至承鄉司，本府瑞金縣交界。一、自縣北門，一百五里至五龍堡，本府安遠縣交界。

一、水路，自縣北門外，六十五里至安遠鋪，本府安遠縣交界。一、自縣東門，五里排謝坊塘汛，本府瑞金縣交界。一、自縣往南，一百三十五里至羊角水汛，福建汀州府武平縣交界。

安遠縣

一、東陸大路，自縣東門四十二里至大陽關，本府長寧縣交界。一、南陸大路，自縣南門八十里至龍泉堡，本府定南縣交界。一、東陸大路，自縣東門一百三十里至油槽垇，本府會昌縣交界。一、西陸大路，自縣西門塔下寺，一百里至五龍堡，本府會昌縣交界。一、自縣西門，六十里至坂石，本府信豐縣交界。

一、小陸路，自西門塔下寺往東南，五十里至石背，本府信豐縣交界。

一、水路，自西門塔下寺，二百里至安遠鋪，本府會昌縣交界。

瑞金縣

一、東陸大路，自縣東門二十一里至大隘嶺，福建汀州府長汀縣交界。一、南陸大路，自縣南門雲龍橋，八十二里至五里排，本府會昌縣交界。一、西陸大路，自縣西門一百二十五里至路口逕，本府雩都縣交界。

一、小陸路，自縣往西南，三十五里至黃安承鄉，本府會昌縣交界。一、自縣往西北，八十二里至羅漢巖，福建汀州府長汀縣交界。一、自縣北門，一百十里至蕉嶺，本府寧都縣交界。

一、水路，自縣南門六十四里至謝坊塘，本府會昌縣交界。

龍南縣

一、東陸大路，自縣東門五十里至關西，本府定南縣交界。一、南陸大路，自縣南門一百五里至分水垇，廣東惠州府河源縣交界。一、北陸大路，自縣北門四十里至草嶺鋪東坑，本府信豐縣交界。

一、小陸路，自縣西門一百三十里至東桃山，廣東韶州府翁源縣交界。一、自縣西門過渡，一百四十里至樟山峽頭嶺，廣東南雄府始興縣交界。一、自縣南門，一百三十里至油潭嶺，廣東惠州府龍川縣交界。

一、水路，自西門白雀寺，六十里至張公廟，本府信豐縣交界。

石城縣

一、東陸大路，自縣東門三十五里至大畓橋，福建汀州府寧化縣交界。一、西陸大路，自縣西門四十里至梅坑鋪浮嶺，本府寧都縣交界。

一、小陸路，自縣出西門，四十里至東龍，本府寧都縣交界。一、自縣東門，五十五里至福建汀州府寧化縣交界。一、自縣南門，九十五里至逕口，福建汀州府長汀縣黃竹嶺交界。一、自縣北門，六十里至分水垇，建昌府廣昌縣鐵樹垇交界。

一、水路，自西門七十里至龍下渡，本府寧都縣合大江。

定南縣

一、東陸大路，自縣東門一百八十里至小江，廣東惠州府龍川縣交界。一、南陸大路，自縣南門一里至三台山，廣東惠州府和平縣交界。一、北陸大路，自縣北門一百八十里至內江堡，本府信豐縣交界。一、自下歷鋪分路往東北，四十里至神仙嶺，本府安遠縣龍泉堡交界。

一、小陸路，自縣西門八十里至關西，本府龍南縣交界。

長寧縣

一、南陸大路，自縣南門回龍寺，九十里至牛挨石，廣東潮州府平遠縣交界。一、北陸大路，自縣北門東華山，五十里至盤古隘，本府會昌縣交界。一、北陸大路，自縣北門六十里至大陽關，本府安遠縣交界。

一、小陸路，自縣東門大悲閣，二十六里至分水垇，廣東潮州府平遠縣交界。一、自縣南門，九十里至和尚逕，廣東惠州府興寧縣羅浮司交界。一、自縣西門，九十八里至吉祥，廣東惠州府龍川縣交界。一、自縣東門，九十五里至烏戰碑，福建汀州府武平縣交界。

光緒《江西通志》卷九二《郵政》 南昌府南昌縣

南去大路，自南浦驛八十里至殷家渡，豐城縣界。東南自南關口分路，六十里至土坊鋪，進賢縣界。東出東關菩提寺，五十七里至梓溪圩，進賢縣界。小路，東北至桃花塘，五十七里至烏龜寨，新建縣界。水路，自章江渡西南九十里至大港，豐城縣界。又東一百四十五里至梁家渡，撫州府臨川縣界。《舊志》。謹案：此《道里冊》原文，《舊志》取之以當疆域。今於疆域既據《全省志圖》詳列四至八到，而移此附驛程。其中里數遠近，經界處所不盡可信，《輿圖說》辨之甚明，棄而不存，轉無左證矣。

新建縣

北去大路，自章江渡八十五里至豐安邨，南康府建昌縣界。西南自沙井分路，五十七里至烏山鋪，瑞州府高安縣界。西南小路，自胡家橋西五十七里至分水廟，南康府安義縣界。又自青山西南三十五里至界牌鋪，奉新縣界。水路，南自章江渡一百里至羅家渡，瑞州府高安縣界。北自章江渡一百六十五里至焦尾洲，南康府星子縣界。小路，自樵舍東四十八里至饒州府餘干縣界，自吳城西五里至蘆潭渡口南康府建昌縣界。《舊志》。

豐城縣

北去大路，自縣四十里至殷家渡，南昌縣界。西南大路，自縣四十里至泊梅邨臨江府，清江縣界。東去小路，自荷塘邨一百里至北澤邨，撫州府臨川縣界。東南自津頭橋一百里至黃蹊，撫州府崇仁縣界。西自大岸渡七十里至馬峰嶺，瑞州府高安縣界。南自縣一百十里至丁家嶺，撫州府樂安縣界。東北自縣四十五里至三江口梅福寺，進賢縣界。水路，南自劍江驛四十五里至牛灣塘，臨江府清江縣界。北自劍江驛四十五里至章湖渡，南昌縣界。《舊志》。

進賢縣

西北大路，自縣六十五里至池港街，南昌縣界。東由牌坊下四十八里至野塘，撫州府東鄉縣界。東南四十五里至禮坊邨，撫州府臨川縣界。小路，自縣至橐樹鋪分路，東北四十里至潤陂鎮，饒州府餘干縣界。又自縣西四十七里至三江口，豐城縣界。水路，自新橋下由青龍橋一百五十八里至梅溪汛，饒州府餘干縣界。《舊志》。

奉新縣

東去大路，自縣二十里至算箕鋪，南康府安義縣界。

東南三十五里至界牌鋪，新建縣界。西一百十里至茅岡鋪，義寧州界。小路，南自縣二十里至鸞岡嶺，瑞州府高安縣界。北自縣二十里至烏嵐鋪，靖安縣界。水路，自奉化鄉由寒溪寺一百四十五里至石鼻市，新建縣界。又東北十里至故埠河，南康府安義縣界。《舊志》。

靖安縣

東去大路，自縣三十里至齊頭山，南康府安義縣界。南自縣二十里至烏嵐鋪，奉新縣界。西由沙河橋鋪八十里至朱家山，武寧縣界。小路，西自沙河橋鋪一百十里至茅竹山頭鋪，義寧州界。水路，自縣一百十里至苦竹小溪，義寧州界。又自縣北津橋三十五里至姚灘，南康府安義縣界。《舊志》。

武寧縣

東去大路，自縣一百里至磨刀嶺，南康府建昌縣界。南自縣八十五里至斜石鋪，義寧州界。南自縣渡河，由溥濟寺一百三十八里至宋家山，靖安縣界。小路，北自縣一百一十里至黃土嶺，湖北武昌府興國州界。東北自縣九十里至堇崖洞，湖北武昌府通山縣界。水路，自縣東一百五里至河滸，南康府建昌縣界。縣西一百二十里至石岐，義寧州界。《舊志》。

義寧州

東南大路，自州八十三里至茅竹山頭鋪，奉新縣界。小路，自州南一百六里至找橋鋪，瑞州府新昌縣界。又西二百四十里至大圍山，湖南長沙府瀏陽縣界。又西一百里至湖南長沙府平江縣龍門厂。水路，自查津一百三十里至斜石鋪，武寧縣界。《舊志》。

瑞州府高安縣

東去大路，自豫章橋六十里至南昌府新建縣界。北三十八里至鸞岡嶺，南昌府奉新縣界。西五十一里至宜豐橋，新昌縣界。南城東路，自黃家小橋六十里至黃泥邨，上高縣界。又東一十七里至青潭嶺，南昌府豐城縣界。水路，自縣西一百里至界埠，上高縣界。東四十里至羅家渡，南昌府新建縣界。舊《志》。

上高縣

東去大路，自浮橋河南墟市三十七里至黄泥邨，高安縣界。西一百三十二里至末山尾隨落江，袁州府萬載縣界。小路，自縣西三十里至淩江口，新昌縣界。水路，西一百里至袁州府萬載縣界。東六十八里至龍口渡，高安縣界。舊《志》。

新昌縣

東去大路，六十里至宜豐橋，高安縣界。小路，自縣東南二十里至青水鋪，上高縣界。又北八十里至找橋鋪，南昌府義甯州界。水路，西五十里至黄花莊東五十里，上高縣界。西自黄岡口小溪木筏行路四十五里至楊木江口，袁州府萬載縣界。舊《志》。

袁州府宜春縣

東去大路，自落流橋三十里至彬江市合山，分宜縣界。西五十里至分界鋪，萍鄉縣界。南五十里至澗富嶺，吉安府安福縣界。北六十五里至西嶺鋪亂石嶺，萬載縣界。小路，東南自張家山五十五里至嚴塘嶺，分宜縣界。東北由石里山八十里至黄圃市慈化寺，湖南長沙府瀏陽縣界。西北由化城崖一百二十里至楚王廟萍鄉縣界。水路，縣北西行八十里至宣峰市，萍鄉縣界。又東八十里至江斜塘，分宜縣界。舊《志》。

分宜縣

東去大路，自縣東二十五里至袁家渡，臨江府新喻縣界。西四十里至彬江市合山，宜春縣界。南五十四里至車谷，吉安府安福縣界。東北五十五里至土橋，臨江府新喻縣界。小路，西北六十五里至嚴塘嶺，宜春縣界。水路，西三十里至江斜，宜春縣界。東二十五里至袁家渡，臨江府新喻縣界。舊《志》。

萍鄉縣

東去大路，自管埠橋九十里至分界鋪，宜春縣界。西六十里至新插嶺關，湖南長沙府醴陵縣界。小路，西自銀橋一百里至嚴壺嶺，湖南長沙府攸縣界。南自萍實橋九十里至高布嶺，吉安府安福縣界。北一百二十里至桐木市，湖南長沙府瀏陽縣界。由通濟橋七十二里至桐木嶺，宜春縣界。水路，東一百九十里至宣峰市宜春縣界。舊《志》。

萬載縣

東去大路，自縣東十五里至隨落江，瑞州府上高縣界。西一百二十里至龍圖廟，湖南長沙府瀏陽縣界。南十五里至甘泉市，宜春縣界。小路，自縣北過龍河渡一百三十里至猿柱嶺，湖南長沙府瀏陽縣界。水路，自縣治龍河渡西一百四十里至棗木橋，宜春縣界。東三十里至埠頭，瑞州府上高縣界。舊《志》。

臨江府清江縣

東去大路，自瀟灘驛五十五里至泊濂邨，南昌府豐城縣界。南三十三里至丁家渡，新淦縣界。又自張王廟五十五里至萬安鋪，新喻縣界。北三十五里至曲水湖，瑞州府高安縣界。水路，北自泊濂邨接豐城縣界。南五十里至永市墟，新淦縣界。又自荷湖館西四十九里至泗溪，新喻縣界。舊《志》。

新淦縣

西去大路，自縣西界埠二十八里至長排墟，峽江縣界。又自西禪寺四十里至丁家渡，清江縣界。小路，東六十五里至李山坳，撫州府樂安縣界。北三十七里至永市墟，清江縣界。水路，南二十二里至獅子山，峽江縣界。北四十里至永市墟，清江縣界。又自西禪寺南二十里至長排洲，峽江縣界。北四十八里至鄧家洲中港，清江縣界。舊《志》。

新喻縣

東去大路，自縣六十里至萬安鋪，清江縣界。西出崇慶寺五十里至土橋，袁州府分宜縣界。小路，東由羅坊六十里至圓山坳，新淦縣界。南由覽秀亭三十里至牛頸邨，峽江縣界。北七十一里至黎墟，清江縣界。水路，北一百七里至泗溪渡，清江縣界。西四十里至袁家渡，袁州府分宜縣界。舊《志》。

峽江縣

南去大路，自玉峽驛十里至塔下，吉安府吉水縣界。北由大安橋四十五里至長排墟，新淦縣界。小路，東七十六里至南源坳，吉安府永豐縣界。北由新田橋七十里至頸嶺，新喻縣界。水路，南二十里至塔下，吉安府吉水縣界。北四十五里至獅子山，新淦縣界。舊《志》。

吉安府廬陵縣

東去大路，六十里至龔溪廟，泰和縣界。西四十里至新徑鋪，安福縣界。小路，西六十里至洋口，安福縣界。南四十里至鐵溪庵，泰和縣界。北七十五里至潦江前邨，安福縣界。水路，自螺川驛南五十里至鐵溪塘，泰和縣界。北二十里至石屋塘，吉水縣界。又自神岡山一百七十五里至斜埠塘，永新縣界。自雙江分河，五十里至洋口，安福縣界。舊《志》。

泰和縣

南去大路，五十五里至官橋頭，萬安縣界。北一百八里至孔家鋪，廬陵縣界。小路，由桃陽邨三十五里至通津橋羅邨，贛州府興國縣界。北八十二里至鐵溪庵，廬陵縣界。水路，南七十八里至繳嘴上，萬安縣界。自東門橋白下驛一百七十里至鐵溪塘，廬陵縣界。舊《志》。

吉水縣

南去大路，三十里至黃岡橋廬陵縣界。北由龍華寺六十五里至塔下，臨江府峽江縣界。東四十二里至長源鋪，永豐縣界。水路，自北門南行二十里至石屋塘，廬陵縣界。北行由文江塘渡八十三里至住岐塘渡塔下，臨江府峽江縣界。又由蓮花石渡五十一里至百郊渡，永豐縣界。舊《志》。

永豐縣

東去大路，自花橋六十里至白竹邨，撫州府樂安縣界。南二百十里至竹篙嶺，甯都州界。西四十里至長源鋪，吉水縣界。小路由文孝廟四十五里至廟口南源坳，臨江府峽江縣界。水路，西四十里至百郊渡，吉水縣界。舊《志》。

安福縣

東去大路，由萍下一百十五里至新徑鋪，廬陵縣界。南由五里岡八十五里至虹橋，永新縣界。北四十里至石鎮鋪，袁州府分宜縣界。小路，東三十里至洋口渡，廬陵縣界。西一百七十里至清水湖，湖南長沙府攸縣界。謹案：今安福縣西九十五里至王岡鋪，蓮花廳界。北三一作八。十里至澗富嶺，袁州府宜春縣界。又自南陂二十里至高布嶺，袁州府萍鄉縣界。水路，自洋溪一百八十里至洋口，廬陵縣界。舊《志》。

龍泉縣

東去大路，五十里至鄧林鋪，萬安縣界。小路，西三十里至五斗江，永甯縣界。南六十里至田坑，南安府崇義縣界。北一百五十五里至小通，永新縣界。水路，東南一百十里至火嶺背，湖南郴州桂東縣界。西南右上一百六十里至蘇州山，湖南衡州府酃縣界。北由資福寺四十五里至白泥，萬安縣界。舊《志》。

萬安縣

西去大路，過蝦蟆渡二十里至鄧林鋪，龍泉縣界。北七十六里至官橋頭，泰和縣界。南八十里至土扶鋪，贛州府贛縣界。水路，自五雲驛北八十里至繳嘴上，泰和縣界。自蝦蟆渡南一百二十七里至良口市，贛州府贛縣界。又北五十二里至白泥，龍泉縣界。舊《志》。

永新縣

東去大路，由龍灣橋三十里至秋陂鋪，永甯縣界。西自玉皇閣一百里至界頭嶺，湖南茶陵州界。北五十里至虹橋鋪，安福縣界。謹案：今永新西北七十五里蓮花廳界。水路，自觀音閣北七十五里至斜埠塘，廬陵縣界。南一百一十里至界頭嶺水源，湖南茶陵州界。舊《志》。

永甯縣

北去大路，二十里至秋陂鋪，永新縣界。小路，東五十里至關，永新縣界。南六十五里至五斗江，龍泉縣界。西九十七里至湖南衡州府酃縣界。水路，西八十里至永新縣江口合河。舊《志》。

蓮花廳

東去大路，四十五里安福縣界。西三十里湖南茶陵州界。南十五里永新縣界。北七十里袁州府萍鄉縣界。自西門蓮花橋分路，南行四十三里永新縣界。又自南路十五里竹湖分路，二十里湖南茶陵州界。北行八十一里，袁州府萍鄉縣小路界。又自梟邨三十里湖南攸縣界。又自南邨北行二十五里湖南攸縣界。水路北至礱山口永新縣界。《蓮花廳輿圖説》。謹案：乘設於乾隆九年，舊册不及，今補。

撫州府臨川縣

東去大路，三十里至勇橋邨新路鋪，東鄉縣界。東南二十里至戴湖鋪，金谿縣界。西三十里至大嶺鋪，崇仁縣界。南六十五里至搗港鋪，宜黃縣界。東南九十五里至界山嶺，建昌府南城縣界。北五十里至嶺下邨，南昌府進賢縣界。小路，西由二仙橋四十五里至北澤，南昌府豐城縣界。又自和尚橋三十五里至百葉塘，崇仁縣界。北八十里至齊家店，南昌府南昌縣界。自北津渡東北七十四里至東莊，南昌府進賢縣界。水路，南九十里至濮牛，建昌府南城縣界。北一百里至梁家渡，南昌府南昌縣界。又自羊陂石渡南六十里至龍窟渡，宜黃縣界。舊《志》。

崇仁縣

東去大路，六十五里至車源邨柏葉塘，臨川縣界。東北六十里至大嶺鋪，臨川縣界。西南五十里至丁家源，樂安縣界。又自譚陂橋四十里至懷仁鋪，樂安縣界。北四十里至黃槩，南昌府豐城縣界。小路，東南五十五里至孤嶺，宜黃縣界。水路，自黃水橋北六十里至白虎窑邨，臨川縣界。舊《志》。

金谿縣

東去大路，六十里至淳塘鋪金貴亭，廣信府貴溪縣界。西四十里至後車鋪，建昌府南城縣界。北八十里至戴湖，臨川縣界。又自棗樹邨小路六十里至岐山，東鄉縣界。小路，南三十五里至貓兒嶺，建昌府瀘溪縣界。水路，接建昌府南城縣濮牛大河，七十里至許灣鎮，臨川縣界。舊《志》。

宜黃縣

東去大路，五十里至揭港鋪，臨川縣界。小路，西二十三里至孤嶺，崇仁縣界。南九十五里至清潦溪，樂安縣界。又自編山邨分路，南四十五里至上嶺，甯都州界。東北八十里至交陽，建昌府南城縣界。水路，自東陂一百三十五里至龍窟渡，臨川縣界。舊《志》。

樂安縣

東北大路，六十里至古城邨懷仁鋪，崇仁縣界。西四十里至羅菱，吉安府永豐縣界。北八十里至丁家嶺，南昌府豐城縣界。小路，東二十里至丁家原，崇仁縣界。南一百二十里至大樹嶺，甯都州界。東南八十里至清潦溪，宜黃縣界。西南五十里至界山，吉安府永豐縣界。西北七十里至李山坳，臨江府新淦縣界。舊《志》。

東鄉縣

東去大路，五十里至大橋鋪，饒州府安仁縣界。南五十里至上河鋪，金谿縣界。西四十里至新路鋪，臨川縣界。北三十五里至徐橋鋪野塘，南昌府進賢縣界。小路，南五十里至小坪塘，金谿縣界。東北由三港口五十二里至潤陂，饒州府餘干縣界。舊《志》。

建昌府南城縣

東去大路，由太平橋七十五里至新城縣界。又自硝石分路，南四十里至察坑邨，瀘溪縣界。南九十里至雙南橋，南豐縣界。北五十五里至界山嶺，撫州府臨川縣界。小路，東北七十里至寒婆嵓，撫州府金谿縣界。由黃堂廟五十里至交陽嶺，撫州府宜黃縣界。水路，由太平橋往南行八十五里至雙南橋港，南豐縣界。北行五十八里至潭港，撫州府臨川縣界。東六十二里至硝石街，新城縣界。舊《志》。

南豐縣

東去大路，二十里至兜溪鋪，南城縣界。南由南津渡八十里至雙蓮隘，廣昌縣界。東四十五里至弋陽鋪隘，新城縣界。小路，西由石佛寺九十里至九子嶺，甯都州界。水路，自東關南行，由惠政橋八十里至雙蓮港，廣昌縣界。東二十里至兜溪港，南城縣界。舊《志》。

新城縣

東去大路，六十五里至杉關，福建邵武府光澤縣界。西六十里至弋陽鋪隘，南豐縣界。北經白源鋪五十里南城縣界。小路，南六十里至黃土關，福建邵武府邵武縣界。西由安濟橋七十里至邱家隘，福建邵武府建甯縣界。水路，北四十八里至硝石街，南城縣界。舊《志》。

廣昌縣

東去大路，五十里至雙蓮隘，南豐縣界。西六十里至秀嶺，甯都州界。南七十五里至車橋嶺隘，福建汀州府甯化縣界。小路，東由順化渡四十五里至船尖隘，福建邵武府建甯縣界。南自白水市分路上葛藤排，五十里至分水隘，甯都州石城縣界。水路，出南門北行四十二里至雙蓮港，南豐縣界。南行四十里至白水市登陸，福建汀州府甯化縣界。舊《志》。

瀘溪縣

北去大路，七十里至白玕，南城縣界。小路，北三十里至太源，廣信府貴溪縣界。東十五里至花山，福建邵武府光澤縣界。西由接龍橋九十里至貓兒嶺，撫州府金谿縣界。南九十里至察坑，南城縣界。舊《志》。

廣信府上饒縣

東去大路，七十里至黃茅岡，玉山縣界。西五十里至宋邨鋪，興安縣界。南自鍾靈橋四十五里至茭塘鋪，廣豐縣界。小路，南由灘頭渡口一百五十里至福建建甯府浦城縣岑陽關。西南由白鶴渡四十五里至石溪，鉛山縣界。北六十五里至鄭家坊，饒州府德興縣界。水路，東南由廣安橋六十里至湖昏塘汛，玉山縣界。西由鍾靈橋白鶴渡六十五里至葉邨鉛山縣界。舊《志》。

玉山縣

東去大路，四十里至草坪邨，浙江衢州府常山縣界。西經連城橋五十三里至黄茅岡，上饒縣界。小路，自東津橋一百里至浙江衢州府開化縣界。西北一百里至江南徽州府婺源縣界。南二十五里至張坂塘，廣豐縣界。水路，自西門渡口三十里至湖昏塘汛，上饒縣界。自東津橋一百一十里至浙江衢州府常山縣界。舊《志》。

弋陽縣

東去大路，十五里至晚港鋪，興安縣界。西三十里至水門鋪，貴溪縣界。小路，南由圭峰九十里至福建邵武府光澤縣觀音關。北六十里至石下邨，饒州府萬年縣界。又自西溪橋六十里至秧坂，饒州府樂平縣界。水路，自渡口八十里至黄沙港，鉛山縣界。又西七十里至洪家埠，貴溪縣界。自黄沙港三十五里至福建邵武府光澤縣界。舊《志》。

貴溪縣

東去大路，三十里至水門鋪，弋陽縣界。西過後河渡，四十里至界山，饒州府安仁縣界。小路，北七十里至夾羅邨，饒州府萬年縣界。南由浮橋渡一百六十五里至福建邵武府光澤縣茶山關。又自浮橋渡九十里至金貴亭，撫州府金谿縣界。又自縣南一百二十里至大源，建昌府瀘溪縣界。水路，東二十里至洪家埠，弋陽縣界。西浮河渡八十里至東溪渡，饒州府安仁縣界。舊《志》。

鉛山縣

東去大路，四十五里至福建建甯府浦城縣岑陽關。南七十里至福建建甯府崇安縣分水關。小路，西一百里至福建建甯府崇安縣火燒關。北四十五里至石溪，上饒縣界。水路，北由河口鎮三十里至葉邨，上饒縣界。又西五十里至黄沙港，弋陽縣界。又自縣水北橋八十里至福建建甯府崇安縣温陵關。舊《志》。

廣豐縣

東去大路，六十五里至浙江衢州府江山縣松峰山界。西二十三里至茭塘鋪，上饒縣界。東南自塘墀渡七十五里至福建建甯府浦城縣二渡關。小路，南三十五里至茭塘鋪，上饒縣界。北八十里至浙江衢州府江山縣鳳林界。西北五十里至烏狗街，玉山縣界。水路，南四十里至洋州上饒縣界。東南九十里至浙江衢州府江山縣湖裏界。舊《志》。

興安縣

東去大路，自窑口塘三十里至宋邨鋪，上饒縣界。西自下窑十五里至石塘鋪，弋陽縣界。小路，西南三十五里至楊坊，弋陽縣界。北一百二十里至臨江湖，上饒縣界。舊《志》。

饒州府鄱陽縣

東去大路，由薦福寺七十里至大橋，樂平縣界。北一百十五里至界牌鋪，浮梁縣界。自消坂鋪分路往北，一百六里至石門，安徽建德縣界。又自石門小路九十里至洗馬橋，浮梁縣界。東小路七十里至山塘鋪，樂平縣界。水路，東一百六十五里至金魚灘，浮梁縣界。南一百里至樂平縣界。西六十五里至鄱湖口棠陰寨，南康府都昌縣界。又自堯山一百三十里至石門，安徽建德縣界。舊《志》。

餘干縣

東去大路，四十里至古樓鋪，萬年縣界。西六十九里至潤陂鋪，南昌府進賢、撫州府東鄉二縣界。南七十里至安仁縣界。水路，自龍津驛南六十里至安仁縣界。又四十里至瑞洪汛，南昌府進賢縣界。自同口灘五十七里至石潭寺，鄱陽縣界。舊《志》。

樂平縣

東去大路，一百里至水口廟，德興縣界。西四十里至山塘鋪，鄱陽縣界。南三十里至庫前邨萬年縣界。小路，東七十五里至戴家寨，德興縣界。又東五十里至秧坂，廣信府弋陽縣界。西三十五里至大橋，鄱陽縣界。南二十五里至新興鋪，萬年縣界。北二十五里至南邨嶺，浮梁縣界。水路，自官路口五十五里至石鎮街，鄱陽縣界。由垻口渡九十四里至戴邨，德興縣界。舊《志》。

浮梁縣

東去大路，一百五十里至黄竹嶺，安徽徽州府婺源縣界。南六十五里至澆嶺，安徽徽州府婺源縣界。西五十五里至界牌鋪，鄱陽縣界。北一百一十里至苦竹坑，安徽徽州府祁門縣界。小路，自南門渡四十里至柳家莊，德興縣界。北一百十五里至桃樹鎮嶺，安徽池州府建德縣界。西四十五里至洗馬橋，鄱陽縣界。水路，南由青峰渡六十五里至到湖，安徽徽州府祁門縣界。自南門渡北行四十八里至官莊金魚灘，鄱陽縣界。舊《志》。

德興縣

東去大路，八十五里至白沙鋪，浙江衢州府開化縣界。南八十五里至漆工鎮，廣信府弋陽縣界。西三十里至水口廟，樂平縣界。小路，由北嶺三十里至李邨，安徽徽州府婺源縣界。東南七十里至鄭家坊，廣信府上饒縣界。西南十八里至戴家寨，樂平縣界。西北一十五里至柳家莊，浮梁縣界。水路，北五十一里至梅口邨，安徽徽州府婺源縣界。又自大河北行一十里至戴邨，樂平縣界。舊《志》。

安仁縣

東去大路，自榮祿堡二十里至廣信府貴溪縣界。又自孟津門過渡二十里至大橋鋪，撫州府東鄉縣界。小路，西一十里至古鎮橋，餘干縣界。北三十里至牧羊鋪，萬年縣界。水路，自孟津渡東二十里至東溪渡，廣信府貴溪縣界。西十里至炭埠，餘干縣界。舊《志》。

萬年縣

東去大路，經普德橋八十里至百丈嶺，廣信府貴溪縣界。小路，東南四十四里至鳴源，廣信府貴溪縣界。

東北五十里至河橋，廣信府貴溪縣界。又自桐鶴邨分路，一十三里至石下邨，廣信府弋陽縣界。西三十七里至古樓埠，餘干縣界。北由南石鋪四十三里至庫前邨，樂平縣界。又自曹坊邨四十五里至新興鋪，樂平縣界。南六十六里至牧羊鋪，安仁縣界。舊《志》。

南康府星子縣

西去大路，五十六里至界牌嶺，九江府德化縣界。小路，自隘口分路，北五十里至康陽坂，九江府德化縣界。又自敬思港過渡，西南至七里堘建昌縣界。北三十五里至德星鋪吳障山，九江府德化縣界。水路，南過鄱陽湖一十里至龍王廟，都昌縣左蠡鋪界。東四十里至狗頭石，九江府德化縣界。南四十里至南昌府新建縣焦尾洲界。舊《志》。

都昌縣

東去大路，八十一里至章田鋪，饒州府鄱陽縣界。西由長嶺鋪五十里至星子縣界。小路，自井田鋪北五十里至西陽橋，九江府湖口縣界。水路，自團山東九十里至棠蔭寨，饒州府鄱陽縣界。南二十里至松門山西鄱湖，南昌府新建縣界。又三十里至左蠡汛，東行三十里至屏峰山，九江府湖口縣界。舊《志》。

建昌縣

東去大路，四十里至豐安邨鋪，南昌府新建縣界。南自張家埠五十五里至鄔溪鋪，安義縣界。北四十里至米嶺鋪，九江府德安縣界。小路，西一百七里至磨刀嶺，南昌府武甯縣界。北五十里至七里堘，星子縣界。水路，東一百里至蘆潭汛渡口，南昌府新建縣吳城鎮界。南一百一十里至河滸，南昌府武甯縣界。又南一百七十里至閔埠，安義縣界。舊《志》。

安義縣

西南大路，由龍津渡十五里至筲箕鋪，南昌府奉新縣界。北三十里至鄔溪鋪，建昌縣界。小路，西五里至齊頭山，南昌府靖安縣界。東五十里至石鼻鋪，南昌府新建縣界。水路，自龍津埠三十里至閔埠，建昌縣界。又自龍津埠南行至故埠，河南昌府奉新縣界。自龍津埠西北五里至桐城埠，二里至姚灘，南昌府靖安縣界。舊《志》。

九江府德化縣

東去大路，六十里至南湖嘴，對江湖口縣界。西自龍開河過渡，四十里至洗心橋，瑞昌縣界。西南自潯陽驛八十七里至潘溪河，德安縣界。又自通遠驛東小路，二十三里至康陽坂，南康府星子縣界。北渡洋子江北岸清江鎮，四十里至孔壠驛，湖北黃州府黃梅縣界。小路，西七十五里至潘溪河，德安縣界。南三十里至吳障山，南康府星子縣界。東四十里至大姑塘，對江湖口縣界。水路，自洋子江西行七十里至城子鎮，瑞昌縣界。又東行五十里至南湖嘴，湖口縣界。又自南湖嘴南行四十里至狗頭石，南康府星子縣界。舊《志》。

德安縣

東去大路，十五里至界牌嶺，南康府星子縣界。西六十五里至布袋嶺，瑞昌縣界。南二十里至米嶺鋪，南康府建昌縣界。北二十五里至潘溪河，德化縣界。水路，東十五里至敬思港，南康府星子縣界。舊《志》。

瑞昌縣

東去大路，自望仙橋二十里至洗心橋，德化縣界。西自黄甲橋二十里至界首鋪，湖北武昌府興國州界。又自黄甲橋小路，西八十里至肇城，湖北武昌府興國州界。南五十里至布袋嶺，德安縣界。北四十五里至馬頭抵大江，湖北黄州府廣濟縣武穴鎮界。小路，自黄甲橋西南七十五里至雙溪，南昌府武甯縣界。水路，北四十里至下巢湖，湖北黄州府廣濟縣武穴鎮對江。又自馬頭汛東二十里至城子鎮，德化縣界。舊《志》。

湖口縣

東去大路，由小嶺五十三里至西洋橋，南康府都昌縣界。又二十三里至石潤鋪，彭澤縣界。西由虹橋往西，上鍾山對江南湖嘴岸，德化縣界。小路，由大嶺三十里至塘山，彭澤縣界。水路，大江西十里至南湖嘴，德化縣界。又自忠臣廟鄱陽湖口二十里至鞵山，德化縣界。東四十五里至屏峰山，南康府都昌縣界。又自忠臣廟東三十五里至時家陂，彭澤縣界。舊《志》。

彭澤縣

南去大路，六十里至石潤鋪，湖口縣界。東北四十里至響水磯，安徽池州府東流縣界。小路，東六十里至下隅坂，安徽池州府建德縣界。西自鏡子山過渡，三十里至塘山，湖口縣界。南八十里至肖家嶺，饒州府鄱陽縣界。北三十里至馬當鎮，安徽池州府東流縣界。水路，大江西行三十五里至時家渡，湖口縣界。分東三十一里至周家湖，安徽池州府東流縣界。舊《志》。

南安府大庾縣

東去大路，自雙牌鋪八十里至龍泥鋪，南康縣界。南自横浦橋四十里至梅嶺，廣東南雄州界。小路，西由浮江隘一百三十五里至廣東韶州府仁化縣界。北由湯坪嶺二十五里至義安鋪，崇義縣界。水路，一百三十里至南康縣界。舊《志》。

南康縣

東去大路，六十里至五總鋪，贛州府贛縣界。西自通粵橋四十里至青泥鋪，大庾縣界。小路，南三十里至回堡，贛州府信豐縣界。西五十里至下角嶺，崇義縣界。北一百里至大回嶺，上猶縣界。水路，西由小溪驛九十里至窩坑塘，大庾縣界。又東五里至兜口塘汛，九十里至歐潭，贛州府贛縣界。舊《志》。

上猶縣

東去大路，自猶口橋四十里至大回嶺，南康縣界。西由梅田坳一百五十里至湖南郴州桂東縣沙嶺坳界。小路，南四十里至茶瓶坳，崇義縣界。自北田九十里至白雲嶺，吉安府龍泉縣界。水路，自縣治石人背渡四十里至南北邨渡大回水，南康縣界。舊《志》。

崇義縣

南去大路，一百里至湯坪嶺大庾縣界。小路，西南一百十五里至百擔邱，湖南郴州桂陽縣界。西七十里至茶瓶坳，上猶縣界。又自過步分路，一百三十里至截龍，湖南郴州桂陽縣界。西北一百五十里至山坑，吉安府龍泉縣界。東一百二十里至角嶺，南康縣界。水路，東南一百二十里至下角嶺，南康縣界。舊《志》。

贛州府贛縣

東去大路，一百七里至峽口鋪，雩都縣界。自江口鋪西一百五里至窖塘，興國縣界。自縣西門過渡，一百四十五里至土扶鋪，吉安府萬安縣界。南自五里亭九十五里至坳頭鋪，信豐縣界。自縣南門過河南橋，二十里至五總鋪，南安府南康縣界。水路，自東河南行六十八里至峽口，雩都縣界。西南自信豐江口九十里至烏漾灘，信豐縣界。東北自興國江口，七十里至石窖灘，興國縣界。西自贛關南行四十里至歐潭，南安府南康縣界。西北由龜角尾一百十里至良口市，吉安府萬安縣界。舊《志》。

雩都縣

東去大路，自慧明山五十五里至路口逕，甯都州瑞金縣界。南七十里至叉杆鋪，會昌縣界。西自生佛寺六十里至峽口鋪，贛縣界。北自接龍庵一百二十里至黄沙鋪，甯都州界。小路，自葛坳鋪三十里至蓮花山，甯都州界。又自三觀鋪六十里至公布小羅，興國縣界。水路，南七十五里至峽口，贛縣、興國二江口界。西三十里至齊毛塘，會昌縣界。東自白口塘一百三十里至曲陽江，甯都州界。舊《志》。

信豐縣

東去大路，自嘉定橋一百二十五里至重石堡，會昌縣界。南一百七里至東坑，龍南縣界。又自楊馬鋪三十里至內江，定南廳界。北四十里至苦竹坳，贛縣界。小路，東六十里至大湖墟，贛縣界。又一百里至平坑，安遠縣界。西八十里至柯木坳，廣東南雄州界。又五十里至嶇嶺，南安府南康縣界。水路，東四十里至烏漾灘，贛縣界。西二百里至張公廟，龍南縣界。又自縣北西行一百三十里至分水坳，廣東南雄州烏逕市界。舊《志》。

興國縣

東去大路，一百五十里至梅窖，甯都州界。南五十里至石院鋪，贛縣石窖塘界。西七十里至均邨，吉安府萬安縣界。小路，北七十五里至白羊坳，吉安府泰和縣界。水路，南三十五里至石窖灘，贛縣界。舊《志》。

會昌縣

東去大路，十里至甯都州瑞金縣界。自縣西北六十里至重石堡，信豐縣界。又自西門八十里至油槽坳，安遠縣界。南九十里至盤古隘，長甯縣界。北八十五里至水頭堡叉杆鋪，雩都縣界。小路，南一百里至盤古隘，分路東行二十五里至上曾，福建汀州府武平縣界。縣東七十六里至承鄉司，甯都州瑞金縣界。北一百五里至五龍堡，安遠縣界。水路，北六十五里至安遠鋪，安遠縣界。東五里至排謝坊塘汛，甯都州瑞金縣界。南一百三十五里至羊角水汛，福建汀州府武平縣界。舊《志》。

安遠縣

東去大路，四十二里至大陽關，長甯縣界。南八十里至龍泉堡，定南廳界。東一百三十里至油槽坳，會昌縣界。西自塔下寺一百里至五龍堡，會昌縣界。又六十里至坂石，信豐縣界。小路，自塔下寺往東南五十里至石背，信豐縣界。水路，自塔下寺二百里至安遠鋪，會昌縣界。舊《志》。

龍南縣

東去大路，五十里至關西定南廳界。南一百五里至分水坳，廣東惠州府河源縣界。北四十里至草嶺鋪東坑，信豐縣界。小路，西一百三十里至東桃山，廣東韶州府翁源縣界。自西門過渡，一百四十里至樟山峽頭嶺，廣東南雄州始興縣界。南一百三十里至油潭嶺，廣東惠州府龍川縣界。水路，自西門白雀寺六十里至張公廟，信豐縣界。舊《志》。

長甯縣

南去大路，自回龍寺九十里至牛挨石，廣東潮州府平遠縣界。北自東華山五十里至盤古隘，會昌縣界。又自北門六十里至大陽關，安遠縣界。小路，自大悲閣二十六里至分水坳，廣東潮州府平遠縣界。南九十里至和尚逕，廣東惠州府興甯縣羅浮司界。西九十八里至吉祥，廣東惠州府龍川縣界。又自東門九十五里至烏戰碑，福建汀州府武平縣界。舊《志》。

定南廳

東去大路，一百八十里至小江，廣東惠州府龍川縣界。南一里至三台山，廣東惠州府和平縣界。北一百八十里至內江堡，信豐縣界。自下歷鋪分路，東北四十里至神仙嶺，安遠縣龍泉堡界。小路，自西門八十里至關西，龍南縣界。舊《志》。

甯都直隸州

東去大路，七十里至白麻塘浮嶺，石城縣界。南八十五里至大柏，瑞金縣界。西南四十里至黃沙鋪，贛州府雩都縣界。北八十五里至竹篙嶺，吉安府永豐縣界。又自黃溪邨分路，二十五里至梅窖，贛州府興國縣界。小路，東一百里至東龍，石城縣界。南五十里至銅鉢山寺，瑞金縣界。又三十里至蓮花山黃千嶺，贛州府雩都縣界。北一百六十五里至土嶺，撫州府宜黃縣界。又自懷安鋪東北三十里至秀嶺，建昌府廣昌縣界。又自洛口邨四十里至大樹嶺，撫州府樂安縣界。又自張天塘邨西北四十五里至九子嶺，建昌府南豐縣界。水路，東一百六十里至曲陽，贛州府雩都縣界。又自江口東南八十里至龍下渡，石城縣界。舊《志》。

瑞金縣

東去大路，二十一里至大隘嶺，福建汀州府長汀縣界。南自雲龍橋八十二里至五里排，贛州府會昌縣界。西一百二十五里至路口逕，贛州府雩都縣界。小路，西南三十五里至黃安承鄉，贛州府會昌縣界。西北八十二里至羅漢巖，福建汀州府長汀縣界。北一百十里至蕉嶺，甯都州界。水路，南六十四里至謝坊塘，贛州府會昌縣界。舊《志》。

石城縣

東去大路，三十五里至大嵛橋，福建汀州府甯化縣界。西四十里至梅坑鋪浮嶺，甯都州界。小路，西四十里至東龍甯都州界。東五十五里至福建汀州府甯化縣界。南九十五里至逕口，福建汀州府長汀縣黃竹嶺界。北六十里至分水坳，建昌府廣昌縣鐵樹坳界。水路，西七十里龍下渡至甯都州合大江。舊《志》。

同治《廣昌縣志》卷一《疆里》 一、東陸大路，自縣出東門，五十里至雙連隘，本府南豐縣交界。

一、西陸大路，自縣出西門，南六十里至秀嶺隘，贛州府甯都縣交界。

一、南陸大路，自縣出南門，七十五里至車橋嶺隘，福建汀州府甯化縣交界。

一、東陸小路，自縣出東門，由順化渡四十五里至船尖隘，福建邵武府建甯縣交界。

一、南陸小路，自白水市分路，上葛藤排，五十里至分水隘，贛州府石城縣鐵樹坳交界。

一、小水路，自縣出南門往下，四十二里至雙連港，本府南豐縣交界。

一、自南門往上，四十里至白水市，係發源之所，登陸往福建汀州府甯化縣交界。

同治《龍泉縣志》卷四《橋路》 蛇長嶺大路，爲合邑通衢，距縣北二十里，里人劉其德獨捐三百金修成坦途，邑侯陳履信記。

七嶺嶂，在縣西百里，通吴楚大路。嘉慶乙亥年，例貢彭發璁捐銀二百兩修成坦道。

鄢溪路，在縣西八十里，嘉慶乙亥年，古飛雲捐銀一百八十餘兩修。又鑿開圓湖坳大路，並建茶亭一所，費四百六十餘兩，每年給資施茶。

五斗江及息羅一帶要路，在縣北三十二都，嘉慶丙寅年，例貢葉騰芳捐貲二百餘兩修。又息羅、坑口、高湖嶺三處路被洪水衝決，出銀百餘兩重修。高湖嶺以上鑿開石壁，江姓捐修。

流坑口石壁及謳胡坑、瓜子窩石壁數處，在縣西三十三都，監生葉紋芳出銀三百餘兩，修成坦途。

息羅、上坑、陂頭窩下坑、棉土窩及流坑、柞樹窩、上偃洞口數處險路，距縣西八十里，監生葉桂芳出銀三百餘兩獨修平坦。

石徑險路，距縣西九十里，上極懸崖，下臨深潭，行人失足常溺於水。康熙年間，里人李介祺出銀四百餘兩，鑿開石壁五十餘丈，傍築矮墻，行人稱便。

郭公嶺，距縣西五十里，通衢要路。上下三十里，中無人煙，行者戒心。乾隆年間，順政鄉里人修治，並聯路會置買田租爲歷年修費，今成坦道。

閭潭河排險塗，在縣西一百里，行人每緣山麓匍匐山巔，康熙年間，郡庠李如檁獨力修平。嘉慶十四年被洪水衝決，如檁裔孫復倡捐，修治平坦。

砂公路，在縣西一百二十里淋洋，極崎嶇險阻，行人苦之。道光八年，里人倡捐，開成坦道，並捐買田租四十擔，爲永久修葺之費。

雩溪墟至沿夏橋通衢，咸豐二年州同曾經明重修。

同治《永新縣志稿》卷三《里至》 一、縣東陸路，出義山門，過浮橋，五里至茶子山。又五里至十里亭。又十里至石輝橋，有汛。又十里過渡至蓮花坪。又十五里至斜埠塘，有汛。又十里至沙邊，過河至白堡，與廬陵之宣化鄉交界。計六十里。又自斜埠塘，十里至沙邊。迤北行五里至坪上。又五里至芋坑。又五里至常林。過簹箪嶺，自芋坑至常林總名西江山，與安福縣南鄉交界。

一、縣南陸路，出禾山門，過浮橋，五里至龍灣橋。又五里至四達亭。又五里至泰山橋。又五里至烟岡。又五里至横路。又十里至秋陂，有汛。又五里至龍源口。又五里至望月亭。又五里至蝦蟆湖，在七溪嶺之脊，北屬永新，南屬永甯，兩縣於此分界，計五十里。又自東門出城，過浮橋，二里至長塘頭。迤南行，八里至川亭。又五里至禾嶺。又五里至北嶺脚下。上鹽石嶺，十里至老庵。又十里至白沙塘。又十里至小崦。又五里至用坑。自鹽石嶺以後至用坑，上下統名曰義山。又十里至泰橋，上坪司巡檢駐此。又五里至拿山。又十里至五雷仙，與龍泉縣之順政鄉交界。計八十里。又自泰橋迤南行，十里至茶坪，有汛。又十里至桐木坪。又十里至茨坪，亦與龍泉縣交界。又自泰橋迤東行，十里至洲尾。又十里至鐘鼓潭，與泰和縣之高行鄉交界。自用坑至茶坪、拿山、茨坪、五雷、仙洲、尾鐘、鼓潭等處，統名曰官北。

一、縣北陸路出朝天門，五里至仰山。又五里至鋪前。又五里至茭川。過渡，五里至五里亭。又五里至茶園鋪。又五里至官陂。又五里至木柵鋪。又五里至馬欄橋。又五里至虹橋，有汛。又五里至蕭坊，與安福縣之南鄉交界。計五十里。又自北門，十里至鋪前。迤西行，十里至錢市街。又五里至固塘。又十里至李塘。又十里至勞源。又十里至李坊。又五里至雷公坳，分界，與安福之陽茶司交界。計六十里。

一、縣西陸路，出望嶽門，五里至烟堆亭。又五里至洋埠。又五里至草市坳。又五里至傅家隴。又五里至九西州。又五里至里田。又五里至二王廟。又十里至沙市。迤北行，又十里至楠木橋。又五里至本江。又五里至礱山口，與蓮花廳交界。計六十五里。又自西門，四十五里至沙市。迤南行，十里至圓天。過河，十里至文竹。又十里至鮎陂，與蓮花廳交界。又自西門，三十里至里田。迤南行，十里至南城。過河，五里至厚田。十里至潞江，有汛。又五里至夏嶺。又十里至大崦。又十里至石頭。又十里至梅花村。又十里至倉下。又十里至黃魚仙，與湖南之茶陵州交界。計一百一十里。又西北一百三十里至荷塘西，接攸縣界。

同治《興國縣志》卷四《疆域》 自興國至贛縣鋪遞陸路：起縣前鋪，出南門承恩橋，二里至李屋塘，三里至德星橋，五里至馬岡鋪茶亭，十五里至惲院團雲溪鋪，五里至亂石嶺界牌。

至贛縣小路：出西門，五里過乘龍橋至桐塘口，十里至長樂觀茶亭，十里至五陽廟，五里至西江，五里至天宫庢，十五里至寶華坳贛縣界。

至贛縣水路：出南門，一里爲龍王橋，五里至程水，五里至大馬埠，五里至龍沙灘，十里至惲院團，五里至燕山，五里至石窖灘，五里至贛縣楓兜。

至雩都縣陸路：出南門，五里至程水過渡，十里至桐林，儒林鄉之桐林。十里至贛縣賨口墟。賨口而東，過社步入鄧家莊，乃爲雩都境。雩贛之壤犬牙相錯，而興邑適雩常以此爲便道。

至寧都州陸路：出東門，過瑞洲渡，五里至榔木茶亭，十五里至瀧下水過渡，五里至窑下茶亭，五里至江背峒赤墈墟場，十五里至齊村，五里至觀音坳，二十里過崖石寨至樟木山，十里至鍾田，十里至園頭，十里至營前，二十里至山寮，十里至梅窖隘，十里至雩都青塘。過青塘嶺入黃干，乃寧都境。雩與寧犬牙相錯，興邑適寧都者，常以此爲便道。

至寧都州別路：出東門至營前墟場，詳上。十里至衣錦寨巡檢司，十里至江口墟場，二十里至桐林埂，十里至寧都州蔡江界。又營前十里至雒團，五里至殊田，五里至杉村，五里至江口。又鍾田十里至江頭上，五里至弸皮圍，五里至上古，十里至鍾邦，五里至天源蓮花山麓，十里又出江口墟。

至吉安府永豐縣陸路：出東門至江背峒赤墈墟場，詳寧都路程內。十里至鯉婆寨，十五里至東村墟場，二十里至官田，二十里至永豐縣赤坡洲界。一名十萬洲。

又別通永豐縣小路：瑞洲壩北轉鳳凰莊，詳後北門路程內。五里至黃口村頭，渡濊江。五里至郭屋坪，十里至靈山寺，過山頂茶亭。二十里至長信，五里至水頭莊，十五里至蓮塘，過跌水砦。五里至扁橋，與永豐共界。又十里至赤坂洲。

出北門至城岡墟場，詳後廬陵路程內。二十里至竹管峒之黃嶺，十里至燕子窩，五里至石巖石牌坊下，十五里至觀音嶺，永豐界。

至吉安府廬陵縣陸路：出北門，二里曰鳳凰莊，五里至澄塘，過渡。一里至上社，二十里至花橋，十五里至張公橋，十里至石滸頭，十里至城岡墟場，二十里至佛嶺迴龍巡簡衙門舊基，十里至白石，十里至密石，二十里至楓邊，十里至廬陵縣楓嶺界。

又至廬陵縣小路：出北門至殷富墟場，詳後泰和路程內。十里至高多，十里至水口，十里至崇賢陳坊，二十里至齊分覆笥山，十里至大龍，與廬陵交界。又高多十里至寶石，十里至方太墟場，二十里至白石。方太北行十五里徑達崇賢寶石，東南十五里至石嶺，十五里仍至上社。

至吉安府泰和縣陸路：出北門半里爲瑶岡，五里至五里亭，十里至温陂，又名文溪。過文興橋，十五里至殷富墟場，過渡。五里至上鰲，五里至獅子坳茶亭，五里至藍陂營汛，過渡。五里至長逕口，十里至早禾田，十里至泰和縣白羊坳界。

過瑶岡而北稍東，五里爲楊樂，二里至程渡，又一里餘過濊水渡，爲塘石走山徑，十餘里達殷富。

至泰和縣小路：出北門至温陂，詳前。三里至新村，十二里至箬坑，五里至黃瓊嶺，五里至山旁嶺庵，十里至潛坑，一名黃田。二十里至泰和縣浪川峒界。

至吉安府萬安縣陸路：出西門，七里至大禾場，十五里至荷樹陂，十里至大小船，十五里至山坑，二十里至均村，十五里至萬安縣平西界。

咸豐《長寧縣志》卷一《道里》 一、自阜成門五里至長舉，十里至長溪尾，十五里至三標官鋪，二十里至鴨子墓前，二十里至大陽關安遠縣，含交界，此往府陸路。又自阜成門稍東，五里至羅壩，五里至東團，十里至雲□

嶼，二十里至水源，二十里至周奮，二十里至清溪，會昌縣界。

一、自春旭門五里至五里亭，十里至大塘面，五里至□□寨，十里至大竹園，十里至城岡，十五里至沙□□，□□至橫岡，五里至盤古隘，交會昌界。自此至軍□□□□，爲往府水路。又自大塘面右五里至榜溪，五里至□溪，十五里至劍溪，十里至黄竹湖，十五里至□□□□五里至馬戰嶼，福建武平縣交界。又自春旭門稍南十里至楊梅坑，十里至□□□□□□下，十五里至船肚裏，五里至分水坳，交廣東平遠□□。

一、自綏歌門左三里至石圳，三里至黄龍坳，四里至□□，五里至竹子坳，十里至□石排，十里至古坑□□村□，十里至牛斗岡，二十里至牛挨石，五里至□公坳，交□遠縣八尺界。又自石圳稍西，五里至黄沙溪，三里至桃子園，五里至葫蘆嶼，五里至曾地逕，十里至土□山，五里至七寶樹下，五里至□山，十里至□□，五里至□洋坪，十五里至大田龍村，十五里至白石坳，與廣東□□縣交界。又自大田分路，三十里至岑峰□竹□□廣東平遠縣象湖大路交界。又自綏歌門迤西十里至岡上，十五里至鵝子湖，五里至新村，十里至黄鄉逕，二十五里至溪尾，十里至黄鄉□。城西行十里至校頭，十五里至分水坳，右爲定南白沙界，左爲安遠大平界。又自黄鄉竹背分路，十里至□面石下，十里至雞籠嶂，定南驪流畬交界。又自黄□司城南行，二十里至煙墩岃背，與廣東龍川縣□□□界。又自黄鄉司城東南行，十五里至昌蒲墟下，五□水精寨、湾泥嶂，俱龍川縣七約交界。又自綏歌門西行，十里至趙坑，二十五里至上坪，十五□至打鼓嶼，安遠縣符山交界。

宣統《湖北通志》卷六六《兵制四》　江夏縣【略】東陸路八十里至新店武昌縣界。南陸路一百二十七里至賀勝橋咸寧縣界。南水路一百二十里至陶家磡頭嘉魚縣界。西水路七里三分渡江漢陽縣界。又水路六十里至界埠河黄岡縣界、沐鵝洲武昌縣界，南六十里至金口鎮水驛，北五十里至滸鎮。《湖北輿圖》《縣志》。東陸路四百七十里至江西瑞昌縣。西驛路隔江十里至漢陽府。南驛路五百四十里至湖南巴陵縣。北驛路一百八十里至黄州。《湖北輿圖》。

武昌縣【略】距省陸路一百八十里。東南陸路九十里至大冶縣。南陸路一百二十里至本縣屬金子鎮。西陸路一百八十里至江夏縣。北隔江十里至黄岡縣。西北陸路九十里至本縣屬白湖鎮。《湖北輿圖》。

嘉魚縣【略】距省陸路一百八十里。東北陸路九十里至本縣屬簰洲鎮。東南陸路七十里至蒲圻縣。南陸路一百三十七里至湖南臨湘縣。西南陸路六十里至本縣屬石頭鎮。西北陸路五十里中隔大江。至漢陽縣新灘鎮。《湖北輿圖》。

蒲圻縣【略】距省驛路三百里。東陸路六十里至崇陽縣。南驛路六十里至本縣屬港口驛。北驛路六十里至本縣屬官塘驛。西北陸路七十里至嘉魚縣。《湖北輿圖》。

咸寧縣【略】距省驛路一百八十里。北驛路六十里至江夏縣山坡驛。南驛路六十里至蒲圻縣官塘驛。東南陸路一百二十里至通山縣。《湖北輿圖》。

崇陽縣【略】距省驛路三百六十里。東陸路九十里至通山縣。東南陸路一百四十里至江西義寧州。南陸路八十里至通城縣。西南陸路六十里至蒲圻縣。《湖北輿圖》。

通城縣【略】距省陸路四百四十里。北陸路八十里至崇陽縣。南陸路五十里至湖南平江縣。《湖北輿圖》。

興國州【略】距省陸路三百七十里。東陸路六十里至本州屬富池鎮。東北陸路六十里至本州屬黄顙鎮。南陸路一百八十里至江西武寧縣。北陸路一百里至大冶縣。西陸路一百八十里至通山縣。《湖北輿圖》。

大冶縣【略】距省陸路二百七十里。東陸路一百四十里至蘄水縣界。東北陸路一百二十里中隔大江。至蘄州。東南陸路九十里至興國州。北陸路七十里至本縣屬道士洑。西北陸路九十里至武昌縣。西陸路一百八十里至咸寧縣界。又西陸路一百五十里至通山縣界。《湖北輿圖》《縣志》。

通山縣【略】距省陸路三百里。東陸路一百八十里至興國州。南陸路二百三十五里至江西武寧縣界。西陸路九十里至崇陽縣。西北陸路一百二十里至咸寧縣。《湖北輿圖》。

漢陽縣【略】距省驛路隔江十里。南陸路三十里至本縣屬沌口鎮。又陸路二百四十里至嘉魚縣。西驛路六十里至本縣屬蔡甸鎮。又驛路五百一十里至安陸府。北驛路五里至本縣屬漢口鎮。又驛路八十里至黄陂縣。東北驛路一百九十里至黄州府。《湖北輿圖》。

漢川縣【略】距省驛路一百三十里，距漢陽府驛路一百二十里。東驛路六十里至漢陽縣蔡甸鎮。南驛路八十里至本縣屬田兒河站。西驛路一百里至天門縣乾鎮。《湖北輿圖》。

孝感縣【略】距省驛路二百一十里。距漢陽府驛路二百里。東驛路五十里至本縣屬□□□。東北陸路一百四十里至本縣屬小河溪。東南陸路三十里至本縣屬馬溪河。西北驛路四十里至雲夢縣。《湖北輿圖》。

黄陂縣【略】距省驛路九十里。距漢陽府驛路八十里。北陸路一百二十里至本縣屬大城鎮。東北陸路一百二十里至黄安縣。東南陸路一百二十里至黄岡縣陽邏驛。南驛路七十五里至漢陽縣漢口鎮。西驛路七十里至孝感縣楊店驛。《湖北輿圖》。

沔陽州【略】距省陸路四百八十里。距漢陽府陸路四百七十里。北陸路一百二十里至本州屬仙桃鎮。東南陸路一百六十里至本州屬鍋鎮。又陸路一百二十二里至本州屬新隄。又本州屬新隄鎮西北陸路一百二十里至本州州城。北陸路二百四十里至潛江縣。《湖北輿圖》。

黄岡縣【略】距省驛路一百八十里。東驛路四百六十里至江南宿松縣。東北陸路一百五十里至羅田縣。東南驛路四十五里至蘄水縣巴河鎮。又驛路四百五十里至江西九江府。北驛路五十里至本縣屬團風鎮。西南驛路一百九十里至漢陽府。又本縣屬岐亭距府陸路一百五十里，東北陸路二十里至麻城縣鵞籠鎮，東南陸路一百里至團風鎮，西南陸路一百二十里至陽邏鎮，北陸路七十里至黄安縣。又本縣屬團風鎮東北陸路一百三十里至麻城縣，西驛路七十里至陽邏鎮。又本縣屬陽邏鎮西南驛路隔江十里至江夏縣滸黄鋪。《湖北輿圖》。

蘄水縣【略】距省驛路三百里。距黄州府驛路一百二十里。東南驛路八十里至蘄州。西南陸路四十里至本縣屬蘭溪鎮。西驛路五十里至本縣屬巴水驛。北陸路一百一十五里至羅田縣。又本縣屬巴河鎮東陸路三十里至蘭溪鎮，東北驛路二十五里至巴水驛，西北驛路四十五里至黄岡縣。又本縣屬蘭溪鎮南陸路四十里中隔大江。至大冶縣道士洑，西陸路三十里至巴河鎮。《湖北輿圖》。

麻城縣【略】距省陸路一百四十里。距黄州府陸路一百八十里。北陸路七十里至本縣屬虎頭關。東南陸路一百八十里至羅田縣。西陸路五十里至本縣屬鵞籠鎮。又陸路一百三十里至黄安縣。西南陸路一百三十里至黄岡縣團風鎮。又本縣屬鵞籠鎮西南陸路二十里至岐亭。《湖北輿圖》。

羅田縣【略】距省陸路一百八十里。距黄州府陸路一百五十里。東陸路一百二十里至本縣屬多雲鎮。南陸路一百一十里至蘄水縣。西南陸路一百五十里至黄岡縣。西北陸路一百八十里至麻城縣。《湖北輿圖》。

黄安縣【略】距省陸路二百九十里。距黄州府陸路三百四十里。東陸路一百三十里至麻城縣。西陸路六十里至本縣屬中和鎮。南陸路七十里至岐亭。北陸路二百一十里至河南光山縣。西南陸路一百二十里至黄陂縣。西南陸路四十里至本縣屬雙城。《湖北輿圖》。

蘄州【略】距省驛路四百四十里，距黄州府驛路二百六十里。東北陸路七十里至廣濟縣。西北陸路六十里至本州屬茅山鎮。西陸路六十里中隔大江。至大冶縣道士洑。西南陸路二百二十里至大冶縣。又本州屬西河驛東南驛路六十里至廣濟縣，南陸路六十里至湖城，北陸路一百里至本州屬大同鎮。南驛路一百里至西河驛，北陸路六十里至江南英山縣。又本州屬茅山鎮東南陸路六十里至州城，北陸路七十里至蘄水縣。《湖北輿圖》。蘄陽水驛在大西門外。《府志》。

廣濟縣【略】距省驛路四百四十里。距黄州府驛路二百六十里。東驛路六十里至本縣屬雙城驛。南陸路七十里至本縣屬武穴鎮。西南陸路七十里至蘄州。西北陸路六十里至蘄州西河驛。又本縣屬雙城驛東驛路三十里至黄梅縣，東北驛路六十里至黄梅縣停前驛。又本縣屬馬口鎮西南陸路十五里中隔大江。至興國州富池驛。又本縣屬武穴鎮東陸路七十里至黄梅縣新開鎮。《湖北輿圖》。

黄梅縣【略】距省驛路五百三十里。距黄州府驛路三百五十里。東北驛路五十里至本縣屬停前驛。南驛路五十里至本縣屬孔隴驛。又本縣屬停前驛東驛路六十里至江南太湖縣楓香驛，西南驛路六十里至廣濟縣雙城驛。又本縣屬孔隴驛南陸路三十里至本縣屬新開鎮，驛路五十里至江西德化縣，北驛路五十里至本縣屬雙城驛。又本縣屬新開鎮北陸路三十里至孔隴驛，西陸路七十里至廣濟縣武穴鎮。又本縣屬清江鎮北驛路五十里至孔隴驛。《湖北輿圖》。

安陸縣【略】距省驛路三百一十里。東南驛路三百里至漢陽府。西南驛路三百五十里至安陸府。北驛路二百四十里至河南信陽州。南驛路六十里至雲夢縣。西陸路一百二十里至隨州。西北驛路九十里至應山縣。西南驛路八十里至應城縣。《湖北輿圖》。水路由府河一百二十里至雲夢縣隔蒲潭，四十里至應城縣長江埠，八十里至漢陽濆口，一百二十里至漢口。《縣志》。

雲夢縣【略】距省驛路二百四十里。距德安府驛路六十里。東南驛路四十里至孝感縣。西南陸路四十里至應城縣。北驛路六十里至安陸縣。《湖北輿圖》。

應城縣【略】距省驛路二百四十里。距德安府驛路八十里。東北陸路四十里至雲夢縣，驛路八十里至安陸縣。東南驛路四十里至本縣屬長江埠。西驛路一百二十里至京山縣。又本縣長江埠巡檢衙門南驛路五十里至漢川縣劉家堨。《湖北輿圖》。

隨州【略】距省陸路四百三十里，距德安府陸路一百三十里。東北陸路七十里至本州屬梅邱鎮。西陸路一百八十里至棗陽縣。又本州屬出山店北陸路四十里至河南桐柏縣，東南陸路一百一十里至本州屬合沙店，南陸路五十里至本州屬梅邱鎮。又本州屬唐縣鎮巡檢衙門東陸路五十里至梅邱鎮。又本州屬梅邱鎮西南陸路七十里至本州城。《湖北輿圖》。

應山縣【略】距省驛路三百九十里。距德安府驛路九十里。又本縣屬廣水站南驛路七十里至孝感縣，北驛路五十里至本縣屬觀音店。又本縣屬觀音店南十里至武勝關，北驛路八十里至河南信陽州。《湖北輿圖》。

鍾祥縣【略】距省驛路五百二十里。東驛路五百一十里至漢陽府。東北驛路三百五十里至德安府。南陸路一百四十里至京山縣多寶灣。西驛路九十里至荆門州。北陸路一百八十里至棗陽縣。西南陸路二百七十里至荆州府。西北驛路二百八十里至襄陽府。又本縣屬沙洋鎮距府陸路一百三十里，東南陸路九十里至潛江縣，西南陸路二百二十里至荆門州，西北陸路八十里至本縣屬石牌鎮。又本縣屬石牌鎮東北陸路五十里至本縣縣城，東南陸路八十里至本縣屬沙洋鎮。又本縣屬豐樂驛東南驛路九十里至本縣縣城，西驛路九十里至宜城縣。又本縣屬郢東驛東驛路七十里至京山縣，西驛路八十里至本縣縣城。《湖北輿圖》。

京山縣【略】距省驛路三百七十里。距安陸府驛路一百五十里。東驛路一百二十里至應城縣。南陸路一百里至天門縣。西驛路七十里至鍾祥縣郢東驛。又本縣屬多寶灣北一百五十里至本縣城。《湖北輿圖》。

潛江縣【略】距省驛路三百九十里。距安陸府陸路二百四十里。北陸路五十里至天門縣岳口。東北驛路九十里至天門縣。東南陸路九十里至監利縣分鹽鎮。又陸路二百四十里至沔陽州新隄鎮。西南陸路八十里至江陵縣龍灣潭。西北陸路九十里至沙洋鎮。又本縣屬高家鎮東北驛路三十里至本縣縣城，西南驛路一百五十里至江陵縣。《湖北輿圖》。

天門縣【略】距省驛路二百九十里。距安陸府陸路二百四十里。北陸路一百里至京山縣。西南驛路九十里至潛江縣。又本縣屬岳家口東陸路四十里至本縣縣城，南陸路五十里至潛江縣。又本縣屬乾鎮東驛路一百里至漢川縣，西北驛路六十里至本縣城。《湖北輿圖》。

襄陽縣【略】距省驛路六百八十里。東南驛路九十里至宜城縣。又驛路一百八十里至安陸府。西陸路五百四十里至鄖陽府。北驛路一百二十里至河南新野縣。西北陸路一百八十里至光化縣。西南陸路一百四十里至穀城縣。又驛路四百八十里至荆州府。又本縣屬樊城東陸路六十里至雙溝，東北陸路九十里至本縣屬油坊灘，北驛路六十里至本縣屬呂堰，西北陸路一百八十里至光化縣。又本縣屬雙溝東南陸路九十里至棗陽縣。又本縣屬油坊灘西南陸路九十里至本縣屬樊城。又本縣屬呂堰驛南驛路六十里至本縣城，北驛路六十里至河南新野縣界。《湖北輿圖》。

宜城縣【略】距省驛路七百里。距襄陽府驛路九十里。東驛路九十里至鍾祥縣豐樂驛。南驛路九十里至鍾祥縣麗陽驛。西南陸路六十里至南漳縣方家堰。西北驛路九十里至襄陽縣。《湖北輿圖》。

南漳縣【略】距省陸路八百一十里。距襄陽府陸路一百二十里。南陸路二百里至當陽縣漳河鎮。西陸路一百八十里至保康縣。又本縣屬方家堰西陸路六十里至本縣城。東北陸路六十里至宜城縣。《湖北輿圖》。

棗陽縣【略】距省陸路五百六十里。距襄陽府陸路一百四十里。東陸路一百八十里至隨州。南陸路一百八十里至鍾祥縣。西北陸路九十里至襄陽縣雙溝鎮。《湖北輿圖》。

穀城縣【略】距省陸路九百三十里。距襄陽府陸路一百四十里。東北陸路一百四十里至襄陽縣。南陸路二百八十里至本縣屬馬腦觀。西北陸路二百二十里至均州。《湖北輿圖》。

光化縣【略】距省陸路九百七十里。距襄陽府陸路一百八十里。東南陸路一百八十里至樊城襄陽。北陸路一百二十里至河南鄧州。又本縣屬左旂營東北陸路十里至本縣城。西南陸路一百三十里至均州。《湖北輿圖》。

均州【略】距省陸路一千一百一十里。距襄陽府陸路二百二十里。北陸路一百三十里至河南淅川縣。東北陸路一百三十里至光化縣左旂營。東南陸路一百二十里至穀城縣。西陸路一百八十里至鄖縣。《湖北輿圖》。

鄖縣【略】距省陸路一千三百四十里。東陸路一百八十里至均州。又陸路五百四十里至襄陽府。東南陸路一百八十里至房縣板橋鎮。南陸路二百六十里至房縣。西南陸路二百六十里至竹山縣。北陸路一百八十里至河南淅川縣界。西北陸路一百二十里至鄖西縣。又本縣屬江峪鎮南陸路一百八十里至本縣城，北陸路六十里至陝西商南縣浪溪界。《湖北輿圖》。

房縣【略】距省陸路一千七百里。距鄖陽府陸路二百六十里。東南陸路一百八十里至保康縣。西南陸路一百八十里至竹谿縣。北陸路二百六十里至鄖縣。西北陸路一百八十里至竹山縣。又本縣屬板橋鎮西南陸路一百八十里至本縣城，西北陸路一百八十里至鄖縣。《湖北輿圖》。

竹山縣【略】距省陸路一千七百里。距鄖陽府陸路二百六十里。東南陸路一百八十里至房縣。東北陸路二百六十里至鄖縣。西南陸路一百八十里至竹谿縣。西北陸路一百六十里至陝西白河縣。《湖北輿圖》。

竹谿縣【略】距省陸路一千八百里。距鄖陽府陸路五百四十里。東北陸路一百八十里至竹山房縣。西陸路一百五十里至陝西平利縣。《湖北輿圖》。

鄖西縣【略】距省陸路一千四百八十里。距鄖陽府陸路一百二十里。東南陸路一百二十里至鄖縣。西陸路二百五十里至陝西山陽縣界。又本縣屬(土)[上]津堡東陸路一百二十里至本縣城，北陸路二百里至陝西鎮縣界。《湖北輿圖》。

保康縣【略】距省陸路一千八百八十里。距鄖陽府陸路五百四十里。東陸路一百八十里至南漳縣。西南陸路二百四十里至興山縣。西北陸路一百八十里至房縣。《湖北輿圖》。

荊門州【略】距省驛路六百一十里。東陸路一百二十里至沙洋鎮。驛路九十里至鍾祥。南驛路九十里至本州屬建陽驛。西陸路一百二十里至當陽縣。北驛路六十里至本州屬石橋驛。又本州屬建陽驛南驛路九十里至江陵縣。又本州屬石橋驛北驛路六十里至鍾祥縣麗陽驛。《湖北輿圖》。

當陽縣【略】距省陸路七百三十里。南陸路九十里至宜都縣普通關。西陸路七十里至遠安縣。又陸路一百二十里至東湖縣。又本縣屬漳河鎮東南陸路一百里至本縣城，西陸路八十里至遠安縣，北陸路□□□至南漳縣。《湖北輿圖》。

遠安縣【略】距省陸路八百一十里。距荊門州陸路一百八十里。東陸路七十里至當陽縣。南陸路一百六十里至東湖縣。《湖北輿圖》。

江陵縣【略】距省驛路五百六十里。東驛路二百七十里至安陸府。南驛路二百二十里至湖南澧州。西驛路二百九十里至宜昌府。北驛路九十里至荊門州。又驛路四百九十里至襄陽府。東北陸路一百五十里至潛江縣高家鎮。又本縣屬沙市南驛路四十里至虎渡口。又本縣屬郝穴鎮東南陸路一百里至石首縣，北陸路一百四十里至監利縣。又本縣屬龍灣鎮東北陸路八十里至潛江縣，西南陸路一百五十里至本縣城。又本縣屬虎渡鎮東南驛路三十里至公安縣孱陵驛，北驛路四十里至沙市。《湖北輿圖》。

公安縣【略】距省驛路六百九十里。距荊州府驛路一百三十里。東驛路一百二十里至石首縣。南驛路八十里至湖南澧州順水驛。又本縣孱陵驛南驛路六十里至本縣城。西驛路五十里至松滋縣涴市驛。西北驛路三十里至江陵縣虎渡口。《湖北輿圖》。

石首縣【略】距省陸路八百一十里。距荊州府陸路二百里。南陸路六十里至湖南華容縣。西陸路一百二十里至公安縣。西北陸路一百里至江陵縣郝穴。《湖北輿圖》。東陸路一百五十里至監利縣城。又陸路二百四十里至湖南岳州府，一百二十里至湖南巴陵縣楚雲鋪。南陸路三百里至洞庭。西南陸路五十里至湖南安鄉縣紫金渡。西陸路一百八十里至湖南澧州澧陽驛。北陸路八十里至監利縣界。北陸路八十里至江陵縣界。又陸路三百里至潛江縣。西水路六十里至公安縣。西北水路一百八十里至府城。《縣志》。

監利縣【略】距省陸路七百里。距荊州府陸路二百四十里。東陸路六十里至本縣屬白螺鎮。東南陸路六十里至本縣屬窑圻。西陸路一百四十里至江陵縣郝穴。北陸路六十里至本縣屬分鹽鎮。西北陸路二百四十里至江陵縣。又本縣屬分鹽鎮西北陸路九十里至潛江縣。又本縣屬朱河鎮西南陸路六十里至本縣城。《湖北輿圖》。

松滋縣【略】距省驛路六百七十里。距荆州府驛路一百一十里。南陸路六十里至本縣屬磨盤洲。西陸路六十里至枝江縣。西北驛路九十里至宜都縣。又本縣屬涴市驛東驛路五十里至公安縣，北驛路五十里至江陵縣。《湖北輿圖》。

枝江縣【略】距省陸路七百五十里。距荆州府陸路一百八十里。東陸路六十里至松滋縣。西陸路九十里至長陽縣。西北陸路三十里至宜都縣。《湖北輿圖》。

宜都縣【略】距省驛路七百六十里。距荆州府驛路二百里。東南驛路九十里至松滋縣，陸路三十里至枝江縣。東北陸路七十里至本縣屬普通關。西南陸路七十里至長陽縣。西北驛路九十里至東湖縣。又本縣屬普通關北陸路九十里至當陽縣。《湖北輿圖》。

東湖縣【略】距省驛路八百五十里。東驛路二百九十里至荆州府，一百二十里至當陽縣。東南驛路九十里至宜都縣，陸路九十里至普通關。南陸路一百二十里至長陽縣。西驛路九十里至本縣屬白沙鎮。北陸路一百六十里至遠安縣。又本縣屬漁洋關南陸路一百里至湖南石門縣，東北陸路一百四十里至長陽縣，西北陸路一百二十里至長陽縣。又本縣屬白沙驛西北驛路九十里至歸州建平驛。《湖北輿圖》。

歸州【略】距省驛路一千一百二十里。距宜昌府驛路二百七十里。東南驛路九十里至本州屬建坪驛。東陸路二十五里至本州屬新灘。西南驛路九十里至巴東縣。北陸路九十里至興山縣。又本州屬建坪驛東南驛路九十里至東湖縣白沙驛。又本州屬新灘西陸路一百一十五里至巴東縣。《湖北輿圖》。

長陽縣【略】距省陸路一千三百里。距宜昌府陸路一百二十里。東陸路九十里至枝江縣。東北陸路七十里至宜都縣。西南陸路一百四十里至漁洋關。北陸路一百二十里至東湖縣。《湖北輿圖》。

興山縣【略】距省陸路一千一百一十里。距宜昌府陸路三百六十里。東北陸路二百四十里至保康縣。南陸路九十里至歸州。《湖北輿圖》。

巴東縣【略】距省驛路一千一百一十里。距宜昌府驛路三百六十里。東陸路一百一十五里至歸州新灘。東北驛路九十里至歸州。西陸路一百四十里至本縣屬野三關。西北驛路九十里至本縣屬火峰口驛。《湖北輿圖》。

長樂縣【略】距省陸路一千里。距宜昌府陸路三百三十里。東南陸路一百二十里至漁洋關。西北陸路一百七十里至本縣屬灣潭鎮。又本縣屬灣潭西陸路五十里至鶴峰州。《湖北輿圖》。

鶴峰州【略】距省陸路一千三百五十里。距宜昌府陸路五百五里。東南陸路九十里至本州屬五里坪。北陸路四十里至本州屬北佳坪。又本州屬五里坪南陸路五十五里至本州屬山羊隘。東陸路五十里至長樂縣灣潭。《湖北輿圖》。

恩施縣【略】距省陸路一千九百八十里。東陸路七百五十里至宜昌府。東南陸路八十里至宣恩縣。南陸路二百二十五里至咸豐縣。西陸路一百八十里至利川縣。西北陸路一百二十里至建始縣。又本府屬忠峝距府陸路二百二十里，西陸路一百四十里至宣恩縣。又本府屬唐崖東北陸路二百五十里至恩施縣。又本縣屬崔家壩西南陸路一百里至本縣城。《湖北輿圖》。

宣恩縣【略】距省陸路一千六百七十里。距施南府陸路八十里。東陸路一百四十里至忠峝。東北陸路五十里至本縣屬東鄉鎮。南陸路一百九十里至來鳳縣。西陸路一百六十里至咸豐縣。西北陸路八十里至恩施縣。《湖北輿圖》。

來鳳縣【略】距省陸路一千八百六十里。距施南府陸路二百七十里。東南陸路一百一十里至本縣屬卯峝。西南陸路九十里至本縣屬大旺司。北陸路一百九十里至宣恩縣。又本縣屬大旺司南陸路三百一十五里至四川酉陽州界，西北陸路九十里至咸豐縣。又本縣屬卯峝東陸路一百八十里至湖南龍山縣界，南陸路二百九十五里至四川酉陽州界。《湖北輿圖》。

咸豐縣【略】距省陸路一千八百一十五里。距施南府陸路一百二十五里。東陸路一百六十里至宣恩縣。東南陸路九十里至來鳳縣大旺司。西陸路六十里至本縣屬張家坪。北陸路二百二十五里至恩施縣。又本縣屬張家坪東陸路六十里至本縣城，西陸路六十里至四川黔江縣。《湖北輿圖》。

利川縣【略】距省陸路一千七百七十里。距施南府陸路一百八十里。東陸路一百八十里至恩施縣。西陸路一百八十里至本縣屬建南。西南陸路一百二十里至本縣屬忠路底，北陸路六十里至本縣屬南坪。又本縣屬建南東北陸路一百三十五里至本縣屬南坪。西陸路一百七十里至四川石柱司界。《湖北輿圖》。

建始縣【略】距省陸路一千四百八十里。距施南府陸路一百二十里。東南陸路一百二十里至恩施縣。東北陸路二百七十里至巴東縣。《湖北輿圖》。

乾隆《長陽縣志》卷二《道路》 石板鋪大路，在縣東十里。由宜都紅花套至分水嶺入境，經白石橋，通津洋口、磁拉等處，爲自府至縣要路。

昏水堰大路，在縣東南九十里。由宜都至梁山入境，由昏水堰至馬料坡出境，通長樂、鶴峰等處，爲自府至衛昌營要路。

都鎮灣大路，在縣西南六十里。由都鎮至黄草坪出境，通長樂、鶴峰等處，爲運送兵米要路。

《湖南疆域驛傳總纂》卷五 ［四至八到、水陸程途］今將湖南省所屬文武大小各衙門駐紮處所、四至八到地界、水陸程途編造清册。

長沙縣

一、該縣河道，自省城大西門河下與善化縣分界起，三十里至下泥港，十里至金紫灣，二十里至潼關，二十里至喬口，與湘陰縣連界。由喬口六十里至湘陰縣城。總計水路至湘陰縣一百四十里，至武昌省八百五十里，係大河。

一、支河，東至瀏陽縣。自省城大西門起，十里至落刀嘴。由落刀嘴東行，六十里至㮚梨市，十里至東山市，與善化縣交界。由東山市四十里至鎮頭市。計一百二十里，與瀏陽縣交界，共一百九十里，均係小河。

一、支河，西至甯鄉縣。自省城河由善化西轄之瀠灣市起，七十里至净港，係大河。由净港小河，三十里至趙家河，六十里至甯鄉縣城。總計水路至甯鄉縣共一百六十里。其正南、東南、西南，係善化縣所轄。

一、該縣陸路，東南至界板橋，計程五十五里，與瀏陽縣及界。至瀏陽縣城一百三十里。係官馬大路，車轎可行。

一、東北至水桐嶺，計程一百五十里，交平江縣界。係山僻小路，轎馬難行。

一、西南至上關河口，計程二里，交善化縣界。

一、西北至喬口彰湖嶺，計程一百里，交湘陰縣界。係河濱小路，轎馬難行。

一、東路至峽石嶺，計程一百里，交瀏陽縣界。係山僻小路，轎馬難行。

一、西至格塘七十里，交甯鄉縣界。至甯鄉縣城一百一十八里。係山僻小路，轎馬難行。

一、南至城内和豐坊，計程二里，交善化界。至善化縣署計程四里。係官街大路。

一、北至青山岸，計程八十里，交湘陰界。至湘陰縣城一百二十里。係公文大路，轎馬可行。

善化縣

一、河東上至暮雲司，與湘潭縣交界；下至大西門，與長沙縣交界。船埠七處，名曰義碼頭、金家碼頭、西湖碼頭、靳江河渡、觀音港渡、東窑港渡、暮雲市渡。自縣至暮雲司計程五十里，自暮雲司至湘潭縣城五十里。均係大河。又靳江支河可通甯邑道林市，計程四十里。

一、陸路，東自縣至水口，與瀏陽縣交界，計程八十里。至瀏陽縣城一百六十里。係山徑路，不通馹道。

一、南自縣至暮雲鋪，與湘潭縣交界，計程五十里。至湘潭縣城一百里。係驛路。

一、西至黄泥鋪與甯鄉縣交界，計程六十里。至甯鄉縣城一百里。係驛路。

一、北至長沙縣，係官街大道。

一、陸路，東南至龍頭鋪，與湘潭縣太平礄交界，計程八十里。至醴陵縣城一百里。係驛路。

一、西南至碑頭市計程五十里，係山僻小路，不通別道，轎馬難行。

一、東北、西北均與長沙縣交界。

湘陰縣

一、該縣水路，東至丁家河一百七十里與平江縣交界，係大河，順水，大船可行。由丁家河至平江縣計程一百一十里，俱係灘河，大船難行，只堪駕行小舟。

一、南至喬口五十里，與長沙縣交界。由喬口至長沙，計程七十五里。係通江大河，逆水，大船可行。原設十里一塘。

一、西北自縣城至瀘林潭，計程三十里。由瀘林潭至楓潭河，計程二十里。俱係小河，逆水，春夏大船可行，秋冬只堪使駕小舟。由楓潭河至黄套褲，計程四十里，與沅江縣交界，俱係大河，順水，大船可行。由黄套褲至沅江縣，計程六十五里。

一、西南至濠河口，計程五十里。由濠河口至水磯口，與益陽縣交界，計程一百二十里。由水磯口至益陽縣，計程六十里。俱係小河，逆水，春夏水泛大船可行，秋冬只堪使駕小舟。又自大河西南濠河口至毛夾口，與沅江縣交界，計程六十里，大船可行。又至毛夾口，由小河至沅江縣，計程六十里，係逆水，春夏水泛大船可行，秋冬水涸只堪使駕小舟。原設十里一塘。

一、北至磊石一百二十里，與巴陵縣交界，入洞庭大湖。自磊石至巴陵縣，計程一百二十里，係順水，大船可行。

一、陸路，東至鵝龍江七十里，與平江縣交界。自鵝龍江至平江縣計程一百八十里。俱係山境小路，轎馬難行。

一、南至界頭鋪之青山四十里，與長沙縣交界。自青山直抵長沙省，至落刀河撈刀嘴，向設渡船，均係長沙專管，計程八十里。俱係驛路，轎馬可行。原設十里一鋪，二十里一塘。

一、西至下堤塘六十里，與沅江縣交界。自下堤塘直抵沅江縣計程六十里。俱係湖中小路，環遶曲徑，轎馬難行。

一、北至大荆驛一百三十里，與巴陵縣之界碑崙交界。與歸義、黄谷二河內設渡埠二處，係該縣專管。又至界牌嶺，直抵巴陵縣。內有新祥河，向設渡埠一處，係巴陵縣專管，計程一百一十里，係驛路，轎馬可行。原設十里一鋪，二十里一塘。

一、新市司巡檢一員，兼管歸義驛務，駐紮新市，離城七十里，距省一百九十里。水路均由該縣經過，並無捷徑可以旁通。

一、大荆司巡檢一員，兼管驛務，駐紮大荆，離城一百二十里，距省二百四十里。均由該縣經過，並無捷徑可以旁通。

瀏陽縣

一、水路正河一道，水從山溪發源，自東抵西，由縣河而下，直抵長沙省城。止一綫溪河，其水一由東鄉白沙市起，一由東門市、踏滸、(宫)[官]渡、永和市、古港市，計程一百二十五里至雙江口。一自小溪起，由陳家坊、小河、平安湖、高坪市，計程一百一十里，至雙江口。二水匯集，計程一十五里，歸入縣河。遇淺作壩，可行小船。由縣河西下，四十里至所屬椂冲市，以下又有小倒划船兼行。由椂冲市起，至大水市、普跡市、江家村、鎮頭市、柏家山、渡頭市，共計程一百二十五里，抵善化縣屬之團頭分界。由團頭五十里抵長沙縣屬之回西渡，又二十五里出省城大河撈刀河口。由白沙市經縣河抵省，共計程三百八十里。由小溪經縣河抵省，計程三百六十五里。由縣抵省計程二百四十里，止有正河一道，並無通達支流小港。

一、該縣南北兩鄉有小河二道。其南路水源係所屬鐵山界山溪所發，計程八十里至澄潭。江水淺，作壩可行倒划小船。由澄潭江四十里，與醴陵屬之紫崗山分界。其北路水源與平江縣分界所屬黄泥崗發出，計程一百五十里至潦滸河，遇淺作壩可行倒划小船。由潦滸河三里，與長沙所屬之橫坑分界，並無通達支流小港。

一、陸路，正東由東門出城，經洗藥橋、賀家湖、許家段、雙江口、左家灣、朱江、古港市、燕窩、沿溪橋、官渡、兵馬橋、岱通嶺、虎坳、張家坊、岸步橋、上洪塘，此塘有外委一員駐劄。再進塘灣、血樹坳。自縣至血樹坳，計程一百九十里，抵江西南昌府屬之甯州界。境外地名排埠，至甯州一百里。

以上陸路，除岱通嶺一處山路崎嶇，轎馬難行，餘皆平坦可行。

一、陸路，東北交界由沿溪橋分路，左行竹林橋、灘頭、踏滸、鍾家灣、江家州、東門市、白沙市、大圍堡、千坵段，自縣前鋪至千坵段，計一百九十里，抵甯州界，地名長部崙，至甯州二百里。

一、陸路，正西由西門出城，經龍津橋、韓家港、龍虎嶺、蘇家山、椂冲市、大水市、普跡市、江家渡、鎮頭市、李家坑、柏家山、陳家渡、渡頭市，自縣前鋪至渡頭市，計一百三十里抵善化縣界，地名團頭村，至善化縣七十里。

一、陸路，西南(白)[自]龍虎嶺過渡，左行青草鋪、劄家莊、大石嶺、竹園村、官塘、尹家村、波仙嶺，自縣前鋪至波仙嶺，計一百一十里，抵湘潭縣界，地名賓家莊，至湘潭縣一百三十里。

一、陸路，正南由南門出城，走壯沅州過渡，經南市街、南流橋、聶橋、浄溪轎、路口、楓林鋪、大窑鋪、灌江橋、墨家莊、大洋坪，自縣前鋪至大洋坪計八十里抵醴陵縣樓鋪，至醴陵縣六十里。又由楓林鋪分路左行，經澄潭江、孫家段、崎山界、蒲塘，自縣前鋪至蒲塘，計八十里抵江西袁州府萍鄉縣界，地名小埠腦，至萍鄉縣八十里。

一、陸路，東南由孫家段分路，左行渠城、七雞坳、太平橋、欒家段、釣天坳，自縣前鋪至釣天坳，計九十里，抵江西袁州府宜春縣同善橋，至宜春縣一百里。又由太平橋分路，左行蜈蚣蝶、大分田、又家市、鐵山界，自縣前鋪至鐵山界，計一百一十里抵江西袁州府萬載縣黄茅村，至萬載縣一百一十里。

以上陸路，間有山嶺，並非險阻，轎馬可行。

一、陸路，正北由北門出城，經熊家亭、磊石橋、太和鋪、余家鋪、焦溪嶺、石通嶺、唇口段、黄金坪、麻園村、社港市、吴家村、新安鋪、黄泥界，自縣前鋪至黄泥界，計一百三十里抵岳州府平江縣長田市，至平江縣一百三十里。

以上陸路，除焦溪嶺一處山路崎嶇，轎馬難行，餘皆平坦可行。

一、陸路，西北由焦溪鋪分路，左行經高陞橋、黎魯段、龍家村、泉水廟、大橋市、黄堡塘、李家段、皇恩坑，自縣前鋪至皇恩坑，計一百三十里抵湘陰縣大栗塘，至湘陰縣一百八十里。又由高升橋分路，左行長沖鋪、洞陽鋪、楓漿鋪、永安鋪，市中設有巡檢一員，再進界板橋，正西抵長沙縣界。自縣前鋪至界板橋，計八十里。境外宜春嶺，至長沙縣六十里。

以上陸路，間有山嶺，並非險阻，轎馬可行。

一、該縣東有洗藥橋、沿溪橋、兵馬橋，南有南流橋、聶橋、浄溪橋、灌江橋，西有龍津橋、韓家橋，北有磊石橋、高升橋、楓漿橋、界板橋，兵橋十三處，歷係民修，現在平坦，轎馬可行。

以上所屬路徑與甯州、萬載、宜春、萍鄉、平江、長沙、善化、醴陵、湘潭、湘陰等州縣接壤連界，並無馹路。北路設有鋪遞，由縣前鋪起，至大和、余家、焦溪、長沖、洞陽、楓漿、水安，共八鋪，計程八十里，與長沙縣屬之石塘鋪分界，直道長沙省城。其餘東、南、西三路並無鋪遞，除東路岱通嶺、北路焦溪嶺山路崎嶇，轎馬難行，沿途水旱兩路並無捷徑通達處所。

一、水路程站，自該縣由長沙府起，至永州府止。

一、該縣船隻，自縣前出西門河下起，二百四十里至長沙省大河。由長沙縣經過，九十里至湘潭縣經過，九十里至渌口，九十里至朱亭，九十里由衡山縣經過，六十里至霞餘馹，七十里至七里馹，九十里至衡州府經過，九十里至新塘站，六十里至八方站，六十里至河州馹，六十里至歸陽司，六十里至白水，六十里由祁陽縣經過，六十里自黄陽司，六十里至冷水灘，六十里至永州鎮衙門。

以上水路，除該縣小河沿途計程二百四十里至長沙止，並(縣)[無]站頭。由長沙府起，計十六站，共計水路一千一百五十里，均係大河，逆流，舟楫可行。

[一、]水路程站，自該縣由長沙府至武昌府止。

一、該縣往北，二百四十里至長沙省大河，由長沙縣經過，九十里至潼關，由湘陰縣經過，六十里至青竹，六十里至雲田，六十里至磊石，六十里至鹿角，由巴陵縣經過，九十里至城陵磯，六十里至鴨蘭，六十里至茅埠，六十里至石頭關，九十里至嘉魚縣，九十里至排州，九十里至金口，六十里至湖北武昌府。

以上水路，由該縣小河沿途計程二百四十里至長沙止，並無站頭。由長沙府起，共十三站，共計水程九百三十里，均係大河接壤，順流舟楫。

一、水路程站，自該縣由長沙府起至常德府止。

一、該縣船隻往西，二百四十里至長沙省大河。由長沙縣經過，九十里至喬口，六十里至將軍廟，六十里至瓦鴉磯，六十里由沅江縣經過，六十里至羅家争，六十里至油塘，六十里由龍陽縣經過，一百二十里至提督衙門。

以上水路，除該縣小河沿途計程二百四十里至長沙止，並無站頭。由長沙府起，共九站，計水路五百七十里，係逆水，灣曲灘河，舟(揖)[楫]可行。

一、陸路程站自該縣由長沙府起至永州府止。

一、南路，自縣前鋪起，一百四十里至長沙省城，一百里至湘潭，九十里至黄茅馹，九十里至衡山縣，一百里至衡陽縣，九十里至排山馹，一百里至祁陽縣，一百里至永州鎮衙門駐劄永州府零陵縣。以上共計程八百一十里。

一、陸路自該縣由長沙府起至常德府止。

一、西路，自該縣起，一百四十里至長沙省，一百里至甯鄉縣，九十里至益陽縣，一百四十五里至龍陽縣，八十里至提督衙門駐紮常德府武陵縣。以上共計程五百五十五里。

又自武陵縣起，八十里至桃源縣，六十里至鄭家馹，六十里至新店馹，六十里至界亭馹，七十里至馬底馹，六十里至辰陽馹，七十里至船溪馹，共四百六十里。

又自船溪馹起，四十里至辰谿站，五十五里濫泥站，四十里至巖門站，四十里至鎮筸鎮衙門駐劄五寨司。

以上自武陵縣起，至鎮筸鎮止，計程六百三十五里。又自該縣至鎮筸鎮止，計程一千一百九十五里。

一、陸路程站自該縣由長沙府起至武昌府止。

一、北路自該縣署前起，一百四十里至長沙縣，六十里至橋頭馹，六十里至湘陰縣，六十里至歸義馹，六十里至大荊馹，六十里至青田馹，六十里至巴陵縣，六十里至雲溪馹，六十里至長安馹，六十里至武昌府止。以上自該縣至武昌府止，計程六百八十里。

醴陵縣

一、縣站馹遞，北自縣城外起，六十里至雙牌馹，六十里至南山馹，六十里至善化縣站。

一、縣站馹遞，南自縣城外起，九十里至江西袁州府屬之萍鄉縣站。

一、縣站馹遞，南自城外起，一百八十里至攸縣城止，向未設立站馹，健夫遞送。

一、縣站馹遞，東至縣城外起，一百八十里至瀏陽縣(上)[止]，向未設立馹站，係健夫遞送。

一、陸路，南自縣城外起，至傅沖鋪十里，又十里至楚東鋪，又十里至插嶺關，俱係平坦大路。自縣城(自)[至]江西袁州府屬之萍鄉縣九十里，中以插嶺關爲界，距縣三十里。

一、陸路，南自縣城外起，至盤樹鋪十里，又十里至龍山鋪，又十里至泗汾鋪，又十里至横嶺鋪，又十里至蛇湖鋪，又十里至郿塘鋪，俱係偏僻小路。自縣城至本府所屬之攸縣一百八十里，中以郿塘鋪爲界，距縣六十里。

一、陸路，北自縣城外起，至袁牌鋪十里，又十里至板家鋪，十里至東坑鋪，十里至清安鋪，十里至稍崗鋪，十里至雙牌鋪，俱係大路。自雙牌鋪至省城一百二十里。自縣至本府所屬之湘潭縣一百二十里，中以雙牌站爲界，距縣六十里。

一、雙牌馹係醴陵北界，於乾隆四十一年奉文新設馹馬四匹，即於該站東設立馹馬一處。

一、陸路，東自縣城外二十里至黄沙鋪，又一十里至王仙鋪，又三十里至明蘭鋪，俱係偏僻小路。自縣城至本府所屬之瀏陽縣一百四十里，中以明蘭鋪爲界，距縣六十里。

一、陸路，自縣城外起，十里至袁牌鋪，十里至板寨鋪，十里至東坑鋪，十里至清安鋪，廿五里至闟王鋪，廿五里至渌口鋪，係偏僻小路。自縣城至渌口共九十里。

一、該縣陸路距長沙省城計程一百八十里，俱係平坦大路。

一、該縣水路，自縣城由灘河逆水而上，自城金華塘起，由雙江塘至江西萍鄉縣九十里。自縣順水而下，自金華塘起，由鐵江塘、神福塘、石亭塘、檀山塘至縣屬之渌口九十里。順水出湘江大河，再由湘江逆水而上，三十里至昭陵塘。由湘江順流而下，經過湘潭，至省城一百八十里。自縣至省城共計二百七十里，可通倒划船，俱屬平静。

一、縣屬渌口巡檢衙門，由渌口順水而下，經過湘潭縣，至省城一百八十里。陸路距省一百二十里。由渌口灘河逆水而上，至縣城九十里，可通倒划，並無別樣船隻。陸路亦九十里。

湘潭縣

一、水路

南至衡山縣計程二百七十里。自縣前大河起，上至朱亭，向設縣丞一員，計程一百七十里。自朱平市至衡山縣界之樊田，計程六十里。又自樊田起至衡山縣止，計程四十里，俱係大河。

東至醴陵縣計程一百八十里。自縣前大河起，上至醴陵縣界之渌口，計程九十里，係大河。又自渌口至醴陵縣九十里，係小河，舟楫可通。

西至湘鄉縣計程一百八十里。自縣前大河起，上至湘河口一十五里。進小河至湘鄉縣界之炭棚河，計程六十里。自炭棚河起至湘鄉縣，計程一百五里，係小河，舟楫可通。

北至善化縣，計程九十里。自縣前大河起，下至善化縣之鵝洲止，計程四十五里。自鵝洲至省，計程四十五里。俱係大河。

東南、東北、西南、西北四至，並無河港，無憑查造。以上水路除湘鄉、醴陵二縣係偏僻小河，大船難行，餘係大河可行，並無橋樑。

一、陸路

南至衡山縣，計程一百八十里。自縣前南岸馹起，二十里下攝司通渡，又七十里至黄茅馹，向設巡檢一員，又五十里至衡山縣之拓塘鋪，又四十里至衡山縣，係通衢馹路，轎馬可行。中隔下攝司官渡一道，向設渡夫。

北至善化縣，計程一百里。自縣前南岸馹起，下至善化縣之暮雲鋪，計程五十里。自暮雲鋪至省，計程五十里，係通衢馹路，轎馬可行。

東至醴陵縣，計程一百四十里。自該縣南岸馹起，至醴陵縣之雙牌鋪(上)[止]，計程七十里，係崎嶇小路。自雙牌鋪至醴陵縣，計程七十里，係通衢馹路，轎馬可行。

西至湘鄉縣，計程一百里。自縣南岸馹起，至湘鄉交界之馬托鋪，計程七十里。自馬托鋪至湘鄉縣，計程三十里，係偏僻小路。

東(西)[南]至攸縣，計程二百四十里。自縣南岸馹起，二十里至下攝司，係通衢大路。又三十里至茶薗鋪，又七十里至該縣縣丞分駐之朱亭市，又三十里至攸縣交界之生田店，又九十里至攸縣，係崎嶇小路。

西北至甯鄉縣，計程一百四十里。自縣南岸馹起，至甯鄉縣交界之燒湯河，計程六十里。自燒湯河至甯鄉，計程八十里，係崎嶇小路。

東北接連醴陵、善化二縣，西南接連湘鄉、衡山二縣，山徑崎嶇，無路可通。

甯鄉縣

一、該縣河道一綫，上自潙山發源，下至長沙縣屬之靖港口流入大江外，並無支河可通別邑。額設上、中、下船埠七處，上三埠名曰浪絲埠、鸞埠、袁左埠，下名曰雙市埠、趙市埠、道林埠，中名曰附城埠。自縣至靖港口，計程九十里，係溪河，各屬船隻不能通達。自靖港口至長沙省城六十里，至武昌省七百九十里，均係大河。

一、陸路，東自縣至格塘，與長沙縣交界，計程四十八里，至長沙縣城一百一十八里，係偏僻小路，轎馬難行。

南自縣至油草鋪，與善化縣交界，計程三十里，至善化縣城一百里，係平坦大路，內有橋樑三處。

西自縣至司徒崙，與安化縣交界，計程一百七十里，至安化縣城一百四十里，係小路，內多險峻，轎馬難行。

北自縣至青華鋪，與益陽縣交界，計程二十里，至益陽縣城九十三里，係有馹大路，均係平坦。境內有轎樑二處。

一、陸路，東南自縣南路至歷經鋪，分路之湘潭縣屬之燒湯河交界，計程七十里，至湘潭縣城一百四十里，係平坦小路，轎馬可行。

東北自縣東路至蝦蟆石，分路之長沙縣屬沱市交界五十里，至長沙縣城一百二十里，係山僻小路，轎馬難行。

西北自縣東路之梅家田，分路之益陽縣屬朱朗交界，計程五十里，至益陽縣城一百三十里，係險峻小路，轎馬難行。

南自縣南路之湘鄉街，分路至湘鄉縣屬硃石橋交界，計程七十里，至湘鄉縣城一百四十里，係險峻小路，轎馬難行。

益陽縣

一、該縣水路，東南至湘陰縣界七十五里，地名八字腦。自縣至湘陰縣，計水路一百三十里，均係大河，船隻可行。

一、水路，東南自長沙縣界九十里，地名水磯口。自縣至長沙省城共二百里，由八字腦出林子口，直上湘河，至長沙省城共二百七十里。由湘河直下武昌省八百二十里。均係大河，船隻可行。

一、水路，西至安化縣界二百里，地名敷溪。進小港，九十里起岸，三十里至安化縣。自縣至安化縣三百二十里。由敷溪直上寶慶府，共水路七百八十里，此係險灘，大河船隻可行。

一、水路，東至沅江縣界四十里，地名羊角。自縣至沅江縣一百二十里，由沅江縣至常德府共二百八十里，此係大河，船隻可行。

一、陸路，南至甯鄉縣界七十里，地名菁華鋪。自縣至甯鄉縣九十三里，至長沙省城共一百九十三里，至武昌省城共一千二百七十里，均係平坦大路，轎馬可行。

一、陸路，北至龍陽縣界四十里，地名牛鼻鋪。自縣至龍陽縣一百三十里，至常德府二百二十五里，均係平坦大路，轎馬可行。

一、該縣南至永州鎮衙門陸路八百六十里。

一、該縣北至常德府提督衙門陸路共計二百二十五里。

一、該縣北至鎮筸鎮衙門陸路八百六十里。

一、小路，東北由該縣千子橋至沅江縣界三十里，地名龍洑港。至沅江縣七十里，此係平坦小路，轎馬可行。

一、小路，西南由該縣新市渡保福寺分路，至寧鄉縣一百二十里，地名石牌冲。至寧鄉縣二百里，此係險峻，轎馬難行。

一、小路，西由該縣新市渡保福寺分路，由錫溪、板溪至安化縣界二百里，地名胡桃坪。至安化縣三百一十里，此係小徑，小轎可行。

一、西北一百一十里交武陵縣界，地名鳥子嶺，此係僻徑，轎馬難行。

湘鄉縣

一、水路，自該縣至湘潭縣一百三十里。由縣屬馬氹河起，至炭棚河湘潭界止，計程四十里。由炭棚河至湘潭之江車，計程五十里。由江車至湘河口，計程三十里。以上係小河。由湘河口至湘潭縣，計程十里。由湘潭縣至省城一百里，由省城至武昌省共十三站，共計水程九百里，以上均係大河。

一、陸路，自該縣至湘潭縣一百里，由縣屬望仙鋪、新研鋪、馬托鋪經過，以上三鋪共三十里，抵湘潭縣界。由馬托鋪至湘潭縣城計程七十里，係無驛僻路。由湘潭至省城一百里，由省城至武昌省計程九百里，係有驛大路。

一、水路，自該縣至常德府武陵縣船隻，歷由湘潭、善化、長沙、湘陰、沅江、龍陽至武陵縣，內有三小站、五大站，共六百九十里至提督衙門。自武陵縣，由桃源縣、沅陵縣至鳳凰廳城駐紮鎮筸鎮衙門，以上水路程站，無憑查造。

一、水路，自該縣至永州府零陵縣，應由湘潭、衡陽、清泉、祁陽經過，至零陵縣共十八站，計程一千八十里。至永州鎮衙門共十八站，計一千八十里。

一、陸路，自該縣至常德府屬武陵縣，應由湘潭、善化、長沙、寧鄉、益陽、龍陽經過，至武陵縣共六百五十里，至提督衙門共六百五十里。自湘潭至武陵縣，均係有驛大路。自武陵縣，由桃源、沅陵經過，至鳳凰廳駐紮鎮筸鎮衙門，以上陸路程站里數無憑查造。

一、陸路，自該縣至永州府零陵縣，應由湘潭、衡山、衡陽、祁陽經過，至零陵縣共七百里，至永州鎮衙門共七百里。自湘潭縣至零陵縣均係有驛大路。

一、東僻路，至湘潭縣馬托鋪界三十里，抵湘潭縣城一百里，由湘潭縣驛路一百里至長沙府城。

一、南僻路，至衡陽縣永伏界一百四十里，抵衡陽縣城一百七十里，即衡州府城，駐劄衡州協同城，係平坦小路，轎馬可行。

一、西僻路，至該縣永豐市分駐縣丞陸路一百里，水路一百二十里，可通小倒划船，即至此止。由陸路抵邵陽縣臨湘鋪界一百七十里，抵邵陽縣城二百九十里，即寶慶府城，駐劄寶慶協同城，係平坦大路，轎馬可行。

一、北抵寧鄉縣夏陰橋界五十里，抵寧鄉縣城一百四十里，係平坦小路，轎馬可行。

一、東南抵湘潭縣廣陵橋五十里，抵湘潭縣城一百五十里，係平坦小路，轎馬可行。

一、西南抵邵陽縣太平界一百六十里，抵邵陽縣二百九十里，係山僻小路，稍險，轎馬可行。

一、西北抵該縣婁底市分駐巡檢陸路一百二十里，水路一百九十里，有小倒划船可通至安化縣界地名藍田止。由陸路抵安化縣白面市界一百三十里，抵安化縣城二百九十里，係山僻小路，稍險捷徑，轎馬可行。

一、東北抵寧鄉縣版陂界五十里，抵寧鄉縣城一百四十里，係小路，平陽捷徑，轎馬可行。

攸縣

一、水路，自該縣至衡山縣二百七十里，由衡山縣至長沙省二百七十里，共五百四十里，至武昌府一千四百五十里。

一、陸路，自該縣至醴陵縣一百八十里，由醴陵至長沙省一百八十里，共三百六十里，均係偏僻小路，並無驛站。由長沙府至武昌府一千二十里，係有驛大路。一共一千三百八十里。

一、水路，該縣至常德府武陵縣船隻，由衡山縣、長沙等處經過，至提督衙門共十三站，計程一千一百七十里。

一、陸路，該縣至善化縣三百六十里，係無馹小路。由善化縣至提督衙門四百一十五里，係有馹大路。共七百七十五里。

一、水路，該縣至永州零陵縣船隻由衡山縣雷家市、衡陽、祁陽等處至永州鎮衙門，共十一站，計程八百四十里。

一、陸路，該縣至衡山縣一百四十里，係無馹小路。由衡山、衡陽、排山馹、祁陽、零陵等處經過，至永州鎮衙門三百九十里，係有馹大路。共計五百三十里。

一、水路，該縣至衡山縣二百七十里，内有一百九十里係險灘小港。所有沿河程站至鎮筸鎮衙門與衡山縣同。

一、陸路，該縣由醴陵縣至長沙府三百六十里。至鎮筸鎮衙門程站里數與善化縣同。

一、該縣東與江西省吉安府安福縣馬尿坑交界一百四十里，至安福縣三百七十里，均係山僻小路，並無馹站，不通船隻，轎馬難行。

一、西與本省衡州府衡山縣白竹圳交界六十里，至衡山縣一百八十里，係山僻小路，轎馬可行。與本府茶陵州硃磯鋪交界三十里，至茶陵州九十里，係平坦大路，有鋪司，轎馬可行。

一、北與本府醴陵縣界牌嶺交界一百一十里，至醴陵縣一百八十里，係平坦大路，設有鋪司，轎馬可行。

一、東南與江西吉安府永新縣嚴塘圳交界一百二十里，至永新縣二百一十里，係山溪小路，轎馬難行。

一、東北與江西袁州府萍鄉縣白竹村交界一百四十里，至萍鄉縣二百七十里，係平坦大路，轎馬可行。

一、西北與本府湘潭縣狗抓嶺交界一百二十里，至湘潭縣二百一十里，係平坦小路，轎馬可行。

一、西南與本省衡州府安仁縣長灘交界五十里，至安仁縣九十里，係平坦小路，不通船隻，轎馬可行。

又東北與江西安福萍鄉交界之處，地名鳳嶺，分駐巡檢一員，距縣一百四十里，係崎嶇山路。水路由鳳嶺地名至該縣一百六十里，係小港，順流直達縣河。

安化縣

一、該縣水路，自新化縣交界之小地名潤溪流入境，下至益陽交界之敷溪，共二百四十五里。雖屬灘河，尚堪裝載。自敷溪至益陽縣二百四十里，自益陽縣至湘陰縣屬之臨淄口一百七十里，自臨淄口至長沙省城一百五十里，共計八百五里，船隻可通。

一、該縣陸路至甯鄉縣二百六十里，雖係山路，尚屬平坦。自甯鄉縣至長沙省城一百里，係有馹大路。共三百六十里。

一、該縣正東與本府屬之甯鄉縣交界，地名司徒嶺，離該縣八十里，至甯鄉縣城一百八十里，係屬陸路，尚多平坦。自甯鄉縣城至長沙省城一百里，係有馹大路。

一、該縣正西與寶慶府屬之新化縣交界之地名横柏界，離該縣治三十里，至新化縣城九十里，共一百二十里，均係山險小路，不通舟楫，轎馬難行。

一、該縣正南與寶慶府屬之邵陽縣交界，地名墨溪口，離該縣治一百三十里，至邵陽縣城一百四十里，共二百七十里，均係山路，不通馹路、舟楫。

一、該縣正北與常德府之武陵縣交界，地名黄泥界，離該縣治二百二十里，至武陵縣城一百二十里，共三百四十里，均係高山峻嶺，不通舟楫。

一、該縣東北與本府益陽縣交界，地名敷溪，離該縣治一百一十里，由水路至益陽縣城二百四十里，共三百五十里。由敷溪小河達益陽河道，舟楫可行。

一、該縣東南與本府湘鄉縣交界，地名關王橋，離該縣治一百四十里，至湘鄉縣城一百五十里，共二百九十里，係山嶺小路，不通舟楫。

一、該縣西北與辰州府漵浦縣交界，地名黄洋界，離該縣治三百里，至漵浦縣城一百二十里，共四百二十里，係山嶺小路，不通舟楫。

一、該縣西北與常德府桃源縣交界，地名烏雲界，離該縣治一百六十里，至桃源縣城一百二十里，共二百八十里，係山嶺小路，不通舟楫。

一、該縣西北與辰州府沅陵縣交界，地名冷峰尖，離該縣治二百六十里，至沅陵縣城一百五十里，共四百一十里，係高山峻嶺，轎馬難行。

茶陵州

一、水路，本境東南河二道，至本境下游地名黄沙灣會流。東上至州屬地名高隴視渡司巡檢衙門九十里，係逆水灘河。由州屬地方經過，自州城水埠至欋下二十里，欋下至東山十里，東山至古家石三十里，古家石至扶江十里，扶江二十里至視渡司巡檢衙門。水埠又南上至衡州府酃縣，計水程一百二十里，係逆水灘河。由州屬地方經過出境至酃縣境。自州城水埠至黃塘十五里，黃塘至官陂十里，官陂至鈴方十里，鈴方至淘江十里，淘江至湖口三十五里，湖口至王家渡二十里，王家渡至酃縣境二十里。入酃縣境十里至酃縣城。水埠又下至本府攸縣一百二十里，係順水灘河。由州屬地方經過入攸縣境：自州城水埠至黃沙灣五里，黃沙灣至洪水廟十五里，洪水廟至把集十五里，把集至石珠廟二十里，石珠廟至鵝王廟二十五里，鵝王廟至高水十五里，高水至石家港二十里，石家港至樹下十里，交界入攸縣境，自攸縣境一百二十里至攸縣城水埠。州城水埠上下河道可以行小舟，該州下游距長沙省六百六十里，距武昌省一千六百一十里，均由攸縣經過。其外州縣地名、程途里數，各州縣開造。

一、陸路，東至江西永新縣界地名棠市八十里，係山徑小路，轎馬難行。由州屬地方經過，自州城［至］地名雪花坳計程十五里，雪花坳至腰陂十五里，腰陂至背江十五里，背江至高隴十五里，高隴至棠市二十里，南至衡州府酃縣界地名橋頭嶺七十里，係山徑小路，轎馬難行。由州屬地方經過，自州城至地名小車七里，小車至連塘五里，連塘至馬伏市八里，馬伏市至上橋十里，上橋至楊柳仙十里，楊柳仙至款腦墟十里，款腦墟至牛路鋪濺里十里，濺里至橋頭嶺十里，西至衡州府安仁縣界地名樟樹六十里，係山徑小路，轎馬難行。由州屬地方經過，自州城至地名頭鋪計程十里，頭鋪至界橋鋪十五里，界橋鋪至大樂鋪十里，大樂鋪至管塘鋪十里，管塘鋪至樟樹十五里，北至本府屬攸縣界地名潞嶺亭六十里，山僻險路，轎馬難行。由州屬地方經過，十五里梁陂隴，至清水十五里，清水至路水十里，路水至潞嶺亭二十里，東南至江西永甯縣界地名金竹湖一百里。由州屬地方經過，係山徑小路，轎馬難行。自州城至會仙寨二十里，會仙寨至黃竹坪二十里，黃竹坪至神仙嶺二十里，神仙嶺至弄心嶺二十里，弄心嶺至金竹湖二十里，東北至江西蓮花廳界地名九路沖更鼓寨一百一十里，係山徑小路，轎馬難行。由州屬地方經過，自州城至地名雪花坳十五里，雪花坳至腰陂市十五里，腰陂市至背江十五里，背江至火田十里，火田至州陂十里，州陂至莊田十五里，莊田至馬家屋十五里，馬家屋至九路沖更鼓寨十五里，西南至衡州府酃縣界地名夾石坳八十里，係山徑小路，轎馬難行。由州屬地方經過，自州城至地名蕭家坊十里，蕭家坊至米篩坪十里，米篩坪至馬公橋十里，馬公橋至打石橋山十五里，打石山至湖口墟十里，湖口墟至東流十里，東流至夾石凹十五里，西北至本府攸縣界地名珠璣鋪六十里，（至）［係］平坦大路，轎馬可行。由州屬地方經過，自州城至地名山口鋪十里，山口鋪至文坊鋪十里，文坊鋪至寒潭鋪十里；寒潭鋪至黃石鋪十里，黃石鋪至廖塘鋪十里，廖塘鋪至珠璣鋪十里，自州城至長沙省城四百五十里，距武昌省城一千四百里。

一、該州視渡司巡檢一員分駐州東茶鄉十五都，地名（名）高隴，至州城計程九十里，係小港順水。至省城七百五十里。

衡州府屬

衡陽縣係附郭首邑。

一、水路，係湘江大河，自廣西發源，由永州祁陽一帶入境，下達衡山，直通長沙，大小舟楫往來絡繹。自本城外河下起至衡山縣一百五十里，衡山至湘潭縣三百里，湘潭至長沙省城九十里，共五百四十里，俱大河順水，可行六艙、四艙、杪桿等船隻。至武昌省城一千一百二十五里。

一、陸路，本城設有臨蒸馬驛，係廣西大河，兼通廣東小路。自本城內本驛起，至衡山縣一百里，衡山至湘潭縣一百八十里，湘潭至長沙省城一百里，共三百八十里，俱係平路，轎馬可行。至武昌省一千一百八十里。

一、自本縣陸路，由清泉縣境至祁陽縣一百九十里，祁陽至零陵縣永州鎮衙門一百里，共二百九十里。水路並行計五百里。

一、自本縣由衡山等縣至常德府城水路一千一百二十里，係提督衙門。又由衡山、湘潭、長沙、善化、甯鄉、湘陰、沅江、龍陽大河經過，再由武陵、桃源、沅陵、辰谿、鳳凰廳，共一千八百九十里，係鎮筸鎮衙門，均係灘河，逆挽而上。

一、正南大路，至同城清泉縣應毋庸開造里數。

一、正北大路，至交界處九渡鋪五十里，至衡山縣城一百里，路俱平坦，轎馬可行。水路至衡山一百五十里，至交界處七里站四十里，係大河，順水，船隻可行。内應經過青草橋、樟樹橋、樟木橋、九渡鋪等處。

一、東南小路，至同城清泉縣應毋庸開造里數。

一、正西小路，［至］邵陽縣二百五十里，至交界磨石鋪一百二十里，係捷徑，小轎可行。有小溪河一條，難行舟楫。

一、西南小路，至祁陽縣城二百六十里，至交界處大雲山一百一十里，係捷徑，小轎可行。有溪河一條，難行舟楫。

一、西北小路，至湘鄉縣二百七十里，至交界處肥子坳一百二十里，係捷徑，小轎可行。有溪河一條，難行舟楫。

一、西北小路，至南嶽山九十里，係捷徑，小轎可行，不通河道。

一、縣丞衙署，外委衙署分設西北渣江，計陸路九十里，不通馹站，向設鋪司二名遞送移行該衙門文報，轎馬可行。有小河一條，計程一百六十里，可通秋子船、小撥船隻。城外大河北行十里分路清泉縣，係附郭分邑，與衡陽縣同城。

一、水路，自本府城外河下起，係湘江大河，至衡山縣一百五十里，由衡山、湘潭至長沙省三百九十里，共五百四十里，俱由大河順水下行，可通四艙、朳桿等船。至武昌省二千二百二十五里。

一、陸路，自本府城内起，至衡山縣一百里，由衡山、湘潭至長沙省二百八十里，共三百八十里。由衡山縣城經過，俱係有馹大路，至武昌省一千二百八十里。

一、自縣陸路至祁陽縣一百九十里，由祁陽至零陵縣永州鎮衙門一百里，共二百九十里。

一、自縣水路逆行至祁陽計程五百里，係湘江大河，船隻通行。

一、本縣由衡山等縣水路至常德府一千二百三十里，係提督衙門。又由衡山、湘潭、長沙、善化、甯鄉、湘陰、沅江、龍陽大河經過，再由武陵、桃源、沅陵、辰谿、鳳凰廳經過，一千八百九十里，係鎮筸鎮衙門，均係灘河，逆挽而上。

一、東至來陽縣陸路一百五十里，至該縣交界處郭門鋪九十里，係通馹大路。水路逆行小河三百六十里，可通小撥、倒朳等船。設有塘汛稽查。

一、東至安仁縣陸路一百五十里，至該縣交界處九江鋪一百一十里，係偏僻小路，不通驛站，小轎可行。水路下水由湘江大河口雷甲寺進小河，繞茶陵州，抵安仁，八百四十里。自進小河以上，皆逆水，可通小撥、倒划等船。

一、南至祁陽縣陸路一百九十里，至該縣交界處白陽鋪八十里，係有驛大路。水路係湘江大河，至糧船埠祁陽交界一百八十里，抵祁陽縣城三百六十里，至廣西省城一千二百六十里，皆逆水，可通四艙、六艙、朳桿等船。設有塘汛稽查。

一、南至常甯縣陸路一百一十里，至該縣交界處栗江鋪七十里，偏僻小路，不通馹站。水路係湘江大河，逆水上行，設有塘汛，可通四艙、六艙、朳桿等船。抵焦源河口分岔山入常甯縣白沙堡，係由小河，逆水，可通小撥、倒划等船，計程二百五十里，並無塘汛。

一、東至新城街，設有巡檢衙署，陸路一百二十里，係偏僻小路，不通馹站。水路二百四十里，由耒河逆行，可通小撥、倒划等船。設有塘汛。

衡山縣

一、該縣離衡州府城水路一百五十里，陸路一百里。分設草市司巡檢一員，離縣城陸路九十里，水路一百二十里；永壽司巡檢一員，駐南嶽廟前，離縣城陸路三十里，不通水路。

一、縣城黄堡馹上至衡陽縣臨蒸馹陸路，計程一百里；下至湘潭縣黄茅驛陸路，計程九十里。均係平坦大路，轎馬可行。

一、水路，大河一條，上通衡陽達廣西，下達湘潭上游七里灘地方，與衡陽縣分界。自七里灘起，下至該縣城水路八十五里。又自縣城下至傍陂港水路七十五里，與湘潭縣交界。大河内向有渡埠十一處：油麻渡、樊田渡、荆坡渡、石灣渡、芳草渡、南渡口、雷家市渡、霞流渡、萱洲渡、大源渡、大堡渡，均係該縣專管。至長沙省城三百六十里，至武昌省城二千零四十五里。

一、水路，通舟小河一條，可通攸縣、茶陵、安仁、酃縣等處，上至草市地方與攸縣分界，自草市下至雷家市入該縣大河。小河内有淺灘，向設渡埠四處：草市渡、楊林渡、吴集渡、潭泊渡，俱係該縣專管。草市向設巡檢一員。以上小河，船隻俱可通達。

一、陸路，東至木陂洲一百六十里，與攸縣交界。南至兩衡亭四十五里，與衡陽縣交界。西至桐陂橋一百里，與湘鄉交界。北至界牌山三十五里，與湘潭縣交界。東南至草市九十里，與攸縣交界。西南至徐公灘八十里，與衡陽縣交界。西北至仰塘灣一百里，與湘潭縣交界。東北至白虎口七十里，與湘潭縣交界。至長沙省城二百八十里，至武昌省城一千一百八十里，均係平坦驛路，轎馬可行。

一、水路，上至永州府城七百五十里，係永州鎮憲衙門。由衡陽、清泉、祁陽經過，下至常德府城水路一千八十里，係提督衙門。由湘潭、長沙、善化、甯鄉、湘陰、沅江、龍陽大河經過，再由武陵、桃源、沅陵、辰谿、鳳凰廳一千七百四十里，係鎮筸鎮憲衙門，均係灘河，逆挽而上。

一、陸路，上至永州府城三百九十里，係永州鎮憲衙門，由衡陽、清泉、祁陽經過，均係驛路。下至常德府城六百九十五里，係提憲衙門，由湘潭、長沙、善化、甯鄉、益陽、龍陽經過。又由武陵、桃源、沅陵、辰谿、鳳凰廳，計程一千三百三十里，係鎮筸鎮憲衙門，均係驛路。

耒陽縣

一、陸路，自該縣至本府清泉縣一百五十里。由同城衡陽縣、衡山縣、湘潭縣至長沙省城，共五百三十里，至湖北武昌省城一千四百三十里，係有驛大路。

一、陸路，自該縣至本府清泉縣一百五十里，至長沙府善化縣五百三十里，至常德府武陵縣四百一十五里，由該縣至提督衙門共九百四十五里，係有驛大路。

一、陸路，自該縣至本府清泉縣一百五十里，至永州府零陵縣一百九十里，至永州鎮衙門共四百四十里，係有驛大路。

一、陸路，自該縣至本府清泉縣一百五十里，至長沙、善化縣五百三十里，至常德府武陵縣四百一十五里，至麻陽巖門巡司五百九十里，至鎮筸鎮衙門共一千五百八十里，係有驛大路。

一、陸路，自該縣東至東塘鋪，與本府所屬安仁縣交界，計程八十里。內有水東河渡口一處，煙包、長山二處高嶺險峻，餘路稍平。由東橋鋪至安仁縣城四十里，共計程一百二十里，並無驛站，轎馬可行。

一、陸路，自該縣南至田心鋪，與郴州所屬永興縣交界，計五十里。內有易口、肥江渡口二處，鹽沙嶺一處極高險，餘路窄峽崎嶇。由田心鋪至永興縣城四十里，共計九十里，係大路，轎馬可行。

一、陸路，自該縣西至城下鋪白馬渡口，與本府所屬常甯縣交界，計六十里，路途平坦。由白馬渡過河至常甯縣城六十里，共計一百廿里，係無驛大路，轎馬可行。

一、陸路，自該縣北至春江鋪，與本府所屬清泉縣交界，計五十里。內有蒲桃山險峻，餘路俱窄狹。由春江鋪至清泉縣一百里，共計一百五十里，係有驛大路。

一、陸路，自該縣東北隅至坪田，與本府所屬安仁縣交界，計九十里。內有雙洲渡口一處，路窄，平易捷便。由坪田至安仁縣城二十里，共計一百一十里，係小路，轎馬難行。

一、陸路，西南隅至油渣墟，與郴州所屬永興縣交界，計七十里，山僻崎嶇。由油渣墟至郴州七十里，計一百四十里，係小路，驕馬難行。

一、陸路，自該縣至衡隅，至煙塘，與郴州所屬永興縣交界，計陸十里，山僻崎嶇。由煙塘至永興縣城三十里，共計九十里，係小路，轎馬難行。

一、水路，自該縣至衡州府城三百六十里，係大河。

一、水路，自該縣至本府衡山縣五百一十里，至長沙府湘潭縣七百八十里，至長沙省城共八百七十里，至武昌省一千五百五十五里，均係大河。

一、水路，自該縣至本府清泉縣三百六十里，至長沙府善化縣共八百七十里，至常德府武陵縣四百五十里，係提督衙門，共一千三百一十里，係大河。

一、水路，自該縣至本府清泉縣三百六十里，至永州府零陵縣四百八十里，至永州鎮衙門共八百四十里，係大河。

一、水路，自該縣至本府清泉縣三百六十里，至長沙府善化縣八百七十里，至常德府武陵縣四百五十里，係大河。至麻陽縣巖門起旱，九百里至鎮筸鎮衙門，共計水路一千一百二十里。

一、水路，自該縣南至郴州灘所屬永興縣交界，計一百二十里。由郴州灘至永興縣共一百五十里，係大河，船隻可通。

一、水路，自該縣北至馬口潭，與本府所屬清泉縣交界，計一百八十里。由馬口潭至清泉縣共三百六十里，係大河，船隻可行。

一、水路，自該縣南至淝江口六十里，旁入山溪發源黃竹凹，計一百二十里，共計一百八十里，係小河，不通船隻。

一、水路，自該縣南至淝江口六十里，旁入山溪發源侯憩仙，計一百五十里，係小港，不通船隻。

一、水路，自該縣東至大陂市六十里，旁入山溪發源歐角仙，計一百二十里，共一百八十里，係小港，不通船隻。

常寧縣

一、水路，自縣城至衡州府共計程二百一十里，自該縣西關外起，係一綫溪河，止通倒划、小撥等船。下水六十里至柏坊塘，合湘江大河，與清泉縣交界。又一百五十里至府城。又由衡州至長沙省城五百四十里，至武昌省城二千二百二十五里。

一、陸路，自縣城至衡州府計程一百二十里。該縣至柏坊鋪三十里，與清泉縣交界。自(鋪)[柏]坊鋪八十里至衡州府城。又由衡州府至長沙省城計程三百八十里，至武昌省城計程一千三百九十里，係有馹大路。

一、水路，自縣城至衡州府計程二百一十里，由衡州府至常德府一千二百三十里，係提督衙門。又由衡山、湘潭、長沙、善化、寧鄉、湘陰、沅江、龍陽大河經過，再由武陵、桃源、沅陵、辰谿、鳳凰廳經過，一千八百九十里，係鎮筸鎮衙門，均係灘河，逆挽而上。

一、陸路，由縣至衡州府城一百一十里，由府城至永州府城一百九十里，係永州鎮衙門。

一、陸路，由縣東至耒陽縣一百零五里，俱係無馹小路，轎馬難行。

一、陸路，由縣東至耒陽縣界地名白沙河七十五里，係委辦廠務委員駐札之所，與縣往來不通舟楫。

一、陸路，由縣南至桂陽州城計一百四十里。自縣城起六十里至桂陽州所屬之香楓鋪，由香楓鋪八十里至桂陽州城，均係平路，轎馬可行。

一、陸路，自縣西至祁陽縣城計程一百四十里。自縣城起八十里至祁陽縣所屬煙塘，由煙塘六十里至祁陽縣城，俱係山徑小路，轎馬難行。

一、陸路，自縣北至清泉縣城計程一百一十里。自縣城起四十里至清泉縣所屬之栗江鋪，由栗江鋪七十里至府城清泉縣，均係大路，轎馬可行。

一、陸路，由縣西南至寧遠縣城二百里。自縣城起九十里至寧遠縣所屬之石鼓園，由石鼓園一百零五里至寧遠縣城，均係小路，轎馬難行。

安仁縣

一、水路，自縣城外一綫溪河，順流至衡山境內出湘江大河口，二百四十里。又三百一十里至湘潭縣，又九十里至長沙省，共六百四十里。俱順水溪河，內止行倒划、吹火筒等小船。入大河後，可通六艙、杋捍大船。至武昌省城二千三百五十里。

一、該縣水路，自縣城外小河出衡山境湘江口大河，二百四十里。又由衡山逆挽而上至府城清泉縣，計程一百五十里。

一、陸路，自縣城至清泉縣一百五十里，自清泉縣由衡山至長沙省共五百三十里，至武昌省一千四百三十里，均係有驛大路。

一、水路，自縣城至清泉縣一百五十里，自清泉祁陽至零陵縣二百九十里，係永州鎮衙門。

一、水路，自縣城由衡山、湘潭至長沙省城六百四十里。又由長沙至常德府八百四十里，係提督衙門。又由長沙、善化、甯鄉、湘潭、沅江、龍陽大河經過，再由武陵、桃源、沅陵、辰谿、鳳凰廳經過，共一千三百五十里，係鎮筸鎮衙門，均係灘河，逆挽而上。

一、陸路，自縣城至衡州府一百五十里。

一、陸路，自縣城東至茶陵州九十里，先三十五里至交界處了尖，均係偏僻小路，小轎可行，不通舟楫。

一、陸路，自縣城南至永興縣城一百二十里，先五十里至交界杉樹，均係偏僻小路，小轎可行，不通舟楫。

一、陸路，自縣城北至衡山縣一百四十里，先四十里至交界處草市司，偏僻小路，小轎可行。水路至交界處馬陂渡六十里，又一百九十里至衡山縣城，共二百五十里。

一、陸路，自縣城東北至攸縣七十里，先二十五里至交界處录田市，均係偏僻小路，小轎可行，不通舟楫。

一、陸路，自縣城東南至酃縣一百二十里，先七十里至交界處牛路鋪，均係偏僻小路，小轎可行，不通舟楫。

一、陸路，自縣城西北與衡山縣連界，止有民間步行小路，轎馬俱不能行，亦無里數可計，不通舟楫。

一、陸路，自縣城西南至耒陽縣一百一十里，先五十里交界處水塘鋪，均係偏僻小路，小轎可行，不通舟楫。

酃縣

一、水路，自縣城西門外起至茶陵州城，計三站二百七十里。又由茶陵州城一百二十里至攸縣城，又由攸縣三百二十里至衡山縣，均係一綫溪河，灘高水險，只容茅蓬小舟。又由衡山二百六十里至長沙省城，共計九百六十里。又由長沙至武昌省城一千六百八十五里，共計二千六百四十里。

一、陸路，自縣西門城外起，西北至茶陵州交界之上橋嶺，計程三十里。又七十里至茶陵州城，重山疊障，險峻難行。又九十里至攸縣城，又一百八十里至醴陵縣，俱係偏僻小路。又一百八十里至長沙省城，係驛站大路，共計五百五十里。又自長沙省城至武昌省城九百里，共計一千四百五十里。

一、水路，用茅蓬小舟至茶陵州城，改换倒划船經由攸縣至衡山縣屬之雷家市，共四百四十里。由雷家市六十里出大河，再南行二百一十里至衡州府城，共計七百二十里。

一、陸路，自安仁、衡陽、衡山、湘潭等縣至長沙省城善化縣，共計六百八十里。又自善化、寧鄉、益陽、龍陽縣城至常德府城，計四百一十五里，係提督衙門，共程一千零九十五里。又自武陵、桃源、沅陵、辰谿至鳳凰廳屬五寨司，係鎮筸鎮衙門，共程一千八百一十里。内衡陽縣以上係偏僻小路，衡陽以下係驛站大路。

一、陸路，由安仁至衡陽縣三百里，又自衡陽二百九十里至永州府城，係永州鎮衙門，共程五百九十里。由衡陽以上係偏僻小路，衡陽縣以下係驛站大路。

一、水路，自縣城由茶陵州、攸縣至衡山縣屬之雷家市，一綫溪河。由雷家市出大河至本府衡州府城，計程六百五十里。

一、陸路，自縣城由安仁縣至本府衡州府城，計程三百里，偏僻小路，並無驛站。

一、陸路，自縣城東至黄煙堡五十里，與江西永寧縣交界。又七十里至永寧縣城，山路崎嶇，轎馬難行。

一、陸路，自縣城南至槽裏一百五十里，與郴州桂東縣交界。又二十里至桂東縣城，高山峻嶺，小轎可行。

一、陸路，自縣城東南至木根界一百五十里，與江西龍東縣交界。又一百二十里至龍象縣城，山高陡險，轎馬難行。

一、水路，自縣城西南至青草寨一百一十里，與郴州興寧縣交界。九十里至興寧縣城，山高峻嶺，小轎可行。

又卷六

永州府屬

零陵縣

一、永州鎮與縣同城。

一、水路，北至祁陽縣一百八十里。六十里至冷水灘，係該縣縣丞分駐。七十五里至滴水巖，與祁陽縣交界。四十五里至祁陽縣城，灘河，下水可通四六艙船隻。

一、水路，至衡州府五百四十里。一百八十里至祁陽縣城，一百一十里至歸陽，一百二十里至常寧縣八方，一百三十里至衡州府。

一、水路，至長沙省城一千零六十里。五百四十里至衡州，一百五十里至衡山，二百八十里至湘潭，九十里至長沙省城。

一、水路，至武昌省城二千零六十里。一千零六十里至長沙，一千里至武昌省城。

一、水路，至常德府提督衙門一千六百一十里。一千零六十里至長沙，一百七十里至沅江，一百六十里至龍陽，一百二十里至常德府。以上均係大河，順水船隻可通。

一、逆水至鳳凰營鎮筸鎮衙門一千四百六十里。一千六百一十里至常德府，九十里至桃源縣，三百里至辰州府，六十里至瀘溪縣，八十里至辰谿縣，一百八十里至麻陽隘泥，一百四十里至鳳凰營。自沅江至鳳凰營均係逆水。

一、逆水南至道州三百里。一百六十里至蒜灘，係該縣所管，與道州交界。一百四十里至道州城。

一、逆水至江華縣四百七十里。三百里至道州，一百七十里至江華縣城，係本府同知駐紮處。

一、逆水至永明縣四百七十里。三百里至道州轉河，一百七十里至永明縣城。

一、逆水至寧遠縣四百四十里。至蒜灘一百六十里，一百四十里至道州，一百四十里至寧遠縣城。

一、逆水(四)〔西〕至東安縣一百二十里。三十里至任村埠，與東安縣交界。七十五里至東安蘆埠頭，水路止，另由陸路十五里至東安縣城。

以上均係灘河，逆水可通小舟。再該縣至新田縣不通舟楫。

一、陸路，西至廣西全州一百四十里。六十里徑由東鄉橋，二十五里至該縣棗水嶺，與全州交界，要隘。五十五里至全州城。

一、陸路，北至祁陽縣一百里。六十五里至該縣黄公嶺，與祁陽交界。三十五里過渡至祁陽縣城。

一、陸路，至衡州府二百九十里。一百里至祁陽縣，一百里至排山馹，九十里至衡州府城。

一、陸路，至長沙省城六百七十里。二百九十里至衡州府，一百里至衡山縣，一百八十里至湘潭縣，一百里至長沙省城。

一、陸路，至武昌省城一千五百八十里。六百七十里至長沙省，一百二十里至湘陰縣，二百四十里至巴陵縣，六十里至臨湘縣，二百四十里至浦圻縣，六十里至咸寧縣，一百九十里至武昌省城。

一、陸路，至常德府提督衙門一千零七十三里。六百七十里至長沙，一百里至甯鄉縣，九十三里至益陽縣，一百三十里至龍陽縣，八十里至常德府。

一、陸路，至鳳凰營鎮筸鎮衙門一千八百二十三里。一千零七十三里至常德府，八十里至桃源縣，三百里至辰州府，一百三十里至辰谿縣，二百四十里至鳳凰營。

以上陸路均通馹站，轎馬可行。

一、東路，至甯遠縣一百八十里。一百二十里至嚮鼓嶺，與甯遠縣交界。六十里至甯遠縣城。係偏僻小路，轎馬難行。

一、南路，至道州一百八十里。六十五里至出水巖，與道州交界。一百一十五里至道州城。係偏僻山路，轎馬可行。

一、西路，至全州城一百四十里，係通馹大道，轎馬可行。

一、北路，至祁陽縣城一百里，係通馹大道，轎馬可行。

一、東南至甯遠縣城二百八十里。七十里由小路至東李園與甯遠縣交界，二百一十里至甯遠縣城。

一、東北至祁陽縣屬永隆司巡檢衙門一百五十里。六十里至冷水灘，係該縣縣丞分駐。五十里至黄陽堡，與祁陽縣交界。四十里至永隆司。

一、西北至東安縣屬蘆洪司巡檢衙門一百六十里。由小路至水汲江，與東安縣交界，四十里至蘆洪司。

一、西南至東安縣屬石期司巡檢衙門四十里。三十五里由小路至義男橋，與東安縣交界。五十里至石期司。

一、西北至東安縣城一百二十里。三十五里至義男橋與東安縣交界。五十五里至東安縣城。

以上均係小路險峻，轎馬難行。

又據祁陽縣册開：

一、水路，自本縣起，上至滴水巖交界四十五里，至零陵縣城一百八十里。下至分駐歸陽司一百二十里，交界之糧船埠一百九十五里，至衡州府清泉縣三百六十里，至衡山縣城五百一十里，至湘潭縣城七百九十里，至長沙省城八百八十里，至湖北武昌省城一千八百八十里。

一、水路，至常德府提督衙門一千四百三十里，係大河順水。又至鳳凰營鎮筸鎮衙門二千二百八十里。

一、陸路，自本縣起，上至畫錦鋪三十里，至黄公嶺、下界牌嶺三十四里，至零陵縣城一百里，至排山馹一百里，至衡州府清泉縣城一百九十里，至衡山縣城二百九十里，至湘潭縣城四百七十五里，至長沙省城五百七十里，至湖北武昌省城一千四百八十里。

一、陸路，自本縣起，至提督衙門九百七十三里，永州鎮衙門一百里，鎮筸鎮衙一千七百二十三里，均係有馹大路。

一、水路，自本縣起至永州府衙門一百八十里，灘河，上水可通大船。

一、陸路，自本縣起至永州府衙門一百里，係有馹大路。

一、大路，東自該縣起至排山馹一百里，與白陽汛交界。自排山至衡陽縣城共計程一百九十里。

一、大路，南自該縣起至零陵縣黄公嶺、下界牌嶺三十四里，自界牌嶺至永州府零陵縣城共計程一百里。

一、大路，西自該縣起至李家橋九十里，與東安縣交界。自李家橋至東安縣共計程一百五十里，係僻路。

一、大路，北自該縣起至文明汛六十里，設有永隆司巡檢一員、外委一員。自永隆司至交界畫鼓嶺三十里，至寶慶府邵陽縣共計程二百里，係僻路。

一、東南自該縣起，官道大路三十四里至畫錦鋪，與零陵縣交界。自交界起，由大路至零陵縣城六十六里。

一、東北自該縣起，由官道大路一百里至洞田鋪界牌嶺，與寶慶府邵(縣)[陽]縣接界。界牌嶺起，由大路至邵陽縣城一百里。

一、西北自該縣起，由官道大路一百里至排山，與衡州清泉縣交界。自交界起，由大路至清泉縣城九十里。

一、西南自該縣起，由官道大路一百零三里至衡陽縣白陽汛接界。自交界起，由大路至衡陽縣城八十七里。

以上陸路均係平易，(橋)[轎]馬可行。

一、小路，東南自該縣起，由零陵縣界排左分小路，走欒山八十里，與常甯縣連界。自交界至常甯縣城六十里，係僻路。

一、小路，東北自該縣起，由東分小路，至李家橋九十里，與東安縣連界。至東安縣城六十里，係僻路。

一、小路，西北自該縣起，由排山大路中左分小路，由白地至畫鼓嶺九十里，與寶慶府邵陽縣接界。自畫鼓嶺至邵陽縣城一百一十里，係僻路。

一、小路，西南自該縣起，由排山大路右分小路至分駐歸陽司，設有巡檢一員。至糧船埠過江，與常甯縣接界。抵常甯縣城八十里，係僻路。

以上陸路均屬險峻，轎馬難行。

又據東安縣册開：

東安縣與把總同城。

一、該縣水路，東由陸路十五里至淥埠頭，下河水路共一百二十里至零陵縣。七十五里至零陵任村埠交界，三十里至零陵縣。由零陵至祁陽縣城一百八十里，自祁陽至衡州府城三百六十里，自衡州至衡山縣一百五十里，自衡山至湘潭縣城二百八十里，自湘潭至長沙省城九十里，共計水程一千一百八十里。

一、該縣至武昌省城二千一百八十里。一千一百八十里至長沙，一千里至武昌省城。

一、該縣至常德府提督衙門一千七百三十里。一千一百八十里至長沙，二百七十里至沅江，一百六十里至龍陽，一百二十里至常德。

以上均係大河順水，船隻可通。

一、該縣至鳳凰營鎮筸鎮衙門二千五百八十里。一千七百三十里至常德府，九十里至桃源縣，三百里至辰州府，六十里至瀘溪縣，八十里至辰谿縣，一百八十里至麻陽濫泥，一百四十里至鳳凰營。自沅江至鳳凰營均係逆水。

一、該縣南水路，由縣陸路十五里至淥埠頭下河，逆水十五里至下廠塘，與廣西全州交界。自交界至全州城一百零五里，大小船隻俱可通行。

一、西北不通河道。

一、該縣東陸九十里至零陵縣城，由零陵至祁陽縣一百里，至衡州府城二百九十里，至衡山縣一百八十里，至湘潭縣一百里，至長沙省一百里，共計路程七百六十里。

一、該縣由零陵至武昌省城一千六百七十里。七百六十里至長沙省城，一百三十里至湘陰縣，二百四十里至巴陵縣，六十里至臨湘縣，二百四十里至(浦圻)[蒲圻]縣，六十里至咸寧縣，一百九十里至武昌省城。

一、該縣至常德府提督衙門一千一百六十三里。七百六十里至長沙，一百里至甯鄉縣，九十三里至益陽縣，一百三十里至龍陽縣，八十里至常德府。

一、該縣至鳳凰營鎮筸鎮衙門一千九百一十三里。一千一百六十三里至常德府，八十里至桃源縣，三百里至辰州府，一百三十里至辰谿縣，二百四十里至鳳凰營。

以上陸路均通驛站，轎馬可行。

一、該縣東路至零陵縣九十里，自縣五十里至石期市巡檢衙門，五里至竹搭橋，與零陵縣交界。由界三十五里至零陵縣城。

一、該縣南路至廣西全州一百里，自縣十五里至界排，與全州交界。由界至全州城八十五里。

一、該縣西路至寶慶府新甯縣二百二十里。自縣七十五里至界排亭，與新甯縣交界。由界至新甯縣一百四十五里。

一、該縣北路至寶慶府邵陽縣二百八十里。自縣一百六十里至田心鋪，與邵陽縣交界。由界至邵陽縣城一百二十里。

一、該縣東北路，自縣一百里至蘆洪司巡檢衙門，又至祁陽縣一百八十里。

以上均係小路，轎馬難行，亦無河道。

又據道州册開：

道州與右營游擊同城。

一、水路，東自州城順水至青口三十里轉水，水路與本府屬之甯遠縣交界四十五里，至甯遠縣城七十五里。

一、陸路，東與甯遠縣梧溪澗交界四十五里，至甯遠縣城七十里，可行轎馬。

一、水路，南自本府屬之江華縣交界四十五里，至江華縣城一百五十里，係由州前逆水而上，能通小三艙船隻。

一、陸路，南與江華縣高橋汛交界四十里，至江華縣城八十里，能通轎馬。所有州城之外可以停舟，一綫溪河只通三艙，倒划船隻。

一、陸路，西南自本府屬之永明縣桐口鋪交界四十五里，至永明縣城七十里，能行轎馬。

一、水路，西南至永明縣城一百五十里。春水可行三艙，冬水難行。

一、陸路，西至廣西灌陽縣永安關交界五十五里，至灌陽縣城一百三十五里(里)，可行轎馬，並無水道可行。

一、水路，北與本府屬之零陵縣蔴灘交界一百四十里，至零陵縣城一百六十里，共三百里。一綫小溪，係順水灘河，止通三艙，倒划船隻。境內並無分駐佐雜等官。由零陵縣至長沙省城一千零六十里，共一千三百六十里。由長沙至武昌省城一千里，共計水程二千三百六十里。

一、陸路，北與零陵縣蔴灘交界九十五里，至零陵縣城一百八十里。零陵縣至長沙府城六百七十里，共陸路八百五十里。由長沙省至武昌省城九百一十里，共一千七百六十里。再提督鎮筸鎮衙門，俱由長沙省行永州鎮，與本府同城。內有該州自虎巖鋪起至蔴灘鋪止五十五里，俱係灘河險路。

又據寧遠縣册開：

一、順水路距府四百二十里。

一、陸路距府二百五十里。

一、水路，自本縣起至本府屬之道州青口會河三十里，並未設立塘汛站頭。由道州青口起至道州城九十里，由道州至零陵縣三百里，由零陵至長沙省城一千零六十里，共計一千四百八十里。

一、陸路，自縣城起至本府屬之道州七十里，由道州至零陵縣一百八十里，由零陵至長沙省城六百七十里，共計九百二十里。由長沙至武昌省城九百一十里，共計一千八百三十里。至提督鎮筸鎮衙門俱由長沙省行，自縣至鎮筸鎮共計程二千零七十三里。

一、東陸大路，自縣城起至藍山縣屬之藕塘鋪三十五里，由藕塘鋪至桂陽州屬之藍山縣五十五里，共九十里，路俱平坦，轎馬可行，不通河道。

一、西南陸大路，自縣城起至道州七十里，自道州至零陵縣一百八十里，由零陵至長沙府六百七十里，共九百二十里，路俱平坦，轎馬可行。

一、陸大路，自縣城起至本縣屬之九嶷魯觀巡檢司衙門五十五里，由巡檢司署至本府屬之江華縣一百里，共一百五十五里，轎馬可行，不通河道。

一、北陸大路，自縣城至界頭鋪止四十里，由界頭鋪至本府屬之新田縣四十里，共八十里，轎馬可行，不通河道。

一、東陸小路，自縣城起至本境李元仲塘止，計程三十里，偏僻山路，不通外境。

一、南陸小路，自縣城起至虞陵宫止，計程六十里，路俱平坦，轎馬可行。

一、東南小路，自縣城起至大小源汛止，計程三十里，路係險峻，轎馬難行。

一、東北小陸路，自縣城起至白家廟止，接壤臨武營楓水鋪交界，計程四十五里，山路險峻，轎馬難行。

一、西北小陸路，自縣城起至響鼓嶺交界止六十里，由界至本府屬之零陵縣城一百二十里，共計程一百八十里，山路偏僻，轎馬難行，不通河道。

一、北陸小路，自縣城起至關山坪，接壤本營新田縣汛潮水鋪交界，計程一百零三里，山路偏僻，轎馬難行，不通河道。

又據永明縣册開：

一、水路，自該縣至道州計程一百五十里，由道州至零陵縣三百里，至溪河險灘。由零陵至祁陽縣計程一百八十里，由祁陽至衡陽縣計程三百六十里，由衡陽至衡山縣計程一百五十里，由衡山至湘潭縣計程二百八十里，由湘潭至長沙省城計程九十里，由長沙省城至武昌省城一千里，均係大河，共計至長沙省城水路一千五百一十里，至武昌省城共計水路一千五百一十里。

一、陸路，自該縣至道州計程七十里，由道州至零陵縣一百八十里，由零陵至祁陽縣一百里，由祁陽至衡州府城衡陽縣一百九十里，由衡陽至衡山縣一百里，由衡山至湘潭縣一百八十里，由湘潭至長沙省城一百里，共計至長沙省城九百二十里。由長沙省城至武昌省城九百一十里，共計六十程途一千八百三十里。零陵縣係有驛大路，縣至道州、由道州至零陵縣，均係無驛偏僻小路。

一、水路，自該縣至長沙省船隻，由道州、零陵、祁陽、衡陽、衡山、湘潭等縣經過，至提督衙門共二千六十里，永州鎮衙門共四百五十里，鎮筸鎮衙門共二千九百一十里。

一、陸路，自該縣至零陵縣城永州鎮衙門計程二百五十里。由零陵、祁陽、衡陽、衡山、湘潭等縣經過，至長沙省城計程六百七十里。由長沙省至常德府武陵縣城提督衙門計程四百零三里，共一千三百二十三里。

一、陸路，自該縣至常德府城計程一千三百二十三里，由常德府城至鳳凰廳城鎮筸鎮衙門計程六百八十七里，共二千零一十里。

一、水路，自該縣至永州府城計程四百五十里，由道州經過，係溪河險灘，可坐本處小三艙船。

一、陸路，自該縣至永州府城計程二百五十里，由道州經過，係無驛小路，轎馬可行。

一、東自該縣至桐口鋪，與道州交界，計程二十五里。由桐口鋪至道州四十五里，共七十里，陸路平坦，夫馬可行。水路自縣至道州一百五十里，係溪河險灘，本處小三艙船可行。

一、南自該縣至巖口塘，與廣西富川縣交界，計程三十里。由巖口塘至富川縣城九十里，共一百二十里。陸路險峻，轎馬難行，並無水路。

一、西自該縣至龍虎關，與廣西恭城縣交界，計程七十里。由龍虎關至恭城縣七十里，共一百四十里。由縣屬地名桃川市地方設立巡檢一員，計程五十里。陸路平坦，轎馬可行。水路自縣屬抹靈徭發源，由龍虎關通廣西平樂府城，係溪河險灘，小船可行。

一、北自該縣至三峰山，與廣西灌陽縣交界，計程三十里，係高山峻嶺，並無路徑可行，亦無水路。

一、東南自該縣至魯子田，與江華縣交界，計程三十里。由魯子田至江華縣城三十里，共六十里，陸路尚平，轎馬可行，並無水路。

一、西南自該縣至白象汛，與廣西富川縣交界，計程五十里。該處設立分防永州鎮標把總一員。由白象汛至富川縣城七十里，共一百二十里，陸路平坦，轎馬可行，並無水路。

一、西北自該縣城至大畔徭，與廣西恭城縣交界，計程三十里，係高山峻嶺，並無路徑可行，亦無水路。

一、東北自該縣城至大溪源，與道州交界，計程三十五里，係崇山疊嶂，並無路徑，不能行走，亦無水路。再此外並無小路可通各州縣，亦無渡口、橋樑名目，無憑登載。

又據江華縣册開：

一、該縣遠處省南偏僻小邑，係永州府所屬，並無別縣同城，惟有永州鎮標左營游擊一員，並永州府理徭同知一員，俱駐劄該縣内。又該縣所屬有巡檢一員，一(距)[駐]縣南陸路距城五十里之錦岡地方，一駐縣東距城水路二百八十里之錦田寨城。

一、水路，該縣地處高山之中，僅止一綫溪河。一自縣境東南後河發源，一自縣境西南春頭源發源，匯流至該縣南城外，下達與道州分界之界牌村，計水程五十里，並無站頭。自界牌村至道州城計水程一百里，由該縣至長沙省城共計水路一千五百一十里，由該縣至武昌省城共計水程二千五百一十里。自該縣至常德府提督衙門二千零六十里，又至鎮筸鎮衙門二千九百一十里。

一、陸路，該縣北至道州高橋分界四十里，由高橋至道州四十里，共計八十里，均係無驛偏僻小路。由該縣至長沙省城九百三十里，由長沙至武昌省九百一十里。自該縣至提督衙門共計程一千三百三十三里，又至鎮筸鎮衙門二千零八十三里，俱由道州、零(陸)[陵]縣經過。

一、水路，該縣境内僅止一綫溪河，若由(皆)[該]縣至永州郡城，須由道州經過，可通三艙船隻。自該縣起至界牌五十里，由界牌至道州一百里，由道州至永州鎮衙門四百五十里。

一、該縣陸路至道州八十里，由道州至永州鎮衙門一百八十里，均係無馹偏僻小路。

一、該縣水路一綫溪河，下達(通)[道]州一百五十里，由道州至永州府城三百里，此外並無支河小港。

一、該縣陸路自本城起至道州分界之高橋四十里，由高橋至道州四十里，由道州至永州府一百八十里，共計二百六十里，均係無馹偏僻小路。

一、該縣東至廣東連山縣城三百四十里，俱屬高山峻嶺，僅止後河發源之一綫險溪。因向無陸路可通，須由該縣城外溪河水路，用獨木小舟溯流而上，至錦田寨巡檢駐劄地方，計水程二百八十里，始由陸路可抵連山。路俱險峻，轎馬難行。又查該縣南至廣西賀縣城三百里。由該縣陸路至錦岡司巡檢駐劄地方五十里，又自錦岡至賀縣薔薇村交界計程五十里，均係山僻小路，轎馬難行，不通水路。又查該縣陸路西至本府屬之永明縣城五十里，自縣城至縣屬之高塘村交界二十里，亦係山僻小路，轎馬難行，不通水路。又查該縣陸路北至道州八十里，自縣城之道州交界之高橋四十里，均係山僻小路，尚不陡險，轎馬可行。

一、該縣東北至界牌村三十里，與道州屬之井塘村交界，係山僻小路，轎馬難行。又該縣東南陸路至廣西賀縣城三百里。自該縣城至與賀縣上莫村交界之令旗村，計程一百六十里，均係險峻山路，轎馬難行，不通水路。又該縣西北至下蔣村二十里，與永明縣屬之田管洞交界，係山僻小路，轎馬難行，不通水路。又該縣西南至富川縣一百四十里。自縣城至與富川縣龍窩村交界之甕水村計程六十五里，險峻山路，轎馬難行，不通水路。此外並無馹站大路。

一、該縣東小路至廣西賀縣二百五十里，南至富川縣一百二十里，西至本府屬永明縣五十里，北至道州八十里，均係小路，並無大路，轎馬難行。

一、該縣東北小路，三十里至道州屬之井塘村交界，分路可通寧遠縣，計程九十里。又至陸陽州屬之藍山縣城，計程二百八十里。東南小路一百六十里至賀縣屬之上莫村交界，又由上莫村到賀縣城計程一百四十里。西北小路二十里至縣屬之下蔣村，由下蔣村至永明縣城計程三十里。西南小路七十里至縣屬之大尖山，自大尖山斜至富川縣城六十里。以上均係山僻小路，轎馬難行。此外並無捷徑可通。

又據新田縣册開：

一、該縣距省水路，由縣北大路一百四十里至衡州府所轄之常寧縣白沙地方，並未設有塘鋪。由白沙下船，水路二百四十里至衡州府。由衡州府水路一百五十里至衡山縣，由衡山縣二百八十里至湘潭縣，由湘潭九十里至長沙省。除陸路外，共計水路七百六十里，均係順水，並無險灘。

一、該縣陸路距省，自縣北小路一百四十里至常寧縣，並未設有塘鋪，常寧縣一百四十里至衡州府，俱屬崎嶇山路。由衡州府一百里至衡山縣，由衡山一百八十里至湘潭縣，由湘潭一百里至長沙省城，共計程六百六十里。自衡州以下，均係通衢馹站。

一、該縣陸路距府，由南大路八十里至本府屬之寧遠縣，向設塘鋪七處。由寧遠縣七十里至道州，由道州一百八十里至永州府城，共計程三百三十里，均係塘鋪遞送公文。至永城起，由祁陽、衡州府、湘潭縣至長沙省，計程六百七十里。長沙至武昌九百一十里，合共計程一千九百一十里，均係通衢大道，設有馹站。

一、該縣至永州鎮，亦由寧遠、道州，共計三百三十里至永城，即本鎮。

一、該縣陸路至常德府提督衙門，由長沙省至寧鄉縣一百里，寧鄉至益陽縣九十三里，益陽至龍陽縣一百三十里，龍陽縣八十里至常德府，計程四百零三里，合共計程一千零五十三里，均係通衢馹站。

一、該縣陸路至鎮筸鎮，由長沙省分路，四百一十里至常德府，常德(由)[至]辰州府二百七十里，辰州一百八十里至鎮筸鎮，合共計程一千五百二十里，均係馹站。

一、該縣東大路，自縣城起，四十里地名駝頭橋，與桂陽州屬之嘉禾縣地名迴龍庵交界，至嘉禾縣城四十里，俱係崎嶇小路，轎馬難行。

一、該縣南大路，自縣城起，三十里地名花塘鋪，與本府屬之寧遠縣地名包公亭交界，至甯邑城五十里，均設有塘鋪，轎馬可行。

一、該縣西大路，自縣城起，二十里地名關山坪，亦與本府屬之甯遠縣地名快樂洞交界，至甯邑城六十里，俱係小路，轎馬難行。

一、該縣北大路，自縣城起，三十里地名小源，與桂陽州地名公平墟交界，至桂陽城六十里，均係平路，並無塘鋪，轎馬可行。

一、該縣東小路，自縣城起，三十里地名東嶽塘，與桂陽州屬地名芹溪沖交界，至州城六十里，俱係崎嶇，並無塘鋪，轎馬難行。

一、該縣南小路，自縣城起，三十里地名石羊墟，與嘉禾縣地名青山脚交界，至嘉禾縣城四十里，均係小路，轎馬難行。

一、該縣西小路，自縣城起，二十五里地名劉家山，與甯遠地名石家洞交界，至甯邑城六十里，俱係小路，轎馬難行。

一、該縣北小路，自縣城起，三十里地名上流洞，與桂陽州地名土地塘交界，至州城六十里，俱係險峻崎嶇，轎馬難行。

以上距省府與隣境接壤交界。

寶慶府屬

邵陽縣

一、水路，自縣城河北起，六十里至清溪灘，三十里至小難灘，三十里至中家塘，與本府屬新化縣交界，一百二十里至新化縣城。由新化縣經過長沙府屬之安化縣，益陽縣，抵長沙省城，共計一千零一十里。係支流小河。

一、水路，自縣城起，二百四十里至新化縣，一百里至安化縣，四百二十里至益陽縣，由益陽經過洞庭，八百里至武昌省城，共計一千五百八十里。

一、水路，自縣城起，經過新化、安化、益陽，由益陽一百六十里至沅江縣，二百五十里至龍陽縣，一百九十里至常德府提督衙門，共計水路一千三百八十里。

一、陸路，自縣城東起，三百里至湘鄉縣，一百里至湘潭縣，一百里至長沙省城，共計程五百里。自湘潭至省有驛站，其餘未設驛站，路稍平坦，轎馬可行。

一、陸路，自縣城起，經過湘鄉，湘潭抵長沙省城。自長沙仍由水路過洞庭至武昌省城內，陸路五百里，水路八百里。

一、陸路，自縣城起，一百七十里至新化縣。由新化縣至龍陽，抵常德府提督衙門，共計程九百一十五里。係山僻小路，轎馬難行。

一、陸路，自縣城起，六十里至巨口鋪，一百二十里至隆回司，至龍王江經過懷化驛。以上無驛站，偏僻小路，轎馬難行。自懷化驛至鎮箄鎮衙門，共計一千五百五十里，不通水路。

一、陸路，自縣城起，一百八十里至祁陽縣，一百二十里至永州鎮衙門，共計三百里，並無驛站，路稍平坦，轎馬可行，不通水路。

一、東路，與長沙府屬之湘鄉縣交界，計程一百九十里，路稍平坦，轎馬可行。

一、西路，與本府屬武岡州交界，至州城計程一百七十里，路甚險峻，轎馬難行。

一、西路，與本府屬新甯縣交界，至縣城計程一百一十里，路甚險峻，轎馬難行。

一、中南路，與永州府屬東安縣交界，至縣城計程一百四十里，路稍平坦，轎馬可行。

一、東陽與永州府屬祁陽縣交界，至縣城計程一百一十里，路稍平坦，轎馬可行。

一、東南路與衡州府屬衡陽縣交界，計程一百七十里，路稍平坦，轎馬可行。

一、北路與本府屬新化縣交界，至縣城計程一百七十里，路甚險峻，轎馬難行。

一、東北路與長沙府屬安化縣交界，至縣城計程一百五十里，路甚險峻，轎馬難行。

一、西北路與辰州府屬溆浦縣交界，至縣城一百六十里，路甚險峻，轎馬難行。

以上相距隣邑均係偏僻小路，並無驛站。

武岡州

一、水路，自州至寶慶府城共四百一十八里，經過邵陽縣所轄地方，係一綫溪河，只通小船，隨處停泊，並無市鎮站頭。又自府城，由新化、益陽縣經過，直達長沙省城一千四百二十里，至武昌省城二千零二十一里。

一、水路，自州城，由寶慶、新化縣，係溪河；自益陽、龍陽至常德府城提督衙門，係小河，共計程一千五百一十四里。

一、正東陸路，自州城起至紫陽渡，與邵陽縣交界，一百五十五里。又自交界一百二十五里抵寶慶府城，路皆平坦，並無驛站。由府城至湘鄉、湘潭，至長沙省城五百一十里，共計七百九十里。

一、陸路，自州城，由寶慶、湘鄉，係無驛大路。由湘潭、長沙、寧鄉、益陽、龍陽至常德府城提督衙門，係有驛大路，共計程一千一百三十五里。

一、正南陸路，自州城起，至新安鋪王家隴地方與新寧縣交界，五十五里。又自交界四十二里抵新寧縣城，路皆平坦。又由新寧、東安至永州鎮衙門二百二十三里，無驛偏僻小路。共計程三百二十里。

一、正西陸路，自州城起，至楓門嶺九十六里，與綏寧縣交界。又自交界八十四里抵綏寧縣城，高山峻險。

一、正北陸路，自州城起，一百七十里與辰州府屬漵浦縣龍潭地方交界。又自交界，由漵浦縣至辰州府三百七十里，係偏僻險峻小路。

一、東北陸路，自州城起，一百三十八里與邵陽縣屬和尚橋天心堂交界，偏僻小路。

一、東南陸路，自州城起，一百一十里與新寧縣屬底坪交界。又自交界一百六十里抵永州府城，係偏僻險峻小路。

一、西北陸路，自州城起，五十七里至蓼溪河，與綏寧縣屬侯家沖交界。又自交界一百七十里抵綏寧縣城，係偏僻險峻小路。

一、西南陸路，自州城起，三十里至浪石鋪，與城步縣交界。又自交界九十里抵城步縣城。自城步縣至長安營游擊衙門一百二十里。

新化縣

一、水路，自縣河南上渡江渡起，四十里至化溪渡，二十里至球溪渡，二十里至小坪，三十里至小灘渡，十里至申家塘，計程一百二十里，接連邵陽縣地名三門灘，到府城河下，共計水程二百四十里，可通小舦船隻。

一、水路，自縣河北下渡江渡起，五里至大洋江渡，二十里至葦溪渡，二十里至白溪渡，二十里至澧溪渡，十里至瑯塘渡，二十里至蘇溪，五里至潤溪，計程一百里，與長沙府屬安化縣交界。由益陽縣至長沙省城共計程八百七十里。

一、水路，自縣河內有小支港一條，至縣屬地名半山止，不通他邑，流至大洋江渡口出大河。

一、陸路，自縣城起，一百七十里至本府屬邵陽縣，三百里至湘鄉縣，一百里至湘潭縣，一百里至長沙省城，共計程六百七十里。自湘潭縣至省係驛站大路。其餘向未設有驛站，均係小路，轎馬可通。

一、陸路，自縣城起至本府屬邵陽縣一百七十里，由邵陽縣城經過至祁陽縣一百八十里，由祁陽縣一百二十里至永州鎮衙門，共計程四百六十里，並無驛站，均係偏僻小路，轎馬可行。

一、陸路，自縣城起至長沙府屬善化縣六百八十里，由善化縣城經過至寧鄉縣一百里，由寧鄉縣至益陽縣九十里。

一、西由益陽縣至龍陽縣一百三十里，由龍陽縣至武陵縣九十里至提督衙門，共計程一千零九十里。自善化縣至武陵縣均係驛站大路。

一、陸路，自縣城起，至長沙府屬善化縣六百八十里，由善化縣城經過一百里至寧鄉縣，九十里至益陽縣，一百三十里至龍陽縣，九十里至武陵縣，八十里至桃源縣，六十里至鄭家驛，六十里至新店驛，六十里至界亭驛，六十里至馬底驛，六十里至辰陽驛，六十里至船溪驛，四十里至辰溪站，五十里至瀘泥驛，四十里至巖門站，均係驛站大路。由巖門站四十里至鎮筸鎮衙門，共計程一千八百零五里。

一、東路，自縣城起，至花橋關止，計程八十里，與長沙府安化縣屬桐子排交界，道路平坦，可通轎馬。

一、南路，自縣城起，至牛山鋪石牌嶺止，計程一百里，與邵陽縣屬巨口鋪交界。內有木山、牛山兩鋪稍險，其餘均係平坦，轎馬可通。

一、西路，自縣城起，至畬戶界止，計程一百六十里，與辰州府漵浦縣屬茶官嶺交界。附近筍芽，大小道路崎嶇，轎馬難行。

一、北路，自縣城起，至黄柏界止，計程一百里，與安化縣屬觀音堂交界，偏僻山路，轎馬難行。

一、東北路，自縣城起，至渣渡塘止，計程七十里，與安化縣屬望巖溪交界，道路險峻，轎馬難行。

一、西南路，自縣城起，至老鴨田止，計程九十里，與邵陽縣屬老鴨田騎江交界，偏僻山路，轎馬難行。

一、東南路，自縣城起，至山口關止，計程九十里，與邵陽縣屬梅寨交界，俱係峻嶺，轎馬難行。

一、西北路，自縣城起，至潤溪止，計程一百里，與安化縣屬豬裯沖交界，道路稍平，轎馬可行。

一、新化縣分防外委一員，駐劄縣西路地名羅沖，離城九十里，不通水道，至省必由縣城經過。

新甯縣

一、水路，自縣城起，下至武岡州屬之塘田寺一百三十里，至寶慶府城二百七十里，至新化縣四百一十里，至長沙府屬益陽縣九百二十里，至林子口九百五十里，由林子口轉河逆流至長沙省一千二百二十里，由長沙省順流至武昌省一千七百九十里。上至廣西全州大埠頭逆流一百六十里。再自縣下至益陽，上至廣西全州大埠頭，俱係灘河，祇通𦨴船。

一、水路，自縣下至寶慶府城二百七十里，至新化縣四百一十里，至益陽縣九百二十里。又自益陽至黄泥塘一千零一十里，至青草湖一千零七十里，至提督衙門一千二百七十里。其永州鎮、鎮筸鎮二憲衙門，自縣並無水路可通。

一、水路，自縣至塘田寺一百三十里，至塘渡口一百九十里，至寶慶府城二百七十里，俱係一綫溪河。

一、陸路，自縣城起，至縣屬之楊田鋪一百里，至武岡州屬之峽山鋪一百五十里，至寶慶府城二百一十里，至長沙府屬之湘鄉縣五百二十里，至湘潭縣六百八十里，至長沙省七百八十里，至武昌省一千三百二十里。再自縣至寶慶府城，雖係山路險峻，轎馬可行。餘俱平坦大路，均設有塘鋪，並無馹站。

一、陸路，自縣至寶慶府城二百一十里，至湘鄉縣五百二十里，至湘潭縣六百八十里，至甯鄉縣七百八十里，至益陽九百里，至提督衙門一千一百里。沿途設有塘鋪，並無馹站。又自縣至東安縣一百八十里，至永州鎮衙門二百五十里。又自縣至武岡州九十里，至綏甯縣一百八十里，至靖州三百里，至永州府四百二十里，至鎮筸鎮衙門六百八十里，雖間有險峻之處，轎馬可行。

一、陸路，自縣城至塘田寺一百一十里，至玖聳橋一百八十里，至寶慶府城二百一十里。沿途設有塘鋪，雖係山路險峻，轎馬可行。

一、該縣地處偏隅，並無馹路。

一、陸路，自縣東小路起，一百四十五里與東安縣黑土嶺交界，至東安縣城一百七十里，間有險峻之處，轎馬可行。

一、陸路，自縣南小路起，八十里與廣西全州尖山交界，至全州城一百九十里，俱係山路險峻，轎馬難行。

一、陸路，自縣西小路起，九十五里與城步縣花溪山交界，至城步縣城一百六十里，係捷徑，險峻，轎馬難行。

一、陸路，自縣北大路起，四十五里與武岡州壺口山交界，至武岡州城九十里，間有險峻之處，轎馬可行。

一、陸路，自縣東南路起，七十里與東安縣雷劈嶺交界，至東安縣城一百五十里，係捷徑，險峻，轎馬難行。

一、陸路，自縣東北小路起，九十里與武岡州地界沖交界，至武岡州城一百一十里，俱係險峻，轎馬難行。

一、陸路，自縣西南小路起，八十里與廣西全州地茅均交界，至全州城二百里，俱係險峻，轎馬難行。

一、陸路，自縣西北路起，九十里至縣屬黄桑坳與武岡城步交界，至武岡州城一百二十里，至城步縣城一百七十里，俱係險峻，轎馬難行。

以上該縣所轄地方大小路徑，並無佐雜等官分駐。

城步縣

一、水路，只城南溪河一綫，不通舟船，並無站頭，由縣至長沙、武昌站里無從查開。

一、水路，溪河不通船隻，並無站頭，自縣至永州鎮筸鎮衙門站里無從查開。

一、水路，係溪河，並無站頭地名，自縣至寶慶府城里數無從開造。

一、陸路，自縣至武岡州一百二十里，由武岡州至寶慶府邵陽縣二百七十里，由邵陽至湘鄉縣三百里，由湘鄉至湘潭縣一百二十里，由湘潭至長沙省九十里，共計九百里。自縣至長沙抵武昌省共一千九百里。湘潭縣以上係有馹大路，湘潭至縣係無馹小路。

一、陸路，自縣至湘潭縣無馹小路，湘潭至常德府城提督衙門係有馹大路，共一千一百四十里。至永州鎮衙門四百四十里，係無馹小路。再自縣至鎮筸鎮衙門，歷鮮文報往來，所有程途里數無憑查開。

一、陸路，自縣起，至武岡州一百二十里，至寶慶府城共三百九十里，係山僻小路。

一、縣東、南、西、北俱無馹路，東與新甯縣交界之處七十里，南與廣西義甯縣交界之處一百二十里，西與綏甯縣交界之處六十里，北與武岡州交界之處九十里，均係山僻小路，轎馬難行。縣屬分駐橫嶺司巡檢一員，距縣城一百二十里。又分駐江頭司巡檢一員，距縣城九十里。均係山僻小路，轎馬難行。

一、自縣東、南、西、北四路，並無分路至別州縣捷徑，無憑查開。

以上並無水路。再分防守備一員係同城。又長安營駐劄游府一員，距城一百二十里，係山僻小路，轎馬難行。

岳州府屬

巴陵縣

一、水路，自巴陵縣六十里南至鹿角，分駐主簿。由鹿角六十里至磊石，由磊石六十里至湘陰汛雲田，由雲田六十里至湘陰縣城，六十里至潼關，由潼關六十里至長沙省城，共計水路三百六十里，係大河，逆水東湖行走。

一、水路，自巴陵縣北十五里至城陵磯，由城陵磯六十里至鴨欄，由鴨欄六十里至茅埠，由茅埠六十里至石頭關，由石頭關七十五里至嘉魚縣城，由嘉魚縣九十里至牌洲，由牌洲九十里至金口，由金口九十里至武昌省城，共計水路五百四十里，係大江順水。

一、陸路，自巴陵縣岳陽馹六十里至青岡，由青岡六十里至湘陰大荆馹，由大荆六十里至歸義，六十里至湘陰縣，六十里至橋頭馹，由橋頭六十里至長沙省城，共計陸路三百六十里，係平坦馹路。

一、陸路，自巴陵縣岳陽馹六十里至臨湘雲溪馹，由雲溪六十里至長安馹，由長安六十里至蒲圻縣港口馹，由港口六十里至蒲圻縣城，由蒲圻縣六十里至官塘馹，由官塘六十里至咸甯縣，由咸甯六十里至山陂馹，由山陂六十里至東湖馹，由東湖六十里至武昌省城，共計陸路五百四十里，均係平坦馹路。

一、水路船隻，春夏水泛，自巴陵縣西湖九十里至菖蒲台，由菖蒲台六十里至華容汛石山門，由石山門四十里至付家磯，由付家磯四十里至冷飯洲，由冷飯洲四十里至宥港，由宥港三十里至下窖，由下窖六十里至龍陽縣，由龍陽縣六十里至牛皮灘，由牛皮灘六十里至常德府，又自常德九十里至桃源縣，自桃源縣六十里至川石，自川石六十里至界石，自界石六十里至清浪，自清浪六十里至白容，自白容六十里至辰州，自辰州六十里至瀘溪縣，自瀘溪縣八十里至辰谿縣，對岸進小河，九十里至瑶里，自瑶里九十里至鎮筸鎮，共計水程一千一百九十里，係逆水。

一、水路秋冬水涸，自巴陵縣南六十里至鹿角，自鹿角六十里至磊石，自磊石六十里至湘陰汛雲田，自雲田三十里至蘆林潭，自蘆林潭三十里至亭子口，自亭子口九十里至毛家口，自毛家口六十里至沅江縣，自沅江縣六十里至螺司灘，自螺司灘十五里至八封誥，自八封誥十五里至宥港，自宥港十五里至界陽港，自界陽港十五里至下窖，自下窖十五里至毛家山，自毛家山十五里至東港，自東港十五里至窄港，自窄港十五里至龍陽縣，自龍陽縣六十里至牛皮灘，自牛皮灘六十里至常德府，又自常德九十里至桃源縣，自桃源六十里至川石，自川石六十里至界石，自界石六十里至清浪，自清浪六十里至白容，自白容六十里至辰州，自辰州六十里至瀘谿，自瀘谿縣八十里至辰谿縣，進小河，九十里至瑶里，自瑶里九十里至鎮筸鎮，共計水程一千四百里，係大江逆水。

一、水路，自巴陵縣南六十里至鹿角，自鹿角六十里至磊石，自磊石六十里至雲田，自雲田六十里至清州，自清州六十里至潼關，自潼關六十里至長沙府城，自長沙九十里至湘潭縣，自湘潭九十里至淥口，自淥口九十里至朱亭司，自朱亭九十里至衡山縣，自衡山九十里至川州，自川州六十里至衡州府，自衡州九十里至新塘站，自新塘九十里至八封，自八封九十里至河洲，自河洲九十里至白水，自白水九十里至祁陽縣，自祁陽縣六十里至黄洋司，自黄洋六十里至冷水灘，自冷水灘六十里至永州鎮，共計水程一千五百里，係大河逆水。

一、陸路，自巴陵縣岳陽馹六十里至青岡馹，自青岡六十里至湘陰大荆馹，自大荆六十里至歸義馹，自歸義六十里至湘陰縣，自湘陰縣六十里至橋頭馹，自橋頭六十里至長沙省，自長沙省一百里至湘潭縣，自湘潭縣九十里至黄茅馹，自黄茅九十里至衡山縣，自衡山一百里至衡陽縣，自衡陽九十里至祁陽縣，自祁陽一百里至永州鎮。自岳由善化、湘潭至此，共計陸路一千零三十里，係平坦馹路。

又自善化一百里至甯鄉縣，自甯鄉九十里至益陽縣，自益陽一百四十五里至龍陽縣，自龍陽八十里至常德府提督衙門。自岳由善化、甯鄉至此，共計陸路七百七十五里。又自常德八十里至桃源縣，自桃源六十里至鄭家馹，自鄭家馹六十里至新店馹，自新店六十里至界亭馹，自界亭七十里至馬底馹，自馬底六十里至辰陽馹，自辰陽七十里至船溪馹，自船溪四十里至辰溪站，自辰溪五十五里至濫泥馹，自濫泥四十里至巖門站，自巖門四十里至鎮筸鎮。自岳由善化、甯鄉、常德至此，共計陸路一千四百一十里。

一、陸路，自巴陵縣西一百六十里至華容縣，自華容九十里至安鄉縣，自安鄉一百八十里至常德府，係偏僻平坦，轎馬可行。

一、巴陵縣丞一員，分駐楊林街。自巴陵縣東十五里至徐家嶺進小路，二十五里至落馬橋，又十五里至上龍灣，又十里至游港，由游港二十五里至楊林街，共計陸路九十里，係偏僻小路，轎馬可行。

一、巴陵縣主簿一員，分駐鹿角鎮。自巴陵縣東南十五里至冷鋪子，又二十五里至均港，又二十里至鹿角，轎馬可行。

一、巴陵縣東南至平江縣。自巴陵岳陽馹六十里至青岡馹，自青岡六十里至湘陰大荊馹，進小路，三十里至長樂街，平坦。自長樂街六十里至進江，自進江三十里至平江縣，係山路。共計二百四十里，轎馬可行。

一、巴陵縣東北至湖北武昌府通城縣界自巴陵縣六十里至游港，自游港五十里至公田，自公田五十里至城通縣界，計程一百六十里，係崇山陡嶺。東北至臨湘縣，由巴陵岳陽馹六十里至雲溪馹，進小路，三十里至臨湘縣，計程九十里，轎馬可行。西北至監利縣，由巴陵縣三十里至觀音洲，三十里至夏家鋪，三十五里至車灣，三十里至監利縣，計程一百二十里，係大道。

平江縣

一、平江縣水路，僻處山陬，並無大河，亦別無支流、小港，僅溪河一綫，自縣東長壽街發至縣城一百二十里。由縣至長沙府屬湘陰縣連界之(五)[伍]公市一百九十里，由伍公市至澄沙港一百八十里，俱係小港，通小艇、漁舡，並無塘站。由澄沙港出口匯歸湘陰縣屬達洞庭大河，至長沙省，係逆水，二百四十里。自[縣至]長沙省總計六百一十里。自縣由長沙省經過，至提督衙門八百九十里。自縣由長沙省經過，至永州鎮衙門一千三百三十里。自縣由長沙經過，至鎮筸鎮衙門一千四百里，俱無水站。由澄沙港至岳州府係順水，一百二十里，自縣至岳州府總計三百九十里。自縣由岳州府經過，至武昌省九百二十五里，係通水站大河。

一、平江縣陸路，自縣由南路至長沙府屬瀏陽縣之黃泥界五十里。又自黃泥界由瀏陽縣屬地方經過，不過縣城，至長沙省一百九十里。自縣至長沙省總計二百四十里，俱係偏僻小路，並無馹站，道里平易，轎馬可行。自縣由長沙省經過，至提督衙門六百五十里。自縣由長沙省過，至永州鎮衙門九百一十里。自縣由長沙省經過，至鎮筸鎮衙門一千五百零五里。自縣西路至長沙府屬湘陰縣大荊馹一百二十里，俱係偏僻小路，並無馹站道里，頗險，轎馬可行。又自大荊馹，由湘陰縣屬經過，至岳州府一百二十里。自縣至岳州府總計二百四十里。自縣由岳州府經過，至武昌省八百四十里。自大荊至武昌係通馹站大路。

一、平江縣陸路，東由長壽街至江西省寧州西頭江界一百四十里，由頭江界至寧州城一百六十里，係偏僻小路，道里險峻，轎馬難行。

一、平江縣陸路，南渡南浮渡，至長沙府屬瀏陽縣北黃泥界五十里，由黃泥界至瀏陽縣城一百四十里，係偏僻小路，道里平易，轎馬可行。

一、平江縣陸路，西渡澄清河，至長沙府屬湘陰縣東界之趙公橋一百二十里，由趙公橋至湘陰縣五十里，係偏僻小路，道里平坦，轎馬可行。

一、平江縣陸路，北過畫錦橋，至湖北省通城縣城四十里，係偏僻小路，道里險峻，轎馬難行。

一、平江縣陸路，東北渡石碧潭，至江西省寧州西南黃龍山界一百四十里，由黃龍山界至寧州城六十里，係偏僻小路，道里險峻，轎馬難行。

一、平江縣陸路，東南至長沙府屬瀏陽縣西北九嶺界一百二十里，由九嶺界至瀏陽縣城八十里，係偏僻小路，道里險峻，轎馬難行。

一、平江縣陸路，西北至岳州府屬巴陵縣東南黃沙港九十里，由黃沙港至巴陵縣城九十里，係偏僻小路，道里險峻，轎馬難行。

一、平江縣陸路，西南渡市埠河，至長沙府屬長沙縣東北茱洞嶺界八十里，由茱洞嶺至長沙省城一百六十里，係偏僻小路，道里險峻，轎馬難行。

一、平江縣同城駐札外委千總一員，所轄典史一員。其長壽司巡檢一員，分駐縣東之長壽街，陸路離城一百里。該員赴岳州府，自縣由西路至大荊馹一百二十里，係偏僻小路，道里頗險，轎馬可行。由大荊馹至岳州府一百二十里，由岳州府至武昌省六百里，係通馹站大路。自長壽街，由縣經過，至岳州府總計三百四十里。自長壽街，由縣由府經過，至武昌省總計九百四十里。赴長沙省，由陸路捷徑旁通，自長壽街至長沙府屬瀏陽縣黃泥界八十里，黃泥界由瀏陽縣屬地方經過，不過縣城至長沙省城一百九十里，自長壽街至長沙省總計二百八十里，偏僻小路，道里平易，轎馬可行。

臨湘縣

一、水路，自臨湘縣上至岳州府並巴陵縣計程六十里，沿河並無經過站頭。自臨湘縣上至長沙省城共計程四百三十里，下至湖北武昌省城計程四百里，上下水路俱係大江，並無支河小港可通。

一、陸路，自臨湘縣上至岳州府並巴陵縣共一百二十里，上至長沙省城共四百八十里。下至湖北省城，自臨湘縣城六十里至長安駅，六十里至湖北蒲圻縣港口駅交界止，至武昌省城共三百六十里。上下俱係有駅路，並無小路可通。

一、水路，由臨湘縣大江至巴陵縣城六十里，船隻由巴陵經過，自巴陵縣至常德府提督衙門止，共計四百四十里。又自臨湘至永州、鎮筸鎮水路共一千三百六八百七十里，俱係大河。

一、陸路，自臨湘縣至巴陵縣一百二十里，由巴陵縣岳陽駅至常德府提督衙門共六百七十里。又自臨湘縣至永州、鎮筸鎮共一千一百四五百二十里，沿途俱係有駅大路，並無偏僻小路可以旁通。

一、臨湘縣南抵巴陵平田鋪交界止，離城四十五里。東抵湖北蒲圻縣港口之陽樓司交界止一百一十五里。北抵湖北嘉魚縣之補乾洲交界止五十里。西抵湖北監利縣大江分界止一十五里。俱係平坦大路，轎馬能行，水路船隻可通。

一、臨湘縣東南抵湖北通城縣界陸路一百二十里，係險峻山路，轎馬難行，並無水路。東北抵湖北蒲圻縣界陸路一百里，係平易小路。水路一百二十里，係内河小港，船隻可通。西北抵湖北嘉魚縣界陸路五十里，係沿江洲路；水路五十八里，係大江，船隻可通。西北抵湖北監利縣地名白螺磯交界陸路二十里，水路一十五里，係大江，船隻可通。

一、桃林司巡檢一員，兼管雲溪駅務，分駐桃林地方，離縣城一百里，係平易小路。自桃林出雲溪駅至長沙省城，陸路共四百四十里，離武昌省城陸路共四百三十里。並無捷徑水路可通。

一、長安司巡檢一員，兼管長安駅務，分駐長安駅地方，離縣城六十里，係平易小路。由長安駅路至長沙省城四百八十里，至武昌省城三百五十里，並無捷徑水路可通。

華容縣

一、華容縣陸路抵長沙省，自華容縣起，至岳州府巴陵縣一百六十里，又二十里渡江抵城。由巴陵縣六十里至青岡駅，六十里至大荊駅，六十里至歸義駅，六十里至湘陰縣，六十里至橋頭駅，六十里至長沙省城，共五百四十里，均係有駅大路。

一、華容縣陸路抵武昌，自華容縣起，至岳州府巴陵縣一百六十里，又二十里渡江抵城，由巴陵縣六十里至雲溪駅，六十里至長安駅，六十里至湖北港口駅，六十里至蒲圻縣，六十里至官塘駅，六十里至咸寧縣，六十里至山陂駅，六十里至東湖駅，六十里至江夏縣，至武昌省城，共七百二十里，均係有駅大路。

一、華容縣陸路抵提督衙門，自華容縣起，至安鄉縣至麻河四十里，至周家店十里，至石公橋十里，至武陵縣六十里，至提督衙門共二百一十里。

一、華容縣陸路抵永州鎮衙門，自華容縣，由岳州府等處起至長沙省城五百四十里，由長沙至湘潭縣一百里，至黃茅駅九十里，至衡山縣九十里，至衡陽縣一百里，至排山駅九十里，至祁陽縣一百里，至零陵縣一百里，至永州鎮衙門共一千二百一十里，均係有駅大路。至華容縣地處偏僻，並無駅站。

一、華容縣陸路抵鎮筸鎮衙門，自華容縣，由安鄉起至武陵縣二百一十里，由武陵縣至桃源縣八十里，至鄭家駅六十里，至新店駅六十里，至界亭駅六十里，至馬底駅七十里，至辰陽駅六十里，至舡溪駅七十里，至辰谿站四十里，至濫泥站五十五里，至巖門站四十里，由巖門站四十里至鎮筸鎮衙門，共八百四十五里，均係有駅大路。至華容縣地處偏僻，並無駅站。

一、華容縣水路抵岳州府城，自華容縣河起，至縣港口四十里，至明山四十里，至黃古灘十里，至舵桿洲六十里，至布袋口四十里，至本府五十里，均係大湖。

一、華容縣陸路抵岳州府城，自華容縣起，至板橋塘二十里，至墨山塘二十里，至巴陵縣界計程四十五里，抵本府城一百四十里，係偏僻小路。

一、華容縣東自縣城起，至墨鋪山接巴陵縣界，計程四十五里。

一、華容縣南自縣城起，由羅卜港、蔣家湖等處至名山，抵龍陽水汛交界止，計程六十里。

一、華容縣西自縣城起，至景港抵安鄉縣交界止，計程六十里。

一、華容縣北自縣城起，至昇台鋪抵湖北石首縣交界止，計程四十里。

一、華容縣東北自縣城起，由陸路至塔市驛抵湖北監利縣界，共計程九十里，俱係小路，平易，轎馬可行。至水路春夏發水之時，舡隻可行；秋冬水涸，舡隻難行。

一、華容縣界南自縣河起，由水路至蒼梧台交巴陵縣界止，計程六十里。

一、華容縣西北自縣起，由陸路至崔公橋抵湖北石首縣界止，計程四十里。

一、華容縣西南自縣河起，由水路傅家圻抵龍陽水汛交界止，計程九十里。

一、華容縣渡口：北河渡、南河渡、黄洋渡、礮圻渡、赤亭渡，向設渡舡五處，計舡五隻。

一、華容縣橋梁：板橋、螞蝗橋，共二處。

一、水路，自華容縣濱臨大湖，向無站頭里數，無憑查造。

常德府屬

武陵縣

一、水路，自武陵縣起，至龍陽縣一百二十里，龍陽縣至岳州府三百八十里，岳州府至湖北嘉魚縣二百九十里，嘉魚縣至武昌省二百四十里，共計水程一千零三十里，係大河平水，大小舟可行。

一、水路，自武陵縣起，至龍陽縣一百二十里，龍陽縣至沅江縣一百二十里，沅江縣至臨資口一百四十里，沅江縣至橋口九十里，橋口至長沙省城九十里。水大由沅江出橋口至省，水小由沅江出臨資口至長沙省。共計程五百六十里，係大河，大小舟可行。

一、水路，自武陵縣起，至龍陽縣一百二十里，龍陽縣至沅江縣一百二十里，沅江縣至長沙三百二十里，長沙至湘潭縣九十里，湘潭至衡州府五百四十里，衡州至永州府永州鎮四百八十里，共計程一千六百七十里，係大河，大小舡隻可行。

一、水路，自武陵縣起，至桃源縣九十里，桃源縣至辰州府三百里，辰州府至瀘溪、至辰溪縣九十里，辰溪至石洋哨一百八十里，起旱，至鎮簞鎮三十里，共計程七百四十里，係大河逆水，惟辦溪麻陽小舟可行。

一、陸路，自武陵縣起，至澧州一百九十里，澧州至湖北公安縣一百四十里，公安至江陵縣一百二十里，江陵至潛江縣一百八十五里，潛江至天門縣一百里，天門至漢川縣一百六十里，漢川至武昌省一百二十里，共計程一千零一十五里，係驛路。

一、陸路，自武陵縣起，至龍陽縣八十里，龍陽縣至益陽縣一百四十五里，益陽至甯鄉縣九十里，甯鄉至長沙省一百里，共計程四百一十五里，係驛路。

一、陸路，自武陵縣起，至龍陽縣八十里，龍陽縣至益陽縣一百四十五里，益陽至甯鄉縣九十里，甯鄉至長沙省城一百里，長沙至湘潭縣一百里，湘潭至衡山縣一百八十里，衡山至衡陽縣一百里，衡陽至祁陽縣一百九十里，祁陽至零陵縣一百里，至永州府永州鎮衙門共計程一千零八十五里。

一、陸路，自武陵縣起，至桃源縣八十里，桃源至沅陵縣三百一十里，沅陵至辰溪縣一百一十里，辰溪至五寨司一百三十五里，至鎮簞鎮衙門共計程六百三十五里。

四至捷徑、水陸僻路遠近程途：

一、水路，自武陵縣至分駐之縣丞牛鼻灘地方六十里，牛鼻灘至茄子窖塘九十里，茄子窖至麻河三十里，麻河至津市一百四十里，津市至澧州三十里，共計水程三百五十里。春夏水泛，大小船隻可行。秋冬水涸，船隻難行。

一、水路，自武陵縣至麻河一百八十里，麻河至安鄉縣四十里，共計水程二百二十里。春夏水泛，大小船隻可行。秋冬水涸，船隻難行。

東大路至龍陽縣八十里。自武陵縣至新陂橋十里，新陂橋至白沙渡口一十里，白沙至老渡口七里，老渡口至河漊橋三里，係武陵縣界處。新河漊橋至滄港渡一十里，滄港至袁家橋十五里，袁家橋至龍陽縣城五里。一帶俱係平坦驛路。

西大路至桃源縣八十里。自武陵縣至下溷橋十五里，下溷橋至河洑五里，係武陵交界處所。河洑至張公橋三里，張公橋至陬市渡七里，陬市至呂鎮渡十五里，呂鎮至簷前渡二十里，簷前至桃源縣城五里。一帶俱係平坦馹路。

北大路至澧州一百九十里。自武陵縣至七里橋七里，七里橋至善橋十九里，善橋至小石橋十二里，小石橋至生橋十二里，生橋至大龍馹十里，係武陵縣巡檢分駐，一帶道路平坦。大龍至鰲山二十五里，係武陵縣澧州交界處所。鰲山至清化馹四十五里，係澧州巡檢分駐。清華至星斗河渡四十里，星斗河至伍家渡十五里，伍家渡至澧州城五里，過河。一帶俱係平坦馹路。

東小路自武陵縣至牛鼻灘四十五里。自本城至石公廟礄十五里，石公廟至橦仙橋十里，橦仙橋至牛鼻灘二十里，係武陵縣縣丞分駐，一帶道路平坦，轎馬可行。

西北小路至慈利縣一百八十里。自武陵縣至楊家橋十里，楊家橋至馮家橋二十里，馮家橋至般塘橋三十里，般塘橋至菖蒲埡八十里，係武陵、慈利交界處所。菖蒲埡至白竹溪三十里，白竹溪至慈利縣十里。一帶係山僻小路，山嶺峻拔，轎馬可行。

西北小路至安福縣一百三十里。自武陵縣至新口橋五里，新口橋至石板灘橋三十五里，石板至潘石灘橋十五里，潘石灘至湖海坪橋十五里，湖海平至南陽鋪七里，係武陵、安福交界處所。南陽鋪至安福縣城五十三里，過河。一帶山僻小路，轎馬可行。

西北小路至石門縣一百七十里。自武陵縣至潘石灘分路六十里，潘石灘至安家崗三十里，係武陵、石門交界處所。安家崗至余氏橋四十里，余氏橋至石門縣城四十里，過河。一帶係山僻小路，坡嶺相間，轎馬可行。

西小路至安化縣二百五十里。自武陵縣至德山十里，過港嘴渡。德山至毛灣十五里，毛灣至萬緣橋十五里，萬緣至喜駕橋二十五里，喜駕橋至石牌四十五里，係武陵、安化交界處所。石牌至馬家渡八十里，馬家(塘)[渡]至安化縣城六十里。一帶係山僻小路，坡嶺相間，轎馬可行。

東北小路至安鄉縣一百六十里。自武陵縣至泉水橋十五里，泉水橋至流溪湖二十五里，流溪湖至塌水橋十里，塌水橋至伍家橋五里，伍家橋至石公橋五里，石公橋至周家店二十里，周家店至麻河四十里，係武陵、安鄉交界處所，大河，一帶麻河。至安鄉縣四十里，過大河一道。道路平坦，轎馬可行。

桃源縣

一、水路，自桃源縣至武陵縣一百里，由龍陽、沅江、益陽等縣至長沙府省城河下，共計水路六百四十五里。由長沙府至永州鎮共計水路六百五十里。

一、水路，自桃源縣起，由武陵、龍陽、沅江縣、長沙府屬湘陰縣，至武昌省城河下，共計水程一千零六十里。

一、水路，自桃源縣起，由辰州府沅陵縣至鎮筸鎮，共計水程五百五十里，係大河逆水，間有灘險。

一、陸路，自桃源縣至武陵縣八十里，由武陵至龍陽縣一百里，龍陽至益陽一百三十里，益陽至寧鄉一百里，寧鄉至長沙省一百里，共計陸路五百一十里，係通衢馹道。

一、陸路，自桃源縣起至武陵縣交界之河洑止五十里，河洑至武陵縣三十里，共計八十里，係通雲貴馹道，路平坦。

一、陸路，自桃源縣至武陵縣八十里，武陵至澧州一百九十里，澧州至湖北公安縣一百四十里，公安至江陵縣一百二十里，江陵至潛江縣一百八十五里，潛江至天門縣一百里，天門至漢川一百六十里，漢川至武昌省一百二十里，共計程一千一十五里，係馹道。

一、陸路，自桃源縣起，三百里至辰州府沅陵西關分路，由陸路七十里至(滬)[瀘]溪縣屬船溪馹，四十里至辰谿縣，一百八十里至鎮筸，雖係山僻小路，轎馬可行。

一、陸路，自桃源縣起，至辰州府屬之阮陵縣太平鋪交界止，計一百五十里，距阮陵城一百五十里。係馹道，雖間有崎嶇，尚非險阻。

四至捷徑，僻路遠近程途：

一、陸路，自桃源起，至長沙府屬之安化烏雲界交界止一百二十里，距安化城三十里，係山僻小路，轎馬難行。

一、陸路，自桃源起，至澧州屬之石門縣界溪河交界止一百二十里，距安化六十里，係山僻小路，轎馬難行。

一、陸路，自桃源縣起，至澧州屬之安福縣左里都交界止一百一十里，距安福縣城四十里，係山僻小路。

一、陸路，自桃源縣起，至武陵縣仁豐村交界止三十里，距武陵城三十里，係山僻小路。

一、陸路，自桃源縣起，至沅陵縣一都交界止一百四十里，距沅陵縣六十里，山僻係小路。

一、陸路，自桃源起，至澧州慈利縣三都交界止一百二十里，距慈利城五十里，係山僻小路，轎馬難行。

龍陽縣

一、水路，自龍陽至岳州三百八十里，岳州至湖北嘉魚縣二百九十里，嘉魚至武昌省二百四十里，共計水路九百一十里，係大河平水，大小船隻可行。

一、水路，自龍陽起至沅江一百一十里，沅江至林子口一百四十里，林子口至銅關九十里，銅關至省六十里，水大由沅江出橋口至省，水小由沅江出林子口至省，共計水路四百三十里。

一、水路，自龍陽一百四十里至沅江，沅江至林子口一百四十里，林子口至長沙府一百五十里，長沙至湘潭縣九十里，湘潭至衡州府五百四十里，衡州至永州府永州鎮衙門四百五十里，共計水路一千五百一十里，係大河平水，大小船隻可行。

一、水路，自龍陽至武陵縣一百二十里，武陵至桃源九十里，桃源至辰州府三百里，辰州至瀘溪縣五十里，(滬)[瀘]溪至辰谿縣九十里，辰谿至石羊哨一百八十里，起旱至鎮筸三十里，共計水路八百六十里，係大河逆水，惟茘溪麻陽小船可行。

一、水路，自龍陽縣至豬婆窖一百里，豬婆窖至麻河五十里，麻河至安鄉縣四十里，共計水路一百九十里，係大河平水，大小船隻可行。

一、東南水路，往省，自龍陽縣進接港，至縣屬兔子哨塘，九十里，接抵沅江縣界。

一、東北水路，往安鄉，自龍陽縣大河下，由豬婆窖進小河，至沙夾周備塘，一百二十里，接抵安鄉交界。

一、東北水路，往澧州，自龍陽縣大河下，仍由豬婆窖進至沙夾，由東手至冷飯洲塘，一百九十里，接抵澧州及岳州府華容縣界。

一、西水路，自龍陽至紅沙灣塘六十里，抵武陵之牛鼻灘界。

一、陸路，自龍陽至常德府八十里，常德府至澧州二百九十里，澧州至湖北公安縣一百四十里，公安至江陵一百二十里，江陵至潛江百八十五里，潛江至天門縣一百里，天門至漢川一百六十里，漢川至武昌省一百二十里，共計陸路一千零九十五里，係驛路。

一、南陸路，自龍陽至益陽一百四十五里，益陽至寧鄉縣九十里，寧鄉至長沙省城一百里。又自長沙湘潭縣一百里湘潭，至衡山一百八十里，衡山至衡陽一百里，衡陽至祁陽縣一百九十里，祁陽至永州府零陵永州鎮一百里，共計程一千零五里。

一、西陸路，自龍陽縣至武陵縣八十里，武陵至桃源縣八十里，桃源至沅陵縣三百一十里，沅陵至辰谿縣一百一十里，辰谿至五寨司一百三十五里，到鎮筸共計程七百一十五里。

一、東南陸路，至沅江縣，自龍陽縣至軍山鋪七十五里，軍山至張家鋪十里，張家鋪至南疆鋪十里，南疆至沅江所轄河渡鋪三十里，河渡鋪至沅江縣十里，共計程一百三十里，俱係平坦大路，轎馬可行。

四至捷徑，陸路遠近程途：

一、西南僻路，自龍陽縣至檀樹界五十里，檀樹至梁疆界三十里，梁疆界至益陽縣六十里，共計程一百四十里，係山徑小路，大轎難行，只可小轎乘馬。

一、東西北小路，自龍陽縣至崇河六十里，崇河至韓公渡三十里，韓公渡至安鄉縣五十里，共計程一百四十里，轎馬可行。

一、西大路，自龍陽縣，由滄港至河洑橋塘四十里，接抵武陵縣交界。

一、南大路，自龍陽縣，由鴨東鋪至軍山塘七十五里，接抵益陽縣交界。

沅江縣

一、水路，自沅江縣起，由長沙府屬之湘陰縣境，岳州府，湖北屬之嘉魚縣至武昌省，共計水程九百一十里，係大河，大小船隻可行。

一、水路，自沅江縣起，至長沙省共計程二百二十里，大河，大小船隻可行。

一、水路，自沅江縣起，至湘潭，衡州，至永州府永州鎮衙門，共計程一千四百里，係大河，大小船隻可行。

一、水路，自沅江縣起，由龍陽，武陵，桃源，辰州，(滬)[瀘]溪，辰谿，石羊啃起旱，至鎮筸，共計程九百八十里，係大河逆水，惟荔溪、麻陽小船可行。

一、陸路，自沅江起，至龍陽一百二十里，間有偏僻小路，人馬可行。由龍陽、武陵、澧州，至湖北公安、江陵、潛江、天門、漢川，至武昌省，共計程一千二百二十五里。

一、陸路，自沅江縣起，由益陽、寧鄉至長沙省，共計程三百一十里，係驛路。

一、陸路，自沅江縣起，由益陽、寧鄉至長沙省，由湘潭、衡山、衡陽、祁陽至零陵永州府永州鎮衙門，共計程九百四十里。

一、陸路，自沅江縣起，由龍陽、武陵、桃源、沅陵、辰谿、五寨司至鎮筸鎮衙門，共計程八百四十五里。

四至捷徑、水陸僻路程途遠近：

西陸路，自沅江縣起，至龍陽縣一百二十里。沅江馬渡鋪至河渡鋪，至南疆鋪二十里，南疆鋪至龍陽所轄之張家鋪十里，張家鋪至軍山十里，係田塍小路。軍山至龍陽縣七里，係平坦大路，轎馬可行。

西陸路，自沅江縣起，至益陽縣一百一十里。自沅江馬渡鋪至龍陽屬之南疆四十里，係屬田塍小路。南疆鋪至益陽七十里，係平坦大路，轎馬可行。

東北水路，自沅江縣，由小江口、五斗州、缸窑塘、白沙塘、後江塘，至龍王廟止，計程六十里至龍王廟。由天心湖，游汛塘，接港塘至龍陽縣，計程九十里。共計水程一百五十里，係大河，大小船隻可行。

南水路，自沅江縣，由瓦塘、大潭塘、馬王塘、瓦石磯塘至沅益交界之八字哨，計程九十里。春夏水泛，由長沙屬之喬口計程九十里，自喬口至省城計程九十里，共計水程一百七十里。秋冬水涸，河道淤淺，由八字哨至湘陰縣屬之林子口，計程九十里，大小舟可行。

東水路，自沅江縣至富地河四十里，富地河至洞庭湖交界二十里，共計水程六十里。

辰州府屬

沅陵縣同城。

一、水路，自縣城起，至桃源縣城，經過所屬地名北溶、清浪、界首三站，計程一百八十里。至桃源縣五站，共三百一十里。由武陵、龍陽等縣至長沙省城十一站，一千零二十五里。至武昌省一千四百一十里，俱係大河。

一、陸路，自縣城起，經過所屬地方辰陽、馬底、界亭，一百八十里，至桃源縣城三百三十里，至長沙省城八百二十五里，至武昌省城一千一百里，均係有驛大路。

一、水路，船隻自縣城起，由瀘溪縣一站六十里至辰溪縣，一站六十里至麻陽縣巖門，一站一百一十里起旱，至鎮筸鎮衙門二百六十里。又自縣城起至北溶一站，北溶至清浪一站，清浪至界首一站，共三站一百九十里。至桃源縣五站三百一十里，至常德府武陵縣提督衙門三百九十里。

一、陸路，自縣城起，至辰谿縣一百一十里。由辰谿縣經過，至鎮筸鎮衙門二百四十里，俱係有驛大路。

又自縣城起，至桃源縣三百一十里。由桃源經過，至常德府武陵縣提督衙門三百九十里，俱係有驛大路。

一、水路，至府，沅陵縣係附廓首邑。

一、陸路，(自)[至]府，沅陵縣係附廓首邑。

東驛路，自縣城起，(里)[至]蘇黄溪，與桃源縣交界一百八十里，内馬底驛巡檢一員、界亭驛縣丞一員，至桃源縣三百一十里，俱係驛路，轎馬可行。

水路至桃源縣三百一十里，俱係大河，船隻可行。

南驛路，自縣城起，至十里鋪與辰谿縣交界九十五里，内船溪驛巡檢一員，至辰谿縣一百一十里，係有驛大路，轎馬可行。

水路，至辰谿縣一百一十里，係大河，船隻可行。

西河路，自縣城起，至小船溪與(滬)[瀘]溪縣交界五十里，至(滬)[瀘]溪縣六十里，係沿河塘路，轎馬難行。水路六十里，大河，船隻可行。

北驛路，自縣起，至酸子界與永定縣交界一百四十里，至永定縣城二百九十里，崇山峻嶺，偏僻小路，轎馬難行。

東北驛路、水路，無。

東南驛路、水路，無。

西北驛路，自縣城起，至茅坪與永順交界一百一十里，内自縣至烏宿三十里係大路，轎馬可行。烏宿至永順王村九十里，崇山峻嶺。至永順縣城二百二十里，轎馬難行。水路，自縣城起，至永順王村一百六十里，係大河，船隻可行；由王村至永順縣城一百五十里。

西南馹路，無。

東小路，自縣楊家塘分路，至崆峒巖與安化交界一百里，至城二百八十里，捷徑小路，轎馬難行。水路，無。

南馹路，自縣清浪塘分路，至茅巖與溆浦縣交界一百一十里，至溆浦縣城一百八十里，捷徑小路，轎馬難行。

西小路、水路，無。

北小路、水路，無。

東北小路，自縣清浪保分路，至馬鬃嶺與慈利交界一百七十七里，至慈利縣二百四十里，捷徑小路，轎馬難行。

東南小路，無。

西北小路，無。

西南小路，無。

瀘溪縣

一、水路，自縣河起，至沅陵縣六十里。由北溶、清浪、界首、桃源、武陵、龍陽等縣，至長沙共計程一千零九十五里，係大河順水，船隻可行。

一、水路，南自辰谿縣屬張家溜交界六十里，至縣城河下七十里，係大河逆水，船隻可行。

一、水路，西至乾州廳屬兩江口一百里，至乾州城河下一百二十里。又江口至永綏屬高巖河下一百四十里，係小河逆水，船隻可行。

一、北至永順府屬，並未通支河小港，不通船隻。

一、陸路，自縣城起，至浦市五十里，浦市至合水橋五十里，合水橋四十里至路虎，四十里至鎮筸鎮衙門，係山徑小路，並無馹道。

又自縣城起，至辰州府屬沅陵縣六十里。自沅陵縣至桃源縣三百三十里。自桃源縣至常德府屬武陵縣與提督衙門同城八十里。自武陵縣至龍陽縣九十里，自龍陽縣至益陽縣一百四十五里，自益陽至寧鄉縣九十里，自寧鄉至長沙省一百里。共計八百九十五里。自長沙至湘陰縣一百二十里，自湘陰至巴陵縣一百四十里，自巴陵至武昌省城一百二十里。

又自長沙分途，自湘潭縣九十里，自湘潭至衡山縣一百九十里，自衡山至衡陽縣九十里，自衡陽至祁陽縣二百里，自祁陽至永州鎮衙門一百五十里，俱係大道。

一、東至沅陵縣六十里，係偏僻小徑。

一、西至乾州廳一百一十里，係偏僻小徑。

一、南至辰谿縣七十里，係偏僻小徑。

一、北至永順府二百四十里，係偏僻小徑。

以上東、西、南、北，俱係偏僻捷徑，夫馬難行。

辰谿縣

一、水路，自縣城起，至瀘溪縣六十里，至府屬沅陵縣六十里。由沅陵縣過桃源、武陵、龍陽、沅江等縣，至長沙省共計程一千一百五十五里，至武昌省城計程一千三百二十里，均係順流大河，船隻可通。

一、陸路，自縣城起，至十里鋪計程十里，十里鋪至界牌坳計程五里，與沅陵縣交界。自界牌坳至沅陵縣九十五里，由沅陵縣過桃源、武陵、龍陽、益陽、寧鄉等縣至長沙省計程九百四十五里，至武昌省計程一千三百二十里，均係有馹大路，轎馬可行。

一、水路，自縣城起至張家溜計程十里，張家溜至魚潭馬子橋計程五里，與沅陵縣交界。從(滬)[瀘]溪，由沅陵過桃源等縣，至常德提督衙門計程四百八十里，均係順流大河，船隻可通。

一、陸路，自縣城起，至十里鋪計程十里，十里鋪至界牌坳計程五里，與沅陵縣交界。由沅陵過桃源等縣，至常德提督衙門計程四百五十里，均係有馹大路，轎馬可行。

一、水路，自縣城起，至爛泥計程七十里，爛泥至巖門計程五十里，巖門至石羊哨計程二十五里，石羊哨至鎮筸鎮衙門計程二十里，係小河逆水，船隻可通。

一、陸路，自縣城起至爛泥計程七十里，爛泥至巖門計程五十里，巖門至石羊哨計程二十五里，石羊哨至鎮筸鎮衙門計程二十里，係有馹大路，轎馬可行。

一、水路，自縣城起至張家溜計程十里，張家溜、魚潭、馬子橋與沅陵交界。魚潭至浦市計程十里，浦市至茅家灘計程十里，茅家灘至鐵柱潭計程十里，鐵柱潭至自沙計程二十里，自沙至瀘溪縣計程十里，係順流大河，船隻可通。

一、陸路，自縣城起，至十里鋪計程十里，十里鋪至界牌均計程五里，與沅陵縣交界。自界牌均起至府城共計程一百一十里，係馹站大道，轎馬可行。

一、水路，自縣東至溆浦縣江口交界計程六十里，南至麻陽縣迷河塘交界計程四十里，西至沅陵縣紅巖塘交界計程十五里，北至沅陵縣圍潭交界計程二十里，均係大河，船隻可通。

一、陸路，自縣東至黔陽縣羅子山交界計程一百二十里，南至芷江縣懷化馹交界計程一百里，西至（滬）[瀘]溪縣麻嶺交界計程四十里，北至沅陵縣乾溪塘交界計程二十里，均係大道，轎馬可行。

一、大路，自縣東北至沅陵縣界牌坳交界相距十五里，由界牌坳至沅陵縣計程一百一十里，東南至芷江縣花巖交界相距八十五里，由花巖至芷江縣城計程共二百二十里，均係大道，轎馬可行。西北不通大路，西南至芷江縣細面瓏交界相距九十里，雖係大路，地勢崎嶇，轎馬難行。

一、小路，自縣分路，東至溆浦縣計程九十里，係險峻小路，轎馬難行。自縣城過渡至麻陽縣城二百里，雖係小路，轎馬可行。西至麻陽縣九曲灣交界，相距三十五里，雖係偏僻小路，轎馬可行。東北不通小路。東南至溆浦縣江西界交界相距五十里，係偏僻小路，轎馬難行。北至（滬）[瀘]溪縣城相距六十里，係偏僻小路，轎馬難行。西南至麻陽縣太平溪交界相距四十里，雖係小路，轎馬可行。

溆浦縣

一、水路，自縣至江口塘六十里，係支流小河。由江口入沅辰大河，至辰谿縣六十里，至（滬）[瀘]溪縣六十里，至辰州府沅陵縣六十里，至北溶塘六十里，至清浪塘六十里，至界首塘六十里，至穿石塘六十里，至桃源縣六十里，至常德府九十里，至龍陽縣九十里，至竹機塘九十里，至沅江九十里，至將軍廟九十里，至林子口一百二十里，至净港塘七十里，至長沙省九十里，共一十七站，計程一千二百七十五里，俱係大河。

一、水路，自縣至江口塘六十里，係支流小河。由江口入沅辰大河，至辰谿縣、（滬）[瀘]溪縣、沅陵、桃源縣，至常德府龍陽縣，共七百二十五里。由龍陽至下窖塘六十里，至沙甲塘九十里，至傅家機四十里，至名山六十里，至團山六十里，至君山六十里，至潛伏港六十里，至楊林機五十里，至毛鋪九十里，至六渡口五十五里，至嘉魚縣六十里，至排州六十里，至金口六十里，至轉口六十里，至武昌省六十里，共二十六站，計程一千六百五十里，俱係大河。

一、陸路，自縣至江口六十里，至辰谿縣屬山塘馹四十里，由山塘馹至沅陵縣屬船溪馹七十里，至辰陽馹七十里，至馬底馹六十里，至界亭馹七十里，至桃源縣屬新店馹八十里，至鄭家馹六十里，過白馬渡至桃源縣六十里，至常德府八十里，至龍陽九十里，至龍潭橋六十里，至益陽縣八十五里，至寧鄉縣九十里，至長沙省一百里，共十五站，計程一千零七十五里。由縣計一百里至辰谿縣屬山塘馹，係偏僻小路，由山塘馹至長沙城係馹大路。

一、陸路，自縣至辰谿縣屬山塘馹、沅陵縣屬船溪馹、辰陽馹、馬底、界亭馹、桃源縣至常德府，計程六百三十里。由常德府至大龍馹六十里，至清化馹七十里，至澧州七十里，至順林馹六十里，至孫黄馹七十里，至傅林馹六十里，過虎渡口至荆州府六十里，至建林縣屬了髻廟六十里，至潛江縣六十里，至天門一百二十里，至漢陽屬蔡店鋪六十里，至武昌省六十里，共二十二站，計程一千四百里，係有馹大路。

一、水路，自縣支流小河至江口塘入沅辰大河，由辰谿縣、（滬）[瀘]溪縣、沅陵縣、桃源縣經過，至常德府提督衙門，共十站，計程六百三拾五里，俱係大河。

一、水路，自縣支流小河至江口塘入沅辰大河，由辰谿縣（滬）[瀘]溪縣、沅陵縣、桃源縣、常德府龍陽縣、沅江縣、長沙縣，計一千二百七十五里。應由長沙縣至湘潭縣，九十里至淥口，一百二十里至朱騰司，九十里至衡山縣，一百二十里至衡州府，一百二十里至興頭站，一百二十里至祁陽縣，一百二十里至零陵縣，一百二十里到永州鎮衙門，共二十五站，計水程二千一百七十五里，俱係大河。

一、水路，自縣至辰谿縣一百三十里，由辰谿至麻陽屬之濫泥四十里，至巖門司八十里，至石羊哨二十五里，至鳳凰廳二十里，到鎮筸鎮衙門共二百九十里，俱係支流小河，船隻可行。

一、陸路，自縣偏僻小路至辰谿縣屬山塘馹，由山塘馹至沅陵縣、桃源經過，至常德府提督衙門，共十站，計程六百三十里，俱係馹大路。

一、陸路，自縣偏僻小路至辰谿屬山塘驛，自山塘驛至辰谿縣、沅陵、桃源縣、常德府龍陽、益陽、寧鄉縣、長沙縣，計程一千零七十五里。由長沙至湘潭，九十里至淥口驛，六十里至泗洲驛，七十五里至都石驛，六十里至衡陽縣皇華驛，七十里至霞流驛，六十里至七里驛，六十里至臨蒸驛，九十里至新塘驛，九十里至祁陽縣柏坊驛，六十里至河洲驛，六十里至歸陽驛，九十里至三吾驛，九十里至方瀫驛，六十里至零陵，六十里到永州鎮衙門，共三十站，計程二千一百五十里，係驛大路。

一、陸路，自縣至辰谿，一百三十里由辰谿至麻陽縣屬濫泥，四十里至巖門司，八十里至石羊哨，二十里至鳳凰廳，十里到鎮筸鎮衙門，共二百八十里，俱係偏僻小路，並無驛站。

一、水路，自縣支流小河至江口塘六十里，入沅辰大河，至辰谿縣六十里，至(滬)[瀘]溪六十里，至府城沅陵縣六十里，共二百四十里，俱係大河。

一、陸路。自縣偏僻小路至江口塘六十里，至辰谿縣屬山塘驛四十里，入驛馬大路，至辰谿縣二十里，至沅陵縣屬船溪驛四十里，至府城沅陵縣七十里，共二百四十里，俱係省驛大路。

東小路，至寶慶府新化縣屬洞頭坪分路七十里，由洞頭坪至新化二百四十里。

南小路，至寶慶府武岡州屬高茅塘分路二百四十里，由高茅塘至武岡州二百四十里。內龍潭地方分駐巡檢一員、外委一員，離城一百四十里，係險峻小路，轎馬難行。水路係支流溪河，船隻難以通達。

西小路，至辰州府辰谿縣屬椒坡分路七十里，由椒坡至辰谿縣六十里。

北小路，至辰州府沅陵縣屬劉家塆分路七十里，由劉家塆至沅陵縣一百一十里。

東北小路，至長沙府安化縣屬肚臍巖分路七十里，由肚臍巖至安化縣二百里。

東南小路，至寶慶府邵陽縣屬爛草田分路二百四十里，由爛草田至邵陽縣二百里。

西南小路，至沅州府黔陽縣屬白巖橋分路一百四十里，由白巖橋至黔陽縣一百八十五里。

西北小路，至辰州府沅陵縣屬紗帽塆分路七十里，由紗帽塆至沅陵縣一百一十里。以上所通小路，俱係險峻山嶺，羊(場)[腸]鳥道，轎馬難行。

又自縣城起計程一百里，至辰谿縣屬山塘驛入驛馬大路，距辰州府二百四十里，至長沙省城一千零七十五里，至武昌省一千四百四十里。境內河道只有一綫溪流，自縣前起，水程六十里至江口地方止，灘高水淺，船隻難行。出沅辰大河，上下行舟通達。再分駐營防千總一員，與縣同城。境內並無要隘處所、渡口、橋樑。

又卷七

湖南永順府屬

永順縣同城。

永順協駐劄處所與本縣同城。

水(路)[陸]程途：

一、水路，自本城至沅陵縣三百二十里，至長沙省城共一千二百三十里，至湖北武昌省城共一千六百九十里。本縣至沅陵縣係一綫溪河，由沅陵縣至長沙、武昌省城係大河。

一、陸路，自本縣至沅陵縣交界之焦坪鋪一百七十里，至沅陵縣城二百六十里，至長沙省城共一千一百里，至湖北武昌府城共一千六百二十里。向因山路崎嶇，並未設有驛站。其沅陵縣係有驛大路。

一、水路，自本縣至武陵縣船隻，應由沅陵、桃源經過，至提督衙門，共六百四十里。查永順係偏僻苗疆，沿河河頭地名、站里無憑查考。

一、水路，自本縣至鎮筸鎮衙門船隻，應由沅陵、瀘溪、辰谿各縣經過，該縣遇有公務，歷由旱道，其沿河河頭地名、站里無憑查考。

一、水路，自本縣至永州鎮衙門船隻，應由辰州、桃源、武陵、龍陽、沅江、長沙、湘潭、衡山各縣，並耒陽河口經過，其沿河河頭地名、站里無憑查考。

一、陸路，自本縣至武陵，應由沅陵、桃源各縣經過，至提督衙門共六百二十八里。沅陵、桃源二縣係有驛大路。

一、陸路，自本縣至鳳凰廳城，應由保靖縣、永綏廳經過，至鎮筸鎮衙門共三百八十里。沿途無驛，偏僻小路。

一、陸路，自本縣至永州鎮衙門一千九百五十七里，係由辰州、溆浦、新化、寶慶等處捷徑小路。

一、西南水路，自本縣起至保靖縣城八十里。

一、西南陸路，自本縣起至保靖縣城一百零三里，至惹毛塘交界七十里，係偏僻小路。

一、西北陸路，自本縣起至龍山縣一百九十里，至傍湖塘交界共十里，係偏僻小路，並無水路可通。

一、東北陸路，自本縣起至桑植縣城一百六十里，至細沙坝交界之分水嶺一百三十里，係偏僻山路，並無水路可通。

一、東南陸路，自本縣起至乾州廳城二百二十里，至龍鼻嘴交界一百八十里，係偏僻山路。

一、東北陸路，自本縣起至永定縣城一百五十里，至龍(瓜)[爪]關塘交界一百二十里，係偏僻山路。

一、東小路，自本縣之焦坪鋪分路，至沅陵縣城九十里。

一、南小路，自本縣之龍鼻嘴分路，至乾州城四十里。

一、西小路，自本縣之牛欄溪塘(公)[分]路，至龍山縣城七十里。

一、北小路，自本縣之顆砂鋪分路，至桑植縣城一百三十里。

一、東北小路，自本縣之貯庫坪塘分路，至永定縣城一百三十里。

一、西南小路，自本縣之王村分路，至保靖縣城七十里。

一、西北小路，自本縣之萬民崗塘分路，至龍山縣城一百五十里。

以上水路均係一綫溪河，船隻春夏難行，秋冬可行。陸路均皆險峻，轎馬勉强可行。

保靖縣

一、水路，自本城至永順縣屬王村九十里，自王村至辰州府沅陵縣一百五十里。自本城由永順王村、辰州沅陵、常德武陵、龍陽、沅江等府縣一帶，至長沙府一千二百四十里。又自本城，由永順王村、辰州沅陵、常德武陵、岳州等府州縣一帶，至湖北武昌省一千八百三十里。查該縣水路係由辰州府沅陵縣河分進，一綫溪河，逆水險灘，並非大河，歷未安設水站，亦無支流小港。

一、陸路，自本城由永順府永順縣、辰州沅陵、常德武陵一帶至長沙府一千一百五十里。又自本城，由辰州、常德、荆州一(代)[帶]至湖北武昌省一千五百九十里。查該縣陸路由辰州沅陵縣分進，俱係偏僻小路。

一、水路，自本城至永順縣屬王村九十里，自王村至辰州府沅陵縣一百五十里，至常德府城提督衙門共五百七十里。

一、陸路，自本城至辰州二百四十里，自辰州至常德府提督衙門共五百七十里。

一、水路，自本城至辰州二百四十里，自辰州至常德府提督衙門共四百六十里。又自本城至永綏廳屬花園四十五里，自花園至永綏廳城七十五里，自永綏廳城至鎮筸鎮衙門一百二十里。又自本城由鎮筸、沅州等處至永州鎮衙門共一千九百八十七里。

一、水路，自辰州府沅陵縣分進，溪河一道。由永順縣屬王村至本城共二百四十里，係逆水險灘，並未設立水站，亦非大河小港。

一、陸路，自本城由永綏廳屬花園並永綏廳城一百二十里，自永綏廳城至鎮筸鎮衙門一百二十里，俱係偏僻小路，並非通衢大道，亦未安設驛站。

一、四至八到：

東大路，自本城起，至白棲關渡設渡船一隻，渡夫二名，與永順縣田家洞交界，五十二里。自田家洞至永順府城一百九十五里。又自田家洞起，至辰州府城一百里。

南大路，自本城起，由格者平至葫蘆寨等處，抵辰州府屬乾州喜鵲營交界，計程九十里。設把總一員於葫蘆寨，以資巡緝。

西大路，自本城縣前渡設渡船一隻、渡夫二名，由小江口、扒母寨、里耶至四川秀山縣濫泥灣，計程九十六里。自濫泥灣至秀山縣城一百二十里。里耶設巡檢一員、外委千總一員，以資巡緝。

又西大路，自本城至四川秀山縣太平坝一百四十四里，自太平坝至秀山縣五十五里。

北大路，自本城龍馬嘴渡設渡船一隻、渡夫二名，內龍馬嘴至誓溪河渡設渡船一隻、渡夫二名，與永順惹毛寨交界三十三里。自惹毛寨至永順府城七十七里。

東南大路，自本城起至永綏排乍寨七十八里，自排乍寨至永綏城七十九里。

西北大路，自本城起，由扒母寨至龍山縣隆頭村七十里，自隆頭至龍山縣一百八十里。龍山縣於隆頭設巡檢一員，以資巡緝。

西南大路，自本城起，由古銅溪至永綏蜡耳堡三十九里。自蜡耳堡至永綏城七十二里。設把總一員於古銅溪，以資巡緝。

以上俱係稍平山路，轎馬可以行走。

東小路，自本城起，由白棲關、夯已至夯沙西一里，抵永綏瀼牛坡交界，計程二百七十里。設千總一員於夯沙，外委把總一員於夯（巳）［已］，以資巡緝。

南小路，自本城起，由格者平、塔普至排大坊、格若、夯略家、兩岔口，抵夯沙交界，計程一百一十五里。設外委把總一員於塔普，把總一員於排大坊，把總一員於格若，以資巡緝。

西小路，自本城起，由普溪、西落、寶洞河與四川秀山茶洞交界，計程一百一十里。設外委把總一員於西落，以資巡緝。

北小路，自本城起，由龍馬嘴過渡，分途至土皮村，抵皂苦普戎合界，計程四十里。

以上俱係偏僻窄險小路，轎馬不堪行走。

一、東水路，自本城起，至永順縣屬南渭洲交界，計程二十七里。自南渭洲直達辰州府沅陵縣，計程二百一十三里，係順水，極險灘河，止通荔溪小船。

又東自本城起，至列夕口五十里，順水，止通荔溪小船。自列夕口至永順縣八十里，係逆水險灘，止通捕魚小船。

一、西水路，自本城起，至四川秀山縣濫泥灣交界計程一百一十里，自濫泥灣至秀山縣計程一百三十里，係逆水險灘，止通荔溪小船。

又西水路，自本城起，十里入小江口，四十里至永綏屬花園交界，係逆水險灘，止通荔溪小船。

以上俱係極險灘河，船隻難行。

龍山縣

一、水路，自本縣城旱路一百八十里至該縣隆頭鎮巡司衙門，下河，至保靖縣九十里，至長沙省城水路共一千三百五十里，至湖北武昌省城水路共一千七百五十里。自本縣至保靖、永順、沅陵等縣，係一綫溪河，由沅陵縣至長沙、武昌省係大河。

一、陸路，自本縣至永順縣傍湖塘交界一百五十里，至永順縣城共二百一十里。又自府城經過王村司至長沙省共一千三百一十里，至湖北武昌省城一千八百三十里。内自該縣至永順、沅陵係無駟偏僻小路，沅陵縣係有駟大路。

一、水路，自本縣隆頭鎮下河，船至武陵縣，應由保靖、永順、沅陵、桃源等縣經過，至提督衙門共八百二十里。查該縣偏僻苗疆，沿河河頭地名、站里無憑查考。

一、水路，自本縣至永州鎮衙門船隻，應由永順、辰州、桃源、武陵、龍陽、沅江、長沙、湘潭、衡陽等縣經過，其沿河河頭地名、站里無憑查考。

一、水路，自本縣至鎮筸鎮衙門船隻，應由保靖、永順、沅陵、瀘溪、辰（豁）［谿］各縣經過。該縣遇有公務，歷由旱道，其沿河河頭地名、站里無憑查考。

一、陸路，自本縣至武陵縣，應由永順、沅陵、桃源各縣經過，至提督衙門共八百三十八里，沅陵、桃源係有駟大路。

一、陸路，自本縣至永州鎮衙門共二千一百四十七里，係由永順、辰州、溆浦、新化、寶慶，係捷徑小路。

一、陸路，自本縣至鳳凰廳城應由永順、保靖、永綏廳城經過，鎮筸鎮衙門共四百七十里，沿途係無駟偏僻小路。

一、東陸路，自本縣起，至永順縣傍湖塘交界一百五十里，抵永順縣城六十里，係偏僻旱道。

一、南陸路，自本縣起，至隆頭鎮一百八十里之扒茅寨交界，抵保靖縣城四十里，係偏僻旱道。

一、西陸路，自本縣起，至大堰坪二十五里之紅巖塘交界，抵湖北施南府來鳳縣城二十五里，係旱道。

一、北陸路，自本縣起，至王官嘴五十里之殷家垻塘交界，抵湖北施南府宣恩縣城八十里，係旱道。

一、東南陸路，自本縣起，至金斗山二百里之順江溪交界，抵保靖縣城六十里，係偏僻旱道。

一、西南陸路，自本縣起，至鬼塘垻一百五十里之石堤同交界，抵四川酉陽州城一百二十里，係偏僻旱道。

一、東北陸路，自本縣起，至分水嶺一百二十里之上河溪交界，抵桑植縣城一百四十里，係偏僻旱道。

一、西北陸路，自本縣起，至謝家垻十五里之青風山交界，抵湖北施南府來鳳縣城五里，係旱道。

以上水路均係一綫溪河，春夏難行，秋冬可行。陸路皆險峻之路，轎馬勉强可行，並無捷徑小路。

桑植縣

一、水路，自縣城至永定縣計程一百七十里，經由該縣赤溪、苦竹河，均係高灘順水。中間經由慈利、石門、澧州，俱係小港。至澧州所屬之匯口，始出大湖，南至長沙省城一千二百里，北至武昌省城一千三百里。

一、陸路，自縣至永順府一百六十里，又自府城經過王村司，南至長沙省城一千一百里，北至武昌省城一千三百里。內自該縣至沅陵縣，俱係險峻僻路，轎馬可行。自沅陵以下均係有驛大路。

一、東小路，抵兩溪口六十里，與慈利縣瀉牛坡交界，設有渡船過渡，至慈利縣一百七十里。南路抵土地埡二十里，與澧州所屬之永定縣八級巖交界，至永定縣一百里。西路，縣城外設有渡船過渡，至巖屋口四十里，抵本府所屬之永順縣城一百二十里。北路抵巴耳壁一百四十里，內過涼水口、崇樹坪二渡，抵湖北鶴峰州杉木界交界，至鶴峰州城八十里。東北抵木匣口一百四十里，與湖北鶴峰州交界，至鶴峰州城一百八十里。東南抵酸子界五十里，與永定縣老鴉山交界，至永定縣八十里。西南抵利泌溪塘八十里，與永順縣萬民崗交界，至永順縣城一百五十里。西北過南岔、五斗潭二渡，至下峝司六十里，該處駐有縣屬下峝司巡檢一員。自下峝司，由三漤子過渡，至新司城四十里，該處分駐永順府通判一員。又自新司城過夾石河渡，抵分水嶺五十里，與龍山縣南河溪交界，至龍山縣城一百三十里。均係僻路，山坡險峻，轎馬可行。

以上水陸路徑及駐劄衙門，相距省城，並接壤州縣程途里數，以及河埠渡口，均已分晰開載，並無遺漏舛錯。再境內歷無建設橋樑。

通判：

一、通判駐劄桑植縣新街。

一、水路，自該廳至桑植縣城九十里，由永定縣界經過，均係亂石險灘，僅過本地小船，係屬順水。至長沙省一千三百里，至武昌省一千四百里。

一、陸路，自該廳至永順府城一百六十里，至長沙省城一千一百里，至武昌省城一千三百里，均由辰州府經過，係屬驛站。該廳境內係偏僻小路，轎馬難行。

一、水路，查該廳至府城不通水路。

一、陸路，自該廳至永順府一百六十里，俱係險峻僻路，轎馬難行。

府城一百六十里。西至龍山縣城一百五十里。北至湖北鶴峰州二百八十里。東南至永定屬柢椰坪交界一百二十里，直抵永定縣城二百四十里。西南至永順屬乾溪交界、龍山縣屬亂悲河交界，均各一百二十里，直抵永順城二百二十里，直抵龍山城一百八十里。東北至杉木界交界一百二十里，直抵鶴峰州城二百四十里。西北至湖北宣恩屬杉道溝交界一百六十里，直抵宣恩縣城三百二十里。均係偏僻險路，俱無驛站，轎馬難行。

一、該廳水路。東至桑植縣城九十里，西至本境樹木車八十里，乃一綫溪河，並無岔港。南北方隅不通水道。

一、該廳地方並無橋樑、河渡。

沅州府屬

芷江縣

一、水路，自郡城起至公坪站六十里，公坪至竹站六十里，竹站至黔陽縣六十里，黔陽至洪江六十里，洪江至安江六十里，安江至桐灣六十里，桐灣至江口六十里，江口至辰(谿)[谿]縣六十里，辰(谿)[谿]至瀘(谿)[谿]縣六十里，瀘(谿)[谿]至沅陵縣六十里，沅陵至北溶六十里，北溶至清浪六十里，清浪至界首六十里，界首至穿石六十里，穿石至桃源六十里，桃源至常德府武陵縣九十里，武陵至龍陽縣一百一十五里，龍陽過天星湖至沅江縣一百六十五里，沅江出橋口至長沙省城三百四十五里，共計水程一千六百一十五里。境內一綫溪河，俱屬險灘，往來船隻僅有麻陽、甕洞等船，並無交河小港。

一、芷邑水路，自郡城起，順水由黔陽、辰(谿)[谿]、瀘溪、沅陵、桃源、常德、龍陽，逆水由岳州嘉魚至武昌省城，共計水程二千零四十五里。

一、陸路，自芷邑郡城至公坪站六十里，公坪至懷化驛六十里，懷化至辰(谿)[谿]縣屬山塘驛七十里，山塘至船溪驛六十里，船溪至沅陵縣屬辰陽驛六十里，辰陽至馬底驛六十里，馬底至界亭驛九十里，界亭至桃源縣屬新店驛六十里，新店至鄭家驛六十里，鄭家至桃源縣六十里，桃源至武陵屬府河驛九十里，府河至龍陽縣九十里，龍陽至益陽縣一百二十里，益陽至寧鄉縣九十里，寧鄉至長沙省九十里，共計一千一百二十里，係驛遞大道。

一、陸路，自芷邑郡城起，由辰谿、沅陵、桃源至常德府武陵縣，由澧州、公安、荆州、潛江、(溪)[漢]川、漢陽至武昌省城，共計一千九百里。

一、陸路，自芷邑郡城起，由辰谿、沅陵、桃源至常德府城提督衙門，共計陸路七百三十里。(天)水路自郡城起，由黔陽、辰谿、瀘溪、沅陵、桃源至常德府止，九百九十里。

一、陸路，自芷邑郡城至黔陽，由洪江走焦嶺，過徐坡、壤馬至永州鎮衙門，共計程九百八十里，俱係山高峻嶺，險要山路，轎馬難行。水路自郡城起，由黔陽至洪江止，計程二百四十里。

一、陸路，自芷邑郡城至齊天坪八十里(公)[分]路，一百二十里至鎮筸鎮衙門，共計程二百里，俱係山徑，並非險峻，轎馬可行，水路不通。

一、東陸路，自郡城起，八十里內有七里橋，三眼橋，羅舊橋三處，至地名榆樹灣，設有縣丞一員，兼管羅舊驛務。又自榆樹灣四十里，內有化龍橋，至地名懷化驛，設有巡檢一員。又自懷化驛十里至白牛鋪，與辰州府屬辰谿縣之大山鋪交界。又七十里至辰谿縣。係驛遞大路，雖係山徑，並非險峻，轎馬可行。

一、南陸路，自郡城起，四十五里至地名蘿菊田，內有洋溪橋山處，與該府屬之黔陽交界。又三十五里至黔陽縣。係屬僻路山徑，轎馬可行。

一、西陸路，自郡城起，六十里至便水驛，內有龍津橋一座，便水官渡一處，設有巡檢一員兼管驛務。又自便水驛六十里至晃州驛，內有柳林橋、烏洋橋二處，晃州官渡一處，設有巡檢一員兼管驛務。又自晃州驛起，六十里至掛榜塘，與貴州思州府屬玉屏縣煤炭坳交界，又十里至玉屏縣城，係驛遞大路，俱係山徑，並非險峻，轎馬可行。又由郡城水路至玉屏縣，計程一百九十里，係逆水險灘。

一、北陸路，自郡城起，八十里至地名石板塘，與該府屬麻陽縣之齊天坪交界，內有唐家、五浪江橋二處，又五十里至麻陽縣城，係屬僻路山徑，轎馬可行，水路不通。

一、東南陸路，自郡城至細面龍，與辰谿、麻陽二縣交界，計程一百四十里，崎嶇小路，亦無水路，轎馬可行。

一、東北自郡城起，至隴田溪與辰谿、麻陽二縣交界，計程一百四十里，崎嶇小路，亦無水道，轎馬難行。

一、西南陸路，自郡起，至大龍金子與會同及貴州天柱二縣交界，計程一百八十里，不通大道，亦無水路，轎馬難行。

一、西北陸路，自郡城起，至朱家場與貴州思義府黄道司交界，計程一百八十里，不通大道，亦無水路，轎馬難行。

一、西陸路，自郡城起，由便水、晃州至南寧塘，計程一百七十里。又分路走天堂，至分防涼傘通判署六十里，共計程二百三十里。查分行之路，又自涼傘起七十里至掛榜塘，與貴州思義府玉屏縣煤炭坊交界，俱係山路，轎馬可行。

黔陽縣

一、水路，自黔邑起，下至辰谿縣二百四十里，上至芷江縣一百八十里，至長沙省城一千三百八十里，至武昌省城二千一百里，俱係大河，船隻可行。

一、陸路，自黔邑起，下至辰谿縣三百里，上至芷江縣九十里，至長沙省城一千二百九十里，至武昌省城一千九百九十里，俱係大路，轎馬可行。

一、黔邑起，至芷江縣九十里，至辰谿縣三百里，至提督衙門計程七百八十里，至永州鎮衙門計程一千六百六十里，至鎮筸鎮衙門計程二百九十里。

一、自黔邑起，大路至沅州府九十里，僅西、南兩路平峻，可通轎馬。

一、南至會同縣一百一十里，與黔邑交界處馬鞍山四十五里。

一、西至芷江縣九十里，與黔邑交界處蘿葡田四十五里。

一、黔邑小路，東至漵浦縣三百五十里，與黔邑交界處白巖橋二百五十里。

一、西至貴州天柱縣四百五十里，與黔邑交界處捐洞六十里。

一、南至會同縣洪江，與黔邑交界六十里。

一、北至芷江縣灣潭，與黔邑交界九十里。

一、東北自黔邑起，至楓木塘九十里，分路至芷江縣九十里。

一、東南自黔邑起，至倒牛坪一百一十里，分路至武岡州一百八十里。

一、西北自黔邑起，至中方六十里，分路至芷江縣六十里。

一、西南自黔邑起，至馬四溪五十里，分路至會同縣一百二十里。

以上捷徑小路，俱係山嶺險峻，轎馬難行。

麻陽縣

一、水路自麻邑起，至貴州施溪司交界漾頭司站，計程四十里，雖係逆水小河，各塘汛俱可停舟。又該縣順水與辰谿縣交界，共計二百三十里，亦係小河，各塘汛俱可停舟。又自該縣起至長沙省一千二百一十五里，至武昌省一千九百二十五里，至永州鎮一千八百一十五里，俱係大河，船隻可通。

一、陸路，自麻邑起至辰谿縣一百五十里，由縣屬五十里之巖門司巡檢衙門經過。又自該縣至鎮筸鎮衙門九十里，至長沙省一千一百零五里，至武昌省一千七百里，俱係馹路，轎馬能行。至永州鎮衙門七百五十里，係僻路，若由大路須從長沙省經過。

一、陸路，自麻邑起至本府城一百一十里，由齊天坡與芷江縣交界，並非馹路，雖有坡嶺，尚屬寬整。

一、水路，自麻邑起至本府城六百六十里，自該縣至辰谿縣計程一百八十里，係順水。又自辰谿縣至本府城計程四百八十里，俱係溪河灘險，只有麻陽小船行走。

一、東自該縣城起，至九溪灣一百二十里，與辰州府屬辰谿縣橋頭鋪交界。陸路(自)[至]辰谿縣城一百六十里，道路平坦。水路(自)[至]辰谿縣城一百八十里，俱係灘河順水。

一、南自該縣城起，至齊天坡四十里，與本府屬之芷江縣石板鋪交界。陸路至沅州府城一百一十里，俱係山路。水路至沅州府城，由辰谿縣泝流而上，至府計程六百六十里。

一、西自該縣城起，至牛牯坪五十里，與貴州思州府施溪司交界。陸路至思義府城一百九十五里，俱係山路。水路(自)[至]銅仁府城九十里，俱係上水。

一、北自該縣城起，至石洋哨七十里，與鳳凰營五寨司栗樹坳交界。陸路至鎮筸鎮九十里，道路平坦，水路不能竟達。

一、東南自縣城起，計程七十里至後山堤，與芷江縣交界。又計程一百二十里至千里坪，與辰谿縣交界。水路無。

一、東北自該縣城起，計程一百一十里至踏虎山，與瀘谿縣交界。又計程一百里至北斗山，與辰谿縣交界。水路無。

一、西南自該縣城起，計程五十里至黑陀山，與貴州施溪司沅州府芷江縣兩路交界。又計程四十里至拖板坡，亦與芷江縣交界。水路無。

一、西北自該縣城起，計程五十里至蜡旁溪，與五寨司交界。水路無。

一、大路，東距芷江縣一百一十里，至齊天坡交界處四十里，道路平易，轎馬可行。水路無。

一、大路，南距芷江縣一百里，至拖板坡交界處五十里，道路險峻，轎馬難行。水路無。

一、大路，西距貴州施溪司交界處五十里，道路險峻，轎馬難行。水路可通。

一、大路，北距辰谿縣一百五十里，至九曲灣交界處一百一十里，至巖門司五十里，分駐巡檢一員，道路平易，轎馬可行。一綫溪河，水路亦通。

一、小路，東距芷江縣八十里，至通坳山交界處三十五里，道路險峻，轎馬難行。水路無。

一、小路，南距芷江縣九十里，至王天山交界處四十里，道路險峻，轎馬難行。水路無。

一、小路，西距貴州施溪司六十五里，至陞坳山交界處三十五里，道路險峻，轎馬難行。水路無。

一、小路，北距辰谿、瀘溪二縣一百五十里，俱係坦途。

一、該縣境内縣潭設渡一處，渡船二隻，歷係該縣捐廉修僱，並未設有埠頭。

一、該縣境内原建程未溪橋樑一座，楊柳坪橋樑一座，間有倒塌，歷係隨時捐修。

郴州屬

郴州

一、水路，自該州至本屬永興縣二百一十里，山澗灘河險窄，僅通小船。

由永興縣至耒陽縣一百五十里，至耒河口三百八十里，至衡山縣一百五十里，至湘潭縣三百里，至長沙省城九十里，係大河，可通大船。統計該州至長沙省共一千二百八十里。

一、水路，自該州至長沙省一千二百八十里，又自長沙省至湘陰縣一百六十里，至岳州府三百里，至湖北嘉魚縣二百四十里，至武昌府一百八十里，係長江、大湖，統計該州至武昌省共二千一百六十里。

一、陸路，自該州至本屬永興縣九十里，至耒陽縣九十五里，至衡陽縣一百五十里，至衡山縣一百里，至湘潭縣一百七十里，至長沙省一百里，統計該州至長沙省共七百一十五里。

一、陸路，自該州至長沙省七百一十五里，自長沙省至湘陰縣一百二十里，至巴陵縣二百四十里，至湖北蒲(沂)[圻]縣二百七十里，至咸寧縣九十里，至武昌府一百八十里，統計該州至武昌省共一千六百一十五里。

一、陸路，自該州至長沙省七百一十五里。又自長沙省至寧鄉縣一百里，至益陽縣九十里，至龍陽縣一百四十五里，至武陵縣八十里，統計該州至常德府城提督衙門共一千一百三十里。

一、陸路，自該州至衡陽縣三百三十五里，至祁陽縣一百九十里，至永州府一百里，統計該州至永州府城永州鎮衙門共六百二十五里。

一、陸路，自該州至常德府一千一百三十里，又由常德府至桃源縣八十里，至鄭家駟六十里，至新店駟六十里，至界亭駟六十里，至馬底駟七十里，至辰陽駟六十里，至船溪駟七十里，至辰溪駟四十里，至濫泥站五十五里，至巖門站四十里，至五寨司四十里，統計該州至五寨司鎮筸鎮衙門共一千七百六十五里。

一、該州東至本屬興寧縣九十里，至交界雷溪鋪五十里，山路偏僻，轎馬可行。內有蘇仙橋一座，菱角、沙溪渡口二處。

一、南至本屬宜章縣九十里，至交界摺嶺界牌鋪五十五里，通衢大路，轎馬可行。內有萬年橋一座。自州至良田鋪四十里，分駐良田司巡檢一員。

一、西至桂陽州七十里，至交界豐仙村四十五里，山路偏僻，轎馬可行。內有招旅渡口一處。

一、北至本屬永興縣九十里，至交界老女橋五十五里，通衢大路，轎馬可行。內有北湖橋一座。

一、東北至本屬興寧縣一百里，至交界香花橋六十里，偏僻小路，轎馬可行。內有田家橋、秧溪橋二座。

一、東南至本屬宜章縣一百五十里，至交界高梁鋪六十里，偏僻小路，轎馬可行。

一、西北至本屬永興縣一百里，至交界油窄坵七十里，偏僻小路，轎馬難行。內有西風渡口一處。

一、西南至桂陽州臨武縣一百七十里，至交界杉木橋一百四十里，偏僻小路，轎馬可行。

又西南小路，延壽洞分路，至廖家洞一百二十里，興寧、宜章二縣交界，至本屬宜章縣一百五十里，偏僻險峻，小轎可行，並非捷徑。

又西南小路，良田鋪分路，至斗水坪九十里，與桂陽州、臨武縣交界，至臨武縣一百五十里，崎嶇險峻，小轎可行。

永興縣

一、水路，自該縣至耒陽縣一百五十里，至耒河口三百八十里，至衡山縣一百五十里，至湘潭縣三百里，至長沙省九十里，係大河，大船可行，統計該縣至長沙省城共一千零七十里。

一、水路，自該縣至長沙省城一千零七十里，又由長沙省至湘陰縣一百六十里，至岳州府三百里，至湖北嘉魚縣二百四十里，至武昌府一百八十里，係長江、大湖，統計該縣至武昌省城共一千九百五十里。

一、陸路，自該縣至耒陽縣九十五里，至衡陽縣一百五十里，至衡山縣一百里，至湘潭縣一百八十里，至長沙省城一百里，統計該縣至長沙省城共六百二十五里。

一、陸路，自該縣至長沙省城六百二十五里，由長沙省至湘陰縣一百二十里，至巴陵縣二百四十里，至湖北蒲圻縣二百七十里，至咸寧縣九十里，至武昌府一百八十里，統計該縣至武昌省城共一千五百二十五里。

一、陸路，自該縣至長沙省城六百二十五里，又由長沙省至寧鄉縣一百里，至益陽縣九十里，至龍陽縣一百四十五里，至武陵縣八十里，統計該縣至常德府城提督衙門共一千零四十里。

一、陸路，自該縣至衡陽縣二百四十五里，至祁陽縣一百九十里，至永州府一百里，統計該縣至永州府城永州鎮衙門共五百三十五里。

一、陸路，自該縣至常德府一千零四十里，又由常德府至桃源縣八十里，至鄭家駟六十里，至新店駟六十里，至界亭駟六十里，至馬底駟七十里，至耒陽駟六十里，至船溪駟七十里，至辰溪駟四十里，至濫泥站五十五里，至巖門站四十里，至五寨司四十里，統計縣至五寨司鎮筸鎮衙門共一千六百七十五里。

一、該縣東至興寧縣八十里，至交界黑壠江二十五里，山路險峻，小轎可行。

南至本州城九十里，至交界老女橋三十五里，通衢大路，轎馬可行。內有南門渡口一處。

西至耒陽縣一百里，至交界田心鋪四十五里。內糠頭塘至猿山鋪五里，路俱險峻，餘俱平坦，轎馬可行。北至安仁縣一百四十里，至交界杉樹下八十里，路途平坦，橋馬可行。

東北至酃縣一百八十里，至交界盤塘一百里，路途險峻，小轎可行。

東南至興寧縣八十里，至交界黑壠江二十五里，山路險峻，小轎可行。

西北至安仁縣一百四十里，至交界界牌六十里，路途平坦，轎馬可行。西南至桂陽州一百四十[里]，至交界長鋪(裏)七十里，路途平坦，轎馬可行。內有湘陰渡口一處。自縣至高亭六十里，分駐高亭司巡檢一員。

又西南小路山口鋪分路，至高亭司六十里，自高亭至耒陽縣一百里，至交界界牌鋪二十里，道路平坦，轎馬可行。

宜章縣

一、水路，自該縣陸路九十里至郴州東門外，下船至永興縣二百一十里，灘河險窄，僅通小船。由永興縣至耒陽縣一百五十里，至耒河口三百八十里，至衡山縣一百五十里，至湘潭縣三百里，至長沙省城九十里，係大河，大船可行，統計該縣至長沙省城陸路九十里、水路一千二百八十里。

一、水路，自該縣由郴州至長沙省城一千二百八十里，又由長沙省至湘陰縣一百六十里，至岳州府三百里，至湖北嘉魚縣二百四十里，至武昌府一百八十里，係長江、大湖，統計該縣至武昌省城陸路九十里、水路共二千一百六十里。

一、陸路，自該縣至郴州九十里，至永興縣九十里，至衡陽縣一百五十里，至衡山縣一百里，至湘潭縣一百八十里，至長沙省城一百里，統計該縣至長沙省城共八百零五里。

一、陸路，自該縣至長沙省城八百零五里，又自長沙省至湘陰縣一百二十里，至巴陵縣二百四十(至)[里]，至湖北蒲圻縣二百七十里，至咸寧縣九十里，至武昌府一百八十里，統計該縣至武昌省城共一千七百零五里。

一、陸路，自該縣至長[沙]省城八百零五里。又由長沙省至寧鄉縣一百里，至益陽縣九十里，至龍陽縣一百四十五里，至常德府八十里，統計縣至常德府城提督衙門共一千二百二十里。

一、陸路，自該縣至衡陽縣四百二十五里，至祁陽縣一百九十里，至永州府一百里，統計該縣至永州府城永州鎮衙門共七百一十五里。

一、陸路，自該縣至常德府一千二百二十里，又自常德府至桃源縣八十里，至鄭家駟六十里，至新店駟六十里，至界亭駟六十里，至馬底駟七十里，至辰陽駟六十里，至船溪駟七十里，至辰溪駟四十里，至濫泥站五十五里，至巖門站四十里，至五寨司四十里，統計縣至五寨司鎮筸鎮衙門共二千八百五十五里。

一、該縣東至桂陽縣一百七十九里，至交界里田界牌嶺九十九里，山僻小路，轎馬可行。內有白石橋、赤石橋二座。自縣至赤石六十里，分駐赤石司巡檢一員。

南至廣東乳源縣二百九十里。至鴉鵲橋乳源界十五里，乳境武陽司至董水頭乳、宜分界計二十里。又自董水頭界牌宜境起，至羅軫南黃金橋與乳邑交界，計七十五里。自縣至乳屬武陽司路徑稍平，轎馬可行，餘俱崎嶇險峻，轎馬難行。內有三星橋、鴉鵲橋二座，栗菌渡口一處。

又南至廣東樂昌縣一百九十里。至鴉鵲橋十五里，與乳源縣交界。又五里地名谷溪水，乳、樂交界，山僻險徑。自縣至乳、樂交界二十里。又渡頭至樂昌城三十里，路俱平坦。其谷溪水至加沙水六十五里，路徑崎嶇，轎馬尚可行走。惟加沙水至渡頭七十五里，俱峻嶺深林，路徑險隘，轎馬難行。

又水路南至廣東樂昌縣二百四十里。自縣至樂邑斗石村六十里，一綫溪流，灘高河窄，小船可行。平石以下匯入大河，直達廣東，俱係順流。

西至臨武縣九十里，至交界鎖石五十里，山僻小路，轎馬可行。內有梅田渡口一處。自縣至梅田二十里，分駐白沙司巡檢一員。

北至郴州九十里，至交界摺嶺界牌鋪二十五里，通衢大路，轎馬可行。內有富軍洞橋、四板橋、御杜橋、齊公橋、樟橋、摺嶺橋，共六座。

東北至興寧縣一百七十里，至交界上平鄉樟樹下九十里。自縣至赤石司，山路稍平，轎馬可行。自赤石司至平鄉二十里，嶺峻路窄，小轎可行。

東南至廣東乳源縣一百七十里，至鵝鵲橋乳源界十五里。由乳源境武陽司至董水頭乳，宜分界計二十里。又自董水頭界牌分路，由宜境平山村至硤口南相公嶺與乳邑交界計三十里。自縣至平山五十里，路徑稍平，轎馬可行。自平山至交界，崎嶇狹隘，轎馬難行。

西北至郴州一百五十里，至交界高梁鋪九十里，小路偏僻，轎馬可行。

又西北至郴州一百五十里，至交界張家塘北康家洞三十里，偏僻險峻，並非捷徑，小轎可行。

西南至廣東連州一百八十里，至交界鳳頭嶺九十里。自縣至黄沙堡七十里，山路稍平，轎馬可行。自黄沙堡至鳳頭嶺崎嶇險峻，轎馬難行。內有黄沙堡分駐把總一員。

興寧縣

一、水路，自該縣陸路三十里至該縣東江下船，至永興縣一百八十里，灘河險窄，小船可行。由永興縣至耒陽縣一百五十里，至耒河口三百八十里，至衡山縣一百五十里，至湘潭縣三百里，至長沙省城九十里，係大河，大船可行。統計該縣至長沙省城陸路三十里，水路一千二百五十里。

一、水路，自該縣東江至長沙省城一千二百五十里，又由長沙省至湘陰縣一百六十里，至岳州府三百里，至湖北嘉魚縣二百四十里，至武昌府一百八十里，係長江、大湖，統計該縣至武昌省城陸路三十里，水路二千一百三十里。

又該縣北水路，自縣城陸路四十五里至康江市，有支流小溪河一道，可行小船。由康江市至永興縣一百五十里，由永興縣至耒陽縣直達長沙省陸路四十五里，水路共一千二百二十里。

又直達武昌省陸路四十五里，水路共二千一百里。

又該縣南水路，自縣城陸路三十五里至渡頭，有支流小溪河一道，東江溪河從東江逆水而上，至水竹灘五里，由水竹灘起旱至江口十五里，由江口至渡頭十里，由渡頭至滁口塘二十里，由滁口至豐溪塘六十里。以上共計水路一百一十里，係一綫小溪，灘高水淺，僅駕小舟濟渡行人。

一、陸路，自該縣至永興縣八十里，至屬耒陽縣九十五里，至衡陽縣一百五十里，至衡山縣一百里，至湘潭縣一百八十里，至長沙省城一百里，統計該縣至長沙省城共七百零五里。

一、陸路，自該縣至長沙省城七百零五里，又自長沙省至湘陰縣一百二十里，至巴陵縣二百四十里，至湖北蒲圻縣二百七十里，至咸寧縣九十里，至武昌府一百八十里，統計該縣至武昌省城共一千六百零五里。

一、陸路，自該縣至長沙省城七百零五里，又由長沙省城至寧鄉縣一百里，至益陽縣九十里，至龍陽縣一百四十五里，至常德府八十里，統計該縣至常德府城提督衙門共一千一百二十里。

一、陸路，自該縣至衡陽三百二十五里，至祁陽一百九十里，至永州府一百里，統計該縣至永州府城永州鎮衙門共六百一十五里。

一、陸路，自該縣至常德府一千一百二十里，又由常德府至桃源縣八十里，至鄭家驛六十里，至新店驛六十里，至界亭驛六十里，至馬底驛七十里，至辰陽驛六十里，至船溪驛七十里，至辰溪驛四十里，至濫泥站五十五里，至巖門站四十里，至五寨司四十里，統計該縣至五寨司鎮筸鎮衙門共一千七百五十五里。

一、該縣東至桂東縣一百八十里，至交界馬腦鋪八十里，山路險峻，小轎可行。內有望星橋一座。

南至桂陽縣一百六十里，交界宏濟庵一百三十里，偏僻小路，轎馬可行。內有七星渡、渡頭渡口二處。自縣至渡頭三十五里，分駐渡頭司巡檢一員。

西至郴州九十里，至交界雷溪鋪四十里，山路偏僻，轎馬可行。內有蓮花橋一座，東江渡口一處。

北至安仁縣一百一十里，至交界騾子山一百二十里，山路偏僻，轎馬可行。內有松木橋、排橋、桃源橋三座。

東北至酃縣二百零五里，至交界彭池八十五里，路徑崎嶇，小轎可行。

東南至桂陽縣一百五十里，至交界白牛塘七十五里，山路崎嶇，轎馬勉強可行。

西北至永興縣八十里，至交界黑龍五十五里，山路險峻，小轎可行。內有湘源橋一座。自縣至康江市四十五里，分駐外委一員。

西南至本州一百里，至交界香花橋四十里，偏僻小徑，轎馬可行。

又西南小路至宜章縣一百七十里，至交界上坪鄉樟樹下八十里，嶺峻路窄，小轎勉强可行。

桂陽縣

一、水路，自該縣陸路一百八十里至興寧縣東江下船，至永興縣一百八十里，灘河險窄，小船可行。由永興至耒陽縣一百五十里，至耒河口三百八十里，至衡山縣一百五十里，至湘潭縣三百里，至長沙省城九十里，係大河，大船可行。統計該縣至長沙省城陸路一百八十里，水路共一千二百五十里。

一、水路，自該縣陸路一百八十里至興寧縣東江下船，至長沙省城一千二百五十里，又由長沙省至湘陰縣一百六十里，至岳州府三百里，至湖北嘉魚縣二百四十里，至武昌府一百八十里，係長江、大湖，統計該縣至武昌府城陸路一百八十里水路，共二千一百三十里。

一、陸路，自該縣至興寧縣一百五十里，至永興縣八十里，至耒陽縣九十五里，至衡陽縣一百五十里，至衡山縣一百里，至湘潭一百八十里，至長沙省城一百里，統計該縣至長沙省共八百五十五里。

一、陸路，自該縣至長沙省八百五十五里，又自長沙省至湘陰縣一百二十里，至巴陵縣二百四十里，至湖北蒲圻縣二百七十里，至咸寧縣九十里，至武昌府一百八十里，統計該縣至武昌省城共一千七百五十五里。

一、陸路，自該縣至長沙省城八百五十五里，又自長沙省至寧鄉縣一百里，至益陽縣九十里，至龍陽縣一百四十五里，至常德府八十里，統計該縣至常德府城提督衙門共一千二百七十里。

一、陸路，自該縣至衡陽縣四百七十五里，至祁陽縣一百九十里，至永州府一百里，統計該縣至永州府城永州鎮衙門共七百六十五里。

一、陸路，自該縣至常德府一千二百七十里，又由常德府至桃源八十里，至鄭家駟六十里，至新店駟六十里，至界亭駟六十里，至馬底駟七十里，至辰陽駟六十里，至船溪駟七十里，至辰溪駟四十里，至濫泥站五十五里，至巖門站四十里，至五寨司四十里，統計縣至五寨司鎮筸鎮衙門一千九百零五里。

一、該縣東至江西崇義縣一百七十五里，至交界百担坵六十五里，崎嶇險峻，轎馬勉强可行。自縣至益將塘四十里，分駐益將司巡檢一員。

南至廣東仁化縣一百四十四里，至交界大小麻溪七十里，路徑平坦，轎馬可行。

西至宜章縣一百七十九里，至交界里田八十里，山僻小路，轎馬可行。自縣至文明塘七十里，分駐鎮安司巡檢一員。

北至桂東縣一百五十里，至交界沙田六十里，山路窄險，小轎勉强可行。

東北至江西崇義縣一百六十五里，至交界文英七十五里，崎嶇險峻，小轎勉强可行。

又東北至江西崇義縣一百四十里，至交界豐州七十里，崎嶇險峻，小轎勉强可行。

東南至廣東仁化縣一百四十五里，至交界長江一百二十里，崎嶇險峻，小轎勉强可行。

西南至廣東樂昌縣一百六十五里，至交界界頭六十里，路徑崎嶇，轎馬勉强可行。

又西南至樂昌縣一百五十里，至交界松光山七十五里，山路險峻，小轎可行。

西北至興寧一百五十里，至交界白牛塘七十五里，山路崎嶇，轎馬勉强可行。

桂東縣

一、水路，自該縣陸路三百一十里至興寧縣東江下船，至永興縣一百八十里，灘河險窄，小船可行。由永興至耒陽縣一百五十里，至耒河口三百八十里，至衡山縣一百五十里，至湘潭縣三百里，至長沙省城九十里，係大河，大船可行，統計該縣至長沙省城陸路三百一十里，水路共一千一百五十里。

一、水路，自該縣陸路三百一十里至興寧縣東江下船，至長沙省城一千二百五十里，又由長沙省至湘陰縣一百六十里，至岳州府三百里，至湖北嘉魚縣二百四十里，至武昌府一百八十里，係長江、大湖，統計縣至武昌省城陸路三百一十里，水路二千一百三十里。

一、陸路，自該縣至興寧縣一百八十里，至永興縣八十里，至耒陽縣九十里，至衡陽縣一百五十里，至衡山縣一百里，至湘潭縣一百八十里，至長沙省城一百里，統計該縣至長沙省城共八百八十五里。

一、陸路，自該縣至長沙省城八百八十五里，又由長沙省城至湘陰縣一百二十里，至巴陵縣二百四十里，至湖北蒲圻縣二百七十里，至咸寧縣九十里，至武昌府一百八十里，統計該縣至武昌省城共一千七百八十五里。

一、陸路，自該縣至長沙省城八百八十五里，又由長沙省至寧鄉縣一百里，至益陽九十里，至龍陽縣一百四十五里，至常德府八十里，統計縣至常德府城提督衙門共一千三百里。

一、陸路，自該縣至衡陽五百零五里，至祁陽縣一百九十里，至永州府一百里，統計該縣至永州府城永州鎮衙門共七百九十五里。

一、陸路，自該縣至常德府一千三百里，又由常德府至桃源縣八十里，至鄭家驛六十里，至新店驛六十里，至界亭驛六十里，至馬底驛七十里，至辰陽驛六十里，至船溪驛七十里，至辰溪驛四十里，至濫泥站五十五里，至巖門站四十里，至五寨司四十里，統計該縣至五寨司鎮筸鎮衙門共一千九百五十五里。

一、該縣東至江西龍泉縣二百九十里，至交界元胡庵九十里，山路平坦，轎馬可行。自縣至宜三都汛七十里，分駐把總一員。

南至江西崇義縣三百里，至交界石盤一百三十里，山路險峻，小轎勉强可行。

西至興寧縣一百八十里，至交界馬腦鋪一百里，路徑險窄，小轎可行。

北至江西龍泉縣三百五十里，至交界南楓坦二十五里，山路險峻，小轎勉强可行。

東南至江西上猶縣一百四十里，至交界猴子嶺六十里，山路險峻，小轎勉强可行。自縣至桃源平頭汛六十里，分駐外委一員。

東北至江西龍泉縣二百七十里，至交界煙塘隘九十里，路徑平坦，轎馬可行。

西南至桂陽縣一百五十里，至交界沙田九十里，山路險峻，小轎勉强可行。

西北至酃縣一百八十里，至交界涼傘樹下三十里，山路險峻，小轎勉强可行。

靖州屬

靖州

一、靖州協與州同城。

水陸程途：

一、水路，該州東門外山溪灘河一道，由南逆水以上至流坪五十里，與通道縣交界。由東順流下轉西北寨池洞八十里，與會同縣交界。寨池洞至渡頭河六十里，渡頭河至雷公灘七十里，至黔陽縣城九十里。由竹瓦塘至會同縣，至洪江富粟灘六十里交界，外係黔陽縣所轄，內係會同縣專管。自洪江市下至黔陽縣屬安江市六十里，安江市至桐灣市六十里，至溆浦縣屬江口六十里，江口至辰谿縣六十里，共水程六百五十里，入沅州府屬麻陽縣小河。至石羊哨一百八十里，起旱，陸路二十里至鎮筸鎮衙門，共計程八百五十里。

又自該州會同縣至辰谿，係六百五十里。過浦市至瀘谿縣六十里，瀘谿縣至辰州府六十里，辰州府至北溶六十里，北溶至清浪灘六十里，清浪至界首六十里，界首至穿石六十里，穿石至桃源縣六十里，桃源縣至常德府提督衙門九十里，合計該州至常德府水路一千一百六十里。

又自該州至常德府一千一百六十里，至牛鼻灘六十里，牛鼻灘至龍陽縣五十里，龍陽至天心湖五十九里，天心湖至白沙塘六十里，白沙塘至沅江縣四十里，沅江縣至瓦雀磯六十里，瓦雀磯至林子口五十里，林子口出長沙大河，逆水至喬口六十里，喬口至長沙府城七十五里，合計該州至長沙省城水路一千六百七十四里。

又自該州至常德府一千一百六十里，至龍陽縣九十里，龍陽縣至老虎山九十里，老虎山至冷飯洲九十里，過洞庭湖至岳州府二百七十里，岳州府至谷花洲九十里，谷花洲至六溪口九十里，六溪口至嘉魚縣九十里，嘉魚縣至簰州九十里，簰州至大昆山九十里，大昆山至武昌省城九十里，合計該州水路由常德府至武昌省城二千一百四十里。

又自該州由常德府至省城一千六百七十四里，至湘潭九十里，湘潭縣至淥口九十里，淥口至朱亭九十里，朱亭至衡山縣九十[里]，衡山縣至衡州府一百二十里，衡州府至祁陽縣二百六十里，祁陽縣至永州府總鎮衙門一百八十里，共計水路一千六百九十四。

一、東陸路，自該州城起，至綏寧縣屬之界牌交界計程六十里，自界牌至綏寧縣城五十里，縣城至黃石塘四十里，黃石塘至高坪塘五十里，高坪塘至武岡州七十五里，武岡州至紫陽市一百七十里，紫陽市至寶慶府一百三十里，共計陸路五百七十五里。寶慶府至邵陽縣永豐一百八十里，永豐至湘鄉縣一百二十里，湘鄉縣至湘潭縣一百一十里，湘潭縣驛站大路至長沙省城一百里，合共陸路一千零七十五里。

又自該州陸路至寶慶府五百七十五里，由石橋鋪至石林鋪一百里，石林橋至引皮橋，至衡州府一百八十里，衡州府過排山驛站至祁陽縣一百八十里，祁陽縣至永州府城總鎮衙門一百二十里，合計該州陸路至永州府一千一百五十五里。

又自該州陸路至寶慶府五百七十五里，至武岡州，由新甯縣黃龍渡至永興縣，至永州府總鎮衙門二百四十里，合共陸路八百一十五里，俱係僻路，並無驛站。

南陸路，自該州城起，至通道縣屬之巖門鋪交界計程五十里，至通道縣共計程九十里，係僻小路，可通轎馬，並無塘汛。

西陸路，自該州與貴州錦屏縣高寨交界計程七十里，係險峻僻路，轎馬難行，並無塘汛。

北陸路，自該州城起，至會同縣屬連山鋪交界計程六十里，自連山鋪至會同縣三十里，會同縣至黔陽城一百二十里，黔陽縣至芷江縣九十里，無驛。芷江縣驛站大路，至麻陽縣屬齊天塘，至鳳凰廳之石羊哨，至鎮筸鎮衙門二百七十里，共計陸路五百七十里。

又自北陸路，自靖州至會同縣九十里，會同縣至黔陽縣一百二十里，黔陽縣至芷江縣九十里，並無驛站。芷江縣由晃州便水、羅舊、懷化驛站二百四十里至辰谿縣屬山塘驛，山塘驛六十里至辰谿，由船溪辰陽驛站至辰州府沅陵縣一百八十里，沅陵縣由馬底、界亭、新店、鄭家各驛站至桃源縣共三百里，桃源縣至常德府提督衙門九十里，共計陸路一千一百七十里。

又自該州至常德府一千一百七十里，由武陵縣大龍、清化驛站至澧州府一百里，澧州由順林、孫黃驛站至湖北公安縣一百八十里，公安縣至荊州府

六十里，荊州府至潛江縣三百里，潛江縣至漢川縣二百三十里，漢川縣至武昌府六十里，合計該州由常德至武昌省城陸路二千一百里。

一、該州零溪司巡檢一員，千總一員，駐劄三巖橋，距州城係山僻小路。

一、分駐離州城一百二十里之大梁坡外委一員，離州城六十里之黃泥關把總一員，貢塘關外委一員。

以上各員距省城水陸兩路，俱由該州經過。

會同縣

一、水路，自縣城南門外溪河一道，離城五里之渡頭河起，逆水而上，至靖州屬之寨池洞六十里，交界。順流而下雷公灘七十里，至黔陽縣城九十里。由縣屬竹瓦塘抵洪江富貴灘六十里，交界，外係黔陽所屬，內係該縣專管。東西溪河一道，離城一百一十里之竹舟江與綏甯縣屬交界，逆水上至綏甯縣城一百四十里，順流北爲若水，匯入洪江市，共計二百八十五里。縣西溪河一道，離城七十里之黃壇汛與貴州天柱縣交界，由浪江合流至洪江，可通艬洞小船。縣東溪河一道，自本境長嶺發源。縣北溪河一道，於本境金龍山發源。俱匯達洪江，時盈時涸，不通舟楫。由洪江下至黔陽縣屬安江市六十里，安江至桐灣六十里，桐灣至潊浦縣屬江口六十里，江口至辰谿縣六十里，計水路共五百二十里，入沅州府屬麻陽縣小河，至石羊哨一百八十里，起旱，陸路二十里至鎮筸鎮總鎮衙門，合計水陸路七百二十里。

又自縣城水路，由洪江市至辰谿縣五百二十里，過浦市至瀘谿縣六十里，瀘谿縣至辰州府六十里，辰州府至北溶六十里，北溶至清浪灘六十里，清浪灘至界首六十里，界首至穿石六十里，穿石至桃源縣六十里，桃源縣至常德府提督衙門九十里，合共計水路至常德府一千零三十里。

又自縣城水路至常德府一千零三十里，至牛鼻灘六十里，牛鼻灘至龍陽縣五十里，龍陽縣至天心湖五十九里，天心湖至白沙塘六十里，白沙塘至沅江縣四十里，沅江縣至瓦雀磯六十里，瓦雀磯至林子口五十里，林子口出長沙大河，逆水至喬口六十里，喬口至長沙省城七十五里，合計水路至長沙省城共一千五百四十四里。

又自縣城水路至常德府一千零三十里，至龍陽縣九十里，龍陽縣至老虎山九十里，老虎山至冷飯洲九十里，過洞庭湖至岳州府二百七十里，岳州

府至谷花洲九十里，谷花洲至六溪口九十里，六溪口至嘉魚縣九十里，嘉魚縣至簰洲九十里，簰洲至大昆山九十里，大昆山至武昌省城九十里，合計水路至武昌省城一千一百一十里。

又自縣城水路，由常德府至長沙省城一千五百四十四里，至湘潭九十里，湘潭縣至淥口九十里，淥口至朱亭九十里，朱亭至衡山九十里，衡山至衡州府一百二十里，衡州府至祁陽縣三百六十里，祁陽縣至永州府總鎮衙門一百八十里，共計水路二千五百六十四里。

一、南陸路，自縣城起，上至靖州計程九十里，由靖東至綏甯縣一百一十里，由縣城至黄石塘四十里，黄石塘至高坪塘五十里，高坪塘至武岡州七十五里，武岡州至紫陽市一百七十里，紫陽市至寶慶府一百三十里，共計陸路六百六十五里。寶慶府至邵陽縣永豐一百八十里，永豐至湘鄉縣一百三十里，湘鄉至湘潭縣一百一十里，湘潭縣驛站大路至長沙省城一百里，合計陸路一千一百七十五里。

又自縣城陸路至寶慶府六百六十五里，由石橋鋪至石林橋一百里，石林橋至引皮橋，至衡州府一百八十里，衡州府過排山驛站至祁陽縣一百八十里，祁陽縣至永州府城總鎮衙門一百二十里，合計陸路至永州府一千二百四十里(里)。

又自縣城陸路至寶慶府六百六十五里，由武岡州至新甯縣黄龍渡，至東安縣，至永州府總鎮衙門二百四十里，合計九百零五里，俱係僻路，並無驛站。

一、北陸路，自縣城至沅州府黔陽縣城一百二十里，黔陽至芷江縣九十里，無驛。芷江縣驛站大路至麻陽縣屬齊天塘，至鳳凰廳之石羊哨，至鎮篁城總鎮衙門二百七十里，共計陸路四百八十里。

一、北陸路，自縣城至黔陽縣一百二十里，黔陽縣至芷江縣九十里，並無驛站。芷江縣由晃州便水、羅舊、懷化驛站二百四十里至辰谿縣屬山塘驛，六十里至辰谿縣，由船溪、辰陽驛站至辰州府沅陵縣一百八十里，沅陵縣由馬底、界亭、新店、鄭家各驛站至桃源縣五百里，桃源縣至常德府提督衙門九十里，共計陸路一千零八十里。

又自縣城陸路至常德府武陵縣一千零八十里，由大龍、清化驛站至澧州二百里，澧州由順林、孫黄驛站至湖北公安縣一百八十里，公安縣至荊州府六十里，荊州府至潛江縣二百里，潛江縣至漢川縣二百三十里，漢川縣至武昌府六十里，合計陸路至武昌省城二千一百一十里。

一、會同縣分防巡檢一員駐劄洪江地方，有溪河可通縣城，但屬上水，曲折紆回，舟行遲滯。有旱道離城一百一十里，俱係山僻小路，緊要事件由陸路馳遞。

通道縣

一、水路，自縣城西門外有溪河二道，一由貴州洪州市發源，一由綏甯縣雙江市發源，入縣犁頭嘴會合流出，與靖州之流坪四十里，交界，僅通本地茅蓬船隻。匯流出會同縣屬洪江大河，共計程四百五十里。洪江至沅州府黔陽縣屬安江六十里，安江至桐灣六十里，桐灣至辰州府屬溆浦縣江口六十里，江口至辰谿縣六十里，計水程六百九十里。入沅州府屬麻陽縣小河，至石陽哨一百八十里，起旱，陸路二十里至鎮篁城總鎮衙門，合計水陸路至鎮篁城八百九十里。

又自縣城水路至辰谿縣六百九十里，過浦市至瀘溪縣六十里，瀘溪縣至辰州府六十里，辰州府至北溶六十里，北溶至清浪灘六十里，清浪灘至界首六十里，界首至穿石六十里，穿石至桃源縣六十里，桃源至常德府城提督衙門九十里，共計陸路一千一百里。

又自縣城水路至常德府一千二百里，至牛鼻灘六十里，牛鼻灘至龍陽縣五十里，龍陽縣至天心湖五十九里，天心湖至白沙塘六十里，白沙塘至沅江縣四十里，沅江縣至瓦雀磯六十里，瓦雀磯至林子口五十里，林子口出長沙大河，逆水至喬口六十里，喬口至長沙省城七十五里，合計水路至長沙省城一千七百一十四里。

又自縣城至常德府一千二百里，至龍陽縣九十里，龍陽縣至老虎山九十里，老虎山至冷飯洲九十里，過洞庭湖至岳州府二百七十里，岳州府至谷花洲九十里，谷花洲至六溪口九十里，六溪口至嘉魚縣九十里，嘉魚縣至簰洲九十里，簰洲至大昆山九十里，大昆山至武昌省城九十里，合計水路至武昌省城二千二百八十里。

又自縣城，由常德府至長沙省城一千七百一十四里，至湘潭縣九十里，湘潭縣至淥口九十里，淥口至朱亭九十里，朱亭至衡山縣九十里，衡山縣至衡州府一百二十里，衡州府至祁陽縣三百六十里，祁陽縣永州府總鎮衙門一百八十里，合計水路至永州府二千七百二十四里。

一、東陸路，自通道縣城起，至靖州屬江口塘計程六十里，自江口至綏寧縣七十里，綏寧縣至武岡州一百六十五里，武岡州至紫陽市一百七十里，紫陽市至寶慶府一百二十里，共計陸路五百九十五里。寶慶府至邵陽縣永豐一百八十里，永豐至湘鄉縣一百二十里，湘鄉縣至湘潭縣一百一十里，湘潭縣馹站大路至長沙省一百里，共計陸路一千一百零五里。

又自縣城陸路至寶慶府五百九十五里，由石橋鋪至石林橋一百里，石林橋至引皮橋，至衡州府一百八十里，衡州府過排山馹站至祁陽縣一百八十里，祁陽縣至永州府城總鎮衙門一百二十里，合計陸路至永州府一千一百七十五里。

一、自縣城陸路至寶慶府五百九十五里，由武岡州至新寧縣黄龍渡，至東安縣，至永州府城總鎮衙門二百四十里，合計八百三十五里，俱係僻路，並無馹站。

一、東陸路，自縣城起，至靖州計程九十里，由靖州出北下至會同九十里，會同至黔陽縣一百二十里，黔陽縣至芷江九十里，無馹。芷江縣馹站大路，至麻陽縣屬齊天塘，至鳳凰廳之石陽哨，至鎮筸城總鎮衙門二百七十里，共計陸路至鎮筸六百六十里。

又自縣城陸路至靖州九十里，由靖州出北下至會同縣九十里，會同縣至黔陽縣一百二十里，黔陽縣至芷江縣九十里，並無馹站。芷江縣由晃州便水、羅舊、懷化各馹站二百四十里至辰谿縣屬山塘馹，六十里至辰谿縣，由船溪、辰陽馹站至辰州府沅陵縣一百八十里，沅陵縣馬底、界亭、新店、鄭家各馹站至桃源縣三百里，桃源縣馹至常德府提督衙門九十里，共計陸路至常德府一千二百六十里。

又自縣城陸路至常德府武(陸)[陵]縣一千二百六十里，由大龍、清化馹站至澧州二百里，澧州由順林、孫黄馹站至湖北公安縣一百八十里，公安縣至荆州府六十里，荆州府至潛江縣三百里，潛江縣至漢川縣二百三十里，漢川縣至武昌府六十里，合計陸路至武昌省城二千二百九十里。

一、東南陸路，自縣城起，山僻險路，至坪潮塘十里，坪潮塘至瓜坪塘十里，瓜坪塘至綏寧縣屬江口塘十里，交界，俱係山路。

一、通道縣分防巡檢一員，駐劄播揚坪，離城七十里。

一、西北陸路，自縣城起，山僻險路，至黄强二十里，與貴州開泰縣雲寨交界。

綏寧縣

一、水路，自縣城西門外有溪河一道，係屬本境發源，至界溪口匯流，出會同縣屬之洪江市河，計水路二百里。自洪江下至黔陽縣屬之安江市六十里，安江市至桐灣六十里，桐灣至溆浦縣屬江口六十里，江口至辰谿縣六十里，計水程四百四十里。入沅州府屬麻陽縣小河，至石羊哨一百八十里，起旱，陸路二十里至鎮筸城總鎮衙門，共計水陸路至鎮筸六百二十里。

又自縣城水路至辰谿縣四百四十里，至瀘溪縣六十里，瀘溪縣至辰州府六十里，辰州府至北溶六十里，北溶至清浪灘六十里，清浪灘至界首六十里，界首至穿石六十里，穿石至桃源縣六十里，桃源縣至常德府提督衙門九十里，共計水路至常德府九百五十里。

又自縣城水路至常德府九百五十里，至牛鼻灘六十里，牛鼻灘至龍陽縣五十里，龍陽縣至天心湖五十九里，天心湖至白沙塘六十里，白沙塘至沅江縣四十里，沅江縣至瓦雀磯六十里，瓦雀磯至林子口五十里，林子口出長沙大河，逆水至喬口六十里，喬口至長沙省城七十五里，合計水路至長沙省城一千四百六十四里。

又自縣城水路至常德府九百五十里，至龍陽縣九十里，龍陽縣至老虎山九十里，老虎山至冷飯洲九十里，過洞庭湖至岳州府二百七十里，岳州府至谷花洲九十里，谷花洲至六溪口九十里，六溪口至嘉魚縣九十里，嘉魚縣至簰洲九十里，簰洲至大昆山九十里，大昆山至武昌府城九十里，合計水路至武昌省城二千零三十里。

又自縣城水路至長沙省城一千四百六十四里，至湘潭縣九十里，湘潭縣至淥口九十里，淥口至朱亭九十里，朱亭至衡山縣九十里，衡山縣至衡州府一百二十里，衡州府至祁陽縣三百六十里，祁陽縣至永州府城總鎮衙門一百八十里，共計水路二千四百八十四里。

一、東陸路，自縣城起，至高平塘與城步縣屬分界一百零五里，至武岡州七十五里，武岡州至紫陽市一百七十里，紫陽市至寶慶府一百三十里，共計陸路四百八十里。寶慶府至邵陽縣永豐一百八十里，永豐至湘鄉縣一百二十里，湘鄉至湘潭縣一百一十里，湘潭縣駢站大路至長沙省城一百里，合計陸路至長沙省城九百九十里。

又自縣城陸路至寶慶府四百八十里，由石橋鋪至石林橋一百里，石林橋至引皮橋，至衡州府一百八十里，衡州府過排山駢站至祁陽縣一百八十里，祁陽縣至永州府城總鎮衙門一百二十里，合計陸路至永州府一千零六十里。

又自縣城陸路至寶慶府四百八十里，至武岡州，由新寧縣黄龍渡至東安縣，至永州府總鎮衙門三百四十里，合計七百二十里，俱係僻路，並無駢站。

一、西陸路，自縣城起，至靖州城一百一十里，由靖州自北而出至會同縣九十里，會同縣至黔陽縣一百二十里，黔陽縣至芷江九十里，無駢。芷江縣駢站大路至麻陽縣屬齊天塘，至鳳凰廳之石羊哨，至鎮筸城總鎮衙門二百七十里，共計陸路至鎮筸六百八十里。

又自縣城至靖州一百一十里，由靖州自北而出，下至會同縣九十里，會同縣至黔陽縣一百二十里，黔陽縣至芷江縣九十里，無駢。芷江縣由晃州便水、羅舊、懷化各駢站，二百四十里至辰谿縣屬山塘駢，六十里至辰谿縣，由船溪、辰陽駢站至辰州府沅陵縣一百八十里，沅陵縣由馬底、界亭、新店、鄭家各駢站至桃源縣三百里，桃源縣至常德府城提督衙門九十里，合共陸路至常德府一千二百八十里。

又自縣城陸路至常德府武陵縣一千二百八十里，由大龍、清化駢站至澧州二百里，由順林、孫黄駢站至湖北公安縣一百八十里，至公安縣，至荆州府六十里，荆州府至潛江縣三百里，潛江縣至漢川縣二百三十里，漢川至武昌府六十里，合計陸路至武昌省城二千三百一十里。

一、東北陸路，自縣城僻徑至黄石塘四十里，黄石塘至青坡司六十里，駐防巡檢一員。自青坡司至錫坡哨汛五十里，駐劄把總一員。又自青坡司至分水坳六十里，與武岡州交界，俱係險路。

一、西南陸路，自縣城起至江口塘八十里，與通道爪平交界，俱係險路。

一、西南陸路，自縣城起，僻徑至大洞塘十里，大洞塘至臨口八十里，駐劄州判一員。又自臨口至雙江司三十里，駐防巡檢一員。自雙江至千溪五十里，與廣西義甯縣交界。

又卷八

澧州屬

澧州

一、水路，自該州至安鄉縣一百四十里，自安鄉縣至沅江縣二百四十里，自沅江縣至長沙省城三百里。内自該州至沅江縣係大河平水，自沅江縣至長沙省城係大河逆水，船隻均可通行，總計該州至長沙省城水路六百八十里。

一、水路，自該州至湖北公安縣交界之泗水口一百一十里，自泗水口至荆州府江陵縣屬之虎渡口一百五十里，自虎渡口至湖北武昌府省城八百四十里。内自該州至觀音港三十里係順水，觀音港至虎渡口係逆水，自虎渡口至武昌省城係大河平水，大小船隻可通，總計該州至武昌省城一千一百里。

一、陸路，自該州至常德府屬武陵縣一百八十里，自武陵縣至龍陽縣九十里，自龍陽縣至益陽縣一百三十里，自益陽縣至寧鄉縣一百二十里，自寧鄉縣至長沙省城一百里，均係有駢大路，總計該州至長沙省城六百二十里。

一、陸路，自該州至湖北公安縣屬之孫黄驛一百四十里，孫黄駢至孱陵駢六十里，孱陵駢至江陵縣九十里，江陵縣至潛江縣一百六十里，潛江縣至天門縣九十里，天門縣至漢川縣九十里，漢川縣至漢陽縣一百二十里，漢陽縣至武昌府一百二十里，均係有駢大路，總計該州至武昌省城陸路一千零一十里。

一、水路，自該州至匯口八十里，匯口至武陵縣屬之麻河六十里，麻河至捷子窖六十里，捷子窖至牛鼻灘六十里，牛鼻灘至武陵縣六十里，總計該州至常德府提督衙門水路三百二十里。

一、自該州至長沙府水路六百八十里，自長沙府至湘潭縣九十里，湘潭縣至衡州府三百六十里，衡州府至祁陽縣三百九十里，自祁陽縣至永州府一百八十里，總計該州至永州鎮衙門水路一千七百里。

一、自該州(自)[至]常[德]府屬武陵縣水路三百二十里，自武陵縣至桃源縣九十里，自桃源縣至辰州府三百里，自辰州府至鎮筸鎮三百三十里，總計該州至鎮筸鎮衙門水路一千零四十里。

一、自該州至所屬清化驛六十里，清化驛至武陵縣屬之大龍驛六十里，大龍驛至武陵縣城六十里，係驛站大路，總計該州至提督衙門陸路一百八十里。

一、自該州至長沙府六百二十里，自長沙府至湘潭縣九十里，自湘潭縣至衡山縣一百八十里，自衡山縣至衡州府九十里，自衡州府至祁陽縣一百一十里，自祁陽縣至永州府一百六十里，總計該州至永州鎮衙門陸路一千二百六十里。

一、自該州至常德府武陵縣一百八十里，自武陵縣至桃源縣九十里，自桃源縣至辰州府三百五十里，自辰州府至麻陽縣一百八十里，自麻陽縣至鎮筸鎮一百十里，總計該州至鎮筸鎮衙門陸路九百一十里。

一、該州東至匯口，與所屬安鄉縣交界，水路八十里，自匯口至安鄉縣六十里，總計該州至安鄉縣水路一百四十里，係大河平水，船隻均可通行。

南至武陵縣水路並無徑河，係由城南大河東行至匯口，繞東南至麻河，與武陵縣交界，計水路一百四十里。自麻河至武陵縣一百八十里。共計水路三百二十里。內自州城至麻河係大河平水，自麻河至武陵縣係大河逆水，船隻均可通行。

西至合口與福安縣北境交界，水路四十里。自合口至石門縣水路五十里。共計至石門縣水路九十里，係灘河逆水，山板脉撥船可以通行。

北至公安縣水路並無徑河，係由城南大河東行，至觀音港順水三十里，自觀音港繞東北至泗水口，與公安縣交界八十里，自泗水口繞北進小河，至公安縣五十里，共計水路一百六十里。自觀音港至公安縣均係逆水，船隻皆可通行。

東北至泗水口與公安縣交界一百二十里，自泗水口至公安縣五十里，即由觀音港河道前進。

東南至麻河與武陵縣交界，水路一百四十里，自麻河至武陵縣水路一百八十里，即由匯口河道前進。

西北至松滋縣水路，不通徑河，係由城南大河至觀音港，由泗水口至湖北荆州府江陵縣屬虎渡口，出大江，繞西北至松滋縣，並無別有河道可通。

西南至脚跡渡與安福縣交界，水路三十里，自打巖廠至安福縣水路六十里，共計水路九十里。係由城南大河東行十里，至道口進該河，逆水繞西

南前進，係一綫溪河，水巖層疊。春夏水大，小板撥船可通。秋(東)[冬]水涸，船隻難行。

一、自該州東至匯口，與州屬安鄉縣交界八十里，自匯口至安鄉縣四十里，共計陸路一百二十里。內距城二十里地名津市，分駐州判一員。該路係稍僻路徑，俱係平地，並無險峻山嶺。自州城至匯口，中有津市渡、窑坡渡、匯口渡三處渡口，歷有民渡船接濟。夏汛水泛，自匯口以下道路間有淹浸，船隻可通。秋冬水涸，轎馬可以行走。

西至合口，[與]州屬安福縣北境交界四十里，自合口西至新安，係安福縣與石門縣交界二十里。自新安至石門縣三十里。共計陸路九十里。該路係稍僻路徑，州城至合口俱係平地，並無橋梁、津渡。合口至石門縣間有高阜小嶺，轎馬尚可通行。

又西至謝峰巖與州屬石門縣交界，陸路九十里，自謝峰巖至石門縣九十里。共計陸路一百八十里。該路係偏僻小路，山溪陡險，不通要隘，轎馬難行。

南至王家岡與州屬安福縣東南境交界，七十里。自王家岡至鰲山塘，係安福縣與武陵縣交界，三十里。自鰲山塘至武陵縣八十里。共計陸路一百八十里。內距州城六十里清化馹，改設巡檢一員。該路係郵馹通衢，間有高嶺，並無險峻山嶺。自州城至清化馹，中有內河、外河、五家窪、新渡河四處渡口，俱各設有官渡船隻接濟，轎馬均可坦行，合併聲明。

北至界溪橋與湖北公安縣交界八十里，自界溪橋至公安縣六十里，共計陸路一百四十里。內距州城六十里順林驛，改設巡檢一員。該路係郵馹通衢。自州城至順林驛俱係平地。順林至界溪橋間有高崗，並無險峻山嶺。中有澧陽橋、張公墻橋、涔河橋、順林橋四處，橋座歷來係領帑修葺，現俱完好，轎馬俱可坦行。

東北至泗水口與公安縣交界一百里，自泗水口至公安縣五十里，計陸路一百五十里。該路係偏僻小徑，不通要隘，轎馬難行。

東南至麻河與武陵縣交界一百里，自麻河至武陵縣九十里，共計陸路一百九十里。該路係偏僻小徑，不通要隘，夏汛水泛，尚多淹没，轎馬難行。

西南至仙女廟與所屬安福縣交界三十里，自仙女廟距州城六十里。清化馹改設巡檢一員。該路係郵馹通衢，間有高嶺，並無險峻山嶺。自州城

至清化駋，中有內河、外河、五家窪、新渡河四處渡口，俱各設有官渡船隻接濟，轎馬均可坦行，合併聲明。

北至界溪橋與湖北公安縣交界八十里，自界溪橋至公安縣六十里，共計陸路一百四十里。內距州城六十里。順林驛改設巡檢一員。該路係郵駋通衢，自州城至順林驛俱係平地，順林至界溪橋間有高崗，並無險峻山嶺。中有澧陽橋、張公壋橋、涔河橋、順林橋四處，橋座歷來係領帑修葺，現俱完好，轎馬俱可坦行。

東北至泗水口與公安縣交界一百里，自泗水口至公安縣五十里，計陸路一百五十里。該路係偏僻小徑，不通要隘，轎馬難行。

東南至麻河與武陵縣交界一百里，自麻河至武陵縣九十里，共計陸路一百九十里。該路係偏僻小徑，不通要隘，夏汛水泛，尚多淹没，轎馬難行。

西南至仙女廟與所屬安福縣交界三十里，自仙女廟至安福縣三十里，共計陸路六十里。該路係稍僻小徑，由州城、內外河、五家窪三處渡口經過，分西南僻路前進，間有山路，尚無峻嶺，轎馬尚可行走。

西北至鄧家店與湖北松滋縣交界七十里，自鄧家店至松滋縣一百二十里，共計陸路一百九十里。該路係稍僻小路，間有高崗，尚無峻嶺。由州城至鄧家店，中有桃花灘橋梁一座，青泥灘渡口一處，轎馬尚可通行。

又西北適中徑路一條，自州城至界溪橋九十里，自界溪橋至偏山河與松滋縣交界十里，自偏山河至松滋縣一百六十里，共計陸路二百六十里。該路係偏僻小徑，間有山嶺，路多崎嶇，不通要隘，轎馬難行。

安鄉縣

一、水路，自該縣至岳州府之華容縣傅家圻九十里，由洞庭湖至巴陵縣二百一十里，自巴陵縣至嘉魚縣二百七十里，自嘉魚縣至武昌省二百四十里，總計該縣至武昌省共八百一十里，俱係長江、大湖。

一、陸路，自該縣至縣屬景港至十里，過河至岳州府華容縣城六十里，由華容縣至巴陵縣一百八十里，由巴陵縣至臨湘縣一百二十里，由臨湘縣至湖北武昌府蒲圻縣一百八十里，由蒲圻至武昌省一百九十里，總計該縣至武昌省七百六十里。

一、水路，自該縣至縣屬馬沙腦三十里，由武陵縣之百夾子口及龍陽縣之南嘴湖，至常德府沅江縣二百七十里，又自沅江縣至長沙省三百七十里，總計該縣至長沙省六百四十里，均係大河逆水。

一、陸路，自該縣至常德府一百八十里，並無驛站，係偏僻小路。又自常德府至龍陽縣八十里，龍陽至益陽縣一百三十里，益陽至寧鄉縣九十里，由寧鄉至長沙省一百里，均係有驛大路，總計該縣至長沙省五百八十五里。

一、水路，自該縣至常德府提督衙門二百一十里。

一、陸路，自該縣至常德府提督衙門一百八十里。

一、水路，自該縣至長沙府大河六百四十里，又自長沙府至湘潭縣九十里，自湘潭至衡州府三百六十里，自衡州府至祁陽縣三百九十里，又自祁陽縣至永州府一百八十里，總計該縣至永州鎮一千六百六十里。

一、陸路，自該縣至長沙府五百八十三里，又自長沙至湘潭縣九十里，湘潭縣至衡山縣一百八十里，衡山縣至衡州府九十里，衡州府至祁陽縣一百二十里，祁陽縣至永州鎮一百六十里，總計該縣至永州鎮一千二百二十五里。

一、水路，自該縣至常德府二百一十里，自常德府至桃源縣九十里，桃源縣至辰州府三百五十里，辰州府至浦市一百一十里，浦市至麻陽縣七十里，麻陽縣至鎮筸鎮一百一十里，總計該縣至鎮筸鎮九百一十里。

一、水路，自該縣至澧州所屬之匯口七十里，沿河站頭，又自匯口至澧州之津市六十里，又自津市至澧州城二十里。

一、陸路，自該縣至澧州一百二十里，均係沿河小路，並無驛站。

一、該縣東至岳州府屬之華容縣水路一百八十里，內六十里與華容縣之牛橋交界。該縣境內設有中漸、景港、枯樹塘汛三處。悉係洞庭港汊，除遇風浪外，水勢平坦，舡隻通達無阻。

東至岳州府屬之華容縣陸路九十里，內三十五里與華容縣之牛橋交界。該縣境內設有白堤鋪一塘，係各垸堤路，轎馬尚可行走。

西至澧州水路一百五十里，內四十五里至石圭山與澧州交界。該縣境內設有羌口塘汛一處。係支河逆水，船隻通行無阻。

西至澧州陸路一百二十里，與澧州之匯口交界，悉係河邊小路，難行轎馬。

南至常德府屬之龍陽縣陸路二百六十里，內四十里與武陵縣之麻河交界。該縣境內設有羌口一塘。路徑大小不等，轎馬難以行走。

北至湖北荆州府屬之公安縣水路一百六十里，內九十里與澧州之焦圻交界。又九十里與公安縣之洄水口交界。沿途河道大小不一，悉係逆水，船隻通行無阻。

北至湖北荆州府之公安縣陸路一百五十里，內七里與公安縣之沖峰畍交界。悉係捷徑小路，僅堪行馬，並無塘汛。

東南至岳州府屬之華容縣朱夏溪交界水路四十里，洞庭港汊除水漲應避風浪外，並無險灘，舡隻通行無阻。

東南至岳州府屬之華容縣朱夏溪交界，陸路四十里，係小路，轎馬難行。

西南至常德府之武陵縣麻河交界，水路四十里，係大河逆水，並無險灘，舡隻通達無阻。

西南至常德府屬之武陵縣麻河交界，陸路四十里，係河邊小道，轎馬難行。

西北至澧州之黃五窖交界，水路八十里，係荆澧支流，水涸，船隻不通。

西北至澧州之黃五窖交界，陸路六十里，係小道，轎馬難行。

東北至湖北荆州府之石首縣，水路一百六十里，內一百里與石首縣之六湖山交界，係小河，逆水，船隻通達無阻。

東北至湖北荆州府之石首縣，陸路一百里，內六十里與石首縣之六湖山交界，係小道，轎馬難行。

石門縣

一、該縣水路遠隔江湖，不通湖港，僅有灘河一綫，上自慈利縣屬交界溪河入該縣境月光洲，由任家坊徑過縣前至諶家河，出該縣界入安福縣屬新安鎮，計程七十里。俱係順流險灘，僅有本地脲板船，撥船行走，巨舫大舟不能到境。

一、該縣陸路不當要道，並無驛路。上至慈利縣九十里，下抵澧州城九十里，俱係偏僻小路。由州至省共七百一十里。

一、該縣東與安福縣屬新安鎮交界，四十里，陸路平易，轎馬可行。水道順流，本地小船可行。新安鎮至安福縣城七十里，半平半險，水道不通。正南與桃源縣屬高都村交界，七十里，高都村至桃源縣城一百四十里，均係半平半險，轎馬可行，水道不通。正西與慈利縣屬界首鋪交界，二十里，界首鋪至慈利縣城六十里，陸路平易，可行轎馬。水路盡屬逆流，只行本地小船。正北與湖北長樂縣屬長沖村交界，二百二十里，長沖村至長樂縣城一百八十里，係極險山路，轎馬難行，水道不通。又東北與澧州樟木岡交界，二十里，樟木岡至澧州城八十里，平易小路，轎馬可行，水道不通。東南與安福縣屬官汁橋交界，二十里，官汁橋至安福縣城六十里，係偏僻小路，轎馬可行，水道不通。西北與湖北鶴峰州屬牛角尖交界，二百五十里，牛角尖至鶴峰州城一百里，係高山險路，轎馬難行，水道不通。西南與桃源縣屬走馬坪交界，六十里，走馬坪至桃源縣城七十里，係偏僻小路，轎馬可行，水道不通。

一、該縣城駐劄澧州營分防把總一員，典史一員，教諭一員，訓導一員。北鄉水南渡分駐巡檢一員，九谿營分防把總一員，離城一百一十里，陸路俱係半平半險，轎馬可行。水路盡屬逆流險灘，只可行走本地小舟。

慈利縣

一、水路，自本縣至石門縣計程九十里，自石門縣至澧州一百里，以上均係溪河。自澧州所屬之津市匯口至安鄉縣一百二十里，自安鄉至南嘴湖，由龍陽縣所屬之上窖白沙至沅江縣一百四十里。自沅江由益陽縣所屬之八字哨，湘陰縣所屬之林子口，至長沙省一百五十八里。以上半係大河，半係湖港。自慈利縣起，至長沙省城止，共計程八百零八里。

一、水路，自慈利縣至石門縣九十里，自石門縣至澧州一百里，以上俱係溪河。自澧州所屬之匯口，安鄉縣所屬之傅家磯，由華容、岳州二府縣所屬之石山門明山頭過洞庭西湖，由蘆蓆港至岳州五百二十五里。自岳州，由臨湘蒲圻縣所屬之成陵磯，鴨欄、茅埠、石頭關，由嘉魚排州、京口，至武昌省四百四十里。以上半係大河，半係湖港。通共自慈利縣起至武昌省城止，計程一千一百六十五里。

一、陸路，自該縣至石門計程九十里，係偏僻。自石門至澧州一百里，自漢川由清化大龍站至常德府一百八十里，自常德至龍陽縣九十六里，自龍陽縣並益陽縣一百六十四里，自益陽至寧鄉縣一百二十里，自寧鄉至長沙省城一百四十里，以上均係平易。通共自慈利縣起，至長沙省城止，計程八百九十里。

一、陸路，自該縣至石門縣計程九十里，係偏僻。自石門縣至澧州一百里，自澧州由順林、孫黄至公安縣一百四十里，自公安縣由孱陵過虎渡口至荆州府一百里，由荆州府至鴉角廟六十里，自鴉角廟至田關一百一十六里，自田關由潛江載路天門縣所屬之横口五十里，由横口由廟頭至漢川縣一百八十里，由漢川至蔡店六十里，自蔡店至武昌省六十里，以上均係平易。通共自慈利縣起至武昌省城止，計程九百五十六里。

一、水路，自慈利縣至石門縣九十里，自石門縣至澧州一百里，以上均係溪河。自澧州由津市至匯口六十里，自匯口至龍陽縣所屬之麻河匡口九十里，由龍陽所屬之侯家港、牛鼻灘至常德府一百四十六里，以上係大河。自慈利縣起，至常德府城止，計程四百八十六里。

一、水路，自慈利縣至石門縣九十里，自石門縣至澧州一百里，以上係溪河。自澧州由津市至匯口六十里，自匯口至麻河匡口九十里，自匡口由侯家港、牛鼻灘至常德府一百四十六里，自常德府至辰州府三百六十里，自辰州府至辰谿縣六十里，自辰谿縣由鎮筸鎮所屬之石羊哨二百里，以上係溪河。自石羊哨起旱，二十里至鎮筸鎮城，係偏僻。自慈利縣起，至鎮筸鎮城止，計程一千一百二十六里。

一、水路，自慈利縣至石門縣九十里，自石門縣至澧州一百里，以上係溪河。自澧州之津市匯口至安鄉縣一百二十里，自安鄉縣至南嘴湖，由上窖，自沙至沅江縣二百四十里，自沅江縣由益陽縣之八字哨，湘陰之林子口至長沙府二百五十八里，自長沙至湘潭縣一百四十里，自湘潭至衡山縣一百八十里，自衡山縣至衡州府一百四十里，自衡州至祁陽縣一百八十里，自祁陽縣至永州府二百四十里，以上係大河。自慈利縣起，至永州府止，計程一千六百八十八里。

一、陸路，自該縣至石門縣九十里，係偏僻。自石門縣至澧州一百里，自澧州由清化、大龍站至常德府一百八十里，以上係平易驛路。自慈利縣起，至常德府城止，計程三百七十里。

一、陸路捷徑，由慈利縣、南岳寺、熱水坑、盤塘、礄岡市、金家廟，至常德府一百八十里。

一、陸路，自該縣至永定縣一百八十里，自永定縣至永順府二百一十里，自永順府至保靖縣一百二十里，自保靖縣至永綏廳一百四十里，自永綏至鎮筸鎮一百四十里，以上俱係偏僻。自慈利縣起，至鎮筸鎮止，計程七百九十里。

一、陸路，自該縣至石門縣九十里，係偏僻。自石門至澧州一百里，自澧州由清化、大龍站至常德府一百八十里，自常德府由龍陽縣九十六里，自龍陽縣至益陽縣一百六十四里，自益陽至寧鄉縣一百二十里，自寧鄉至長沙府一百四十里，自長沙至湘潭縣一百四十里，自湘潭至衡山縣一百八十里，自衡山至衡州府一百四十里，自衡州至祁陽縣一百八十里，自祁陽至永州府二百四十里，以上係平易。自慈利縣起，至永州府城止，計程一千七百七十里。

一、水路，自慈利縣起，六十里至界溪河，由界溪河三十里至石門，由石門一百里至澧州，俱係灘河，船隻僅行山板小撥。

一、陸路，自慈利縣，由石門縣至澧州一百九十里，係偏僻，轎馬稍可行走。

一、慈利縣交界之東、西、南、北俱係偏僻，並無驛路，無憑開造。

一、該縣東路至石門縣九十里，係山徑小路。南路至桃源縣一百八十里，係山徑稍僻小路。西路至永定縣一百八十里，係山險小路。北路至鶴峰州二百四十里，係山險小路。

一、該縣陸路城北九十里至九谿城，駐劄游擊一員，守備一員，千總一員，分駐巡檢一員，遇有緊急事件，必由縣經過，另無捷徑可以旁通。

以上該縣相距南北兩省各衙門水陸程途，均係按照因公差務計算開造，其沿途水陸兩路，舟楫轎馬均屬可行。至於各處所設驛路名目，無憑查開，應聽前途有驛各州縣開造。

安福縣

一、該縣水路遠隔江湖，不通湖港，僅有溪河二綫。北河上自石門縣諶家河入該縣境，至停弦渡出該縣界入澧州，計程三十五里，俱係順流險灘。南河自慈利縣五雷山發源，至石門縣官斗橋入該縣境，由余氏橋經過縣前里，打石廠出該縣界，入澧州境內，計程一百一十里，俱係險灘，僅通本地艑板，小船可行，巨舫大船不能到境。

一、該縣陸路不通要道，並無驛路。上至石門縣城七十里，下抵澧州城九十里，俱係偏僻小路。由州至省共七百二十里。

一、該縣正東與澧州清化驛交界，計程四十里，清化驛至澧州城六十里，均係半平半險，轎馬可行，水道不通。正南與武陵縣湖海坪交界，計程五十里，湖海坪至武陵縣城八十里，均係半平半險，轎馬可行，水道不通。正西與石門縣天心堰交界，計程八十里，水路盡屬逆流，只行一葉小舟。天心堰至石門縣城二十五里，平易小路，轎馬可行，水路不通。正北與澧州刻木山交界，計程九十里，刻木山至澧州城七十里，均係半平半險，轎馬可行，水路不通。又東北與澧州仙女廟交界，計程三十里，仙女廟至澧州城四十里，均係平坦小路，轎馬可行，水道不通。東南至鰲山鋪與武陵縣屬雙堰角交界，計程五十里，鰲山鋪至武陵縣城一百里，係平坦大路，轎馬可行，水道不通。西北與石門縣周家橋交界，計程五十里，周家橋至石門縣城三十里，均係崎嶇小路，轎馬難行，水道不通。西南與桃源縣六合埡交界，計程六十里，六合埡至桃源縣城九十里，均係崎嶇小路，轎馬難行，水道不通。

永定縣

一、水路，自該縣南門外起，至慈利縣城河下永安渡，計程一百八十里。由慈利縣起，過澧州、沅江等處，至長沙省城計程八百里，合共水路九百八十里。由澧州、安鄉、岳州、臨湘、嘉漁、漢陽等處至武昌省城，計程一千二百五十九里。

以上自該縣至澧州，係一綫溪河，俱屬高灘急流，並無支流小港，亦無站埠。

一、陸路，自該縣南門外起，至慈利縣城一百八十里，俱係崎嶇山路，轎馬難以行走。由慈利過常德、龍陽、益陽、寧鄉等處，至長沙省城計程七百四十里，合共陸路九百二十里。由慈利至澧州，過公安、荆州、潛江、天門、漢川、漢陽至武昌省城，計程一千一百五十七里五分。

以上自澧州至長沙、武昌省，係有驛大路。

一、水路，自該縣南門外起，舡雙應由慈利縣、澧州、龍陽經過至提督衙門，計程六百三十里。由慈利、澧州、安鄉、沅江、長沙、衡州經過，至永州鎮衙門，計程一千六百四十里。由慈利、澧州、龍陽、武陵、桃源、沅陵、瀘溪等縣經過，至鎮筸鎮衙門，計程一千三百九十里。俱係上水。

以上自該縣起至澧州，沿河並無站埠。由澧州至常德、永州、鎮筸各衙門，沿途站埠地名，該縣向無差務往來，無憑查造。

一、陸路，自該縣南門外起，由慈利、桃源二縣經過，至提督衙門，共計三百六十里，係偏僻小路，並無驛站。由慈利、石門至澧州，共一百八十里，係偏僻小路，並無驛站。由澧州、常德、龍陽、益陽、寧鄉、長沙、衡州經過，至永州鎮衙門，共一千八百里，係有驛大路。由永順、保靖、永綏經過，至鎮筸鎮衙門，共六百一十里，係偏僻小路，並無驛站。

一、水路，自該縣起至澧州，計程三百六十里，俱係灘河，並無站埠。

一、陸路，自該縣起至澧州止，計程三百六十里，俱係山僻小路，並無驛站。

一、該縣向未設有驛站，亦無分駐縣丞、巡檢佐雜。縣屬陸路險峻，轎馬難行。水路一綫溪河，僅本地山板小舡可行。

一、該縣東至巖口四十里，與慈利縣分界，自分界處所抵慈利縣城西一百四十里。南至酸子界四十五里，與沅陵縣分界，自分界處所抵沅陵縣城北一百八十五里。西至龍爪關五十里，與永順縣分界，自分界處所抵永順縣城東一百一十里。北至楊枝界四十里，與九谿衛分界，自分界處所抵九谿衛城南九十九里。俱係小路險峻，轎馬難行。

桂陽州屬

桂陽州

水陸程途：

一、水路程限。

一、自州城本州城，陸路二十五里至舍人渡，有溪河一綫，係從藍山、嘉禾發源流入。自舍人渡至常甯縣屬之白沙市，計程一百三十里，皆係險灘，只有本地民人攜駛茅蓬小舡，裝運銅、鉛、鐵、麥，於十八灘處多用縴夫拉放。順水可行自白沙，出焦源河口至衡州府城，計程二百四拾里。順水船隻可行自衡州府，由衡山、湘潭至長沙省城五百里，係大河順水，共水路八百七十里。由長沙至武昌省城，計程九百二十里。共一千七百九十里，船隻可行。

一、陸路，自本州至常甯縣一百六十里，由常甯至衡陽縣一百二十里，由衡陽至衡山縣一百二十里，由衡山至湘潭縣一百八十里，由湘潭至長沙省城九十里，共至長沙六百七十里。由長沙至武昌省計程九百里，共一千五百七十里。

一、自本州至常寧、衡陽、衡山、湘潭各縣陸路，至長沙省六百七十里，由善化縣至甯鄉一百里，由甯鄉至益陽縣九十里，由益陽至龍陽縣一百四十五里，由龍陽至武陵縣八十里，至提督衙門共一千零八十五里。

一、自本州至嘉禾縣九十里，由嘉禾縣至藍山縣七十里，由藍山至甯遠縣九十里，由甯遠至道州九十里，由道州至零陵縣一百五十里，至永州鎮衙門共四百九十里。

一、自本州至長沙省六百七十里，由長沙至武陵縣四百一十五里，由武陵縣至五寨司六百三十五里，至鎮箄鎮衙門共一千七百二十里。

一、東大路至郴州城七十里，至交界處三十里，係山路稍平。中隔招旅渡小溪一綫。郴州設有渡船，轎馬可行。

一、南大路至臨武縣城一百二十里，至交界處六十里，道路略平，轎馬可行。

一、西大路至嘉禾縣城九十里，至交界處五十里，半平半險。中隔西車灣溪河一綫。嘉禾縣設有渡船，轎馬可行。

一、北大路至常寧縣城一百六十里，至交界處九十里。分駐泗洲寨巡檢一員，離本州城九十里，山路崎嶇，嶺多險峻。中隔斗下渡溪河，境內民人架造柴峯石橋一座，轎馬可行。

東北大路至永興縣城一百二十里，至交界處六十里，山路稍平，轎馬可行。

西南大路至臨武縣城一百二十里，至交界處四十里，山路略險，轎馬可行。

西北大路至新田縣城一百二十里，至交界處一百里，僻徑稍平，轎馬可行。

北大路至常寧縣屬之白沙一百二十里，分駐專管桂常銅礦廠員，至交界處九十里，道路略平。中隔烏石渡溪河一綫，設有渡舡。又湖溪橋架木橋一座，轎馬可行。

臨武縣

一、東路與宜章縣接壤，自縣城至鳳接鋪四十里交界，至宜章縣城陸路九十里。

一、南陸路與廣東連州接壤，自縣城至茅蕨嶺交界三十五里，至連州城一百二十五里。

一、西陸路與藍山縣接壤，自縣城至朱禾鋪塘交界三十里，至藍山縣城九十里。

一、北陸路與桂陽州接壤，至交界月華鋪塘八十里，至州城四十里，共一百二十里。由桂陽州、常甯一帶共至長沙省城柒百九十里，至武昌省一千六百九十里。

一、自縣至本州城一百二十里，至提督衙門共一千二百零五里。

一、自縣至本州城一百二十里，至鎮箄鎮衙門一千八百四十里。

一、自縣至藍山縣九十里，由藍山縣至甯遠縣九十里，由甯遠縣至道州九十里，由道州至零陵縣一百五十里，至永州鎮衙門四百二十里。

一、東路至宜章縣境內之白沙司巡檢衙門，距縣城七十里。

一、南路至廣東連州境內之星子司巡檢衙門，距縣城六十里。

一、西路至藍山縣境內之大橋司巡檢衙門，距縣城一百二十里。

一、北路至桂陽州境內之泗洲司巡檢衙門，距縣城一百一十里。

一、東北至桂陽州城一百二十里，交界新塘處六十里，境內牛頭汾分駐外委一員。

一、東南至宜章縣九十五里，交界安富頭塘處四十里。

藍山縣

一、水路，係一綫溪流，向來不通舟楫。自縣城外經由縣屬下車地方，至嘉禾縣九十里，始通小舟。又自嘉禾至桂陽州舍人渡一百一十里，自舍人渡至常甯縣屬之白沙市一百三十里，均係險灘。由白沙至衡州府計程二百四十里，順水，船隻可行。自衡州至衡山、湘潭至長沙省城五百里，係大河順水。共水路九百八十里。由長沙至武昌省城計程九百二十里，共一千九百里。

一、陸路至嘉禾縣七十里，由嘉禾縣至桂陽州九十里，由州至長沙省城六百七十里，共八百三十里。由長沙至武昌省九百里，共一千七百三十里。

一、自本縣至嘉禾縣七十里，至桂陽州一百六十里，提督衙門一千二百四十五里。

一、自本縣至嘉禾縣七十里，至桂陽州一百六十里，由州至鎮箄鎮衙門一千八百八十里。

一、自本縣至甯遠縣九十里，由甯遠至道州九十里，由道州至零陵縣一百五十里，至永州鎮衙門共三百三十里。

一、陸路，自本縣至桂陽州一百六十里，離縣城二十里。過火田渡，由嘉禾縣，係偏僻山路，轎馬尚屬可行。

一、正東與臨武縣屬之朱禾鋪交界，計程五十里。自縣城至臨武縣城共九十里。係偏僻山路，轎馬尚屬可行。

一、正南與廣東連州屬之南風坳交界，計陸路八十里。自縣至連州城二百一十里。係偏僻山路，轎馬尚屬可行。中於甯溪所地方設駐甯溪汛把總一員。

一、正西與甯遠縣屬之九嶷尾交界，計陸路六十里。山徑崎嶇，轎馬難行。

一、正北與甯遠縣屬之神下交界，計陸路五十里。自縣至甯遠縣城九十里。係偏僻山路，轎馬尚屬可行。

一、東南與臨武縣屬之煙山交界，計陸路五十五里。均係傜民居住，山徑崎嶇，轎馬難行。

一、西南與江華縣屬之牛塘口交界，計陸路八十里。自縣城起至江華縣城三百一十五里，係偏僻山路，轎馬尚屬可行。中於大橋地方設大橋司巡檢一員，駐防大橋汛外委千總一員。

一、東北與嘉禾縣屬之擊馬鋪交界，計陸路五十里。自縣起至嘉禾縣城七十里。係偏僻山路，轎馬尚屬可行。

一、西北與甯遠縣屬之梽木橋交界五十五里，自縣至甯遠縣城九十五里，係偏僻山路，轎馬尚屬可行。

嘉禾縣

一、水路，自縣起至桂陽州所屬之舍人渡，計程一百一十里，係溪河險灘，僅容小舟。由舍人渡至常甯縣所轄之白沙市，徑由衡州府衡山、湘潭，直達長沙、武昌，共計水路一千九百里。

一、東陸路，自縣城起至桂陽州九十里，由州至常甯一百六十里，由常甯至長沙五百一十里，共七百六十里。由長沙至武昌省九百里，共計程一千六百六十里。

一、自本縣至桂陽州九十里，由州至提督衙門一千一百七十五里。

一、自本縣至桂陽州九十里，由州至鎮筸鎮衙門一千八百一十里。

一、自本縣至甯遠縣九十里，由甯遠至道州九十里，由道州至永州鎮衙門共計程三百三十里。

一、東路至桂陽州接壤處五十里，又四十里至州城，半平半險，轎馬可行。

一、西路至藍山縣接壤處二十里，又五十里至藍山縣城，係山路，轎馬尚屬可行。

一、南路至臨武縣接壤處三十里，又五十里至臨武縣城，係僻路，轎馬尚屬可行。

一、北路至新田縣接壤處三十里，又六十里至新田，均係山路，轎馬尚屬可行。

乾州廳

一、水路，東至瀘溪縣地名大陂溜，與廳轄黄連溪交界，距廳五十里。自廳城至瀘溪縣一百二十里，至辰州府一百八十里，又至常德府四百五十里。其瀘邑洞河以上均係湍急陡灘，僅容小舟行走，直達廳城河止。

一、水路，東至張排塞十五里，係順水。自張排塞十五里至鎮溪所河，又至永綏高巖河，共七十五里，均係逆水，節節陡灘，僅止苗船行走。別處溪河不通舟楫。

一、陸路，東至瀘溪縣地名大陂溜交界，距廳五十里，餘與水路同。

南至瀘邑狗爬巖，與廳轄皮耳坨交界，距廳三十里，係山路。

西至鳳凰廳地名鴨保塞，與廳轄前營課馬洞苗村交界，距廳五十里。直達川黔要區，自廳城至貴州松桃廳同知衙門一百二十里，係山路。

北至永順府屬保靖縣地名蕩坨寨，與廳轄江底寨交界，距廳四十里。自廳城至古丈坪同知衙門一百二十里，係山路。

東南至瀘邑地名茨冲，與廳轄溪口界，距廳三十里。自廳城至浦市一百二十里，係小路。

東北至永順縣地名年魚坪，與廳轄樟武村交界，距廳四十里，係小路。

西南至鳳凰廳地名三炮台，與廳轄二炮台交界，距廳五里。自廳城至鳳凰廳並辰沅道及鎮筸鎮各衙門共九十里，係山路。

西北至永綏廳地名排步美，與廳轄右營陽孟寨苗村交界，距廳五十里。

自廳城至永綏廳及綏靖鎮各衙門一百二十里，係山路。

永桂廳

一、該廳城東桂陽州境，陸路六十里至桂陽州屬香風鋪，分路十里至常甯縣界地名蠟園。自該廳至常甯縣共一百二十里。直下衡州，共二百五十里。此係鋪遞平路，轎馬可行。

一、該廳城東陸路至桂陽州香風鋪，分路直上至桂陽州，共一百八十里。此係鋪遞平路，轎馬可行。

一、該廳城南新田縣境，陸路三十里至新田縣。自該廳至永州府二百一十里，直上廣西省城，共五百八十里。直下至衡州府，共六百里。又直下至長沙省城，共八百七十里。此係驛站大路，轎馬可行。

一、該廳城南陸路三十里至新田縣，分路向西，四十五里至甯遠縣界地名橋下峝。自該廳一百二十里至甯遠縣。

一、該廳自東至長沙省，分路向西至常德府提督衙門，陸路一千二百五十五里。

一、該廳自東至長沙省，分路向西至鎮筸鋪衙門，陸路一千九百五十五里。

一、該廳自南至永州鎮衙門，陸路二百一十里。

一、小路，由該廳城北二里，係新田縣境，地名涼亭橋，分路向東北二十四里，係桂陽州新田縣交界，地名梅子嶺。下至常甯縣，共一百一十里。上至桂陽州，共一百六十六里。此係僻徑，橋馬難行。

一、傜峝小路。由該廳城北二里新田縣境地名涼亭橋，分路向西，八里至北里峝。此係險徑，轎馬難行。由該峝內西北二十里至茶流河，溪邊僻徑。一百五十里可通祁陽縣界地名白水，轎馬難行。

一、該廳城北十里至北里峝口，分路向西北，三十五里至新田縣烏江峝，此係險徑，轎馬難行。由該峝向西，十里通杉木峝，正東十二里至茶流河，溪邊僻徑。一百二十里可通祁陽縣界地名白水。自該廳由該峝至祁陽縣，一百七十里至白水，僻徑，轎馬難行。自白水至祁陽縣，係大路，轎馬可行。

一、該廳城西八里至新田縣境西源峝地，係小徑，小轎可行。由該峝內向九十里通杉木峝，小徑，小轎可行。

一、該廳城南六十里至新田縣境維溪峝，小徑，小轎可行。由該峝內向東十里通杉木峝，東北十里通烏江峝，向南四十里通新田縣，均係小徑，小轎可行。

一、該廳城西十二里至新田縣境杉木峝，小徑，小轎可行。由該峝內向東十里通烏江峝，向西十里通維溪峝，向南十里通西源洞，均係小徑，小轎可行。

一、該廳城北二里涼亭橋，分路向東，二十七里至桂陽州境桑窩峝，係小徑，小轎可行。由該峝內向東南一百六十里通桂陽州城，西南二十里地名茶流河，溪邊僻徑，可通祁陽縣界地名白水。向北八里至甯遠縣界地名蒲竹嶺，六十里至常甯縣界地名洋泉，一百二十里至常甯縣。向西五里通北里峝，又二十里通烏江峝，均係險徑，轎馬難行。

一、該廳城東桂陽州境，三十五里至歐菜峝，平路，轎馬可行。由該峝內向南五里通桂陽州境地名泗洲寨，係平路，轎馬可行。

一、該廳城西四十里至甯遠縣界地名劉家山，三十里至銀坑峝，自該廳至該峝共七十里，小徑，轎馬可行。由該峝內至甯遠縣一百二十里，係小徑，轎馬可行。

一、該廳城西八里至西源峝口，分路六十里至甯遠縣境寶藏峝，自該廳至該峝六十八里，係平路，轎馬可行。由該峝內向東北三十里通祁陽縣界地名花園峝，大路，轎馬可行。

以上道路均按該廳防城四至開報，並未分管地段，其交界處所無由造報。再所屬各傜峝險僻小徑，歲省坍塌，時常變遷，今昔各異，逐細清查各峝現有人行之路，據實開報。

永綏廳

一、廳東二十五里與保靖古銅溪交界，又二十五里至保靖縣。

一、廳南一百二十里與鳳凰廳黑土寨交界，又八十五里至鳳凰廳。

一、廳西六十里與四川秀山縣洪安汛交界，又九十里至秀山縣。

一、廳北三十五里與保靖縣永和塘交界，又五十里至保靖縣。

一、廳東南四十四里與保靖縣涼水井汛交界，九十五里至乾州廳。

一、廳西南七十里與貴州松桃廳木樹汛交界，又五十里至松桃廳。

一、廳東北二里與保靖縣清水江交界，又五十里至保靖縣。

一、廳西北五十里與四川秀山縣莪蓉汛交界，又九十里至秀山縣。

一、該廳綏靖鎮游擊同知、經歷各衙門駐花園城，陸路距省一千二百里。

一、該廳永綏協守備知事衙門駐茶洞，陸路距廳城六十里。

一、該廳距辰沅道衙門陸路二百零五里。

一、該廳距永順府城陸路二百二十里。

一、該廳距沅州府城陸路七百五十里。

一、該廳距辰州府城陸路二百九十里，水路三百五十里。

一、該廳距常德府提督衙門七百六十里。

一、該廳東至保靖縣古銅溪小河道，僅容小舟，至辰州府西始回沅江大河，水路距省一千三百六十里。

江藍廳

一、該廳東北陸路至藍山縣界四十五里，地名界排。中有小河，小船可行。

一、該廳東陸路至廣東連州界二十五里，地名分水坳。此係大路，轎馬可行。外有灘河可通船行，十五里直抵廳城。

一、該廳東南陸路至廣東連山縣界四十里，地名白石山，與八排峝傜相近。此係山路，轎馬可行。有小河，船不能通。

一、該廳東南小路至廣東連山連州交界六十里，地名平山，此係險峻，轎馬難行，與八排峝傜相近。

一、該廳南陸路至廣西平樂府賀縣界四十里，地名大塝，此係山路，轎馬可行，無水路。

一、廳西南陸路至賀縣界五十里，地名大錫，係山路，中間有轎馬難行，無水路。

一、該廳西陸路至江華縣一百八十里，此係大河，船雙可通。

一、該廳自西至永州鎮衙門陸路四百五十里。

一、該廳正北陸路至甯遠道州藍山界九十里，地名癩子山，此係小路，並無水路。

一、該廳西北陸路至藍山界六十里，地名西山傜，此係小路，亦無水路可通。

晃州廳

一、該廳東陸路二十七里地名門樓坳，與芷江縣蔡家山交界。自該廳至芷江縣陸路一百二十里。此係大路，轎馬可行。

一、南陸路九十里地名甘味，與貴州天柱縣岑寮坡交界。自該廳至天柱縣陸路一百四十里。此係險峻，轎馬難行。

一、西陸路五十七里地名掛榜山，與貴州玉屏縣煤炭坳交界。自該廳至玉屏縣陸路六十里。此係大路，轎馬可行。

一、北陸路三十三里地名向家地，與貴州思州府黄道司交界。自該廳至思州府陸路一百五十里。此係小路，轎馬可行。

一、東南小路一百一十三里地名狗臘巖，與芷江縣米貝交界。此係險峻，轎馬難行。

一、東北二十里地名小竹溪，與芷江縣劉家沖交界。此係小路，轎馬可行。

一、西南一百八十里地名界牌，與貴州鎮遠縣雪洞交界。此係險峻，轎馬難行。

一、西北二十五里地名綠柏鋪，與貴州思州府由堁坪交界。此係小徑，小轎可行。

一、廳東陸路，由芷江縣至鎮筸鎮衙門，陸路三百里。

一、廳東陸路，由芷江縣至常德府提督衙門，陸路九百六十里。

一、廳北陸路，由貴州銅仁府往鎮筸鎮衙門，陸路二百一十里。

一、廳東水路至芷江縣界一十五里，地名黑羊巖。自廳至芷江縣水路一百六十里。此係險灘大河，舡雙可行。

一、廳西外路至貴州玉屏縣界三十里，地名汾洲灘。自廳至玉屏縣水路八十里。此係大河，船雙可行。

鳳凰廳

一、東陸路至麻陽縣屬分縣四十五里，地名巖門。自廳至麻陽縣城九十里。此係平坦大道，轎馬可行。

一、南陸路至貴州銅仁府屬分縣七十里，地名正大營。自廳至銅仁府一百二十里。此係平坦大道，轎馬可行。

一、西陸路至永綏廳界九十里，地名泛石巖。自廳至永綏廳二百四十里。此係小徑，轎馬可行。

一、西南陸路至貴州松桃廳界八十里，地名巖坳汛。自廳至松桃廳一百零五里。此係小徑，轎馬可行。

一、北陸路至乾州廳界七十三里，地名灣溪。自廳至乾州廳九十八里。此係平坦大路，轎馬可行。

一、廳至長沙省陸路一千一百五十里。

一、廳至常德府提督衙門陸路六百八十里。

一、廳至綏靖鎮衙門陸路二百四十里。

一、廳至辰州府衙門陸路三百五十里。

一、廳至靖州協衙門陸路五百四十里。

一、廳至沅州協衙門陸路一百八十里。

《三省邊防備覽》卷二《道路考上》 漢中府南鄭縣

東：四十里柳林鋪，三十里城固縣，平原坦途。

南：二十里祖師殿，三十里牟家壩，二十里山路青石關，南鄭巡檢駐此。三十里回軍壩，二十里天池子，二十里羊圈關，四川省通江縣界，山路陡險。

由牟家壩東二十里小路關帝廟，十五里法慈院，東南行六十里花石梁，入川要卡。

由牟家壩西四十里小路紅廟塘。

由牟家壩南五十里梅子壩。

由牟家壩西南七十里廟壩。

由牟家壩西北六十里黃官嶺。

西：二十里龍江鋪，二十里長寧鎮，屬褒城縣。三十里黃沙驛，屬沔縣。二十里舊州鋪，二十里沔縣。共程一百一十里，平原坦途。

西南：四十里周家坪，二十里梁家營，十里黃官嶺。計程七十里，平原坦途。

北：二十里鍾家營，二十五里褒城縣。計程四十五里，平原坦途。

東北：二十里乾溝坎，四十里汶川集，屬城固縣。二十里許家廟，係往小河口路。計程八十里，平原坦途。

褒城縣

東南：至漢中府四十五里，平原坦途。

北：十里雞頭關，十五里麻坪寺，二十五里青橋驛，二十里二十里鋪，二十里馬道驛，褒城縣巡檢分防。二十里武曲鋪，十五里鐵佛殿，十五里武關驛，屬留壩廳。十五里新開嶺，二十五里留壩廳。共程一百八十里。此路即北棧道。雞頭關石磴盤紆，下臨深澗，爲漢中北路要隘。

西：十五里老道嶺，二十五里新街子，十里黃沙驛，屬沔縣。二十里舊州鋪，二十里沔縣。計程九十里，平原坦途。

南：二十里長寧鎮，渡江，二十里翻山猴子嶺，二十里協水集，三十里黃官嶺，褒城縣巡檢駐此。四十里白巖河，二十里乾溝，三十里麥子坪，山路，入川省南江縣界。

西北：三十里土地嶺，三十里黃草坪，三十里雲霧山，二十里外壩河，三十里佘家河，十五里蔣家坪，三十里流西溝，二十里高坪場，屬沔縣東北界。共程一百九十五里。

留壩廳

東：五十里土南河，二十里溶樹溝，十五里鐵礦溝，十五里三元壩，二十里兩河口，十五里栗子壩，三十里平定關，二十里小牛尾河，十五里大牛尾河，交盩厔縣界，有未闢老林，頗爲幽險。

東北：三十里桃源鋪，三十里玉皇廟，二十里西河口，十里西江口，四十里柘栗園，三十里王家能，三十里寇家關，二十里吉竹街，三十里白雲，交鳳縣界。共程二百四十里。

東南：五十里土南河，六十里桅桿石梁，二十里六官山，屬城固縣。十里大壩，二十里小河口，三十里雙溪，十五里石堰坪，十里土巖，五里雞冠巖，二十里昇仙口，十里許家廟，十里斗山，二十五里城固縣。共程二百八十五里。

北：三十里桃源鋪，二十里柴關嶺，十五里松林驛，十五里榆林鋪，十五里陳倉道口，五里南星，二十五里廢邱關，鳳縣三岔巡檢駐此。十五里三岔驛，十五里心紅鋪，十五里鳳嶺。共程一百九十里。鳳嶺高峻，上下險路。五十里陳倉小道過大石巖至鐵爐川。

又北：六十里玉皇廟，三十里嵩壩河，二十里研子壩，二十里平坎，二十里空罐子，三十里進口關，屬鳳縣。沿溝而行，夏秋水漲易至梗阻。

南：路見褒城北路。

西：四十里棗木欄，二十里光化山，三十里鐵爐川。共程九十里。鐵爐川爲黑河之腦頂，山路崎嶇。

西北：九十五里陳倉道口，入陳倉道。三十里分水嶺，十里三道河，二十里瓦房壩，屬鳳縣。三十里東岔溝，三十里顯神廟，二十里南家關，二十里屬甘省兩當縣李家灣，二十里柳樹埡，二十里兩當縣。共程二百八十五里。山路極爲崎嶇。

鳳縣

東：三十里王家臺，十五里白家店，十里五星臺，十五里草涼驛，鳳縣巡檢駐此。二十里紅花鋪，十里長橋，十里黃牛鋪，入寶雞縣界。二十里江龍溝，十里東河橋，十里煎茶坪，二十里觀音堂，十里二里關，二十里大灣鋪，二十里寶雞縣。共程二百一十里。煎茶坪高峻，上下險路三十里。二里關即大散關，石徑盤紆，甚爲險峻。

南：至留壩廳，路見留壩廳之「北」。

西：三十里方石鋪，二十里楊家店，入甘省界。四十里兩當縣。共程一百里，從山溝中行，路尚平坦。

北：九十里嘴頭峪，屬兩當縣。四十里楊家坪，四十里太陽寺，二十里四合頭，一十里李家坪，十五里太白埡，四十里柏楊林，十里高橋，三十里白蠟峽，四十里騾駝巷，二十里娘娘廟，五十里秦州。共程四百二十五里。山徑崎嶇，太陽寺、太白埡均未闢老林。

東北：四十里龐家河，四十里唐藏，二十里太渠，屬秦州。二十里獅子川，十五里菜子嶺，二十里楊家河，十五里利橋，陝甘接壤。有未闢老林，五方雜處，新設營分駐此彈壓。

由利橋東五十里東岔，十五里漫坪，二十里柏楊林，八十里東岔河，四十里營頭，二十里晁峪，五十里寶雞縣。共程二百七十五里，崎嶇山徑。

由利橋西四十里南溝腦，三十里百花川，二十里大尖坪，五十里吴彩，秦州州判駐此。二十里園子頭，二十里柏楊渠，四十里馬跑泉，四十五里秦州。共程二百六十里。此路老林已墾，漫坡山徑，人馬堪行。

由利橋北八十五里柏楊林，五十里胡店，四十里渡渭河桶桶峪，十里龍灘，九十里隴州。在渭河之北，漫坡山路，共程二百七十五里。

由利橋西南十五里楊家河，二十里吕家集，十五里黃家峪，十五里前川，三十里太陽寺，十五里火燒廟，三十里兩當縣。共程一百四十里，多未闢老林，極爲幽險。

由利橋東南四十里先坪，四十里隘口，五十里三岔河，十里黃牛鋪。黃牛鋪即棧道。

又縣東北：十五里蒿坪堡，二十五里鹽山關，三十里上張口，三十里中渠河，三十里車道河，四十里白蟒寺，十里進口關，四十里白雲。共程二百二十里。交寶雞縣滴水巖界，路極幽險，從老林旁行走。

沔縣

東：至漢中府。路見漢中府「西」。

西南：坦途十五里土關鋪，坦途二十五里下沮水，坦途二十里青羊驛，坦途三十里大安驛，交寧羌州界。坦途十里烈金壩，十里寬川鋪，山路二十里五丁關，十里滴水鋪，坦途四十里寧羌州。共程一百八十里。係入川棧道，五丁關一帶石徑盤折。由烈金壩西至寧羌之陽平關計程一百里，烈金壩西二十里嶓冢山，爲漢江導源處。

西北：十里方家壩，二十里七里溝，三十里茶店子，過上沮水，即黑河。十五里峽口驛，十五里煎茶坪，二十里何家巖，三十里接官亭，二十里閣老嶺，二十里略陽縣。共程一百八十里，漫坡山路。

東北：至褒城縣。路見褒城之「西」。

又東北：二十里官山，十里兩河口，二十里長溝，二十里窄埡子，二十里旋風山，十五里高平場，十里九臺子，二十五里茅壩，三十里火燒關，二十里碓窩石，十里九子溝，二十里鐵爐川。共程二百四十里。山路崎嶇，從老林旁行。

北：二十里小路艾埡口，二十里王家河，十里小堝河，二十里雙水磨，十里長壩子，三十里觀音寺，屬略陽縣。共程一百一十里，係崎嶇山路。

南：十五里武侯墓，在定軍山下。十里羅家營，三十里阜川集，三十里梯子巖，三十里鋼厂，二十里黃楊河。交寧羌州界，山路頗爲平坦，共程一百三十五里。

寧羌州

南：二十里回水河，二十里黃壩驛，寧羌州巡檢駐此。二十里七盤關，川陝交界要隘，川北汛盤詰，屬廣元縣。三十里轉斗鋪，二十里鍾子鋪，二十里神宣驛，川省廣元縣巡檢駐此。二十里朝天驛，二十里朝天關，五十里廣元縣。共程二百二十里。入川棧道，七盤、朝天上下險路各二十里，石磴盤紆。

北：至沔縣。路見沔縣「西南」。

東南：四十里石埡站，四十里關口壩，三十里文家坪，四十里漫山坪，交川省廣元縣東北界，係山徑小道。

東北：三十里高廟子，三十里鐵鎖關，四十里胡家壩，三十里老戴壩，三十里漆樹壩，三十里阜川，屬沔縣南界。共程一百九十里，係小路。

東：六十里鐵鎖關，四十里板倉壩，三十里周家營，六十里張家山，交川省廣元縣東北界。共程一百九十里，中多未闢老林。

西：八十里烈金壩，九十里陽平關。在嘉陵江南岸，水陸均通四川，三省要隘之區，寧羌州州同分駐於此，又設參府營。陽平關西南二百四十里青木川、金山寺等處，緊接川省。龍安府羊腸鳥道，極爲峻險。又北渡嘉陵江爲甘省文縣、陝省略陽縣接壤之地，山大林深，防範不易。

西北：九十里大安驛，分路西行入山。四十里鐵佛寺，五十里接官亭，四十里略陽縣。共程二百二十里。此路自大安驛入山，盤折高險，尚有未闢老林。

又西北：四十里滴水鋪，小路九十里陽平關。

略陽縣

東：至沔縣。路見沔縣「西北」。

東北：二十里白石溝口，三十里金池院口，五十里金池院，二十里小溝，三十里碓窩子，四十里棧壩林，四十里三石關峽，交甘省徽縣界。共程二百三十里。

由金池院東上曹家山，三官殿，上下五十里經小河至張家壩，北至鷹嘴巖，火地人棧壩老林，交甘省兩當縣界。共程一百四十里。

由張家壩東北翻光山子，經仙臺壩，蕭家河入老林，至鐵廠壩，孫家山至棧壩，交兩當縣界。共程一百三十里。此路非東馬細人難於過也。

由仙臺壩東至娘娘廟，折北由秦家壩，冷峪河入老林，至常家河、太陽山，交兩當縣界。層峰疊嶂，計程一百二十里，極爲險峻。

西：渡江四十里置口，三十里魚池子，四十里遥坪，入甘省界。二十里木蘭驛，二十里白馬關。共程一百五十里。係通甘肅階州、岷州、鞏昌、秦州大道，尚多平夷。

北：山溝路十五里吴家營，四十五里安林溝，四十里中川，四十里三川，三十里鍋廠巖，入甘肅徽縣界。三十里八渡河，二十里虞關。此路由溪而行，夏秋水漲難行。鍋廠巖係老林，極爲幽險。

西北：五十里黄林驛，二十里鐵廠子，十里八渡山，十五里麻柳塘，二十五里白水江，入甘省界。十五里大石壁，二十五里打火店子，二十里姚家壩，二十里徽縣。共計程二百里。白水江爲要隘之區。

東南：至寧羌州。路見寧羌州「西北」。

東：至陽平關。水路順流，計程二百里。

城固縣

東：至洋縣。計程五十里，平原坦途，過胥水河。

西：至漢中府。計程七十里，平原坦途。

西南：渡漢江，四十里五郎口，四十五里二郎壩，三十里寡婦橋，交南鄭縣法慈院界，山僻小路。計程一百十五里。

南：渡漢江，十里陰坪，十里唐家營，三十五里天明寺，三十里方家溝，二十里汪家壩，二十里五郎坪。共程一百二十五里。

東南：四十里五堵門，二十里孫家坪，十五里私渡河，屬西鄉縣。

又東南：四十里五堵門，四十里沙河坎，西鄉縣界。二十里苦竹壩，十里馬鬃灘，十里桐車壩，十里桑園子，三十里西鄉縣。共程一百六十里。

東北：二十五里斗山，十里許家廟，二十里入山楊家灘，三十五里雙溪，三十里小河口，六十里馬家河，三十里佛爺坪，五十里沙壩。東交洋縣火地界，北交盩厔縣牛尾河界。共程二百六十里。

由小河口西，經五道梁，出褒城縣馬道驛。計程九十里。

由小河口東至鐵冶河。計程六十里，均屬山僻小路，崎嶇難行。

北：至留壩廳。路見留壩廳「東南」。

西北：十五里龍頭寺，十里安樂堂，十里孟家堡，十里東西文川集，二十里彌陀院，交南鄭縣東北界，平原坦途。共程六十五里。

洋縣

東：三十里龍亭鋪，東南三十里渡漢江真符觀，三十里環珠廟，三十里渭門，交西鄉縣。十里白沙渡，十五里棗陽鋪，二十五里子午鎮，交石泉縣界。二十里沙溝，二十里饒風嶺，十里饒風塘，三十里雙嶂，十五里高堰壩，十五里石泉縣。共程二百七十五里。兩渡漢江。饒峰嶺險路上下三十里，爲吴玠拒金人處。

東北：五十里槐樹關，二十里西水河，十里青龍埡，十五里金水河，三十里土門埡，十五里湘子山，十里水田坪，十里扇子坡，二十里兩河，屬西鄉縣。此處爲洋縣、寧陝廳、西鄉縣接壤要隘。四十里展龍埡，寧陝廳界。二十里青草關，二十里湯平河，三十里寧陝廳。共程二百九十里。山僻小路，夏秋水漲易至梗阻。

由兩河北至大河壩，三河口，金竹溝，陳家壩，交寧陝廳四畝地界。計程八十里。

由金水河北經老黃溝、周家坎、秧田壩、西岔河、東嶽殿、袁家莊、兩河口、沙窩子。交盩厔縣秦嶺界。計程二百里，數處均爲東北路。老林接終南山，險峻異常。

北：十里牛頭山，三十里八里關，三十里老土地，二十里茅坪。共程九十里。

由茅坪東經楊莊河、水碓溝、牛角壩至秧田壩。計程七十五里。

由茅坪東北經寒風洞、女兒壩、花園壩、呂觀河、獅子壩、龍灘子、黃柏朳，至盩厔縣之小南。計程二百七十里。

由女兒壩北經尼姑坪、藥壩、茨溝、梅子壩，交盩厔玉皇池界。計程一百七十里。

由女兒壩正北經廟壩、寬潭溝、高橋、太古坪、三官廟、火地、亮風埡，交盩厔財神廟界。計程一百五十里。各路入老林，層巒疊嶂。

由茅坪西北經黃鱔溝、釣魚臺、石塔寺至華陽。計程八十里。山僻小路，老林已闢。

西北：二十里田家嶺，二十里漢王山，二十里羅司灘，二十里黑峽子，二十里銀杏壩，二十里牛嶺，三十里華陽。洋縣縣丞駐此，設華陽都司營。五方雜處，三面老林，要隘之地。計程一百五十五里。

由華陽東北經石塔寺、窑窩子、九尺壩、松埡子、高橋至太古坪。計程一百四十里。

由華陽正北至鵞壩、藥朳、二十四壩等處。一派老林，尚未開闢，常有採藥人架棚住居。

由華陽西北經嚴家灘、石板埡、火地至盩厔之二郎壩。計程九十里，石板埡、火地在老林中最爲幽險。

西：至城固縣。計程五十里，平原坦途。

南：二十里白土嶺，三十里劉家壩，三十里桑園鋪，入西鄉縣界。二十里古溪鋪，十里十里鋪，十里西鄉縣。計程一百二十里，漫坡小路，半屬平坦。

西鄉縣

東：三十里別家壩，十里獅子壩，四十里火石溝，三十里簡池壩，十里兩河口，三十里七星壩。屬石泉縣。共程一百四十里，山僻小路。

東北：三十里別家壩，二十里岔河子，三十里官溝，二十里渭門，六十里子午，六十里兩河，交寧陝廳界。共程二百二十里。至長安子午峪，過兩河、寧陝腰竹嶺、洵陽壩、東江口、高關、夾嶺、石羊關、渭子坪等處，險路六百六十里。

東南：十五里板橋灣，二十五里三郎鋪，三十里白沔峽，三十里茶鎮，二十里新漁壩，三十里曾溪口，十五里小紅石，十五里石泉縣。計程一百八十里。西鄉赴石泉縣捷徑。

又東南：十五里板橋灣，二十里土地嶺，三十里什字路，二十里硃砂洞，二十里鳴羊關，三十里木竹壩，二十里紅廟子，三十里高川，四十里五里壩。西鄉縣縣丞駐此。計程二百三十五里。

又由五里壩至大市川。交定遠廳偏溪河界。計程一百二十里，東至青蠟溪一百里。

又東南：三十里堰口，六十里司上，三十里面子山，三十里楊家河，三十里拴馬嶺，三十里入定遠廳界陳家灘，三十里定遠廳。共計二百四十里。石徑山溝，夏漲冬冰，極爲崎嶇。

南：三十里法寶，五十里箭桿山，三十里沙田壩，交定遠廳界。計程一百一十里。此路有未闢老林。

西南：三十里柏楊溝，二十里柳樹店，二十里峽口，二十里社壇坎，二十里鍾家溝，十五里大巴關，西鄉縣巡檢駐此。三十里上山大爺廟，十里百雄關，十里燕子塌，二十里龍池場，二十里喑口石，二十里黃草坪，十里天池子，二十里魁星樓，交四川通江縣界。共程二百六十五里。

由百雄關入老林，幽險異常。龍池場在巴山之中，爲各路總匯，川省要隘。

由龍池場東經倒水洞、松樹壩、大池壩至定遠之筲池壩。計程一百七八十里，皆從老林中穿插行走。

由龍池場西經斑竹壩、大河壩、菩提河、樓坊坪至川省通江之上高莊。計程約二百里。老林險峻，夏漲冬冰，人馬均難行走。

又西南：三十里秦元子，二十里馬鬃灘，二十里男兒壩，十里文溪河，二十里私渡河，二十里黃灘河，屬城固縣。計程一百四十里，平原坦途。

西：十里十里鋪，三十里桐車壩，二十里苦竹壩，二十里沙河坎，三十里孫家坪，屬城固縣。十五里獅子壩，十五里桑園子，二十里鹽井壩，十里大路坪，二十里七里溝口，二十五里安家渡，屬南鄭縣。渡漢江二十五里漢中府。計程二百四十里。爲西鄉縣赴省小道。

西北：至城固縣。路見城固「東南」。

北：至洋縣。路見洋縣之「南」。

定遠廳

東：十里小祥壩，五十里星子山，四十里五塊石，四十里中楮河，八十里田家壩，三十里小河口，三十里尚家壩，三十里紅椿壩，二十里瓦房店，三十里紫陽縣。計程三百六十里，山路陡險。

由五塊石東南經下楮河、偏溪河，交紫陽縣茅壩關界。共程八十里。

西：二十里九真壩，三十里長嶺，十五里索垭，十五里仁村，三十里九元關，六十里竹峪關，屬川省通江縣。共程一百七十里。九元關高三十里，極其幽險，往時漢興道、川北道會哨之路。

又由長嶺西南，四十里梨壩，四十里三元壩，三十里馮家戸，三十里油盤垭，二十里明洞子，二十里筲池壩，定遠廳巡檢移駐在此。緊接川省通江縣鐵溪河，至廳城共程二百四十里。從長嶺赴分水嶺至三元壩，則不過降頭嶺。

又由長嶺西北，三十里分水嶺，三十里三元壩，六十里油盤垭，四十里瓦石坪，四十里西大池，三十里倒水洞，屬西鄉縣。四十里龍池場。一路巴山老林，最爲幽險。瓦石坪爲要隘，設守備一員，兵二百四十名彈壓。

南：十里小祥壩，二十里毛垭塘，三十里高脚洞，三十里漁渡壩，定遠廳巡檢分防駐此。三十里響洞子，三十里滾龍坡，入太平縣界。二十里梨樹溪，二十里官渡灣，三十里太平縣。共程二百二十里。此路由西鄉、定遠出太平縣，爲川陝要道。

由漁渡壩東北經滾龍坡、鹿池壩、三十六盤，至陝西紫陽之二州垭、毛壩關，約三百五六十里，極爲幽險要隘。

北：至西鄉縣。路見西鄉「東南」。

寧陝廳西安府所管。嘉慶十二年，寧陝總兵改爲漢中總兵，移駐漢中，寧陝改爲參將營，仍歸漢中鎮統轄。路與漢中相連，故附漢中後。

東：三十里賈家營，三十里油房溝，三十里太山廟，四十里立扎坪，二十里手扒巖，四十里穆王坪，三十里楓香園，三十里全師鋪，五十里盤頭坡，十五里沙溝口，四十里坪河，二十五里典史溝，二十五里鎮安縣。共程四百五里。此路多從山溝、高嶺行走，立扎坪、小仁河均有未闢老林。

東南：九十里太山廟，三十里長坪，三十里火鐮碥，三十里東龍王溝，三十里鐵爐壩，石泉縣、漢陰廳兩交界。二十里欖子溝，二十里迎風溝口，十五里青泥潤，過池河二十五里大壩，五里雷家河，十五里池河塘，二十里高粱鋪，三十里漢陰廳。共程三百五十里。鐵爐壩至池河塘均屬石泉縣。

南：二十里潤溝嶺，二十里獅子壩，十五里火地嶺，十五里銀杏壩，屬石泉縣。二十里銅錢峽，十五里丁家壩，二十里高田鋪，十五里石泉縣。共程一百四十里。火地嶺更爲陡險。

西：至洋縣。路見洋縣「西北」。

西北：三十里金雞山，三十里甘家碥，三十里紅巖山，三十里四畝地，寧陝廳巡檢駐此。四畝地南去十里交洋縣陳家壩界，西北去三十里交洋縣三藍溝界，均屬山僻小路。

又由四畝地北，三十里柴家關，十五里太山廟，二十里麻房子，入老林二十里火地，二十里濫泥湖，十五里十里河，二十里文公廟，二十里翻秦嶺喑口石，入盩厔縣界。二十五里虎狼坡，二十里新店子，二十里小王澗，二十里雙岔河，十里鐵索橋，十里黃草坡，四十里陡嘴子，三十里唐家場，二十里乾峪灣，十五里仙游寺，十里黑水峪口，四十里出平原盩厔縣。共程四百五十里。此路自麻房子至陡嘴子二百餘里，均係老林。陡嘴子上下六十里，直接霄漢，尤爲幽險。

又由甘家碥北，三十里黃官峪，三十里長坪，二十里陰灣，二十里裏巢口，二十里中水磨，二十里上水磨，三十里花石巖，二十里菜子坪，四十里秦嶺，五十里木子坪，屬盩厔縣。二十里金牛坪，十五里鐵爐岔，四十里田峪口，二十里出平原終南鎮，三十里盩厔縣。廳城至盩厔縣共程四百六十里，極其幽險。

北：十五里寧陝老城，二十里豹子溝，二十里七佛溝，二十里火地，二十里蓮花石，二十里文公廟，二十里油磨，二十里洵陽壩，三十里雞公梁，三十里徐家梁，三十里白神廟，改設都司營駐此。十里東江口，長安縣主簿駐此。三十里苦竹溝，二十里高關，二十里沙溝，二十五里夾嶺，二十里秦嶺，三十里石羊關，二十里渭子坪，屬長安縣。三十里官坪寺，即子午峪口。十里子午鎮，十里出平原黃粮鎮，三十里西安府。共程五百里。此路腰竹嶺老林寬百餘里。雞公梁夾嶺上下老林各二十里。又由七佛溝北翻青龍埡，經東峪河、八斗坪、光頭山、秦嶺，交盩厔縣界。共二百七八十里。

又由東江口東南經大堰溝、雙龍橋、古磉磴、東十六臺、胭脂壩至寧陝廳正東之太山廟。計程二百餘里，爲漢陰石泉出西安小道。

又由高關西北經蒿溝、八里坪、沙嶺子、兩郎、百丈碥，出澇峪。計程二百餘里，爲寧陝東江口出鄠縣小道。自兩郎至澇峪口，石山削立，沿溝而行，夏秋水漲，則人跡阻隔。

又由東江口過月河、捻耳溝、竹山溝、紗羅帳，至孝義廳之東川。計程一百八九十里。紗羅帳係未開老林。

興安府安康縣舊駐陝安鎮總兵官，其署在新城。

東：十五里桑園鋪，十五里石梯鋪塘，十五里神灘鋪，十五里二郎鋪塘，十里青山鋪，與洵陽縣交界。六十里洵陽縣，水路放舟而行，陸路難通輿馬。

西：二十里長鎗鋪，廿里秦郊鋪，二十里王彪店，十里新建鋪塘，十里恒口，二十里越嶺關塘，二十里梅子鋪，與漢陰廳交界。七十里漢陰廳，平原坦途。

南：三十里桐車溝，三十里新店埡，三十里鎖龍溝塘，三十里黃泥壩，四十里茨竹坪，三十里茶棚子，四十里滄水河，四十里漳河坪，六十里青草坪，四十里南天門，與四川城口廳交界。高山峻嶺，青草坪以南入老林中行。

北：十里香樟鋪，二十里柳林子，二十里二里坡，二十里下松樹壩，十里閻王碥，十里茨溝口，五十里景家莊，二十里東溝口，十里鐵石關，三十里王莽山根，與鎮安縣交界。高山峻嶺，沿途多碥路難行。

東南：三十里牛蹄嶺塘，三十里狗脊關，與平利縣交界，小坡平路。

東北：三十里老樹嘴塘，十五里九里岡，二十五里琉璃溝塘，三十里麻坪河，與洵陽縣交界。陡坡峻嶺，崎嶇難行。

西南：六十里火石巖，三十里嵐河口，三十里流水店，二十里絲灘，十里小道河，二十里大道河，三十里鐵爐壩，三十里銀硃壩塘，二十里榨溪，二十里鐵佛寺，五里石門子塘，四十里高橋，二十里麻柳壩，二十里黃溪河，此處有老林一處。三十里福煙壩，此處有老林一處。三十里官園，四十里堠坪，三十里茨蓬溝，此處有老林一處。三十里大北河，此處有老林一處。三十里火燒梁，此處有老林一處，與四川城口廳交界。高山峻嶺，黃溪河以南多從老林中行走。

西北：五十里王彪店，二十里板橋子，四十里古木嶺，四十里小河口，五十里羅漢殿，六十里葉家坪，此處有老林一處。六十里核桃坪，與漢陰廳交界，山路崎嶇難行。

磚坪廳

由磚坪東：十五里藺河口，三十里康家嶺，三十里龍王廟，三十里熊藏埡，三十里常家壩，三十里獅子壩，屬平利縣。一路山徑崎嶇。熊藏埡上下三十里。

由磚坪西：十五里四吉河，十五里頭道橋，十五里月壩，十五里茶棚子，十里雞公梁，三十里木竹壩，二十里滄水河，四十里漳河坪，十五里浪河口，二十里青草坪，六十里南天門，此處有老林一處，與四川城口廳交界。

由滄水河分路，六十里藥朳，四十里三岔河界嶺，三十里楊泗巖。連山疊嶂，極其崎嶇。

由磚坪南：三十里溢河壩，三十里苦竹關，與平利縣交界。

由磚坪南：三十里滔河龍王廟，三十里构坪，二十里茨竹，二十里太極圖，三十里元河腦九箇包，抵平利縣猪尿河一帶。老林高山，極爲幽險。

由太極圖，二十里青巖溝，二十里漳河坪。山大林深，極爲幽險。

由磚坪北：十里紙房埡，十里六口，十里黄泥壩，二十里火石溝，二十里金竹店，十里張家梁，與安康縣戴花嶺交界。山坡重疊難行。

又北：六十里左龍溝，二十里杜家壩，二十里火石窑。

由磚坪東南：三十里汝河壩，四十里苦竹關，與平利縣交界。

由磚坪東北：三十里黄連溪，三十里猪槽溝，三十里銀杏店，三十里水碓溝，與平利縣交界。

由磚坪西南：十五里頭道橋，二十里玉子坪，二十里石門子塘，四十里萬人寨塘。

由磚坪西：五十里鐵佛寺，折南三十里萬人寨。山高路險，極爲幽峻。

由石門子，三十里高橋，三十里麻柳壩，二十里鱔魚溝，三十里平溪河，三十里千層河，六十里刀脊梁，四川城口廳地。連岡疊巘，崎嶇難行。

由磚坪西北：十五里平吉河，二十里小鎮，十五里石門子，三十里銀硃壩，三十里鐵爐壩，二十里大道河，與安康縣小道河交界。山坡小路。

由磚坪南：十五里蘭河口，十五里溢河壩，抵平利縣界。二十里苦竹關，二十里花梨樹，三十里孟石嶺，二十里金猫關，四十里松樹坪，二十里藍家山，十五里霸王廟，設有塘汛。二十五里八仙河，三十里油榨坪，六十里界嶺，抵四川城口廳界，通魚渡壩。高山夾峙，路從山溝中行，時上陡坡，極爲幽險。

紫陽縣

東漢江北：三十里雞子巖，十五里石門溝，屬安康縣界。

東漢江南：三十里洞河，三十里廟溝，四十里銀硃溝，交安康磚坪汛路。山坡小路，尚可通轎馬。

由廟溝南，三十里目連橋，三十里桃園子，三十里斑鳩關，南三十里跌馬坎，三十里八道河，三十里大界嶺，三十里高頭壩，四川城口廳界。山大林深，跌馬坎以南極其陡險。

由斑鳩關東，二十里古家村，二十里丁家梁，交安康縣界。

由斑鳩關東南，三十里萬人寨，四十里鐵佛寺，交安康縣界。

西南：三十里洪河口，十五里楊家壩，四十里許家河，三十里雙河塘，四十里六道河，六十里跌馬坎，三十里小界嶺，二十里廟子壩，交四川城口廳界。跌馬坎以南極其陡險。

由楊家壩東南，二十里扶煙杁，六十里五作雲，二十里目連橋。大山陡嶺，鳥道羊腸，極爲幽險。

西南：三十里瓦房溝，四十里權河塘，三十里辛灘，三十里大壩塘，二十里毛壩關，紫陽縣主簿駐此。三十里二州埡，二十里田壩河，交四川太平縣界。山高澗深，路逼窄。

由權河，二十五里涼橋，四十里西鐵佛寺，三十里小界嶺。山大林深，路極崎嶇逼窄。

由毛壩關東南，三十里小岔河，二十里大岔河，二十里大亮埡子，十里龍奔河，交四川太平縣界。大亮埡子在老林中行走。

由毛壩關西南，二十五里煙墩塘，三十里麻柳壩，二十里紫溪河，五十里皮貨鋪，交四川太平縣界。山高澗深，碥路蟠折上下。

由辛灘西南，三十五里魚溪河，二十里提篔河，二十里庫刀溪，二十里木竹坪，四十里白河，交定遠廳界。沿山溝碥路，詰屈難行。

由辛灘西，二十里八廟，三十里二官埡，二十里沙石溝，三十里觀音堂，交定遠廳界。山溝碥路，詰屈難行。

西：六十里綫魚塘，四十里上七里，十五里蕭家壩。

西：沿漢江上十里沔紫河，二十里白馬石，三十里漢王城，十里馬家營，交石泉縣界。沿漢江而上，碥路難行，往來多小船上下。

西北：八十里白馬石，二十里五郎埡，四十里九條龍，十里擂鼓臺，五十里龍王溝，交漢陰廳界。高山峻嶺，極其崎嶇。

由五郎坪北，二十里雙河，二十五里縣目寺，二十里五堰河，交安康縣界。山路陡險，崎嶇難行。

東北：二十里太白池，三十五里蒿坪河，四十里小埡子，交安康縣界。山路陡險難行。

漢陰廳

東：十五里雲門寺，十五里澗池鋪，三十里雙乳鋪，二十里越嶺塘，交安康縣界。平原坦途。

由雲門寺，三十里萬家杁，二十五里龍王溝，二十里九條溝，二十里漢王城，至漢江與紫陽縣交界。從鳳凰山上下，極其陡險。

東北：三十里爐峪溝，三十里鳳凰山，六十里木梓河，過江三十里猪頭山，三十里松溪口，十五里漆元河，至紫陽縣城。七十里猪頭山南，四十里碾子埡，交定遠廳界。山峻谷深，崎嶇難行。

西南：三十里仙溪河，二十里大灣，六十里前河口，二十里郭家河，二十里虎溪河，二十里觀音堂，交定遠廳界。山大澗深，極其幽險。

西：至石泉縣。路見石泉之「東」。

西北：五里五根樹，五十里石門子，三十里乾樹埡，十里大沙河，三十里王家溝，十五里紅花坪，十五里梧桐溝，交石泉縣界。高山峻嶺，極其崎嶇。大小梧桐溝等處尤宜防範。

西北：五十里水田壩，三十里觀音河，四十里螞蝗山，二十里鐵爐壩，十五里七星洞，二十里教場壩，十里龍王溝，四十里瓦子溝，五十里寧陝廳。龍王溝以北在老林旁行走。

由東門出遶北，十里麒麟溝，四十里土鑽子，三十里高坎子，三十里黄竹杋，三十里素珠嶺，二十里銅錢窑，三十里黑水河，交安康縣界。崇岡疊嶂，極爲崎嶇陡險。

石泉縣

東：三十里馬嶺，二十里池河，五十里漢陰廳。由池河北進青泥澗、馬箭溝至大小梧桐溝，山高谷暗，最宜防範。

南：三十里後柳溪，三十里油房坪，三十里梅湖，四十里石泉嘴，與紫陽縣陰坪連界。自漢江入小舟上下。

西南：三十里繒溪河，三十里新漁壩，二十里茶鎮，交西鄉縣界。漢江南岸小舟上下。

西：三十里雙嶂塘，三十里饒風塘，十五里饒風嶺，十五里牛羊河，交西鄉縣子午界。高山峻嶺，爲自古雄關。

由饒風北，二十里昝家河，三十里展龍埡，交寧陝廳界。繞西四十里兩河，西鄉縣界。埡極高峻，崎嶇難行。

北：二十里銅錢峽，三十里銀杏埡，三十里火地嶺，六十里寧陝廳。澗深山陡，最爲崎嶇。

洵陽縣

東：十五里高店鋪，十五里构園鋪，十五里小棕溪，十五里泥溝鋪，十五里大棕溪，十五里小關鋪，十五里展元鋪，十五里沙溝口，十五里蜀河，十五里仙河，十五里藍灘，交白河縣界。至白河水路一百一十里。洵陽、白河並無陸路可通，沿河碥路只拉船縴夫行走。

由大棕溪南，十里五瘟廟，十五里界牌，交白河縣界。山高嶺峻，陡險難行。

由蜀河，二十五里廟坪，十五里雙河口，二十七里馬鞍寨，十五里磨溝河，二十里鹽店峽，往山陽縣之路。山溝中行，時上時下，盤折難行。

由雙河口西，八里西岔河。

由雙河口，十里潘家河，四十里三官殿，三十里上馬頭，距銀洞溝不遠。十五里黑洞溝，二十五里鎮安鋪，二十五里十二嶺，十五里牛家溝，十五里榜子，十里小河口。此路繞陽山行，出兩河關，山峻谷幽，極爲陡險。

南：十五里廟子埡，十五里楊家廟，二十二里方家嶺，二十里神仙洞，二十五里仙花洞，二十里偏頭山，十二里界牌嶺。

西：三十里閭河口，十五里廟溝，十五里高壁洋，十五里二郎鋪，交安康縣界。水路舟行上下，陸路沿江岸。

由閭河口，十五里巴河口，三十五里神河口，十五里金河，十五里七里廟，三十里七里關，與竹山縣交界。遶西十五里大羅盤，二十五里銅錢關，二十五里西棚，十五里大南溝。交平利縣之大頂，但山路崎嶇，單騎小兜尚可行走。

由神河口西南，三十里小神河，三十里石門子，二十里董家梁，往平利縣東。汝河口單騎、小轎尚可行走。

由閭河口西，二十里桂花園，二十里巖屋溝，三十里摩王山，二十里牛蹄嶺，交安康縣界。山路崎嶇。

由金河口東南，二十五里劉家河，二十里猴兒溝，二十里金嶺子，二十五里白火石溝，十五里朱家河，十五里梓木樹埡。崇山峻嶺，崎嶇難行。

北：三十里柳村，三十里乾溪，三十里沙溝，三十里趙家灣，二十里王長溝，二十里兩河口，十里小河口，通十二嶺。二十八里下茅坪，交鎮安縣界。水路小船可以上下，山程詰屈陡險。

由趙家灣南，三十里判官嶺，山路高峻。二十五里麻坪河，三十里琉璃溝，往安康縣大路。崇山峻嶺，登陟維艱。

由兩河口西北，十八里白石河，二十里段家溝，十里仁河口，與鎮安縣小仁河連界。山坡小路。

由兩河口西，二十八里石板溝，十五里三岔河，十五里桐木溝，十五里爛草坪，與安康縣團山鋪連界。

平利縣

東：十五里黄土嶺，十五里長安壩，三十里關埡，六十里竹山縣。

東北：五十里汝河，四十里董家梁，三十里石門子，交洵陽縣小神河界。

鎮坪西北：四十里竹溪河，十里魚洞子，十里上紅石河，三十里葫蘆嘴，二十里化龍山，十五里散子坪，十五里白沙河，十五里高嵐河，十五里金猫，二十里二龍口，二十五里八仙河，二十五里混人埡，十五里西大坪，三十里嵐溪河，三十里兩扇門，入四川城口廳境。

西北自興安至大寧。詳大寧縣。

白河縣

東：四十里天河口，交湖北鄖西縣界。

南：三十里毛家嘴，五十里茅坪，四十里鑽兒口，三十里入楚界黄土嶺，三十里擂鼓臺，四十里竹谿縣，屬湖北鄖陽府。共程二百二十五里。

東南：至湖北竹山縣。路見竹山縣之「北」。

西南：四十里高莊峪，二十里棗樹嶺，三十里楊柏坡，二十里雙河，三十里皮家河，二十里關老爺河，交洵陽縣界。

北：三十里甲河關，六十里六郎關，交湖北鄖西縣西南界。

西：至洵陽縣。路見洵陽縣「東」。

又西南至平利縣。路見平利縣「東北」。

商州

東：二十里拉林子，三十里夜村鋪，二十里地花鋪，十里商雒鎮，二十里龍駒寨，商州州同駐此。三十里桃花鋪，二十里鐵峪鋪，十里寺底鋪，二十里武關，十里頭道嶺，與商南縣接界。一路有河灘平壩。

由龍駒寨迤東南，三十里月兒灣，五十里竹林關，六十里白礓礎，一百里金山廟，與湖北鄖西縣連界。俱係高山峻路。

西：二十里梁家塬，二十里麻澗鋪，三十里泥峪店，十里大商塬，三十里郭家店，二十里牧護關，五里界牌，與西安府藍田縣接界。有高山險路，多河灘平壩。

由黑龍口迤西北，三十里鐵樓子，二十里張家坪，與藍田縣連界，山路崎嶇。

由泥峪店迤西南，五十里油磨，二十里康家河，與藍田縣連界，山路崎嶇。

又南流峪口，二十七里三十里鋪，三十里上官坊，三十里下官坊，與山陽縣連界，偏路崎嶇。

由流峪口迤西，十里楊峪河，四十里麻子溝口，二十里楊家斜，十里北灣。

由秦嶺，六十里黄柏岔，與藍田縣連界。山坡小路。

由麻子溝口迤南，二十里赤水峪，三十里東牛槽，二十里西牛槽，與藍田縣連界。山路盤曲。

由楊河迤南，三十里吳家莊。

由松樹嘴，四十里黑山口，二十里二峪河，二十里海棠岔，交山陽縣界。山溝路。

由楊峪河迤西北，十里五峪川，十里房家店，三十里管家坪，二十里白石山，與藍田縣連界。山坡小路。

北：二十里黄沙嶺，十里板橋鋪，十里岔口鋪，二十里閻王店，十里蘗子嶺，與雒南縣連界。多河灘平路。

由板橋鋪迤西北，二十里大黄川，二十里泉村，三十里馬角山。

雒南縣

東：三十里薛家樓，五十里梁頭塬，二十里黄村坪，二十五里靈峪口，四十里秦峪河。與河南盧氏縣連界。山路崎嶇。

由靈峪口迤東北，十里曹家窑，三十里盧靈關，與河南閿鄉縣連界。山路崎嶇。

由野里迤東，二十五里景村，二十里古城，三十里三要司，雒南縣巡檢分防於此。二十里南河司，二十里高耀子，五十里鸞莊，與商南縣接界。山路崎嶇。

南：二十里姚村，五十里靈官殿，二十里油房子，與商州接界。漫坡平路。

由姚村迤西南，十五里板橋，二十五里寬坪，與商州接界。

由姚村迤西南，三十五里石門，六十里雞頭關，二十里箭桿嶺，與商南縣接界。山坡小路。

西：十里柳林鋪，三十里黃柏川，十里和碩寨，與商州接界。漫坡平路。

由柳林鋪迤西南至李家灣，三十里藥子嶺，與商州接界。

由柳林鋪迤西北，三十里保安街口，四十里兩岔河，二十五里馬家河，與藍田縣接界。山坡小路。

北：三十里石家坡，三十里石牆，二十五里巡檢司，三十五里黑嶂坡，十五里大峪嶺，與潼關廳接界。山路陡險。

由石家坡迤東北，十里桑坪，四十五里扇車嶺，與河南閿鄉縣接界。山路崎嶇。

由常水鎮迤西北，二十里孤山，三十里麻坪，七十五里苦坨，與華陰縣接界。山路崎嶇。

商南縣

東：十里十里鋪，二十五里桑樹，十里界牌，與河南淅川縣接界。高山窄溝，路甚詰屈。

東南：二十里三角池，二十里青山，二十五里三官廟，三十五里梳洗樓，十里月兒灣，與河南淅川縣交界。沿州河而下，可以行船。

南：八十五里小嶺觀，十五里湘河口，三十里赤莊，五十里石堰門，三十里散水臺，十里界牌埡，與湖北鄖西縣金家坪交界。自湘河口順小河而上，兩面俱高山峻嶺。

西南：二十里三角池，二十里普峪河，三十里瓦房灘，二十里江西溝，三十里太吉河，二十里姚家灣，二十里竹林關，與山陽縣交界。沿河磞路，崎嶇難行。

西：十里皂角鋪，十五里試馬寨，十五里清油河，十五里四係嶺，與山陽縣交界。自試馬寨進溝，連上下大坡四重。

西北：三十五里清油河，二十里兩岔河，與雒南縣七星磞交界。山高溝窄，崎嶇難行。

北：四十里曹家營，十里界嶺，與河南盧氏縣牌樓溝交界。進溝上嶺，磞路崎嶇。

東北：二十里富水關，三十里栗樹坪，與河南盧氏縣捻耳溝交界。山高澗深，磞路陡險。

山陽縣

東：二十里捲嶺鋪，三十里高八店，二十里洛峪，二十里銀花，五十里閻家川，九十里罩川，十五里將軍石溝，一百一十里四十畝地，與湖北鄖西縣連界。山路崎嶇。

由高八店迤南，四十里石窑子，三十里兩岔河，三十里漫川關，與湖北鄖西縣連界。山溝河壩之路。

又自銀溝折而東北，三十里土門子，二十五里竹林關，與商州接界。漫坡平壩中行走。

南：五十里長溝，一百里青蓮寺，一百三十里寬坪，與湖北鄖西縣接界。小水碼頭。

西：八里桃源，三十二里色河鋪，三十里牛耳川，九里九里坪。漫坡平路。

北：三十里下官坊。

由桃源折而西北，三十里韓家山，二十五里黑山口，三十里秦嶺，三十五里赤水峪，四十五里兩河，五十里金銀川，六十里石灰厂，四十里魏家寨，五十里至西安省城，即漫川關進省之路。

鎮安縣

東：五里舊寺，十里表德鋪，十五里攔馬河，三十里黃龍鋪，三十里巖屋河，十五里秋林川，二十里戴家鋪，五里界河，交山陽縣界。距縣城一百三十里，高山深澗，徑路崎嶇難行。

東南鐵厂鋪，三十里兩岔河，十五里磨里寨，十里張家川，十里程家川，十里龍洞川，四十里十八寺，二十里腰莊河，三十里栗園寨，與洵陽縣交界。距縣城二百一十里，高山峻嶺，崎嶇難行。

又由秋林川，十里七里峽，十里白塔寨，二十里米粮川，三十里熨斗灘，十里東茅坪，與鄖西縣交界。距縣城一百八十里。山高澗深，磞路極爲難行。

東北王家坪，四十里岞峪溝，二十里胡家嶺，二十里鳳凰嘴，二十里杏樹坪，二十里馬鹿坪，二十里柴家莊，與山陽縣交界。距縣城一百五十里，山坡小路。

又胡家嶺，二十里胡家寨，十里兩岔河，十里上孟里，三十里彩玉窑，四十里曹家坪，與藍田縣交界。距縣城一百八十里，山坡險路。

又自杏樹坪向北，三十里牛槽溝，四十里黄土碥，二十里紅巖子，與藍田縣交界，距縣城一百九十里。山溝險路。

又杏樹坪，四十里磨古莊，二十里瓦房口，二十里獅子口，三十里曹家坪。與藍田縣交界。距縣城二百一十里，山坡小路。

南由舊寺，十五里表德鋪，三十五里南茅坪，三十里青銅關，二十里梅花鋪，二十里界牌，與洵陽縣交界。距縣城一百二十里。内雞上架、青銅關、梅花鋪俱著名險路。

西：二十五里典史溝，二十五里蒿坪河，四十里沙溝口，十五里盤道坡，十五里余師鋪，三十里磨溝口，三十里米粮市，十五里文家廟，二十五里老林旁四海坪，二十里楊泗廟，與寧陝廳交界。距縣城二百四十里。自典史溝以西，山幽谷暗，陡險難行。

又自沙溝口向南，三十里柴家坪，二十里梅子嶺，二十里獅子溝，二十里王莽山，二十里大棕溪，與安康縣交界。距縣城一百八十里，沿途山大溝深，極其崎嶇。

又獅子口向南，十五里茨溝口，二十五里亂石窑，四十里柴溪河，與安康縣交界，距縣城二百四十里。

自余師鋪，三十里楓香園，三十里穆王坪，二十里延長嶺，二十里栗札坪，二十里手扒巖，與寧陝廳交界。距縣城二百四十里。沿途在老林旁行走，極其幽險。

北：十里王家坪，二十里徐家坪，二十里古道嶺，三十里野猪坪，十里界牌，交孝義廳界。距縣城九十里，漫坡平路。

西北：二十里上河寨，三十里雲蓋寺，二十里西嵲峪，二十里小廟嶺，交孝義廳界。距縣城九十里，山坡險路。

孝義廳

東：六十里下採玉窑，四十里九里坪，五十里水火鋪，三十里同峪口，二十里山陽縣，計程二百里。此路雖無老林，亦爲崎嶇。

東北：三十里黑虎廟，四十里上採玉窑，二十里石灰窑，四十里九間房，三十里秦嶺，五十里楊家斜，二十里北灣，二十里軍嶺，十里拜口，十里陽峪，二十里商州。計程二百九十里。此路九間房、秦嶺均有老林，登涉不易。

北：二十里藥王堂，三十里大山岔，即孝義廳老城。三十里爐子石，五十里秦嶺，三十里板房子，四十里大峪口，三十里出平原引駕回，四十里西安府。計程二百七十里。秦嶺老林未闢，極爲險峻難行。自興安府至西安省城，沿途經安康、洵陽、鎮安、孝義、咸寧等廳縣，共程七百四五十里。

南：至鎮安縣。路見鎮安縣「北」。

西：四十里白火石溝，四十里蔡家莊，五十里六里溝，四十里大竹山溝，二十里捻耳溝，三十里東江口。屬寧陝廳。長安縣主簿移駐此處，新改都司營。計程二百二十里。此路間有老林，極其險峻。又由東江口至寧陝廳計程二百四十里，孝義至寧陝共計四百六十里，均係老林中穿插行走。

西北：五十里大三岔，折西六十里紙房，二十里火地，三十里兩河，四十里老林頭，五十里韮菜灘，三十里廣漢街，三十里高關，屬寧陝廳。計程三百一十里。此路爲山溝小路，由火地入老林，攀藤捫葛方能越也。

河南盧氏縣豫東入秦，取道新安、陝州、潼關，項羽由之；豫東南入秦，取道武關、商州、藍關，漢高祖由之，皆古大道也。而由豫之汝州，嵩山西達秦之商雒，由豫之陝、靈南達豫之南陽，楚之樊襄捷徑，必由盧氏。盧環境皆山，幽邃深阻，明季流賊伏竄其間者數載，養成鋒鋭，四出滋擾。嘉慶間，教匪亦往來縣境，實秦豫之要隘。顧其地，險足以憑守，如得其人，則盛彦師能覆李密矣。黔陽易君良俶，有心人也，適宰斯邑，屬其查看毗連山險道路而附志之。

縣城東：十里火炎城，十里北蘇村，平路十里范蠡鎮，渡洛河，坡路十里鯉魚鋪。坡路十里觀音閣，坡路十里十八盤，與永寧縣交界，路極崎嶇。五里高門關，重山疊嶂，極其崎嶇。八十里長水，四十里永寧縣。

由永寧縣至河南府一百八十里。

由永寧縣至宜陽縣之韓城鎮六十里。

由韓城至汝州二百九十里。

由范蠡鎮分路東南，三十里樊里，三十里山門，三十里椵樹，與嵩縣交界。山溝中行，路甚崎嶇。

縣城南：十里澗西村，十里范村，三十里磨上村，（三十里）兩面石山如牆，見天一綫。路從水溝中行，與五丁關之險相同。［三十里］大石河，三十里險路向子坪，三十里坡路三川鎮，三十里坡路赤土店，三十里險路欒川鎮，朱陽巡檢並外委移駐於此。鎮南老君山爲伏牛山分支，從下而上高四十里，極其險峻。其上爲盧氏、嵩縣交界。三十里廟子街，三十里靈官殿，十五里黑峪，係嵩縣所管。一百五十里嵩縣。

縣城東南：三十里七寸口，二十里桐樹，在熊耳山麓，即盛彦師截李密處。兩面石壁，路極崎嶇。三十里湯河，沿溪溝行三十里馬耳巖，三十里朱陽關，陝州州判、千總分防，爲晉、豫、陝入楚捷徑。上鴨關嶺七里五渡河，與內鄉縣交界。由內鄉縣至鄧州直達南陽、襄樊。

由朱陽關，二里鴨關嶺，三十里賽嶺濠，三十里寨根，與淅川縣交界。四十五里西坪，四十五里穆家埡，四十五里荆子關，一百二十里淅川縣。渡西河上八十里至鄖陽界。横通均州。

由七寸口西南，二十五里瓦穴子，二十五里兩岔河，二十里五里川，五十里山溝險路瓦窑溝，三十里李漫坪，十里牌樓溝，十里界嶺，與陝西商南縣交界。三十里莊頭，四十里商南縣。

由李漫坪南，三十里龍泉坪，十里高家河，與淅川縣交界。

由朱陽關走瓦窑坪、界嶺至陝西雒南縣一百五十里。

縣城西：十五里下桿村，渡洛河二十五里龍駒鎮，坡路二十五里黑溝鎮，山溝險路二十五里紅椿溝，大坡險路三十里官坡街，沿溪山路二十五里蘭草，坡路十五里箭捍嶺，係盧氏、雒南會哨處。一百二十五里雒南縣。

縣城北：三十里柳關，三十里杜關，上下鐵嶺險路二十里官道口，與靈寶縣交界。四十里窑店河，上下南掌坡險路二十二里岔路口，險路三十里覺羅館，二十里屯里村，八里川口，四十里靈寶縣，六十里陝州。

由屯里村西北分路，三十里閿鄉縣，六十五里潼關廳。

附：商州至湖北襄陽、河南内鄉、鄧州、淅川、盧氏各路。

商州城東：五十里過河夜村，五十里龍駒寨，五十里過小河斜峪鋪，二十里過大嶺武關，三十里青油河，鎮店。十五里石馬寨，二十五里黨家里，鎮店。五里商南縣，東二十五里富水關，二十里桑樹灣，十五里西坪，淅川屬。二十里華陽關，三十里八廟子，二十里張家村，六十里巡檢司，淅川、內鄉界。三十里京河店，大鎮店。一百里丹水鎮，內鄉屬。三十里八里關，五十里內鄉縣，東南行四十里十一村，五十里張家村，五十里鄧州，九十里太山廟，九十里襄陽府樊城。

由商南縣南二十里三覺寺，三十里青山，七十里梳洗樓，十里荆子關，五十里吴村，五十里淅川縣，五十里娘娘洞，五十里李官橋，三十里老河口，湖北光化縣屬。

由商南縣東富水關分路，四十里松樹溝，三十里李漫坪，六十里朱陽關，七十里康河店，一百一十里盧氏縣。

山陽至鎮安二路

山陽西：三十五里色河鋪，三十五里牛耳川，十五里九里坪，過甲河，上坡二十里沙狐嶺，十里界河口，二十五里小河，十里巖屋河，三十里黄龍廟，十里鐵厂鋪，三十里表德鋪，十五里鎮安城。

由九里坪分路，沿甲河上西北三十里馬路坪，三十里鳳凰嘴，三十五里黄花溝，十里烏魚溝，十五里花家溝，四十里王家坪，十五里鎮安坪。

鎮安巖屋河南至洵陽蜀河口、北抵西安省城路

蜀河口在洵陽縣東一百四十里漢江上，八十里雙河口，二十里磨溝口，二十里鹽店峽，二十里東川口，二十里東茅坪，六十里米粮川，十五里小河，十里巖屋河，十里大坪，三十里石灣溝，三十里鳳凰嘴，二十里黄家店，二十里採玉腦，五十里閻王溝，二十里沙嶺，十八里陰溝口，十八里小嶺，二十里翻大山秦嶺，二十里大山苦峪口，九十里大山下引駕回，四十里西安府。此路巖屋河以南山坡不高。如須過秦嶺，上下七八十里，騾馬尚可行走。

鎮安縣西三十五里典史溝，二十五里藥王廟，四十里沙溝口，五里過大仁河霸王灘，二十里陡坡盤陀山，十五里過小仁河餘師溝，三十里老林傍楓香園，四十里過六道梁穆王坪，四十里老林傍栗札坪，五十里過三道梁太山廟，五十里老林傍賈家營，三十里五郎關，即寧陝營。十五里老城，即寧陝廳。三十里梁家莊，三十里從老林中行平河，三十里老林三道橋，三十里老林洵陽壩汛，十五里七里溝，十五里雞公梁，三十里徐家梁，二十里營城，東江口都司所駐。十里東江口，長安縣主簿分防。三十里苦竹溝，三十里高關，三十里上下秦嶺夾嶺關汛，三十里關石塘，三十里葦子坪，四十里子午鎮，五十里西安省城。

又卷三《道路考下》 甘肅秦州

東：六十里馬跑泉，二十五里花南阜，三十里園子頭，二十里吴彩，秦州

州判駐此。四十里膠川溝，六十里胡店，十里入陝界晁峪，五十里寶雞縣。計程三百四十里。此路老林已闢，深溝高嶺半屬崎嶇。

東北：六十里馬跑泉，四十里射書坪，四十里草川鋪，五十里清水縣，計程一百九十里，漫坡山路。

由清水縣東經盤龍鋪、長林驛、駱駝鋪、咸一關至陝西隴州，計程二百四十里。

又隴州四十里汧陽縣，七十里鳳翔府，至西安省城，計程三百五十里。自汧陽縣至西安府，可通車騎。

南：八十里娘娘壩，二十里駱駝巷，四十里白蠟峽，三十里高橋，五十里樗樹壩，二十里大焦山，三十里任家峽，二十里銀杏樹，十里徽縣，計程三百里。大焦山鳥道盤紆，極其險峻。

西南：六十里平涼川，三十里大門，五十里麻峪河，三十里殷家溝，三十里江洛壩，二十里郭家楞，四十里成縣，計程二百六十里。

東南：至陝西鳳縣。路見鳳縣「西北」。

北：四十里石佛鎮，五十里秦安縣，計程九十里，平原坦途。

西：三十里二十里鋪，四十里關子鎮，四十里伏羌縣，計程一百一十里，漫坡山徑。

又西：七十里關子鎮，六十里楊家河，六十里馬塢鎮，四十里洒金溝，四十里窩兒里，三十里嚴家大莊，二十里巴郎寨，三十里沈渡里，六十里二陽溝，四十里查埠峪，二十里岷川，計程四百五十里。此路自馬塢鎮以西，有未闢老林，極爲崎嶇。

西北：一百一十里伏羌縣，七十里樂門，三十里寧遠縣，四十里鴛鴦嘴，二十里天衢鎮，四十里二十里鋪，二十里鞏昌府隴西縣，計程三百三十里。爲赴蘭州大道，漫坡平川，可通車騎。

徽縣

東：二十五里馬家山，三十里永寧河，三十里簸箕灣，二十五里兩當縣，計程一百一十里。

北：至秦州。路見秦州之「南」。

西：十五里羅家河，三十里宜下店，三十里橫川，四十五里成縣，計程一百二十里。

南：至陝西略陽縣。路見略陽縣「北」。

東南：四十里田家河，三十里廟兒埡，入老林，四十里靈官峽，四十里三石關峽，交陝西略陽縣界。三石關峽在老林之中。

又南：十五里石家峽，二十五里虞關，五十里鍋厂巖，計程九十里。此處爲陝甘要隘。

兩當縣

東：至陝西鳳縣。路見鳳縣之「西」。

東北：三十里花巖溝，三十里火燒廟，二十里太陽寺，三十里前川，二十里黃家峪，十五里呂家集，二十里楊河，十五里利橋，屬秦州，新設都司營駐此。計程一百八十里。此路自太陽寺起，均未闢老林，鳥道鬱盤，林旁多川楚流民棚居墾種。

西：五十里杜家川，三十里洛壩，二十里大焦山，屬徽縣北界，計程一百里。有未闢老林，最爲幽險難行。

西北：六十里牡丹坪，二十里李家坪，二十里太白埡，五十里柏楊林，十五里高橋，屬徽縣北界，計程一百六十里。

由高橋經白蠟峽、駱駝巷至秦州，計程一百七十里。

自兩當縣至秦州，共程三百三十里。路極險峻，尚有未闢老林。

西南：至徽縣。路見徽縣之「東」。

南：二十里柳樹埡，三十里張虎溝，五十里化坪，十五里鐵門後川，四十里棧壩林，六十里火地，交陝西略陽縣東北界，計程二百一十里。自鐵門後川入老林，幽險難行。

東南：四十里李家灣，二十里顯神廟，三十里東岔溝，三十里瓦房壩，屬陝西鳳縣。三十里三道河，十五里分水嶺，二十五里陳倉溝口，交陝西留壩廳界，計程一百六十里。此路有老林崎嶇，夏秋水漲，常多梗阻。

成縣

東：至徽縣。路見徽縣之「西」。

東南：四十里長風河，三十里檣樓壩，三十里鐵佛寺，四十里白水江，交陝西略陽縣界，陝甘要隘。計程一百四十里。

東北：四十里郭家楞，三十里牛龍川，二十里李家店，三十里雪水河，二十里樗樹壩，交徽縣界，計程一百四十里。

北：至秦州。路見秦州之「南」。

西北：五十里里峪河，三十里黄楚關，三十里姚寨子，屬西和縣。五十里陳家河，二十里鹽關，交禮縣界。計程一百八十里。

又西北經抛沙河、小川鎮、紙房鎮、石家關、青羊峽、避風灣至西和縣，計程一百八十里。遶山而行，尚可驅策。

西：七十里紙房鎮，三十里西窖山，三十里秦家河，二十里鐵索橋，三十里雷家壩，交階州界。險程，一百八十里。

西南：四十里小川鎮，三十里五郎坪，二十里兩河口，三十里山家河，三十里白馬關，計程一百四十里。分駐階州州判，爲入陝要隘。

南：七十里榪樓壩，三十里西壩，四十里羅易溝，五十里魚池子，四十里置口，交陝西略陽縣界。計程二百三十里，山僻小路。

西和縣

東：十里四龍王廟，八十里黄楚關，屬成縣。三十里乾河子，三十里牛龍川，十里李家店，交徽縣界。計程一百六十里。

東北：三十里石包城，四十里店子上，五十里鹽關，屬禮縣。三十里汪家川，二十里天水鎮，二十里平涼川，六十里秦州。計程二百五十里，漫坡山徑。

北：至禮縣。計程九十里，漫坡山路，老林已闢。

西：三十里板橋峽，三十里鐵鼓坪，二十里隣里橋，十五里白家河，三十里銓水，交階州西固界，計程一百二十五里。高山峻谷，路極崎嶇。

東南：至成縣。路見成縣「西北」。

南：五十里青羊峽，三十里石家關，三十里紙房鎮，三十里小川鎮，屬成縣，計程一百四十里。由小川鎮至白馬關路，與成縣「西南」同。

清水縣

東：四十里草窩子，三十里磨溝里，三十里園子頭，二十里吴彩，秦州州判駐此。十五里王家山，六十里膠川溝，六十里胡店，二十里東岔河，四十里晁峪，交陝西寳雞縣界。五十里寳雞縣。計程三百七十五里，此路間有未闢老林。

東北：三十里白沙，三十里白家站，四十里長寧驛，二十里交陝西隴州界關山，五十里固關，三十里曹家灣，三十里隴州，計程二百三十里。

北：五十里柳卜南，三十里松市下，二十里龍山鎮，四十里朱家店，六十里滑家灣，五十里莊浪縣，計程二百五十里。漫坡，堪行車騎。

西：三十里三臺寺，五十里秦安縣，計程八十里，平原坦途。

南：至秦州。路見秦州「東北」。

禮縣

東：三十里長道鎮，三十里鹽關，四十里熊伯口，三十里麻峪河，二十里新店，三十里崔家壩，二十里高橋，屬秦州。計程二百里，山僻小徑。

東北：六十里鹽關，二十里羅家堡，二十里牡丹園，五十里三十里鋪，三十里秦州。計程一百八十里，平原坦途。

北：五十里中川，三十里巖城，三十里父子坪，三十里楊家河，八十里伏羌縣。計程二百二十里，漫坡山徑。

西北：五十里中川，四十里關門子，三十里馬塢鎮。計程一百二十里，漫坡山徑。

西：十五里石壁，二十里紅巖子，二十里碧玉河，二十里廟兒埡，二十里白家關，三十里苟家院，交岷州界。二十里李家壩，五十里涼恭，三十里下福里，二十里毛谷山，二十里臨江鋪，三十里巖昌，岷江土司駐此。計程二百九十里，此路重疊高山，極其險峻。

由巖昌南緊接老林，夏常積雪，民人半與土司雜處。

又由巖昌西北經角力鋪、哈達鋪、風雪嶺、六沙嶺至岷州，計程一百四十里。

又由巖昌南經臨江鋪、於江頭、接官亭、兩河口至階州西固，計程一百五十里。路皆沿山溝而行，最爲崎嶇。階州州同分駐西固，距階州二百二十里。

階州

東：九十里乾泉，三十里佛耳巖，九十里白馬關，階州州判駐此。八十里魚池子，交陝西略陽縣界。七十里過嘉陵江略陽縣。計程三百六十里。此路老林已闢，自州城至白馬關路極陡險，夏秋溪漲，易至梗阻。白馬關至略陽縣路頗平夷。

東北：一百二十里佛耳巖，六十里平洛，四十里大川壩，四十里小川子，屬成縣。二十里紙房鎮，三十里青羊峽，六十里西和縣。計程三百七十里，此路沿溝跨山而行，亦爲崎嶇。

又由西和縣北經石包城、鹽關、羅家堡、平南川至秦州，共程二百七十里。路雖山徑，頗爲平夷。

北：六十里殺賊橋，三十里崇教寺，四十里兩河，九十里西固，階州州同駐此。雖無老林，極爲崎嶇。計程二百二十里。屬西固北界，岷州東界，禮縣漢民、土司雜處。

西：七十里交四川龍安府界。

湖北鄖陽府鄖縣

府南：三十里大嶺鋪，三十五里花菓園，四十里相公嶺，四十里白火石，三十里交房縣界桃林鋪，三十里板橋塘，二十里大木廠，三十里泰山鋪，四十里秋嶺鋪，三十里羊峪鋪，三十里房縣城，共程三百六十里。山路時上時下，輿馬尚可行走。

東：十五里楊溪鋪，三十五里安陽口，二十里龍門塘，交均州界，平原坦途。

東南：二十里神定河，二十里了池塘，二十里遠河塘，交均州界。沿河碥路，蟠折難行。

又南：四十里毛坪，三十里十堰店，十五里茅箭塘，四十里茅塔河塘，三十里羅家川，三十里分水嶺，交房縣界，山路難行。

西南：十五里白鶴觀，三十五里小嶺，二十里大花菓園，三十里黄龍灘，十五里岱峽，三十里姚家灣塘，三十里鮑家店，四十里東河口，二十里唐家坪，二十里梘池，十五里左吉關，交竹山縣界。山高澗深，碥路陡險。

西南往竹山水路：六十里堵河口，六十里黄龍灘，四十里皮鼓灘，五十里貝灘，五十里狼牙灘，四十里磐口，四十里對寺河，三十里化口，二十里欽峪河，四十里竹山縣，計程四百三十里。小舟上下，灘河節節險程。

西：五里觀音堂塘，三十里馬廠關，二十五里堵河口塘，五十里小石溝塘，三十里金漆潦，十里大河口，五里黄龍埡塘，二十里孤山塘，五十里木瓜溝塘，十里交陝西白河縣界。沿河碥路，蟠窄難行。

西北自馬廠關分路，三十里遠河塘，二十里青桐鋪，十里交鄖西縣界。

北：二十里武陽店，三十里澗見河，三十里藍家坪，二十里胡地塘，三十里金家坪，交陝西商南縣界，山路崎嶇。

東北：十五里徐家堰，三十五里黄畈，二十里白桑關，三十里洋溪塘，四十里南化塘，四十里江峪塘，抵河南淅川縣界。連峰疊嶂，崎嶇難行。

由江峪塘遶東，七十里梅家鋪塘。

鄖西縣在府城西北一百四十里。

東：二十里火車鋪塘，三十里箭流鋪塘，二十里界牌埡，交鄖縣界，山坡小路。

東南：二十里賈家坊，二十里土地嶺，二十里觀音堂，十里安城溝，交鄖縣界。山坡路，甚崎嶇。

南：二十里榆樹嶺，二十里黎家灣，十五里麥峪河，二十里雙掌坪，三十里板橋河，二十里錫義山，交鄖縣界，平原坦途。

西南：三十里雙掌堡，三十里馬鞍山，三十里石灘堡，三十里甲河關，交陝西白河縣界，沿河碥路。

西：三十里土門鋪，三十里香口鋪，三十里黄雲鋪，三十里孟家川，四十里上津堡，登山下嶺。

西北自孟家川分路，向北四十里任嶺，交陝西山陽縣界。

北：四十里祥河堡，二十里滴水巖，三十里將軍石溝，交陝西山陽縣趙家川界。

東北：四十里長岡嶺，二十里安家河，三十里瓜子嶺，三十里八道河，五里紅廟，五里溜石板，交陝西商南縣界，山路崎嶇。

由上津堡北二十里沙溝，十里漫川關，交陝西山陽縣界。

西：五十里槐樹溝口，三十里游家溝，三十五里一天門，三十里廟川，八十五里圓樹嶺，交陝西鎮安縣界。高山峻嶺，崎嶇難行。

西南：三十里大壩口，三十里大壩塘，二十里上店，二十里關防鋪，四十里廟川，西向四十里歐家川，三十里紅巖，交陝西鎮安縣界。山大澗深，登涉非易。

由關防鋪，三十里牛心石，交陝西洵陽縣張鬍子溝界。山高峰峻，陡險難行。

西北自槐樹溝口分路，向北二十里三岔河，二十五里木瓜園，四十里長衝，二十五里心川，交陝西鎮安縣界，山路難行。

南：六十里六郎關，三十里嵩山保，三十里甲河關，交陝西白河縣界，沿河徧路難行。

竹谿縣在府城西南五百四十里。

東：三十里水坪塘，三十里縣河鋪，交竹山縣界。往竹山大路，計一百八十里，平原坦途。

東南自水坪塘，五十里龍王河塘，五十里郭家洲，十五里樊店河，三十里銀杏寺，二十里白茇埡，交竹山縣界，山坡小路。

由郭家洲兼南首，四十里邊峪口，四十里全河，三十里廣龍灘，二十里葛屯口。三十里王家山，三十里團包，二十里古墳嶺，二十里渣峪河，交竹山縣界。山高澗深，徑路陡險。

南：三十里漫液塘，三十里渡船口塘，三十里雙竹園塘，三十里撰河塘，四十里泉溪，二十里唐家坪，三十里石板河，三十里内洪洞山豐溪，六十里招風巖，三十里磁器山，五十里蕭家坡，交四川大寧縣界。山高澗深，泉溪以南時傍老林行走，極爲陡險難行。

由招風巖兼東南，六十里魚溪河，二十里冒古坪，三十里洋古洞，十里核桃園，四十里香溪，交四川大寧縣界。崇山峻嶺，間有老林，極爲幽險。

由核桃園兼東，三十里向家壩塘，四十里鳳凰嶺，三十里大禾田，四十里張公橋，二十里交四川大寧縣界。自鳳凰嶺東南，崇山峻嶺，路從老林中行走。

由豐溪兼西，四十里西面河，交陝西平利縣界。

由豐溪，六十里文采溝，交陝西平利縣界。兩山夾峙，路從山溝中行走。

由豐溪，六十里西溝界嶺，交陝西平利縣界。山溝中上陡坡，極爲崎嶇。

由招風巖小路，九十里菜子壩，四十里雞心嶺，交四川大寧縣、陝西平利縣界。

西南：四十里偏頭山，三十里王家河，二十里鵝坪，五十里鬧陽坪，交陝西平利縣界。山大澗深，時上時下，陡險異常。

由漫液塘，二十五里簡家店，二十里木瓜包，四十里萬家河，四十里壩溪河，二十里杏耳坪，十里竹葉關，交陝西平利縣界。山溝中蟠折詰屈，極爲難行。

由杏耳坪兼南，二十里劉家坪，十五里光頂山，交陝西平利縣界光頂山，陝、湖交界。大山，路從山腰行走，陡險異常。

西：三十里中峰觀塘，三十里秋溝塘，交陝西平利縣界。重山疊嶂，崎仄難行。

西北：四十里分水嶺，三十五里竹溪河塘，十五里西棚，二十里銅錢關，交陝西洵陽縣界，山坡小路。

北：三十里麻河塘，三十里五家坡，三十里安河塘，三十里一旦關，交陝西洵陽縣界。山坡小路，輿馬尚可行走。

東北：三十里椒嶺岡，三十里獨山寨，三十里尖山寨，交竹山縣界，平原坦途。

竹山縣在府城西南三百六十里。

東：四十里大樹埡塘，二十里陳家鋪，交房縣界。平原坦途，輿馬均可行走。

東南：三十里中溝，二十里麻線峪，二十里兩道河塘，二十里秦門口古寺，交房縣界，山坡小路。

南：五十里田家壩，十五里兩河口塘，五十里峪口，三十里官渡堡，三十里老鸛廟，二十里桑坪，二十里平河口，五十里白河口，三十里中柱山，三十里白牛池，三十里杉木灣，三十里洪坪，三十里羅漢洞，二十里下甕子，三十里長村壩，二十里青龍坡，三十里張公橋，交竹谿縣界。自白河口以南，崇山峻嶺，陡險異常。羅漢洞、青龍坡均在老林中行走。

由下甕子分路兼東首，四十里龍石坪，三十里笑天龍，交四川大寧縣界。下甕子以東，在老林中行走，陡險異常。

由白河口分路兼西行，四十里公祖河，三十里柳林店，交竹谿縣向家壩界。山路，沿溪溝上下。

由兩河口分路兼西行，四十里長岡嶺，二十里樊店河，交竹谿縣界。山坡小路，不甚陡險。

西：二十里黄茅關，二十里潘口塘，二十里益水，三十里保豐塘，三十里縣河鋪，交竹谿縣界。係往竹谿縣大路，至竹谿縣一百八十里，平原坦途，轎馬堪以行走。

由保豐塘，三十里擂鼓臺，五十里得勝鋪，四十里徐家坪，二十里大廟塘，三十里萬興寨，二十里七里關，交陝西洵陽縣界。山坡小路，竹兜單騎尚可行走。

由擂鼓臺，二十里紅巖寨，五十里秦家坪，五十里沈家營，二十里銅錢關，交陝西洵陽縣界。山坡小路。

由得勝鋪，六十里魯家鋪，二十里交陝西白河縣界。山坡僻路，沿山上下。

西北：四十里了角山，五十里陳家河，三十里高坡，三十里馬鞍橋塘，三十里蛟龍觀塘，三十里黄土嶺，交陝西白河縣界。山高嶺峻，崎嶇難行。

北：三十里北星山，三十里桃園，四十里茅塔寺，三十里吉陽關塘，三十里圣母山，交陝西白河縣界。山高澗深，徑路陡險。

由桃園，六十里左吉關。交鄖縣界。

東北：二十里曲尺鋪，三十里嶔峪河，二十里化口塘，三十里對寺河塘，交房縣界板橋鋪。分路北行，往鄖縣大路，平原坦途，輿馬俱便。

由嶔峪河，七十里羅家廟，二十里崔家坪，交鄖縣界。登山涉河，時上時下。

房縣在府城南兼東三百六十里。

東：三十里馬欄塘，三十里斗口塘，三十里青峰塘，三十里珠藏洞，交保康縣界。係往保康縣大路，平原坦途，間有山坡，不甚陡險，輿馬俱通。

由青峰塘北向，三十里椰峪河，三十里八道河，三十里佘家河，三十里觀音堂，交襄陽府穀城縣界。沿溪碥路，窄仄蟠折，難以行走。

由馬欄塘分路兼南，三十里廖家河，二十里五臺山，十里臺口，交保康縣界。五臺山高峻，從山椒經過，路甚陡險。

東南：十二里大黄溝，六十里杜家川，五十里麻灣，六十里博磨坪，三十里冷盤埡，二十里煙墩埡，交興山、保康二縣界。山大嶺高，冷盤埡以南最爲幽險。

南：三十里房山廟，三十里葉家河，四十里仙家坪，四十里馬家溝，五十里上龕，三十五里灣腰樹，五十五里舉人坪，八十里九道梁，三十里茅坪塘，八十里九湖坪，四十里陰條嶺，二十里交四川大寧、巫山二縣界。自上龕以南，山大林深。九湖坪、陰條嶺尤房界最險之途，途中人煙稀少。

由九湖坪兼東南，四十里小當陽，二十里烏雲頂，交四川巫山縣界。山大林深，人行碧岫蒼煙之中，最爲幽險。

西南由葉家河分路，二十里門古寺，四十里計峪河，六十里漳洛河，三十里鐵峪河，十里文武寨，交竹山縣界。山坡小路，窄仄難行。

西自房山廟分路，三十里馬尾塘，三十里陳家鋪，二十里界山塘，交竹山縣界，平原坦途。

由界山塘向北，三十里老化峪河，三十里化口塘，交竹山縣界。沿河灘中行，碥路仄曲。

西北：三十里方家畈，四十里隄平鋪，五十里泰山鋪，四十里五谷廟，五十里板橋鋪，三十里桃林鋪，交鄖縣界。山坡小路，窄仄難行。

由板橋鋪，二十里磬口，三十里鱄魚河，交竹山縣界，溪溝碥路。

北：五十里兩河口，四十里馬嘶山，三十里粱家河，三十里分水嶺，交鄖縣界，山坡小路。

東北：三十里白鶴觀，三十里包家河，三十五里濫泥湖，三十五里烏牛觀，三十里東浪，交均州界。漫坡河灘，尚爲平原。

保康縣在府城東南五百四十里。

東：十五里土門塘，四十里黄保坪，五十里觀音堂，交南漳縣界。漫坡平路，輿馬俱通。

東北：二十五里館驛溝，八里官山，交穀城縣界，平原坦途。

東南自土門塘分路南向，二十里板倉河，三十五里千家嶺，二十里長嶺，三十里七卷坪，交南漳縣界，山坡小路。

南：五十里前坪塘，二十里鱸頭坡，五十里歇馬河塘，四十里長岡嶺，四十里五股水，交興山縣界。鱸頭坡高山峻嶺，崎嶇難行。

西南：二十里三岐山，三十里觀音巖，四十里金斗坪，三十里馬橋口，二十里受陽坪，三十里博磨坪，交房縣界。連山疊嶂，崎嶇難行。

由受陽坪向南，五十里冷盤埡，交房縣界。山高嶺峻，陡險難行。

由金斗坪南向，六十里臺口塘，交房縣界，漫坡小路。

西：二十里五虎埡，二十里鋪灣，二十里蔣口塘，十五里柳元鋪，交房縣界，係往房縣大路。計至房縣一百八十里，平原坦途，輿馬可通。

西北：四十里洞庭廟塘，三十里月兒灣，二十里黄家坪，二十里皂角溝，交襄陽府穀城縣界。

北自洞庭廟分路北向，十五里峰橋，交襄陽府穀城縣界。

宜昌府興山縣

東：一百四十里夾沙河，十五里榛子樹嶺，四十里游家溝，四十里憚江，十五里北峰寺，三十里水月寺，十五里觀音堂，四十里烏堵河，四十里西北口，二十里興坪，二十里王家場，六十里過岷江宜昌府。漫坡山徑，輿馬均可行走。

北：至房縣。路見房縣之「南」。

東北：小路二十里豐玉坪，二十里狗兒灘，四十里栗子坪，五十里松羅河，房縣界。五十里白墓，三十里賈莊溝，三十里東蒿坪，二十里掛榜巖，四十里藍灘，二十里大王溝，三十里房縣。計程三百五十里。此路係赴房縣捷徑。由狗兒灘進山，皆未闢老林，險峻異常。行人多由大路行走豐玉坪西，經向家洞、獅子埡、龍門河、横墩至墓石、三坪，交房縣稻麥嶺界。均四望老林，間有鐵厂、紙厂。

西：五十里伍家坪，二十里龔家橋，四十里桃埡子，二十里歸坪，二十里旱田埡，十里水田坪，二十里歸州，計一百八十里。山僻小路，曲折而行。

南：二十里大力溪，十里小力溪，十里游家河，十五里馬房觀，三十里黑龍溝，十五里歸州，計一百里，漫坡山徑。此爲赴歸州大路。

巴東縣

東：過岷江三十里柑子園，二十里石門，二十里油口，三十里歸州，計一百里，平原坦途。

西：過岷江二十里西瀼口，三十里觀音堂，二十里火峰，三十里界嶺，交四川巫山縣界。三十里九龍寨，二十五里童家坪，二十里荒口，十五里花栗樹，二十里巫山縣。計二百里。此路爲入川山徑，有未闢老林。火峰界嶺上如登天，下似步井，極爲幽險。

北：過岷江十里東瀼口，四十里二塘埡，二十里平陽三壩，十五里十八盤，三十里土洞子，三十里石滚埡，二十里長峰，二十里麻線坪，四十里龍溪河，三十里郭公坪，二十里順水溪，二十里茅坪，十五里水田壩，十五里九道梁，屬房縣。計三百四十里，均從老林旁行走。麻線坪、龍溪河樹蘿蒙密，極爲幽峻。此路爲山僻小徑，商賈稀行。

南：係赴施南府大道。

四川保寧府廣元縣

東：二十里大石板，三十里元灘，二十里黄土包，三十里尖場子，五十里百丈關，四十里白馬廟，六十里普子嶺，二十里三家壩，二十里分水嶺，交南江縣界。至南江城一百四十里，漫山小坡，不甚陡險。

百丈關東北，三十五里五郎汛。

百丈關北，四十五里洪渡坡，十五里麻柳壩，五十里灘塘，五十里寬灘汛。大山深谷，路極崎嶇。

百丈關南，三十里梁家埡，三十里喻家壩，六十里東溪，五十里板廟場，八十里元壩子，九十里關山梁，三十里東河口，十里保寧府。山坡小路，轎馬尚可行走。

南：十里南河口，二十五里思賢鋪，三十里龍潭驛，三十里柳樹鋪，二十里石井鋪，五十里清水鋪，六十里永寧鋪，三十里上武里子，三十里槐樹驛，三十里煙風樓，三十里下武里子，三十里尖山子，三十里保寧府。山坡重疊，轎馬尚可行走。

東北：二十里石橋鋪，十五里沙河驛，十五里望雲驛，十五里朝天關，十二里龍洞背，十五里神宣驛，二十里轉斗鋪，二十里七盤嶺，交陝西寧羌州界。係南棧大道，路雖崎嶇，轎馬可以行走。

西：四十里安樂洞，三十里廣平洞，交陝西寧羌州界。

南江縣

東：九十里大河口，五十里官田壩，五十里分水嶺，三十里青峪口，三十里新場，三十里石嶺子，二十里通江。連岡疊阜，崎嶇難行。

南：四十里黄柏林，二十里沙河子，四十里馬掌，二十里慈溪場，三十里兩河口，三十里元灘，三十里棗林鋪，三十里巴州。河灘平壩，間有坡嶺，轎馬可以行走。

西：四十里大南灘，四十里羅家壩，六十里分水嶺，四十里九曲場，三十里白馬廟，四十里百丈關，廣元汛。山坡小路，橋馬尚可行走。

東北：十二里段渠，三十里乾溪，四十里碾盤埡，三十里官場，三十里水天壩坪，五十里龍神殿，三十里麥子坪，三十里乾溝，交陝西褒城縣界。自官場以北，即入老林，蒼雲碧岫，幽暗難行。

由沙河子東，四十里李家寨。南江未築城，官民守此寨中。

北：四十里柳埡子，四十里觀音巖，四十里貴民關，五十里沙壩場，三十里木竹埡，二十里碑壩，通江縣屬。五十里西河口，六十里回軍壩，陝西南鄭縣屬。五十里牟家壩，五十里漢中府。貴民關以北即入老林，徑路崎嶇，爲巴山幽險之處。

北：二十里馬屈溪，二十里柳埡山，二十里化靈關，三十里蟒洞壩，進老林二十里貴民關北，一百里楊柳溪，與通江縣接界，均老林。

北由後溪塘，□□里楊家壩，□□里牡丹園，□□里靈官堂，□□里龍神殿，分路□□里兩河口，□□里陶通嶺，□□里龍潭壩，□□里桃園寺，□□里鐵爐壩，至縣城三百二十里，至陝西南鄭縣一百四十里。

靈官堂以内均老林，尚未開砍，亦無墾荒之人，地名緣土民所呼。道路里數，土民所稱亦多迥殊，故闕之。下四條同此。

由龍神殿，□□里雄通巖，□□里雙土地，皆老林。

由龍神殿分路，□□里五塊石，□□里彭家壩，□□里窑房巖，□□里黄大河，褒城界，老林。

由窑房巖分路，□□里七眼泉，□□里白頭灘，□□里城牆巖，交陝西寧羌州界，老林。

由白頭灘分路，□□里洪巖，□□里青包山，□□里活佛溝，交廣元縣界，均老林。

由縣城，五十里穿洞子，五十里青峪口，四十里火石子，四十里瓦治坪營，係陝西定遠廳所管。從老林中行走，極爲崎嶇。

巴州

東：三十里石笥塘，三十里叉埡塘，三十里青提渡，二十里潘家河，五十里彭家園，二十里上老關廟，四十里麻札石，四十里梅子灘，四十里鎮龍關，巴州州判分防。上老關廟至梅子灘，均通江縣地。小坡河灘，碥路難行。

由鎮龍關東，三十里向家壩，三十里石窩場，三十里大沙壩，三十里倒洞水，三十里黄忠堡，三十里通江地鐵壩河，四十里鍋團園，四十里巴州地官壩，六十里雞喉壩，三十里烟墩埡，三十里太平縣。山岡重疊，徑路幽險，爲巴州最窵遠之途。

由石窩場東南，六十里陰背巖，八十里老林口，四十里王家壩，交太平縣界。山峻澗深，徑路幽險。

由鎮龍關南，三十里林家巖，六十里土地堡，三十里陰背巖，二十里土巴營，三十里方山坪，交達縣界。二十里過河馬渡河，四十里隘口，二十里王家坪，四十里瓦窑壩，十五里大成寨，六十里羅江口，三十里綏定府。山重水複，徑路難行。

由鎮龍關北，六十里唱歌郎，即通江。六十里芝包口，四十里洪山塘。通江縣往竹峪關大路，崎嶇難行。

由向家壩北，三十里提場子，三十里陡嘴子，三十里喻家坪，三十里龍鳳埡，三十里洪口。通江縣往竹峪關大路，由陡徑仄，最難登陟。

南：過河十里青巖子，三十里茨埡子，四十里曾口，四十里澌安陀，四十里雷山，四十里孤山坪，四十里江口。巴州巡檢分防。水路下通三匯。

由東路梅子灘西南分路，四十里長灘，二十里蜈蚣嶺，三十里黄家營，六十里下老關廟，四十里得勝山，即南北山。重岡疊阜，崎嶇難行。

由東路叉埡塘分路，南三十里白埡子，三十里花溪河，三十里得勝山，過下老關廟，六十里茨巴門，四十里雷山，與通江縣路合。

西：十五里平梁城，十五里李兒塘，三十里鼓溪塘，三十里恩養河，十五里昝家塘，四十里柳林鋪，二十里花叢埡，二十里永安鋪，十二里張公橋，儀隴縣交界。二十里老木口，四十里觀音場，閬中縣界。五十里橋溝，三十里白埡塘，三十里青巖塘，三十里青河關，三十里保寧府。沿途山不甚高，雖有逼仄之處，小兜單騎尚可行走。

由恩養河南，二十里八門壩，二十里七顆石，二十里磨子坪，四十里錢庫嶺，三十里金棗場，五十里儀隴縣，山漸低平。

由錢庫嶺西分路，四十里石埡子，四十里水東坪，四十里高粱子，六十里營山縣，山漸低平。

北：十里尖山坪，三十里石門寺，三十里新場，三十里蘭芽寺，三十里龍鳳場，三十里馬家寨，三十里通江縣，疊阜連坡，山路難行。

通江縣

東：三十里毛峪鎮，四十里洪山塘，四十里九子坡，四十里洪口，六十里亂石子，三十里竹峪關，三十里亭子關，六十里官壩，巴州營。九十里太平縣。九子坡上下三十里，頗爲陡險，小轎、單騎尚可行走。

由竹峪關南，三十里三溪河，三十里絲蘿壩，三十里黄忠堡，二十里倒河口，三十里觀音堂，二十里冉家壩，十五里巴斗坪，交太平縣界。山峻谷深，轎馬不能行走。

由竹峪關北，六十里九元子，三十里仁村，交陝西定遠廳界。山大澗深，九元子上下六十里，極爲陡險。

由竹峪關西北，四十里朱爺廟，四十里鐵溪河，四十里關爺廟，四十里簡池壩。陝西定遠廳巡檢分防。山坡小路，單騎尚可行走。

南：三十里鸚哥嘴，三十里楊柏河，三十里大羅觀，三十里清趕渡，六十里巴州。漫坡平路。

東北：二十里雙灘子，二十里瓦石鋪，二十里蕭口，五十里煙溪，二十里閉溪，二十里苦草壩，四十里尼溪場，四十里長坪，二十里新店子，二十里鐵溪河，三十里冰口塘，十里鐀子壩，十里分水嶺，交陝西定遠廳界。連岡疊巘，徑路難行。

由長坪分路，三十里鐀子關，十里羅家河，十里濛壩，四十里兩河，三十里簡池壩，陝西定遠廳屬。兩河向西北六十里空山壩。

北：十五里廟子埡，二十五里扛金子，二十里涪陽場，三十里新場，二十里青峪口，二十里板橋口，二十里平溪場，二十里樓子壩，三十里朱家壩，四十里壩溪，四十里碑壩，六十里西河口，二十里羊圈關，陝西南鄭縣屬。二十里天池子，三十里回軍壩，三十里青石關，陝西南鄭縣巡檢分防。自青峪口西，從老林邊行走，極險。

由樓子廟東，二十里梓橦廟，四十里會家灣，三十里空山場，交陝西西鄉縣樓坊坪界。入巴山之中，崎嶇幽暗。

由平溪西，三十里金溪河，三十里鐵厂河，交南江縣界。

東南：三十里萌子埡，二十里木溪浩，三十里竹子坎，二十里麻札石，六十里長灘，二十里蜈蚣嶺，巴州屬。山坡小路，行人沿河灘走。

綏定府達縣

東：至東鄉縣九十里，半屬坦途。

東北：四十里羅江口，五十里雙廟場，屬東鄉縣。二十里瓦窑壩，三十里雙合場，二十里柳樹灘，三十里胡家場，四十里茅壩，三十里大水氹，三十里羅紋壩，四十里王家壩，屬太平縣。五十里長壩，三十里青花溪，四十里平溪塘，三十里太平縣。係太平縣往綏定府大路，輿馬尚可行走。

東南：渡江三十里亭子鋪，四十里雷音鋪，二十里麻柳場，達縣巡檢駐此。二十里新寧縣。山坡，小路尚寬。

南：渡江二十里楊柳埡，四十里牌坊場，五十里新庵場，二十里趙家場。屬大竹縣。二十里石河場，四十里東嶺橋，二十里大竹縣。

西：四十里合市壩，二十里大灘，三十里申家灘，三十里木頭市，二十里三匯場，屬渠縣，縣丞駐此。

北：至通江縣，路見通江「東南」。

東鄉縣

東：渡河四十里南壩場，三十里石碓窩，二十里楊家山，屬新寧縣。五十里四方臺，四十里子坪壩，四十里溫湯井，屬開縣。四十里羊子嶺，二十里白橋，三十里開縣。山坡，路不甚陡險，沿途多麥隴稻畦。

西：至綏定府。九十里。多有趁舟行者，陸路亦漫坡小山。

南：渡河六十里七里峽，三十里回龍場，三十里新寧縣，山坡路。

東北：八十里柳樹灘，平路漫坡。

北：六十里雙河場，三十里香爐坪，四十里馬渡關，四十里方山坪，交巴州界。平路漫坡，方山坪寨甚爲陡險。

太平縣

東：六十里白沙河，六十里舊院壩，四十里井溪壩，三十里響水洞，三十里橋壩嘴，二十里七里溝汛，六十里險雞鳴寺汛，三十里險寒溪寺，三十里雪泡山，交開縣、大寧縣界。高山峻嶺。入響水洞從老林旁行走，極爲幽險，沿途頗有墾荒人户。

由井溪壩，二十里烏舉梁，交東鄉縣界。四十里渡口巖，三十里桑樹坪，交開縣界。險路，烏舉梁石磴蟠折上下三十里。

由舊院壩，四十里白羊廟，三十里固軍壩，二十里石子溪，交東鄉縣界。山峻澗深，徑路陡險。

由白沙河，六十里石塘壩，四十里鐵礦，七十里安家河，交東鄉縣界。連山重嶺，徑路崎嶇。

南：六十里青花溪，六十里長壩，四十里王家壩，四十里羅紋壩汛，三十里大水氹，交巴州達縣、東鄉縣界。碥路，沿澗陟嶺，崎嶇難行。大竹河各船起旱，背負之夫多在此一路行走。

西：三十里煙墩埡，交通江縣巴州界。

北：三十里官渡灣，十五里梨樹溪，三十里滚龍坡，交陝西定遠廳界。峽路，不甚陡險。

東：梨樹溪，六十里深洞子，四十里廟坡，三十里大竹河，五十里田壩河，交陝西紫陽縣界。山峻谷暗，幽險難行。

由太平，三十里官渡灣，十五里梨樹溪，三十里險松樹梁，二十里蒿壩子，二十里横山子，三十里險深洞子，二十里廟坡，二十五里大竹河，三十里堰塘坪，三十里雞公灘，三十里險三灣，四十里險平壩，三十里廣綫埡，三十里城口廳。沿途山陡澗深，極爲幽險。中有出水孔，夏秋水漲不能行走，須越山而過，難於上青天矣。

城口廳

東：六十里修溪壩，四十里袁家廟，五十里高觀寺，三十里中壩子，四十里大埡子，二十里小埡子，三十里黄溪河，三十里洞溝場，四十里望鄉壩，二十里黄墩汛，七十里偏巖子，交陝西平利縣界。山高嶺峻，從老林旁行走，極爲幽險。

由修溪壩，六十里菜子壩，二十里紅花溪，三十里椒子埡，三十里老屋場，二十里厚坪汛，五十里剪刀架，交大寧縣界。陡險異常，從老林中行走。

由厚坪汛，三十里十二庵，七十里百里荒，交大寧縣桐油壩界。從老林中行走，幽險異常。

北：三十里龍潭河，四十里羊耳壩，六十里茨蓬溝，九十里刀背梁，交陝西紫陽縣界。山陡路仄，從老林邊行走。

東北：三十里普通觀，四十里老鴉口，三十里任家河，三十里鼠溪汛，三十里中岡溪，四十里南天門。交陝西興安府磚坪廳界。危峰山嶺，從老林中行，極爲幽險。

由普通觀，四十里老鴉口，二十里倉坪河，二十里蘆桿洞，三十里楊泗巖，交陝西磚坪廳界。從老林中行，山陡路窄，極爲幽險。

由中壩子，三十里木瓜河，三十里金雞梁，二十里兩扇門，三十里漁渡河，交陝西平利縣界。從老林中行，人煙稀少，極爲崎嶇。

由厚坪汛，七十里三溪子，三十里紙廠，交大寧縣界。從老林中行走，極爲幽險。

由菜子壩，六十里柳家壩，四十里濛濛溪，四十里葱子坪，六十里長槽，三十里横斷山，五十里西流溪，交大寧縣界。從老林中行走，一望蒼茫，易迷出入之路。

、由葱子坪，五十里十里坪，七十里貝母池，交開縣界。從老林中行走，幽險異常。

南：四十里觀音巖，二十里黄柏厂，二十里旗桿山，三十里了子口，三十里明通井，二十里甕坪，三十里仙女池，九十里貝母池，交開縣界。從老林中行走，真摯峰摩天矣。沿途人煙絶少，徑路易至茫迷。

夔州府

西：六十里安坪驛，三十里拖板，六十里東壤子，三十里雲陽縣，六十里盤陀，三十里小江，三十里石家嘴，六十里萬縣，五十里三鎮鋪，四十里分水場，六十里北斗廳，三十里梁山縣，三十里沙河鋪，六十里老陰場，九十里大竹縣，九十里李渡河，九十里青石鎮，九十里□□場，九十里跳蹬壩，九十里順慶府，九十里蓬溪縣，九十里太和鎮，九十里觀音橋，九十里大磉墩，九十里趙家渡，一百里成都府。共計一千七百二十里。係進省大路，輿馬均可行走。

東：九十里紅巖，九十里大寧縣。

開縣

東：九十里高陽，九十里雲陽縣。計一百八十里。平原坦途。

東北：三十里排埡口，二十里清山坡，四十里路陽壩，三十里馬竹壩，三十里沙陀寺，三十里黄泥坡，三十里黄草坪，五十里分水河，二十里寶珍，五十里天心觀，三十里雞頭壩，三十里大寧縣。

北：四十里謝家壩，二十里六堂溪，三十里小茶園，四十里安樂坪，三十里青灣子，三十里雪泡山，四十里寒溪河，三十里梭羅寨，交太平縣界。沿途高山峻嶺。自青灣子以北，從老林中行走，極爲幽險。

東南：三十里畫眉埡，二十里寒水壩，四十里白巖山，三十里朝陽坪，三十里馬家梁，五十里團城，二十里西流水，四十里燕麥壩，交大寧縣界。一路山幽谷暗。朝陽坪以東從老林中行走，人煙稀少。

西：七十里臨江市，三十里李家橋，二十里永興場，二十里新寧縣。

大寧縣

南：五里趙家壩，過渡十五里馬鎮壩，地頗平坦，有鋪户二十餘家。四十里上黄碇，有塘汛。十五里青莊坪，有塘汛。十五里紅巖，有塘汛。交奉節縣界，自縣至交界處九十里。由界牌三十里黑樓門，六十里夔州府。

東南：二十里馬鎮壩，二十里兩岔路，四十里古路溝，五十里茨竹溝，交奉節縣界。

西南：二十里馬鎮壩，十里雞頭壩，六十里田家壩，有塘汛。十里寶塔，三十里獨樹子，三十里分水河，有塘汛。三十里黄草坪，十里上三壩，交雲陽縣界。六十里沙沱子。

由西南一百六十里分水河，八十里孟家營，有塘汛。三十里濫池子，交雲陽縣界。六十里沙沱子。沙沱子一帶老林漸闢。又長子朳路徑崎嶇。

由分水河，八十里孟家營，八十里鹿塘溪，五十里三柏嶺，交開縣界。沿溪傍山，不甚陡險。

由分水河，三十里寒水壩，五十里毛嶺，六十里中岡嶺，四十里雙廟子，交開縣界。漫坡小山。

西：三十里雞頭壩，七十里寶塔，六十里核桃壩，六十里紅池壩，六十里萬春河，四十里新田壩，二十里剪刀峽，交城口廳界。入老林中，徑路難行。

北水路三十里溪口，陸路十二里譚家墩，係監厂營守備衙署。三十里兩河口，四十里下保河，八十里河口，四十里湯家壩，四十五里打火壩，交城口廳界。兩河口以西老林雖闢，又長子朳，幽暗難行。

由兩河口，三十里神鹿坪，四十里徐家壩，有千總防汛。三十里苦草壩，三十里廟埡子，十五里二郎壩，三十里賀岡溪，四十里一碗泉，有外委防汛。三十里三王廟，交陝西平利縣毛壩界。山岡重疊，徑路崎嶇。

由徐家壩，三十里苦草壩，四十五里老三岔，十五里雞心嶺，有外委防汛。由嶺上左徑下交陝西平利縣鎮坪司界，右徑下交湖北竹谿縣界。山勢崒嵂，徑路陡危。雞心嶺峭石摩天，磴道難行，上下七十里。

由徐家壩，五里牛石碇，三十五里蕭家坡，有額外外委防汛，交湖北竹谿縣界。山高嶺峻，碥路極爲崎嶇。

由譚家墩，過河十五里蒿坪，二十五里關口山，四十里黄石坂，三十五里張公橋。老林初闢，山徑陡險。

東北：二十里兩岔溪，四十里通城，四十里老莊子，六十里後窖，四十里黄草坪，與巫山縣、湖北房縣交界。

東：十五里靈官堂，十五里小泉鋪，有塘汛。十五里涼風埡，十五里孝子溪，有塘汛，與巫山縣水口交界。過界二十里大昌，一百二十里巫山縣，山路陡險。涼風埡上下三十餘里。

東南水路：四十里王爺廟，二十里廟溪河，與巫山縣龍溪河連界。過界二十里大昌，一百二十里巫山縣。

西南：一百二十里紅池壩，三十里查羅盤，五十里添子池。深山老林，徑路崎嶇。

西南：二百四十里毛嶺，三十里茶山壩，十里龍潭口，三十里外團城，三十里内團城。深山老林，徑路崎嶇，爲川邊幽暗之地。林中墾荒之人甚少，採藥者必裹粮而入。

大寧場西北，十里譚家墩，二十里兩河口，三十里神鹿坪，有塘汛。四十里徐家壩，三十里苦草壩，三十里銅罐溝，三十里雞心嶺，三十里瓦子坪，交陝西平利縣界。三十里鎮坪，三十五里石砦河，三十里謝家灣，三十里白土嶺，三十里白珠峽，二十五里牛頭店，三十里琉璃埡，二十五里曾家壩，三十五里秋山塘，三十五里八角廟，四十五里八里關，四十五里平利縣。山峻澗深，處處均爲極險，不獨雞心嶺有上青天之難也。

大寧場北，九十里徐家壩，五里牛石碇，二十里蕭家坡，交湖北竹谿縣界。十五里界嶺，八里馬鬃嶺，十五里招風巖，十里老葉頂，十里茨溪溝，三十里馬家壩，十五里豐溪鎮，湖北竹谿縣屬。三十里紅銅山，三十里唐家坪，五十里撰河塘，三十里雙竹園，三十里義渡口，十五里龍王埡，十五里漫應溝，二十里竹谿縣。蟠大山，越深澗，碥路磴道，崎嶇難行。

大寧場東北，六十里神鹿坪，十五里土地塘，三十里高家坡，三十里大禾田，三十里偏巖子，三十里大水溝，湖北竹谿縣屬。三十里向家壩，河東交竹山縣界，河西交竹谿縣界。八里柳林店，三十里公子河，湖北竹山縣屬，有塘汛。三十里白河口，五十里平河口，三十五里松樹嶺，三十五里官渡河，九十里田家壩，約計五十里竹山縣。入土地塘以東均大山峻嶺，間有未闢老林。白河口以下漫坡小路。

大寧場東，十里梯子口，三十里關口山，交湖北竹谿縣界。六十里張公橋，三十里青龍坡，交湖北竹山縣界。二十里長城壩，三十里梨樹嶺，六十里紅坪，交湖北房縣界。六十里白梨樹埡，交湖北房縣界。六十里上龕場，七十里南坪，六十里下店子，三十里房縣。自張公橋以東，高山峻嶺，間有未闢老林，極爲難行。

大寧場東北，四十五里關口山，交湖北竹谿縣界。六十里張公橋，三十里青龍坡，交湖北竹山縣界。二十里長城壩，三十里麥池埡，二十里象鼻嶺，二十里崩磊溝，交湖北房縣界。四十五里九道梁，過溝上坡，房縣界。三十里安場，二十里學堂坪，三十里舉人坪，房縣界。二十里老鶯巖，分路上坡，房縣界。三十里白沙園，房縣界。五十里乾溝子，四十里七里碥，房縣界。四十五里高橋河，交湖北興山縣界。六十里南陽河，興山縣界。六十里豐玉坪，興山縣界。三十里大花坪，二十里興山縣。張公橋以東連岡疊阜，陡險異常，間有未闢老林，人煙稀少，極爲幽險。九道梁以南老鶯巖等處，尤其崎嶇。

大寧場東，三十里大寧縣，六十里水口，交巫山縣界。三十里大昌，三十里後溪河，三十里小坪，三十里茅山嶺，十五里溪壩，以上均巫山縣屬。三十里八寶山，十里平陽壩，六十里龔家橋，五十里龍潭坪，三十里興山縣。茅山嶺、八寶山一路人煙稀少。

大寧場東南，二百六十五里平陽壩，十五里曾家壩，三十里東瀼口，五里巴東縣。山大谷深，崎嶇難以行走。

大寧場東南，一百二十里大昌，三十里羊溪河，三十里堆圳子，係巫山縣屬。三十里八樹坪，十里涼水井，巫山縣屬。三十里黃草坪，與巫山縣、巴東縣、湖北房縣交界。三十里陰條嶺，房縣屬。十五里大九湖，十五里小九湖，三十里勞水河，十五里麻線坪，三十里下鼓坪，二十里白林巖，三十里青龍寨，三十里源頭河，三十里手爬巖，三十里平陽坪，五十里巴東縣。自堆圳子進八樹坪至大小九湖坪，由老林中覓路而行，極其幽邃，一路間有棚户，而荒涼特甚。

大寧場南至奉節，西南至雲陽，西至開縣交界。

由大寧縣，十里趙家壩，十五里馬鎮壩，十里雞頭壩，三十里天心觀，四十里獅子巖，五里寶塔，二十五里涂家壩，直上西邊三十里長沙溪，二十五里核桃壩，二十里一碗泉，交奉節縣界。二十里挖斷凹，係奉節縣屬。二十里紅池壩，三十里土地凹。

由紅池壩向西北，四十里老木園。

由紅池壩正北，十五里鳳凰頭。

由紅池壩南，二十里冷風槽，交雲陽縣界。二十里寒水壩。

由紅池壩東，二十里查落盤，二十里添子城，四十里西流溪，五十里橫擋山，抵開縣界。

由獅子巖北進，老林雖闢，又生子杌。至紅池壩以西，至添子城、西流溪等處，均千百年未闢老林，青葱連天，絶少人煙，進者迷出入之路。

巴東三十五里曾家壩，十五里平陽壩，六十里龔家橋，三十里龍潭坪，三十里興山縣，山路崎嶇。

房縣出西門，四十五里獅子巖，交竹山縣界。四十里千家坪，係房縣屬。四十五里馬家溝，四十五里上龕，係房縣地，設有都司。三十里紫竹林，三十里八角廟，三十里松香坪，十五里封侯坪，二十里冷盤埡，房縣屬。三十里高家院，交興山縣界。十五里橙子樹，三十里龔家坪，十五里界牌埡，三十里興合觀，三十里興山縣。紫竹林以西連岡疊崿，至高家院、橙子樹各山間有未闢老林。

房縣出東門，九十里歇馬河，左邊分路至保康縣，右邊分路至板廟子。三十里板廟子，四十五里侯家坪，四十五里龔家橋，三十里豐玉坪，五十里興山縣。房縣至興山縣東西兩路，西路迂而稍夷，東路捷而更險，必經大山長林則一也。

興山三十里小峽口，三十里馬黃觀，三十里教場坪，四十五里石門子，二十里牛口，二十五里鎮江寺，過江即巴東縣。

湖北之二竹、房縣、興山、巴東與四川之大寧、巫山，陝西之平利犬牙相錯。而房、竹、興、巴，尤劉通、石龍等荆襄流民麇聚之區。山大林深，道路之紛岐阻奥，生其地者亦不能周知。大寧鹽厂肩負貿易，數邑之民爲多跋涉山谷，吁嚱長途，則里數之多寡，徑路之險夷，皆所親歷。鹽大使王汝翼有心人也，明幹精細，屬以諮訪各處相通塗徑，某邑詢某邑之人。既得其大概，又合數邑之人互相參核，務歸確實。歧路之歧，朗如聚眉，則山中之記里鼓矣。

附：保寧府至太平、廣元、順慶、潼川各路

由保寧府，三十里雙龍場，五十里南部縣，五十里石合場，五十里新鎮壩，六十里徐家場，一百二十里營山縣，四十里羅石橋，四十五里靜邊寺，五十里巖風灘，五十里永興場，四十五里蚊蟲溪，五十里太平寨，三十里羅江口，六十里瓦窑壩，四十五里茶園坡，七十七里羅紋壩，四十里黄家壩，五十里長壩，六十里青花溪，六十里太平縣。

由保寧府，七十里廟樓閣，五十里觀音場，四十里張公橋，三十里花叢埡，七十里恩養河，三十里棗兒埡，三十里巴州，三十里遊擊營石筍塘，三十里青杠渡，三十里鸚哥嘴，三十里通江縣，四十里茅峪鎮，五十里九子坡，五十里紅口，五十里麻埡子，五十里竹峪關，六十里官壩場，六十里太平縣。

由保寧府，三十里尖山子，三十里煙峰樓，六十里蒼溪界五里寺，四十里永寧鋪，三十里廣元界柏林溝，七十里石井鋪，四十里梅林鋪，四十里昭化屬龍潭，三十里絲弦鋪，三十里廣元縣。

由保寧府，八十里南部縣，五十里東壩場，六十里永豐鋪，五十里金臺場，四十里順慶府，五十里五龍場，七十里蓬溪縣，五十里官陞鋪，五十里太和鎮，五十里射洪縣，五十里潼川府。

但湘良《湖南苗防屯政考》卷一《鳳乾永保古瀘麻七廳縣官民道路》

鎮筸城即鳳凰廳城

辰州往鎮筸官路：自辰陽驛至辰谿縣，俱由往雲貴大路。由辰谿縣城南門外渡河，十里至潭灣，五里至雷打巖，五里至九溪灣，十里至太平溪，十里至李家坪，十里至桑林坪，五里至孫營，五里至濫泥堡，即蘭里。十里至茅坪，五里至袁坪，七里至淥溪口，五里至高村堡，一里至窑里，渡小河。三里至藍家，十里至龍池，十里至巖門堡，五里至滴水巖，五里至楊柳坪，五里至石羊哨堡，過小溪。此處爲鎮筸糧運起陸路。十里至十里牌，五里至蘆荻坳，五里至鎮筸城。

按：此路地勢平夷，無崇山大嶺。而自辰谿至窑里皆沿辰江西上，西北後山一帶時有苗佬出没。自窑里渡河至石羊哨，沿樂濠溪東上，通右營、前營苗路。再自石羊哨過溪至鎮筸，長坂危磴，羊腸一綫，俱從崇岡上下矣。

麻陽往鎮筸官路：由麻陽縣城西門外渡辰江，十里至蓬溪塘，十里至長梁坳渡河，十里至函池坳，十里至譚家寨，分路，十里至白泥，又十里至巖門堡。五里至桐油坪，五里至桐水溪，五里至楊家寨，八里至梅田，八里至石羊哨，與辰谿大路會。

按：此路通長甯哨、丫喇營，爲鎮筸前營花苗出没之所，連山疊嶂，跋涉維艱。

附往鎮筸永安哨小路：由麻陽縣城南，五里至官村，十五里至乾洞，十五里至黄羅寨，交鎮筸地界，十五里至水打田，分路至楊家寨，通石羊哨大路。五里至巖屋田，五里至易家坳，八里至大都羅，八里至白泥江，過小溪，十里至永安哨。此路登山涉澗，密邇苗巢，頗爲崎嶇。

沅州往鎮筸官路：由沅州府城東門外，十里至冷家塘，十里至唐家塘，十里至真武塘，十里至崇溪塘，即松樹坪腰站。十里至石板塘，十里至齊天塘，分路，十里至龔家塘，十里至石惹塘，十里至南村塘，十里過河至麻陽縣。十五里至江口塘，係河岸小市。沿河十里至龍家鋪渡河，五里至木寨，十里至椒林坡，十里至巖門堡，與辰谿大路會。

按：此路稱平夷，惟齊天塘崇岡高峙，及椒林上下坡，山坳頗爲崎嶇。

浦市往鎮筸民路：由浦市堡南門外上庵，五里至巖底，五里至新堡，五里至螞蝗溪，五里至白頭溪，十里至達蘭橋，五里至達蘭坳，五里至都用，十里至各水，分路，東行十里至冷風坳，五里至巖寨，十里至雄山，十里至蘿蓄溪，十里至濫泥會，辰谿大路。八里至木隴，八里曬竹田，五里至天堂，馬路頭、沙子坳俱上下不過里許。五里至踏虎堡，西行分路，十里至馬路頭，五里至巖坡，五里至五路坪，五里至興隆場汛地。南行五里至丁牛寨，分路，西行七里至新寨，十二里至木江坪。南行五里至地藤溪，分路，東南行五里至瘦田，經過武巖、板栗樹、大寮、上潭與高村大路會。南行七里至通通坳，十里至茅坪衝，五里至溪口，十里至官莊，東行分路過蠻山、黄柔衝至巖門，東南門分路過上下萬、招茶、羅雨、羅溪，會石羊哨大路。五里至長坪，五里至椅子坳，十里至鎮筸城。

附浦市往太平溪山路：浦市堡外浦溪，五里至巖隴，五里至高隴頭，五里至青草坪，五里至中塘，五里至隴頭園，五里至高橋，五里至橋頭，五里至桐山，十里至太平溪，通鎮筸大路。

鎮筸往乾州營路：出北門一里，過小溪至擂草坡，三里至四方井，五里至奇梁橋，此地頗險。行人辟其險，則由四方井北分路，繞黄坡、杜壤可至清溪哨。五里至黄土凹，五里至清溪哨，五里至黄巖江，五里至靖疆營，五里至高樓哨，五里至得勝營，鎮筸右營苗由高樓哨出者，經鼓衝、得家，出務頭則至溪口，出杜壤則至官莊。由得勝營出者，經由頭巖、魚梁頭、柑木坨、寡脚巖、夾脚巖、豬樓門則至底江木塂。

二里至西門江，五里至三腳巖，五里至龍潛營，五里至瑞安營，五里至龍鳳營，五里至曬金塘，此路二十餘里極險。如辟其險，則由西門江東北分路，從高坳、狗田、龍滚營沿溪而下，可至篁子哨。五里至重郎坡，五里至篁子哨，鎮篁右營、乾州左營苗人出口者，多由此過舊司坪，或從崩坳平鑾至將軍巖過茨衝，或從冶略、茶園坳、利略、冒州至狗琵巖、巖隴。五里至灣溪，五里至二廒臺，五里至乾州城。

按：此路極爲崎嶇，安營設汛，星列碁布。沿途分東北爲民地，西北爲苗寨。西北苗寨即鎮篁右營生苗，乾州左營生苗是也。計程不及百里，而處處苗口，其路如髮。特詳其往時經由之要途云。

鎮篁往乾州民路：出東門，五里至平皋，五里至小田，三里至鑾寨，五里至新路口，五里至官莊，通巖門路，已詳前。十里至溪口，通巖門、高村路，詳前。五里至大灣萬牙，五里至木江坪，通路虎、高村路，已詳前。十里至巖隴，五里至萬溪口，五里至蘿蔔溪，五里至狗琵巖，北通浦市路，詳後乾州廳路下。過溪，三里至冒州，三里至務鋤，三里至皮兒坨，十里至雙塘，八里至硯池井，八里至彭家寨，八里至楊家寨，十里至乾州城。由狗琵巖沿溪下，過將軍巖、溪口、毛蘭坪，可至河溪堡。

按：此路較營路略爲平夷，而自官莊以下至狗琵巖，傍山繞溪，甚爲碕仄。渡溪之後，則皮兒坨、硯池井諸處亦在山峽中行焉。

鎮篁往銅仁府、正大營營路：出鎮城南門外行，五里至冷風坳，五里至水塘坳，東南行里許至涼水井，通石羊哨。詳前麻陽縣路下。十里至廖家橋，即菖蒲塘，南下里許爲永安哨舊址。十里至全勝營，十里至木星關，五里至丫喇營，分路南行山梁上，十五里至犀牛寨，五里至柳木寨，十里至豹子場。十里至浪中江，十里至鳳凰營堡，十里至盤塘營，十里至大營堡。

附廖家橋往施溪司民路：由廖家橋十里至余家橋，十里至古衝，十里至新場，一名凝巖。分路，西南五里至犀牛寨，即往豹子場路。五里至桐木坳，五里至巖坳，五里至亭子關，十里至馬槽溪，十里至馬腳巖，過河爲施溪司。

按：鎮篁往正大營之路，雖在山峽中行，而峯巒不甚險峻。廖家橋一帶，地近長坪，黑苗滋擾。麻陽上半縣多由此數口，木星(衝)[關]丫喇營尤爲此路險隘。自鳳凰營至正大營，則皆山腹中迤邐而行，無甚險路矣。

鎮篁往舊永綏城營路：出北門，過小溪沿岸，險路十里至長甯哨，往時哨地。二里至潭江。傍山沿溪行，六里險路至四路口。山峽中行，六里至長坪。一名箭塘。上大坡行，五里至糯塘。緣大坡山腰行，險路十里至得勝坡。上山脊行，亂巖路十里至得勝坡。下陡坡，磴路五里至烏巢河。過小溪，上陡坡，磴[路]五里至新山梁，上行十里至苟若。行二里上蘇馬坳。過池荷營，山梁上行，險路十里至栗林。山梁上行，險路十里至黑土寨，一里至泛石巖。交永綏廳界。山峽中行，險路十里至鴨酉寨。山峽中行，險路十里至排打叩。下坡過洞水溪橋，至董維走小田隴，共行險路十里至夯尚。行山衝路，五里至補抽。上坡行，山路七里至舊永綏城。

附鎮篁城至盛華哨舊路：出鎮城西門，不過溪，沿溪(彳亍)[行]，石徑中過老師巖，共險路十里至白巖峽。行巖峽中，險路五里至木林橋，出巖峽行山隴中路至河坎，共險路五里至火燒灘。渡小溪，上坡經長坳，行險路，十三里至盛華哨。由此處東北行，橫過大凹，共險路十五里至長坪。

按：此路爲永綏開廳之初舊關營路，兩面生苗寨落，中間一綫羊腸，共計一百三十餘里。雖設有營汛，而勢甚孤危。是以各大帥議將此路營汛撤出，既未立有營伍，即未可爲營路。但苗巢有事，多從此中犂巢搗穴。其徑路之險夷，里數之多寡，亦必詳誌用備參稽。

乾州廳

瀘溪往乾州官路：出南門行，十里至上堡，七里過溪至蘇木溪，七里洗溪堡，十里至能灘，十五里至魚梁坳，五里至潭溪，五里至小壁流，八里至大壁流，五里至下扯旗，五里至中扯旗，五里至上扯旗，五里至丑坨，五里至柑木橋，二里過溪至河溪堡，三里至百里，七里至張牌寨，二里至五經坪，過溪二里過上下巖屋，三里至大莊，八里至小莊，二里至小溪橋，五里至乾州城。

按：此路沿武溪而進，直至河溪堡，爲乾州所轄。兩面高山，路繞山腳溪岸，輿馬俱便。中數魚梁坳、丑坨二處較險峻焉。由河溪至乾州，則上下巖屋亦稱崎嶇。苗疆中無康莊。此路自瀘溪至廳城共一百二十餘里，雖非内地坦途可比，然他處往乾州者俱一面民地，一面苗寨，惟此路兩面俱爲民村，無伏莽之虞焉。

浦市往乾州民路：由堡外瓦寨墟，五里至楊球坪，十里至高山坪，五里至使人坡，五里至當門坡，二里至都奇坪，七里至黑衝，三里至三灣，四里至蓄地坪，五里至高顯場，五里至長衝，二里至銅撑坡，三里至三層坡，三里至三衝坪堡。分路東南行，五里至下廣，五里至上廣，七里至東瓜寨，三里至下得堡，三里至後塘，三里至興隆場汛地。分路正南行，十里至迷登，三里至田家寨，七里至武偃，四里至都里坪堡，三里至六保，五里至乾田坪堡，二里至龍頭寨，五里至龍潭衝，十里至檻木板，五里至巳溶，十里過龍滚坡至狗毬巖，與鎮筸下乾州民路合。由三衝坪西南行，五里至煙竹坪，從此地入五都仡佬地。五里至小章，十二里至舊寨，三里至穿洞。分路西横行，二里至大章，五里至池梁，五里至門樓坳，五里至硬寨，五里至高寨，五里至鐵枕巖，過溪十里至毛蘭坪，三里至桃花坪，五里至狗兒寨，五里至三十捞，十五里至乾州廳。由穿洞西南行，三里至黄桑衝，五里至竹坪，東南横行過地灰壠，十五里至龍潭衝汛。西南行三里至畧寨，四里至牛洞。西行四里至蓑衣坳，八里至魚梁坳。由牛洞西南行，二里至臘樹坳，五里至萬溪山，五里至茨衝，六里至魚梁坳，過溪五里至乾州溪口，八里至廟坳，出仡佬寨至民路。七里至岑盤，五里至三十捞，十五里至乾州城。

附浦市往大小章山路：由高山坪分路，西行五里至巖門，八里至磨刀巖，六里至野貓界，六里至桑溪。分路西行，五里至馬旺溪，五里至大坪，四里至川坳，五里至茅坪，五里至中灣水入仡佬地。由桑溪西南行，五里至湖田，五里至㯿木坨，入仡佬地。十里至大西老，三里至煙竹坪，五里至小章，通乾州路。

附浦市往能灘、潭溪山路：由浦市堡外，五里至花園坪，七里至會得坳，三里至小鑾，五里至朝陽山，五里至巖陀山，十里至唐家寨，五里至下麻溪，五里至上麻溪，五里至胡麻田，五里至能灘，會由潭溪往乾州大路。

附浦市往洗溪堡山路：由花園坪分路，北行八里至青竹坪，十二里至丫山頭，五里至桐木坳，十里至蘇木溪，會洗溪往乾州路。

按：此路至乾州城一百三十餘里。由高山坪進，一望危峯峻嶺，路從山峽中行。至煙竹坪，則入五都仡佬村寨。計自煙竹坪至乾州之溪口四五十里，悉仡佬地方。浦市重地，而民、苗、仡佬俱經由於此，故特詳於簡云。

乾州往永綏路：由乾州城出西門外行，山衝路十里至衝角，山衝路十里至寨陽，轆坳路八里至鬼板。過溪，沿溪傍山，八里至平郎，再行十里至偉者。經由高山麓行，過逼仄路，十里至黄臘寨，五里至巡檢坪，十里至高巖汛。上大坡險路，十里至望高嶺，山梁上行六里至分水坳，山梁上行十里至永綏城。

按：此路八九十里，一綫羊腸，兩面皆苗寨。自鬼板過河，左臨深澗，右傍峻嶺，直至高巖，俱稱崎嶇。由高巖上望高嶺，則所云山從人面起矣。扳援而上，極爲難行。及至嶺，則由山梁迤邐而行，雖高出雲表，而路頗平坦。此路關永綏糧道用，特詳之。

乾州往鎮筸營路，詳前鎮筸城下。

乾州往保靖、永順路，詳後保靖、永順下。

永綏廳

永綏舊治即吉多坪。往永綏廳營路：由永綏舊城出西門，行山衝路五里至董馬。行下坡山衝路，五里至大排吾，五里至小排吾。行山峽中路，十里至北鴨保汛。行山峽中崎嶇路，十里至張坪馬。行山衝險路，十里至龍團堡。行山衝路，十里至排樓鋪之後上坡，上坡進山衝，三里至擺頭衝。高山峽中行，過豐和鋪，其十里至窩郎。榜山腰上行，五里下河坎，至永綏廳城。即綏靖鎮城。

按：此路七十餘里，兩面俱係苗巢，中間一綫羊腸，出城即行下坡磴路。自大排吾至張坪馬，中經石麒麟各處，左傍危巖，右臨幽磵，亂石屵岈，山徑詰屈，號稱極險。擺頭衝至窩郎榜，在高山峽中往來，亦爲幽暗，行人常有戒心云。

永綏往四川秀山縣民路：由永綏城西行，十里至風火場，五里至巴東坪，五里至龍山田，五里至攬蒿，過河五里至莪蓉，沿河上行十里至洪安汛。西向山衝小壠中行，十里至平馬場。山衝小壠中行，十五里至鬼刀溪場，上丢草坡，下抵溪坎上，二十里至洪安溪。沿溪行大山脚下路，二十里至三脚巖。田壠路，五里過溪至秀山縣。

按：此路自花園至攬蒿，俱經由永綏花苗寨落，重岡疊嶂，路從山峽中行。自莪蓉渡河，爲秀山縣土人村寨，平馬場一帶尚爲坦夷，惟丢草坡及三脚巖當鳳凰山麓，頗爲逼仄。

永綏往松桃營路：由永綏廳城至舊城即吉多坪。西行，十五里至葫蘆坪。繞老鳳山脚行，坳路五里至筸子坳。再行山峽中，坳路十里至芭茅坪。由山衝中上坡行，山路十里至嗅腦汛。山腰中轆坳路十里上坡至盤陀營堡。西南行坡路十里至馬乾溪。沿山傍澗行十里至十里牌。山壠中行十里至平所，五里過河至松桃廳城。

按：此路七十餘里，路在高山峽中，一徑盤紆，兩面亦苗人寨落。但沿途多小壠、轆坳，惟馬乾溪一帶頗爲逼仄，餘則輿馬往來無甚艱阻。永綏在萬山之上，高出雲表，東、北、南三面俱極崎嶇，獨此路稍坦夷。於役其間者，尚宜審於借徑焉。

永綏往鎮筸營路，詳鎮筸。

永綏往乾州路，詳乾州。

永綏往保靖路，詳保靖。

保靖縣

保靖往乾州營路：出東門陽斜行上坡路二十五里至積穀莊，係土人村寨。山腰陽斜行十五里至塗乍塘，山腰行險路十里至魚塘，塘在高山腰中。山梁上行崎嶇路十七里至葫蘆汛，上坡行巖窠路十里至尖巖，一名自生橋。兩山削立，中有竹根結成橋，上覆以土，用便行人。下大坡行巖窠中險路十五里至亂巖溪，上山坳行險路十里至喜鵲營，入乾州境。山路五里至椰木坪，山坳行崎嶇路五里至馬頸坳，山衝中行盤曲路十里至大灣，山衝輭凹路十里至振武營，山坳路五里至鎮溪營。在鶯栗坡上。從此東北行山路十五里至蒿落汛，又山路八里至把布，山路八里至把金，俱乾州仡佬地。東行，行下坡路五里過河至鎮溪所堡，過了溪行山衝輭坳路十五里至乾州城。

按：此路由積穀莊即集古汛。至亂巖溪，內爲土人村堡，外爲苗人寨落。由亂巖溪直至乾州城，兩面俱苗人寨落，仡佬、土客間亦雜居中間。椰木坪、亂巖溪一帶山既峻惡，尖巖坪在青山之腹，路尤崎嶇。惟苗情視他處尚易箝制，故其道亦易通焉。

保靖往永綏營路：出保靖南門輭坳路五里至魏家莊，山衝路五里至董維，輭坳路十里至新寨，輭坳路行十里至古董溪，與永綏交界。輭坳路十里過小溪至臘耳堡，沿河傍山行五里至河口汛，二里至綏靖鎮城。此後往永綏路，詳永綏廳。

按：此路兩面黑苗寨落，山雖不甚陡惡，而路從山衝中行，頗亦幽曲。至新寨、臘耳堡，則通永綏生苗矣，往來其間者，恒不忘警露之戒云。

保靖往秀山，自城至綏靖鎮詳前條，自綏靖鎮至秀山城詳永綏。

永順縣

永順古丈坪往永順府營路：由古丈坪同知署，五里至龍潭坪，十里至黑潭坪，十里至一盌水，五里至馬路口。以上皆行土人村寨中。自馬路口過北河渡，上大坡路，十里至博古塘，十里至小龍村。下陡坡落牛路河，又上陡坡，共險路十里至視坪塘坡界。上行十里至别些坡，繞高峯坡山腰行十里至金魚塘，下山陽斜行十里至永甯塘，山衝路十里至永順城。

按：永順地方向本土宣慰所據，其山川之險峻，道路之崎嶇，與苗寨無異。故有兩山相望，而一上一下輒數十里。此路中如牛路河，下臨深澗，上援層磴，行者莫不有蜀道難之歎。

永順古丈坪往保靖民路：由同知署，二里至新寨汛，十里至蔡家莊，十里至排沙汛，十里至洗溪塘，十里至排若汛，十里至魚塘塘，十八里至塗乍塘，十一里至集古塘，二十七里至保靖城。

按：此路繞土寨中行，若由蔡家莊小路北橫至馬路口，十里至王家洞，十里至田家洞，十五里至白樓關，二十里至城，則在保靖往永順大路中行矣。

永順古丈坪往辰州大路：由同知署，十五里至黑潭坪，十里至叢樹坪，十里至茅坪，西行十五里至一盌水，即會往永順府大路。二十里至水井坪，上大坡即高望界，險路二十里至沅陵之葛竹溪，險路十里至石板塘，十里至李子塘，十里至楓香塘，十里至施溪塘，十里至榆溪塘，十里至落潭村，十里至烏宿營，十里至羅仙鋪，十里至白泥塘，十里至辰州府城。

按：此路經由土人村落之中，鳥道羊腸與苗寨無異。而高望界石脊嶙峋，高出雲表，行人扳援而過，罔不目眩心驚云。

永順古丈坪往瀘溪小路：自同知署，十里至巖坳汛，十五里至日武營，十里至曹家坪塘，十五里至土蠻坡，與瀘溪之司馬衝交界。又由日武營，十五里至下河蓮塘，十三里至瀘溪之司馬衝。又由老日武營至下河蓮，轉東北，十五里至狀機坡，十五里至山溸溪，再十五里至沅陵之拱辰坪。

按：三路俱從苗寨行崎嶇路，瀘溪之北，沅陵之西南，與永順之東南三處，地相毗連，故其徑路亦到處相通。

永順古丈坪往乾州：由巖汛，十里至白巖寨，十里至毛坪，十里至排已魯，十里至保靖之亂巖溪，與保靖往乾路會。如由白巖經由櫻桃坳，共二十里至龍鼻嘴，十里至蕩它，則徑達乾州之喜鵲營。又由龍鼻巖行上坎、中坎、下坎，繞險路二十九里至土蠻坡，北往瀘溪，南行十餘里至窩米溪，與乾州之野毛坪路相會。

按：永順至乾州經由亂巖溪、喜鵲營，均由營路。其由龍鼻巖、土蠻坡之小路，雖亦立有營汛，而猱巖猨徑，爲人跡所罕歷矣。

永順古丈坪至乾州小路：由古丈坪南行，險路五十五里至平拔，高嶺上行崎嶇路二十里至葛藤寨，山澗崎嶇路二十里至尚老，再行坡路十二里，下坡過河至鎮溪所，十五里至乾州城。

按：此路從熟苗、仡佬、土人各村寨中徑行，山勢陡峻，羊腸詰曲，尤爲奇險，爲行旅所不便。

瀘溪縣

瀘溪往鎮筸官路：出南門渡河，由稱鉈山下，二十里至船溪驛，與沅陵大道會。

瀘溪往鎮筸小路：由縣城至洗溪堡，五里至鄧家坪，山路五里至楓香坡，五里至黃鼠坡，大坡路五里至桑溪，大山衝險路十里至杉衝坡，山衝磴路五里至門級坳，山梁上行十里至三層坡，下坡五里至三衝坡，小田壠路五里至下廣，壠路五里至上廣，分路東行，五里至溪頭，十里大坡路至六里衝，二里山衝路至巖坡，山衝路八里至白頭溪通浦市。南行山衝路七里至東瓜寨，田壠路三里至下得保。分路西行，八里至興隆場。南行山衝五里至上得保，七里山坡路至彭總營。分路正南行，八里至平沙溪，五里山坳路至曬竹田。西南行，山坡路至路馬頭堡，行山衝路十里至馬路口，五里山衝路至踏虎堡，與浦市往鎮筸民路會。

按：此路往鎮筸頗徑直，而重山疊巘，鳥道羊腸，極爲難行。山民往來其間，官商不取道焉。

瀘溪往保靖民路：出北門，從大坡山腰行，十里至鐺架山，五里至涼亭坳，山腰行十五里至都來，山灣中盤折行，十里下坡至大田坪，山壠行二十里至大路口。分路西行，二十里至古丈坪。西北行轅坳路十里至茅坪，西行沿河上十五里至馬路口，對河即永順之王村。西行沿河上大坡十五里至王家洞，山腰橫行十里至田家洞，山衝轅坳路十里至白棲關，二十里至保靖城。

按：此路山徑逼仄，輿馬亦不甚便，而去苗寨尚遠。至大路口一帶，則往來土民。村落土人極爲馴良，而力能禦苗。由瀘溪繞辰州至保靖，取徑甚迂，道允險阻，故於永保者多借途於此。

瀘溪往乾州路，詳乾州。

瀘溪往辰州民路：沿河直上，無甚險阻，無事詳誌。

麻陽縣

麻陽縣往銅仁府營路：由縣城出西門行，十里至渡頭塘，十里至銅信塘，十里至小坡，由小坡分路，西南北行至乾河，通黃羅寨，爲鳳凰廳地。十里至米沙塘，十里至牛牯坪，過河五里至施溪。係思州府管。沿河上十五里過河至黃臘關，十五里至小桶，十里至銅仁府。

按：此路銅信小坡爲舊時設哨之所，沿河上下，路尚坦夷。自施溪至銅仁，傍山沿河，頗爲險仄。

麻陽往鎮筸，詳鎮筸。

麻陽往乾州：由高村進土潭大寮，至溪上與鎮筸往乾州民路會。

麻陽往沅州，詳沅州往鎮筸路。

巡閱苗疆陸路程途：

鳳凰廳城四十五里至得勝營，尖。四十五里至乾州廳，宿。三十五里至馬頸坳，尖。三十里至保靖縣萬巖溪，宿。三十五里至保靖縣印山臺，尖。三十五里至保靖縣塗乍，宿。一十五里至保靖縣水蔭場，尖。五十里至永綏廳城，宿。四十五里至保靖縣登舟。由永順縣之王村，沅陵之烏宿，計水程二百七十里至辰州府。

乾隆《桂東縣志》卷三《衢路》 正東一條抵江西吉安府龍泉縣二百七十里，自城抵三都煙塘隘九十里，大路。東南一條抵江西南安府上猶縣二百二十里，自城抵猴子嶺六十里，官路。西南一條抵本州屬桂陽縣一百五十里，自城抵界牌九十里，官路。正西一條抵衡州府屬酃縣一百八十里，自城抵瑪瑙鋪一百里，官路。正北一條抵本州屬興寧縣一百八十里，自城抵涼傘樹下二十五里，大路。東北抵江西龍泉縣三百五十里，自城至小峽南風坳二十五里，大路。西南抵江西崇義縣三百里，自城至二都小水山石盤嶺一百三十里，小徑。東北角抵酃百八十里，自城至屏水山二十五里，小徑。東南角抵江西龍泉縣三百七十里，自城至火嶺三十五里，大路。北自城至南蘇土三十里，出江西龍泉縣，小徑。南自城至胸膛山大坳四十五里，出龍泉縣，小徑。北自城至三都下保圭洞七十五里，下出龍泉，小徑。東自城至三都至下保烏石壀，出江西龍泉，小徑。西自城抵四都寒婁壠六十五里，至酃縣界，小徑。南自城抵二都沙田何公槽九十里，至桂陽縣，小徑。

乾隆《乾州志》卷一《道路》 乾至鎮筸陸程九十里，至永綏水程一百六十里，至永順陸程一百五十里，至保靖陸程一百八十里，至瀘溪水程一百四十里。陸程惟鎮筸一路稍平，然由徑危磴，不一而足，車不可以方軌，馬不可以馳驅，餘皆崇山峻嶺，鳥道羊腸，車轍馬跡向所不至。其險者，草木蒙茸，竹箐櫛比，僅通一綫，非側足傴背莫能過。惟天門山兀然矗立，陡壁千仞，梯磴層疊，登者手足并行，如蟻緣壁，下視目眩心悸，以蜀道爲康莊矣。水程下通瀘溪，上達永綏。高岩舟止，宜荔溪小若瓜皮，僅任一牛之力，前後兩艙各容一人危坐，不能伸首，如負殼蝸牛。當水漲衝激，危若吳兒弄潮，柁師惶汗，無人色涸，則背負肩推，如撈陸地。險灘鱗次，忽墜忽高，一飯之頃，撈捨數四。最險者曰清江洞灘，長二里，石作犬牙錯，土人謂「鏊」曰「窖」，水凡四窖，高可數丈，怒濤噴雪，聲若殷雷，百指牽一，舟人立而上，稍弛則觸礁舟碎。危哉，不數瞿塘、灧滪、九龍暗淡也。

道光《鳳凰廳志》卷二《疆里》 由廳東北靖疆營路，西横行五里至都容，又二十五里至長坪舊營，係邊墻，內熟苗寨落。

由靖疆營路西北山衝中進八里至太平關，五里至司門前，高山梁上行五里至木里汛，折南下陡坡，又十六里至長坪舊營。由廳北得勝營路横進過小溪，由山衝中行，三里上打喊坡，險路。至赤蘭坪，山腰行。至廟坳，上脊行。二十四里至火路坪。折南山梁行，四里糖寨。下陡坡行，險路，八里至萬溶江。由山溝中上陡坡，極險路，十里至龍井。山脊上行，四里至木里汛，與靖疆營往長坪路會。由火路坪北，從山梁上行，縣邑路，至巖口汛。山梁上行，十里至天星寨。下陡坡，十里至龍角洞西。從山溝中十餘里至牛練塘西，向大坡行，陡險路，十餘里至栗林，與本廳往永綏舊營路會。

由廳北筸子哨營路，西南從山衝行，十八里至火麻營。高山峽中奇險路，十餘里至結石岡。再從山峽中行，十里過上下麻衝。上陡坡行，險路五里至地良坡。分路南行，過大坡五層，險路十餘里至天星寨。由地良坡西，從山梁上行，十餘里至鴨保寨。下陡坡行山溝中，十餘里至龍角洞，與得勝營苗路會。

由廳北灣溪營路，西南山峽中行，上坡坳至龍團，山梁上横行，十八里至强虎哨。西向山溝中行，詰屈路，十八里至龍爪溪，即九龍溝由溝上陡坡，極險路，十餘里至岑頭坡。山梁上行，十五里至鴨保寨，南行與筸子哨苗路會。西行上峻嶺，七八里至只喇南下，共十六里至栗林，與本廳往永綏舊路會。

由廳西不過河至盛華哨苗路，北行至竹刷，至孤塘山坳路，十五里過小溪。沿溪行，十二里至打郎汛。又東過小河，上陡坡，至猿猴下寨、猿猴上寨，山脊上行。再上大坡，險路，七八里至馬鞍山下。石磴險路，七八里至烏巢河。過河上石磴，八里至大樹坡。此即新寨與本廳往永綏舊路會。

由廳西南全勝營路，北至落濠南，北行五里西上駝子嶺，沿山梁行至隘門，再西行十五里至龍鄂營。西南行，險路至鴉拉營。折南行，與本廳往貴州正大營路會。

由廳西南鳳凰營路，西北行至龍潭河，東行過沙子河，險路十餘里通馬鞍山。由龍潭東北向山峽箐林中，五六里至巖塘巖坳汛、老虎寨，至楊柳坪即柳皮寨，近清水塘。山坳險路至佗佬寨，從上大坡至新寨，與本廳往永綏舊路會。

由鳳凰營西小路，進山衝至黄會營、高雲洞，十餘里過貴州銅仁府之豹子場。

傅崇榘《江程蜀道現勢書》 由成都至重慶之水程：

七里郭家橋。左有堰，冬水枯。

三里漏貫子。右有小河自高板橋流出，冬天水淺擋船。

三里高河坎。有場分，有橋。

七里中和場。出油、米、絲𦆭，泊舟之碼頭。

十里中興場。出糧食、絲𦆭，泊舟之碼頭。

二十里蘇碼頭。可泊舟，兩岸皆土山，地多盜。

二十里傅家壩。出地瓜。以西屬雙流縣。

十二里古佛洞。可泊舟。山形回抱，上有石洞，刻石佛。

十五里黄泥溪。出紅蔗，泥質細鬆。舟人多在此補漏。

十八里半邊街。街市只有半面，可泊舟。有炮船，多盜。

十二里江口。街市大，地多匪。有水師，泊舟多，易僱船。冬下水枯，自成都四天可到。一至此處，則河面寬，河身深矣。因新津、崇慶州各水至此匯流也。水大時不易泊舟，宜小心。舟人在此驗票挂號，今年新立有官運局。華陽、新津、彭山三界。

十里彭山縣。在江右。出杏仁、豆瓣，有郵政局。

十二里鍋敞灘。

八里太和場。可泊。

二十里眉州。有郵局。三蘇故里，古蹟多。出酒，出火腿，出茶。

十里王家場。可泊。

十里張家坎。可泊。

十里紅花堰。巨堰也。地多匪，夜不可泊。

十里太平場。可泊，宜小心。

二十里青神縣。在江右。地方冷淡，有鹽關，可泊舟出茶。

五里象鼻子。灘小而聲壯。

十里劉家場。

十里鴨婆灘。小灘。入樂山縣界。

十里漢陽壩。可泊舟。酒食便，柴炭廉，出花生、雞。

五里平羌峽。自此入峽，凡三十里。漁户多，峯峻水平。

二十五里板橋溪。出峽。有街市，出柴。

十里荔支灣。有古荔支樹，大數抱。山高江深。

十里桓梁子。

十五里嘉定府。在江右。附郭樂山縣。雅河、潼河合之，至此舟行更快，行者多在此另换船。有釐局、鹽卡。出荔支、墨魚、絲帕、湖縐、大綢、豆腐、倣紹酒、瓜子、白蠟、鉛紙。此處船多價廉，易僱舟子。地有淩雲山，巖上有「回頭是岸」四大字，與大佛巖相接。大佛係石鑽成，其處水緊，上下舟人皆有戒心。嘉定米斗甚大，鹽亦價廉，桃片亦好。每年炎帝會甚繁華。有郵局。杜家場有釐卡。

十五里沙板灘。下游即牛花溪。出鹽，不出米。交犍爲界。

十里老木孔。南岸石壁陡起，坎其半以通，路甚險。

十里竹根灘。下即五通橋。産鹽，舟人多在此購鹽。

十里道士鑽。著名大灘也。水經向山洞穴口直射，水大難行，水小則平，上水舟由對岸行。山頂有紫雲宫。

三里鐵蛇壩。巖半有石，昂然支出如蛇頭形。

七里磨子場。可泊。下游有子雲亭，爲揚雄故址。

十五里石板溪。小場市，出煤。

三里石門灘。大水宜防。

十七里岔魚寺。自成都下渝之第一險灘也。灘在巖下，巖上有廟，水愈枯愈險。有紅船。水小時，行客多起灘步行避之。從上游燈杆壩起，行至月坡亭上船。岸畔有四大字，曰「蜀水第一」。如水大時，宜繞三四里，由對面之趙基浩行，則不過灘矣，水平且快。然舟人多不願由浩中行，喜過灘之大槽。行至此，須刻刻防之，恐其託言灘未到也。

十里犍爲縣。在江右，河面寬。出鹽，有鹽關。南有犍爲山。

三十里么姑沱。有石如僧，俯立江干。馬邊到叙府在此合路。有街市。地位高，可泊，有郵政局。

五里猪圈門。水大灘險，水小甚平，壞舟亦多。

十五里麻柳場。

三十里月坡。可泊。有箭板河，自南來合流。

二十里泥溪。出柴，交宜賓縣界。

二十里干柏樹。有古柏，抱立山半。

二十里蕨溪。出蕨粉，當藕粉。

十里渣口石。大灘。

三十里高家場。巖上題有「丹山碧水」四大字。

二十里牛石壚。可泊。

四十里叙州府。在江右，宜賓縣附郭。黑水匯江之處，即金沙江也。岷江水清，金江水赤，雨色可辨。舟多泊於合江門，地勢高。城外有翠屏、真武諸山環列，又有弔黄樓。叙爲通滇之要道，其地購滇貨甚便，如普耳茶之類。又出藥材、草席、糖食、回餅、桃片。有電報、郵政局。黄山谷遺跡甚多。

十五里南廣。由滇到叙之大路。有鹽局。可泊。

二十里國公沱。一帶多石。

二十里李莊。地高場大，可泊。入南溪地。

三十五里石筍沱。有場市。可泊。石筍長數丈。

三十里南溪縣。在江左。多盜。城垣春夏多花。上游有筲雞背，灘長而險，水小則平。出煙、千斗蒙。在漢爲僰道縣。

三里九龍灘。宜小心，石如龍。

十里城牆巖。

十里木頭浩。有官鹽店。「浩」即「港」也。入江安縣界，北屬富順。

二十里江安縣。在江右。地多盜。出南竹器。

五里白沙渡。水大有灘，爲通瀘州之道。

十里二龍口。可泊。

十五里井口。有場市。

十五里大渡口。有場市，可泊。有教堂。戊戌匪首劉昏亡據之。上游有千兑窩灘，大石立江心，水險。

二十里野猪牙。大灘，水大險。

五里石朋場。

五里納溪縣。在江右。地方冷淡，有泊舟多在對河之安福街。街市長大。有頭脊梁、二脊梁巨灘，水大宜小心。

二十里南田壩。出鍋。

十里瀘州。在江左。有電局，在對河之小市。（小市）爲上省之大道。有郵政局。街市繁多，河街甚大，水陸之衝也。有釐金局、鹽局，川南道駐此。地方多盜。舟多泊於東門口，入城甚便。洋貨、南貨商號亦多。出桂元、南竹、冬筍。諺曰：「天成重慶，鐵打瀘州。」

十里羅漢場。

五里小米灘。小。

十里丙口。

十里湖灘。小。

十五里大湖灘。小。

三里新磯子。市街在山上，距河甚遠。地多盜。竹根灘所用之糧食賴此接濟。

五里兩條牛。

五里新路口。匪盜甚多。

三十五里灌口灘。甚險。有紅船。

十五里大橋。

三十里牛老驛。即上白沙也。上游有寡婦灘，大水險。

三十里合江縣。在江右，仁懷河合之。地多匪盜。有鹽局。城外街道繁盛。有防營。出冬筍、佛手柑、青果、桂元、茶葉。今年有人燉樟葉取樟腦，已立案推廣矣。此地山川秀美，有少岷山在縣南。過此地後則江心大石隨在皆遇矣。

十里鉗口兒。有連石三灘，大水甚險。

二十里王家場。

三里羊石盤。入江津縣界。

十里十八沱。一名史壩沱。下游有門關、雞婆、糯米、猴子等險灘。

二十里猪家沱。街市大。

十五里松溉。街市大而不聯接。地多匪。商務多炭、菸。

二十里二溪口。

二十五里石門場。上游有廟，七層形如塔。地接巴縣界。

十五里中白沙。街市廣大，出燒酒、牛肉。

二十里金剛沱。

二十里油溪。岸北大山特起。

十五里龍門灘。下游五十里方石子地方，上水舟多泊之，然多盜。

三十里江津縣。在江右。出橘、柚。江水繞縣門如几字形。

五里德康壩。

三里中渡街。

三十里業鼻沱。

二十里江口。上游有雞翅膀、雙游於各灘。

三十里銅鑵驛。上游九龍、黄牽、甕巴、青石、蓮蓬等灘。過驛入猫兒峽。

十五里绿花石。

五里小南海。又名居亭子。有尖峯立江心，刻「小南海」三字。

十五里魚硐溪。

二十里大渡口。

十里青巖子。

五里回回石。

十五里沙河壩。即重慶之南極門。

七里朝天門。重慶府爲通商大埠，華洋商貨萃集。

由重慶至夔州之水程：

五里大佛沱。在岸南有大石佛，僞夏鄒興所鑿。

二十里唐家沱。有税卡在岸，場市數十户，下水驗票，上水抽釐。

十五里烏羊鎮。

十五里騾子沱。上游有烏龜石、鮓人坑諸險灘。

三十五里黑石灘。大水險，亂石堆積。

十五里大洪缸。有場市。

十五里秦灘子。有腰店。

三里羅磧。街市大。

二十五里扇背沱。有街市。入長壽縣界。東北岸上有砦。

三十里長壽縣。城在江左之山巔，距河尚有七八里。山平，出皮盤。

二里張爺廟。又名桓侯不語灘，石刻有字。

三十里石家沱。入涪州界。又過黄魚、横梁、馬絆諸大灘。

三十里藺市場。北岸有二山，頂方平背，有石峽圍繞。居民甚多。涪地。

三十里李渡場。上游有磨盤、麻堆各灘。市大。

三十里涪州。在江右。黔江河至此合流。有鹽局、土税、郵政各局。入酉陽者自此轉江，爲楚、黔、川三省要害，名「小重慶」。

三十里清溪場。（左）[在]江北。

三十里珍溪。市大。與三官灘相對，上水枯走對河。

十里南沱。有么店。

二十里梨市鎮。入酆都界。下水遇南風泊舟處。

三十里觀音灘。下游七里地名白沙沱，有人户，可泊。

十里酆都縣。城在山根，水漲易淹。酆都山上有空城一所，爲居民避水之處。

三十里高家鎮。過胡蘆溪可泊。

五里鐵門灘。甚險，河中爲南竹壩。

二十五里羊渡溪。屬石柱廳，與酆都犬牙相錯。

三十里三條嶺。入忠州界。

五里烏羊鎮。在南岸。對門爲將軍溪。有嚴將軍墓。

三十里忠州。在江左。有四賢堂，祀劉晏、陸贄、李吉甫、白居易。

二十里福星場。

二十五里官溪。下游有現魚子灘，甚險。場市小。

十五里石寶砦。一大石山壁立江心，上建一亭凡九層，有路可上。對岸爲西界沱司，係入石柱廳之要路。

三十里武陵磧。萬縣屬地也。有汛卡。

三十里大溪口。

六十里萬縣。在江左。近年方建成者，縣爲水陸通衢，出炭，有郵局、電報局、土局，街市亦頗茂，又將作通商口岸。凡由宜昌入成都，由成都向宜昌，旱行者均在此更换力夫。舟人多泊鐘鼓樓。夏日炎熱異常。明末土寇譚宏等踞此。

五里紅砂磧。灘在江左，北岸有古砦。

五里氈帽石。在江左。

三里虎頭磧。在江左。

二里大杯石。在江中，大水險。

四里弔林灘。在江左。

六里也土地。在江左。

三里大竹溪。在江左。

五里曲札洞。在江右。

二里小竹溪。在江左，與曲札硐相對。對門又有太羊宫。

五里向家壩。在江右。

五里么卡子。在江右。

四里蛇甲嘴。在江左。

三里巴巖峽。出峽即條狗石，對門爲大沙壩。

八里見主溪。在江左。

三里九堆子。在江右，對門爲小江。

八里癡灘子。在江右。

五里打魚磧。在江左。入雲陽縣界。

三里盤沱。在江右。

二里下巖寺。在江左。巖嵌空，上結佛龕，綰鐵鍊而上。

八里興隆灘。在前無此灘，近年方現者。現在灘有礄路，非如初見時之無路可尋也。然舟人至此，均有戒心。岔魚于過後之第一巨灘也。在江左。

三里大當子。在江左。

二里小當子。在江左。

六里大五里。在江左。

二里小五里。在江左。

六里三把溪。在江左。

十二里二郎灘。在江左。

三里雲陽縣。

五里雞卜子。在江左。小水險。

五里寶塔子。在江左。

五里大砂壩。在江左。

八里胡沱子。在江左。

五里東洋子。在江左。枯水更險，南槽下水小心。

四里三羊角。在江右。

三里廟基子。在江右。枯水更險，漩流多。下灘即半邊街。

五里水燕石。在江左。

五里思莊子。在江左。枯水更險。

十五里二道溪。在江左。對門爲李家嘴，小水險。

十里三塊石。在江右。交夔界，可泊。

三十里黄石嘴。在江右。中平水上水險。

十三里安坪。在江右，又名啞巴灘。中等場分。

十里篙竿灘。在江右。

五里漫流三沱。在江右。

六里闘刀峽。在江右。

五里觀武陣。在江右。

五里八木子。在江左。

五里寸干蹟。在江左。

十里上沙灣。下水抵夔泊舟處。在江左。

二里夔州府。地爲黔楚咽喉，兩川鎖鑰。

由夔州至宜昌之水程：

二里臭鹽蹟。江中一亂石洲。土人瓢掬鹽水，煮成白色。

三里下關城。一名子陽城，即古夔城。

一里白帝城。在江左。山上過此遂入峽，而河窄山逼矣。

一里灧澦堆。無土之玲瓏大石山，屹立江心，水大尤險。

三里閆王堮。在江右。對門有楠木坑，大水險灘。

一里孟良梯。在江右。對門爲粉壁牆，峭壁陡立。

四里倒弔和尚。水大灘險，在江右。對門石板峽亦險。

一里風箱峽。在江左。峽中風雨甚多，一帶有山路。

六里白黑石。在江左。對門爲大黑石，有明張儉刻「天子萬年」於石。

二里小南黑石。在江右。對門有雞心石，峽江逼仄，奉節、巫山交界。

五里白骨背。在江左。大水險，漩大。

三里峽門口。在江左。

二里大溪口。在江右。有場市甚大。對岸有斜方石，如碑形，刻曰「大溪場」，又曰「皇明康茂才進兵處」。此通施南道之路也。

二里餓谷堆。在江左。

一里軍營河。在江左。對門爲長蛇尾，又對門爲貓𥿄子，均險灘也。

五里曹家沱。在江左。

三里油札崎。在江左。對門爲李拐子灘。

八里升子巖。在江左。夏秋水宜小心，漩甚大。

五里荒張壩。在江左。夏秋大水宜小心。

五里寶子灘。在江左。大水險。

八里焦灘。在江左。小水險。

七里龍寶子。在江左。夏秋水險，南漕内可以行船。

五里拖肚子。在江左。小水險。

五里三流子。在江右。對門爲洞杠嘴。

五里魚鬃老。在江左。對門爲耳樹。

三里將軍灘。在江右。對門爲下馬灘，水枯石亂。

水小尤甚。

六里巫蹟。在江左。對門爲官坪，小水須加夫方可上灘。

五里紅石梁。在江左。

五里炭廠灣。在江左。

二里流石。在江左。

二里巫山縣。城在山上，冷淡異常，商在城外。對門爲側小子灘。

一里雞翅膀。在江左。對門爲朽石子。

三里空王沱。在江左。大峽，大小水均險，上水船拋河宜小心。

二里梅湖子。在江右。

七里跳石。在江右。對門爲公家坊灘，大水險。

五里鬼錯路。在江右。夏秋宜防。

二里刀背石。在江右。

五里横石溪。在江左。

五里老鼠錯。在江右。大水險，順風可行。

二里野蟒洞。在江右。

三里金盔銀鎧峽。在江右。

三里碎石灘。在江右。

一里霸王楚。在江右。

三里三峽厦。在江左。對門有石谷子灘，大水險。

五里青石洞。在江右。岸石峙立如人柳，傳爲望夫石。

三里大木灘。在江右。大水險。對岸爲褲套子，漩大。

三里小木灘。大水時漩流易壞舟，風順可過河。

五里沙木瀼。在江右。可泊南漕水。

八里黄草坡。在江左。

五里白石路。在江左。

五里培石。在江右。有場市，山路一綫。對面爲川楚交界處，有山溝爲界。二山相距數丈，天然界限，名布袋口。或曰其分界處之草，川者向川，楚者向楚。予過此處未之見也。但見楚山上有大石洞一，深數里。過培石三里有小溝一條，亦天成之界限也。蜀山盡處，楚山略平。大水險，小水上水防打張，大水行北岸。

五里棺材峽。巖半有石如棺，藤蘿繞之。

一里排沱。在江右。大水險。

二里金扁擔。在江左。

四里冷水蹟。在江右。對面爲萬流塘。

六里富内崎。在江左。巴峽險灘，春夏水漲，江面曲折。

二里小灩澦石。在江右。距山邊不遠，高大皆遜夔門，然上有青草。堆側附有一小石堆，小水險。南礄水，下水防此石。

十里楠木園。在江右。人户依山架屋，有紅船通施南、利川。

六里野狐三背。在江右。

五里竹流。在江右。

五里楊家棚。在江右。

五里火焰石。在江右。大水小心，漩大。石立江心。

十里官渡口。在江左。如水大，可泊西瀼口。

二里母猪灘。在江右。小水險，巨石亘江。

五里西瀼口。在江右。近巴東縣界。

十里萬户沱。在江左。街狹而穢，有鹽卡，地方官出示，往往欠通。

四里青竹標。枯水險，水流急。對門爲東瀼口。在江右。

四里巴東縣。屬宜昌府。縣無城郭，只正街一條耳。

七里黄蜡石。在江左。

五里鷄翅膀。在江左。

八里横梁子。在江左。小灘。

七里牛口。在江左。大水險。歸州巴東界。上水多帶野纜。

二里狗矢沱。在江右。又名蛟龍沱，有巨漩。

四里大八斗。在江左。大水險，水急漩大，夏秋尤甚。

五里小八斗。在江左。水大則平，惟及八分時最險。

八里石門。在江左。大水險，對面爲臺子灣，分上下石門，漩大。

五里蟒蛇砦。在江左。

五里七姊妹。在江左。小水險。

五里洩灘。在江左。大水險，漩渦甚巨。予四月過此甚平。

三里么姑沱。在江左。河中爲洩床，一大石梁。

四里老佛言。在江左。斜對面爲牛江貫。有王爺廟。

五里登子石。在江右。

四里燈盞灣。在江右。

五里紫荆沱。在江左。

二里九道梁。在江右。對面爲狐皮梁，大水險，名野猪横江。

九里潐上。在江左。大水險，對門爲衮於角。

二里歸州。在江左。地名巫石。對門爲荒灘，小水險。城大而人稀。

五里四季擋。在江右。

五里舊歸州。在江右。民居寥寥。

二里石門。在江右。

二里兵板崎灘。在江左。小水尤險。

五里鋸子梁。在江左。

三里黄魚三滚。在江左。小水險。對門爲大寄老，即汨羅。

五里香溪。在江左。溪連兵書峽，即明妃村也。市中有明妃祠。

四里兵書峽。在江左。長不及二里，有米倉巖、和尚巖，大險。

五里小心灘。無灘，蓋舟子收撥處也。水小時，行客由此起旱。

六里新灘。枯水絶險。三灘共長四五里，長江第一名灘也。舟行至此，人與行李皆於小心灘起旱撥載，另换土人以船横下，令尾先行得水。【略】今年予過此，水勢甚平，未有難也。古名青灘，明時始現。宜昌同知駐此市上。

三里二灘。在江右。對面爲豆子石，枯水險。

一里三灘。在江右。多泡漩。

二里射紅磧。在江右。遇大水，泊舟小心。

十五里牛肝馬肺峽。山峽壁立，山半有石如菌，形如肝肺。

五里大佛綫。在江右。大水險。

五里柳嶺寄。在江左。對面爲大通嶺，水險。前數年，西洋兵輪於此失事，因河狹，水急槽曲也。舟人至此多另僱人放灘。下游有文珠巨灘，在通嶺峽口。

五里小通嶺。在江右。即空嶺峽也。宜都、建平二界。

五里黑巖子。枯水險。舟人收撥處。在江左。石刻「東湖歸州界」字。

七里美人沱。在江左。

六里扁巖子。在江左。

五里上洋背。在江右。對面代民溪碼頭。

五里下洋背。在江右。與上洋背皆報部之巨灘，現在水少平。

五里塔洞。在江右。小水險，怪石鯁江。

五里燈灘。在江右。

五里山斗坪。在江右。有小市。當門爲南伏灘，大水可泊。

五里馬庇古。在江右。大水險。下水須繞南岸。

二里上鹿角。小灘也，在江右。亂石太多。

二里下鹿角。在江右，亦小灘。對岸有汞洞，多亂石。

二里岱石。大水險。

三里黄陵廟。在江右。山半有枯樹，在廟右。山頂有巨石，排列如砦牆。過廟數里有山峯數點，如列箸形，甚可愛。廟祀禹王。下水，大水險。

六里紅石子。在江左羅佃溪口，大水險。對門渣保子，大水亦險。

五里斗船沱。在江左。下游有如意大灘，大水小心。

五里南沱。在江左。大水險。有村落，漩大。

十里喜灘。在江右。大水險。對面爲黄貓洞，與道士鑛同。

五里柿子老。在江左。大水險。

五里燈影子峽。在江左。

六里火焰壩。在江左。大水險。對門石牌在河中，大水尤險。

一里偏老。在江左。對門神坎子，大水險，漩大。

五里大平善壩。在江右。江水到此均係沙底，山峽到此亦皆平衍，故名平善壩，取行路安善之義也。至此則豁然開朗，上下天光，一碧萬頃。

七里小平善壩。在江右。有税關，查百貨，查阿片烟，查鹽茶，查糖酒。税船極爲嚴密，行者宜注意。有西人徵收上下船税。

九里楠木坑。大水險，多亂石，漩大。

一里南津關。在江左。上坡進溝，通三漩洞。

五里石門。在江右。

五里紫陽。在江右。

三里宜昌府西壩。舟未泊岸，該處店家之接客者，各持一客店告白，蜂擁而來，爭約客去。至此换舟上輪船矣。登小划子，始能上岸。如寓棧房，每日費須一百六十文。宜昌爲通商一大埠，街市不及重慶之繁華，而租界、洋關、郵局、電局，迥非川省所及。來往商船千帆萬檣，一望無際。有西人乘划子查貨。現在往來漢口之輪船凡八艘，房艙每人七元，大艙減半。如上岸，則可逕上輪船上宿。到漢口之輪船，現在爲大吉、大元、快利、固陵、美有、昌和、江和、洞庭等八隻。然洞庭船機震人，不如大吉、江和之安也。自此以下，均用銀元。

由宜昌至漢口之水程：

六十里過路碑。一帶水平江闊。

三十里宜都縣。漢之宜道縣也，今屬荆州府。

十五里白羊驛。可泊。

十五里枝江縣。在南岸，城不甚高。

二十里洋溪。商賈屯集，可泊。

六十里董市。對岸即松滋縣，市街稠盛，煙火萬家，山盡此矣。

五里董家窩。可以避風。以下兩岸皆平土，江面更寬。

三十里紅口。南岸爲采穴口。

六十里黄廟子。

三十里筲基窪。

十五里沙市。古名沙頭市，在荆州東南，現有洋關，停輪。

十五里窖灣。

十五里觀音寺。

十五里河峽鎮。甚大。

九十里河首縣。

七十里曹家堡。

六十里茶市驛。

三十里大茅洲。

三十里上車灣。

十五里下車灣。

六十里環嘴。

三十里尺簿。

二十八里觀音洲。

二里荆河腦。即洞庭湖湖口，湘水合江處。北屬湖北，南屬湖南岳州府，爲湖南全省之咽喉。

十五里洛山場。

四十五里新隄。輪舟在此停輪，上下客貨，大市也。

六十里洛溪口。屬蒲圻縣。

三十里嘉魚縣。古赤壁即在縣大江之南岸。

十五里老洲口。

十五里北河口。

四十五里牌州。可泊。

十里瓜口。

五十里紗帽山。

二十五里洋石溪。

五里轉口鎮。

三十里漢口鎮。屬漢陽府。漢水由此入江，對岸即湖北省城武昌府。輪船到此起岸，另僱輪船到上海，房艙九元，統艙八元。行上海之輪船，現在日本有三隻，大利、大亨、大貞也。中國有四隻，江裕、江永、[江]浮、江寬也。英國有十二隻，萃利、華利、鄱陽、大通、安慶、德興、長安、益合、寶華、吉和、瑞和、元和也。德國有六隻，美有、美利、美大、美順、瑞泰、瑞安也。此地租界，洋行、洋關，警察、郵局、電局較宜昌尤爲繁盛，且有東洋車、日報館。商務盛，人煙密，街道穢，炎暑熱，妓館多，番(萊)[菜]館以東海宴賓樓爲最。現在鐵路已成，可行車至曲山矣。黄鶴樓近已改爲警鐘樓。今年英商麥邊公司將輪船全部售與日本矣。

由漢口至上海之水程：

三十五里青山。

十五里沙口。

二十里楊羅。

三十里葉家洲。

四十里三江口。

三十里黄州府。

十里武昌縣。

五十里蘭溪驛。

三十里黄石港。停輪。

二十五里道士河。

二十里韓漂口。

三十里蘄州。

二十五里磨盤磯。

十里田家鎮。王濬燒鎖處。

二十里蟠塘。

二十里武穴。停輪。商賈輻輳，閭閻鱗次，週十餘里。

三十里龍坪。

六里二套口。

四十里九江府。輪船到此停輪，上下客貨，宜小心防扒手。售磁器者甚多。出茶。現有洋關，俄人設有製茶所。

三十里殷窖。

三十里湖口。大江自湖口分一支爲南江，蓋江西路也。水大湍急。

三十里鶶鴣塘。

六十里彭澤縣。孤山在北。

四十里小孤山。

三十里馬當山。

四十里華洋鎮。

二十里大雷戍。

三十里東流縣。

五十里黄石磯。

四十里安慶府。停輪。安徽省會也。現爲通商口岸，有租界、洋關，有輪船碼頭。出石硯、筆、墨。沿江楊柳成林，人物秀美，空氣亦爽。

三十里三元峽。

二十五里哪吒磯。

三十里烏河峽。

四十里下池口。

四十五里大通。停輪。

二十五里銅陵縣。

六十里荻江。

二十里繁昌舊縣。

五十五里梟磯。

二十里蕪湖。停輪。屬安徽省太平府。現爲通商口岸，有洋關，出石炭，有運河，長五十七里。

二十里裕溪口。

六十里采石磯。一名牛渚，與和州對岸，江面比瓜州稍窄。

三十里烏江。

五里烈山。

三十里三山。

三十里南京。停輪。即江蘇省之江甯府也。古蹟甚多，現爲通商大埠，有洋關。楊柳樓臺，風景可愛。水陸兵學校及織造、製造各局均有。

三十五里龍江關。

三十五里樊山。

四十里儀徵縣。停輪。

三十里瓜州口。

十里鎮江府。停輪。在江右。爲通商口岸，丹徒縣附郭。有洋關，查税甚嚴。風光明媚，山水清腴，空氣絶佳，金山、焦山景致尤妙。

四十里越沙閘。

三十里蔣山。

二十里團山。

百里中興河。

九十里江陰。停輪。

九十里長陰沙。

五十里通州。江面寬闊，淺處有燈塔。停輪。

四十里狼山。

百五十里吴淞。

二十里狹海口。

十六里上海。上海爲東洋通商第一大埠，各國輪船、碼頭、租界皆有。

東洋車、馬車、電車、自來水、火電局、郵局、洋關、炮臺、電燈、戲園、茶樓、洋房、洋行、番菜館、銀行、銀元、銅元，無一不有，較各埠爲齊備。【略】到日本者，往日本郵船會社購買輪船票。宏濟丸、神户丸均好。由上海至神户二等艙三十六元，艙極潔静，華飾如寫，來回票可八折算，用鷹洋，若在日本買票須日洋。

由上海至神户之水程：

吴淞口。（吴）[寶山]縣地。黄浦、楊子江所會也。砲臺今已殘破。水平不波，煙樹蕭疎，歷落如畫。針指東南方行，波色黄。

花腦山。針指正東行。水尚黄碧色。

黑水洋。水作蒼黝色。平比長江，大輪舟上下。然遇風則巨浪如山矣，人多嘔。四面水天無際。

長崎。長崎，爲日本一大埠，日言「那個殺濟」。由上海來，經二晝夜到此，凡四百七十海里。日本輪舟在此停輪四時開舟，曰出帆。【略】過此，則行内海，波平人安，島嶼森列。

馬關。即門司港。内外交通之門户也。自長崎至此凡一百八十海里。停輪上煤，約停四時才可出帆。幾時出帆，幾時停輪，船主預先報知客人。【略】此處又有鐵路可通神户，每日開車四次。

神户。輪船之往横濱各處者，至此停泊一晝夜。因此處將上下客人，起運商貨也。到大阪者，□此處登岸，由火車赴大阪。由馬關到神户凡二百海里，須十八時。

十五里住吉。停車一分鐘。兩面沃壤千頃，電線、電話循鐵道互相連絡，沿途商標亦巨亦奇。

十五里西公。過武庫山，大鐵橋一。

十五里神崎。過下神崎川，大鐵橋一。又過一大鐵橋，長一千二百餘步。

十五里大阪。自神户來此，計日里十里，合中國六十里，一鐘即到。

附録：入蜀旱程記

夏秋水大，由成都下長江者多起旱到宜昌，然後搭江輪。由長江回成都者，多由宜昌起旱，由北路入成都。然商人由宜昌行上水到萬縣，如遇順風，不過十二三日。如遇逆風，則一二月之久尚不能到渝。由萬縣而上，灘多河小，上水舟費時日太多，故商人多由萬起旱進省。

由宜昌到萬縣之旱道，山荒、石滑、路狹、站短、力貴、客苦、人稀、店惡、食粗。由萬縣到省，則高出宜昌、施南道中，天然楚山之絶佳處，令人留連。

由宜昌到萬縣之正站，名爲十四站，然力夫多不遵行，多行至十七八站之時日。其正站有作十六站者，列如下，以便查考。四十里曹家沱，六十里桃子坳，六十里堡子嶺，七十里郎坪，五十八里野三關，七十里大竹坪，七十里洪巖寺，六十四里張家槽，七十里小龍潭，六十里羅正田，六十里團保寺，六十里利川縣，一百五里木刀溪，九十里龍駒壩，八十里老土地，五十五里萬縣。

宜昌之力夫力弱，不比四川之强壯。彼等多不同心，力疲人拙，行李只挑八十斤，用力行之。秤稱准約以十四兩爲一斤，其實只每挑六十斤耳。二人轎多用竹几，醜陋難觀。三人轎則如四川之鴨篷式，二人擡者搭坐十斤，三人擡者搭坐二十斤，過多則不能遵也。每名力夫到萬縣，價錢五千五百文，犒錢二百文，酒錢二百文，定規照給，萬不能少。一帶難覓加班。

如夏日行宜昌道中，氣凉蚊少，然臭蟲則千百成羣，旅客多支木板另架爲床。直到鴉雀水地方，蚊蟲方多，然米色漸好。

野三關地方，當發夫價小錢，太多每百不過五十制錢。銀平則大，較之庫平尚覺有加。然沿途用錢挑剔過甚，有小孔者，或不圓者，或大而有微缺者，均不能用。

自宜昌直到川界，沿途兩旁皆牛眠石，色青而光滑，路中亦少石板。且在萬山之中，晴雨不時，遇雨則比蜀道難行矣。

自宜昌行數日，旅店無壁者十有八九，婦皆天足，水盡土腥，飲食不便，零物難購。即遇鄉市場期，人亦寥寥如晨星。若云猪肉，則只有野三關、利川城方有售者。然鄉鎮多處或亦有之，行客未見能常遇也。力夫歇憩處，偶有茶飲，但俟人坐定，才發火開燒。

由宜昌到萬縣之陸程

八里點軍坡。出宜昌正川門，過對河，寬七里三分，舟錢數十文。上岸，有安安廟。到點軍坡上大路行。

十里黄泥坑。有人户。

十里大橋邊。有數家人。

一里河西場。人户數處。

七里心橋子。有店家。

十里曹家巷。有站房可住，人户不多，飲食不便。自點軍坡至此，路尚平，石路少。溪橋多獨木支架，朽腐動摇，只防山水暴發。

十里毛家店。有飯食。

八里石頭丫。東湖縣西界，有石碑，過境長（楊）［陽］縣地。

七里高家堰。自此傍山臨水，一帶溪流。

十里硝磺嶺。有飯食。

十里木橋溪。有宜昌土卡，并有緝私營駐防。獨木爲橋，鐵鍊鎖之。

五里點心河。數家臨江上。高山百丈，名點心坡。

二里江岔老。山陡石滑。

一里半桃子丫。自宜來者多宿此山，店二三。

五里小羅司墳。人户二三。

二里聶家坪。數家人户，可宿。又名挂子嶺。飲食不便，有醃肉、黄豆。米甚艱難，色紅而粗。穢氣滿室。

七里羅司墳。十數家人，可宿。

五里青杠坪。十數家人。

八里青林口。二三十家，有飯食。

七里紀子河。有山溪，有茅店。

五里賀家坪。人户五六十家，可宿。

五里萬水橋。架木溪橋也。

六里頭道河。二三家人。

五里鐵馬坡。三四家人。

四里下堡子里。上河行，可宿。

四里上堡子里，下坡。一帶平陽山青，四圍樹木蒼秀，溪流角角，疎離如畫。人户錯落，雞犬相聞。店尚清潔，惟室不多。

十里蔣蔣茂。二三户人。

五里鹿子坪。上坡路。二三十家人。米微白色。

八里清雅溝。下坡路。有小橋，人户十數家。

七里沙坪。茅店十餘處。

十里槐樹坪。二三十户人。米有白者。

十里冷水橋。人户十家。有石小橋，臨山架成。雨後山泉怒洩，涼氣逼人。

十里渣各石。有店可宿。煙火數十家，山溪流急。

十里郎坪。市大可宿，買物則難。時當五月，雨後泉發，水漲甚大，路爲沖刷，橋梁打壞。行客、煙幫多在此阻水，二百餘人。因出場口即過郎坪河也，一名郎水河，水深數尺。

三里茶店子。

四里花橋河。人户數家。

三里關口丫。上大山坡行。一帶盡係碎石砂路，草木蓊蔚，無飲食。下坡一里方有飯店一。

三里奈子溝。三四家人，有飯店。有小石橋一，交四川巴東縣界。

五里汪家嶺。上坡路，有三四家人户。

三里巴巴鋪。有三四處飯店。

七里四渡河。下坡路。由宜到川只有郎水河及此河二處，行人早有戒心。每遇山水漲則阻人行。水陡而急，難以徒涉。在前有舟渡人，後廢舟修橋，現在橋爲水刷去。予過此時，雖阻洪水，然水僅没肩。從上游山邊樹叢中之小徑蛇行至水淺處，山路逼仄，泥滑難行，攀藤援木，萬一失足，則跌入懸巖矣。有土人裸體接行李迎客，保險送渡過岸，每一土人索錢二十文，每挑行李加錢二十文，轎則索費一百文或二百文，衆手擎竿而渡。過河上岸，有店可宿。過此河後，大家相慶矣。

十五里天門坡。石級寬大，油滑易跌。坡在山頂，自河邊至此均上坡行，共計十五里。

五里劉家坪。店穢。

四里二磴巖。由山脚至此，凡上石梯八百步，且石路轉折處甚多，皆偏巖，九折坡不過如是。

八里太平店。有店可宿。

六里花柳樹。可宿。

七里上柳坪。一路皆坡，然平坦而緩。距野三關五里，可宿。飯食粗糲，有如糟糠沙石，不能下咽。有粗糕可啖。

五里野三關。路平。又名勸農廳。在此發力錢，宜昌應每名發二千六百文，在此發六百文。銀價每兩售錢九百文。有煙膏局及防勇、汛廳、電報局、分縣署，川中士商必經之。局卡亦自宜昌數日以來僅見之大市也。人户二百餘家，入場向右行方合入川之路。有售鮮肉及豆腐乾者，然向料尚無有購處。

八里張家村。上坡路。一二家人。

五里風木村。三家人。

五里石馬嶺。二三家人。

四里孫家丫。三四家人。

三里苦桃溪。三五家人。有瓦蓋之小木橋一。

四里堰塘灣。從苦桃溪上山行，上一千五百級石梯，一路直線對上，不甚陡。有二三十家人，可宿。沿途茶水方便。

八里侯家丫。下坡行。三四家人。

七里支井河。自侯家丫下坡，凡下二千數百石級之大山坡，數步一轉折，陡如立壁，心意驚悸，目不敢旁注。輿中人步行，否則將傾墜出矣。支井河乃一山溪，有瓦房蓋木闌干之小木橋一。人户三四家。過橋即上大山坡，凡二千步，石梯直到卡門。

五里卡門。大山坡。四五家人。

二里水洞坪。上下坡路。有茶飲。

五里紅砂堡。

三里木果壩。有人户。

五里長林損。十餘家人。

五里大支坪。上下大山坡。有十數家飯店。

八里野山壩。上大坡行。有十餘家户口。野三關即從此處移去者。

三里野山河。自野三壩二里許下，大級甚陡。過圓洞石橋一，自宜昌來未見之石橋也。上橋之石階凡三十，坡亦陡。過橋上大坡，凡一百步到野山河。有幺店二家，人煙稀絶。自宜昌入川之道，惟此棧難行。因上下大山，凡八上八下，石磴油滑，行李宜注意。支路太多，常有失事者。又無加班可覓。且在萬壑之中，米飯紅惡，砂石相雜。凡過此者，須自家多備路菜，否則一野蔬萬錢難購也。一帶桐子樹甚多，出桐油。過石橋，即建始縣界。

四里董家丫。自野三河來，上一千石級之大陡坡始到。山頂有地方官之德政碑。地勢險要，有二十餘家人。

五里麻札坪。二家人户，無飲食。

五里唐巖頭。路平，可步行。有三四户人。

五里廣福橋。市街尚大，可宿。路亦平短。

七里石牙子。人户多，亦可宿。自宜至此，夏涼無蚊。

三里長巖屋。十家人。

五里燈草灣。十家人。

十里落水硐。二十家人，可宿。過瓦蓋木欄之橋一。

三里土魚河。人户二十家。有飯店。又過一木橋。

七里鐵匠坳。十家人。

八里紅巖寺。百餘家人。

十里清黍林。數户人。

五里崔家壩。恩施縣屬。户口數百，棧房尚好。有泡菜向料。換銀發力錢，銀價每兩合錢九百六十文，庫平加一。又有分司。

五里梔子嶺。過太平橋。二家人。

二里幺牌。三十家人。有新修之店，可宿。

二里班竹林。有飯店二家。夾道皆竹。

五里新塘。有茶水。

七里鴉鵲水。尚大，可宿。以上數十里路尚平坦，但飲食難覓。

五里焦莊。一家人户。自此後，蚊蟲甚多，米色亦從此漸好。萬一帶之糖食極貴，水亦珍重。香醪甚多，蛋價廉。

十里南里渡。下坡行，至此過河，有舟二隻，每人給錢二枚。上岸，上小坡行數十步，有店，即南里渡，地名也。可憩。

七里雙樹門。自南里渡上坡，行四里，有幺店可宿。又三里至雙樹門，人户二家。

五里張家溝。十家人，出鴨蛋。

八里代家店。三四家人。

七里橋頭壩。有溪橋。橋石爲水刷去，涉水過溪。

八里熊家巖。市尚大，場口有破廟，塑關帝像，屋漏淋雨。從此盡下坡，路直，有三十里遠方止。

七里饒家灣。數十家人。

八里雞心場。有數十家人，可宿，然店臭穢。

七里石子路。一二家人。左路通施南府。

十里太陽坡。甚陡，有人户一家。

五里小龍潭。數十家人。可宿。過小龍潭河，水淺可涉。

三里大龍潭。過小龍潭河，三里由小路行到大龍潭。如雨後水大，則小路不可行。到大龍潭過河，有舟數隻，舟形頭尾尖昂。當水小時，涉小龍潭而過大龍潭，可捷路一二里。水大，則由大路到大龍潭，多行五里路。

五里猪捲門。過大龍潭河，上山坡行至此，人户十家。道旁多奇石，甚巨。地方官出有示諭，募人捕虎。

五里石廟子。三户人。

五里新開路。數家人。

十里濫泥壩。數家人。

五里黄草坡。上大長坡行。三四家人。有虎。

五里大興廠。上大坡行。二家人。

五里沙子門。上大陡坡，至此十家人，可宿。此五里之山坡陡絶，凡九折方上去。

十二里羅針田。市尚大，可宿。人户數十家。

三里河邊。上下濫坡，三里到河邊。溪流甚小，支長木爲橋，有闌干。又新修之石橋尚未竣工。

二里頭等巖。上坡行，數家人。

三里半邊坎。上坡行，二家人。

五里麥天灣。上山路。一家人。

五里石板頂。交利川界。二家人。自河邊至此，盡係上山路，然無羅針田以上之坡陡。從此後盡下十五里之坡路行。

十二里關口。下坡路。一家人。

三里長崁。下坡路。二十家人。

五里高橋。下坡路。一家人。

三里四方洞。一家人。

七里高樓牌。一家人。

八里下馬溪。十餘户人，可宿。一帶平衍。

七里唐寶寺。街尚大，一百餘户人，可宿。利川縣屬。土沃地腴，禾苗豐秀。場外有廟。沿途多穿心店家。

八里野猫水。路平，三家人。

七里朱沙屯。三户人。

五里黄栗坡。坡小而人户尚多。

十里白菊山。數户人。洋芋多。

十里求男臺。路平。有三户人。

五里楊柳寺。三四户人。

五里轉轉河。一家人。

十里利川縣城。夫脚在此放棚。多宿城外，店不潔。本無城郭，以一磚栅爲城界。

十里櫻桃樹。三户人。

十里小心塘。三户人。

五里小心丫。五家人。路平途闊。

八里兩來望。二户人。有微坡。因望見前途之大山，眼前即將越行也。

十里核桃樹。二户人。

十里雲山。出場，右有土路，是大道，走南坪司之路亦入川之正途也。較小路繞行五里，故今人皆從小路行。小路係石路，不必走南坪矣，走干堰塘去。

十里黄泥坡。二户人。

二里干堰塘。三四户人。以上平路，共六十里。過此則翻大山，計四十里直到卡門方止。

五里核桃樹。由干堰塘行二里許上山，坡不甚陡而路長，凡六百五十步石級方到核桃樹。三四家人。有樹。

五里大店子。上一千步之石級到此。有二户人。

五里中槽。上三百八十步石級到此。三户人，不甚陡。

十里毛槽。下陡坡行。石亂路滑，凡一千六百餘石梯。有三四户人。

五里卡門。由毛槽行三里，又上陡坡，計八百九十石級，到卡門。楚之利川、蜀之萬縣兩界地。石牆有門如城，門之外額曰「南浦雄關」，内額曰「東川保障」。自宜昌行至毛槽，沿途皆青滑石路。將到卡門，則石紅砂質矣，天然界限。過卡門，則溪水向川地内流矣。

七里磨刀溪。下短坡，行百步。場市尚大，可宿。始見有題詩旅壁者，不似楚地之荒陋。

一里陡梯子。由磨刀溪行松杉林中，路小而仄，山溪可愛。

十五里雙河口。小坡路，十户人。

三里田壩。有穿心店一，可宿。店有新樓，門對溪水。

七里王爺廟。數家人。有大石當道，人皆俯首仄身而過。因前次雨水過多，山路崩塌巖下也。巖下即大山溪，難行之至。

十里青龍嘴。數家人。

五里釣魚灘。三户人。

十里馬鬃嶺。三户人。

十里郎家坡。一家客店，名倒開門，可宿。

八里萬利橋。一高大石橋，洞中懸一劍。上橋石梯凡四十八級，甚陡。從雙河口起，沿溪左而行，過橋即沿溪右，直至龍駒壩。溪聲不斷。

二里篆嘴。四户人。

十里龍駒壩。沿途行山谷中，至此天地忽然開朗。禾稼豐茂，人物秀雅。有大溪從壩之右來。過大木橋一，始入場，店亦潔大，自宜昌來第一好店也。有汛防，人煙數百。

十里毛臺子。三家人。路小而長。

四里三宣渡。地方籌有公款渡舟一隻，不索分文。原有石橋一座，爲水沖塌，基址尚存。地名三宣洞。如水小則由毛臺子過河，不到此渡矣。小水時，渡水可涉。

六里趕場壩。數十户人。

十里馬巴場。由趕場壩出場，渡山溪，有舟一隻。水小時可涉。十里到馬巴場，數家人。

五里黄幹石。溪流到此成河，寬平處可通舟楫。十五里到消水壩，力夫至此多買舟行，藉以省勞。每舟給錢二百二十文，力夫自認。然有時舟不便，或舟價未成，則力夫仍遵路而行。

七里廟灣梁。循溪陸行，上下巖間有人三户。

八里消水壩。三家人。

五里長灘井。有鹽井在路旁。途皆炭灰。人户數百家，街房斷續。一帶皆沿溪行，路多崩塌巖石，礙人頭面。然路下甚陡。從此地後，則有二十里之上下陡坡路矣。

十里土門嘴。數家人。今改名土壩子。

十里老土地。行山脊上。有店三家可宿，皆穿心大店，當路修建，一名里仁，一名富有，一名一品，相距各里許。老土地下途半里，地名楠木灣，店名一品店，可宿。一帶販土之力夫數十成羣，偶一遇之，店爲充塞。故行客多宿楠木灣以讓之。沿途巖石光潤，可以作書。

十里小木馬山。數户人。

十里長林損。二百家人。有土藥分局。

二里静安橋。一洞之石橋，上下凡五十餘石級。

三里龍潭子。十户人。

五里蘇家壩。數家人。

五里武桿橋。四家人。

五里沱口。由宜起旱入川，由川到此，赴宜者皆由此起足，十五里到萬縣。船無定價，每人約十七八文。若專買舟一隻，須錢三百餘文。水大時，瞬息即到萬縣。

十五里萬縣城。萬縣爲水陸通衢，由宜入川者在此換力夫，由川赴宜者亦在此換力夫。

由萬縣到成都之陸程：

六里三河池。出萬縣城，路途寬大，人煙稠多。到三河池地方，數家人。有歧路，上走開縣，左走梁山。

四里西溪埠。數十家人，飯好。

十里高梁鋪。百餘家人。有涼水井。

八里石馬山。數家人。路大坡少。

四里黄泥塥。二家人。

八里佛寺鋪。數十家人。由萬縣行，早餐之所。

六里磉等坡。二家人。

六里苟耳壩。二三十家人。

八里望平丫。將上丫口，有數百級石梯，要隘地也。

五里三正埠。三二十家人。

十里張家坎。二十家人。

五里靳家河。二十餘户人。一帶坡短而平。

十里分水嶺。近百家人。可宿，店只二家。路平。

十二里大坪。上坡路。有十家人。

十二里孫家曹。上坡路，多大巖石壁。二十家人。

十二里平脊。數十家人。

八里響鼓嶺。數户人。萬縣、梁山交界地，有木匾字。

十里金竹林。十家人。

五里遼葉河。數十家人。又名樂善場。

八里伍家丫口。坡路。有十户人。

七里涼水井。四户人。

五里松樹坪。數家人。

八里梁山縣。有石栅，額曰「萬安門」，在城外。

五里青龍街。由梁山穿城行，一直行四十五里，均平陽大道，不亞成華地面。土地肥沃，山水蒼秀。青龍街市甚大，人煙二百餘户。

十里蝴蝶鋪。十家人。

五里涼水井。二十家人。

十里沙河鋪。數十家人。

十五里老鷹場。二百餘户。有行臺。

五里石了子。上坡行。數家人。

五里佛耳巖頂。上山坡陡，梯矮路闊。原有新老二路之分，老路對直上去，路險而荒。新路向左行，易走，叢竹夾道，緑陰無縫，鳥聲蟲語相續不斷。至頂上，有石栅，數家人。回首梁山，平疇萬頃，歷然可數。

五里豐勝場。下山坡行。百户人。又名新加壩。

五里賽別渡。上坡行。五家人。有節孝石坊。

五里少溝。下坡行。四户人。

八里陳家丫口。數户人。

八里元壩驛。數百户人。有店一家。由萬至此一站。

十里黄泥壩。十户人

十里王家橋。二十家人。

五里石橋鋪。百餘户人。梁山、大竹兩界地。

十八里麻柳店。數家人。

七里黄泥塥。數十户人。

三里老塘房。上坡路。二十户人。

七里柳樹丫。行竹箐中。十户人。

七里清溪鋪。二百户人。

十五里雙龍場。十户人。

五里東柳橋。一長大之平石橋也。人户二三十家。

十里大竹縣。入承恩門，寓西門外。【略】此爲由萬來之第二正站。

十里竹林灣。數户人。

八里雙碑。數户人。

四里風洞。上坡行。有石栅曰「淩雲閣」。人數家。出油腐。

二里陡嘴巖。上山路。四户人。過石橋即上九盤山。

四里九盤寺。即山順。自陡嘴巖至此凡二千二百級。人户二十家。過此即爲下坡路矣。

十二里楊柳壩。五家人。未到壩前，有人户一家。當上坡處，即大竹、渠縣兩界地。

八里捲洞塘。百餘户。

一里觀音巖。下陡坡行一里，有觀音廟，當坡轉折處，焚獻者成羣。

十四里雙土地。下坡路。三十户人。房宇荒頽。

九里丁家嶺。六七户人。

六里李渡河。地方尚大，街市臨河。店屋甚大，一水當窻，憑欄眺遠，可見數十里。該市有人户數百家。

十里五龍橋。渡河下水，舟行十里到此。無人居。由渠縣來此只二十里。

十五里中灘橋。五六十户人。

十五里吳家場。場市尚大，人户數百。
二十里沙石坡。三四户人。
十四里谷馬山。數家人。
十一里新市鎮。數百户人。店亦可宿。數十里多力夫。
五里界牌。平路。有石碑一，人户一。渠縣、蓬州兩界地。
六里杜家巖。路長。四户人。
十二里濫兀子。上坡行。又上下坡路。人户十家。
十七里羅家場。百餘户。一帶多涼粉。
（半）七里［半］紅土地。三户人。有大土地祠。
七里半濟渡鎮。五十户人。
九里斷石橋。十户人。
五里韓家店。五户人。
十里興隆場。數家人。蓬州南界，南充東界。
十里楠木嶺。多加六七家人。一路坡班，每里二錢。
十五里跳蹬壩。二百多户。小菜難覓，復興店可宿。
十二里石丫子。二户人，有泥路。
十七里東觀場。數百户口。街市亦大。加班多用毛錢。
十里半觀音橋。十户人。有小廟。
七里半老君場。二百户人。
十二里半一碗水。數家人。
十里半石子嶺。數家人。一帶小坡，皆小石子山路。
五里東興場。茅店百户。
七里望城坡。七户人。石子山路。順慶城全在目中，下坡一望平原。名近江村。
八里河邊。過河抵上馬頭。
五里順慶府城。城濱江，現被水災。
十七里燕子坎。出南充縣城，過大橋，菜畦如畫。
十三里八角鋪。
二十里烏龍場。
十五里甘草嶺。

十五里新場。
十里黃栗丫。
十里李壩鋪。鴻恩店可宿。蓬溪、南充兩界地。
二十里蓬溪縣。城在山，如寨堡。大道由城外行，户密。
十里板橋。
二十里槐花鋪。
八里界牌。蓬溪、射洪兩界地。
十二里觀音店。去年春，冰雹甚大。
二十里檑家鋪。數十户。有壽春店可宿。射洪縣地。
十五里哨樓口。從此到太和鎮十五里，平壩。
十五里太和鎮。過渡入城。地據涪江，舟車輻輳，人煙稠密，有通判署。去年拳匪盤據，頗虧元氣。出鹽豉。
三十里文聚場。距中江、射洪二縣均七十里。
十里界牌。射洪西界。
十里城古塘。
十五里景福院。街市長大，人户稠多，出豆豉。距三台縣九十里，距射洪縣五十里。有永興店可宿。
十八里弔嘴。
十五里涼水井。又名四方井。
十里觀音橋。
二十里魯班橋。地當險要。
十三里白馬廟。
十七里白樹椏。中江、三台兩縣界。
九里斷橋。
十一里牛場。
十二里餑餑店。
八里大磉磴。地大可宿。
十里龍安壩。
十里清河橋。
十二里磨子場。

十七里興隆場。中江縣屬。聯陞店可宿。出麪。

五里界牌。金堂、中江兩縣界。

十五里山王廟。在山坡上。去年拳匪嘯聚之處。

七里風洞子。從此下坡路，過趙家渡則平道矣。

十三里趙家渡。過河入場。冬水枯時，有大木橋。去年拳匪當途，大遭兵火。街市繁茂，人煙衆多，水陸通衢，客商鱗萃，有釐局。出山貨、蔗糖。出場又過河，方通大路。

二十里姚家渡。地大可宿。

十三里紅瓦店。

十五里新店子。又名泰興場。瑞興店可宿。距新都、金堂二縣城各二十里。地大户密。

十里黄坭損。

十里三台子。地方不大，店户二三。去年拳匪出没。

十五里將軍碑。通漢州。此地無人户。

四里歡喜庵。有飯食。十餘家人。

三里駟馬橋。一古橋，即漢司馬相如題橋處也。有嘉魚劉又丹先生守成都時刻石。

五里成都。入北門。

光緒《大寧縣志》卷一《道路》 剪刀架上至鹽厂，下至縣北門外石路三十里，咸豐四年杜户沈昌德捐修。

後道子至荆竹壩石路三十里，咸豐十一年監生沈世楷捐修。

荆竹壩至高洪灘石路五十餘里，同治十年陝民步生榮倡修。後經鄒之賡等募錢一萬餘串續修完工，餘錢置産以備歲修。光緒八年稟請立案。

化龍洞石路，同治十一年募修。

馬鎮坡道路，道光年間募修。

核桃樹至上磧磫道路，邑民彭岐山捐修，知縣德瑞匾其門曰「德被行旅」。

乾隆《峨眉縣志》卷三《邊路》 按：赴邊孔道，由縣治南去二十里至青龍場山，行歷黄茅岡、楊村鋪、龍池場、大圍關，碑載「大域」。射箭坪，抵中鎮，共六十里。由此南渡，經十里至七盤營，越五里過大田塤，再三里抵太平墩，里數據舊傳，但係危途，非平陸可程。夏秋水漲，更易愆期。

邊路

太平墩，今漢界，五里南至鑾鬼岡止。由此至平夷堡約程一日。由堡歷腰營岡、冷溪關，出化平陵、土老營、茜雞營、米麻林，至殺馬溪，約程五日。自溪至飛瓜地方約程四日。由飛瓜至赤喇嗎所管雄瓜地方約程五日，交建昌野夷界。又平夷堡東南一路通馬湖野夷界，約程十二日。自墩北至楊村三里，交歸化汛界。歸化堡在太平墩之西。東向過江至牛漩堡二里。由漩堡歷流黄水入箐十五里。由箐至楊村二十里。由楊村至大溪溝二里，接太平墩汛界。

南十里至馬猸岩，交馬夷界。蓋土司馬比必所管之夷人也。西五里至後山又十五里，至大岩腦接馬夷界。北二十里至金口墩，又三十里至水凋林，再四十里至黑龍溪，合太平路。又一路由金口墩西行，三十里至圍杆凸，交馬土司夷界。前至松坪約程四日，由坪至黎州漢陽街約程三日。

椿木營，在太平墩之東。東十里至永興營岩路九十里，交嘉府山界。西九十五里至馬桑水，交馬湖夷界。南三十里至羊草岩入箐，四十里至斧頭岩、後蘭溪，北六里至瓜蘆營，又十里抵七盤營，合太平墩官路。

《射洪縣鄉土志・道路》 自本境治地起，出城之南行十二里爲武南碥，又行八里爲苜蓿埡山，又行十里爲白衣庵，又行十里爲太和鎮，西與上省支路會。其支路西自文聚場來，經白鹿埡，過蒙茨店，行三十里來會。本路東與下重慶支路會。其支路東自蓬溪縣來，經官陞鋪、黨家鋪、哨樓鋪、大楡鋪，過涪水，行六十里來會。本路又向南行十二里，至觀音橋右分一支路。其支路向西方行五十里，過觀音閣場，至三臺縣之兩河口會景福院路，出本境界。又向南行十里至洞孔橋，又十里至老關廟，又十里至柳樹鎮，又十五里至施家灣，出本境界，與蓬溪縣康家渡路接。

自本境治地起，出城之北方，行十五里爲覃家鋪，又行十五里逾南嶽廟山，至新興鋪出射洪界，與三臺縣路接。

自本境治地起，出城之東，行十二里爲連山灣，又行三里至神吼，又向東行十五里至東嶽廟，右與天仙寺支路會，左與福興場支路會。又向東行三十里出本境界，與鹽亭縣路接。

自本境治地起，出城之西門，行十里爲富穀寺，又向西行十五里與三臺縣莫家場路接。

《新寧縣鄉土志・道路》 本境分東、西、南、北四大幹路，其支路附註，以清眉目。

第一款　東關外之道路

自本境治地起出城東門，左邊分一支路，由先農橋過小拱橋至濫泥沖，經螺螄洞，十里至梅子橋。又十里至沙壩場，即永安場。又十里至三彎拱橋。又十里至磨子河。又一里至梅家壩。又一五里交開縣界。行二里爲雙河口。又一里爲三里橋。又二里爲五里橋。又七里至夾柏樹。又三里至橋亭子。即雲霧洞。右邊分一支路走漿池壩十八里。又十里至雙土地。又十里至石埡子。右邊（支）［分］一支路走漿池壩。又二里至板凳埡。又六里至倒石橋。又二里至馬驛溝。又十二里至豆山關，六里平坡。交開縣界。

第二款　西關外之道路

出城西門小西街，左邊分一支路走龍頭橋。行二里爲木牌樓。右邊分一支路，十二里半至紅岩子，又十二里半至永興場。又半里至雙土地。又二里至普安場。新街外左邊分一支路，由曹家高橋及寶塔壩、沙河場至天師觀。又二里半至挖斷山。右邊分一支路，七里半至何家梁，又五里至曹家岩，又十五里至迴龍場。又二里至興場。又半里至樊家橋。右邊分一支路，十二里至阿石凸，三里至梅子口，又十里至長田壩。長田壩之西，山徑十里至觀音山，抵達、東二縣界。長田壩之北，五里至羅宫保府前渡河，十里至王嘶馬潭，又十里至龍石岩，抵東鄉界。羅宫府右渡河，十里至迴龍場，又分二途。左沿河而上，十里至高板橋。右行十里至鎖口廟，又五里至天師觀。又二里至玉皇觀。又下坡，由涼水井五里至界牌，交達縣界，爲綏定府通衢。

第三款　南關外之道路

出城南門，行二里爲陡梯子。平坡。又八里至龍王廟。又十里至阿彌碑。又二里半至馬號，即白岩山。與紫草溝支路會。其支路西北方自普安場來，經明月壩、油榨房，過雙河口，進紫草溝，上白岩山，行三十里來會本路。又向南行二里至靈岩寺。又五里半至白岩河，過暎峰橋，二里至芋荷橋。右邊分一支路走嚴家場，十里嚴家場走漿池壩，十八里漿池壩走觀音橋，八里走馬驛溝。又前行七里至燕子岩。又八里至甘棠鋪。又三里至油榨房。左邊分一支路走林家埡口。店子邊分二支路，右走綏定府，左走八廟橋。林家埡口前半里許分二支路，右走廣福場，左走長嶺崗。又四里至雞鳴山。平坡。又五里至軸軸鋪。又九里至土橋河。又九里至任市鋪。又二十里至螺螄店，交梁山縣界。

第四款　北關外之道路

出城北門，分左右兩路。右過平橋五里至輔子埡。又五里至檀木橋，八里至席家坪廟側，十二里踰珠瑙山至羅家坪。左里許過接龍橋，十二里至廖家溝，踰三合寨，平坡五里下胡家溝。又五里至永興場，三里至新場。右邊分一支路，由老河堰上坡至羅家坪。又十二里至李家橋。又十五里經觀音橋至太和場。即石土地右邊分一支路走梅家壩，五里，坡路。又十五里過邱家橋，上龍王塘，至大分水嶺交開縣界。

光緒《補纂仁壽縣原志》卷一《疆域》 縣東西距一百三十里，南北距一百三十里。縣在資州西二百里，東至資陽縣界八十里，西至彭山縣界五十里，南至井研縣界六十里，北至簡州界七十里，東（西）［南］至井研縣界九十里，西南至眉州界六十里，東北至簡州界六十里，西北至雙流縣界七十里。《通志》。

出東門，十里飢渴店，十里泡馬灘，十里胡家垻，十里李家垻，十五里傅家場，十五里甦家灘，古甦甲灘。十里青石山，十里興隆場，二十里何家場，十五里廖家灣，共一百二十五里交資州界。又一百四十五里至資州城。採訪。

出東門，七十里甦甲灘，即資州路。南行四十五里陸家場，十里甘泉寺，二十里石金剛，二十里青龍場，共一百六十五里，交資州州判界。又三十里羅泉井州判署。採訪。

又由石金剛二十里交威遠縣界。採訪。

出南門，二十里高店子，十五里偏垻河，十五里鎮子場，二十五里飛鳳巖，十里新場，三十五里汪家場，十里碗厂場，五里五皇場，十里積福場，十里查家場，二十里分水嶺，共一百七十五里交威遠縣界。又一百二十里至威遠縣城。採訪。

補纂：新場廢。距飛鳳崖前十五里添設涂家場，因其地舊有涂家廟，以名也。碗厂上之五皇場亦廢，今稱五皇廟。若毗連鎮子場之五皇場，別是一集，距碗厂六十餘里。

又由查家場二十里曹家溝，二十里大斗羅漢，交榮縣界。採訪。

又出南門十里兩河口，二十里姚家寺，十五里戴家垻，五里順江場，十里五皇場。採訪。

出南門，五十里鎮子場，二十里張家場，三十里松峰場，二十里迴龍場，三十里復興場，共一百五十里交榮縣界。又十里至榮縣城。採訪。

續纂：走榮縣城，查家場爲正路，迴龍場爲小路。

出南門，二十里滿水井，十五里飛來石，十里韓婆寨，五里針匠店，十五里土橋檔，十五里觀音橋，五里徐家店，十里界牌鋪，共九十五里交井研縣界。又二十里至井研縣城。採訪。

又由針匠店東行十五里柏林場，十五里張家場，即榮縣路。三十里松峰場，前榮縣路。西行三十五里九塊石，十五里佘家場，交井研縣界。採訪。

又出南門三十里趙家場，二十里曹家場，二十里石丫口，五里高河坎，十里周家坡，交井研縣界。採訪。

出南門，十五里石㞮坡，五里挖斷山，十五里五顯場，二十里新路口，十里河垻子，共六十五里交青神縣界。又四十里至青神縣城。採訪。

出北門，二十里分水鋪，西南行二十里光相場，交眉州界。又三十里至眉州城。採訪。

又光相場二十里濫泥溝，五里牛路口大江，僱船，二十里至眉州城。採訪。

又出北門，西行二十里高店子，十里倒石橋，十五里龍居場，交眉州界。採訪。

出北門，三十五里梅橋鋪，西行十五里伸脚店，十五里黃豐場，交彭山縣界。又二十里江口渡大江，又十里至彭山縣城。採訪。

又梅橋鋪，二十里楊柳場，即華陽縣路。三十里永興場，交彭山縣界。採訪。

出北門，七十五里清水鋪，即華陽縣路。西行二十五里五圣場，二十五里黃龍溪，亦華陽界。五里嘉禾莊，共一百三十里交新津縣界。又六十里至新津縣城。採訪。

出北門，一百零五里籍田鋪，即華陽縣路。十五里龍堰寺，十五里渡大江古佛洞，十里華嚴寺，共一百四十五里交雙流縣界。又二十里至雙流縣城。採訪。

出北門，十里平頂鋪，五里陰晴溝，五里分水鋪，十五里梅橋鋪，二十里楊柳場，二十里清水鋪，十里石膏鋪，二十里籍田鋪，二十里煎茶溪，二十里秦皇寺，共一百四十五里交華陽縣界。又七十里至華陽縣城。採訪。

又由秦皇寺東行，二十里奉國寺，交華陽縣界。採訪。

又由清水鋪東行，十里老君場，十里大林場，二十里羅漢河，十里單土地，交華陽縣界。採訪。

又由東門，十里孫家河，二十里大滑石，二十里文公庵，二十里奥林場，二十里高家場，交華陽縣界。採訪。

又由高家場，十五里湧泉寺，交簡州界。採訪。

出東門，二十里朱家橋，五里舒家場，二十五里方家場，二十里向家場，二十里龍江寺，十里簡州鎮金橋，共一百里交簡州界。又八十里至簡州城。採訪。

又由舒家場北行，十五里秦家廟，十五里圓通寺，十里三星場，十里觀音寺，交簡州界。採訪。

又出東門，二十里陳家灣，十五里龍過灘，十五里張家橋，北行二十里龍橋場，二十五里簡州老龍場，交簡州界。採訪。

又出東門，三十五里青岡丫，二十五里謝庵寺，三十里白土鎮。採訪。

出東門，五十里傅家場，即資州路。北行二十里芋頭場，二十里楊家場，十里白土鎮，二十里茨笆坳，共一百二十里入資州界。又入資陽界，六十里至資陽縣城。採訪。

又由芋頭場北行，二十里周龍場，十五里徐家尖山，共一百五十里交資州地界。採訪。

《德陽縣鄉土志》卷二《道路》 縣出南門，五里瓦店子，五里竹林鋪，七里荷照橋，三里大漢鎮，五里廣德橋，於石亭江河心交漢州界。又二十五里達於漢州南關。左分支路，五里鳴鳳塔，十五里八角井場，二里德漢橋，交漢州界。又五十八里達於趙家渡。

出北門，五里三造亭，五里牛耳鋪，五里仙人橋，五里孟家店，三里黃許鎮，七里廣濟橋，交羅江界。又二十里達於羅江。黃許鎮場左分支路，八里土將臺，十二里仙女洞，十里略坪。北關左分支路，八里會元橋，七里靈家廟，八里蕭家場，十二里新場，八里延壽寺，七里柏社鎮，交綿竹界。又東北十里隆興橋場，交綿竹、安縣、彰明、羅江界。

出東門，六里小山門，十四里張家墳，二十里茶店子，交中江界。又五十里達於中江。小山門右分支路，十里梁家墳，五里高店子，五里新拱橋，十五里和興場，五里至欹螺山頂，交中江界。東平橋左分支路，八里大山門，十五里美女廟，二十里金鑼橋，交中江、羅江界。大山門左分支路，五里雲鳳山，二十五[里]中興場，交羅江界。

出西門，紅雨廟路分兩支，右十里蘭穆院，十里揚嘉場，十里五根樹，十里孝泉場，交綿竹界。又三十里達於綿竹。紅雨廟右十里朝陽橋，七里耿懷橋，八里八角廟，十里射水河，交綿竹界。又二里觀魚場。紅雨廟左跎背樹前，又分支路，十二里天緣場，八里五塘，五里石亭江，交漢州界。又五里金輪場，又三十里達於什邡。

田明理《綿竹縣鄉土志・道路》 自縣城東十五里至五福場，又十五里至興隆場，與德陽縣界。自縣城東二十里至富新場，又十五里至河壩場，與安縣界。自縣城東北二十里至忠興場，又十里至拱星場，與安縣界。自縣東十八里至皮家林，又十七里至柏社鎮，與德陽縣界。自縣城南十五里至清道場，又十五里至新市鎮，與什邡界。自縣城南十里石滾河，又二十里至孝泉場，與德陽縣界。自縣城南三十里至七佛寺，又二十里至觀魚場，與德陽、什邡、漢州界。自縣城西十五里至鄧家林，又十五里至土門場，又十五里至廣濟場，與什邡界。自縣城西北二十里至遵道場。自縣城西南十二里至金安橋，又西十八里至玉泉鎮，舊名圣母泉。自縣城北十五里至東林寺，又十五里至漢王場，又十二里至卸軍門，與茂州界。自縣城北二十里至馬尾場。自縣城北二十里至九龍場。

朱儒宗《綿竹縣鄉土志・道路》 城南至兩路口十里，石橋灘十五里，新市鎮三十里，石亭江四十五里，與什邡接界。城東至農壇五里，至富新場二十里，至河壩場三十五里，與安縣接界。城西至土門場三十里，廣濟場四十二里，與什邡接界。城北至遵道場二十里，馬尾場二十五里，漢王場三十里，拱星場三十里，與茂州接界。

《**太平縣鄉土志・道路**》 自太平城東行，上財神樓，下高坡子，至茶埡子十五里。經榨壩，至石馬河十五里。下趙家壩，上白廟子埡口十五里。逾荊條嶺，至白沙河場十五里。以上共六十里。一由白沙河左轉至朱家壩二十里，又至天池壩二十里。天池壩至堰塘坪二十五里。上土地埡十五里，山極高峻。從土地埡下至桑溪河十五里，又至李子坪十五里。上蜂桶巖十里。由蜂桶巖登崔嵬高大之中坪十五里。又歷極陡絶之油榨巖十五里。自此至七里溝場十里，與城口廳交界。自白沙河至此一百六十里，自城至此二百二十里。一由白沙河右行，上翀天觀十五里，至石塘壩十五里，過乾壩子十里，上鹿梯埡十五里，至白羊廟場十五里。歷黄金埡，至固軍壩二十里。自白沙河至此九十里，自城至此一百五十里。固軍壩東至毛埡關三十里，南至石硐溪十里，均交東鄉縣界。

由城南逾火石梁，下包家河，過石關子，至平溪塘十五里。又由鹿口河上大地坪十五里。逾檀木梁，經涼橋，至號房十五里。下梯子潭到青花溪十五里。經李子溪，至涼風溪十五里。由關家溪至窠窠店十五里。上遠山碥，下白楊溪十里。以上共一百里。復由曹家壩至五郎溪十里，至長壩十里。從長壩趕船直達春坪，水程二十五里。起岸，經花樓壩，至王家壩場十五里。下桅桿壩，至立石灘十五里。又十五里至石岸口，又十里至羅文壩。自白楊溪至此一百里。羅文壩以下可水可陸，陸路順河至沙壩十里，至黄連溪十里，又十里至大水氹田。城南至此二百三十里，交東鄉縣界。

由城西過大河，入廟溝，至鎮江寺十里。復前行至謝家河壩十里。上煙墩埡十里。從梁家塝下麻園子十里。歷白楊埡，上望星關十里，關有古廟。從關直下雞喉壩十里。過張爺廟，至爛池壩十五里。經鐵佛寺至關壩場十里。以上共九十里。由關壩至雙廟子二十里，至劉家壩十五里，至亭子廟十五里。過空麻柳十五里，到竹峪關十五里，交通江縣界。關壩至此八十里，由城至此一百七十里。

由城北順河上走，過楊家渡，至峽口十里。入觀音峽，至石峰巖十里。又過支家渡，上石梁子，到官渡灣場十里。經馬家河壩，至梨樹溪場十五里。從左上滾龍坡十五里。以上共六十里，交陝西定遠廳界。一從梨樹溪右行，過小河，上徐家碥，至金竹壩十五里。上七里碥十五里，至皮貨鋪十五里。梨樹溪至此四十五里。上土埡子十五里。從埡口直下至廟坡場十五里，至二道橋十里。又過頭道橋，至大竹河場十五里。又至仙鵞壩十五里。經石板溪，至革氹溪二十五里，至楊家寨十里，到廟子壩場十五里。由城北至此二百一十里，又前二十里大界梁，交城口、紫陽界。

《**懋功廳鄉土志・道路**》 自廳治東行拾伍里老營場此場係懋功屯東界。外，過界牌歸廳屬，有明郭宗汛。伍里爲高店子，又拾伍里爲水溝，又拾伍里爲官寨，又拾里爲木欄卡，又拾里爲仰天彎，又拾里爲將軍碑，又拾里爲日耳寨，又拾里爲達圍，又拾里爲廣金壩，又拾里爲滴水岩，又拾里爲沙壩，又拾里爲破寨子，又拾里爲日隆關，又拾里爲高店子，又拾里爲松林口，又拾伍里爲萬人墳，即斑爛山西界，過山之東與瓦寺土司境接。惟達圍有通天全州小徑，他方向皆非通衢大路。

《新修懋功屯鄉土志略・地理道路類》 屯地在成都府之西，距省會柒百餘里。其四至交界：東自本境治地起，至明郭宗汛拾伍里，明郭宗汛至大水溝拾里，與鄂克什原名沃日。土司交界，共計程貳拾伍里。南自本境治地起，至漢牛屯止共計程壹百捌拾里，與打箭鑪明正土司交界。西自本境治地起，至勝因寺伍里，勝因寺至三關橋伍里，三關橋至新橋塘拾里，新橋塘至科多塘拾伍里，科多塘至村多塘拾伍里，村多塘至僧格宗汛拾伍里，僧格宗汛至郎車爾宗汛拾里。其半中爲五里牌，與章谷屯交界，共計程柒拾里。北自本境治地起，至大壩口塘拾伍里，大壩口塘至擦耳角塘又名乾海子。拾伍里，擦耳角塘至崇德汛叁拾里，崇德汛至小牛塘叁拾里，小牛塘至大牛塘叁拾里，大牛塘至空卡山嶺叁拾里，與崇化屯交界，共計程壹百伍拾里。又北至破碉塘叁拾里，與撫邊屯交界。

《撫邊屯鄉土志・道路》 屯屬道路，自屯至者，距省西一千零七里，在懋功廳治北一百三十五里。其四至交界：由屯起，東自克孤山與沃日鄂克什土司交界，此係偏僻小道，并無塘卡，約計程一百六十里。南自底塘起，途半有小橋一座，至木坡塘二十里，地名木坡塘有小橋一座。至喇嘛寺塘十里，喇嘛寺塘至八角汛二十里，八角汛至破碉塘四十里，破碉塘至明郭宗汛三十里，與懋功屯交界，共計程一百二十里。西至美卧溝萬里城之雪山，即咱瑪山，與綏靖屯交界，乃係偏僻小道，並無塘卡，約計程一百二十里。北至雙碉塘有官橋一座，計十里。雙碉塘至叼烏塘三十里，有官橋一座。叼烏塘至馬爾當塘二十里，馬爾當塘至撒拉汛二十里，有私橋一座。撒拉汛至大板昭汛二十里，有私橋一座。大板昭汛至卡爾撒塘二十里，卡爾撒塘至梭洛泊古塘二十里，梭洛泊古塘至夢筆山梁三十里，與理番廳屬之卓克基土司交界。計程二百二十里。自屯署至武營三里，有登達官橋一座。其路徑自明郭宗汛起，至大板昭汛止，係往來大道。其餘偏僻小道甚多，均係羊腸嶮峻山居，出入挖藥叢林，不與官道相通焉。

弘治《將樂縣志》卷一《道路》 東自攀龍門通順昌縣，以達延平府。南自金谿門通歸化縣，以達汀州府。西自萬安門通泰寧縣，以達邵武府。北自安福門通泰寧縣，以達江西建昌府。

縣前自橋門過溪南山，往白蓮驛，歷一十一鋪以達歸化縣界。下由莒峽，歷五鋪，抵順昌縣界，以達延平府。成化二十年，知縣金禎因蛟湖三澗二渡之險，新開路四十餘里，以避濟渡之患。

新開路，在水南都。弘治七年，知縣陳大經因舊路險峻，改從穆公廟左直抵蛟湖都，計二十餘里，以便民行。

瀨口路，屬黄坑鋪，歷烏陽村，距沙縣界二十五里。

常口路，屬懿庵鋪，歷常源村，距沙縣界三十里。

無尾橋路，屬桃源鋪，歷地村，距沙縣八鄉巡檢司一百二十里。

桃溪橋路，屬舊桃源鋪，歷椱村，距寧化縣界一百三十里。

昇仙橋路，屬將安鋪，歷空溪村，距寧化縣五十里。

三溪口路，屬白蓮鋪，歷牛嶺村，距沙縣界六十里。

三澗路，在縣治北，土名三澗洄溪。昔架徒杠山溪，水漲輒爲漂圮。鄉民設筏以渡，未免覆溺。弘治七年，散官白皜募工採石甃砌，自永吉都暗山口起，至萬安下都洄溪嶺止，約二十里有奇，以避覆溺之患。

黄潭新開路，在縣治之南子教都，地名渡頭。春水溪漲，難於渡涉。弘治十六年，邑人楊綱等募衆開闢結砌，直抵黄潭都一十五里，以便往來，人悦焉。

嘉靖《邵武府志》卷二《封域》 東出行春門，十里抵銅青鋪，歷新埠、新屯、官墩、拿口、沙口、黄溪、王坊，凡八鋪，一百二十里抵於延平之順昌。東南歷二十九都、三十都、二十都，一百四十里抵於將樂。南出武寧門，十里抵城南鋪，歷香林、山口、山心、邢家、河源，凡六鋪，七十里。西南歷三十二都、三十三都、三十四都，亦七十里，皆抵於泰寧。西出鎮安門，歷四十七都、四十六都、四十四都、四十五都、四十二都、三十九都、四十都、四十一都，凡一百四十里抵於江西之建昌。西北至頒春鋪，歷藥村、漠口、龍鬬、破石、大乾，凡六鋪，五十五里抵於光澤。北出樵溪門，歷一都、五十一都，七十里抵於建陽。東北過浮橋，七里至王堂鋪，歷洒溪、官源、丁字、梅裏，凡五鋪，五十里抵於建陽。廣二百六十里，袤二百里。

東出朝宗門，歷直阜、通津，凡二鋪，二十五里抵於邵武邑西。東南行十里；南出儒學街，十里至山坊村，皆抵於邵武之西北。西南自環翠橋，歷二十五都，一百里；西自環翠橋，歷石岐、高田、黃溪、長山、官山、止馬、杉關，凡七鋪，七十里，皆抵於江西之新城。西北自崇仁市，歷二十八都，一百二十里；北出平濟橋，歷崇仁市、二十八都，一百四十里，皆抵於鉛山。東北亦由平濟橋，歷十八都及烏君山，七十五里抵於邵武之西，以達於府則八十里焉。

東出朝陽門，五里至將屯保，歷分水、源口、袁莊，凡三鋪，三十五里抵泰寧之西。東南自長吉鋪，歷鐃村、赤下，凡三鋪，六十里抵於寧化。南出迎薰門，五里至長吉保，歷楓演、官橋都境六十五里；西南自富田歷都上一百里，皆抵於寧化。西出慶豐門，歷富田保，八十里抵江西之廣昌。西北由黃溪，歷安寅，八十里；北出拱辰門，由黃溪，歷五十里，皆抵於南豐。東北由黃溪歷開山，至永城八十里，抵於江西之新城，以達於府，則二百一十五里焉。

東出利涉橋，十里至山夾鋪，歷宜坑、朱口、石鼻、交溪、龍湖、游源，凡七鋪，七十里抵邵武邑。西八里至雞公亭，歷福山保，三十里而抵將樂。南歷水南、鼓樓坳至黃溪鋪，二十里抵將樂之北十里至白土鋪，歷長灘、梅口、挽舟，五十里抵於建寧邑東。西南三十里至梅口，歷龍安保，一百里抵於汀寧化之西。西北自城步之梅溪，歷大田西保，五十里抵於建寧邑南。北出朝京橋，歷城步、安仁、中寮嶺，八十里而抵邵武邑西。東北自水南之周坑，歷信義保，七十里亦抵邵武，以達於府百有四十里焉。

嘉靖《汀州府志》卷一《水路》 長汀縣，自濟川橋下順流至三洲驛前一百里，自三洲順流至藍屋驛前又一百里，自藍屋順流而上杭縣城外又一百里，灘勢湍急，止通三板小船，所載不過八九擔。若自長汀順流而下，兩日可至上杭。泝流而上，五日乃至長汀。

寧化縣，大溪自縣前順流至清流縣六十里。中有七孤龍，逶迤七曲，舟師憚之。所盛載亦三板小船，比長汀者稍大，順流不半日至清流。

上杭縣，水自長汀來，上通府城，下達潮州。自縣前至大孤頭可七八十里，乘三板小船一日可至。此以下灘勢愈峻，上流舟師不敢下，至是必易舟以行。又數十里至召上，屬上杭界。登岸過嶺至神前，仍舟行至潮州。

武平縣，自縣前一百里至羊角水，船行下會昌，抵江西。

清流縣，水自寧化縣上通寧化六十里，下達永安一百二十里。自縣後順流至九龍八十里，上六龍屬清流，下三龍屬永安。九龍之險不減瞿塘三峽，每船至九龍背，須別僱慣熟篙師一人攔頭，仍用箬篷包廂船頭，以拒怒浪，然後敢下。龍口有潛靈王廟，舟人必祭禱而行。然篙師慣熟，百不失一。龍背有陸路，十餘里可抵龍尾，懼險者多舍舟登陸以行，至龍尾復登舟，抵永安，下延平，以至於福。

連城縣，水路自姑田里路經秋家嵐，二十里至小桃，乘舟行二百二十里至永安，下延平，抵福州。

歸化縣，水自縣前合衆流至沙溪始大，可通小舟。自沙溪歷巖前至沙溪口三十里，會九龍大河，下延平，入福州。

永定縣，水自文武溪高陂與境內水會，經縣前至錦豐窑八十里，與上杭溪合。惟有小舟可通漳州。

《臺灣府輿圖纂要・臺灣府總圖纂要・道里》 臺灣府出小南門五里至赤竹仔，五里至營盤仔，三里至二層行溪，鳳山界。七里至大湖，十里至二滴，即鯽魚潭鋪。十里至阿公店，十里至小店塘，俗呼橋仔頭。十里至楠仔坑，十里至大衆廟，十里入鳳山縣北門。計八十里。鳳山縣東門十里至芎蕉腳，十里至新園，十里至東港，十里至林仔邊，十里至茄苳腳，十里至枋寮，一十五里至加洛堂，迄瑯嶠，逼近傀儡番界。瑯嶠在鳳山極南，距縣百四十里，至沙馬磯又二百餘里。

臺灣府北出鎮海門，三里至紫頭港，二里至漯仔底，二里至洲仔尾，三里至三崁店，五里至看西，五里至木柵塘，三里至洪卯官，四里至拍土壟，三里至曾文溪，嘉義界。十五里至茅港尾，五里至查畝營，六里至急水溪，七里至鐵線橋，七里至下茄苳，五里至上茄苳，七里至八獎溪，六里至水窟頭，十二里入嘉義城，計程一百里。

嘉義北出拱極門，五里至埤仔頭，七里至打貓，三里至三疊溪，五里至大莆林，五里至打貓北保，五里至他里霧，五里至菁仔園，五里至虎尾溪塘，彰化界。五里至鹿場，五里至西螺，十里至東螺，五里至茉莉莊，五里至關□□，□里至大莆心，五里至鞏固橋，員林站。五里至燕霧保，五里至□□□□□□五里口莊，五里入彰化縣南門，計一百里。

彰化縣出北□□□□大肚街，十里至龍目井，五里至沙轆，五里至牛罵頭，即寓鰲頭。八里至□□，□里至大甲溪，南岸淡水交界。五里至大甲，十五里□□□□□□貓孟鋪，十里至吞霄，十里至白沙墩汛，二十里至後壠，十五里□□□□里至老衢崎，七里至香山塘，八里入淡水廳歌薰門，計一百四十五里。

淡水北出拱宸門，十二里至鳳山崎，十里至大湖口，十五里至楊梅壢，十八里至中壢，二十里至桃仔園，十里至龜崙嶺頂，十五里至海山口，十里至艋舺，十里至錫口。由艋舺轉西至關渡十五里，關渡至海口十五里。十五里至水返脚，二十五里至暖暖。由暖暖轉西北過獅球嶺，至大雞籠街五里。三十里至三貂嶺脚，東向五里至嶺頂，東南向二十里至頂雙溪，二十五里至遠望坑，淡、蘭交界，計二百四十里。

噶瑪蘭遠望坑三里至隆隆汛，十里至草嶺脚，二里至草嶺頭，五里至大里簡，五里至番薯寮，七里至大溪，五里至硬枋，四里至北關，五里至烏石港，五里至頭園街，五里轉北至二圍，十里至礁溪，三里至沙崙，二里至四圍，八里至新店，二里至廳治坎興門，計八十一里。

南出離順門，轉西南三里至民壯圍，七里至奇立板，轉南五里至溪洲渡，五里至羅東街，再轉東南六里至利澤簡，六里至猴猴莊，三里至馬賽港，五里至冬瓜山，十里至蘇澳，計五十里。

以上南至沙馬機，北至大雞籠，并由淡界至噶瑪蘭蘇澳，共一千一百七十一里。由三貂迄噶瑪蘭蘇澳則一千一百六十六里，其餘鄉莊□□□見各條不載。

澎□□□□□澳社，八里至雙頭掛，一里至烏崁社，即界文海。西二里至樾蔭亭，一里□□□，即界內港。南三里至右泉社，一十三里至井仔垵社，三里至□□社，即界大海。北四里至東衞社，二里至蚱脚嶼，一里至□□尾，□二里至潭邊社，五里至中墩社，五里至港尾社，三里至鎮海社，二里至巷仔社，五里至大赤嵌社，即界大海。

右陸程。

又《臺灣縣輿圖纂要・道里》 東出大東門，二里至草莊尾，三里至崁下脚莊，五里至上帝廟莊，五里至後市仔莊，五里至舊社街，五里至深坑仔莊，十里至灣崎莊，五里至竹仔坑莊，五里至排仔路頭莊，五里至口隘莊，五里至大林莊，五里至尾莊，五里至山杉林，四里至八張犁，五里至大山，十九里至茎洒莊。

西出大西門，三里至五條港口，七里至安平鎮。

南出大南門，五里至水雞潭，五里至港尾溝，五里至大甲莊溪。

北出大北門，四里至大橋莊，一里小橋莊，一里半至大竹林，三里半至蔦松莊，五里至洋仔港店，五里至新市莊，三里至大社，七里至苦瓜寮，七里至嘉邑木縣莊，三里後堀仔，三里至秀才莊，三里至三崁莊，三里至大匏崙，四里至走馬瀨，三里至蕭離莊，二里至噍吧哖街，一里至後里莊，四里至東西煙，五里至加拔莊，五里至濺尿，四里至密機莊，三里至石硈仔，三里至雙溪，四里至陳東潭，五里至牛場，五里至匏靴寮，四里至火燒店，二里至七埒，三里至下埔，二里至頂埔，五里至石硤仔內，一十里至阿里山簡仔霧生番社。

東南出小南門，五里至赤竹仔，五里至營盤仔，二里至鹽水埔，三里至二贊行溪，入鳳山交界。

西南出小西門，三里至下林仔，二里至鹽埕，二里至半路店，三里至喜樹仔莊，二里至灣裏莊，二里至白沙墩，三里至頂茄萣莊，一里至下茄萣莊。

東北出小東門，三里至石頭坑，二里至竹林仔，二里至塗虱掘，三里至大灣莊，二里至塗庫仔，二里至埤仔頭王宮，五里至大坵田，二里至苦坑仔，七里至尖峰嶺，四里至大鵬，四里至紅毛寮，六里至庫關寮，六里至鹽水坑，十里至竹仔尖，四里至田中尖，三里至木屐寮，三里至撬牛湖，二里至蜈蜞潭，五里至大坵園，三里至芎蕉脚，二里至頂公館，六里至阿里關。

西北出小北門，三里至柴頭港土地廟，二里至漯仔底，二里至洲仔尾，三里至三崁店，五里至看西莊，五里木柵莊，三里至怕死人坑，四里至打土壠莊，三里至曾文橋，三里至曾文溪。

又《鳳山縣輿圖纂要・道里》 北出平朔門，十里至橋仔頭，十里楠仔坑，十里小店塘，十里阿公店，十里二濫，十里大湖，八里二贊行溪，入臺灣縣界。

又《嘉義縣輿圖纂要・道里》 東：東出迎春門，五里大目根，五里頂溪心，五里竹頭崎，至諸山之麓。

南：南出阜財門，五里邑西保，七里水掘頭、六里八獎溪，七里頂加冬，五里下加冬，七里鐵線橋，七里急水溪，六里查畝營，五里茅港尾，五里灣裏溪，五里崁頭，五里曾文溪，入臺灣縣界。南內路。

北：北出拱極門，五里埤仔頭，七里打貓，五里三疊溪，五里大莆林，五里打貓北保，五里他里霧，五里菁仔宅，五里虎尾溪，入彰化界。此內路。

西：西出性義門，五里粗溪，七里鹿仔草，八里白鬚公潭東保，十里鹽水港巡檢署。出義性門，西北五里埤仔頭，七里大潭莊，五里打貓西保，八里笨港縣丞署。又由臺灣縣交界之灣裏溪，十里蕭壠左，五里蔴豆莊，十里佳里興保，十里鹽水港，五里白鬚公潭東保，七里安溪寮，八里白鬚公潭西保，五里朴仔脚，七里大客莊，七里新埔莊，六里笨港汛，五里大槺榔，十里北港街，五里蔦松莊，六里柑仔寮，七里牛擔灣，七里尖山，五里海防莊，五里虎尾溪，入彰化縣界。北海口之外路。

又《彰化縣輿圖纂要・道里》 彰屬南與嘉義毗連，北與淡水毗連，通衢大路只有自南至北一條，又自東至西首鹿仔港一條，其餘均係小路，四通八達，並無一定之路，不及詳載，僅開南北大路於(石)[左]。虎尾溪與嘉義縣交界起，至鹿場五里，鹿場至西螺五里，西螺至東螺十里，東螺至茉利莊五里，茉利莊至關帝廟五里，關帝廟至大埔心五里，大埔心至鞏固橋員林站。五里，鞏固橋至燕霧保五里，燕霧保至茄荖脚五里，茄荖脚至五里口莊五里，五里口莊至城南門止五里，以上係城南往來通衢，計程六十里。

縣城出北門至大肚街十里，大肚至龍目井十里，龍目井至沙轆五里，沙轆至牛罵頭五里，牛罵頭至青埔八里，青埔至大甲溪南岸淡彰交界。止二里。以上係(懸)[縣]城往來通衢，計程四十里，統計南北共一百里。

又《淡水廳輿圖纂要・道里》 淡屬地界與隘封毗連者，南止彰化縣，北止噶瑪蘭廳。其餘東西一係內山，一係沿海，路徑襍出，不及詳載。現將南北兩路往來必由之處開列於左。

廳城由西門歌董門出，至香山塘八里，香山塘至老衢崎鋪七里，老衢崎至中港街十里，係尖站。中港街至後壠十伍里，宿站。後壠至白沙墩汛二十里，白沙墩汛至吞霄十里，吞霄至貓孟鋪十里，尖站。貓孟鋪至房裏五里，房裏至大甲汛一十五里，宿站。大甲土城至大甲溪南岸彰化交界止，五里。右係廳城南路，共計一百零五里。

廳城由北門拱宸門出，[至]鳳山崎一十二里，鳳山崎至大湖口一十里，尖站。大湖口至楊梅壢汛一十五里，楊梅壢至中壢一十八里，宿站。中壢至桃仔園汛三十里，共站。桃仔園至龜崙嶺頂汛一十里，龜崙嶺起至海山口汛十五里，海山口汛至艋舺汛十里，宿站。艋舺汛至錫口鋪十里，由艋舺轉西至關渡十五里，關渡至滬尾海口十五里。錫口鋪至水返脚汛、鋪，十五里，尖站。水返脚至暖暖汛、鋪，二十五里，宿砧。由暖暖轉西北過獅球嶺，至大雞籠街五里。暖暖至三貂嶺脚三十里，尖站。由嶺脚向北至(至)大雞籠山北面沿海止，計五里。嶺脚向東至嶺頂五里，嶺頂向東南頂雙溪二十里，宿站。頂雙溪至南至遠望坑淡蘭交界處二十里。入蘭界五里草嶺地方，係站。右係廳城北路三百四十里。若至大雞籠山北沿海，止寔三百里。

又《噶瑪蘭廳輿圖纂要・道里》 東出震平門轉東北，一里船仔頭，有紅渡船。由水路十五里至過嶺仔，轉北行，十五里至頭圍街，五里爲烏石港口。

南出離順門，轉西南，三里民壯圍，七里奇立板，轉南五里溪洲渡，五里羅東街，再轉東南六里利澤簡，六里猴猴莊，三里馬賽港，五里冬瓜山，十里蘇澳。

西出兑安門，五里大三鬮，五里枕頭山，與生番交界。

北出坎興門，三里新店，八里四圍，二里沙崙，三里礁溪，十里二圍。轉東北，五里頭圍街，五里烏石港，五里北關，四里硬枋，五里大溪，七里番薯寮，五里大里簡，五里草嶺脚，十里草嶺頭，四里半嶺仔，四里牡丹坑，四里遠望坑，四里嶐嶐汛下嶺，三里大三貂溪，淡、蘭交界。

又《澎湖廳輿圖纂要・道里》 按：道里所經鄉里、山水、衙署、防汛，無不由也，無不該也，而總不出乎疆界之中。今以文澳社廳治爲主，詳核里數，條列於後，兼分陸程、水程二道。

東：東出文澳社，八里至雙頭掛社，一里至烏崁社，即界大海。

西：西出文澳社，二里至樾蔭亭，一里至媽宮，即界內海。

南：南出文澳社，三里至石泉社，十三里至井仔垵社，四里至蒔裏社，即界大海。

北：北出文澳社，四里至東衛社，二里至蚱脚嶼社，一里至港仔尾社，二里至潭邊社，五里至中墩社，五里至港尾社，三里至鎮海社，二里至港仔社，五里至大赤崁社，即界大海。

東南：東南出文澳社，四里至菜園社，七里至鐵線尾社，二里至鎮管港社，二里至猪母落水社，即界大海。

西南：西南出文澳社，五里至小案山社，由内港水程八里至風櫃尾社，即距大海。

東北：東北出文澳社，七里至大城北社，二里至太武社，二里至西澳社，五里至湖西社，一里至湖東社，六里至菓葉社，即界大海。

西北：西北出文澳社，一里至紅毛城社，三里至西衛社，即距内港。

右陸程。

南：南由嵵裏社起，二十里至虎井社，三十里至網水社，二十里至嶼坪社，五十里至大嶼社。

西南：西南由風櫃尾社起，六十里至花嶼社。

西：西由媽宫社二十里至西嶼社。

北：北由大赤崁社起，三十里至吉貝社。

東北：東北由菜葉社三十里至鳥嶼社。

東南：東南由猪母落水社起，八十里至東吉社。

右水程。

咸豐《噶瑪蘭廳志》卷二《鋪遞》 附考：由淡入蘭道里記

艋舺街五十里至暖暖。艋舺東行十里錫口有街市，五里南港入山，沿山屈曲，其港水上自三貂内山流，出暖暖，下達滬美。此處亦有舟，十里可到水返脚。水返脚者，臺北盡境。從此轉折而東爲山海後徑。蘭地四時多烟雨，山嵐瘴霧，至此而陰晴一變。小村市，有外委汛。更由天山嶺迎日東行，十五里爲一堵，北過五堵、七堵、八堵，凡十里至暖暖。其地在兩山之間，俯臨深溪，土人伐木山中作薪炭、枋料，有小舟順西南流，載往艋舺諸處。居民鋪户皆編籬葺草，甚湫隘。每歲鎮道北巡至此，近亦設有鋪舍矣。

暖暖五十五里至魚桁仔，迎日東行二里許稍平廣，可三百餘畝。三里至碇内。渡溪，北岸更東行二里楓仔瀨。復過溪，南岸東行，三里至鯽魚坑。過渡，沿山二里伽石，路甚險窄。開蘭始鑿二里至嶺下，俗云三貂仔，有汛。四里苧仔潭。過渡，一灣深緑，舟行如駛，兩頭皆有店，可尖宿。三里則三貂嶺，盤曲磴而斜上，凡八里至其巔，頗險滑，肩輿幾不能進。草樹蒙翳，仰不見日，下臨深磵，惟聞水聲撼地，終日如雷。藤極多，挽之長數十丈，時有海棠花叢生路側。嶺頭俯瞰大小雞籠，東南海波洶湧，觀音燭臺、諸嶼、八尺門、清水溝、跌死猴坑、泖鼻諸險，皆瞭然如掌，蓋北路山之最高者。下嶺，八里牡丹坑，六里粗坑口。過渡，八里頂雙溪，有渡。又八里至魚桁仔，館舍在田中央。

魚桁仔六十五里至頭圍。有溪，八里爲下雙坑。過渡，遠望坑有民壯寮。里許至三貂大溪，淡、蘭分界，西屬淡水，東屬噶瑪蘭。過溪，迤北轉東，近隆隆嶺爲隆隆鋪，歲有千總輪防於此。由溪至半嶺八里，再四里草嶺，十里下嶺，山上望見海中龜嶼高平相埒，首北而尾南。一轉爲大里簡民壯寮，龜嶼適與之對，則山後矣。民壯寮自牡丹坑至烏石港計有五所，初以防生番、護行旅，今則生番遠跡，坐享隘田，抽䝼行資而已。自此皆東面海，爲蘭北境，無田廬。沿海依山南行，十里番薯寮，七里大溪，五里硬枋隘寮，裁而復設。四里北關，有外委兵房，即北關鋪。八里烏石港，水自叭哩沙喃至此入海，港口沙線一道如蛇，形勢家以爲與龜把口，土人建真武廟以鎮之。港門春開秋塞，乘南北風爲啓閉，南風則内地及雞籠、艋舺郡中澎仔船陸續進口以通百貨。上有炮臺塘兵以防海寇，爲烏石港鋪。更二里入頭圍，人烟浸盛，街市嗔闐，縣丞署在南，守備署在北，廳置常平倉，按給戍兵月餉。以上參《東槎紀略》。頭圍三十里至蘭城，一路山形地勢彎如弓背，由縣丞署口過渡，南行五里爲二圍。十里旱溪，出硯石，然不堅潤。三里沙崙鋪，二里四圍八里新店。二里蘭城鋪，城外渡船頭有小舟來往頭圍，亦三十里。

蘭城五十里至蘇澳，東行三里民壯圍，七里奇立板。又南行十里羅東，一小聚落，設巡檢一員，暫駐城兼司獄。東南行六里利澤簡，有隆恩莊在焉。六里猴猴莊，三里馬賽，十里南關，有把總汛。再五里出車路口，爲東勢盡頭，即蘇澳，有街市居民，五方雜處。

康熙《大田縣志》卷四《道路》 大田縣往府水陸路程

陸路鋪名：縣前三十里上蔡鋪，三十里龍門鋪，二十里秋菊鋪，二十里萬積鋪，三十里銘溪鋪，二十里廣平鋪，二十里華口鋪，三十里官莊鋪，二十里赤巖鋪，二十五里鎮頭鋪，二十五里高沙鋪，三十五里館前鋪，二十里青洲鋪，二十里沙溪鋪，十里華竹鋪，二十里西芹鋪，一十里延平府。

水路灘名：縣前十五里京口，十里溪仔坂，十里大才銅鐘灘，十里張家洋岑頭灘，十里高才，十里鷓鴣灘，五里德化溪，二里西山瀨，三里大石壚，五里大鈴、小鈴，五里大鑁、小鑁，五里小姨、大姨，十里溪口，十里至尤溪廿九都，五里陳畬涪，十五里黄大涪灘，十五里葉津，五里古積口，十里加股瀨，十里念八都，二十里蔣坑，一里蔣灘，二里田缺灘，十里大港面，三里黄牛灘，一里小觀音，二里大觀音，十里尤溪縣，三十里九都坂，十里沅湖，十里大牌，二十里翁口，二十里冷坑，十五里尤溪十四都，二十里尤溪口，十里藍田，十里鷓鴣塘，過河岡立 縣白砂，二十里茶洋，二十里金砂，二十里吉溪，二十里馬埒塘，二十里延平府，延平府四百里順流至省城福州府。

雍正《從化縣新志》卷一《疆域志》 從化據廣省之上游，爲北門鎖鑰焉。其徑仄，其地偏，而正隅每迷人之眸，非所以奠邦綏土也。余編纂邑乘，覽其輿圖，乃僅於紙上指揮八卦，畫其方域，云縣地廣二百二十五里，袤二百七十四里，至京師八千三十里，至省城陸路二百四十里，水路倍之。南至番禺界六十里。出南門至犂塘涉水，至石潭村十里，至井岡六里，至蓮塘二十里，至螺岡過渡，五里至水南頭，五里至龍騰，十二里至太平場，抵番禺之湴湖，有碑以志其界。此從化之正離方也。由南而西至花縣界六十里，以西門堙塞，故假道以出北門社稷壇渡橋至上塘，二十里至高埔營，三十里至岐坑，十里至花縣之車頭壄村，尚未有碑界焉。此從化之坤隅方也。由西南而西至清遠縣界七十里，亦假道以出北門至石磕，涉水八里至李屋嶺，五里至東昇嶺，十里至湴坋，六里至大洇，三里至高塱，八里至龍角村，十里至白土，十里至清遠之龍聚塘，亦有碑以志其界。此從化之正兑方也。由西而北至英德縣界一百五十五里。出北門，自高步村五里至燕塘圍，二里至塘陽村，八里至蘇村樓鎮，五里過渡至蕉岡，十里至青龍頭，十里至三層，五里至米步田心村，十里至裏㟍新圍，十二里至十八山□韶㟍，五里至垣溪，二十里至百坑，二十里至白□庵舊鐵爐，十三里與清遠之吉河水頭墟，二十里而分岐之，及至火屎嶺十里，過黄茅岡與英德之逕頭村爲界，亦未立碑焉。此從化之乾隅方也。由西北而北至長寧縣界一百七十六里。自高步至米步田心村，其道路與英德同。由田心而分岐之，十里至塘寮，五里又過渡至屋㯳，五里至良口田墟，十里至黄竹塱，十里至牛背脊，二十里至紙㟍古田墟，十五里至塘下岡，五里至張村，六里至孔門墟，十里至英村，二里至下□，五里至雙魚村，三里至筋竹園，十里至三合水，五里至打鼓嶺，十里此嶺與長寧分界焉。乃從化之正坎方也。由北而東至龍門縣界一百八十六里。亦出北門，自高步村至古田爐，其道路與長寧同。由古田爐而□□之，十五里至塘下岡，五里至長塘，三里至翁逕，五里至鍾村，五里至何村，三里至嶺貝，三里至旱塘，二里至黄嶺，三里至龍頸，十里至塘面，二里至大水橋，此橋與龍門分界焉。乃從化之艮隅方也。由東北而東至增城縣界六十里。出東門至魚樑尾，過渡至禾倉岡，十里至潭村涉水，三里至松園埔，五里至响木逕，二里至刁隸，二十里至漢田村，二十里至雙鳳山，抵增城之分界坑爲交界焉。此從化之正震方也。由東而南亦爲增城之界，雖八卦缺巽，而巽之雙鳳實爲從城之朝山焉。

乾隆《河源縣志》卷二《道路》 水路大江上至龍川，下至歸善；小江由縣城達迴龍鎮，至長寧連平。陸路上至龍川，則有沿江由柳城一路，由許村猴嶺一路；下至歸善、博羅，則有由鋪前赴府城大路；東至和平，則有由許村黄沙一路；北至連平，則有由蔡莊、南湖至忠信一路；又北至長寧，則有由熱水至錫場一路；西至龍門，則有由迴龍鎮經平陵、平畬一路；南至永安、長樂，則隔水登岸，有由康和至青山子一路，又有由梧桐峰至百步一路，由石公神至百步一路，又有由苦竹派至伯公凹一路。

光緒《高州府志》卷一〇《道路》

茂名縣

東道路：自城東門外而謝雞，而新洞，而大路坡，而雲鬘，至電白之新塘坡、陽春之那黄，綿延百五十餘里。巡道孫揖、許道身，知府楊霽先後撥款修理。

茂嶺坳道：縣南五里，爲縣東南來郡城捷徑。光緒間，邑人江利春倡修，鄧詒德有記。

北關街道：道光間用甎甃砌。邑人吴徽叙記：郡城北闤闠之外，賈列肆居，比廛長街邐迤而東至青雲庵，弓之殆瀕五百。履屐簦笠，輿馬販負，樵採之絡繹。又壇廟校場，文武官司祭祀、試閲之所往來，此宜有砥平矢直，如《雅》詩周道之云者。而或蟻垤而凸，或牛涔而窊，陰雨泥濘，黑夜蹉跌，不亦病乎。今遍加甓䃜如堂塗然，靈惠寺及三元宫旁出之歧，亦皆甃砌完好，一路夷庚。凡用烏曹甎拾叁萬有奇，傭直稱之，所縻緡錢陸百千，皆同志者所佽助。陳君廷階、周君臧田、高君漢閒與董其役，三閲月而訖工。

因記其事，以俟後之踵而修者，俾勿壞云。

上宫灣小函谷關道：明崇禎六年重修，參政王際達有記。國朝同治八年重修。巡道陸心源記：上宫灣，去高州府城三里而近，當城東北諸鄉孔道。有路下臨鑑江，水齧崖頹，行人病焉。余聞而憫之，出俸錢貳拾緡，命詹事府主簿林培榮、廩生李昌善、生員林元鳳等董勸修築，居民各以貧富斂錢爲助，共題錢銀壹百柒拾壹千伍百文，修路三十餘丈。經始於同治六年十一月，告成於十二月。請余文，以壽之石。余惟古者道路之政，皆掌於官，故《周官》有野廬氏達國中之道路，合方氏達天下之道路，又有遂師以巡其道修，候人以掌其方之道治。先王之勤民如此，其詳且至也。本朝定制，修理道路責成府州縣，佐貳官提調，猶古制也。自吏治不飭，士之爲民上者，呻呻而噍而已，鄉鄉而飽而已。甚且剥民肥己以爲能，損下益上之爲賢，而民之疾苦阽危，如秦人視越人之肥瘠，漠然不加欣戚於其心。於是凡事之有利於民，無利於官者，民皆自爲之。而官不問，民亦曰官不以我爲魚肉，斯幸矣，又何望其拯我而利我焉。嗟夫，朝廷設官之意，豈如是乎。茲故推本先王之意，本朝之制，以爲記。余待罪方面，既未能舉其職而下侵佐貳之官守，又可愧也。

大嶺道：縣西自大嶺墟至江口埠，約五六里，道光間邑人朱道揚修。俱鄭《縣志》。

信宜縣

南衢路：自文明門外出而大路街至鎮隆墟，俱磚石甃砌一里有奇。迤南經茂西境，由白鋪而淋水嶺，而黄羅，而淋園，而石梯嶺，南達郡城，計八十里。

縣東北衢路：城東門外迤北上而十里，而横茶，而官步東鎮，而黄坡嶺，而懷鄉墟，而馬鞍嶺，而楓垌汛，而笞杯嶺，而桂子墟，而迴龍頂，出西甯境，通羅定州，計一百六十里。

縣西北衢路：自城北門外而大水坡，而大枕而大路徑，而北界，而金垌，而筏步，而界排，出容縣東南境，計程一百一十里。

縣東道路：自城東門外而十里，而赤磡，而大赦坡，而天堂岡，而鐵鑪，而白石，而沙底，而白雞嶺，而蓮塘坳，而北永，而水派，而羅鏡，出羅定境，計程一百六十里。

縣西道路：自城西門外而六旺，而菰米垌，而淋水垌，而良科，而茶山嶺，通茂名紅花坡、北流、大畨墟，計程二十五里。俱敖《縣志稿》。

吳川縣

那濶渡路：道光間，邑人李偉光修。

南宫渡路：光緒間，邑人陳蘭彬、李俞祜修。俱毛《縣志稿》。

光緒《茂名縣志》卷二《道路》 縣東道路：自城東門外，而謝雞，而新洞，而大路坡，而雲壚，至電白之新塘坡、陽春之那黄，綿延百五十餘里。山徑欹仄紆折，行者苦之。同治間，巡道孫楫、許道身捐貲修理。孫楫又撥錢肆百千，建造高涼行館於大路坡墟舊營汛遺址，另置地換建汛房。光緒十四年，知府楊霽撥款千貫修理。採訪冊。

茂嶺坳道：在縣南五里，爲縣東南來城捷徑，向在嶺坳闢路，累石砌磴。光緒間，布理職江利春倡修，甃甎削石，層級成步。通判鄧諦德有記碑。同上。

北關街道：道光間，用甎甃砌。同上。

上宫灣小函谷關道：明崇禎六年重修，參政王際達有記碑，佚，文存舊《志》。國朝同治八年重修。

大嶺道：在縣西，自大嶺墟至江口埠約五六里，沿路泥濘滑撻，每當霪雨，綽深數尺。道光初年，監生朱道揚購石條甃砌完好，廣三尺有奇，約費囊錢千有餘貫，行人便焉。同上。

光緒《信宜縣志》卷二《道路茶亭》 縣南衢路：自文明門外出，而大路街至鎮隆墟，俱用石條及磚甃砌，約石路一里有奇。迤南經茂西境，由白鋪而淋水嶺，而黄羅，而淋園，而石梯嶺，南達郡城，計程八十里。

縣東北衢路：自城東門外迤北上而十里，而横茶，而官步，而東鎮，而黄坡嶺，而懷鄉墟，而馬鞍嶺，而楓洞汛，而笞杯嶺，而桂子墟，而迴龍頂，出西甯境，通羅定州，計一百六十里。

縣西北衢路：自城北門外而大水坡，而大枕，而大路徑，而北界，而金洞，而筏步而界排，出容縣東南境，計程一百一十里。

縣東道路：自城東門外而十里，而赤磡，而大赦坡，而天堂岡，而鐵鑪，而白石，而沙底，而白雞嶺，而蓮塘坳，而北永，而水派，而羅境，出羅定境，計程一百六十里。

縣西道路：自城西門外，而六旺，而菰米洞，而淋水洞，而粮科，而茶山嶺，通茂名紅花坡，北流，大崙墟，計程二十五里。

乾隆《瓊州府志》卷一《黎境路》 瓊筦古《志》云：瓊郡由定安縣過南閭入光螺嵓，四日達崖州。由白石村過風門嶺，三日達萬州。又自郡城，由澄邁，黎中二日至儋州。自儋州東踰黎嵓，二日半至萬州。

水路：自郡城北海口港出海，北行半日至雷郡徐聞縣之海安所，東行半日至文昌縣清瀾頭，又一日至會同縣調懶港，又半日至樂會縣博敖港，又半日至萬州蓮塘港，又一日至南山李村港，又一日半至崖州臨川港。西行半日至澄邁縣東水港，又半日至臨高縣博鋪港，又一日至儋州半鋪港，又一日至昌化縣烏泥港，又一日至感恩抱羅港，又二日至崖州保平港，俱有港汊可泊舟。

洋路：自郡城北海口港出海，至廉州府三四日，至廣州府由内洋行五六日，由大洋行三四日，至福建七八日，至浙江十二三日。自儋州出海西行，至交阯萬寧縣二日，至斷山雲屯縣三日。自崖州出海南行，至占城二日。

雍正《廣西通志》卷二〇《驛站》

桂林府

臨桂縣附郭

東去小路，由省城九十里至古子嶺白馬源，與平樂府恭城縣交界。西去小路，由省城七十八里至都狼嶺，與永寧交界，又五十七里至永寧州城。南去大路，由省城十里至赤土鋪，十五里至茶店鋪，十五里至白竹鋪，十五里至陡門鋪，十五里至豐林鋪，十里至羊角堡，與陽朔交界，又六十里至陽朔縣城。北去大路，由省城十里至烏金鋪，與靈川交界，又四十里至靈川縣城。西南大路，由省城十里至平安鋪，十里至沙缸鋪，十里至山棗鋪，十里至大灣鋪，十里至烏石鋪，十里至會昌鋪，十里至風竹鋪，十里至新安堡朋山峽，與永福交界，又二十里至永福縣城。西北小路，由省城七十里至石門堡與義寧交界，又十二里至義寧縣城。

東南水路，由南關七十里至南亭驛，與陽朔交界，又五十里至陽朔縣城。東北水路，由北關二十里至白石潭，與靈川交界，又四十里至靈川縣城。

靈川縣

南去大路，由縣城十里至善政鋪，十里至甘棠鋪，十里至禾稿鋪，十里至烏金鋪，與臨桂縣交界，又十里至省城。東北大路，由縣城十里至甘奢鋪，五里至鰱魚卡腰塘，十里至小融江塘，與興安交界，又五十五里至興安縣城。

南去水路，由縣城十里至富坵塘，十里至雙潭塘，十里至白石潭塘，十里至臨桂縣交界。北去水路，由縣城五里至千秋峽腰塘，五里至峽背塘，十里至大埠塘，與興安交界，又七十里至興安縣城。

興安縣

西去大路，由縣城十八里至嚴關鋪，十里至塘堡營鋪，十里至白竹鋪，十五里至大融江鋪，七里至小融江塘，與靈川交界，又二十五里至靈川縣城。北去小路，由縣城三十里至箣竹鋪，一百零五里至湖廣城步縣界。東北大路，由縣城十四里至唐家司鋪，十里至光華鋪，七里至石梓鋪，與全州交界，又九十里至全州城。

東去水路，由分水塘十五里至賀家塘，十五里至東橋鋪，十里與全州交界。西南水路，由縣城七十里至大融江，又由大融江三十里至靈川縣城。

陽朔縣

東去大路，由縣城七里至高車塘，八里至巖寺塘，七里至公館塘，八里至季魚塘，與平樂府平樂縣交界。南去小路，由縣城七里至高車塘，八里至燕村塘，十里至龍城塘，十里至界牌塘，與平樂府荔浦縣交界。北去大路，由縣城十里至白沙塘，十里至都歷塘，十里至赤板塘，十里至永安塘，十里至塘郡塘，十里至羊角堡，與臨桂縣交界，又八十里至省城。東北小路，由縣城二十五里至廣順塘，五里至黄鱔塘，與平樂府恭城縣交界。

東去水路，由縣城二十里至公館塘，十里至季魚塘，與平樂府平樂縣交界。北去水路，由縣城二十里至鉛寶塘，十里至興平塘，十里至大桑塘，十里至羊蹄塘，十里至臨桂縣交界。

永寧州

西去小路，由州城四十里至清水塘，四十里與柳州府融縣交界。北去小路，由州城十里至安息堡，十里至牛河，十里至小蕩，十里至興隆堡，十里至大長江，七里至都狼嶺，與臨桂縣交界，又七十八里至省城。東北小路，由州城六十五里至都狼堡，又五十五里至永福縣城。西南小路，由州城二十里至穿巖，三十里至桐木鎮，二十里至富祿鎮，又三十里至常安鎮。

永福縣

西去大路，由縣城十五里至魚㯳塘，十里至海灣塘，十里至大石塘，十里至攔馬塘，十五里至深定塘，十五里至理定塘，十里至草鞋塘，十里至西游塘，十五里至烏沙塘，十里至樟木塘，十里至舊街塘，十里至三角塘，十里至獨厄塘，與柳州府雒容縣交界，又三十里至雒容縣城。東北大路，由縣城底塘十里至潘村塘，十里至新安鋪朋山峽，與臨桂縣交界，又八十里至省城。

西去水路，由縣城十五里至魚㯳塘，十里至海灣塘，二十里至攔馬塘，二十里至理定塘，二十里至西游塘，三十里至古羅塘，二十里至新村塘，十里至牛擺塘，與柳州府雒容縣交界。

義寧縣

東去小路，由縣城二十里至拽勞隘，與靈川交界，又六十里至靈川縣城。西去小路，由縣城三十里至桑江口，又一百八十里至石門隘，與柳州府懷遠縣交界。南去小路，由縣城十二里至鵝橋堡，與臨桂縣交界。北去小路，由縣城進桑江口，二百三十里至横水隘，與湖廣城步縣交界。東南小路，由縣城十二里至石門堡，與臨桂縣交界，又七十里至省城。西北小路，由縣城進桑江口，二百五十里至界牌隘，與湖廣綏寧縣交界。

全州

東去大路，由州城十里至太平鋪，十五里至冷水鋪，又三十里至湖廣零陵縣界。西去大路，由州城十里至花紅鋪，十里至硃塘鋪，十里至脚山鋪，十里至赤蘭鋪，十里至白沙鋪，十五里至咸水鋪，十里至板山鋪，十里至烈水鋪，五里至石梓鋪，與興安交界，又三十一里至興安縣城。南去小路，由州城十里至德橋鋪，十里至閻家鋪，又三十里至灌陽縣交界。

東去水路，由州城十五里至細瓦塘，十五里至陶家塘，三十里至廟頭塘，二十里至湖廣東安縣界。西去水路，由州城十里至茅埠頭，十里至平山塘，四十里至炭蓬塘，二十里與興安縣交界。

灌陽縣

東去小路，由縣城十里至關上橋塘，十里至板橋鋪，十里至栗木堡，與湖廣道州界。西去小路，由縣城十里至三聳橋，十里至栗樹林，十里至黄牛寨，二十里至鹽田源，十里至九牛田，與興安交界，又八十里至興安縣城。南去小路，由縣城四十里至白竹鋪，四十里至苔塘，與平樂府恭城縣交界。北去小路，由縣城關上塘十里至板橋鋪，二十里至鍾家鋪，與全州交界，又五十里至全州城。

西去水路，由縣城四十里至黄牛寨，四十里至崇順司，與平樂府恭城縣交界。一路澗水細流，僅通小舟。北去水路，由縣城四十里至文市，八十里至全州。

平樂府

平樂縣附郭

西去大路，由府城底塘十五里至季魚塘，與桂林府陽朔縣交界。北去小路，由底塘十七里至饅頭塘，二十里至沙子埠塘，十五里至校椅塘，十四里至大灣塘，與恭城縣交界。東南大路，由底塘十里至團山塘，十里至興隆塘，十里至榕津塘，十里至滑山塘，十里至沙江塘，與昭平縣交界。

西去水路，由底塘五里至劉公塘，十里至季魚塘，與桂林府陽朔縣交界。東南水路，由底塘十里至長灘塘，十里至龍頭磯塘，十里至大灣塘，十里至大結塘，十里至廣運塘，十里至巴崗塘，十里至黄牛塘，與昭平縣交界。

恭城縣

西去小路，由縣城三十里至桂林府陽朔縣黄鱔塘。南去小路，由縣城三十五里至西水村，十四里至大灣塘，與平樂縣交界，又六十六里至府城。北去小路，由縣城七十里至桂林府灌陽縣苔塘。東北小路，由縣城七十里至湖廣永明縣桃川關。西北小路，由縣城一百二十五里至桂林府臨桂縣古子嶺白馬源。

西南水路，由縣城二十里至東茱嶺，三十里至平樂縣沙子鋪。

富川縣

西去大路，由縣城十里至石壩塘，二十五里至長溪江塘，十五里至拐子塘，四十五里至土巷塘，二十里至白霞司塘，與平樂縣交界。南去小路，由縣城五十里至拐子塘，三十里至羊頭塘，十里至西灣塘，與賀縣交界。西南大路，由縣城九十五里至土巷塘，二十里至白霞司塘，四十五里至燕塘，與昭平縣交界。

賀縣

東去小路，由縣城九十里至大寧鋪，六十里至廣東連山縣界。西去小路，由縣城十五里至石牌塘，八十五里至昭平縣二五都田寮洞。南去小路，由縣城五十五里至山心塘，又二十五里與梧州府懷集縣交界。北去小路，由縣城十五里至石牌塘，二十里至獅子塘，二十里至芳林塘，十里至西灣塘，與富川交界，又九十里至富川縣城。東南小路，由縣城五十五里至山心塘，九十五里至廣東開建縣界。東北小路，由縣城五十里至大寧鋪，一百一十里至湖廣江華縣界。西南大路，由縣城十五里至水竹塘，十五里至梅花塘，十五里至清草塘，十里至山心塘，二十五里至樂善塘，二十五里至黄公塘，二十里至雙橋塘，十五里至簕竹塘，與梧州府蒼梧縣交界。

北去水路，由縣城八十里至芳林塘，與富川縣交界。東南水路，由縣城一百二十五里至洞口塘，十五里至廣東開建縣界。

荔浦縣

東去小路，由縣城十二里至丹竹塘，十三里至延賓塘，十二里至雞冠塘，十三里至龍窩塘，與平樂縣交界。西去小路，由縣城十里至獨山鋪，十里至青山鋪上三窖村，與修仁縣交界。南去小路，由縣城十里至新安鋪，五里至盤龍村，與永安州交界。北去小路，由縣城四十里至板石村，與桂林府永福縣交界。東北小路，由縣城十里至橋富塘，十里至江口塘，五里至界牌塘，與桂林府陽朔縣交界。

修仁縣

東去小路，由縣城十里至上三窖村，與荔浦縣交界。西去小路，由縣城十八里至石牆塘，十五里至九排塘，十五里至七排塘，十五里至八排塘，十五里至六排塘，七里至魏村塘，與柳州府象州交界。北去小路，由縣城八里至八里塘，十里至石牆塘，七里至丙和嶺，與柳州府雒容縣交界。

昭平縣

東去小路，由縣城五十里至西坪塘，四十里至田寮洞，與賀縣交界。西去小路，由縣城六十里至仙回洞，與永安州交界。東北大路，由縣城三十里至龍灣塘，三十里至七分塘，四十里至燕塘，與富川交界。又一百六十里至富川縣城。西北大路，由縣城七十里至沙江塘，與平樂縣交界。又五十里至府城。

北去水路，由縣城十五里至蛟龍塘，十五里至大洞峽，十五里至威鎮塘，十五里至歸化塘，十五里至蓬沖塘，十五里至黄牛塘，與平樂縣交界。東南水路，由縣城八里至塘調塘，五里至上福塘，五里至下福塘，十里至深涌塘，十里至五將塘，十里至古店塘，十里至涼風塘，十里至白沙塘，十里至檢窖塘，十里至龍門塘，五里至馬江塘，十里至沙沖塘，十里至攬水塘，七里至簕竹塘，與梧州府蒼梧縣交界。

永安州

東去小路，由州城五十里至仙回洞，與昭平縣交界。西去小路，由州城二百里至龍脚，與潯州府平南縣交界。南去小路，由州城三百五十里至五屯所，與梧州府藤縣交界。北去小路，由州城三十里至古排塘，十五里至峽口塘，十五里至猫兒塘，三十里至盤龍村，與荔浦縣交界。

梧州府

蒼梧縣附郭

東去大路，由府門總鋪十里至石嘴塘，十里至扶典塘，十里至分界塘，十五里至思蒲塘，至廣東封川縣界。北去小路，由府門總鋪十五里至大籬鋪，十里至旺甫鋪，十里至青桐鋪，十五里至龍崗鋪，十里至老二鋪，十里至山心鋪，十里至茶亭鋪，十里至金斧鋪，十里至八寨鋪，十里至奇車鋪，十里至石橋鋪，十里至鵝脛鋪，十里至廟嶺鋪，十里至秧塘鋪，二十里至雙橋鋪，與平樂府賀縣交界。又自金斧鋪分路，二十里至現田鋪，十五里至埡段鋪，通芋莢山金廠。今封。西南大路，由府門總鋪十五里至新興塘，十五里至黄塘，二十里至司禄塘，十里至富雷塘，十里至大寒塘，十里至古眉塘，二十里至蒙埌塘，與藤縣交界。又自大寒塘分路，三十里至新鄧鋪，十五里至羅粒鋪，十五里至赤珠鋪，二十里至烏院鋪，與岑溪縣交界。

東去水路，由府城十里至繫龍洲塘，十里至白沙塘，十里至廣東封川縣界。北去水路，由府城十里至大籬塘，十里至甘村塘，十里至思樑塘，十里至錫波塘，十里至古卞塘，十里至倒水寺塘，十里至龍江塘，十里至黄牛灘塘，十里至烏龍塘，十里至觀音埇塘，十里至古欖塘，十里至簕竹塘，與平樂府昭平縣交界。

藤縣

東去大路，由縣城十里至古粒鋪，十里至富埜鋪，十里至長洞鋪，十里至古村鋪，十里至平江鋪，十里至蒙埇塘，與蒼梧縣交界。西去大路，由縣城二十里至鹿窩鋪，十里至潭水鋪，十里至蓮塘鋪，十里至驛面鋪，十里至峽時鋪，十里至羅平鋪，五里至羅密鋪，五里至黄塘鋪，與潯州府平南縣交界。南去小路，由縣城十里至五里鋪，十里至三合鋪，十里至黄鑿鋪，十里至豐門鋪，十里至下浦鋪，十里至水西鋪，五里至潘洞鋪，五里至平田鋪，十里至大埇鋪，十里至古雲鋪，與岑溪縣交界。再由古雲鋪十里至茶山鋪，十里至思仲鋪，十里至白藤鋪，十里至思羅鋪，十里至界排鋪，與容縣交界。

西去水路，由縣城十六里至下嶺塘，十五里至登洲塘，十里至思禮洲塘，十里至思洲塘，二十里至草洲塘，二十里至火燒基塘，十里至黄婆洲塘，十里至十二基塘，十里至白馬塘，與潯州府平南縣交界。南去水路，由縣城六十里至穿較塘，七十里至龍灘塘，五十里至竇家汛，與容縣交界。

容縣

東去小路，由縣城十里至山口鋪，十里至東泉鋪，十里至官塘鋪，十里至逍遥鋪，十里至界排鋪，與藤縣交界。西去小路，由縣城十里至長安鋪，十里至西山鋪，與直隸鬱林州北流縣交界。

東去水路，由縣城三十五里至埏埇塘，二十里至柯木塘，十里至簕竹塘，十里至大灣塘，十里至三洲塘，十里至大里塘，十里至石肖塘，十五里至竇家汛，與藤縣交界。西去水路，由縣城三十里至會龍塘，十里至直隸鬱林州北流縣交界。

岑溪縣

東去小路，由縣城三十里至荔枝鋪，七十里至大埏鋪，五十里至廣東西寧縣界。北去小路，由縣城十五里至烏峡塘，十五里至六雲塘古雲鋪，與藤縣交界。再十五里至曇爐塘，十五里至烏院塘，十五里至四村塘，與蒼梧縣交界。再十五里至寨溺塘，十五里至澹淪塘，十五里至大寒塘，十里至雙橋塘，十五里至司禄塘，十五里至戎墟塘，由戎墟水路二十里至府城。

懷集縣

西南小路，由縣前總鋪二十里至羅實鋪，三十里至南徑鋪，三十里至下埠鋪，三十里至旱逕鋪，三十里至聶村鋪，三十里至蓮花鋪，四十里至牛岡鋪，四十里至豐沙鋪，十里至江口塘，與廣東封川縣界，本縣往來公文在此接遞。又自江口水塘，十里至思蒲塘，與蒼梧縣交界。由縣至府水陸塘鋪共一十五處，計程共三百一十里。西北小路由縣城八十里至牛欄山，二十五里至山心塘，與平樂府賀縣交界。縣之東北盡屬崇山峻嶺，並未設有塘鋪。

潯州府

桂平縣附郭

東去大路，由府城十里至黎埇塘，十里至石嘴塘，十五里至大嶺塘，十五里至大黄江塘，十里與平南縣交界。西去小路，由府城八十里至平竭墟，與貴縣交界。南去小路，由府城八十里至横眉江塘，七十里至北底，與直隸鬱林州交界。北去小路，由府城一百八十里至花雷村，與武宣縣交界。

東去水路，由府城一百里至相思塘，與平南縣交界。西去水路，由府城八里至全材塘，十里至福山塘，八里至官江塘，八里至雞公塘，八里至繡江塘，十里至白沙塘，十里至石門塘，十里至大灣塘，二十里至横眉塘，與貴縣交界。北去水路，由府城八里至駱根塘，八里至弩灘塘，八里至沙灣塘，十里至鑿字塘，八里至碧灘塘，十里至白石涯塘，八里至平埇塘，十里與武宣縣交界。

平南縣

東去水路，由縣城五里至燕子塘，五里至石灰塘，五里至丹竹塘，五里至岐嶺塘，五里至武林塘，五里至白馬塘，與梧州府藤縣交界。西去水路，由縣城二十里至古雍塘，十里至相思塘，與桂平縣交界。

貴縣

東去大路，由縣城十里至蘇灣塘，二十里至東壆塘，十里至岑里塘，二十里至平竭墟，與桂平縣交界。西去小路，由縣城八十里至雲表石，與南寧府横州交界。南去大路，由縣城八十里至橋墟閆村鋪，與直隸鬱林州興業縣交界。北去小路，由縣城一百五十里至大樟村，與武宣縣交界。

東去水路，由縣城六十里至横眉塘，與桂平縣交界。西去水路，由縣城十里至陸村塘，十里至宋村塘，十里至大埇塘，十里至瓦塘，十里至坭灣塘，二十里至大嶺塘，十里至南寧府横州交界。

武宣縣

北去大路，由縣城十五里至平畚塘，十五里至大橋塘，十五里至巖肯塘，十五里至官橋塘，十五里至花山塘，十五里至牛欄塘，與柳州府象州交界。南去水路，由縣城六十里至滑石塘，三十里至勒馬塘，三十里至横木塘，三十里至浪灘塘，三十里與桂平縣交界。北去水路，由縣城二十里至平畚塘，二十五里至黄花塘，二十五里至排樓塘，二十五里至良村塘，三十里至金雞塘，與柳州府象州交界。

南寧府

宣化縣附郭

東去大路，由府城三十里至新村塘，二十里至那連塘，二十里至思維塘，二十里至那柞塘，二十里至劉村塘，二十里至那旺村，與永淳縣交界。西去大路，由府城十五里楊村塘，二十五里至淥盧塘，二十里至那馬塘，十五里至獨山塘，與新寧州交界。南去小路，由府城三十里至羅村塘，三十里至那審塘，二十五里至蘇墟塘，二十里至那香塘，二十五里至界牌嶺，與上思州交界。北去大路，由府城二十五里至佛子塘，二十里至三橋塘。雍正五年署縣事徐德秩詳添十五里至淥口塘高峰鋪，與思恩府武緣縣交界。東北大路，由府城十五里至高井塘，十五里至馬茶塘，十五里至朝天塘，十五里至蘇平塘，十里至林村塘，十里至馬嶺塘，十里至長山塘，三十五里至崑崙關塘，與思恩府賓州交界。西南小路，由府城八十五里至蘇墟塘，十五里至覃王村，與忠州土州交界。西北小路，由府城三十里至石埠塘，二十五里至三江口塘，二十五里至大灘塘，三十里至墰落塘，三十里至鎮南塘，與隆安縣交界。

東去水路，由府城三里至豹子塘，十里至思沿塘，十里至瓦窑塘，十里至冷水塘，十里至剪刀灣塘，十里至湴灘塘，十里至簑衣塘，十里至釣魚公塘，十里至留人肯塘，十里至大埇塘，十里至東瓜塘，十里至長塘，十里至高唐塘，十里至門頭塘，十里至伶俐塘，與永淳縣交界。西去水路，由府城五里至窑頭塘，十里至西鄉塘，十里至石埠塘，十里至托洲塘，十里至柴子塘，十里至老口塘，五里至儒禮塘，十里至白沙塘，十里至黄江塘，二十里至楊美塘，五里至下楞塘，十里至魚映塘，五里至逍村塘，與新寧州交界。北去水路，由府城二百一十里至鎮南塘，八十五里至淥口塘，與思恩府武緣縣交界。西北水路，由府城九十五里至大灘塘，十五里至菉溪塘，十五里至雞公塘，十五里至山林塘，十五里至那龍塘，十五里至小石塘，十五里至三崩塘，十五里至分界塘，十里至鎮南塘，與隆安縣交界。

横州

東去大路，由州城十里至清江塘，十里至急水塘，十里至汶井塘，十里至木魚塘，十五里至長嶺塘，十里至雲表石，與潯州府貴縣交界。西去大路，由州城五里至宋村塘，十里至楓木塘，十里至蓮塘，十里至龍泉塘，十里至蒙里塘，五里至長江塘，與永淳縣交界。南去小路，由州城二十五里至簕竹塘，十里至洪崖嶺，與廣東靈山縣界。北去小路，由州城三十五里至校椅塘，四十五里至古辣墟，與思恩府賓州交界。

東去水路，由州城十里至曹村塘，十里至黎村塘，十里至茶亭塘，十里至周地塘，十里至苦竹塘，十里至沙鼎塘，十里至灘頭塘，十五里至甜菜塘，十里至横石磯塘，十里至潯州府貴縣交界。西去水路，由州城五里至海棠塘，十里至西津塘，十里至二州塘，十里至米埠塘，十里至南鄉塘，十五里至剋扣塘，十里至陳埠塘，十五里至丁村塘，十五里至飛龍塘，十里至尖角塘，十里至動美塘，與永淳縣交界。西南水路，由州城七十里至陳埠塘，五里至青草塘，三十五里至廣東靈山縣界。

上思州

東去小路，由州城四十五里至那襟塘，二十五里至甘泉肯，與永淳縣交界。西去小路，由州城五十里至甘村，三十里至遷隆肯。南去小路，由州城七十里至王光山，與廣東欽州交界。東北大路，由州城二十里至板回塘，二十五里至那襟塘，三十五里至枯桃塘，十五里至界牌嶺，與宣化縣交界。

新寧州

東去大路，由州城十五里至那咘塘，四十五里至獨山塘，與宣化縣交界。西去大路，由州城三十里至汪莊塘，四十五里至岜桑塘，四十五里至瀨濾村，與太平府崇善縣交界。

東去水路，由州城十里至新灣塘，十里至那寬塘，十五里至龍頭塘，十五里至雞佛塘，十里至美祥塘，二十里至逍村塘，與宣化縣交界。西去水路，由州城十五里至隴通塘，十里至那勒塘，十里至岜桑塘，十里至隴谷塘，十里至安定塘，十里至灣望塘，十里至逐渌塘，十里至馱目塘，十里至馱牙塘，十里至渠舊塘，十五里至太平府崇善縣交界。

隆安縣

東去大路，由縣城四十里至馬鞍塘，三十里至弓兵塘，三十里至鎮南塘，與宣化縣交界。西北大路，由縣城二十里至長江塘，四十里至含笑村，與果化土州交界。南去小路，由縣城七十里至弓兵塘，七十五里至登高村，與太平府永康州交界。北去小路，由縣城十里至龍牀塘，五十里至思恩府武緣縣交界。

東去水路，由縣城五里至大宋塘，十里至掛榜塘，十里至黃姜塘，六里至龍牀塘，五里至小林塘，七里至鄧炎塘，七里至下黃塘，十里至那重塘，八里至那桐塘，五里至塞海塘，六里至梅龜塘，五里至曲閘塘，六里至鎮南塘，與宣化縣交界。西去水路，由縣城十七里至那河塘，十里至那棍塘，十里至下顔塘，十三里至果化土州交界。

永淳縣

東去大路，由縣城五里至南岸塘，三十里至東陶塘，二十五里至黃馬塘，二十里至長江塘，與橫州交界。西去小路，由縣城三十里至留奇塘，三十里至甘泉崗，與上思州交界。南去小路，由縣城十五里至老廟塘，六十里至林臺村，與廣東靈山縣界。西北大路，由縣城十里至老廟塘，二十里至留奇塘，二十里至小黎塘，二十里至那旺村，與宣化縣交界。

東去水路，由縣城十里至高村塘，十五里至江口塘，十里至馳香塘，十里至火煙塘，十里至動美塘，與橫州交界。西北水路，由縣城二十里至白沙塘，十里至鹿頸塘，十里至石洲塘，十里至道莊塘，十里至伶俐塘，與宣化縣交界。

太平府

崇善縣附郭

東去大路，由府城五十里至崩坎塘，五十里至瀨濾村，與南寧府新寧州交界。南去小路，由府城五里至佛子鋪，與江州土州交界。

東去水路，由府城二百四十里至馱盧塘，三十里至花梨塘，五十里至馱丁塘，二十里至南寧府新寧州交界。

左州

東去小路，由州城四十里至儂里村，與永康州陀陵交界。西去小路，由州城一十五里至立村隘，與太平土州交界。南去小路，由州城四十四里至琹勒村，與崇善縣交界。

養利州

東去小路，由州治十八里至涑村，與萬承土州交界。西去小路，由州治三十五里至排村，與龍英土州交界。南去小路，由州治三十里至檀村，與太平土州交界。北去小路，由州治十里至埝村，與茗盈土州交界。

永康州

東去小路，由州城五十五里至登高村，與南寧府隆安縣交界。西去小路，由州城四十里至巖碑坑，與萬承土州交界。南去小路，由州城四十里至獅巖洞，與南寧府新寧州交界。北去小路，由州城二十里至楞佛村，與南寧府果化土州交界。

寧明州

雍正十年添設板甶、板蘭、板得三汛，各撥官兵六名。

東去小路，由州城三里至過河界，四十二里至枯梯村，與思州土州交界。西去小路，由州城二十五里至小溪，二十里至叫碑村，與下石西土州交界。南去小路，由州城八里至四寨，六十二里至板立隘，與安南高樓夷崗界。北去小路，由州城四十五里至隴佞村，與上龍土司交界。

太平土州

東去小路，由州城四十里至立村，與左州交界。西去小路，由州城三十里至上貴村，與安平土州交界。南去小路，由州城二十里至慶村，與崇善縣交界。北去小路，由州城二十里至檀村，與養利州交界。

安平土州

東去小路，由州城一里至古村，與恩城土州交界。西去小路，由州城六十里至儂村，與安南高平夷府界。南去小路，由州城二十五里至都隘村，與下龍司交界。北去小路，由州城二十五里至古州基，與鎮安府下雷土州交界。

恩城土州

東去小路，由州城二十里至排村，與養利州交界。西去小路，由州城十里至古村，與安平土州交界。南去小路，由州城二十里至馱望村，與太平土州交界。北去小路，由州城三十里至郭村，與龍英土州交界。

萬承土州

東去小路，由州城八十里至東灣村，與南寧府隆安縣交界。西去小路，由州城十五里至武安滂哨塘，與茗盈土州交界。南去小路，由州城十八里至江門村，與羅陽土縣交界。北去小路，由州城十五里至偶村，與全茗土州交界。

茗盈土州

東去小路，由州城三十里至達村，與萬承土州交界。西去小路，由州城半里至孟村，與全茗土州交界。南去小路，由州城二十里至淰村，與養利州交界。北去小路，由州城三十里至甘峝村，與都結土州交界。

全茗土州

東、南二路俱與茗盈土州交界，西、北二路俱與龍英土州交界。

龍英土州

東去小路，由州城七十里至通村，與養利州交界。西去小路，由州城十五里至伏引村，與上映土州交界。南去小路，由州城四十里至郭村，與恩城土州交界。北去小路，由州城五十里至黄答村，與結安土州交界。

結安土州

東去小路，由州城二里至堠村，與佶倫土州交界。西去小路，由州城二十里至黄答村，與龍英土州交界。南去小路，由州城五里至邱湯峝，與都結土州交界。北去小路，由州城十五里至寧峝，與鎮安府向武土州交界。

佶倫土州

東去小路，由州城二十里至勾繫嶺，與都結土州交界。西去小路，由州城十五里至那豐村，與鎮遠土州交界。南去小路，由州城八里至猴閃山，與結安土州交界。北去小路，由州城三十里至多扒隘，與鎮安府向武土州、思恩府上林土縣交界。

鎮遠土州

東去小路，由州城八里至那豐村，與佶倫土州交界。西去小路，由州城二十里至武林村，與鎮安府向武土州交界。南去小路，由州城十里至仰村，與結安土州交界。北去小路，由州城十里至江口村，與思恩府上林土縣交界。

都結土州

東去小路，由州城四十里至南寧府隆安縣交界。西去小路，由州城六十里至邱湯峝，與結安土州交界。南去小路，由州城十五里至甘峝村，與茗盈土州交界。北去小路，由州城六里至勾繫嶺，與佶倫土州交界。

思陵土州

雍正十年，叫慌、參敢、板達、板邦、板痕、板瀾、亭寨、那何、那儻、那篷、那窩、隘店、那支十三村各設土兵十名，就十名内各選什長一名，分別地界，把守防禦。東去小路，由州城六十里至武德峝，二十里至淰涒村，與思州土州交界。西去小路，由州城四十里至那支村，與安南高樓夷峝界。南去小路，由州城三十里至那何村，與安南黎碌夷州界。北去小路，由州城四十里至辨强峝，與思州土州交界。

江州土州

東去小路，由州城十里至武黎峝與羅白土縣交界。西去小路，由州城九十里至渠蓬村，與上龍土司交界。南去小路，由州城一百里至隴歪村，與思州土州交界。北去小路，由州城二十五里至佛子鋪，與崇善縣交界。

思州土州

東去小路，由州城八十里至華陽村，與遷隆峝交界。西去小路，由州城三十里至板棍哨，與寧明州交界。南去小路，由州城五十里至林貼哨，與思陵土州交界。北去小路，由州城四十里至渌域村，與江州土州交界。

上石西土州

雍正十年設馗門汛，抽撥馗纛營官兵六名防守。東去小路，由州城三里至宋峝，與下石西土州交界。西去小路，由州城三十里至馗門汛，與安南文淵夷州界。南去小路，由州城五里至中柳村，與憑祥土州交界。北去小路，由州城二十里至㖔隴村，與下龍司交界。

下石西土州

東去小路，由州城五里至㖔巖界碑，與寧明州交界。西去小路，由州城五里與上石西土州交界。南去小路，由州城七里至獨村，與上石西土州交界。北去小路，由州城八里至舊州峝，與下龍司交界。

上下凍土州

雍正十年奉文，增設隴委汛，於龍委村士兵十名防守。

東、南、北三路俱與下龍司交界，西去小路由州城三十里至㖞局山，與安南夷界。

憑祥土州

雍正十年奉文，增設坤隆汛、婆隆汛、元英汛。

東去小路，由州城七里至安南渠源夷州界。西去小路，由州城五里至安南琴灣夷州界。南去小路，由州城二十里至安南文淵夷州界。北去小路，由州城三里至中柳村，與上石西土州交界。

羅白土縣

東去小路，由縣城三十里至佛子堡，與南寧府新寧州交界。西去小路，由縣城二十里至武黎嵩，與江州土州交界。南去小路，由縣城二十里至㖞美村，與南寧府遷隆峝交界。北去小路，由縣城十五里至沿井墟，與崇善縣交界。

羅陽土縣

東去小路，由縣城三十里至雷井，與南寧府宣化縣交界。西去小路，由縣城二十五里至六合村，與永康州陀陵交界。南去小路，由縣城三十里至石團，與南寧府新寧州交界。北去小路，由縣城八里至汪密村，與永康州交界。

下龍司

雍正十年奉文，添設叫㖞、隴相、那河、隴茗四汛。

東去小路，由司治九十里至思州土州。西去小路，由司治九十里至安南高平夷府界。南去小路，由司治十四里至下石西土州。北去小路，由司治四十里至上龍土司。

上龍土司

東去小路，由司一百二十里至馱皮村，與崇善縣交界。西去小路，由司一百二十里至安南高平夷府界。南去小路，由司四十里至下龍司交界。北去小路，由司一百二十里至安平土州交界。

鎮安府

府城五十里至甘沙塘，五十里至波洪塘，奉議州界。南去八十里向武土州界。西去一百里至個離塘，歸順州界。

歸順州

雍正十年奉文，添設打凌汛、㖞懷汛、琴遇汛。

東南小路，由州城三十里至逐美塘，二十五里至個讓塘，八十五里至鵝槽村，與湖潤寨交界。東北小路，由州城八里至凌基塘，十五里至涼水井塘，二十七里至個離塘，二十里至鑒村，與本府交界。西北小路，由州城四十里至潭烏塘，二十里至榮勞塘，七十里至安德塘，二十里至榮村，與小鎮安交界。

奉議州

雍正四年，設山口塘汛、波洪塘汛、個漏塘汛、馱亮水塘一汛。

西去小路，由州治三十里至山口塘，歷蓮花㖞，又八十里與府交界。北去小路，由州治四十里至渌欃塘，思恩府田州土州界，又四十里至田州。

向武土州

州治小路，六十五里至石聳橋。自石聳分路，四十五里至楊柳站，五十八里至索灰站，二里至果化土州河邊，六十里至定隆村，五十三里至上林土縣河邊。

下雷土州

東去小路，由州四十里至隴村，又二十里與龍英土州交界。西去小路，由州四十里至叫獻隘，與安南界。南去小路，由州四十里至穿巖，與安南界。東南小路，由州二十里至古州基，又四十里與安平土州交界。

柳州府

馬平縣附郭

府舊未設有驛站。雍正七年五月奉文添設府城，竹山二站，遞送滇粵緊急公文，每站馬四匹，夫二名。

東去大路，由府城東門外窑埠塘，十五里至獨靜塘，十五里至三門江塘，與雒容縣交界。西去大路，由府城四十八里至古零塘，二十里至牛皮塘，九十里至大槽村汛，與慶遠府宜山縣交界。南去大路，由大南門對河鎮柳塘，十五里至三江塘，十里至白面塘，十里至官道堡，十里至四方塘，十五里至馬鹿堡，十里至竹山塘，十五里至穿山塘，十五里至官鋪塘，五里至烏石堡，與來賓縣交界。東南小路，由府城七十里至竹山塘，十里至三陂村，與象州交界。西南小路，由府城四十里至隘口塘，六十里至牛黎村，與思恩府遷江縣交界。

北去水路，由府城七十里至冷飯塘，五十里至古零塘，與柳城縣交界。東南水路，由府城十五里至油滓塘，二十里至三門塘，十里至巖口塘，十里至黎冲塘，十五里至里雍塘，十里至江口塘，與象州交界。

雒容縣

縣舊未設有驛站。雍正七年五月，奉文設城外底塘一站，馬四匹，夫二名，船二隻，水手六名。雍正九年裁去站船，存留站馬四匹，夫二名。

東去大路，由縣城十五里至大汾塘，十里至桐木塘，十里至獨厄塘，與桂林府永福縣交界。西去大路，由縣城十五里至新鋪塘，十里至高嶺塘，十里至三門江塘，與馬平縣交界。

東去水路，由縣城十里至大汾塘，十里至崖頭塘，十里至牛擺塘，與桂林府永福縣交界。

羅城縣

東去小路，由縣城一百里至木山堡，與融縣交界。西去小路，由縣城二十五里至猫兒堡，與慶遠府天河縣交界。南去小路，由縣城五十里至羊角山，與柳城縣交界。北去小路，由縣城一百五十里至通道鎮，與貴州西山司界。西南大路，由縣城三十里至馬腸塘，六十里至横冲村，與永順副土司交界。

柳城縣

西去大路，由縣城四十五里至觀音塘，十里至高寨塘，十五里至榕村塘，二十里至羊角山，與羅城縣交界。南去大路，由縣城十五里至穿花塘，二十五里至古木塘，十里至長塘墟，與馬平縣交界。北去大路，由縣城二十里至頭塘，二十里至黃牛塘，三十五里至石柄塘，三十七里至長嶺塘，二十八里至沙簭村，與融縣交界。東北小路，由縣城六十里至路冲村，與雒容縣交界。西南大路，由縣城十里至頭塘，十里至巖口塘，十里至中伙塘，十里至姚橋塘，五里至永寧塘，五里至馬跑塘，十里至鐵嶺塘，十里至永順副土司交界。

西去水路，由縣城二十里至江口塘，二十里至孟田塘，二十里至田村塘，十里至黃泥塘，十里與慶遠府宜山縣交界。南去水路，由縣城十五里至盤龍塘，十五里至柴山塘，十里至土州塘，二十里至古零塘，與馬平縣交界。北去水路，由縣城二十里至江口塘，四十里至落崖塘，三十五里至陽城塘，四十五里與融縣交界。

融縣

東去大路，由縣城一百零五里至長刀塘，五十里至撫螺塘，三十五里至那樟村，與桂林府永寧州交界。西去大路，由縣城三十里至東陽塘，二十里至岜蒙塘，三十里至木山堡與羅城縣交界。南去大路，由縣城三十里至牛嶺塘，四十里至潭頭塘，四十里至涼傘塘，四十里至沙簭村，與柳城縣交界。

南去水路，由縣城二十里至傳塘，二十里至古頂塘，十五里至石浪塘，二十里至和睦塘，二十五里與柳城縣交界。北去水路，由縣城三十里至鐵坑塘，三十里至長安塘，三十六里至珠玉塘，二十九里與懷遠縣交界。

懷遠縣

東去小路，由縣城八十里至洛袍村，與桂林府永寧州交界。西去小路，由縣城二百五十里至古州八萬，與貴州西山司界。南去小路，由縣城二里至河瀉村，與融縣交界，又一百二十里至融縣城。北去小路，一百二十里至干灰塘，二十里至城陽塘，二十五里至林溪塘，二十五里至稿鋪塘，三十里至横嶺塘，三十里至黃土塘，五十里至桑江村，與湖廣綏寧縣界。

象州

東去小路，由州城二十五里至青山塘，二十五里至寺村塘，三十里至督金塘，二十五里至大樂塘，三十里至饞村塘，與平樂府修仁縣交界。西去小路，由州城十二里至都落塘，二十里至狼村塘，十八里至二陂塘，與馬平縣交界。南去小路，由州城三十里至牛欄塘，與潯州府武宣縣交界。北去小路，由州城五十里至長塘村，與雒容縣交界。

南去水路，由州城十里至南沙灣塘，二十里至金雞塘，與潯州府武宣縣交界。西北水路，由州城十里至野鬼塘，十里至巖村塘，十里至麻子塘，十五里至運江，十五里與馬平、雒容兩縣交界。

來賓縣

南去小路，由縣城十里至蘇提塘，十里至莫江塘，十五里至瀑水塘，十五里至界塘，二十里與潯州府貴縣交界。東南小路，由縣城三十里至河敏塘，二十里至河驪塘，十里與潯州府武宣縣交界。東北大路，由縣城二十里至橫路塘，十里至清水塘，十里至馬峽塘，十里至老鄧塘，十里至迎恩塘，十五里至德化塘，五里至烏石堡，與馬平縣交界。西南大路，由縣城二十里至韋里塘，二十里至鴉羅塘，十五里至三印塘，十里至橫山塘，十里至思恩府遷江縣交界。

慶遠府

宜山縣附郭

東去大路，由府城十里至油盧塘，十里至小曹塘，十里至大曹塘，一百五十里至柳州府馬平縣交界。西去大路，由府城十里至古石塘，十里至獨山塘，十里至大眉塘，十里至懷遠塘，十里至十里塘，十里至太平塘，十里至德勝塘，十里至羊角塘，十里至都街塘，十里至落索塘，十里至東江塘，十里至大灣塘，與河池州交界。南去小路，由府城十里至思欖塘，十里至三寨塘，十里至土橋塘，與永定土司交界。北去小路，由府城十里至上梘塘，三十里至歸順里，十里至長沙塘，與天河縣交界。

河池州

東去大路，由州城二十里至紅沙塘，十里至蘆塘，十里至鬼巖塘，十里至金城塘，五里至大灣塘，與宜山縣交界。西去大路，由州城二十五里至大山塘，與南丹土州交界。南去小路，由州城二十里至廖村塘，十五里至洪龍塘，十五里至古浪塘，十五里至板馬塘，十五里至九墟塘，十里至羅山塘，十里至龍池塘，二十五里至喇赤塘，與東蘭州交界。

天河縣

東去大路，由縣城十里至白馬塘，八里至四把塘，十里至猫兒堡，與柳州府羅城縣交界。南去大路，由縣城十里至東興塘，十里至古隆塘，七里至公茅塘，七里至三隘塘，七里至東田塘，十里至長沙塘與宜山縣交界。

思恩縣

東去大路，由縣城十里至紅泥塘，十里至中伙塘，十五里至米嶺塘，十五里至中州，與天河縣交界。西去大路，由縣城十里至古積塘，十里至冷水塘，三十里至塞喇村，與河池州交界。

東蘭州

東北小路，由州城二十五里至紅水塘，二十五里至富寧塘，三十里至隨裹塘，三十里至册山塘，與河池州交界。

荔波縣雍正十年改隸黔省。

南丹土州

東去大路，由州城二十里至妹昔塘，十里至灰羅鋪，十里至喇車塘，十里至大橋店，十里至八鋪塘，十五里至羅墓堡，五里至河池州交界。西去大路，由州城三十里至移周塘，十里至忙塲塘，十里至岜坪塘，二十里至六寨塘，二十里至鐵坑，與貴州豐寧下土司界。北去大路，由州城二十里至堂前塘，二十五里至芝麻塘，二十里至打构塘，三十五里至董界，與貴州荔波縣交界。

忻城土縣

西北大路，由縣城二十里至高陽站，二十里至鳳火塘，十里至黄扼，與永定土司交界。

永定土司

東南大路，由司治五十里至黄扼，與忻城土縣交界。

思恩府

西去大路，由府城二十五里至興隆土司李墟塘，六十里至那馬土司那馬塘，三十五里至武緣縣蘇韋塘，三十里至武緣縣舊墟塘，三十五里至都陽土司順山塘。東北大路，由府城底塘十五里至淥通塘，十五里至大鑪塘，十五里至公仲塘，十五里至覃李塘，十五里至陸斡塘，十五里至韋朗六塘，二十里至黄墟塘，二十里至淥良塘，三十里至思隴驛與上林縣交界。

武緣縣

東去小路，由縣城二十里至赤山塘，十五里至張嶺塘，十五里至淥浪塘，與賓州交界。南去小路，由縣城十里至高嶺塘，十五里至平洪塘，二十里至洛水塘，二十里至淥口塘，與南寧府宣化縣交界。北去大路，由縣城十五里至清水塘，十五里至駱連塘，十五里至馬鞍塘，十五里至獅子塘，十五里至府城底塘。

賓州

東去大路，由州城白沙底塘三十里至張莫塘，二十里至王靈塘，三十里至安城司，三十里至梁村墟，與潯州府貴縣交界。西去大路，由州城十里至三塘，十五里至螄螺塘，與上林縣交界。南去大路，由州城二十里至丁橋塘，十五里至太守塘，十里至渌道塘，十里至上林縣思隴塘，又二十里至馬嶺塘，二十里至崑崙關塘，與南寧府宣化縣交界。北去大路，由州城十里至煙墩塘，十里至長車塘，十五里至鄒墟子塘，十五里至老虎塘，與上林縣交界。

遷江縣

東北大路，由縣城五里至界牌，與柳州府來賓縣交界，又七十五里至來賓縣城。西南大路，由縣城二十里至龍降塘，二十里至石靈塘，十里至三蕙塘，五里與上林縣交界。又西去七十里至上林縣城，南去六十五里至賓州城。

上林縣

東去大路，由縣城二十里至青泰塘，二十里至白墟塘，三十里與賓州交界。北去大路，由縣城二十里至青泰塘，十里至洋渡塘，五十里至公塘，二十里至張村塘，十里至藍監塘，十里至三浪塘，二十里與慶遠府忻城土縣交界。東北大路，由縣城二十里至青泰塘，二十里至老虎塘，二十五里與遷江縣交界。

田州土州

東南大路，由婪鳳站三十里與上林土縣交界，又二十里至八塘。西北大路，由婪鳳站六十五里至渌礦站，六十里至那彪站，六十里至竹州站，五十五里至平村站，六十里至渌沖站，又三十里至雲南土富州剥隘。

上林土縣

東去大路，由縣城二里至八塘，五里至白山土司交界，又五十五里至丹良七塘。西北大路，由八塘二十里至田州土州交界，又三十里至婪鳳站。

白山土司

南去小路，由丹良七塘一里至大河干，與果化土州交界。北去小路，由丹良七塘十五里與下旺土司交界。

都陽土司

南去小路，由司城三百里至順山五塘，由順山五塘五里與武緣縣交界。

泗城府

南去小路，由府城底塘七十里至隣塘，七十里至皈樂塘，三十里至田州土州百色汛。西南小路，由府城底塘一百四十里至皈樂塘，一百里至唐興塘，一百里至往甸塘，一百里至百細塘，四十里與西林縣交界。

西隆州

東去小路，由州城八十里至路程塘，九十里至邏里塘，八十里至壩達村，與本府交界。南去小路，由州城八十里至路程塘，九十里至那陽寨，與西林縣交界。北去小路，由州城四十里至八渡塘，四十里至板崩塘，三十里至板切塘，二十里至板壩塘，七十里至貴州安南衛界。

西林縣

東去小路，由縣城三十里至呰邦塘，六十里至渌丹塘，七十里至那界塘，四十里至上林塘，四十里至供村塘，三十里與本府交界。北去小路，由縣城六十里至呰苗塘，四十里至安馬塘，二十里至頂寨，與西隆州交界。東北小路，由縣城一百六十里至路程塘，又北去三十里至西隆州央牙塘，東去四十里至本府分水卡。

直隸鬱林州

東去大路，由州前鋪二十里至茂林鋪，十里至壽昌鋪，與北流縣交界。西去大路，由州前鋪十里至對門鋪，十五里至三山鋪，十五里至鴉橋鋪，與興業縣交界。北去小路，由州前鋪五十里至楓木塘，七十里至北底，與潯州府桂平縣交界。西南小路，由州前鋪四十里至白石鋪，二十里至沙田塘，與博白縣交界。

西南水路，由州城三十里至五岡塘，五十里與博白縣交界。

博白縣

東北大路，由縣城十里至馬禄塘，二十里至沙田塘，與直隸鬱林州交界。

北流縣

東去大路，由縣前塘十里至三槎塘，十五里至龍頭塘，十里至西山鋪，與梧州府容縣交界。西去大路，由縣城塘十里至桂門塘，十五里至壽昌鋪，與直隸鬱林州交界。

東去水路，自縣治五里至勾漏塘，五里至興塘，十里與梧州府容縣交界。

陸川縣

南去小路，由縣城二十里至馬江鋪，六十里至花了塘，二十里與廣東化州界。北去小路，由縣城三十里至蓮塘，二十里與直隸鬱林州交界。

興業縣

東去大路，由縣城底鋪十三里至南鎮鋪，十里至鳴水鋪，十里至鴉橋鋪，與直隸鬱林州交界。北去小路，由縣城二十里至響水鋪，二十里至山心鋪，十里至石嘍鋪，十里至閆村鋪，與潯州府貴縣交界。西、南兩路並無塘鋪。

嘉慶《廣西通志》卷一七四《郵政一》

桂林府

臨桂縣

六塘墟巡檢駐劄縣南，陸路七十五里，水路一百六十里。東南至陽朔縣城陸路九十五里，水路一百四十里；西南至本縣蘇橋司陸路六十里，水路八十五里；西北至義寧縣城陸路一百四十五里。朱椿《道里册》。

蘇橋司巡檢駐劄縣西南，陸路七十三里，水路由陡河至省一百三十五里。東南至六塘司陸路六十里，水路八十五里；西南至永福縣城陸路四十七里，水路四十五里；西至永寧州城陸路一百一十五里；西北至義寧縣城陸路六十五里，水路七十里。同上。

興安縣

社水司巡檢駐劄縣西北，陸路一百里。東北至本縣石門脚接全州界，陸路五十里；南至靈川縣城陸路七十里；西至義寧縣龍勝司陸路二百四十里；北至全州山棗司陸路二百三十五里。《道里册》。

永寧州

喇菖司巡檢駐劄州西南，陸路一百五里。東至雒容縣平樂鎮陸路三十里，南至柳城縣東泉鎮陸路一百里，西至融縣長安鎮陸路一百二十里，西北至融縣思管鎮陸路八十里。《道里册》。

永福縣

鹿寨縣丞駐劄縣西南，陸路、水路均一百五十里。東北至雒容縣平樂鎮陸路六十里，水路九十里；南至雒容縣江口鎮陸路、水路均一百二十里；西北至柳城縣東泉鎮陸路七十里。《道里册》。

全州

西延州同駐劄在省東北，陸路二百六十里。東至本州陸路一百二十里，西至湖南城步縣陸路一百二十里，北至湖南新寧縣陸路、水路均一百二十里。《道里册》。

山角司巡檢駐劄在州東北，陸路、水路均六十里。東至湖南零陵縣棗木堡界陸路十里，東安縣上厂塘界水路三十里，北至湖南東安縣盡界塘陸路三十里。

山棗司巡檢駐劄在州西北，陸路六十里。南至灌陽縣界陸路一百里，西南至灌陽縣崇順司陸路、水路均二百五十里，西至興安縣界陸路三十五里，北至西延界陸路一百三十五里。俱同上。

灌陽縣

正東五十里至永安關接湖南道州界。府册。

正南六十里至三峰山接湖南永明縣界。同上。

崇順司巡檢駐劄在縣西，陸路九十里，水路一百一十里。東北至全州山棗司陸路、水路均二百五十里，西至恭城縣鎮峽司陸路六十里。《道里册》。

龍勝通判

廳境東皆崇山，不通道路。南五十里至丁嶺塘接義寧縣界，西一百里至石門隘接懷遠縣界，北九十里至横水隘接湖南城步縣界。廳册。

廳城在省西北，陸路三百四十里。東南至義寧縣城陸路一百八十里，東北至興安縣城陸路二百四十里，西至懷遠縣城水路二百六十里，至義寧縣廣南司陸路、水路均六十里，北至湖南城步縣陸路一百八十里。《道里册》。

廣南司巡檢駐劄義寧縣西北，陸路二百一十里。東至龍勝廳城六十里，西至懷遠縣水路二百里，北至湖南城步縣横嶺司陸路二百里。同上。

柳州府

馬平縣

穿山鎮巡檢駐劄在縣東南，陸路八十里。東至雒容縣江口鎮陸路一百三十里，南至來賓縣城陸路一百二十里，東南至象州龍門寨陸路八十里，東北至柳城縣東泉鎮陸路一百五十里，西南至來賓縣界牌鎮陸路一百六十里，西北至本縣三都汛陸路一百二十里。《道里册》。

三都汛巡檢駐劄在縣西南，陸路八十里。東至雒容江口鎮陸路一百六十里，東南至本縣穿山鎮陸路一百二十里，東北至柳城縣東泉鎮陸路一百五十里。同上。

雒容縣

江口鎮巡檢駐劄在縣東南，陸路九十里，水路一百二十里。東至永福縣鹿寨陸路、水路均一百二十里，東南至象州龍門寨陸路六十里、水路八十里，東北至永寧州喇峝鎮陸路二百一十里，西南至馬平縣穿山鎮陸路一百三十里，西至馬平縣三都汛陸路一百六十里，西北至柳城縣東泉鎮陸路一百四十里。《道里册》。

平樂鎮巡檢駐劄在縣東北，陸路九十里，水路一百二十里。東至永福縣鹿寨陸路六十里，水路九十里；東北至永寧州喇峝鎮陸路三十里；西至柳城縣東泉鎮陸路六十里；西北至融縣思管鎮陸路一百二十里。同上。

羅城縣

武陽鎮巡檢駐劄在縣南，陸路五十里。東至柳城縣古砦鎮陸路八十五里，東北至融縣思管鎮陸路一百五十里、水路一百四十里，西至天河縣城陸路一百三十里。《道里册》。

通道鎮巡檢駐劄在縣北，陸路一百八十里。西南至天河縣城陸路一百八十里，西北至貴州永從縣界陸路一百九十里。同上。謹案：通道鎮巡檢今改主簿，移駐三防塘。

柳城縣

東泉鎮巡檢駐劄在縣東，陸路六十里。東至雒容縣平樂鎮陸路六十里；東南至永福縣鹿寨陸路七十里，至雒容縣江口鎮陸路一百四十里；南至馬平縣城陸路八十里，至三都汛陸路一百五十里；東北至承寧州喇峝鎮陸路一百里；西南至馬平縣穿山鎮陸路一百五十里；西北至本縣古砦鎮陸路一百五十里；北至融縣思管鎮陸路一百三十里。《道里册》。

古砦鎮巡檢駐劄在縣北，陸路七十五里，水路八十里。南至慶遠府永順土司陸路一百一十里，西至羅城縣武陽鎮陸路八十五里，西南至羅城縣陸路八十里，東北至本縣東泉鎮陸路一百五十里。同上。

懷遠縣

古宜甲主簿駐劄在縣北，陸路一百二十里。東至本縣沙泥村義寧縣界陸路六十里，西至龍車村良口塘梅寨界水路七十里，北至本縣交椅、几馬二村接湖南通道、貴州開泰二縣界陸路九十里，北至本縣黄土塘湖南綏寧縣界一百三十里。《道里册》。

梅寨巡檢駐劄在縣西北，陸路二百九十五里，水路二百二十里。東至貴州永從縣城陸路八十里，東北至本縣沈口汛貴州永從縣界水路三十里，西北至貴州永從縣丙妹陸路七十五里。同上。

融縣

長安鎮巡檢駐劄在縣東，陸路、水路均六十里。東至永寧州喇峝司一百二十里，西至羅城縣武陽鎮陸路一百四十里。《道里册》。

思管鎮巡檢駐劄在縣東南，陸路九十里。東至永寧州喇峝司陸路八十里，南至柳城縣東泉鎮陸路一百三十里，東南至雒容縣平樂鎮陸路一百二十里，西至羅城縣武陽鎮陸路一百五十里、水路一百四十里。同上。

象州

龍門寨巡檢駐劄在州東北，陸路一百一十里。東南至武宣縣縣廓鎮陸路一百六十里；西南至來賓縣界牌鎮陸路二百六十里；東北至馬平縣穿山鎮陸路八十里；西至雒容縣江口鎮陸路六十里，水路八十里；北至修仁縣城陸路一百四十里。《道里册》。

來賓縣

界牌鎮巡檢駐劄在縣東南，陸路九十里。東至武宣縣陸路八十里，南至貴縣五山汛陸路八十里，東南至武宣縣縣廓鎮陸路五十里，西南至遷江縣平陽墟陸路一百二十里，西至遷江縣陸路七十里，東北至象州龍門寨陸路二百六十里，西北至馬平縣穿山鎮陸路一百六十里。《道里册》。

又卷一七五《郵政二》

慶遠府

宜山縣

德勝鎮同知及巡檢駐劄在縣西北，陸路八十里；在布政司西南，陸路六百六十里。東南至永順土司陸路一百五里，南至本縣白土司陸路九十里，西南至本縣龍門司陸路九十里，東北至天河縣城陸路一百三十里，西至河池州陸路一百里，北至思恩縣城陸路四十里。《道里册》。

㮚村縣丞駐劄在縣東南，陸路五十里。東至馬平縣城陸路一百九十里，水路九十里；南至永定土司陸路四十里；西至本縣龍門司陸路九十里；北至柳城縣城陸路一百五十里，水路六十里；東南至忻城土縣陸路一百二十里；西南至永順土司陸路三十五里。

白土司巡檢駐劄在縣西南，陸路二百里。南至本縣龍門司陸路九十里，西至河池州城陸路一百里，北至本縣德勝司陸路九十里，西南至永順土司陸路九十五里。

龍門司巡檢駐劄在縣西南，陸路七十里。東至本縣㮚村陸路九十里，南至永定土司陸路六十里，西至永順土司陸路一百五十里，北至本縣白土司陸路九十里，東北至本縣德勝司陸路九十里。俱同上。

河池州

三旺州同駐劄在州南，陸路九十里。東至宜山縣城陸路二百九十里，南至東蘭州城陸路一百九十里，西至南丹土州陸路二百五十里，北至思恩縣城陸路二百三十里。《道里册》。

東蘭州

東北小路：由州城二十五里至紅水塘，二十五里至富寧塘，三十里至隨裏塘，三十里至册山塘接河池州界。《金志》。

思恩府

武緣縣

高井寨巡檢駐劄在縣西，陸路七十里。西至定羅土司陸路六十里，西南至都陽土司陸路一百二十里，西北至興隆土司陸路一百五十里，北至古零土司陸路一百九十里。《道里册》。

賓州

安城鎮巡檢駐劄在州東南，陸路九十里。東至貴縣城陸路一百四十里，東南至永淳縣武羅鄉陸路一百里，東北至貴縣五山汛陸路一百里，西北至遷江縣平陽墟陸路二百一十里。《道里册》。

遷江縣

平陽墟巡檢駐劄在縣東南，陸路四十里，水路三十里。東至來賓縣界牌鎮陸路一百二十里，東南至貴縣五內汛陸路一百六十里，西南至賓州安城鎮陸路二百一十里，西至上林縣思吉鎮陸路一百二十里。《道里册》。

上林縣

三里城縣丞駐劄在縣東，陸路五十五里。東至遷江縣陸路一百四十里，南至賓州陸路九十里，西至古零土司陸路一百五十里，北至本縣思吉鎮陸路九十里，東北至宜山縣城陸路二百四十里。《道里册》。

思吉鎮巡檢駐劄在縣東，陸路一百四十五里。東至遷江縣平陽墟陸路一百二十里，南至本縣三里城陸路九十里，西至古零土司陸路一百八十里，北至忻城土縣陸路七十里。謹案：思吉巡檢今移駐周安鎮。

思隴驛巡檢駐劄在縣東，陸路一百二十里。東至宣化縣八塘界陸路三十里，西南至武緣縣淥良塘界陸路三十五里，北至賓州淥道塘界陸路十里。俱同上。

百色廳

廳在府西北，陸路六百五里；在布政司西南，陸路一千五百六十五里，水路二千五百二十一里。東至土田州陸路九十里，水路一百八十里；南至奉議州陸路一百里，水路一百五十里；東北至凌雲縣城陸路二百一十五里；西南至雲南土富州剥隘陸路一百九十里，水路二百二十里。《道里册》。

泗城府

凌雲縣

天峩甲縣丞駐劄在縣東北三百七十里。東至東蘭鳳山土司怕耗村陸路十里，東南至本縣平樂司署陸路一百五十里，西南至貴州邏斛分州鳳亭陸路十里，北至那地州渌才村陸路三十里。《道里册》。

平樂司巡檢駐劄在縣東南陸路二百里，南至土田州那林村陸路五十里，東南至東蘭鳳山土司古蓬村陸路二十里，東北至天峩縣丞署陸路一百五十里。同上。

西隆州

八達州同駐劄在州西南，陸路二百二十里。東至西林縣潞城司陸路四百一十里，南至雲南寶寧縣城陸路二百六十里，西至雲南羅平州城陸路二百四十里，東南至西林縣城陸路二百二十五里，西北至雲南師宗縣城陸路三百二十里。《道里册》。

西林縣

潞城巡檢駐劄在縣東北，陸路一百八十里。南至雲南土富州剥隘鎮二百四十里，西至西隆州八達城陸路四百一十里，西北至西隆州馬羅塘陸路四十里。《道里册》。

平樂府

平樂縣

麥嶺同知駐劄在府東北，陸路三百二十里；在布政司東，陸路五百三十六里。東至湖南永明縣祖上汛陸路二十里，南至富川縣城陸路六十里，西至恭城縣城陸路二百七十里，東南至富川縣白霞司陸路一百三十六里，東北至賀縣城陸路一百二十里，西南至湖南江華縣城陸路六十里，西北至湖南永明縣城陸路七十里。俱同上。

恭城縣

鎮峽寨巡檢駐劄在縣北，陸路六十里，水路六十五里。東至灌陽縣崇順里陸路六十里，東北至湖南永明縣陸路二十里，西至陽朔縣城陸路一百六十五里，水路二百二里。《道里册》。

富川縣

白霞寨巡檢駐劄在縣西南，陸路九十六里。東至湖南江華縣錦岡司陸路六十五里，東南至賀縣城陸路一百五十里，南至賀縣會寧墟陸路二百七十里，西至平樂縣城陸路一百六十四里，北至湖南永明縣桃川司陸路一百八十里。《道里册》。

賀縣

信都鄉巡檢駐劄在縣東南，陸路、水路均二百里。東至懷集縣慈樂寨陸路一百四十里，東南至廣東開建縣獨柱山界陸路三十五里，東北至本縣會寧墟陸路三百二十里，水路三百六十里，西至蒼梧縣東安司陸路一百四十里。《道里册》。

會寧墟巡檢駐劄在縣東，陸路一百二十里，水路一百六十里。東至廣東連山縣宜善司陸路八十里；西南至本縣信都鄉陸路三百二十里，水路三百六十里；西北至富川縣白霞寨陸路二百七十里；北至湖南江華縣錦田寨陸路二百五十里。同上。

昭平縣

馬江巡檢駐劄在縣東南，水路一百三十里。南至蒼梧縣水路一百七十里，其水達富川縣之二五都、賀縣之招賢里。司册。

又卷一七六《郵政三》

梧州府

蒼梧縣

東安司巡檢駐劄在縣東，陸路一百六十里，水路三百里。東至廣東開建縣城陸路一百二十里；東南至廣東封川縣文德司陸路一百五十里，水路二百三十里；西南至本縣安平鄉陸路二百三十里，水路三百六十里；西至本縣長行鄉陸路三百里，水路四百五十里；北至賀縣信都鄉陸路一百四十里。《道里册》。

安平鄉巡檢駐劄在縣西，陸路七十里，水路五十里。東南至本縣長行鄉陸路一百五十里，水路二百里；東北至本縣東安司陸路二百三十里，水路三百六十里；西至藤縣城陸路、水路均四十里；西南至藤縣竇家寨陸路九十里，水路一百三十里；西北至藤縣白石寨陸路一百里，水路一百五十里。

長行鄉巡檢駐劄在縣南，陸路一百里，水路一百五十里。東至廣東西寧縣城陸路九十里，東南至岑溪縣平河村陸路三百五十里，南至岑溪縣城陸路一百二十里；西至藤縣竇家寨陸路九十里，水路三百三十里；西北至本縣安平鄉陸路一百五十里，水路二百里；東北至本縣東安司陸路三百里，水路四百五十里。俱同上。

謹案：《道里册》有「西南至容縣粉壁寨陸路四十里」之語。考粉壁寨陸路至長行鄉逾岑溪縣境，水路又逾藤縣，俱非接壤，且道里遠甚，冊作「四十里」，殊誤，今删之。

藤縣

竇家寨巡檢駐劄在縣東南，陸路九十里，水路一百五十里。東至蒼梧縣長行鄉陸路九十里，水路三百三十里；東北至本縣白石寨陸路一百八十里，水路一百八十里；南至岑溪縣城陸路八十里，水路一百里；西南至容縣大峒司陸路一百二十五里；西至容縣城陸路二百里，水路二百八十里；北至平南縣大烏墟陸路一百里，水路二百里。《道里冊》。

白石寨巡檢駐劄在縣西，陸路八十里，水路一百二十里。東至蒼梧縣安平鄉陸路一百里，水路一百五十里；南至平南縣大烏墟陸路三十里，水路三十五里；西南至本縣竇家寨陸路一百八十里，水路二百八十里；西至平南縣秦川司陸路一百五十里；北至永安州城陸路二百六十里。同上。

容縣

平河村巡檢駐劄在縣東南，陸路八十里。西至容縣粉壁寨陸路五十里，西北至蒼梧縣長行鄉陸路三百五十里，北至容縣大峒司陸路一百二十五里。《道里冊》。

懷集縣

慈樂寨巡檢駐劄在縣北，陸路六十里，水路七十里。東至廣東廣寧縣城陸路二百一十里，水路一百五十里；東北至本縣武城鄉陸路六十里；南至廣東德慶州悅城鄉陸路一百三十里；西南至廣東封川縣文德司陸路一百九十里；西至廣東開建縣城陸路一百里；西北至賀縣信都鄉陸路一百四十里；北至廣東連山縣宜善司陸路三百里。《道里冊》。

武城鄉巡檢駐劄在縣東北，陸路六十里，水路八十里。東至廣東廣寧縣城陸路二百一十里，水路一百五十里；南至廣東德慶州悅城鄉陸路一百五十里；西南至本縣慈樂寨陸路六十里；西至廣東開建縣陸路一百里；北至廣東連山縣宜善司陸路二百四十里。同上。

潯州府

桂平縣

大黄江巡檢駐劄在縣東北，陸路五十五里，水路八十五里。東至平南縣大烏墟陸路一百一十里，水路一百四十里；東北至平南縣秦川鄉陸路六十五里，水路一百一十里。《道里冊》。

穆樂墟巡檢駐劄在縣東一百九十里。東至大烏墟陸路三十里，東南至鬱林州陸路二百五十里，東北至平南縣城陸路三十里。縣冊。

平南縣

大烏墟巡檢駐劄在縣東南，陸路五十七里，水路七十里。東至藤縣竇家寨陸路一百里，水路二百里；東北至藤縣白石寨陸路三十里，水路三十五里；南至容縣粉壁寨陸路一百五十里；西至桂平縣大黄江口陸路一百一十里，水路一百四十里；西北至本縣秦川鄉陸路九十里，水路八十里。《道里冊》。

秦川鄉巡檢駐劄在縣西北，陸路三十五里。東至藤縣白石寨陸路一百五十里；東南至本縣大烏墟陸路九十里，水路八十里；西北至桂平縣大黄江口陸路六十五里，水路一百一十里。同上。

貴縣

五山汛巡檢駐劄在縣西北，陸路一百五十里。東南至永淳縣武羅鄉陸路一百里，東北至武宣縣廓鎮陸路一百里，南至橫州大灘司陸路一百四十五里，西南至賓州安城鎮陸路一百里，西至來賓縣界牌鎮陸路八十里，北至遷江縣平陽墟陸路一百六十里。《道里冊》

武宣縣

縣廓鎮巡檢駐劄在縣南，陸路九十里。西南至貴縣五山汛陸路一百里，西至來賓縣界牌鎮陸路五十里，北至象州龍門寨陸路一百六十里。《道里冊》。

南寧府

宣化縣

金城寨巡檢駐劄在縣東北，陸路八十里。東至本縣八尺寨陸路五十里；東南至永淳縣南里鄉陸路一百八十里，水路三百二十七里；南至永淳縣武羅鄉陸路一百八十里；西南至本縣三官堡陸路二百六十里；西至遷龍寨陸路一百八十里。

遷龍寨巡檢駐劄在縣西南，陸路一百一十里。東至本縣金城寨陸路一百八十里，又東至本縣三官堡陸路一百四十里，西至本縣八尺寨陸路一百二十里，西北至新寧州城陸路六十里。

三官堡巡檢駐劄在縣南，陸路一百八十里。南至本縣八尺寨陸路一百三十五里，東北至本縣金城寨陸路二百六十里，西至本縣遷龍寨陸路一百四十里。

八尺寨巡檢駐劄在縣東，陸路一百二十里，水路一百五十里。東至本縣金城寨陸路五十里，東南至永淳武羅鄉陸路一百六十里，東北至永淳南里鄉陸路六十里，西北至本縣三官堡陸路一百三十里，北至本縣遷龍寨陸路一百二十里。俱同上。

壜落墟巡檢駐劄在縣西南一百里。東至八尺寨陸路二百二十里，水路三百里；西至隆安縣城陸路一百五十里，水路一百三十八里；南至新寧州城陸路八十里，水路二百二十里；北至武緣縣城陸路八十里。府册。

橫州

大灘司巡檢駐劄在州東北，陸路五十里，水路六十里。東至廣東合浦縣永平司陸路九十里；東南至興業縣城陸路一百四十里；西至永淳縣南里鄉陸路一百六十里，水路三百七十里；西北至永淳縣武羅鄉陸路一百五十里，水路二百七十里；北至貴縣五山汛陸路一百四十五里。《道里册》。

永淳縣

武羅鄉巡檢駐劄在縣東北，陸路六十里，水路一百二十里。東南至橫州大灘司陸路一百五十里，水路二百七十里；東北至貴縣五山汛陸路一百里；南至本縣南里鄉陸路六十里；西南至廣東靈山縣西鄉司陸路一百里；西至宣化縣八尺寨陸路一百六十里；西北至宣化縣金城寨陸路一百八十里；北至賓州安城鎮陸路一百里。同上。

上思州

平塘江廳駐劄在府東南，陸路三百四十五里，水路四百七十五里；在布政司西南，陸路一千三百五十五里，水路一千三百九十二里。東至橫州城陸路四十里水路七十里。《道里册》。

又卷一七七《郵政四》

太平府

崇善縣

馱盧墟巡檢駐劄在縣東，陸路一百三十二里。東至新寧州陸路七十里，南至土忠州陸路八十里，北至永康州城陸路八十里。《道里册》。

恩城縣丞駐劄在縣西北，陸路一百二十里。東至養利州城陸路五十里，南至太平土州陸路三十里，西北至安平土州陸路十五里，北至龍英土州陸路九十里。同上。

明江廳

廳在府西南，陸路一百一十里，水路三百三十二里；在布政司西南，陸路一千三百九十里，水路二千四百八十四里。東至土思州陸路九十里；南至寧明州城陸路二十里，水路三十里；東北至土江州陸路一百二十里；西南至思陵土州陸路九十里。《道里册》。謹案：上石西州今歸廳轄，而金《志》猶載其道里，附録於後。

龍州廳

廳在府西，陸路一百八十里，水路三百三十里；在布政司西南，陸路一千四百六十里，水路二千四百八十二里。東南至寧明州城陸路一百五十里；南至下石西土州陸路八十五里；西南至憑祥土州陸路九十里；西至上下凍土州陸路四十里，水路八十里；北至上龍土司陸路三十里；西北至安南界陸路九十里，水路一百里。《道里册》。

鎮安府

奉議州

西南陸路二百十里至府城。《道里册》。

東至思恩府土田州陸路、水路均一里。

南至向武土州陸路二百二十里。

北至土田州陽萬分州陸路五十里。俱同上。

歸順州

湖潤寨巡檢駐劄在州東，陸路一百八十里。南至都康土州陸路五十里，西南至下雷土州陸路四十里。《道里册》。

小鎮安廳

廳在府西南，陸路四百二十五里；在布政司西南，陸路二千一百一十里。《道里册》。

東路至照陽關八十里，至歸順州界。廳册。

西路至那桑村八十五里，至雲南寶寧縣界。

南路至崗隆隘二百一十里，至安南高平界。

北路六十里至雲南吉留村界。

東南路二百二十里至弄蓬卡，接安南高平界。

西北路四十里至末村塘，接雲南土富州界。

東北路一百六十里至陽萬土分州福平村界。

西南路二百里至剥勘隘，接安南保樂州界。俱同上。

直隸鬱林州

撫康司巡檢駐劄在州西北，陸路九十里。南至博白縣周羅司陸路二百二十里，西南至興業縣城陸路六十里，西至博白縣沙河司陸路二百五十里。《道里册》。

博白縣

沙河司巡檢駐劄在縣西南，陸路八十里。東至陸川縣温水寨陸路一百五十里，西至廣東合浦縣高仰司陸路九十里，東南至廣東石城縣凌禄司陸路一百八十里，東北至本州撫康司陸路二百五十里。《道里册》。

周羅司巡檢駐劄在縣南，陸路九十里。東至廣東石城縣凌禄司陸路一百四十里，南至廣東合浦縣珠場司陸路一百九十里，西至廣東合浦縣永平司陸路一百九十里，北至本州撫康司陸路二百二十里，東北至陸川縣温水寨陸路八十里，西北至北流縣雙威司陸路一百五十五里。同上。

北流縣

雙威寨巡檢駐劄在縣東南，陸路六十里。東南至博白縣周羅司陸路二百五十五里，東北至容縣粉壁寨九十五里。《道里册》。

陸川縣

温水寨巡檢駐劄在縣西南，陸路一百二十里。東至廣東化州家沙司陸路三十五里，水路二十里；南至廣東石城縣石嶺司陸路八十里；西至博白縣沙河司陸路一百五十里；西南至博白縣周羅司陸路八十里。《道里册》。

道光《興安縣志》卷九《郵政》　附：六峝傜地至城步、義寧、靈川交界里數。

縣城至司前六十里，司前至川江三十里，川江至堰田二十里，堰田至中崗二十里。中崗至融江符竹涔，過帶雲山，至塘崗三十里。塘崗至社水三十里，社水至烟竹坪二十里，烟竹坪至大灣三十里。大灣至黄茅坪，至牛路隘三十里，城步界。融江至柘寨源頭三十里，靈川界。源頭至舊屋金坑山路一百二十里，義寧界。融江至李家水侯背三十里。李家水至矮嶺茶沖長田二十里，義寧界。司前至六崗神坪二十里，神坪至三江十字路十五里，十字路至三殿十里，三殿至三地源頭二十里，源頭過梯子嶺六十里，至上鄉沐水。沐水至車田三十里，車田至黄龍十五里，黄龍至歐陽水三十里，歐陽水至羊甬隘，至城步蓬崗六十里。又黄龍至上白崗二十里，全州西延界。上白崗至下白崗木厂水五里，城步界。

康熙《平樂縣志》卷一《道里》　自縣治至廣西布政司陸路塘鋪道里：縣治底塘鋪十五里至季魚鋪，渡河十五里至陽朔縣公館塘，十里至矮山塘，七里至縣城前塘，十里至白沙鋪，十里至都歷鋪，十里至赤坂鋪腰站，十里至翠屏鋪，十里至永安鋪，十里至横山鋪腰塘，十里至塘郡鋪，陽臨交界。十里至羊角鋪，十五里至鳳林鋪，十里至陡門鋪，十里至白竹鋪，十里至赤土鋪頭塘，十里廣西布政使司。

自縣治至總督部院駐劄廣東肇慶府治陸路塘鋪道里：縣治底塘鋪十五里至團山鋪，十五里至興隆塘鋪，二十里至榕津塘鋪，二十里至滑山塘鋪，小名大塘鋪，平、昭交界。二十里至沙江塘，二十里至山口塘，二十里至燕塘，昭富交界，有兩叉路，左往富川私路，右往賀縣官路。二十里至白霞塘，三十四里至馬鞍營，六里至鍾山鎮，二十五里至羊頭塘，又名大橋堡。十五里至龍門塘，上山梁頂有富、賀交界碑，上富下賀。十五里至謝嶺塘，十五里至芳林塘，二十里至西灣塘，十五里至石牌塘，係賀縣頭塘，至縣治十五里。二十五里至水竹塘，二十五里至梅花塘，十五里至青草塘，十里叉路口，左往懷集，右往梧州大路。五里至山心塘，十五里至樂善塘，二十里至黄公塘，三十里至雙橋塘，六里蒼賀交界，二十四里至秧塘，十五里至廟嶺塘，十五里至鵝頸塘，十五里至石橋塘，十五里至奇車塘，十五里至湖水塘，十里至金斧塘，十里至茶亭塘，十里至山心塘，十里至老二塘，十里至龍崗塘，十里至青銅塘，十里至旺甫塘，十五里至大離塘，十五里至梧州府總塘，十里至石嘴塘，五里至繫龍洲水汛，五里至扶典塘，五里至白沙水汛，五里至分界塘，入廣東界。

自縣治至平樂府屬一州六縣道里：西南七十五里至荔浦縣，又八十里至永安州治。南十里至長灘塘，二十里至龍頭磯，二十里至大結塘，自大結塘陸路由郭家堡、安樂里、秧家可達昭平縣治。二十里至廣運塘，三十里至黄牛塘，三十里至足灘，二十里至雷霹堡，二十里至昭平縣治。東一百九十里至鍾山鎮，又北七十里至富川縣治。東一百九十里至鍾山鎮，又南八十里至賀縣治。東北二十里至饅頭塘，十五里至沙子埠，十里至校椅塘，十里至大勞塘，十里至西水村，三十里至恭城縣治。西南五里至屏詔山，三十五里至雞冠堡，二十里至延賓江，二十五里至荔浦縣，又三十里至修仁縣治。

府江傜沖道里。一、小亮沖。自沖内至府江大河七里，由河邊下至廣運塘，對河二里。由本沖上至大銅亮沖十里，下至大沖十里，後係昭平縣界高山，無路。一、大沖。自沖内至府江大河五里，過河即廣運塘。由本沖上至小亮沖十里，下至田沖五里，後係昭平縣界高山，無路。一、田沖。自沖内至府江大河八里，由河邊上至廣運塘對河三里，由本沖上至大沖五里，下至石貢沖十二里，後係昭平縣界高山，無路。一、石貢沖。自沖内至府江大河三里，過河即黄牛塘。由本沖上至田沖十二里，下至昭平縣足灘五里，後係昭平縣界高山，無路。一、黄牛沖。下至昭平縣足灘十里，上至巴江塘五里。又小路進巴江沖村八里，大路上廣運塘十五里，上至對河大銅亮沖十五里，後係高山，無路。

龍頭磯傜沖道里：龍□村東至龍田傜一里，南□荔浦縣大傜村四里。西□東瓦村校六堡一里。北至龍頸堡二里龍頸至銅鏡堡二里，銅鏡堡至大宅堡三里，大宅至木杜堡半里，至上銅鏡傜三里。上銅鏡至下銅鏡一里。下銅鏡至面沖二里，面沖至金錫三里，金錫至齊南一里，齊南至丹竹二里，丹竹至古冒傜四里，古冒傜至社背堡二里，社背至塘沖堡二里，塘沖至太平堡二里，太平至塘沖傜四里，塘沖傜至冷水傜一里，冷水傜至古齊傜四里，古齊傜至雷家傜二里，雷家傜至大里傜二里，大里傜至黄家傜二里，黄家傜至駱口堡二里，駱口堡至龍頭磯塘六里。

雍正《平樂府志》卷一三《驛遞》 道路

縣東五里至上永，五里至里埠，五里至淮灘堡，五里至相逢堡，十里至走馬堡，五里至陶溪堡，二十里至西坪堡，三十里至韋肩，十五里至松柏，三里至土龍司，二十里至二五都。

縣南十五里至塘吊堡，十里至石人堡，十里至福登，十里至深沖堡，十里至五將堡，十里至上仰堡，十里至下仰堡，十里至橑橑堡，十里至龍門驛，十里至馬江木堡，十里沙沖堡，十里至攬水堡，十里至簕竹蒼梧界。

自龍門入北陀，二十里至狼康營，五里至涼風營，五里至鎮羌營，四十里至九沖兩假營。縣西七里至明源肩，十里至下界，八里至永安州界。縣北五里至練灘堡，五里至古銅盆，五里至流箱磯，七里至猪巷堡，五里至霹靂堡，今改名威鎮。五里至母灘堡，五里至甑灘堡。

龍頭磯傜沖道里

龍蟠村東至龍田傜一里，南至荔浦縣大傜村四里，西至東瓦村校六堡一里，北至龍頭堡二里。龍頭至銅鏡堡二里，銅鏡至大宅堡三里，大宅至木杜堡半里，至上銅鏡傜三里。上銅鏡至下銅鏡一里，下銅鏡至面沖二里，面沖至金錫三里，金錫至齊南一里，齊南至丹竹二里，丹竹至古冒傜四里，古冒至社背堡二里，社背至塘沖堡二里，塘沖至太平堡二里，太平至塘沖傜四里，塘沖至冷水傜一里，冷水至古齊傜四里，古齊至雷家傜二里，雷家至大里傜二里，大里至黄家傜二里，黄家至駱口堡二里，駱口至龍頭磯塘六里。

府江傜沖道里

小亮沖至府江七里，又下至廣運塘對河二里，上至大銅亮沖十里，下至大沖十里，後係昭平縣界高山，無路。

大沖至府江五里，對河即廣運塘。下至田沖五里，後係昭平縣界，無路可通。田沖至府江八里，又上至廣運塘對河三里，下至石貢沖十二里。後係昭平高山，無路。石貢沖至府江三里，對河即黄牛塘，下至昭平足灘五里。後係昭平界，高山無路。黄牛沖下至昭平足灘十里，上至巴江塘五里，又小路進巴江村八里。大路上廣運塘十五里，上至對河大銅亮沖十五里，後係高山，無路。

嘉慶《平樂府志》卷九《驛遞》 南去小路：由縣城二十五里至西水村，十四里至大灣塘，接平樂界。又六十里至府城。西去小路：三十里至陽朔縣黄鱔塘。北去小路：七十里至桂林灌陽縣苔塘。東北小路：七十里至湖南永明縣桃川關。西北小路：一百二十里至臨桂縣古子嶺白馬源。以上俱《省志》。鎮峽寨巡檢駐劄在縣北，陸路六十里，水路六十五里。東至灌陽縣崇順里陸路六十里，東北至湖南永明縣陸路二十里，西至陽朔縣城陸路一百六十五里，水路二百二里。《道里册》。

嘉慶《阿迷州志》卷四《路程》 阿迷州至臨安府城路考：自州前鋪西行三十里至山頭鋪，三十里至安邊哨，二十里至漾田，十里至沙札哨，過此入建水界，三十里至府城。

阿迷州至蒙自縣路考：自州前鋪南行二十里至水塘哨，三十里至雷公哨，過此入蒙自界，四十里至蒙自縣。

乾隆《續修河西縣志》卷一《郵旅》 出縣南門，沿螺髻山行，至九街子折而過通海縣大橋，南行山谷中，下至曲江驛九十里，民居茂密，烟樹蒼茫。《記》稱「建水有曲江」，即此。

由曲江西南行，上石子坡。曲江炎熱，至此高山四望，氣候甚涼。塗皆西南行，九十里至臨安府河西縣，距府一百八十里，在府治正北。

出縣東門，濱杞麓湖行，至海尾村東北，上寧州甸苴關坡，至螺螄鋪，沿星雲湖，至江川縣九十里。

由江川北門上關索嶺，可望澂江、通海、昆明、江川諸湖，下河淜鋪，東北行山澗中，至晉寧城一百八十里。由晉寧北門五十里至呈貢縣，由呈貢北門五十里至省城。縣距省城二百七十里，在省城西南。

新興在縣東北，出縣北門，過翠微山，至曲陀關坡，西北行至研和，東北過石官哨，東折至新興城九十五里。近有岐路從曲陀關下分道，東北上關坡，行山界中數里，出露照寺山下，北行至新興城十餘里，地多溪水，非郵旅也。

寧州在縣正東，出縣東門，與省城同路，至甸苴關分道，東北出黄城橋，達於寧州六十里，山徑甚寂。

嶍峨在縣西北，出縣北門，與新興同道，至大□村分道，西上回回坡，入碌碌鄉，西北沿碌碌河，至嶍峨城七十里，此舊路，今已改。石屏若平，山徑無郵旅不載。

宣統《續蒙自縣志》卷一《道路》 《唐書・地理志》載：安南通天竺道，由絳州至龍武爲羈縻境。龍武八十里至儻遲頓，經八平城八十里至洞澡水，又經南亭百六十里至曲江，又經通海鎮南詔設節度使於此，故稱鎮。六十里渡海河利水即杞麓湖。至絳縣，即江川。又八十里至晉寧，又八十里至柘東城，即省城。然則八平城、洞澡水、南亭當在蒙自、阿迷之間。《府志》。

《一統志》載：雲南入交趾有二道，其一道由蒙自經蓮花灘入交趾之石隴關。

《輿程記》：由蓮花灘達安南之東都，可四五日而至。

乾隆《碍嘉志書草本・路程》 東北赴楚雄府路程：碍嘉舊路赴府，由卜門山較近，因無橋難於過江，兼山高路險，又無塘汛，人鮮行走。今俱由石羊厂大路而行。碍嘉東南八里麻戛橋，過橋，又過昔塔河。上坡十里昔塔村，上坡繞山十里昔塔卡，十五里哨平掌，十里石羊厂，下坡十里大江橋，過橋。北行八里小江橋，上坡五里茅鋪，上坡十五里白苴營，上坡過馬鬃嶺，下馬蝗箐，東北二十里羊歇地，五里望厂坡，有保路土練。上坡過猢猻箐、響水箐、芭蕉箐，共二十里平掌營。五里牛舌坪，五里下坡者利，下坡過者利河，又過山澗。上坡繞山，下陡坡六十四折，共十五里馬龍河橋。過橋，上燕子窩大坡，繞山下坡過箐，上坡，二十五里火札。上坡，七里箐腦。過銅爐箐，共二十里舊關。二十里下坡麥場，五里水井關，十五里竹園，三十里上本塘，十五里楚雄府。

北赴永盛厂路程：碍嘉正北八里虹龍橋，上坡二十里麻旺村，十五里舊納。繞山下坡，二十里過布廣河。順河上坡，共十五里龍岡。下坡五里義都河，下坡過河，上坡，共十里團山，下坡過泥革底河，上坡，共十里大平掌。順山梁上坡，五里九家，下坡，四里西舍路。下坡過河，上坡，共十五里炒豆。下坡過河，上坡，共十五里達那。順山梁下坡，過箐上坡，共十五里著那。十五里小團山。下坡，順箐過清水河，共二十里新厂。上坡，下坡，共五里平田，順大江行二十里，坐筏渡江，上坡，五里永盛厂。

西赴景東府路程：碍嘉舊縣西入哀牢山，七里鐵厂，三十里山神廟，六十里箐口。下坡，十五里者干。過河，上坡，十五里猛嶺塘。上坡，二十里者干哨。下坡，二十里中所街。過河，十五里雀山哨，十里大草地，五里景東府。

東南赴新平路程：碍嘉南七里鳳翅橋，十五里篾架營，十里黄土坡塘，十五里丙坡，十里界牌營，五里路東，五里者扎，三里塊賴，三里者龍，十里亦科，二里六台，二里斗門，三里吉勒，三里娘洒，一里鑾別，七里硐岡，十二里南昊，五里綫道，三里麻哈，十五里窩鋪，十五里舊哈營，二十里硬寨，二里戛賽，二里東磨，五里困龍河，十五里紅土坡塘，二十里慢杆坝，三十里新化州，二十五里野雞哨，五里新平縣。

東南赴太和厂路程：界牌東南五里頭塘，四十里老虎箐，十里瓦衣郎，十里二角新村，五里諸葛營，三十里三江口，過江。上坡，三十里三家村，二十里太和厂。下坡，二十里濱居河，十五里新店房，五十里慢杆垻，六十里新平縣。

道光《大姚縣志》卷二《道路》 自姚州來，三十里至後營屯入縣境，五里至接客橋，五里至長沖坡，十里至倉街，二十里至南門。此入縣城之路。

由後營屯，二十里至見龍寺，二十里至力石關，二十里至蓆草灣，二十五里至龍街，六十里至浪巴鋪出境。此往元謀縣之路。

由縣城，三十里至橡子坡，二十里至山脚底，十里至黄土坡，二十里至龍街。由牛街，五十里至迤什寺出境。此往金沙江之路。

由縣城二十里至石灰窑，十五里至濫泥箐，五十五里至江頭，三十里至一椀水，三十里至羊蹄江，三十里至永定鄉。此由縣城往苴却之路。

自白井來，十里至柳樹塘入縣境，五里至黎武，三十里至鍋厂，三十里至波溯，十里至北門。此入縣城之路。由波溯，四十里至濫泥箐，合縣城往苴却路。

東西兩大道皆不由縣城經過，蓋大姚爲蜻蛉之地，而非即蜻蛉之舊治也。南北兩道俱山僻小路，惟行人往來。

自定遠縣來，至黑箐龍王閣入縣境，距城三十八里龍王箐，十四里至見龍寺，四里至倉街，二十里至縣城。

由縣城，四百七十里至丙海渡，四百三十里至灣别渡。縣城一百八十里至苴却，由苴却二百七十里至順山渡，二百一十里至猛連渡，二百二十里至紅門渡。丙南道渡過江，皆永北界。二百一十里至懦弄大渡、小鲊石渡，一百九十里至阿機魯渡，二百里至矣資渡，一百六十里至拉鲊渡，一百三十五里至格槎渡，過江皆四川界。此往白水金沙江程途。

以上係道路大略，其詳載四界十六里村屯後。由縣城至苴却，向於濫泥箐、江頭、一盌水、羊蹄江四處設立撥房，以爲官吏往來頓宿之所。僱募撥頭看守，遞送公文，有事呼應。夫役每年各村仗頭酌給工食錢米多寡不等。

乾隆《新興州志》卷三《旅途》 自新興達雲南省路考：附由晉寧達澂江路。州北五里至玉溪橋。西門內有廣法寺，在路北。玉溪橋一里至康阜橋。康阜橋六里至金蓮山。即團山。金蓮山五里至普舍城。俗名北古城，元設普舍縣於此，明初省入州，有故城。普舍城三里至後所屯。後所屯二里至皂角鋪。今爲鎮。城西路南有普門寺。鋪司居此。皂角鋪八里至高官沖。高官沖十二里至刺桐關。刺桐關山坳行七里至鐵爐關。昆陽、新興交界處，輪設三岔鋪鋪司於此。地屬昆陽州轄。關南□外即州境也。昆陽屬雲南府。鐵爐關六十里至晉寧州。屬雲南府。州東四十里即澂江府。晉寧州五十里至呈貢縣。屬雲南府。呈貢縣四十里至雲南省城。

自新興達澂江府路考：州東南行一里至起春堂。在路南有梵寺，後殿爲華嚴閣。起春堂十九里至普妙。新興、江川交界處。新興鋪司設此。普妙五十里至江川縣。江川縣九十里至澂江府。

自新興達河西縣路考：州南行二十三里至石關哨。石關哨二十九里至曲陀關。新興、河西交界處。曲陀關三十里至河西縣。屬臨安府。

道光《廣南府志》卷三《道里》 廣南府達省城路考：由府城四十五里至木帖，五十五里至者兔，五十里至者鍾，五十里至馬别河，六十里至法白，五十里至彌勒灣，六十里至樹皮塘，凡十里至大百户，五十里至膩革龍，五十里至小江口，五十里至二台坡，五十里至竹菌村，七十里至彌勒縣，六十里至大麥地，七十里至路南州，六十里至宜良縣，六十里至呈貢縣屬七甸，七十里至省城。通計共一千五十里。

廣南府達廣西淥沖路考：由府城六十里至高視槽，五十里至蜈蚣箐，五十里至響水，六十里至普廳，五十里至四亭，五十里至平嶺，六十里至者桑，五十里至剥隘，六十里至廣西淥沖。通計共四百八十里。

廣南府達開化路考：由府城五十里至安排，七十里至阿記得，六十里至阿雞，七十里至江那汛，七十里至開化城。通計共三百二十里。又一路由革掌塘較捷。

康熙《羅平州志》卷一《旅郵》 州城西行往省城：五里至康吉村，五里至幸多額，十里至石磴哨，五里至臘塊哨，十里至中火鋪，五里至永安哨，十里至偏頭山，援剿汛。州城北行往本府：十里至趨吉堤，一里至喜舊溪九龍橋，五里至乾河哨，十里至黑泥哨，五里至圓峰哨，十里至清平哨，十里至恩勒村哨，援剿汛。二十五里至法郎哨，十里至越羅哨，交越州蛇長河界。州城東行往黃草壩，五里至雙硐，五里至十里堆，五里至法開甸，八里至蘆溝橋，七里至金雞山，五里至沙灣，十里至大酒馬邑，八里至板橋，援剿汛。五里至折都，十五里至蝦蟆井，五里至清水河，三十里至棲革江底渡口。【略】州城南行往廣南：十里至乾河橋，十里至金得村，十五里至木刻黑，十五里至大水井，援剿汛地。十五里至芭蕉箐，十里至相見坡，十五里至八達河渡，廣羅協汛。河外交廣西西隆州古障界。

光緒《永昌府志》卷七《道路》 永郡地界廣袤，所及非盡貢賦地也。諸夷環遶，犬牙錯雜，苟申畫不嚴，即爲棄土。故寸壤尺地皆宜區別，曲徑迂途皆宜諳曉。往者麓賊爲梗，津要先爲所據，區區與之爭，上江地形失利，士氣頓阻，非以道路不講之故歟！承平之時，橋梁、道路預爲講求建置，庶臨事有所倚仗，通達無礙。至於奇僻細徑，靡不咨訪於無事，倘正道有塞，亦可以迂途捷徑而出奇制勝。陰平推氈，盧龍鑿險，自古有之。故詳志《道路》。

永昌府，一自永昌東由哀牢山至竹魯凹一百二十里，至瀾滄江，通順甯府。一自永昌府至河灣檪柴壩一百二十里，通雲龍州。一自永昌西北一百二十里至北衝，又一百二十里至孫足，一百二十里至漕澗，西至上江十五喧四百里，接野人界。一自永昌西南由潞江從邦別小路至鎮安所一百六十里，由鎮安所八十里至龍陵，由龍陵六十里至芒市，由芒市一百二十里至遮放，由遮放一百六十里至猛卯，由猛卯至碗頂河邊，遂交木邦界。一自永昌南至施甸，由施甸四十里至姚關，由姚關一百六十里至灣甸州，由灣甸州一百八十里至鎮康州，由鎮康州四百里至耿馬，由耿馬二百七十里至猛猛，由猛猛三百七十里至孟艽，由孟艽二百四十里至卡喇瓦野人界。

龍陵廳，一自龍陵東四十五里至黄草壩，三十五里至鎮安所，一百六十里至潞江，交保山界。一自龍陵南二百八十里至碗頂黑山門，交本邦界。一自龍陵西九十里至龍江等插渡，交騰越界。一自龍陵北二百五十里至蒲巒哨，交騰越界。一自龍陵西南二百二十五里至遮冒，交南甸土司界。

騰越廳，一自騰越北四程至茶山長官司。一自騰越西八程至里麻長官司，十程至孟養宣慰司。一自騰越南二十里交南甸半个山，又六十里至南甸宣撫司，又二程至干崖，四程至蠻哈山，十程至猛密，二十七程至緬甸，三千里有奇至南海。一自南甸四程至隴川，自隴川西南十程至猛密，由隴川東南十程至木邦，轉達八百宣慰司。一自騰越東南二程至蒲窩，又二程至芒市，轉達鎮康州。南甸宣撫司所屬神護、銅壁二關外，俱屬野夷，路通戛鳩地方。干厓宣撫司屬無關隘、野夷，路通盞達地方。盞達副宣撫司所屬萬仞、巨石二關外，俱屬野夷，路連野牛壩。隴川宣撫司所屬虎踞、鐵壁、杉木籠三關外，俱屬野夷，路通猛壩地方。猛卯安撫司所屬邦中、天馬二關外，俱屬野夷，路通猛密地方。户撒、腊撒二長官司屬均無關隘，路通猛育地方。州屬界頭、大西、古勇三練外有大塘、明光、滇灘、古勇四隘，外俱屬野夷，路通戛鳩、江頭地方。

永平縣，一自永平正東由黄連堡東南出半坐山，至洒拉亨了口五十里，交蒙化廳界。一自永平正東大路至漾濞雲龍橋，由雲龍橋東北從桑不老至登頭五十里，交鄧川州界。由桑不老正東至阿浪二十里，交浪穹縣界。一自永平東南由薩佑村一百里至小邑里，由小邑里正東出鬼口，五十里至雞街，交蒙化廳界。由小邑里東南出阿貝村，過鬼星村至馬街里四十里，交蒙化廳界。一自永平正南，從門坎至岔路四十里，順甯府界。岔路東南至稲梯十五里，交順甯府界。由岔路西南，從漂浪出南山二十里，交保山縣界。一自永平正西，由小田壩出大箐，至江邊七十里，交保山縣界。一自永平西北，由石衝出棹盤，至沙魯六十里，交保山縣界。一自永平正北，由小羅武、大羅武出那白河、西夕至箭桿場風洞一百五十里，交雲龍州界。由大羅武東北出雞鳴山、鹿鳴河，過羅里密阿土郎，至橫場一百三十里，交浪穹縣界。一自永平東，由東山出西里過阿里浪，至破里場一百六十里，交浪穹縣界。

光緒《鎮雄州志》卷一《道路》 自州城東三十里至白鳥塘，三十里至木黑塘，六十里至母享塘。共一百二十里，入畢節界。

自州城南十里至仁里塘，十五里至柳林塘，十五里至翟底河塘。共四十里。此路於光緒十年，武營以柳林入威甯界。翟底河接威甯之則章垻至菩薩塘，距城窵遠，人烟稀少，客商居民往來被劫，改由牛場垻，以槎溝、彭家寨、安耳硐、梯子脚直入威屬之菩薩塘，於以槎溝設防，保(街)[衛]行商，盤詰奸宄，遞送公文，尤爲捷徑。已禀明昭通、威甯兩鎮同改設塘。由仁里塘分路，二十里至張基屯塘，二十里至吴家屯塘。連前共五十里，入畢節界。

自州城西十五里至大關口塘，十五里至洗白塘，十五里至芒底塘，十五里至巴拉壩塘，十五里至小洛澤塘，十五里至五眼硐塘，十五里至戛母塘，十五里至羅布戈塘，十五里至大水溝塘，十五里至田壩塘，二十里至杉樹塊汛，十五里至廣德關塘，十五里至放馬壩塘，十五里至分水嶺塘，十五里至林口塘，二十里至杉樹坪塘，十五里至寸鐵塘，十五里至奎鄉汛，十五里至涼水井塘，十五里至青崗嶺塘，十五里至龍街子塘，十五里至長沖塘，三十里至洛澤汛。共三百七十里，入威甯界。由奎鄉汛分路，三十里至雞罩林塘，三十里至李子溝塘，三十里至剳雞寨塘，三十里至核桃坪塘，三十里至毛坪渡塘，三十里至戈魁河塘，三十里至小洛澤塘，三十里至阿路林塘，二十五里至阿處底木塘，二十五里至伐烏關汛。連前共五百七十五里，入大關界。

自州城北三十里至板橋塘，十七里至梭步嶺塘，十五里至古芒部塘，三十里至六井塘，十五里至黑泥孔塘，十五里至雨洒河塘，三十里至斑鳩溝塘，三十里至水落孔塘，三十里至山羊壩塘，三十里至漢章壩塘，二十五里至羅海塘。共二百六十五里，入珙縣界。由古芒部分路，三十里至木著塘，三十里至黃水塘，三十里至羅坎關汛，二十五里至溪口塘，二十五里至洛旺塘，二十五里至茶坊塘，二十五里至水田壩塘，二十五里至牛街汛，三十里至迴龍溪塘，十五里至三灘塘，三十里至麻柳溪塘，四十里至大寨塘，四十里至大壩塘。連前共四百三十里，入筠連縣界。由雨洒河分路，十五里至木色戛塘，十五里至大落脚塘，十五里至黃池塘，十五里至麻園塘，十五里至色卡凹塘，十五里至扎西汛，十五里至五顯壩塘，十五里至核桃園，十五里至□□塘，入永甯界。由扎西汛分路，三十里至花家壩塘，三十里至羅匍凹塘，三十里至長官司汛。由長官司汛分路，三十里至司營堡塘，入珙縣界。由長官司汛分路，三十里至威信司塘，入大埧界。

康熙《元謀縣志》卷一《郵旅》 縣城三十里至官莊，八十里至金沙江。縣城二十五里至月臼，三十里至阿郎。縣城四十里至大巳保，十五里至猛令哨。縣城二十里至阿郎，三十五里至烏山哨。縣城二十里至東甸，三十里至南號哨。

《元謀縣鄉土志・道路》 自元謀本城之東行十里至馬頭山村，逾山頭十五里至茶房，又五里至望城關，交武定州界，即通省之孔道也。

自縣城之西行十里至扒灣，渡元馬河。又十五里渡西溪河，即龍川江之上流，至阿郎。逾阿郎山，十五里交定遠縣界。

自縣城之南行二十里至東甸，逾五里至南角壩。又五里渡六初郎河，逾烏緇黑山，即武定州屬勒品鄉界。

自縣城北門出城，渡元馬河，行十五里至中屯，又十五里至馬街。由馬街之西行五里渡龍川江，逾鳳凰山，十五里至普登。渡普登河，行十五里至海岱，又十里至班果，二十里至小牛街，交大姚縣界。此即三姚之通衢也。

自縣城出東門，向東南行十五里至苴那，逾二十里至張波羅，行五里至六初郎村，向東行十里至把度，又三十里至老者格，交武定州界。

自縣城之東北行十五里至廣福村，逾十里至丙戌，又五里渡灣空河，至灣空。逾雷應山，十五里交武定州屬環州界。

自縣城至馬街之北行二十里至牛街，支路向右行十里至黃瓜園，又十里渡海螺河，至海螺。行十里至班邁，又十里系武定州屬金沙江界，即通川之道也。

自縣城至牛街之支路向左行十里渡苴林河，至苴林。又十五里渡灣保河，至普文龍。又五里至午茂，十里至德大，又十里至大雷宰，逾二十里至芝麻村，交大姚縣屬苴却界。

《蒙化縣鄉土志・道路》 出城之東門三里許，過登龍橋，上石龍山，五里至大寺頂，十里至一碗水，十里至禿筆峰，十里入趙州界。又出城偏南行半里許，折而東過錦溪橋，經黃羅村，十里至大寺頂，與前路會。

出城之南門，東南行，過菜園河，五里至瓦窑，十五里至梯子坡，二十五里至梯坡寺，上太極頂，五里許入趙州界。又由梯坡寺南行，十里至剳舊摩渡河，十里至金頂莊，三十里至南澗。又出城南行，五里至白塔，十里至熱水塘，十里至五方坡，二十五里至密海底，十五里至底畢，十五里至小里澤，五里至大平地，五里至菖蒲塘，五里至平安哨，十里至橄榔塘，十五里至南澗。由南澗東南行，十五里至石婁婆，二十里至阿克塘，二十五里至虎街，十五里至羅莎塘，十五里至牛街，二十五里至新馬街，三十里至鼠街，再二里許至圈橋，入景東界。又由五方坡沿陽江行，五十里至金頂莊，三十里至南澗。由南澗東行二十五里至鹽白窩，五里至山神廟，五里至小石崗，入趙州界。又由南澗沿陽江東行，五里至白岩河，二里至黃果園，十五里至蠟果灣，入趙州界。又由南澗西南行，五里至西山脚，十五里至小水井，十五里至瓦車河，五里至舊馬街坡脚，十里至長蟲街，五里至桂花箐，十里至清水溝，上鳳凰山，與公郎路會。又由熱水塘十三里至白夷村，五里至三岔河，十里至茶克塘，十里至廟山，十里至羅求，過羅求河，十五里至薛家灣，五里至虎街哨，十五里至上雞籠，三里至下雞籠，五里至三台哨，十里至大哨，二里至芹菜溝，過鳳凰山，十五里至鴨爪哨，十五里至馬峰腰，十里至石箭，五里至公郎。由公郎南行，十五里至奪木，五里至一碗水，十五里至神舟渡，交雲州界。又由大哨西行，十里至白馬箐，二十里至沙臘谷，十五里至瓦奴薄之山神廟，稍南行，七里至白沙井，十五里至代媽庫，二十里至浪滄江。由白沙井西行，五里至瓦郎，十里至龍門，二十里至喇家庫，二十里至岔江，即備溪與浪滄合流處，交順寧界。又由白塔西南行，十里至三角坪，五里至三甲地，度司馬嶺，五十里至舊村，三十里至阿果落，二十里至西窑。又由白塔十里至拕鐘衝，十里至谷波羅，二十里至白泥河，十五里至磨旁坡，二十五里至大風山，二十五里至西窑，再二十里至備溪江六甲渡，交順寧界。又由三岔河七里至吉利谷，十五里至客喜村，三里至舊村，與西窑路會。

出城之西門，三里過永春橋，十里至三眼井，十五里至山頂塘，十五里至白乃塘，渡諸始河，二十里至子午街，二十里至瓦胡蘆河，二十五里至老牛街，三十五里至杉松哨，交順寧界。由永春橋十里至梯子坡，二十里至阿戛，十五里至西巡檢，十五里至牛街哨坡脚，十里至杉松哨，與順寧大路會。

出城之北門，過日月約，向西行七里至貝忙，三里至小村，八里至嶜盤山，十里過大黑山。沿大黑箐行，三十里至石頭村，十里至底媽無，十里至龍街，二十里至水濆村，十五里至戰馬古郎，過備溪江，十五里至密喜把，再十里入順寧界。由媽底無三十里至雞街渡，過備溪江，二十里至下雞街，交順寧界。又出日月約，向北行半里許至迎恩坊，一里至教場，十里至南莊塘，十里至廟街，過盟石，二十五里至甸中街，十里至大倉街。由西行，渡陽江，二十里至西山街，四十里至上鼠街，十里至備溪江籐橋，五里至瓦厂，二十里至白竹山，交永平界。又由大倉十里至巡檢，西北行七里至土寺旁，六里至箐門口，經趙州之石黄山，四十里至州地已早，十五里至州地烏期，五里至李家村，三十里至波潮郎，二十里至上鼠街，與前路會。又由巡檢西北行，十里至江頭村，二十里至飛立塘，五里至核桃灣，二十五里至趙州者摩，五里至趙州茅草哨，十里渡四十里橋至合江，七里至平坡，七里至雞邑塘，十里至永平金牛塘，十里至驛前鋪，十里至草鞋塘，十里至漾濞下街，再三里至上街，過雲龍橋，交永平界。由雲龍橋轉西北，三十五里至札勿約，其北角交雲龍界，餘交永平界。又由平坡過漾濞江，五里至石地坪，四十五里至哈喇苴。向南行，三十里至迤其摩，二里至順備河，二十里至青木園，交永平界。由哈喇苴西行，二十里至戛曉村，三十里至時草白了口，交永平界。由巡檢向北行，過碗窑河，十五里至多蟻塘，十里至瓦房哨，五里至三台山了口，交趙州界。由大倉向東行，十里至馬米厂箐口，十里至罌家營，八里至山頂，交趙州界。由馬米厂後山羊槎二十里至清水溝，十里至鏊木郎，越山頂交趙州界。又由教場北行里許至禾里坡，轉而東十里至大窩塘，十五里至沙灘哨，十里至石佛哨，十里至桃源哨，十里至箐門口，二十里至彌渡後街，交趙州界。由彌渡東行，四十里至雲川馬街，二十五里至木涝鋪，交雲縣界。

乾隆《騰越州志》卷二《道路》 州城近境之北，城南六十里爲蠻宋，十里爲南甸土司，故爲府由南甸左行，六十里爲龍抱樹，又五十里爲杉木籠山，山之險者也。又三十里爲蠻隴，又六十里爲隴川土司，又四十里爲邦中山，又一百里爲猛卯土司，凡四百五十里。自南甸右行，二十里至沙冲，二十里至猛宋，五十里至黄陵崗，五十里至干崖土司，八十里至盞達土司，三十里至太平街。又自翁輪三十里至銅壁關，凡三百五十里。此自州由南分左右之里數也。自隴川八十里至腊撒土司，户撒在其北三十里。自腊撒至鐵壁關八十里，由鐵壁而左二十里至蠻等，七十里至虎踞關，又五十里至南喜，三十里至等拐，又十里至天馬關，此境内南行之里數也。

至於赴府赴省，則有正道、奇道。其正道一者，自州六十里至橄欖站，又三十里度龍江橋，又二十里太平鋪，又二十里分水嶺，又二十里至蒲蠻哨，又二十里至八灣，九十里至蒲縹，七十里至永昌，計三百二十里，至省城一千六百四十里，至北京一萬二千八百五里。奇道七者：一自騰宗南大蒲窩過龍川江，赴高黎貢山入施甸，取道順寧。一自騰東上高黎貢山名猛柳寨，徑路可通施甸、順寧。一自騰越東大蒲窩南下小隴川，經芒市、灣甸，可通景東。一自騰北瓦甸至界頭，過馬面關，越高黎貢雪山，渡上江，通雲龍五井。一自騰北古羅古城，越高黎貢山，過上江，經永昌北衝界。一自騰西北入茶山舊土司野人界，通麗江瀾州界。一自騰東北仆箐寨，越高黎貢雪山，過上江，經永昌府所屬老緬洋、羅古城等寨，東入永昌。舊《志》謂古奇路皆可達省，此其大凡也。往麓川爲梗津，要先爲所據區區與之争上江地，形勢失利，士氣頓沮。

竊謂夷之孑視騰也，謂潞江爲巨險，前足以遏援兵，後足以斷壤土，承平之時，橋梁、道路皆講求建置，庶臨事有所憑藉，通達無礙。至於山僻小徑，無不咨訪於無事之時。倘正道有阻，亦可迂途捷徑而取奇功。陰平裹氈盧龍鑿險，自古有之。至於臨夷之路，則有五：一自騰北道四程至茶山界，自騰西道八程至里麻界，十程抵孟養境。一自州南一程至南甸，二程至干崖，四程至盞達蠻哈山，十程由蠻暮至猛密，二十七程至緬甸，三千里有奇至南海。一自騰南一程至南甸，四程至隴川，自隴川西南又十程至猛密，轉達緬。自隴川東道，又十程至木邦，轉達景線，即古八百媳婦國。一自騰東南道二程至蒲窩，二程至芒市，轉達鎮康。

舊謂古臨夷之路皆撫剿所必由，惟茶山所往號野人境，峭壁不可梯繩，弱水難於舟筏。而茶山、里麻前明設有兩長官司，明季時爲野人所驅奔入內地。今尚有早土司後裔，已爲齊民。其地閉塞不通久矣，古勇、明光、滇灘諸隘之設，防野夷也。至於阿瓦之道，出銅壁、鐵壁、虎踞三關，皆可乘船赴緬。惟猛卯出天馬關，陸道多於水道。前用兵時，密探其路，自天馬關五十里而小濫，又五十里而蔓布，三十里而猛卡，四十里而蠻空，四十五里而猛老，四十里而猛勒，四十五里而蠻黑，六十里而猛密土司，三十里而不亞，七十里而章谷洞，三十里而尼孤，凡五百九十五里。然後下船，兩日即抵阿瓦。歷彦得、上漿謬、直埂至阿瓦約三百里。計天馬關至阿瓦，水陸兼行不過九百里耳。而明將軍征緬，由木邦出天生橋，取宋寨，其地散漫，小徑叢出，深入無繼，必至潰敗。傅經略由萬仞關四十里歷猛弄、蠻理、止丹、來戛、南盞河，又三十里出戛鳩渡江，十里蠻乃，三十里蠻赧，又三十里麻里，而至猛拱。百五十里南烏賴，三十五里沙河，三十里深溝，又六十里而至孟養。其地至阿瓦甚遠，且路徑不熟，炎天瘴盛，因回師而駐老官屯，其路則出鐵壁關，五十里而至猛卡，又五十里而至楞木，又十里而至洗怕河，歷猛允、猛暎而至新街，趙宏榜所敗績處也。南行即爲老官屯，臨大金沙江，賊分扼江之東西，我軍逼其東寨而駐，故有造船之議，謂元人征緬以此取勝也。要在熟悉地勢，多集兵力，出其不意耳。

然唐時通天竺亦取道於騰越，蓋有兩道焉。一自諸葛城南行二百里至樂城入驃國境，即今緬國也。經萬公等八部落至悉利城七百里，又經突旻城至驃國千里。自驃國西度黑山，至天竺迦摩波國千六百里。又西北渡迦羅都河至奔那伐檀那國六百里。又西南至中天竺東境恒河南岸羯朱嗢羅國四百里。又西至摩羯佗國六百里。此則自騰越而南，由緬甸城轉西，以至東天竺界，凡三千五百里，至中天竺一千六百里，共五千一百里也。自諸葛城西去騰充城二百里，又西至彌城百里，又西過山二百里至麗水城，乃西渡麗水、龍泉水二百里至安西城，乃西渡彌諾江水千里至大秦婆羅門國。又西渡大嶺，三百里至東天竺北界箇没盧國。又西南千二百里至中天竺東北界之奔那伐檀那國，與驃國往婆羅門路合。此則自騰越而西，由麗江進藏地至東天竺國北界二千里，又千二百里至中天竺僅三千二百里，視南道徑一千九百里也。然則騰越正與天竺相對，中間爲赤髮野人所隔，迂道南行千七百里至緬甸，然後轉而西至東天竺，又西北至檀那，計三千八百里。迂道西行，然後轉南亦至檀那，計三千二百里。若使驅逐赤髮野人，開通直路，自騰越達天竺不過千八九百里。昔漢武欲通西南夷拓梁州之境，徑接大夏，豈不偉哉！

《騰越鄉土志》卷七《道路》　自城東起行，十里至玉壁塘，又二十里至芹菜塘，又十五里至橄欖跕，又五里至龍江橋，又十里至竹笆鋪，又二十里至太平鋪，又十五里至分水嶺，出騰界。又十五里至象脖子，又二十里至禾木樹，又三十里至潞江橋，又十里至乾溝口，又十五里至柳灣，又五里至打板箐，又三十里至蒲縹，又三十里至冷水箐，又四十里至永昌城。計四程，共三百一十里，此由廳赴府之大道也。而自騰至省計二十四程，約一千六百四十里有奇。其抵北京也，舊《志》謂一萬二千八百五里，輿圖所載則七千五百六十里，考疆域者宜加察焉。

自城南起，四十里至小河底，又三十里至曩宋關，又三十里至南甸都司城，又五里至遮島南甸土司署，又二十五里至葫蘆口，又十里至横水溝，又十五里至五老岡，又二十里至干崖舊城，又三十里至蠻璋街，又三十里至弄摩小新街，又十里至弄璋街，又三十里至蠻線，又三十里至古哩戛。即擬修滇緬鐵路交界處。又一路由弄璋街，二十里渡檳榔江入盞達司界，又十里至蠻允防營，又十里至護送河，又十五里至邦挖，又二十五里至雪烈山寨，又二十五里至小浪粟，又二十五里至石梯大營，又二十里至紅蚌河分界處，又三十里至緬地八募江，又過江六十里至新街，又火船行三日至阿瓦。此由騰通緬之要路也。

自城西起，六十里至荃蔴箐，又十里至歡喜坡，又三十里至箐口昭忠祠，又二十里至古永茶花塘，又三十五里至猴橋渡河，又三十里至瓦崙山脊分界處。由瓦崙山界，六十里至息董。由息董，五日至密止那三鴉拱。由陸路二日鐵路約二時。至猛拱城。又陸行四日至玉石厂。此上厂之一道也。

又一路，由城西十五里至小西練侍郎壩小街，又十五里至響水溝，又三十里至馬站街，又十五里至順江街，又二十里至固東汛街。分二路。一路三十里至阿幸，又三十里至滇灘隘，又四十里至野人山分界處。一路三十里至明光小新街，又五十里至明光隘土千總署，又八十里至茨竹寨分界處。

自城北起，三十里至北練小茼街，又三十里至向陽鐵索橋，又五十里至曲石街，又六十里至瓦甸街，又六十里至界頭街，又七十里至馬面隘，又五十里經雪山至保山屬等耿土司分界處。又一路由曲石街十五里至江苴街，又四十里至雪山頂施粥房，又十里入保山界。

自城東南起，三十里至猛連，又三十里至黃泥坎，又三十里至鑾奇，又十里過龍江尾鑾掠渡出騰界，又二十里至香柏河，又六十里龍陵廳城。

自城西南起，三十里至緬箐街，又二十五里至新奇，又三十里至小地方，又二十里至猛龍，又十五里至蠻西，又三十里至止那隘，又六十里至神護關，入緬甸界。以上皆正道，所謂如砥如矢者也。

奇道有七。一自城東南大蒲窩過龍川江，越高黎貢山，入施甸，取道順甯。一自城東上高黎貢山，由猛柳寨徑路通施甸，順甯。一自大蒲窩南下小隴川，經芒市，灣甸，通景東。一自城北界頭過馬面關，越雪山，渡上江，通雲龍，五井。一自城北羅古城越高黎貢山，過上江，入保山北衙界。一自城西北入茶山野人地，通麗江界。一自城東北仆箐寨越黎貢雪山，過上江，經府屬老緬洋、羅古城等寨，東入永昌。舊《志》謂古奇路。皆可通省者也。

達外夷之路有五。一自城北四程至茶山邊界。一自城西八程至里麻界，十程抵孟養境。一自城南一程至南甸，二程至干崖，四程至蠻哈山，十程至孟密，三千餘里至南海。一自城南五程至隴川東，十程至木邦，轉達八百宣慰司，即古八百媳婦國地，在今景線。一自城東南四程至芒市，轉達鎮康。舊《志》謂古通夷之路，皆勦撫所必由者也。

道光《貴陽府志》卷三七《關路津渠記》 貴陽東道清平爲入都道，西道安平爲達雲南道，皆驛路也。自貴定別於驛路而東出少南爲達麻哈道。又自貴定別於驛路而東南至擺忙可達都勻。自貴定南都盧，別於貴定東南道而西南出，歷舊縣平伐營，西南達大塘。自清鎮別於驛路，而西北至鴨池河可達黔西。蓋自驛別而別者凡三。又有南道南歷定番、大塘以達都勻牙舟汛，西南道西南歷廣順以達安順汛、歸化廳，北道北歷札佐以至烏江達遵義境，東北道東北歷開州至新土平以達平越境，次東北道至巴香城以達平越境。凡此七路，皆經途也。自貴陽城南少西大水溝，別於南道而東南出者爲貴陽通谷壤汛及貴定舊縣路。自定番城別於南道而西北出者，歷羅斛至八讓渡盤江可達泗城淩雲縣，爲定番西南道。自定番斷杉汛別於定番西南道而東南行者，爲斷杉通明通汛道。自羅斛別於定番西南道，北行少西者，爲羅斛通□化道。自羅斛別於定番西南道，西行少北者，爲羅斛通貞豐道。自羅斛西南楊里亭，別於定番西南道，西行至度邑亭，亦爲羅斛通貞豐境道。凡此皆定番西南道之歧分也。自大塘南平寨塘西出，自於巴羊塘，爲大塘通羅斛道。凡南道自大水溝而一歧，自定番而三歧，自平寨而一歧，蓋爲歧凡四云。自廣順城別而西南出，歷打八箐二日程即至歸化廳。自廣順城別於西南道南出，爲廣順南道，通長寨，又南至廣順梭巴枝而止。自廣順城南官地塘別於廣順南道西南行至克細。自廣順城南宗角汛別於廣順南道西行亦至克細。自長寨北火連忙別於廣順南道東北行至焦山汛。自長寨城別於廣順南道西北行歷克英，西至壩陽汛。又西北歷山京汛至安順汛，爲長寨西北道。自克英別於長寨西北道北出，少西亦至克細。至壩陽汛別於長寨西北道而西出至安順長沖塘。自山京汛別於長寨西北道出至安順黃土塘。又自山京別於長寨西北，又東北復至廣順城。自長寨城別於廣順南道西行，歷者貢、狗場二汛至關口塘，入歸化廳境，復北合於壩陽汛。自長寨城別於廣順南道東南行，至廣順巖底而止。凡此皆廣順南道之歧分也。大凡西南道自石板哨一歧，自廣順城二歧，蓋爲歧凡三云。自貴陽北老鴉關別於北道而西北出，歷修文至黃沙渡，北入黔西州境，爲貴陽道黃沙道黃沙。自修文城別於黃沙道西南行，爲通清鎮道。自修文別於黃沙道西北行，至六廣渡入黔西境。凡此皆黃沙道之歧分也。自札佐別於北道東出，爲札佐通開州道。自札佐別於北道而西出，爲札佐通修文道。凡北道自老鴉關一歧，自札佐二歧，蓋爲歧凡三。自貴筑之馬要巖別於東北道，東通出達巴香城。自開州南洗泥塘，別於東北道而東出至棉花渡，達平越境。自開州城別於東北道而北出少西，至茶山渡達遵義境。自開州城別於東北道而北出，少東至合口渡，達遵義境。自開州城別於東北道而東出，復合於棉花渡。大凡東北道自洗泥而一歧，自開州而三歧，蓋凡四。□次東北道無歧。總括而次之，共爲路四十又二。

一曰貴陽東道清平驛路。自省城南門出，東南五里圖雲關，又東十里龍洞鋪，有塘。又東十五里畢鋪哨，有黄泥塘。又東五里黎兒關，入龍里縣界。又東十里谷脾鋪，有塘。又東十里高寨鋪，有塘。又十里龍里城，有龍里驛，有龍里汛及在城塘。又東十里麻子鋪，有塘。又東十里龍從鋪，有塘。又東十里新安鋪，有塘，入貴定境。又東五里高平堡，又東五里甕城鋪，有塘。又東四里牟珠洞，又東三里官田坪，又東三里乾溪鋪，有塘。又東三里馬桑沖，又東三里小沙坪，又東四里貴定城，有新添驛，有新添營及在城鋪。又東七里玉杵關，又東三里巖頭鋪，有塘。又東十里谷濛關，有塘。又東三里至沙坪，入平越境矣。

二曰貴定東微南通麻哈路。自貴定別於驛路而東出，少南起自貴定東門，東行少南十二里東山口。又東少南十八里馬家屯，又東少南二十里樂坪，入麻哈州界。又東五十里至麻哈州。

三曰貴定東南通都勻路。自貴定別於驛路而東南出，起於貴定南門，南行八里樂芒，又南七里巖脚，又南八里龍場，又南十里都盧坪，又南五里谷里堡，又南四里小龍場，又南七里官里堡，又東經王寨、鳳鳴莊、茶山至擺龍，共二十里。又十里擺芒，又四十里至江肘，入都勻界。又百二十里至都勻城。

四曰貴定歷舊縣平伐營西南通大塘路。自都盧別於貴定東南道而西南行，五里五道水，又西南三里富樂，又西南三里入貴定舊縣東門，出南門，又南八里小場，又南八里谷峸，又南十里大堡，又南十二里平伐營，又西南十里乾塘，又西南十五里擺城塘，又西南十里至掌布，入大塘境。又西南三十里至大塘城，又一路至谷里堡。別於貴定東南道而西南行，十五里亦合小場。

五曰貴陽西通安平驛路。自省城威清門出，西十五里阿江鋪，有塘。又西十三里湯粑鋪，有塘。又西十里亮樹塘，又西北十二里黑泥塘，又西北三里入清鎮縣境，又西北三里至清鎮城，有威清驛，有清鎮汛。又西北八里滴澄橋塘，復入貴筑境。又西十里長林塘，又西十里蘆荻塘，入清鎮縣境。又西南五里龍□塘，又西南五里堯巨塘，入安平縣境。

六曰清鎮西北通黔西路。自清鎮別於驛路西北出，十五里抄紙塘，入貴筑地。又五里老王沖，又三十五里茶店，又五里鴨池河，入黔西境。又五十里至黔西州。

七曰貴陽歷定番、大塘南通都勻牙舟汛路。自省城次南門西南十里廿堰鋪，又西南五里大水溝鋪，有塘。又南十五里花仡佬鋪，有塘。又西南五里楊柳鋪，有塘。又西南五里桐木鋪堡，有塘。又西南十里青巖城汛，有塘及鋪。又西南五里小山塘，入定番境。又西南五里長田塘，又西南五里土橋塘，又西南五里洞口塘，又西南五里赤土塘，又西南七里姚家塘，又西南八里入定番州城東門，又出南門，東南十里雞窩塘，又東南十里打華塘，又東南十五里下壩塘，又東南十里幺雪塘，又東南十里方番汛，入大大塘境。又東南二十里擺榜塘，又東南又東二十五里入大塘城北門，有定番右營。又出大塘南門，西南十里高寨塘，又西南十五里平寨塘，又南十五里籐茶塘，又南十五里牙舟汛、王宋塘，都勻平州司地矣。

八曰貴陽東南通谷壤汛貴定舊縣路。自省城南少西十五里大水溝，別於南道南行十五里板橋塘，又南十五里打鐵塘，塘西北有小路十餘里可至南道之桐水塘。又自打鐵塘東三十里高坡塘，又東南五里毛箕堡，入龍里境。又東南十餘里谷壤汛，又東北十五里至冗刀營，又東北五里至平伐新司，又東北十五里至平伐舊司印壩山，又東北五里入貴定舊縣南門。

九曰定番西北通廣順路。自定番別於南道而西北出，七里沙子哨塘，又西北七里乾塘橋，又西北五里鼠場塘，入廣順境。又西北六里翁貢塘，又西北箐口塘，又西北五里改窑汛，又西北十里保和塘，又西北十里巴茅哨塘，又西北十里平寨塘，又西北七里至廣順城。又有僻路，自定番城北出，少西七十里廣順水車壩，又西十里董紀塘，又西四十里至廣順城。

十曰定番西通長寨路。自定番城別於南道西南出，九里大華哨塘，又西南八里崇明塘，又西十里冷水塘，又西南七里王子塘，又西九里至威遠汛，入廣順境，分爲南北二路。北路自威遠汛西南十里打壤汛，入長寨境。又西五里羊城汛，又西南三里長寨城。南路至威遠汛，南行七里平寨塘，又西行十里谷隆關塘，入長寨境。又西五里羊角汛，又西北十里亦至長寨城。

十一曰定番西南通泗城凌雲路。自定番南門別於南道而西南出，八里大坡塘，又西南十里三都塘，又西南十里龍洞鋪，有塘。又西南十里犀牛塘，又西南十里黄瓜鋪，有塘。又西南十二里阿思塘，又西南八里青籐塘，又南十二里至斷杉鋪，有汛。又西南二十五里至小星箐塘，又南二十五里羅路塘，入羅斛境。又南二十里巴羊塘，有鋪。又西南三十里板庚鋪，有塘。又西南四十里入羅斛城北門，城中有羅斛汛及斛城鋪。又出南門，東南十里渌降亭，又東南十里羅呆亭，又東南十里羅球亭，又東南十里渡巨抹河之納亞渡至那關塘，又南十里板零亭，又南十里巴索亭。從此分路，南行渡雙江渡可達廣西天峩縣丞境内之百毫塘。又西南十里至八達塘，又西渡濛江朵將渡，六十里至捧亭塘。從此分路，南行渡洪水江之八毫可至凌雲境。又西五里至懷亭，又西十里至八讓渡，從此渡洪水江，即凌雲縣之雅里塘。又西四十五里楊里亭塘，渡洪水江之把楊渡，入凌雲縣之百色。

十二曰定番西南斷杉汛東南通明通汛路。自斷杉汛東南五里抵羊塘，又東南十里所那塘，又東南十里花山塘，入大塘境。又東南十五里抵塘，又東南十五里至明通汛。

十三曰羅斛北通歸化路。自羅斛城北行六十里逢亭，又北八歸化廳界擺羅汛。

十四曰羅斛西北通貞豐路。自羅斛城西北渡濛江巴乖渡，二十里溝亭塘，又西北三十里羅悃亭塘，又西北二十里羅蘇亭塘，又西北十五里桑郎塘，又西北三十里逾桑郎河至那夜亭塘，又西五十里至那桑亭，入貞豐境。

十五曰羅斛西南楊里亭西通貞豐路。自羅斛楊里亭塘分路西行，三十里安沙亭，從此南渡洪水江安沙渡可至凌雲縣之癸里塘。又西三十里昂者亭，從此南渡昂者渡可至凌雲縣之安甯塘。又西北十里羅副亭，又西北十里至貞豐之渡邑亭。

十六曰大塘通羅斛路。自大塘南平寨塘別於南道而西南出，十里黨拱塘，又西南十五里通州塘，又西南十五里降龍塘，又西南二十五里明通汛，又西三十里擺別塘，又西四十里巴牟塘，入羅斛境，與定番通羅斛路合。

十七曰貴陽西南歷廣順通安順汛路。自省城次南門出，西南八里太慈橋，又西十二里爛泥溝，又西十里石板哨，有鋪，有塘。自此歧而東出十五里即合南道之大水溝。從石板哨又西十里冷飯河，又西南十五里廣興鎮城，入廣順界，有吴超鋪。又西南五里川心堡，又西南五里四寨鋪，又西五里鎮甯界楊柳哨，有鋪。又西南八里二灣河，有朱巢鋪。又西南五里普定界克坐場，又西南十里廣順牛了營，有鋪。又西南三里石燕關，又西南五里至廣順城，又西二十里鎮甯高寨塘，又西十里響水塘，又西十里水橋塘，又西十五里安順汛，即安順舊州也。

十八曰廣順西南通歸化路。

十九曰廣順南通長寨路。自廣順城南行十里瀨湴河，又南七里官地塘，又南七里深井塘，又南七里沙子塘，又南七里宗角汛，又南八里馬落孔，有塘。又南七里火連忙，有塘。又南七里至長寨城，又南二十五里翁龍寨，又南十二里廣順梭把枝。

二十曰廣順南官里塘通克細路。自官里塘循小路西南行，十里猛坑，又西南五里大河，又西南五里克細。

二十二曰長寨北火連忙東北通焦山汛路。自火連忙東北行十里至焦山汛。

二十三曰長寨西北歷克英壩陽汛山京汛通安順汛路。自長寨西北十五里同筍汛，又西北十里克英，又西十里老鴉坡，有塘，入歸化境。又西五里平寨塘，又西南八里壩陽汛，又西北十里馬鞍山，有塘。又西北五里阿落塘，又西北五里濛渡塘，又西北十里山京汛，又西北二十里紅土塘，入安順府新轄地。又西北五里至安順汛。

二十四曰長寨西南克英北少西通克細路。自克英循小路，西北十里至克細。

二十五曰壩陽通安順東南長沖塘路。自壩陽汛西行十里至長沖塘。

二十六曰山京南通安順東南黄土塘路。自山京南行三十里黑土塘，又二十里黄土塘。

二十七曰山京東北通廣順路。自山東北二十里至安順後獏佬寨，又東北二十里至廣順州城。

二十八曰長寨西通關口路。自長寨西行七里者貢汛，又西四十三里狗場汛，又西五關口營，有塘，入歸化境。又北十五里復至霸陽汛。

二十九曰長寨東南通廣順巖底路。自長寨東南五里竹林寨，又東南五里至廣順州巖底。

三十曰貴陽北通遵義路。自省城六廣門出，西北十里老鴉關，又北十里鳳凰鋪，又北八里毛票鋪，又北七里沙子哨，有塘。又北八里班竹園，有鋪。又北七里三重堰，有塘，有鋪。又北十里至札佐汛，有鋪。又北十里馬鞍山，又北十里落邦塘，入修文境。又北十里黎園哨，又北十里羅葛硐，有塘，有鋪。又北十里楊朗壩，又北十五里至息烽城，有塘。又北二十五里黑神廟，有塘。又北二十五里至貴陽養龍站，又北五里母龍箐，又北五里至烏江渡，渡江即入遵義境。

三十一曰貴陽歷修文北少西通黔西州黄沙路。自貴陽北老鴉關分路西北行，二十里雞場塘，從此東北二十五里可合北道之沙子哨。自雞場塘西北十里麥家橋，有朱官堡。又西北十里中哨，又西北五里木閣箐，入修文境，有鹅鴿鋪。又西北十里三足鋪，一曰三脚山鋪。又北五里修文縣，又北十里打獐溝，又北十里老薑山，又北十里貴筑虎場，又北十里修文石峒場，又北二十五里至九莊城，又北二十里至黄沙渡，又北入黔西境。

三十二曰修文西南通清鎮路。自修文西五里至沙溪界，又四十五里至乾壩，又西南至清鎮縣。

三十三曰修文西北通陸廣入黔西路。自修文西北二十里坡背寨，二十里，又北十里小箐，又北十五里官莊，又北十二里至陸廣城，有汛，屬黔西。又三里至陸廣渡，入黔西境。

三十四曰札佐通開州路。自札佐城東北十五里狗場壩，又東北三十里馬蹄關沙鍋鋪，又東北十里同知衙鋪，又東北十里大厂鋪，又東北十里永興鋪，又東北十里千把鋪，又東北十里至開州。

三十五曰札佐通修文路。自札佐東十五里陳官堡，又十里新寨，又五里至修文縣。

三十六曰貴陽東北歷開州入平越境路。自省城新東門出，東北三十五里三江橋，又東北二十五里馬要巖，又東北三十里洗泥河，有塘，入開州境。又北十里谷撒塘，又北二十里至開州，入南門，出北門，又東北四十里落灣塘，又東北三十五里龍坑塘，又東北五里至新土坪，入平越境。

三十七曰馬要巖東通大羊場路。自馬要巖東行五十里至大羊場。

三十八曰開州南洗泥塘東通棉花渡路。自洗泥塘東行四十五里至大羊塘，又東北三十里至棉花渡，入平越境。

三十九曰開州北少西通茶山渡入遵義境路。自開州出西門北行，二十里養牛塘，又北五十里至茶山渡，渡烏江，即遵義府境。

四十曰開州北少東通合口渡入遵義境路。自開州東門出，北行九十里至合口渡，渡烏江，即遵義府境。

四十一曰開州東通棉花渡路。自開州東門出，東行六十里至棉花渡。

四十二曰貴陽歷巴香城東北入平越境路。貴陽巴香通平越路，自貴陽東少北四十里至龍里虎場塘，又東北六十里至貴陽巴香城塘，又東北二十里至清水江甕城下流也，又東渡江入平越境。

其小路，境内相通及通鄰境者凡十又七，皆有志册可考，其不可考者不得而言也。

在貴定者八。一曰貴定西北通龍里貴陽境路。自貴定城西北十里大關坡，又西北五里洛白河，分爲南中北三路。南路自洛白河西五里至紅巖，又西五里至萬家厂，又西入龍里、貴陽境。中路自洛白河西北十五里蒿枝山，又西北十五里洗馬河，入貴陽境。北路自洛白河十五里洛邦場，入貴陽境。二曰貴定正北通貴陽巴香路。自貴定北門西北三里同保，又北三里菉豆坪，又北四里新場，又北五里新添司，又北少西八里羊場，又北七里獨木河，又北六里小坪，又北五里尖坡，又北九里至巴香場，入貴陽境。三曰貴定東北通兔路。自貴定城東北十五里新鋪場，又東北二里舊鋪乾塘，又北五里稱砣巖，又北五里高梘，又北過木耳山三里白巖鋪，又北五里谷沙塘，又北八里小光北，又北六里至兔場，又北入平越境。四曰貴定甕城橋往平伐新司及舊縣路。自甕城橋西南八里石頭鋪，又西南八里沿山堡龍場，又西南五里仙山堡，又西南十里樂雍，又西南十里至平伐新司。自仙山堡東南十里至長夫壩，又東南六里至貴定舊縣。五曰貴定西門橋通龍里貴陽境路。自貴定西門度橋西北五里九灣坡，又西北五里養馬寨，又西北五里馬場河，入龍里、貴陽境。六曰貴定舊縣通都匀及麻哈境路。自舊縣南官里堡南行三里月亮巖，又南十里白泥寨，又南十五里楊家關，又南入都匀界。又自小龍場東北四里至谷里堡，又東四里至紅巖，又東四里至巖下場，又東十里至小開田，又東入麻哈州境。七曰貴定舊縣西通龍里路。自舊縣西十里至樂雍，又西過楊柳沖、竹甲、定水壩入龍里境。八曰貴定舊縣正北通龍里路。自舊縣北門西北行八里至甲兆，又西北八里至沿山龍場，又西北十里至皂角關，又西北入龍里境。

在大塘者三。一曰大塘南由火寨歷西涼場通南丹州路，二曰大塘西由掌芒歷雅水通三都路，三曰大塘北虎狼塘歷塔壘甲浪通定番路。

在羅斛者六。一曰羅斛往索亭土路。自羅斛東行二十里甘半亭，又東北十里江機亭，又東北十里寬馱亭，又東北十里坡隴亭，又東南十里羅牙亭，又西南二十里索亭。二曰羅斛往巴索路。自羅斛東行少南四十里留外亭，又東南二十里香亭，又東南十里留亭，又南二十里拱亭，又西五里巴圩亭，又西四十五里至巴索亭。三曰溝亭往八讓路。自溝亭西南三十里駱駝亭，又東南二十里相亭，又南四十里至八讓亭。四曰羅蘇往安沙路。自羅蘇亭西南十里平榜亭，又西南三十里羅募亭，又東南四十里楊內亭，又西南三十里安沙亭。五曰羅斛西北通羅妻、牟運、坡奉路。自羅斛城北行四十里黎亭，又西北二十里逢亭，又西十里床井亭，又四五里何往亭，又西北二十里長流亭，又西北二十里羅妻亭。自床井亭西南二十里羅悃亭。自長流亭北四十里蟲亭，又西二十里牟運亭。自逢亭西北六十里羅敦亭。自□亭東北二十里羅化亭，又東二十里至坡奉亭。六曰巴羊通羅陽路。自巴陽西十里打拱亭，又西十里坡繞亭，又西北二十里至羅安亭。

道光《永寧州志》卷三《程途》　州城東道，由州至象鼻嶺、安籠鋪、北口鋪、小箐哨、關索嶺、馬跑泉、壩陵橋、大坡頂、雞公背，至黄菓樹，出鎮寧大路，計程七十五里。西道由州至西關坡、梅子關、黄土鋪、新鋪、北極觀，至盤江鐵鎖橋，出安南大路，計程四十里。南道由州至小巖頭、桃子園、紙山、中哨、下哨、大平哨、陳家沖、水西莊、響羅、新寨、羊田、竹貴，至慕役福星橋，至花江河過渡，出貞豐大路，計程九十里。北道由州至養馬硐、石板橋、舊營、沙營，至紙廠，出郎岱大路，計程三十五里。東北分道，由州至沙子壩、新寨、新場、阿冒寨、二官寨、補母、當橋、丙志橋，至坡貢，計程六十里。東南分道，由州至北口塘、雞場坪、新橋、木咱、新店、大水溝，出二甲至打幫，出六馬，計程一百二十里。又由北口雞場坪分道，由落葉、雞得、段橋至八十石，郎公過渡，計程七十里。西南分道，由西關坡、阿康寨、蘿葡寨、東瓜嶺、上掛汛，至九盤坡、九盤渡，計程八十里。

康熙《龍泉縣志・路道》　來路從陸，係大路。由思南府屬塘頭場起，二十里至桶口鋪過渡，二十里至蕭家林場，十里至長林場鋪，十里至乍溪，十五里至峰巖場，十里至思南安化縣屬土巡檢司，十里至印江縣屬大堰塘，十里至黄心樹，十里至府屬甕塘，十里至乾溪鋪，過老木橋，十里至本縣，共一百五十五里。小路一條，係陸路。一自本縣起，十五里至新化鋪，十五里至本府屬永興場交界，共三十里。一自本縣起，一里許至趙公橋，過十貫塘河，十五里至羊子溪，十里至平越府湄潭屬綏陽場交界。

道光《大定府志》卷一七《關路記》　大定至黔西，出南門乙行十里至九里箐，有鋪，有塘。十里至路穿岩，有鋪，有塘。十里至羊場壩，有鋪，有塘。十里至烏西，有鋪，有塘。十里至簸籮箐，有鋪，有塘。十里至乾堰，有鋪，有塘。自此入黔西境。十里至西溪，有鋪，有汛。十里至松樹溝，有鋪，有塘。十里至楊家海，有塘。十里至新鋪，有鋪，有塘。五里至以那壩，有鋪，舊有塘。五里至橋頭，舊有塘。從此五里入黔西西門。計程百十五里。黔西至陸廣，出東門乙辰行，三十里至谷里，舊有塘。二十里至一椀水，有塘。二十里至五顯臺，有塘。二十里渡六廣河，爲陸廣汛，入修文境。計程九十里。東門外十里官莊，十里楊柳塘，谷里東十里五里壩，一椀水東十里白花箐，舊皆有塘。又陸廣汛本修文地，爲黔西營寄地。自五顯東十里小箐，又十里小橋，舊有塘。又十里坡背，有塘，爲陸廣汛所轄，過此爲修文汛矣。黔西至鴨池，出東門巳行十里至打鼓寨，有鋪，舊有塘。十里至空桐樹，有鋪，舊有塘。十里至四方井，有鋪，舊有塘。十里至濫泥溝，有鋪，有塘。十里渡鴨池河，爲鴨池汛，過此爲清鎮地。計程五十里。

大定至平遠，出南門，自烏西分路午行，二十里至穿心塘，一作「十里」，一作「二十五里」。有鋪，有塘。十里一作「十五里」。至比度坡，有鋪，有塘。十里一作「十五里」。至六歸，有鋪，有塘。渡河，十里一作「十五里」。至青岡，有鋪，有塘，自此入平遠境。十里至裸龍橋，有塘。十五里至則溪，有塘。十五里至高家橋，有塘。十五里至大方坡，有塘。十五里入平遠州北門。計程百六十里。

平遠至簸渡汛，出東門乙行十五里至觀音洞，有塘。十里至小虎場，有鋪。五里至以麥，有塘。十五里至雷打坡，有鋪，有塘。塘名以仲。十五里至牛場，有塘。十五里至馬場，有鋪，有塘。十五里至篋渡汛，有鋪，渡河入清鎮界。計程九十里。渡河十五里陽雀鋪，一名平寨，有鋪，有塘。十五里高邦，有鋪，有塘。十五里泥窩，有鋪，有塘。十五里席官，有鋪，有塘。以上地屬清鎮，塘鋪咸屬平遠。十五里鈔紙鋪，有鋪，有塘。十五里清鎮縣，鋪屬平遠，塘屬貴陽清鎮汛，地屬安順府清鎮縣。平遠出南門乙辰行，百二十里入安平縣界，又八十里至安平城，僻道，無塘鋪。平遠至熊家汛，出南門午行，十五里至卜牛口，有塘。十五里至新塘，有塘。十五里至鳳凰山，有塘。十五里至豬場，有塘。十五里至穿洞，有塘。十五里至熊家汛，自此入安順府界。計程九十里。自熊家汛十五里糯冬坡，有塘。十五里渡河至三岔，十五里定南汛。自定南汛東南十五里三塊田，十五里一棵樹，十五里歡喜嶺，十五里安順府。自定南汛分路西南出，二十里馬家堡，十五里柱家堡，十里安莊汛。及鎮寧州，出西門，十里安莊坡，十里白水河。自鎮寧南門出，五里龍井塘。自柱家堡西分路，十五里泡木井，十五里灣河，十五里水母，十五里永安協之六枝。以上諸塘汛皆屬平遠協。平遠出南門未坤行，八十里至羊場司，又西行四十里至郎岱城，僻道，無塘鋪。大定至水城，出西門坤行，十里至新鋪，有塘。一作「二十里」。十里至白布河，一作「烏鋪」。有塘。一作「二十里」。渡河，十里至裸濟坡塘。【略】裸濟坡塘十里至黑鐵，有塘。一作「二十里」。十里渡河至木空河，有塘。一作「二十里」。十里至挖菁，有塘。一名「凹箐」，一作「二十里」。十里至下暑仲，一名「洛沙」。有塘。一作「二十里」。十里至上暑仲，有塘。一作「二十里」。十里至以支，有塘。一作「二十里」。十里至麻窩，有塘。十里至沙子坡，有塘。五里至者落，入水城界。十里至馬鬃嶺，有塘。十里至亥仲汛。十里至犀牛塘，有塘。渡一橋，十里至普察汛。十里渡扒瓦河，有塘。十里至界牌，有塘。十里入水城東門。計程二百里。自上暑仲西北二十里至乾洞，又十里騐天生橋。自麻窩西北十里至天生橋，又十里騐德己河。自犀牛塘渡橋右行，十里至小屯，有塘。又十里亦騐界牌。水城至兩路口，自東門外界牌巽行，十里至杓落，有塘。十里至石橋，有塘。十五里至法都，有塘。十里至阿遮膀，有塘。十里茨冲，有塘。十里至斗箐，有塘。午貴黑膀汛路，十五里至趙家沖，有塘。十里至趙家豬場，有塘。十五里至兩路口，有塘，過此爲郎岱界。計程百五里。自兩路口東南渡河，五十五里至羊場司，亦郎岱地，又東南八十里達安順府。水城至阿志河，出南門丙行百九十里與安南交界。水城至裸朵小寨，出南門未行，十里至以朵，有塘。十里至滴水岩，有塘。十里至通仲河，有塘。十里至阿札汛，有塘。十五里至朵裸小寨，有塘。午貴黑膀汛路至廳南達朗者，與普安廳交界，百七十里。水城至木通河，出南門申行百二十二里，與雲南宣威州交界。

大定至畢節，出北門辛行，十五里至閣鴉，有鋪，有塘。十里至落折河，有鋪，有塘。一作「五里」。渡橋十里至雙山，有鋪，有塘。十里至老塘，有塘。十里至沙子哨，有鋪，有塘。渡一橋，十里至歸化，有鋪，有塘。渡一橋，十里至栗樹坪，有鋪，有塘。又渡一橋，入畢節界。十里至二鋪，有鋪，有塘。一作「五里」。十里至頭鋪，有鋪，有塘。十里入畢節南門。計程九十五里，或云一百里。畢節至威寧，出西門申庚行，十里豐樂，有鋪，有塘。十里長冲，有鋪，有塘。十里鴉關，有鋪，有塘。五里白家哨，有塘。五里高山，有鋪，有塘。十里木瓜冲，有塘。十里撒那溪，有鋪，有塘。五里新屯，有塘。五里周泥站，有鋪，有塘。十里七星關，有鋪，有汛。十里七里溝，有鋪，有塘。五里至平山，有鋪，有塘。自此入威寧界。五里至平山哨，有塘。五里至三道水，有塘。五里至野馬川，有塘。十里至烏蒙，有鋪，有塘，畢節地。五里至水坡，有塘。五里至黃泥坡，有塘。五里至黑章汛，有鋪。七里至七里店，有塘。五里至雙山，有塘。十里至水塘，有鋪，有塘。五里至了巴山，有塘。五里至歇涼亭，有塘。五里至水槽汛，有鋪。五里至小哨口，有塘。五里至銀廠溝，有塘。五里至旱蓮花，有塘。十里至瓦甸，有塘。十里至清水，有鋪，有塘。十里至石口子，有塘。一無此塘。五里至五里坪，有塘。五里至四鋪汛，有鋪。五里至頓子坎，有塘。十里至望城坡，有塘。十里至二鋪，有鋪，有塘。十里至水石槽，有塘。十里至石牛口，有塘。十里入威寧東門。計程一百八十一里。威寧至可渡汛，出南門午行，渡草海子橋，十里至張關口，有塘。十里至望城坡，有塘。十里至飛來石，有塘。十五里至大坪子，有塘。十里至紅石岩，有塘。十里至黑泥坡，有塘。五里至楊橋灣，有塘。五里至沙石坡，有塘。五里至可渡汛，一作「十里」。渡可渡橋，爲宣威州界。計程八十里。

威寧至則著，出西門丁未行，十里至大橋，有塘。一作「二十里」。十里至左所，有塘。一作「二十里」。十五里至水坪子，有塘。十五里至黑石汛。十五里至蜜蜂嶺，有塘。十五里至松油，有塘。十五里至棵羅墳，有塘。一作「十五里至分龍山，十五里至棵羅墳」。二十里至阿紅卡，有塘。二十里至李子溝，有塘。二十里至則著，有鋪，有塘。自此南入宣威州界。計程共一百四十五里。威寧之申爲會澤，自阿紅卡分道西行，二十里至瓦渣汛，渡河。三十里至賦書，有塘。二十里至牛闌江，渡江爲會澤界。

威寧至稻田汛，出西門至大橋亥行，十里至保家橋，有塘。十里至耿家屯，有塘。十里至長勝汛。十里至李子坪，有塘。十里至得勝汛。十里至官防海，有塘。五里至鹽箐，有塘。一無此塘，官防海十里至沙子坡。五里至沙子坡，有塘。十里至以那，有塘。十里至催住，有塘。十里至涼水井，有塘。十里至稻田壩，有汛。又十里北入恩安界。計程一百一十里。

威寧之壬有天生橋汛，自長勝汛子行，十里至狗街子，有塘。二十里至花籬巴，有塘。二十里至拖色戛，有塘。二十里至天生橋，有汛。計程百一十里。汛西北有路入恩安之東門。威寧至則抵，出北門艮行，十里至楊關山，有塘。十里至李家寨，有塘。十里至高梘槽，有塘。十里至洮處海，有塘。十里至小河口，有塘。十里至阿箕車，有塘。一作「十五里」。十里至木果角，有塘。十里至阿塊田，有塘。十里至著畊，有塘。十里至棵波戛，有塘。十里至菩薩汛。十里至板房，有塘。一作「五里」。十里至兒馬沖，有塘。一作「十五里」。十五里至連三坡，有塘。十五里至桃園，有塘。十五里至翟章壩，有塘。十五里至則抵河，有塘。計程百九十里。自則抵東北入鎮雄州界。畢節至陳貝屯，出北門乾行，二十里至龍官橋，有塘。十里至乾溝，有塘。五里至以角，有塘。二十里至黑戛箐，有塘。五里至後所，有塘。十里至馬家屯，有塘。十里至平壩，有塘。十里至陳貝屯。計程九十里。自陳貝屯西北入鎮雄州界。畢節至馬龍箐，自觀音橋子行，二十里至戛木井，二十里至儂家寨，三十里至石鼓汛，三十里至家戛，二十里至馬龍箐，赤水河邊渡河，爲永寧界。計程百三十里。自馬龍箐四北泝赤水南岸離汛五十里爲鎮西隘，東北沿赤水離汛六十里爲鐮刀隘，皆八夷屯地。畢節至赤水汛，出東門壬行，十里至觀音橋，有鋪，有塘。十里至迎賓館，有鋪，有塘。十里至木犀，有鋪，有塘。十里至梅子溝，有塘。十里至層臺，有鋪。二十里至孫家鋪，有鋪，有塘。十里至小哨溝。一作「五里」。五里至大哨溝，有塘。十里至小鋪，有鋪，有塘。十里至環秀橋，有塘。十里至白岩，有鋪，有塘。十里至石豪堡，有塘。塘名小哨口。十里至清水，有鋪，有塘。十里至高山，有塘。十里至赤水汛，渡赤水爲永寧縣界。計程百五十五里。又自迎賓館左行，二十里至毛栗坪，十里至冷水河，十里仍轉孫家鋪。畢節出東門艮行，百八十里至大河口，渡河北爲永寧縣地。

大定至大河口，出小北門子行，十五里至鍋厂，有塘。一作「二十五里」。十五里至核桃坪。十五里至打雞閧，有塘。一作「自鍋厂二十五里至打雞閧」。十五里至新店子，有塘。一作「二十五里」。十五里至瓢兒井，有塘。一作「二十五里」。十五里至羿子關，有塘。一作「二十五里」。十五里至長岩，有塘。一作「二十五里」。十五里至龍場汛。十五里至楠木箐，有塘。十五里至大河口，有塘。計程百五十里。自瓢兒井東北出，十里至老三壩。折東行，十里至大石板。十里至穿山洞，有塘。二十里至撒那河，有塘。一作「三十里」。十五里轉西南至龍場汛。一作「二十五里」。自龍場汛東十里至臥牛河，有塘。五里至清水，有塘。五里至石革閣汛。十里至岩下，有塘。十里至岩上，有塘。十里至木厂，有塘。二十里至蜂岩，有塘。二十里至臥泥。又二十里轉沙溪汛。自清水北出，二十里至魚塘河上渡，有塘。自岩下北出，二十里至下渡，有塘。

大定至黔西沙溪，出東門寅甲行，十里至六龍，有塘。一作「二十五里」。二十里至公雞山，有塘。一作「二十五里」。二十里至板房，有塘。一作「二十五里」。二十里至杜家坡，有塘。一作「二十五里」。二十里至趙家坡，有塘。十里至隴己汛。一作「二十五里」。十里至隴己壩，有塘。二十里至化竹箐，有塘。一作「二十五里」。二十里至楠木溪，有塘。一作「二十五里」。十里出轉沙溪。黔西至沙溪，出北門子行，十五里至濫泥溝，十五里至牛場坡，十五里至渭河渡渭河橋，十五里至革撥溪，有塘。十五里至三重堰，有塘。渡一橋，橋跨龍溪，十五里至上烏箐，有塘。十五里至楊柳塘，有塘。十五里渡沙溪南源，至沙溪汛渡沙溪北源，爲遵義古樓塘。計程百二十里。又至楊柳塘分道右出，十五里至核桃，二十里至馬厂，有塘。二十里至苦茶園，有塘。北渡沙溪爲遵義界。【略】黃沙渡在黔西州之寅方。自三重堰分道右出，亦渡龍溪，十五里至下烏箐，有塘。十五里至箐口，有塘。十五里至了溪，有塘。十里沙土汛。十里簑衣塘。十里渡河，即是黃沙汛，爲修文界。自了溪北出，二十里至老木孔，有塘。渡沙溪，爲遵義界。自沙土汛北出，二十里至元村，渡沙溪，爲遵義界。自沙土汛東北出，二十里抵水有塘，渡沙溪，爲遵義界。又自谷里東北出，渡渭河，亦轄簑衣塘。

平遠至黔西，出小東門艮行，十五里至木架，有塘。十五里至仲機，有塘。十五里至白沙汛。自白沙二十里入黔西界，渡河至裸革河，有塘。二十里至白射，有塘。二十里至纚箕，有塘。二十里入黔西南門。計程百二十五里。平遠至水城，出西門西行，十五里至白霧，有塘。十五里至普供，有塘。十五里至三塘，有塘。十五里至核桃園，有塘。十五里至少岡，有塘。二十里至務卜汛。二十里至蠻豬大定地，平遠協借地安塘。十五里至蔡家寨，有塘。一名產的阹。十五里至裸尾，有塘。二十里至以个汛。二十里轄普擦汛。又三十里至水城。計程二百十五里。務卜、以个皆水城地，平遠協借地安汛。歸集汛，水城地，平遠協借地安汛，在平遠州庚酉之界。自核桃園分道左出，二十里至白賦，有塘。二十里至阿卜浪，有塘。二十里渡河至蔡家寨，有塘。二十里至解板箐，有塘。二十里至額家寨，有塘。二十里至天生橋，有塘。二十里至黑阹汛。午貫水城至郎岱路而西，二十里至阿架，有塘。二十里至歸固坪，有塘。午貫水城至普安路而西，二十里至比怯，有塘。二十里至米糯，有塘。二十里至歸集汛。計程三百十五里。又七十里至黃河，接普安廳宣威州界。共三百八十五里。水城在畢節之未方，初出南門午行，十里至炒鐵沖，十里至十八家，十里至豬場汛，十里至奢東關，一作「三十」。十里至青岡林汛，一作「三十」。十里至遮溝，有塘。一作「二十」。十里至新店子，十里轄沙子坡。自沙子坡至水城又八十里。計程百五十里。

咸豐《興義府志》卷七《道里》 興義府道里

府治西至興義縣治一百九十五里。《會典》云：在城鋪十五里柳樹井，十五里木咱，十五里龍廣，按：舊《志》云龍廣通雲南大路。十五里顧屯，十五里鄧屯，十五里三家寨，十五里鄭屯，十五里頂效，十五里水倒流，十五里木簎，十五里龍井，十五里腰塘，十五里在城鋪，共一百九十五里。按：《會典》云一百九十五里，《識略》云一百八十里，《紀略》云一百六十里，《貴州道里圖》云一百四里，里數互異，今從《會典》。

府治北至新城一百里，新城西北至普安縣一百四十五里，新城東北至安南縣一百二十里。《會典》云：在城鋪二十里壩弄，十五里普坪，按：舊《志》云普坪路達魯溝。魯溝在府北六十里，路達普安。二十里阿棒，十五里羊場，三十里新城，共一百里。按：《貴州道里圖》云府至新城一百二十里，今從《會典》。新城西十五里耗子坪，十五里巴巴鋪，十五里黃家坪，十五里青山，四十里地瓜坡，十五里蓮花山，三十里普安縣，共一百四十五里。新城東北二十五里高武鋪，二十里排杉，二十五里阿肩，二十里涼水井，十五里伍黃鋪，十五里安南縣，共一百二十里。

府治東北至貞豐州治一百里。《會典》云：東北四十里大果塘，舊《志》云：大果塘在府治東北四十里，路通永豐州。二十里花障，二十里者黨，二十里貞豐州。

府治東至冊亨六十里。《會典》云：東三十里威牛，三十里冊亨。舊《志》云：狗場汛在府城之東三十里，路通冊亨，接打牙坡。按：《會典》云府治至冊亨六十里，《識略》云一百十里，《道里圖》云九十里，今從《會典》。

府治南至灣甸七十七里。灣甸臨紅水江，渡江即西隆州界。按：府南十五里腰塘，十里小水井，十二里梅子口，十里三道溝，二十里坡腳，十里灣甸。舊《志》云：洞洒塘在府城南十里，路達石門坎。石門塘在府南二十里，路達冊亨，通廣西大道，下接三道溝。

府治西南至羅凹八十里。臨紅水江。按：府西南二十五里木咱，十里觀音巖，十里桐梓林，十里扁占，二十里青棡林，十五里羅凹。

府治西南至徽老七十里。臨紅水江。按：府西南三十五里觀音巖，二十里頂西，十五里徽老。

府治西南至興義縣壩傍七十里。臨紅水江。舊《志》云：自馬鞭田南出鍋背、烘度至壩傍。《識略》云：府西南至壩傍七十里。府治西南坡岡箐有僻路通紅水江。《識略》云：府屬西鄉之坡岡箐中有僻路，可徑渡紅水江而南。

府治西北皆磨寨與普安廳交界一百四十里，至普安廳城三百五里。按：《通志》東至府屬皆磨寨一百四十里，西三百五里爲普安廳。皆磨在阿棒西，與普安廳魯土營交界。

府治東北至花江二百四十里。入省大道。按：府東北二十里壩弄，十五里普坪，二十里阿棒，九十五里燗木廠，府地。十里阿機坡，安南地。二十里太平街，二十里者相，貞豐地。二十里皆結，二十里花江。與永寧交界。

興義縣道里

興義縣治東至府治一百九十五里。詳前。

興義縣治東北至普安縣治一百八十三里。按：縣東北七十五里頂效，五里坡貢，十里布雄，十五里土橋，十里交那，二十三里七里坡，達新城西門。又新城北三十里巴巴鋪，三十里青山，四十里地瓜坡，四十五里普安縣，共二百八十里。

興義縣治東北至安南縣治一百五十八里。按：縣東北一百三十八里新城，詳前。又四十五里排杉汛，四十五里涼水井，三十里安南縣，共二百五十八里。

興義縣治南至捧鮓城一百里，又六十里至白雲屯，臨紅水江。《識略》云：南至捧鮓一百里，又六十里爲三江。按：縣南十五里洒金塘，十五里馬佗佬塘，二十里革上汛，二十里魯坎塘，二十里捧鮓城，共一百里。又六十里白雲屯，臨三江口。

興義縣治南至龍納塘二百十里。臨紅水江。按：縣南一百里捧鮓，六十里白雲屯，二十五里安厦塘，二十五里龍納塘，臨紅水江，共二百十里。隔江即西隆州古障甲之馬蚌寨。

興義縣治東南至巴結塘九十里。臨紅水江。《識略》云：東南巴結塘，與西隆州交界一百六十里。按：縣東南三十里奄章塘，六十里巴結塘，共九十里。與《識略》所言里數異，今從《輿圖》。

興義縣治東南至壩達章塘一百九十里。按：縣東南九十里巴結塘，六十里板七塘，四十里壩達章塘，臨紅水江，共一百九十里。隔江與西隆州巴結甲之秧椶寨交界。

興義縣治東至江底汛四十五里。與雲南羅平州交界。《紀略》云：興義入滇之道甚多，江底則自縣城直達羅平州，以抵滇垣之大道也。按：縣東十五里土橋塘，十五里品德塘，十五里江底汛，共四十五里。

興義縣治東北至楓塘四十五里。與普安廳交界。《紀略》云：楓塘，自平夷之鉛廠渡塊菜河入滇要道。按：興義縣東北三十里木舍塘，十五里楓塘，共四十五里，與普安廳交界，路通雲南平夷界。《識略》云九十里。

普安縣道里

普安縣治南至府治二百四十五里。詳前。

普安縣治西南至興義縣二百八十三里。按：縣東南三十里蓮花山，五十五里青山，三十里巴巴鋪，三十里新城，二十三里土橋，三十里頂效，七十五里興義縣治，共二百八十三里。

普安縣治東至安南縣治八十里。《道里圖》云：安南縣八十里至普安縣。《識略》云：普安縣入滇大路二，一由芭蕉關至安南縣，爲舊路；一由崧歸塘至白沙驛，爲新路。按縣東十里芭蕉關，十里泥納塘，十里江西坡。普安、安南交界。《識略》云：江西坡，入滇舊路。十五里蠟茄，十五里烏鳴塘，二十里安南縣，共八十里。

普安縣治東南至貞豐州治二百四十八里。按：縣東南一百四十五里新城，十里篾箕路，二十四里巴林，三十里水橋，四十里貞豐州城西門。

普安縣治東南至新城一百四十五里。按：縣東南三十里蓮花山，十五里地瓜坡，四十里青山，十五里黄家坪，十五里巴巴鋪，十五里耗子坪，十五里新城。

普安縣治西北至普安廳治八十里。《道里圖》云：普安縣至普安廳八十里。按：縣西北二十里板橋塘，六十里普安廳，共八十里。

普安縣治北至崧歸三十里。《會典》云：普安縣三十里至崧歸鋪。新城西北至普安廳一百六十九里。按：新城六十里青山，二十里深溪，十五里涼水井，十五里老紙廠，十五里十里坪，十四里朱洞，八里大梨樹，十五里巴巴鋪，七里普安廳。

崧歸西至普安廳茶亭鋪三十里，東至安南縣花貢鋪五十里。《會典》云：崧歸西三十里至普安廳茶亭鋪，東四十里至半坡鋪，十里安南縣花貢鋪。

普安縣治南至忠順里一百五十里，東南至興仁里五十里，東南至馬乃營智順里一百八十里，東南至阿計里二百五十里，東南至安逸里二百二十里，西南至鼠場營義順里六十里，西南至樓下營仁順里一百八十里，東北至興讓里八十里。

安南縣治西南至府二百四十里，西至普安縣八十里，西南至新城一百里。俱詳前。

安南縣治東至新鋪四十七里，西至江西坡五十里。按《會典》：安南縣東十五里哈馬，十二里保甸，二十里永寧州西鋪。縣西二十里烏鳴鋪，十五里蠟茄，十五里江西坡，與普安縣分界。安南縣治西至阿都田驛一百里。按《會典》：安南縣在城鋪四十里馬場鋪，二十五里大田鋪，二十五里戛猛鋪，十里阿都田驛。

阿都田驛東至郎岱廳那當鋪二十里，西至普安縣半坡鋪三十七里。此新驛路。

《安南縣鄉土志・道路》 東路經省城入湖南以達京師：自東門出，十五里哈馬塘，十二里保甸塘，五里半坡塘，入永寧州境。南路經普安以達府：自南門出，十五里五黄塘，十里涼水塘，十里廖箕塘，十里阿肩塘，十里安姑塘，三十五里高武塘，入普安縣境。西路經都驛以達雲南：自西門出，四十里馬場鋪，二十五里大田鋪，二十五里戛猛鋪，十里阿都驛，入郎岱廳境。西南道爲入滇舊路：自南門出，二十五里烏鳴鋪，十五里蠟茄鋪，十五里江西坡，與普安縣分界。

嘉慶《正安州志》卷一《州城四至道路》 東北路，自東門外分，左至石梁河，十里，思七甲。天峰寺，二十里，思七甲。氣鼓鋪，三十五里，思七甲。古真安州第四鋪。螺螄塘，五十里，思七甲。太平場，六十五里，思五甲。古真安州第三鋪，名耿家鋪。龍塘關，八十里，思□□。葉家垻，九十里，思一甲。三萬溪，一百一十里，思三甲。廂溝，一百二十□，□□甲。州城，一百三十里，思一甲。明萬曆年建，今廢。土城關，一百四十五里，思一甲。白場溪，一百六十五里，思七甲。白村壩，一百九十里，思一甲。交思南府婺川縣界。

正東路，自東門至小寨，五里，德三甲。油柞房，十里，思十甲。大魚塘，十五里，德三甲，古名孟通塘。葛林窩，二十里，思七甲。梅家山，三十里，正安、綏陽交錯。車盆溝，四十里，正、綏交錯。王作房，五十五里，婺川界。鐵礦槽，七十五里，婺川界。長池上壩場，九十里，思五甲。側溪，一百二十里，思十甲。神溪，一百五十里，思十甲。茂子坡，一百八十里，思十甲。交婺川縣界。

又自車盆溝分右路至丁水坳，六十里，正綏交錯。白果樹，七十里，思十甲、德三甲，正、綏交錯。劉村，九十里，思十甲，交婺川縣界。當陽園，一百里，正、婺交錯。牛皮村，一百一十里，思十里。黑神壂，一百三十里，思十甲。交婺川、龍泉兩縣界。

又自大魚塘分左路至黑溪溝，三十里，思七甲。龍溪河，三十五里，思七甲，婺、綏交錯。石板渡，五十五里，思七甲。廖皮埡，七十五里，思七甲，正、婺交錯。後增，一百里，思七甲。荳頭溪，一百二十里，思七甲。艾坪場，一百三十里，思七甲。槐坪，一百四十五里，思七甲。圣水壩，一百五十五里，思七甲。王家灣，一百六十五里。交婺川縣界。

又東北路，自太平場分，右路至樊村，一百里，思七甲。橋麻巷，一百二十里，思七甲。高馬頭，一百三十五里，思七甲。與三萬溪舊州城接壤。

又正東路，自小寨分右路至洋渡，十五里，德三甲。九曲水，六十里，綏陽管。晏溪溢。九十里，德八甲，正、綏交界。

正南路，自南門外至樓臺壩，德三甲，三里。山王廟桃子壩，五里，德六甲。清溪河，十五里，德五甲。大坎塘，二十里，德五甲。合麻溪，三十里，德五甲。關□，三十五里，德五甲。季家鋪，四十里，德五甲。米粮渡塘，五十里，德一甲。牛渡壩，六十里，德一甲。林溪河，六十五里，德一甲。文家墳，七十里，德一甲。土坪場，九十里，德一甲。廟林場，九十五里，德二甲。官渡河，交綏陽縣界。

又自大坎分右路至杉木坪，二十五里，德六甲。羅簡臺，三十五里，德六甲。沙灘子，四十五里，德六甲。林溪場，六十五里，德二甲。黑踏埡。七十里，德二甲，與土坪接壤。

又自沙灘子分右路至石場寺，七十里，德二甲。長嶺岡，八十里，德二甲。草菓山，八十五[里]，德二甲。交綏陽縣界。

又自關□分，左路至抵壩，四十里，德一甲。石板灣，四十五里，德一甲。巖門，六十里，德一甲。木瓜窩，五十五里，德一甲。麻子沱，六十里，德一甲。楠木灣，六十五里，德一甲。黄魚塘，七十里，德一甲。銅絲坎，七十五里，德八甲。猪槽溝，八十里，德八甲。蓮花寺，八十五里，德八甲。小林角，一百里，德八甲。市坪場，一百二十里，德九甲。還擔山，一百二十五里，德九甲。艾子壩，一百三十里，德九甲。山竹壩，一百三十五里，德九甲。黑溪溝，一百四十五里，德九甲。與龍泉、婺川、湄潭、石阡四處交界，(種)[插]花之地。

又自楠木灣分右路至牛渡河場，七十里，德一甲。楊柳壩，七十五里，德一甲。謝壩場，九十五里，德十甲。青龍關，一百里，德十甲。交龍泉縣界。

又自南路樓臺壩分右路西南至深洞溪，十五里，德六甲。沿渡河，三十里，德五甲。刀塘壩，三十五里，德六甲。楠木岩，五十里，江二甲。三道河，六十里。交綏陽縣界。

正西路，自西門外至三奇寺，三里，德三甲。木根溪，二十里，德三甲。水車場、三十里，德七甲。沙子坎、四十里，江九甲。鐵星坪、五十里，江九甲。烏後水場、六十里，江九甲。馬嘴塘、八十里，江五甲。蟠龍河，一百里。交桐梓縣界。

又自烏後水即五合水。分左路西北四十里至槵栗箐，一百里，江五甲。交桐梓縣界。

又自鐵星坪分左路西南四十里至廟塘場、九十里，江一甲。興隆場，一百二十里，江一甲。交桐梓縣界。

又自三奇寺分左路西南至夫子壩、三十里，德三甲。黎埡場、六十里，江二甲。曹大壩、五十五里，江二甲。土峰嘴、六十五里，江二甲。雙橋、七十五里，江一甲。掏蕨壩、九十五里，江二甲。木耳彎，一百一十五里。交綏陽縣界。

又自夫子壩分左路至北京塘、三十五里，江二甲。火鋪、四十五里，江二甲。馬村、五十五里，江二甲。思溪、七十五里，江二甲。老木埡、九十里，江二甲。梅子壩、一百五里，江二甲。老林角、一百十五里，江二甲。陶家坪，一百二十五里，江二甲。交綏陽縣界。

正北路自北門外至滸溪溝、三里，德三甲。老鷹關、十里，德三甲。橋溪河、十五里，德七甲。安順場、三十里，德六甲。上蒜臺、四十里，江九甲。羊心灘、五十里，江九甲。張斗壩、六十里，江十甲。新州場、九十里，江七甲。米粮埡，一百十五里，江三甲。交四川南川縣界。

又自新州場務本堂分右路至立石板、九十五里，江三甲。砍牛埡，一百里，江三甲。方山、一百二十五里，江三甲。大磏壩場、二百一十五里，思九甲。三河壩、二百三十五里，思九甲。火墨溪、二百五十里，思九甲。鵲子岡、二百八十里，思九甲。裕河壩，三百里。交南川縣界。

又自十蒜臺分左路至唐大路、六十里，江四甲。官莊壩、七十里，江四甲。羊坎場、八十里，江四甲。羅巴寨，九十里。交桐梓縣界。

又自安順場分右路至桐梓埡場、六十里，江六七甲。蓮子壩、七十里，江六甲。平木山、九十里，江七甲。小鹿溪，一百一十里，江七甲。與思里九甲接壤。

又自橋溪河分右路東北至董家壩、三十里，德六甲。三江、三十里，德六甲。新場、四十里，思五甲。甕溪、四十五里，思五甲。張茅村、五十五里，思五甲。黃蓮臺、六十五里，思三甲。浸塘、七十五里，思六甲。大河□、八十五里，里二甲。長官司上壩場、九十五里，思二、五、六甲。下馬坎、一百一十五里，思二甲。土溪場，一百三十五里，思六甲。與小溪里一甲接壤。

又自長官司上壩場分左路至巴魚溪、一百一十五里，小六甲。桃竹坎、一百三十里，小一甲。梅江、一百四十五里，小一甲。漆樹溪、一百六十里，小七甲。申溪、一百六十五里，小七甲。茶條壩、一百九十里，小七里。大沙河，二百五里。交四川涪州界。

又自巴魚溪分左路至沙壩、一百二十五里，小六甲。土地埡、一百四十五里，小六甲。土橋子、一百七十五里，小五甲。打鼓坪、一百九十五里，小二甲。江村、二百一十五里，小二甲。木花硐，二百三十五里，小五甲。交四川涪州界。

又自土橋子分左路至接龍場、二百一十五里，小五甲。郭村壩，二百四十五里，小五甲。交四川涪州界。

又自下馬坎分右路至婁子壩、一百二十里，思六甲。土城河、一百三十里，小四甲。龍礤子、一百四十里，小四甲。周蓋埡場、一百六十里，小四甲。接官坪、一百八十五里，小九甲。石板溪、二百一十五里，小九甲。出水塘、二百五十里，小八甲。濫壩子，二百八十五里，小八甲。交四川彭水縣界。

又自周蓋埡分左路至丁家壩、二百一十里，小八甲。大塘場、二百八十里，小八甲。卡子，二百九十里，小八甲。交四川涪州界。

又自婁子壩分左路至抵水、一百四十五里，小七甲。三岔水、一百七十五里，小七甲。新場、一百九十里，小七甲。勾園壩、二百二十里，小七甲。小沙河、二百五十五里，小七甲。城門硐，三百五里，小七甲。交四川涪州界。

又自黃蓮臺分右路至楊柳巷、九十里，思三甲。趙白渡、一百三十里，思三甲。丁家溪、一百五十五里，小三甲。桃子埡、一百八十里，小三甲。山王拗、二百一十里，小三甲。東塘、二百四十五里，小三甲。羅乾溪、二百七十五里，小三甲。笋子蓋，二百九十里，小三甲。與四川酉陽州彭水縣、本省思南府婺川縣交界。

又自山王拗分右路至鐵窑、二百二十里，小三甲。大橋，二百三十里，小三甲。交婺川界。

又自黃蓮臺分左路至打牛彎、八十五里，思五甲。傅家坡、一百五里，思五甲。野竹溪、一百三十五里，思五甲。申埡、一百六十五里，思五甲。黃泥洞、一百八十里，思五甲。空殼樹，一百九十五里。與小六甲接壤。

又自新場分右路至杉木溪。一百一十里，思五甲。

又自安順場分右路至散水、六十里，思七甲。火石壩。九十里，思五甲。

又滸溪溝分左路至兩會廟、二十里，德七甲。石峽□，四十里，德七甲。接官莊楊坎。

州治文家墳、水麻溪地方係屬官民必由之路，而紅花渡、擦耳岩、烏踏溪等處，又爲綏婺通衢，路皆亂石巉岩，叢生荆棘，磵斷溪阻，瀑水横流，過此者皆虞險陟。嘉慶十七年，有州紬賈三禮之子賈元巽呈請自行捐修，並募同里幫補。州牧趙宜霦嘉其義舉，准給募示，並以州中閒款銀兩給予興修。是年冬，牛渡壩、官□、文家墳三處路工告竣，而水麻溪一帶即於山腰另闢一道坦途，以便經由，免陟山谿之險。其利其宏，書以志善。

康熙《湄潭縣志》卷一《水陸道里遠近》 湄潭縣水淺石多，原無舟楫之利。其水之折流、旋轉、遠近已詳註於河道源流内矣。所有陸路道里遠近，分别四正四隅，以及分傍岐出，與交界處所，詳列於左。

一、正南路。自迴龍鋪出南門，過湄水橋，經象山，係往省城、平越府路。湄水橋設有塘鋪。十五里至巖後，設有塘鋪。十五里至苟家壩，設有塘鋪。十五里至寶鎮寺，設有塘鋪。十五里過合沮水河，設有塘鋪。十五里至石大堰分路，設有塘鋪。二十里至毛坪，設有塘鋪。二十里至石冷水，設有塘鋪。二十里至袁家渡，設有塘鋪。此渡設有鹽雜小税，係本縣徵收，解交司庫，並設渡船一隻，渡送往來人等，與甕安縣界。

一、正南岐路。出南門，七十五里至石大堰，十五里至大同水，二十里至板坡，二十里過甕安縣界明家場分路，二十里至猪場，二十里至棘子哨，二十里至王淮渡，與開州界。

一、正南岐路。出南門，九十里至大同水，四十里至渡上關，與四川遵義府齊河爲界。

一、東南岐路。出南門，經象山，三里過湄水溝石磵，五里至高山，十五里至濫口哨，與餘慶縣界。

一、東南岐路。出南門，八里至高山分路，五里過偏橋衛客樓屯，二十里至孟家樓，二十里過餘慶縣界官倉，七十里至袁家渡。

一、正東路。出南門，十里至九硐磵，十五里至天神溏，二十里至錫樂關，係往石阡、銅仁府路，與石阡、思南接界。

一、正西路。出南門，轉縣城西過湄河，冬涉水，夏渡船，五里至窄溪，十里至蓼子寨，過荆水，十里至五里坎，十里過箐至天生磵，與四川遵義府界。

一、正西岐路。出南門，五里至窄溪，水路十五里至合同水，十五里至崖孔壩，設有塘撥，二十里至煎茶溪，與四川遵義府三渡關界。

一、正北路。出北門，半里許渡湄河，冬涉水，夏渡船。經獅子山下，二十五里至流河都，設有塘撥。五里至官河口，十里至馬渡河，十里至永興場，係湄潭、龍泉兩縣以場南北中分爲界，設有塘撥。

一、正北岐路。出北門，三十里至官河口分路，五里過扎龍潭，五里過蒲水河，五里至赤土坎，十里至錫樂鬭，與思南、石阡府界。

一、正北岐路。出北門，二十五里至流河都分路，二十里至長水田，十里至十里溪，二十里至渡上壩，二十里至七里壩，三十里至永勝場，二十五里過下大水，三十里至永安場，二十里過土溪河至賞地，二十里至鑲川，與石阡、婺川、龍泉、四川真安州五處接界。

一、西北岐路。出北門，由獅子山分路，二十里至荆勝口，二十里至荆橋，十里至魚棧溝，過葛藤箐山，十里至箱子壩，與四川遵義府界。

一、西北岐路。出北門，五十里至魚棧溝分路，十里至洗馬，二十里至米山，十里至龍水口，十里至馬鞍山，十五里至大板角關，與四川遵義縣界，立有石碑爲記。

又自龍水口分路，二十五里至小板角關，與四川綏陽縣界。

一、西北岐路。出北門，六十里至洗馬分路，十里至龍壩，十里至揚家山，十五里至虎村，十五里至馬牙箐，十里至合羅水，二十里至石家寨，二十里至石笋壩，十里至苦竹關，與四川綏陽縣界，石上刻有碑記。

一、西北岐路。出北門，百一十里至馬牙箐分路，十里至仁村壩，十里至朱家臺，三十里至河包場，十里至青龍水，五里至青龍關，與四川真安州界，關内石上刻有碑記。

道光《松桃廳志》卷五《郵傳》 東路：松桃水塘五里至大平汛屬平所塘，七里至亮坳汛屬凉水井塘，五里至凉亭坳汛屬銀梳溝塘，十里至凉亭坳汛屬樟桂溪塘，五里至凉亭坳汛屬凉亭坳塘，五里至麥地汛屬麥地塘，五里至麥地汛屬安定塘，十里至銅仁協屬官舟營塘。以下各塘均銅仁協就地設汛，十里至正大汛塘，五里至報國塘，五里至啞喇塘，五里至新寨塘，五里至大興塘，七里至馬頸坳塘，交銅仁界，三十五里至銅仁府城。一路由平所塘分左走馬乾溪、有泥堡、康金汛、長坪堡、构皮汛，至正大營合路至銅仁。一路由有泥堡左走盤石、芭茅汛，達湖南永綏螺螄凸。

南路：由城七里至牛角河塘，二十一里至大平場塘，十五里至老鴉穴塘，十七里至孟溪場塘，七十里至烏羅司，一百里至麻兔司，西界思南，北界四川秀山。一由牛角河分路，走太平汛塘，至平頭司分石峴。一由大平場塘分路，西走雙鳳塘至振武汛。

西北路：四十五里至兩河口塘，十里至静峴塘，十五里至□木塘，五里至雞公嶺塘，二十里至冷水溪塘，五里與四川秀山縣屬邑梅司接。

北路：十里至長沖塘，十里至卡落塘，十里至黄板塘，十五里至桃子坪塘，十里至椰木坪塘，五里至尚家寨塘，十五里至彭損塘。

水路：在城水塘，十五里至落塘水塘，五十里至石花水塘，十里至土孔硐水塘，十里至木樹水塘，二十里至潮水溪水塘，二十里至三岔河水塘，與湖南永綏廳接。

宣統《新疆圖志》卷七九《道路一》 漢武之世，張騫鑿空，從吏卒争上書求使，初置酒泉郡以通西北國，列亭鄣至於玉門以西，是爲西域初設郵傳之始。其後貳師遠征，大宛西域震懼，稽顙來庭。東至敦煌，西至鹽澤，往往起亭障。而桑弘羊復奏言：輪臺以東，廣饒水草，請益墾溉田，稍築列亭，連城而西。驛傳之制，自此寖興焉。東漢踵成，績致同軌，都護、校尉領士遍天山南北，斥堠亭燧出長城，延袤數千里，輶軒之使冠蓋相望，置郵遺址蓋猶有存者。繼漢而開西域者，莫盛於唐。貞觀之時，踐漢舊跡，並南山，抵葱嶺，剖裂府鎮，烽煙相屬。太宗詔磧南鸊鵜泉之陽置過郵六十八所，具羣馬、湩、肉以待使客。邊亭郵舍益修飭矣。夫漢唐以還，西疆情勢代有變遷，時有通絶，郵程故道湮廢難徵。然而考道里之齵差，準方位之嚮背，班《書》、唐《志》，圖史尚存，其經營開置之規，釐然可覩。漢時驛使出玉門、陽關。玉門在敦煌之東北，出北道；陽關在玉門之西南，出南道，皆當漢衝。由陽關，自鄯善而西，經且末、精絶，今之鄯善縣在哈密西偏、吐魯番東偏，非古鄯善國。李光庭《圖考》謂漢時鄯善、婼羌、且末、精絶、戎盧、小宛、渠勒等國在今敦煌以西、羅布淖爾以南，皆已淪爲戈壁。扜彌今于闐縣。以至于寘，今和闐州。又西北而至莎車，今葉爾羌。所謂「傍南山波河行」，此南道也。漢南道久湮没。今往于闐者，必取道哈密，轉而西南，又折而東西繞越，歲及萬里。前劉錦棠曾專遣員弁裹糧探路，循漢故道名，有《圖記》。終以沙水沮洳，深陷馬足，難於通行，此道竟淪廢矣。由玉門，自鄯善而北至於伊吾，今哈密。轉而西行，經胡狐今吐魯番西北白楊河等地。至車師前王庭，今吐魯番西招哈和屯及哈喇和卓等地。循危順、焉耆，皆今喀喇沙爾境。龜兹，今庫車南境。姑墨、今阿克蘇。温宿、今烏什。説詳《建置三》。尉頭，今巴楚州附近蘇木塔什故城。以至疏勒，今喀什噶爾。所謂「傍北山波河行」，此北道也。

【略】其出陽關，不經鄯善，西自婼羌，今婼羌縣在羅布淖爾之旁，焉耆府屬，非古婼羌國。小宛、戎盧以至渠勒，此又南道之南，所謂「僻南不當孔道」者也。此道正當今天山南路。又自伊吾而北至蒲類，今奇臺屬之木壘河地。逾西而爲車師後庭，今迪化阜康奇臺之地。單桓、今昌吉。烏貪訾離，今呼圖壁地。以至烏孫，綏來以上至伊犂，皆烏孫境。此又爲北道之北，亦不當孔道者也。此道正當今天山北路。若夫循漢南道以西踰葱嶺，則可出大月氏今巴克達山西南及阿富汗北境。以抵安息。今波斯。循漢北道以西踰葱嶺，則可出大宛，今浩罕地。康居今撒馬兒罕及布哈爾哈薩克左右諸部皆是。以達奄蔡。今希窪境。又自于闐而南經皮山，今莎車府屬皮山縣。西夜，今蒲犂地。上葱嶺，躡懸絙，今進坎巨提境須攀繩橋而渡。而至罽賓，今克什米爾。則可入於天竺。晉法顯、北魏惠生皆取道於此。於斯時也，汗血之馬充於天厩，蒲陶之實植於上林，雖由李廣利、竇固、班超之屬窮極兵力，杖策西征，山東諸郡因以空匱，百姓苦之。竭中土之脂膏以肆其開邊略遠之志，誠所謂得不償失。然德威所漸，雪峰冰嶺之國莫不砥屬，雖曰天之所開，會際其時，盛極而衰，有由然已。魏晉而降，漢時南道同淪瀚海，于寘一隅號稱磧尾，西游者罕遵焉。滄桑之變，自古已然，涂轍遷移，固無歷久不渝之理。元魏太武之世，使董琬通西域，更開四道。自玉門度流沙，西行二千里。至鄯善爲一道；自敦煌度流沙，北行二千二百里。至車師爲一道；從莎車西行一百里。至葱嶺，越西千三百里。抵伽部，《魏書》作伽倍，在莎車之西。《西域圖志》謂當在葉爾羌、喀什噶爾以西，葱嶺環帶之内者爲是。爲一道；又從莎車西南五百里。至葱嶺，西南千三百里。至波路波路即蒲犂之轉音，漢爲蒲犂國。《西域圖志》稱爲伊西洱庫爾淖爾，又名色勒庫爾城，今設蒲犂廳治。爲一道。第其時中原多故，通絶不常，循常置戍，未聞遠略。隋大業中，裴矩奉使還，撰爲《圖記》。自敦煌至西海亦分三道：其北道從伊吾經蒲類海至鐵勒部突厥可汗庭，今烏魯木齊地。其中道從高昌今吐魯番。經焉耆、龜兹至疏勒，其南道從鄯善、于寘經朱俱波今英吉沙爾地。至喝盤陀，在葱嶺上。皆度葱嶺至於西海。唐代因之，舉烽列燧，瞭望之卒，更番之吏，不絶於道，是以邊庭晏然，娭人無驚者垂四十餘年。而玄奘、辯機之倫復往來風沙鬼難之域，卓錫孤行，自闢涂徑，經凌山，今穆素爾嶺，又名木蘇爾，即冰達坂也。渡大清池，李光庭《圖考》謂即上闐池，今特穆爾圖泊。黄楙材《西域圖說》稱爲熱池。跨千泉，今吹河。踰鐵門而南，今浩罕南部。涉縛芻河，今阿母河。北入於印度。溯新疆郵傳之刱，始自乾隆二十四年。大功耆定，全疆蕩平，天山南北兩路遍置臺站，而巖疆扼塞與夫毗接藩封之處，復爲卡倫、鄂博，綿亙延衍，以資重固。軍臺則領以營員及筆帖式，卡倫則領以驍騎前鋒校而統以侍衛。繇是四通八闢，碁布星羅。同光軍興，還定安集，開府置郡，而舊設之軍臺營塘悉從省制改爲驛站，統隸於守令，遂建行省於烏魯木齊，取適中之地，當四達之衝，所以居中控馭，通南北之郵者，於是乎繫焉。

迪化縣

城東十里水磨溝，水木明瑟，爲近郊勝地。官設機器局一，坡上居民三四家。折東北十里七道灣，即慶豐堡，堡傾圮，居民二十餘家。若出省城北門東北行，至此會官道，終近二三里。二十里古牧地，舊爲輯懷城，《西域圖志》作古木，《水道記》作孤穆第。沿途樹林茂密。光緒二年回酋王治等據城堅守，夏六月大軍出關攻克之，城遂毀。今市廛居民二百餘家。二十里黑溝驛，今驛舍移設古牧地，此處居民三四家。溝西坡路約長十里。二十里出境接阜康西境官道。距甘泉堡二十里。

城南二十里十七戶地，折東南十里羊腸溝，坡陀迂折。十里芨芨槽，土屋三家，南北皆山，無草木。五十里柴俄驛，民居五六，有草無木。昂吉圖爾淖爾在南山下，距大道僅里許。三十里馬蘭灘，十五里鹽海子，蒙語呼達布遜淖爾，明《華夷譯語》鹽曰答不孫，即達布遜也。四十里達坂城驛，蒙語呼喀喇巴爾噶順，言黑虎城也。城在兩山之間，形勢險要，爲南疆門戶。同治間陷於逆回，光緒三年春官兵攻克之。今駐噶遜營守備，居民百餘家。十里入峽，經廢堡一，周約一里，回匪所築。涉澗四。峽口荒店一家。十五里至嶺巔，巉崖峻坂，車行最艱。七里後溝，嶺下土屋三間，行人鑪憩於此。八里出峽，遶行山岸，有荒草、小樹。三十里白楊河，多坡阜，登降坎坷。再東南行半里許，至界碑處出境。接吐魯番西北境官道。距小草湖驛三十里。

謹案：自達坂城至後溝，光緒二十九年巡撫潘效蘇闢一新途，遶行山峽中，免踰峻嶺。戊申秋，被水沖決，乃仍修築舊路焉。

城西二里西大橋，折西北三里頭工水口，二十五里大地窩鋪，村舍二十餘

家，野樹扶疏。十五里小地窩鋪，居民四五家。三十里頭屯河，西接昌吉東境官道。距昌吉縣城二十里許。又自城東北四十里之古牧地向西行，由西二渠水口上，十五里至破城子，準部時，宰桑噶爾藏多爾濟卓帳處也。《水道記》：噶爾藏多爾濟卓帳處，在今孤穆第西十五里。三十五里至頭屯河西，與驛路會。此亦車行孔道，避弧就弦，較遶由省城近一日程。

以上迪化大道。

城東出新東門。四十里石人子溝，二十里甘溝，七十里海合，入阜康界。又出新南門東行，逾馬王廟，六十里至牛糞溝。過此乃懸崖絶壁，人跡罕到。

城南十里至十里鋪，二十里烏拉擺，一十五里甘河一棵樹，有支徑二：一東南行四十五里至水西溝，一西南行四十五里至黃草梁。折西行三十里大西溝，大西溝爲迪化殖民地。《西域圖志》：大西溝東北距州治二十里，水泉饒沃，居民櫛比。折西南七十里永豐渠，有通公勝渠路。折南行五十里板房溝，二十五里和陽渠。又城南經石灰窑店，十里倉房溝，八十里公勝渠，折東行七十里太平渠，二十里謝家溝，二十里小渠，入山。徑城西八里舊滿城，即鞏寧城。有車路十五里至蟗炭窑。西南行三十里入山，有徑路通伊犂。《水道記》曰：阿拉癸山南案：阿拉癸，今名阿爾禪，爲焉耆、吐魯番界限。《西域圖志》：阿拉癸鄂拉在迪化之南。有徑路通伊犂。自惠遠城百六十里至塔勒奇山口，又四百七十里至哈什河岸之都爾伯勒津回莊，又五十里至察罕拜甡，《西域圖志》：察罕拜甡在托里西五十里，舊有城。又七十里至空格斯河岸之烏圖嶺，又九十里至圖爾根河，阿爾察圖之役，克勒特人聞大兵踰納喇特嶺至哈什，八月初八日由屯追至圖爾根河，遇賊力戰，謂此河也。又七十里至奈蘭部勒，又二十里至烏努古特嶺，又三十里至昌曼，地以河名。又三十里至納喇特嶺，又三十里至大裕勒都斯河，又四十里至阿爾沙圖，又百九十里至胡吉爾臺，胡吉爾，蒙語謂硝也。又五十里至哈屯博克達山，二百五十里至薩勒哈郭勒，又百五十里至烏蘭布拉克，又六十里至達爾達木圖，又七十里至烏蘭拜，又三十里出山至鞏寧城。城東北四十里古牧地，自古牧地之西，經太平渠向北，行三十里古三泉，四十里三個泉，二十里上胡桐窩，十里下胡桐窩，六十里白家海子。又自古牧地之西，向東北行至東長山，十五里至十二戶莊，北行折西至四道壩，東長山有支路，北行經頭道壩、二道壩、三道壩至四道壩。遶行至甘河，有支路，西行六十里至上胡桐窩。折西北逾卡子沙山至旱八戶地。自甘河至此一百一十里。又由城西過西大橋，至大石頭向

北行，十里大西溝，十里小西溝，十里三工莊，三十里破城子，自古牧地走昌吉車路經此。五里固保堡東渠，折東北過西長山，十五里至三個泉，頭道水口折北行，逾龍王廟、西五道灣，六十五里至蔣家灣，在城北一百一十里。與上胡桐窩支路會。又由城西頭工莊北行，四十五里宣仁墩，五里廣東莊，五十里沙渠子，三十里甘州工，八十里白家海子。

謹案：白家海子距城一百一十里，跨迪化、昌吉北境。原係草灘，每屆秋令，上游渠水歸宅於此，故以海子名。迤北爲科布多屬之大戈壁，東西廣五百里，南北袤三百里，與塔爾巴哈臺接畛。《蒙古遊牧記》謂即唐之沙陀州，以地望準之，是也。

以上迪化支路。

阜康縣

城東二十里九運街，有土堡，民居、市廛頗整齊，駐汛兵。二十五里大泉腰站，飯店二，泉水甘。二十里小泉，店一。二十五里紫泥泉，設楊柏驛，居民三十餘戶，泉水甘。有支路，自東南行渡大黄水以達孚遠之大墩灘，計程三十里。三十五里出境，接孚遠西境官道。出本境即孚遠屬之四十里井子。自阜康城至此凡一百四十里，路平曠，多樹林。城西三十里甘泉堡，小店二。三十里出境，接迪化東境官道。距黑溝二十里。

以上阜康大道。

城東南八十里小黄山炭窑，折東行過黄山街，有支路，二十里至紫泥泉。二十里至孚遠屬之大墩灘。此爲運炭出境之道。又城東北出東門。六十里高湖浪，經行皆草灘、沙窩。折東行五十里五個泉，五十里滴水溝，二十里至紫泥泉，與東境驛路會。城南自内東渠渡四工河、土墩子河，二十里至博克達山之麓，又七十里至山巔。城西北七十里梭梭堆，均草灘、沙窩。有支路，東行二十里至高湖浪。折西行四十里至迪化屬之胡桐窩。

以上阜康支路。

孚遠縣

城東十五里芨芨窩，民居三四，有汛卡。二十五里大泉，民居四五。接奇臺西境官道。距奇臺新城五十里。城西四十里雙岔河，民居四五。按：雙岔河，乾隆三十六年築育昌堡。《水道記》謂爲唐沙鉢鎮地，即阿史那賀魯所築之莫賀城，《侍行記》已辨其非。三十里三台驛，市面闊大，沿途多樹林、邨莊。有支路，北行五里慶陽湖，折西北十五里大馬圈，四十里五廠湖，與西北境支路會。十五里老三台，有高墩。支徑二：一由老三台向南行，經無量山之麓，折西南至礦山，接阜康界，計程五十里。又自礦山東北分路，西南行過三工河至營馬台，抵冰山，計程約百里；一自老三台向北行，三十里至西地，折東行三十里至大馬圈，與北境支路會。二十五里至四十里井子，小店二，泉水甘。接阜康東境官道。距紫泥泉五十里。

以上孚遠大道。

城南三十里大龍口，二十里三盛渠，十里泉子街，南鄉大聚落。三十里小西溝，三十里四道橋，再南抵冰嶺接吐魯番界。凡一百五十里。又城東十五里芨芨窩折南行，六十里公盛渠，二十里柏楊河，十餘里蔣家梁，再南抵冰嶺，亦接吐魯番界。凡一百三十里。又城西南六十里泉水地，南十里許有支路，西行經興隆渠、長盛渠至大東溝，計程四十里，與西境支路會。三十里廣泉子，有支路，東行經長山渠至小西溝，計程三十里。十里大有渠，南接冰嶺。又城西南十五里入南山，數里至山麓千佛洞。紺宇壯麗。《三州輯略》云：考宋延德《使高昌録》，師子王避暑於北庭，邀延德，凡六日至北庭，憩高臺寺。又明日，引游境内佛寺，有曰應運泰甯之寺，貞觀十四年造此洞。蓋亦唐時高昌舊跡也。

謹案：孚遠南境支路，《鄉土志》圖並抵冰嶺，接吐魯番界。冰嶺即古金嶺，四時積雪合凍，故俗以冰嶺名之。《唐書》交河縣北行，經柳谷，度金沙嶺，至北庭都護城。宋王延德使高昌，自前庭至後庭，經雪山龍堂。陶保廉《侍行記》謂古之金嶺當爲濟木薩東南一帶之山，延德經行蓋今柏楊河東北經四道橋之路，今此路商人尚有行者。《蒙古遊牧記》補注謂漢時車師前部通後部金滿城之路，當在今之濟木薩地。而闢《三州輯略》誤以齊克達巴即七個達坂，博克達山高處。爲延德所度金嶺之非。其説最爲精覈。又唐貞觀間，侯君集討高昌，欲谷設使葉護屯浮圖城，與高昌相應。浮圖即務塗之轉音也，漢時務塗谷亦在孚遠南山中。《蒙古遊牧記》補注以千佛寺爲浮圖城故址，準以地望，尚非北轍南轅。而因浮圖之名，牽合梵宇，未免失之。

城西二十里柳樹河，折西南二十里經雙岔河南，二十里石廠溝，二十里水西溝，二十五里大東溝，十里潘家峽，十里下石廠溝。西爲工二河，南近冰嶺。

城北十里後堡子，北鄉大聚落。有支路，東北行三十里至三廠湖。十五里破城子，唐金滿縣故城。有唐金滿縣殘碑，嘉慶間尚存，今佚矣。徐氏松謂唐於庭州立北庭都護府，元於别失八里立北庭都元帥府，並治於斯。遺址甚廣，中有子城，多小魚。由此分路，一向東北行，經十二户，二十里至大孔堰，有支路，西行二十里至四廠湖。再北行抵沙山，達奇臺境；一向西北行，十五[里]下新湖，十五里四廠湖，五十里五廠湖，再北行抵北沙山，達科布多境。又出城東門至二工，東北行，十里葉家湖，折北行，二十里二廠湖，十里三廠湖，有支路，西行十里至十二户。十里豐盛堡，與大孔堰支路會。

以上孚遠支路。

奇臺縣

城東三十里至三十里鋪，二十里四十里腰站，店四，井水甘。四十里屏營驛，即奇臺舊治城，戈壁平曠。城駐巡檢，城外居民百餘家。地乏水，南半里許有澇、(灞)[壩]二，瀦雨雪水以供人畜飲濯。有支路，南行六十里下開墾，三十里上開墾，十里大西溝，逾山接吐魯番北境支路。三十里西吉爾莊，二十里東城口，居民六七，有樹木。二十里咬牙溝，遍地碎石。【略】二十里木壘河驛，唐蒲類縣地。木壘，即蒲類之轉音也。舊名曰白水驛，爲西行富八站之首。有營堡，駐守備。市上居民約一百五六十家，附近種地者頗多。【略】四十里一碗泉，居民一，小店二。五十里三個泉，即阿克他斯驛，舊名三泉驛。官店一，車店二，民居一。駐把總。沿途多坡阜。康熙五十一年，和碩額駙阿寶擊敗準噶爾於阿克他斯，即是地也。有支路，東南行一百里至穆家地溝，逾山達於鄯善境。九十里戈壁頭，舊名三泉腰站。官店一。即數年前臺車廢局地，乏水，取汲遠在六七里外，曾掘井至十餘丈無泉。四十里大石頭，即烏浪烏蘇驛，舊名盤安驛，郵舍傍山，近始移於此。四山縱横，中闊，官店、民店二，澗水甘。有支路，東北行一百四十里至卧龍，居一。五里小石頭，三十五里色必口。即色畢溝。舊設盤安腰站，開省後改色必口驛，光緒二十九年移設於頭水。由此分道，一東南行三十里至頭水驛，官店一，小店一。汛兵什。水微苦。自戈壁頭至此，徑路在亂山中。接鄯善北境官道；距七角井驛九十里。一東行三十里至噶順溝北山廟，接鎮西西境官道。距芨芨台驛三十里。

城西二十里小屯，十里西三十里鋪，二十里出境，接孚遠東境官道。出境即孚遠屬之大泉。

城北十里頭屯，十里二屯，二十里北道橋驛，一百二十里黄草湖驛，舊名噶順台。八十里將軍戈壁，折東北八十里蘇吉，舊有台站。八十里元湖驛，有支路，東南行四十里南溟水，一百四十里老君廟。接科布多南境台路。自元湖西北行六十里科布溝，折北行四十里鄂倫布拉克台，五十里錫伯圖台，九十里布敦哈喇腰站，一百六十里察罕爾通古台，一百里沙斯海台，一百二十里玉音齊台，八十里達布蘇圖台，一百二十里博多渾台，一百二十里蘇濟台，一百二十里科布多底台。自奇臺城至科布多城，凡一千五百六十里。

謹案：由元湖至北道橋，爲元太祖西征經行之路。《長春西游記》：抵金山前至白骨甸，地皆黑石，約行二百餘里達沙陀北邊，頗有水草。更涉大沙陀百餘里，東西廣袤不知幾千里，古之戰場，凡疲兵至此，十無一還。頃者乃蠻勢大，亦敗於是。抵陰山前三百里和州，沿川西行，西即鼈思馬大城，此大唐北庭。今鄂倫布拉克、蘇吉、黄草湖皆沙磧，即白骨甸。和州，乃火州之轉音。鼈思馬城，今孚遠城北破城也，乃蠻太陽罕之擒，蓋在白骨甸大沙陀矣。

以上奇臺大道。

城東九十里三個莊，一名東城渠。九十里紅柳井，一名芨芨湖。九十里黑山頭，一名青圪塔。九十里卧龍居，一名卧雲磯，舊名鄂隆吉。【略】有支路，東北行七十里至紅沙泉。達鎮廳屬菜子地。

謹案：此路直達山西歸化廳。《侍行記》：歸化廳西行九十里畢齊克齊，六十里博拉克齊，一百里薩拉齊廳，九十里包頭鎮，在黄河北岸。七十里黑兒腦包，以下皆蒙古地。六十里烏喇特，西北七十里烏拉胡同，八十里烏蘭板升，一百八十里莫兒古捦梁，七十里烏蘭烏蘇，五十里竹拉克濠賴，八十里賀拉烏蘇，六十里木雷滚，六十里鄂貝爾哈，以上在河套北約二三百里。五十里白彦善丹，九十里布頓卯朵，七十里賀拉套拉孟，七十里博爾沁，北通土謝圖汗游牧。七十里拉克圖，八十里迭列蘇，七十里章毛烏蘇，七十里討勃其，有山圖形。一百二十里達拉孟，七十里古欽，七十里圖布濟，八十里哈布塔克，六十里和洛圖，七十里洪果領，七十里朝腦索倫古兒，八十里布格帖爾，六十里莫敦鄂博，屬三音諾顔部。八十里哈喇尼丁，七十里蘇吉，七十里察汗布拉，九十里呼都克貝爾，八十里賽胡同，五十里西尼烏蘇，七十里紅土門，七十里甲高胡圖，六十里小托雷，六十里千善莫多，又名紅淖爾。八十里庫林匝布，又名夾拉孟。一百三十里甲會，七十里俄農鄂博，四十里明安子山，一名哈勒金達坂，又名沙拉胡素。七十里哈拉迭里，六十里札木善丹，在阿濟鄂博山下。四十里明岡，一名哈沙土。六十里柳樹泉，五十里乾湖子，九十里老爺廟，西南一百二十里炭窑上，九十里三塘湖，西南距鎮西廳約二百里。西行八十里天生川，七十里白墩子，六十里事金，七十里鍋底山，六十里菜子地，七十里鄂龍吉，九十里黑山頭，九十里芨芨湖，九十里三個泉莊，八十五里新疆古城子。即奇臺縣，凡四千七百三十五里。

城東一百八十里木壘河，東北行八十里黑山頭，一百里鬮泉，八十里紅沙泉，九十里至鎮西屬之花兒剌。民居三。

城西南八十里董子溝，十里吉布庫，十里耿戛街，西通孚遠，南通吐魯番。

城東北三十里西地，十五里東地，四十里漢溝，有卡倫。北行七十里北芨芨湖，九十里老君廟，舊有煤窑。六十里拜達克山，通科布多，屬札哈沁旗牧地。案：俄人探得捷走古城之路，夏由布倫托海東出哈喇莽奈山，冬由布倫托海西以達古城，則拜達克山一隅蓋亦邊防要地矣。

以上奇臺支路。

昌吉縣

城東五里七工莊，九里過頭屯河，六里至沙梁，接迪化西境官道。東南至省城七十里，東至古牧地五十里。

城西八里過三屯河，在三屯廟之南，即羅克倫河。【略】有支路，由三屯廟北行過大西河，十里貞一莊，十五里蘭州灣涼州工，三十里下勢壩，五里上勢壩。四里小西河，十里洛克倫河左分第一渠，有支路，西行八里頭畦，十里軍户，十里阿魏灘。八里蘆草溝，有舊堡，堡外小店一，民居一。十五里榆樹溝，有舊壘，民居十餘家，左右皆村莊。十一里横水橋，接呼圖壁東境官道。橋西即呼圖壁界。自城至此，沿途均有樹木。

以上昌吉大道。

城南五里八工莊，東南行一里小三工莊，二十餘里頭工莊，五里屯田堡，六十里入格珊圖山至煤窑，七十里廟兒溝，達焉耆府支徑。又自八工莊西南行，一里十工莊，五里大三公莊，八里下營盤，有支路，西南行十里小軍户，十里至軍户。三十里河州工。

城東北五里東七莊，有支路，西南行五里至貞一莊，貞二莊。復分支路二：一自貞一莊東行，五里小西莊，折東北七里十三莊，四里下三莊，五里下六工；一自貞一莊西行五里十二莊，七里十四莊，十里上勢壩。北行五里東三莊，十里下六工，四十里馮家壩，支路二：一東北行十里至馮家壩舊卡暨五十户；一西行三十里二十四户，三十里下泉莊，折西北七十里龍家灣。六十里芨芨槽，五十里新渠村，二十里白家海子，北抵沙窩，科布多支徑。

以上昌吉支路。

呼圖壁分縣

城東十里頭工，二十里三十里墩，居民四五家。三里横水橋，接昌吉西境官道。距昌吉城五十七里。

城西二十里五工台，居民十餘家。十里亂山子，居民五六家。三十里大土古里，即圖古里克。【略】東有戈壁約二十餘里。五里乾河子，五里出境，接綏來東境官道。距綏來屬樂土驛二十里。

以上呼圖壁大道。

城南五里和莊大渠，二十里二工，十五里甯州户，五里頭渠，六十里石窑子，戈壁。自此入山。十里草達坂，五里青土達坂，五里騷呼達坂，十里楊家旱地，五里劉家旱地，二十里枸子溝，三里石梯子，過大石山。五里白楊河，折西南五里楊家旱台子，十里石梯子莊，過達坂。十里二工牛房子，過達坂。十里曼牛坡，過達坂。西行三十里搭拉盤山，五里回回梁，有支路，十里至煤窑溝。五里呼圖壁河，舊名胡圖克拜河，水漲時人馬不能渡。折西北三十里鵲兒溝。

城北五里大橋，下三工渠。十里下三工，三十里土墩子，四十里東河壩，西行過呼圖壁河，二十五里渭户，六十里桑家渠。又城北八里和莊大渠，五里馬廠胡，八里上廣東户，十五里五户廟，沿河行。十里胡桐窩，即下廣東户。十五里中芨芨梁，十里中渠，折東行五里渭户，過大渠橋三。折北行十里沙門子，折西行五里六户半，芳草湖大莊地。折北行十里鎮番户，十里長沙窩，五里丹坂，折西南二十里小東溝，折西行三十里大東溝，有支路西南行五里老生地，折南行十里破口，十五里西溝，十五里磨菰湖，逾戈壁九十里至亂山子，與西境驛路會。折西北三十里下芨芨梁，有支路，五十里至馬橋。達綏來境。

以上呼圖壁支路。

綏來縣

城東出東關，左一支路，出大校場至四吉橋約四十餘里；右一支路，由老君廟巷至舊磚窑約十餘里。一里奎星樓，【略】有支路，北行三十餘里至皇工渠。二十四里包家店，居民十餘家。有支路，南行二十餘里至白格大廟。二十里搭西河堡，舊駐屯所千總，今廢。支路二：一沿河岸南行，四十里抵南山之河腦；一北行，二十里至樓莊子莊。

居民五六十户，樹木稠密，有舊堡，户民重加繕葺，尚爲堅固。二十五里樂土驛，商廛二十餘家。有支路，北行三十餘里至上陽渠莊分路，一北行二百餘里達呼圖壁之黄草湖，一西北行達治北之五岔。二十里深溝，有支路，南行五十餘里抵南山之無量廟。接呼圖壁西境官道。距呼圖壁城七十里。

城西半里過磨河渠橋，渠水導源瑪納斯河，北流至東溝墑分五岔灌田。二百數十户。支路二：一南行六十里至南山石灰窑子，與甘溝支路相接；一北行十餘里至蘭州灣，又一旦至廣東地。一旦亖達格入，【略】八里瑪納斯河，準語瑪納，巡邏也；斯謂其人。地有巡邏者，是以名。河寬里許，散漫無定，入夏水盛漲，旅人有滅頂之虞。近邑令李某創立水車，自六月起至八月止，用車渡送，勝東里之乘與濟人矣。《水道記》曰：水清産玉，故又名爲清水河。玉色黝碧，有文采，璞大者重約數十觔。有支路，南行三十里至上七工。三十里石河子，漢回鋪户五十餘家，回民禮拜寺一處，附近邨莊相屬，爲綏邑第一鄉鎮。二十里花樹林子，【略】十五里烏蘭烏蘇驛，驛以河名。市廛三十餘家，車店三。驛南半里許有右旗守備營卡。《水道記》曰：《新唐書・地理志》輪臺縣又百五十里有張堡城守捉，又渡里移得建河七十里有烏宰守捉，又渡白楊河七十里有清鎮軍城，以今證之，里移得建疑於瑪納斯，白楊河近於烏蘭烏蘇矣。《天山客話》：自晶河至烏蘭烏素數百里，中楊柳夾道，草密花香，與戈壁中風景絶異，但蚊蚋多耳。十五里頭道河，居民七八家，樹林稠密。二十里五顆樹，居民十餘家，地近南山，每逢陰雨，恒遭昏墊。二十里三道河，居民二十餘家，車店二。十五里五道灣梁，戈壁。二十里安集海驛，安集海，迺安濟哈雅之音訛。準語安濟，藥草名；哈雅，採取也。有街道二，中隔小河一道。居民四十餘家。【略】有支路，西北行六十餘里至小草湖，與奎屯支路相接。極北與頭道橋支路相接。【略】二十五里雙石井子，接庫爾喀喇烏蘇東境官道。距奎屯驛六十五里。

謹案：瑪納斯河，《元史・耶律希亮傳》作瑪納思河，而劉郁《西使記》過龍骨河則烏龍古河也。【略】二水源流迥别，《水道記》所載甚明。李光廷《漢西域圖考》以瑪納斯河當龍骨河，而駁《水道記》之非，慎矣。河東岸有城墉舊址，周十餘里，曰陽巴勒噶遜，即《海屯紀程》之仰吉八里克，西書稱爲仰吉八里陽，仰音近也。《水道記》謂陽爲漢語，巴勒噶遜，準語城也，城向陽，有城基，故名。合漢語、準語爲一，殊附會。

城北十八里撞田驛，八十里沙門驛，八十里新渠驛，九十里小拐驛，九十里三岔口驛，一百里唐朝渠驛，一百里黄羊泉驛，折西行一百里出境，接阿爾泰山南境官道。

以上綏來大道。

城南半里許頭工渠，支路二：一東行十餘里與包家店支路接，一西南行十餘里至涼州户。三十餘里入南山，山路平坦。有支路，由路西之紅上崕子西南行，八里至於磨河渠龍口，與四吉户支路相接。三十餘里石灰窑子，昔年鄉民燒灰處，廢店二，無民人。有支路，西南行二十餘里抵清水河。一里許沙溝，兩山壁立，中通沙路。八十餘里至甘溝之團莊，居民百餘户，商廛二十餘家，同光以前爲綏邑最繁盛處。支路二：一東行三十餘里西涼户，三十餘里紅山子，達呼圖壁屬之雀兒溝；一西行五旦清八河二，二十里貝母房子，二十餘里達子橋，折西南十餘里通西山内之石廠。按：達橋子當瑪納斯河源，爲甘溝入西山咽喉要道，兩山夾峙，中通大河，有一夫當關萬人難踰之險。【略】踰山有鴨湖五道，鴨湖者，俗謂石山峽也。此五處是山内平原之地，天氣早寒，不宜菽麥，故罌粟毒卉佔地利者多年。再南行五六十里皆山徑，峰巒重疊。抵三道馬廠，舊爲營中牧廠，草豐水便，業牧事者争購焉。再南抵松山，松林茂密，中多野獸，境内伐木者均取材於此。再南通焉耆北山。

謹案：綏來南境通焉耆北山之路，山峻徑險，每歲夏秋，焉耆土爾扈特蒙民運馬來綏出售者，取道於斯。馬行七八日可達。

城西四十里石河子，詳上官道。折西南三十餘里三工店，右有支路，二十里繞頭阜通烏蘭烏蘇官道。四十里東卡子灣，飯店三家。此爲入西山之隘口，其路背山面河，樹木稠密。折南三十里東灣，居民四十餘家。左有支路通金溝河。三十餘里石廠，深谷重巘中，土膏沃衍，有大街肆，商廛民舍八九十家，街心通大渠一道。【略】折西南數里，繞水梁，十餘里過甯家河，河寬三丈餘，兩岸高峻，東灣西地諸户資其灌溉。十里新户廟，山峽中有小街道，居民十餘家。折南十里牛圈子莊，均旱田，居民四十餘家。四十餘里西戈壁，繞北沿金溝河西岸行，四十餘里博羅屯古，大街一道，商店三十餘家，邨莊環布。再南二十餘里過金溝河，抵八家户，居民二十餘家。四十里熱水泉，【略】四十餘里逾金溝河之山。鹿角灣，十餘里月牙臺，有喇嘛寺。山之後路緊與奇林圖魯達坂相連。由此循博羅屯古山，折西北行，一百七十里出西卡子灣，三十里會安集海驛官道。

城西北十里蘭州灣，居民二十餘家。沿途皆桃果園，春季穠華蒨粲，如入武陵源。二十里楊家墑，居民兩三家。二十里肅州户，居民二十餘家。十里大泉溝，居民兩家。十里三户地，居民二十餘家。十里蛛絲塘，居民十餘家。十里營盤子，居民五六十家。十里八分地，居民十餘家。十里胡家海子，居民二十餘家。其地並焉耆子，不識命名何義。自庫爾勒至此統名沙灣。八十里興盛渠，百餘里大小拐，【略】再西北達塔爾巴哈臺蒙古牧地。

城北出東關，自大校場折北行。十餘里拐灣，郵舍數椽，緊臨河岸。有支路，西北行十餘里與廣東地路會。二十餘里四吉橋，此水分支於磨河渠，寬一丈餘，深丈餘。【略】四十餘里五岔廟，五岔總匯之地，有大廟一所，居民一百餘家。五岔者，西新渠、西中渠、西東渠、西西渠、西四渠也。有支路，西北行三百餘里而至大小拐。五十餘里沙窑，道百餘里鎮西營堡。【略】有支路，東行七十餘里與呼圖壁馬橋子路相接。再北行二百餘里均沙漠，再北四百餘里布倫托海，蒙古游牧地。再北達阿爾泰山境。

以上綏來支路。

又卷八○《道路二》　吐魯番廳

城東二里過土橋，水曰沙河。一里纏回禮拜寺，古塔高四丈餘，附近有郵莊。五十七里蒙古包，有纏回墳屋，形如穹廬，故名。三十里勝金口驛，回呼愛克斯，漢人以驛舍自勝金台移此山口，遂呼勝金口。沿途平曠，驛前後皆山澗。二十里出境，接鄯善西境官道。距連木沁驛六十里。

謹案：漢《西域傳》元始中，車師後王國有新道出五船北，徐松《補注》：今小南路有小山五，長各半里許，頂上平而首尾截立，或謂是五船也。通玉門關，往來差近。謹案：玉門故址在今之雙塔堡亂山子。由堡西望，南山兩塔，北山一墩台，望之如邊門大啓。疏勒河西流貫其中，亂山子卡房左近，白石巉巖，細膩如玉。山上砂石皆白，視之如鹽灘。漢置關於此，玉門之名想即由此而起。蓋漢初往後庭多由伊吾、蒲類至是，始得火州之徑。所云「出五船北」者，蓋從火州北行至勝金口，又北入穆圖拉克之溝，俗名木頭溝。過可洛達坂，即通濟木薩，古北庭也。所云「通玉門」者，由火州東南度磧也。《魏略·西戎傳》：新道從玉門西北經橫抗龍堆，出五船北，到車師界。是五船在車師東南，近於火州也。

城西南三十里雅木什，三十里布幹台驛，六十里托克遜驛，《元史·地志》附錄作「他古新」，《西域圖志》作「托克三」。有新舊二城，民物殷庶。【略】歧徑三：一北行四十里至伊拉里克西，入阿拉癸峪，經裕勒都斯以抵伊犁。一西行經納林奇喇山口，踰博羅圖峪口進南以抵楚輝。一西南入蘇巴什谷口，踰庫木什阿哈瑪塔克，亦抵於楚輝。偏北一百里小草湖驛，三十里白楊河，接迪化東南境官道。距達坂城驛十七里。又自托克遜驛偏南，九十里蘇巴什驛，【略】八十里阿哈布拉克驛，《西域圖志》：自蘇巴什北谷迤邐西南行，十里漸聞水聲，遍谷皆淺水，山勢漸狹，西崖壁立，人行其間如一綫天。又里許，即沙灘。又二十里，有大石崎嶇者數處，車不能行，爲古車師國西境關隘。又二十里至艾噶爾布拉克。按：山溝中石壁陡峭，路徑險惡，每當盛夏山水暴發，勢如奔馬，行旅有爲魚之患。丁未秋，當道派員監修，鑿平石磴，其阻路大石用火藥炸除之，稍平夷矣。六十里桑園驛，七十里庫木什阿哈瑪驛，驛以山名。回語庫木什，銀也。阿哈瑪，積而不散之謂。即《唐書》所謂銀山磧也。國朝《西域土地人物略》有地名昆迷失，即庫木什之轉音。七十里舊房川，接焉耆東境官道。距榆樹溝驛二十里。

謹案：漢通西域有南北二道，後分爲三。隋裴矩《西域圖記》載中道起高昌，經焉耆、龜兹、疏勒，踰葱嶺，即今由吐魯番經庫車、喀什噶爾達蒲犁驛路。《唐書》郭孝恪伐焉耆，出銀山道。銀山者，今庫木什阿哈瑪山也。貞觀時，安西都護治在今雅爾湖西南，行四程至阿哈爾布拉克，三百一十里。又南折而西行庫木什阿哈瑪山中，二程至庫木什阿哈瑪驛，一百三十里。又西三程至烏沙克他拉，二百五十里。自烏沙克他拉西南至員渠城海都河南四十里有舊城，雉堞猶存，俗曰四十里城，蓋即員渠遺址。不過百里，故太宗策孝恪以八月十一日，行二十日必至也。

城西三里回城，駐巡檢，市廛甚盛，居民四千餘丁。十七里雅爾湖，又名崖兒城。漢車師前王所居，唐交河縣治也。河水分流繞城，故號交河。三十里磴磴子，即根特克。九十里三角泉，即哈密爾罕布拉克。四十里白楊河，會迪化東南境官道。

以上吐魯番大道。

城東迤南二十里底湖，六十里三堡，七十里二堡，一百一十里洋海，《西域圖志》作「洋赫」。達鄯善之闢干坎。

城南十里雅爾巴什，六十里喀喇和卓，漢戊己校尉治，晉田地城，唐高昌城，明火州治。五十里至鄯善魯克沁城。又城南迤西三十里頭工，三十里二工，三十里西當工，九十里當夏工。

城西南三百五十里桑樹園驛，二十里折南入山，五十里苦水井，二井一甘一苦。有紅柳、柴草，四周皆硝鹻地，回語曰消爾布拉。一百里内三十里浮沙，六十里石磧，十里鹻灘。乾草湖，有草無湖，東北有鉛。六十里沙磧。破城子，【略】一百二十里均山峽。四馬哈泉，七十里胡桐泉，七十五里胡桐窩，流沙不勝車輪。若由前站向東南至舊營盤約八十里，可以行車。以上均無居人。七十里浣溪河，即海都河下游，水寬多蘆。行者至此舉火，南岸土回見煙來迎，刳胡桐樹爲槎，廣一二尺，聯數槎以渡，呼曰卡盆。循沅溪河北岸正西行，荒磧無人，六十里生必阿塔可，又一百一十里阿哈巴什，北有大山曰於洛可達坂，又西三十里拖干巴什，四十五里雅爾當，三十里沙凡布拉克，六十里托古巴什廢卡。其北踰沙山爲博斯騰淖爾。自廢卡西北行二十里燈窩塔克，四十里而勒里杆，五十里科泰喀哈，一百八十里庫爾勒城。渡沅溪河東南行，八十里都納里。蒙古人都納里始來居此，因名。自此西行，二十里鐵干里克，有回莊，三十里哈什敦，八十里古斯拉克。沿塔里木河北岸而西，五十里烏魯可力，四十里莫格可力，又名英布洛，光緒十六年嘗設輯撫于侯局於此處。又西北八十里禾拉里，七十五里其奇河，六十里克尼爾，五十里庫爾勒驛。又一百里卡拉達雅，回語有槎之水也。一百里阿拉港，言水有漢也。八十里吐渾，或作托孔，言地小如一馬韉。九十里和兒罕，一名科羅干，言平地也。有安集延酋所築堡，周約里許。渡塔里木河，葱嶺南北河、于闐河合流於溫宿州南爲塔里木河。塔里木者，回言可耕也。四十里七克里克莊，七克，野麻也；里克，有也。纏回二三十户，東南行，忽騎忽槎，六十里特里昆，五十五里阿不旦莊。又東南一千四百里至敦煌縣。詳漢《玉門陽關考》。莊南涉水，于闐之卡牆河東北流至此會塔里木河。四十里羅布邨，二十餘户，半漁半耕。四境多沮洳，即蒲昌海之西畔，古稱牢蘭海，樓蘭之轉音。今回語曰喀喇布朗庫爾，言黑風海子也。蒙語曰羅布淖爾，淖爾，言聚水澤也。羅布，乃沿用唐玄奘《西域記》納縛波之音，不知何義。河水至是伏流者也。《水經注》：蒲昌海亦稱鹽澤，河水之所潛而出於積石也。右録陶保廉《侍行記》。

謹案：自桑樹園達羅布淖爾，舊路自庫木什自桑樹園至此四十里。西行八程至庫爾勒，六百一十里。又折東南七程而抵淖爾，統計十五站之遠。光緒二十年，羅布淖爾善後局委員沈某開一新路，由庫木什南行，傍草湖之東，七程即至淖爾。蓋新路弦直，故近七八站也。

城北二十里榆林工，十里沙河子，十里葡萄溝，五十里木頭溝。

以上吐魯番支路。

鄯善縣

城東經榆林東工過五里橋，歧徑一，右走卡那，左經阿浪，過馬廠至東湖。三十里至三十里墩，回名哈克吐兒，謂烏鴉所宿也。纏民數家。東阜有小泉，四圍皆沙磧。歧徑二，左達柳樹泉，右由北坎上經鐮泉子至高泉達坂，入奇臺界。十五里蘇魯圖，有草。十五里六十里墩，回名特斯，無居人。東二里許，坡下有泉。十里鶯嘴石，《侍行記》作「莢子樹」。回語呼培而布拉克，言泉水足也。有郵舍、樹木。二十里齊克騰木驛，齊克騰木，回語言得泉水也。旅店三，纏回一二十餘家。【略】三里過營堡，駐守備。泉流甚旺，味微苦。有歧徑，南行至南湖。三十七里土墩子驛，回名克勒克，驛東有店，無民舍，無草木。墩西北有泉，苦鹹。一百四十里五十里平曠，九十里山峽。西鹽池驛，舊名納呼。旅店一，無居民，無草木。鹽池在北山内。《西域圖志》：納呼四圍皆山，其西谷口狹而深，爲闢展東境關隘。六十里三十五里頗平坦，二十五里山峽，多石子。惠井子驛，破屋五間。七十里五十里山徑，二十里沙土。胡桐窩驛，即東鹽池，旅店一。有草無木，水苦鹹。鹽池在驛南。四十里七角井驛，防兵什，小店二，泉水苦。有歧徑，東北行經陶賴以達鎮西上助巴泉驛，計程一百八十里。折北行九十里三十里沙灘，六十里山峽。出境，接奇臺東境官道。出境即頭水驛。又自七角井驛，折東南七十里六十里坦途，十里山硤。車轂轤驛，四圍皆山，有泉在東北巖下，水苦鹹。二十里芨芨槽子，民店一，有泉。四十里出境，接哈密西境官道。距一碗泉驛三十里。

城西七十里連木沁澤，舊作連木齊木。漢回雜處百餘家，有溫泉數處匯成小河。纂修《西域圖志》諸官以連木沁爲漢後城長國，《侍行記》辨其非。三十里蘇巴什莊，五十里勝金臺，本作森尼木，或稱僧吉木，回語潮溼地也。今訛爲勝金臺。纂修《西域圖志》諸官以森尼木爲漢卑陸國，《侍行記》辨其非。接吐魯番東境官道。距勝金口驛二十餘里。

以上鄯善大道。

城南二十里柏樹溝，西南經大沙灣，歧徑二：一西行至斯爾海浦，一南行經業札巴海，過南渠至馬廠。踰北渠至魯克沁，漢柳中地，長史所居。宋以後訛爲柳陳。《元史》作「魯古塵」，今爲回郡王所居，地勢最爲低窪，民物殷繁數倍於縣治。距縣城九十里，《西域圖志》作「二百一十里」，當是傳寫之訛。【略】由魯克沁南行，四十里沙白特坎爾。又呼馬廠，有五六十家，多獵户。第一程東南行，無地名。有柴，水苦。以下均無人煙。第二程英都爾哥其。英都爾，銀珀石也；哥其，光也。有柴，水苦。第四程石子戈壁。毛拉艾買提。第五程迷迤里生。水苦。第六程托和喇布拉克，言胡桐泉也。有柴草。直西五程通破城子。南有大山，循山北麓折東南行。第七程巴什托和拉克。言胡桐林之頭也。第八程戈壁。阿提米什布拉克。言有泉六十也。有紅柳。第九程小山起伏。布魯頭。言多野牲也。有麻黄、柴，水苦。第十程烏魯鐵漫吐。蒙語言有野駝也。有紅柳、麻黄。水苦。又東南通敦煌。若干程未知其詳。【略】又自沙白特坎爾西南行，多沙阜，且鹵。三十餘里入覺洛塔克山峽，七十里至克子里山，産煤，一名伊格爾達坂。回語鞍馬曰伊格爾。八十里阿習布拉克，言水苦也。西南過庫什爾達坂。一百七十里至烏宗布拉克，彌望堅鹵，其白如雪。中有一水，鹹不可飲。回語長流曰烏宗。西南入孔木達坂，回語沙曰孔木。六十里至帕沙布拉克，井水鹹。折西十八里生額爾，或名五户地，有池及樹。纏回一家，地三十畝，半耕半牧。六十里阿子杆布拉克，轉西南六十里踰卡卡蘇達坂，東西連山，又名庫圖洛克塔克，猶言無水草荒山也。托呼喇布拉可，以上七程須駝負淡水，冬則熬冰雪以飲。五十里至出峽。營盤海子，周約三十餘里。海西十里有廢壘，西南平沙寬廣，相傳此處本在澤中，爲浣溪河淤沙所堙。疑古時此海與蒲昌海合也。西南四十里浣溪河。渡河東南行，四百三十里羅布村。以上二道見《侍行記》。又由魯克沁西行，經闢干坎達吐魯番之洋海。又由魯克沁西北行，經北渠暨吐谷溝，至蘇巴什莊與西境驛路會。

城北由蘇巴什非西鄉之蘇巴什莊。過柏楊河，踰小達坂，入奇臺界。又城西北五里至六十户河灣，有歧徑，三十五里至漢墩。八十五里煤窑，北行入柯柯雅爾山，經夾皮泉回回堡通奇臺木壘河。亦見《侍行記》。

以上鄯善支路。

鎮西廳

城東十里至大泉西渠，二十里至大黑溝，二十里至石人子莊，鑿片石爲人，立於道左。驅車過者，必以脂膏其吻。二十里至三縣户，二十里至奎素，舊名奎蘇，蒙語謂臍腹，言四山環抱，地居其中也。舊有驛，今裁。三十里至小莊，十里至馬圈溝，三十五里石湖裏莊，十五里至松樹塘，即庫舍圖嶺口之山，萬松叢立，四時鬱青。舊有驛，今裁。三十里至天山一廟臺，接哈密北境官道。距南山口八十里。

城西五里至大墩，五十里至尖山子，二十里至骨拐泉，舊有驛舍、官店，今驛改設於蘇吉。二十里至碳泉水，五十里至下助巴泉驛，三十里至掛水井，三十里至石裏泉，三十里至烏兔水驛，舊名務塗水，與《漢書》務塗谷在孚遠南山者，地望迥别。十里至沙溝井子，四十里至芨芨臺驛，三十里至噶順溝北山廟，有界牌。接奇臺東境官道。距色必口三十里。

謹案：漢征和「征」爲「延」之譌字，《功臣表》作「延和」是也。顔師古謂延亦征字，殊誤。四年從《武帝紀》及《功臣表》。《李廣利傳》作三年。遣重合侯馬通《匈奴傳》作「莽通」。將四萬騎擊匈奴，道過車師北，即今由鎮西至迪化路。

廳南由西門出城，五里大墩，四十里至官卡，分道過境，四十五里至蘇吉驛，舊名庚集。折南行六十里獨山子，十里上助巴泉驛，十里至陶賴達坂，五十里陶賴站，舊有驛，今裁。四十里至西山口，即陶賴溝口，有界牌。接鄯善東北境官道。距七角井四十里。又由上助巴泉驛分道，折東南踰達坂，三十里出境，達哈密橙槽溝驛路。

謹案：陶賴舊名托來，譯言兔也。《水道記》注曰：《通鑑》魏永平元年，高車王彌俄突與柔然佗汗可汗戰於蒲類海，不勝，西走三百餘里。佗汗軍伊吾山北。按：高車所遁，蓋今色畢、噶順二溝之間。其中有北山子徑道，南通陶賴軍臺，即伊吾山北也。

以上鎮西大道。

城東八十里至奎素，折東北四十里賈家莊，九十里西窑泉，入東山，達哈密境。《水道記》：葫蘆溝在奎蘇營塘南二十餘里山中，溝有徑通哈密頭堡。

城北十里頭道河，十里至水磨河，十里大河沿，十里大有莊，四十里雙墩子，三十里至馬王廟，二十里至沙溝，二十里至都蘭喀喇山，入蒙古札哈沁旗牧地，達科布多境。又赴老毛湖東小徑一，七十里樹窩子，二十里三塘湖泉淖，二十里至風神廟，十里戈壁，至蘇海圖，亦達蒙古游牧地。

以上鎮西支路。

哈密廳

城東十里至蔡湖莊，回語呼賽巴什，言黄水頭也。《西域圖志》：湖分三渠，曰大榆樹溝，曰小榆樹溝，曰廟兒溝，雍正十一年開濬。十里至二十里鋪，自哈密城至此，夾道榆柳，穠鬱掩映。【略】三十五里至一顆樹，有小村，纏農二十餘家。十五里至草地。黄蘆岡驛，回語呼賽烏拉克，言草地也。康熙圖作西拉虎魯蘇，蒙語黄蘆也。旅店四，民居五六，野多旱蘆。七十里至草地。出黄蘆岡二十餘里，道左廢垣一圈，有泉在迤北草灘中，水頗甘。長流水驛，舊稱額鐵木兒，蒙語高坡出泉也。防兵什，旅店四，居民二十餘家。樹木鬱然。七十里至格子煙墩驛，蒙語稱噶順沙陀，噶順，苦也。康熙圖作喀三延圖。音訛爲格子煙墩。旅店四五，井水苦鹹。按：纂修《西域圖志》諸官以煙墩爲唐柔遠故城，非也。柔遠故城當在沁城北。四十里至風洞腰站，以下三驛因道遠，多凍渴死者。光緒三十一年，巡撫吴引孫飭設腰站。十里至天生墩，紅土，屹立高四丈餘。五十里至多沙坡。苦水驛，回語呼阿及他蘇，旅店三。附近二百里内，恒多黑風，飛沙走石。按：此驛經哈密廳丈量，實衹八十三里零。因驛卒不願，酌定作一百里。《新疆道里表》作百四十里，虚數也。五十里至曠野平沙。鹻泉腰站，泉水鹻鹵。三十里至多沙阜。

沙泉驛，回語呼庫木納克，言有沙有水也。防兵什，旅店三，泉水苦。四十里多沙阜。紅柳園腰站，泉水甘。四十里多石。星星峽驛，康熙圖作喀拉嶺。兩山夾峙，鑿石爲路。防兵十，旅店四。井水味淡而微甘。《侍行記》謂水苦鹹，蓋今昔不同也。有舊車路向西北行七八里至深溝，又十里與驛路會，至沙泉驛可近二十里。因被水沖，祇可通騎。四十里咬牙溝，無居人。接甘肅安西州東境官道。距馬蓮井驛三十里。

城西四十里一棵樹，有小泉灌溉地畝。三十里頭堡驛，回語呼其地曰蘇木哈喇灰，蘇木，部落也。其地在前明爲哈喇灰人所居也。《西域圖志》作「蘇木哈喇垓」，《新疆志略》作「蘇門哈爾輝」，《西域聞見録》作「素木哈爾灰」，或作「蘇穆噶爾」。堡甚小，居民二十餘户。二十五里草地。二堡，回語呼阿斯塔納，言先賢墓地也。纏民三十餘户。《西域圖志》謂境有泉二十三處。《侍行記》云王延德《高昌記》伊吾納職之間有益都，蓋即此。四十五里三十里坦途，一十五里石磧。三堡驛，回語呼托和齊，言長官舊居。陶保廉謂即唐納職縣故城，以《唐書》地望準之，近是。托和齊三字急讀之，亦音近納職也。街在堡外，纏回二十餘家。【略】十里沙棗園，回語呼哲克得里，有雜樹，土屋數家。六十里三道嶺驛，沙磧。回語呼塔勒奇，言有寄居人也。旅店一，居民十家。泉甘流暢。按：三道嶺爲西行窮八站之首。十五里鴨子泉，回名惡而台克，言無居人也。出三道嶺路，皆戈壁，至此有草地一段。三十五里梯子泉，路平曠，小店一，耕户二。二十里沙墩，無人居。墩在南阜，其下有泉。三十里瞭墩驛，路平曠，客店五，居民十餘家，駐守備。四十里多坡阜多溝。乏馬灘，舊有卡倫。五十里一碗泉驛，遍地頑石，店一，泉水甘。三十里出境，接鄯善東境官道。距車轂轆驛六十里。

謹案：哈密赴迪化省城幹路有二。北經巴里坤謂之北路，天山積雪，行宜於夏。西經鄯善、吐魯番謂之南路，近火山，夏令酷熱，行宜於（東）[冬]。西行與南路同，七站至七角井分道，經頭水驛至色必口，與北路會，寒暖得中。林文忠則徐《荷戈紀程》所謂小南路也。其南路驛程，舊由瞭墩走三間房，原名鄂塔爾奇瑪。十三間房原名潤什。以達齊克騰木，因此路恒有怪風，乃改由一碗泉，凡八程而至齊克騰木。按《宋史·外國傳》：王延德至鬼谷口避風驛，用本國法祭，風乃息。殆即今三間房、十三間房歟。

城北二十里泥跡頭，下名闊葉林，旁有尖尖墩。六十里黑帳房，四十里南山口，舊有驛，今裁。上山行五里煥彩溝，三十五里羊圈溝，十五里天山廟，廟在山頂之上，祀關壯繆。由此層折而下。十五里柵門，接鎮西東南境官道。距松樹塘四十里。又由廳西之瞭墩驛分道，北行四十里橙槽溝驛，《水道記》謂即唐納職縣。陶保廉辨其非。接鎮西上肋巴泉驛路。今鎮哈郵遞由此。

謹案：裴矩《西域圖記》，北道起伊吾，經蒲類海鐵勒突厥可汗庭，即今哈密經巴里坤赴迪化省城路也。突厥可汗庭在今迪化境。

以上哈密大道。

城東八十里下廟兒溝，北十餘里上廟兒溝，有回王避暑宫。又北四十里至上游，曰巴達什水，訛呼八大石。七十里芨芨臺，三十里烏拉溝，五里四屯莊，五里阿敦溝，五里照壁溝，五里頭道溝，二十里沁城，蒙語呼塔勒納沁，言曠野有鴉，或云果子溝也。回語呼塔什伯拉克。塔什，石也；伯拉克，廟也。雍正初，大將軍岳鍾琪始議屯墾於此。今駐守備，耕民百四十餘户。按：此路爲《侍行記》所載。《哈密鄉土志》云：城東五十里一棵樹，折東北三十里大泉灣，四十里胳膀井，六十里鹻泉子，二十里回莊子，五十里沁城，所載道里與《侍行記》略同，而地方各異。沁城東南行九十里胡桐窩，其南一程爲野馬泉，又一程爲火燒峽，又一程爲星星峽驛。一百里墩兒山，即馬綜山，折西八十里鏡兒泉，一百四十里大石頭，九十里上莫艾。按：王延德《高昌記》經馬駿山望鄉嶺，嶺上石龕有李陵題字。《方輿紀要》謂山在哈密東南，蓋即墩兒山也。李陵題字未知是否在此。九十里岷水，一百里野馬井，一百里牛圈子，七十里蘆草湖，七十里伊吾峽，訛呼鴦窩峽，陰瓦峽。七十里二枝胡桐，六十里烏魯木泉。其南六十里爲麻姑灘，六十里三道溝，安西州界。東南七十里鹻泉，五十里十二墩，七十里石墩門，五十里小泉，南爲玉門之花海。五十里見牛井，達肅州界。一百里西壩，肅州金塔營西境。又九十里臨水驛。按：此亦《侍行記》所載。《哈密鄉土志》云：沁城東南隅四十里至石鍾山，傍山峽東行，經河翼，過胡桐窩，拜子泉，胡桐大泉，明水等處，直達肅州。由明水又分歧路至安西州。此路爲戈壁沙灘，乏水草，不能車行。間或有駝商繞行，以避釐税。所言徑路，與《侍行記》略同，而地名各異。沁城東北行，三十里蓑蓑墩三岔河，源出天山。五十里小堡。由小堡經踏水河，越羊角達坂，逾雪山，入草地，通肅州金塔寺等處。沁城東去百餘里名東山，草木叢生，禽獸繁殖，纏民耕牧其處者頗衆。歲有餘糧運銷鎮西蒙古一帶。再東四程至淖毛湖，草場闊大。爲回部流放罪人之處。沁城稍西，有舊城址，東北五十里河源小堡莊，有石城古跡。又東北踰塔什嶺，一百里上莫艾舊卡，按：上莫艾舊名德都摩垓，今訛爲剌梅花泉。乾隆初於此設汛，準部平始罷戍。折西一百三十里土古里克，乾隆初曾設汛。一百里土墩子，西北經鹽池，一百里安西泉，達鎮西界。距奎素廢驛一百里。若從上莫艾東北行，六十里爲下莫艾，其西鉅葦子峽，其西北距諾穆湖，均一日程。

回城南二里火燒莊，六里花菓園水，過涼亭，又十里大園子，又二十里小南湖，又四十里大南湖，水草豐縟，雜木叢生。爲鄉曲樵採之路。

廳北八十里沙溝峽，八十里三塘湖，西通奇臺，東南通山西歸化城。二百餘里蘇海圖。準語蘇海圖。有檉柳處。又北入蒙古界，喀爾喀札薩克圖汗部。凡十四程至烏里雅蘇台。蘇海圖以北曰「海爾罕布拉克」，曰「察罕迭斯」，曰「錫林」，曰「巴爾魯克河」，折東北曰「毛海」，曰「車臣淖爾」，曰「那林」，曰「伯勒溪」，曰「奎素」，曰「諾爾木垓」，曰「畢齊克淖爾」，過札布噶布噶河，曰「胡吉爾土」，曰「化領諾圖」，曰「烏里雅蘇」。同治四年，新疆道梗，於此路設臺站，事平即廢。

以上哈密支路。

庫爾喀喇烏蘇廳

城東四十里過奎屯河，譯言冷水河。《元史語解》曰奎騰，冷也。有歧徑，經獨山子三十里至八音溝，八十里至月牙台。三十里奎屯驛，歧徑二：一南行九十里至月牙台，一西北行三十里經三個莊，廿五里至六十戶，四十里至車牌子，與北路官道會。四十里至四十里井子石壘，接綏來西境官道。距安集海驛五十里。

城西七十里布爾噶齊驛，布爾噶齊，準語謂伏流之水旋出地上匯成大澤也。十里渡濟爾噶朗河，又名多木達喀喇烏蘇。五十里墩木達驛，過四棵樹。三十里固爾圖，額布圖河流經其地。【略】按：《新唐書・地志》渡黑水七十里有黑水守捉。【略】四十里塌橋子，固爾圖驛，今移設於此。二十里花樹林，接精河東境官道。距托多驛三十里。

謹案：耶律楚材《西游録》自回鶻五城渡黑水河，西北至庫克腦兒，即今迪化省城經庫爾喀喇烏蘇赴精河之路。黑水河，二喀喇烏蘇也。庫克腦兒，爲喀喇塔拉額西柯淖爾，精河城北鹽海子也。

城北三里蓮花池，池距官道半里許。【略】五十七里庫爾河驛，原名庫爾必喇台，俗名頭台。居民五六，附近有村舍。按：乾隆時，驛路自奎屯北行九十里至此驛，後改道繞由庫城，此路遂廢。九十里沙喇烏蘇驛，俗名二台，又曰車牌子。民居三四，距車牌子莊數里。七十里小草湖驛，居民三四。六十里鄂倫布拉克驛，俗名漢三台，居民三四。又三十五里出境，接塔爾巴哈台南境官道。距什納驛三十五里。

以上庫爾喀喇烏蘇大道。

城南九十里熱水泉，泉自石山流出，浴之可已疾。二十里奎屯後溝，産金。四十里神沙灣，五里老君廟，五里頭道橋，更歷轉脚石扁橋等處，過此則峰巒險峻，無路攀躋矣。

城西北經關帝廟西行，五里許有支路，西南行四十里謝家地，六十里至四棵樹山内金溝，折西過濟爾噶朗河，七十里經舊土爾扈特郡王府，六十里至墩木達驛，與西境官道會。又由城南之月牙台陶家地入山峽西南行，十五里王爾次，俗名煤窑溝。十五里博羅紅多羅海，俗名營馬廠。二十里巧倫布拉克，俗名胡家地。十五里王木克布拉克，俗名馬家地。十二里八音溝，即巴□溝之轉音，又名馬家地。南行十五里草達坂，折西十五里至奎屯河，十八里阿爾峽，一名熱水泉。五里害爾次，俗名官溝。十里陶斯泰，俗名旗杆溝。十五里將軍溝，舊土爾扈特牧地。其東爲鄂壘托拉圖。【略】十三里阿爾齊，俗名白楊溝。十里沙喇克大，二十里濟爾噶朗河，三十里察罕烏蘇，準語白水。三十里台必哈，二十里馬金沙喇，二十里山金沙喇，十里猫東吐，四十里布額圖河，二十里花樹林上游，達精河土爾扈特左旗牧地。

以上庫爾喀喇烏蘇支路。

精河廳

城東二十里黑山頭，有支徑，東南道鹽池。三十里沙泉驛，官店一，無民居。正南與登努勒台相值。三十五里龍王廟，二十里四季卡，駐有汛兵。二十里托多克驛，此一程皆沙窩。《長春真人西游記》：重九日至回紇昌八剌城，翌日並陰山而西，約十程又渡沙場。其沙細，遇風則流，狀如驚濤，乍聚乍散，寸草不生，車陷馬滯，一晝夜方出。蓋白骨與大沙分流也。程廷尉同文曰：晶河城東至托多克，積沙成山，浮躍難行。東距阜康縣一千一百里，故云十餘程。三十里華樹林，接庫爾喀喇烏蘇西境官道。距固爾圖驛二十里。

城西三里過精河，二十里八家戶，十二里永集湖，此處爲腰站，駐汛兵。三十里黃土梁，四十五里經葦湖蘆葦叢生，深丈許。托里驛，即大河沿，準語托里，鏡也。地有小水清圓如鏡，故名。居民四十餘家。爲蒙哈交易之所。三十里托霍穆圖驛，即五台，仲春後，山水下注大路，須繞至山嶺。四十里至腰站出境，有界碑。接綏定北境官道。距瑚素圖布拉克驛四十里。

謹案：託霍穆圖爲伊、塔、精三處之咽喉，自中俄分界以來，其地去邊界僅五十里，未雨綢繆，籌邊者所宜留意矣。

以上精河大道。

城西南一百二十里登努勒台，準語濱河，土阜之帶草者。自此入山峽，經博羅布爾噶蘇山，折東南出峽，達甯遠北境。《水道記》：安阜城南山即伊犂哈什河北岸山陰也，山有峽口曰登努勒台。【略】《新唐書·地理志》云：黑水守捉又七十里有東林守捉，又七十里有西林守捉，又經黃草泊大漠、小磧渡、石漆河，踰車嶺至弓月城，過思渾川蟄失密城，渡伊麗河。蓋即由登努勒台至伊犂矣。石漆河，或晶河之舊稱。

謹案：登努勒台山硤，東西長二百餘里，【略】爲伊犂東境要隘。乾隆二十七年，伊犂辦事大臣阿桂疏言：前者臣等奏明今秋添設額林哈畢爾噶路軍台，自晶河、博羅布爾噶蘇、登努勒台一帶至伊犂安設。適今年二月，晶河運送籽種，以登努勒台雪大難行，訪之厄魯特，乃由塔勒奇嶺、賽喇木淖爾、庫森木什克等處而來。塔勒奇嶺山路較博羅布爾噶蘇嶺爲平正，秋雪亦較登努勒台爲少，惟水大之時略有未便。而彼處有噶勒丹策凌時舊橋數處，修其損壞，可免病涉。所有軍臺改由塔勒奇至托里六處安設。從之。據此則博羅布爾噶蘇山較塔勒奇爲尤險。論者乃謂塔勒奇之路冬雪封山，行旅阻滯，不如改道由登努勒台，亦不察甚矣。

城西三[illegible]五[illegible]湖，西北行七十里至博羅塔拉，入蒙古游牧境。

謹案：博羅塔拉地方袤延五六百里，橫亘三百餘里。【略】泉甘土沃，形勢殊勝。光緒十一年，當道奏定設巡檢，旋以恐礙游牧，事擱未行。而蒙民智化未開，坐令膏腴鞠爲茂草，守土者宜爲經營矣。

城北三十里忙各布魯，哈薩克出入之地。一百一十里至喀喇塔拉額西柯淖爾北岸，達塔爾巴哈台境。

以上精河支路。

綏定縣附霍爾果斯廳。

城東八里鹻溝，十二里水泉子，有防卡兵什。三十里板橋，舊有防卡，今廢。十五里脊梁子，居民二。有防卡，駐哨弁一員。由惠遠城至此四十里。【略】二十里五端營，接甯遠西境官道。距巴彥岱五里。

城南五里沙拉布拉克河，即烏河，有大橋，北岸龍神祠一。十里惠遠新城，有驛。城駐將軍、都統。城厢内外，漢纏回民三百五十餘家。滿蒙各營未詳。由惠遠城出南門，三十里至惠遠舊城。傾圮無存。折東爲普化寺，有喇嘛一千餘名。現駐有陸軍模範營一營。過伊犂河，二十里錫伯營八牛録，又百餘里抵南山。此外別無路徑。由惠遠城出西門，駐防營兩處。一里石河子，河西錫伯莊，錫伯三四家，駐漢隊一營。折西南二十五里月牙湖。即伊犂河沿，設義渡一處。嘉慶間，俄人設貿易廳通商，今無存。又出惠遠西門，折西北七十里索倫營八旗屯牧地。

又城南四十里巴圖蒙柯台，錫伯營屬。折東九十里經錫伯屯地。海努克台，以下額魯特屬。九十里索果爾台，八十里博爾台，一百里過温都布拉克河，經舊銅廠。霍洛海台，原作華諾輝。一百里過伊克華諾輝河、喀喇烏蘇河、特克斯河。特克斯台，折西八十里沙圖阿滿台，六十里阿東格爾台，接温宿北境驛路。距噶克察哈爾海驛一百六十里，又二十里上穆素爾嶺，即冰達坂，又七站至阿克蘇。

謹案：伊犂通南疆路徑，自昔有三。東南至喀喇沙爾，取道珠勒都斯山等處一路，詳焉耆府道路。地勢既不適中。西南至喀什噶爾取道納林河一路，自伊犂西南出鄂爾果珠勒卡倫，一百三十里經善塔斯嶺，又五百五十里踰巴爾渾嶺，又一百八十里渡納林河，又四百五十里至烏蘭烏蘇河，凡二千二百餘里至喀什噶爾城，可馬行，皆在布魯特界中。乾隆二十三年，兆文襄征大小和桌木，由此進兵。道光七年，將軍德英阿奏言伊犂由特穆爾圖海北至喀什噶爾草地，不但較冰嶺一路平坦易行，即比之海南一路亦有樹木可供柴薪。又已劃歸俄屬。惟南經冰嶺至阿克蘇，爲承平時換防官兵往來要路，光緒二十二年大加修治，行旅稱便，實爲連絡南北之樞紐云。

城西一十里塔勒奇城，舊駐屯鎮守備，今成廢址。居民僅數家。岐徑二：一西南行三十餘里至黑樹窩，一西北行十里至方克達。三十里三道河，防卡一，居民五。三十里板橋，有防卡，駐哨弁。二十里拱宸城，即霍爾果斯廳治，有驛，駐參將、守備、通判。有居民一百二十餘家。有岐徑，東北經大弓背溝至葉里雅分。二十里尼堪卡倫，在河之東岸，駐稽查委員一、鎮標哨弁一。西岸屬俄，有俄卡由尼堪卡倫。北行三十里紅山嘴卡，七十里哈爾素胡爾卡。由尼堪卡倫南行，三十里察罕鄂博卡，五十里登元卡，五十里河源卡，五十里頭湖卡，六十里三棵樹卡，六十里干查罕莫倫卡，四十里塔奇勒哈卡，三十里阿里干谷卡，五十三里阿爾蘇木卡，五十三里合莫托羅海卡，五十里特孔斯各塔爾什卡，四十八里布胡圖卡，四十六里胡索木圖卡，五十二里那林噶勒卡，五十三里那林哈勒噶卡，是爲伊犂西南之境沿邊卡倫路徑。又西一程爲俄屬之薩瑪爾。薩瑪爾，地以水名。徐松《新疆賦注》：自拱宸城西行，踰霍爾果斯河、車集河、撒瑪勒河、圖爾根河、奎屯河，至庫隴癸。按：庫隴癸，乾隆二十二年兆文襄勦叛黨大捷於此，爲六戰圖之一。踰庫隴癸嶺，過沙喇伯達石部，哈薩克境撒瑪勒河列於秩祀，即薩瑪爾也。舊爲索倫營地，今俄提督屯兵之處。

謹案：塔勒奇城北五里有破城故址，元時阿里馬城也。耶律文正《西游録》：出陰山即塔勒奇山。有阿里馬城，西人目林檎曰阿里馬，附郭皆林檎園，故以名。邱長春《西游記》：沿天池即賽里木泊。正南下，左右峰巒峭拔，松樺陰森，衆流入峽，奔騰洶湧，曲折彎環，可六七十里，即今果子溝。薄暮宿峽中，翌日方出。東西大川，水草盈秀。次及一程，出果子溝至破城六十餘里，故曰一程。九月二十七日至阿里馬城，宿於西果園，土人呼果爲阿里馬，故以名。其城，劉郁《西使記》：西南行二十里有關，曰鐵木兒懺察，守關者皆漢民。關徑崎嶇似棧道。出關至阿里麻里城，市井皆流水交貫，有諸果，惟瓜、蒲陶、石榴最佳。此皆沿賽里木泊，過塔勒奇山，至破城道里劃然迄今可證。破城西有阿里瑪圖水，《水道記》注：阿里瑪圖水故道入伊犂河，今溉田無餘水。蓋亦古名之尚在也。

城西北二十里地窩鋪，有防卡，駐哨弁一員。折西一里中三工，居民二十五家。有防卡，駐哨弁一員。二十九里瞻德城，即清水河。舊名察罕烏蘇，居民一百七十餘家。城內駐游擊，城外駐守備。由瞻德城出西門，三十里索倫營，三十里至拱宸城。由瞻德城出北門，七十里大西溝，即福壽山。【略】城北二十里地窩鋪，注見前。十五里上中三工，居民十二家，防卡一。二十五里廣仁城，駐游擊、守備、巡檢。居民二百一十餘家。有歧徑，西至瞻德城二十里。即沙喇布拉克驛，俗名蘆草溝。六十里塔勒奇阿滿驛，俗名頭台，置省後改驛，今裁。十五里石壁溝，即塔勒奇山谷，俗名果子溝。有古碑一。乾隆二十年，北路大軍由博羅塔拉越此山進勦，谷長七十里，險峻如關，闔路曲折通一綫，爲伊犂咽喉要隘。自元太祖西征，創爲四十八橋。嘉慶初，保文端因其遺址爲四十二有數橋，峭壁懸崕，寬纔十尺，常爲水所沖折，行旅視爲畏途。光緒丙申，將軍馬亮傍山鑿石，新開一路，化險爲夷。今僅存大橋七、小橋十一。四十五里鄂博勒奇爾驛，俗名二台，居民三家，駐防卡哨弁一，新設釐金分局一。三十里出峽，下松樹頭。五十里沿賽里木淖爾南岸。鄂勒著依圖博木驛，俗名三台。去淖爾僅數百步。居民十餘家，駐守備一。八十里瑚素圖布拉克驛，俗名四台。居民三，有防卡，駐哨弁。四十里出境，接精河西境官道。距托霍穆圖驛四十里。

以上綏定大道。

城東出東門。十五里喇嘛溝，十五里中四工，居民三十餘家。折北六十里五大溝。大柏楊溝、小柏楊溝、香房溝、蘆草溝、燒房溝，爲鎮標牧廠，居民十餘家。

縣東至十大圍場。在哈什河北岸，爲將軍會獵之所。一水所匯爲一圍。何秋濤曰：哈什在伊犂之東，爲最要門户，形勢殊勝。《伊犂輿圖》曰：惠遠城舊城。五十里至沙喇托海，又六十里濟爾噶朗，又五十里至塔什鄂斯坦，又五十里至博羅布爾噶蘇。【略】按：哈什河北岸大山綿亘數百里，以博羅布爾噶蘇谷口爲門户。又六十里至蘇布台，蒙語凡有穴者曰蘇布台。又六十里至額林莫多，又九十里至吉爾瑪台，準語吉爾瑪，小魚也。又六十里至齊齊爾哈納托海，又二十里至巴爾加圖，爲第一圍。又二十里至哈喇果勒，爲第二圍。又五里至烏里雅蘇圖，【略】爲第三圍。又十里至哈普齊克布董，第四圍。又十里至哲庫布董，爲第五圍。又十五里至阿爾斯朗圖布董，蒙語阿爾斯朗，獅子也；布董，謂物龐大者。言其地之山龐大，又如獅子形。爲第六圍。又五里至哲里莫多，爲第七圍。又五里至阿木爾莫多，爲第八圍。又十里至圖爾根察罕烏蘇，【略】爲第九圍。又六里至阿爾沙圖察罕烏蘇，爲第十圍。即底圍也。按：今爲十二圍。

城東北二百里果子溝至達坂有徑路，行一百餘里至賽里木淖爾，達察哈爾游牧。

城北二百四十里折東北行，一百五十餘里至博羅塔拉，駐察哈爾十六旗。又七百餘里至塔爾巴哈台。《蒙古遊牧記》注：惠遠城二百五十里至干珠罕，又一百二十里至烏蘭布喇，又九十里至沁達蘭，又一百四十里至阿魯沁達蘭，又一百里至莫多巴爾魯克，又九十里至額格圖，又八十里至察罕托海，又一百二十里至瑪尼圖，又一百三十里至塔爾巴哈台，共一千四百三十里。按現設卡倫與此不盡相符，干珠罕卡在三台驛北三十里沁達蘭，伊、塔界山也。

謹案：此即邱真人回程，《西游記》紀歸途云：四月五日自阿里馬城之東園，翌日晚抵陰山前宿，明日復渡四十八橋，緣溪上五十里至天池海，東北過陰山後，行二十二日方接元歷金山南大河驛路。徐星白曰：自阿里馬出塔勒奇山口，經賽喇木淖爾，與往時程同。過賽喇木淖爾不復東折，而東北行。其分路在干珠罕卡倫地東北山行，由沁達蘭至阿魯沁達蘭，入塔爾巴哈臺界，以至原歷之金山大河驛。乾隆二十一年，叛酋阿爾撤納由博羅塔拉走，阿卜克特偕副都統愛隆阿等分道馳擊，抵塔爾巴台，是也。

以上綏定支路。

甯遠縣

城南十里伊犂河，有渡船。五十里康圩子，八十里南山口出境，渡特克斯河抵特克斯台，準語謂野山羊爲特克，謂衆多爲斯，言濱河多此也。地爲左翼厄魯特游牧。《水道記》曰：特克斯河又東流二十里徑特克斯軍台東北，河寬數里，奔溜湍急，鶩、鵝、鵠、鴇於焉卵育。乾隆二十八年，參贊大臣伊公勒圖始置巴圖蒙柯至沙圖阿璊七軍台，以特克斯河水深闊，造威呼二，令索倫善操舟者二人教習之，即此台渡口也。按：刳木爲舟，國語名曰威呼。會綏定通阿克蘇台路。詳綏定大道。

城西北一里出北門半里許，有俄領事署。夾道翳林。沙河子，有卡房，稽查俄商貨物。二里高橋子，有官立製革公司。七里熙春城，地名哈喇布拉克，俗呼城盤子。駐守備。居民皆漢人，縣立初等小學堂一。十里巴彥岱，巴彥岱，蒙語謂富者。有小街市。旁爲惠甯舊城，已傾圮。有支路，西行十餘里至黄草湖，又四十里至惠遠城。因黄草湖時有哈薩克搶劫，行者甚少。五里五端營，接綏定東境官道。距綏定城七十五里。

以上甯遠大道。

城東五里金頂寺，【略】十五里頭圩子，三十里買賣雅爾圩子，二十五里雙橋子，今存橋一。七十里哈什橋，橋跨哈什河，橋墩多係天生石。當阿布喇勒山口，爲通東土爾扈特要津。五十里出境，達土爾扈特牧地。又由哈什橋折東北行，四十餘里出境，由游牧通登努勒台、俗名登努斯口。山路約二馬程，沿伊犂河北岸。雅瑪圖，於此過伊犂河，有渡船。阹進爲巳依圖海圩子，水草豐美，村舍稠密。六十里出境，由托古斯塔拉蒙古牧地。達焉耆北境。城東北五里古墳灘，古廟一，祀地藏王。三十五里潘津圩子，有支路，東行十里曰「土魯番圩子」，五里曰「北山」，由蘇拉工通蒙古牧地。五里闢里沁溝，有煤窑。出境達蒙古牧地。

又城東北二十里(肉)[内]則買提圩子，折東行五里吉林圩子，十五里毛拉托古大圩子，十五里五工圩子，折東南十五里雙橋子，與上東境支路會。

城南渡伊犂河，折西南三十里滿營二牛録，七十里海努克圩子，圩子之西高阜隆起，其上爲銀頂寺舊址。四十里上加孚斯台圩子，二十里下加孚斯台圩子，三十里出境，達哈薩克牧地。

城西北二十里巴彥岱分路，北行二十里新甘溝，五里老甘溝，兩處均産煤，窑戶十餘家。由蒙古游牧達精河境。約三馬程。

以上甯遠支路。

塔城廳

城南六十里定遠驛，舊名干奇罕莫多台，俗名頭台。歧徑二：一東北行會城東之路以達錫伯圖，一西行渡察拉古隆河，經瑪呢圖卡倫南以達俄境。五十里二台，舊名色

德爾莫多台。四十里渡額敉河察罕河。二道橋驛，舊名固爾圖台。歧徑三：一東北至額敉河市係車行大道，一東行至高吉墩，一西行至新地。九十里平安驛，即老風口，舊名沙拉霍洛蘇台。歧徑二：一東北行至高吉墩，一西南行至新地。九十里托里驛，舊名托羅布拉克台。歧徑二：東由甘台至哈圖山鑛廠之西山、阿里雅圖山、科別台、烏蘭布拉克台，以達於伊犂。七十五里雅瑪驛，有歧徑，西南行經巴音拉呼鄂博，會烏蘭布拉克達伊犂之路。七十五里崑都驛，有歧徑，東行經博古圖而至載里山、哈圖山等處。七十里廟兒驛，舊名烏蘭布拉克台。七十里什納驛，舊名沙爾札克台。有歧徑，東行渡博古圖河至哈圖山、新舊金廠等處。三十五里爛房圈，接庫爾喀喇烏蘇北境官道。距鄂倫布拉克驛三十五里。

城西五里協標右營，歧徑二：南至頭二工，北至哈拉克、阿克綽克一帶。三十五里出境，至俄屬葦塘子。通俄羅斯斜米省路。

謹案：由廳城至葦塘子四十里，魯析郛聞，無險可扼，亦邊防之可慮者。

以上塔城大道。

城東四十里五六工，六十里錫伯圖，歧徑二：一東南行至三十里堡，一西南行由頭台經瑪呢圖卡倫之南，以達俄境。七十里博勒奇爾卡倫，有歧徑，北通俄羅斯。六十里毛該可列，一名毛海柯淩。自廳城至博勒奇爾係行車大道，過博勒奇爾則山徑崎嶇，皆人馬常行小路。七十里烏蘭哈達，有歧徑，西南行，由五十水、都倫渠、三十里堡以至額敉河市。七十里烏蘭胡吉爾，七十里哈拉嘎圖阿門，徑歧二：一南通哈圖山金廠，一北至俄羅斯察罕鄂博。六十里塔喀爾根，八十里沁德恩，一名青登。爲塔城與舊吐爾扈特交界處。七十里哈們塔嘎斯圖，南有歧徑，由舊吐爾扈特親王府經烏蘭布拉克、素滚達坂、吐納台，度白楊河，至納木台以達木呼爾岱哈圖山等處。九十里鄂博圖，東有歧徑，由烏圖布拉克台、布呼圖台、霍拉台以達科布多。折北行百一十里哈拉嘎圖，九十里邵羅圖，百六十里踰哈拉比拉山。恰勒奇荄，有歧徑，西行百五十里至與俄交界之吉木乃卡倫。至額爾齊斯河南，沿接阿爾泰山西境。自博勒奇爾至恰勒奇荄各地名，均係塔城東北路防卡。

城東南五十里渡阿布達爾莫多河，二十里官店，三十里渡錫伯圖河，六十里額敉河市，額敉者，回語清净平安之謂，亦作葉密里。《元史・耶律希亮傳》：踰馬納斯河，抵葉密里城。地以河名，爲定宗潛邸湯沐邑。說詳《元史譯文證補》。今街市西有破城，蓋其遺址。《水道記》以葉密里爲阿力麻里，在今伊犂，非也。東北有歧徑，由三十里堡、都倫渠、五十水會烏蘭哈達之路，西南有車路通二道橋。六十里高吉墩，有喇

嘛寺。二十里至駱駝脖子，其地兩山相接，形如駝頭，故名。四十里達蘭吐魯坤，歧徑二：一東北行，由哈拉布拉斯至木呼爾台；一西南行，由甘台至托里驛。六十里渡蘇爾圖河，有大橋，左爲哈圖山煤窑，右爲鐵廠溝。五十里至熱水泉，五十里哈圖山金廠，北有車路，五十里至煤窑。南有歧徑二：一通老東工，一通老南工、東新興工、西新興工等廠。又東行百四十里折而南至磧灘，歧徑二：一東北行，由可克托海至庫克申倉；一西南行，渡達爾達木圖河至柳樹泉。由柳樹泉再分歧徑，復渡達爾達木圖河而至唐朝渠，出塔城南境，與綏來縣馬橋子路接。經戈壁，二百里達青鹽池。此亦行車大道。

城南六十里頭台，由頭台南行經察罕板申，即南湖。六十里渡額敉河下游，一百里至新地，地係新墾，故名。歧徑二：一東行，由老風口至高古墩，與南境驛路會；一西行，經額勒圖山之南、巴爾魯克山之北，至額爾格圖卡倫出塔城境，與俄羅斯喀勒噶什路接。折西南，經科別台至烏蘭布拉克台，會雅瑪圖西南支路。又六十里至烏蘭達布遜，即紅鹽池。又五十里出境，接伊犁博羅塔拉支路。

城東北六十里喀喇喀台，三十里板廠溝，一名庫求伯。三十里至馬頭拜、蛟頭拜等處，接俄羅斯邊境路。

城西北二十里喀拉克台，二十里經阿克綽克至烏里雅蘇圖，又三十里至巴克圖，達接俄羅斯邊境路。

以上塔城支路。

又卷八一《道路三》 焉耆府

城東十里五號渠莊，回民五六家，道旁楊柳成陰。三十里土革達。纏民三家。由此沿博斯騰淖爾北面，海水漲時繞行北山前。博斯騰淖爾長二百四十里，廣四十里。《水經注》所謂囊敦之藪也。《魏書·西域傳》：焉耆國南去海十餘里。海即博斯騰淖爾。《水道記》：「余自烏沙克塔勒軍台東行，前望山口如樹雙闕，落日西銜。右瞻，海氣，蒼茫之色，與天相接。」足見形勝矣。三十里草灘，淖爾盡此。十里樹灣，十里特白爾古驛，又名清水河驛，清水河流經此。二十里蓆其湖，二十五里曲惠莊，回纏雜處十餘家，半耕半牧。莊北通察罕通格山。舊設曲惠通格驛，乾隆三十年裁。三十五里烏沙克他拉驛，回語烏沙，小也；他拉，謂柳樹。居民百餘家，有街市。八十里戈壁。新井子驛，產鹽。七十里喀喇和色爾驛，又名榆樹溝，溝中歷歷多榆。二十里舊房川，接吐魯番西南境官道。距庫木什阿哈瑪驛七十里。

城南二里海都河，一作開都，回語曲折之謂，俗名通天河。廣一百二十丈，澄平瀰漫。官設渡船四，帆檣出没，宛如澤國。沿河南岸爲撫回莊，光緒二十九年由羅布淖爾移來西甯降回，開渠墾荒，年來已成沃壤。今居民二百餘家。二十八里拱北莊，楊柳叢生，纏民一家。十里四十里城，有小街市。東有故城，周九里許。以去府治四十里，故名爲四十里城。《水道記》曰：《漢書》焉耆國治員渠城，袁宏紀作河南城，《水經注》城居四水之中，在河水之洲，是或員渠遺址歟。十里紅柳窩，土山雜複，紅柳茂密。二十里紫泥泉驛，舊名哈勒噶阿璊，準語哈勒噶，謂道路。言地當山口，即古鐵門關也。唐岑參有《題鐵門關樓》及《宿鐵門西館》詩。民店四五，地產鹽。五十里過大石嶺，即額格爾齊山。阿璊溝，俗呼哈瑪溝，古遮留谷也。時有大風，旅人苦之。新設官店一，環店多柳。折南五里開都關，面山臨水，路窄，僅容雙輪。有巡卡，駐汛兵。水東壤地百畝，梨樹成林，花時頗饒幽景，梨實味甘。十五里庫爾勒驛，有回、漢兩城，庫爾勒，回語觀望也。地形軒敞，可供眺望，故名。河北漢城駐守備，河南回城設巡警局。居民九百餘家。商賈輻輳，爲焉耆府屬繁盛之區。【略】四十里出境，接新平北境官道。距克宜爾驛四十里。

謹案：阿璊溝長二十餘里，兩山夾峙，中劃一道，路傍危石側立，嵯峨俯臨，深溝急流湍湃。路徑舊由達坂，勢甚危險，稍有疏失，人馬傾跌溝中，多不可救。近經地方官修砌，將山邊深潭填平，改成大道，稍平夷矣。《晉書·西戎傳》：次焉耆，進屯鐵門，未五十里，要之於遮留谷。今紫泥泉地當山口，形勢兇害，當時或置關，所謂鐵門也。海都河自此西行，三十里出山。《水經注》：西出沙山鐵關谷，是也。阿璊溝山徑崎嶇，即遮留谷。

城南一百四十里庫爾勒，出回城，折西行四十里上户地驛，居民數十家。宣統元年，移驛舍於大墩子。四十里大墩子，官店一。宣統元年招户種樹，創設八棚爾。四十里沙磧。大石頭，有腰站。三十里胡土坷，多胡桐，小店一。三十里庫爾楚驛，庫爾楚，準語忌諱之詞也。多古墓，經者多病，故名。樹木陰翳，居民十餘家。五十里乾溝，接輪臺東境官道。距野雲溝驛四十里。

以上焉耆大道。

城東一百七十里烏沙克他驛，向北山行，入蒙古牧地，二百餘里至主湖，接吐魯番南境支路。

城東南五里過海都河，十里入蒙古牧地，四十五里博斯騰淖爾，一里抵南山，山接新平支路。

城北三十里下五號莊，回民三十餘家。十里青革達，過此爲和碩特牧地。六十里北山根。即博爾圖支山。東界和碩特牧地，西界土爾扈特牧地。

城西北十五里太平渠，回民六家。五里北大渠，回民五家，過此爲蒙古牧地。七十里喀喇木墩，蒙古丁紐四蘇木牧地。四十里垓布齊山口，由此入山峽。六十里巴龍臺，土爾扈特王府在焉。有喇嘛寺，駐喇嘛八九百。有八柵。該部五十四蘇木貿易於此。百四十里小裕勒都斯，回語裕勒都斯，星也。謂裕勒都斯河源發如星。三百里大裕勒都斯，二百里罕古斯達坂，即空格斯。出境，接伊犁東南支路。《使準噶爾行程記》：自察罕鄂博圖往小裕勒都斯九十里，途地平坦，水草皆好。自小裕勒都斯往大裕勒都斯八十里，路平，水草佳。兩裕勒都斯冬夏皆宜，惟季春猶雪，遇風即結成霰。自此路分兩歧。取其捷者，自大裕勒都斯八十里往鄂惇庫爾山口，又五十里過鄂惇庫爾嶺。若取其坦者，自大裕勒都斯過烏納罕達嶺，至空格斯河源。

謹案：由大小裕勒都斯山以達伊犁，雍正間遣使至策妄阿拉布坦游牧，取道於此。乾隆二十二年，將軍成袞札布、參贊舒赫德重定伊犁，亦由此路進兵。光緒十年，欽差大臣劉錦棠委前河南已革知縣王俊由伊犁查看此路，十四日而抵喀喇沙爾城。《漢書·西域傳》載焉耆北與烏孫接，洵不誣也。

以上焉耆支路。

新平縣

城東南三十里渡孔雀河，刳木爲舟，容十餘人。四十里英氣蓋驛，東西均有海子。六十里河拉驛，折東行八十里經上下特一斯莊、楷拉莊。英格可力驛，有莊。光緒中葉設撫輯招徠局於此。七十里烏魯可力，有莊。七十里古斯拉克驛，有莊。驛東渡古斯拉克河。八十里合什墩驛，有莊。六十里都拉里驛，三十里鐵里木河，接婼羌西北境官道。距喀拉台驛三十里。城北十里憩馬亭，相傳張博望侯憩馬於此，後人即其地建亭。今遺址在路之旁。三十里克宜爾驛，四十里出境，接焉耆西境迤南官道。距庫爾勒驛四十里。

以上新平大道。

城東四百三十里至合什墩驛，分路東行，八十里蒲昌城，駐游擊。渡河七十里至鐵里木河止。北岸屬新平，南岸屬婼羌。又由合什墩驛分路，東行二十里至鐵里克，折而北四十里浣溪河，八十里舊營盤，九十里胡桐泉，九十里茨花泉，《侍行記》作「四馬哈泉」。一百里破城子，九十里乾草湖，此據《鄉土志》，與《侍行記》所載里數不符。接吐魯番南境歧路。距桑樹園二程。

城東南一百三十里河拉驛，由驛南渡河，經河拉莊，折向西，一百二十里吉布帶沙忍，一百二十里經庫魯可爾干。阿爾立希莊，二十里托和拉克老莊，三十里托和拉克新莊，七十里吉不帶沙爾塔木莊，六十里喀喇球瑪爾莊，九十里老滿加莊，八十里哈庫，路止此。接庫車境。

以上新平支路。

婼羌縣

縣北十里罕拉里克，居民環處，三四十家。十里二十里鋪，民居七，官店一。十里他列克日卡，四十里拉禁白逕，鹻灘，戈壁四望無垠。有舊土墩二。有支路，東行一百一十里至阿不旦莊。五十里卡拉曰里，十八里羅布隄橋，羅布邨在其東。二里羅布驛，驛東即羅布淖爾。支路二：一沿淖爾北岸東行，百五十里托素莊，百八十里加以莊，百二十里托克莊；一北行二百七十里至起克莊。二十里烏里可雀，二十里和罕驛，又名破城驛。有安集延廢堡，周里許。五十里一克不雀，二十里罕爾奈土何的，二十里托和莽驛，《侍行記》作吐渾，或作托孔。二十里塔爾卡慶，四十里密吉八蓋提，三十里阿拉竿驛，阿拉竿，回語水有汊也。驛南渡阿拉竿河，有支路西北行，四百四十里至夜密蘇莊。二十里阿夾日卡其，二十里一克里克，二十里喀喇台驛，喀喇台一作卡拉達雅，回語有槎之水也。十里加一塔竿，十里坤拉斯，十里鐵里木河，接新平東境官道。渡河即新平境，距都拉里驛三十里。

以上婼羌大道。

城南四十里羊大石哈，七十里托和拉卡克，七十里喬罕插衣，五十里雀和克堡，七十里阿五拉斯，有稽查防卡。支路二：一東南達青海，一西南達西藏。二十里坤大灣，四十里賽堡烏拉卡，五十里小屈莽山，再南爲中屈莽、大屈莽。又四程至吐門里克，達蒙古游牧境。此據《婼羌縣道路表》。

謹案：《侍行記》曰：卡克里克莊，按：莊在城南附郭。古樓蘭也。東南通古陽關，西通于闐。東南行一百里磨朗，草湖。又一百里阿武喇司布拉克，按：當即《道路表》之阿五拉斯。一百里特必達坂，五十里闊什塔石，五十里一立必契曼，六十里噶斯池，一名削爾浣。回語潭曰庫爾，急呼之爲浣也。東南通青海西甯。折南六十里哈布圖布拉克，亦名哈喇覺洛。產金。六十里察罕得勒蘇垓，一名忙奇。六十里噶順，回語烏宗碩。【略】一百里噶斯山南口，一名屈莽山，一名羌開爾。東南地名得布特里。康熙五十四年，鑾儀使董大成戍此。爲青海邊境。東南至青海十三程。道經柴達木川，即《漢書》之婼羌國也。折西南一百二十里巴什托垓，一百里墨士勒司孚，一百二十里汪八扣什坎，至勒謝爾烏蘭達布遜山，有鹽海。一名庫木淀。接前藏矣。距布達拉約一月程。所言路徑與《婼羌道路表》同，而地名各異。

城南五里牙合爾斯渠，居民十餘家。折東行二十五里哈的鐵列卡墩，三十里羊打石卡，舊駐防營。九十里鐵列苦里，九十里密遠莊，居民二十八家。有支路，北行六十里至阿不旦莊。五里破城子，遺址周里餘，疑即漢鄯善國之伊循城。三十五里鹻水溝，五十里墩拉口，舊駐防營。一百二十里窮得力克，一百一十里拉烏斯，五十里火石鎌子，接甘肅敦煌西南支路。商賈至于闐，亦有由此往來者。

城西三十里城西南五里和拉列克，十里而格子，於斯坦路乃折而西。特底浪莊，居民一百二十三家。十五里猶羅克斯罕，十五里塔底胡拉卡，三十里溼拉卡，土屋二間，行人憩息於此。二十里卡拉威洛罕，三十里五受柯多可，四十五里凹石峽莊，多胡桐、紅柳。居民六十一家。東南十里有古城。二十里乙和托拉口，六十里克擺拉哈的，四十里沁克里克，接于闐卡牆支路。商民往來孔道。

謹案：由羅布驛東行至托克莊，在阿不旦海子北。以達敦煌。北行五驛至新平之都納里，渡浣溪河，經乾草湖以達吐魯番。詳新平支路。是爲漢之北道。隋唐之際，磧路閉。鄯善貢道由高昌。貞觀間，王突騎支請開磧道，爲高昌所發。磧道即漢北道。其中婼羌縣治東經密遠、火石鎌子以達敦煌，《佛國記》：由敦煌度流沙，行十七日，計一千五百里至鄯善國。《魏書》：太武遣萬度歸討鄯善，度歸至敦煌，以輕騎五千度流沙至鄯善，其王真達出降。其所經行皆由此路。西經凹石峽，渡卡牆河，以達于闐，玄奘《西域記》紀歸程云：自沮末城東北行千餘里至納縛波國，即樓蘭也。接今卡牆，即沮末境。羅布淖爾，即納縛波。是爲漢之南道。陶氏保廉有《漢玉門陽關路考》，言之綦詳，附録於左。

以上婼羌支路。

輪臺縣

城東五里道南莊，三十五里士斯闌干，十里阿黑拉克奇，三十里雅呼立克，十里洋薩爾驛，市廛櫛比，河汊紛歧。支路二：一南十里沓拉布拉克莊，五里土葫蘆莊，過此皆草湖戈壁，約三百里渡英氣蓋河，達新平境。一北行十里八角嘴莊，一十五里土克莊，一十五里克鼎莊，又六十餘里抵北山口。五里八黑奇塔哈，十里喀喇卡奇，二十五里卡巴呼圖買哈，十五里克爾雅合的，十里策達雅驛，一名策特爾。回語謂氈廬也。舊曾安營於此，故名。自焉耆府屬之庫爾楚驛至此三程之間，平原衍沃，南近河者，渠犂故地；北近山者，烏壘故地也。有支路，東南行二百餘里抵新平縣界，路盡沙磧，地名、里數均無可考。四十里野雲溝驛，深林密箐，多藏獸類。支路二：一東南行一百五六十里抵新平界，沿途皆沙磧；一北行六十餘里抵北山口，路循溝水出峽處隨流而行，直抵山口。四十里出境，接焉耆南境官道。距庫爾楚驛五十里。

謹案：《漢書》焉耆有葦橋之險，班超至西域，焉耆絶橋，不欲令漢軍入。《新疆要略》謂布古爾城東有土橋，即古所謂葦橋。《三州輯略》《莎車行記》並謂城東有葦湖，湖上有橋，爲西入回疆要津，此外别無路徑。而《輪臺縣鄉土志》云今城東並無葦湖，亦無土橋。蓋滄桑更變，古跡就湮，二書所載，或非目驗也。

城西三十里大窮巴克莊，五里小窮巴克莊，廿五里拉一蘇河，一作喇依素。濟不濡軌，褰裳可涉。接庫車東境官道。以河爲界，距阿爾巴特驛四十五里。

以上輪臺大道。

城東南十里大道南莊，九十里于曲它克拉克，十里買買莊草湖，九十里阿黑要洛，達新平境。

城南正南行二百餘里至恰陽河，有支路，西南行四百達沙雅境，沿途皆戈壁。英氣蓋河。路多戈壁。兩河間有草湖。東南界新平，西南界庫車。

城北十里和吉莊，十里小道南莊，三十里塔爾拉，二十餘里抵北山口。

以上輪臺支路。

庫車州

城東八十里近城十餘里樹林夾道，人煙稠密，餘皆沙磧。中渡密爾特彥河，烏恰爾薩依河、蘇巴什河，古龜兹東川水也。托和奈驛，有街市，居民二百餘家。【略】七十里土戈壁。哈爾巴驛，居民十餘家。七十里中多沙土戈壁。阿爾巴特驛，與阿克蘇阿爾巴特台同名異地，居民四十餘家。四十五里拉一蘇河，接輪臺西境官道。距輪臺城五十五里。

城南七十里村莊連接，果木森繁。長興八柵，市廛頗盛。接沙雅北境官道。距克格爾驛二十里。

城西四十里夏德郎卡倫，舊名沙爾達朗。三十里從山峽行，石土夾立，嶙峋險峻，爲西出阿克蘇必出之大路，要隘可扼。札和拉日驛，驛傍山麓官店一。俗名鹽水溝，以水味鹹苦不堪取飲也。二十里托和拉日達坂，斜上至巔約七八百尺，頗陡峻，幸沙石浮鬆可免輪蹄滑失。接拜城北境官道。距和色爾驛九十里。

以上庫車大道。

城西南六十里過渭干河，《唐書·地志》：由安西西渡白馬河，即此河也。三十里托克蘇，又經沙雅爾暨阿克蘇草湖以達和闐，計馬行十二程。

城北四十里多郭莊。過蘇巴什，沿銅廠河，折西北入山峽行，山高峻，蜿蜒而上，過此乃平易。有徑路，達伊犂約馬行十餘程。《新疆識略》：東北至扣克訥克達巴罕六百里，通伊犂。《新疆要略》：庫車西北至伊犂一千七百餘里。

以上庫車支路。

沙雅縣

城北十里過鄂根河，回人呼烏恰特河，烏指遠處，言恰克莊也。【略】十五里排斯莊八栅，五十五里亮格爾驛，回語謂憩息之所曰亮格爾。二十里出境，界庫車長興八栅。接庫車南境官道。距庫車城七十里。

以上沙雅大道。

城東三百四十里至玉區而梗，有通輪臺之而里嘎路徑。

謹案：沙雅爾東境有通西藏路徑，《新疆要略》謂馬行二十日可至，然沮洳草澤，人馬難行。準噶爾策妄喇布坦時，嘗欲由此侵藏，遣沙雅爾回酋爲鄉導，全軍盡没，乃改道由和闐入藏。今沙雅通西藏之路絶無人行，其出境之處蓋即在玉區而梗云。

城東南三百二十里至特里木卡倫，一作「塔里木」。塔里木河流經此，《魏書》所謂計戍水也。卡倫在河北岸。回語謂可耕之地曰塔里木。有通于闐之可押拉可路徑。《新疆要略》：沙雅爾城馬行八日可達和闐。

城西有通温宿之哈拉塔路徑。

城西南三百里至賽拉里克卡倫，有通温宿之伯克牙克路徑。

城西北二百八十里至鐵吉克卡倫，有通拜城路徑。

以上沙雅支路。

温宿府

城東五里接温宿縣境官道。距札木台驛八十里。

城南三十里過渾巴什河，河廣里餘，有官設渡船。《唐書·地志》：姑墨國南臨渾河，渾河即渾巴什河。【略】二十五里小八栅，居民二十餘家。折西二十五里渾巴什驛，居民數家。二十五里阿音柯莊，居民二百餘家。支路二：一南行八十里至羊瓦里克莊，一東南行四十里至渾巴什莊。三十五里薩依里克驛，官店一，居民二十餘家。八十里戈壁。喬里呼圖驛，有官店。折西南四十里色克索爾里克，接柯坪東北境官道。距齊蘭台驛六十里。

城北十五里出境，接温宿縣南境官道。府城距縣城三十五里。

以上温宿府大道。

城南二十里曲坦莊，十五里柯柯巴什莊，有支路，南行十餘里過渾巴什河，至渾巴什莊。折東南五十里上哈拉塔莊，有支路，南行八十里至阿瓦提莊。一百七十里下哈拉塔莊，折南一百五十里戈壁。過渾巴什河下游，有義渡。八十里草灘，居民畜牧於此。出境，接和闐支路。又城南五十五里驛路。小八栅分道，南行四十里至渾巴什莊，居民四百餘家。《水道記》云：《元史·耶律希亮傳》中統四年至可失哈里城，四月阿里不哥兵復至，希亮又從征至渾八升城。按：渾八升城，即今之渾巴什莊矣。八十里阿瓦提莊，居民四百餘家。二十里折西行，一百三十里戈壁。達巴楚境，又四十里會巴楚東境驛路。

以上温宿府支路。

温宿縣

城東二里上卡坡，兩旁皆墳墓，回語呼瑪雜爾。十八里戈壁。至闌干，譯言小店。由此分路，西南行十五里毛陸拉郭，二十里至府城，沿途戈壁。二十五里西蓮池村，居民三十餘家。二十里闌干爾村，居民二十餘家。一十五里札木台驛，蒙古語札木，道路之謂，言地當孔道也。居民四十餘家。二里亦克其溝，十五里野克帖坎溝，十里烏洛呼雅溝，三十里闌干，居民十餘家。三里哈喇玉爾滾驛，居民十餘家。有古柳一株，老幹槎枒，濃蔭數畝。回語玉爾滾謂垂柳柳蔭深黑，故名按哈喇玉爾滾。唐撥換城也。貞觀十一年，阿史那社爾討龜兹，其王走撥換城其地。十里求里塔黑大坂，五十里戈壁。至山口，二十里山溝。至托和奈旦，小店一家。接拜城西境官道。距察爾齊驛九十里。

城南近城有支路，三十里至拔格奇村。十五里出境，接温宿府北境官道。府城距縣城三十五里。上下卡坡，塵大車滯。

城西八里過湯那哈克河，二十五里格梭婆那村，居民三十餘家。二里瑚瑪喇克河，寬里餘，有官設渡船。五里托和山格村，居民二十餘家。三十里雖雅里克驛，一名新八栅，居民四十餘家。十五里恰克拉克莊，一名上八栅，居民二十餘家。二十五里唐雅阿奇卡倫，居民十餘家。三里托什罕河，回語謂兔爲托什罕。河濱多兔，故名。有官設渡船。【略】接烏什東境官道。距洋海驛四十里。

城北自東境札木台驛折北行，一百(重)[里]戈壁。阿爾巴特驛，即鹽山口。六十里戈壁。過阿爾巴特河，亦曰阿察哈喇爾河，唐時之撥換河也。黑不拉村，居民十餘家。二十里和約伙羅驛，一名可力峽。有卡倫。《勘界日記》：可力峽齊山砌牆，絶勝之關隘。山中産玲瓏小石，色如靈璧，其質瑩潤。六十里圖巴喇特，《唐書·地志》之大石城也。舊有驛，今裁併。六十里瑚斯圖托海驛，八十里白龍、黑龍山左右夾峙，相去數丈十。穆素爾河流其中，行人跋涉，終日横瀉。搭木哈搭什驛，驛南五里有水西來，其色如墨，名黑龍口。與白龍口水會，是爲穆素爾河。渡河即冰山口。【略】百二十里過穆素爾嶺，唐之凌山也。鑿冰爲梯，人馬踐踏上下。冰之消長無定，梯亦因之。山頂有池，在冰不冰。按：此程里數或作爲一百八十里。噶克察哈爾海驛，一名黄草湖。《勘界日記》作黄沙河，下嶺二十里至驛。接伊犂南境台路。距阿東路台六十里。

《冰橋道里記》：温宿至札木台一百里，均係大路。札木台至鹽山口八十里，均平路行車。鹽山口至可力峽一百里，中隔石山一座，不甚高峻，餘均平路通車。中有大河一道。可力峽至圖巴拉特六十里，中隔横流水溝三道，半山斜險石路二十里，餘均平路。圖巴拉特至瑚斯圖托海四十里，均亂石險途。瑚斯圖托海至搭木搭什八十里，途中亂石、大河、水溝甚多，無好路。搭木搭什至黄草湖驛一百八十里，冰路一百里，中有冰梯雪路三十里，上山脊三十里，平路二十里。此站長且險。黄草湖驛至阿仁墩六十里，均樹林，路勢稍斜，好走。阿仁墩至杓梯六十里，均走樹林，路勢斜，中有石斫險途約十里許。杓梯至特克斯川百里，均平路。特克斯川至和樂火依一百四十里，均平路，中隔特克斯川大河。和樂火依至布噶樂一百二十里，均平路，山坡不多。布噶樂至坎爾一百二十里，均有樹木，上山路陡，下山稍平。坎爾至甯遠八十里，均平路，中隔伊犂大河。以上由温宿起至甯遠止，共計一十四站，一千三百二十里。

謹案：穆素爾嶺，自漢以來爲西域南北相通孔道。【略】危峰沓嶂，皆堅冰結成。同治中，俄人迭次履勘，其《冰坂記》刊入墨斯科《博物雜志》報中，卒以山險費鉅，舍此而西道納林河。及光緒八年，俄人交還伊犂，勘界大臣沙克都林札布等始由穆素爾故道勘界豎(博)[碑]，於是絶者復通。二十二年，調民兵大治之，行旅稱便矣。

以上温宿縣大道。

城東一百四十里哈喇玉爾滚驛，分道東南行三百餘里三馬程。路皆戈壁，乏水草。至其那托平拉克，亦名鐵吉克老卡。達沙雅境。又由哈喇玉爾滚分道，南行六馬程達和闐境。《水道記》：昔富公德援和闐，經行沙磧，置台站六於斯。今車騎不通，河流又萃豐草長林，最多禽獸。

城東北五十里戈壁。阿克得其村，居民十餘家。折北行六十里戈壁。至山口，八十里山徑。哈拉布拉克莊，居民二十餘家。折東行三十里渴以呼洛可村，居民二十餘家。三十里有大小達坂。布斯敦村，居民十餘家。四十里至可力峽，會北境驛路。

城西北三十里帕旺拉村，六十里橋搭村，湯那克爾河發源於此。八十里協黑依拉村，居民百餘家。四十里黑米什阿他布周瓦瑪雜，達烏什境。與烏什麻雅克里克連界。

城北四十里戈壁。伊搭其村，居民七八家。六十里戈壁。哈其窩，有河。二十里有大石，大者約九百方尺，小者六七百方尺，散布戈壁中。五十里他克拉克莊。居民五十餘家，有草場、松樹。再北即穆素爾嶺，人跡罕到。

以上温宿縣支路。

柯坪分縣

城東一百里平曠。附郭數里爲哈拉去村。阿磧小站，有村莊、驛舍。支路一，南行八十里至黄草湖，達巴楚境。八十里平曠。齊蘭臺驛，折東北四十里出境，接温宿府西境官道。距喬里呼圖驛六十里。又由齊蘭臺驛西南行，五十里出境，接巴楚東境官道。距色瓦特驛五十里。

以上柯坪大道。

城西南自上莊起，九十里結里蓋，柴水均無。五十里沙里桿，柴水均無。八十里鐵踢里，有泉，有柴草。一百里勺洛可，有柴草，乏水。五十里通固斯洛可，柴水均有。五十里加一都伯克，由烏什赴喀什噶爾捷徑亦經此。五十里蘇滚可洛，八十里阿里托什，九十里至喀什噶爾回城。計馬行五程。

城西一百六十里抵布魯特游牧，山徑交錯，地名難悉。城北六十里鐵拉夾瓦提，一百里色格斯凸拉提，柯、烏分界處。接烏什南境支路。距烏什城一百八十里。

以上柯坪支路。

拜城縣

城東八十里賽里木，回語安適之謂。【略】四十里河色爾驛，舊名赫色勒，唐俱毗羅磧也。居民三十餘家，官店一。有支路，南行至庫車之千佛洞。八十里大坂，坡後小店一。接庫車西境官道。距托和拉旦驛三十里。

謹案：《唐書·地志》安西西出拓厥關，渡白馬河，百八十里西入俱毗羅磧，經苦井，百二十里至俱毗羅城，又六十里至阿悉言城，此即庫車西至拜城驛路也。庫車城西四十里鹽水溝，兩山相夾，險要可扼，唐時拓厥關當置於此。【略】白馬渡，今渭干河下流；俱毗羅磧，今和色爾沙磧；俱毗羅城，今賽里木城；阿悉言城，今拜城。地望形勝迄今可證，所謂山川千古不易者也。

城西五十里過木札特河。鄂依斯塘驛，三十里黑米孜，居民三，官店一。鄂依斯塘驛舊設於此。二十五里銅廠河，與木札特河皆渭干河上源，隨地異名耳。有官渡。二十五里察爾齊驛，居民百餘家，有官店。四十里皆沙磧。《唐書·西域傳》：自龜茲踰小沙磧，辯機《西域記》屈支國西行經小沙磧至跋祿迦國。按：所謂小沙磧，皆即此。屈支國即龜茲。跋祿迦國，姑墨也。滴水崖，居民一，官店一。按：滴水崖即楚午哈山，產銅。四十里托和奈旦，官店一。接温宿縣東境官道。距哈喇玉爾滚驛九十里。

以上拜城大道。

城東三十里雅土拉莊，居民一百四十餘家。四十里托古遜莊，居民二百八十餘家。折北五十里提雜哈依胡莊，居民二百七十餘家。折東南三十里濟爾噶朗莊，居民三百餘家。折南三十五里布幹莊，居民三百餘家。折東四十里蠟帕爾莊，居民三百餘家。折東南四十里河色爾莊，居民四百九十餘家。折東北一百四十里明布拉克莊，居民四百餘家，近村山峽。有支路，二百餘里達伊犂，甯遠之白礬溝。《莎車行記》：賽里木所屬之阿爾通霍什，爲通伊犂捷徑。道光間奉旨封禁，即此路也。舊時阿爾通霍什卡倫在賽里木東北一百六十里。折南二十里魚崙乙卡莊，居民二百五十餘家。折東行，達庫車境。一百八十里至庫車之托和拉旦驛。

城南里許下哈爾莊，居民六百餘家。二十里哈喇烏於魯克莊，居民約六百餘家。支路二：一東北行，達賽里木驛；一西行四十五里温巴什莊，一十里至鄂依斯塘驛。二十里抵南山，達沙雅境。

城西四十里彌濟克莊，居民一百七十餘家。折西北五十里黑米孜地莊，居民四百餘家。五十里大坂岐莊，居民一百二十餘家。折北一百二十里闊湖特莊，居民一百七十餘家。境内温泉六七處，水熱如沸，浴之已疾。折西六十里鄂斯塘不一莊，居民一百八十餘家。接温宿北境支路。至可力峽二十里。

城北二十里布隆莊，居民五百六十餘家。四十里呀色里敏莊，居民三百九十餘家。有支路，東行三十里至伊塔爾齊莊。一百八十里抵雪山，達甯遠境。

以上拜城支路。

烏什廳

城東八十里洋海驛，四十里托什罕河，接温宿縣西境官道。距雖雅里克驛四十里。按：烏什四境道路，惟此通車，其餘僅可騎行。

以上烏什大道。

城東北六十里畢得里卡倫，一作畢底爾，有水名畢底爾河，流經其南。河北有小石山高聳，曰瑚什山。【略】一百五十里臻丹口，一百一十里至臻丹，達坂抵伊犂界。

城南一百一十里至屯珠素山，達柯坪境。

城西八十里小畢底爾卡倫，七十里伏浪沙爾。又西渡玉簪河，一百七十里黑子里滚巴，一百二十里黑子里浪，一百三十里卡爾布拉卡倫。又西過阿哈沙伊河，七十里加布間黑牙，二百里巴里滚，二百二十里奇恰爾達坂，抵俄羅斯界。

城西南九十里巴什雅哈瑪，七十里蘇黑里巴益，一百三十里松木塔什。又西南逾其希勒孔蓋河，支路二：一東行渡玉簪河，一百二十里至伏浪沙爾；一西行七十里至黑子里滚巴。一百里哈拉柯，八十里黑子立伊什滿，二百里至皮纏，達喀什噶爾境。道光六年七月上諭：披覽輿圖，有由烏什之巴什雅哈瑪山至喀什噶爾之巴爾昌山草地一路，甚屬偏僻，非若巴爾楚克由樹窩子至喀城，爲回民往來熟徑可比，且更近捷。

謹案：《前漢書》尉頭國今烏什。南與疏勒接，山道不通。而《後漢書·疏勒傳》云東北經尉頭、温宿、姑墨、龜茲以至焉耆，是開道而南矣。今松木塔什以西，經固勒札巴什達巴，山徑崎嶇，即《前書》所謂山道不通者，其形勢猶可想見云。

城西北五十里沙頭卡倫，一百九十里依布拉尹卡倫，駐稽查委員。八十里至別疊里山口，抵俄羅斯界。

謹案：自沙頭卡達俄境，山路險峻。中俄通商以來，爲商民往來要道。

城北四十里至雅滿蘇卡倫，一百二十里至貢古魯克山口，有支路，北行一百里至貢古魯克達坂，抵俄羅斯界。有徑通伊犁。

謹案：貢古魯克山巔層複，巖坂峻險，山間蹊澗縱橫，谷中尤隘。凡百餘里，僅容單騎。有地曰南北郭羅，南郭羅爲布魯特所游牧，北郭羅爲通伊犁之依克哈布哈克卡倫，舊爲行兵捷徑。《莎車行記》：自伊犁惠遠城起，二十七站直抵烏什。道光八年封禁，不許夷民取道往來。自經回亂，路爲賊毁，人跡罕到矣。【略】

以上烏什支路。

又卷八二《道路四》　莎車府

城東六里至回城，駐巡檢，居民五千六百餘户。東南隅有古浮圖，《水道記》載高三十餘丈，回人名曰圖特。兵燹後，軏傾圮，今基址猶出城堞數尺。折東北三十五里至科什巴思塘八栅，塔哈奇莊屬。二十里至托胡列克八栅，二十里至愛古特虎驛，俗名頭臺，愛吉特虎，地有鬼魅迷人之謂。三里至頭臺八栅，二十五里至滿哈八栅，英額瓦提莊屬。二十里至米霞八栅，折北五里至澤普勒善河，沿河十二里至牌樓，木牌坊爲界。接巴楚南境官道。距賴里克驛二十五里。

城西一里至下密霞莊，二里至上密霞莊，十里至卡木拉莊，十里至阿拉巴哈奇八栅，上窩蒲莊屬。十七里至熱瓦奇莊，四十里至牙合哎勒克驛，有卡倫。六十里至沙磧。協坦耿山口，接蒲犂東境官道。距托乎拉克驛四十里。

城西北四十里至蘇伊來可，回語水曰蘇，多曰來可伊者，語助也。有接官廳一，居民五六家。二十里至茄列克八栅，瓦奇莊屬。三十里至科科熱瓦驛，又名巴什闌干，有卡倫。五十二里至沙磧。河色爾驛，十里至而代克起闌干，接英吉沙爾東南境官道。距黑孜爾驛四十三里。

回城東南出大南門。四十里至敏列克八栅，秋魯克莊屬。十二里至澤普勒善河，有義渡。接葉城西北境官道。距波斯坎驛二十六里。

以上莎車大道。

城東南漢城祇有東西二門，此出東門折南行。十里至卡木拉莊，二十里至阿拉爾莊，二十里至敏列克八栅，與通葉城驛路會。又出東門，折北行，三里至下密霞莊，六里至上密霞莊，二十五里至塔哈奇莊，三十五里至下窩蒲莊，三十五里至英額瓦提莊，四十五里至澤普勒善河。

城西南出西門。三里至下密霞莊，南十里至上密霞莊，十五里至上窩蒲莊，支路二：一西南行三十五里至卡塔拉八栅，二十里至科孜漫莊，與赴牙合艾列克驛路會；一西北行八里至和什阿瓦提莊，十里至窩達里克莊，折西十五里抵戈壁。二十五里至熱瓦奇莊，六十里至卡鈞八栅，和什拉普莊屬。三十里至倍根木拉莊，一百二十五里沿山峽出境，接蒲犂東境山路。

回城東出東門有支路，北行二十里至下密霞，十五里至上密霞，五里至科什巴思塘八栅，與赴愛吉特虎驛路會。十里至馬廠莊，十五里至澤普勒善河，有支路，三十五里至阿立麻提莊，二十五里至黑孜吉爾，爲莎車與巴楚、葉城三界處。三十五里至阿立西八栅，下英額斯塘莊屬。四十里至艾買水溝，接巴楚南境支路。距麥蓋提三十五里。

回城東南出大南門。（東南）三十五里至澤普勒善河，三里至上下英額斯塘莊大渠，三十里至上下別什幹莊交界處，三十里至提孜拉普河，出境達葉城哈奇格莊。黑孜密霞奇特大莊屬。又出大南門，東南一里至卡木拉，一里至大罕奇莊，秋魯克大莊屬。十里至哈拉鐵列克莊，阿拉爾大莊屬。十里至澤普勒善河，折東北十五里至哎哈雅八栅，四十里至倉莊八栅，十里至提孜拉普河，出境達葉城巴哈奇克特莊。密西提大莊屬。又出大南門，東南五里至科科坤莊，阿拉爾大莊屬。三十里至揚阿里克莊，渡澤普勒善河，有義渡。每當盛夏水漲，不能由敏列克驛路逕渡，必遠由此處經過。折東五里至哎哈雅八栅，十里出境達葉城波斯坎莊。距波斯坎八栅三十里。又出小南門，東南十五里至阿拉爾莊，十里至澤普勒善河，十里至冉立克莊，上別什幹大莊屬。五里至塔他爾莊。

回城北出西門北行。三里至上下密霞渠，二十里至塔哈奇渠，十里至中窩蒲莊，二十里至上下英額瓦提大渠，半里許抵戈壁。北達巴楚鐵里木華莊，西北達疏勒愛罕里克莊，一望無垠，難以里計。又出北門，八里至上下密霞渠，一里至上密霞莊，十二里至塔哈奇莊，一里至下窩蒲莊，十五里至上下英額瓦提渠。

以上莎車支路。

巴楚州

城東二十里至尤黃託和拉克，垂楊夾道，阡陌連雲，爲近郊勝地。邨舍二十餘家。二十里至闌干，蘆葦叢翳，居民兩三家。三十二里至八台鎮，即察巴克驛，察巴克，園子四處也。市廛民舍二百餘家。驛南有瑪雜山，相傳爲回祖艾孜而里木得道處。四十里至阿夫瑪札，民居三。有支路，南行三十五里至新地莊。四十里至九台鎮，即圖木舒克驛，有街市，居民一百五十餘家。驛在圖木舒克山口。山腰有廢城，俗呼唐王城，土人曾於此掘得開元錢。相傳爲西遼廬州，載籍無徵也。數程皆沙磧，此站尤甚。二十里至阿和日木，一望平沙，居民二家。折東北四十里十台，即車底庫勒驛，胡桐叢翳。居民十餘家。五十里十一台，即雅爾庫圖克驛，雅爾庫圖克，驛言遠地有井也。居民四五家。有支路，向北行一百二十里至柯坪阿嶺小站。折東五十三里十二台，即色瓦特驛，色瓦特，回語謂獨柳也。今驛舍移近玉河，南岸居民三四家。四十里出境，接柯坪西境官道。距齊蘭台驛六十里。

城南三十里烏哈力克，牧廠。三十二里六台，即吉格達沙瑪里克驛，吉格達，沙棗也。居民二十餘家。四十里栽邑，地勢低窪。夏秋時上游水注於此，橫流遍野，此道變成澤國，車馬難行。折西南四十二里五台，即阿克薩克驛，舊名阿克薩克瑪拉勒，譯言瘤鹿也。葦湖夾道，居民十餘家。乾隆四十二年，葉爾羌辦事疏請於揚瓦里克造船六隻，運糧至此貯倉。嗣以水多沙易淤，船運尋罷。三十里龍王廟，廟南玉河曲繞，時聞濁浪排空。折西四十里四台，即阿即格爾驛，阿即格爾，譯言花兒馬也。有草無木，居民三十餘家。有支路，北行九十里至蘆蓆園。十二里色里卜牙，有草木，村舍二十餘家。有海曰大器。三十里伽藍泊，西南坡廟。一十五里草湖路。三台，即邁里那特驛，玉河流經此，有渡船。樹陰，村舍雞犬相聞，頗類東南風景。有支路，逾河南行三十里羊帶里克，四十里麥蓋提八柵。三十里阿瓦台鎮，村樹扶疏，市廛櫛比，居民三百餘家。有支路，北行三十里上阿克台，折西北六十里鐵里木華鎮，折西四十里扣帶里克，廿里至疏勒之愛罕里克。五十三里二台，即賴里克驛，居民二十餘家。河濱有渡船。二十五里至牌樓，接莎車東北境官道。距愛吉特虎驛六十五里。

謹案：巴楚州境當葱嶺，南北兩河衝要，春耕需水而河涸，秋漲橫流而隄危，常有水害而無水利。議者謂宜於邁那特、賴里克兩驛地開渠安户，導玉河北流云。

城南五台至東境十二台，有舊時軍台路。自阿克薩克四十里闢展里克台，七十里過山峽。海南木橋台，六十五里瑪喇爾巴什莊，四十五里喀喇塔克台，三十里木熱，二十里巴爾楚克台，回語巴爾，有也；楚克，言全。有葱嶺北河流經此，俗名渾河。南岸遍生胡桐，行其間者，枝葉交格，諺曰樹窩子。北岸間道通烏什。兆文襄定喀什噶爾，即取道烏什也。六十里過小山。庫庫車爾台，有支路通新地莊。五十二里衡阿拉克台，三十五里敦則拉提，四十里過小水二。烏圖斯克台，五十二里至色瓦特合今驛路。

城西三十里牛圈子，葦湖曲繞，居民三家。四十六里屈爾蓋驛，四圍有樹，居民二十餘家。五十四里卡拉克沁驛，沿途胡桐密茂，居民三十餘家。二十里通杆麻札，紅柳、胡桐蔚然成林，居民七八家。二十里滂可洱，接伽師東境官道。距玉代里克驛三十里。

以上巴楚大道。

城東十里譚公橋，折北行八十里產磺山，折東北由山麓轉向東行。七十里接柯坪阿磧支路。又東門出城南行，逾大南溝，二十五里棉花莊，二十里瑪札莊，五十三里蘇莎湖，四十二里新地莊，水泉饒沃，居民櫛比。折北三十二里至九台鎮，會東境官道。

城南逾小南橋，四十二里紅波戈子莊，九十里五台，七十里四台。自四台南行，三十里渡玉河，一百五十里徑路窄險，行旅甚稀。麥蓋提八柵，楊柳夾道，田地膏腴，村舍鱗次櫛比。路分爲二：一南行四十里下密喜，十五里接葉城胡木湖沙莊支路；一西行三十里怕哈大力莊，廿里接莎車一竿可里支路。

城北出西門。北行里許，逾大板西橋至北陌莊，支路二：一東行十五里上橙槽，一西行二十五里下橙槽。九十里扒山口，接烏什屬之布魯特游牧路。有卡倫。山阻路窄，人跡罕到。

以上巴楚支路。

葉城縣

城東廿里察仕木可村，十里阿哈奇村，五里艾肯闌干，十五里火什欄杆驛，驛爲地方官，自設有小街市。五十五里出境，戈壁中有界碑。接皮山西境官道。距綽洛克驛二十五里。

城西北四十里過提孜拉普河，河寬半里，夏時水盛漲，涉者占滅頂之凶。光緒二十三年，縣令左昭貽捐廉建橋，名坎濟，行旅便之。十五里新八柵，有支路，西南行達八札達拉卡。十五里蘇一肯莊，有支路，東北行達木哈拉莊。二十里下波斯坎莊，二十八里波斯坎驛，即上波斯坎莊。三十里過澤普勒善河，接莎車東南境官道。距莎車城四十八里。

以上葉城大道。

城東南一百八十里至阿及克溝，達皮山境。

城東北三百二十里至紅湖薩莊，接巴楚、麥蓋提路。

城南三十里伯什伯克莊，一百三十里庫車雅莊，漢時子合國地。莊南數十里有支路二：一西南行過提孜納普河，走草湖以達八札達拉卡；一西北行，經玉農村，過提孜納普河、奇盤河，以會西南境支路。三百九十里庫提麻札卡暨黑黑孜將干，通英屬條拜提路。

城西南二十里察爾巴哈村，五十里解木境村，七百八十里八札達拉卡，亦通英屬條拜提路。

以上葉城支路。

皮山縣

城東九十里木吉驛，六十里裴桂雅驛，九十里帕爾慢驛，即帕爾曼莊驛，爲地方官自設。有支路，南行六十里杜瓦莊，折東南一百八十里柯柯月提，復折西南三百餘里抵普下山。二十五里黑斯里賽格斯，接和闐西境官道。距雜瓦驛九十里。

城西九十里綽洛克驛，二十五里達烏孜渾，接葉城東境官道。距火什欄杆驛五十五里。

以上皮山大道。

城南九十里合什塔，三十里司馬曬，二十里克里陽卡，冬春二季素蓋提委員退駐於此。八十里阿克受，草盛，薪缺。五十里拉木籠，薪足，草無多。五十里居什肯，即克里陽達坂。東北高山中有草湖。折東南繞西上達坂，南行下達坂，約百里抵土古里克，折東南四十里波思塘，柴草俱有。四十里阿瓦未克，折西南四十里托里蘇，十里賽的拉合渾，即賽的拉瑪雜。回語謂古墓曰瑪雜，亦曰合渾。三十里素蓋提，薪足，草缺。其間山麓皆亂石戈壁，每日午後瘴氣四起，塵沙蔽天。一百二十里過素蓋提達坂，一百二十里奇里布，六十里阿哈塔黑，折南行十五里密立克下，三十里特哇孜色立克，五十里哇普知里皆，五十里巴陽斯，折西南六十里哈拉合拉木達坂。即卡拉胡魯木，與條拜提交界。

謹案：南疆通坎巨提，由哈拉合拉木達坂而入距素蓋提一千一百餘里，由昌器利滿而入距素蓋提一千九百餘里，此外別無路徑可通。

又城東九十里木吉驛，折南行九十里桑株莊，一名哈拉哈爾莊。有支路，由邱邱達坂繞行至桑株達坂。癸巳勘界公牘云：東行六十里至黑子爾校闌干，樹多，草少。七十里至轉向西南行七十里至麻札，薪足草缺。又四十里至邱邱土達坂，四山草蕃茂。七十里至坦卡，春冬水小。由桑株百餘里順河而上，夏秋則當繞邱邱達坂。承平時，山麓砌有石牆一道，直至河，約長二十餘丈，見已坍塌。出卡東南行，六十里至渠滚四園山，皆青草。西南行五十里至桑株達坂。五十里克伯孜，六十里阿卡孜，三十里桑株達坂，癸巳勘界公牘云：山峰極其陡峭，居然天險，倘一夫當關，萬人莫敵。有支路，由于闐以達西藏。折西南一里三十里過達坂抵塔烏孜卡，四十里而立尼則合渾，三十里瓦未克，四十里托克蘇，三十里素蓋提，與前路會。

謹案：《西藏圖考》後藏之西爲阿里，其西北界近穆底岡，城東有拉達克城，本一小部落也，北至葉爾羌十八站。

又城西九十里綽洛克台驛，折南行約七日程，過冰達坂，復折西行約四日程，亦抵素蓋提，與前路會。此路險要，無人行走。

案：素蓋提卡爲皮山東南門户，凡赴條拜提貿易，赴麥加朝山之纏民，暨英、俄游歷之士，冬春道克里陽達坂出入克里陽卡，夏秋道桑株達坂出入桑株卡，而素蓋提則爲兩路總會之區，亦南疆一大關隘也。

城東南二百四十里綽洛克台驛，南行六十里杜瓦莊，有支路，東行六十里抵合什里，達和闐境。折東南一百八十里柯柯月提，折西南三百餘里抵普下山。此處係大山窩，有居民十餘家。不能行車，外人罕至。

城北十五里阿由渾莊，四十五里哈拉塔爾孜莊，折東北三十里荒吐呼莊。以外係大戈壁。

以上皮山支路。

蒲犂廳

城東七十里申底驛，多大石。有河阻，夏月洶湧難渡。五十里奇恰克驛，多大石。過土達坂多積雪，骨慄神寒，人馬一跌立見傷損。六十里塔爾巴什驛，風大雪多。五十里托魯布倫驛，過熱水溝極險阻，水中多大石，須騎犂牛。六十里七里拱拜驛，過大達坂，上下四十餘里。七十里塔希代克驛，平路，略有村莊。七十里八海驛，路平，天暖有邨莊。六十里開子驛，多砂石，沿溪而行。六十里阿普里克驛，過石達坂三，上聳下陷，拗窪谺突。冬冰，馬力雖施須步行。六十里托乎拉克驛，行山峽中，罕見天日。大石獰惡，陰森襲人。四十里出山，接莎車西境官道。距牙合哎勒克驛六十里。

以上蒲犂大道。

城東南經塔墩巴什，三百餘里接葉城黑黑孜將干支路。

城南一百三十里不伊克卡，西南行過明鐵蓋達坂，通坎巨提，癸巳勘界公牘：由坯一克山口仍向西行，七十里至明鐵蓋阿格嘴，向正南行一百里過明鐵蓋達坂，通坎巨提。西北行至坯一克達坂，通阿克蘇支路。癸巳勘界公牘：坯一克山口轉向西北行，八十里至坯一克達坂，通阿克塔什一帶。又城南一百六十里一必司坦卡，達俄羅斯邊境路。

城西七十里伯加什卡，達俄羅斯邊境路。又城西三百五十里科什白立卡，達阿富汗邊境路。

城西南一百七十里明鐵蓋卡，九十里明鐵蓋達坂，南通坎巨提，《鄉土志》：明鐵蓋達坂在城南二百六十里，再南一百餘里有穆斯塔格山，均極險峻。由坎巨提入境，此其要道也。西南通瓦罕，癸巳勘界公牘：由明鐵蓋阿格嘴折向西行，二十里至可可特勒可阿格嘴，轉向西南行六十里至阿格吉勒達坂，山梁稍東一帶海子，通瓦罕。西北通阿克蘇支路。癸巳勘界公牘：由明鐵蓋阿格嘴向西行五十里，轉西北行六十里至帖克里滿蘇達坂。尚有分岔一道曰密滿約路，通阿克蘇阿克塔什一帶。

城西北六十里申干卡，達俄羅斯邊境路。《鄉土志》：申干卡層嵐疊嶂，土人稱爲西山，即往俄國要道。

城北一百五十里喀拉蘇卡，通疏勒支路廳城至疏勒城八百里。暨俄羅斯邊境路，又城北三百二十里推古鹿卡，亦通俄羅斯邊境路。

以上蒲犂支路。

英吉沙爾廳

城北十里忙升莊，十里麻木魯克莊，十五里寨亦提里莊，十里草湖魯克莊，接疏勒南境官道。距雅卜藏驛四十里。

城東南十里哈喇巴什莊，十里沙漢渠，過沙漢橋。十里柳樹泉，十里庫車托和奈，十里克立品莊，十里托和布拉驛，十里合什公伯子莊，十里踏木葉莊，十里庫圖克莊，十里察木倫莊，十里黑孜爾驛，十里玉特克其，三十里出境，接莎車西北境官道。距和色爾驛十里。

以上英吉沙爾大道。

城南一里喀拉克，《水道記》：喀拉克，沙阜也，高數丈，横百里。圖木舒克挾諸水出其間。余子夜促騎，弦月將落，登陟危橋，殷如震雷。二十里沙漢泉，五十里烏魯克卡，【略】支路二：一西南行達素介提莊，一西北行經柯克元卡、特爾格奇卡、圖木舒克卡，凡一百三十五里達疏附縣境。六十里鐵列克卡，有支路，南行一百三十里達莎車小路。一百二十里哈喇達坂，有支路，西南行達莎車山徑。一百四十里卡拉塔什卡，有支路北通疏附。折西行達蒲犂境。

城西十里巧立畛莊，十里和世美莊，十里沙牙利克莊，十里沙溪山，十里恰哈里莊，十里玉麥莊，十里阿吐氣莊，十里加衣鐵列克莊，十里阿克托八栅，十里阿克托莊，十里怕渠本莊，十里闌干腰路達疏勒境。

以上英吉沙爾支路。

疏勒府

城東七十里雅滿雅爾驛，有街市，爲疏勒三市鎮之一。雅滿雅爾河流經驛北。回人謂厭棄曰雅滿，坎曰雅爾。水深難越，以厭棄爲詞。【略】十五里戈壁。出境，接伽師西境官道。距伽師城七十五里。

謹案：漢時自車師前王庭，隨北山循河西行至疏勒。唐宋以後，北河南徙，故道遂廢，改由温宿循玉河西南行至莎車，復折而西北行至疏勒。

城南七十里過河色爾河、雅滿雅爾河。雅卜藏驛，一作雅布泉，有街市，爲疏勒三市鎮之一。四十里出境，接英吉沙爾東境官道。距英吉沙爾城四十五里。城北七里出境，接疏附南境官道。距疏附城十七里。

以上疏勒大道。

城東七十里巴依托海莊，回語謂水灣曰托海。折東南三十里愛罕里克，回語謂莊曰里克。接伽師西南境支路。

城南四十里塔斯渾莊，四十里別幹莊，一百里岳普爾湖莊，折東六十里接巴楚鐵里木華莊支路。南達英吉沙爾。

以上疏勒支路。

疏附縣

城南十七里出境，接疏勒北境官道。距疏勒城七里。

以上疏附大道。

城東三十里伯什克勒木莊，回語五曰伯什，白菜曰克勒木。舊有菜圃五。路分爲二。外路向北行過圖舒克塔什河，一百三十五里伊蘭瓦斯內卡，一名朱落兹。蒙語蛇曰伊蘭。五十里且格達卡，有支路，北行六十里脱蓋兒買丹，一名托古里買特，一百里黑皮恰克，六十里博孜艾格爾達坂，與俄七河省之阿哈沙依連界。按：黑皮恰克，山名，俄圖作喀喇志勒戛；博孜艾格爾，俄圖作庫爾撒別里。七十里阿哈塔什，七十里沖布壳爾罕卡，一名奇木霍爾罕。五十五里哈喇別里，有支路，北行七十里至庫倫杜達坂，亦與阿哈沙衣連界。按：庫倫杜一名庫魯木，俄圖作庫魯木都克。折東北一百里巴圖瑪納卡，四十里巴圖瑪納克達坂，勘界日記：烏魯達坂西南約五十里有巴圖瑪納克山，布魯特往來貿易之徑。接俄國七河省之薩爾巴路。自城至此凡五百五十里。內路由伯什克勒木七十里阿斯圖阿爾提什，八十里巴爾昌內卡，一名巴羌卡。一百里蘇洪內卡，一名素封，即伊堤約爾卡。由阿圖提什八十里格達良，七十里亦至蘇洪卡。有支路，北行七十里巴什蘇洪，七十里至外路之沖布壳爾罕。六十里哈拉布拉克，一名克子布倫可。三十里巴那艮卡，一名喀拉準。有支路，八十里沙里的根過峻達坂，八十里至巴圖瑪納卡。十里甲依推坂，一名嘉依多拜。支路二：一東行達柯坪，一東北行一百里至烏什之闢展。六十里烏胡習利卡，一名習立比利，與烏什西境毗連。一百二十里巴圖瑪納卡，與外路會。

城南五十里托古薩克莊，分二路。一西行八十里烏帕爾莊，三十里烏帕拉特內卡，駐防兵三十一名。七十里標里托海，有支路，西北行一百里阿奇貝利，一名阿奇別里，循瑪納坎河西行，一百一十里至黑孜爾托海合路。又由阿奇貝利分路，向西北行，過得爾必楚克河，一百七十里至烏胡素魯克合路。一百二十里阿依阿奇卡，一百二十里明鐵蓋達坂，回語謂山逾千尺者曰明鐵蓋，許《圖》作明塔戛。三十里黑孜爾托海，循瑪納坎河西行，五十里科可倫，一百一十里木虎卡，一名托古斯布拉哈，又名托古斯托羅。駐防兵十七名。五十里哈的塔什，七十里坎列什和登，七十里黑孜爾拉提達坂，接俄國費爾干省之阿賴依路。由城至此凡八百五十里。一由托古薩克南行，過秦里布楚克河，七十里波羅斯坦，六十里塔什密里克莊，折西經于魯克奇卡，渡河八十里倭儀塔哈阿格孜，循瑪雅爾河岸西南行，六十里下格斯，一名改子溝口。四十里上格斯，有支路，五十里踰阿那杆達坂至阿拉克阿格孜，五十里科羅杵，五十里倭儀塔哈阿格孜，八十里伊爾古楚內卡，二十五里至玉都巴什合路。此惟夏令河水漲時，繞行由此。由南山坡行，一百一十里布倫可爾，一百三十里蘇巴什，逾嶺達蒲犂境。由城至此凡六百里，距蒲犂城二百四十里。又由烏帕爾西南行，三十里玉都巴什內卡，九十里梭可洛科，六十里烏魯阿堤卡，八十里魯烏阿堤達坂，勘界日記云：光緒九年七月十六日入口五十里至頂，即圖魯阿提達坂，水從此發源，西南流。柴草足。戊申勘界公牘：由圖魯阿提達坂西行，二百里經俄屬阿爾拜，又前行三十里爲蘇約克達坂。分二路：一南行，八十里波羅可孜逾達坂，八十里至布倫可爾合路。一西行，一百三十里賽勒阿提卡，一百二十里黑牙克巴什卡，達俄國壤庫爾路。城西六十里木什素魯克卡，俗名克濟克。《水道記》：自木什素魯克莊西北行可達霍罕。【略】六十里明約路內卡，一名明瑤路，即烏蘭烏蘇卡。駐防兵三十一名。六十里喀浪圭內卡，回語喀浪圭，黑暗之謂。地居山陰，故名。五十里安鳩安卡，一名堪朱干。八十里坎素，一名科克申堪蘇。逾達坂，八十里庫什阿依托海，六十里烏胡素魯克卡，一名烏什拉爾，又名鵝和蘇羅。九十里也斯克奇卡，循河西行，七十里烏魯克恰提卡。一名烏倫克察特，駐防兵四十九名。分二路：一西行七十里沙哈爾，一名巴雅爾卡。九十里至愛坎什唐木。一名依爾克什坦。一西北行，八十里業干卡，一名依亘即納格恰的。駐防兵十六名。一百里亦至愛坎什唐木，達俄國費爾干省之鄂什縣路。由城至此凡七百九十里，至安集延三百一十華里。又由喀浪圭北行，七十里坎吉貝，八十里而內克，折西一百里雅哈恰提，此卡在西、北兩路適中。南行由庫斯渾一百九十里至安鳩安卡，北行一百二十里至額素克卡。按庫斯渾山高十餘里，山北石坂險峻，山南多松柏。五十里古立帖梗，一百七十里玉區塔什，八十里塔勒格依達坂，達俄國阿拉爾湖路。又由業干北行，八十里喀拉鐵列克卡，喀拉鐵列克山高八九里。元太祖軍至雪山，禱神封祀地也。山北險峻，山南較平易。六十里塔拉庫勒達坂，亦達俄國阿拉爾湖路。

謹案：愛坎什唐木東二十里有河名奴拉蘇，即烏蘭烏蘇河源，回語赤曰烏蘭，水曰蘇。《唐書》所謂赤河也。和什庫珠克嶺在其西南界外。《唐西域傳》：由疏勒西南入劍末谷不忍嶺，即其地。

城北十八里霍爾罕總卡，五十里由玉斯圖阿爾圖什【略】至白依沙克，分二路：一循河西行五十八里圖舒克塔什內卡，六十里沖鐵列克卡，三十里巴依和登。一由白依沙克北行，逾達坂，七十二里伊斯里克內卡，四十四里素蓋堤，由此分道，北行逾喀拉鐵列克達坂，一百里哈那特桿卡，折西北過喀爾鐵蓋，八十里塔司塔爾，逾達坂，八十里至托雲合路。折西北，逾達坂，五十里至巴依和登合路。仍循河行，六十里牌素霍爾罕，五十里恰哈瑪克卡，一名察克瑪克，駐防兵十六名。五十里克子冷科羅桿卡，一名黑孜霍爾罕。分二路：一北行三十里巴爾滚，二十里黑孜模伊拉克，三十里托雲，一名托允多拜。四十里圖魯戛爾特達坂，一名圖魯阿堤。接俄國七河省之阿吐巴什路。由城至此凡五百十四里。通俄屬納林橋。一由克子冷科羅桿西北循河行，一百三十里素額克卡，一名確卡的。九十里蘇約克達坂，俄人稱爲國允。接俄國阿里拜路。由城至此凡五百九十四里。阿里拜，俄之七河省、費爾干省交界地。又由伊斯里克北行，九十四里克科雅卡，一名科爾雅爾。一百里沙白爾，九十里帖列克堤達坂，接俄國七河省之阿拉的灣路。通納林橋。

謹案：以上各道里，惟由明約路出愛坎什唐木，達安集延，爲通商孔道。其自白依克出圖魯阿堤通納林橋一道，自塔什密里出蘇巴什通色呼庫勒一道次之。至由烏帕爾經木虎卡出黑孜爾拉提，由伊蘭瓦斯經旦格達出巴圖瑪納克之路，行旅甚稀，然緊要則一也。乾隆二十四年，兆文襄奏言喀什噶爾之西歧徑有三大兵，欲擒賊必先據三歧要隘。此專指通霍罕安集延者而言，與他路無與。

以上疏附支路。

伽師縣

城東十里英阿巴仁村，十二里阿喜克闌干爾村，八里月引木七克闌干爾村，二十里英阿瓦特驛，英阿瓦特，回語欣幸之詞。七十里龍口橋驛，烏蘭烏蘇河流經此。六十里雅素里克驛，七十里玉代里克驛，三十里出境，接巴楚西境官道。距卡拉克沁驛四十里。

謹案：龍口橋東行數程，舊諺所稱樹窩子也。光緒初，劉襄勤錦棠平定西四城，闢爲驛路，避弧就弦，較昔年台路爲直捷矣。

城西十里慶拉村，十里乞月克村，十里夏布訖村，十里託什卡拉村，十七里合簪可爾村，六里克滿村，十二里戈壁。出境，接疏勒東境官道。距雅滿雅爾驛十五里。

以上伽師大道。

城西南七十里和色布衣莊，俗名赫子鋪。折西行接疏勒愛罕里克支路。

城西北一百九十里阿斯圖什莊，俗名大阿圖什。四十五里阿爾湖莊，三十五里至疏附之伊蘭瓦斯卡，接疏附通俄境路。又由阿斯圖什東北行，五十里至疏附之巴爾昌卡，亦接疏附通俄境路。

以上伽師支路。

和闐州

城東八里玉瓏哈八河，回語玉瓏謂往取；哈，什玉也。【略】接洛浦西境官道。距洛浦城六十七里。城西七十里過哈拉哈什河，雜瓦河。按：哈拉哈什河即《魏書》之樹枝水，一名計式水。札瓦驛，三十里鴿子塘，六十里黑斯里賽格斯，接皮山東境官道。距帕爾慢驛二十五里。

以上和闐大道。

城南二百二十五里卡浪古明，即拉以喀八柵。回語謂千爲明，蓋以千户爲一明也。三百五十五里呢蟒依山，回語雪曰呢蟒依。【略】舊有通後藏路。舊於近山處設卡浪古明卡倫，今裁。

謹案：呢蟒依通藏之路，與于闐克里雅通藏之路李光廷《漢西域圖考》：今之克勒底雅城有路通後藏之招正。克勒底雅，即克里雅也。並詳于闐支路條。二而一者也。

城北四十里素巴爾明，即素巴八柵。三百一十里伙什拉什闌干，東北可通庫車。七百四十里抵溫宿新卡，接溫宿南境支路。此爲負販小徑，中隔戈壁數百里。和、阿舊未分界，光緒二十六年，有和商六人被劫斃，命案破後，始會勘定界。溫宿設卡，和闐於伙什拉什設闌干以事稽查。

城西北七十里哈拉哈什城，哈拉哈什，回語黑玉也。人户頗繁，有警察局。【略】三十里忙乃八柵，五十里喀喇沙八柵。即可喇沙爾明。大道，可行車。

以上和闐支路。

洛浦縣

城東三十里闌干，四十里白石驛，四十里乙根闌干，有支路，西行一百八十里抵玉河渡口，達和闐境。接于闐西境官道。距渠勒驛四十里。

城西三十里新八柵，三十里玉瓏哈什莊，莊西支路二：一西行至三普拉明，一西南行至大胡馬地。接和闐東境官道。距和闐城十五里。

以上洛浦大道。

城南三十里三普拉明，有八柵。五十里大胡馬地，立有卡墩。達和闐境。騎路。

城北三十里小胡馬地，即採玉處。沙磧高低，一望無際。三百二十里抵塔瓦河口，又北行千餘里接溫宿支路。此路絶少人煙。夏秋多水，惟冬春時纏商取道於此。

以上洛浦支路。

于闐縣

城西五里蘇介提阿里克闌干，五里小八柵，十五里倭提勒提拉克闌干，五里新八柵，二十里俠斯米闌干，十里雅和闌干，二十里西河里闌干，鄂和西河里水流經此。二十里雅闌干，二十里罕蘭溝驛，有水名罕蘭溝，流經驛東。十里子木拉提闌干，三十五里達木溝，二十五里固拉哈馬，固拉馬河流經此。五里蘇皮闌干，二十里倭衣達闌干，十里吉里木提拉克闌干，五里策勒村，策勒一作齊爾拉，回語引水入境也。即渠勒驛，當即漢渠勒國地。二十里托巴闌干，二十里乙根闌干，屬洛浦。接洛浦東境官道。距白石驛四十里。

以上于闐大道。

城東五里白石多拉克闌干，五十五里威它拉克闌干，六十里乙斯玉洛滚闌干，四十里阿布拉子闌干，一百四十里尼雅，【略】八十里别列克里克，九十里雅通固斯，八十里雅可托和拉克，二十里額底里什，一百里安得悦，一名安多羅。有河名安得悦河。【略】八十里卡瑪哈斯，七十里叔旦，八十里塔伊拉克托多罕，七十里拔卡，九十里青格里克，一百二十里阿哈巴依，一百二十里洋塔克庫多可，九十里克提莽，四十里喀拉斯底，四十里卡牆，漢且末國，唐之播仙鎮也。居民四百餘户，設有稽查卡兼巡警局。一百六十里塔提朗，一百二十里沙雅拉克，一百二十里狄敏克海，一百七十里布和拉克，過卡牆河，古且末河。一百二十里恰盤卡底，一作茄絆卡的。一百二十里塔底克，一百里沁格里克，接婼羌西境支路。自縣至界凡二千三百八十里。其里數據《鄉土志》，與陶保廉《陽關路考》所記不符。又自尼雅傍南山南行，一百六十里奇吉罕，折東行四十里蘇格提，二十里玉洛滚布拉克，六十里科塔子而里，五十里圖浪和加，一百二十里喀喇沙衣，六十里布和拉克，五十里威瑪衣拉克，一百一十里卡巴，即小金廠。八十里密提，五十里卡拉木南，一百二十里塔阿爾子，一百八十里卡牆。此傍南山赴卡牆路，凡一千二百里。

謹案：由于闐經卡牆達羅布淖爾，爲漢陽關大道。晉法顯、北魏慧生赴印度，中國請經之僧往印度者，有三道。一由和闐南行，經毒龍池，躡懸度，過沙河，入罽賓，是爲東道。法顯、慧生所行之程也。一由伊犂行，西歷霍罕至賽馬爾罕，折而東南踰鐵門，渡縛芻河，越興都哥士大雪山，入克什米耳，是爲西道，玄奘去時所行之程也。一由葉爾羌西南行，循徙多河而上踰葱嶺，至賽勒庫爾，再南逾印度，是爲中道，玄奘歸途所行之程也。石晉高居晦使于闐，均由此行。卡牆以西分二路，偏南者傍山多險，偏北者在磧中較平。玄奘自于闐東歸，經由偏北一路。辯機《西域記》：尼壤城東行入大流沙，沙則流漫聚散隨風，人行無跡，遂多迷路者。行四百餘里至覩貨羅故國，從此東行，六百餘里至折馱那國，即且末城。此固按籍可稽者。

城南十五里二力莊，四十五里博瓦子闌干莊，【略】三十里托和拉克，一百四十里普羅，以下山徑崎嶇難行。【略】有支路，西北行一百里細黑喇莊，二十里細黑喇闌干，四十里額德里什，二十里蘇里雅闌干，十里沙依巴克莊，十五里努拉闌干，五十里雅可托和拉克，八十里魯沁闌干，四十里塔克努明八栅，十五里塔烏哈斯闌干，六十里薩提馬闌干，三十里阿瓦卜闌干，四十里過喀喇塔什河抵策勒村八栅。四十里伊卜克阿提，三十里罕雅依拉克阿子，三十里卡馬洛克，四十里卡雖烏底，七十里蘇巴什罕闌干，一百二十里黑色子孔，一百三十里科可牙達坂，設有稽查卡一處，民夫六名，每年四月入山駐巡，十月雪大撤回其卡，費由縣捐廉，不請公款。一百里比阿坦英主，一百五十里克里雅，古媲摩城也。克里雅，回語意其來而未定之詞也。一百四十里克里雅德牙巴什黑河，回語德牙爲河，巴什爲頭，黑海爲戈壁，猶言克里雅河頭戈壁也。一百五十里吐斯乳，二百里哈拉馬克可依八克多，通後藏支路。回語稱韃靼爲哈拉馬克，羊爲可依，牧地爲八克多，猶言韃靼牧羊地也。

謹案：《西藏志》：自衛藏北行三十四日至納克產，又十五日至書隆沙爾，又十八日至克勒底雅。今克里雅即克勒底雅也。和甯《西藏賦》注：由後藏西北至阿里城，交拉達克罕庫努特外番界，可通和闐及葉爾羌。其路有半月戈壁，無水草。按：此路自光緒四年董提督福祥毀斷，十六年行查仍以素無人行，詳請封禁云。

城北四十里博斯坦，五十里帖瓦額黑勒，六十里瑪雜，五十五里塔卡哈，五十里卡斯坎，六十里密沙奈，四十五里畢闌干，五十里玉注昆，四十五里阿克恰特，四十里塔什肯，四十五里和什卡瓦什提，五十里托巴克威力根，四十里辟恰里克，五十里玉吉格得多可，五十五里博斯坦托和拉克，四十五里窩托奇，四十里昆木庫多克，四十五里吉格德庫多克，四十五里克恰什，五十里庫木洛可，達庫車境。以上係沿克里雅河民間牧放牲畜之路，每處有井，過此則一望戈壁，難計里數矣。

已上于闐支路。

《**迪化縣鄉土志・道路**》 查迪化自縣城至磨河，距城一百二十里，與阜康所屬博克達山接界。西至頭屯河，距城八十里，與昌吉縣接界。南至阿勒塔其河源，距城一百四十里，與喀喇沙爾接界。北至白家海子，距城二百一十里，與科布多所屬大戈壁接界。東北至沙梁，距城二百三十里，與阜康縣接界。東南至雅兒巖，距城四百一十里，與吐魯番廳接界。西南至繡沙達坂，亦名六沙達坂，距城一百一十里，與朱勒都斯並昌吉縣接界。西北至沙梁，距城二百里，與昌吉縣接界。西北至沙梁，距城三百里，與昌吉縣接界。

《**阜康縣鄉土志・道路**》 自縣治東十里至内東渠，與南過博克達山支路會。再東十里至九運街，七十里至滋泥泉，四十里至井子，與孚遠接界，是爲東行之幹路。西四十里至甘泉口，又三十里至迪化縣界之黑溝，是爲西行之幹路，乃驛路也。南自内東渠渡四工、土墩子兩河，二十里至博克達之前山，入山七十里至山頂，是爲南行之支路。北自東門出，六十六七里至高湖浪。自西門出，七十二三里至梭梭堆。兩路經行皆草灘沙窩，是爲北行之支路。自梭梭堆而西，四十里至迪化縣界梧桐窩，東二十里至高湖浪，又東五十里至五个泉，又五十里至滴水溝。自滴水溝少南二十里而近至滋泥泉，是爲拖北沿邊。自西徂南支路皆沙草灘，無峻嶺大河之阻塞。自滋泥泉繞東南角，渡大黄水、東西溝匯流，三十里而近至孚遠屬之大墩灘，是爲自東徂南之支路。其由小黄東過黄山街至大墩灘約二十里，爲由黄山運炭出境之支路。

驛二：曰康樂，曰柏楊，康樂附縣，而柏楊在滋泥泉。

《志》曰：縣未建之先，特納格爾有軍臺，有驛站，故兆惠傳有今管臺站之諭。縣既建之後，無軍臺，有營塘，故《新疆志略》有阜康塘東至大泉塘、西至黑溝塘之説。今大泉無塘，而驛復徙置柏楊，制蓋屢更矣。

《甘肅新疆迪化府孚遠縣鄉土志・道路》 縣南山路(在)[多]崎嶇，縣北路皆平坦。縣之東西皆係驛路，其自縣治四達道里遠近，已詳「地理」條内。此外由此達彼小道，横斜不可以數計，不可以里計也。

《奇臺縣鄉土志・道路》 自本境治地起，出城之何方，行若干里爲何地，又行若干里至何地，出何界，與何境何路接。

謹考本境幹道。東路一自今治地孚遠驛起，出東城門，東南行三十里至東三十里鋪，又東南行二十里至舊治西四十里鋪，又東南行四十里至舊治城屏營驛，又折而東行三十里至西吉爾，又東行十五里至東吉爾，又東行四十五里至木壘河驛，舊名白水驛。又東行四十里至一碗泉，又東行五十里至一个泉阿克塔斯驛，舊名三泉驛。又東行九十里至戈壁頭，舊名三泉腰站。又東行四十里至大石頭烏浪烏蘇驛，舊名磐安驛。又東行四十里至色必口，舊名盤安腰站。分爲二幹道：一東南行三十里至頭水驛出本境東南界，與鄯善縣即闢展。屬七个井驛，此驛舊屬鎮西廳所轄，嗣於光緒三十年，因距廳寫遠，凡遇兵差過境，運送粮料柴草及供應一切在在維艱，遂撥歸鄯善縣。之(四)[西]路相接；一又東行三十里至北山廟，出本境東界，與鎮西廳屬芨芨臺驛舊名巨溝驛。之西路相接。一自今治地孚遠驛起，出東城門，正東行九十里至三个莊，亦名東城渠。又正東行九十里至紅柳井，亦名芨芨湖。又正東行九十里至黑山頭，亦名青圪塔。又正東行九十里至臥龍居，亦名臥雲磯，舊名鄂隆吉。出本境東界，與鎮西廳屬菜子地之西路相接。

西路自今治地孚遠驛起，出西城門，西行二十里至小屯，又西行十里至西三十里鋪，又西行二十里至大泉，出本境西界，與孚遠縣即濟木薩。屬保會驛之東路相接。

北路所經皆係沙磧，只容駝馬，車不能行。其路之遠近有冬夏之别，冬因冰雪遍地能行捷徑，夏必繞道尋水，故今之程路里數與昔比較多不相符。一自今治地孚遠驛起，出北門，北行十里至頭屯，又北行十里至二屯，又北行三十里至北道橋驛，又北行一百二十里至黄草湖驛，舊名噶順臺。又北行八十里至將軍戈壁，又折而東北行八十里至蘇吉，此處舊有臺站。又東北行八十里至元湖驛出本境西北界，與科布多屬鄂倫布拉克臺之南路相接。自元湖復折而西北行七十里至科布溝，又北行五十里至鄂隆布拉克臺，又五十里至希伯圖臺，亦名錫伯圖。又九十里至布敦哈喇腰站，又一百六十里至察罕爾通古臺，又一百里至沙斯海臺，又一百二十里至玉音齊臺，又八十里至達布蘇圖臺，又一百二十里至博多渾臺，又一百二十里至蘇濟臺，又一百二十里至科布多底臺。一自今治地孚遠驛起，出北城門，東北行三十里至西地，又東北行十五里至東地，又東北行四十里至漢溝，此處現設卡倫。又北行七十里至北芨芨湖，又北行九十里至老(郡)[君]廟，此處舊有煤窑。又北行六十里至拜達克山，出本境北界，與科布多屬札哈沁旗之南路相接。

西南路自今治地孚遠驛起，出南城門，西南行八十里至董子溝，又西南行十里至吉布庫，又西南行十里至耿戛街，出本境西南界，與孚遠縣東路吐魯番廳北路相接。

又考本境支道。一自舊城南行六十里至下開墾，又南行三十里至上開墾，又南行十里至大西溝，逾山出本境南界，與吐魯番廳北路相接。一自三个泉東南行一百里至穆家地溝，逾山出本境東南界，與鄯善縣北路相接。一自木壘河東北行八十里至黑山頭，又東北行一百里至闖泉，又東北行八十里至紅沙泉，出本境東北界，與鎮西廳屬花兒剌之西路相接。自紅沙泉東北行，九十里至花兒剌，又東北行經戈壁，八十里至紙坊，又折而西北至高泉，亦名紅柳溝。從此入山溝西行四十里至條湖，又西行四十里至葦子峽，又西行四十里至頭水，從此出山溝北行，經戈壁，八十里至龍膊子溝，即哈布塔克山口，入溝行五十里至羊圈灣。一自大石頭東北行一百四十里至卧龍居，又東北行七十里至紅沙泉。一自元湖東南行四十里至南濱水，又東南行一百四十里至老君廟。以外歧途僻道縱横錯雜，曲折回紆，無從查其實在里數。

此本境道路之大較也。

《昌吉縣鄉土志・道路》 本境東達省治，西通綏來。出城東行十里至頭屯河，闊里許，冬春水小冰結，夏秋亦水淺可涉，盛暑雪消河水暴漲。再三十五里名小地窩堡，有户民十餘家，過此即迪化界。又頭屯河折東北有小道，經迪化之安寧渠、梧桐窩，直達阜康，沿路偏係民地，樹木稀疏，此東北之道也。出城西行未遠爲兵湖渠，有橋。又五里至三屯河，亦水淺可涉，濱河創建龍王廟。過此二十里即蘆草溝，舊有土堡，設防禦千總一員，現裁撤。再行十五里即榆樹溝，有户民十餘家，此乃昌、呼交界所也。沿路亦係片田，惟近城二十里林木蔚然。其南經北，近則民地，遠則戈壁，渺無人煙，隨處可通，惟無大道耳。

《昌吉縣鄉土圖志・道路》 考本境道路今昔所不同，即簡端《圖説》亦向來規模專詳村落，於此僅朱點，所及近則一二三里，遠則三四十里或五六十里之遥，若循例言十里記名，微特戈壁長途無名可記，有則而又多與《圖説》不符，訂唯就現査名色符於《圖説》者紀之，仍分東西南北。

一、東路自本境治所起，出東門向東南行，五里過頭屯河左分第一渠自南北順流計敘。至七工莊，又九里過頭屯河，又六里至沙梁，與迪化縣西路接。此幹路也。其中支路一道，自東南隅之南五工起，向東北行五里横過東門外，四里許即本幹路，經上六工，十里至東北隅之東二莊，與北幹路會。

一、西路自本境治所起，出西門西行，八里過洛克倫河。在三屯廟之南，土人呼爲三屯河，實洛克倫干河也，《圖説》故以洛克倫河稱，今仍其舊。又四里過小西河，又五里過洛克倫河左分第三渠，又五里過其左分第二渠，又八里至蘆草溝，有舊堡及三十里墩各一座。又十五里至榆樹溝，有舊營壘一座。向西北行十五里，過紅水溝，與縣分屬呼圖壁東路接。此幹路也。其中支路三道，以左一右二分敘。

(右)[左]一支路，自過洛克倫河左分第三渠後南行，四里至河州工，又西行二里許過洛克倫河左分第二渠，又八里至頭畦、五畦，又十里至軍户，又五里至阿味灘。此左一支路也。

右二支路，一自三屯廟北行里許過大西河，十里至貞一莊，又十五里至蘭州灣、凉州工、利十五中莊，又三十里至下墊壩。一自榆樹溝向東北行十里至亭三十户，與下支中之一支路會。此右二支路也。内支中之支路二道。一自下墊壩北行五里過大西河至上墊壩，與北左支中之西一支路會。一自下墊壩西行四十里過洛克倫河、小西河至亭三十户，又十里至夷户、十四户、亭二十五户，又十里至蘆草溝與本幹路會。此右支中之二支路也。

一、南路自本境所起，出南門，南行五里至八工莊，又里許至小三莊、十工莊，此幹路也。接分人字支路二道，以小三莊與十工莊分左右敘。

左一支路，自十二莊西南行五里許至火三工莊，又八里至營盤。此左一支路也。内支中之支路二道：一自下營盤西北行三十里過洛克倫河至河州工，與西左支路會。一自下營盤西南行十里至小軍户，又十里至軍户。此左支中之二支路也。

右一支路，自小三工東南行二十餘里至頭工莊。此右一支路也。内支中之支路三道：一自頭工莊東行五里至屯田、破堡。一自頭工莊南行十里過頭屯河左分第一渠至左營屯田。一自頭工莊西南行十里過頭屯河左分第一渠至三工莊，又西北行二十里至大三工莊，與左一支路會。此右支中之三支路也。

一、北路自本境治所起，出北門向東北行五里至東七莊，又北行五里至東二莊與支路會，又十里至下六工，又四十里至馮家壩，又六十里至芨芨槽，又五十里至新渠村，又二十里至白家海子。此幹路也。其中支路三道，左一右二分敘。

(右)[左]一支路，自東七莊向西南行五里至貞一莊、貞二莊止。此(右)[左]一支路也。内支中之支路二道。一自貞一莊東行五里至小西莊，又東北行七里至十三莊，又四里至下三莊，又五里至下六工與本幹路會。一自貞二莊西行五里至利十三莊，又七里至利十四莊，又十里至上墊壩與西右支路會，又東行三十里至馮家壩與本幹路會。此左支中之二支路也。

右二支路，一自馮家壩向東北行十里，至馮家壩舊卡暨五十户止。一自馮家壩向西行三十里過大西河至二十四户，又三十里至下泉莊向西北行七十里，過洛克倫河右分一渠至龍家灣止。此右二支路也。

《綏來縣鄉土志・道路》 分東、西、北三路。

謹考本境官道里數，今（音）［昔］不無互異，姑就今日言之。

一、東路自本境治地起，出城東門，東行二十五里至包家店，又二十里至塔西河，又東行二十里至樂土驛，再十五里至深溝，出本境東界，與呼圖壁治西路接，以上係幹路也。一東南行六十五里至塔西河山坡，一東北行三十里至樓莊子，東二十五里至乾河子，東南二十里至東大渠，正南十五里至頭工渠，與本境南路官道接。

又本境出東門城外，分支路三：一向東南行二十里至向閣達廟；一向南行三十里至涼州户；一向東北行四十里至黄工渠，十五里至巴里坤橋，又五十里至四吉橋，此係五岔總匯之橋也。東南行九十里至紅沙灘，折南三十里即馬家梁，又二十五里至黑涼灣，二十里至東涼州户，東南二十五里抵采園子莊，折南一百三十里即甘溝山也，此即南山龍骨河發之源口。

西路自本境治地起，出南城西門，新北向中關外西大路十五里抵龍河，西行三十里至石河子，又西行四十五里至烏蘭烏蘇，再一百三十里至雙石壘出本境西界外，與奎屯河東路接。以上係幹路也。又西路自中城外南分一支路，三里許至四吉户，西南行三十里至磨河龍口，正南四十里抵黑涼灣，正西一百二十里至元興工渠，一百三十里至松盛工渠，距城七十里至頭阜渠，六十里至三工店渠，四十九里至西三工渠，九十里至華樹林子。北分一支路，西北行二里許至蘭州灣，四里許夾河子，又二十里至纏頭墳，再三十五里抵楊家擺，正北四十里至廣東地，又西南一百二十里至卡子灣，此西入南山之咽喉地也。再十五里抵東灣，二十里西地，四十里牛圈子，八十里抵八家地，西南一百六十里至金溝河，折南四十里達子橋，此係西山過甘溝之要路，有深河，架木爲橋，去此雖萬夫不能逾也。西南一百五十里至石厂，再九十里寧家河，再西南深入，即抵奇林圖魯之達坂也。以［上］係支路，由卡子灣入山起，至寧家河、金溝河均爲西南之支路也。

北路自本境治地起，出南城北門，逾中關東門外，再折向北行至大校場，十里許抵巴里坤橋，又十里至拐灣，再北行三十里至四吉橋，再二十里抵沙山大廟，此處分五渠焉：西四渠、四渠、西中渠、西新渠、西東渠。又北行一百二十里至鎮西營堡，此堡係錫綸所築。再北行一百數十里抵清水峽，此即《漢書》所云之阿雅爾淖爾也。此出本境界，與塔爾巴哈臺之蒙古地相接。又向東北分一支路，自大廟起，十五里至新户之東溝，又行四十里與呼圖壁所屬之黄草湖相連。再向西北行分一支路，由大廟起，五十［里］至創田地，二十里至新渠口，五十里至沙灣，二十里至新橋灣，十五里至商户地，又三十里至胡家海子，四十里［至］八分地，五十里至馬家龍口，九十里至三岔口，一百二十里至小拐，過此與塔爾巴哈臺南路接。此從大廟東西分二支路。

《呼圖壁鄉土志・道路》 驛路自呼城出南關，向東十里頭工，又東二十里墩，又東三十里墩又東三里横水橋。橋東昌吉内界。自呼城出南關，向西十里河壩，又西十五里五工臺，又西十里亂山子，又西迤北三十里戈壁，又西五里大土古里，又西五里乾河子，過河四里許土墩，與綏來界。以上驛路。

支路自呼城出北關，五里大橋，下三工渠。又北十里下三工，又北三十里土墩子，土人指爲唐墩。又北四十里東河壩，又西過呼圖壁大河，五里至渭户，又東北過大河，三十里五户地。五户地西南過河，三十里桑家渠，管渭户、中渠、鎮番户三處。自呼城出西關，半里大橋，向北八里復□大橋，和莊大渠。又五里許過河至馬厂湖，又北八里上廣東户，又北沿河十里五户廟，又北過橋十里梧桐窩，即下廣東户。又北十五里過大渠至中芨芨梁，又北十里中渠，又東五里過大渠橋三至渭户，又北十里沙門子，又西五里六户半，芳草湖大莊□界。又北十里過大渠橋至鎮番户，又北十里長沙窩，又北五里過大渠橋至丹坂，又西南過大渠橋，二十里小東溝，又西三十里過大渠橋大東溝，又西北三十里過大橋下芨芨梁，又西五里綏來縣界下芨芨梁，再北五十里馬橋。又大東溝另一支路向西南行，自白土坑五里至老生地，又南十里破口，又南十五里西溝，又南十五里磨菰湖，又南度戈壁，九十里至亂山子，與西境驛路會。又自呼城出南關，五里和莊大渠，又南二十里過大橋二工，又南過兩大渠，十五里寧州户，又南五里頭渠，又南戈壁，六十里石□子，自此入山。又南十里草達坂，又南五里青土達坂，又南五里□呼達坂，此非昌吉東南之騷呼達坂。又南十里楊家旱地，又南五里劉家旱地，又南二十里□子溝，上大石山，下石山，三里石梯子，又南五里白楊河，又西南五里楊家旱臺子，又十里過大□石梯子莊，又南過達坂向西行，十里二工牛房子，又西十里過大坂慢牛坡，又西上高梁，三十里搭拉盤山，又西五里過達坂回回梁，下坡五里呼圖壁大河，水漲時人馬不能渡。回回梁折北行十里煤窑溝，此處煤不能出山，惟鵲兒溝户民燒。又西北三十里與鵲兒東溝徑路會。

《鎮西廳鄉土志・附坤郡道里》 城西至骨拐泉七十里，至肋(己)[巳]泉九十里，至烏兔水七十里，至芨芨臺八十里，至噶順溝界牌一十里。《通鑑》魏永平元年，高車王彌俄突與柔然佗汗可汗戰於蒲類海不勝，西走三百餘里，佗汗軍於伊吾山北。按高車所遁，蓋今色畢噶順兩溝之間。噶順大坂，準語謂嶺也。嶺高險峻，車馬難越。道光間，坤郡(當)[富]商黄姓捐銀二百餘兩，傭石工數十人鑿衝五旬餘日，開爲平道。峽深一丈六尺，寬二丈餘，長七八丈。王道平平，騎車殊無覆載之慮。

城西南至蘇吉八十里，上肋巴九十里，止陶賴溝，山南爲鄯善縣屬。

城正東至石人子五十里，至奎素四十里。蒙古語謂腹臍爲奎素，言其居中也。至松樹塘九十里，塘至柵門十四里。南行入山口有木城，中置門如關，稽察非常，謂之柵門。越庫舍圖嶺，蒙古語「庫舍」，碑也，故名。入柵門東行，乃層折而上，五里至二層臺，有營汛。又旋折歷磴道二十四級，雍正十一年大將軍查郎阿命兵部員外郎阿炳安所鑿，衛以朱欄，映帶流水，青松白雪，自然明麗。磴道乃盡，至關壯繆祠，在暑亦雪。

城南至岳公臺十五里，北至頭二三四渠五十里，至三塘湖一百四十里。

西北至滋泥泉七十里，至沙溝口九十里，至石板墩六十里，至條湖六十里，至大紅柳峽九十里，至花爾茨一十里，至紙坊八十里，至龍溝口八十里，至滿漢會哨卡子四十里，即阿貴圖地方，譯曰羊圈灣。又北六十里爲都蘭哈喇山，有舊鉛礦，札哈沁公牧也。

《新疆吐魯番廳鄉土志・道路》 城東九十里勝金臺，又六十里連木沁。

東偏南二十里底湖，六十里三堡，七十里二堡，百一十里海洋。

城南十里雅爾巴什，七十里喀喇和卓，**【略】**又五十里魯克沁，**【略】**今屬鄯善縣，郡王居此。

城西三里新城，二十里雅爾湖，又名崖兒城。**【略】**又三十里磴磴子，即根特兒。又九十里三角泉，即哈密爾罕布拉克。又四十里白楊河，迪化縣界。

偏西南三十里雅木什，又三十里布幹臺，又六十里托克遜城。自新老二城由此轉北，四十里伊拉里，克西人阿拉癸峪，有坂，可往可通伊里。由托克遜偏北，九十里小草湖，又三十里白楊河。迪化界，驛路經此。由托克遜偏南，八十里蘇巴什山溝，又八十里阿爾哈布拉克臺，又六十里桑樹園，又七十里庫木什。古名什穆大山，即唐之銀山，達焉耆界。

南偏西三十里頭工，二十里二工，三十里西寧工，九十里寧夏工。

城北二十里榆林工，又十里沙河子，又十里葡萄溝，又五十里木頭溝。

《鄯善縣鄉土志・道路》 自闢展驛起，出城東門二里許，有八柵，亦市鎮也，貿易及居民業農者凡百餘家。有二支路：右行二三里經大石頭而至卡那，左行一二里至新工。經榆林東工至五里橋，有二支路，右走卡那，左經阿浪過馬厂直至東湖。下繞至東北隅二十里墩，有二支路，左達柳樹泉，右由北坎上經鹼泉子至高泉達坂出奇邑界。經一顆樹，再經鶯嘴石，直達距城九十里之齊克騰木，有支路至南湖。四十里至土墩子驛，四十里至西鹽池驛，五十里至惠井子驛，六十里至梧桐窩驛，九十里至七角井驛，有二支路，左出奇鄯界至奇屬之頭水溝驛，右經鎮西廳界走陶賴泉出哈密界。七十里至車箍轆驛，七十里則出鄯界而至哈屬之一碗泉。

縣城無西門。出北門行三里許，有支路走蘇巴什至柏楊河出小達坂。繞出西鄉，由六十户河灣有二支路，右走煤炭窑出東柯柯雅，左至漢墩。行三十餘里，有二支路，右至五个泉，左經連二工至丫頭溝。至距城七十里之連木沁驛，商賈、農、工共數十家。三十里至蘇巴什，六十里出本境，而至吐屬之勝金口驛。

縣城之南鄉，出南門行三十里，經樹柏溝至大沙灣，有二支路，右走斯爾海浦，左轉至業札巴海，直走南渠至馬厂湖。而與斯爾海浦之支路會。經北渠至距城九十里之魯克沁城，城内有郡王府，府中有義倉，蒙養學堂即設於此，巡警局在正東街，商民較本城多逾數倍。

出城西門，有二支路，右經北渠走吐峪溝至蘇巴什，與西鄉之驛路會。左至闌杆坎出本境，而達於吐屬之洋海。北鄉自附城之三工及北沿嶺、榆林西工而外，皆戈壁河灘。

闕名《哈密直隸廳鄉土志・道路》 西土戈壁途長，非徒行道之人爲難，采薪汲水亦莫不見難，數十里設一驛站。相其地勢低窪，掘井猶可及泉，即有一百七八十里合爲一站，中途土燥水深，汲綆用十數丈而不得一滴之甘泉者，古所謂平沙萬里絶少人煙也。

哈密城東行七十里至黄蘆崗，又七十里至長流水，又七十里至烟墩，又六十里至風洞，設腰站。復八十里至苦水，又四十里至鹼泉，設腰站。復行四十里至沙泉，又四十里至紅柳園，設腰站。再行四十里至猩猩硤，出硤三十里屬安西轄境。城南治四十里小南湖，又四十里大南湖，水草成澤，雜木叢生，屬之回部。再南行不計里，聞至沙磧止，中間荒涼戈壁，絶乏水草，人跡難到。

城東行約四十餘里至一顆樹，再轉東北三十里至大泉灣，再四十里至胳膊井，又六十里至鹼泉子，又二十里至回莊子，又五十里至沁城。

沁城東去百餘里名東山，皆回部纏種卜居於此。又東去四站名淖毛湖，是回部畜牧大草厂。

沁城東北行三十里名蓑蓑墩三岔河，行五十里至小堡，由小堡經踏水河，逾雪山入草地，通關内金塔等處，爲槖駝運貨常由之路。

沁城東南隅四十里名石鍾山，傍山硤東行河翼過梧桐窩、拜子泉、梧桐大泉、明水等處，直達肅州。明水又分支道至安西州。此路戈壁沙灘，乏水草，無站户，不通車輛，間有行旅僅駝運貨客繞越偷漏以避釐税。

沁城西北六十里名芨芨臺，至八畝墩經西廟兒溝，依山至南山口入鎮西。

城治北二十里名泥跡頭，下名尖尖墩，再北上六十里名黑帳房，又四十里至南山口，又四十五里至羊圈溝，又十里上天山廟，入松樹塘，下山即鎮西轄境。

城治西七十里至頭堡，又二十里至二堡，二堡迤南曰四堡，又西去五十里至三堡，三堡迤南十里曰五堡，又西去九十里至三道嶺，又九十五里至瞭墩，又七十里至一碗泉，出一碗泉三十里，屬鄯善轄境。

由瞭墩分支道二，北上橙槽溝五十里，亦達鎮西；迤南至十三間房入鄯善境，現因怪風梗塞，絶少行人。

劉潤通**《哈密直隸廳鄉土志・道里》** 城治東七十里至黄蘆崗，又七十里至長流水，又七十里煙墩，又六十里至風洞，設腰站。又八十里至苦水，又四十里至城泉，設腰站。又四十里至沙泉，又三十五里至紅柳園，設腰站。又四十里至猩猩硤，(上)山[上]建廟一座，出猩猩硤驛三十里屬安西轄境。

城治西七十里至頭堡，又三十里至二堡，二堡迤南二十里曰四堡，又西去五十里至三堡，三堡迤南十里曰五堡，又西去九十里至三道嶺，又九十五里至了墩，又七十里至一碗泉，出一碗泉三十里屬鄯善轄境。

城治北二十里名泥跡頭，下名闊葉林，側有尖尖墩，再上北六十里名黑帳房，又四十五里至南山口，又四十五里至羊圈溝，又十里上天山廟，入松樹塘，下山即屬鎮西轄境。

城東二十里曰東新莊，迤東南隅十餘里曰蔡湖莊，鐵爾版金莊，村址毗連。由新莊東下，三十里至一棵樹，再轉東北上，三十里至大泉灣。由大泉灣四十里至胳膊井，又六十里至城泉子，又二十里至回莊子，又五十里至沁城。

沁城東去百餘里名東山，草木叢生，禽獸繁殖，居民皆回部纏種，畜牧逐水草之便，耕稼藉雪水之融，歲有餘粮，遠銷鎮西、蒙古一帶。又東去四站名淖毛湖，草厂闊大，孳生繁盛。回部有犯即安置此地，令全家皆去，示以不得生還，因此民畏如苦牢。

沁城東北行三十里名蓑蓑墩，三岔河，由三岔河五十里至小堡，由小堡經踏水河，越羊角塔板，逾雪山入草地，通關内金塔等處。

沁城東南隅四十里名石鍾山，傍山峽東行，經河翼，過梧桐窩、拜子泉、梧桐大泉、明水等處直達肅州。明水又分支路至安西，此路戈壁沙灘，乏水草，無站户，不通車輛，間有行旅，僅駝運貨客繞越偷漏以避釐税。

沁城西六十里名芨芨臺，由芨芨臺至八畝溝，經西廟兒溝，依山麓至南山口入鎮西。

回城南二里名火燒莊子，六里曰花果園子，過涼亭，又十里曰大園子，又二十里曰小南湖，又四十里曰大南湖，水草成澤，雜木叢生，城市鄉曲藉以供樵爨者，即如此生殖。

《綏定縣鄉土志・道路》 城南十五里惠遠城驛。

城東三十里水泉子，三十里截梁子，三十里己彦岱，惠寧城，今圮。十五里城盤子，五里寧遠縣底驛。

城西十里塔勒奇城，三十里三道河，三十里板橋，二十里霍爾果斯城。

城西北十里地窩鋪，五十里瞻德城，四十里小西溝，四十里大西溝，四十里苜蓿溝，七十里察罕烏蘇溝，六十里博羅塔拉。

城北十里地窩鋪，五十里沙喇布拉克驛，今廣仁驛。四十里塔勒奇阿滿驛，今頭臺。四十里鄂傅勒齊爾驛，今二臺。八十里鄂勒著依圖博木驛，今三臺。九十里胡素圖布拉克驛，今四臺。九十里托霍木圖驛。屬精河廳，今五臺。

《寧遠縣鄉土志・道路》 按寧遠縣治所西至熙春城十里，至惠寧城二十里，至脊梁子六十里，交綏定縣界。分兩路，一向西北至綏定城六十里，一向西南至惠遠城四十里。一道平川，並不逾山度嶺。惟惠寧城分一小路向北至新甘溝二十里，又西小路至黃草湖二十里，至惠遠城五十里，因黃草湖時有哈賊出沒，行人由此路者甚少。東至吉林坪子二十里，至雅瑪圖八十里，渡河由托古斯塔拉通喀喇沙爾，南至伊犁河沿十里渡河，至南山下一百餘里，由冰達坂通阿克蘇。北至潘津坪子二十里，至登努斯口二百里，由山硤通精河。

《塔城直隸廳鄉土志·道路》 自綏靖城出綏靖門，東行渡楚呼楚河，分二道。一向正東行四十里至五六工，又東六十里至錫伯圖，東南有支路至三十里堡，西南有支路由頭臺經瑪呢圖卡倫之南以達俄境，又東北七十里至博勒奇爾卡倫，北有支路通俄羅斯。

以上均係行車大道。

自博勒奇爾迤東，山徑崎嶇，皆人馬常行小道。六十里至毛該可列，一名毛海柯淩。七十里至烏蘭哈達，西南有支路，由五十水都倫渠三十里堡以至額敏河市。七十里至烏蘭胡吉爾，七十里至哈拉噶圖河門，南有支路至洽圖山金礦局，北有支路與俄羅斯察罕鄂博路接，此路由金礦局沿納木河上投，北至察罕鄂博，皆羊腸鳥道，奇險非常，間或經峻坂懸，間或渡飛流急，需隨地升降，較蜀道之難倍徙焉。六十里至塔喀爾根，八十里至沁德恩，一名青登，爲塔城與舊吐爾扈特交界處。七十里至哈們塔嘎斯圖，南有支路，曰舊吐爾扈特親王府，經烏蘭布拉克素淼達坂吐納臺，渡白楊河至納木臺，以達木呼爾山、哈圖山等處。九十里至鄂博圖，東有支路，由烏圖布拉克臺、市呼圖臺、霍拉臺以達科布多。由鄂博圖折而北，一百一十里至哈拉嘎圖，九十里至胡羅圖，一百六十里逾哈比拉山，至恰勒奇薌，西有支路，一百五十里至俄交界之濟木乃卡倫。又七十里至阿爾泰山交界之處，額爾濟斯河南沿而止。自博勒奇爾至恰勒奇薌各地方，均係塔城東北路卡倫。其一由塔城向東南行五十里，渡阿布達爾莫多河，二十里至官店，三十里渡錫伯圖河，六十里至額敏河市。東北有支路同三十里堡都倫渠，五十里水會烏蘭哈達之路。西南有車路通二道橋，六十里至高吉墩，有喇嘛寺。三十里至駱駝脖子，其地南北兩山一支相接，形類駝頸，故名。四十里至達蘭吐魯坤，東北有支路由哈拉布拉斯至木呼爾臺，西南有支路由甘臺至托里。六十里渡蘇爾圖河，有大橋，左爲哈圖山煤窑，右爲鐵廠溝。五十里至熱水泉子，五十里至哈圖山金礦局，北有車路，五十里至煤礦。南有兩支路，一至老東工，一由札工至老南工，東新興工，西新興工等廠。又東行一百四十里折而南至礦灘，東北有支路由可克托海至庫克申侖，西南有支路渡達爾達木圖河至柳樹泉，由泉西南再分支路，復渡達爾達木圖河至唐朝渠出塔城南界，與綏來縣屬馬橋子路接，經戈壁中二百里，逕達青鹽池而止。

以上均係行車大道。

自綏靖城出雍熙門，南行六十里至頭臺，一名許奇罕莫多臺。東北有支路以達錫伯圖，西有支路渡察拉古隆河，經瑪呢圖卡倫南以達俄境。五十里至二臺，一名色德爾莫多臺。四十里渡額敏勒河，察罕河至二道橋，一名固爾圖臺。東北有車路至額敏河市，東有支路至高吉墩，西有支路至新地。九十里至老風口，一名沙拉霍洛蘇臺，東北有支路至高吉墩，西南有支路至新地。九十里至托里，一名托羅布拉克臺。東有支路由廿臺至哈圖山礦廠。西有支路由阿里雅圖山科別臺，烏蘭布拉克臺以達伊犁。七十五里至雅瑪圖，西南有支路經巴音拉呼鄂博，會烏蘭布拉克達伊犁之路。七十五里至昆都嶺，東有支路經博古圖至載里山，哈圖山等處。七十里至廟化溝，一名烏圖布拉克臺。七十里至什納札，一名沙爾札克臺，東有支路(波)[渡]博古圖河至哈圖山新舊金礦等處。又南行三十五里至爛房圈子出塔城界，與庫爾喀喇烏蘇廳屬漢山臺路接。

以上均係行車大道。

又自城南頭臺南行，經察罕板甲，即南湖。六十里渡額敏河下游，又一百里至新地，係近年新墾之地，故名。新地東有支路，由老風口至高吉墩與城東南之大路會。西有支路經額勒圖山之南，巴爾魯克山之北，至額爾格圖卡倫出塔城界，與俄羅斯喀勒噶什路接。西南有支路，經科別臺至烏蘭布拉克臺，與雅瑪圖西南之支路會。再西南六十里至烏蘭達布遜，即紅鹽池。又五十里出塔城界與伊犁博羅塔路接。

以上均係人馬常行之路。

自綏靖城出懷德門，與俄羅斯貿易圈子洋街路會。向西行(波)[渡]察拉古隆河兩土橋里許，經協標右營，南有小路至頭二工，北有小路至哈拉克臺、阿克鎖克一帶。又六十里至巴克圖出塔城西界，與俄羅斯往斜米省路接。

以上均係行車大道。

自綏靖城向北行分二道。一東北六十里至喀喇喀臺，又三十里至板厂溝，一名庫求伯。小水，又三十里至馬頭拜、蛟頭拜等處。一西北二十里至哈拉克臺，又二十里至阿克綽克、烏里雅蘇圖，又三十里至巴克圖。以上均係人馬常行之路，與俄羅斯路緊接。

《**精河廳鄉土志・道路**》 按本境官道里數，與乾隆時微有不合，見《新疆識略》。謹就今日言之。

一、東路自本境治地起，出城東門，東行二十里至黑山頭，東南有支路至鹽池，又東行三十里至沙泉驛，原名噶順。乾隆三十二年設有軍臺，今廢之。又東四十里至龍王廟，路皆沙窩。又東二十里至四季卡，又東二十里至托多克驛，乾隆三十二年，此處設有軍臺，今廢之。又東四十里至樺樹林出界。

一、西路自本境治地起，出城南關，折西行二里，經守備衙署，又里餘過精河，又西二十里經八家户，又西十餘里至永集湖，此去爲腰站。由此西南有支路，通博羅塔拉七十里，又西三十里至黄土梁，又西五十里經葦湖，兩旁蘆葦叢雜，深有丈餘。至托里驛，又名大河口沿，乾隆時，此處設有軍臺營塘，今廢之。又西三十里五臺，即托霍穆圖驛。乾隆三十二年，此處設有軍臺，今廢之。仲冬以後，山水下注，大路須繞至山巔，又西四十里至腰站出界，有石碑在焉。

一、北路自本境治地起，出城南門，北門向來封閉未開。折北行二十里至忙各布魯，哈薩克出入之地。又北百一十里至喀喇額西精淖爾以北出界。淖爾在阿雅爾淖爾之西。

《**温宿府鄉土志・道路**》 一、東下省會幹路。自本境治地起，出城東門，東北行里許即出本境界，與温宿縣屬之札木臺驛官路接。

一、西上喀什幹路。自本境治地起，出城南門，南行二十里過瑚瑪喇克河，折西行四十里至渾巴什驛，二十里至阿音柯莊，分兩支路，一南行八十里至羊瓦里克莊，一東南行四十里至渾巴什莊。自阿音柯起，西行二十里至薩依里克驛，又分一支路南行八十里至羊瓦里克莊。自薩依里克驛起，西行盡屬戈壁，八十里至喬里呼圖驛，向西南行七十里始出本境界，與柯坪縣丞屬之齊蘭臺驛官路接。

一、南赴和闐經路。自本境治地起，出城南門，折東行十里至曲垣莊，五十里至柯柯巴什莊，分一支路，南行十餘里過瑚瑪喇克河至渾巴什莊。自柯柯巴什莊起，復東行七十里至哈拉塔莊，又分一支路，過瑚瑪喇克河，南行八十里至阿瓦提莊。由哈拉塔莊起，旋折而南行戈壁二百三十里之紫里地方，始過交界瑚瑪喇克河，與和闐北路接。

一、北路赴温宿縣城二十五里，自本境治地起，出城北門，數里即出界，與縣屬南路接。

《**温宿縣鄉土志・道路**》 温宿縣東至拜城：温宿縣城凡一百里至札木臺驛，札木臺驛凡六十里至玉爾滚驛，玉爾滚驛凡六十里至托和奈，與拜城交界。又九十里至拜城察爾齊驛。

温宿縣西至烏什：温宿驛城凡八十里至雖雅里克驛，雖雅里克驛凡四十里至唐雅阿奇卡，與烏什交界，又四十里至烏什洋海驛。

温宿縣南至府城，凡三十里。

温宿縣北至伊犁：札木臺驛凡一百里至阿爾巴特驛，即鹽山口。阿爾巴特驛凡一百里至和約火羅驛，可力峽即在該處。和約火羅驛凡六十里至圖巴拉特驛，圖巴拉特驛凡六十里至湖斯圖托海驛，湖斯圖托海驛凡一百里至塔木哈塔什驛，塔木哈塔什驛凡一百二十里至噶克察哈爾驛，與伊犁交界。

温宿縣東南至沙雅縣小路：温宿縣城凡一百六十里至玉爾滚，經戈壁達沙雅縣，計三馬站。

《**温宿縣分防柯坪鄉土志・道路**》 一、本境東行一百里抵阿磧，又東行八十里抵齊蘭臺，折而東北四十里即出本境，與温宿府屬喬里呼圖官路接。由齊蘭西南行四十里亦出本境，與巴楚州之黄草湖官路接。

一、南赴喀什噶爾捷徑，自本境上莊起，九十里至結里蓋，柴水俱無。五十里至沙里桿，柴水俱有。八十里至鐵賜里，泉水，柴有。一百里至勺洛可，水無柴有。五十里至通固洛可，柴水俱有。五十里至加一都伯克，由烏什(芝)[至]喀諸路亦由此境。五十里至蘇滚可拉，八十里至阿里托什，九十里至喀什回城。由柯馬行五日可抵喀城。

一、西至布魯特游牧各地，山徑交錯，難以里計。

一、北赴烏什山徑，自本境北行六十里至鐵拉夾瓦提，一百里至色格孜凸拉提，烏柯分界處。一百八十里抵烏什城。

《**拜城縣鄉土志・道路**》 《會典》：拜距京師一萬三百八十里。按驛程距省一千一百六十里，東連庫車大坂界一百里，西連溫宿紅山溝界一百二里，東至西共四百二里。

南連大山四十里，北連雪山內大坂一百四十里，東南連庫車山一百七十里，東北連庫屬卡拉滚一百四十里，西南連溫宿山界一百一十里，西北連溫宿山界一百一十里。

縣治設五驛，由底驛東行至賽里木驛八十里，由賽至河色爾驛四十里。底驛西行至鄂依斯塘驛六十里，由鄂至察爾齊驛八十里。東至西二百六十里。

《**焉耆府鄉土志・道路**》 在京師西九千五百八十里。距省會十二站，計一千零九十里。東至榆樹溝二百二十里，又二十里名舊房川，與吐魯番廳屬庫木什驛交界。西至庫爾楚二百二十里，又四十五里名乾溝，與輪臺驛屬野雲溝驛交界。南至南山約十六里，即蒙古游牧地，又百餘里與新平縣分峰爲界。北至北山約十五里，即蒙古地，又數百里與昌吉綏來縣分峰爲界。東南至庫爾泰山約三百五十里。東北至博爾圖山約一百八十餘里。西南一百八十餘里至新平縣。西北至土爾扈特部，抵庫爾喀喇烏蘇廳界。

開都河南□以大渠爲界，渠以西係蒙古牧地。

焉耆府轄九驛，由底臺□東行，九十里至清水河驛，即特古爾自。八十里至烏沙克他拉驛，八十里至新井子驛，七十里至榆樹溝驛。即喀喇河色爾。由底驛西行，七十里至紫泥泉驛，即哈爾哈阿滿。七十里至庫爾勒驛，四十里至上户地驛，即喀爾□□□□，一百四十里至庫爾楚驛。

《**新平縣鄉土志・道路**》 自本境治地起，經北四十里踰克宜爾，又四十里至焉耆府屬庫爾勒界止。治東二十里渡孔雀河，刳木爲舟，可容十餘人，如臺灣之艋舺也。又百里達河拉耶，與東湖灘之路會。又三百里至合什墩，又二廿里至鐵干里，與吐屬桑樹園路會。又東八十里經蒲昌渡河，七十里至鐵里木河界止。北岸屬新平，南岸屬婼羌。由治東行一百三十里經河拉莊，折而西逾草湖，四百餘里至東湖灘界止。由治東行四百三十里至合什墩，又二十里至鐵干里克，折而北走四百餘里至吐屬之桑樹園。

查新平四野砂磧，道無歧徑，水無港汊，人行大路而走，一直千數百里，中無支路可分可合。

《**輪臺縣鄉土志・道路**》 縣境之路多係戈壁相間，故道里遠近衹能就舊有地名分配，不能照例目十里一地名記載，合併聲明。

自縣治起東行，至本管焉耆府交界一百四十里。縣城五里小道南莊，三十五里土斯闊干，十里阿黑拉克奇，三十里雅呼立克，十里洋薩，五里八黑奇塔哈，十里喀喇卡奇，三十里卡巴呼圖買哈，十五里克爾雅合的，十里策達雅，四十里野雲溝，四十里四十里井子，纏民呼爲喀喇恰恰克，抵本管焉耆府界。

自治縣起西行，至庫車州交界六十里。縣城三十五里大窮巴克，五里小窮巴克，二十里拉依蘇河，與庫車州分界。

自治縣起東南行，至新平縣交界二百里。縣城十里大道南莊，九十里于曲它克拉克，十里買賣莊草湖，九十里阿黑要洛，抵新平縣界。

自洋薩南行，至新平縣交界約三百餘里。洋薩十里沓拉布拉克，五里土葫蘆，以下皆草湖戈壁，難記里數，過英氣蓋河，向東即新平縣界。

自策達雅東南行，至新平交界約二百餘里。路盡戈壁沙漠，地名、里數無考。

自野雲溝東南行，至新平縣交界約一百五六十里。路盡戈壁沙漠，地名、里數無考。

自驛治起北行，至北山口七十餘里。縣城十里和吉莊，十里小道南莊，三十里塔爾拉，二十餘里山口。

自洋薩北行，至北山口約一百餘里。洋薩十里八角嘴，十五里克土，十五里克鼎，六十餘里山口。

自野雲溝北行，至北山口約六十餘里。溝水自山中流出，沿溝尋逐水道，直抵山口。

自縣治正南行，至恰陽，英氣蓋兩河約二百里。路多戈壁沙漠，地名難以詳考，故里數亦從約計。兩河間草湖，西南與庫車連界，東南與新平連界。

自恰陽河向西南行，至沙雅縣境約四百里。路盡戈壁沙漠，本爲甌脫之區，故人馬行走約計里數，地名亦無從查考。

《**婼羌縣鄉土志圖・道路**》 東小路由縣一百八十里至阿不旦莊，六十里至密遠莊，三百七十里至敦煌火石嫌子。西小路由縣一百八十里至四石峽莊，一百二十里至于闐沁克里克，南戈壁鳥道。北大路由縣底驛一百四十里過羅布橋至羅布驛，四十里至破城驛，九十里至和罕驛，九十里渡阿拉罕河至阿拉罕驛，六十里至喀喇臺驛，六十里至新平蒲昌。

《**庫車州鄉土志・道路**》 庫車東至輪臺：庫車城東過密爾特彥河、烏恰薩依河、葉斯巴什河，凡七十里至托和奈驛。托和奈驛過戈壁，凡七十里至哈爾巴驛。哈爾巴驛過戈壁，凡七十里至阿爾巴特驛。阿爾巴特驛與阿克蘇之屬臺同名各地，凡五十里至拉益蘇，庫輪交界。又五十里至輪臺之玉古爾驛。

庫車西至拜城：庫車城西北四十里夏德朗卡倫，又三十里至托和拉旦驛，從山峽中行，石土夾立，嶙峋險峻，爲西出阿克蘇必由之大路。托和拉旦驛俗名鹽山口，二十里托和拉旦達坂，拜城縣屬之沙爾達朗卡倫，凡九十里至拜城之和色爾驛。

庫車南至沙雅爾：庫車城南六十里長興八柵，又三十里沙雅亮噶爾驛。

庫車西南至和闐小路：庫車城西南六十里過渭干河，又三十里至托克蘇，又經沙雅爾暨阿克蘇界草湖達和闐，共十二馬站。

《**沙雅縣鄉土志・道路**》 沙雅地居偏僻，並無四達通衢，多係輕騎小路。一由治所東行三百四十里至玉區而梗，有通輪臺之而里嘎路徑。一由治所東南行三百二十里至特里木卡倫，有通于闐之可押拉可路徑。一由治所西南行三百里至賽拉里克卡倫，有通溫宿之伯克牙克路徑。一由治所西北行二百八十里至鐵吉克卡倫，有通拜城路徑。正西亦有通溫宿屬哈拉塔之捷徑。以上均僻徑也。行出村莊，或係草湖，或係戈壁，人煙稀少，商販罕經。沿邊卡倫向派土人駐守，惟由治所北行十五里逾渭干河，又北行十五里至排斯莊八柵，又北行六十里至亮格爾驛出界，九十里達庫車州城，道路寬闊，車輛可行，此人民往來之要道也。

《**新疆烏什直隸廳鄉土志・道路**》 自廳城北行四十里至雅滿蘇卡倫，又北行百二十里至貢古魯山口，又北行百里至貢古魯達坂，抵俄羅斯界。自廳城東北行六十里至畢得里卡倫，又東北行百五十里至臻丹口，又東北行百一十里至臻丹達坂，抵伊犁界。自廳城西北行五十里至沙頭卡倫，又西北行百九十里至依布拉引卡倫，又西北行八十里至別疊里山口，抵俄羅斯界。自廳城西行八十里至小畢底爾卡倫，又西行七十里至伏浪沙爾，又西行渡玉簪河，百七十里至黑子里滾巴，又西行百二十里至黑子里浪，又西行百三十里至卡爾布拉卡倫，又西行逾阿哈沙伊河，七十里至加布問黑牙，又西行二百里至巴里滾，又西行二百二十里至奇恰爾達坂，抵俄羅斯界。自廳城西南行九十里至巴什雅哈瑪又西南行七十里至蘇黑里巴益，又西南行百三十里至松木塔什。松木塔什路四達，如十字然。北逾其希勒孔蓋河，復東行渡玉簪河，百二十里達伏浪沙爾，北逾其希勒孔蓋河，西行七十里達黑子里滾巴。又自松木塔什西南行，百里至哈拉桐，又西南行八十里至黑子立伊什滿，又西南行二百里至皮纏，抵喀什噶爾界。自廳城南行百一十里至屯珠素山，抵溫宿屬之柯爾坪界。自廳城東行八十里至津海驛，又東行四十里抵溫宿界。惟本境止自廳城起，東行至溫宿可以車行，其餘各處道路止可騎行，不能車行。

《**疏勒府鄉土志・道路**》 道里有表，由來尚矣。府治計驛站三。底驛在城內，設於署左。東七十里設雅滿雅驛，又東九十里至伽師縣底驛。西南七十里設雅布泉驛，又西南八十里至英吉沙爾廳底驛。北二十四里至疏附驛底驛。文報往來，路皆平坦，行旅多出於其塗。

《**伽師縣鄉土志・道路**》 縣治東行十里英阿巴仁村，十二里阿喜克蘭杆爾村，八里月引木七克蘭杆爾村，二十里英阿瓦特驛，又東七十里龍口橋驛，六十里雅素里克驛，七十里玉代里克驛，驛東接巴楚州卡拉克沁驛戈壁界。縣治西行十里慶拉村，十里乞月克村，十里夏布托村，十里托什卡拉村，十七里合簪可爾村，六里克滿村，又西戈壁，二十七里即疏勒府雅滿雅爾驛。由此東行至玉代里克驛出境，均由牌素巴特莊經過，計程三百四十里，係喀什噶爾赴省必由之路。阿斯圖什莊有商旅往來之路二。一由疏附縣治東行，經伯什克勒木莊，遶山麓三十餘里，入山谿轉而北行，經阿斯圖什莊，北四十五里阿爾湖莊，西北三十五里依蘭烏瓦斯卡，北五十里添格塔爾卡，北一百三十里沖布穀爾罕卡，逾博孜哎格爾達坂，以達俄國七河省。一由伯什克勒木分道，向東北經戈壁，九十里至格達梁，又北三十餘里入山谿，北二十餘里蘇洪卡，東北七十里克子布倫可，北六十里喀拉準，東北九十里巴圖瑪拉克卡，逾巴圖瑪拉克達坂，經俄國七河省，以達伊犁。由克子布倫可分道東行，八十里嘉依多拜卡，又東即入阿克蘇屬溫宿府烏什廳界阿斯圖什，東北五十里巴爾昌卡，入山谿，東行九十里即達蘇洪卡巴爾昌。

北舊有三卡，因山徑崎嶇，水草缺乏，迄今久無行旅往來。其餘各莊支路雜糅曲小，不能備紀。

《**莎車府鄉土志·道路**》 自莎車府出城，西北行九十里爲科科熱瓦特驛，又行六十里爲河色爾腰臺，又行三十里出西北界入英吉沙爾廳境。出城西行八十里爲牙哈□[吱]里克驛，又行六十里出西界入蒲犁廳境。出城南行五十里渡澤普勒善河，入葉城縣境。出城東行九十里爲愛吉特虎臺，即頭臺，又行九十里入巴楚州境。

《**莎車府分防蒲犁廳鄉土志·道路**》 由本境出城東行，八百里至莎車城，南行二百九十里之譜至與坎巨□交界處，西行二百餘里至俄城之阿克塔什，北行八百里至喀什回城。又由廳出城，經塔哈爾滿莊，北行七百餘里至英吉沙爾廳，又東南行經塔墩巴什，三百餘里至葉城縣屬之黑黑孜蔣干。

《**巴楚州鄉土志·道路**》 本境共十一臺兩驛。出西門三十五里曰牛圈子，過橋三十五里曰屈爾蓋驛，又西五十五里曰卡拉克沁驛，又西四十五里曰滂可耳，伽師交界，胡柵業翳，人呼樹窩。自路西南行三十里曰蘆席園，過河南行八十里四臺，中多流沙，重車視爲畏途。城東北七十里察巴克，即八臺。又北三十五里阿乎瑪札，南行三十五里新地莊。又四十五里圖木舒克，即九臺。東行六十里車底庫勒，即十臺。又東六十里雅爾庫圖克，即十一臺。又東六十里色瓦特，即十二臺。臺北路達柯爾坪。又東北三十里與柯坪齊蘭臺交界，又五十里齊蘭臺城，南三十里牧厂，又三十里吉格達沙馬里克，即六臺。又南八十里阿克薩克，即五臺。又南四十里龍王廟，新巴河繞廟南東北流。又南三十五里阿朗格爾，即四臺。西北通蘆席園。南行三十里色利布牙，有海曰大器。又二十里伽藍泊，又四十里邁里那特，即三臺，有船至羊大克。至西南四十里曰上阿瓦屯，西行四十里木華莊。又南三十五里賴里克，即二臺，有渡船。又四十里曰牌樓，府州交界。

《**葉城縣鄉土志·道路**》 自本境出城，東行一百五十里至大五子粉，與皮山縣交界，通和闐大路。南行二百五十里至卡洛可達坂，與皮山縣境交界。西行二百八十里至棋盤阿角隆山草湖，與莎車府交界，即莎車往來大路。北行一百一十里至坡斯坎，又二十里至玉河，與莎車府交界。又東南一百九十里至阿及克水溝，與皮山縣交界。又西南五百五十里黑孜江千暨八札達拉玉河，卡外通英國之條拜提。又東北三百二十里至紅湖薩莊，與巴楚州屬麥蓋提交界。又西北一百七十至玉河，與莎車府交界。

《**皮山縣鄉土志·道路**》 本境西行九十里抵綽洛克臺驛，又西行二十五里抵達烏孜渾。係皮、葉交界處。

本境東南行九十里抵木吉驛，又東行六十里抵裝桂雅驛，又東行九十里抵帕爾慢驛。木吉抵帕爾慢共壹百五十里，中隔沙山，遇有緊急公文，驛馬難度，裝桂雅一驛係由地方官稟請自設，並未達部。又東行二十五里抵黑斯賽格斯，係和、皮交界處。

本境南行九十里抵合什塔，又南行三十里抵司馬曬，又南行二十里抵克里陽卡，又南行八十里抵阿克受，又南行五十里抵拉木籠，又南行五十里抵□什肯，即克里陽達板，東西高山中有草湖。又東南繞西上達板，越達板南行，下達板約計百里，抵土古滿里克，又東南行四十里抵波思堵，又東南行四十里抵阿瓦木克，又西南行四十里抵托里蘇，又西南行十里抵賽的拉合渾，即賽的拉麻札，纏語「麻札」即古墓，又稱合渾。又西南行二十里抵素蓋提卡，又西南行壹百二十里過素蓋提達板，又西南行壹百二十里抵奇里布，又西南行六十里抵阿哈塔黑，又南行十五里抵密立克下，又南行三十里抵特哇孜色立克，又南行五十里抵哇普知里，皆南行，五十里抵巴陽斯，又西南行六十里抵哈拉合拉木達板，即卡拉胡魯木達板，係中英分界處，立有界墩，內窖牌博，即鐵碑。

本境北行十五里抵阿由渾莊，又北行四十五里抵哈拉塔爾孜莊，又東北行三十里抵荒土呼莊，以外係大戈壁。

木吉驛一南行九十里抵桑株莊，一名哈拉哈爾莊。又南行五十里抵克伯孜，又南行六十里抵阿卡孜，又南行三十里抵桑株達板，又西南行壹百三十里過達板，抵塔烏孜卡，又西南行四十里抵而立尼則合渾，又西南行三十里抵瓦未克，又西南行四十里抵托克蘇，又西南行三十里抵索蓋提卡。

帕爾慢驛一南行六十里抵杜瓦莊，此處係大山窩，有居民十數户，不通車馬，罕見人跡。又西南行三百餘里抵普下山，又東南行壹百八十里抵柯柯月提，綽絡克臺驛一南行約七日程過冰達板，又西行約四日程抵素蓋提卡。此路無人行走。

杜瓦莊一東行六十里抵合什里。係和、皮交界處。

《**和闐直隸州鄉土志·道路**》 查□州出西門城七十里至雜瓦驛，雜瓦驛至鴿子塘三十里，與皮山縣交界，係往來大道。東至玉瓏哈什河八里，與洛浦縣交界，亦係往來大道。南抵尼蟒依山，即《新疆識略》所載之察克瑪克曲底雪山五百八十里。北抵温宿新卡計程一千七百七十五里，係小道，無人行走。並無別路可通他境。

光緒《于闐縣志・道路》 縣境之路多係戈壁相間，故道里遠近止能就舊有地名分記，不能照例目十里一地名記載，合併聲明。

自縣治起，西行至洛浦縣交界二百七十里。縣城五里蘇介提阿里克闌干，五里小巴札，十五里倭提葪提拉克闌干，五里新巴札，二十里俠斯朱闌干，十里雅和闌干，二十里西河里闌干，二十里雅闌干，二十里罕蘭溝驛，十里子木拉提闌干，三十五里達木溝，二十五里固拉哈馬，五里蘇皮闌干，二十里倭衣達闌干，十里吉里木提拉克闌干，五里策勒村即渠勒驛，二十里托巴闌干，二十里乙根闌干，抵洛浦縣界。

自縣治起，東行至婼羌縣交界二千二百八十里。縣城五里白石多拉克闌干，五十五里威它拉克闌干，六十里乙斯玉洛滚闌干，四十里阿布拉子闌干，一百四十里尼雅，八十里別列克里克，九十里雅通固斯，八十里雅可托和拉克，二十里額底里什，一百里安得月，八十里卡瑪哈斯，七十里叔旦，八十里塔伊拉克托多罕，七十里拔卡，九十里青格里克，一百二十里阿哈巴依，一百二十里洋塔克庫多可，九十里克提莽，四十里喀拉斯底，四十里卡牆，一百六十里塔提朗，一百二十里雅沙拉克，一百二十里狄敏克海，一百七十里布和拉克過卡牆河，一百二十里恰盤卡底，一百二十里塔底克，抵婼羌縣交界。

自尼雅傍南山赴卡牆一千二百里。尼雅南行一百六十里奇吉罕，又東行四十里蘇格提，二十里玉洛滚布拉克，六十里科塔子而里，五十里圖浪和加，一百二十里喀喇沙衣，六十里布和拉克，五十里威鴉衣拉克，一百一十里卡巴，即小金厂；八十里密提，五十里卡拉木南，一百二十里塔阿爾子，一百八十里卡牆。

自縣治南行至後藏交界一千四百三十里。縣治十五里二力莊，四十五里博瓦子闌干莊，三十里托和拉克，一百四十里普羅，以下係山路，崎嶇難行，四十里伊卜克阿提，三十里罕雅依拉克阿子，三十里卡馬洛克，即橋，四十里卡雅烏底，七十里蘇巴什罕闌干，一百二十里黑色子孔，一百三十里科可牙達坂，一百里比比阿坦英圭，一百五十里克里雅，一百四十里克里雅德牙巴什黑海，纏語「德牙」爲河，「巴什」爲頭，「黑海」爲戈壁，猶言克里雅河頭戈壁也。一百五十里吐斯孔，二百里哈拉馬克可依八克多，即後藏交界。纏語稱達子爲「哈拉馬克」，羊爲「可依」，牧地爲「八克多」，猶言達子牧羊地也。至此南行即入藏地。

自普羅莊西北行，至策勒村五百二十里。普羅莊一百里細黑喇莊，二十里細黑喇畢闌干，四十里額德里什，二十里蘇里雅闌干，十里沙衣巴克莊，十五里努拉闌干，五十里雅可托和拉克，八十里魯沁蘭干，四十里塔克努明巴札，十五里塔烏哈斯闌干，六十里薩提馬闌干，三十里阿瓦卜闌干，四十里過喀喇塔什河，抵策勒村巴札。

自縣治北行，至庫車交界九百六十里。縣治四十里博斯坦，五十里帖瓦額黑勒，六十里麻札，五十五里塔卡哈，五十里卡斯坎，六十里密沙奈，四十五里畢闌干，五十里玉汪昆，四十五里河克恰特，四十里塔什肯，四十五里和什卡瓦什提，五十里托巴克威力根，四十里辟恰里克，五十里玉吉格得多可，五十五里博斯坦托和拉克，四十五里窩托奇，四十里昆木庫多克，四十五里吉格德庫多克，四十五里克哈什，五十里庫木洛可。以上並非大路，均係牧户沿克里雅河逐水草牧放牲畜，每處有井。以下均係沙漠，不能前進，故難再計里數。

《洛浦縣鄉土志・道路》 由東乙根闌干至西抵玉河渡口計程一百八十里。由南大胡馬地至北抵小胡馬地九十里，抵塔瓦克河口三百五十里。

由縣西行三十里新八栅，又三十里玉龍哈什，又十五里和闐城。

由縣東行三十五里欄干，又四十里白石驛，又四十里乙根欄干，即于闐縣交界處，均大路。

由縣北行三十里小胡馬地，即挖子玉之處，沙磧高低，一望無際。

由縣南行四十里三普拉，又五十里大胡馬地，立有卡墩，即和闐州交界處，均騎路。

由玉龍哈什北行沿河至塔瓦克莊二百六十里，東南行至三普拉八十里，至大胡馬地卡九十里，均小路。凡車馬路，各水渠均有木橋，惟玉河水漲時有渡船，冬春水淺車馬可過。

《英吉沙爾廳鄉土志・道路》 東門出城往喀什大道，十里芒升莊，二十里麻木魯克莊，四十里塞亦提里莊，五十里草湖魯克莊。

西門出城往喀什古道，十里巧立盼莊，二十里和世美莊，三十里沙牙利克莊，四十里沙溪山，五十里恰哈里莊，六十里玉麥莊，七十里阿吐氣莊，八十里加衣鐵列克莊，九十里阿克托八柵，一百里阿克托莊，百一十里怕渠本莊，百二十里欄杆腰路，百三十里疏勒府界。

南門出城往莎車大路，十里哈喇把什莊，二十里沙漠橋度沙漠渠，三十里柳樹泉，四十里庫車托和奈，五十里克立品莊，六十里托和布拉驛，七十里合什公伯子莊，八十里踏木葉莊，九十里庫圖克莊，一百里察木倫莊，百一十里黑子爾驛，百二十里玉特克其，百三十里莎車。

南門出城走蒲犁大路，二十里沙漠泉，五十里鐵比思卡、圖木舒卡，有路自北方來會，行百三十五里往疏附。百二十里烏克卡、鐵勒克卡，有路自南方來會，行百三十里往莎車小路。百五十里科可拉卡，名客達坂，有路自西北方來會，約行三百五六十里往疏附。二百四十里托克把什卡、哈喇達坂，有路自西南方來會，約行三百五十里往莎車山内。三百八十里孟乙克布拉古卡、哈拉塔什卡，有路自北方來會，約行三百八九十里北走疏附，西走蒲犁。

餘俱村莊往來羊腸鳥道，或無地名可紀，難以備載。

《中華大典·交通運輸典·交通路綫與里程分典》

引用書目

説　明

一、引用書目包括本分典所使用的主要書籍，少數引用資料很少又非稀見者未列入。

二、本書目以書名拼音次序排列。排序中，忽略方志前冠的年號，如：「(雍正)江西通志」排在J下，「(康熙)清一統志」列於Q下。

三、引用各書多爲通行或其他較有影響的版本，包括部分新整理本。極少數如方志等，同書名引用可能不止一種版本，則注明作者或整理者姓名。

四、各書著録内容依次爲書名、著者(包括編纂者、注者等)、刊刻年代或所在叢書名。整理點校本著録内容爲書名、著者(校點者)、出版社、出版時間或所在叢書名。各書均不著録卷數。少數當時敕修、官修的書籍，標作「官修」。

A

(嘉慶)阿迷州志　清張大鼎纂修　清嘉慶元年刊本

(光緒)安東縣志摘要　清吴光國修　國家圖書館出版社二〇一二年《遼寧省圖書館藏稀見方志叢刊》影印鈔本

安廣縣鄉土志　闕名撰　清宣統三年修　鳳凰出版社二〇〇六年《中國地方志集成·吉林府縣志輯》影印鈔本

安南縣鄉土志　清易輔上編　清宣統元年修　鈔本

澳洲紀遊　闕名撰　清光緒《小方壺齋輿地叢鈔》本

B

巴楚州鄉土志　清張璪光編　清光緒三十四年修　新疆人民出版社二〇一〇年《新疆鄉土志稿》排印本

巴船紀程　清洪良品撰　清光緒《小方壺齋輿地叢鈔》本

拜城縣鄉土志　闕名撰　清光緒三十四年修　鳳凰出版社二〇一二年《中國地方志集成·新疆府縣志輯》影印鈔本

保安州鄉土志　闕名撰　國家圖書館出版社二〇一二年《南京圖書館藏稀見方志叢刊》影印鈔本

北草地行記　清李德貽撰　甘肅人民出版社二〇〇二年點校本

北歸志　清王士禛撰　清《王漁洋遺書》本

北使通録　(越南)黎貴惇撰　復旦大學出版社二〇一〇年影印越南漢喃研究院藏鈔本

北行日記　清陳炳泰撰　清光緒《小方壺齋輿地叢鈔》本

北行日記　清王錫祺撰　清光緒《小方壺齋輿地叢鈔》本

北行日録　宋樓鑰撰　清《知不足齋叢書》本

北遊紀程　清高延第撰　清光緒《小方壺齋輿地叢鈔》本

北遊日記　清王初桐撰　清《古香堂叢書》本

北轅録　清戴燮元撰　清光緒《小方壺齋輿地叢鈔》本

北轅録　宋周煇撰　民國商務印書館《説郛》本

北征日記　清洪良品撰　清光緒《小方壺齋輿地叢鈔》本

裨海紀遊　清郁永河撰　清光緒《小方壺齋輿地叢鈔》本

邊堠紀行　元張德輝撰　民國商務印書館《説郛》本
丙戌南還日記　清戴名世撰　清光緒《國粹叢書》本
伯利探路記　清曹廷傑撰　清光緒二十三年湖南新學書局刊本
（光緒）補纂仁壽縣原志　清翁植等修　陳韶湘纂　清光緒七年刊本

C

參天台五臺山記　（日本）釋成尋撰　花山文藝出版社二〇〇八年排印本
驂鸞録　宋范成大撰　《叢書集成》本
策彦和尚入明遺文集成　（日本）策彦周良撰　日本法藏館昭和三十年排印本
察鑪道里考　闕名撰　中央民族學院《川藏遊蹤彙編》本
昌吉縣鄉土圖志　闕名撰　清光緒三十四年修　鳳凰出版社二〇一二年《中國地方志集成・新疆府縣志輯》影印鈔本
昌吉縣鄉土志　闕名撰　新疆人民出版社二〇一〇年《新疆鄉土志稿》排印本
昌黎縣鄉土志　清童光照纂修　綫裝書局二〇〇二年《鄉土志抄稿本選編》影印鈔本
昌圖府鄉土志　清查富機編　清光緒三十四年修　遼寧省圖書館一九八五年《東北鄉土志叢編》排印本
（宣統）長白徵存録　清張鳳臺等修　劉龍光等纂　清宣統二年鉛印本
長江日記　清鄭觀應撰　上海古籍出版社二〇一〇年影印本
（咸豐）長寧縣志　清蘇霈芬等修　曾撰等纂　清咸豐五年刊本
朝城縣鄉土志　清吴式基等纂修　一九二〇年重刊本
（宣統）承德縣志書　清都林布修　李巨源等纂　清宣統二年石印本
乘槎筆記　清斌椿撰　清光緒《小方壺齋輿地叢鈔》本
乘軺録　宋路振撰　《叢書集成》本
出邊紀程　清恩錫撰　清光緒《小方壺齋輿地叢鈔》本
出口程記　清李調元撰　《叢書集成》本
出使英法日記　清曾紀澤撰　清光緒二十三年湖南新學書局刊本
出使英法義比四國日記　清薛福成撰　清光緒《小方壺齋輿地叢鈔》本

春帆紀程　清程庭撰　清光緒《小方壺齋輿地叢鈔》本
（雍正）從化縣新志　清郭遇熙纂修　梁長吉增補　清雍正八年刊本
從西紀略　清范昭逵撰　清道光《昭代叢書》本

D

（道光）大定府志　清黄宅中修　鄒漢勳纂　清道光二十九年刊本
大理行記　元郭松年撰　《叢書集成》本
（光緒）大寧縣志　清高維岳修　魏遠猷等纂　清光緒十一年刊本
（嘉慶）大清一統志　官修　《四部叢刊續編》本
（康熙）大田縣志　清葉振甲纂修　周卜世增修　清康熙三十二年增刊本
（宣統）丹噶爾廳志　清張庭武修　楊景昇纂　清宣統二年甘肅官報書局鉛印本
德陽縣鄉土志　闕名撰　巴蜀書社二〇〇九年《四川大學圖書館館藏珍稀四川地方志叢刊》影印鈔本
德州鄉土志　清馮翥等纂修　臺北成文出版社《中國方志叢書》影印清末鈔本
（乾隆）登封縣志　清陸繼蕚修　洪亮吉纂　清乾隆五十二年刊本
迪化縣鄉土志　闕名撰　鳳凰出版社二〇一二年《中國地方志集成・新疆府縣志輯》影印鈔本
滇程記　明楊慎撰　明萬曆三十三年楊氏家塾刻本
滇還日記　清黄向堅撰　清《知不足齋叢書》本
滇蜀驛程記　清王士禛撰　清《王漁洋遺書》本
滇行日記　清李澄中撰　清康熙《白雲村文集》本
滇行日録　清王昶撰　清《古今説部叢書》本
滇遊日記　清包家吉撰　清光緒《小方壺齋輿地叢鈔》本
定藏紀程　清吴廷偉撰　中央民族學院《川藏遊蹤彙編》本
冬集紀程　清周廣業撰　《古今説部叢書》本
東歸録　清洪良品撰　清光緒《小方壺齋輿地叢鈔》本
東歸日記　清方士淦撰　清光緒《小方壺齋輿地叢鈔》本
東南洋鍼路　清吕調陽撰　清光緒《小方壺齋輿地叢鈔》本

東平縣鄉土志　清趙國熙編　清光緒三十四年修　鳳凰出版社二〇〇六年《中國地方志集成・吉林府縣志輯》影印鈔本
東省與韓俄交界道路表　清聶士成撰　清光緒《小方壺齋輿地叢鈔》本
東行日記　清李圭撰　清光緒《小方壺齋輿地叢鈔》本
東遊記　清吴鍾史撰　清光緒《小方壺齋輿地叢鈔》本
東遊日記　清王之春撰　清光緒《小方壺齋輿地叢鈔》本
東輶紀程　清聶士成撰　黄山書社二〇一〇年點校本
度嶺日記　清任棟撰　清光緒《小方壺齋輿地叢鈔》本
度隴記　清董恂撰　清光緒《小方壺齋輿地叢鈔》本

E

俄遊日記　清繆祐孫撰　清光緒《小方壺齋輿地叢鈔》本
（乾隆）峨眉縣志　清文曙修　張弘映纂　清乾隆五年刊本
恩縣鄉土志　清汪鳴孫修　劉儒臣等纂　臺北成文出版社《中國方志叢書》影印清光緒三十四年鈔本
（宣統）恩縣志　清汪鴻孫修　劉儒臣纂　清光緒三十四年石印本

F

法庫廳鄉土志　清劉鳴復編　綫裝書局二〇〇二年《鄉土志抄稿本選編》影印鈔本
泛槳録　清黄鉞撰　清光緒《小方壺齋輿地叢鈔》本
范縣鄉土志　清楊沂謹纂修　清光緒三十四年石印本
肥城縣鄉土志　清李傳熙纂修　清光緒三十四年刊本
（光緒）汾陽縣志　清方家駒等修　王文員纂　清光緒十年刊本
封長白山記　清方象瑛撰　清道光《昭代叢書》本
奉化縣鄉土志　清陳嘉言編　清光緒三十四年修　鳳凰出版社二〇〇六年《中國地方志集成・吉林府縣志輯》影印鈔本
（光緒）奉化縣志　清錢開震修　陳文焯纂　清光緒十一年刊本
奉使安南水程日記　明黄福撰　《叢書集成》本
奉使朝鮮日記　清崇禮撰　清光緒《小方壺齋輿地叢鈔》本
奉使俄羅斯日記　清張鵬翮撰　清光緒《小方壺齋輿地叢鈔》本
奉使倫敦記　清黎庶昌撰　清光緒《小方壺齋輿地叢鈔》本
（宣統）奉天鳳凰直隸廳寬甸縣分志　清金萃康纂修　國家圖書館出版社二〇一二年《遼寧省圖書館藏稀見方志叢刊》影印鈔本
（宣統）奉天郡邑志　清吴廷燮纂　國家圖書館出版社二〇一二年《遼寧省圖書館藏稀見方志叢刊》影印鈔本
奉天省岫巖縣鄉土志　闕名撰　綫裝書局二〇〇二年《鄉土志抄稿本選編》影印鈔本
奉天西豐縣鄉土志　闕名撰　國家圖書館出版社二〇一二年《遼寧省圖書館藏稀見方志叢刊》影印鈔本
鳳凰廳鄉土志　闕名撰　清光緒間修　綫裝書局二〇〇二年《鄉土志抄稿本選編》影印鈔本
（道光）鳳凰廳志　清黄應培修　孫均銓等纂　清道光四年刊本
鳳臺祇謁筆記　清董恂撰　清光緒《小方壺齋輿地叢鈔》本
（光緒）鳳陽縣志　清于萬培纂修　謝永泰續修　清光緒十三年刊本
浮海後記　清徐宗幹撰　清光緒《小方壺齋輿地叢鈔》本
浮海前記　清徐宗幹撰　清光緒《小方壺齋輿地叢鈔》本
福建進京水陸路程　（琉球）魏學源撰　《琉球王國漢文文獻集成》影印本
撫邊屯鄉土志　清劉文增、周汝梅編　巴蜀書社二〇〇九年《四川大學圖書館館藏珍稀四川地方志叢刊》影印鈔本
（宣統）撫順縣志略　清趙宇航等修　黎鏡蓉等纂　清宣統三年石印本
撫新記程　清袁大化撰　甘肅人民出版社二〇〇二年點校本
阜康縣鄉土志　清巨國柱編　清光緒三十四年修　新疆人民出版社二〇一〇年《新疆鄉土志稿》排印本
復縣鄉土志　闕名撰　清光緒三十三年修　國家圖書館出版社二〇一二年《遼寧省圖書館藏稀見方志叢刊》影印鈔本

G

噶瑪蘭紀略　清姚瑩撰　清光緒《小方壺齋輿地叢鈔》本
（咸豐）噶瑪蘭廳志　清薩廉修　董正官續修　清咸豐二年續修刊本

甘肅新疆迪化府孚遠縣鄉土志　闕名撰　清光緒三十四年修　新疆人民出版社二〇一〇年《新疆鄉土志稿》排印本

高唐州鄉土志　清周家齊纂修　臺北成文出版社《中國方志叢書》影印清光緒三十二年鈔本

（光緒）高州府志　清楊霽修　陳蘭彬等纂　清光緒十六年刊本

庚辰浙行日記　清戴名世撰　清光緒《國粹叢書》本

庚寅奏事録　宋周必大撰　清咸豐五年《廬陵周益國文忠公集》續刊本

固安縣鄉土志　清劉峙、魏連芳纂修　鈔本

關中勝蹟圖志　清畢沅撰　景印文淵閣《四庫全書》本

館陶縣鄉土志　清宋金鏡等纂修　清光緒三十四年刊本

光緒寧遠州志　闕名撰　清光緒三十四年修　國家圖書館出版社二〇一二年《遼寧省圖書館藏稀見方志叢刊》影印鈔本

（同治）廣昌縣志　清曾毓璋纂修　清同治六年刊本

廣寧縣鄉土志　清蕭雨春編　清光緒三十四年鉛印本

（雍正）廣西通志　清金鉷修　錢元昌等纂　景印文淵閣《四庫全書》本

（雍正）廣西通志　清金鉷修　錢元昌等纂　景印文淵閣《四庫全書》本

（嘉慶）廣西通志　清謝啓昆修　胡虔纂　清嘉慶六年刊本

歸化行程記　清章坦撰　清光緒《小方壺齋輿地叢鈔》本

癸未歸廬陵日記　宋周必大撰　清咸豐五年《廬陵周益國文忠公集》續刊本

（乾隆）桂東縣志　清洪鍾等修　黄體德纂　清乾隆二十三年刊本

（道光）貴陽府志　清周作楫修　蕭琯等纂　清道光二十年刊本

H

哈密直隸廳鄉土志　清劉潤通編　清光緒三十四年修　新疆人民出版社二〇一〇年《新疆鄉土志稿》排印本

海城縣鄉土志　清管鳳龢等修　張文藻等纂　清宣統元年修　國家圖書館出版社二〇一二年《遼寧省圖書館藏稀見方志叢刊》影印鈔本

（光緒）海城縣志　清管鳳龢等修　張文藻等纂　清宣統元年鉛印本

海道編　清齊召南撰　清光緒《小方壺齋輿地叢鈔》本

海龍府鄉土志　清海龍府勸學所編　清光緒三十四年修　鳳凰出版社二〇〇六年《中國地方志集成・吉林府縣志輯》影印鈔本

海録　清楊炳南撰　清道光《舟車所至》本

海隅從事録　清丁壽祺撰　清光緒《小方壺齋輿地叢鈔》本

（嘉慶）漢南續修郡志　清丁瀚修　張永清等纂　清嘉慶十二年刊本

漢書　漢班固撰　中華書局一九六二年點校本

航海述奇　清張德彝撰　清光緒《小方壺齋輿地叢鈔》本

航海圖説　清胡鳳丹撰　清光緒《小方壺齋輿地叢鈔》本

和闐直隸州鄉土志　清謝維新編　清光緒三十四年修　鳳凰出版社二〇一二年《中國地方志集成・新疆府縣志輯》影印鈔本

河海崑崙録　清裴景福撰　甘肅人民出版社二〇〇二年點校本

（乾隆）河源縣志　清陳張翼修　尹報達纂　清乾隆十一年刊本

荷戈紀程　清林則徐撰　清光緒三年刊本

菏澤縣鄉土志　清楊兆煥纂修　清光緒三十四年石印本

賀蘭山口記　清儲大文撰　清光緒《小方壺齋輿地叢鈔》本

黑龍江外紀　清西清撰　清光緒《小方壺齋輿地叢鈔》本

後漢書　南朝宋范曄撰　中華書局一九六五年點校本

後西征述　清蔣湘撰　清光緒《小方壺齋輿地叢鈔》本

（宣統）呼蘭府志　清黄維翰纂修　一九一五年鉛印本

呼圖壁鄉土志　闕名撰　清光緒三十四年修　新疆人民出版社二〇一〇年《新疆鄉土志稿》排印本

（宣統）湖北通志　清吕調元等修　張仲炘等纂　一九二一年刊本

湖南疆域驛傳總纂　慳碒山館輯　清光緒十四年刊本

湖南苗防屯政考　清但湘良撰　清光緒九年刊本

扈從賜遊記　清張玉書撰　清光緒《小方壺齋輿地叢鈔》本

扈從紀程　清高士奇撰　清光緒《小方壺齋輿地叢鈔》本

扈從詩集　元周伯琦撰　中華書局二〇〇四年賈敬顔《五代宋金元人邊疆行記十三種疏證稿》本

畫墁集・郴行録　宋張舜民撰　清《知不足齋叢書》本

（宣統）懷仁縣志　清馬俊顯修　劉熙春等纂　清宣統二年鉛印本

（康熙）懷柔縣新志　清吴景果纂修　清康熙六十年刊本

（嘉慶）懷遠縣志　清孫讓修　李兆洛纂　清嘉慶二十四年活字本

還京日記　清吴錫麒撰　清光緒《小方壺齋輿地叢鈔》本

宦滇日記　清崇謙撰　上海辭書出版社二〇一一年《清代雲南稿本史料》本

皇華紀程　清吴大澂撰　《殷禮在斯堂叢書》本

湟中行記　清闞普通武撰　甘肅人民出版社二〇〇二年點校本

獲鹿縣鄉土志　清嚴書勳纂修　綫裝書局二〇〇二年《鄉土志抄稿本選編》影印鈔本

J

吉林外記　清薩英額撰　《叢書集成》本

輯安縣鄉土志　清吴光國修　清光緒三十三年修　一九一五年鉛印本

（乾隆）嘉志書草本　清羅仰錡纂修　芮增瑞校注　雲南人民出版社二〇〇五年《楚雄彝族自治州舊方志全書》影印本

伽師縣鄉土志　清高生岳編　清光緒三十四年修　新疆人民出版社二〇一〇年《新疆鄉土志稿》排印本

建昌行記　闕名撰　清末鉛印本

建福元年如清日程　（越南）范慎遹、阮述撰　復旦大學出版社二〇一〇年影印越南漢喃研究院藏鈔本

江程蜀道現勢書　清傅崇榘撰　清光緒三十年刊本

（雍正）江西通志　清謝旻等修　陶成等纂　景印文淵閣《四庫全書》本

（光緒）江西通志　清劉坤一等修　劉繹等纂　清光緒七年刊本

江行日記　清郭鏖撰　清光緒《小方壺齋輿地叢鈔》本

（弘治）將樂縣志　明王渙修　劉則和等纂　明弘治十六年刊本

金廠行記　清余慶長撰　清光緒《小方壺齋輿地叢鈔》本

金陵西歸日記　清戴鈞衡撰　清光緒《國粹叢書》本

錦南先生漂海録　（朝鮮）崔溥撰　復旦大學出版社二〇一一年影印高麗大學藏一八九六年木活字本

錦州府鄉土志　清朱孝威編　清光緒三十四年修　國家圖書館出版社二〇一二年《遼寧省圖書館藏稀見方志叢刊》影印鈔本

進藏紀程　清王世睿撰　清道光《昭代叢書》本

精河廳鄉土志　清曹凌漢編　清光緒三十四年修　新疆人民出版社二〇一〇年《新疆鄉土志稿》排印本

景定建康志　宋馬光祖修　周應合纂　清嘉慶六年金陵孫忠湣祠刊本

靖安縣鄉土志　清趙炳南編　清光緒三十四年修　鳳凰出版社二〇〇六年《中國地方志集成·吉林府縣志輯》影印鈔本

舊唐書　五代劉昫撰　中華書局一九七五年點校本

舊鄉行紀　清邵嗣宗撰　清光緒《小方壺齋輿地叢鈔》本

據鞍録　清楊應琚撰　《藕香零拾》本

K

喀木西南紀程　清程鳳翔撰　中央民族學院《川藏遊蹤彙編》本

開平紀行　元王惲撰　中華書局二〇〇四年賈敬顔《五代宋金元人邊疆行記十三種疏證稿》本

開通縣鄉土志　清忠林編　清光緒三十三年修　鳳凰出版社二〇〇六年《中國地方志集成·吉林府縣志輯》影印鈔本

康平縣鄉土志　清李紹綱等編　清宣統二年修　一九六二年遼寧省圖書館油印本

康輶紀行　清姚瑩撰　清光緒《小方壺齋輿地叢鈔》本

科布多巡邊日記　清慧成撰　學苑出版社二〇〇六年《歷代日記叢鈔》本

客越志　明王穉登撰　民國商務印書館《説郛》本

庫車州鄉土志　闕名撰　清光緒三十四年修　新疆人民出版社二〇一〇年《新疆鄉土志稿》排印本

L

來南録　唐李翱撰　《唐代叢書三集》本

攬轡録　宋范成大撰　《叢書集成》本

老稼齋燕行日記　（朝鮮）柳得恭撰　復旦大學出版社二〇一一年影印韓國首爾大學奎章閣藏寫本

(光緒)黎城縣續志　清鄭灝等修　楊恩樹纂　清光緒九年刊本
遼東行部志　金王寂撰　中華書局二〇〇四年賈敬顔《五代宋金元人邊疆行記十三種疏證稿》本
遼陽鄉土志　清洪汝沖修　白永貞編　清光緒三十四年鉛印本
(宣統)遼源州志書　闕名撰　鳳凰出版社二〇〇六年《中國地方志集成·吉林府縣志輯》影印鈔本
遼中境界　宋薛映撰　中華書局二〇〇四年賈敬顔《五代宋金元人邊疆行記十三種疏證稿》本
遼中縣鄉土志　清馬星衡、李植嘉編　清光緒三十四年修　國家圖書館出版社二〇一二年《遼寧省圖書館藏稀見方志叢刊》影印鈔本
(光緒)遼中縣志　清韓寶濂纂修　清光緒三十四年修　國家圖書館出版社二〇一三年《北京大學圖書館藏稀見方志叢刊》影印稿本
陵縣鄉土志　闕名撰　臺北成文出版社《中國方志叢書》影印鈔本
(乾隆)靈璧縣志　清貢震纂修　清乾隆二十五年刊本
柳河縣鄉土志　清鄒銘勳等編　清光緒三十三年修　鳳凰出版社二〇〇六年《中國地方志集成·吉林府縣志輯》影印鈔本
(同治)龍泉縣志　清王肇渭修　郭崇輝等纂　清同治十二年刊本
(康熙)龍泉縣志　清張其文纂修　清康熙四十八年修　貴州省圖書館一九六五年複制本
鑪藏道里最新考　清張其勤撰　中央民族學院《川藏遊蹤彙編》本
輪臺縣鄉土志　清顧桂芬編　清光緒三十四年修　新疆人民出版社二〇一〇年《新疆鄉土志稿》排印本

M

蠻書　唐樊綽撰　中華書局一九六二年校注本
(光緒)茂名縣志　清鄭業崇修　許汝韶纂　清光緒十四年刊本
懋功廳鄉土志　清興元纂修　巴蜀書社二〇〇九年《四川大學圖書館館藏珍稀四川地方志叢刊》影印鈔本
(康熙)湄潭縣志　清楊玉柱纂修　清康熙二十六年修　鈔本
綿竹縣鄉土志　清田明理修　黃尚毅纂　清光緒三十四年刊本
綿竹縣鄉土志　清朱儒宗撰　國家圖書館藏鈔本
苗防備覽　清嚴如熤撰　清光緒《小方壺齋輿地叢鈔》本
岷州鄉土志　闕名撰　鳳凰出版社二〇〇八年《中國地方志集成·甘肅府縣志輯》影印鈔本
閩行日記　清魏麟徵撰　清《石函三種》本
閩行日記　清俞樾撰　清光緒《春在堂全書》本
明史　清張廷玉等撰　中華書局一九七四年點校本
明一統志　明李賢纂修　三秦出版社一九九〇年影印本

N

南宮縣鄉土志　闕名撰　國家圖書館出版社二〇一二年《首都圖書館藏稀見方志叢刊》影印鈔本
南歸記　清吴錫麒撰　清光緒《小方壺齋輿地叢鈔》本
南來志　清王士禛撰　清《王漁洋遺書》本
南行記　清馬建忠撰　清光緒《小方壺齋輿地叢鈔》本
南行日記　清吴文霈撰　清光緒《小方壺齋輿地叢鈔》本
南行日記　清楊慶之撰　清光緒《小方壺齋輿地叢鈔》本
南巡扈從紀略　清張英撰　清道光《昭代叢書》本
南遊筆記　清曹鈞撰　清光緒《小方壺齋輿地叢鈔》本
南遊日記　清王錫祺撰　清光緒《小方壺齋輿地叢鈔》本
寧遠縣鄉土志　清李方學編　清光緒三十四年修　新疆人民出版社二〇一〇年《新疆鄉土志稿》排印本
甯古塔紀略　清吴振臣撰　清道光《昭代叢書》本
甯古塔紀略　清吴振臣撰　清道光《昭代叢書》本
農邑鄉土志　闕名撰　國家圖書館出版社二〇一二年《遼寧省圖書館藏稀見方志叢刊》影印清鈔本

O

歐遊隨筆　清錢德培撰　清光緒《小方壺齋輿地叢鈔》本
歐遊雜録　清徐建寅撰　清光緒《小方壺齋輿地叢鈔》本

P

盤山廳鄉土志　清柴楪編　清光緒三十三年修　鳳凰出版社等二〇〇六年《中國地方志集成·遼寧府縣志輯》影印鈔本

皮山縣鄉土志　闕名撰　清光緒三十四年修　新疆人民出版社二〇一〇年《新疆鄉土志稿》排印本

（雍正）平樂府志　清胡醇仁纂修　清雍正四年刊本

（康熙）平樂縣志　清黄大成纂修　清康熙五十六年刊本

平山縣新編鄉土志　清方汝霖編　田蔭隆纂　海南出版社二〇〇一年《故宫珍本叢刊》影印清光緒末年鈔本

平陰縣鄉土志　清黄篤瓚撰　清光緒三十三年鉛印本

Q

奇臺縣鄉土志　清楊方熾編　清光緒三十四年修　鳳凰出版社二〇一二年《中國地方志集成·新疆府縣志輯》影印鈔本

齊東縣鄉土志　清袁馥村等纂修　清宣統二年刊本

（乾隆）乾州志　清王瑋纂修　清乾隆四年刊本

（康熙）清一統志　清蔣廷錫等纂修　清内府刊本

（乾隆）瓊州府志　清蕭應植修　陳景塤纂　清乾隆三十九年刊本

瓊州記　清藍鼎元撰　清光緒《小方壺齋輿地叢鈔》本

（嘉靖）全遼志　明李輔、陳絳纂修　《遼海叢書》本

R

熱河日記　（朝鮮）朴趾源撰　上海書店出版社一九九七年點校本

日本紀遊　清李筱圃撰　清光緒《小方壺齋輿地叢鈔》本

容美紀遊　清顧彩撰　清道光二十三年刊本

（道光）滎成縣志　清李天騭修　岳賡廷纂　清道光二十年刊本

如清日記　（越南）范慎遹、阮述撰　復旦大學出版社二〇一〇年影印越南漢喃研究院藏鈔本

入藏程站　清盛繩祖撰　清光緒《小方壺齋輿地叢鈔》本

入滇陸程考　清師範撰　清光緒《小方壺齋輿地叢鈔》本

入滇水程考　清師範撰　清光緒《小方壺齋輿地叢鈔》本

入都日記　清周星譽撰　清光緒《小方壺齋輿地叢鈔》本

入緬路程　清師範撰　清光緒《小方壺齋輿地叢鈔》本

入蜀記　宋陸游撰　中華書局一九七六年排印本

婼羌縣鄉土志圖　清瑞山編　清宣統元年修　新疆人民出版社二〇一〇年《新疆鄉土志稿》排印本

S

塞北紀程　清馬思哈撰　清道光二十三年刊本

塞程别紀　清余宷撰　清道光《昭代叢書》本

三國志　晉陳壽撰　中華書局一九七五年點校本

三省邊防備覽　清嚴如熤撰　清道光二年刊本

三省入藏程站紀　清范壽金撰　中央民族學院《川藏遊蹤彙編》本

（光緒）三姓志　闕名撰　清光緒十六年修　鳳凰出版社二〇〇六年《中國地方志集成·黑龍江府縣志輯》影印稿本

沙西先生文集　（朝鮮）全湜撰　復旦大學出版社二〇一一年影印韓國國立中央大學藏木活字本

沙雅縣鄉土志　清張紹伯編　清光緒三十四年修　新疆人民出版社二〇一〇年《新疆鄉土志稿》排印本

莎車府分防蒲犁廳鄉土志　清江文波編　清光緒三十三年修　鳳凰出版社二〇一二年《中國地方志集成·新疆府縣志輯》影印鈔本

莎車府鄉土志　清甘曜湘編　清光緒三十四年修　新疆人民出版社二〇一〇年《新疆鄉土志稿》排印本

莎車行記　清倭仁撰　清光緒《小方壺齋輿地叢鈔》本

（康熙）山陽縣初志　清秦凝奎修　梁淳等纂　清康熙三十三年刊本

（雍正）陝西通志　清劉於義修　沈青崖纂　景印文淵閣《四庫全書》本

鄯善縣鄉土志　清陳光煒編　清光緒三十四年修　新疆人民出版社二〇一〇年《新疆鄉土志稿》排印本

（嘉靖）邵武府志　明邢址修　陳讓纂　明嘉靖二十二年刊本

射洪縣鄉土志　清孫世奎纂修　巴蜀書社二〇〇九年《四川大學圖書館館

藏珍稀四川地方志叢刊》影印鈔本

省閫日記　清顧祿撰　清光緒《小方壺齋輿地叢鈔》本

史記　漢司馬遷撰　中華書局一九五九年點校本

使程志略草　（越南）李文馥撰　復旦大學出版社二〇一〇年影印越南漢喃研究院藏鈔本

使楚叢譚　清王昶撰　清《古今説部叢書》本

使滇紀程　清楊懌曾撰　清光緒《小方壺齋輿地叢鈔》本

使滇日記　清徐炯撰　上海古籍出版社一九八三年影印本

使俄草　清王之春撰　清光緒《小方壺齋輿地叢鈔》本

使高麗録　宋徐兢撰　民國商務印書館《説郛》本

使還日記　清張德彝撰　清光緒《小方壺齋輿地叢鈔》本

使廓紀略　清趙咸中撰　清光緒十四年刊本

使琉球記　清李鼎元撰　清光緒《小方壺齋輿地叢鈔》本

使琉球記　清張學禮撰　《叢書集成》本

使琉球録　明陳侃撰　《叢書集成》本

使美記略　清陳蘭彬撰　清光緒《小方壺齋輿地叢鈔》本

使蜀日記　清方象瑛撰　清道光《昭代叢書》本

使蜀日記　清孟超然撰　清嘉慶《亦園亭全集》本

使西紀程　清郭嵩燾撰　清光緒二十三年湖南新學書局刊本

使粵日記　清孟超然撰　清嘉慶《亦園亭全集》本

疏勒府鄉土志　清蔣光升編　清光緒三十四年修　新疆人民出版社二〇一〇年《新疆鄉土志稿》排印本

蜀道驛程記　清王士禛撰　清《王漁洋遺書》本

蜀徼紀聞　清王昶撰　清光緒《小方壺齋輿地叢鈔》本

蜀遊日記　清黄勤業撰　清光緒《小方壺齋輿地叢鈔》本

蜀輶日記　清陶澍撰　清光緒《小方壺齋輿地叢鈔》本

東鹿鄉土志　清張鳳臺修　李中桂纂　清光緒三十一年鉛印本

（雍正）朔州志　清汪嗣聖修　王霷纂　清雍正十三年刊本

（道光）松桃廳志　清徐鋐修　蕭琯纂　清道光十六年刊本

宋會要輯稿　清徐松輯　劉琳等校點　上海古籍出版社二〇一四年排印本

宋史　元脱脱等撰　中華書局一九七七年點校本

宋書　南朝梁沈約撰　中華書局一九七四年點校本

隋書　唐魏徵等撰　中華書局一九七三年點校本

綏來縣鄉土志　清楊存蔚編　鳳凰出版社二〇一二年《中國地方志集成·新疆府縣志輯》影印鈔本

綏中縣鄉土志　闕名撰　國家圖書館出版社二〇一二年《遼寧省圖書館藏稀見方志叢刊》影印清光緒間鈔本

隨鑾紀恩　清汪灝撰　清道光二十三年刊本

T

塔城直隸廳鄉土志　闕名撰　鳳凰出版社二〇一二年《中國地方志集成·新疆府縣志輯》影印鈔本

臺北道里記　清姚瑩撰　清光緒《小方壺齋輿地叢鈔》本

臺灣番社考　清鄺其照撰　清光緒《小方壺齋輿地叢鈔》本

臺灣府輿圖纂要　闕名撰　臺北成文出版社《中國方志叢書》影印本

太平寰宇記　宋樂史撰　景印文淵閣《四庫全書》本

太平縣鄉土志　闕名撰　巴蜀書社二〇〇九年《四川大學圖書館館藏珍稀四川地方志叢刊》影印鈔本

唐會要　宋王溥撰　上海古籍出版社一九九一年點校本

堂邑縣鄉土志　闕名撰　海南出版社二〇〇一年《故宫珍本叢刊》影印清光緒間鈔本

洮南府鄉土志　清孫寶瑨編　清光緒三十三年修　鳳凰出版社二〇〇六年《中國地方志集成·吉林府縣志輯》影印鈔本

（宣統）滕縣續志稿　清生克中纂　清宣統三年鉛印本

天台宗延曆寺座主圓珍傳　（日本）三善清行撰　白化文、李鼎霞校注　花山文藝出版社二〇〇四年排印本

天外歸槎録　清潘飛聲撰　清光緒《小方壺齋輿地叢鈔》本

天下紀程　闕名撰　傅斯年圖書館藏清鈔本

鐵嶺鄉土志　闕名撰　清光緒三十三年修　遼寧省圖書館一九八五年《東

北鄉土志叢編》排印本
(嘉靖)汀州府志　明邵有道纂修　明嘉靖六年刊本
停驂隨筆　清程庭撰　清光緒《小方壺齋輿地叢鈔》本
通俄道里表　清繆祐孫撰　清光緒《小方壺齋輿地叢鈔》本
通化縣鄉土志　闕名撰　清光緒間修　鳳凰出版社二〇〇六年《中國地方志集成·吉林府縣志輯》據鈔本油印本影印
吐魯番廳鄉土志　清曾炳熿編　清光緒三十四年修　鳳凰出版社二〇一二年《中國地方志集成·新疆府縣志輯》影印鈔本

W

外藩疆理考　闕名撰　清光緒《小方壺齋輿地叢鈔》本
宛署雜記　明沈榜纂　北京古籍出版社一九八三年排印本
萬里行程記　清祁韻士撰　清光緒《問影樓輿地叢書》本
維西見聞紀　清余慶遠撰　清道光《昭代叢書》本
温宿府鄉土志　闕名撰　清光緒三十三年修　鳳凰出版社二〇一二年《中國地方志集成·新疆府縣志輯》影印鈔本
温宿縣分防柯坪鄉土志　清潘宗岳編　清光緒三十四年修　新疆人民出版社二〇一〇年《新疆鄉土志稿》排印本
温宿縣鄉土志　清潘宗岳編　清光緒三十四年修　新疆人民出版社二〇一〇年《新疆鄉土志稿》排印本
無錫志①　闕名撰　景印文淵閣《四庫全書》本
五代會要　宋王溥撰　上海古籍出版社一九七八年點校本
(光緒)五河縣志　清賴同晏等修　俞宗誠等纂　清光緒二十年刊本
武經總要　宋曾公亮撰　《中國兵書集成》影印本

X

西安縣鄉土志　清孟憲彝、金正元編　清光緒三十四年修　鳳凰出版社二〇〇六年《中國地方志集成·吉林府縣志輯》影印鈔本
(乾隆)西藏志　清允禮撰　乾隆五十七年刊本
西陲要略·霍罕路程記　清祁韻士撰　清道光十七年刊本
西海紀行卷　清潘飛聲撰　清光緒《小方壺齋輿地叢鈔》本
西行日記　清丁壽祺撰　清光緒《小方壺齋輿地叢鈔》本
西輶日記　清黄楙材撰　清光緒二十三年湖南新學書局刊本
西域行程記　明陳誠撰　《國立北平圖書館善本叢書》本
西招紀行　清松筠撰　清光緒《小方壺齋輿地叢鈔》本
西征道里記　宋鄭剛中撰　清金華叢書本
西征紀程　清鄒代鈞撰　清光緒二十三年湖南新學書局刊本
西征日記　清徐瀛撰　《申報館叢書續集》本
西征續録　清方希孟撰　甘肅人民出版社二〇〇二年點校本
熙寧使契丹圖抄　宋沈括撰　中華書局二〇〇四年賈敬顔《五代宋金元人邊疆行記十三種疏證稿》本
陷虜記　五代胡嶠撰　中華書局二〇〇四年賈敬顔《五代宋金元人邊疆行記十三種疏證稿》本
鄉程日記　清王相撰　清光緒《綉水王氏家藏集》本
(乾隆)孝義縣志　清鄧必安修　鄧常纂　清乾隆三十五年刊本
辛卯侍行記　清陶保廉撰　甘肅人民出版社二〇〇二年點校本
辛巳泝行日記　清戴名世撰　清光緒《國粹叢書》本
莘縣鄉土志　清孔廣文纂修　清宣統元年石印本
(淳熙)新安志　宋羅願纂　清嘉慶十七年刊本
(宣統)新疆圖志　清袁大化修　王樹枏等纂　一九二三年東方學會校訂鉛印本
新疆烏什直隸廳鄉土志　闕名撰　清光緒三十四年修　新疆人民出版社二〇一〇年《新疆鄉土志稿》排印本
新民府鄉土志　闕名撰　國家圖書館出版社二〇一二年《遼寧省圖書館藏稀見方志叢刊》影印清鈔本
新寧縣鄉土志　闕名撰　巴蜀書社二〇〇九年《四川大學圖書館館藏珍稀四川地方志叢刊》影印鈔本

---

① 原作「(洪武)無錫縣志」，改正。

新平縣鄉土志　清周芳煦編　清光緒三十四年修　鳳凰出版社二〇一二年《中國地方志集成・新疆府縣志輯》影印鈔本
新唐書　宋歐陽修等撰　中華書局一九七五年點校本
新修懋功屯鄉土志略　清李增穠編　巴蜀書社二〇〇九年《四川大學圖書館館藏珍稀四川地方志叢刊》影印鈔本
（光緒）信宜縣志　清敖式槱修　梁安甸纂　清光緒十七年刊本
（道光）興安縣志　清張運昭修　蔣方正纂　清道光十四年刊本
（同治）興國縣志　清崔國榜修　金益謙等纂　清同治十一年刊本
興京鄉土志　清孫長青修　劉熙春纂　清光緒三十二年修　綫裝書局二〇〇二年《鄉土志抄稿本選編》影印鈔本
（咸豐）興義府志　清張瑛修　鄒漢勳等纂　清咸豐四年刊本
行曆抄　（日本）釋圓珍撰　白化文、李鼎霞校注　花山文藝出版社二〇〇四年排印本
雄縣鄉土志　清劉崇本撰　清光緒三十一年鉛印本
（嘉慶）休寧縣志　清何應松修　方崇鼎纂　清嘉慶二十年刊本
續古今考　元方回等撰　景印文淵閣《四庫全書》本
（宣統）續蒙自縣志　闕名撰　鳳凰出版社二〇〇九年《中國地方志集成・雲南府縣志輯》影印稿本
（乾隆）續修河西縣志　清董樞纂修　清乾隆五十三年刊本
續資治通鑑長編　宋李燾撰　景印文淵閣《四庫全書》本
宣和乙巳奉使金國行程録　宋闕名撰　民國二十八年排印本
宣化縣鄉土志　清謝愷纂修　綫裝書局二〇〇二年《鄉土志抄稿本選編》影印清光緒三十三年鈔本
雪鴻再録　清王昶撰　《古今説部叢書》本
（乾隆）循化廳志稿　清龔景瀚纂修　清道光二十四年鈔本

Y

鴨江行部志　金王寂撰　中華書局二〇〇四年賈敬顔《五代宋金元人邊疆行記十三種疏證稿》本
焉耆府鄉土志　清張銑編　清光緒三十四年修　新疆人民出版社二〇一〇年《新疆鄉土志稿》排印本
延慶州鄉土志要略　闕名撰　綫裝書局二〇〇二年《鄉土志抄稿本選編》影印清末稿本
陽城縣鄉土志　清楊念先撰　清宣統年間修　一九三四年鉛印本
葉城縣鄉土志　闕名撰　鳳凰出版社二〇一二年《中國地方志集成・新疆府縣志輯》影印鈔本
葉柝紀程　清王廷襄撰　清光緒二十一年刊本
伊犁日記　清洪亮吉撰　清道光二十三年刊本
乙亥北行日記　清戴名世撰　清光緒《國粹叢書》本
益州于役記　清陳奕禧撰　清光緒《小方壺齋輿地叢鈔》本
義州鄉土志　清陶應潤、温廣泰編　綫裝書局二〇〇二年《鄉土志抄稿本選編》影印鈔本
嶧縣鄉土志　清周鳳鳴撰　臺北成文出版社《中國方志叢書》影印清光緒三十年鈔本
英吉沙爾廳鄉土志　清黎炳光編　清光緒三十三年修　鳳凰出版社二〇一二年《中國地方志集成・新疆府縣志輯》影印鈔本
英軺日記　清劉錫鴻撰　清光緒《小方壺齋輿地叢鈔》本
永寧縣鄉土志　闕名撰　巴蜀書社二〇〇九年《四川大學圖書館館藏珍稀四川地方志叢刊》影印鈔本
永寧祗謁筆記　清董恂撰　清光緒《小方壺齋輿地叢鈔》本
（道光）永寧州志　清黄培傑纂修　清道光十七年刊本
（同治）永新縣志稿　清尹繼隆纂修　清同治七年刊本
由藏歸程記　清林儁撰　清光緒《小方壺齋輿地叢鈔》本
遊蜀日記　清吴燾撰　清光緒《小方壺齋輿地叢鈔》本
（光緒）于闐縣志　闕名撰　鳳凰出版社二〇一二年《中國地方志集成・新疆府縣志輯》影印鈔本
于役志　宋歐陽修撰　《四部叢刊初編》本
餘姚至省下路程沿革記　清黄宗羲撰　清《知不足齋叢書》本
禹城縣鄉土志　清王汝漢修　張青蓮纂　清光緒三十四年鈔本
元豐九域志　宋王存等纂修　中華書局一九八四年點校本

元和郡縣圖志　唐李吉甫撰　中華書局一九八三年點校本
元一統志　元孛蘭肹等纂修　中華書局一九六六年趙萬里輯本
越南道路考　清徐延旭撰　清光緒《小方壺齋輿地叢鈔》本
粵閩巡視紀略　清杜臻撰　景印文淵閣《四庫全書》本
粵遊録　清戴燮元撰　清光緒《小方壺齋輿地叢鈔》本
雲南探礦記　清尹子珍撰　上海辭書出版社二〇一一年《清代雲南稿本史料》本
雲南驛程記　清李紱撰　清道光十一年刊穆堂別稿本
雲中紀程　清高懋功撰　《叢書集成》本

Z

贊皇縣鄉土志　清秦兆階纂修　綫裝書局二〇〇二年《鄉土志抄稿本選編》影印鈔本
藏甯路程　清松筠撰　清光緒《小方壺齋輿地叢鈔》本
藏行紀程　清杜昌丁撰　清道光《昭代叢書》本
藏游日記　清潤藩撰　中央民族學院《川藏遊蹤彙編》本
藏輶隨記　清陶思曾撰　清宣統三年刊本
棧雲峽雨日記並詩草　（日本）竹添光鴻撰　明治十二年刊本　參考中華書局二〇〇七年排印本
章丘縣鄉土志　清楊學淵撰　清光緒三十三年石印本
彰武縣鄉土志　清趙炳燊纂修　清宣統元年修　國家圖書館出版社二〇一二年《遼寧省圖書館藏稀見方志叢刊》影印
趙州鄉土志　闕名撰　綫裝書局二〇〇二年《鄉土志抄稿本選編》影印鈔本
浙江全省輿圖並水陸道里記　清宗源瀚輯　清光緒二十年浙江官書局刊本
鎮安縣鄉土志　清張霽編　清光緒三十三年鉛印本
鎮西廳鄉土志　清孫光祖等編　清光緒三十四年修　鳳凰出版社二〇一二年《中國地方志集成·新疆府縣志輯》影印鈔本
征緬紀聞　清王昶撰　清光緒《小方壺齋輿地叢鈔》本
（嘉慶）正安州志　清趙宜霦纂修　清嘉慶二十三年刊本
直隸永年縣鄉土志　闕名撰　綫裝書局二〇〇二年《鄉土志抄稿本選編》影印鈔本
中山傳信録　清徐葆光撰　清道光二十三年刊本
舟行記　清張必剛撰　清光緒《小方壺齋輿地叢鈔》本
轉漕日記　清李鈞撰　清光緒《小方壺齋輿地叢鈔》本
（乾隆）涿州志　清吴山鳳纂修　清乾隆三十年刊本
資治通鑑　宋司馬光撰　中華書局一九五六年點校本
自滇入都程記　清楊名時撰　清道光《昭代叢書》本

《中華大典》辦公室

主　任：于永湛

副主任：伍　傑　姜學中

編　審：趙含坤　崔望雲　馮寶志

宋志英　谷笑鵬

裝幀設計：章耀達